अँगरेज़ी – हिन्दी कोश

AN ENGLISH – HINDI DICTIONARY

फ़ादर कामिल बुल्के

एस. जे., एम. ए., डी. फ़िल.

अध्यक्ष, हिन्दी विभाग, सन्त ज़ेवियर कॉलेज, राँची

प्रिय पाठको,
नकली पुस्तकें न खरीदें। हमारी अनेक ऐसी पुस्तकें हैं जिनके नकली संस्करण कुछ अनुचित व्यक्तियों द्वारा प्रकाशित किये गये हैं। आशा है आपके प्रयास इस प्रकार की दूषित प्रवृत्ति का अवरोध कर प्रतिभा के अधिकारों की रक्षा कर सकेंगे।
प्रमाणिकता के लिए पुस्तक पर 3-D होलोग्राम अवश्य देखें।

S. CHAND
AN ISO 9001 : 2000 COMPANY

एस० चन्द एण्ड कम्पनी लिमिटेड

राम नगर, नई दिल्ली-110 055

एस. चन्द एण्ड कम्पनी लि.

(ISO 9001 : 2000 कम्पनी)

मुख्य कार्यालय : 7361, रामनगर, नई दिल्ली-110 055

फोन : 23672080-81-82 ; फैक्स : 91-11-23677446

Shop at: **schandgroup.com;** E-mail: **schand@vsnl.com**

शाखाएँ :

- प्रथम तल, हैरिटेज, निकट गुजरात विद्यापीठ, आश्रम रोड, **अहमदाबाद** - 380014. Ph. 27541965, 27542369
- नं 6, आहूजा चेम्बर्स, फर्स्ट क्रॉस, कुमार कुरुप रोड, **बंगलौर** - 560 001. Ph. 2268048, 2354008
- 285/जे, बिपिन बिहारी गांगुली स्ट्रीट, **कोलकाता** - 700 012. Ph. 22367459, 22373914
- माई हीरां गेट, **जालंधर** - 144008 Ph. 2401630
- 152, अन्ना सलाए, **चेन्नई** - 600 002. Ph. 28460026
- S.C.O. 6, 7 & 8, सैक्टर 9D, **चण्डीगढ़** - 160017, Ph-2749376, 2749377
- प्रथम तल, भर्तिया टावर, बादामबाड़ी, **कटक** - 753 009. Ph : 2332580; 2332581
- प्रथम तल, 52-A, राजपुर रोड़, **देहरादून** - 248 001. Ph : 2740889; 2740861
- पान बाज़ार, **गुवाहाटी** - 781 001. Ph. 2522155
- सुल्तान बाज़ार, **हैदराबाद** - 500 195. Ph. 24651135, 24744815
- 613-7, महात्मा गांधी रोड, एर्नाकुलम, **कोची** - 682 035. Ph. 2381740
- महावीर मार्केट, 25, ग्वाइन रोड, अमीनाबाद, **लखनऊ** - 226 018. Ph : 2226801, 2284815
- ब्लैकी हाऊस, 103/5, वालचन्द हीराचन्द मार्ग, **मुम्बई** - 400 001. Ph. 22690881, 22610885
- 3, गांधी सागर ईस्ट, **नागपुर** - 440 002. Ph. 2723901
- 104, सिटिसेंटर अशोक, गोविन्द मित्रा रोड, **पटना** - 800 004. Ph. 2671366, 2302100

मार्केटिंग कार्यालय :

- A-14, जनता स्टोर शापिंग काम्पलेक्स, यूनिवर्सिटी मार्ग, बापू नगर, **जयपुर** - 302 015, Ph : 2709153
- 238-A, एम.पी. नगर, जोन-1, **भोपाल** - 462 011. Ph. 5274723

S. CHAND'S Seal of Trust

S. CHAND

प्रथम संस्करण 1968

परिवर्त्तित संस्करण तथा पुन : मुद्रित 1971, 74 (Twice), 77, 78, 79 (Twice), 81, 82, 83, 84, 85, 86, 87, 88, 89, 90, 91, 92, 93, 96, 97, 98, 99, 2000, 2001, 2002, 2003 (Twice), 2004

पुनः मुद्रित 2005

ISBN : 81-219-0559-1

भारत में

राजेन्द्र रवीन्द्र प्रिन्टर्स (प्रा.) लि., 7361, रामनगर, नई दिल्ली-110 055 द्वारा मुद्रित

तथा एस. चन्द एण्ड कम्पनी लि., 7361, रामनगर, नई दिल्ली-110 055 द्वारा प्रकाशित ।

डॉ० धीरेन्द्र वर्मा

को

जिनकी प्रेरणा तथा प्रोत्साहन से मुझे
हिन्दी में कार्य करने का साहस हुआ।
सश्रद्धा समर्पित

प्रकाशक की टिप्पणी

फ़ादर कामिल बुल्के की ''अँगरेज़ी-हिन्दी कोश'' की लोकप्रियता एवं अपार सफलता से प्रेरित होकर हमने इस कोश को आकर्षक बनाने के लिए नये सिरे से कम्प्यूटर द्वारा रंगीन संस्करण प्रस्तुत किया है। इसमें, हमारे द्वारा प्रकाशित तीसरे संस्करण में पाई गई त्रुटियों का भी संशोधन कर दिया है। अत: आशा ही नहीं वरन् पूर्ण विश्वास है कि शब्दकोश आपको अत्यन्त उपयोगी सिद्ध होगा। तद्यपि उन्नति हेतु सुझाव सदैव आमंत्रित हैं।

प्रकाशक

प्रथम संस्करण का प्राक्कथन

बारह वर्ष पहले मैंने A TECHNICAL ENGLISH-HINDI GLOSSARY प्रकाशित की थी। उस छोटे-से कोश का इतना स्वागत हुआ कि मैंने एक सम्पूर्ण अँगरेज़ी-हिन्दी कोश तैयार करने का संकल्प किया। यह कोश प्रमुख रूप से हिन्दी सीखने वालों की समस्याएँ दूर करने के उद्देश्य से लिखा गया है; फिर भी मुझे आशा है कि यह हिन्दी-भाषियों के लिए समान रूप से उपादेय होगा। अनुवादक निश्चय ही इससे बहुत लाभान्वित होंगे। इसमें अँगरेज़ी के विद्यार्थियों का भी ध्यान रखा गया है; उनकी सुविधा के लिए अँगरेज़ी शब्दों का उच्चारण नागरी लिपि में दिया गया है। इस लिप्यन्तरण का पूरा विवरण आवरण के भीतरी पृष्ठों में प्रस्तुत है; वहाँ पाठक को कोश में प्रयुक्त सभी संकेत-चिह्नों का संकलन भी मिलेगा।

प्रस्तुत कोश की प्रमुख विशेषता यह है कि इसमें अँगरेज़ी शब्दों के विभिन्न अर्थ अंक लगाकर तथा कोष्ठक में अतिरिक्त संकेत देकर स्पष्ट किये गये हैं। जहाँ अंक लगाना अनावश्यक समझा गया वहाँ अर्द्धविराम द्वारा विभिन्न अर्थों का विभाजन किया गया है। सभी स्त्रीलिंग शब्दों पर * अंकित है और उभयलिंगी शब्दों पर ** अंकित हैं।

अँगरेज़ी संयुक्त शब्द प्राय: वर्णमाला के क्रमानुसार रखे गये हैं; यदि वे वहाँ न मिलें तो उन्हें मूल शब्द के अनुच्छेद में देख लें। दो अलग शब्दों में लिखित समास प्रथम शब्द के साथ दिए गए हैं; उदा० **mother** शब्द के साथ ही mother tongue भी दिया गया है।

अँगरेज़ी शब्दों के चयन तथा अर्थनिर्धारण के लिए तीन कोशों से सहायता ली गयी है : THE CONCISE OXFORD DICTIONARY (१९६४), WEBSTER'S NEW WORLD DICTIONARY (College edition १९६४) और THE PENGUIN ENGLISH DICTIONARY (१९६५)। पारिभाषिक शब्दों के अनुवाद के लिए मैंने अपनी TECHNICAL ENGLISH-HINDI GLOSSARY के अतिरिक्त विविध विषयों के पारिभाषिक कोशों का भी निरीक्षण किया है; उनमें से **विज्ञान शब्दावली I** (केंद्रीय हिन्दी निदेशालय, दिल्ली, १९६४) सबसे प्रामाणिक सिद्ध हुई। प्रस्तुत कोश में उन्हीं पारिभाषिक शब्दों को सम्मिलित किया गया है जो उपर्युक्त तीन सामान्य अँगरेज़ी कोशों में विद्यमान हैं। जो जीव-जन्तु और पेड़-पौधे भारत में नहीं पाये जाते उन्हें इस कोश में स्थान नहीं मिला है। भारतीय जीव-जन्तुओं के अनुवाद में श्री सुरेश सिंह की **जीव-जगत** (लखनऊ १९५८) नामक उत्कृष्ट रचना से सहायता ली गयी है। भारतीय पेड़-पौधों के अनुवाद के लिए THE WEALTH OF

INDIA के अब तक प्रकाशित भागों (I-VII; दिल्ली १९४८-१९६६) के अतिरिक्त मैं प्रो० डॉ० और श्रीमती आर० मिश्र (बनारस हिन्दू विश्वविद्यालय) के सौजन्य पर निर्भर रहा।

बहुत-से हिन्दी लेखक तथा विद्वान, विशेषकर इलाहाबाद में रहने वाले, प्रस्तुत कोश की तैयारी में मेरी सहायता करते रहे हैं; वे मेरे हार्दिक धन्यवाद के पात्र हैं। पिछले छः वर्षों में जब-जब इलाहाबाद जाने का अवसर मिला, तो मैं विचार-विमर्श के लिए शब्दों की एक सूची भी अपने साथ ले गया।

मैं विशेष रूप से श्री दिनेश्वर प्रसाद (प्राध्यापक, स्नातकोत्तर हिन्दी विभाग, राँची विश्वविद्यालय) का आभारी हूँ : यदि वे महीनों तक नियमित रूप से आकर मेरे असंख्य प्रश्नों का उत्तर देते-देते थक जाते तो प्रस्तुत कोश कहीं अधिक त्रुटिपूर्ण रह जाता।

मैं अपने प्रकाशक फ़ादर ए० डेलबेक, एस० जे० और काथलिक प्रेस के कर्मचारियों को भी धन्यवाद देता हूँ जिनके अध्यवसाय के फलस्वरूप पुस्तक इतने सुन्दर रूप में प्रस्तुत हो सकी है।

१७-१-१९६८ कामिल बुल्के

A NOTE FROM THE PUBLISHER

Father Camil Bulcke's "English – Hindi Dictionary" is now being published in an attractive **coloured computerised** edition. We have been very careful to make this edition completely error free. We are confident that this revised edition will be of great help to you. Your suggestions will be welcomed for further improvement.

Publishers

PREFACE TO THE FIRST EDITION

More than twelve years ago, I published A TECHNICAL ENGLISH-HINDI GLOSSARY (Ranchi 1955) and stated in the preface that "the purpose of this glossary is to help cultured people, especially those whose mother tongue is not Hindi, to express themselves in the national language, on the arts and sciences and similar topics". That glossary was soon out of print, but I refused to have it reprinted because the welcome accorded to that little volume emboldened me to start preparing a complete English-Hindi dictionary. Its main purpose is to meet more fully the needs of the ever-growing number of people for whom my previous glossary was compiled. It is hoped that the present volume will prove helpful, not only to students of Hindi in India and abroad but also to those whose mother tongue is Hindi, especially those engaged in translation work. The needs of Indian students, wishing to improve their knowledge of English, have also been kept in mind and it is for them that a simple system has been devised giving the pronunciation of the English words in Nagari script. This system is fully explained on the end-papers, where the reader will also find all the symbols and abbreviations that have been used.

One feature of this dictionary will, I trust, prove useful both to students of Hindi and to translators. The various meanings of the English words are made clear by additional indications in brackets and are immediately followed by the Hindi equivalents; if necessary, different shades of meaning are separated by a semicolon. This arrangement will enable the reader to pick out the word he needs. The meanings are normally numbered; where this was deemed superfluous the different meanings are separated by a semicolon. All Hindi feminine words are marked with an asterisk; a few words are marked with two asterisks to indicate the fact that they are widely used in both genders. In the use of hyphens I have usually followed the Concise Oxford Dictionary. Hyphenated words and compounds not entered in the strictly alphabetical order, will easily by found under the headword. Compounds written in two words are entered under the first word, *e.g. mother tongue* under *mother*.

In the choice of English words and their meanings, I have been guided by THE CONCISE OXFORD DICTIONARY (1964), WEBSTER'S NEW WORLD DICTIONARY (College Edition, 1964) and THE PENGUIN ENGLISH DICTIONARY (1965). For the Hindi translation of technical terms, I have relied on my Technical English-Hindi Glossary and various other technical dictionaries, among which the excellent SCIENCE GLOSSARY I (Central Hindi Directorate, Delhi, 1964) takes pride of place. Only such technical terms have been included as are found in the three general English dictionaries mentioned above. Fauna and flora not found in India have normally not been included. For Indian fauna I have been greatly helped by Mr. Suresh Singh's जीव-जगत (Lucknow, 1958). For Indian flora the published volumes of THE WEALTH OF INDIA (Vol. I-VII; Delhi, 1948-1966) have proved useful and especially the unfailing courtesy of Prof. Dr. and Mrs. R. Mishra (B.H.U., Varanasi).

It gives me great pleasure to acknowledge the help I have received from a great number of Hindi authors and scholars, especially those residing at Allahabad. During the last six years I never visited Allahabad without a list of words to be discussed. I owe a special debt of gratitude to Sri Dineshwar Prasad (Lecturer, Post-graduate Department of Hindi, Ranchi University) with whom for months on end I had regular sittings and who was never tired of answering my endless queries. Without his help this dictionary would have been more open to criticism.

I am grateful to my publisher, Fr. A. Delbeke, S.J., and to the staff of the Catholic Press for the great interest they have taken in the production of this volume.

17-1-1968   C. BULCKE, S.J.

नागरी लिपि में अंकित अँगरेज़ी शब्दों का उच्चारण

- मन, घर, मकान आदि की तरह ब्रूम, मैन, बोट आदि सभी अकारान्त शब्दों का हलन्त उच्चारण करना चाहिए।
- बलाघात वाला अक्षर मोटे टाइप में छपा है; इसके बाद आने वाला अस्पष्ट अॅ बहुधा अलग नहीं किया गया है। शॅफ़्लॅल (Shuffle) = शॅफ़्-अॅल।
- निम्नलिखित अपवादों को छोड़कर सर्वत्र नागरी लिपि का प्रचलित हिन्दी उच्चारण करना चाहिए।

स्वर (स्वतन्त्र और क् आदि व्यंजनों के साथ)

अॅ	[कॅ]	=	ago का a, maker का er; broken का e ...	> अॅगो; मेक्-अॅ; ब्रोकॅन
अॅ:	[कॅ:]	=	earth का ear, bird का ir	> अॅ:थ; बॅ:ड;
			word का or; turn का ur	> वॅ:ड; टॅ:न
अॅ	[कॅ]	=	but का u; come का o	> बॅट; कॅम
ऑ	[कॉ]	=	officer, on, not का o ...	> ऑफ़्-इ-सॅ; ऑन; नॉट
ऑ:	[कॉ:]	=	order का or; law का aw	> ऑ:ड्-अॅ; लॉ:
ऑइ	[कॉइ]	=	oyster, boy का oy	> ऑइस्-टॅ; बॉइ
आइ	[काइ]	=	idea, line का i	> आइडिअॅ; लाइन
आउ	[काउ]	=	out, house का ou	> आउट; हाउस
ए	[के]	=	late का a, day का ay	> लेट; डे
ए'	[के']	=	egg men का e	> ए'ग; मे'न
ए'अॅ	[के'अॅ]	=	airplane का air; careful का are ...	> ए'अॅप्लेन; के'अॅफ़ुल
			where का ere	> वे'अॅ
ऐ	[कै]	=	act, man का a	> ऐक्ट; मैन
ओ	[को]	=	home का o, boat का oa, mould का ou	> होम; बोट; मोल्ड

व्यंजन

ट और ड	=	अँगरेज़ी t और d	
थ	=	theory, filth का th	> थिअॅरि; फ़िल्थ
द	=	father, this का th	> फ़ादॅ; दिस
ऩग	=	making, kingdom का ng	> मेक्-इऩग; किऩग्डॅम
व़	=	violence, divide का v	> व़ाइअॅलॅन्स; डिव़ाइड
श्ज़	=	occasion का si; pleasure का su	> अॅकेश्ज़ॅन; प्लेश्ज़्-अॅ

टिप्पणी : १. अॅ और अॅ दोनों अर्धविवृत हैं; किन्तु अॅ मध्यस्वर और अॅ पश्चस्वर है। अँगरेज़ी ए और ओ द्विस्वर हैं। ट और ड मूर्धन्य नहीं हैं, वर्त्स्य हैं। द दन्त्य संघर्षी, ऩग कण्ठ्य अनुनासिक, व़ दन्तोष्ठ्य संघर्षी और श्ज़ तालव्य-वर्त्स्य संघर्षी है।

२. लिप्यन्तरण में प्रयुक्त सभी विशिष्ट चिह्न इन वाक्यों में सन्निविष्ट हैं–

Father does not travel by airplane.
फ़ा-दॅ डॅज़ नॉट ट्रैव़ॅल बाइ ए'अॅप्लेन।

There was an eminent, outstanding boy.
दे'अॅ वॉज़ ॲन ए'म्-इ-नॅन्ट, आउट्स्टैन्-डिऩग बॉइ।

On this earth men must learn.
ऑन दिस अॅ:थ मे'न मॅस्ट लॅ:न।

Law and order on all occasions.
लॉ: ऐण्ड ऑ:ड्-अॅ ऑन ऑ:ल अॅकेश्ज़ॅन्ज़।

संकेत-चिह्न

~ अनुच्छेद का पहला शब्द सूचित करता है अथवा इसका पूर्वार्द्ध यदि वह शब्द एक रेखा से विभाजित है।
दे० पृ० ३१७ जहाँ ~hill = molehill; ~-eyed = mole-eyed; ~cule = molecule.

– मोटे अक्षरों में छपा निकटतम पूर्ववर्ती शब्द सूचित करता है। दे० पृ० ३१७ जहाँ – = molehill.

* सभी स्त्रीलिंग शब्दों पर अंकित है।

** उन इने-गिने शब्दों पर अंकित है जो उभयलिंगी हैं।

व्याकरणिक कोटियाँ

adj. = adjective, *adv.* = adverb; *comp.* = compound(s); *conj.* = conjunction; *indecl.* = indeclinable; *interj.* = interjection; *n.* = noun; *pref.* = prefix; *v.* = verb; *v.i.* = intransitive verb; *v.t.* = transitive verb.

विषय

agric. = agriculture; *alg.* = algebra; *anat.* = anatomy; *arch., archi.* = architecture; *arithm.* = arithmetic; *astr., astron.* = astronomy; *biol.* = biology; *bot.* = botany; *chem.* = chemistry; *chronol.* = chronology; *cinem.* = cinematography; *comm.* = commerce; *eccles.* = ecclesiastical; *econ., econom.* = economics; *electr., electri.* = electricity; *engin.* = engineering; *entom.* = entomology; *geogr.* = geography; *geol.* = geology; *geom.* = geometry; *gram., gramm.* = grammar; *instr., instrum.* = instrument; *ling.* = linguistics; *lit.* = literature; *math.* = mathematics; *mech., mechan.* = mechanics; *med.* = medicine; *meteor.* = meteorology; *mil.* = military; *Moh.* = Mohammedan; *mus.* = music; *naut.* = nautical; *N.T.* = New Testament; *ornith.* = ornithology; *path.* = pathology; *pej.* = pejorative; *pharm.* = pharmacology; *phil., philos.* = philosophy; *phon.* = phonetics; *photo., photogr.* = photography; *phys.* = physics; *physiol.* = physiology; *psych.* = psychology; *psycho-ana.* = psycho-analysis; *rel.* = religion; *rhet.* = rhetoric; *spir. exerc.* = spiritual exercises; *techn.* = technology; *theol.* = theology; *zool.* = zoology.

अन्य संकेताक्षर

क० = करना। *abbrev.* = abbreviated; *add., addit.* = additional; *abstr.* = abstract; *concr.* = concrete; *e.g.* = for example; *etc.* = etcetera; *fig.* = figuratively; *gen.* = general; *miscell.* = miscellanea; *opp.* = opposed, opposite; *pej.* = pejorative; *pl.* = plural; *rel.* = relating; *supplem.* = supplementary.

> gab, *n.* (*v.*), बकबक* (क०) = *n.,* बकबक*; *v.,* बकबक* क०।
>
> packing, 1.(सं)वेष्टन = वेष्टन, संवेष्टन

Symbols and Abbreviations

SYMBOLS

~ represents the word at the head of the paragraph *or* the first part of it, if that word is divided by a thin line. See p. 317 where ~hill stands for **molehill**, ~-eyed for **mole-eyed** and ~cule for **molecule**.

– represents the immediately preceding entry in bold roman type. See p. 317 where– stands for **molehill.**

* is affixed to all feminine gender words.

** is affixed to a few words that are both feminine and masculine.

PARTS OF SPEECH

adj. = adjective, *adv.* = adverb; *comp.* = compound(s); *conj.* = conjunction; *indecl.* = indeclinable; *interj.* = interjection; *n.* = noun; *pref.* = prefix; *v.* = verb; *v.i.* = intransitive verb; *v.t.* = transitive verb.

SUBJECTS

agric. = agriculture; *alg.* = algebra; *anat.* = anatomy; *arch., archi.* = architecture; *arithm.* = arithmetic; *astr., astron.* = astronomy; *biol.* = biology; *bot.* = botany; *chem.* = chemistry; *chronol.* = chronology; *cinem.* = cinematography; *comm.* = commerce; *eccles.* = ecclesiastical; *econ., econom.* = economics; *electr., electri.* = electricity; *engin.* = engineering; *entom.* = entomology; *geogr.* = geography; *geol.* = geology; *geom.* = geometry; *gram., gramm.* = grammar; *instr., instrum.* = instrument; *ling.* = linguistics; *lit.* = literature; *math.* = mathematics; *mech., mechan.* = mechanics; *med.* = medicine; *meteor.* = meteorology; *mil.* = military; *Moh.* = Mohammedan; *mus.* = music; *naut.* = nautical; *N.T.* = New Testament; *ornith.* = ornithology; *path.* = pathology; *pej.* = pejorative; *pharm.* = pharmacology; *phil., philos.* = philosophy; *phon.* = phonetics; *photo., photogr.* = photography; *phys.* = physics; *physiol.* = physiology; *psych.* = psychology; *psycho-ana.* = psycho-analysis; *rel.* = religion; *rhet.* = rhetoric; *spir. exerc.* = spiritual exercises; *techn.* = technology; *theol.* = theology; *zool.* = zoology.

OTHER ABBREVIATIONS

क॰ = करना I *abbrev.* = abbreviated; *add., addit.* = additional; *abstr.* = abstract; *concr.* = concrete; *e.g.* = for example; *etc.* = etcetera; *fig.* = figuratively; *gen.* = general; *miscell.* = miscellanea; *opp.* = opposed, opposite; *pej.* = pejorative; *pl.* = plural; *rel.* = relating; *supplem.* = supplementary.

gab, *n.* (*v.*), बकबक* (क॰) = *n.,* बकबक*; *v.,* बकबक* क॰ I

packing, 1.(सं)वेष्टन = वेष्टन, संवेष्टन

Phonetic Transliteration of English Words in Nagari Script

- As the final short *a* of Hindi words (*e.g.*मकान) is not pronounced, the same rule should be applied to the transliterated English words (e.g. मैन).
- The accented syllable is printed in bold type. Immediately following indeterminate अॅ is often not separately printed. शॅफ़ॅल (Shuffle) = शॅफ़्-अॅल.
- The standard Hindi pronunciation of both vowels and consonants should be followed. Exceptions and additional symbols are as follows :

Vowels (*initial and combined with a consonant*)

अॅ	[कॅ]	= **a** in **a**go; **er** in mak**er**; **e** in brok**e**n	>अॅगो; मेक्-अॅ; ब्रोकॅन
अॅ:	[कॅ:]	= **ear** in **ear**th; **ir** in b**ir**d	> अॅ:थ; बॅ:ड;
		or in w**or**d; **ur** in t**ur**n	> वॅ:ड; टॅ:न
अॅ	[कॅ]	= **u** in b**u**t; **o** in c**o**me	> बॅट; कॅम
ऑ	[कॉ]	= **o** in **o**fficer, **o**n, n**o**t	> ऑफ़्-इ-सॅ; ऑन; नॉट
ऑ:	[कॉ:]	= **or** in **or**der; **aw** in l**aw**	> ऑ:ड्-अॅ; लॉ:
ऑइ	[कॉइ]	= **oy** in **oy**ster, b**oy**	> ऑइस्-टॅ; बॉइ
आइ	[काइ]	= **i** in **i**dea, l**i**ne....	> आइडिअॅ; लाइन
आउ	[काउ]	= **ou** in **ou**t, h**ou**se	> आउट; हाउस
ए	[के]	= **a** in l**a**te; **ay** in d**ay**	> लेट; डे
ए'	[के']	= **e** in **e**gg, m**e**n....	> ए'ग; मे'न
ए'अॅ	[के'अॅ]	= **air** in **air**plane; **are** in c**are**; **ere** in wh**ere**.... ...	> ए'अॅप्लेन; के'अॅफ़ुल
		... ...	> वे'अॅ
ऐ	[कै]	= **a** in **a**ct, m**a**n	> ऐक्ट; मैन
ओ	[को]	= **o** in h**o**me; **oa** in b**oa**t; **ou** in m**ou**ld ...	> होम; बोट; मोल्ड

Consonants

ट and ड	= the English t and d	
थ	= **th** in **th**eory, fil**th**	> थिअॅरि; फ़िल्थ
द	= **th** in fa**th**er, **th**is	> फ़ादॅ; दिस
न्ग	= **ng** in maki**ng**, ki**ng**dom	> मेक्-इन्ग; किन्ग्डॅम
व़	= **v** in **v**iolence, di**v**ide	> व़ाइअॅलॅन्स; डिव़ाइड
श्ज़	= **si** in occa**si**on; **su** in plea**su**re ...	> अॅकेश्ज़ॅन; प्लेश्ज़्-अॅ

Note : (1) अॅ and अॅ are both *half-close* vowels; however, अॅ is a *central* and अॅ a *back* vowel. ए and ओ are diphthongs. ट and ड are neither dental no cerebral, they are *alveolar.* द is a *dental fricative,* न्ग a *velar nasal,* व़ *labio-dental fricative* and श्ज़ a *palato-alveolar fricative.*

(2) All conventions used in the transliteration are incorporated in the following sentences :

Father does not travel by airplane.
फ़ा-दॅ डॅज़ नॉट ट्रैव़ॅल बाइ ए'अॅप्लेन।

On this earth men must learn.
ऑन दिस अॅ:थ मे'न मॅस्ट लॅ:न।

There was an eminent, outstanding boy.
दे'अॅ वॉज़ ॲन ए'म्-इ-नॅन्ट, आउट्स्टैन्-डिन्ग बॉइ।

Law and order on all occasions.
लॉ: ऐण्ड ऑ:ड्-अॅ ऑनऑ:ल अॅकेश्ज़ॅन्ज़।

Aa

a, 1. एक, कोई; 2. (*per*) प्रति, फ़ी। > अॅ (ए)

aback, पीछे; पीछे की ओर*; taken ~, 1. (*surprised*) चकित; 2. (*confused*) चकराया हुआ, घबराया हुआ, भौचक। > अॅबैक

abacus, 1. गिनतारा; 2. (*archit.*) शीर्षफलक। > ऐ-बॅ-कॅस

abaft, 1. (*behind*) पीछे, पिछौंता, पिछौंहे; 2. (*on the stern*) दुम्बाल में। > अॅबाफ़्ट

abandon, *n.*, स्वच्छन्दता*, असंयम, बेफ़िक्री*, लापरवाही*; —*v.*, 1. (*give up*) छोड़ देना; 2. (*forsake*) परित्यागना, का परित्याग क०, त्याग देना; ~ oneself to, आत्मसमर्पण क०, के वशीभूत हो जाना; **~ed,** 1. परित्यक्त, अपसर्जित; 2. (*shameless*) दुश्चरित्र, चरित्रहीन, निर्लज्ज; **~ee** परित्यक्ती ; **~er,** परित्यागी; **~ment,** 1. परित्याग, अपसर्जन; 2. परित्यक्तता*; अकेलापन, एकाकीपन; 3. *see* ABANDON. > अॅबैंडॅन; अॅ-बैं-डॅ-नी

abase, 1. नीचा दिखाना, अवमानित क०; 2. (*degrade*) अवनत क०, पदावनत क०; ~ oneself (before...), (...के आगे) धूल* चाटना, दीन बनना; **~ment,** 1. (*act*) अपमान, अनादर, अवमान, अवनयन; 2. (*state*) अधोगति*, अवनति*; पदावनति*। > अॅबेस

abash, लज्जित कर देना, पानी-पानी कर देना, घबरा देना। > अॅबैश

abate, 1. कम , मन्द या शान्त हो जाना, घटना; 2. कम क०, मन्द क०, शान्त क०, घटाना; 3. (*do away with*) दूर क०, निवारण क०, समाप्त क०, 4. (*deduct*) छूट* देना, काटना, घटाना; 5. (*law*) रद्द क०, उपशमन क०; **~ment,** 1. कमी*, घटाव, मन्दी*; उपशमन; 2. (*discount*) छूट*, कटौती*। > अॅबेट

abatis, abattis, झाड़बन्द। > ऐ-बॅ-टिस; अॅबैटिस

abator, abater, उपशामक। > अॅबेट्-अॅ

abattoir, कसाईखाना, बूचड़खाना, वधशाला*। > ऐ-बॅट्-वा

abaxial, अपाक्ष। > ऐ-बैक-सि-अॅल

abb, बाना, भरनी*। > ऐब

abba, अब्बा, तात, पिता। > ऐ-बॅ

abbacy, मठाध्यक्ष का पद या पदावधि*। > ऐ-बॅ-सि

abbe', पादरी। > ऐबे

abbess, मठाध्यक्षा*। **abbey,** मठ, महामठ, संघाराम, विहार। **abbot,** मठाध्यक्ष, मठाधीश। > ऐबिस; ऐबि; ऐबॅट

abbreviate, संक्षिप्त क०, छोटा क०। **abbreviation,** 1. (*act*) संक्षेपण; 2. संक्षेप, संक्षिप्त रूप; 3. (*sign*) संकेत-चिह्न, संकेताक्षर। **abbreviator,** संक्षेपक। **abbreviature,** संक्षिप्त आलेख, संक्षेप। > अॅब्रीवि/ एट, ~एशॅन, ~एटॅ, ~अॅ-चॅ

abdi/cable, अधित्याज्य; **~cant, ~cator,** अधित्यक्ता; **~cate,** अधित्याग क०, गद्दी* छोड़ना, त्याग देना; **~cation,** अधित्याग, राज्यत्याग, पदत्याग। > ऐब्डि/कॅ-बॅल, ~कॅन्ट, ~केट, ~केशॅन

abdo/men, उदर, पेट; **~minal,** उदरीय, उदर-; **~minous,** तोंदल, तोंदीला, तुन्दिल। > ऐब्-डॅ-मे'न = ऐब्-डो-मे'न; ऐबडॉमि/नॅल, ~नॅस

abducent, अपवर्तक। > ऐबड्यूसॅन्ट

abduct, 1. भगा ले जाना, भगाना, अपहरण क०; 2. (*physiol.*) अपावर्तन क०; **~ed,** भगाया हुआ, अपहृत; अपावर्तित; **~ion,** अपहरण; अपावर्तन; **~or,** अपहर्ता, भगा ले जानेवाला; अपवर्तनी*। > ऐबडॅक्ट; ऐबडॅक/शॅन, ~टॅ

abeam, आड़े। > अॅबीम

abecedarian, *adj.*, 1. (*alphabetical*) वर्णानुक्रमिक; 2. (*elementary*) प्रारंभिक प्राथमिक; —*n.*, ककहरा सीखनेवाला या सिखलानेवाला। > ए-बी-सी-डे'अॅ-रि-अॅन

abed, पलंग, बिस्तर या शय्या* पर। > अॅ-बे'ड

abele, श्वेतक। > अॅबील

aberrance, विपथगमन, अपसरण; उत्क्रमण, असामान्यता*। **aberrant,** 1. विपथगामी, पथभ्रष्ट; 2. (*science*) विपथी; 3. (*abnormal*) उत्क्रामक, असामान्य। **aberration,** 1. विपथगमन; 2. (*science*) विपथन, अपेरण; 3. (*mental*) बुद्धिभ्रंश, मतिभ्रंश। > ऐबे'/रॅन्स, ~ रॅन्ट, ~रेशॅन

abet, अवप्रेरित क०, दुरुत्साहित क०, उकसाना, उभाड़ना; **~ment,** दुरुत्साहन, उकसाहट*, अवप्रेरण; **~ter, ~tor,** दुरुत्साहक, अवप्रेरक, अपराध-सहकारी। > अॅबे'ट

abeyance, 1. स्थगन; 2. (*law*) प्रसुप्तावस्था*; in~, आस्थगित; प्रसुप्त, प्रसुप्तावस्था* में। **abeyant,** प्रसुप्त। > अॅबेअॅन्स, ~अॅन्ट

abhor, से घृणा* क०, घृणित समझना, नफ़रत* क०; **~rence,** घृणा*,नफ़रत*, बीभत्सा*; घृणित वस्तु*; **~rent,** 1. घृणित, बीभत्स, घिनौना; 2. (*abhorring*) विद्वेषी, विद्वेषक, घृणा करने वाला; 3. (*opposed*) असंगत, का विरोधी। > अॅब्-हॉ:, अॅब्-हॉ/ रॅन्स, ~ रॅन्ट

abidance, 1. (*dwelling*) निवास; 2. (*continuance*) अवस्थिति*, प्रचलन; 3. ~ by, पालन, पाबन्दी*। > ॲबाइ डॅन्स

abide, *v.t.*, की प्रतीक्षा* क०, स्वीकार क०, मान लेना, सहना, भुगतना; — *v.i.*, 1. बना रहना, टिकना, जारी रहना; 2. (*reside*) निवास क०; ~ by, पर दृढ़ या अटल रहना, के प्रति निष्ठा* रखना; पूरा क०, का पालन क०। **abiding,** (चिर) स्थायी, टिकाऊ। > ॲबाइड; ॲबाइडिंग

ability, 1. (*competency*) योग्यता*; 2. (*capacity*) क्षमता*, सामर्थ्य; 3. (*pl., talent*) प्रतिभा*; 4. (*skill*) कुशलता*, कौशल, निपुणता*। > ॲबिलिटि

ab initio, प्रारंभ से, आदित:। > ऐब इनिशिओ

abiogenesis, अजीवात् जीवोत्पत्ति*। **abiotic,** अजैव। > एबाइओ-जे'-नॅ-सिस, एबाइऑटिक

abirritant, प्रदाहहर। **abirritate,** प्रदाह शान्त क०। > ऐब्-इर्/इटॅन्ट, ~इटेट

abject, 1. (*of conditions etc.*) घृणित, अधम; दयनीय; 2. (*of persons*) अधम, कमीना, नीच; 3. (*poor*) दीन-हीन; **~ion,** अधोगति*, दुर्दशा*, अध:पतन; अपक्षेप। > ऐब्जे'क्ट; ऐब्-जे'क्-शॅन

abjuration, सशपथ त्याग; संत्याग। **abjure,** शपथपूर्वक त्यागना या त्याग देना; संत्याग क०। > ऐब्ज्यूरेशॅन; अब्ज्युॲ

ablactation, दूधछुड़ाई*, स्तन्यत्याजन। > एब्लैक्टेशॅन

ablation, 1. अपवर्तन; उच्छेदन; 2. (*erosion*) अपक्षरण। > ऐब्लेशन

ablative, अपादान कारक, पंचमी*; ~ absolute, निरपेश अपादान। > ऐब्-लॅ-टिव़

ablaut, अपश्रुति*। > ऐब्लाउट

ablaze, 1. प्रज्वलित, जलता हुआ; 2. (*gleaming*) प्रदीप्त, उज्ज्वल, ज्वलन्त; 3. (*excited*) उत्तेजित, जोशीला। > ॲब्लेज़

able, 1. योग्य, समर्थ; 2. (*talented*) प्रतिभा-सम्पन्न; 3. (*skilled*) कुशल; 4. (*sea- worthy*) यात्रा-योग्य; **~-bodied,** हृष्ट-पुष्ट; —seaman, योग्य नाविक। > एबॅल, ~-बॉडिड

abloom, पुष्पित, फलता-फूलता, प्रफुल्ल। > ॲब्लूम

abluent, प्रक्षालक, अपमार्जक। > ऐब्लुॲन्ट

ablush, लज्जित। > ॲब्लॅश

ablution, प्रक्षालन, स्नान; **~ary,** प्रक्षालन। > ॲब्लूशॅन, ~ॲरि

ably, योग्य रीति* से, बड़े कौशल से, कौशलपूर्वक, सफ़ाई* से, चतुराई* से। > एब्-लि

abnegate, 1. (*deny*) अस्वीकार क०, इनकार क०, नकारना; 2. (*renounce*) छोड़ देना, त्याग देना। **abnegation,** 1. (*denial*) अस्वीकरण, अस्वीकृति*; 2. (*self-denial*) आत्मत्याग, त्याग, तपस्या*। **abnegator,** अस्वीकर्ता; आत्मत्यागी। > ऐब्-नि/गेट, ~गेशॅन, ~गेटॅ

abnormal, 1. अप्रसम, अप्रसामान्य; अपसामान्य; 2. (*unusul*) असाधारण, असामान्य; 3. (*irregular*) अनियमित; 4. (*unnatural*) अस्वाभाविक; **~ity,** अपसामान्यता*; असामान्यता*; **~ly,** अप्रसमत:। > ऐबनॉ:/मॅल, ~मैलिटि, ~मॅ-लि

abnormity, 1. (*irregularity*) अनियमितता*; 2. (*monstrosity*) अतिविरूपता*। > ऐबनॉ:मिटि

aboard, सवार। > ॲबॉ:ड

abode, आवास, निवास (-स्थान)। > ॲबोड

aboil, उबलता हुआ। > ॲबॉइल

abolish, उठा देना, उन्मूलन क०, समाप्त क०, अन्त क०, उत्सादित क०, तोड़ना। > ॲबॉलिश

abolition, 1. उन्मूलन, उत्सादन, समापन, अन्त; 2. दासता* का उन्मूलन; **~ ism,** दासता-उन्मूलन का आन्दोलन; **~ist,** उन्मूलनवादी; दासता-विरोधी। > ऐ-बॅ-लि-शॅन

abomasum, चतुर्थ आमाशय। > ऐबोमेसॅम

abominable, 1. घृणित, घृणास्पद; 2. (*bad*) खराब, बुरा, निकृष्ट; 3. (*unpleasant*) अप्रिय, निन्द्य। **abominate,** 1. से (अत्यधिक) घृणा* क०; 2. (*dislike*) नापसन्द क०, से नफ़रत* क०। **abomination,** घृणा*, जुगुप्सा*; घृणित वस्तु* या बात*। **abominator,** घृणी, जुगुप्सक। > ॲबॉमि/नॅ-बॅल, ~नेट, ~नेशॅन, ~नेटॅ

aboriginal, *adj.*, आदिम; *n.*, आदिवासी। **aborigines,** 1. आदिवासी जातियाँ*; 2. देशी (देशज) जन्तु या पौधे। > ऐ-बॅ-रि-जि-/नॅल, ~नीज़

abort, को गर्भपात होना; निष्फल, व्यर्थ या बेकार हो जाना; **~ion,** 1. गर्भपात, भ्रूणहत्या*; 2. (*miscarriage*) गर्भस्राव; 3. (*biol.*) अवर्धन, वृद्धिरोध; procure—, गर्भपात कराना; **~ionist,** गर्भपाती; **~ive,** 1. (*of medicine*) गर्भस्रावी, गर्भस्रावक; 2. (*of child*) अकालप्रसूत, गर्भच्युत; 3. (*arrested*) वृद्धिरुद्ध, अवर्धित; 4. (*fruitless*) निष्फल। > ॲबॉ:ट; ॲबॉ:/शॅन, ~शॅनिस्ट, ~टिव़

ab(o)ulia, संकल्प-अक्षमता*। > ॲबूलिॲ

abound (in), (से) भरपूर होना, प्रचुर या विपुल होना, (का) धनी होना। > ॲबाउन्ड

about, *adv.* 1. (*all round*) चारों ओर; 2. (*near*) पास, आसपास; 3. (*here and there*) इधर-उधर, यहाँ-वहाँ, जहाँ-तहाँ, इतस्तत:; 4. (*nearly*) लगभग; 5. (*in circumference*) दायरे में, घेरे में; 6. (*in opp. dir.*) उलटे, घूमकर, उलटकर; 7. (*roundabout*) घूमकर; —*adj.*, 1. चलता-फिरता; 2. (*prevalent*) प्रचलित; 3. (*of disease*) फैला हुआ; —*prep.*, के

चारों ओर; के पास; में; के विषय में, के बारे में; में लगा हुआ, में व्यस्त; he is about to (go), वह (जाने) को है, वह (जाने) ही वाला है; —*v.*, घुमाना; **~face,** रंग बदलना; **~sledge,** घन।

> ऍबाउट, ~फ़ेस, ~स्लेज

above, *prep.*, के ऊपर; के परे, से परे, के बाहर; से अच्छा, से श्रेष्ठ; से अधिक; —*adv.*, ऊपर; —*adj.*, ऊपर का, ऊपरी, उपरला; उपर्युक्त; —*n.*, उपर्युक्त बात* या विषय; **~-board,** *adv.*, खुल्लमखुल्ला, प्रकट रूप से; —*adj.*, प्रकट, ठीक; निष्कपट, निश्छल; **~-cited, ~-quoted,** ऊपर उद्धृत, ऊपर दिया हुआ; **~-mentioned, ~-said,** उपयुर्क्त, ऊपर कहा हुआ।

> ॲबॅव़

abracadabra, 1. मन्त्र (-तंत्र), बीजमन्त्र; 2. (*gibberish*) अनाप-शनाप, अण्ड-बण्ड, आँयँ-बाँयँ।

> ऐब्-रॅ-कॅ-डैब्-रॅ

abradant, अपघर्षक। **abrade,** घिसना।

> ॲब्रेडॅन्ट; ॲब्रेड

Abraham, इब्राहीम, अब्रहाम।

> एब्रॅहैम

abranchial, abranchiate, अक्लोम।

> एब्रैंकि/ॲल, ~एट

abrasion, 1. अपघर्षण, घिसाई*; 2. (*wound*) छीलन*, खरोंच*, खराश*। **abrasive,** अपघर्षक, अपघर्षी।

> ॲब्रे/श़्ज़ॅन, ~सिव्

abreast, पंक्तिबद्ध; (के) बराबर।

> ॲब्रे'स्ट

abridge, 1. संक्षिप्त क०; 2. (*lessen*) घटाना, न्यून क०, कम क०; 3. (*deprive*) से वंचित क०; **~ment,** संक्षेपण; संक्षेप; घटाव, काट-छाँट*, न्यूनन।

> ॲब्रिड्ज, ~मॅन्ट

abroach, 1. खुला; 2. (*astir*) गतिमान्, सक्रिय।

> ॲब्रोच

abroad, 1. विदेश में; बाहर; 2. (*widely*) चारों ओर, जहाँ-तहाँ; 3. (*current*) प्रचलित, फैला हुआ; 4. (*in error*) ग़लत।

> ॲब्रॉःड

abro/gable, निराकरणीय; **~gate,** निराकरण क०, रद्द क०, निरसन क०; **~gation,** निरसन, उत्सादन; **~gative,** निराकारी; **~gator,** निराकर्ता।

> ऐब्रो/गॅ-बॅल, ~गेट, ~गेशॅन ~गेटॅ

abroma, उलटकम्बल।

> ऐ-ब्रो-मॅ

abrupt, 1. (*sudden*) आकस्मिक; 2. (*brusque*) रूखा; 3. (*steep*) खड़ा, दुरारोह; 4. (*of style*) विषम, असम्बद्ध; **~ion,** अवखण्डन; **~ly,** सहसा, अचानक, अकस्मात्, एकाएक।

> ॲब्रॅप्ट; ॲ-ब्रॅप्-शॅन

abscess, फोड़ा, विद्रधि*।

> ऐब्-सिस

absciss (a), abscisse, भुज।

> ऐब्-सि-सॅ

abscission, अपच्छेदन; विगलन।

> ऐब्शिश़्ज़ॅन

abscond प्रपलायन क०, फरार होना; **~ence,** प्रपलायन; **~er,** भगोड़ा, फ़रार, प्रपलायी, पलायक।

> ॲब्-स्कॉन्ड

absence, 1. अनुपस्थिति*, ग़ैरहाज़िरी*; 2. (*lack*) अभाव, अवर्तमान; 3. (*~of mind*) अन्यमनस्कता*, दुचिताई*, दुचित्ती*।

> ऐब्सॅन्स

absent, *adj.*, 1. अनुपस्थित, ग़ैरहाज़िर; 2. (*wanting*) अविद्यमान, अवर्तमान, नामौजूद, अप्राप्त; 3. (*~minded*) अनमना, खोया-खोया; —*v.*, ~oneself (*from*), से अनुपस्थित रहना या होना, (से) दूर रहना; **~ee,** 1. अनुपस्थित, 2. (*law*) अनुपस्थाता, अन्यत्रवासी; 3. दूरस्थ; **~eeism,** अनुपस्थिति*, अन्यत्रवासिता*; **~ly,** अनमने भाव से; **~minded,** 1. अन्यमनस्क, अनमना, दुचित्ता; 2. (*forgetful*), भुलक्कड़; **~mindedness,** अन्यमनस्कता*।

> ऐब्-सॅन्ट; ऐब्-सॅन्-टी; ऐब-सॅन्ट-माइन्डॅड

absinth(e), अफ़संतीन।

> ऐब्सिंथ

absolute, 1. (*independent*) निरपेक्ष, अनपेक्ष; 2. (*unrestricted*) निर्द्वन्द्व, निर्बाध, अबाध, अबाधित, असीम; 3. (*despotic*) निरंकुश; 4. (*unconditional*) अप्रतिबन्ध, अप्रतिबद्ध; 5. (*highest*) परम, चरम, अत्यन्त; 6. (*perfect*) पूर्ण, सम्पूर्ण; 7. (*pure*) परिशुद्ध; 8. (*definite*) दृढ़, सुनिश्चित; 9. (*gramm.*) अनन्वित; 10. (*unqualified*) निरुपाधि; ~ position, मूल स्थिति*; ~power, परम अधिकार, परम सत्ता*; ~term, अचर या स्थिर पद; the A., परम तत्त्व, स्वयंभू; **-ly,** पूर्णतया, बिलकुल, सर्वथा, नितान्त, अप्रतिबन्ध।

> ऐब्-सॅ-लूट = ऐब्-सॅ-ल्यूट

absolution, निर्मुक्ति*; क्षमादान; पाप-क्षमा*, पापमोचन।

> ऐब-सॅ-लू-शॅन = ऐब-सॅ-ल्यू-शॅन

absolutism, 1. (*despotism*) तानाशाही*, निरंकुशता*; 2. (*quality*) निरपेक्षता*; 3. (*philos.*) निरपेक्षतावाद। **absolutist,** तानाशाह; निरंकुशतावादी; निरपेक्षतावादी।

> ऐब-सॅ-ल्यू/टिज़्म, ~टिस्ट

absolve, से (वि) मुक्त क०, छुटकारा देना; निरपराध ठहराना; पापमुक्त क०।

> ॲब्-ज़ॉल्व़

absonant, 1. बेसुरा, कर्कश; 2. (*fig.*) बेतुका, असंगत।

> ऐब्-सॅ-नॅन्ट

absorb, 1. सोख लेना, चूस लेना; 2. (*engulf*) मिला लेना, निगलना, समा लेना, अन्तर्लीन क०; 3. (*assimilate*) आत्मसात् क०; 4. (*take up*) लेना, खींचना, आकृष्ट क०; 5. (*chem.*) अवशोषण क०; **~ability,** अवशोष्यता*; **~able,** अवशोष्य; **~ed,** 1. अवशोषित; 2. (*engulfed*) विलीन, समाविष्ट; 3. (*assimilated*) आत्मसात्; 4. (*engrossed*) लीन, तल्लीन, (नि)मग्न, तन्मय; **~efacient,** प्रचूषी; **~ency,** अवशोषकता*, **~ent, ~er,** अवशोषक, अवशोषी; **~ing,** अवशोषक, अवचूषी; दिलचस्प, चित्ताकर्षक।

> ॲब्सॉःब

ॲब्-सॉ:-बॅ-बि-लि-टि; ॲब्सॉ:-बॅ-बॅल
ॲब्सॉ:ब्ड; ॲब्-सॉ:-बॅ-फे-शॅन्ट
ॲब्सॉ:/बॅन्सि, ~बॅन्ट, ~बॅ, ~बिंग

absorption, 1. (अव)शोषण, अवचूषण; 2. (*of mind*) तल्लीनता*, तन्मयता*; 3. (*assimilation*) आत्मसात्करण, अन्तर्लयन, विलयन, समावेशन। **absorptive,** अवशोषी। **absorptivity,** अवशोषकता*।
> ॲबसॉ:प्/शॅन, ~टिव्, ॲब्सॉ:प्-टि-वि-टि

abstain, से परहेज़ क०, से बाज़ आना, से अलग रहना; **~er,** 1. परहेज़गार; 2. (*from liquor*) मद्यत्यागी।
> ॲब्स्टेन; ॲब्-स्टे-नॅ

abstemious, मिताहारी; संयमी। > ऐब्स्टीमिॲस

abstention, 1. निवृत्ति*, अकरण; 2. (*in voting*) तटस्थ (रहना)। > ऐब-स्टे'न्-शॅन

abstergent, abstersive, अपमार्जक। **abstersion,** अपमार्जन।
> ॲब्-स्टॅ:/जॅन्ट, ~सिव; ~शॅन

abstinence, 1. परहेज़; मांसाहार-त्याग; मद्य-त्याग; 2. संयम, परिवर्जन; 3. (*armistice*) युद्धविराम। **abstinent,** परहेज़गार; मद्यत्यागी; मिताहारी; संयमी।
> ऐब्स्टि/नॅन्स, ~नॅन्ट

abstract, *adj.*, 1. (*not concrete*) अमूर्त, निराकार; 2. (*general*) सामान्य, निरपेक्ष; 3. (*gramm.*) भाववाचक; 4. (*abstruse*) दुर्बोध, गूढ़; 5. (*unpractical*) अव्यावहारिक; 6. (*art*) अमूर्त; —*n.*, सार, सारांश, संक्षेप; —*v.*, 1. हटा लेना, घटाना; निकालना; पृथक् क०, 2. चुराना; 3. (*epitomize*) संक्षिप्त क०, सार प्रस्तुत क० या तैयार क०; 4. (*divert*) खींचना, हटा देना; in the~, सिद्धान्त के रूप में, सामान्य तौर पर; **~ed,** 1. पृथक्; 2. (*absent-minded*) अन्यमनस्क; **~edly,** अनमने भाव से; सिद्धान्त की दृष्टि* से; **~ion,** 1. पृथक्करण; 2. चोरी*; 3. अमूर्तीकरण; 4. भाववाचक शब्द; अमूर्त प्रत्यय; कल्पना* मात्र, कपोल-कल्पना*, 5. (*absence of mind*) अन्यमनस्कता*, तन्मयता*। > ऐब्स्ट्रैक्ट; ऐब्स्ट्रैक्शॅन

abstruse, दुरूह, दुर्बोध, गूढ़। > ऐबूस्ट्रूस

absurd, 1. बेतुका, निरर्थक, अनर्गल, असंगत, अयुक्त; 2. (*ridiculous*) हास्यास्पद; **~ity,** बेतुकापन, असंगति*, अयुक्ति*, विसंगति*।
> ॲब्सॅ:ड; ॲब-सॅ:-डि-टि

abundance, बहुतायत*, बाहुल्य, आधिक्य, बहुलता*, प्रचुरता*; (*wealth*) समृद्धि*। **abundant,** प्रचुर, भरपूर, बहुल, अतिशय; का धनी, से परिपूर्ण।
> ॲबॅन्/डॅन्स, ~डॅन्ट

abuse, *v.*, 1. का दुरुपयोग क०; 2. (*ill-use*) के साथ दुर्व्यवहार क०; 3. (*revile*) गाली* देना, बुरा-भला सुनाना; —*n.*, 1. दुरुपयोग; कुप्रयोग; 2. दुर्व्यवहार; 3. (*custom*) कुप्रथा*; 4. गाली*, अपशब्द, दुर्वचन। **abusive,** 1. (*misapplied*) गलत, अनुचित; 2. निन्दात्मक, अपमानजनक।
> ॲब्यूःज़ (*v.*), ॲब्यूःस (*n.*); ॲब्यूसिव्

abut, से सटा हुआ या लगा हुआ होना, से संसक्त होना, मिलना, साथ लगना; **~ment,** 1. (*archi.*) पीलपाया; अन्त्याधार, आधार; 2. (*junction*) जोड़, सीमा-संयोग, अनुसीमा*; 3. (*abutting*) संसक्ति*; **~tals,** अनुसीमा*, संसक्त सीमाएँ*; **~ter,** संसक्त स्वामी; **~ting,** साथ लगा हुआ, संसक्त। > ॲ-बॅट

abysmal, नितलीय, अगाध, अथाह। > ॲ-बिज़्-मॅल

abyss, अगाध गर्त्त, रसातल, वितल; **~al,** 1. वितलीय; अगाध, अतल; 2. (*fauna*) अतलवासी।
> ॲबिस; ॲ बिसॅल

acacia, 1. बबूल; 2. (*ferrugina*) कीकर; 3. (*catechu*) खैर; 4. (*chundra*) लाल खैर, 5. (*lenticularis*) खिन; 6. (*modesta*) फुलाई* 7. (*suma*) सेन, सैंकटा। > ॲ-के-शॅ

academic, 1. (*educational*) शैक्षिक; 2. (*scholarly*) विद्वत्तापूर्ण, शस्त्रीय, विद्योचित; 3. (*unpractical*) अव्यावहारिक; 4. (*theoret.*) सैद्धान्तिक मात्र; 5. (*pedantic*) पंडिताऊ; 6. अकादमिक; ~council, विद्यापरिषद्*; ~qualification, शैक्षिक योग्यता*; ~year, शिक्षा-वर्ष, शैक्षिक वर्ष; **~al,** *see* ACADEMIC; **~ian,** परिषत्सदस्य। **academy,** अकादमी*; परिषद्*, विद्वत्परिषद्*; (उच्च) विद्यालय।
> ऐ-कॅ-डे'-मिक; ॲ-कै डॅ-मि-शॅन
> ॲ-कै-डॅ-मि

acatalectic, पूर्णपदी। **acatalepsy,** अबोध-गम्यता*। **acataleptic,** अबोधगम्य।
> ऐ-कै-टॅ-ले'क्-टिक; ऐ-कै-टॅ-ले'प्-सि
> ऐ-कै-टॅ-लेप्-टिक

accede, 1. पद या कार्यभार ग्रहण क०; 2. (*give adhesion*) में सम्मिलित हो जाना; 3. (*assent*) राज़ी होना, स्वीकार क०, मान लेना; से सहमत होना।
> ऐक्सीड

accelerando, उत्तरोत्तर त्वरित। > ऐक्से'लॅरैंडो

accele/rate, गति* (या चाल*) बढ़ाना, तेज़ या तीव्र क०; जल्दी* या शीघ्रता* कराना; **~rated,** त्वरित; **~ration,** त्वरण, गतिवर्द्धन; **~rative,** त्वरायक; **~rator,** त्वरित्र; **~rometer,** त्वरणमापी।
> ऐक्से'लॅ/रेट, ~रेशॅन, ~रेटिव,
> ~रे-टॅ, ~रॉम्-इ टॅ

accent, *n.*, 1. (*pitch ~*) स्वराघात; 2. (*stress~*) बलाघात; 3. (*mark*) उच्चारण-चिह्न; 4. (*stress*) बल; 5. (*pronunciation*) उच्चारण, लहज़ा, 6. (*character*) विशिष्टता*; —*v.*, बलाघात या स्वराघात

क०; बल, ज़ोर या महत्त्व देना; स्वरांकन क०; उच्चारण-चिह्न लगाना; **~ual,** बलाघातीय; **~uate,** *see* ACCENT; **~uation,** स्वराघात, बलाघात, स्वरांकन; प्रबलन। > ऐक्सॅन्ट; ऐक्-से'न्-ट्यु/ॲल, ~एट, ~एशॅन

accept, 1. ग्रहण क०, लेना; 2. (*receive favourably*) स्वीकार क०, अंगीकार क०; 3. (*approve*) मंजूर क०, स्वीकार क०, अनुमोदित क०; 4. (*admit*) मान लेना, मानना; 5. (*consent*) राज़ी होना, स्वीकृति* देना, स्वीकार क०; 6. (*comm.*) सकारना; **~able,** 1. स्वीकार्य, ग्राह्य; 2. (*satisfactory*) सन्तोषजनक; 3. (*pleasing*) सुग्राह्य, अभिमत, सुखद, प्रीतिकर, मनोरम, रमणीय; **~ance,** 1. स्वीकृति*, स्वीकरण, प्रतिग्रहण; 2. मंज़ूरी*, अनुमोदन; 3. (*belief*) विश्वास; 4. (*assent*) सहमति*, सम्मति*; 5. (*comm.*) सकार*; 6. —of persons, पक्षपात; **~ant** ग्रहण या स्वीकार करनेवाला; **~ation,** रूढ़ार्थ, गृहीतार्थ; **~or,** 1. ग्राही, (प्रति)-ग्रहीता; स्वीकर्ता, स्वीकारी; 2. (*comm.*) सकारनेवाला, सकारक, सकारी; 3. (*competitor*) प्रतियोगी। > ॲक्से'प्ट; ॲक्से'प्/टॅ-बॅल, ~टॅन्स, ~टॅन्ट, ~टेशॅन,~टॅ

access, 1. (*approaching*) आगमन, उपागमन, अभिगमन; 2. (*way*) (प्रवेश) मार्ग, रास्ता, प्रवेश; 3. (*right, ability*) पहुँच*, पैठ*, प्रवेश; 4. (*increase*) बढ़ती*, (अभि) वृद्धि*; 5. (*outburst*) आवेश, आवेग, उद्वेग; 6. (*of disease*) दौरा; **~ible,** अभिगम्य, गम्य, उपगम्य, प्रवेश्य; 2. सुगम्य, सुगम; 3. (*obtainable*) प्राप्य, सुलभ; 4. (*open to*) प्रभावनीय, प्रभाव्य; **~ion,** 1. आगमन; अभिगमन; 2. प्राप्ति*, अवाप्ति*, पदप्राप्ति*, पदग्रहण, पदारोहण; आरोहण, राज्यारोहण, राज्यप्राप्ति*; 3. (*assent*) सहमति*, स्वीकृति*; 4. (*increase*) अनुवृद्धि*; 5. (*of a state*) अधिमिलन; —number, प्राप्ति-क्रमांक, अवाप्ति-क्रमांक। > ऐक्-से'स; > एक्-से'-सि-बॅल; एक्-से'शॅन

accessary, सहायक, उपसहायक; ~after the fact, अनुषंगी; ~before the fact, पुरःसंगी; *see* ACCESSORY. > ऐक्से'सॅरि

accessorial, अतिरिक्त। > ऐक्-सॅ-सॉ:-रि-ॲल

accessory, *adj.*, 1. (*extra*) अतिरिक्त; 2. (*subordinate*) गौण, अप्रधान, सहायक, उप-; 3. (*adventitious*) आगन्तुक, बाहरी; —*n.*, 1. उपांग, उपसाधन, अतिरिक्त वस्तु* या बात*; 2. (*pl., equipment*) उपकरण; *see* ACCESSARY. > ऐक्-से'-सॅ-रि

accidence, 1. शब्दरूप, रूपसाधन, शब्दानुशासन; 2. (*rudiments*) प्रारंभिक ज्ञान। > ऐक्सिडॅन्स

accident, 1. (*unforeseen*) उपपात, आपात, अप्रत्याशित घटना*; 2. (*mishap*) दुर्घटना*; 3. (*chance*) संयोग, इत्तफ़ाक; 4. (*attribute*) उपलक्षण, अतात्त्विक गुण; 5. (*irregularity*) विषमता*; death by ~, अपमृत्यु*; **~al,** 1. (*fortuitous*) आकस्मिक, सांयोगिक; 2. (*unessential*) अतात्त्विक, अनावश्यक; 3. (*incidental*) आगन्तुक, संयोगी, प्रासंगिक, आनुषंगिक; 4. (*subsidiary*) गौण; **~ally,** 1. संयोग से; 2. (*unintentionally*) बिना जाने बूझे, अनजाने; **~ed,** विषम, ऊबड़-खाबड़। > ऐक्सिडॅन्ट; ऐक्-सि-डे'न्-टॅल

accidie, acedia, 1. निष्क्रियता*; 2. (*despair*) निराशा*। > ऐक्सिडिए, ॲसीडिॲ

acclaim, *v.*, 1. (*applaud*) तालियाँ* बजाना, जयघोष क०, जयजयकार** क०; 2. (के रूप में) स्वागत क०, अभिनन्दन क०, समभिनन्दन क०; —*n.*, जयघोष, जयजयकार**, साधुवाद, करतलध्वनि*; समभिनन्दन। > ॲक्लेम

acclamation, 1. जयघोष, जयजयकार**; 2. (*welcome*) अभिनन्दन, समभिनन्दन; 3. (*approval*) अनुमोदन, मंज़ूरी*; मौखिक मतदान। > ऐक्लॅ-मे-शॅन

acclimatization, दशानुकूलन, (परिस्थिति-) अनुकूलन। **acclimatize,** जलवायु (वातावरण, परिस्थिति*) का आदी (अभ्यस्त) बनना, हो जाना या बनाना, जलवायु के अनुकूल बनाना। > ॲ-क्लाई-मॅ-टाइ-ज़े-शॅन; ॲ-क्लाइ-मॅ-टाइज़

acclivity, चढ़ाई*। **acclivous,** चढ़ावदार, उत्प्रवण। > ॲ-क्लि-वि-टि; ॲ-क्ली-वॅस

accolade, 1. आलिंगन; 2. (*award*) पुरस्कार; 3. (*music*) लकीर*। > ऐ-कॅ-लेड = ऐ-कॅ-लाड

accommodate, 1. (*adjust*) समायोजित क०; 2. (*become adjusted*) समायोजित होना; 3. (*adapt*) अनुकूल बनाना; 4. (*oblige*) अनुग्रह क०, सहायता* देना; 5. (*reconcile*) मेल-मिलाप क०, झगड़ा निबटाना, समझौता कराना; 6. (*supply*) देना, दिलाना, मुहैय्या क०, से सज्जित क०; 7. (*have space for*) के लिए सुविधा* या जगह* होना; 8. (*lodge*) ठहराना, जगह* या स्थान देना। **accommodating,** 1. (*pliable*) सुनम्य, नमनशील, दब्बू; 2. (*obliging*) भद्र; उदार; अनुग्राही; 3. (*open to corruption*) ढीला-ढाला, अदृढ़, कच्चा। > ॲ-कॉ-मॅ-डेट

accommodation, 1. समायोजन; 2. अनुकूलन; 3. समझौता; 4. (*lodgings*) आवास; 5. (*travelling space*) जगह*, स्थान; 6. (*loan*) कर्ज़; ऋण; 7. (*help*) सहायता*; 8. (*obligingness*) सौजन्य, उपकारिता*; 9. (*supplying*) आपूरण, आपूर्ति; **~-ladder,** पोत-सीढ़ी*, तागड़*। > ॲ-कॉ-मॅ-डे-शॅन

accompaniment, 1. संलग्न वस्तु*; 2. (*music*) संगत*। **accompan(y)ist,** संगतकार। > ॲ-कॅम्-पॅ/नि-मॅन्ट, ~निस्ट,

accompany, 1. के साथ चलना या जाना, साथ-साथ चलना; साथ-साथ हो जाना; 2. (*music*) साथ देना; 3. (*add*) जोड़ना; **~ing,** संलग्न, साथ का। > ॲकॅम्‌पॅनि

accomplice, सहापराधी, अभिषंगी। > ॲ-कॉम-प्लिस = ॲ-कॅम-प्लिस

accomplish, पूरा क०, सम्पादित क०, निष्पादित क०; **~ed,** 1. पूरा किया हुआ, समाप्त, सम्पादित; 2. (*skilled*) निपुण, कुशल, प्रवीण, निष्णात; 3. (*polished*) सुसंस्कृत; **~ment,** 1. निष्पत्ति*, सम्पादन; 2. (*achievement*) उपलब्धि*; 3. (*skill*) दक्षता*, प्रवीणता*, कौशल। > ॲकॉम्‌-प्लिश = ॲ-कॅम्‌-प्लिश

accord, *v.*, 1. से मेल खाना, के अनुरूप होना; 2. (*grant*) प्रदान क०, देना; *—n.*, 1. (*harmony*) मेल, संगति*; 2. (*agreement*) समझौता; of one's own~, स्वेच्छया, अपनी ही इच्छा* से; with one~, सर्वसम्मति* से, सब मिलकर; **~ance,** अनुरूपता*, समनुरूपता*, अनुसारता*; संगति*; प्रदान; **~ant,** अनुकूल; संगत; **~ing as,** जैसा कि, जितना, ज्यों-ज्यों; **~ing to, in~ance with,** के अनुसार; **~ingly,** 1. तदनुसार; 2. (*therefore*) अतः, इसलिए। > ॲकॉ:ड

accost, 1. सम्बोधित क०, छेड़ना; 2. (*solicit*) अनुचित प्रस्ताव क०, लुभाना। > ॲकॉस्ट

accouchment, प्रसव, प्रसूति*। **accoucheur,** प्रसावक। **accoucheuse,** प्रसाविका*। > ॲ-कू-शॅ-मां; ऐ-कू-शॅ:; ऐ-कू-शॅ:ज़

account, *v.*, 1. (*deem*) समझना, मानना; 2. हिसाब या लेखा देना; 3. (*explain*) स्पष्टीकरण क०, कारण बताना; 4. (*dispose of*) समाप्त क०; मार डालना; खा जाना; के लिए ज़िम्मेवार होना; *—n.*, 1. (*calculation*) गणन, गणना*, परिकलन; 2. (*statement of~*) हिसाब, लेखा; 3. (*current~*) खाता; 4. (*importance*) महत्त्व; 5. (*explanation*) स्पष्टीकरण; 6. (*description*) विवरण, वृत्तान्त, बयान, वर्णन; of no ~, नगण्य, तुच्छ; on ~ of, के कारण; on no~, कदापि नहीं, हरगिज़ नहीं; take into~ का ध्यान रखना; turn to~, से लाभ उठाना; **~able,** 1. उत्तरदायी, जिम्मेवार; 2. (*of articles*) लेखादेय, देनदार; 3. (*explicable*) स्वाभाविक, सकारण; **~ancy,** लेखा-विद्या*, लेखाशास्त्र; लेखा-विधि; लेखा-कर्म; **~ant,** लेखाकार, लेखापाल **~-book,** लेखा-बही*, बही-खाता; **~ing,** लेखा-शास्त्र; लेखा-विधि*; लेखा, हिसाब। > ॲकाउन्ट

accoutre, सज्जित क०; **~ments,** सज्जा*, लवाज़मा, साज़-समान। > ॲ-कू-टॅ, ~मॅन्ट्स

accredit, 1. (*take as true*) विश्वास क०, मानना; 2. (*give credentials to*) प्रत्यायित क०, मान्यता* दिलाना, प्राधिकृत क०; 3. (*certify*) प्रामाणिक ठहराना या सिद्ध क०; 4. (*attribute*) का श्रेय देना; **~ed,** प्रत्यायित; अधिकृत; मान्य; **~ation,** प्रत्यायन। > ॲक्रे'डिट; ॲक्रे'डिटेशॅन

accrete, बढ़ना, जुड़ जाना। **accretion,** 1. (अभि) वृद्धि*, उपचय; 2. (*growing together*) सहवर्धन। **accretive,** सहवर्धी। > ऐक्रीट; ऐक्रीशॅन; ऐक्रीटिव्

accrual, प्रोद्‌भवन, संभूति*। > ॲक्रूॲल

accrue, ~ to, को प्राप्त होना; ~from, से उत्पन्न होना; **~d,** प्राप्त, उपार्जित; प्रोद्‌भूत, उपचित। > ॲ-क्रू

acculturation, संस्कृति-संक्रमण, उत्संस्करण। > ऐक्‌-कॅल्‌-चॅ-रे-शॅन

accumbent, 1. शयित, लेटा हुआ; 2. (*bot.*) मूलाभिमुख, प्रतिस्थित। > ॲकॅम्‌बन्ट

accumu/lable, संचेय; **~late,** संचय क०, एकत्र क०, संग्रह क०, संचित होना, एकत्र हो जाना, बढ़ता जाना; **~lated,** संचित, पुंजित; **~lation,** 1. (*act*) संचयन; 2. संचय, समूह, पुंज, अम्बार, ढेर; **~lative,** संचयी; **~lator,** संचायक। > ॲक्यूम्यु/लॅबल, ~लेट, ~लेटॅड, ~लेशॅन, ~लेटिव्, ~ले-टॅ

accuracy, परिशुद्धि*, परिशुद्धता*, यथार्थता*, विशुद्धता*। > ऐक्यु-रॅ-सि

accurate, परिशुद्ध, विशुद्ध, यर्थाथ, सही, ठीक; **~ly,** ठीक-ठाक। > ऐक्यु-रिट

accursed, accurst, 1. अभिशप्त, शापित, शापग्रस्त; 2. (*abdominable*) घृणित, जघन्य, घिनौना, गर्हित। > ॲकॅ:सिड; ॲकॅ:स्ट

accu/sable, अभियोग्य, **~sal, ~sation,** 1. (*act*) अभियोजन, दोषारोपण; अभियोग, इलज़ाम; **~sant,** अभियोजक, अभियोगी, अभियोक्ता, अभियोक्त्री*, फ़रियादी। > ॲक्यूज़ॅ-बॅल, ~ज़ॅल, ~ज़ेशन, ~जॅन्ट

accusative, कर्म कारक, द्वितीया*। > ॲक्यूज़ॅटिव

accusatorial, अभियोजकीय। **accusatory,** अभियोगात्मक। > ॲक्यूज़ॅ-टॉ:-रि-ॲल; ॲक्यूज़ॅ-टॅ-रि

accuse, 1. दोष लगाना, दोषारोप क०, आरोप क०; 2. (*law*) अभियोग लगाना; **~d,** अभियुक्त, मुलज़िम; **~r,** अभियोक्ता। > ॲक्यूज़; ॲक्यूज़्ड; ॲ-क्यू-ज़ॅ

accustom, आदी या अभ्यस्त बनाना, आदत* डालना; **~ed,** 1. अभ्यस्त, आदी; 2. (*habitual*) अभ्यासगत, अभ्यस्त। > ॲकॅस्टॅम

ace, 1. (*card etc.*) इक्का; 2. (*expert*) श्रेष्ठ (प्रतियोगी *etc.*); 3. (*small measure*) रत्ती*। > एस

acedia, *see* ACCIDIE. > ॲसीडिॲ

acentric, 1. अकेंद्र; 2. (*off centre*) विकेंद्रित। > ए-से'न्‌-ट्रिक = अ-से'न्‌-ट्रिक

acephalous, 1. अशीर्षी, अशिरस्क, शिरोहीन;

2. (*leaderless*) नेतृत्वहीन। > ॲ-से 'फॅ-लॅस

acerbate, 1. कटु बनाना; 2. (*vex*) चिढ़ाना। > ऐ-सॅ-बेट

acerbity, 1. (*taste*) खट्टापन, कसाव, कसैलापन; 2. (*fig.*) कटुपन। > ॲसॅ:बिटि

acervate, प्रगुच्छित। > ॲसॅ:विट

acescence, शुक्तता*। **acescent,** शुक्त, खट्टा; आशु-शुक्त। > ॲसे 'सॅन्स; ॲसे 'सॅन्ट

acetate, ऐसीटेट, शुक्तीय। **acetic,** एसीटिक, शुक्तिक। **acetification,** शुक्तीकरण। **acetify,** का सिरका बना देना; खट्टा बनना। **acetone,** ऐसीटोन, शुक्ता*। **acetous,** खट्टा। **acetum,** सिरका। **acetylene,** ऐसीटिलीन। > ए-सि-टिट ॲसीटिक; ॲसे 'टिफ़िकेशॅन; ॲसेटिफ़ाइ ऐसिटोन; ऐसिटॅस; ॲसीटॅम; ॲसे 'टिलीन

ache, *n.* (*v.*), दर्द (क०), पीड़ा*, शूल। > एक

achievable, निष्पाद्य। > अ-ची-वॅ-बॅल

achieve, पूरा क०, सम्पादित क०; सफल होना; पाना, प्राप्त क०, उपार्जित क०, **~ment,** कार्यसम्पादन, निष्पादन; कार्यसिद्धि*, निष्पत्ति*; सफलता*, उपलब्धि*, सफल प्रयत्न; महान् कार्य। > ॲ-चीव

achromatic, 1. वर्णहीन, अवर्ण, 2. (*of instrum.*) अवर्णक। **achromatin,** अरंज्या*। **achromatism,** अवर्णता*। > एक्रोमैटिक; ॲक्रो/मॅ-टिन; ~मॅ-टिज़्म

acid, *adj.*,1. खट्टा, अम्ल; 2. (*chem.*) अम्लीय, तेज़ाबी; —*n.*,तेज़ाब, अम्ल; ~test, अग्नि-परीक्षा*, कसौटी*; **~-fast,** अम्ल-स्थायी; **~ic,** अम्ल, अम्लीय; **~ification,** अम्लीकरण, अम्लीभवन, **~ifier,** अम्लक; **~ify,** आम्ल क०,या हो जाना; **~imeter,** अम्लमापी; **~imetry,** अम्लमिति*; **~ity,** खट्टापन, अम्लता*; **~osis,** अम्लरक्तता*, **~ulate,** किंचित् आम्ल क०, **~ulated,** अम्लीकृत; **~ulous,** अम्लवत्, थोड़ा खट्टा। > ऐसिड; ॲसिडिफ़िकेशॅन ॲसिडिफ़ाइ; ऐ-सि-डि-मि-टॅ ॲसिडिटि; ऐसिडोसिस; ॲसिड्यु/लेट, ~लॅस

acinus, 1. (*drupelet*) अष्ठिलक; 2. (*berry*) बेरी*; 3. (*anat.*) कोष्ठक। > ऐसिनॅस

acknowledge, 1. स्वीकार क०, कबूलना; 2. मान लेना; 3. प्राप्ति-सूचना* या पावती* भेजना या देना; 4. (*thank*) आभार मानना; 5. (*law*) अभिस्वीकार क०, **~d,** स्वीकृत; अभिस्वीकृत*; **~ment,** स्वीकृति*; प्राप्ति-सूचना*, पावती*; आभारोक्ति*; आभार-पूर्त्ति*, प्रतिदान, प्रत्युपहार; —due, रसीदी, पावती। > ॲक्नॉलिज, ~मॅन्ट

aclinic, अनत। > एक्लिनिक = ॲक्लिनिक

acme, पराकाष्ठा*, चरम बिन्दु। > ऐक्-मि

acne, मुँहासा। > ऐक्-नि

acock, तिरछे, अक्खड़पन से। > ॲकॉक

acolyte, वेदी-सेवक; अनुचर, परिचर। > ऐ-कॅ-लाइट

aconite, 1. मोहरी; 2. (*poison*) बछनाग, वत्सनाभ। > ऐ-कॅ-नाइट

acorn, बाँजफल, बंजुफल। > एकॉ:न

acosmism, अविश्ववाद। > ऐकॉस्-मिज़्म

acotyledon, अबीजपत्र > ऐकॉटिलीडन

acoustic, ध्वनिक, ध्वनि-; श्रवण-; **~ian,** ध्वनिशास्त्री; **~s,** 1. (*science*) ध्वानिकी*; (*of a room*) ध्वानिकता*, श्रवण-गुण। > ॲकूस्-टिक; ऐकूस्टिशॅन

acquaint, परिचय या जानकारी* प्राप्त क०, परिचित हो जाना; परिचय देना, परिचित करना, अवगत क०; **~ance,** परिचय, जानकारी*, जान-पहचान*; परिचित (व्यक्ति), मुलाकाती; **~anceship,** परिचिति*; **~ed,** 1. (*known*) परिचित; 2. (*knowing*) जानकार, से परिचित, से अवगत। > ॲक्वेन्ट; ॲ-क्वेन्-टॅन्स, ~शिप

acquest, उपलब्ध सम्पत्ति*। > ऐक्वे 'स्ट

acquiesce, मौन स्वीकृति* या सम्मति* देना, चुपचाप स्वीकार क०, **~nce,** मौन सम्मति* या समनुमति*; **~nt,** राज़ी, सहमत। > ऐक्-वि-ए 'स, ~ॲन्स

acquirable, प्राप्य, प्रापणीय। > ॲ-क्वाइ-ॲ-रॅ-बॅल

acquire, प्राप्त क०, अर्जित क०, उपार्जित क०; पाना; **~d,** उपार्जित, अवाप्त; **~ment,** 1. अर्जन, उपार्जन; 2. (*attainment*) योग्यता*, कौशल; **~r,** अधिग्राहक। **acquisition,** अधिग्रहण, अर्जन; प्राप्ति*, उपलब्धि*, अवाप्ति*, लाभ। **acquisitive,** 1. अर्जनशील, संग्रहणशील; 2. (*grasping*) लोभी। > ॲक्वाइॲ; एक्-वि-ज़ि-शॅन ॲक्विज़िटिव्

acquit, 1. (*exonerate*) निर्दोष ठहराना, दोषमुक्त क०, 2. (*free*) से मुक्त क०, विमुक्त क०, छोड़ देना, रिहा क०; 3. (*pay*) चुकाना; 4. (*behave*) कर्तव्य निभाना, काम क०, पेश आना, बरताव क०; **~tal,** 1. विमोचन, दोषमोचन; विमुक्ति*, छुटकारा; 2. (*of duty*) निष्पादन, निर्वाह; **~tance,** 1. (*of debt*) चुकौती*, ऋणशोधन, भुगतान; 2. (*release*) निस्तारण, विमुक्ति*, रिहाई*; 3. (*receipt*) भरपाई*, रसीद*, प्राप्तिका*, **~ted,** विमुक्त; **~ter,** विमोचक। > ॲक्विट; ॲक्वि/टॅल, ~टॅन्स

acre, एकड़; **~age,** क्षेत्रफल, रकबा। > ए-कॅ, ~रिज

acrid, तिक्त, तीता, कटुतिक्त; (*fig.*) कड़ुआ, कटु; **~ity,** तिक्तता*; कटुता*। > ऐक्-रिड; ऐक्रिडिटि

acrimonious, उग्र, कटु, प्रचण्ड। > ऐक्रिमोन्-यॅस

acrimony, उग्रता*, रुखाई*। > ऐ-क्रि-मॅ-नि

acritical (*of disease*) संकटहीन। > एक्रिटिकॅल

acrobat, कलाबाज़; **~ics,** कलाबाज़ी*। > ऐक्-रॅ-बैट; ऐक्रॅबैटिक्स

acrolith, काष्ठोपल मूर्ति*। > ऐक्-रॅलिथ

acronym, परिवर्णी शब्द। > ऐक्-रॅ-निम

acropetal, अग्राभिसारी। > ॲक्रॉपे'टॅल

acrophobia, उत्तुंगता-भीति*। > ऐक्रोफ़ोबिॲ

across *adv.*, पार; उस पार; आरपार; आड़े, तिरछे; —*prep.* के पार, के आरपार, के आड़े; के सम्पर्क में। > ॲक्रॉस्

acrostic, परिवर्णी काव्य। > ॲकॉस्टिक

act, *n.*, 1. कार्य, कर्म, कृत्य, काम; 2. (*action*) क्रिया*; 3. (*decision*) निर्णय; 4. (*of parliament*) अधिनियम; 5. (*of drama*) अंक; 6. (*performance*) प्रदर्शन; 7. (*pl., record*) कार्यविवरण; 8. (*pl., of Apostles*) चरित; 9. (*prayer*) प्रार्थना*; —*v.*, 1. करना, (का) कार्य क०; 2. (*behave*) व्यवहार क०, पेश आना, बरताव क०; 3. (*pretend to be*) का स्वांग भरना, ढोंग भरना, का अभिनय क०; 4. (*on the stage*) अभिनय क०; ~of God, दैवी घटना*, दैवी विधान; ~as, का काम क०; ~on, का पालन क०, पर चलना; असर क०, प्रभाव डालना; **~able,** अभिनेय। > ऐक्ट

acting, *adj.*, कार्यकारी, कार्यवाही, स्थानापन्न; क्रियाशीलता; —*n.*, अभिनय; कृत्रिम व्यवहार, दिखावा। > ऐक्-टिंग

actinic, विकिरणशील। **actinism,** किरण-क्रियाशीलता*;। **actinometer,** किरण-क्रियामापी। **actinotherapy,** किरण-चिकित्सा*। > ऐक्-टि/निक; ऐक्-टि-निज़्म ऐक्-टि/नॉ-मि-टॅ, ~नॉ-थे'-रॅ-पि

action, 1. क्रिया*; 2. (*deed*) कर्म, कार्य; 3. (*pl., behaviour*) व्यवहार; 4. (*effect*) असर, प्रभाव, क्रिया*; 5. (*lawsuit*) कार्यवाही*, कार्रवाई*, वाद; 6. (*combat*) युद्ध, भिड़न्त*; 7. (*of play*) कार्यव्यापार; 8. (*of actor*) अंगविक्षेप, अभिनय; 9. (*way of working*) क्रिया-विधि*, क्रियातन्त्र; 10. (*moving parts*) चालू पुरज़े; **~able,** अभियोज्य, व्यवहार्य; **~-song,** नाट्य-गीत, अभिनय-गीत। > ऐक्शॅन

activate, 1. प्रेरित क०, क्रियाशील बना देना; 2. (*chem.*) सक्रिय, उत्तेजित या उत्प्रेरित क० या बना देना; **~d,** सक्रियित, उत्प्रेरित। > ऐक्-टि-वेट

activation, सक्रियण, उत्प्रेरण। **activator,** उत्प्रेरक, सक्रियकारक।

active, 1. सक्रिय, क्रियाशील, क्रियात्मक; 2. (*agile*) फुरतीला; 3. (*gramm.*) कर्तृवाचक; 4. (*on the credit side*) अनुकूल; ~service, समारिक सेवा*; ~voice, 1. (*gramm.*) कर्तृवाच्य; 2. मताधिकार। > ऐक्-टिव्

activism, सक्रियतावाद। > ऐक्-टि-विज़्म

activity, 1. (*action*) क्रिया*; सरगरमी*, हलचल*; 2. (*pl.*) क्रियाकलाप, कार्यकलाप, गतिविधि*; 3. (*state*) सक्रियता*, क्रियाशीलता*; 4. (*alertness*) कर्मण्यता*, फुरती*, तत्परता*। > ऐक्-टि-वि-टि

actor, 1. कर्ता, 2. (*stage*) अभिनेता, नट; पात्र। **actress,** अभिनेत्री*, नटी*। > ऐक्-टॅ-ऐक्-ट्रिस

actual, 1. वास्तविक, असली, यथार्थ; 2. (*present*) वर्तमान, प्रस्तुत; **~ity,** 1. यथार्थता*, वास्तविकता*; 2. (*pl.*) वर्तमान परिस्थिति*; 3. (*realism*) यथार्थवाद; **~ize,** कार्यान्वित क०, यथार्थ (वादी) बनाना; **~ly,** वस्तुतः, वास्तव में, सचमुच। > ऐक्-चु-ॲल; ऐक्चुऐलिटि; ऐक्चुॲलाइज़

actuary, बीमांकिक। > ऐक्चुॲरि

actuate, प्रवृत्त क०, प्रेरित क०, चालू क०, परिचालित क०; **~d** by, से प्रेरित। > ऐक्चुएट

actuation, 1. (*act*) प्रेरण; 2. प्रेरणा*। > ऐक्चु-ए-शॅन

acuate, 1. नुकीला, कुशाग्र; 2. (*bot.*) निशिताग्र। **acuity,** 1. नुकीलापन; 1. (*keenness*) तीक्ष्णता*। > ऐक्यूइट; ॲक्यूइटि

aculeate, 1. (*bot.*) सशूल, कँटीला; 2. (*zool.*) डंकदार। **aculeus,** 1. (*prickle*) शूल, कंटक; 2. (*sting*) डंक, दंश। >ॲक्यूलि/इट, ~ ॲस

acumen, विदग्धता*, कुशाग्र बुद्धि*। > ॲ-क्यू-मे'न

acuminate, *adj.* लम्बाग्र; —*v.*, 1. नुकीला बनाना, 2. (*fig.*) तीक्ष्ण या तीखा कर देना। > ॲक्यूमिनिट (*adj.*), ॲक्यूमिनेट (*v.*)

acute, 1. नुकीला, पैना, तीक्ष्ण; 2. (*shrewd*) कुशाग्रबुद्धि, चतुर; 3. (*of intelligence*) कुशाग्र, तीक्ष्ण, प्रखर; 4. (*sensitive*) तीक्ष्ण, संवेदनशील; 5. (*severe*) तीव्र, प्रखर, प्रचण्ड; 6. (*of disease*) अतिपाती; 7. (*crucial*) संगीन, विकट, घोर, अत्यावश्यक; 8. (*of angle*) न्यून; 9. (*shrill*) कर्कश, तीक्ष्ण; 10. (*of accent*) उदात्त, तीव्र; **~-angled,** न्यूनकोण। > ॲक्यूट

acyclic, अचक्रीय। > ऐ-साइक्-लिक = ए-सिक्-लिक

A.D., *see* ANNO DOMINI.

adactylous, अंगुलिहीन। > ए-डैक्-टि-लॅस

adage, कहावत*, लोकोक्ति*। > ऐडिज

adagio, धीरे-धीरे। >ॲडाजिओ

Adam's apple, कंठ (मणि), टेंटुआ। > ऐडॅम्स ऐपॅल

adamant, *n.*, वज्र; *adj.*, **~ine,** 1. हीरकसम; 2. (*hard*) वज्रसार, कठोर, दुर्भेद्य; 3. (*unyielding*) अटल, सुदृढ़। > ऐडॅमॅन्ट; ऐ-डॅ-मैनू-टाइन

adapt, अनुकूल क०; बनाना या बनना; के लिए रूपान्तरित क०; **~able (~ability),** अनुकूलनीय (ता*); अनुकूलनशील (ता*); **~ation,** 1. अनुकूलन, अनुकलन; 2. (*other form*) रूपान्तर; **~ed,** अनुकूल; अनुकूलित; रूपान्तरित; **~er,** 1. अनुकूलक; 2. (*machine*) अनुकूलक; 3. (*electr.*) उपायोजक; **~ive,** अनुकूली।
> अॅडैप्ट; अॅ-डैप्-टॅ-बि-लि-टि, ऐडॅप्टेशॅन

add, 1. जोड़ना, मिलाना; 2. (*increase*) बढ़ाना; 3. (*state further*) आगे कहना, जोड़ना; 4. (*total*) योग्य क०, या निकालना; **~end,** योज्य; **~endum,** परिशिष्ट; **~ing machine,** जोड़-यन्त्र, अनुकलक।
> ऐड; अॅ-डे'न-डॅम

adder, विषैला साँप, गेहुअन। > ऐड्-डॅ

addict, *n.*, व्यसनी, लतिया; *v.*, 1. (*apply to*) में लगाया क०, में लगाना; 2. (*pej.*) की लत* पड़ना, व्यसन डालना, आसक्त हो जाना; **~ed** 1. आदी; 2. (*pej.*) आसक्त; **~ion,** 1. (*habit*) व्यसन, लत*; 2. (*state*) आसक्ति*।
> ऐडिक्ट (*n.*), अॅडिक्ट (*v.*); अॅडिक्शॅन

addition, 1. (*math.*) योग, जोड़, संकलन; 2. (*joining*) जोड़ाई*, संयोजन; 3. (*increase*) वृद्धि*, परिवर्धन; अधिकत्व; 4. परिशिष्ट; in~to, के अतिरिक्त; **~al;** अतिरिक्त; अपर (*also in designations*); **~additive,** 1. योगात्मक; 2. (*showing addition*) योगज; 3. योगशील; 4. (*to be added*) योज्य; 5. (*of colour etc.*) संयोजी। > अॅडिशॅन; ऐड्-डि-टिव्

addle, *adj.*, 1. (*rotten*) सड़ा; 2. (*muddled*) गड्ड-बड्ड; 3. (*empty*) ख़ाली; —*v.*, बिगाड़ना, सड़ाना; बिगड़ना, सड़ना; गड्ड-बड्ड कर देना या हो जाना; **~-brained,** मूर्ख, उल्लू, उल्लू का पट्ठा।
> ऐडॅल, ~ब्रेन्ड

address, *n.*, 1. पता, सरनामा; 2. (*discourse*) भाषण, अभिभाषण; अभिनन्दन, मानपत्र; 3. (*manner*) शैली*, रंगढंग; 4. (*skill*) दक्षता*, चतुराई*; 5. (*pl.*) प्रणय-निवेदन; —*v.*, सम्बोधित क०; लिख भेजना; पता लिखना; भाषण देना; में लगाना; **~ed,** to, के नाम; **~ee** पानेवाला प्रेषिती; **~ograph,** पता-लेखी।
> अॅड्रे'स; ऐड्-रे'-सी; अॅड्रे'सोग्राफ़

adduce, प्रस्तुत क०, सामने रखना, उपस्थित क०, उल्लेख क०, उद्धृत क०, **~nt,** अभिवर्तक। > अॅड्यूस

adduct, अभिवर्तन क०; **~ion,** अभिवर्तन; **~or** (*muscle*), अभिवर्तनी*।
> अॅडॅक्ट; अॅडॅक्शॅन; अॅडॅक्-टॅ

adeism, अदेववाद। > एडीइज़्म

ademption, विखण्डन। > अॅडे'म्प्शॅन

adenectomy, ग्रन्थिकर्तन।
> ऐ-डॅ-ने'क्-टॅ-मि

adenoid, 1. (*glandlike*) ग्रंथ्याभ; 2. (*lymphlike*) लसीकाभ; **~s** कंठशूल, एडिनॉइड। > ऐडिनॉइड

adept; निपुण, दक्ष; –*n.* विशेषज्ञ। > ऐ-डे'प्ट

adequacy, पर्याप्तता*; उपयुक्तता*। **adequate,** 1. पर्याप्त, यथेष्ट; (2) (*suitable*) उपयुक्त, समुचित।
> ऐडिक्/वॅ-सि, ~विट

adhere, 1. चिपकना, जुड़ जाना, लग जाना, संसक्त या लगा हुआ होना; 2. (*remain faithful*) करता रहना, पालन क०, अनुसरण क०, साथ देता रहना; 3. (*remain firm*) डटे या जमे रहना; 4. (*support*) समर्थन क०; 5. (*give allegiance*) का अनुचर बनना; का सदस्य बनना; **~nce,** 1. चिपकाव, संसक्ति*; 2. (*observance*) पालन; 3. (*attachment*) लगाव; 4. समर्थन; 5. (*allegiance*) निष्ठा*; **~nt,** *adj.*, 1. चिपका हुआ, संलग्न; 2. (*bot.*) आसंजित; 3. (*accompanying*) अनुषंगी; —*n.*, अनुयायी। **adhesion,** 1. चिपकाव; 2. निष्ठा*, भक्ति*; 3. (*phys.*) आसंजन; 4. (*bot.*) अभिलाग; 5. (*med.*) आसंजन; बन्ध। **adhesive,** 1. (*sticky*) चिपचिपा; 2. (*gummed*) चेपदार, चिपकनेवाला; 3. (*clinging*) आसंजक, आसंजनशील।
> अॅड्-हिअॅ, ~ रॅन्स, ~ रॅन्ट; अॅड्ही/श़्ज़ॅन, ~सिव

adhibit, लगाना; देना, दिलाना; प्रयोग में लाना।
> ऐड्-हि-बिट

ad hoc, तदर्थ। > ऐड हॉक

adiabatic, स्थिरोष्म। > ऐडिअॅबैट्-इक

adieu, विदाई*; make one's~, विदा* लेना। > अॅड्यू

ad infinitum, निरवधि, अनन्त तक।
> एड इन्-फ़ि-नाइ-टॅम

ad interim 1. अन्त:कालीन; 2. (*temporary*) अस्थायी, अल्पकालीन। > ऐड इन-टॅ-रिम

adipocere, शवसिक्थ। > ऐडिपॅसिअॅ

adipose, *n.*, चर्बी*, चरबी*, वसा*; *adj.*, वसामय, वसा-। **adiposity,** मोटापन।
> ऐडिपोस; ऐडिपॉसिटि

adit, 1. प्रवेश (मार्ग); 2. (*access*) पहुँच। > ऐडिट

adjacency, निकटता*, समीपता*; पड़ोस। **adjacent,** 1. निकटवर्ती, सन्निकट; आसन्न; 2. (*of angle*) संलग्न। > अॅडजे/सॅन्-सि, ~सॅन्ट

adjectival, वैशेषणिक, विशेषणात्मक।
> ऐड्जे'क्-टाइ-वॅल

adjective, विशेषण। > ऐड्-जिक्-टिव्

adjoin, से लगा हुआ होना, आसन्न होना; से लगा देना, से जोड़ देना; **~ing** 1. आसन्न, संलग्न, सटा हुआ; 2. (*near*) निकटवर्ती, निकटस्थ।
> अॅड्जॉइन; अॅड्जॉइनिंग

adjourn, 1. स्थगित क०, काम रोकना; 2. (*defer*) टाल देना, आगे बढ़ाना; 3. चला जाना; **~ed** स्थगित; **~ment,** 1. स्थगन; 2. (*recess*) अवकाश;

—motion, (कार्य) स्थगन-प्रस्ताव। > ॲड्जॅ:न

adjudge, 1. न्यायनिर्णय क०, विनिर्णय क०, निर्णय देना; 2. (*condemn*) दण्डाज्ञा* देना, दण्डित क०; **~ment,** न्यायनिर्णय। > ॲड्जॅड्ज

adjudicate, निर्णय देना, फ़ैसला सुनाना। > ॲड्जूडिकेट

adjudication, 1.(न्याय) निर्णय,अधिनिर्णय; 2. (*decree*) निर्णयादेश। **adjudicator,** (न्याय) निर्णायक। > ॲड्जूडिकेशॅन; ॲड्-जू-डि-के-टॅ

adjunct, *adj.*, 1. अनुबद्ध, अनुलग्न; 2. (*subordinate*) सहायक, गौण; —*n.*, 1. (*thing*) जोड़; 2. (*associate*) सहायक; 3. (*gramm.*) अनुबन्ध; 4. (*logic*) अतात्त्विक गुण; **~ive,** योजक; अनुबद्ध, गौण। > ऐड्जॅन्क्ट; ॲडजॅन्क्-टिव्

adjuration, 1. अभिशपथ*; 2. (*entreaty*) अभ्यर्थना*, अभ्यर्थन, अनुनय। **adjure,** (शपथ* खाकर अथवा शाप का भय दिखाकर) अनुरोध क०, या अनुनय क०। > ऐड-जुॲ-रे-शॅन; ॲड्जुॲ

adjust, 1. (*instrum, accounts*) समंजन या समंजित क०, समायोजन क०; 2. ठीक क० या बैठाना, व्यवस्थित क०; 3. (*harmonize*) समन्वय क०, समाधान क०; के अनुकूल बनाना; **~able,** समंजनीय, समायोज्य; **~ed,** समायोजित; **~er,** समंजक, समायोजक; **~ment,** समंजन, समायोजन; सामंजस्य, समन्वय; समाधान, व्यवस्था*; समझौता; **~ive,** समायोजी। > ॲड्जॅस्ट

adjutage, टोंटी*। > ऐडजुटिज

adjutant, 1. सहयोगी, सहायक; 2. (*stork*) चमरघेंघ। > ऐड्-जु-टॅन्ट

adjuvant, *adj.*, सहायक; —*n.*, 1. सहायक; 2. (*drug*) सहौषध*। > ऐड्जुवॅन्ट

ad libitum, यथेच्छ। > ऐड लि-बि-टॅम

admeasure, आवण्टन क०, अनुभाजन क०, बाँट देना; **~ment,** 1. आवण्टन, अनुभाजन; 2. (*measuring*) अधिमापन; 3. (*size*) परिमाण, आकार। > ऐड्-मे'-श़्जॅ

adminicle, 1. सहायक (वस्तु*); 2. (*law*) परिपोषी प्रमाण। > ऐड-मि-नि-कॅल

administer, 1. (*administrate*) प्रशासन क०; 2. (*manage*) संचालन क०, प्रबन्ध क०, देख-रेख* क०, व्यवस्था* क०; 3. देना, दिलाना 4. (*apply*) लागू क०; 5. सेवा* क०, सहायता* क०; ~an oath, शपथ* दिलाना। > ॲड-मि-निस्-टॅ

administration, 1. (*act*) प्रशासन; 2. (*government*) शासन, सरकार*, मंत्रिमण्डल; 3. प्रबन्ध, संचालन; 4. (*use*) उपयोग, (सं)प्रयोग; 5. प्रदान; ~of justice, न्यायकरण; letters of ~, प्रबन्ध पत्र। **administrative,** 1. प्रशासी, प्रशासनिक, प्रशासकीय; 2. (*managing*) प्रबन्धकीय। **administrator,** प्रशासक, प्रबन्धक। > ॲड्-मि-निस्-ट्रे-शॅन; ॲड्-मि-निस्/ट्रॅटिव, ~ट्रे-टॅ

admirable, स्तुत्य, श्लाघ्य, प्रशंसनीय; उत्कृष्ट, उत्युत्तम। **admirably,** उत्तम रीति*से। > ऐड्-मॅ- रॅ/बॅल, ~ब्लि

admiral, ऐडमिरल, नौसेनापति, नौसेनाध्यक्ष; **~ty,** नौ-अधिकरण, नावधिकरण, नौसेना-विभाग। > ऐड्-मॅ- रॅल, ~टि

admiration, 1. श्लाघा*, प्रशंसा*; 2. (*esteem*) श्रद्धा*। > ऐड्-मॅ-रे-शॅन

admire, (मन में) प्रशंसा* क०; पर श्रद्धा* रखना, का समादर क०; **~r,** प्रशंसक; अनुरागी, प्रेमी। > ॲड्-माइॲ, ~ रॅ

admissible(bility), ग्राह्य(ता*), स्वीकार्य (ता*)। **admission,** 1. प्रवेश; 2. (*fee*) प्रवेश-शुल्क; 3. (*enrolment*) भरती*; 4. (*acknowledgement*) स्वीकरण, स्वीकृति*। **admissive,** स्वीकर्ता। > ॲड्-मि-सॅबॅल; ॲड्-मिसॅबिलिटि; ॲड्-मि-शॅन; ॲड्-मिसिव

admit, 1. प्रवेश करने देना,(अन्दर) आने देना; भरती क०; 2. (*acknowledge*) स्वीकार क०, मान लेना; 3. (*leave room for*) की गुंजाइश* होना; 4. स्थान होना; **~table,** प्रवेश्य; **~tance,** 1. प्रवेश; 2. प्रवेशाज्ञा*, प्रवेशानुज्ञा*; 3. (*electr.*) प्रवेश्यता*; **~tedly,** सर्वसम्मति* से। > ॲड्-मिट

admix, मिलाना; **~ture,** अधिमिश्रण, मिश्रण, सम्मिश्रण। > ॲड्-मिक्स, ~चॅ

admonish, 1. (*caution*) चेतावनी* देना, सावधान क०; 2. (*reprove*) फटकारना, डाँटना; भर्त्सना* क०; 3. (*exhort*) समझाना; 4. (*remind*) याद दिलाना; 5. (*inform*) सूचना*देना; **~ment, admonition,** चेतावनी*, प्रबोधन; भर्त्सना*, डाँट-फटकार*। > ॲड्मॉनिश; ऐड्-म-नि-शॅन

adnate, संलग्न। **adnation** संलग्नता*। > ऐड्नेट; ऐडनेशॅन

adnominal, संज्ञात्मक। **adnoun,** संज्ञात्मक विशेषण। > ऐड्नॉमिनॅल; ऐड्नाउन

ado, 1. बतंगड़, गड़बड़ी*, हलचल*; 2. (*trouble*) दिक्कत*, परेशानी*, कठिनाई*। > ॲडू

adobe, कच्ची ईंट* (का मकान)। > ॲडोब

adolescence, 1. किशोरावस्था*, कैशोर, उठती जवानी*; 2. (*quality*) यौवन, जवानी*, तरुणाई*। **adolescent,** किशोर, नवयुवक, नवयुवती*। > ऐडॅले'स/ॲन्स, ~ ॲन्ट

adopt, 1. अपनाना; चुनना, धारण क०, अंगीकार क०, 2. (*law*) गोद लेना, दत्तक ग्रहण क०; 3. (*a motion*)

स्वीकार क०; पारित क०; **~able,** अंगीकार्य, अपनाने योग्य; **~ed, ~ee,** दत्तक; **~ion,** अंगीकरण, अभिग्रहण; दत्तक-ग्रहण; law of—, दत्तक विधान **~ive,** 1. (*adopted*) दत्तक; 2. दत्तकग्राही, दत्तकी; 3. (*of language*) अंगीकारी। >ॲडॉप्ट; ॲडॉप्‌शॅन

adorable, आराध्य। **adoration,** 1. आराधना*; 2. (*veneration*) श्रद्धा*। >ॲ-डॉ-रॅ-बॅल; ऐडॉ:-रेशॅन

adore, आराधना* क०; पर श्रद्धा* रखना; बहुत पसन्द क०; **~r,** आराधक; भक्त, प्रेमी। >ॲडॉ:, ~ रॅ

adorn, की शोभा बढ़ाना; सँवारना, सजाना; **~ment,** 1. (*act*) सजावट*, शृंगार, अलंकरण; 2. अलंकार, आभूषण। >ॲडॉ:न

adrenal, अधिवृक्क। >ऐड्रीनॅल

adrift, (इधर-उधर) बहता हुआ। >ॲड्रिफ़्ट

adroit, दक्ष, चतुर। >ॲड्रॉइट

adscititious, अतिरिक्त; अभिगृहीत। >ऐड्-सि-टि-शॅस

adsorb, अधिशोषण क०; **~ent,** अधिशोषक, अधिशोषी। **adsorption,** अधिशोषण। >ऐड्सॉ:ब = ऐड्-जॉ:ब; ऐड्सॉ:-प्-शॅन

adulate, चापलूसी* क०। **adulation,** चापलूसी*, चाटुकारी*, ख़ुशामद* ठकुर-सुहाती*। **adulator,** चापलूस, ख़ुशामदी, चाटुकार। >ऐड्‌जुलेट; ऐड्‌जुले/शॅन, ~टॅ

adult, 1. (*age*) व्यस्क, बालिग़; 2. (*mature*) प्रौढ़; **~hood,** वयस्कता*; प्रौढ़ता*। >ऐडॅल्ट = ॲडॅल्ट, ~हुड

adulterant, खोट*, मिलावट*, अपमिश्रक*। >ॲडॅल्-टॅ-रॅन्ट

adulterate, *v.*, 1. खोट* मिलाना, मिलावट* क०; 2. (*corrupt*) दूषित क०, —*adj.*, 1. (*adulterous*) व्यभिचारी; 2. (*adulterine*) जारज़; 3. (*adulterated*) मिलावटी, अपमिश्रित। **adulteration,** मिलावट*, अपमिश्रण। **adulterator,** अपमिश्रक। >ॲ-डॅल्/टॅ-रेट (*v.*,) ~टॅ-रिट (*adj.*) ~टॅ-रे-शॅन, ~टॅ-रे-टॅ

adulterer, अन्यागामी, परस्त्रीगामी, जार। **adulteress,** अन्यगामिनी*, परपुरुषगामिनी*, जारिणी*। **adulterine,** 1. जारज; 2. (*adulterated*) मिलावटी; 3. (*illegal*) अवैध; 4. (*spurious*) जाली। **adulterous,** व्यभिचारी। **adultery,** अन्यगमन, परगमन, जारकर्म। >ॲडॅल्/टॅ-रॅ, ~टॅ-रिस, ~टॅ-राइन, ~टॅ-रॅस, ~टॅ-रि

adumbral, छायामय, सायादार। **adumbrate,** 1. रूपरेखा* प्रस्तुत क०, रेखाचित्र खींचना; 2. (*foreshadow*) पूर्वाभास देना; 3. छाया* डालना। **adumbration,** रूपरेखा*; पूर्वाभास; आच्छादन, तमाच्छादन। >ऐडॅम्ब्रॅल; ऐडॅम्ब्रेट, ऐडॅम्ब्रेशॅन।

adust, 1. (*scorched*) झुलसा हुआ, जला हुआ; 2. (*gloomy*) उदास, विषण्ण। >ॲडॅस्ट

ad valorem, यथामूल्य। ऐड् वॅ-लॉ:-रे'म

advance, *v.i.*, आगे बढ़ना; उन्नति* क०; विकास पाना, विकसित हो जाना; —*v.t.* 1. प्रस्तुत क०, पेश क०, प्रकट क०, 2. (*suggest*) सुझाव देना; 3. (*promote*) आगे बढ़ाना, बढ़ावा देना; 4. (*lend*) उधार देना; 5. अग्रिम देना; 6. (*prices etc.*) बढ़ाना; 7. पहले रखना; —*n.*, 1. प्रगति*, अग्रगति*; 2. (*improvement*) उन्नति*, तरक्की*, प्रगति*, 3. (~pay) पेशगी*, अगाऊ, अग्रिम धन; 4. (*loan*) उधार; 5. (*overture*) प्रस्ताव; 6. (*rise*) बढ़ती*, मूल्यवृद्धि*; —*adj.*, 1. (*in front*) अग्रवर्ती; 2. (*beforehand*) अग्रिम; in~, पहले से; ~ guard, सेनामुख, हरावल; **~-copy,** अग्रिम प्रति*; **~d,** 1. अग्रवर्ती; 2. (*old*), वृद्ध; 3. (*progressive*) प्रगतिशील, उन्नतिशील; 4. (*developed*) विकसित, उन्नत, प्रगत; 5. (*high class*) उच्च; **~ment,** 1. (*promotion*) तरक़्क़ी*, उन्नति*; 2. (*progress*) प्रगति*, उन्नति*। **advancing,** प्रगामी। >ॲड्‌वान्स

advantage, *n.*, 1. (*benefit*) लाभ, फ़ायदा, नफ़ा। 2. (*superiority*) श्रेष्ठता*, उत्कर्ष; 3. सुविधा*, अनुकूल (परि) स्थिति*; take ~of, से लाभ उठाना; –*v.*, लाभ पहुँचाना; बढ़ावा देना; **~ous** 1. लाभदायक, लाभकर, सुलाभी, लाभप्रद, फ़ायदेमन्द; 2. (*favourable*) अनुकूल, उपयुक्त। >ॲड्-वान्-टिज; ऐड-वॅन-टे-जॅस

advection, अभिवहन। >ऐड्वे'क्शॅन

advent, आगमन; **~itious,** 1. बाहरी, आगन्तुक; 2. (*accidental*) आनुषंगिक, आकस्मिक; 3. (*bot.*) अपस्थानिक। >ऐड्वे'न्ट; ऐड्वे'न्-टि-शॅस

adventure, *v.*, साहस क०, *n.*, 1. (*danger*) जोखिम*; 2. (*enterprise*) साहस-कर्म, साहसिक कार्य; 3. (*experience*) अपूर्व, अनुभव; 4. (*speculation*) सट्टेबाज़ी*; 5. (*spirit*) साहस, जीवट; **~r,** 1. साहसिक; 2. (*dishonest*) तिकड़मी; 3. सट्टेबाज़। **adventurous,** 1. (*adventuresome*) साहसी; 2. (*risky*) जोखिम-भरा; 3. (*enterprising*) उद्यमशील, उत्साही। >ॲड्वे'न्/चॅ, ~चॅ-रॅ, ~चॅ-रॅस

adverb, क्रियाविशेषण; **~ial,** क्रियाविशेषणात्मक। >ऐड्वॅ:ब; ऐड्वॅ-बिॲल

adversary, विरोधी, शत्रु। **adversative,** विरोधात्मक; विरोधवाची। >ऐड्वॅसरि; ॲड्वॅ-सैटिव

adverse, 1. प्रतिकूल, विरुद्ध; 2. (*harmful*) हानिकर; 3. (*in position*) प्रतिमुख, सम्मुख। >ऐड्वॅ:स

adversely affect~, प्रतिकूल प्रभाव डालना; comment~, प्रतिकूल टीका-टिप्पणी* क०। **adversity,** 1. दुर्भाग्य; गरीबी*, तंगहाली*; 2. (*calamity*) विपत्ति*। >ऐड्वॅ:सलि; ॲड्वॅ:सिटि

advert, उल्लेख क०, ध्यान दिलाना; **~ence,** ध्यान; **~ent,** सावधान। > ॲड्वॅ:ट; अड्वॅ:/टॅन्स, ~टॅन्ट

advertise, विज्ञापन क० या देना; घोषित क०, विख्यात क०; **~d,** विज्ञापित; **~ment, advertising,** विज्ञापन; **~r** विज्ञापक। > ऐड्-वॅ्-टाइज़; ॲड्वॅ:टिस्मॅन्ट

advice, 1. परामर्श, सलाह*, मंत्रणा*; 2. (*information*) सूचना*, संज्ञापन। **advisability,** औचित्य। **advisable,** उचित, उपयुक्त, **advisably,** बुद्धिमानी* से। > ॲड्वाइस; ॲड्-वाइ-ज़ॅ-बि-लिटि; ॲड्-वाइ-ज़ॅ-बॅल

advise, 1. परामर्श या सलाह* देना; से परामर्श क०; 2. (*recommend*) सिफ़ारिश* क०, उपयुक्त बताना; 3. (*inform*) सूचना* देना, सूचित क०; **~d,** 1. विवेचित; 2. (*deliberate*) ज्ञानकृत; **~dly,** जानबूझकर; **~ment,** विमर्श, विवेचन; **~r,** परामर्शदाता, सलाहकार। > ॲड्वाइज़

advisory, परामर्शी, परामर्श-, सलाहकारी; ~board, सलाहकार बोर्ड, मंत्रणा-मण्डल, परामर्श-समिति*। > अड्-वाइ-ज़ॅ-रि

advocacy, समर्थन, हिमायत*; वकालत*, अधिवक्तृता*। **advocate,** *n.*, 1. एडवोकेट, अधिवक्ता; 2. (*supporter*) समर्थक; —*v.*, समर्थन क०, वकालत* क०; के लिए आन्दोलन क०। > ऐड्-वॅ्-/कॅ-सि, ~किट (*n.*), ~केट (*n.,v.*).

adynamia, निर्जीवता*। **adynamic,** निर्जीव। > ऐडाइनेमिॲ; ऐडाइनैमिक

adytum, गर्भगृह। > ऐडिटॅम

adze, बसूला। > ऐड्ज़

aegis, 1. संरक्षण; 2. (*auspices*) तत्त्वावधान। > ईजिस

aeolotropic, विषमदिक्। > ई-ॲ-लॅ-ट्रॉ-पिक

aeon, कल्प, युग। > ई-ॲन

aerate, हवा* भरना, हवा* में रखना; गैस* भरना; **~d,** वातित। **aeration,** वातन; वायु-मिश्रण। **aerator,** वातक। > ए-ॲ-रेट = ए'ॲरेट; ए-ॲ-रेशॅन =ए'ॲरेशन

aerial, *adj.*, 1. वायवीय, वायु-, हवाई; 2. (*imaginary*) कल्पित, काल्पनिक; 3. (*of aircraft*) हवाई; 4. (*atmospheric*) आकाशी, आकाश—; —*n.*, एरियल, विद्युत्-ग्राहक; **~ity,** वायवीयता* ~map, आकाशी मानचित्र। > ए'ॲरिॲल; ए'ॲरिऐलिटि

aerie, ऊँचा नीड़। > ए'ॲरि = इॲरि

aeriform, वायवीय। > ए'ॲरिफॉ:म

aero-, वायु-; **~batics,** हवाई करतब; **~be,** वायुजीव; **~bic,** वायुजीवी, वातापेक्षी; **~drome,** हवाई अड्डा, विमान-क्षेत्र; **~dynamics,** वायुगतिकी*; **~dyne,** अतिर या वायुगतिक विमान; **~gram,** एअरग्राम; **~lite,** उल्काश्म; **~logy,** वायु-विज्ञान; **~meter,** वायुघनत्व-मापी; **~naut,** वायुपोत-चालक; **~nautical,** वैमानिक(ीय), विमान; **~nautics,** वैमानिकी*, विमान-विज्ञान; **~plane,** हवाई जहाज़, विमान; **~stat,** तिर विमान; **~statics,** वायुस्थैतिकी*। > ए'ॲ-रॅ-बै-टिक्स; ए'ॲरोब; ए'ॲरोबिक; एॲ-रॅ-ड्रोम; ए'ॲरोडाइनैमिक्स; ए'ॲ-रॅ/डाइन, ~ग्रैम, ~लाइट; ए'ॲ- रॉ-लॅ-जि, ~मॅ-टॅ; ए'ॲ- रॅ-नॉ:ट; ए'ॲ-रॅ-नॉ-टिकॅल; ए'ॲरॅप्लेन; ए'ॲरो/स्टैट, ~स्टैटिक्स।

aeruginous, नीलहरि। > ए'ॲरूजिनॅस

aesthesia, संवेदनशीलता*। > एस्-थी-श्ज़ॅ

aesthete, सौन्दर्य-संवेदी, सौन्दर्योपासक; सौन्दर्यवादी। > ईस्थीट =ए'स्थीट

aesthetic, 1. सौन्दर्यपरक, सौन्दर्यविषयक, सौन्दर्य-; सौन्दर्यबोधी, सौन्दर्यशास्त्रीय; 2. (*having good taste*) सुरुचिसम्पन्न; 3. (*in accordance with good taste*) सुरुचिपूर्ण; **~ism,** 1. (*aesthetics*) सौन्दर्यशास्त्र, सौन्दर्यमीमांसा*; 2. सौन्दर्योपासना*; 3. (*sensitivity*) सौन्दर्यबोध, सौन्दर्यसंवेदना*। > ईस्थे'टिक; ईस्थे'टिसिज़्म

aestival, ग्रीष्मकालीन। > ईस्-टाइ-वॅल

aestivate, 1. ग्रीष्म* बिताना; 2. (*zool.*) ग्रीष्मनिष्क्रिय होना। **aestivation** 1. (*zool.*) ग्रीष्मनिष्क्रियता*; 2. (*bot.*) दलविन्यास। > ए'स्-टि/वेट, ~वेशॅन

aether, ईथर। > ई-थॅ

aetiology, 1. हैतुकी*; 2. (*med.*) रोगहेतु-विज्ञान। > ई-टि-ऑ-लॅ-जि

afar, दूर (तक, से)। > ॲफ़ा

affability, मिलनसारी*; सौजन्य, भद्रता*। **affable,** मिलनसार; भद्र। > ऐ-फ़ॅ-बिलिटि; ऐ-फ़ॅ-बॅल

affair, 1. मामला, कार्य, काम; 2. (*business*) कार-बार, व्यवसाय; 3. (*love*) प्रेम, प्रेमसंबंध। > ॲफ़े'ॲ

affect, *v.*, 1. (*influence*) प्रभावित क०, प्रभाव डालना, असर क०, 2. (*attach*) आक्रान्त क०, लग जाना*; 3. (*like*) पसन्द क०*; 4. (*feign*) का ढोंग रचना, का अभिनय क०, का स्वाँग भरना, बनना; —*n.*, भाव; **~ation,** दिखावा, ढोंग; कृत्रिमता*, कृतकता*; **~ed** 1. (*artificial*) कृत्रिम, बनावटी, दिखावटी; 2. (*influenced*) प्रभावित; 3. (*afflicted*) आक्रान्त, ग्रस्त; 4. (*disposed*) प्रवण, उन्मुख; **~ive,** भावात्मक। > ॲफ़े'क्ट; ऐफ़े'क्टेशन; ॲफ़े'क्-टिव़

affection, 1. अनुराग, स्नेह, अनुरक्ति*; 2. (*feeling*) भाव, मनोभाव; 3. (*disposition*) प्रवृत्ति*, झुकाव; 4. (*ailment*) रोग; 5. (*attribute*) गुण; **~ate,** स्नेही, स्नेहमय; कोमल। > ॲ-फ़े'क्/शॅन, ~शॅनिट

afferent, अभिवाही। > ऐफ़ॅरॅन्ट

affiance, *n.*, 1. मँगनी*, वाग्दान, विवाह-प्रतिज्ञा*; 2. (*trust*) भरोसा, विश्वास; 3. (*pledge*) प्रतिज्ञा*, वचन;—*v.*, वाग्दान क०; **~d,** वाग्दत्त, वाग्दत्ता*। > ॲफ़ाइॲन्स

affiche, इश्तहार, विज्ञापन। > ऐफ़िश

affidavit, शपथ-पत्र, हलफ़नामा। > ऐफ़िडेविट

affiliate, 1. (से) सम्बद्ध क०, 2. पिता निर्धारित क०; **~d,** सम्बद्ध। **affiliation,** संबंधन; पितृनिर्धारण; सम्बन्ध। > ॲफ़िलिएट; ॲफ़िलिएशॅन

affined, सम्बद्ध। **affinity,** 1. (*by marriage*) विवाह-सम्बन्ध, विवाहजन्य रिश्ता, नाता; 2. (*relationship*) घनिष्ठ सम्बन्ध; 3. (*similarity*) साम्य, सादृश्य, सजातीयता*; 4. (*attraction*) आकर्षण; 5. (*chem.*) युयुक्षा*। > ॲफ़ाइन्ड; ॲफ़िनिटि

affirm, 1. (*assert*) निश्यचपूर्वक या दृढ़ता* से कहना; 2. (*law*) प्रतिज्ञान क०; 3. (*confirm*) पुष्टि* क०, समर्थन क०, हाँ कहना; 4. (*ratify*) स्वीकार क०, पक्का क०; **~ant,** प्रतिज्ञाता; **~ation,** (अभि) कथन, उक्ति*; प्रतिज्ञापन; प्रतिज्ञान; अभिपुष्टि*, समर्थन, हाँ*; स्वीकरण; **~ative,** *adj.*, 1. (*affirmatory*) सकारात्मक, स्वीकारात्मक; 2. (*gramm.*) अस्तिवाचक; —*n.*, हाँ*, स्वीकारोक्ति*; answer in the—, हाँ कहना। > ॲफ़ॅ:म; ऐ-फ़ॅ-मे-शॅन; ॲ-फ़ॅ:-मॅ-टिव्

affix, *n.*, 1. जोड़; 2. (*ling.*) प्रत्यय; *v.*, लगाना; जोड़ना, जोड़ देना; सम्बद्ध क०; **~ture,** संयोजन। > ऐफ़िक्स (*n.*),ॲफ़िक्स (*v.*); ॲ-फ़िक्स्-चॅ

afflatus, उत्प्रेरणा*। > ॲफ़्लेटॅस

afflict, दु:ख देना, कष्ट पहुँचाना, सताना; आक्रान्त क०, पीड़ित क०; **~ed,** दु:खी; पीड़ित, आक्रान्त (*by disease*); **~ion,** 1. दु:ख, वेदना*, मनस्ताप; 2. (*calamity*) विपत्ति*, विपदा*; 3. (*disease*) कष्ट, रोग; **~ive,** दु:खदायी, कष्टकर। > ॲफ़्लिक्ट; ॲ-फ़्लिक्/शॅन, ~टिव

affluence, 1. (*plenty*) प्राचुर्य, बहुतायत*, 2. (*flow*) प्रवाह; 3. (*riches*) दौलतमन्दी*, धनाढ्यता*, अमीरी*; 3. (*influx*) अन्तर्वाह। **affluent,** *adj.*, प्रचुर, विपुल; प्रवाही; धनवान्, धनाढ्य, दौलतमन्द, समृद्ध; —*n.*, सहायक नदी*। **afflux,** अभिवाह; प्रवाह। > ऐफ़्-लुॲन्स, ~ॲन्ट; ऐफ़लॅक्स

afford, समर्थ होना, (ख़र्च)दे सकना; सकना; देना, प्रदान क०। > ॲफ़ॉ:ड

afforestation, वनरोपण। > ॲ-फ़ॉ-रिस्-टे-शॅन

affranchise, मुक्त क०; मताधिकार देना। > ॲफ्रैंचाइज़

affray, दंगा, हंगामा। > ॲफ्रे

affreightment, माल-संविदा*। > ॲफ्रेट्मॅन्ट

affricate, स्पर्शसंघर्ष। **affricative,** स्पर्श-संघर्षी। > ऐफ़्-रि-किट; ॲ-फ्रि-कॅ-टिव्

affront, *v.*, 1. अपमानित क०; 2. लज्जित क०; 3. (*confront*) का सामना क०; —*n.*, अपमान, निरादर। > ॲफ्रॅन्ट

affusion, 1. अभिसिंचन; 2. (*med.*) आसेक। > ॲफ़्यूश़ॅन

afield, खेत (या रणक्षेत्र) में, खेत की ओर*; दूर; बाहर। > ॲफ़ील्ड

afire, प्रज्वलित, जलता हुआ; उत्तेजित। > ॲफ़ाइॲ

aflame, 1. प्रज्वलित; 2. (*ablaze*) ज्वलन्त; 3. (*fig.*) प्रदीप्त। > ॲफ़्लेम

afloat, 1. तिरता हुआ, प्रवाहित; 2. जहाज़ पर; 3. उड़ता हुआ; 4. (*current*) प्रचलित, उड़ता हुआ; 5. (*in swing*) चालू, चलता; 6. (*out of debt*) ऋणमुक्त; 7. (*flooded*) आप्लावित; 8. (*adrift*) बहता हुआ। > ॲफ़्लोट

afoot, पैदल; जारी, चालू, सक्रिय। > ॲफ़ुट

afore, के सामने, के आगे; **~-said,** पूर्वोक्त, उपर्युक्त, उक्त; **~-thought,** पूर्वविचारित; **~-time,** पहले। > ॲफ़ॉ:

a fortiori, सुतरां, स्पष्टतर, अतितरांभावी। > ए फ़ॉ:टिऑ:राइ

afoul, run ~of, की उलझन* में पड़ना। > ॲफ़ाउल

afraid, भयभीत, डरा हुआ। > अफ्रेड

afresh, फिर (से), दुबारा, दोबारा; नये सिरे से। > ॲफ्रे 'श

African, अफ्रीकी। > ऐफ्-रि-कॅन

aft, *adv.*, पीछे, पिछौहे; दुम्बाल में (*of ship*); —*adj.*, पिछला। > आफ़्ट

after, *adv.*, 1. (*behind*) पीछे; 2. (*later*) बाद में; *prep.*, के पीछे; के बाद; के विषय में, के बारे में; के कारण; के अनुसार; के बावजूद, के होते हुए भी; —*conj.*, जब; —*adj.*, 1. (*next*) अगला; 2. (*posterior*) पिछला; **~-birth,** आँवल, खेड़ी*, जेर*; **~-care,** अनुरक्षण; **~damp,** विस्फोटज गैस*; **~-deck,** दुम्बाल; **~-effect,** उत्तरप्रभाव; **~glow,** सन्ध्याराग, उत्तरदीप्ति*; **~-grass,** पिछली घास*; **~-image,** अनुबिम्ब; **~-life,** परलोक (का जीवन); बुढ़ापा; **~math,** परिणाम; पिछली घास*; **~most,** पिछला; **~noon,** अपराह्न, तीसरा पहर; **~thought,** अनुबोध; **~wards,** बाद में, पश्चात। > आफ़्-टॅ, ~मैथ, ~वॅड्ज़

aga, आग़ा। > आ-गॅ

again, दोबारा, दुबारा, फिर; इसके अतिरिक्त, इसके अलावा; दूसरी ओर*; ~and~, बार-बार, बारम्बार; now and~, कभी-कभी। > ॲगे'न = ॲगेन

against, 1. (*opposition*) के विरुद्ध, के प्रतिकूल, के खिलाफ़; 2. (*contrast*) के विपरीत; 3. (*preparation*) की तैयारी* में, के लिए,

4. (*anticipation*) की आशा* या प्रतीक्षा* में; 5. पर; से; 6. के पास; 7. के सामने। > ॲगे 'न्स्ट = ॲगेन्स्ट

agamic, अयुग्मक। **agamous,** अलिंगी। > ॲगैमिक; ऐ-गॅ-मॅस

agape, *adj.,* मुँह बाए; *n.,* प्रतिभोज; प्रेमभाव। > ॲगेप (*adj.*), ऐ-गॅ-पी (*n.*)

agaric कुकुरमुत्ता, खुमी*; **~oid,** छत्रकाभ। > ऐ-गॅ-रिक; ऐ-गॅ-रि-कॉइड

agate, गोमेद, अक़ीक। > ऐ-गॅट

age, *n.,* 1. उमर*, अवस्था*, वय*, वयस; 2. (*lifetime*) आयु*; 3. (*adult*) वयस्कता*; 4. (*old~*) बुढ़ापा; 5. (*period*) युग, काल; 6. (*generation*) पीढ़ी*; —*v.,* बूढ़ा बन जाना या बनाना; ~ of consent, सम्मति-वय*; ~of discretion, विवेक-वय*; **~d,** 1. बूढ़ा, बुड्ढा, (वयो) वृद्ध; 2. —five, पाँच वर्ष का; 3. (*science*) कालप्रभावित; **~-group,** वयोवर्ग; **~less,** चिरयुवा; चिरनूतन; अनन्त; **~-limit,** वय-सीमा*; **~long,** चिरकालीन; अनन्त। > एज; एजिड (1, 3), एज्ड (2)

agency, 1. (*action*) क्रिया*; 2. (*power*) शक्ति*; 3. (*means*) माध्यम, साधन; मध्यस्थता*; 4. (*business*) एजेंसी*, अभिकरण; शाखा*; noun of ~, कर्तृवाचक संज्ञा*। > ए-जॅन्-सि

agenda, कार्यसूची*, कार्यक्रम, कार्यावली*। > ॲ-जे 'न्-डॅ

agent, 1. कर्ता; 2. (*cause*) कारण; 3. (*chem.*) कारक, कर्मक; 4. (*business*) एजेंट, अभिकर्ता, आढ़तिया, प्रतिनिधि; ~provocateur, दुरुत्साहक; **~ive,** कर्तृवाचक। > ऐजॅन्ट

agglomerate, *v.,* एकत्र या संचित क० या हो जाना; —*n.,* 1. (*agglomeration*) ढेर, संचय, समूह; 2. (*geol.*) ज्वालाश्मचय; —*adj.,* पुंजित, संपिंडित। > ॲ-ग्लॉ-मॅ-रेट (*v.*), ॲग्लॉ-मॅ-रिट (*n., adj.*)

aggluti/nate, *adj.,* 1. चिपकाया हुआ; 2. (*ling.*) अभिश्लिष्ट; —*v.,* 1. चिपकाना; 2. (*ling.*) योगात्मक होना; 3. (*med.*) संश्लिष्ट होना जाना; **~nation,** 1. चिपकाव; 2. (*ling.*) अभिश्लेषण, संयोग; 3. (*med.*) संश्लेषण, समूहन; **~native,** 1. चिपचिपा; 2. (*ling.*) योगात्मक, अभिश्लेषी। > ॲग्लूटिनिट (*adj.*), ॲग्लूटिनेट (*v.*); ॲग्लूटिनेशॅन; ॲग्लू-टि-नॅ-टिव़

aggradation, भूमिवृद्धि*, अधिवृद्धि*, उच्चयन। > ऐ-ग्रॅ-डे-शॅन

aggrandize, 1. विवर्धन क०; बढ़ाना, 2. प्रशंसा* क०; 3. (*exaggerate*) बढ़ा- चढ़ाकर कहना; **~ment,** विवर्धन। > ऐग् रॅन्डाइज़; ॲ-ग्रैन-डिज़्-मॅन्ट

aggravate, 1. भारी कर देना; 2. गंभीर बनाना, बिगाड़ देना, बदतर कर देना; 3. (*vex*) चिढ़ाना। **aggravating,** गंभीर-कारक। **aggravation,** 1. वृद्धि*; 2. (*vexing*) छेड़छाड़*। > ऐग्-रॅ-वेट; ऐग्-रॅ-वे-शॅन

aggregate; *n.,* 1. (*total*) पूर्णयोग; 2. (*assemblage*) समूह, समष्टि*, संचय, समुच्चय; 3. (*engin.*) मिलावा; 4. (*math.*) समुच्चय; —*v.,* एकत्र क० या हो जाना; कुल योग होना; —*adj.,* 1. संकलित; 2. (*total*) सम्पूर्ण, कुल; 3. (*bot.*) गुच्छेदार; in the~, कुल मिलाकर। **aggregation,** एकत्रीकरण, राशीकरण, समूहन; समूह, समुच्चय। **aggregative,** सामूहिक। > ऐग्-रि-गिट (*n., adj.*), ऐग्-रि-गेट (*v.*); ऐग्रिगेशॅन; ऐग्-रि-गेटिव़

aggress, 1. आक्रमण क०; 2. (*begin*) छेड़ना; **~ion,** आक्रमण; अग्रधर्षण; छेड़छाड़*; **~ive,** 1. आक्रमणशील; लड़ाका; 2. (*pushing*) उत्साही, उद्यमशील; **~or,** आक्रामक, अभिधावक। > अग्रे 'स; अग्रे 'शन; अ-ग्रे '-स

aggrieve, दुःख या कष्ट देना; हानि* पहुँचाना; **~d,** 1. खिन्न, दुःखी, अपमानित; 2. (*law*) अपकृत। > ॲग्रीव़

aghast, भौचक्का; 2. (*terrified*) आतंकित। > ॲगास्ट

agile, फुरतीला, दक्ष, कुशल। **agility,** फुरती*, दक्षता*। > ऐजाइल; ॲजिलिटि

agio, बट्टा; **~tage,** सट्टेबाजी*। > ऐजिओ; ऐ-जॅ-टिज

agist, (भाड़े पर) चराना। > ॲ-जिस्ट

agitate, 1. (*shake*) हिलाना; 2. (*excite*) उत्तेजित क०; 3. (*fluster*) घबरा देना; 4. (*for a cause*) आन्दोलन क०। **agitation,** आलोड़न; उत्तेजना*, अशान्ति*; घबराहट*; आन्दोलन। **agitator,** 1. आन्दोलनकर्ता, आन्दोलक; उपद्रवी, उत्पाती; 2. (*mech.*) विलोड़क। > ऐजिटेट; ऐजिटेशॅन; ऐ-जि-टे-टॅ

aglet, घुण्डी*। > ऐग्-लॅट

aglow, प्रदीप्त। > ॲग्लो

agnail, गलका। > ऐग्नेल

agnate, 1. सपिण्ड; 2. (*fig.*) सदृश। **agnation,** सपिण्डता*। > ऐग्नेट; ऐग्नेशॅन

agnomen, उपनाम। > ऐग्नोमे 'न

agnostic, अज्ञेयवादी; **~ism,** अज्ञेयवाद। > ऐग्नॉस्/टिक, ~टिसिज़्म

ago, पहले; long~, बहुत पहले। > ॲगो

agog, विकल, उत्सुक, उत्कंठ, उत्तेजित। > ॲगॉग

agon, नाट्य-विवाद। > आगोन

agonic, अकोण; ~line, शून्यदिक्पाती रेखा*। > ॲगॉनिक

agonistic, 1. (*athletic*) खेल-कूद* विषयक; 2. (*polemic*) खण्डनात्मक; विवादप्रिय (*of person*); 3. (*showy*) दिखावटी, कृत्रिम। > ऐ-गॅ-निस्-टिक

agonize 1. तड़पना; 2. तड़पाना, सताना; 3. (*struggle*) लड़ना, जूझना; संघर्ष क०; **agony,** 1. घोर व्यथा*, यन्त्रणा*; 2. (*death pangs*) प्राणपीड़ा*; 3. संघर्ष; 4. (*paroxysm*) पराकाष्ठा*। > ऐगॅनाइज़; ऐगॅनि

agoraphobia, विवृत-स्थान-भीति*। > ऐ-गॅ-रॅ-फ़ो-बि-ॲ

agrarian, 1. भूमि-सम्बन्धी, क्षेत्रिक; भूसम्पदा-विषयक; 2. (*of agric.*) कृषि-सम्बन्धी; कृषिक। > ॲ-ग्रे'ॲ-रि-ॲन

agree, 1. (*concur*) 1. सहमत होना, की बात* मान लेना; 2. (*consent*) राज़ी होना, सहमति* देना; 3. (*be in harmony with*) से मेल खाना; 4. समझौता क०; तय क०; 5. (*be suitable*) के अनुकूल होना; 6. these two ~well इन दोनों में खूब बनती (पटती) है; 7. (*gramm.*) से अन्वय होना; 8. (*comm.*) क़रार क०; 9. (*v.t., accounts*) ठीक कर लेना; **~able,** 1. रुचिकर, मनोहर, सुखद; 2. (*willing*) राज़ी, सहमत; 3. के अनुकूल, के अनुसार; **~d,** सम्मत; **~ment,** 1. सहमति*; 2. राज़ीमन्दी*; 3. मेल, अनुरूपता*, संगति*; 4. समझौता, अनुबंध; 5. (*document*) राज़ीनामा, क़रारनामा, अनुबन्ध-पत्र; 6. अन्वय; 7. क़रार; 8. मतैक्य। > ॲग्री; ॲग्रिॲबॅल

agrestic, देहाती, ग्रामीण। > ॲ-ग्रे'स्-टिक्

agricultural, कृषीय, कृषि-; **~ist,** कृषक, कृषिक, खेतिहर, किसान। **agriculture,** खेतीबारी*, कृषि*, कृषिकर्म। **agronomist,** कृषिशास्त्री। **agronomy,** कृषिशास्त्र, कृषि-विज्ञान, सस्य-विज्ञान। > ऐ-ग्रि-कॅल्-चॅ-रॅल; ऐग्-रि-कॅल-चॅ; ॲ-ग्रॉ/नॅ-मिस्ट, ~नॅ-मि

aground, भूग्रस्त। > ॲग्राउन्ड

ague, 1. जूड़ी*, शीतज्वर; 2. (*shivering*) सिहरन*। > एग्-यू

ah, 1. (*gen.*) हा; 2. (*sorrow*) हाय, आह, ओह, अहो; 3. (*pain*) ओफ़, हाय, ऊह; 4. (*surprise*) ओहो, अरे, ओह, अहो; 5. (*admiration*) वाह; 6. (*delight*) आहा, ओहो, अहो, अहा; 7. (*disgust*) छि, वाह; 8. (*entreaty*) हें हें। **aha,** अहा। **ahoy,** हो। > आ; आहा; ॲहॉय

ahead, आगे। > ॲहे'ड

ahimsa, अहिंसा*।

ahull, निष्पाल। > ॲहॅल

aid, *v.*, सहायता* देना, मदद* क०; सहायक होना; —*n.*, 1. सहायता*, मदद*; सहयोग; 2. (*helper*) सहायक, सहयोगी; 3. (*means*) साधन; **~ed,** सहायता-प्राप्त, इमदादी; **~er,** सहायक, मददगार। > एड, एडिड, ए-डॅ

aide, सहायक; **~-de-camp,** परिसहाय (क); **~me'moire,** स्मरणपत्र। > एड्; ए'ड्-डॅ-काँ; एड्-मे'म्-वा

aigrette, बगला। > एग्रे'ट

ail, बीमार होना; कष्ट देना; **~ing,** बीमार, रोगी; **~ment,** बीमारी*, रोग। > एल; एल्-मॅन्ट

aileron, सहपक्ष। > ए-लॅ-रॉन

aim, *v.*, 1. (*take~*) निशाना बाँधना या लगाना; 2. (*of remark*) लक्ष्य क०; 3. के लिए प्रयत्न क०, चेष्टा* क०; *n.*, 1. (*target*) निशाना; 2. (*object*) लक्ष्य; 3. (*intention*) उद्देश्य, अभिप्राय; **~less,** निरुद्देश्य, लक्ष्यहीन; **~lessly,** यों ही। > एम

air, *n.*, 1. वायु* हवा*, वात; 2. (*sky*) आकाश; 3. (*atmosphere*) वायुमण्डल; 4. (*breeze*) समीर; 5. (*appearance*) रूपरंग, रूप, शक्ल*; 6. (*bearing*) रंग-ढंग, आकृति*, चालढ़ाल*; 7. (*pl.*) अकड़-फों, हाव-भाव, नख़रा-तिल्ला, चोचला; 8. (*music*) लय*, तान*—*v.*, 1. हवा* रखना; हवा* देना; 2. (*publicize*) व्यक्त क०; go on the ~, प्रसारित क०; take the ~, हवा* खाना; in the ~, प्रचलित; अनिश्चित; **~-attack,** हवाई हमला; **~-base,** हवाई अड्डा; **~-bladder,** वायु-आशय; **~-borne,** 1. (*troops*) विमानवाहित; 2. वायुवाहित; **~-brake,** हवाई ब्रेक; **~-breather,** वायुश्वासी; **~-brick,** छेददार ईंट*; **~-brush,** फुहाररंजित्र; **~-chamber,** वायुकोष्ठ; **~-cock,** हवा-टोंटी*; **~-command,** हवाई कमान*; **~-condition,** वातानुकूलन क०; **~-conditioned,** वातानुकूलित; **~conditioning,** वातानुकूलन; **~cooled,** वायु-शीतित; **~craft,** विमान, वायुयान, हवाई जहाज़; **—carrier,** वायुयान-वाहक, विमान-वाहक; **~crew,** हवाई कर्मी; **~-defence,** हवाई-रक्षा*; **~dry,** —*v.*, हवा* में सुखाना; —*adj.*, वात-शुष्क; **~field,** विमान-क्षेत्र, हवाई मैदान; **~force,** वायु-सेना*; **~frame,** वायुयान-ढाँचा; **~-gun,** हवाई बन्दूक*; **~-gunner,** विमान तोपची; **~hole,** वायु-छिद्र; **~-hostess,** विमान-परिचारिका* **~ily,** प्रफुल्लता* से ख़ुशी* से; लापरवाही* से; स्फूर्ति* से; **~iness,** 1. हवादारी*, 2. (*jauntiness*) प्रुफल्लता*, लापरवाही*, बाँकापन; **~less,** 1. निर्वात; 2. (*room*) घुटन-भरा; 3. (*weather*) उमसदार; **~line,** हवाई कम्पनी*; **~liner,** विमान; **~-lock,** वायुबन्ध; **~mail,** हवाई डाक*; **~man,** विमान-चालक; वायु-सैनिक; **~mass** वायुसंहति*; **~ometer,** वायुमापी, **~plane,** हवाई जहाज़; **~-pocket,** हवाई गर्त्त; **~port,** हवाई पत्तन; **~-pressure,** वायु-दाब; **~-proof,** वायुरुद्ध; **~-pump,** वायुपम्प; **~-raid,** हवाई हमला; **~-sac,** वायु-कोष; **~screw,** वायु-पंखा; **~shaft,** वायु-कूपक; **~ship,** वायु-पोत; **~strip,** हवाई-पट्टी; **~-tight,** वायुरुद्ध; **~ways,**

वायुमार्ग; **~worthy,** उड़न-योग्य; **~y,** 1. (*open*) हवादार; 2. (*of air*) वायवीय, हवाई; 3. (*unsubstantial*) असार, वायवीय; 4. (*high*) ऊँचा, उत्तुंग; 5. (*graceful*) सुकुमार, रमणीय, मनोहर; 6. (*vivacious*) ज़िन्दादिल, रँगीला; 7. (*flippant*) लापरवाह, चंचल, चपल।
> ए'अॅ; ऐ'अॅ-वॅ:-दि; ऐ'अॅ-रि

aisle, 1. पार्श्ववीथी*; 2. (*passage*) रास्ता, पथ; 3. (*corridor*) गलियारा। > आइल

aitch, हकार; 2. **~-bone,** पुट्ठे की हड्डी*। > एच; एच्-बोन

ajar, 1. अधखुला; 2. (*out of tune*) अनमेल (*of things*), चिड़चिड़ा (*of persons*)। > अॅजा

akimbo, कमर* पर हाथ रखे हुए। > अकिंबो

akin, 1. सम्बन्धी; 2. (*similar*) सदृश। > अॅकिन

ala, पक्षक; **~r,** पक्षक-। > ए-लॅ; ए-लॅ

alabaster, सिलखड़ी*, भासाचूर्ण। > ऐ-लॅ-बास्-टॅ

alacrity, 1. तत्परता*; 2. (*briskness*) फुरती*। > अॅलैक्रिटि

alamode, फेशनेबुल। > आलामोड

alarm, n., 1. चेतावनी*, अलारम, ख़तरे का संकेत, संकट-सूचना*; 2. युद्ध का आह्वान; 3. (*~bell*) संकट-घंटी*; 4. (*bell*) घंटी*; 5. (*fear*) संत्रास, भीति*;—*v.*, 1. सावधान क०, चेतावनी* देना, चौंकाना; 2. (*frighten*) डराना, भयभीत क०; 3. (*excite*) व्याकुल क०, उत्तेजित क०; **~-clock,** अलारम घड़ी*, प्रबोधन-घड़ी*; **~ed,** 1. सतर्क; 2. (*afraid*) भयभीत, सन्त्रस्त; **~ing,** भयप्रद; **~ist,** 1.भय-प्रसारक; 2. (*easily frightened*) भीरु; **~-post,** चेतावनी-चौकी*; **~-arrangement,** सचेतक व्यवस्था*। > अॅलाम

alary, 1. पक्ष-; 2. (*winglike*) पक्षाकार। > ए-लॅ-रि

alas, हन्त, हाय। > अॅलास

alate, सपक्षक। > एलेट

alb, श्वेतोत्तरीय। > ऐल्ब

albeit, यद्यपि, हालांकि। > ऑल्-बी-इट

albescent, श्वेतप्राय। > ऐल्बे'सॅन्ट

albinism, रंजकहीनता*। **albino,** रंजकहीन, सूरजमुखी। > ऐल्-बि-निज़्म; ऐल्बीनो

album, एलबम, संग्रहपुस्तक, चित्राधार। > ऐल्बॅम

albumen, 1. श्वेतक; 2. (*of egg*) सफ़ेदी*। > ऐल्ब्युमिन

alburnum, रसदारु। > ऐल्-बॅ:-नॅम

alchemist, कीमियागर। **alchemy** कीमिया*। > ऐल्-कि-मिस्ट; ऐल-कि-मि

alcohol, ऐलकोहॉल, मद्यसार; **~ic,** *adj.*, मद्यसारिक; मादक; —*n.*, मदात्ययी; शराबी, मद्यप; —beverage, मदिरा*, शराब*; सुरा*; **~ism,** मदात्यय। > ऐल्-कॅ-हॉल; ऐल्-कॅ-हॉ-लिक; ऐल्-कॅ-हॉ-लिज़्म

alcove, 1. (*for bed*) शय्याकोष्ठ; 2. आला; 3. (*in garden*) लतामण्डप, कुंज। > ऐल्कोव्

alder, 1. आल्डर; 2. (*Indian*) भिदुर। > ऑ:ल्-डॅ

alderman, पौर मुख्य। > ऑ:ल-डॅ-मॅन

ale, बियर*। > एल

aleatory, भाग्याधीन, दैवाधीन; संयोग। > ए-लि-अ-ट-रि

alee, अनुवात। > अॅली

alembic, भभका। > अॅ-ले'म्-बिक

alert, *adj.*, 1. चौकन्ना, चौकस, सतर्क; 2. (*nimble*) फुरतीला, तेज; —*n.*, 1. चेतावनी*, संकट-सूचना*; 2. (*period*) आकुल स्थिति*; —*v.*, सावधान क०; **~ness,** सर्तकता* चौकसी* स्फूर्ति*। > अॅ-लॅ:ट

Alexander, सिकन्दर। **Alexandria,** सिकन्दरिया*। **Alexandrine,** सिकन्दरी। > ऐलिग्ज़ान/डॅ, ~ड्रिअॅ; ऐलिग्जैंड्राइन

alfalfa, गरारी*, रिज़का, लसुनघास*। > ऐल.फैल्-फ़ॅ

alfresco, बाहर। > ऐल्-फ्रे'स्-को

algae, शैवाल। > ऐल्जी

algous, शैवाल-जैसा। > ऐलगॅस

algebra, बीजगणित, बीजावली*, बीजक्रियाएँ **~ic,** बीजीय। > ऐल्-जि-ब्रॅ; ऐल्-जि-ब्रे-इक

algid, शीत, शीतल; **~ity,** शीत। > ऐल्-जिड; ऐल्-जि-डि-टि

algorism, दशमलव-प्रणाली*। > ऐल्गॅरिज़्म

alias, *adv.*, उर्फ़, *n.*, उपनाम। > एल्-इअॅस

alibi, *n.*, अन्यत्र-स्थिति*, अन्यत्रता*, —*adv.*, अन्यत्र। > ऐलिबाइ

alien, *adj.*, 1. (*of another*) पराया, परकीय; 2. (*foreign*) अन्यदेशीय, विदेशी(य); 3. (*different*) भिन्न; 4. (*unconnected*) असंबद्ध*; 5. (*repugnant*) प्रतिकूल, असंगत; —*n.*, 1. विदेशी, अन्यदेशी; 2. (*outsider*) बाहरी व्यक्ति; —*v.*, हस्तान्तरित क०; **~able,** अन्यसंक्राम्य, **~ate,** 1. (*property*) संक्रामित क०, अन्यसंक्रामित क०, हस्तान्तरित क०; विमुख क०, दूर क०, अपवर्तित क०; **~ation,** 1. अन्यसंक्रामण, हस्तान्तरण; 2. (*taking away*) अपवर्तन, अपहरण; 3. (*insanity*) पागलपन; **~ee,** संक्रामणग्राही, संक्रान्ति; **~ist,** मनश्चिकित्सक; **~or,** संक्रांता। > एलिअॅन; ए-लि- अॅ-नॅ-बॅल; एलिअॅनेट; ऐॅलिअॅनेशॅन; एलिअॅनी; एलिअॅनिस्ट; एलिअॅनॅ

aliform, पक्षाकार। > एलिफ़ॉ:म

alight, *v.*, उतरना; पाना; *adj.*, 1. (*on fire*) प्रज्वलित; 2. (*lit up*) प्रदीप्त; 3. (*bright*) उज्जवल। > अॅलाइट

align, aline, सीध* मिलाना या बाँधना; पंक्तिबद्ध क०; पंक्ति* में खड़ा हो जाना; के दल में सम्मिलित हो जाना, का पक्ष लेना; **~ment,** 1. (*of instrum.*) सीध*; 2. पंक्तिबन्धन, सिधाई*, संरेखण। > अॅलाइन

alike, *adj.*, सदृश, तुल्य, समान; *adv.*, समान रूप से। > ॲलाइक

aliment, 1. आहार, भोजन, खाना; 2. (*support*) संभरण; **~al, ~ary,** 1. आहार का; 2. (*nutritive*) पौष्टिक, पुष्टिकर; —canal, पोषण-नाल* अन्ननाल*; —system, आहार-तन्त्र; **~ation,** भरण-पोषण; संभरण। > ऐलिमॅन्ट; ऐलिमे'न्/टॅल, ~टॅरि; ऐलिमे'न्टेशॅन

alimony, 1. (*law*) निर्वाह-व्यय, निर्वाह-धन, संभृति*; 2. (*maintenance*) संभरण। > ऐ-लि-मॅ-नि

aliped, पक्षपदीय। > ऐलिपे'ड

aliquot, अशेषभाजक, समभाग। > ऐलिक्वॉट

alive, 1. जीवित, ज़िन्दा; 2. (*present*) वर्तमान; 3. (*active*) सक्रिय; 4. (*lively*) सजीव, फुरतीला; ~to, के विषय में सचेत; से अवगत, जानकार; ~with, से भरा हुआ। > ॲलाइव़

alkalescence, क्षारीभवन। **alkalescent,** किंचित् क्षारीय, क्षाराभ; क्षारीभू। > ऐल्-कॅ-ले'/सन्स, ~सॅन्ट

alkali, क्षार; **~ne,** क्षारीय, खारा; **~nity,** क्षारीयता*, खारापन, क्षारता*। **alkaloid,** ऐल्केलॉइड, क्षारोद। > ऐल्-कॅ-/लाइ, ~लाइन ~लि-नि-टि, ~लॉइड

alkanet, मेहँदी*। > ऐल्-कॅ-ने'ट

all, *adj.*, सब, सभी, समस्त; सब कोई, प्रत्येक, सारा, पूरा, सम्पूर्ण, अखिल; यथासंभव, अधिकतम; —*adv.*, पूर्ण रूप से, पूर्णतया, बिलकुल ही; —*n.*, सर्वस्व, सब-कुछ; above~, सर्वाधिक; after ~, ~ the same for~, फिर भी, तिसपर भी, तथापि; ~along, बराबर, निरन्तर; ~but, करीब-करीब; ~in~, सब मिलाकर; सर्वस्व; ~over, समाप्त; पूर्णतया, सर्वत्र; ~right, ठीक (ही); सुरक्षित; स्वस्थ; अवश्य ही; at~, किंचित्; किसी तरह; **~-clear,** सब ठीक; **~-important,** अतिमहत्त्वपूर्ण, अत्यावश्यक; **~-knowing,** सर्वज्ञ; **~-party,** सर्वदलीय; **~-pervading,** सर्वव्यापी; **~-powerful,** सर्वशक्तिमान्; **~-purpose,** बहुप्रयोजन; **~-round,** सर्वतोमुखी; चौतरफ़ा; **~-weather,** बारह-मासी, सर्वऋतु। > ऑ:ल; ~वे'दॅ

allay, शान्त क०; कम कर देना। > ॲले

allegation, अभिकथन, निश्चयात्मक कथन, दावा (*claim*); आरोप। > ऐलिगेशॅन

allege, 1. (निश्चयपूर्वक) कहना; 2. आरोप क०; 3. (*plead*) का बहाना देना; **~d,** कथित, तथाकथित; आरोपित। > ॲलेज

allegiance, 1. निष्ठा*; राजभक्ति*; स्वामिभक्ति*; 2. (*duty*) अनुषक्ति*। > ॲलीजॅन्स

allegoric(al), लाक्षणिक, अन्योक्तिपरक। **allegorize,** अन्योक्ति* के रूप में प्रस्तुत क० या अर्थ लगाना। **allegory,** अन्योक्ति*, दृष्टान्त, प्रतीक-कथा*, रूपक-कथा*। > ऐलिगॉरिक(ल); ऐ-लि-गॅ-रि

allegretto, अवद्रुत। > ऐलिग्रे'टो

allegro, द्रुत। > ॲलेग्रो

allergy, एलर्जी*, प्रत्यूर्जता*। > ऐलॅजि

alleviate, हलका कर देना; कम क०; **~d,** उपशमित। **alleviation,** 1. उपशम(न), आराम; कमी*; 2. (*alleviator*) उपशामक। > ॲलीविएट; ॲलीविएशॅन

alley, 1. गली*; पगडण्डी*; 2. (*in garden*) वीथि*, वीथिका*, रविश*; blind~, बन्द गली*; **~-way,** गली*। > ऐलि

alliaceous, लशुनी; लशुनगन्धी। > ऐलिएशॅस

alliance, 1. (*friendship*) मैत्री*, सख्य; 2. (*treaty*) सन्धि*, संश्रय; 3. (*affinity*) साम्य; 4. (*marriage*) विवाह; 5. (*association*) सहयोग, संसर्ग, संबंध, साहचर्य; 6. सहबन्ध। > ॲलाइॲन्स

allied, 1. (*by treaty*) संश्रित, सहबद्ध; 2. समवर्गी, सम्बद्ध। > ऐलाइड = ॲलाइड

allies, मित्र राष्ट्र, संश्रित राष्ट्र। > ऐलाइज़ = ॲलाइज़।

alligation (*math.*) मिश्रण। > ऐलिगेशॅन

alligator, ऐलिगेटर। > ऐ-लॅ-गे-टॅ

alliterate, अनुप्रास होना, अनुप्रास का प्रयोग क०। **alliteration,** अनुप्रास। **alliterative,** सानुप्रास। > ॲ-लि-टॅ-रेट; ॲ-लि-टॅ-रे-शॅन; ॲ-लि-टॅ-रॅ-टिव़

allocate, 1. विनिधान क०, निर्धारित क०, ठहराना; के लिए अलग क०; 2. (*distribute*) बाँटना; **~d,** विनिहित। **allocation,** 1. नियतन, निर्धारण, विनिधान, विनियोजन; 2. बँटवारा, बाँट*, आबंटन; 3. (*arrangement*) व्यवस्था*। > ऐ-लॅ-केट; ऐ-लॅ-के-शॅन

allocution, 1. भाषण; 2. (*exhortation*) उपदेश। > ऐलोक्यूशॅन

allogamy, परनिषेचन। > ऐ-लॉ-गॅ-मि

allonge, बेचान परची*। > ॲलॉ:न्ज

allopathy, एलोपैथी*, विषमचिकित्सा*। > ॲ-लॉ-पॅ-थि

allot, 1. (*distribute*) बाँटना, बाँट देना; 2. (*assign*) नियत क०, निर्धारित क०; 3. (*give*) देना, सौंपना; **~ment,** 1. आबंटन, बँटाई*; 2. नियतन; 3. (*share*) हिस्सा, भाग; 4. (*lot*) भाग्य; **~ted,** नियत; आबंटित; **~tee,** ग्राही, नियतभागी। > ॲलॉट; अलॉटी

allotheism, अन्यदेव-पूजा*। > ॲलॉथीइज़्म

allotrope, अपरूप। **allotropic,** अपरूपी। **allotropy;** अपरूपता*। > ऐलॅट्रोप; ऐलॅट्रॉप्-इक; ऐलॉट्रॅपि

allow, 1. अनुमति* देना; होने देना; अन्दर आने देना; 2. (*acknowl.*) स्वीकार क०, मान लेना; 3. देना; 4. (*provide*) का ध्यान रखना, के लिए प्रबन्ध क०; गुंजाइश* होना; **~able,** अनुज्ञेय; स्वीकार्य; **~ed,** अनुमत। > ॲलाउ; ॲ-लाउ-वॅ-बॅल

allowance, *n.*, 1. (*permission*) अनुमति*, अनुज्ञा*; 2. (*amount given*) भत्ता; 3. (*rebate*) छूट*; *v.*, भत्ता देना; थोड़ा-थोड़ा करके देना; make~s, अनदेखी* क०, नरमी* बरतना; make~s for, का ध्यान रखना; के कारण घटाना या बढ़ाना। > ॲ-लाउ-ॲन्स

alloy, *n.*, 1. मिश्रधातु*; 2. (*baser element*) खोट*; 3. (*mixture*) मिश्रण, सम्मिश्रण; 4. (*quality*) स्तर, गुण; —*v.*, 1. खोट* मिलाना; 2. मिश्रण क०, मिलाना; 3. (*moderate*) संयत क०, कम कर देना। > ऐलॉय = ॲलॉय

allude, संकेत क०। > ॲलूड = ॲल्यूड

allure, *v.*, 1. लुभाना, प्रलोभन देना; 2. (*fascinate*) मोहित क०, लुब्ध क०; —*n.*, सम्मोहन, माया*; **~ment,** प्रलोभन; आकर्षण, मोह। **alluring,** मोहक। > ॲल्युॲ

allusion, संकेत, इशारा। **allusive,** सांकेतिक। > ॲल्यूश़्ज़ॅन; ॲल्यूसिव़

alluvial, कछारी, जलोढ। **alluvion,** 1. (*alluvium*) जलोढक, कछारी भूमि*, कछार, कच्छ; 2. (*flood*) बाढ़*, आप्लावन; 3. (*increase*) आवृद्धि*। > ॲलू = ॲल्यू/विॲल, ~विॲन

ally, *n.*, 1. मित्र, बन्धु, सखा; सहायक; 2. (*country*) संश्रित या सन्धिबद्ध राष्ट्र; 3. समवर्गी; —*v.*, सम्बद्ध क०, मिलाना, जोड़ना; एक कर देना या हो जाना। > ऐलाइ (*n.*,) ॲलाई (*n.*, *v.*)

alma mater, अपना कालेज या विद्यालय। > ऐल्-मॅ-मे-टॅ

almanac, पंचांग, पत्रा, तिथिपत्र, जंतरी*। > ऑ:ल्-मॅ-नैक

almightiness, सर्वशक्तिमत्ता*। **almighty,** सर्वशक्तिमान्। > ऑ:ल्-माइ-टि

almirah, अलमारी*। > ऐल्-माइ-रॅ

almond, *n.*, बादाम, वाताम; *adj.*, बादामी। > आमॅन्ड

almoner, दानाध्यक्ष। > आ-मॅ-नॅ

almost, प्रायः, क़रीब-क़रीब, लगभग। > ऑ:ल्-मोस्ट

alms, भिक्षा*, भीख*; **~-box,** दानपेटिका*; **~-giving,** भिक्षा-दान। > आम्ज़

aloe, अगरु, अगर, घीकुँवार, ऐलो; **~s,** मुसब्बर। > ऐलो; ऐलोज़

aloft, ऊपर, ऊँचे पर। > ॲलॉफ़्ट

alone, *adj.*, अकेला, एकाकी; सिर्फ, केवल; —*adv.*, अकेले; मात्र, सिर्फ़, केवल। > ॲलोन

along, *prep.* के समानान्तर; की बगल* में; —*adv.*, साथ-साथ; साथ; लम्बाई* में; आगे; **~-shore,** अनुतट; तट के पास; **~side,** (की) बगल* में; समीप; पास में। > ॲलॉन्ग

aloof, अलग, विलग, दूर; keep~, अलग रहना; **~ness,** अलगाव, विलगाव; दूरी*। > ॲलूफ़

aloud, ऊँचे स्वर में, ज़ोर से। > ॲलाउड

alow, डेक के नीचे। > ॲलो

alp, पर्वतशिखर। > ऐल्प

alphabet, ककहरा, वर्णमाला*; प्रारंभिक ज्ञान; **~ic (al),** 1. वर्णानुक्रमिक, आनुवर्णिक; 2. (*of alphabet*) वर्णमालीय, वर्णात्मक; —order वर्णक्रम, वर्णानुक्रम; **~ically,** अकारादि क्रम से। > ऐल्-फ़ॅ-बिट; ऐल्-फ़ॅ-बे'-टि-कॅल

already, 1. अभी, अभी तक; 2. (*previously*) पहले, पहले ही, इससे पहले, पहले से ही। > ऑ:ल्रे'डि

also, भी; साथ ही; इसी तरह। > ऑ:ल्सो

altar, वेदी*, वेदिका*; **~-boy,** वेदी-सेवक। > ऑ:ल्-टॅ

altazimuth, अल्टाज़ीमथ, उद्दिगंशक। > ऐल्-टै-ज़ि-मॅथ

alter, बदल देना, हेर-फेर क०; बदल जाना; **~able,** परिवर्तनीय; **~ant,** परिवर्तक; **~ation** परिवर्तन, हेर-फेर, अदल-बदल, रद्दोबदल; **~ative,** 1. परिवर्तक; 2. (*med.*) आपरिवर्ती। > ऑ:ल्-टॅ; ऑ:ल्-टॅ-रे-शॅन; ऑ:ल्-टॅ-रॅ-टिव़

altercate, झगड़ना। **altercation,** 1. झगड़ा, कलह, कहा-सुनी*, वाक्कलह; 2. (*dispute*) विवाद। > ऑ:ल्-टॅ-केट; ऑ:ल्-टॅ-के-शॅन

alter ego, अन्तरंग मित्र। > ऐल्-टॅ ईगो

alternando, एकान्तर अनुपात। > ऐल्-टॅ:-नैं-डो

alternant, एकान्तरक। > ऑ:ल्-टॅ:-नॅन्ट

alternate, *adj.*, एकान्तर; हर तीसरा; —*n.*, स्थानापन्न, एवज़; —*v.*, बारी-बारी से; आना, रखना या क०; **~ly,** बारी-बारी से; एकान्तरतः। **alternating,** 1. एकान्तर; 2. (*current*) प्रत्यावर्ती। **alternation,** एकान्तरण; प्रत्यावर्तन। > ऑ:ल्-टॅ:-निट (*adj.*, *n.*) ऑ:ल्-टॅ-नेट (*v.*); ऑ:ल-टॅ-ने-शॅन

alternative, *adj.*, वैकल्पिक, विकल्पी; —*n.*, विकल्प; **~ly,** विकल्पतः; दूसरी ओर*। > ऑ:ल्-टॅ:-नॅ-टिव

alternator, प्रत्यावर्तित्र। > ऑ:ल्-टॅ-ने-टॅ

although, यद्यपि, हालाँकि। > ऑ:ल्दो

altimeter, तुंगतामापी। > एल्-टि-मि-टॅ

altitude, 1. ऊँचाई*, तुंगता*; ऊँचा स्थान; 2. (*or rank*) उच्चता*, महत्त्व; 3. (*of triangle*) शीर्षलम्ब; 4. (*astron.*) उन्नतांश। > ऐल्-टि-ट्युड

altocumulus, मध्यकपासी। > ऐल्टोक्यूम्युलॅस
altogether, 1. पूर्णतया, पूर्णरूपेण, पूर्ण रूप से बिलकुल ही; 2. (*on the whole*) सब मिलाकर। > ऑ:ल्-टॅ-गे'-दॅ
altostratus, मध्यस्तरी। > ऐल्टोस्ट्रेटॅस
altruism, परोपकारिता*; परार्थवाद, परहित- वाद। > ऐल्टुइज़्म
altruist, परोपकारी; परार्थवादी; **~ic,** स्वार्थ-हीन। > ऐल्टुइस्ट
alum, फिटकरी*, ऐलम। > ऐ-लॅम
aluminium, ऐलुमिनियम। **aluminous,** ऐलुमिनी। > ऐल्युमिन्यॅम, ॲल्यूमिनॅस
alumna, छात्रा*; स्नातिका*। > ॲ-लॅम्-नॅ
alumnus, 1. छात्र, विद्यार्थी; 2. (*graduate*) स्नातक। > ॲ-लॅम्-नॅस
alunite, फिटकरी-पत्थर। > ऐलयूनाइट
alveolar (*phon.*), वर्त्स्य। **alveolate,** छिद्रिल। **alveolus,** 1. (*tooth-ridge*) वर्त्स; 2. (*tooth-socket*) दन्त-उलूखल; 3. (*cavity*) कूपिका*। > ऐल्-वि-ॲ-लॅ; ऐल-वि-ॲ-लेट; ऐल-वि-ॲ-लॅस
always, सदा, हमेशा, सर्वदा; बराबर, निरन्तर। > ऑ:ल्वेज = ऑ:ल्वॅज़
amah, आया*। > आ-मॅ
amalgam, 1. (*chem.*) पारदमिश्रण; 2. (*blend*) सम्मिश्रण; 3. (*fig.*) विलयन, समामेलन; **~ate,** पारदित क०; मिलाना, एक कर देना, सम्मिलित क०; **~ated,** पारदित; मिश्रित; समामेलित, एकीकृत; **~ation,** पारदन; मिश्रण, सम्मिश्रण; एकीकरण, समामेलन। > ॲमैल्/गॅम ~-गॅ-मेट; ॲमैल्-गॅ-मे-शॅन
amanuensis, सेक्रेटरी; लिपिक। > ॲमैन्युए'न्-सिस
amarant(h), 1. (*polygamus*) चौलाई*; 2. (*gangeticus*) मरसा; 3. (*prickly*) जंगली चौलाई*; **~ine,** 1. सदाबहार; 2. (*colour*) बैंगनी। > ऐ-मॅ-रैंट; ऐ-मॅ-रैन्-टाइन
amass, संचित क०, ढेर लगाना, जमा क०। > ॲमैस
amateur, शौक़ीन, अव्यवसायी; **~ish,** 1. अनाड़ी, अदक्ष, अप्रवीण; 2. (*of work*) बेढंगा। > ऐ-मॅ-टॅ: = ऐ-मॅ-ट्युॲ; ऐ-मॅ-टॅ:-रिश
amative, प्रेमी; कामी, कामुक। > ऐ-मॅ-टिव़
amatory, शृंगारी, शृंगारिक, शृंगारात्मक। > ऐ-मॅ-टॅ-रि
amaurosis, काच, तन्त्रिकान्धता*। > ऐमॉ:रोसिस
amaze, चकित, विस्मित या स्तंभित क०, चकराना; **~d,** भौचक्का, हक्का-बक्का; **~ment,** अचंभा, विस्मय। **~amazing,** आश्चर्यजनक, विस्मयकार। > ॲमेज़
amazon, वीरांगना*। > ऐ-मॅ-ज़ॅन
ambages, टाल-मटोल*। > ऐम्-बे-जीज़ = ऐम्-बॅ-जिज़
ambassador, राजदूत; **~ship,** राजदूतत्व। **ambassadress,** महिला-राजदूत*। > ऐम्-बै-सॅ-डॅ; ऐम्-बै-सॅ-ड्रिस
amber, तृणमणि, कहरुबा; **~gris,** अम्बर। > ऐम्-बॅ; ऐम्-बॅ-ग्रिस = ऐम्-बॅ-ग्रीस
ambidexter, 1. सव्यसाची; 2. (*deceitful*) दुरंगा, धोखेबाज़। > ऐम्-बि-डे'क्स्टॅ
ambient, परिवेशी, आस-पास का। > ऐम्-बि-ॲन्ट
ambi/guity, द्व्यर्थकता*, द्विधार्थकता*, अनेकार्थकता*; द्व्यर्थक कथन, श्लेष; अस्पष्टता*, संदिग्धता*; **~guous,** द्व्यर्थक; अनेकार्थ (क); अस्पष्ट; संदिग्ध। > ऐम्-बिग्युइटि; ऐम्-बिग्-यु-ॲस
ambit, 1. (*extent, range*) विस्तार, क्षेत्र; 2. (*boundary*) घेरा, परिधि*, सीमा*; 3. (*surroundings*) परिवेश, (पास-) पड़ोस। > ऐम्-बिट
ambition, 1. महत्त्वाकांक्षा*; 2. उच्चाकांक्षा*; अभीप्सा*; 3. (*desire*) अभिलाषा*। **ambitious,** 1. महत्त्वाकांक्षी; उच्चाकांक्षी; 2. अभिलाषी, अभिलाषुक; 3. (*grand*) शानदार, भव्य। > ऐम्-बि-शॅन; ऐम्-बि-शॅस
ambi/valence, द्वैधवृत्ति*; **~valent,** उभयभावी, द्वैधवृत्ति; **~version,** उभयमुखता*; **~vert,** उभयमुखी। > ऐम्-बि-वॅ-लॅन्स ऐम्-बि-वॅ:-शॅन; ऐम्-बि-वॅ:ट
amble, *v.*, टहलना; रहवाल चलना; *n.*, 1. मन्थर गति*; 2. (*of horse*) रहवाल*। > ऐम्बॅल
amblyopla, मन्द दृष्टि*, मंददृष्टिता*। > ऐम्-ब्लि-ओ-पिॲ
ambo, मंच। > ऐम्बो
ambrette, मुश्कदाना। > ऐम्ब्रे'ट
ambrosia, अमृत, सुधा*; **~l,** 1. (*delicious*) अमृतोपम, स्वादिष्ठ, स्वादिष्ट; 2. (*divine*) दिव्य। > ऐम्ब्रोज़िॲ
ambsace, 1. दोहरा इक्का; 2. (*bad luck*) बदक़िस्मती*, दुर्भाग्य। > ऐम्ज़ेस
ambu/lance, अस्पताल-गाड़ी*; **~lant,** संचारी, चल, गतिमान्; चलता; **~late,** चलना; टहलना; **~lation,** टहल*, चलन; **~latory,** *adj.*, 1. (*moving*) चल, संचारी; 2. (*able to move*) चलनक्षम; 3. चलनार्थ; 4. (*unsteady*) अस्थिर; (*variable*) परिवर्ती; —*n.*, छत्ता, आच्छादित मार्ग। > ऐम्ब्यु/लॅन्स, ~लॅन्ट, ~लेट, ~लेशॅन, ~लॅ-टॅ-रि
ambuscade, *n.* (*v.*), घात* (में रहना या बिठाना)।

ambush, *n.*, घात*; घात-टुकड़ी*; घात-स्थान; —*v.*, घात* लगाकर बैठना; घात* लगाना; घात* से आक्रमण क०। > ऐम्बॅस्केड; ऐम्बुश

ameer, अमीर। > ॲमिॲ

amelior/able, सुधार्य; **~ant,** सुधारक; **~ate,** सुधरना; सुधारना; **~ation,** सुधार; उन्नति*; **~ative, ~ator,** सुधारक। > ॲमीलिॲ/ रॅ-बॅल, ~रेट, ~रेशॅन, ~ रॅटिव्, ~रे-टॅ

amen, आमेन, आमीन, तथास्तु। > एमे'न = आमे'न

amenable, 1. (*responsive*) वश्य, वशवर्ती, आज्ञाकारी, अधीन, विनम्र; 2. (*responsible*) उत्तरदायी, ज़िम्मेवार, जवाबदेह; 3. (*to physical laws*) अधीन, परीक्षणीय। > ॲ-मी-नॅ-बॅल

amenably, मित्रभाव से, सुखपूर्वक। > ॲ-मी-नॅ-ब्लि

amend, संशोधन क०; सुधारना; सुधर जाना, सुधरना; **~able,** संशोधनीय; **~ed,** संशोधित; **~atory, ~ing,** संशोधी; **~ment,** संशोधन; सुधार। > ॲमे'न्ड; ॲ-मे'न्-डॅ-टॅ-रि

amende honorable, पूरी क्षतिपूर्ति*; सब के सामने क्षमा-याचना*, सार्वजनिक क्षमा याचना*। > अमान्ड ऑनॉराबॅल

amends, क्षतिपूर्ति*, हरजाना। > ॲमे'न्ड्ज़

amenity, 1. मनोहरता*, रमणीयता*; 2. (*of person*) सौम्यता*, सौजन्य; 3. (*pl.*) सुखसुविधाएँ*, सुखसाधन; शिष्टाचार (*civilities*). > ॲमीनिटि = ॲमे'निटि

amenorrhoea, अनार्तव। > ऐ-मे'नॅ-री-ॲ

ament, दुर्बलबुद्धि। > ॲमे'न्ट

amentia, बुद्धि-दौर्बल्य, बुद्धिदुर्बलता*। > ॲमे'न्-शिॲ

amerce जुर्माना देना या लगाना; दण्डित क०; **~ment,** जुर्माना, अर्थदण्ड; दण्ड। > ॲमॅःस

America, अमरीका; **~n,** अमरीकी। > ॲ-मे'-रि-कॅ; ॲमे'रिकॅन

amethyst, *n.*, अमेथिस्ट, जम्बुमणि; *adj.*, जामनी। > ऐमिथिस्ट

ametropia, विषम-दृष्टि*। > ऐ-मॅ-ट्रो-पिॲ

ami ability, सौजन्य, सौम्यता*; स्नेहशीलता*, मिलनसारी*; **~able,** 1. सौम्य, प्रिय, प्यारा, भद्र; 2. (*friendly*) स्नेही, मिलनसार; **~ably,** शान्तिपूर्वक, सुखपूर्वक; **~cable,** 1. सौहार्दपूर्ण, मैत्रीपूर्ण; 2. (*persons*) स्नेहशील, स्नेही; **~cably,** मित्रभाव से, आपस में। > ऐम्यॅबिलिटि; एम्-यॅ-बॅल; ऐ-मि-कॅ-बॅल

amice, स्कन्धपट। > ऐमिस

amid(st), में, बीच में। > ॲमिड

admidship(s), पोतमध्य। > ॲ-मिड्-शिप्स

amiss, *adj.*, 1. गलत; 2. (*faulty*) ख़राब, सदोष; —*adv.*, गलत ढंग से; take~, का (*or* पर) बुरा मानना; not~, उपयुक्त। > ॲमिस

amitosis, असूत्रविभाजन। > ऐं-मॅ-टो-सिस

amity, मैत्री*, मित्रता*, दोस्ती*; सौहार्द। > ऐमिटि

ammeter, ऐमीटर, धारामापी। > ऐ-मि-टॅ

ammonia, अमोनिया, तिक्ताति*; **sal ~c,** नौसादर; **~cal,** ऐमोनिया-मय; तिक्तातिय; **~ted,** ऐमोनीकृत। > ॲमोन्-यॅ; सैल अमोनिऐक; ऐ-मॅ-नाइ-ॲ-कॅल; ॲमोनिएटॅड

ammunition, गोला-बारूद*, गोला, आयुधीय, युद्धोपकरण। > ऐम्युनिशॅन

amnesia, स्मृति-लोप। > ॲम्नीज़िॲ

amnesty, राजक्षमा*, सर्वक्षमा*, निर्मुक्ति*; क्षमा*, विस्मरण। > ऐम्निस्टि

amnion, उल्व, उल्ब। > ऐम-निॲन

amoeba, अमीबा, जीवाणु। **amoebic dysentery,** अमीबा-पेचिश*। **amoeboid,** अमीबाभ। > ॲ-मी-बॅ; ॲमीबिक; अमीबॉइड

amomum, इलायची*। > ॲमो मॅम

among(st), में; में से; बीच में; मिलकर। > ॲमॅन्ग

amoral, निर्नैतिक, सदाचार-निरपेक्ष; **~ism,** निर्नैतिकतावाद। > एमॉरॅल

amorist, शृंगारी। > ऐ-मॅ-रिस्ट

amorous, 1. (*in love*) प्रेमी; प्रणयी; 2. कामी, कामुक; 3. प्रणय-सम्बन्धी; शृंगारी, शृंगारात्मक। > ऐ-मॅ- रॅस

amorphous, 1. अनियतरूप, अनाकार; 2. (*unshapely*) बेढंगा, बेडौल, भद्दा; 3. (*not crystalline*) अक्रिस्टलीय, रवाहीन; 4. (*unorganized*) अव्यवस्थित। > ॲमॉः फॅस

amortization, परिशोधन; संक्रामण। **amortize,** 1. (*pay*) परिशोधन क०, ऋण चुकाना; 2. (*transfer*) संक्रामित क०। > ॲमॉःटिज़ेशॅन; ॲमॉःटाइज़

amount, *n.*, 1. (*sum*) रकम*, धनराशि*; 2. (*total*) कुल जमा*, योगफल; 3. (*quantity*) मात्रा*, परिमाण; —*v.*, कुल योग होना; के बराबर होना। > ॲमाउन्ट

amour, (गुप्त) प्रेम-सम्बन्ध; **~propre,** आत्मसम्मान। > ॲमुॲ; ऐमुॲ प्रॉप् रॅ

ampere, ऐम्पियर। **amperometer,** धारा-मापी। > ऐम्-पॅः; एम्पॅ-रॉ-मि-टॅ

ampersand, ऐंपरसैंड (& का चिह्न)। > ऐम्-पॅ-सैंड

amphi/bian, *adj.*, *see* AMPHIBIOUS; —*n.*, उभयचर; जलथली विमान (कार*, टैंक, यान); **~bious,** 1. उभयचर, जल-स्थलचर; 2. (*of plants, transport*) जलथली, जलस्थलीय, जलथल; 3. द्विस्वभाव, द्विविध; **~bology,** द्व्यर्थकता*;

~brach जगण (।ऽ।) **~ theatre,** रंगभूमि*, अखाड़ा। > ऐम्-फ़ि/बिॲन, ~बिॲस; ऐम्-फ़ि-बॉ-लॅ-जि; ऐम्-फ़ि/ब्रैक, ~थि-ॲ-टॅ

amphora, दोहत्था कलश। > ऐम्-फ़ॅ-रॅ

ample, 1. लम्बा-चौड़ा, विस्तृत; 2. (*abundant*) प्रचुर; 3. (*enough*) पर्याप्त। > ऐम्पॅल

amplexicaul, स्तम्भालिंगी। > ऐम्प्ले 'क्सिकॉ:ल

ampliative, विस्तारक, विस्तारी। > ऐम्-प्लि-ॲटिव़

ampli/fication, प्रवर्धन, विस्तारण; विस्तार **~fier,** (प्र)वर्धक; **~fy,** 1. बढ़ाना; विस्तार देना; 2. (*exaggerate*) बढ़ाकर कहना; **~tude,** 1. विस्तार, आयाम; 2. (*abundance*) प्राचुर्य, आधिक्य; 3. (*astron.*) कोणांक; 4. (*phys.*) आयाम; 5. (*splendour*) वैभव। > ऐम्-प्लि-फ़ि-के-शॅन; ऐम्-प्लि/फ़ाइ-ॲं; ~फ़ाइ; ~ट्यूड

amply, प्रचुर मात्रा* में। > ऐम्-प्लि

ampoule, सम्पुटक। > ऐमपूल

ampulla, 1. (*vessel*) तुम्बिका*; 2. (*anatomy*) कलशिका*। > ऐम्-पॅ-लॅ

amputate, काट डालना; **amputee,** छिन्नांग। **amputation,** विच्छेदन, अंगच्छेदन, अंगच्छेद। > ऐम्प्युटेट; ऐम्प्यु/टी, ~टेशॅन

amuck, amok, run~ हिंसोन्मत्त होना; आपे से बाहर होना। > ॲमॅक; ॲमॉक

amulet, तावीज़, जन्तर, कवच। > ऐम्यूलिट

amuse, जी या मन बहलाना, मनोरंजन क०; **~d,** प्रसन्न, खुश; I am—at....., पर मुझे हँसी* आती है; **~ment,** मनोरंजन, मन-बहलाव, मनोविनोद। **amusing,** मनोरंजक; हास्यकर, विनोदी। > ॲम्यूज़; ॲम्यूज़िंग

amygdalic, बादामी; **amygdaloid** *adj.*, वातामकी; *n.*, वातामकी शैल। > ऐमिगडैलिक; ॲ-मिग्-डॅ-लॉइड

anabatic, आरोही। > ऐनॅबैटिक

anabolism, उपचय। > ॲनैबॅलिज़्म

anabranch, प्रत्यागत धारा*। > ऐनॅब्रांच

anachronism, कालदोष; पुराना तत्त्व, पुरावशेष। > ॲनैक्रॅनिज़्म

anacoluthon, अपवाक्य। > ऐनॅकॅलूथॉन

anacrusis, आद्याधिवर्ण। > ऐनॅक्रूसिस

anadiplosis, अन्त्यपदानुवृत्ति*। > ऐनॅडिप्लोसिस

anadromous, समुद्रापगामी। > ॲनैड्-रॅ-मॅस

anaemia, रक्तक्षीणता*, अरक्तता। > ॲनीमिॲ

anaemic, अरक्तक। > ॲनीमिक

anaerobe, वातनिरपेक्ष। > ॲनेॲरोब।

anaesthe/sia, असंवेदनता*; संज्ञाहीनता*, बेहोशी*; **~tic,** निश्चेतक, संवेदनाहारी; **~tist,** निश्चेतक; **~tization,** संवेदनाहरण; **~tize** बेहोश, निश्चेतन या असंवेदन कर देना। > ऐनिस्थीज़िॲ; ऐनिस्थ 'टिक; ऐनिस्/थॅटिस्ट, ~थिटाइज़

anagoge, रहस्यात्मक या लाक्षणिक व्याख्या*। **anagogic,** रहस्यात्मक। > ऐनॅगोजी; ऐनॅगॉजिक

anagram, वर्णविपर्यास, वर्णविपर्यय। > ऐनॅग्रैम

anal, गुदा-सम्बन्धी, गुदा-, गुद-। > एनॅल

analects, सूक्तिसंग्रह। > ऐनॅले 'क्ट्स

analeptic, संजीवक। > ऐनॅले 'प्-टिक

analgesia, पीड़ाशून्यता*। **analgesic, analgetic,** पीड़ानाशक, पीड़ाहारी। > ऐनैल/जीज़िॲ, ~जे 'सिक, ~जे 'टिक

analogic, साम्यानुमानिक; **~al,** सादृश्यमूलक; सादृश्यवाची। **analogize,** सादृश्य दिखलाना; सादृश्य द्वारा समझाना; साम्यानुमान क०। **analogous,** 1. सदृश, अनुरूप, तुल्यरूप, सहधर्मी; 2. (*biol.*) समवृत्ति। **analogue,** तुल्यरूप शब्द, समानान्तर तत्त्व, अनुरूप, तुल्यरूप। **analogy,** 1. सादृश्य, साधर्म्य, अनुरूपता*, तुल्यरूपता*, औपम्य; 2. (*logic*) साम्यानुमान; 3. (*biol.*) समवृत्तिता* > ऐनॅलॉजिक; ॲनैलॅजाइज़; ॲनैलगॅस; एनॅलॉग; ॲनैलॅजि

analyse, विश्लेषण करना; **~d,** विश्लेषित; **~r,** विश्लेषक। **analysis,** विश्लेषण। **analyst,** विश्लेषक; **analytical,** 1. विश्लेषणात्मक, वैश्लेषिक; 2. (*languages*) वियोगात्मक, अयोगात्मक; 3. (*of mind*) विश्लेषणपरक। > ऐनॅलाइज़; ॲनैलॅसिस; ऐनॅलिस्ट; ऐनॅलिटिकॅल

anamnesis, अनुस्मरण; स्मरण। > ऐनॅमनीसिस

anamorphosis, जटिल कायान्तरण। > ऐनमॉ:फसिस

ananas, अनन्नास, अनानस। > ॲनानॅस

anandrous, परागकेसरहीन। > अनैंड्रस

anapaest, सगण (।।ऽ)। > ऐनपीस्ट

anaphora, आद्यपुनरुक्ति*। > अ-नै-फॅ-रॅ

anar/chic, अराजक; **~chism,** अराजकतावाद; **~chist,** अराजकतावादी; **~chy,** अराजकता*; अव्यवस्था*। >ॲनाक्-इक; ऐनॅ/किज़्म, ~किस्ट, ~कि

anasarca, सर्वांगशोफ। > ऐ-नॅ-सा-कॅ

anastigmatic, अनबिन्दुक। > ऐनस्टिग्मैट्-इक

anastomosis, शाखामिलन; सम्मिलन। > अनैस्टॅमोस्-इस

anastrophe, व्युत्क्रम। > ॲनैस्ट्रॅफ़ि

anathema, अभिशाप; **~tize,** शाप देना। > ॲ-नै-थि-मॅ, ~टाइज़

anato/mical, 1. शारीरिक, शरीररचना -; 2. (*structural*) संरचनात्मक; **~mist,** शरीर-शास्त्री; **~mize,** 1. व्यवच्छेदन क०; 2. (*analyse*) विश्लेषण

क०;**~my,** 1. व्यवच्छेदन, चीरफाड़*; 2. (*science*) शरीर, शरीररचना-विज्ञान; 3. (*structure*) रचना*, सरंचना*, अवयव- संघटन; 4. (*analysis*) विश्लेषण। > ऐनॅटॉमिकॅल; ॲनैटॅमिस्ट; ॲनैटॅमाइज़; ॲनैटॅमि

ancestor, पूर्वज, पुरखा, पूर्वपुरुष; **~-worship,** पूर्वज-पूजा*। **ancestral,** पैतृक। **ancestress,** पुरखिन*। **ancestry,** वंश, कुल; वंशक्रम, कुलपरम्परा*। > ऐन्-सिस्-टॅं; ऐन्से'स्ट्रल; ऐन्-सिस्-ट्रिस; ऐन्सिस-ट्रि

anchor, *n.*, (*v.*), लंगर (डालना), स्थिरक (*also science*); **~age,** लंगरगाह, लंगरशुल्क; स्थिरण; आश्रय। > ऐन्क्-अॅं; ऐन्कॅरिज

anchoress, ancress, एकान्तवासिनी*। > ऐन्कॅरिस, ऐन्-क्रिस

anchoret, anchorite, एकान्तवासी। > ऐन्कॅरे'ट, ऐन्कॅराइट

anchylosis, 1. (*zool.*) अस्थि-समेकन; 2. (*med.*) संधि-काठिन्य, संधिग्रह। > ऐन्-कि-लोस्-इस

ancient, प्राचीन, पुरातन, पुराना, चिरन्तन; **~ry,** प्राचीनत्व; प्राचीनकाल। > एन्शॅन्ट

ancillary, 1. सहायक; 2. (*subordinate*) गौण, आनुषंगिक, अनुषंगी। > ऐन्-सि-लॅ-रि

and, और, तथा, एवं, व। > ऐन्ड

andante, विलम्बित > ऐन्डैन्-टि

andantino, अवविलम्बित। > ऐन्डैन्टीनो

andiron, अंगाराधान। > ऐन्डाइअॅन

androecium, पुमंग। > ऐन्-ड्रीशिअॅम

androgynous, उभयलिंगी। > ऐन्ड्रोजिनॅस

anecdotage, 1. क़िस्से; 2. (*old age*) बुढ़ापा। > ऐनिक्डोटिज

anecdote, 1. किस्सा, उपाख्यान, जीवन की झाँकी*; 2. (*witticism*) चुटकुला। > ऐनिक्डोट

anemo/graph, पवनलेखी; **~meter,** पवनवेगमापी, पवनमापी; **~philous,** पवनपरागित; **~scope,** पवनदिग्दर्शी। > ॲने'मॅग्राफ; ऐनमॉ/मि-टॅं, ~फ़िलॅस; ॲने'मॅस्कोप

aneroid, निर्द्रव। > ऐनॅरॉइड

aneurysm, aneurism, नाड़ी-अर्बुद। > ऐन्युरिज़्म

anew, पुनः, फिर से; नये सिरे से। > ॲन्यू

anfractuosity, 1. टेढ़ामेढ़ापन; टेढ़ामेढ़ा रास्ता; 2. (*fig*) जटिलता*। > ऐन्फ्रैक्ट्युऑसिटि

angary, संकटाधिकार। > ऐन्-गॅ-रि

angel, फ़रिश्ता, देवदूत, स्वर्गदूत, दूत; **~ic,** स्वर्गदूत-तुल्य, दिव्य; **~us,** दूत-संवाद। > ऐन्जॅल; ऐन्जे'लिक; ऐन्-जि-लॅस

anger, *v.*, चिढ़ाना, क्रुद्ध क०, गुस्सा दिलाना; *n.*, क्रोध, गुस्सा, कोप, रोष, अमर्ष। > ऐन्-गॅ

angina, कण्ठ-शूल; **~pectoris,** हृत्शूल। > ऐन-जाइ-नॅं, ~पे'क्टॅरिस

angiosperm, आवृतबीजी। ऐन्-जिओस्पॅःम

angle, *n.*, 1. कोण; 2. (*fishhook*) बंसी* काँटा; *v.*, बंसी* से मछली* पकड़ना, फँसाना; खोजना। > ऐन्गॅल

Anglican, ऐंग्लिकन; **~ism,** ऐंग्लिकन धर्म। > ऐन्-ग्लि-कॅन

anglicism, आंग्लीयता*। > ऐन्-ग्लि-सिज़्म

anglicize, अँगरेज़ी (ढंग का) बनाना। > ऐन्ग्लिसाइज़

anglo-, अँगरेज़ी, आंग्ल-। > ऐन्ग्लो-

angrily, गुस्से में, क्रुद्ध होकर। **angry,** 1. क्रुद्ध, कुपित, ख़फ़ा, नाराज़, अप्रसन्न; 2. (*irritable*) क्रोधी, गुस्सैल, गुस्सावर, चिड़चिड़ा; 3. (*inflamed*) लाल, प्रदाही, दर्दनाक। > ऐन्-ग्रिलि; ऐन्-ग्रि

anguine, सर्पिल। > ऐन्-ग्विन

anguish, परिताप, वेदना*, मनोव्यथा*, तीव्र व्यथा*। > ऐन्-ग्विश

angular, 1. कोणीय, कोणिक; 2. (*of body*) इकहरा, दुबला; 3. (*awkward*) भद्दा; **~ity,** कोणिकता*। > ऐन्-ग्यु-लॅ

angulate, सकोण। > ऐन्ग्युलिट

anhydrous, निर्जल, अजल, निर्जलीय। > ऐन्हाइड्रॅस

anil, नील; **~ine,** ऐनिलीन, नीलिन। > ऐनिल, ऐनिलिन

animadversion, 1. आलोचना*, टिप्पणी*; 2. (*blame*) निन्दा*। **animadvert,** टीका-टिप्पणी* क०; निन्दा* क०। > ऐनिमैड्वॅःशॅन, ऐनिमैड्वॅःट

animal, *n.*,1. (*beast*) पशु, जानवर, जन्तु; 2. प्राणी, जीव —*adj.*, 1. (*of animals*) जान्तव, पशु-; 2. (*bestial*) पाशविक; 3. (*carnal*) शारीरिक; विषयी; ~kingdom, प्राणी-जगत्; ~spirits, जिंदादिली*; ~husbandry, पशु-पालन; **~cule,** जन्तुक; **~ism,** पशुधर्म; अनध्यात्मवाद; **~ity,** पशु-प्रकृति*, पशुवृत्ति*; प्राणि-जगत्; **~ize,** पशु बना देना। > ऐनिमल; ऐनिमैल्क्यल, ऐनिमॅलिज़्म; ऐनिमैलिटि; ऐनिमलाइज़

animate, *v.*, अनुप्राणित क०; प्राण डालना, जीवन-संचार क०; चालित क०; —*adj.*, 1. जीवित, जीवन्त, सजीव; 2. (*lively*) संजीव, सक्रिय, फुरतीला; **~d,** जीवित; जोशपूर्ण। **animation,** प्राण-संचारण; सजीवता*। > ऐनिमेट (*v.*), ऐनिमिट (*adj.*) ऐनिमेशन

animism, जड़ात्मवाद, जीववाद। > ऐनिमिज़्म

animosity, वैर-भाव, विद्वेष, वैर। > ऐनिमॉसिटि

animus, 1. प्रेरणा-शक्ति*; 2. (*law*) अभिप्राय, संकल्प; 3. (*hatred*) विद्वेष। > ऐनिमॅस

anion, ऋणायन; **~ic,** ऋणायनी। > ऐनाइ/ॲन, ~ॲनिक

anise, aniseed, सौंफ*। > ऐनिस; ऐनिसीड

ankle, टखना, गुल्फ, चरणपर्व; **~bells,** घुँघरू; **~joint,** गुल्फ-संधि*। > ऐन्कॅल

anklet, पायल*, पाजेब*, नूपुर, मंजीर। > ऐन्क्-लिट

ankylose, *see* ANCHYLOSE.

annalist, इतिहासकार। **annals,** वर्षवृत्तान्त; इतिहास, इतिवृत्त; आख्यान। > ऐनॅलिस्ट; ऐनॅल्स

anneal, 1. तापानुशीतित क०; 2. (*strengthen*) तपाना, सुदृढ़ क० **~ing,** तापानुशीतन। > ॲनील

annectent, संयोजक, संयोजी। > ॲने 'क्टॅन्ट

annex, *v.* 1. (*attach*) साथ जोड़ना, में लगा देना, संलग्न क०, अनुबद्ध क०, 2. (*incorporate*) मिला लेना, क़ब्जे में क०; —*n.*, 1. (*appendix*) अनुलग्नक, परिशिष्ट; 2. (*annexe*) उपभवन, उपगृह; **~ation,** 1. संयोजन, अनुयोजन; 2. (*of country*) समामेलन। > ॲने 'क्स; ऐने 'क्सेशॅन

annihilate, विनाश क०, सत्यानाश क०, अस्तित्व मिटाना, मिटा देना। **~annihilation,** विनाश, सर्वनाश, सत्यानाश, विध्वंस। **annihilator,** 1. सत्यानाशी, विध्वंसक; 2. (*math.*) शून्यकारी। > ॲनाइ-इ-लेट; ॲ-नाई-इ-ले-शॅन; ॲ-नाइ-इ-ले-टॅ

anniversary, *n.*, 1. वार्षिकोत्सव, जयन्ती*; 2. (*of birth*) जन्मदिवस, वर्षगाँठ*; 3. (*of death*) बरसी*; —*adj.*, वार्षिक। > ऐनिवॅ:सॅरि

Anno Domini, A.D., ईसवी सन् (सन् ७० ई०; ७० ईसवी; सन् ७०)। > ऐनो डॉमिनाइ

annotate, टीका* क०, व्याख्या* क०; टिप्पण लिखना। **annotation,** 1. व्याख्या*, टीका*; 2. (*note*) टिप्पण। **annotator,** टीकाकार; टिप्पण-लेखक। > ऐनोटेट; ऐनोटेशन; ऐ-नो-टे-टॅ

announce, 1. सूचित क०, विदित क०; 2. (*say*) बतलाना, प्रकट क०; 3. (*proclaim*) घोषित क०; **~ment,** 1. सूचना*, विज्ञप्ति*; 2. घोषणा*; 3. (*act*) आख्यापन, घोषण; **~r,** 1. घोषक, आख्यापक; 2. (*radio*) उद्घोषक, घोषक, वाचक। > ॲनाउन्स; ॲनाउन्-सॅ

annoy, 1. (*irritate*) चिढ़ाना, खिजाना; 2. (*cause annoyance*) परेशान क०, तंग क०; 3. (*molest*) छेड़ना; **~ance,** 1. (*act.*) चिढ़ाना; सन्तापन; छेड़छाड़*, छेड़खानी*; 2. (*feeling*) चिढ़*, खीज*। 3. (*nuisance*) कण्टक, कष्ट, मुसीबत*; **~ing,** कष्टप्रद, कष्टकर। > ॲनॉय

annual *adj.*, वार्षिक, सालाना; *n.*, अब्दकोष; एकवर्षी पौधा, वर्षजीवी; **~ly,** प्रतिवर्ष। > ऐन्युॲल; ऐन्युॲलि

annuitant, वार्षिकी-ग्राही। > ॲन्युइटॅन्ट

annuity, वार्षिकी*, वार्षिक भृति*। > ॲन्युइटि

annul रद्द क०, अभिशून्य क०; मिटा देना; **~ment,** अभिशून्यन; निराकरण, विलोपन। > ॲनॅल

annular, 1. वलयाकार, वलयी; 2. (*annulate*) छल्लेदार। **annulation,** वलयीकरण। **annulet,** (क्षुद्र) वलय। **annuloid, annulose,** वलयाभ; छल्लेदार। > ऐन्यु/लॅ, ~लेशॅन, ~लिट, ~लॉइड, ~लोस

annunciate घोषित क०; सूचित क०; **annunciation,** 1. घोषण; घोषणा*; 2. दूत-सन्देश। **annunciator,** घोषक। > ॲनॅन्/शिएट् ~शिएशॅन, ~शि-ए-टॅ

anode, ऐनोड, धनाग्र। > ऐनोड

anodyne, पीड़ानाशक, शामक, वेदनाहर। > ऐनोडाइन

anoint, तेल लगाना, अभ्यंजित क०; अभिषेक देना; **~ed,** अभ्यंजित; अभिषिक्त; **~ment,** 1. अभ्यंजन, विलेपन; 2. (*ceremony*) अभिषेक। > ॲनॉइन्ट

anomalistic, ~month, परिमास; ~year, परिवर्ष। > ॲनॉमॅलिस्टिक

anomalous, 1. (*irregular*) अनियमित; 2. (*abnormal*) असामान्य; 3. (*incongruous*) असंगत **anomaly,** 1. अनियमितता*; असामान्यता*, अपवाद; असंगति*; 2. (*astron.*) कोणान्तर। > ॲनॉमॅलॅस; ॲनॉमॅलि

anon, शीघ्र, जल्दी, थोड़ी देर* में। > ॲनॉन

anonym, 1. अज्ञातनाम व्यक्ति; 2. (*pseudonym*) छद्मनाम, उपनाम; **~ity,** अनामत्व, गुमनामी*; **~ous,** गुमनाम, अनाम (क), अज्ञात लेखक। > ऐनॅनिम; ऐनॅनिमिटि; ॲनॉनिमॅस

anopheles, ऐनोफ़ेलीज़। > ॲनॉफ़िलीज़

anorexy, क्षुधा-अभाव। > ॲनारे 'क्-सि

anosmia, 1. घ्राणनाश; 2. (*partial*) घ्राण-हानि*। > ॲनॉस्-मिॲ

another, 1. (*one more*) एक और; 2. (*some other*) दूसरा, कोई दूसरा; 3. (*different*) दूसरा, भिन्न। > ॲनॅद्-ॲ

anserine, 1. हंस-सम्बन्धी; हंस-जैसा; 2. (*stupid*) मूर्ख। > ऐन्सॅराइन

answer, *n.*, 1. उत्तर, जवाब; 2. (*solution*) हल, समाधान; 3. (*retaliation*) बदला, प्रतिकार; —*v.*, 1. उत्तर देना; 2. (*react*) प्रतिक्रिया* दिखाना; के अनुसार चलना या काम क०; 3. (*be sufficient*) काम देना, पर्याप्त होना, पूरा क०; 4. (*be responsible*) उत्तरदायित्व लेना, उत्तरदायी होना; 5. (*agree*) के अनुकूल होना; 6. (*refute*) खण्डन क०; **~able,** उत्तरदायी, जवाबदेह; **~-book,** उत्तर-पुस्तिका*। > आन्-सॅ; आन्सॅरॅबॅल

ant, चींटी*; white~, दीमक*; red~, माटा; **~-eater,** चींटीखोर; **~-hill,** बाँबी*, वल्मीक। > ऐन्ट, ~-ई-टॅ, ~-हिल

antacid, प्रत्यम्ल। > ऐन्टैसिड

antagonism, विरोध, प्रतिरोध। > ऐन्टैगॅनिज़्म

antagonist, विरोधी, प्रतिद्वन्द्वी; **~ic,** विरोधात्मक, प्रतिकूल, विरुद्ध; विरोधी, प्रतिरोधी। > ऐन्‌टैगॅ/निस्ट, ~निस्‌-टिक

antagonize, 1. (*oppose*) विरोध क०; 2. विरोधी बनाना, का विरोध उत्पन्न क०; 3. (*neutralize*) निष्फल कर देना। > ऐन्‌टैगॅनाइज़

antalkali, क्षारापकर्षक। > ऐन्‌टैल्‌कॅलाइ

antarctic, *adj.*, दक्षिण-ध्रुवीय; *n.*, दक्षिण-ध्रुव-प्रदेश। > ऐन्‌-टाक्‌-टिक

Antares, ज्येष्ठा*। > ऐन्‌टे'अॅरीज़

ante, *n.*(*v.*), दाँव (पर रखना); *pref.*, प्राक्‌-, पूर्व, पूर्व-। > ऐन्‌-टि

antecedence, 1. पूर्वता*, पूर्ववर्तिता*; 2. (*priority*) प्राथमिकता*; 3. (*astron.*) पश्चगमन। > ऐन्‌-टि-सी-डॅन्स

antecedent, *adj.*, पूर्ववर्ती; पूर्व; *n.*, 1. पूर्ववृत्त; 2. (*logic*) पूर्वांग; 3. (*gram., math.*) पूर्वपद; 4. (*pl.*) पूर्वचरित, पूर्ववृत्त > ऐन्‌-टि-सी-डॅन्ट

antechamber, बैठक*, बाहरी कमरा, उपकक्ष। > ऐन्‌-टि-चेम्‌-बॅ

antedate, *n.*, पूर्वदिनांक; *v.*, पूर्वदिनांकित क०; (से) पहले घटित होना; पहले रखना। > ऐन्‌-टि-डेट

antediluvian, 1. प्राक्प्रलय; 2. (*old*) पुराना, दक़ियानूसी। > ऐनटिडिल्यूविअॅन

antefix, पट्टा। > ऐन्‌-टि-फ़िक्स

antelope, 1. कुरंग, हिरण; 2. (*Indian~, black buck*) मृग; 3. (*four-horned*) चौसिंगा। > ऐन्‌-टि-लोप

antemeridian, पूर्वाह्निक। **ante meridiem,** पूर्वाह्न (में)। > ऐन्‌-टि-मॅ-रि/डि-अॅन, ~डिअॅम

antemundane, सृष्टिपूर्व। > ऐन्‌-टि-मॅन-डेन

antenatal, 1. (*of mother*) प्राक्प्रसव; 2. (*of child*) जन्मपूर्व। > ऐन्‌-टि-ने-टॅल

antenna, 1. (*feeler*) शृंगिका*, स्पर्श-शृंगिका*; 2. (*aerial*) ऐन्टेना, एरियल, विद्युत्‌-ग्राहक **~l,** शृंगिक; शृंगिकाकार। > ऐन्‌-टे'-नॅ

antenuptial, विवाहपूर्व। > ऐन्‌-टि-नॅप्‌-शॅल

antependium, पूर्वावरण। > ऐन-टि-पे'न्‌-डि-अॅम

antepenult(imate), उपान्त्यपूर्व। > ऐन्‌-टि-पि/नॅल्ट, ~नॅल्‌-टि-मिट

anterior, 1. (*time*) पूर्व, पूर्ववर्ती; 2. (*place*) अग्र, अग्रवर्ती, अगला; **~ly,** पहले; **~ity,** पूर्ववर्तिता*; ज्येष्ठता*। > ऐन्‌-टि-रि-अॅ; ऐन्‌-टि-रि-ऑ-रि-टि

antero-, अग्र-। > ऐन्‌-टि-रो

anteroom, *see* ANTECHAMBER. > ऐन्‌-टि-रूम

anteversion, अग्रनति*। > ऐन्‌-टि-वॅ:-शॅन

anthelion, बिम्बसूर्य। > ऐन्ट्‌-ही-लि-अॅन

anthelmintic, कृमिनाशक। > ऐन्‌-थे'ल्‌-मिन्‌-टिक

anthem, स्तोत्र, वन्दना, भजन; गान। > ऐन्‌थॅम

anther परागकोश; **~idium,** पुंधानी; **~iferous,** परागकेशरधर। > ऐन्‌-थॅ, ~रिडिअॅम, ~रिफ़ॅरॅस

anthology, संग्रह, चयनिका*। > ऐन्‌थॉलॅजि

anthophore, दलवृन्त। > ऐन्‌थॅफ़ॉ:

anthozoa, पुष्पजीव। > ऐन्‌-थॅ-ज़ो-अॅ

anthrax, गिलटी-रोग। > ऐन्‌थ्रैक्स

anthropo/centric, मानवकेंद्रित; **~centrism,** मानवकेंद्रवाद; **~geography,** मानव-भूगोल; **~id,** मानवाकार; मानवकल्प; **~logical,** मानवशास्त्रीय; **~logist,** मानव-विज्ञानी; **~logy,** मानव-शास्त्र, मानव-विज्ञान, नृविज्ञान; **~metry,** मानवमिति*; **~morphic,** मानवतारोपी; **~morphism,** मानवतारोप, मनुष्यत्वारोप; मानवीकरण; **~morphize,** मानवीकरण क०; **~morphosis,** मानवरूपान्तरण; **~morphous,** मानवाकार, मानवीय; **~pathy,** मानव-भावरोप। > ऐन्‌-थ्रॅ/पॅ-से'न्‌-ट्रिक, ~पोजिऑग्रफ़ि, ~पाइड, ~पॅलॉजिकॅल, ~पॉलॅजिस्ट, ~पॉलॅजि, ~पॉमिट्रि, ~पॅमॉ:फ़िक, ~पॅमॉ:फ़िज्म, ~पॅमॉ:फाइज़, ~पॅमॉ:फॅसिस, ~पॅमॉ:फ़ॅस, ~पॉपॅथि।

anti-, -विरोधी, प्रति-, -रोधी; **~-air-craft,** हवामार, विमानभेदी; **~bacterial,** प्रतिजीवाणु; **~biotic,** प्रतिजीव; प्रतिजीवाणु; **~biotics** प्रतिजैविक*; **~body,** प्रतिपिण्ड, रोगप्रतिकारक; **~catalyst,** प्रति-उत्प्रेरक; **~cathode,** प्रति-ऋणाग्र; **~christ,** ख़्रीस्त-विरोधी; **~christian,** ईसाई-विरोधी। > ऐन्‌-टि

anticipant, प्रत्याशी; पूर्वकर्ता। > ऐन्‌-टि-सि-पॅन्ट

anticipate, पहले से जान लेना, महसूस क०, पूर्वानुमान क०, पूर्वज्ञान होना; प्रत्याशा* क०; (के लिए) तैयार रहना, पहले से रोकना; पहले मनाना; **~d,** प्रत्याशित; प्रवेक्षित, पूर्वानुमानित। > ऐन्‌-टि-सि-पेट

anticipation, पूर्वसम्पादन; पूर्वाभास, प्राग्ज्ञान, अग्रज्ञान, पूर्वानुमान; प्रवेक्षा*, प्रत्याशा*; in~, पहले ही से; in~of, की प्रत्याशा* में। **anticipatory,** पूर्वाभासी; प्रत्याशी। > ऐन्‌-टि-सि-पे-शॅन; ऐन्‌-टिसिपेटॅरि

anti/clerical, पुरोहित-विरोधी; **~clericalism,** पुरोहितविरोध (-वाद); **~climax,** 1. अपकर्ष, प्रतिकाष्ठा*, पतत्प्रकर्ष; 2. (*lit.*) रसापकर्ष; **clinal,** अपनत; **~clockwise,** वामावर्त; **~corruption,** (*department*), भ्रष्टाचार-निरोध (-विभाग)।

antics, हरकतें*, मसख़रापन। > ऐन्‌-टिक्स

anti/cyclone, प्रतिचक्रवात; **~dote,** विषहर, प्रतिविष; मारक, उतार, प्रतिकारक; **~febrile,** ज्वरहर,

ज्वरनाशक; **~freeze,** हिमनिरोधी, जमावरोधी; **~friction,** घर्षणरोधी; **~gen,** प्रतिजन; **~helix,** प्रतिसर्पिला*; **~lithic,** अश्मरी-रोधी; **~logarithm** प्रतिलघुणक, प्रतिलघु; **~logy** वितर्क, व्याहति*, परस्परविरोध > ऐन्-टिलॅजि

antimony, अंजन, सुरमा। > ऐन्-टि-मॅ-नि

anti-national, राष्ट्रविरोधी; **~node,** प्रस्पन्द; **~nomy** विरोध; विप्रतिषेध; **~parallel,** प्रतिसमान्तर; **~pathetic,** विद्वेषी; विरोधी, प्रतिकूल; **~pathy,** 1. विद्वेष, वैर-भाव; 2. (*opposition*) विरोध; **~personnel,** प्राणिनाशक; **~phlogistic,** सूजनहारी; **~phon,** अग्रस्तव; प्रतिस्तव; **~phrasis,** व्याजस्तुति*; **~podal,** प्रतिध्रुवस्थ; प्रतिमुख; विपरीत, विरोधी; **~pode** 1. उलटा; 2. (*chem.*) प्रतिविन्यासी; 3. (*math.*) प्रतिव्यासांत; **~podean,** प्रतिध्रुवस्थ; **~podes,** प्रतिध्रुव; **~pyretic,** ज्वरहारी, ज्वरहर, ज्वरनाशी, ज्वरान्तक। > ऐन्-टि-नॅ-मि; ऐन्-टि-पॅथि; ऐन्-टि-फ़ॅन; ऐन्-टि-पॅडॅल; ऐन्-टि-पोड; ऐन-टि-पडीॲन; ऐन्-टि-पॅ-ड़ीज; ऐन्-टि-पाइ-रे'-टिक

antiquarian, *adj.*, पुरातत्त्व-विषयक; *n.*, **antiquary,** पुरावेत्ता, पुराविद्; पुरावशेष-संग्राहक; पुरातनिक। > ऐन्-टि-क्वे'ॲ-रि-अन ; ऐन्-टि-क्वॅ-रि

antiquated, पुराना; अप्रचलित। **antique,** *adj.*, पुराकालीन, पुरातन, पुराना, प्राचीन; —*n.*, पुरावशेष; **antiquity,** 1. प्राचीन काल, पुराकाल; 2. प्राचीनत्व, पुरातनता*, प्राचीनता*; 3. (*object*) पुरावस्तु*, पुरावशेष। > ऐन्-टि-क्वेटिड; ऐन्-टीक; ऐन्-टि-क्विटि।

anti/rachitic, सूखारोधी; **~sepsis,** पूतिरोध; **~septic** पूतिरोधी, प्रतिपौतिक; रोगाणुरोधक; **~social,** समाजविरोधी; **~tank,** टैंकमार; **~thesis,** 1. विरोध; विरोधालंकार; 2. (*contrast*) विपरीतता*, वैपरीत्य; 3. (*counterthesis*) प्रतिस्थापना*, प्रतिपक्ष; **~thetic,** विपरीत, विरोधात्मक; **~toxin** प्रतिजीवविष; **~trades,** प्रतिव्यापारिक पवन; **~type,** प्रतिकतत्त्व; प्रतिरूप; **~venene, ~venin,** प्रतिदंशविष; **~war,** युद्ध-विरोधी। > ऐन्-टि/रॅकिटिक, ~से'प्-सिस, ~से'प्-टिक; ऐन्-टि-थिसिस; ऐन्-टि-थे'-टिक; ऐन्-टि-वे'-निन।

antler, मृगशृंङ्ग, शृङ्गाभ, > ऐन्ट्-लॅ

antonomasia, प्रतिनाम। > ऐन्-टॅनोमेज़िॲ

antonym, विपर्याय, विरुद्धार्थ, विलोम। > ऐन्-टॅ-निम

antrum, 1. (*cave*) गुहा*; 2. (*cavity*) गह्वर, कोटर। > ऐन्-ट्रॅम

anus, गुदा*, मलद्वार। > एनॅस

anvil, निहाई*, सन्दान; अहरन*। > ऐन्-विल

anxiety, 1. चिन्ता*, फ़िक्र*; 2. (*desire*) उत्सुकता*। **anxious** 1. चिन्तित, चिन्ताग्रस्त; 2. (*eager*) उत्सुक; 3. (*causing anxiety*) चिन्ताजनक। > ऐन्ज़ाइॲटि, ऐन्क्-शॅस

any, कोई; कुछ; at~rate, बहरहाल; कम से कम; **~body, ~one,** कोई भी; **~how, ~way,** किसी प्रकार, येन-केन प्रकारेण, चाहे जैसे; जो कुछ भी हो; हर हालत* में; **~thing,** कुछ भी; **~where,** कहीं भी, कहीं-न-कहीं; सर्वत्र, सब जगह*; **~wise,** किसी भी तरह* से; कुछ भी; किसी तरह*। > ए'न्-इ

aorist, सामान्य भूत, लुङ्। > ए'ॲरिस्ट

aorta, महाधमनी*। > ए-ऑ:-टॅ

apace, तेज़ी* से, तीव्र गति* से। > ॲपेस

apache, गुण्डा। > ॲपाश = ऐपाश

apagoge, असंभवापत्ति-तर्क। > ऐपॅगोजि

ap(p)anage, (जन्मसिद्ध)गुण या अधिकार; अधीन राज्य; राजकुमारों की वृत्ति*, राजदेय, गुज़ारा। > ऐपॅनिज

apart, अलग, पृथक्; **~heid,** पृथग्वासन; प्रजाति-पार्थक्य। > ॲपाट; ॲपाट्हेड

apartment, कोठरी*, कमरा, फ़्लैट। > ॲपाट्मॅन्ट्

apathetic, 1. उदासीन, विरक्त; 2. (*listless*) भावशून्य, निर्जीव, निरुत्साह। **apathy,** उदासीनता*; भावशून्यता*। > ऐपॅथे'टिक; ऐपॅथि

ape, *n.*, बन्दर, कपि, वानर; नक़ल* करनेवाला, नक़्क़ाल; —*v.*, नक़ल* क०; **~ry,** नक़ल*, नक़्क़ाली*। > एप-ए-पॅ-रि

apeak, अधिलंगर। > ॲपीक

aperient, aperitive, (मृदु) रेचक, विरेचक, दस्तावर। > ॲपिॲरिॲन्ट; अपे'रिटिव

aperiodic, 1. अनियमित, अनियतकालिक; 2. (*phys.*) अनावर्ती। > एपीरिऑडिक

aperture, छिद्र, छेद, सूराख, रन्ध्र; द्वारक। > ऐपॅज = ऐपॅचुॲ

apetalous, अदलीय। > ॲपे'टॅलॅस

apex, 1. (*peak*) शिखर, शीर्ष; शिखाग्र, शिरोबिन्दु; 2. (*tip*) सिरा, नोक*, अग्रक; 2. (*climax*) पराकाष्ठा*, चरमोत्कर्ष। > एपे'क्स

aphaeresis, आद्याक्षरलोप, आद्यवर्णलोप। > एफ़िॲरिसिस

aphasia, वाचाघात, वाग्लोप। > ऐफ़ेज़िॲ

aphelion, सूर्योच्च, रवि-उच्च, अपसौर। > ऐफ़ीलिॲन

apheliotro/pic, सूर्यापवर्त; **~pism,** सूर्यापवर्तन। > ॲफ़ीलिऑट्रॉ/पिक, ~पिज़्म

aphesis, आदिलोप। > ऐफ़िसिस

aphid, aphis, माहूँ। > एफ़िड; एफ़िस

aphonia, स्वरहानि*। **aphonic,** अनुच्चरित। > ऐफ़ोनिॲ; ऐफ़ॉनिअ

aphorism, 1. सूत्र; 2. (*saying*) सूक्ति*। **aphorist,** सूत्रकार; सूक्तिकार; **~ic,** सूत्रात्मक। > ऐफ़ॅरिज़्म; ऐ.फ़ॅरिस्ट; ऐ.फ़ॅरिस्-टिक

aphrodisiac, *adj.*, (*n.*,) कामोद्दीपक (द्रव्य), कामोत्तेजक, वाजीकर। > ऐफ्रॅडिज़िऐक

aphyllous, अपर्णी। > ॲफ़िलॅस

aphthae, अंछर। > ऐफ़ -थि

apiarian, *adj.*, मधुमक्खी* (-पालन) का; —*n.*, **apiarist,** मधुमक्खी-पालक। **apiary,** मधुवाटिका*। > एपिए 'ॲरिॲन; एप्यॅरिस्ट; एप्यॅरि

apical अग्रस्थ, शीर्षस्थ, शिखर-, अग्र-; 2. (*phon.*) जिह्वा-नोकी। > ऐपिकॅल = एपिकॅल

apiculate, तीक्ष्णाग्र। > ॲपिक्युलिट

apiculture, मधुमक्खी-पालन। > एप्-इ-कॅल्-चॅ

apiece, प्रत्येक को; प्रत्येक के लिए; प्रत्येक। > ॲपीस

apish, 1. बन्दर-सा; 2. (*imitative*) नक़लची; 3. (*silly*) मूर्ख। > एपिश

aplanatic, विपथी। > ऐपूलॅनैटिक

aplomb, 1. आत्मविश्वास, असंभ्रम; 2. (*perpendicularity*) लम्बता*। > ॲप्लों

apnoea, अश्वसन, श्वासरोध। > ऐप्नीॲ

apocalypse, 1. (*revelation*) रहस्योद्‌घाटन; 2. प्रकाशना-ग्रन्थ। **apocalyptic,** भविष्य-सूचक, भविष्योद्‌घोषी। > ॲपॉकॅलिप्स; ॲपॉकॅलिप्-टिक

apocope, अन्त्याक्षर-लोप। > ॲपॉकॅपि

apocrypha, अप्रामाणिक ग्रन्थ; **~l,** 1. अप्रामाणिक; 2. (*interpolated*) प्रक्षिप्त। > ॲपॉक्रिफ़ॅ

apod(al), अपाद। > ऐपॉड; ऐपॅडॅल

apodictic, सुनिश्चित, अकाट्य। > ऐपॅडिक्-टिक

apodosis, परिणामी उपवाक्य, फलवाक्य। > ॲपॉडॅसिस

apogamy, अपयुग्मन। > ॲपॉगॅमि

apogean, भूमि-उच्चीय। > ऐपॅजीॲन

apogee, 1. (*astron.*) भूमि-उच्च, अपभू, द्राघिमा*; 2. (*apex*) शिरोबिन्दु; 3. (*climax*) पराकाष्ठा*। > ऐपॅजी

apolaustic, असंयमी, विषयासक्त। > ऐपॅलॉ:स्-टिक

apologetic, पक्षसमर्थक, मण्डनात्मक; क्षमा-याचक, खेदसूचक; **~s,** धर्ममण्डन, पक्ष-मण्डनशास्त्र। **apologia,** मण्डन, सफ़ाई*। **apologist,** धर्ममण्डक, समर्थक। **apologize,** 1. खेद प्रकट क०, क्षमा* माँगना, क्षमायाचना* क०, दोष स्वीकार क०; 2. (*defend*) मण्डन क०, समर्थन क०। > ॲपॉलॅजे 'टिक; ऐपॅलोजिॲ; ॲपॉलॅजिस्ट; ॲपॉलॅजाइज़

apologue, नीति कथा*, दृष्टान्त। > ऐपॅलॉग

apology, 1. क्षमायाचना*, क्षमाप्रार्थना*, खेद-प्रकाश; 2. मण्डन, समर्थन; 3. (*caricature*) विद्रूप। > ॲपॉलॅजी

apophthegm, सूक्ति*, सुभाषित। > ऐपॅथे 'म

apohysis, अपसूत्र। > ॲपॉ.फ़ॅसिस

apoplexy, रक्ताघात, अपसंन्यास। > ऐपॅप्ले 'क्-सि

aporia, संदेह। > ॲपॉ:रिॲ

aport, बायें। > ॲपॉ:ट

aposiopesis, अर्द्धोक्ति*। > ऐपॅसाईॲपीसिस

apostasy, स्वधर्मत्याग, धर्म (परि) त्याग; पक्षत्याग, मतत्याग; धर्मसंघत्याग। **apostate,** धर्मत्यागी; स्वपक्षत्यागी; संघत्यागी। **apostatize,** धर्म, पक्ष या दल त्याग देना। > ॲपॉस्‌टॅसि; ॲपास्-टिट; ॲपॉस्टॅटाइज़

a posteriori, *adv.*, कार्य-कारण-न्याय के अनुसार; —*adj.*, 1. (*inductive*) आगमिक; 2. (*empirical*) अनुभवाश्रित, अनुभवसापेक्ष > एपॉस्टे 'रिऑ:राइ

apostil, टिप्पणी*। > ॲपॉस्-टिल

apostle, ईसा का पट्टशिष्य, प्रेरित; धर्मप्रचारक, प्रचारक, समर्थक। **apostolate,** प्रचारकार्य, धर्मप्रचार; प्रेरिताई*। > ॲपॉसल; ॲपॉस्‌टॅलिट

apostolic, प्रेरितिक; **~See,** रोम का धर्मासन; सर्वोच्च धर्माधिकार। > ऐपॅस्टॉलिक

apostrophe, 1. सम्बोधन; 2. (*sign*) वर्णलोप का चिह्न; सम्बन्धकारक का चिह्न; **apostrophize,** सम्बोधित क०। > ॲपॉसट्रॅफ़ि; ॲपॉसट्रॅफ़ाईज़

apothecary, भैषजिक, औषधकार, अत्तार; औषध-विक्रेता। > ॲपॉथिकॅरि

apotheosis, 1. (*deification*) देवत्वारोपण, देवीकरण; 2. (*canonization*) सन्तघोषण; 3. (*glorification*) गुणगान, प्रशस्ति*; 4. (*glorified ideal*) परमोत्कर्ष, आदर्श; 5. (*release*) परमपद-प्राप्ति*, मुक्ति*, मोक्ष। > ॲपॉथिओसिस

apotheosize, देवता बनाना; महिमा* क०। > ॲपॉथ्-इॲसाइज़

appal, डरा देना, भयभीत क०; विस्मित कर देना; **~ling,** भयंकर, भयानक; विस्मयकारी। > ॲपॉ:ल

appanage, *see* APANAGE.

apparatus, 1. (*materials*) सामग्री*, उपकरण; 2. (*machine*) यन्त्र, संयंत्र, उपस्कर; 3. (*physiology, fig.*) तन्त्र। > ऐपॅरेटॅस

apparel, परिधान, वेश-भूषा*। > ॲपैरॅल

apparent, 1. (*visible*) दृश्य, दृष्ट; 2. (*obvious*) प्रकट, स्पष्ट, प्रत्यक्ष; 3. (*seeming*) आभासी, भासमान, ऊपरी, बाहरी; **~ly,** स्पष्टतया, स्पष्ट रूप से; ऊपरी तौर से, प्रतीयमानतः। > ॲपैरॅन्ट = ॲपे 'ॲरॅन्ट

apparition, 1. (*vision*) दिव्य- दर्शन; 2. (*ghost*) प्रेत, भूत; 3. (*appearing*) आविर्भाव, प्रकटन। > ऐपॅरिशन

apparitor, 1. चपरासी, परिचर; 2. (*usher*) प्रवेशक; 3. (*herald*) संदेशवाहक; 4. (*macebearer*) चोबदार। > ॲ-पै-रि-टॅ

appeal, *v.*, 1. (*law*) अपील* क० *; 2. अनुरोध क०, अपील* क०, निवेदन क०*; आग्रह क०*; 3. (*resort*) की सहायता* या समर्थन माँगना; 4. पसन्द आना, को अच्छा लगना, आकर्षित क०*; —*n.*, अपील*, पुनरावेदन, पुनर्वाद*; निवेदन, आग्रह, अपील*, अभ्यर्थना*; आकर्षण*; **~able,** अपील-योग्य, पुनरावेदनीय; **~ing,** आकर्षक। > ॲपील

appear, 1. दिखाई देना, प्रकट होना; 2. (*seem*) लगना, दिखाई पड़ना, प्रतीत होना; 3. (*be published*) प्रकाशित होना; 4. (*law*) पेश आना; 5. उपस्थित होना; 6. (*in exam.*) बैठना। > ॲपिॲ

appearance, 1. (*act*) आविर्भाव, प्रकटन, उपस्थिति*, दर्शन; 2. (*semblance*) आभास, प्रतीति*, छाया*; 3. (*aspect*) रूप-रंग, दिखाव-बनाव; 4. (*law*) पेशी*; 5. (*ghost*) भूत, प्रेत; 6. (*pl.*) दिखावट*, keep up~s, मर्यादा* बनाए रखना। > ॲपिॲरॅन्स

appease, 1. शान्त क०; 2. (*satisfy*) तुष्ट क०, सन्तुष्ट क०; **~ment,** 1. शमन, प्रसादन, अभिराधन; 2. तुष्टीकरण, अपतुष्टि*; —policy, तुष्टीकरण-नीति*। > ॲपीज़

appellant, पुनर्वादी, पुनरावेदक, अपीलकर्ता। > ॲपे 'लॅन्ट

appellate, पौनर्वादिक, अपील-। > ॲपे 'लिट

appellation, नाम, उपाधि*, अभिधान। > ऐपॅलेशॅन

appellative, जातिवाचक। > ॲपे 'लटिव

appellee, प्रतिवादी। > ऐपे 'ली

append, साथ लगाना, जोड़ना, संलग्न क०; **~age,** 1. (*biol.*) उपांग; 2. संलग्न, अनुबन्ध, उपांग; **~ant,** संलग्न; अनुबद्ध; **~ed,** संलग्न; **~icular,** उपबंधी। > ॲपे 'न्ड

appen/dectomy, उण्डुकपुच्छोच्छेदन; **~dicitis,** उण्डुकपुच्छशोथ। > ॲपे 'न्डे 'क्टॅमि; ॲ-पे 'न्-डि-साइ-टिस

appendicle, उपांगिका*। > ॲ-पे 'न्-डि-कॅल

appendix, 1. (*of book*) परिशिष्ट*; 2. पुच्छ; 3. (*of intestine*) उण्डुकपुच्छ। > ॲपे 'न्-डिक्स

apperceive, आत्मसात् क०। **apperception,** आत्मबोध, आत्मचेतना*, अभिबोध; अन्तर्दृष्टि*, पहचान*; संप्रत्यक्षकरण, समाकल्पन। > ऐपॅ:सीव् ; ऐपॅसे 'प्शॅन

appertain, (से) सम्बन्ध रखना; (का) होना, अन्तर्गत होना। > ऐपॅटेन

appetence, (-cy), 1. अभिलाषा*, उत्कण्ठा*, 2. (जन्मजात) प्रवृत्ति*; 3. (*affinity*) आकर्षण। **appetent,** अभिलाषी, उत्कण्ठित। > ऐपिटॅन्स; ऐपिटॅन्ट

appetite, 1. (*desire*) अभिलाषा*; 2. (*inclination*) प्रवृत्ति*; 3. (*hunger*) क्षुधा*, बुभुक्षा*, भूख*; 4. (*relish*) रुचि*। **appetitive,** अभिलाषी; बुभुक्षु। **appetizer,** क्षुधा-वर्द्धक; रुचिवर्द्धक। **appetizing,** स्वादिष्ट; क्षुधावर्द्धक; आकर्षक; मोहक। > ऐपिटाइट; ॲपे 'टिटिव्; ऐ-पि-टाइ-ज़ॅ; ऐपिटाइज़िंग

applaud, 1. तालियाँ* बजाना, वाह-वाह क०; 2. (*approve*) अनुमोदित क०। **applause,** करतल-ध्वनि*, शाबासी*, साधुवाद; अनुमोदन। > ॲप्लॉ:ड; ॲप्लॉ:ज़

apple, सेब; **~green,** सेबहरित। > ऐपॅल

appliance, यन्त्र, उपकरण, साधित्र; साधन (क), युक्ति*; प्रयोग। > ॲप्लाइॲन्स

applicability, प्रयोजनीयता*, (अनु) प्रयोज्यता*; व्यावहारिकता*, उपयुक्तता*। > ऐप्लिकॅबिलिटि

applicable, (अनु) प्रयोज्य, उपयोज्य, लागू; उपयुक्त। > ऐप्लिकॅबॅल

applicant, आवेदक, प्रार्थी, उम्मेदवार। > ऐप्लिकॅन्ट

application, 1. उपयोग, (अनु) प्रयोग; 2. (*of a rule*) विनियोग; 3. (*diligence*) परिश्रम, अध्यवसाय; 4. (*request*) आवेदन, दरखास्त*, दरख्वास्त*; 5. आवेदन-पत्र, प्रार्थना-पत्र; 6. (*relevance*) संगति*, सुसंगति*, प्रासंगिकता*; ~or force बलप्रयोग; ~of law, विधि* की प्रयुक्ति*; ~of the mind, मनोनियोग। > ऐप्लिकेशॅन

applied, प्रयुक्त, व्यावहारिक, अनुप्रयुक्त; प्रायोगिक। > ॲप्लाइड

applique (*of dresses*) गोटा-पट्ठा। > ऐप्लीके

apply, लगाना; लागू होना या क०, विनियोग क०; प्रयोग में लाना; में लग जाना; दरख्वास्त* देना, आवेदन क०। > ॲप्लाइ

appoint, नियुक्त क०, मुक़र्रर क०; निश्चित क०, नियत क०, निर्धारित क०; ठहराना; **~ed,** 1. (*person*), नियुक्त; 2. (*time*) नियत; well—, सुसज्जित; **~ee,** नियुक्ति; **~er,** नियोक्ता; **~ment,** 1. नियुक्ति*, नियोजन; 2. पद, नौकरी*; 3. (*decree*) अध्यादेश, आज्ञप्ति*; 4. (*engagement*) परियुक्ति*, नियोजित सम्मिलन या भेंट*, आबन्ध; 5. (*pl.*) साज़-सामान, उपस्कर। > ॲपॉइन्ट; ॲपॉइन्टी

apportion, बाँट देना, अनुभाजन क०, संविभाजित करना; **~ment,** संविभाजन, विभाजन, अंशापन, आबंटन। > ॲपॉ:शॅन

appose, लगाना; पास रखना। > ऐपोज़

apposite, 1. उपयुक्त, उचित, ठीक, समुचित, यथायोग्य; 2. (*relevant*) प्रासंगिक। > ऐपॅज़िट

apposition, 1. (*gram.*) समानाधिकरण, एकान्वय; 2. पार्श्व-स्थापन, सन्निधान; स्तराधान; **~al** compound, कर्मधारय समास। > ऐपॅज़िशॅन

appraisal, 1. मूल्यनिर्धारण, कूत*, 2. (*estimate*) अनुमानित खर्च (मूल्य···)। **appraise,** कूतना, मूल्य, दर* या कर नियत क०; मूल्यांकन क०; **~ment,** कूत*, मूल्यनिर्धारण; मूल्यांकन। > ॲप्रेज़ॅल; ॲप्रेज़

appreci/able, अच्छा ख़ासा, पर्याप्त, काफ़ी; परिमेय, अवगम्य, बुद्धिगम्य; इन्द्रियगोचर, अनुभवगम्य; **~ably,** पर्याप्त मात्रा* में; **~ate,** 1. (*estimate worth*) मूल्यांकन क०; 2. (*estimate aright*) महत्त्व समझना, रसास्वादन क०, गुण पहचानना, गुण ग्रहण करना; 3. (*estimate highly*) क़दर* करना, महत्त्व देना; 4. (*recognize gratefully*) का आभार मानना; 5. (*understand*) समझना; 6. (*raise value*) मूल्य बढ़ाना; **~ation,** मूल्यांकन, गुण-दोष-विवेचन, समालोचना*; गुणग्रहण, रसास्वादन, क़दरदानी*; क़दर, सम्मान, आदर, समादर; एहसानमन्दी*, आभार; परिबोध, बोध; मूल्यवृद्धि*; **~ative, ~atory,** गुणग्राही, गुणज्ञ, क़दरदान; प्रशंसक; **~ator,** गुणग्राहक। > ॲप्रीशॅबॅल; ॲप्रीशिएट; ॲप्रीशिएशॅन; ॲप्रीशि/ॲटिव, ~अटॅरि, ~ए-टॅ

appre/hend, 1. आशंका* क०, डरना; 2. (*perceive*) समझना, (का) बोध होना, जानना; 3. (*arrest*) पकड़ना, गिरफ़्तार क०; **~hensible,** इन्द्रियगोचर, बोधगम्य; **~hension,** आशंका*, भय; समझ*, बोध; गिरफ़्तारी*; (*law*) पकड़*, पकड़ाई*; **~hensive,** आशंकित, सशंक; ग्रहणशील; समझदार। > ऐप्रिहे'न्ड; ऐप्रिहे'न/सबॅल, ~शॅन ~सिव़

apprentice, (प्र)शिशु, शिक्षार्थी, नौसिखिया, शिशिक्षु; **~ship,** (प्र)शिक्षुता*, शिशिक्षा*, शिक्षार्थन। > ॲप्रे'न्-टिस

appressed, संलग्न, अनुलग्न। > ॲप्रे'स्ट

apprise, सूचित क०; **~d,** से अवगत। > ॲप्राइज़

approach, *v.*, 1. पास आना या पहुँचना; पास जाना, समीप जाना; 2. सदृश होना; 3. (*make advances*) प्रस्ताव क०; —*n.*, 1. उपगमन, आगमन, उपागम(न); 2. (*way*) अभिगम, पहुँच*, प्रवेश (मार्ग); 3. (*resemblance*) सादृश्य; 4. (*fig.*) अभिगम; 5. (*pl.*) पहुँचमार्ग; 6. (*overture*) प्रस्ताव; **~able,** 1. सुगम्य; 2. (*friendly*) मिलनसार। > ॲप्रोच; ॲप्रोचॅबॅल

approbate, अनुमोदन क०, मंज़ूर क०। **approbation,** अनुमोदन, समनुमोदन, मंज़ूरी*। **approbatory,** अनुमोदक। > ऐप्रॅबेट, ऐप्रॅबेशॅन, ऐप्रॅबेटॅरि

appropriable, विनियोज्य। > ॲप्रोप्रिॲबॅल

appropriate, *adj.*, 1. उपयुक्त, समुचित, उचित, ठीक; 2. (*peculiar to*) निजी; —*v.*, 1. अपना बना लेना, ले लेना, अपनाना; 2. (*steal*) चुराना; 3. में लगाना, अलग रखना; 4. (*law*) विनियोग क०, विनियोजन क०; **~d,** विनियुक्त; **~ly,** औचित्य से; **~ness,** उपयुक्तता*; औचित्य। **appropriation,** अपनाव; चोरी*; विनियोग। > ॲप्रोप्रिइट (*adj.*) ॲप्रोप्रिएट, (*v.*); ॲप्रोप्रिएशॅन

approvable, 1. अनुमोदनीय; 2. (*laudable*) प्रशंसनीय। > ॲप्रूवॅबॅल

approval, 1. अनुमोदन, मंज़ूरी*, स्वीकृति*; 2. (*favourable opinion*) समर्थन, पसंदगी*; for~ अनुमोदनार्थ। > ॲप्रूवॅल

approve, 1. अनुमोदित क०, मंजूर क०, स्वीकृति* देना; 2. (*commend*) समर्थन क०, अच्छा समझना, पसन्द क०, प्रशंसा* क०, तारीफ़* क०; 3. (*give evidence of*) प्रदर्शित क०, सिद्ध क०; **~d,** 1. अनुमोदित, स्वीकृत; 2. (*tried*) मान्य, सम्मत; **~r,** 1. (*law*) मुखबिर, इक़बाली गवाह, भेदसाक्षी, राजसाक्षी; 2. समर्थक, अनुमोदक। > ॲप्रूव़; ॲ-प्रू-वॅ

approximate, *v.*, निकट आना या पहुँचाना; —*adj.*, 1. (*like*) सदृश, अनुरूप; 2. (*near*) सन्निकट, समीपवर्ती, आसन्न; 3. (*more or less correct*) मोटा, स्थूल; **~ly,** लगभग, क़रीब। **~approximation** 1. (*approaching*) उपगमन; 2. (*proximity*) नैकट्य; 3. (*resemblance*) सादृश्य; 4. (*math.*) सन्निकटन; 5. (*estimate*) मोटा अनुमान। **approximative** आसन्न। > ॲप्रॉक्/सिमेट (*v.*), ~सिमिट (*adj.*) ~सिमेशॅन, ~सिमॅटिव़

appui, अवलम्ब। > ऐप्वी

appurtenance, 1. उपांग; 2. (*pl.*) उपकरण, साज़-सामान। > ॲपॅ:टिनॅन्स

appurtenant, सम्बद्ध, आनुषंगिक। > अपॅ:टिनन्ट

apricot, खूबानी*, ज़रदालू। > एप्रिकॉट

April, अप्रैल। > एप्रॅल

a priori, *adv.*, कारण-कार्य-न्याय के अनुसार; —*adj.*, 1. (*deductive*) निगमनिक; 2. (*not empirical*) प्रागनुभव। > ए प्राइऑ:राइ

apriority, पूर्वता*। > एप्राऑरिटि

apron, 1. एप्रन, पेटबन्द; 2. (*mech.*) पट्ट, अंचल। > एप्रॅन

apropos, *adj.*, प्रासंगिक, उपयुक्त, उचित; —*adv.*, यथावसर; ठीक ही; ~of, के विषय में। > ऐप्रॅपो

apse, 1. (*archit.*) अर्द्धवृत्तकक्ष। **apsis,** 1. अर्द्धवृत्तकक्ष; 2. (*math.*) स्तब्धिका*; 3. (*astron.*) नीचोच्च-बिन्दु। > ऐप्स

apt, 1. (*fit*) उपयुक्त, संगत; 2. (*inclined*) प्रवण, प्रवृत्त; 3. (*clever*) योग्य, सुयोग्य, मेधावी; **~itude, ~ness,** उपयुक्तता*; प्रवृत्ति*, झुकाव, अभिरुचि*, रुझान,

अभिवृत्ति*; योग्यता*, क्षमता*; **~ly,** उपयुक्त ढंग से, ठीक ही। > ऐप्ट; ऐप्-टि-ट्यूड

apterous, अपक्ष। > ऐप्टॅरॅस

aquamarine, बेरूज। > ऐकवॅमॅरीन

aquarium, मछलीघर, जलजीवशाला*। > ॲक्वे'ॲरिॲम

Aquarius, कुम्भ, कुम्भराशि*। > ॲक्वे'ॲरिॲस

aquatic, 1. (*of animals*) जलचर; 2. जल-जलीय; 3. (*pl.*) जलक्रीड़ा*। > ॲक्वैटिक

aqueduct, कृत्रिम जल-प्रणाल; जलसेतु 2. (*physiol.*) कुल्या*। > ऐक्-वि-डॅक्ट

aqueous, जलय, जल-, आबी। > एक्-विॲस

aquiline, 1. गरुडीय; 2. (*curved*) वक्र, टेढ़ा। > ऐक्-वि-लाइन

aquiver, कम्पायमान, कम्पित। > ॲ-क्वि-वॅ

aquosity, आर्द्रता*, सील*। > ॲक्वॉसिटि

Arab(ic), अरबी। > ऐरॅब, ऐरॅबिक

arabesque, अरबस्क। > ऐरॅबे'स्क

arable, कृष्य, कृषि-योग्य; कृषित। > ऐरॅबॅल

arachnid, मकड़ी-वंशी, लूता*। **arachnoid,** 1. लूताभ; 2. (*anat.*) जालतानिका*। > ॲरैक्-निड; ॲरैक्नॉइड

arbalest, आड़ी कमान*। > आबॅले'स्ट

arbiter, विवाचक, पंच, मध्यस्थ; निर्णायक। **arbitrage,** 1. विवाचन; 2. (*comm.*) अन्तरपणन। > आब्-इटॅ; आब्-इट्राश्ज़

arbitral, विवाचन-; ~award, पंचाट, परिनिर्णय। **arbitrament** विवाचन। **arbitrarily,** मनमाने ढंग से। **arbitrariness,** निरंकुशता*, स्वेच्छाचारिता*, मनमानापन। **arbitrary,** 1. (*discretionary*) इच्छाधीन, विवेकाधीन; 2. (*despotic*) निरंकुश, स्वेच्छाचारी; 3. (*of decisions*) मनमाना, स्वेच्छ, यादृच्छिक, यथेच्छ। > आबिट्रॅल; आबिट्रॅमन्ट; आबिट्रॅरि

arbitrate, विवाचन क०; मध्यस्थ होना, मध्यस्थता* क०; मध्यस्थ पर छोड़ देना, विवाचन द्वारा सुलझाना। **arbitration,** 1. विवाचन, मध्यस्थता*; 2. (*decision*) पंचाट, पंच-फैसला, मध्यस्थ-निर्णय। **arbitrator,** विवाचक, पंच, मध्यस्थ; निर्णायक। **arbitress,** मध्यस्था*, बिचवइन*। > आबिट्रेट, आबिट्रेशॅन, आ-बि/टे-टॅ,~ट्रिस

arbor, 1. (*tree*) वृक्ष; 2. (*support*) धुरा; 3. (*axle*) धुरी*; **~aceous,** वृक्ष का सा, वृक्ष जैसा; वृक्षयुक्त, वृक्षसंकुल; **~eal,** 1. वृक्ष का सा, वृक्षी(य); 2. (*living in trees*) वृक्षवासी; **~eous,** वृक्षसंकुल; **~escent,** 1. वृक्षसम, वृक्षवत्; 2. (*branching*) प्रशाखी; **~etum,** वनस्पति-वाटिका*; **~iculture,** वृक्षसंवर्धन; **~ization,** प्रशाखीभवन। > आ-बॅ; आबॅरेशॅस; आबॉःरिॲल; आबॉःरिॲस; आबॅरे'सॅन्ट; आबॅरीटॅम; आबॅरिकॅल्चॅ; आबॅरिज़ेशॅन

arbour, कुंज, लतामण्डप। > आ-बॅ

arc, 1. चाप; 2. (*of circle*) वृत्तांश; **~-light,** चाप-प्रकाश; **~-lamp,** चापदीप, आर्कलैम्प। > आक

arcade, आच्छादित मार्ग, तोरणपथ, छत्ता, तोरणिका*। > आकेड

arcadian, देहाती, शांतिपूर्ण। > आकेडिअन

arcanum, रहस्य। > आकेनॅम

arch, *n.*, 1. मेहराब*, चाप; डाट*; 2. (*trinmphal~*) तोरण, बन्दनवार*; —*adj.*, 1. (*chief*) मुख्य, प्रधान; 2. (*crafty*) चालाक, धूर्त; 3.(*pert*) ढीठ, नटखट; —*prefix*, महा-, प्रधान; **~ed,** मेहराबी; चापाकार। > आच

archaeo/logical, पुरातत्त्वीय; —remains पुरावशेष; **~logist,** पुरातत्त्वज्ञ, पुरा(तत्त्व)-विद्; **~logy,** पुरातत्त्व, पुरातत्त्व-विज्ञान; **~zoic,** आद्यकल्प। > आकिॲलॉजिकॅल; आकिऑ/लॅजिस्ट, ~लॅजि; आकिॲज़ोइक

archaic, आद्य, पुराकालीन, पुरातन; पुराना; अप्रचलित। **archaism,** आर्ष प्रयोग। > आकेइक; आकेइज़्म

arch/angel, महादूत; **~bishop,** महाधर्माध्यक्ष, आर्चबिशप; **~bishopric,** 1. (*~diocese*) महाधर्मप्रान्त; 2. महाधर्माध्यक्षत्व; **~-enemy, ~- fiend,** महाशत्रु; शैतान; **~enteron,** आद्यंत्र। > आकेन्जॅल; आच्बिशॅप; आचबिशॅप्रिक; आच्फ़ीन्ड

archer, 1. धनुर्धर, तीरन्दाज; 2. (*Sagittarius*) धनु; **~y,** धनुर्विद्या*। > आ-चॅ

archetype, आदिरूप, आद्यरूप; आदर्श। > आकिटाइप

archi-, 1. (*chief*) महा-, प्रधान; 2. (*original*) आद्य, आदिम; **~episcopal,** महाधर्माध्यक्षीय; **~mandrite,** मठाधीश। > आकिइपिस्कॅपॅल; आकिमैंड्राइट

archipelago, द्वीपसमूह, -मण्डल, -पुंज। > आकिपे'लगो

architect, वास्तुकार, स्थपति; निर्माता; **~onic,** 1. (*architectural*) वास्तुशिल्पीय; 2. (*constructive*) संरचनात्मक; संरचना-; 3. (*controlling*) नियामक; **~onics,** 1. (*architecture*) वास्तुकला*; 2. (*design*) संरचना, शिल्प, संघटन; **~ural,** वास्तु-, वास्तुशिल्पीय; **~ure,** 1. वास्तुकला*, स्थापत्य, वास्तुशिल्प; 2. भवन; 3. (*style*) वास्तुकला*, वास्तु-शैली*; 4. (*design*) संरचना*, शिल्प, संघटन। > आकिटे'क्ट; आकिटे'क्टॉनिक; आकिटे'क्/चॅरॅल, ~चॅ

architrave, प्रस्तरपाद। > आकिट्रेव

archives, अभिलेख, पुरालेख; (पुरा) लेखागार,

अभिलेखागार। **archivist,** पुरालेखपाल।
> आकाइवूज़; आकिविस्ट

archivolt, तोरण-पालिका*। > आकिवोल्ट

archness, ढिठाई*; नटखटपन। > आच्-निस

archoplasm, तुर्कद्रव्य। > आर्कप्लाज़्म

archpriest, महायाजक, महापुरोहित; मुख्य प्रतिपादक। > आच्-प्रीस्ट

archway, तोरणद्वार; छत्ता, तोरणपथ। > आच्वे

arctic, उत्तरध्रुवीय; ~region, उत्तरध्रुव-प्रदेश। > आक्-टिक

Arcturus, स्वाति*। > आकट्यु रॅस

arcuate, चापाकार, चापी। > आक्युइट

ardent 1. (*glowing*) उद्दीप्त, प्रदीप्त; 2. (*vehement*) तीव्र, प्रबल, उत्कट; 3. (*eager*) उत्साही। > आडॅन्ट

ardour, ardency, 1. (*heat*) उत्ताप, गरमी*; 2. जोश, उत्साह। > आ-डॅ; आ-डॅन्-सि

arduous, 1. कठिन, श्रमसाध्य, दुष्कर, दुःसाध्य; 2. (*steep*) दुरारोह, दुर्गम; 3. (*hardworking*) परिश्रमी, कर्मठ, उद्योगी। > आड्युअॅस

area, 1. (*region*) क्षेत्र, इलाक़ा; 2. (*level space*) मैदान; 3. (*measure*) क्षेत्रफल, विस्तार; 4. (*scope*) क्षेत्र; **~l** क्षेत्रीय। > ए'ॲरिअॅ; ए'ॲरिअॅल

areca, सुपारी* का पेड़, पूगी; **~-nut,** सुपारी*, पूगीफल, पूगी*। > ऐ-रि-कॅ = ऐ-री-कॅ

arena, अखाड़ा, रंगभूमि*, रंगस्थल; रणभूमि*; कार्यक्षेत्र; **~ceous,** बालुकामय। > अॅ-री-नॅ ; ऐरिनेशॅस

areola, 1. (*area*) क्षेत्रिका*; 2. (*circular spot*) मण्डल; 3. (*interstice*) अन्तराल। > अॅ-री-अॅ-लॅ

arete, तीक्ष्ण कटक। > ऐरेट = अरे'अॅट

argent, रजत; **~ic,** रजतीय; **~iferous,** रजतमय; **~ine,** *adj.*,रजत; रजताभ; —*n.*, नकली चाँदी*। > आर्जेन्ट; आजे'न्टिक; आर्जेन्-टिफ़ॅरॅस; आर्जेन्टाइन

argil, चिकनी मिट्टी*, मृत्तिका*; **~laceous,** मृण्मय, मृत्तिकामय। > आजिल; आजिलेशॅस

argosy, जलयान। > आगॅसि

argot, खास बोली*, वर्गबोली*; चोर-भाषा*। > आगो

arguable, 1. तर्कणीय, विवाद्य; 2. (*doubtful*) विवादास्पद। > आग्युअॅबॅल

argue, 1. तर्क प्रस्तुत क०; 2. (*dispute*) बहस* क०, तर्कवितर्क क०, वादविवाद क०; 3. (*object*) आपत्ति* क०; 4. (*maintain*) दावा क०, कहे देना; 5. (*indicate*) सूचित क०, प्रमाणित क०, सिद्ध क०; 6. (*convince*) के लिए राज़ी क०, कायल क०। > आग्यू

argument, 1. तर्क, दलील*, युक्ति*; 2. तर्कवितर्क, वादविवाद, बहस*; 3. (*math.*) कोणांक; 4. (*summary*) सार, (वस्तु) संक्षेप, खुलासा; **~ation,** तर्कवितर्क, वादविवाद, बहस*; **~ative,** 1. (*logical*) तर्कसंगत, युक्तियुक्त; 2. (*contentious*) विवादी, विवादप्रिय। > आग्युमॅन्ट; आग्युमे'न्टेशॅन; आग्युमे'न्टॅटिव

Argus-eyed, 1. तीक्ष्णदृष्टि; 2. (*vigilant*) चौकस, सतर्क। > आगॅस-आइड

aria, लय*, तान*। > आरिअॅ, ए'अरिअॅ

arid, 1. निर्जल, सूखा; 2. (*barren*) अनुर्वर; 3. (*dull*) शुष्क, नीरस; **~ity,** सूखापन; अनुर्वरता*; शुष्कता*, नीरसता*। > ऐरिड; ऐरिडिटि

Aries, मेष, मेषराशि*। > ऐ'ॲरिईज़

aright, ठीक, ठीक तौर से, ठीक से। > अॅराइट

aril, बीजचोल। > ऐरिल

arise, 1. उठना; उठ खड़ा होना; 2. (*of sun etc.*) उदित होना, उदय होना; 3. (*originate*) उत्पन्न होना। **arising,** उद्भूत, उत्पन्न। > अॅराइज़

arista, सीकुर, शूक; **~te,** सीकुरमय, शूकमय > ॲरिस्टॅ; ॲरिसटेट

aristocracy, अभिजात-वर्ग; अभिजात-तन्त्र। > ऐरिस्टॉक्रॅसि

aristocrat, अभिजात, कुलीन; **~ic,** 1. अभिजात-तन्त्रीय; 2. अभिजात-वर्गीय, कुलीन, अभिजात; 3. (*grand*) भव्य, वैभवशाली, शानदार। > ऐरिस्टॅक्रैट; ऐरिस्टॅक्रैटिक

Aristotelian, अरस्तू का। > ऐरिस्टॉटील्यॅन

arithmetic, अंकगणित, पाटीगणित; गणन; ~mean, योगात्मक माध्य; **~al,** गणितीय, अंकगणितीय; —progression, समान्तर, श्रेढ़ी*; **~ian,** अंकगणितज्ञ। > ॲरिथ्मॅटिक, ऐरिथ्मे'टिकॅल, ॲरिथ्मॅटिशॅन

ark, 1. पोत, नाव*; 2. (*chest*) मंजूषा*, सन्दूक। > आक

arm[1], 1. बाहु*, भुजा*, बाँह*; 2. (*branch*) शाखिका*; अंग; 3. (*sleeve*) आस्तीन*; ~in~,हाथ में हाथ डाले; receive with open ~s, हार्दिक स्वागत क०; secular~, राज्याधिकार; **~chair,** बाँहदार कुरसी*; **~ful,** अँकवार-भर; **~-hole,** मोंढ़ा, मोढ़ा; **~let,** बाजूबन्द; उपशाखा*; **~-pit,** काँख*, बगल*; **~span,** भुज-विस्तार। > आम

arm[2], *v.*, 1. शस्त्र-सज्जित क०, अस्त्र-शस्त्र प्रदान क०; 2. (*plate*) चद्दर* लगाना, पट्टित या कवचित क०; —*n.*, 1. शस्त्र, अस्त्र, हथियार, आयुध; 2. (*pl.*) कुलचिह्न; **~ada,** जलसेना*; **~ament,** युद्ध-सामग्री*; शस्त्र-सज्जा*, शस्त्रीकरण; सेना*; **~ature,** शस्त्रास्त्र; आर्मेचर, कवच; **~ed,** हथियारबन्द, सशस्त्र; **~iger,** सामन्त; **~istice,** युद्धविराम,अवहार, विराम-सन्धि*। > आम; आ-मा-डॅ; आमॅमॅन्ट; आमॅचुअॅ; आ-मि-जॅ; आ-मिस्-टिस

armageddon, महायुद्ध (का मैदान)। > आर्मगे'डन

armillary, वलयीय; छल्लेदार, वलयी। > आर्मिलॅरि

armour, कवच, बख्तर, वर्म; **~ed,** बख्तरबन्द, कवचित; **~er,** शस्त्रसाज; **~-piercing,** कवचभेदी; **~-plate,** चद्दर*; **~y,** शस्त्रागार, हथियारघर। > आ-मॅ

army, सेना*, फौज*; दल, भीड़*, समूह। > आमि

aroma, सुगन्ध*, सुवास*, सुरभि*; **~tic** सुगन्धित, सुरभित। > अॅ-रो-मॅ; ऐरोमैटिक

around, (के) चारों ओर; लगभग; इधर-उधर। > अॅराउण्ड

arousal, 1. (*act*) उद्‌बोधन; उत्तेजन; 2. जागरण; उत्तेजना*। > अॅराउज़ॅल

arouse, *v.t.,* 1. जगाना, सचेत क०, जाग्रत क०; 2. (*excite*) उत्तेजित क०, भड़काना; —*v.i.,* जागना; उत्तेजित हो जाना। > अॅराउज़

arow, पंक्तिबद्ध। > अॅरो

arquebus, पुरानी तोप*। > आक्विबॅस

arrack, ताड़ी*। > ऐरॅक

arraign, 1. (*accuse*) अभियोग या अपराध लगाना, दोषारोपण क०; 2. (*law*) आरोप के लिए बुलाना; 3. (*call in question*) पर आपत्ति* क०; आक्षेप क०, पर संदेह प्रकट क०; **~ment,** दोषारोपण, अभियोग; आक्षेप। > अॅरेन

arrange, 1. (*put in order*) व्यवस्थित क०, सजाना, संजोना; 2. (*classify*) वर्गीकरण क०, क्रमबद्ध क०; 3. (*settle*) निपटाना, समझौता क०; 4. (*adapt*) के उपयुक्त बना लेना; के लिए रूपान्तरित क०; 5. (*provide*) का प्रबन्ध क०; 6. (*decide*) निश्चित क०; 7. (*an army*) पंक्तिबद्ध क०; तैनात क०; **~ment** 1. व्यवस्था*, क्रम, विन्यास*; 2. (*contrivance*) युगत*, यन्त्र; 3. (*preparations*) प्रबन्ध, इन्तजाम, व्यवस्था*, आयोजन; 4. (*agreement*) समझौता; 5. रूपान्तरण। > अॅरेंज

arrant, कुख्यात; पक्का। > ऐरॅन्ट

arras, कामदार परदा। > ऐरॅस

array, *v.,* 1. तैयार रखना, व्यवस्थित क०; 2. (*an army*) तैनात क०, व्यूह-रचना* क०; 3. (*empanel*) सूची* में नाम लिखना; 4. (*dress up*) अच्छे-अच्छे कपड़े पहनाना; 5. (*adorn*) सजाना; —*n.,* 1. विन्यास, क्रम-विन्यास; 2. (*of army*) व्यूह-रचना*; 3. (*army*) सेना*; 4. प्रभावशाली समूह या प्रदर्शन; 5. (*finery*) तड़क-भड़क*, सजधज*, ठाट-बाट; 6. (*electr.*) व्यूह। > अॅरे

arrearage, 1. बक़ाया; 2. (*backwardness*) पिछड़ापन। **arrears,** बक़ाया। > अॅरिअॅरिज़; अॅरिअॅज़

arrest, *v.,* 1. (*stop*) रोकना; 2. (*seize*) गिरफ़्तार क०, बन्दी क०; 3. (*catch*) आकर्षित क०, खींचना; —*n.,* रोक*, संरोध; गिरफ्तारी*, बन्दीकरण; **~ed,** अवरुद्ध; गिरफ्तार, बन्दी; **~er, ~or,** बन्दीकर्ता; **~ing,** दिलचस्प, रुचिकर, विरामक; **~ment,** अवरोध। > अॅरे'स्ट

arre't आदेश। > अॅरे

arride, संतोष देना, प्रसन्न क०। > अॅराइड

arrie're, pense'e 1. (*ulterior motive*), I have no ~, मेरे मन में चोर नहीं है; 2. (*mental reservation*), without ~, सच्चे हृदय से। > आरिए अॅ-पान्से

arris, उत्कोण। > ऐरिस

arrival, 1. आगमन, पहुँच*; 2. (*person*) आगन्तुक। > अॅराइवॅल

arrive, 1. पहुँचना; 2. (*come*) आना; 3. (*happen*) घटित होना; 4. (*become famous*) सफलता* प्राप्त क०, नाम क०। > अॅराइव

arro/gance, अक्खड़पन, हेकड़ी*; घमण्ड, अहंकार, दर्प; **~gant,** उद्धत, हेकड़, अक्खड़; घमण्डी; **~gate,** अनधिकार से अपनाना; झूठा दावा करना; **~gation,** अनधिकार से अपनाना; झूठा दावा। > ऐरॅ/~ गॅन्स, गॅन्ट, ~गेट: ~गेशॅन

arrondissement, प्रान्त। > आरोंडिसॅमाँ

arrow, 1. तीर, बाण, वाण, शर; 2. (*sign*) वाण; **~-head,** 1. वाणाग्र; 2. (*bot.*) बाणपत्र; 3. (*sign*) वाणमुख; **~root,** 1. अरोरोट; 2. (*Indian*) तिखुर। > ऐरो

arsenal, शस्त्रागार, आयुधशाला*। आर्सनॅल

~arsenic, संखिया; ~ore, हरताल*; **~al,** आर्सेनिकल, संखिया-। > आस्-निक; आर्से'निकॅल

arsis, साघात अक्षर। > आसिस

arson, आगजनी*, गृहदाह। > आसॅन

art, कला*; 2. (*skill*) कौशल, निपुणता*; 3. (*cunning*) चालाकी*; fine ~s, ललित कलाएँ*; **~ful,** 1. (*cunning*) धूर्त, चालाक; 2. (*skilful*) निपुण, चतुर; 3. (*artificial*) कृत्रिम; **~less,** 1. (*natural*) स्वाभाविक, अकृत्रिम; 2. (*ingenuous*) भोला-भाला, निष्कपट; 3. (*clumsy*) भद्दा; 4. (*crude*) बेढंगा, अपरिष्कृत, कच्चा; 5. (*uncultured*) असभ्य। > आट; आट्‌फुल; आट्‌लिस

artefact, artifact, शिल्प-तथ्य। > आटिफैक्ट

artel, सहकारी संघ। > आटे'ल

Artemisia, सरमी*, समरी*। > आटिमिज़अॅ

arterial, 1. धमनीय, धमनी-; 2. (*chief*) मुख्य। **arteriosclerosis,** धमनी काठिन्य। **artery,** धमनी*; मुख्य मार्ग। > आटिअॅरिअॅल; आटिअॅरिओसक्लिरोसिस; आटॅरि

artesian well, आर्टीसियन या बुम्ब या उत्स्रुत कूप। > आर्टीज़िअन

arthritis, गठिया*, संधिशोथ। > आथ्राइटिस

arthropod, सन्धिपाद। > आथ्रॅपॉड

artichoke, 1. हाथीचक, वज्रांगी*। > आटिचोक

article, *n.*, 1. (*section*) भाग, अनुच्छेद; 2. (*of law, treaty, etc.*) अनुच्छेद; 3. (*writing*) लेख, निबन्ध; 4. (*piece*) सामान, वस्तु*, पदार्थ; 5. (*grammar*) उपपद; 6. (*of faith*) धर्मसिद्धान्त, सूत्र, उपपद; 7. (*pl.*) नियम; ~s of war, सैन्यनियमावली*; *v.*, 1. एक-एक करके बताना; 2. (*accuse*) अभियोग लगाना। > आटिकॅल

articular, सन्धि-, सन्धायी, सन्धायक। > आ-टिक्-यु-लॅ

articulate, *adj.* 1. (*jointed*) सन्धियुक्त, पोरदार; 2. सुस्पष्ट; 3. (*able to speak*) वाग्मी, सवाक्; —*v.*, 1. साफ़ बोलना, स्पष्ट उच्चारण क०; 2. (*joint*) जोड़ना, जोड़ से मिलाना; **~d,** उच्चरित। > आटिक्युलिट (*adj.*), आटिक्युलेट (*v.*),

articulation, 1. (*enunciation*) उच्चारण; 2. (*jointing*) सन्धियोजन; 3. (*joint*) सन्धि*, जोड़; 4. (*consonant*) व्यंजन; manner of~, प्रयत्न। **articulator,** उच्चारण-अवयव। > आटिक्यु/लेशॅन, ~ले-टॅ

artifice, 1. (*skill*) कौशल; 2. (*expedient*) युक्ति*; 3. (*trickery*) चाल*, चालाकी*, छल-कपट; **~r,** कारीगर, शिल्पी, परिशिल्पी। > आटिफ़िस; आ-टि-फ़ि-सॅ

artificial, 1. (*not natural*) कृत्रिम; 2. (*imitated*) नक़ली; 3. (*affected*) बनावटी; **~ity,** कृत्रिमता*। > आटिफ़िशॅल; आटिफ़िशिऐलिटि

artillerist, तोपची। **artillery,** तोंपे*, तोप-खाना; गोलन्दाज फ़ौज*। > आटिलॅरिस्ट; आटिलॅरि

artisan, कारीगर, शिल्पी, शिल्पकार, दस्तकार, कारु। > आटिज़ैन

artist, कलाकार, कलावन्त; **~ic,** कलात्मक; कलापूर्ण; कलाप्रेमी; **~ry,** 1. कृतित्व; 2. (*quality*) कलाकौशल; 3. कारीगरी*। > आटिस्ट; आ-टिस्-टिक; आ-टिस्-ट्रि

artiste, गायक, गायिका*; नट, नर्तकी*। > आटीस्ट

arum, अरबी*, घुइयाँ*। > एअॅरॅम

Aryan, आर्य। > एअॅरिअॅन

as, जैसा, के समान; क्योंकि; जिस समय, ज्यों ही, जैसे ही; जैसा कि; की हैसियत* से, के रूप में; यद्यपि; ~for, के विषय में; ~if मानो; ~usual, बदस्तूर, पहले की तरह*। > ऐज़

asafoetida, हींग*, हिंगु। > ऐ-सॅ-फ़े'-टि-डॅ

asbestine, ऐस्बेस्टॉस जैसा; ऐस्बेस्टॉस का।

asbestos, *n.*, ऐस्बेस्टॉस; *adj.* अदह। > ऐज़्बे'स्-टिन; ऐज़्बे'स्टॉस

ascend, चढ़ना, आरोहण क०; बढ़ना; **~able,** आरोहणीय; **~ancy, ~ency,** प्रभुत्व, आधिपत्य; **~ant,** *adj.*, 1. (*rising*) उदीयमान; 2. (*dominating*) प्रभावी, प्रबल; 3. (*bot.*) आरोही; —*n.*, 1. (*horoscope*) जन्मपत्री*; 2. (*ascedency*) प्रभुत्व; 3. (*ancestor*) पूर्वज, पूर्वपुरुष; **~ing,** *adj.*, आरोही, अधिरोही; *n.*, आरोहण। > अॅसे'न्ड

ascension, 1. आरोहण; 2. स्वर्गारोहण; right~, विषुवांश। **ascensive,** आरोही। **ascent,** 1. आरोह(ण), चढ़ाव; 2. (*advancement*) उत्थान, उन्नति*; 3. (*acclivity*) चढ़ाई*; 4. (*steps*) सोपान। > अॅसे'न् शॅन, ~सिव्; अॅसे'न्ट = ऐसे'न्ट

ascertain, पता लगाना, जान लेना; **~able,** निश्चेय; **~ment,** अभिनिश्चयन। > ऐसॅटेन

ascetic, तपस्वी (तपस्विनी*), तापस (तापसी*), योगी (योगिनी*), संन्यासी (संन्यासिनी*)। **ascetic(al),** तपोमय, तापसिक। **asceticism,** तपश्चर्या*, तप, तपस्या*। > असे'टिक = ऐसे'टिक

ascribable, आरोप्य। **ascribe,** पर आरोपित क०, का आरोप (ण)क०; का श्रेय देना; के लिए उत्तरदायी ठहरना; का मानना। **ascription,** 1. आरोपण; 2. (*anglican*) ईश-वन्दना*। > ॲस्क्राइबॅबॅल; ॲस्क्राइब; ॲस्-क्रिप्-शॅन

aseity, स्वयंभूति*, स्वयंसत्। > एसीइटि

asepsis, अपूति*, अपौतिकता*। **aseptic,** अपूतित, अपूतिक। > अॅ = ए-से'प्-सिस; अॅ = ए-से'प्-टिक

asexual, अलिंगी, अयौन, अलैंगिक। > अॅ = एसेक्स्युअॅल

ash, 1. (*tree*) अंगू; 2. (*pl.*) राख*, भस्म; **~can,** राखदान; **~en,** 1. भस्मवत्; 2. (*pale*) पीला, विवर्ण; **~tray,** राखदानी*, **~y,** 1. भस्ममय; 2. धूसर, भस्मवर्ण; 3. (*pale*) विवर्ण, पीला। > ऐश

ashamed, लज्जित। > अॅशेम्ड

ashlar, चौका; संगीन चिनाई*। > ऐश-लॅ

ashore, स्थल पर, तट पर। > अॅशॉ:

Asia, एशिया; **~tic,** एशियाई। > ए-शॅ; एशिऐटिक

aside, *adv.* एक ओर*, किनारे; अलग; दूर; —*n.*, जनान्तिक, स्वगत; ~from, को छोड़कर; set~, रद्द क०; अलग रखना, एक ओर* रख देना। > अॅसाइड

asinine, मूर्ख, बुद्धू; मूर्खतापूर्ण। **asininity,** गधापन, मूर्खता*। > ऐसिनाइन; ऐसिनिनिटि

ask, 1. (*put a question*) पूछना; 2. (*request*) निवेदन क०; 3. (*demand*) माँगना; 4. (*invite*) बुलाना, निमन्त्रण देना; **~ing,** पूछ*; निवेदन, याचना*; माँग*। > आस्क

askance, askant, संदेह से; तिरछी नज़र* से। **askew,** टेढ़ा, तिरछा।
> अॅस्कैन्स; अॅस्कैन्ट; अॅस्क्यू

aslant, टेढ़ा; आड़ा, आर-पार। > अॅस्लान्ट

asleep, सुप्त, सोता हुआ। > अॅस्लीप

aslope, ढालू। > अॅस्लोप

asp, विषैला साँप। > ऐस्प = आस्प

asparagus, शतावर*, शतावरी*, नागदौन।
> अॅस-पै-रॅ-गॅस

aspect, 1. (*appearance*) आकार, रूप, आकृति*; 2. (*of a question*) पहलू, पक्ष; 3. दृष्टिकोण; 4. (*a facing*) अभिमुखता*; 5. (*position*) अवस्थिति*। > ऐस्-पे'क्ट

aspen, (*quivering*), कंपित, कम्पायमान। > ऐस्-पॅन

aspergill(um), अभिसिंचनी*।
> ऐसपॅजिल; ऐसपजिलॅम

asperity, 1. खुरदरापन; 2. (*of temper*) कठोरता*, कटुता*; चिड़चिड़ापन। > ऐस्पे'रिटि

asperse, 1. छिड़कना; 2. (*slander*) बदनाम क०। **aspersion,** अभिसिंचन, छिड़काव; निन्दा*, बदनामी*, कलंक। > अॅस्पॅ:स, अॅस्-पॅ:-शॅन

aspersorium, अभिमंत्रित जलकुण्ड।
> ऐसपॅसॉ:रिअॅम

asphalt, डामर। > ऐस्-फ़ैल्ट

aspheric(al), अगोलीय। > एस्फ़े' रिक (रिकॅल)

asphyxia, श्वासावरोध; **~te,** बेहोश कर देना; श्वासावरोध कर देना या कराना; **~tion,** श्वासावरोधन।
> ऐस्-फ़िक्/सिअॅ, ~सिएट, ~सिएशॅन

aspirant, 1. प्रार्थी, उम्मीदवार, आकांक्षी; 2. (*aspiring*) उच्चाकांक्षी, महत्त्वाकांक्षी। **aspirate,** *adj.* महाप्राण; *n.*, महाप्राण; हकार;—*v.*, 1. महाप्राण उच्चारण क०; 2. (*draw*) चूसना, खींचना। **aspiration,** 1. आकांक्षा*, अभिलाषा*; 2. (*breathing*) श्वास, प्रश्वास; 3. (*phon.*) महाप्राण; महाप्राणत्व; 4. (*suction*) चूषण। **aspirator,** चूषित्र। **aspire,** 1. अभिलाषा* क०*; आकांक्षा* क०; 2. (*rise up*) चढ़ना; बढ़ना, ऊपर उठना।
> अॅस्-पाइरॅन्ट = ऐस्-पिरॅन्ट;
ऐस्पॅरिट (*adj. n.*); ऐस्पॅरेट (*v.*);
ऐस्परेशॅन; ऐस्-पॅ-रे-टॅ; अॅस्-पाइ

aspirin, ऐस्पिरिन। > ऐस्पॅरिन

asquint, तिरछे, कनखियों* से। > अॅस्क्विन्ट

ass, गधा, गर्दभ; मूर्ख। > ऐस

assagai, भाला, बरछा। > ऐसॅगाइ

assail, 1. टूट पड़ना, अभ्याक्रमण क०; 2. (*face*) का सामना क०; 3. (*with questions*) बौछार* क०; **~able,** आक्रमणीय; **~ant,** अभ्याक्रामक, आक्रमणकारी। > अॅसेल

assassin, हत्यारा, वधिक; गुप्तघाती, छलघाती; **~ate,** (छिपकर) हत्या* क०, वध क०; **~ation,** हत्या*, वध; छलघात, गुप्तघात।
> अॅसैसिन; अॅसैसिनेट; अॅसैसिनेशॅन

assault, —*v.*, आक्रमण क०, हमला क०; प्रहार क०; —*n.*, 1. (*attack*) आक्रमण, हमला; 2. (*law*) प्रहार; 3. (*verbal*) आक्षेप; **~er,** हमलावार।
> अॅसॉ:ल्ट

assay, *v.*, परखना, जाँचना; कसौटी* पर कसना; —*n.*, 1. परख*, खरे-खोटे की जाँच*; 2. (*chem.*) विश्लेषण, आमापन, मात्रा-निर्धारण; **~er,** पारखी।
> अॅसे = ऐसे

assemblage, 1. संग्रह, संकलन, समुच्चय, जमाव; 2. (*act*) संग्रहण, जमाव, संचयन; 3. (*techn.*) सज्जा*, सज्जीकरण, संयोजन। **assemble,** एकत्र हो जाना, जुटना; एकत्र क०; जोड़ना, पुरजे जोड़ना। **assembly,** 1. सभा*; 2. (*group*) जमावड़ा, जन-समुदाय; 3. सज्जीकरण।
> अॅ-से'म्-ब्लिज; अॅसे'म्बॅल; अॅसे'म्-ब्लि

assent, *n.*, 1. (*consent*) सहमति*, सम्मति*; 2. (*sanction*) मंजूरी*, स्वीकृति*, अनुमति*; —*v.*, सहमत होना, राज़ी होना; स्वीकृति* देना, मंजूर क०; **~ation,** सहमति; **~ient,** सहमत।
> अॅसे'न्ट; ऐसॅन्टेशॅन; अॅ-से'न्-शिअॅन्ट

assert, 1. निश्चयपूर्वक या बलपूर्वक कहना, दावे के साथ कहना; दावा क०; 2. (*defend*) की रक्षा* क०, (अक्षुण्ण) बनाए रखना; ~oneself, अपने अधिकार पर दृढ़ रहना; प्रभाव डालना; **~able,** समर्थनीय; **~ion,** दृढ़कथन, दावा; **~ive,** 1. निश्चयात्मक; 2. (*person*) हठधर्मी, आग्रही, स्वाग्रही; **~or,** दावा करने वाला; समर्थक, हिमायती; **~oric, ~ory,** प्रकृत; —proposition, प्रकृत तर्कवाक्य।
> अॅसॅ:ट; अॅसः शॅन; अॅसॅ:टिव्

assess, 1. (कर, मूल्य आदि) निर्धारित क० या लगाना; 2. (*estimate*) कूतना; **~able,** करनिर्धार्य; निर्धारणीय; **~ee,** निर्धारिती, करदाता; **~ment,** (कर-, मूल्य-···)निर्धारण, मूल्यांकन; कूत; **~or,** (कर) निर्धारक।
> अॅसे'स; अॅसे'सी; अॅसे'सॅ

asset, सम्पत्ति*; गुण; **~s,** परिसम्पत्ति*, माल-मता; ~s, and liabilities, देयादेय, देना-पावना।
> ऐसे'ट; ऐसे'ट्स

asseverate, दृढ़ता* से कहना, विश्वास दिलाना। **asseveration,** दृढ़कथन।
> अॅसे'वॅरेट; अॅसे'वॅरेशन

assibilate, ऊष्म उच्चारण क०। **~assibilation,** ऊष्मीकरण। > अॅसिबिलेट; अॅसिबिलेशॅन

assiduity, अध्यवसाय, मनोयोग। **assiduous,** 1. (*of person*) अध्यवसायी, उद्यमी, श्रमशील;

2. परिश्रमपूर्ण; अध्यवसायपूर्ण।

> ऐसिड्युइटि; ॲसिड्युॲस

assign, 1. (*fix*) निश्चित क०, नियत क०, ठहराना, निर्धारित क०; 2. (*appoint*) नियुक्त क०; 3. (*allot*) देना, बाँट देना; निर्दिष्ट क०; 4. (*ascribe*) कारण ठहराना या बतलाना; 5. (*law*) अभ्यर्पण क०, सौंप देना; **~able,** निर्धार्य; **~ation,** 1. निर्धारण; 2. (*apportionment*) आबंटन; 3. (*appointment to meet*) परियुक्ति*; 4. (*tryst*) अभिसार, गुप्त मिलन; 5. (*law*) अभ्यर्पण, हस्तांतरण, अधिन्यास; **~ed,** नियत, निर्दिष्ट; अभ्यर्पित; **~ee,** 1. (*representative*) प्रतिनिधि; 2. पानेवाला, अभ्यर्पिती, अधिन्यासी; **~ment,** 1. आबंटन; 2. (*appointment*) नियुक्ति*; 3. (*transference*) हस्तान्तरण, अभ्यर्पण, अधिन्यास; 4. (*document*) दानपत्र; 5. (*task*) कार्यभार, नियत कार्य, कर्तव्य; 6. (*attributing*) निर्धारण; **~or,** अभ्यर्पक, अधिन्यासक।

> ॲसाइन; ऐसिग्नेशॅन; ऐसिनी = ऐसाइनी; ॲसाइन्मॅन्ट, ऐसिनॉ: = ऐसाइनॉ

assimi/lable समावेशनीय; **~late,** 1. स्वांगी-करण क०, पचा लेना, सम्मिलित क०, मिला लेना; अपनाना; 2. (*liken*) तुलना* क०; 3. सदृश बनना या बनाना; **~lation,** 1. आत्मसात्करण स्वांगीकरण; 2. (*phon.*) समीकरण, सदृशीकरण; 3. (*of food*) परिपाचन; **~lative, ~latory,** स्वांगीकारक; समीकारी; परिपाचक।

> ॲसिमि/लॅबॅल, ~लेट, ~लेशॅन ~ लेटिव़, ~ लॅटॅरि

assist, सहायता* क०, सहयोग देना; **~at,** में उपस्थित होना, में भाग लेना; **~ance,** सहायता*, सहयोग, साहाय्य; **~ant,** सहायक, सहकारी, सहयोगी, मददगार, सह-; **~ed,** सहायता-प्राप्त।

> ॲसिस्ट

assize, 1. न्यायसत्र 2. (*trial*) परिदर्शन; 3. मूल्यनिर्धारण; निर्धारित मूल्य।

> ॲसाइज़

associable, संगत, अविरोधी।

> ॲसोशिॲबॅल

associate, *adj.*, 1. सम्बद्ध, संयुक्त; 2. (*secondary*) सह-, गौण, उप-; 3. (*accompanying*) सहचारी; —*n.*,1. (*friend*) संगी, साथी; 2. (*fellow-worker*) सहयोगी; 3. (*partner*) साझेदार, साझी; 4. सम्बद्ध तत्त्व; —*v.i.*, मिल जाना, एक हो जाना; संघटित होना; मेल-जोल रखना, सम्पर्क रखना; —*v.t.*, जोड़ना, मिलाना, संयुक्त क०, शामिल क०, सम्मिलित क०; 2. सहयोगी या साझेदार बना लेना; 3. (*mentally*) सम्बन्ध या साहचर्य मानना, सम्बद्ध क०; 4. (*chem.*) संगुणित क०; **~d,** संयुक्त; सम्बद्ध; सहचारी।

> ॲसोशिइट (*adj., n.*), ॲसोशिएट (*v.*)

association, 1. (*society*) संस्था*, सभा*, समाज, संघ, संसद्*; 2. (*intimacy*) संबंध, संसर्ग, साहचर्य; 3. (*partnership*) साझेदारी*; 4. (*of ideas etc.*) साहचर्य; 5. (*act*) संयोजन; 6. (*chem.*) संगुणन; 7. (*bot., zool.*) सहवास। **associative,** सहचारी, साहचर्य। **associativity,** सहचारिता*।

> ॲसोसिएशॅन; ॲसोसिएटिव़

assonance, 1. स्वरसाम्य, श्रुतिसाम्य; 2. साम्य; 3. (*rhyme*) तुक*। **assonant,** समस्वर।

> ऐसॅनॅन्स; ऐसॅनॅन्ट

assort, 1. छाँटना, वर्गीकरण क०; 2. (*group with others*) के वर्ग (की श्रेणी*) में रखना; 3. (*harmonize*) से साम्य रखना, मेल खाना; 4. (*consort with*) से संपर्क रखना; **~ed,** 1. वर्गीकृत; 2. (*miscellaneous*) फुटकर, विविध, प्रकीर्ण; well—, सुमेल; poorly—, बेमेल; **~ing,** machine, छाँटमशीन*; **~ment,** 1. (*act*) छँटाव, वर्गीकरण; 2. (*group*) चयन; संचय, संकलन, संग्रह।

> ॲसॉ:ट

assuage, 1. कम क०; 2. शान्त क०; 3. (*quench*) बुझाना; **~ment,** उपशमन, प्रशमन।

> ॲस्वेड्ज

assumable, ग्राह्य; मान्य।

> ॲस्यूमॅबॅल

assume, 1. (*suppose*) मान लेना, मानना, कल्पना* क०; 2. (*feign*) का स्वाँग भरना, का अभिनय क०; 3. (*put on*) धारण क०, अपनाना; 4. (*seize*) हाथ में लेना, छीनना; 5. (*undertake*) का भार या उत्तरदायित्व लेना; 6. (*receive*) ग्रहण क०; **~d,** 1. (*put on*) कृत्रिम, अवास्तविक; 2. (*supposed*) कल्पित, माना हुआ, गृहीत।

> ॲस्यूम

assuming, अभिमानी, घमण्डी; अक्खड़।

assumption, 1. (*supposition*) कल्पना*, पूर्वानुमान, पूर्वधारणा*, मान्यता*; 2. (*acceptance*) अंगीकार, (कार्यभार) ग्रहण; 3. (*taking on*) धारण; 4. (*unsurpation*) अनधिकार-ग्रहण, अपहरण; 5. (*arrogance*) अभिमान, अक्खड़*, घमण्ड, अहंकार; 6. (*into heaven*) उद्ग्रहण।

> ॲसॅम्शॅन

assumptive, 1. कल्पित, माना हुआ; 2. (*presumptuous*) अक्खड़, अहंकारी।

> ॲ-सॅम्-टिव़ = ॲसॅम्प्-टिव़

assurance, 1. आश्वासन; 2. (*confidence*) विश्वास, भरोसा; 3. (*sureness*) निश्चय; 4. (*guarantee*) प्रत्याभूति*; 5. (*self-confidence*) आत्मविश्वास; 6. (*impudence*) ढिठाई*, धृष्टता*; 7. (*insurance*) बीमा।

> ॲशुॲरॅन्स

assure, 1. विश्वास दिलाना, आश्वासन देना; 2. (*reassure*) ढारस बँधाना, आश्वस्त क०; 3. (*make sure*) निश्चित क०, सुनिश्चित क०; 4. (*convince*) क़ायल क०, सन्देह दूर क०; 5. (*insure*) बीमा क०; **~d,** आश्वासित; सुनिश्चित; आत्मविश्वासी; बीमाकृत; **~dly,** निश्चय ही; विश्वासपूर्वक, दृढ़तापूर्वक; **~r,** बीमाकर्ता; आश्वासक, आश्वासी।

> ॲशुॲ; ॲ-शुॲ-रॅ

assurgent, 1. उदीयमान; 2. (*bot.*) वक्रारोही। > ॲसॅ:जॅन्ट

astatic, 1. अस्थिर; 2. (*phys.*) अस्थैतिक। > ॲस्टैट्-इक = एस्टैट्-इक

aster, (*biol.*), तारा, तारक। > ऐस्-टॅ

asterisk, तारक। > ऐस्टॅरिस्क

asterism, तारापुंज, तारकच्छटा*। > ऐस्टॅरिज़्म

astern, पीछे; पीछे की ओर*। > ॲस्टॅ:न

asteroid, *n.*, ग्रहिका*, क्षुद्रग्रह; *adj.*, तारकाभ; तारारूप। > ऐस्-टॅ-रॉइड

asthenia, शक्तिक्षीणता*। **asthenic,** कृश-काय। **asthenopia,** दृष्टिक्षीणता*। > ऐस्थीनिॲ; ऐस्थे'निक; ऐस्थॅनोपिॲ

asthma, दमा; **~tic,** दमैल। > ऐस्-मॅ = एस्ट्मॅ; ऐस्मैटिक

astigmatic, अबिन्दुक। **astigmatism,** अबिन्दुकता*, दृष्टिवैषम्य। > ऐस्-टिग्-मै-टिक; ऐस्-टिग्-मॅटिज़्म

astir, 1. गतिमान्; 2. उत्तेजित; 3. (*out of bed*) जगा हुआ। > ॲस्टॅ:

astonish, चकित या विस्मित कर देना, अचंभे में डालना; **~ing,** आश्चर्यजनक, विस्मयकारी, विस्मयकर; **~ment,** आश्चर्य, अचम्भा, विस्मय। > ॲस्टॉनिश

astound, भौचक्का या विस्मित कर देना, आश्चर्यचकित क०; **~ing,** विस्मयकारक, विस्मयाकुलक। > ॲस्टाउन्ड

astraddle, *see* ASTRIDE. > ॲस्-ट्रै-डॅल

astragal, 1. (*astragalus*) घुटिकास्थि*; 2. (*archit*) हारिका*; 3. (*of cannon*) छल्ला। > ऐस्ट्रॅगॅल

astral, 1. नक्षत्र-सम्बन्धी, नक्षत्रीय, तारक-; 1. (*biol.*) तारा-; ~body, सूक्ष्म शरीर। > ऐस्ट्रॅल

astray, भूला-भटका, पथभ्रष्ट; go~, भटक जाना। > ॲसट्रे

astriction, संकुंचन। > ॲस्-ट्रिक्-शॅन

astrictive, 1. संकोचक; 2. (*astringent*) स्तंभक, क़ाबिज़, ग्राही। > ॲस्-ट्रिक्-टिव

astride, टाँगे* फैलाकर, आर-पार। > ॲस्ट्राइड

astringe, 1. बाँधना; 2. (*contract*) संकुचित क०; 3. (*constipate*) क़ब्ज़ पैदा क०; **~ncy,** 1. संकोचकता*, स्तम्भकता*; 2. (*fig.*) कठोरता*; **~nt,** *adj.*, 1. संकोचक; 2. (*stern*) कठोर; —*n.*, स्तम्भक। > ॲस्ट्रिंज; ॲस्-ट्रिन-जॅन्-सि

astro/loger, ज्योतिषी, दैवज्ञ, गणक; **~logy,** फलित-ज्योतिष; **~metry,** खगोलमिति*; **~naut,** अंतरिक्ष-यात्री; **~nautics,** अंतरिक्षयानिकी*; **~nomer,** खगोलज्ञ, ज्योतिविद्; **~nomical,** खगोली(य); **~nomy,** गणित-ज्योतिष, खगोल-विज्ञान; **~physics,** खगोल-भौतिकी*। > ॲस्ट्रॉ/ल-जॅ, ~लॅजि, ~मॅट्रि*; ऐसट्रोनॉ:ट, ऐसट्रो नॉ:टिक्स; ॲसट्रॉ-नॅ-मॅ; ऐसट्रॅनॉमिक; ॲस्ट्रॉनॅमि; ऐस्-ट्रो फ़िज़िक्स

astute, विदग्ध, चतुर; धूर्त, घाघ, चालाक। > ॲस्ट्यूट

asunder, *adj.*, अलग; *adv.*, अलग-अलग; टुकड़े-टुकड़े; दो टुकड़े। > ॲसॅन्-डॅ

asylum, 1. (*refuge*) शरण*; शरणस्थान; 2. (*institution*) आश्रम; 3. (*mental ~*) पागलख़ाना; right of~, शरणागति-अधिकार। > ॲसाइलॅम

asymmetrical, असममित, विषम। **asymmetry,** असममिति*, विषमता*। > ऐसिमे'ट्रिकॅल; ऐसिमिट्रि

asymptote, अनन्तस्पर्शी। **asymptotic,** उपगामी। > ऐसिम्टोट; ऐसिम्टॉटिक

asynchronous, अतुल्यकालिक, असहकालिक। > ॲसिन्क्रॅनॅस

asyndeton, समुच्चयबोधक-लोप। > ॲसिन्-डिटॅन

asyntactic, व्याकरण-विरोधी। > ऐसिन्टैक्-टिक

at, में; पर; की ओर*। > ऐट, ॲट

ataraxia, ataraxy, शम; पूर्ण विरक्ति*। > ऐटॅरैक्-सिॲ; ऐटैरैक्-सि

atavism, पूर्वजता*, पूर्वजानुरूपता*; कुलागत रोग। **atavistic,** पूर्वजानुरूप, पूर्वजानुग। > ऐटॅविज़्म; ऐटॅविस्-टिक

ataxia, ataxy, गतिविभ्रम। > ॲटैक्सिॲ, ॲटैक्सि

atelier, शिल्पशाला*। > ऐटॅलिए

atheism, नास्तिकता*, निरीश्वरवाद। > एथिइज़्म

atheist, नास्तिक; **~ic,** निरीश्वरवादात्मक। > एथिइस्ट; एथिइस्टिक

athenaeum, 1. (साहित्यिक या वैज्ञानिक) क्लब, सभा*; 2. (*reading-room*) वाचनालय; 3. (*library*) पुस्तकालय। > ऐथिनीॲम

athirst, 1. प्यासा, तृषित; 2. (*eager*) उत्सुक। > ॲथॅ:स्ट

athlete, व्यायामी, कसरती। > ऐथ्लीट

athletic, बलिष्ठ, पुष्टकाय; **~ism, ~s,** खेलकूद* व्यायाम। > ऐथ्ले'टिक

at-home, जलपान। > ॲट्होम; ॲटोम

athwart, 1. (*across*) आड़ा; 2. (*against*) प्रतिकूल, विरुद्ध; 3. (*awry*) तिरछा, टेढ़ा। > ॲथ्वॉ:ट

Atlantes, पुरुषस्तम्भ। > ॲट्लैन्टीज़

Atlantic, अटलांटिक, अतलान्तक। > ॲटलैन्टिक

atlas, 1. एटलस, मानचित्रावली*, भू-चित्रावली*; 2. (*anat.*) शीर्षधर। > ऐट्लॅस

atmo/logy, वाष्पविज्ञान; **~lysis,** गैस-विश्लेषण; **~meter,** वाष्पणमापी; **~sphere,** 1. वायुमण्डल; 2. (*stellar*) परिमण्डल; 3. (*environment*) वातावरण, पर्यावरण; **~spheric,** वायुमण्डलीय; **~spherics,** वायुवैद्युत क्षोभ। > ऐट्मॉ/लॅजि, ~ लिसिस, ~ मि-टॅ; ऐट्-मॅस्-फ़िॲ; ऐ टॅमस्फ़े 'रिक

atoll, प्रवाली*, प्रवालद्वीप। > ऐटॅाल = ॲटोल

atom, परमाणु; **~bomb,** अणुबम, परमाणुबम; **~ic,** 1. परमाणविक, परमाणवी; 2. (*minute*) सूक्ष्म, अतिलघु; **~icity,** परमाणुवीयता*, परमाणुकता*; **~ism,** परमाणुवाद; **~ist,** परमाणुवादी; **~istics,** परमाण्विकी*; **~ization,** कणीकरण; **~ize,** कणों, कनियों* या अणुओं में परिणत क०, कणित क०; **~izer,** 1. कणित्र; 2. (*sprayer*) सीकरवर्षी; **~y,** 1. अणु; 2. (*pygmy*) बौना; 3. (*skeleton*) कंकाल। > ऐटॅम, ~ बॉम; ॲटॉमिक; ऐटॅमाइज़ेशॅन, ऐटॅमाइज़; ऐटॅमि

atonal, अतान। > ॲटोनॅल

atone, प्रायश्चित्त क०; क्षतिपूर्ति* क०; **~ment,** 1. (*expiation*) प्रायश्चित्त; 2. (*amends*) क्षतिपूर्ति*, हरजाना। > ॲटोन

atonic, 1. (*phon.*) बलाघात-शून्य; 2. (*mus.*) अतान; 3. (*weak*) स्फूर्तिहीन, शक्तिहीन। > ॲटॉन्-इक

atony, 1. (*weakness*) शक्तिहीनता*; 2. (*phon.*) बलाघात-शून्यता*। > ऐटॅनि

atop, के शिखर पर, के ऊपर। > ॲटॉप

atrabilious, विषादग्रस्त, विषण्ण। > ऐट्रॅबिलयॅस

atremble, कम्पित, कम्पायमान। > ॲट्रे 'म्बॅल

atrip, उठाया हुआ। > ॲट्रिप

atrium, 1. प्रांगण; 2. (*entrance*) अलिन्द; 3. (*cavity*) परिकोष्ठ। > आ-, एट्रिॲम

atro/cious, 1. नृशंस, पाशविक; 2. (*very bad*) घोर; भद्दा; **~city,** 1. नृशंसता*; 2. (*deed*) अत्याचार; 3. (*blunder*) भद्दी भूल*। > ॲट्रोशॅस; ॲट्रॉसिटि

atrophy, *n.*,अपुष्टि*, क्षीणता*, अपक्षय, क्षय; *v.;* क्षीण हो जाना, घुलना; क्षीण कर देना, घुलाना। > ऐट्रॅफ़ि

attaboy, शाबाश। > ऐटॅबॉय

attach, *v.*, 1. लगाना, जोड़ना; संलग्न क०; 2. (*confiscate*) कुर्क क०, ज़ब्त क०; 3. मिला लेना, सम्मिलित क०, मित्र बना लेना; 4. मिल जाना, सम्मिलित हो जाना; का सदस्य बनना; 5. (*be incident*) लगना, लग जाना, लगा होना; 6. (*attribute*) देना, प्रदान क०; **~able,** कुर्की-योग्य; (सं)लगनीय; **~ed,** 1. (*enamoured*) अनुरक्त, आसक्त; 2. लगा हुआ, अनुलग्न, संलग्न; 3. कुर्क़ किया हुआ, आसंजित; **~ment,** 1. आसक्ति*, अनुरक्ति*, मोह, आसंग; 2. (*confiscation*) कुर्की*, जब्ती*, आसंजन; 3. संलगन, संयोजन; 4. संलगनी*, संलगन वस्तु*; 5. (*mechan.*) उपकरण। > ॲटैच

attache, सहचारी, अताशे। > ॲटैशे

attack, *v.*, 1. आक्रमण क०, हमला क०; 2. (*fig.*) आक्षेप क०; 3. (*begin*) उत्साह के साथ हाथ में लेना; 4. (*of disease*) आक्रान्त क०; —*n.*, 1. आक्रमण, हमला, धावा; 2. (*hostile words*) आक्षेप; 3. (*of sickness*) दौरा; **~able,** आक्रमणीय; **~ed,** आक्रान्त, आक्रमित; **~er,** आक्रामक। > ॲटैक

attain, प्राप्त क०, लाभ क०; पहुँचना; **~able,** प्राप्य, साध्य, लभ्य; **~der,** संकलुषीकरण; **~ment,** 1. लाभ, प्राप्ति*; 2. (*achievement*) (उप)लब्धि*; सिद्धि*; 3. (*skill*) योग्यता*। > ॲटेन; ॲ-टन्-डॅ; ॲटेन्मॅन्ट

attaint, *v.*, 1. (*dishonour*) कलंकित क०, बदनाम क०; 2. (*law*) संकलुषित क०; —*n.*, कलंक; संकलुषीकरण। > ॲटेन्ट

attar, इत्र, इतर, अतर। > ऐ-टॅ

attemper, 1. (*moderate*) मन्द, कम या हलका कर देना; 2. (*control*) नियन्त्रित क०; 3. (*accommodate*) के अनुकूल बना लेना; 4. (*soothe*) शान्त क०; प्रशमित क०; 5. (*of metal*) पर पानी चढ़ाना। > ॲ-टे 'म्-पॅ

attempt, *v.*, 1. (प्र)यत्न क०; 2. (*a fortress*) पर आक्रमण क०; 3. हाथ में लेना; —*n.*, प्रयत्न, कोशिश*, प्रयास; आक्रमण; ~the life of, को मार डालने की कोशिश* क०। **~able,** यतनीय। > ॲटे 'म्ट

attend, 1. उपस्थित या हाज़िर होना; 2. (*minister*) की परिचर्या* क०, सेवा* क०; 3. (*pay attention*) ध्यान देना; 4. (*accompany*) साथ जाना; साथ-साथ हो जाना; 5. (*attend to*) हाथ में लेना, में लग जाना; **~ance,** 1. (*also number present*) उपस्थिति*, हाजिरी*; 2. परिचर्या*, सेवा*; **~ant,** *adj.*, 1. उपस्थित, विद्यमान, हाज़िर; 2. (*accompanying*) सहवर्ती, आनुषंगिक, अनुवर्ती; 3. (*serving*) परिचारी; —*n.*, 1. (*servant*) परिचर, नौकर, परिचारक; 2. उपस्थित व्यक्ति। > ॲटे 'न्ड

attention, 1. ध्यान; अवधान, मनोयोग; 2. (*care*) सावधानी*; 3. (*pl.*) आदर-सत्कार। > ॲटे 'न्शॅन

attentive, 1. सावधान, सतर्क, एकाग्र; 2. (*considerate*) भद्र, शिष्ट। > ॲटे 'न्-टिव्

attenuant, तनूकारी। **attenuate,** *v.*, 1. कम कर देना या हो जाना; 2. दुबला या क्षीण बनना या बनाना; 3. (*dilute*) तनु या पतला कर देना; —*adj.*, दुबला, क्षीण; तनूकृत। **attenuation,** 1. तनूकरण, क्षीणन; क्षीणता*; 2. तनूभवन; 3. (*diminution*) घटाव, घटती*, उतार। **attenuator,** तनूकारी, क्षीणकारी। > ॲटे 'न्युअन्ट; अटे 'न्युएट (*v.*), ॲटे 'न्युइट (*adj.*); ॲटे 'न्यु/एशॅन, ~ए-टॅ

attest, 1. (*certify*) अनुप्रमाणित क०, तसदीक़ क०, साक्ष्यंकन क०, साक्ष्यंकित क०; 2. (*demonstrate*) का प्रमाण देना, स्पष्ट कर देना; 3. (*bear witness*) गवाही* या साक्ष्य देना; 4. (*place on oath*) शपथ* दिलाना; **~ant, ~er, ~or,** साक्ष्यंकक; **~ation,** साक्ष्यंकन, सत्यापन, तसदीक़*, अनुप्रमाणन; प्रमाण; गवाही*, साक्ष्य; शपथग्रहण; **~ed,** सत्यापित, अनुप्रमाणित, साक्ष्यंकित। > ॲटे'स्ट; ऐटे'स्टेशॅन

attic, अटारी*। > ऐटिक

attire, *v.*, कपड़े पहनाना, सँवारना, सजाना; —*n.*, 1. कपड़े, पोशाक*, वस्त्र*; 2. (*finery*) सज-धज*, ठाट-बाट। > ॲटाइॲ

attitude, 1. (*of body*) ठवन*, मुद्रा*, अंग-विन्यास; 2. (*behaviour*) व्यवहार; आचार-व्यवहार, रवैया; 3. (*mental*) रुख, अभिवृत्ति*, मनोवृत्ति*; 4. (*opinion*) विचार, भाव; 5. (*of airplane*) स्थिति*। **attitudinize,** दिखावा क०। > ऐटिट्यूड; ऐटिट्यूडिनाइज़

attorn, 1. (*transfer*) हस्तान्तरित क०; 2. नया स्वामी स्वीकार क०, स्वामी के रूप में मान लेना। > ॲटॅ:न

attorney, 1. न्यायवादी, अटार्नी; 2. प्रतिनिधि; 3. (*lawyer*) अधिवक्ता; power of ~, मुख़्तारनामा; ~general, महान्यायवादी। > ॲटॅ:नि

attract, 1. आकर्षित क०, आकृष्ट क०; 2. (*allure*) मोहित क०,मुग्ध क०; **~able,** आकर्षणीय; **~ion,** 1. आकर्षण; 2. (*charm*) आकर्षण, मनोहरता*, मोहनी*; **~ive,** आकर्षक, मनोहर। > ॲट्रैक्ट; ॲट्रैकशॅन; ॲट्रैक्-टिव

attributable, आरोप्य। > ॲट्रिब्युटॅबॅल

attribute, *n.*, 1. (*quality*) गुण, विशेषता*; 2. (*inherent quality*) लक्षण; धर्म, सहज गुण; 3. (*symbol*) प्रतीक; 4. (*gramm.*) विशेषण; —*v.*, (पर) आरोपित क०, (का) आरोप(ण) क०, श्रेय देना; देना, प्रदान क०; (उत्तरदायी) ठहराना; का मानना। **attribution,** 1. आरोपण, आरोप; 2. (*authority*) अधिकार; 3. (*predication*) गुणारोपण। **attributive,** *adj.*, गुणवाचक; —*n.*, विशेषण पद। > ऐट्रिब्यूट (*n.*); ॲट्रिब्यूट (*v.*); ऐट्रिब्यूशॅन; ॲट्रिब्युटिव्

attrited, घर्षित, घिसा हुआ। > ॲट्राइटिड

attrition, रगड़*, (सं)घर्षण, संनिघर्षण, घिसाई*; अपूर्ण पश्चात्ताप। > ॲट्रिशॅन

attune, सुर मिलाना; अनुकूल क०, मेल कराना। > ॲट्यून

atypical, असामान्य। > ॲ = एटिपिकॅल

aubade, प्रभाती*। > ओबाड

auberge, सराय*। > ओबॅ:ज़्ज़

auburn, कपिश, सुनहरा। > ऑ:बॅ:न

auction, *n.*, नीलाम, प्रतिक्रोश; *v.*, नीलाम क०; ~sale, नीलामी बिक्री; Dutch~, अवरोही नीलाम; **~eer,** *n.*, नीलामकार; —*v.*, नीलाम क० या कराना। > ऑ:क्शॅन; आ: क्शॅनिॲ

audacious, निर्भीक, साहसी; निर्लज्ज, ढीठ। > ऑ:डेशॅस

audacity, साहसिकता*; ढिठाई*। > ऑ:डैसिटि

audible, श्रव्य, श्रवणीय, कर्णगोचर। **audibility,** श्रव्यता*, श्रवणीयता*। > ऑ:डॅबॅल; ऑ: डिबिलिटि

audience, 1. श्रोतागण, सभा*; दर्शकगण; पाठकगण; 2. (*interview*) भेंट*, मुलाक़ात*, साक्षात्कार; 3. (*act of hearing*) श्रवण; 4. (*judicial*) सुनवाई*; 5. (*by governor etc.*) दर्शन; have~, भेंट* क०; ~chamber, दर्शनकक्ष। > ऑ:ड्यन्स

audio-frequency, श्रव्यावृत्ति*। > ऑ:डिओ-फ़्री-क्वन्सि

audiometer, श्रव्यतामापी। > ऑ:डिऑ-मि-टॅ

audit, *n.*, (*v.*) लेखा-परीक्षा* (क०), अंकेक्षण; **~ing,** लेखा-परीक्षण; **~ion,** श्रवण; श्रवण-शक्ति*; ध्वनि-परीक्षण; **~ive,** श्रवण-सम्बन्धी; **~or,** लेखा-परीक्षक, अंकेक्षक; श्रोता; **~orium,** सभाभवन; प्रेक्षागृह, श्रोताकक्ष; **~ory,** *adj.*, श्रवण-, श्रवण-सम्बन्धी; *n.*, श्रोतागण, सभाभवन, आस्थानी*, दर्शककक्ष। > ऑ:डिट; ऑ:डिशॅन, ऑ:डिटिव; ऑ:ड्-इ-टॅ, ऑ:डिटॉ:रिॲम; ऑ:डिटॅरि

Augean, गंदगी* से भरा हुआ। > ऑ:जीॲन

augend, योजक। > ऑ:जे'न्ड = ऑजे' न्ड

auger, बरमा; वेधनी*। > ऑ:-गॅ

aught, कुछ भी, किंचित्। > ऑ:ट

augment, *v.*, बढ़ाना; बढ़ाना; *n.*, 1. वृद्धि*; 2. (*gram*) आगम; स्वरागम; **~ation,** बढ़ती*, वृद्धि*; संवर्धन, आवर्धन; **~ative,** 1. संवर्धी; 2. (*gram.*) आगमी; **~er,** आवर्धक। > ऑ:ग्मे'न्ट (*v.*), ऑ:ग्मॅन्ट (*n.*); ऑ:ग्मे'न्टेशॅन; ऑ:ग्मे'न्/टॅटिव, ~टॅ

augur, *n.*, शगुनियाँ, निमित्तज्ञ; *v.*, 1. शकुन निकालना, सगुनाना; 2. (*forebode*) आभास या पूर्वसूचना* देना; ~ ill, अशुभ होना; ~well, शुभ होना; **~y,** शकुनविचार, शकुनविद्या*; शकुन; आभास। > ऑ:-ग; ऑ:ग्युरि

August, अगस्त। > ऑ:गॅस्ट

august, भव्य, प्रतापी, महान्, सम्मान्य। > ऑ:गॅस्ट

aulic, दरबारी। > ऑ:लिक

aunt, 1. (*father's sister*) फूफी*, बूआ*; 2. (*father's brother's wife*) चाची*, काकी*; 3. (*mother's sister*) मौसी*, मासी*, खाला*; 4. (*mother's brother's wife*) मामी*। > आन्ट

aura, 1. (*odour*) परिमल; 2. (*atmosphere*) वातावरण; 3. (*med.*) दौरे का पूर्वाभास। > ऑ:-रॅ

aural, 1. श्रवण-सम्बन्धी; कर्णज; 2. (*heard*) श्रुत, कर्णगत। > ऑ: रॅल

aureate, सुनहला, स्वर्णिम। > ऑ:रिइट = ऑ:रिएट

aureola, aureole, प्रथा-मण्डल, ज्योतिचक्र। > ऑ:-रि-ऑ-लॅ; ऑ:रिओल

auric, स्वर्णिक। > ऑ:रिक

auricle, 1. बहि: कर्ण, कर्ण; 2. (*of heart*) अलिंद; 3. (*bot.*) पालि*। **auricular,** कर्णिक, कर्ण या अलिंद-सम्बन्धी; कर्णाकार। **auriculate,** सकर्ण; सकर्णाभ। **auriform,** पालिरूप। **auriscope,** कर्णदर्शी। **aurist,** कर्ण-चिकित्सक। > ऑ:रिकॅल; ऑ-रिक्यु/लॅ, ~लिट; ऑ:रिफॉ:म; ऑ:रिस्कोप; ऑ:रिस्ट

auriferous, स्वर्णमय। > ऑ: रिफ़ॅरॅस

auriga (*astron.*), प्रजापति। > ऑ: राइ- गॅ

aurora, उषा*; दक्षिण (*australis*) या उत्तर (*borealis*) ध्रुवीय ज्योति*। > ऑ:-रॉ:- रॅ

aurous, 1. स्वर्णमय, 2. (*chem.*) स्वर्णस। **aurum,** स्वर्ण। > ऑ: रॅस; ऑ: रॅम

auscultate, परिश्रवण क०। **auscultation,** 1. श्रवण; 2. (*med.*) परिश्रवण, श्रवण-निदान। > ऑ:सकॅल्‌टेट; ऑ:सकॅल्‌टेशॅन

auspicate, शकुन विचारना। > ऑ:स्‌-पि-केट

auspice, शकुन; शकुन-विचार; under the ~s of, के तत्त्वावधान में। **auspicious,** शुभ, मांगलिक; सम्पन्न, सौभाग्यशाली। > ऑ:स्‌-पिस, ऑ:स्‌-पि-सिज़; ऑ:स्पिशॅस

austere, 1. (*abstinent*) मिताहारी, अतिसंयमी; 2. (*simple*) आडम्बर-हीन; 3. (*harsh*) कठोर; 4. (*grave*) गंभीर। **austerity,** मिताहार, (अति)संयम; तप, तपस्या*; सादगी*, आडम्बरहीनता*; कठोरता*। > ऑ:स्‌- टिअॅ; ऑ:स्‌टे'रिटि

austral, दक्षिण। > ऑ:स्ट्रॅल

autarch, तानाशाह; **~y,** 1. तानाशाही*, अहंतन्त्र; 2. स्वशासन। **autarky,** आत्म-निर्भरता। > ऑ:टाक; ऑ:टॅकि

authentic, प्रामाणिक, वास्तविक, असली; विश्वसनीय; **~ate,** प्रामाणिक ठहराना, प्रमाणित क०; **~ated,** अधिप्रमाणित, प्रमाणित; **~ation,** प्रमाणित; प्रमाणीकरण; **~ator,** प्रमाणक(र्ता), **~ity,** प्रामाणिकता*; वास्तविकता*। > ऑ: थे'न्‌/टिक, ~टिकेट टिकेशॅन, टि-के-टॅ; ऑ-थे'न्‌-टि-सि-टि

author, लेखक, ग्रन्थकार, रचयिता; कर्ता, प्रवर्तक, स्रष्टा; **~ess,** लेखिका*; **~ship,** 1. कर्तृत्व; 2. (*origin*) स्रोत। > ऑ:-थॅ

authoritarian, सत्तावादी, अधिकारवादी; **~ism,** सत्तावाद। **authoritative,** 1. सत्ता-वादी; 2. (*official*) आधिकारिक, साधिकार; 3. (*reliable*) प्रामाणिक; अधिकार-पूर्ण। > ऑ:थॉरिटे'ॲरिॲन; ऑ-थॉ: रिटॅटिव्‌

authority, 1. अधिकार, प्राधिकार; 2. (*power*) सत्ता*, प्रभुत्त्व; 3. (*influence*) प्रभाव; 4. (*proof*) आधार, प्रमाण; 5. (*expert*) विशेषज्ञ, अधिकारी (व्यक्ति); 6. (*pl.*) अधिकारी-वर्ग, प्राधिकारी, सत्ताधारी, आधिकारिकी*; 7. (*logic*) शब्द-प्रमाण; 8. प्रामाणिकता*; *on good~*, विश्वस्त सूत्र से। > ऑ: थॉरिटि

authorization, प्राधिकरण; अनुज्ञप्ति*, अनुमोदन। > ऑ: थॅराइज़ेशॅन

authorize, प्राधिकृत क०, अधिकार या प्राधिकार देना; **~d,** प्राधिकृत। > ऑ:थॅराइज़

autism, आत्मविमोह। > ऑ:टिज़्म

auto-, स्व-, स्वत:-, आत्म-। > ऑ:टो

autobiographer, आत्मकथाकार। > ऑ:टोबाइऑ:ग्रॅ-फ़ॅ

autobiography, आत्मकथा*, आत्मचरित। > ऑ:टोबाइऑग्रॅफ़ि

autocephalous, स्वाधीन। > ऑ:टोसे'फ़ॅलॅस

autochthon, 1. देशी; 2. (*aboriginal*) आदिवासी; 3. स्थानिक या स्वस्थानिक जानवर या पौधा; **~ous,** देशीय; आदिवासी; स्वस्थानिक, स्थानिक। > ऑ: टॉक्‌/थॅन, ~थॅनॅस

auto/-clave, भापसह पात्र; **~cracy,** एकतन्त्र, निरंकुशता*; **~crat,** तानाशाह, अधिनायक, निरंकुश शासक; **~cratic,** निरंकुश, स्वेच्छाचारी; एकतन्त्रीय **~-da-fe',** धर्माधिकरण की दण्डाज्ञा*; **~didact,** अताई; **~eroticism,** स्वरति*; **~gamy,** स्वयुग्मन; **~genous,** स्वजात; आत्ममूलक; **~geny,** स्वजनन; **~graph,** *n.*, स्वाक्षर, हस्ताक्षर; निजी पाण्डुलिपी*; —*v.*, अपने हाथ से लिखना; हस्ताक्षर क०; **~graphy,** स्वहस्तलेखन; स्वहस्तलिपि*; **~lysis,** स्वलयन, आत्मलयन; **~matic,** स्वचालित, स्वचल; अविवेचित; **~matically,** अपने आप से; यन्त्रवत्‌; **~mation,** स्वचलन; **~matism,** स्वचलता*; **~maton,** स्वचालित यन्त्र; यन्त्रवत्‌ चलनेवाला प्राणी; **~mobile,** मोटर*, कार*; **~nomic, ~nomous,** स्वायत्त, स्वतन्त्र, स्वाधीन; **~nomy,** स्वशासन, स्वतन्त्रता*, स्वायत्तता*; स्वाधीन राज्य। > ऑ:टॅक्लेव; ऑ:टॉक्रॅसि; ऑ:टॅक्रैट; ऑ:टो/डाफ़े, ~डिडैक्ट, ~इरॉटॅसिज़्म; ऑ: टो/गॅमि, ~जिनॅस, ~जॅनि; ऑ:टॅग्राफ़ ; ऑ: टॉ/ग्रॅफ़ि; ~लिसिस; ऑ: टॅमैटिक; ऑ:टोमेशॅन; ऑ: टॉ/मॅटिज़्म, ~मॅटॅन; ऑ: टॅमॅबील; ऑ: टॅनॉम्‌-इक; ऑ: टॉनॅमॅस; ऑ: टॉनॅमि

autopsy, शव-परीक्षा*, (व्यक्तिगत) निरीक्षण। > ऑ:टॅप्सि = ऑ:टॉप्-सि

autosuggestion, आत्मसुझाव, आत्मसंसूचन। > ऑ:टोसॅजे 'स्ट्शॅन

autumn, शरत*; ~-crop, खरीफ़*; **~al,** शारद; शरत्कालीन। > ऑ:टॅम; ऑ:टॅम्नॅल

auxanometer, वृद्धिमापी। > ऑ:क्सॅनॉमिटॅ

auxiliary, *adj.*, 1. सहायक; 2. (*addit.*) अतिरिक्त; 3. (*supplem.*) पूरक; 4. (*subordinate*) गौण, उप-, अपर; —*n.*, 1. सहायक; 2. (*branch*) उपशाखा*; 3. (*verb*) सहायक क्रिया*; 4. (*pl.*) सहायक सेना*। > ऑ:ग्-ज़िल्-यॅ-रि

avail, *v.*, काम आना, उपयोगी होना, हितकर होना, लाभ पहुँचाना, लाभ उठाना —*n.*, लाभ; **~ability,** प्राप्यता*; सुलभता*; **~able,** प्राप्य, उपलभ्य; सुलभ; उपलब्ध। > अॅवेल; अॅवेलॅबिलिटि; अॅवेलॅबॅ:

avalanche, 1. हिमधाव, अवधाव, हिमस्खलन; 2. (*fig.*) बौछार*, वर्षा*। > ऐवॅलांश

avant-garde, अग्रसर। > अवांगर्ड

avarice, कंजूसी, कृपणता, धनलोलुपता*, अर्थपिशाच। **avaricious,** कंजूस, कृपण, धनलोलप, अर्थपिशाच। > ऐवॅरिस; ऐवॅरिशॅस

avast, ठहरो, रोको। > अॅवास्ट

avatar, अवतार। > ऐवॅटा

avaunt, धत्। > अॅवॉ:न्ट

ave, *interj.*,स्वागतम्; *n.*, स्वागत। > आवि

avenge, बदला लेना या चुकाना, प्रतिकार क०, प्रतिशोध क०; **~r,** प्रतिशोधी। > अॅवे 'न्ज; अॅ-वे 'न्-जॅ

avenue, 1. मार्ग; 2. (*of trees*) वृक्षवीथि*; 3. (*fig.*) रास्ता। > ऐविन्यू

aver, साग्रह या निश्चयपूर्वक कहना; प्रमाणित क०; **~ment,** प्रकथन; प्रमाण। > अॅवॅ:

average, *adj.*, 1. औसत, मध्यक, माध्य, 2. (*ordinary*) साधारण, सामान्य, औसत दरजे का; —*n.*, औसत, माध्य; —*v.*, 1. औसत में या औसतन होना, करना; 2. (*calculate*) औसत निकालना। > ऐवॅरिज

averse, 1. (*unwilling*) अनिच्छुक; 2. (*opposed*) प्रतिकूल; 3. (*bot.*) विमुख। **aversion,** 1. (*averting*) निवारण; 2. विमुखता*, घृणा*, विद्वेष, विरुचि*; 3. (*reluctance*) अरुचि*, अनिच्छा*। **avert,** 1. (*turn away*) फेरना, फेर लेना; 2. (*ward off*) बचा लेना, निवारण क०; 3. (*prevent*) रोकना। > अॅवॅ:स; अॅव:शॅन; अॅवॅ:ट

avain, पक्षी-। > एविअॅन

aviary, दरबा। > ऐविअॅरि

aviate, विमान चलाना; विमान में यात्रा* क०। **aviation,** 1. विमानन, वायुयानचालन; 2. (*science*) वैमानिकी*। **aviator,** वायुयान-चालक, उड़ाका। > एविएट; एविएशॅन; ए-वि-ए-टॅ

aviculture, पक्षी-पालन। > ए-वि-कॅल्-चॅ

avid, 1. (*greedy*) लोभी, लालायित; 2. (*eager*) उत्सुक, उत्कंठित; **~ity,** अतिलोभ, लालच; उत्सुकता*, उत्कंठा*। > ऐविड; अॅविडिटि

avion, हवाई जहाज़। > ऐव् यॉ:न

aviso, संदेशवाहक पोत। > अवीज़ो

avocation, उपव्यवसाय, शुग़ल; पेशा, व्यवसाय। > ऐवोकेशॅन

avoid, 1. (से) दूर रहना, (से) बचना, (से) बचकर रहना, (का) परिहार क०, टालना; 2. (*law*) शून्य क०; **~able,** परिहार्य, वर्जनीय; **~ance,** परिहार, बचाव, परिवर्जन। > अॅवॉइड

avouch, 1. आश्वासन देना, ज़िम्मेवारी* लेना; 2. (*assert*) निश्यचपूर्वक या दावे के साथ कहना; 3. (*acknowledge*) स्वीकार क०; **~ment,** आश्वासन, गारंटी*; अभिकथन; स्वीकार, इक़बाल। > अॅवाउच

avow, स्वीकार क०; खुले आम या प्रकट (रूप से) कहना; **~al,** स्वीकृति*, स्वीकारोक्ति*; **~ed,** स्वीकृत; प्रकट; **~edly,** प्रकट रूप से; जैसा कि (वह) स्वयं स्वीकार (करता है)। > अॅवाउ

avulsion, 1. विदारण; 2. (*law*) अपदारण। > अॅवॅल्शॅन

await, प्रतीक्षा* क०, राह* देखना; के लिए तैयार रहना; **~ed,** प्रतीक्षित। > अॅवेट

awake, *adj.*, 1. जाग्रत, जागरित, जागरूक; 2. (*alert*) सतर्क होशियार, जागरूक, सावधान; —*v.t.*, 1. जगाना; 2. जगाना, जागरूक क०, सचेत क०, सावधान क०; 3. (*call forth*) उत्पन्न क०; —*v.i.*, जागना, जाग जाना (*also fig.*); **~n,** जागना; जगाना; सचेत क०; **~ning,** उद्बोधन (*also fig.*)। > अॅवेक; अॅवेकॅनिंग

award, *n.*, 1. पंचाट, पंच-निर्णय, अधिनिर्णय; 2. (*prize*) पुरस्कार, इनाम; 3. (*penalty*) अर्थदण्ड, दण्ड; —*v.*, 1. निर्णय क०; 2. (*grant*) प्रदान क०। > अॅवॉ:ड

aware, जानकार, अवगत, जाननेवाला, (I am aware, मुझे मालूम है); **~ness,** जानकारी*, बोध, ज्ञान; अभिज्ञा*। > अॅवे 'अॅ

awash, प्लावित; बहता हुआ। > अॅवॉश

away, *adj.*, 1. (*absent*) बाहर; 2. दूर; —*adv.*, 1. दूर; अलग; 2. (*continuously*) लगातार, निरन्तर; 3. (*at once*) तुरंत। > अॅवे

awe, *n.*, 1. (श्रद्धायुक्त) विस्मय; 2. (*fear*) भय; —*v.*, विस्मित कर देना; भयभीत क०; **~some,** विस्मयाकुलक, विस्मयकारी; श्रद्धालु; **~stricken,**

विस्मयाकुल, सम्भ्रान्त। > ऑ:
aweather, प्रतिवात। > ॲ-वे'-द
aweigh, उठाया हुआ। > ॲ-वे
awful, 1. विस्मयकारी; 2. (*terrifying*) भयंकर, भयानक, डरावना; 3. (*impressive*) प्रभावशाली; 4. (*venerable*) पूज्य; 5. (*pej., great*) नंबरी; 6. (*bad*) बुरा, भद्दा; **~ly,** अत्यधिक, बहुत अधिक। > ऑ:फुल
awhile, कुछ समय तक, थोड़ी देर* तक। > ॲवाइल
awkward, 1. (*clumsy*) भद्दा, बेढंगा; 2. (*of persons*) अकुशल, अनाड़ी; 3. (*unwi dy*) भद्दा, अनुपयुक्त; 4. (*uncomfortable*) कष्टकर, तकलीफ़देह; 5. (*inopportune*) अनुपयुक्त; 6. (*delicate*) नाजुक। > ऑ:क्वॅड
awl, सुतारी*, सूआ; **~ -shaped,** सूच्यग्री। > ऑ:ल
awn, सीकुर, शूक, तूड़। > ऑ:न
awning, 1. (*of house*) सायबान; 2. तिरपाल। > ऑ:निंग
awry, 1. (*askew*) टेढ़ा, तिरछा 2. गड़बड़, उलटा-पुलटा, गलत। > ॲराइ
ax(e), कुल्हाड़ा, कुल्हाड़ी*, कुठार। > ऐक्स
axial, अक्षीय, अक्ष-। > ऐक्-सि- ॲल
axil, ऐक्सिल, कक्ष; **-e,** अक्षवर्ती। > ऐक्-सिल
axilla, 1. (*armpit*) काँख*; 2. (*bot.*) कक्ष। **axillary,** कक्षीय, कक्षवर्ती। > ऐक-सि-लॅ; ऐक्-सि-लॅ-रि
axiological, मूल्याश्रित। > ऐक्-सि- ॲ-लॉ-जि-कॅल
axiology, मूल्य-मीमांसा*। > ऐक्-सि-ऑ-लॅ-जि
axiom, 1. स्वयंसिद्धि*, स्वयंतथ्य; 2. (*postulate*) अभिगृहीत; 3. (*maxim*) सूक्ति*; **~atic,** स्वयंसिद्ध, स्वत:सिद्ध; अभिगृहीतीय। > ऐक्-सि-ॲम; ऐक्-सि-ॲ-मै-टिक
axis, 1. अक्ष; 2. (*axle*) धुरी*। > ऐक्-सिस
axle, धुरी*, धुरा, कीली*; **~-tree** धुरादण्ड। > ऐक्सॅल
axlewood, धाव, धौरी*, बाकेली*। > ऐक्सॅलवुड
axon, अक्षतन्तु। > ऐक्सॉन
ay(e), हाँ*। **ayes,** हाँ-वाले। > ए;एस
ayah, आया*।
azimuth, दिगंश; **~al,** दिगंशी, दिगंश-। > ऐज़िमॅथ; ऐज़िम्यूथॅल
azoic, जन्तुहीन, जीवहीन; प्राग्जैविक। > ॲज़ोइक = ऐज़ोइक
azote, नाइट्रोजन। > ऐज़ोट = ॲज़ोट
azure, *n.*, आसमानी रंग, नभोनील; आकाश; *—adj.*, आसमानी, नीला, नभोनील। **azurine,** चंबई। > ऐश़ॅम = एश़्ज़ॅ; ऐश़्ज़ॅराइन
azygous, अयुग्म। > ऐज़िगॅस
azymous, बेखमीर। > ऐज़िमॅस

Bb

babble, *v.*, 1. (*inarticulately*) तुतलाना; 2. (*incoherently*) बड़बड़ाना; 3. (*foolishly*) बकवाद* क०, बकबक* क०, 4. (*of brook*) मरमराना, सरसराना; 5. (*blab*) भेद खोलना या प्रकट क०; *—n.*, तुतलाहट*; बड़बड़* बड़बड़ाहट*; बकबक*, बकवाद*, प्रलाप; मरमराहट*; **~r,** 1. बड़बड़िया; बकवादी; 3. (*blabber*) पेट का हलका। > बैबॅल
babe, बच्चा, भोला-भाला > बेब
Babel, 1. बाबुल; 2. (*tumult*) खलबली*, हड़बड़ी*, कोलाहाल। > बेबॅल
baboo, बाबू।
baboon, बैबून। > बॅबून
babul, बबूल।
baby, शिशु, बच्चा (*also fig.*); **~hood,** शैशव। > बेबि; ~हुड
Babylon, बाबिल। > बैबिलॅन
baccalaureate, स्नातक की उपाधि*। > बैकॅलॉ:रिइट
baccate, सरस। > बैकेट
bacchanalia, सुरादेवोत्सव; मद्यपानोत्सव। > बैकॅनेलयॅ
bachelor, 1. कुमार, अविवाहित; 2. (*academic*) स्नातक; **~hood,** कौमार्य*; स्नातकत्व। > बै-चॅ-लॅ
bacillary, 1. दण्डाणु का; 2. (*bacilliform*) दण्डाकार; 3. (*caused by bac.*) दण्डाणुज, दण्डाणु-। **bacillus,** दण्डाणु। > बॅसिलॅरि; बॅसिलॅस
back, *n.* 1. (*of man, animal dress, chair, book*) पीठ*; पृष्ठ; 2. (*of hand*) पृष्ठभाग, करपृष्ठ; 3. (*of house*) पिछवाड़ा; 4. (*hinder part*) पीछा, पृष्ठभाग; 5. (*reverse*) पीठ*; 6. (*backbone*) रीढ़*; 7. (*strength*) बल, ताकत*; 8. (*vat*) नाँद*; *—adj.*, 1. (*at the rear*) पिछला; 2. (*distant*) दूर

(वर्ती); 3. (*of past time*) पिछला, पहले का; 4. (*phon.*) पश्च; 5. (*reversed*) उलटा; —*adv.*, 1. पीछे (की ओर*); 2. (*to a former position*) वापस; 3. (*in return*) बदले में; 4. (*ago*) पहले; —*v.*, 1. पीछे हटना; 2. पीछे या उल्टे चलाना; 3. (*support*) समर्थन क०; सहारा देना; 4. (*bet on*) पर बाज़ी* लगाना 5. (*mount*) पर चढ़ना, सवार होना; 6. (*endorse*) पृष्ठांकन क०; 7. (*provide with a back*) पृष्ठाधान लगाना; ~and forth, आगे-पीछे, इधर-उधर; ~out of, मुकरना; मुकर जाना, से फिर जाना; ~down, दावा छोड़ देना; behind one's~, किसी के पीछे-पीछे; turn one's ~on, से मुँह फेर लेना; किसी को पीठ* दिखाकर जाना। > बैक

back-ache, पृष्ठशूल। > बैकेक

backbite, (किसी की) चुग़ली* खाना, पीठ-पीछे निन्दा* क०; **~r,** चुगलख़ोर, पिशुन, परोक्षनिन्दक। **backbiting,** चुग़ली*, चुगलखोरी*, पिशुनता*, पैशुन्य।

back/board, पिछला तख्ता, पृष्ठ-फलक; **~bone,** 1.रीढ़*, मेरुदण्ड; 2. (*support*) अवलंब, आधार; 3. (*strength*) चरित्रबल; **~breaking,** कमरतोड़, सख़्त; **~cross,** संकरपूर्वज संकर; *v.*, संकरपूर्वज संकरण क०; **~-door,** *n.*, चोरदरवाज़ा, पिछला द्वार; —*adj.*, 1. पिछला; 2. (*secret*) गुप्त; लुका-छिपा; **~drop, ~cloth,** पृष्ठपट।

backer, समर्थक, प्रोत्साहक; बाज़ी* लगानेवाला।

backfire, *n.*, 1. (*of forest*) प्रतिज्वलन; 2. (*of engine*) प्रतिविस्फोटन; —*v.*, (*go awry*) व्यर्थ या निष्फल हो जाना।

backformation, पश्च-रचना*, प्रत्यावर्ती रचना।

background, *n.*, 1. (*phys.*) पृष्ठभूमि*, पृष्ठिका*, 2. (*fig.*) भूमिका*, पृष्ठिका*, पूर्वपीठिका*; 3. (*unimportant position*) पृष्ठिका*, अप्रसिद्धि*; —*adj.*, पृष्ठभूमिक।

backhand, *n.* बायें मुड़ी हुई लिपि*; उलटे हाथ का प्रहार; —*adv.*, उलटे हाथ; **ed,** 1. (*not direct*) परोक्ष, अप्रत्यक्ष; 2. (*clumsy*) भद्दा; 3. (*opposite*) प्रतिकूल; 4. (*equivocal*) द्व्यर्थक; 5. (*insincere*) कपटपूर्ण।

backing, 1. (*physical*) पुश्ता, पृष्ठाधान; 2. (*moral*) समर्थन , प्रोत्साहन, सहारा, पृष्ठपोषण, *adj.*, समर्थक; सहायक।

back/lash 1. (*recoil*) पिच्छट, प्रतिक्षेप; 2. (*play*) ढीलापन; **~log** (पिछले आर्डरों का) ढेर, संचय; **~-number,** पुराना अंक, पश्च अंक; **~-pay,** पिछला वेतन; **~rest,** पीठ*; **~set,** 1. (*check*) रोक*, अवरोध; हार*; 2. (*current*) प्रतिकूल धारा*।

backsheesh, backshish, बख्शिश*।

backside, चूतड़, नितम्ब।

backsight, पश्चावलोकन।

backslide, धर्म त्याग देना, धर्मच्युत होना; पुनः पाप क० या पतित होना; **~r,** धर्मत्यागी, भ्रष्ट।

back/stage, नेपथ्य में; गुप्त **~stairs,** —*n.*, चोरदरवाज़ा; —*adj.*, गुप्त, कपटपूर्ण; **~sword,** 1. तलवार*; 2. (*singlestick*) गतका।

> बैक्-स्टे 'अ्ज़; बैक्-सॉ:ड

backward, *adj.*, 1. (*reversed*) उलटा; पश्चगामी; 2. (*reluctant*) अनिच्छुक; 3. (*shy*) संकोची; 4. (*retarded*) पिछड़ा, फिसड्डी; —*adv.*, **~s,** 1. (*also in time*) पीछे (की ओर*); 2. उलटे (ढंग से); **~ation,** मन्दी-बदला; **~ness,** पिछड़ापन।

> बैक्वॅड; बैक्वॅडेशॅन

back/wash, 1. प्रतिक्षिप्त जल; 2. (*fig.*) प्रतिक्रिया*; **~water,** 1. (*stagnant*) अप्रवाही जल, स्तिया*; 2.पश्चजल; 3. (*fig.*) पिछड़ापन; **~woods,** *n.*, कान्तार, अरण्य; —*adj.*, वन्य, जंगली। > बैक्वुड्स

bacon, (नमकीन) सूकर-मांस। > बेकॅन

bacteria, जीवाणु; **~l,** जीवाणु-, जीवाण्विक।

> बैक्-टिअॅरिअॅ; बैक्-टिअॅरिअॅल

bacterio/logist, जीवाणु-विज्ञानी; **~logy,** जीवाणु-विज्ञान; **~lysis,** जीवाणुलयन; **~phage,** जीवाणुभोजी। > बैक-टिअॅ-रिऑ/लॅजिस्ट, ~लॅजि; ~लॅसिस; बैक-टिअॅ-रि-अॅ-फ़ेज

baculine, दण्ड-। > बैक्युलिन

bad, 1. बुरा, खराब; 2. (*inferior*) घटिया, निकम्मा, निकृष्ट; 3. (*wicked*) बुरा, दुष्ट; 4. (*unfit*) अयोग्य, नालायक, अनुपयुक्त; 5. (*unskilled*) अकुशल, अदक्ष; 6. (*unfavour-able*) अशुभ, बुरा; 7. (*incorrect*) अशुद्ध; 8. (*corrupt*) दूषित; 9. (*invalid*) अमान्य; 10. (*of coin*) खोटा; 11. (*defective*) सदोष; 12. (*of debt*) अप्राप्य, अशोध्य, डूबा; 13. (*injurious*) हानिकर; 14. (*ill*) अस्वस्थ; 15. (*severe*) प्रचण्ड, उग्र; ~blood, कटुता*, दुर्भाव; ~company, कुसंग; ~conductor, कुचालक; ~faith, असदभाव; बदनीयती*; **~ness,** खराबी*, दुष्टता*; **~-tempered,** चिड़चिड़ा। > बैड

badge, 1. (*material*) बिल्ला, बैज; 2. (*sign*) लक्षण, चिह्न। > बैज

badger, *v.*, बिज्जू; *v.*, तंग क०। > बैज्-अॅ

badinage, *n.*, (*v.*) परिहास (क०); हँसी-दिल्लगी* (क०)। > बैडिनाश़्ज़

baffle, *v.*, 1. व्यर्थ या निष्फल कर देना; 2. (*perplex*) चकरा देना, घबरा देना; 3. (*hinder*) रोकना, बाधा* डालना; —*n.*, व्यारोध, बाधिका*, रोक*; **~-plate,** बाधक पट्टी*। **baffling,** 1. विस्मयकारी; 2. (*inscrutable*) रहस्यमय। > बैफ़ॅल

bag, *n.*, 1.थैला, पेटी*, थैली*, झोला; बैग; 2. (*sack*) बोरा; —*v.*, 1. थैले में भरना; 2. (*capture*) पकड़ना, हस्तगत क०; 3. (*kill*) मारना; 4. (*swell*) उभरना;

~and baggage, बोरिया-बिस्तर; **~gy,** उभरा हुआ, फूला हुआ; ढीला-ढाला; **~-net,** डोलजाल; **~pipe,** मशकबीन*। > बैग; बैगि; बैग्पाइप

bagasse, खोई*। > बॅगैस

bagatelle, नगण्य या तुच्छ वस्तु*। > बै-गॅ-टे'ल

baggage, सामान, असबाब। > बैगिज

bagnio, 1. वेश्यालय; 2. (*prison*) कारागृह; 3. (*bath-house*) स्नानशाला*। > बान्यो

bail, *n.*, 1. ज़मानत*, प्रतिभूति*; 2. (*~sman*) ज़मानतदार, प्रतिभू, ज़ामिन; 3. (*cricket*) गुल्ली*; 4. (*hoop*) चक्करदार पट्टी*; —*v.*, 1. (*release*) ज़मानत* पर छोड़ना या छुड़ाना; 2. (*goods*) धरोहर* रखना, अमानत* रखना; 3. (*water*) उलीचना; **~able,** ज़मानती, प्रतिभाव्य, काबिले ज़मानत; **~bond,** जमानतनामा; **~ee,** अमानतदार, धरोहर*, लेनेवाला, उपनिहिती, निक्षेपिती; **~ment,** ज़मानत* का प्रबन्ध; उपनिधान, निक्षेप; **~or,** उपनिधाता, निक्षेपक, धरोहर* देनेवाला। > बेल, बेली, बे-लॅ

bailey, दुर्गप्राचीर। > बेलि

bailiff, 1. बेलिफ़, आसेधक; 2. (*agent*) कारिन्दा। > बेलिफ़

bait, *v.*, 1. (*torment*) सताना; 2. चारा लगाना; 3. (*lure*) प्रलोभन देना, लुभाना, ललचाना; —*n.*, 1. (*food as lure*) चारा; 2. प्रलोभन; 3. (*halt*) पड़ाव, ठहराव। **baiting,** सन्तापन। > बेट

baize, बनात*। > बेज़

bake, पकाना, सेंकना; **~r,** नानबाई। **baking powder,** पाक-चूर्ण। > बेक, बेक्-अॅ

baksheesh, bakhshish, बख्शिश*।

balance, *v.*, 1. (*equilibrium*) सन्तुलित होना, क० या रखना; सन्तुलन होना, क० या रखना; 2. (*equal*) बराबर होना या क०., समता* रखना, बराबरी* क०; 3. (*weigh*) तोलना; 4. (*compare*) तुलना* क०, 5. (*offset*) व्यर्थ या निष्प्रभाव कर देना; 6. (*waver*) हिचकना; 7. (*accounts*) शेष या बकाया निकालना; 8. (*equalize debit and credit*) जमा-नामे बराबर क०; 9. (*settle account*) चुकता देना; —*n.*, 1. (*equilibrium*), सन्तुलन, सामंजस्य, समतोल; 2. (*instrument*) तराजू, तुला*, काँटा; 3. (*counterpoise*) पासंग, सन्तुलनभार, प्रतिभार; 4. (*remainder*) शेष, बाकी*, बक़ाया; 5. (*constellation*) तुला*; closing~, अन्तशेष, इतिशेष; opening ~, आदिशेष, अथशेष; opening ~, आदिशेष, अथशेष; ~of power, शक्ति-सन्तुलन; ~of trade, व्यापारान्तर; ~in hand, रोकड़-बाक़ी*; **~d,** सन्तुलित; **~r,** सन्तुलक; **~-sheet,** पक्का-चिट्ठा, तुलन-पत्र; **~-wheel,** संतोलक चक्र; सन्तोलक पहिया। > बैलॅन्स

balancing, संतोलन। > बैलन्सिन्ग

balcony, छज्जा, बारजा। > बैल्कॅनि

bald, 1. (*hairless*) गंजा; 2. (*bare*) नंगा, अनावृत; 3. (*plain*) अनलंकृत; 4. (*dull*) नीरस, शुष्क; 5. (*outspoken*) सुस्पष्ट; 6. (*blunt*) रूखा, मुँहफट; **~ness,** गंज, गंजापन, खल्वाटता*। > बॉ:ल्ड

baldachin, वितान। > बैल्डॅकिन

balderdash, बकवाद*, बकबक*, प्रलाप। > बॉ:ल्डॅडैश

baldric, परतला, परतली*। > बॉ:ल्-ड्रिक

bale, *n.*, गट्ठा, गठरी*; *v.*, उलीचना; **~out,** छतरी* से उतरना; **~-fire,** उत्सवाग्नि*, आग*; **~ful,** हानिकर, अनिष्टकर। > बेल; बेल्फ़ाइअॅ, बेल्फ़ॅल = बेल्फ़ुल

baleen, तिमि-शृंगास्थि*, बैलीन, कचकड़। > बॅलीन

ba(u)lk, *n.*, 1. (*beam*) शहतीर; 2. (*obstruction*) बाधा*, रुकावट*, 3. (*disappointment*) निराशा*, विफलता*; 4. (*ridge*) मेंड*; —*v.*, 1. (*shirk*) से जी चुराना; जाने देना; 2. (*pull up*) अड़ जाना, रुक जाना; 3. (*thwart*) बाधा* डालना, रोकना; 4. (*object*) आपत्ति* क०। > बॉ:क = बॉ:ल्क

ball, 1. गेंद, कन्दुक; 2. (*round object*) गोला, पिण्ड; 3. (*bullet*) गोली*; 4. नाच; **~-bearing,** बॉलबेयरिंग; **~-cock,** गोला-टोंटी*। > बॉ:ल

ballad, गाथा*; **~e,** गाथागीत। > बैलॅड; बैलाड

ball-and-socket joint, कंदुक-खल्लिका-संधि*, उलूखल-सन्धि*।

ballast, 1. नीरम, पूरक भार, संचालक, स्थिरक भार; 2. (*gravel*) गिट्टी*, कंकड़, रोड़ी*; ~lamp, धारा-स्थिरक लैम्प। > बैलॅस्ट

ballerina, नर्तकी*। > बै-लॅ-री-नॅ

ballet, नृत्य-नाटक, नृत्यक-नाट्य। > बैले

ballistic, प्राक्षेपिक, प्रक्षेप; ~missile, प्रक्षेपास्त्र; **~s,** प्राक्षेपिकी*, अस्त्र-विज्ञान। > बॅ-लिस्-टिक

ballonet, गुब्बारक। > बैलॅने'ट

balloon, गुब्बारा; **~barrage,** गुब्बारों का घेरा। > बॅलून, ~बैराश्ज़

ballot, मतपत्र, मतपरची*, शलाका*; (गुप्त) मतदान, शलाका*; **~-box,** मतपेटिका*। > बैलॅट

ballyhoo, शोरगुल; धूमधामी विज्ञापन। > बैलिहू

balm, मरहम, मलहम; **~y,** 1. (*soothing*) शमक, उपशामक; 2. (*fragrant*) सुगन्धित; 3. (*pleasant*) सुहावना। > बाम; बामि

balneal, स्नान-। **balneology,** स्नान-चिकित्सा-विज्ञान। > बैल-नि-अॅल; बैल्-नि-ऑ-लॅ-जि

balsam, मरहम, मलहम; garden ~, गुलमेहँदी*; **~-tree** मोखा। > बॉ:ल्सॅम

baluster, (जंगले का) छड़। > बैलॅस्टॅ

balustrade, जंगला, कटघरा, कठघरा। > बैलॅस्ट्रेड

bamboo, बाँस, वेणु। > बैम्बू

ban, *v.*, रोक* या प्रतिबन्ध लगाना, मना क०, निषेध

क०, अवैध घोषित क०;—*n.*, रोक*, प्रतिबन्ध, मनाही*, निषेध; **~ned,** वारित, प्रतिषिद्ध। > बैन

banal, अत्यन्त साधारण, तुच्छ; **~ity,** घिसी-पिटी बात*; तुच्छता*। > बॅनाल = बेनॅल; बॅनैलिटि

banana, केला। > बॅ-ना-नॅ

banausic, साधारण, संकीर्ण। > बॅनॉःसिक

band, *n.*, 1. पट्टी*, पट्टा, फ़ीता, बंद; 2. (*group*) दल, टोली*, मंडली*, समूह; 3. (*music*) बैंड; 4. (*stripe*) धारी*; —*v.*, फीता लगाना, दल बनाना, धारियाँ* बनाना; **~age,** *n.*, पट्टी*; *v.*, पट्टी* बाँधना; **~anna,** रंगबिरंगा रूमाल; **~eau,** सरबन्द; **~ed,** पट्टित; **~-saw,** पट्टी-आरा। > बैन्ड; बैन्‌डिज; बैन्-डै-नें = बैन-डा-नॅ; बैन्डो;बैन्ड्सॉः

banderol(e) झण्डी*। > बैन्डॅरोल

bandicoot, घूस, घूँस। > बैन्-डि-कूट

bandit, डाकू, दस्यु; **~ry,** डाका; दस्युता*। > बैन्-डिट

bandoleer, कारतूसपेटी*। > बैनडॅलिअ

bandy, चर्चा* चलाना, कहना-सुनना; लेना-देना; फेंकना, मारना; **~-legged,** धनुर्जंघी प्रगतजानु (क)। > बैन्-डि; ~ले'ग्ड

bane, विष, हलाहल; शाप, विनाश का कारण, विनाश; **~ful,** विषैला, विषाक्त; हानिकारक, विनाशक, संहारक, घातक। > बेन्; बेनफुल = बेन्‌फ़ॅल

bang, *n.*, धड़ाका, धमाका; *v.t.*, मारना; जोर से बन्द क० —*v.i.* खड़कना। > बैंग

bangle, चूड़ी*, कड़ा। > बैंगॅल

banian, 1. (*trader*) बनिया; 2. (*garment*) बनियाइन*, गंजी*; 3. (*tree*) वट, बड़, बरगद। > बैनिअॅन

banish, 1. (*exile*) निर्वासित क०, देश निकाला देना; 2. निकाल देना; **~ment,** निर्वासन, देशनिकाला, विवासन; निषेध। > बैनिश

banister, जंगला। > बै-निस्-टॅ

bank, *n.*, 1. बैंक, बंक, अधिकोष, सराफ़ा; 2. (*of river*) तट, तीर, किनारा, बाँध, कूल; 3. (*mound*) टीला, अम्बार, ढेर; 4. (*rise*) चढ़ाई*; 5. (*slope*) ढाल*; 6. (*sand~*) रेती*; 7. (*tier*) पंक्ति*; 8. (*of plane*) करवट*; —*v.*, बाँध लगाना; साहूकारी* क०, बैंक चलाना; बैंक में जमा क०; बैंक से लेनदेन क०; ~on, (पर) भरोसा रखना, आश्रित होना; **~able,** बैंक-ग्राह्य; **~-account,** बैक-खाता; **~er,** बैंकर, साहूकार, सराफ़, महाजन; **~ing,** साहूकारी*, महाजनी*, सराफी*, लेन-देन; **~-note,** बैंकनोट। > बैंक

bankrupt, दिवालिया; **~cy,** दिवाला, दिवालियापन। > बैंक्रॅप्ट = बैंक्‌रॅप्ट; बैंक्-रॅप-सि

banner, झंडा, ध्वजा*। > बै-नॅ

banquet, *n.*, दावत*, भोज, प्रीतिभोज; *v.*, दावत* उड़ाना (*i.*) या देना (*t.*) > बैं-क्विट

banquette, मेंड़*, आड़*। > बैं-के'ट

banter, *n.* (*v.*), हँसी-दिल्लगी* (क०), परिहास, ठट्ठा। > बैं-टॅ

bantling, छोकड़ा। > बैंट्-लिंग

banyan, बरगद, वट, बड़। > बैनिअॅन

baobab, गोरक्षी*। > बेअॅबैब

baptism, बपतिस्मा, दीक्षा*, दीक्षा-स्नान, नामकरण-संस्कार। > बैप्-टिज़्म

baptist, बपतिस्मा-दाता; **~ry,** बपतिस्मा-कक्ष।

baptize, बपतिस्मा देना, दीक्षित क०; नाम रखना; शुद्ध क०। > बैप्-टिस्ट; बैप्-टिस्-ट्रि-बैप्टाइज़

bar, *n.*, 1. (*rod*) दण्ड, शलाका*, रोधिका*, छड़, डण्डा, सलाख*; 2. (*of gold, etc.*) सिल्ली*, सिल*; 3. (*of door*) अर्गल, अगरी*; 4. (*barrier*) रोक*, बाधा*, रुकावट*, रोध*; रोधन; बाधन, वर्जन; 5. (*band*) पट्टी*, 6. रेखा*; 7.वकालत* का पेशा, अधिवक्तृत्व; वकील-समुदाय, विधिज्ञ-वर्ग; 8. (*court*) अदालत* न्यायालय; 9.(*in court*) कठघरा; 10. शराब-घर, पानागार, मधुशाला*; 11. (*stripe*) धारी*; —*v.*, 1.अर्गल लगाना; बन्द क०; 2. (*obstruct*) रोक* लगाना; 3. (*prevent*) रोकना; 4.(*exclude*) वर्जित क०, निकाल देना; 5. (*law*) बाधित क०; 6. (*mark with stripes*) धारियाँ लगाना; **~red,** बाधित। > बा;बाड

barb, *n.*, 1. (*hook*) काँटा, कण्टक; 2. (*of feather*) पिच्छक; 3. (*beardlike growth*) श्मश्रु; 4. (*fig.*) दंश; —*v.*, काँटा लगाना; **~ed,** कँटिदार, कँटीला, कंटकीय। > बाब; बाब्ड

barbar/ian, ~ic, ~ous, 1. बर्बर; 2. (*of language*) अशुद्ध; 3. (*coarse*) असभ्य, गँवारू 4.(*cruel*) क्रूर; 5. (*raucous*) कर्कश; **~ism, ~ity,** 1. बर्बरता*; 2. अशुद्ध प्रयोग, गँवारू या खिचड़ी भाषा*, भाषासंकर; 3. असभ्यता*, गँवारपन; 4. क्रूरता*, पशुपन; **~ize,** बर्बर, अशुद्ध, असभ्य बनना या बनाना। > बाबे'अरिअॅन; बाबैरिक; बाबॅरॅस; बाबॅरिज़्म; बाबैरिटि; बाबॅराइज़

barbate, 1. दाढ़ीदार; 2. (*bot.*) शूकी। > बाबेट = बाबिट

barbecue, *n.*, (*v.*) सीख* (पर भूनना)। > बाबिक्यू

barbel, स्पर्शक, स्पर्शप्रवर्ध। > बाबॅल

barber, नाई, नापित, हज्जाम; **~shop,** क्षौर-मन्दिर। > बा-बॅ

barberry, दारुहल्दी*। > बाबॅरि

barbet, बसन्ता। > बाबिट

barbican, गढ़गज। > बाबिकॅन

barbule, पिच्छिका*। > बाब्यूल

bard, भाट, चारण, बन्दी; **~ling,** तुक्कड़। > बाड

bare *adj.*, 1. अनावृत, नंगा; 2. (*exposed*) प्रकट; 3. (*empty*) शून्य, खाली; 4. (*unadorned*) सादा, असज्जित; 5. (*mere*) निरा, मात्र, केवल; —*v.*, उघाड़ना; प्रकट क०; **~faced,** निर्लज्ज; **~-foot(ed),** नंगे पाँव, नंगपैरा; **~-headed,** नंगे सिर, खुले सिर; **~ly,** 1. स्पष्टतया, साफ-साफ; 2. (*scarcely*) कठिनाई* से, मुश्किल* से; 3. (*merely*) मात्र, केवल। > बे'अ; बे'अ/फ़ेस्ट; ~फुट; ~फुटिड

bargain, *n.*, सौदा; समझौता; *v.*, 1. (*haggle*) मोल-तोल क०; 2. (*agree on*) सौदा क०, समझौता क०; **~ing,** सौदाकारी*। > बागिन

barge, बजरा, नौका*; **~e,** माँझी। > बाज, बाजी

bark, *n.*, 1.छाल*, वल्कल; 2. (*boat*) नौका*, किश्ती*; 3. (*of dog*) भौंक*; —*v.*, भूँकना, भौंकना; छाल* उतारना, छीलना। > बाक

barley, जौ, यव। > बालि

barm, फेन; **~y,** फेनिल। > बाम

barn, बखार, खत्ता, भुसौरा; **~-owl,** रुस्तक, करैल। > बान

barnacles, नाकचिमटी*। > बानॅकॅल्स

barnyard-grass, समाघास*। > बान्याड-ग्रास

baro/gram, वायुदाब-आलेख; **~graph,** वायुदाब-लेखी; **~meter,** वायुदाबमापी; **~metry,** वायदाबमिति*; **~scope,** वायुदाबदर्शी। > बैरॅग्रैम; बैरॅग्राफ़; बॅरॉम्-इटॅ; बॅरॉम्-इट्रि; बैरॅस्कोप

baron, नवाब, सामन्त। > बैरॅन

baroque, 1. (*style*) बैरोक; 2. (*ornate*) अत्यलंकृत; 3. (*grotesque*) उच्छृंखल। > बॅरोक = बॅरॉक

barrack, बैरक, बारिक, बारक*। > बैरॅक

barrage, बाँध; रोक*, आड़*, गोला-बारी*, बराज़। > बार्-इज = बैराश्ज़

barrater, barrator, 1. मुकदमेबाज़; 2. (*mischief-maker*) झगड़ा लगानेवाला, नारद, फ़सादी। > बै-रॅ-टॅ

barratry, समुद्री दग़ाबाज़ी*; मुकदमेबाज़ी। > बैरॅट्रि

barrel, 1. (*container*) पीपा; 2. (*of gun*) नाल*; 3.नली*; **~-shaped,** बेलनाकार; बेलनी, ढोलाकार। > बैरॅल

barren, 1. बाँझ, बन्ध्या*; 2. निष्फल, व्यर्थ; 3 (*of land*) बंजर, ऊसर, अनुर्वर; **~ness,** बाँझपन, बन्ध्यता*; निष्फलता*; अनुर्वरता*। > बैरॅन

barret, टोपी*। > बैरिट

barricade, *n.*, मोरचा, रोक*, रुकावट*; —*v.*, मोरचाबन्दी* क०, रोक* लगाना। > बैरिकेड

barrier, 1. (*fence*) घेरा; 2. (*obstruction*) रोध, रोधिका*; परिध, रोक*; 3. (*fig.*) बाधा*, रोध, अवरोध, उपरोध, व्यवधान; 4. (*custom's gate*) नाका, शुल्कद्वार। > बैरिअॅ

barring, (को) छोड़कर, के सिवाय। > बारिंग

barrister, बैरिस्टर, विधिवक्ता। > बै-रिस्-टॅ

barrow, 1.ठेला, 2. (*tumulus*) समाधिस्तूप। > बैरो

barter, *n.*, (*v.*) अदला-बदली* (क), वस्तुविनिमय; **~er,** वस्तुविनिमेता। > बा-टॅ

barysphere, गुरुमण्डल। > बैरिस्फ़िअॅ

basal, 1.आधारीय; 2. (*fundamental*) आधार-, आधारभूत, आधारिक; 3. (*of narcotic*) प्रारंभिक। > बेसॅल

basalt, असिताश्म। > बसॉःल्ट

bascule-bridge, उत्तोलन-पुल। > बैसक्यूल

base, *n.*, 1. (*foundation*) आधार, नींव*, बुनियाद*; 2. (*bottom*) तल, पेंदा, तह*; 3. (*of limb*) मूल; 4. (*geom.*) आधार; 5. (*chem.*) क्षारक; 6. (*mil.*) अड्डा, आस्थान; 7. (*ling.*) धातु*, मूल; —*v.*, आधारित क०; स्थापित क०, संस्थापन क०, आधार बनाना; —*adj.*, 1. (*morally*) नीच, कमीना, 2. (*socially*) अधम; 3. (*in quality*) घटिया; 4. (*impure*) अशुद्ध; 5. (*of coin*) खोटा; **~-born,** 1. हीनजाति; 2. (*illegitimate*) जारज, दोगला; **~d,** आधारित; **~less,** निराधार, निर्मूल; **~ment,** 1. तहखाना; 2. (*foundation*) आधार; **~ness,** नीचता*। > बेस

bash, *n.*, प्रहार; *v.*, 1.प्रहार क०; 2. (*smash*) फोड़ना। > बैश

bashful, संकोची, झेंपू, लज्जालु; **~ness,** संकोच। > बैश्फ़ुल = बैशफ़ॅल

basic, 1. आधारीय; 2. (*fundamental*) मूल, आधारिक, आधारभूत, बुनियादी, तात्त्विक, मौलिक, मूलभूत, प्रधान; 3. (*chem.*) क्षारकीय, क्षारीय; ~education, बुनियादी शिक्षा*; ~principle, मूल सिद्धान्त; ~pay, मूल वेतन **~ity,** क्षारकता*। > बेस्-इक; बॅ = बेसिसिटि

basil, तुलसी*। > बैज़्-इल

basilar, आधार-। > बै-सि-लॅ

basilic vein, अन्तर्बाहु-शिरा*। > बॅसिलिक वेन

basilica, महामन्दिर। > बॅ-ज़ि-लि-कॅ = बॅ-सि-लि-कॅ

basilisk, बासिलिस्क; अमरीकी गिरगिट। > बैज़िलिस्क

basin, 1. (*bowl*) चिलमची*, कूण्डी*, प्याला; 2. (*pond*) हौज़, कुण्ड; 3. (*harbour*) बन्दरगाह; 4. (*of river*) द्रोणी, नदी-थाला, नदी की घाटी*, 5. (*hollow*) घाटी*। > बेसॅन

basinet, शिरस्त्राण, टोप। > बैसिने'ट

basipetal, तलाभिसारी। > बेसिप्-इटॅल

basis, आधार; मूलाधार। > बेसिस
bask, घमाना, धूप* खाना या सेंकना। > बास्क
basket, डालिया*, टोकरा, डला, टोकरी*; **~-chair,** बेंत की कुरसी*। > बास्-किट
bas-relief, नक्काशी*। > बा-, बैस्रिलीफ़
bass (*music*), मन्द्र। > बेस
bassinet, बेंत का पालना। > बैसिने'ट
basson, अलग़ोजा। > बॅसून
bast, बास्ट। > बैस्ट
bastard, 1. जारज, दोगला; 2. (*counterfiet*) नक़ली; 3. (*inferior*) घटिया; **~ize,** जारज ठहराना; दूषित क०; **~y,** जारजता*, दोग़लापन। > बैस्टॅड; बैस्टॅडाइज़; बैस्टॅडि
baste, 1. (*stick*) तागना, तगियाना; 2. (*beat*) पीटना; 3. (*in cooking*) चुपड़ना। > बेस्ट
bastinado, तलवों पर बेंत लगाना। > बैस्टिनेडो
bastion, बुर्ज, गढ़। > बैस्-टि-ॲन
bat[1], बल्ला, बैट; **~sman,** बल्लेबाज़; **~ting,** बल्लेबाज़ी*। > बैट
bat[2], 1. (*fruit*) गादुर; 2. (*noctule*) चमगिदड़ी*; 3. (*vampire*) चमगादड़; 4. (*mouse-tailed*) छोटा-चमगादड़। > बैट
batch, 1. (*group*) टोली*, जत्था, दल; 2. (*amount*) घान। > बैच
bate, *n.*, क्षारीय घोल; *v.*, 1.क्षारीय घोल में रखना; 2. (*diminish*) घटना; घटाना; 3. (*hold*) रोकना। > बेट
bath, *n.*, 1. स्नान, प्रक्षालन; 2. (*water*) जल; 3. (*solution*) घोल; 4. (*bathtub*) स्नानटब, नांद*, हाँड़ी*; 5. (*bowl*) कुण्ड, कुण्डिका*; 6. (*for heating*) ऊष्मक, तापनपात्र; —*v.*, घोल में रखना; **~ing ghat,** स्नान-घाट; **~-room,** 1. स्नान-घर, स्नानगृह, गुसलखाना; 2. (*toilet*) शौचघर, शौचगृह। > बाथ; बेदिंग
bathe, *v.t.*, 1. नहलाना, धोना; 2. (*immerse*) डुबाना, निमज्जित क०; 3. (*wet*) भिगोना, तर क०; —*v.i.*, नहाना, स्नान क०। > बेद
bathetic, अपकर्षी, भावुकतापूर्ण। > बॅथे'टिक
bathometer, गहराई-मापी। बॅ-थॉ-मि-टॅ
bathos, 1. (*anticlimax*) भावापकर्ष, अपकर्ष, अकाण्डपात; 2. सस्ती भावुकता*। > बेथॉस
bathysphere, क्रोड़मण्डल, समुद्रनिमज्जी गोला। > बैथिस्फ़िॲ
batik, छींट*। > बैटिक
batiste, महीने छालटी* (*linen*) या मलमल*। > बॅटीस्ट
baton, 1. छड़ी*, लकुटी*; 2. (*staff*) सोंटा, डण्डा। > बैटॅन = बैटॉन
battalion, बटैलियन, वाहिनी*। > बॅटैल्यॅन
batten, *n.*, 1. (*plank*) बत्ता, तख्ता 2. (*strip*) पट्टी*; 3. (*of loom*) डण्डा; —*v.*, बत्ता लगाना; मोटा बनना; फलना-फूलना; मौज* क०; **~ed,** बत्तेदार, तख्तेदार, पट्टीदार। > बैटॅन
batter, *n.*, 1. (*of flour*) लपसी*; 2. (*defect*) दोष; 3. (*inward slope*) निप्रवण; —*v.*, 1. (*pound*) मारना, कूटना; 2. (*break*) चकनाचूर क०, तोड़ना; 3. बिगाड़ना। > बै-टॅ
battering-ram, भित्ति-पातक। > बैटॅरिन्ग्रैम
battery, 1. (*beating*) प्रहार, मार-पीट*; 2. (*mil.*) तोपखाना; 3. (*electr.*) बैटरी*; 4. (*series*) माला*। > बैटॅरि
battle *n.* (*v.*) युद्ध (क०), लड़ाई*, संग्राम, रण; **~-array,** व्यूह; **~-ax(e)** परशु; **~-cry,** लड़ाई* का नारा; **~dore,** बल्ला; **~-field,** रणक्षेत्र; **~ment,** 1. प्राचीर, फ़सील*, परकोटा; 2. (*of house*) कंगूरा; **~ship,** रणपोत, जंगी जहाज़। > बैटॅल, ~ॲरे, ~ऐक्स, ~क्राइ, ~डॉ:
battue, हँकवा, हाँका। > बैटू= बैट्यू
bauble, 1. (*toy*) खिलौना; 2. भड़कीली सस्ती चीज़*; दिखाऊ या लिफ़ाफ़िया गहना। > बॉ:बल
bawd, दूती*, कुटनी*। > बॉ:ड
bawdy, अश्लील; **~-house,** वेश्यालय। > बॉ=डि
bawl, चिल्लाना, चीखना। > बॉ:ल
bawn, 1.बाड़ा; 2. (*of castle*) प्रांगण। > बॉ:न
bay, *n.*, 1. (*of sea*) खाड़ी*; 2. (*in wall*) आला; 3. (*wing of building*) खण्ड; 4. (*compartment*) कक्ष; 5. (*bark*) भौंक*; 6. (*laurel*) जयपत्र; 7. (*pl.*) जयमाला*; कीर्त्ति*; —*adj.*, (*colour*) कुम्मैत, लाखी; —*v.*, भौंकना, भूँकना; **~-salt,** मोटा नमक; **~window,** निर्गत खिड़की*। > बे
bayonet, संगीन, बेनट*। > बेॲनिट
bayade're, नर्तकी*। > बायाडिॲ
bazaar, बाज़ार। > बॅज़ा
B.C., ईसा पूर्व; ईसवी पूर्व (सन ७० ई० पू०; ७० ई० पू०)।
Bdellium, *Indian*, गुग्गुल। > डे'लिॲम
be, होना; जीवित होना; घटित होना; ठहरना। > बी
beach, *n.*, बालू-तट, समुद्र-तट, किनारा, पुलिन; —*v.*, किनारे चढ़ाना; **~-comber,** किनारा-छनक्कड़। > बीच; ~को-मॅ
beacon, *n.*, 1. बीकन, संकेत-दीप; 2. (*light-house*) प्रकाशगृह, दीपस्तंभ, आकाशदीप, प्रकाशस्तम्भ; 3. (*signal*) संकेतक; —*v.*, आलोकित क०, प्रकाश देना। > बीकॅन
bead, 1. मणिका*, मनका, दाना; 2. (*pl.*) माला*, जपमाला*; 3. (*drop*) बूँद*, बिन्दु; 4. (*of gun*) मक्खी*, दीदबान; **~ed,** मनकेदार; **~y,** 1. मनकेदार; 2. बूँददार; 3. (*of eyes*) छोटा चमकदार। > बीड

beadle, चपरासी; कर्मचारी; **~dom,** दफ्तर-शाही*। > बीडॅल

beagle, 1. शिकारी कुत्ता; 2. (*spy*) गुप्तचर। > बीगॅल

beak, 1. (*bill*) चोंच, चंचु*; 2. (*spout*) टोंटा, टोंटी*; **~ed,** 1. चोंचदार, चंचुमान्; 2. (*curved*) टेढ़ा। > बीक

beaker, 1.टोंटीदार पात्र, बीकर; 2. (*wine cup*) चषक। > बी-कॅ

beam, *n.*, 1. धरन*, धरनी* शहतीर; 2. (*rafter*) कड़ी*, कॉंड़ी*; 3. (*of balance*) दण्ड, तुलादण्ड; 4. (*of plough*) हलस, हरिस; 5. (*of cart*) फड़; 6. (*of loom*) तुर; 7. (*of anchor*) दण्ड; 8. (*of ship*) चौड़ाई*; 9. (*ray*) किरण*; किरणपुंज, रश्मिमाला*; 10. (*radio*) अंशु; 11. (*smile*) मुस्कान*, मुस्कराहट*; —*v.*, 1. (*radiate*) विकीर्ण क०; 2. (*shine*) चमकना; 3. मुस्कराना; **~-compass,** दण्ड-परकार; **~-wind,** आड़ी हवा*। > बीम

bean, सेम*, broad~, बाकला; field-~, बल्लार; **~-feast,** भोज; मेला। > बीन

bear, *n.*, 1. (*sloth*) रीछ, ऋक्ष; 2. (*brown*) भूरा भालू; 3. (*black Himal.*) काला भालू; 4. (*comm.*) मन्दड़िया, मूल्यपाती; 5. उजड्ड व्यक्ति, गँवार; —*v.*, 1. (*endure*) सहना, बरदाशत क०; 2. (*carry*) ढोना, वहन क०, ले जाना; 3. (*bring forth*) फलना; जन्म देना, उपजाना; 4. (*behave*) व्यवहार क०, आचरण क०; 5. (*give*) देना; 6. (*wear*) धारण क०*; 7. (*have*) रखना, दिखाना; 8. (*be relevant*) से सम्बन्ध रखना; 9. (*weigh*) भार डालना, प्रभावित क०; the great ~, सप्तर्षि; the small~, लघु सप्तर्षि; **~out,** सिद्ध क०, साबित क०; **~able,** सहनीय, सह्य; **~er,** 1.वाहक, धारक, वाही; 2. (*servant*) बैरा; **~ing,** *n.*, 1. (*carrying*) वहन; 2. (*eduring*) बरदाश्त*, सहन; 3. (*producing*) उत्पादन; 4. (*behaviour*) आचरण, व्यवहार, बरताव; 5. (*deportment*) ठवन*, चाल*; 6. (*pressure*) भार; 7. (*relation*) सम्बन्ध; 8. (*aspect*) पहलू; 9. (*meaning*) अभिप्राय, अर्थ; 10. (*position*) दिशाकोण, दिक्मान, दिङ्मान; दिक्स्थिति*, स्थिति*, 11. (*mech.*) धारक, बेयरिंग। > बे'अॅ; बे'अॅरबॅल; बे'अॅ-र; बे'अॅरिंग

beard, *n.*, दाढ़ी*; *v.*, सामना क०, मुकाबला क०; **~ed,** दाढ़ीदार। > बिअॅड; बिअॅडिड

beast, 1. (*quadruped*) चौपाया, चतुष्पद; 2. (*animal*) पशु, जानवर; 3. (*person*) नरपशु; ~of burden, लद्दू जानवर; ~of prey, हिंस्र या हिंसक पशु; **~liness** पशुता*; पाशविकता*; **~ly,** 1. पाशविक; 2. (*disgusting*) जघन्य, घृणित। > बीस्ट

beat, *v.*, 1. मारना, पीटना; प्रहार क०; 2. (*overcome*) हराना; पराजित क०; 3. (*throb*) धड़कना; 4. (*dash*) टकराना; 5. (*flap*) फड़फड़ाना; —*n.*, 1. (*blow*) चोट*, मार*, वार, आघात; 2. (*throb*) स्पन्द (न), धड़कन*, विस्पन्द(न), 3. (*music*) ताल; 4. (*round*) गश्त*, हलका; **~er,** 1. (*hunting*) हँकवैया; 2. (*implement*) दुरमुस, मुंगरी*, थापी*; **~ing,** मार*, मारपीट*; हार*; धड़कन*, विस्पंदन। > बीट, बी-टॅ, बीटिंग

beatific, आनन्दप्रद; ~vision, भगवद्दर्शन; **~ation,** धन्य-घोषणा*। **beatify,** आनंदित क०; धन्य घोषित क०। **beatitude,** 1. परमानंद, स्वर्गसुख, निःश्रेयस; 2 (*pl.*) आशीर्वचन। > बीॲटिफ़्-इक; बीएटिफ़िकेशॅन; बिऐट्/इफ़ाइ, ~इट्यूड

beau, 1. (*dandy*) छैला; 2. प्रेमी; **~teous,** सुष्ठु; **~tiful,** सुन्दर, खूबसूरत, रमणीय; **~tify,** सुन्दर बनाना, सौंदर्य बढ़ाना, सजाना; **~ty,** सुन्दरता*, सौंदर्य, खूबसूरती*; **—spot,** रम्य स्थान। > बो; ब्यूट्यॅस; ब्यूटिफ़ुल = ब्यूटिफ़ॅल; ब्यूटिफ़ाइ; ब्यूटि

beaver, 1. ऊदबिलाव; 2. (*of helmet*) चेहरा। > बी-वॅ

becalm, शांत क०। > बिकाम

because, क्योंकि, इसलिए कि; **~of,** के कारण। > बिकॉज़= बिकॉःज़

bechance, (संयोग से) घटित होना; आ पड़ना। > बिचान्स

beck, इशारा, इंगित। > बे'क

beckon, इशारा क०, इशारे या संकेत से बुलाना। > बे'कॅन

becket, bend, जुलहा-गाँठ*। > बे'किट बे'न्ड

becloud, 1. (*obscure*) धुँधला क०, अस्पष्ट कर देना; 2. (*confuse*) उलझाना। > बिक्लाउड

become, हो जाना; उचित होना; ठीक लगना, शोभा* देना, जँचना। **becoming,** *adj.*, 1. उचित, शोभनीय; 2. (*in appearance*) सुहावना; —*n.*, संभवन। > बिकॅम; विकॅमिंग

bed, *n.*, 1. (*~stead*) पलंग, पर्यक, शय्या*, चारपाई*, खाट*; 2. (*garden*) क्यारी*; 3. (*bottom*) तह*, तल; 4. (*stratum*) संस्तर*; 5. (*of river*) तल; 6. (*base*) आधार; 7. (*layer*) परत*; *v.*, 1.क्यारी* में लगाना; 2. (*embed*) बैठाना; 3. (*arrange in layers*) संस्तरित क०; **~-bug,** खटमल; **~ded,** संस्तरित; **~ding,** 1. बिस्तर, बिछौना; 2. (*geol.*) संस्तरण; **~-pan,** हाजती*; **~ridden,** शय्याग्रस्त; **~-rock,** आधार-शैल; तलशिला*; सुदृढ़ आधार; मूल सिद्धान्त; **~-room,** शयनकक्ष, शयनागार; **~sheet,** चादर*; **~-side nursing,** शय्यागत उपचर्या*। **~sore,** शय्याव्रण; **~spread,** पलंगपोश; **~time,** शयनसमय। > बे'ड

bedabble, धब्बे डालना। > बिडैबॅल

bedaub, 1. पोतना; 2. *see* BEDIZEN > बिडॉःब

bedazzle, चौंधियाना। > बिडैज़ॅल

bedeck, अलंकृत क०, सजाना, शृंगार क०। > बिडे'क

bedevil, 1. (*torment*) सताना; 2. (*scold*) गाली* देना; 3. (*spoil*) बिगाड़ना; 4. (*bewitch*) जादू डालना; **~ment,** 1. भूत का आवेश; 2. (*confusion*) गड़बड़ी*। > बिडे'वॅल

bedew, तर कर देना, जल छिड़कना। > बिड्यू

bedim, धुँधला कर देना। > बिडिम

bedizen, भड़कीले कपड़े पहनाना; तड़क-भड़क* से सजाना। > बिडाइज़ॅन = बिडिज़ॅन

bedlam पागलखाना; **~ite,** पागल। > बे'ड्लम

bedouin, बद्दू। > बे'डुइन

bedrabbled, लथ-पथ, कीचड़-भरा। > बिड्रैबॅल्ड

bedraggle, लथेड़ना, मैला क०। > बिड्रैगॅल

bee, 1. मधु-मक्खी*, मधुकर, 2. (*allied insect*) भौंरा, भृंग, भ्रमर, मक्षिका*; **~-eater,** पतेना, मक्षिकाभक्षी; **~-hive,** छत्ताधानी*, मधुमक्खीपेटिका*; **~-keeping,** मधुमक्खी-पालन; **~-line,** सीधा रास्ता; **~s'wax,** मधुमोम, मोम, मैन, मदन। > बी, बी-ई-टॅ; बीहाइव; बीज़्वैक्स

beech, बीच; **~nut,** बीचफल।

beef, गोमांस **~-witted,** बछिया का ताऊ, बुद्धू; **~y,** मांसल, मंदबुद्धि > बीफ़

beer, बियर*। > बिअॅ

beet, चुकन्दर; red ~, लाल शलग़म। > बीट

beetle, *n.*, 1. (*insect*) भृंग; 2. (*instrument*) मुंगरा; *—adj.*, बाहर निकला हुआ, प्रलम्बी; *—v.*, प्रलम्बी होना, के ऊपर मँडराना। > बीटॅल

befall, आ पड़ना, होना, घटित होना। > बिफ़ॉ:ल

befit, ठीक होना; फबना, शोभा* देना; उचित होना; **~ting,** 1. (*suitable*) उपयुक्त; 2. (*proper*) उचित। > बिफ़िट

befog, 1. कुहरे से ढक लेना; 2. (*fig.*) धुँधला कर देना, भटकाना, बहकाना। > बिफ़ॉग

befool, उल्लू बनाना; धोखा देना। > बिफ़ूल

before, *adv.*, 1. (*earlier*) पहले, पूर्व; 2. (*infront*) सामने, सम्मुख; 3. (*ahead*) आगे; *prep.*, के पहले, के पूर्व; के सामने; के आगे; **~hand,** पहले से; **-mentioned,** उपर्युक्त। > बिफ़ॉ:

befoul, 1. गंदा कर देना; 2. (*fig.*) दूषित क०; बदनाम क०। > बिफ़ाउल

befriend, मित्रवत् व्यवहार क०; सहायता* क०। > बिफ्रे'न्ड

befuddle, 1. (*confuse*) चकरा देना; 2. (*stupefy*) अचेत कर देना; 3. (*with liquor*) मतवाला बना देना। > बिफ़ॅडॅल

beg, 1. भीख* माँगना; 2. (*entreat*) विनय* क०, प्रार्थना* क०; ~the question, साध्य को सिद्ध मानकर तर्क क०, जिसे सिद्ध क० है उसे प्रमाण के रूप में प्रस्तुत क०। > बे'ग

beget, 1. प्रजनन क०, पैदा क०; 2. (*produce*) उत्पन्न क०, पैदा क०; **~ter,** जनक; उत्पादक। > बिगे'ट; बि-गे'-टॅ

beggar, भिखारी, भिखमंगा, भिक्षुक; ~description, वर्णनातीत होना; **~ly,** 1. गरीब, निर्धन; 2. (*sordid*) तुच्छ; 3. (*worthless*) निकम्मा; **~y,** 1. भिखमंगी*, भिखारीपन, भिक्षावृत्ति*; 2. (*poverty*) निर्धनता*, कंगाली*। > बे'ग

begin, आरंभ क० या होना; **~ner,** 1. आरंभक; प्रवर्तक; 2. (*novice*) नौसिखिया; **~ning,** प्रारंभ, शुरू, शुरुआत*, आदि, आरंभ; **~ning-less,** अनादि। > बिगिन; बि-गि-नॅ; बिगिनिन्ग

begird, 1. (पेटी*) बाँधना; 2. (*encircle*) घेर लेना। > बिगॅ:ड

begone, हट जाओ, भाग जाओ, धत्। > बिगॉन

begotten, प्रजात, उत्पन्न। > बिगॉटॅन

begrime, मैला या गंदा क०। > बिग्राइम

begrudge, 1. ईर्ष्या* या डाह* क०, जलना; 2. मुश्किल* से देना; 3. (*grumble*) कुढ़ना। > बिग्रॅज

beguile, 1. (*cheat*) भुलावा देना, ठगना; 2. (*mislead*) बहकाना, फुसलाना; 3. (*amuse*) जी बहलाना, मोहित क०; 4. (*divert attention from*) भुला देना, बहलाना। > बिगाइल

begum, बेगम*। > बीगॅम = बेगॅम

behalf, on ~of, की ओर* से; के पक्ष में। > बिहाफ़

behave, बरताव क०, व्यवहार क०, पेश आना; सदाचार क०, अच्छा व्यवहार क०। > बिहेव

behaviour, आचरण, व्यवहार, बरताव, चालचलन*; **~ism,** व्यवहारवाद। > बि-हे-व्यॅ; बि-हे-व्यॅ-रिज़्म

behead, सिर काटना, शिरश्छेदन क०। > बिहे'ड

behemoth, विशालकाय पशु। > बिहीमॉथ

behest, आदेश। > बिहे'स्ट

behind, *adv.*, पीछे; पीछे की ओर*; पीछे-पीछे; *—adj.*, पिछड़ा हुआ; *prep.*, के पीछे; *—n.*, चूतड़; ~one's back, किसी के पीठ-पीछे; ~the scenes, परोक्ष में, परदे के पीछे; **~hand,** पिछड़ा हुआ; बकाये में। > बिहाइन्ड

behold, देखना, अवलोकन क०; **~en,** आभारी; **~er,** दर्शक, प्रेक्षक। > बिहोल्ड

behoof, on ~of, की ओर* से, के लिए, के कारण। > बिहूफ़

behove, behoove, उचित होना; आवश्यक होना। > बिहोव; बिहूव

beige, भदमैला। > बेश्ज़

being, 1. (*existence*) अस्तित्व, सत्ता*, हस्ती*; 2. (*essence*) तत्त्व, स्वभाव; 3. (*a~*) सत्त्व; 4. (*living~*) प्राणी, जीव, जीवधारी; Supreme~, परमात्मा, परमेश्वर; corporal~, देही, शरीरी, तनुधारी। > बीइंग

belabour, 1. बुरी तरह* पीटना; 2. (*fig.*) घोर निन्दा* क०। > बिलेबॅ

belated, विलम्बित। > बिलेटिड

belaud, भूरि-भूरि प्रशंसा* क०। > बिलॉःड

belay, दुफन्दी बाँध लगाना; **~ing pin,** खूंटी*। > बिले

belch, *n.*, डकार*; *v.*, 1. डकारना, डकार* लेना; 2. (*of gun*) छोड़ना; 3. (*fig.*) वमन क०। > बे'ल्-डॅम

beldam(e) चुड़ैल*, डाइन*।

beleaguer, घेरा डालना, घेर लेना। > बि-ली-गॅ

belfry, घण्टागार। > बे'ल-फ़्रि

belie, 1. झूठा साबित क०, मिथ्या सिद्ध क०, झुठलाना; 2. (*fail to act up to*) न क०, से मुकर जाना; (*fail to justify*) पूरा न क०, निराश कर देना; 3. (*misrepresent*) का अयथार्थ रूप प्रस्तुत क०; 4. (*calumniate*) (झूठी) निन्दा* क०। > बिलाइ

belief, 1. विश्वास, यकीन, प्रतीति*; 2. (*opinion*) धारणा*, विचार; 3. (*trust*) भरोसा; religious~, धर्मविश्वास, श्रद्धा*, आस्था*। > बिलीफ़

believable, विश्वास-योग्य, विश्वसनीय। > बि-ली-वॅ-बॅल

believe, 1. (पर) विश्वास क०; 2. (*assume*) मान लेना; **~r,** विश्वासी; आस्तिक। > बिलीव़, बि-ली-वॅ

belittle, छोटा क० या समझना, महत्त्व घटाना; अनादर क०। > बिलिटलॅ

bell, *n.*, 1. घण्टा, घड़ियाल, घण्टी*; *v.*, गरजना; **~-buoy,** घण्टीदार बोया, घण्टी-बोया; **~jar,** परिच्छादक; **~man,** घोषक; **~-metal,** घण्टा-धातु*, कांस्य, कांसा; **~shaped,** घण्टाकार; **~-wether,** अगली भेड़*; अगुआ, नेता। > बे'ल, ~बॉय, ~जा, ~मैन, ~मे'टॅल, ~शेप्ट, ~वे'दॅ

belladonna, बेलाडोना, कण्टालिका*, मकोय*, अंगूरशेफा। > बे'-लॅ-डॉ-नॅ

belle, सुन्दरी*; सर्वसुन्दरी*। > बे'ल

belles lettres, ललित (या उदात्त) साहित्य। > बे'ल्-ले'ट्रॅ

bellicose, युयुत्सु, युद्धप्रिय, लड़ाकू। > बे'लिकोस

bellicosity, युयुत्सा*, युद्धप्रियता*। > बे'लिकॉसिटि

belligerence, युद्धकारिता*, युद्धस्थिति*, युद्ध, युद्धदशा*। **belligerent,** *adj*, युद्धरत, युद्धकारी; —*n.*, परियुद्धक। > बिलिजॅरॅन्स, ~रॅन्ट

Bellona, रणचण्डी*। > बे'लो-नॅ

bellow, *v.*, 1. (*roar*) गरजना; 2. (*cry out*) चीखना, चीकना; —*n.*, गर्जन, गरज*; चीख*, चीत्कार। > बे'लो

bellows, धौंकनी*, भाथी*। > बे'लोज़

belly, 1.उदर, पेट; तुन्दा; 2. (*womb*) गर्भाशय, कोख*; **~-band,** पेटी*; **~ful,** पेटभर। > बे'लि

belong, का होना, की सम्पत्ति* होना; से सम्बन्ध रखना; का निवासी होना; का सदस्य होना; **~ing to,** का; **~ings,** सम्पत्ति*; सामान, माल-असबाब। > बिलॉन्ग, ~इन्ग्ज़

beloved, *adj.*, परमप्रिय; *n.*, प्रियतम; प्रेयसी*। > बिलॅव्-इड

below, नीचे। > बिलो

belt, *n.*, 1.पेटी*, कमरबंद, मेखला*, 2. (*of forest*) मेखला*, घेरा; 3. (*strap*) पट्टा; 4. (*zone*) कटिबन्ध, क्षेत्र, इलाका; —*v.*, पेटी* बाँधना; घेर लेना; मारना। > बे'ल्ट

belvedere, बुर्ज। > बे'ल-वि-डिॲ

bemire, कीचड़ से लथपथ क०। > बिमाइॲ

bemoan, विलाप क०, रोना-पीटना। > बीमोन

bemock, खिल्ली* उड़ाना। > बिमाक

bemuddle, घबरा देना। > बिमॅडॅल

bemuse, हतबुद्धि कर देना, मदहोश कर देना। > बिम्यूज़

bench, 1. (*seat*) बेंच*, तख्त; 2. (*table*) मेज़*; 3. (*ledge*) कगर, पैड़ी*; 4. (*stand*) मंच; 5. (*of judge*) कक्ष, पीठ; न्यायपीठ; 6. (*court*) न्यायालय; 7. (*judges*) पीठ, न्यायाधीशवर्ग। > बे'न्च

bend, *n.*, 1. मोड़, घुमाव; 2. (*bent*) झुकाव; 3. (*knot*) गाँठ*; 4. (*gunwale*) ऊपरी पट्टी*, परेज; —*v.*, झुकाना, मोड़ना, टेढ़ा क०; झुकाना, दमन क०, वशीभूत क०; झुकना, मुड़ना; बाँधना; **~ing,** नमन, वंकन। > बे'न्ड

beneaped, भूग्रस्त। > बिनीप्ट

beneath, 1. नीचे, तले; 2. (*unworthy*) अयोग्य। > बिनीथ

benedick, नवविवाहित। > बे'निडिक

benediction, 1. आशीर्वाद, मंगलकामना*; 2. (*service*) आशिष*, आरती*। **benedictory,** मांगलिक, आशीर्वाचक, आर्शीवादात्मक। > बे'नॅडिक्शॅन; बे'नॅडिक्टॅरि

benefaction, उपकार; दान। **benefactor,** उपकारक, हितकारी, उपकारी; संरक्षक। **benefactress,** उपकारिणी*। > बे'निफ़ैक्शॅन; बे'निफ़ैक्/टॅ, ~ट्रिस

benefice, धर्मवृत्ति*, याजकीय वृत्ति*; **~nce,** उपकारिता*; उपकार; **~nt,** उपकारी, परोपकारी। **beneficial,** लाभदायक, हितकर, हितकारी। **beneficiary,** 1. लाभभोगी, उपकृत, वृत्तिभोगी; 2. (*law*) हिताधिकारी, लाभग्राही। **benefit,** *n.*, 1. लाभ, फ़ायदा, हित, भला; 2. (*allowance*) भत्ता; —*v.*, लाभ उठाना या पहुँचाना। > बे'निफिस; बिने'फ़िसॅन्स, ~सॅन्ट; बे'निफ़िशॅल; बे'निफ़िशॅरि; बे'निफ़िट

benevolence, शुभचिंता*, हितैषिता*, परोपकारिता*; उपकार। **benevolent,** परोपकारी, हितैषी, शुभचिन्तक; सद्भावपूर्ण। > बिने'वॅलॅन्स; बिने'वॅलॅन्ट

benighted, अंधेरे से घिरा हुआ; पिछड़ा। > बिनाइटिड

benign, 1. भद्र, सौम्य 2. (*favourable*) हितैषी; 3. (*med.*) हलका, सुसाध्य; **~ant,** 1. (*kind*) सदय, दयालु; 2. (*gracious*) सौम्य; 3. (*salutary*) हितकर; **~ity,** सदयता*, कृपा*, अनुग्रह। > बिनाइन; बिनिग्नॅन्ट

Benjamin, कनिष्ठ; लाड़ला। > बे'न्जॅमिन

bent, *n.*, 1. (*twist*) मोड़; 2. (*mental*) प्रवृत्ति*, झुकाव, रुचि*; 3. (*stalk*) डंठल; —*adj.*, 1. मुड़ा, नत, बंकित; 2. (*curved*) टेढ़ा; 3. (*determined*) कृतसंकल्प; 4. की ओर* रवाना। > बे'न्ट

benthic, benthonic, नितलस्थ। > बे'न्-थिक; बे'न्थॉनिक

benthos, नितल जीवसमूह। > बे'न्थॉस

benumb, सुन्न या शक्तिहीन कर देना। > बिनॅम

bequeath, उत्तरदान क०, वसीयत* क०, वसीयत* में देना। > बिक्वीद

bequest, वसीयत*, उत्तरदान, रिक्थदान। > बिक्वे'स्ट

berate, डाँटना, फटकारना। > बिरेट

berbery, दारुहल्दी*। > बॅ:बॅरि

berceuse, लोरी*। > बे'ॲसॅ:ज़

bereave, से वंचित क०, छीन लेना; असहाय छोड़ देना; **~d,** शोकसन्तप्त, शोकार्त्त; **~ment,** शोक, ग़मी*, सोग, वियोग। > बिरीव

beret, टोपी*। > बे'रे =बे'रिट

bergschrund, हिमदर। > बॅ:गश्रॅन्ड

berhyme, 1. छन्दोबद्ध क०; 2. (*lampoon*) पद्य में निन्दा* क०। > बिराइम

beriberi, बेरीबेरी*। > बे'रिबे'रि

berm, पटरी*। > बॅ:म

berry, बदरी*, बदर, सरसफल। > बे'रि

berserk, उन्मत्त। > बॅ:सॅ:क

berth, *n.*, 1. (*sleeping-place*) शायिका*, 2. (*for ship*) लंगरगाह, घाट, गोदी*। 3. (*job*) नौकरी*; —*v.*, लंगर डालना, घाट लगाना; जगह* देना। > बॅ:थ

beryl, वैडूर्य, वैदूर्य, लहसुनिया। > बे'रिल

beseech, अनुनय क०, विनती* क०; विनय-पूर्वक मांगना; **~ing,** अनुनयपूर्ण। > बिसीच

beseem, उचित होना; ठीक होना। > बिसीम

beset, घेर लेना; रोकना, **~ment,** 1. घेरा; 2. (*~ting sin*) चिराभ्यस्त पाप या कमज़ोरी*। > बिसे'ट

beside, पास, बगल* में पार्श्व में; की तुलना* में; के बाहर; ~oneself, आपे से बाहर। > बिसाइड

besides, 1. के अतिरिक्त, के अलावा; 2. (*except*) को छोड़कर; 3. (*furthermore*) इसके अतिरिक्त; इसके सिवाय। > बिसाइड्ज़

besiege, 1. घेरा डालना, का अवरोध क०; 2. (*surround*) घेर लेना; 3. (*assail with*) बौछार* क०। > बिसीज

beslaver, लार* टपकना; खुशामद* क०। > बि-स्लै-वॅ

beslobber, लार* टपकाना; चूमना-चाटना। > बि-स्लै-बॅ

beslubber, besmear, लेपना, लेपन क०, पोतना; मैला क०। > बि-स्लॅ-बॅ; बिस्मिॲ

besmirch, 1. मैला क०; 2. (*dim*) धुँधला कर देना, मलिन कर देना; 3. (*fig.*) कलंकित क०, कलंक लगाना। > बिस्मॅ:च

besom, झाड़ू। > बीज़ॅम = बे'ज़ॅम

besot, मतवाला या अचेत कर देना; मूर्ख बनाना; **~ted,** 1. (*silly*) मूर्ख; 2. (*infatuated*) सम्मोहित; 3. (*drunk*) मदमत्त, 4. (*stupefied*) मदहोश, अचेत। > बिसॉट

bespangle, सितारे या चमकियाँ* लगाना। > बिस्पैंगल

bespatter, 1. छींटे डालना, धब्बे डालना; 2. (*defame*) निंदा* क०, बदनाम क०। > बि-स्पै-टॅ

bespeak, 1. (*reserve*) ले रखना; 2. (*order*) मँगाना; 3. (*show*) जता देना, की ओर* संकेत क०, सूचित क०। > बिस्पीक

besprinkle, छिड़कना। > बिस्प्रिंकॅल

best, उत्तम, सर्वोत्तम, श्रेष्ठ, उत्कृष्ट; at~ अधिक से अधिक; do one's ~, भरसक कोशिश* क०*; to the~ of my knowledge, जहाँ तक मैं जानता हूँ, जहाँ तक मुझे पता है। > बे'स्ट

bestead, सहायता* क०; काम आना। > बिस्टे'ड

bestial, पाशविक; **~ity,** पाशविकता*, पशुता*, पशुधर्म; पशुगमन। > बे'स्ट्यॅल

bestir, प्रेरित क०; ~oneself, कार्य में लग जाना, दौड़-धूप* क०। > बिस्टॅ:

bestow, प्रदान क०, अर्पित क०; **~al,** प्रदान। > बिस्टो

bestrew, पर छितराना। > बिस्ट्रू

bestride, 1. टाँगें* फैलाकर बैठना या खड़ा होना; 2. लम्बे कदम भरकर पार क०। > बिस्ट्राइड

bet, *n.*, 1. बाज़ी*, पण, शर्त*; 2. (*stake*) दाँव; —*v.*, 1. बाज़ी* या पण लगाना; 2. (*stake*) दाँव पर रखना या लगाना; **~ting,** पणक्रिया*, पणन, बदान*; **~tor,** बाज़ी* लगानेवाला। > बे'ट; बे'-टॅ

betake, oneself to, जाना, आश्रय लेना; में लग जाना। > बिटेक

betel, पान, ताम्बूल; **~nut,** सुपारी*, पूग, कसैली*। > बीटॅल

bethink, विचार क०; याद क०। > बिथिंक

betide, घटना, घटित होना; आ पड़ना। > बिटाइड

betimes, यथासमय, ठीक समय; शीघ्र। > बिटाइम्ज़

betoken, सूचित क०, जताना। > बिटोकॅन

betray, 1.(के साथ) विश्वासघात क०; पकड़वा देना; 2. (*deceive*) धोखा देना; 3. (*disappoint*) निराश क०, पूरा न क०; 4. (*disclose*) प्रकट क०; 5. (*show*) दिखाना; **~al,** विश्वासघात **~er,** विश्वासघातक, विश्वासघाती। > बिट्रे

betroth, वाग्दान क०; **~al,** सगाई*, मँगनी*, वाग्दान; **~ed,** वाग्दत्त; वाग्दत्ता*, मँगेतर*। > बिट्रोद; बिट्रोदॅल; बिट्रोद्ड

better, *adj.*, बेहतर, अधिक अच्छा; अधिकांश; —*adv.*, और अच्छी तरह* से; से अधिक; —*n.*, और योग्य व्यक्ति, से बड़े लोग; —*v.*, 1. (*improve*) सुधारना, अधिक अच्छा बना देना; सुधरना, उन्नति* क०; 2. (*outdo*) से आगे बढ़ना, और अच्छा क०; get the ~ of, मात कर देना, पराजित क०; **~ment,** सुधार, बेहतरी*, उन्नति*। > बे'-टॅ

between, (के) बीच में, मध्य में। > बिट्वीन = बॅट्वीन

bevel, *n.*, 1. (*instrum.*) मायलगुनिया*, गुनिया*; 2. (*angle*) प्रवणकोण; पख; 3. प्रवणता*, कटाव; —*v.*, पख मारना, प्रवण क०; **~led,** प्रवणित, **~-gear,** आड़ी गरारी*। > बे'वॅल

beverage, पेय; alcoholic~, मदिरा*, मादक पेय। > बे'वॅरिज

bevy, 1. टोली*, मण्डली*; 2. (*flock*) झुण्ड। > बे'वि

bewail, (पर) विलाप क०। > बिवेल

beware, चौकस, सचेत, सतर्क, सावधान होना या रहना। > बिवे'ऑ

bewilder, घबरा देना, चकित क०; **~ed,** हक्का-बक्का, किंकर्तव्यविमूढ़, सम्भ्रान्त; **~ing,** विस्मयकारी; **~ment,** घबराहट*, सम्भ्रम। > बि-विल्-डॅ

bewitch, जादू डालना; मोहित क०; **~ed,** सम्मोहित; **~ing,** सम्मोहक; **~ment,** सम्मोहन, वशीकरण। > बिविच

bey, बेग। > बे

beyond, (के) परे, पार, बाहर। > बियॉन्ड = बिऑन्ड

bezel, 1. (*of instrum.*) तिरछी धार*; 2. (*of jewels*) तिरछी फलिका*; 3. (*groove*) खांचा। > बे'ज़ॅल

bezoar, बा-ज़हर। > बीज़ॉ:

bhang, भाँग*।

bheesty, bhisty, भिश्ती*।

bi-, द्वि-; अर्ध-। > बाइ

biangular, द्विकोणीय। > बाइऐंग्यु-लॅ

biannual, 1. (*half-yearly*) अर्धवार्षिक, छमाही, षाण्मासिक; 2. (*biennial*) द्वैवार्षिक। > बाइऐन्युअॅल

bias, *n.*, 1. (*prejudice*) पूर्वग्रह; 2. (*partiality*) पक्षपात, तरफ़दारी*; 3. (*slant*) नति*, अभिनति*, झुकाव; 4. (*mental inclination*) प्रवृत्ति*, झुकाव; —*v.*, दबाव डालना, तरफ़दारी* कराना; **~(s)ed,** 1. अभिनत, झुका हुआ; 2. (*of person*) तरफ़दार, पक्षपाती; 3. (*of opinion*) एक-तरफ़ा, एकांगी, पक्षपातपूर्ण। > बाइअॅस

biaxial, द्वि-अक्षीय। > बाइ-ऐक्-सिअॅल

bib, *v.*, पीना; *n.*, गतिया*, गाँती*; **~ber,** पियक्कड़। > बिब; बि-बॅ

bibcock, टोंटी*। > बिब्कॉक

Bibelot, छोटी कलाकृति*। > बीब्लो

Bible, बाइबिल*, धर्मग्रंथ। **biblical,** बाइबिल-सम्बन्धी। > बाइबॅल; बिब्लिकॅल

biblio/graphy, 1. ग्रंथ-सूची*, संदर्भिका*, 2. (*science*) ग्रन्थविज्ञान; **~latry,** ग्रंथपूजा*; **~phile,** पुस्तक-प्रेमी। > बिब्लिऑग्रफ़ि, बिब्लिऑलट्रि; बिब्-लिअॅफ़िल; बिब्-लिअॅफ़ाइल

bibulous, 1.शराबी, मद्यप; 2. (*absorbent*) शोषक। > बिब्युलॅस

bicameral, द्विसदन। > बाइकै मॅरॅल

bicentenary, द्विशती*। > बाइसे'न्टीनॅरि

bicentennial, द्विशतवार्षिक। > बाइसे'न्ट'न्यॅल

bicephalous, द्विशिरस्क। > बाइसे'फ़ॅलॅस

biceps, द्विशिर पेशी*, द्विशिरस्क। **bicipital,** द्विशाखी; द्विशिरस्की। > बाइसे'प्स, बाइसिपिटॅल

bicker, 1. झगड़ना, कलह क०; 2. (*gargle*) गड़गड़ाना; 3. (*patter*) पटपटाना; 4. (*flicker*) टिमटिमाना; 5. (*flash*) चमकना। > बि-कॅ

biconcave, उभयावतल। > बाइकॉन्केव्

biconvex, उभयोत्तल। > बाइकॉन्वे'क्स

bicorn(uate), द्विशृंगी। > बाइकॉ:न

bicuspid, 1. (*of tooth*) द्वयग्री; 2. (*of value*) द्विकपर्दी। > बाइ-कॅस्-पिड

bicycle, साइकिल*। **bicyclic,** द्विचक्रीय। > बाइसिकॅल; बाइ-सिक्-लिक= बाइ-साइक्-लिक

bid, *n.*, 1. (*offer*) बोली*, डाक* 2. (*attempt*) प्रयत्न, चेष्टा*; —*v.*, बोली* लगाना; आदेश देना; निवेदन क०; निमन्त्रित क०; **~dable,** आज्ञाकारी; **~der,** बोली* लगाने-वाला; **~ding,** 1. बोली*; 2. (*command*) आदेश; 3. (*invitation*) निमन्त्रण। > बिड; बि-डॅ; बिडिन्ग

bide, प्रतीक्षा* क०। > बाइड

bidimensional, द्विविम। > बाइडाइमे'न्शॅनॅल

biennial, द्वैवार्षिक, दोसाला, द्विवर्षी। > बाइए'न्यॅल

bier, अर्थी*, रत्थी*, अरथी*। > बिअॅ

bifid, द्विशाखित, द्विशाखी। > बाइफ़िड = बिफ़िड

bifocal, द्विफ़ोकसी। > बाइ-फ़ो-कॅल

bifoliate, द्विपर्णी। > बाइफ़ोलिइट

bifurcate, द्विशाखित होना या क०। **bifurcation,** द्विशाखन; शाखा*। > बाइ.फॅ:केट, बाइ.फॅ:केशॅन

big, 1. बड़ा; 2. (*large*) विशाल, लम्बा-चौड़ा, 3. (*grown-up*) वयस्क; 4. (*pregnant*) गर्भवती*; गर्भिणी* (*of animals*) 5. (*important*) महत्वपूर्ण; प्रभावशाली, महान् (*of people*) 6. (*loud*) ऊँचा; 7. (*boastful*) शेखी-भरा; 8. (*magnanimous*) विशाल-हृदय। > बिग

bigamist, द्विपत्नीक; द्विपतिका*; द्विविवाही। > बिगॅमिस्ट

bigamy, द्विविवाह, द्विपत्नीत्व या द्विपतित्व। > बिगॅमि

bight, 1. (*of coast*) खाड़ी*; 2. (*bend*) मोड़; 3. (*of rope*) फन्दा। > बाइट

bigot, कट्टर, धर्मान्ध; **~ry,** कट्टरता*, धर्मान्धता*; मताग्रह। > बिगॅट; बिगॅट्रि

bijou, रत्न; **~terie,** जवाहरात। > बीश्ज़ू

bilateral, 1. द्विपक्षी, दुतरफ़ा; 2. (*physically*) द्विपार्श्व। > बाइलैटॅरॅल

bile, 1. पित्त; 2. (*sickness*) पित्तदोष, पित्तप्रकोप; 3. (*bad temper*) चिड़चिड़ापन। **biliary,** पैत्तिक। **bilious,** पित्तदोषग्रस्त, पित्तातुर; चिड़चिड़ा। > बाइल; बिल्यॅरि; बिल्यॅस

bilge, *n.*, 1. (*bulge*) उभाड़; 2. (*lower hull*) पेंदा; 3. (*lower hold*) नितल, गमतखाना; 4. गन्दा पानी; —*v.*, 1. पेंदे में छेद होना या क०; 2. (*bulge*) उभरना, फूलना। > बिल्ज

bilingual, द्विभाषी, द्वैभाषिक; **~ism,** द्विभाषिता*। > बाइलिंग्वॅल

bilk, 1.धोखा देना, ठगना; 2. (*evade payment*) चुकाने से जी चुराना। > बिल्क

bill, *n.*, 1. (*proposed law*) विधेयक; 2. (*comm.*) बिल, प्राप्यक; 3. (*of exchange*) हुण्डी*, विपन्न; 4. (*banknote*) बैंकनोट; 5. (*handbill*) इश्तहार, विज्ञापन; 6. (*program*) कार्यक्रम; 7. (*law*) आरोपपत्र; 8. (*of bird*) चोंच*; 9. (*halberd*) फरसा; —*v.*, 1. (*list*) सूची* तैयार क०; 2.बिल तैयार क०; बिल में लिखना; 3. (*announce*) घोषित क०, विज्ञापन क०, 4. विज्ञापन या इश्तहार लगाना; 5. (*of birds*) चोंच* मिलाना; 6. (*caress*) प्यार क०, चूमा-चाटी* क०; ~of lading, बिलटी*, लदान-पत्र; **~-board,** 1. सूचना-पट्ट; विज्ञापन-तख्ता; 2. (*of ship*) लंगर-पट्टी*। > बिल

billet, *n.*, 1. (*mil.*) टिकान*; 2. (*job*) नौकरी*; 3. (*destination*) लक्ष्य; 4. (*of firewood*) लट्ठा; 5. (*rod*) छड़; —*v.*, (सिपाहियों को) टिकाना; नौकरी* दिलाना; **~-doux,** प्रणय-पत्र। > बिलिट; बिलेडू

billiards, अण्टा, बिलियर्ड। > बिल्यॅड्ज़

billingsgate, गाली*, गाली-गलौच*। > बि-लिंगज़्/गिट = ~गेट

billion, 1. (1,000,000,000) एक अरब; 2. (1,000,000,000,000) दस खरब। > बिल्यॅन

billow, *n.*, महातरंग*, लहर* (*also fig.*); —*v.*, लहराना। > बिलो

billy, 1. (*club*) लाठी*; 2. (*kettle*) देगची*; **~-goat,** बकरा। > बिलि

bilocation, अनेकदेशीयता*। > बाइलोकेशॅन

bimanual, दुहत्था। > बाइमैन्युॲल

bimetallic, द्विधातु (क)। > बाइमिटैलिक

bimetallism, द्विधातुवाद। > बाइमे'टॅलिज़्म

bimonthly, 1.द्वैमासिक; 2. (*semimonthly*) पाक्षिक। > बाइ-मॅन्थ्-लि

bin, धानी*। > बिन

binary, 1. (*twofold*) दोहरा; 2. (*math.*) द्विचर, द्विआधारी; 3. (*astron.*) युग्मतारा; 4. (*chem.*) द्विअंगी, द्विकर्मी। > बाइनॅरि

binaural, द्विकर्णी। > बिनॉ-रॅल

bind, 1. बाँधना; 2. (*bandage*) पट्टी* बाँधना; 3. (*make coalesce*) जमाना; 4. (*constipate*) क़ब्ज पैदा क०; 5. (*a book*) जिल्द* बाँधना या चढ़ाना; 6. (*put under obligation*) वचन लेना, वादा कराना; बाध्य क०; 7. (*ratify*) पक्का क०; 8. (*be obligatory*) आवश्यक या अनिवार्य होना; 9. (*become hard*) जम जाना; **~er,** 1. (*of books*) जिल्दसाज़, जिल्दबन्द; 2. (*band*) बन्धन, बन्धकी*; **~ing,** *n.*, 1. (*of book*) जिल्द*; 2. (*band*) बन्धन; —*adj.* 1. (*obligatory*) बन्धकारी, बाध्यकारी; 2. बाँधने वाला; 3. (*constipating*) ग्राही, काबिज़, स्तम्भक; जमानेवाला। > बाइन्ड

bine, बेल*, लता*। > बाइन

bing (*heap*), ढेर। > बिन्ग

binge, रंगरली*। > बिंज

binocular, द्विनेत्री; ~s, दूरबीन*। > बाइ-नॉक्-यु-लॅं; बिनॉक्युलॅज़

binomial, द्विपद। **binominal** द्विसंज्ञक। > बाइनोमिॲल; बाइनॉमिनल

bio/chemistry, जीव-रसायन; **~genesis,** जीवात् जीवोत्पत्ति; **~geography,** प्राणि-भूगोल; **~graphee,** चरितनायक; **~grapher,** जीवनी-लेखक; **~graphical,** जीवन-सम्बन्धी; **~graphy,** जीवनी*, जीवनचरित; जीवनी-साहित्य; **~logical,** जीव-विज्ञान-सम्बन्धी; जैव, जैविक; —warfare, कीटाणु-युद्ध; **~logist,** जीवविज्ञानी; **~logy,** जीव-विज्ञान, जैविकी*, प्राणि-विज्ञान; जीव-समूह।

> बाइओके 'मिस्ट्रि; बाइऑग्रॅफ़ी; बाइ-ऑ-ग्र-फ़; बाइऑग्रैफ़िकल; बाइऑग्रॅफ़ि; बाइऑलॉजिकल; बाइऑलॅजिस्ट; बाइऑलॅजि

bio/metrics जीवसांख्यिकी*; **~metry,** जीवमिति*; **~nomics,** जीव-पारिस्थितिकी*; **~psy,** जीवोतिपरीक्षा*; **~physics,** जीव-भौतिकी*; **~plasm,** जीवद्रव्य; **~sphere,** जीव-मण्डल; **~tic,** जीवीय। > बाइऑटिक

bioscope, बायस्कोप, चलचित्रदर्शी; सिनेमाघर। > बाइअॅस्कोप

bipartisan, द्विदलीय। > बाइपाटिज़ॅन

bipartite, द्विखंडी, द्विभाजित, द्विभागीय; द्विपक्षी; द्विदलीय। > बाइपाटाइड

biped, द्विपाद। > बाइपे'ड

bipinnate, द्विपिच्छकी। > बाइपिनेट

bipolar, द्विध्रुवी (य)। > बाइ-पो-लॅ

biquadratic, चतुर्घात। > बाइक्वॅड्रैट्-इक

birch, भूर्ज। > बॅ:च

bird, पक्षी, चिड़िया*; ~of prey, शिकारी पक्षी, प्रसह; ~'s-eye view, विहंगम दृष्टि*; **~-cherry,** जामन; **~-lime,** लासा; **~call,** (*acoustics*), कूजिका*। > बॅ:ड

biretta, टोपी*। > बि-रे'-टॅ

birth, जन्म; give~ to, (को) जन्म देना, पैदा क०; **~-certificate,** जन्मप्रमाणक; **~-control,** संतति-निग्रह; **~-date,** जन्मतिथि*; **~day,** वर्षगांठ*, जन्मदिवस; **~-mark,** जन्मचिह्न; **~place,** जन्मस्थान; **~-rate,** जन्मदर*; **~-register,** जन्मपंजी*; **~right,** जन्मसिद्ध अधिकार; **~worth,** 1. (*bracteated*) किरामार, धूम्रपत्र; 2. (*Indian*) अर्कमूल। > बॅ:थ

biscuit, बिस्कुट। > बिस्-किट

bisect, द्विभाजित क०, अर्धित क०; दो टुकड़े क०; **~ion,** द्विभाजन, अर्धन; **or,** अर्धक, द्विभाजक, समविभाजक। > बाइसे'क्ट; बाइसे'क्शॅन; बाइ-से'क्-टॅ

bisexual, उभयलिंगी, द्विलिंगी। > बाइसे'क्स्युअॅल

bishop, बिशप, धर्माध्यक्ष; **~ric,** धर्मप्रान्त; धर्माध्यक्ष का पद; **~'s weed,** अजवायन*। > बिशॅप

bismuth, बिस्मथ। > बिज़्मॅथ

bison, गवल। > बाइसॅन

bissextile, अधिदिनीय। > बिसे'क्स्टाइल

bistoury, क्षुरिका*। > बिस्टॅरि

bit, *n.*, 1. टुकड़ा, अंश; 2. (*food*) ग्रास, कौर; 3. (*of bridle*) लगाम*, दहाना; 4. (*of tool*) अनी*; —*v.*, 1. लगाम* लगाना; 2. (*restrain*) का नियन्त्रण क०, निरोध क०; a~, थोड़ा सा; ~by~, थोड़ा-थोड़ा करके। > बिट

bitch, कुतिया*, कुत्ती*। > बिच

bite, *v.*, 1. (दाँत से) काटना; 2. (*sting*) डंक मारना, डसना; 3. (*grip*) पकड़ना; 4. कष्ट पहुँचाना; 5. (*corrode*) खा जाना; —*n.*, काट*; दंशन, दंश; घाव; पकड़*; भोजन; तीखापन। > बाइट

biting, चुभता हुआ, काटू; तीखा; ~cold, कड़ाके की सरदी*। > बाइटिन्ग

bitter, कटु, कड़ुआ, तिक्त; दुःखद; **~ness,** कटुता*, कड़वाहट*, तीखापन। > बि-टॅ

bittern, बिटर्न। > बिटॅन

bitts, मकरी*। > बिट्स

bitumen, डामर, बिटूमन > बिट्युमिन

bivalent, द्विसंयोजक। > बाइवेलॅन्ट

bivalve, *adj.*, द्विकपाटी; *n.*, सीपी*। > बाइवैल्व

bivouac, पड़ाव। > बिवुऐक

biweekly, 1. पाक्षिक; 2. अर्द्धसाप्ताहिक। > बाइ-वीक्-लि

bizarre, 1.अनोखा; 2. (*incongruous*) गड़बड़, बेतुका। > बिज़ा

blab, *v.*, भेद खोलना, गोपनीय बात* प्रकट क०; बकना; —*n.*, 1. बकवाद*; 2. (*person*) बकवादी। > ब्लैब

black *adj.*, 1. काला, कृष्ण; 2. (*dark-complexioned*) साँवला; काला-कलूटा (*very dark*); 3. (*dark*) अंधकारमय; 4. (*dirty*) गन्दा; 5. (*evil*) दुष्ट; 6. (*dismal*) मनहूस; 7. (*sullen*) अप्रसन्न 8. (*hopeless*) निराशामय, काला; —*n.*, 1. काला रंग; 2.कालापन, कालिमा*; 3. काला धब्बा; 4. (*negro*) हबशी; 5. काला आदमी; —*v.*, काला क०, काला रंग चढ़ाना; गन्दा क०; काली पालिश* लगाना; **~out,** मिटाना; ढकना; बेहोश हो जाना; ~art, ~magic, अभिचार, वशीकरण; ~hole, काल-कोठरी*; ~lead, लिखिज; ~list, काली सूची*; ~market, चोरबाजार; ~sea, कृष्ण सागर; ~sheep, कुल-कलंक; **~amoor,** हबशी; **~-ball,** बहिष्कृत क०; **~-beetle,** तिलचटा; **~berry,** काली अंची*। > ब्लैक, ~अमुअॅ, ~बॅरि

black/bird (*grey-winged*), कस्तूरा; **~board,** श्यामपट्ट; **~en,** 1. काला क०; 2. (*defame*) बदनाम क०; **~guard,** *n.*, गुण्डा, बदमाश; —*adj.*, नीच; —*v.*, गाली* देना; **~leg,** 1. (*of cattle*) लँगड़ी*; 2. (*of plants*) काली मेखला*; 3. (*stikebreaker*) हड़तालभेदी; 4. (*gambler*) धोखेबाज; **~list,** काली सूची* में लिखना; **~mail,** *n.*, भयादोहन; —*v.*, दबाव से ऐंठना, धमकाकर धन वसूल क०; बाध्य क०; **~out,** 1. चिरागगुल; तमावरण; 2. (*loss of consciousness*) अचेतना*; 3. (*suppression of news*) संवाद-विलोपन; **~smith,** लोहार; **~-water fever,** कालमेह। > ब्लैगाड; ब्लैक्मेल

bladder, 1.मूत्राशय, वस्ति*, फुकना; 2. (*sac*) थैली*। > ब्लै-डॅ

blade, 1. (*of grass*) पत्ती*; 2. (*lamina*) फलक; 3. (*of sword*) धार*; 4. (*of leaf*) पटल। > ब्लेड

blague गपोड़ा, गप*। > ब्लाग

blain, 1. (*blister*) फफोला, छाला; 2. (*pustule*) फोड़ा। > ब्लेन

blamable, निन्दनीय, निन्द्य; ज़िम्मेवार, उत्तरदायी। > ब्लेमॅबॅल

blame, *v.*, निन्दा* क०; दोष देना या लगाना; उत्तरदायी ठहराना; —*n.*, 1. (*censure*) निन्दा*, गर्हण; 2. (*responsibility*) दोष, उत्तरदायित्व; **~less,** अनिन्द्य; निर्दोष; **~worthy,** निन्दनीय, दोषी। > ब्लेम; ब्लेम्वॅ:दि

blanch, 1. (*pale*) पीला पड़ना; 2. विवर्ण क०। > ब्लान्च

bland, 1. (*gentle, polite*) सौम्य, विनीत, मृदुल, प्रिय; 2. (*ironical*) व्यंग्यात्मक; 3. (*mild*) मृदु, नरम, उपशामक। > ब्लैन्ड

blandish, 1. चापलूसी* क०; 2. (*cajole*) फुसलाना; **~ment,** चापलूसी*, लल्लोचप्पो*; प्रलोभन। > ब्लैन्-डिश

blank, *adj.*, 1. (*empty*) शून्य, खाली, रिक्त; 2. (*paper*) कोरा, सादा, निरंक; 3. (*verse*) अतुकांत; 4. (*look*) भावशून्य; 5. (*unpro-ductive*) निष्फल, शून्य; 6. (*utter*) निरा, सरासर, पूरा-पूरा; 7. (*incomplete*) अपूर्ण; —*n.*, 1. रिक्त स्थान; 2. कोरा कागज़; 3. (*emptiness*) शून्य, रिक्तता*; 4. (*target*) निशाना; 5. (*ticket*) खाली टिकट; 6. (*cart-ridge*) आवाज़ी गोली* या कारतूस; —*v.*, ढकना; ~cheque, कोरा चेक; **~ly,** साफ़-साफ़; भावशून्य दृष्टि* से। > ब्लैंक

blanket, *n.*, 1. कम्बल; आवरण; *v.*, आच्छादित क०, आवृत क०; दबाना, छिपाना। > ब्लैन्-किट

blare, *n.*, 1. गरजना; 2. (*announce loudly*) पुकारकर कहना, चिल्लाना; —*n.*, गर्जन; चिल्लाहट*। > ब्ले 'अँ

blarney, चापलूसी*। > ब्लानि

blase, अतितृप्त। > ब्लाज़े

blaspheme, ईश-निन्दा* क०, निन्दा* क०, **~r,** ईश-निन्दक। **blasphemous,** ईश-निन्दापूर्ण, ईशनिन्दात्मक। **blasphemy,** ईश-निन्दा*। > ब्लैस्फ़ीम, ब्लैस्-फ़ी-मॅ; ब्लैस्-फ़ि-मॅस; ब्लैस्-फ़ि-मि

blast, *n.*, 1. (*of wind*) झोंका, झकोरा; 2. (*explosion*) विस्फोट, धमाका; 3. (*of trumpet*) तूर्यनाद; 4. (*of siren*) सीटी*; 5. (*blight*) अभिशाप, विनाश; 6. (*of disease*) प्रकोप;—*v.*, (बारूद* से) उड़ा देना; बरबाद क०, तबाह क०; **~-furnace,** वात्या-भट्टी*, भोंका-भट्ठी*; **~ing,** विस्फोटन। > ब्लास्ट; ब्लास्ट्फ़ॅ:निस

blastoderm, बीज-जनस्तर। > ब्लैस्टोडॅ:म

blatant, 1. (*noisy*) ऊधमी, मुखर; 2. (*palpable*) खुला, साफ़, स्पष्ट; 3. (*gaudy*) भड़कीला; 4. (*flagrant*) घोर। > ब्लेटॅन्ट

blaze, *n.*, 1. (*of fire*) ज्वाला*, धधक*; 2. (*of light*) चमक*, प्रदीप्ति*; 3. (*fig.*) तड़क-भड़क*; ठाट-बाट; 4. (*on animal*) उजला धब्बा; 5. (*on tree*) छाल* काटकर बनाया चिह्न; —*v.*, 1. दहकना, धधकना; भड़कना; 2. उत्तेजित हो जाना; 3. (*proclaim*) घोषित क०, फैलाना, का डंका पीटना; 4. छाल* काटकर चिह्न बनाना; वृक्षों पर चिह्न बनाकर रास्ता दिखाना; **~away** गोली* चलाता रहना, दागता जाना; करता जाना; **~r,** रंगीन जाकेट*। > ब्लेज़

blazon, *n.*, कुलचिह्न; *v.*, चारों ओर फैलाना या प्रचार क०, घोषित क०; **~ry,** भड़कीला प्रदर्शन। > ब्लेज़ॅन

bleach, विरंजित क०; पीला पड़ना। > ब्लीच

bleaching, *n.*, विरंजन; *adj.*, विरंजक; **~-powder,** विरंजक-चूर्ण।

bleak, 1. (*treeless, bare*) उजाड़; 2. (*pale*) पीला, विवर्ण; 3. (*cold*) ठण्ढा; 4. (*harsh*) रूखा, कठोर, 5. (*cheerless*) फीका; 6. (*gloomy*) निरानन्द। > ब्लीक

blear, धुंधला। > ब्लिअँ

bleat, मिमियाना। > ब्लीट

bleb, 1. (*blister*) फफोला; 2. (*bubble*) बुलबुला। > ब्ले 'ब

bleed, 1. रक्तनिकलना, निकालना या चूसना; 2. (*ooze*) रिसना, रस निकलना या निकालना; 3. (*suffer*) दुःख होना; 4. (*extort*) रुपया ऐंठना; **~ing,** *n.*, रक्तस्रवण, रक्तस्राव; स्रवण, निःस्रवण; *adj.*, स्रावी। > ब्लीड

blemish, *n.*, 1. (*physical*) धब्बा, दाग़; 2. (*moral*) दोष, कलंक; 3. (*deficiency*) कमी*, त्रुटि*; 4. (*flaw*) दोष;—*v.*, 1. धब्बा लगाना; 2. (*sully*) कलंकित क०; 3. (*impair*) बिगाड़ना, क्षति* पहुंचाना। > ब्ले 'मिश

blench, 1. (*flinch*) पीछे हटना; 2. (*quail*) हिम्मत* हारना, घबरा जाना; 3. के लिए, आँखें* बन्द क०; 4. (*pale*) पीला पड़ जाना। > ब्ले 'न्च

blend, *v.*, 1. सम्मिश्रण क०, मिलाना; 2. (*harmonize*) मिल जाना, मेल खाना; —*n.*, मिश्रण, सम्मिश्रण। > ब्ले 'न्ड

bless, 1. (*give a blessing*) आशीर्वाद देना; 2. (*hallow, consecrate*) अनुमन्त्रित या अभिमन्त्रित क०; आशिष* देना; 3. धन्य कहना या मानना, कृतज्ञ होना; 4. वरदान देना; 5. (*worship*) पूजा* क०, प्रशंसा* क०*; **~ed,** 1. अभिमन्त्रित, अनुमन्त्रित; 2. धन्य; 3. (*fortunate*) सौभाग्यशाली; of—memory, प्रातःस्मरणीय; **~edness,** धन्यता*; **~ing,** 1. आशीर्वाद; स्वस्त्ययन; 2. अनुमन्त्रण, अभिमन्त्रण; 3. (*favour*) कृपादान, वरदान; —in disguise, अप्रत्यक्ष कृपादान; 4. आशिष-समारोह। > ब्ले 'स; ब्ले 'सिड; ब्ले 'सिन्ग

blether, प्रलाप। > ब्ले'-दॅ

blight, *n.*, 1. (*of plants*) अंगमारी*, चित्ती*; 2. (*destruction*) विनाश; 3. (*curse*) अभिशाप; —*v.*, 1. (*wither*) सुखाना, मुरझा देना; मुरझा जाना; 2. (*destroy*) नष्ट क०; 3. (*disappoint*) निराश कर देना। > ब्लाइट

blind, *adj.*, 1.अंधा, नेत्रहीन; 2. (*foolish*) बेसमझ, विवेकशून्य; 3. (*reckless of action*) अविवेचित, अन्धाधुन्ध; 4. (*concealed*) छिपा हुआ, अप्रत्यक्ष; 5. (*of alley*) बन्द; —*v.*, 1. अंधा क०; 2. (*dazzle*) चौंधियाना; 3. (*obscure*) धुँधला कर देना; 4. (*hide*) छिपाना; —*n.*, 1. (*shutter*) झिलमिली*; 2. (*curtain*) परदा; 3. (*obstruction*) आड़*, ओट*; 4. (*excuse*) बहाना; 5. (*decoy*) फन्दा; धोखे की टट्टी*; ~flying, अन्ध-उड़ान*, ~spot, अन्ध-बिन्दु; **~-born,** जन्मांध; **~fold,** *v.*, 1. आँखों* पर पट्टी* बाँधना; 2. (*mislead*) भटकाना, अन्धा बनाना; —*adv.*, 1. आँखों पर पट्टी* बाँधे; आँखें बन्द किए; 2. (*recklessly*) बिना सोचे समझे; —*adj.*, अविचारी (*of person*); अन्धाधुन्ध (*of acts*); **~ing,** अंधकार; **~-man's-buff,** आँखमिचौनी*, **~ness,** अंधापन। > ब्लाइन्ड

blindage, आड़*, ओट*। > ब्लाइन्-डिज

blink, *v.i.*, 1. (*wink rapidly*) मुलमुलाना; 2. (*twinkle*) टिमटिमाना; 3. (*disregard*) अनदेखी* क०; *v.t.*, 1. पलक* मारना, आँखें* मिचकाना; 2. आँखें* बन्द कर लेना; 3. (*signal*) संकेत क०; —*n.*, 1. (*glimpse*) झलक*, झाँकी*; 2. (*glimmer*) चमक*; 3. (*winking*) झपकी*; निमेषण; 4. (*moment*) निमेष, क्षण; **~ers,** अँधेरी*। > ब्लिक; ब्लिन्ग्कॅज़

bliss, परमानन्द; स्वर्गसुख; **~ful,** आनन्दमय, सुखद। > ब्लिस

blister, *n.*, फफोला, छाला; *v.*, फफोला पड़ जाना; **~gas,** व्रणगैस*। > ब्लिस्-टॅ

blithe, प्रसन्न, प्रफुल्ल। > ब्लाइद

blithering, बकवादी; पक्का। > ब्लिदॅरिन्ग

blitz, (हवाई) आक्रमण; **~krieg,** तूफ़ानी हमला। > ब्लित्स; ब्लित्स्क्रीग

blizzard, हिमझंझावात, बर्फ़ानी तूफ़ान। > ब्लिज़ॅड

bloat, 1. (*swell*) फूलना; फुलाना; 2. (*cure*) धुँआना; **~er,** धुँआया हिलसा। > ब्लोट; ब्लो-टॅ

blob, 1. (*globule*) गोलिका*; 2. धब्बा, छींटा। > ब्लॉब

bloc, गुट, गुट्ट। > ब्लॉक

block, *n.*, 1. खण्ड(क), निपिण्ड, पिण्डक; कुन्दा (*of wood*); शिलाखण्ड (*of stone*); भूमिखण्ड (*of land*); 2. (*platform*) मंच; 3. (*mould*) ढाँचा; 4. (*obstruction*) बाधा*; 5. (*group of buildings*) भवनसमूह; 6. (*bloc*) गुट्ट; 7. (*administration*) प्रखण्ड, खण्ड, ब्लाक, 8. (*printing*) ब्लॉक, ठप्पा; 9. (*a person*) भावशून्य या कठोर व्यक्ति; —*v.*, 1. (*obstruct*) बन्द क०, अवरुद्ध क०, अवरोध क०, रोकना; 2. (*hinder*) बाधा* डालना; रोक देना; **~ed,** अवरुद्ध; **~head,** मूर्ख; **~ing,** *n.*, अवरोध, अवरोधन, निरोध; *adj.*, विरोधी, अवरोधी। > ब्लॉक

blockade, *n.* (*v.*) नाकाबन्दी*, नाकेबन्दी* (क०), घेरा (डालना), अवरोध (क०), संरोध (क०); अवरोधन। > ब्लॉकेड

bloke, व्यक्ति, आदमी। > ब्लोक

blood, 1.रक्त, लहू, खून, रुधिर; 2. (*murder*) हत्या*; 3. (*temperament*) स्वभाग, प्रकृति*; 4. (*race*) वंश, कुल; 5. (*kinship*) रिश्ता; 6. (*dandy*) छैला; in cold~, क्रूरतापूर्वक; जानबूझकर; bad~, क्रोध; बैर; **~-blank,** रक्त (दान) बैंक; **~-bath,** हत्याकाण्ड; **~-brother,** सहोदर या सगा भाई; **~-corpuscule,** रक्त-कणिका*, रक्ताणु; **~-curdling,** भयानक, रोमांचकारी; **~-donor,** रुधिर-प्रदाता; **~-feud,** रक्त-बैर, कुल-बैर; **~-group,** रुधिर-वर्ग; **~-guilty,** हत्यारा; **~-hound,** 1. भेदिया कुत्ता; 2. (*person*) जासूस, भेदिया; **~less,** 1. रक्तहीन; 2. रक्तपातहीन; 3. (*lifeless*) निर्जीव; 4. (*pale*) विवर्ण, पीला; 5. (*unfeeling*) निर्मोही; 6. (*cruel*) निष्ठुर; **~-letting,** रक्तमोक्षण; **~-poisoning,** रक्त-विषाक्तता*; **~-pressure,** रक्तचाप, रक्तदाब; **~-relation,** रक्त-सम्बन्धी; **~shed,** रक्तपात; **~shot,** खूनी; **~-stained,** रक्तरंजित; **~-stone,** रक्तप्रस्तर; **~-sucker,** 1. (*leech*) जोंक*; 2. (*extortioner*) खसोटा, शोषक; **~-test,** रक्त-जाँच*; **~-thirsty,** रक्तपिपासु, खूँखार; निष्ठुर; **~-transfusion,** रक्त-आधान; **~-vessel,** शिरा*, रक्त-वाहिका*, **~y,** रक्त का, रक्त-; रुधिराक्त, खूनी, लाल; रक्तरंजित; रक्तपातपूर्ण; रक्तपिपासु। > ब्लॅड; ब्लॅ-डि

bloom, *n.*, 1. (*flower*) फूल, पुष्प, कुसुम; पुष्पपुंज; 2. (*florescence*) बहार*; 3. (*prime*) नवयौवन; 4. (*glow*) अरुणिमा*, लाली*; —*v.*, फूलना, खिलना, बौराना, चिटकना; **~ing,** पुष्पित; फलता-फूलता। > ब्लूम

bloomers, सलवार*। > ब्लू-मॅस

blossom, *n.*, मंजरी*, कली*, बौर; *v.*, खिलना; हरा-भरा होना, फलना-फूलना; विकसित हो जाना; **~ing,** पुष्पण; **~y,** पुष्पित, मंजरित, मुकुलित। > ब्लॉसॅम

blot, *n.*, 1. धब्बा, दाग; 2. (*disgrace*) कंलक, लांछन; 3. (*blemish*) दोष; —*v.*, 1.धब्बे डालना; मैला क०; 2. (*sully*) कलंकित क०, कलंक लगाना; 3. (*dry*) सुखाना; **~out,** 1. मिटाना; 2. (obscure) छिपा देना, छिपाना; **~ter, ~ting paper,** सोखता, स्याहीसोख। > ब्लॉट; ब्लॉ-टॅ

blotch, 1. छाला, व्रण; 2. (*stain*) धब्बा, दाग़; **~y,** धब्बेदार, दग़ैल। > ब्लॉच; ब्लॉचि

blouse, कुरता; कुरती* (*for women*) > ब्लाउज़

blow, *n.*, 1. फूँकना; 2. (*pant*) हाँफना; 3. (*sound*) बजना, बजाना; 4. (*move*) चलना, बहना; 5. (*blossom*) खिलना, फूलना; —*n.*, 1. (*a blowing*) फूँक*; 2. (*blast*) झोंका; 3. (*hit*) प्रहार, आघात; घूँसा (*with fist*); 4. (*shock*) धक्का; 5. (*disaster*) विपत्ति*; 6. (*bloom*) बहार*; **~over,** शान्त हो जाना, थम जाना; दूर हो जाना; **~out,** 1. बुझाना; 2. (*burst*) फट जाना; 3. (*melt*) गल जाना; **~up,** 1. फुलाना; 2. (*explode*) फूट पड़ना; उड़ा देना; **~er,** धौंकनी*, आध्माता; **~-gun,** तुफ़ँग*; **~-hole,** वायु-छिद्र; **~-lamp,** धमन-दीप **~-out,** 1. (*burst*) फट*, फटन*; 2. (*melting*) संगलन, गलन; **~pipe** धौंकनी*,फुकना; **~-up,** विस्फोट; **~y,** वातल। > ब्लो

blowzed, blowzy, 1. ललमुँहा; 2. (*slovenly*) फूहड़। > ब्लाउज़्ड; ब्लाउज़ि

blubber, *n.*, 1. (*fat*) तिमिवसा*, चरबी*; 2. (*weeping*) रोदन; —*v.*, सिसकना, रोना-बिलखना; **~y,** चरबीदार; मोटा; सूजा हुआ। > ब्लॅ-बॅ

bludgeon, *n.*, गदा*, सोंटा, लगुड़, लाठी*; —*v.*, अन्धाधुन्ध (लाठी* से) मारना, अन्धा-धुन्ध सोंटा मारना। > ब्लॅजॅन

blue, *adj.*, 1. नीला, आसमानी; 2. (*livid*) विवर्ण; 3. (*depressed*) विषण्ण, उदास; —*n.*, नीला रंग, नील; —*v.*, नीला क० या हो जाना, नील लगाना; **~blood,** कुलीन, अभिजात; **~bird,** नीलमी*; **~-book,** अधिकृत रिपोर्ट*; **~ish, bluish,** हलका नीला, नीलाभ; **~-print,** (अन्तिम) रूप-रेखा*, (पूरा) खाका; नीला नक़्शा; **~-stocking,** पण्डिता*, विदुषी*। > ब्लू; ब्लूइश

bluff, *n.*, 1. (*cliff*) कगार, वप्र; 2. (*act of bluffing*) झाँसा-पट्टी*, धुप्पल*; दमबुत्ता; 3. (*overbearing demeanour*) रोब, धौंस*; —*v.*, झांसा देना; धौंसना; —*adj.*, 1. (*brusque*) रूखा, स्पष्टवादी; 2. (*sleep*) खड़ा, ऊँचा; 3. (*of ship*) सामने चौड़ा। > ब्लॅफ़

blunder, *n.*, भद्दी भूल*, चूक*; *v.*, 1. भारी भूल* क०, बुरी तरह* चूक जाना*; 2. (*stumble*) डगमगाना; **~buss,** बन्दूक*; **~head,** मूर्ख, बुद्धू। > ब्लॅन्-डॅ, ~बॅस; ~हे'ड

blunt, *adj.*, 1. (*not sharp*) भोथरा, भोथर, कुण्ठित, कुन्द; 2. (*bluff*) स्पष्टवादी, रूखा, मुँहफट; 3. (*dull*) मन्दबुद्धि; —*v.*, कुण्ठित क० या हो जाना (*also fig.*); **~ly,** रुखाई* से, स्पष्टतया; **~ness,** भोथरापन; रुखाई*, रुखापन, स्पष्टवादिता*। > ब्लॅन्ट

blur, *v.*, 1. धुँधला हो जाना या कर देना, अस्पष्ट क०; 2. (*smear*) धब्बे लगाना, मलिन क०; 3. (*disfigure*) विकृत क०, दूषित क०, गन्दा क०; —*n.*, धब्बा, दाग़; कलंक; धुँधलापन; **~red,** धुँधला, अस्पष्ट; मलिन। > ब्लॅ:

blurb, (पुस्तक* का) विज्ञापन, परिचय, शस्ति*। > ब्लॅ:ब

blurt out, कह डालना, फूट पड़ना। > ब्लॅ:ट आउट

blush, *v.*, मुख पर लाली* आना, (लज्जा* से) लाल हो जाना, मुख लज्जारुण हो जाना; लज्जित होना, शरमाना, झेंपना; —*n.*, लज्जारुणिमा*, लज्जा*, मुखारुणिमा*; अरुणिमा*, लालिमा*, प्रभा*। > ब्लॅश

bluster, *v.*, 1. (आँधी* आदि का) प्रचण्ड होना; 2. (*threaten*) घुड़कना, धमकाना, गरजना; —*n.*, आँधी*, तूफ़ान; गरज*; डींग*, दर्पोक्ति*; **~er,** डींग* मारने वाला; **~ous,** प्रचण्ड; गरजनेवाला; दंभी, अभिमानी। > ब्लॅस्-टॅ; ~ रॅस

boa, अजगर। > बोअॅ

boar, शूकर, वराह, वाराह, सूअर; wild~, बनैला सूअर। > बॉ:

board, *n.*, 1. (*council*) बोर्ड, समिति*, पर्षद्*, मण्डल; 2. (*plank*) तख्ता, पट्ट, फलक, पटरा; 3. (*food*), खान-पान, भोजन; 4. (*side*) किनारा; —*v.*, चढ़ना, सवार होना, भोजन देना या पाना; तख्ते लगाना; above ~, सच्चा, निष्कपट; खुल्लमखुल्ला; **~er,** अंतेवासी, आवासी, बोर्डर; **~ing,** भोजनव्यवस्था*; छात्रावास, अवसथ। > बॉ:ड; बॉ:-डॅ; बॉ:डिङ्

boast *n.*, डींग*, शेखी*, आत्मश्लाघा*, गर्वोक्ति*; गौरव, प्रतिष्ठा*; —*v.*, डींग* मारना, शेखी* बघारना, बढ़-बढ़कर बातें* क०; (पर) गौरव क०; **~er, ~ful,** शेखीबाज़, डींग* मारनेवाला, आत्मश्लाघी; **~fulness,** आत्मश्लाघिता*। > बोस्ट; बोस्-टॅ

boat, *n.*, नाव*, किश्ती*, नौका*; *v.*, नाव* चलाना; नाव* में ले जाना; नौकाविहार क०; **~-bridge,** नाव* का पुल; **~ing,** नौकाविहार; **~man,** नाविक, केवट; **~-race,** नौका-दौड़*। > बोट; बोट्मॅन

bob, *n.*, 1. (*weight*) गोलक, लटकन; 2. (*ornament*) लटकन; 3. (*curl*) अलक*, घूँघर, लट*; 4. (*refrain*) टेक*; 5. (*jerk*) झटका; 6. (*tap*) थपकी*; 7. (*curtsy*) प्रणति*; —*v.*, 1. (*move up and down*) ऊभ-चूभ हो जाना, डूबना-उतराना; 2. (*come up*) उतराना; 3. (*tap*) थपकाना; 4. (*jerk*) झटकना; 5. (*cut*) काटना; 6. (*curtsy*) झुकना; **~tailed,** दुमकटा। > बॉब

bobbery, 1. उत्पाद, उपद्रव; 2. (*hubbub*) शोरगुल, गुलगपाड़ा, हल्ला। > बॉबरि

bobbin, परेता, फिरकी*, अटेरन, बोबिन। > बॉबिन

bobsled, bosleigh, स्लेज, हिमशकट। > बॉब्सले'ड; बॉब्स्ले

bobstay, रस्सा। > बॉब्स्टे

bode, (का) शकुन होना, (भविष्य) सूचित क०; **~ful,** अपशकुन-सूचक; **~ment,** शकुन। > बोड

bodice, कुरती*, चोली*। > बॉडिस

bodiless, विदेह, अमूर्त। **bodily,** *adj.*, शारीरिक, दैहिक, कायिक; —*adv.*, 1.सशरीर, सदेह; 2. (*in* *entirety)* सांगोपांग; पूरा-पूरा; 3. सब मिलकर। > बॉडिलिस; बॉडिलि

bodkin, सूआ, सुतारी*। > बॉड्-किन

body, 1. शरीर, बदन, देह*, तन, काया*, काय; 2. *(corpse)* शव; 3. *(trunk)* धड़; 4. मुख्य भाग; 5. *(society)* निकाय, समिति*, संस्था*; 6.समूह; 7. *(frame)* ढाँचा; 8. *(math., astron., etc.)* पिण्ड; 9. *(person)* व्यक्ति; 10. *(majority)* अधिकांश; celestial ~, खपिण्ड; corporate ~, निकाय; governing ~, शासी निकाय; ~politic, राष्ट्र; **~-cloth,** *(of horse)*, गरदनी*; **~-guard,** अंगरक्षक; **~-snatcher,** शवदस्यु। > बॉडि

bog, *n.*, दलदल**; *v.*, पक में फँसना या फँसाना; **~gy,** दलदला। > बॉग; बॉगि

bogey, bogy, 1. *(goblin)* हौआ, भूत, जूजू; 2. *(devil)* शैतान। > बोगि

boggle, *v.*, 1. *(be startled)* ठिठकना; 2. *(hesitate)* हिचकना; 3. *(demur)* आपत्ति* क०*; —*n.*, ठिठक*, संकोच। > बॉगॅल

bogie, बोगी। > बोगि

bogus, खोटा, बनावटी, जाली, बोगस। > बोगॅस

bohea, घटिया काली चाय*। > बोही

Bohemian, 1.बोहिमियाई; 2. *(gypsy)* कंजर, जिप्सी; 3. *(unconventional)* आवारा, निरंकुश, रूढ़िमुक्त, उच्छृंखल। > बोहीम्यॅन

boil, *n.*, 1. फोड़ा, व्रण; 2. *(boiling)* क्वथन; —*v.i.* उबलना, खौलना, उबल पड़ना; जोश में आना; —*v.t.*, उबालना; **~er,** 1. *(utensil)* देग़; 2. बॉयलर, क्वथनित्र, वाष्पित्र; **~ing,** क्वथन; **—-point,** क्वथनांक। > बॉइल; बॉइ-लॅ

boisterous, 1. *(violent)* प्रचण्ड, तेज़; 2. *(of person)* ऊधमी; गुल-गपाड़िया। > बॉइस्टॅरॅस

bold, 1.निर्भिक, निडर; 2. *(impudent)* धृष्ट, ढीठ; 3. *(of type)* सुस्पष्ट, मोटा; **~-faced,** निर्लज्ज, बेशर्म; **~ly,** निधड़क, बेखटके; **~ness,** निर्भीकता*; धृष्टता*, ढिठाई*, दुःसाहस। > बोल्ड; बोल्ड्फेस्ट

bole, धड़, तना। > बोल

bolide, उल्का*। > बोलाइड

boll, डोडा, बीजकोष > बोल

bollard, जहाज़ी खूँटा। > बॉलॅड

bolometer, तेजमापी। > बॅलॉम्-इटॅ

bolster, *n.*, तकिया, मसनद*, गद्दी*; *v.*, तकिया लगाना; सहारा देना, थामना, संभालना। > बोल्-स्टॅ

bolt, *n.*, 1. *(sliding bar)* सिटकिनी*, चटखनी*; 2. *(headed metal pin)* क़ाबला, बोल्ट; 3. *(arrow)* तीर; 4. *(lightning)* गाज*, वज्रपात, वज्र, बिजली*; 5. *(movement)* छलाँग*, फलाँग; 6. *(running away)* पलायन; 7. *(roll of cloth)* थान; 8. *(bundle)* गट्ठा; —*v.*, 1.चटखनी* या काबला लगाना; 2. *(dart away)* चौंककर भाग जाना; 3. *(gulp down)* गटकना; 4. अपने दल से अलग हो जाना; **~er,** दलद्रोही। ~from the blue, आकस्मिक घटना*। > बोल्ट; बोल्-टॅ

bolus, 1. *(lump)* पिण्ड; 2. *(pill)* गोली*। > बो-लॅस

bomb, *n.*, बम, गोला; *v.*, बम बरसाना या गिराना; **~er,** बमवर्षक; **~ing,** गोलाबारी*; **~-proof,** अभेद्य, बमसह, बमरोह। > बॉम; बॉ-मॅ; बॉमिंग

bombard, गोलाबारी* क०, बमबारी* क०; बौछार* क०; **~ment,** बमवर्षा*, गोलाबारी*, बमबारी। > बॉम्बाड

bombast, शब्दाडम्बर; **~ic,** शब्दाडम्बरपूर्ण। > बॉम्बॅस्ट; बॅम्बैस्-टिक

bona fide, *adj.*, निष्कपट, नेकनीयत, सदाशयी, सद्भावी, सच्चा; प्रामाणिक, असली, वास्तविक, यर्थाथ; —*adv.*, सद्भाव से। **bona fides,** सदाशयता*, सद्भावना*, नेकनीयती*; सदाशय, सद्भाव। > बोनॅफ़ाइदि; बोनॅफ़ाइडीज़

bonanza, *n.*, 1.समृद्धि*; 2. *(mining)* अयस्क-पुंज; —*adj.*, 1. *(prosperous)* फलता-फूलता; 2. *(well-equipped)* समृद्ध। > बॅनैन्ज़ॅ

bon-bon, मिठाई*। > बॉन्बॉन

bond, 1. *(shackles)* बेड़ी*; 2. *(link)* बन्धन; 3. *(binding engagement)* बाण्ड, बन्ध; बन्धपत्र, इक़रारनामा, अनुबन्धपत्र; 4. *(debenture)* ऋणपत्र, रुक्का, तमस्सुक; 5. *(masonry)* चाल*; —*v.*, बन्द रखना; जोड़ना, बाँधना; ~of security, प्रतिभूपत्र; **~age,** दासता*, गुलामी*; **~ed,** बद्ध; **~ing,** बन्धक; **~sman,** 1. दास; 2. *(security)* प्रतिभू, लग्नक। > बॉन्ड; बॉन्ड्ज़्मॅन

bonduc-nut, करंजी, लताकरंज, कुबेराक्षी। > बॉन्डॅकनॅट

bone, *n.*, हड्डी*, अस्थि*; *v.*, हड्डियाँ* निकालना; ~of contention, झगड़े की जड़*; **~meal,** अस्थिचूर्ण; **~-setter,** हड्डी* बैठानेवाला। > बोन

bonfire, 1. उत्सवाग्नि*, होली*; 2. *(out-of-door fire)* अलाव। > बॉन्फाइअॅ

bonhomie, मिलनसारी*, सौजन्य। > बॉनॉमी= बॉनॅमी

bon mot, सूक्ति*, सुभाषित। > बोमो

bonne, नौकरानी*। > बॉन

bonnet, 1. टोपी*; 2. *(covering)* ढक्कन। > बॉनिट

bonny, 1. *(handsome)* कमनीय; 2. *(robust)* हृष्ट-पुष्ट। > बॉनि

bonus, 1. *(dividend)* बोनस, अधिलाभ, अधिलाभांश; 2. *(gift)* इनाम। > बोनॅस

bony, 1. *(of bone)* अस्थि-, अस्थिल, अस्थिमय; 2. चौड़ी हड्डीवाला; 3. *(thin)* हड़ीला। > बॉनि

bonze, बौद्ध भिक्षु। > बॉन्ज़

boo, 1. छी-छी क०; 2. (*hoot*) शोरगुल मचाना, हूट क०, सीटी* बजाना। > बू

booby, मूर्ख, चंडूल; **~-trap,** 1. (*bomb*) छलबम; 2. चोर-फन्दा। > बूबि

boodle, 1. (*whole lot*) समूचा, ढेर, गड्डु; 2. (*graft*) घूंस*; 3. (*loot*) लूट*। > बूडॅल

boohoo, रोना-धोना, रोना-पीटना। > बुहू

book, *n.*, 1. पुस्तक*, ग्रन्थ, किताब*; 2. (*account~*) खाता; 3. (*~of blank sheets*) बही*; —*v.*, 1. (पुस्तक* या सूची* में) लिखना, दर्ज क०; 2. (*engage*) बुक क०, सुरक्षित करा लेना, ठीक क०; 3. (*a ticket*), टिकट लेना या देना; bring to~, 1. स्पष्टीकरण माँगना; 2. (*reprimand*) फटकारना; **~binder,** जिल्दसाज़, दफ्तरी; **~binding,** जिल्दसाज़ी*, **~ed,** निर्धारित। > बुक

booking, बुकिंग; **~-clerk,** टिकट-बाबू; **~-office,** टिकट-घर। > बुक्-इन्ग

bookish, 1.किताबी, पुस्तकीय; 2. (*scholarly*) पांडित्यपूर्ण; 3. (*pedant*) पंडिताऊ; 4. (*unpractical*) अव्यावहारिक। > बुकिश

book/-jacket, पुस्तकावरण; **~-keeper,** मुनीम, लेखाकार; **~-keeping,** हिसाब-किताब, मुनीमी*; **~-learning,** किताबी या पुस्तकीय ज्ञान; **~let,** पुस्तिका*; **~louse,** किताबी कीड़ा; **~post,** पुस्तक-डाक*, पुस्तडाक*, बुकपोस्ट; **~-rest,** रिहल*; **~stall,** पुस्तकों* की दुकान*; **~worm,** किताबी कीड़ा, ग्रन्थकीट।

boom, *n.*, 1. (*noise*) गरज*, धायँ*, धड़ाका, गूँज*; 2. (*commerce*) धूम*, तेज़ी*, गरम-बाज़ारी*; सहसावृद्धि* 3. (*bar*) डण्डा, लम्बी कड़ी*; —*v.*, दनदनाना, गरजना; धूम* मचना या मचाना। > बूम

boon, वर, वरदान; ~companion, ज़िन्दादिल साथी। > बून

boor(ish), अशिष्ट, अशिष्ट, गँवार। > बुअॅ

boost, *n.*, 1. (*advancement*) बढ़ती*; 2. (*advertising*) बढ़ावा; विज्ञापन; —*v.*, 1. बढ़ाना; तूल देना; 2. विज्ञापन क०, बढ़ा-चढ़ाकर बताना; 3. (*electr.*) बढ़ाना, **~er,** वर्धक; **~ing,** वर्धन। > बूस्ट

boot, *n.*, 1. जूता, बूट; 2. (*for luggage*) सामान-धानी*; —*v.*, लात* मारना; to~, के अतिरिक्त; lick the ~s of, किसी के तलवे चाटना या सहलाना; **~less,** बेकार, व्यर्थ; **~tree,** कलकूत; **~s,** जूता साफ़ करने वाला। > बूट

Bootes, भूतेश। > बोओटीज़

booth, मण्डप, कुटी*; दूकान*; कोष्ठ। > बूद

booty, लूट*, लूट* का माल। > बूटि

booze, *v.*, ज़्यादा शराब* पीना, पीता रहना; —*n.*, 1. शराब*; 2. (*party*) पानगोष्ठी*। **boozy,** 1. पियक्कड़, मद्यप; 2. (*drunk*) मतवाला, मदमत्त। > बूज़; बूज़ि

bopeep, लुका-छिपी*। > बोपीप

borage, Indian, पत्थरचूर। > बुरिज

borax, सुहागा, बोरेक्स। > बॉ:रैक्स

bordello, वेश्यालय। > बॉ:डे'लो

border, *n.*, 1. (*edge*) किनारा; 2. (*limit*) सीमा*; 3. (*region*) सीमान्त; —*v.*, (से) लगा हुआ होना; (की) सीमा* होना; किनारा लगाना; **~er,** सीमान्तवासी; **~-line,** सीमारेखा*। > बॉ:-डॅ; बॉ:-डॅ-रॅ

bore, *n.*, 1. (*of gun*) नली*; अभ्यन्तर व्यास; 2. छेद, परिवेध, छिद्र; 3. (*person*) कानखाऊ, उबानेवाला; 4. (*nuisance*) तकलीफ़*, मुसीबत*, कष्ट; 5. (*wave*) ऊँची लहर*; —*v.*, छेद क०, वेधन क०, बेधना, बरमाना; उबाना, परेशान क०; tidal~, ज्वारभित्ति*; **~dom,** ऊब*, उचाट; **~r,** बेधक। **boring,** *adj.*, उबाऊ, नीरस; —*n.*, बेधन, परिवेधन। > बॉ:; बॉ:डॅम; बॉ:-रॅ; बॉ:रिन्ग

boreal, उत्तरी, उदीच्य। > बॉ:रिअॅल

born, 1. उत्पन्न, जात; 2. (*natural*) जन्मजात; be~, उत्पन्न होना, जन्म लेना। > बॉ:न

borough, नगर। > बॅ:रॅ

borrow, उधार लेना; लेना, उद्धत क०; **~ed,** उधार लिया हुआ; गृहीत; **~er,** कर्ज़दार, ऋणी, उद्धारणिक; **~ing power,** उधार-शक्ति*। > बॉरो, बॉ-रो-अॅ

boscage, 1. (*of shrubs*) झुरमुट; 2. (*of trees*) उपवन, वृक्ष-समूह। > बॉस्-किज

bosh, अनाप-शनाप, अण्ड-बण्ड। > बॉश

bosket, bosquet, उपवन। > बॉस्-किट

bosom, छाती*, वक्षस्थल; **~friend,** अंतरंग मित्र। > बुजम; ~फ्रे'न्ड

boss, *n.*, 1. मौलिक, अधिपुरुष, स्वामी; 2. (*protuberance*) उभार, उभाड़; —*v.*, मालिक होना, नियन्त्रण क०, रोब जमाना। > बॉस

bot (t), bots, जोंकी*। > बॉट

botanical, वानस्पतिक। **botanist,** वनस्पतिज्ञ, वनस्पतिशास्त्री। **botany,** वनस्पति विज्ञान, उद्भिज्ज-विज्ञान। > बॅटैनिकॅल; बॉटॅनिस्ट; बॉटॅनि

botch, *n.*, (*v.*) कच्चा काम (क०)। > बॉच

both, *pron.*, *adj.*, दोनों, उभय; *adv.*, भी। > बोथ

bother, *v.t.*, 1. (*annoy*) तंग क०, परेशान क०; 2. (*bewilder*) घबरा देना; —*v.i.*, चिन्ता* क०, फिक्र* क०; कष्ट उठाना; —*n.*, 1. (*worry*) चिन्ता*, परेशानी*; 2. (*trouble*) दिक़्क़त*; 3. (*fuss*) बतंगड़, उपद्रव; **~ation,** दिक्कत*; **~some,** कष्टप्रद, दिक़्क़ततलब। > बॉ-दॅ; बॉदॅरेशॅन

bo-tree, बोधिवृक्ष। > बोट्री

bottle, *n.*, बोतल*, शीशी*; *v.*, बोतल* में भरना*; **~up,** रोकना, दबाए रखना; **~-gourd,** लौकी*; **~neck,** 1. संकीर्ण स्थान, मार्गावरोध; 2. (*fig.*) अड़चन*, गत्यवरोध। > बॉटॅल

bottom, *adj.*, 1. निचला; 2. (*basic*) आधारिक; —*n.*, 1. निचला भाग, अधोभाग, तल, तह*; 2. (*of ship, vessel*) पेंदा; 3. (*of sea river, valley*) तल; 4. (*base*) आधार, मूल; 5. (*fig.*) तह*, तली*; 6. (*keel*) नौतल, पठाण; 7. (*ship*) जहाज़; 8. (*seat of a chair*) आसन; 9. (*low-lying land*) निचान*; 10. (*of a list, etc.*) निचला स्थान; 11. (*stamina*) दम, स्थैर्य, तितिक्षा*; 12. (*posterior*) चूतड़, नितम्ब; —*v.*, 1.पेंदी* या आसन लगाना; 2. (*fathom*) पूर्ण रूप से समझना; थाह*लेना; 3. (*base*) पर आधारित क०; **~less,** अगाध; — pit, नरक; **~ry,** पोतबन्ध (क)। > बॉटम

boudoir, शृंगारकक्ष, निजी बैठक*। > बूड्वा = बूड्वाँ:

bough, शाखा*, डाल*। > बाउ

bougie, 1.वर्ति*, मोमबत्ती*; 2. (*instrument*) शलाका*। > बूश्ज़ी

bouillon, शोरबा। > बुल्यॉन

boulder, गोला पत्थर, शिलाखण्ड, गोलाश्म। > बोल्-डॅ

boulevard, मार्ग; मुख्य पथ। > बूल्वा

bounce, *v.t.*, 1. उछालना; 2. (*bump*) लुढ़काना, टक्कर* मारना; 3. (*hustle into*) फुसलाना, बहकाना; —*v.i.*, 1. (*bound*) उछलना; 2. (*spring*) लपकना; 3. (*burst into*) घुस पड़ना, आ पड़ना; 4. (*boast*) डींग* मारना; —*n.*, उछाल*; लपक*; डींग*; —*adv.*, 1. (*suddenly*) अचानक; 2. (*noisily*) खटाखट, तपाक से; **~r,** 1. (*big lie*) झूठ की पोट*; 2.भारीभरकम···। > बाउन्स; बाउन्-सॅ

bouncing, 1.शेखीबाज़; 2. (*robust*) हृष्ट-पुष्ट, मोटा-ताज़ा। > बाउन्-सिन्ग

bound, *n.*, 1. (*limit*) सीमा*, हद*; परिमा*; 2. (*fig.*) सीमा*, मर्यादा*; 3. (*leap*) कूद*, छलाँग*; 4. (*rebound*) उछाल*, टप्पा; 5. (*math.*) परिबंध; —*v.*, 1. सीमित क०; की सीमा* होना; 2. कूदना, छलाँग मारना; 3. उछलना; —*adj.*, 1. को जानेवाला, के लिए रवाना; 2. (*tied*) बाँधा हुआ, आबद्ध; 3. (*related*) सम्बद्ध; 4. (*obliged*) बाध्य; he is bound to (come) वह अवश्य ही (आएगा); I feel bound to (say), मुझे (कहना) पड़ता है; out of ~s, निषिद्ध; हद* या सीमा* से बाहर; **~ed,** परिबद्ध; **~ed by,** से घिरा हुआ; **~en duty,** भारी कर्तव्य; **~less,** असीम, अन्तहीन। > बाउन्ड

boundary, 1. सीमा*, चौहद्दी*, 2. (*fig.*) सीमा*, मर्यादा*; 3. (*math.*) परिसीमा*; **~-stone,** सीमा-पत्थर। > बाउन्डरि

bounteous, bountiful, 1., (*generous*) उदार, मुक्तहस्त, वदान्य; 2. (*ample*) प्रचुर, विपुल। > बाउन्-टि/ॲस; ~फ़ुल

bounty, 1. उदारता*, वदान्यता*; 2. उदार दान; 3. (*gratuity*) इनाम, आनुतोषिक। > बाउन्-टि

bouquet, 1. गुलदस्ता, गुच्छा; 2. (*aroma*) सुगंध*। > बुके

bourdon, 1. (*of organ*) मन्द्र खूँटी*, मन्द्र परदा; 2. (*of bagpipe*) मन्द्र नली*। > बुऑर्डन

bourgeois, बूर्जुआ, मध्यवर्गी(य); **~ie,** मध्यवर्ग। > बुऑश्ज़्वा; बुऑश्ज़्वाज़ी

bourn (e), 1. (*limit*) सीमा*; 2. (*goal*) लक्ष्य; 3. (*river*) सरिता*। > बुऑन

bourse, सराफ़ा। > बुऑस

boustrophedon, दुतरफ़ा लिखाई*, सर्प-लेखन। > बाउस्ट्रॅफ़ीडॅन

bout, 1. (*turn*) बारी*, पारी*; 2. (*trial of strength*) बलपरीक्षा*; 3. (*of illness etc.*) दौरा; 4. (*period*) अवधि*। > बाउट

bovine, 1.गोजातीय; 2. (*slow*) मन्दबुद्धि। > बोवाइन

bow¹, 1. (*weapon*) धनुष, चाप; 2. (*curve*) मोड़, घुमाव; 3. (*rainbow*) इन्द्रधनुष; 4. (*for violin*) गज़; 5. (*slipknot*) सरक-फन्दा, फिसलफन्दा; **~-compass,** धनु-परकार; **~-legged,** धनुर्जंघी; **~man,** तीरंदाज, धनुर्धर*; **~-pen,** कमान-लेखनी*; **~shot,** तिरवा; **~-string,** प्रत्यंचा*, चिल्ला, पतंचिका*, ज्या*; **~yer,** धनुष्कार। > बो; बोमॅन; बोयॅ

bow², *v.i.*, 1. (*submit*) झुक जाना; 2. (*greet*) नमस्कार क०; 3. (*express assent*) स्वीकृति* प्रकट क०; —*v.t.*, झुकाना; —*n.*, झुकाई*, नमस्कार। > बाउ

bow³, गलही*, जहाज़ का अग्रभाग; **~line,** बोलिन, आरसा; —Knot, चकरी गिरह*; **~sprit,** चप्पल, तीर, सबदरा। > बाउ; बोलिन; बोस्प्रिट

bowdlerize, परिशोधन क०। > बाउड्लॅराइज़

bowel, आँत*, अन्त्र, अंतड़ी*। > बाउॲल

bower, कुंज, निकुंज, लतामण्डप; ~anchor, आगल या बड़ा लंगर; **~y,** लतावेष्टित। > बाउॲ; बाउऑरि

bowl, *n.*, 1. (*cup*) कटोरा; 2. (*ball*) लकड़ी* का गेंद; —*v.*, गेंद चलाना; आउट क०; **~over,** 1. (*knock down*) गिरा देना; 2. (*dis-concert*) घबरा देना; **~er,** गेंदबाज़, गेंदन्दाज़; **~ing,** गेंदबाज़ी*। > बोल; बो-लॅ; बोलिन्ग

bow-window, मेहराबदार खिड़की*। > बो-विन्डो

bow-wow, *n.*, भों-भों, भूँ-भूँ*; *v.*, भूँकना, भौंकना। > बाउ-वाउ

box, *n.*, 1. सन्दूक, बकस, मंजूषा*; धानी*, डिब्बा; 2. (*compartment*) कोठरी*, कक्ष, खाना; 3. (*blow*) थप्पड़, तमाचा; 4. (*of witeness etc.*) कठघरा; —*v.*, थप्पड़ मारना; मुक्केबाज़ी* क०; **~er,** मुक्केबाज़; **~ing,** मुक्केबाज़ी*, मुक्की*, मुष्टियुद्ध **~-myrtle,**

कायफल; **~-office,** टिकटघर; **~-wood,** कामिनी*। > बॉक्स

boy, 1. लड़का, बालक; 2. (*servant*) नौकर, **~-friend,** प्रेमी; **~hood,** लड़कपन, बालकपन; **~ish,** 1. बालोचित, बालसुलभ, बाल्य; लड़कों जैसा; 2. (*puerile*) बचकाना; 3. (*spirited*) जोशीला, उत्साही; **~scout,** बालचर। > बॉइ, ~हुड, ~इश

boycott, *n.* (*v.*), बहिष्कार (क०), बायकाट (क०)। > बॉइकॅट = बॉइकॉट

brace, *n.*, 1. (*strap, fastener*) बन्धनी*, पट्टी*; 2. (*pl., suspenders*) गेलिस; 3. (*pair*) जोड़ा; 4. (*bracket*) धनुकोष्ठक; धनुर्बन्धनी*; 5. (*prop*) ठेक*, टेक*; 6. (*tool*) हाथ-बरमा; —*v.*, 1. (*bind*) बाँधना; 2. (*tighten*) कसना; 3. पट्टी* या टेक* लगाना; 4. (*invigorate*) दृढ़ क०; तैयार क०, प्रोत्साहन देना; **~r,** बन्धन। > ब्रेस; ब्रे-सॅ

bracelet, कंगन, कंकण, वलय। > ब्रेस्-लिट

brachial, प्रगण्ड-, बाहु-। > ब्रेक्यॅल

brachium, 1. (*upper arm*) प्रगण्ड; 2. (*zool.*) बाहुक। > ब्रेकिॲम

brachycepha/lic, ~lous, लघुशिरस्क। > ब्रैकिसि'फ़ैल्-इक; ब्रैकिसे'फ़लॅस

bracing, स्फूर्तिकारक। > ब्रेसिन्ग

bracket, 1. (*of wall*) दीवारगीर*, ब्रैकेट; 2. (*support*) टेक*; बन्धनी*; 3. (*in writing*) कोष्ठक, बन्धनी*; 4. (*group*) वर्ग; —*v.*, कोष्ठक में रखना; ब्रैकेट लगाना; बराबर समझना। > ब्रैकिट

brackish, 1. खारा; 2. (*distasteful*) अरुचिकर।

bract, सहपत्र; **~let,** सहपत्रक। > ब्रैक्ट; ब्रेक्ट्-लिट

brad, चपटी कील*, चोबा; **~awl,** सूजा, आर। > ब्रैड; ब्रैडॉ:ल

brag, *n.*, डींग*, शेखी*; *v.*, डींग* मारना या हाँकना, शेखी* बघारना, सीटना; **~gadocio,** शेखी*; शेखीबाज़; **~gart,** शेखीबाज़, बड़बोल, आत्मश्लाघी। > ब्रैग; ब्रैगॅडोशिओ; ब्रैगॅट

brahmin, ब्राह्मण। > ब्रामिन

braid, *n.*, 1. (*of hair*) वेणी*, चोटी*; 2. (*band*) फ़ीता; 3. (*border*) गोटा; —*v.*, 1. (*interweave*) गूथना; 2. बाँधना; 3. गोटा लगाना। > ब्रेड

Braille, ब्रैल, उत्कीर्ण लेख। > ब्रेल

brain, *n.*, 1. मस्तिष्क, दिमाग, भेजा, मग्ज़; 2. (*intelligence*) बुद्धि*; —*v.*, सिर फोड़ना; ~s trust, विज्ञमण्डल; have on the ~, की सनक* या धुन* होना, किसी पर··· का भूत सवार होना; **~-fag,** दिमागी थकान*; **~-fever,** मस्तिष्क-ज्वर; —bird, कोयल*; **~less,** निर्बुद्धि; **~-pan,** कपाल; **~-sick,** पागल, विक्षिप्त; **~-storm,** उन्माद; विक्षिप्ति*; **~-washing,** मत-आरोपण; **~-wave,** सूझ*; **~y,** कुशाग्रबुद्धि। > ब्रेन

braise, दम देना, दम देकर पकाना। > ब्रेज़

brake, *n.*, 1. ब्रेक, रोक*, आरोध; 2. (*thicket*) झाड़ी*; 3. (*toothed instrument*) कंघी*; 4. (*harrow*) हेंगा; —*v.*, ब्रेक लगाना, रोकना; कूटना; **~-shoe,** गुटका। > ब्रेक

bramble, कँटीदार झाड़ी*; झड़-बेरी*। **brambly,** कँटीदार। > ब्रैम्बॅल; ब्रैम्-ब्लि

bran, भूसी*, चोकर। > ब्रैन

branch, 1. (*of tree*) शाखा*, डाल*, डाली*; 2. (*fig.*) शाखा*; —*v.*, शाखाएँ* निकलना, फूटना या हो जाना; फैल जाना; ~off, अलग हो जाना; **~ed,** शाखित; **~ing,** शाखन; **~let,** टहनी*; **~-office,** शाखा-कार्यालय; **~y,** शाखी। > ब्रांच

branchiae, क्लोम। **branchial,** क्लोम-। **branchiate,** सक्लोम। > ब्रैंकिई; ब्रैंकिॲल; ब्रैंकिएट

brand, *n.*, 1. (*burning stick*) लुआठा; 2. (*mark*) दाग़, छाप*; 3. दागने का लोहा; 4. (*stigma*) कलंक; 5. (*trademark*) ट्रेड-मार्क मार्का, छाप*; 6. (*kind*) प्रकार, क़िस्म*; 7. (*fungus disease*) चित्ती*; —*v.*, 1. दागना, 2. (*stigmatize*) कलंक (का टीका) लगाना; 3. मन में बैठाना; **~-new,** अभिनव, नवीनतम। > ब्रैंड

brandish, घुमाना; भाँजना। > ब्रैन्-डिश

brandy, ब्राण्डी*। > ब्रैन्-डि

brash, *n.*, 1. (*fragments*) टुकड़े, छर्रे; 2. (*clippings*) छाँट*; —*adj.*, 1. (*impudent*) ढीठ; 2. (*rash*) उतावला; 3. (*brittle*) भुरभुरा। > बैश

brass, 1. (*metal*) पीतल; 2. निर्लज्जता*, बेहयाई*; **~y,** निर्लज्ज, बेहया, ढीठ। > ब्रास

brassage, ढलाई*। > ब्रैसिज

brassard, बिल्ला। > ब्रैसाड

brassiere, अँगिया*, चौली*, सीनाबन्द। > ब्रैसिये'ॲ

brat, छोकरा। > ब्रैट

bravado, अक्खड़पन, डींग*। > ब्रॅवाडो

brave, *adj.*, साहसी, वीर, बहादुर; *v.*, 1. (का) सामना क०; 2. (*defy*) ललकारना, चुनौती* देना; **~ry,** साहस, बहादुरी*, वीरता*, तड़क-भड़क*, दिखावा। > ब्रेव; ब्रेवॅरि

bravo, शाबाश, वाह-वाह। > ब्रा-वो

bravura, साहसपूर्ण या धृष्टतापूर्ण प्रदर्शन। > ब्रॅ-वुॲ-रॅ

brawl, *n.* (*v.*), 1. झगड़ा (क०); 2. (*row*) उपद्रव (मचाना); **~er,** उपद्रवी। > ब्रॉ:ल; ब्रॉ:-लॅ

brawn, बाहुबल; **~y,** तगड़ा, हट्टा-कट्टा। > ब्रॉ:न; ब्रॉ:नि

bray, रेंकना। > ब्रे

braze, 1. पीतल का रंग चढ़ाना; 2. (*solder*) (पीतल का) टाँका लगाना। > ब्रेज़

brazen, निर्लज्ज; पीतल का। > ब्रेज़ॅन

brazier, 1. अंगीठी*; 2. (*man*) ठठेरा। > ब्रेश़्ज़

breach, *n.*, 1. (*violation*) भंग, उल्लंघन, अतिक्रमण; 2. (*gap*) दरार*; 3. विच्छेद, संबंध-विच्छेद; 4. (*of waves*) टकराहट*; —*v.*, तोड़ना; दरार* क०; ~of contract, ठेका-भंग; ~of discipline, अनुशासन-भंग; ~of the peace, शांति-भंग; ~of promise, of faith, प्रतिज्ञा-भंग; ~of trust, न्याय-भंग; विश्वास-भंग। > ब्रीच

bread, 1. रोटी*; 2. (*livelihood*) जीविका*। > ब्रे 'ड

breadth, 1. चौड़ाई; 2. (*extent*) विस्तार; 3. (*of mind*) उदारता*। > ब्रे 'ड्थ

break, *v.*, 1. टूटना, टूट जाना, टुकड़े-टुकड़े हो जाना; 2. तोड़ना; 3. (*shatter*) टुकड़े-टुकड़े क०, चूर-चूर क०; 4. (*silence, contract, etc.*) भंग क०; 5. (*cut open*) फोड़ना; 6. (*end*) समाप्त क०; 7. (*tame*) वश में क०; 8. (*a horse*) सधाना; 9. (*ruin*) तबाह क०; 10. (*make bankrupt*) दिवालिया बना देना; 11. (*a record*) तोड़ना; 12. (*escape from*) से भाग जाना; 13. (*solve*) हल क०; 14. (*reveal*) प्रकट क०; 15. (*a journey*) रुक जाना; 16. (*reduce effect*) कम क०; घटाना; 17. (*weaken*) अशक्त, दुर्बल या निस्तेज हो जाना या कर देना; 18. (*begin*) प्रारंभ हो जाना; 19. (*appear*) प्रकट हो जाना; 20. (*of waves*) टकराना; —*n.*, 1. भंग; 2. (*act*) भंजन; 3. (*gap*) दरार*, विच्छेद; 4. (*rest*) विराम, अवकाश; 5. (*interval*) अन्तराल; 6. (*of day*), प्रभात; 7. (*interruption*) क्रमभंग; 8. (*deviation*) विचलन; 9. (*irregularity*) दोष; 10. (*ommission*) विलोपन; 11. (*carriage*) बग्घी*; **~away,** चला जाना; अलग हो जाना, निकल जाना; भाग जाना; **~down,** 1. (*of machinery*) खराब हो जाना, बिगड़ जाना; 2. रोने लगना; अभिभूत होना; 3. (*collapse*) बीमार पड़ जाना, जवाब दे देना; 4. (*overcome*) परास्त या अभिभूत क०, मात कर देना; 5. (*tear down*) ढाना, ध्वस्त क०, तोड़ देना; 6. (*analyse*) विश्लेषण क०; **~in,** 1. घुस पड़ना; तोड़कर घुसना, सेंध* लगाना; 2. (*interrupt*) टोकना; 3. (*train*) सधाना; **~into,** तोड़कर घुसना; टोकना; प्रारंभ क०, (करने) लगाना; **~off,** अचानक रुकना; सम्बन्ध तोड़ना; **~open,** तोड़कर खोलना; **~out,** अचानक (करने) लगना; निकल भागना; से भर जाना; छिड़ना, शुरू होना; **~up,** 1.अलग या समाप्त हो जाना; समाप्त क०, विसर्जित क०, तितर-बितर कर देना; 2. (*dismantle*) पुरज़े खोलना, विघटित क०; 3.समाप्त कर देना; **~with,** से अलग हो जाना, से संबंध-विच्छेद क०; नहीं मानना। > ब्रेक

break/able, भंगुर; **~age,** टूट-फूट* (की छूट*); **~-down,** 1. (*of mechanism*) खराबी*, विभंग*; 2. (*of circuit*) भंग; 3. (*of health*) स्वास्थ्यभंग; विकार; 4. (*analysis*) विश्लेषण; **~er,** 1.तोड़नेवाला; 2. (*wave*) बड़ी लहर*; भग्नोर्मि*; **~fast,** कलेवा; **~-neck,** अन्धाधुन्ध; **~-through,** भेदन; **~-up,** 1. (*disintegration*) विघटन; 2. (*dispersal*) विसर्जन; 3. (*decay*) क्षय, अवनति*; **~-water,** तरंग-रोध; **~-wind,** पवनरोध। > ब्रेकॅबॅल; ब्रेकिज; ब्रे-कॅ; ब्रे 'क्फॅस्ट; ब्रेक्ने 'क

breast, *n.*, 1. छाती*, वक्षस्थल, सीना; 2. (*of woman*) स्तन, कुच; 3. (*of garment*) आगा; 4. (*heart*) हृदय; 5. (*emotions*) भाव; —*v.*, का सामना करना; **~-bone,** उरोस्थि*; **~-feed,** स्तन पिलाना; **~-feeding,** स्तन्यदान; **~-plate,** 1. कवच; 2. (*of harness*), पेशबंद; **~-summer,** पाटकड़ी*; **~-work,** वक्षभीत*। > ब्रे 'स्ट; ब्रे '-सॅ-मॅ

breath, 1.श्वास, साँस, दम; 2. (*breathing*) श्वसन; 3. (*of wind*) झोंका; 4. (*vapour*) वाष्प, भाप*; 5. (*fragrance*) गमक*, महक*; 6. (*whisper*) कानाफूसी*, फुसफुस*; be out of~ हाँफना, दम फूल जाना; **~less,** 1. (*lifeless*) निर्जीव, बेदम; 2. (*panting*) हाँफता हुआ; 3. (*stifling*) निर्वात, उमसदार; 4. श्वासहीन; 5. (*holding one's breath*) स्तब्ध; **~-taking,** विस्मयकारी; **~y,** अस्पष्ट। > ब्रे 'थ, ब्रे 'थि

breathe, 1. साँस* लेना; साँस* खींचना; श्वास निकालना; 2. (*whisper*) फुसफुसाना; 3. (*give out*) छोड़ना; 4. (*confidence etc.*) से अनुप्राणित क०, (प्राण) डालना; 5. (*manifest*) व्यक्त क०; 6. (*of wind*) बहना; 7. (*rest*) विराम क० या देना; **~d,** (*phon.*), अघोष; **~r,** विराम, विश्राम; श्वासी। > ब्रीद, ब्रीदॅड = ब्रे 'थॅट; ब्री-दॅ

breathing, श्वसन। > ब्रीदिन्ग

breccia, संकोणाश्म। > ब्रेट्-शॅ

breech, 1. (*pl.*) जाँघिया; 2. (*of gun*) ब्रीच, नालपृष्ठ; **~ing,** पुश्तंग। > ब्रीच

breed, *v.*, 1. जनना, जन्म देना, प्रसव क०; 2. (*hatch*) सेना; 3. (*produce*) उत्पन्न क०; पैदा क०, उपजाना; 4. (*raise*) पालना, पालन-पोषण क०; 5. (*train*) शिक्षा* दिलाना; —*n.*, 1. (*of animals*) नस्ल*, नसल*; 2. (*race*) वंश; 3. (*kind*) प्रकार; **~er,** प्रजनक; **~ing,** 1. प्रजनन; 2. (*good manners*) शिष्टाचार, सौजन्य, अभिजाति*; 3. (*upbringing*) शिक्षा*। > ब्रीड

breeze, 1. समीर; 2. (*cinder*) अंगार; **~-concrete,** केरी कंक्रीट। **breezy,** 1. वातल; 2. (*lively*) जिन्दादिल, प्रसन्नचित्त, खुशदिल। > ब्रीज़; ब्रीज़ि

breve, 1. शासनपत्र; 2. (*prosody*) लघुचिह्न, अर्धचन्द्र; **~t,** आदेश-पत्र। > ब्रीव़; ब्रे 'विट

breviary, प्रार्थना-संग्रह, आह्निका*। > ब्रीविऑरि

brevity, 1. (*conciseness*) संक्षिप्तता*; 2. (*of time*) अल्पता*, अल्पकालीनता*, लघुता*। > ब्रे 'विटि

brew, *v.*, 1. (शराब* या मद्य)बनाना या खींचना;

2. तैयार क० या हो जाना; 3. (*a plot*) रचना; —*n.*, किण्वन; **~er,** किण्वक; **~ery,** सुराकर्मशाला*, मद्यनिर्माणशाला*; **~ing,** मद्यकरण, किण्वासवन। > ब्रू; ब्रूअॅ; ब्रूअॅरि; ब्रूइंग

bribe, *n.*, घूस*, रिश्वत*, उत्कोच; —*v.*, घूस* देना या खिलाना; **~e,** घूसखोर; **~ery,** घूसखोरी*, उत्कोचग्रहण। > ब्राइब; ब्राइबी; ब्राइबॅरि

bric-a-brac, कलाकृतियाँ*। > ब्रिकॅब्रैक

brick, ईंट*; **~-bat,** रोड़ा; **~-dust,** खोरा, **~-kiln,** भट्ठा; **~-layer,** राज, राजगीर, थवई; **~-laying,** राजगीरी*; **~-work,** ईंट की इमारत*; ईंट-चिनाई*; **~y,** ईंट* का, ईंट-सा ईंट-भरा। > ब्रिक

bridal, 1. वधू* का; 2. (*of marriage*) वैवाहिक। > ब्राइडॅल

bride, दुल्हन*, नववधू*; **~groom,** दुलहा, दूलहा, वर; **~smaid,** वधू-सखी*; **~sman,** वर-सखा। > ब्राइड; ब्राइड्-ग्रूम

bridge, 1. *n.*, पुल, सेतु; 2. (*of nose*) बाँसा; 3. (*of violin*) मेरु, घोड़ी*; 4. (*rest*) टेक*; —*v.*, पुल बाँधना; पार क०; **~-head,** मोरचा। **bridging,** सेतु-बन्धन। > ब्रिज; ब्रिजिंग

bridle, *n.*, 1. (*of horse*) लगाम*, बाग*; 2. (*restraint*) रोक*, नियन्त्रण; —*v.*, 1. लगाम* लगाना; 2. का (या पर) नियन्त्रण क०; 3. क्रुद्ध हो जाना; ~up, अकड़ना, अकड़ जाना; **~-path,** अश्वमार्ग। > ब्राइडॅल

brief, *adj.*, 1. अल्पकालीन, थोड़े समय का; 2. (*concise*) संक्षिप्त; —*n.*, 1. (*summary*) संक्षेप, खुलासा, संक्षिप्त विवरण या ब्योरा; 2. (*letter*) आदेश-पत्र; —*v.*, 1. (*summarize*) संक्षेप क०; खुलासा तैयार क०; 2. वकील क०; 3. (*instruct*) विवरण देना; in~, **~ly,** संक्षेप में; hold a ~for, की ओर* से वकालत* क०; का पक्ष लेना, का समर्थन क०; **~ing,** विवरण; **~less,** निठल्ला। > ब्रीफ़

brier, झाड़ी*; **~y,** काँटेदार। > ब्राइअॅ

brigade, ब्रिगेड, पृतना*, वाहिनी*। **brigadier,** ब्रिगेडियर, पृतनापति। > ब्रिगेड; ब्रिगॅडिअॅ

brigand, डाकू, बटमार, लुटेरा; **~age,** बटमारी*, राहज़नी*। > ब्रिगॅन्ड; ब्रि-गॅन्-डिज

bright, *adj.*, 1. (*shining*) चमकीला, द्युतिमान्, दीप्त; 2. (*of colours*) चटकीला; 3. (*of sound*) सुस्पष्ट; 4. (*lively*) प्रसन्नचित्त, उल्लसित, प्रफुल्ल; 5. (*clever*) बुद्धिमान्, तीव्र बुद्धि, तेज़, होनहार; 6. (*famous*) विख्यात, प्रसिद्ध; 7. (*auspicious*) शुभ; —*adv.*, चमक-दमक* से; **~en,** चमकना, चमकाना; प्रसन्न हो जाना या क०, आनन्दित क०; **~ness,** कांति*, द्युति*, दीप्ति*, चमक*, प्रसन्नता*। > ब्राइट

brilliance, 1. दीप्ति*, चमक*; प्रभा*; 2. (*splendour*) महिमा*, प्रताप, शान*, वैभव; 3. (*intelligence*) प्रतिभा*। **brilliant,** *adj.*, 1. देदीप्यमान, चमकीला; 2. (*vivid*) चटकीला; 3. वैभवशाली, प्रतापी; 4. प्रतिभाशाली; —*n.*, रत्न; हीरा। > ब्रिल्यॅन्स; ब्रिल्यॅन्ट

brilliantine, केशतैल। > ब्रिलयॅन्टीन

brim, 1. किनारा, मुँह; 2. (*of hat*) बाढ़*; **~ful,** लबालब, मुँहा-मुँह; **~mer,** लबालब भरा प्याला। > ब्रिम; ब्रि-मॅ

brimstone, गंधक, गन्धकाश्म। > ब्रिमस्टॅन

brindled, चितकबरा। > ब्रिन्डॅल्ड

brine, लवण-जल, खारा पानी; समुद्र। > ब्राइन

bring, 1. लाना, ले आना; 2. (*cause*) पहुँचाना, उत्पन्न क०; 3. (*adduce*) प्रस्तुत क०; 4. (*cause to become*) बना देना; 5. (*persuade*) विश्वास उत्पन्न क०, कायल क०; **~about,** 1. पूरा क०, सम्पादित क०; उत्पन्न क०; 2. (*a ship*) फेरना, मोड़ना; **~around,** 1. मना लेना; 2. (*convince*) क़ायल क०; **~back,** स्मरण दिलाना; **~down,** गिराना; मार डालना; घटाना; **~forth,** उत्पन्न क०; प्रकट क०; **~forward,** 1. प्रस्तुत क०, समझा देना; 2. (*in accounts*) आगे ले जाना; **~home to** 1. (*convince*) क़ायल क०, समझा देना; 2. (*convict*) दोषी सिद्ध क०; **~in,** 1. उत्पन्न क०; 2. (*a report*) प्रस्तुत क०; 3. (*import*) आयात क०; ~into play, लागू या चालू क०, से काम लेना; ~into the world, उत्पन्न क०, जन्म देना; **off,** पूरा क०, निष्पादित क०; **~on,** उत्पन्न क०; प्रारम्भ क०; छेड़ना; **~out,** स्पष्ट क०; प्रकट क०; प्रदर्शित क०; प्रकाशित क०; **~over,** क़ायल क०; ले आना; **~round,** होश में लाना; मना लेना; क़ायल क०; **~to,** होश में लाना; रोकना; **~to bear,** प्रयोग या काम में लाना; लगाना; **~to book,** स्पष्टीकरण माँगना; **~to mind,** स्मरण क०; **~to pass,** घटित क०, उत्पन्न क०; **~under,** वश में क०; **~up,** 1. पालन-पोषण क०, पढ़ाना-लिखाना; 2.की चर्चा* चलाना; 3. (*vomit*) वमन क०; 4. (*stop*) अचानक रोकना; ~up the rear, सबसे पीछे आना। > ब्रिन्ग

brinja(u)l, बैंगन। > ब्रिन्जॉ:ल

brink, किनारा। > ब्रिंक

briny, खारा, नमकीन। > ब्राइनि

briquette, इष्टिका*, ब्रिकेट। > ब्रिकेट

brisk, 1. (*lively*) फुरतीला, तेज़; 2. (*enlivening*) स्फूर्तिकारक। > ब्रिस्क

brisket, अधर-वक्ष; छाती* का मांस। > ब्रिस्-किट

bristle, *n.*, शूक, कड़ा बाल; *v.*, खड़ा होना, रोमांच होना; क्रुद्ध हो जाना; ~with, से भरा होना। **bristly,** शूकमय। ब्रिस्ल; ब्रिस्-लि

brittle, भुरभुरा, भंगुर; **~ness,** भुरभुरापन, भंगुरता*। > ब्रिटॅल

broach, *n.*, 1. (*spit*) सीख*, सीखचा, सीकचा; 2. (*boring-bit*) बरमा*; 3. (*spire*) मीनार*; —*v.*, 1. छेद बनाना; 2. (*open*) खोलना; 3. (*moot*) चर्चा* चलाना, (विषय) छेड़ना, उठाना। > ब्रोच

broad, 1. चौड़ा; 2. (*extensive*) विस्तृत; व्यापक; 3. (*clear*) साफ़, स्पष्ट; 4. (*coarse*) अश्लील, गँवारू; 5. (*general*) सामान्य; 6. (*tolerant*) उदार; 7. (*main*) मुख्य; ~guage, बड़ी लाइन*; ~jump, लम्बी कूद*; ~bean, बाकला; ~outline, मोटी रूपरेखा*; **~cloth,** बनात*; **~en,** चौड़ा क०; विस्तार देना; उदार बनाना; **~ly,** स्थूल रूप से, मोटे तौर पर; **~-minded,** उदार (चरित); **~-sheet,** बड़ा चिट्ठा; **~side,** 1. (*of ship*) बाजू; 2. एक बाजू की सब तोपें*; (उनकी) बाढ़*; 3. (*attack*) कड़ी आलोचना*, आक्षेप, घोर निन्दा*; —on, बाजू के रुख; **~sword,** खाँड़ा; **~ways,** चौड़ाई* में, चौड़ान* में। > ब्रॉ:ड; ब्रॉ:ड्सॉ:ड

broadcast, *adj.*, 1. प्रसारित; प्रसार-; 2. (*scattered*) छितराया हुआ; —*n.*, 1. (*radio*) प्रसारण; प्रोग्राम; 2. (*sowing*) छिटका बोआई*; —*v.*, 1. प्रसारित क०; 2. (*spread*) फैलाना; 3. (*scatter*) छितराना; **~er,** 1. प्रसारक; 2. (*transmitter*), प्रेषित्र; **~ing,** प्रसारण। > ब्रॉ:ड्कास्ट

brocade, ज़री*, कमखाब, कमख्वाब। > ब्रॅकेड = ब्रोकेड

broccoli, फूलगोभी*। > ब्रॉकलि

brochure, विवरणिका*, पुस्तिका*। > ब्रॉशुॲ

brocket, (दो साल का) मृग। > ब्रॉकिट

brogue, 1. प्रान्तीय उच्चारण; 2. (*shoe*) मोटे चमड़े का जूता। > ब्रोग

broil, *n.*, 1. (*quarrel*) हंगामा, हो-हल्ला, झगड़ा, झमेला; 2. (*heat*) बड़ी गरमी*; 3. (*meat*) कबाब; —*v.*, झगड़ना; भूनना। > ब्रॉइल

broken, 1. टूटा हुआ, भग्न, खंडित; 2. (*of ground*) ऊबड़-खाबड़; 3. (*of weather*) अनिश्चित; 4. (*of language*) टूटा-फूटा; 5. (*of clouds*) फटा; 6. (*of meat*) बचा-खुचा; 7. (*bankrupt*) दिवालिया; 8. (*tamed*) सधाया, साधित; 9. (*of series*) सावकाश; **~-down,** छिन्न-भिन्न, बरबाद, तबाह, जर्जर; **~-hearted,** मन का मारा, शोक-सन्तप्त, दुःखी; **~-winded,** हँफैल। > ब्रोकॅन; ~विन्-डिड

broker, दलाल, मध्यग, आढ़तिया; **~age,** (*also fee*), दलाली*, आढ़त*। > ब्रो-कॅ

bromide, ब्रोमाइड। **bromine,** ब्रोमिन। > ब्रोमाइड; ब्रोमाइन

bronchial, श्वसनी; **~tube,** श्वासनली*, श्वसनी*। **bronchiole,** श्वसनिक*, श्वास-नलिका*। > ब्रॉन्-किॲल; ब्रॉन्-कि-ओल

bronchitis, श्वासनली-शोथ, श्वसनी-शोथ। > ब्रॉन्काइटिस

bronze, *n.*, काँसा; *adj.*, कांस्य; **~age,** कांस्य-युग। **bronzy,** कांस्यवर्ण। > ब्रॉन्ज; ब्रॉन्-ज़ि

brooch, जड़ाऊ पिन*। > ब्रोच

brood, *n.*, 1. बच्चे, पोटे; 2. (*swarm*) झुण्ड, समूह, पूर; 3. (*children*) बच्चे, सन्तान*; —*v.*, सेना; विचार क०; चिन्तन क०; चिन्ता* क०; **~ing,** विचारमग्न। > ब्रूड

brook, *n.*, छोटी नदी*, नाला; *v.*, सहना, बरदाश्त क०; **~let,** नाला। > ब्रुक; ब्रुक्-लिट

broom, झाड़ू, कूँचा, बुहारी*; **~-stick,** झाड़ू का डण्डा। > ब्रूम

broth, शोरबा; मांसरस, यूष। > ब्रॉथ

brothel, वेश्यालय। > ब्रॉथॅल

brother, भाई, भ्राता; बन्धु; **~hood,** भ्रातृत्व, भ्रातृभाव, भाईचारा; भ्रातृ-संघ; **~-in-law,** 1. (*sister's husband*) बहनोई; 2. (*big sister's husband*), जीजा; 3. (*wife's brother*) साला; 4. (*husband's big brother*) जेठ; 5. (*husband's small brother*) देवर; 6. (*husband's sister's husband*) नन्दोई; 7. (*wife's sister's husband*) साढ़ू **~ly,** भ्रातृवत्, भ्रातृ-सुलभ, भ्रातृतुल्य। > ब्रॅ-दॅ

brougham, बन्द घोड़ा-गाड़ी*। > ब्रूॲम

brouhaha, हो-हल्ला। > ब्रूहाहा

brow, 1. भौंह, *भ्रू*, भौं*, भृकुटि*; 2. (*fore-head*) माथा, मस्तक; 3. (*edge*) किनारा, शिखर। > ब्राउ

browbeat, धमकाना, धौंसना; **~ing,** धौंस*। > ब्राउबीट

brown, *adj.*, (*v.*), भूरा, बभ्रु (बनना या बनाना)। > ब्राउन

brownie, वेताल, बेताल। > ब्राउनि

browse, *n.*, कल्ला, कोंपल*; *v.*, 1. (कोंपल*) चरना; 2. (*read*) पृष्ठ उलटना, पढ़कर मन बहलाना। > ब्राउज़

bruin, भालू। > ब्रूइन

bruise, *n.*, चोट*, गुमटा; *v.*, 1. चोट* पहुँचाना या लगाना; 2. (*crush*) कूटना; **~r,** मुक्केबाज़; 2. (*bully*) धौंसिया। > ब्रूज़; ब्रू-जॅ

brumous, कुहरेदार। > ब्रूमॅस

brunette, श्यामला*। > ब्रूनेट

brunt, 1. धक्का, आवेग; 2. तेज़, ज़ोर, समाघात। > ब्रॅन्ट

brush, *n.*, 1. कूँची*, तूलिका*; 2. (*tail*) पूंछ*; 3. (*electr.*) बुरुश; 4. (*touch*) हल्का स्पर्श; 5. (*encounter*) भिडन्त*; 6. (*on horse's leg*) नेवर*; —*v.*, 1. (*clean*) झाड़ना, पोंछना; 2. (*graze*) रगड़कर या छूकर निकल जाना, छू जाना, संस्पर्श क०; ~aside, किनारे रखना, हटा देना; उपेक्षा* क०; ~up, मांजना, चमकाना; ताज़ा कर देना; **~wood,** झाड़-झंखाड़, झाड़-जंगल। > ब्रॅश

brusque, रूखा, अशिष्ट। > ब्रुस्क = ब्रॅस्क

Brussels sprouts, चोकीगोभी*। > ब्रॅसॅल्ज़ स्प्राउट्स

brutal, पाशविकता; क्रूर, निर्दय, बर्बर, नृशंस; **~ity,** पाशविक*; क्रूरता*; **~ize,** नृशंस या कठोर बनना या बनाना; **~ly,** निर्दयता* से। > ब्रूटॅल; ब्रूटैलिटि; ब्रूटॅलाइज़

brute, *n.*, पशु; *adj.*, 1. (*stupid*) निर्बुद्धि, बुद्धिहीन; 2. (*insensate*) जड़; 3. (*cruel*) पाशविक; क्रूर, निर्दय; 4. (*sensual*) विषयी, विषयासक्त; ~force, पशुबल। **brutish,** पशुवत्। > ब्रूट; ब्रूटिश

bubble, *n.*, बुलबुला, बुल्ला, बुद्बुद, बुदबुदा; —*v.*, बुदबुदाना, खदबदाना। > बॅबॅल

bubo, गिलटी*; **~nic plaque,** ताऊन। > ब्यूबो; ब्युबॉनिक

buccal, 1. (*of cheek*) कपोल-; 2. (*of mouth*) मुख-। > बॅकॅल

buccaneer, जलदस्यु। > बॅकनिॲ

buccinator, कपोल-सम्पीडनी*। > बॅक्-सि-ने-टॅ

buck, 1. (मृग आदि का) नर; 2. (*dandy*) छैला; —*v.*, 1. उछलना; 2. (*throw off*) काँधी* मारना; 3. (*elect.*) विरोध क०। > बॅक

bucket, बालटी*, डोल। > बॅकिट

buckle, *n.*, बकसुआ, बकलस; *v.*, 1. बकसुए से बन्द क० या कसना; 2. (*bend*) झुकना; झुकाना; 3. (*fig.*) कमर* कसना; काम में लग जाना। > बॅकॅल

buckler, फरी*, छोटी ढाल*। > बॅक्-ल

buck/ram, *n.*, 1. बकरम; 2. (*stiffness*) रूखापन, शुष्कता*; —*adj.*, 1. कड़ा; 2. (*formal*) शुष्क, रूखा; **~-shot,** छर्रा; **~-skin,** मृग-छाला; हिरण का चमड़ा; **~thorn,** झड़बेरी*; **~-tooth,** निकला हुआ दाँत; **~wheat,** कूटू, फाफर। > बॅक्/ रॅम, ~थॉ:न, ~वीट

bucolic, ग्रामीण, देहाती। > ब्यूकॉल्-इक

bud, *n.*, कली*, कलिका*, मुकुल; *v.*, 1. कली* निकलना, मुकुलित होना; 2. खिलना, विकसित हो जाना, विकास पाना; 3. (*graft*) कलम* लगाना; **~ding,** *n.*, मुकुलन; *adj.*, उदीयमान्। > बॅड

budge, 1. हिलना; 2. हिलाना; सरकना, हटना; हटाना। > बॅज

budget, 1. आयव्ययक, बजट, आयव्ययपत्र; 2. (*bag*) थैली*; 3. (*bundle*) पोटली*, गठरी*; > बॅजिट

buff, पाण्डु। > बॅफ़

buffalo, भैंसा, भैंस*, wild~, अरना, भैंसा; ~male calf, कटड़ा, कटरा। > बॅफ़ॅलो

buffer, प्रतिरोधक, टक्कर-रोक*, दाबड़ा; **~-state,** मध्यवर्ती या अन्तःस्थ राज्य। > बॅ-फॅ

buffet, *n.*, 1. उपाहार-कक्ष; 2. अलमारी*; 3. (*blow*) तमाचा, थप्पड़; धक्का; —*v.*, मारना; लड़ना। > बॅफिट

buffoon, भाँड, विदूषक, मसखरा; **~ery,** मसखरापन; भँडैती*। > बॅफ़ून; बॅफ़्नॅरि

bug, 1. खटमल, मत्कुण; 2. (*insect*) कीड़ा, कीट; **~aboo, ~bear,** हौआ, जूजू; **~bane,** जिउंटी*। > बॅग; बॅगॅबू; बॅग्बे'ॲ, बॅग्बेन

bugger, लौंडेबाज़; **~y,** लौंडेबाजी*, वैकृत, अप्रकृत मैथुन। > बॅ-गॅ; बॅगॅरि

buggy, घोड़ागाड़ी*। > बॅगि

bugle, बिगुल। > ब्यूगॅल

build, *v.*, बनाना, बनवाना, निर्माण क०, खड़ा क०; —*n.*, गठन*, बनावट*, रचना*; **~er,** निर्माता; राजगीर; **~ing,** *n.*, भवन, इमारत*; भवन-निर्माण; —*adj.*, इमारती। **built-up area,** निर्मित क्षेत्र, इमारतदार इलाका। > बिल्ड, बिल्-डिन्ग

bulb, 1. (*electr.*) बल्ब, लट्टू; 2. (*plant*) कंद; **~ous,** कन्द का, कन्दीय; सकन्द; गोल। > बॅलब, बॅल्बॅस

bulbul, बुलबुल*। > बुल्बुल

bulge, *n.*, उभाड़, उभार; *v.*, उभरना, फूलना। **bulgy,** उभरा हुआ। > बॅल्ज; बॅल्-जि

bulimia, bulimy, क्षुधातिशय। > ब्यूलिम्-इॲ; ब्यूल्-इमि

bulk, *n.*, 1. (*mass*) ढेर, अम्बार, राशि*; 2. (*greater part*) अधिकांश; 3. (*volume*) परिमाण, आयतन; 4. (*cargo*) (नौ) भार, माल; —*v.*, 1. दिखाना, जान पड़ना, लगना; 2. (*pile*) ढेर लगाना; 3. (*ascertain weight*) भार मालूम क०; 4. (*increase*) बढ़ना; **~-head,** भित्ति*; भीत*; पोतभीत*; **~y,** भारी-भरकम, बृहदाकार, स्थूल। > बॅल्क; बॅल्-कि

bull, 1. साँड़, वृषभ; 2. (*male*) नर; 3. (*comm.*) तेजड़िया; 4. (*Taurus*) वृष; 5. (*edict*) आदेशपत्र; 6. असंगतिपूर्ण उक्ति*; —*v.*, भाव बढ़ाने का प्रत्यत्न क०; भाव-वृद्धि की सट्टेबाज़ी* क०; blue~, नील-गाय*; **~'s-eye,** 1. (*window*) गवाक्ष; 2. (*of target*) चाँद; 3. (*lantern*) पुलिस-लालटेन*; **~bay,** हिमचम्पा*; **~-calf,** बछड़ा; **~-headed,** हठीला। > बुल

bullace, जंगली आलूचा। > बुलिस

bulldoze, डराना, भयभीत क०; बाध्य क०; **~r,** बुलडोज़र। > बुल्डोज़; बुल्-डो-ज़ॅ

bullet, गोली*; **~-proof,** गोली-रोक, गोली-सह, अभेद्य। > बुलिट

bulletin, बुलेटिन, विज्ञप्ति*; पत्रिका*। > बुलिटिन

bullion, बुलियन सोना-चाँदी*; **~-market,** सराफ़ा बाज़ार। > बुल्यॅन

bullock, बैल; **~-cart,** बैलगाड़ी*, छकड़ा। > बुलॅक

bully, *n.*, 1. दबंग, धौंसिया; 2. (*pimp*) भड़ुआ; —*v.*, 1. धमकाना, सताना; 2. (*frighten*) भयाभिभूत क०, भयभीत क०। > बुलि

bulrush, 1. नरकट, नरकुल; 2. (*papyrus*) पटेरा, पपीरस। > बुल्रॅश

bulwark, 1. (*rampart*) परकोटा, प्राकार; 2. (*earthwork*) धुस्स; 3. (*protection*) आड़*, बचाव; 4. (*breakwater*) तरंगरोध; 5. (*of ship*) अड़वाल। > बुल्वॅक

bum, चूतड़, नितम्ब। > बॅम

bumble, 1. (*beadle*) कर्मचारी; 2. (*jack-in-office*) दफ्तरशाह; **~-bee,** भौंरा। > बॅम्बॅल

bump, *n.*, 1. धक्का, टक्कर*; 2. (*swelling*) गूमड़ा, गुमटा; 3. (*protuberance*) उभार, उभाड़; —*v.i.*, 1. टकराना, टक्कर* खाना; 2. (*go along with bumps*) लुढ़कना, हचकना; 3. (*bounce*) उछलना; —*v.t.*, 1. टक्कर* मारना, टकराना; 2. (*throw down*) पटक देना; लुढ़काना; **~er,** बम्पर, टक्कर-रोक*; पूरा प्याला; —crop, भरी-पूरी फ़सल*; **~ing,** उच्छलन; **~y,** ऊबड़-खाबड़। > बॅम्प

bumpkin, 1. देहाती, गँवार; 2. (*of ship*) बमकिन। > बॅम्-किन

bumptious, अक्खड़; अहंकारी, घमण्डी। > बॅम्शॅस

bun, 1. मीठी रोटी*, गुलगुला; 2. (*of hair*) जूड़ा। > बॅन

bunch, *n.*, 1. (*cluster*) गुच्छा, गुच्छ, पुंज; 2. समूह; —*v.*, 1. एकत्र क० या हो जाना; गुच्छित होना 2. (*fold*) तहियाना। > बॅन्च

bund, बन्द, पुश्ता, बाँध। > बॅन्ड

bundle, *n.*, 1. पोटली*, गठरी*, पुलिंदा; 2. (*of sticks*) गट्ठा; 3. (*collection*) समूह; 4. (*bot.*) बण्डल, पूल; —*v.*, 1. बाँधना, इकट्ठा क०; 2. (*bustle*) हड़बड़ाकर चला जाना; 3. (*send away*) हड़बड़ाकर निकाल देना या बाहर ले जाना। > बॅन्डॅल

bung, *n.* (*v.*), डाट*, डट्टा (लगाना); **~hole,** मुँह। > बॅन्ग; बॅन्ग्होल

bungalow, बँगला। > बॅन्ग्गॅलो

bungle, *v.*, घपला क०; गड़बड़ कर देना; —*n.*, घपला, गड़बड़, गोलमाल; **~r,** गड़बड़िया, घपलेबाज़, अनाड़ी, फूहड़। > बॅन्गॅल; बॅन्ग्-लॅ

bunion, गोखरू। > बॅन्यॅन

bunk, शायिका*। > बॅन्क

bunker, 1. (*shelter*) तहखाना, तलघर; 2. कोयला-कोठरी*; 3. (*pit*) गड्ढा; 4. (*mil.*) बंकर। > बॅन्-कॅ

bunkum, बकवाद*, बकबक*; छल-कपट। > बॅन्कॅम

bunt, (*bot.*) बंटुआ, कृष्णिका*। > बॅन्ट

bunting, 1. ध्वजपट; 2. झण्डे; 3. (*bird, black-headed*) पथरचिरटा। > बॅन्-टिन्ग

buoy, बोया, प्लव; **~ancy,** 1. उत्प्लावकता*; 2. (*gaiety*) प्रफुल्लता*; **~ant,** तरणशील, उत्प्लावक; प्रफुल्ल, उल्लासी। > बॉइ; बॉइ-अॅन्-सि; बॉइअॅन्ट

bur (r) कँटीला बीजकोष। > बें:

burble, बुदबुदाना। > बें:बॅल

burden, *n.*, 1. भार, बोझ; 2. (*fig.*) भार; 3. (*refrain*) टेक*, स्थायी; —*v.*, लादना, भार डालना; **~some,** बोझिल, भारी। > बें:डॅन; ~सॅम

bureau, 1. (*office*) ब्यूरो, कार्यालय, दफ़्तर; 2. (*departm.*) विभाग; 3. (*desk*) मेज़*; 4. (*chest*) अलमारी*; **~cracy,** दफ़्तरशाही*, नौकरशाही*, अधिकारी-तन्त्र; अधिकारी-वर्ग; **~crat,** दफ़्तरशाह। > ब्यूरो = ब्यूरो; ब्यूरोक्रॅसि; ब्यूरॅक्रैट

burette, शीशी*; मापन-नलिका*, ब्यूरेट। > ब्यूरे'ट

burgee, बर्गी। > बें:जी

burgeon, *n.*, किसलय, कली*; *v.*, मुकुलित होना, फटना। > बें:जॅन

burgher, burgess, नागरिक। > बें:-गॅ; बें:जिस

burglar, चोर, सेंधमार; ~alarm, चोर-घंटी*; **~y,** चोरी*। **burgle,** सेंध* मारना, चोरी* क०। > बें:ग्लॅ, बें:ग्लरि; बें:गॅल

burgomaster, नगरपति, मेयर। > बें:गॅमास्टॅ

burgonet, शिरस्त्राण। > बें:गने'ट

burial, दफ़न; **~-chamber,** शव-कक्ष; **~-ground,** क़ब्रिस्तान; **~-service,** शव-संस्कार, दफ़न का अनुष्ठान या धर्मक्रिया*। > बे'रिअॅल

burin, तक्षणी*। > ब्युअॅरिन

burke, 1. (*smother*) गाल घोंटना; 2. (*hush up*) दबा लेना। > बें:क

burl, *n*, गाँठ*, गंटु; *v.*, गाँठ* निकालना। > बें:ल

burlap, टाट। > बें:लैप

burlesque, प्रहसन; 2. (*parody*) विद्रूप, विडम्बना*। > बें:ले'स्क

burly, हट्टा-कट्टा, स्थूलकाय। > बें:लि

burn, *v.i.*, 1. जलना; 2. (*be scorched*) जल जाना; 3. (*throat etc.*) चुनचुनाना; 4. (*be excited*) उत्तेजित होना, जलना; —*v.t.* 1. जलाना, जला देना; 2. (*brand, cauterize*) दागना; 3. (*bricks etc.*) पकाना; 4. (*throat etc.*) में जलन* पैदा क०; 5. उत्तेजित क०; भड़काना; —*n.*, 1. जला, जलन*; 2. (*blister*) छाला; 3. (*brand*) दाग; **~er,** 1. दाहक, ज्वालक, जलानेवाला; 2. (*lamp*) कल्ला; **~t,** दग्ध; —offering, आहुति*, होम। > बें:न; बें:नॅ

burning, *n.*, 1. (*state*) दहन, ज्वलन; 2. (*act*) दाहन; 3. (*sensation*) जलन*; —*adj.*, 1. जलता हुआ, ज्वलित; 2. जलाने-वाला, दाहक; 3. (*ardent*) तीव्र, प्रबल; 4. (*flagrant*) घोर; 5. (*exciting*) उत्तेजक;

~glass, आतशी शीशा; ~ground, श्मशान। > बॅ:निन्ग

burnish, *v.*, चमकाना, घोटना; **~er,** 1. (*tool*) घोटा, घोटनी*, ओपनी*; 2. घोटनेवाला। > बॅ:निश; बॅ:-नि-शॅ

burnous, burnouse, लबादा, चोगा। > बॅ: नूस; बॅ: नूज़

burr, 1. (*disc*) धुँधला प्रकाशमण्डल; 2. (*whetstone*) कुरण्ड, सान, करण्ड; 3. (*edge*) खुरदरा किनारा; 4. (*sound*) घरघराहट*; 5. (*bot.*) कंटवेष्ट, बर; —*v.*, घरघराना, अस्पष्ट उच्चारण क०। > बॅ:

burrow, *n.*, बिल; *v.*, 1.बिल खोदना; 2. (*dig, search*) खोदना; 3. (*hide*) छिप जाना। > बॅरो

bursa, स्नेह-पुटी*, श्लेषपुटी*। > बॅ:-सॅ

bursar, खज़ानची, कोषाध्यक्ष। > बॅ:-सॅ

burst, *v.*, 1. (*come apart*) फटना, फट जाना, फूटना; 2. (*split*) फोड़ना; तोड़ना; 3. (*fill*) कूट-कूट कर भर देना; 4. (*be filled*) कूट-कूट कर भरा होना; 5. (*swell*) फूलना (*v.i.*); फूलाना (*v.t.*); 6. (*appear*) अचानक दिखाई पड़ना; **~in,** 1. आ पड़ना, घुस पड़ना; 2. (*interrupt*) टोकना; ~into flame, अचानक जलने लगना; ~into tears, रो पड़ना; **~open,** अचानक या जोर से खुल जाना या खोल देना; तोड़कर खोलना; **~out,** 1.फट पड़ना, बरस पड़ना; बोल उठना; 2. (*come out*) से निकल पड़ना; ~out laughing, ठठाकर हँसने लगना; **~up,** 1. फूट पड़ना, विस्फोट हो जाना; 2. (collapse) तबाह हो जाना; 3. तबाह कर देना; **~upon,** आ धमकना, धमक पड़ना; —*n.*, 1. (*a bursting*) फट*, फटन*; 2. (*explosion*) प्रस्फोट, विस्फोट*; 3. (*of flame*) भभक*, भड़क*; 4. (*of activity etc.*) लहर*; 5. (*bout*) दौरा; 6. (*of gun*) बाढ़*; 7. (*breach*) फटन*, दरार*। > बॅ:स्ट

bury, 1. दफनाना; 2. (*put under ground*) गाड़ना; 3. (*conceal*) छिपा देना, छिपा लेना; 4. (*put away*) दूर क०; 5. (*forget*) भुला देना; 6. (*in work*) में लग जाना। > बे'रि

bus, बस*; **~stop,** ठहराव। > बॅस

bush, 1. (*shrub*) झाड़, झाड़ी*, क्षुप; 2. (*undergrowth*) झाड़ी*, झाड़-झंखाड़; 3. (*woodland*) जंगल; 4. (*of hair*) गुच्छा; 5. (*lining*) अस्तर; beat about the~, इधर- उधर की बातें*क०; **~chat,** पिद्दा, फिद्दा; **~y,** 1. झाड़ीदार; 2. (*thick*) घना, गुप्फेदार, गुच्छेदार। > बुश, बुशि

bushel, 1.बुशेल; 2. (*container*) पैमाना। > बुशॅल

business, 1. (*trade*) व्यवसाय, कारबार, व्यापार; 2. (*work, task*) काम, कार्य; 3. (*duty*) कर्तव्य; 4. (*profession*) पेशा; 5. (*matter, affair*), मामला; 6. (*agenda*) कार्यक्रम; 7. (*theatre*) अंगविक्षेप; **~-like,** 1. (*efficient*) कार्यकुशल; 2. (*practical*) व्यावहारिक; 3. (*well-ordered*) सुव्यवस्थित; **~-man,** व्यवसायी। > बिज़्-निस; मैन

busk, कड़ी पट्टी*। > बॅस्क

buskin, गुरगाबी। > बॅस्किन

bust, आवक्ष मूर्ति*, अर्धप्रतिमा*। > बॅस्ट

bustard, 1. (*little*) तिलोर; 2. (*great Indian*) सोहन चिड़िया*, हुकना। > बॅसटॅड

bustle, *n.*, 1. (*activity*) हलचल*, हड़बड़ी*; 2. (*of dress*) गद्दी*; —*v.*, हड़बड़ाना, दौड़-धूप* क०। > बॅसॅल

busy, *adj.*, 1. (*at work*) व्यस्त, काम में लगा हुआ, कार्यरत; 2. (*engaged*) व्यस्त; 3. (*~-body*) दस्तंदाज; —*v.*, काम में लगाना, व्यस्त रखना; लगा रहना; **~ness,** व्यस्तता*। > बिज़ि

but, 1. किंतु, परन्तु, मगर; 2. (*only*) सिर्फ़, केवल, मात्र; 3. (*except*) को छोड़कर, के अतिरिक्त; 4. (*otherwise*) अन्यथा; 5. (*without the result that*) बल्कि; all~, प्राय:; ~for, यदि ऐसा न होता तो। > बॅट

butcher, *n.*, 1. कसाई, बूचड़; 2. (*killer*) हत्यारा; —*v.*, 1. क़तल क०; 2. मार डालना; 3. (*botch*) बिगाड़ना; **~y,** कसाईखाना, बूचड़खाना; हत्याकाण्ड। > बु-चॅ

Butea, ढाक, पलाश। > बूटिआ

butler, खानसामाँ, भण्डारी; **~y,** रसोई-भण्डार। > बॅट्-लॅ; ~रि

butt, *n.*, 1. (*of rifle*) कुन्दा; 2. (*of tool*) हत्था, दस्ता, कुन्दा; 3. (*of tree*) ठूँठ; 4. (*of cigarette*) टुर्रा; 5. (*mound behind target*) आखण, टीला; 6. (*target*) चाँद; 7. (*pl.*) चाँदमारी*; 8. (*of ridicule*) विषय; 9. (*cask*) पीपा; 10. (*thrust*) धक्का; —*v.*, 1. टक्कर* मारना या खाना; 2. (*jut*) बाहर निकला हुआ होना; 3.मिलना; मिला देना; **~joint,** सपाट या टक्कर-जोड़। > बॅट

butte, भीटा। > ब्यूट

butter, *n.*, मक्खन, नवनीत; liquid~, घी; —*v.*, मक्खन लगाना; चुपड़ना; **~ine,** नक़ली मक्खन, **~milk,** छाछ, मट्ठा, मही; **~nut,** अमरीकी अखरोट। > बॅ-टॅ; बॅटॅरीन

butterfly, तितली* (*also fig.*)। > बॅटॅफ़्लाइ

butteris, सुमतराश। > बॅटॅरिस

buttock (s), नितम्ब, चूतड़। > बॅटॅक

button, बटन, बुताम, घुण्डी*; **~hole,** काज। > बॅटॅन

buttress, *n.*, 1. पुश्ता; 2. (*prop*) टेक*; 3. (*fig.*) सहारा; —*v.*, पुश्ता लगाना; पुष्ट क०। > बॅट्-रिस

butyrometer, मक्खन-स्नेहमापी। > ब्यु-टि-रॉ-मि-टॅ

buxom, मोटा-ताज़ा, हृष्ट-पुष्ट; प्रसन्नचित्त। > बॅक्सॅम

buy, *v.*, खरीदना, मोल लेना, क्रय क०; *n.*, खरीद*, क्रय; **~er,** खरीददार, ख़रीदार, क्रेता; ~ing and selling, क्रय-विक्रय। > बाइ

buzz, *v.*, 1. भिनभिनाना, गुजारना, भिनकना; 2. (*of rumours*) उड़ना; उड़ाना; 3. (*an airplane*) मार्ग में बाधा* डालना; —*n.*, 1. भनभनाहट*, गूँज*, गुंजन; 2. (*stir*) चहलपहल*, कोलाहल; 3. (*beetle*) भौंरा; **~er,** गुंजक; बज़र। > बॅज़, बॅज़्-ॲ

buzzard, (*white-eyed*) टीसा। > बॅज़ॅड

by, 1. (*near*) पास, समीप; 2. (*about time*) में; तक; के हिसाब से; 3. (*via*) से होकर; 4. (*through*) द्वारा, के ज़रिये, के जरिये, से; 5. (*according to*) के अनुसार; 6. (*as regards*) के विषय में; ~and~, बाद में, थोड़ी देर* में*; ~ and large, सब मिलाकर; **~-election,** उपचुनाव; **~gone,** विगत; **~-lane,** उपवीथिका*; **~-name,** उपनाम; **~pass,** *n.*, उपमार्ग, बाह्य-पथ; —*v.*, कतराना; से बाहर-बाहर निकलना; **~-product,** उपोत्पादन, उपजात, गौण उत्पादन; उपफल; **~stander,** दर्शक; **~-way,** उपमार्ग; **~word,** कहावत*; **~-work,** उपजीविका*। > बाइ

by(e)-law, उपविधि*, उपनियम। > बाइलॉ:

byre, गोशाला*। > बाइ-ॲ

byssus, छालटी*। > बिसॅस

Cc

cab, बग्घी*, घोड़ा-गाड़ी*; टैक्सी*, गाड़ी*; **~man,** कोचवान; चालक। > कैब; कैब्मॅन

cabal, 1.कुचक्र, षड्यन्त्र; 2. (*clique*) गुप्त दल। > कॅबैल

cabala, रहस्यवादी व्याख्या*; गुप्त विद्या*। > कॅ-बा-लॅ

cabaret, मधुशाला*। > कैबॅरे = कै-बॅ-रे'ट

cabbage, बंदगोभी*, करमकल्ला। > कैबिज

cabin, 1. कोठरी*, कैबिन*, कमरा; 2. (*hut*) कुटी*, कुटीर; 3. (*of ship*) दबूसा। > कैबिन

cabinet, 1. मन्त्रिमण्डल; 2. अलमारी*; 3. (*case*) पेटिका*; 4. (*room*) कोठरी*; **~council,** मन्त्रिपरिषद्*; **~-maker,** बढ़ई; **~-rank,** मन्त्रिपद। > कैबिनिट

cable, 1. केबिल, रस्सा; 2. (*cablegram*) केबिलग्राम, समुद्री तार। > केबॅल

cabob, कबाब। > कॅबॉब्ज़

caboose, (जहाज़ का) रसोईघर। > कॅबूस

cabotage, अनुतट यात्रा* या व्यापार। > कैबॅटाश्ज़

cabriolet, टमटम*। > कैब्रिओले

cacao, कोको का पेड़ या बीज। > कॅकाओ = कॅकेओ

cachalot, मोमीतिमि। > कैशॅलॉट

cache, गुप्त भण्डार; छिपी हुई रसद*। > कैश

cachectic, विकृत, दुर्बल। > क-के'क्-टिक

cachet, 1. मोहर*; 2. (*capsule*) संपुटिका*, पुटी*, पुटक। > कैशे

cachexy, विकृति*, दुर्बलता*। > कॅ-के'क्-सि

cachin/nate, अट्टहास क०, ठहाका मारना; **~nation,** अट्टहास, ठहाका। > कैकिनेट; कैकिनेशॅन

cachou, *see* CATECHU. > कॅशू = कैशू

cackle, *n.* (*v.*), 1. कूं-कूं* (क०, कुड़कुड़ाना); 2. (*talk*) बकवाद* (क०)। > कैकॅल

caco/graphy, बुरी लिखावट*; अशुद्ध वर्त्तनी*; **~logy,** अशुद्ध उच्चारण; **~phonous,** कर्णकटु, कर्कश, श्रुतिकटु; **~phony,** कर्णकटुता*, बेसुरापन; कर्णकटु ध्वनि*। > कॅकॉग्रॅफि; कॅकॉलॅजि; कॅकॉफ़/नॅस, ~नि

cactus, कक्टस, नागफनी*, सेंहुड़। > कैक्टॅस

cacuminal, मूर्धन्य। > कैक्यूमिनॅल

cad, 1. (*manners*) गँवार; 2. नीच, पाजी; **~dish,** गँवारू। > कैड; कैडिश

cadastre, भू(मि)करपंजी*। **cadastral map,** भूकर-मानचित्र। > कॅ-डैस्-टॅ; कॅ-डैस्-ट्रॅल

cadaver, शव, लाश*; **~ic,** शव का, शव-सम्बन्धी; **~ous,** शव का, शव जैसा; पीला, विवर्ण। > कॅडेवॅ; कैडॅवे'रिक; कॅडैवॅरॅस

cadence, लय*, मूर्च्छना*, आरोह-अवरोह, स्वरसंक्रम। > केडॅन्स

cadet, कैडेट, सैन्य छात्र, सेनाछात्र; छात्र-सैनिक, अनुज; कनिष्ठ पुत्र; **~corps,** छात्र सेना*। > कॅडे'ट; ~कॉ:

cadge, फेरी* लगाना; भीख* माँगना; **~r,** फेरीवाला; भिखमंगा। > कैज; कै-जॅ

cadi, क़ाज़ी। > काडि =केडि

cadmium (*colour*), अरगजी। > कैड्-मि-ॲम

cadre, 1.संवर्ग; 2. (*framework*) ढाँचा, संगठन। > का-डॅ

caducity, 1. नश्वरता*; 2. (*senility*) जरा-जीर्णता*। **caducous,** 1. (*falling*) पाती, पातुक; 2. (*bot.*) शीघ्रपाती; 3. (*fleeting*) नश्वर, क्षणभंगुर। > कॅड्यूसिटि; कॅड्यूकॅस

caecum, अन्धान्त्र, उण्डुक। > सीकॅम

caesarism, एकतन्त्र, तानाशाही*। > सीज़ॅरिज़्म

caesura, यति*। > सि-ज्युॲ-रॅ

cafe', कॉफी हाउस; काफ़ी*, कहवा। > कैफ़े = कैफ़ि

cafeteria, अल्पाहार-गृह। > कैफ़िटिॲरिॲ

caffeine, कैफ़ीन। > कैफ़ीन

caftan, खफ़्तान। > कैफ़्टॅन

cage, 1. (*for birds*) पिंजरा; 2. (*for animals*) कटघरा, कठघरा; 3. (*mining*) उत्थापक; **~y,** धूर्त, चालाक, तिकड़मी। > केज, केजि

cahoots, साझेदारी*। > कॅहूट्स

cainozoic era, नूतन जीवयुग। > काइनॅज़ोइक

caique, नाव*, किश्ती*; पाल-जहाज़। > काइ-ईक = का-ईक

cairn, स्तूप, तुमुली*। > के'ॲन

caisson, 1. गोलाबारूद* का बकस या गाड़ी*; 2. (*engin.*) केसन, कोठी*, वात-मंजूषा*। > कॅसून =केसॅन

caitiff, नराधम, नीच; पाजी। > केटिफ़

cajole, फुसलाना; **~ry,** फुसलाहट*। > कॅजोल; कजोलॅरि

cajuput, कयपूती*। > कैजॅपॅट

cake, 1. केक*, मीठी रोटी*; 2. (*of soap etc.*) टिकिया*, टिक्की*, बट्टी*, सिल*, पिण्डिका*; 3. (*oilcake*) खली*। > केक

calabash, 1. (*vegetable*) कद्‌दू; 2. (*vessel*) तुम्बा, तूम्बा, तुमड़ी*; **~-tree,** विलायती बेल। > कैलॅबैश

calaboose, जेलखाना। > कैलॅबूस

calamitous, अनर्थकर; दुःखद, दुःखपूर्ण। **calamity,** विपत्ति*, संकट, आपद्*, विनिपात। > कॅलैम्-इटॅस; कॅलैम्-इटि

calando, उत्तरोत्तर विलम्बित। > कालैंडो

calcareous, चूनेदार, खटीमय। **calcification,** 1.खटीकरण; 2. (*hardening*) कठिनीकरण। **calcify,** कठिन या खटीमय बनना या बनाना। **calcination,** निश्चूर्णन, निस्तापन; भस्मीकरण। **calcine,** 1. (*pulverize*) चूर्ण बना देना, फूंकना; 2. (*reduce to ashes*) भस्म कर देना। > कैल्केॲरिॲस; कैल्-सि-फि-के-शॅन कैल्सिफ़ाइ; कैल्साइन

calcium, कैल्सियम, चूना। > कैल्सिॲम

calcul/able, गण्य, परिकलनीय; **~ate,** हिसाब लगाना, गणन या गणना* या परिकलन क०; **~ated,** 1. गणित, परिकलित; 2. सुविचारित; 3. (*suitable*) उपयुक्त; **~ating,** स्वार्थी, मतलबी; —machine, परिकलन-यंत्र; **~ation,** गणन, गणना*, हिसाब, परिकलन; **~ator,** 1. गणक, परिकलक; 2. (*machine*) गणित्र, परिकलित्र। > कैल्क्युलॅबॅल; कैल्क्युलेट; कैल्क्युलेशॅन; कैल्-क्यु-ले-टॅ

calculous, पथरी* से पीड़ित। **calculus,** 1. (*disease*) पथरी*, अश्मरी*; 2. कलन। > कैल्क्युलॅस; कैल्क्युलॅस

caldera, ज्वालामुख-कुण्ड। > काल्डेरा

calefac/tion, तापन; गरमाहट*; **~tory, calefacient,** तापक, ऊष्मोत्पादक। > कैलिफ़ैक्शॅन; कैलिफ़ैक्टॅरि; कैलिफ़ेशिॲन्ट

calendar, *n.*, 1. पंचाग, पत्रा, तिथिपत्र, जंत्री*, 2. सूची*; 3. (*system of time-reckoning*) कालदर्श; 4. (*mendicant*) क़लन्दर; —*v.*, 1. सूची* में लिखना; 2. (*classify*) वर्गीकरण क०; क्रमबद्ध क०; 3. (*index*) की सूची* तैयार क०; ~month (*year*) पंचांग मास (वर्ष)। > कै-लिन्-डॅ

calender, कुंदी* क०। > कै-लिन्-डॅ

calf, 1. बछड़ा, बछड़ी*; 2. (*skin*) बछड़े का चमड़ा; 3. (*of leg*) पिण्डली*, पिण्डिका*। > काफ़

calibrate, 1. व्यासमापन क०; 2. (*mark graduations*) अंशांकन क०; 3. (*correct*) अंशशोधन क०; **~d,** अंशांकित; अंशशोधित। > कैलिब्रेट

calibration, व्यासमापन; अंशांकन; अंशशोधन। **calibre, caliber,** 1. (*diameter*) व्यास, अन्तर्व्यास; 2. (*character*) चरित्रबल; 3. (*importance*) महत्त्व; 4. (*ability*) योग्यता*। > कैलिब्रेशॅन; कै-लि-बॅ

calico, (सादा) सूती कपड़ा; **~-printer,** छीपी। > कैलिको

caliph, खलीफ़ा। > कैलिफ़ = केलिफ़ = कालिफ

calix, पुटक। > केलिक्स, कैलिक्स

calk, 1. (*of shoe*) नाल*; 2. (*of horseshoe*) कीला, खूँटा; खूँटी*। > कॉःक

call, *v.*, 1. (*summon*) बुलाना, बुला भेजना, 2. (*invite*) बुलाना, निमंत्रित क०; 3. (*utter*) पुकारना, चिल्लाना; 4. (*announce*) घोषित क०; 5. (*telephone*) कॉल क०; 6. (*awaken*) जगाना; 7. (*of bird*) बोलना; 8. (*signal*) संकेत क०; 9. (*regard*) समझना; 10. (*name*) नाम रखना, कहना; 11. (*visit*) मिलने जाना; —*n.*, 1. बुलावा, आह्वान; 2. निमन्त्रण; 3. पुकार*, चिल्लाहट*, आह्वान; 4. (*telephone*) कॉल; 5. (*of birds, at cards*) बोली*; 6. (*signal*) संकेत; 7. (*demand*) माँग*;

8. (*need*) आवश्यकता*; 9. (*visit*) भेंट*, मुलाक़ात*; **~away,** (दूसरी ओर*) आकर्षित क०; **~for,** माँगना; के लिए आवश्यक होना; लेने आना; **~forth,** 1. (*create*) सृष्टि* क०; 2. (*elicit*) उत्पन्न क०; प्रकट क०; **~in,** बुलाना; वापस लेना; ~in question, के विषय में संदेह प्रकट क०, आपत्ति* क०; **~off,** 1. (*cancel*) स्थगित क०; रद्द क०; बन्द क०; 2. (*order away*) वापस बुलाना; **~on,** 1. (*visit*) भेंट* क०; 2. (*appeal*) से अपील* क०; **~out,** 1. चिल्लाना; 2. बुलाना; 3. (*challenge*) चुनौती* देना; ~over the names, हाज़िरी* लेना; ~to mind, ~up, स्मरण क०; on~, तैयार; **~-bell,** घंटी*; **~er;** मुलाक़ाती, मिलनेवाला; पुकारनेवाला; **~-deposit,** माँग-जमा*; **~ing,** 1.आह्वान; 2. (*profession*) पेशा, व्यवसाय; **~-notice,** माँग-सूचना*; **~-office,** टेलीफ़ोन-घर; **~-sign,** परिचय-संकेत; **~-slip,** माँगपर्ची*। > कॉ:ल

calligrapher, सुलेखक, खुशनवीस। **calligraphy,** सुलेख (न), खुशनवीसी*। > कॅ-लि-ग्रॅ-फ़ॅ; कॅ-लि-ग्रॅ-फ़ि

cal(l)ipers, परकार। > कैल्-इपॅज़

callisthenics, व्यायाम। > कैलिस्थे'निक्स

callosity, घट्ठा, किण। > कॅलॉस्-इटि

callous, कठोर; कठोरहृदय, बेदर्द, निर्दय; **~ness,** घट्ठा; निर्दयता*। > कैलॅस

callow, 1.पंखहीन; 2. (*immature*) कच्चा। > कैलो

calm, *n.*, शान्ति*; प्रशान्त मंडल; *adj.*, शान्त, प्रशान्त; —*v.*, शान्त कर देना; **~ative,** शमक; **~ness,** शान्ति*, प्रशान्तता*; **~s,** प्रशान्त मण्डल। > काम; कैल्मॅटिव् = कामॅटिव्

calomel, रसकपूर, कैलोमेल। > कैलॅमे'ल

calo/ric, ऊष्मा*; **~rie, ~ry,** ऊष्मांक, कैलॉरी; **~rific,** तापजनक, ऊष्मीय; **~rification,** ऊष्मोत्पादन; **~rimeter,** ऊष्मामापी। > कॅलॉरिक; कैलॅरि; कैलॅरिफ़िक, कैलॉरिफ़िकेशॅन; कै-लॅ-रि-मि-टॅ

calotte, टोपी*, टोपिका*। > कॅलॉट

caltrop, गोखरू। > कैल्ट्रॅप

calumet, हुक्का। > कैल्यूमे'ट

calumn/iate, झूठा आरोप लगाना, मिथ्यापवाद क०, निन्दा* क०; **~iation, ~y,** मिथ्यापवाद, निन्दा*; **~iator,** निन्दक; **~ious,** निन्दात्मक*; निन्दक। > कॅलॅम्निएट; कॅ-लॅम्-नि-ए-शॅन; कैलॅम्नि; > कॅ-लॅम्-नि-ए-टॅ; कॅ-लॅम्-नि-ॲस

Calvary, कलवारी। > कैल्वॅरि

calve, व्याना। > काव्

calx, भस्म। > कैल्क्स

calyculate, चषकाभ। > कॅलिक्युलिट

calyx, पुटक, बाह्यदलपुंज; 2. (*physiol.*) आलवाल। > केलिक्स = कैलिक्स

cam, कैम, गाम। > कैम

camaraderie, सखापन, सख्य। > कैमॅराडॅरि

camber, उभार, उत्तलता*। > कैम्-बॅ

cambist, सराफ़। > कैम्-बिस्ट

cambium (*bot.*) एधा*। > कैम्-बि-ॲम

camel, 1.ऊँट, ऊँटनी*, उष्ट्र, उष्ट्री*; दो-कोहा (*two-humped*); 2. (*techn.*) उत्थापक, उत्प्लावक; **~eer,** ऊँटवान, सारवान; **~'s thorn,** जवास(ा)। > कैमॅल; कैमिलिॲ

camelopard, ज़राफ़ा। > कैमिलॅपाड = कमे'लॅपाड

cameo, उत्कीर्ण रत्न। > कैमिओ

camera, कैमरा; in~, बंद कमरे में; meeting in~, बंद बैठक। > कै-मॅ-रॅ

camion, ट्रक; गाड़ी*। > कैमिॲन

camisole, कुरती*। > कैमिसोल

camomile, बबूने का फूल। > कैमॅमाइल

camouflage, *n.*, छद्मावरण, छलावरण; —*v.*, (छद्मावरण से) छिपाना। > कैमुफ़्लाश्ज़्

camp, *n.*, शिविर, पड़ाव; *v.*, शिविर या पड़ाव डालना; **~-bed,** सफरी पलंग; **~fire,** अलाव; शिविर-समारोह। > कैम्प

campaign, *n.*, 1. अभियान, युद्ध, मुहिम*; 2. (*movement*) आन्दोलन; —*v.*, युद्ध में भाग लेना; आन्दोलन क०। > कैम्पेन

campanile, घंटाघर। **campanology,** घण्टा-विद्या*। **campanulate,** घण्टाकार। > कैम्पॅनीलि; कैम्पॅनॉलॅजि; कैम्पैन्युलिट

camphor, कपूर, कर्पूर। > कैम्-फ़ॅ

campus, मैदान, अहाता। > कैम्पॅस

can[1], *n.*, 1. बालटी*, पात्र; 2. (*tin*) डिब्बा; —*v.*, डिब्बे में बन्द क०; **~ned,** टीनबन्द, डिब्बाबन्द। > कैन

can[2], सकना, समर्थ होना। > कैन

canal, 1. (*of water*) नहर*, कुल्या*; 2. (*duct*) नली*, नाल*; 3. (*zool.*) नाल; ~system, नहर-जाल; **~iculate,** खांचेदार; **~ize,** नहर* बनाना; एक ही धारा* में मिला लेना; सरणीबद्ध क०। > कॅनैल; कैनॅलिक्युलिट; कैनॅलाइज़

canard, झूठी अफ़वाह*। > कैनाड = कॅनाड

canary, कनारी चिड़िया*, पीतचटकी*। > कॅने'ॲरि

cancel, 1. (*annul*) रद्द क०, उठा देना, मनसूख क०; 2. (*cross out*) काटना, हटा देना, मिटाना; 3. (*neutralize*) व्यर्थ कर देना; **~late,** जालीदार; **~lation,** 1. मनसुखी*, निरसन, विलोपन; 2. (*arithm.*) अपवर्तन; **~led,** निरस्त, मनसूख रद्द। > कैन्सॅल; कैन्सॅलिट; कैन्सॅलेशॅन

cancer, 1. कैन्सर, सरतान, कर्कट रोग, कर्कटार्बुद; 2. (*crab*) कर्कट, केकड़ा; 3. बुराई; 4. (*astron.*) कर्क (राशि*), कर्कट; tropic of~, कर्करेखा*। > कैन्-सॅ

candelabrum, झाड़, दीपवृक्ष, दीपाधार। कैन्-डि/ला-ब्रॅम = ~लैब्रॅम = ~लेब्रॅम

candescent, दीप्तोष्ण। > कैन्डे 'सॅन्ट

candid, निष्कपट, सरल, स्पष्टवादी, निष्पक्ष। > कैन्-डिड

candi/dacy, ~dature, उम्मेदवारी*; अभ्यर्थिता*; **~date,** 1.उम्मेदवार, प्रत्याशी, अभ्यर्थी; परीक्षार्थी; 2. (*of rel. order*) प्रवेशार्थी। > कैन्-डिडॅसि; कैन्-डि/डिचॅ = डेचॅ = डॅचुअॅ; कैन्-डिडित

candle, 1. बत्ती*, शमा*; 2. (*wax* ~) मोमबत्ती*; **~light,** बत्ती*, की रोशनी*, कृत्रिम प्रकाश; गोधूली*; **~mass,** वर्त्तिकोत्सव; **~-power,** कैंडल-शक्ति*; वर्त्ति-शक्ति*; **~stick,** बत्तीदान, शमादान। > कैन्डॅल

candour, 1.निष्कपटता*, स्पष्टवादिता*, सरलता*, ऋजुता*; 2. (*impartiality*) निष्पक्षता*। > कैन्-डॅ

candy, *n.*, मिसरी*; *v.*, पागना। > कैन्-डि

cane, *n.*, 1.बेंत; 2. (*sugarcane*) ईख*, गन्ना, इक्षु; 3. (*stick*) छड़ी*, लाठी*;—*v.*, 1. (*strike*) बेंत मारना या लगाना; 2. बेंत बुनना; **~sugar,** इक्षु-शर्करा*। **caning,** बेंत-प्रहार। > केन; केनिन्ग

canine, श्वानीय, ~teeth, रदनक, श्वदन्त। > कैनाइन = केनाइन

canister, कनस्तर। > कै-निस्-टॅ

canker, *n.*, 1. (*ulcer*) नासूर; 2. विनाशकारी रोग; 3. (*corruption*) विकार; 4. (*of horse's foot*) कफ़गीरा; —*v.*, 1. (*decay*) सड़ना, गलना; 2. (*corrupt*) दूषित क०, विकृत कर देना; **~ous,** 1. गलनशील, विकृत; 2. (*corrupting*) विनाशकारी, घातक। > कै-कॅ; कैंकॅरॅस

canna, (*orientalis*), सर्वजया*, देवकली*। > कैनॅ

cannibal, नरभक्षी, मनुजाद; **~ism,** 1. नरभक्षण; नरभक्षिता*; 2. (*zool.*) स्वजातिभक्षण; **ization,** अंगोपयोग। > कैनिबॅल; कैनिबॅलिज़्म; कैनिबॅलाइज़ेशॅन

canning, डिब्बाबंदी*, टीनबन्दी*। > कैन्-इन्ग

cannon, *n.*, 1. तोप*; 2. (*mech.*) पिण्डली*; —*v.*, 1. गोलाबारी* क०; 2. (*collide*) टकराना; **~ade,** गोलाबारी*; **~-ball,** गोला; **~-bone,** नली*; **~eer,** तोपची; **~-fodder,** युद्धबलि, तोप-चारा। > कैनॅन; कैनॅनेड; कैननिअॅ

canny, 1. (*shrewd*) समझदार, चतुर; 2. (*cautious*) चौकस, होशियार; सावधान; 3. (*thrifty*) मितव्ययी। > कैनि

canoe, डोंगी*, डोंगा, बनहटी*। > कॅनू

canon, 1. कानून, (अधि)नियम, सिद्धान्त; 2. (*list*) तालिका*; 3. (*standard*) मापदण्ड, अधिमत; 4. (*of mass*) प्रतिष्ठाखण्ड; 5. (*of scripture*) प्रमाणिक धर्मग्रंथ-संग्रह; ~law, गिरजे का कानून, धर्मविधान; **~ical,** धर्मवैधानिक, कानूनी; प्रामाणिक; विहित; **~icity,** प्रामाणिकता*; **~ist,** धर्मविधानशास्त्री, विधिज्ञ, क़ानूनदाँ; **~ization,** सन्तघोषण; **~ize,** सन्त ठहराना या घोषित क०। > कैनॅन; कैनॉनिकॅल; कैनॅनिसिटि कैनॅनिस्ट; कैनॅनाइज़ेशॅन; कैनॅनाइज़

canopy, छतरी*, चंदवा, चन्द्रातप। > कैनॅपि

canorous, श्रुतिमधुर। > कनॉ: रॅस

cant, *n.*, 1. (*slope*) ढाल*, झुकाव, आनति*; 2. (*toss*) झटका, धक्का; 3. शब्दाडम्बर; 4. (*hypocrisy*) पाखण्ड; 5. (*jargon*) ख़ास बोली*; —*v.*, तिरछा होना या क०; झटकाना, धक्का देना। > कैंट

cantaloup, विलायती खरबूजा। > कैन्टॅलूप

cantankerous, झगड़ालू, चिड़चिड़ा, बिगड़ैल। > कैनटैन्कॅरॅस

cantata, संगीत-काव्य। > कैन्-टा-टॅ

canteen, 1. कैंटीन, जलपान-गृह; 2. (*tin*) तामलेट, तामलोट; 3. (*chest*) सन्दूक। > कैन्-टीन

canter, *n.*, पोइया*; *v.*, पोइयों चलना या चलाना। > कैन्-टॅ

canthus, अपांग। > कैन्थॅस

canticle, भजन। > कैन्-टि-कॅल

cantilever, प्रास। > कॅन्-टि-ली-वॅ

cantle, 1. टुकड़ा; 2. (*of saddle*) पीछा। > कैन्-टॅल

canto, सर्ग। > कैन्टो

canton, प्रान्त। > कैन्टॉन

cantonment, छावनी*, कटक। > कैन्टून्मॅन्ट

cantor, गायक। > कैन्टॉ:

canvas, 1. किरमिच, कैन्वस; 2. (*sail*) पाल; 3. (*painting*) चित्र। > कैन्वॅस

canvass, 1. (*solicit*) माँगना; 2. वोट मांगना; पक्ष-प्रचार क०; 3. (*examine*) परखना, जाँचना; 4. (*discuss*) बहस* क०, वाद-विवाद क०; **~er,** निवेदक, अनुयाचक; **~ing,** अनुयाचन; पक्षप्रचार, मतार्चन। > कैन्वॅस

canyon, कैनियन, दर्रा, घाटी*, खड्ड। > कैन्यॅन

caoutchouc, कूचुक, रबड़। > काउच्-उक

cap, *n.*, 1. टोपी*; 2. (*cover*) ढक्कन, आवरण, छत्रक; 3. (*top*) चोटी*; —*v.*, 1. टोपी* पहनना या पहनाना; 2. (*outdo*) (से) बढ़कर होना, मात कर देना। > कैप

capability, 1. सामर्थ्य; 2. (*aptitude*) योग्यता*; 3. (*undeveloped faculty*) क्षमता*। **capable,**

1. समर्थ, क्षम; 2. (*fit*) योग्य; 3. (*gifted*) प्रतिभाशाली। > केपॅबिलिटि; केपॅबॅल

capacious, विशाल, बड़ा, लम्बा-चौड़ा। > कॅपेशॅस

capacitance, धारिता*। > कॅपैसिटॅन्स

capacitate, योग्य बनाना। > कॅपैसिटेट

capacitor, संधारित्र। > कॅ-पै-सि-टॅ

capacity, 1. (*capability*) सामर्थ्य, समर्थता*, बिसात*; 2. (*aptitude*) योग्यता*, क्षमता*; 3. (*of container*) धारिता*, समाई*, गुंजाइश*, आयतन; 4. (*position*) हैसियत*; in the ~of, के रूप में, की हैसियत* से। > कॅपैसिटि

caparison, *n.*, 1. (*of horse*) साज़, झूल*; 2. (*general*) सज्जा*, साज़, सजावट*; —*v.*, साज़ लगाना; सज्जित क०। > कॅपैरिसॅन

cape, 1. (*geogr.*) अंतरीप; 2. लबादा। > केप

caper *n.*, 1. उछाल*, कुलांच*; 2. (*whim*) तरंग*, सनक*, मौज*, लहर*; —*v.*, उछलकूद* क०, कूद-फाँद* क०; wild ~, करील; **~-bush,** कबरा। > के- पॅ

capillar/ity, केशिकत्व; **~y,** *n.*, केशिका*; —*adj.*, केशिकीय, केशिका-; —tube, केशिकानली*; कैपिलरी नली*। > कैपिलैरिटि; कॅपिलॅरि

capita, per~, प्रतिव्यक्ति। > कॅ-पि- टॅ

capital, *n.*, 1. पूँजी*, मूलधन; 2. राजधानी*; 3. बड़ा अक्षर; 4. (*of column*) शीर्ष;—*adj.*, 1. (*chief*) प्रधान; 2. (*important*) महत्त्वपूर्ण, 3. (*excellent*) उत्कृष्ट, उत्तम; 4. (*fatal*) घातक; ~cost, पूँजीगत लागत*; ~offence, मृत्युदण्ड अपराध; ~punishment, प्राणदण्ड; मृत्युदण्ड; ~sin, मूल पाप; **~ism,** 1. पूँजीदारी*; 2. (*theory*) पूँजीवाद; **~ist,** पूँजीपति, पूँजीदार; **~ization,** पूँजीकरण; **~ize,** पूँजी* में परिणत क०; (से) लाभ उठाना; बड़े अक्षरों में छपाना।
> कैप्-इटॅल; कैपटॅ/लिज़्म।
~लिस्ट = कॅपिटॅ/लिज़्म, ~लिस्ट;
कैपिटॅलाइज़ेशॅन; कॅपिटॅलाइज़ = कैप्-इटॅलाइज़

capitate, शीर्षाभ, समुण्डिका। > कैपिटेट

capitation-tax, प्रतिव्यक्ति कर। > कैपिटेशॅन

capitulate, आत्मसमर्पण क०, हार* स्वीकार क०, झुकना, संधि* क०। **capitulation,** आत्मसमर्पण; संधिपत्र, शर्तनामा। > कॅपिट्यूलेट; कॅपिट्यूलेशॅन

capon, ख़स्सी मुर्गा। > केपॅन

capote, लबादा। > कॅपोट

caprice, मौज*, तरंग*, लहर*, सनक*। **capricious,** मौजी, मनमौजी, तरंगी, चलचित्त, स्वेच्छाचारी, सनकी; **~ness,** मनमौजीपन, स्वेच्छाचारिता*, सनकीपन, चंचलता*। > कॅप्रीस; कॅप्रिशॅस

Capricorn, मकरराशि*; tropic of~, मकररेखा। > कैप्रिकॉ:न

caprification, कृत्रिम पराग-सेचन। > कैप्रिफ़िकेशॅन

caprifig, जंगली अंजीर। > कैप्-रि-फ़िग

caprine, आज। > कैप्राइन

capriole, *n.*, उछाल*, कुलांच*; *v.*, उछल-कूद* क०। > कैप्-रि-ओल

capsicum, पहाड़ीमिर्च*। > कैप्-सि-कॅम

capsize, उलट जाना; उलट देना। > कैप्साइज़

capstan, हवीत। > कैप्स्टॅन

capsular, संपुटीय, सम्पुटी। > कैप्-स्यू-लॅ

capsule, संपुट, संपुटिका*, पुटी*; (*bot.*) बीजकोष; **~d,** पुटित। > कैप्स्यूल

captain, *n.*, कप्तान, नायक, अधिपति; —*v.*, नेतृत्व क०। > कैप्-टिन

captation, लोकरंजन। > कैप्टेशॅन

caption, 1. (*heading*) शीर्षक; 2. गिरफ्तारी*, बन्दीकरण; 3. (*law*) प्रमाणपत्र; 4. (*in film*) अनुशीर्षक। > कैप्शॅन

captious, 1. (*fallacious*) भ्रामक, भ्रान्तिकर; 2. (*tricky*) कपटपूर्ण; 3. (*faultfinding*) छिद्रान्वेषी। > कैप्शॅस

capti/vate, (वि)मोहित, मुग्ध या लुब्ध क०, लुभाना; **~vating,** (वि)मोहक, मनोहर; **~vation,** (वि)मोहन; **~ve,** युद्धबन्दी, क़ैदी, बन्दी, बँधुआ; विमोहित, वशवर्ती; **~vity,** बन्दी-स्थिति*, क़ैद*; दासता*, अधीनता*। > कैप्-टि-वेट; कैप्टिवेशॅन; कैप्-टिव; कैप्-टिव्-इटि

captor, बन्दीकर्ता; विजेता। **capture,** —*v.*, 1. अधिकार में क०, ले लेना; लूटना, हथियाना; जीत लेना; बन्दी बनाना, गिरफ़्तार क०; —*n.*, 1. प्रग्रहण, अधिग्रहण; 2. बन्दीकरण; 3. (*booty*) लूट*। > कैप्- टॅ; कैप्-चॅ

car, गाड़ी*, कार*। > का

caracal, स्याहगोश। > कैरॅकैल

caracole, *n.* (*v.*), कावा (काटना)। > कैरॅकोल

carafe, सुराही*; क़राबा। > क़ॅराफ़ = कैरॅफ़

caramel, दग्धशर्करा*, कैरेमल। > कैरॅमे'ल

carapace, पृष्ठवर्म। > कैरॅपेस

carat, करात, कैरट। > कैरॅट

caravan, कारवाँ, क़ाफ़िला, सार्थ; गाड़ी*; **~serai,** सराय*। > कैरॅवैन = कैरवैन; कैरवैन्सॅराइ

caravel, हल्का पाल-जहाज़। > कैरॅवे'ल

caraway, जीरा > कैरॅवे

carbine, कारबाइन*, कराबीन*, बन्दूक*। > काबाइन

carbolic, कार्बोलिक। > कार्बॉलिक

carbon, 1. कार्बन, प्रांगार, अंगारक; 2. (*pencil*) पेंसिल*; **~aceous,** कार्बनमय; **~ate,** *n.*, (*v.*), कार्बोनेट (बनाना); **~ic,** कार्बोनिक; **~iferous,** कार्बोनी, कार्बनयुक्त; **~ization,** कार्बनीकरण; **~ize,** कार्बनीकृत क०; **~paper,** कार्बन, मसीपत्र।
> कार्बॅन; कार्बॅनेशॅस; कार्बॅनिट (*n.*); कार्बॅनेट(*v.*); कार्बॉनिक; कार्बनिफ़ॅरॅस; कार्बॅनाइज़ेशॅन; कार्बॅनाइज़

carborundum, करण्ड। > कार्बॅरन्डॅम

carbuncle, 1. (*stone*) माणिक्य, मानिक, लाल; 2. (*tumour*) विस्फोटक, फोड़ा। > कार्बॅन्कॅल

carburettor, कार्बूरेटर। > का-ब्यु-रे'टॅ

carcass, 1. लाश*, लोथ*; 2. (*framework*) ढाँचा, ठठरी*; 3. (*fire-ball*) आग्नेय गोला। > कार्कॅस

carcinogen, कैन्सरजन। > कासिनॅजे'न

carcinoma, कर्कट-रोग। > का-सि-नो-मॅ

card, *n.*, 1. पत्रक, कार्ड, पत्र; 2. (*instr.*) कंघा; playing **~s,** ताश, पत्ते; —*v.*, धुनना, धुनकना; **~board,** गत्ता, दफ़्ती*; **~er,** धुनियाँ; **~-index,** कार्ड-सूचिका*; **~-sharper,** पत्ताचोर।
> काड; का-डॅ

cardamom, इलायची*, एला*। > कार्डॅमॅम

cardiac, *adj.*, 1. हृदीय, हृदय का, हृदय-; 2. (*of upper stomach*) जठरागमी; —*n.*, हृदौषधि*।
> काडिऐक

cardigan, (बुनी हुई ऊनी) जाकेट*। > काडिगॅन

cardinal, *n.*, कार्डिनल; *adj.*, 1. (*fundamental*) मूलभूत, आधारभूत; 2. (*important, chief*) प्रधान, मुख्य, प्रमुख; 3. (*colour*) लोहित, सिंदूरी, सुर्ख, लाल; ~number गणनसंख्या*; ~point, दिग्बिन्दु, दिशाबिन्दु; ~virtues, मूल सद्गुण।
> काडिनॅल

care, *v.*, 1. (*take interest*) परवाह* क०; ध्यान रखना; 2. (*be worried*) चिन्ता* क०; 3. (*wish*) पसन्द क०, चाहना; —*n.*, 1.परवाह*, ध्यान, अवधान, सावधानी*; 2. चिन्ता*, परेशानी*, 3. (*charge*) जिम्मेवारी*; 4. (*looking after*) देख-रेख* देख-भाल*; 5. (*wish*) इच्छा*, चाह*, ~for,पसन्द क०, प्यार क०; चाहना; देख-रेख* क०; ~of, द्वारा, मार्फ़त; **~free,** निश्चिन्त, बेफ़िक्र; **~ful,** 1. सावधान, सतर्क, खबरदार; 2. (*done with care*) सुविचारित, सुचिन्तित; 3. (*painstaking*) श्रमसाध्य, श्रमसाधित; **~fulness,** सावधानी*, सतर्कता*; **~fully,** सावधानी* से, ध्यानपूर्वक; **~less,** असावधान लापरवाह; **~lessness,** असावधानी*, लापरवाही*; **~taker,** रखवाल; प्रभारी; **~-worn,** चिन्ता-ग्रस्त, चिन्ताकुल।
> के'अॅ; के'अॅफ़ुल; के'अॅ-टे-कॅ; के'अॅवॉःन

careen, झुकाना। > कॅरीन

career, *n.*, 1. जीवक, आचरित, जीवन; 2. (*profession*) पेशा, जीवन-वृत्ति*, जीविका*; 3. (*swift course*) प्रगति*;—*v.*, तेजी* से या वेग से चलना; in full ~, बड़ी तेज़ी* से ; **~-diplomat,** वृत्तिक राजनयिक; **~ist,** स्वार्थजीवी।
> कॅ-रिअॅ; कॅरिअॅरिस्ट

caress, *n.*, दुलार, लाड़, चुम्बन, प्रेमस्पर्श; —*v.*, पुचकारना, चुमकारना, चूमना, प्यार क०। > कॅरे'स

caret, काकपद, लोपचिह्न। > कैरे'ट

cargo, नौभार, (जहाज़ी) माल, पोतभार; **~-boat,** माल-जहाज़, पोतभारक। > कागो

caricature, विद्रूप, विकृतीकरण; व्यंग्यचित्र, उपहासचित्र। > कैरिकॅट्युअॅ

caries, अस्थिक्षय, अस्थिक्षरण। > के'अॅरिईज़

carilla fruit, करेला। > कॅ-रि-लॅ

carillon, घण्टा-वाद्य। > कैरिल्यॅन = कॅरिल्यॅन

carina, नौतल, कूटक; ~l, नौतली, कूटकी।
> कॅ-राइ-नॅ

carious, क्षयित, क्षरणग्रस्त। > के'अॅरिअॅस

carling, बन्धन-कड़ी*। > कालिंग

carminative, वातहर; वातानुलोमक। > कामिनॅटिव

carmine, *adj.*, किरमिजी; *n.*, किरमिज, कृमिराग, कृमिज, कियाह। > काम्-इन

carnage, हत्याकाण्ड। > कानिज

carnal, 1. (*of body*) शारीरिक, दैहिक; 2. (*worldy*) सांसारिक, ऐहिक; 3. (*material*) भौतिक; 4. (*sensual*) विषयी, विषयासक्त; ~knowledge, संभोग, मैथुन; **~ity,** विषयासक्ति*, कामुकता*।
> कानॅल; कानैलिटि

carnation, *n.*, गुलाबी रंग; कार्नेशन;—*adj.*, गुलाबी।
> कानेशॅन

carnify, मांस में परिणत क० या हो जाना।
> कानिफ़ाइ

carnival, 1. आनन्दोत्सव; रंगरलियाँ*; 2. (*beforelent*) पिशितोत्सव। > कानिवॅल

carnivorous, मांसाहारी, मांसभक्षी। > कानिव़ॅरॅस

carol, 1.आनन्दगान; 2. (*hymn*) भजन। > कैरॅल

carotid, *n.*, ग्रीवा-धमनी*; *adj.*, ग्रीवा-।
> कॅरॉटिड

carousal, carouse, पानगोष्ठी*, आपान (क)।
> कॅराउज़ॅल; कॅराउज़

carousel, 1. (*tournament*) दंगल; 2. (*merry-go-round*) चक्रदोला। > कैरुज़े'ल

carp, *n.*, कार्प, शफ़री*; *v.*, 1. नुकताचीनी* क०, छिद्रान्वेषण क०, दोष निकालना; 2. (*grumble*) कुड़कुड़ाना, बड़बड़ाना। > काप

carpel, अण्डप, गर्भकेशर। > का-पॅल

carpenter, बढ़ई, काष्ठकार, सुतार, खाती; **~bee,** भौंरा। **carpentry,** बढ़ईगिरी*। > कार्पेन्टॅ; कॉपन्-ट्रि

carpet, क़ालीन, गलीचा, दरी*। > कापिट

carpus, 1. मणिबन्ध, कार्पस; 2. (*wrist*) कलाई*। > कार्पॅस

carriage, 1. (*vehicle*) गाड़ी*, वाहन; 2. (*railway*) सवारी डिब्बा; 3. (*conveying*) परिवहन, वहन; 4. (*cost*) ढुलाई*, परिवहन-व्यय, भाड़ा; 5. (*of motion*) पारण; 6. (*management*) प्रबन्ध; 7. (*carrying out*) कार्यान्वयन; 8. (*deportment*) ठवन*, चाल*; 9. (*framework*) ढाँचा। > कैरिज

carrier, 1. (*general*) वाहक, संवाहक; 2. (*porter*) मोटिया, भारिक; 3. (*of cycle*) कैरियर; 4. (*pigeon*) पत्रवाहक कबूतर। > कैरिअॅ

carrion, *n*., 1. सड़ा-गला मांस; 2. (*garbage*) कूड़ा (-करकट); —*adj*., 1. सड़ा; 2. (*loathsome*) घिनौना। > करिअॅन

carrot, गाजर*। > कैरॅट

carry, 1. ढोना, वहन क०; 2. (*convey*) ले जाना, पहुँचाना; 3. (*hold*) थामना, सँभालना; 4. (*transfer, extend*) ले जाना; 5. (*win, capture*) जीत लेना; 6. (*have a range*) की मार* होना (इस बन्दूक* की मार* १५०० गज़ है); 7. (*wear*) पहनना; 8. (*have with one*) पास रखना; 9. (*influence*) प्रभावित क०; 10. (*behave*) आचरण क०; 11. (*stock*) रखना; ~all before one, बाज़ी* मार जाना; **~away,** ले जाना; गहरा प्रभाव डालना; उन्मत्त कर देना, उत्तेजित क०; **~forward,** 1. (*comm.*) आगे ले जाना; 2. आगे बढ़ाना; ~into effect, कार्यान्वित क०, अमल में लाना; **~off,** 1. मार डालना; 2. जीतना; 3. (*a situation*) निपटाना, निभाना, निर्वाह क०; **~on,** जारी रखना; करना; चलना; **~out,** कार्यान्वित क०; पूरा क०, पालन क०; **~over,** स्थगित क०; उठा रखना; आगे बढ़ाना; **~through,** 1. सम्पादित क०, निष्पादित क०, 2. (*sustain*) निकाल ले जाना, सँभालना; **~-over,** पूर्वावशिष्ट; अवशेष। > कैरि

cart, *n*., (*v*.), छकड़ा, ठेला, गाड़ी* (पर ले जाना); **~age,** ढुलाई*, गाड़ी-भाड़ा; **~er,** गाड़ीवान; **~-load,** गाड़ी*, गाड़ी-भर; **~-track,** लीक*, रथ्या। > काट; का-टॅ

carte blanche, पूर्णाधिकार; पूर्ण स्वतन्त्रता*। > काट ब्लान्श

cartel, 1. (*comm.*) उत्पादक-संघ; 2. (*mil.*) बन्दी-विनिमय (-पत्र); 3. (*challenge*) लिखित चुनौती*। > कार्टॅल = काटे ल

cartilage, उपास्थि*, कुरकुरी*। **cartilaginous,** उपास्थिसम, उपास्थीय। > कार्टिलिज; कार्टिलैजिनॅस

carto/gram, मानारेख; **~grapher,** मानचित्रकार; **~graphy,** मानचित्र-कला*; मानचित्रकारी*, नक़्शनवीसी*; **~mancy,** पत्र-ज्योतिष, पत्र सगुनौती*। > का-टॅ-ग्रैम; का-टॉ/ग्रॅ-फ़ॅ, ~ग्रॅफि; काटॅमैंसि

carton, 1. (*target*) चाँद; 2. दफ़्ती* का डिब्बा। > काटॅन

cartoon, कार्टून, व्यंग्यचित्र, हास्यचित्र; **~ist,** व्यंग्य-चित्रकार। > काटून

cartridge, कारतूस, गोली*। > काट्रिज

cartulary, 1. (*record*) अभिलेख; अभिलेख-संग्रह; अभिलेखालय; 2. रजिस्टर। > काट्युलॅरि

caruncle, 1.अधिमांस, मांसांकुर; 2. (*wattle*) गलचर्म; 3. (*bot.*) बीज-चोलक। > कैरॅन्कॅल

carve, 1. (*cut*) काटना; 2. (*sculpture*) खोदकर मूर्ति* बनाना; 3. (*engrave*) उत्कीर्ण क०; **~r,** मूर्तिकार; नक़्क़ाश। **carving,** नक़्क़ाशी*, उत्कीर्णन। > काव; का-वॅ

carvel-built, सपाट तख़्ताबन्दी* वाला। > कावॅल

caryatid, नारीस्तंभ, परीखंभा। > कैरिऐटिड

cascade, क्रमप्रपात, प्रपाती*, सोपानी पात, जलप्रपात। > कैस्केड

case, A. (*law*) 1. (*suit*) मुक़दमा; 2. (*argument of one side*) बहस*, पक्षवाद; 3. (*presentation*) वाद-प्रतिवेदन; 4. (*precedent*) नज़ीर*; **B.** 1. (*instance*) उदाहरण, घटना*; there were three cases of theft, तीन जगह* चोरी* हुई; 2. (*of disease*) रोगी; two cases of chloera, हैज़े के दो रोगी; 3. (*matter*) मामला, विषय; 4. (*problem*) प्रश्न, समस्या*; 5. (*state*) स्थिति*, वस्तु-स्थिति*, अवस्था*, दशा*; **C.** (*grammar*) कारक; **D.** 1. (*sheath*) खोल, ग़िलाफ़; 2. (*box*) डिब्बा, बकस, सन्दूक, मंजूषा*, पेटी*; 3. (*cover*) आवरण; 4. (*showcase*) प्रदर्शन-मंजूषा*; 5. (*printing*) मुद्रधान; ~history, व्यक्तिवृत्त; ~ of conscience, नैतिक समस्या*, उलझन*, गुत्थी*; in ~, 1. यदि; 2. की स्थिति* में; 3. (*lest*) ऐसा न हो कि; in any~, बहरहाल, जो भी हो; in no~, 1. कदापि नहीं; **~-book,** रोगी-पुस्तिका*; **~-ending,** विभक्ति*; **~-hardening,** तल-कठोरीकरण; **~-law,** निर्णय-विधि*। > केस

casein, केसीन, छेना। > केसिइन

casemate, मोखा, कमांचा। > कैस्मेट

casement-window, फ़रमेदार खिड़की*। > केस्मॅन्ट

caseous, किलाटी, पनीर का; पनीर-जैसा। > केसिअॅस

casern(e), बैरक*। > कॅर्ज़ॅन

cash, *n*., रोकड़*, नक़द, नगद, नगदी*, नक़दी*; —*v*., 1. (*get cash*) भुनाना; 2. (*give cash*) नगदी* देना; **~in on,** से लाभ उठाना; ~in~, नक़दी;

~-account, रोकड़-लेखा; **~balance,** रोकड़-बाक़ी* **~-book,** रोकड़-बही*; **~-box,** नक़दी पेटिका*, नक़दी-बक्स; **~crop,** नक़दी फसल*; **~-discount,** नक़द-बट्टा; **~ed,** भुक्त; **~-memo,** नक़द पर्ची*, नक़दी-रसीद*, रोकटीप*, **~payment,** नक़दी-अदायगी*। > कैश

cashew, काजू। > कैशू = कॅशू

cashier, *n.*, रोकड़िया, ख़ज़ानची; *v.*, बरखास्त क०। > कैशिअॅ (*n.*); कैशिअॅ (*v.*)

cashmere shawl, कश्मीरी शाल*। > कैश्-मिअॅ शॉ:ल

casing, खोल, वेष्टन, आवरण। > केसिन्ग

casino, 1. नृत्यशाला*; 2. (*for gambling*) जुआखाना, द्यूतशाला*। > कॅसीनो

cask, पीपा। > कास्क

casket, 1. मंजूषा*, सन्दूकची; 2. (*coffin*) शवपेटिका*। > कास्-किट

casque, शिरस्त्राण। > कैस्क

cassation, अभिशून्यन, मनसूखी*। > कैसेशॅन

casserole, हाँडी*, हण्डी*, हँडिया*। > कैसॅरोल

cassia, 1. (*fistula*) अमलतास, किरवरा, धनबहेड़ा; 2. (*lignea*) तेजपात, तेजपत्ता; 3. (*occid*) चकवड़; 4. (*sophera*) कासुन्दा, कसौंदी*, कसौंजा। **cassie flower,** विलायती बबूल। > कैसिअॅ

cassock, चोग़ा। > कैसॅक

cassytha (*filiformis*), आकाशबेल*।

cast, *v.*, 1. (*throw*) फेंकना; 2. (*light, net, anchor, etc.*) डालना; 3. (*throw down*) पटकना, गिराना; 4. (*shed*) उतारना; 5. (*scatter*) बिखेरना, छितराना; 6. (*votes*) देना; 7. (*lose*) खो देना; 8. (*defeat*) हरा देना, पछाड़ना; 9. (*metal*) ढालना; 10. (*dismiss, reject*) निकाल देना; 11. (*offspring*) डालना; 12. (*vomit*) वमन क० उल्टी* क०; 13. (*calculate*) हिसाब लगाना; ~a horoscope, जन्मकुण्डली* बनाना; 14. (*arrange*) सुव्यवस्थित क०; 15. (*formulate*) सूत्रबद्ध क०; 16. (*an actor for*) का पार्ट देना, की भूमिका* देना; 17. (*a play*) भूमिका-निर्धारण क०; 18. (*veer*) मुड़ना; 19. (*in deliberate*) विचार क०; —*n.*, 1. (*throw*) निक्षेपण, निक्षेप; 2. (*of dice*) फेंक*; 3. (*of play*) भूमिका*, अभिनेतावृन्द; 4. (*mould*) ढाँचा; 5. (*kind*) प्रकार, आकार; 6. (*calculation*) हिसाब; 7. (*vomit*) कै*; 8. (*in wrestling*) पछाड़; 9. (*forecast*) पूर्वानुमान; 10. (*of eye*) भेंगापन; 11. (*defect*) दोष; 12. (*tinge*) पुट, रंगत*; **~about,** खोजना, योजना* बनाना; **~aside,** छोड़ देना; फेंक देना; **~back,** परिवर्तन क०; **~down,** निरुत्साह क०, उदास क०; **~off,** छोड़ देना, त्याग देना; विमुख क० खोल देना; **~out,** निकाल देना; **~up,** 1. वमन क०; 2. (*add*) योग निकालना; **~-iron,** *n.*, ढलवाँ लोहा, —*adj.*, 1. लौह; 2. (*stern*) कठोर; 3. (*rigid*) अनम्य; 4. (*of alibi*) अकाट्य, पक्का। > कास्ट; कास्ट्-आइ-अॅन (*n.*); कास्-टाइ-अॅन (*adj.*)

castanet, करताल। > कैस्टॅनेट

castaway, 1. (*outcast*) परित्यक्त, बहिष्कृत; 2. (*shipwrecked*) पोतपरित्यक्त। > कास्टॅवे

caste, जाति*, वर्ण, वर्ग; **~-distinction,** जातिभेद; **~ism,** जातीयता*; **~-ridden,** घोर जातिवादी; **~-system,** जाति-व्यवस्था*। > कास्ट

castellan, दुर्गपति। > कैस्टॅलॅन

castellated, 1. (*with turrets*) कंगूरेदार; 2. दुर्गवाला। > कैस्टॅलेटिड

castigate, 1. दण्ड देना; फटकारना, सुधारना। **castigation,** 1. दण्ड; 2. (*reprimand*) फटकार*, डाँट-डपट*; 3. (*emend*) संशोधन। > कैस्-टिगेट; कैस्टिगेशॅन

casting, 1. निक्षेपण; 2. ढलाई*; ढली वस्तु*; 3. (*vomit*) कै*; **~-vote,** निर्णायक मत। > कास्-टिन्ग

castle, 1. दुर्ग, गढ़, महल; 2. (*chess*) हाथी, रुख, किश्ती*। > कासॅल

castor, अण्डी*, एरण्ड, रेंडी*। > कास्-टॅ

castrate, बधिया क०। **castration,** बधियाकरण। **castrator,** बधियाकार। > कैस्ट्रेट; कैस्ट्रे/शॅन; ~टॅ

casual, 1. (*fortuitous*) आकस्मिक, नैमित्तिक; 2. (*without design*) अनियमित, अनियत; 3. (*of persons*) लापरवाह, असावधान, अविश्वसनीय; ~labour, अनियत मजदूर; ~leave, आकस्मिक छुट्टी*; **~ism,** आकस्मिकतावाद; **~ly,** अकस्मात्, संयोग से, अप्रासंगिक रूप से, यों ही; **~ty,** 1. (*accident*) दुर्घटना*; 2. (*pl.*) हताहत; 3. घायल, आहत; हत, मृत। > कैश्जुअॅल

casuist, किंकर्तव्यमीमांसक, धर्माधर्मविचारक; **~ry,** 1. किंकर्तव्यमीमांसा*, धर्माधर्मविचार; 2. (*pejorative*) वितण्डा*; वाक्छल। > कैश्जुइस्ट = कैज्यूइस्ट

casus belli, युद्धकारण। > कासॅस बे'लि

cat, 1. बिल्ली*; 2. (*of ship*) लंगरकुन्दा; marbled ~, सिकमार; fishing ~, बाघदशा, खुपिया बाघ; leopard ~, तेंदुआ बिल्ली*; jungle ~, बनबिलार; **~call,** *n.*, सिसकारी*, सीटी*; —*v.*, सी-सी* क०, सिसकारना, सीटी* बजाना; **~-o'-nine-tails,** चाबुक; **~'s-eye,** लहसुनिया; **~'s-paw,** शतरंज का मोहरा; **~tish, ~ty,** बिल्ली-जैसा; ईर्ष्यालु; **~-walk,** साँकरी*। > कैट; कैटॅनाइन्टेल्ज़; कैटि; कैट्वॉ:क

catabolism, अपचय। > कटैबॅलिज़्म

catachresis, अप्रयोग। > कैटॅक्रीसिस

cataclysm, 1. महाप्रलय, जलप्रलय; 2. (*upheaval*) क्रांति*; 3. (*destruction*) विभीषिका*, तबाही*। > कैटॅक्लिज़्म

catacomb, अन्तर्भौम समाधि-क्षेत्र, कब्रों* का तहखाना अवतुम्ब। > कैटॅ/कोम = कूम

catadromous, समुद्राभिगामी। > कॅटैड्रॅमॅस

catafalque, 1. शवमंच; 2. (*hearse*) अर्थी*। > कैटॅफ़ैल्क

catalectic, वर्णलुप्त। > कै-टॅ-ले'क्-टिक

catalepsy, स्तम्भ, स्तब्धि*; पेशी-प्रतिष्टंभ। > कै-टॅ-ले'प्-सि

catalogue, *n.*, सूचीपत्र; सूची*, तालिका*, सारिणी*; —*v.*, की सूची* बनाना; सूची* में रखना या लिखना; **~r,** सूचीकार; **~-verse,** परिगणन पद्य, समाकलन पद्य। > कैटॅलॉग

catalyser, catalytic, उत्प्रेरक। **catalysis,** उत्प्रेरण। > कै-टॅ-लाइ-ज़ॅ; कैटॅलिटिक; कॅटैलिसिस

catamaran, कैटामारैन, बेड़ा। > कैटॅमॅरैन

catamite, लौंडा। > कैटॅमाइट

cataplasm, पुलटिस*, उपनाह। > कैटॅप्लैज़्म

catapult, गुलेल*; शिलाप्रक्षेपक। > कैटॅपॅल्ट

cataract, 1. प्रपात, महाजलप्रपात; 2. (*of eye*) मोतियाबिन्द। > कैटॅरैक्ट

catarrh, नज़ला, जुकाम, प्रतिश्याय, सरदी*। > कॅटा

catastrophe, 1. महाविपति*, अनर्थ, विध्वंस, आपात; 2. (*of play*) निर्वहण। **catastrophic,** भयंकर; अनर्थकर; आपाती। > कॅटैस्टॅफ़ि; कैटॅस्ट्रॉफ़्-इक

catch, *n.*, 1. (*act*) पकड़*; बझाव (*in net etc.*) 2. (*what is caught*) शिकार; 3. (*of door, window*) अड़ानी*; 4. (of *instr.*) खटका; 5. (*of gun*) घोड़ा, कुत्ता; 6. (*deception*) धोखा, छल; *v.*, 1. (*seize and hold*) पकड़ना (*also a train*) 2. (*ensnare*) फँसाना, बझाना; 3. (*deceive*) धोखा देना; 4. (*overtake*) जा पकड़ना, बराबर आ पहुँचना, पकड़ना; 5. (*detect*) पकड़ना; 6. (*hit*) पर मारना, प्रहार क०; 7. (*understand*) समझना; 8. (*disease*) को लग जाना; 9. (*become caught*) फँस जाना; 10. (*get*) पाना; 11. (*attract*) आकर्षित क०; 12. (*charm*) मोहित क०; 13. (*spread*) फैल जाना; 14. (*burn*) जल उठना; 15. (*one's breath*) रोकना; **~at,** पकड़ने की कोशिश* क०; जकड़ना; उत्सुकता* से पकड़ना; **~up,** 1.उठाना; पकड़ लेना; 2. (*snatch*) छीनना; 3. का दोष पकड़ना; 4. (*heckle*) तंग क०; 5. (*fasten*) कसना; **~up with,** जा लेना; बक़ाया (काम) पूरा क०, **~crop,** अन्तर्वर्ती फ़सल*, ज़ायद फ़सल*; **~-word,** 1. (*slogan*) नारा; 2. (*cue*) सूचक-शब्द, संकेत-शब्द। > कैच

catching, 1. (*attractive*) आकर्षक, मुग्धकारी; 2. (*contagious*) संक्रामक। > कैचिन्ग

catchment-area, आवाह-क्षेत्र, स्रवणक्षेत्र, जाली*। > कैच्मॅन्ट ए'ॲरिॲ

catchy, 1. (*attractive*) आकर्षक; 2. (*deceptive*) कपटपूर्ण; 3. (*tune*) सरल। > कैचि

catechetical, धर्मशिक्षा-सम्बन्धी; प्रश्नोत्तर का, प्रश्नोत्तरमय। > कैटिके'टिकॅल

catechetics, धर्मशिक्षाशास्त्र। **catechism,** प्रश्नोत्तरी*, प्रश्नोत्तर। **catechist,** धर्मशिक्षक, धर्मप्रचारक। **catechize,** धर्मशिक्षा* देना, (प्रश्नोत्तर द्वारा) सिखलाना। > कैटिके'टिक्स; कैटिकिज़्म; कैटिकिस्ट; कैटिकाइज़

catechu, 1. कत्था; 2. (*black*) खैर, खदिर। > कैटिचू

catechumen, दीक्षार्थी, दीक्ष्यमान; **~ate,** दीक्षार्थी-शिक्षा*। > कैटिक्यूमे'न; कैटिक्यूमॅनिट

categorical, 1. सुस्पष्ट, सुनिश्चित; 2. (*phil.*) निरपेक्ष, निरुपाधि (क)। > केटिगॉरिकॅल

category, 1. वर्ग, संवर्ग, कोटि*, श्रेणी*; 2. (*phil.*) प्रवर्ग, वैचारिक रूप। > कैटिगॅरि

catena, शृंखला*। > कॅ-टी-नॅ

catenary, रज्जु-वक्र; ~bridge, झूला। > कॅटीनॅरि

catenate, शृंखला* में बाँधना; **~d,** शृंखलित। **catenation,** शृंखला*। > कैटिनेट; कैटिनेशॅन

cater, खान-पान का प्रबन्ध क०; प्रबन्ध क०, प्रदान क०, जुटाना; **~er,** (खान-पान) प्रबन्धक। > के-टॅ; के-टॅ-रॅ

catering, खान-पान; ~department, खान-पान विभाग, भोजन-प्रबन्ध। > केटॅरिन्ग

caterpillar, 1. इल्ली*, झाँझा, सूँड़ी*; 2. (*mech.*) चक्रपट्टी*। > कै-टॅ-पि-लॅ

caterwaul, रोना, आँऊँ-आँऊँ* क०। > कैटॅवॉ:ल

catfish, अशल्क मीन। > कैट्-फ़िश

catgut, ताँत*, रोदा। > कैट्गॅट

catharsis, 1. विरेचन; 2. (*lit.*) विरेचन, भावशान्ति*, भावोन्नयन। **cathartic,** रेचक, विरेचक, दस्तावर। > कॅथासिस; कॅथाटिक

cathead, लंगर-कुन्दा। > कैट्हे'ड

cathedra, सिंहासन; **~l,** कैथीड्रल, महामन्दिर, धर्मपीठ। > क-थी-ड्रॅ; कॅथीड्रॅल

catherine-wheel, 1. (*fireworks*) घनचक्कर, चरखी*, 2. (*window*) चक्राकार खिड़की*। > कैथॅरिन्-वील

catheter, नाल-शलाका*। > कै-थि-टॅ

cathetometer, ऊर्ध्वतामापी। > कै-थॅ-टॉ-मि-टॅ

cathode, ऋणाग्र, कैथोड। > कैथोड

catholic, 1. (*universal*) विश्वजनीन, विश्वव्यापी, सार्वभौम; 2. (*liberal*) उदार, सहिष्णु, उदारमना; 3. (रोमन) काथलिक; **~ism,** (रोमन) काथलिक धर्म; **~ity,** विश्वजनीनता*; उदारता*। > कैथॅलिक; कॅथॉलिसिज़्म; कैथॅलिसिटि

catkin, मंजरी*। > कैट्-किन

cation, धनायन, कैटायन। > कैटाइऑन

catoptrics, परावर्तन-विज्ञान। > कॅ-टॉप्-ट्रिक्स

cattle, ढोर, मवेशी, गोरू, गाय-बैल, डाँगर, head of~, रास*। **~-breeding,** पशु-पालन; **~-lifter,** गोरू-चोर; **~-plague,** पशुप्लेग, पोंकनी*; **~-pound,** काँजीहाउस, पशु-अवरोधशाला*, पशुनिरोधिका*। > कैटल

Caucasus, क़ाफ। > कॉ:कॅसॅस

caucus, चौगुटा; बैठक*, प्रसम्मिलन। > कॉ:कॅस

caudal, पुच्छीय। **caudate,** दुमदार, पुच्छिल, पुच्छी। > कॉ:डॅल; कॉ:डेट

caudillo, नेता, अधिनायक। > काउडीलयो

caudle, हरीरा। > कॉ:डॅल

caul, जरायु। > कॉ:ल

cauldron, कड़ाह(ा), हण्डा। > कॉ:लड्रॅन

caulescent, दृश्यस्तंभी। > कॉ:ले 'सॅन्ट

cauliflower, फूलगोभी*। > कॉलिफ़्लाउअॅ

cauline, स्तंभिक, स्तंभीय। > कॉ:लाइन

caulk, गहनी*, सन्दबन्द या कलापट्टी* या कालपट्टी* क०। > कॉ:क

causal, 1. कारणात्मक, कारण-सम्बन्धी; 2. (*verb*) प्रेरणार्थक; ~connection, कारण-सम्बन्ध; **~ity,** कारणता*, कारणत्व, कारण-कार्य-सम्बन्ध, कारण-कार्य-सिद्धान्त। > कॉ:ज़ॅल; कॉ:ज़ैलिटि

causation, कार्योत्पादन, उद्भावन; कारणत्व, कारण-कार्य-सम्बन्ध। **causative,** प्रेरणार्थक, णिजन्त, कारणवाचक; कार्योत्पादक, उत्पादक। > कॉ:ज़ेशॅन; कॉ:ज़टिव्

cause, *v.*, उत्पन्न क०; पहुँचाना; प्रेरित क०, कारण बनना; —*n.*, 1. कारण हेतु, निमित्त; 2. (*motive*) उद्देश्य; 3. (*movement*) आन्दोलन; 4. (*law-suit*) मुक़दमा, वाद, मामला; 5. (*case of one party*) पक्ष; ~and effect, कार्य-कारण; ~of action, वादहेतु, वादमूल, वादकारण; efficient~, कर्ता; exemplary~, आदर्श; final ~, प्रयोजक कारण, उद्देश्य, लक्ष्य; formal ~, सार, तत्त्व, स्वरूप कारण; inherent ~, समवायी कारण; non-inherent~, असमवायी कारण; instrumental ~, निमित्त कारण, साधन कारण; material ~, उपादान, उपकरण; primary ~, आदिकारण, मूल कारण; **~less,** 1. अकारण, अहेतुक; 2. (*ground-less*) निर्मूल; 3. निरुद्देश्य; **~-list,** वादसूची*; **~r,** कर्ता, उत्पादक, कारण। > कॉ:ज़

causerie, अनौपचारिक भाषण; टिप्पणियाँ। > कोज़ॅरी

causeway, पक्का नदीपथ, सेतुक। > कॉ: ज़्वे

caustic, 1. प्रदाहक, दाहक; क्षारक 2. (*fig.*) कटु, तीखा, मर्मभेदी; **~ity,** दाहकता*, कटुता*। **cauterization,** प्रदाहन, दाहन। **cauterize,** दागना, प्रदाहन क०; कठोर बना देना। **cautery,** प्रदाह-यन्त्र, दाहक पदार्थ; प्रदाहन। > कॉ:स्-टिक; कॉ:स्-टि-सि-टि; कॉ:टॅराइज़ेशॅन; कॉ: टॅराइज; कॉ: टॅरि

caution, *n.*, सावधानी*, सतर्कता*, चौकसी*; चेतावनी*; —*v.*, सचेत क०, सावधान क०; **~ary,** सचेतक; **~money,** अवधान-द्रव्य, ज़मानती रुपया, पारिभाव्य धन। > कॉ:शॅन; कॉ:शॅनॅरि

cautious, सावधान, सतर्क, चौकस। > कॉ:शॅस

cavalcade, शोभायात्रा*, जलूस। > कैवॅल्केड

cavalier, *n.*, 1. (*horseman*) अश्वारोही, घुड़सवार; 2. बाँका; —*adj.*, 1. (*offhand*) लापरवाह; 2. (*haughty*) अक्खड़। **cavalry,** रिसाला, घुड़सवार फ़ौज*, अश्वारोही सेना*। > कैवॅलिअॅ; कैवॅल्-रि

cave, *n.*, गुफ़ा*, गुहा*, कन्दरा*; *v.*, गुफ़ा* खोदना; गुफ़ा* में निवास क०; **~in,** धँस जाना; हार* मानना; **~-man,** गुहामानव, गुफ़ावासी। > केव

caveat, चेतावनी*; (*law*) वारणी*, निषेध; आपत्ति-सूचना*। > केव्-इएट

cavern, गुफ़ा*, कन्दरा*; **~ous,** 1. गुहामय; 2. (*eyes*) धँसी हुई। > कैवॅन; कैवॅनॅस

cavil, *n.*, वितण्डा*; *v.*, वितण्डा* क०, बाल की खाल* निकालना; छिद्रान्वेषण क०, नुकताचीनी* क०; **~ler,** वैतण्डिक; छिद्रान्वेषक। > कैव़-इल; कैव्-इलॅ

cavity, गुहिका*, कोटर, विवर, कोटरिका*। > कैव्-इटि

cavort, कूद-फाँद* क०। > कॅवॉ:ट

caw, *n.*, (*v.*), काँव-काँव या काँय-काँय* (क०)। > का:

cay, 1. (*of coral*) प्रवाली*; 2. (*of sand*) बलुई भित्ति*। > के

cayenne, लालमिर्च*। > केए'न

cayman, मकर। > केमॅन

cease, *v.*, बन्द होना, उठ जाना; समाप्त हो जाना; बन्द क०; समाप्त क०; **~-fire,** युद्धविराम, युद्धस्थगन, लड़ाई-बन्दी*; **~less,** निरन्तर, अविरत, लगातार; **~lessly,** निरन्तर। > सीस

cecity, अन्धता*, अन्धापन। > सीसिटि

cedar, देवदारु, देवदार; red ~, तून, महानीम। > सीड्-अॅ

cede, अर्पण क०, दे देना, सौंपना; हार* मानना, झुकना, आत्मसमर्पण क०; **~d,** सत्तान्तरित। > सीड; सीडिड

cedilla, सिडिल्ला*। > सि-डिल्-अॅ
cedrela, तून। > से'ड्रीला
ceil, छतगीरी* लगाना। > सील
ceiling, छतगीरी*, (भीतरी) छत*; **~-fan,** छत-पंखा; **~price,** उच्चतम या उच्चक मूल्य। > सील्-इन्ग
celadon, (*willow green*), काही। > से'लॅडॉन
celastrus (*paniculatus*), मालकाँगनी*। > सॅलैसट्रॅस
celebrant, अनुष्ठाता, याजक। > से'ल-इब्रॅन्ट
celebrate, (उत्सव) मनाना; प्रशंसा* क०, गुणगान क०, यज्ञ क०, मिस्सा क०; अनुष्ठान क०; **~d,** यशस्वी, प्रख्यात। **celebration,** समारोह, उत्सव; अनुष्ठान, यज्ञ। > से'ल्-इब्रेट; से'ल्-इब्रेशॅन
celebrity, प्रसिद्धि*, ख्याति*; यशस्वी (व्यक्ति) > सिले'ब्-रिटि
celerity, शीघ्रता*, तेज़ी*, फुरती*; वेग, चाल*। > सिले'रिटि
celery, सेलरी*, अजमोद*, अजमोदा*। > से'लॅरि
celeste, आसमानी। > सिले'स्ट = सॅले'स्ट
celestial, 1. (*of material heaven*) खगोलीय; 2. स्वर्गीय, स्वर्गिक; 3. दिव्य; ~body, खपिण्ड; ~sphere, खगोल। > सिले'स्ट्यॅल
celibacy, ब्रह्मचर्य, अविवाह, अविवाहित जीवन। **celibate,** ब्रह्मचारी, अविवाहित। > से'ल्-इबॅसि; से'ल्-इबिट
cell, 1. (*of building*) कोठरी*, कक्ष; 2. (*biol.*) कोशाणु, कोशिका*; 3. (*electr.*) सेल, बैटरी*; 4. (*compartment*) खाना; 5. (*cavity*) कोटर; 6. (*group*) गुट्ट; 7. (*chamber*) कोष्ठिका*; **~ular,** कोशिकीय, कोशिकामय; **~ule,** कोशिका*। > से'ल; से'लॅ्-यु-लॅ; से'ल्यूल
cella, (*archit.*) गर्भगृह। > से'ल्-अॅ
cellar, 1. तहखाना; 2. (*wine-*) सुरागार। > से'ल्-अॅ
cellu/loid, सैलूलॉयड; **~lose,** सेलूलोज़। > सेल्युलॉइड; से'ल्युलोस
cement, *n.*, सीमेंट, वज्रचूर्ण; *v.*, सीमेंट लगाना, सीमेंट से जोड़ना; जोड़ना, दृढ़ क०; **~ation,** सीमेंटकरण; जुड़ाई*, संयोजन, संश्लेषण। > सिमे'न्ट; सीमे'न्टेशॅन
cemetery, क़ब्रिस्तान, समाधिक्षेत्र। > से'म्-इट्रि
cenobite, मठवासी, मठवासिनी*। > सीनॅबाइट
cenotaph, स्मारक। > से'नॅटाफ़
cense, धूप देना, धूप चढ़ाना; **~r,** धूपदानी*, धूपदान, धूपपात्र। > सेंस; सॅन्-सॅ
censor, *n.*, सेंसर, (संवाद) नियन्त्रक, निरीक्षक; —*v.*, नियन्त्रण क०; **~ious,** छिद्रान्वेषी; **~ship,** नियन्त्रण, सेंसर-व्यवस्था*, सेंसर-कार्य। > से'न्-सॅ; से'न्सॉःर्-इअॅस
censurable, निन्दनीय। > से'न्शॅरॅबॅल
censure, *n.* (*v.*), निन्दा* (क०), गर्हण (क०); **~-motion,** निन्दा-प्रस्ताव। > से'न्-शॅ
census, जनगणना*, मर्दुमशुमारी*; गणना*, संगणना*। > से'न्सॅस
cent, शत, सौ; शतांश; ~ per ~, शत प्रतिशत, पूर्णतः; per~, प्रतिशत, सैकड़े। > से'न्ट
centaur, किन्नर। > से'न्टॉः
centenarian, शतवर्षीय; शतायु। > से'न्-टि-ने'अॅर्-इ-अॅन
centenary, *n.*, शताब्दी*; शताब्दी-महोत्सव; शतवार्षिकी*; —*adj.*, शतवर्षीय; शतिक। > से'न्-टीन्-अॅ-रि
centennial, *adj.*, शतवर्षीय; *n.*, *see* CENTENARY; **centennium,** शताब्दी*। > से'न्टे'न्यॅल; से'न्टे'न्-इअॅम
centering, ढूला, केन्द्रण। > से'न्-ट्रिन्ग
centesimal, *n.*, शतांश; *adj.*, शततम; शतांशी; ~system, शतिक पद्धति*। > से'न्टे'स्-इमॅल
centi-, शतांश; **~grade,** सेंटिग्रेड, शतांशिक, शतिक; **~gramme,** सेंटिग्राम; **~meter,** सेन्टीमीटर; **~pede,** शतपद, कन-खजूरा, गोजर। > से'न्-टि/ग्रेड; ~ग्रैम; ~मी-टॅ; ~पीड
cento, भानुमती काव्य। > सेन्टो
central, 1. केन्द्रीय; 2. (*principal*) प्रमुख, प्रधान; ~heating, केन्द्रीय तापन; **~ity,** केन्द्रीयता*; **~ization,** केन्द्रीकरण, केन्द्रीयकरण, **~ize,** केन्द्रित क०, केन्द्रीकरण क०; **~ized,** केन्द्रित। > से'न्ट्रॅल; से'न्ट्रैल्-इटि; से'न्ट्रॅलाइज़ेशॅन; से'न्ट्रॅलाइज़
centre (center), *n.*, केन्द्र, मध्य, मध्यबिन्दु; —*v.*, केन्द्रीभूत होना या क०; केन्द्रित क०। > से'न्-टॅ
centri/c(al), केन्द्रस्थ, केन्द्रीय, केन्द्रिक; **~city,** केन्द्रस्थता*, केन्द्रियता*; **~fuge,** अपकेंद्रित्र; **~fugal,** अपकेन्द्र (ी), केन्द्रापसारी; **~petal,** अभिकेन्द्र, केन्द्राभिसारी, केन्द्राभिमुखी; **~ng,** *see* CENTERING. > सेन्-ट्रिक; से'न्-ट्रि-सि-टि; से'न्-ट्रिफ्-यु-गॅल; से'न्-ट्रि-फ़्यूज; से'न्-ट्रिप्-इटॅल
centroid, केन्द्रक। > से'न्ट्रॉइड
centuple, centuplicate, सौगुना। > से'न्ट्युपॅल; से'न्ट्यूप्-लिकिट
centurion, शतपति। > से'न्ट्यूअॅर्-इअॅन
century, 1. शताब्दी*, सदी*; 2. (*a hundred*) शतक, शती*। > से'न्चुरि
cephalic, शिरस्य, शीर्ष-। > सिफ़ैल्-इक = से'फ़ैल्-इक

ceramic, मृत्तिका-; **~s,** मृत्तिका-शिल्प, मृत्कला*; **ceramist,** मृत्तिका-शिल्पी। > सिरैम्-इक; से 'रमिस्ट = के 'रॅमिस्ट

cere, मोम-झिल्ली*; **~-cloth,** 1. मोमजामा; 2. (*shroud*), **~ment,** कफ़न। > सिअँ

cereal, अनाज, अन्न, धान्य। > सिअॅर्-इअॅल

cerebellum, अनुमस्तिष्क। **cerebral,** 1. प्रमस्तिष्कीय; 2. (*vowel*) मूर्धन्य। **cerebration,** मस्तिष्क-व्यापार। **cerebrum,** प्रमस्तिष्क, मस्तिष्क, दिमाग़, भेजा। > से 'रिबे 'लॅम; से 'रिब्रॅल; से 'रिब्रेशॅन; से 'रिब्रॅम

ceremonial, *adj.*, आनुष्ठानिक, औपचारिक, रैतिक; —*n.*, 1. (*ritual*) विधि-विधान; 2. (*ceremony*) धर्मानुष्ठान; 3. (*solemnity*) समारोह। **ceremonious,** 1. आनुष्ठानिक, औपचारिक; 2. (*pompous*) आडम्बरी। > से 'रिमोन्यॅल; से 'रिमोन्यॅस

ceremony, 1. (*religious rite*) धर्मक्रिया*, धर्मानुष्ठान; 2. (*solemnity*) समारोह; 3. (*formalism*) तकल्लुफ़, शिष्टाचार, औपचारिकता*; master of ceremonies, विधिनायक। > से 'रिमॅनि

cerise, (हल्का) लाल। > सॅरीज़

ceroplastic, सिक्थ-घटित; **~s,** सिक्थघटन, मोम-घटन। > सिअॅ-रो-प्लैस्-टिक

certain, 1. (*fixed*) निश्चित, पक्का; 2. (*inevitable*) अवश्यंभावी, अनिवार्य; 3. (*unquestionable*) निर्विवाद, असंदिग्ध; 4. (*reliable*) विश्वसनीय; 5. (*unerring*) अचूक, अमोघ, 6. (*convinced*) I am~, मुझे पक्का विश्वास है; 7. कोई, कुछ; for~, निस्सन्देह; **~ly,** निश्चित रूप से, अवश्य, बेशक; **~ty,** निश्चिति*; निश्चय, निश्चितता*, नैश्चित्य; अवश्यंभाविता*। > सॅःटॅन; सॅःटॅन्-टि

certi/fiable, प्रमाण्य; **~ficate,** प्रमाणक, प्रमाण-पत्र; **~fication,** प्रमाणन, प्रमाणीकरण; **~fied,** प्रमाणित; **~fier,** प्रमाणकर्ता; **~fy,** प्रमाणित क०, प्रमाण देना, तसदीक* क०; घोषित क०; विश्वास दिलाना; **~orari,** उत्प्रेषण-लेख। > सॅःट्-इफ़ाइअॅबॅल; सॅःटिफ़्-इकिट सॅःट्-इफाइ; सॅःटिऑःरे 'ॲराइ

certitude, निश्चय, निश्चिति*, असंचय; absolute ~, निरपेक्ष ~; metaphysical ~, अतिभौतिक, दार्शनिक ~; moral ~, व्यावहारिक, मनोवैज्ञानिक ~; physical ~, भौतिक ~। > सॅःट्इट्यूड

cerulean, गहरा नीला, आसमानी > सिरूल्यॅन

cerumen, कर्णमल, कर्णगूथ। > सिरूमे 'न

ceruse, सीरूज़, सफ़ेदा। > सिअॅर्-ऊस = सिरूस

cervical, ग्रीवा-, ग्रैव। > सॅ-व्-इकॅल

cervine, मृगीय; हरिण-जैसा। > सॅःवाइन

cess, उपकर, अबवाब। > से 'स

cessation, 1. (*ceasing*) अन्त, अवसान, समाप्ति*; 2. (*pause*) विराम, विरमन। > से 'सेशॅन

cession, अर्पण, प्रदान, सत्तान्तरण, स्तत्वत्याग; **~ary,** समनुदेशिती। > से 'शॅन; से 'शॅनॅरि

cesspit, मलकुण्ड। **cesspool,** हौदी*। > से 'स्-पिट; से 'स्पूल

cestode, पट्टकृमि। > से 'स्टोड

cetacea, तिमिवर्ग, तिमिगण। > सिटेश्यॅ = सि-टे-शॅ

chafe, *v.t.*, 1. रगड़कर गरमाना; 2. रगड़कर छीलना; 3. (*irritate*) खिजाना; —*v.i.*, खीजना, झुँझलाना; —*n.*, 1. (*friction*) घर्षण, रगड़*; 2. खीज*, झुँझलाहट*; 3. (*wound*) छीलन*। > चेफ़

chaff, *n.* 1. (*husk*) भूसी*, चोकर, तुष; 2. (*cut straw*) भूसा, कुट्टी*; 3. (*refuse*) कूड़ा-करकट; 4. (*banter*) हँसी-मज़ाक, ठट्ठा; —*v.*, (की) हँसी* उड़ाना, मज़ाक क०; चारा काटना; **~-flower,** (*prickly*), लटजीरा; *v.*, भूसीदार; निकम्मा। > चाफ़; चाफ़्-इ

chaffer, *n.*, (*v.*), मोल-तोल (क०), मोल भाव (क०)। > चैफ़्

chafing-dish, अँगीठी*, आतिशदान। > चेफ़्-इनगिडश

chagrin, सन्ताप, खीज*। > शैग्-रिन = शॅग्रीन

chain, *v.*, (ज़ंजीर* से) बाँधना, बेड़ी* डालना; —*n.*, 1. ज़ंजीर*, सिकड़ी*, चेन*, शृङ्खला*; 2. (*ornament*) हँसली*, सिकड़ी*; 3. (*for measuring*) जरीब*; 4. (*sequence*) शृङ्खला*; लड़ी*, सिलसिला, माला*, श्रेणी*; 5. (*of mountains*) पर्वतमाला*; 6. (*pl.*, *bonds*) बेड़ी*; 7. (*pl.*, *captivity*) क़ैद*, दासता*; **~-mail,** जिहर*, कवच। > चेन

chair, 1. कुरसी*, आसन; 2. (*office*) पद, पीठ; 3. (*chairman*) सभापति, अध्यक्ष; 4. (*professorship*) पीठ; **~manship,** सभापतित्व, अध्यक्षता*। > चे 'अॅ

chaise-longue, आराम-कुरसी*। > शेज़्-लोंग

chalet, (लकड़ी* का) बंगला। > शैल्-ए

chalice, चषक, पानपात्र; यज्ञपात्र, कटोरा। > चैल्-इस

chalk, *n.*, खड़िया*, चाक; *v.*, खड़िया* मिलाना या लगाना; खड़िया* से लिखना; **~out,** रुपरेखा* प्रस्तुत क०; **~y,** खड़ियावत्; खड़ियामय। > चॉ:क; चॉ:क्-इ

challenge, *n.*, 1. चुनौती*, ललकार*; 2. (*objection*) आपत्ति*; —*v.*, चुनौती* देना, ललकारना; आपत्ति* क०; अविश्वास प्रकट क०, विरोध क०। > चैल्-इंज

chamber, 1. (*room*) कमरा, कक्ष; 2. (*legisl.*) सदन; 3. (*cavity*) प्रकोष्ठ, कक्षिका*; 4. (*of gun*) पेट, ख़ज़ाना, कोठी*; **~of commerce,** वाणिज्य मण्डल; **~lain,** कंचुकी, प्रबन्धक; **~maid,** नौकरानी*। > चेम्-बॅं; ~लिन

chameleon, बहुरूपी, गिरगिट; **~-like,** परिवर्तनशील। > कॅमील्-इअॅन

chamfer, *n.*, 1. पख, तिरछा किनारा; 2. (*groove*) खाँचा; **~ed,** पखदार। > चैम्-फ़ॅ

chamois, साँभर, साम्बर; साँभर-चर्म। > शैमवा

chamomile, बाबूने का फूल। > कैमॅमाइल

champ, चर्वण क०, चबाना। > चैम्प

champertor, वादक्रयी। **champerty,** वादक्रय। > चैम्-पॅ-टॅ; चैम्पॅटि

champion, *n.*, 1. (*supporter*) समर्थक, हिमायती; 2. (*winner*) विजेता, सर्वजेता; —*v.*, समर्थन क०, पक्ष लेना, हिमायत* क०; **~ship,** समर्थन; सर्वविजय*। > चैम्प्यॅन

chance, *n.*, 1. संयोग, यदृच्छा*, दैवयोग; 2. (*opportunity*) अवसर, मौक़ा; 3. (*probability*) सम्भावना*, सम्भाविता*; प्रायिकता*; —*adj.*, आकस्मिक, सांयोगिक; —*v.*, 1. (*risk*) दाँव पर रखना, भाग्य परखना; 2. संयोगवश घटित होना, संयोग से होना; by~, संयोग से, संयोगवश; **chanc(e)y,** अनिश्चित। > चान्स; चान्-सि

chancellery, 1. (कुलपति, दूतावास का) कार्यालय, दफ़्तर; 2. कुलपति-पद। > चान्सॅलॅरि

chancellor, 1. (*of university*) कुलाधिपति; अधिपति; 2. (*of diocese*) सचिव; ~ of the exchequer, वित्तमन्त्री। > चान्-सॅ-लॅ

chancery, उच्चन्यायालय; कार्यालय। > चान्सॅरि

chance-medley, 1. आकस्मिक या दुर्दैव नरहत्या*; 2. (*action*) आकस्मिक कर्म; 3. (*inadvertency*) अनवधान। > चान्स्-मे'ड्-लि

chancre, रतिज व्रण। > शैन्क-अॅ

chandelier, दीपवृक्ष, दीपाधार, झाड़। > शैन्-डि-लिअॅ

chandler, 1. मोमबत्ती* बनाने या बेचने वाला; 2. (*grocer*) पंसारी। > चान्ड्-लॅ

change, *v.*, 1. बदलना, बदल जाना या देना, परिवर्तन या परिवर्तित क०; 2. (*exchange*) विनिमय क०; 3. (*money*) भुनाना, तुड़ाना; —*n.*, 1. परिवर्तन, हेर-फेर; 2. (*money*) रेज़गारी*, खुदरा, छुट्टा; **~ability,** परिवर्तनीयता*, परिवर्तनशीलता*; **~able,** परिवर्तनीय; परिवर्तनशील; **~less,** निर्विकार, अपरिवर्तनशील; **~lessness,** अपरिवर्तिता*। > चेंज; चेन्-जॅ-बिल्-इटि; चेन्जबॅल

changeling, बदला हुआ बच्चा। > चेंज्-लिन्ग

changing, परिवर्तनशील, बदलता।

channel, *n.*, 1. (*canal*) नहर*, कुल्या*, कवाह, जलमार्ग, वाहिका*, प्रणाल; 2. (*geogr.*) जलान्तराल; 3. (*river bed*) नदीतल; 4. (*tube*) नली*, नाली*; 5. (*means*) मार्ग, माध्यम, सरणी*; 6. (*of thought*) धारा*; —*v.*, नहर* बनाना; नाली* बनाना; नहर* से ले जाना या पहुँचाना; through the proper ~, उचित माध्यम या सरणी* से; **~ling,** प्रणालन। > चैनॅल

chant, *n.*, 1. गीत; 2. (*melody*) राग; *v.*, 1. गाना; 2. (*monotonously*) अलापना; 3. (*praise*) गुणगान क०; **~er,** गायक; **~ress,** गायिका*, **~y,** मल्लाह-गीत। > चान्ट; चान्/टॅ, ~ट्रिस, ~टि

chanticleer, मुरगा, मुर्ग, कुक्कट। > चान्-टि-क्लिअॅ

chaos, 1. अव्यवस्था*, दुर्व्यवस्था* अन्धव्यवस्था*; 2. (*primordial*) आदि-गर्त्त। **chaotic,** अव्यवस्थित, अस्तव्यस्त। > केऑस; केऑट्-इक

chap, *n.*, 1. व्यक्ति, आदमी; 2. (*fissure*) दरार*; 3. (*crack in skin*) बिवाई*; 4. (*cheek*) गाल; 5. (*jaw*) जबड़ा; —*v.i.*, फटना, चटकना, दरकना; —*v.t.*, दरकाना; **~-book,** फेरी-पुस्तिका*, **~py, ~ped,** दरारदार। > चैप; चैप्बुक

chaparral, झाड़ी-बन। > चैपॅरैल

chape, 1. (*of sword*) टोपी*; 2. (*loop*) तुकमा। > चेप

chapel, प्रार्थनालय। > चैपॅल

chaperon, *n.*, संरक्षिका*; *v.*, साथ रहना या जाना। > शैपॅरोन

chapfallen, निरुत्साह। > चैप्फ़ॉ:लॅन

chapiter, शीर्ष। > चैप्-इटॅ

chaplain, पुरोहित; (*of family*) कुलगुरु; **~cy,** पुरोहिताई*। > चैप्-लिन

chaplet, 1. माला*, सुमरनी*; 2. (*necklace*) कण्ठी*; 3. पुष्पमाला*। > चैप्-लिट

chapman, फेरीवाला। > चैप्मॅन

chapter, *n.*, 1. अध्याय; 2. (*of religious order*) सभा*; —*v.*, अध्यायों में विभाजित क०; डपटना, फटकारना। > चैप्-टॅ

char, झुलसाना; जलाकर कोयला बनाना; जलकर कोयला बनना। > चा

character, 1. (*nature*) स्वभाव, स्वरूप; 2. (*sort*) प्रकार; 3. (*peculiarity*) लक्षण, स्वलक्षण, विशेषता*, गुण; 4. (*behaviour*) चरित्र, आचरण, चालचलन; 5. (*strength of ~*) चरित्रबल; 6. (*reputation*) नाम; 7. (*good name*) नेकनामी*; 8. (*character sketch*) चरित्र-चित्रण; 9. (*recommendation*) सिफ़ारिशनामा; 10. (*personage*) महापुरुष, महामानव; 11. (*status*) पद, हैसियत*; 12. (*of play, novel*) पात्र, चरित्र; 13. (*eccentric*) सनकी;

14. (*distinctive mark, e.g., of sacrament*) छाप*; 15. (*graphic symbol*) वर्ण, अक्षर, अंक; 16. (*writing*) लिपि*, लिखावट*; in ~, (स्वभाव के) अनुरूप; out of ~, स्वभाव-प्रतिकूल, अननुरूप; **~building,** चरित्र-निर्माण; **~less,** 1. (*of person*) व्यक्तित्वहीन; 2. साधारण, लक्षणहीन, विशेषगुणहीन; **~-roll,** चरित्रपंजी*; **~-training,** चरित्र-प्रशिक्षण; man of~, चरित्रवान्। > कै-रिक्-टॅ

character/istic, *n.,* 1. विशिष्टता*; 2. विशेषता*, अभिलक्षण, वैशिष्ट्य, लक्षण, अनुभाव, संलक्षण; 2. (*of logarithm*) पूर्णांश; —*adj.,* विशेषतासूचक, विशिष्ट, अभिलाक्षणिक, अभिलक्षक; **~ization,** चरित्र-चित्रण, लक्षण-वर्णन; **~ize,** चरित्रचित्रण क०; (की) विशेषता* होना या बताना। > कै-रिक्-टॅ-**रिस्**-टिक; कैरिक्टॅराइज़ेशन; कैरिक्टॅराइज़

charade, प्रहेलिका*, पहेली*। > शॅराड

charcoal, काठकोयला। > चाकोल

charge, *n.,* 1. (*accusation*) अभियुक्ति*, अभियोग, आरोप, अधिरोप, दोषारोप; 2. (*cost*) शुल्क, परिव्यय, प्रभार, ख़र्च, भाड़ा; 3. (*price*) मूल्य, दाम; 4. (*load, burden*) भार, बोझ; 5. (*of office*) पदभार, प्रभार, कार्यभार; 6. (*care*) निगरानी*, देख-रेख*, रखवाली*, रक्षा*, निरीक्षण; 7. (*responsibility*) उत्तरदायित्व; 8. (*command*) आदेश, क्षेत्र; 9. (*attack*) धावा, हमला, चढ़ाई*, आक्रमण; 10. (*of gun*) स्फोटक, बारूद*; 11. (*electri.*) आवेश, चार्ज —*v.,* 1. अभियोग लगाना, दोषरोपण क०; 2. शुल्क लेना; 3. दाम माँगना; 4. (*debit*) के ख़र्चे में लिखना, के नाम उधार लिखना; 5. भार डालना, भर देना; 6. कार्यभार सौंपना; 7. उत्तरदायी ठहराना, उत्तरदायित्व देना; 8. आदेश देना; 9. धावा बोलना, चढ़ाई* क०; 10. (*a gun*) भरना; 11. (*electr.*) आवेशित क०; चार्ज क०; 12. (*a jury*) अवबोधित क०; free of~, निःशुल्क, मुफ़्त; in~, प्रभारी; take ~, पदभार लेना; **~able,** 1. (*offence*) अभियोज्य; 2. (*due*) प्रभार्य, परिव्ययनीय, आदेय; **~d,** 1. प्रभारित; 2. (*electr.*) आवेशित; **~-holder,** भारधारक; **~sheet,** आरोप-पत्र, फ़र्दजुर्म*, कलन्दरा; प्रभार-पत्र। > चाज

charge' d'affaires, प्रभारी राजदूत, उपराजदूत, कार्यदूत। > शाश्ज़े **डैफ़े**'ॲ

charger, युद्धाश्व, घोड़ा। > **चा**-जॅ

chariot, रथ; **~eer,** सारथी। > चैरिॲट; चैरिॲ**टिॲ**

charitable, 1. परोपकारी; 2. दानशील, वदान्य; 3. (*for charitable purpose*) धर्मस्व, धर्मार्थ, पुण्यार्थ, दातव्य, ख़ैराती; 4. उदार, दयालु, प्रेममय, हितैषी; **~endowment,** धर्मस्व-निधि*, पुण्यार्थ-निधि*। > चैरिटॅबॅल

charity, 1. (*love*) प्रेम; 2. (*benevolence*) हितैषिता*, सद्‌भाव; 3. (*lenience*) उदारता*, दयालुता*; 4. (*charitableness*) दानशीलता*; 5. (*benefaction*) परोपकार; 6. (*gift*) दान, भिक्षादान; fraternal ~, भ्रातृप्रेम; universal ~, विश्वप्रेम; ~ show, सहायतार्थ प्रदर्शन। > चैरिटि

charivari, शोरगुल, गुलगपाड़ा। > शारिवारि

charka, चरखा।

charlady, महरी*। > चालेडि

charlatan, कठबैद, नीम-हकीम, कूट-चिकित्सक; कपटी, धूर्त्त। > शालॅटॅन

charm, *n.,* 1. (*personal quality*) सौम्यता*, सौजन्य; 2. (*attractiveness*) मनोहरता*; आकर्षण, माया*, मोहिनी*; 3. (*amulet*) तावीज़; 4. (*incantation*) मन्त्र, तन्त्र-मन्त्र; —*v.,* मोहित क०, मुग्ध क०, आकर्षित क०; जादू डालना; **~er,** सम्मोहक, विमोहक; जादूगर; **~ing,** सौम्य; मोहक, मनोहर। > चाम; **चाम्**-ॲ

charnel-house, मुर्दा-घर। > चार्नॅल्हाउस

charpoy, चारपाई*। > **चा**-पॉइ

chart, 1. (*map*) मानचित्र, नक़्शा; 2. (*graph, table*) चार्ट, लेखा, सारणी*; —*v.,* रूपरेखा* तैयार क०; मानचित्र या चार्ट बनाना; **~ography** *see* CARTOGRAPHY. > चाट; काटॉग्रफ़ि

charter, *n.,* 1. शासनपत्र, सनद*, अधिकारपत्र; 2. (*declaration*) घोषणापत्र; 3. (*privilege*) प्राधिकार, विशेष अधिकार; 4. (*deed of hire*) भाटक पत्र, अवक्रयपत्र; —*v.,* 1. (*ship*) भाटक पर लेना, अवक्रय क०; 2. (*hire*) किराये पर लेना; 3. अधिकारपत्र देना; **~ed,** 1. भाटकित, अवक्रीत; 2. (*accountant, company*) शासपत्रित, अधिकृत; **~er,** अवक्रेता; **~ing-agent,** चार्टर एजेन्ट; **~-party,** नौभाटिक संविदा*। > **चाट्**-ॲ

charwoman, नौकरानी*, महरी*। > चावुमॅन

chary, 1. सावधान, खबरदार; 2. (*shy*) संकोची; 3. (*unwilling*) अनिच्छुक; 4. (*sparing*) कृपण, कंजूस। **चे**'ॲर्-इ

chase, *v.,* 1. (का) पीछा क०, (के) पीछे पड़ना; 2. (*hunt*) शिकार क०; 3. (*drive away*) खदेड़ना, निकाल देना; 4. (*adorn*) नक़्क़ाशी* क०, उत्कीर्ण क०; 5. (*groove*) खाँचा बनाना; —*n.* 1. पीछा; 2. शिकार, आखेट, मृगया*; 3. (*frame*) ढाँचा, परिबन्ध; 4. (*groove*) खाँचा; **~r,** 1. पीछा करने वाला, अनुवाधक; 2. शिकारी; 3. (*engraver*) नक़्शतराश; 4. (*tool*) चूड़ीकाट। **chasing,** उत्कीर्णन (-कला*)। > चेस; **चेस**-इन्ग

chasm, 1. (*abyss*) गह्वर, गहरी खाई*; 2. (*fissure*) दरार*, 3. गहरा मतभेद। > कैज़्म

chassis, चौकी*, न्याधार। > **शैस्**-इ

chaste, 1. (*pure*) विशुद्ध, शुद्ध; 2. (*of married woman*) साध्वी*, सती*, पतिव्रता*; 3. (*simple*) अनलंकृत, संयत, प्रांजल; **~n,** परिष्कृत क०; शुद्ध क०; संयत क०; अनुशासित क०; दण्ड देना। > चेस्ट; **चेसन**

chastise, दण्ड देना, सजा* देना, पीटना, मारना; **~ment,** दण्ड, सज़ा*, ताड़ना*, ताड़न, मार*। > चैस्टाइज़; चैस्-टिज़्-मॅन्ट

chastity, शुद्धता*, शुचिता*; पातिव्रत, पातिव्रत्य, सतीत्व; vow of~, शुद्धता* (या ब्रह्मचर्य) का व्रत। > चैस्-टि-टि

chasuble, उत्तरासंग। > चैज़्युबॅल

chat, *n.*, (*v.*), बातचीत* (क०), गपशप* (क०); **~ty,** बातूनी; (*of talk*) अनौपचारिक, मैत्रीपुर्ण, उन्मुक्त। > चैट ; चैट्-इ

chateau, महल, गढ़ी*। > शाटो

chattel (s), चल-सम्पत्ति*, जंगम-सम्पत्ति*। > चैटॅल

chatter, *n.*, 1. (*of birds*) चहक*, चहचहा, चहचहाहट*; 2. (*of men*) बकवाद*, बकबक*; —*v.*, 1. चहकना, चहचहाना; 2.बकबक* क०, बड़बड़ाना; 3. (*click*) कटकटाना; **~box,** बकवादी, बक्की, गप्पी। > चैट्-अॅ

chauffer, आतिशदान, अँगीठी*। > चॉःफ्-अ

chauffeur, शोफ़र, चालक। > शोफ़्-अॅ=शोफ़ॅः

chaulmoogra, चालमुगरा। > चॉःल्मूग्रॅ

chauvinism, अन्ध-देशभक्ति*, अतिराष्ट्रीयता*, उग्रराष्ट्रीयता*। > शोव्-इ-निज़्म

cheap, 1. सस्ता; 2. (*easily got*) सुलभ; 3. (*worthless*) निकम्मा; 4. (*common*) तुच्छ, सस्ता, साधारण; **~en,** सस्ता करना या बनाना; **~ness,** सस्तापन। > चीप

cheat, *v.*, 1. धोखा देना, बेईमानी* क०, ठगना; 2. (*beguile*) भुलावा देना, बहकाना; 3. (*wrath*) से बच जाना; —*n.*, धोखेबाज, प्रवंचक; धोखा, छल, कपट। > चीट

check, *v.i.*, रुक जाना; मेल खाना; *v.t.*, 1. (*stop*) रोकना; रोकथाम* क०; 2. (*control*) नियन्त्रण क०; 3. (*examine*) जाँचना, मिलाना, मिलान क०; 4. (*checkmate*) शह देना, किश्त* देना; 5. (*mark*) निशान लगाना; —*n.*, रोक*, रोध, अवरोध, निरोध, अटकाव, रुकावट*; 2. नियन्त्रण; 3. जाँच-पड़ताल*, परीक्षण, मिलान; 4. शह, किश्त*; 5. निशान; 6. *see* CHEQUE; 7. (*cloth*) चारखाना; **~-dam,** रोकबाँध; **~ed,** अवरुद्ध; नियंत्रित; जाँचा; (*cloth*) चारखानेदार; **~er,** जाँचकर्ता; *see* CHEQUER; **~mate,** *n.*, शहमात*, किश्त*; *n.*, 1. (*chess*) शह देना, शहमात* देना; 2. (*defeat*) मात कर देना, हराना; 3. (*frustrate*) व्यर्थ कर देना; **~-up,** परीक्षण। > चे'क; चे'क्ट; चे'क्-अॅ; चे'क-मेट

cheek, गाल, कपोल, गुस्ताखी*, धृष्टता*; **~-bone,** गण्डास्थि*; **~-tooth,** दाढ़*, चौभड़, चौघड़; **~y,** गुस्ताख़, ढीठ, धृष्ट। > चीक

cheep, (*v.*) चीं-चीं (क०)। > चीप

cheer, *n.*, 1. (*mood*) मनोदशा*, मिज़ाज; 2. (*gladness*) खुशी*, प्रसन्नता*; 3. भोजन; 4. (*solace*) सान्त्वना*, दिलासा; 5. (*shout, also pl.*) जयकार, जय-जयकार, वाहवाही*, करतल-ध्वनि*, साधुवाद; —*v.*, प्रसन्न क०, आनन्दित क०; दिलासा देना, धैर्य बँधाना; जय-ध्वनि* क०, ताली* बजाना; **~up,** प्रसन्न हो जाना, साहस बाँधना; दिलासा देना, ढाढ़स या ढारस बँधाना; **~ful, ~y,** प्रसन्न, प्रफुल्ल, प्रमुदित, हँसमुख; **~less,** उदास, खिन्न, अनमना। > चिअॅ

cheese, पनीर। > चीज़

cheetah, चीता। > चीट्-अॅ

chef, रसोइया, सूपकार। > शे'फ़

chef-d' oeuvre, उत्कृष्ट कलाकृति*। > शे'डॅः-व्रॅ

cheiroptera, चमगादड़ गण। > काइ-रॉप्-टॅ-रॅ

chela, 1. चेला; 2. (*zool.*) कीला।

chemical, *adj.*, रासायनिक, रसायन; —*n.*, रसद्रव्य, रसायन। > के'म्-इकॅल

chemise, साया; **~tte,** कुरती*। > शिमीज़; शे'मिज़े'ट

chemist, 1. रसायनज्ञ, रसायनी; 2. (*druggist*) औषध-विक्रेता, दवा-फ़रोश, अत्तार, औषधकार; **~ry,** रसायन, रसायनविज्ञान। > के'म्-इस्ट; के'म्-इस्-ट्रि

chenille, मखमली डोरी*। > शॅनील

cheque, चेक, चैक, धनादेश, हुण्डी*, देयक; blank ~, निरंक ~; crossed, शाहजोग; bearer, धनीजोग; order, नामयोग। > चे'क

chequer, *v.*, चारखानेदार क०; रंगबिरंगा क०; —*n.*, *pl.*, बिसात*; **~ed,** चारखानेदार; रंगबिरंगा; उतार-चढ़ाव वाला। > चे'कॅ; चे'कॅड

cherish, 1. (*cling to*) हृदय में बनाए रखना, सँजोए रखना; 2. (*hold dear*) आँख* की पुतली* समझना; 3. (*value highly*) की क़दर* क०; 4. (*foster*) पोसना, दुलारना। > चे'रिश

cheroot, चुरुट। > शॅरूट

cherry, चेरी*, आलूबालू, ओलची*, गिलास; bird ~, जामन; wild ~, पदम; **~red,** बदरीरक्त। > चे'रि

chersonese, प्रायद्वीप। > कॅःसॅनीस

cherub, केरुबीम, देवदूत; निर्दोष, भोला या सुन्दर शिशु। > चे'रॅब

chess, शतरंज; **~-board,** बिसात*; **~-men,** गोट, मोहरे। > चे'स

chest, 1. छाती*, सीना, वक्ष, वक्षस्थल; 2. (*box*) पेटी*, तिजोरी*, सन्दूक। > चे'स्ट

chesterfield, चेस्टर। > चे'स्-टॅफ़ील्ड

chestnut, *adj.*, सुरंग (*of horse*) ; *n.*, चेस्टनट, पाँगर; पुरानी बात*, बासी मज़ाक; Indian horse-~, बनखोर। > चे'सनॅट

chevalier, नाइट। > शेवॅलिअॅ

cheville, पादपूरक। > शॅवील

chevron, फ़ीता, फ़ीती*। > शे'व्-रॅन
chevy, *n.* (*v.*), शिकार (क०)। > चे'व्-इ
chew, चबाना, मनन क०, चिन्तन क०; ~the cud, जुगाली* क०, मनन क०; जुगालना, पागुर क०; **~ing,** चर्वण। > चू
chiaroscuro, प्रकाश-छाया-चित्रण। > किआरॅस्क्यूऑरो
chiasma, व्यत्यासिका*। > काइ-ऐज़् मॅ
chiasmus, व्यतिक्रम। > काइ-ऐज़्-मॅस
chic, *n.*, टीप-टाप*; *adj.*, फ़ैशनेबुल। > शिक
chicane, 1. (*to trick*) धोखा देना; 2. (*cavil*) कुतर्क क०, वितण्डा* क०, बाल की खाल* निकालना; **~ry,** झाँसापट्टी*, धोखा, वाक्छल, प्रवंचना*; कुतर्क, वितण्डा*। > शिकेन; शिकेनॅरि
chick(en), चूज़ा, चिंगना; मुन्ना, लल्ला। > चिक; चिक्-इन
chicken/hearted, डरपोक; **~pox,** छोटी माता*, लघु मसूरिका*।
chicklingvetch, मटरी*, खेसारी, लतरी*। > चिक्-लिन्ग्वे'ट्श
chicory, कासनी*, चिकरी*। > चिकॅरि
chide, झिड़कना, डाँटना; निन्दा* क०, भर्त्सना क०। > चाइड
chief, *adj.*, मुख्य, प्रमुख, प्रधान, सर्वोच्च; —*n.*, अध्यक्ष, मुख्य, नेता, सरदार; ~minister, मुख्य मन्त्री; **~ly,** मुख्यतया, मुख्यतः, प्रधानतः; **~tain,** मुखिया, नायक, सरदार। > चीफ़; चीफ़्टॅन
chiffon, 1. जाली*; 2. (*pl.*) बेल **~ier,** अलमारी*। > शिफ़ॉन; शिफ़ॅनिऑ
chignon, जूड़ा। > शिन्यों
chigoe, पिस्सू। > चिगो
chilblain (s), बिवाई*, विपादिका*, शीतशोथ। > चिल्ब्लेन; चिल्ब्लेन्ज़
child, बच्चा, शिशु, बालक, बाल; **~bed, ~birth,** प्रसव, प्रसूति*; **~hood,** बालकपन, बचपन, बाल्यावस्था*; शैशव; **~ish,** बचकाना; **~-labour,** बाल-श्रम; **~less,** निःसन्तान, निरपत्य; **~like,** बालसुलभ, बालोचित; **~-marriage,** बालविवाह; **~-welfare,** शिशु-कल्याण। > चाइल्ड
chiliad, सहस्र, सहस्राब्दी*। > किल्-इऐड
chill, *n.*, 1. (*cold fit*) जुड़ी*; 2. (*shivering*) सिहरन*, ठिठुरन*, कँपकँपी** झुरझुरी*; 3. (*coldness*) ठण्डक*, शीत, सरदी*; 4. (*depression*) उदासी*, नैराश्य; 5. (*unfriendliness*) उदासीनता*, रुखाई; —*adj.*, ठण्ढा, अतिशीत; रूखा, भावशून्य; —*v.*, ठण्ढा होना या क०; निरुत्साह क०; **~ed,** शीतित; **~ing,** द्रुतशीतन; **~y,** ठण्ढा; रूखा, भावशून्य। > चिल; चिल्-इ
chilli, chilly, मिर्च*, सूखी लाल मिर्च*। > चिल्-इ

chime, *n.*, 1. घण्टानाद; 2. (*rhythm*) लय*; 3. (*harmony*) सामंजस्य; 4. (*chimb, rim*) कोर*; —*v.*, 1. (*resound*) गूँजना; 2. घण्टा बजाना; 3. (*recite*) रटना; 4. (*harmonize*) समस्वर होना, मेल खाना; **~in,** सुर में सुर मिलाना। > चाइम
chim(a)era, असंगत कल्पना*, कपोल-कल्पना*। **chimeric(al),** काल्पनिक, असंगत, निर्मूल। > काइ-मिऑर्-अ = कि-मिऑर्-ऑ;काइमे'रिक
chimney, धुआँकश, धुआँरा, चिमनी*; धूआँदान। > चिम्-नि
chimpanzee, चिम्पैंज़ी, वनमानुष।
chin, ठुड्डी*, टोढ़ी*, ठोड़ी*, चिंबुक। > चिन
china/-clay, चीनी मिट्टी*; **~-ware,** चीनी मिट्टी के बरतन। > चाइन्-ऑ/क्ले, ~वे'ऑ
chine, 1. मेरुदण्ड; 2. (*ridge*) चोटी*, पर्वतपृष्ठ; 3. (*ravine*) खड्ड। > चाइन
chink, *n.*, 1. दरार*; 2. (*sound*) ठनकार*, खनक*; —*v.i.*, खनकना, खनखनाना, ठनकना; —*v.t.*, खनकाना, ठनकाना। > चिन्क
chintz, छींट*। > चिन्ट्स
chip, *n.*, 1. चिप्पी*, छिप्टी*, चिप्पड़, टुकड़ा; चैली* (*of wood*); 2. (*strip*) खपची*, तीली*; 3. (*counter*) चकवी*; 4.(*in wrestling*) अड़ंगा; —*v.*, 1. काटना; 2. (*crack*) फोड़ना; 3. अड़ंगा मारना; **~ax(e),** बसूला; **~py,** छिप्टीदार; नीरस। > चिप
chipmunk, गिलहरी*। > चिप्मॅन्क
chirayta, chiretta, चिरायता, किरातक।
chiro/gnomy, हस्तरेखा-विज्ञान; **~graph,** दस्तावेज़*, हस्ताक्षरित प्रलेख; **~graphy,** हस्तलिपि*, हस्तलिपि-कला*; **~mancy,** हस्त-सामुद्रिक; **~podist,** पाद-चिकित्सक; **~pody,** पाद-चिकित्सा*। > काइऑरॉनॅमि; काइऑरॅग्राफ़; काइऑरॉग्-रॅफ़ि; > काइऑरॅमैंसि ; किरॉपॅडिस्ट ; किरॉपॅडि
chirp, 1. चीं-चीं* क०, चें-चें* क०; 2. *see* CHIRRUP. > चॅ:प
chirr, *v.*, झंकारना; *n.*, झंकार*। > चॅः
chirrup, चहचहाना; उकसाना, प्रोत्साहन देना। > चिरॅप
chisel, *n.* (*v.*), छेनी* (से काटना), रुखानी*, टाँकी*। > चिज़ॅल
chit, चिट्ठी*, पर्ची*, रुक्का; छोकरी*; **~-chat,** गपशप*। > चिट; चिट्चैट
chitin, काइटिन।
chivalrous, 1. उदारचेता, उदारमना, उदात्त, महानुभाव, विशालहृदय; 2. क्षात्रधर्मी, दुर्बलरक्षक। **chivalry,** क्षात्रधर्म, दुर्बलरक्षा*, शौर्य। > शिवॅल्रॅस; शिवॅल्-रि
chloral, क्लोरल। **chloric,** क्लोरिक। **chloride,** क्लोराइड। **chlorination,** क्लोरीनीकरण,

क्लोरीनीभवन। **chlorine,** क्लोरीन। **chlorite,** क्लोराइट। > क्लॉ: रॅल; क्लॉ:र्-इक; क्लॉ:राइड; क्लॉ:रिनेशॅन, क्लॉ:रीन; क्लॉ:राइट

chloro/dyne, क्लोराडाइन; **~form,** *n.*, क्लोरोफॉर्म; —*v.*, अचेत क०; **~phyll,** पर्णहरित, पर्णहरिम, क्लोरोफिल; **~sis,** 1. (*of plants*) हरिमाहीनता*; 2. हरितरोग। > क्लॉरॅ/डाइन, ~फ़ा:म ~फ़िल; क्लॉरोस्-इस

chloropsis, हरेवा। > क्लॉ-रॉप्-सिस

chock, 1. (*log*) लक्कड़, कुन्दा; 2. (*block*) गट्टा; **~ful,** खचाखच। > चॉक

chocolate, चॉकोलेट, चाकलेट; ~colour, कत्थई रंग। चॉकॅलिट

choice, *n.*, 1. चुनाव, वरण, निर्वाचन; 2. (*right of ~*) वरणाधिकार; 3. (*preference*) पसन्द*, रुचि*; 4. (*alternative*) विकल्प; 5. (*collection*) चयन, अच्छा संग्रह; —*adj.*, उत्तम, बढ़िया, चुनिन्दा, श्रेष्ठ। > चॉइस

choir, गायक-मण्डल, गायक-मण्डली*, गायक-वृन्द। > क्वाइअॅ

choke, *v.i.*, दम घुटना; *v.t.*, 1. गला घोंटना, गला दबाना; 2. (*block*) रुद्ध क०, बन्द क०, —*n.*, 1. श्वासरोध(न); 2. (*of engine*) रोधक, चोक, प्रतिबन्धक। **chok(e)y,** श्वासावरोधी। > चोक; चोक्-इ

choler, पित्त; क्रोध; **~ic,** पित्तप्रकृति; गुस्सैल, गुस्सावर, क्रोधी। > कॉल्-अॅ; कॉलॅरिक = कॉलॅ र्-इक

cholera, हैज़ा, विसूचिका*, कॉलरा। > कॉलॅ-रॅ

choose, चुनना; पसन्द क०; **~r,** चुननेवाला। > चूज़; चूज़्-अॅ

choos(e)y, दुस्तोषणीय। > चूज़्-इ

chop, *v.*, 1.काटना, चीरना; 2. (*meat*) कीमा बनाना; 3. (*barter*) अदला-बदली* क०; 4. (*change*) बदल जाना; —*n.*, 1. वार, काट*; 2. (*piece of meat*) कड़ी*, कटलट; 3. अदला-बदली*; 4. तरंगभंग; 5. (*jaw*) जबड़ा; 6. (*cheek*) गाल; 7. (*seal*) छाप*, मार्का; **~per,** गँड़ासा, छुरा; **~py,** 1.अस्थिर; 2. (*of sea*) तरंगित, क्षुब्ध, 3. (*jerky*) झकझोरा; 4. (*cracked*) दरारदार; **~stick,** चीनी काँटा। > चॉप; चॉप्-अॅ; चॉप्-इ

choral, *adj.*, समवेत; *n.*, समवेत भजन; **~ist,** गायक। > कॉ: रॅल; कॉरॅलिस्ट

chord, *n.*, 1. *see* CORD; 2. (*of mus. instr., fig. of feelings*) तार, तन्त्री*; 3. (*anat.*) रज्जु*; 4. (*math.*) जीवा*; चापकर्ण: 5. (*music*) स्वरसंघात; vocal~, स्वरतन्त्री*; spinal ~, मेरुदण्ड। > कॉ:ड

chore, 1. काम; 2. (*pl.*) काम-काज। > चॉ:

choreographic, नृत्यपरक। > कॉरिअॅग्रैफ़्-इक

choreography, नृत्यकला*। > कॉरिऑग्- रॅफ़ि

chorion, जरायु। > कॉ:र-इअॅन

chorister, गायक; वृन्दगायक। > कॉ-रिस्-टॅ

chorography, क्षेत्रवर्णनी भूगोल। > कॉरॉग्रॅफ़ि

choroid, 1. रक्तक; 2. (*of eye*) रंजित पटल > कॉ:रॉइड

chorology, जीव-भूविस्तार। > कॉरॉलॅजि

chortle, घुरघुराकर हँसना। > चॉ:टॅल

chorus, 1. गायक-दल, गायक-वृन्द; 2. समवेत गान, वृन्दगान, सहगान, वृन्दगीत; 3. (*burden*) टेक*, स्थायी। > कॉ:रॅस

chrestomathy, उद्धरणिका*। > क्रे'स्टॉमॅथि

chrism, अभ्यंग, पवित्र विलेपन। > क्रिज़्म

Christ, मसीह, ख्रीस्त, **~mas,** ख्रीस्त-जन्मोत्सव, ख्रीस्त-जयन्ती*, बड़ा दिन; **~ology,** ख्रीस्तशास्त्र। > क्राइस्ट, क्रिस्मॅस; क्रिस्टॉलॅजि

christen, नाम देना, नामकरण क०; बपतिस्मा देना; **~dom,** ईसाई जगत्। > क्रिसॅन; ~डॅम

Christian, ईसाई, मसीही, ख्रीस्तीय; **~era,** ईस्वी सन्; **~ity,** ईसाई धर्म, ख्रीस्त धर्म; ईसाईपन, ख्रीस्तीयता*, ईसाइयत*; **~ization,** ख्रीस्तीकरण; ख्रीस्तधर्म-प्रचार; **~ize,** ईसाई बनाना; ख्रीस्तधर्म का प्रचार क०। > क्रिस्ट्यॅन; क्रिस-टि-ऐन्-इ-टि; क्रिस्ट्यॅनाइज़ेशॅन; क्रिस्ट्यॅनाइज़

chro/mate, क्रोमेट; **~matic,** रंग-सम्बन्धी, वर्णिक, वर्ण-; रंगीन; **~matics,** वर्ण-विज्ञान; **~matism,** वर्णविपर्यय। > क्रोम्-इट; क्रोमैट्-इक; क्रोमॅटिज़्म

chrome, क्रोम, बसन्ती। **chromic,** क्रोमिक। **chromium,** क्रोमियम। > क्रोम; क्रोम्-इक; क्रोम्यॅम

chromo/gen, वर्णकोत्पादक; **~meter,** वर्णमापी; **~scope,** वर्णदर्शी; **~some,** गुणसूत्र; **~sphere,** वर्णमण्डल। > क्रोमॅजन; क्रोमॉम्-इटॅ; क्रोमॅस्कोप; क्रोमॅसोम; क्रोमॅस्फ़िअॅ

chronic, पुराना, चिरकालिक। > क्रॉन्-इक

chronicle, *n.*, इतिवृत्त, इतिहास; *v.*, (का) इतिहास लिखना; लिपिबद्ध क०; **~play,** इतिवृत्त-नाटक; **~r,** इतिहासकार। > क्रॉन्-इकॅल; क्रॉन्-इक्-लॅ

chrono/gram, तिथिबन्ध; **~graph,** समय-लेखी, घड़ी*; **~logical,** कालानुक्रमिक, कालक्रमिक, तैथिक; —order, तैथिक क्रम; **~logically,** कालक्रमानुसार, कालानुक्रम से; **~logy,** 1. कालक्रम, कालानुक्रम; 2. (*science*) तैथिकी*, कालक्रमविज्ञान; **~meter,** कालमापी, घड़ी*; **~metry,** कालमापन; **~scope,** कालदर्शी। > क्रॉनॅ/ग्रैम, ~ग्राफ़, ~लोजिकॅल; क्रॅनॉलॅजि; क्रॅनॉम्/इटॅ, ~इट्रि; क्रॉनॅस्कोप

chrysalis, 1. (*chrysalid*) कोषावस्था*; 2.(*cocoon*) कोष; 3. (*undeveloped*) अविकसित। > क्रिसॅलिस

chrysanthemum, गुलदाउदी*। > क्रिसैन्‌थॅमॅम

chubby, मोटा-ताज़ा, मांसल। > चॅब्-इ

chuck, *v.*, 1. फेंक देना; 2. (*tap*) थपकना; 3. *see* CLUCK; —*n.*, 1. फेंक*; 2. थपकी*; 3. *see* CLUCK; —*n.*, 4. (*of lathe*) टेक*। > चॅक

chuckle, *n.*, 1. दबी हुई हँसी*; 2. *see* CLUCK; —*v.*, मुँह बन्द करके हँसना, धीरे-धीरे हँसना, छिपकर हँसना; हर्ष प्रकट क०; *see* CLUCK ; **~head,** मूर्ख। > चॅकॅल

chuddar, चादर*। > चॅड्-ॲ

chukker, चक्कर। > चॅक्-ॲ

chum, सखा, यार; **~my,** घनिष्ठ, अन्तरंग; मिलनसार, ज़िन्दादिल। > चॅम, चॅम्-इ

chump, 1. (*block of wood*) लक्कड़, लकड़ा; 2. (*thick end*) कुन्दा; 3. मूर्ख। > चॅम्प

chunk, टुकड़ा, खंड; **~y,** गठीला, तगड़ा। > चॅन्क, चॅन्क्-इ

chupatty, चपाती*। > चॅपैट्-इ

church, गिरजा, चर्च, कलीसिया*; गिरजाघर, मन्दिर, कलीसा; ~ militant, प्रयतमान गिरजा; ~suffering, सहमान ~; ~triumphant, विजयमान ~; **~y,** कलीसाई; **~yard,** कब्रिस्तान। > चॅ:च, चॅ:च्-इ

churl, 1. देहाती, गँवार; 2. (*miser*) कंजूस; **~ish,** 1. अभ्रद, उजड्ड, अशिष्ट; 2. कंजूस; 3. (*untractable*) अवश। > चॅ:ल; चॅ:ल्-इश

churn, *v.t.*, 1. मथना, बिलोना, मन्थन क०; 2. (*stir*) चलाना, हिलाना, आलोड़ित क०; —*v.i.*, उबलना, आलोड़ित होना, आन्दोलित होना; —*n.*, 1. (*vessel*) मन्थन-ढोल; 2. (*churning*) मन्थन, विलोड़न ; **~-staff,** मथानी*। > चॅ:न; ~स्टाफ

churr, गिटकिरी*। > चॅ:

chute, 1.जलप्रपात; 2. (*channel*) ढालू प्रणाल। > शूट

chutney, चटनी*। > चॅट्-नि

chyle, वसा-लसीका। > काइल

chyme, अम्लान्न। > काइम

ciborium, 1.परमप्रसाद-पात्र; 2. (*canopy*) छतरी*। > सिबॉ:र्-इॲम

cicada, cigala, रइयाँ, चिश्चिर। > सि-का-डॅ = सि-केड्-ॲ; सि-गा-लॅ

cicatrice, क्षतचिह्न, क्षतांक, व्रणचिह्न। > सिकॅट्रिस

cicatrize, *v.i.* पपड़ी* आ जाना, भर जाना; —*v.t.*, दाग़ डालना। > सिकॅट्राइज़

cicerone, गाइड। > चिचॅरोन्-इ =सिसॅरोन्-इ

C.I.D. खुफिया विभाग।

cider, साइडर, सेब का आसव। > साइड्-ॲ

cigar, चुरुट, सिगार; **~ette,** सिगरेट। > सिगा; सिगॅरे'ट

cilia, 1. (*eyelashes*) बरौनी*; 2. (*biol.*) पक्ष्माभिका*, पक्ष्म, लोमक, रोमक, रोमिका*, रोमाभ; **~ry,** पक्ष्माभिकी, रोमक। > सिल्-इॲ; ~रि

cilice, रोमच्छद। > सिल्-इस

cinch, *n.*, ज़ीन की पेटी*; सुनिश्चित बात*; —*v.*, कसना। > सिन्च

cinchona, सिकोना। > सिन्-कोन्-ॲ

cincture, *n.*, कमरबन्द, कटिबन्ध, पेटी*, मेखला*; घेरा; —*v.*, पेटी* बाँधना; घेरना। > सिन्क्-चॅ

cinder, 1. सिंडर, अंगार, अवस्कर; 2. (*ash*) राख*। > सिन्-डॅ

cinderella, उपेक्षिता*। > सिन्डॅरे'ल्-ॲ

cinema, चलचित्र, सिनेमा; **~-hall,** सिनेमाघर, चलचित्र-भवन; **~tograph,** 1. (*projector*) चलचित्रदर्शी, चलचित्रप्रक्षेपी; 2. सिनेकैमरा; **~tographer,** चलचित्रकार; **~tography,** चलचित्रिकी*, चलचित्रकला*, चलचित्रण। > सिन्-इ-मॅ; सिनिमैटॅग्राफ़; सिनिमॅटॉग्/रॅफ़ॅ, ~रॅफ़ि

cinerarium, अस्थिशेष-मन्दिर। **cinerary,** भस्म का। **cinereous,** भस्मवर्ण, भस्मी। > सिनिरे'ॲर्-इॲम; सिनॅरॅरि; सिनिॲर्-इॲस

cingulam, कमरबन्द, मेखला*। > सिन्ग्युलॅम

cinnabar, सिन्दूर, हिंगुल, सिंगरिफ़। > सिनॅबा

cinnamon, दालचीनी*, दारु-सिता*। > सिनॅमॅन

cinque, पंजा। > सिन्क

cipher, *n.*, 1. (*zero*) शून्य, सिफ़र; 2. (*figure*) अंक; 3. (*secret writing*) बीजलेख, बीजांक, संकेताक्षर; 4. (*key*) कुंजी*; 5. निकम्मी चीज़*; नगण्य व्यक्ति, छुटभैया;—*v.*, गणित क०; बीजांक में लिखना, बीजांकन क०; ~procedure, बीजांक प्रक्रिया*। > साइफ़्-ॲ

circa, लगभग। > सॅ:कॅ

circinate, कुंडलाकार, कुण्डलित। > सॅ:सिनेट

circle, *n.*, 1. (*geom.*) वृत्त; 2. (*compass*) घेरा, परिधि*, दायरा; 3. (*ring*) वलय, मण्डल; 4. (*orbit*) ग्रहकक्षा*; 5. (*going round*) चक्कर, परिक्रमा*, प्रदक्षिणा*; 6. (*cycle*) चक्र, कालचक्र; 7. (*district*) मण्डल, परिमण्डल, क्षेत्र, हलका, अंचल; 8. (*group*) मण्डली*, समाज, मण्डल, समुदाय; —*v.*, चक्कर लगाना, मँडराना; परिक्रमा* क०; घेरना; vicious~, दुश्चक्र। > सॅ:कॅल

circlet, 1. (*ring*) वलय, अँगूठी*; 2. (*head-band*) शिरोबन्ध। > सॅ:क्-लिट

circuit, 1. (*circumference*) परिधि*; 2. (*area*) क्षेत्र; 3. (*going round*) परिक्रमा*, चक्कर; 4. (*course, electr.*) परिपथ; 5. (*touring*) दौरा; 6. (*district*) मण्डल, क्षेत्र; **~-house,** सरकिट हाउस,

विश्राम भवन; ~judge, क्षेत्रग न्यायाधीश; short ~, लघु परिपथन; **~ous,** चक्करदार।

> सॅ:क्-इट; सॅक्यूइटॅस

circular, *adj.*, 1. (*form*) वृत्ताकार, वर्तुल, गोल; 2. (*nature*) वृत्तीय;—*n.*, परिपत्र, गश्ती चिट्ठी*; **~ity,** गोलाई*, गोलापन; **~ize,** गोल बनाना; (को) परिपत्र भेज देना। > सॅ:क्यूलॅ; सॅक्यूलैरिटि, सॅ:क्यूलॅराइज़

circulate, *v.i.* 1. फैलना, प्रचलित होना, प्रचार पाना; 2. चक्कर लगाना, घूमना; परिक्रमा* क०; 3. (*of blood*) परिसंचरित होना;—*v.t.*, फैलाना, प्रचारित क०, घुमाना।

circulating, गश्ती, परिवाही, संचारी; परिसंचारी।

circulation, 1. (*dissemination*) प्रचार, प्रचलन, वितरण, प्रसार; 2. (*moving round*) संचार, परिचालन, संचरण; 3. (*of blood*) परिसंचरण।

> सॅ:क्यूलेट; सॅ:क्यूलेशॅन

circulatory, परिसंचारी; ~system, परिसंचरणतन्त्र, रक्तवह-तन्त्र। > सॅ:क्यूलेटॅरि

circum/ambient, परिवेष्टक, परिव्यापक; **~ambulate,** घूमना, परिक्रमा* क०, प्रदक्षिणा* क०; **~cise,** ख़तना क०; परिशुद्ध क०; **~cision,** ख़तना, सुन्नत*, मुसलमानी* परिच्छेदन; **~ference,** 1. (*geom.*) परिधि*; 2. घेरा, दायरा, परिवेष, परिवेश।

> सॅ:कॅम्/ऐम्-बि-ॲन्ट, ~ऐम्ब्युलेट, सॅ:कॅम्/साइज़, ~सिश्ज़ॅन; सॅकॅम्फ़रॅन्स

circum/flex, 1. (*gram.*) स्वरित (उच्चारण-चिह्न); 2. (*anat.*) परिवेष्टक; **~flexion,** परिवेष्टन; **~fluent,** 1. परिप्रवाही; 2. (*surrounding*) परिवेशी; **~fluous,** परिप्रवाही; जलपरिवृत; **~fuse,** उँडेलना, परिप्लुत क०; आवृत क०; परिवृत क०; **~fusion,** परिप्लवन; परिवेष्टन; **~gyration,** परिभ्रमण; **~jacent,** उपान्तिक।

> सॅ:कॅम्/फ़्ले'क्स, ~फ़्ले'क्शॅन; सॅ:कॅम्/फ़्लुॲन्ट; ~फ़्लुॲस; सॅ:कॅम्फ़्यूज़, सॅ:कॅम्/फ़्यूश्ज़ॅन, ~जाइरेशॅन, ~जेसॅन्ट

circum/locution, व्यासशैली*; घुमाफिराकर कही बात*, वाग्जाल, वाक्-चक्र; **~navigate,** जलपथ से परिक्रमा* क०; **~navigation,** परिनौसंचालन; **~nutation,** शिखाचक्रण; **~polar,** परिध्रुवी।

> सॅ:कॅम्/लॅक्यूशॅन; ~नैव्-इगेट, ~नैविगेशॅन, ~न्यूटेशॅन, ~पोल्-ॲ

circum/scribe, 1. (*confine*) सीमित क०, सीमाबद्ध क०; 2. (रेखा* से) घेरना, परिगत क०; **~scription,** 1. परिसीमन; 2. घेरा, सीमा*; 3. (*definition*) परिभाषा*; 4. परिलेख।

> सॅ:कॅम्स्क्राइब, सॅ:कॅम्स्क्रिप्शॅन

circumspect, सावधान, सतर्क, चौकस, चौकन्ना; **~tion,** सावधानी*, चौकसी*।

> सॅ:कॅम्स्पे'क्ट; सॅ:कॅम्स्पे'क्शॅन

circumstance, 1. घटना*, बात*, तथ्य; 2. (*ceremony*) समारोह, आडम्बर; 3. (*detail*) ब्योरा, तफ़सील*, **~s,** परिस्थिति*, हालत*, अवस्था*; under the ~s, इस परिस्थिति* में, ऐसी हालत* में; under no~s, कभी नहीं; किसी भी हालत में नहीं।

> सॅ:कॅमस्टॅन्स

circumstantial, 1. पारिस्थितिक; 2. (*accidental*) आकस्मिक; 3. (*less important*) गौण; 4. (*detailed*) ब्योरेवार; ~evidence, पारिस्थितिक प्रमाण या साक्ष्य।

> सॅ:कॅम्स्टैन्शॅल

circum/vallate, परकोटे (अथवा खाई*) से घेरना; **~vent,** 1. (*entrap*) फँसाना; 2. (*prevent*) रोकना; 3. (*outwit*) मात कर देना; 4. (*surround*) घेर लेना; **~vention,** 1. (*deceit*) प्रवंचना*, धोखा, कपट; 2. (*prevention*) निवारण, निरोध; **~volution,** 1. घूर्णन; 2. (*coil*) कुण्डलीकरण; 3. घुमाव।

> सॅ:कॅम्/वैलेट, ~वे'न्ट, ~वे'न्शॅन, ~वॅलूशॅन

circus, 1. सरकस; 2. (*arena*) अखाड़ा; 3. (*open place*) चौक। > सॅ:कॅस

cirrhosis, सूत्रणरोग। > सिरोस्-इस

cirro-cumulus, पक्षाभ-कपासी। **cirrostratus,** पक्षाभ-स्तरी। **cirrous,** सतंतु।

> सिरो/क्यूम्युलॅस, ~स्ट्रेटॅस; सिरॅस

cirrus, 1. (*cloud*) पक्षाभ-मेघ; 2. (*tuft*) रोमगुच्छ, रोमक। > सि-रॅस

cist, पत्थर का ताबूत। > सिस्ट

cistern, कुण्ड, टंकी*, हौज़, हौद, कुंडिका*। > सिस्टॅन

citadel, क़िला, गढ़, नगर-दुर्ग। > सिटॅडॅल

citation, 1. (*quotation*) उद्धरण, उल्लेख; 2. (*summons*) आह्वान, सम्मन, आकारक, उपस्थिति-पत्र, तलबी*; 3. (*reference to a statute etc.*) हवाला, उपनय; 4. प्रशंसात्मक उल्लेख।

> साइटेशॅन = सिटेशॅन

cite, उदधृत् क०, उद्धरण देना; हवाला देना, उल्लेख क०; (*law*) बुलाना, तलब* क०; जगाना, प्रेरित क०।

> साइट

cithara, cithern, cittern, सितार।

> सिथॅ-रॅ, सिथॅन

citizen, नागरिक; **~ry,** नागरिक वर्ग; **~ship,** नागरिकता*। > सिट्-इज़ॅन

citric, सिट्रिक। **citrine,** निम्बूवर्ण। **citron,** गलगल*, बिजौरा, तुरंज। **citronella,** गंजनी*।

citrus, निम्बू-वंश*।

> सिट्-रिक; सिट्-रिन; सिट्रॅन; सिट्रॅने'ल्-ॲ; सिट्रॅस

city, नगर, शहर; **~-council,** नगर-परिषद्*; **~-planning,** नगर-सन्निवेश। > सिट्-इ

civet, 1. (*cat*) गन्धबिलाव, मुश्कबिलाव; खट्टाश, कटास (*large*); कस्तूरा (*small*); मुसंग (*palm* ~) ; 2. (*substance*) बिलाव कस्तूरी*। > सिव्-इट

civic, नागरिक, पौर, नगर-विषयक; **~s,** नागरिक-शास्त्र। > सिव्-इक

civil, 1. नागरिक, नागर; 2. (*not military*) असैनिक; 3. (*polite*) शिष्ट, सभ्य; 4. (*court code*) दीवानी, अर्थ-; 5. (*legal*) वैधानिक, क़ानूनी; ~action, अर्थविवाद, दीवानी मुक़दमा; ~disobedience, सविनय अवज्ञा; ~list, राजकुल-व्यय; ~marriage, क़ानूनी विवाह, रजिस्ट्री विवाह; ~service, सरकारी नौकरी*, लोक-सेवा*; ~war, गृहयुद्ध; ~year, व्यावहारिक वर्ष; **~ian,** असैनिक; असैनिक पदाधिकारी; **~ity,** शिष्टाचार, नागरता*; **~ization,** सभ्यता*; **~ize,** सभ्य बनाना; **~ized,** सभ्य। > सिव्-इल; सिविल्यॅन; सिविल्-इटि; सिविलाइज़ेशॅन; सिव्-इलाइज़

civism, नागरिक-भावना*। > सिव्-इज्म

clack, *n.* (*v.*), 1. खट-खट* (क०); 2. (*chatter*) बकबक* (क०)। > क्लैक

claim, *n.*, 1. दावा, अध्यर्थन, माँग*; 2. अधिकार; 3. (*thing claimed*) अध्यर्थ; —*v.*, दावा क०; माँगना; **~able,** दावा-योग्य; **~ant,** दावेदार, वादी। > क्लेम; क्लेमॅबॅल; क्लेमॅन्ट

clair/audience, अतीन्द्रिय श्रवण; परोक्ष-श्रवण; **~voyance,** अतीन्द्रिय दृष्टि*, परोक्ष-दर्शन; सूक्ष्म दृष्टि*; **~voyant,** अतीन्द्रियदर्शी; सूक्ष्मदर्शी। > क्ले'ॲर-ऑ:ड्-इॲन्स; क्ले'ॲ-वॉइ/ॲन्स, ~ॲन्ट

clam, *n.*, 1. *see* CLAMP; 2. बड़ी सीपी*; 3. (~*miness*) चिपचिपापन; **~my,** चिपचिपा, लसलसा। > क्लैम्, क्लैम्-इ

clamant, 1. (*noisy*) चिल्लानेवाला; 2. (*urgent*) अत्यावश्यक। > क्लेमॅन्ट

clamber, (हाथ-पैर के बल या कठिनाई* से) चढ़ना। > क्लैम्-बॅ

clamorous, 1. कोलाहलपूर्ण; 2. (*of persons*) शोर मचानेवाला, चिल्लानेवाला, मुखर। > क्लैमॅरॅस

clamour, *n.*, 1. कोलाहल, शोर, होहल्ला; 2. (*protest*) दुहाई*, फ़रियाद*, विरोध; —*v.*, शोर मचाना; दुहाई* देना, माँगना। > क्लैम्-ॲ

clamp, *n.*, 1. शिकंजा, सन्धर, बाँक; 2. (*heap*) ढेर; —*v.*, कसना, जकड़ना; (का) ढेर लगाना। > क्लैम्प

clan, गोत्र, कुल, वंश; दल; **~nish,** गोत्रवादी; **~ship,** गोत्र-व्यवस्था*। > क्लैन, क्लैन्-इश, क्लैन्-शिप

clandestine, गुप्त, प्रच्छन्न; **~ly,** गुप्त रूप से। > क्लैन्-डे'स्-टिन

clang(our), *n.*, टनटन*; *v.*, टनटनाना, झनझनाना। **clangorous,** टनटनानेवाला। > क्लैन्ग; क्लैन्/गॅ, ~गॅरॅस

clank, *n.*, झनझन*, झनझनाहट*; *v.*, झनझनाना। > क्लैन्क

clap, *n.*, 1. (*blow*) थप्पड़, तमाचा; 2. (*applause*) ताली*, करतलध्वनि; 3. (*noise*) कड़क*, कड़कड़ाहट*; —*v.*, 1. ताली* बजाना; 2. (*flap*) फड़फड़ाना; 3. (*strike*) थपकना; **~per,** (*of bell*), लोलक; **~trap,** दिखावा, बकवाद*। > क्लैप, क्लैप-ॲ, क्लैप्-ट्रैप

clari/fication, स्पष्टीकरण; निर्मलीकरण, विशुद्धीकरण; **~fier,** निर्मलकारी; **~fy,** स्पष्ट क०; निर्मल क०। > क्लैरिफ़िकेशॅन; क्लैरि/फ़ाइॲ, ~फ़ाइ

clarinet, शहनाई*। > क्लैरिने'ट

clarion, तुरही*, नरसिंगा; **~-call,** आह्वान, समाह्वान। > क्लैरिॲन, ~कॉ:ल

clarity, स्पष्टता*, प्रांजलता*; शुद्धता*, स्वच्छता*। > क्लैरिटि

clash, *n.*, 1. (*collision*) टक्कर*, भिड़न्त*; 2. (*conflict*) भिड़न्त*, संघर्ष, विरोध; 3. (*noise*) खटाखट*; *v.*, 1. टकराना, टक्कर* खाना; 2. संघर्ष क०, विरोध होना। > क्लैश

clasp, *n.*, बकसुआ, बकलस; पकड़*; आलिंगन; —*v.*, बकसुआ लगाना, बाँधना; जकड़ना; आलिंगन क०, गले लगाना; **~er,** आलिंगक, आश्लेषक; **~-knife,** खटकेदार चाकू। > क्लास्प, क्लास्-पॅ, क्लास्प्नाइफ़

class, *v.t.*, वर्गीकृत क०; *v.i.*, (किसी) वर्ग में स्थान पाना; —*n.*, 1. (*division*) वर्ग, संवर्ग, श्रेणी*, दर्जा, कक्षा*; 2. (*kind*) प्रकार, क़िस्म*; 3. (*quality*) विशिष्टता*, गुणोत्कर्ष; first~, अत्युत्तम, श्रेष्ठ; **~-consciousness,** वर्गचेतना*, **~-fellow,** सहपाठी; **~-room,** कक्षा*; **~-struggle,** वर्गसंघर्ष; **~-system,** वर्णव्यवस्था*; **~y,** उत्कृष्ट। > क्लास, क्लास्-इ

classic, *adj.*, 1. उत्कृष्ट, आदर्श; 2. चिरसम्मत, (चिर) प्रतिष्ठित, पुरातन, क्लासिकल, श्रेष्य; 3. सन्तुलित, अनलंकृत; —*n.*, 1. गौरव-ग्रन्थ; 2. प्रतिष्ठित कलाकार। > क्लैस्-इक

classical, 1. *see* CLASSIC (1, 2, 3); 2. शास्त्रीय; 3. (*standard*) प्रतिष्ठित, संस्थापित ~literature, श्रेण्य, क्लासिकी का प्राचीन उच्च साहित्य; ~music, शास्त्रीय संगीत। > क्लैस्-इकॅल

classicism, श्रेण्यवाद। > क्लैस्-इसिज़्म

classi/fiable, वर्गीकरणीय; **~fication,** वर्गीकृत **~fied,** वर्गीकृत, अनुवर्ग; गुप्त; **~fy,** वर्गीकरण क०। > क्लैस्-इफ़ाइॲबॅल; क्लैसिफ़िकेशॅन, क्लैस्-इफ़ाइ

clastic, खण्डमय। > क्लैस्-टिक

clatter, *n.*, खड़खड़ाहट*; बकबक*; *v.*, खड़खड़ाना; बकबक* क०। > क्लैट्-अॅ

clause, 1. (*gram.*) खण्डवाक्य, उपवाक्य, वाक्यांश; 2. धारा*, दफ़ा*, खण्ड; 3. (*condition*) शर्त*। > क्लॉ:ज़

claustral, मठ का। > क्लॉ:स्ट्रॅल

claustrophobia, संवृत-स्थान-भीति*। > क्लॉ:स्ट्रॅफोब्-इअॅ

clausura, अन्तर्मठ: मठघेरा। > क्लॉ:स्-उ-रॅ

clavate, claviform, मुद्गराकार, गदाकार। > क्लवेट, क्लैव्-इफ़ॉ:म

clavicle, हँसली*, हँसुली*, अक्षक, जत्रुक। > क्लैव्-इकॅल

claw, *n.*, पंजा, चंगुल, नखर; *v.*, नोचना; **~-bar,** जम्बूरा; **~ed,** नखरित। > क्लॉ:

clay, चिकनी मिट्टी*, मृत्तिका*; **~ey,** मृण्मय, मटियार, मृत्तिकामय। > क्ले; क्ले-इ

claymore, खाँड़ा। > क्लेमॉ:

clean, *adj.*, 1. साफ, स्वच्छ, शुद्ध, निर्मल; 2. (*habit*) सफ़ाई-पसन्द; 3. (*well-formed*) सुघड़, सुडौल; 4. (*dexterous*) दक्ष; 5. (*legible*) साफ़; 6. (*unobstructed*) निर्बाध; —*adv.*, साफ़-साफ़, पूर्ण रूप से; —*n.*, सफ़ाई*, —*v.*, साफ़ क०; **~er,** 1. क्लीनर, मार्जक; 2. (*chem.*) शोधित्र; **~liness,** सफ़ाई*, स्वच्छता*; सफ़ाई-पसन्दगी*; **~ly,** *adj.*, सफ़ाई-पसन्द; —*adv.*, सफ़ाई* से; **~se,** शुद्ध क०, साफ़ क०, परिमार्जन क०। > क्लीन; क्लीन्-अॅ; क्ले'न-लि-निस; क्ले'न्-लि; क्ले'न्ज़

clear, *adj.*, 1. (*distinct*) स्पष्ट, सुस्पष्ट, साफ़; 2. (*pure*) स्वच्छ, निर्मल, साफ़; 3. (*transparent*) पारदर्शक; 4. (*innocent*) निर्दोष; 5. (*positive*) सुनिश्चित; 6. (*open*) निर्बोध; 7. (*free*) मुक्त, रहित; 8. (*net*) शुद्ध; 9. (*complete*) पूरा; —*adv.*, स्पष्टतया, पूर्णतया; —*v.*, 1. स्पष्ट क० या हो जाना 2. साफ़ क०; 3. स्वच्छ हो जाना; 4. (से) मुक्त क०; 5. खाली क०; 6. (*a debt*) चुकाना; 7. (*an obstacle*) पार क०; लाँघना; 8. (*cargo etc.*) निकालना; all ~, सब ठीक; ~signal, निर्बाधता-संकेत; **~up,** स्वच्छ हो जाना; स्पष्ट हो जाना, सुलझना; स्पष्ट क०, सुलझाना; सुव्यवस्थित क०, ठीक क०; **~-cut,** सुस्पष्ट; **~-headed,** सुबुद्ध; **~ly,** स्पष्टतया, साफ़-साफ़; **~ness,** स्पष्टतया*, प्रांजलता*; **~-sighted,** कुशाग्र-बुद्धि, विचक्षण। > क्लिअॅ; क्लिअॅनिस

clearance, 1. (*of baggage, letter-box*) निकासी*; 2. (*of ships*) रवन्ना; ~sale, निकासी-विक्रय; ~space, अन्तर-स्थान; मुक्तान्तर, अन्तराल। > क्लिअॅरॅन्स

clearing, 1. (*of cheques*) निकासी*, 2. (*open space*) जंगल में खुला स्थान, निर्वृक्ष क्षेत्र, वृक्षहीन क्षेत्र; 3. निर्मलन; **~-agent,** निकासी ऐजण्ट; **~-house,** शोधन-गृह, निकासी-गृह; वितरण-केन्द्र। > क्लिअॅर्-इन्ग

cleat, फन्नी*, पच्चर, चिड़ियाँ। > क्लीट

cleavage, 1. (*action*) विदलन, विदरण, विदारण, भेदन; 2. (*cleft*) दरार*, विदर, फटन*; 3. (*fig.*) विभेद, फूट*, मतभेद। > क्लीव्-इज

cleave, चीरना, फाड़ना; विभाजित क०; चिपकना, लगा रहना। > क्लीव

cleft, *n.*, दरार*, विदर, फटन*, *adj.*, 1. विदीर्ण; 2. (*bot.*) विदलित। > क्ले'फ़्ट

cleg, घुड़मक्खी*। > क्ले'ग

cleistogamic, अनुन्मील्य परागणी। > क्लाइस्टगैम्-इक

clematis, (*triloba*) मूर्वा*। > क्ले'मॅटिस

clemency, 1. मृदुता, मृदुलता*, दयाशीलता*; 2. राज्यक्षमा*; 3. (*of weather*) मन्दी*, मृदुलता*, अतीव्रता*। **clement,** मृदु, मृदुल, दयाशील; मन्द, अतीव्र, मृदुल। > क्ले'मॅन्-सि; क्ले'मॅन्ट

clench, *n.*, पकड़*; *v.*, (मुट्ठी*) बाँधना; (दाँत) पीसना; जकड़ना, पकड़ना; (कील*) मोड़ना; ~ed fist, बँधी हुई मुट्ठी*। > क्ले'न्च

clepsydra, जलघड़ी*। > क्ले'प-सि-ड्रॅ

clerestory, रोशनदान। > क्लिअॅस्टॉ:रि

clergy, याजक-वर्ग, पुरोहित-वर्ग; याजकगण; regular ~, संघीय ~; secular ~, धर्म-प्रान्तीय ~; **~man, cleric,** फ़ादर, पादरी, पुरोहित। > क्लै:जि, ~मॅन; क्ले'रिक

clerical, पुराहिती, याजकीय; लिपिक-विषयक; ~ error, लेखन-अशुद्धि*, लिखाई* की भूल*; **~ism,** याजकवाद। > क्ले'रि/कॅल, ~कॅलिज़्म

clerihew, तुक्तक; ढकोसला। > क्ले'रिह्यू

clerisy, विद्वन्मण्डली*। > क्ले'रिसि

clerk, 1.लिपिक, किरानी, मुंशी, क्लर्क; 2. (*of court*) पेशकार; **~age,** लिखाई*, **~dom,** लिपिकगण; **~ship,** लिपिक-पद। > क्लाक

clever, 1. चतुर, बुद्धिमान, सयाना, 2. (*skilful*) दक्ष, प्रवीण, निपुण; **~ly,** चतुराई* से **~ness,** चतुराई*; प्रवीणता*। > क्ले'व्-अॅ

clew, 1. (*ball of yarn*) अण्टी*, लच्छी*, 2. *see* CLUE। > क्लू

cliche', 1. पिष्टोक्ति*; 2. (*printing*) ठप्पा, छापा। > क्लीश्-ए

click, *n.*(*v.*), खटखट* (क०), **~-beetle,** धनकुट्टी*। > क्लिक

client, 1. (*customer*) ग्राहक; 2. (*of lawyer*) मुवक्किल; 3. (*dependent*) आश्रित **~ele,** ग्राहक-

गण; अनुयायी-गण। > क्लाइ-ॲन्ट
क्ली-आन्-टेल = क्लाइ-ॲन्-टील

cliff, खड़ी चट्टान*, भृगु, प्रपात, उच्छृंग। > क्लिफ़

climacteric, *n.*, 1. संकट-काल; 2. (*of women*) रजोनिवृत्ति-काल; —*adj.*, संकट-कालीन; संकटपूर्ण। > क्लाइमैक्टे'रिक

climactic, चरम। > क्लाइ-मैक्-टिक

climate, जलवायु, आबोहवा*, आबहवा*, हवापानी; **climatic,** जलवायु-विषयक, संबंधी। **climatology,** जलवायु-विज्ञान।
> क्लाइम्-इट, क्लाइमैट्-इक; क्लाइमॅटॉलॅजि

climax, *n.*, 1. पराकाष्ठा*, चरम, चरमोत्कर्ष; 2. (*rhet.*) क्रमोत्कर्ष; —*v.*, पराकाष्ठा* पर पहुँचना या पहुँचाना। > क्लाइमेक्स

climb, *v.*, चढ़ना, आरोहण क०; *n.*, आरोहण, चढ़ाव; **~er,** 1. आरोहक; 2. (आरोही) लता*; **~ing,** (*bot.*) आरोही। > क्लाइम; क्लाइ-मॅ; क्लाइमिन्ग

clinch, 1. कील* मोड़ना; 2. कसना; 3. लिपट जाना; 4.(*settle*) तय क०, निश्चित क०। > क्लिन्च

cling, 1. (*stick*) चिपकना; 2. (*hold fast*) लिपटना, लिपट जाना; 3. (*fig.*) साथ देता रहना, लगा रहना, निष्ठा* रखना। > क्लिन्ग

clinic, चिकित्सालय, निदानिका*, निदानगृह; **~al,** रोग-विषयक, नैदानिक। > क्लिन्-इक, क्लिन्-इकॅल

clinik, *v.*, झनझनाना; *n.*, झनझनाहट*। > क्लिन्क

clinker, (*brick*), खंगर। > क्लिन्क्-ॲ

clinometer, प्रवणता-मापी, ढालमापी। > क्लाइ-नॉम्-इ-टॅ

clinquant, *n.*, तड़क-भड़क*; नक़ली सोना; —*adj.*, भड़कीला। > क्लिन्कॅन्ट

clip, *v.*, कतरना, काटना; *n.*, क्लिप*, चुटकी,* पंजा, **~per,** कतरनी*, कैंची*; **~ping,** 1. (*action*) कर्तन; 2. कतरन*; **~ped,** कतित। > क्लिप; क्लिप्-ॲ

clique, गुट, गुट्ट। **cliquisim,** गुटबन्दी*। > क्लीक; क्लीकिज़्म

clitoris, भग-शिश्न, भगशेफ। > क्लिटॅरिस

cloaca, 1.मोरी*; 2. (*zool.*) अवस्कर। > क्लो-ए-कॅ

cloak, *n.*, 1. लबादा; 2. (*pretext*) बहाना; 3. (*disguise*) आड़*, ओट*; —*v.*, लबादा पहनाना; छिपाना, परदा डालना, आवरण डालना; **~-room,** अमानती सामानघर। > क्लोक

clock, (दीवार-) घड़ी*; **~-tower,** घंटा-घर; **~wise,** दक्षिणावर्त्त। > क्लॉक

clod, 1.ढेला, लोंदा; 2. (*bumpkin*) गँवार; **~dy,** ढेलेदार; **~hopper,** गँवार; **~pate, ~pole,** मूर्ख। > क्लॉड; क्लॉड्-इ

clog, *n.*, 1. अर्गला*, अर्गल, अड़डण्डा; 2. (*fig.*) बाधा*, अड़ंगा, अर्गला*, अर्गल, विघ्न; —*v.*, बाधा* डालना; अवरुद्ध क०; अवरुद्ध या बन्द हो जाना। > क्लॉग

cloister, 1. मठ, विहार; 2. (*covered walk*) छत्ता। > क्लॉइस्-टॅ

cloistral, मठ का। > क्लॉइस्-ट्रॅल

clone, कृन्तक। > क्लोन

clonus, ऐंठन*, अवमोटन। > क्लोनॅस

close, *adj.*, 1. (*not open*) बन्द; 2. (*vowels*) सवृत; 3. (*confining*) तंग, संकीर्ण; 4. (*hidden*) गुप्त; 5. (*~-tongued*) चुप्पा, अल्पभाषी, मितभाषी; 6. (*~-fisted*) कृपण, कंजूस; 7. (*secretive*) छिपाऊ, घुन्ना; 8. (*weather*) उमसदार; 9. (*restricted*) सीमित; 10. (*credit*) दुर्लभ; 11. (*near*) निकट, समीप; 12. (*dense*) सघन, घना; 13. (*intimate*) घनिष्ठ, गहरा; 14. (*~fitting*) चुस्त; 15. (*reasoning*) पुष्ट, ठोस; 16. (*scrutiny*) सूक्ष्म; 17. (*contest*) बराबर; 18. (*resemblance*) गहरा; —*adv.*, निकट (से), पास; —*n.*, 1. समाप्ति*, समापन, अन्त; 2. (*grapple*) हाथापाई*; 3. (*enclosure*) घेरा, अहाता; —*v.*, 1. बन्द क० या हो जाना; 2. समाप्त क० या हो जाना, पूरा क०; 3. मिलाना या मिलना, जोड़ना या जुड़ना; 4. पास आना; 5. (*grapple*) भिड़ना; 6. सहमत हो जाना; ~arrest, बन्द गिरफ़्तारी*; **~down,** बन्द क०; समाप्त क०; **~in,** 1. घेरना; 2. (*draw near*) पास आना, 3. (*get shorter*) घटना; **~with,** स्वीकार क०, मानना। > क्लोस (*adj., n.* 3.); क्लोज़ (*n.* 1. 2.,*v.*)

closed, 1. बन्द; अवरुद्ध; 2. (*of syllable*) बद्ध; ~circuit पूर्ण या बन्द परिपथ। > क्लोज़्ड

closely, निकट; से ध्यानपूर्वक। > क्लोस्-लि

closet, कोठरी*, कमरा; अलमारी*, शौचगृह, पाख़ाना; ~-drama, श्रव्य या पाठ्य नाटक; be~ed with, के साथ (गुप्त)परामर्श क०। > क्लोज़्-इट

close-up, निकट शॉट। > क्लोसॅप

closing/balance, अन्तशेष; **~date,** अन्तिम तारीख*; **~motion,** समापन प्रस्ताव। > क्लोज़्-इन्ग

closure, *n.*, 1. (*act*) समापन; संवरण; 2. (*end*) समाप्ति*; संवृत्ति*; 3. (*state*) बन्दी*; —*v.*, समापन क०। > क्लो-श़ॅ

clot, *n.*, थक्का; *v.*, थक्का बनना; **~ty,** थक्केदार। > क्लॉट; क्लॉट्-इ

cloth, कपड़ा, वस्त्र। > क्लॉथ।

clothe, कपड़े पहनाना या पहनना; ढकना, ढाँकना। > क्लोद

clothes, पोशाक*, पहनावा; **~-horse,** घोड़ी*; **~-line,** अलगनी*; **~-moth,** कपड़-कीड़ा। > क्लोज़ = कलोद्ज

clothier, 1. (*merchant*) बज़ाज; 2. जुलाहा। > क्लोद्-इ-ॲ

clothing, 1. पहनावा; 2. आवरण; 3. (*ceremony*) वस्त्र-धारण। > क्लोद्-इन्ग

cloud, *n.*, 1. बादल, मेघ, घटा*, अभ्र; 2. समूह, भीड़*; 3. (*dimness*) धुँधलापन; 4. (*gloom*) उदासी*; —*v.*, बादल घिरना; धुँधला क० या हो जाना; दूषित क०; उदास हो जाना; **~burst,** मूसलधार या मूसलधार वृष्टि*, मेघ (वि)स्फोट; **~y,** 1. मेघाच्छादित, मेघाच्छन्न; 2.(*dim*) धुँधला; 3. (*of face, sad*) उतरा हुआ, मलिन, उदास; 4. (*frowning*) अप्रसन्न; 5. (*opaque*) गँदला; 6. (*colour*) मेघश्याम। > क्लाउड; क्लाउड्-इ

clough, दर्रा, खड्ड। > क्लॅफ़

clout-nail, बतासा। > क्लाउट्-नेल

clove, *n.*, 1. (*spice*) लौंग, लवंग; 2. (*bulb*) गँठी*; —*adj.*, लौंगिया। > क्लोव

cloven, फटा, विदीर्ण। > क्लोवॅन

clover, तिपतिया*; sweet ~, 1. (*pale yellow*) बनमेथी*, सिंजी*; 2. (*yellow*) असपूर्क। > क्लोव्-अॅ

clown, विदूषक, भण्ड, भाँड, मसखरा; गँवार; **~ery,** मसख़रापन, भँडैती*; **~ish,** गँवारू; भँडेहरी। > क्लाउन; क्लाउनॅरि; क्लाउन्-इश

cloy, *n.*, छका देना, अघा देना, परितृप्त कर देना। > क्लॉइ

club, *n.*, 1. क्लब, सभा*; 2. गदा*, मुद्गर, डण्डा, लाठी*; 3. (*card*) चिड़िया* या चिड़ी* का पत्ता; 4. (*of rifle*) कुन्दा; —*v.*, 1. (*together*) मिलकर कुछ क०, सम्मिलित हो जाना; 2. पीटना; **~-footed,** पाँवफिरा; **~-root,** मुद्गर-मूल। > क्लॅब

cluck, *n.*, कुटकुट*, किड़-किड़*; *v.*, कुटकुटाना, किट-किट क०, कुक-कुक क०। > क्लॅक

clue, सूत्र, सुराग़; संकेत, इशारा। > क्लू

clump, *n.*, 1. (*lump*) पिण्ड, खण्ड, डला; 2. (*of trees*) झुरमुट; 3. (*sole*) मोटा तल्ला; —*v.*, 1. (*tramp*) भदभदाते आगे बढ़ना; 2. (*heap*) ढेर लगाना; 3. (*a shoe*) तल्ला लगाना। > क्लॅम्प

clumsiness, 1. (*of person*) अनाड़ीपन, फूहड़पन, 2. भद्दापन। **clumsy,** 1. अनाड़ी, फूहड़, अदक्ष; 2. भद्दा, भोंडा, बेडौल, बेढंगा। > क्लॅम-ज़ि-निस; क्लॅम्-ज़ि

cluster, *n.*, 1. (*bunch*) गुच्छा, गुच्छ; 2. (*group*) समूह, झुण्ड, भीड़*; —*v.*, एकत्र क० या हो जाना, जमा होना या क०; **~ed,** गुच्छेदार; ~bean, ज्वार। > क्लॅस्-टॅ

clutch, 1. चंगुल; 2. (*grip*) जकड़*, पकड़*; 3. (*of car*) कलच, ग्राभ; 4. (*of crane*) शिकंजा; —*v.*, 1. पकड़ना, जकड़ना, जकड़ लेना; 2. (*snatch at*) छीनना, झपटा मारना। > क्लॅच

clutter, *n.*, 1. (*jumble*) घाल-मेल, गड्डु-बड्डु; 2. (*noise*) कोलाहल; —*v.*, 1. अव्यवस्थित क०, अस्तव्यस्त कर देना; 2. कोलाहल क०, खलबली* मचाना; 3. (*stutter*) हकलाना। > क्लॅट्-अॅ

clypeus, कवचक। > क्लिप्-इ-अॅस

clyster, वस्ति*, गुदवस्ति*। > क्लिस्-टॅ

co-, सह-।

coach, *n.*, 1. (*railway*) डिब्बा, सवारी डिब्बा; 2. कोच, रथ, यान; 3. शिक्षक; —*v.*, सिखाना, परीक्षा* के लिए तैयार क०; **~man,** कोचवान, गाड़ीवान। > कोच

coaction, *see* COERCION. > कोऐक्‌शॅन

coadjutor, सहयोगी, सहायक। > कोऐजुटॅ = कोअॅजूटॅ

coadunate, संयुक्त; समेकित। > कोऐड्युनिट

coagulant, जामन, स्कंदक। **coagulate,** जमना, स्कंदित हो जाना। **coagulation,** जमाव, स्कंदन। > कोऐग्यु/लॅन्ट, ~लेट, ~लेशॅन

coal, *n.*, (*v.*), कोयला (भरना); **~-dust,** कोयला धूलि*, कोयले का चुरा; **~-fied,** कोयला-क्षेत्र; **~-seam,** कोयला संस्तर; **~-tar,** कोलतार, अलकतरा; **~y,** कोयलामय। > कोल

coalesce, सम्मिलित या संलीन हो जाना, एक हो जाना; **~nce,** सम्मिलन, संलयन, एकीभाव; **~nt,** समाचयी। > कोअॅले'स, कोअॅले'सॅन्स, कोअॅले'सॅन्ट

coalition, सम्मिलन, सहमिलन; ~ministry, संयुक्त मन्त्रिमण्डल। > कोअॅलिशॅन

coaming, (*of ship*) अड़वाल। > कोम्-इन्ग

coarse, 1. (*unrefined*) अपरिष्कृत, स्थूल, मोटा; 2. (*of cloth*) मोटा; 3. (*of inferior quality*) घटिया; 4. (*uneven*) खुरदरा, रुक्ष; 5. (*language*) गँवारू, अश्लील; 6. (*person*) असभ्य, गँवार। > कॉ:स

coast, तट, समुद्रतट; **~al,** तटीय, तटवर्ती; **~er,** तटपोत; **~guard,** तटरक्षक; **~-line,** तट-रेखा*; **~wise,** अनुतट। > कोस्ट, कोस्टॅल, कोस्ट्-अॅ

coasting, तटानुगमन; ~-trade, तट-व्यापार। > कोस्ट्-इन्ग

coat, *n.*, 1. कुरता, अँगरखा, कोट; 2. ओवर-कोट, लबादा; 3. (*of animals*) लोमचर्म; 4. (*covering*) आवरण; 5. (*coating*) तह*, परत*, लेप, विलेप, पुचारा; कीट (*of dirt*); —*v.*, पहनाना; तह* चढ़ाना; **~armour, ~of arms,** कुलचिह्न; **~of mail,** कवच, बख़्तर; **~ed,** 1. लेपित; 2. (*of pills*) आलेपित; 3. (*covered*) आवृत, ढका हुआ। > कोट; कोट्-इड

coax, 1. फुसलाना; 2. (*flatter*) खुशामद* क०। > कोक्स

cob, 1. (*corn~*) गुल्ली*; 2. (*~-swan*) राजहंस; 3. (*lump*) ढेला; **~by,** चुस्त, तगड़ा। > कॉब; कॉब्-इ

cobalt, कोबाल्ट। > कॅबॉ:ल्ट

cobble, *n.*, बटिया*; *v.*, 1. मरम्मत क०; 2. (*patch*)

पैबन्द या थिगली* लगाना; **~r,** मोची।
> कॉबॅल; कॉब्‌-ल

cobra, नाग, फणी; king ~, नागराज। > कोब्रॅ

cobweb, जाला; तन्तुजाल; वाग्जाल। > कॉब्वे'ब

cocaine, कोकेन। > कॅकेन

cocculus, काकमारी* > कॉक्यूलॅस

coccyx, अनुत्रिक। > कॉक्‌-सिक्स

cochineal, 1. (*insect*) किरिमदाना; 2. (*dye*) किरमिज, कृमिज। > कॉच्‌-इनील

cochlea, कर्णावर्त्त। > कॉक्‌-लि-ॲ

cock, *n.*, 1. मुरगा, कुक्कुट; 2. नरपक्षी; 3. (*weather~*) वातदिग्दर्शक; 4. (*of gun*) घोड़ा, कुत्ता; 5. (*of balance*) काँटा; 6. (*spout*) टोंटी*; 7. (*~crow*) बाँग*, कुकड़ूँ-कूँ; —*v.*, 1. (*a gun*) घोड़ा चढ़ाना; 2. (*ears*) चौकन्ना हो जाना; 3. (*nose*) नाक* चढ़ाना; 4. (*eyes*) आँख* मारना; 5. (*hat*) तिरछा क०, बाँका क०; **~-a-hoop,** 1. प्रफुल्लित; 2. (*conceited*) दंभी; **~-and-bull story,** बे-सिरपैर की या ऊटपटाँग बात*; **~-eyed,** भेंगा; **~-fight,** डंका; **~fighting,** मुर्ग़बाज़ी*; **~scomb,** कलगी*, चूड़ा, कुक्कुटशिख; **~spur,** काँटा, कण्ट; **~sure,** समाश्वस्त, सुनिश्चित; **~tailed,** दुमकटा; **~y,** गर्वीला।
> कॉक; कॉकॅहूप; कॉकाइड; कॉक्‌-इ

cockade, तुर्रा, कलगी*। > कॉकेड

cockatoo, काकातुआ; किंकिरात। > कॉकॅटू

cockatrice, बासिलिस्क। > कॉकॅट्राइस

cocker, बहुत लाड़-प्यार क०। > कॉक्‌-ॲ

cockerel, पट्ठा। > कॉकॅरॅल

cockle, 1. (*disease of plants*) गेगला; 2. (*mollusc*) घोंघा; 3. (*shell*) कम्बु, शंख; 4. (*wrinkle*) शिकन*; —*v.*, सिकुड़ना, बल या शिकन* पड़ना; सिकोड़ना, शिकन* या झुर्री* डालना।
> कॉकॅल

cocklebur, छोटा धतूरा। > कॉकॅल्बॅ:

cockney, लन्दनिया। > कॉक्‌-नि

cockpit, चालक स्थान; अखाड़ा। कॉक्‌-पिट

cockroach, तिलचटा। > कॉक्रोच

cocktail-party, पानगोष्ठी*। > कॉक्टेल पाटि

coco(a), कोको; **~nut,** नारियल, नारिकेल। > कोको

cocoon, कोया, कृमिकोष, कुसवारी। > कॅकून

cod, codfish, स्नेहमीन। > कॉड

coddle, 1. (*parboil*) उसनाना; 2. लाड़-प्यार से परिचर्या* क०। > कॉडॅल

code, *n.*, 1. संहित*, विधि-संग्रह, नियमावली*; 2. (*system of signals*) कूट, संकेत, पद्धति*, संकेतकी*; —*v.*, कूटबद्ध क०; ~of conduct, आचरण-संहिता*; ~of ethics, नीति-संहिता*; **~-language,** कूट-भाषा*; **~-number,** सांकेतिक संख्या*; **~-word,** संकेत-शब्द। > कोड

codeclination, ध्रुवीय दूरी*। > कोडे'क्लिनेशॅन

codex, प्राचीन पाण्डुलिपि*। > कोडे'क्स

codicil, क्रोड़पत्र, उपदित्सा*। > कॉड्‌-इसिल

codification, संहिताकरण; वर्गीकरण **codifier,** संहिताकार। **codify,** संहिताबद्ध क०, विधिबद्ध क०; वर्गीकृत क०; सुव्यवस्थित क०।
> कॉड्‌-इ/फ़िकेशॅन, ~फ़ाइ-ॲ, ~फ़ाइ

coeducation, सहशिक्षा*। > कोए'ड्युकेशॅन

coefficient, 1. (*math.*) गुणांक; 2. सहकारी कारण।
> को-इ-फ़ि-शॅन्ट

coemption, संक्रय। > कोए'म्प्शॅन

coenobite, मठवासी। > सीनॅबाइट

coequal, समानाधिकारी, समान; **~ity,** समानाधिकार।
> कोईक्वॅल; कोइक्वॉल्‌-इटि

coerce, बाध्य क०, मजबूर क०, अवपीड़ित क०, दबाव डालना; बल प्रयोग क०। **coercion,** 1. जबरदस्ती*, अवपीड़न; 2. (*physical*) बल प्रयोग।
> कोअॅ:स; कोअॅ:शॅन

coercive, अवपीड़क; ~force, निग्रह बल; **~ness,** निग्राहिता*। > कोअॅ:सिव़

coessential, एकतत्त्व। को-इ-से'न्‌-शॅल

coetaneous, *see* COEVAL
> को-इ-टेन्‌-इ-ॲस

coeternal, सहशाश्वत। > को-इ-टॅ:नॅल

coeval, 1. (*same age*) समवयस्क; 2. (*contemporary*) समसामयिक, समकालीन।
> को-ईवॅल

coexistence, सहास्तित्व, सहभाव। **coexistent,** सहवर्ती। > को-इग-ज़िस/टॅन्स, ~टॅन्ट

coextensive, सह-विस्तृत; समकालीन।
> को-इक्स्‌-टे'न-सिव़

coffee, काफ़ी*, क़हवा। > कॉफ़्‌-इ

coffer, तिजोरी*, बकस, सन्दूक; दिल्लेदार छत*।
> कॉफ़्‌-ॲ

coffin, 1. ताबूत, शवपेटी*; 2. (*of horse*) सुम।
> कॉफ़्‌-इन

coffle, काफ़िला। > कॉफ़ॅल

cog, दाँता; **~-wheel,** दँतीला पहिया, दन्त-चक्र।
> कॉग

cogency, अकाट्यता*। **cogent,** अकाट्य, निश्चायक। > को-जॅन्‌-सि; कोजॅन्ट

cogitable, कल्पनीय, चिन्तनीय। > कॉजिटॅबॅल

cogitate, चिन्तन क०, सोचना, विचार क०, सोच में पड़ना। **cogitation,** चिन्तन, विचार। **cogitative,** चिन्तनक्षम; चिन्तनशील। > कॉजिटेट; कॉजिटेशॅन; कॉजिटॅटिव़ = कॉजिटेटिव़

cognate, 1. (*of same origin*) सजात, सजातीय, समस्रोतीय; 2. (*of persons*) बन्धु, सपिण्ड; 3. (*of a word*) सहार्थी। > कॉग्नेट

cognation, सम्बन्ध; रिश्ता। > कॉग्नेशॅन

cognition, ज्ञान, बोध, संज्ञान, प्रज्ञान। > कॉग्-नि-शॅन

cognitive, (सं) ज्ञानात्मक। > कॉग्-नि-टिव़

cognizable, 1. ज्ञेय, संज्ञेय; 2. (*law*) प्रज्ञेय, अवेक्षणीय। **cognizance,** 1. ज्ञान, संज्ञान, परिज्ञान; 2. ध्यान, अवेक्षा*; 3. (*jurisdiction*) विचाराधिकार; 4. (*hearing*) सुनवाई*। > कॉग्-नि/ज़ॅ-बॅल, ~ज़ॅन्स

cognizant, 1. अवगत, संज्ञाता; 2. (*law*) प्रज्ञाता। > कॉग्-नि-ज़ॅन्ट

cognize, ज्ञात क०; जानना; (का) बोध हो जाना। > कॉग्नाइज़

cognomen, कुलनाम, उपनाम। > कॉग्नोमे'न

cognoscible, ज्ञेय। > कॉग्नॉस्-इबॅल

cohabit, सहवास क०; **~ation,** सहवास। > कोहैब्-इट; कोहैबिटेशॅन

coheir, सहदायाद, हमवारिस। > को-ए'ऑ

cohere, 1.चिपकना, संसक्त होना; 2. (*fig.*) संगत होना; 3. संयुक्त रहना; **~nce,** संसक्ति*; सुसंगति*, सम्बद्धता*, सामंजस्य; **~nt,** संसक्त; संगत, सुसंगत। > कोहिअॅ, ~ रॅन्स, ~ रॅन्ट

cohesion, 1. संसक्ति*, संसंजन; 2. सम्बद्धता*, **cohesive,** संसक्तिशील, ससंजक। > कोहीश्ज़ॅन; कोहीसिव़

cohort, 1. दस्ता; 2. (*bot*) सहगण। > कोहॉ:ट

coif, कनटोप; **~feur,** केशप्रसाधक; **~fure,** टोपी*; केशविन्यास। > कॉइफ़; क्वाफ़ॅ:; क्वाफ़्यूॲ

coign of vantage, प्रेक्षण-स्थान। > कॉइन ऑव़ वान्-टिज

coil, *n.*, कुण्डली*, पिण्डी*, कुण्डल; *v.*, कुण्डल बनाना, कुण्डलीकृत क०, लपेटना; कुण्डल बनाना; **~ed,** कुण्डलित; **~ing,** कुण्डलीकरण; कुण्डलीभवन। > कॉइल

coin, *n.*, सिक्का, मुद्रा*, टंक; *v.*, सिक्का ढालना; गढ़ना, बनाना, **~age,** सिक्का-ढलाई*, टंकण; (प्रचलित) सिक्के, मुद्रा*; गढ़ाई*, गढ़न*; शब्द-निर्माण; **~er,** कुटंकक। > कॉइन; कॉइनिज; कॉइ-नॅ

coincide, 1. एक ही समय पड़ना, एक साथ होना; 2. (*geom.*) ठीक-ठीक ढक लेना, सम्पाती होना; 3. मेल खाना, अनुरूप होना, समान होना। > को-इन्-साइड

coinci/dence, सम्पात (*also geom.*); मेल; समानता*, अनुरूपता*; दैवयोग, संयोग; by mere —, संयोगवश; **~dent,** सम्पाती; **~dental,** आकस्मिक। > को-इन्-सि/डॅन्स, ~डॅन्ट, ~डे'न्टॅल

coinstantaneous, समक्षणिक। > को-इन्-स्टॅन्-टेन्यॅस

coir, नारियल-जटा*। > कॉइ-ॲ

coition, मैथुन, संभोग, समागम। > को-इ-शॅन

coke, कोक। > कोक

col, घाटी*। > कॉल

colander, छलनी*। > कॅलॅन्डॅ = कॉलॅन्-डॅ

colatitude, कोटिपूरक अक्षांश। > कोलैट्-इट्यूड

cold, *adj.*, 1. ठण्डा, शीत, सर्द; 2. (*fig.*) तटस्थ, निरुत्साह, उदासीन, भावशून्य; —*n.*, 1. ठण्डक*, शीत, सर्दी*; 2. (*catarrh*) जुकाम, प्रतिश्याय; ~sotrage, शीतागार, सर्दखाना; ~war, शीत युद्ध; ~wave, शीत-लहर*, शीत-तरंग*; **~-blooded,** निष्ठुर, नृशंस; **~-hearted,** हृदयहीन, संगदिल, बेदर्द। > कोल्ड

coleoptera, कोलिओप्टेरा, कंचुकपक्ष-गण। > कॉलिऑप्-टॅ-रॅ

coleseed, वन्य कपिशाक। > कोल्सीड

colewort, करमसाग। > कोल्-वॅ:ट

colic, 1.अन्त्रशूल, उदरशूल, शूल; 2. (*of horses*) कुरकुरी*। > कॉल्-इक

colitis, बृहदान्त्र-शोथ। > कॅलाइट्-इस

collabo/rate, सहयोग देना; **~ration,** सहयोग; **~rator,** 1. सहयोगी; 2. (*collaborationist*) शत्रु-सहयोगी, देशद्रोही। > कॅलैबॅ/रेट, ~रेशॅन, ~रे-टॅ

collapse, *v.*, ढह जाना, बैठ जाना, ढेर हो जाना; जवाब दे देना, हिम्मत* हारना, समाप्त हो जाना; अचानक बीमार पड़ना; —*n.*, विध्वंस, पात; विफलता*; समाप्ति*, हार*; शक्तिपात, निपात। > कॅलैप्स

collapsible, दबने वाला, सिमटवाँ, सिमटने वाला; 2. (*phys.*) निपात्य। कॅलैप्सॅबॅल

collar, *n.*, 1. कालर; 2. (*of dress*) गरदनी*, गरेबान; 3. (*of dog*) पट्टा; 4. (*mech.*) छल्ला; 5. (*chain*) सिकड़ी*; —*v.*, पट्टा लगाना; गला नापना, पकड़ना, गिरफ़्तार क०; **~-bone,** हँसली*, जत्रुक। > कॉल्-ॲ

collate, मिलाना। > कॅलेट

collateral, 1. (*parallel*) समानान्तर, समपार्श्व, संपार्श्विक*; 2. (*concomitant*) सहवर्ती; 3. (*subordinate*) गौण, आनुषंगिक; 4. (*relation*) सपिण्ड, सगोत्र; ~security, समर्थक, ऋणाधार। > कॅ = कॉलैटॅरॅल

collation, 1.मिलान, परितुलन; 2. (*meal*) अल्पाहार, उपाहार। > कॅ = कॉलेशॅन

colleague, सहयोगी, सहकर्मी। > कॉलीग

collect, *n.*, (*prayer*) निवेदन; *v.*, 1. एकत्र क० या होना, जमा क० या होना; 2. संग्रह क०, संगृहीत क०; 3. (*as payment*) वसूल क०, उगाहना; 4. (*conclude*) निष्कर्ष निकालना, समझना;

5. (*arrange*) सुव्यवस्थित क०; ~oneself, आपे में आना, प्रकृतिस्थ होना; **~ed,** प्रकृतिस्थ; **~ing,** वसूली*, उगाही*, संग्राहक, संग्राही।
> कॉले'क्ट (*n.*); कॅले'क्ट (*v.*)

collectanea, संकलन।
> कॉले'क्/टान्-यॅ = टैन्-यॅ

collect/ion, 1. (*action*) संचयन, संग्रहण, एकत्रीकरण, समाहरण, उगाही*, वसूली*, अनुप्रापण; 2. समूह, समुच्चय; 3. संग्रह; 4. चन्दा, दान; **~ive,** 1. सामूहिक; 2. (*gram.*) समूहवाचक, समूहवाची समष्टिवाची; **~ively,** सामूहिक रूप से; **~ivism,** सामूहिकवाद, समूहवाद; समष्टिवाद; **~ivization,** सामूहिकीकरण, समूहन; **~ivize,** सामूहिक कर देना; **~or,** कलक्टर, ज़िलाधीश; संग्राहक, संग्राही, समाहर्ता, संग्रहकर्ता; **~orate,** कलक्टरी*।
> कॅले'क्/शॅन, ~टिव्, ~टिविज़्म ~टिवाइज ~टॅ, ~टॅरिट

college, 1. कालेज, महाविद्यालय; 2. (*group*) गण, मण्डल, परिषद्*। > कॉल्-इज

collegial, कालेजी, महाविद्यालय विषयक; **~ity,** सहशासन। > कॅलीजिअॅल; कॅलीजिऐल्-इटि

collegian, कालेज-विद्यार्थी। > कॅलीजिअॅन

collide, 1. टक्कर* लगना, टकराना; 2. (*fig.*) विरोध होना। > कॅलाइड

collier, 1.(कोयला) खनक; 2. (*ship*) कोयलावाही; **~y,** कोयला-खान*। > कॉल्-इअॅ; कॉल्यॅरि

colli/gate, अनुबद्ध क०; **~gation,** सहवर्तिता*, अनुबन्धन; —of facts, तथ्यानुबन्धन।
> कॉल्-इगेट; कॉलिगेशॅन

colli/mate, संधानिक क०; **~mating lens,** समान्तकारी लेन्स; **~mation,** संधान, समान्तरण; **~mator,** संधानक, समांतरित्र।
> कॉल्-इ/मेट, ~मेटिन्ग, ~मेशॅन, ~मे-टॅ

collinear, संरेख, एकरेखस्थ। > कॉलिन्-यॅ

collision, टक्कर*; संघट्ट; संघट्टन; संघर्ष।
> कॅलिश्ज़ॅन

collocate, रखना; सजाना, विन्यस्त क०। > कॉलॅकेट

collocation, स्थापन, विन्यास, सन्निधान; संस्थिति*।
> कॉलॅकेशॅन

collocution, संवाद। > कॉलॅक्यूशॅन

collocutor, संवादी। > कॉलॅक्यूटॅ

collodion, कोलोडियन। > कॅलोड्-इअॅन

colloid, कलिल, कोलाइड; **~al,** कलिलीय, कोलायडीय। > कॉलॉइड; कॉलॉइडॅल

colloquial, बोलचाल* का; **~ism,** बोलचाल* का मुहावरा; बोलचाल* की शैली*, चलती भाषा।
> कॅलोक्वि/अॅल; ~अॅलिज़्म

colloquy, संवाद, सम्भाषण, वार्तालाप। > कॉलॅक्वि

collude, साँठ-गाँठ* क०। **collusion,** साँठ-गाँठ*, साँट-गाँठ; दुरभिसन्धि*; मिलिभगत*। **collusive,** दुरभिसन्धिपूर्ण; कपटपूर्ण।
> कॅलूड; कॅलूश्ज़ॅन; कॅलूस्-इव्

collyrium, काजल, सुरमा, अंजन। > कॅलिरिअॅम

colocynth, इन्द्रायण। > कॉलॅसिन्थ

colon, 1. (*anat.*) बृहदान्त्र, कोलन; 2. (*gram.*) अपूर्ण विराम। > कोलॅन

colonel, कर्नल। > कॅ:नॅल

colonial, *adj.*, 1. उपनिवेशी (य), औपनिवेशिक; 2. (*biol.*) संघजीवी, संघचारी, निवह; —*n.*, (*colonist*) उपनिवेशिक; **~ism,** उपनिवेशवाद, उपनिवेशिता*; निवहता*।
> कॅलोन्/यॅल, ~यॅलिज़्म; कॉलॅनिस्ट

colonization, उपनिवेशन। **colonize,** उपनिवेश बसाना। > कॉलॅनाइज़ेशन; कॉलॅनाइज़

colonnade, स्तंभावली*, स्तम्भश्रेणी*। > कॉलॅनेड

colony, 1. उपनिवेश; 2. बस्ती*; नगर; 3. (*bot.*) मण्डल; 4. (*zool.*) निवह। > कॉलॅनि

colophon, पुष्पिका*। > कॉलॅफ़ॅन

colo(u)ration, रंजन, रंगाई*। > कॅलॅरेशॅन

colori/fic, वर्णजनक; वर्णिक, वर्णविषयक; रंगीन, रंग-बिरंगा; **~meter;** वर्णमापी; **~metric,** वर्णमापीय, **~metry,** वर्णमिति*।
> कॉलॅरिफ़्-इक, कॉलॅरिम्/इटॅ, इट्रि; कॉलॅरिमे'ट्-रिक

colossal, विराट्, विशाल, पर्वताकार, बृहत्।
> कॅलॉसॅल

colossus, विशालमूर्ति*; विशालकाय व्यक्ति; महापुरुष। > कॅलॉसॅस

colostrum, खीस*, नवदुग्ध। > कॅलॉस्ट्रॅम

colotomy, बृहदान्त्रच्छेदन। > कॅलॉटॅमि

colour, *n.*, 1. वर्ण, रंग; 2. (*matter*) रंग, रंगद्रव्य; 3. (*complexion*) रंग, सुर्ख़ी*; 4. (*semblance*) आभास; 5. (*excuse*) बहाना, व्याज; 6. (*kind*) प्रकार; 7. (*pl.*) झण्डा; —*v.*, 1. रँगना, रंग भरना, रंजित क०; 2. बदल देना, (का) रंग चढ़ाना; 3. लजाना, झेंपना; **~able,** आभासी; **~-bar,** रंग-भेद; **~-bearer,** ध्वजवाहक; **~-blind,** वर्णान्ध; **~-blindness,** रंगान्धी*, वर्णान्धता; **~ed,** 1. रंगीन, रंजित; 2. (*of people*) अश्वेत; 3. (*exaggerated*) अतिरंजित; **~ful,** रंगीन, रंगबिरंगा; सजीव; **~ing,** रंजन; **~less,** वर्णहीन, विवर्ण, रंगहीन; फीका; तटस्थ; **~-printing,** रंगीन छपाई*। > कॅल्-अॅ

colporteur, पुस्तकों* का फेरीवाला।
> कॉल्-पॉ:ट = कॉल्पॉट:टॅ:

colt, 1. बछेड़ा; 2. (*inexperienced*) अनाड़ी; **~ish,** चुलबुला। > कोल्ट; कोल्-टिश

colubrine, सर्पिल, साँप का। > कॉल्युब्राइन

columbine, *adj.*, कपोत का, कपोतीय; —*n.*, (*bot.*) गुलकबूतर। > कॉलॅम्बाइन

column, 1. (*arch.*) स्तम्भ, खम्भा 2. (*writing*) स्तम्भ, कालम; 3. (*mil.*) दस्ता, सैन्यदल; **~al, ~ar,** स्तम्भाकार, स्तंभी; **~ist,** स्तम्भ-लेखक; **~-wise,** स्तम्भानुसार। > कॉलॅम; कॅलॅम्/नॅल, ~ नॅ, कॉलॅम्-निस्ट

colure, (*astron.*) उन्मण्डल। > कॅल्युअॅ

colza, वन्य कपिशाक। > कॉल्-ज़ॅ

coma, 1. (*stupor*) संन्यास, सम्मूर्च्छा*; 2. (*bot.*) रोमगुच्छ; 3. (*of a comet*) जटा*; **~tose,** सम्मूर्च्छित; निद्रालु, तन्द्रिल, निष्क्रिय। > कोम्-अॅ; कोमॅटोस

comb, *n.*, 1. कंघी*, कंघा, कंकत; 2. (*of a cock*) कलगी*; 3. (*comber*) धुनकी*, कंघी*; 4. (*honey~*) छत्ता, करण्ड; —*v.*, 1. कंघा क०, साफ़ क०; 2. (*search*) छान डालना; 3. (*wool*) धुनना; **~ing(s),** झड़न-झुड़न*। > कोम; कोम्-इना, कोम्-इन्ज़

combat, *n.*, 1. समाघात, लड़ाई*, भिड़न्त*, संघर्ष; 2. (*desire*) युयुत्सा*; —*v.*, लड़ाई* क०; का विरोध क०, का सामना क०; single~, द्वन्द्वयुद्ध; **~ant,** *n.*, योधी; —*adj.*, 1. लड़नेवाला, लड़ाकू, लड़ाका; 2. (*~ive*) युयुत्सु, युद्धप्रिय। > कॉम्बॅट = कॅम्बॅट; कॉम्बॅटॅन्ट = कॅम्बॅटॅन्ट

combinable, संयोज्य। > कॅम्बाइनॅबॅल

combination, 1. संयोग (*also chem.*) 2. (*action*) संयोजन; 3. (*state*) संहति*; 4. (*concr.*) सम्मिश्रण, सम्मिलन, समुच्चय; 5. (*group*) संगठन; 6. (*math.*) संचय; 7. (*phon.*) सन्धि*; ~tool, बहुधन्धी औज़ार। > कॉम्-बि-ने-शॅन

combinative, संयोजक; संयुक्त, सम्मिलित। > कॉम्-बि-नॅ-टिव

combine, *n.*, व्यापार-संघ; *v.*, मिलाना, जोड़ना, एक कर देना, संयुक्त क०; सम्मिलित या सम्मिश्रित क० या हो जाना, एक या संघटित हो जाना, मिलना; **~d,** सम्मिलित, संयुक्त; मिश्रित; यौगिक; **~r,** संयोजक। > कॉम्बाइन (*n.*); कॅम्बाइन (*v.*) कॅम्-बाइन-अॅ

combustibility, दाह्यता*। **combustible,** *adj.*, 1. दाह्य; 2. (*inflammable*) ज्वलनशील, दहनशील, सुदाह्य; 3. (*excitable*) उत्तेजनशील, क्षोभशील; —*n.*, दहनशील पदार्थ। **combustion,** दहन। > कॅम्-बॅस्-टॅ-बिल्-इटि; कॅमबॅसटॅबॅल; कॅमबॅस्चॅन

come, आना, पहुँचना; *see* BECOME, HAPPEN, RESULT; **~about,** घटित होना; **~across,** (से) मिलना, मिल जाना; **~back,** लौटना; **~between,** अलग कर देना, फूट* डालना; **~by,** प्राप्त क०; **~down,** उतरना, गिरना; **~forth,** प्रकट हो जाना; **~forward,** आगे बढ़ना, सेवा*; अर्पित क०; **~in,** घुसना, प्रवेश क०; **~into force,** लागू हो जाना; **~into operation,** चालू हो जाना; **~of age,** व्यस्क हो जाना; **~out,** प्रकट हो जाना; **~round,** (फिर) आ जाना; बदल जाना; अनुकूल या सहमत हो जाना; होश में आना; **~to,** होश में आना, कुल योग होना; बराबर होना; **~to nothing,** व्यर्थ हो जाना, मिट्टी* में मिल जाना; **~ to terms,** समझौता क०; **~under,** के अधीन होना या हो जाना; (वर्ग, श्रेणी*) में आना; **~up,** उठना, चर्चा* छिड़ना; **~upon,** (संयोगवश) मिलना या पाना; छापा मारना; **~-back,** प्रत्यागमन; **~-down,** अवनति*, पतन; **~r,** आगन्तुक; **~-off,** समाप्ति*; बहाना। > कॅम; कॅम्बैक; कॅम्डाउन; कॅम्-अॅ

comedy, प्रहसन, कामदी*, सुखान्तिकी*। > कॉम्-इडि

comeliness, चारुता*। **comely,** सुहावना, मनोरम, चारु; समुचित; उपयुक्त। > कॅम्लिनिस्; कॅम्लि

comestibles, खाद्य। > कॅ-मे स्-टि-बॅल्ज़

comet, धूमकेतु, पुच्छलतारा, केतु। > कॉम्-इट

comfit, मिष्टान्न, मिठाई*। > कॅम्-फ़िट

comfort, *n.*, 1. आराम, सुख, चैन; 2. सान्त्वना*, दिलासा; 3. (*pl.*) सुख-साधन; 4. (*quilt*) रज़ाई*; —*v.*, सान्त्वना* या दिलासा देना; **~able,** 1. सुखद, आरामदेह; 2. (*of persons*) निश्चिन्त, सुखी; **~er,** 1. सान्त्वना-दाता, पवित्र आत्मा; 2. रज़ाई*; 3. गुलूबन्द; 4. (*for babies*) चुसनी*; **~less,** 1. (*of persons*) असुखी, दुःखी, निरानन्द, उदास; 2. असुखकर; **~-seeking,** *adj.*, आरामतलब; —*n.*, आरामतलबी*। > कॅम्फ़ॅट; कॅम्फ़ॅटॅबॅल; कॅम्-फ़ॅ-टॅ

comic(al), 1. हास्यकर, हास्यजनक; 2. (*ludicrous*) हास्यास्पद, बेढंगा। > कॉम्-इक, कॉम्-इकॅल

coming, *adj.*, भावी, आगामी, आनेवाला; —*n.*, आगमन। > कॅम्-इन्ग

comity, शिष्टाचार, शिष्टता*, सौजन्य; सौहार्द। > कॉम्-इटि

comma, अल्पविराम; inverted ~, उद्धरण चिह्न। > कॉम्-अॅ

command, *n.*, 1. (*order*) आदेश, हुक्म, आज्ञा*, समादेश; 2. (*sway*) प्रभुता*, प्रभुत्व, शासन, वश, क़ाबू, नियन्त्रण; 3. (*mastery*) अधिकार, आधिपत्य; 4. (*mil.*) कमान*; —*v.*, आदेश देना; वश में रखना, (पर) शासन क०, नियन्त्रित क०; (पर) अधिकार रखना; के योग्य होना, का अधिकारी होना; high ~, आला कमान*; **~ant,** 1. आदेशक; 2. (*mil.*) कमाण्डेंट; **~eer,** माँग लेना, अधिगृहीत क०। > कॅमान्ड; कॉमॅन्डैन्ट ; कॉ-मॅन्-डिअॅ

commander, 1.नायक; 2. सेनापति; कमाण्डर, कमानियर; **~-in-chief,** प्रधान सेनापति।
> कॅ-मान्-डॅ

commanding, 1. (*impressive*) प्रभावशाली; 2. प्रधान, नियन्ता; ~officer, कमान-अधिकारी।
> कॅ-मान्-डिङ्ग

commandment, नियम, ईश्वरीय आदेश, धर्मादेश।
> कॅमान्ड्मॅन्ट

commando, कमाण्डो। > कॅमान्डो

commemo/rate, स्मरणोत्सव मनाना; गुणगान क०, कीर्तिगान क०; (का) स्मारक होना; **~ration,** स्मरणोत्व; कीर्तिगान; —volume, अभिनन्दन-ग्रन्थ; **~rative,** *adj.*, संस्मारक; —*n.*, स्मारक।
> कॅमे'मॅ/रेट, ~रेशॅन, ~ रॅटिव

commence, प्रारम्भ क० या होना; **~ment,** 1. (*act*) प्रारम्भण; 2. प्रारम्भ, श्रीगणेश।
> कॅमे'न्स, ~मॅन्ट

commend, सराहना, प्रशंसा* क०; सिफ़ारिश* क०; सौंपना, सिपुर्द क०; **~able,** प्रशंसनीय, संस्ताव्य; **~ation,** श्लाघा*, प्रशंसा*, संस्तवन; सिफ़ारिश*; सिपुर्दगी*; **~atory,** प्रसंशात्मक; सिफ़ारिशी।
> कॅमे'न्ड; कॅमे'न्डॅबॅल; कॉमे'न्डेशॅन; कॉमे'न्डॅटॅरि

commensal, सहभोजी। > कॅमे'न्सॅल

commensurable, 1. सम्मेय; 2. (*proportionate*) आनुपातिक। **commensurate,** 1. (*co-extensive*) समपरिमाण; 2. आनुपातिक; अनुरूप; 3. सम्मेय। > कॅमे'न्शॅ/रॅबॅल, ~रिट

comment, *n.*, 1. टिप्पणी*, टीका*; 2. (*criticism*) आलोचना*, समीक्षा*; 3. (*talk*) टीका-टिप्पणी*, चर्चा*; —*v.*, टिप्पणी* क०; टीका-टिप्पणी* क०, मत प्रकट क०*; **~ary,** 1. टीका*, व्याख्या*, वृत्ति*; 2. टीका-टिप्पणी*; 3. (*of eye-witness*) विवरण, वर्णन; **~ator,** टीकाकार, भाष्यकार; विवरणकार, वृत्तकार। > कॉमे'न्ट; कॉमॅनटॅरि; कॉमॅनटेटॅ

commerce, 1. वाणिज्य, व्यापार; 2. (*dealings*) संसर्ग, सम्पर्क; chamber of ~, व्यापार-मण्डल।
> कॉमॅस = कॉमॅ:स

commercial, व्यापारिक, वाणिज्य-, बाज़ारू; ~traveller, वाणिज्य-यात्री; **~ism,** व्यापारिक बुद्धि*; बनियापन; **~ization,** व्यापारीकरण; **~ize,** व्यापारिक बनाना; बाज़ार में चलाना।
> कॅमॅ:/शॅल, ~शॅलिज़्म, कॅमॅ:शॅलाइज़ेशन; कमॅ:शॅलाइज़

commi/nate, डराना; शाप देना; **~nation,** धमकी*; **~natory,** धमकीभरा।
> कॉम्-इनेट; कॉमिनेशॅन; कॉम्-इनॅटॅरि

commingle, मिश्रण क०, मिलाना; मिश्रित हो जाना, मिल जाना। > कॉमिन्ग्‌गॅल

comminute, चूर्ण कर देना; ~d fraction, विखण्डित अस्थिभंग। **comminution,** विखण्डन।
> कॉम्-इन्यूट; कॉमिन्यूशॅन

commiserate, सहानुभूति* रखना या प्रकट क०, समवेदना* प्रकट क०। **commiseration,** तरस, सहानुभूति*, अनुवेदना*, समवेदना*।
> कॅमिज़ॅरेट; कॅमिज़ॅरेशॅन

commissar, कमिसार; **~iat,** सेना-रसद-विभाग, कमिसारियत*; **~y,** प्रतिनिधि; कमिसरी, अधिकारी।
> कॉमिसा; कॉमिसे'ॲर्-इ-अट; कॉम्-इसॅरि

commission, *n.*, 1. (*body of persons*) आयोग, समिति*, कमीशन; 2. (*remuneration*) दलाली*, आढ़त*, बट्टा; 3. (*authority*) अधिकार, कार्याधिकार; 4. (अर्पित) कार्य; 5. नियुक्ति*; 6. अधिकार-पत्र, नियुक्ति पत्र, शासनपत्र; 7. (*committing*) करण, आचरण; —*v.*, 1. अधिकार देना; 2. नियुक्ति* क०; 3. (का) कार्य सौंपना; 4. चालू क०; error of~, करणत्रुटि*; ~agent, आढ़तिया; **~aire,** द्वारपाल; सन्देशवाहक; **~ary,** प्रमण्डल; **~ed,** कमीशन-प्राप्त, अधिकृत; **~er,** आयुक्त, कमिश्नर; प्रतिनिधि, अधिकारी।
> कॅमिशॅन; कमिशॅने'ॲ; कॅमिशॅनॅरि; कॅमिशॅन्ड; कॅ-मि-शॅ-नॅ

commissure, 1. संयोजिका*, सन्धायनी*; 2. (*of nerves*) तन्तुबन्ध। > कॉमिस्युॲ

commit, करना, कर डालना; सिपुर्द क०, सौंपना; के हवाले कर देना; गिरफ़्तार क०; बँध जाना, फँस जाना; प्रतिज्ञा* क०, वचनबद्ध हो जाना; **~ment, ~tal,** सिपुर्दगी*; गिरफ़्तारी*; वादा, प्रतिज्ञा*, वचनबद्धता*; **~ted,** वचनबद्ध; सिपुर्द; (से) प्रतिबद्ध।
> कॅमिट; कॅमिटॅल

committee, 1. समिति*, कमेटी*; action~, संघर्ष ~; 2. (*a lunatic*) अर्पिमी।
> कॅमिटी (१); कॅमिटी (२)

commixture, सम्मिश्रण। > कॅमिक्स-चॅ

commode, 1. (*chest*) आलमारी*; 2. कमोड, गमला।
> कॅमोड

commodious, बड़ा, विस्तृत, लम्बा-चौड़ा।
> कॅमोड्यॅस

commodity, 1.पण्य, पण्य पदार्थ, माल, जिन्स*; 2. उपयोगी वस्तु*। > कॅमॉड्-इटि

commodore, कमाडोर, कप्तान। > कॉमॅडॉ:

common, *adj.*, 1. (*general*) सामान्य, आम; 2. (*ordinary*) साधारण, मामूली; 3. (*joint*) सामूहिक; 4. (*public*) सार्वजनिक, आम, लोक -; 5. (*~to both*) उभय-, उभयनिष्ठ; 6. (*~to all*) सर्वनिष्ठ, सार्व, सर्वसामान्य; 7. (*vulgar*) ग्राम्य, गँवारू; 8. (*equal*) समान; 9. (*math.*) सार्व; —*n.* 1. (*commonage*)

आम मैदान, परती*, पड़ती*; 2. (*pl.*) जनसाधारण; लोकसभा*; रसद; ~factor, समापवर्तक; ~good, सर्वहित, लोकहित; ~ground, सामान्य आधार; ~law, देशविधि*, सामान्य विधि*; ~noun, जातिवाचक संज्ञा*; ~people, जनता*, जनसाधारण; ~sense, सामान्य बुद्धि* या बोध, सजह बुद्धि*; in~, सम्मिलित रूप से; साझेदारी* में; **~able,** पंचायती, सामूहिक; **~alty,** 1. जनसाधारण; 2. (*corporation*) निगम; **~er,** साधारण नागरिक; **~ly,** सामान्यत:, साधारणत; **~ness,** सामान्यता*; साधारणता*; कमीनापन, क्षुद्रता*; **~place,** *adj.*, साधारण, मामूली; घिसा-पिटा; —*n.*, सामान्योक्ति*, अर्थशून्य कथन; उद्धरणीय अंश; —book, उद्धरणसंग्रह, **~wealth,** राष्ट्रमण्डल; राष्ट्र। > कॉमॅन; ~वे'ल्थ

commotion, होहल्ला, हुल्लड़, शोरगुल; संक्षोभ, उत्तेजना*। **commove,** हिला देना; उत्तेजित क०। > कॅमोशॅन; कॅमूव

communal, 1. (*sectarian*) साम्प्रदायिक; 2. सामुदायिक, समुदायी, पंचायती; **~ism,** साम्प्रदायिकता*; समुदायिकता*; पंचायती राज्य; **~ist,** सम्प्रदायवादी; पंचायती, राज्यवादी; **~ize,** सामुदायिक बनाना। > कॉम्यु/नॅल, ~नॅलिज़्म, ~नॅलिस्ट, ~नॅलाइज़

commune, *n.*, समुदाय; कम्यून; *v.*, संलाप क०; कोमुन्यो लेना। > कॉमयून (*n.*); कॅम्यून (*v.*)

communicable, 1. कथनीय, सूचनीय; 2. (*disease*) संचारी, संक्रामक। > कॉम्यून्-इकॅबॅल

communicant, कोमुन्यो लेनेवाला; सूचना* देनेवाला। **communicate,** बताना, सूचित क०, पहुँचाना, संचारित क०, सम्पर्क रखना, कोमुन्यो या परमप्रसाद ग्रहण क०। > कॅम्यून्-इकॅन्ट; कॅम्यून्-इकेट

communication, 1. (*act*) संचारण, संसूचन, सम्प्रेषण; 2. (*abstr.*) संचार; 3. (*concr.*) सूचना*, सन्देश, संवाद, ख़बर*; 4. (*intercourse*) पत्रव्यवहार, संसर्ग, सम्पर्क; 5. (*access*) सम्बन्ध; आवागमन, यातायात; 6. (*pl.*) संचार-व्यवस्था*; means of ~, संचार-साधन; यातायात-साधन; ~-pipe, योजक नल। > कॅम्यूनिकेशॅन

communicative, अभिव्यक्तिशील, आलापप्रिय। **communicator,** संचारक। > कॅम्यून्-इकॅटिव़; कॅ-म्यून्-इ-के-टॅ

communion, 1. (*fellowship*) सहभागिता*, भाईचारा; 2. (*relation*) सम्पर्क, घनिष्ठता*; 3. (*Holy~*) कोमुन्यो, प्रभु-भोज, परमप्रसाद; 4. (*group*) धर्मसमाज; **~-rail,** कठहरा, जंगला। > कॅम्यून्यॅन

communique, विज्ञप्ति*, सरकारी सूचना। > कम्यूनिके

communism, साम्यवाद। > कॉम्यूनिज़्म

communist, साम्यवादी; **~ic,** साम्यवादी। > कॉम्युनिस्ट; कॉम-यु-निस्-टिक

community, 1. समुदाय, समाज, समूह, बिरादरी*; 2. सम्प्रदाय; 3. मठ, मठवासी समूह; 4. हिस्सेदारी*, साझा, 5. (*common character*) समता*, समानता*; ~development, सामुदायिक विकास; ~singing, समवेत गायन। **communization,** समुदायीकरण साम्यवादीकरण। **communize,** सामुदायिक या साम्यवादी बनाना। > कॅम्यून्-इटि; कॉम्युनाइज़ेशॅन, कॉम्युनाइज़

commutable(bility) विनिमेय(ता*)। > कॅम्यूटॅबॅल; कॅम्यूटॅबिल्-इटि

commutation, 1. विनिमय; 2. रूपान्तरण, परिवर्तन; 3. (*law*) लघूकरण; 4. (*electr.*) दिक्परिवर्तन। > कॉम्युटेशॅन

commutative, 1. (*math.*) क्रमविनिमेय; 2. ~justice, विनिमयात्मक या योग्यतानुपाती न्याय। > कॅम्यूटॅटिव़

commutator, दिक्परिवर्तक। **commute,** 1. विनिमय क०; 2. बदल देना, रूपान्तरित क०; 3. कम कर देना; 4. (*electr.*) दिक्परिवर्तन क०; 5. (*v.i.*) का स्थान लेना। > कॉम्-यु-टे-टॅ; कॅम्यूट

comose, 1. (*bot.*) गुच्छकेशी; 2. (*hairy*) रोमिल। > कोमोस

compact, *n.*, 1. संविदा*, समझौता; 2. (*case*) डिब्बा; —*adj.*, 1. (*dense*) सघन; 2. (*firm*) सुसंहत, सुसम्बद्ध, ठोस; 3. (*terse*) चुस्त, सुसम्बद्ध; —*v.*, संहत क०, कसना; संक्षिप्त क०; **~ness,** सघनता*; सुसंहति*, ठोसपन। > कॉम्पैक्ट (*n.*); कॅम्पैक्ट (*adj.*, *v.*)

compages, संहति*। > कम्पेजीज़

compaginate, संहत क०, जोड़ देना। > कॅमपैजिनेट

companion, 1. साथी, सखा, सखी*, सहचर, सहचरी*; 2. (*of ship*) रोशनदान; **~able,** मिलनसार; **~ship,** संगति*, सहचारिता*, भाईचारा; मित्रमण्डल; **~-way,** डेक-सीढ़ी*। > कॅम्पैन्/यॅन; ~यॅनबॅल

company, 1.संगति*; 2. (*group*) मण्डली*, दल, टोली*, गण; 3. (*comm.*) कम्पनी*, समवाय; 4. (*mil.*) कम्पनी*; 5. (*naval*) नाविक दल; bad ~, कुसंग, कुसंगति*; good~, सत्संग। > कॅम्-पॅ-नि

comparable, तुलनीय; तुल्य। कॉम्पॅरॅबॅल

comparative, *adj.*, 1. तुलनात्मक; 2. (*relative*) सापेक्ष, आपेक्षिक; —*n.*, (*gram.*) उत्तरावस्था*; **~ly,** अपेक्षाकृत, अपेक्षया। > कॅम्पैरॅटिव़

comparator, तुलनाकारी; तुलनित्र। > कॉम्पॅरेटॅ

compare, तुलना* क०, मिलाना; बराबर समझना; सादृश्य या साम्य रखना, बराबर होना; beyond ~, अद्वितीय, उपमानरहित; **~r,** मिलानकर्ता। > कॅम्पे'अॅ; कॅम्पे'अॅर्-अॅ

comparison, 1. तुलना*; 2. (*action*) मिलान; 3. (*similarity*) साम्य, सादृश्य; in~with, (की) तुलना* में, (के) मुकाबले में। > कॅम्पैरिसॅन

compart, विभक्त क०; **~ment,** 1. उपखंड, कक्ष, खाना; 2. (*railway*) डिब्बा। > कॅम्पाट; कॅम्पाट्मॅन्ट

compass, *n.*, 1. (*mariner's*) दिक्सूचक, कुतुबनुमा, कम्पास; 2. (*pair of ~es*) परकार; 3. (*boundary*) परिधि*, घेरा; 4. (*range*) क्षेत्र, विस्तार, पहुँच*; —*v.*, 1. (*go round*) की परिक्रमा* क० 2. घेर लेना; 3. समझ लेना; 4. पूरा क०, सम्पादित क०; 5. का उपाय निकालना; का षड्यन्त्र क०; **~able,** साध्य, सम्पाद्य; **~-saw,** गोलकाट आरी*। > कॅम्पॅस, कॅम्पॅसॅबॅल

compassion, अनुकम्पा*, करुणा*, संवेदना*, सहानुभूति*, तरस; **~ate,** *adj.*, दयालु, सदय, सहानुभूतिशील, संवेदनाशील; —*v.*, दया* या सहानुभूति* दिखाना। > कॅम्पै/शॅन, ~शॅनिट

compatibility, संगति*, संगतता*; अविरोध।

compatible, संगत, अविरुद्ध, अनुकूल, मुआफ़िक, अनुरूप। > कॅम्पैटॅबिल्-इटि; कॅम्पैटॅबॅल

compatriot, देशभाई, समदेशी, हमवतन। > कॅम्पैट्-रिऑट

compeer, समकक्ष; साथी, हमजोली। > कॅम्पिअॅ

compel, बाध्य क०, विवश क०, लाचार कर देना, मजबूर क०; **~lation,** सम्बोधन; **~ling,** सम्मोहक, अप्रतिरोध्य, अकाट्य। > कॅम्पे 'ल; कॉम्पॅलेशॅन; कॅम्पे 'ल्-इना

compendious, संक्षिप्त; सारगर्भित। > कॅम्-पे 'न्-डि-ॲस

compendium, संक्षेप; सारांश, सार-संग्रह। > कॅम-पे 'न्-डि-ॲम

compensable, पूर्तियोग्य। कॅम्पे 'न्सॅबॅल

compen/sate, क्षतिपूर्ति* क०, मुआवज़ा देना; पूर्ति* क०, बराबर कर देना; **~sated,** क्षतिपूरित; पूरित, प्रतिकारित, समकृत; **~sating,** क्षतिपूरक; प्रतिहारी; **~sation,** 1. क्षतिपूर्ति*, प्रतिकर, हरजाना, मुआवज़ा; 2. (*action*) क्षतिपूरण; 3. पूर्ति*, सम्पूर्ति*, त्रुटिपूर्ति*, प्रतिकरण; **~sator,** क्षतिपूरक; प्रतिकारित्र; **~satory, ~sative,** क्षतिपूरक; पूरक, प्रतिपूरक, अनुपूरक, त्रुटिपूरक, प्रतिकारी। > कॉम्पॅन्सेट; कॉम्पॅनसेशॅन; कॉमपॅनसेटॅ; कम्पे 'न्/सॅटिव; ~सॅटॅरि

compe're, सूत्रधार। > कॉम्पे 'अॅ

compete, 1. (प्रतियोगिता* में) भाग लेना; 2. (*rival*) प्रतिस्पर्द्धा* क०, मुक़ाबला क०। > कॅम्पीट

competence, competency, 1. (सु) योग्यता*; 2. (*law*) अक्षमता*, क्षमता*, सामर्थ्य; 3. (*sufficiency*) सम्पन्नता*। > कॉम्-पि/टॅन्स, ~टॅन्सि

competent, 1. सुयोग्य, कार्यक्षम; 2. सक्षम, समर्थ, अधिकारी; 3. (*sufficient*) समुचित, यथेष्ट; 4. (*legitimate*) उचित, वैध। > कॉम्-पि-टॅन्ट

competition, 1. (*contest*) प्रतियोगिता*, होड़*; 2. (*rivalry*) प्रतिस्पर्द्धा*, प्रतिद्वन्द्विता*; 3. (*opposition*) मुक़ाबला, होड़ा-होड़ी*, होड़*। > कॉम्-पि-टि-शॅन

competitive, प्रतियोगी; ~examination, प्रतियोगिता-परीक्षा*। > कम्पे 'ट्-इटिव्

competitor, प्रतियोगी; प्रतिद्वन्द्वी, प्रतिस्पर्द्धी > कॅम्-पे 'ट्-इटॅ

compilation, 1. (*action*) संग्रहण, संकलन, संचयन; 2. संग्रह, संकलन। > कॉम-पि-ले-शॅन

compile संकलित क०, एकत्र क०; बनाना, तैयार क०; **~d,** संकलित, संगृहीत; **~r,** संकलनकर्ता, संकलयिता। > कॅम्-पाइल; कॅम्-पाइल्-अॅ

complacence, आत्मसन्तोष। **complacency,** सन्तोष, परितोष; आत्मसंतोष। **complacent,** आत्मसन्तुष्ट; *see* COMPLAISANT. > कॅम्-प्ले/सॅन्स, ~सॅन्सि, ~सॅन्ट

complain, शिकायत* क०, कुड़कुड़ाना; दुखड़ा रोना, कष्ट बताना; फ़रियाद* क०, परिवाद क०; **~ant,** फ़रियादी, परिवादी; शिकायत* करनेवाला; **~t,** 1. शिकायत*; 2. उलाहना, उपालंभ, दुःख-निवेदन; 3. (*law*) फ़रियाद*, परिवाद; 4. (*sickness*) शिकायत*, कष्ट, बीमारी*। > कॅम्प्लेन; कॅम्प्लेनॅन्ट; कॅमप्लेन्ट

complaisance, उपकारिता*, सौजन्य; शिष्टता*, भद्रता*; विनय*, अनुनय। **complaisant,** 1. (*obliging*) उपकारी, अनुग्राहक; 2. (*polite*) सुशील, भद्र; 3. (*submissive*) सुनम्य, नमनशील, विनयशील, अनुवर्ती। > कॅम्प्लेज़ॅन्स; कॅम्प्लेज़ॅन्ट

complement, *n.*, 1. पूरक, सम्पूरक; 2. (*math.*) कोटिपूरक; 3. (*gram.*) विधेयार्थ; 4. (*of ship*) कर्मि-मण्डल; 5. पूर्ण संख्या*; —*v.*, पूर्ण कर देना; का पूरक होना; **~ary,** 1. (*~al*) पूरक, अनुपूरक, सम्पूरक; 2. (*math.*) कोटिपूरक। > कॉम्-प्लि-मॅन्ट (*n.*) कॉम्प्लिमे 'न्ट (*v.*); कॉम्-प्लि-मे 'न्-टॅ-रि

complete, *adj.*, पूर्ण, सम्पूर्ण, पूरा; समाप्त; —*v.*, पूरा क०; समाप्त क०; **~d,** सम्पूरित, पूरा, पूर्ण; समाप्त; **~ly,** सम्पूर्ण रूप से, पूर्णतया; **~ness,** सम्पूर्णता*, निःशेषता*। **completion,** 1. (*action*) समापन, सम्पूरण; 2. समाप्ति*, पूर्ति, निष्पत्ति*। **completive, completory,** सम्पूरक, पूरक। > कॅम्प्लीट; कॅम्प्लीशॅन; कॅम्प्लीट्-इव; कॅम्प्लीटॅरि

complex, *n.*, 1. (*psych.*) मनोग्रन्थि*, भावग्रन्थि*, ग्रन्थि*; 2. समूह, समष्टि*; —*adj.*, 1. (*intricate*) जटिल, पेचीदा; 2. (*composite*) मिश्रित, संश्लिष्ट; संकर (*a molecule*); सम्मिश्र (*a number*); ~ fraction मिश्र भिन्न; **~ity,** जटिलता*, पेचीदगी*; मिश्रता। > कॉम्प्ले 'क्स; कॅम्-प्ले 'क्-सि-टि

complexion, मुखराग, रूप-रंग; स्वरूप, रंग-ढंग, रूप। > कॅम्प्ले 'क्शॅन

complexus, तन्तुजाल। > कॉम्प्ले 'क्सॅस

compliance, (अनु)पालन, अनुवृत्ति*; स्वीकृति*; in ~with के अनुसार। **compliant,** अनुवर्ती, आज्ञाकारी, दबैल, सुनम्य, नमनशील। > कॅम्प्लाइ/ॲन्स, ~ॲन्ट

complicacy, जटिलता*; उलझन*। > कॉम्-प्लि-कॅ-सि

complicate, जटिल बनाना, उलझाना, मिलाना; **~d,** उलझनदार, जटिल, पेचीदा, उलझा हुआ। > कॉम्-प्लि-केट

complication, 1. जटिलता*, पेचीदगी*; 2. उलझन*, समस्या*। > कॉम्-प्लि-के-शॅन

complicity, सहापराधिता*; *see* COMPLEXITY. > कॅम्-प्लि-सि-टि

compliment, *n.*, 1. प्रशंसा*, अभिनन्दन, प्रशंसोक्ति*; 2. (*pl.*) समादर, सम्मान, शुभकामनाएँ*; —*v.*, सम्मान क०, अभिनन्दन क०, प्रशंसा* क०; बधाई देना; उपहार देना; **~ary,** 1. सम्मानसूचक, प्रशंसात्मक; 2. (*of copy*) मानार्थ, सम्मानार्थ। > कॉम-प्लि-मॅन्ट (*n.*) कॉम्प्लिमे 'न्ट (*v.*); कॉम्-प्लि-मे 'न्-टॅ-रि

complin (e), पूरिका*। > कॉम्-प्लिन

complot, *n.*(*v.*) षड्यन्त्र (क०)। > कॉम्प्लॉट (*n.*), कम्प्लॉट (*v.*)

comply, (अनु) पालन क०, पूरा क०। > कॅम्प्लाइ

component, *adj.*, अंगभूत, अवयवभूत: —*n.*, घटक, अंग, अवयव, संघटक। > कॅम्पोनॅन्ट

comport, आचरण क०; के अनुकूल होना; **~ment,** चाल*; आचरण। > कॅम्पॉःट

compose, 1. (*constitute*) बनाना, संघटित क०; 2. (*make*) रचना* क०, लिखना; 3. (*put in order*) सुव्यवस्थित क०; 4. (*settle*) का समाधान क०, निबटाना; 5. (*calm*) शान्त क० या हो जाना; 6. (*printing*) कम्पोज़ क०; **~d,** शान्त, प्रकृतिस्थ; **~r,** संगीतकार; रचयिता। > कॅम्पोज़; कॅम्-पोज़-ॲ

composite, *adj.*, मिश्र, मिश्रित, सम्मिश्र; संयुक्त; संग्रथित; —*n.*, यौगिक; ~number, संयुक्त संख्या*। > कॉम्पॅज़िट

composition, 1. (*combining*) संयोजन; 2. (*making*) सर्जन, रचना*; 3. (*work*) कृति*, रचना*; 4. (*constitution*) संघटन, बनावट*; 5. (*settlement*) निपटारा, समझौता। **compositive,** संयोजक। **compositor,** कम्पोज़िटर। > कॉमपॅज़िशॅन; कॅम्पॉज़्-इटिव़्; कॅम्-पॉज़्-इ-ट

compossible, सहसम्भव। > कॅम्पॉस्-इबॅल

compost, वानस्पतिक खाद*, कूड़ा-खाद*, कम्पोस्ट; सम्मिश्रण। > कॉम्पॉस्ट

composure, शान्ति*, धैर्य, आत्मसंयम, आत्मसंवरण। > कॅम्पोश़ॅ

compotation, पानगोष्ठी*। > कॉम्पॅटेशॅन

compote, मुरब्बा। > कॉम्पोट

compound, *n.*, 1. (*substance*) यौगिक; 2. (*mixture*) मिश्रण; 3. (*gram.*) समास; 4. (*enclosure*) हाता, अहाता, घेरा; —*adj.*, 1. संयुक्त, यौगिक, संयोजित; 2. मिश्र, मिश्रित; 3. (*math.*) मिश्र; —*v.*, 1. (*mix*) मिलाना; 2. (*make*) संयोजित क०, बनाना; 3. (*compromise*) समझौता क०, प्रशमन क०; ~a felony, रुपया लेकर अपराध छिपाना, दुरभिसन्धान क०; ~interest, चक्रवृद्धि ब्याज; **~able,** समाधेय, प्रशम्य; **~ed,** संयोजित; **~er,** कम्पाउण्डर, सम्मिश्रक। > कॉम्पाउन्ड (*n. adj.*) कॅम्पाउन्ड (*v.*); कॅमपौन्/डॅबॅल, ~डॅ

comprehend, समझना; सम्मिलित क०, में सम्मिलित होना। > कॉम्-प्रि-हे 'न्ड

comprehensible(bility) बोधगम्य(ता*), समावेश्य(ता*)। > कॉम्-प्रि-हे 'न्-सॅ-बॅल, कॉम्-प्रि-हे 'न्-सॅ-बिल्-इटि

comprehension, 1. (*understanding*) समझ*, बोध, धारणा*; परिज्ञान; 2. (*inclusion*) समावेश; 3. (*inclusiveness*) व्यापकता*; 4. (*logic*) व्याप्ति*। **comprehensive,** व्यापक, विस्तृत; कुशाग्रबुद्धि, विचक्षण। > कॉम्-प्रि-हे 'न्/शॅन, ~सिव़्

compress, *v.*, दबाना, सम्पीड़ित क०, सिकोड़ना; संक्षिप्त क०; —*n.*, कोम्प्रेस, गद्दी*; **~ed,** सम्पीड़ित; **~ible,(ibility),** सम्पीड्य (ता*); **~ion,** सम्पीडन, दबाव; **~ive,** सम्पीडक, दाबक, संदाबी; **~or,** 1. सम्पीडक; 2. (*instr.*) सम्पीडित्र। > क 'म्प्रे 'स (*v.*), कॉम्प्रे 'स (*n.*); कॅम्प्रे 'सॅबॅल; कॅम्प्रे 'सिबिल्-इटि; कॅम्प्रे 'शॅन, कॅम्प्रेस्-इव़्

comprise, समाविष्ट क०, के बराबर होना, अन्तर्गत क०; this ~s two...., इसमें दो··· समाविष्ट होते हैं या समा जाते हैं; इसके अन्तर्गत दो···होते हैं। > कॅम्प्राइज़

compromise, *n.*, समझौता; मध्यमार्ग; —*v.*, समझौता क०; संकट में या जोखिम* में डालना। > कॉमप्रॅमाइज़

comptroller, लेखा-नियन्ता; नियन्ता। > कॅन्-ट्रोल्-ॲ

compulsion, *n.*, 1. (*act*) बाध्यकरण; 2. दबाव; 3. (*physical*) बलप्रयोग; 4. (*subjective*) विवशता*, मजबूरी*; 5. (*objective*) बाध्यता*, अनिवार्यता*। > कॅम्पॅल्शॅन

compulsory, 1. अनिवार्य, आवश्यक; 2. (*compulsive*) बाध्यकर। > कॅम्पॅल्सॅरि

compunction, 1. अनुताप; 2. (*regret*) खेद। **compunctious,** अनुपाती। > कॅम्पन्क्/शॅन, ~शॅस

compurgation, दोषनिवारण। > कॉम्पॅ:गेशॅन

computable, गणनीय। > कॅम्प्यूटॅबॅल

computation, परिकलन, संगणना*, संगणन, अभिकलन। > कॅम्प्युटेशॅन

compute, परिकलन क०; **~d,** परिकलित ; **~r,** परिकलक। > कॅम्प्यूट; कॅम-प्यूट्-अॅ

comrade, सखा, सहचर, साथी; कामरेड; **~ship,** मैत्री*, साहचर्य। > कॉम्-रिड =कॅम्-रिड

con, *v.*, 1. परिशीलन क०, अध्ययन क०; 2. कंठस्थ कर लेना; 3. (*a ship*) परिचालन क०; —*n.*, विरोधी तर्क; पोतचालन। > कॉन

conation, 1. (*psychol.*) संकल्प; संकल्प-शक्ति*; प्रयत्न, क्रिया*। **conative,** क्रियात्मक, क्रियावृत्तिक। > कॅनेशॅन; कॉनॅटिव्

concatenate, श्रेणीबद्ध या शृंखलाबद्ध क०। **concatenation,** संयोजन, शृंखलाबद्धीकरण; शृंखलाबद्धता* शृंखला, श्रेणी*, कारणानुबन्ध। > कॅन्कैट्-इनेट; कॅन्कैटिनेशॅन

concave, अवतल, नतोदर। **concavity,** अवतलता। > कॉन्केव्; कॅन्कैव्-इटि

concavo/-concave, उभयावतल; **~-convex,** अवतलोत्तल। > क्रॅन्केवो

conceal, छिपाना, गुप्त रखना; **~ed,** गुप्त, संगुप्त, प्रच्छादित, प्रच्छन्न, अप्रकट; **~er,** संगोपक; **~ment,** 1. (*action*) संगोपन, दुराव, छिपाव; 2. (*state*) छिपाव, संगुप्ति*; गुप्त स्थान; 3. (*fig. of speech*) अपह्नति*। > कॅन्सील

concede, मान लेना; स्वीकार क०; प्रदान क०, देना। > कॅन्सीड

conceit, 1. अहंकार, अहंभाव, घमण्ड, अहंमन्यता*, मिथ्यागर्व, मिथ्याभिमान, दम्भ; 2. (*whim*) सनक*, तरंग*; 3. (*imagination*) कल्पना*; 4. (*fanciful notion*) कष्टकल्पना*; **~ed,** अहम्मन्य, दम्भी, गर्वीला। > कॅन्सीट

conceivable (bility), कल्पनीय(ता*); मनोगम्य(ता*)। > कॅन्सीवॅबॅल; कॅन्सीवॅबिल्-इटि

conceive, 1.कल्पना* क०; 2. सोचना, विचार क०, समझना; 3. प्रकट क०; 4. गर्भ धारण क०। > कॅन्सीव्

concelebrant, सहानुष्ठाता। **concele-bration,** सहानुष्ठान। > कॅन्से'ल्-इब्रॅन्ट; कॅन्से'लिब्रेशॅन

concentrate, *n.*, सार; सान्द्र; *v.*, 1. एकत्र क०; 2. संकेन्द्रित क०, एकाग्र क०; 3. (*condense*) गाढ़ा क०, सान्द्र क०; **~d,** 1. (*chem.*) गाढ़ा; सांद्र, सान्द्रित; 2. (*phys.*) संकेंद्रित। > कॉन्सॅन्ट्रेट

concentration, 1. केन्द्रीकरण; 2. (*of mind*) एकाग्रता*; 3. सान्द्रण; 4. गाढ़ापन, सान्द्रता*; 5. (*phys.*) समाहार, संकेन्द्रण; ~camp, नज़रबन्दी-शिविर। > कॉन्सॅन्ट्रेशॅन

concentrator, सान्द्रक; संकेन्द्रक। > कॉन्सॅन्ट्रेटॅ

concen/ter, ~tre, केन्द्रीय क०; की ओर* अभिमुख होना, में मिल जाना; **~tric,** संकेंद्र; संकेन्द्रित। > कॉन्-से'न/टॅ, ~ट्रिक

concept, (सं) प्रत्यय, विचार, धारणा*; संकल्पना*; **~acle,** (*bot.*) निधानी*; **~ion,** 1. अवधारण*, संकल्पन; 2. (*idea*) भावना*, संकल्पना*, परिकल्पना*, धारणा*; 3. (*in womb*) गर्भधारण; 4. (*passive*) उद्‌भव, गर्भागमन; **~ive,** कल्पनक्षम, कल्पनक; **~ual,** प्रत्ययात्मक, वैचारिक; **~ualism,** प्रत्ययवाद। > कान्से'प्ट; कॅन्से'प्टॅकॅल; कॅनसे'प्/शॅन, ~टिव, ~ट्युअॅल

concern, *v.*, से सम्बन्ध रखना; के लिए महत्त्व रखना; ~oneself, दिलचस्पी* लेना, में संलग्न होना; चिन्ता* क०; —*n.*, 1. (*anxiety*) चिन्ता*; उद्विग्नता*; 2. (*affair*) मामला; 3. (*relation*) सम्बन्ध; 4. (*importance*) महत्त्व; 5. (*interest*) दिलचस्पी*; 6. (*institution*) संस्था*, कारोबार; **~ed,** सम्बद्ध; सम्बन्धित; चिन्तित; **~ing,** के विषय में; **~ment,** चिन्ता*; मामला; सम्बन्ध; सम्बद्धता*; महत्त्व; दिलचस्पी*; हस्तक्षेप। > कॅन्सॅ:न

concert, सामंजस्य, सहमति*, मेल; संगीत-समारोह, संगीत-गोष्ठी*; **~ed,** आयोजित, संगठित; सम्मिलित, संयुक्त; **~o,** संगीत-रचना*। > कॉनसॅट (*n.*); कॅन्सॅ:ट (*v.*); कॅन्सॅ:टिड; कॉन्सॅ:टो

concession, 1. (*action*) अनुदान, प्रदान, अनुमोदन; 2. रिआयत*, छूट*, सुविधा*; **~aire,** ग्राही; **~al,** रिआयती। **concessive,** 1. रिआयती; 2. (*gram.*) अनुमोदनात्मक। > कॅन्से'शॅन; कॅन्से'शॅनेअॅ;कॅनसे'स्-इव्

conch, शंख, कम्बु; **~a,** शुक्तिका*; **~iferous,** शंखमय; **~oidal,** शंखाभ। > कॉन्क =कॉन्च; कॉन्-कॅ; कॉन्-किफ़-रॅस; कॉन्काइडॅल

concierge, द्वारपाल, द्वारपालिन*। > कॉ:न्-सि-ए'अॅश्ज़

conciliar, परिषदी। > कॅन्-सिल्-इअॅ

concili/ate, मिला लेना, मना लेना, शान्त क०; सन्तुष्ट क०; प्राप्त क०; समाधान क०; **~ation,** 1. (*active*) संराधन; समाधान, निपटारा, समझौता, मेलमिलाप; **~ator,** मध्यस्थ; **~ative, ~atory,** समझौताकारी, शान्तिकर, संराधक, मैत्रीपूर्ण।
> कॅन्-सिल्-इ-एट; कॅन-सि-लि-ए-शॅन; कॅन्-सिल्-इ/ए-टॅ, ~ॲटिव्; ~ॲटॅरि

concinnity, सामंजस्य; सुघड़पन, सुघड़ई*; आलंकारिकता*। > कॅन्-सिन्-इ-टि

concise, संक्षिप्त, सारिक; **~ly,** संक्षेप में; **~ness, concision,** संक्षिप्तता*।
> कॅन्साइस; कॅन-सि-श्ज़ॅन

conclave, निर्वाचिका सभा*; गुप्त सभा*।
> कॉन्क्-लेव्

conclude, समाप्त क० या होना, खत्म क० या होना; निष्कर्ष निकालना; निर्णय क०; कर लेना। > कॅन्क्लूड

conclusion, 1. समाप्ति*, अन्त, उपसंहार; 2. (*inference*) निष्कर्ष; 3. (*decision*) निश्चय; 4. (*of syllogism*) निष्पत्ति*, अनुमिति*; 5. (*a concluding*) सम्पादन, निष्पादन; 6. (*result*) परिणाम।
> कॅनक्लूश्ज़ॅन

conclusive, निश्चायक, निर्णायक; **~ly,** निर्णायक रूप से, अन्तिम रूप से। > कॅन्क्लूस्-इव्

concoct, 1.पकाना, तैयार क०; 2. (*fig.*) गढ़ना, कल्पना* क०; **~ion,** गाढ़ा; कपटजाल, कुचक्र, दुरभिसन्धि*। > कॅन्कॉक्ट; कॅन्कॉक्शॅन

concolorous, एकवर्ण > कॅन्कॅलॅरॅस

concomi/tance, सहवर्तिता*; **~tant,** सहवर्ती, सहगामी। > कॅन्कॉम्-इ/टॅन्स, ~टॅन्ट

concord, 1. मेल, मैत्री*; 2. (*harmony*) सुसंगति*, सामंजस्य; 3. समझौता; 4. (*treaty*) सन्धि*; 5. (*gram.*) अन्वय; 6. (*music*) स्वरसाम्य, सुश्रवता*; **~ance,** सामंजस्य; अन्विति*; शब्दानुक्रमणिका*; **~ant,** सुसंगत, अनुरूप, सदृश।
>कॉन्कॉ:ड कॅन्कॉ:ड्/ॲन्स, ~ॲन्ट

concordat, धर्मसन्धि*। > कॉन्कॉ:डैट

concourse, भीड़*, जमावड़ा; संगम, सम्मिलन।
> कॉन्कॉ:स

concrescence, सहरोहन। > कॅन्क्रे'सॅन्स

concrete, *adj.*, 1. (*not abstract*) मूर्त, साकार, प्रत्यक्ष; 2. (*coalesced*) ठोस; 3. (*specific*) निश्चित; 4. (*gram.*) द्रव्यवाचक, मूर्तवाचक; वस्तुवाचक; 5. कंकरीट (*also n.*) ; **~-mixer,** कंकरीट-मिश्रक।
> कॉन्क्रीट

concretion, 1.संघनन; 2. (*geol.*) संग्रन्थन, संग्रन्थि*; 3. (*calculus*) कंकड़; **~ary,** संग्रथित।
> कॅन्क्रीशॅन

concubinage, उपपत्नी-सहवास; उपपत्नीत्व, रखैलपन। > कॅन्क्यूब्-इनिज

concubinary, *n.*, उपपत्नीक; उपपत्नी*; —*adj.*, उपपत्नी* का। > कॅन्क्यूब्-इनॅरि

concubine, उपपत्नी*, रखैल*, रखेली*, रखनी*।
> कॉन्क्यूबाइन

concupis/cence, विषयासक्ति*, विषय-वासना*; कामुकता*, कामवासना*; **~cent,** विषयासक्त; कामुक; **~cible,** वासनात्मक।
> कॅन्क्यूप्-इ/सॅन्स, ~सॅन्ट, ~सॅबॅल

concur, 1. मिलना, एक साथ होना, एक ही समय पड़ना; 2.सहयोग देना; 3. सहमत होना, सहमति* देना; 4. (*math.*) संगामी होना; **~rence,** 1. समापात, सम्मिलन; 2. (*coperation*) सहयोग, योगदान; 3. (*agreement*) सहमति*; 4. (*geom.*) संगमन; 5. (*law*) समधिकार; **~rent,** समवर्ती; सहकारी, सहयोगी; सहमत; संगामी; समधिकारी; **~rently,** साथ-साथ। > कॅन्कॅ: ; कॅन्कॅ/रॅन्स, ~रॅन्ट

concuss, हिला देना; धक्का देना (*also fig.*); धमकाकर बाध्य क०; **~ion,** धक्का, विघात, संघट्टन, आघात; —of the brain, मस्तिष्काघात।
> कॅन्कॅस, कॅनकॅशॅन

concyclic, एकवृत्तीय। > कॉन्-साइक्-लिक

condemn, 1. (*censure*) निन्दा* क०, गर्हण क०; 2. (*convict*) दोषी या अपराधी ठहराना, अपराधित क०; 3. दण्डाज्ञा* देना, दण्ड देना; 4.ज़ब्त कर लेना; 5. निकम्मा ठहराना, निराकरण क०; 6. रोग असाध्य बताना; **~able,** गर्हणीय; दण्डनीय; **~ation,** दण्डाज्ञा*, दण्डादेश; गर्हण, निन्दा*, निराकरण; **~atory,** निन्दात्मक; दण्डात्मक; **~ed,** निन्दित; दोषित, दण्डित, अपराधित; निकम्मा, निराकृत।
> कॅन्डे'म, ~नॅबॅल; कॉन्डे'मनेशॅन; कॅन्डे'मनॅटॅरि, कॅन्डे'म्ड

condensable (bility), संघनीय(ता*)। **condensation,** 1. (*of gas*) संघनन, घनीकरण; 2. संक्षेपण; 3. संक्षेप। > कॅन्डे'न्सॅबॅल; कॅन्डे'न्सॅबिल्-इटि; कॉन्डे'न्सेशॅन

condense, संघनित क०, गाढ़ा क०; सघन क०; घनीभूत होना; संक्षित क०; ~d milk, संघनित दूध; **~r,** 1. संघनित्र ; 2. (*electr.*) संधारित्र; 3. (*optics*) संग्राही; **—lens,** संग्राही लेन्स। > कॅन्डे'न्स; कॅन्-डे'न्-सॅ

condescend, की कृपा* क०, झुकना; की नीचता* क०; **~ing,** कृपालु। **condescension,** कृपालुता*; सौजन्य, भद्रता*।
> कॉन्-डि-से'न्ड; कॉन्-डि-से'न्-शॅन

condign, समुचित, उपयुक्त, समीचीन।
> कॅन्डाइन

condiment, मसाला। > कॉन्-डि-मे'न्ट

condiscipie, गुरुभाई। > कॉन्-डि-साइ-पॅल

condition, *n.*, 1. शर्त*, प्रतिबन्ध; 2. (*logic*) उपाधि*; 3. (*state*) दशा*, अवस्था*, स्थिति; 4. (*circumstance*) परिस्थिति*; —*v.*, 1. प्रतिबन्ध या शर्त* लगाना; 2. ठीक क०, अनुकूलित क०; 3. this~s the weather, इस पर मौसम निर्भर रहता है; on ~that, बशर्ते कि; **~al** 4. प्रतिबन्धित, सप्रतिबन्ध, शर्तबन्द, सोपाधिक; 2. (*expressing ~*) प्रतिबन्धी; **~ality,** सोपाधिकता*; **~ally,** सप्रतिबंध।
> कॅन-डि/शॅन, ~शॅनॅल; कॅन्-डि-शॅ-नैल्-इटि

conditioned, 1. अनुकूलित; 2. *see* CONDITIONAL (1) ; ~ reflex, अनुबन्धित प्रतिवर्त; be ~ by, पर निर्भर होना।

conditioning, अनुकूलन; अनुबन्धन।
> कॅन्-डि/शॅन्ड, ~शॅनिन्ग

condolatory, संवेदनात्मक। > कॅन्डोलॅटॅरि

condole, संवेदना* या सहानुभूति* प्रकट क०।
> कॅन्डोल

condolence, संवेदना*; ~meeting, शोक-सभा*।
> कॅन्डोलॅन्स

condom, टोपी*। > कॉन्डॅम

condominium, सहराज्य, द्वैराज्य; सहस्वामित्व, सहाधिकार। > कॉन्डॅमिन्-इअॅम

condonation, माफ़ी*, क्षमा*, क्षमादान।
> कॉन्डॅनेशॅन = कॉन्डोनेशॅन

condone, माफ़ क०, क्षमा क०; जाने देना, अनदेखी* क०। > कॅन्डोन

condor, गीध, गिद्ध। > कॉन्डॅ : कॉन्डॉ:

conduce to, का कारण बनना, में सहायक होना, उत्पन्न क०। **conducive,** सहायक, प्रेरक।
> कॅन्ड्यूस; कॅन्ड्यूसिव्

conduct, *n.*, 1. आचरण, व्यवहार, बरताव, आचार-व्यवहार, चरित्र, चाल-चलन, रहन-सहन; 2. (*handling*) संचालन, कार्य-संचालन, प्रबंध; 3. पथप्रदर्शन; —*v.*, 1. संचालन क०, संचालित क०, चलाना, नेतृत्व क०; 2. प्रबन्ध क०; 3. मार्ग दिखाना; 4. (*phys.*) चालन क०; ~oneself, आचरण क०; **~ance,** चालकत्व; **~ible,** चालक; **~ing wire,** चालक तार; **~ion,** चालन; **~ivity,** चालकता*; **~-money,** यात्रा भत्ता; **~or,** 1. (*guide*) मार्गदर्शक; 2. (*leader*) नेता, अगुआ, नायक; 3. (*director*) संचालक, निदेशक; 4. कंडक्टर; 5. (*phys.*) चालक; lightning —, तड़ित्-चालक।
> कॉनडॅक्ट = कॉन्डॅक्ट (*n.*) ; कॅन्डॅक्ट (*v.*), कॅन्-डॅक्/टॅन्स, ~टॅबॅल, ~शॅन; कॉनडॅक्टिव्-इटि; कॅन्-डॅक्-टॅ

conduit, नाली*। > कॉन्-डिट = कॅन्-डिट

conduplicate, संवलित। > कॅन्ड्यूप्-लिकिट

condyl (e), स्थूलक। > कॉन्-डिल = कॉन्डाइल

cone, शंकु; शंकुफल। > कोन

confabulation (bulate) गपशप* (क०)।
> कॅन्फ़ैब्युलेशॅन; कॅन्फ़ैब्युलेट

confect, *v.*, तैयार क०; *n.*, मिठाई*; **~ion,** 1. मिश्रण; 2. अवलेह; 3. (*of fruits*) मुरब्बा; **~ionary,** मिष्टान्न, मिठाई*; मिष्टान्न-भण्डार; **~ioner,** हलवाई; **~ionery,** मिष्टान्न; हलवाई की दूकान*।
> कॅन्:फ़े'क्ट (*v.*); कॉन्फ़े'क्ट (*n.*); कॅन्फ़े'क्/शॅन, ~शॅ-नॅ; ~शॅनॅरि

confederacy, 1. राज्यसंघ; 2. संघ; 3. (*conspiracy*) षड्यंत्र, दुरभिसंधि*, साज़िश*।
> कॅन्फ़ेडॅरॅसि

confederate, *adj.*, संघाधीन, सन्धिबद्ध, मण्डलित; —*n.*, 1. संघ-सदस्य; 2. मित्र, बन्धु; 3. (*accomplice*) अभिषंगी; —*v.*, संघ में सम्मिलित होना या क०। **confederation,** संघटन, संगठन; राजमंडल, परिसंघ।
> कॅन्फ़े'डॅरिट (*adj., n.*) कॅन्फ़े'डॅरेट (*v.*); कॅन्फ़े'डॅरेशॅन

confer, प्रदान क०; परामर्श क०; वार्तालाप क०; संभाषण क०; **~ence,** सम्मेलन; परामर्श; **~ment,** प्रदान; **~rable,** प्रदेय; **~red,** प्रदत्त; **~rer,** प्रदाता।
> कॅन्-फ़ॅ:; कॉन्फ़ॅरॅन्स

confess, 1. स्वीकार क०, क़बूल क०, मानना; 2. पर विश्वास प्रकट क०; 3. पाप स्वीकार क०; **~ion,** अपराध-स्वीकरण, (सं) स्वीकृति*; स्वीकारोक्ति*, पापस्वीकार; सम्प्रदाय; **~ional,** पापस्वीकार-पीठिका*; **~or,** 1. पापमोचक, गुरु; 2. (*of faith*) धर्मवीर।
> कॅन्फ़े'स; कॅन्फ़े'/शॅन, ~शॅनॅल, कॅन्-फे'स्-अॅ

confidant, विश्वासपात्र, अन्तरंग मित्र।
> कॉन्-फ़ि-डैन्ट

confide, पर भरोसा रखना, पर दृढ़ विश्वास क०; बतलाना; सौंप देना; **~nce,** भरोसा, विश्वास, विश्रम्भ; आत्मविश्वास; गुप्त या गोपनीय बात*; **~nt,** विश्रम्भी, आश्वस्त, विश्वस्त, आत्मविश्वासी, आत्मविश्वासपूर्ण, निश्चयी; **~ntial,** 1. गोपनीय, गुप्त, प्रत्ययिक; 2. (*reliable*) विश्वस्त।
> कॅन्फ़ाइड; कॉन्-फ़ि/डॅन्स, ~डॅन्ट; कॉन-फ़ि-डे'न्-शॅल

configuration, 1. (*form*) आकृति*, संरूप, संरूपण, समाकृति*; 2. (*chem.*) विन्यास; 3. (*math.*) संस्थिति*। **configure,** समनुरूप बनाना; रूप देना।
> कन्फ़िग्युरेशॅन; कॅन्-फ़िग्-अॅ

confinable, परिरोधनीय। > कॅन्फ़ाइनॅबॅल

confine, *v.*, (परि)सीमित क० या रखना, परिरुद्ध क०, परिरोध क०; बन्द क०, अन्दर रखना, क़ैद रखना; —*n.*, सीमाप्रान्त, सीमान्त; be ~d, सौरी* में होना,

प्रसव क०, **~ment,** परिरोध; कारावास, क़ैद*; प्रसूति*, प्रसव; solitary—, क़ैदतनहाई*, एकान्त कारावास।
> कॅन्‌फ़ाइन (*v.*); कॉन्‌फ़ाइन (*n.*)

confirm, 1. पुष्टि* क०, पक्का क०; 2.(*ratify*) अनुमोदन क०; 3. स्थायी क०; 4. (*strengthen*) प्रोत्साहित क०, समर्थन क०; 5. प्रमाणित क०; 6. दृढ़ीकरण-संस्कार देना; **~ation,** 1. (*active*) पुष्टीकरण, दृढ़ायन; स्थायीकरण; 2. अभिपुष्टि*, सम्पुष्टि*, अनुमोदन; 3. स्थायीकरण, 4. समर्थन; 5. प्रमाणीकरण; 6. दृढ़ीकरण-संस्कार; **~ative, ~atory,** संपोषक, पुष्टिकारक; **~ed,** 1. पक्का, सुदृढ़; 2. (*invalid*) चिरकालिक। > कॅन्‌फ़ॅ:म; कॉन्‌फ़ॅमेशॅन; कॅन्-फ़ॅ:मॅ/टिव, ~टॅरि

confiscate, ज़ब्त क०, राज्यसात् क०, अधिहरण क०।
> कॉन्-फ़िस्-केट

confiscation, ज़ब्ती*, राज्यसात्करण, समपहरण।
> कॉन्-फ़िस्-के-शॅन

confiscator, समपहर्ता; **~y,** समपहारी।
> कॉन्-फ़िस्-के-टॅ, कॅन्-फ़िस्-कॅ-टॅ-रि

confiteor, पापस्वीकरण। > कॉन्-फ़िट्-इ-ऑ:

conflagration, अग्निकांड, अवदाह।
> कॉन्‌फ़्लॅग्रेशॅन

conflation, सम्मिश्रण। > कॅन्‌फ़्लेशॅन

conflict, *n.*, 1. युद्ध; 2. (*fig.*) संघर्ष; (प्रति) द्वन्द्व; 3. (*opposition*) विरोध; —*v.*, में विरोध होना; प्रतिकूल होना; संघर्ष क०, विरोध क०, लड़ना; **~ing,** परस्पर-विरोधी। > कॉन्-फ़्लिक्ट (*n.*); कॅन्-फ़्लिक्ट (*v.*)

confluence, conflux, 1. संगम; 2. सम्मिलन; 3. (*throng*) जमावड़ा। **confluent,** *adj.*, संगामी, सम्प्रवाही, —*n.*, संगामी नदी*; *see* AFFLUENT.
> कॉन्‌फ़्लु/ॲन्स, ~ॲन्ट; कॉनफ़्लॅक्स

confocal, संनाभि। > कॉन्‌फ़ोकॅल

conform, सदृश कर देना, के अनुकुल कर देना, समनुरूप क०, सदृश या अनुरूप होना; के अनुसार चलना; **~able,** 1. सदृश; 2. अनुरूप, संगत; 3. (*compliant*) अनुवर्ती; 4. (*geol.*) समविन्यासी*; **~ation,** समनुरूपण; रचना*, बनावट*; **~ist,** अनुसारक, **~ity,** 1. अनुरूपता*, समनुरूपता*; 2. अनुपालन; 3. (*geol.*) समविन्यास; in—with, के अनुसार। > कॅन्‌फ़ॉ:म; कॅनफ़ॉ:मॅबॅल, कॉन्‌फ़ॉ:मेशॅन, कॅन्‌फ़ॉ:म्/इस्ट, ~इटि

confound, 1. (*confuse*) गड़बड़ कर देना, अस्तव्यस्त कर देना, मिला देना; 2. एक को दूसरा समझना; 3. (*bewilder*) चकरा देना, हतबुद्धि कर देना, घबरा देना; 4. हराना; **~ed,** 1. हैरान, भौचक; 2. (*detestable*) घृणित। > कॅन्‌फ़ाउन्ड

confraternity, भ्रातृसंघ, बिरादरी*; गुट्ट, गुट, दल।
> कॉन्‌फ़्रॅटॅ:न्-इटि

confre're, सहयोगी, सहकर्मी। > कॉन्‌फ़्रेऑ

confront, का सामना क०, के सामने खड़ा होना; के सामने रखना, सम्मुख क०; मिलाना, मिलान क०, **~ation,** सामना, मुकाबला, मिलान।
> कॅन्‌फ़्रॅन्ट; कॉन्‌फ़्रॅन्टेशॅन

confuse, अस्तव्यस्त कर देना; चकरा देना, उलझाना, लज्जित क०, एक को दूसरा समझना; **~d,** चकराया हुआ। > कॅन्‌फ़्यूज़; कॅन्‌फ़्यूज़्ड

confusion, 1. (*disorder*) गड़बड़, घपला, अस्तव्यवस्ता*; 2. (*bewilderment*) संभ्रान्ति*, संभ्रम, किंकर्तव्यविमूढ़ता*, घबराहट*, उलझन*; 3. (*shame*) लज्जा*; 4. (*error*) भ्रम, भ्रांति*, धोखा।
> कन्‌फ़्यूश़ॅन

confutable, खंडनीय। **confutation,** खंडन। **confute,** खंडन क०, भ्रांत सिद्ध क०; निरुत्तर कर देना; व्यर्थ कर देना। **confutative,** खंडनात्मक।
> कॅन्‌फ़्यूटॅबॅल; कॉन्‌फ़्यूटेशॅन; कॅन्‌फ़्यूट; कॅन्‌फ़्यूटॅटिव्

conge', 1.(*dismissal*) विसर्जन, 2. (*permission*) अनुमति*। > कॉ:न्श़े

congeal, जमना या जमाना। > कॅन्‌जील

congelation, जमाव, जमावट*।
> कॉन्-जि-ले-शॅन

congener(ic, ous), सजातीय।
> कॉन्-जिनॅ; कॉन्-जिने'रिक; कॅन्‌जे'नॅरॅस

congenial, अनुकूल; **~ity,** अनुकूलता*।
> कॅन्‌जीन्यॅल, कॅन्‌जीनिऐल्-इटि

congenital, सहज, जन्मजात, जन्मगत, सहजात।
> कॅन्‌जे'न-इटॅल

congeries, समूह, ढेर > कॅन्‌जे'रिईज़

congested, 1. (*med.*) संकुलित; 2. (*overcrowded*) घना, अतिसंकुल। > कॅन्-जे'स-टिड

congestion, 1. (*med.*) रक्तसंकुलता*; 2. भीड़-भाड़*, संकुलन। > कॅन्-जे'स्-चन

conglobate, *adj.*, संगालित, संपिंडित; —*v.*, संगोलित बनना; संपिंडित बनाना
> कॉन्‌ग्लॅबेट = कॉन्‌ग्लोबेट

conglomerate, *adj.*, सम्पिण्डित; *n.*, 1. संगुटिका*, संपिंडन; 2. (*geol.*) मिश्र-पिंडाश्म; —*v.*, पिंडीभूत हो जाना; एकत्र क०, ढेर लगाना।
> कन्‌ग्लॉमॅरिट (*adj. n.*) कैन्‌ग्लॉमॅरेट (*v.*)

conglomeration, संगुटीकरण; समूह, ढेर, राशि*।
> कॅन्‌ग्लॉमॅरेशॅन

congluti/nate, चिपकना; चिपकाना; **~nation,** चिपकाव; **~native,** चिपचिपा।
> कॅन्‌ग्लूटिनेट; कॅन्‌ग्लूटिनेशॅन; कॅन्‌ग्लूटिनेटिव्

congratu/late, बधाई* देना; **~lation,** बधाई*, प्रतिनन्दन, मुबारकबाद; **~latory,** बधाई* का,

मुबारकबादी। > कॅन्‌ग्रैट्यूलेट; कॅन्‌ग्रैट्यूलेशॅन; कॅन्‌ग्रैट्यूलेटॅरि

congregate, एकत्र क० या हो जाना। > कॉन्-ग्रि-गेट

congregation, 1. (*meeting*) सभा*; 2. (*faithful*) भक्तगण; भक्त-मण्डली*; 3. (*of things*) संचय; 4. (*a congregating*) संचयन; 5. (*religious order*) धर्मसंघ; **~al,** सामूहिक,सामुदायिक > कॉन्-ग्रि-गे/शॅन, ~शॅनॅल

congress, 1. सम्मेलन; कांग्रेस*; 2. (*coition*) मैथुन। > कॉन्ग्रे*स

congruence(ency), 1. सामंजस्य, संगति*; 2. उपयुक्तता*; सर्वांगसमता*; (*math.*) समशेषता*। **congruent,** संगत, समनुरूप; सर्वांगसम; समशेष। **congruity,** 1.सामंजस्य, संगति*; 2. उपयुक्तता*, औचित्य; 3. (*geom.*) सर्वांगसमता*। **congruous,** संगत; उपयुक्त, यथायोग्य, उचित। > कॉन्ग्रु/ॲन्स, ~ॲन्ट; कॅन्‌ग्रूइटि; कॉन्‌ग्रुॲस

conic, *adj., see* CONICAL ; *n.*, 1. (*comics*) शांकव गणित, शंकु-गणित; 2. (*~ section*) शांकव, शंकपरिच्छेद; **~al,** शंकु-, शांकव, शांकवीय; शंक्वाकार, शंकुरूप। > कॉन्-इक; कॉन्-इकॅल

conifer, कोनिफ़र, शंकुवृक्ष; **~ous,** कोनिफ़रस, शंकुधारी। **coniform,** *see* CONICAL > कोन्-इ-फ़ॅ; कॅनिफ़ॅरॅस; कोन्-इ-फ़ॉःम

conjecturable, अनुमेय। **conjectural,** 1. ऊहात्मक, आनुमानिक, अटकल-पच्चू; 2. (*of person*) अटकलबाज़। > कॅन्‌जे'क्/चॅरॅबॅल, ~चॅरॅल

conjecture, *n.*, अटकलबाज़ी*; अनुमान, अटकल*, निराधार कल्पना*; —*v.*, अनुमान लगाना, अन्दाज़ क०। > कॅन्-जे'क्-चॅ

conjee, माँड़; **~house,** क़ैदखाना। > कॉन्‌जी

conjoin, संयुक्त क० या हो जाना। > कॅन्‌जॉइन

conjoint, सामूहिक, संयुक्त; **~ly,** मिलकर, एक साथ। > कॅन्‌जॉइन्ट

conjugal, वैवाहिक, दाम्पतिक, दाम्पत्य; **~ity,** विवाहित अवस्था*। > कॉन्‌जुगल; कॉन्‌जुगैल्-इटि

conjugate, *v.*, क्रियारूप बनाना; *n.*, 1. सम्बद्ध शब्द; 2. (*math.*) संयुग्मी; —*adj.*, सम्बद्ध, अनुबद्ध, संयुक्त; संयुग्म, संयुग्मी। > कॉन्‌जुगेट (*v.*), कॉन्‌जुगिट (*n. adj.*)

conjugation, 1. (*gram.*) क्रियारूप; 2. संयोजन, संयोग; 3. (*of two*) युग्मन, संयुग्मन। > कॉन्‌जुगेशॅन

conjunct, संयुक्त; **~ion,** 1. (*gram.*) समुच्चयबोधक; 2. (*act*) संयोजन, सहयोजन; 3. (*union*) संयोग; 4. (*of stars*) युति*, योग; 5. (*math.*) युति*; **~iva, (~ivitis),** नेत्र-श्लेष्मला* (-शोथ); **~ive,** *adj.*, 1. संयोजक; 2. संयुक्त ; 3. (*math.*) यौगिक; 4. (*of participle*) पूर्वकालिक ; —*n.*, समुच्चय-बोधक; *see* SUBJUNCTIVE; **~iveness,** यौगिकता*; **~ure,** 1. संयोग, योग; 2. (*crisis*) संकट। > कॅन्‌जॅन्क्ट; कॅनजॅन्क्‌शॅन ; कॉन्-जॅन्क्-टाइव्-ॲ; कॅन्-जॅन्क्-टि-वाइट्-इस; कॅन्-जॅन्क्-टिव्; कॅन्-जॅन्क्-चॅ

conjuration, 1. (*incantation*) अभिचार, मन्त्रोच्चार; 2. (*sorcery*) जादू, तन्त्र-मन्त्र; 3. (*jugglery*) जादू, इन्द्रजाल; 4. (*invocation*) निवेदन। > कॉन्‌जुरेशॅन

conjure, 1. (शपथपूर्वक) निवेदन क०; 2. (भूतप्रेत) बुलाना; 3. जादू क०; **~r, conjuror,** जादूगर, ऐन्द्रजालिक, मायावी। > कॅन्‌जुॲ (1) ; कॅन्-जॅ (2, 3) ; कॅन्-जॅ-रॅ

connate, 1. (*innate*) सहज, सहजात, नैसर्गिक; 2. (*cognate*) सजातीय; 3. (*bot.*) संयुक्त। > कॉनेट

connatural, नैसर्गिक, सहज; सजातीय। > कॅन्‌नैचॅरॅल

connect, जोड़ना, मिलाना, मिला देना; सम्बद्ध क०, सम्बन्ध स्थापित क०, से मिलना या संयुक्त हो जाना; में मेल होना; **~ed,** संयुक्त, सम्बद्ध, सम्बन्धी; संगत, तर्कसंगत; **~ing,** संयोजक, योजक, (सं)योजी; **~ion, connexion,** 1. (*action*) संयोजन, योजन; संबंधन; 2. (*union*) संयोग; 3. (*relation*) सम्बन्ध; 4. (*relative*) सम्बन्धी; 5. (*coherence*) संगति*, सिलसिला; 6. (*context*) पूर्वापर सम्बन्ध, सन्दर्भ; 7. (*acquaintance*) परिचित; 8. (*of trains*) मेल; **~ive,** संयोजक, योजी, संयोजी; **~or,** (*instr.*) संयोजित्र। > कॅने'क्ट; कॅने'क्/शॅन; ~टिव; ~टॅ

connivance, चश्मपोशी*, मौन सहमति*, देखी-अनदेखी*, अव्यक्त अनुमति*; गुप्त सहयोग। **connive,** अनदेखी* क०, आँखें* मूंद लेना, अनजान बनना, मौन सहमति* देना, गुप्त रूप से सहयोग देना। > कॅनाइवॅन्स; कॅनाइव

connivent, अग्रस्पर्शी। > कॅनाइवॅन्ट

connoisseur, गुणग्राहक, क़दरदान, गुणज्ञ, पारखी। > कॉनॅसॅ:

connotation, सम्पृक्तार्थ, स्वगुणार्थ; अर्थ, अभिधान। **connotative,** गुणार्थक, स्वगुणार्थक। > कॉनॅटेशॅन; कॅनोटॅटिव

connote, जतलाना, का संकेत क०। > कॅनोट

connubial, वैवाहिक, विवाहित; **~ity,** विवाहित अवस्था*। > कॅन्यूबिॲल; कॅन्यूबिऐले्-इटि

conoid, शंकुभ। > कोनॉइड

conquer, अधीन क०; जीतना, हराना; पर विजय* प्राप्त क०; विजयी होना ; **~able,** विजेय; **~or,** विजेता। **conquest,** विजय*, अभिजिति*। > कॉन्-कॅ, ~रॅबॅल; ~रॅ; कॉन्‌क्वे'स्ट

consanguine (ous), समरक्त। **consanguinity,** समरक्तता*, सगोत्रता*। > कॅन्सैन्ग्-ग्विन कॉन-सैन्-ग्विन/इअॅस; ~इटि

conscience, अन्त:करण, विवेक; सदसद्विवेक; **~money,** ईमानी अदायगी*। > कॉन्शॅन्स

conscientious, कर्तव्यनिष्ठ, ईमानदार; ~ objection, नैतिक आपत्ति*, **~ly,** शुद्ध अन्त:करण से, बड़ी ईमानदारी* से। > कॉन्-सि-ए'न्-शॅस

conscious, 1. सचेतन, चेतन; 2. (*aware of*) से अभिज्ञ; **~ness,** 1. चेतना*, संज्ञा*, चैतन्य, होश; 2. जानकारी*, अभिज्ञता*, बोध; 3. (*totality of ~ness*) संज्ञान। > कॉन्-शॅस

conscript, *adj.*, जब्री; *n.*, जंब्री रंगरूट; *v.*, अनिवार्य भरती* क०; सरकारी काम में लगाना; **~ion,** अनिवार्य (सैन्य) भरती*। > कॉन्-स्क्रिप्ट (*adj.*, *n.*); कॅन-स्क्रिप्ट(*v.*); कॅन्-स्क्रिप्-शॅन

consecrate, 1. अर्पित क०, समर्पित क०; 2. पवित्र क०, प्रतिष्ठित क०; 3. अभिषेक देना; **~d,** (*host*) प्रतिष्ठित (रोटिका*)। > कॉन्-सि-क्रेट

consecration, 1.समर्पण; 2. पवित्रीकरण, प्रतिष्ठान; 3. (*at mass*) प्रतिष्ठा*, बलिपरिवर्तन; 4. अभिषेक। **consecrator,** अभिषेककर्ता। > कॉन्-सि-क्रे-शॅन; कॉन्-सि-क्रे-टॅ

consectary, निष्कर्ष। > कॅन्-से'क्-टॅ-रि

consecution, अनुमान; तर्कसंगत क्रम; क्रम। > कॉन्-सि-क्यू-शॅन

consecutive, 1. (*uninterrupted*) निरन्तर, लगातार; 2. (*in order*) क्रमिक, क्रमागत; 3. (*logical*) तर्कसंगत; 4. (*gram.*) परिणामवाचक; **~ly,** निरन्तर लगातार; क्रमानुसार। > कॅन्से'कयुटिव

consenescence, जराजीर्णता*। > कॉन्सॅने'सॅन्स

consensual, सहमति-जन्य; ~reflex, सहवेदी प्रतिवर्त। > कॅन्से'न्स्युअॅल

consensus, सामंजस्य, मतैक्य; सर्वसम्मति*। > कॅन्से'न्सॅस

consent, *v.*, राज़ी होना; सहमति* देना; स्वीकृति* देना; —*n.*, सहमति*, सम्मति*, मंजूरी*; **~aneous,** संगत, अनुकूल; सर्वसम्मत; **~ience,** समभाव, संचेतना*, समनुभूति*; **~ient,** एकमत; सहमत। > कॅन्से'न्ट; कॉन्से'न्टेन्यॅस; कॅन्-से'न्-शि/अॅन्स, ~अॅन्ट

consequence, परिणाम, नतीजा; निष्कर्ष महत्त्व। > कॉन्-सि-क्वॅन्स

consequent, *adj.*, अनुवर्ती, परिणामी, संगत, तर्कसंगत; — 1. (*logic*) निष्पत्ति*, फल; 2. (*math.*) परपद; **~ial,** 1. अनुवर्ती, परिणामी; 2. संगत, आनुषंगिक; 3. (*self-important*) आडम्बरप्रिय, गर्बीला, गर्वीला, अहम्मन्य; **~ly,** फलस्वरूप, फलत:, अत:। > कॉन्-सि-क्वॅन्ट; कॉन-सि-क्वे'न्-शॅल

conservancy, 1. *see* CONSERVATION; 2. (मल-)सफ़ाई*; सफ़ाई-व्यवस्था*। > कॅन्-सॅ:वॅन्-सि

conserva/tion, 1. संरक्षण, रक्षण; 2. अविनाशिता*; **~tism,** रूढ़िवाद; **~tive,** 1.रूढ़िवादी, दक़ियानूसी; 2. (*moderate*) सन्तुलित, परिमित; 3. (*conserving*) संरक्षी; —party, अनुदार दल। > कॉन्-सॅ-वे-शॅन; कॅन्सॅ:वॅ/टिज़्म, ~टिव

conservatoire, संगीत-शिक्षालय। > कॅन्सॅ:वॅट्वा

conservator, संरक्षक; अध्यक्ष; **~y,** *n.*, 1. संरक्षिका*, रक्षागृह; 2. *see* CONSERVATOIRE; —*adj.*, रक्षणशील, रक्षक। > कॉन्सॅवेटॅ; कॅन्सॅ:वॅटॅरि

conserve, *v.*, बनाए रखना, सुरक्षित रखना; मुरब्बा बनाना; —*n.*, मुरब्बा। > कॅन्सॅ:व

consider, 1. विचार क०, सोचना; 2. का ध्यान रखना; का लिहाज़ क०; 3. मानना, समझना; **~able,** बहुत, यथेष्ट, काफ़ी, विशेष; महत्त्वपूर्ण, विचारणीय; **~ate,** दूसरे का ध्यान या लिहाज़ रखनेवाला; विचारशील; **~ing,** ध्यान में रखकर। > कॅन्-सिड्-अॅ; ~ रॅबॅल; ~रिट; ~रिन्ग

consideration, 1. सोच-विचार, ध्यान, मनन; 2. (*for others*) लिहाज़, मुलाहज़ा; 3. तर्क, विचार; 4. (*esteem*) सम्मान; 5. महत्त्व; 6. इनाम, क्षतिपूर्ति*; 7. (*in contracts*) प्रतिफल; under ~,विचाराधीन। > कॅन्-सि-डॅ-रे-शॅन

consign, 1. (*hand over*) के हवाले कर देना, में डालना या रखना; 2. (*entrust*) सौंपना; 3. भेजना; **~ation,** 1. (*payment*) भुगतान; 2. प्रेषण; **~ee,** परेषिती; **~ment,** 1. प्रेषण, परेषण; 2. प्रेषित या परेषित माल; **~or, ~er,** प्रेषक, परेषक। > कॅन्साइन; कॉन्सिग्नेशॅन; कॉन्साइनी; कॉन्साइनॉ:; कॅन-साइन्-अॅ

consilient, समनुरूप, सम्पाती। > कॅन-सिल्-इ-अॅन्ट

consist, में होना, (से, का) बना होना; **~ence, ~ency,** 1. संगति*, अविरोध, सुसंगति*, सामंजस्य; 2. (*coherence*) संसक्ति*, गाढ़ापन; **~ent,** संगत, अविरोधी, सुसंगत; अनुकूल, समनुरूप; be — with, से संगत होना, से सामंजस्य रखना। > कॅन्-सिस्ट; कॅन्-सिस्/टॅन्स, ~टॅन्ट

consistory, परिषद्*। > कॅन्-सिस्-टॅ-रि

consociate, *n.*, *adj.* (*v.*) सहयोगी, साथी (बना लेना)। > कॅन्सोशिइट (*n.*, *adj.*); कॅन्सोशिएट (*v.*)

consolable, समाश्वासनीय। **consolation,** सान्त्वना*, दिलासा, तसल्ली*। **consolatory,** सान्त्वनाप्रद, समाश्वासक। **console,** सान्त्वना* या

दिलासा देना। > कॅनसोलॅबॅल; कॉन्सॅलेशॅन; कानसॉलॅटॅरि; कॅन्सोल

consolidate, 1. (*make solid*) दृढ़ क०, संघटित क०; संपिंडत क०; 2. (*merge*) समेकित क०, संचित क०; **~d,** समाहित, समेकित; संहत। **consolidation,** 1. दृढ़ीकरण; दृढ़ीभवन; संपिंडन; 2. समेकन; 3. (*of holdings*) चकबन्दी*। > कॅन्सॉल्-इडेट; कॅन्सॉलिडेशॅन

consomme', (मांस का) शोरबा। > कॅन्सॉमे

consonance, 1. सामंजस्य, आनुरूप्य; 2. (*music*) सन्नादिता*, स्वरसाम्य, स्वर-संगति*, सुरीलापन। > कॉन्सॅनॅन्स

consonant, *n.*, व्यंजन; *adj.*, संगत, अनुरूप; सन्नादी, समस्वर; **~al,** व्यंजन का, व्यंजनिक। > कॉन्सॅनॅन्ट; कानसॅनैन्टॅल

consort, *n.*, पति, पत्नी*; *v.*, से मेल-जोल रखना; के अनुकूल होना; **~ium,** (सहायता-) संघ, संकाय। > कॉन्सॉ:ट (*n.*); कॅन्सॉ:ट (*v.*); कॅनसॉ:शिऑम = कॅनसॉ:ट्यॅम

conspectus, सिंहावलोकन; रूपरेखा*, सारांश। > कॅन्स्पे'क्टॅस

conspicuous, 1. स्पष्ट, सुस्पष्ट, सुप्रकट; 2. (*eminent*) विशिष्ट, उत्कृष्ट। > कॅन्-स्पिक्-यु-ॲस

conspiracy, षड्यन्त्र, अभिसंधि*, दुरभिसंधि*, कपटसंधि*, साज़िश*। > कॅन-स्पि-रॅ-सि

conspirator, षड्यन्त्रकारी। **conspire,** षड्यन्त्र क०; सम्मिलित होकर काम क०। > कॅन्-स्पि-रॅ-टॅ, कॅन्-स्पाइअॅ

constable कांस्टेबल, सिपाही। **cons-tabulary,** पुलिस*, रक्षीदल। > कॅन्स्टॅबॅल; कॅनस्टैब्युलॅरि

constancy, 1. स्थिरता*, स्थैर्य, समरूपता*; 2. (*faithfulness*) एकनिष्ठा*, ईमानदारी*, निष्ठा*; 3. (*regularity*) नियमितता*। > कॉन्-स्टॅन्-सि

constant, *adj.*, 1. (*firm*) स्थिर, अटल; 2. (*faithful*) एकनिष्ठ, ईमानदार; 3. (*invariable*) स्थिर, अचर, अचल, नियत, अपरिवर्तनीय, एकसमान; 4. (*uninterrupted*) निरन्तर, अविरत, सतत, लगातार; —*n.*, अचर, नियतांक, स्थिरांक; **~ly,** सदा; बराबर, निरन्तर, एकतार। > कॉन्स्टॅन्ट

constellate, नक्षत्र में सम्मिलित क०; अलंकृत क०; एकत्र हो जाना, नक्षत्र बनाना; **constellation,** तारामंडल, नक्षत्र; राशि*, समूह, पुंज। > कॉन्स्टॅलेट; कॉन्स्टॅलेशॅन

consternate, भौचक्का या हक्का-बक्का कर देना। **consternation,** आतंक, भयाकुलता*, विस्मय, संत्रास। > कॉन्स्टॅनेट; कॉन्स्टॅनेशॅन

constipate, क़ब्ज़ या मलबन्ध पैदा क०; he is ~d, उसे क़ब्ज़ है। **constipating,** क़ाबिज़, मलबन्धकर, मलावरोधक। **constipation,** क़ब्ज़, मलबन्ध, मलावरोध, क़ब्ज़ियत*, कोष्ठबद्धता*। > कॉन्-स्टि-पेट; कॉन्-स्टि-पे/टिन्ग, ~शॅन

constituency, चुनाव-क्षेत्र, निर्वाचन-क्षेत्र; मतदाता-गण। > कॅन्-स्टिट्-यु-ॲन्-सि

constituent, *adj.*, 1. (*component*) संघटक, अंशभूत; अंगीभूत (*of college*); 2. (*voting*) निर्वाचक; 3. संविधानी; —*n.*, अवयव, अंग, घटक; निर्वाचक; ~assembly, संविधान-सभा। > कॅन्-स्टिट-यु-ॲन्ट

constitute, 1. संघटित क०, संस्थापित क०; 2. नियुक्त क०, बनाना; twelve ~ a jury, जूरी* बारह लोगों से बनती है। > कॉन्-स्टिट्-यूट

constitution, 1. (*of state*) संविधान; 2. विधान, नियम-संग्रह, व्यवस्था; 3. (*active*) संघटन; संस्थापन; नियुक्ति*; 4. (*structure*) संघटन, गठन*, बनावट*, संरचना*; 5. (*of body*) शरीरगठन*; 6. (*nature*) स्वभाव; **~al,** 1. संविधानी, सांविधानिक, संवैधानिक; 2. (*essential*) मूलभूत; 3.स्वाभाविक, सहज; 4. स्वास्थ्यकर; **~alism,** संविधानवाद; **~ality,** वैधानिकता*। > कॉन्-स्टि-ट्यू/शॅन, ~शॅनॅल, ~शॅनॅलिज़्म; कॉन्-स्टि-ट्यू-शॅ-नैल्-इ-टि

constitu/tive, 1. संघटक, विधायक; 2. (*essential*) मूलभूत; 3. अंगभूत; **~tor,** संस्थापक, संघटक। > कॉन-स्टि-ट्यू/टिव्; ~टॅ

constrain, 1. (*force*) बाध्य क०; 2. (*restrain*) निरोध क०, नियन्त्रित क०; 3. क़ैद रखना; **~ed,** 1. (*unnatural*) कृत्रिम; 2. निरुद्ध। > कॅन्स्ट्रेन

constraint, 1. ज़बरदस्ती*, दबाव; 2. निरोध, प्रतिबंध, अभिभव, नियन्त्रण; 3. कृत्रिमता*। > कॅनस्ट्रेन्ट

constrict, संकुचित या निकुंचित क०, कसना; सिकोड़ना; दबाना; **~ion,** संकुचन; संकीर्णन, समाकर्ष, दबाव; **~ive,** संकोचक; **~or,** 1. (*anat.*) संकीर्णक; 2. (*boa*) अजगर। > कॅन्-स्ट्रिक्ट; कॅन्-स्ट्रिक्/शॅन, ~टिव, ~टॅ

constringe, संकुचित क०; **~nt,** संकोचक, समाकर्षक। > कॅन्-स्ट्रिंज; कॅन्-स्ट्रिन्-जॅन्ट

construct, 1. निमार्ण क०, बनाना; 2. (*math.*) रचना* क०; **~ed,** निर्मित; **~ion,** निर्माण; 2. रचना*, बनावट*, संरचना*; 3. (*syntactical*) वाक्य-विन्यास, शब्दविन्यास; 4. (*interpretation*) व्याख्या*; 5. (*building*) इमारत*; **~ional,** निर्माण-; बनावट* का; **~ive,** 1. रचनात्मक; 2. (*implied*) प्रलक्षित; **~or,** निर्माता। > कॅन्स्ट्रॅक्ट; कॅन्स्ट्रॅक्/शॅन् ~शॅनॅल, ~टिव्, ~टॅ

construe, 1. (*gram.*) अन्वय क०; 2. (*interpret*) अर्थ लगाना; 3. (*infer*) अनुमान क०। > कॅन्स्ट्रू

consubstan/tial, एकतत्त्व, अभिन्नतत्त्व; **~tiality,** एकतत्त्ववाद; **~tiate,** एक तत्त्व में मिला देना या मिल जाना; **~tiation,** द्वितत्त्ववाद।
> कॉन्सॅब्स्टैन्/शॅल, ~शिऐल्-इटि, ~शिएट, ~शिएशॅन

consuetude, प्रथा*, रिवाज। **consuetudinary,** *adj.*, प्रथागत, रिवाजी; —*n.*, आचार-संग्रह।
> कॉन्-स्वि-ट्यूड; कॉन्-स्वि-ट्यूड-इ-नॅ-रि

consul, वाणिज्यदूत; ~general, महावाणिज्यदूत; **~ate,** वाणिज्यदूतावास; वाणिज्यदौत्य।
> कॉन्सॅल; कॉन्स्युलिट

consult, परामर्श लेना या क०; का ध्यान रखना; **~ant,** परामर्शदाता; परामर्श लेने वाला; **~ation,** परामर्श, मन्त्रणा*, मशविरा; **~ative,** सलाहकार, परामर्शक, मन्त्रणात्मक; **~ing,** परामर्शी।
> कॅन्सॅल्ट; कॅन्सॅलर्टन्ट; कॉन्सॅलटेशन; कॅन्सॅल्/टॅटिव, ~टिन्ग

consumable, उपभोज्य। > कॅन्स्यूमॅबॅल

consume, 1. (*eatables*) उपभोग क०; 2. (*spend*) व्यय क०, खर्च क०, उड़ा देना; 3. (*destroy*) समाप्त क०, नष्ट क०; 4. (*waste away*) क्षीण हो जाना, घुलना; **~d,** 1.उपभुक्त; 2. (*spent*) व्ययित; —with, से पूर्ण; **~dly,** अत्यधिक; **~r,** उपभोक्ता; —goods, उपभोज्य वस्तुएँ*। > कॅन्स्यूम; कॅन-स्यूम्-अॅ

consummate, *v.*, पूरा क०, पूर्णता* तक पहुँचाना; —*adj.*, पक्का; उत्कृष्ट। **consummation,** 1. (*act*) समापन, निष्पादन; 2. समाप्ति*, निष्पत्ति*, परिपूर्ति*; 3. (*perfection*) पूर्णता*, उत्कर्ष; 4. (*of marriage*) सहवास, संसिद्धि*। > कॉन्सॅमेट (*v.*); कन्सॅम्-इट (*adj.*); कॉन्सॅमेशॅन

consumption, 1. उपभोग, खपत*; 2. खर्च, व्यय; 3. (*disease*) क्षय, यक्ष्मा। **consumptive,** *adj.*, 1. क्षयंकर, विनाशकारी; 2. क्षयी, क्षयग्रस्त; —*n.*, क्षयरोगी। > कॅन्सॅम्/शॅन, ~टिव्

contabescent, 1. (*wasting away*) 1. क्षीयमाण; 2. (*bot.*) परागहीन। > कॉन्टॅबे'सॅन्ट

contact, *n.*, (*physical*) स्पर्श, संस्पर्श; 2. (*connection*) सम्पर्क; 3. (*electr.*) संयोग; —*v.*, सम्पर्क स्थापित क०; मिलाना; **~or,** मेलक।
> कॉन्टैक्ट (*n.*); कन्टैक्ट (*v.*); कॅन्-टैक्-टॅ

contagion, 1. संसर्ग, छूत*; 2. (*disease*) संक्रामक रोग; 3. (*poison*) विष। **contagious,** संसर्गज, सांसर्गिक, छुतहा, संक्रामक, छूत का।
> कॅन्टे/जॅन, ~जॅस

contain, 1. अन्तर्विष्ट क०; this ~s two, इसमें दो होते हैं, अंतर्विष्ट है या समा जाते हैं; 2. के बराबर होना; 3. (*control*) रोकना, नियन्त्रित क०, निरोध क० **~er,** 1. आधान, पात्र; 2. (*box*) डिब्बा।
> कॅन्टेन; कॅन्-टे-नॅ

contaminate, संदूषित क०; **~d,** दूषित, संदूषित, संसर्गित। **contamination,** दूषण, संदूषण; सम्पर्कविकार, सम्पर्कप्रभाव; सम्मिश्रण। **contaminative,** संदूषक।
> कॅन्टैम्-इनेट; कॅन्टैमिनेशॅन; कैन्टैम्-इनॅटिव्

contango, अग्रेनयन-भार, स्थगन-शुल्क।
> कॅन्टैन्गगो

conte, गल्प*, कहानी*। > कॉ:न्ट

contemn, तिरस्कार क०, अवज्ञा* क०, उपेक्षा* क०।
> कॅन्टे'म

contemplate, 1. (*meditate*) ध्यान क०, चिन्तन क०; 2. (*look*) अवलोकन क०, दृष्टि* गड़ाना; 3. (*consider*) विचारना; 4. (*intend*) इरादा होना, सोचना, का विचार क०; **~d,** अपेक्षित। **contemplation,** ध्यानप्रार्थना*; अवलोकन; चिन्तन, मनन; अपेक्षा*, अभिप्राय।
> कॉन्टॅम्प्लेट; कॉनटॅम्प्लेशॅन

contemplative, 1. ध्यानशील, मननशील, चिन्तनशील, विचारशील; 2. ~order, ध्यान-परायण धर्मसंघ।
> कॉन्टॅम्प्लेटिव् (1) कॅनटे'म्प्लॅटिव् (2)

contemporaneous(neity), समकालीन (ता*), समसामयिक(ता*); **~ly,** एक ही समय; उसी समय। **contemporary,** 1. समकालीन, समसामयिक; 2. (*same age*) समवयस्क; 3. (*publication*) सहयोगी। **contemporize,** समकालीन होना या बनाना। > कॅन्टे'म्पॅ/रेन्यॅस, ~रॅनीइटि; कॅन्टे'म्पॅ/रॅरि, ~राइज़

contempt, तिरस्कार, अवज्ञा*, घृणा*, अवमान, अवमानना*, अवहेलना*, अपमान; **~ible (ibility),** घृणित, अवमान्य(ता*), तिरस्करणीय(ता*); **~uous,** तिरस्कारक, तिरस्कारपूर्ण, सावज्ञ, सावमान।
> कॅन्टे'म्ट; कॅन्टे'म्-टिबॅल कॅन्टे'म्टॅबिल्-इटि, कॅन्टे'म्ट्यूअस

contend, 1. संघर्ष क०, लड़ना, युद्ध क०; 2. (*argue*) विवाद क०, तर्क क०, तर्क-वितर्क क०; 3. (*assert*) कहे देना, दावा क०, निश्चयपूर्वक कहना; 4. प्रतियोगिता* में भाग लेना। > कॅन्टे'न्ड

content, *adj.*, सन्तुष्ट, तुष्ट; राज़ी, सहमत; —*v.*, सन्तुष्ट क०; (से) सन्तोष लेना; —*n.*, 1. सन्तोष; 2. *see* CONTENTS; 3.सारांश; 4. (*amount*) अंश, मात्रा*; 5. (*capacity*) धारिता*; 6. (*volume*), आयतन; iron~, लोहांश; **~ment,** सन्तोष।
> कॅन्टे'न्ट (*adj., v., n.* 1); > कॉन्टे'न्ट (*n.*, 2-6) कॅन्टे'न्ट्मॅन्ट

contention, 1. (*dispute*) कलह, विवाद, कहा-सुनी*, वाग्युद्ध; 2. (*claim*) दावा; 3. (*contest*) प्रतियोगिता*; 4. (*strife*) संघर्ष; bone of ~, कलह का बीच। **contentious,** 1. कलहप्रिय, झगड़ालू; 2. (*contested*) विवादास्पद। > कॅन्टे'न्/शॅन, ~शॅस

contents, अन्तर्वस्तु*; वर्ण्य विषय, विषय; अन्तर्विषय; विषय-वस्तु*; table of ~, विषय-सूची*; ~of a letter, पत्र-वस्तु*। > कॉन्टे'न्ट्स

contermi/nous, ~nal, संलग्न; एकसीम। > कॅन्टॅ:म्/इनॅस, ~इनॅल

contest, *n.*, 1. (*competition*) प्रतियोगिता*; 2. (*dispute*) विवाद, कलह; 3. (*conflict*) संघर्ष, युद्ध; —*v.*, संघर्ष क०, लड़ना; विरोध क०, अमान्य सिद्ध करने का प्रयत्न क०; **~able,** विवादास्पद; **~ant,** प्रतियोगी; विवादी; **~ation,** विवाद; संघर्ष। > कॉन्टे'स्ट (*n.*), कॅन्टे'स्ट (*v.*); कॅन्टे'स्टॅबॅल; कॅन्टे'स्टॅन्ट; कॉन्टे'स्टेशॅन

context, सन्दर्भ, पूर्वापर सम्बन्ध, प्रसंग; परिस्थिति*; **~ual,** प्रासंगिक; प्रसंगाधीन; **~ure,** 1. बुनाई*; 2. (*fabric*) वस्त्र, कपड़ा; 3. (*structure*) तानाबाना, बनावट*। > कॉन्टे'क्स्ट; कॅन्-टे'क्स/ट्यूअॅल, ~चॅ

contiguity, 1. संसक्ति*; 2. (*proximity*) सान्निध्य, सामीप्य। **contiguous,** संसक्त, संलग्न, सटा हुआ, संस्पर्शी; निकटस्थ, सन्निहित, समीपस्थ। > कॉन्-टि-ग्यु-इ-टि; कॅन्-टिग्-यु-अॅस

conti/nence, संयम, इन्द्रियनिग्रह, आत्मसंयम; ब्रह्मचर्य, शुद्धता*। **~nent,** *adj.*, संयमी, जितेन्द्रिय; (पक्का) ब्रह्मचारी, शुद्ध; —*n.*, महाद्वीप, महादेश; यूरोप; **~nental,** *adj.*, महाद्वीपी; यूरोपीय; —*n.*, यूरोपीयन। > कॉन्-टि/नॅन्स, ~नॅन्ट; कॉन्टिने'न्टॅल

contingency, 1. अनिश्चय, संभाव्यता*, कदाचित्त्व; 2. आसंग, आकस्मिकता*; प्रासंगिकता*; आनुषंगिकता*; 3. (*unforeseen circumst.*) संयोग, प्रासंगिकी*; 4. (*possible event*) संभावना*; 5. (*pl.*) आकस्मिक व्यय, फुटकर खर्च; ~fund, आकस्मिकता-निधि*। > कॅन्-टिन्-जॅन्-सि

contingent, *adj.*, 1. अनिश्चित, संभाव्य; 2. (*fortuitous*) आकस्मिक, आपातिक, प्रासंगिक, सांयोगिक; 3. (~*on*) पर आश्रित या अवलम्बित, के अधीन; 4. (*conditional*) सापेक्ष; 5. (*incidental*) आनुषंगिक, फुटकर; —*n.*, 1. संयोग; 2. अंग, भाग; 3. सैन्यदल, दस्ता, टुकड़ी*; **~mood,** संभावनार्थ। > कॅन्-टिन्-जॅन्ट

continual, 1. लगातार, सतत, निरन्तर; 2. (*continuous*) अनवरत; **~ly,** बारम्बार; बराबर, लगातार, निरन्तर। **continuance,** 1. जारी रहना, बना रहना, अवस्थिति*; 2. जारी रखना या बनाए रखना; 3. (*stay*) अवस्थिति*, कार्यकाल; 4. (*law*) स्थगन। **continuant,** (*gram.*), दीर्घोच्चारणीय, प्रवाही, अव्याहत। > कॅन्-टिन्/यूअॅल, ~यूअॅन्स, ~यूअॅन्ट

continuation, 1. (*concr.*) शेष; 2. (*resumption*) पुनरारम्भ, पुनर्ग्रहण; 3. जारी रहना, अवस्थिति*, वर्तमानता*; 4. बनाए रखना या जारी रखना। **continuative,** 1. निर्वाहक; 2. (*gram.*) सप्रवाह, निरन्तरताबोधक। **continuator,** निर्वाहक। > कॅन्टिन्यूएशॅन्; कॅन्टिन्यू/अॅटिव्, ~ए-टॅ

continue, 1. (*last*) जारी रहना, बना रहना, चलता रहना; 2. जारी या क़ायम रखना, बनाए रखना, करता रहना; 3. आगे बढ़ाना, दुबारा प्रारम्भ क०; 4. स्थगित क०; **~d,** 1. सतत; 2. क्रमागत; धारावाहिक; 3. (*fraction*) वितत; —from, ...से आगे; —on, शेष...पर। > कॅन्-टिन्-यू

continuity, निरन्तरता*, नैरन्तर्य, अविच्छिन्नता*, सातत्य; अविच्छिन्न सत्त्व; सांतत्य। > कॉन्-टि-न्यू-इ-टि

continuous, 1. अविच्छिन्न, निरन्तर, अनवरत, अविराम, अखण्ड, अविरल, अप्रतिहत; 2. (*in space*) संतत; 3. (*in time*) सतत। > कॅन्-टिन्-यू-अॅस

continuum, सांतत्यक। > कन्-टिन्-यू-अॅम

contline, अन्तराल। > कॉन्ट्लाइन

contort, ऐंठना, मरोड़ना; विकृत कर देना; **~ed,** 1. विकृत, कुंचित; 2. (*bot.*) व्यावर्तित; **~ion,** ऐंठन*, कुंचन, मरोड़*; विकार, विकृति*; **~ionist,** ऐंठनबाज़। > कॅन्टॉ:ट; कॅन्-टॉ:/टिड, ~शॅन, ~शॅनिस्ट

contour, *n.*, रूपरेखा*, परिरेखा*; **~line,** समोच्च रेखा*; **~map,** समोच्च नक़्शा। > कॉन्टुअॅ

contra, *prefix*, प्रति; *adv.*, उलटे; *prep.*, के विरुद्ध; —*n.*, (*opposite*) विपर्यय। > कॉन्-ट्रॅ

contraband, *adj.*, निषिद्ध, वर्जित; *n.*, निषिद्ध माल; **~ist,** तस्कर-व्यापारी। > कॉन्ट्रॅ/बैन्ड, ~बैन्डिस्ट

contracep/tion, गर्भनिरोध; **~tive,** गर्भनिरोधक। > कॉन्ट्रॅसे'प/शॅन्, ~टिव्

contract, *n.*, 1. ठेका, ठीका; 2. (*agreement*) अनुबन्ध, संविदा*; 3. इक़रारनामा, ठीका-पत्र, संविदा-पत्र, अनुबन्ध पत्र; —*v.*, 1.ठेका लेना; 2. संविदा* क०; 3. (*incur*) में पड़ना; 4. सिकुड़ना, संकुचित होना; 5. सिकोड़ना, संकुचित क०; 6. संक्षिप्त कर देना। > कॉन्-ट्रैक्ट (*n.*); कॅन्ट्रैक्ट (*v.*)

contract/ibility, संकुचनशीलता*; **~ible,** संकुचनशील; **~ile, ~ive,** 1. संकुचनशील; 2. (*producing contraction*) संकुची; **~ion,** सिकुड़न, संकुचन; शब्दसंकोच, संक्षेपण; स्वरसंधि*; संक्षिप्त रूप, संक्षिप्त संकेत; **~or,** ठेकेदार; ठीकेदार; संविदाकार; संकुचक; **~ual,** संविदात्मक। > कॅन्ट्रैक्-टिबिल्-इटि; कॅन्ट्रैक्/टॅबॅल, ~टाइल, ~टिव्, ~शॅन, ~टॅ, ~ट्यूअॅल

contradict, खण्डन क०, खण्डित क०; विपरीत,

प्रतिकूल या विरोधी होना; **~able,** खण्डनीय; **~ion,** खण्डन, प्रतिवाद; अन्तर्विरोध, विरोध, असंगति*, परस्पर-विरोध, व्याघात; — in terms, शाब्दिक विरोध; **~ious,** 1. खण्डनशील; 2. (*disputatious*) विवाद-प्रिय, झगड़ालू; **~ive, ~ory,** परस्परविरोध, विरोधात्मक, खण्डनक, खण्डनात्मक; प्रतिकूल। > कॉन्ट्रॅडिक्ट; कॉन्ट्रॅडिक्/टॅबॅल, ~शॅन; ~शॅस; ~टिव, ~टॅरि

contra/distinction, विरोध; **~distinctive,** विरोधात्मक; **~distinguish,** वैषम्य दिखला कर अलग क०; **~position,** 1. आमना-सामना, प्रतिस्थापन; विरोध, विपरीतता*; 2. (*logic*) परिप्रतिवर्तन।

contraption, जुगत*, यन्त्र। > कॅन्ट्रैप्शॅन

contrariant, प्रतिकूल। > कॅन्ट्रे'ॲरिॲन्ट

contrariety, प्रतिकूलता*, विपरीतता*, विरोध; वैषम्य, असंगति*; विपत्ति*, अनर्थ, अनिष्ट। **contrariwise,** उलटे, दूसरी ओर*; विपरीत क्रम से; हठपूर्वक। > कॉन्टॅराइ-इटि; कॉन्टॅरिवाइज़ = कॅन्ट्रे'ॲर्-इवाइज़

contrary, *adj.*, 1. विरुद्ध, विरोधी, विपरीत, प्रतिकूल; 2. (*of persons*) हठीला; —*n.*, विपर्यय; ~to, के प्रतिकूल; on the ~, उलटे। > कॉन्ट्रॅरि (*adj.*, 1; *n.*); कॅन्ट्रे'ॲर्-इ (*adj.* 2)

contrast, *n.*, वैषम्य, विषमता*, विरोध; —*v.*, वैषम्य दिखलाना, भेद दिखलाना; आमने-सामने रखना, तुलना* क०; विषम होना। > कॉन्ट्रास्ट (*n.*); कॅन्ट्रास्ट (*v.*)

contravallation, घेराबन्दी*। > कॉन्ट्रवैलेशॅन

contravene, 1. (*infringe*) उल्लंघन क०, भंग क०; 2. (*conflict with*) विरोध क०, प्रतिकूल होना; (*contradict*) खण्डन क०। **contravention,** उल्लंघन; खण्डन, विरोध। > कॉन्ट्रॅ/वीन, ~वे'न्शॅन

contretemps, अनिष्ट, विपत्ति*। > कॉ:न्ट्रॅटॉं

contribute, चन्दा देना, अंशदान क०; सहयोग या लेख देना; ~to, में सहायक होना। **contribution,** चन्दा, सहांश; अंशदान; देन*; सहयोग, योगदान; लेख। **contributive, contributory,** अंशदायी; सहयोगी, सहायक, सहकारी। **contributor,** अंशदाता; सहयोगी। > कॅन्-ट्रिब्यूट; कॉन्-ट्रि-ब्यू-शॅन; कॅन्-ट्रिब्यू/टिव, ~टॅरि, ~टॅ

contrite, पश्चात्तापी, अनुतापी। **contrition,** पश्चात्ताप, अनुताप, पछतावा। > कॉन्ट्राइट; कॅन्-ट्रि-शॅन

contrivance, 1. (*act*) आविष्करण, कल्पन; 2. (*invention*) आविष्कार, युक्ति*, योजना*, प्रयुक्ति*; 3. (*gadget*) यन्त्र, युगत*। **contrive,** उपाय निकालना; बनाना, आविष्कार क०; (का) सफल प्रबन्ध क०, में सफल होना। > कॅन्ट्राइवॅन्स; कॅन्ट्राइव

control, *v.*, (पर) नियन्त्रण रखना, नियन्त्रित क०, वश में रखना; (का) शासन क०, संचालन क०; निरीक्षण क०; —*n.*, नियन्त्रण, निग्रह; शासन, संचालन; निरीक्षण; **~lable,** नियन्त्रणीय; **~led,** नियन्त्रित; **~ler,** नियन्त्रक, नियन्ता; शासक; संचालक। > कॅन्ट्रोल; कॅन-ट्रोल्/ॲबॅल, ~ॲ

controversial, विवादास्पद, विवादग्रस्त; विवादात्मक; विवादशील। > कॉन्ट्रॅवॅ:शॅल

controversy, विवाद, वादविवाद; beyond ~, निर्विवाद। > कॉन्ट्रॅवॅ:सि = कॅन्ट्रॉवॅसि

controvert, खण्डन क०, अस्वीकार क०; विवाद क०; **~ible,** विवादास्पद। > कॉन्ट्रॅ/वॅ:ट, ~वॅ:टॅबॅल

contumacious, उद्धत, अक्खड़; दुराग्रही, हठी। **contumacy,** उद्धतता*, अक्खड़पन; दुराग्रह, हठ। > कॉन्ट्यूमेशॅस; कॉन्ट्यूमॅसि

contumelious, धृष्ट, उद्दण्ड, ढीठ, अपमानी। **contumely,** धृष्टता*, ढिठाई*; तिरस्कार, अपमान, निन्दा*, अवज्ञा*, कलंक, अपयश। > कॉन्ट्यूमील्यॅस; कॉन्ट्यूमॅलि

contuse, चोट* लगाना। **contusion,** नील, गुमटा, अन्त:क्षति। > कॅन्ट्यूज़; कॅन्ट्यूश्ज़ॅन

conundrum, 1. (*riddle*) पहेली*; 2. (*problem*) समस्या*। > कॅनॅनड्रॅम

convalesce, स्वास्थ्य-लाभ क०, अच्छा हो जाना; **~nce,** स्वास्थ्य-लाभ; **~nt,** स्वास्थ्यलाभ करनेवाला। > कॉन्वॅ/ले'स, ~ले'सॅन्स, ~ले'सॅन्ट

convection, संवहन; **~al,** संवहनीय।

convective, 1. संवहनी; 2. *see* CONVECTIONAL। **convector,** संवहनकारक। > कॅनवे'क्/शॅन, ~शॅनॅल, ~टिव्, ~टॅ

convenable, आयोजनीय। > कॅन्वीनॅबॅल

convenance, रिवाज; औचित्य। कॉन्वॅनाँस

convene, आयोजन क०, संयोजन क०; बुलाना, मिलना; **~r,** संयोजक। > कॅन्वीन; कॅन-वीन्-ॲ

convenience, सुविधा*, सुभीता; आराम। **convenient,** सुविधाजनक; आरामदेह, सुखकर। > कॅन्वीन्/यॅन्स, ~यॅन्ट

convent, (महिला) मठ, आश्रम; **~icle,** गुप्त धर्मसभा*; **~ual,** मठ-सम्बन्धी; मठवासी। > कॉन्वॅन्ट; कॅन्-वे'न्-टि-कॅल; कॅन्वे'न्ट्यूॲल

convention, 1.सम्मेलन, सभा*; 2. (*agreement*) अभिसमय, समझौता; 3. (*custom*) रूढ़ि*, प्रथा*, परिपाटी*, रिवाज, परम्परा*; **~al,** 1. अभिसामयिक; 2. (*customary*) रूढ़, परम्परागत, रूढ़िगत; 3. (*formal*) औपचारिक, कृत्रिम; **~alism,** रूढ़िवाद; रूढ़ि*; **~ality,** रूढ़िवादिता*; औपचारिकता*; प्रथा*,

रिवाज़; **~alize,** का रिवाज चलाना; रूढ़िगत ढंग से प्रस्तुत क०। > कॅन्वे'न्/शॅन्, ~शॅनॅल, ~शॅनॅलिज़्म, ~शॅनॅलाइज़; कॅन्वे'न्शनैल्-इटि

converge, (की ओर*) अभिमुख होना या कर देना, अभिसरित होना या कर देना; **~nce,** 1. (*math.*) अभिसरण, अभिबिन्दुता*; 2. (*biol.*) समाभिरूपता*; **~nt,** अभिसारी, अभिबिन्दुग, अभिसरक, उपसारी। > कॅन्वॅ:ज; कॅन्वॅ:/जॅन्स, ~जॅन्ट

conversable, मिलनसार; आलापप्रिय; आलापनीय, वार्तोचित। **conversant,** अभिज्ञ, परिचित, जानकार; निपुण, कुशल। > कॅन्वॅ:सॅबॅल; कॅन्वॅ:सॅन्ट

conversation, बातचीत*, वार्तालाप, संवाद, संलाप, आलाप, सम्पर्क; **~al,** आलापप्रिय; संवादपटु; संवाद-विषयक; संवादोचित; **~alist,** संवादपटु। > कॉनवॅसे/शॅन, ~शॅनॅल, ~शॅनॅलिस्ट

conversazione, सान्ध्य गोष्ठी*। > कॉनवॅसैत्सिओन्-इ

converse, *v.*, बातचीत* क०; *n.*, 1. बात-चीत*, गपशप*; 2. सम्पर्क; 3. (*opposite*) विपर्याय, उल्टा; 4. परिवर्तित वाक्य; —*adj.*, उलटा, विपरीत, प्रतिकूल, विलोम; **~ly,** उलटे; विलोमत:। > कॅन्वॅ:स (*v.*); कॉन्वॅ:स (*n. adj.*)

conversion, धर्म-परिवर्तन, मन-परिवर्तन; रूपान्तरण, परिवर्तन, सम्परिवर्तन। > कॅन्वॅ:शॅन

convert, *v.*, बदलना, परिवर्तित या रूपान्तरित कर देना; धर्म-परिवर्तन क० या कराना; मन-परिवर्तन क० या कराना; विनिमय क०; —*n.*, धर्मान्तरित, धर्मपरिवर्तित; **~end,** परिवर्त्य; **~er,** 1. परिवर्तक, सम्परिवर्तक; 2. (*electr.*) परिवर्तित्र; **~ible,** (सं) परिवर्तनीय; विनिमेय। > कॅन्वॅ:ट (*v.*); कॉन्वॅ:ट (*n.*); कॉन्वॅटे'न्ड, कॅन्वॅ:ट्/अॅ, ~अॅबॅल

convex, उत्तल, उन्नतोदर; **~ity,** उत्तलता*; **~o-concave,** उत्तलावतल; **~o-convex,** उत्तलोत्तल। > कॉन्वे'क्स; कॅन्वे'क/सिटि, ~सोकॉन्केव, ~सोकॉन्वे'क्स

convey, 1. ले जाना, ढोना, वहन क०; 2. पहुँचाना, देना; 3. व्यक्त क०, सम्प्रेषित क०, सूचित क०, बतलाना; 4. (*law*) हस्तान्तरित क०; **~ance,** 1. परिवहन, वहन; 2. (*vehicle*) सवारी*, वाहन; 3.(*transference*) हस्तान्तरण (पत्र); **~ancer,** अभिहस्तान्तरक; **~er,** वाहक; —belt, वाहकपट्टा। > कॅनवे, ~अॅन्स, ~अॅन्-सॅ, ~अॅ

convict, *v.*, 1. दोषी सिद्ध क०, सिद्धदोष क०; 2. (*declare guilty*) दोषी ठहराना; 3. (भूल* या अपराध) स्वीकार कराना, (भूल या अपराध का) क़ायल क०; —*n.*, 1. (*convicted*) अभिशंसित, अभिशस्त, सिद्धदोषी; 2. (*prisoner*) क़ैदी; **~ion,** 1. (*belief*) दृढ़ धारणा* या विश्वास, सम्प्रत्यय; 2. दोषसिद्धि*, अभिशंसा*, **~ive,** सम्प्रत्यायक; दोषविभावक। > कॅन्-विक्ट (*v.*); कॉन्-विक्ट (*n.*); कॅन्-विक्/शॅन्, ~टिव

convince, क़ायल क०, मनवाना, स्वीकार कराना, सन्देह दूर क०; **~ed,** निश्चयी, क़ायल। **convincible,** प्रत्यायनीय, विश्वसनीय। **convincing,** प्रत्यायक, विश्वासोत्पादक, युक्तियुक्त, प्रत्ययकारी। > कॅनविन्स; कॅन्-विन्/सिबॅल, ~सिन्ग

convivial, 1. उत्सव-सम्बन्धी; 2. (*jovial*) मौजी, तबीअतदार, मिलनसार, प्रफुल्ल। > कॅन्विव्-इअॅल

convocation, समाह्वान; सभा*; दीक्षान्त-समारोह।

convoke, (सभा*) बुलाना, जुटाना, आयोजित क०। > कॉन्वॅकेशॅन; कॅन्वोक

convolute, *adj.*, 1. (*~d*) संवलित; 2. (*coiled*) कुण्डलित; —*n.*, कुण्डल। **convolution,** 1. कुण्डलीकरण; 2. (*coil*) कुण्डल; 3. लपेट*, मरोड़*, बल। **convolve,** संवलित या कुण्डलित होना, लपेटना। **convolvulus,** हरिणपदी। > कॉन्वॅलूट; कॉनवॅलूशॅन; कॅन्वॉल्व; कॅन्वॉल्व्यूलॅस

convoy, *v.*, (रक्षार्थ) साथ जाना या साथ देना; —*n.*, 1. (*convoying*) संरक्षण; 2. रक्षदल; 3. सार्थ। > कॅन्वॉइ (*v.*); कॉन्वॉइ

convulse, 1. हिला देना, आलोड़ित क०; 2. मरोड़ना, ऐंठना। **convulsion,** 1. (*spasm*) ऐंठन*, आक्षेप, मरोड़*; 2. (*of laughter*) ठहाका, अट्टहास, लोट-पोट*; 3. (*upheaval*) खलबली* आलोड़न, विप्लव।

convulsive, आक्षेपात्मक; आक्षेपग्रस्त; आक्षेपकारी; आक्षेपी। > कॅन्वॅल्स, कॅन्वॅल्/शॅन्, ~सिव

coo, *v.*, कूजना; *n.*, कूजन, गुटरगूँ, टुटरूँ-टूँ*। > कू

cook, *v.*, पकाना, भोजन बनाना; *n.*, रसोइया, बावरची; **~er,** अँगीठी*; कुकर; **~ery,** पाक-विधि*, पाकक्रिया*; पाकशास्त्र। > कुक; कुक्-अॅ; कुकॅरि

cool, *adj.*, 1. शीतल; 2. (*composed*) शान्त, धीर, धैर्यवान्; 3. (*not cordial*) रूखा, उदासीन, ग़ैरमिलनसार; 4. (*bold*) ढीठ, गुस्ताख़; —*v.*, ठण्डा, शान्त या उदासीन हो जाना या क०; —*n.*, शीतलता*; **~ant, ~er,** शीतलक; **~-headed,** शान्त-स्वभाव, धैयवान्, धीर। **~ing,** शीतलन; **~ness,** शीतलता*; धैर्य; उदासीनता*; शुष्कता*, रूखापन। > कूल; कूलॅन्ट; कूल्-अॅ; कूल्-इन्ग

coolie, cooly, कुली, मोटिया, भारिक। > कूल्-इ

coomb, घाटी*। > कूम

coop, *n.*, 1. (*pen*) दरबा; 2. (*basket*) खाँचा, झाबा, टोकरा; —*v.*, (में) बन्द रखना, क़ैद रखना। > कूप

cooper, *n.*, पीपा बनानेवाला; *v.*, पीपा बनाना या मरम्मत क०। > कूप्-अॅ

co-ope/rate, सहयोग देना, मिलकर काम क०;

~ration, सहयोग; सहकारिता*; **~rative,** *adj.*, सहयोगी, सहयोगशील; सहकारी; —*n.*, (*society*) सहकारी समिति*; **~rator,** सहयोगी, सहकारी।
> कोऑपॅरेट; कोऑपरेशॅन; कोऑपॅरेटिव; को-ऑपरे-टॅ

co-opt, सहयोजित क०; **~ation,** सहयोजन; **~ative,** सहयोजक। > कोऑप्ट; कोऑप्टेशॅन; कोऑपटॅटिव

co-ordinate, *adj.*, 1. (*equal*) समकक्ष, समान, तुल्य; 2. (*gram.*) समानाधिकरण; —*n.*, 1. समकक्ष; 2. (*math.*) निर्देशांक; —*v.*, 1. समकक्ष बनाना; 2. (*harmonize*) समन्वित क०; 3. मिलकर काम क०; **~d,** समन्वित। **co-ordination,** 1. समन्वयन; 2. (*state*) समन्वय 3. (*gram.*) समानाश्रय। **co-ordinative,** समन्वयकारी, समन्वयी।
> कोऑःड्-इनिट (*adj., n.*) ; कोऑःड्-इनेट (*v.*) ; कोऑःडिनेशॅन; कोऑःड्-इनॅटिव

coot, 1. (*common*) टिकरी*; 2. (*purple*) कैमा।
> कूट

co-owner, सह-स्वामी। > को-ओ-नॅ

cop, 1. (*of yarn*) अंटी*, कुकड़ी*; 2. (*top*) शिखर।
> कॉप

copal, (*resin*), राल*; **~tree,** धूना, धूप। > कोपॅल

co-partner, सहभागी, साझेदार; **~ship,** सहभागिता*, साझेदारी*। > को-पाट्-नॅ

cope, *n.*, 1. (*vestment*) प्रावारक; 2. (*conopy*) वितान; 3. *see* COPING; —*v.*, (का) सामना कर सकना या क०; ढाँकना **coping,** (*archit.*) मुण्डेरा, मुण्डेर। > कोप; कोप्-इन्ग

copier, प्रतिलिपिक; अनुकरण या नक़ल* करनेवाला।
> कॉप्-इ-ॲ

copious, 1. प्रचुर, विपुल, बहुत अधिक; 2. (*wordy*) शब्दाडम्बरपूर्ण, शब्दबहुल। > कोप्यॅस

coplanar, समतलीय। > को-प्लेन्-ॲ

copper, *n.*, ताँबा, ताम्र; 2. (*coin*) पैसा; —*adj.*, ताम्र; —*v.*, ताँबा चढ़ाना; **~as,** कसीस; **~plate,** ताम्रपत्र; **~plating,** ताम्र-मुलम्मा **~smith,** ताम्रकार, ताम्रिक, ठठेरा (*also bird*) **~y,** तामड़ा, ताम्रवर्ण।
> कॉप्-ॲ; कॉपॅरॅस; कॉपॅरि

coppice, copse, गुल्मी*, झाड़ी*, गुल्मवन।
> कॉप्-इस, कॉप्स

copra, खोपड़ा, गरी*। > कॉप्-रॅ

copro/lite, विष्ठाश्म; **~logy,** अश्लीलता*; **~phagous,** विष्ठाभोजी, विष्ठाहारी; **~phagy,** विष्ठाभोजिता*; **~philia,** विष्ठानुरक्ति*।
> कॉप्-रॅलाइट, कॉप्रॉलॅजि, कॉप्रॉफ़ॅ/गॅस; ~जि; कॉप्रॅफ़िल्-इ-ॲ

copula, 1. (*gram.*) संयोजक; 2. मैथुन; 3. (*connexion*) सेतुक, सम्बन्ध; **~te,** मैथुन क०; **~tion,** संयोजन, संयुग्मन; संयोग; मैथुन।
> कॉप्-यू-लॅ; कॉप्यूलेट; कॉप्यूलेशॅन

copulative, संयोजक; संयोगात्मक; ~compound, द्वन्द्व समास; ~ conjunction, समुच्चयबोधक अव्यय।
> कॉप्यूलॅटिव

copy, *n.*, 1. प्रतिलिपि*, प्रतिकृति*, नक़ल*; 2. (*of a book*) प्रति*; 3. पाण्डुलिपि*, हस्तलेख; 4. विषय-वस्तु*; —*v.*, 1. प्रतिलिपि* या प्रतिकृति क०, उतारना; 2. (imitate) अनुकरण क०, नक़ल* क०; **~-book,** *n.*, कापी*; —*adj.*, सामान्य, घिसा-पिटा; **~ist,** प्रतिलिपिक; नक़लनवीस; **~right,** *n.* (*v.*), रचना-स्वत्व, स्वामित्व (सुरक्षित रखना), प्रतिलिप्यधिकार, प्रकाशनाधिकार; —*adj.*, स्वत्वाधिकृत।
> कॉप्-इ, ~बुक, ~इस्ट, ~राइट

coquet, 1. चोचले दिखाना; नख़रे क०; 2. (*trifle*) से खिलवाड़ क०; **~ry,** नाज़नख़रा; नख़रेबाज़ी*; **~te,** चोचलहाई*; **~tish,** नख़रे-बाज़।
> कॅके 'ट; कोकिट्रि; कॅके 'ट; कॅके 'ट्-इश

coracle, चर्मावृत नौका*। > कॉरॅकॅल

coracoid, अंसतुण्ड। > कॉरॅकॉइड

coral, *adj.*, मूँगी, मूँगिया; *n.*, 1. प्रवाल, मूँगा 2. (*colour*) मूँगी; **~-island,** प्रवालद्वीप, प्रवाली*; **~line, ~loid,** प्रवालाभ; **~-reef,** प्रवाल-भित्ति*; मूँगा-चट्टान*; **~-tree,** 1. (*erythr. suberosa*) ढोलढक, मदार; 2. (*erythr. variegata, Indian*) फराद, पगोरा, पारिजात।
> कॉरॅल; कॉरॅलाइन; कॉरॅलॉइड

corbel, टोडा। > कॉःबॅल

corchorus, नरचा। > कॉर्कॉरॅस

cord, रस्सा, रस्सी*, रज्जु*, डोरी*; spinal ~, मेरु-रज्जु*; रीढ़*; vocal ~, स्वर-रज्जु*; telephone~, टेलीफ़ोन की डोरी*; **~age,** (*of ship*) आलात।
> कॉःड, कॉःड्-इज

cordate, हृदयाकार। > कॉःडेट

cordial, *adj.*, हार्दिक, स्नेहपूर्ण, मैत्रीपूर्ण; पुष्टिकर, पौष्टिक, शक्तिवर्द्धक;—*n.*, बल्य; **~ity,** सौहार्द, मैत्री*, मित्रभाव। > कॉःड्यॅल; कॉःडिऐल्-इटि

cordon, *n.*, 1. घेरा; 2. (*badge*) फ़ीता, डोरी*; 3. (*on a wall*) पट्टी*; —*v.*, घेरा डालना।
> कॉःडॅन

corduroy, मोटा सूती कपड़ा; **~-road,** लट्ठों की सड़क*। > काःडॅरॉइ

core, *n.*, 1. बीजकोष; 2. (*central part*) क्रोड, हीर, अभ्यन्तर, सत, सारभाग; 3. (*fig.*) मर्म, हृदय —*v.*, गूदा निकालना। > कॉः

co-religionist, सहधर्मी। > कोरिलिजॅनिस्ट

co-respondent, सह-प्रत्यर्थी। > कोरिस्पॉन्डॅन्ट

coriaceous, चीमड़, चर्मिल, चर्माभ। > कॉरिएशॅस

coriander, धनिया। > कॉ-रि-ऐन्-डॅ

corinda, (*carissa carandus*), करौन्दा।

corium, चर्म, अन्तस्त्वचा*। > कोरिॲम

cork, *n.*, 1. काग, कॉर्क; 2. (*stopper*) काग, डाट*, डट्टा; —*v.*, काग या डाट* लगाना; **~screw,** कॉर्क-पेंच, काग-पेंच; **~-tree,** आकाशनीम > कॉ:क, कॉ:क्स्क्रू

corm, घनकन्द। > कॉ:म

cormorant, 1. जलकौवा, पनकौवा, जलकाग; 2. (*glutton*) पेटू, खाऊ। > कॉ:मॅरॅन्ट

corn, 1. अनाज, धान्य, गल्ला; 2. (*maize*) मक्का, मकई*; 3. (*a grain*) दाना, कन; 4. (*on skin*) घट्ठा; **~-cob,** गुल्ली*; **~y,** धान्यमय; घट्ठेदार। > कॉ:न, कॉ:नकॉब

cornea, स्वच्छमण्डल। > कॉ:न्-इॲ

corneous, शृंगाभ। > कॉ:न्-इॲस

corner, *n.*, 1. कोना, कोण; 2. (*of street*) नुक्कड़, नाका; 3. (*of mouth*) बाछ*; 4. (*region*) भूभाग, प्रदेश; 5. (*comm.*) ख़याल, —*v.*, 1. घेरना, घेर लेना; 2. (*comm.*) ख़याल क०, बाज़ार समेटना; **~-stone,** कोने का पत्थर; आधारशिला*; आधार। > कॉ:न्-ॲ, ~स्टोन

cornice, कारनिस*, कँगनी*, छजली*। > कॉ:न्-इस

corniculate, शृंगी। > कॉ:निक्युलिट

cornu, शृंग; **~copia,** 1. परिपूर्ण शृंग; 2. (*fig.*) बाहुल्य; **~ted,** शृंगी, शृंगयुक्त। कॉ:न्यू; कॉ:न्युकोप्यॅ; कॉ:न्यूट्-इड

corolla, दलपुंज। > कॅ-रॉल्-ॲ

corollary, 1. उपप्रमेय, उपसाध्य, उपसिद्धान्त; 2. (*consequence*) परिणाम, उपपरिणाम; उपनिगमन। > कॅरॉलॅरि

corona, 1. परिमण्डल, प्रभामण्डल; 2. (*crown*) किरीट, मुकुट; 3. (चक्राकार) दीपवृक्ष। > कॅरोन्-ॲ

coronal, *n.*, शिरोबन्ध; किरीट; माला*; —*adj.*, किरीटी। > कॉरॅनॅल

coronary, चक्रीय; ~artery, हृद-धमनी*। > कॉरॅनॅरि

coronation, 1. राज्याभिषेक, तिलकोत्सव, अभिषेक; 2. (*fig.*) परिसमाप्ति*, परिपूर्ति*। > कॉरॅनेशॅन

coroner, अपमृत्यु-विचारक। > कॉ-रॅ-नॅ

coronet, मुकुट, शिरोबन्ध, शिरोभूषण; 2. (*of horse*) सुमशीर्ष। > कॉरॅनिट

coronoid, चंचुभ। > करोनॉइड = कॉरॅनॉइड

corporal, *adj.*, शारीरिक, दैहिक; *n.*, 1. कॉरपरल, दफ़ादार, नायक; 2. (*cloth*) दिव्यान्नपट्ट; **~ity,** भौतिकता*; शारीरिकता*; शरीर। > कॉ: पॅरॅल; कॉ: पैरल्-इटि

corporate, 1. सामूहिक, सम्मिलित, समष्टि-; 2. (*of a corporation*) निगम-, नैगम। > कॉ:पॅरिट

corporation, 1. निगम, संघ; 2. (*of a town*) (नगर) पालिका*। > कॉ: पॅरेशॅन

corporeal, 1. शारीरिक, दैहिक; 2. भौतिक; 3. (*tangible*) मूर्त। > कॉ:पॉ:र्-इॲल

corporeity, 1. (*corporeality*) शारीरिकता*; 2. भौतिकता*, द्रव्य, भौतिक तत्त्व। > कॉ:पॅरीइटि; (कॉ:पॉ:रिऐल्-इटि)

corps, 1. (*mil.*) अनीकिनी*; 2. निकाय, दल, समूह; diplomatic~, राजनयिक दूतवर्ग। > कॉ:

corpse, शव, लाश*। > कॉ:प्स

corpulence, मोटापन। **corpulent,** मोटा, मांसल, स्थूलकाय। > कॉ:प्यू/लॅन्स, ~लॅन्ट

corpus, संग्रह, समूह; पिण्ड, काय; ~ delicti, अपराधतत्त्व-निकाय; ~juris, विधिसमूह; ~Christi, खूस्तदेह-पर्व। > कॉ:पॅस

corpuscle, corpuscule, कणिका*; white~, श्वेताणु; red~, लोहिताणु, लाल कणिका*। > कॉ:पॅसॅल; कॉ:पस्क्यूल

corral, *n.*, बाड़ा; *v.*, बाड़े में फँसाना। कैरैल

corrasion, अपघर्षण। > करेश़ॅन

correct, *adj.*, 1. ठीक, सही, सटीक, शुद्ध, संशुद्ध, यथातथ्य; 2. (*proper*) उचित, यथोचित, ठीक; 3. (*of person*) साधुवृत्त; —*v.*, ठीक कर देना, सुधारना, संशोधित क०, दुरुस्त क०; डाँटना, झिड़कना; दण्ड देना; **~ed,** संशोधित। > कॅरे'क्ट; कॅ-रे'क्-टिड

correction, (सं)शोधन, सुधार; संशुद्धि*; दुरुस्ती*, शुद्धि*, डाँट-डपट*; दण्ड; **~al,** दण्डात्मक; सुधारक। > कॅरे'क्/शॅन्, ~शॅनॅल

correct/itude, औचित्य; **~ive,** शोधक, दोषनिवारक; **~ness,** यथातथ्यता*, परिशुद्धता*, विशुद्धता*; औचित्य; **~or,** संशोधक, सुधारक; दण्डक, शासक। > कॅरे'क्/टिट्यूड, ~टिव, ~टॅ

correlate, *v.*, सहसम्बन्धित होना, सहसम्बन्ध रखना; सहसम्बन्ध स्थापित क० या दिखलाना; —*adj.*, सहसम्बद्ध, सहसम्बन्धित। > कॉरिलेट

correlation, अन्योन्याश्रय, सहसम्बन्ध, परस्पर सम्बन्ध, अन्योग्य सम्बन्ध; **~al,** अन्योन्याश्रय।

correlative, *adj.*, 1. अन्योन्याश्रयी, सहसम्बद्ध; 2. (*gram.*) नित्य सम्बन्धी; —*n.*, सहसम्बन्धी।

correlativity, सहसम्बद्धता*। > कॉरिले/शॅन, ~शॅनॅल; कॉरे'लॅटिव, कॉरे'लटिव्-इटि।

correspond, के अनुकूल होना, से मेल खाना; के सदृश होना, के अनुरूप होना, संगत या तदनुरूप होना; पत्रव्यवहार क०; **~ence,** अनुकूलता*, संगतता; सादृश्य, साम्य, अनुरूपता*; पत्रव्यवहार, पत्राचार,

लिखा-पढ़ी*, चिट्ठी-पत्री*; **~ent,** *adj., see* ~ING; *n.*, पत्रव्यवहारी; संवाददाता, सह-सम्बन्धी; **~ing,** 1. अनुकूल; सदृश, अनुरूप; 2. पत्रव्यवहारी; 3. (*math.*) संगत। > कॉरिस्पॉन्ड; कॉ-रिस्-पॉन्/डॅन्स, ~डॅन्ट, ~डिना

corridor, गलियारा। > कॉरिडॉ:

corrigenda, शुद्धिपत्र। > कॉ-रि-जे'न्-डॅ

corrigible, संशोधनीय; वशवर्ती। > कॉरिजॅबॅल

corrobo/rant, *adj.*, समर्थक; पुष्टिकर; *n.*, 1. समर्थक; 2. (*medicine*) बल्य; **~rate,** (सं) पुश्टि* क०, परिपुष्ट क०, समर्थन क०; **~ration,** पुष्टिकरण, समर्थन, परिपुष्टि*; **~rative,** परिपोषी, समर्थक। > कॅरॉबॅ/रॅन्ट, ~रेट, ~ रेशॅन, ~ रॅटिव्

corrode, 1.क्षय क० या हो जाना, नष्ट क० या हो जाना; 2. (*chem.*) संक्षारित क०।

corrosion, 1. संक्षारण; क्षय; 2. (*rust*) ज़ंग। > कॅरोड; कॅरोश़ॅन

corrosive, संक्षारक; क्षयकारी; ~sublimate, रसपुष्प। > कॅरोस्-इव्

corrugate, *v.*, 1. (*wrinkle*) झुर्रियाँ*, शिकन* या सिकुड़न* डालना या पड़ना; 2. नालीदार कर देना; —*adj.*, (~*d*), लहरिया, लहरदार, नालीदार; ~d iron, नालीदार चादर*। **corrugation,** लहर*, नाली*। **corrugator,** भ्रूभंगिका*। > कॉरुगेट; कॉरुगेटिड; कॉरुगेशॅन; कॉ-रु-गे-टॅ

corrupt, *adj.*, 1. (*moral*) भ्रष्ट, दुश्चरित्र, दुष्ट, प्रदुष्ट; 2. (*spoiled*) विकृत, दूषित; 3. (*venal*) भ्रष्टाचारी, घूसखोर; 4. (*in correct*) अशुद्ध; —*v.*, भ्रष्ट, विकृत या अशुद्ध कर देना; बिगाड़ना; घूस* देना; **~ible,** क्षयशील; विकारशील; भ्रष्टाचारी; **~ion,** 1. विकार, विकृति*, प्रदोष; 2. (*moral*) दुष्टता*, भ्रष्टता*, दुराचरण; भ्रष्टाचार, घूसखोरी*; **~ive,** दूषक। > कॅरॅप्ट; कॅरॅप्/टॅबॅल; ~शॅन, ~टिव्

corsage, चोली*; गुलदस्ता। > कॉ:साश़

corsair, जलदस्यु (का जहाज़)। > कॉ:से'ॲ

cors(e)let, कवच; कुरती*; वक्ष। > कॉ:स्-लिट

corset, चोली*। > कॉ:स्-इट

cortege, जलूस; अनुचर-गण। > कॉ:टेश़

cortex, 1. (*bark*) वल्कल, छाल*, 2. (*anat.*) प्रान्तस्था*। > कॉ:टे'क्स

cortical, प्रान्तस्था-। > कॉ:ट-इकॅल

corticate, सवल्क। > कॉ:ट्-इकेट

cortisone, कोर्टिज़ोन। > कॉ:ट्-इसोन

corundum, कुरण्ड, कुरुविन्द। > कॅरन्डॅम

coruscant, दमकदार। **coruscate,** दमकना, चमकना। **coruscation,** दमक*, चमक*। > कॅरस्कॅन्ट; कॉरॅस्केट; कॉरस्केशॅन

corve'e, बेगार*। > कॉ:वे = कॉ:वे

corvette, कोर्विट। > क्रॉ:वे'ट

corvine, काकीय। > कॉ:वाइन

corymb, समशिख। > कॉरिम्ब

coryphaeus, नायक। **coryphe'e,** (प्रमुख) नर्तकी*। > कॉरिफ़ीॲस; कॉरिफ़े

coryza, प्रतिश्याय, नज़ला। > कॅराइज़्-ॲ

cosecant, व्युत्क्रमज्या*, व्युज्या*। > कोसीकॅन्ट

cosher, 1. (*pamper*) बहुत लाड़-प्यार क०; 2. (*feast*) दावत* उड़ाना। > कॉश-ॲ

co-signatory, सह-हस्ताक्षरकर्ता। > को-सिग्नॅटॅरि

cosine, कोटिज्या*, कोज्या*। > कोसाइन

cosmetic, *n.*, अंगराग; *adj.*, कान्तिवर्द्धक। > कॉज़्-मे'ट्-इक

cosmic, अंतरिक्षी (य), कॉस्मिक; **~ray,** अंतरिक्ष या ब्रह्माण्ड किरण*। > कॉज़्-मिक

cosmo/gony, विश्वोत्पत्ति*, ब्रह्माण्डोत्पत्ति*, सृष्टिशास्त्र; **~graphy,** सृष्टिवर्णन; **~logy,** ब्रह्मांडिकी*, ब्रह्माण्डविज्ञान; **~naut,** अंतरिक्ष-यात्री; **~politan,** *adj.*, सर्वदेशीय, सर्वभौम; विश्वव्यापी —*n.*, 1. (*cosmopolite*) विश्वनागरिक; 2. विश्वबन्धु; **~politanism,** सर्वदेशीयता*, विश्वनागरिकता*; विश्वबन्धुत्व; **~politics,** विश्व-राजनीति*; **~rama,** विश्व-चित्रावली*। > कॉज़मॉग/ॲनि, ~ रॅफ़ि; कॉज़मॉलॅजि; कॉज़्मॅनॉ:ट; कॉज़मॅपॉल्-इ/टॅन, ~टॅनिज़्म, ~टिक्स; काज़्-मॅ-रा-मॅ

cosmos, विश्व, ब्रह्माण्ड; सुव्यवस्था*, विश्व-व्यवस्था*। > कॉज़्मॉस

coss, कोस।

cosset, *n.*, पालतू मेमना; लाड़ला; *v.*, बहुत लाड़-प्यार क०। > कॉस्-इट

cost, *n.*, 1. (*expenditure*) लागत*, ख़र्च, व्यय, परिव्यय; 2. (*price*) क़ीमत*, मूल्य; 3. (*law*) वादव्यय; —*v.*, दाम लगाना; व्यय या ख़र्च होना; ~of living, निर्वाह-व्यय; **~account,** लागत-लेखा; **~ly,** महँगा, मूल्यवान्, क़ीमती; **~-price,** लागत-क़ीमत*; क्रय-मूल्य। > कॉस्ट

costa, 1. (*rib*) पर्शुका*; 2. (*bot.*) शिरा*। > कॉस्-टॅ

costal, पर्शुकी। > कॉस्-टॅल

costate, पर्शुका-युक्त; शिरायुक्त। > कॉस्टेट

coster(monger), फेरीवाला। > कॉस्-टॅ (-मॅन्-गॅ)

costive, 1. बद्धकोष्ठ; 2. (*reluctant*) अनिच्छुक; अनुत्सुक; 3. (*miser*) कृपण। > कॉस्-टिव्

costume, वेशभूषा*, पोशाक*; पहनावा, परिच्छद। **costumeir,** दरज़ी; ड्रेसवाला। > कॉस्ट्यूम; कॉस्ट्यूम्-इॲ = कॉस्-ट्यूम्-ॲ

co-surety, सहप्रतिभू। > को-शुऑटि

cosy, *adj.*, सुखद, आरामदेह; *n.*, टोप, टोपी*। > कोज़्-इ

cot, खटिया*, खाट*, चारपाई*; 2. *see* COTE. > कॉट

cotangent, कोटिस्पर्शज्या*, कोस्प। > को-टैन्जॅन्ट

cote, बाड़ा, भेड़खाना। > कोट

coterie, 1. मण्डली*, गोष्ठी*; 2. (*clique*) गुट्ट। > कोटॅरि

cottage, झोंपड़ी*, झोंपड़ा, कुटीर, कुटी*; छोटा बँगला, मकान; ~industry, कुटीर-उद्योग। > कॉट्-इज

cotter, (*wedge*) फन्नी*, कच्चड़, कच्चर। > कॉट्-ॲ

cotton, *n.*, 1. (*plant*) कपास*; 2. (*wool*) रुई*, रूई*, तूल; 3. (*cloth*) सूती कपड़ा; —*adj.*, सूती; —*v.*, **~to,** (से) पटना, बनना; से मैत्री* क०; के प्रति आकर्षित होना; **~-cake,** बिनौले की खली*; **~-seed,** बिनौला; **~-tree,** 1. सेमल; 2. (*silk*) कुम्बी*; गुबदी, सफेद सेमल; **~waste,** कच्चा सूत, सूतर। > कॉटॅन

cotyledon, बीजपत्र। > कॉटिलीडॅन

couch, *n.*, सोफ़ा, कोच; (गद्देदार) पलंग; —*v.*, 1. लेटना; 2. (*a weapon*) तौलना, साधना; 3. (*state*) (शब्दों में) व्यक्त क०; 4. घात* लगाकर बैठना; **~ant,** शयित, शायी; **~-grass,** दूब*। > काउच; काउचॅन्ट

cough, *n.*, खाँसी*, कास; *v.*, खाँसना whooping ~, कूकरखाँसी*, काली खाँसी*। > कॉफ़

coulee, coule'e 1. लावा की धारा*; 2. (*ravine*) खड्ड। > कूलि; कूले

coulisse, 1. (*groove*) खाँचा; 2. (मंच का) पार्श्वभाग। > कूलीस

couloir, खड्ड। > कूल्वा

coulomb, कूलंब। > कूलॉम

coulter, कोल्टर, फाल। > कोल्-टॅ

council, परिषद्*, समिति*; सभा*; महासभा*; **~lor,** सभासद्, पारिषद्, पार्षद। > काउन्सॅल; काउन्-सि-लॅ

counsel, *n.*,परामर्श, मंत्रणा*, विचार-विनिमय; सलाह*, परामर्श; परामर्शदाता; वकील; *see* PLAN, RESOLUTION; —*v.*, परामर्श या सलाह* देना; **~lor,** परामर्शदाता, सलाहकार। > काउन्सॅल; काउन्स्-लॅ

count, *v.*, 1. गिनना, गणना* क०; 2. (*include*) जोड़ना, शामिल क०; 3. समझना; 4. महत्त्व रखना; 5. समझा जाना; —*n.*, 1. काउण्ट; 2. (*counting*) गिनती*, गणना*, गणन; 3. संख्या*; 4. (*law*) अभियोग का विषय; **~able,** गणनीय; **~less,** असंख्य। > काउन्ट

countenance, *n.*, 1. मुखाकृति*, मुखमण्डल; 2. मुखड़ा, चेहरा, मुख; 3. अनुमोदन, समर्थन; 4. (*composure*) धैर्य, शान्ति*; —*v.*, 1. अनुमोदन क०, समर्थन क०; 2. (*encourage*) प्रोत्साहित क०। > काउन्ट्-इ-नॅन्स

counter, *n.*, 1.गणक; 2. (*machine*) गणित्र; 3. (*piece*) कंकड़, अँकटा खोटा सिक्का; 4. (*table*) काउन्टर, पटल; —*v.*, विरुद्ध होना; विरोध क०; रोकना, सामना क०; प्रत्युत्तर देना, खण्डन क०; प्रतिकार क०, प्रतिघात क०; —*adj.*, प्रतिकूल, विरुद्ध; दोहरा; —*adv.*, के प्रतिकूल; —*prep.* प्रति-। > काउन्-टॅ

counter/act, विरोध क०; व्यर्थ या प्रभावहीन कर देना; **~action,** विरोध; प्रतिकर्म, प्रतिकरण; **~active,** प्रतिकारक। > काउन्टरैक्ट; काउन्-टॅर-ऐक्/शॅन, ~टिव्

counter/-agent, प्रतिकारक; **~-attack,** प्रत्याक्रमण, जवाबी हमला; **~balance,** *n.*, प्रतिभार; प्रतिसन्तुलन, प्रतितुलन; *v.*, समभार क०; सन्तुलित क०; व्यर्थ कर देना; **~blast,** घोर निन्दा*; **~change,** 1. एक दूसरे के स्थान पर रखना, 2. (*chequer*) विविध कर देना; **~charge,** प्रत्यारोप; **~-clockwise,** वामावर्त; **~-espionage,** प्रतिगुप्तचर्या*; **~-exception,** प्रतिप्रसव; **~feit,** *adj.*, नक़ली, जाली, खोटा, कूट; बनावटी, कृत्रिम; —*v.*, जालसाज़ी* क०, जाली (सिक्का आदि) बनाना; नक़ल* क०, (का) अभिनय क०, (का) बहाना क०; **~feiter,** कूटकारक; जालसाज़; **~foil,** प्रतिपर्ण, प्रतिपत्रक, मुसन्ना; **~-irritant,** प्रदाहोत्पादक; **~mand,** प्रत्यादेश; **~mark,** प्रतिचिह्न; **~-measure,** प्रत्युपाय; **~-offensive,** प्रत्याक्रमण; **~pane,** पलंगपोश; **~part,** प्रतिरूप, प्रतिवस्तु*, प्रतिमूर्ति*; प्रतिपक्ष, दूसरा पक्ष; प्रतिलिपि*; पूरक; **~plot,** प्रतिकथानक; **~point,** सुरसंगति*; **~poise,** 1. प्रतितोल, प्रतिभार; 2. (*equilibrium*) सन्तुलन; **~-poison,** विषहर; **~-reformation,** प्रतिसुधारान्दोलन; **~seal,** प्रतिमुद्रांकन; **~signature,** प्रतिहस्ताक्षर; **~signed,** प्रति-हस्ताक्षरित; **~signing,** प्रतिहस्ताक्षरण; **~sink,** धँसाना; **~vail,** के बराबर होना; **~weight,** प्रतितोलक भार, प्रतिभार।

countrified, देहाती। > कॅन्-ट्रि-फ़ाइड

country, *n.*, 1. देश; 2. मातृभूमि*; 3. (*region*) प्रदेश, इलाका; 4. (*rural*) देहात; —*adj.*, देहाती; देशी; **~man,** देहाती; 2. (*compatriot*) देशभाई, समदेशी, हमवतन; **~side,** देहात। > कॅन्-ट्रि, ~मॅन, ~साइड

county, प्रान्त, प्रमण्डल, ज़िला। > काउन्-टि

coup, 1. (*move*) चाल*; 2. (*~d'etat*) राज्य-विप्लव, आकस्मिक शासन-परिवर्तन, ~ de grace, सांघातिक प्रहार। > कू

coupe, 1. (*railway*) छोटा डिब्बा, द्विशायिका*; 2. बग्घी*। > कूप्-ए

couple, *n.*, 1. (*two*) युग्म, युगल, जोड़ा; 2. वर-वधू, दम्पती; 3. बन्धन; —*v.*, जोड़ना, मिलाना, संयोजित क०; **~d,** युग्मित, जुड़वाँ, दोहरा, युग्म-; **~r,** युग्मक, योजक। > कॅपॅल; कॅपॅल्ड; कॅप्-लॅ

couplet, दोहा, द्विपदी*। > कॅप्-लिट

coupling, *n.*, युग्मन, संयोजन; *adj.*, योजक, युग्मक। > कॅप्-लिन्ग

coupon, कूपन, पर्णिका*। > कूपॅन

courage, साहस, हिम्मत*, शौर्य; **~ous,** साहसी, शूर, वीर। > कॅरिज; करेजॅस

courier, सन्देशहर, वार्ताहर। > कुरिअॅ

course, *n.*, 1. (*movement*) गति*, प्रगति*; 2. (*way*) पथ, मार्ग; 3. (*ground*) मैदान; 4. (*direction*) दिशा*, दिशाकोण; 5. (*of studies*) पाठ्यक्रम, विषय; 6. (*series*) माला*; 7. (*layer*) रद्दा; 8. (*procedure*) प्रक्रिया*; 9. (*of meal*) दौर, फेरा; 10. (*time*) अवधि*; 11. (*of action*) रास्ता; 12. (*of treatment*) क्रम; —*v.*, पीछा क०; पार क०; दौड़ाना; दौड़ना; बहना; in due ~, यथासमय; यथाक्रम; of~, अवश्य, निस्सन्देह; सहज ही, स्वभावत:। > कॉ:स

courser, (*bird*) नुकरी*। > कॉ:स्-अॅ

court, *n.*, 1. (*law*) न्यायालय, अदालत*, कचहरी*, अधिकरण ; 2. (*of a king*) राजदरबार; राजसभा*; राजमहल; 3. (*yard*) प्रांगण, चौक; 4. (*for games*) मैदान; 5. (*flattery*) दरबारदारी*, ख़ुशामद*; 6. (*of lover*) प्रणययाचन; —*v.*, दरबारदारी* क०; प्रणययाचन या प्रणय-निवेदन क०, प्रेम जताना, पीछे लगे रहना; लुभाना, खोजना, चाहना; का अवसर देना। > कॉ:ट

court/-clerk, पेशकार; **~-house,** न्यायालय; **~-martial,** *n.*, (*v.*,) सेना-न्यायालय; फ़ौजी अदालत* (में जाँचना); **~-witness,** अदालती गवाह।

courteous, शिष्ट, भद्र, सुसभ्य। > कॅ:ट्यॅस

courtesan, वेश्या*, गणिका*। > कॉ:टिज़ॅन

courtesy, शिष्टाचार, भद्रता*, सौजन्य। > कॅ:ट्-इसि

courtier, दरबारी। > कॉ:ट्यॅ

court!y, सुसभ्य, दरबारी। > कॉ:ट्-लि

courtship, प्रणय-निवेदन, प्रणय-याचन। > कॉ:ट्शिप

courtyard, आँगन, प्रांगण। कॉ:ट्-याड

cousin, (*see* AUNT; चचेरा, फुफेरा, ममेरा, मौसेरा) भाई या बहन*; रिश्तेदार, सम्बन्धी। > कॅज़ॅन

covalence, सहसंयोजकता*। > कोवेलॅन्स

cove, 1. (*inlet*) छोटी खाड़ी*, लघुनिवेशिका*, गुम; 2. तीन ओर से घिरा स्थान। > कोव्

covenant, प्रसंविदा*; प्रतिज्ञापत्र। > कॅविनॅन्ट

cover, *n.*, 1. आवरण, आच्छादन, छादन; 2. (*lid*) ढक्कन; 3. (*of book*) आवरण-पृष्ठ; 4. (*envelope*) लिफ़ाफ़ा; 5. (*shelter*) आड़*, ओट*; 6. (*thicket*) झाड़-झंखाड़, झाड़ी*; 7. (*pretence*) परदा, बहाना; 8. (*funds*) सुरक्षा-राशि*; —*v.*, 1. आच्छादित क०, ढकना; 2. (पर) लगाना, फैला देना, बिछाना, चढ़ाना; 3. पहना देना; 4. रक्षा* क०, बचाना, आड़* क०; 5. छिपाना, छिपा लेना; 6. (*with a weapon*) निशाना बनाना; 7. व्यवस्था* क०, प्रबन्ध क०; 8. पर्याप्त होना, पूरा पड़ना, खर्च देना; 9. (*travel*) तय क०; 10. (*deal with*) व्याख्या* क०, प्रतिपादन क०, अध्ययन क०; 11. (*include*) सम्मिलित क०; 12. का ध्यान रखना, रखवाली* क०, बचाव क०, पहरा देना; 13. विवरण देना; 14. (*of animal, serve*) लाँघना; ~oneself with, प्राप्त क०, अर्जित क०; ~up, ढँक लेना, आवृत क०, अवगुण्ठित क०; छिपा लेना, गुप्त रखना; break ~, आड़* से निकलना; take~, आड़* में जाना; under ~(*of*), (की) आड़* में, (की) ओट* में; under **~age,** 1. (*area*) क्षेत्र, विस्तार; 2. (*amount*) राशि*; 3. व्याप्ति*; **~ed,** आवृत, ढँका हुआ; आड़वाला; छतदार; बन्द; **~ing,** आवरक, आच्छादी; —letter, व्याख्या-पत्र; **~let, ~lid,** पलंगपोश; आवरण। > कॅ-वॅ; कॅ-वॅड; कॅवॅ/रिन्ग, ~लिट, ~लिड

covert, *adj.*, 1. गुप्त, बनावटी; 2. (*law*) संश्रिता*, पत्याश्रिता*; —*n.*, आश्रय; 2. (*thicket*) झाड़-झंखाड़; 3. (*zool.*) देहपिच्छ; **~ure,** आच्छादन; आश्रय; संश्रय, पत्याश्रय। > कॅवॅट, कॅ-वॅ-ट्युअॅ

covet, लालच या लोभ क०; **~ous,** लोभी, लालची, लोलुप; **~ousness,** लोलुपता*, लिप्सा*। > कॅविट, कॅविटॅस

covey, झुण्ड, वृन्द, दल। > कॅवि

cow, *n.*, गाय*, गो*, गौ*; मादा*; *v.*, भयभीत क०, डराना, संत्रस्त क०; **~-boy,** घुड़सवार गोपाल; **~-catcher,** इंजनछाज; **~-dung,** गोबर, गोमय; **~-herd,** ग्वाला; **~-hide,** गोचर्म; चाबुक; **~-pea,** लोबिया, चवली*, चवल; **~-pox,** गोचेचक; **~shed,** गोशाला*, गोष्ठ। > काउ, काउ/बॉइ, ~कैचॅ, ~शे'ड

coward, कायर, डरपोक, कापुरुष; **~ice,** कायरता*, भीरुता*। > काउ-अॅड; काउअॅडिस

cower, 1. (*crouch*) दबकना; 2. (*shrink*) सिकुड़ जाना, सिमटना। > काउ-अॅ

cow(h)age, cowitch, केवाँच*, कौंच*, कोंछ*। > काउ-इज; काउ-इच

cowl, टोप, शिरोवेष्टन, टोपी*, ढाँपी*; **~ing,** ढक्कन। > काउल; काउल्-इन्ग

cowrie, cowry, कौड़ी*। > काउर्-इ

coxa, 1. कक्षांग; 2. (*hip*) श्रोणी*, नितम्ब। > कॉक्-सॅ

coxcomb, छैला, दम्भी, बाँका। > कॉक्सकोम

coxswain, कर्णधार, सुक्कानी। > कॉक्-स्वेन

coy, 1. (*shy*) लजीला, संकोची, लज्जाशील; 2. (*coquettish*) नख़रेबाज़; 3. (*secluded*) एकान्त। > कॉइ

coyote, भेड़िया। > काइ-ओट = काइ-ओट्-इ

coze, *n.*, (*v.*) गपशप* (क०)। > कोज़

cozen, धोखा देना; फुसलाना; **~age,** छल-कपट।

cozy, *see*, COSY. > कॅज़न

crab, 1. केकड़ा, कर्कट; 2. (*astron.*) कर्कट, कर्क; 3. (*instr.*) छोटा हवीत, काँटा; 4. (*person*) तुनकमिज़ाज; **~-apple,** जंगली सेब; **~bed,** 1. (*peevish*) कटुस्वभाव, चिड़चिड़ा; 2. (*of writing*) गिचपिच, जटिल, क्लिष्ट, गुम्फित; **~-grass,** तकड़ी*; **~'s eyes,** घुँघची*, गुंजा। > क्रैब; क्रैब्-इड

crack, *n.*, 1. (*noise*) कड़क*, चटाका; 2. (*fracture*) दरक*; 3. (*fissure*) दरार*, दरज*; —*v.*, कड़कना, चटकना, चिटकना; दरकना, चटकाना, चिटकाना; फूटना; फोड़ना; **~-brained,** सनकी, पागल; **~ed,** फूटा हुआ, दरकदार; 2. (*strident*) कर्कश; **~er,** 1. (*firecracker*) पटाका, पटाखा; 2. बिस्कुट; **~ing,** (*chem.*) भंजन। > क्रैक

crackle, चटचटाना, चरचराना। > क्रैकॅल

crackling, चटचटाहट*, चटकाहट*।

crackly, चटचटा। > क्रैक्-लि

cradle, *n.*, 1. पालना; 2. बचपन; 3. उद्‌गम; 4. (*support*) सहारा, अवलम्ब; 5. (*frame*) ढाँचा, ठाठ; —*v.*, पालने में रखना या झुलाना; गोद* में रख लेना; पालन-पोषण क०; ढाँचे पर रखना। **cradling,** ढाँचा, ठाठ। > क्रेडॅल; क्रेड्-लिंग

craft, 1. कौशल, पटुता*; 2. (*slyness*) धूर्तता*, चालाकी*; 3. (*occupation*) शिल्प, दस्तकारी*, कारीगरी*; 4. शिल्पीगण; शिल्पीसंघ; 5. जलयान, वायुयान। > क्राफ़्ट

craftsman, शिल्पी, कारीगर; **~ship,** शिल्पकारिता*। > क्राफ़्ट्स्मॅन

crafty, धूर्त, चालाक, चालबाज़। > क्राफ़्-टि

crag, कूटक, शृंग; **~gy,** चट्टानी, पथरीला। > क्रैग; क्रैग्-इ

cram, 1. (*fill*) ठूसना; 2. (*learn*) रटना, 3. घोखना; **~-full,** ठसाठस, खचाखच। > क्रैम्:क्रैम्-फुल

cramp, *n.*, 1. ऐंठन*, मरोड़*, उद्‌वेष्ट; 2. (*clamp*) शिकंजा; 3. (*restriction*) निरोध, रोक*; —*v.*, कसना, जकड़ना; निरोध क०, नियन्त्रण लगाना; **~ed,** 1. (*narrow*) तंग; 2. जटिल, क्लिष्ट। > क्रैम्प; क्रैम्प्ट

crampon, काँटा। > क्रैम्पॅन

cranage, क्रेन-भाड़ा। > क्रेन्-इज

crane, *n.*, 1. सारस, सत्तराम; (*common~*) क्रौंच, कूँज*, कराँकुल, कुलंग; (*demoiselle~*) करकरा, करकटिया*; 2. (*instr.*) क्रेन, मलसूत, उत्तोलन; 3. (*tube*) नल; —*v.*, उठाना। > क्रेन

cranial, कपाल-, कपालीय। **craniology,** कपाल-विज्ञान। **craniotomy,** कपालछेदन। **cranium,** कपाल, करोटि*, खोपड़ी*। > क्रेन्यॅल; क्रेनिऑलॅजि, क्रेनिऑटॅमि; क्रेन्यॅम

crank, *n.*, 1. क्रैंक, अराल, कज; 2. (*whim*) झक*, सनक*; 3. (*person*) सनकी; **~-pin,** अराल-कील*; **~-shaft,** अरालदण्ड, क्रैंकधुरी*; **~y,** 1. (*loose*) ढीला; 2. (*cross*) चिड़चिड़ा; 3. सनकी। > क्रैंक

crankle *v.*, टेढ़ा-मेढ़ा चलना; *n.*, मोड़, घुमाव। > क्रैन्‌कॅल

crannied, दरारदार। > क्रैन्-इड

cranny, दरार*। > क्रैन्-इ

crape, क्रेप। > क्रेप

crapu/lence, 1. (*sickness*) अफरा; 2. अत्याहार, अतिभोजन; अतिपान; **~lent, ~lous,** अत्याहारी; शराबी, मद्यप। > क्रैप्यू/लॅन्स, ~लॅन्ट्, ~लॅस

crash, 1. धमाके से गिरना या टक्कर* खाना; 2. (*noise*) धमकना, कड़कना; 3. (*of building*) ढह जाना; —*n.*, 1. (*noise*) धमाका, धड़ाका; 2. टक्कर*; 3. समाप्ति*, तबाही*, सत्यानाश; **~-exit,** ध्वंस-निर्गम; **~-landing,** ध्वंस-अवतारण। > क्रैश

crasis, स्वरसन्धि*। > क्रेस्-इस

crass(itude), बुद्धू(पन) ; स्थूल(ता*)। > क्रैस; क्रैस्-इट्यूड

crate, 1. क्रेट, पंजर, कण्डा; 2. (*basket*) टोकरा। > क्रेट

crater, 1. ज्वालामुख; 2. (*hole*) गह्वर, गढ़ा, गर्त; 3. (*astron.*) चषक; **~iform,** कटोराकार। > क्रेट्-अॅ; क्रेटॅरिफ़ॉःम

cravat, गुलूबन्द; टाई*। > क्रॅवैट

crave, याचना* क०, निवेदन क०; लालायित होना, अभिलाषा क०, तरसना; की ज़रूरत* होना। > क्रेव्

craven, कायर, डरपोक; कातर, भीरु। > क्रेवॅन

craving, ललक*, लालसा*। > क्रेव्-इन्ग

craw, गलथैली*; **~fish,** चिंगट। > क्रॉ:; क्रॉ:फ़िश

crawl, *v.*, 1. रेंगना; 2. (*teem with*) कुलबुलाना; 3. (*be servile*) घिघिआना; —*n.*, 1. विसर्प, रेंग* 2. (*enclosure*) घेरा। > क्रॉ:ल

crayfish, चिंगट। > क्रेफ़िश

crayon, चित्रांकनी*; कार्बन वर्तिका। > क्रेअॅन = क्रेऑन

craze, धुन*, सनक* झक*; पागलपन, उन्माद। > क्रेज़

crazy, सनकी; पागल। > क्रेज़्-इ

creak, *v.*, 1. चरचराना, किरकिराना; 2. (*of boots*) चरमराना; —*n.*, चरचराहट*। > क्रीक

cream, मलाई*; क्रीम; सर्वोत्तम अंश या व्यक्ति;

~-laid, (*paper*) मोतिया; ~of lime, चूने का माँड़। > क्रीम; क्रीम्-लेड

crease, *n.* (*v*), चुनट* या चुनन* (डालना या पड़ जाना)। > क्रीस

creasy, चुनटदार, चुननदार। > क्रीस्-इ

create, सृष्टि* क०, शून्य मात्र से उत्पन्न क०; बनाना; स्थापित क०; उत्पन्न क०। > क्रिएट

creation, 1. (*universe*) सृष्टि*; 2. (*action*) सर्जन; 3. रचना*, आविष्कार; **~ism,** सृष्टिवाद। > क्रिए/शॅन, ~शॅनिज़्म

creative, सर्जनात्मक, रचनात्मक; सर्जक; मौलिक; ~literature, कृति-साहित्य। > क्रिएट्-इव़

creator, सृष्टिकर्ता, स्रष्टा। > क्रि-एट्-अँ

creature, 1. सृष्टि*, सृष्ट वस्तु* या जीव; 2. प्राणी, जीव; 3. मनुष्य; 4. जानवर; 5. (*puppet*) कठपुतली*; ~comforts, सुख-साधन। > क्री-चॅ

creche, शिशुसदन। > क्रेश

credence, 1. विश्वास; 2. *see* CREDENTIAL; 3. (*~table*) यज्ञ-फलक। > क्रीडॅन्स

credential(s), प्रत्यय-पत्र, प्रत्यायक। > क्रिडे 'न्/शॅल, ~शॅल्ज़

credibility, प्रत्येयता*; विश्वसनीयता*। **credible,** 1. विश्वास्य, विश्वास-योग्य, प्रत्येय; 2. (*reliable*) विश्वसनीय। > क्रे 'डिबिल्-इटि; क्रे 'ड्-इबॅल

credit, *n.*, 1. (*belief*) विश्वास, मान्यता*, भरोसा; 2. (*reputation*) नाम, ख्याति*; 3. (*commendation*) श्रेय; 4. (*bringing honour*) गौरव; 5. (*reputation of solvency*) साख*; 6. (*~balance*) जमा-बाक़ी*; 7. (*loan*) उधार, ऋण; 8. (*accounts*) जमा*; आकलन; —*v.*, विश्वास क०; श्रेय देना; जमा क०, आकलन क०। > क्रे 'ड्-इट

credit/able, प्रशंसनीय, श्रेयस्कर; **~ed,** आकलित; **~-note,** साख-पत्र, जमा-पत्र; **~or,** ऋणदाता, उत्तमर्ण, साहूकार, लेनदार; **~-side,** आकलन-पक्ष; **~-society,** उधार-समिति*। > क्रे 'ड्-इ/टॅबॅल, ~टिड, ~टॅ

credo, *see* CREED. > क्रीडो

credulity, आशुविश्वास, भोलापन, आशुविश्वासिता*। > क्रिड्यूल्-इटि

credulous, आशुविश्वासी, भोला, कान का कच्चा। > क्रे 'ड्यूलॅस

creed, 1. (*credo*) धर्मसार; 2. धर्ममत, पन्थ; 3. मत, सिद्धान्त। > क्रीड

creek, सँकरी खाड़ी*, निवेशिका*। > क्रीक

creel, टोकरा। > क्रील

creep, 1. रेंगना; 2. सरकना, खिसकना; 3. (*grow*) चढ़ना; *n.*, रिंगण, विसर्पण; सर्पण; **~er** 1. रेंगनेवाला, विसर्पी; 2. लता*, वल्लरी*, विसर्पी लता*, 3. (*grapnel*) काँटा; **~y,** 1. विसर्पी; 2. (*horrified*) लोमहर्षित; 3. (*horrifying*) लोमहर्षक; he felt —, उसके रोंगटे खड़े हो गए। > क्रीप; क्रीप्-अँ; क्रीप्-इ

cremate, 1. भस्म कर देना, जलाना, दहन क०; दाहसंस्कार क०। > क्रिमेट

cremation, दहन; दाहसंस्कार, दाहकर्म; **~-ground,** श्मशान। > क्रिमेशॅन

cremator, 1. दाहकर्ता; 2. भट्ठी*; 3. (*crematory*) (शव) दाहित्र, दाहगृह, शवदाहगृह। > क्रि-मेट्-अँ; क्रे 'मॅटॅरि

crenate(d), crenulate(d), कुंठदंती। > क्रीनेट, क्रीनेटिड; क्रे 'न्यु/लिट, ~लेटिड

crenature, दन्दाना। > क्रीनॅट्युअँ

crenel(le), मोखा। **crenel(l)ated,** मोखेदार। > क्रे 'नॅल; क्रिने 'ल; क्रे 'न्-इलेटिड

creosote, क्रिअसोट। > क्रिअॅसोट

crepe, क्रेप। > क्रेप

crepitate, चटचटाना। **crepitation,** चटचटाहट*। > क्रेप्-इटेट; के 'पिटेशॅन

crepuscular, 1. सान्ध्य; 2. धुँधला। > क्रि-पॅस्-क्यु-लॅ

crescendo, *n.*, आरोह; *adj.*, आरोही; —*adv.*, उत्तरोत्तर उच्च स्वर में। > क्रिशे 'न्डो

crescent, *n.*, बालचन्द्र; अर्द्धचन्द्र; *adj.*, अर्द्धचन्द्राकार, चापाकार। > क्रे 'सॅन्ट

cress, हालिम, चंसुर। > क्रे 'स

cresset, मशाल*। > क्रे 'स्-इट

crest, *n.*, 1. (*of animals*) कलगी*, शिखा*, चूड़ा, चोटी*; 2. (*ornament*) किरीट; 3. (*helmet*) कूँड़, शिरस्त्राण; 4. (*~of wave*) तरंग-शृंग; 5. (*top*) शिखर, चोटी*, शृंग, शीर्ष, 6. (*mane*) अयाल; —*v.*, चोटी* लगाना या बनाना; चोटी* तक पहुँचना; **~ed,** किरीटी, शिखाधर; **~fallen,** हतोत्साह; **~-jewel,** चूड़ामणि। > क्रे 'स्ट; क्रे 'स्-टिड

cretaceous, खटीमय। > क्रिटेशॅस

cretin(ism), जड़वामन(ता*), बौना(पन), अवटुवामन। > क्रे 'ट्-इन; क्रे 'ट्-इनिज़्म

crevasse, हिम-दरार*, हिम-विदर। > क्रिवैस

crevice, विदरिका*, तरेड़*; **~d,** दरारदार। > क्रै 'व्-इस, क्रे 'व्-इस्ट

crew, कर्मीदल; दल, जत्था। > क्रू

crib, *n.*, 1. (*manger*) नाँद*, खोर*; 2. (*stall*) गोशाला*; 3. (*hut*) झोंपड़ी*; 4. (*bed*) शिशुशैया, खटोला; 5. (*mining*) कुन्दों की दीवार*; —*v.*, 1. बन्द रखना, निरोध क०; 2. कुन्दे बैठाना। > क्रिब

cribriform, चालनीरूप, सुषिर। > क्रिब्-रिफॉःम

crick, ऐंठन*, मरोड़*। > क्रिक

cricket, *n.*, 1. झींगुर, झिल्ली*; 2. (*game*) गेंद-बल्ला, क्रिकेट। > क्रिक्-इट

cricoid, वलयाकार, वलय-। > क्राइकॉइड

crier, 1. चिल्लानेवाला; 2. (*officer*) घोषक; 3. (*merchant*) फेरीवाला। > क्राइअ

crime, *n.*, अपराध। > क्राइम

criminal, अपराधी; *adj.*, 1. आपराधिक, सापराध, अनुचित, दण्ड्य; 2. (*guilty*) अपराधी; ~court, दण्ड-न्यायालय, फ़ौजदारी अदालत*; ~justice, दण्ड-न्याय; ~tribes, अपराधशील जन-जातियाँ*; **~ity,** अपराधिता*। > क्रिम्-इनॅल; क्रिमिनैल्-इटि

crimi/nate, 1. (*accuse*) दोषारोपण क०; 2. अपराधी ठहराना; 3. (*condemn*) अभिशस्त; क०, दण्डाज्ञा* देना; **~nation,** अभिशंसन; **~native, ~natory,** अभिशंसक; **~nology,** अपराध-विज्ञान; **~nous,** अपराधी। > क्रिम्-इनेट; क्रिमिनेशॅन; क्रिम्-इनेटिव; क्रिम्-इनेटॅरि; क्रिमिनॉलॅजि; क्रिम्-इनॅस

crimp, लहरदार बनाना; ~ing iron, सँड़सी*। > क्रिम्प

crimson, कृमिज, किरमिजी। > क्रिम्ज़ॅन

cringe, सिकुड़ जाना, दबकना; घिघिआना, दाँत निपोड़ना, किसी के आगे नाक* रगड़ना। > क्रिंज

crinite, रोमयुक्त। > क्राइनाइट

crinkle, *n.*, मरोड़*, सिलवट*; *v.*, मरोड़ना; सिलवटें* डालना। > क्रिन्ग्कॅल

cripple, *n.*, अपंग, अपांग, विकलांग; *v.*, अपांग क०; अशक्त बना देना, बिगाड़ना। > क्रिपॅल

crisis, संकट, संकटावस्था*, संकट-स्थिति*, संकटकाल; चरमबिन्दु। > क्राइस्-इस

crisp, 1. (*brittle*) मुरमुरा, भुरभुरा, ख़स्ता, कुरकुरा; 2. (*clear*) सुस्पष्ट, विशद; 3. (*lively*) फुरतीला; 4. (*bracing*) स्फूर्तिदायक; 5. (*curly*) कुंचित; 6. (*wavy*) लहरदार; **~ate,** कुंचित। > क्रिस्ट, क्रिस्पेट

crisscross, आड़ा-तिरछा। > क्रिसक्रॉ:स

criteriology, मानक-समीक्षा*, ज्ञाननिकष-मीमांसा*। > क्राइटिरिऑलॅजि

cristate, किरीटी। > क्रिस्टेट

criterion, कसौटी*, निकष, मापदण्ड, मानक, मानदण्ड। > क्राइटिअॅर्-इअॅन

critic, 1. आलोचक, समालोचक, समीक्षक; 2. (*fault-finder*) छिन्द्रान्वेषी; **~al,** 1. आलोचनात्मक; 2. विवेचनात्मक, विवेचित; 3. छिद्रान्वेषी; 4. संकटकालीन; 5. (*dangerous*) संकटपूर्ण; 6. (*science*) क्रान्तिक; —point, संकट- या क्रान्तिक बिन्दु; —situation, नाजुक स्थिति*; —apparatus, पाठान्तर-सूची*; **~aster,** नुकता-चीनी* करनेवाला; **~ism(~ize),** आलोचना*, आलोचन, समालोचना*; समीक्षा (क०); छिद्रान्वेषण (क०), निन्दा* (क०)। > क्रिट्-इक; क्रिट्-इकॅल; क्रि-टि-कैस्-टॅ; क्रिट्-इसिज़्म; क्रिट्-इसाइज़

critique, समीक्षा*। > क्रिटीक

croak, *n.*, 1. (*of frog*) टर्र-टर्र*; 2. (*of crows*) काँव-काँव, काँय-काँय*; —*v.*, टरटराना; काँव-काँव क०; कुभाख या कुभाखा* बोलना; अनिष्ट की भविष्यवाणी* क०; **~er,** कुबोलना; कुबोलिनी। > क्रोक; क्रोक्-अॅ

croceate, केसरिया। > क्रोशिएट = क्रोसिएट

crochet, काँटे से बुनाई* क०। > क्रोशे

crock, 1. मिट्टी* का बर्तन; 2. (*broken piece*) ठीकरी*; **~ery,** चीनी* के बर्तन। > क्रॉक; क्रॉकॅरि।

crocodile, मकर, मगर; ~tears, कपटी या घड़ियाली आँसू। > क्रॉकॅडाइल

croft, बाड़ा; किराये का छोटा चक। > क्रॉफ़्ट

crone, बुढ़िया*। > क्रोन

crony, अंतरंग मित्र। > क्रोन्-इ

crook, 1. हुक, कँटिया*; 2. लाठी*; 3. *see* CROSIER; 4. मोड़; 5. (*swindler*) धोखेबाज़; —*v.*, मुड़ना; मोड़ना; **~ed,** टेढ़ा, कुटिल, धूर्त। > क्रुक; क्रुक्-इड

croon, *v.*, गुनगुनाना; *n.*, गुनगुनाहट*, मिस्की*। > क्रून

crop, *n.*, 1. फ़सल*, पैदावार*, उपज*, सस्य; 2. (*craw*) गलथैली*; 3. (*whip*) चाबुक; 4. चाबुक का दस्ता; 5. (*hide*) खाल; 6. समूह; 7. (*haircut*) केशकर्तन, बाल कटवाना; —*v.*, 1. काटना, कतरना; 2. (*reap*) फ़सल* काटना, लुनना; 3. पैदा क०; ~out (*up*), प्रकट या उत्पन्न होना; **~eared,** कनकटा। > क्रॉप

crore, करोड़। > क्रॉ:

crosier, अधिकार-दण्ड। > क्रो-श़ॅ

cross, *n.*, 1. (*stake*) सूली*, क्रूस, सलीब*; 2. (*badge*) क्रास, पदक; 3. (*staff*) अधिकारदण्ड; 4. (*trial*) विपत्ति*, मुसीबत*, कष्ट; 5. (*hybrid*) संकर; —*v.*, काटना, काट-कूट* क०; रेखित क०; आड़ा रखना; पार क०; पार उतारना; (से) भेंट* क०, भेंट* होना; विरोध क०; संकरण क०; —*adj.*, 1. (*transverse*) आड़ा, तिरछा, तिर्यक्; 2. (*crossing*) पारगामी; 3. (*opposed*) प्रति-, प्रतिकूल; 4. (*ill-tempered*) अप्रसन्न; 5. (*reciprocal*) अन्योन्य; 6. (*hybrid*) संकर, दोग़ला। > क्रास

cross/bar, अर्गला*; **~-beam,** आड़ी कड़ी*, **~-bearer,** क्रूस-वाहक; **~-bow,** आड़ी कमान*; **~-breed,** *n.*, दोग़ला; —*v.*, संकरण क०; **~-breeding,** संकरण; **~-country,** क्षेत्रपार; **~-cut,** 1. तिरछी काट*; 2. (*way*) निकट मार्ग; **~-examination,** जिरह*, प्रतिपृच्छा, अनुयोग; **~-eyed,** भेंगा; **~-fertilization,** परसंसेचन; **~-heading,** केन्द्र-शीर्षक।

crossing, 1. रेखन, काटकूट*; 2. पार-गमन, पारण; 3. समुद्री यात्रा*; 4. (*of roads*) चौराहा; 5. (*path across*) पारक; overhead~, उपरि पारक

6. (*breeding*) संकरण; 7. (*site*) पार करने की जगह*; (*of river*) घाट। > क्रॉस्-इन्ग

cross/-legged, तिरछे पाँव रखे हुए; पालथी* मारे हुए; **~-purpose,** गलतफ़हमी*; **~-reference,** अन्योन्य सन्दर्भ, प्रतिनिर्देश; **~-section,** अनुप्रस्थ काट*; प्रतिनिधिक अंश या समूह; **~-talk,** मिश्रित वार्ता*; **~-voting,** प्रति-मतदान; **~-wind,** तिरछी हवा*; **~-wise,** आड़े-तिरछे; **~word,** वर्ग-पहेली*।

crotch, 1. काँटा; 2. (*of tree*) द्विशाखीकोण; 3. (*of body*) ऊरुसन्धि*। > क्रॉच

crotchet, 1. क्रोशिया, सलाई*, कँटिया*; 2. (*music*) पादस्वर; 3. (*whim*) सनक*, झक*; **~y,** सनकी। > क्रॉच्-इट; क्रॉच्-इटि

croton oil, जमालगोटे का तेल। > क्रोटॅन

crouch, *v.*, दबकना; नाक* रगड़ना, (दीनतापूर्वक) झुकना; —*n.*, दबक*; झुकाव। > क्राउच

croup, 1. (*rump*) पुट्ठा, पिछली पीठ*; 2. (*sickness*) सुखंडी*; कण्डशोथ। > क्रूप

crow, *n.*, 1. कौआ, काक; (*big ~*) डोम कौआ, काला कौआ; (*small ~*) नौआ-कौआ; 2. (*~-bar*) रम्भा, सब्बल; —*v.*, 1. (*cock*) बाँग* देना, कुकड़ूँ-कूँ* क०; 2. हर्षध्वनि* या जयघोष क०, किलकारना; 3. डींग मारना; **~-bar,** सब्बल, रम्भा; **~-bill,** चिमटी*; **~foot,** पंजा। > क्रो

crowd, *n.*, भीड़*, जनसमूह; भीड़-भाड़*; समूह; जनसाधारण; *v.*, घिर आना, जुट जाना; भीड़* में आना, धक्कमधक्का होना; (ठसाठस) भर देना; **~ed,** भरा हुआ, परिपूर्ण, संकुल; जनसंकुल, जनाकीर्ण। > क्राउड; क्राउड्-इड

crown, *n.*, 1. मुकुट, किरीट; 2. (*top*) शीर्ष, शिखर; —*v.*, मुकुट पहनाना; अभिषिक्त क०, राज्याभिषेक देना; सम्मानित क०; सर्वोच्च होना; सम्पूर्ण या पूर्ण क०; **~ed,** अभिषिक्त ; **~ing,** *n.*, अभिषेक; समापन; —*adj.*, सर्वोच्च; **~prince,** युवराज, टिकैत। > क्राउन; क्राउन्ड; क्राउन्-इन्ग

crozier, अधिकार-दण्ड। > क्रो-श़ॅ

crucial, 1. निर्णायक, संकटकालीन; 2. (*difficult*) कठिन, संगीन; 3. (*cruiciate*) क्रूसाकार, स्वस्तिक। > क्रूशॅल

crucible, घरिया*, कुठाली*, घड़िया*, कुल्हिया*, मूषा*। > क्रूसिबॅल

cruci/fer, 1. क्रूसवाहक; 2. (*bot.*) क्रूसीफेरी; **~fied,** क्रूसारोषित; **~fix,** क्रूसमूर्ति; **~fixion,** क्रूसारोपण; **~form,** क्रूसाकार, स्वस्तिक- (ाकार); **~fy,** 1. (*condemn to the cross*) क्रूस देना; 2. क्रूस पर ठोंकना; 3. दमन क०; 4. यंत्रणा* देना। > क्रूसि/फ़ॅ, ~फ़ाइड, ~फ़िक्स; क्रूसिफ़िक्शॅन क्रूसि/फ़ॉःम, ~फ़ाइ

crude, 1. कच्चा, अपक्व; 2. (*unrefined*) कच्चा, अनपढ़, अपरिष्कृत; 3. (*person*) असभ्य, अशिष्ट; 4. (*uncorrected*) अशोधित; 5. (*uninflected*) प्रातिपदिक। > क्रूड

cruel(ty), क्रूर(ता*), निर्दय, निष्ठुर, निर्मम। > क्रूइल = क्रूअॅल, ~टि

cruet, शीशी*। > क्रूइट

cruise, *n.*, समुद्री यात्रा* या पर्यटन, पोतविहार; परिभ्रमण; —*v.*, 1. समुद्री पर्यटन क०; 2. समुद्री गश्त* लगाना; 3. परिभ्रमण क०; 4. चलना; cruising speed, सामान्य चाल*। > क्रूज़

cruiser, क्रूज़र। > क्रूज़्-अॅ

crumb, *n.*, टुकड़ा, कण, किनका, रोटी* का सारभाग; —*v.*, टुकड़े-टुकड़े हो जाना या कर देना या बिखेरना। > क्रॅम

crumble, टुकड़े-टुकड़े कर देना; टुकड़े-टुकडे हो जाना, विशीर्ण हो जाना। > क्रॅम्बॅल

crumbly, भुरभुरा। > क्रॅम्-ब्लि

crumple, *v.*, मरोड़ना, मिचोड़ना; सिलवट* पड़ जाना; —*n.*, सिलवट*; **~d,** सिलवटदार। > क्रॅम्पॅल, क्रॅम्पॅल्ड

crunch, *v.*, चबाना; कुचलना; *n.*, चरमराहट*। > क्रॅन्च

crupper, 1. दुमची*; 2. (*rump*) पुट्ठा। > क्रॅप्-अ

crural, जंघीय। > क्रुरॅल

crus, पाद। > क्रॅस

crusade, क्रूसयुद्ध, धर्मयुद्ध, जिहाद; **~r,** धर्मयोद्धा, मुजाहिद। > क्रूसेड; क्रू-सेड्-अॅ

crush, *v.*, 1. रौंदना, कुचलना; 2. (*ground*) पीसना; 3. (*overwhelm*) परास्त कर देना; 4. (*extract*) पेरना; —*n.*, संदलन, अपघर्षण; पिसाई*; पेराई, भीड़भाड़*; **~er,** 1. दलित्र; 2. (*oil-press*) कोल्हू। > क्रैश

crust, *n.*, 1. पपड़ी*, पर्पटी*; 2. (*of bread*) छिलका; 3. (*of wound*) कुकरी*; 4. (*geology*) भूपृष्ठ, भूपटल; 5. (*film*) पटल; —*v.*, पपड़ी* पड़ना; **~acea,** क्रस्टेशिया, पर्पटीय; **~aceous, ~ed,** पपड़ीदार; **~ation,** पपड़ी*; पर्पटीभवन; **~y,** पपड़ीदार; चिड़चिड़ा। > क्रॅस्ट; क्रॅस्टेश्यॅ, क्रॅसटे/शॅस, ~शॅन; क्रॅस् -टिड; क्रॅस्-टि

crutch, बैसाखी*; सहारा; ऊरुसन्धि*। > क्रॅच

crux, 1. (*crucial point*) मूल प्रश्न, मर्म; 2. कठिनाई*; 3. (*riddle*) रहस्य, पहेली*; 4. (*cross*) स्वस्तिक; 5. (*southern cross*) त्रिशंकु। > क्रॅक्स

cry, *v.*, 1. चिल्लाना; 2. (*weep*) रोना; 3. (*call*) पुकारना; 4. याचना* क०, माँगना; 5. (*proclaim*) घोषणा* क०; 6. (*for selling*) हाँक* लगाना; —*n.*, 1. चीख़*, चिल्लाहट*; 2. रोदन; 3. पुकार*; 4. (*of bird*) बोली*; 5. माँग*; 6. घोषणा*, मुनादी*; 7. हाँक*; 8. (*rumour*) अफ़वाह*; 9. (*outcry*) आम आवाज़*; 10. (*slogan*) नारा; **~ing,** असह्य, असहनीय; —need, अत्यन्त आवश्यकता*। > क्राइ; क्राइइन्ग

cryos/copic, हिमांकमितीय, **~copy,** हिमांकमिति*। > क्राइऑस्कॉप्-इक; क्राइऑस्कॅपि

crypt, 1.गुहागृह, तहखाना; 2. गुहामन्दिर; 3. शवकक्ष; 4. (*anat.*) दरी*; **~ic,** रहस्यमय, गूढ़, गुप्त। > क्रिप्ट; क्रिप्-टिक

crypto, गुप्त, प्रच्छन्न; **~gam,** क्रिप्टोगैम; **~gram,** गुप्त सन्देश, बीज-लेख; **~graphy,** बीज-लेखन। > क्रिप्टो; क्रिप्टॅ/गैम, ग्रैम; क्रिप्टॉगरॅफ़ि

crystal, *n.*, 1. (*quartz*) स्फाटक; बिल्लौर; 2. (*chem.*) क्रिस्टल, रवा, मणिभ, केलास; —*adj.*, 1. (~*line*) क्रिस्टलीय, रवेदार, स्फाटकीय, स्फाटकमय, स्फाटीय, मणिभीय; 2. स्वच्छ, पारदर्शक; **~lization,** क्रिस्टलीकरण, क्रिस्टलन, **~lize,** क्रिस्टल बनना या बनाना; निश्चित रूप देना या धारण क०; **~lography,** क्रिस्टल-विज्ञान; **~loid,** क्रिस्टलाभ। > क्रिस्टॅल; क्रिस्ट'लाइज़ेशॅन; क्रिस्टॅलाइज़; क्रिस्टॅलॉग्-रॅफ़ि; क्रिस्टॅलॉइड

ctenoid, कंकताभ। > टीनॉइड

cub, 1.शावक; 2. (*of bear*) बचून; 3. (*novice*) नौसिखुआ; 4. (*scout*) बाल-स्काउट, शावक। > कॅब

cubage, cubature, 1. (*measure*) घनफल, घनधारिता*; 2. (*measuring*) घनपरिकलन। > क्यूब्-इज; क्यूबॅचॅ

cubby(hole), सुखद छोटा घर या कमरा। > कॅब्-इ, ~होल

cube, *n.*, घन; *v.* घन या घनफल निकालना; **~root,** घनमूल। > क्यूब

cubeb(s) कबाब-चीनी*। > क्यूबे'ब

cubic, 1. घन; 2. (*cubical, cubiform*) घनीय, घनाकार, घनाकृति (क); 3. (*math.*) त्रिघात, त्रिघाती। > क्यूब्-इक

cubicle, कक्षक, कोठरी*; शयनकक्ष।> क्यूब्-इकॅल

cubism, घनवाद। > क्यूब्-इज़्म

cubit, हाथ (लगभग २० इंच); **~al,** अन्तः- प्रकोष्ठिक। > क्यूब्-इट; क्यूब्-इटॅल

cuboid, घनाभ; **~bone,** घनास्थि*। > क्यूबॉइड

cuckold, कुलटा-पति। > कॅकॅल्ड = कॅकोल्ड

cuckoo, 1. कुक्कू; 2. (*hawk ~*) पपीहा; 3. *see* KOEL; 4. (*call of*) कूक*, कुहक*। > कुकू

cucumber, खीरा, ककड़ी*। > क्यूकॅम्-बॅ

cucurbit, कद्दू, कुम्हड़ा, कूष्माण्ड। > क्युकॅ:ब्-इट

cud, जुगाल; chew the ~, जुगाली* क०। > कॅड

cuddle, लिपट जाना, गले लगाना; छाती* से लगाना (परस्पर) सटकर लेटना। > कॅडॅल

cudgel, लाठी*, लट्ठ, डण्डा। > कॅजॅल

cue, 1. संकेत, इंगित; 2. कर्तव्य; 3. (*mood*) मनोभाव; 4. (*billiards*) डण्डा। > क्यू

cuff, *n.* (*v.*), तमाचा, थप्पड़ (मारना); कफ़, कलाई-बन्ध, आस्तीन की मोहरी*। > कॅफ़

cuirass, 1. कवच; 2. (*breastplate*) उरस्त्राण; 3. (*vest*) सदरी*। > क्विरैस

cuisine, रसोईघर; भोजन; पाक-प्रणाली*। > क्विज़ीन

cul-de-sac, बन्द गली*। > कुल्-डॅ-सैक

culinary, पाक-; पाक्य, खाद्य। > क्यूल्-इनरि

cull, *v.*, चुनना, बीनना; तोड़ना; *adj.*, निकृष्ट। > कॅल

cullet, टूटा-फूटा काँच। > कॅल्-इट

culm, 1. (*stem*) नाल*; 2. कोयले का चूर्ण। > कॅल्म

culmi/nant, चरम बिन्दु पर; **~nate,** चरम बिन्दु या पराकाष्ठा* पर पहुँचना; **~nation,** चरम बिन्दु; पराकाष्ठा*, पराकोटि*, परमोत्कर्ष। > कॅल्-मि/नॅन्ट, ~नेट; कॅल-मि-ने-शॅन

culpa, दोष; **~bility,** सदोषता*; **~ble,** सदोष, आपराधिक; निन्दनीय, गर्हणीय। > कॅल्-पॅ; कॅलपॅबिल्-इटि; कॅल्पॅबॅल

culprit, दोषी; अपराधी, अभियुक्त, मुलज़िम। > कॅल्-प्रिट

cult, 1. पूजापद्धति*; 2. उपासना*, पूजा*, भक्ति*; 3. (*sect*) सम्प्रदाय, पंथ। > कॅल्ट

cultivable, कृष्य, कृषियोग्य। > कॅल्-टिवॅबॅल

cultivate, 1. खेती* क०, जोतना; 2. (*refine*) का परिष्कार क०; 3. (*foster*) का पोषण क०, (आगे) बढ़ाना, में लगे रहना; 4. (*a person*) से परिचय बढ़ाना; **~d,** कृष्ट। > कॅल्-टि-वेट

cultivation, 1. खेती*, जुताई*, कर्षण, कृषि*; 2. (*refinement*) परिष्कार; 3. (*advancement*) बढ़ावा, संवर्धन, प्रवर्धन; 4. (*culture*) संस्कृति*। > कॅल्-टि-वे-शॅन

cultivator, 1. खेतिहर, किसान, कृषक; 2. (*machine*) कृषक। > कॅल्-टि-वे-टॅ

cultrate, cultriform, नुकीला, तीक्ष्ण। > कॅल्-ट्रिट; कॅल्-ट्रि-फ़ॉ:म

cultural, सांस्कृतिक। > कॅल्चॅरॅल

culture, 1. संस्कृति*; 2. खेती*; 3. पालन; 4. (*in laboratory*) संवर्ध, संवर्धन; 5. (*bacteria*) जीवाणु-समूह; **~d,** सुसंस्कृत। > कॅल्-चॅ; कॅल्चॅड

culvert, पुलिया*। > कॅल्वॅट

cumber, *n.*, (*v.*), बाधा* या भार (डालना); **~some, cumbrous,** भारी, बोझिल, दुर्वह, दुर्वह्य, दुर्वहनीय। > कॅम्-बॅ, ~सॅम; कॅम्-ब्रॅस

cum(m)in, (सफ़ेद) जीरा; Persian ~, स्याह जीरा। > कॅम्-इन

cumulate, *adj.*, संचित; *v.*, संचित क०; ढेर लगाना। > क्यूम्यूलेट

cumulation, संचयन, प्रचयन; संचय, ढेर। > क्यूम्यूलेशॅन

cumulative, 1. संचयी; 2. (*accumulated*) संचित, 3. (*gramm.*) समुच्चयबोधक। > क्यूम्यूलेटिव़

cumulus, 1. ढेर, संचय; 2. (*cloud*) मेघपुंज, कपासी मेघ। > क्यूम्यूलॅस

cuneate, फानाकार। > क्यून्-इइट

cuneiform, 1.फानाकार, कीलाकार; 2. (*script*) कीलाक्षर। > क्यून्-इ-इफॉ:म

cunning, *adj.*, चालाक, धूर्त; *n.*, चालाकी*, धूर्तता*। > कॅन्-इना

cup, प्याला, कटोरा, चषक; जयपात्र; (दु:खद) अनुभव; **~-bearer,** साक़ी; **~board,** आलमारी*, धात्री*; **~ful,** प्यालाभर; **~-shaped,** चषकाकार। > कॅप, कॅप्-बे'ॲ-रॅ; कॅबॅड; कॅप्फ़ुल; कॅप्शेप्ट

cupel, खर्पर, खप्पर; **~lation,** खर्परण। > क्यूपे'ल; क्यूपे'लेशॅन

Cupid, कामदेव। > क्यूप्-इड

cupidity, अर्थलिप्सा*, लोभ। > क्यूपिड्-इटि = क्यूपिड्-इटि

cupola, 1. गुम्बज, गुम्मट; 2. (*furnace*) गुम्बदी भट्ठी*; 3. (*anat.*) छतरी*। > क्यूपॅलॅ

cupreous, ताम्रपय; ताम्रवर्ण। **cupric,** ताम्रिक। **cupriferous,** ताम्रमय। **cuprite,** कुप्राइट। **cuprous,** ताम्रस। > क्यूप्-रिॲस; क्यूप्-रिक; क्यूप्रिफ़ॅरॅस; क्यूप्राइट; क्यूप्रॅस

cupule, प्यालिका*, चषिका*। > क्यूप्यूल

cur, 1.निकम्मा (*worthless*) या कटहा (*snappish*) कुत्ता; 2. (*fellow*) पाजी, नीच, कमीना आदमी। > कॅ:

curable, साध्य, चिकित्स्य। > क्युॲरॅबल

curate, सहकारी पुरोहित। > क्युॲर्-इट

curative, रोगहर, रोगनाशक, आरोग्यकर। > क्युॲरॅटिव़

curator, 1. संग्रहाध्यक्ष, संग्रहपाल; 2. अध्यक्ष; 3. (*guardian*) अभिभावक। > क्युॲ-रेट्-ॲ

curb, *v.*, वश में रखना, निरोध क०, पर नियन्त्रण रखना, नियंत्रित क०; —*n.*, 1. (*harness*) दहाना; 2. (*check*) प्रतिबन्ध; 3. (*ring*) चक्का, चक्क; 4. (*kerb*) किनार; 5. (*horse-disease*) बजर-हड्डी*; 6. (*round top of well*) जगत*; ~roof, दुढालू छत*। > कॅ:ब

curcuma, हल्दी*, हरिद्रा*। > कॅ:क्-यू-मॅ

curd, दही, दधि; **~y,** थक्केदार। > कॅ:ड, कॅ:ड्-इ

curdle, (दही) जमना या जमाना; आतंचित हो जाना या क०। > कॅ:डॅल

cure, *n.*, 1. रोगमुक्ति*; 2. (*remedy*) दवा*, औषध*; 3. (*treatment*) चिकित्सा*, उपचार; 4. पुरोहिताई*; 5. (*for preservation*) संसाधन; —*v.*, 1. अच्छा या चंगा कर देना या हो जाना; 2. (*remedy*) उपाय क०, प्रतिकार क०, दूर क०; 3. (*preserve*) सुखाकर, नमक लगाकर अथवा धुआँ देकर बिगड़ने से बचाना; सुखाना, नमक लगाना, धुआँ देना; 4. (*a skin*) कमाना, सिझाना; **~-all,** सर्वरोगहर; रामबाण; **~d,** अभिसाधित; **~less,** असाध्य। > क्युॲ; क्युॲरॉ:ल; क्युॲड; क्युॲलिस

curing, संसाधन, पकाई*; तराई* (*of concrete*) > क्युॲर्-इना

curette, खुरचनी*, आखुरी*। > क्युॲरे'ट

curfew, घरबन्दी*, करफ़्यू, कर्फ़्यू। > कॅ:फ़्यू

curia, कार्यालय। > क्युॲर्-इॲ

curio, कलाकृति*। > क्युॲर्-इओ

curiosity, 1. (*inquisitiveness*) कुतूहल; 2. जिज्ञासा*; 3. कुतूहल का विषय। > क्युॲरिऑस्-इटि

curious, 1. (*prying*) कुतूहली; 2. (*eager to learn*) जिज्ञासु; 3. (*odd*) विलक्षण, असाधारण, विचित्र; 4. (*minute*) सूक्ष्म। > क्युॲर्-इॲस

curl, *n.*, 1. (of *hair*) अलक*, घूँघर; 2. (*coil*) छल्ला, कुण्डल; 3. (*curling*) कुंचन; —*v.*, घुँघराला बनाना या होना; कुंचित क० या होना; मोड़ना या मुड़ना; चक्कर खाना; लहराना; **~y,** 1. घुँघराला; 2. छल्लेदार; 3. (*wavy*) तरंगित। > कॅ:ल; कॅ:ल्-इ

curlew, गुलिन्दा; stone ~, खरबानक। > कॅ:ल्-ऊ = कॅ:ल्यू

curmudgeon, कंजूस; चिड़चिड़ा। > कॅ:मॅजॅन

currant, किशमिश*। > कॅरॅन्ट

currency, 1. (*money*) मुद्रा*, चलार्थ, चलमुद्रा*; 2. (*circulation*) प्रचलन, प्रचार; 3. (*vogue*) लोकप्रियता*। > कॅ-रॅन्-सि

current, *n.*, धारा*, प्रवाह, बहा*; *adj.*, 1. चालू, प्रचलित, व्यवहृत; 2. (*present*) वर्तमान, सामयिक, साम्प्रतिक; 3. (*account*) चालू, खुला, सक्रिय; **~ly,** आजकल; सामान्यत:, साधारणत:। > कॅरॅन्ट; ~लि

curriculum, पाठ्यक्रम, पाठ्यचर्या*। > कॅरिक्यूलॅम

currier, चर्मकार। > कॅरिॲ

currish, 1. (*snarling*) गुर्रानेवाला; 2. (*snappish*) कटहा; 3. (*mean*) नीच; 4. (*bad-tempered*) चिड़चिड़ा। > कॅ:रिश

curry, *n.*, कढ़ी*, सालन; *v.*, 1. (*a horse*) खरहरा क०, बाल उधेड़ना; 2. (*leather*) कमाना; 3. (*thrash*) पीटना; ~favour, चापलूसी* क०; **~-comb,** खरहरा; **~-leaf tree,** कैथनीम। > कॅरि, ~कोम

curse, *n.*, शाप, अभिशाप, अपशब्द, दुर्वचन; —*v.*,

शाप देना; कोसना, धिक्कारना, लानत*, भेजना, निन्दा* क०; सताना; **~d,** अभिशप्त, शापित; घृणित, निन्दनीय, निन्द्य। > कॅ:स; कॅ:स्-इड

cursive, प्रवाही; ~writing, घसीट*। > कॅ:स्-इव्

cursor, सरकन*। > कॅ:स्-अँ

cursorial, धावी। > कॅ:सॉर:र्-इअॅल

cursorily, cursory, सरसरी। > कॅ:सॅरिलि; कॅ:सॅरि

curt, संक्षिप्त, रूखा। > कॅ:ट

curtail, घटाना, कम क०, काटना; संक्षिप्त क०; **~ment,** काट-छाँट*; संक्षेपण। > कॅ:टेल, ~मॅन्ट

curtain, 1. परदा, पट; 2. आवरण; 3. (*of stage*) यवनिका*; 4. (*of fire*) दीवार*; draw the~, 1. परदा उठाना, खोलना या हटाना; 2. (*hide*) परदा डालना; fall of the ~, पटाक्षेप; iron~, लोह आवरण। > कॅ:टॅन

curtsy, प्रणति*। > कॅ:ट्-सि

curvature, झुकाव, गोलाई*; 2. घुमाव, मोड़; 3. (*math.*) वक्रता*। > कॅ:वॅचॅ

curve, *n.*, 1. (*math.*) वक्र, वक्र रेखा*; 2. घुमाव, मोड़; 3. वक्रता*, गोलाई*; —*v.*, मुड़ना या मोड़ना; **~d,** वक्र, टेढ़ा। > कॅ:व्, कॅ:व्ड

curviform, वक्राकार। > कॅ:विफ़ॉ:म

curvilinear, वक्ररेखी। > कॅ:विलिन्-इअॅ

curvet, उछलकूद*। > कॅ:वे'ट

cuscus, ख़स*। > कॅस्कॅस

cusec, क्यूसेक। > क्यूसे'क

cushion, *n.* (*v.*), 1. गद्दी* (लगाना), गद्दा, तोशक*; 2. (*billiards*) लचीला किनारा; 3. (*anat.*) उपधानी*। > कुशॅन

cusp, 1.नोक*, सिरा; 2. (*math.*) उभयाग्र; 3. (*of tooth*) दंताग्र; 4. (*archit.*) शीर्ष; **~id,** रदनक; **~idal, ~idate,** नोकदार। > कॅस्प, कॅस्/पिड् ~पिडॅल, ~पिडेट

cuspidor, पीकदान, उगालदान। > कॅस्-पि-डॉ:

cussedness, हठीलापन; विपर्यय, प्रतिकूलता*। > कॅस्-इड्-निस

custard, कस्टर्ड; **~-apple,** शरीफ़ा, सीताफल। > कॅस्-टॅड, ~ऐपॅल

custodian, परिरक्षक, अभिरक्षक; अभिभावक। > कॅसटोड्यॅन

custody, 1. परिरक्षा*, अभिरक्षा; 2. (*detention*) हिरासत*, हवालात*, हाजत*। > कॅसटॅडि

custom, 1.रिवाज, प्रथा*, दस्तूर, रूढ़ि*, आचार; 2. (*~ duty*) सीमाशुल्क, सीमाकर; 3. (*pl.*) सीमाशुल्क-विभाग; 4. गाहकताई*, व्यापार; **~ary,** प्रथागत, रिवाजी, रूढ़, आचरिक, प्रचलित; साधारण; **~er,** ग्राहक, गाहक; **~-house,** ज़कात कार्यालय, सीमा-शुल्क-कार्यालय। > कॅसटॅम; कॅस्टॅमॅरि; कॅस्-टॅ-मॅ

cut, *v.*, 1. काटना; 2. (*trim*) कतरना; 3. (*clothes*) ब्योंतना; 4. मारना; 5. चोट* पहुँचाना, दुःख देना; 6. (*diminish*) घटाना, कम क०; 7.अलग कर देना; 8. (*pass*) पार करना; —*adj.*, कटा; गढ़ा; घटाया हुआ; —*n.*, 1. काट*; कटाव, कटाई*; कर्तन; 2. (*blow*) प्रहार; 3. (*wound*) घाव, चोट*; 4. (*reduction*) घटाव, कटौती*; 5. (*style*) बनावट*, तराश*; 6. (*portion*) टुकड़ा; ~short, संक्षिप्त क०, अचानक समाप्त क०; टोकना, रोकना; ~up, टुकड़े-टुकड़े कर देना; नष्ट क०; **~-motion,** कटौती-प्रस्ताव; **~-off,** 1. (*action*) व्यवच्छेदन; 2. (*state*) काट*; विच्छेद; 3.काटू नाली*; 4. (*steam-engine*) रिसन-रोक*; 5. (*mechan.*) विगलक; **~-out,** रोक*; **~purse,** पाकेटमार, गिरहकट, जेबकतरा, जेबकट; **~-rate,** कमक़ीमत; **~ter,** 1.कर्तक; 2. (*brick*) मेहराबी ईंट*; **~throat,** हत्यारा; **~ting,** *adj.*, काटू, काटनेवाला; कटु, तीखा; —*n.*, 1.कर्तन, कटाई*; 2. कतरन*; 3. (*shoot*) क़लम*; **~water,** पनकट, तालियामार। > कॅट

cutaneous, त्वचीय, त्वक्-। > क्यूटेन्यॅस

cutch, कत्था, खादिर। > कॅच

cutcha, कच्चा।

cutcher(r)y, कचहरी*। > कॅचे'रि

cute, 1. (*shrewd*) चतुर, चालांक; 2. (*pretty*) आकर्षक, मनोहर। > क्यूट

cuticle, उपचर्म, उपत्वचा*। > क्यूट्-इकॅल

cutis, चर्म, त्वक, त्वचा*। > क्यूट्-इस

cutlass, तलवार*। > कॅट्लॅस

cutler, छुरी-साज़; **~y,** कर्तरिका*, छुरी-काँटा। > कॅट्-ल; कॅट्लॅरि

cutlet, कटलेट। > कॅट्-लिट

cuttlefish, समुद्रफेनी। > कॅटॅल्-फ़िश

cyanosis, नीलिमा*, नीलिया*, श्यावता*। > साइॲनोसिस

cycle, *n.*, 1. चक्र, चक्कर; 2. (*recurring*) आवर्तन; 3. कालचक्र, युग; 4. घटनाचक्र; 5. (*of poems*) माला*, वृत्त, पदवेणी*; 6. साइकिल*; —*v.*, साइकिल* पर चढ़ना, साइकिल* चलाना; घूमना, चक्कर लगाना। > साइकॅल

cyclic(al), 1. चक्रिय; 2. (*bot.*) चक्रिक; 3. आवर्ती; 4. (*belonging to same cycle*) समकेंद्रिक। > साइक्-लिक = सिक्-लिक

cycloid, *adj.*, चक्राभ; *n.*, चक्रज। > साइक्लॉइड

cyclometer, 1. परिक्रमणमापी, चक्कामापी; 2. (*measuring arcs*) चापमापी। > साइ-क्लॉम्-इ-टॅ

cyclone, चक्रवात, बवण्डर। **cyclonic,** चक्रवाती। > साइक्‌लोन; साइक्लॉन्-इक

cyclo/paedia, विश्वकोश; **~pean, ~pian,** जिन्नाती; विशाल; **~rama,** वृत्ताकार, दृश्यपटल; **~stome,** चक्रमुखी; **~style,** *n.*, चक्रलेखित्र; —*v.*, चक्रलेखन क०; **~styled,** चक्रलिखित। > साइक्लॅ/पीड्-इअॅ, ~पीअॅन; साइ-क्लॅ-रा-मॅ, साइक्‌लॅस्टोम; साइक्‌लॅस्टाइल

cygnet, हंसशावक। > सिग्-निट

cygnus, (*astron.*) हंस। > सिग्‌नॅस

cylin/der, बेलन; **~dric(al),** बेलनाकार, बेलनीय; गोल; **~droid,** बेलनाभ। > सिल्-इन्-डॅ; सि-लिन्-ड्रिक; सिल्-इन्-ड्रॉइड

cyma, कमल। > साइम्-अॅ

cymbal, झाँझ*, करताल, मजीरा; छैना (*small*) > सिम्‌बॅल

cymbiform, नौकाकार। > सिम्-बि-फॉ:म

cyme, ससीमाक्ष। > साइम

cynic(al), दोषदर्शी, मानवद्वेषी; निन्दक, कटुस्वभाव। > सिन्-इक; सिन्-इकॅल

cynicism, दोषदर्शिता*; कटुता*; व्यंग्य; सिनिक दर्शन। > सिन्-इसिज़्म

cynocephalus, श्वकपाल। > साइनॅसि'फ़ॅलॅस

cynosure, 1. (*Ursa Minor*) लघु सप्तर्षि; 2. (*North Star*) ध्रुवतारा; 3. (*guide*) मार्गदर्शक; 4. आकर्षण-बिन्दु। > सिनॅज़्युअॅ = साइनॅज़्युअॅ

cypher, *see* CIPHER. > साइफ़्-अॅ

cy pres, तत्सदृश, तद्वत्। > सी प्रे

cypress, सरू। > साइप्-रिस

cyst, 1. पुटी*; 2. (*with larva*) कृमिकोष; 3. (*with pus*) पूयकोष। > सिस्ट

cytology, कोशिकाविज्ञान। **cytoplasm,** कोशिकाद्रव्य। > साइटॉलॅजि; साइटॅप्लैज़्म

czar, ज़ार।

Dd

dab, *v.*, हाथ फेरना, थपकना; चोंच मारना; पुचारा देना; (रंग) लगाना; —*n.*, 1. (*pat*) थपकी*; 2. (*of paint*) पुचारा; **~ber,** 1. थपकनेवाला; 2. (*pad*) पुचारा। > डैब; डैब्-अॅ

dabble, (*wet*) भिगोना, गीला क०; 2. (*sprinkle*) छिड़कना, छींटे उछालना; 3. पानी में खेलना; 4. (*engage in*) ऊपरी तौर से दिलचस्पी* लेना; **~r,** पल्लवग्राही। > डैबॅल; डैब्-लॅ

dacoit, डाकू, डकैत; **~y,** डाका, डकैती*। > डॅकॉइट; डॅकॉइटि

dactyl, भगण (ऽ॥); **~ology,** संकेतभाषा*। > डैक्-टिल; डैक-टि-लॉलॅजि

daemon, 1. दानव, दैत्य; 2. संरक्षक या प्रेरक आत्मा; 3. (*demon*) नरकदूत। > डीमॅन

daft, मूर्ख, बावला; पागल, बावला। > डाफ़्ट

dagger, छुरा, कटार*। > डैग्-अॅ

dahlia, डालिया। > डेल्-यॅ

daily, *n.*, *adj.*, दैनिक, *adv.*, प्रतिदिन; ~routine, दिनचर्या*। > डेल्-इ

dainty, 1. रुचिर, रुचिकर, सुष्ठु, सुकुमार; 2. (*food*) स्वादिष्ठ; 3. (*refined*) सुरुचिसम्पन्न; 4. (*fastidious*) दुस्तोषणीय। > डेन्-टि

dairy, डेरी, दुग्धशाला*; **~-farm,** डेरीफ़ार्म; **~ing,** डेरी-उद्योग। > डे'अॅर्-इ

dais, मंच। > डेइस = डेस

dak, डाक*; **~ bungalow,** डाक-बँगला; **~runner,** हरकारा। > डाक

dale, (विस्तृत) घाटी*। > डेल

dalliance, आमोद-प्रमोद, क्रीड़ा*; खेलवाड़। > डैल्-इअॅन्स

dally, खेलना, मन बहलाना; (के साथ) खेलवाड़ क०; समय गँवाना; व्यर्थ इधर-उधर घूमना या खड़ा रहना। > डैल्-इ

dalmatic, दलमातिक। > डैल्‌मैट्-इक

daltonism, वर्णान्धता*। > डॉ:ल्‌टॅनिज़्म

dam, *n.*, बाँध, बन्द; मादा*; *v.*, बाँध बनाना; रोकना; **~med,** अवरुद्ध। > डैम; डैम्ड

damage, *n.*, 1. क्षति*, हानि*, टूट-फूट*; 2. (*pl.*) क्षतिमूल्य, नुक़सानी*; 3. हरजाना, क्षतिपूर्ति*; —*v.*, क्षति* या हानि* क० या पहुँचाना, बिगाड़ना; **~able,** बिगड़नेवाला, भंगुर; **~d,** क्षतिग्रस्त, बिगड़ा हुआ, टूटा हुआ। > डैम्/इज्; ~इजॅबॅल; ~इज्ड

damascene, दमिश्की। > डैमॅसीन

dame, महिला*। > डेम

dammar, डामर। > डैम्-अॅ

damn, 1. (*censure*) निन्दा* क०, कटु आलोचना* क०; 2. (*ruin*) तबाह क०, बिगाड़ना; 3. (*swear*) कोसना, धिक्कारना, लानत* भेजना; 4. नरक में डालना; **~able,** निन्द्य, घृणित; नरक-योग्य; **~ation,** नरकदण्ड, नरकवास; निन्दा*; **~atory,** निन्दात्मक; दण्डात्मक; **~ed,** नरकवासी; घृणित; **~ing,** अभिशंसी। > डैम; डैम्नॅबॅल; डैम्नेशॅन डैम्नॅटॅरि; डैम्ड; डैम्-इन्ग

damnification, क्षतिकरण। **damnify,** नुक़सान पहुँचाना। > डैम्-नि-फ़ि-के-शॅन; डैम्-नि-फ़ाइ

damp, *adj.*, 1. नम, आर्द्र, गीला, तर; 2. (*of room*) सीलभरा; —*n.*, 1. (*~ness*) नमी*, आर्द्रता*, सील*; 2. उदासी*; —*v.*, (*~en*), 1. नम क०, भिगोना; 2. (*dull*) अवमन्दन क०; 3. निरुत्साह कर देना; **~ed,** अवमन्दित; **~er,** अवमन्दक; **~ing,** अवमन्दन; **~-proof,** सील-रोक। > डैम्प; डैम्प्ट; डैम्-पॅ; डैम्पप्रूफ़

damsel, किशोरी*, युवती*। > डैम्ज़ॅल

dance, *n.*, नृत्य, नाच, नृत्योत्सव; *v.*, नाचना, नृत्य क०; उछलता रहना; नचाना, उछालना, हलराना; **~r,** नर्तक; नर्तकी*। > डान्स; डान्-सॅ

dandify, बनाव-शृंगार क०, बाँका बनाना। > डेन्-डि-फ़ाइ

dandle, उछालना, हलराना; दुलारना। > डैंडॅल

dandruff, रूसी*। > डैन्-ड्रॅफ़

dandy, 1. छैला, बाँका; 2. (*ship*) डाण्डी*; **~ism,** बाँकापन। > डैन्-डि; ~इज़्म

danger, खतरा, जोखिम*, संकट; आशंका*, भय; **~ous,** 1. (*unsafe*) ख़तरनाक, संकटपूर्ण; 2. (*harmful*) हानिकर; **~-signal,** ख़तरा-संकेत; **~-zone,** ख़तरनाक इलाक़ा, ख़तरे का क्षेत्र। > डेन्-जॅ, ~रॅस

dangle, झूलना: झुलाना; **~after,** पीछे लगा रहना। > डैनगॅल

dank, गीला। > डैंक

dap, *v.i.*, 1. (*fish*) चारा छितराकर मछली* मारना; 2. (*dip*) डुबकी* लगाना या मारना; 3. (*bounce*) उछलना; —*v.t.*, उछालना; —*n.*, उछाल*। > डैप

dapper, बना-ठना, साफ़-सुथरा; फुरतीला। > डैप्-अॅ

dapple, चितकबरा कर देना, **~d,** चितकबरा। > डैपॅल

dare, 1. साहस क०, हिम्मत* क०; 2. (*oppose*) सामना क०; 3. (*challenge*) चुनौती* देना, ललकारना; **~devil,** निडर, दु:साहसी। > डे'अॅ; डे'अॅडे'वॅल

daring, *adj.*, (*n.*) साहसिक (ता*), निर्भीक (ता*)। > डे'अॅर्-इन्ग

dark, *adj.*, 1. अँधेरा, अन्धकारपूर्ण; काला, धुँधला; 2. (*colour*) गहरा; 3. (*evil*) अशुभ, बुरा; 4. (*gloomy*) उदास; 5. (*unknown*) अज्ञात, अल्पज्ञात; 6. (*not clear*) अस्पष्ट; अस्फुट, गूढ़, दुर्बोध; 7. (*hidden*) गुप्त; 8. (*ignorant*) अविज्ञ; —*n.*, 1. अँधेरा, अन्धकार; रात*, संध्या*; 2. कालापन, गहरा रंग; 3. अप्रसिद्धि*; 4. (*ignorance*) अज्ञान; **~age,** अन्धकार-युग; **~en,** अँधेरा, काला, धुँधला, उदास, अस्पष्ट बनना या बनाना; **~le,** धुँधला बनना; अस्पष्ट कर देना; **~ness,** अँधेरा; कालापन; अन्धता*; अज्ञान; उदासी*; अप्रसिद्धि*; रहस्य, गूढ़ता*, दुष्टता*। > डाक; डार्कॅन; डार्कॅल, डाक्-निस

darling, *n.*, कृपापात्र; प्रेमपात्र; *adj.*, परमप्रिय। > डाल्-इन्ग

darn, *n.*(*v.*) रफ़ू (क०)। > डान

darnel, मोचनी*। > डार्नल

dart, *n.*, 1. शर, शल्य; बरछा, सांग*; प्रासक; 2. (*movement*) झपट*; —*v.*, फेंकना; झपटना; **~away,** चौंककर भाग जाना। > डाट

darter, बानकर। > डाट्-अॅ

dash, *n.*, 1. (*blow*) आघात 2. (*collision*) टक्कर*; 3. (*spash*) छपाका; छींटा; 4. (*pinch*) पुट; 5. (*rush*) झपट*, रेला; 6. (*run*) तेज़ दौड़*; 7. (*vigour*) उत्साह, जोश, ओज, तेज; 8. (*display*) दिखावट*, तड़क-भड़क*; 9. (*sign*) निर्देशक, डैश, रेखिका*; 10. (*~board*) छड़ीपट्ट, डैशबोर्ड; —*v.*, पटक देना, टुकड़े-टुकड़े कर देना; टकराना, टक्कर* देना या खाना; छिड़कना, छींटे डालना; पुट देना; हतोत्साह क०; घबरा देना; कर डालना, लिख डालना; झपटना; swung ~, लहरिल डैश; **~er,** मथानी*; **~ing,** जोशीला, तेज़, निर्भीक; बना-ठना। > डैश, डैश-अॅ; डैश-इन्ग

dastard, कापुरुष; **~ly,** कायर, डरपोक। > डैसट्टॅड

data, (दत्त-, आधार-) सामग्री*, आँकड़े; (*math.*) दत्त उपात्त (*as result*)। > डेट्-अॅ

date, *n.*, 1. (*fruit*) खजूर* (*phoenix sylvestris*); छुहारा (*ph. dactylifera*); 2. तिथि*, तारीख*, दिनांक; 3. (*time*) काल; —*v.*, 1. दिनांकित क०; 2. काल निर्धारित क०; 3. ~from, का होना; out of~, पुराना, यातयाम, गतावधि; अप्रचलित to~, अब तक; up to ~, अद्यतन, आधुनिक; **~d,** दिनांकित; कालांकित; पुराना; **~less,** दिनांक-रहित, बेतारीख; अनन्त; अतिपुरातन; चिरनवीन; **~-line,** दिनांक-रेखा*; **~-mark,** तारीख़चिह्न; **~-palm,** खजूर*; **~-stamp,** तारीख़-मोहर*। > डेट, डेट्-इड

dating, तिथि-निर्धारण; काल-निर्धारण। > ड्रेट-इन्ग

dative, संप्रदान कारक, चतुर्थी*। > ड्रेट-इव्

datum, आधार, आधार-साम्रगी*, (प्र) दत्त; **~-level,** आधार-तल; **~-line,** आधाररेखा*; **~-plane,** दत्त-तल, दत्त-स्तर। > डेटॅम

datura, धतूरा। > डॅ-टुअॅर्-अॅ

daub, *v.*, पोतना, लीपना, लेपना, छोपना; रंग थोपना; मैला क०, लथेड़ना; —*n.*, लेप; भद्दा चित्र। > डॉ:ब

daughter, पुत्री*, बेटी*; **~-cell,** अनुजात कोशिका*; **~in-law,** पुत्र-वधू*, बहू*, वधू*, पतोहू*। > डॉ:ट्-अॅ, डॉ:टॅरिन्लॉ:

daunt, डराना, भयभीत क०; निरुत्साह कर देना; **~less,** निर्भीक, निडर। > डॉ:न्ट; डॉ:न्ट्-लिस

daw, कौआ। > डॉ:

dawdle, समय गँवाना; आवारगी* क०। > डॉ:डॅल

dawn, *n.*, उषा-काल, भोर; प्रारम्भ; *v.*, दिन निकलना, पौ*; फटना; प्रकट या स्पष्ट हो जाना। > डॉ:न

day, दिन, दिवस; दिवालोक, दिन का प्रकाश; तारीख*; काल, समय; मौक़ा, अवसर; every ~, ~by ~, ~in~out, प्रतिदिन। > डे

day/-blindness, दिवान्धता*; **~-book,** रोज़नामचा, दैनिकी*; **~break,** सूर्योदय; **~dream,** *n.*, दिवा-स्वप्न; —*v.*, मन के लड्डू खाना; **~-labourer,** रोज़न्दार; **~light,** 1. (*publicity*) प्रकाश, प्रसिद्धि*; 2. दिन का प्रकाश, दिवालोक, 3.भोर; in broad —, दिन दहाड़े; **~-scholar,** दिवाछात्र; **~s of grace,** अनुग्रहकाल, रिआयती दिन; **~'s wage,** रोजाना, दिहाड़ी*, रोज़ीना।

daze, *v.*, 1. स्तब्ध, स्तम्भित, सुन्न या जड़ कर देना; हक्का-बक्का, चकित या भौचक्का क०; 3. चौंधियाना; —*n.*, स्तब्धता*, चकाचौंध*। > डेज़

dazzle, *v.*, चौंधियाना, चकाचौंध* होना या क०; चकित कर देना; —*n.*, चकाचौंध*; **~-paint,** कौंधरोग़न। > डैज़ॅल

deacon, उपयाजक। > डीकॅन

dead, *n.*, मृतक, मुरदा; निस्तब्धता*, सन्नाटा; —*adv.*, पूर्णतया; एकदम, बिल्कुल; —*adj.*, 1. मृत, मरा हुआ मुरदा; 2. (*lifeless*) निर्जीव, निश्चेष्ट, निस्तेज; 3. (*not operating*) बन्द; 4. (*empty*) रिक्त; 5. (*not flowing*) निष्प्रवाह; ~account, बन्द खाता, निष्क्रिय लेखा; ~calm, पूर्ण शान्ति*; ~centre, ~point निष्क्रिय, स्थिर या अवरोध केन्द्र या स्थिति*; ~end, बन्द गली*; चरमान्त; ~freight, विफल, रिक्त या अमुक्त भाड़ा; ~language, मृत भाषा*; ~letter, अज्ञातनामिक पत्र, अन्धपत्र; अप्रचलित या अपालित नियम; ~load, अचल भार, मालभार; ~loss, पूर्ण हानि*, कोरा घाटा; ~reckoning, अखगोली निर्धारण; ~sea, मृत सागर; ~season, मन्दा समय; ~shot, अचूक निशानेबाज़; ~slow, बिलकुल धीरे; ~stock, बेकार माल; ~water, निश्चल जल; **~-alive,** 1. (*spiritless*) निर्जीव; 2. (*monotonous*) एकसुरा, नीरस; **~en,** कम कर देना; अचेत कर देना; निर्जीव हो जाना; **~ening effect** शामक प्रभाव; **~line,** अन्तिम तिथि*; **~lock,** गतिरोध, ज़िच*; **~ly,** *adj.*, 1. घातक; 2. भयंकर; 3. मृतवत्; —sin, महापाप; —*adv.*, अत्यन्त, अत्यधिक; **~-weight,** 1. भार; 2. महाभार; 3. (*techn.*) अचल भार, कुलभार। > डे'ड; डे'डॅन, डेड्/ लाइन, ~ लॉक, ~लि; डे'ड्वेट

deaf, बहरा, बधिर; उदासीन; **~en,** बहरा कर देना, ऊँची आवाज़* से दबा देना; ध्वनिरोक बना देना; **~-mute,** मूक-बधिर; **~ness,** बहरापन, बधिरता*। > डे'फ; डे'फ़ॅन; डे'फ़्म्यूट; डे'फ़्-निस

deal, *n.*, 1. (*quantity*) मात्रा*, परिमाण; 2. बँटाई*, बाँट*; 3. (*bargain*) सौदा; —*v.*, बाँटना, देना; से सम्बन्ध रखना; (से, का) व्यवहार क०, लेन-देन क०; पर विचार क०; व्यवहार क०, बरताव क०; a great ~, बहुत; बहुत-कुछ; **~er,** बाँटनेवाला; व्यापारी; **~ing,** 1.बाँट*; 2. बरताव, व्यवहार; 3. (*pl.*) लेन-देन, व्यापार; सम्पर्क, सम्बन्ध (*relation*)। > डील; डील्-अॅ; डील्-इन्ग

deambulation, चहलक़दमी*। > डीऐम्ब्युलेशॅन

dean, अध्यक्ष; संकायाध्यक्ष। > डीन।

dear, प्रिय, प्यारा; महँगा, क़ीमती, मूल्यवान्, बहुमूल्य; **~ness,** प्रियत्व, प्रियता*; प्यार, प्रीति*; महँगापन, महँगी*; —allowance, महँगाई*। > डिअॅ; डिअॅनिस

dearth, 1. दुर्लभता*; 2. अभाव, कमी*; 3. (*famine*) अकाल। > डॅ:थ

deaspiration, अल्पप्राणीकरण। > डीऐस्पिरेशॅन

death, मृत्यु* मौत*, मरण, देहान्त, निधन; अन्त; put to ~, मार डालना; प्राणदण्डित क०; ~by accident, अपमृत्यु*; accidental ~, आकस्मिक मृत्यु*; danger of ~, प्राणसंशय, मृत्युसंकट। > डे'थ

death/-bed, *n.* मृत्युशय्या*; *adj.*, मृत्युकालीन; **~-blow,** सांघातिक प्रहार; **~-certificate,** मृत्यु-प्रमाणक; **~-day,** मृत्युदिवस, बरसी*, **~-duties,** मृत्यु कर; **~ful,** घातक; **~less,** अमर; **~ly,** घातक; मृत्युवत्; **~-notice,** मृत्युसंवाद; **~-rate,** मृत्यु दर*; **~-rattle,** घर्रा, घटका; **~-roll,** मृतक-संख्या*; मृतक-सूची*; **~-sentence,** मृत्युदण्ड; **~'s-head,** खोपड़ी* **~-struggle,** प्राणपीड़ा*; **~-trap,** खतरनाक स्थान; **~-warrant,** मृत्यु-अधिपत्र।

débâcle, आकस्मिक विध्वंस; भगदड़*; पराजय*। > डेबाकॅल

debar, निकाल देना, बहिष्कृत क०, विवर्जित क०; रोकना, बाधा* डालना; मना क०; ~from, से वंचित क०; **~ment,** वारण (वि)वर्जन; रोध, रोक*। > डि-बा

debark, उतरना; उतारना; **~ation,** उतार। > डिबाक; डीबाकेशॅन

debase, 1. भ्रष्ट क०, दूषित क०; 2. (*coins*) खोट* मिलाना। > डिबेस

debatable, विवाद्य, विवादस्पद। > डिबेटॅबॅल

debate, *n.*, वादविवाद; *v.*, बहस* क०, वादविवाद

क०; (पर)विचार क०; **~r,** विवादी।
> डिबेट; डि-बेट्-ॲ

debauch, *v.*, बहकाना, भ्रष्ट कर देना, चरित्र बिगाड़ना; —*n.*, विषयासक्ति*; **~ed,** पथभ्रष्ट; **~ee,** विषयी, विलासी, लम्पट; **~ery,** विलासिता*, लाम्पट्य, व्यभिचार।
> डिबॉ:च, डिबॉ:च्ट; डे'बॉ:ची; डिबॉ:चॅरि

debenture, ऋणपत्र। > डि-बे'न्चॅ

debili/tate, कमजोर या दुर्बल कर देना; **~tation,** दुर्बलीकरण, दुर्बलता*; **~ty,** दुर्बलता*, कमज़ोरी*।
> डिबिल्-इटे; डिबिलिटेशॅन; डिबिल्-इटि

debit, *n.*, नामे, विकलन; *v.*, नामे लिखना या डालना, ख़र्चे में लिखना, विकलित क०; ~account, नामे खाता, नामे लेखा; ~balance, नामे बाक़ी*; **~-note,** नामे नोट, नामे-चिट्ठी*; ~side, विकलन पक्ष। > डे'ब्-इट

debonair, debonnaire, मिलनसार, भद्र; खुशमिज़ाज, प्रसन्नचित्त। > डे'-बॅ-ने'ॲ

debouch, निकलना। > डिबाउच

debris, मलबा, कचरा। > डे'ब्-री

debt, ऋण, कर्ज़, आभार; ~ of honour, मान-ऋण; **~or,** ऋणी, कर्ज़दार, अधमर्ण, देनदार; **~-redemption,** ऋण-निर्मोचन। > डे'ट; डे'ट्-ॲ

debunk, असली रूप दिखलाना। > डीबॅन्क

début, 1. (*actor*) प्रथम अभिनय; 2. (*girl*) सामाजिक जीवन में प्रवेश; 3. श्रीगणेश, प्रारम्भ। > डेबू

decade, दशक, दशी*, दहाई*; दशक, दशाब्द।
> डे'केड

decadence, अवनति*, अधोगति*, पतन, ह्रास, अपकर्ष; अवनतिकाल, पतनकाल। **decadent,** ह्रासोन्मुख; पतित; ह्रासवादी; क्षयोन्मुख।
> डे'कॅ/डॅन्स, ~डॅन्ट

deca/gon, दशभुज; **~gram,** डेकाग्राम, दशग्राम; **~hedron,** दशफलक; **~logue,** दस नियम, दशशील; **~meter,** डेकामीटर; **~pod,** दशपाद; **~stich,** दशपदी*; **~syllable,** दशाक्षर।
> डे'कॅ/गॅन, ~ग्रैम; डे'कॅहे'ड्रॅन; डे'कॅ/लॉग, ~मी-टॅ, ~पॉड, ~स्टिक ~सिलॅबॅल

decamp, पड़ाव उठाना; भाग जाना, चम्पत हो जाना।
> डिकैम्प

decant, निथारना, निस्तारण क०; उँडेलना; **~er,** 1. निथरनी*, निस्तारित्र; 2. (*for wine*) मीना।
> डिकैन्ट; डि-कैन्-टॅ

decapitate, सिर काटना। **decapitation,** शिरच्छेदन। > डिकैप्-इ/टेट, ~टेशॅन

decasualization, स्थायीकरण। **decasualize,** स्थायी बनाना।
> डीकैश्ज़्युॲलाइज़ेशॅन; डीकैश्ज़्युॲलाइज़

decay, *n.*, 1. क्षय, अपक्षय, अपकर्ष 2. (*rotting*) सड़ाव, सड़न*; —*v.*, क्षीण हो जाना, क्षय होना; सड़ना, बिगड़ना। > डिके

decease, *n.*, मृत्यु*, प्रमीति*, *v.*, मरना; **~d,** दिवंगत, मृत, प्रमीत। > डिसीस; डिसीस्ट

deceit, धोखा, कपट, छल-कपट; **~ful,** कपटी, धोखेबाज़, छली, धूर्त; कपटपूर्ण। > डिसीट

deceive, धोखा देना, ठगना; **~r,** धोखबाज़; छली, वंचक। > डिसीव़; डि-सीव़्-ॲ

decelerate, अवत्वरण या मन्दन क०।
> डीसे'लॅरेट

December, दिसम्बर। डि-से'म्-बॅ

decency, 1. औचित्य; 2. शालीनता*, मर्यादा*; 3. (*pl.*) शिष्टाचार, भद्र व्यवहार; 4. (*pl.*) मनुष्योचित जीवन की ज़रूरतें*। > डी-सॅन्-सि

decennial, दशवार्षिक। **decennium,** दशाब्द, दशक। > डिसे'न्यॅल; डिसे'न्-इॲम

decent, 1. (*proper*) उचित, समुचित; 2. (*not immodest*) शालीन, सलज्ज, मर्यादित, श्लील; 3. (*satisfactory*) सन्तोषजनक, काफ़ी अच्छा; 4. (*generous*) उदार, अच्छा। > डीसॅन्ट

decentra/lization, विकेन्द्रीकरण; **~lize,** विकेंद्रित क०। > डीसे'न्ट्रॅ/लाइज़ेशन, ~लाइज़

deception, छल, धोखा, कपट, वंचन, प्रतारणा*।
> डिसे'प्शॅन

deceptive, कपटी; कपटपूर्ण, भ्रामक, भ्रान्तिकर, भ्रमजनक। > डि-से'प्-टिव़

dechristianize, अख्रीस्तीय बनाना।
> डीक्रिस्ट्यॅनाइज़

decide, निर्णय क०, विनिश्चिय क०, निश्चय क०; **~d,** निश्चित, विनिश्चित; सुस्पष्ट; कृतसंकल्प; **~dly,** निश्चित रूप से। > डिसाइड; डिसाइड्-इड

deciding, विनिश्चायक, निर्णायक। > डिसाइड्-इन्ग

decidua, पतनकिा*। > डि-सिड्-यु-ॲ

deciduous, 1. पतझड़ी, पर्णपाती; पाती; 2. (*temporary*) अस्थायी। > डि-सिड्-यु-ॲस

decile, दशमक। > डे'सिल

decimal, *n.*, दशमलव; *adj.*, दशमिक; **~system,** दशमलव या दशमिक प्रणाली*; **~ization,** दशमलवकरण, दशमिकीकरण।
> डे'सिमॅल; डे'सिमॅलाइज़ेशॅन

decimaté, दशमांश लेना या मार डालना; एक बडा अंश लेना या मार डालना। > डे'सिमेट

decipher, गूढ़लिपि* का अर्थ निकालना या लिखना; अर्थ निकालना। > डि-साइफ़्-ॲ

decision, 1. निर्णय, फ़ैसला; 2. (*determination*) निश्चय; 3. (*resolution*) संकल्प; 4. (*firmness*) दृढ़ता*। > डिसिश्ज़ॅन

decisive, 1. (*conclusive*) निर्णायक; निश्चायक, विनिश्चायक; 2. (*showing firmness*) निश्चयात्मक, निर्णयात्मक; निश्चित; 3. (*of person*) दृढ़, कृतसंकल्प। > डिसाइस्-इव़

decivilize, असभ्य बनाना। > डीसिव्-इलाइज़

deck, *n.*, 1. डेक; 2. (*roof*) छत*; *v.*, सजाना, अलंकृत क०; **~out,** अच्छे-अच्छे कपड़े पहनाना; **~-cargo,** डेक-माल; **~-hand,** नाविक; **~-passenger,** डेकयात्री। > डे'क

declaim, सुनाना, घोषित क०; निन्दा* क०, आपत्ति* क०। > डिक्लेम

declamation, 1. सुनाना; 2. (*art*) वक्तृता*; 3. भाषण। > डे'क्लॅमेशॅन

declamatory, भावुकतापूर्ण; शब्दाडम्बरपूर्ण। > डिक्लैमॅटॅरि

declarant, घोषक। > डिक्ले'ऑरॅन्ट

declaration, घोषणा*, विज्ञप्ति*, प्रख्यापन; घोषणा-पत्र। > डे'क्लॅरेशॅन

declarative, declaratory, घोषणात्मक। > डिक्लैरॅ/टिव़, ~टॅरि

declare, घोषित क०; बता देना; प्रकट क०; विवरण देना; **~d,** घोषित; **~r,** घोषक। > डिक्ले'ऑ; डिक्ले'ऑड; डि-क्ले'ऑरॅ-ऑ

de'classe', वर्गच्युत; पतित। > डेक्लासे

declassify, गुप्त सूची* से उतारना। > डीक्लैस्-इफ़ाइ

declension, 1. (*slope*) ढाल*, उतार; 2. (*decline*) अवनति*, अपकर्ष; 3. (*deviation*) विचलन, व्यतिक्रम; 4. (*gram.*) शब्दरूप, संज्ञारूप, रूपसाधन। > डिक्ले'न्शॅन

declinable, विकारी। > डिक्लाइनॅबॅल

declination, 1.अधोनति*, उतार, झुकाव; 2. (*of compass*) विचलन, दिक्पात; 3. (*of stars*) क्रान्ति*, अपक्रम। > डे'क्लिनेशॅन

declinatory, नकारात्मक। > डिक्लाइनॅटॅरि

decline, *n.*, 1. क्षय, अवनति*, ह्रास, पतन; 2. अस्तगमन; —*v.*, 1. (*bend*) झुकना या झुकाना; 2. (*slope*) ढालू होना; 3. (*sun*) ढलना; 4. (*decay*) ढलना, क्षीण हो जाना, क्षय होना; 5. (*deteriorate*) अवनति* पर होना, बिगड़ना; 6. (*refuse*) अस्वीकार क०; 7. (*gram.*) विभक्ति* लगाना, शब्दरूप प्रस्तुत क०। > डिक्लाइन

declining, 1. (*price*) गिरता; 2. ~years, बुढ़ापा। > डिक्लाइन्-इन्ग

declivitous, प्रपाती। डिक्लिव्-इटॅस

declivity, ढाल*। > डिक्लिव्-इटि

declivous, ढालू। > डिक्लाइवॅस

decoct, उबालना; **~ion,** काढ़ा, क्वाथ, जोशाँदा। > डिकॉक्ट; डिकॉक्शॅन

decode, कूट खोलना; बीजलेख का अर्थ लिख देना, कूटानुवाद क०। > डिकोड

decollate, सिर काटना। > डिकॉलेट

decollation, शिरच्छेदन। > डीकॉलेशॅन

decolour/ization, ~isation, विरंजीकरण, विरंजन; **~ize, ~ise,** विरंजित क०; **~izer, ~iser,** विरंजक। > डीकॅलॅराइज़ेशॅन; डीकॅलॅ/राइज़, ~राइज़ॅ

decompose, 1. अपघटित हो जाना या क०; 2. (*math.*) वियोजित क०। > डीकॅम्पोज़

decomposing, घटक। > डीकॅम्पोज़्-इन्ग

decomposite, decompound, बहुसंयुक्त। > डीकॉमपॅज़िट; डीकॉम्पाउन्ड

decomposition, अपघटन; सड़ाव, सड़न*; वियोजन। > दीकॉम्पॅज़िशन

decompression, विसंपीडन। > डीकॅम्प्रे'शॅन

deconsecrate, अप्रतिष्ठित क०। > डी-कॉन्-सि-क्रेट

decontaminate, विसंदूषित कर देना। > डी-कॅन्-टैम्-इनेट

decontrol, *n.*, विनियन्त्रण; *v.*, नियन्त्रण हटाना। > डीकॅन्ट्रोल

décor, 1. सजावट*; 2. (*stage*) सज्जा*; रंगसज्जा*। > डेकॉ: = डे'कॉ: = डिकॉ:

decor/ate, सजाना, अलंकृत क०; पदक देना, सम्मानित क०; **~ation,** सजावट*, अलंकरण; अलंकार, विभूषण; पदक, सम्मान; **~ative,** सजावटी, आलंकारिक; —art सज्जा-कला*। > डे'कॅरेट; डे'कॅरेशॅन; डे'कॅरॅटिव़

decorous, समुचित; मर्यादित; सुरुचिपूर्ण। > डे'कॅरॅस

decorticate, छिलका (*husk*) या छाल* (*bark*) निकालना, छीलना। > डीकॉ:ट्-इकेट

decorum, 1. (*congruity*) औचित्य; 2. (*propriety*) मर्यादा*, शालीनता*; 3. (*politeness*) शिष्टाचार। > डिकॉ:रॅम

decoy, *v.*, फँसाना; लुभाना; *n.*, फन्दा; फँसानेवाला जानवर या चिड़िया*; प्रलोभन। > डिकॉइ

decrease, *v.*, घटना या घटाना, कम हो जाना या क०, ह्रास होना; —*n.*, घटती*, घटी*, ह्रास, कमी*। > डिक्रीस (*v.*); डीक्रीस (*n.*)

decreasing, घटता, क्षीयमाण, ह्रासवान्। > डिक्रीस्-इन्ग

decree, *n.*(*v.*), डिगरी*, आज्ञप्ति*, आदेश (देना); निर्णय (क०)। > डिक्री

decrement, ह्रास, अपक्षय। > डे'क्-रिमॅन्ट

decrepit(ude) जर्जर(ता*), जीर्ण(ता*)। > डिक्रे'प्-इटेट; डिक्रे'प्-इट्यूड

decrepi/tate, कड़कड़ाना; **~tation,** कड़कड़न*, कड़कड़ाहट*। > डिक्रे'प्-इटेट; डिक्रे'पिटेशॅन

decrescendo, *n.*, अवरोह; *adj.*, अवरोही; —*adj.*, उत्तरोत्तर धीमे। > डेक्रे'शे'न्डो

decrescent, अवरोही, क्षीयमाण। > डिक्रे'सन्ट

decretal, आज्ञप्ति*, अध्यादेश। > डिक्रीटॅल

decry, 1. निन्दा* क०, गर्हण क०; 2. (*depreciate*) अवमूल्यन क०। > डिक्राइ

decuman, विशाल, पर्वताकार। > डे'क्यूमॅन

decumbent, 1. शायी; 2. (*bot.*) उच्चाग्र शयान। > डिकॅम्बॅन्ट

decuple, *n.*, *adj.*, (*v.*) दसगुना (क०)। > डे'क्यूपॅल

decurrent, अधोवर्धी। > डिकॅरॅन्ट

decussate, चतुष्क, चरखड़ीदार। > डिकॅस्-इट

dedicate, समर्पित क०, का समर्पण क०। > डे'ड्-इकेट

dedication, 1. समर्पण; 2. (*of church*) प्रतिष्ठान; 3. (*opening*) उद्घाटन। > डे'डिकेशॅन

dedicatory, समर्पणात्मक। > डे'ड्-इकॅटॅरि = डे'ड्-इकेटॅरि

deduce, 1. निगमन क०; 2. (*conclude*) परिणाम निकालना; 3. उत्पत्ति* (*origin*) अथवा व्युत्पत्ति* (*derivation*) मानना या दिखलाना। > डिड्यूस

deducible, निगम्य। > डिड्यूसॅबॅल

deduct, काटना, निकाल देना, घटाना; **~ion,** 1.(*act*) घटाव; 2. (*amount*) कटौती*, छूट*; 3. (*logic*) निगमन; अनुमिति*; **~ive,** निगमनिक, निगमनात्मक। > डिडॅक्ट; डिडॅक्/शॅन; ~टिव्

deed, 1. कार्य, कृत्य, कर्म, काम; 2. (*document*) विलेख, संलेख, दस्तावेज़*, पत्र; ~of gift, दानपत्र; ~ of partnership, भागितापत्र; **~ful,** सक्रिय; **~less,** निष्क्रिय; **~-poll,** एकपक्षीय विलेख। > डीड

deem, समझना, मानना। > डीम

deep, *n.*, गहराई*; *adv.*, गहराई* में, दूर तक; —*adj.*, 1. गहरा, गहन, गम्भीर; 2. (*placed far down*) नितल; 3. (*serious*) गम्भीर; 4. (*abstruse*) गहन, गूढ़, दुर्बोध; 5. (*intense*) गहरा, तीव्र; 6. (*sly*) चालाक; 7. (*absorbed*) मग्न; 8. (*sound*) गम्भीर, मन्द्र; 9. (*colour*) गहरा; 10. (*vowel*) पश्च। > डीप

deepen, (और) गहरा हो जाना या क०। > डीपॅन

deep/freeze, हिमीकरण क०; **~-laid,** सुविचारित; **~ly,** अति, अत्यन्त, अत्यधिक; गहराई* तक; दूर तक; **~ness,** गहराई*; **~-read,** बहुश्रुत; **~-rooted,** गहरा; **~-seated,** 1. गहरा; 2. सुदृढ, दुर्निवार्य; 3. (*geol.*) पातालीय।

deer, हरिण, मृग; barking ~, काकड़; hog~, पाढ़ा; musk ~, कस्तूरी मृग; spotted ~, चीतल; Indian mouse ~, पिसूरी; barasingha, 1. बारहसिंघा; 2. (*Kashmir baras.*) हंगल। > डिॲ

deerskin, मृगछाला, मृगचर्म। > डिॲस्किन

deface, 1. विरूप क०, विकृत क०, बिगाड़ना; 2. (*stamp*) मोहर* लगाना; **~d,** विरूपित, विकृत; **~ment,** 1. (*state*) विकृति*, विकार; 2. (*act*) विरूपण, विरूपकरण; मोहर* लगाना। > डिफ़ेस; डिफ़ेस्ट, डिफ़ेस्मॅन्ट

de facto, *adv.*, वस्तुतः, असल में, वास्तव में; —*adj.*, वास्तविक। > डी फ़ैक्टो

defal/cate, हड़पना, ग़बन क०; **~cation,** ग़बन, ख़यानत*; **~cator,** ग़बनकार। > डीफ़ॅल्केट; डीफ़ैल्केशॅन; डीफ़ॅल्केटॅ

defamation, 1. मानहानि*; 2. (*slander*) निन्दा*। > डे' = डीफ़ॅमेशॅन

defamatory, मानहानिकारक, अपकीर्तिकर, निन्दात्मक। > डिफ़ैमॅटॅरि

defame, मानहानि* क०, बदनाम क०, निन्दा* क०। > डिफ़ेम

default, *v.*, 1. चूकना, पूरा नहीं क०; 2. अनुपस्थित रहना; 3. (*fail to pay*) अदायगी* या भुगतान नहीं क०; —*n.*, चूक*, अकरण, वितथ; अनुपस्थिति*; बाक़ीदारी*; in ~of, की अनुपस्थिति* में, के अभाव में; **~er,** 1. चूककर्ता, वितथी; 2. (*not paying*) बाक़ीदार; 3. (*embezzler*) ग़बनकार। > डिफ़ॉःल्ट; डि-फ़ॉल्ट्-ॲ

defeasance, विफलीकरण। > डिफ़ीज़ॅन्स

defeasible, विफलनीय। > डिफ़ीज़ॅबल

defeat, *n.*, हार*, पराजय*, असफलता*; निष्फलता*; —*v.*, हराना, पराजित क०; व्यर्थ या विफल कर देना; **~ism,** पराजयवाद। > डिफ़ीट ; डिफ़ीट्-इज़्म

defecate, 1. (*refine*) शुद्ध क०; 2. मलत्याग क०। **defecation,** शुद्धीकरण; मलत्याग, मलोत्सर्ग। > डे'फ़्-इकेट; डे'फ़िकेशॅन

defect, 1. अभाव, त्रुटि*, कमी*, न्यूनता*; 2. (*fault*) दोष, दुर्गुण, अवगुण, खराबी*। > डिफ़े'क्ट = डीफ़े'क्ट

defection, 1. (*failure*) अभाव; 2. (*desertion*) अपसरण, (पक्ष-, धर्म-, कर्तव्य-) त्याग। > डिफ़े'क्शॅन

defective, अपूर्ण, त्रुटिपूर्ण; खराब, सदोष, दोषपूर्ण; मन्दबुद्धि। > डि-फ़े'क्-टिव

defence, defense, 1. रक्षा*, प्रतिरक्षा*, बचाव; 2. (*fortification*) मोर्चाबन्दी*, 3. (*argument*) सफ़ाई*; 4. (*pleading*) प्रतिवाद, सफ़ाई*; 5. (*defending side*) प्रतिपक्ष; **~less,** अरक्षित, रक्षाहीन; निस्सहाय; **~-mechanism,** रक्षात्मक प्रतिक्रिया* आत्मरक्षातन्त्र। > डिफ़े'न्स्

defend, 1. (प्रति)रक्षा* क०, बचाव क०; 2. (*support*) समर्थन क०, सफ़ाई* देना; 3. (*law*) प्रतिवाद क०; **~ant,** प्रतिवादी, मुद्दालेह; **~ed,** रक्षित; **~er,** (प्रति) रक्षक, समर्थक; ~of the faith, धर्मत्राता। > डिफ़े 'न्ड; डिफ़े 'न्/डॅन्ट, ~डिडॅ, ~डॅ

defensible, उचित, समर्थनीय, प्रतिवाद्य; रक्ष्य, रक्षणीय। > डि-फ़े 'न्-सॅ-बॅल

defensive, *adj.*, रक्षात्मक, सुरक्षा-प्रतिरक्षा-; —*n.*, रक्षात्मक कार्यवाही*, आत्मरक्षा*। > डि-फ़े 'न्-सिव

defer, आस्थगित क०, टालना; **~to,** का सम्मान क०, मान लेना, स्वीकार क०, झुकना; **~ence,** 1. (*respect*) सम्मान, श्रद्धा*; 2. (*compliance*) अनुवर्तन, (अनु)- पालन; **~ent,** *adj.*, विनयी; प्रवाही; —*n.*, वाहिनी*; **~ential,** श्रद्धापूर्ण; **~ment,** (आ) स्थगन, विलम्बन; **~red,** आस्थगित, विलम्बित। > डिफ़ॅः; डे 'फ़ॅरॅन्स; डे 'फ़ॅरॅन्ट; डे 'फ़ॅरे 'न्शॅल, डिफ़ॅःमॅन्ट; डिफ़ॅःड

defiance, 1. (*disobedience*) अवज्ञा*; 2. (*challenge*) चुनौती*। > डिफ़ाइॲन्स

defiant, अवज्ञाकारी, उद्धत, विद्रोही। > डिफ़ाइ ॲन्ट

deficiency, अपूर्णता*; अभाव, कमी*, त्रुटि*; mental ~, मनोवैकल्य। > डि-फ़ि-शॅन्-सि

deficient, अपूर्ण; त्रुटिपूर्ण। > डिफ़िशॅन्ट

deficit, 1.घाटा; 2. (*shortage*) कमी*, अभाव। > डे 'फ़्-इ-सिट

defilade, *v.*, ओट* या आड़* में बैठाना; —*n.*, ओट*। > डे 'फ़िलेड

defile[1], *v.*, दूषित क०, कलुषित क०; अपवित्र क०; भ्रष्ट क०, बिगाड़ना; **~ment,** दूषण। > डिफ़ाइल; ~मॅन्ट

defile[2], *n.*, तंग रास्ता, संकीर्ण दर्रा; *v.*, पंक्तिबद्ध चलना। > डिफ़ाइल (*n.*), डिफ़ाइल (*v.*)

definable, परिभाष्य। > डिफ़ाइनॅबॅल

define, परिभाषा* देना; निरूपण क०; निश्चित क०, निर्धारित क०; सीमा-निर्देश क०, सीमांकन क०; की विशेषता* होना; **~d,** परिभाषित। > डिफ़ाइन, डिफ़ाइन्ड

definite, 1. निश्चित, ध्रुव; 2. (*explicit*) सुस्पष्ट, सुनिश्चित; 3. सीमांकित; 4. (*gram.*) निश्चयवाचक, निश्चितार्थी; **~ly,** निश्चित रूप से। > डे 'फ़्-इ-निट

definition, 1. परिभाषा*; 2. (*techn.*) स्पष्टता*; 3. निश्चयन। > डे 'फ़िनिशॅन

definitive, 1. (*decisive*) निर्णायक, निश्चायक 2. (*final*) अन्तिम, अन्त्य; 3. निश्चित; 4. निश्चयात्मक; 5.सुदृढ़, सुस्थिर, स्थिर, स्थायी; 6. (*fully developed*) प्रौढ़, पूर्ण विकसित; 7. (*gram.*) निश्चितार्थी। > डिफ़िन्-इटिव

deflagration, उद्दहन। > डी-,डे'-फ़्लॅग्रेशॅन

deflate, 1. (*money*) अपस्फीति* क०, 2. हवा* निकालना। > डिफ़्लेट

deflation, अपस्फीति*। > डिफ़्लेशॅन

deflect, 1. मोड़ना, झुकाना, विक्षेपित क०; 2. में लगाना; 3. मुड़ना, (सीधे पथ से) हट जाना; **~ion deflexion,** झुकाव, मोड़; विक्षेप; विस्थापन; विचलन; ~or, विक्षेपक। > डिफ़्ले 'क्ट; डिफ्ले 'क् /शॅन, ~टॅ

defloration, कौमार्यहरण, कौमार्यभंग। > डीफ़्लॉःरेशॅन

deflower, 1. कौमार्य भंग क०; 2. (*ravage*) बिगाड़ना, विकृत क०; 3. फूल तोड़ना; **~ed,** क्षतयोनि। > डीफ़्लाउ-ॲ, डीफ़्लाउ-ॲड

defluent, अधः प्रवाही। > डीफ़्लूॲन्ट

defoliation, निष्पत्रण। > डीफ़ोलिएशॅन

deforestation, वननाशन, बन-कटाई*। > डीफ़ॉरे 'स्टेशॅन

deform, विरूपित या विकृत क०, बिगाड़ना; **~ation,** 1. विरूपण; 2. (*state*) विकृति*, विरूपता*, विकार; **~ed,** 1. विरूपित, विकृत; 2. विकलांग; 3. घृणित, कुरूप; 4. (*depraved*) भ्रष्ट; **~ity,** विकृति*, विरूपता*; विकलांगता*; कुरूपता*; भ्रष्टता*। > डिफ़ॉःम; डीफ़ॉःमेशॅन; डिफ़ॉःम्ड; डिफ़ॉःम्-इटि

defraud, कपट से लेना, से प्रवंचित क०; कपट क०, धोखा देना, ठगना; **~ation,** प्रवंचन; **~er,** प्रवंचक। > डिफ़्रॉःड; डीफ़्रॉःडेशॅन; डि-फ़्रॉःड्-ॲ

defray, चुकाना; **~al,** अदायगी*। > डिफ़्रे

deft, दक्ष, दक्षिण, निपुण। > डे 'फ़्ट

defunct, मृत; समाप्त; पुराना, अप्रचलित। > डिफ़ॅन्क्ट

defy, अवज्ञा* क०; चुनौती* देना; विरोध क०। > डिफ़ाइ

degeneracy, अपकर्ष, अधोगति*, अपभ्रष्टता*; अपविकास, ह्रासी विकास। > डिजे 'नॅरॅसि

degenerate, *adj.*, विकृत; भ्रष्ट, अपभ्रष्ट, चरित्रहीन, पतित; —*v.*, 1. बिगड़ना, विकृत, भ्रष्ट या अपभ्रष्ट हो जाना; 2. (*biol.*) अपकर्ष या अपविकास होना; **~d,** विकृत; ह्रसित, अपविकसित। > डिजे 'नॅरिट (*adj.*) डिजे 'नॅरेट (*v.*) डिजे 'नॅरेटिड

degeneration, 1. अधःपतन; विकृति*, अधोगति*, विकार; 2. (*zool.*) अपविकास, ह्रासी विकास; 3. (*phys.*) अपभ्रंशन। > डिजे 'नॅरेशॅन

degenerative, अपकर्षक; ह्रासी। > डिजे 'नॅरॅटिव

deglutition, निगरण। > डीग्लूटिशॅन

degradation, पदच्युति*; अपकर्ष, अधोगति*, बदनामी*; अप्रतिष्ठा*; अवक्रमण, निम्नीकरण। > डिग्रॅडेशॅन

degrade, 1.दरजा घटाना, पदच्युत, पदावनत, निम्नीकृत क०, निम्नकोटिकृत क०; 2. (*debase*) भ्रष्ट क०; 3. (*defame*) बदनाम क०; 4. मूल्य घटाना; 5. (*chem.*) अवक्रमण क०; 6. (*degenerate*) विकृत या भ्रष्ट हो जाना; **~d,** पदच्युत, निम्नीकृत, निम्नकोटिकृत; विकृत, भ्रष्ट; अप्रतिष्ठित, बदनाम; अवक्रमित। > डिग्रेड; डिग्रेड्-इड

degrading, अपमानजनक; अपयशकर; अमानवोचित। > डिग्रेड्-इन्ग

degree, 1. (*title*) उपाधि*; 2. (*stage*) सोपान; 3. (*rank*) अवस्था*; 4. (*quality, intensity*) कोटी*, श्रेणी*, दरजा; 5. (*amount*) मात्रा*, अंश; 6. (*of angle*) अंश; 7. (*unit*) अंश, अंशांक; 8. (*of algebraic equation*) घात। > डिग्री

degression, अवक्रमण। > डिग्रे 'शन

degressive, अवक्रमिक। > डिग्रे 'स्-इव

degust, आस्वादन क०। > डिगॅस्ट

dehisce, स्फुटना; **~nce,** स्फुटन; **~nt,** स्फोटी। > डिहिस; डिहिसॅन्स; डिहिसॅन्ट

dehortative, निवर्तक, निवारक। > डिहॉ: टॅटिव

dehumanize, कठोर या अमानवीय बना देना। > डीह्यूमॅनाइज़

dehydrate, निर्जल क०; **~d,** निर्जलित। > डीहाइड्रेट; ~रेटिड

dehydration, निर्जलन, निर्जलीकरण; निर्जलीभवन। > डीहाइड्रेशॅन

dehypnotize, सम्मोहन दूर क०। > डीहिप्नॅटाइज़

deicide, देवहत्या*; देवहन्ता। > डीइसाइड

deictic, संकेतवाचक। > डाइक्-टिक

deification, देवत्वारोपण, देवीकरण, देवत्वप्राप्ति*। > डीइफ़िकेशॅन

deified, देवत्वप्राप्त, देवीकृत। > डीइफ़ाइड

deiform, देवतुल्य। > डीइफ़ॉ:म

deify, देवत्व-आरोपण क०, देवता बनाना; देवतुल्य बनाना; पूजा* क०। > डीइफ़ाइ

deign, की कृपा* क०, अनुग्रह क०। > डेन

deism, देववाद। **deist,** देववादी। **deity,** देवता। > डीइज़्म; डीइस्ट; डीइटि

deject, उदास, विषण्ण या निरुत्साह कर देना; **~ion,** 1. उदासी*, विषाद; 2. (*med.*) विष्ठा*; मलोत्सर्ग। > डिजे 'क्ट; डि-जे 'क्-शॅन

dejecta, विष्ठा*। > डि-जे 'क्-टॅ

déjeuner, कलेवा, प्रातराश। > डे 'श़ने

dejure, *adv.*, विधित; कानूनन; *adj.*, वैध, कानूनी। > डि जुअॅर्-इ

delate, पर अभियोग लगाना, की रिपोर्ट* लिखवाना; बताना, प्रकट क०। > डिलेट

delay, *n.*, देर*, विलम्ब; अवरोध, बाधा*; —*v.*, देर* क० या लगाना; स्थगित क०, तिथि* बढ़ा देना; रोकना, अटकाना; **ed,** विलंबित; —action charge, विलम्बित चार्ज; **~ing,** विलम्बकारी। > डिले; डिलेड; डिलेइन्ग

del credere, प्रत्यायक। > डे 'ल् क्रेडॅरि

delectable, सुखद, आनन्दकर, मनोहर। > डिले 'क्टॅबॅल

delectation, सुख, आनन्द। > डीले 'क्टेशॅन

delegacy, *see* DELEGATION। > डे 'ल्-इगॅसि

delegate, *n.*, प्रतिनिधि, प्रत्यायुक्त; *v.*, प्रतिनिधि बनाना; (अधिकार) देना या सौंपना; **~d,** सौंपा, प्रत्यायुक्त; प्रदत्त। > डे 'ल्-इगिट (*n.*), डे 'ल्-इगेट (*v.*), डे 'ल्-इगेटिड

delegation, 1. (*act*) प्रतिनिधान, प्रतिनिधायन, प्रत्यायोजन; 2. प्रतिनिधित्व; 3. (*persons*) प्रतिनिधि-मण्डल, शिष्टमंडल, प्रत्यायोग। > डे 'लिगेशॅन

delete, काटना, निकाल देना, मिटाना; **~rious,** हानिकर, क्षतिकर। > डिलीट; डे 'लिटिअॅर्-इअॅस

deletion, उच्छेद, विलोप, विलोपन, अपमार्जन। > डिलीशॅन

deliberate, *adj.*, 1. (*on purpose*) जान-बूझकर किया हुआ, संकल्पित, ज्ञानकृत; 2. (*considered*) विवेचित, सुविचारित, विमर्शित, आयोजित, विमृष्ट; 3. (*cautious*) सावधान, विवेकशील; 4. (*unhurried*) अत्वरित, सावधान; —*v.*, विचार-विमर्श क०, विचारना, पर्यालोचन क०; **~ly,** जान-बूझकर; सोच-समझकर, विमर्शपूर्वक। > डिलिबॅरिट (*adj.*); डिलिबॅरेट (*v.*)

deliberation, 1. विचार-विमर्श, पर्यालोचन, विमर्श; 2. सावधानी*; 3. (*calmness*) असंभ्रम, धैर्य। > डिलिबॅरेशॅन

deliberative, विमर्शी, विचारक; विचारात्मक। > डिलिबॅरॅटिव

delicacy, 1. कोमलता*, सुकुमारता*; मृदुता*; उत्कृष्टता*, सूक्ष्मता*, बारीकी*; नज़ाकत*; सौजन्य, भद्रता*, लिहाज़; कौशल; 2. स्वादिष्ठ खाद्य। > डे 'ल्-इकॅसि

delicate, 1. कोमल-सुकुमार; 2. (*mild*) मृदु; 3. (*exquisite*) उत्कृष्ट, उत्तम, बढ़िया; 4. (*subtle*) सूक्ष्म, बारीक; 5. (*critical*) नाज़ुक, संकटपूर्ण; 6. (*sensitive*) सुकुमार, संवदेनशील; 7. (*tactful*) भद्र, लिहाज़ रखनेवाला, व्यवहार-कुशल; 8. (*skilful*) सुदक्ष, अतिनिपुण, अतिप्रवीण, कुशल; 9. (*tasty*) स्वादिष्ठ, स्वादिष्ट। > डे 'ल्-इकिट

delicious, सुखद, रुचिर, मनोहर; सुस्वादु, स्वादिष्ठ, स्वादिष्ट। > डिलिशॅस

delict, दुष्कृति*, उल्लंघन; अपराध। > डीलिक्ट = डिलिक्ट

delight, *v.*, आनन्दित या हर्षित क० या होना; बहुत

पसंद क०; —*n.*, हर्ष, आनन्द, आह्लाद, सुख; आह्लादक (वस्तु*···); **~ed,** हर्षित, आनन्दित, सुखी; **~ful,** आनन्दप्रद, रुचिकर। > डिलाइट; डिलाइट्-इड; डिलाइटफुल

delimit, ~ate, सीमा* निर्धारित क०; सीमा* का निशान लगाना; **~ation,** सीमा-निर्धारण, हदबन्दी*, परिसीमन; सीमांकन।> डीलिम्-इट, डीलिम्-इटेट, डिलिमिटेशॅन

delineate, रूपरेखा* प्रस्तुत क०; चित्रित क०, अंकित क०; वर्णन क०। डिलिन्-इएट

delineation, रूपरेखा*; चित्रण, चित्र, रेखा-चित्र, वर्णन। > डिलिनिएशॅन

delinquency, 1. (*misdeed*) अपचार, अपराध, चूक*; 2. (*neglect*) कर्तव्यच्युति*। > डि-लिन्-क्वॅन्-सि

delinquent, 1. अपराधी, अपचारी, दोषी; 2. (*in arrear*) बक़ाया। > डिलिन्क्वॅन्ट

deliquesce, गलना, द्रवित होना, पिघलना, पसीजना, प्रस्वेदित होना; **~nce,** प्रस्वेदन; **~nt,** प्रस्वेद्य; प्रस्वेदी। > डे'लिक्वे'स; डे'लिक्वे'सॅन्स, डे'लिक्वे'सॅन्ट

deliration, मतिभ्रंश; पागलपन। > डे'लिरे'शॅन

delirious, प्रलापी; उन्मत्त। > डिलिरिॲस

delirium, 1. (*med.*) सरसाम, सन्निपात; 2. (*excitement*) उन्माद, उत्तेजना*; 3. (*speech*) प्रलाप; ~tremens, कम्पोन्माद। > डिलिरिॲम

delitescent, अप्रत्यक्ष, अप्रकट। > डी = डे'लिटे'सॅन्ट

deliver, से मुक्त क०, बचाना, छुड़ाना; देना, प्रदान क०, सौंपना; पहुँचाना, बाँटना, वितरण क०; प्रसव कराना; ~up, समर्पित क०, के हवाले कर देना; be ~ed of, प्रसव क०; **~ance,** 1. मोचन, छुड़ाई*; 2. मुक्ति*, उद्धार, रिहाई*; 3. (*opinion*) निर्णय; **~er,** मोचक, उद्धारक; प्रदाता। > डि-लिव्-अॅ; डिलिवॅड; डिलिवॅरॅन्स; डिलिवॅरॅ

delivery, 1. (*of goods*) सुपुर्दगी*, प्रदान, दाति*, मालछुड़ाई*; 2. (*of mails*) वितरण; 3. (*law*) प्रदान, हस्तान्तरण; 4. (*childbirth*) प्रसव, प्रसूति*; 5. (*manner*) शैली*, ढंग; भाषण-शैली*; take ~, माल छुड़ाना या लेना। > डिलिवॅरि

dell, घाटी*। > डे'ल

delta, 1. डेल्टा, नदीमुख-भूमि*; 2. (*astron.*) चतुर्थ देवयानी*; ~connection, त्रिकोण सम्बन्ध। > डे'ल्-टॅ

deltoid, त्रिकोणाकार; ~muscle, अंसच्छद पेशी*, त्रिकोणिका*। > डे'ल्टॉइड

delude धोखा देना, बहकाना; मोहित क०। > डिलूड = डिल्यूड

deluge, *n.*, 1. जल-प्रलय, प्लावन; 2. अतिवृष्टि*; 3. बाढ़*, भरमार*; —*v.*, 1. प्लावित या जलमग्न कर देना; 2. (*overwhelm*) पराभूत या अभिभूत क०, से विह्वल कर देना। > डे'ल्यूज

delusion, 1. (*active*) बहकावट*, मोहन; 2. भ्रान्ति*, मोह, भ्रम; 3. (*psych.*) विभ्रम। > डिलूश़ॅन = डिल्यूश़ॅन

delusive, delusory, मोहक, भ्रामक, भ्रान्तिकर। > डिलूस्-इव; डिलूसॅरि

de luxe, विशिष्ट, सुखावह, सुखद; **~edition,** राजसंस्करण। > डॅलुक्स

delve, खोज* क०। > डे'ल्व

demagnetize, विचुम्बकन क०; **~d,** विचुंबकित। > डी-मैग्-नि-टाइज़

demagogue, जनोत्तेजक। > डे'मॅगॉग

demagogy, जनोत्तेजन। > डे'मॅगॉगि = डे'मॅगॉजि

demand, *n.*, माँग*, दावा, अभियाचना*; —*v.*, माँगना, दावा क०; की अवेक्षा* रखना, आवश्यक होना; is in great ~, इसकी बहुत माँग* है; **~able,** अभियाचनीय; **~ant,** अभियाचक; वादी; **~-draft,** दर्शनीहुण्डी*। > डिमान्ड; डिमान्ड्/अॅबॅल, ~अॅन्ट

demarcate, सीमांकन क०; निर्धारित क०। > डीमाकेट

demarcation, सीमांकन; सीमा*; line of~, सीमा-रेखा*। > डीमाकेशॅन

démarche, कार्यवाही*। > डे'माश

dematerialize, भौतिकता* दूर क० या हो जाना। > डीमॅटिअॅर्-इअॅलाइज़

demean, (*lower*) अप्रतिष्ठित क०, नीचा दिखाना; ~oneself, 1. बरताव क०, आचरण क०; 2. (*lower*) अपनी प्रतिष्ठा* कम क०, नीच बनना। > डिमीन

demeanour, आचरण, व्यवहार, बरताव। > डिमीन्-अॅ

dement, पागल बनाना; **~ed,** पागल, विक्षिप्त, मूढ़; **~ia,** पागलपन, मनोभ्रंश। > डिमे'न्ट; डि-मे'न्-टिड, डिमे'न्शिअॅ

demerit, अवगुण, दुर्गुण, दोष। > डीमे'रिट

demesne, भूसम्पत्ति*; (कार्य) क्षेत्र। > डिमेन = डिमीन

demi-, अर्ध-, अंश-, गौण; **~god,** अर्धदेव; गौण देवता; अंशावतार, अवतार; **~-official,** अर्धसरकारी; **~urge,** विश्वकर्मा, विश्वशिल्पी। > डे'म्-इ, ~गॉड; डीम्-इअॅ:ज = डे'म्-इअॅ:ज

demilita/rization, विसैन्यीकरण; **~rize,** सैनिक शासन हटाना। > डीमिलिटॅराइज़ेशॅन; डीमिल्-इटॅराइज़

demise, *n.*, देहान्त, निधन; हस्तान्तरण; —*v.*, [पट्टे (*lease*) या वसीयत* (*will*) द्वारा] हस्तान्तरित करना। > डिमाइज़

demission, इस्तीफ़ा, पदत्याग। > डिमिशॅन

demit, इस्तीफ़ा देना, पदत्याग क०। > डिमिट

demobi/lization, सैन्यवियोजन, सैन्यविघटन; **~lize,** विघटित क०। > डीमोबिलाइज़ेशॅन; डीमीब्-इलाइज़

demo/cracy, 1. लोकतन्त्र, प्रजातन्त्र; 2. (*common people*) जनसाधारण; **~crat,** लोकतन्त्री, लोकतन्त्रवादी; **~cratic,** लोकतान्त्रिक, प्रजातान्त्रिक, लोकतन्त्रात्मक; **~cratization,** लोकतन्त्रीकरण।
> डिमॉक्रॅसि; डे'मॅक्रैट; डे'मॅक्रैट्-इक; डिमॉक्रॅटाइज़ेशॅन

demogra/phical, जनसांख्यिकीय; **~phy,** जनसांख्यिकी*, जनांकिकी*।
> डीमॅग्रैफ़-इकॅल; डीमॉग्रॅफ़ि

demode, demoded, पुराना, पुराने ढंग का।
> डेमोड्-ए; डिमोड्-इड

demoiselle, युवती*, किशोरी*, कुमारी*; (*crane*) करकरा, करकटिया*। > डॅम्वाज़े'ल

demolish, ढाना, ढा देना, गिरा देना; विध्वंस क०, समाप्त क०, नष्ट क०। > डिमॉल्-इश

demolition, विध्वंस; विनाश। > डे'मॅलिशॅन

demon, 1. (*evil spirit*) नरकदूत, अपदूत, दुष्ट आत्मा; दानव, पिशाच, असुर; 2. (*daemon*) संरक्षक या प्रेरक आत्मा; 3. (*evil-minded person*) नर-पिशाच, राक्षस; 4. अद्भुत गुण-सम्पन्न व्यक्ति; **~iac,** अपदूतग्रस्त; नारकीय, पैशाचिक; **~ic,** नारकीय, राक्षसी; **~ism,** नरकदूतवाद; पिशाचवाद; **~olatry,** नरकदूत-पूजा*; पिशाच-पूजा*; **~ology,** नरकदूत-विद्या*; पैशाचिकी*। > डीमॅन; डिमोन्-इऐक; डीमॉन्-इक; डीमॅनिज़्म; डीमॅनॉल्/ॲट्रि, ~ॲजि

demonetization, विमुद्रीकरण। > डिमॅनिटाइज़ेशॅन

demon/strable, प्रमाण्य; **~strant,** प्रदर्शनकारी; **~strate,** प्रमाणित क०, सिद्ध क०; दिखाना, (प्रयोग द्वारा) स्पष्ट क०, निरूपण क०; प्रदर्शित क०; व्यक्त क०; प्रदर्शन क०; **~stration,** 1. (*proving*) प्रमाणन, उपपादन; प्रमाण, उपपत्ति*; 2. (*showing*) निदर्शन, निरूपण; 3. (*display*) प्रदर्शन; **~strative,** 1. (*conclusive*) निश्चायक; 2. (*illustrative*) निर्दशनात्मक, निरूपणात्मक; 3. प्रदर्शनात्मक, प्रादर्शनिक; 4. भावप्रदर्शक; 5. (*gram.*) संकेतवाचक, निश्चयवाचक; **~strator,** प्रदर्शक, उपपादक, निदर्शक; प्रदर्शनकारी। > डे'मॅन्स्ट्रॅबॅल; डिमॉन्स्ट्रॅन्ट; डे'मॅन्स्ट्रेट; डे'मॅन्स्ट्रेशॅन; डिमॉन्स्ट्रॅटिव; डे'मॅन्स्ट्रे-टॅ

demora/lization, 1. भ्रष्टीकरण; नैतिक पतन; 2. उत्साहभंग; 3. सम्भ्रान्ति*, अस्त व्यस्तता*; **~lize,** 1. (*morally*) भ्रष्ट क०; 2. (*discourage*) उत्साह या धैर्य भंग कर देना; 3. (*confuse*) अस्तव्यस्त कर देना।
> डिमॉरॅ/लाइज़ेशॅन, ~लाइज़

demote, पदावनत क०, पद घटाना। > डीमोट

demotion, पदावनति*। > डिमोशॅन

demotic, लोक-, लोकगत, सामान्य।
> डी = डिमॉट्-इक

demulcent, शमक, शामक। > डिमॅल्सॅन्ट

demur, 1. आपत्ति* क०; 2. (*law*) पूर्वापत्ति*; क०; **~rage,** विलम्बन; विलम्ब-शुल्क; **~rer,** 1. आपत्ति*; 2. (*law*) पूर्वापत्ति*; 3. पूर्वापत्तिकर्ता।
> डिमॅः; डिमॅरिज; डि-मॅ-रॅ (1, 2); डि-मॅः-रॅ (3)

demure, 1. (*sedate*) शान्त, गम्भीर; 2. (*coy*) नख़रेबाज। > डिम्युॲ

demy, डिमाई*। > डिमाइ

den, 1. (*lair*) माँद*; 2. (*cavern*) गुहा*; 3. (*haunt*) अड्डा; 4. निजी कमरा। > डे'न

denarius, दीनार। > डिनें'ॲर्-इॲस

denary, 1. दशमिक; 2. (*tenfold*) दसगुना।
> डी'नॅरि

denational/ization, राष्ट्रिकता-हरण, नागरिकता-हरण; विराष्ट्रीकरण; **~ize,** राष्ट्रिकता* से वंचित क०; विराष्ट्रीकरण क०। > डीनैशॅनॅलाइज़ेशॅन; डीनैशॅनॅलाइज़

denaturalize, स्वभाव बिगाड़ना, विप्रकृत या विकृत क०; नागरिकता* से वंचित क०।

denaturant, विकृतिकारक, विगुणक।

denaturation, विकृतिकरण। **denature,** विकृत क०, विगुणन क०।
> डीनैचॅ/ रॅलाइज़ ~रॅन्ट, ~रेशॅन; डी-ने-चॅ

dendrite, द्रुमाश्म। **dendritic,** द्रुमाकृतिक।
> डे'न्ड्राइट; डे'न्-ड्रिट्-इक

dendroid, वृक्षाभ। > डे'न्ड्रॉइड

dendrology, वृक्ष-विज्ञान। > डे'न्ड्रॉलॅजि

dengue, डेंग्यू, दण्डकज्वर। > डे'न्गि

deniable, खण्डनीय। > डिनाइॲबॅल

denial, 1.नकार*; 2. (*contradiction*) खण्डन; प्रतिवाद; 3. (*refusal*) अस्वीकृति*, इनकार, अस्वीकरण, अनंगीकार; 4. (*repudiation*) परित्याग; 5. आत्मदमन, आत्मत्याग, त्याग; 6. (*of rights*) वंचन।
> डिनाइॲल

denigra/te, काला क०; बदनाम क०; **~tion,** निन्दा*; **~tor,** निन्दक।
> डे'न्-इग्रेट; डे'निग्रेशॅन; डे'न्-इ-ग्रे-टॅ

denizen, निवासी, नागरिकता-प्राप्त; देशीकृत, स्वीकृत।
> डे'न्-इज़ॅन

denominate, नाम रखना। > डिनॉम्-इनेट

denomination, 1. नामकरण; 2. नाम, संज्ञा*, अभिधान; 3. (*class*) वर्ग, कोटि*; 4. (*value*) मूल्यवर्ग; 5. सम्प्रदाय; **~al,** साम्प्रदायिक।
> डिनॉमिने/शॅन, ~शॅनॅल

denominative, *adj.*, अभिधायक, अभिधायी; —*n.*, नामधातु*। > डिनॉम्-इनॅटिव

denominator, हर। > डि-नॉम्-इ-ने-टॅ

denotation, 1. (*action*) निर्देशन; 2. (*sign*) निर्देश, संकेत; 3. नाम, अभिधान; 4. (*meaning*) मुख्यार्थ, वाच्यार्थ, अर्थ; 5. (*logic*) व्याप्ति*। > डीनोटेशॅन

denotative, सूचक। डिनोटॅटिव

denote, निर्दिष्ट, क०, सूचित क०; का अर्थ रखना, द्योतित क०। > डिनोट

denouement, निर्वहण, समाप्ति*। > डेनूमाँ

denounce, 1. (*accuse*) पर दोषारोपण क०; 2. (*condemn as evil*) निन्दा* क०, भर्त्सना* क०; 3. प्रत्याख्यान क०, समाप्त कर देना; **~ment,** *see* DENUNCIATION। > डिनाउन्स, ~मॅन्ट

de novo, नये सिरे से। > डीनोवो

dense, सघन, घना, घनीभूत; मन्दबुद्धि; **~ness,** घनत्व। > डे'न्स; डे'न्स्-निस

density, 1. सघनता*; 2. (*science*) घनत्व; 3. मूर्खता*। > डे'न्-सि-टि

dent, (छोटा) गड्ढा, पिचक*, निशान; दाँता; **~al,** दन्त्य; **~ate,** दाँतदार, दन्तुर; **~icle,** दंतिका*, दन्तक; **~iform,** दन्ताकार; **~ifrice,** मंजन; **~ilabial,** दन्त्योष्ठ्य; **~illingual,** दन्त्यजिह्वीय।
> डे'न्ट; डे'न्टॅल; डे'न्टेट; डे'न्-टि/कॅल, ~फॉ:म, ~फ्रिस, ~लेब्यॅल, ~लिन्ग्वॅल

dent/line, दन्तधातु*; **~ist,** दन्तचिकित्सक; **~istry,** दन्तचिकित्सा*; **~ition,** दन्तोद्भेद (न); दन्तविन्यास; **~ure,** बत्तीसी*; दन्तावली*; नक़ली दाँत, कृत्रिम-दन्तावली*। > डे'न्टीन; डे'न्-टिस्ट; डे'न्-टिस्-ट्रि; डे'न्-टि-शन; डे'न्-चॅ

denudation, अनाच्छादन, निरावरण। > डीन्यूडेशॅन

denude, उघाड़ना; निरावृत क०। > डिन्यूड

denunci/ate, *see* DENOUNCE; **~ation,** 1. दोषारोपण; 2. निन्दा*, भर्त्सना*; 3. (*giving up*) प्रत्याख्यान; 4. (*threat*) धमकी*; **~ator,** दोषारोपक; **~atory,** अभियोगात्मक; निन्दात्मक।
> डि-नॅन्-सि/एट, ~एशॅन, ~ए-टॅ, ~अॅटॅरि

deny, 1. (*contradict*) खण्डन क०, नकारना; 2. अस्वीकार क०, इनकार क०, नहीं मानना; 3. (*repudiate*) परित्याग क०, त्याग देना, अस्वीकार क०; 4. से वंचित क०; 5. (देने से) इनकार क०; 6. ~oneself, आत्मत्याग क०, मन मारना। > डिनाइ

deodorant, गन्धहारक। > डीओडॅरॅन्ट

deodorize, निर्गन्धीकृत क०, गन्धहरण क०; **~r,** गन्धहारक। > डीओडॅ/राइज़, ~राइ-ज़ॅ

deontology, नीतिशास्त्र, कर्तव्यशास्त्र।
> डीऑन्टॉलॅजि

depart, प्रस्थान क०; चले जाना; से हट जाना; **~ed,** दिवंगत, मृत; नष्ट, अतीत, गत। > डिपाट; डिपाट्-इड

department, विभाग, महकमा, क्षेत्र; **~al,** विभागीय, वैभागिक। > डिपाट्मॅन्ट; डीपाट्मे'न्टॅल

departure, 1. प्रस्थान, रवानगी*, प्रयाण; 2. (*venture*) अनुष्ठान, उपक्रम; 3. (*deviation*) विचलन, अन्तर, प्रत्यन्तर। > डि-पा-चॅ

depasture, चरना या चराना। > डी-पा-स्चॅ

depend, 1.पर निर्भर या आश्रित होना, के अधीन होना; 2. (*rely*) पर भरोसा या विश्वास रखना के भरोसे रहना; 3. अनिश्चित होना; **~able,** विश्वसनीय, भरोसे का; **~ant,** आश्रित; **~ence,** 1. निर्भरता; 2. परावलम्बन, परनिर्भरता*; 3. अधीनता*, पराधीनता*; 4. (*trust*) भरोसा, विश्वास; **~ency,** 1.अधीन क्षेत्र, अधीन राष्ट्र, आश्रित-राज्य; 2. (*building*) उपभवन; 3. निर्भरता*; अधीनता*; 4. निर्भर तत्त्व; **~ent,** 1. अवलम्बित; निर्भर; 2. आश्रित (*also math.*) पराश्रित; 3. (*not free*) अधीन, पराधीन, परतन्त्र। > डिपे'न्ड, डिपे'न्/डॅबॅल, ~डॅन्ट, ~डॅन्स, ~डॅन्-सि, ~डॅन्ट

depersonalization, व्यक्तित्वलोप; निर्व्यक्तीकरण।
> डीपॅ:सॅनॅलाइज़ेशॅन

depict, चित्रित क०; **~ion,** चित्रण।
> डिपिक्ट, डि-पिक्-शॅन

depilate, लोम नष्ट क०। **depilation,** लोमशातन। **depilatory,** लोमशातक।
> डे'प्-इलेट; डे'पिलेशॅन; डिपिलॅटॅरि

deplane, विमान से उतरना। > डी-प्लेन

deplete, खाली क०; कम कर देना; समाप्त क०, नि:शेष क०। > डिप्लीट

depletion, रिक्तीकरण, नि:शेषण; क्षीणता*, क्लान्ति*।
> डिप्लीशॅन

deplorable, खेदजनक, दु:खद, शोचनीय।
> डिप्लॉ:रॅबॅल

deplore, पर खेद प्रकट क०, के कारण दु:खी होना।
> डिप्लॉ:

deploy, फैलना या फैलाना; **~ment,** फैलाव।
> डिप्लॉइ, ~मॅन्ट

deplume, पंख उखाड़ना; अप्रतिष्ठित क०। > डिप्लूम

depolarize, निध्रुवण क०। > डिपोलॅराइज़

deponent, 1. (*gram.*) अकर्तरि; 2. (*law*) बयान देनेवाला, अभिसाक्षी। > डिपोनॅन्ट

depopu/lation, निर्जनीकरण; निर्जनीभवन, जनह्रास **~late,** जनशून्य कर देना; जनसंख्या* घटा देना।
> डीपॉप्युलेशॅन; डीपॉप्युलेट

deport, आचरण क०; निर्वासित या विवासित क०; **~ation,** निर्वासन, विवासन, **~ee,** विवासित; **~ment,** 1. आचरण, बरताव, व्यवहार; 2. (*bearing*) ठवन*, चाल*।
> डिपॉ:ट, डीपॉ:टेशॅन; डीपॉ:टी; डिपॉ:ट्मॅन्ट

deposable, निष्कासनीय। > डिपोज़ॅबॅल

depose, 1. अपदस्थ या पदच्युत क०, गद्दी* से उतारना; बयान या अभिसाक्ष्य देना। > डिपोज़

deposit, 1. जमा क०; 2. (*safekeeping*) धरोहर* या अमानत* रखना; 3. रख देना; 4. (*as sediment*) निक्षिप्त क०; —*n.*, 1. जमा*, निक्षेप; 2. धरोहर*, अमानत*, थाती*; 3. (*sediment*) निक्षेप; **~account,** निक्षेप-लेखा, जमा-खाता। > डिपॉज़्-इट

deposit/ary, न्यासी, अमानतदार, न्यासधारी, **~ed,** निक्षिप्त, निक्षेपित। > डिपॉज़्/इटॅरि, ~इटिड

deposition, 1. पदच्युति*; राज्यच्युति*; 2. बयान, अभिसाक्ष्य; 3. अवतारण; 4. (*interment*) दफ़न; 5. जमा*; 6. निक्षेप(ण)। > डे पज़िशॅन = डीपॅज़िशॅन

depositor, जमाकर्त्ता; **~y,** 1. आगार; 2. (*person*) न्यासी। > डिपॉज़्/इटॅ, ~इटॅरि

depot, डिपो; आगार, गोदाम, भण्डार। > डे'पो

depravation, भ्रष्टीकरण; भ्रष्टता*, विकृति*। > डे'प्रॅवेशॅन

deprave, भ्रष्ट क०, चरित्र बिगाड़ना। > डिप्रेव्

depravity, भ्रष्टता*, चरित्रहीनता*। > डिप्रेव्-इटि

deprecate, की निन्दा* क०, का विरोध क०, अनुचित समझना। > डे'प्-रिकेट

deprecation, निन्दा*, विरोध। > डे'प्रिकेशॅन

deprecatory, 1. (*prayer*) अनिष्टनिवारक; 2. निन्दात्मक; 3. (*apologetic*) क्षमायाचक। > डे'प्-रिकॅटॅरि

depreciate, मूल्य घटाना; तुच्छ समझना, अवज्ञा* क०। > डिप्रीशिएट

depreciation, अवमूल्यन, मूल्यह्रास; अपकर्ष; अवज्ञा*, निन्दा*। > डिप्रीशिएशॅन

depreciatory, अवमूल्यक; निन्दात्मक। > डिप्रीशिअॅटॅरि

depreda/tion, लूटमार*, लूटपाट*; **~tor,** लूटेरा। > डे'प्रिडेशॅन, डे'प्-रि-डे-टॅ

depress, 1. दबाना, झुकाना, अवनत क०; 2. (*sadden*) उदास क०; 3. (*weaken*) कम क०, मन्द क०, घटाना; **~ant,** शमक; **~ed,** 1. दबाया हुआ, अवनत; पददलित; 2. —classes, दलित वर्ग, हरिजन; 3. उदास, खिन्न, दुःखी; 4. घटाया हुआ; 5. (*bot.*) अवनमित, दबा हुआ; **~ing,** निराशाजनक; **~ion,** 1. (*active*) दबाव; 2. (*state*) अवनति*, अवनमन; 3. (*place*) गर्त, धसकन*; 4. उदासी*, विषाद, ग्लानि*; 5. (*commerce*) मन्दी*; **~ive,** दबानेवाला; अवसादक; **~or,** अवनमनी। > डिप्रे'स; डिप्रे'सॅन्ट; डिप्रे'स्ट; डिप्रे'शॅन; डिप्रे'स्/इन्ग, ~इव्, ~ अॅ

deprivation, 1. अपहरण; 2. वंचन; 3. (*loss*) हानि*; 4. (*from office*) पदच्युति*। > डे'प्रिवेशॅन = डे'प्राइवेशॅन

deprive, अपहरण क०; से वंचित क०; अपदस्थ क०। > डिप्राइव्

depth, 1. गहराई*; 2. (*fig.*) गम्भीरता*, गहनता*; 3. (*middle*) मध्य; ~charge, जलबम, जलगत बम। > डे'प्थ

depurate, शुद्ध क० या हो जाना। > डे'प्यूरेट

deputation, 1. प्रतिनिधि-मण्डल; शिष्टमण्डल; 2. (*act*) प्रतिनियोजन, प्रतिनियुक्ति*, प्रतिनिधान, उपनियोजन। > डे'प्युटेशॅन

depute, 1. (*a person*) प्रतिनियुक्त क०; 2. सौंपना; **~d,** प्रतिनियुक्त; प्रदत्त। > डिप्यूट

deputize, प्रतिनिधित्व क०, स्थानापन्न होना; प्रतिनियुक्त क०, उपनियुक्त क०। > डे'प्यूटाइज़

deputy, 1. (*prefix*) प्रति-, उप-; 2. प्रतिनिधि; ~-commissioner, उपायुक्त। > डे'प्यूटि

deracinate, उन्मूलन क०। > डिरैसिनेट

derail, पटरी* से उतारना या उतरना; **~ment,** अवपथन। > डिरेल

derange, अस्तव्यस्त कर देना, अव्यवस्थित या अपविन्यस्त क०, उलट-पुलट* क०; पागल या विक्षिप्त कर देना; **~ment,** अव्यवस्था*, उलट-पुलट*; अपविन्यास, क्रमभंग, विक्षिप्तता*, मनोविकृति*, पागलपन; **~ed,** मतिभ्रष्ट। > डिरेन्ज, ~मॅन्ट

derate, कर से मुक्त क०। > डीरेट

derelict, *adj.*, परित्यक्त, उत्त्यक्त; अपराधी; —*n.*, 1. (*ship*), त्यक्त पोत; 2. परित्यक्त वस्तु*; **~ion,** उत्त्याग, परित्याग; चूक*, कर्तव्यत्याग, लापरवाही*। > डे'रिलिक्ट; डे'रिलिक्शॅन

deride, उपहास क०। > डिराइड

derision, उपहास। > डिरिश़ॅन

derisive, उपहासक, उपहासपूर्ण। > डिराइस्-इव्

derivable, व्युत्पाद्य। > डिराइवॅबॅल

derivation, 1. (*math., phil.*) व्युत्पत्ति*; 2. (*gram.*) व्युत्पत्ति*, निरुक्ति*; 3. (*descent*) मूल, उद्‌भव उत्पत्ति; 4. *see* DERIVATIVE 5. (*diverting*) अपसारण। > डे'रिवेशॅन

derivative, *adj.*, 1. व्युत्पन्न, व्युत्पत्ति-, व्युत्पादित, व्युत्पत्तिक; 2. (*not original*) अमौलिक, नक़ली, कृत्रिम; —*n.*, 1. (*chem.*) संजात, 2. (*math.*) अवकलज; 3. (*linguistics*) धातुज, व्युत्पन्न शब्द या रूप, साधित रूप। > डिरिवॅटिव्

derive, 1. प्राप्त क०; 2. व्युत्पन्न क०; 3. (*deduce*) परिणाम निकालना; 4. से उत्पन्न होना; **~d,** व्युत्पन्न। > डिराइव्

derm, अन्तरत्वचा*, चर्म; **~al,** त्वचीय, त्वक्‌चर्मी; **~atitis,** त्वचाशोथ **~atogen,** त्वचाजन; **~atologist,** त्वचाविशेषज्ञ; **atology,** त्वचाविज्ञान। > डॅ:म; डॅ:मॅल; डॅ:मॅटाइट्-इस; डॅ:मैटॅजेन; डॅ:मॅटॉल/ॲजिस्ट, ~ॲजि

derogate, 1. (*degenerate*) अपनी अप्रतिष्ठा* क०; 2. घटाना। > डे'रॅगेट

derogation, 1. (*of dignity*) अप्रतिष्ठा*; 2. (*disparagement*) अनादर; 3. (*decline*) अपकर्ष, कमी*। > डे'रॅगेशॅन

derogatory, अप्रतिष्ठाजनक, अनादरपूर्ण, अपमानजनक; अपकर्षी, अल्पकारी। > डिरॉगॅटॅरि

derrick, डेरिक, उत्तंभ। > डे'रिक

derring-do, दु:साहस। > डे'रिन्डू

derringer, छोटी पिस्तौल*। > डे-'रिं-जॅ

dervish, दरवेश। > डॅ:व्-इश

descant, 1. (*comment*) टीका-टिप्पणी* क०, विस्तृत व्याख्या* क०; 2. (*sing*) गाना। > डे'स्कैन्ट

descend, 1. उतरना, नीचे आना; 2. (*slope*) ढलना, नीचे की ओर फैलना; 3. से उत्पन्न होना, का वंशज होना; 4. (*astron.*) अवरोहण क०; 5. (*stoop*) की नीचता* क०; 6. उत्तराधिकार के रूप में प्राप्त होना; 7. ~upon, पर टूट पड़ना, हमला क०; **~ant,** वशंज; **~ing,** अवरोही। > डिसे'न्ड; डिसे'न्/डॅन्ट, ~डिन्ग

descent, 1. अवतरण, उतार, अवरोहण; 2. (*declivity*) ढाल*, ढलान; 3. नीचे (जाने) का रास्ता; 4. (*lineage*) वंश, अन्वय, उद्गम; 5. (*generation*) पीढ़ी*; 6. (*decline*) अपकर्ष, अवनति*, अधोगमन, पतन; 7. हस्तान्तरण; 8. हमला, आक्रमण। > डिसे'न्ट

describable, वर्णनीय। > डिस्क्राइबॅबॅल

describe, वर्णन क०; खींचना, बनाना, निर्माण क०। > डिस्क्राइब

description, 1. वर्णन, चित्रण; 2. (*kind*) प्रकार, क़िस्म*; 3. अंकन; निर्माण; 4. (*personal*) हुलिया*। > डिस्-क्रिप्-शॅन

descriptive, वर्णनात्मक; विवरणात्मक; ~geometry, प्रक्षेपात्मक ज्यामिति*। > डिस्-क्रिप्-टिव्

descry, देखना; पहचानना, पता लगाना, भाँपना। > डिस्क्राइ

desecra/te, अपवित्र क०; **~tion,** अपवित्रीकरण; **~tor,** अपवित्रकर्ता। > डे'स्-इ/क्रेट, ~क्रेशॅन, ~क्रे-टॅ

desegregate, वर्णभेद दूर क०। > डीसे'ग्-रिगेट

desensitize, असंवेदी बना देना; **~r,** विसुग्राहीकर। > डी-से'न्-सि-टाइज़

desert[1], अर्हा*; पुरस्कार या दण्ड। > डिजें:ट

desert[2], *n.*, 1. मरु, मरुस्थल, मरुभूमि*, रेगिस्तान; 2. (*wilderness*) उजाड़ या निर्जन स्थान; —*adj.*, निर्जन, सुनसान, ऊजड़, उजाड़; 2. (*barren*) ऊसर, बंजर; —*v.*, (साथ) छोड़ देना, त्याग देना; छोड़ भागना; **ed,** परित्यक्त; उजाड़; **~er,** 1. भगोड़ा, दल-त्यागी, अपसरक; 2. (*law*) अभित्यागी; **~ion,** 1. पलायन, अपसरण; 2. अभित्याग; परित्याग; 3. परित्यक्तता*, अकेलापन। > डे'ज़ॅट (*n., adj.*); डिज़ें:ट (*v.*); डि-ज़ें:ट्/इड ~ॲ; डिज़ें:शॅन

deserve, के योग्य होना; का पात्र होना; **~dly,** ठीक, उचित रूप से, न्यायत:। > डिजें:व्; डि-ज़ें:व्-इड्-लि

deserving, योग्य, अधिकारी, सुपात्र। > डिज़ें:व्-इन्ग

de'shabille', dishabille, ढीले-ढाले कपड़े; in~, ढीले-ढाले कपड़े पहने हुए। > डेज़ैबीए; डिसॅबील

desiccant, सुखानेवाला। > डे'स्-इकॅन्ट

desiccate, सुखाना; **~d,** सुखाया हुआ, शोषित। > डे'स्-इकेट; डे'स्-इकेटिड

desiccation, सुखाना, शुष्कन, निर्जलीकरण, शोषण। > डे'-सि-के-शॅन

desiccator, शोषित्र। > डे'स्-इ-के-टॅ

desiderate, चाहना, अभाव मालूम होना। > डिज़िडॅरेट

desiderative, इच्छार्थक, सन्नन्त। > डिज़िडॅरॅटिव

desideratum, माँग*, अभाव; अभीप्सित, अभीष्ट। > डिज़िडॅरेटॅम

design, *n.*, 1. (*project*) अभिकल्प, अभिकल्पना*, परिकल्पना*, परिरूप, योजना*; 2. (*sketch*) खाका, रूपरेखा, ढाँचा; 3. (*purpose*) उद्देश्य; 4. (*sinister scheme*) कुदृष्टि*, बुरी योजना*, षड्यन्त्र; 5. (*pattern*) नमूना; 6. (*make-up*) बनत*, भाँत*, आकल्पन, बनावट*, रचना*; —*v.*, योजना* बनाना, अभिकल्प क०; ढाँचा बनाना, खाका खींचना, रूपरेखा* प्रस्तुत क०; मनसूबा बाँधना, उद्देश्य रखना, इरादा क०; निर्दिष्ट क०, अलग कर देना; **~edly,** जान-बूझकर; **~er,** अभिकल्पक, रूपांकक, षड्यन्त्रकारी; **~ing,** *n.*, अभिकल्पन, रूपांकन; —*adj.*, अभिकल्पी; धूर्त, कपटी, चालाक। > डिज़ाइन; डिसाइन्/इड्-लि; ~ॲ, ~इन्ग

designate, *v.*, 1. निर्दिष्ट क०, दिखाना; 2. (*specify*) नाम का उल्लेख क०, नामोद्दिष्ट क०, स्पष्ट बताना, 3. नाम रखना; 4. नियुक्त क०, मनोनीत क०, नामज़द क०, नामित क०, 5. पदनाम देना, पदसंज्ञा* देना; 6. पूर्वनिर्दिष्ट क०, के लिए अलग रखना; —*adj.*, नामित, पदनामित, नामोद्दिष्ट। > डे'ज़्-इग्-नेट (*v.*) डे'ज़्-इग्-निट (*adj.*)

designation, निर्देश; स्पष्ट उल्लेख; नियुक्ति*, मनोनयन; पदनाम, पदसंज्ञा*, ओहदा; अभिधान, नाम; विशेष विवरण। > डे'ज़िग्नेशॅन

desinence, 1. समाप्ति*, अवसान; 2. (*suffix*) प्रत्यय। > डे'स्-इनॅन्स

desipience, मूर्खता*। > डिसिप्-इॲन्स

desirability, वांछनीयता*। > डिज़ाइॲरॅबिल्-इटि

desirable, वांछनीय, इष्ट, अभीष्ट। > डिज़ाइॲरॅबॅल

desire, *v.*, चाहना, अभिलाषा* क०, इच्छा* क०; निवेदन क०, माँगना; —*n.*, अभिलाषा*, इच्छा*, आकांक्षा*, कामना*; निवेदन, माँग*; **~ed,** वांछित, इष्ट। > डिज़ाइॲ; डिज़ाइॲड

desirous, इच्छुक। > डिज़ाइॲरॅस

desist, छोड़ देना, बन्द क०, से बाज़ आना। > डिज़िस्ट

desk, डेस्क, मेज़*। > डे'स्क

desolate, *adj.*, 1. (*lonely*) अकेला, एकाकी; 2. (*deserted*) निर्जन, सुनसान, सूना; 3. (*laid waste*) उजाड़; 4. (*wretched*) विषण्ण, उदास; —*v.*, त्याग देना; निर्जन या सूना कर देना; उजाड़ना; उदास बनाना। > डे'सॅलिट (*adj.*); डे'सॅलेट (*v.*)

desolation, 1. (*act*) विध्वंसन; 2. (*ruin*) विध्वंस, बरबादी*, तबाही*, सूनापन; उजाड़, निर्जनता*; 3. उजाड़-स्थान; 4. (*loneliness*) एकाकीपन; 5. (*grief*) उदासी*, विषाद, निराशा*; 6. (*spiritual* ~) भावशुष्कता*। > डे'सॅलेशॅन

despair, *n.*, निराशा*, नैराश्य; *v.*, निराश या हताश होना; **~ing,** निराश, हतोत्साह। > डिस्पे'अॅ; डिस्पे'अॅर्-इन्ग

despatch, *see* DISPATCH। > डिस्पैच

desperado, आततायी। > डे'स्पॅराडो

desperate, 1. निराशाजनक, भयंकर, घोर, भीषण; 2. (*reckless*) निरोशोन्मत्त, दुःसाहसी, निर्भीक। > डे'स्पॅरिट

desperation, नैराश्य; निर्भीकता*, दुःसाहस। > डे'स्पॅरेशन

despicable, तिरस्करणीय, घृणित, तुच्छ, हेय, नीच। > डे'स्-पि-कॅ-बल

despise, तिरस्कार क०, तुच्छ समझना, उपेक्षा* क०। > डिस्पाइज़

despite, *n.*, द्वेष; *prep.*, के बावजूद, के होते हुए भी। > डिस्पाइट

despoil, लूटना। > डिस्पॉइल

despoliation, लूट*। > डिस्पोलिएशॅन

despond, निराश हो जाना; उदास होना; **~ence, ~ency,** निराशा*; अवसाद, विषाद, उदासी*; **~ent,** निराश; उदास, विषण्ण, विषादपूर्ण। > डिस्पॉन्ड; डिस्पॉन्ड्/अॅन्स, ~अॅन्-सि, ~अॅन्ट

despot, तानाशाह, निरंकुश शासक; **~ic,** निरंकुश; **~ism,** तानाशाही*, निरंकुशता*। > डे'स्पॉट; डे'स्पॅटिज़्म

desqua/mate, छिलना; **~mation,** विशल्कन। > डे'स्क्वॅमेट; डे'सक्वॅमेशॅन

dessert, डिज़र्ट, दही-चीनी*। > डिज़ॅ:ट

destination, गन्तव्य (स्थान); उद्देश्य, लक्ष्य। > डे'स्-टि-ने-शॅन

destine, (पहले से) निर्दिष्ट क०, नियत क०; **~d,** बदा, नियत। > डे'स्-टिन; डे'स्-टिन्ड

destiny, नियति*, भाग्य, भवितव्यता*। > डे'स्-टि-नि

destitute, 1. अकिंचन, निस्सहाय, निराश्रय, दीन-हीन; 2. ~of, से रहित, -हीन। > डे'स्-टि-ट्यूट

destitution, अकिंचनता*, गरीबी*, अभाव-ग्रस्तता*, अभाव। > डे'स्-टि-ट्यू-शॅन

destroy, 1. नष्ट क०, बरबाद क०, विनाश क०, ध्वस्त क०; 2. टुकड़े-टुकड़े कर देना; 3. समाप्त कर देना, व्यर्थ कर देना, 4. मार डालना; 5. गिराना, ढाना; **~er,** ध्वंसक। > डिस्ट्रॉइ; डिस्-ट्रॉइ-अॅ

destructible, ध्वंस्य। > डिस्ट्रॅक्-टिबॅल

destruction, विनाश, ध्वंस, नाश; नाशन। > डिस्ट्रॅक्शॅन

destructive, 1. विनाशक, विध्वंसक, ध्वंसात्मक, भंजक, विनाशकारी; 2. (*fig.*) खण्डनात्मक, नकारात्मक; **~ness,** विनाशिता*। > डिस्-ट्रॅक्-टिव़

destructor, 1. विनाशक; 2. (*furnace*) विदाहक; भस्मक। > डिस्-ट्रॅक्-टॅ

desuetude, अप्रचलन, अव्यवहार। > डे'स्-वि-टयूड = डिस्युइटयूड

desultory, 1. असम्बद्ध, बेसिलसिला; 2. (*irregular*) अनियत, अनियमित। > डे'सॅल्टॅरि

detach, से अलग क०, काटना; भेज देना; **~able,** वियोज्य; **~ed,** अलग (किया हुआ); असम्बद्ध; अनासक्त, निर्लिप्त; तटस्थ; **~ment,** 1. (*army*) टुकड़ी*, दल; 2. अनासक्ति*, निर्लिप्तता*; तटस्थता*, अलगाव; 3. (*act*) वियोजन, पृथक्करण। > डिटैच; डिटैचॅबॅल; डिटैच्ट

detail, *v.*, विस्तृत वर्णन या विवरण क०, ब्योरा देना; निर्दिष्ट क०, नियुक्त क०; भेजना, टुकड़ी* तैनात क०; —*n.*, ब्योरा, तफ़सील*, गौण बात*; टुकड़ी*; in~, ब्योरेवार, सविस्तर, तफ़सीलवार; **~ed,** ब्योरेवार, विस्तृत, तफ़सीली। > डिटेल (*v.*); डीटेल (*n.*)

detain, 1. रोकना, रोक लेना, अटकाना; 2. (*confine*) हवालात* में रखना, निरुद्ध क०; **~er,** निरोधक; निरोध। > डिटेन; डिटेन्-अॅ

detect, पता लगाना, ढूँढ निकालना; **~ion,** खोज*, सुरागरसानी*, अवगमन; पहचान*, अभिज्ञान, संसूचन, परिचयन; **~ive,** *n.*, गुप्तचर, जासूस; —*adj.*, जासूसी; **~or,** संसूचक, अभिज्ञापक, अनुवेदक। > डिटे'क्ट; डिटे'क्/शॅन, ~टिव़, ~टॅ

detent (*mech.*) कुत्ता। > डिटे'न्ट

detente, नरमी*, तनाव की कमी*, तनावशैथिल्य; उपशमन। > डेटान्ट

detention, निरोध, अवरोधन, संरोध; क़ैद*, कारावास; नज़रबन्दी*; **~barracks,** सैनिक बन्दीगृह या कारागार। > डि-टे'न्-शॅन

détenu, क़ैदी; नजरबन्द। > डेटॅनू

deter, (भय दिखाकर) रोकना; **~ment,** (भय दिखाकर) निवारण। > डिटॅ:; ~मॅन्ट

deterge, साफ़ क०; **~nt,** प्रक्षालक, अपमार्जक। > डिटॅ:ज; डिटॅ:जॅन्ट

deterio/rate, बिगड़ना या बिगाड़ना, अवनति* पर होना; विकृत या भ्रष्ट हो जाना; **~ration,** बिगाड़, अधोगति*, विकृति*; अपकर्ष, ह्रास, अवनति*, गुणह्रास। > डिटिअॅर्-इअरैट; डिटिअॅरिअरेशॅन

determi/nable, 1. अवधार्य, निश्चेय, निर्धार्य; 2. (*terminable*) अवसेय; **~nant,** 1. निर्धारक, अवधारक; 2. (*math.*) सारणिक; **~nate,** 1. निश्चित, परिमित, निर्धारित, सुस्पष्ट; 2. स्थिर, सुस्थिर; 3. *see* DETERMINED; **~nation,** 1. (*firm intention*) निश्चय, संकल्प; 2. (*firmness*) दृढ़ता*; 3. (*a determining*) निर्धारण, अवधारण; **~native,** निश्चायक, निर्णायक, निर्धारक। > डिटॅ:म्-इ/नॅबॅल, ~नॅन्ट, ~निट, ~नेशॅन, ~नेटिव्

determine, 1. निर्धारित क०, निर्धारण क०, नियत क०, तय क०, ज्ञात कराना; 2. (*resolve*) निश्चय क०; 3. (*settle*) निर्णय कं०; 4. (*direct*) प्रवृत्त क०; 5. (*law*) अवधारण क०; ~d, 1. निर्धारित; 2. (*resolute*) कृतसंकल्प, दृढ़निश्चय; 3. दृढ़; ~r, निर्धारक। > डिटॅ:म्/इन, ~इन्ड, ~इ-नॅ

determi/ning, निर्धारी; **~nism,** नियतिवाद; **~nist,** नियतिवादी। > डिटॅ:म्-इ/निंग, ~निज़्म, ~निस्ट

deter/rence, (भय दिखाकर) निवारण; **~rent,** निवारक। > डिटे'/रॅन्स, ~रॅन्ट

detersive, (अप) मार्जक। > डिटॅ:स्-इव

detest, घृणा* क०, नफ़रत* क०; **~able,** घृणित, घृणास्पद; **~ation,** घृणा*, जुगुप्सा*। > डिटे'स्ट; डिटे'स्टॅबॅल; डीटे'सटेशॅन

dethrone, गद्दी* से उतारना; अपदस्थ क०। > डिथ्रोन

detinue, action of ~, निरोध-मुक्ति-कार्यवाही। > डे'ट्-इ-न्यू

deto/nate, दगना, विस्फोट होना; दागना, विस्फोटित क०, विस्फोट क०; **~nating, ~nator,** प्रस्फोटक, दगाऊ, स्फोटक, विस्फोटक-प्रेरक; **~nation,** प्रस्फोटन, विस्फोट, धड़ाका। > डे'टॅ/नेट, ~नेटिंग, ~ने-टॅ; डे'टॅनेशॅन

de' tour, detour, चक्कर, चक्करदार मार्ग। > डेटुअॅ; डिटुअॅ

detract, घटाना, कम क०; **~ion,** निन्दा*, परनिन्दा*, मिथ्यापवाद; अपकर्षण, घटाव; **~ive, ~ory,** निन्दात्मक; घटानेवाला; **~or,** निन्दक; अपकर्षक। > डिट्रैक्ट; डिट्रैक्/शॅन, ~टिव, ~टॅरि, ~टॅ

detrain, रेल* से उतरना या उतारना। > डीट्रेन

detriment, हानि*, क्षति*, नुक़सान; **~al,** हानिकर, हानिकारक; अपचायक (*statistics*) > डे'ट्-रिमॅन्ट; डे'ट्रिमे'न्टॅल

detrition, घिसाई*, घिसाव। > डिट्रिशॅन

detritus, मलबा, अपरद। > डिट्राइटॅस

detruncate, काटना। > डीट्रॅन्केट

deuce, दुक्का, दुक्की*; शैतान, पिशाच; **~d,** नीच, घृणित; अत्यधिक। > ड्यूस; ड्यूसिड

deus ex machina, कृत्रिम समाधान; यान्त्रिक अवतारणा*, दैवी समाधान। > डीअॅस ए'क्स मैक्-इने

Deuteronomy, विधि-विवरण। > डयूटॅरॉनॅमि

devalu(at)e, मूल्य घटाना। **devaluation,** अवमूल्यन। > डिवैल्युएट, डीवैल्यू; डीवैल्युएशॅन

devas/tate, उजाड़ना, सर्वनाश क०, विध्वंस क०; **~tation,** सर्वनाश, विध्वंस, तबाही*; **~tator,** विध्वंसक। > डे'वैस्टेट; डे'वॅस्टेशॅन; डे'वॅस्टेटॅ

develop, 1.विकसित क०, बढ़ाना; 2. चित्र उभारना; व्यक्त क०; 3. विकास पाना, विकसित हो जाना, बढ़ना; **~able,** विकास्य, विकासनीय; **~er,** प्रस्फुटक, व्यक्तकारी; विकासक। > डिवे'लॅप, डिवे'लॅ/पॅबॅल, ~पॅ

development, 1. विकास; वृद्धि*, बढ़ती*, परिवृद्धि*, परिवर्धन, उन्नति*; 2. (*photography*) व्यक्तीकरण; 3. (*result*) परिणाम, नतीजा; **~al,** विकासात्मक; उन्नतिशील। > डिवे'लॅप्मॅन्ट; डिवे'लॅप्मे'न्टॅल

deviate, विचलित होना या क०, पथ से हटना या हटाना; पथभ्रष्ट होना, विसामान्य होना। > डीव्-इ-एट

deviation, विचलन, अपसरण; परिवर्तन, व्यतिक्रम; अन्तर; विसामान्यता*। > डीविएशॅन

device, 1. (*scheme*) युक्ति*, उपाय, साधन; 2. (*trick*) चाल*, चालाकी*; 3. (*contrivance*) जुगत*, यन्त्र; आविष्कार; 4. (*design*) रचना*; 5. (कुल) चिह्न; 6. (*motto*) आदर्शवाक्य; 7. (*also pl.*) इच्छा*, मरज़ी > डिवाइस

devil, *n.* 1. (*satan*) शैतान; 2. (*demon*) नरकदूत, अपदूत; 3. नरपिशाच, राक्षस; 4. (*evil*) बुराई*, महापाप; —*v.*, 1. अधिक मिर्च* लगाकर भूनना; 2. (*tear*) फाड़ डालना; 3. (*annoy*) सताना; **~'s claw,** बिच्छूबूटी*, लंगर-पंजा; **~'s cotton,** उलटकम्बल; **~ish,** *adj.*, पैशाचिक, राक्षसी, क्रूर; घृणित; —*adv.*, अत्यधिक; **~ment, ~ry,** नटखटी*; शैतानी*; **~tree,** चितौन, सातिआन। > डे'वॅल, ~मॅन्ट, ~रि

devious, 1. (*remote*) एकान्त, अकेला, दूर; 2. टेढ़ा-मेढ़ा; चक्करदार; 3. (*wrong*) भ्रामक, भ्रान्त; 4. (*crooked*) कुटिल, धूर्त; 5. (*rambling*) असम्बद्ध, असंगत। > डीव्यॅस

devisable, 1. अभिकल्प्य, कल्पनीय; 2. (*bequeathable*) उत्तरदेय। > डिवाइजॅबॅल

devise, *n.*, उत्तरदान; *v.*, 1. सोच निकालना, उपाय या युक्ति* निकालना, आविष्कार क०; 2. (*law*) उत्तरदान

क०; **~e,** उत्तरदान-ग्राही; ~r, आविष्कारक, अभिकल्पक। > डिवाइज़; डे'विज़ी; डि-वाइज़्-अॅ
devisor, उत्तरदान-कर्त्ता। > डे'विज़ॉ:
devitalize, निर्जीव या अशक्त कर देना। > डीवाइटॅलाइज़
devitrification, विकाचन। > डीविट्रिफ़िकेशॅन
devocalize, अघोष बनाना। डीवोकॅलाइज़
devoid, रहित, विहीन। > डिवॉइड
devoirs, शिष्टाचार; आदर-सत्कार, सम्मान। > डे'व्वाज़
devolute, सौंपना। > डीवॅलूट
devolution, 1. अन्तरण, न्यागमन, हस्तान्तरण; 2. (*delegating*) सुपुर्दगी*; 3. (*biology*) अवक्रमण। > डीवॅलूशॅन
devolve, 1. को मिलना, मिल जाना, के ज़िम्मे पड़ना; 2. (*law*) न्यायगत होना; 3. सौंपना, सुपुर्द क०। > डिवॉल्व
devote, 1. अर्पित क०, दे देना; 2. (*consecrate*) समर्पित क०; **~d,** ईमानदार, सेवानिष्ठ, निष्ठावान्; समर्पित; **~e,** भक्त, उपासक; शौक़ीन। > डिवोट; डिवोट्-इड; डे'वॅटी
devotion, 1. भक्ति*, श्रद्धा*, धर्मानुराग; 2. (*worship*) उपासना*; 3. (*loyalty*) निष्ठा*; 4. (*affection*) अनुरक्ति*; 5. समर्पण; **~al,** भक्तिमय, भक्तिपूर्ण; धार्मिक। > डिवो/शॅन, ~शॅनॅल
devour, खा जाना, निगल जाना; नष्ट क०, समाप्त क०, उड़ाना; चाव से देखना, पढ़ना या सुनना; निमग्न क०; be~ed by, से ग्रस्त होना, में मग्न होना। > डिवाउअॅ
devout, भक्त, धर्मपरायण; श्रद्धालु; श्रद्धापूर्ण, भक्तिमय; गम्भीर, हार्दिक, सच्चा। > डिवाउट
dew, ओस*; **~-claw,** विजन खुरी*; **~lap,** गलकम्बल; **~-point,** ओसांक; **~y,** ओसीला। > ड्यू
dewan, दीवान। > दिवान
dexter, दक्षिण; **~ity,** दक्षता*, कौशल, निपुणता*; **~ous,** दक्ष, निपुण। > डे'क्स्-टॅ; डे'क्स्टे'रिटि; डे'क्स्-टॅ-रॅस
dextral, dextro-, दक्षिणावर्ती। > डे'क्स्ट्रॅल; डे'क्स्-ट्रो
dextrose, द्राक्षा-शर्करा*। > डे'क्स्ट्रोस
d(h)al, अरहर*, दाल*।
dhobi's nut, भिलावाँ। > डोब्-इस नॅट
dhoti, धोती*। > डोट्-इ
dhow, ढो, बगला, बगुला। > डाउ
diabetes, मधुमेह। > डाइअॅबीटीज़
diablerie, 1. (*sorcery*) अभिचार, जादूटोना; 2. (*mischief*) नटखटी*; 3. पैशाचिकी*, असुर-विद्या*। > डिआब्लॅरी

diabolic(al), 1. शैतानी; पैशाचिक, राक्षसी; 2. (*wicked*) दुष्ट, क्रूर। > डाइअॅबॉल्/इक, ~इकॅल
diabolism, 1. नरकदूतवाद; पिशाचवाद; 2. (*worship*) नरकदूत-पूजा*; पिशाच-पूजा*; 3. अभिचार, जादू-टोना; 4. महापाप, शैतानी*। > डाइऐबॅलिज़्म
diachronic, ऐतिहासिक। > डाइअॅक्रॉन्-इक
diaconate, उपयाजक-पद। > डाइऐकॅनिट
diacritic(al), विशेषक; ध्वनि-निर्देशक; **~al mark,** स्वरभेदचिह्न। > डाइअॅक्रिट्/इक, ~इकॅल
diad, द्विक। > डाइअॅड
diadelphous, द्विसंघी। > डाइअॅडे'ल्फ़ॅस
diadem, मुकुट, किरीट। > डाइअॅडे'म
diaeresis, 1. स्वरविच्छेद; 2. (*sign*) स्वर विभाजक, स्वर-विच्छेदक; 3. (*med.*) विच्छेदन। > डाइ-इअॅर्-इ-सिस
diag/nose, निदान क०; **~nosis,** (रोग) निदान; निरूपण; **~nostic,** नैदानिक, निदानसूचक, निदान-; **~nostician,** निदान-शास्त्री; **~nostics,** निदान-शास्त्र, निदान विद्या*। > डाइअॅग्नोज़; डाइअॅगनोस्-इस; डाइ-अॅग्-नॉस्/टिक, ~टिक्स
diagonal, *n.*, विकर्ण; *adj.*, विकर्ण, विकर्णी; तिरछा; **~ly,** विकर्णतः। > डाइऐगॅ/नॅल, ~नॅलि
diagram, आरेख, रेखा-लेख; **~matic,** आरेखी। > डाइअॅग्रैम; डाइअॅग्रॅमैट्-इक
diagraph, आरेखित्र। > डाइअॅग्राफ़
dial, *n.*, 1. (*sun~*) धूपघड़ी*; 2. (*of watch*) मुँह; 3. डायल, अंकपट्ट, पट्ट; —*v.*, पट्ट घुमाना, नम्बर मिलाना; मापना। > डाइअॅल
dialect, बोली*, उपभाषा*; **~al,** बोलीगत; **~ic,** *adj.*, द्वन्द्वात्मक; *n.*, 1. (—*s*) तर्कशास्त्र, तर्कविद्या*; 2. (*of Hegel*) द्वन्द्ववाद, द्वन्द्वात्मक पद्धति* या तर्क; **~ician,** तार्किक; बोली-विशेषज्ञ; **~ology,** बोली-विज्ञान। > डाइअॅले'क्ट; डाइअॅले'क्/टॅल, ~टिक; डाइअॅले'क्/टिशॅन, ~टॉलॅजि
dialogism, वाकोपवाक। > डाइऐलॅजिज़्म
dialogue, संवाद, कथोपकथन; सम्भाषण। > डाइअॅलॉग
dialysis, 1. अपोहन; 2. (*Rhet.*) तर्कालंकार। > डाइऐल्-इसिस
diamagnetic, प्रति-चुम्बकीय। > डाइअॅमैग्ने'ट्-इक
diameter, व्यास। > डाइ-ऐम्-इ-टॅ
diametric(al), व्यासीय। > डाइअॅमे'ट्/रिक, ~रिकॅल
diamond, 1.हीरक, हीरा; 2. (*card*) ईंट का पत्ता, 3. (*shape*) समचतुर्भुज। > डाइअॅमॅन्ड

diapason, 1. स्वरग्राम; 2. (*standard*) स्वरमानक; 3. स्वरलहरी*; 4. (*reach*) पहुँच*। > डाइॲपेज़्न

diaper, 1. शतरंजी*; 2. (*bib*) गतिया*; 3. (*on bed*) पोतड़ा; 4. फूलकारी*। > डाइ-ॲ-पॅ

diaphanous, पारदर्शक। > डाइऐफ़ॅनॅस

diaphoretic, प्रस्वेदक, स्वेदकारी। > डाइॲफ़ॅरे'ट्-इक

diaphragm, 1. (*midriff*) मध्यपट; 2. तन्तुपट, तनुपट; 3. पटल। > डाइॲफ्रैम

diarchical, द्वितन्त्रीय। > डाइआकिकॅल

diarchy, द्वितन्त्र, द्वैधशासन, द्विदलशासन; द्विराज। > डाइआकि

diarist, दैनिकी-लेखक। > डाइॲरिस्ट

diarrhoea, अतिसार, दस्त, प्रवाहिका*। > डाइ-ॲ-री-ॲ

diary, डायरी*, दैनिकी*। > डाइॲरि

diastole, 1. प्रसारण, अनुशिथिलन*; 2. (*prosody*) दीर्घाकरण। > डाइऐसटॅलि

diathermic, ऊष्मा-पार्य। > डाइॲथॅ:म्-इक

diathesis, प्रवृत्ति*। > डाइऐथ्-इसिस

diatomic, द्विपरमाणुक। > डाइॲटॉम्-इक

diatribe, उग्र-भाषण, कटु-निन्दा*। > डाइॲट्राइब

dibasic, द्विक्षारक (ी)। > डाइबेस्-इक

dibber, dibble, खुरपी*, खुरपा, रोपछिद्रक, चोभ। > डिब्-ॲ; डिबॅल

dibble, चोभना, चोबना, छिद्ररोपण क०। > डिबॅल

dice, *n.*, पासे, पाँसे, पाशक; *v.*, 1. पाँसा खेलना; 2. (*cut*) (टुकड़ो में) काटना; 3. (*checker*) चारखानेदार बनाना। > डाइस

dichogamy, भिन्नकालपक्वता*, पृथक्-पक्वता*। > डिकॉगॅमि = डाइकॉगॅमि

dichotomy, द्विभाजन, द्विभागीकरण। > डिकॉटॅमि

dichromatic, द्विवर्णिक। > डाइक्रॅमैट्-इक

dicker, *n.*, दस; *v.*, 1. (*barter*) अदला-बदली* क०; 2. (*haggle*) सौदेबाज़ी* क०; मोल-तोल क०। > डिक्-ॲ

dicotyledon, द्विबीजपत्री*। > डाइकॉटिलीडॅन

dictaphone, डिक्टाफ़ोन, श्रुतवाचक। > डिक्टॅफ़ोन

dictate, *v.*, लिखाना, लिखवाना; आदेश देना, हुक्म चलाना; —*n.*, आदेश, अधिदेश; माँग*। > डिक्टेट

dictation, श्रुतलेखन; श्रुतलेख; आज्ञापन। > डिक्टेशॅन

dictator, अधिनायक, तानाशाह; **~ial,** अधिनायकीय; **~ship,** अधिनायकत्व, तानाशाही*, अधिनायकतन्त्र। > डिक्-टेट्-ॲ; > डिक्टॅटॉ:र्-इॲल; डिक्टेटॅशिप

diction, शैली*, शब्दयोजना*, पदयोजना*, रीति*, शब्दचयन; कथन-शैली*, भाषण-शैली*। > डिक्शॅन

dictionary, कोश, शब्दकोश। > डिक्शॅनॅरि

dictograph, ध्वनिग्राहक। > डिक्टॅग्राफ़

dictum, उक्ति*, कथन; अभ्युक्ति*। > डिक्टॅम

didactic, शिक्षात्मक; 2. उपदेशात्मक; **~ism,** उपदेशवाद; ~s, शिक्षाशास्त्र। > डिडैक्/टिक, ~टिसिज़्म, ~टिक्स

die, *n.*, 1. पासा, पाँसा, अक्ष; 2. (*mech.*) ठप्पा; —*v.*, मरना, मर जाना; बुझ जाना, समाप्त, शान्त या मन्द हो जाना; मुरझाना; उदासीन हो जाना; लालसा* या अभिलाषा* क०; **~-hard,** दुर्भर, हठधर्मी; कट्टर; **~-sinker,** ठप्पाकार। > डाइ; डाइहाड; डाइ-सिन्-कॅ

diet, *n.*, 1. पथ्य, प्रतिभोजन; 2. (*daily fare*) आहार, भोजन; 3. (*session*) अधिवेशन; 4. विधानसभा*; —*v.*, पथ्य देना; पथ्य का सेवन क०; **~ary,** *n.*, पथ्य; दैनिक आहार; —*adj.*, पथ्य या आहार-सम्बन्धी; **~etic,** आहार-सम्बन्धी; **~etics,** आहार-विज्ञान। > डाइॲट; डाइॲटॅरि; डाइटे'ट्/इक, ~इक्स

differ, भिन्न होना, अन्तर होना; मतभेद होना, असहमत होना; **~ence,** 1. अन्तर, भेद, फ़रक; 2. भिन्नता*, विशिष्टता*, वैशिष्ट्य; 3. मतभेद; 4. विवाद, झगड़ा; 5. (*discrimination*) भेद-भाव; 6. शेष, बाक़ी; **~ent,** 1. (*not alike*) असदृश, असमान, भिन्न; 2. (*not the same*) अन्य, दूसरा, पृथक्; 3. (*unusual*) असाधारण, विशिष्ट; **~entia,** वैशिष्ट्य, अवच्छेदक। > डिफ़्-ॲ; डिफ़्-रॅन्स; डिफ़्-रॅन्ट; डि-फॅ-रे'न्-शि-ॲ

differential, *adj.*, 1. अन्तरीय, भेदीय; 2. विशिष्ट; 3. विभेदी, भेदक, विभेदक, भेददर्शी; ~calculus, अवकलन-गणित, चलन-कलन; ~equation, अवकल समीकरण; ~gear, भिन्नक गियर; ~pulley, व्यासान्तरी घिरनी*; —*n.*, 1. विशेषक; 2. (*math.*) अवकल। > डिफ़ॅरे'न्शॅल

differen/tiate, 1. भेद या विशिष्टता* पहचानना या दिखलाना, अलग क०, भेद क०; 2. भिन्न हो जाना या क०, भेद उत्पन्न होना या क०; 3. (*math.*) अवकलन क०; **~tiation,** 1. भेदीकरण, विभेदन, विभेदीकरण; विशिष्टीकरण; 2. (*math.*) अवकलन। > डिफ़ॅरे'न्शिएट; डिफ़ॅरे'न्शिएशॅन

difficile, टेढ़ा। > डिफ़्-इसील

difficult, 1. कठिन, मुश्किल; 2. (*~to do*) दुष्कर, दु:साध्य; 3. (*~to understand*) दुर्बोध; 4. (*person*) टेढ़ा; चिड़चिड़ा; हठी; **~y,** कठिनता*, दु:साध्यता*, दुर्बोधता*; कठिनाई*, मुश्किल*, अड़चन*; आपत्ति*; मतभेद। > डिफ़्-इकॅल्ट; डिफ़्-इ-कॅल्-टि

diffi/dence, आत्मसंशय, आत्मसन्देह, शंकाशीलता*;

संकोच; **~dent,** आत्मसंशयी, शंकाशील, शंकालु; संकोची। > डिफ़्-इर्डेन्स; डिफ़्-इर्डेन्ट

diffluent, तरल। > डिफ़्लुअॅन्ट

diffract, विवर्तित क०; **~ion,** विवर्तन। > डिफ्रैक्ट; डिफ्रैक्शॅन

diffuse, *adj.*, विसृत, विकीर्ण, प्रसृत; असंगठित, अपविस्तृत; —*v.*, 1. फैलाना, बिखेरना, छितराना, विकीर्ण क०; फैलना; 2. (*phys.*) विसरित होना; विसारित क०; **~d,** विसरित, विसारित; **~r,** विसारक। > डिफ़्यूस (*adj.*); डिफ़्यूज़ (*v.*)

diffusion, 1.फैलाव, प्रसार, विस्तार; 2. प्रसारण; विसरण, विसार; 3. (*wordiness*) अनावश्यक विस्तार, अपविस्तार। > डिफ़्यूश़्ज़ॅन

diffusive, विसारी, विसरणशील; अपविस्तृत। > डिफ़्यूस-इव

dig, *n.*, खुदाई*; *v.*, 1. खोदना; 2. खोजना, खोज निकालना; 3. (*thrust*) दे मारना, गड़ाना, भोंक देना; ~in, खाई* खोदना; **~ger,** खनक, बेलदार; खनित्र; **~ging,** उत्खनन। > डिग; डिग्-अॅ

digamy, पुनर्विवाह। > डिगॅमि

digastric, द्वितुन्दी। > डाइ-गैस्-ट्रिक

digest, *n.*, सार-संग्रह; *v.*, 1. पचाना, हज़म क०; 2. (*summarize*) क्रमबद्ध संक्षेप तैयार क०; पर विचार क, आत्मसात् क०; सहना, पी जाना; **~er,** 1. संक्षेपक; 2. (*chem.*) पाचित्र; **~ible,** पचनीय, सुपाच्य; ग्राह्य, सह्य; **~ion,** पाचन; पाचन-शक्ति*; आत्मसात्करण; **~ive,** पाचक। > डाइजे 'स्ट (*n.*); डिजे 'स्ट = डाइजे 'स्ट (*v.*); डि-, डाइ-जे 'स्/टॅ, ~टॅबॅल, ~टिव; डि-, डाइ-जे 'स्चॅन

digit, 1. (*math.*) अंक; 2. उंगली*, अंगुलि*; अंगुलिपर्व; 3. (*astron.*) द्वादशांश; **~al,** *adj.*, आंगुलिक, अंगुलि-; —*n.*, 1. उँगली*; 2. (*of piano*) कुंजी*; **~ate,** 1. प्रांगुलित; 2. (*finger-like*) अंगुल्याकार; **~igrade,** पादाग्रचारी, अंगुलिचारी। > डिजिट; डिजिटॅल; डिजिटिट; डिजिटिग्रेड

dignified, प्रतिष्ठित, सम्मानित, गौरवपूर्ण; आत्मगौरवपूर्ण; ओजस्वी, भव्य, शानदार। > डिग्-नि-फ़ाइड

dignify, सम्मानित क०, गौरव प्रदान क०। > डिग्-नि-फ़ाइ

dignitary, उच्चाधिकारी, पदाधिकारी; प्रतिष्ठित व्यक्ति। > डिग्-नि-टॅ-रि

dignity, 1. (*excellence*) मान-मर्यादा*, प्रतिष्ठा*, गरिमा*, महिमा*, गौरव, आन*; 2. (*position*) उच्चपद; 3. (*stateliness*) भव्यता*, शान*, वैभव, बड़प्पन, आनबान*। > डिग्-नि-टि

digraph, द्विवर्ण। > डाइग्रैफ़

digress, विषयान्तर क०; भटक जाना; **ion,** 1. विषयान्तर, व्यतिक्रम; 2. (*astron.*) विपथन; **~ive,** अप्रासंगिक। > डाइग्रे 'स; डाइग्रे 'शॅन, डाइग्रे 'स्-इव

dihedral, द्वितल। > डाइहे 'ड्रॅल

dike, dyke, 1. बाँध; 2. (*canal*) कुल्या*, नहर*। > डाइक

dilapidate, जीर्ण-शीर्ण हो जाना या क०; नष्ट क०; **~d,** टूटा-फूटा, जीर्ण-शीर्ण, बे-मरम्मत। > डिलैप्-इडेट

dilapidation, जीर्णावस्था*, जीर्णता*; विध्वंस; बेमरम्मती*। > डिलैपिडेशॅन

dilatable, विस्तार्य। > डाइलेटॅबॅल

dilatation, dilation, विस्फार(ण), विस्तारण, वितनन। > डिलॅटेशॅन; डाइलेशॅन

dilate, विस्तृत हो जाना, फैलना, बढ़ना; विस्तार या विस्तारित क०, फैलाना, बढ़ाना, चौड़ा क०; सविस्तार वर्णन क०, विस्तृत विवेचन क०। > डि = डाइलेट

dilator, विस्फारिणी*; विस्तारक। > डाइलेट्-अॅ

dilatoriness, विलम्बकारिता*, दीर्घसूत्रता*। > डिलॅटॅरिनिस

dilatory, 1. विलम्बकारी, विलम्बी; 2. (*slow*) दीर्घसूत्री। > डिलॅटॅरि

dilemma, उभयसंकट, उभयदंश; द्विविधा*, किंकर्तव्यता*, दुविधा*, असमंजस*; धर्मसंकट। > डि-ले 'म्-अॅ = डाइ-ले 'म्-अॅ

dilettante, 1. कलाप्रेमी; 2. शौक़ीन, पल्लवग्राही। > डि-लि-टैन्-टि

dilettantism, 1. कलाप्रेम; 2. (*superficiality*) पल्लवग्राहिता*। > डि-लि-टैन्-टिज़्म

diligence, 1. कर्मिष्ठता*, परिश्रमिता*, अध्यवसाय; 2. परिश्रम, उद्यम, उद्योग; 3. (*law*) सचेतना*। > डिल्-इजॅन्स

diligent, कर्मिष्ठ, परिश्रमी, उद्यमी, अध्यवसायी; परिश्रमपूर्ण। > डिल्-इजॅन्ट

dill, INDIAN, सोआ, शतपुष्प, शतपुष्पिका*। > डिल

dilly-dally, हिचकिचाना, आगा-पीछा क०। > डिल्-इडैलि

diluent, तनूकारक, तनूकारी। > डिल्यूअॅन्ट

dilute, *adj.*, तनु, पतला; फीका, हलका, *v.*, पानी मिलाना, तनु क०, पतला क०; फीका, हलका, कम या मन्द क०; **~d,** तनूकृत; **~e,** अकुशल श्रमिक; **~r,** तन्तुकारित्र। > डाइल्यूट = डिल्यूट; डाइल्यूटी

dilution, 1. तनूकरण, अवमिश्रण, मन्दन; 2. तनुता*, फीकापन; 3. तनूकृत घोल; 4. (*of labour*) अवकुशलन। > डाइलूशॅन

diluvial, आप्लावी, प्लावनिक। > डि = डाइलूव्यॅल

diluvium, प्रलयावशेष। > डाइलूव यॅम

dim, *adj.*, धुँधला, मन्द, फीका, धीमा; अस्पष्ट; अशक्त; —*v.*, धुँधला क० या हो जाना; **~mer,** मन्दकर। > डिम; डिम्-अॅ

dimension, 1. आयाम; 2. (*three ~s*) विमा*; 3. (*extent*) विस्तार, लम्बाई-चौड़ाई*, परिमाण, परिमाप*, माप*; 4. (*algebra*) घात; **~al,** विमीय, विमितीय; **~less,** अविम।
> डि-, डाइ-मे'न्/शॅन, ~शॅनल

dimerous, द्वितयी। > डिमॅरॅस

dimetric, चतुष्कोण। > डाइमे'ट्-रिक

dimidiate, *adj.*, 1.आधा; अर्धीकृत; 2. (*Bot.*) असमार्धित; —*v.*, आधा क०।
> डिमिड्-इ-इट (*adj.*); डिमिड्-इएट (*v.*)

dimidiation, अर्धीकरण। > डिमिडिएशॅन

diminish, कम क० या हो जोना, घटाना या घटना; **~ing,** ह्रासमान। > डिमिन्-इश

diminuendo, *n.*, अवरोह; *adj.*, अवरोही; —*adv.*, उत्तरोत्तर धीमे। > डिमिन्यूए'न्डो

diminution, ह्रास, घटाव, घटती*, कमी*।
> डिमिन्यूशॅन

diminutive, 1. छोटा, अल्प, अल्पक; 2. (*gram.*) अल्पार्थक, अल्पार्थी। > डिमिन्यूटिव़

dimissory, अनुज्ञापक। > डिम्-इसॅरि

dimity, डोरिया। > डिम्-इटि

dimorphic, द्विरूपी, द्विरूप। > डाइमॉ:फ़्-इक

dimple, गुल, गड्ढा, गर्तिका > डिम्पॅल

din, *n.*, शोरगुल, कोलाहल, हल्ला; *v.*, शोरगुल क०, हल्ला मचाना; कान खाना। > डिन

dine, भोजन क० या देना; **~r,** 1. भोजन खाने वाला; 2. (*place*) ढाबा। > डाइन; डाइन्-अॅ

ding, टनटनाना; **~-dong,** टनटन*।
> डिन्ग; डिन्ग्-डॉन्ग

dinghy, dingey, डिंगी*, डोंगी*। > डिन्-गि

dingle, घाटी*। > डिन्गॅल

dingy, गँदला, धुँधला, मलिन; मैला। > डिन्-जि

dining/-car, भोजन-यान; **~-room,** भोजन-कक्ष।
> डाइन्-इन्ग

dinner, भोजन, रात्रि-भोज; दावत*, (प्रीति) भोज।
> डिन्-अॅ

dint, गड्ढा, निशान। > डिन्ट

diocesan, धर्मप्रदेशीय। > डाइऑसिसॅन

diocese, धर्मप्रदेश। > डाइ-अॅ-सीज़

diode, डायोड, द्वयग्र। > डाइओड

dioecious, एकलिंगाश्रयी, पृथग्लिगी। > डाइईशॅस

dioptric, डायोप्टरीय। > डाइ-ऑप्-ट्रिक

dip, *v.*, डुबाना; झुकाना; डुबकी* लगाना; डूबना, डूब जाना, झुकना; ढालू होना; —*n.*, 1. डुबकी*, डुबाव; 2. (*inclination*) झुकाव, नमन, नति*; 3. (*slope*) ढाल*, उतार; **~(ping)-needle,** नमन-सूची*।
> डिप

diphtheria, रोहिणी*। > डिफ़्थिअॅर्-इअॅ

diphthong, संयुक्त स्वर, द्विस्वर, सन्धि-स्वर।
> डिफ़्थॉन्ग

diploma, 1. डिप्लोमा, उपाधि-पत्र; 2. (*charter*) सनद*। > डि-प्लोम्-अॅ

diplomacy, 1. राजनय, कूटनीति*; 2. व्यवहार-कौशल। > डिप्लोमॅसि

diplomat(ist) राजनयिक, राजनयी, कूटनीतिज्ञ।
> डिप्लॅमैट, डिप्लोमॅटिस्ट

diplomatic, 1. राजनयिक, कूटनीतिक; 2. (*adroit*) व्यवहार-कुशल; **~corps,** राजनयिक निकाय।
> डिप्लॅमैट्-इक

dipnoan, द्विश्वासी। > डिप्नोअॅन

dipole, द्विध्रुव। > डाइपोल

dipsomania, मद्योन्माद। > डिपसॅमेन्-इअॅ

dipterous, द्विपक्ष। > डिप्टरस

diptych, द्विफलक। > डिप्-टिक

dire, भीषण, भयानक, घोर, दारुण। > डाइअॅ

direct, *adv.*, सीधे; *adj.*, 1. (*straight*) सीधा, ऋजु, सरल; 2. (*frank, clear*) स्पष्ट, सीधा, प्रत्यक्ष; 3. (*immediate*) तात्कालिक; 4. (*nothing between*) सीधा, प्रत्यक्ष, अपरोक्ष; साक्षात्; 5. (*lineal*) वंशागत; 6. (*gram.*) प्रधान, प्रत्यक्ष; मूल, अधिकारी; 7. (*complete*) सर्वथा ठीक; —*v.*, संचालन क०, नियन्त्रण क०; आदेश देना, निदेश देना; मार्ग दिखाना, पथ प्रदर्शन क०; की ओर* लक्ष्य क०, चलाना, भेजना, प्रवर्तित क०, निर्दिष्ट क०; पता लिखना; सम्बोधित क०; ~action, सीधी कार्रवाई* या प्रत्यक्ष कार्यवाही*; ~current, दिष्ट धारा*, एकदिश धारा*; ~proportion, अनुलोम अनुपात; ~speech, साक्षात्कथन; **~ed,** निर्दिष्ट, दिष्ट, निदेशित; **~ly,** सीधे; प्रत्यक्ष रीति* से; पूर्णतया; तुरत, तुरन्त।
> डिरे'क्ट = डाइरे'क्ट

direction, 1. दिशा*, अभिदिशा*, दिक्*, ओर*; 2. (*directing*) निर्देशन, संचालन, परिचालन, निदेशन; 3. (*control*) नियन्त्रण; 4. (*order*) आदेश, निदेश; 5. (*indication*) निर्देश; 6. (*address*) पता, ठिकाना; **~al,** दिश्य, दिशात्मक, अनुदिक्, दिशापरक, दिक्-, दिशिक; **~-finder,** दिशाबोधक।
> डाइरे'क्शॅन = डिरे'क्शॅन

directive, *adj.*, निदेशक, निदेशात्मक; दिशासूचक, निदेशक; —*n.*, निदेश; निदेशपत्र।
> डि-रे'क्-टिव़ = डाइ-रे'क्-टिव़

directivity, अनुदिशत्व। > डि-रे'क्-टिव़-इ-टि

director, 1. निदेशक, संचालक, अध्यक्ष, निर्देशक; 2. (*mech.*) निदेशित्र; **~ate,** निदेशालय; संचालक-मण्डल; **~y,** *n.*, निर्देशिका*, निदेशिका*; —*adj.*, निर्देशक। > डि-, डाइ-रे'क्/टॅ, ~टरिट; डिरे'क्टॅरि

directrix, 1. संचालिका*; 2. (*math.*) नियन्ता।
> डि-रे'क्-ट्रिस

direful, भीषण, भयानक। > डाइऑफुल

dirge, शोकगीत, मरसिया, विलाप। > डॅ:ज

dirigible, *adj.*, नियन्त्रणीय, परिचालनीय; —*n.*, वायुपोत। > डिरिजॅबॅल

diriment, रद्द करनेवाला, शून्यकारी। > डिरिमॅन्ट

dirk, कटार*। > डॅ:क

dirt, मैल*, गन्दगी*, धूल*, कीचड़, मिट्टी*; **~-cheap,** बहुत सस्ता; **~track,** कँकड़ीला रास्ता; **~y,** *adj.*, गन्दा, मैला; घृणित, नीच, कुत्सित; खराब; मटियाला; —*v.*, गन्दा क०; कलंकित क०। > डॅ:ट; डॅ:ट्-इ

disability, 1. अशक्तता*, असमर्थता*; 2. (*law*) निर्योग्यता*। > डिसॅबिल्-इटि

disable, 1. अशक्त कर देना; 2. (*cripple*) पंगु या विकलांग कर देना; 3. (*disqualify*) निर्योग्य ठहराना; **~ment,** अंगहानि*। > डिस्-ए-बॅल = डिज़ेबॅल

disabuse, भ्रम दूर क०, धोखा मिटाना। > डिसॅब्यूज

disaccord, मतभेद, फूट*। > डिसॅकॉ:ड

disaccustom, आदत* छुड़वाना। > डिसॅकॅस्टॅम

disadvantage, असुविधा*, प्रतिकूल परिस्थिति*; घाटा, कमी*, हानि*, अलाभ; **~ous,** प्रतिकूल, असुविधाजनक; हानिकर, अलाभकारी। > डिसॅड्वान्-टिज; डिसैड्वान्टेजॅस

disaffect, विरक्त कर देना, दोस्ती* मिटाना, मनमुटाव पैदा क०; भड़काना, राजद्रोही बनाना, असन्तोष फैलाना; **~ed,** विरक्त, असन्तुष्ट, राजद्रोही; **~ion,** विरक्ति*, अपराग, मनमुटाव, असन्तोष; अनिष्ठा*, राजद्रोह। > डिसॅफ़ेक्ट; डिसॅफ़ेक्/टिड, ~ शॅन

disaffiliate, असम्बद्ध क०। > डिसॅफ़िल्-इएट

disaffiliation, असम्बद्धीकरण। > डिसॅफ़िलिएशॅन

disaffirm, 1. खण्डन क०, नकारना; 2. (*law*) रद्द क०। > डिसॅफ़ॅ:म

disafforestation, निर्वनीकरण। > डिसॅफ़ॉरिस्टेशॅन

disagree, असहमत होना; मेल नहीं खाना, भिन्न होना; विवाद या झगड़ा क०; अनुकूल नहीं होना, हानिकर होना; **~able,** अप्रिय, अरुचिकर; झगड़ालू; **~ment,** 1. असहमति*; 2. असंगति*, भेद, भिन्नता*; 3. मतभेद; 4. विवाद, झगड़ा; 5. (*gram.*) अनन्वय, अन्वयाभाव। > डिसॅग्री; डिसॅग्रिॲबॅल; डिसॅग्रीमॅन्ट

disallow, अस्वीकार क०, स्वीकृति* नहीं देना; **~ance,** अस्वीकृति*। > डिसॅलाउ, ~ ॲन्स

disannual, रद्द कर देना। > डिसॅनॅल

disappear, लुप्त, अदृश्य या गायब हो जाना; मिट जाना, समाप्त हो जाना; **~ance,** लोप, अन्तर्धान, तिरोभाव; **~ing,** विलोपी। > डिसॅपिॲ; ~ रॅन्स

disappoint, हतोत्साह, हताश या निराश क०, आशा* पर पानी फेरना; निष्फल या व्यर्थ कर देना; **~ing,** निराशाजनक; **~ment,** निराशा*; विफलता*। > डिसॅपॉइन्ट

disapprobation, disapproval, निरनुमोदन, अननुमोदन, अस्वीकृति*, नापसन्दगी*; घृणा*, निन्दा*, अरुचि*। > डिसैप्रोबेशॅन; डिसॅप्रूवॅल

disapprove, निन्दा* क०, अनुचित समझना, नापसन्द क०; अस्वीकार क०, निरनुमोदन क०। > डिसॅप्रूव

disarm, निरस्त्र क०; निष्क्रिय या अहानिकर बना देना; शान्त कर देना; **~ament,** निरस्त्रीकरण। > डिस्-आम = डिज़ाम; डिस्-आर्मॅमॅन्ट = डिज़ार्मॅमॅन्ट

disarrange, अस्तव्यस्त कर देना; **~ment,** अव्यवस्था*, गड़बड़ी*, उलट-पलट*। > डिसॅरेंज

disarray, *v.*, अव्यवस्थित कर देना; विवस्त्र क०; —*n.*, अव्यवस्था*, अस्तव्यस्तता*; क्रमभंग। > डिसॅरे

disarticulate, विसंहित क०। > डिसाटिक्यूलेट

disassemble, पुरज़े अलग कर देना, खोलना। > डिसॅसे 'म्बॅल

disassimilation, निरात्मसात्करण। > डिसॅसिमिलेशॅन

disaster, घोर विपत्ति* या संकट, दुर्घटना*, अनर्थ, महाविपदा*। > डि-ज़ास्-टॅ

disastrous, अनर्थकारी। > डिज़ास्ट्रॅस

disavow, मुकरना, अस्वीकार क०, इनकार कर देना, अनंगीकार क०; **~al,** अस्वीकरण, अनंगीकार। > डिसॅवाउ

disband, 1. विघटित या छिन्नभिन्न क० या हो जाना; 2. तोड़ देना, भंग क०, **~ment,** विघटन; सैन्य-भंग। > डिस्बैन्ड

disbar, विवर्जित क०; **~ment,** विवर्जन। > डिस्बा

disbelief, अविश्वास। > डिस्-बिलीफ़

disbelieve, अविश्वास क०; **~r,** अविश्वासी। > डिस्-बिलीव्; डिस्-बि-लीव्-ॲ

disburden, भार या बोझ उतारना; भार से मुक्त क०। > डिस्बॅ:डॅन

disburse, चुकाना; व्यय क०; वितरण क०; **~ment,** अदायगी*, भुगतान; (सं) वितरण; परिव्यय; खर्च; **~r,** संवितरक। > डिस्बॅ:स; डिस्बॅ:स्/मॅन्ट, ~ ॲ

disc, *see* DISK। > डिस्क

discalced, अनुपानह। > डिस्कैल्स्ट

discard, *v.*, फेंक देना, अलग क०, निकाल देना; —*n.*, छाँट*। > डिस्काड

discarnate, देहमुक्त। > डिस्कान्-इट

discern, पहचानना; देखना, देख लेना; **~ible,** ज्ञेय; इन्द्रियगोचर; **~ing,** कुशाग्रबुद्धि, विवेकी; **~ment,** पहचान*; विवेक, बुद्धि*। > डिसॅ:न = डिज़ॅ:न; डिसॅ:नॅबॅल

discerptible, वियोज्य। डिसॅ:प्-टिबॅल

discharge, *v.*, 1. (*free*) मुक्त क०, रिहा क०, उन्मुक्त क०, छोड़ देना; 2. (*unburden*) उतारना, खाली क०; 3. (*dismiss*) बरखास्त क०, हटा देना, सेवामुक्त क०; 4. (*fire*) दागना; 5. (*shoot*) चलाना, छोड़ना; 6. (*remove*) छुड़ाना, निकालना, दूर क०; 7. (*perform*) पूरा क०, अदा क०, निभाना, निबाहना, पालन क०; 8. (*pay*) चुकाना, अदा क०; 9. (*elect.*) निरावेशित क०; 10. (समुद्र में) गिरना; 11. (*emit*) बहाना; बहना; —*n.*, 1. (*release*) विमुक्ति*, उन्मोचन, अवरोपण, छुटकारा, रिहाई*; 2. (*unloading*) अवतारण, अवतारणा*; 3. (*dismissal*) बरखास्तगी*, विसर्जन; 4. (*of gun*) गोलाबारी*; 5. (*of arrow etc.*) प्रक्षेपण, निक्षेपण; 6. दूरीकरण, निरसन, छुड़ाई*; 7. (*performance*) पालन, सम्पादन, निर्वाह; 8. (*of debt*) भुगतान, चुकाव; 9. निरावेशन; 10. संगमन; 11. निस्सवरण, स्राव; 12. (*certificate*) विमुक्ति-पत्र; विसर्जन-पत्र; 13. (*pus*) पूय, पीब*, पीप*; 14. (*spark*) चिनगारी*, स्फुलिंग। > डिस्**चाज** (*v., n.*); **डिस्**चाज (*n.*)

disciple, शिष्य, अनुयायी, चेला। > डि**साइ**पॅल

disciplinable, वश्यवर्ती। > **डिस्**-इप्लिनॅबॅल

disciplinarian, अनुशासक, अनुशास्ता। > डिसिप्लिने'ॲर्-इॲन

disciplinary, अनुशासनिक। **डिस्**-इप्लिनॅरि

discipline, *n.*, 1. अनुशासन, विनय*; 2. विद्या* विशेष; 3. (*training*) शिक्षण, साधना*; 4. (*self-control*) आत्मनिग्रह, आत्मनियन्त्रण; आत्मसंयम; 5. नियमावली*; 6. दण्ड-विधान; —*v.*, अनुशासित क०; शिक्षण देना; पर नियन्त्रण रखना; दण्ड देना; **~d,** अनुशासित। > **डिस्**-इप्लिन

disclaim, दावा छोड़ देना; परित्याग क०; अस्वीकार क०; **~er,** स्वत्वत्याग; परित्याग; अस्वीकरण, प्रत्याख्यान। > डिस्**क्लेम**; डिस्-**क्लेम्**-ॲ

disclose, प्रकट क०; उघाड़ना, अनावृत क०। > डिस्**क्लोज़**

disclosure, प्रकटीकरण; उद्घाटन; प्रकट की गई बात*। > डिस्-**क्लो**-श़ॅ

discoid, चक्रिकाभ, चक्रिक। > **डिस्**कॉइड

discolo(u)r, विवर्ण, फीका या अपवर्ण हो जाना या कर देना; मलिन क० या हो जाना; रंग बिगाड़ना या बिगड़ना, धब्बे डालना; **~ment, ~ation,** विवर्णन, अपवर्णन; धब्बा। > डिस्-**कॅल्**-ॲ; ~मॅन्ट; ~**रेशॅन**

discomfit, हरा देना, छक्के छुड़ा देना; व्यर्थ कर देना; घबरा देना; **~ure,** हार*, पराजय*; असफलता*; घबराहट*, संभ्रम। > डिस्-**कॅम्**-/फ़िट, ~फ़ि-चॅ

discomfort, *n.*, असुविधा*, कष्ट; अशान्ति*, बेचैनी*; —*v.*, घबरा देना, अशान्त क०, कष्ट पहुँचाना। > डिस्**कॅम्**फ़ॅट

discommend, निन्दा* या बुराई* क०। > डिस्कॅमे'न्ड

discommode, कष्ट या तकलीफ़* देना। > डिस्कॅ**मोड**

discompose, अशान्त या व्याकुल कर देना; अस्तव्यस्त कर देना। > डिस्कॅम्**पोज़**

discomposure, अशान्ति*, घबराहट*; अस्तव्यस्तता*। > डिस्-कॅम्-**पो**-श़ॅ

disconcert, व्यर्थ कर देना; घबरा देना, क्षुब्ध कर देना। > डिस्कॅन्**सॅ:ट**

disconformity, भिन्नता*, असादृश्य। > डिस्कॅन्**फ़ॉ:म्**-इटि

disconnect, 1. अलग क०; 2. (*electr.*) वियोजित क०, काटना; **~ed,** 1. असम्बद्ध, अलग; 2. वियोजित; 3. (*incoherent*) अण्डबण्ड, असंगत, ऊट-पटाँग; **~ion,** असम्बद्धीकरण; वियोजन; असंगति*। > **डिस्कॅने'क्ट**; डिस्कॅने'क्/टिड, शॅन

disconsolate, निराश, विषण्ण, उदास; निराशाजनक; अशुभ, मनहूस। > डिस्**कॉन्**सॅलिट

discontent, *n.*, असन्तोष; *adj.*, असन्तुष्ट। > डिस्कॅन्**टे'न्ट**

discontiguous, असंसवत। > डिस्कॅन्**टिग**यूॲस

disconti/nuance, 1. समापन; 2. समाप्ति*; 3. (*law*) विच्छेद; **~nue,** बन्द क० या होना; विच्छिन्न क०; **~nuity,** 1. (*discrepance*) असंगति*; 2. (*gap*) अन्तराल, अन्तर; 3. (*in space*) असांतत्य, सान्तरता*; 4. (*in time*) असातत्य; 5. (*in a curve*) भंग; **~nuous,** असंतत; सान्तर, विच्छिन्न; असतत; **~nuum,** विसांतत्यक। > डिस्-कॅन-**टिन**-यू-ॲन्स; **डिस्**-कॅन्-**टिन्**-यू; **डिस्**-कॉन्-टि-**न्यू**-इ-टि; **डिस्**-कॅन-**टिन**-यू-ॲस

discord, 1. (*strife*) फूट*, अनबन*, मनमुटाव, कलह, मतभेद; 2. (*dissonance*) विस्वरता*, बेसुरापन; 3. (*disagreement*) विसंगति*; 4. (*din*) कोलाहल, हला, हुल्लड़, होहल्ला; कर्कश ध्वनि*; **~ance,** असंगति*; विस्वरता*; **~ant,** असंगत, विसंगत, बेमेल; विस्वर, बेसुर (ा), विसंवादी। > **डिस्**कॉ:ड

discount, *n.*, बट्टा, कटौती*, छूट*; 2. (*interest deducted*) मिती-काटा; —*v.*, बट्टा काटना; घटाना; पर ध्यान नहीं देना, नगण्य समझना, अतिरंजना* का ध्यान रखना; विश्वास नहीं क०; at a~, बट्टे पर। > **डिस्**काउन्ट (*n.*); डिस्**काउन्ट** (*v.*)

discountenance, नापसन्द क०, का समर्थन न क०, से असम्मति* प्रकट क०, निरुत्साह क०; लज्जित क०। > डिस्-**काउन्ट्**-इ-नॅन्स

discourage, हतोत्साह क०, हिम्मत* तोड़ना, निराश क०; नापसन्द क०, से असम्मति* प्रकट क०, बाधा* उपस्थित क०; **~ment,** 1. निराशा*, अनुत्साह, उत्साह

भंग; 2. (*active*) निरुत्साहन; 3. निराशाजनक बात*। > डिस्कॅरिज, ~मॅन्ट

discourse, *n.*, भाषण; प्रवचन; प्रबन्ध, निबन्ध; —*v.*, भाषण देना, बोलना। > डिस्कॉ:स (*n.*); डिस्कॉ:स (*n., v.*)

discourteous, अशिष्ट, रूखा, अभद्र। > डिस्कॅ:ट्-इअॅस

discourtesy, अशिष्टता*, अशिष्ट व्यवहार, रूखापन, बेरुख़ी*। > डिस्कॅ:ट्-इसि

discover, 1. खोज निकालना, पता लगाना; 2. (*realize*) का अनुभव क०; 3. (*invent*) का आविष्कार क०; 4. (*disclose*) प्रकट क०; **~ed,** अन्वेषित; आविष्कृत; **~er,** खोजकर्ता, शोधकर्ता; **~y,** 1. (*search*) खोज*, शोध, अन्वेषण; 2. (*invention*) आविष्कार, ईजाद*; 3. प्राप्ति*; 4. (*manifestation*) प्रकटन। > डिस्-कॅ-वॅ, ~ड, ~ रॅ, ~रि

discovert, पतिहीन, अनाश्रित। > डिस्कॅवॅट

discredit, *v.*, अविश्वास क०, पर सन्देह प्रकट क०; बदनाम क०, मान या प्रतिष्ठा* घटाना; साख* समाप्त कर देना; —*n.*, अविश्वास सन्देह; बदनामी*, अपयश, अप्रतिष्ठा*; **~able,** लज्जाजनक, अपकीर्तिकर। > डिस्क्रे 'ड्/इट, ~इटॅबॅल

discreet, विवेकी, विवेकशील, बुद्धिमान; (बातचीत* में) सावधान, सतर्क, गम्भीर। > डिस्क्रीट

discrepance(cy), भिन्नता*, असंगति*, विसंगति*; अन्तर। > डिस्क्रे 'प/अॅन्स, ~अॅन्सि

discrepant, भिन्न; असंगत। > डिस्क्रे 'पॅन्ट

discrete, 1. पृथक, अलग; 2. (*not continuous*) असतत; 3. (*not coalescent*) विविक्त। > डिस्क्रीट, डिस्क्रीट

discretion, 1. विवेक, समझबूझ*, स्वनिर्णय; 2. (*prudence*) सावधानी*, समझदारी*, बुद्धिमानी*; 3. (*discreteness*) पार्थक्य; age of ~, विवेक-वयस; **~ary,** विवेकाधीन; —power, विवेकाधिकार। > डिस्क्रे '/शॅन; ~शॅनॅरि

discrimi/nant, विविक्तकर; **~nate,** *v.*, 1. अलग या पृथक् क०, भेद उत्पन्न क०; 2. भेद पहचानना; भेद क०; 3. पक्षपात क०; भेदभाव रखना, विभेद क०; **~nating,** 1. विभेदकारी; 2. विवेचक, विवेकी; 3. भेदमूलक; 4. (*math.*) विविक्तकर; **~nation,** 1. (*action*) विभेदीकरण, विभेदन, पृथक्करण; 2. (*ability*) विवेक; 3. (*partiality*) विभेद, भेदभाव; पक्षपात; **~natory,** भेदमूलक। > डिस्क्रिम्-इ/नॅन्ट, ~नेट ~नेटिंग ~नेशॅन, ~नॅटॅरि

discrown, गद्दी* से उतारना। > डिस्क्राउन

discursive, 1. (*not intuitive*) तर्कमूलक; 2. (*rambling*) बेसिलसिला, असंगत, असम्बद्ध। > डिस्कॅ:स्-इव्

discus, चक्र, चक्का। > डिस्कॅस

discuss, पर विचार क०, विचार-विमर्श क०; वादविवाद क०; 2. (*law*) विवेचन क०; **~ion,** विचार-विमर्श, विचार-विनिमय, विवेचन, परिचर्चा*; वादविवाद, बहस*। > डिस्कॅस; डिस्कॅशॅन

disdain, *n.* (*v.*), तिरस्कार, अवज्ञा*, घृणा*, अवहेलना* (क०); **~ful,** 1. अवज्ञापूर्ण; 2. (*person*) अवमानी। > डिसडेन

disease, रोग, बीमारी*, व्याधि*; **~-carrier,** रोगवाहक; **~d,** रोगी, रोगग्रस्त, बीमार; अस्वस्थ, विकृत; दूषित। > डिज़ीज़

disedify, बुरा उदाहरण देना। > डिसे 'ड्-इ-फ़ाई

disembark, (जहाज़ से) उतरना या उतारना, **~ation,** उतार, अवरोहण। > डिसिम्बाक; डिसे 'म्बाकेशॅन

disembarrass, से मुक्त क०। > डिसिम्बैरॅस

disembodied, देहमुक्त। > डिसिम्बॉड्-इड

disembody, शरीर (के बन्धनों) से मुक्त क०। > डिसिम्बॉड्-इ

disembogue, गिरना या गिराना; उगलना। > डिसिम्बोग

disembosom, प्रकट क०। > डिसिम्बुज़ॅम

disembowel, आँते* निकालना। > डिसिम्बाउअॅल

disembroil, सुलझाना। > डिसिम्ब्रॉइल

disenchant, मोह दूर क०। > डिसिन्चान्ट

disencumber, से मुक्त क०। > डिसिन्कॅम्बॅ

disenfranchise, *see* DISFRANCHISE। > डिसिन्फ्रैन्चाइज़

disengage, छुड़ाना, मुक्त क०, अलग क० या हो जाना; **~d,** 1. (*at leisure*) खाली; 2. (*set loose*) मुक्त; 3. (*separate*) पृथक, अलग; **~ment,** अवकाश, फ़ुरसत*; रिहाई*, मुक्ति*। > डिसिन्गेज

disentail, अनुक्रम-बन्धन से मुक्त क०। > डिसिन्टेल

disentangle, 1. (*unravel*) सुलझाना; 2. (*extricate*) छुड़ाना, मुक्त क०; **~ment,** सुलझाव; रिहाई*। > डिसिन्टैन्गॅल

disenthral, दासता* से मुक्त क०। > डिसिन्थ्रॉ:ल

disentitle, (के) अधिकार से वंचित क०। > डिसिन्टाइटॅल

disentomb, *see* DISINTER। > डिसिन्टूम

disequilibrium, वैषम्यावस्था*; वैषम्य, असन्तुलन। > डिसीक्विलिब्-रिअॅम

disestablish, 1. विसंस्थापित, अप्रतिष्ठित, असंगठित, अव्यवस्थित, नष्ट, रद्द या ढीला कर देना; 2. (*a church*) राजकीय सम्बन्ध अथवा संरक्षा* से वंचित क० या अलग क०। > डिसिस्टैब्-लिश

disesteem, *v.*, तिरस्कार क०, नगण्य समझना; —*n.*, तिरस्कार, अवज्ञा*। > डिसिस्टीम

disfavour, *n.*, 1. (*dislike*) अरुचि*, नापसन्दगी*,

घृणा*; 2. be in~, उपेक्षित होना; —*v.*, नापसन्द क०, अवज्ञा* क०। > डिस्-फ़ेव्-अॅ
disfeature, रूप बिगाड़ना। > डिस्-फ्री-चॅ
disfigure, विरूपित क०, बिगाड़ना; **~ment,** विरूपण। > डिस्-फ़िग्-अॅ
disforest, वन काटना; निर्वनीकृत क०। > डिस्फॉरिस्ट
disfranchise, मताधिकार या नागरिक अधिकारों से वंचित क०; **~ment,** अधिकार-हरण; अधिकार-वंचन, मताधिकार-वंचन। > डिस्फ्रैन्चाइज़
disfrock, पुरोहित-वर्ग से निकाल देना; पुरोहिती वस्त्र से वंचित क०। > डिस्फ्रॉक
disgorge, 1. (*vomit*) उगलना; 2. वापस क०; 3. बहना, गिरना; गिराना, बहा देना। > डिस्गॉ:ज
disgrace, *n.*, 1. (*loss of favour*) पदच्युति*; 2. (*disrepute*) अपयश, बदनामी* 3. (*that brings dishonour*) कलंक; —*v.*, कलंकित क०; अपमानित क०; पदच्युत क; **~ful,** लज्जाजनक, अकीर्तिकर; घृणित। > डिस्ग्रेस
disgruntled, असन्तुष्ट, चिड़चिड़ा। > डिस्ग्रॅन्ट्ल्ड
disguise, *n.*, छद्मवेश, वेश; बहाना, छलकपट; —*v.*, 1.(का) छद्मवेश धारण क०; 2. छिपाना; 3. बदल देना; **~d,** प्रच्छन्न। > डिस्गाइज़
disgust, *n.*, विरक्ति*, जुगुप्सा*, घृणा*; —*v.*, घृणा* या जुगुप्सा* उत्पन्न क०; **~ful, ~ing,** घृणित, बीभत्स। > डिस्गॅस्ट; डिस्-गॅस्-टिन्ग
dish, *n.*, 1. थाली*, रकाबी*; 2. (*food*) भोजन, पकवान; —*v.*, परोसना। > डिश
dishabille, *see* DESHABILLE। > डिसॅबील
dishabituate, आदत* छुड़ाना। > डिस्हॅबिट्यूएट
disharmonize, का सामंजस्य भंग क०; बेसुरा बनाना। > डिस्हामॅनाइज़
disharmony, 1. (*music*) विस्वरता*; बेसुरापन; 2. असामंजस्य, असंगति*। > डिस्हामॅनि
dishearten, हताश या हतोत्साह क०। > डिस्हार्टॅन
dishevel, अस्तव्यस्त कर देना, उलट-पुलट कर देना। > डिशे 'वॅल
dishonest, कपटी, बेईमान; **~y,** कपट, बेईमानी*, अनार्जव। > डिस्-ऑन्-इस्ट; डिसऑन्-इस्टि
dishonour, *n.*, 1. अपयश, बदनामी*; 2. कलंक; अपमान, अनादर; 3. (*comm.*) अस्वीकृति*; —*v.*, 1. (*insult*) अपमानित क०; अनादर क०; 2. बदनाम क०; बट्टा लगाना, कलंकित क०; 3. (*comm.*) नकारना; **~able,** अपकीर्तिकर; कुत्सित, निन्द्य, लज्जाजनक; **~ed,** अपमानित; अनादृत, अस्वीकृत। > डिस्-ऑन्-अॅ; डिस्ऑनॅरॅबॅल
disillusion, *n.*, मोह-भंग, मोह-निवारण; —*v.*, मोह या भ्रम दूर क०। > डिसिलूश़्ज़ॅन
disinclination, अरुचि*, अनिच्छा*, अपवृत्ति*; अनभिरुचि*। > डिसिन्क्लिनेशॅन
disincline, विरक्त कर देना, अरुचि* उत्पन्न क०; **~d,** अनिच्छुक, अप्रवृत्त। > डिसिन्क्लाइन
disinfect, रोगाणुओं से मुक्त क०; **~ant,** रोगाणुनाशी, विसंक्रामक; **~ion,** रोगाणुनाशन, विसंक्रमण। > डिसिन्फ़े 'क्ट; डिसिन्फ़े 'क्/टॅन्ट, ~शॅन
disinflation, अवस्फीति*। > डिसिन्फ़्लेशॅन
disingenuous, कपटी। > डिसिन्जे 'न्यूअॅस
disinherit, दायवंचति क०; **~ance,** दायवंचन। > डिसिन्हे '/रिट, ~रिटॅन्स
disintegrate, विघटित क० या हो जाना। > डिस्-इन्-टि-ग्रेट
disintegration, विघटन; विच्छेदन, अवखण्डन, वियोजन। > डिस्इन्टिग्रेशॅन
disinter, खोदकर (क़ब्र* से) निकालना; खोज निकालना; **~ment,** उत्खनन। > डिसिन् टॅ:
disinterested, निष्पक्ष, तटस्थ, निःस्वार्थ, निष्काम, निस्स्पृह। > डिस्-इन्टॅ-रिस्-टिड
disjoin, अलग क० या हो जाना। > डिस्जॉइन
disjoint, अव्यवस्थित कर देना; अलग क०; जोड़ से अलग कर देना या हो जाना; विसंधित क०। > डिस्जॉइन्ट
disjunct, पृथक्; **~ion,** वियोजन; **~ive,** वियोजक, विभाजक। > डिस्जॅन्क्ट; डिस्जॅन्क् /शॅन, ~टिव
disk, बिम्ब; चकती*, डिस्क, मण्डलक, चक्र, चक्रिका*; **~-harrow,** तवेदार हैरो; **~-plough,** तवेदार हल। > डिस्क
dislike, *n.*, अरुचि*, नापसन्दगी*, नफ़रत*; —*v.*, नापसन्द क०, से नफ़रत* क०। > डिस्लाइक
dislocate, जोड़ उखाड़ना; गड़बड़ कर देना, अव्यवस्थित क०। > डिस्लॅकेट
dislocation, विस्थापन, उखाड़, सन्धि-च्युति*; स्थानभ्रंश; अव्यवस्था*, गड़बड़। > डिस्लॅकेशॅन
dislodge, निकाल देना, हटाना; **~ment,** निष्कासन, बहिष्कार। > डिस्लॉज
disloyal, निष्ठाहीन; विश्वासघाती; देशद्रोही; **~ty,** अनिष्ठा*, विश्वासघात; देशद्रोह। > डिस्लॉइअॅल, ~टि
dismal, 1.निराशाजनक; 2. निरानन्द, मनहूस; 3. (*of person*) विषण्ण, उदास। > डिज़्मॅल
dismantle, सज्जा-रहित कर देना; विघटित क०, पुरज़े खोलना; विखण्डित क०, ढाना, गिराना। > डिस्मैन्टॅल
dismay, *n.*, कातरता*, व्याकुलता*, घबराहट*; —*v.*, डराना, निराश कर देना, हिम्मत* तोड़ना। > डिस्मे
dismember, अंगच्छेद क०; विभाजित, विच्छिन्न या विघटित क०; **~ment,** अंगच्छेद; विभाजन, विघटन। > डिस्-मे 'म्-बॅ

dismiss, 1. (*from office*) बरख़ास्त क०; पदच्युत क०, निकाल देना; सेवामुक्त क०; 2. (*send away*) विदा क०; निकालना; 3. (*disperse*) विसर्जित क०; 4. समाप्त क०; (मन से) निकालना, दूर क० 5. (*law*) खारिज क०; रद्द क०, अस्वीकार क०; 6. (*shrug off*) टाल देना, उड़ा देना, की उपेक्षा* क०, पर ध्यान नहीं देना; **~al,** बरख़ास्तगी*, पदच्युति*; विदाई*; विसर्जन; निष्कासन, दूरीकरण; अस्वीकरण। > डिस्-**मिस**; डिस्-**मिसॅल**

dismount, उतरना या उतारना; पुरज़े खोलना। > डिस्**माउन्ट**

disobedience, आज्ञोल्लंघन, आज्ञाभंग; civil~, सविनय अवज्ञा*। > डिसॅ**बीड्यॅन्स**

disobedient, अवज्ञाकारी, आज्ञा* भंग करने वाला, बेकहा। > डिसॅ**बीड्यॅन्ट**

disobey, आज्ञा* भंग क०, अवज्ञा* क०। > डिसॅ**बे**

disoblige, निवेदन ठुकराना; अप्रसन्न क०; चिढ़ाना, खिजाना, खिझाना। > डिसॅ**ब्लाइज**

disorder, *n.*, 1. अव्यवस्था*, गड़बड़; 2. (*irregularity*) क्रमभंग, व्यतिक्रम; 3. (*tumult*) शान्तिभंग, उपद्रव, दंगा, हुल्लड़; 4. (*disease*) विकार रोग; —*v.*, अस्तव्यस्त कर देना; विकार उत्पन्न क०; **~ed,** अस्त-व्यस्त; विकृत, बीमार; **~ly,** 1. अस्तव्यस्त, अनियमित; 2. (*unruly*) उपद्रवी, उत्पाती। > डिस्-**ऑ:**ड्-अॅ

disorganization, विसंगठन, विघटन; अव्यवस्था*। > डिस्ऑ:गॅनाइ**ज़ेशॅन**

disorganize, अव्यवस्थित या विसंघटित कर देना, संगठन भंग क०। > डिस्**ऑ:**गॅनाइज़

disorientation, स्थितिभ्रान्ति*; आत्म-विस्मृति*। > डिस्**ऑ**रिॲन्**टेशॅन**

disown, अस्वीकार क०, परित्याग क०। > डिस्-**ओन**

disparage, अवज्ञा* क०, निन्दा* क०, उपेक्षा* क०, तुच्छ समझना; अप्रतिष्ठित क०; **~ment,** अवज्ञा*, निन्दा*; अप्रतिष्ठा*। **disparaging,** अपमानजनक, निन्दक। > डिस्**पैरिज**

disparate, पृथक्, विषम, असम। > **डिस्**पॅरिट

disparity, विषमता*, विभिन्नता*, असमता*, असमानता*; असंगति*। > डिस्**पैरिटि**

dispassion, अनासक्ति*, विरक्ति*, तटस्थता*; **~ate,** शान्त, निष्पक्ष, आवेगहीन। > डिस्**पैशॅन**; डिस्**पैशॅनिट**

dispatch, *v.*, भेजना; मार डालना, हत्या* कर डालना; निपटाना, समाप्त क०, शीघ्रता* से सम्पन्न क०; —*n.*, प्रेषण; हत्या*, वध; कार्यक्षमता*, शीघ्रता*, तत्परता*; विज्ञप्ति*; संवाद, समाचार; **~-book,** प्रेषण-पुस्तक*; **~er,** प्रेषणकर्मी; **~-money,** शीघ्रता-पुरस्कार। > डिस्**पैच**

dispel, भगा देना, तितर-बितर कर देना, दूर क०। > डिस्**पे'ल**

dispensable, अनावश्यक, गौण; क्षम्य; निवार्य; देने योग्य। > डिस्**पे'न्**सॅबॅल

dispensary, दवाखाना, औषधालय। > डिस्**पे'न्**सॅरि

dispensation, 1. (*distribution*) वितरण; 2. (*exemption*) रिहाई*, छुटकारा; 3. (*management*) प्रबन्ध; 4. (*religious*) विधान। > डिस्पॅन्**से**शॅन

dispensatory, औषध-कोश। > डिस्**पे'न्**सॅटॅरि

dispense, 1. देना, प्रदान क०; 2. दवा* तैयार क०; 3. (*exempt*) छुटकारा देना; 4. प्रबन्ध क०; 5. ~with, छोड़ देना, अलग क०, दूर क०; **~r,** वितरक; दवा* देनेवाला; छुटकारा देनेवाला; प्रबन्धक; विधाता। > डिस्**पे'न्स**; डिस्-**पे'न्**-सॅ

dispersal, छितराव; प्रकीर्णन, परिक्षेपण। > डिस्**पॅ:**सॅल

dispeople, जनशून्य कर देना। > डिस्**पी**पल

disperse, 1. बिखेरना, बिखराना, छितराना, तितर-बितर क०, छिन्न-भिन्न क०; 2. बिखरना, छितराना, तितर-बितर हो जाना; 3. (*dispel*) दूर क०; भंग क०; 4. फैलाना; 5. (*phys.*) परिक्षिप्त क०; 6. (*optics*) विक्षेपण क०; **~d,** बिखरा; 2. (*phys.*) परिक्षिप्त, प्रकीर्ण; 3. (*optics*) विक्षेपित। > डिस्**पॅ:स्**

dispersing, परिक्षेपी, विक्षेपी। > डिस्**पॅ:स्**-इन्ग;

dispersion, 1. छितराव; छिन्न-भिन्नता*; 2. विसर्जन; 3. फैलाव; 4. (*phys.*) परिक्षेपण, प्रकीर्णन; 5. (*optics*) विक्षेपण; 6. (*of land*) विखण्डन। > डिस्**पॅ:**शॅन

dispersive, 1. छितरानेवाला, फैलानेवाला; 2. (*phys.*) परिक्षेपी; 3. (*optics*) विक्षेपी, विक्षेपक। > डिस्**पॅ:स्**-इव

dispirit, हतोत्साह क०, उदास क०। > डि-**स्पि**-रिट

displace, विस्थापित या उद्वासित क०; स्थानान्तरित क०; निकाल देना, स्थान छीन लेना, स्थान से हटा देना; बरखास्त या पदच्युत क०; **~d,** विस्थापित; **~ment,** 1. उद्वासन, विस्थापन; 2. स्थानान्तरण; (*shift from original place*) सरकाव; 4. (*gram.*) अपसरण; (*from office*) बरखास्तगी*; 6. जहाज़ का भार। > डिस्**प्लेस**

display, *n.*, 1. प्रदर्शन; प्रदर्शनी*; 2. (*ostentation*) दिखावा, आडम्बर; 3. सजावट*, सज्जा*; —*v.*, प्रदर्शित क०, दिखाना, प्रकट क०। > डिस्**प्ले**

displease, अप्रसन्न क०, असन्तोष या अरुचि* उत्पन्न क०; **~d,** अप्रसन्न, असन्तुष्ट, नाराज़। > डिस्**प्लीज़**

displeasing, अप्रिय, अरुचिकर। > डिस्**प्लीज़िंग**

displeasure, असन्तोष, अप्रसन्नता*, क्रोध। > डिस्-**प्ले'**-श़ॅ

disport, आमोद-प्रमोद क०। > डिस्**पॉ:ट**

disposable, प्रयोज्य। > डिस्पोज़ॅबॅल

disposal, 1. (*arrangement*) व्यवस्था*, विन्यास; 2. (*settling*) निपटारा, समापन, निपटान, प्रबन्ध; 3. (*sale*) विक्रय; 4. (*control*) अधिकार। > डिस्पोज़ॅल

dispose, 1. सुव्यवस्थित क०, क्रम से रखना; 2. निपटाना, प्रबन्ध क०; 3. तैयार क०, झुका लेना, आदत* डालना; **~of,** समाप्त क०, निपटाना; बेचना; **~d,** प्रवण। > डिस्पोज़

disposition, 1. विन्यास, स्थिति*, व्यवस्था*; 2. (*of army*) व्यूह, तैनाती*; 3. (*management*) प्रबन्ध; 4. (*giving away*) वितरण; 5. (*control*) अधिकार, नियन्त्रण; 6. (*inclination*) मनोवृत्ति*, झुकाव, चित्तवृत्ति*, प्रवृत्ति*; 7. (*nature*) स्वभाव, प्रकृति*, शील, मिज़ाज; स्ववृत्ति*। > डिस्पॅज़िशॅन

dispossess, से निकाल देना, कब्ज़ा हरण क०; बेदखल क०; **~ion,** कब्ज़ा-हरण, बेदखली*। > डिसपॅज़े'स; डिस्पॅज़े'शॅन

dispraise, *n.* (*v.*) निन्दा* (क०)। > डिस्प्रेज़

disproof, खण्डन। > डिसप्रूफ़

disproportion, वैषम्य; असंगति*; **~ate,** विषम, अनुपातहीन; असंगत, बेमेल। > डिसप्रॅपॉ:शॅन; डिस्प्रॅपॉ:शनिट

disprovable, खण्डनीय। > डिस्प्रूवॅबॅल

disprove, खण्डन क०, असत्य प्रमाणित क०; **~d,** खण्डित, असिद्ध, असत्यसिद्ध। > डिस्प्रूव

disputable, विवाद्य। > डिस्प्यूटॅबॅल

disputant, विवादी। > डिस्प्यूटॅन्ट =डिस्प्यूटॅन्ट

disputation, विवाद, वाद-विवाद, तर्क-वितर्क, शस्त्रार्थ। > डिस्प्यूटेशॅन

disputative, 1. विवादात्मक; 2. (*disputatious*) विवादप्रिय, झगड़ालू, कलहप्रिय। > डिस्प्यूटॅटिव; डिस्प्यूटेशॅस

dispute, *n.*, विवाद; कलह, झगड़ा; *v.*, विवाद क०; झगड़ा क०; झगड़ना; विरोध क०, खण्डन क०, प्रतिवाद क०; प्रतियोगिता* में भाग लेना; beyond ~, निर्विवाद; **~d,** विवादास्पद, विवादग्रस्त, विवादित। > डिस्प्यूट

disqualification, अयोग्यता*, अपात्रता*, अनर्हता*; अनर्हीकरण। > डिस्क्वॉलिफ़िकेशॅन

disqualify, अयोग्य ठहराना, अनर्हीकृत क०; निकाल देना; अधिकार से वंचित क०; अनर्ह होना। > डिस्क्वॉल्-इफ़ाइ

disquiet, *n.*, अशान्ति*, बेचैनी*; *v.*, अशान्त या बेचैन कर देना। > डिस्क्वाइ ॲट

disquisition, प्रबन्ध। > डिस्-क्वि-ज़ि-शॅन

disrate, पदावनत क०, दरजा घटाना। > डिस्रेट

disregard, *n.*, (*v.*), 1. (*disdain*) उपेक्षा*, अनादर, अवहेलना*, अवज्ञा* (क०); 2. (*inattention*) लापरवाही*, अनवधान। > डिस्-रिगाड

disrelish, *see* DISLIKE। > डिस्रे'ल्-इश

disrepair, जीर्णावस्था*। > डिस्-रि-पे'ॲ

disreputable, 1. बदनाम; नीच, कुत्सित; 2. (*in appearance*) अशोभन (िय)। > डिस्रे'प्यूटॅबॅल

disrepute, 1. बदनामी*, अपकीर्ति*; 2. (*disfavour*) उपेक्षा*। > डिस्-रि-प्यूट

disrespect, निरादर; **~full,** निरादरपूर्ण; अशिष्ट, रूखा। > डिस्-रिस्-पे'क्ट

disrobe, कपड़े उतारना। > डिस्रोब

disroot, उखाड़ना, उन्मूलन क०; निकाल देना। > डिस्-रूट

disrupt, भंग क०, तोड़ना, विघटित क० या हो जाना; **~ion,** भंग, विच्छेद, भजन, विघटन; **~ive,** विघटनकारी, विच्छेदक; विदारी। > डिसरॅप्ट; डिस्रॅप्/शॅन, ~टिव्

dissatis/faction, असन्तोष; **~factory,** असन्तोषजनक; **~fied,** असन्तुष्ट; **~fy,** अप्रसन्न क०, असन्तोष उत्पन्न क०, नाराज़ क०। > डिस्सैटिस्फ़ैक्शॅन, ~टॅरि; डिस्सैट-इस्/फ़ाइड, ~फ़ाइ

dissect, विच्छेदन क०; विश्लेषण क०; **~ed,** 1. विच्छेदित; 2. (*bot.*) भाजित; 3. (*geogr.*) विरदित; **~ion,** विच्छेदन; विश्लेषण। > डिसे'क्ट; डिसे'क्शॅन

disseise, disseize, अन्याय से बेदखल क०। > डिस्सीज़्

disseisin, disseizin, गैरकानूनी बेदखली*। > डिस्सीज़्-इन

dissemblance, कपटाचार, ढोंग। > डिसे'म्ब्लॅन्स

dissemble, छिपाना; पाखण्ड क०, कपट क०; ध्यान न देना, अनदेखा क०, उपेक्षा* क०। > डिसे'म्बॅल

dissemi/nate, छितराना, बिखेरना; फैलाना, प्रचार क०; **~nation,** विकीर्णन; प्रचार, प्रसार। > डिसे'म्-इनेट; डिसे'मिनेशॅन

dissension, 1. (*of opinion*) मतभेद; 2. फूट*, अनबन*, मनमुटाव। > डिसे'न्शॅन

dissent, *v.*, असम्मत होना, विरोध क०; राजधर्म अस्वीकार क०;—*n.* विसम्मति*, असहमति*, मतभेद; राजधर्म-विरोध; **~er,** भिन्नमतावलम्बी; राजधर्म-विरोधी; **~ient,** विरोधी, विरुद्ध, असहमत; **~ing,** विसम्मत, विमत। > डिसे'न्ट; डि-से'न्-टॅ; डि-से'न्-शि-ॲन्ट; डि-से'न्-टिङ

dissertation, शोध-निबन्ध, शोध-प्रबन्ध। > डिसॅ:टेशॅन

disservice, हानि*, क्षति*, अपकार। > डिस्सॅ:व्-इस

dissever, पृथक् क०, काटकर अलग क०; विभाजित क०; अलग हो जाना। > डिस्-से'व्-ॲ

dissi/dence, मतभेद; भिन्नता*; **~dent,** भिन्नमतावलम्बी, असहमत; भिन्न। > डिस्-इ/डॅन्स, ~डॅन्ट

dissimilar, असदृश, असमान, विसदृश, असमरूप; **~ity, dissimilitude,** असादृश्य, भिन्नता*। > डिसिम्-इ-लॅ; डिसिमिलैरिटि; डिसिमिल्-इट्यूड

dissimi/late, 1. असदृश बनना या कर देना; 2. (*ling*) वर्णभेद आना; **~lation,** विषमीकरण। > डिसिम्-इलेट; डिसिमिलेशॅन

dissimu/late, छिपाना; कपट क०, धोखा देना; **~lation,** छिपाव, दुराव; कपटाचार, ढोंग, पाखण्ड; **~lator,** कपटी, ढोंगी। > डिसिम्यू/लेट, ~लेशन, ~ले-टॅ

dissipate, 1. (*scatter*) छितराना; 2. दूर या गायब क० या हो जाना, मिटना या मिटाना, नष्ट क०; 3. (*squander*) उड़ा देना, अपव्यय क०; 4. भोगविलास क०; **~d,** 1. छितराया हुआ; 2. (*ill-spent*) अपव्यय किया हुआ; 3. (*of person*) दुर्व्यसनी, दुराचारी। > डिस्-इपेट; डिस्-इपेटिड

dissipation, छितराव; अपव्यय, क्षय; दुर्व्यसनिता*, दुराचार। > डिसिपेशॅन

dissociable, 1. वियोज्य; 2. (*unsociable*) बेमिलनसार। > डिसोश्यॅबॅल (1); डिसोशॅबॅल (2)

dissocial, समाजविरोधी। > डिसोशॅल

dissociate, 1. सम्बन्ध तोड़ना, अलग क०; या हो जाना; 2. (*chem.*) विघटन क०; विघटित हो जाना। > डिसोशिएट

dissociation, 1. सम्बन्ध-विच्छेद, पृथक्करण; पार्थक्य, असाहचर्य, अलगाव; 2. विच्छेदन, विघटन, वियोजन; 3. (*psych.*) मनोविच्छेद; 4. विसंबंध (न)। > डिसोसिएशॅन

dissoluble, dissolvable, वियोज्य, विलयनीय; विच्छेद; विलोपनीय, विसर्जनीय। > डिसॉल्युबॅल; डिज़ॉल्वॅबॅल

dissolute, लम्पट, कामुक, दुराचारी। > डिसॅलूट = डिसॅल्यूट

dissolution, 1. (*disintegration*) विघटन; 2. (*liquefaction*) द्रवण, द्रवीकरण, घुलावट*; 3. अन्त, समापन, विलयन, समाप्ति*; 4. मरण; 5. (*of meeting*) विसर्जन; 6. (*annulment*) विलोपन, भंग। > डिसॅलूशॅन = डिसॅल्यूशॅन

dissolve, 1. विघटित, लुप्त या विलीन हो जाना; 2. (*melt*) घुलना या घोलना, पिघलना या पिघलाना; 3. समाप्त क०; 4. विसर्जित क०; 5. (*annul*) रद्द क०; **~d,** विघटित, विलीन; द्रवीभूत; समाप्त; विसर्जित; रद्द; **~nt,** द्रावक। > डिज़ॉल्व; डिज़ॉल्वॅन्ट

dissonance, 1. (*sound*) बेसुरापन, विस्वरता*, कर्कशता*, असंवादिता*; 2. असंगति*; 3. (*gram.*) ध्वनिवैषम्य। > डिसॅनॅन्स

dissonant, बेसुरा, कर्कश, असंवादी; असंगत, बेमेल। > डिसॅनॅन्ट

dissuade, (परामर्श द्वारा) रोकना, मना क०। > डिस्वेड

dissuasion, (परामर्श द्वारा) निवारण, वर्जन, निवर्तन। > डिस्वेश़ॅन

dissuasive, निवर्तक। > डिस्वेस्-इव्

dissylla/bic, द्व्यक्षरीय; **~ble,** द्व्यक्षर। > डिसिलैब्-इक; डिसिलॅबॅल

dissymme/trical, विसममित; **~try,** विसममिति*। > डिसिमे'ट्-रिकॅल; डिसिम्-इट्रि

distaff, तकुआ, सूजा; **~side,** मातृपक्ष। > डिस्टाफ़

distal, दूरस्थ, दूरवर्ती। > डिसटॅल

distance, *n.*, दूरी*, फ़ासला; अन्तर; *v.*, दूरी* पर रखना; पीछे छोड़ देना। > डिसटॅन्स

distant, दूर, दूरस्थ, दूरवर्ती; रूखा, उदासीन। > डिसटॅन्ट

distaste, अरुचि*, नफ़रत*; **~ful,** अरुचिकर, नापसन्द, अप्रिय। > डिसटेस्ट

distemper, *v.*, अस्वस्थ कर देना, बिगाड़ना; —*n.*, 1. अस्वस्थता*; 2. (*disorder*) अव्यवस्था*, अशान्ति*; 3. (*painting*) डिस्टेम्पर। > डिस्-टे'म्-पॅ

distend, 1. फैला देना, पसारना; 2. (*dilate*) फुलाना या फूलना। > डिसटेन्ड

disten/sible, प्रसार्य; **~sion,** फैलाव, प्रसार; फुलाव, फुलावट*, आध्मान। > डिस्टे'न्-सॅबॅल, ~ शॅन

distich, द्विपदी*। > डिस्-टिक

distil, आसवन क०, चुलाना, चुआना; **~late,** आस्रुत; **~lation,** आसवन; **~led,** आसुत, आसवित; **~ler,** आसवक, आसवनयंत्र, भबका; **~lery,** आसवनी*, शराब-कारखाना, मद्य-निर्माणशाला।*। > डिस्-टिल; डिस्-टि-लिट; डिस्-टि-ले-शॅन; डिस्-टिल्ड; डिस्-टिल्/ॲ, ~ॲरि

distinct, 1. (*different*) भिन्न, प्रभिन्न; 2. (*separate*) अलग, पृथक; 3. (*clear*) सुस्पष्ट, सुव्यक्त; 4. (*definite*) निश्चित, सुनिश्चित; **~ion,** 1. (*discrimination*) भेदभाव, विभेदीकरण, पृथक्करण; 2. (*difference*) भिन्नता*, (वि)भेद, पृथक्त्व, पृथक्ता*, प्रभेद; 3. (*characteristic*) विशिष्टता*; 4. (*excellence*) प्रतिष्ठा*, श्रेष्ठता*, 5. पदक, उपाधि*; **~ive,** सुस्पष्ट, विशेष, प्रभेदक, प्रभेदी, विशेषक,

विशिष्ट; **~ly,** स्पष्टतया, स्पष्ट रूप से।
> डिस्-टिन्क्ट; डिस्-टिन्क्/शॅन, ~टिव्

distinguish, प्रभेद क०, भेद दिखलाना; श्रेणीबद्ध क०; पहचानना; ~oneself, विशिष्टता* प्राप्त क०, ख्याति* प्राप्त क०, प्रसिद्ध हो जाना; **~able,** गोचर, विशेषणीय; **~ed,** प्रतिष्ठित, विख्यात, लब्धप्रतिष्ठ।
> डिस्-टिन्/ग्विश, ~ग्विशॅबॅल

distort, विकृत क०; मिथ्यावर्णन क०; **~ion,** विकृति*, विकार, विरूपण, तोड़-मरोड़*; मिथ्या वर्णन।
> डिस्टॉ:ट; डिस्टॉ:शॅन

distract, दूसरी ओर* आकर्षित क०, ध्यान भंग क०; घबरा देना, विभ्रान्त क०; **~ed,** अन्यमनस्क; दुचित्ता; व्याकुल उद्विग्न; **~ion,** 1. अन्यमनस्कता*, दुचित्तापन, ध्यान भंग, दुचित्ती*, विकर्षण; 2. घबराहट*, चित्त-विक्षेप; 3. (*amusement*) मनबहलाव, मनोरंजन।
> डिस्ट्रैक्ट; डिस्ट्रैक्/टिड, ~शॅन

distrain, आसेध क०; **~er, ~or,** आसेधक; **~ment, ~t,** आसेध। > डिस्ट्रेन; डिस्-ट्रेन्-अॅ; डिस्ट्रेन्ट

distrait, अनमना, अन्यमनस्क। > डिस्ट्रे

distraught, परेशान, उद्विग्न, विक्षिप्त। > डिस्ट्रॉ:ट

distress, 1. (*pain*) दुःख, व्यथा*; कष्ट; 2. (*affliction*) विपत्ति*, संकट, दुर्गति*; 3. (*law*) ज़ब्ती*, क़ुर्क़ी*; —*v.*, 1. दुःख देना; व्यथित क०; 2. (*law*) क़ुर्क़ी* क०; **~ed,** व्यथित; विपद्ग्रस्त; **~ful,** दुःखद, दुःखी, व्यथित; **~ing,** दुःखद; **~-signal,** विपत्ति-संकेत; **~-warrant,** क़ुर्क़ी* का अधिपत्र।
> डिस्ट्रे'स; डिस्ट्रे'स्ट; डिस्ट्रे'स्-इन्ग

distri/butable, वितरणीय; **~butary,** (जल) वितरिका*, वितरक नदी*; **~bute,** वितरण क०; वितरित क०, बाँटना; फैलाना; वर्गीकरण क०, **~bution,** 1. वितरण, बंटन; 2. फैलाव, विस्तार; 3. वर्गीकरण; 4. (*logic*) व्याप्ति*; 5. (*statistics*) बण्टन; 6. (*division*) विभाजन; **~butive,** 1. वितरक, वितरणशील; 2. वितरणात्मक; 3. (*logic, gram.*) व्यष्टिवाचक; —justice, अनुपाती न्याय; **~butor,** वितरक। > डिस्-ट्रिब्-/यू-टॅ-बॅल, ~यूटॅरि; ~यूट: डिस्-ट्रि-ब्यू-शॅन; डिस्-ट्रिब्/यू टिव्, ~यू-टॅ

district, 1. ज़िला; 2. (*region*) प्रदेश, क्षेत्र, इलाक़ा; **~-magistrate,** ज़िलाधीश। > डिस्-ट्रिक्ट

distrust, *n.(v.)*, अविश्वास, शंका*, सन्देह (क०); **~ful,** अविश्वासी, (आत्म) संशयी। > डिसट्रॅस्ट

disturb, 1. (*agitate*) आन्दोलित क०, शान्ति* भंग क०, उत्तेजित क०; 2. (*make uneasy*) घबरा देना, व्याकुल क०, क्षुब्ध क०; 3. (*hinder*) विघ्न या बाधा* डालना; 4. (*disorder*) अस्तव्यस्त कर देना; **~ance,** अशान्ति*, शान्तिभंग, उत्तेजना*; घबराहट*, विक्षोभ व्याकुलता*; बाधा*; विघ्न, उत्पाद, उपद्रव; गड़बड़; **~ed,** 1. अशान्त, विक्षुब्ध; 2. (*of weather*) असामान्य। > डिसटॅ:ब; डिस्टॅ:बॅन्स

disunion, 1. (*separation*) विच्छेद, जुदाई*; 2. (*dissension*) अनबन*, फूट*। > डिस्/यूनॅयॅन

disunite, अलग क० या हो जाना; फूट* डालना।
> डिस्/युनाइट

disuse, *n.*, अनुपयोग, अप्रयोग, अव्यवहार; अप्रचलन; —*v.*, उपयोग, या व्यवहार बन्द क०; **~d,** अप्रचलित; पुराना। > डिसयूस (*n.*), डिसयूज़ (*v.*); डिसयूज़्ड

disyllabic, द्व्यक्षरीय। > डिसिलैब्-इक

ditch, खाई*, नाली*, खात। > डिच

ditheism, द्विदेवतावाद। > डाइथीइज़्म

dither, *n.*, थरथराहट*; *v.*, थरथराना। > डिद्-अॅ

dithyramb, आवेशपूर्ण या भावुकतापूर्ण भाषण, गीत या लेख; **ic,** आवेशपूर्ण।
> डिथ्-इ-रैम्ब; डिथिरैम्-बिक

ditto, तदेव, तथैव, यथोपरि, एज़न; **~graphy,** पुनरावृत्ति*। > डिटो; डिटॉग्रॅफ़ि

ditty, गीत, गाना, जनगान। > डिट्-इ

diuresis, मूत्रलता*। > डाइयुरीसिस

diuretic, मूत्रवर्धक, मूत्रल। > डाइयुरे'ट्-इक

diurnal, 1. दैनिक, आह्निक; 2. (*zool.*) दिनचर।
> डाइअॅ:नॅल

diuturnal, चिरकालिक। > डाइयुटॅ:नॅल

diva/gate, भटक जाना; विषयान्तर क०; **~gation,** भ्रमण; विषयान्तर। > डाइवॅगेट; डाइवॅगेशॅन

divalent, द्विसंयोजक। > डाइवेलॅन्ट

divan, दीवान, सोफ़ा। > डिवैन

divaricate, *v.*, विभाजित क० या हो जाना; —*adj.*, अत्यपसारी।
> डाइवैरिकेट (*v*); डाइवैरिकिट (*adj.*);

dive, *n.*, गोता, डुबकी*, झपट*, झपट्टा; —*v.*, ग़ोता लगाना; हाथ डालना; गहरे पैठना; झपटना, गायब हो जाना; **~-bomber,** ग़ोतामार बममार; **~r,** 1. ग़ोताख़ोर, पनडुब्बा; 2. (*bird*) पनडुब्बा।
> डाइव; डाइव् बॉमॅ, डाइव्-अॅ

diverge, 1. भिन्न दिशाओं* में जाना, अपसारित क० या होना; 2. हट जाना, भटकना; 3. मतभेद होना, भिन्न होना; 4. (*deflect*) मोड़ना, झुकाना; **~nce, ~ncy,** 1. अपसरण; अपसारिता*; 2. (*deviation*) विचलन, अपबिन्दुता*; 3. (*difference*) भिन्नता*, (वि)भेद, अन्तर; **~nt,** अपसारी; भिन्न।
> डाइवॅ:ज; डाइवॅ:/जॅन्स, ~जॅन्-सि, ~जॅन्ट

divers, विविध। > डाइवॅ:ज़

diverse, 1. भिन्न, असमान, असदृश; 2. (*varied*) नानाविध, विविध। > डाइवॅ:स = डिवॅ:स

diver/sification, नानारूपकरण; विविधता*; **~siform,** नानारूप, नानाविध; **~sify,** विविध कर देना, विविधता* उत्पन्न क०, परिवर्तन लाना, बदल देना; **~sion,** 1. (*deviation*) विपथन, विचलन, दिक्परिवर्तन; 2. (*of traffic*) विशाखन; 3. (*of* *enemy*) भुलावा, धोखा; 4. ध्यानभंग; विषयान्तर; 5. (*amusement*) मनोरंजन, मनबहलाव; — canal, मोड़ नहर*; **~sity,** विविधता*, असादृश्य, असमानता*, भिन्नता*। > डाइवें:सिफ़िकेशॅन, डाइवें:स्/इफ़ॉ:म, ~इफ़ाइ; डाइवें:शॅन; डाइवें:स्-इटि

divert, दूसरे मार्ग पर ले जाना, दूसरी दिशा* या दूसरे काम में लगाना, अपवर्तन क०; मोड़ना; ध्यान हटा देना; मनोरंजन क०; **~ing,** *adj.*, 1. अपवर्तक; 2. (*amusing*) मनोरंजक; —*n.*, दिक्परिवर्तन। > डाइवें:ट; डाइवें:ट्-इन्ग

dives, धनी, रईस, अमीर। > डाइवीज़

divest, विविस्त्र क०, आवरण या अलंकार उतारना; (अधिकार से) वंचित क०; **~iture,** अधिकार-हरण, स्वत्व-हरण; विवस्त्रीकरण। > डिवे'स्ट = डाइवे'स्ट; डाइ-वे'स्ट्-इ-चॅ

divide, *n.*, 1. विभाजन, 2. (*geogr.*) जल-विभाजक; —*v.*, 1. विभाजित या विभक्त क० या हो जाना, भाग देना; 2. अलग क० या हो जाना; 3. (*classify*) वर्गीकरण क०; 4. (*distribute*) बाँटना, वितरण क०; 5. (*alienate*) फूट* डालना, लड़ाना; 6. (*math.*) भाग देना; ~and rule policy, भेदनीति*; **~d,** विभक्त, विभाजित। > डिवाइड; डिवाइड्-इड

dividend, 1. लाभांश; 2. (*math.*) भाज्य। > डिव्-इ-डॅन्ड

divider, 1. विभाजक; 2. वितरक; 3. विभेदक; 4. (*pl.*) परकार, विभाजनी*। > डि-वाइड्-ॲ

dividing, विभाजक। > डिवाइड्-इन्ग

dividual, 1. (*separate*) पृथक्; 2. (*separable*) वियोज्य। > डिविड्यूॲल

divination, शकुन-विचार, शकुन-विद्या*, सगुनौती*, भविष्यवाणी*, भविष्यकथन। > डिविनेशॅन

divine, *v.*, 1. सगुनाना, सगुन विचारना, शकुन निकालना; 2. (*guess*) अनुमान क०, ताड़ना; 3. (*foretell*) भविष्यवाणी* क०; —*n.*, धर्मतत्त्वज्ञ; —*adj.*, 1. ईश्वरीय; 2. (*god-given*) ईश्वरदत्त; 3. (*supernatural*) दिव्य, दैवी; 4. (*excellent*) उत्कृष्ट, श्रेष्ठ; **~r,** शगुनियाँ, सगुनिया। > डिवाइन; डि-वाइन-ॲ

diving bell, निमज्जन-घंटा। > डाइव्-इन्ग्-बे'ल

divining-rod, शकुनक दण्ड। > डि-वाइन्-इन्ग्-रॉड

divinity, ईश्वर; देवता; ईश्वरत्व; दैवत्व; धर्मविज्ञान। > डिविन्-इटि

divinize, ईश्वरीय बना देना, ईश्वरत्व का आरोप क०। > डिव्-इनाइज़

divisible, भाज्य, विभाज्य। > डिविज़्-इबॅल

division, 1.विभाजन; 2. (*sharing*) बँटवारा, वितरण; 3. (*disagreement*) मतभेद, फूट*; 4. (*math.*) भाग; 5. (*classification*) वर्गीकरण; 6. (*boundary*) सीमा*; 7. (*section*) भाग, विभाग, वर्ग, प्रभाग, (प्र)खण्ड; 8. (*in examination*) श्रेणी*; 9. (*admin.*) प्रभाग; 10. (*territ.*) मण्डल; 11. (*army*) डिवीज़न चमू*; ~bench खण्डपीठ; ~sign, भाग-चिह्न; **~al,** विभागीय; प्रभागीय; मण्डल-, मंडलीय; **~-bell,** विभाजन-घंटी*। > डिविश़ॅन; डिविश़्ॅनॅल

divisive, विभाजक; फूट* डालने वाला। > डिवाइस्-इव

divisor, भाजक; गुणक। > डि-वाइज़ॅ

divorce, *n.*, विवाह-विच्छेद, तलाक; विच्छेद, पृथक्करण, सम्बन्ध-विच्छेद; —*v.*, तलाक देना, छोड़ देना, त्याग देना; अलग कर देना। > डिवॉ:स

divorcee, तलाकशुदा। > डिवॉ:सी

divulge, प्रकट क०, प्रसिद्ध क०; रहस्योद्घाटन क०। > डिवॅल्ज

dizziness, 1. घुमड़ी*; घुमटा, चक्कर; 2. (*of animals*) घुमनी*। > डिज़्-इनिस

dizzy, *adj.*, 1. चक्कर से आक्रान्त; 2. घुमटा लानेवाला; 3. (*confused*) भौचक्का, भौचक, व्याकुल, विमूढ़; —*v.*, चकरा देना; भौचक्का या व्याकुल कर देना; he feels~, उसे चक्कर आ रहा है। > डिज़्-इ

do, करना; पालन क०; पहुँचाना; सम्पन्न, पूरा या समाप्त क०; तैयार क०; काम क०; पर्याप्त होना, पूरा पड़ना; (स्वस्थ या अस्वस्थ) होना; ~away with, दूर क०, उठा देना; नष्ट क०, मार डालना; ~one's best, भरसक कोशिश* क०; ~without, त्याग देना, के बिना काम चलाना; have to ~ with, सम्बन्ध या सरोकार रखना; **~-all,** दरज़ी की सुई*; कर्ता-धर्ता। > डू

dobber, तिरेंदा। > डॉब्-ॲ

docetism, प्रतीयमानवाद। > डोसीट्-इज़्म

docile, आज्ञाधीन, वश्य, विनीत, आज्ञापरायण; शिक्षणीय, विनेय। > डोसाइल

docility, आज्ञाधीनता*, विनय*, वश्यता*, विनेयता*। > डॅसिल्-इटि

dock, *n.*, 1. गोदी*, डॉक; 2. (*~yard*) गोदी-बाड़ा; 3. (*pl.*) जहाज़ी मालघाट, नौकाघाट; 4. (*in court*) कठघरा; 5. (*of animal*) पुच्छ-मूल, साग़री*; 6. (*strap*) दुमची*; —*v.*, 1. (*a ship*) बन्दरगाह में आना, लाना या ले जाना; 2. काटना; काट लेना; **~age,** गोदी-भाड़ा; **~er,** गोदी-मज़दूर; **~-tailed,** दुमकटा। > डॉक; डॉक्/इज, ~ॲ

docket, *n.*, 1. सारांश; 2. निर्णय-सूची*; 3. कार्य-सूची*, कार्यक्रम; 4. (*label*) चिप्पी*, टिकट, डॉकेट; 5. (*endorsement*) पृष्ठांकन, संक्षेपांकन; —*v.*, सारांश लिखना; पृष्ठांकन क०। > डॉक्-इट

doctor, *n.*, 1. डॉक्टर, आचार्य; 2. डॉक्टर, वैद्य, चिकित्सक; 3. (*of the church*) धर्माचार्य; —*v.*, 1. चिकित्सा* क०; 2. (*repair*) मरम्मत क०; 3. (*tamper with*) झुठलाना; मिलावट* क०; दूषित क०; **~ate,** डॉक्टर की उपाधि*; **~ess, doctress,**

महिला डॉक्टर*। > डॉक्-टॅ; डॉक्टॅरिट; डॉक्टॅरिस; डॉक्-ट्रिस

doctrinaire, मतवादी, मताग्रही; अव्यावहारिक। > डॉक्-ट्रि-ने 'ॲ

doctrinal, सिद्धान्त-सम्बन्धी। > डॉक्ट्राइनॅल = डॉक्-ट्रि-नॅल

doctrine, 1. शिक्षा*; 2. (*tenet*) मत, वाद, सिद्धान्त; 3. धर्मसिद्धान्त। > डॉक्-ट्रिन

document, *n.*, प्रलेख, दस्तावेज़*, काग़जात, लिखित प्रमाण; —*v.*, प्रलेख देना; प्रमाण देना; **~ary,** लेख्य, दस्तावेज़ी, प्रलेखी; लिखित; —film, वृत्त-चित्र; **~ation,** प्रलेखन, प्रलेख पोषण। > डॉक्यूमॅन्ट; डॉक्यूमे 'न्टॅरि; डॉक्यूमे 'न्टेशॅन

dodder, *n.*, अमरबेल*, आकाशबेल*; *v.*, 1. काँपना, थर्राना; 2. (*totter*) लड़खड़ाना; **~y,** कम्पायमान। > डॉड्-ॲ, ~रि

doddle, लड़खड़ाना। > डॉर्डॅल

dodeca/gon, द्वादशभुज; **~hedron,** द्वादश-फलक; **~syllabic,** द्वादशाक्षरीय। > डोडे 'कॅगॅन; डोडिकॅहे 'ड्रॅन; डोडिकॅसिलैब्-इक

dodge, *v.*, 1. (*avoid*) हट जाना, वार बचाना; कतराकर बच जाना; 2. (*move to and fro*) दांये-बायें या इधर-उधर दौड़ना; 3. (*use tricks*) चकमा देना, पैंतरेबाज़ी* क०, चाल* चलना; 4. (*follow*) पीछा क०; —*n.*, चकमा, चाल*, पैंतरेबाजी*, युक्ति*, दाँव; **~r,** चालबाज़, धोखेबाज़। > डॉज; डॉज्-ॲ

doe, मृगी*, हरिणी* (खरगोश आदि की) मादा*; **~skin,** मृगचर्म। > डो; डोस्किन

doer, कर्ता। > डु-ॲ = डू-ॲ

doff, उतारना; छोड़ देना। > डॉफ़

dog, *n.*, 1. कुत्ता, कुक्कर; 2. (*wild~*) सोनहा; 3. (*~-star*) लुब्धक; 4. पाजी, बदमाश, नराधम, कमीना; 5. (*mech.*) कुत्ता; —*v.*, पीछा क०; **~fight,** संकुल युद्ध; **~ged,** दृढ़, दृढ़निश्चय, धुन* का पक्का, अटल, हठीला, ज़िद्दी; **~-latin,** अशुद्ध लैटिन*; **~-legged,** लेहरिया; **~rose,** सेवती* **~'s-ear,** (पन्ने का) मुड़ा हुआ कोना; **~-tired,** थका-माँदा; **~-tooth,** भेदकदन्त; **~-watch,** प्रदोष-पहरा, अधपहरा। > डॉग; डॉग्-इड

doggerel, कुकविता*। > डॉगॅरॅल

dogma, धर्मसिद्धान्त; सिद्धान्त, मत; **~tic,** सिद्धान्तात्मक, सैद्धान्तिक; हठधर्मी, मताग्रही, मतान्ध; मतवादी, सिद्धान्तवादी; **~tics,** धर्मसैद्धान्तिकी*; **~tism,** मतान्धता*, सिद्धान्तवाद, मताग्रह, हठधर्मिता*; **~tize,** सिद्धान्त बघारना। > डॉग्-में; डॉग्मैट्-इक; डॉग्मॅटिज़्म; डॉग्मॅटाइज़

doily, निपर्ण। > डॉइल्-इ

doings, कार्य, कार्यकलाप। > डूइंग्ज़

doit, दमड़ी*। > डॉइट

doldrums, 1. (*geogr.*) विषुव-प्रशान्त मण्डल; 2. उदासी*, विषाद। > डॉल्ड्रॅम्ज़

dole, *n.*, खैरात*, (भिक्षा) दान; (बेकारी-) अनुदान; —*v.*, **~out,** थोड़ा-थोड़ा करके बाँटना; **~ful,** दुःखी, खिन्न, शोकग्रस्त, दुःखपूर्ण, निरानन्द, विषादमय, निराशामय, निराशाजनक। > डोल; डोल्फुल

dolichocephalic, दीर्घशिरस्क। > डॉल्-इकॅसिफ़ैल्-इक

doll, गुड़िया*, पुतली*। > डॉल

dollar, डालर। > डॉल्-ॲ

dolly, 1. (*mech.*) डॉली, डौली; 2. (*dasher*) मथानी*। > डॉल्-इ

dolorous, दुःखद; दुःखमय; दुःखी, उदास। > डॉलॅरॅस

dolose, कपटपूर्ण। > डॅलोस

dolour, शोक, वेदना*। > डॉल्-ॲ

dolphin, सूंस*। > डॉल्-फ़िन

dolt, मूर्ख, गोबर-गणेश। > डोल्ट

domain, 1. भूसम्पत्ति*, ज़मींदारी*, रियासत*; 2. (*sphere*) क्षेत्र, प्रभाव-क्षेत्र, अधिकार-क्षेत्र; 3. (*math*) प्रान्त। > डॅमेन

dome, गुम्बद, गुम्बज; उभार। > डोम

domestic, *adj.*, 1. घरेलू, गृह्य, पारिवारिक; 2. स्वदेशी, देशीय, आन्तरिक; 3. (*domesticated*) पालतू; 4. (*home-loving*) परिवार-प्रेमी; —*n.*, नौकर; ~science, गृह-विज्ञान; **~ate,** पालतू बनाना; सभ्य बनाना; (देश या घर के) वातावरण के अनुकूल बनना या बना लेना; पारिवारिक जीवन का प्रेमी बना लेना; **~ity,** पारिवारिक जीवन; घरेलूपन, पालतूपन; परिवार-प्रेम। > डॅ-मे 'स्-टिक; डॅ-मे 'स्-टि-केट; डो-मे 'स्-टि-सि-टि

domical, गुम्बदी। > डॉम्-इकॅल

domicile, 1. निवासस्थान; 2. (*law*) अधिवास; **~d,** अधिवासी। > डॉम्-इसाइल

domiciliary, आवासीय, गृह-। > डॉमिसिल्यॅरि

dominance, शासन; प्रभुत्व, प्राबल्य; प्रधानता*, प्रमुखता*; प्रभाविता*। > डॉम-इनॅन्स

dominant, 1 प्रमुख, प्रबल, प्रधान; 2. (*biol.*) प्रभावी। > डॉम-इनॅन्ट

domi/nate, 1. पर शासन क०, शासन या अधिकार में रखना; 2. से ऊँचा होना, से ऊपर उठना, पर छा जाना, प्रमुख या प्रबल होना; **~nation,** शासन, प्रभुत्व, प्रधानता*। > डॉम्-इनेट; डॉमिनेशॅन

dominator, शासक। > डॉम्-इ-नेट-टॅ

domineer, निरंकुश शासन क०, तानाशाही* क०,

धाक*, धौंस* या रोब जमाना; **~ing,** निरंकुश, दबंग।
> डॉमिनिअँ, ~रिन्ग

dominical, प्रभु-सम्बन्धी, ईस्वी; रविवारीय।
> डॅमिन्-इकॅल

dominion, 1. (*sovereignty*) प्रभुत्व, स्वामित्व, शासन, नियन्त्रण; 2. (*territory*) अधिराज्य, अधिकार-क्षेत्र, राज्य; 3. डोमिनियन, स्वतन्त्र उपनिवेश।
> डॅमिन्यॅन

don, *v.*, पहन लेना; *n.*, 1. सज्जन; 2. (*expert*) विशेषज्ञ; 3. (*head*) अध्यक्ष; 4. (*fellow*) सदस्य; प्राध्यापक।
> डॉन

donate, प्रदान क०, दान देना। > डोनेट

donation, दान, चन्दा। > डोनेशॅन

donative, दातव्य। > डोनॅटिव्

donator, दाता, प्रदाता; **~y, donee,** आदाता।
> डो-ने-टॅ; डोनॅटॅरि; डोनी

done, कृत; सम्पादित, सम्पन्न, निष्पन्न; समाप्त; तय; क्लान्त, थका-माँदा। > डॅन

donjon, बुर्ज। > डॉन्जॅन = डॅन्जॅन

donkey, गधा, गदहा, गर्दभ। > डॉन्क्-इ

donor, दाता। > डोन्-अँ

doodle, (*scrawl*) *n.*(*v.*), टेढ़े-मेढ़े अक्षर (बनाना); **~-sack,** मशकबीन*। > डूडॅल

dooly, dollie, डोली*। > डूल्-इ

doom, *n.*, 1. (*condemnation*) दण्डाज्ञा*; 2. (*fate*) नियति*, भाग्य, प्रारब्ध; दुर्भाग्य; 3. (*ruin*) सर्वनाश, सत्यानाश; —*v.*, दण्ड देना, दण्डाज्ञा* देना; **~sday,** क़यामत*, अन्तिम न्याय का दिन। > डूम; डूम्ज़्डे

door, द्वार, दरवाज़ा; out of ~s, बाहर; **~-frame,** चौखट*; **~-handle,** मुठिया*; **~keeper,** द्वारपाल, दरबान; **~mat,** पायंदाज; **~-post,** चौखट* का बाज़ू; **~-sill, ~step,** देहली*; **~-stop,** अड़ानी*।
> डॉः

dope, *n.*, 1. रोग़न, वारनिश*; 2. (*lubricating*) स्नेहक लेप; 3. मादक औषध*; —*v.*, मादक या निद्राजनक (स्वापक) औषध* खिलाना; **~-fiend,** स्वापक-सेवी।
> डोप; डोपफ़ीन्ड

dormancy, प्रसुप्ति*, तन्द्रावस्था*। > डॉःमॅन-सि

dormant, 1. प्रसुप्त; 2. निष्क्रिय, बेकार; 3. (*biol.*) प्रसुप्त। > डॉःमॅन्ट

dormer-window, ढालू छत* की बहिर्गत खिड़की*।
> डॉःम्-ॲविन्डो

dormi/tion, नींद*; स्वर्गवास, मृत्यु*; **~tive,** निद्राजनक, स्वापक; **~tory,** शयनशाला*, शयनागार।
> डॉःमिशॅन, डॉःम्-इ-टिव्; डॉःम्-इ-ट्रि

dorsal, 1. पृष्ठीय, पृष्ठ-; 2. (*bot.*) अपाक्ष; **~vertebra,** पृष्ठ-कशेरुक। > डॉःसॅल

dory, डोंगी*, नौका*। > डॉःर्-इ

dosage, खुराक-प्रदान; खुराक*, ख़ुराक*; मात्रानिर्धारण। > डोस्-इज

dose, *n.*, मात्रा*, ख़ुराक*; —*v.*, ख़ुराक* खिलाना, पिलाना, देना; मिश्रण क०, मिलावट* क०। > डोस

dossier, फ़ाइल*, मिसिल*। > डॉस्-इ-ए

dot, *n.*, बिन्दु, विन्दु, नुक़ता; धब्बा, बिन्दी*; —*v.*, बिन्दु लगाना; चिह्नित क०; छितराना, फैलाना; **~ted,** 1. बिन्दुकित, बिन्दु-चिह्नित; 2. (*spread out*) छिटकी; —line, बिन्दु-रेखा*; **~ty,** बिन्दुदार।
> डॉट; डॉट्/इड, ~इ

dotage, 1. जरातुरता*, दिमाग़ी कमजोरी*, सठियापा; 2. (*foolish affection*) प्रेमातिशय, मोह।
> डोट्-इज

dotard, जरातुर, जराग्रस्त, अतिवृद्ध। > डोटॅड

dote, सठियाना, सठिया जाना; पर लट्टू होना, मोहित होना। > डोट

doting, जरातुर; मोहित, लट्टू। > डोट्-इन्ग

dotation, धर्मदाय, धर्मस्व, दान। > डोटेशॅन

douane, जक़ात या सीमाशुल्क कार्यालय।
> डूआन = डुआन

double, *adj.* 1. (*in amount*) दुगुना, दूना, द्विगुण; 2. दोहरा, दुहरा, दोतरफ़ा, द्वि-, दु-, युग्म-, उभय-, द्विक-, द्विधा-; 3. (*of two kinds*) द्वैध, दोतरफ़ा; 4. (*deceiving*) कपटी —*n.*, 1. दुगुना; 2. (*counterpart*) प्रतिरूप; 3. (*substitute*) स्थानापन्न; 4. मोड़; —*v.*, दुगुना क०, होना या हो जाना; 2. (*fold*) दोहरा क०; 3. (सहसा) मुड़ जाना; 4. (*pass around*) पार क०, के इर्द-गिर्द निकल जाना; **~up,** 1. (*fold*) दोहरा क०, तहियाना; 2. (*fist*) मुट्ठी* बाँधना; 3. (*laughter*) लोट-पोट होना, दोहरा हो जाना; 4. (*pain*) दोहरा हो जाना, सिकुड़ जाना; **~-barrelled,** दुनाली; —gun, दुगाड़ा; **~-dealer,** कपटी; **~-dealing,** कपट, दुरंगी चाल*, धोखा; **~-edged,** दुधारा; **~entendre,** श्लेष; **~-entry,** दोहरा लेखा; **~-faced,** दोतरफ़ा; दुरंगा, धोखेबाज़; **~meaning,** श्लेष; **~-minded,** अनिश्चित।
> डॅबॅल

doublet, 1. (*pair*) द्विक, द्वयक, द्वित्तक, जोड़ा, युगम (क); 2. (*garment*) कुरती*, कुरता, वास्कट*।
> डॅब्-लिट

doubt, *n.*, सन्देह, *v.*, सन्देह क०, अविश्वास क०; **~ful,** 1. सन्देहास्पद, सन्देहात्मक, सन्दिग्ध, सन्देहपूर्ण; 2. (*doubting*) सन्देही, अनिश्चित; 3. (*suspected*) सन्दिग्ध, अविश्वसनीय; **~less,** beyond~, निस्सन्देह। > डाउट; डाउट्/फुल, ~लिस

douche, डूश। > डूश

dough, गुँधा या सना आटा, लोई; **~y,** गुँधा; चिपचिपा; शिथिल, ढीला-ढाला। > डो; डो-इ

dour, कठोर, सख्त। > डुअँ

douse, 1. (*extinguish*) बुझाना; 2. (*drench*) भिगो

देना, सरोबोर कर देना; 3. (पानी में) डुबाना; 4. डुबाया जाना; 5. (पाल) उतारना या झुकाना; 6. *see* DOWSE. > डाउस

dove, पड़की*, फ़ाख़्ता*, पंडुक; turtle ~, काल्हक फ़ाखता*; spotted ~, चितरोखा; ~ring धवर~; brown~, टुटरूँ ~; red turtle~, ईंठकोहरी ~; ~cot(e), दरबा। > डॅव्; डॅव्‌कॉट; डॅव्‌कोट

dovetail, *n.*, डबजोड़; —*v.*, डबजोड़ बिठाना; मेल खाना, अनुरूप होना; समन्वय क०, सामंजस्य स्थापित क०। > डव्-टेल

dowager, विधवा*। > डाउ-अॅ-जॅ

dowdy, फूहड़, भद्दा। > डाउड्-इ

dowel, गुज्झी*, गिट्टक, मेख*। > डाउअॅल

dower, *n.*, 1. विधवादाय; 2. (*dowry*) दहेज; 3. (*talent*) प्रतिभा*; —*v.*, दहेज़ देना; प्रदान क०, सम्पन्न क०। > डाउअॅ

down, *n.*, 1. डाउन लैंड; 2. (*dune*) टिब्बा; 3. (*of birds*) कोमल पिच्छ, रोम, रोआँ, रोंगटा; 4. (*reverse*) दुर्भाग्य; —*v.*, गिरा देना, उतार देना; उतरना; —*adj.*, अधोमुखी, डाउन, अधोगामी; —*adv.*, नीचे, नीचे की ओर*, उतार पर; ~with, मुरदाबाद; **~cast,** उदास; अधोमुख, अवनत; **~fall,** वृष्टि*, पतन, अध: पतन, सत्यानाश; **~grade,** *n.*, ढाल*, उतार; *adj.*, अधोमुख; *adv.*, उतार की ओर*; —*v.*, दरजा घटाना, पदावनत क०; **~hearted,** उदास, हताश, निराश; **~hill,** *n.*, ढाल*, *adv.* अनुढाल, उतार की ओर*;—*adj.*, अधोगामी, ढलवाँ; **~pour,** मूसलाधार वर्षा*; **~right,** *adv.*, पूर्णतया, पूर्ण रूप से; *adj.*, पक्का, पूरा, पूर्ण; **~stairs,** *adj.*, निचला; —*adv.*, नीचे की ओर*, सीढ़ी* से नीचे; —*n.*, निचली मंज़िल*; **~stream,** अनुप्रवाह; **~throw,** अध:क्षेप; **~town,** निचला शहर; शहर का मुख्य बाज़ार; **~trodden,** पददलित; **~ward,** अधोमुखी, अधोगामी; **~wards,** नीचे की ओर*, से लेकर; **~y,** रोमिल, मृदुरोमिल। > डाउन

dowry, 1. दहेज, यौतुक; 2. (*talent*) प्रतिभा*। > डाउअॅर्-इ

dowse, 1. *see* DOUSE; 2. सगुनाना। > डाउज़

dowsing-rod, शकुनक दण्ड। > डाउज़्-इन्ग्-रॉड

doxology, ईश्वर की स्तुति* या महिमा-गान। > डॉकसॉलॅजि

doyen, ज्येष्ठ सदस्य; वरिष्ठ राजनयिक; **~ne,** वरिष्ठा*। > डॉइ/यॅन, ~ये'न

doze, *n.*, ऊँघ*, ऊँघाई*, ऊँधन*; —*v.*, ऊँघना, झपकी* लेना। > डोज़

dozy, निद्रालु। > डोज़्-इ

dozen, दर्जन। > डॅज़ॅन

drab, *adj.*, 1. (*colour*) हलका भूरा, बादामी; 2. (*dull*) नीरस, उबानेवाला; **~ble,** लथेड़ना, कीचड़ में घसीटना। > ड्रैब; ड्रैबॅल

drachm(a), दिरहम, दिरम, दरम। > ड्रैम; ड्रैक्-मॅ

draconian, draconic, निष्ठुर, कठोर, क्रूर। > ड्रॅकोन्यॅन; ड्रॅकॉन्-इक

draft, 1. तलछट*, तलौंछ*; 2. धोवन*; 3. (*refuse*) कूड़ा-करकट। > ड्राफ़

draft, *n.*, 1. (*body of soldiers*) दस्ता, टुकड़ी*; 2. (*cheque*) धनादेश, हुण्डी*; 3. (*sketch*) प्रारूप, मसौदा, खाका, पाण्डुलेख; 4. (*of article*) पाण्डु-लेख; *cf.* DRAUGHT; —*v.*, 1. (किसी काम के लिए) अलग कर देना; भरती* क०; 2. प्रारूप बनाना; **~ing,** पाण्डुलेखन; **~sman,** नक्शानवीस, मानचित्रक, प्रारूपकार। > ड्राफ़्ट; ड्राफ़्ट्-इन्ग; ड्राफ़्ट्स्मॅन

drag, *v.*, 1. घसीटना; 2. (*dredge*) तलकर्षण क०, जाल डालना; 3. पाटा फेरना; हैरो चलाना; 4. (*brake*) रोक* लगाना; 5. (*protract*) देर* तक जारी रखना; 6. (*lag behind*) पिछड़ना; 7. धीरे-धीरे बीत जाना; नीरस हो जाना; —*n.*, 1. हैरो, हेंगा, पाटा; 2. स्लेज; 3. (*drag-net*) महाजाल; 4. (*apparatus for dragging*) काँटा, दन्ती*; 5. (*brake*) रोक*; 6. (*obstruction*) अड़ंगा, बाधा*; 7. (*anchor*) लंगर; **~-chain,** उतार ज़ंजीर*, **~-net,** महाजाल। > ड्रैग

draggle, 1. लथेड़ना, कीचड़ में घसीटना; 2. घसीटा जाना, मैला हो जाना; 3. (*lag behind*) पिछड़ना। > ड्रैगॅल

dragoman, दुभाषिया। > ड्रैगॅमॅन

dragon, 1. परदार साँप; 2. (*astron.*) कालिय, ड्रेको; 3. उग्र व्यक्ति; 4. रक्षक; **~-fly,** चिउरा; **~'s-blood,** हीरादोषी*, ताल-रक्त; **~'s-head,** राहु; **~'s-tail,** केतु। > ड्रैगॅन

dragoon, घुड़सवार सिपाही। > ड्रॅगून

drain, *n.*, 1. नाली*, अपवाहिका*, मोरी*, 2. निष्कासन; निर्गम; 3. (*exhausting*) अपचय, अपक्षय; 4. (*surgery*) नली*, नालिका*; —*v.*, 1. निष्कासन क०, (जल) निकालना, खींच लेना; 2. खाली क०, पी जाना; 3. चूस लेना, शक्तिहीन बना देना; 4. बह जाना, सूख जाना; **~age,** 1. (जल-) निकास, अपवहन; (*system*) अपवहन-तंत्र; 3. निकास-जल; 4. (*area*) अपवहन-क्षेत्र; **~-pipe,** निकास-नल। > ड्रेन; ड्रेन्-इज

drake, नर-बतख़। > ड्रेक

dram, 1. ड्राम; 2. (*draught*) घूँट। > ड्रैम

drama, नाटक; नाट्य-कला*; **~tic,** नाटकीय; आकस्मिक, प्रभावशाली; **~tics,** नाट्य-कला*; **~tist,** नाटककार; **~tization,** नाटकीकरण, **~tize,** नाटक का रूप देना; नाटकीय बनाना; **~turgy,** नाट्यशास्त्र, नाट्य-कला*; अभिनय-कला*। > ड्रा-मॅ; ड्रॅमैट्-इक; ड्रैमॅटिस्ट; ड्रैमॅटाइज़ेशॅन ड्रैमॅटाइज़; ड्रैमॅटॅ:जि

drape, (वस्त्र से) आच्छादित क०, (आवरण से)

सजाना; **~r,** वस्त्रव्यापारी, बज़ाज़; **~ry,** 1. वस्त्र; 2. वस्त्र-व्यापार, बज़ाजी*; 3. वस्त्र-विन्यास; 4. (*curtains*) परदे। > ड्रेप; ड्रेप्अ‌ॅ; ~अरि

drastic, 1. प्रबल, समर्थ, सशक्त; 2. उग्र प्रचण्ड, कठोर। > ड्रैस्-टिक

draught, *n.*, 1. (*pulling*) कर्षण, खिंचाव; 2. (*catch*) शिकार; 3. (*mouthful*) घूँट; 4. (*dose*) ख़ुराक*; 5. (*of air*) झोंका, वात-प्रवाह, 6. (*plan*) मसौदा, प्रारूप; 7. (*of ship*) डुबाव; 8. (*pl.*) ड्राफ्ट्स; 9. *see* DRAFT; —*v.*, 1. अलग क०; भरती* क०; 2. रूपरेखा* प्रस्तुत क०, प्रारूप तैयार क०; **~-animal,** लद्दू या भारवाही पशु; **~sman,** नक्शानवीस; **~y,** this room is—, इस कमरे में बहुत हवा* आती है। > ड्राफ्ट; ड्राफ़्ट्स-मॅन; ड्राफ़्ट्-इ

Dravidian, द्राविड़, द्रविड़। > ड्रॅविड्-इअॅन

draw, *v.*, खींचना, घसीटना; 2. (*attract*) आकर्षित क०; 3. (*inhale*) साँस* लेना; 4. (*elicit*) उत्पन्न क०; 5. (*take out*) निकालना; 6. पाना, प्राप्त क०; 7. (*stretch*) टानना, खींचकर बढ़ाना; 8. (*a cheque*) काटना, लिखना; 9. (*sketch*) खींचना, अंकित क०, चित्र बनाना; —*n.*, 1. कर्षण, आकर्षण; 2. (*catch*) फँसाव; 3. बराबर का खेल; ~attention, ध्यान आकर्षित क०; ध्यान दिलाना; **~back,** पीछे हटना; से हाथ खींचना, से अलग हो जाना; **~up,** 1. (*marshal*) पंक्तिबद्ध क०; 2. रुक जाना; 3. लिखना, रचना* क०, तैयार क०; **~back,** 1. असुविधा*, कमी*, त्रुटि*; 2. (*refund*) फिरती*, (चुंगी) वापसी*; **~bar,** कर्षणदण्ड, अर्गला*; **~bridge,** उठाऊ पुल; **~ee,** आदेशिती; **~er,** 1. (*comm.*) आदेशक; 2. कर्षक; 3. (*draftsman*) नक्शानवीस, चित्रकार; 4. (*of table*) दराज़*; 5. (*pl.*) जाँघिया; **~-knife,** दोमुठा छुरा; **~-rod,** योजक दण्ड। > ड्रॉ:; ड्रॉ: बैक; ड्रॉ:ब्रिज; ड्रा:ई; ड्रॉ:अॅ; ड्रॉ:ज (जाँघिया)

drawing, 1. (*action*) आरेखण, चित्रांकन, रेखण, चित्रकारी*; 2. चित्र, आलेख, रेखाचित्र, नक्शा; **~-board,** आरेख-पट्ट, रेखणपटल; **~-knife,** दोमुठा छुरा; **~-pin,** रेखण-पिन*; **~-room,** बैठक *! > ड्रॉ:इन्ग

drawl, धीरे-धीरे बोलना। > ड्रॉ:ल

dray, ठेला। > ड्रे

dread, *n.*, 1. आशंका*, त्रास; 2. (*object of fear*) विभीषिका*; —*v.*, आशंका* क०, भयभीत होना, डरना; —*adj.*, भयानक; प्रतापी, श्रद्धेय; **~ful,** भयानक, विकराल, डरावना; बुरा, अरुचिकर; **~-less,** निर्भिक। > ड्रे'ड

dream, *n.*, स्वप्न, सपना; *v.*, स्वप्न देखना; कल्पना* क०; **~er,** स्वप्नद्रष्टा; **~-hole,** गवाक्ष; **~land,** **~-world,** स्वप्नलोक; **~less,** निःस्वप्न; **~y,** 1. स्वप्नमय, स्वप्निल; 2. (*visionary*) अव्यावहारिक, कल्पित, खयाली; 3. (*vague*) धुँधला; 4. (*of a person*) स्वप्नद्रष्टा, अव्यावहारिक। > ड्रीम; ड्रीम्‌अॅ, ~इ

dreary, निरानन्द, सुनसान, नीरस, शून्य; उदास। > ड्रिअॅर्-इ

dredge, *n.*, झाम, निकर्षक, तलकर्षक; *v.*, 1. तलकर्षण या निकर्षण क०, मिट्टी* या कीचड़ निकालना; 2. (*sprinkle*) छिड़कना; **~r,** निकर्षण पोत, झाम। > ड्रे'ज; ड्रे'ज्-अॅ

dredging, तलमार्जन, तलकर्षण, निकर्षण।

dregs, 1. तलछट*; 2. (*refuse*) कूड़ा-करकट। > ड्रे'ग्ज

drench, *v.*, सराबोर कर देना; दवा* पिलाना; —*n.*, दवा* का घूंट या खुराक*; समाप्लावन; मूसलाधार वृष्टि*; **~er,** 1. मूसलाधार वृष्टि*; 2. (*instr.*) नाल*। > ड्रे'न्च; ड्रे'न्चॅ

dress, *n.*, 1. पहनावा, पोशाक*, वेश, कपड़े, वस्त्र, परिच्छद; 2. (*uniform*) वरदी*, वर्दी*; —*v.*, 1. कपड़े पहनना या पहनाना; 2. (*adorn*) सजाना, शृंगार क०; प्रसाधन क०, सँवारना; 3. तैयार क०; 4. (*equip*) सज्जित क०; 5. (*prune*) छाँटना; 6. (*mil.*) पंक्तिबद्ध क०; 7. (*a wound*) मरहम-पट्टी* क०; **~up,** अच्छे-अच्छे कपड़े पहनाना; **~er,** ड्रेसर; **~maker,** दरज़ी; **~rehearsal,** सवेश पूर्वाभ्यास; **~y,** सजीला। > ड्रे'स

dressing, 1. (*of wound*) मरहम-पट्टी*; प्रतिसारण; 2. शृंगार; सजावट*, प्रसाधन; 3. (*sauce*) मसाला; **~-case,** शृंगारदान; **~-room,** 1. शृंगारकक्ष; 2. (*of theatre*) नेपथ्य; **~-table,** सिंगार-मेज़*। > ड्रे'स्-इन्ग

dribble, *n.*, 1. टपकना या टपकाना; 2. (*slaver*) लार* टपकाना या चुआना; 3. (*football*) पैर से आगे ले जाना; —*v.*, 1. टपक*, टपकन*, टपका-टपकी*; 2. (*drop*) बूँद*; 3. गेंद को लुढ़काते हुए आगे ले जाना।

dri(b)blet, अल्पमात्रा*; टपक*। > ड्रिबॅल; ड्रिब्-लिट

dried, शुष्कित। > ड्राइड

drier, शुष्कक; शुष्कित्र। > ड्राइअॅ

drift, *n.*, 1. (*drifting*) बहाव, संवहन; 2. (*going away*) अपसरण; 3. (*deviation*) अपवहन, च्युति*; 4. (*tendency*) झुकाव, प्रवृत्ति*; 5. (*meaning*) अर्थ, अभिप्राय, तात्पर्य, आशय; 6. (*deposit*) अपोढ़; 7. (*current*) धारा*, प्रवाह; 8. (*heap*) पुंज, संचय, ढेर; 9. (*inaction*) निष्क्रियता*; —*v.*, बह जाना, बहना; बेमतलब घूमना-फिरना; बहकर ढेर में एकत्र हो जाना; बहा देना, प्रवाहित क०; (बहाकर) ढेर लगाना; **~er,** घुमक्कड़; **~-net,** प्रवाही जाल; **~-sand,** अपोढ़ बालू, रेती*; **~-wood,** बहकर आई लकड़ी*, प्रवाहित काष्ठ। > ड्रिफ़्ट; ड्रिफ़्ट्-अॅ

drill, *n.*, 1. (*tool*) बरमा; 2. (*furrow*) उथली गूल*; 3. (*sowing machine*) वपित्र; 4. (*phys. exercise*) व्यायाम, कसरत*; 5. (*mil.*) क़वायद*, ड्रिल*; 6. (*cloth*) टुइल*; —*v.*, बरमाना, बरमा चलाना, छेद क०; पंक्ति* में बोना; व्यायाम या क़वायद* क० या कराना; कठोर अनुशासन में रखना। > ड्रिल

drink, *n.*, 1. पेय; 2. (*non-alcoholic*) शरबत; 3. (*alcoholic*) मदिरा*, मद्य, शराब*; 4. पान, मदिरापान, मद्य-सेवन, मदिरा-सेवन; मदिरासक्ति; —*v.*, 1. पीना, पान क०; 2. (*absorb*) सोख लेना; 3. शराब* पीना; **~able,** पीने योग्य, पानीय; **~er,** पीनेवाला; मद्यप, पियक्कड़; **~ing water,** पीने का पानी, पेय जल। > ड्रिन्क; ड्रिन्क्/अॅबॅल, ~ अॅ, ~इन्ग

drip, *v.*, टपकना या टपकाना, चूना या चुआना; —*n.*, 1.टपकन*, टपक*; 2. (*what has dripped*) टपका; **~ping(s)** मांसरस; **~stone,** छज्जा, स्रुतपाषाण। > ड्रिप; ड्रिप्-इन्ग

drive, *v.*, 1. (*as cattle*) हाँकना; 2. (*urge*) प्रेरित क०; 3. (*bring into a state*) बना देना; 4. (*chase*) पीछा क०, भगाना; 5. (*a vehicle*) चलाना; 6. (*force*) बाध्य क० 7. (*throw*) फेंकना, मारना; 8. (*a nail*) ठोंक देना; 9. (*set going*) संचालित क०; 10. ~a bargain, सौदा क०; 11. ~ a tunnel, सुरंग* बनाना; 12. (*dash*) झपटना, दौड़ पड़ना; 13. गाड़ी* में जाना, चलना, सफ़र क० या ले जाना; —*n.*, 1. संचालन, चालन; 2. (*trip*) सैर*; 3. (*campaign*) आन्दोलन, प्रचार; 4. (*energy*) ऊर्जस्विता*, कर्मशक्ति*; 5. (*impulse*) प्रेरणा*, नोदन; 6. (*basic impulse*) सहज या प्रबल प्रेरणा* या प्रवृत्ति*; 7. (*road*) (प्रवेश) मार्ग; 8. (*blow*) धक्का; two (*four*) wheel~, दुपहिया (चौपहिया) चालन। > ड्राइव़

drivel, *n.*, 1. (*saliva*) लार*; 2. बकबक*; —*v.*, लार* टपकाना; टपकना; बकवाद* क०। > ड्रिवॅल

driver, चालक। > ड्राइव़्-अॅ

driving, चालन; **~-force,** प्रेरक बल; **~-mirror,** चालन-शीशा; **~-gear,** चालन योक्त्र; **~-shaft,** चालन-दण्ड; **~-wheel,** चालक चक्र का पहिया। > ड्राइव़्-इन्ग

drizzle, फुहार*, झींसी*। > ड्रिज़ॅल

drogue, समुद्री लंगर। > ड्रोग

droit, अधिकार। > ड्रॉइट = ड्रवा

droll, *adj.*, 1. (*comical*) हास्यकर, विनोदक; 2. (*odd*) विचित्र, अनोखा, अनूठा; —*n.*, विदूषक, मसखरा, दिल्लगीबाज़; —*v.*, परिहास क०, दिल्लगी* क०; **~ery,** मसख़रापन, दिल्लगी*। > ड्रोल; ड्रोलॅरि

dromedary, साँड़नी*, एकककुद्। > ड्रॅमॅडॅरि = ड्रॉमॅडॅरि

drone, *n.*, 1. पुंमधुप, नरमधुमक्खी; 2. (*idler*) आलसी या आरामतलब आदमी; 3. (*buzzing*) भिनभिनाहट*; —*v.*, भिनभिनाना; आलस्य में जीवन बिताना, आवारगी* क०। > ड्रोन

drool, *see* DRIVEL। > ड्रूल

droop, 1. लटकना, झुकना; 2. झुकाना, लटकाना; 3. (*languish*) कुम्हलाना, दुर्बल, शिथिल या निर्जीव हो जाना; 4. हतोत्साह, निराश या उदास हो जाना; —*n.*, लटकन; **~y,** निर्जीव, हतोत्साह। > ड्रूप; ड्रूप्-इ

drop, *n.*, 1. बूँद*, बिन्दु; 2. (*falling*) पात, पतन, गिरावट*; 3. (*decrease*) ह्रास, कमी*; —*v.*, 1. (*fall*) गिरना या गिराना; 2. (*drip*) टपकना या टपकाना; 3. (*end*) समाप्त क० या हो जाना, बन्द क० या हो जाना; 4. (*omit*) छोड़ देना या छूट जाना; 5. मन्द या कम हो जाना, थम जाना; मन्द कर देना; 6. (*allow to get out*) उतारना, उतार देना; 7. ~behind, पिछड़ना; 8. (*lower*) झुकाना, नीचा क०; 9. कह डालना, व्यक्त क०; 10. खो देना; 11. भेज देना; **~in,** मिलने आना; **~out,** अलग हो जाना; छँट जाना (*in a competition*) **~-curtain,** परदा, यवनिका*; **~-hammer,** पातघन; **~let,** बिन्दुक; **~per,** बिन्दुपाती; **~-scene,** पटाक्षेप; अन्तिम दृश्य। > ड्रॉप; ड्रॉप्-अॅ

dropping, 1.पतन या पातन; 2. (*that which drops*) टपका; 3. (*pl.*) बीट* (*of birds*); गोबर (*cowdung*); लीद* (*of horse etc.*); **~-bottle,** बिन्दुस्यन्दक या बिन्दुपाती बोतल*। > ड्रॉप्-इन्ग

dropsy, 1. जलोदर, जलशोफ, जलन्धर; 2. (*horse-disease*) तबक। > ड्रॉप्-सि

dross, 1. लोहमल, धातुमल; 2. (*refuse*) कूड़ा-करकट, मैल*। > ड्रॉस

drought, 1. सूखा, अनावृष्टि*, जलाभाव; 2. (*dryness*) शुष्कता*; **~y,** सूखा, शुष्क। > ड्राउट; ड्राउट्-इ

drove, 1. झुण्ड; 2. भीड़*; 3. (*chisel*) छेनी*; **~r,** चरवाहा; पशु-व्यापारी। > ड्रोव़; ड्रोव़्-अॅ

drown, 1. डूब मरना; 2. डुबाकर मारना; 3. (*flood*) जलमग्न कर देना; 4. (*drench*) सराबोर कर देना; 5. (*overwhelm*) दबा देना, अभिभूत कर देना; **~ed,** निमज्जित, जलमग्न। > ड्राउन; ड्राउन्ड

drowse, *v.*, ऊँघना, झपकी* लेना; उनींदा कर देना; —*n.*, ऊँघाई*। **drowsiness,** उनींदापन, निद्रालुता*। **drowsy,** 1. उनींदा, निद्रालु; 2. (*soporific*) निद्राजनक; 3. (*lethargic*) निष्क्रिय। > ड्राउज़; ड्राउज़िनिस; ड्राउज़ि

drub, 1. लाठी* से मारना; 2. हरा देना; 3. (*stamp*) पाँव मारना; **~bing,** मार*, पिटाई*; हार*। > ड्रॅब; ड्रॅब्-इन्ग

drudge, *n.*, 1. कोल्हू का बैल; 2. (*servant*) टहलुआ; —*v.*, नीरस या नीच काम में लगा रहना; **~ry,** नीरस या नीच काम; टहल*, चाकरी*; कड़ी मज़दूरी*। > ड्रॅज; ड्रॅजॅरि

drug, *n.*, 1. औषध*, दवा*, भेषज; 2. (*narcotic*) स्वापक, संवेदनमन्दक, उपविष; —*v.*, 1. दवा* खिलाना या पिलाना; दवा* मिलाना; 2. स्वापक (बेहोशी* की) दवा* देना; **~gist,** दवा* बेचनेवाला, अत्तार, औषध-विक्रेता, भैषजिक; **~-store,** औषधालय। > ड्रग; ड्रग्-इस्ट

drugget, दरी*। > ड्रग्-इट

drum, *n.*, 1. ढोल, मृदंग; 2. (*cask*) पीपा; 3. (*cylinder*) बेलन; 4. (*of ear*) कर्णपटह, कान का परदा; 5. (*drummer*) ढोलिया, ढोलकिया; —*v.*, 1. ढोल बजाना; 2. (*tap*) ठकठकाना; 3. (*of birds*) फड़फड़ाना; 4. ढोल पीटकर एकत्र क०; 5. ~into, दोहरा-दोहराकर दिमाग में ठूँसना; **~head,** ढोल का चमड़ा; कर्णपटह; **~mer,** ढोलकिया; **~stick,** चोब*, ढोल (बजाने) की लकड़ी*; **~stick tree,** सहिजन, शोभांजन। > ड्रम; ड्रम्-अॅ

drunk, मतवाला, मदोन्मत्त, मस्त; **~ard,** मद्यप, शराबी, नशेबाज़; **~en,** मतवाला; पियक्कड़, मद्यप; **~enness,** 1. मतवालापन, मस्ती*, नशा; 2. (*fig.*) मस्ती*; 3. (*habit*) मद्यासक्ति*, मद्यपता*। > ड्रंक; ड्रंकॅड; ड्रंकॅन

drupe, अष्ठिफल, गुठलीदार फल; **~let,** अष्ठिलक, अष्ठिफलिका*। > ड्रूप; ड्रूप्-लिट

druse, क्रिस्टल गुहिका*। > ड्रूज़

dry, *v.*, सूखना, सुखाना; *adj.*, 1. सूखा; शुष्क (*also battery*); 2. (*emotionless*) शुष्क; 3. (*insipid*) नीरस; 4. (*teetotal*) मद्यवर्जित; **~asdust,** अत्यन्त नीरस; **~-cleaning,** निर्जल धुलाई*; **~-dock,** सूखी या निर्जल गोदी*; **~ing,** *adj.*, शोषक; जल्दी सूखनेवाला; —*n.*, शुष्कन; शोषण; **~ness,** शुष्कता*, सूखापन; नीरसता*; **~-rot,** (शुष्क) गलन; विकार, विघटन, क्षय। > ड्राइ; ड्राइअॅज़्डस्ट

dryad, वनदेवी*। > ड्राइअॅड

duad, युग्म। > ड्यूऐड

dual, *n.*, द्विवचन; *adj.*, 1. (*of two*) द्वैत, द्वैती, द्व्यात्मक; 2. दोहरा, द्विविध, द्विधा; 3. (*double in amount*) दुगुना, द्विगुण; **~ism,** 1. (*duality*) द्वैत, द्वित्व, द्व्यात्मकता*, द्विविधता*; 2. (*theory*) द्वैतवाद; **~ist,** द्वैतवादी; **~istic,** द्वैतवादी; द्वैत, द्विविध; **~-purpose,** दुकाजी। > ड्यूअॅल; ड्यूअॅ/लिज़्म, ~लिस्ट ड्यूऐल-इटि; ड्यूअॅ-लिस्-टिक

dub, *n.*, 1. (*drumbeat*) थाप*; 2. (*blow*) धक्का; —*v.*, 1. उपाधि* प्रदान क०; नाम रखना; 2. ढोल पीटना या बजाना; 3. धक्का देना; मारना, प्रहार क०; 4. (*wood*) छीलना; 5. (*angling*) कृत्रिम मक्खी* लगाना; 6. (*leather*) चरबी* लगाना; 7. (*trim*) छाँटना; 8. (*film etc.*) डब क०। > डब

dubiety, सन्दिग्धता*। **dubious,** 1. सन्दिग्ध; 2. (*uncertain*) अनिश्चित; 3. (*vague*) अस्पष्ट; 4. (*ambiguous*) द्व्यर्थक; 5. (*hesitating*) सन्देही, अनिश्चित; 6. (*shady*) अविश्वसनीय। **dubitable,** सन्देहास्पद, सन्दिग्ध। **dubitation,** सन्देह। **dubitative,** सन्देहशील, सन्देही; सन्देहात्मक। > ड्यूबाइअॅटि; ड्यूब्यॅस; ड्यूब्-इटॅबॅल; ड्यूबिटेशॅन; ड्यूब्-इटेटिव

ducat, अशरफ़ी*। > डॅकॅट

duck, *n.*, 1. बत्तक*, बत्तख*; तिदारी* (*shoveller*) बुड़ार*, डूबा (*pochard*); लालसर (*red-breasted pochard*); चैती* (*teal*); शाह-चकवा (*sheldrake*); सुरख़ाब (*ruddy sheldrake*); सीखपर (*pintail*); नीलसर (*mallard*); नकटा (*comb*); 2. (*cricket*) शून्य; 3. मोटा सूती कपड़ा; 4. (*dip*) डुबकी*; —*v.*, डुबकी* लगाना; डुबाना; अचानक झुक जाना या सिर झुकाना; **~er,** ग़ोताख़ोर; **~weed,** कसपत। > डक; डक्-अॅ

duct, वाहिनी*, नलिका*; **~ile,** 1. (*flexible*) तन्य, प्रत्यस्थ; 2. (*tractable*) वश्य; **~ility,** तन्यता*; **~less,** वाहिनीहीन। > डॅक्ट; डॅक्टाइल; डॅक्-टिल्-इटि; डॅक्ट्-लिस

dud, *n.*, 1. निकम्मा आदमी; 2. (*futile plan*) असफल योजना*; 3. (*coin*) खोटा सिक्का; 4. (*shell*) अनफटा गोला; 5. (*scarecrow*) बिजूरा, धूहा; 6. (*pl.*) कपड़े-लत्ते; —*adj.*, 1. (*counterfeit*) खोटा, जाली; 2. (*futile*) निरर्थक, निष्फल, बेकार। > डॅड

dude, छैला। > ड्यूड

dudgeon, 1. क्रोध (का आवेश); 2. (*resentment*) मनोमालिन्य, नाराज़गी*। > डॅजॅन

due, *n.*, 1. (*to be given*) देय, दातव्य; 2. (*to get*) प्राप्य, पावना; 3. (*pl.*) शुल्क, चुंगी*; —*adv.*, बिल्कुल, ठीक; —*adj.*, 1. देय, दातव्य; 2. (*fit*) उचित, मुनासिब, यथोचित; 3. (*adequate*) पर्याप्त, काफ़ी; 4. ~to, के कारण, के परिणामस्वरूप, के फलस्वरूप; 5. ~ at..., ...आनेवाला; 6. (*expected*) अपेक्षित; in~course, यथासमय; **~-date,** नियत दिवस या तिथि*, आने की तिथि*; देय दिनांक, भुगतान-तिथि*। > ड्यू

duel, *n.*, (*v.*), द्वन्द्व, द्वन्द्व-युद्ध (क०); **~(l) ist,** द्वन्द्व-योद्धा। > ड्यूअॅल; ड्यूअॅलिस्ट

duenna, संरक्षिका*। > ड्यू-ए'न्-अॅ

duet, दुगाना, युगलगान, युगलवादन; युगल, युग्म। > ड्यूए'ट

duffer, धोखेबाज़; 2. (*faker*) नक़लची; 3. (*pedlar*) फेरीवाला; 4. (*faked...*) नक़ली··· 5. (*useless....*) निकम्मा (आदमी, चीज़*)। > डॅफ़्-अॅ

dug, थन। > डॅग

dugong, समुद्री गाय*। > डूगॉन्ग

dug-out, 1. (*canoe*) डोंगी*, डोंगा; 2. खाई*; भूगर्भ कोठरी*। > डॅग्-आउट

dulcet, श्रुतिमधुर, मनोहर। > डॅल्-सिट

dulcify, 1. मीठा क०; 2. (*appease*) शान्त क०, प्रसन्न कर लेना। > डॅल्-सि-फ़ाइ

dull, *adj*., 1. मन्द, मन्दा; 2. (*stupid*) मन्दबुद्धि, मतिमन्द; 3. (*depressed*) निरुत्साह, उदास; 4. (*tedious*) अरुचिकर, उबाऊ, नीरस, उबानेवाला; 5. (*not brisk*) धीमा, मन्दा, सुस्त, ढीला; 6. (*sluggish*) अनुद्योगी, तन्द्रालु, स्फुर्तिहीन; 7. (*blunt*) कुण्ठित, भोथरा; 8. (*dim*) निष्प्रभ, द्युतिहीन, मलिन, धुँधला, फीका; 9. (*cloudy*) मेघाच्छादित, धुँधला; 10. (*unfeeling*) शुष्क, संवेदनाशून्य; —*v*., मन्द, मतिमन्द, नीरस, कुण्ठित या धुँधला क० या हो जाना; **~ard,** मन्दबुद्धि, जड़मति; नीरस; **~ness,** मन्दी*, मन्दता*; मतिमन्दता*; उदासी*; नीरसता*; भुथरापन; फीकापन; धुँधलापन; शुष्कता*। > डॅल; डॅलड; डॅल्-निस

duly, यथावत्, विधिवत्, बाक़ायदा, यथाविधि; यथोचित; यथासमय। > ड्यूल्-इ

dumb, 1. गूँगा, मूक; 2. (*speechless*) अवाक्, स्तम्भित, विस्मित; 3. (*silent*) मौन; **~-bell,** डम्बेल; **~found,** अवाक्, हक्का-बक्का या भौचक कर देना; **~ness,** गूँगापन; विस्मय; मौन; **~-show,** मूकाभिनय। > डॅम; डॅम्बे'ल; डॅम्फ़ाउन्ड; डॅम्-निस; डॅम्शो

dummy, *adj*., 1. नक़ली, दिखावटी; 2. (*silent*) मौन, मूक; —*n*., 1. डम्मी; 2. (*fig., a tool*) कठपुतली*; 3. (*dolt*) मूर्ख, काठ का उल्लू; 4. (*printing*) नमूने का अंक। > डॅम्-इ

dump, 1. (*heap*) ढेर; कूड़े का ढेर; 2. (*mil*.) अस्थायी गोदाम, खत्ता; 3. (*dumping ground*) क्षेपण भूमि*; 4. (*thud*) धमाका; 5. (*blow*) धक्का; 6. (*pl*.) उदासी*, निराशा*; —*v*., फेंक देना, धम्म से गिरा देना, पटक देना; उतारना; 2. (*comm*.) पाटना, ढेर लगाना; **~ish,** उदास; **~y,** 1. (*sad*) उदास; 2. (*size*) गोलमटोल। > डॅम्प; डॅम्-पिश; डॅम्-पि

dumpling, मालपूआ। > डॅम्प्-लिन्ग

dun, *adj*., 1. (*greyish*) धूसर; 2. धुँधला; 3. (*of horses*) सिरगा; समंद (*with dark mane and tail*).... —*v*., 1. (*importune*) तगादा करता रहना; 2. (*pester*) तंग क०। > डॅन

dunce, मन्दमति; जड़मति, मूर्ख। > डॅन्स

dunderhead(ed), मूर्ख। > डॅन्-डॅ-हे'ड

dune, बालू की टीला, टीबा, टिब्बा। > ड्यून

dung, 1. खाद*; 2. पशु-विष्ठा*; लीद* (*of horses etc*.); गोबर (*of cows*); **~-beetle,** गुबरैला; **~-cake,** उपला, कण्डा; **~-hill,** घूर, घूरा। > डॅन्ग

dungaree, मोटा सूती कपड़ा; **~s,** डंगरी। > डॅन्गॅरी

dungeon, कालकोठरी*, भूगर्भित कारागार; तहखाना। > डॅन्जॅन

dunnage, निभार। > डॅन्-इज

duodecimal, द्वादश। **duodecimo,** बारह-पेजी। > ड्यूॲडे'सि/मॅल, ~मो

duodenal, ग्रहणी-। **duodenum,** ग्रहणी*, लघ्वान्त्राग्र। > ड्यूॲडीन्/ॲल, ~ॲम

duologue, वार्तालाप; द्विपात्रीय नाटक। > ड्युॲलॉग

dupe, *n*., प्रवंचित; भोला, भोला-भाला; —*v*., उल्लू बनाना, धोखा देना; **~ry,** धोखेबाज़ी*, छल-कपट। > ड्यूप; ड्यूपॅरि

duplex, 1. दोहरा, द्वैध; 2. (*telegr*.) दुतरफ़ा, द्विदिश, द्विमुखी। > ड्यूप्ले'क्स

duplicate, *adj*., 1. (*twofold*) दोहरा, द्वैध; 2. (*doubled*) दुगुना, द्विगुण; 3. (*corresponding exactly*) द्विक, समगुण, दूसरा; 4. (*extra*) अतिरिक्त; —*n*., 1. द्वितीयक; 2. (*copy*) अनुलिपि*; —*v*., दुगुना कर देना; दोहराना; अनुलिपि* बनाना; **~d,** द्विगुणीकृत।

duplication, 1. द्विगुणन, द्विगुणीकरण; 2. (*repetition*) द्विरावृत्ति*, आवृत्ति*; 3. अनुलिपिकरण; 4. अनुलिपि*, द्वितक। **duplicator,** अनुलिपित्र। > ड्यूप्-लिकिट (*adj., n*.); ड्यूप्-लिकेट (*v*.); ड्यूप्लिकेशॅन, ड्यूप्-लि-के-टॅ

duplicity, छल-कपट, कपटाचार, धोखेबाज़ी*; द्वैधता*। > ड्यूप्लिसिटि

durability, स्थायित्व, चिरस्थायित्व; टिकाऊपन। **durable,** स्थायी; टिकाऊ। > ड्युॲरॅबिल्-इटि; ड्युॲरॅबॅल

dura mater, दृढ़तानिका*। > ड्युॲर्-ॲ-मेट्-ॲ

duramen, कठोर दारु। > ड्युरेम्-ए'न

durance, कारावास। > ड्युॲरॅन्स

duration, अवधि*, कालावधि*, मियाद*; स्थितिकाल; ~of office, कार्यकाल। > ड्यूरेशॅन

durbar, दरबार। > डॅ:बा

duress, दबाव, बलप्रयोग, बाध्यता*, विबाध्यता*; कैद*, अवरोध, कारावास। > ड्युॲरे'स

during, के समय, में; पर्यन्त, की अवधि* तक; के दौरान। > ड्युॲर्-इन्ग

dusk, 1. (*of evening*) झुटपुटा; 2. (*gloom*) विषाद, अँधेरा; **~y,** 1. (*colour*) श्यामल, काला (*of persons*); मटमैला, धूसर (*of things*); 2. (*dim*) धुंधला; 3. (*gloomy*) निरानन्द, विषादमय। > डॅस्क; डॅस्क्-इ

dust, 1. धूल*, गर्द*, धूलि*; 2. (*powder*) बुकनी*, चूर्ण; 3. (*ashes*) राख*; 4. दीनहीनता*; 5. (*confusion*) गड़बड़ी*; 6. (*earth*) मिट्टी*; 7. (*rubbish*) कूड़ा-करकट; 8. (*pollen*) पराग; —*v*., 1. धूल* झाड़ना; 2. (*powder*) बुरकना, भुरभुराना; 3. (*make dusty*) धूसरित क०; bite the~, धाराशायी हो जाना; हार* खाना; **~-bin,** कचरा-पेटी*, कूड़ा-कोठ; **~-cart,** कूड़ा-गाड़ी*; **~-cover,** जैकेट,

आवरण; **~-devil,** बगूला; **~er,** 1. झाड़न*; 2. (*instr.*) धूलित्र; **~proof,** धूलरोधी; **~-shield,** धूलरोक*; **~y,** धूल-धूसरित, धूलभरा; 2. (*powdery*) चूर्णमय, चूर्णवत्; 3. (*colour*) धूसर; **~-storm,** अन्धड़, आँधी*, झक्कड़। > डॅस्ट; डॅस्-टि

duteous, dutiful, कर्त्तव्यनिष्ठ, कर्त्तव्य-परायण, आज्ञाकारी। > ड्यूटयस; ड्यूट्-इफ़ुल

dutiable, शुल्कयोग्य, शुल्कार्ह। > ड्यूट्यॅबॅल

duty, 1. कर्त्तव्य, फ़र्ज; 2. (*homage*) श्रद्धा*, सम्मान; 3. कार्य, काम; on ~, काम पर; 4. (*dues*) शुल्क, कर, महसूल; 5. (*of engine*) कृति*; **~-free,** निःशुल्क। > ड्यूट्-इ

dwarf, *n.*, बौना, वामन; *v.*, का विकास रोकना, के विकास में बाधा* डालना, बौना कर देना; बौना बन जाना; से श्रेष्ठ या बहुत ऊँचा होना; **~ing,** खर्वीकरण, खर्वीभवन; **~ish,** ठिगना, नाटा; **~ism,** बौनापन। > ड्वॉ:फ; ड्वॉ:फ्/इन्ग; ~इश; ~इज़्म

dwell, निवास क०, रहना, बसना; **~on,** पर विचार क०, विस्तारपूर्वक निरूपण क०, पर देर तक बोलना; **~er,** निवासी; **~ing,** निवास, घर; — place, निवासस्थान। > ड्वे'ल; ड्वे'ल्/ॲं; ~इन्ग

dwindle, कम या क्षीण हो जाना, घटना; छीजना, घुलना; कम क०, घटाना। **dwindling,** क्षीयमान। > ड्विन्-डॅल

dyad, 1. युग्म, द्विक; 2. (*chem.*) द्विसंयोजक; **~ic,** द्विकीय। > डाइॲड; डाइऐड्-इक

dyarchy; द्वितन्त्र, द्विशासन। > डाइआंकि

dye, *n.*, 1. रंग, वर्ण; 2. (*~-stuff*) रंजक, रंग-सामग्री*; —*v.*, रँगना, रंजित क०; रंग जाना; **~ing,** रँगाई*, रंजन; **~r,** रंजक, रँगरेज़। > डाइ; डाइइन्ग; डाइ-ॲं

dying, *n.*, मरण; *adj.*, मृत्युकालीन; म्रियमाण, मरणासन्न; **~-bed,** मृत्यु-शय्या*। > डाइइन्ग

dyke, 1. बाँध; 2. (*canal*) नहर*। > डाइक

dynamic(al), 1. (*active*) गतिशील, सक्रिय; 2. गतिक, गत्यात्मक, चल, गतिज; 3. (*changing*) परिवर्तनात्मक। **dynamics,** गतिविज्ञान, गतिकी*। **dynamism,** गतिवाद, ऊर्जावाद; गतिकता*। > डाइनैम्/इक; इक्स; डाइनॅमिज़्म

dynamite, डाइनेमाइट, प्रध्वंसक। > डाइनॅमाइट

dynamo, डायनामो; **~meter,** शक्तिमापी। > डाइनॅमो; डाइनॅमॉम्-इटॅ

dynast, शासक; **~ic,** राजवंशीय; **~y,** राजवंश, वंश। > डिनॅस्ट; डि-नैस्-टिक; डिनॅस्टि

dyne, डाइन।

dysen/teric, पेचिश* का; **~tery,** पेचिश*, आमातिसार, रक्तातिसार। > डिसॅन्टे'रिक; डिसॅन्-ट्रि

dysfunction, दुष्क्रिया*। > डिस्-फ़ॅन्क्-शॅन

dysgenic, वंशापकर्षी, वंशापकरक। > डिस्जे'न्-इक

dyslogistic, निन्दात्मक। > डिस्-लॅ-जिस्-टिक

dysmenorrhoea, कष्टार्तव। > डिसमे'नॅरीॲं

dyspepsia, अपच, अजीर्ण, बदहज़मी*, मन्दाग्नि*, अग्निमान्द्य। **dyspeptic,** मन्दाग्नि-ग्रस्त। > डिस्-पे'प्-सि-ॲं; डिस्-पे'प्-टिक

dyspnoea, dyspnea, कष्टश्वास, कृच्छ्र-श्वसन। > डिस्-प्नी-ॲं

dysuria, dysury, मूत्रकृच्छ्र। > डिस्युॲर्-इअ; डिस्युरि

Ee

each, प्रत्येक, हरएक, हर, एक-एक; **~other,** एक-दूसरे को, आपस में, परस्पर। > ईच

eager, उत्सुक, इच्छुक, व्यग्र, उत्कण्ठित; **~ly,** उत्सुकतापूर्वक; **~ness,** उत्सुकता*, उत्कण्ठा*, चाव। > ईग्-ॲं

eagle, 1. (*golden*) गरुड़; 2. (*tawny*) उकाब; **~-eyed,** तीक्ष्णदृष्टि, तीव्रदृष्टि; सुदूरदर्शी; **~-wood,** अगर, अगरु, ऊद। > ईगॅल

eagre, बान, ज्वार* की ऊँची लहर*। > एग्-ॲं = ईग्-ॲं

ear, 1. कान, कर्ण, श्रवण; 2. श्रवणशक्ति*; 3. (*music*) स्वर की पहचान* या परख*; 4. (*attention*) ध्यान; 5. (*of corn*) बाल*, बाली*, भुट्टा; be all ~s, ध्यान लगाकर सुनना; give ~, सुनना, ध्यान देना; turn a deaf ~, अनसुनी* क०, कान में रुई* डालकर बैठना; **~-cockle,** ममनी*, गेगला; **~drop, ~-ring,** कर्णफूल; **~-drum,** कर्णपटह, कर्णमृदंग, कान का परदा; **~lap, ~lobe,** ललरी*, लोलकी*, कर्णपालि*, कर्णशुष्कली*; hole in —, खटला; **~mark,** *n.*, छाप*, निशान; —*v.*, 1. (*cattle*) कान पर निशान लगाना; 2. (*assign*) उद्दिष्ट क०, के लिए अलग क०; **~-phone,** आकर्णक; **~shot,** श्रवणसीमा*; **~-splitting,** कर्णविदारक; **~-trumpet,** कर्णतूर्य; **~-wax,** कान की मैल*, कर्णमल; **~wig,** छेउकी*; **~-witness,** कर्णसाक्षी। > इॲं

early, *adj.*, 1. (*of beginning*) प्रारम्भिक, आद्य, प्रारम्भ

का; 2. (*of morning*) प्रात: कालीन; 3. (*ancient*) प्राचीन; 4. (*previous*) पूर्व; 5. (*timely*) यथासमय; 6. (*not remote*) निकट; 7. (*of fruit*) अगता; ~ death, अकालमृत्यु*; —*adv.*, प्रारम्भ में; सवेरे; प्राचीन काल में; समय पर; जल्दी, शीघ्र। > ऑ:ल्-इ

earn, कमाना, उपार्जन क०; प्राप्त क०; के योग्य होना; **~ed,** उपार्जित, अर्जित; **~er,** अर्जक, उपार्जक, **~ing,** कमाई*, उपार्जन, अर्जन।
> ऑ:न; ऑ:न्ड; ऑ:न्/अॅ, ~इना

earnest, *adj.*, 1. गम्भीर, उत्साही, जोशीला; 2. (*important*) गम्भीर, महत्त्वपूर्ण; —*n.*, 1. गाम्भीर्य; 2. (*money*) बयाना, पेशगी*, सत्यंकार, साई*; in~, *adj.*, गम्भीर; —*adv.*, (*earnestly*) गम्भीरतापूर्वक, मन लगाकर, उत्सुकता* से, चाव से। > ऑ:न्-इस्ट

earth, *v.*, 1. मिट्टी* लगाना; 2. (*electr.*) भूयोजन क०; 3. बिल में छिप जाना या भगा देना; —*n.*, 1. पृथ्वी*, भू*, धरती*; 2. (*this~*) इहलोक, संसार; 3. (*not sea*) स्थल; 4. (*soil*) मिट्टी*, मृत्तिका*; 5. (*electr.*) भूसंपर्क, भूयोजन; 6. (*lair*) बिल; **~-born,** पार्थिव, भूमिज; मर्त्य; **~ed,** भूयोजित; **~en,** मिट्टी* का, मृण्मय; पार्थिव; **~enware,** मिट्टी* के बरतन, मृद्भांड, मृत्तिका-पात्र; **~ly,** सांसारिक, पार्थिव, ऐहिक; **~quake** भूकम्प, भूडोल, भूचाल; **—proof,** भूकम्पसह; **~-shine,** धरा-दीप्ति*; **~tremor,** भूस्पन्द; **~work,** धुस्स; **~-worm,** केंचुआ; **~y,** 1. मृण्मय; मटियाला; 2. (*of this world*) सांसारिक; 3. (*natural*) सहज, स्वाभाविक; 4. (*coarse*) गँवारू; अश्लील। > ऑ:थ; ऑ:थॅन, ऑ:थॅनवे'अॅ; ऑ:थ्-लि; ऑ:थ्क्वेक; ऑ:थ्-ट्रे'-मॅ; ऑ:थ्-इ

ease, *n.*, 1. आराम, चैन, सुख; 2. (*facility*) सुगमता*, आसानी*; 3. (*naturalness*) सहजता*, सहजभाव; 4. (*leisure*) सुविधा*, फ़ुरसत*; 5. (*sloth*) आलस्य, सुस्ती*; 6. (*affluence*) सम्पन्नता*, समृद्धि*; —*v.*, 1. (चिन्ता*, भार, दुःख, दर्द) कम क०, हलका क०; 2. आसान कर देना; 3. (*slacken*) ढीला क०; 4. (*relieve*) मुक्त क०; 5. (*comfort*) सान्त्वना* देना; at~, सुखी, निश्चिन्त; stand at ~, आराम करो; **~ful,** 1. आरामदेह; 2. (*unoccupied*) खाली; 3. सुस्त, आरामतलब। > ईज़

easel, चित्राधार, चित्रफलक। > ईज़ॅल

easement, 1. (*law*) सुखभोग, भोगाधिकार; 2. (*alleviation*) सुविधा*; 3. (*of pain*) प्रशमन, आराम। > ईज़्मॅन्ट

easily, आसानी* से, सुगमता* से, सहज में।
> ईज़्-इलि

easiness, 1. आसानी*, सुगमता*, सरलता*; 2. (*carelessness*) लापरवाही*; 3. (*poise*) सहजता*, स्वाभाविकता*। > ईज़्-इनिस

east, *n.*, पूर्व, पूरब, प्राची*, पूर्व दिशा*; —*adj.*, *see* EASTERN; *adv.*, *see* EASTWARD; Far ~, सुदूर-पूर्व; Middle ~, मध्यपूर्व; Near ~, निकट-पूर्व; **~wind,** पुरवाई*; **~erly, ~ern,** पूर्वी, पूर्वीय, प्राच्य, प्राची, पूर्व; **~erner,** पूर्व का रहने वाला; **~ward(s),** पूर्व की ओर*, पूर्वाभिमुख।
> ईस्ट; ईस्-टॅ-लि; ईसटॅन; ईस्-टॅ-नॅ; ईस्ट्वॅड

Easter, ईस्टर, पुनरुत्थान-पर्व। **easter-tree,** कर्रा, कूरा। > ईस्-टॅ

easting, पूर्वान्तर; पूर्व दिशा*। > ईसटिन्ग

easy, 1. सुकर, आसान, सरल, सहज; 2. (*pleasant*) शान्त, सुखकर, सुखपूर्ण; सुखद, आरामदेह; 3. (*free from care*) निश्चिन्त; आराम का; 4. (*~-going*) आरामपसन्द, सुस्त, आरामतलब; 5. (*natural*) सहज, स्वाभाविक; 6. (*gentle*) सदय, कोमल; 7. (*compliant*) सुनम्य, वश्य, आज्ञाकारी; 8. (*well off*) समृद्ध; 9. (*comm.*) मन्द, मन्दा; **~-chair,** आरामकुर्सी*। > ईज़्-इ; ईज़्-इ-चे'अॅ

eat, खाना; नष्ट क०; ~ one's words, अपनी बात* वापस लेना; ~ up, खा जाना; **~able,** खाद्य; **~ing,** भक्षण; भोजन; **~-house,** भोजनालय।
> ईट; ईटॅबॅल; ईट्-इन्ग

eaves, ओलती*, ओरी*, ढाबा; **~drop,** कनसुई* लेना। > ईव्ज़; ईव्ज़्-ड्रॉप

ebb, *n.*, 1. भाटा, उतार, 2. (*decline*) अवनति*, ह्रास; —*v.*, हट जाना; घटना, क्षीण हो जाना। > ए'ब

ebonite, एबोनाइट, वल्कनाइट। > ए'बॅनाइट

ebony, *n.*, 1. (*tree*) तेंदू; 2. (*wood*) आबनूस; —*adj.*, आबनूसी। > ऐ'बॅनि

ebriety, मतवालापन, नशा। **ebrious,** मद्यप; मतवाला। > ईब्राइॲटि; ईब्-रिॲस

ebulli/ence, 1. उबाल, उफान; 2. (*exuberance*) उल्लास, उत्तेजना*; **~ent,** उबलता हुआ, खौलता हुआ; उत्तेजित, उल्लसित, प्रफुल्लित; **~oscope,** क्वथनांकमापी; **~tion,** 1. उबाल, क्वथन; 2. (*outbrust*) विस्फोट; 3. (*fig.*) आवेग, आवेश।
> इबॅल्/यॅन्स, ~यॅन्ट, ~यॅस्कोप; ए'बॅलिशॅन

ecbasis, विषयान्तरण। > ए'क्बॅसिस

eccentric, *adj.*, 1. उत्केन्द्र, उत्केन्द्री(य), उत्केन्द्रिक; 2. (*irregular*) अनियमित; 3. (*whimsical*) सनकी, तरंगी, मौजी, लहरी, झक्की, वहमी; —*n.*, उत्केन्द्रक; **~ity,** उत्केन्द्रता*; सनक*, झक*, खब्त।
> इक्-से'न्-ट्रिक; ए'क्सॅन्ट्रिसिटि

ecclesiastic, *n.*, पुरोहित, पादरी; *adj.*, **~al,** गिरजे का, गिरजे-सम्बन्धी, कली-सियाई।
> इक्लीज़िऐस्/टिक, ~टिकॅल

ecclesiology, गिरजा-निर्माण-विद्या; कलीसिया-तत्त्व-विवेचन। > इक्लीज़ऑलजि

ecdysis, 1. निर्मोचन; 2. (*slough*) केंचुली*।
> ए'क-डि-सिस

echelon, सोपानक। > ए'शॅलॉन
echinate, कण्टकी। **echinulate,** लघुकंटकी। > ए'क्-इनेट; ऐ'क्-इन्युलिट
echo, *n.*, 1. प्रतिध्वनि*, गूँज*, अनुनाद; 2. (*lit.*) श्रुत्यावृत्ति*, छाया*; —*v.*, गूँजना, प्रतिध्वनित होना या क०; दुहराना; ~verse, यमक पद्य; **~ic,** प्रतिध्वनिक; **~ism,** अनुरणन, प्रतिध्वनन, **~-word,** प्रतिध्वनिक शब्द। > ए'को; ए'कोइक; ए'कोइज़्म
eclat, अपूर्व सफलता*; जय-जयकार; प्रख्याति*। > एक्ला = ए'क्ला
eclectic, विभिन्नदर्शनग्राही; ग्रहणशील, उदार; **~ism,** विभिन्नदर्शनग्रहण। > इक्ले'क्/टिक, ~टिसिज़्म
eclipse, *n.*, 1. (चन्द्र-, सूर्य-) ग्रहण, उपराग; 2. (*dimness*) तेजहानि*, तेजभंग, तिरोभाव; —*v.*, ग्रस्त क०; श्रीहीन क०, निस्तेज कर देना; **~d,** ग्रहणग्रस्त; **~r,** ग्रहणकारी। > इक्लिप्स; इक्लिप्स्ट; इ-क्लिप्-सॅ
ecliptic, *n.*, कान्तिवृत्त; *adj.*, ग्रहण सम्बन्धी। > इ-क्लिप्-टिक
eclogue, गोपगीत। > ए'क्लॉग
ecology, पारिस्थितिकी*, परिस्थिति-विज्ञान। > ईकॉलॅजि
economic, आर्थिक, अर्थ-; अर्थशास्त्रीय; **~al,** 1. (*thrifty*) मितव्ययी, किफ़ायती, कमखर्च; 2. सस्ता; 3. आर्थिक; अर्थशास्त्रीय, 4. लाभकारी; **~s,** अर्थशास्त्र। > ईकॅनॉम्/इक, ~इकॅल, ~इक्स
economist, अर्थशास्त्री; मितव्ययी। > इकॉनॅमिस्ट
economize, मितव्यय, किफ़ायत* या कम खर्च क०; पूरा लाभ उठाना। > इकॉनॅमाइज़
economy, 1. अर्थव्यवस्था*, अर्थनीति*; 2. (*thrift*) मितव्यय, किफ़ायत*; 3. (*management*) व्यवस्था*, विधान; 4. (*biol.*) उपाचय-व्यवस्था*; ~of effort, प्रयत्नलाघव। > इकॉनॅमि
ecstasize, आनन्दमग्न कर देना या हो जाना। > ए'क्स्टॅसाइज़
ecstasy, 1. हर्षोन्माद, आनन्दातिरेक, प्रहर्ष, उल्लास; 2. (*trance*) भाव-समाधि*, समाधि*, हाल। > ए'क्स्टसि
ecstatic(al), 1. उल्लसित, प्रहृष्ट; 2. समाधिमग्न, भावविभोर; 3 (*caus.*) आह्लादक; 4. (*subject to ecstasy*) भाव-प्रवण। > ऐ'क्स्टैट्/इक, ~इकॅल
ecto-, बाह्य, बहि:; **~derm,** बहिर्जनस्तर; **~plasm,** 1. (*biol.*) बहि:प्रद्रव्य, बहिर्द्रव्य; 2. (*spir.*) ज्योतिर्मय निर्गम। > ए'क्टो, ~डॅ:म, ~प्लैज़्म
ecumenical, सार्वभौम; एकता-विषयक, एकता-वर्धक। > ईक्युमे'न्-इकॅल
eczema, पामा, छाजन*, एकज़िमा। > ए'क्-ज़िमॅ = ए'क्-सि-मॅ
edacious, पेटू। > इडेशॅस
eddy, *n.*, 1. भँवर, आवर्त, जलावर्त; 2. (*whirlwind*) बवण्डर, चक्रवात; —*v.*, चक्कर खाना या खिलाना। > ए'ड्-इ
Eden, garden of, अदनवाटिका*। > ईडॅन
edentate, अदन्त। > इडे'न्टेट
edge, *n.*, 1. (*of blade*) धार*; 2. (*border*) कोर*, किनारा; 3. (*sharpness*) तीक्ष्णता*; 4. (*crest*) चोटी*; —*v.*, 1. (*sharpen*) तेज़ क०; 2. किनारा लगाना; 3. तिरछे चलना; 4. सावधानी* से आ जाना या चला जाना; on~, चिड़चिड़ा; उद्विग्न; अधीर; **~away,** कतराना, खिसकना; **~wise,** तिरछे। > ए'ज
edgy, पैना, तीक्ष्ण, तेज़; व्यग्र, विकल, चिड़चिड़ा। > ए'ज्-इ
edible, खाद्य, भोज्य; **~s,** खाद्य पदार्थ। > ए'ड्-इ/बॅल, ~बॅल्ज़
edict, राजाज्ञा*, शासन, आदेशपत्र, फ़रमान। > ईड्-इक्ट
edification, सदुदाहरण, सुशिक्षा*; आत्मिक उन्नति*, नैतिक उन्नति*। > ए'डिफ़िकेशॅन
edifice, भवन, इमारत*, प्रासाद। > ए'ड्-इफ़िस
edify, सदुदाहरण देना, ऊँचा उठाना, उन्नत क०; **~ing,** शिक्षाप्रद। > ए'ड्-इ/फ़ाइ, ~फ़ाइइन्ग
edit, सम्पादित क०, सम्पादन क०; बदल देना; **~ing,** सम्पादन; **~ion,** संस्करण; **~or,** सम्पादक; **~orial,** *adj.*, सम्पादकीय; —*n.*, सम्पादकीय, अग्रलेख; **~orship,** सम्पादकत्व; **~ress,** सम्पादिका*। > ए'ड्-इट; ए'ड्-इटिन्ग; इडिशॅन; ऐड्-इ-टॅ ए'डिटॉ:र्-इ अॅल; ए'ड्-इट्रिस
educable, शिक्षणीय, शिक्ष्य। > ए'ड्यूकॅबॅल
educate, शिक्षा* देना, शिक्षित क०; पढ़ाना-लिखाना; विकसित क०; **~d,** शिक्षित; शिष्ट, सभ्य। > ए'ड्यूकेट
education, शिक्षा*, तालीम*; विकास; **~al,** शिक्षा-सम्बन्धी, शैक्षिक, शिक्षा-; **~(al)ist,** शिक्षाविशारद, शिक्षाशास्त्री, शैक्षिक। > एडयूके/शॅन, ~शॅनॅल
educative, शिक्षाप्रद। > ए'ड्यूकॅटिव़
educator, शिक्षक। > ए'ड्-यू-के-टॅ
educe, उत्पन्न क०, विकसित क०; निकाल लेना; अलग क०; निष्कर्ष निकालना। > इड्यूस
educt, 1. (*chem.*) उत्कर्षित द्रव्य; 2. (*inference*) निष्कर्ष; **~ion,** उत्कर्षण; अनुमिति*, अनुमान। > ईडॅक्ट; इडॅक्शॅन
edulcorate, 1. शुद्ध क०, नर्म क०; 2. (*chem.*) निरम्ल क०, विशुद्ध क०। > इडॅल्कॅरेट
eel, सर्पमीन, ईल, बाम। > ईल
eerie, eery, (अन्धविश्वास के कारण) भीरु, उद्विग्न, व्यग्र (व्यक्ति); अलौकिक, भयानक। > इअॅर्-इ
efface, मिटा देना; भुला देना; ~oneself, छिप जाना; अपने को तुच्छ समझना; **~ment,** विलोपन। > इफ़ेस, ~मॅन्ट

effect, *n.*, 1. (*opp. to cause*) कार्य; 2. (*result*) परिणाम, नतीजा, फल; 3. (*influence*) प्रभाव, असर, तासीर*; 4. (*pl.*) माल-मता, चल-सम्पत्ति*; सामान; 5. (*purport*) अर्थ, प्रतीति*, आभास, संकेत; —*v.*, उत्पन्न क०; सम्पन्न क०, पूरा क०; in~, असल में, वस्तुत:; give ~to, लागू क०, कार्यान्वित क०; take ~, कार्यरूप में परिणत होना, लागू होना; principle of double~, द्विफलत्व-सिद्धान्त। > इफ़े 'क्ट

effective, 1. प्रभावी, प्रभावकारी, प्रभावक, कारगर; 2. (*efficient*) कार्यसाधक, कार्यकारी, सफल, सार्थक, फलकारी; 3. (*mil.*) सज्जित, युद्धक्षम; 4. (*actual*) वास्तविक; 5. (*impressive*) प्रभावशाली, समर्थ। > इ-फ़े 'क्-टिव़

effectual, 1. सफल, फलप्रद, अचूक, अमोघ, प्रभावोत्पादक; 2. (*valid*) मान्य। > इफ़े 'क्ट्यूॲल

effectu/ate, कार्यान्वित क०, सम्पन्न क०; **~ation,** कार्यान्वयन, सम्पादन। > इफ़े 'क्ट्यूएट; इफ़े 'क्ट्यूएशॅन

effeminate, *adj.*, 1. स्त्रैण, ज़नाना; 2. दुर्बल, पौरुषहीन, ह्रासोन्मुख; —*n.*, मेहरा। > इफ़े 'म्-इनिट

efferent, अपवाही। > एॅ 'फ़ॅरॅन्ट

effervesce, बुदबुदाना; **~nce,** बुदबुदाहट*, बुदबुदन। > एॅ 'फ़ॅवे 'स; एॅ 'फ़ॅवे 'सॅन्ट

effete, अशक्त, जीर्ण, क्षीण। > एॅ 'फ़ीट

efficacious, प्रभावोत्पादक, अमोघ। **efficacy,** क्षमता*, प्रभावोत्पादकता*। > एॅ 'फ़िके 'शॅस; एॅ 'फ़्-इकॅसि

efficiency, (कार्य) क्षमता*, (कार्य) कुशलता*, प्रगुणता*; कौशल, सामर्थ्य, दक्षता*, निपुणता*, साधकता*। > इ-फ़ि-शॅन्-सि

efficient, सफल, फलोत्पादक; कार्यक्षम, कार्यकुशल, दक्ष, प्रगुण, कर्मकुशल; ~cause, कर्ता। > इफ़िशॅन्ट

effigy, पुतला, प्रतिमा*, मूर्ति*; चित्र। > एॅ 'फ़्-इजि

effloresce, 1. खिलना, प्रस्फुटित होना, उत्फुल्ल होना; 2. (*chem.*) प्रस्फुटित होना; 3. प्रकट या विकसित हो जाना; 4. (*become covered with saline particles*) शोरा या लोनी* लगना; **~nce,** प्रस्फुटन, उत्फुल्लन; लोनी*; **~nt,** खिला हुआ, पुष्पित, उत्फुल्ल, प्रस्फुटित; लोनिया। > एॅफ़्लॉरे 'स, एॅफ़्लॉरे 'स्/ॲन्स, ~ॲन्ट

effluence, नि:स्रवण, निस्सरण; नि:स्राव। > एॅ 'फ़्लुॲन्स

effluent, *adj.*, निस्सारी; —*n.*, अपगामी नदी, *बहि:प्रवाही धारा*; बहि:स्राव। > एॅ 'फ़्लुॲन्ट

effluvium, 1. दुर्गन्ध*; 2. बहि:स्राव। > एॅ 'फ़्लूव़्यॅम

efflux, 1. (*act*) बहि:स्रवण, बहिर्वाह; 2. बहिस्राव; 3. (*of time*) व्यतिक्रम, बीत जाना। > एॅ 'फ़्लॅक्स

effort, 1. प्रयत्न, प्रयास, कोशिश*, मेहनत*, उद्यम, आयास; 2. (*achievement*) काम, उपलब्धि*; **~less,** 1. निष्क्रिय; 2. (*easy*) सहज। > एॅ 'फ़ॅट, ~लिस

effrontery, ढिठाई*, धृष्टता*, गुस्ताख़ी*। > एॅ 'फ़्रॅन्टॅरि

effulge, चमकना; **~nce,** दीप्ति*, प्रभा*, चमक*; **~nt,** देदीप्यमान, उज्ज्वल। > एॅ 'फ़ॅल्ज; एॅ 'फ़ॅल्/जॅन्स, ~जॅन्ट

effuse, *v.*, उँडेलना, बहाना, फैलाना, प्रसारित, क०; —*adj.*, (*bot.*) अपसारित। > एॅ 'फ़्यूज (*v.*); एॅ, फ़्यूस (*adj.*)

effusion, 1. बहाव, ढलकाव, नि:सरण; 2. उद्गार; 3. (*med.*) स्यन्दन। > एॅ 'फ़्यूश्ज़ॅन

effusive, 1. निस्सारी, बहनेवाला; 2. उल्लसित, उल्लासपूर्ण, भावपूर्ण; 3. (*abundant*) प्रचुर। > एॅ 'फ़्यूस्-इव़

eft, सरटिका*। > एॅ 'फ़्ट

e.g., उदाहरणार्थ। > ई जी; फ़ॅरिगज़ाम्पॅल

egalitarian, समतावादी, समानतावादी। > इगैलिटे 'ॲर्-इॲन

egest, निकालना; **~ion,** बहि:क्षेपण; मलत्याग; मल। > इजे 'स्ट; इजे 'स्चॅन

egg, अण्डा; अण्डाणु, डिम्ब; ~on, उकसाना, उत्तेजित क०; **~plant,** बैंगन; **~-shaped,** अण्डाकार; **~-shell,** अण्डखोल, अण्डकवच; **~yolk,** अंडपीतक। > एॅ 'ग

ego, अह्म; **~centric,** आत्मकेन्द्रित, अहंकेन्द्रित, **~ism,** 1. अहंभाव, अहंमन्यता*, अस्मिता*; 2. (*selfishness*) स्वार्थ, स्वार्थपरता*; 3. (*phil.*) अहंवाद; 4. (*ethics*) स्वार्थवाद; **~ist,** अहंमन्य, अहंकारी; स्वार्थी, स्वार्थपरक; अहंवादी; स्वार्थवादी; **~tism,** अहंमन्यता*, अहंभाव, आत्मश्लाघा*, अहंकार; स्वार्थ; **~tist,** अहंमन्य, आत्मश्लाघी; अहंकारी; स्वार्थी। > एॅ 'गो=ईगो; एॅ 'गॅसे 'न-ट्रिक; एॅ 'गोइज़्म; एॅ 'गोइस्ट; एॅ 'गॅ/टिज़्म, ~टिस्ट

egregious, 1. घोर, पक्का; 2. (*of blunder*) भद्दा; 3. (*notorious*) कुख्यात। > इग्री जॅस

egress, 1. निर्गमन; 2. (*astron.*) मोचन; 3. निर्गम, निकास; **~ion,** निर्गमन। > ईग्रे 'स; इग्रे 'शॅन

egret, बगुला; cattle ~, गाय-बगुला, सुरखिया; large ~, मलंग, बगुला; little ~, करछिया बगुला। > ईग्रे 'ट

Egypt, मिस्र; **~ian,** मिस्री। > ईजिप्ट; इजिप्शॅन

eidograph, चित्रलेखी। > आइडॅग्राफ़

eidolon, छायामूर्ति*, छाया*, प्रतिच्छाया* > आइडोलॅन

eight, 1. आठ, अष्ट; 2. (*card*) अट्ठा; **~een,** अठारह, अष्टादश; **~fold,** अष्टगुण, आठ गुना; **~h,** आठवाँ, अष्टम; **~ieth,** अस्सीवाँ; **~y,** अस्सी (81 etc., इक्यासी, बयासी, तिरासी, चौरासी, पचासी, छियासी, सत्तासी, अठासी, नवासी)। > एट; एटीन; एट्फ़ोल्ड; एट्थ; एट्-इ-इथ; एट्-इ

eirenicon, सन्धि-प्रस्ताव। > आइरीन-इकॉन

either, दोनों में से कोई एक; दोनों, दोनों में से प्रत्येक; ~...or, या···या; ~ way, दोनों ओर*।
> आइ-दॅ = ई-दॅ

ejaculate, बोल उठना; निकाल फेंकना।
> इजैक्यूलेट

ejaculation, उद्‌गार; अपसारण, निक्षेपण, स्खलन।
> इजैक्यूलेशॅन

eject, 1. निकाल फेंकना, बाहर फेंकना; निकाल देना, निकालना; 2. (*evict*) बेदख़ल क०; **~ed,** निष्कासित, उत्क्षिप्त; **~ion,** निष्कासन, उत्क्षेपण; बहिष्कार; **~ive,** निष्कासक; **~ment,** 1. निष्कासन; 2. (*law*) बेदख़ली*; **~or,** निष्कासक, उत्क्षेपक; बेदख़ल करनेवाला।
> इजे'क्ट = ईजे'क्ट; इजेक्शॅन; इ-जे'क्-टॅ

eke out, कमी* पूरी क०; ~ a living, मुश्किल* से निर्वाह क०; या जीविका* चलाना। > ईक

elaborate, *adj.*, 1. विस्तृत; 2. सुपरिष्कृत, अलंकृत; 3. (*complicated*) जटिल; 4. (*painstaking*) अध्यवसायी; —*v.*, विस्तार देना, सविस्तार प्रदिपादित क०; उत्पन्न क०। > इलैबॅरिट (*adj.*) इलैबॅरेट (*v.*)

elaboration, विस्तरण, विवर्धन; विस्तार; उत्पादन।
> इलैबॅरेशॅन

e'lan, उत्साह, ऊर्जा*, आवेग; ~ vital, जीवनशक्ति*, प्राण-तत्त्व। > एलां

elapse, बीत जाना, गुज़रना, व्यतीत होना, बीतना।
> इलैप्स

elastic, *adj.*, 1. (*phys.*) प्रत्यास्थ, प्रत्यस्थ, स्थितिस्थापक; 2. (*flexible*) लचीला, लचकदार, तन्यक; 3. (*econ.*) मूल्यसापेक्ष; 4. (*buoyant*) प्रफुल्ल, उत्फुल्ल; 5. (*adaptable*) ढीला, सुनम्य; —*n.*, प्रत्यास्थी पट्टी*, लचीला फ़ीता; **~ity,** प्रत्यास्थता*, प्रत्यस्थता*; लोच*, लचक*, लचीलापन; मूल्य-सापेक्षता*; प्रफुल्लता*; सुनम्यता*।
> इ-लैस्-टिक; ए'लैस्‌टिसिटि

elate, उल्लसित क०। **elation,** उल्लास; गौरव, गर्व; घमण्ड। > इलेट; इलेशॅन

elbow, *n.*, कोहनी*, कफोणि*; मोड़; *v.*, कोहनी* मारना; मुड़ना। > ए'ल्बो

elder, ज्येष्ठ, जेठा, अग्रज; **~ly,** प्रौढ़, अधेड़; वयोवृद्ध; **~s,** गुरुजन। > ए'ल्-डॅ; लि

elect, *v.*, चुनना, निर्वाचित क०; *adj.*, 1. निर्वाचित, चुना हुआ; 2. (*not yet installed*) मनोनीत; 3. स्वर्गी।
> इले'क्ट

election, चुनाव, निर्वाचन; **~eer,** चुनाव में दौड़-धूप* क०। > इले'क्शॅन; इले'क्शॅनिअॅ

elective, 1. निर्वाचित, निर्वाचन-सापेक्ष; 2. निर्वाचक; 3. (*optional*) वैकल्पिक; 4. चयनात्मक।
> इ-ले'क्-टिव्

elector, निर्वाचक, मतदाता; **~al,** निर्वाचकीय; निर्वाचक; **~ate,** निर्वाचक-गण, निर्वाचक-समूह; निर्वाचन-क्षेत्र, निर्वाचन-मण्डल; निर्वाचन-पद्धति*।
> इले'क्/टॅ, ~टॅरॅल, ~टॅरिट

electric(al), वैद्युत, बिजली* का विद्युत्-।
> इ-ले'क्-ट्रिक, ~ट्रिकॅल

electri/cian, बिजली-मिस्तरी, बिजलीवाला; विद्युत्-विशेषज्ञ; **~city,** बिजली*, विद्युत्*।
> इ-ले'क्-ट्रि/शॅन, ~सिटि

electri/fication, विद्युतीकरण, विद्युतन; **~fied,** विद्युन्मय; आविष्ट; **~fy,** बिजली* लगाना; विद्युतन क०; बिजली* भर देना, विद्युन्मय क०; चौंकाना।
> इ-ले'क्-ट्रि/फ़ि-के-शॅन, ~फ़ाइड, ~फ़ाइ

electro-, विद्युत्-, वैद्युत-; **~active,** विद्युत्-सक्रिय; **~cute,** बिजली* से प्राणदण्ड देना या मार डालना; **~cution,** विद्युत्‌मारण। > इले'क्ट्रो; ~ऐक्-टिव् इले'क्ट्रॅ/क्यूट, ~क्यूशॅन

electrode, इलैक्ट्रोड, विद्युदग्र। > इले'क्ट्रोड

electro/lysis, विद्युत-अपघटन; **~lyte,** विद्युत्-अपघट्य; **~lytic,** विद्युत्-अपघटनी।
> इले'क्‌ट्रॉल्-इसिस; इले'क्ट्रो/लाइट, ~लिट्-इक

electro/magnet, विद्युत्-चुम्बक; **~meter,** विद्युन्मापी; **~metry,** विद्युन्मिति*; **~motive,** विद्युद्-वाहक। > इ-लै'क्-ट्रो-मैग्-निट
इले'क्‌ट्रॉम/इटॅ, ~इट्रि; इले'क्ट्रोमोटिव

electron, विद्युदणु, इलेक्ट्रोन; **~ic,** इलेक्ट्रॉनिक; इलैकट्रानीक। > इले'क्ट्रॉन; ए'ले'क्‌ट्रॉन्-इक

electro/negative, ऋणविद्युती; **~plating,** बिजली-मुलम्मा, विद्युद्-लेपन; **~positive,** धनविद्युती; **~scope,** विद्युद्दर्शी; **~static,** स्थिर-विद्युत; **~statics,** स्थिर-विद्युतिकी*; **~type,** विद्युद्-मुद्रांक। > इले'क्ट्रो....*except* इले'क्ट्रॅस्कोप

electuary, औषध-अवलेह। > इले'क्ट्युअॅरि

eleemosynary, दातव्य, खैराती।
> ए'लिई मॉस्-इनॅरि

elegance, लालित्य, चारुता*। **elegant,** रमणीय, ललित, सुरुचिपूर्ण, सुचारु; परिष्कृत, सुशिष्ट, सुरुचिसम्पन्न। > ए'ल्-इ/गॅन्स, ~गॅन्ट

elegiac, करुण। > ए'लि जाइऐक

elegy, शोकगीत, करुणगीत। > ए'ल्-इजि

element, 1. तत्त्व, मूलतत्त्व; 2. (*part*) अवयव; 3. (*differential*) अण्वंश, अवकल; 4. (*factor*) घटक; 5. स्वाभाविक या अनुकूल वातावरण; 6. (*pl.*) प्रारम्भिक ज्ञान; **~al,** तात्त्विक, मौलिक, मूल; प्राकृतिक; **~ary,** प्रारम्भिक, प्राथमिक; तत्त्वीय।
> ए'ल्-इमॅन्ट; ए'लिमे'न्/टॅल, ~टॅरि

elephant, हाथी, हस्ती, गज; **~apple,** कैथ, कपित्थ; **~creeper,** समुद्रशोष; **~s'-foot,** जिमीकन्द;

~iasis, हाथीपाँव, फीलपाँव, श्लीपद; **~ine,** 1. हाथी का; 2. भारी, विशाल; 3. (*ungainly*) भद्दा। > ए'ल्-इफ़ॅन्ट; ए'लिफ़ॅन्टाइअॅसिस; ए'लिफ़ैन्टाइन

elevate, 1. (ऊपर) उठाना, ऊँचा क०; 2. (*morally*) उन्नत क०; **~d,** उत्थित, उत्थापित; उन्नत। **elevating,** उठाऊ।

elevation, 1. (*action*) उत्तोलन, उत्थापन; उन्नयन; 2. (*high position*) उत्थान, उन्नति*, समुन्नति*, उच्चता*; 3. (*astron.*) उन्नतांश; 4. (*altitude*) ऊँचाई*, तुंगता*; उत्सेध; 5. (*high place*) ऊँचा स्थान; 6. (*loftiness*) औदात्य। **elevator,** उत्थापक, लिफ्ट। > ए'ल्-इवेट; ए'लिवेशॅन; ए'ल-इ-वे-टॅ

eleven, ग्यारह, एकादश। > इले'वॅन

elf, बौना; परी*। > ए'ल्फ़

elicit, प्रकाश में लाना; (निष्कर्ष) निकालना, उत्पन्न क०, प्राप्त क०। > इलिसिट

elide, लोप क०। > इलाइड

eligibility, पात्रता*, निर्वाच्यता*; योग्यता*। > ए'लिजॅबिल्-इटि

eligible, निर्वाच्य, वरणीय; पात्र; उपयुक्त, योग्य, वांछनीय। > ए'ल्-इजिबॅल

elimi/nant, विलोपनफल; **~nate,** 1.निकाल देना, हटाना, दूर क०, अलग कर देना; 2. (*math*) विलुप्त क०, विलोपन क०; **~nation,** निष्कासन, बहिष्करण, विलोपन। > इलिम्-इनेन्ट; इलिम्-इनेट; इलिमिनेशॅन

elision, (ध्वनि-, स्वर-, अक्षर-)लोप > इलिश्ज़ॅन

elite, सर्वोत्कृष्ट, श्रेष्ठजनगण, विशिष्ट वर्ग। > ए'लीट

elixir, 1. अक्सीर; 2. (*stone*) पारस, स्पर्शमणि; 3. (*~of life*) अमृत। > इ-लिक्स्-अॅ

ellipse, दीर्घवृत्त। > इलिप्स

ellipsis, पदलोप, पदन्यूनता*, अध्याहार; पदलोपचिह्न, काकपद। > इ-लिप्-सिस

ellipsoid, दीर्घवृत्तज*। > इलिप्सॉइड

elliptic(al) दीर्घवृत्तीय, दीर्घवृत्ताकार, अण्डाकार; पदलोप-सम्बन्धी, न्यूनपदीय। > इ-लिप्-टिक

elm, 1. (*Indian*) चिराबेल; 2. (*Himalayan*) हिमरोई, मोरेद। > ए'ल्म

elocution, वक्तृता*; वक्तृत्वकला*, वाग्मिता*। > ए'लॅक्यूशॅन

elongate, *v.*, लम्बा क०, बढ़ाना; बढ़ना; —*adj.*, लम्बा। **elongation,** 1. दीर्घीकरण; 2. (*state*) दैर्घ्यवृद्धि*; दीर्घरूपता*; 3. (*astron.*) प्रसरकोण। > ईलॉन्ग्गेट; ईलॉन्ग्गेशॅन

elope, 1. भाग निकलना, सहपलायन क०; 2. (*of married woman with lover*) उढ़रना; **~ment,** सहपलायन। > इलोप; ~मॅन्ट

eloquence, वाग्मिता*, वाक्पटुता। > ए'लॅक्वॅन्स

eloquent, 1. वाग्मी, वाक्पटु, सुवक्ता; 2. (*of speech*) वाग्मितापूर्ण; 3. (*expressive*) अर्थपूर्ण, भावपूर्ण। > ए'लॅक्वॅन्ट

else, *adj.*, अन्य, दूसरा; अतिरिक्त, और; —*adv.*, अन्यथा, नहीं तो; **~where,** अन्यत्र, और कहीं। > ए'ल्स; ~वे'अॅ

eluci/date, समझाना, स्पष्ट क०, पर प्रकाश डालना; **~dation,** स्पष्टीकरण; व्याख्या*। > ईलूसिडेट; ईलूसिडेशॅन

elucidator, व्याख्याता; **~y,** व्याख्यात्मक। > ई-लू-सि-डे-टॅ; ~रि

elude, (चतुराई* या चालाकी* से) बच निकलना; टाल-मटोल* क०, टाल जाना; समझ* में नहीं आना। > ईलूड

elusion, बचाव; टाल-मटोल*। > ईलूश्ज़ॅन

elusive, दुर्ग्राह्य। > ईलूस्-इव

elusory, दुर्ग्राह्य; मायावी, भ्रान्तिजनक, भ्रामक। > ईलूसॅरि

Elysium, आनन्द-धाम, स्वर्ग। > इलिज़्-इअॅम

emaci/ate, घुलाना, क्षीण या कृश क०; **~ation,** घुलावट*; क्षीणता*; कृशता*। > इमेशिएट; इमेसिएशन

emanate, निकलना, प्रकट होना, उत्पन्न होना। > ए'मॅनेट

emanation, निर्गम, प्रसर्जन, निस्सरण; निःसृत पदार्थ, प्रसर्ग। > ए'मॅनेशॅन

emanci/pate, (वि)मुक्त क०, स्वाधीन क०, उद्धार क०; **~pation,** 1. (वि)मुक्ति*, उद्धार; 2. (*action*) विमोचन; **~pator,** उद्धारक। > इमैनसि/पेट, ~पेशॅन, ~पे-टॅ

emasculate, *v.*, बधिया क०, नपुंसक बनाना; दुर्बल क०, फोका बना देना; —*adj.*, 1. नपुंसक; 2. (*effeminate*) स्त्रैण। > इमैस्क्यूलेट (*v.*); इमैस्क्यूलिट (*adj.*)

emasculation, पुंस्त्वहरण; नपुंसकता*, क्लीवता*; दुर्बलीकरण। > इमैस्क्युलेशॅन

embalm, शव का संलेपन क०; सुगन्धित क०; स्मृति* बनाए रखना; **~ment,** शवसंलेपन। > इम्बाम

embank, बाँध बनाना; **~ment,** तटबंध, बन्द, बाँध, पुश्ता; तटबन्धन, भराव। > इम्बैंक

embargo, *n.*, घाटबन्धी*, पोत-अधिरोध, नौकावरोध; प्रतिरोध, निषेध, रोक*; —*v.*, घाटबन्दी* लागू कर०; अधिरोध लगाना; ज़ब्त क०, अधिकार में लेना। > इम्बागो

embark, जहाज़ पर चढ़ना या चढ़ाना; प्रारम्भ क०; लगाना; **~ation,** आरोहण, पोतारोहण, नौराहण। > इम्बाक; ए'म्बाकेशॅन

embarrass, 1.घबड़ा देना, परेशान क०, व्याकुल क०;

2. (*impede*) बाधा* या अड़चन* डालना; 3. (*complicate*) उलझाना; **~ed,** ऋणग्रस्त; व्याकुल; लज्जित; उलझाया हुआ; **~ment,** 1. (*financial*) अर्थसंकट; 2. घबराहट*, लज्जा*, किंकर्तव्यविमूढ़ता*, परेशानी*; 3. उलझन*, कठिनाई*, बाधा*। > इम्बैरॅस; इमबैरॅस्ट

embassador, राजदूत। > इम्बैसॅडॅ

embassy, 1. राजदूतावास, दूतावास; 2. (*function*) राजदौत्य। > ए'म्बॅसि

embattled, 1. पंक्तिबद्ध; 2. (*fortified*) फ़सीलदार। > इम्बैटॅल्ड

embed, जड़ना, गाड़ना, में लगा देना, बैठा देना; घेरना; **~ded,** सन्निहित, गाड़ा हुआ, अंत: स्थापित। > इम्बे'ड; इम्बे'ड्-इड

embellish, 1. सँवारना, सजाना, अलंकृत क०; 2. (*a story*) नमक-मिर्च* लगाना या मिलाना; **~ment,** 1. सजावट*, अलंकरण; परिष्करण, परिष्कार; 2. (*exaggeration*) अतिरंजन। > इम्बे'ल्-इश

ember, अंगार, अंगारा; **~days,** तपदिवसत्रय। > ए'म्-बॅ

embezzle, गबन क०; **~r,** ग़बनकार; **~ment,** ग़बन, अपहार। > इमबे'ज़ॅल

embitter, कटु बनाना; कटुता* बढ़ाना; द्वेष उत्पन्न क०; **~ed,** कटु; **~ment,** कटुता*। > इम्-बिट्-ॲ

emblazon, सँवारना, अलंकृत क०; गुणगान क०; **~ry,** अलंकरण। > इमब्लेज़ॅन; ~रि

emblem, प्रतीक; **~atic,** प्रतीकात्मक। ए'म्ब्लॅम; ए'म-ब्लि-मैट्-इक

emblement, उपज*, पैदावार*। > ए'म्ब्लिमॅन्ट

emplic myrobalan, आँवला। > ए'म्-ब्लिक माइरॉबॅलॅन

embodiment, मूर्त रूप, अवतार; ~of, साकार। > इम्बॉड्-इमॅन्ट

embody, 1. मुर्त रूप देना या प्रस्तुत क०; 2. (*incorporate*) सम्मिलित क०, मिला लेना। > इम्बॉड्-इ

embog, दलदल** में डालना या फँसाना। > इम्बॉग

embolden, ढीठ या निर्लज्ज बनाना; प्रोत्साहित क०, हिम्मत* बढ़ाना। > इम्बोल्डॅन

embolism, 1. (*chronol.*) सन्निवेशन; 2. (*path.*) अन्त:शल्यता*। **embolus,** अन्त: शल्य। > ए'म्बॅलिज़्म; ए'म्बॅलॅस

embonpoint, मोटापन। > ऑ:म्बॉ:न्प्वां

embosom, 1. आलिंगन क०; 2. (*surround*) से घेरना। > इम्बुज़ॅम

emboss, नक़्क़ाशी* क०; अलंकृत क०; **~ed,** उभरा हुआ, उत्कीर्ण; **~ment,** उभार। > इम्बॉस; इम्बॉस्ट

embouchure, मुहाना। > ऑ:नबूशुॲ

embowel, आँतें* निकालना। > इम्बाउॲल

embrace, *n.*, आलिंगन; *v.*, आलिंगन क०, गले लगाना; अंगीकार क०, से लाभ उठाना; ग्रहण क०; सम्मिलित या समाविष्ट होना या क०; घेर लेना। > इम्ब्रेस

embranchment, प्रशाखन; (प्र)शाखा*। > इम्ब्रान्शमॅन्ट

embrangle, उलझाना; घबड़ा देना, किंकर्त व्यविमूढ़ कर देना। > इम्ब्रैन्गॅल

embrasure, जालक; तोप* का झरोखा। > इम्-ब्रे-श़्ज़ॅ

embrocate, मालिश* क०। **embrocation,** मर्दन-लेप; मालिश-द्रव्य। > ए'म्ब्रॅकेट; ए'मब्रॅकेशॅन

embrogilo, *see* IMBROGLIO। > ए'म्ब्रोल्यो

embroider, 1. बेलबूटे काढ़ना; 2. (*fig.*) नमक-मिर्च* लगाना; **~y,** कशीदा, चिकन; ज़रदोज़ी* (*with gold thread*); कशीदाकारी*, फुलकारी*, गुलकारी*, कढ़ाई*। > इम्-ब्रॉइड्-ॲ, ~रि

embroil, उलझाना; **~ment,** उलक्षन*। > इम्ब्रॉइल

embryo, भ्रूण; **~logy,** भ्रूणविज्ञान; **~nic,** 1. भ्रूणीय, भ्रूण-; 2. (*immature*) अविकसित, प्रारम्भिक। > ए'म्-ब्रि-ओ; ए'म्-ब्रि-ऑल्-ॲ-जि; एम्-ब्रि-ऑन्-इक

emend, संशोधित क०, सुधारना, शुद्ध क०; **~ate,** (पाठ का) संशोधन क०; **~ation,** संशोधन, सुधार; पाठ-संशोधन। > इमे'न्ड; ईमे'न्डेट; ईमे'न्डेशॅन

emerald, मरकत, पन्ना। > ए'मॅरॅल्ड

emerge, (ऊपर) निकलना, उभड़ना, ऊपर उठाना; प्रकट हो जाना; **~nce,** उन्मज्जन, निर्गमन, उभाड़, आविर्भाव। > इमॅ: ज; इमॅ:जॅन्स

emergency, *n.*, आपात, आकस्मिक, संकट या प्रसंग; आपत्काल; —*adj.*, आपाती, आपातिक; **~exit,** आपाती द्वार, संकट-द्वार; **~powers,** संकटकालीन अधिकार। > इमॅ:जॅन्सि

emergent, उद्‌गामी, निर्गामी, निर्गत; आपातिक, आकस्मिक, आपाती। > इमॅ:जॅन्ट

emeritus, सेवामुक्त, अवकाशप्राप्त। > इमे'रिटॅस

emersed, निर्गत। > इमॅ:स्ट

emersion, 1. उन्मज्जन, आविर्भाव; 2. (*astron.*) उन्मीलन। > इमॅ:शॅन

emery paper, रेगमाल। > ए'मॅरि

emetic, वमनकारी, वामक। > इमे'ट्-इक

e'meute, दंगा। > एमॅ:ट

emigrant, उत्प्रवासी, प्रवासी, उद्‌व्रजक। > ए'म्-इग्रॅन्ट

emigrate, उत्प्रवास क०। > ए'म्-इग्रेट

emigration, उत्प्रवास, प्रवास, उत्प्रवासन, उद्व्रजन। > ए'मिग्रेशॅन

emigratory, प्रवासी। > ए'म्-इग्रेटॅरि

eminence, 1. (*hill*) ऊँचा स्थान, टीला; 2. श्रेष्ठता*, उत्कर्ष*; प्रतिष्ठा 3. (*med.*) उत्सेध। > ए'म्-इनॅन्स

eminent, ऊँचा; उच्च, श्रेष्ठ, प्रतिष्ठित, प्रवर, उत्कृष्ट, अग्रगण्य; **~ly,** उत्कृष्ट रूप में। > ए'म्-इनॅन्ट

emir, अमीर। > ए'मिअॅ

emissary, प्रणिधि, दूत, चर; गुप्तचर, भेदिया। > ए'म्-इसॅरि

emission, 1. उत्सर्जन; 2. (*discharge*) निस्सरण, स्राव; 3. (*med.*) स्वप्नदोष। > इमिशॅन

emissive, उत्सर्जक। > इमिस्-इव़

emit, उत्सर्जन क०, उत्सर्जित क०, विकीर्ण क०, छोड़ना, प्रसारित क०, फैलाना; 2. बोलना, मुँह से निकालना; 3. (*issue*) जारी क०, निकालना। > इमिट

emollient, मृदुकारी; प्रशामक, शमनकारी। > इमॉल

emolument, पारिश्रमिक; परिलाभ, आय*, प्राप्ति*, उपलब्धि*। > इमॉल्युमॅन्ट

emotion, 1. (*feeling*) मनोभाव, भाव, मनोविकार, राग; 2. (*strong feeling*) आवेग, मनोवेग, भावावेश, संवेग, आवेश; **~al,** भावात्मक, भावप्रधान; भावुक, भावप्रवण; भावुकतापूर्ण, भावोत्तेजक; **~alism,** भावुकता*, भावप्रवणता*; **~ality,** रागात्मकता*; भावुकता*; **~alize,** भावप्रधान या भावुक बनाना, भावुकतापूर्ण ढंग से प्रस्तुत क०। > इमोशॅन; इमोशॅ/नॅल, ~नैल्-इटि, ~नॅलिज़्म, ~नॅलाइज़

emotive, भावोत्तेजक, संवेजक, संवेगात्मक; भावात्मक। > इमोट्-इव़

empanel, सूची* में नाम लिखना या चढ़ाना। > इम्पैनॅल

empathy, तदनुभूति*, परानुभूति*, समानुभूति*। > ए'म्पॅथि

emperor, सम्राट। > ए'म्-पॅ-रॅ

emphasis, 1. बल, ज़ोर; 2. (*stress*) बलाघात; 3. (*importance*) महत्त्व। > ए'म्फ़ॅसिस

emphasize, पर बल देना, को महत्त्व देना। > ए'म्फ़ॅसाइज़

emphatic, ज़ोरदार, सुनिश्चित, सुस्पष्ट। > इम्फ़ैट्-इक

emphysema, वातस्फीति*। > एं'म-फि-सीम्-अॅ

empire, साम्राज्य; प्रभुत्व। > ए'म्पाइअॅ

empiric, 1. अनुभववादी; 2. (*quack*) कठबैद, नीमहकीम; **~al,** आनुभविक, अनुभवाश्रित, प्रयोगाश्रित, अनुभूतिमूलक, अनुभवसिद्ध, अनुभवजन्य; **~ism,** अनुभववाद; **~ist,** अनुभववादी। > ए'म्-पि/रिक, ~रिकॅल, ~रिसिज़्म, ~रिसिस्ट

emplacement, 1. अभिस्थापन; 2. स्थान; 3. (*mil.*) तोपों* का अवस्थान। > इम्प्लेस्मॅन्ट

emplane, हवाई जहाज़ पर चढ़ना या चढ़ाना। > इम्प्लेन

employ, *v.*, काम में लाना, प्रयोग क०; काम में लगाना, नौकर रखना, नियोजित क०; —*n.*, नौकरी*, सेवा*; **~able,** नियोजनीय, नियोज्य; **~ed,** नियोजित, नियुक्त; **~ee,** कर्मचारी, नौकर, वेतनभोगी; **~er,** मालिक, नियोजक, नियोक्ता। > इम्प्लॉइ, ~अॅबॅल; इम्प्लॉइड इमप्लॉइई, इम्-प्लॉइ-अॅ

employment, 1. रोज़गार, नौकरी*, काम, नियोजन; 2. (*profession*) पेशा; **~-exchange,** रोज़गार दफ़्तर, नियोजन-कार्यालय, नियोजनालय। > इम्प्लॉइमॅन्ट

empoison, 1. विष डालना, विषाक्त क०; 2. (*taint*) दूषित क०; 3. (*embitter*) कटु बनाना। > इमपॉइज़ॅन

emporium, बाज़ार, हाट, वाणिज्य-केंद्र; पण्यशाला*। > ए'म्पॉःर्-इअॅम

empower, समर्थ क०; अधिकार देना, शक्ति* देना। > इम्-पाउ-अॅ

empress, सम्राज्ञी*। > ए'म्-प्रिस

emptiness, रिक्तता*, शून्यता*, खालीपन; निरर्थकता, असारता, खोखलापन; अज्ञान, मूर्खता*। > ए'म्-टि-निस

emption, क्रय, खरीद*। > ए'म्शॅन

empty, *adj.*, खाली, रिक्त, छूछा, शून्य; निस्सार, निरर्थक, असार, खोखला; मूर्ख —*v.*, खाली क० या हो जाना। > ए'म्-टि

empyreal, स्वर्गीय; आकाशीय। > ए'मपाइरीअॅल = ए'म्-पि-रि-अॅल

empyrean, स्वर्ग; आकाश। > ए'मपाइरीअॅन = ए'म्-पि-रि-अॅन

emulate, बराबरी* की चेष्टा* क०, स्पर्धा* क०; (उत्साह से) अनुकरण क०। > ए'म्यूलेट

emulation, (प्रति)स्पर्धा*, होड़*, प्रतियोगिता*। > ए'म्यूलेशॅन

emulator, emulous, 1. प्रतिस्पर्धी; 2. (*desirous*) अभिलाषी, इच्छुक। > ए'म्-यू/ले-टॅ, ~लॅस

emulsi/fication, पायसीकरण; **~fy,** पायस बनाना; **~on,** पायस; मिश्रण। > इ-मॅल्-सि-फ़ि-के-शन; इ-मॅल्-सि-फ़ाइ; इमॅल्शॅन

emunctory, निस्सारक। > इमन्क्टॅरि

enable, समर्थ क०, शक्ति* देना, योग्य बनाना; अधिकार देना। > इनेबॅल

enact, 1. (*law*) अधिनियम, विधि* या कानून बनाना; 2. अभिनय क०; **~ment,** 1. (*action*) अधिनियम, विधिकरण; 2. अधिनियम, विधि*, अध्यादेश; 3. अभिनय, प्रदर्शन। > इनैक्ट

enamel, *n.*, 1. तामचीनी*, एनैमल, मीना; 2. (*of teeth*) दन्तवल्क; —*v.*, तामचीनी* चढ़ाना; **~ling,** मीनाकारी*। > इनैमॅल

enamour, अनुरक्त, आसक्त या मोहित क०। > इ-नैम्-अॅ

enantiomorph, प्रतिबिम्ब रूप; **~ous,** प्रतिबिम्बरूपी। > ए'-नैन्-टि-ओ-मॉ:फ

enarthrosis, उलूखल-सन्धि*। > ए'नाथ्रोस्-इस

en bloc, सामूहिक रूप से। > आँ ब्लाक

encaenia, प्रतिष्ठान-पर्व। > ए'न्सीन्यें

encage, पिंजरे में बन्द क०। > इन्केज

encamp, पड़ाव या डेरा डालना, शिविर लगाना; **~ment,** पड़ाव, डेरा, शिविर, छावनी*। > इन्कैम्प

encase, डिब्बे में रखना; गिलाफ़, खोल या आवरण चढ़ाना; ढाँकना। > इन्केस

encash, भुनाना, नगद पाना। > इन्कैश

encaustic, दग्ध। > ए'न्कॉ:स्-टिक

enceinte, *n.*, घेरा, प्राचीर, चहारदीवारी*; —*adj.*, गर्भवती*। > आँन्सैन्ट

encepha/lic, मस्तिष्क का; **~litis,** मस्तिष्क-शोथ, मस्तिष्क-ज्वर; **~lon,** मस्तिष्क। > ए'न्के'फ़ैल्-इक; ए'न्के'फ़ॅलाइट्-इस; ए'न्के'फ़ॅलॉन (*also* ऐ'न्से')

enchain, बेड़ियाँ* डालना, बद्ध क०। > इन्चेन

enchant, माहित क०; वशीभूत क०, मन्त्रमुग्ध क०, जादू डालना; **~er,** मायावी, जादूगर, **~ing,** मोहक, मनोहर; **~ment,** सम्मोहन; जादू, वशीकरण; **~ress,** मोहिनी*; मायाविनी*, जादूगरनी*। > इन्चान्ट; इन्-चान्/टॅ, ~टिन्ग; ~ट्रिस

enchase, 1. बैठाना, जड़ना; 2. (*engrave*) नक़्क़ाशी* क०, अलंकृत क०। > इन्चेस

enchiridion, पुस्तिका*। > ए'न्काइरिड्-इॲन

enchorial, देशिक। > ए'न्कोरिअॅल

encircle, घेरना, घेरा डालना; **~ment,** घेराबन्दी*। > इन्सॅ:कॅल

en clair, स्पष्ट शब्दों में। > आँ क्ले'अॅ

enclasp, जकड़ना। > इन्क्लास्प

enclave, विदेशी अंत:क्षेत्र > इन्क्लेव

enclitic, स्वराघात-विहीन, पश्चाश्रयी। > इन्-क्लिट-इक

enclose, 1. बाड़ा लगाना, घेरना; 2. में लगाना; 3. (*add*) संलग्न क०, जोड़ देना, साथ रखना; **~d,** बन्द, परिबद्ध; संलग्न, अनुलग्न, साथ का। > इन्क्लोज़; इन्क्लोज़्ड

enclosure, घेरा, बाड़ा; अहाता; घिराव, संवेष्टन; संलग्न पत्र, अनुलग्नक। > इन-क्लो-श़्ज़ॅ

encode, (का) कूट बनाना या क०। > इन्कोड

encomiast, प्रशंसक। > ए'न्कोम्-इ-ऐस्ट

encomium, गुणगान, प्रशंसा*, प्रशस्ति*। > ए'न्कोम्यॅम

encompass, घेरना, घेर लेना; सम्मिलित क०। > इन्कॅम्पॅस

encore, *interj.*, फिर से; *n.*, पुनरावृत्ति*; —*v.*, दुहारने की माँग क०। > ऑन्कॉ:

encounter, *v.*, का सामना क०; से मिलना; —*n.*, भिड़न्त*, मुठभेड़*; मिलन, भेंट*। > इन्-काउन्-टॅ

encourage, हिम्मत* बढ़ाना, साहस दिलाना; प्रेरित क०; बढ़ावा देना, प्रोत्साहित क०; **~ment,** प्रोत्साहन; बढ़ावा, समर्थन। > ए'न्कॅरिज

encouraging, आशाप्रद, प्रोत्साहक। > ए'न्कॅरिजिन्ग

encroach, अतिक्रमण क०; अनधिकार हस्तक्षेप क० या प्रवेश क०; **~ment,** अतिक्रमण, अतिचार, अनधिकार-प्रवेश। > इनक्रोच

encrust, पपड़ी* जमना; पपड़ी* जमाना या लगाना; जड़ना, अलंकृत क०; **~ment,** पपड़ी*। > इन्क्रॅस्ट

encumber, 1. बाधा* डालना, अटकाना; 2. बोझ लादना, भार डालना, भारित क०, भारग्रस्त क०; 3. (*with debt*) ऋणग्रस्त क०; **~ed,** भारग्रस्त, भारित; ऋणग्रस्त। > इन्-कॅम्-ब

encumbrance, भार, बाधा*; ऋणभार; **~r,** भारधारी। > इन्कॅम्/ब्रॅन्स, ~ब्रॅन्-सॅ

encyclical, विश्वपत्र, सार्वभौम पत्र। > इन्-सिक्-लि-कॅल

encyclop(a)edia, विश्वकोश। > ए'न्साइक्लॅपीड्-इअॅ

encyclop(a)edic, विश्वकोश का, विश्व-कोष-सदृश; सर्वज्ञान-विषयक; सर्वज्ञानसम्पन्न; अतिव्यापक। > ए'न्साइक्लॅपीड्-इक

encyst/ed, पुटीबद्ध; **~ation,** पुटीभवन; **~ment,** परिपुटन। > इन्-सिस्ट्-इड; इन्-सिस्-टे-शॅन

end, *n.*, 1. अन्त, समाप्ति*, अवसान; 2. (*extremity*) सिरा, सीमा*, छोर; 3. (*aim*) लक्ष्य, ध्येय, साध्य; 4. (*purpose*) प्रयोजन, उद्देश्य; 5. (*result*) परिणाम, फल; 6. (*fragment*) टुकड़ा; —*v.*, समाप्त क०; पूरा क०; समाप्त हो जाना; मिटाना, उठा देना, नष्ट क०; —*adj.*, अंत्य; in the ~, अन्तत: अन्ततोगत्वा; make both ~s meet, निर्वाह क०, गुज़ारा क०; **~ing,** 1. अन्त, समाप्ति*; 2. (*gram.*) (अन्त्य) प्रत्यय, विभक्ति*; अन्त्याक्षर; **~-paper,** पोस्तीन; **~-rhyme,** तुकान्त; **~-on,** अभिमुख। > ए'न्ड; ए'न्ड्-इन्ग

endanger, जोखिम*, खतरे या संकट में डालना; **~ed,** संकटापन्न। > इन्-डेन्-जॅ; इनडेन्जॅड

endear, प्रेम उत्पन्न क०, प्रिय बनाना; ~oneself, प्रिय

बन जाना; **~ing,** प्रीतिकर; **~ment,** लाड़-प्यार; प्रेमालिंगन। > इन्**डिअँ**

endeavour, *v.*, प्रयत्न क०; *n.*, प्रयत्न, प्रयास, कोशिश*, उद्यम। > इन्-**डे'व्**-अँ

endemic, *n.*, स्थानिक मारी*; *adj.*, स्थानिक, विशेषक्षेत्री, स्थानीय, मुक़ामी; जातीय, प्रान्तीय, देशज; **~ity,** स्थानिकता*, स्थानपरिमिति*। > इन्**डे'म्**-इक; ए'न-डि-**मि**-सि-टि

endive, (विलायती) कासनी*। > **ए'न्**-डिव्

end/less, अनन्त, अन्तहीन; बहुत लम्बा; बेसिरा, निरन्त; **~most,** अन्तिम। > **ए'न्ड्**/लिस, ~मोस्ट

endo/cardium, अंतर्हृद्स्तर; **~carp,** अंत: फलभित्ति*, अन्त:स्तर, अंतश्छद; **~crine,** अंत:स्रावी; **~derm,** अंतस्त्वचा*, अंतश्चर्म; **~gamy,** सगोत्र या सजातीय विवाह; **~genous,** अन्तर्जात; **~plasm,** अन्त:प्रद्रव्य। > ए'न्डो**काड्**-इॲम; **ए'न्**डो/काप, ~क्राइन, ~डॅ:म; ए'न**डॉगॅ**मि; ए'**न्डॉज्**-इनॅस; **ए'न्**डोप्लैज़्म

endorse, पृष्ठांकन क०; समर्थन क०; **~d,** पृष्ठांकित; समर्थित; **~e,** पृष्ठांकिती; **~ment,** पृष्ठांकन, बेचान*; समर्थन, अनुमोदन, मंज़ूरी*; **~r,** पृष्ठांकक; समर्थक। > इन्**डॉ:स**; इन्डॉ:**सी**; इन्-**डॉ:स्**-अँ

endo/skeleton, अन्त:कंकाल; **~smosis,** अन्त:परासरण; **~sperm,** भ्रूणपोष; **~thelium,** अन्त:स्तर।

endow, धन प्रदान क०; (से) सम्पन्न क०; **~ed,** सम्पन्न; **~ment,** 1. दान, वृत्तिदान; 2. धर्मस्व, धर्मदाय, धर्मादा, स्थायी निधि*; 3. (*talent*) प्रतिभा*। > इन्**डाउ**

endue, प्रदान क०, से सम्पन्न क०; पहनाना। > इन्**ड्यू**

endurable, सहनीय, सह्य। > इन्**ड्यु**ॲरॅबल

endurance, 1. तितिक्षा*, धैर्य, सहनशक्ति*, सहनशीलता; 2. स्थायित्व; ~-test, क्षमता-परीक्षा*, बर्दाश्त-जाँच। > इन्**ड्यु**ॲरॅन्स

endure, सहना, झेलना, सहन क०; टिकना, बना रहना। > इन्-**ड्युअँ**

end/ways, ~wise, खड़ा; अभिमुख; लम्बाई* में; सिरे से सिरा मिलाकर। > **ए'न्ड्**वेज़

enema, वस्ति*, गुदवस्ति*, वस्तिकर्म। > **ए'न्**-इ-**मॅ** = इ-**नी**-**मॅ**

enemy, शत्रु, बैरी, दुश्मन; ~agent, शत्रुचर। > **ए'न्**-इ-मि

energetic, ऊर्जस्वी, ओजस्वी; कर्मठ, उद्यमी, क्रियाशील; **~s,** ऊर्जा-विज्ञान, ऊर्जिकी*। > ए'**नॅजे'ट्**-इक

energize, 1. बल प्रदान क०, शक्ति* का संचार क०; 2. (*phys.*) क्रियाशील होना, ऊर्जित क०। > **ए'नॅ**जाइज़

energumen, 1. (*demoniac*) अपदूतग्रस्त; 2. (*enthusiast*) उत्साही; 3. (*fanatic*) कट्टर। > ए'**नॅ:ग्यूम्**-ए'न

energy, 1. (कर्म) शक्ति*, ऊर्जस्विता*, तेज; 2. (*phys.*) ऊर्जा*। > **ए'नॅजि**

enervate, दुर्बल या कमज़ोर बनाना, निस्तेज क०; **~d,** शक्तिहीन, दुर्बल। > **ए'नॅ**:वेट

enervating, शक्तिह्रासक। > **ए'नॅ**:वेटिंग

enervation, दुर्बलीकरण; दुर्बलता*। > ए'नॅ:**वे**शॅन

enface, मुखांकित क०; **~ment,** मुखांकन। > इन्**फ़ेस**

enfeeble, अशक्त या दुर्बल क०; **~ment,** दुर्बलीकरण; दुर्बलता*। > इन्**फ़ी**बॅल

enfeoff, जागीर* देना। > इन्**फ़े'फ़्**

enfetter, बेड़ियाँ* डालना। > इन्-**फ़े'ट्**-अँ

enfilade, *n.*, (*v.*), लम्बाक्ष फ़ायर (क०)। > ए'न्-फ़ि-**लेड**

enfold, लपेटना; आलिंगन क०। > इन्**फ़ोल्ड**

enforce, 1. (*impose*) प्रवर्तित क०, लागू क०; 2. (*urge*) पर बल देना, पुष्टि* क०; 3. (*compel*) बाध्य क०, मजबूर क०, दबाव डालना; **~able,** प्रवर्तनीय; **~ment,** प्रवर्तन; दबाव, बाध्यकरण। > इन्**फ़ॉ:स**

enframe, चौखटे में बैठाना। > इन्**फ़्रेम**

enfranchise, मुक्त क०; मताधिकार देना; **~ment,** विमोचन; मताधिकार-दान। > इन**फ़्रैन्**/ चाइज़, ~चिज़्मॅन्ट

engage, 1. (*promise*) प्रतिज्ञा* क०, वचन देना; वचनबद्ध होना या क०; 2. (*betroth*) सगाई* क०, वाग्दान क०; 3. (*put in*) रखना, काम में लगाना; 4. (*reserve*) ले रखना, कर लेना; 5. (*entangle*) उलझाना, लगाना; 6. (*attract*) आकर्षित क०; 7. (*fight*) का सामना क०, से लड़ना; 8. में भाग लेना या लग जाना; **~d,** 1. (*busy*) व्यस्त; 2. वाग्दत्त, वाग्दत्ता*। > इन्**गेज**; इन्**गेज्ड**

engagement, 1. प्रतिज्ञा*, वादा; 2. (*betrothal*) सगाई*, वाग्दान; 3. (*to a job*) विनियोजन, नियुक्ति*; 4. (*appointment*) आबन्ध, परियुक्ति*; 5. (*fight*) मुठभेड़*, लड़ाई*; **~-book,** आबन्ध-पुस्तिका*। > इन्**गेज्**मेन्ट

engaging, मनोहर, रमणीय, चित्ताकर्षक। > इन्**गेज्**-इन्ग

engarland, माला* पहनाना। > इन्**गालॅन्ड**

engender, उत्पन्न क०, पैदा क०। > इन्-**जे'न्**-डॅ

engine, इंजन, यन्त्र, कल*। > **ए'न्**-जिन

engineer, *n.*, अभियन्ता, अभियांत्रिक, इंजीनियर; —*v.*, 1. निर्माण क०; 2. (*contrive*) उपाय निकालना, (का सफल) प्रबन्ध क०; **~ing,** *n.*, इंजीनियरी*, अभियान्त्रिकी*; यन्त्र-शास्त्र; —*adj.*, इंजीनियरी, अभियान्त्रिक। > ए'न-जि-**निअँ**, ~रिंग

English, *n.*, अँगरेज़ी*; *adj.*, अँगरेज़ी; —*v.*, अँगरेज़ी* में अनुवाद क०; अँगरेज़ी ढंग का बनाना; **~ism,** अँगरेज़ियत*; **~man,** अँगरेज़। > इन्‌-ग्लिश; इन्‌-ग्लि-शिज़्म; इन्‌-ग्लिश्‌-मॅन

engorge, गटकना, हड़पना; **~ment,** 1. हड़प; 2. (*path.*) रक्त-संकुलता*, अतिपूरण; **~d,** अतिपूरित। > इनगॉ:ज

engraft, क़लम* लगाना; आरोपित क०, रोपना, बैठाना। > इनग्राफ़्ट

engrain, (मन में) अंकित क० या बैठाना। > इनग्रेन

engrave, उत्कीर्ण क०, उकेरना, नक़्श क०, तक्षण क०; अंकित क०; **~r,** उत्कीर्णक, उकेरक, तक्षक, नक़्क़ाश। > इनग्रेव्‌; -इन्‌-ग्रेव्‌-अॅ

engraving, उत्कीर्णन, उकेरी*, नक़्क़ाशी*। > इनग्रेव्‌-इन्ग

engross, मोटे अक्षरों में लिखना; वैध शब्दावली* में प्रस्तुत क०, तन्मय या तल्लीन क०, लेना; **~ing,** दिलचस्प, मनोरंजक; **~ment,** 1. तल्लीनता*; 2. (*document*) हस्ताक्षर प्रति*। > इनग्रोस

engulf, निगलना; निमग्न क०; परिग्रहण क०। > इनगॅल्फ़

enhance, बढ़ाना; **~ment,** वृद्धि*। इनहान्स

enigma, पहेली*, बुझौवल*, प्रहेलिका*; रहस्य, समस्या*; **~tical,** प्राहेलिक; रहस्यमय, गूढ़, पेचीदा। > इ-निग्‌-मॅ; एनिग्मॅट्‌-इकॅल

enjambment, अपूर्णान्वय। > इनजैम्‌मॅन्ट

enjoin, 1. आदेश देना, लागू करना; 2. (*law*) व्यादेश देना। > इनजॉइन

enjoy, 1. आनन्द प्राप्त क, रस लेना; 2. भोगना, उपभोग क०, उपयोग क०; 3. (*experience*) अनुभव क०; ~oneself, आनन्द मनाना; **~able,** उपभोग्य, सुखद, आनन्ददायक; **~ment,** आनन्द, सुख, मज़ा, रस; उपभोग, उपयोग। > इनजॉइ, ~ अॅबल, ~मॅन्ट

enkindle, सुलगाना, प्रज्वलित क०; उत्तेजित क०, उभाड़ना। > इन्‌-किन्‌-डॅल

enlace, लपेटना; आलिंगन क०; उलझाना। > इनलेस

enlarge, बढ़ना; बढ़ाना; विस्तार देना; ~upon, विस्तारपूर्वक प्रस्तुत क०; **~d,** (वि)वर्द्धित, परिवर्द्धित; वृद्ध, अपवृद्ध; **~ment,** 1. विवर्धन, (परि) वर्धन; 2. (*disease*) वृद्धि*, अपवृद्धि*; **~r,** (चित्र) वर्धक। > इनलाज्‌; इन-ला-जॅ

enlighten, जानकारी* देना, सूचित क०; शिक्षा* देना, समझाना, प्रबुद्ध क०; **~ed,** प्रबुद्ध, ज्ञानसम्पन्न; **~ment,** प्रबोधन, ज्ञानोदय, प्रबोध, अभिबोध। > इनलाइटॅन

enlist, भरती क० या होना, नाम लिखना या लिखाना; (सहयोग) प्राप्त क० या देना; **~ment,** भरती*। > इन्‌-लिस्ट

enliven, अनुप्राणित क०, सजीव बना देना, जान* डालना। > इनलाइवॅन

en masse, सामूहिक रूप से। > आँमैस

enmesh, फँसाना, उलझाना। > इनमे'श

enmity, शत्रुता*, वैर, दुश्मनी*; विद्वेष। > ए'न्‌-मि-टि

ennead, नवक। > ए'न्‌-इ-अॅड

enneagon, नवभुज। > ए'न्‌-इअॅगॅन

enneahedron, नवफलक। ए'न्‌-इअॅहे'ड्रॅन

ennoble, 1. अभिजात वर्ग का सदस्य बनाना; 2. उदात्त बनाना, परिष्कार क०। > इनोबॅल

ennui, 1.(*boredom*) उचाट, ऊब*, विमनता*; 2. (*weariness*) खिन्नता*, क्लान्ति*। > आन्वी

enormity, घोरता*; महापातक, अतिपातक। > इनॉ:म्‌-इटि

enormous, विशाल, दीर्घाकार; बृहत्; बहुत बड़ा। > इनॉ:मॅस

enough, पर्याप्त, काफ़ी। > इनॅफ़ = अॅनॅफ़

enounce, 1. व्यक्त क०, प्रतिपादित क०; 2. (*proclaim*) घोषित क०; 3. (*pronounce*) उच्चारण क०। > इनाउन्स

en passant, प्रसंगवश। > आँपैसाँ

enquire, *see* INQUIRE > इनक्वाइअॅ

enrage, क्रुद्ध क०, गुस्सा दिलाना। > इनरेज

enrapt, आनन्द-विभोर; **~ure,** आह्लादित क०, मोहित क०, आनन्दविभोर कर देना; **~ured,** सम्मोहित। > इनरैप्ट; इन्‌-रैप्‌-चॅ

enrich, धनी, सम्पन्न, पुष्ट या समृद्ध बनाना; अलंकृत क०; उपजाऊ बनाना; **~ment,** सम्पन्नीकरण; अलंकरण; संवर्धन; समृद्धि*; संवृद्धि*। > इन्‌-रिच

enrol(l), नाम लिखना या लिखाना, भरती क० या हो जाना, सदस्य बनाया या बनना; **~ment,** भरती*, नामांकन, नामनिवेश, पंजीयन। > इनरोल

en route, मार्ग में, रास्ते में। > आँरूट

ens, सत्त्व। > ए'न्ज

ensanguined, रक्तरंजित। > इनसैन्‌ग्विन्ड

ensconce, छिपाना, आश्रय देना; सुखपूर्वक बैठाना; ~oneself, सुखपूर्वक बैठ जाना। > इनस्कॉन्स

ensemble, समष्टि*; सामूहिक प्रभाव या दृश्य। > आँसाँबॅल

enshrine, मन्दिर में स्थापित क०, प्रतिष्ठापित क०; श्रद्धा* से सुरक्षित रखना। > इन्‌श्राइन

enshroud, छिपाना, परदा डालना। > इन्‌श्राउड

ensiform, खड्गाकार। > ए'न्‌-सि-फ़ॉ:म

ensign, 1. (*flag*) झण्डा, पताका; पोतध्वज; 2. (*symbol*) प्रतीक। > ए'न्‌साइन

ensilage, साइलो-संरक्षण। > ए'न्‌-सि-लिज

ensile, साइलो में रखना। > इन्‌साइल

enslave, दास बना लेना, वशीभूत क०; **~ment,**

दासकरण, वशीकरण; दासता*, गुलामी*; **~r,** वशीकर; मोहिनी*। > इन्स्लेव्; इन्-स्लेव्-अॅ

ensnare, फँसाना; बहकाना। > इनस्ने'अॅ

ensphere, घेरना, घेर लेना। > इन्-स्फ़िअॅ

ensue, पीछे (घटित) होना, परिणाम निकलना, परिणामस्वरूप होना। **~ensuing,** अनुवर्ती, आगामी। > इन्स्यू

ensure, सुरक्षित कर देना, निरापद क०; निश्चित कर लेना, सुनिश्चित रखना। > इन्शुअॅ

enswathe, लपेटना, पट्टी* बाँधना। > इन्स्वेद

entablature, प्रस्तर। > इन्टैब्लॅचॅ

entablement, पीठिका*। > इन्टेबॅल्मॅन्ट

entail, 1. (*involve*) के लिए आवश्यक होना, माँगना; 2. (*impose*) भार डालना; 3. (*law*) अनुक्रम-बन्धन क०, अपरिहार्य या अहस्तान्त-रणीय बनाना; —*n.*, **~ment,** अनुक्रमबन्धन; अहस्तान्तरणीय दाय। > इन्टेल

entangle, उलझाना, फँसाना; **~ment,** उलझन*, बाधा*। > इन्टैन्ग्गॅल

entasis, उत्तलता*। > ए'न्टॅसिस

entelechy, संभूति*; अन्तस्तत्त्व। > इन्टे'लॅकि

entellus, लंगूर। > इन्टे'लॅस

entente, समझौता, सन्धि*। > आँटाँट

enter, प्रवेश क०, घुसना; सदस्य बनना; आरम्भ क०; सम्मिलित हो जाना, भाग लेना; नाम लिखना; भरती क०; लिख देना, दर्ज क०; **~ed,** प्रविष्ट, निविष्ट। > ए'न्-टॅ; ए'न्टॅड

enteric, आन्त्र; ~fever, आन्त्र ज्वर। > ए'न्टे'रिक

enteritis, 1. आन्त्रशोथ; 2. (*of horses*) बोगुआ। > ए'न्टॅराइट्-इस

enteron, आहार-नाल*। > ए'न्टॅरॉन

enterotomy, अन्त्रच्छेदन। > ए'न्टॅरॉटॅमि

enterprise, 1. (*work*) उद्यम, (महान्) कार्य; 2. (*courage*) उत्साह, साहस। > ए'न्टॅप्राइज़

enterprising, आरम्भी, उद्यमशील, उत्साही; साहसी। > ए'न्टॅप्राइज़िन्ग

entertain, 1. (*amuse*) का मन बहलाना, रिझाना; 2. स्वागत क०, अतिथि-सत्कार क०; 3. मन में रखना, पर विचार क०; 4. (*accept*) ले लेना; **~er,** नर्तक, गायक; नर्तकी*; गायिका*, **~ing,** मनोरजंक; **~ment,** 1. (*amusement*) मनोरंजन; मनबहलाव; 2. (*show*) तमाशा; 3. (*hospitality*) आतिथ्य-सत्कार; 4. (*of an idea*) विचारणा*। > ए'न्टॅटेन; ए'न-टॅ-टेन्-अॅ, ~इन्ग

enthral, मोहित क०, वशीभूत क०; दास बनाना; **~ment,** सम्मोहन; दासत्व। > इन्थ्रॉःल

enthrone, गद्दी* पर बैठाना; प्रतिष्ठा* क०; **~ment,** **enthronization,** राज्याभिषेक; अधिष्ठापन। > इन्थ्रोन; ए'न्थ्रोनाइज़ेशॅन

enthusiasm, उत्साह, समुत्साह, उमंग*। > इन्थ्यूज़िऐज़्म

enthusiast(ic), उत्साही, उमंगी, उत्साहपूर्ण। > इन्थ्यूज़्-इऐस्ट; इन-थ्यू-ज़ि-ऐस्-टिक

enthymeme, संक्षिप्त या लुप्तावयव न्याय-वाक्य। > ए'न्-थि-मीम

entice, लुभाना, फुसलाना, प्रलोभन देना; **~ment,** प्रलोभन, फुसलाहट*; **~r,** प्रलोभक। **enticing,** सम्मोहक। > इन्टाइस

entire, 1. सम्पूर्ण, समग्र, पूर्ण, कुल, सारा; 2. (*unbroken*) पूरा, समूचा, अखण्ड; 3. (*not castrated*) अँडुआ; **~ly,** सम्पूर्णतः; **~ty,** सम्पूर्णता*; अखण्डता*; समूचा। > इन्टाइअॅ, ~टि, ~लि

entitle, अधिकार देना, हक़दार बनाना; शीर्षक रखना; उपाधि* देना; **~d,** अधिकारी, अधिकृत, हक़दार। > इन्टाइटॅल

entity, अस्तित्व, हस्ती*; सत्त्व, तत्त्व, सत्ता*। > ए'न्-टि-टि

ento-, अन्तः। > ए'न्टो

entomb, दफ़नाना; **~ment,** दफ़न। > इन्टूम

entomo/logist, कीटविज्ञानी; **~logy,** कीट-विज्ञान; **~phagous,** कीटाहारी, **~philous,** कीट-परागित। > ए'न्टॅमॉल्/ॲजिस्ट,~ ॲजि; > ए'न्टॅमॉफ़्/ॲगॅस, ~इलॅस

entourage, 1. वातावरण; 2. (*surroundings*) परिसर; 3. (*persons*) संगी-साथी; सोहबत*, संगत*। > ऑन्टुराश़्ज़

entr'acte, निष्कंभ, विलासिका*। > ऑन्ट्रैक्ट

entrails, अन्त्र, आँतें*, अँतड़ियाँ। > ए'न्ट्रेल्ज़

entrain, रेल* में चढ़ना या चढ़ाना; **~ed,** आरूढ़। > इन्ट्रेन्

entrammel, उलझाना, अटकाना। एन्ट्रैमॅल

entrance, *n.*, प्रवेश; प्रवेश-द्वार, प्रवेश-मार्ग; प्रवेश-अधिकार; —*v.*, सम्मोहित क०; **~ment,** सम्मोहन। **~entrancing,** सम्मोहक। > ए'न्ट्रॅन्स (*n.*) इन्ट्रान्स (*v.*); इन्-ट्रान्स्-इन्ग

entrant, 1. प्रवेशक; 2. नया सदस्य; 3. (*competitor*) प्रतियोगी। > ए'न्ट्रॅन्ट

entrap, फँसाना; बहकाना। > इन्ट्रैप

entreat, अनुनय-विनय* क०, घिघियाना, चिरौरी* क०; **~y,** अनुनय-विनय*, चिरौरी*। > इन्ट्रीट; इन्ट्रीट्-इ

entre'e, प्रवेशाधिकार। > ऑन्ट्रे

entreônch, खाई* से घेरना; **~ed,** खाई* में तैनात; संस्थापित; **~ment,** खाईबन्दी*, मोर्चाबन्दी*। > इन्ट्रे'न्च

entrepôt, गोदाम। > ऑन्ट्रॅपो

entrepreneur, ठेकेदार। > ऑन्ट्रॅप्रॅनॅः

entresol, बिचला तल्ला। > ऑन्‌ट्रॅसॉल
entropy, एंट्रोपी*, उत्क्रम-माप। > ए'न्‌ट्रॅपि
entrust, सौंपना, सिपुर्द क०। > इनट्रॅस्ट
entry, 1. प्रवेश; 2. प्रवेश-द्वार; 3. (*writing*) टीप*, इन्दराज, लेखी*, निविष्ट*, प्रविष्टि*; 4. (*entrant*) प्रतियोगी। > ए'न्‌-ट्रि
entwine, गूथना, ग्रथित क०; आलिंगन क०। > इन्‌ट्वाइन
entwist, बटना। > इन्‌ट्विस्ट
enucleate, निकालना; समझाना, स्पष्ट क०। > इन्यूक्‌लिएट
enume/rable, गणनीय; **~rate,** गिनना; नाम लेकर बताना; **~ration,** गणना*, परिगणन, परिगणना*; सूची*; नामनिर्देशन; **~rative,** गणनात्मक; **~rator,** परिगणक, गणनाकार। > इन्यूमॅ/रॅबॅल, ~रेट, ~रेशॅन, ~ रॅटिव, ~रे-टॅ
enunci/ate, 1. निरूपित क०, प्रस्तुत क०, व्यक्त क०, प्रतिपादित क०; घोषित क०; उच्चारण क०; 2. (*math.*) प्रतिज्ञापित क०; **~ation,** 1. निरूपण, प्रतिज्ञापन; घोषण, कथन; उच्चारण 2. (*math.*) प्रतिज्ञा*; **~ative,** प्रतिज्ञापक, घोषक, उच्चारक। > इनॅन्‌/सिएट, ~सिएशॅन, ~शिॲटिव
enure, *see* INURE. > इन्युॲ
enuresis, अनैच्छिक, मूत्रस्राव, असंयतमूत्रता*। > ए'न्यूरीस्‌-इस
envelop, लपेटना, अवगुण्ठित क०, आवृत क०, ढकना; घेर लेना; छिपाना, धुँधला क०; **~ment,** अवगुण्ठन, आवरण। > इन्‌वे'लॅप
envelope, लिफ़ाफा; आवरण। > ए'न्‌-वॅलोप = ए'न्‌-वि-लोप
envenom, विषाक्त क०; कटु बनाना। > इन्‌वे'नॅम
enviable, ईर्ष्य, स्पृहणीय, वांछनीय। > ए'न्‌-वि-ॲ-बॅल
envious, ईर्ष्यालु, डाही, जरतुवा। > ए'न्‌-वि-ॲस
environ, घेरना; **~ment,** वातावरण, पर्यावरण; अड़ोस-पड़ोस, परिसर। > इन्‌वाइरॅन, ~मॅन्ट
environs, नगरोपान्त, परिप्रदेश। > ए'न्‌-वि-रॅन्ज़ = इन्‌वाइरॅन्ज़
envisage, का सामना क०, आमने-सामने देखना; का ध्यान क०, पर विचार क०। > इन्‌-विज़्‌-इज
envoy, 1. दूत, उपराजदूत; 2. (*envoi*) उपसंहार। > ए'न्‌वॉइ
envy, *n.*, ईर्ष्या*, डाह*, असूया*, जलन*, मत्सर; —*v.*, ईर्ष्या* क०, जलना। > ए'न्‌-वि
enwarp, लपेटना, अवगुण्ठित क०। > इन्‌रैप
enzootic, स्थानिक मारी*। > ए'न्‌ज़ोऑट्‌-इक
enzyme, इन्ज़ाइम, किण्वक। > ए'न्‌ज़ाइम
eocene, आदिनूतन। > ईओसीन
eolithic, आदिपाषाण। > ईओलिथ्‌-इक

eon, कल्प। > ईऑन = ईॲन
eozoic, आदिजीवक। > ईओज़ोइक
epact, सौर-चान्द्र-वर्षान्तर; वर्षारंभ-चन्द्र-कला*। > ईपैक्ट
epaulet(te), स्कन्धिका*। > ए'पॅले'ट
epeirogenesis, महादेश-रचना*। > ए'पाइरॅजे'नॅसिस
epenthesis, मध्यागम, ध्वनिसन्निवेश। > ए'पे'न्‌-थि-सिस
ephemeral, क्षणभंगुर, क्षणिक; स्वल्पायु, एकाह, एकदिवसीय। > इफ़े'मॅरॅल
ephemeris, ephemerides, पंचांग। > इफ़े'मॅरिस; ए'फ़िमे'रिडीज़
epiblast, आद्यबहिर्जनस्तर। > ए'प्‌-इब्लैस्ट
epic, महाकाव्य, महाप्रबन्धकाव्य; वीरकथा*। > ए'प्‌-इक
epicene, उभयलिंग, उभयलिंगी। > ए'प्‌-इसीन
epicentre, अधिकेन्द्र, उत्केन्द्र। > ए'पिसे'न्‌टॅ
epicure, चटोरा, स्वादलोलुप; **~an,** भोगवादी; **~anism, epicurism,** भोगवाद। > ए'प्‌-इक्युॲ; ए'प्‌-इक्युॲरी/ॲन, ~ ॲनिज़्म; ए'प्‌-इक्युॲरिज़्म
epicycle, अधिचक्र। > ए'प्‌-इसाइकॅल
epidemic, महामारी*, मरक, वबा*। > ए'पिडे'म्‌-इक
epidemiology, मरक-विज्ञान, जानपदिक-रोगविज्ञान। > ए'पिडीमिऑलॅजि
epidermis, बाह्यत्वचा*, अधिचर्म। > ए'पिडॅ:म्‌-इस
epidiascope, पारापार चित्रदर्शी। > ए'पिडाइॲस्कोप
epigastrium, अधिजठर। > ए'पिगैस्‌-ट्रि-ॲम
epigene, अनुजात। > ए'प्‌-इजीन
epigenesis, पश्चनन। > ए'पिजे'न्‌-इसिस
epiglottis, कण्ठच्छद, स्वरयन्त्रच्छद, घंटी-ढक्कन। > ए'पिग्लॉट्‌-इस
epigram, सूक्ति*, चुटकुला, विनोदिका*। > ए'प-इग्रैम
epigraph, 1. पुरालेख; शिलालेख; 2. (*motto*) आदर्शवाक्य; **~er, ~ist,** पुरालेखशास्त्री; **~y,** पुरालेखशास्त्र। > ए'प्‌-इग्राफ; ए'पिग्रॅ/फ़ॅ, ~फिस्ट, ~फ़ि
epilepsy, मिरगी*, अपस्मार। > ए'प्‌-इले'प्सि
epileptic, अपस्मारी। > ए'पि-ले'प्‌-टिक
epilogue, 1. उपसंहार; 2. (*of drama*) भरतवाक्य। > ए'प्‌-इलॉग
Epiphany, प्रभुप्रकाश। > इपिफ़ॅनि
epiphenomenon, गौणफल, उपोत्पाद, उपतत्त्व, अनुघटना*। > ए'पिफ़िनॉमॅनॅन

epiphyte, अधिपादप। > एप्-इफ़ाइट
episcopacy, धर्माध्यक्ष-पद; धर्माध्यक्ष-वर्ग; धर्माध्यक्ष-तन्त्र। > इपिसक्रॅपॅसि
episcopal, धर्माध्यक्षीय। > इपिसक्रॅपॅल
episcopate, धर्माध्यक्षता*; धर्माध्यक्ष-वर्ग, बिशप-गण। > इपिसक्रॅपिट
episode, उपाख्यान, उपकथा*, कथांश, वृत्तान्त; घटना*, प्रसंग। > ए'प्-इसोड
episodic(al), 1. उपख्यानात्मक; 2. (*incidental*) प्रासंगिक। > ए'पिसॉड्-इक
epistemology, ज्ञान-मीमांसा*, ज्ञानशास्त्र। > ए'पिसटीमॉलॅजि
episternum, अधि-उरोस्थि*। > ए'पिस्टॅ:नॅम
epistle, पत्र; धर्मपत्र; काव्यपत्र, पत्रकविता*। > इपिसॅल
epistolary, पत्रविषयक; पत्रात्मक; पत्राकार। > इपिसटॅलॅरि
epistrophe, अन्त्यानुप्रास। > इपिसट्रॅफ़ि
epistyle, प्रस्तरपाद। > ए'प्-इस्टाइल
epitaph, समाधि-लेख, स्मृति-लेख। > ए'प्-इटाफ़
epithalamium, विवाह-गीत। > ए'पिथॅलेम्यॅम
epithelium, उपकला*। > ए'पिथील्यॅम
epithet, विशेषक, विशिष्टतावाचक या गुणसूचक विशेषण, विशेष नाम; उपनाम, उपाधि*। > ए'प्-इथे'ट
epitome, सार, सार-संग्रह, सारांश, निष्कर्ष, निचोड़। > इपिटॅमि
epitomize, सार या तत्त्व प्रस्तुत क०, संक्षिप्त क०; का प्रतीक होना। > इपिटॅमाइज़
epoch, 1.युग, काल; 2. युगान्तर; 3. (*astron.*) निर्देश-क्षण; **~-making,** युगान्तरकारी, युगविधायक, युगप्रवर्तक। > ईपॉक
eponym, मूलपुरुष, आधार-नामी; आधारनाम। > ए'पॅनिम
epopee, epos, महाकाव्य; वीरकाव्य। > ए'पॅपी; ए'पॉस
equability, स्थिरता*; समता*, एकरूपता*। > ए'क्वॅबिल्-इटि
equable, स्थिर; एकरूप, सम। > ए'क्वॅबॅल
equal, *adj.*, समान, बराबर, तुल्य, सम; *n.*, समकक्ष, समवर्ग; —*v.*, के बराबर होना, की बराबरी* क०; बराबर क०, समान बनाना; **~to,** के योग्य; **~itarian,** समतावादी; **~ity,** समानता*, बराबरी*, समता*, साम्य; **~ization,** समकरण; **~ize,** बराबर क०, समान क०, एकरूप कर देना; **~izer,** समकार, समकारी; **~ly,** इतना ही, समान रूप से, वैसा ही। > ईक्वॅल; इक्वॉलिटे'अॅर्-इअॅन; इक्वॉल्-इटि; ईक्वॅलाइज़ेशॅन; ईक्वॅ/लाइज़, ~लाइज़ॅ, ~लि
equanimity, धीरज, धृति*, धैर्य, समबुद्धि*, समचित्तता*। > ईक्वॅनिम्-इटि
equnimous, समबुद्धि, समचित्त, स्थितप्रज्ञ, धीर। > इक्वैन्-इमॅस
equate, 1. बराबर मानना; 2. (*math.*) समीकृत क०। > इक्वेट
equation, 1. (*math.*) समीकरण; 2. (*astron.*) समीकार; 3. (*equality*) समता*; personal ~, वैयक्तिक त्रुटि*। > इक्वेशॅन
equator, 1. विषुवद्-रेखा*, भूमध्यरेखा*, निरक्ष; 2. (*astron.*) विषुवद्-वृत्त; **~ial,** भूमध्यवर्ती, भूमध्य, विषुवतीय, विषुवत। > इ-क्वेट्-अॅ; ईक्वॅटॉ:र्-इअॅल
equerry, अश्वपाल। > ए'क्वॅरि = इक्वे'रि
equestrian, घुड़सवार, अश्वारोही; आश्व; **~ism,** घुड़सवारी*। > इ-क्वे'स्ट्-रि-अॅन
equi-, सम-, समान-; **~angular,** समकोणी, समकोणिक, समकोण; **~distant,** समदूरस्थ, समांतराली; **~lateral,** समभुज, समबाहु। > ईक्-वि; ईक्विऐन्ग्-युलॅ; ईक्-वि/डिस्टॅन्ट, ~लैटॅरॅल
equili/brant, सन्तुलक; **~brate,** साम्यावस्था* स्थापित क० या बनाए रखना; बराबर क० या होना; **~bration,** साम्यधारण; **~brist,** कलाबाज़; **~brium,** 1. सन्तुलन, साम्य, समत्व; 2. (*phys.*) साम्यावस्था*। > इक्विल्-इब्रॅन्ट; ईक्विलाइब्रेट ईक्विलाइब्रेशॅन; इक्विल्-इब्रिस्ट; ईक्विलिब्-रिअॅम
equimolecular, सम-अणुक। > ईक्-वि-मो-ले'क्-यु-लॅ
equimultiple, समापवर्तक। > ईक्-वि-मॅल्-टि-पॅल
equine, आश्व, अश्वीय। > ईक्वाइन
equinoctial, *adj.*, विषुवीय; *n.*, विषुववृत्त, विषुव-रेखा*। > ईक्विनॉक्शॅल
equinox, विषुव, सायन। > ई-क्वि-नॉक्स
equip, सज्जित क०, लैस क०; **~age,** सामग्री*, सज्जा*; रथ; **~ment,** 1.सज्जा*, लवाज़मा, साज़-सामान, उपस्कर, उपकरण, साधन; 2. (*action*) उपस्करण। > ई-क्विप्; ए'-क्वि-पिज
equi/poise, 1. (*phys.*) साम्यावस्था*; प्रतिभार; 2. (*fig.*) सन्तुलन; प्रतिसन्तुलन; **~pollent,** तुल्य; **~ponderant,** समभार; **~ponderate,** समभार क०; व्यर्थ कर देना; **~pontential,** समविभव। > ए'क्-वि-पॉइज़; ईक्-विपॉलॅन्ट; ईक्-वि-पॉन्-डॅरॅन्ट; ईक्-वि-पॉन्-डॅ-रेट; ईक्-वि-प-टे'न्-शॅल

equitable, 1. न्यायसंगत, उचित; 2. (*law*) साम्यिक। > ए'-क्वि-टॅ-बॅल

equitation, घुड़सवारी*। ए'क-वि-टे-शॅन

equity, 1. निष्पक्षता*, समदृष्टि*; 2. औचित्य; 3. (*law*) साम्या*। > ए'क्वि-टि

equivalence, 1. तुल्यता*, समता*, बराबरी*, समानता*; 2. (*chem.*) समसंयोजकता*; 3. (*in meaning*) समानार्थकता*। > इक्विवॅलॅन्स

equivalent, *adj.*, 1. तुल्य, तुल्यमान, सम, समान, बराबर, 2. (*chem.*) समसंयोजक; 3. (*geom.*) समपरिमाण, समविस्तार, समायतन; 4. समानार्थक, समानार्थी, एकार्थ(क), पर्यायवाची; —*n.*, 1. समानक, उतना ही, तुल्य राशि*; तुल्यांक 2. (*synonym*) पर्याय समानार्थ। > इक्विवॅलॅन्ट

equivocal, 1. द्व्यर्थक, अनेकार्थक; 2. संदिग्ध, अनिश्चित; 3. (*of persons*) अविश्वसनीय, सन्देहभाजन 4. (*suspicious*) सन्देहजनक। > इक्विवॅकॅल

equivocate, गोल बात* कहना; टालमटोल* क०। > इक्विवॅकेट

equivocation, वाक्छल, शब्दछल, गोल बात*। > इक्विवॅकेशॅन

equivocator, शब्दछली। > इ-क्विवॅ-के-टॅ

equivoke, equivoque, 1. कूटोक्ति*, वाक्छल; 2. (*pun*) श्लेष; 3. द्व्यर्थकता*। > ईक्विवोक = ए'क्-वि-वोक

Equuleus, अश्वक। > इक्यूलिॲस

era, युग, संवत्; कल्प, महाकल्प, काल; christian ~, ईसवी सन्। > इॲर्-ॲ

eradiate, विकीर्ण क०। > इरेडिएट

eradiation, विकिरण। > इरेडिएशॅन

eradi/cable, उन्मूलनीय; **~cate,** का उन्मूलन क०, उखाड़ना, उन्मूलित क०; मिटाना, नष्ट क०; **~cation,** उन्मूलन; विध्वंस, नाश; **~cative,** उन्मूलक। > इरैड्-इ/कॅबॅल, ~केट, ~केशॅन, ~कॅटिव

erase, मिटाना, लुप्त क०; **~r,** रबर, अपमार्जक। > इरेज़; इ-रेज़्-ॲ

erasure, 1. अपमार्जन, विलोपन; 2. विनाश; 3. (*in document*) काटकूट*, काट-छाँट*। > इ-रे-श्ज़ॅ

erect, *adj.*, खड़ा, सीधा, ऊर्ध्व; *v.*, खड़ा क०; निर्माण क०; स्थापित क०; **~ile,** उत्थानशील, उत्थानक्षम; **~ion,** 1. उत्थापन, स्थापना*, निर्माण; 2. (*building*) भवन, इमारत*; 3. (*physiol.*) उत्थान, उद्धर्षण, आयमन; **~or,** 1. निर्माता; 2. (*phys.*) उत्थापक। > इरे'क्ट; इरे'क्टाइल; इरे'क्शन; इरे'क्टॅ

ere long, निकट भविष्य में, शीघ्र, जल्दी। > ऐॲ लॉन्ग

eremite, एकान्तवासी, वैखानस। > ए'रिमाइट

ere now, आज से पहले। > ए'ॲ नाउ

erg, अर्ग। > ॲ:ग

ergatocracy, श्रमिका-तन्त्र। > ॲ:गॅटॉक्-रॅसि

ergot, अर्गट। > ॲ:गॅट

eristic, *adj.*, विवाद-विषयक; विवादास्पद; —*n.*, तार्किक; विवाद-कला*, तर्कशास्त्र। > ए'रिस्-टिक

erode, काटना, खा जाना; क्षय हो जाना, कट जाना। > इरोड

eroded, erose, अपरदित। > इरोडिड, इरोस

erogenous, कामोत्तेजक। > इरॉजॅनॅस

erosion, कटाव, (भू)क्षरण, अपरदन, काट*। > इरोजश्ज़ॅन

erosive, काटनेवाला, अपरदनकारी। > इरोस्-इव

erotic, *adj.*, 1. (*sexual*) रत्यात्मक, कामविषयक; कामोद्दीपक; 2. (*amatory*) शृंगारिक, शृंगारात्मक; —*n.*, 1. (*a person*) कामुक; 2. (*a science*) कामशास्त्र; 3. (*poetry*) शृंगारकाव्य; **~ism,** रत्यात्मकता*; शृंगारिकता*; कामवासना*; कामुकता*। > ए'रॉट्-इक; ए'रॉट्-इसिज़्म

erotomania, कामोन्माद। > ए'रॉटॅमेन-इॲ

err, भूल* क०; भूल* होना, ग़लत होना; पाप क०। > ॲ:

errand, (सौंपा हुआ) काम; दूतकार्य; लक्ष्य, उद्देश्य। > ए'रॅन्ड

err/ant, 1. पथभ्रष्ट, गुमराह, विपथगामी; 2. (*knight*) भ्रमणशील; **~ata,** (अ)शुद्धिपत्र; **~atic,** 1. अनियत, अनियमित, अनिश्चित; 2. (*person*) सनकी, मौजी; 3. संचारी; 4. (*geol.*) विस्थापित; **~atum,** अशुद्धि*; **~ing,** भ्रान्त, पथभ्रष्ट। > ए'रॅन्ट; ए'-राट्-ॲ; इरैट्-इक; ए'राटॅम

erroneous, भ्रान्तिपूर्ण, ग़लत, अशुद्ध। > ए'रोन्यॅस = इरोन्यॅस

error, भ्रम, भ्रान्ति*, भूल*, ग़लती, विभ्रम, त्रुटि*; ~s and ommissions, (*excepted*) भूल-चूक* (लेनी-देनी)। > ए'-रॅ

ersatz, नक़ली। > ए'ॲज़ैत्स

erubes/cence, लालिमा*, अरुणिमा*; लज्जारुणिमा*; **~cent,** आरक्त, अरुण*; लज्जारुण। > ए'रुबे'स्/ॲन्स, ~ॲन्ट

eruct, ~ate, डकारना, डकार* लेना; **~ation,** डकार*। > इरॅक्ट; इरॅक्टेट; इरॅक्टेशॅन

erudite, बहुश्रुत, पण्डित; पाण्डित्यपूर्ण। > ए'रुडाइट

erudition, पाण्डित्य, विद्वत्ता*। > ए'रुडिशॅन

erupt, फूटना; निकल आना; **~ion,** 1. उद्भेदन; उद्गार; 2. (*rash*) फोड़ा-फुंसी*; **~ive,** उद्भेदी; उद्गारी; विस्फोटक। > इरॅप्ट; इरॅप्शॅन; इ-रॅप्-टिव

erysipelas, विसर्प। > ए'रिसिप्-इलॅस

erythema, त्वगरक्तिमा*। > ए'-रि-थीम्-ॲ
escalade, (सीढ़ियों* के सहारे) चढ़ना। > ए'स्कॅलेड
esca/late, 1. (*increase*) बढ़ाना; 2. (*intensify*) तीव्र क०; **~lation,** वृद्धि*, बढ़ती*; तीव्रीकरण। > ए'स्कॅलेट; ए'स्कलेशन
escalator, चलती सीढ़ी*, चलसोपान। > ए'स्-कॅ-ले-टॅ
escapade, शरारत*, नटखटी*, चुलबुल*। > ए'स्कपेड
escape, *v.*, भाग निकलना, पलायन क०, निकल भागना; बच जाना, बचना; निकलना, निकल जाना; —*n.* 1. (*act.*) पलायन; 2. (*fact*) बचाव, मुक्ति*; 3. (*relief*) छुटकारा, उन्मुक्ति*; 4. (*way*) निकास; **~e,** पलायित, भगोड़ा, निकल-भागा; **~ment,** निकास। > इस्केप; ए'स्कॅपी
escapism, पलायनवाद। > इस्केप्-इज़्म
escapist, पलायनवादी। > इस्केप्-इस्ट
escarpment, कगार। > इस्काप्मॅन्ट
eschatological, युगान्त-विषयक। > ए'स्कॅटॅलॉजिकॅल
eschatology, युगान्त-विज्ञान। > ए'सकॅटॉलॅजि
escheat, *n.*, राजगमन; राजगत सम्पत्ति*; —*v.*, राजगामी होना; राजसात् क०, ज़ब्त क०। > इस्चीट
eschew, से दूर रहना, से परहेज़ क०। > इस्चू
escort, *n.*, मार्गरक्षी; मार्गरक्षण; *v.*, मार्गरक्षण क०, रक्षार्थ साथ जाना; **~ing,** मार्गरक्षी। > ए'स्कॉ:ट (*n.*); इस्कॉ:ट (*v.*)
escribe, बहिर्वृत्त खींचना। > ईस्क्राइब
escritoire, डेस्क। > ए'स्-क्रिट्वा
escrow, निलम्बलेख। > ए'सक्रो
esculent, खाद्य। > ए'सक्यूलॅन्ट
escutcheon, 1. कुलचिह्न-फलक; 2. (*shield*) ढाल*। > इस्कॅचॅन
esophagus, ग्रास-नली*, भोजन-नलिका*। > ईसॉफ़ॅगॅस
esoteric, गोपनीय, गुह्य, गूढ़; दीक्षणीय। > ए'सॅटे'रिक
espalier, जाफ़री*। > इस्-पैल्-यॅ
especial, उत्कृष्ट, असाधारण; विशिष्ट, खास; **~ly,** 1. विशेषकर, विशेष रूप से, खास तौर से; 2. (*mainly*) मुख्यत:। > इस्पे'शॅल; इस्पे'शॅलि
espial, दर्शन, आलक्षण, ईक्षण। > इस्पाइॲल
espier, दर्शक। > इस्-पाइ-ॲ
espionage, चारकर्म, जासूसी*, गुप्तचर्या*। > ए'स्-पिॲनाश्ज़ = ए'स्-पि-ॲ-नाश्ज़
esplanade, चौक; मैदान। > ए'स्प्लॅनेड
espousal, 1. समर्थन; 2. (*pl.*) सगाई*, मँगनी*; विवाह। > इस्पाउज़ॅल
espouse, से विवाह क०, विवाह में देना; समर्थन क०, अपनाना। > इस्पाउज़
esprit, 1. आत्मा; 2. (*wit*) वाग्विदग्धता*; ~de corps, संघ-भाव, संघभक्ति*; दलभावना*। > ए'स्-प्री, ~डॅकॉ
espy, देख लेना; पता लगाना; ताड़ना, भाँपना। > इस्पाइ
Esq., esquire, श्री, श्रीमान्। > इस्-क्वाइॲ
essay, *n.*, 1. (*testing*) परीक्षण; 2. (*attempt*) प्रयास, कोशिश*; प्रयत्न; 3. (*treatise*) निबन्ध; —*v.*, परखना; प्रयास क०, हाथ डालना; **~ist,** निबन्धकार। > ए'स्-ए (*n.*) ए'से (*v.*) ए'स्-ए-इस्ट
essence, 1. (*entity*) सत्त्व; 2. (*substance*) तत्त्व; सार, सारांश; 3. (*extract*) आसव, अरक; 4. (*perfume*) परिमल, सुगन्ध*। > ए'सॅन्स
essential, 1. तात्त्विक, मूलभूत, मौलिक, सार-भूत 2. (*requisite*) अनिवार्य, परमावश्यक, लाज़िमी, अत्यावश्यक 3. (*important*) महत्त्वपूर्ण, प्रधान, मुख्य; **~ity,** तात्त्विकता*; तत्त्व; **~ly,** तत्त्वत:। > इसे'न्शॅल; इ-से'न्-शि-ऐल्-इटि
establish, 1. (सं)स्थापित क०; 2. (*prove*) प्रमाणित क०, सिद्ध क०; 3. दृढ़ क०, स्थिर क०, सुव्यवस्थित क०; प्रतिष्ठित क०; **~ed,** religion, राजधर्म; **~ment,** 1. संस्थापन, स्थापना*; 2. संस्था*, प्रतिष्ठान; 3. (*organization*) संगठन, व्यवस्था*; 4. (*household*) घर-गृहस्थी*; नौकर-चाकर; **~mentarian,** राजधर्मसमर्थक। > इस्टैब्-लिश, ~मॅन्टे'ॲर्-इॲन
estate, भूसम्पत्ति*, जागीर*, भूमि*; सम्पत्ति*, जायदाद*, सम्पदा*; **~duty,** भू-शुल्क। > इस्टेट
esteem, *n.*, सम्मान, मान, आदर, श्रद्धा*; —*v.*, सम्मान क०, महत्त्व देना; समझना, मानना, विचार क०, सोचना; **~ed,** सम्मानित। > इस्टीम
esthetic, *see* AESTHETIC।
estimable, आदरणीय, माननीय, आकलनीय। > ए'स्-टि-मॅ-बॅल
estimate, *n.*, आकलन, तख़मीना, अनुमानित ख़र्च (मूल्य......); विचार, अनुमान; —*v.*, 1. आकलन क०; 2. अनुमान लगाना, अन्दाज़ा लगाना; कूतना, आँकना; 3. (*judge*) विचार बना लेना, विचार क०; 4. (*value*) महत्त्व देना, सम्मान क०; **~d,** अनुमानित, अनुमित; आकलित। > ए'स्-टि-मिट (*n.*) ए'स्-टि-मेट (*v.*)
estimation, 1. अनुमान, अन्दाज़ा; आकलन; 2. (*opinion*) विचार, राय*; 3. (*esteem*) सम्मान, श्रद्धा*, आदर। > ए'स्-टि-मे-शॅन
estimator, आकलक। > ए'स्-टि-मे-टॅ
estival, ग्रीष्मकालीन। > ईस्टाइवॅल
estop, विबद्ध क०; **~pel,** विबन्धन। > इस्टॉप; इस्टॉपॅल

estrade, मंच। > ए'स्ट्राड
estrange, विमुख, विरक्त या उदासीन कर देना; से अलग कर देना; **~ment,** विरक्ति*, मनमुटाव; अलगाव, पार्थक्य। > इस्ट्रेंज
estreat, सही प्रतिलिपि*। > इस्ट्रीट
estuary, मुहाना, नदीमुख, ज्वारनदमुख, वेलासंगम। > ए'स्ट्यूअरि
esurience, बुभुक्षा*; लालच। > इस्युअॅर्-इअॅन्स
esurient, भूखा, बुभुक्षित; लालायित, ललचौहाँ। > इस्युअॅर्-इअॅन्ट
etcetera, आदि, वगैरह, इत्यादि। > इट्-से'ट्-रॅ
etch उरेहना, निक्षारण क०; **~ed,** निक्षारित; **~ing,** निक्षारण, अम्ललेखन। > ए'च्; ए'च्ट; ए'च्-इन्ग
eternal, 1. शाश्वत, अनादि-अनन्त; 2. (*perpetual*) निरन्तर, नित्य; 3. (*immutable*) अपरिवर्तनीय; 4. (*everlasting*) अनन्त; **~ize,** अमर बनाना, अमरत्व प्रदान क०; **~ly,** अनन्तकाल तक; निरन्तर, सदा-सर्वदा, हमेशा। > इटॅ:नॅल; इटॅ:नॅलाइज़
eternity, 1. शाश्वततत्त्व; 2. अनन्तकाल; 3. दीर्घकाल; 4. (*future life*) पारलौकिक जीवन। > इटॅ:न्-इटि
ether, ईथर, आकाश; **~eal,** 1. ईथरीय; 2. (*airy*) वायवीय; 3. (*celestial*) स्वर्गीय, लोकोत्तर, पारलौकिक; 4. (*delicate*) सुकुमार; 5. (*impalpable*) अतीन्द्रिय। > ईथ्-अॅ; ईथिअॅर्-इअॅल
ethic(al), नीतिपरक, नीति-विषयक, नीति-शास्त्रीय; नैतिक। > ए'थ्-इक; ए'थ्-इकॅल
ethics, नीतिशास्त्र, आचार-शास्त्र। > ए'थ्-इक्स
ethmoid bone, झर्झरिकास्थि*। > ए'थ्मॉइड
ethnarch, राजपाल। > ए'थ्नाक
ethnic(al), 1. (नृ)जातीय, मानवजातीय; 2. ग़ैर-यहूदी, ग़ैर-ईसाई। > ए'थ्-निक; ए'थ्-निकॅल
ethno/graphy, मानवजाति-वर्णन, नृजाति-वर्णन; **~logical,** जातीय, जातिगत; **~logy,** मानवजाति-विज्ञान, नृजाति-विज्ञान > ए'थ्नॉग्रॅफ़ि; ए'थ्नोलॉजिकॅल; ए'थ्नॉलॅजि
ethology, आचार-शास्त्र। > ईथॉलॅजि
ethos, लोकाचार; स्वभाव, प्रकृति*। > ईथॉस
ethyl, एथिल। > ए'थ्-इल
etiolate, पाण्डुर क० या हो जाना; **~d,** पाण्डुरित। > ईट्-इअॅलेट
etiolation, पाण्डुरता*, पीलापन, वर्णहीनता*। > ईटिओलेशॅन
etiology, 1. हैतुकी*, हेतुविज्ञान; 2. (*med.*) निदानशास्त्र। > ईटिऑलॅजि
etiquette, शिष्टाचार। > ए'टिके'ट
etui, डिबिया*। > ए'ट्वी
etymo/logical, व्युत्पत्ति*-विषयक, व्युत्पत्ति-मूलक, व्युत्पत्तीय; **~logize,** व्युत्पत्ति* निकालना; **~logy,** 1. (*science*) निरुक्त; 2. (*derivation*) व्युत्पत्ति*, निरुक्ति*। > ए'टिमॅलॉजिकॅल; ए'टिमॉलॅजाइज़; ए'टिमॉलॅजि
etymon, मूल, शब्द-मूल। > ए'ट्-इमॉन
eucalyptus, गन्धसफ़ेदा। > यूकॅलिप्टॅस
Eucharist, यूखारिस्त, परमप्रसाद। > यूकॅरिस्ट
eud(a)emonia, आत्मप्रसाद, सुखशान्ति*। > यूडीमोन्यॅ
eud(a)emonism, आत्मप्रसादवाद। > यूडीमॅनिज़्म
eudiometer, गैसमापी, गैस-आयतनमापी। > यू-डि-ऑम्-इ-टॅ
eugenic, सुजननिक; **~s,** सुजजन-विज्ञान, सुजननिकी*। > यूजे'न्-इक
eulogist, प्रशंसक; **~ic,** प्रशंसात्मक। > यूलॅजिस्ट; यू-लॅ-जिस्-टिक
eulogize, प्रशंसा* क०, गुणगान क०। > यूलॅजाइज़
eulogy, प्रशस्ति*, प्रशंसा*, गुणानुवाद, गुणगान। > यूलॅजि
eunuch, हिजड़ा, ख़ोजा, नपुंसक। > यूनॅक
eupep/sis, सुपाचन; **~tic,** सुपाचक। > यू-पे'प्/सिस, ~टिक
euphe/mism, मंगलभाषित, प्रियोक्ति*; **~mistic,** मंगलभाषी। > यूफ़्-इमिज़्म; यू-फि-मिस्-टिक
euphonic, श्रुतिमधुर, सुस्वर। > यूफ़ॉन्-इक
euphony, स्वरमाधुर्य, श्रुतिमधुरता*, नाद-सौन्दर्य। > यूफ़ॅनि
euphorbia, 1. (*hirta*) दुद्धी*, दुधिया*; 2. (*neriifolia*) थूहर, सेंहुड; 3. (*nivulia*) कटथोहर; 4. (*thymifolia*) छोटी दुद्धी*; 5. (*tirucalli*) कोंपल सेंहुड़। > यूफ़ॉ:बिअॅ
euphoria, euphory, सुख-बोध, सुखाभास। > यूफ़ॉ:र्-इअॅ; यूफ़ॅरि
euphuism, शब्दाडम्बर। > यूफ़्यूइज़्म
Eurasian, यूरेशियन। > यु-रेश्ज़्-इ-अॅन
Europe, यूरोप; **~an,** यूरोपीय, यूरोपियन; *n.*, यूरोपियन। > युअॅरॅप; युअॅरॅपीअॅन
Eustachian tube, कंठ-कर्णनली*। > यूस्टेश्यॅन = यूस्टेशॅन = यूस्टेक्-इअॅन
eutectic, गलनक्रांतिक, द्रवणक्रांतिक। > यू-टे'क्-टिक
euthanasia, सुखमृत्यु*। > यूथॅनेज़्यॅ
evacuant, रेचक। > इवैक्यूअॅन्ट
evacuate, ख़ाली या रिक्त क० या कराना; हटा देना, ले जाना; छोड़ देना; मलोत्सर्ग क०। > इवैक्यूएट
evacuation, 1. शून्यीकरण; 2. (*withdrawal*) निष्क्रमण, परित्याग; 3. (*removal*) निकास;

4. मलत्याग, मलोत्सर्ग; 5. (*evacuated matter*) मल। > इवैक्युएशॅन

evacuee, निष्क्रान्त, शरणार्थी; स्थानान्तरित। > इवैक्युई

evade, 1. टाल देना, टाल-मटोल* क०; 2. (*illegally*) अपवंचन क०; 3. से बच निकलना; से जी चुराना; 4. पकड़* या समझ* में नहीं आना। > इवे्ड

evagination, बहिर्वलन। > इवैजिनेशॅन

evaluate, 1. मूल्यांकन क०; 2. (*math.*) मान निकालना। > इवैल्यूएट

evaluation, मूल्यांकन, मूल्य-निर्धारण; मानांकन। > इवैल्यूएशॅन

evanesce, ओझल हो जाना, लुप्त हो जाना; **~nce,** 1. लोप, तिरोभाव, अन्तर्धान; 2. (*transitoriness*) क्षणभंगुरता*, **~nt,** तिरोगामी; क्षणभंगुर, क्षणिक, क्षणस्थायी; क्षणजीवी। > ईवॅने'स; ईवॅने'स/ॲन्स, ~ॲन्ट

evange/lical, सुसमाचारी, सुसमाचारसम्मत; **~list,** सुसमाचारक, सुसमाचार लेखक; **~lization,** सुसमाचार-प्रचार; **~lize,** (में) सुसमाचार का प्रचार क०। > ईवैन्जे'ल्-इकॅल; इवैन्जॅलिस्ट; इवैन्जॅलाइज़ेशॅन; इवैन्जॅलाइज़

evapo/rate, 1. वाष्पण क०, वाष्पित क०; 2. वाष्पीभूत या वाष्पित हो जाना, भाप* बनाना; 3. (*dry*) सुखाना; 4. (*disappear*) ओझल या लुप्त हो जाना; **~rated,** वाष्पित; **~ration,** वाष्पण, वाष्पीकरण, वाष्पीभवन; **~rative,** वाष्पणिक; **~rator,** वाष्पक, वाष्पित्र। > इवैपॅरेट; इवैपॅरेशन; इवैपॅरेटिव़; इ-वैपॅरे-टॅ

evasion, 1. (*of taxes*) अपवंचन; 2. (*subterfuge*) बहाना, टाल-मटोल*, टाल-टूल*; 3. (*avoidance*) परिहार, बचाव। > इवेश़ॅन

evasive, 1. कपटी, कुटिल; 2. टालमटोलवाला, अस्पष्ट, अनिश्चित। > इवेस्-इव

Eve, हौवा*। > ईव

eve, पूर्वदिन; पूर्वसन्ध्या*। > ईव

evection, चन्द्रकक्षा-क्षोभ। > इवेक्शॅन

even, *adj.*, 1. समतल, बराबर, चौरस, सम; 2. (*uniform*) एकरूप; 3. (*of numbers*) सम, जूस; 4. (*placid*) शान्त; 5. (*balanced*) सन्तुलित; ~number, जुफ़्त, समसंख्या*; —*adv.*, भी; से भी; जैसा कि; ज्यों, जिस समय, जिस क्षण; —*v.*, बराबर क० या हो जाना; **~-handed,** निष्पक्ष; **~ly,** समान रूप से; वैसा ही; शान्त भाव से; निष्पक्ष भाव से; **~-minded,** समस्वभाव; **~ness,** समता*, बराबरी*; एकरसता*, एकरूपता*, स्थिरता*, निष्पक्षता*; **~-tempered,** शान्तस्वभाव। > ईवॅन

evening, सन्ध्या*, शाम*, सायंकाल; ~party, सान्ध्य-गोष्ठी*; ~star, 1. सान्ध्य तारा; 2. (*Venus*) शुक्र। > ईव्-निंग

evensong, सन्ध्यावन्दना*। > ईवन्सॉन्ग

event, 1. घटना*; 2. (*outcome*) परिणाम, नतीजा; 3. विषय; **~ful,** 1. घटनापूर्ण; 2. महत्त्वपूर्ण। > इवे'न्ट

eventual, 1. सम्भावित, सम्भाव्य ; 2. (*ultimate*) अन्तिम, अन्त्य; **~ity,** समभाव्यता*, सम्भाव्य घटना*; **~ly,** अन्ततः, अन्ततोगत्वा, आखिरकार। > इवे'न्ट्युॲल; इवे'न्ट्युऐल्-इटि; इवे'न्ट्युॲलि

eventuate, के परिणाम तक पहुँचाना या पहुँचाना। > इवे'न्ट्युएट

ever, 1. कभी; 2. सदा, सदैव, हमेशा; 3. (*constantly*) निरन्तर, नित्य; ~since, जब से; for~, सदा के लिए; **~glade,** घासी कच्छ; दलदल**; **~green,** सदाबहार, सदापर्णी, सदाहरित; **~lasting,** अनन्त; स्थिरस्थायी; **~lastingly,** निरन्तर, सदा, सर्वदा; **~more,** सदा-सर्वदा। > ए'व्-ॲ

eversion, बहिर्वर्तन। > इवॅ:शॅन

evert, बहिर्नत क०। > इवॅ:ट

every, प्रत्येक, हर, हरएक, हरकोई; पूरा-पूरा, हर सम्भव; ~now and then, समय-समय पर; ~other, हर तीसरा; **~body,** प्रत्येक व्यक्ति, हर कोई; **~day,** प्रतिदिन का, साधारण; **~thing,** सब-कुछ; **~way,** सब तरह* से; **~where,** सर्वत्र, सब जगह*। > ए'व्-रि

evict, बेदख़ल क०; निकाल देना; **~ion,** बेदख़ली*; निष्कासन। > इविक्ट; इविक्शॅन

evidence, *n.*, 1. (*proof*) प्रमाण, सबूत; 2. (*indication*) संकेत; 3. (*testimony*) साक्ष्य, गवाही*; 4. सुस्पष्टता*, प्रत्यक्षता*; —*v.*, प्रमाणित क०, दिखलाना, प्रकट क०; साक्ष्य देना; state's~, मुखबिर। > ए'व्-इडॅन्स

evident, प्रत्यक्ष, सुस्पष्ट, व्यक्त, प्रकट; **~ial,** प्रामाणिक; प्रमाण-विषयक; **~ly,** स्पष्टतया, स्पष्ट रूप से। > ए'व्-इडॅन्ट

ए'विडे'न्शॅल; ए'व्-इ-डॅन्ट्-लि

evil, *n.*, 1. (*moral*) बुराई*, दुष्टता*, पाप; 2. (*misfortune*) अनिष्ट, विपत्ति*; 3. अशुभ (तत्त्व); —*adj.*, बुरा, दुष्ट, ख़राब; हानिकर, अनिष्टकर; अशुभ; the ~one, शैतान; ~spirit, अपदूत, नरकदूत; to cast an ~eye, नज़र* लगाना; **~-doer,** कुकर्मी; **~-minded,** दुष्ट, दुष्टात्मा, दुराशय; **~-smelling,** बदबूदार। > ईवॅल

evince, प्रदर्शित क०, दिखाना। > इविन्स

evirate, 1. (*castrate*) बधिया क०; 2. (*fig.*) स्त्रैण बना देना, असमर्थ बना देना। > ईव्-, ऐ'व्-इरेट

eviscerate, आँतें* निकालना; अशक्त, दुर्बल या

निस्तेज कर देना। > इविसॅरेट

evitable, परिहार्य। > ए'व्-इटॅबॅल

evocate, बुलाना। > ए'वोकेट

evocation, आह्वान। > ए'वोकेशॅन

evoke, बुलाना, का आह्वान क०; उत्पन्न क०। > इवोक

evolute, केन्द्रज; विकासज। > ए'वॅलूट

evolution, 1. विकास, क्रमविकास; 2. (*arith.*) मूलक्रिया*; 3. (*movement*) चाल*, गति*; **~ary,** विकासवादी; विकासात्मक, विकासीय, विकासमूलक, विकास-; **~ism,** विकासवाद; **~istic,** विकासवादी। > ईवॅलूशॅन; ईवॅलूश्नॅरि; ईवलूशॅ/निज़्म, ~निस्-टिक

evolve, 1. (*develop*) विकसित हो जाना या क०; 2. (*present*) प्रस्तुत क०; तैयार क०, उत्पन्न क०, व्यक्त क०; 3. (*emit*) उत्सर्जन क०। > इवॉल्व

evulsion, उत्पाटन, उन्मूलन। > इवॅल्शॅन

ewe, भेड़*, भेड़ी*। > यू

ewer, घड़ा। > यू-अॅ

ex, भूतपूर्व, पुराना। > ए'क्स

exacerbate, तीव्र क०; कटु बनाना; चिढ़ाना, उत्तेजित क०। > ए'क्स्ऐसॅबेट

exact, *adj.*, 1. (*correct*) सही, सटीक, सच्चा; 2. (*precise*) यथार्थ, यथातथ्य, सटीक, सुनिश्चित; 3. (*severe*) सख़्त, कड़ा; —*v.*, 1. बलपूर्वक लेना या वसूल क०, अपकर्षण क०, आहरण क०; 2. माँगना, की माँग* क०, आग्रह क०; 3. (*require*) आवश्यक होना, की अपेक्षा* रखना; this ~s effort, उसके लिए परिश्रम की अपेक्षा* होती है, **~ing,** 1. कड़ा, सख्त, कठोर; 2. (*arduous*) कठिन, श्रम-साध्य; **~ion,** आहरण, माँग*, अपकर्षण; **~itude,** याथातथ्य, सटीकपन; **~ly,** तथ्यतः, ठीक-ठीक; **~ness,** यथार्थता*, याथातथ्य; **~or,** अपकर्षक। > इगज़ैक्ट; इग्-ज़ैक्-टिना; इगज़ैक्शॅन; इग्-ज़ैक्-टि-ट्यूड; इग्-ज़ैक्ट/लि, ~निस; इग्-ज़ैक्-टॅ

exaggerate, अतिरंजन क०, अतिशयोक्ति* क०, बढ़ा-चढ़ाकर बातें* क०; बढ़ाना; **~d,** अतिरंजित, अतिशयोक्तिपूर्ण। > इग्ज़ैजॅरेट

exaggeration, अत्युक्ति*, अतिशयोक्ति*, अतिरंजन, अतिरंजना*। > इग्ज़ैजॅरेशॅन

exalt, उन्नत क०; प्रशंसा* क०; बढ़ाना; ऊँचा क०, तीव्र क०; आनन्दित कर देना; **~ation,** 1. (*action*) उन्नयन, उत्कर्षण, उत्प्रेरण; 2. उच्चता*, उन्नति*, उत्कर्ष, प्रतिष्ठा*; 3. (*feeling*) उल्लास, उमंग*, आनन्दातिरेक; उत्तेजना*; **~ed,** 1. उच्च, उन्नत; 2. उत्तेजित, तीव्र; 3. (*noble*) उदात्त, उच्च। > इग्ज़ॉःल्ट; ए'ग्ज़ॉःल्टेशॅन; इग्-ज़ॉःल्-टिड

examination, 1. परीक्षा*, इम्तहान; 2. (*scrutiny*) जाँच*, परीक्षण; 3. (*interrogation*) पृच्छा*, पूछ-ताछ*; **cross-~,** जिरह*, प्रतिपृच्छा*। > इग्ज़ैमिनेशॅन

examine, 1. (*test*) परीक्षा* लेना; 2. (*scrutinize*) परखना, जाँचना; 3. (*a witness*) बयान लेना; **~d,** परीक्षित; **~e,** परीक्षार्थी; **~r,** परीक्षक, प्राश्निक। > इग्ज़ैम्-इन; इग्ज़ैम्-इन्ड; इग्ज़ैमिनी; इग्-ज़ैम्-इ-नॅ

example, 1. उदाहरण, नमूना, दृष्टान्त; 2. (*sample*) बानगी*; 3. (*model*) आदर्श; 4. (*warning*) चेतावनी*, to set an ~, आदर्श उपस्थित क०, सदुदाहरण देना। > इग्ज़ाम्पॅल

exanimate, 1. (*dead*) मृत, निर्जीव, निष्प्राण; 2. (*unconscious*) निश्चेतन; 3. (*spiritless*) निस्तेज, निर्जीव, हतोत्साह। > इग्ज़ैन्-इमिट = ए'क्सैन्-इमिट

exanthema, स्फोटक। > ए'क्-सैन्-थी-मॅ

exarch, राजपाल; बिशप। > ए'क्साक।

exasperate, 1. (*intensify*) तीव्र कर देना*; भड़काना, उभाड़ना, उत्तेजित क०; 2. (*vex*) चिढ़ाना, गुस्सा दिलाना; **~d,** उत्तेजित; क्रुद्ध। > इग्ज़ासपॅरेट

exasperating, उत्तेजक। > इग्ज़ास्पॅरेटिन्ग

exasperation, 1. (*active*) उत्तेजन; 2. उत्तेजना*, क्षोभ; 3. (*anger*) क्रोध, रोष, प्रकोप। > इग्ज़ास्पॅरेशॅन

ex cathedra, *adj.*, प्रामाणिक; *adv.*, 1. अधिकारपूर्वक; 2. (*of pope*) विश्वगुरु के पद से। > ए'क्स कॅ-थीड्-रॅ

excavate, 1. खोदना, खुदाई* क०; 2. (*hollow*) खोखला क०। > ए'क्स्-कॅ-वेट

excavation, खोदाई*, खुदाई*, उत्खनन। > ए'क्स्कॅवेशॅन

excavator, 1. उत्खनक; 2. (*machine*) खनित्र। > ए'क्स्-कॅ-वे-टॅ

exceed, 1. से/अधिक होना, से आगे बढ़ जाना; 2. श्रेष्ठ होना, से बढ़कर होना; 3. (*transgress*) का अतिक्रमण क०; **~ing,** से अधिक; **~ingly,** अत्यधिक, अत्यन्त। > ए'क्-, इक्-सीड; इक्सीडिन्ग

excel, से बढ़कर होना, से उत्कृष्ट या श्रेष्ठ होना, में विशिष्टता* दिखाना, अग्रगण्य होना; **~lence,** प्रकर्ष, उत्कर्ष, श्रेष्ठता*; विशिष्टता*; **lent,** श्रेष्ठ, उत्तम; बढ़िया, अच्छा। > इक्से'ल; ए'क्सॅ/लॅन्स, ~ लॅन्ट

excellency, परमश्रेष्ठ, माननीय; his ~, श्रीमान्, महामहिम, तत्रभवान्; your~, श्रीमान्, अत्रभवान्। > ए'क्सॅलॅन्सि

except, *v.*, छोड़ देना, निकालना; आपत्ति*, क०; —*prep.*, को छोड़कर, के अतिरिक्त, के सिवा (य); **~ed,** वर्जित। > इक्से'प्ट; इक्-से'प्-टिड

exception, 1. अपवाद; 2. (*objection*) आपत्ति*; 3. (*act*) अपवर्जन, वर्जन, **~able,** चिन्त्य, आपत्तिजनक; वर्जनीय; **~al,** 1. आपवादिक, अपवादात्मक; 2. (*unusual*) असाधारण, विशिष्ट, विशेष; **~ally,** अपवाद-स्वरूप।
> इकसे'प्/शॅन, ~ शॅनबॅल, ~शॅनॅल, ~शॅनॅलि

exceptive, 1. अपवादी, अपवादात्मक; 2. (*critical*) छिन्द्रान्वेषी। > इक्-से'प्-टिव्

excerpt, *n.*, उद्धरण; *v.*, उद्धत क०।
> ए'क्सॅ:प्ट (*n.*); ए'क्सॅ:प्ट (*v.*)

excess, *n.*, 1. (*transgression*) अतिक्रमण, उल्लंघन; 2. (*intemperance*) असंयम, अति*; 3. (*superabundance*) बाहुल्य, अधिकता*, आधिक्य, प्राचुर्य, अतिरेक, बहुलता* ज़्यादती*; 4. (*surplus*) अधिशेष; —*adj.*, अतिरिक्त; **~ive,** अतिशय, अत्यधिक, अतिमात्र, बेहद।
> इक्से'स; इक्से'स्-इव

exchange, *v.*, विनिमय क०, आदान-प्रदान क०; —*n.*, 1. विनिमय, आदान-प्रदान, अदला-बदली*; 2. (*teleph.*) मिलान-केन्द्र; **~able,** विनिमेय।
> इक्स्चेन्ज; इक्स्चेन्जॅबॅल

exchequer, राजकोष; अर्थविभाग; नक़दी सम्पत्ति*।
> इक्स्-चे'-कॅ

excise, *v.*, काट निकालना; *n.*, उत्पादशुल्क; ~department, आबकारी*। > ए'क्साइज़

excision, उच्छेदन, काट*, कर्तन; उन्मूलन, विनाश; बहिष्कार। > ए'क्सिश्ज़ॅन

excitable, उत्तेजनशील, क्षोभशील; उत्तेज्य, उत्तेजनीय।
> इक्साइटॅबॅल

excitant, उत्तेजक, उद्दीपक। > ए'क्-सि-टॅन्ट

excitation, उत्तेजक, उद्दीपन, ऊर्ज़न।
> ए'क्-सि-टे-शॅन

excite, उत्तेजित क०, भड़काना, उकसाना, उभारना; उत्पन्न क०; उद्दीपित क०, जाग्रत क०, जगाना **~ment,** उत्तेजना*; क्षोभ, आवेश। > इक्साइट

exciting, उत्तेजक। > इक्साइट्-इन्ग

exclaim, चिल्ला उठना, चिल्लाकर कहना, चिल्लाना।
> इक्स्क्लेम

exclamation, 1. चिल्लाहट*, चीत्कार; उद्‌गार; 2. (*interjection*) विस्मयादिबोधक।
> ए'क्स्क्लॅमेशॅन

exclave, बहि:क्षेत्र। > ए'क्सक्लेव्

exclude, (अप) वर्जित क०; निकाल देना, अलग क०; **~d,** वर्जित; बहिष्कृत। > इक्स्क्लूड; इक्सक्लूड्-इड

exclusion, (अप)वर्जन, बहिष्करण; बहिष्कार।
> इक्सक्लूश्ज़ॅन

exclusive, 1. (*admitting no others*) अनन्य; 2. (*sole*) एकमात्र; एकान्तिक, ऐकान्तिक; 3. (*excluding*) अपवर्जक, निवारक; व्यावर्तक; 4. (*reserved to few*) विशिष्ट; 5. (*of persons*) एकान्तिक, ग़ैरमिलनसार; ~of, को छोड़कर, के अतिरिक्त; **~ly,** केवल, सिर्फ़, मात्र; **~ness,** अनन्यता*।
> इक्स्क्लूस्-इव

exclusivism, अपवर्जिता*, ग़ैरमिलनसारी*, एक़ान्तिकता*। > इक्स्क्लूस्-इविज़्म

excogitate, सोच निकालना, का उपाय निकालना।
> ए'क्सकॉजिटेट

excommuni/cate, निकाल देना, बहिष्कृत क०; **~cated,** (धर्म, जाति)-बहिष्कृत, च्युति; **~cation,** बहिष्करण, बहिष्कार; च्युति*; **~cative, ~catory,** बहिष्कारी; **~cator,** बाहिष्कारक।
> ए'क्स्कॅम्यून्-इ/केट, ~केटिड;
ए'क्स्कॅम्यूनिकेशॅन; ए'क्स्कॅम्यून्-इ/केटिव,
~केटॅरि, ~के-टॅ

ex-convict, पूर्वापराधी। > ए'क्स्-कॉन्-विक्ट

excori/ate, 1. (चमड़ा) उधेड़ना, छीलना; 2. (*denounce*) भर्त्सना* क०, घोर निन्दा* क०; **~ation,** निस्त्वचन। > ए'क्स्कॉरिएट

excorticate, छिलका या छाल* (*bark*) निकालना।
> ए'क्स्कॉ:टिकेट

excrement, मल, विष्ठा*, मैला। > ए'क्स्-क्रि-मॅन्ट

excres/cence, अपवृद्धि*; **~cent,** अपवर्द्धित, अपवर्द्धी; अनावश्यक। > इक्स्क्रे'स्/ॲन्स, ~ ॲन्ट

excreta, मल-मूत्र, उत्सर्ग। > ए'क्स्-क्रिट्-ॲ

excrete, उत्सर्जित क०, निकालना। > ए'क्सक्रीट

excretion, उत्सर्जन, मलोत्सर्जन; उत्सर्ग।
> ए'क्स्क्रीशॅन

excretory, उत्सर्जन-। > ए'क्स्क्रीटॅरि

excruci/ate, यन्त्रणा* देना, सन्तप्त क०; **~ating,** मर्मभेदक, तीक्ष्ण, तीव्र; **~ation,** 1. (*action*) सन्तापन, उत्पीड़न; 2. यन्त्रणा*, सन्ताप।
> इक्स्क्रूशि/एट, ~एटिन्ग, ~ एशॅन

excul/pate, निर्दोष ठहराना या सिद्ध क०, दोषमुक्त क०, अनभिशस्त क०; **~pation,** दोषमुक्ति*, अनभिशंसन; **~patory,** दोषमोचक, अनभिशंसी।
> ए'क्सकॅल्पेट; ए'क्स्कॅल्पेशॅन;
ए'क्सकॅल्पॅटॅरि

excurrent, 1. अपवाही, बहिर्वाही; 2. (*bot.*) बहिर्वर्धी। > ए'क्सकॅरॅन्ट

excursion, 1. सैर*, भ्रमण; 2. *see* EXURSUS; **~ist,** भ्रमणकर्ता, पर्यटक। > इक्स्कॅ:/शॅन् ~शॅनिस्ट

excursive, 1. सैर का; 2. (*desultory*) अनियमित, अनियत; 3. (*digressive*) अप्रासंगिक।
> इक्स्कॅ:स्-इव

excursus, 1. प्रासंगिक प्रकरण, प्रसंगप्रकरण; 2. (*digression*) विषयान्तर। > ए'क्स्कॅ:सॅस

excusable, क्षम्य। > इक्स्क्यूज़ॅबॅल

excusatory, क्षमायाचक। > इक्स्क्यूज़ॅटॅरि

excuse, *n.*, 1. (*apology*) क्षमायाचना*, क्षमाप्रार्थना*; 2. (*pardon*) क्षमा*, माफ़ी*, छुटकारा; 3. क्षमाहेतु, सफ़ाई*; 4. (*pretext*) बहाना, मिस, हीला; —*v.*, 1. क्षमा* माँगना; 2. (*condone*) माफ़ क०, से मुक्त क०, छुटकारा देना, जाने देना; 3. (*justify*) सफ़ाई* देना, निरपराध सिद्ध क०। > इक्सक्यूस् (*n.*); इक्स्क्यूज़ (*v.*)

exeat, छुट्टी*। > ए'क्स्-इ-ऐट

execrable, 1. घृणित, निन्दनीय; 2. (*inferior*) निकृष्ट, घटिया। > ए'क्स्-इ-क्रॅ-बॅल

execrate, घृणा* क०, कोसना। > ए'क्स्-इ-क्रेट

execration, घृणा*; अभिशाप। > ए'क्-सि-क्रे-शॅन

executable, करणीय, निष्पाद्य। > ए'क्स्-इ-क्यू-टॅ-बॅल

executant, 1. कर्ता, निष्पादक 2. (*of music*) वादक। > इग्ज़े'क्यूटॅन्ट

execute, 1. (*perform*) पूरा क०, निष्पन्न या निष्पादित क०, पालन क०; 2. (*give effect to*) कार्यान्वित क०, अमल में लाना, लागू क०; 3. फाँसी* देना, फाँसी* पर चढ़ाना, प्राणदण्डित क०; 4. बनाना; 5. बजाना, गाना, अभिनय क०, प्रस्तुत क०; 6. (*law*) निष्पादित क०। > ए'क्स-इ-क्यूट

execution, 1. निष्पादन, पालन; 2. कार्यान्वयन; 3. फाँसी*, प्राणदण्ड; 4. (*manner of performing*) निर्वाह, प्रस्तुतीकरण प्रदर्शन, अभिनय, **~er,** जल्लाद, वधिक। > ए'क्-सि-क्यू-/शॅन, ~शॅन

executive, *adj.*, कार्यकारी (कार्यकारिणी*); —*n.*, कार्यपालिका*, कार्यांग; प्रशासक, व्यवस्थापक; ~ committee, कार्यकारिणी समिति*। > इग्ज़े'क्यूटिव़

executor, निष्पादक, निर्वाहक, प्रबन्धक; 2. (*law*) निष्पादक; **~y,** 1. कार्यकारी; 2. (*effective*) कार्यकर, प्रभावी; 3. (*law*) निष्पाद्य। > ए'क्-सिक्यूटॅ (1); इग्-ज़े'क्-यू-टॅ (2); इग्ज़े'क्यूटॅरि

exegesis, व्याख्या*, भाष्य, टीका*; धर्मग्रन्थभाष्य, अर्थनिरूपण। > ए'क्-सि-जीस्-इस

exegete, भाष्यकार, टीकाकार। **exegetic,** व्याख्यात्मक। > ए'क्स्-इ-जीट; ए'क्-सि-जे'ट्-इक

exemplar, 1. आदर्श; 2. (*instance*) उदाहरण; 3. (*copy*) प्रति*; **~y,** 1. अनुकरणीय; 2. (*illustrative*) उदाहरणात्मक, निदर्शनात्मक; 3. (*deterrent*) निवारक। > इग्-ज़े'म्-प्लॅ, ~रि

exemplification, 1. सदृष्टान्त या सोदाहरण प्रतिपादन; 2. (*example*) दृष्टान्त, उदाहरण। > इग्-ज़े'म्-प्लि-फ़ि-के-शॅन

exemplify, उदाहरण या दृष्टान्त द्वारा समझाना; का उदाहरण होना। > इग्-ज़े'म्-प्लि-फ़ाइ

exempt, *adj.*, (वि)मुक्त; *v.*, से मुक्त क०; छूट* देना, माफ़ी* देना; **~ed,** छूट*-प्राप्त; **~ible,** छूट*-योग्य; **~ion,** 1. (*action*) विमोचन, उन्मोचन; 2. छूट*, छुटकारा, माफ़ी*, (वि) मुक्ति*। > इग्ज़े'म्प्ट = इग्ज़े'म्ट इग्ज़े'म्टॅबॅल; इग्ज़े'म्शॅन

exequatur, मान्यता-पत्र। > ए'क्-सि-क्वेट्-अॅ

exequies, अन्त्येष्टि*, मृतक-क्रिया*, दफ़न। > ए'क्स्-इ-क्विज़

exercisable, प्रयोक्तव्य, प्रयोज्य। > ए'क्सॅसाइज़ॅबॅल

exercise, *v.*, 1. (*use*) का प्रयोग क०; प्रयोग में लाना, का व्यवहार क०; 2. अभ्यास क० या कराना; 3. (*drill*) कसरत* या व्यायाम क० या कराना; 4. (*fulfil*) पालन क०, पूरा क०, निष्पादित क०; 5. (*wield*) का उपभोग क०, रखना, काम में लाना; 6. प्रेरित क०; 7. चिन्ता* में डालना; —*n.*, प्रयोग; अभ्यास; कसरत*, व्यायाम, क़वयाद* (*mil.*); अनुष्ठान, पालन; उपभोग; spiritual ~s, 1. धर्मचर्या*, पूजापाठ 2. (*retreat*) आध्यात्मिक साधना*, मौनव्रत। > ए'क्सॅसाइज़; ए'क्सॅसाइज़िज़

exercitant, साधक। > इगॅ़ज़: सिटॅन्ट

exercitation, अभ्यास, प्रशिक्षण; निबन्ध; भाषण। > ए'ग्ज़ॅ:सिटेशॅन

exergue, लेख। > ए'क्सॅ:ग = ए'ग्ज़ॅ:ग

exert, प्रयास क०; काम में लाना; **~ion,** आयास, प्रयास, उद्योग। > इग्ज़ॅ:ट; इग्ज़ॅ:शॅन

exfoliate, छिलना। > ए'क्स्फ़ोल्-इएट

exhalation, 1. उच्छ्वसन; 2. (*evaporation*) वाष्पण; 3. (*vapour*) वाष्प, भाप*, उच्छ्वास। > ए'क्सॅलेशॅन

exhale, श्वास निकालना, नि:श्वास छोड़ना; भाप* (के रूप में) छोड़ना; भाप* बनना; व्यक्त क०। > ए'क्स्हेल

exhaust, *n.*, 1. (*process*) रेचन, निकास; 2. निकास-नली*; 3. निर्गम; —*v.*, 1. (*spend*) व्यय कर देना, खर्च क०; 2. (*empty*) ख़ाली कर देना, खींच निकालना; 3. नि:शेष क०, समाप्त क०; 4. (*tire out*) थका देना; थकाना; 5. अशक्त या दुर्बल कर देना; ~pump, निर्वातक या रेचक पम्प; **~ed,** थका-माँदा, निढाल, (परि) श्रान्त, चकनाचूर; नि:शक्त; समाप्त; खाली; **~ion,** 1. (*active*) रेचन; नि:शेषण, समापन; 2. (*fatigue*) (परि)श्रान्ति*, परिक्लान्ति*, थकान*, थकावट*; 3. (*complete consumption*) समाप्ति*; **~ive,** 1. (*fatiguing*) थकानेवाला, थकाऊ; 2. (*complete*) सर्वांगपूर्ण, सर्वांगीण, सम्पूर्ण, सुविस्तृत, नि:शेष; 3. (*crop*) उर्वरताहारी। > इग्ज़ॉ:स्ट; इग्-ज़ॉ:स्-टिड इग्-ज़ॉ:स्-चन; इग्-ज़ॉ:स्-टिव़

exhibit, *v.*, प्रदर्शित क०, दिखाना; *n.*, 1. प्रदर्श, प्रदर्शित

वस्तु*; 2. (*display*) प्रदर्शन; **~ion,** 1. (*act*) प्रदर्शन; 2. प्रदर्शनी*, नुमाइश*; **~ionism,** आत्मप्रदर्शन; प्रदर्शनोन्माद, प्रदर्शन-प्रवृत्ति*; कामांगप्रदर्शन; **~or,** प्रदर्शक **~ory,** प्रदर्शनीय; प्रदर्शनात्मक।
> इग्-ज़िब्-इट; ए'क्-सि-बि/शॅन, शॅनिज़्म; इग-ज़िब्-इ-टॅ; इग्-ज़िब्-इटॅरि

exhila/rant, ~rating, आनन्दकर, आह्लादक; **~rate,** आनन्दित क०, आनन्द प्रदान क०; सजीव बना देना; **~ration,** 1. उल्लास, प्रफुल्लता*; 2. (*action*) आनन्दन।
> इग्-ज़िलॅ/रॅन्ट ~रेटिन्ग, ~रेट, ~रेशॅन

exhort, 1. उपदेश देना, प्रबोधित क०; 2. (*urge*) प्रेरित क०, प्रोत्साहित क०; 3. (*advocate*) समर्थन क०, के लिए आन्दोलन क०; **~ation,** प्रबोधन; उपदेश; **~ative, ~atory,** उपदेशात्मक।
> इग्ज़ॉ:ट, ए'ग्ज़ॉ:टेशॅन; इग्जॉ:ट्/ॲटिव, ~ॲटॅरि

exhumation, उत्खनन। > ए'क्सह्यूमेशॅन

exhume, खोदकर निकालना; प्रकाश में लाना।
> ए'क्यूह्यूम

exigency, 1. अत्यावश्यकता*, आवश्यकता*, अपेक्षा*; 2. (*emergency*) आपात, संकट, आपत्काल; 3. (*pl.*) आवश्यक सामग्री*, अपेक्षाएँ*।
> ए'क्स्-इ-जॅन्-सि

exigent, 1. अत्यावश्यक, ज़रूरी; 2. (*a person*) कड़ा, कठोर, सख्त। > ए'क्स्-इ-जन्ट

exigible, आहरणीय, अभियाचनीय।
> ए'क्स्-इ-जि-बॅल

exiguity, स्वल्पता*। > ए'क्-सि-ग्यू-इ-टि

exiguous, स्वल्प, अल्प, लघु।
> ए'ग-ज़िग्-यू-अस

exile, *n.*, 1. (*action*) निर्वासन, देशनिकाला; 2. निर्वास, प्रवास; 3. (*person*) प्रवासी, निर्वासित; —*v.*, निर्वासित क०, देश से निकालना। > ए'क्साइल

exility, सूक्ष्मता*। > ए'ग्-ज़िल्-इटि

exist, होना, अस्तित्व रखना; जीवित होना; बना रहना; रहना; विद्यमान होना; **~ence,** अस्तित्व, सत्ता*, भाव; **~ent,** विद्यमान, वर्तमान; **~ential,** अस्तित्वात्मक; **~entialism,** अस्तित्ववाद; **~ing,** विद्यमान, वर्तमान, मौजूदा, प्रस्तुत; प्रचलित।
> इग्-ज़िस्ट; इग्-ज़िस्/टॅन्स, ~टॅन्ट; ए'ग्-ज़िस्-टे'न्/शल, ~शलिज़्म; इग्-ज़िस्-टिन्ग

exit, 1. (*outlet*) निकास, निर्गम (द्वार); 2. (*departure*) निर्गम (न), निकास, निकासी*, प्रस्थान; 3. मृत्यु*। > ए'क्स्-इट = ए'ग्-ज़िट

ex nihilo, अभाव से, न कुछ लेकर।
> ए'क्स निहिलो

exocarp, बाह्यफलभित्ति*। > ए'क्सोकाप

exodus, निर्गमन, निष्क्रमण; प्रस्थान।
> ए'क्सॅडस

ex officio, पदेन। > ए'क्सफ़िशिओ

exogamy, विजातीय विवाह, असगोत्रविवाह, बहिर्विवाह। > ए'क्सॉगॅमि

exogenous, बहिर्जात। > ए'क्सॉज्-इनस

exonerate, से मुक्त क०; दोष-मुक्त क०, निर्दोष ठहराना; भार-मुक्त क०। > इग्ज़ॉनॅरेट

exoneration, मुक्ति*, छुटकारा; दोषमुक्ति*; भार-मुक्ति*। > इग्ज़ॉनॅरेशॅन

exophthal/mic, नेत्रोत्सेधी; **~mus,** नेत्रोत्सेध।
> ए'क्सॉफ़्थैल्/मिक, ~मॅस

exorbitance, अत्यधिकता*। > इग्ज़ॉ:ब्-इटॅन्स

exorbitant, अतिशय, अत्यधिक, हद* से ज़्यादा, अमर्यादित। > इग्ज़ॉ:ब्-इटॅन्ट

exorcism, अपदूत-निरासन; झाड़-फूँक*, भूत-अपसारण। > ए'क्सॉ:सिज़्म

exorcist, अपदूत-निरासक; ओझा। > ए'क्सॉ:सिस्ट

exorcize, अपदूत भगाना, निरासित क०; झाड़-फूँक* क०, झाड़ना। > ए'क्सॉ:साइज़

exordial, प्रस्तावनात्मक। > ए'क्सॉ:ड्यॅल

exordium, प्रस्तावना*, भूमिका*, उपोद्घात।
> ए'क्सॉ:ड्यॅम

exosmosis, बहिःपरासरण।
> ए'क्सॉस्मोस्-इस

exoteric, 1. (*external*) बाहरी, बाह्य; 2. सामान्य; 3. (*popular*) लोकप्रचलित। > ए'क्सोटे'रिक

exotic, 1. विदेशागत, विदेशज, विदेशी(य); 2. (*enticing*) आकर्षक, मोहक; 3. (*of plant*) अन्यस्थानिक; **~ism,** विदेशप्रेम; विदेशीयता*; विदेशी मुहावरा। > इग् = ए'ग्ज़ॉट्/इक, इसिज़्म

expand, 1. (*spread out*) फैलाना, प्रसारित क०; 2. (*dilate*) फुलाना, बढ़ाना, विस्तारित क०; 3. (*develop*) विस्तार देना, विकसित क०; 4. (*alg.*) विस्तार क०; 5. फैलना, विस्तार पाना, विस्तृत हो जाना; 6. फूलना, बढ़ जाना; 7. प्रफुल्लित हो जाना; **~er,** विस्तारक; **~ing,** प्रसरणशील।
> इक्स्पैंड, इक्स्-पैन्/डॅ, ~डिन्ग

expanse, 1. विस्तार, फैलाव; 2. (*firmament*) आकाश। > इक्स्पैन्स

expansible, विस्तार्य। > इक्स्पैन्सॅबॅल

expansion, 1. (*action*) प्रसारण, विस्तारण, विस्तरण, विकासन; 2. प्रसार, प्रसरण, विस्तार, फैलाव, विकास; **~ism,** विस्तारवाद। > इक्स्पैन्/शॅन, ~शॅनिस्ट

expansive, 1. प्रसरणीय; प्रसरणशील; प्रसारी; 2. प्रसार-, विस्तार-; 3. (*extensive*) विस्तृत, व्यापक; 4. (*person*) उन्मुक्तहृदय, खुले दिल वाला।
> इक्स्पैन्सिव

ex parte, एकपक्षीय, एकतरफ़ा। > ए'क्स पाट्-इ

expatiate, सविस्तर प्रस्तुत क०, विस्तारपूर्वक लिखना या बोलना। > ए'क्स्पेशिएट

expatriate, *adj.*, निर्वासित; प्रवासी; *v.*, निर्वासित क०; प्रवास क०, स्वदेश छोड़कर चला जाना। > ए'क्स्पैट्-रिएट

expatriation, निर्वासन, देश-निकाला। > ए'क्स्पैट्रिएशॅन

expect, 1. प्रत्याशा* क०; प्रतीक्षा* क०, राह* देखना; 2. (*look for as due*) अपेक्षा* क०, आशा* क०; **~ance, ~ancy,** प्रत्याशा*, प्रतीक्षा*; सम्भावना*; **~ant,** 1. प्रत्याशी, आशान्वित; 2. उम्मेदवार; 3. (*pregnant*) गर्भवती*; **~ed,** प्रत्याशित, अपेक्षित; अनुमानित; **~ative,** प्रत्याशी। > इक्स्पे'क्ट; इक्स्पे'क्/टॅन्स, ~टॅन्सि, ~टॅन्ट, ~टिड, ~टॅटिव़

expectation, 1. प्रत्याशा*, आशंसा*; प्रतीक्षा*; 2. अपेक्षा*; 3. (*probability*) सम्भावना*; ~of life, प्रत्याशित आयु*। > ए'क्सपे'क्टेशॅन

expecto/rant, कफनिस्सारक, कफोत्सारक; **~rate,** थूकना, खखारना; **~ration,** कफोत्सारण; कफ, खखार, बलग़म, थूक*। > ए'क्स्पे'क्टॅ/रॅन्ट, ~रेट, ~रेशॅन

expediency, 1. औचित्य; 2. कार्यसाधकता*, इष्टसिद्धि*; स्वार्थ, स्वार्थपरायणता*। > इक्स्पीड्यॅन्सि

expedient, *adj.*, उचित, कालोचित, सामयिक, समयोजित; कार्यसाधक, इष्टकर, व्यावहारिक, स्वार्थसाधक, लाभकर; —*n.*, उपाय, युक्ति*। > इक्सपीड्यॅन्ट

expedite, प्रगति* देना, आगे बढ़ाना; शीघ्र निबटाना, शीघ्र सम्पादित क०, जल्दी पूरा क०। > ए'क्स्-पि-डाइट

expedition, अभियान, खोजयात्रा*; शीघ्रता*, जल्दी*। > ए'क्स्-पि-डि-शॅन

expeditious, शीघ्र, द्रुत, सत्वर; फुरतीला, शीघ्रकारी; **~ly,** अविलम्ब, शीघ्र ही। > ए'क्स्-पि-डि-शॅस

expel, निष्कासित क०, निकाल बाहर क०, भगा देना, खदेड़ देना; निकाल देना, बहिष्कृत क०; **~lent,** *adj.*, निष्कासक; बहिष्कारक; —*n.*, रेचक। > इक्स्पे'ल; इक्स्पे'लॅन्ट

expend, खर्च क०, व्यय क०; लगाना; **~able,** अपचेय; उत्सर्जनीय; **~iture,** व्यय, ख़र्चा, ख़र्च। > इक्स्पे'न्ड; इक्स्पे'न्/डॅबॅल, डि-चॅ

expense, 1. व्यय, ख़र्च; 2. (*cost*) लागत*; 3. (*fee*) शुल्क; *at the* ~of, 1. के व्यय से, के ख़र्च से; 2. (*with the loss of*) की क़ीमत* पर। > इक्स्पे'न्स

expensive, महँगा, बहुमूल्य, क़ीमती, महार्ह। इक्स्-पे'न्-सिव़

experience, *n.*, 1. अनुभव, तजरुबा; 2. (*emotional*) अनुभूति*; —*v.*, का अनुभव क०, भोगना; **~d,** अनुभवी; कार्यकुशल, दक्ष। > इक्स्पिऑर्-इ/ऑन्स, ऑन्स्ट

experiential, *n.*, अनुभवजन्य, अनुभवात्मक; **~ism,** अनुभववाद। > इक्स्पिऑरिए'न्/शॅल, ~शॅलिज़्म

experiment, *n.*, प्रयोग, परीक्षण; *v.*, प्रयोग क०; **~al,** 1. प्रयोगात्मक, प्रायोगिक, प्रयोगमूलक, आज़माइशी; 2. (*based on experience*) अनुभवजन्य; 3. (*used in experiment*) प्रयोगगत; **~alism,** प्रयोगवाद; **~ation,** प्रयोग; **~er,** प्रयोगकर्ता। > इक्सपे'रिमॅन्ट (*n.*); इक्सपे'रिमे'न्ट (*v.*); ए'क्स्पे'रिमे'न्/टॅल, ~टॅलिज़्म; ए'क्सपे'रिमे'न्टेशॅन; इक्सपे'रिमे'न्टॅ

expert, 1. (*specialist*) विशेषज्ञ, प्रवर; 2. सुविज्ञ; निपुण, प्रवीण; **~ise,** सुविज्ञता*। > ए'क्स्पॅ:ट (1, 2); इक्सपॅ:ट (2), ए'क्स्प:टीज़

expiable, प्रायश्चित्तीय, शोधनीय। > ए'क्स्-पि-ऑ-बॅल

expiate, प्रायश्चित्त क०। > ए'क्स्-पि-एट

expiation, प्रायश्चित्त। > ए'क्स्-पि-ए-शॅन

expiator, प्रायश्चित्ती; **~y,** प्रायश्चित्तिक। > ए'क्स्-पि-ए-टॅ; ए'क्स्-पि-ऑ-टॅ-रि

expiration, 1. निःश्वसन; 2. निःश्वास; 3. (*end*) समाप्ति*, अन्त, अवसान। > ए'क्स्पाइऑरेशॅन

expire, 1. साँस* निकालना, श्वास छोड़ना; 2. (*die*) मरना; 3. (*of fire*) बुझ जाना; 4. (*cease*) अन्त होना, समाप्त होना; 5. बीत जाना; **~d,** 1. समाप्त, अवसित; 2. (*of date*) अतिक्रान्त, बीता हुआ। > इक्स्पाइऑ; इक्स्पाइऑड

expiry, अन्त, समाप्ति*, अवसान। > इक्स्पाइऑर्-इ

explain, स्पष्ट क०, समझाना; व्याख्या* क०; सफ़ाई* देना, कारण बताना; **~able,** व्याख्येय; **~er,** व्याख्याता। > इक्स्प्लेन; इक्स्प्लेन्/ऑबॅल, ~ऑ

explanation, 1. स्पष्टीकरण; 2. (*interpretation*) व्याख्या*, विवृति*; 3. (*justification*) सफ़ाई*, कैफ़ियत*। > ए'क्स्प्लॅनेशॅन

explanatory, व्याख्यात्मक, व्याख्यापक। > इक्स्प्लैनॅटॅरि

expletive, *adj.*, पूरक, अनुपूरक; अनावश्यक; —*n.*, अपशब्द, गाली*; पूरक शब्द। > ए'क्स्प्लीटिव़

expli/cable, व्याख्येय, सार्थक; स्वाभाविक; **~cate,** स्पष्ट क०, विस्तार देना; व्याख्या* क०; **~cative, ~catory,** व्याख्यात्मक; **~cation,** स्पष्टीकरण; व्याख्या*। > ए'क्स्-प्लिकॅबॅल, ए'क्स्-प्लिकेट; ए'क्स्-प्लिकॅटिव; ए'क्स-प्लिकॅ-टॅरि; ए'क्स्-प्लि-के-शॅन

explicit, 1. सुस्पष्ट, साफ़-साफ़; 2. सुव्यक्त;

3. सुनिश्चित; 4. (*person*) स्पष्टवादी; **~ly,** स्पष्टतया; **~ness,** सुस्पष्टता*; स्पष्टवादिता*।
> इक्स्-प्लि-सिट

explode, 1. फूट पड़ना, विस्फोट होना या क०; 2. (*discredit*) निर्मूल सिद्ध क०, खण्डन क०; **~d,** विस्फोटित; खण्डित। **~exploding,** विस्फोटी।
> इक्स्प्लोड्; इक्स्प्लो/डिड, ~डिना

exploit, *n.*, कारनामा, महाकार्य, करतूत*; —*v.*, से लाभ उठाना, काम में लाना, से काम लेना, उपयोग क०, चलाना; शोषण क०, से अनुचित लाभ उठाना; **~ation,** उपयोग; शोषण, स्वार्थसाधन; **~ed,** शोषित; **~er,** शोषक। > ए'क्स्प्लाइट (*n*); इक्स्प्लॉइट (*v.*); ए'क्स्प्लॉइटेशॅन; इक्स्प्लॉइट्/इड, ~अॅ

exploration, छान-बीन*, पर्यवेक्षण; खोज*, अनुसन्धान, गवेषणा*, अन्वेषण, समन्वेषण; खोजयात्रा*; पूर्वेक्षेणं। > ए'क्स्प्लॉरेशॅन

exploratory, अन्वेषणात्मक, समन्वेषी।
> ए'क्स्प्लॉ: रॅटॅरि

explore, छान-बीन* क०; खोज* क०; गवेषण क०, अन्वेषण क०; **~r,** अन्वेषक, गवेषक।
> इक्स्प्लॉ:; इक्स्-प्लॉ:र्-अॅ

explosion, 1. विस्फोटक (न), धमाका, धड़ाका; 2. (*geol.*) प्रस्फोटन। > इक्स्प्लोश़्जॅन

explosive, *adj.*, विस्फोटक, विस्फोटी; प्रस्फोटी; —*n.*, 1. विस्फोटक; 2. (*consonant*) स्पर्श या स्फोट व्यंजन; high ~, उग्र विस्फोटक। > इक्स्प्लोस्-इव्

exponent, 1. व्याख्याता, भाष्यकार; 2. प्रतिनिधि; प्रतिपादक; 3. (*math.*) घातांक; **~ial,** घातीय, घातांकी, चरघातांकी। > ए'क्स्पोनॅन्ट; ए'क्स्पोने'न्शॅल

export, *v.*, निर्यात क०, बाहर भेज देना; —*n.*, निर्यात, रफ़्तनी*; **~able,** निर्यात्य; **~ation,** निर्यात; **~duty,** निर्यात-शुल्क; **~er,** निर्यातक, निर्यातकर्ता।
> ए'क्स्पॉ:ट (*v.*); ए'क्स्पॉ:ट (*n.*); ए'क्स्पॉ:ट्/अॅबॅल, ~अॅ; ए'क्स्पॉ:टेशॅन

expose, विवरण; भण्डाफोड़। > ए'क्स्पोज़्-ए

expose, 1. अनाश्रय, अनाश्रित या अरक्षित छोड़ देना; 2. (*subject to*) की जोखिम* में डालना, का विषय बनाना, के प्रभाव में डालना; 3. (*abandon*) फेंक देना, छोड़ देना, परित्याग क०; 4. (*uncover*) उघाड़ना, खोलकर रखना, अनावृत क०, खोलना, विगोपन क०; 5. (*display*) प्रदर्शित क०, अभिदर्शित क०; 6. (*reveal*) प्रकट क०, अभिव्यक्त क०; 7. (*expound*) प्रस्तुत क०, प्रतिपादित क०, स्पष्ट क०; उद्घाटन क०; 8. (*unmask*) पोल* खोलना, क़लई* खोलना, भण्डा फोड़ना; 9. (*photogr.*) उद्भासित क०।
> इक्स्पोज़

exposition, 1. प्रतिपादन, विवरण; विवृति*, व्याख्या*; 2. (*display*) प्रदर्शन; 3. (*indrama*) उद्घाटन; 4. (*exhibition*) प्रदर्शनी*। > ए'क्सपॅज़िशॅन

expositive, विवरणात्मक, वर्णनात्मक, व्याख्यात्मक।
> ए'क्स्पॉज़्-इटिव्

expositor, प्रतिपादक; व्याख्याता; **~y,** व्याख्यात्मक।
> ए'क्स्-पॉज़्-इ-टॅ

expostu/late, सविनय आपत्ति* क०, विरोध प्रकट क०, प्रतिवाद क०; **~lation,** विरोध, प्रतिवाद; आपत्ति*, शिकायत*; उलाहना; **~latory,** प्रतिवादात्मक, शिकायती। > इक्स्पॉस्ट्यूलेट; इक्स्पॉस्ट्यूलेशॅन; इक्स्पॉस्ट्यूलॅटॅरि

exposure, 1. (*shelterlessness*) अनाश्रयता*, अरक्षितता*; 2. (*abandoning*) परित्याग; 3. (*unveiling*) अनावरण, अनावृत्ति*, विगोपन, अपावरण, खुलाव; 4. (*subjection of influence*) प्रभावन; 5. (*showing*) प्रदर्शन; उद्घाटन; 6. (*unmasking*) भण्डाफोड़, रहस्योद्घाटन; 7. (*photogr.*) उद्भासन; 8. (*situation*) अवस्थिति*; 9. (*aspect*) पहलू। > इक्स्-पो-श़्जॅ

expound, प्रतिपादित क०; व्याख्या* क०; स्पष्ट क०, समझाना। > इक्स्पाउन्ड

express, *adj.*, 1. (*explicit*) (अभि)व्यक्त, (सु)स्पष्ट, साफ़, निश्चित; 2. (*on purpose*) (सु) विवेचित, सोचा-समझा, ज्ञानकृत; 3. (*fast*) आशुग; ~delivery, तुरत वितरण; ~letter, आशु-पत्र, तुरत-पत्र; —*v.*, 1. प्रकट क०, (अभि)व्यक्त क०; 2. (*squeeze*) निचोड़ना; **~ible,** कथनीय, **~ion,** 1. अभिव्यक्ति*, (अभि)व्यंजन, अभिव्यंजना*; 2. (*phrase*) मुहावरा; 3. (*of face*) रुख, मुद्रा*; 4. (*math.*) व्यंजक 5. निचोड़; **~ionism,** अभिव्यंजनावाद; **~ive,** (अभि)व्यंजक, द्योतक, सूचक; अर्थपूर्ण, सार्थक; **~iveness,** (अभि)व्यंजकता*; **~ly,** स्पष्टतया, स्पष्ट रूप से; जानबूझकर।
> इक्सप्रे'स; इक्सप्रे'सॅबॅल; इक्सप्रे'/शॅन, ~शॅनिज़्म, इक्स्-प्रे'स्-इव; इक्स्-प्रे'स्-लि

exprobration, धिक्कार, भर्त्सना*। > ए'क्सप्रोब्रेशॅन

expropri/ate, स्वत्वहरण क०; **~ation,** स्वत्वहरण, सम्पत्तिहरण, स्वामित्वहरण।
> ए'क्स्प्रोप्-रिएट; ए'क्सप्रोप्रिएशॅन

expulsion, निष्कासन, बहिष्करण; बहिष्कार।
> इक्सपॅलशॅन

expulsive, 1. बहिष्कारक; 2. (*drugs*) रेचक।
> इक्स्-पॅल्-सिव्

expunctions, उन्मार्जन। > ए'क्सपॅन्क्शॅन

expunge, काट देना, मिटा देना, उन्मार्जित क०।
> ए'क्सपॅन्ज

expurgate, परिशोधन क०, छाँटना; **~gation,** परिशोधन; **~gator,** परिशोधक।
> ए'क्सपॅ:गेट; ए'क्सपॅ:गेशॅन; ए'क्स्-पॅ, गे-टॅ

exquisite, *adj.*, 1. उत्कृष्ट, उत्तम; 2. गहरा, तीव्र;

3. (*sensitive*) अतिसंवेदनशील, सूक्ष्म; —*n*., छैला।
> ए 'क्स-क्वि-ज़िट

exsanguinate, रक्तहीन कर देना।
> ए 'क्स्सैनाग्विनेट

exsanguine, 1. रक्तहीन; 2. (*anaemic*) क्षीणरक्त।
> ए 'क्स्सैनाग्विन

exscind, छाँटना, काटकर अलग क०।
> ए 'क्-सिन्ड

exserted, बाहर निकला हुआ। > ए 'क्ससॅ:ट्-इड

exsiccate, सूखना; सुखाना। > ए 'क्स-सि-केट

extant, वर्तमान। > ए 'क्सटैन्ट = ए 'क्सटन्ट

extasy, *see* ECSTASY। > ए 'क्स्टसि

extemporaneous, extempore, तात्कालिक, तत्कालप्रस्तुत, आशु।
> ए 'क्स्टे 'म्परेन्यस; ए 'क्स्टे 'म्परि

extemporize, बिना तैयारी* के या तत्काल भाषण देना, लिखना या प्रस्तुत क०। > इक्स्टे 'म्पॅराइज़

extend, तानना, फैलाना; (समय) बढ़ाना; विस्तार देना, विस्तृत क०; देना; फैलना, बढ़ना; **~ed,** फैला हुआ; फैलाया हुआ, विस्तारित; बढ़ाया हुआ; विस्तृत।
> इक्सटे 'न्ड; इक्स्-टे 'न्-डिड

extensible, वितान्य। > इक्स्टे 'न्सॅबॅल

extensile, प्रसारणीय; वितान्य। > ए 'क्स्टे 'न्साइल

extension, 1. विस्तार, प्रसार, फैलाव, वितान; 2. (*logic*) व्याप्ति*; 3. (*action*) विस्तारण, प्रसारण।
> इक्स्टे 'न्शॅन

extensity, 1. प्रसार; 2. (*psych.*) व्याप्ति*।
> इक्स्-टे 'न्-सि-टि

extensive, (सु)विस्तृत, व्यापक, विस्तीर्ण; **~ly,** व्यापक रूप से, बड़े पैमाने पर। > इक्स्टे 'न्-सिव़्

extensor, प्रसारक। > इक्स्-टे 'न्-सॅ

extent, 1. विस्तार, प्रसार, आयति*, फैलाव; 2. (*amount*) परिमाण, मात्र*; 3. (*limit*) सीमा*; to such an~, इस क़दर* तक। > इक्स्टे 'न्ट

extenuate, कम क०, घटाना, हलका क०, लघु क०।
> ए 'क्स्टे 'न्युएट

extenuating, लघूकारी, लघूकारक, तनूकारक।
> ए 'क्स्टे 'नयुएटिन्ग

extenuation, लघूकरण, न्यूनीकरण।
> ए 'क्स्टे 'न्युएशॅन

exterior, *adj.*, बाहरी, बाह्य; *n.*, बहिर्भाग, बाह्य स्वरूप, बाहर; ~angle, बहिष्कोण; **~ity,** बहिर्मुखता*, **~ize,** मूर्त या बाह्य रूप देना; **~ly,** ऊपर से, बाहर से।
> ए 'क्स्-टिअर्-इ-अॅ;
ए 'क्स्-टिअॅ-रि-ऑ-रि-टि;
ए 'क्स्-टिअर्-इ-अॅ-राइज़

extermi/nate, मिटा देना, नष्ट क०, का विनाश क०; **~nation,** उन्मूलन, विध्वंस; **~nator,** उन्मूलक।
> ए 'क्स्टॅ:म्-इ/नेट, ~नेशॅन, ~ने-टॅ

extern, बाहरी व्यक्ति; बाहर रहनेवाला; **~al,** *adj.*, 1. बाह्य, बाहरी; 2. (*material*) भौतिक, मूर्त, दृश्य; 3. विदेशी, वैदेशिक, पर-राष्ट्रिक, परराष्ट्र-; —*n.*, 1. बाहर, बाह्य स्वरूप; 2. (*pl.*) बाह्याचार; कर्मकाण्ड, रीति-रिवाज; गौण बातें*; — evidence, बहिस्साक्ष्य; **~alism,** कर्मकाण्डवाद; **~alist,** कर्मकाण्डी **~ality,** बाहरीपन, बाह्यता*; बहिर्मुखता*; दृश्य जगत्; **~alize,** मूर्त रूप देना; **~ally,** बाह्यत:, बाहर (से)।
> ए 'क्स्टॅ:न; ए 'क्स्टॅ:न्/अॅल, ~अॅलिज़्म,
~अॅलिस्ट; ए 'क्स्टॅनैल्-इटि; ए 'क्स्टॅ:नॅलाइज़

exterriotiral, राज्यक्षेत्रातीत; अपरदेशीय।
> ए 'क्सटे 'रिटॉ:र्-इ-अॅल

extinct, बुझा हुआ, निर्वापित; (वि)लुप्त, अप्रचलित, समाप्त; **~ion,** 1. (*of fire*) निर्वापण; 2. विलोपन, उन्मूलन, समापन; 3. (वि)लोप, समाप्ति*, अवसान, विनाश; **~ive,** निर्वापक; समापक।
> इक्स्-टिन्क्ट; इक्स्-टिन्क्/शॅन, ~टिव़्

extinguish, 1. बुझाना; 2. मिटा देना, समाप्त क०; 3. (*law*) निर्वापण क०; 4. (*eclipse*) मात कर देना, निष्प्रभ क०; **~able,** निर्वाप्य; **~er,** शामक, निर्वापक, बुझाऊ; **~ment,** बुझाई*, निर्वापण; समापन, विलोपन, उन्मूलन। > इक्स्-टिन्ग्/ग्विश,
~ग्विशॅबॅल, ~ग्वि-शॅ, ~ग्विश्मॅन्ट

extir/pate, उखाड़ना, उन्मूलन क०; मिटा देना, का विनाश क०; **~pation,** उत्पाटन, मूलोच्छेद(न), उच्छेदन, उन्मूलन; विनाश, विध्वंस; **~pator,** उन्मूलक।
> ए 'क्स्टॅ:/पेट, ~पेशॅन, ~पे-टॅ

extol, गुणगान क०, गुणानुवाद क०, प्रशंसा* क०।
> इक्स्टॉल

extort, छीनना, ऐंठना; खींचकर निकालना; **~ion,** खसोट*; **~ionate,** 1. खसोट; 2. (*exorbitant*) अतिशय; **~ioner,** खसोटा; लुटेरा। > इक्स्टॉ:ट;
इक्स्टॉ:/शन, ~शॅनिट, ~शॅ-नॅ

extra, अतिरिक्त, अधिक; विशेष, असाधारण, उत्कृष्ट।
> ए 'क्स-ट्रॅ

extra-, इतर। > ए 'क्स-ट्रॅ

extract, *n.*, 1. (*quotation*) उद्धरण; 2. सार, तत्त्व, सत्त, निचोड़, तत्त्व; 3. (*chem.*) अर्क, अरक; —*v.*, 1. उखाड़ना, खींचना; निकालना, खींच निकालना; 2. (*extort*) ऐंठना; 3. (*a liquid*) निचोड़ना; या अर्क निकालना; 4. (*drive*) प्राप्त क०; 5. (*from a book*) उद्धरण क०; 6. (*math.*) निकालना; **~able,** निष्कर्षणीय; **~ion,** 1. (*action*) निष्कर्षण, कर्षण; 2. (*lineage*) वंश, कुल; 3. निष्कर्ष, निचोड़, सार; **~or,** 1. निष्कर्षक; 2. (*of gun*) खेंचू, कर्षक।
> ए 'क्सट्रॅक्ट (*n.*); इक्सट्रैक्ट (*v.*);
इक्सट्रैक्/टॅबॅल; ~शॅन, ~टॅ

extracurricular, पाठ्येतर, पाठ्यक्रमेतर।
> ए 'क्स्-ट्रॅ-कॅ-रिक्-यॅ-लॅ

extra/ditable, प्रत्यर्पणीय; **~dite,** प्रत्यर्पित क०; **~dition,** प्रत्यर्पण, वापसी*; **~judicial,** वादेतर; न्यायेतर; **~marital,** विवाहेतर; **~mental,** मनोबाह्य; **~mundane,** पार-लौकिक, इहलोकातीत; **~mural,** प्राकारबाह्य, बाहरी। > ए'क्सट्रॅडाइटॅबॅल; ए'क्सट्रॅडाइट; ए'क्स्ट्रॅ/डिशॅन; ~जुडिशॅल; ~मैरिटॅल; ~मे'नूटॅल; ~मॅन्डेन; ~म्युऑरॅल

extraneous, बाहरी, बाह्य; असंगत, विषयेतर, असम्बद्ध। > ए'क्सट्रेन्यॅस

extraordinary, 1. असाधारण, असामान्य, विशेष; 2. (*astonishing*) विलक्षण, निराला, आश्चर्यजनक, अनोखा; 3. (*remarkable*) अपूर्व; 4. (*supernumerary*) अतिरिक्त। > इक्स्ट्रॉ:ड्नॅरि

extrapo/lation, (~late) बहिर्वेशन(क०)। > ए'क्स्ट्रैपॅलेशन; ए'क्सट्रैपॅलेट

extraterritorial, *see* EXTERRITORIAL > ए'क्सट्रॅटे'रिटॉ:र्-इअॅल

extravagance, 1. असंयम, अमर्यादा*, उच्छृङ्खलता*; 2. (*wastefulness*) अपव्यय, फ़िज़ूलख़र्ची*। > इक्स्ट्रैव्-इगॅन्स

extravagent, 1. (*of a person, immoderate*) असंयत, असंयमी*, उच्छृङ्खल, निरंकुश; 2. (*excessive*) बेहद, मनमाना, अत्यधिक; 3. (*illogical*) बेतुका; 4. (*wasteful*) अपव्ययी, फ़िज़ूलख़र्च। > इक्स्ट्रैव्-इगॅन्ट

extravaganza, 1. (*art*) अतिरंजिका*; 2. बेतुकी बात*; बेतुका काम या व्यवहार। > ए'क्स-ट्रै-वॅ-गैन्-ज़ॅ

extravert, *see* EXTROVERT। > ए'क्सट्रॅवॅ:ट

extreme, *adj.*, 1. (*last*) अन्तिम, आख़िरी; 2. (*farthest*) अन्त्य, दूरतम, छोर का, सिरे का; 3. (*excessive*) अत्यधिक, परम, नितान्त, चरम; 4. (*radical*) उग्र, तीव्र, आत्यन्तिक, उत्कट; —*n.*, सिरा, छोर; अति*, चरमसीमा*, पराकोटि*, पराकाष्ठा*, ज़्यादती*; ~unction, विलेपन-संस्कार; **~ly,** नितान्त, अत्यधिक। > इक्स्ट्रीम

extremism, 1. अतिवाद, चरमपन्थ। > इक्सट्रीम्-इज़्म

extremist, अतिवादी, चरमपन्थी, उग्रवादी। > इक्स्ट्रीम्-इस्ट

extremity, 1. सिरा, छोर, अग्रान्त; 2. पराकाष्ठा*; 3. परमसंकट; 4. मरण; 5. (*of body*) अग्रांग। > इक्स्ट्रे'म-इटि

extri/cable, विमोचनीय, उद्धरणीय; **~cate,** छुड़ाना, मुक्त क०; **~cation,** विमोचन। > ए'क्स-ट्रि/कॅ-बॅल, ~केट; ए'क्स-ट्रि-के-शॅन

extrinsic, 1. बाह्य, बाहरी; 2. अनावश्यक, गौण, अप्रधान; 3. (*phil.*) पराश्रित। > ए'क्स्-ट्रिन्-सिक

extrorse, बहिर्मुखी, बहिर्नत। > ए'क्स्ट्रॉ:स

extroversion, बहिर्मुखता*, बहिर्वृत्ति*। > ए'क्सट्रोवॅ:शॅन

extrovert, बहिर्मुखी। > ए'क्सट्रोवॅ:ट

extrude, निकालना, बहिर्वेधन क०; बाहर निकला हुआ होना; **~d,** निष्कासित, निःस्रावित। > ए'क्सटूड; ए'क्स्-टू-डिड

extrusion, निष्कासन, बहिर्वेधन। > ए'क्स्टूश़ॅन

extrusive, बहिर्वेधी। > ए'क्स्टूस्-इव़

exube/rance, 1. प्राचुर्य, बाहुल्य, आधिक्य; 2. (*joy*) उल्लास; **~rant,** 1. प्रचुर, समृद्ध; 2. (*luxuriant*) हरा-भरा, उर्वर, उपजाऊ; 3. उल्लसित; **~rate,** 1. भरपूर होना; 2. (*indulge in*) में बह जाना, आसक्त होना। > इग्ज़्यूबॅ/रॅन्स, ~रॅन्ट, ~रेट

exudation, 1. रिसाव, निःस्राव, निःस्रवण; निःस्रावण; स्राव; 2. (*sweat*) पसीना, (प्र) स्वेद। > एक्स्यूडेशॅन

exudative, स्रावी, निःस्रावी। > इग्ज़्यूडॅटिव़

exude, *v.i.*, रिसना, टपकना, चूना, निःस्रवण होना; —*v.t.*, निःस्रावण क०, टपकाना, चुआना। > इग्ज़्युड

exult, उल्लसित, आह्लादित या अत्यानन्दित होना, फूले न समाना; **~ant,** उल्लसित; **~ation,** 1. उल्लास, विजयोल्लास; 2. (*pl.*) जय-जयकार। > इग्ज़ॅल्ट; इगज़ॅल्टॅन्ट; इग्ज़ॅलटेशॅन

exuviae, 1. निर्मोक; 2. (*of snake*) केंचुली*; 3. अवशेष। > ए'ग् = इग्ज़्यूव़ = ई

ex voto, मन्नत-उपहार। > ए'क्स् वोटो

eye, *n.*, 1. आँख*, नेत्र, चक्षु, नयन, अक्षि*; 2. (*look*) दृष्टि*, नज़र*; 3. (*attention*) ध्यान; 4. (*of needle*) नाका; 5. (*of storm*) केन्द्र; —*v.*, पर दृष्टि* डालना, देखना; an~for an~, जैसा को तैसा; see~to~, पूर्ण रूप से सहमत होना। > आइ

eye/ball, कोया, नेत्रगोलक; **~brow,** भौंह*, भृकुटि*; **~-glass,** 1.उपनेत्र; 2. (*pl.*) चश्मा, ऐनक*; **~lash,** बरौनी*, पक्ष्म; **~less,** अन्धा; **~let,** छिद्र, सूराख़; **~lid,** पलक*, पपोटा, नेत्रच्छद; **~-opener,** आँखे* खोलनेवाली बात*; **~piece,** नेत्रक, नेत्रिका*; **~shot,** दृष्टिसीमा*; **~sight,** दृष्टि*, दृष्टिशक्ति*; **~sore,** आँख* का काँटा, घृणित वस्तु*; **~-socket,** नेत्रकोटर, नेत्रगर्त; **~-specialist,** नेत्रविशेषज्ञ; **~-spot,** दृक्-बिन्दु; **~strain,** नेत्र-आयास; **~wash,** नेत्र-धावन; बहाना, बहानेबाज़ी*; **~witness,** प्रत्यक्षदर्शी; प्रत्यक्षसाक्षी, अक्षिसाक्षी, दर्शनसाक्षी, चश्मदीद गवाह।

eyrie, ऊँचा नीड़। > आइअॅर्-इ

Ff

fable, 1. नीतिकथा*, कहानी*, गल्प*, किस्सा; 2. (*myth*) पौराणिक कथा*; 3. (*lie*) किस्सा-कहानी*, झूठ, गप्प*; **~d,** 1. पौराणिक; प्रसिद्ध; 2. (*fictitious*) मनगढ़न्त, काल्पनिक। > फेबॅल; फ़ेबॅल्ड

fabliau, यथार्थ गाथा*। > फ़ैब्-लि-ओ

fabric, 1. कपड़ा, वस्त्र, पट; 2. इमारत*, भवन; 3. (*framework*) ढाँचा, बनावट*। > फ़ैब्-रिक

fabri/cate, 1. (*make up*) गढ़ना, कल्पना* क०; 2. (*forge*) जालसाज़ी क०; जाली बनाना; 3. (*make*) बनाना, गढ़ना, निर्माण करना; **~cated,** गढ़ा हुआ; **~cation,** निर्माण, संरचना*, गढ़ाई*, गढ़न*; जालसाज़ी*, छलरचना*, गढ़न्त*; **~cator,** निर्माता; जालसाज़। > फ़ैब्-रि/केट, ~केटिड, ~केशॅन

fabulist, (नीति) कथाकार; गपोड़िया, गप्पी, मिथ्यावादी। > फ़ैब्यूलिस्ट

fabulous, 1. काल्पनिक, कल्पित, मनगढ़न्त, अनैतिहासिक; 2. (*astounding*) आश्चर्यजनक, विस्मयकारी; 3. प्रसिद्ध। > फ़ैब्यूलॅस

facade, 1. मुहरा, मोहरा, अग्रभाग, पुराभाग, सामना; 2. (*fig.*) दिखावट*, दिखावा। > फ़ॅसाड

face, *n.*, 1. मुख, चेहरा, मुँह; 2. (*appearance*) आकृति*, आकार, रूप; 3. अग्रभाग, आगा, सामना; 4. (*surface*) फलक; 5. (*side*) पार्श्व, फलक; 6. (*prestige*) प्रतिष्ठा*; 7. (*impudence*) ढिठाई*, गुस्ताखी*; —*v.*, 1. सामने होना, सम्मुख होना; 2. का सामना क०, विरोध क०; 3. की ओर* अभिमुख होना या देखना 4. (तह*, रंग) चढ़ाना, कपड़ा लगाना; 5. (*cards*) सीधे रख देना; ~to ~, आमने-सामने; in the ~ of, के सामने; के बावजूद, के होते हुए भी; save one's~, लाज* या इज़्जत* रखना; to one's ~, मुँह पर; **~value,** प्रत्यक्ष मूल्य; अंकित मूल्य। > फ़ेस

facet, 1. फलिका*; 2. (*aspect*) पहलू, पक्ष; **~ed,** फलकित। > फ़ैसिट; फ़ैसिटिड

facetiae, 1. चुटकुले, फबतियाँ*, लतीफ़े; 2. (*improper books*) घासलेटी साहित्य। > फ़ॅसीशिई

facetious, विनोदी, विनोदशील। > फ़ॅसीशॅस

facial, आनन-, मुख-, आननी। > फ़ेशॅल

facile, सरल, आसान, सहज, सुसाध्य; फुरतीला, कुशल सीधा, सुनम्य। > फ़ैसाइल

facilitate, सरल, सुकर या सुसाध्य बनाना; आगे बढ़ाना, मदद*; देना। > फ़ॅसिल्-इटेट

facilitation, सरलीकरण। > फ़ॅसिलिटेशॅन

facility, 1. आसानी*, सुकरता*, सुसाध्यता*; 2. (*dexterity*) दक्षता*, निपुणता*, कौशल; 3. (*indolence*) ढिलाई*, ढीलापन; 4. (*convenience*) सुविधा*, सुभीता, सहूलियत*। > फ़ॅसिल्-इटि

facsimile, प्रतिकृति*, अनुलिपि*। > फ़ैक्-सिम्-इ-लि

fact, तथ्य; सत्य, सच्चाई*, असलियत*, वास्तविकता*, ~s and figures, तथ्य और अंक; in ~, वस्तुतः; वास्तव में, असल में, सचमुच; **~-finding,** तथ्यान्वेषण। > फ़ैक्ट

faction, दल, गुट; दलबन्दी*; **~al,** 1. दलसम्बन्धी; 2. (*factious*) भेदकारी, फूट* डालनेवाला। > फ़ैक्शॅन; फ़ैक्शॅनॅल

factitious, कृत्रिम, नक़ली, बनावटी। > फ़ैक-टि-शॅस

factitive, द्विकर्मक; प्रेरणार्थक। > फ़ैक्-टि-टिव़

factor, 1. (*person*) आढ़तिया, अभिकर्ता, कारिन्दा; 2. घटक, कारक, कारण, निमित्त, तत्त्व, उपादान, उपकरण; 3. (*math.*) गुणनखण्ड, गुणक, अपवर्तक; common ~, समापवर्तक; **~age,** आढ़त*, दलाली*; **~ial,** क्रमगुणित **~ize,** गुणनखण्ड क०। > फ़ैक्-टॅ; फ़ैक्-टॅ-रिज; फ़ैक्टॉ:र्-इअॅल; फ़ैक्-टॅ-राइज़

factory, कारख़ाना, फैक्टरी*, निर्माणी*, उद्योगशाला*। > फ़ैक्टॅरि

factotum, सर्वकर्मकर; सब तरह* का काम करने वाला नौकर। > फ़ैक्टोटॅम

factual, तथ्यपूर्ण, तथ्यपरक, सतथ्य, तथ्यक, तथ्यात्मक; वास्तविक। > फ़ैक्ट्यूअॅल

facultative, विकल्पी, वैकल्पिक। > फ़ॅकॅल्टेटिव़ = फ़ैकॅल्टॅटिव़

faculty, 1. (*ability*) क्षमता*, योग्यता; 2. (*capacity*) शक्ति*, कार्यशक्ति*, मनीषा*, मानसिक शक्ति*, मनःशक्ति*, आत्मिक ऊर्जा*; 3. (*authority*) अधिकार; 4. (*licence*) अनुज्ञा*, 5. (*of univ.*) संकाय, प्रभाग; 6. प्राध्यापक वर्ग। > फ़ैकॅल्-टि

fad, सनक*, झक*; **~dish,** सनकी, झक्की। > फ़ैड; फ़ैड्-इश

fade, 1. (*dim*) मन्द पड़ना, क्षीण हो जाना, फीका हो जाना; 2. (*wither*) मुरझाना, कुम्हलाना; 3. लुप्त या विलीन हो जाना, मिट जाना। > फ़ेड

faeces, 1. विष्ठा*, मल; 2. (*dregs*) तलछट*। > फ़ीसीज़

181

fag, *v.*, घोर परिश्रम क०, कड़ी मेहनत* क०, थकाना; —*n.*, 1. (*drudgery*) नीरस या थकाऊ काम; 2. (*fatigue*) थकावट*, थकान*, परिश्रान्ति*; ~ged out, निढाल, थका-माँदा; **~-end,** 1. (*of cloth, etc.*) उधड़ा सिरा; 2. (*remnant*) तितिम्मा; आख़ोर, कूड़ा-करकट। > फ़ैग; फ़ैग्-एन्ड

fag(g)ot, (लकड़ियों* का) गट्ठा। > फ़ैगॅट

fail, 1.कम होना, की कमी* होना, का अभाव होना, अपर्याप्त होना; 2. समाप्त हो जाना, नष्ट हो जाना, अशक्त हो जाना 3. (*disappoint*) निराश क०; 4. चूकना, से रह जाना; 5. असफल होना; 6. (*in exam.*) फेल या अनुत्तीर्ण होना या कर देना; 7. (*be bankrupt*) दिवालिया हो जाना, दिवाला निकालना; **~ing,** *n.*, कमज़ोरी*, त्रुटि*, कमी*; असफलता*; —*prep.*, के अभाव में, के न होने पर। > फ़ेल; फ़ेल्-इना

failure, 1. असफलता*, विफलता*; 2. अभाव, लोप; कमी*; 3. ह्रास, क्षय; 4. खराबी*; 5. (*omission*) चूक*, अकरण; 6. (*bankruptcy*) दिवाला। > फ़ेल्यॅ

fain, 1. तैयार; 2. (*eager*) उत्सुक। > फ़ेन

faine'ant, निष्क्रिय। > फ़ेनेआँ

faint, *adj.*, 1. (*feeble*) अशक्त, दुर्बल, कमज़ोर; 2. (*dim*) मन्द, हलका, धीमा, धुँधला, अस्पष्ट; 3. शिथिल; I feel ~, मुझे मूर्च्छा* का सा अनुभव हो रहा है; —*n.*, बेहोशी*, मूर्च्छा*; —*v.*, बेहोश हो जाना, मूर्च्छित होना; **~-hearted,** कातर, भीरु, बुज़दिल। > फ़ेन्ट

fainting, मूर्च्छा*, बेहोशी। > फ़ेन्ट्-इना

fair, *n.*, मेला; *adj.*, 1. मनोहर, सुन्दर; 2. (*opp. to dark*) गौर, गौरवर्ण, गोरा; 3. (*unblemished*) निर्मल, स्वच्छ, निष्कलंक; 4. (*readable*) स्पष्ट, सुवाच्य; 5. (*just*) उचित, न्यायसंगत, न्यायोचित; 6. (*impartial*) निष्पक्ष; 7. (*satisfying*) सन्तोषजनक, अच्छा; 8. (*middling*) मध्यम, मामूली, साधारण; 9. (*weather*) साफ़, अच्छा, अनुकूल; 10. (*specious*) कपटपूर्ण; ~dealing, निष्कपट व्यवहार; ~play, ईमानदारी*, न्याय-व्यवहार; ~price, उचित मूल्य; ~wind, अनुकूल वायु; **~ly,** उचित रूप से, न्याय से; काफ़ी अच्छी तरह* से; स्पष्टतया; पूर्ण रूप से; **~-minded,** निष्पक्ष; **~ness,** चारुता*; सौन्दर्य; गोराई*, गोरापन; स्वच्छता*; औचित्य, न्यायसंगति*, निष्पक्षता*; **~-spoken,** शिष्ट, भद्र; **~way,** सुपथ; नाव्य जलपथ; **~-weather road,** ख़ुश्क मौसमी सड़क*। > फ़े'अॅ

fairy, परी*; **~-ring,** छत्रक वृत्त; **~land,** परीलोक। > फ़े'अॅर्-इ

fait accompli, सम्पन्न कार्य। > फ़ेट आकोंप्ली

faith, 1. विश्वास, प्रतीति*; 2. (*religion*) धर्म; 2. (*loyalty*) निष्ठा*, ईमान; bad ~, बदनीयती*; in bad ~, *adj.*, बदनीयत; —*adv.*, बदनीयती* से; good ~, नेकनीयती*; in good~, *adj.*, नेकनीयत; *adv.*, नेकनीयती* से; break of ~, प्रतिज्ञा-भंग; **~-cure,** विश्वास-चिकित्सा*, आस्था-चिकित्सा*। > फ़ेथ

faith/ful, *adj.*, 1. ईमानदार, निष्ठावान्, वफ़ादार; 2. (*reliable*) विश्वसनीय, सत्यप्रतिज्ञ; 3. (exact) यथार्थ; —*n.*, *pl.*, विश्वासीगण; **~fully,** सच्चाई से, ईमानदारी* से, निष्ठापूर्वक; **~fulness,** ईमानदारी*, निष्ठा*; **~less,** बेईमान, झूठा, विश्वासघाती; अविश्वसनीय; अवश्विासी; **~worthy,** विश्वसनीय। > फ़ेथ्फ़ुल; फ़ेथ्-लिस; फ़ेथ्वॅ:दि

fake, *v.*, नक़ल* क०, जाली बनाना; *adj.*, नक़ली, जाली, बनावटी; —*n.*, 1. धोखा, धोखबाज़ी*, कपट; नक़ली चीज़*; 2. (*coil*) कुण्डली*; **~r,** जालसाज़, धोखेबाज़। > फ़ेक; फ़ेक्-अॅ

fakir, फ़कीर। > फ़ॅकिअॅ

falcate, falciform, दात्राकार, हँसियाकार। > फ़ैल्केट; फ़ैल्-सि-फ़ॉ:म

falchion, तलवार*। > फ़ॉ:ल्चॅन = फ़ॉ:ल्शॅन

falcon, बाज़, श्येन, तुरमती*, बहरी*, लगर। > फ़ॉ:ल्कॅन = फ़ॉ:कॅन

faldstool, आसन। > फ़ॉ:ल्ड्स्टूल

fall, *n.*, 1. (*physical*) पतन, (अव)पात, गिरावट*; 2. (*moral*) पतन; 3. (*ruin*) पतन, विनाश; 4. (*defeat*) पराभव, पराजय*, हार*; 5. (*decline*) अवनति*, अधोगति*; 6. (*diminution*) ह्रास; 7. (*slope*) ढाल*, उतार; 8. (जल) प्रपात; 9. (*autumn*) शरत्*; —*v.*, 1. गिरना, झड़ना; 2. पतित हो जाना, पाप क०; 3. (*happen*) पड़ना, घटित हो जाना; 4. (*diminish*) घट जाना, मन्द पड़ना, झुकना; ढलना, कम हो जाना; 5. (*become*) हो जाना; 6. (*slope*) उतरना, ढालू होना; 7. नष्ट हो जाना, मरना, मारा जाना; 8. पराजित हो जाना; 9. (*decay*) क्षीण हो जाना, क्षय होना, अवनति* पर होना; **~back,** हटना; **~back upon,** पर निर्भर होना, का सहारा लेना; **~behind,** पीछे रह जाना; **~out,** झगड़ा क०, में अनबन* हो जाना, घटित होना, घटना; परिणाम या नतीजा निकलना; पंक्ति* छोड़ देना; **~short,** कम पड़ना; **~through,** असफल होना, टाँय-टाँय फिस हो जाना; **~under,** (वर्ग, श्रेणी*) में आना; **~en,** पतित, भ्रष्ट; मृत, हत; विनष्ट; पराजित; **~ing,** गिरता, ह्रासमान; अवरोही, अधोगामी; **~-out,** निक्षेप। > फ़ा:ल; फ़ा:लॅन; फ़ॉ:ल्-इना; फ़ॉ:लाइट

fallacious, भ्रान्त, भ्रमपूर्ण; भ्रान्तिजनक, भ्रामक। > फ़ॅलेशॅस

fallacy, 1. भ्रामकता*, अविश्वसनीयता*; 2. (*error*) दोष, भ्रान्ति*, भ्रम; 3. (*logic*) कुतर्क, हेत्वाभास, तर्कदोष, तर्काभास। > फ़ैलॅसि

fallible, भ्रमशील; अविश्वसनीय। > फ़ैलॅबॅल, फ़ैल्-इबॅल

Fallopian, tube, डिम्बवाही नली*। > फ़ॅलोप्-इअॅन

fallow, *n.*, परती भूमि*; *adj.*, 1. परती, बंजर, ख़ाली; 2. (*colour*) हलका भूरा, हलका लाल। > फ़ैलो

false, 1. असत्य, ग़लत, अयथार्थ, मिथ्या, झूठा; 2. (*lying*) झूठा, मिथ्यावादी; 3. (*disloyal*) कपटी, निष्ठाहीन; 4. (*misleading*) भ्रामक, भ्रान्तिजनक; 5. (*counterfeit*) खोटा, नक़ली, कूट, जाली; 6. (*not real*) कृत्रिम, दिखावटी, आभासी; **~hood,** 1. असत्यता*, मिथ्यात्व; 2. कपट, मिथ्यावादिता*; 3. (*lie*) झूठ, असत्य; 4. भ्रान्ति*, भ्रम; **~ly,** झूठ-मूठ, धोखे से, छल से। > फ़ॉ:ल्स

falsetto, कृत्रिम उच्चस्वर। > फ़ॉ:ल्से'टो

falsification, अन्यथाकरण, जालसाज़ी*। > फॉ:ल्-सि-फ़ि-के-शॅन

falsifier, जालसाज़। > फ़ॉ:ल्-सि-फाई-अॅ

falsify, 1. में जाल क०, में गोलमाल क०; 2. का अयथार्थ रूप प्रस्तुत क०; 3. (*prove false*) झुठलाना; ~accounts, जाली हिसाब तैयार करना। > फ़ॉ:ल्-सि-फ़ाइ

falsity, 1. (*incorrectness*) असत्यता*, मिथ्यात्व; 2. (*dishonesty*) बेईमानी*; 3. (*deceit*) कपट, कपटपूर्णता*; 4. (*disloyalty*) विश्वासघात; 5. (*lie*) झूठ। > फ़ॉ:ल्-सि-टि

falter, 1. लड़खड़ाना, डगमगाना; 2. (*stammer*) हकलाना; 3. (*waver*) हिचकना, हिचकिचाना, आगा-पीछा क०; 4. (*flinch*) विचलित होना, हटना, झुकना, हिम्मत* हारना। > फ़ॉ:ल्-टॅ

fame, नाम; यश, कीर्ति* ख्याति*। > फ़ेम

familial, पारिवारिक, कौटुम्बिक। > फ़ॅमिल्-इअॅल

familiar, *n.*, अन्तरंग मित्र; *adj.*, 1. (*intimate*) घनिष्ठ, अन्तरंग; 2. (*bold*) ढीठ, धृष्ट; 3. (*~with*) से अभिज्ञ या परिचित; 4. (*common*) साधारण, सामान्य, सुविदित, सुपरिचित; 5. (*domesticated*) पालतू; **~ity,** 1. घनिष्ठता*, मेल-जोल, हेल-मेल; 2. अति-परिचय, बेतकल्लुफ़ी*; 3. धृष्टता*, ढिठाई*; 4. सुविज्ञता*, अच्छी जानकारी*; **~ize,** सुपरिचित बनाना, प्रचलित बना देना; से परिचित क०, का आदी बनाना, अभ्यस्त क०; घनिष्ठता* स्थापित क०। > फ़ॅ-मिल्-यॅ; फ़ॅमिलिएरिटि; फ़ॅमिल्यॅराइज़

family, 1. परिवार, घराना; 2. (*lineage*) वंश, कुटुम्ब, कुल; 3. (*race*) जाति*; 4. (*class*) वर्ग, कुल, परिवार; joint ~, संयुक्त परिवार; **~allowance,** परिवार-भत्ता; **~custom,** कुलाचार; **~man,** गृहस्थ; **~members,** परिवार-सदस्य, कुटुम्बी; **~name,** कुल-नाम, वंश-नाम; **~planning,** परिवार-नियोजन; **~tree,** वंश-वृक्ष, वंशावली*; **~wage,** परिवार-मज़दूरी*। > फ़ैम्-इलि

famine, 1. अकाल, भुखमरी*, दुर्भिक्ष; 2. (*scarcity*) दुर्लभ्यता*, दुष्प्राप्यता*, कमी*; **~-relief,** अकाल-सहायता*, दुर्भिक्ष-निवारण; **~-stricken,** अकाल-पीड़ित। > फ़ैम्-इन

famish, भूखों मरना (*v.i.*) या मारना (*v.t.*)। > फ़ैम्-इश

famous, प्रसिद्ध, विख्यात, यशस्वी, नामी। > फ़ेमॅस

fan, *n.*, 1. पंखा, व्यजन; 2. (*enthusiast*) शौक़िन, प्रेमी, भक्त; —*v.*, 1. पंखा क०; 2. (*excite*) उत्तेजित क०; भड़काना; 3. (*winnow*) ओसाना; 4. फैलना या फैलाना; **~-shaped,** पंखाकार, व्यजनाकार। > फ़ैन

fanatic, कट्टर, मतान्ध, हठधर्मी*, दुराग्रही; धर्मान्ध, धर्मोन्मत्त; **~ism,** कट्टरपन, मतान्धता*, हठधर्म, दुराग्रह; धर्मान्धता*, धर्मोन्माद। > फ़ॅनैट्-इक; फ़ॅनैट्-इसिज़्म

fancied, 1. (*imaginary*) कल्पित, काल्पनिक; 2. (*popular*) लोकप्रिय। > फ़ैन्-सिड

fancier, 1. (*dreamer*) स्वप्नद्रष्टा; 2. (*enthusiast*) शौक़ीन; 3. (*specialist*) पारखी। > फ़ैन्-सिअॅ

fanciful, 1. मौजी, लहरी, उमंगी, झक्की; 2. (*imaginary*) काल्पनिक, अवास्तविक; 3. (*odd*) विलक्षण, अनोखा, विचित्र। > फ़ैन्-सि-फ़ुल

fancy, *n.*, 1. कल्पनाशक्ति*; (ललित) कल्पना*; 2. (*whim*) तरंग*, मौज*, सनक*; 3. (*delusion*) मोह, माया*, भ्रान्ति*; 4. (*liking*) रुचि*, झुकाव; —*adj.*, 1. विलक्षण, विचित्र; सनकी; 2. (*extravagant*) मनमाना, अत्यधिक; 3. (*ornamental*) रंग-बिरंगा, फैंसी, भड़कीला; 4. (*costly*) महँगा; 5. (*special*) विशिष्ट; —*v.*, कल्पना* क०; सोचना, मानना, समझना; चाहना, पसन्द क०; पालना; **~fair,** मेला; **work,** गुलकारी*, कशीदा। > फ़ैन्-सि

fanfare, 1. तुरही-नाद, तूर्यनाद; 2. (*display*) धूमधाम*। > फ़ैन्फ़े'अॅ

fang, 1. दाँत, भेदक दन्त; 2. (*of snake*) विषदन्त; 3. दन्तमूल। > फ़ैन्ग

fantail, (*pigeon*) चकदील। > फ़ैन्टेल

fantast, स्वप्नद्रष्टा, कल्पना-विहारी; **~ic,** 1. (*unreal*) काल्पनिक; 2. (*odd*) विलक्षण, अनोखा, अजीब, ऊटपटांग, बेतुका, बेढब; 3. (*eccentric*) तरंगी, झक्की, सनकी। > फ़ैन्टैस्ट; फैन्-टैस्-टिक

fantasy, 1. स्वैरकल्पना*, मनोराज्य, स्वप्न-चित्र; 2. (*illusion*) भ्रान्ति*, मोह, माया*; 3. (*whim*) सनक*, लहर*, मौज*। > फ़ैन्टॅसि

far, *adj.*, 1. दूर, दूरस्थ; दूरवर्ती; 2. (*long*) लम्बा; 3. (*more distant*) परला; —*adv.*, दूर तक; as ~as, तक; by~, कहीं अधिक; so~as, जहाँ तक; so~, अब तक; वहाँ तक; ~and wide, चारों ओर, जहाँ-तहाँ; **~-away,** दूर; स्वप्निल; **~-between,** विरले ही; **~-fetched,** कष्ट-कल्पित, अस्वाभाविक; **~-reaching,** व्यापक; **~-sighted,** दूरदर्शी। > फ़ा; फ़ारवे

farce, 1. प्रहसन, स्वाँग, दुर्मल्ली*; 2. (*mockery*) तमाशा, ढोंग, विडम्बना*। > फ़ास

farcical, 1. हास्यजनक; 2. (*ridiculous*) हास्यास्पद। > फ़ासिकॅल

farcy, बेल। > फ़ासि

fare, *n.*, 1. भाड़ा, किराया; 2. (*passenger*) यात्री, सवारी*; 3. खाना, भोजन; —*v.*, चलना; how did you~? आपने कैसा किया? > फ़े'अँ

farewell, विदाई*। > फ़े'अँ-वे'ल

farina, 1.(*flour*) मैदा; 2. (*starch*) मण्ड; माँड़ी*; 3. (*pollen*) पराग; **~ceous,** 1. मैदे का; 2. मण्डमय, मण्डीय। > फ़ॅ-राइन्-अँ; फैरिनेशॅस

farm, *n.*, चक, फ़ार्म, फ़ारम; *v.*, खेती* क०; **~er,** कृषक, खेतिहर, किसान; **~ing,** खेती*, कृषि*। > फ़ाम; फ़ाम्/अँ, ~इन्ग

farrago, गड्ड, घालमेल। > फ़ॅरागो

farrier, 1. (*smith*) नालबन्द; 2. (*doctor*) सलोतरी, शालिहोत्री। > फ़ैरिअँ

farrow, ब्याना। > फ़ैरो

fart, *n.*, पाद, अधोवायु; *v.*, पादना। > फ़ाट

farther, आगे, और आगे, और दूर; **~most, farthest,** दूरतम। > फ़ाद्-अँ, मोस्ट; फ़ाद्-इस्ट

farthing, दमड़ी*। > फ़ाद्-इन्ग

fascia, 1. पट्टी*; 2. (*anatomy*) प्रावरणी*; **~ted,** संपट्टित; **~tion,** संपट्टन। > फ़े-शॅ (1); फ़ै-शिअँ (2); फ़ैशिएटिड; फ़ैशिएशॅन

fascicle, 1. (*bundle*) पुलिन्दा; 2. पुस्तिका*; 3. (*bot.*) स्तवक, गुच्छ, गुच्छा, संघात। > फ़ैस्-इर्कल

fascicular, पूलीय। > फ़ॅ-सिक्-यू-लॅ

fasciculus, पूलिका*। > फ़ॅसिक्यूलॅस

fasci/nate, मोहित क०, मोह लेना, मन्त्र-मुग्ध क०; वश में क०, वशीभूत क०; **~nating,** मोहक, लुभावना, मनोहर, चित्ताकर्षक; **~nation,** सम्मोहन; मोहमाया*, आकर्षण; वशीकरण; **~nator,** सम्मोहक। > फ़ैस्-इ/नेट, ~नेटिन्ग, ~नेशॅन, ने-टॅ

fascine, गट्ठा; पुली*। > फ़ैसीन

fashion, *n.*, 1. फ़ैशन, भूषाचार; 2. (*custom*) रिवाज, लोकाचार, देशाचार; 3. (*manner*) रीति*, ढंग; 4. (*shape*) आकार, आकृति*; —*v.*, गढ़ना, बनाना, रूप देना; **~able,** 1. (*person*) फ़ैशनप्रिय, भूषाचारी, शौक़ीन; 2. लोकप्रिय, प्रथानुसार, प्रचलित, फ़ैशनेबुल। > फ़ैशॅन; फ़ैशॅनॅबॅल

fast, *n.*, उपवास, अनशन, रोज़ा; *v.*, उपवास क०; —*adj.*, 1. (*swift*) शीघ्रगामी, तेज़, सत्वर, द्रुतगामी; फुरतीला; 2. (of *watch*) तेज़; 3. (*dissolute*) स्वेच्छाचारी, असंयमी; 4. (*firm*) सुदृढ़, स्थिर; 5. (*closed*) बन्द; 6. (*steadfast*) पक्का, सच्चा, स्थायी; 7. (*fastened*) बाँधा हुआ, कसा हुआ; 8. (*colour*) पक्का; —*adv.*, सत्वर, तेज़ी* से; दृढ़ता* से ज़ोर से, मज़बूती* से; असंयम से; **~er,** उपवासी; **~ness,** 1. (*stronghold*) क़िला, दुर्ग; 2. दृढ़ता*; 3. शीघ्रता*, तेज़ी*। > फ़ास्ट; फ़ास्ट्-अँ; फ़ास्ट्-निस

fasten, बाँधना, कसना, जकड़ना; बंध जाना, जकड़ा जाना, जकड़ना; स्थिर क०; दृढ़ क०; बन्द क०; (पर) लगाना; **~er,** 1. बाँधनेवाला, बन्धक; 2. कसनी*, बन्धन; 3. (*engin.*) कीलक; **~ing,** 1. बन्धन, कसन*, जकड़*; 2. कसनी*, बन्धन; 3. (*railway*) स्थिरक। > फ़ासॅन; फ़ास्-नें; फ़ास्निन्ग

fastidious, तुनकमिज़ाज, दुस्तोषणीय; नाजुक (मिज़ाज), सुकुमार। > फ़ैस्-टिड्-इअँस

fastigiate, कूर्चशाखित। > फ़ैस्टिजिएट

fat, *n.*, चरबी*, वसा*, मेद; *v.*, *see* FATTEN; —*adj.*, मोटा, मांसल; 1. (*greasy*) चरबीदार; 2. (*fertile*) उपजाऊ; 3. (*lucrative*) लाभकारी; 4. (*rich*) समृद्ध; 5. (*stupid*) मन्दबुद्धि, मूर्ख। > फ़ैट

fata morgana, मरीचिका*, मृगतृष्णा*। > फ़ा-टॅ मॉ:-गा-नें

fatal, 1. घातक, सांघातिक, प्राणहर; 2. विनाशक; 3. (*inevitable*) अनिवार्य, अवश्यंभावी; 4. (*fateful*) भाग्यनिर्णायक; **~ism,** भाग्यवाद, दैववाद; **~ist(ic),** भाग्यवादी, दैववादी; **~ity,** 1. नियति*, कर्मरेखा*, भवितव्यता*, भाग्याधीनता*; 2. अनिवार्यता*; 3. (*deadliness*) सांघातिकता*; 4. (*calamity*) विपत्ति*; 5. (*death by accident*) अपमृत्यु*; 6. मृत्युसंख्या*। > फ़ॅटॅल; फ़ेटॅलिज़्म, फ़ेटॅलिस्ट; फ़े-टॅ-लिस्-टिक; फ़टैल्-इटि

fate, भाग्य, नियति*, किस्मत*, अदृष्ट, प्रारब्ध, नसीब, तक़दीर*; भवितव्यता*, भावी*; अन्त, परिणाम; मृत्यु*; **~d,** नियत, दैवनिर्दिष्ट, बदा; **~ful,** 1. (*prophetic*) भविष्यसूचक, भाग्यसूचक; 2. (*decisive*) भाग्यनिर्णायक, महत्त्वपूर्ण; 3. भाग्यनिर्दिष्ट; 4. (*fatal*) सांघातिक, विनाशक। > फ़ेट; फ़ेट्-इड; फ़ेट्फ़ुल

fat-head, मूर्ख। > फ़ैट्हे'ड

father, *n.*, 1. पिता, बाप, जनक; 2. (*originator*) प्रवर्तक, जन्मदाता; 3. (*fore~*) पूर्वज, पुरखा; 4. (*priest*) फ़ादर, पुरोहित, पादरी; 5. (*of the church*) आचार्य; —*v.*, प्रजनन क०, पैदा क०, उत्पन्न क०; गोद लेना; प्रवर्तन क०; उत्तरदायित्व स्वीकार क०; spiritual ~, गुरु; **~hood,** पितृत्व; **~-in-law,** ससुर, श्वसुर; **~land,** पितृभूमि*, जन्मभूमि*, स्वदेश, मातृभूमि*; **~less,** पितृहीन, अनाथ; **~ly,** पितृतुल्य, पितृवत्। > फ़ा-दें

fathom, *v.*, थाह* लेना, थहाना; पूर्ण रूप से समझना; —*n.*, फ़ैदम, धनु, बाम, पुरसा, छः फुट; **~less,**

1. अगाध, अथाह; 2. (*unknowable*) अज्ञेय, गूढ़। > फ़ैदॅम

fatidic(al), भविष्यसूचक, भाग्यसूचक। > फ़ॅटिड्/इक, ~इकॅल

fatigue, *n.*, 1. थकावट*, थकान*, श्रान्ति*; 2. (*toil*) परिश्रम, श्रम; कठोर काम, फ़टीग; —*v.*, थकाना, चूर-चूर क०; **~d,** थका-माँदा, परिश्रान्त; **~-duty,** श्रमदण्ड, दलेल*। > फ़ॅटीग, फ़ॅटीग्ड

fat/ness, मोटापन, मोटाई*, मोटापा; **~ten,** मुटाना, मोटा क० या बनाना; उपजाऊ बनाना; **~ty,** चरबीदार, वसीय; मोटा। > फ़ैट्-निस; फ़ैटॅन; फ़ैट्-इ

fatuity, मूर्खता*, बेवक़ूफ़ी*। > फ़ॅट्यूइटि

fatuous, मूर्ख, बेवक़ूफ़, ऊटपटाँग, अनर्गल। > फ़ैट्यूअॅस

faucal, कण्ठ्य। > फ़ॉ:कॅल

fauces, गलद्वार। > फ़ॉ:सीज़

faucet, टोंटी*। > फ़ॉ:सिट

fault, 1. (*defect*) दोष, कमी*, त्रुटि*; 2. (*mistake*) भूल*, ग़लती*, चूक*; 3. (*misdeed*) अपराध; 4. (*blame*) क़सूर, दोष; 5. (*geol.*) भ्रंश; 6. (*electr.*) दोष; to a ~, अत्यधिक; **~ed,** भ्रंशित; **~finder,** छिद्रान्वेषक; **~finding,** *n.*, छिन्द्रान्वेषण; —*adj.*, छिद्रान्वेषी; **~ing,** भ्रंशन; **~less,** दोषमुक्त, पूर्ण; **~y,** 1. दोषपूर्ण, सदोष, खराब; 2. (*wrong*) ग़लत, अनुचित; 3. (*censurable*) बुरा, निन्दनीय; 4. (*person*) ऐबी, अपूर्ण, असावधान, लापरवाह। > फ़ा:ल्ट; फ़ॉ:-ल्ट्-इ

faun, वनदेवता। > फ़ॉ:न

fauna, प्राणिजात, जीवजन्तु, प्राणि-समूह। > फ़ॉ:न्-अॅ

favour, *n.*, 1. अनुग्रह, कृपादृष्टि*, कृपा*; 2. (*approval*) अनुमोदन, समर्थन; 3. (*permission*) अनुमति*, अनुज्ञा*, स्वीकृति*; 4. (*partiality*) पक्षपात, तरफ़दारी*; 5. (*help*) सहायता*, उपकार; 6. (*gift*) उपहार; 7. (*letter*) कृपापत्र; —*v.*, पर कृपादृष्टि* रखना, पसन्द क०, चाहना, पर कृपा* क०; अनुमोदन क०, समर्थन क०; पक्षपात क०; सहायता* क०; प्रोत्साहन देना, उपकार क०; के सदृश होना; in~of, के पक्ष में; **~able,** अनुकूल, सहायक; प्रशंसात्मक; स्वीकारात्मक; **~ably,** अनुग्रहपूर्वक, अनुकूल दृष्टि* से; speak —, प्रशंसा* क०; **~ite,** कृपापात्र, प्रेमपात्र, प्रीतिभाजन, मुँहलगा; प्रत्याशित विजेता; **~itism,** पक्षपात, तरफ़दारी*। > फ़ेव्-अॅ, फ़ेवॅरॅबॅल; फ़ेवॅरॅब्लि; फ़ेवॅरिट; फ़ेवॅरिटिज़्म

fawn, *v.*, 1. प्रेम दिखाना, लुरियाना; 2. (*flatter*) ठकुरसुहाती* क०, चापलूसी* क०; —*n.*, मृगशावक, हिरनौटा। > फ़ॉ:न

fealty, निष्ठा*, स्वामिभक्ति*। > फ़ी-अॅल-टि

fear, *n.*, 1. डर, भय, भीति*; 2. (*apprehension*) आशंका*, अन्देशा, खटका; 3. (*reverence*) श्रद्धा*; —*v.*, डरना, भयभीत होना; आशंका* क०; श्रद्धा* रखना; **~ful,** 1. (*dreadful*) भयंकर, भयानक, डरावना; 2. (*afraid*) भयभीत, डरा हुआ, भयार्त्त, भीरु; 3. (*apprehensive*) आशंकित, संशकित; **~less,** निडर, निर्भय, निर्भीक; **~lessness,** अभय, निर्भीकता*; **~some,** भयानक, भयंकर। > फ़िअॅ

feasibility, व्यवहार्यता*; सम्भाव्यता*; औचित्य। > फ़िज़ॅबिल्-इटि

feasible, 1. शक्य, व्यवहार्य, साध्य; 2. (*probable*) सम्भाव्य, सम्भव; 3. (*suitable*) उचित, उपयुक्त। > फ़ीज़ॅबॅल

feast, *n.*, 1. पर्व, परब, उत्सव, त्योहार; 2. (*banquet*) दावत*, प्रीतिभोज; *v.*, 1. पर्व मनाना; 2. (*eat*) दावत* क०, खान-पान क०; 3. खाना-पिलाना, भोज देना; 4. के सम्मानार्थ समारोह क०, अभिनन्दन क०; 5. (*delight*) तृप्त क०, आनन्दित क०। > फ़ीस्ट

feat, साहसिक कार्य, असाधारण कार्य, कमाल, करतब; करतूत* (*usually pej.*)। > फ़ीट

feather, *n.* (*v.*), पिच्छ, पर, पंख (लगाना); **~ed,** सपक्ष, परदार; **~-head,** मूर्ख; **~y,** पक्षमय। > फ़े'द्-अॅ; फ़े'दॅड; फ़े'दॅहे'ड; फ़े'दॅरि

feature, *n.*, 1. विशेषता*, विशिष्टता*, वैशिष्ट्य लक्षण; 2. (*presentation*) रूपक; 3. (*pl.*) आकृति*, चेहरा-मोहरा, नाक-नक़्शा, आकार, रूप, शक्ल* *v.*, 1. (*sketch*) रूप-रेखा* प्रस्तुत क०, चित्रित क०, दिखाना, प्रस्तुत क०; 2. प्रधानता* देना, प्रमुख स्थान देना; 3. का लक्षण होना, की विशेषता* होना; 4. सदृश होना; **~less,** साधारण, नीरस; **~programme,** रूपक-कार्यक्रम। > फ़ी-चॅ

febri/city, ज्वर; **~cula,** हरारत*, ज्वरांश; **~fic,** ज्वरोत्पादक; **~fuge,** ज्वरहर, ज्वरनाशी, ज्वरान्तक, ज्वरघ्न; ज्वररोधी, तापह्रासी। > फ़िब्रिस्-इटि, फ़िब्रिक्यूलॅ, फ़िब्रिफ़्-इक फ़े'ब्रिफ़्यूज

febrile, 1. ज्वर-विषयक; 2. (*caused by fever*) ज्वरजन्य। > फ़ीब्-राइल

February, फरवरी*। > फ़े'ब्रुअॅरि

feces, 1. मल 2. (*dregs*) तलछट*। > फ़ीसीज़

feckless, 1. निर्जीव, निस्तेज; 2. (*careless*) लापरवाह, बेफ़िक्र। > फ़े'क्-लिस

feculence, गन्दगी*। > फ़े'क्यूलॅन्स

feculent, 1. गन्दा, मैला; 2. (*fetid*) बदबूदार, दुर्गन्धयुक्त। > फ़े'क्यूलॅन्ट

fecund, 1. उपजाऊ, उर्वर; 2. (*prolific*) बहुप्रज, बहुप्रसव; 3. (*fertilizing*) उर्वरक; **~ate,** गर्भाधान क०, गर्भवती* बनाना; उपजाऊ बनाना; **~ation,** गर्भाधान; निषेक; उर्वरीकरण; **~ity,** 1. जननशक्ति*,

बहुप्रजता*; 3. उर्वरता*, उपजाऊपन; उत्पादकता*। > फ़ीकॅन्ड; फ़ीकॅन्डेट; फ़ीकॅनडेशॅन; फ़ि-कॅन्-डि-टि

federal, संघीय, संघ-; **~ism,** संघवाद; **~ize,** संघबद्ध क०; विकेन्द्रित क०। > फ़े'डॅ/रॅल; ~ रॅलिज़म; ~ रॅलाइज़

federate, संघबद्ध हो जाना या क०; **~d,** संघबद्ध, संघित। > फ़े'डॅरेट; फ़े'डॅरेटिड

federation, संघ, राज्यसंघ, संघशासन। > फ़े'डॅरेशॅन

fee, 1. शुल्क, फ़ीस*; 2. (*wage*) पारिश्रमिक, मेहनताना; 3. (*tip*) इनाम। > फ़ी

feeble, 1.दुर्बल, अशक्त, कमज़ोर; 2. (*voice*) क्षीण, मन्द; 3. (*light*) धुँधला; **~-minded,** मन्दबुद्धि; चलचित्त। > फ़ीबॅल

feed, *v.t.*, 1. खिलाना, भोजन देना; 2. चारा देना; 3. (*nourish*) पुष्टि* देना, तृप्त क०, पोषण क०, संतुष्ट क०; 4. देना, पहुँचाना, भरना; —*v.i*, 1. भोजन क०, खाना; 2. (*graze*) चरना; —*n.*, 1. (*feeding*) भरण; 2. (*fodder*) चारा; **~back,** पुनर्निवेशन; **~er,** अन्नदाता, पोषक, सम्भरक, दायक। > फ़ीड; फ़ीड्-अॅ

feel, *v.*, 1. स्पर्श क०, छूना; 2. (*grope*) टटोलना; 3. (*experience*) अनुभव क०, मालूम क०, महसूस क०; 4. मानना, समझना; 5. लगना, प्रतीत होना; —*n.*, स्पर्श; **~er,** स्पर्शक, स्पर्शेन्द्रिय; टोह*, टटोल*; **~ing,** *n.*, 1. (*sense of touch*) स्पर्शेन्द्रिय, स्पर्श; 2. (*awareness*) बोध, ज्ञान, अनुभव; 3. (*emotion*) भाव, मनोभाव, भावना*, अनुभूति*; 4. (*excitement*) उत्तेजना*; 5. (*pl. sensitiveness*) संवेदनशीलता*; 6. (*pity*) सहानुभूति*, संवेदना*; 7. (*opinion*) मत, विचार; 8. (*discrimination*) पहचान*, परख*; —*adj.*, 1. संवेदनशील; 2. (*emotional*) भावुक, भावप्रवण; 3. दयालु, करुणामय; 4. भावपूर्ण; 5. (*heart-felt*) हार्दिक। > फ़ील; फ़ील्-अॅ; फ़ील्-इन्ग

feign, 1. (*pretend*) का बहाना क०; का अभिनय क०, का स्वाँग भरना; 2. (*invent*) कल्पना* क०, गढ़ना; **~ed,** 1. (*imagined*) कल्पित; 2. जाली, झूठा। > फ़ेन; फ़ेन्ड

feint, 1. (*pretence*) छल, कपट, बहाना; 2. (*stratagem*) चाल*, दाँव-पेंच; 3. (*mil.*) भुलावा, मिथ्याक्रमण। > फ़ेन्ट

felici/fic, सुखद; **~tate,** बधाई* देना; **~tation,** बधाई*; **~tous,** उपयुक्त; मनोहर, ललित; **~ty,** 1. सुख, सुख-शान्ति*, आनन्द; 2. (*bliss*) आनन्दातिरेक, परमानन्द; 3. (*good fortune*) सौभाग्य; 4. (*apt expression*) सूक्ति*, सुभाषित। > फ़ीलिसिफ़्-इक फ़िलिसि/टेट, ~टेशॅन, ~टॅस, ~टि

felid, विडाल-वंशी। > फ़ील्-इड

feline, विडाल-वंशी; विडालवत्, धूर्त, चालाक। > फ़ीलाइन

felinity, विडालत्व। > फ़िलिन्-इटि

fell, *n.*, खाल*, छाला; *adj.*, दारुण; *v.*, गिराना, काट गिराना। > फ़े'ल

felloe, felly, नेमि*। > फ़े'लो; फ़े'ल्-इ

fellow, *n.*, 1. साथी, संगी, मित्र; 2. (*mate*) जोड़ा, जोड़; 3. (*member*) सदस्य, पार्षद, अधिसदस्य, फेलो; 4. शिक्षावृत्तिभोगी; 5. व्यक्ति, आदमी; —*prefix*, सह-; **~-feeling,** सहानुभूति*; **~ship,** 1. भाईचारा, मैत्रीभाव, संसर्ग; 2. (*sharing*) साहचर्य, साथ, संग, सहभागिता*, साझा, हिस्सेदारी*; 3. (*company*) संघ, मंडली*; 4. सदस्यता*; 5. (*endowment*) शिक्षावृत्ति*; **~-traveller,** 1. हमराही, सहयात्री; 2. (*sympathizer*) समर्थक, हिमायती; साम्यवाद-समर्थक। > फ़े'लो

felon, *n.*, 1. महापराधी, आततायी; 2. (*whitlow*) गलका; **~ious,** दुष्ट, नीच, कुकर्मी; **~y,** महापराध। > फ़े'लॅन; फ़िलोन्यॅस; फ़े'लॅनि

felt, नमदा। > फ़े'ल्ट

female, मादा*, स्त्री*, तिरिया*। > फ़ीमेल

feminality, नारीत्व। > फ़े'मिनैल्-इटि

femineity, 1. नारीत्व; 2. (*effeminacy*) स्त्रैणता*, मेहरापन। > फ़े'मिनीइटि

feminine, 1. स्त्री सम्बन्धी, नारीजातीय; 2. (*womanly*) स्त्रियोचित, स्त्री-सुलभ, नारी-सुलभ; 3. (*effeminate*) स्त्रैण, मेहरा, ज़नख़ा; 4. (*gramm.*) स्त्रीलिंग। > फ़े'म्-इनिन

femininity, नारीत्व; मातृजाति*, नारीवर्ग, स्त्रीवर्ग। > फ़े'मिनिन्-इटि

feminism, नारी-आन्दोलन, नारीवाद। > फ़े'म्-इनिज़्म

feminize, नारी-सुलभ गुणों से सम्पन्न क० या हो जाना। > फ़े'म्-इनाइज़

femoral, ऊरु-। > फ़े'मॅरॅल

femur, ऊर्वस्थि*, ऊर्विका*। > फ़ीम्-अॅ

fen, दलदल**। > फ़े'न

fence, बाड़ा, बाड़*, घेरा, अहाता; पटेबाज़ी*; —*v.*, 1. बाड़ा लगाना, घेरना; 2. (*with sword*) पटा खेलना, पटेबाजी* क०; 3. (*shield*) रक्षा* क०, बचाव क०; 4. (*evade*) टाल देना; 5. चोरी* का माल लेना या बेचना। > फ़े'न्स

fencing, घेराबन्दी*; बाड़ा; पटेबाज़ी*, असिक्रीड़ा*। > फ़े'न्-सिन्ग

fend, 1. ~off, से बचाव क०, रोकना; ~for oneself, अपना प्रबन्ध क०; **~er,** 1. (*cowcatcher*) इंजनछाज; 2. (*of ship*) चपलान, दफ़रा; 3. (*of fireplace*) जंगला। > फ़े'न्ड; फ़'न्-डॅ

fenestra, 1. गवाक्ष; **~te,** गवाक्षित; **~tion,** खिड़कियों* की व्यवस्था*; 2.(*perforation*) छिद्रण। > फ़िने'स्/ट्रॅ, ~ट्रिट; फ़े'निस्ट्रेशॅन

fennel, सौंफ*; small~, कलौंजी*, मँगरैला, काला जीरा। > फ़े'नॅल
fenugreek, मेथी*। > फ़े'न्यूग्रीक
feoff, जागीर*; **~ee,** जागीरदार। > फ़े'फ; फ़े'फ़ी
feral, 1. जंगली, वन्य; 2. (*brutal*) पाशविक, क्रूर; 3. (*deadly*) घातक; 4. (*gloomy*) विषादमय। > फ़िअरॅल
feretory, 1. (*reliquary*) तबर्रुक-पात्र; 2. (*bier*) अरथी*; 3. (*tomb*) मक़बरा, समाधि*। > फ़े'रिटॅरि
ferial, वारीय, साधारण, सामान्य। > फ़िअर्-इअॅल
ferment, *n.*, 1. किण्ड, खमीर, जामन; 2. (*~ation*), किण्वन, सन्धान; 3. (*unrest*) उत्तेजना*, विक्षुब्धता*, अन्तःक्षोभ; —*v.*, खमीर उठना या उठाना, किण्वन होना या क०; उत्तेजित होना या क०; **~ative,** किण्वक; **~ed,** किण्वित। > फ़ॅ:मे'न्ट (*n.*); फ़ॅ:मे'न्ट (*v.*); फ़ॅ:मे'नटेशॅन; फ़ॅ:मे'न्टॅटिव्; फ़ॅ:-मे'न्ट्-इड
fern, पर्णांग। > फ़ॅ:न
ferocious, उग्र, क्रूर, दारुण। > फ़ॅरोशॅस
ferocity, उग्रता*, क्रूरता*, भीषणता*। > फ़ॅरॉसिटि
ferreous, लोहमय, लौह, आयस। > फ़े'रिअॅस
ferret out, खोज निकालना, पता लगाना। > फ़े'रिट आउट
ferriage, 1. तारण; 2. (*fee*) उतराई*, घाट-शुल्क। > फ़े'रिइज
ferric, फ़ेरिक। > फ़े'रिक
ferriferous, लोहमय। > फ़े'रिफ़ॅरॅस
ferro-concrete, प्रबलित कंक्रीट। > फ़े'रो
ferrous, फेरस। > फ़े'रॅस
ferruginous, लोहमय। > फ़े'रूजिनस
ferrule, जोड़चूड़ी*; शाम*। > फ़े'रूल
ferry, *n.*, 1. तारण; 2. (*place*) नौघाट; 3. (*boat*) नौका*; —*v.*, पार उतारना; पार उतरना; **~man,** नाविक, केवट, माँझी; **~-toll,** घाट-कर। > फ़े'रि, ~मॅन, ~टोल
fertile, 1. उपजाऊ, उर्वर; 2. (*fertilizing*) उर्वरक; 3. जननक्षम; 4. (*fertilized*) संसेचित। > फ़ॅ:टाइल
ferti/lity, उपजाऊपन, उर्वरता*; जननक्षमता*; **~lization,** 1. (*of soil*) उर्वरण; 2. निषेचन; **~lize,** 1. उर्वर या उपजाऊ बनाना; 2. (*a cell*) निषेचित क०; 3. (*a person*) गर्भाधान क०; **~lizer,** 1. (*thing*) उर्वरक, खाद*; 2. (*agent*) निषेचक, उर्वरीकर। > फ़ॅ:टिल्-इटि; फ़ॅ:टिलाइज़ेशॅन; फ़ॅ:ट्-इ/लाइज़, ~लाइ-ज़ॅ
ferule, *n.*, (*v.*), बेंत, छड़ी* (से मारना)। > फ़े'रूल
fervency, जोश, सरगर्मी*, उत्सुकता*। > फ़ॅ:वॅन्सि
fervent, 1. जोशीला, उत्साही, सरगर्म; 2. धर्मोत्साही, भक्तिमय; 3. (*hot*) उत्तप्त, गर्म। > फ़ॅ:वॅन्ट
fervid, आवेशपूर्ण, उत्तेजित; प्रज्वलित। > फ़ॅ:वॅ्-इड
fervour, 1. (*zeal*) जोश, सरगर्मी*; 2. (*religious*) धर्मोत्साह, भक्ति*; 3. (*heat*) उत्ताप। > फ़ॅ:व्-अॅ
festal, उत्सव का; आनन्दमय। > फ़े'सटॅल
fester, *n.*, पूयन; *v.*, 1. पीब* या मवाद से भर आना, पीब* पड़ जाना, पूयित हो जाना; 2. (*decay*) सड़ना, गलना; 3. कटु बन जाना; कटुता* उत्पन्न क०। > फ़े'स्-टॅ
festival, उत्सव, त्योहार, पर्व; समारोह, मेला। > फ़े'स्-टिवॅल
festive, उत्सव सम्बन्धी; आनन्दमय। > फ़े'स्-टिव्
festivity, 1. (*mirth*) आमोद-प्रमोद; 2. (*festival*) आनन्दोत्सव, उत्सव। > फ़े'स्-टिव्-इ-टि
festoon, बन्दनवार*, तोरण। > फ़े'स्टून
fetch, 1. लाना, ले जाना, जाकर लाना; 2. (*elicit*) उत्पन्न क०; 3. (*sell for*) पर बिकना; 4. (*attract*) आकर्षित क०; **~ing,** रमणीय, मनोहर, आकर्षक। > फ़े'च; फ़े'च्-इन्ग
fête, मेला; उत्सव। > फ़ेट
fetid, बदबूदार, दुर्गन्ध (युक्त)। > फ़े'ट्-इड = फ़ीटिड
fetish, 1. पूजा-वस्तु*, पूजित वस्तु*; 2. (*amulet*) तावीज़; 3. कामोत्तेजक वस्तु*; **~ism,** 1. वस्तुपूजा*; 2. वस्तु-कामुकता*, वस्तु-रति*; **~ist,** वस्तु-पूजक। > फ़ीट्-इश; फ़ीट्-इ/शिज़्म, ~शिस्ट
fetlock, टखना। > फ़े'ट्लॉक
fetor, दुर्गन्ध*, बदबू*। > फ़ीट्-अॅ
fetter, *n.*, 1. बेड़ी*, निगड़*; 2. (*restraint*) बाधा*, रुकावट*, बन्धन; —*v.*, बेड़ियाँ* डालना या पहनाना; निरोध क०, रोक* लगा देना, बाधा* डालना, नियन्त्रित क०। > फ़े'टॅ्-अ
fettle, दशा*, हालत*। > फ़े'टॅल
fetus, भ्रूण। > फ़ीटॅस
fetwa, फ़तवा। > फ़े'ट्वा
feud, 1. शत्रुता*; कुल-बैर, पुश्तैनी दुश्मनी*; झगड़ा, लड़ाई*; 2. (*land*) जागीर*। > फ़्यूड
feudal, सामन्ती, सामन्तिक; सामन्तवादी; **~ism,** सामन्तशाही*, सामन्ततंत्र; सामन्तवाद; **~ist,** सामन्तवादी। > फ़्यूडॅल; फ़्यूडॅ/लिज़्म, ~लिस्ट
feudatory, सामन्त, जागीरदार। > फ़्यूडॅटॅरि
fever, ज्वर, बुख़ार; उत्तेजना*, व्यग्रता*, विह्वलता; I am running a ~, मुझे बुखार (लगा) है; **~ish,** 1. ज्वरग्रस्त, ज्वरित, ज्वरार्त्त; 2. (*causing fever*) ज्वरप्रद; 3. (*infested with ~*) बुख़ार वाला, ज्वर संकुल; 4. (*agitated*) उत्तेजित, विह्वल; **~-nut,** कटकरंज, कंजा, करंज। > फ़ीव्-अॅ; फ़ीवॅरिश
few, कुछ, थोड़े से, कतिपय, इने-गिने; **~ness,** अल्पसंख्यता*, अल्पता*। > फ़्यू; फ़्यूनिस
fez, फ़ेज़। > फ़े'ज़

fiance', वाग्दत्त; **~e,** वाग्दत्ता*। > फ़िआँसे

fiasco, (घोर) असफलता*, विफलता*, असिद्धि*। > फ़िऐस्को

fiat, 1. (*decree*) आदेश; 2. आज्ञा*, अनुज्ञप्ति*; ~money, काग़ज़ी मुद्रा*। > फ़ाइऐट

fib, *n.* (*v.*), झूठ (बोलना), गप* (उड़ाना या हाँकना); **~ber,** झूठा, गप्पी। > फ़िब; फ़िब्-अॅ

fibre, 1. रेशा, तन्तु, तन्तुक, सूत्र; 2. (*character*) प्रकृति*, स्वभाव; 3. (*texture*) बनावट*। > फ़ाइ-बॅ

fibril, रेशक, तन्तुक। > फ़ाइब्-रिल

fibrosis, तन्तुशोथ। > फ़ाइब्रोसिस

fibrous, रेशेदार, तन्तुमय। > फाइब्-रॅस

fibula, 1. बहिर्जंघिका*; 2. (*buckle*) बकलस। > फ़िब्यू-लॅ

fichu, दुपट्टा। > फ़िशू

fickle, चंचल, अस्थिर, चलचित्त, चपल, ढुलमुल। > फ़िकॅल

fictile, 1. (*earthen*) मृण्मय; 2. (*ceramic*) मृत्तिका-; 3. (*plastic*) सुघट्य, सुनम्य। > फ़िक्टाइल

fiction, 1. कल्पना*; 2. (*literature*) कथासाहित्य; **~al,** कल्पित। > फ़िक्शॅन

fictitious, कल्पित, काल्पनिक, अवास्तविक, मनगढ़न्त, फ़र्ज़ी; बनावटी, झूठा, मिथ्या। > फ़िक्टिशॅस

fictive, 1. (*imaginative*) कल्पनक, कल्पना-शक्तिसम्पन्न; 2. (*unreal*) कल्पित। > फ़िक्-टिव्

fiddle, *n.*, बेला; *v.*, बेला बजाना; व्यर्थ समय नष्ट क॰, खेलना; **~stick,** 1. गज़, कमानी*; 2. (*trifle*) तुच्छ वस्तु*। > फ़िडॅल

fideism, प्रतीतिवाद, विश्वासवाद, आस्थावाद। > फ़ाइडिइज़्म

fidelity, 1. (*faithfulness*) ईमानदारी*, कर्तव्यपरायणता*, निष्ठा*, स्वामिभक्ति*; 2. (*truth*) सच्चाई*; 3. (*of sound instrum.*) तद्रूपता*। > फ़िडे'ल्-इटि = फ़ाइडे'ल्-इटि

fidget, *n.*, 1. बेचैनी*, चुलबुलाहट*; 2. (*person*) चुलबुलिया; —*v.*, चुलबुलाना, बेचैन, अशान्त या विकल होना या क॰; **~y,** बेचैन, अधीर, विकल, चुलबुला। > फ़िज्-इट; फ़िज्-इटि

fiducial, विश्वास्य, विश्वासजन्य, विश्वासी; 2. (*assumed as basis*) अभ्युद्दिष्ट। > फ़िड्यूशॅल

fiduciary, *adj.*, 1. (*of a trust*) न्यासीय; 2. (*based on trust*) प्रत्ययी; —*n.*, न्यासी, न्यासधारी। > फ़िड्यूशॅरि

fie, छिः, छी। > फ़ाइ

fief, जागीर*। > फ़ीफ़

field, 1. (*area*) क्षेत्र; 2. (*agric.*) खेत, कृषिभूमि*; 3. (*sport*) मैदान, क्रीड़ाभूमि*; 4. (*battle*) रणभूमि*, युद्धक्षेत्र, मैदान; 5. (*plain*) मैदान; 6. (*sphere of action*) कार्यक्षेत्र; **~-allowance,** जंगी-भत्ता; **~-artillery,** मैदानी तोपखाना; **~-book,** क्षेत्र-पंजी*; **~-glass,** दूरबीन*; **~-hospital,** रणभूमि-अस्पताल; **~ing,** क्षेत्र-रक्षण; **~-magnet,** क्षेत्र-चुम्बक; **~-mouse,** मूस; **~-training,** मैदानी सिखलाई*, क्षेत्र-प्रशिक्षण; **~-work,** क्षेत्र-कार्य। > फ़िल्ड

fiend, 1.(*devil*) नरकदूत, अपदूत, राक्षस; 2. बदमाश, दुराचारी, पिशाच, खल, दुष्ट; 3. (*enthusiast*) शौक़ीन; **~ish,** निष्ठुर, क्रूर, अतिदुष्ट। > फ़ीन्ड; फ़ीन्ड्-इश

fierce, 1. (*animal*) हिंस्र, खूँखार; 2. (*violent*) भीषण, प्रचण्ड, घोर, उग्र; 3. (*intense*) उत्कट, तीव्र, प्रबल। > फ़िअॅस

fiery, 1. (*of fire*) अग्निमय, आग्नेय; 2. (*hot*) उत्तप्त; 3. (*afire*) प्रज्वलित; 4. (*ardent*) प्रचण्ड, उग्र, जोशीला, उत्तेजक, उत्तेजनापूर्ण; 5. (*excitable*) क्षोभशील, उत्तेजनीय, क्रोधी; 6. (*inflammable*) ज्वलनशील। > फ़ाइअॅर्-इ

fiesta, 1. त्योहार, पर्वदिन। > फ़ी-ए'स्-ट

fife, मुरली*, वंशी*, बाँसुरी*। > फ़ाइफ़

fifteen, पन्द्रह, पंचदश। > फ़िफ़्टीन

fifth, पंचम, पाँचवाँ; पंचमांश; ~ column, पंचमांग; ~columnist, पंचमांगी। > फ़िफ़्थ

fifty, पचास, पंचाशत (51 *etc.*, इक्यावन, बावन, तिरपन, चौवन, पचपन, छप्पन, सत्तावन, अट्ठावन, उनसठ)। > फ़िफ़्-टि

fig, अंजीर; wild ~, गूलर। > फ़िग

fight, *n.*, 1. लड़ाई*; 2. (*conflict*) संघर्ष; 3. (*pugnacity*) युयुत्सा*; —*v.*, लड़ाई* क॰, लड़ना; विरोध क॰; **~er,** 1. लड़नेवाला, योद्धा, लड़ाका; 2. (*pugnacious*) लड़ाका, झगड़ालू; 3. (*plane*) युद्धक, लड़ाकू; 4. (*pugilist*) मुक्केबाज़; **~ing spirit,** युद्ध-उत्साह। > फ़ाइट; फ़ाइट्-अॅ; फ़ाइट्-इन्ग

figment, कल्पना*, कल्पित वस्तु* या कथा*। > फ़िग्मॅन्ट

figuline, *adj.*, मृण्मय; *n.*, 1. मृत्पात्र; 2. (*clay*) मृत्तिका*। > फ़िग्युलाइन

figuration, 1. (*active*) गढ़न*, रूपकरण; 2. (*shape*) आकार, रूप; 3. (*ornamenting*) अलंकरण; 4. (*symbolic*) प्रतीकात्मक चित्रण। > फ़िग्यूरेशॅन

figurative, 1. (*symbolic*) प्रतीकात्मक; 2. चित्र-सम्बन्धी, मूर्ति-सम्बन्धी; 3. (*metaphorical*) लाक्षणिक; 4. अलंकृत, आलंकारिक। > फ़िग्युरॅटिव्

figure, *n.*, 1. (*shape*) रूप, आकार, आकृति*; 2. (*illustration*) चित्र, रेखाचित्र; 3. (*diagram*) आरेख; 4. (*representation*) चित्र, मूर्ति*, आकृति*, प्रतिमा*; 5. (*digit*) अंक; 6. (*sum*) राशि*, रक़म*; 7. (*of speech*) अलंकार, लाक्षणिक प्रयोग; काव्यालंकार; 8. (*pl.*) आँकड़े; —*v.*, 1. चित्रित क॰;

2. (*imagine*) कल्पना* क०; 3. (*appear*) भाग लेना, सामने आना, सम्मिलित होना; 4. (*compute*) हिसाब लगाना, गणना* क०; **~d,** चित्रित, उच्चित्र; **~-head,** 1. नाममात्र का अथवा नामधारी शासक या अध्यक्ष; 2. (*of ship*) पुतली*। > फ़िग्-अॅ; फ़िगॅड; फ़िगॅहे'ड

figurine, लघु-मूर्ति*। > फ़िग्यूरीन

filament, 1. तन्तु; 2. (*bot.*) केशर; **~ous,** तन्तुमय। > फ़िलॅमॅन्ट; फ़िलॅमे'न्टॅस

filaria, फ़ाइलेरिया। > फ़िले'अॅर्-इअॅ

filch, चुराना, मूसना, उड़ा ले जाना; **~er,** उचक्का, उठाईगीरा। > फ़िल्च

file, *n.*, 1. (*folder*) फ़ाइल*, नत्थी*, संचिका*, मिसिल*; 2. (*row*) पंक्ति*, क़तार*, ताँता; 3. (*instrum.*) रेती*;—*v.*, 1. फ़ाइल* में रखना, फ़ाइल क०, नत्थी क०, क्रम से रखना; 2. पंक्तिबद्ध चलना; 3. रेतना, घिसना, रगड़ना; 4. (*place on record*) दाखिल क०, लिखवाना; 5. (*a suit*) दायर क०; **~d,** नस्तित, पंजीकृत; दाखिल, दायर किया हुआ; **~r,** रेतिया। > फ़ाइल; फ़ाइल्ड; फ़ाइल्-अॅ

filial, 1. पुत्रोचित, पुत्रीय, पुत्रसुलभ; 2. (*of son*) पुत्रीय; 3. (*genetics*) संतानीय। > फ़िल्यॅल

filiation, 1. पुत्रत्व; (*derivation*) उत्पत्ति*, उद्गम; 3. प्रशाखन; 4. (*branch*) शाखा*। > फ़िलिएशॅन

filibuster, *n.*, 1. (*pirate*) जलदस्यु; 2. (*Amer.*) अड़ंगेबाज़; —*v.*, लूटमार* क०; अड़ंगेबाज़ी* क०। > फ़िल्-इबॅस्टॅ

filiform, तंतुरूप; सूत्राकार। > फ़िल्-इफ़ॉ:म

filigree, ज़रदोज़ी* का काम। > फ़िल्-इग्री

filing, नत्थीकरण; **~s,** चूर्ण, लौहचूर्ण। > फ़ाइल्-इन्ग; फ़ाइल्-इन्ग्ज़

fill, *v.*, 1. भरना, भर देना; 2. भर जाना; 3. (*satisfy*) तृप्त क०, पूरा क०, पूर्ण क०; 4. (*appoint*) नियुक्त क०; 5. (*an office etc.*) पर होना या काम क०, संभालना; —*n.*, भरत; पूर्ति*, तृप्ति*; **~ed,** पूरित, सम्पूरित; **~er,** पूरक; **~ing,** 1. (*action*) भराई*, भराव; 2. (*material*) भराव, भरती*। > फ़िल; फ़िल्ड; फ़िल्-अॅ; फ़िल्-इन्ग

fillet, 1. पट्टिका*, फ़ीता; 2. (*slice*) कतला। > फ़िल्-इट

fillip, *n.*, 1. चुटकी*; 2. प्रोत्साहन, बढ़ावा, प्रेरणा*; —*v.*, चुटकी* बजाना; प्रोत्साहित क०। > फ़िल्-इप

filly, बछेड़ी*। > फ़िल्-इ

film, *n.*, 1. (*skin*) झिल्ली*, परत*, पटल, तह*; 2. (*photogr.*) फ़िल्म*; 3. (*motion-picture*) चलचित्र, फ़िल्म*; 4. (*filament*) तन्तु; —*v.*, 1. फ़िल्म* बनाना, चलचित्रित क० या हो जाना; 2. तह* जमना या जमाना; **~ing,** चल-चित्रण। > फ़िल्म; फ़िल्-मिन्ग

filter, *n.*, 1. (*for liquid*) निस्यन्दक; 2. (*of cloth*) छन्ना, साफ़ी*; 3. फ़िल्टर; —*v.t.*, छानना, फ़िल्टर क०; —*v.i.*, छनना, टपकना; निकलना; **~ed,** निस्यन्दित। > फ़िल्-टॅ; फ़िल्-टॅड

filtrate, निस्यंद। > फ़िल्-ट्रिट

filtration, निस्यन्दन। > फ़िल-ट्रे-शॅन

filth, 1. गन्दगी*, मैल*; 2. (*corruption*) ख़राबी*, बुराई*; 3. (*language*) गाली*, अपशब्द, दुर्वचन, गन्दे शब्द; **~iness,** 1. गन्दापन, मैलापन; 2. (*obscenity*) अश्लीलता*; **~y,** मैला, गन्दा; घिनावना; अश्लील। > फ़िल्थ; फ़िल्-थि-निस; फ़िल्-थि

fimbriate, झालरदार। > फ़िम्-ब्रि-इट

fin, 1. मीनपक्ष; 2. (*techn.*) पख; **~whale,** नीलीतिमि। > फ़िन

finable, दण्डनीय; शोधनीय, शोध्य। > फ़ाइनॅबॅल

final, *adj.*, 1. अन्तिम, आखिरी, अन्त्य; 2. (*conclusive*) निर्णायक, समापक; 3. (*settled*) सुनिश्चित, अपरिवर्तनीय; 4. ~cause, लक्ष्य, उद्देश्य; —*n.*, 1. (*letter*) अन्त्याक्षर; 2. (प्रतियोगिता* का) अंतिम खेल; 3. (*pl.*) अन्तिम परीक्षा*। > फ़ाइनॅल

finale, समापन, निष्पत्ति*, निर्वहण। > फ़िनालि

finality, 1. अन्तिमता*, अन्तिमत्व; 2. निश्चयात्मकता*, निर्णयात्मकता*; 3. अन्तिम रूप या अवस्था*; 4. (*teleology*) सोद्देश्यता*, उद्देश्य-बोध। > फ़ाइनैल्-इटि

finalize, अन्तिम रूप देना, पूर्ण क०; निश्चय क०। > फ़ाइनॅलाइज़

finally, अन्ततः, अन्ततोगत्वा, अन्त में, आखिरकार; अन्तिम रूप से, सदा के लिए। > फ़ाइनॅलि

finance, *n.*, वित्त, अर्थ; अर्थप्रबन्ध, अर्थव्यवस्था*, वित्त-व्यवस्था*; वित्तसाधन; —*v.*, पूंजी* या रुपया लगाना, अर्थप्रबन्ध क०; ~minister, वित्त-मन्त्री। > फ़ि-, फ़ाइ-नैन्स

financial, वित्तीय, वित्त-, आर्थिक। > फ़ि-, फ़ाइ-नैन्-शॅल

financier, *n.*, 1. वित्तदक्ष, वित्तविशेषज्ञ; 2. पूँजीपति, अर्थपति; 3. वित्तदाता। > फ़ि-, फ़ाइ-नैन्-सिअॅ

financing, वित्तप्रबन्ध; ~bank, वित्तदाता बैंक। > फ़ाइनैन्-सिन्ग

finch, (*rose~*), तूती*। > फ़िंच

find, *v.*, 1. पाना, प्राप्त क०; 2. (*search*) पता लगाना, ढूँढ़ निकालना; 3. (*learn*) जान लेना, अनुभव क०; 4. (*consider*) समझना; 5. (*decide*) निर्णय क०, ठहराना; 6. (*supply*) देना, जुटाना, प्रबन्ध क०; —*n.*, प्राप्ति*, उपलब्धि*; **~er,** 1. पता लगानेवाला, पानेवाला; 2. (*photo.*) बोधक; 3. (*astron.*) अन्वेषी दूरबीन*; **~ing,** 1. प्राप्ति*, उपलब्धि*; 2. (*conclusion*) (जाँच-) परिणाम, निष्कर्ष, निर्णय अधिगम। > फ़ाइन्ड; फ़ाइन्-डॅ; फ़ाइन्-डिन्ग

fine, *adj.*, 1. (*excellent*) उत्तम, उत्कृष्ट, बढ़िया, अच्छा; 2. (*pure*) विशुद्ध, विमल, खरा, परिष्कृत; 3. (*weather*) सुहावना; 4. (*not coarse*) महीन, बारीक, सूक्ष्म; 5. (*thin*) पतला 6. (*delicate*) कोमल, सुकुमार, मृदु; 7. (*subtle*) सूक्ष्म; 8. (*sharp*) तीक्ष्ण, नुकीला, 9. (*handsome*) मनोहर, सुन्दर, सुहावना, चारु; 10. (*showy*) भड़कीला, भड़कदार; 11. (*ornate*) अलंकृत; —*v.*, अर्थदण्ड देना; सूक्ष्म, क्षीण, शुद्ध या साफ़ हो जाना या कर देना; —*n.*, जुरमाना, अर्थदण्ड; **~art,** ललित कला*; **~ness,** उत्कर्ष; शुद्धता*; बारीकी*, सूक्ष्मता*; कोमलता*; तीक्ष्णता*; सौन्दर्य; भड़कीलापन; आलंकारिकता*; **~ry,** तड़क-भड़क*, सज-धज*, सजावट*, ठाट-बाट, टीप-टाप*, टीम-टाम*। > फ़ाइन; फ़ाइनॅरि

finesse, *n.*, 1. (*cunningness*) चालाकी*, धूर्तता*; 2. (*stratagem*) युक्ति*, कपट; 3. (*skill*) कौशल, चातुरी*; —*v.*, चालाकी* क०; युक्ति* क०। > फ़िनेॅस

finger, *n.*, 1. उँगली*, अंगुली*, हस्तांगुलि*, अंगुल; (*thumb etc.*, अँगूठा, तर्जनी*, मध्यमा*, अनामिका*, कनिष्ठिका*); 2. (*measure*) अंगुल, अंगुलि*; —*v.*, छूना, टटोलना; चुराना, हथियाना, लेना; (से) खेलना; उँगलियों* से बजाना; **~ed,** प्रांगुलित; **~-grass,** तकड़ी*; **~ling** (*fish*) आंगुलिक; **~-print,** अंगुलि-छाप*, अंगुलि-प्रतिमुद्रा*; **~-stall,** अंगुली-धानी*; **~-tip,** (*as protection*) अंगुलि-त्राण। > फ़िन्‍ग्-अॅ

finial, स्तूपिका*, कलश। > फ़ाइन्-इअॅल

finical, finicky, 1. नकचढ़ा, तुनकमिज़ाज; 2. सुकुमार, नाजुक; 3. (*of things*) अत्यलंकृत। > फ़िन्-इकॅल; फ़िन्-इकि

fining, विमलीकरण। > फ़ाइन्-इन्ग

finis, अंत, इति*, इतिश्री*। > फ़ाइन्-इस = फ़ीन्-इस

finish, *v.*, समाप्त क० या होना, खतम क०; पूरा क०, पूर्ण क०; परिष्कृत क०; —*n.*, 1. अंत, समाप्ति*; 2. (*perfection*) परिपूर्णता*; 3. (*polish*) परिष्कार; 4. (*finished condition*) परिसज्जा*; **~ed,** समाप्त; पूर्ण, परिपूर्ण; परिष्कृत; तैयार, परिसज्जित; **~ing,** समापन; परिष्कृति*, परिष्करण; परिसज्जन। > फ़िन्/इश, ~इश्ट, ~इशिन्ग

finite, सीमित, ससीम, सीमाबद्ध; सावधि (*in time*); 2. (*gram.*) समापिका (क्रिया*); 3. (*math.*) परिमित, सान्त; **~ness, finitude,** ससीमता*। > फ़ाइनाइट; ~निस; फ़ाइन्-इट्यूड

finlet, पखिका*। > फ़िन्-लिट

fir, देवदारु। > फ़ॅ:

fire, 1. आग*, अग्नि*, अनल; 2. (*conflagration*) अग्निकाण्ड; 3. (*combustion*) दहन, ज्वलन; 4. (*ardour*) जोश, उमंग*, उत्साह; 5. (*flame*) ज्वाला*; 6. (*of arms*) फ़ायर, गोलाबारी*; —*v.t.*, 1. आग* लगाना; 2. (*ignite*) सुलगाना, प्रज्वलित क०; 3. (*inflame*) उत्तेजित क०, भड़काना; 4. (*stimulate*) उत्साहित क०, जोश दिलाना; 5. (*a furnance*) इन्धन डालना; 6. (*cauterize*) दागना; 7. (*bake*) पकाना; 8. (*dry*) सुखाना; 9. (*a weapon*) फ़ायर क०, गोली* चलाना, छोड़ना, दागना; —*v.i.*, 1. जल उठना; 2. उत्तेजित हो जाना; 3. दगना; **~-alarm,** अग्निचेतावनी*; **~-arms,** अग्नि-शस्त्र; **~-ball,** उल्का*, अग्नि-उल्का*; **~-box,** आग-पेटी*; **~-brand,** जलती लकड़ी*, लुआठा, लुआठी*; भड़कानेवाला, अशान्ति* फैलानेवाला; **~-brick,** अग्निसह ईंट*; **~-brigade,** फ़ायरब्रिगेड, आग बुझानेवाला दल, दमकल-वाहिनी*; **~-clay,** अग्निसह मिट्टी*; **~-dog,** अंगाराधान; **~-engine,** दमकल*; **~-extinguisher,** अग्निशामक; **~-fighting,** अग्निशमन; **~-fly,** जुगनूँ, खद्योत; **~man,** फ़ायरमैन; **~-place,** चूल्हा, अंगीठी*; **~proof,** अग्निसह, अदाह्य; **~-range,** चाँदमारी*; **~-stone,** चक़मक़; **~wood,** इन्धन, जलाऊ लकड़ी*; **~works,** आतिशबाज़ी*। > फ़ाइअॅ

firing, 1. (*shooting*) गोलाबारी*, 2. (*event*) गोलीकाण्ड; 3. (*fuel*) जलावन, इन्धन। > फ़ाइअॅर्-इन्ग

firkin, पीपा। > फ़ॅ:किन

firm, *adj.*, 1. (*steady*) दृढ़, सुदृढ़; 2. (*unwavering*) स्थिर, ध्रुव, स्थायी, अपरिवर्ती; 3. (*solid*) ठोस, पक्का, मज़बूत; 4. (*stable*) अडिग, अटल, निश्चल; 5. (*settled*) निश्चित; —*n.*, 1. व्यवसाय-संघ, कंपनी*, फ़र्म; 2. (*building*) कोठी*; **~ness,** दृढ़ता*; स्थिरता*। > फ़ॅ:म; फ़ॅ:म्-निस

firmament, आकाश, आसमान, गगन, नभ, महाव्योम। > फ़ॅ:मॅमॅन्ट

firman, फ़रमान। > फ़ॅ:मान = फ़ॅ:मॅन

firmer chisel, रुखानी*। > फ़ॅ:म्-अॅ चिज़ॅल

firn, कणहिम। > फ़िर्न = फ़ॅ:न

first, *adj.*, पहला, प्रथम; 2. (*principal*) मुख्य, प्रधान, प्रमुख; —*adv.*, 1. पहले; 2. पहली बार*, पहले-पहल; —*n.*, प्रारंभ; प्रथम; प्रथम स्थान; प्रथम श्रेणी*; **~person,** उत्तम पुरुष; **~aid,** प्रथम उपचार; **~cause,** आदिकारण; **~-born,** पहलौठा; **~-class,** **~-rate,** उत्कृष्ट, सर्वोत्तम, श्रेष्ठ; **~-fruit,** नया या प्रथम फल, पहली उपज*; **~-hand,** प्रत्यक्ष, आँखों* देखा; **~ly,** प्रथमतः, एक-तो; पहले। > फ़ॅ:स्ट

firth, मुहाना, तंग खाड़ी*। > फ़ॅ:थ

fisc, राजकोष; **~al,** वित्तीय; राजकोषीय; कर-सम्बन्धी; राजस्व। > फ़िस्क; फ़िस्कॅल

fish, *n.*, 1. मछली*, मत्स्य, मीन; 2. (*astron.*) मीन; —*v.*, मछली* मारना; निकालना, खोज निकालना; खोज* में रहना, खोजना। > फ़िश

fish/-culture, ~-farming, मत्स्य-पालन;

~erman, मछुआ, धीवर, माहीगिर; **~ery,** 1. (*place*) मत्स्य-क्षेत्र; 2. (*business*) मत्स्य-उद्योग, मात्स्यिकी*; **~ing,** मत्स्य-ग्रहण, माहीगिरी*, मछुवाही*; **~ing-hook,** बंसी*, काँटा, कँटिया*; **~ing-rod,** छड़, लग्गी*; **~-meal,** मत्स्यचूर्ण; **~-plate,** जोड़-पट्टी*; **~y,** 1. मत्स्य-विषयक, मछली* का; मत्स्य-तुल्य; 2. (*lusterless*) निस्तेज; 3. (*shady*) सन्देहजनक, सन्दिग्ध।

fissile, विखण्ड्य। > फ़िसाइल

fission, विखण्डन; **~able,** विखण्डनीय, विखण्डनशील। > फ़िशॅन; फ़िशॅनॅबॅल

fissiparous, विखण्डनज। > फ़िसिपॅरॅस

fissiped, विलग्नांगुल। > फ़िस्-इपे'ड

fissure, *n.*, 1. विदर, दरार*; 2. (*action*) फटन*; —*v.*, फटना। > फ़ि-शॅ

fist, मुक्का, मुट्ठी*, मुष्टि*, घूँसा; **~icuffs,** 1. मुक्केबाज़ी*, घूँसेबाज़ी*; 2. (*blows with the~s*) घूँसे। > फ़िस्ट; फ़िस्-टि-कॅफ़्स

fistula, 1. नासूर, नाड़ी-व्रण; 2. (*tube*) नलिका*; **~r,** नालिकाकार; नलीदार। > फ़िस्-ट्यु-लॅ

fit, *n.*, 1. (*of illness*) दौरा; 2. (*seizure*) घुमटा, घुमड़ी*, मूर्च्छा*; 3. (*display of feelling*) आवेश; 4. (*mood*) लहर*, तरंग*, सनक*; 5. (*of dress*) काट*; —*adj.*, 1. (*suitable*) उपयुक्त, ठीक, अनुरूप; फिट; 2. (*proper*) उचित, मुनासिब; 3. (*qualified*) क्षम, योग्य, लायक; 4. (*ready*) तैयार, तत्पर; 5. (*well*) स्वस्थ, दुरुस्त; —*v.*, 1. उपयुक्त होना, ठीक आना, ठीक बैठ जाना, पूरा उतरना; 2. ठीक क० या बैठाना; 3. (*equip*) सज्जित क०; **~ful,** अनियमित; तरंगी, मनमौजी; **~ness,** उपयुक्तता*; औचित्य; योग्यता*, क्षमता; स्वस्थता*, दुरुस्ती*; **~ter,** फ़िटर, मिस्त्री; **~ting,** (उप)युक्त; **~ting shop,** जुड़नार-शाला*; **~tings,** उपस्कार, जुड़नार, साज़-सामान; पुरज़े। > फ़िट; फ़िट्/अॅ, ~इना, ~इन्ग्ज़

fitchew, मार्जारिका*। > फ़िच्-ऊ

five, 1. पाँच, पंच; 2. (*set of five*) गाही*; 3. (*card of domino*) पंजा; **~fold,** पंचगुना; ~year plan, पंचवर्षीय योजना*। > फ़ाइव़

fix, *n.*, उलझन*, कठिनाई*, चप-कुलिश*; —*v.*, 1. जमाना, दृढ़ क०, जड़ना, बैठाना, जोड़ना; 2. (*settle*) निश्चित क०, निर्धारित क०, तय क०, निर्णय क०; 3. (*make permanent*) स्थिर क० नियत क०, 4. लगाना; 5. तैयार क०; 6. ठीक क०; **~ation,** 1. निर्धारण; 2. (*photogr.*) स्थायीकरण; 3. (*chem.*) यौगिकीकरण; 4. (*of eye*) लक्ष्यबन्धन; **~ative,** स्थिरीकर, स्थिरीकारक; **~ed,** 1. (*not movable*) जड़ा हुआ, जमा हुआ, आबद्ध, अटल, अचर; 2. (*settled*) निर्धारित, नियत, निश्चित; 3. (*steady*) स्थिर, अचल, दृढ़, अटल; 4. (*chem.*) यौगिकीकृत; 5. (*of deposit*) सावधि, मुद्दती, मीआदी; **~ing fluid,** स्थायीकर द्रव; **~ity,** स्थिरता*, दृढ़ता*; **~ture,** 1. जुड़ी हुई वस्तु*; 2. (नियत) तिथि* (*date*) या दौड़* (*race*); 3. (*pl., fittings*) उपस्कार, जुड़नार। > फ़िक्स; फ़िक्सेशॅन; फ़िक्स्ट; फ़िक्स्-इन्ग; फ़िक्स्-इटि; फ़िक्स्-चॅ

fizz(le), सनसनाना, सी-सी* क०। > फ़िज़; फ़िज़ॅल

fizzle out, असफल रहना, बेकार हो जाना।

fizzy, बुदबुदानेवाला। > फ़िज़्-इ

flabbergast, विस्मित या हक्का-बक्का कर देना। > फ़्लैबॅगास्ट

flabby, ढीला, श्लथ, थलथला; शिथिल, दुर्बल। > फ़्लैब्-इ

flabellate, पंखाकार। > फ़्लॅबे'ल्-इट

flabellum, चँवर। > फ़्लॅबे'लॅम

flaccid, ढीला, श्लथ, शिथिल। > फ़्लैक्सिड

flag, *n.*, झण्डा, ध्वज, ध्वजा*, पताका*, झण्डी*; —*v.*, 1. झण्डा लगाना; 2. (झण्डा फहराकर) सन्देश भेजना, संकेत क०; 3. (*droop*) मुरझाना; 4. (*weaken*) मन्द पड़ना, ढीला पड़ना; **~-hoisting,** ध्वजोत्तोलन, ध्वजारोपण; **~ship,** ध्वज-पोत; **~staff,** ध्वजदण्ड; **~stone,** पटिया*, पटियाश्म। > फ़्लैग

flagellate, *v.*, कोड़े मारना या लगाना, चाबुक लगाना; —*adj.*, कशाभी। > फ़्लैजॅलेट (*v.*); फ़्लैजॅलिट (*adj.*)

flagellation, कोड़ों की मार*, कशाघात। > फ़्लैजॅलेशॅन

flagellum, 1. कोड़ा, चाबुक, कशा*; 2. (*biol.*) कशाभिका*, कशाभ। > फ़्लॅजे'लॅम

flageolet, 1. मुरली* 2. (*bean*) सेम*। > फलैजले'ट

flagitious, 1. (*person*) कुकर्मी; कुख्यात; 2. जघन्य। > फ़्लॅजिशस

flagon, सुराही*, परिघ। > फ़्लैगॅन

flagrancy, घोरता*, जघन्यता*। > फ़्लेग्रॅन्सि

flagrant, घोर, लज्जाजनक, जघन्य; सुस्पष्ट, सुव्यक्त। > फ़्लेग्रॅन्ट

flail, मूसल। > फ्लेल

flair, सूक्ष्मदर्शिता*, जन्मजात प्रवृत्ति*। > फ्ले'अॅ

flake, 1. (*of snow*) हिमकण, हिमतूल; 2. (*scale*) शल्क(ल), पपड़ी*, पत्री*; 3. (*tuft*) फाहा; 4. (*flat piece*) पत्तर; 5. (*layer*) परत*; 6. (*spark*) चिनगारी*; 7. (*frame*) ढाँचा, मंच; 8. (*of cotton*) गाला; —*v.*, पपड़ियाना, पपड़ी* जमना; टुकड़े टुकड़े करके निकालना; टुकड़े टुकड़े गिरना या झड़ना। > फ़्लेक

flaky, पपड़ीदार, पत्रकी। > फ़्लेक्-इ

flam, *n.*, (*v.*) छल-कपट (क०)। > फ़्लैम

flambeau, मशाल*। > फ़्लैम्बो

flamboyant, *adj.*, 1. भड़कीला, भड़कदार; 2. (*style*) अलंकृत; —*n.*, गुल-मोहर। > फ़्लैम्**बॉइ**अॅन्ट

flame, *n.*, 1. ज्वाला*, लपट*, अग्निशिखा*, शोला, लौ*; 2. (*fire*) आग*, अग्नि*; 3. (*brilliance*) दीप्ति*, चमक*, कान्ति*; 4. (*emotion*) आवेश; जोश; 5. प्रेम; प्रेमी, प्रेमिका*; —*v.*, धधकना; प्रदीप्त होना; उत्तेजित होना; **~of the forest,** ढाक, पलाश; **~-thrower,** शोला-फेंक। > फ़्लेम

flaming, 1. (*burning*) प्रज्वलित; 2. (*glowing*) प्रदीप्त; 3. (*fig., ardent*) उत्कट, भावपूर्ण; जोशीला (*of person*) ; 4. (*showy*) भड़कीला; 5. (*starting*) विस्मयकारी। > **फ़्लेम्**-इना

flamingo, हंसावर। > **फ़्लॅमिंग्**गो

flange, *n.* (*v.*), कोर* (लगाना); **~d,** कोरदार, बाढ़दार। > फ़्लैंज; फ़्लैंज्ड

flank, *n.*, 1. पार्श्व, बगल*, बाज़ू, पार्श्वभाग; 2. (*pl., of horse*) कोख*; —*v.*, बग़ल* में होना; बाज़ू की रक्षा* क०; बाज़ू पर आक्रमण क०; बाज़ू से आगे बढ़ना; **~er,** बग़ली क़िलेबन्दी* या मोरचा; बग़ली दस्ता; **~-guard,** बग़ली रक्षादल; **~ing,** बग़ली, पार्श्व-, पार्श्विक। > फ़्लैंक; **फ़्लैन्क्**-अॅ; **फ़्लैन्क्**-इना

flannel, फ़लालेन, **~ette,** सूती फ़लालेन। > **फ़्लैनॅ**ल, फ़्लैनॅ**लें**ट

flap, *v.*, 1. (*strike*) थपथपाना; 2. (*flutter*) फड़फड़ाना; —*n.*, 1. पल्ला; 2. फड़फड़ाहट*; 3. (*phon.*) उत्क्षेप; **~ped,** उत्क्षिप्त; **~per,** मक्खीमार। > फ़्लैप, फ़्लैप्ट, **फ़्लैप्**-अॅ

flare, *v.*, धधकना, भड़कना; फैल जाना, उभड़ना; —*n.*, 1. धधक*, भड़क*, प्रदीप्ति*; 2. (*mil.*) भभूका, भबूका, लूका; 3. (*ostentation*) तड़क-भड़क*; **~-pistol,** प्रकाश पिस्तौल*; **~-up,** 1. धधक*, प्रज्वलन; तेज़ रोशनी*; 2. (*commotion*) उपद्रव, दंगा, विस्फोट। > फ़्ले'अॅ

flash, *n.*, 1. कौंध*, दमक*, चौंध*, क्षण-दीप्ति*; 2. (*moment*) क्षण, पल; 3. (*display*) तड़क-भड़क*, दिखावा; —*adj.*, भड़कीला; दिखावटी, नक़ली; —*v.i.*, कौंधना, चमकना, दमक उठना; —*v.t.*, दमकाना, चमकाना; तत्क्षण प्रसारित क०; **~back,** पूर्व दृश्य; **~-bulb,** कौंध-बल्ब; **~er,** कौंधक; **~-lamp,** कौंध-दीप; **~-light,** 1. कौंध-बत्ती*; 2. टॉर्च, चोरबत्ती*; 3. (*photogr.*) क्षणदीप; **~-point,** ज्वलनांक; **~y,** 1. चमकीला; 2. (*showy*) भड़कीला। > फ़्लैश; **फ़्लैश्**-अॅ; **फ़्लैश्**-इ

flask, बोतल*, परिघ। > फ़्लास्क

flat, *adj.*, 1. समतल, चौरस, सपाट, बराबर; चपटा, चिपटा; 2. (*thin*) पतला; 3. (*dull*) फीका, निर्जीव, नीरस; 4. (*insipid*) स्वादहीन, फीका; 5. (*of drink*) उतरा हुआ; 6. स्पष्ट, साफ़; ~denial, कोरा जवाब; 7. (*of market*) मन्दा; 8. (*music*) कोमल; बेसुरा (*false*); 9. (*voiced*) घोष; ~file, चिपटी फ़ाइल*; ~foot, चिपटा पैर (सुम, *of horse*); ~land, सपाट भूमि*, ~on the back, चित्त; ~on the stomach, पट; ~rate, समान दर*; ~roof, चिपटी छत*; —*n.*, 1. मैदान, समतल भूमि*; 2. (*marsh*) दलदल**; 3. समतल भाग; 4. (*music*) कोमल स्वर; 5. (*apartment*) फ़्लैट, कक्ष; **~-boat,** पटेला; **~iron,** इस्तरी*; **~ness,** समतलता*; फीकापन। > फ़्लैट

flatten, बराबर क०, चौरसाना; बराबर या चौरस बनना; मन्द पड़ना; **~ed,** चपटा। > **फ़्लैटॅ**न; **फ़्लैटॅ**न्ड

flatter, चापलूसी* क०, खुशामद* क०, चाटुकारी* क०; सन्तोष देना; **~er,** चाटुकार, खुशामदी, चापलूस; **~y,** खुशामद*, चापलूसी*, चाटुकारी*, ठकुरसुहाती*, लल्लोचप्पो*। > **फ़्लैट्**/अॅ, ~अॅरॅ, ~अॅरि

flatulence, वाई*, बादी*, उदर-वायु; आडम्बर। > **फ़्लैट्**यूलॅन्स

flatulent, 1. वातग्रस्त; 2. (*producing gas*) बादी; 3. (*bombastic*) आडम्बरी, मिथ्या-भिमानी। > **फ़्लैट्**यूलॅन्ट

flaunt, 1. इठलाना, इतरना; 2. (*flutter*) फड़फड़ाना; 3. तड़क-भड़क* से या इतराकर दिखाना; गुस्ताख़ी* से प्रदर्शित क०। > फ़्लॉःन्ट

flavescent, आपीत। > **फ़्लॅवे**'सॅन्ट

flavo(u)r, *n.*, 1. (*odour*) सुगन्ध*, सुवास*, महक*, खुशबू*; 2. सुस्वाद; 3. विशिष्टता*, रस, मज़ा; —*v.*, स्वादिष्ठ, सुगंधित या वासित बनाना; **~ous,** सुगन्धित; स्वादिष्ठ, सुरस। > **फ़्लेव्**-अॅ; **फ़्लेव्**-अॅरॅस

flaw, *n.*, 1. (*crack*) दरार*; 2. (*fault*) दोष, ऐब, त्रुटि*; 3. (*squall*) झोंका, प्रभंजन; 4. (*geol.*) अनुप्रस्थ भ्रंश; —*v.*, दरार* पड़ना, तड़कना; दरार* डालना, तड़काना; बिगाड़ना; **~less,** परिपूर्ण, अनिन्द्य, परिशुद्ध, निर्दोष, बेऐब। > फ़्लॉः; **फ़्लॉ**:लिस

flax, फ़्लैक्स, क्षुमा*; **~-seed,** तीसी*, अलसी*; **~-weed,** ख़ूबकलाँ। > फ़्लैक्स

flay, चमड़ा उतारना; कटु आलोचना* क०; लूटना; **~ing,** निस्त्वचन। > फ़्ले; **फ़्ली**इना

flea, पिस्सू; **~-bane,** नागदौन। > फ़्ली; **फ़्ली**बेन

fleam, छुरिका*, नश्तर। > फ़्लीम

fleck, *n.*, 1. (*on skin*) चकत्ता, ददोरा; 2. धब्बा, चित्ती*, दाग़; —*v.*, धब्बे डालना। > फ़्ले'क

flection, *see* FLEXION. > **फ़्ले'क्**शॅन

fledge, पंख उगना या निकलना, पंखदार बनना; उड़ने के योग्य बनना या बनाना; पंख लगाना; **~d,** 1. पक्षयुक्त, पंखदार; 2. (*fig.*) अयस्क, सयाना; **~ling,** चिड़िया* का बच्चा; अनुभवहीन। > फ़्ले'ज; फ़्लेज्ड; **फ़्ले'ज्**-लिना

flee, 1. भागना, भाग जाना, पलायन क०; 2. (*escape*)

निकल भागना; 3. (*disappear*) ग़ायब या फ़रार हो जाना; 4. जल्द बीत जाना। > फ़्ली

fleece, *n.*, ऊन; *v.*, 1. ऊन कतरना; 2. (*fig.*) लूटना। > फ़्लीस

fleecy, 1. (*of wool*) ऊनी; 2. ऊनदार। > फ़्लीसि

fleer, *n.*, (*v.*), उपहास (क०)। > फ़्लिअॅ

fleet, *n.*, नौसेना*, जलसेना*, बेड़ा; *adj.*, 1. फुरतीला, द्रुतगामी; 2. (*not lasting*) क्षणभंगुर; 3. (*shallow*) उथला; —*v.*, बह जाना, ग़ायब हो जाना; जल्दी निकल जाना; **~ing,** क्षणिक; क्षणभंगुर, अनित्य। > फ़्लीट; फ़्लीट्-इन्ग

flench, flense, खाल* उतारना, खालियाना। > फ़्ले 'न्च, फ़्ले 'न्स

flesh, 1. मांस, गोश्त, आमिष; 2. (*pulp*) गूदा; 3. (*body*) शरीर; 4. (*human nature*) मानव स्वभाव; 5. (*sensual inclinations*) दुर्वासनाएँ*; ~and blood, हाड़-मांस, शरीर; मनुष्य; परिवार; proud ~, बदगोश्त; **~-coloured,** गुलाबी; **~y,** मांसल; गूदेदार। > फ़्ले 'श

flex, 1. झुकाना, मोड़ना; 2. (*muscle*) आकुंचन क०; **~ibility,** नम्यता*, लचक*, लचीलापन; **~ible,** नम्य, सुनम्य, नमनीय, लचीला, लचकदार, आनम्य; नम्र, आज्ञाकारी; नमनशील; **~ion,** 1. नमन, मोड़, आंकुचन; 2. (*gramm.*) रूपरचना*, रूपान्तर; **~or,** आकुंचनी*; **~uous,** टेढ़ा-मेढ़ा; **~ure,** 1. नमन, आनमन; 2. (*state*) आनति*; 3. (*bend*) मोड़। > फ़्ले 'क्स; फ़्ले 'क्सॅबिल्-इटि; फ़्ले 'क्/सॅबॅल, ~शॅन, ~सॅ, ~शॅ; फ़्ले 'क्स्यूअॅस

flibbertigibet, बक्की, बकवादी, गप्पी; हलका व्यक्ति। > फ़्लिबॅटिजिब्-इट

flick, *n.*, 1. (*stroke*) झटका, प्रहार; 2. (*noise*) चट-चट*; 3. (*dash*) छींटा; —*v.*, 1. (*strike*) मारना, झटका देना; 2. (*remove*) झाड़ देना, झपट लेना; 3. (*flutter*) फड़फड़ाना; 4. (*jerk*) झटकना। > फ़्लिक

flicker, *v.*, 1. (*light*) टिमटिमाना, झिलमिलाना; 2. (*of bird*) फड़फड़ाना; —*n.*, 1. टिमटिमाहट*, स्फुरण, झिलमिलाहट*; 2. फड़फड़ाहट*; 3. (*brief feeling*) स्फुरण। > फ़्लिक्-अॅ

flier, विमानचालक। > फ़्लाइअॅ

flight, *n.*, 1. उड़ान*, उड्डयन; 2. (*fleeing*) पलायन, भागना; 3. (*of stairs*) सोपानपंक्ति*; 4. (*of birds*) खगवृन्द, समूह, झुण्ड; 5. (*swift motion*) द्रुत गति*; **~-feather,** उड्डयन-पिच्छ; **~y,** मनमौजी, चंचल, चपल; विक्षिप्त, असन्तुलित। > फ़्लाइट; फ़्लाइट्-इ

flim-flam, *n.*, 1. (*nonsense*) अण्ड-बण्ड, बकबक*, बकवास*; 2. (*trickery*) छल-कपट; —*adj.*, अण्ड-बण्ड; नक़ली, कपटी। > फ़्लिम्-फ़्लैम

flimsy, *adj.*, 1. (*trivial*) तुच्छ, सारहीन, हलका, थोथा; 2. (*fragile*) नश्वर, कच्चा, भंगुर; 3. (*thin*) महीन, पतला, झीना, बारीक; —*n.*, पतला काग़ज़। > फ़्लिम-ज़ि

flinch, 1. हट जाना, पीछे हटना, से मुख मोड़ना; 2. (*hesitate*) हिचकना; 3. (*wince*) सिकुड़ जाना; **~ing,** झिझक*। > फ़्लिन्च

flinders, छिपटियाँ, टुकड़े। > फ़्लिन्-डॅज़

fling, 1. फेंकना; 2. (*throw down*) पटकना, दे मारना; 3. (*overthrow*) गिरा देना; 4. (*rush*) पिलना, दौड़ पड़ना; 5. (में) लग जाना; 6. फैलाना; 7. (*disregard*) त्यागना; 8. (*emit*) छोड़ना, विकीर्ण क०; —*n.*, 1. (*throw*) क्षेपण; 2. (*sneer*) आक्षेप, छींटा; 3. (*attempt*) प्रयास, चेष्टा*; 4. (*jumping about*) कूद-फाँद*, उछल-कूद*; 5. (*revelry*) रंगरली*, भावतंरग*। > फ़्लिन्ग

flint, चक़मक़; ~-lock, पत्थर-कला*; **~y,** चक़माक़ी; कठोर, कड़ा, निर्मम। > फ़्लिन्ट; फ़्लिन्-टि

flip, *v.*, 1. (*toss*) उछालना; 2. झटकना; —*n.*, झटका। > फ़्लिप

flippant, 1. चंचल, छिछोरा; 2. (*saucy*) ढीठ। > फ़्लिपॅन्ट

flipper, मीनपक्ष। > फ़्लिप्-अॅ

flirt, *n.*, 1. (*jerk*) झटका; 2. चुलबुली या चोचलेबाज़ लड़की* या स्त्री*, तितली*, चोचलहाई*; इश्कबाज़; —*v.*, 1. हाव-भाव दिखलाना, दिखावटी प्रेम क०, प्रेम का खेलवाड़ क०, इश्कबाज़ी* क०; 2. झटका देना; 3. (*flutter*) फड़फड़ाना, हिलाना; 4. (*toy*) खेलना, के विषय में सोचना; **~ation,** इश्कबाज़ी*, दिखावटी प्रेम-प्रर्दशन; **~atious,** इश्कबाज़। > फ़्लॅ:ट; फ़्लॅ:टेशॅन, फ़्लॅ:टेशॅस

flit, 1. (*depart*) चल देना, चला जाना; (घर, स्थान) बदल देना; 2. (फुरती* से) पार जाना, (जल्दी) गुज़रना; दौड़ जाना; 3. (फुरती* से) उड़ जाना; फुदकना। > फ़्लिट

flitter, फड़फड़ाना, मँडराना; **~-mouse,** चमगिदड़ी*। > फ़्लिट्-अॅ, ~माअस

float, *v.*, 1. तिरना, उतराना, तैरना; 2. (*drift*) बहना, बह जाना; 3. (*drift about*) मँडराना; 4. (*make float*) तैराना, उतराना; 5. बहा देना, प्रवाहित क०; 6. (*start*) चालू क०, चलाना, प्रारंभ क०; 7. उड़ाना; —*n.*, 1. तिरौंदा, प्लव, तिरैंदा, तरण्ड; 2. (*raft*) बेड़ा; 3. (*vehicle*) शोभयान; **~age,** *see* FLOTSAM; **~ation,** प्लवन; प्रवर्तन; **~-bridge,** नाव-पुल, तैरता पुल; **~er,** उत्प्लावक; **~ing,** 1. तिरता, तैरता, प्लवमान, प्लावी; 2. (*moving about*) चलायमान, यायावर (*of population*); 3. (*not lasting*) अस्थायी, अल्पकालिक; 4. (*capital*) चल (पूँजी*)। > फ़्लोट; फ़्लोट्-इज; फ़्लोटेशॅन; फ़्लोट्-अॅ; फ़्लोट्-इन्ग

floccose, 1. रोमिल; 2. (*bot.*) ऊर्णाभी। > फ़्लॉकोस

flocculation, ऊर्णन। > फ़्लॉक्यूलेशॅन

flocculent, 1. (*woolly*) ऊर्णी, ऊनी; 2. रोमिल। > फ्लॉक्यूलॅन्ट

flocculus, 1. (*tuft, floccule, floccus*) गुच्छा, लच्छा; 2. (*astron.*) ऊर्णिका*। > फ़्लॉक्यूलॅस; फ़्लॉक्यूल; फ़्लॉकॅस

flock, *n.*, 1. रेवड़, झुण्ड, गल्ला; 2. (*group*) समूह, दल; 3. विश्वासीगण, शिष्यवृन्द; 4. (*of wool*) लच्छा, गुच्छा; भूआ, घूआ; —*v.*, जमा या एकत्र हो जाना; **~y,** ऊनी; रोमिल। > फ़्लॉक; फ़्लॉक्-इ

floe, हिमप्लव, हिमवाह, बर्फ़* की तैरती चादर*। > फ़्लो

flog, कोड़े लगाना, पीटना; **~ging,** कशाघात। > फ़्लॉग

flood, *n.*, 1. बाढ़*, सैलाब, ओघ, औघ, पूर, (जल) प्लावन, खण्डप्रलय; 2. (*deluge*) प्रलय; 3. (*rising tide*) ज्वार*; 4. जल-प्रवाह; 5. प्रचुरता*, बाहुल्य, आधिक्य; —*v.*, जलमग्न कर देना, भर देना; बाढ़* आना; ~control, बाढ़-नियन्त्रण; **~-gate,** बाढ़-द्वार; **~ing,** आप्लावन; **~-light,** परिप्रदीप्ति*; **~-lit,** परिप्रदीप्त; **~-mark,** बाढ़-चिह्न; **~-tide,** ज्वार*। > फ़्लॅड; फ़्लड्-इन्ग

floor, *n.*, 1. फ़र्श, गच*, कुट्टिम; ज़मीन*; 2. (*story*) मंज़िल*, तल्ला; 3. (*bottom*) तल, तह*; 4. (*platform*) मंच; —*v.*.फ़र्श बनाना; मार गिराना, हरा देना, मात कर देना; **~age,** फ़र्शी क्षेत्रफल; **~-board,** फ़र्शी तख़्ता; **~ing,** फ़र्श; फ़र्श का सामान; **~-leader,** सदनीय दल-नेता; **~-price,** न्यूनतम मूल्य। > फ़्लॉ:, फ़्लॉ:र्-इज; फ़्लॉ:र्-इन्ग

flop, *v.t.*, 1. (*flutter*) फड़फड़ाना; 2. (*throw down*) पटकना; —*v.i.*, फड़फड़ाना, झूमना; गिर जाना; —*n.*, 1. फड़फड़ाहट*; 2. (*sound*) धड़ाम; फड़फड़*; 3. (*failure*) विफलता*। > फ़्लॉप

flora, वनस्पति*, पेड़-पौधे। > फ़्लॉ:र-अॅ

floral, पुष्प-विषयक, पुष्प-; वनस्पतीय। > फ्लॉ:रॅल

floresecnce, 1. पुष्पण; 2. (*period of success*) स्वर्णकाल। > फ़्लॉ:रे'सॅन्स

florescent, पुष्पित, कुसुमित। > फ़्लॉ:रे'सॅन्ट

floret, पुष्पक। > फ़्लॉ:र्-इट

floriculture, पुष्पोत्पादन, पुष्पकृषि*। > फ़्लॉ:र्-इकॅल्चॅ

florid, 1. (*rosy*) गुलाबी; लाल, रक्ताभ; 2. (*gaudy*) भड़कीला; 3. (*ornate*) अलंकृत, आलंकारिक; **~ity,** अरुणिमा*, रक्तिमा*; तड़क-भड़क*; आलंकारिकता*। > फ़्लॉरिड; फ़्लॉरिड्-इटि

floriferous, पुष्पित। > फ़्लारिफ़ॅरॅस

floriken, 1. (*little~*) खरमोर; 2. (*Bengal~*) चरत। > फ़्लॉ:र्-इकॅन

florilegium, चयनिका*। > फ़्लॉ:रिलीजिॲम

florist, पुष्पोत्पादक; पुष्पविक्रेता। > फ़्लॉरिस्ट

floss, लोमक; **~y,** रोमिल। > फ़्लॉस

flotation, *see* FLOATATION

flotilla, फ़्लोटिला*, बेड़ा। > फ़्लॅटिल्-अॅ

flotsam, बहता माल, प्लुतक। > फ़्लॉट्सॅम

flounce, *v.*, 1. हाथ-पैर मारना; 2. (*rush*) झपटना; 3. *see* FLOUNDER; —*n.*, झालर*, गोट*। > फ़्लाउन्स

flounder, 1. तड़फड़ाना, छटपटाना; 2. (*stumble*) लड़खड़ाना; 3. (*make mitakes*) घपला क०; 4. (*stammer*) हकलाना। > फ़्लाउन्-डॅ

flour, 1. आटा, पिसान; 2. (*fine ~*), मैदा; 3. (*powder*) चूर्ण; **~-mill,** आटा-चक्की*। > फ़्लाउअॅ

flourish, *v.*, 1. फलना-फूलना, उन्नति* क०, समृद्ध होना; 2. (*brandish*) घुमाना, हिलाना; प्रदर्शित क०; —*n.*, 1. (*decoration*) अलंकरण, सज-धज*; 2. (*literary*) अलंकृत भाषा*; 3. (*of weapon*) पैंतरा; 4. ~of trumpets, तुरही-नाद। > फ़्लॅरिश

flout, *n.*, (*v.*), निरादर (क०), अवज्ञा* (क०); उपहास (क०)। > फ़्लाउट

flow, *v.*, 1. बहना, प्रवाहित होना; 2. उमड़ना, उमड़कर बहना, निकल पड़ना; 3. (*fall in waves*) लहराना; से निकलना; 5. (*abound*) भरपूर होना, प्रचुर होना; —*n.*, 1. बहाव, प्रवाह, धारा*, गति*; 2. (*of tide*) ज्वार*; 3. स्राव। > फ़्लो

flower, *n.*, 1. फूल, पुष्प, कुसुम, प्रसून; 2. उत्तमांश, सारभाग; 3. (*of life*) यौवन; 4. उत्कर्ष, समृद्धि*; —*v.*, फूलना, खिलना; **~ing,** *n.*, पुष्पण; —*adj.*, पुष्पित, कुसुमित, **~-pecker,** फुलचुही*; **~y,** पुष्पमय; अलंकृत, आलंकारिक, लच्छेदार। > फ़्लाउअॅ, ~रिन्ग, ~रि

fluctu/ate, 1. घटना-बढ़ना; 2. बदलता रहना, अस्थिर होना; 3. (*waver*) आगा-पीछा क०; **~ating,** घटता-बढ़ता; अस्थिर, विचल; **~ation,** घटाव-बढ़ाव, घट-बढ़*, कमीबेशी*, घटी-बढ़ी*, उतार-चढ़ाव, उच्चावचन; अस्थिरता*। > फ़्लॅक्ट्यू/एट, ~एटिन्ग, ~एशॅन

flue, 1. (*chimney*) धुआंकश, चिमनी*; 2. (*net*) जाल; 3. (*down*) रोआँ; 4. (*opening*) छेद; 5. (*fluke*) फाल। > फ़्लू

fluency, प्रवाह, धाराप्रवाहिता*। > फ़्लूअॅन्सि

fluent, धाराप्रवाह, धारावाहिक, प्रवाही; **~ly,** धाराप्रवाह। > फ़्लूअॅन्ट

fluey, रोयेंदार। > फ़्लूइ

fluff, रोयाँ; **~y,** रोयेंदार। > फ़्लॅफ़; फ़्लॅफ़्-इ

fluid, *adj.*, 1. तरल; 2. (*fluent*) धाराप्रवाह; 3. अस्थिर, अस्थायी, अनिश्चित; —*n.*, तरल; **~ity,** तरलता*; धाराप्रवाहिकता*। > फ़्लूइड; फ़्लुइड्-इटि

fluke, 1. (*barb*) फ़ाल; 2. (*zool.*) पर्णाभ; 3. (*med.*) पर्णकृमि। > फ़्लूक

flume, अवनालिका*। > फ़्लूम

flummery, 1. चापलूसी*; 2. (*nonsense*) बकवाद*; 3. (*oatmeal*) दलिया। > फ़्लॅमॅरि

flump, *v.t.*, पटक देना; *v.i.*, धड़ाम से गिरना; —*n.*, पटकान*; धड़ाम। > फ़्लॅम्प

flunk, से जी चुराना, छोड़ देना; अनुत्तीर्ण हो जाना या कर देना। > फ़्लॅन्क

flunkey, चपरासी, चाटुकार। > फ़्लॅन्क्-इ

fluor, फ़्लुओर; **~esce,** प्रतिदीप्त होना; **~escence,** प्रतिदीप्ति*; **~escent,** प्रतिदीप्त। फ़्लूऑ:; फ़्लूऑरे'स, ~रे'सॅन्स, ~रे'सॅन्ट

flurry, *n.*, झोंका; हलचल*; *v.*, घबरा देना। > फ़्लॅरि

flush, *v.i*, बहना; लाल हो जाना; चमकना; उड़ जाना; —*v.t.*, बहा देना; जलमग्न कर देना; पानी से साफ़ क०, धोना; लाल कर देना; चमकाना, उत्तेजित क०; उड़ा देना; बराबर या सपाट कर देना; —*n.*, प्रवाह, बहाव, आवेग; उत्तेजना*; लालिमा*; —*adj.*, 1. (*full*) परिपूर्ण, लबालब; 2. (*well-supplied*) भरा-पूरा, सम्पन्न; 3. (*profuse*) प्रचुर; 4. (*flushed*) आरक्त, लाल; 5. (*level*) सपाट, बराबर; ~latrine, स्वक्षालन शौचालय; **~ing,** सम्प्रवाहन, प्रक्षालन; — tank, धावन-टंकी*। > फ़्लॅश; फ़्लॅश्-इन्ग

fluster, *v.*, घबरा देना; घबराना; *n.*, घबराहट*। > फ़्लॅस्-टॅ

flute, 1. मुरली*, बाँसुरी*, वंशी*; 2. (*archi.*) लम्बी धारी*, खड़ी गोल झिरी*। > फ़्लूट

flutter, *v.*, 1. (*flap*) फड़फड़ाना (*v.i., v.t.*); 2. (*move about*) मँडराना; 3. (*bustle*) हड़बड़ाना, घबरा जाना; 4. (*confuse*) घबरा देना; —*n.*, 1. फड़फड़ाहट*; 2. घबराहट*, संभ्रम; 3. (*vibration*) स्फुरण। > फ़्लॅट्-ॲ

fluvial, नदीय, नदी* का, नदी-सम्बन्धी; नदीकृत। > फ़्लूव्-इ-अल

flux, 1. बहाव, प्रवाह, अभिवाह; 2. (*tide*) ज्वार*; 3. (*change*) निरन्तर गति* या परिवर्तन; 4. (*discharge*) स्राव। > फ़्लॅक्स

fluxion, प्रवाहन। > फ़्लॅक्शॅन

fly, *n.*, मक्खी*, मक्षिका*; 2. (*carriage*) गाड़ी*; 3. (*~wheel*) गतिपालक पहिया, प्रचक्र; —*v.*, 1. उड़ना; 2. (*flee*) भाग जाना; 3. उड़ाना; फहराना; **~-catcher,** मक्खीमार; **~er,** विमानचालक, उड़ाका, वैमानिक; **~-leaf,** सादा पन्ना; **~-sheet,** इश्तहार, पुस्तिका*। > फ़्लाइ; फ़्लाइॲ

flying, *n.*, उड़ान*; *adj.*, 1. उड़ाका; 2. (*fast*) त्वरित, उड़ता हुआ; ~ fox, गादुर, बादुर; **~boat,** उड़न-नौका*; **~control,** उड़ान-नियन्त्रण; **~fish,** उड़न-मीन; **~saucer,** उड़न-तश्तरी*, उड़न-थाल; **~squadron,** तूफ़ानी दल; **~squirrel,** (*brown*) सूरज-भगत। > फ़्लाइइन्ग

foal, *n.*, बछेड़ा; *v.*, ब्याना। > फ़ोल

foam, *n.*, फेन, झाग; *v.*, झाग उगलना; फेनदार होना; **~y,** झागदार। > फोम

fob, (*pocket*) जेब। > फ़ॉब

focal, केन्द्रीय, नाभीय; **~ize,** संकेंद्रित क०। > फ़ोकॅल; फ़ोकॅलाइज़

focus, *n.*, 1. नाभि*, फ़ोकस; किरणकेंद्र; 2. (*centre*) केंद्र, केंद्रबिन्दु; —*v.*, 1. फ़ोकस क०, संकेद्रित क०; 2. (*attention*) केंद्रीभूत क०, एकाग्र क०; **~(s)ing,** संकेंद्रण; केंद्रीकरण। > फ़ोकॅस; फ़ोकॅसिन्ग

fodder, चारा। > फ़ॉड्-ॲ

foe, शत्रु, दुश्मन, बैरी। > फ़ो

foetid, बदबूदार, दुर्गन्ध। > फ़ीट्-इड

foeticide, भ्रूणहत्या*। > फ़ीट्-इसाइड

foetus, भ्रूण, गर्भ। > फ़ीटॅस

fog, *n.*, कोहरा, कुहरा; *v.*, 1. कुहरे से ढक जाना या ढकना; धूमिल क० या हो जाना; 2. धुँधला हो जाना या कर देना; 3. (*bewilder*) घबरा देना; **~gy,** कोहरेदार; धुँधला; व्याकुल, परेशान। > फ़ॉग; फ़ॉग्-इ

fogey, fogy, दक़ियानूसी। > फ़ोग्-इ

foible, कमज़ोरी*, दुर्बलता*, कमी*, अवगुण। > फ़ॉइबॅल

foil, *n.*, 1. पर्ण, पर्णी*, पर्णिका*, पत्री*; 2. (*sword*) तलवार*; —*v.*, 1. हरा देना; 2. (*frustrate*) व्यर्थ कर देना, विफल कर देना। > फ़ॉइल

foist, चालाकी* से मिला देना या शामिल क०, किसी के गले मढ़ना या लगाना या थोपना। > फ़ॉइस्ट

fold, *n.*, 1. (*pen*) भेड़शाला*, बाड़ा; 2. तह*, परत*; 3. (*geol.*) वलन; —*v.*, 1. तहाना, तहा देना, तह* लगाना; 2. (*clasp*) जोड़ना; लपेटना, लिपटाना; **~ed,** (*geol.*) वलित; **~er,** पुस्तिका*, इश्तहार; फ़ाइल*, पुटक; **~ing,** *adj.*, टूटदार, टूटवाँ, मुड़वाँ। > फ़ोल्ड; फ़ोल्/डिड, ~डॅ, ~डिन्ग

foliaceous, 1. पर्णिल, पर्णीय; 2. (*having leaves*) पत्रित; 3. (*leaf-like*) पर्णाकार; 4. (*having thin layers*) शल्कित। > फ़ोलिएशॅस

foliage, 1. पर्णसमूह, पर्णावली*; 2. (*decoration*) बेल-बूटा; **~leaf,** सत्यपत्र। **foliar,** पर्णीय। > फ़ोल्-इ-इज; फ़ोल्-इॲ

foliate, *adj.*, 1. (*leaf-like*) पर्णिल, पर्णाकार; 2. पत्रित, शल्कित, पत्तीदार; —*v.*, 1. पल्लवित हो जाना; 3. (*decorate*) बेल-बूटे बनाना; 4. (*a book*)

(पन्नों पर) अंक लगाना।
> फ़ोल्-इ-इट (*adj.*) फ़ोल्-इ-एट (*v.*)

foliation, 1. (*of plant*) पत्रण; 2. (*of metal*) पीट-पीटकर पन्नी बनाना; 3. (*geol.*) शल्कन।
> फ़ोलिएर्शन

folio, पन्ना। > फ़ोल्-इ-ओ

folk, जनसाधारण, जनता*, लोक; **~-custom,** लोकरीति*; **~-dance,** लोकनृत्य; **~-drama,** लोक-नाट्य; **~lore,** लोकसाहित्य, लोक-वार्ता*; **~-song,** लोकगीत; **~-tale,** लोक-कथा*, लोक-कहानी*, लोक-आख्यान। > फ़ोक; फ़ोक्/लॉ:; ~सॉन्ग, ~टेल

follicle, 1. (*sac*) पुटिका*, पुटक; रोमकूप (*hair follicle*); 2. (*cocoon*) कोया। > फ़ॉल्-इकॅल

follow, 1. (*go after*) पीछे-पीछे चलना, पीछे हो लेना, अनुगमन क०; (*adhere*) अनुसरण क०, अनुयायी होना; 3. (*imitate*) अनुकरण क०; 4. (*pursue*) पीछा क०; 5. (*obey*) पालन क०; 6. पर चलना; 7. के बाद आना, का स्थान लेना; 8. (*understand*) समझना; 9. (*engage in*) ग्रहण क०; 10. परिणाम निकलना; 11. में दिलचस्पी* रखना; **~er,** 1. अनुयायी, शिष्य, अनुचर; 2. (*servant*) परिचर, नौकर; **~ing,** *n.*, शिष्य-समुदाय; अनुसरण, अनुकरण; —*adj.*, 1. अगला, उत्तरवर्ती, आगामी; 2. निम्नलिखित; 3. (*of wind*) अनुग; **~-up,** *adj.*, अनुवर्ती; —*n.*, अनुवर्तन। > फ़ॉलो

folly, मूर्खता*, मूढ़ता*, बेवक़ूफ़ी*। > फ़ॉल्-इ

foment, 1. सेंकना, सेकाई* क०, टकोर* क०; 2. (*stimulate*) प्रोत्साहन देना; 3. (*excite*) भड़काना, उकसाना, उभाड़ना; **~ation,** सेंकाई*, टकोर*, सेंक*; प्रोत्साहन, उद्दीपन, बढ़ावा; उत्तेजन।
> फ़ोमे 'न्ट; फ़ोमे 'नटेशन

fond, 1. (*affectionate*) स्नेही, स्नेहशील; 2. (*dear*) प्रिय; **~ly,** 1. प्रेमपूर्वक; 2. (*naively*) भोलेपन से; **~ness,** स्नेह, अनुराग, चाव।
> फ़ॉन्ड; फ़ॉन्ड्/लि, ~निस

fondle, दुलारना, पुचकारना, चुमकारना। > फ़ॉन्-डॅल

font, (जल)कुण्ड। > फ़ॉन्ट

fontanel(le), कलान्तराल। > फ़ॉन्‌टॅने 'ल

food, आहार, अन्न, खाद्य, भोजन, खाना; **~grain,** खाद्यान्न; **~-stuff,** खाद्य पदार्थ। > फ़ूड

fool, *n.*, 1. मूर्ख, मूढ़; 2. (*jester*) विदूषक, मसखरा; —*v.*, 1. मूर्ख बनना; 2. (*idle*) समय गँवाना; 3. मूर्ख बनाना, धोखा देना; **~ery,** मूर्खता*, मूर्खतापूर्ण व्यवहार; हँसी-दिल्लगी*; **~hardy,** दुःसाहसी; **~ish,** 1. (*of person*) मूर्ख, बेवक़ूफ़, नासमझ; 2. मूर्खतापूर्ण; **~ishness,** मूर्खता*, बेवक़ूफ़ी*; **~proof,** सुस्पष्ट; this machine is ~, अनाड़ी भी इस यंत्र से काम ले सकता है; **~scap,** फ़ुलिसकेप।
> फ़ूल; फ़ूलॅरि; फ़ूल्‌हाडि; फ़ूल्-इश; फ़ूल्‌प्रूफ़; फ़ूल्स्‌कैप

foot, *n.*, 1. पैर, पाँव, चरण; 2. (*measure*) फ़ुट; 3. (*prosody*) चरण, पाद; 4. (*base*) आधार, मूल, अधोभाग; 5. (*of chair*) पाया; 6. (*of bed*) पायँता, पैताना; 7. (*of page*) निचला भाग, अधोभाग; 8. (*infantry*) पैदल सेना*; 9. (*sediment*) तलछट*; —*v.*, पैदल चलना; नाचना। > फ़ुट

foot/age, फ़ुटमान; **~-and-mouth disease,** खुरपका, खुरहा; **~ball,** फ़ुटबाल; **~board,** पायदान; **~fall,** क़दम; चाप*, पदध्वनि*; **~-hill,** पादगिरि, गिरिपीठ; **~hold,** आधार, पाँव रखने की जगह*; gain a —, पाँव जमाना; जमना, जम जाना; **~ing,** 1. *see* FOOTHOLD; 2. पैरों का जमाव; 3. (*dancing*) नाच; 4. (*relationship*) सम्बन्ध; 5. (*place*) स्थान, प्रवेश; 6. (*basis*) आधार, नींव*; **~less,** पादहीन; निराधार; **~lights,** रंगमंच (के सामने के लैंप); **~-note,** पादटिप्पणी*, फ़ुटनोट; **~pad,** बटमार; **~-path,** पटरी*; **~print,** पदचिह्न; **~rest,** पायदान; **~-rot,** खुर-गलन, तलविगलन, खुरपका; **~-rule,** फ़ुटा; **~-soldier,** पदाति, प्यादा; **~step,** 1. पग, क़दम; 2. (*sound*) पगध्वनि*, (पद)चाप*; 3. पदचिह्न, चरणचिह्न; **~stool,** पादपीठ; **~way,** पगडंडी*; **~-wear,** जूता, पदत्राण, पादुका*।
> फ़ुट्/इज, ~इन्ग

fop, छैला; **~pery,** छैलापन, ठाट-बाट, तड़क-भड़क*; **~pish,** बाँका-तिरछा, बनाठना। > फ़ॉप; फ़ॉप्-इश

for, 1. के लिए; 2. के कारण, की वजह* से; 3. (*for the sake of*) के हेतु, के निमित्त; 4. (*instead of*) की जगह*; 5. (*as representative of*) की ओर* से, कृते; 6. (*in exchange for*) के बदले में; 7. (*on the side of*) के पक्ष में; 8. की ओर*। > फ़ॉ:

forage, *n.*, 1. चारा; 2. (*daily allowance of~*) रातिब; 3. चारे की खोज*; —*v.*, चारा देना; चारा खोजना; लूटना, उजाड़ना। > फ़ॉरिज

foramen, रन्ध्रक, रन्ध्र। > फ़ॉरेमे 'न

forasmuch as, क्योंकि, चूँकि। > फ़ॅरॅज़्मॅच

foray, *n*, (*v.*) छापा (मारना), लूटमार* (क०)।
> फ़ॉरे

forbear, *n.*, पूर्वज; *v.*, से दूर रहना, से बचे रहना, से अलग रहना, न करना, बाज़ आना; धैर्य रखना; **~ance,** 1. परिहार, परहेज़; 2. धैर्य, सहिष्णुता*, क्षांति*; 3. (*law*) स्थगन।
> फ़ॉ:बे 'अॅ (*n.*); फॉ:बे 'अॅ (*v.*); फ़ा:बे 'अॅरॅन्स

forbid, 1. मना क०, निषेध क०; 2. (*exclude*) वर्जित क०; 3. (*prevent*) रोकना; **~den,** निषिद्ध; वर्जित; **~ding,** 1. (*repellent*) घृणित, बीभत्स; 2. (*inauspicious*) अमंगल; 3. (*disagreeable*) अप्रीतिकर; 4. (*frightening*) विभीषण, भयंकर, डरावना। > फ़ॅबिड; फ़ॅबिर्डन; फ़ॅबिड्-इन्ग

force, *n.*, 1. बल, शक्ति*, ज़ोर, ताकत*, सामर्थ्य; 2. (*use of~*) बलप्रयोग*, 3. (*army*) सेना*;

4. (*violence*) प्रचण्डता*, आवेग; 5. (*validity*) मान्यता*; 6. (*pl.*) सेना*; —*v.*, 1. विवश क०, बाध्य क०, मजबूर क०; 2. (*break open*) तोड़ना; 3. हरा देना; 4. ज़बरदस्ती या बलपूर्वक-घुसना, लेना, मनवाना, अर्थ निकालना, लादना, उत्पन्न क०, करवाना; come into~, लागू, जारी या प्रचलित होना; by~, बलात्, ज़बरदस्ती; **~d,** 1. (*compulsory*) अनिवार्य, बलकृत; 2. (*unnatural*) कृत्रिम; —labour, बेगार*; —landing, विवश या मजबूरन अवतरण; **~ful,** 1. सशक्त, ज़ोरदार, ओजस्वी, प्रभावशाली; 2. (*violent*) प्रचण्ड, प्रबल।
> फ़ॉ:स; फ़ॉ:स्ट; फ़ॉ:स्‌फुल

forceps, चिमटी*, सँड़सी*, संदंश, संदंशिका*।
> फ़ॉ:से 'प्स

forcible, 1. बलकृत, बलसम्पादित; 2. *see* FORCEFUL। > फ़ॉ:सॅबॅल, फ़ॉ:सिबॅल

forcibly, बलपूर्वक, ज़बरदस्ती, बलात्।
> फ़ॉ:-सॅ-ब्लि, फ़ॉ:सिब्लि

ford, *n.*, पाँज, पाँझ, घाट; *v.*, पार क०; **~able,** पाँझ, सुगाध; **~ableness,** पाँझता*।
> फ़ॉ:ड; फ़ॉ:डॅबॅल

fore, *n.*, अग्रभाग; *adv.*, आगे, सामने; *adj.*, अग्र-, आगे का। > फ़ॉ:

fore/arm, *n.*, प्रकोष्ठ, प्रबाहु*; *v.*, तैयारी* क०; पहले से शस्त्र-सज्जित क०; **~bode,** पूर्वसूचना* देना; पूर्वज्ञान होना; **~boding,** 1. पूर्वाभास, पूर्वबोध; 2. (*omen*) शकुन; अपशकुन; **~cast,** *n.*, पूर्वानुमान; —*v.*, 1. पूर्वानुमान क०, पूर्वसूचना* देना; 2. (*plan in advance*) पूर्वविधान क०; **~castle,** गलही*; **~close,** वर्जित क०, रोकना, प्रतिबंध लगाना; **~closure,** मोचन-निषेध; **~father,** पुरखा, पूर्वज, पूर्वपुरुष; **~finger,** तर्जनी*; **~foot,** अगला पैर; **~go,** आगे-आगे चलना; पूर्ववर्ती होना; *see* FORGO; **~going,** पूर्ववर्ती; पूर्वोक्त, पूर्वोल्लिखित; **~gone,** 1. पूर्वनिश्चित, पूर्वानुमित; 2. (*unavoidable*) अनिवार्य; **~ground,** अग्रभाग, अग्रभूमि*; केंद्रस्थान; **~gut,** अग्रांत्र; **~head,** माथा, मस्तक, ललाट, पेशानी*।

foreign, 1. विदेशी, वैदेशिक, विदेशीय, पर-राष्ट्रीय; 2. (*from outside*) बाह्य, बाहरी; आगत; गृहीत; 3. (*referring to others*) पराया, दूसरा; 4. (*dissimilar*) विजातीय; 5. (*irrelevant*) अप्रासंगिक; 6. (*inappropriate*) अनुपयुक्त, असंगत; ~bill, विदेशी हुण्डी*; ~minister, विदेश-मंत्री, परराष्ट्र मंत्री; ~policy, परराष्ट्र-नीति*; ~railway, इतर रेलवे; ~service, विदेश-सेवा*; **~er,** विदेशी।
> फ़ॉरिन; फ़ॉ:-रि-नॅ

fore/knowledge, पूर्वाज्ञान, अग्रज्ञान; **~lock,** अलक*; **~man,** अध्यक्ष; फोरमैन; **~-mentioned,** पूर्वोक्त, उपर्युक्त; पूर्वकथित; **~most,** अग्रवर्ती; सर्वप्रथम, पहला; मुख्य, प्रमुख, प्रधान, श्रेष्ठ; **~noon,** पूर्वाह्न।

forensic, अदालती, न्यायालयीय; न्यायिक।
> फ़ॅ-रे 'न्-सिक

fore/ordained, पूर्व-निर्धारित; **~runner,** अग्रदूत; **~see,** पहले ही से जानना, अनुमान लगा लेना, पूर्वज्ञान रखना; **~shadow,** पूर्वाभास देना; पूर्व संकेत क०; **~shadowing,** पूर्वाभास, पूर्वलक्षण; **~shore,** तटाग्र; **~sight,** 1. दूरदर्शिता*, दूरदृष्टि*, पूर्वदृष्टि*; 2. (*of gun*) मक्खी*, दीदबान; **~skin,** खलड़ी*, गिलाफ़, शिश्नाग्रच्छद।

forest, *n.*,बन, वन, जंगल, अरण्य; *v.*, वृक्ष लगाना; बन बना देना; **~department,** वन-विभाग; **~er,** वनपाल, वनरक्षक; वनवासी; **~fire,** दावानल; **~protection,** वनरक्षण; **~ranger,** वनपाल, बनराज़िक; **~ry,** वनविद्या*; वनखंड, वनप्रान्त।
> फ़ॉरिस्ट; फ़ॉ-रिस्-टॅ; फ़ॉ-रिस्-ट्रि

fore/stall, 1. पहले से ही रोकने का प्रबंध क०, पहले से ही निवारण क०; रोकथाम* क०; 2. पहले से कर देना, पहले से तैयारी* क०; 3. (*somebody*) से पहले कर लेना या प्राप्त क०; 4. (*comm.*) पेशबन्दी* क०; **~stay,** मोहरा रस्सा; **~taste,** पूर्वानुभव, पूर्वास्वादन; **~tell,** पहले से बताना, भविष्यवाणी* क०, भविष्य बताना; **~thought,** *n.*, दूरदर्शिता*, दूरदृष्टि*; पूर्वविचार;—*adj.*, पूर्वविचारित; **~time,** प्राचीन काल; **~token,** *n.* (*v.*), शकुन (होना); **~warn,** पहले से सचेत या सूचित कर देना; पूर्वसूचना* देना, सावधान या ख़बरदार क०; **~word,** प्राक्कथन, प्रस्तावना*।

forever, *adv.*, 1. सदा के लिए, अनन्तकाल तक; 2. (*at all times*) सदा ही, सर्वदा; —*n.*, अनन्तकाल।
> फ़ॅ-रे 'व्-अॅ

forfeit, *n.*, 1. (*fine*) जुरमाना, अर्थदण्ड; 2. (*thing forfeited*) अपवर्तित वस्तु*; 3. (*forfeiture*) अपवर्तन, ज़ब्ती*; —*adj.*, ज़ब्त, अपवर्तित; —*v.*, खो बैठना, से वंचित हो जाना; ज़ब्त हो जाना।
> फ़ॉ:फ़्-इट

forgather, मिलना; भेंट* होना; संपर्क या मेलजोल रखना। > फ़ॉ:-गैद्-अॅ

forge, *n.* भट्ठी*; लोहार की दुकान*, मिस्त्रीखाना; —*v.*, 1. (तपाकर) गढ़ना; 2. (*counterfeit*) जालसाज़ी* क०, नक़ली बनाना; 3. (*advance*) धीरे-धीरे आगे बढ़ता जाना; **~d,** 1. जाली, कूट, खोटा, नक़ली; 2. (*metal*) कुट्टित; **~-man,** लोहार; **~r,** 1. जालसाज़; 2. (*of stories*) गपोड़िया, गप्पी; 3. लोहार; **~ry,** जालसाज़ी*, कूटरचना*, छद्म साहित्य।
> फ़ॉ:ज; फ़ॉ:जॅ, ~रि

forging, गढ़ाई*; गढ़ी वस्तु*, गढ़त*; जालसाज़ी*।
> फ़ॉ:जिंग

forget, 1. भूल जाना, भुला देना, बिसारना; 2. (*neglect*) उपेक्षा* क०; **~ful,** 1. भुलक्कड़,

विस्मरणशील; 2. (*negligent*) असावधान, लापरवाह; **~fulness,** विस्मरणशीलता*, भुलक्कड़पन; लापरवाही*; **~ter,** भुलक्कड़; **~ting,** विस्मरण।
> फ़ॅगे'ट, ~फुल; फ़गे'ट्/अॅ, ~इन्ग

forgivable, क्षम्य, क्षन्तव्य। > फ़ॅगिवॅबॅल

forgive, 1. क्षमा* क०, माफ क०; 2. (*overlook*) जाने देना; 3. (*a debt*) छोड़ देना; **~ness,** क्षमा*, माफ़ी*; क्षमाशीलता। > फ़ॅगिव़

forgiving, क्षमाशील। > फ़ॅगिव्-इन्ग

forgo, से परहेज़ क०, न करना; जाने देना, छोड़ देना। > फॉ:गो

fork, *n.*, 1. (*table~*) काँटा; 2. (*tuning~*) स्वरित्र; 3. (*implement*) जंदरा; पाँचा (*fivepronged*); 4. (*bifurcation*) द्विशाखन; 5. (*branch*) शाखा*; —*v.*, जंदरे से उठाना; द्विशाखित हो जाना; **~ed,** 1. द्विशाखित; 2. काँटेदार; 3. (*zigzag*) टेढ़ा-मेढ़ा।
> फ़ॉ:क; फ़ॉ:क्ट

forlorn, 1. (*abandoned*) परित्यक्त; 2. (*wretched*) दयनीय, हतभाग्य, असहाय, निरवलम्ब; 3. निराश, उदास; **~hope,** साहसिक संकटपूर्ण काम; आशा* की झलक*। > फ़ॅलॉ:न

form, *n.* 1. रूप, आकार; आकृति*, मूर्ति*; रूप-विधान; 2 (*kind*) प्रकार; 3. (*way*) ढंग; 4. (*paper*) प्रपत्र, फ़ार्म; 5. (*class of school*) कक्षा*, दरजा; 6. (*condition*) दशा*, तैयारी*; 7. (*mould*) ढाँचा; 8. (*last*) कालबूत, फ़रमा; 9. (*gram.*) रूप; 10. (*formality*) आडम्बर, दिखावा, उपचार; 11. (*formula*) सूत्र; 12. (*lair*) माँद*; 13. (*printing, ~e*) फ़रमा; —*v.*, 1. बनाना, गढ़ना; 2. (*train*) शिक्षा* या प्रशिक्षण देना; 3. उत्पन्न क०; 4. (*organize*) संगठित क०; 5. (*gram.*) रचना* क०; 6. बनना, उत्पन्न होना; 7. रूप धारण क०; application ~, प्रार्थना-प्रपत्र, आवेदन-पत्र।
> फ़ॉ:म

formal, 1. औपचारिक, विधिवत्, यथानियम, रीतिक; 2. (*apparent*) ऊपरी, बाहरी, दिखाऊ; 3. (*essential*) तात्त्विक; 4. (*rel. to form*) आकारिक; आकारगत, आकारी; 5. (*explicit*) सुस्पष्ट; ~call, औपचारिक भेंट*; ~motion, विधिवत् प्रस्ताव; **~ism,** रूढ़िवाद; रीतिवाद; आकारवाद, रूपवाद; **~ity,** 1. औपचारिकता*, उपचार; 2. (*politeness*) शिष्टाचार, तकल्लुफ़; 3. (*show*) बाह्याचार, लोकाचार; आडम्बर; **~ize,** 1. निश्चित या उचित या औपचारिक रूप देना; 2. औपचारिक ढंग से व्यवहार क०; **~ly,** औपचारिक रूप से। > फ़ॉ:मॅल; फ़ॉ:मॅलिज़्म; फ़ॉ:मैल्-इटि; फ़ॉ:मॅलाइज़

format, ग्रन्थाकार। > फ़ॉ:मैट

formation, 1. निर्माण, विरचन; 2. (*structure*) संघटन, बनावट*, रचना*, घटन, गठन*; 3. (*training*) प्रशिक्षण; 4. (*mil.*) विरचना*; 5. (*geol.*) शैल-समूह। > फ़ॉ:मेशॅन

formative, रचनात्मक, निर्माणात्मक; ~period, विकास-काल। > फ़ॉ:मॅटिव़

former, पुराना, भूतपूर्व; पहला; **~ly,** पहले।
> फ़ॉ:म्-अॅ; फ़ॉ:मॅलि

formic, फार्मिक; चींटियों* का। > फ़ॉ:म्-इक

formidable, विकट, दुर्जेय; अत्यन्त, कठिन; भयानक।
> फ़ॉ:म्-इडॅबॅल

formless, निराकार, बेढंगा, बेडौल।

formula, 1. सूत्र (*also math.*); 2. (*rule*) नियम; 3. (*prescription*) नुसखा। > फ़ॉ:म्यू-लॅ

formu/late, 1. सूत्रबद्ध क०; 2. (*expose*) प्रतिपादित क०; **~lated,** सूत्रबद्ध, सूत्रित; **~lation,** सूत्रीकरण; प्रतिपादन; सूत्र; **~lism,** रूढ़िवाद।
> फ़ॉ:म्यू/लेट, ~लेटिड, ~लेशॅन, ~लिज़्म

forni/cate, व्यभिचार क०; **~cation,** व्यभिचार, अनूढ़ागमन, कुमारीगमन; **~cator,** व्यभिचारी, अनूढ़ागामी। > फ़ॉ:न्-इ/केट, ~केशॅन, ~के-टॅ

forsake, छोड़ देना, त्याग देना, का(परि)त्याग क०, त्यागना, परित्यागना; —*n.*, परित्यक्त।
> फ़ॅसेक; फ़ॅसेकॅन

forsooth, निस्सन्देह, निश्चय ही। > फ़ॅसूथ

forswear, 1. शपथपूर्वक अस्वीकार क० या त्याग देना, क़सम* खाकर छोड़ना; 2. (*~one-self*) मिथ्या शपथ* क०, झूठी क़सम* खाना। > फ़ा:स्वे'अॅ

fort, क़िला, गढ़, दुर्ग; **~alice,** छोटा गढ़।
> फ़ॉ:ट, फ़ॉ:टॅलिस

forte, *n.*, विशेष योग्यता*, विशिष्टता*; —*adv.*, उच्च (स्वर में); —*adj.*, उच्च
> फ़ॉ:ट (*n.*) फ़ॉ:ट्-इ

forth, 1. सामने, आगे, सम्मुख; **~coming,** आगामी, अगला; 2. (*near*) आसन्न, निकट; 3. (*available*) सुलभ, उपलब्ध; **~right,** निष्कपट, खरा, स्पष्टवादी; **~with,** तुरत, तुरन्त, अविलम्ब, फ़ौरन, इसी समय; उसी समय, तत्क्षण, तत्काल। > फ़ॉ:थ; फ़ॉ:थ्कॅम्-इन्ग; फ़ॉ:थ्राइट; फ़ॉ:थ्-विथ

fortification, 1. किलेबन्दी*; 2. (*strengthening*) पुष्टीकरण। > फ़ॉ:टिफ़िकेशॅन

fortify, 1. (*a structure*) मज़बूत क०; 2. (*mil.*) किलेबंदी* क०, मोर्चेबन्दी* क०; 3. पुष्ट क०, (सु)दृढ़ क०। > फ़ॉ:ट्-इफ़ाइ

fortis, दृढ़, सशक्त; **~simo,** *adj.*, (*adv.*), उच्चतम (स्वर में)। > फ़ॉ:ट्-इस; फ़ॉ:-टिस्-इ-मो

fortitude, धैर्य, धृति*, सहनशक्ति*, धीरता*।
> फ़ॉ:ट्-इट्यूड

fortnight, पक्ष, पखवारा; **~ly,** पाक्षिक।
> फ़ा:ट्नाइट; ~लि

fortress, क़िला, गढ़, गढ़ी*। > फ़ॉ:ट्-रिस

fortuitism, संयोगवाद। > फ़ॉ:ट्यूइटिज़्म

fortuitous, आकस्मिक, आपातिक, दैवकृत, दैवी। > फ़ॉ:ट्यूइटॅस

fortuity, संयोग, दैवयोग, इत्तफ़ाक। > फ़ॉ:ट्यूइटि

fortunate, 1. सौभाग्यशाली, भाग्यवान्, ख़ुश-नसीब, क़िस्मतवर; 2. (*auspicious*) शुभ, मंगलप्रद; **~ly,** सौभाग्यवश। > फ़ॉ:चॅनिट

fortune, 1. भाग्य, क़िस्मत*, तक़दीर*; 2. (*good luck*) सौभाग्य; 3. (*wealth*) धन, सम्पत्ति*, ऐश्वर्य; **~-teller,** ज्योतिषी, दैवज्ञ। > फ़ॉ:चॅन

forty, चालीस, चत्वारिंशत् (41 *etc.*, इकतालीस, बयालीस, तेंतालीस, चौवालीस, पैंतालीस, छियालीस, सैंतालीस, अड़तालीस, उनचास)। > फ़ॉ:ट्-इ

forum, 1. मंच, वाक्पीठ; 2. (*court*) अदालत*, न्यायालय; 3. (*public place*) चौक; 4. जनसभा*। > फ़ॉ:रॅम

forward, *adv.*, आगे; *adj.*, अगला, अग्रवर्ती; 2. (*progressive*) प्रगतिशील, उन्नत; 3. (*prompt*) उद्यत, तत्पर; 4. (*bold*) ढीठ, बेअदब; —*v.*, 1. (*promote*) बढ़ावा देना, आगे बढ़ाना, प्रोत्साहित क०; 2. (*send*) भेज देना, अग्रसारित या अग्रेषित क०; ~area, अग्रक्षेत्र; ~troop, अगला दल; **~ed,** अग्रप्रेषित; **~ing,** अग्रेषण, अग्रसारण; **~ness,** उन्नति*, तत्परता*; ढिठाई*। > फ़ॉ:वॅड; फ़ॉ:वॅडिड; फ़ॉ:वॅडिन्ग; फ़ॉ:वॅड्-निस

fossa, खात। > फ़ॉस्-ॲ

fosse, खाई*। > फ़ॉस

fossil, *n.*, जीवाश्म, जीवावशेष; अश्मीभूत वस्तु*; —*adj.*, जीवाश्म-; पुराना; **~ize,** अश्मीभूत बनना या कर देना; पुराना बनना या बनाना। > फ़ॉस्-इल; फ़ॉस्-इ-लाइज़

fossorial, खोदनेवाला, खनन-। > फ़ॉसो:र्- इॲल

foster, 1. पोषण क०, पालना-पोषना; 2. प्रोत्साहित क०, विकसित क०, प्रोत्साहन देना; 3. (*cherish*) संजोए रखना; **~age,** पालन-पोषण; धात्री-प्रथा*; प्रोत्साहन। > फ़ॉस्-टॅ; फ़ॉस्-टॅ-रिज

foster/-brother, दूध-भाई, कोका; **~-child,** पोष्य-बालक; **~-daugther,** पोष्य-पुत्री*; **~-father,** पोषक या पालक पिता; **~-mother,** उपमाता*, धात्री*, धाय*, दाई*; **~-sister,** दूध-बहन*; **~-son,** पोष्य-पुत्र।

foul, *adj.*, 1. (*repugnant*) घृणित, बीभत्स; 2. (*stinking*) दुर्गन्ध, बदबूदार; 3. (*dirty*) मैला, गन्दा, गँदला; 4. (*indecent*) अश्लील; 5. (*wicked*) दुष्ट; 6. (*of weather*) बुरा, खराब; 7. (*tangled*) उलझा हुआ; 8. (*clogged*) अवरुद्ध; 9. (*unfair*) अनुचित, कपटपूर्ण, नियमविरुद्ध; —*v.*, 1. भ्रष्ट, गंदा या अपवित्र क० या हो जाना; 2. विकृत क०; 3. (*clog*) जम जाना; 4. उलझाना; 5. धोखा देना, छल क०; **~play,** धोखा, बेईमानी*। > फ़ाउल; फ़ाउल्-प्ले

found, 1. स्थापित क०; 2. नींव* डालना; 3. पर आधारित क०; 4. (*metal*) ढालना; **~ation,** 1. नींव*, आधार, बुनियाद*; 2. (*basis*) आधार, मूल; 3. (*active*) संस्थापन; 4. (*institution*) संस्था*; 5. (*fund*) निधि*, न्यास; **~ation-stone,** आधारशिला*; **~er,** *n.*, 1. संस्थापक, प्रवर्तक; 2. (*of metal*) ढलैया; —*v.*, ढेर हो जाना, गिर पड़ना; डूब जाना; डुबाना। > फ़ाउन्ड; फ़ाउन्डेशॅन; फ़ाउन्-डॅ

foundling, बटबहाऊ, परित्यक्त या अपविद्ध शिशु। > फ़ाउन्ड्-लिन्ग

foundry, ढलाई-घर, ढलाईखाना, संधानी*; संधानशाला*। > फ़ाउन्-ड्रि

fountain, 1. सोता, स्रोत, झरना; 2. (*set*) फुहारा, फ़ौआरा, फ़ौवारा; 3. (*source*) स्रोत; 4. (*container*) आधान, पात्र; **~-head,** 1. मूलस्रोत; 2. (*of river*) उद्गम; **~-pen,** फ़ाउण्टनपेन। > फ़ाउन्-टिन

four, 1. चार; 2. (*card, domino*) चौका, चौआ, चौवा; go on all ~s, घुटरूँ चलना; **~-fold,** चौगुना, चौहरा; **~-footed,** चौपाया, चतुष्पद; **~-legged,** चौपाया; **~ o'clock,** (*plant*), गुल-अब्बास; **~some,** चौका; **~-square,** वर्गाकार; अचल, सुदृढ़; स्पष्टवादी; **~-wheeled,** चौपहिया। > फ़ॉ:; फ़ॉ:फ़ोल्ड; फ़ॉ:फुट्-इड; फ़ॉ:ले'ग्ड

fourteen, चौदह, चतुर्दश। > फ़ॉ:टीन

fourth, चौथ, चतुर्थ; चौथाई*, चतुर्थांश; ~estate, पत्रकार वर्ग। > फ़ॉ:थ

fovea, गर्तिका*, खात। > फ़ोव्-इॲ

fowl, *n.*, मुरगा, मुरगी*; *v.*, चिड़ियों* का शिकार क०; **~er,** चिड़ीमार, बहेलिया, व्याध। > फ़ाउल; फ़ाउल्-ॲ

fox, 1. लोमड़ी*; 2. (*sly men*) घाघ, धूर्त, चालाक, छलिया, कपटी; **~-brush,** लोमड़ी* की दुम*; **~-nut,** मखाना, तालमखाना; **~tail grass,** बान्द्रा; **~y,** 1. धूर्त, मक्कार, ठग; 2. (*colour*) तामड़ा, पिंगल। > फ़ॉक्स; फ़ॉक्-सि

fracas, 1. उपद्रव, मारपीट*, दंगा; 2. (*disturbance*) हल्ला, उत्पात। > फ़्रैका

fraction, 1. (*fragment*) टुकड़ा, अंश; खंड, भाग; 2. (*breaking*) भंजन, विखण्डन; अस्थिभंग (*of bone*); 3. (*math.*) भिन्न; 4. (*chem.*) प्रभाज; **~al, ~ary,** 1. भिन्नीय, भिन्नात्मक 2. (*partial*) आंशिक, अपूर्ण; 3. (*insignificant*) नगण्य, गौण; 4. (*chem.*) प्रभाजी; **~ate,** प्रभाजन क०; **~ator,** प्रभाजक; **~ize,** विभाजित क०; **~ation,** प्रभाजन। > फ़्रैक्शॅन; फ़्रैक्शॅ/नॅल, ~नॅरि, ~नेट, ~ने-टॅ, ~नाइज़

fractious, 1. (*unruly*) बेकहा, उद्दण्ड; 2. चिड़चिड़ा। > फ्रैक्शॅस

fracture, *v.i.*, टूटना; फटना; *v.t.*, तोड़ना; फोड़ना; —*n.*, 1. (*active*) भंजन, विभंजन; 2. भंग, विभंग; 3. (*split*) दरार*; 4. (*bone~*) अस्थिभंग; compound ~, विवृत अस्थिभंग; simple~, संवृत ~। > फ्रैक्-चें

fraenum, frenum, बन्ध। > फ़्रीनॅम

fragile, 1. भंगुर, भुरभुरा; 2. (*delicate*) सुकुमार, दुर्बल, कमज़ोर। > फ्रैजाइल

fragility, भुरभुरापन; सुकुमारता*। > फ्रॅजिल्-इ-टि

fragment, टुकड़ा, (वि)खंड; अंश, भाग; **~al,** खण्डमय; **~ary,** खण्डित आंशिक, अपूर्ण; खण्डमय; **~ation,** 1. (वि)खण्डन, अपखण्डन; 2. (*biol.*) संविभजन। > फ्रैग्-मॅन्ट; फ्रैग्मे'न्/टॅल, ~टॅरि; फ्रैग्मे'न्टेशॅन

fragrance, सुगन्ध*, खुशबू*, सुवास*, सुरभि*, सुगन्धि*, सौरभ। > फ्रेग्रॅन्स

fragrant, सुगन्धित, खुशबूदार। > फ्रेग्रॅन्ट

frail, *adj.*, 1. भंगुर, नश्वर; 2. सुकुमार; 3. (*morally*) कमज़ोर, चंचल; —*n.*, टोकरा; **~ty,** कमज़ोरी, चंचलता*; नश्वरता*, भंगुरता*। > फ्रेल; फ्रेल्-टि

frame, *n.*, 1. (*~work*) ढाँचा; 2. (*of door*) चौखट*; 3. (*of picture*) चौखटा; 4. (*printing etc.*) संधार; 5. (*structure*) बनावट*, गठन*, ढाँचा; 6. (*mood*) मनोदशा*, मनोभाव, दशा*; 7. (*of body*) पंजर, देहबन्ध, शरीर; —*v.*, 1. बनाना, तैयार क०, गढ़ना; 2. (*compose*) रचना* क०; 3. (*utter*) उच्चारण क०; 4 (*a picture*) चौखटा लगाना; ~ charges, आरोप लगाना; **~-saw,** चौखटी आरा। > फ्रेम

franchise, 1. (*suffrage*) मताधिकार; 2. अधिकार, विशेषाधिकार; 3. (*citizenship*) नागरिकता*; (*immunity*) उन्मुक्ति*। > फ्रैन्चाइज़

Franciscan, फ्रांसिस्की। > फ्रैन्सिस्कॅन

frangible, भंगुर। > फ्रैन्जिबॅल

frank, *adj.*, 1. (*guileless*) सच्चा, सरल, निष्कपट; 2. (*candid*) स्पष्टवादी; 3. (*downright*) स्पष्ट, खुला; —*v.*, मुक्त क०; **~ing,** अंकन; **~ly,** स्पष्टतया, स्पष्ट रूप से, खुलकर, साफ़-साफ़, निस्संकोच; **~ness,** निष्कपटता*; स्पष्टवादिता*; स्पष्टता*। > फ्रैंक; फ्रैंन्क्-इन्ग; फ्रैंक्-निस

frankincense, लोबान; **~tree,** सलई*। > फ्रैन्क्-इन्-से'न्स

frantic, उत्तेजित, व्यग्र; उग्र, प्रचण्ड, उन्मत्त। > फ्रैन्-टिक

frater, भाई; साथी; **~nal,** भ्रात्रीय, भ्रातृ-सुलभ, भ्रातृ-; — charity, भ्रातृप्रेम; **~nalism,** भाईचारा; **~nity,** भ्रातृत्व, बन्धुत्व, भ्रातृभाव, बन्धुता*, भाईचारा; भ्रातृसंघ; **~nize,** मैत्री* क०, भ्रातृभाव स्थापित क०; मिलना-जुलना। > फ्रेट्-अॅ; फ्रॅटॅ:न्/अॅल, ~अॅलिज़्म, ~इटि; फ्रेटॅनाइज़

fratricide, भ्रातृहत्या*; भ्रातृघातक, भ्रातृहन्ता। > फ्रेट्रिसाइड

fraud, 1. छल, धोखा, कपट, प्रतारणा*; 2. धोखेबाज़ी*, छल-कपट; 3. (*law*) कपट, उपधा*; 4. धोखेबाज़; **~ulence,** धोखेबाज़ी*, धूर्तता*; कपटपूर्णता*; **~ulent,** 1. (*person*) कपटी, छली, वंचक, प्रतारक; 2. कपटपूर्ण, छलपूर्ण, औपधिक; **~ulently,** कपट से, धोखे से, कपटपूर्वक। > फ्रॉ:ड; फ्रॉ:ड्यू/लॅन्स, ~लॅन्ट

fray, *n.*, झगड़ा, दंगा, लड़ाई*; *v.*, 1. घिसना; 2. घिसाना; 3. (*of cloth*) उधड़ना। > फ्रे

frazzle, *v.i.*, उधड़ना; थक जाना; *v.t.*, चिथाड़ना; थकाना। > फ्रैज़ॅल

freak, मौज*, लहर*, तरंग*, सनक*; **~ish,** 1. मौजी, सनकी; 2. (*odd*) अनूठा, अनोखा, निराला, विलक्षण। > फ्रीक; फ्रीक्-इश

freckle, चकत्ता; **~d, freckly,** चकत्तेदार। > फ्रे'कॅल; फ्रे'कॅल्ड; फ्रे'क्-लि

free, *v.*, स्वतन्त्र क०; (से) मुक्त क०, छुड़ाना; —*adv.*, मुफ़्त में; —*adj.*, 1. स्वतन्त्र, स्वाधीन, आज़ाद, स्वच्छन्द; 2. (*~of charge*) मुफ़्त, नि:शुल्क; 3. (*not bound*) मुक्त; 4. (*unhindered*) मुक्त, अबाध, निर्बाध, उन्मुक्त; 5. (*exempt*) -मुक्त, से मुक्त; 6. (*not busy*) खाली, सावकाश; 7. (*not literal*) स्वतन्त्र; 8. (*liberal*) उदार; 9. (*~-handed*) दानी, मुक्तहस्त; 10. (*unreserved*) निस्संकोच, सरल, निष्कपट; 11. (*optional*) वैकल्पिक; 12. (*plain-spoken*) स्पष्टवादी; 13. (*forward*) ढीठ; 14. (*licentious*) स्वच्छन्द, स्वेच्छाचारी, निरंकुश, स्वैरी; 15. (*open to all*) बेरोक, खुला, सर्वसुलभ; 16. (*smooth*) स्वाभाविक, सहज; 17. (*of market*) निर्बाध; 18. (*of love*) उन्मुक्त; ~list, करमुक्त मालसूची*; ~verse, मुक्त छंद। > फ्री

free/-board, शीर्षान्तर; **~booter,** जलदस्यु; दस्यु, लुटेरा; **~dom,** 1. स्वतन्त्रता*, स्वातन्त्र्य, आज़ादी*; 2. (*exemption*) मुक्ति*; छुटकारा; 3. (*absence of*) राहित्य; 4. (*facility*) स्वाभाविकता*, उन्मुक्तता*, आसानी*; 5. (*familiarity*) निर्भीकता*, स्वच्छन्दता*, घनिष्ठता*; 6. स्पष्टवादिता*; 7. (*franchise*) नागरिकता*; **~hold,** पूर्ण स्वामित्व, माफ़ी ज़मीन*; **~lance,** स्वतन्त्र, स्वच्छन्द (कलाकार, पत्रकार); **~living,** भोगविलास; **~ly,** स्वेच्छा* से, स्वेच्छया, अपनी इच्छा* से; मुक्त रूप से, मुक्त भाव से, स्वच्छन्दता* से; **~masonry,** गुप्त संसद*; **~ship,** नि:शुल्कता*; **~stone,** सुछेद्य पत्थर; **~-thinker,** नास्तिक; स्वतंत्र विचारक, बुद्धिवादी; **~trade,** मुक्त या अबाध व्यापार **~wheel,** मुक्त चक्र; **~will,** स्वतन्त्र इच्छा-शक्ति*, स्वेच्छा*, इच्छा-स्वातन्त्र्य।

freeze, 1. जमकर बर्फ़* बनना, जमना; 2. ठण्डा पड़ जाना, ठिठुरना; 3. (*stiffen*) अकड़ना, कड़ा हो जाना; 4. जमा देना; 5. ठण्ड कर देना; 6. प्रशीतित क०, ठण्ड* द्वारा सुरक्षित रखना; 7. (*fix*) स्थिर क०; 8. (*assets*) अनुपलभ्य बनाना, अवरोधन क०; 9. (*paralyse*) स्तम्भित कर देना, जड़ कर देना; **~r,** हिमकारी। > फ्रीज़; फ्रीज़्-अॅ

freezing, *adj.*, 1. बहुत ठण्डा; 2. (*manners*) रूखा; —*n.*, हिमीभवन, हिमायन; हिमीकरण; **~mixture,** हिमकारी मिश्रण; **~-point,** हिमांक। > फ्रीज़्-इन्ग

freight, *n.*, 1. (माल)भाड़ा, भाटक; वहन-शुल्क; 2. (*load*) भार; 3. (*cargo*) (जहाज़ी) माल; —*v.*, लादना; वहन क०; **~age,** भाड़ा; माल; परिवहन; **~-car,** माल-डिब्बा; **~er,** भारवाही (जहाज़, वायुयान); **~-train,** मालगाड़ी*। > फ़्रेट; फ़्रेट्-इज; फ़्रेट्-अॅ

French, फ्रांसीसी, फ्रेंच; ~chalk, सेलखड़ी*, खड़िया मिट्टी*; **~ify,** फ्रांसीसी बनना या बना देना। > फ़्रे'न्च; फ़्रे'न्च्-इ-फ़ाइ

frenzied, उन्मत्त, पागल। > फ्रे'न्-ज़िड

frenzy, उन्माद, पागलपन। > फ़्रे'न्-ज़ि

frequency, 1. प्रायिकता*, बारम्बारता*; 2. (*phys.*) आवृत्ति*; 3. (*statistics*) बारंबारता*। > फ्रीक्वॅन्सि

frequent, *adj.*, 1. बारंबार होनेवाला, नैत्य; 2. (*constant*) निरन्तर, नित्य, लगातार; 3. (*habitual*) प्रायिक; 4. (*fast*) तीव्र, तेज़; —*v.*, प्रायः जाना, बारंबार जाना; **~ative,** यङन्त, बारम्बारता-सूचक; **~ly,** बारंबार, प्रायः, बहुधा। > फ्रीक्वॅन्ट (*adj.*) फ्रिक्वे'न्ट (*v.*); फ्रिक्वे'न्टॅटिव्

fresco, भित्तिचित्र। > फ़्रे'स्को

fresh, 1. (*new*) नया, नवीन, अभिनव, नूतन; 2. (*not stale*) ताज़ा, हरा-भरा; 3. (*vigorous*) चुस्त, सबल, फुरतीला, अश्रान्त; 4. (*of water*) अलवण, अक्षार, मीठा, असमुद्री; 5. (*of air*) निर्मल, शुद्ध, स्वच्छ, सुखद, शक्तिप्रद; 6. (*vivid*) चमकीला, चमकदार, चटकीला; 7. (*inexperienced*) कच्चा, अनुभवहीन; 8. (*bold*) ढीठ, बेअदब; 9. (*stimulating*) उत्प्रेरक, रोचक; **~en,** नया, ताज़ा, या स्वच्छ बनना या बनाना; **~et,** बाढ़*; **~man,** नौसिखिया; नया विद्यार्थी (सदस्य आदि); **~ness,** नवीनता*; ताज़गी*; चुस्ती*। > फ़्रे'श; फ़्रे'शॅन; फ़्रे'श्-इट; फ़्रे'श्मॅन; फ़्रे'श्-निस

fret, *v.*, 1. (*chafe*) चिढ़ना, कुढ़ना, खीजना, क्षुब्ध होना; चिढ़ाना, तंग क०, क्षुब्ध क०, परेशान क०; 2. (*gnaw*) कुतरना, काटना, खा लेना; —*n.*, 1. चिढ़*, खीज*, कुढ़न*; 2. (*of mus. instrum.*) सारिका*; **~ful,** चिड़चिड़ा; **~-saw,** टेढ़ी आरी*, नक़्क़ाशी आरी*; **~work,** लकड़ी* की नक़्क़ाशी*। > फ्रे'ट; फ्रे'ट्फुल

friable, भुरभुरा, सुचूर्ण्य। > फ़्राइअॅबॅल

friar, भिक्षु, संन्यासी; **~y,** मठ। > फ़्राइअॅ; फ़्राइअॅरि

fribble, छिछोरापन क०, छिछोरा बनना। > फ्रिबॅल

fricative, संघर्षी। > फ्रिकॅटिव्

friction, 1. रगड़*, घर्षण; 2. (*conflict*) संघर्ष; मनमुटाव, वैमनस्य; **~al,** घर्षणी, घर्षणात्मक, घर्षण-; **~less,** घर्षणहीन। > फ्रिक्शॅन; फ्रिक्शॅनॅल

Friday, शुक्रवार, जुमा, भृगुवार; Good~, पुण्य शुक्रवार। > फ़्राइडि

friend, मित्र, दोस्त सुहृद; 2. (*supporter*) समर्थक; उपकारक; 3. (*well-wisher*) हितैषी, शुभचिन्तक; **~ly,** 1. (*person*) स्नेही, अनुकूल; *see* FRIEND; 2. (*action*) मैत्रीपूर्ण, दोस्ताना; **~ship,** मित्रता*, मैत्री*, दोस्ती*। > फ्रे'न्ड; फ्रे'न्ड्/लि, ~शिप

frieze, 1. चित्रवल्लरी*; 2. (*of entablature*) प्रस्तर-गल। > फ्रीज़

fright, भीति*, त्रास, आतंक; **~en,** डराना, दहलाना, भयभीत क०; **~ened,** भयभीत, त्रस्त; **~ful,** 1. डरावना, भयंकर; 2. (*disgusting*) घृणित, घिनावना। > फ़्राइट; फ़्राइटॅन

frigid, 1. शीत, ठण्डा; 2. (*apathetic*) भावहीन, भावशून्य, निरुत्साह, उदासीन; 3. (*stiff*) रूखा, 4. (*sexually cold*) निर्मद, ठण्डा, मंदकाम; ~zone, शीत कटिबन्ध; **~aire,** प्रशीतक; **~ity,** ठण्डापन; उदासीनता*; रूखापन; निर्मदता*। > फ्रिजिड; फ्रिजिड्-इटि

frigorific, शीतकर। > फ्रि-गॅ-रिफ़्-इक

frill, झालर*; **~s,** तड़क-भड़क*। > फ्रिल

fringe, *n.*, 1. झब्बा; 2. किनारा; सीमांत, सीमाप्रान्त; 3. (*optics*) धारा*; —*adj.*, सीमावर्ती; —*v.*, झब्बे लगाना। > फ्रिन्ज

fringy, झब्बेदार। > फ्रिन्-जि

frippery, 1. तड़क-भड़क*, ठाट-बाट, टीप-टाप*; 2. (*empty display*) आडम्बर दिखावा। > फ्रिपॅरि

frisk, *n.*, उछल-कूद*, कलोल, *v.*, हिलाना; कलोल क०; **~y,** उल्लासी, प्रसन्नचित्त। > फ्रिस्क; फ्रिस्-कि

frisket, पत्रग्राह। > फ्रिस्-किट

fritter, गँवाना, नष्ट क०। > फ्रिट्-अॅ

frivolity, 1. (*emptiness*) असारता*; 2. (*levity*) चपलता*, छिछोरापन। > फ्रिवॉल्-इ-टि

frivolous, 1. (*trivial*) तुच्छ, असार, क्षुद्र; 2. (*of persons*) छिछोरा, ओछा, हलका, चंचल। > फ्रिवॅलॅस

friz(z), *n.*, घुँघरालापन; घुँघराले बाल; *v.*, घुँघराला बनना या बनाना। > फ्रिज़

frizz, छनछनाना। > फ्रिज़

frizzle, *n.*, छल्ला; *v.*, 1. (*of hair*) घुँघराला बनना या बनाना; 2. (*sizzle*) छनछनाना; 3. (*fry*) भूनना, तलना; तलकर चुरमुरा बनाना। > फ्रिज़ॅल

frizzly, घुँघराला। > फ़्रिज़्-लि

fro, to and~, इधर-उधर, आगे-पीछे। > फ़्रो

frock, 1. फ़्राक; 2. (*coat*) चोग़ा लबादा। > फ़्रॉक

frog, 1. मेंढक, मण्डूक; 2. (*of horse*) पुतली*; 3. संगीन-लटकन; 4. (*of dress*) घुण्डीदार डोरी*; 4. (*of rail*) किश्ती*, डिब्बी*, दिल्ला; ~-in-the-throat, स्वरभंग; **~man,** गोताख़ोर। > फ़्रॉ:ग; फ़्रॉग्मॅन

frolic, *n.*, (*v.*), आमोद-प्रमोद (क०), कलोल (क०), कूद-फाँद* (क०), उछल-कूद* (क०); **~some,** उल्लासी, ज़िंदादिल, विनोद-शील, कौतुकी। > फ़्रॉल्-इक, ~सॅम

from, से। > फ़्रॉम

frond, पत्ता, पत्र; पर्णाग-पत्र। > फ़्रॉन्ड

front, *n.*, 1. अग्र(भाग), सामना, आगा, अगाड़ी*, अगवाड़ा, पुरोदर्शन; 2. (*battle*~) मोरचा; 3. (*of army*) सेनामुख, हरावल, आगा; पहली पंक्ति*; मोहरा; 4. (*face*) चेहरा; 5. (*attitude*) रुख, व्यवहार, बरताव; 6. (*impudence*) गुस्ताखी*, धृष्टता*; 7. (*false hair*) कृत्रिम अलकें*; 8. (*shirt front*) सीना; 9. (*meteorol.*) सीमाग्र; —*adj.*, अगला, अग्र, पहला, सामने का; —*v.*, सामने या सम्मुख होना; सामना क०; in~, सामने, आगे; ~to~, आमने-सामने; come to the~, सामने आना; ~door, प्रवेश-द्वारा, प्रमुख द्वार; ~page, पहला पृष्ठ; ~tooth, राजदंत। > फ़्रन्ट

front/age, 1. पुरोभाग, सामने का स्थान, मोहरा; 2. (*of building*) अग्रभग, अगाड़ी*; **~al,** *adj.*, 1. सामने का; 2. (*of forehead*) लालाटिक, ललाट-; —*n.*, 1. अग्रभाग, अगाड़ी*; 2. (*of altar*) आच्छादन, पूर्वावरण; 3. (*bone*) ललाटिका*, ललाट। > फ़्रॅन्-टिज; फ़्रॅन्टॅल

frontier, सीमान्त, सीमा*, सिवान, सरहद*; **~(s)man,** सीमान्तवासी। > फ़्रॅन्-चॅ = फ़्रॅन्-टिॲ

frontispiece, 1. मुखचित्र; 2. (*archi.*) अग्रभाग। > फ़्रॅन्-टिस्-पीस

frontlet, 1. सरबन्द; 2. (*forehead*) माथा। > फ़्रॅन्ट्-लिट

frost, *n.*, 1. तुषार, पाला; 2. (*cold*) शीत, सरदी*, ठण्ढ*; 3. रूखापन; —*v.*, 1. पाले से ढकना; 2. बर्फ़* लगाना; 3. पाला मारना; 4. (*glass*) तुषारित क०। > फ़्रॉस्ट

frost/-bite, शीतदंश, हिमदाह; **~-bitten,** शीताहत, शीतोपहत, शीतध्वस्त, शीतक्षत; **~ed,** तुषारित; **~-proof,** तुषारसह; **~y,** 1. बहुत ठण्डा; 2. तुषाराच्छादित; 3. रूखा; 4. (*old*) बूढ़ा, वृद्ध। > फ़्रॉस्-टि

froth, *n.*, 1. झाग, फेन; 2. (*rubbish*) रद्दी चीज़ें* या बातें*; —*v.*, झगियाना; **~y,** झागदार, फेनिल; असार, खोखला। > फ़्रॉथ; फ़्रॉथ्-इ

frou-frou, सरसराहट*। > फ़्रूफ़्रू

frown, *n.*, भ्रूभंग, तेवर; *v.*, त्योरी* चढ़ाना या बदलना, भौंहें* चढ़ाना, अप्रसन्नता* प्रकट क०। > फ़्राउन

frowzy, गँदा, मैला, फूहड़। > फ़्राउज़्-इ

frozen, 1. जमा हुआ; 2. (*fig.*) अवरुद्ध। > फ़्रोज़ॅन

fructi/ferous, फलदार; **~fication,** 1. फल; 2. फलन; 3. (*fecundation*) निषेचन; निषेक; **~fy,** फलना; फलदार या फलवान् बनाना; निषिक्त क०। > फ़्रॅक्-टिफ़ॅरॅस; फ़्रॅक्-टि-फ़ि-के-शॅन; फ़्रॅक्-टि-फ़ाइ

fructose, फलशर्करा*। > फ़्रॅक्टोस

fructuous, फलदार, फलयुक्त; लाभदायक, फलप्रद। > फ़्रॅक्ट्यूॲस

frugal, 1. मिताहारी; 2. (*economical*) मितव्ययी, अल्पव्ययी; 3. सस्ता; 4. (*simple*) सादा, साधारण; **~ity,** मिताहारिता*; मितव्ययिता*, किफ़ायत, कमख़र्ची*। > फ़्रूगॅल; फ़्रूगैल्-इटि

frugivorous, फलभक्षी। > फ़ूजिवॅरॅस

fruit, *n.*, 1. फल; 2. (*result*) परिणाम, नतीजा; 3. (*profit*) लाभ; 4. (*revenue*) आय*, आमदनी*; —*v.*, फलना; फल लाना; dry~, वान; **~age,** फ़लन; फल; परिणाम; **~arian,** फलाहारी; **~-bat,** गादुर; **~er,** 1. फलदार वृक्ष; 2. (*ship*) फलवाही जहाज़; 3. फलकृषक, फलमाली; **~erer,** मेवाफ़रोश, फलविक्रयी; **~ful,** उपजाऊ, उर्वर, फलवान्; लाभदायक, हितकर; **~ion,** 1. (*enjoyment*) उपभोग; 2. फलन; 3. सफलता*, सिद्धि*; **~less,** फलहीन; व्यर्थ, निष्फल, निरर्थक; **~-preservation,** फल-परिरक्षण; **~-stone,** गुठली*; **~-sugar,** फलशर्करा*। > फ़्रूट; फ़्रूट्-इज; फ़्रूटे'ॲर्-इॲन; फ़्रूट्-ॲ; फ़्रूटॅ-रॅ; फ़्रूट्फ़ुल; फ़्रूइशॅन

frump, फ़ूहड़*; **~y,** 1. फूहड़; 2. (*ill-tempered*) चिड़चिड़ा। > फ़्रॅम्प; फ़्रॅम्प्-इ

frustrate, व्यर्थ कर देना, विफल क०; मात कर देना; हतोत्साह क०, कुण्डित क०। > फ़्रॅस्ट्रेट

frustration, आशाभंग, कुण्ठा*, नैराश्य; विफलीकरण; हार*, पराजय*। > फ़्रॅस्ट्रेशॅन

frustum, छिन्नक। > फ़्रॅस्टॅम

frustescent, क्षुपिल। > फ़्रूटे'सॅन्ट

frutex, क्षुप, झाड़ी*। > फ़्रूट्-ए'क्स

fruticose, क्षुपिल। > फ़्रूट्-इकोस

fry, *v.*, तलना, भूनना; *n.*, 1. बच्चे; 2. (*young fish*) पोना; **~ing, pan,** कड़ाही*, कड़ाहा, तवा। > फ़्राइ; फ़्राइइन्ग

fuddle, मतवाला बनना या बनाना। > फ़ॅडॅल

fudge, *n.*, बकवाद*, अनाप-शनाप; गप*, गपोड़ा; —*v.*, 1. (*patch*) कच्चा काम क०; 2. (*fake accounts*) झूठा हिसाब तैयार क०; 3. (*talk* *nonsence*) बकवाद* क०। > फ़ेंज

fuel, *n.*, इन्धन, जलावन; *v.*, इन्धन (कोयला, तेल) डालना, लगाना या भरना। > फ़्यूअॅल

fugacious, 1. क्षणिक, क्षणभंगुर, नश्वर; 2. (*botany*) आशुपाती। > फ़्यूगेशॅस

fugacity, क्षणभंगुरता*। > फ़्यूगैसिटि

fugitive, *n.*, भगोड़ा, फ़रारी, पलायक; —*adj.*, 1. फ़रारी, भगोड़ा; 2. (*fleeting*) क्षणभंगुर, अस्थायी; 3. (*colour*) कच्चा। > फ़्यूजिटिव

fulcrum, आलम्ब, आधार; टेक*। > फ़ॅल्क्रॅम

fulfil, पूरा क०, पूर्ण क०; पालन क०; के अनुकूल होना; **~ment,** 1. पूर्ति*; 2. पालन, सम्पादन; 3. (*mental*) परितोष। > फ़ुल-फ़िल

fulgurate, कौंधना। > फ़ॅल्ग्युरेट

fulguration, कौंध*। > फ़ॅल्ग्युरेशॅन

fuliginous, धूम्री। > फ़्यूलिजिनॅस

full, *adj.*, पूर्ण, पूरा, भरा, परिपूर्ण, भरपूर; —*adv.*, 1. (*fully*) पूर्णतया, भरपूर, पूरा-पूरा; 2. (*straight*) ठीक-ठीक; 3. (*very*) अत्यधिक; —*v.*, 1. (*pleat*) चुनन* डालना; 2. धोना और कलफ़ देना; ~cost, कुल लागत*; ~marks, पूर्णांक; ~moon, 1. (*time*) पूर्णिमा*; 2. पूरा चाँद, पूर्ण चन्द्र, पूर्णेन्दु; ~powers, पूर्णाधिकार; ~stop, पूर्ण विराम; **~-blood,** सगा; **~-blooded,** तेजस्वी, ओजस्वी; सगा; **~-blown,** पूर्ण विकसित। > फ़ुल

fuller, 1. धोबी, रजक; 2. (*tool*) ठप्पा; **~'s earth,** सज्जी*, मुलतानी मिट्टी*। > फ़ुल्-अ

full/-fledged, पूर्ण विकसित; पूर्ण; **~-grown,** प्रौढ़, वयस्क; **~-hearted,** उत्साही; भावपूर्ण; उत्साहपूर्ण; **~-mouthed,** ऊँचे स्वर का; **~ness,** पूर्णता*; **~-time,** पूर्णकालिक।

fulmi/nant, 1. *see* FULMINATING 2. (*disease*) अकस्मात् बढ़नेवाला; **~nate,** 1. कौंधना, कड़कना; 2. (*condemn*) घोर निन्दा* क०, धमकाना, गरजना; (दण्डाज्ञा*) उद्‌घोषित क०, **~nating,** 1. कड़कनेवाला; 2. (*explosive*) विस्फोटक, विस्फोटी; 3. (*fulminatory*) धमकानेवाला; **~nation,** 1. विस्फोट; 2. घुड़की*, धमकी*, दोषारोपण; 3. (दण्डाज्ञा* का) उद्‌घोषण।
> फ़ॅल्मि/नॅन्ट, ~नेट, ~नेटिन्ग, ~नेशॅन

fulsome, घृणित; अत्यधिक, बेहद। फ़ुल्सॅम

fulvous, रक्तपीत। > फ़ॅल्वॅस

fumarole, वाष्पमुख। > फ़्यूमॅरोल

fumble, *v.*, 1. टटोलना; 2. (*bungle*) गड़बड़ कर देना, घपलेबाज़ी* क०; 3. (*in speech*) हकलाना; —*n.*, घपला; **~r,** अनाड़ी, घपलेबाज़।
> फ़ॅम्बॅल; फ़ॅम्-ब्लॅ

fume, *n.*, 1. धूम, धूआँ, धुआँ; 2. (*vapour*) भाफ*, भाप*, वाष्प, 3. (*odour*) भभक*; 4. (*imaginary*) आकाश-कुसुम; 5. (*anger*) क्रोध, प्रकोप; —*v.*, 1. *see* FUMIGATE; 2. धुआँ या धूम देना, छोड़ना, उगलना या निकलना, धुँधाना; 3. क्रोध क०, आग बबूला हो जाना। > फ़्यूम

fumi/gant, धूमक; **~gate,** 1. धुआँरना, धूमित क०, धुआँ देना; 2. (*perfume*) सुगंधित क०, महकाना; **~gation,** धूमन, धुम्रीकरण; **gator,** धूमक; **~tory,** (*plant*), पितपापड़ा।
> फ़्यूम्-इ/गॅन्ट, ~गेशॅन ~गे-टॅ, ~टॅरि

fumy, धुआँधार, धूममय, धुआँ देनेवाला। > फ़्यूम्-इ

fun, आमोद-प्रमोद, मज़ाक, कौतुक, ठठोली*, दिल्लगी*; for ~, मज़ाक में; make~of, उल्लू बनाना, का मज़ाक उड़ाना, की हँसी* उड़ाना। > फ़ॅन

funambulist, रज्जुनर्तक। > फ़्यूनैम्ब्यूलिस्ट

function, 1. (*action*) कार्य, प्रकार्य, क्रिया*, कृत्य, व्यापार, वृत्ति*; 2. (*duty*) कर्तव्य, कार्य, कार्यभार; 3. (*occupation*) व्यवसाय; 4. (*ceremony*) समारोह, उत्सव; 5. (*math.*) फलन; —*v.*, कार्य क०, काम क०; **~al,** 1. कार्यात्मक, वृत्तिमूलक, कार्य-, क्रियात्मक; 2. क्रियाशील; 3. (*medicine*) क्रियागत; 4. (*math.*) फलनक; **~ary,** अधिकारी, पदाधिकारी; कार्यकर्ता।
> फ़ॅन्क्शॅन; फ़ॅन्क् /शॅनॅल, ~शॅनॅरि

fund, निधि*, कोष, निचय; भण्डार; *v.*, 1. (*a debt*) ब्याज चुकाने की निधि* स्थापित क०; 2. निधि* में रखना; संचित क०, जमा क०; provident ~, निर्वाह-निधि*; भविष्यनिधि*; sinking ~, निक्षेप-निधि*; **~ed,** निधिक; निधिबद्ध; **~ing,** निधिकरण, निधीयन, निचयन। > फ़ॅन्ड; फ़ॅन्-डिड; फ़ॅन्-डिन्ग

fundament, 1. (*buttocks*) चूतड़; 2. गुदा*।
> फ़ॅन्डॅमॅन्ट

fundamental, *adj.*, मूल, मूलभूत, आधारभूत, मौलिक, तात्त्विक; —*n.*, मूलतत्त्व, मूल-सिद्धान्त; सार; मूलस्वर; ~rights, मूल अधिकार; **~ism,** रूढ़िवाद; **~ly,** मूलतः। > फ़ॅन्डॅमे'न्/टॅल, ~टॅलिज़्म, ~टॅलि

fundus, बुध्न। > फ़ॅन्डॅस

funeral, *n.*, 1. दफ़न, मृतक-क्रिया*, अन्त्येष्टि*; 2. (*procession*) शव-यात्रा*; —*adj.*, दफ़न का; ~pile, चिता*; ~rites, अंतिम संस्कार। > फ़्यूनॅरॅल

funereal, 1. (*mournful*) विषादमय, शोकमय; 2. (*dismal*) मनहूस, अशुभ, निरानन्द।
> फ़्युनिअॅर्-इअॅल

fungible, प्रतिमोच्य। > फ़ॅन्-जि-बॅल

fungicide, कवकनाशी, फफूँदनाशी।
> फ़ॅन्-जि-साइड

fungoid, कवकाभ। > फ़ॅन्गाइड

fungous, 1. कवकी; 2. (*transitory*) क्षणभंगुर।
> फ़ॅन्गॅस

fungus, 1. फफूँद*, कवक, भुकड़ी*, खुमी*; 2. (*mushroom*) छत्रक, कुकुरमुत्ता। > फ़ॅन्गॅस
funicle, funiculus, 1. (*cord*) रज्जुका*; 2. (*stalk*) वृन्तिका*। > फ्यूनिकॅल; फ़्यूनिक्यूलॅस
funicular, रज्जु; ~railway, रज्जु-रेल*। > फ़्यू-निक्-यू-लॅ
funk, *n.*, 1. भय, त्रास; 2. (*person*) भीरु, कायर; *v.*, भयभीत होना या क०; से जी चुराना। > फ़ॅन्क
funnel, 1. कीप*, छुच्छी*; 2. (*chimney*) धुधाँकश, धुधाँरा, चिमनी*। > फ़ॅनॅल
funniment, मज़ाक। > फ़ॅन्-इ-मॅन्ट
funny, 1. हास्यकर, हास्यजनक; 2. (*queer*) निराला, अनोखा; 3. (*humorous*) विनोदशील, दिल्लगीबाज़, मज़ाक़िया; ~bone, कोहनी* की नस*। > फ़ॅन्-इ
fur, 1. लोम; 2. (*skin*) लोमचर्म, समूर। > फ़ॅः
furbelow, गोट*, गोटा। > फ़ॅःब्-इलो
furbish, चमकाना, माँजना। > फ़ॅःब्-इश
furcate, विशाखित, अग्रभाजित। > फ़ॅःकेट
furcation, विशाखन; शाखा*। > फ़ॅःकेशॅन
furculum, द्विशूल। > फ़ॅःक्युलॅम
furfur, रूसी*। > फ़ॅःफ़ॅः
furious, प्रचण्ड, उग्र, भीषण; क्रोधोन्मत्त, अतिक्रुद्ध, प्रकुपित, उन्मत्त। > फ़्युअॅर-इ-अॅस
furl, समेटना, लपेटना। > फ़ॅःल
furlong, फ़र्लांग, फ़रलांग। > फ़ॅःलॉन्ग
furlough, छुट्टी*, रुख़सत*। > फ़ॅःलो
furnace, 1. भट्ठी*, भट्टी*; 2. (*severe trial*) अग्निपरीक्षा*। > फ़ॅःन्-इस
furnish, 1. जुटाना, (ला) देना, पहुँचाना, प्रस्तुत क०; 2. (*equip*) (सु)सज्जित क०, सजाना, उपस्कृत क०; **~ings,** साज़-सामान। > फ़ॅःन्-इश; फ़ॅःन्-इशिन्ग्ज़
furniture, 1. फ़र्नीचर, उपस्कार, मेज़-कुरसी*, सामान, असबाब, सज्जा-सामग्री*, परिष्कार; 2. (*equipment*) सज्जा*। > फ़ॅःन्-इ-चॅ
furor, 1. (*rage*) प्रकोप; 2. (*frenzy*) उन्माद, विक्षेप। > फ़्यूरॉर
furore, जोश, उमंग*। > फ़्युअॅरॉःर्-इ
furrier, लोमचर्म-व्यापारी; लोमचर्म कमानेवाला। > फ़ॅ-रि-अॅ
furring, 1. (*coating of dirt*) कीट; 2. चपती पलस्तर का काम। > फ़ॅःर्-इन्ग
furrow, *n.*, 1. कूँड़, सीता*, हल-रेखा*; 2. (*wrinkle*) झुर्री*, शिकन*; 3. (*groove*) खाँचा, खाँच; 4. (*track*) लीक*; 5. (*drain*) नाली*; —*v.*, 1. हल चलाना; 2. झुर्रियाँ* डालना या पड़ जाना; **~ed,** खाँचेदार; झुर्रीदार > फ़ॅरो; फ़ॅरोड
further, *adj.*, और अधिक, अतिरिक्त, अपर; और दूर, परला, अगला; —*adv.*, और आगे; इससे अधिक; इसके अतिरिक्त; —*v.*, (आगे) बढ़ना, सहायता* देना; प्रोत्साहन देना; **~ance,** प्रोत्साहन; सहायता*; बढ़ती*; **~more,** इसके अतिरिक्त, इसके सिवाय; **~most,** दूरतम। > फ़ॅःद्-अॅ, ~रॅन्स, ~मॉः, ~मोस्ट
furtive, 1. गुप्त; 2. (*stealthy*) नज़र-चोर, रहस्यमय, धूर्त; 3. (*stolen*) चुराया हुआ; 4. चोर; **~ly,** लुके-छिपे, चुपचाप, चुपके-चुपके, आँख* चुराकर या बचाकर। > फ़ॅःट्-इव
furuncle, फोड़ा, फुंसी*। > फ़्युअॅरॅन्कॅल
fury, 1. प्रकोप, क्रोधोन्माद, उत्तेजना*; उन्माद, आवेश; 2. (*vehemence*) प्रचण्डता*; 3. कर्कशा*, चण्डी*; दुर्वासा। > फ़्युअॅर्-इ
furze, भटकटैया*, कँटेरी*। > फ़ॅःज़
fuscous, बभ्रुल। > फ़ॅस्कॅस
fuse, *n.*, पलीता, फ़लीता, बत्ती*; 2. (*electr.*) संगलक, फ़्यूज़; —*v.*, 1. (*melt*) गलना या गलाना; पिघलना या पिघलाना; 2. (*blend*) मिल जाना, एक हो जाना; मिला देना, एक कर देना; **~-wire,** फ़्यूज़ तार। > फ़्यूज़
fusee, पलीता, फ़लीता, फ़्यूज़ी, तोड़ा। > फ़्यूज़ी
fuselage, धड़। > फ़्यूज़्-इलाश्ज़ = फ़्यूज़-इलिज
fusibility, गलनीयता*। **fusible,** गलनीय; गलनशील। > फ़्यूज़बिल्-इटि; फ़्यूज़ॅबॅल
fusiform, fusoid, तर्कुरूप, तकली, तर्कुल। > फ़्यूज़्-इफ़ॉःम, फ़्यज़ॉइड
fusil, तोड़ेदार बन्दूक*; **~lade,** गोलाबारी*। > फ़्यूज़्-इल; फ़्यूज़िलेड
fusing point, गलनांक।
fusion, 1. गलन, द्रवण, संगलन; 2. (*bot.*) समेकन, सायुज्य; 3. (*coalition*) विलयन; विलय, विलयीकरण; 4. संयोजन; **~ist,** विलयनवादी। > फ़्यूश्ज़ॅन
fuss, *n.*, बतंगड़, उपद्रव; घबराहट*, संभ्रम; —*v.*, बात* का बतंगड़ बनाना; घबरा जाना **—y,** 1. बतंगड़िया; 2. (*of dress*) ठाठदार, भड़कीला। > फ़ॅस्; फ़ॅस्-इ
fustian, *adj.*, 1. (*pompous*) आडम्बरपूर्ण; 2. (*of cloth*) सूती; —*n.*, आडम्बर, शब्दजाल; मोटा सूती कपड़ा। > फ़ॅस्-टि-अॅन
fusty, फफूँदियाहा; पुराना। > फ़ॅस्-टि
futile, 1. व्यर्थ, निरर्थक; 2. (*trifling*) असार, तुच्छ। > फ़्यूटाइल
futility, व्यर्थता*; असारता*, तुच्छता*। > फ़्यूटिल्-इटि
futtock, गोल गूढ़ा। > फ़ॅटॅक
future, *adj.*, 1. भावी, आगामी; 2. (*gram.*) भविष्यत्कालिक; —*n.*, 1. भविष्य; 2. भविष्य-त्काल 3. (*pl. comm.*) वायदे के सौदे; in ~, भविष्य में, आइन्दा, आगे चलकर; ~-market, वायदा-बाज़ार। > फ़्यू-चॅ

futuribilia, हेतुहेतुमद्भूत।

futurism, भविष्यवाद। > फ़्यूचॅरिज़्म

futurity, भविष्य; भावी जीवन। > फ़्यूट्युअॅर्-इटि

fuzz, *n.*, रूआँ; *v.*, रूआँमय बनना; **~y,** रूआँमय; धुँधला, अस्पष्ट। > फ़ॅज़; फ़ॅज्-इ

fylfot, स्वस्तिक। > फ़िल्फ़ॅट

Gg

gab, *n.*, (*v.*), बकबक* (क०); **~by,** बक्की, बड़बड़िया। > गैब; गैब्-इ

gabble, *v.*, बड़बड़ाना, बकना, चहकना; —*n.*, बड़बड़ाहट*। > गैबॅल

gaberdine, लबादा; गबरडीन। > गैबॅडीन

gabion, बेलनाकार टोकरा, ओड़ा, पीपा। > गेब्यॅन

gable, त्रिअंकी*; ~roof त्रिअंकी छत*। > गेबॅल

gaby, उल्लू, बुद्धू। > गेब्-इ

gad, *v.*, भटकना, घूमना-फिरना; *n.*, 1. (*goad*) अंकुश; 2. (*tool*) नोकदार छड़; **~about,** आवारागर्द। > गैड

gadfly, कुकुरमाछी*, गोमक्षिका*, डाँस। > गैड्फ़्लाइ

gadget, जुगत*। > गैज्-इट

gaff, (काँटेदार) बरछा या भाला। > गैफ़

gag, *n.*, 1. ठेंठी*, ठेपी*; 2. (*restraint*) प्रतिबन्ध; —*v.*, ठेंठी* लगाना; मुँह बन्द क०, बोलने न देना। > गैग

gage, 1. बन्धक, प्रतिभूति*, ज़मानत*; 2. (*challenge*) चुनौती*। > गेज

gaggle, काँ-काँ क०। > गैगॅल

gaiety, 1. प्रसन्नता*, प्रफुल्लता*, खुशी*, उल्लास; 2. (*festivity*) आमोद-प्रमोद, रंगरलियाँ*; 3. (*finery*) तड़क-भड़क*। > गे-इटि = गे-ॲटि

gain, *n.*, 1. लाभ, नफ़ा; 2. (*increase*) वृद्धि*; 3. (*acquisition*) लाभ, प्राप्ति*; —*v.*, 1. (*obtain*) पाना, प्राप्त क०; 2. (*earn*) कमाना, अर्जित क०; 3. (*win*) जीतना, 4. (*reach*) पहुँचना; 5. (*progress*) उन्नति* क०; लाभ क०, आगे बढ़ना; 6. (*profit*) लाभ उठाना; **~ful,** लाभकर; **~ings,** कमाई*, लाभ; **~ly,** रमणीय, मनोहर। > गेन

gainsay, 1. (*deny*) खण्डन क०; 2. (*contradict*) प्रतिवाद क०; चुनौती* देना; 3. (*oppose*) विरोध क०। > गेन्से

gait, चाल*, ठवन*। > गेट

gaiter, गुल्फत्राण। > गेट-ॲ

gala, उत्सव, समारोह। > गा-लॅ

galactic, गांगेय। > गॅ-लैक्-टिक

galactometer, दुग्धमापी। > गॅ-लैक-टॉम्-इ-टॅ

galanty show, छाया-नाटक। > गॅ-लैन्-टि-शो

galaxy, आकाशगंगा*, मंदाकिनी*, छायापथ; विशिष्ट मंडली*। > गैलॅक्सि

gale, झंझा*, झक्कड़। > गेल

galea, (*bot.*) शिरस्त्राणाभ। > गेल्-इ-ॲ

galena, गैलेना, सीसाभाश्म। > गॅ-लीन्-ॲ

galimatias, अण्डबण्ड, अनाप-शनाप। > गैलिमैसिआ

galingale, galangal, कुलंजन। > गैल्-इन्ग-गेल, गैलॅन्ग्गॅल

gall, *n.*, 1. पित्त; 2. (*bitterness*) कटुता*; 3. (*vexation*) चिढ़*; 4. (*sore*) घाव; 5. (*of tree*) वृक्षव्रण; —*v.*, 1. (*vex*) चिढ़ाना; 2. (*chafe*) खुरचना; **~-bladder,** पित्ता, पित्ताशय; **~-nut,** माजूफल; **~-stone,** पित्त-अश्मरी*। > गॉ:ल

gallant, *adj.*, 1. बहादुर, वीर; 2. (*stately*) प्रतापी, भव्य; 3. (*showy*) भड़कीला; 4. (*amorous*) शृंगारिक; 5. (*attentive to ladies*) नारीसेवापरायण, रमणीरंजक, नारीभक्त; —*n.*, 1. वीर; 2. प्रेमी; 3. (*paramour*) उपपति, यार; **~ry,** 1. वीरता*, पराक्रम; 2. शिष्टाचार; 3. नारीभक्ति*; 4. यारी*, परकीय प्रेम। > गैलॅन्ट; गैलॅन्ट्रि

galleon, जहाज़। > गैल्-इ-ॲन

gallery, दीर्घा*, वीथी*, गैलरी*; दर्शकवृन्द; art~, कलाभवन। > गैलॅरि

galley, 1. पोत; 2. (*kitchen*) रसोइघर; 3. (*printing*) गेली*; ~proof, गेली-प्रूफ़, पंक्ति-प्रूफ़। > गैल्-इ

gallicism, फ्रांसीसी मुहावरा या रिवाज। > गैल्-इसिज़्म

galligaskins, पाजामा। > गैलिगैस्-किन्ज़

gallimaufry, खिचड़ी*। > गैलिमॉ:फ्रि

gallinaceous, विष्किरीय। > गैलिनेशॅस

gallipot, मरतबान। > गैल्-इ-पॉट

gallivant, 1. आवारागर्दी* क०; 2. (*of boy*) मजनू बनना; 3. (*of girl*) तितली* बनना। > गैलिवैन्ट

gallon, गैलन, आढ़क। > गैलॅन्

galloon, फ़ीता। > गॅलून

gallop, *n.*, सरपट;* *v.*, सरपट दौड़ना या दौड़ाना। > गैलॅप

gallows, फाँसी* का तख्ता, ठिकठी*; फाँसी*। > गैलोज़

galore, *adv.*, प्रचुर मात्रा* में, ढेर सा; —*n.*, आधिक्य, बहुतायत*। > गॅलॉ:

galoshes, ऊपरी जूता। > गॅलॉश्-इज़

galumph, इठराना। > गॅलॅम्फ़

galva/nic, 1. गैल्वनी; 2. (*stimulating*) उत्तेजक, प्रेरक; **~nization,** यशदीकरण; **~nize,** जस्ता या क़लई* चढ़ाना; उत्तेजित क०, प्रेरित क०; **~nized,** जस्तेदार, क़लईदार; **~nometer,** गैल्वनोमीटर, धारामापी; **~noscope,** धारादर्शी। > गैल्वैन्-इक गैल्वॅनाइज़ेशन; गैल्वॅनाइज़; गैल्वॅनाइज़्ड; गैल्-वॅ-नॉम्-इ-ट; गैल्वैनॅस्कोप

gambade, gambado, उछाल*, कूद*, कलोल, चौकड़ी*, कुलाँच*। > गैम्बेड, गैम्बेडो

gambit, चाल*। > गैम्-बिट

gamble, *v.*, जूआ खेलना; दाँव पर लगाना; जुए में उड़ा देना; —*n.*, जुआबाज़ी*; **~r,** जुआरी, द्यूतकर। > गैम्बॅल

gambling, जुआ, द्यूत, द्यूतक्रीड़ा*। > गैम्-ब्लिंग

gamboge गोंद, **~-tree,** तमाल। > गैम्बूश्ज़

gambol, *n.* (*v.*), उछल-कूद* (क०)। > गैम्बॅल

gambrel roof, दुढालू छत*। > गैम्ब्रॅल रूफ़

game, *n.*, 1. खेल, क्रीड़ा*; 2. (*quarry*) शिकार, सावज, अहेर; 3. (*intrigue*) चाल*, छल; —*adj.*, 1. तैयार; 2. (*plucky*) साहसी, उत्साही; 3. (*lame*) लँगड़ा; —*v.*, जूआ खेलना; **~-cock,** लड़ाकू मुरगा; **~keeper,** शिकार-रक्षक, आखेट-रक्षक; **~some,** विनोदशील, विनोदी। > गेम

gamester, जुआरी। > गेम्-स्टॅ

gamete, युग्मक। > गैमीट

gametic, युग्मकी, युग्मक-। > गैमे'टिक

gamma-ray, गामा-किरण*। > गैमॅरे

gammer, बुढ़िया*। > गैम्-अॅ

gammon, 1. (*hoax*) जल देना; 2. (*fasten*) बाँधना। > गैमॅन

gamut, सप्तक, स्वरग्राम। > गैमॅट

gander, हंस; बुद्धू। > गैन्-डॅ

gang, दल, टोली*, गिरोह; 2. (*set*) कुलक, समूह। > गैन्ग

gangling, gangly, लमगोड़ा, लगटंगा, लगछड़। > गैन्ग्/ग्लिन्ग, ~ग्लि

ganglion, गण्डिका*। > गैन्ग्-ग्लि-अॅन

gangrene, कोथ > गैन्ग्ग्रीन

gangster, डाकू। > गैन्ग्-स्टॅ

gangue, आधात्री*। > गैन्ग

gangway, 1. (*passage*) मार्गिका*, मार्ग; 2. (*gangplank*) तागड़*; 3. (*ladder*) सीढ़ी*। > गैन्ग्वे

gantry, 1. (*stand*) ढाँचा; 2. गैंत्री*। > गैन्ट्रि

gaol, क़ैदख़ाना, कारागर; **~er,** कारापाल। > जेल; जैल्-अॅ

gap, *n.*, 1. (*breach*) छेद, दरार*; 2. (*pass*) घाटी*; 3. (*lacuna*) अन्तराल, खाली जगह*, रिक्ति*; 4. (*difference*) अन्तर, भेद; —*v.*, अन्तर डालना। > गैप

gape, 1. मुँह फैलाना, फाड़ना या बाना; 2. (*stare*) मुँह फाड़कर देखना; 3. (*split*) फट जाना; 4. (*yawn*) जँभाई* लेना, जँभाना; —*n.*, 1. (*stare*) टकटकी*; 2. (*crack*) दरार*; 3. जँभाई*, जम्हाई*। > गेप

garage, गैरज, गराज। > गैरिज = गैराश्ज़

garb, *n.*, 1. पहनावा, पोशाक*, वेश, वेशभूषा*; 2. (*appearance*) वेश, रूप; —*v.*, पहनाना। > गाब

garbage, 1. कूड़ा-कचरा; 2. अश्लील या घासलेटी साहित्य। > गाब्-इज

garble, विकृत कर देना, भ्रष्ट क०; गड़बड़ कर देना। > गाबॅल

garboard, मालकी*। > गाबॉ:ड

garden, *n.*, बाग़, बगीचा, उद्यान, वाटिका*; —*v.*, बाग़बानी* क०; **~-balsam,** गुल-मेहँदी*; **~er,** बाग़बान, माली; **~-house,** उद्यानगृह; **~ing,** बाग़बानी*, उद्यानकर्म; **~-party,** उद्यान-भोज, उद्यानगोष्ठी*। > गाडॅन; गाड्-नॅ; गाड्-निंग

gardenia, पाफर, पापरा, पापरी*। > गा-डीन्-यॅ

garfish, कुन्तमीन। > गाफ़िश

gargantuan, 1. विशालकाय; 2. खाऊ, पेटू; 3. (*prodigious*) असाधारण, विलक्षण, अपूर्व। > गागैनट्यूअॅन

garget, 1. गलशोथ; 2. (*of udder*) थनशोथ, थनैला। > गाग्-इट

gargle, 1. कुल्ला, कुल्ली* या गरारा क०; 2. (*sound*) घरघराकर बोलना। > गागॅल

gargoyle, परनाला। > गागॉइल

garish, 1. भड़कीला; 2. (*of colours*) चटकीला। > गे'अॅर्-इश

garland, *n.* (*v.*), माला* (पहनाना)। > गालॅन्ड

garlic, लहुसन, लशुन। > गाल्-इक

garment, कपड़ा, वस्त्र। > गामॅन्ट

garner, एकत्र क०, संग्रह क०। > गान्-अॅ

garnet, तामड़ा। > गान्-इट

garnish, 1. सजाना, अलंकृत क०; 2. (*food*) चुनना; **~ee,** *n.*, अनुऋणी; —*v.*, कुर्क़ क०; **~ment,**

1. सजावट*, अलंकरण; 2. (*summons*) सम्मन; 3. अनुक्रमणीकरण। > गान्-इश

garniture, 1. (*furniture*) उपस्कार; 2. अलंकरण, सजावट*। > गान्-इ-चॅं

garret, अटारी*, दुछत्ती*। > गैरॅट

garrison, गैरिज़न, रक्षकसेना*। > गै-रि-सन

garron, डग्गा। > गैरन

gar(r)otte, गला घोंटना। > गॅरॉट

garrulity, बातूनीपन, वाचालता*। > गॅ = गैरूल्-इटि

garrulous, बातूनी, बातूनिया, बकवादी, वाचाल। > गैरुलॅस

garter, गेटिस, मोज़ा-बन्द। > गाट्-ॲ

gas, *n.*, 1. गैस*; 2. (*petrol*) पैट्रोल; 3. बकबक; —*v.*, गैस* देना; गैस* छोड़ना; गैस* से मार डालना; बकबक* क०; **~-bag,** गैस-थैला; बातूनिया; **~eous,** गैसीय; **~ification,** गैसीकरण; **~ify,** गैस* बनना या बनाना; **~-mask,** गैस-त्राण; **-olene,** गैसोलिन; **~ometer,** गैसमापी; **~-plant,** गैस-संयंत्र; **~-tight,** गैसरोधी; **~-works,** गैसघर। > गैस; गेज़्यॅस = गेस्-इॲस = गैस्-इॲस; गैसिफ़िकेशॅन; गैस्-इ-फ़ाइ; गैसॅलीन; गैसॉम्-इटॅ

gascon, शेखीबाज़; **~ade,** शेख़ीबाज़ी*। > गैस्कॅन; गैस्कॅनेड

gash, गहरा घाव; *v.*, काट मारना। > गैश

gasp, *n.*, हाँफा, हाँफी*; *v.*, हाँफना; हाँफते-हाँफते कहना; **~er,** सस्ता सिगरेट। > गास्प; गास्प्-ॲ

gastric, जठरीय, जठर-, आमाशय-; ~juice, आमाशय-रस; ~ulcer, आमाशय-व्रण। > गैस्-ट्रिक

gastritis, जठर-शोथ। > गैस्ट्राइट्-इस

gastro/logy, पाकविद्या*; **~nome,** चटोरा; **~nomy,** चटोरापन; **~pod,** उदरपाद। > गैस्ट्रॉलॅजि; गैसट्रॅनोम; गैस्ट्रॉनॅमि; गैसट्रॅपॉड

gate, 1. फाटक, द्वार; 2. (*mountain-pass*) घाटी*; 3. दर्शकों की संख्या*; 4. (*money*) प्राप्त प्रवेश-शुल्क; **~-crasher,** अनामंत्रित अतिथि; **~-keeper,** द्वारपाल, दरबान; **~-pass,** प्रवेश-पत्र; **~-post,** फाटक का खम्भा; **~-money,** प्रवेश-शुल्क; **~way,** प्रवेशद्वार, मुख्य द्वार, तोरण। > गेट

gather, 1. एकत्र क०; एकत्र हो जाना, मिलना; 2. (*collect*) जमा क०, बटोरना; संग्रह क०; 3. (*pluck*) तोड़ना; 4. (*pick*) चुनना; 5. (*harvest*) लूनना, काटना; 6. समझना; 7. (*infer*) निष्कर्ष निकालना; 8. (*contract*) समेट लेना; 9. बढ़ना; 10. (*fester*) पीब* पड़ जाना, पूयित हो जाना; पक जाना (*come to a head*); 11. (*of brow*) सिकुड़न* पड़ना या डालना; 12. (*pleat*) चुनट* या चुनन* डालना; **~ing,** 1. (*active*) संचयन, समूहन, संग्रहण; 2. (*meeting*) सभा*; 3. (*crowd*) भीड़*, जनसमूह; 4. (*boil*) फोड़ा। > गैद्-ॲ, रिंग

gauche, 1. फूहड़, भद्दा; 2. (*math.*) विषमतली। > गोश

gaud, तड़क-भड़क*; **~y,** भड़कीला। > गॉ:ड; गॉ:ड्-इ

gauge, *n.*, 1. (*measure*) माप*, नाप*, पैमाना; 2. (*instrum. for measuring*) गेज, प्रमापी, मापक; 3. (*dimension*) आयाम, विस्तार, परिमाण; 4. (*capacity*) धारिता*, समाई*; 5. (*railway*) गेज; 6. (*test*) कसौटी*; 7. (*standard*) मानदण्ड, मानक; 8. (*caliber*) व्यास; —*v.*, 1. नापना, मापना; 2. (*appraise*) थाह* लेना, आँकना, अन्दाज़ लगाना। > गेज

gaunt, दुबला-पतला, मरियल, मरकटहा; भयानक। > गॉ:न्ट

gauntlet, दस्ताना; throw down (take up) the~, चनौती* देना (स्वीकार क०)। > गॉ:न्ट्-लिट

gaur, गौर, बोदा। > गाउर

gauze, जाली*, हलका कोहरा। > गॉ:ज

gauzy, जालीदार। > गॉ:ज़्-इ

gavel, मुँगरी*। > गैवॅल

gavial, गेविअल। > गैविॲल

gawk, गावदी, बुद्धू; **~y,** भोंडा, बेढंगा, भद्दा, फूहड़। > गॉ:क; गॉ:क्-इ

gay, 1. (*merry*) प्रसन्नचित्त, प्रफुल्ल; 2. (*light-hearted*) ज़िन्दादिल, विनोदी; 3. (*wanton*) लम्पट, विषयी, विलासी; 4. (*brilliant*) भड़कीला, चमकीला। > गे

gayal, gyal, गयाल। > गाइऐल

gaze, *n.*, टकटकी*, ताक*; *v.*, एकटक देखना, टकटकी* लगाकर देखना, ताकना। > गेज़

gazebo, बुर्ज। > गॅज़ीबो

gazelle, चिकरा, चिंकारा, कलपुंछ। > गॅज़े'ल

gazette, राजपत्र, गज़ट; **~d,** राजपत्रित। > गॅज़े'ट; गॅज़े'ट्-इड

gazetteer, गज़ेटियर, भौगोलिकी*, भूगोल-कोश, स्थान-विवरणिका*। > गैज़िटिॲ

gazing-stock, कुतूहल का पात्र, तमाशा। > गेज़्-इन्-स्टॉक

gear, *n.*, 1. (*harness*) साज़; 2. (*equipment*) उपस्कर, साज़-समान; 3. (*tools*) औज़ार; 4. (*mech.*) गिअर, गियर, योक्त्र; 5. सामान; —*v.*, साज़ लगाना या कसना; गियर डालना या लगाना; के अनुकूल बना लेना; ठीक करना या हो जाना; **~-shift,** गियर-बदली*; **~-wheel,** दंतिचक्र। > गिॲ

gecko, छिपकली*। > गे'को

gehenna, जहन्नुम, नरक। > गि-हे'न्-ॲ

geisha, नर्तकी*। > गे-शॅ

gela/tine, जिलेटिन*, सरेस, श्लेष; **~tinization,** श्लेषीकरण; **~tinous,** श्लेषीय, श्लेषी। > जे'लॅटीन; जिलैटिनाइज़ेशॅन; जिलैट्-इनॅस

gelation, हिमायन। > जिलेशॅन

geld, बधिया क०, खस्सी क०, आखता क०; **~ing,** बधिया घोड़ा। > गे'ल्ड

gelid, शीत, अत्यन्त ठण्डा; **~ity,** शीत। > जे'ल्-इड; जिलिड्-इटि

gem, मणि*, रत्न। > जे'म

geminate, *adj.*, युग्मी, युग्म; *v.*, दुगुना कर देना या हो जाना। > जे'म्-इनिट (*adj.*) जे'म्-इनेट (*v.*)

gemination, द्वित्व, पुनरावृत्ति*। > जे'मिनेशॅन

gemini, मिथुन। > जे'म्-इनाइ

gemma, मुकुल, जेम्मा; **~te,** मुकुलित; **~tion,** मुकुलन। > जे'म्-अॅ; जे'म्-इट; जे'मेशॅन

gemmule, मुकुलक। > जे'म्यूल

gemmy, रत्नजटित। > जे'म्-इ

gendarme, सशस्त्र पुलिसमैन। > श़ज़ाँदाम

gender, लिंग; **~less,** निलिंगी। > जे'न्-डॅ

gene, जीन। > जीन

genealogical, वंश, वंशविषयक; **~tree,** वंश-वृक्ष, वंशावली*। > जीन्यॅलॉज्-इकॅल

genealogy, वंशावली*, वंशक्रम। > जीनिऐलॅजि

general, *adj.*, 1. सामान्य, आम, साधारण, सार्विक; 2. (*widespread*) व्यापक; 3. (*open to all*) सार्वजनिक, आम; 4. प्रधान, महाबड़ा; in~, सामान्यतः; ~good, सर्वहित, सार्वजनिक हित; ~practice, लोकाचार; —*n.*, 1. जनरल, सेनापति, सेनानी; 2. परमाधिकारी; **~ity,** सामान्यता*, व्यापकता*, अधिकांश; सामान्य बात*; **~ization,** 1. सामान्यीकरण, व्यापकीकरण, साधारणीकरण; 2. (*inference*) सामान्यानुमान; **~ize,** 1. सामान्य नियम का रूप देना; 2. (*infer*) सामान्य या व्यापक अनुमान या परिणाम निकालना; 3. (*math.*) व्यापक बनाना; **~ly,** सामान्यतः; साधारणतया, प्रायः, व्यापक रूप से; **~ship,** 1. (*mil.*) रणकौशल; 2. (*leadership*) नेतृत्व; प्रबन्धकौशल, सुव्यवस्था*। > जे'नॅरॅल; जे'नॅरैल्-इटि; जे'नॅरॅलाइज़ेशॅन; जे'नॅरॅलाइज़

gene/rate, 1. (*beget*) प्रजनन क०; 2. (*produce*) उत्पन्न क०, पैदा क०; 3. (*math.*) जनन क०; **~ration,** 1. प्रजनन; 2. उत्पादन; 3. (*origin*) उत्पत्ति*; 4. (*people*) पीढ़ी*, पुश्त*; **~rative,** जनन-; उत्पादक; **~rator,** 1. जनक; 2. उत्पादक; 3. (*machine*) जनित्र; **~ratrix,** जनक। > जेनॅरेट; जेनॅरेशन; जे'नॅरॅटिव, ~टॅ, ~ट्रिक्स

generic, 1. जातीय, जातिगत; 2. (*general*) सामान्य, व्यापक; 3. (*biol.*) प्रजाति-, प्रजातिगत। > जिने'रिक

generosity, उदारता, वदान्यता*। > जे'नॅरॉस्-इ-टि

generous, उदार, उदारचेता; दानी, दानशील, वदान्य; प्रचुर, भरपूर, परिपूर्ण। > जे'नॅरॅस

genesis, उत्पत्ति-ग्रन्थ। > जे'न्-इ-सिस

genetic, 1. उत्पत्ति-सम्बन्धी, जननिक; उत्पत्तिमूलक; 2. (*biol.*) आनुवंशिक; **~s,** आनुवंशिकी*। > जिने'ट्-इक

genial, 1. (*of person*) मिलनसार, सामाजिक, हँसमुख, प्रसन्नचित्त; 2. अनुकूल, स्वास्थ्यकर; रमणीय, सुखद; **~ity,** मिलनसारी*, सौहार्द; रमणीयता*। > जीन्यॅल; जीनिऐल्-इटि

geniculate, जानुनत। > जिनिक्यूलिट

genie, जिन, जिन्न। > जीन्-इ

genital, जनन-सम्बन्धी, जननिक, जनन-; जननांगी; **~ia, ~s,** जननांग, जननेंद्रिय*; **~system,** जनन-तंत्र। > जे'न्-इटॅल; जे'निटेल्यॅ

genitive, सम्बन्ध कारक, षष्ठी*। > जे'न्-इ-टिव

genius, 1. (*ability*) प्रतिभा*; 2. (*inclination*) प्रवृत्ति*; 3 (*character*) प्रकृति*, विशिष्टता, स्वभाव; 4. प्रतिभाशाली, प्रतिभावान्या प्रतिभासम्पन्न व्यक्ति ; 5 (*spirit*) संरक्षक आत्मा; 6. (*demon*) दुष्ट आत्मा, जिन्न, पिशाच। > जीन्-इअॅस

genocide, जातिसंहार। > जे'नोसाइड

genre, शैली*; प्रकार, ढंग। > श़ज़ॉर

genteel, 1. भद्र, कुलीन; 2. (*stylish*) बना-ठना। > जे'न्टील

gentian, (*Indian*), कुटकी*। > ज'न्-शि-ॲन

gentile, ग़ैर-यहूदी; ग़ैर-ईसाई। > जे'न्टाइल

gentility, कुलीनता*; भद्रता*। > जे'न्-टिल्-इ-टि

gentle, 1. मन्द, हलका; 2. (*of nature*) कोमल, सौम्य; 3. (*well-born*) कुलीन, सुजात, भ्रद; **~man,** सज्जन; **~ness,** मन्दता*; कोमलता*; सौम्यता*; भद्रता*। > जे'न्टॅल, ~मॅन

gently, हलके से, धीरे से; नरमी* से, दया* से। > जे'न्ट्-लि

gentry, (कुलीन) वर्ग, (भद्र) लोग। > जे'न्-ट्रि

genu, जानुका*; **~flect,** घुटने टेकना, नतजानु हो जाना; **~flection,** जानुनमन। > जीन्यु; जे'न्यूफ़्ले'क्ट; जेन्यूफ़्ले'क्शॅन

genuine, 1. (*pure*) विशुद्ध, यथार्थ, असली; 2. (*authentic*) प्रामाणिक; अकूट; 3. (*sincere*) सच्चा, अकृत्रिम, निष्कपट। > जे'न्यूइन

genus, 1. वंश, जीनस; 2. (*class*) वर्ग, गण, प्रकार। > जीनॅस

geocentric, भूकेंद्री(य), भूकेंद्रिक। > जि-ओ-से'न्-ट्रिक

geo/desic, ~detic, *adj.*, भूगणितीय; —*n.*, (—*line*) अल्पान्तरी*; —(*geometry*), अल्पान्तरीय ज्यामिति*। > जिओडे'स्-इक; जिओडे'ट्-इक

geodesy, भूगणित। > जिऑड्-इसि

geo/grapher, भूगोलज्ञ, भूगोलवेत्ता; **~graphic(al),** भौगोलिक, भूगोल-; **~graphy,** भूगोल। > जि-ऑग्-रॅ-फ़; जिॲग्रैफ़ा इक, ~इकॅल; जिऑग्-रॅ-फ़ि

geological, भूवैज्ञानिक। > जिॲलॉजिकॅल

geology, भूविज्ञान, भौमिकी*। > जिऑलॅजि

geomancy, मिट्टी* द्वारा सगुनौती*, मृत्तिका-शकुनविचार। > जी-ओ-मैन्-सि

geometrical, 1. ज्यामितीय, ज्यामितिक; 2. (*of progression*) गुणोत्तर। > जिॲमे 'ट्-रिकॅल

geometry, ज्यामिति*, रेखागणित। > जिऑम्-इ-ट्रि

geomorphology, भू-आकृतिविज्ञान। > जीओमॉ: फ़ालॅजि

geophagy, मृद्भक्षण। > जिऑफ़ॅजि

geophysics, भूभौतिकी *। > जिओफ़िज़्-इक्स

gerbille, (*Indian*) हिरनमूसा। > जॅ:बिल

geria/trics, ~try, जराचिकित्सा*; **~trician,** जराचिकित्सक। > जे 'रिऐट्-रिक्स; जे 'राइॲट्रि; जे 'रिॲट्रिशॅन

germ, 1. जीवाणु; रोगाणु (*of disease*), 2. (*bud*) अंकुर; 3. (*seed*) बीज़; 4. (*origin*) स्रोत; ~cell, जनन-कोशिका*; ~plasm, जनन-द्रव्य; **~icide,** जीवाणु-नाशी, रोगाणु-नाशी; **~inal,** भ्रूणीय; जननिक; बीज-। > जॅ:म; जॅ:म्-इसाइड; जॅ:म्-इनॅल

germi/nate, अंकुरित होना, उगना, फूटना; उगाना; **~nation,** अंकुरण; **~native,** बीज-गर्भित। > जॅ:म्-इनेट; जॅ:मिनेशॅन; जॅ:म्-इनेटिव़

germane, 1. (*pertinent*) संगत, सुसंगत, उपयुक्त; 2. (*related*) संबद्ध, संबंधित। > जॅ:मेन

gerrymander, गोलमाल क*। > जे 'र्-इ-मैन्-डॅ

gerund, क्रियावाचक संज्ञा*; **~ive,** क्रियात्मक विशेषण। > जे 'रॅन्ड; जि-रॅन्-डिव़

gestate, गर्भवती* होना। > जे 'स्टेट

gestation, 1. सगर्भता*; 2. (*period*) गर्भावधि*। > जे 'स्टेशॅन

gestatorial, वहनीय। > जे 'स्टॅटॉ:र्-इॲल

gesticu/late, अंगसंचालन क०; संकेत क०; इशारा क०; **~lation,** अंगसंचालन। > जे 'स्-टिक्-यू-लेट; जे 'स्-टि-क्यू-ले-शॅन

gesture, 1. चेष्टा*; 2. इंगित, इशारा, संकेत; 3. (*act*) कार्य, कृत्य, कर्म; ~of goowill, सद्भावना-प्रदर्शन। > जेस्-चॅ

get, 1. पाना, प्राप्त क०, उपलब्ध क०; हाथ लगना, मिलना; 2. (*arrive*) पहुँचना; 3. (*become*) हो जाना; 4. (*bring*) ला देना; 5. समझना; 6. सहना, भुगतना; 7. तैयार क०, जुटाना; 8. (*influence*) के लिए राज़ी कर लेना, प्रेरित क०; **~about,** चलना-फिरना; फैल जाना; **~away,** चला जाना; भागना; प्रस्थान क०; **~back,** लौटना; **~behind,** पिछड़ना; **~down,** उतरना; **~in,** घुसना; पहुँचना; चढ़ना; **~off,** उतरना; चला जाना; उतारना; निकल भागना; छुड़ा देना; से बचना; **~on,** चढ़ना, घुसना; पहनना; आगे बढ़ना; सफल होना; पटना, बनना; **~out,** निकलना; चला जाना; निकालना; प्रकट हो जाना; प्रकाशित क०; **~out of,** से निकलना; निकल भागना; **~over,** भूल जाना; पूरा क०, समाप्त क०; से अच्छा हो जाना; **~through,** पूरा क०; पार क०, बच जाना; **~together,** एकत्र क०; एकत्र हो जाना, मिलना; **~up,** उठना; तैयार क०; प्रबन्ध क०; सजाना; चढ़ना; **~-at-able,** आभिगम्य; **~away,** प्रस्थान; पलायन; **~table,** प्राप्य; **~-up,** रूपसज्जा*; गठन*, बहिरंग, सजावट*; पहनावा। > गे 'ट

gewgaw, नुमाइशी चीज़*, भड़कीली सस्ती चीज़*। > ग्यूगॉ:

geyser, उष्णोत्स। > गाइ-ज़ॅ

gharry, गाड़ी*। > गै-रि

ghastly, 1. भयंकर, डरावना, दारुण, विकट; 2. (*haggard*) विवर्ण, पीला। > गास्ट्-लि

gha(u)t, घाट। > गॉ:ट

ghazi, ग़ाज़ी। > गाज़ि

gherkin, खीरा। > गॅ:क्-इन

ghost, भूत-प्रेत, प्रेतात्मा*; छाया*, आभास; Holy ~, पवित्र आत्मा; **~-word,** अशुद्धिजन्य शब्द; ~writer, भूतलेखक; **~ly,** प्रेत-तुल्य, भूत-जैसा; आध्यात्मिक। > गोस्ट; गोस्ट्-लि

ghoul, पिशाच, राक्षस। > गूल

giant, *adj.*, भीमकाय, दीर्घकाय; विशाल, महा-, बृहत्, भीम; —*n.*, 1. भीमकाय मनुष्य; 2. (*myth.*) दैत्य, दानव, 3. असाधारण गुणों से सम्पन्न व्यक्ति; **~ism,** भीमकायता*, अतिकायता*। > जाइॲन्ट; जाइॲन्टिज़्म

giaour, ग़ैर-मुसलमान। > जाउ-ॲ

gib, 1. अड़ानी*; 2. (*wedge*) पच्चन। > जिब

gibber, गिलबिलाना; **~ish,** अनाप-शनाप, अण्ड-बण्ड। > जिब्-ॲ=गिब्-ॲ; गिबॅरिश

gibbet, *n.*(*v.*), फाँसी* (देना, पर लटकाना); टिकठी*। > जिब्-इट

gibbon, ऊलक। > गिबॅन

gibbous, 1. उभरा हुआ; 2. (*astron.*) अर्धाधिक; 3. (*hunchbacked*) कुबड़ा। > गिबॅस

gibe, *n.*(*v.*), उपहास (क०), ताना (मारना)। > जाइब

giddiness, घुमटा, घुमड़ी*, सिरचक्कर। > गिड्-इ-निस

giddy, 1. चक्कर से आक्रान्त; 2. घुमटा लानेवाला या

देनेवाला, चकरानेवाला; 3. (*whirling*) तेज़ी* से घूमनेवाला; 4. (*flighty*) चलचित्र, चपल, चंचल। > गिड्-इ

gift, 1. दान, देन*; 2. (*present*) उपहार, भेंट*; 3. (*talent*) प्रतिभा*, योग्यता*; **~-deed,** दानपत्र, अर्पणपत्र; **~ed,** प्रतिभाशाली, गुणी। > गिफ्ट; गिफ़्-टिड

gig, 1. टमटम*; 2. नाव*; 3. (*spear*) बरछा। > गिग

gigantic, भीमकाय, दैत्याकार; अतिविशाल, विराट्। > जाइ-गैन्-टिक

gigantism, महाकायता*; भीमकायता*। > जाइ-गैन्-टिज़्म

giggle, *n.* (*v.*), हीं-हीं* (क०), ठी-ठी* (क०)। > गिगॅल

gigmanity, मध्यवर्ग। > गिग्मैन्-इटि

gild, सोना चढ़ाना, मुलम्मा क०; चमकाना; संवारना, आकर्षक बनाना; **~er,** कोफ़्तगर। > गिल्ड; गिल्-डॅ

gill, 1. गिल, गलफड़ा, क्लोम; 2. (*dewlap*) गलकम्बल; 3. युवती*, प्रेमिका*; 4. (*ravine*) खड्ड; 5. नदिका*; **~-cleft,** क्लोम-रन्ध्र; **~-cover,** क्लोम-छद। > गिल

gilt, *adj.*, सुनहला, मुलम्मेदार; *n.*, मुलम्मा, क़लई*; **~-edged,** सर्वोत्तम, उत्कृष्ट। > गिल्ट

gimbals, जिम्बल, छल्ले। > जिम्बॅल्स

gimcrack, भड़कीली, सस्ती या नुमाइशी चीज़*; दिखाऊ या लिफ़ाफ़िया गहना। > जिम्क्रैक

gimlet, बरमी*। > गिम्-लिट

gin, *n.*, 1. (*liquor*) जिन; शराब*, मदिरा*; 2. (*snare*) फन्दा, जाल; 3. (*cotton~*), ओटनी*; 4. (*crane*) क्रेन, मलसूत; —*v.*, 1. फँसाना; 2. (*cotton*) ओटना, बिनौला निकालना; **~ning,** ओटाई* (*of cotton*)। > जिन, जिन्-इन्ग

gingall, जंजाल। > जिन्गॉ:ल

ginger, अदरक; dry~. सोंठ*; **~up,** जान* डालना, सजीव बना देना; **~ly,** डरते-डरते, सावधानी* से, संकोच से। > जिन्-जॅ

gingham, (धारीदार) सूती कपड़ा। > गिन्गॅम

gingival, 1. मसूड़े का; 2. (*alveolar*) वर्त्स्य। > जिन्जाइवॅल

gingivitis, दन्तमांसशोथ, मसूड़ा-शोथ। > जिन्जिवाइट्-इस

gipsy, कंजर, जिप्सी, रोमणी। > जिप्-सि

giraffe, ज़राफ़ा, ज़िराफ़(ा)। > जिराफ़

girandole, 1. (आतिशबाज़ी* का) चक्कर, चरखी*; 2. दीपवृक्ष; 3. (*ear-ring*) कर्णफूल। > जिरॅन्डोल

girasol, सूर्यकान्त। > जिरॅसॉल

gird, पेटी* बाँधना; घेर लेना, घेरना; से सुसज्जित क०; ~oneself, कमर* कसना, कटिबद्ध हो जाना; **~at,** उपहास क०, ताना मारना। > गॅ:ड

girder, गर्डर, धरन*, शहतीर। > गॅ:ड्-अॅ

girdle, *n.*, कमरबंद, मेखला*, करधनी*, पेटी*, घेरा; —*v.*, पेटी* बाँधना; घेरना। > गॅ:डॅल

girl, लड़की*, बालिका*, बाला*, किशोरी*, कन्या*; नौकरानी*; best~; प्रेमिका*; **~friend,** सखी*; **~guide,** बालचारिका*; **~hood,** किशोरीपन; **~ish,** कन्यासुलभ। > गॅ:ल; गॅ:ल्-इश

girth, *n.*, 1. (*for horse*) कसन*, तंग; 2. (*measure*) घेरा; 3. (*girdle*) कमरबन्द; —*v.*, घेर लेना; कसना। > गॅ:थ

gist, 1. सारांश, भावार्थ; 2. (*law*) आधार। > जिस्ट

gittern, सितार। > गिटॅ:न

give, *n.*, लचक*, लचन*, लोच*; *v.*, 1. देना, प्रदान क०; अर्पित क०, सौंपना, देना; 3. (*cause*) पहुँचाना; 4. (*concede*) मान लेना; 5. (*offer*) पेश क०; 6. प्रस्तुत क०; 7. (*bend*) दब जाना, बैठ जाना; **~in,** झुकना, दब जाना, हार* मानना **~up,** त्याग देना, छोड़ देना, अर्पित क०, समर्पण क०; की आशा* छोड़ देना, निराश हो जाना; **~-and-take,** आदान-प्रदान; **~n,** 1. प्रदत्त; 2. (*prone*) आदी, व्यसनी; 3. (*specified*) निश्चित; 4. (*math.*) दत्त; 5. (*granted*) स्वीकृत; **~r,** दाता। > गिव; गिवॅन; गिव्-अॅ

gizzard, पेषणी*। > गिज़ॅड

glabrous, अरोमिल। > ग्लेबरॅस

glacial, 1. हिम-, हिमानी; 2. (*of glacier*) हिमनदीय; 3. (*like ice*) बर्फ़ीला; 4. (*chem.*) ग्लेशल; ~age, हिमानी युग। > ग्लेस्यॅल

glaciation, हिमाच्छादन। > ग्लैसिएशॅन

glacier, हिमनदी*, हिमानी*। > ग्लैस्यॅ

glacis, ढाल*, पुश्ता। > ग्लैसिस

glad, प्रसन्न, खुश; रमणीय, मनोहर, सुहावना; **~den,** प्रसन्न, खुश या हर्षित क०; **~ly,** खुशी* से; **~ness,** खुशी*, प्रसन्नता*, आह्लाद; **~some,** आनन्दकर; आनन्दित; प्रसन्नचित्त। > ग्लैड

glade, वनपथ, वन-गलियारा; वन का मैदान, निर्वृक्ष क्षेत्र > ग्लेड

gladiator, तलवारिया। > ग्लैड्-इ-ए-टॅ

glair, सफ़ेदी*। > ग्ले'अॅ

glamorous, मोहक। > ग्लैमरॅस

glamour, मोह, माया*; मोहकता*। > ग्लैम्-अॅ

glance, *n.*, 1. सरसरी दृष्टि*, झाँकी*, दृष्टिपात; 2. (*gleam*) झलक*; 3. (*geol.*) भास; —*v.*, 1. दृष्टि* डालना, देख लेना, झाँकना; 2. झलकना, जगमगाना; 3. (*refer to*) की ओर* संकेत क०; 4. (*slip*) फिसल जाना, उचटना। > ग्लान्स

gland, ग्रन्थि*, गिलटी*; **~ular,** ग्रन्थीय, ग्रन्थिल, ग्रन्थि-; ग्रन्थिमय। > ग्लैन्ड, ग्लैन्-ड्यू-लॅ

glanders, कनार। > ग्लैन्-डॅज़
glans, मुण्ड। > ग्लैन्ज़
glare, *v.*, 1. चमचमाना; 2. (*be too showy*) भड़कीला या चटकीला होना; 3. (*stare*) तरेरना; —*n.*, 1. (चका)चौंध*, दीप्ति*, तिलमिली*; 2. (*of sunlight*) चिलचिलाती धूप*; 3. तड़क-भड़क*; 4. (*stare*) कोपदृष्टि*; उग्रदृष्टि। > ग्ले'अॅ
glaring, glary, 1. (*shining*) चमकीला, चटकीला; 2. (*showy*) भड़कीला; 3. (*fierce*) क्रोधपूर्ण; 4. सुस्पष्ट; ~mistake, भद्दी भूल*। > ग्ले'अॅर्/इन्ग, ~इ
glass, काँच, काच, शीशा; 2. (*~ware*) काच-भाण्ड, शीशे के सामान; 3. (*mirror*) दर्पण, आरसी*, गिलास; **~es,** 1. चश्मा, ऐनक*; 2. (*binoculars*) दूरबीन*; **~-blower,** काचधमनी*; काचध्माता; **~-cutter,** काच-कर्तक; **~house,** काँचघर; **~-paper,** रेगमाल; **~wool,** काँच के रेशे; **~y,** 1. काचसदृश, काचाभ; 2. (*lifeless*) भावशून्य। > ग्लास; ग्लास्-इ
glaucoma, सबलबाय। > ग्लॉ:कोम्-अॅ
glaucous, समुद्री हरा; नीलाभ। > ग्लॉ:कॅस
glaze, *v.*, 1. शीशा लगाना; 2. (*pottery*) काचित क०, काँच चढ़ाना, कँचाना; 3. (*polish*) चमकाना; 4. (*varnish*) रोग़न क०; 5. तह* चढ़ाना; 6. (*of eye*) पथराना, भावशून्य हो जाना; —*n.*, 1. (*glassy coating*) काँच, काचिका*, लुक; 2. (*varnish*) रोग़न; 3. (*coating*) परत*, तह*; **~d,** काचित, कँचाया हुआ; चमकीला, चमकदार; चिकना। > ग्लेज़; ग्लेज़्ड
glazier, काचकर्तक; ओपकार। > ग्लेज़्यॅ
gleam, *v.*, 1. झलकना; 2. (*shine*) चमकना; —*n.*, झलक*; चमक*; **~y,** चमकदार। > ग्लीम; ग्लीम्-इ
glean, 1. सिल्ला बीनना; 2. (*collect*) एकत्र क०, बटोरना; **~ing,** 1. (*action*) बिनाई*; 2. (*grain*) सिला, सिल्ला; 3. (*collection*) चयन, संग्रह। > ग्लीन; ग्लीन्-इन्ग
glee, उल्लास; **~ful,** उल्लसित। > ग्ली; ग्लीफ़ुल
gleet, पीब*, मवाद। > ग्लीट
glen, दरी*, घाटी*। > ग्ले'न
glib, 1. (*of speech*) धाराप्रवाह; 2. (*easy*) सहज; 3. आसान, निर्बाध; (*off-hand*) लापरवाह। > ग्लिब
glide, *v.*, 1. बहना, बह जाना; सरकना, फिसलाना, सर्पण क०; 2. (*in air*) विसर्पण क०; —*n.*, 1. बहाव; सर्पण; 2. विसर्पण; 3. (*phonetics*) श्रुति*; off ~, पर, पश्च या अवरोह श्रुति*; on~, पूर्व, अग्र या आरोह श्रुति*; **~r,** ग्लाइडर; विसर्पक। > ग्लाइडड; ग्लाइड-अॅ
glimmer, *v.*, टिमटिमाना, झलकना; *n.*, 1. टिमटिमाहट*; प्रस्फुरण; 2. झलक*, आभास; 3. (*mica*) अबरक। > ग्लिम्-अॅ
glimpse, *n.*, 1. झलक*; 2. (*trace*) आभास; 3. (*look*) झाँकी*; —*v.*, झलक* पाना; झाँकना, देख लेना। > ग्लिम्प्स
glint, *v.*, 1. चमकना, झिलमिलाना; 2. (*dart*) झपटना; 3. (*peep*) झाँकना; —*n.*, झलक*। > ग्लिन्ट
glissade, फिसलन*। > ग्लिसाड
glissette, विसर्पिका*। > ग्लिसे'ट
glisten, झिलमिलाना, जगमगाना। > ग्लिसॅन
glitter, *v.*, झिलमिलाना, जगमगाना; चमकना; —*n.*, 1. चमक-दमक*; 2. (*showiness*) तड़क-भड़क*। > ग्लिट्-अॅ
gloaming, झुटपुटा, गोधूलि*। > ग्लोम्-इन्ग
gloat, घूरना, आँखें* सेंकना। > ग्लोट
global, 1. (*worldwide*) सार्वभौम, व्यापक, सार्वत्रिक, विश्व-; 2. (*globe-shaped*) गोल, गोलाकार। > ग्लॉबॅल
globe, 1. गोलक, गोला, गोल; 2. (*earth*) भूमण्डल, पृथ्वी*; 3. (*celestial~*) नक्षत्र-मण्डल; खगोल, आकाशमण्डल; 4. नक्षत्र; 5. (*eyeball*) नेत्रगोलक; **~fish,** गैरैया मछली*; **~-trotter,** भू-पर्यटक। > ग्लोब
globoid, गोलाभ, गोलिकाभ। > ग्लोबॉइड
globular, गोलाकार, गोलिकाकार, गोल। > ग्लॉब्-यू-ल
globule, गोलिका*। > ग्लॉब्यूल
globulin, ग्लोबुलिन। > ग्लॉब्यूलिन
glomerate, पुंजित। > ग्लॉमॅरिट
glomerule, लच्छा, गुच्छा, स्तवक। > ग्लॉमॅरूल
gloom, *n.*, अँधेरा, अन्धकार; उदासी*, विषाद, निर्वेद; —*v.*, धुँधला क० या हो जाना; उदास या विषादपूर्ण होना; **~y,** 1. धुँधला, अन्धकारपूर्ण, अंधेरा; 2. उदास, विषण्ण; 3. (*depressing*) निरानन्द, निराशाजनक। > ग्लूम, ग्लूम्-इ
gloria, 1. महिमा*; 2. (*of Mass*) मंगलगान; 2. (*halo*) प्रभामण्डल। > ग्लॉ:र्-इ-अॅ
glorification, गुणगान, महिमागान, प्रशस्ति*, महिमा-प्राप्ति*। > ग्लॉ:रिफ़िकेशॅन
glorify, की महिमा* क०, की स्तुति* क०, का गुणगान क०; महिमा* प्रदान क०, महिमामण्डित क०, महिमान्वित क०। > ग्लॉर:-इ-फ़ाइ
gloriole, प्रभामण्डल। > ग्लॉ:र्-इओल
glorious, 1. यशस्वी; 2. (*giving glory*) ख्यातिकर, यशस्कर, यशस्य; 3. (*splendid*) शानदार, तेजस्वी, प्रतापी, चमत्कारपूर्ण; 4. (*delightful*) मनोहर। > ग्लॉ:र्-इअॅस
glory, *n.*, 1. महिमा*, प्रताप, गौरव; 2. (*praise*) प्रशंसा*; 3. (*nimbus*) प्रभामण्डल; 4. परमानन्द; —*v.*, पर गौरव क०। > ग्लॉ:र्-इ
gloss, *n.*, 1. (*sheen*) चमक-दमक*, चमक*, ओप*; 2. (*show*) तड़क-भड़क*, मुलम्मा, दिखावा; 3. (*commentary*) व्याख्या*, टिप्पणी*; भाष्य, टीका*;

—*v.*, 1. चमकाना; 2. (*~over*) कम कर देना, महत्त्व घटाना, सफ़ाई* देना; 3. व्याख्या* क०; 4. अशुद्ध अर्थ लगाना। > ग्लॉस

glossal, जिह्वीय। > ग्लॉसॅल

glossary, शब्दसंग्रह, शब्दावली*। > ग्लॉसॅरि

glossitis, जिह्वाशोथ। > ग्लॉसाइट्-इस

glossy, 1. (*shiny*) चमकदार; 2. (*smooth*) चिकना, चिक्कण, श्लक्ष्ण; 3. (*specious*) सत्याभास। > ग्लॉस्-इ

glottal, स्वरयन्त्रमुखी। > ग्लॉटॅल

glottis, कण्ठद्वार, घंटी*, स्वरयन्त्रमुख। > ग्लॉट्-इस

glove, 1. दस्ताना; 2. (*for grooming horses*) हत्थी*। > ग्लॅव्

glow, *n.*, दीप्ति*, उद्दीप्ति*; 2. (*brightness*) उज्ज्वलता*; 3. (*flush*) लाली*, अरुणिमा*, रक्तिमा*, सुरख़ी*; 5. (*ardour*) जोश, आवेश; —*v.*, 1. उद्दीप्त होना; 2. (*shine*) चमकना; 3. (*burn*) उत्तप्त होना; 4. प्रफुल्ल या उल्लसित होना; **~-worm,** दीपकीट। > ग्लो; ग्लोवॅ:म

glower, तरेरना। > ग्लाउ-ॲ

gloze, कम क०, हलका क०, महत्त्व घटाना, सफ़ाई* देना; चापलूसी* क०, खुशामद* क०। > ग्लोज़

glucose, द्राक्षा-शर्करा*। > ग्लूकोस

glue, *n.*, सरेस; *v.*, चिपकाना; लगा देना; **~y, glutinous,** चिपचिपा, लसीला। > ग्लू; ग्लूइ; ग्लूटिनॅस

glum, 1. अप्रसन्न; 2. (*morose*) उदास। > ग्लॅम

glume, तुष, कणिश, कवच। > ग्लूम

glut, *v.i.*, भकोसना, अघाना, छकना; *v.t.*, 1. तृप्त क०, अघाना, छकाना; 2. (*comm.*) भरमार* कर देना; —*n.*, अतितृप्ति*, अघाई*, अघाव; भरमार*, आधिक्य। > ग्लॅट

gluten, लासा। > ग्लूटॅन

gluteus, नितंब-पेशी*, नितम्बिका*। > ग्लूटीॲस

glutinous, लसदार। > ग्लूटिनॅस

glutton, पेटू, खाऊ; **~y,** पेटूपन, अतिभोजिता*। > ग्लॅटॅन; ग्लॅट्-नि

glycerine, ग्लिसरीन, मधुरि*। > ग्लिसॅरीन

glycosuria, शर्करा-मेह। > ग्लाइकॅस्युॲर्-इ-ॲ

glyptics, नक़्क़ाशी*। > ग्लिप्-टिक्स

glyptography, मणि-तक्षण। > ग्लिप्टॉग्रफ़ि

gnarl, 1. गाँठ*; 2. (*snarl*) गुर्राहट*; **~ed,** गठीला, गाँठदार। > नाल; नाल्ड

gnash, किटकिटाना, दाँत पीसना। > नैश

gnat, मच्छड़, मच्छर; डाँस। > नैट

gnathic, हनु-। > नैथ्-इक

gnaw, 1. कुतरना; 2. क्षय क०, नष्ट क०; 3. (*harass*) सताना। > नॉ:

gneiss, नाइस, पट्टिताश्म। > नाइस = ग्नाइस

gnome, 1. बौना; 2. (*maxim*) सूक्ति*। > 1. नोम; 2. नोमी

gnomic, सूक्तिबद्ध। > नोम्-इक

gnomon, शंकु। > नोमॅन = नोमॉन

gnosis, गूढ़ज्ञान, रहस्यज्ञान, अध्यात्मविद्या*। > नोस्-इस

gnostic, गूढ़ज्ञानवादी; **~ism,** गूढ़ज्ञानवाद। > नॉस्-टिक; नॉस्-टि-सिज़्म

go, *n.*, 1. गमन; 2. (*energy*) स्फूर्ति*; उमंग*, उत्साह; 3. (*try*) कोशिश*, प्रयास; 4. (*turn*) दौर, बारी*; —*v.*, 1. जाना, चलना; 2. (*leave*) चला जाना; 3. (*operate*) चलना, काम देना; 4. (*pass*) बीत जाना; 5. (*become*) बनना, हो जाना; 6.(*disappear*) समाप्त हो जाना, लुप्त हो जाना; 7. (*be*) होना; 8. (*fail*) नष्ट होना, टूट जाना; 9. (*be current*) प्रचलित होना, चालू होना; 10. (*result*) परिणाम होना या निकलना; 11. (*fit*) ठीक आना, अनुकूल होना; 12. (*be spent*) व्यय हो जाना; **~about,** 1. में लगा रहना; 2. चलना-फिरना; 3. प्रचलित होना; 4. (*naut.*) पाल पलटना; **~against,** के प्रतिकूल होना; **~along,** आगे बढ़ना; सहमत होना, सहयोग देना; साथ जाना; **~at,** में लग जाना; आक्रमण क०; **~beyond,** से अधिक होना; **~by,** पार क०, के सामने से गुजरना; के अनुसार चलना; **~down,** उतरना; डूबना; हार जाना; **~into,** जाँच* क०; का अध्ययन क०; का व्यवसाय क०; **~off,** चला जाना; विस्फोट होना, फूट पड़ना; चलना; **~on,** आगे बढ़ना या चलना; बरताव क०; घटित होना; **~out,** अंत होना; पुराना हो जाना; बुझना; बाहर जाना; **~over,** छान-बीन* क०, जाँच* क०; **~through,** पूरा क०; सहना, अनुभव क०; परीक्षा* क०; स्वीकृत हो जाना; उड़ा देना; **~together, with,** से मेल खाना; **~under,** डूबना; बरबाद या नष्ट हो जाना; **~up,** चढ़ना; बढ़ना; **~without,** से वंचित होना; के बिना काम चलाना; let ~, मुक्त क०; जाने देना; छोड़ देना; let oneself ~, बहकना, बेक़ाबू या अनियंत्रित हो जाना; **~-ahead,** उद्यमी, साहसी; **~-as-you-please,** निर्बाध; **~-between** मध्यस्थ; **~-by,** अवज्ञा*, उपेक्षा*। > गो, गोॲहे'ड, गोबिट्वीन; गोबाइ

goad, *n.*, अंकुश; *v.*, अंकुश मारना; प्रेरित क०, उभाड़ना। > गोड

goal, लक्ष्य, उद्देश्य, ध्येय, इष्ट; गोल; **~keeper,** गोली। > गोल

goat, बकरा, बकरी*, छेरी*, छाग; **~ish,** बकरे जैसा; लम्पट। > गोट; गोट्-इश

gobble, भकोसना, निगलना। > गॉबॅल

goblet, चषक, जाम, पानपात्र। > गॉब्-लिट

goblin, बेताल, वेताल, पिशाच। > गॉब्-लिन

goby, पंकमीन। > गॉब्-इ

God (*Supreme*) परमात्मा, ईश्वर, परमेश्वर, भगवान्। > गॉड

god (*deity*) देवता; **~child,** धर्मपुत्र, धर्मपुत्री*; **~dess,** देवी*; mother —, मातृदेवी*; **~father,** धर्मपिता; **~fearing,** धार्मिक; **~head,** ईश्वरत्व; देवत्व; **~less,** नास्तिक, विधर्मी; **~like,** ईश्वरीय; ईश-तुल्य, देवोपम, दिव्य; **~liness,** धार्मिकता*, भक्ति*, धर्मनिष्ठा*, ईश्वरपरायणता*; **~ling,** देवता, देव; **~ly,** धार्मिक, धर्मपरायण, भक्त; **~man,** ईश-मानव; **~mother,** धर्ममाता*; **~send,** ईश्वरीय वरदान; सौभाग्य; **~speed,** सफलता*, सौभाग्य; शुभ यात्रा*। > गॉड्चाइल्ड; गॉड्-इस

godown, गोदाम, भाण्डार, भण्डार, कोठार। > गोडाउन

going, *n.*, गमन, प्रस्थान; गुज़र मार्ग; चाल*, गति*; —*adj.*, चलनेवाला, चालू; प्रचलित; विद्यमान। > गोइन्ग

goffer, *v.*, चुनना, चुनट* डालना; *n.*, चुनन*, चुनट*; चुनने की सिलाई*। > गोफ्-अॅ

goggle, आँखें* फाड़कर देखना; आँखें* फिराना या घुमाना; बाहर निकालना; **~s,** धूप-चश्मा। > गॉगॅल

goitre, घेघा, गलगण्ड, गलगल। > गॉइ-ट

gold, 1. सोना, स्वर्ण; 2. (*coin*) स्वर्णमुद्रा*; 3. धन-सम्पत्ति*; 4. (*bull's-eye*) चाँद। > गोल्ड

golden, सुनहला, सुनहरा, स्वर्णिम, स्वर्णमय*; **~age,** स्वर्ण-युग, सतयुग; ~jubilee, स्वर्ण-जयन्ती*। > गोल्-डॅन

gold/fish, स्वर्णमत्स्य; **~foil, ~leaf,** स्वर्णपत्तर; **~plate,** स्वर्णपात्र; **~reserve,** स्वर्ण-आरक्षण; **~smith,** सुनार, स्वर्णकार; **~standard,** स्वर्णमान; **~-thread,** ममीरा।

golf, गॉल्फ़; **~-club,** डण्डा; गॉल्फ़क्लब; **~-course, ~-links,** गॉल्फ़ का मैदान।

golliwog, हौआ। > गॉल्-इ-वॉग

gonad, जननग्रन्थि*, यौनग्रन्थि*, जननद। > गॉन्-ऐड

gone, 1. गया हुआ, गत; 2. (*ruined*) नष्ट; 3. (*past*) गत, व्यतीत, बीता हुआ; 4. (*dead*) मृत; 5. (*spent*) व्यय किया हुआ। > गॉन

gong, घड़ियाल, घण्टा। > गॉन्ग

gonidium, स्थिर युग्मक। > गॉनिड्-इ-अॅम

goniometer, कोणमापी। > गॉ-नि-ऑम्-इ-टॅ

gonorrhoea, सूज़ाक। > गॉनॅरीअॅ

good, *adj.*, 1. अच्छा, उत्तम; 2. (*morally ~*) भला, सच्चरित, साधु (वृत्त); 3. (*proper*) उचित, समुचित, उपयुक्त; 4. (*beneficial*) लाभकर, लाभदायक, उपयोगी; 5. (*enjoyable*) प्रिय, सुखकर, अनुकूल; 6. (*ample*) प्रचुर, पर्याप्त, भरपूर, पूर्ण, पुष्कल; 7. (*genuine*) खरा; 8. (*clean*) शुद्ध; —*n.*, 1. कल्याण, हित; 2. (*profit*) लाभ; 3. भलाई*, भलापन; for~, सदा के लिए; **~breeding,** शिष्टाचार, भद्रता*; **~-bye,** विदाई*; **~day,** नमस्कार; **~-fellowship,** मिलनसारी*; सखाभाव, मैत्री*; **~-looking,** प्रियदर्शी, सुखदर्शी; **~-natured,** सुशील, प्रिय; **~ness,** भलाई*, साधुता*; अच्छाई*, उत्तमता*; परोपकारिता*, उपकार, दयालुता। > गुड; गुड्बाइ

goods, माल, सौदा; पदार्थ; चल सम्पत्ति*; **~clerk,** माल-बाबू; **~shed,** मालगोदाम; **~train,** मालगाड़ी*। > गुड्ज़

goodwill, 1. सद्भाव, मित्रभाव, सदिच्छा*; 2. तत्परता*, उत्साह; 3. (*comm.*) सुनाम, कीर्तिस्व। > गुड्-विल

goody, भावुक। > गुड्-इ

goose, 1. हंस, कलहंस, हंसी*, हंसिनी*; 2. मूर्ख; 3. (*iron*) इस्तरी*; **~berry,** गूज़बेरी*, काकबदरी*; **~-flesh, ~-skin,** रोमांच, चर्मांकुरण; **~-neck,** हंसग्रीव। > गूस, गुज़बॅरि; गूसफ़्ले'श

goos(e)y, मूर्ख। > गूस्-इ

gore, *n.*, जमा हुआ खून; तिकोना टुकड़ा; —*v.*, सींग मारना या भोकना। > गॉ:

gorge, *n.*, 1. गला; 2. (*glut*) अतिभोजन; 3. (*disgust*) घृणा*, जुगुप्सा*; 4. (*pass*) घाटीमार्ग, दर्रा, तंग घाटी*, (नद) कन्दर, महाखड्ड; 5. (*angling*) बंसी*; —*v.*, भकोसना, गटकना; पूरा-पूरा भर देना। > गॉ:ज

gorgeous, 1. शानदार, भड़कीला; 2. (*of style*) अलंकृत, आलंकारिक। > गॉ:जॅस

gorget, 1. (*collar*) कण्ठा; 2. (*of armour*) ग्रीवा-त्राण; 3. (*of birds*) कण्ठा; 4. (*necklace*) कण्ठी*, कण्ठा। > गॉ:जिट

gorgon, चुड़ैल*, चुरैल*। > गॉ:गॅन

gorilla, गोरिला। > गॅ-रिल्-अॅ

gormandize, भकोसना। > गॉ:मॅन्डाइज़

gorse, झाड़ी*, कण्टैध। > गॉ:स

gory, रक्तरंजित, लहूलुहान, घोर, घमासान। > गॉ:र्-इ

goshawk, बाज़। > गॉस्हॉ:क

gospel, सुसमाचार; ईसाई धर्म; सिद्धान्त; **~-truth,** वेदवाक्य। > गॉस्पॅल

gossamer, *n.*, 1. (*cobweb*) जाला; 2. (*gauze*) जाली*; —*adj.*, **~y,** बारीक, महीन। > गॉसॅ-मॅ; गॉसॅमरि

gossip, *n.*, गप*, गपशप*; गप्पी; *v.*, गपशप* क०; **~er, ~-monger,** गप्पी, गपिया। > गॉस्/इप, ~इ-प

gothic, गॉथिक। > गॉथ्-इक

gouge, *n.*, गोल रुखानी*, गोलची*; *v.*, छेद या खाँचा काटना; निकालना। > गाउज

gourd, 1. कद्दू वर्गीय; 2. (*shell*) तूँबा; ash ~, पेठा; bitter,~, करेला; bottle~, लौकी*, कद्दू; ivy ~, कुंदरू, बिम्बाफल; ribbed, ridged~, काली तोरी*,

तुरई*, अर्री*, सतपुतिया*; round~, टिण्डा; snake~, चिचिण्डा; sponge ~, घियातुरई*, घीयातोरी*; squash~, कुम्हड़ा। > गुअॅड

gourmand, 1. पेटू; 2. (*gourmet*) चटोरा, चटोर। > गुअॅमॅन्ड; गुअॅमे

gout, 1. (*disease*) गाऊट; 2. (*drop*) बूँद*; 3. (*clot*) थक्का। > गाउट

govern, 1. (*rule*) शासन क०, शासित क०; 2. (*direct*) संचालन क०, परिचालन क०; 3. (*influence*) प्रभावित क०; 4. (*restrain*) का नियंत्रण क०, दमन क०; 5. (*determine*) निर्धारित क०; 6. (*regulate*) विनियमित, नियन्त्रित क०; 7. (*gramm.*) अन्वय होना, नियन्त्रित क०; **~ance,** (अभि)शासन; **~ed,** शासित; नियमित, नियन्त्रित; **~ess,** मास्टरानी*; **~ing body,** शासी निकाय, सभा* या परिषद्*, अन्तरंग सभा*, प्रबंध-परिषद्*। > गॅव़्न, गॅव़्नॅन्स; गॅव़्न्ड; गॅव़्निस, ~निन्ग

government, 1. शासन; 2. (*body of persons*) सरकार*; 3. नियन्त्रण; ~house, 1. राजभवन; 2. (*centre*) राष्ट्रपति-भवन; **~al,** सरकारी, शासकीय। > गॅव़्न्मॅन्ट; गॅव़्न्मे'न्टॅल

governor, 1. राज्यपाल; शासक, अध्यक्ष; 2. (*mech.*) नियामक, गति-नियन्त्रक; ~general, महाराज्यपाल। > गॅव़्नॅ

gown, गाउन, चोगा, लबादा। > गाउन

grab, *n.*, 1. छीनी-झपटी*, छीन-झपट*; 2. (*mech.*) ग्राह; —*v.*, 1. छीनना, पकड़ लेना; 3. (*capture*) हथियाना; 4. (*arrest*) गिरफ़्तार क०; **~bing,** crane, झाम। ग्रैब

grabble, 1. टटोलना; 2. (*seize*) पकड़ लेना; 3. (*sprawl*) छटपटाना। ग्रैबॅल

grace, *n.*, 1. (*charm*) लालित्य, मनोहरता*, श्री*, लावण्य; 2. (*favour*) कृपा*, कृपादृष्टि*, उपकार; 3. (*~ of God*) कृपा*, अनुग्रह; 4. (*respite*) माफ़ी-अवधि*; 5. (*decency*) शालीनता*, शिष्टाचार, भद्रता*; 6. (*prayer*) प्रार्थना*; —*v.* 1. सम्मानित क०; (की) शोभा* बढ़ाना; 2. (*adorn*) विभूषित क०; ~marks, अनुग्रहांक; be in the good ~s of, का कृपापात्र होना; with bad~, अनिच्छा* से; रुखाई* से with good~, खुशी* से; **~ful,** मनोहर, चारु, रुचिर, ललित; **~less,** 1. (*bad*) दुष्ट, भ्रष्ट; 2. (*impolite*) अशिष्ट, ढीठ; 3. (*inelegant*) भद्दा। > ग्रेस; ग्रेस्फुल; ग्रेस्-लिस

gracile, छरहरा, दुबला-पतला; सुकुमार। > ग्रैसाइल

gracious, दयामय, कृपालु; रमणीय। > ग्रेशॅस

gradate, में परिणत होना या क०; क्रमबद्ध क०। > ग्रॅडेट

gradation, 1. श्रेणीकरण, क्रमस्थापन, वर्गीकरण, अनुपातन; 2. क्रमबद्धता*, अनुक्रम; 3. (*stage*) सोपान; 4. क्रमिक परिवर्तन; 5. (*phon.*) स्वरानुक्रम, अपश्रुति*; ~list, पदक्रम-सूची*। > ग्रॅडेशॅन

grade, *n.*, 1. (*step*) सोपान; 2. (*degree*) श्रेणी*, कोटि*, क्रम; 3. (*group*) वर्ग; 4. (*of school*) दरजा, कक्षा*; 5. (*slope*) ढाल*; —*v.*, श्रेणीकरण क०, वर्गीकरण क०, क्रम निर्धारित क०; क्रमबद्ध क०; ढाल* कम क०, बराबर क०; **~up,** उन्नत क०; ~of pay, वेतन-क्रम; ~ of office, पदक्रम; **~d,** 1. श्रेणी-कृत; 2. (*gradual*) क्रमिक; 3. (*inclined*) प्रवण। > ग्रेड; ग्रेडिड

gradient, *n.*, 1. (*slope*) ढाल*; 2. प्रवणता*; 3. (*rate*) अनुपात; —*adj.*, (*zool.*) पादचारी। > ग्रेड्यॅन्ट

gradin(e), सोपान। > ग्रेड्-इन

grading, क्रम-स्थापन, क्रमनिर्धारण, दर्जा-बन्धन, श्रेणीकरण; (पद)क्रम। > ग्रेड्-इन्ग

gradual, *adj.*, क्रमिक, आनुक्रमिक; *n.*, स्तोत्र; **~ly,** क्रमशः, धीरे-धीरे। > ग्रैड्यूअॅल, ~लि

graduate, *n.*, स्नातक; *v.*, 1. उपाधि* प्राप्त क० या देना; 2. (*mark*) अंशांकित क०; 3. श्रेणीबद्ध या क्रमबद्ध क०; 4. क्रमशः बदल जाना; **~d,** अंशांकित; क्रमबद्ध, क्रमिक। > ग्रैड्युइट (*n.*), ग्रैड्यूएट (*v.*), ग्रैड्यूएटिड

graduation, उपाधिग्रहण; अंशांकन; निशान, अंश; अनुक्रम, क्रमिक विकास। > ग्रैड्यूएशॅन

gradus, पिंगल-कोष। > ग्रैडॅस = ग्रेडॅस

graffito, ग्रैफ़िटो। > ग्रॅफ़ीटो

graft, *n.*, 1. कलम*, पैबन्द; 2. (*~age*) उपरोपण, कलमबन्ध; 3. (*corruption*) भ्रष्टाचार; 4. (*bribe*) घूस*; —*v.*, कलम* बाँधना या रोपना, पैबन्द लगाना; आरोपित क०, लगाना; **~ed,** कलमी; **~ing,** रोपण। > ग्राफ़्ट; ग्राफ़्-टिड; ग्राफ़्-टिन्ग

grain, *n.*, 1. (*cereal*) अनाज, धान्य, ग़ल्ला; 2. (*a seed*) दाना, कण; 3. (*particle*) कण, कणिका*; 4. (*measure*) ग्रेन; 5. (*texture*) तन्तुवयन, तन्तुरचना*; 6. (*disposition*) स्वभाव, प्रकृति*; —*v.*, कणों या दानों के रूप में परिणत क० या हो जाना। > ग्रेन

gram, 1. चना, बूट; red~, अरहर*, तूबरी*; green~, मूंग*; horse~, कुलथी*; 2. (*weight*) ग्राम; **~-flour,** बेसन। > ग्रैम

graminaceous, gramineous, घास* का; घास* जैसा। > ग्रेमिनेशॅस; ग्रेमिन्-इ-ॲस

graminivorous, घासभक्षी। > ग्रैगिनिवॅरॅस

grammar, व्याकरण; **~ian,** वैयाकरण। > ग्रैम्-ॲ; ग्रॅमे'ॲर्-इॲन

grammatical, व्याकरणिक, व्याकरण का, व्याकरण-मूलक; व्याकरण-सम्मत। > ग्रॅमैट्-इ-कॅल

gramophone, ग्रामोफ़ोन। > ग्रैमॅफ़ोन

granary, अन्नभण्डार, धान्यागार, कोठार। > ग्रैनॅरि

grand, 1. (*chief*) प्रधान, उच्च, मुख्य; 2. (*imposing*) भव्य, विशाल, शानदार, प्रतापी, वैभवशाली; 3. (*great*) महान्, महा-; 4. (*important*) महत्त्वपूर्ण; 5. (*haughty*) गर्वित, गर्वयुक्त, अभिमानी; 6. (*showy*) भड़कीला; 7. (*Illustrious*) प्रसिद्ध, प्रतिष्ठित; ~total, कुल जोड़, सर्वयोग। > ग्रैन्ड

grand/daughter, 1. (*son's d.*) पोती*, पौत्री*, 2. (*daughter's d.*) नातिन*, नतिनी*, दौहित्री*, दोहती*; 3. (1 *and* 2) नप्त्री*; **~father,** 1. (*paternal*) दादा, पितामह, आजा; 2. (*maternal*) नाना, मातामह; **~-master,** परमाधिकारी; **~mother,** 1. (*paternal*) दादी*, पितामही*; 2. (*maternal*) नानी*, मातामही*; **~-nephew,** भाई अथवा बहन* का पोता या नाती; **~-niece,** भाई अथवा बहन* की पोती* अथवा नातिन*; **~son,** 1. (*son's s.*) पोता, पोत्र; 2. (*daughter's s.*) नाती, दौहित्र, दोहता; 3. (1 *and* 2) नप्ता।

grandeur, 1. (*eminence*) उत्कर्ष, श्रेष्ठता*, उच्चता*; 2. (*magnificence*) वैभव, शान*, भव्यता*, प्रताप, महिमा*; 3. (*dignity*) प्रतिष्ठा*, गौरव, महत्ता*। > ग्रैन्-ड्यॅ = ग्रैन्-जॅ

grandiloquence, शब्दाडम्बर, शब्दजाल। > ग्रैन्-डिलॅ-क्वॅन्स

grandiose, भव्य, प्रतापी; आडम्बरपूर्ण। > ग्रैन्-डि-ओस

grange, चक। > ग्रेन्ज

graniferous, धान्यप्रसू। > ग्रॅनिफ़ॅरॅस

granite, ग्रेनाइट, कणाश्म। > ग्रैन्-इट

grant, *n.*, अनुदान; (प्र)दान; अधिकारदान; *—v.*, प्रदान क०, देना; अनुमति* देना; मानना, स्वीकार क०; **~ed,** अनुदत्त; अनुमत; स्वीकृत; **~ee,** अनुदानग्राही; **~-in-aid,** सहायक अनुदान; **~or,** अनुदानकर्ता, अनुदाता। > ग्रान्ट; ग्रान्-टिड; ग्रान्टी; ग्रान्टॉः

granu/lar, 1. दानेदार, कणिकामय, कनीदार, कणात्मक, कणीय, कणिक; 2. (*of surface only*) खुरदरा; **~late,** 1. दानेदार या खुरदरा बनना या बनाना; 2. (*of wound*) अंगूर भरना; **~lation,** 1. कणिकायन, कणीभवन; 2. (*of wound*) अंगूर; **~lator,** कणित्र। > ग्रैन्-यू/लॅ, ~लेट, ~लेशॅन, ~ले-टॅ

granule, कणिका*, कणी*, कनी*। > ग्रैन्यूल

grape, 1. अंगूर, दाख*, द्राक्षा*; 2. (*~-shot*) छर्रे; **~-fruit,** छोटा चकोतरा; **~ry,** द्राक्षोद्यान; **~-sugar,** द्राक्षा-शर्करा*; **~-vine,** दाखलता*; 2. (*fig.*) जन-प्रवाद। > ग्रेप; ग्रेपफ्रुट; ग्रेपॅरि

graph, लेखाचित्र, आलेख, ग्राफ़; **~ic,** 1. आलेखी; 2. लेखाचित्रीय, ग्राफ़ीय; ग्राफ़-; 2. (*vivid*) सुस्पष्ट, जीता-जागता, सजीव, सुचित्रित; 3. (*written*) लिखित; 4. (*of minerals*) रेखित; **—arts,** चित्रकला*, चित्रमुद्रण; **~ics,** लेखाचित्र-कला*; **~-paper,** वर्गांकित कागज़। > ग्राफ़; गैफ़्/इक, ~इक्स

graphite, ग्रैफ़ाइट, लिखिज। > ग्रैफ़ाइट

graphology, लिपि-विज्ञान। > ग्रॅफ़ॉलॅजि

grapnel, 1. काँटा लंगर; 2. (*grappling iron*) कँटिया*, अंकोड़ा। > ग्रैप्नॅल

grapple, *n.*, 1. कँटिया*; 2. (*grip*) पकड़*; 3. (*fight*) हाथापाई*; *—v.*, जकड़ना, जकड़ लेना, दबोचना; से भिड़ना, का सामना क०। > ग्रैपॅल

grasp, *v.*, 1. (*grip*) कसकर पकड़ना; 2. (*seize*) छीनना; 3. (पूर्णरूपेण) समझ लेना; *—n.*, पकड़*, चंगुल; कब्जा, अधिकार; समझ*; **~ing,** लोभी। > ग्रास्प; ग्रास्प्-इन्ग

grass, 1. घास*, तृण; 2. (*~land*) चरागाह, घासस्थली*, घास* का मैदान; **~-cutter,** घसियारा, घसियारिन*; **~hopper,** टिड्डा; **~widow,** परित्यक्ता* या अलग रहनेवाली विवाहिता*; **~y,** घासवाला, घास-भरा, शाद्वल। > ग्रास; ग्रास्-इ

grate, *n.*, झँझरी*, जालिका*, जाली*; *—v.*, 1. झँझरी* या जाली* लगाना; 2. (*grind*) पिसना या पीसना, घिसना या घिसाना; 3. (*creak*) चरचराना; किरकिराना; 4. (*the teeth*) दाँत पीसना; 5. अप्रिय लगना, अखरना, खलना; 6. (*annoy*) चिढ़ाना, चिड़चिड़ाना। > ग्रेट

grateful, 1. कृतज्ञ, एहसानमन्द, नमकहलाल; 2. (*comforting*) सुखद। > ग्रेट्फ़ुल

graticule, रेखाजाल, सूत्रजाल। > ग्रैट्-इ-क्यूल

gratification, 1. (*act*) परितोषण, अनुतोषण, तुष्टीकरण; 2. (*state*) संतोष, तोष, तुष्टि*; 3. (*gift*) अनुतोष, आनुतोषिक; 4. (*reward*) पारितोषिक, इनाम। > ग्रैटिफ़िकेशॅन

gratify, 1. प्रसन्न क०, संतोष देना; तृप्त क०; 2. (*humour*) का मन रखना, झुक जाना; **~ing,** संतोषजनक, सुखद। > ग्रैट्-इफ़ाइ, ~इन्ग

grating, झँझरी*, जाली*। > ग्रेट्-इन्ग

gratiola, (*thyme-leaved*), जलनीम। > ग्रै-टाइ-ऑ-लॅ

gratis, *adv.*, मुफ़्त में, सेंत-मेंत; *adj.*, मुफ़्त, नि:शुल्क। > ग्रेट्-इस

gratitude, कृतज्ञता*, एहसानमन्दी*, नमक-हलाली*। > ग्रेट्-इ-ट्यूड

gratuitous, 1. निर्मूल, निराधार; अकारण, अहेतु; 2. (*free*) नि:शुल्क, मुफ़्त; 3. (*law*) निष्प्रतिफल। > ग्रॅट्यूइटॅस

gratuity, इनाम, आनुतोषिक, उपदान, परिदान। > ग्रॅट्यूइटि

graupel, कच्चे ओले। > ग्राउपॅल

gravamen, शिकायत*; अभियोग की मुख्य बात*। > ग्रवेमॅन

grave[1], (*of accent*) अनुदात्त। > ग्राव्

grave², *n.*, कब्र*, क़बर*, मक़बरा, समाधि*; *—adj.*, 1. गंभीर, महत्त्वपूर्ण, भारी; 2. (*ominous*) गंभीर; घोर, विकट, उग्र, संगीन; 3. (*solemn*) गंभीर; 4. (*dull*) निष्प्रभ, सादा; 5. (*low*) गंभीर, मन्द्र; *—v.*, उत्कीर्ण क०; अंकित क०। > ग्रेव

gravel, *n.*, 1. कंकड़, बजरी*; 2. (*disease*) पथरी*; *—v.*, 1. कंकड़ बिछाना; 2 (*perplex*) घबरा देना, उलझन* में डालना। > ग्रैवॅल

graven, उत्कीर्ण; गढ़ा हुआ; अंकित; ~image, मूर्ति*। > ग्रेवॅन

graver, 1. टाँकी*, छेनी*; 2. (*person*) नक़्क़ाश, उत्कीर्णक। > ग्रेव्-ॲ

grave/stone, समाधि-पत्थर; **~yard,** क़ब्रिस्तान, समाधि-क्षेत्र। > ग्रेव्/स्टोन, ~याड

gravid, सगर्भ। > ग्रेव्-इड

gravi/meter, गुरुत्वमापी, भारमापी; **~metric,** भारात्मक, भारमितीय। > ग्रै-विम्-इ-टॅ; ग्रैविमे'ट्-रिक

graving dock, सूखी गोदी*। > ग्रैव्-इन्ग्-डॉक

gravitate, आकर्षित होना, खिंच जाना; सतह* में बैठ जाना। > ग्रैव्-इ-टेट

gravitation, गुरुत्वाकर्षण; आकर्षण; **~al,** गुरुत्वाकर्षी, गुरुत्वीय, गुरुत्व-। > ग्रैविटे/शॅन, ~शॅनॅल

gravity, 1. गंभीरता*, गुरुत्व, महत्त्व; 2. (*ominousness*) गंभीरता*, घोरता*, विकटता*; (*seriousness*) गम्भीरता*; 4. (*weight*) भार; 5. (*physics*) गुरुत्व; घनत्व; centre of~, गुरुत्व-केंद्र; specific ~, आपेक्षिक या विशिष्ट घनत्व। > ग्रैव्-इ-टि

gravure, नक़्क़ाशी*, उत्कीर्ण चित्र। > ग्रॅव्युॲ

gravy, यख़नी*, मांसयूष। > ग्रेव्-इ

gray, *see* GREY. > ग्रे

graze, 1. चरना; 2. चराना; 3. (*touch*) छू जाना, संस्पर्श क०; 4. (*scratch*) खुरच जाना, खरोंचना। > ग्रेज़

grazing, 1. चराई*; 2. (*~ground*) चरागाह, चरी*, रखा*। > ग्रेज़-इन्ग

grease, *n.*, 1. (*animal~*) चरबी; 2. ग्रीस, चिकनाई*; *—v.*, 1. चिकनाई* लगाना, चिकनाना; 2. (*bribe*) घूस* देना। > ग्रीस् (*n.*); ग्रीज़ (*v.*)

greasy, 1. चर्बीला, चरबीदार; 2. (*soiled*) चिकटा, चिक्कट, चिकट, चिकनाई* से भरा हुआ; 3. (*unctious*) चिकना, चाटूकार। > ग्रीज़्-इ

great, 1. बड़ा, बृहत्, वृहत्, विशाल; 2. (*eminent*) महान्, महा-; 3. (*important*) महत्त्वपूर्ण। > ग्रेट

great/-aunt, दादी, दादी*, नाना या नानी* की बहन*; **~er,** महत्तर, बृहत्तर, बृहत्; **~est,** महत्तम, बृहत्तम, अधिकतम; **~-grand-daughter,** 1. (*son's gr. d.*) प्रपौत्री*, परपोती*; 2. (*daughter's gr.d.*) प्रदौहित्री*, परनातिन*, परनतिनी*; **~-grandfather,** 1. (*paternal*) परदादा, प्रपितामह; 2. (*maternal*) परनाना, प्रमातामह; great-—; लकड़ दादा या नाना; **~-grandmother,** परदादी*, प्रपितामही*; परनानी*; प्रमातामही*; great-— लकड़ दादी* या नानी*; **~-grandson,** 1. (*son's gr. s.*) परपोता, प्रपौत्र; 2. (*daughter's gr. s.*) परनाती, प्रदौहित्र; **~-hearted,** 1. विशालहृदय, उदार (चेता); 2. (*courageous*) साहसी; **~ly,** अत्यधिक, अत्यन्त, बहुत; **~ness,** बड़ाई*; महत्त्व, महत्ता*, विशालता*; महिमा*; **~-nephew,** भाई अथवा बहन* का पोता अथवा नाती; **~niece,** भाई अथवा बहन* की पोती* अथवा नातिन*; **~-uncle,** दादा, दादी*, नाना या नानी* का भाई।

greaves, टाँग* का कवच। > ग्रीव्ज़्

grebe, पनडुब्बी*। > ग्रीब

Grecian, यूनानी। > ग्रीशॅन

Greece, यूनान। > ग्रीस

greed, ~iness, लोभ, लालच, धनलिप्सा*; **~y,** लोभी, लालची। > ग्रीड; ग्रीड्-इ-निस; ग्रीड्-इ

Greek, 1. यूनानी; 2. (*language*) यूनानी*। > ग्रीक

green, *adj.*, 1. (*colour*) हरा, हरित; हरा-भरा (*verdant*); 2. (*unripe*) कच्चा, अपक्व; 3. (*inexperienced*) कच्चा, अनाड़ी, अनुभवहीन; 4. (*fresh*) ताज़ा 5. (*simple*) भोला; 6. (*new*) ताज़ा, अभिनव; *—n.*, 1. हरित; 2. मैदान; 3. (*verdure*) हरियाली*; 4. (*pl.*) तरकारी*, सब्ज़ी*, सागपात। > ग्रीन

green/cheese, कच्चा पनीर; **~-eyed,** ईर्ष्यालु; **~fly,** 1. माहूँ; 2. (*angling*) कृत्रिम मक्खी*; **~grocer,** कुँजड़ा; **~horn,** नौसिखुआ; भोला; **~house,** पौधा-घर, पादप-गृह; **~ish,** हरा-सा, हरिताभ; **~ness,** हरापन, हरियाली*; कच्चापन, कचाई*; अनाड़ीपन; ताज़गी*; भोलापन; **~-room,** नेपथ्यशाला*; **~shank,** टिमटिमा; **~sickness,** हरिद्रोग।

greet, 1. नमस्कार क०; 2. (*elders*) प्रणाम क०; 3. (*welcome*) स्वागत क०; **~ing,** नमस्कार, प्रणाम, अभिवादन, वन्दना*। > ग्रीट; ग्रीट्-इन्ग

gregarious, 1. (*animals*) यूथचर, यूथी, यूथचारी; 2. (*sociable*) सामाजिक, मिलनसार; 3. (*of crowd*) सामूहिक; 4. (*bot.*) वृन्द-; **~ness,** यूथचारिता*, यूथिता*, यूथचारित्व, समूहशीलता*; मिलनसारी*; सामूहिक जीवन, भेड़ियाधँसान*, यूथवृत्ति*। > ग्रे'ग्रे'ॲर्-इॲस = ग्रिगे'ॲर्-इॲस

gremial, अंकपट। > ग्रीम्-इॲल

grenade, ग्रेनेड, हथगोला। > ग्रिनेड

gressorial, पदचारी। > ग्रे'सोःर्-इॲल

grey, 1. धूसर, धुँधला; 2. (*of hair*) पलित, पक्का, सफ़ेद; 3. (*dismal*) निरानन्द, मनहूस, निराशाजनक; 4. (*~beard*) वृद्ध, अनुभवी; **~-haired,** श्वेतकेशी; **~ish,** धूसर-सा। > ग्रे

grid, 1. झँझरी*, जाली*; 2. (*electr.*) ग्रिड; **~dle,** तवा; **~iron,** झँझरी*। > ग्रिड
gride, *v.*, किरकिराना; *n.*, किरकिराहट*। > ग्राइड
grief, शोक, विषाद, दु:ख, व्यथा*; अनुताप, पश्चात्ताप, संताप; विपत्ति*। > ग्रीफ़
grievance, शिकायत*। > ग्रीव़ॅन्स
grieve, दु:ख देना, संतप्त क०; शोक मनाना, दु:खित होना। > ग्रीव़
grievous, 1. (*causing grief*) दु:खद; 2. (*severe*) दारुण, कष्टदायक; गहरा (*of wound*) 3. (*atrocious*) घोर। > ग्रीव़ॅस
grill, *n.*, झँझरी*; भूना हुआ मांस, भूनी हुई मछली*; —*v.*, 1. भूनना, तलना; 2. (*fig.*) भूनना, सन्तप्त क०; कड़ी परीक्षा* लेना या जिरह* क०। > ग्रिल
grille, जाली*। > ग्रिल
grim, 1. निर्दय, निष्ठुर; 2. (*relentless*) कठोर, कड़ा; 3. (*hideous*) कराल, भयंकर, डरावना; 4. (*repellent*) घृणित, घिनावना; 5. (*sinister*) अशुभ, मनहूस। > ग्रिम
grimace, *n.*, मुख-विकृति*; *v.*, मुख विकृत क०, मुँह बनाना। > ग्रिमेस
grimalkin, बूढ़ी बिल्ली*; डाइन*, डायन*। ग्रि-मैल्-किन
grime, *n.*, कालिख*; *v.*, काला क०। > ग्राइम
grimy, मैला-कुचैला, कालिख* से भरा हुआ, कालिख-भरा। > ग्राइम्-इ
grin, *v.*, 1. दाँत निकालना, खीसें* (खीस*) निकालना या काढ़ना; 2. (*smile*) मुस्कराना; —*n.*, खीस*; मुस्कराहट*। > ग्रिन
grind, *v.*, 1.पीसना; पिसना (*intr.*); दलना (*coarsely*); 2. (*sharpen*) सान देना या धरना; 3. (*rub*) घिसना, रगड़ना; 4. (*masticate*) चबाना; 5. (*grate*) किरकिराना; 6. (*turn*) घुमाना; —*n.*, 1. पेषण, पिसाई*; 2. (*hard work*) पिसाई*, घोर परिश्रम; **~er,** 1. पिसनहारा, पिसनहारी*; 2. सान धरनेवाला या देनेवाला, सिकलीगर, बाढ़ीवान; 3. चक्की*, जाँता; 4. (*~stone*) सान; 5. (*tooth*) दाढ़*, चौघड़, चौभड़; **~ing,** पेषण; घिसाई*, घर्षण। > ग्राइन्ड; ग्राइन्-डॅ; ग्राइन्डिंग
grip, *n.*, 1. पकड़*; 2. समझ*; 3. (*mastery*) अधिकार, पूरी जानकारी*; 4. (*handle*) मूठ*, दस्ता; 5. (*spasm*) मरोड़*; —*v.*, 1. (कसकर) पकड़ना; 2. दिलचस्प होना, मंत्रमुग्ध क०; 3. (*control*) नियन्त्रित क०। > ग्रिप
gripe, *n.*, 1. पकड़*; 2. (*control*) नियन्त्रण, अधिकार; 3. (*handle*) मूठ*; 4. (*pl.*) पेचिश*, उदरशूल; —*v.*, 1. (कसकर) पकड़ना; 2. (*afflict*) सताना, पीड़ित क०। > ग्राइप
grippe, प्रतिश्याय। > ग्रिप
grisly, डरावना, विकट, घिनावना, बीभत्स। > ग्रिज़्-लि
grist, पेष्य, पिसने का अनाज; **~-mill,** चक्की*, जाँता। > ग्रिस्ट
gristle, उपास्थि*। > ग्रिसॅल
grit, *n.*, 1. कंकड़ी*, बजरी*, गिट्टी*; 2. कण, बालूकण; 3. (*sandstone*) बलुआ पत्थर, बालुकाश्म; 4. (*courage*) धैर्य, चरित्रबल; —*v.*, 1. कंकड़ी* बिछाना; 2. (*grind*) पीसना; 3. (*grate*) चरचराना; **~s,** मोटा आटा; **~tiness,** किरकिराहट*; **~ty,** कंकड़ीला, किरकिरा; कणमय, कणिक। > ग्रिट; ग्रिट्स; ग्रिट्-इ
grizzled, grizzly, धूरा, भूरा। > ग्रिज़ॅल्ड; ग्रिज़्-लि
grizzly bear, भूरा रीछ।
groan, *v.*, कराहना; अत्याचार सहना; *n.*, कराह*, आह*, आर्त्तनाद। > ग्रोन
groats, दलिया। > ग्रोट्स
grocer, पंसारी, पनसारी; **~y,** 1. (*~ies*) किराना, पंसारी का सामान; 2. पंसारी का व्यवसाय या दुकान*। > ग्रो-सॅ; ग्रोसॅरि
grogy, शराब*; **~gy,** 1. मतवाला, 2. (*drunkard*) पियक्कड़, शराबी; 3. लड़खड़ाता, डगमगाता; **~-shop,** मधुशाला*। > ग्रॉग; ग्रॉग्-इ; ग्रॉगशॉप
grogram, मोटा कपड़ा। > ग्रॉग्रॅम
groin, 1. ऊरु-मूल, वंक्षण; 2. (*archit.*) चड्डा। > ग्रॉइन
groom, *n.*, 1. साईस; 2. (*bride~*) दूल्हा, वर; —*v.*, 1. (*a horse*) खरहरा क०; (*tend*) देखभाल* क०; 3. (*smarten*) बनाव-शृंगार क०; 4. (*train*) शिक्षण देना, तैयार क०। > ग्रूम
groove, *n.*, खाँचा; 2. (*rut*) लीक*; 3. (*channel*) नाली*; —*v.*, खाँचा बनाना; **~d,** खाँचेदार; नालीदार। > ग्रूव़
grope, टटोलना, टोहना; ढूँढ़ना। > ग्रोप
gross, *adj.*, 1. (*corpulent*) मोटा, स्थूलकाय; 2. (*grave*) घोर, भारी; 3. (*dense*) घना; 4. (*solid*) ठोस; 5. (*unrefined*) स्थूल, अपरिष्कृत; 6. (*of inferior quality*) घटिया; 7. (*dull*) मन्द, कुंठित; 8. (*vulgar*) गँवारू, ग्राम्य; 9. (*obscene*) अश्लील; 10. (*total*) कुल, सकल, समग्र; —*n.*, गुरुस, बारह दर्जन; in (*the*) ~, सामान्यत:; **~assets,** कच्ची निकासी*; **~profit,** कुल नफ़ा, मिश्रित लाभ; **~weight,** कुल भार। > ग्रोस
grotesque, *adj.*, 1. विरूप, विकृत, भौंड़ा 2. (*bizarre*) विलक्षण, अद्भुत, अनोखा; 3. (*absurd*) ऊटपटांग, बेतुका, भद्दा; —*n.*, 1. विरूप कलाकृति*; विकृत आकृति*; 2. विकृति*, विरूपता*; भद्दापन; 3. (*clown*) भाँड़। > ग्रोट 'स्क

grotto, ग्रोटो, गुफ़ा*, गुहा*, कंदरा*। > ग्रॉटो
grouch, 1. खीजना, शिकायत* क०; *n.*, 1. शिकायत*; 2. (*mood*) खीज*, कुढ़न*, झुँझलाहट*; 3. कुड़कुड़ानेवाला, चिड़चिड़ा व्यक्ति। > ग्राउच
ground, *n.*, 1. भूमि*, ज़मीन*, धरती*, धरातल; स्थल, थल; 2. (*bottom*) तल; 3. (*area*) क्षेत्र; 4. (*basis*) आधार, मूल, कारण; 5. (*back~*) पृष्ठभूमि*; 6. (*~work*) आधार; 7. (*dregs*) तलछट*; 8. (*pl.*) हाता; —*adj.*, थल-, स्थल-, भू-; —*v.*, 1. भूमि* पर रख देना, उतरना या उतारना; 2. उड़ान* बन्द क०; 3. (*of ship*) तल से लग जाना या अड़ जाना, भूग्रस्त हो जाना; 4. (*base*) पर आधारित क०, स्थापित क०, प्रमाणित क०; प्रमाणित क०; 5. (प्रारंभिक) शिक्षा* देना; 6. (*electr.*) भूसंपर्कित क०, भूयोजित क०; **~age,** बन्दरगाह-शुल्क; **~floor;** निचली या पहली* मंजिल*, **~forces,** स्थल-सेना*; **~less,** निराधार; **~-nut,** मूँगफली*, चीनाबादाम; **~-plan,** बुनियाद-ख़ाका। > ग्राउन्ड
group, *n.*, 1. (*of obects also*) समूह, वर्ग, गण; 2. दल, यूथ, टोली*, गुट्ट, समुदाय; —*v.*, 1. (*classify*) वर्गीकरण क०; 2. (*arrange*) क्रम से रखना, सजाना; 3. दल बनना या बनाना; एकत्र क० या हो जाना, समूह बनाना, समूह के अन्दर रखना; **~ed,** समूहित; **~ing,** समूहीकरण, समूहन; **~photo,** सामूहिक फोटो। > ग्रुप
grouse, *n.*, तित्तिर, तीतर; *v.*, कुड़कुड़ाना, शिकायत* क०। > ग्राउस
grout, 1. (*dregs*) तलछट*; 2. (*fluid mortar*) पतला मसाला; **~ing,** पिलाई*। > ग्राउट, ग्राउट्-इन्ग
grove, बनी*, उपवन, बाग़। > ग्रोव
grovel, 1. औंधे मुँह लेटना, मुँह के बल पड़ा रहना; रेंगना; 2. (*cringe*) घिघिआना, किसी के सामने नाक* रगड़ना; 3. (*demean onself*) भ्रष्ट हो जाना, नीच बनना; नीचता* क०। > ग्रॉवॅल
grow, उगना, पैदा होना; बढ़ना, बढ़ता जाना; विकसित हो जाना, विकास पाना; बनना, बन जाना; उगाना, पैदा क०, उत्पन्न क०, उपजाना; **~ing crop,** बढ़ती फ़सल*। > ग्रो
growl, *v.*, 1. गुर्राना; 2. (*rumble*) गड़गड़ाना, गरजना; 3. (*grumble*) बड़बड़ाना; —*n.*, गुर्राहट*; गड़गड़ाहट*; बड़बड़ाहट*। > ग्राउल
growth, 1. (*growing*) वर्धन; 2. (*increase*) वृद्धि*; 3. (*development*) विकास; 4. (*biol.*) वृद्धि*; 5. (*production*) उत्पादन; 6. (*produce*) पैदावार*, उपज*। > ग्रोथ
groyne, पुलिनरोध, रोधिका*। > ग्रॉइड
grub, *n.*, 1. (*larva*) सूँड़ी*; 2. (*drudge*) कोल्हू का बैल; —*v.*, खोदना; घोर परिश्रम क०; छानना, छान* मारना, खोदना; **~by,** सूँड़ी* से भरा हुआ; मैला, गन्दा। > ग्रॅब; ग्रॅब्-इ
grudge, *n.*, दुर्भाव, मैल*, गाँठ*, मन-मुटाव, मनोमालिन्य, वैमनस्य; गुबार; —*v.*, 1. (*envy*) ईर्ष्या* क०; 2. अनिच्छा* से देना। > ग्रॅज
grudgingly, अनिच्छा* से। > ग्रॅज्-इन्ग्-लि
gruel, *n.*, दलिया; *v.*, थका देना या डालना, चूर कर देना। > ग्रु ॲल
gruesome, बीभत्स, घृणाजनक, घिनावना। > ग्रूसॅम
gruff, रूखा। > ग्रॅफ़
grum, अप्रसन्न। > ग्रॅफ़
grumble, बड़बड़ाना, भुनभुनाना, बुड़बुड़ाना, कुड़कुड़ाना, शिकायत* क०, झीखना; गरजना। > ग्रॅम्बॅल
grume, थक्का। > ग्रूम
grumous, थक्केदार, चिपचिपा। > ग्रूमॅस
grumpy, चिड़चिड़ा। > ग्रॅम्-पि
grunt, *v.*, घुरघुराना; *n.*, घुरघुर, घुरघुराहट*। > ग्रॅन्ट
gruntle, बड़बड़ाना, कुड़कुड़ाना। > ग्रॅन्टॅल
guano, ग्वानो। > ग्वानों
guarantee, *n.*, 1. (*guarantor*) प्रत्याभ, गारंटीकर्त्ता, प्रतिभू, ज़ामिन(दार); 2. (*guaranty*) गारंटी*, प्रत्याभूति*, ज़मानत*; 3. (*assurance*) आश्वासन, प्रतिश्रुति*; 4. (*sign*) गारंटी*, लक्षण; —*v.*, प्रत्याभूति* या ज़मानत* देना, ज़िम्मा लेना; आश्वासन देना; **~d,** प्रत्याभूत, प्रतिभूत; प्रतिश्रुत। > गैरॅन्टी; गैरॅन्टॉ:
guard, *n.*, 1. पहरा, रखवाली*, चौकी*, 2. (*wariness*) चौकसी*, सतर्कता*; 3. (*protection*) रक्षा*, रक्षण; 4. (*protecting device*) रोक*; कवच; 5. (*~rail*) कटघरा, जंगला; 6. (*person*) गारड, गार्ड, रक्षी, रक्षक, पहरेदार, सन्तरी; —*v.*, 1. पहरा देना, पहरेदारी* क०, रखवाली* क०; 2. (*protect*) रक्षा* क०, सुरक्षित रखना, बचाव क०; 3. (*control*) नियन्त्रण क०; 4. चौकन्ना, सावधान या सतर्क रहना; **~-boat,** प्रहरी नाव*; **~ed,** 1. he is—, उस पर पहरा बैठाया गया है; 2. सुरक्षित; 3. नियन्त्रित; 4. (*cautious*) सतर्क, सावधान। > गाड; गाड्-इड
guardian, 1. अभिभावक, वली; 2. (*patron*) संरक्षक, (अभि)रक्षक; ~ angel, रक्षक या रखवाल दूत; **~ship,** संरक्षण। > गाड्यॅन
guava, अमरूद। > ग्वा-वॅ
gubernatorial, राज्यपाल का, राज्यपाल-विषयक। > ग्यूबॅनॅटॉ:र्-इॲल
gudgeon, 1. (*dupe*) भोला; 2. (*socket*) मानी*, गजन; 3. (*pivot*) चूल*, गजन। > गॅजॅन
guerdon, *n.* (*v.*) पारितोषिक (देना)। > गॅ:डॅन
guerilla, गुरिल्ला, छापामार। > गॅ-रिल्-ॲ
guess, *v.*, 1. अनुमान क० या लगाना, अन्दाज़ा लगाना; 2. (*~correctly*) ताड़ जाना, भाँपना; 3. समझना;

—*n.*, अनुमान, अन्दाज़ा, अटकल*; **~-work,** अटकलबाज़ी*। > गे'स

guest, 1. अतिथि, मेहमान, पाहुना; 2. (*parasite*) परजीवी; **~-house,** अतिथिगृह, अतिथिशाला*; **~-room,** अतिथिकक्ष। > गे'स्ट

guffaw, *n.*, अट्टहास, ठहाका; *v.*, ठठाना, अट्टहास क०, ठहाका लगाना। > गॅफ़ाः

guidance, 1. मार्गदर्शन, पथप्रदर्शन; 2. निर्देशन, निरीक्षण; 3. (*leadership*) नेतृत्व अगुआई*। > गाइडॅन्स

guide, *n.*, 1. मार्गदर्शक, पथदर्शक, गाइड; 2. निर्देशक; निरीक्षक, 3. नेता, अगुआ; 4. (*book*) संदर्शिका*, गाइड; —*v.*, मार्ग दिखाना, पथप्रदर्शन क०; नेतृत्व क०; संचालन क०, चलाना; शिक्षा* देना; नियंत्रित क०; spiritual ~, गुरु; **~-bar,** स्थापक छड़; ~d missile, नियंत्रित अस्त्र। **guiding,** मार्ग-दर्शक; निर्देशक। > गाइड; गाइड्-इन्ग

guidon, ध्वज; ध्वजवाहक। > गाइडॅन

guild, शिल्पिसंघ; संघ, निकाय, श्रेणी*; ~socialism, श्रेणी-समाजवाद। > गिल्ड

guile, 1. छल-कपट, धोखेबाज़ी*; 2. (*treachery*) विश्वासघात; **~-ful,** कपटी, धोखेबाज़, चालाक; विश्वासघाती; **~less,** निष्कपट। > गाइल

guillotine, गिलोटिन; कर्त्तन-यन्त्र। > गिलॅटीन = गिलॅटीन

guilt, 1. (*culpability*) दोष, अपराध; 2. (*sin*) अपराध, पाप; **~less,** निर्दोष, निश्छल; **~y,** दोषी; plead—, अपराध स्वीकार क०। > गिल्ट; गिल्-टि

guinea, गायना; **~-pig,** गिनी-पिग; **~-worm,** नहरुआ, गिनी-कृमि। गिन्-इ

guise, 1. (*pretence*) बहाना, मिस, ढोंग; 2. (*aspect*) रूप, वेश; 3. (*dress*) वेश। > गाइज़

guitar, सितार, गिटार। > गिटा

gulch, खड्ड, दर्रा। > गॅल्श

gulf, 1. खाड़ी*, उपसागर, खलीज*, आखात; 2. (*abyss*) गहरा गर्त्त; 3. (*difference*) खाई*; अन्तर, भेद; 4. (*whirlpool*), भँवर, जलावर्त्त। > गॅल्फ़

gull, *n.*, 1. (*bird*) सामुद्रिक; 2. भोला-भाला; —*v.*, धोखा देना। > गॅल

gullet, 1. ग्रसिका*, हलक़; 2. (*throat*) गला, 3. (*neck*) गर्दन*। > गॅल्-इट

gullible, भोला-भाला। > गॅलॅबॅल

gully, 1. (*ravine*) खड्ड, घट्टा; 2. (*gutter*) नाली*, मोरी*; अवनलिका*; 3. (*sink*) चौबच्चा, चहबच्चा; **~-trap,** नालीगन्धरोध, नाली-कूट। > गॅल्-इ

gulp, *v.*, 1. गटकना, निगल जाना, गटगट निगलना या लीलना ढकोसना, भकोसना; 2. (*gasp*) हाँफना; —*n.*, 1. निगरण; 2. (*mouthful*) कौर, ग्रास, कवल; 3. (*of drink*) घूँट। > गॅल्प

gum, *n.*, 1. (*resin*) गोंद; 2. (*of teeth*) मसूड़ा, वर्त्स, दन्तमांस; 3. (*of eye*) आँख* का कीचड़; —*v.t.*, गोंद लगाना, चिपकाना; —*v.i.*, गोंद या निर्यास निकलना; चिपचिपा हो जाना; **~arabic,** बबूल गोंद; **~my,** गोंदी; चिपचिपा। > गॅम; गॅम्-इ

gumption, बुद्धिमानी*; साहस। > गॅम्प्शॅन

gun, *n.*, 1. बन्दूक*; 2. (*cannon*) तोप*; —*v.*, बन्दूक* चलाना; **~-barrel,** नाल*; **~boat,** तोपवाली नाव*; **~-carriage,** अराबा, तोपगाड़ी*; **~-cotton,** बारुदी रूई*; विस्फोट कपास; **~-fire,** गोलाबारी*; **~man,** सशस्त्र डाकू; **~ner,** तोपची; बन्दूकची; **~nery,** तोपख़ाना; तोपविद्या*; गोलाबारी; **~powder,** बारूद* **~shot,** तोप* या बन्दूक* का परास (*range*); **~smith,** बन्दूक* बनानेवाला। > गॅन

gunny, 1. टाट; 2. (*sack*) बोरा; **~bag,** बोरी*। > गॅन्-इ

gunwale, ऊपरी पट्टी*, पेरज। > गॅनॅल

gurgitation, बुदबुदाहट*, उमड़ाव। > गॅःजिटेशॅन

gurgle, *v.*, गड़गड़ाना; *n.*, गड़गड़ाहट*। > गॅःगॅल

gush, *n.*, 1. धार*; 2. (*abundance*) बाढ़*; भरमार*; 3. (*of feeling*) भावावेग, झोंक*; —*v.*, फूट निकलना, बह निकलना; भावुकता* दिखलाना, भावुक बनना; **~ing,** प्रवाही, बहनेवाला; भावुक। > गॅश; गॅश्-इन्ग

gusset, 1. (*cloth*) कली*; 2. (*metal*) गसेट, प्रकोणी*। > गॅस्-इट

gust, 1. (*of wind*) झोंका, झकोरा, निर्घात; 2. (*of rain*) झोंका; 3. (*of feeling*) भावावेग, झोंक*; **~y,** 1. झोंकेदार, झोंकीला, निर्घाती; 2. (*whimsical*) मौजी। > गॅस्ट; गॅस्-टि

gustation, स्वादन; स्वाद। > गॅस्टेशॅन

gustatory, रससंवेदी, स्वाद-। > गॅस्टॅटॅरि

gusto, 1. मज़ा, रुचि*, चाव; 2. (*zest*) उत्साह, जोश। > गॅस्टो

gut, *n.*, 1. अंत्र, अँतड़ी*, आँत*; आहारनली*; 2. (*catgut*) ताँत*; 3. (*gully*) दर्रा, नाली*; 4. (*pl.*) साहस; —*v.*, आँतें* निकालना, साज़-सामान नष्ट क० या ले जाना। > गॅट

gutta, बूँद; **~-percha,** गटापारचा। > गॅट्-अॅ, ~ पॅःचॅ

guttate, चित्तीदार। > गॅट्-एट

gutter, 1. नाली*; पनाला, परनाला, मोरी*, नाबदान; 2. (*squalor*) गन्दगी*; **~-press,** पनालिया-पत्र। > गॅट्-अॅ

guttle, भकोसना। > गॅटॅल

guttural, कण्ठ्य। **gutturo/-labial,** कण्ठ्यौष्ठ्य; **~-palatal,** कण्ठ्य-तालव्य। > गॅटॅरॅल

guzzle, गटकना। > गॅज़ॅल

gymkhana, जिमख़ाना, व्यायामशाला*; व्यायाम-प्रदर्शन। > जिम्-कॉ-नॅ

gymnasium, व्यायामशाला*। > जिम्नेज़्यॅम

gymnast, व्यायामी;**~ic,** व्यायामिक;**~ics,** व्यायाम, कसरत*। > जिम्नैस्ट; जिम्नैस्/टिक, ~टिक्स

gymno/sophist, नागा; नग्नवादी; **~sperm,** अनावृतबीजी। > जिम्नॉसॅफ़िस्ट; जिम्नॅस्पॅ:म

gynaeceum, 1. अन्त:पुर, ज़नाना, ज़नानख़ाना; 2. (*bot., gynoeceum*) जायांग। > जिनिसीअॅम

gynaeco- स्त्री-;**cracy,** स्त्रीराज्य;**~logy,** स्त्रीरोग-विज्ञान, स्त्रैणिकी*। > गाइनिकॉ; गाइनि/कॉक् रॅसि, ~कॉलॅजि

gynandrous, पुंजायांगी। > गिनैन्ड्रॅस

gynarchy, स्त्रीराज्य, स्त्रीतन्त्र। > जाइनाकि

gynephobia, स्त्री-भीति*। > जाइनिफोब् यॅ

gyniolatry, स्त्रीभक्ति*, स्त्रीपूजा*। > जिनिऑलॅट्रि

gypsum, चिरोड़ी*, जिप्सम। > जिप्सॅम

gypsy, कंजर, जिप्सी, रोमणी। > जिप्-सि

gyrate, *adj.*, वलयाकार, वलयित; मण्डलाकार; —*v.*, घूमना, चक्कर खाना। > जाइअॅर्-इट (*adj.*), जाइअॅरेट (*v.*)

gyration, परिभ्रमण, घूर्णन। > जाइअॅरेशन

gyratory, घर्णी, घूर्ण, घूर्णित। > जाइअॅरॅटॅरि

gyro/compass, घूर्णाक्ष, दिक्सूचक; **~scope, ~stat,** घूर्णाक्षिस्थापी, घूर्णिका*। > गाइअॅरोकॅम्पॅस; गाइअॅरॅस्कोप; गाइअॅरोस्टैट

gyrose, वलित। > जाइअॅरोस

gyrus, जाइरस, कर्णक। > जाइअॅरॅस

gyve, *n.* (*v.*) 1. (*fetter*) बेड़ी* (डालना); 2. (*handcuff*) हथकड़ी* डालना। > जाइव

Hh

habeas corpus, बन्दी प्रत्यक्षीकरण; **~act,** बन्दी उपस्थापक अधिनियम। > हेब्यॅस् कॉ:पॅस

haberdasher, बिसाती। > हैबॅडैशॅ

habile, दक्ष, निपुण। > हैब्-इल

habiliment, परिधान, पोशाक*। > हॅबिल्-इमॅन्ट

habilitate, 1. (*finance*) पूँजी* लगाना; 2. (*equip*) सज्जित क०; 3. (*qualify*) योग्य बनना। > हॅबिल्-इटेट

habit, *n.*, 1. (*custom*) आदत*, अभ्यास; 2. (*disposition*) स्वभाव, प्रकृति*, मिज़ाज; 3. (*dress*) वस्त्र। > हैब्-इट

habitable, वासयोग्य, निवास्य, रहने लायक। > हैब्-इटॅबॅल

habitant, निवासी। > हैब्-इटॅन्ट

habitat, प्राकृतिक वास, आवास; निवास-स्थान;**~ion,** वास, निवास; (नि)वासस्थान। > हैब्-इटैट; हैबिटेशॅन

habitual, 1. (usual) प्रायिक, नित्य, सामान्य; 2. (*customary*) रिवाजी, प्रथागत; अभ्यासगत, अभ्यासजनित, आभ्यासिक; 3. (*inveterate*) अभ्यस्त, अभ्यसित, आदी; 4. (*steady*) स्थायी; 5. (*of drunkard etc.*) अभ्यस्त, पक्का; **~ly,** प्राय:; आदतन्; नियमित रूप से। > हॅबिट्यू/अॅल, ~अॅलि

habituate, अभ्यस्त क०, आदत* डालना। > हॅबिट्यूएट

habituation, अभ्यास। > हॅबिट्यूएशॅन

habitude, 1. स्वभाव, प्रकृति*; 2. (*custom*) आदत*। > हैब्-इ-ट्यूड

habitue, बराबर आनेवाला। > हॅबिट्यूए

hachure, रेखाच्छादन। > हैश्युअॅ

hack, *n.*, 1. (*tool*) फावड़ा; 2. (*cut*) काट*; 3. (*wound*) घाव; 4. (*horse*) किराये का घोड़ा; मरियल टट्टू; 5. (*man*) भाड़े या किराये का टट्टू; 6. किराये की गाड़ी*; —*v.*, टुकड़े कर देना; काटना, मारना; किराये पर लेना; ~ing cough, सूखी खाँसी*। > हैक

hackle, (*flax etc.*), तूमना। > हैकॅल

hackney, (किराये का) घोड़ा; किराये की गाड़ी*; भाड़े का टट्टू; **~ed,** बहुत साधारण, अत्यन्त सामान्य, नीरस, अतिसामान्य, घिसा-पिटा। > हैक्-नि; हैक्-निड

hack-saw, लोहाकाट आरा, लोहा-आरी*, धातुकाट आरी*। > हैक्सॉ:

hack-writer, कलमघीसू, कलमघिस्सू, घटिया लेखक। > हैक्-राइ-टॅ

hade, उन्नमन। > हेड

Hades, अधोलोक। > हेडीज़

hadji, हाजी। > हैजी

haem/al, ~atic, रक्त- रुधिर-; **~achrome,** रुधिरवर्ण; **~atite,** हैमाटाइट। > हीमॅल; हीमैट्-इक; हीमॅक्रोम; हेमॅटाइट

haemato/genessis, रुधिरजनन; **~logy,** रुधिरविज्ञान। > हीमॅटॉजे नॅसिस; हीमॅटॉलॅजि

haem/aturia, रक्तमेह; **~oglobin,** रुधिर-वर्णिका*; **~ophilia,** हीमोफ़िलिया, अधिरक्तस्राव। > हीमॅट्युअॅर्-इअॅ हीमोग्लोब्-इन; हिमोफ़िल्-इअॅ

haemor/rhage, रक्तस्राव; **~rhagic,** रक्त-स्रावी। > हे'मॅरिज; हे'मॅरैज्-इक

haemorrhoids, बवासिर*, अर्श। > हे'मॅरॉइड्ज़

hafiz, हाफ़िज। > हाफ़िज़

haft, मूठ*, दस्ता। > हाफ़्ट

hag, डायन*, डाइन*; **~ridden,** आविष्ट। > हैग

haggard, मरियल, दुबला-पतला; जंगली। > हैगॅड

haggle, झगड़ना; मोल-भाव, मोल-तोल क०; टुकड़े-टुकड़े क०। > हैगॅल

hagio/grapher, सन्तचरित-लेखक; **~graphy,** सन्तचरित-लेखन; **~latry,** सन्त-पूजा*; **~logy,** सन्तचरित। > हैगिऑग्/रॅफ़ॅ, ~रॅफ़ि; हैगिऑलॅ/ट्रि, ~जि

hail, *n.*, 1. अभिवादन; 2. (*shout*) पुकार*; 3. (*~stone*) ओला, करका, हिमगुलिका*; —*v.*, 1. (*welcome*) अभिवादन क०, स्वागत क०; 2. (*call*) बुलाना; पुकारना, आवाज़* लगाना; 3. (*signal*) संकेत क० या भेजना; 4. ओले पड़ना; 5. (*shower*) बरसाना; **~from,** से आना, का रहनेवाला होना; **~storm,** ओला-वृष्टि*, ओला-आँधी*, करकापात। > हेल; हेल्स्टोन

hair, 1. (*of head*) बाल, केश; 2. (*of body*) रोम, लोम, रोयाँ, रोंगटा; split ~s, बाल की खाल* निकालना; **~breadth,** by a, बाल-बाल; **~cloth,** बालदार कपड़ा; **~cut,** केशकर्त्तन; **~-do,** केशविन्यास; **~dresser,** केशप्रसाधक; **~dressing,** केशकर्म, केश-प्रसाधन, कंघी-चोटी (*of women*); **~-dye,** केशकल्प; **~iness,** रोमिलता*; **~-line,** बालों की बनी रज्जु*; बारीक रेखा*; केशिका*; **~pin bend,** कैंची-मोड़; **~-raising,** रोमांचकारी; **~shirt,** रोमच्छद; **~-sieve,** बाल-छलनी*; **~-space,** केशान्तर; **~-splitting,** वितण्डा*, बारीकीबीनी*, वितण्डावाद; **~spring,** बाल कमानी*; **~-style,** केशविन्यास; **~-tonic,** केशवल्य; **~y,** रोयेंदार, रोमिल, बालदार। > हे'अॅ; हे'अॅर्-इ

halation, प्रभाविकिरण। > हॅलेशॅन

halberd, फरसा, परशु। > हैल्बॅड

halcyon, प्रशान्त, शान्तिमय, शान्तिपूर्ण। > हैल्-सि-अॅन

hale, भला-चंगा, (सु)स्वस्थ, तगड़ा। > हेल

half 1. आधा, अर्ध; 2. (*partial*) आधा, अपूर्ण, आंशिक; **~-and-~,** आधा-आधा। > हाफ़

half/-baked, अधपका, कच्चा, अधकचरा, अधूरा; **~-breed, ~-caste,** वर्णसंकर, दोग़ला; **~-blood,** (*sister, brother*), सौतेला; **~-cock,** घोड़ा एक पैर; **~-hearted,** निरुत्साह, बेमन; **~-hourly,** अधघण्टा; **~-mast,** झुका हुआ; **~moon,** अर्धचन्द्र; **~ness,** अधूरापन, कच्चापन, कचाई*; **~-time,** *adj.*, अर्धकालिक; —*n.*, अर्ध-समय; **~-timer,** अर्धकालिक; **~-tone,** अर्धटोन, अर्धप्रकाश, बिन्दुचित्र; **~-truth,** अर्धसत्य; **~-way,** 1. (*midway*) बीचोबीच; 2. (*partial*) अधूरा, कच्चा, अपूर्ण; **~-witted,** अल्पबुद्धि; बुद्धू; **~-yearly,** अर्धवार्षिक, छमाही, षाण्मासिक।

halitosis, दुर्गन्ध श्वास। > हैलिटोस्-इस

hall, हॉल, बड़ा कमरा, सभा-भवन; **~mark,** प्रमाण-चिह्न, प्रमाणांक, प्रमाणक; छाप*। > हॉ:ल; हॉ:ल-माक

hallo, हो, हे। > हॅलो

halloo, ललकारना; चिल्लाना। > हॅलू

hallow, पवित्र क०; श्रद्धा* क०; *see* HALLOO. > हैलो

halluci/nate, भ्रम में डालना; **~nation,** मतिभ्रम, विभ्रम, दृष्टिभ्रम, श्रुतिभ्रम, निर्मूलभ्रम; माया-मोह; **~natory,** मायिक; भ्रांतिजनक। > हॅलूसि-नेट, ~नेशॅन, ~नॅटॅरि

hallux, पादांगुष्ठ। > हैलॅक्स

halo, 1. प्रभामण्डल, भामण्डल; 2. (*astron.*) परिवेश; 3. (*glory*) महिमा*। > हेलो

halt, *n.*, 1. विराम, रुकाव, ठहराव; 2. (*~ing place*) अवस्थान, पड़ाव; —*v.*, 1. रुकना, ठहरना; पड़ाव डालना, डेरा डालना; 2. रोकना; 3. (*waver*) हिचकना, आगा-पीछा क०; 4. (*be defective*) लड़खड़ाना, लँगड़ाना, अशुद्ध होना (*of verse*); ~ing allowance, विराम भत्ता; **~ingly,** रुक-रुककर। > हॉ:ल्ट

halter, 1. रस्सी*; 2. (*of horse*) अगाड़ी*; 3. फाँसी*, गल-फाँसी*; 4. (*of insect*) सन्तोलक अंग। > हॉ:ल्-टॅ

halve, 1. आधे-आध क०, अधियाना; 2. (*share*) आधा देना; 3. (*reduce*) आधा क०; 4. (*carpentry*) अधजोड़ लगाना; by~s, अधूरा, अपूर्ण; अनिच्छा* से, बेमनका। > हाव्

halving, अर्धन। > हाव्-इन्ग

halyard, पाल-रस्सी*। > हैल्यॅड

ham, पुट्ठा; (सुअर का) सुखाया मांस। > हैम

hamadryad, वनदेवी*। हैमॅड्राइअॅड

hames, हसली*। > हेम्ज़

hamlet, पल्ली*, पुरवा, खेड़ा। > हैम्लिट

hammam, हमाम, हम्माम। > हॅमाम

hammer, *n.*, 1. हथौड़ा, मारतौल, घन; 2. (*of gun*) घोड़ा; 3. (*athletics*) तारगोला; —*v.*, 1. ठोकना; 2. (*fig.*) ठूसना; **~out,** गढ़ना; निकाल देना; परिश्रम से तैयार क०; **~man,** हथौड़िया। > हैम्-अॅ

hammock, झूला, दलारा। > हैमॅक

hamper, *n.*, डलिया*, डला; *v.*, अटकाना, रोकना, अड़ंगा लगाना, बाधा* डालना, उलझाना। > हैम्-पॅ

hamshackle, 1. (*an animal*) छाँदना; 2. (*fig.*) बेड़ियाँ* डालना, रोक* लगाना। > हैम्शैकॅल

hamstring, *n.*, घुटने के पीछे की नस*; —*v.*, पंगु बना देना। > हैम्-स्ट्रिन्ग

hand, *n.*, 1. हाथ, हस्त, कर, दस्त; 2. (*forefoot*) अगला पैर; 3. (*~writing*) लिपि*, लिखावट*; 4. (*signature*) हस्ताक्षर; स्वाक्षर; 5. (*help*) सहायता*, मदद*; 6. (*labourer*) कर्मचारी, मज़दूर; 7. (*handiness*) कौशल, दक्षता*; 8. (*of clock*) सूई*; 9. (*~breadth*) बित्ता, बालिश्त; —*adj.*, दस्ती, हथ, हस्त-; —*v.*, देना, सौंपना, पहुँचाना; ~in~, हाथ में हाथ मिलाये, साथ-साथ; ~to~fighting, हाथापाई*, मुठभेड़*; ~out, वितरण क०; at~, पास; out of ~, बेक़ाबू। > हैन्ड

hand/bag, हैन्डबैग; **~bill,** इश्तहार, विज्ञप्ति*, परचा; **~book,** पुस्तिका*, गुटका; **~breadth,** बित्ता, बालिश्त; **~cart,** ठेला; **cuffs,** हथकड़ी*; **~ful,** 1. (*single*) मुट्ठी-भर; 2. (*double*) अंजलि-भर; **~-grenade,** हथगोला; **~-guard,** हस्तरक्षक।

handicap, *n.*, 1. (*disadvantage*) अड़चन*, बाधा*, प्रतिबंध; असुविधा*; अक्षमता*; 2. सप्रतिबन्ध प्रतियोगिता*; —*v.*, प्रतिबंध लगाना; बाधा* डालना, रोक* लगाना। > हैन्-डि-कैप

handicraft, 1. हस्तशिल्प, दस्तकारी*, कारीगरी*; 2. (*skill*) हस्तकौशल। > हैन्-डि-क्राफ़्ट

handiness, कौशल, दक्षता*। > हैन्-डि-निस

handiwork, 1. दस्तकारी*; 2. (*fig.*) कर्म, कार्य, करनी*। > हैन्-डि-वॅ:क

handkerchief, रूमाल। > हैन्कॅचिफ़

handle, *n.*, 1. मूठ*, दस्ता, हत्थी*, हत्था, बेंट*; 2. (*occasion*) मौका, अवसर; —*v.t.*, 1. (*touch*) छूना, स्पर्श क०; पकड़ना, सँभालना; 2. (*manipulate*) चलाना; 3. (*direct*) संचालन क०; 4. (*deal with*) हाथ में लेना, निपटाना, निभाना, प्रबन्ध क०; 5. (*treat*) बरताव क०, व्यवहार क०; 6. (*trade in*) का व्यापार क०; 7. के विषय में लिखना या बोलना; —*v.i.*, चलना। > हैन्-डॅल

hand/loom, करघा, हथ-करघा; **~-made,** हाथ का बना; **~maid,** नौकरानी*, दासी*; **~-note,** चिट्ठी*, हस्तांक-पत्र; **~-operated,** हस्तचालित; **~-picked,** चुनिन्दा; **~rail,** कटघरा; **~saw,** दस्ती आरी*।

han(d)sel, *n.*, 1. उपहार; 2. (*first sale*) बोहनी*; 3. (*specimen*) बानगी*; —*v.*, उद्घाटन क०; आरंभ क०। > हैन्सॅल

handsome, 1. मनोहर, रमणीय, चारु; 2. काफ़ी बड़ा, अच्छा खासा, उदार; 3. (*proper*) यथोचित, समुचित, अच्छा। > हैन्सॅम

hand-to-mouth, कमाऊ-खाऊ; live ~, रोज़ पानी पीना।

handwork, हस्तकार्य, दस्तकारी*।

handwriting, लिखावट*, लिपि*, हस्तांक, हस्तलिपि*। > हैन्ड्राइटिन्ग

handy, 1. (*deft*) दक्ष, सिद्धहस्त, पटु; 2. (*accessible*) सुलभ, पास; 3. (*convenient*) सुविधाजनक, आराम का; 4. (*easy to handle*) सुचालनीय; **~man,** दर्जी की सुई, सर्वकर्मकर। हैन्-डि

hang, *v.*, 1. लटकाना, टाँगना; लटकना, टँगना; 2. (*execute*) फाँसी* देना; 3. फाँसी* चढ़ना, टँग जाना; 4. (*swing*) झूलना; 5. (*hesitate*) आगा-पीछा क०; 6. अनिश्चित होना, विचाराधीन होना; —*n.*, 1. लटकन, लटक*; 2. (*declivity*) ढाल*; 3. (*pause*) गतिरोध; 4. भाव, अर्थ; 5. (*mechanism*) विरचना*, प्रक्रिया*; 6. (*knack*) ढंग; **~about,** मँडराता रहना; **~back,** झिझकना; **~on,** पकड़ना; करता रहना; निर्भर होना; पर आधारित होना; ध्यानपूर्वक सुनना। > हैन्ग

hangar, विमानशाला*। > हैन्ग्-अ

hangdog, नीच, कमीना। > हैन्ग्डॉग

hanger, 1. (*hangman*) जल्लाद, बधिक; 2. लटकन; 3. (*engin.*) कुहनी*; 4. (*peg*) खूँटी*; **~-on,** 1. पिछलगू, पिछलगा; 2. (*parasite*) उपजीवी। > हैन्ग्-अॅ; हैन्ग्-अॅर्-ऑन

hanging, *adj.*, 1. लटकनेवाला, निलंबी; 2. (*sloping*) ढालू; 3. (*steep*) प्रपाती; 4. अनिश्चित; 5. उदास; —*n.*, लटकाव; फाँसी*; ढाल*; लटकन; परदा। > हैन्ग्-इन्ग

hangnail, गलका। > हैन्ग्-नेल

hank, 1. (*skein*) लच्छा, अट्टी*; 2. (*naut.*) गुण्डी*। > हैंक

hanker, ललकना, ललचना, लालायित होना; **~ing,** उत्कण्ठा*, ललक*। > हैन्ग्-कॅ, ~रिन्ग

hanky-panky, बाज़ीगरी*, शोबदेबाज़ी*; चालबाज़ी*, धोखेबाज़ी*। > हैंकिपैंकि

hansom, घोड़ा-गाड़ी*, ताँगा। > हैन्सॅम

haphazard, *n.*, संयोग, इत्तफ़ाक, यदृच्छा*; —*adv.*, 1. संयोग से, इत्तफ़ाक़न, इत्तफ़ाक़ से, यदृच्छया; 2. (*carelessly*) लापरवाही* से, योंही; —*adj.*, 1. अव्यवस्थित, गड्डमड्ड, गड्डबड्ड, ऊलजलूल, बेतरतीब; 2. (*casual*) इत्तफ़ाक़िया, आकस्मिक, यादृच्छिक, संयोगजन्य; 3. (*random*) अविचारित, अललटप्पू, अटकलपच्चू। > हैप्हैज़ॅड

hapless, अभागा। > हैप्-लिस

haplo/graphy, ~logy, समाक्षरलोप, आवृत्तिलोप। > हैप्लॉग्-रॅफ़ि; हैप्लॉलॅजि

haploid, अगुणित, मूलसंख्यक। > हैप्लॉइड

happen, 1. घटित होना, घटना; 2. (*chance*) संयोग होना; **~ing,** घटना*। > हैपॅन

happily, सुखपूर्वक; संयोग से, सौभाग्य से; उचित ढंग से। > हैप्-इ-लि

happiness, 1. सुख-शान्ति*, सुख, आराम; 2. (*luck*) सौभाग्य; 3. (*fitness*) औचित्य, उपयुक्तता*। > हैप्-इ-निस

happy, 1. सुखी, ख़ुश, प्रसन्न, प्रमुदित; 2. सौभाग्यशाली, भाग्यवान्; 3. उपयुक्त, उचित; 4. (*auspicious*) शुभ, मंगल; **~-go-lucky,** *adj.*, बेफ़िक्र, निश्चिन्त, लापरवाह, अलमस्त; *—adv.*, लापरवाही* से; संयोग से। > हैप्-इ

harangue, *n.(v.)* (लम्बा-चौड़ा या उग्र) भाषण (देना)। > हरैना

harass, तंग क०, सताना, परेशान क०; **~ment,** 1. (*act.*) उत्पीड़न, संतापन; 2. परेशानी*; कष्ट, तकलीफ़*, मुसीबत* आफ़त*। > हैरॅस, ~मॅन्ट

harbinger, अग्रदूत। > हाब्-इन्-जॅ

harbour, *n.*, बन्दरगाह, पोताश्रय, पत्तन; आश्रय, शरण*; *—v.*, 1. शरण* या आश्रय देना या लेना; 2. (*cherish*) मन में रखना। > हाब्-अॅ

hard, *adj.*, 1. (*not soft*) कड़ा, कठोर, सख्त; 2. (*solid*) ठोस, कड़ा, पक्का; 3. (*to endure*) कठोर, कड़ा, कठिन; 4. (*to understand*) कठिन, दुरूह, दुर्बोध; 5. (*to do*) कठिन, दुष्कर, दुःसाध्य; 6. (*unfeeling*) कठोर, कड़ा, निष्ठुर, सख़्त निर्दय; 7. (*violent*) सख्त, प्रचण्ड, तीव्र, तीक्ष्ण; 8. (*phon.*) अघोष; 9. (*miser*) कंजूस, कृपण; *—adv.*, परिश्रम से; ज़ोर से; कठिनाई* से, मुश्किल* से; सख्ती* से, कठोरता* से; ~ and fast, पक्का; ~cash, रोकड़*; सिक्के; ~ currency, दुर्लभ मुद्रा*; ~money, धातु-मुद्रा*, सिक्के; ~labour, कठोर श्रम; ~of hearing, ऊँचा सुननेवाला, मन्दकर्ण; ~palate, कठोर तालु; ~water, भारी पानी, कठोर जल; ~up, तंगहाल। > हाड

hard-bitten, दुर्दमनीय, अदम्य; **~-boiled,** कठोर।

harden, कठोर, दृढ़, कठिन, कड़ा बनना या बनाना; **~ed,** कठोरीकृत; कठोरीभूत, दृढ़ीभूत; **~ing,** *n.*, कठोरीकरण; कठोरीभवन, दृढ़ीभवन; *—adj.*, दृढ़ीकारक। > हाडॅन; हाडॅन्ड; हाडॅनिन्ग

hard/-headed, होशियार, व्यवहार-कुशल, समझदार; **~-hearted,** कठोर, निष्ठुर, पाषाणहृदय; **~ihood,** 1. (*daring*) साहस; 2. (*impudence*) ढिठाई*; **~iness,** साहस; ढिठाई*; तगड़ापन; **~ly,** 1. मुश्किल* से, कठिनाई* से, 2. (*harshly*) सख्ती* से; 3. (*unlikely*) असंभाव्य, असंभावनीय; **~mouthed,** मुँहज़ोर; **~ness,** कठोरता*, कड़ाई*; कठिनाई*; सख्ती*; **~-pan,** कठोर अधःस्तर, कड़ी तह*; **~-set,** तंगहाल; कड़ा, दृढ़; हठीला; **~ship,** दुर्भाग्य; कष्ट, दुःख-तकलीफ़*, विपत्ति*; **~tack,** जहाज़ी बिस्कुट; **~ware,** लोहे का सामान; **~-wearing,** टिकाऊ; **~-working,** परिश्रमी; **~-y,** साहसी; ढीठ; तगड़ा, हट्टाकट्टा, हृष्टपुष्ट, कड़ा; तितिक्षु।

hare, ख़रगोश, खरहा, शशक; **~-brained,** 1. मूर्ख; 2. (*rash*) उतावला, अविवेकी; 3. (*mad*) पागल; **~lipped,** ओठकटा। > हे'अॅर

harem, हरम, अन्तःपुर, ज़नानखाना। > हे'अॅरॅम

haricot, सालन। > हैरिको

hark(en), ध्यान से सुनना, ध्यान देना। > हाक, हार्कॅन

harlequin, भाँड़, मसख़रा; **~ade,** मसखरापन। > हाल्-इ-क्विन; हालिक्विनेड

harlot, वेश्या*, रण्डी*, पतुरिया*; **~ry,** वेश्यावृत्ति*। > हालॅट; हालॅट्रि

harm, *n.*, 1. हानि*, उपहानि*, क्षति*; 2. (*hurt*) चोट*; 3. (*evil*) बुराई*, पाप; *—v.*, हानि* या चोट* पहुँचाना; अहित क०, का अपकार क०; **~ful,** हानिकर, हानिकारक; **~less,** 1. अहानिकर; 2. (*person*) अनपकारी, अनपकारक; 3. (*unobjectionable*) बेउज़्र। > हाम

harmonic, *adj.*, 1. अनुकूल, सुसंगत; 2. (*math.*) हरात्मक; 3. (*sound*) संनादी; *—n.*, हार्मोनिक; **~s,** हार्मोनिक विश्लेषण, संनाद-विश्लेषण। > हामॉन्-इक

harmonious, 1. सुव्यवस्थित, सुसंगत; 2. शान्तिमय, सद्भावपूर्ण, मैत्रीपूर्ण; 3. (*sound*) समस्वर, सुस्वर, श्रुतिमधुर। > हामोन्यॅस

harmonium, हारमोनियम। > हामोन्यॅम

harmonize, संगत या समस्वर होना या क०; **~d,** सुमेलित (*sights*) > हामॅनाइज़

harmony, 1. समन्वय, सामंजस्य, संगति*; सुमेल; 2. मेल, मिलाप, मैत्री*, मित्रभाव; 3. (*agreeable aspect*) सुव्यवस्था*, ससंगति*, सौन्दर्य; 4. (*sound*) स्वरसंगति, समस्वरता*, सुरीलापन, तालमेल। > हामॅनि

harness, *n.*, साज़; *v.*, 1. साज़ चढ़ाना; जोतना; 2. (*fig.*) के काम में लगाना या लाना। > हान्-इस

harp, *n.*, वीणा*, बीन*; *v.*, 1. वीणा* बजाना; 2. (*~on*) का राग अलापना। > हाप

harpoon, मत्स्यभाला, काँटेदार बर्छी*। > हापून

harpy, चुड़ैल*। > हापि

harquebus, (पुरानी) तोप*। > हाक्विबॅस

harridan, डायन*। > हैरिडॅन

harrow, *n.*, हैरो, हेंगा, पटरा, पाटा; *v.*, 1. हेंगा, हैरो या पटरा चलाना; 2. (*wound*) चोट* पहुँचाना, चीरना, काटना; 3. दुखाना, यंत्रणा* या कष्ट देना, उत्पीड़न क०, सताना; 4. लूटना। > हैरो

harry, उजाड़ना, लूटना; सताना, तंग क०, दुखाना। > हैरि

harsh, 1.(*severe*) रूक्ष, रूखा, कठोर, अप्रिय, कटु, कड़ा, निष्ठुर; 2. (*forbidding*) डरावना, विभीषण; 3. (*to ear*) कर्णकटु, कर्कश; 4. (*to touch*) रूखा,

रूक्ष; 5. (*to taste*) कटु, चरपरा; 6. (*to eye*) कड़ा तेज़। > हाश

hart, (लाल) हरिण। > हाट

hartal, हड़ताल*। > हाटाल

harum-scarum, लापरवाह, उतावला, अविवेकी, दु:साहसी; उच्छृँखल, निरंकुश। > हे'अॅरॅम्स्के'अॅरॅम

haruspex, सगुनिया। > हॅरॅस्पे'क्स

harvest, *n.*, 1. (*time*) फ़सल*; 2. (*crop*) फ़सल*, सस्य, शस्य, पैदावार*, उपज*; 3. (*result*) परिणाम; —*v.*, फ़सल* काटना, लुनना; एकत्र क०, जमा क०; **~er,** लुनेरा; फ़सल* काटने की कल*, मशीन* या यन्त्र; **~moon,** शरच्चन्द्र, सस्य-पूर्णिमा*। > हाव्-इस्ट; हाव्-इस्-टॅ

hash, *v.*, क़ीमा क०, काटकर टुकड़े-टुकड़े क०; —*n.*, 1. क़ीमा; 2. (*medley*) खिचड़ी*, घाल-मेल। > हैश

hashish, hasheesh, भाँग*। > हैशीश

hasp, 1. छपका; 2. (*skein*) लच्छा; ~and *staple*, छपका-कुण्डा। > हास्प

hassock, 1. गुच्छ, गुप्फा, पूला; 2. (*cushion*) आसनी*, मुसल्ला, सज्जादा। > हैसॅक

hastate, कुन्ताभ। > हैस्टेट

haste, *n.*, 1. जल्दी*, त्वरा*, शीघ्रता*; 2. (*hastiness*) जल्दबाज़ी*, उतावली*, हड़बड़ी*; 3. (*urgency*) अविलम्बता*, अत्यावश्यकता*; —*v.*, जल्दी* क०। > हेस्ट

hasten, जल्दी* क० या कराना, हड़बड़ी* मचाना। > हेसॅन

hastily, जल्दी; जल्दबाज़ी* से। > हेस्-टि-लि

hasty, 1. फुरतीला; 2. उतावला, हड़बड़िया; 3. अविचारी; 4. (*short-tempered*) चिड़-चिड़ा; 5. (*of words*) कड़ा, क्रोधपूर्ण, तेज़, उग्र; 6. (*of actions*) अविचारित; 7. (*of a look etc.*) सरसरी। > हेस्-टि

hat, टोपी*, हैट। > हैट

hatch, *n.*, 1. आधा दरवाज़ा; 2. (*of ship*) फलका; 3. (*brood*) सेने की क्रिया*; पोटे, पूर, झोल; 4. (*outcome*) परिणाम; 5. (*lines*) रेखा-छाया*; —*v.*, 1. सेना; अण्डे से निकलना; 2. (*devise*) योजना* तैयार क०; 3. (*plot*) षड्यन्त्र क०; **~ery,** अंडज उत्पत्तिशाला*; **~ing,** रेखाच्छादन; **~way,** फलका-मुख। > हैच; हैचॅरि; हैच्-इन्ग

hatchet, कुल्हाड़ी*। > हैच्-इट

hate, 1. से बैर या द्वेष रखना या क०; 2. (*dislike*) से नफ़रत* क०; नापसन्द क०, घृणा* क०; **~ful,** कुत्सित, घृणित। > हेट

hatred, बैर, द्वेष, विद्वेष; घृणित। > हेट्-रिड

hauberk, कवच, बकतर, बख्तर। > हॉ:बॅ:क

haughty, अभिमानी, घमण्डी, दंभी, अहंकारी। > हॉ:ट्-इ

haul, *v.*, 1. घसीटना, खींचना; 2. (*transport*) लादकर ले जाना, ढोना, परिवहन क०; 3. (*naut*) मोड़ना; —*n.*, 1. कर्षण; 2. (*catch*) बझाव, फँसाव; 3. (*profit*) प्राप्ति*, लाभ; **~age,** कर्षण; 2. (*expense*) ढुलाई*; 3. वहन। > हॉ:ल; हॉ:ल्-इज

ha(u)lm, 1. डण्ठल; 2. (*straw*) पयाल, पुआल। > हॉ:म

haunch, चूतड़, पुट्ठा, कूल्हा। > हॉ:न्च

haunt, *v.*, 1. आना-जाना, आवा-जाही* लगाना; 2. (*pester*) पीछे पड़ना, तंग क०; 3. मन में आया क०; 4. (*obsess*) लग जाना; —*n.*, 1. अड्डा, बसेरा; 2. (*of criminals*) अड्डा; **~ed,** भूताविष्ट, भुतहा। > हॉ:न्ट; हॉ:न्-टिड

hauteur, दर्प, अभिमान। > ओटॅ:

have, पास होना, रखना; पाना, प्राप्त क०; लेना; उठाना; करना; कराना; ~it out, (झगड़ा) निपटाना; **~s,** and have-nots, सधन और निर्धन। > हैव

haven, बन्दरगाह; आश्रय। > हेवॅन

haversack, झोला। > हैवॅसैक

havildar, हवलदार। > हैव्-इलडा

havoc, विध्वंस, बरबादी*, तबाही*। > हैवॅक

haw, (*of eye*) बताना। > हॉ:

hawk, *n.*, 1. बाज़, श्येन, शिकरा (*small*); 2. (*cheat*) धोखेबाज़; —*v.*, बाज़ से शिकार खेलना; 2. (*attack*) छापा मारना; 3. (*sell*) फेरी* लगाना; 4. (*spread*) फैलाना; 5. (*clear the throat*) खखारना; **~-cuckoo,** पपीहा; **~er,** फेरीवाला, पैकार; **~-eyed,** तीक्ष्णदृष्टि, सुदूरदर्शी; **~-moth,** जमुहाँ; **~-nosed,** शुकनास; **~'s-bill,** बाज़ठोंठी कछुआ। > हॉ:क; हॉ:क्-अॅ; हॉ:क्-आइड

hawse-hole, लंगर-छेद। > हॉ:ज़्होल

hawse-pipe, सांकल-नली*। > हॉ:ज़्पाइप

hawser, तीनपान। > हॉ:ज़्-अॅ

hawthorn, बन-संजली*। > हॉ: थॉ:न

hay, सूखी घास*; **~fever,** परागज ज्वर। > हे; हे-फ़ीव्-अॅ

hazard, *n.*, 1. संयोग, दैव, भाग्य; 2. (*peril*) जोखिम*, ख़तरा, आपद्*, आपद*, संकट; 3. (*obstacle*) बाधा*; —*v.*, 1. (*stake*) दाँव या बाज़ी* पर रखना; 2. (*expose to danger*) खतरे या संकट में डालना; जोखिम* में पड़ना या उठाना; 3. (*venture*) का साहस क०; **~ous,** 1. भाग्याधीन, दैवी; 2. (*dangerous*) संकटमय, खतरनाक, जोखिमी। > हैज़ॅड; हैज़ॅडॅस

haze, *n.*, 1. धुन्ध*; 2. (*of mind*) उलझन*, द्विविधा*, अनिश्चय; —*v.*, सताना, तंग क०। > हेज़

hazelnut, पहाड़ी बादाम। > हेज़ॅल्नॅट

haziness, धुँधलापन। > हेज़्-इ-निस

hazy, 1. धुँधला; 2. अस्पष्ट, अनिश्चित, 3. (*with drink*) नीममस्त, मत्तप्राय। > हेज़्-इ

he, *pronoun*, वह; *adj.*, नर; *n.*, पुरुष। > ही

head, *n.*, 1. सिर, सर, शीर्ष, मुण्डक; 2. (*intelligence*) बुद्धि*, मस्तिष्क, दिमाग़; 3. (*aptitude*) योग्यता*; 4. (*person*) व्यक्ति; 5. (*of cattle*) रास*; 6. (*of coin*) चित, चेहरा; 7. (*top*) शीर्ष, चोटी*, शिखर; शीर्षभाग; 8. (*extremity*) सिरा, शीर्ष; 9. (*of boil*) मुँह; 10. (*antler*) मृगशृंग; 11. (*front*) अग्रभाग, सामना; 12. (*of a drink*) झाग, फेन; 13. (*of lake*) दहना; 14. (*of river*) निकास, उद्गम; 15. (*of bed*) सिरहाना; 16. (*of ship*) अग्रभाग; 17. (*of arrow*) नोक*; 18. (*promontory*) अन्तरीप; 19. (*chief*) अध्यक्ष, प्रधान; 20. (*topic*) विषय; 21. (*of account*) मद*, शीर्ष; 22. (*crisis*) संकटावस्था*, चरमबिन्दु; —*v.*, का नेतृत्व क०; प्रथम होना; की ओर* बढ़ना या मोड़ना; सर से मारना; —*adj.*, प्रधान, मुख्य; प्रथम; अगला; सम्मुख, प्रतिकूल। > है'ड

head/ache, सरदर्द; **~band,** सरबन्द; **~-dress,** 1. टोपी*, 2. पगड़ी*; 3. शिरोवस्त्र; 4. (*veil*) घूंघट, ओढ़नी*; **~ing,** शीर्षक; **~lamp,** अग्रदीप; **~land,** 1. (*agric.*) सिरे की छूट*; 2. (*geogr.*) अन्तरीप; **~light,** अग्रदीप; **~line,** शीर्षक; सुर्खी, मुखसमाचार; **~long,** 1. सिर के बल; 2. (*uncontrolled*) बड़ी तेज़ी* से; 3. (*impetuously*) अन्धाधुन्ध; **~man,** मुखिया; **~master,** प्रधानाध्यापक; **~-office,** प्रधान कार्यालय, मुख्यालय; **~-on,** *adj.*, सामने का; *adv.*, आमने-सामने; —collision, सम्मुख टक्कर*; **~phone,** आकर्णक; **~piece,** शिरस्त्राण; **~quarters,** मुख्यालय; **~-rest,** सिरहाना; **~sman,** जल्लाद; **~stall,** (*of bridle*), सिरदुआली*; **~strong,** हठी, हठीला, ज़िद्दी; **~way,** 1. गति*; 2. प्रगति*; 3. (*space overhead*) शीर्षान्तर; 4. (गाड़ियों* की) दूरी* या अन्तर; **~-wear,** शीर्ष-परिधान, सिर का पहनावा; **~wind,** प्रतिवात, सम्मुख हवा*; **~y,** 1. उतावला, जल्दबाज़; उग्र, प्रचण्ड; 2. (*of drink*) मादक। > हे'ड्-एक; हे'ड्-इन्ग; हे'ड्-लन्ड; हे'ड्-इ

heal, 1. स्वस्थ क०, अच्छा क०; 2. (*reconcile*) (झगड़ा) निपटाना, मेल क०; 3. अच्छा या चंगा हो जाना; 4. (*of wound*) भर जाना; **~er,** चिकित्सक, रोगहर। > हील; हील्-अॅ

health, स्वास्थ्य, तन्दुरुस्ती*, आरोग्य; **~y,** 1. स्वस्थ, तन्दुरुस्त, नीरोग; 2. (*healthful*) स्वास्थ्यकर; लाभप्रद। > हे'ल्थ; हे'ल्थ्-इ

heap, *n.*, ढेर, अम्बार; 2. (*amount*) राशि*; —*v.*, 1. ढेर लगाना, संचय क०; 2. बरसाना, बहुत अधिक देना; 3. कूटकूटकर भर देना; 4. ढेर लगना। > हीप

hear, सुनना; सुन लेना, ध्यान देना; सुनवाई* क०; मानना, स्वीकार क०; ~! ~!, साधु, साधु; **~er,** श्रोता; **~ing,** 1. श्रवण; 2. श्रवणशक्ति*; 3. (*audience*) सुनवाई*; 4. (*law*) सुनवाई*, पेशी*; 5. (*distance*) श्रवणसीमा*; **~ing aid,** श्रवण-सहाय; **~say,** *n.*, अनुश्रुति*, सुनी-सुनाई*, जनश्रुति*, अफ़वाह*, किंवदन्ती*; —*adj.*, अनुश्रुत, सुना-सुनाया। > हिअॅ; हिअॅर्-अॅ; हिअॅर्-इन्ग

hearse, अरथी*, अर्थी*, रत्थी*। > हॅ:स

heart, 1. हृदय, दिल, हृत्; 2. (*bosom*) छाती*, उर, वक्षःस्थल; 3. (*courage*) साहस, हिम्मत*, कलेजा, जीवट; 4. (*centre*) केन्द्र, मध्य; 5. मध्यभाग; 6. (*essence*) सार, मर्म; 7. (*card*) पान का पत्ता; at~, अन्दर ही अन्दर, वास्तव में; by~, कण्ठस्थ; **take to~,** पर गंभीरतापूर्वक विचार क०; से दुःखी होना। > हाट

heart/ache, मनोव्यथा*; **~beat,** हृत्स्पन्द, धड़कन*; **~-breaking,** अत्यन्त दुःखद, हृदयविदारक; **~-broken,** शोकार्त्त, भग्नहृदय; **~burn,** 1. हृद्दाह, अम्लशूल; 2. (*envy*) ईर्ष्या*, अन्तर्दाह; **~-disease,** हृदयरोग।

hearten, ढाढ़स या ढारस देना या बँधाना, दिलासा देना; प्रोत्साहित क०, बढ़ावा देना। > हाटॅन

heart/-failure, हृदयगति* का रुक जाना, हृद्पात, हृदयसंघट्ट; **~felt,** हार्दिक, आन्तरिक; निष्कपट; **~ily,** हृदय से, निष्कपट भाव से; उत्साह से; ख़ूब, पूरी तरह*; **~less,** निर्दय; हतोत्साह; **~-rending,** हृदयविदारक, मर्मभेदी; **~-shaped,** हृदयाकार; **~sick,** उदास, निरुत्साह, विषण्ण; **~-stirring,** मर्मस्पर्शी; **~-strings,** आन्तरिक भाव, मर्म; ~to~, गाढ़ा, घनिष्ठ; **~-wood,** अन्तःकाष्ठ; **~y,** 1. हार्दिक, सच्चा, निष्कपट; 2. (*strong*) तीव्र; 3. (*healthy*) स्वस्थ; 4. (*nourishing*) पुष्टिकर, बलवर्द्धक; 5. (*abundant*) भरा-पूरा, प्रचुर। > हाट्-इ

hearth, 1. चूल्हा; 2. (*family*) घर, परिवार; 3. (*of furnace*) भट्ठी-तल; **~stone,** अँगीठी* का पत्थर। > हाथ

heat, *n.*, 1. गरमी*, ताप, ऊष्मा*; उष्णता*; 2. (*hot weather*) गर्मी*; 3. (*fever*) ज्वर; 4. (*sensation*) जलन*; 5. (*excitement*) गरमी*, जोश, उत्तेजना*, आवेग; 6. (*climax*) चरमबिन्दु, चरम; 7. (*of race etc.*) हल्ला, प्रारंभिक दौड़* या प्रतियोगिता*; 8. (*of animals*) मस्ती*, कामोत्तेजना*; मदकाल; *v.*, गरम क० या हो जाना; उत्तेजित क० या हो जाना; **~er,** तापक, ऊष्मक; **~ing,** तापन; **~proof,** तापसह; **~-stroke,** तापाघात; **~treatment,** तापोपचार; **~-wave,** गरमी* की लहर*, तापतरंग*। > हीट; हीट्-अॅ; हीट्-इन्ग

heath, 1. बंजर, बीढ़, अंजोत-भूमि*; 2. (*~er*) झाड़ी*; **~-berry,** झरबेरी*; **~-cock,** जंगली मुरगा; **~-hen,** जंगली मुरगी*। > हीथ

heathen, 1. ग़ैर-ईसाई; ग़ैर-यहूदी; ग़ैर-मुसलमान, काफ़िर; मूर्तिपूजक; 2. (*irreligious*) म्लेच्छ, विधर्मी। > हीदॅन

heather, झाड़ी*। > हे'-दॅ

heave, *v.*, 1. उठाना, उछालना; 2. (*swell*) उभरना या उभारना, फूलना या फुलाना; 3. (*a sigh*) भरना; 4. (*rise and fall*) लहराना; हचकाना; 5. (*retch*) उलटी* क०; 6. (*pant*) हाँफना; —*n.*, 1. उत्क्षेप, उत्क्षेपण; 2. (*horizontal displacement*) पार्श्वक्षेप, अनुप्रस्थ विस्थापन; 3. (*pl., disease of horses*) हँफनी*। > हीव्; हीव्ज़

heaven, आकाश, आसमान; स्वर्ग, परलोक; **~ly,** 1. आकाशीय; खगोलीय; 2. दिव्य, स्वर्गीय; 3. (*causing happiness*) आनन्दप्रद, सुखद; —body, खगोलीय पिण्ड। > हे'वन; लि

heavily, 1. बहुत अधिक, बेढब, बेतरह; 2. (*clumsily*) मुश्किल* से; भद्देपन से। > हे'विलि

heaviness, 1. भारीपन; 2. (*dullness*) नीरसता*; 3. (*dejectedness*) उदासी*। > हे'विनिस

heavy, 1. भारी, वज़नी, बोझिल, वज़नदार; 2. (*fig.*) भारी; 3. (*large*) भारी, बड़ा, विशाल; 4. (*violent*) तीव्र, विकट; 5. (*grave*) गंभीर, गहरा; 6. (*difficult*) कठिन; 7. (*distressing*) दुःसह, दुःखद; 8. (*depressed*) उदास, खिन्न; 9. (*of food*) भारी; 10. (*of road*) दुर्गम, दुस्तर; 11. (*dull*) नीरस, भारी; **~-handed,** 1. (*clumsy*) अनाड़ी; 2. (*oppressive*) कठोर, निर्दय; **~-hearted,** उदास, खिन्न। > हे'वि

hebdomadal, साप्ताहिक। > हे'ब्डॉमॅडॅल

hebetate, *v.*, जड़ बनना या बनाना; *adj.*, 1. जड़, मूर्ख; 2. (*bot.*) कुंठित। > हे'ब्-इटेट

hebetude, जड़ता*; मूर्खता*। > हे'ब्-इ-ट्यूड

Hebraic, इब्रानी। > हिब्रेइक

Hebraism, इब्रानी विशेषता*, दर्शन, धर्म या मुहावरा। > हीब्-रेइज़्म

Hebrew, 1. इब्रानी, इबरानी, यहूदी; 2. (*language*) इब्रानी*। > हीब्रू

hecatomb, शतमेध; महायज्ञ। > हे'कॅटोम

heckle, 1. (*hackle*) तूमना; 2. प्रश्नों से तंग क०। > हे'कॅल

hectic, 1. क्षयरोग का; 2. (*flushed*) आरक्त, लाल; 3. (*exciting*) उत्तेजक, खलबली-पूर्ण; ~fever, क्षयरोग, प्रलेपक। > हे'क्-टिक

hector, 1. (*brag*) शेख़ी* बघारना; 2. (*bully*) रोब जमाना, डराना-धमकाना। > हे'क्-टॅ

hedge, *n.*, बाड़ा, घेरा; *v.*, 1. बाड़ा लगाना; 2. घेरना; 3. बचाव क०; 4. (*shilly-shally*) हिचकिचाना, आगा-पीछा क०; **~hog,** 1. काँटाचूहा; 2. (*porcupine*) साही*। > हे'ज; हे'ज्हॉग

hedonic, सुखविषयक, सुखपरक, सुखात्मक; सुखवादी; **~s,** सुख-दुःखविज्ञान। > हीडॉन्-इक

hedonism, सुखवाद। > हीडॅनिज़्म

hedonistic, सुखवादी; भोगी। > ही-डॅ-निस्-टिक

heed, *n.* (*v.*), ध्यान (देना, रखना) सावधानी*; **~ful,** सावधान, सतर्क, चौकस; **~less,** असावधान, अनवधान, लापरवाह; **~lessness,** असावधानी*, अनवधानता*, लापरवाही*। > हीड

heehaw, *n.*, 1. हींस* रेंक*; 2. (*loud laugh*) ठहाका; —*v.* रेंकना; ठहाका लगाना। > ही-हॉः

heel, *n.*, 1. एड़ी*; 2. (*of hoof*) खूंटी*; 3. (*hoof*) खुर; 4. (*of shoe*) गुल; 5. (*list*) झुकावट*, झुकाव; —*v.*, 1. एड़ी* लगाना; 2. (*chase*) पीछा क०; 3. (*cockfighting*) काँटा लगाना; 4. (*lean*) झुकना; झुकाना; **~-rope,** पिछाड़ी*। > हील

heft, *n.*, भार; महत्त्व; *v.*, उठाना; **~y,** 1. भारी; 2. (*big and strong*) भारी-भरकम। > हे'फ़्ट; हे'फ्-टि

hegemonic, प्रमुख; शासक। > हीगिमॉन्-इक

hegemony, 1. (*leadership*) नेतृत्व; 2. (*predominance*) आधिपत्य, प्राधान्य। > हिगे'मॅनि = हिजे'मॅनि

hegira, 1. हिजरी; 2. (*flight*) हिजरत*। > हे'-जि-रॅ

he-goat, बकरा। > ही-गोट

heifer, कलोर*, ओसर*। > हे'-फ़ॅ

height, 1. ऊँचाई*; 2. (*top*) चोटी*, शिखर; 3. (*utmost*) पराकाष्ठा*, चरमसीमा*। > हाइट

heighten, ऊँचाा क० या हो जाना; बढ़ना या बढ़ाना। > हाइटॅन

heinous, घृणित, जघन्य; घोर। > हे'नॅस

heir, 1. वारिस, दायाद, दायाधिकारी; 2. (*successor*) उत्तराधिकारी; **~apparent,** प्रत्यक्ष उत्तराधिकारी; युवराज; **~ presumptive,** प्रकल्पित (संभावित) उत्तराधिकारी। > ए'ॲ; ए'अरॅपैरन्ट

heir/dom, ~ship, उत्तराधिकार; **~ess,** दायादा*; **~loom,** कुलागत वस्तु*। > ए'ॲडॅम; ए'ॲर्-इस; ए'ॲलूम

heliacal, सहसूर्य। > हिलाइॲकॅल

helianthus, सूरजमुखी। > हीलिऐन्थॅस

helical, कुण्डलिनी-; कुण्डलीदार, बलदार, सर्पिल। > हे'ल्-इकॅल

helicoid, 1. कुण्डलाभ; 2. (*math.*) सर्पिलज। > हे'ल्-इ-कॉइड

helicopter, हेलिकॉप्टर, उदग्ररोही। > हे'ल्-इ-कॉप्-टॅ

helio, सूर्य-; **~centric,** सूर्यकेन्द्री(य); **~chrome,** रंगीन फोटोग्राफ़। > हील्-इयो, ~से'न्-ट्रिक, ~क्रोम

heliograph सूर्यचित्रिक, हिलियोग्राफ़; **~ic,** सूर्यचित्रीय। > हील्-इयोग्राफ़; हीलियोग्रैफ़्-इक

helio/gravure, चित्रोत्कीर्णन; **~scope,** सूर्यदर्शी। > हीलियोग्रव्युॲ; हील्-इअस्कोप

heliotro/pe, 1. (*Indicum*) हत्थ-जड़ी*, हस्तिशुण्डा*; 2. (*strigosum*) ऊँटकटारा; **~pic,** सूर्यानुवर्ती; **~pism,** सूर्यानुवर्तन।
> हे'ल्यॅट्रोप; हे'लिओट्रॉप्-इक
हे'लिऑट्रॅपिज़्म

helium, हीलियम। > हील्यॅम

helix, 1. (*coil*) कुण्डल, कुण्डली*; 2. (*of ear*) कर्णसर्पिला*; 3. (*math.*) कुण्डलिनी*; 4. (*snail*) घोंघा। > हील्-इक्स

hell, नरक; **~-cat,** डायन*; **~-fire,** नरक-यातना*; **~-hound,** पिशाच; **~-ish,** नारकीय।
> हे'ल; हे'ल्-इश

Hellene, Hellenic, यूनानी।
> हे'लीन, हे'लीन्-इक

Hellenism, यूनानी मुहावरा; यूनानी संस्कृति*; यूनानीवाद। > हे'ल्-इ-निज़्म

helm, 1. पतवार*, कर्ण, सुक्कान; 2. (*control*) नियंत्रण, संचालन; **~sman,** कर्णधार (*also fig.*) सुक्कानी।
> हे'ल्म; हे'ल्म्ज़्-मॅन

helmet, टोप, शिरस्त्राण। > हे'ल्-मिट

helminth, कृमि; **~iasis,** कृमिरोग; **~ic,** कृमि-; **~oid,** कृमिरूप; **~ology,** कृमि-विज्ञान।
> हे'ल्-मिन्थ;
हे'ल्-मिन/थाइॲसिस, ~थॉलॅजि

helot, दास, गुलाम; **~ism,** दासता*, गुलामी*; **~ry,** दासवर्ग; दासता*। > हे'लॅट; हे'लॅटिज़्म; हे'लॅट्रि

help, *n.*, 1. सहायता*, मदद*; 2. (*remedy*) उपाय; 3. **(~er),** सहारा, सहायक, मददगार; 4. (*servant*) नौकर; 5. (*~ing, of food*) खुराक*; —*v.*, 1. सहायता* क०, मदद* देना; 2. (*promote*) बढ़ावा देना, बढ़ाना; 3. (*alleviate*) आराम देना, हलका क०; 4. (*remedy*) उपाय क०; 5. (*avoid*) दूर क०, टालना; 6. (*serve*) परोसना, परसना; 7. (*wait on*) सेवा* क०; सेवा-टहल* क०। > हे'ल्प

helper, सहायक, मददगार। > हे'ल्प्-अॅ

help/ful, 1. सहायक; 2. (*useful*) उपयोगी, लाभदायक, लाभकर; 3. अनुकूल; **~less,** 1. दुर्बल, कमज़ोर; 2. निस्सहाय, असहाय, निराश्रय, निरवलम्ब; 3. (*incompetent*) अनाड़ी, अयोग्य; **~mate, ~meet,** साथी, सहायक; पत्नी*; पति।

helter-skelter, *n.*, हड़बड़ी*; *adv.*, हड़बड़ी*; में; —*adj.*, अस्तव्यस्त। > हे'ल्-टॅ-स्के'ल्-टॅ

helve, बेंट*, दस्ता। > हे'ल्व

hem, *n.*, 1. (*of cloth*) गोट*, गोटा, मग़ज़ी*; 2. (*border*) किनारा; —*v.*, गोट* लगाना; घेरना; रोक* लगाना; गला साफ़ क०; हिचकना, आगा-पीछा क०।
> हे'म

hem., *see* HAEM.

hemi-, अर्ध-; **~crania,** अधसीसी*; **~cycle,** अर्धवृत्त; **~hedral,** अर्धफलकीय; **~plegia,** पक्षाघात, अर्धांगघात; **~sphere,** गोलार्ध; **~spherical** अर्धगोल; **~stitch,** अर्धाली*, चरणार्द्ध, अर्धपद। > हे'म्-इ; हे'म्-इस्टिक

hemlock, 1. विषगर्जर; 2. (*tree*) सरल।
> हे'म्लॉक

hemp, 1. (*jute*) सन, शण; 2. (*Indian ~*) गाँजा; 3. (*perennial Indian ~*) उलट-कम्बल; 4. (*Deccan ~*) अम्बारी; 5. (*drug*) भाँग*, चरस*।
> हे'म्प

hen, मुरगी*; मादा*; **~bane,** (*Indian*), खुरासानी अज़वायन*; **~-coop, ~-roost,** मुरगीख़ाना; **~-hearted,** डरपोक; **~peck,** पति पर शासन क०; **~pecked,** स्त्रैण, स्त्रीवश, जोरू* का गुलाम।
> हे'न

hence, 1. यहां से; 2. (*~forth*) अब से; 3. (*therefore*) अत:, इसलिए। > हे'न्स

henchman, अनुचर। > हे'न्च्मॅन

hendeca-, एकादश-; **~gon,** एकादशभुज; **~hedron,** एकादशफलक; **~syllabic,** एकादशाक्षर। > हे'न्डे'कॅ; हे'न्डे'कॅगॅन;
हे'न्डे'कैहे'ड्रॅन; हे'न्डे'कॅसिलैब्-इक

hendiadys, विशेषण अलंकार। > हे'न्डाइॲडिस

henna, मेंहदी*। > हे'न्-अॅ

henotheism, एकैकाधिदेववाद। > हे'नोथीइज़्म

hepat/ectomy, यकृत-अपच्छेदन; **~ic,** यकृति, यकृत-, याकृत, यकृतीय, जिगरी; **~itis,** यकृत-शोथ।
> हे'पॅटे'क्टॅमि; हिपैट्-इक; हे'पॅटाइट्-इस

hepta-, सप्त-; **~gon,** सप्तभुज; **~hedron,** सप्तफलक; **~ngular,** सप्तकोण; **~rchy,** सप्ततंत्र; **~syllabic,** सप्ताक्षर।
> हे'प्-टॅ, ~गॅन, ~हे'ड्रॅन; हे'प्-टैन्-ग्यु-लॅ;
हे'प्-टा-कि; हे'प्टॅसिलैब्-इक

herald, *n.*, अग्रदूत; *v.*, घोषणा* क०। > हे'रॅल्ड

heraldry, कुलचिह्न; कुलचिह्न-विद्या*। > हे'रॅल्-ड्रि

herb, 1. शाक; 2. (*medicinal*) बूटी*, जड़ी-बूटी*, औषधि*; **~aceous,** शाकीय, शाकी; **~age,** 1. घासपात; 2. (*law*) पशुचारण-सुखभोग; **~alist,** औषधि-विक्रेता; **~arium,** वनस्पति-संग्रहालय; उद्भिज-संग्रह। > हॅ:ब; हॅ:बेशॅस; हॅ:ब्-इज;
हॅ;बॅलिस्ट; हॅ:ब'ॲर्-इॲम

herbi/cide, शाकनाशी; **~ferous,** शाकमय; औषधिमय; **~vore, ~vorous,** शाकभक्षी, तृणभक्षी।
> हॅ:ब-इसाइड;
हॅ:बिफ़ॅरॅस; हॅ:ब्-इ-वॉ:; हॅ:बिवॅरॅस

herby, शाकमय, शाक-संकुल; शाकीय। > हॅ:ब्-इ

herculean, भीमकाय, भारी-भरकम; अत्यन्त कठिन, भागीरथ; **~effort,** भगीरथ प्रयत्न।
> हॅ:क्यूल्यॅन = हॅ:क्युलीॲन

herd, *n.*, 1. यूथ, गोवृन्द (*of cattle*) गल्ला, झुण्ड; 2. जनसाधारण, भीड़*, झुण्ड; —*v.*, झुण्ड में रहना; एकत्र हो जाना या क०; चराना; **~sman,** चरवाहा, पशुपालक; **~instinct,** यूथवृत्ति*, भेड़िया-धँसान*। > हॅ:ड, हॅ:ड्ज़-मॅन

here, 1. यहाँ; 2. (*~below*) इस दुनिया* में, इहलोक में; ~and there, यत्र-तत्र, जहाँ-तहाँ, इधर-उधर, इतस्तत:; neither ~ nor there, असंगत, अप्रासंगिक; (इसका) कोई महत्त्व नहीं (है); **~about,** आसपास, यहाँ कहीं; **~after,** *adv.*, भविष्य में, आइन्दा; इसके बाद; परलोक में; —*n.*, भविष्य; परलोक; **~at,** इस पर; **~by,** इसके द्वारा, एतद्द्वारा; **~in,** इसमें; **~inafter,** इसके आगे; **~inbefore,** इसके पहले; **~tofore,** अब तक; इसके पहले; **~under,** नीचे, आगे चलकर; **~upon,** इस पर; इसके तुरत बाद; इसके ठीक आगे; **~with,** इसके साथ; इसके द्वारा। > हिॲ; हिॲरॅबाउट

hereditable, दाययोग्य। > हिरे 'ड्-इटॅबॅल

hereditament, 1. दाय; 2. (*inheritance*) दायासि*। > हे 'रिडिटॅमॅन्ट

hereditary, 1. वंशानुगत, वंशागत, पुरुषानुक्रमिक, पैतृक, मौरूसी, पुश्तैनी; 2. (*biol.*) आनुवंशिक; ~right, वंशागत अधिकार, मौरूसी हक़। > हिरे 'ड्-इटॅरि

heredity, आनुवंशिकता*। > हिरे 'ड्-इटि

heresiarch, धर्मद्रोही। > हिरीज़-इआक

heresy, अपधर्म, विधर्म; अपसिद्धान्त, अनधिकृत मत। > हे 'रॅसि

heretic, विधर्मी, अपधर्मी। > हे 'रिटिक

heretical, विधर्मी, भ्रांत; अनधिकृत, अप्रामाणिक। > हिरे 'ट्-इकॅल

heri/table, 1. दाययोग्य; 2. (*biol.*) वंशागत; **~tage,** 1. दाय, मीरास*, बपौती*, पैतृक सम्पत्ति*; 2. (*tradition*) परम्परा*, कुल-परम्परा*; **~tor,** उत्तराधिकारी, दायभागी। > हे 'रिटॅबॅल; हे 'रिटिज; हे '-रि-टॅ

hermaphro/dite, उभयलिंगी; **~ditism,** उभयलिंगिता*। > हॅ:मैफ़-रॅ/डाइट, ~डाइटिज़्म

hermeneutic, व्याख्यात्मक; **~s,** भाष्य-विज्ञान। > हॅ:मिन्यूट्-इक

hermetic(al) वायुरुद्ध। > हॅ:मे 'ट्-इक

hermit, एकान्तवासी, वैखानस; **~age,** आश्रम। > हॅ:म्-इट; हॅ:म्-इ-टिज

hernia, हर्निया*, वर्ध्म, अन्त्रवृद्धि*। > हॅ:न्यॅ

hero, वीर; नायक; **~ic,** 1. वीरोचित; 2. (*of poetry*) वीररस-प्रधान, वीर-; 3. (*exalted*) उदात्त, ओजस्वी; 4. (*extreme*) आत्यन्तिक, आपातिक; **~ine,** वीरांगना*; नायिका*; **~ism,** वीरता*; **~ize,** वीर समझना, शूरवीर के रूप में पूजा* क०; वीर बनना; **~-worship,** वीरपूजा*। > हिॲरो; हिरोइक; हे 'रोइन; हे 'रोइज़्म, हे 'रोआइज़; हिॲरो वॅ:शिप

heron, बगुला, बक; common ~, आँजन बगुला; night~, वाक बगुला; pond ~, बगुली*। > हे 'रॅन

herpes, परिसर्प। > हॅ:पीज़

herpetology, सरीसृपविज्ञान। > हॅ:पिटॉलॅजि

herring, हिलसा; **~-bone,** *adj.*, आड़ा; **~-bone stitch,** तिरछी सीवन*। > हे 'रिन्ग

hestiancy, दुबधा*, अनिश्चय, असमंजस*, हिचर-मिचर, आगा-पीछा। > हे 'ज्-इटॅन्सि

hesitant, अनिश्चित, हिचकिचानेवाला, अनिश्चयी। > हे 'ज़्-इटॅन्ट

hesitate, 1. हिचकना, आगा-पीछा क०; 2. रुकना, अटकना; 3. अनिच्छुक होना, अनिच्छा* से क०; 4. (*stammer*) हकलाहट*। > हे 'ज़्-इटेट

hesitation, हिचकिचाहट*, हिचक*, अनिश्चय, आगा-पीछा, झिझक*; गतिरोध, अटकाव, विराम; अनिच्छा*; हकलाहट*। > हे 'ज़िटेशॅन

hesitative, शंकाशील; संदेहात्मक। > हे 'ज्-इ-टेटिव

hetaera, hetaira, 1. गणिका*; 2. (*concubine*) उपपत्नी*। > हे 'टिॲर्-ॲ; हे 'टाइर्-ॲ

hetero-, विषम-, पर-। > हे 'टॅरॅ

hetero/chromous, विषमवर्णी; **~clite,** अपवाद; **~cyclic,** विषमचक्रीय। > हे 'टॅरॅक्रोमॅस; हे 'टॅरोक्लाइट; हे 'टॅरॅसाइक्-लिक

heterodox, शास्त्रविरुद्ध, असनातनी; **~y,** अपसिद्धान्त। > हे 'टॅरॅ/डॉक्स, ~डॉक्सि

heteroecious, भिन्नाश्रयी। > हे 'टॅरीशॅस

heterogamete, विषमयुग्मक। > हे 'टॅरोगॅमीट

hetero/gamous, विषमयुग्मकी; **~gamy,** विषमयुग्मन। > हे 'टरॉगॅ/मॅस, ~मि

hetero/geneity, विजातीयता*; विषमांगता*; विषमता*; **~geneous,** 1. (*motley*) पंचमेल; 2. (*foreign*) बाहरी; विजातीय; विषमांग; 3. (*math.*) विषम। > हे 'टॅरॅ/जिनीइटि, ~जीन्यॅस

heterogenesis, 1. विषमजनन; 2. (*spontaneous generation*) स्वत:जनन। > हे 'टॅरॅजै 'न्-इसिस

heteromorphic, विषमरूपी; विभिन्नरूपी। हे 'टॅरोमॉ:फ़्-इक

hetero/nomous, परतन्त्र, परायत्त; **~nomy,** परतन्त्रता*, परायत्तता*। हे 'टरॉनॅ/मॅस, ~मि

heterosexual, इतरलिंगकामी; इतरलिंगी; **~ity,** इतरलिंगकामुकता*। > हे 'टॅरोसे 'क्स्यु/ॲल, ~ऐल्-इटि

heuristic, (*method*), स्वत:शोध (प्रणाली*)। > ह्युअॅ-रिस्-टिक

hew, 1. चीरना, काटना; 2. (*fell*) काट गिराना। > ह्यू

hexa-, षट्-, षड्-; **~gon,** षडभुज; **~gonal,** षड्भुजाकार; षट्कोणीय, चतुरक्ष; **~hedron,** षट्फलक; **~merous,** षट्तयी; **~meter,** षट्पदी*; **~pod,** षट्पद। > हे'क्सॅगॅन; हे'क्सैगॅनॅल; हे'क्सँहे'ड्रॅन > हे'क्सैमॅरॅस; हे'क्-सैम्-इ-टॅ; हे'क्सॅपॉड

heyday, 1. बहार*, यौवन; 2. (*of youth*) यौवन; 3. (*of prosperity*) स्वर्ण-काल। > हेडे

hiatus, 1. (*lacuna*) रिक्ति*; 2. (*phon.*) स्वरविच्छेद, विवृति*। > हाइएटॅस

hibernate, 1. जाड़ा बिताना; 2. शीतस्वाप क०। > हाइबॅ:नेट

hibernation, शीतनिष्क्रियता*, शीतस्वाप, शीतनिद्रा*, परिशयन। > हाइबॅनेशॅन

hibiscus, Chinese, जपाकुसुम, अड़हुल, गुड़हर। > हिबिस्कॅस

hiccup, hiccough, *n.*(*v.*), हिचकी* (लेना); हिक्का*। > हिकॅप

hidden, 1. गुप्त, अप्रत्यक्ष, प्रच्छन्न; 2. (*mysterious*) रहस्यमय। > हिडॅन

hide, *n.*, खाल*, चरसा; *v.*, छिपाना; गुप्त रखना; छिप जाना; **~-and-seek,** आँख-मिचौली*, लुका-छिपी*; **~bound,** 1. दुबला-पतला; 2. (*of trees*) तंगछाल; 3. (*narrow-minded*) संकीर्ण, दक़ियानूस, पुराणपंथी। > हाइड

hideous, 1. (*odious*) घृणित, घिनावना, बीभत्स; 2. (*dreadful*) विकराल, भीषण; भयंकर। > हिड्-इ-ॲस

hiding, गोपन, छिपाव; छिपने की जगह*, निभृतस्थान। > हाइड्-इना

hie, जल्दी जाना या चलना; जल्दी* क०। > हाइ

hierarch, महाधर्माधिकारी; **~ic(al),** धर्म-तन्त्रीय, धर्मतन्त्रात्मक; श्रेणीबद्ध; **~ism,** धर्मतन्त्रवाद; **~y,** 1. धर्मतन्त्र, पुरोहित-तन्त्र; 2. धर्माधिकारी-वर्ग; 3. (*ordered entity*) अनुक्रम, तारतम्य, आनुपूर्व; अनुपूर्वी*, क्रम-परम्परा*; पदानुक्रम; श्रेणीबद्ध संगठन, समाज या समूह; 4. (*theology*) श्रेणीबद्ध देवदूत। > हाइॲराक; हाइॲराक्/इक, ~इकॅल; हाइॲराकि

hieratic, याजकीय। > हाइॲरैट्-इक

heirocracy, याजकतन्त्र, धर्मतन्त्र; (श्रेणीबद्ध) याजकवर्ग। > हाइॲरॉक्-रॅसि

hieroglyph, चित्रलिपि*; **~ic,** चित्रलिपि* का; प्रतीकात्मक; गूढ़, दुर्बोध। > हाइॲरॅग्लिफ़; हाइॲरॅग्लिफ्-इक

hierophant, महायाजक; रहस्य-व्याख्याता। > हाइॲरॅफ़ैन्ट

higgle, मोलतोल क०, भाव-ताव क०; फेरी* लगाना। > हिगॅल

higgledy-piggledy, *n.*, घालमेल; *adj.*, गड्डमड्ड। > हिग्-ॲल्-डि-पिग्-ॲल्-डि

high, *n.*, उच्च-दाब-क्षेत्र (*meteorol.*); *adj.*, 1. ऊँचा, उच्च, उत्तुंग; 2. (*fig., explosive, frequency, price, pressure, resistance, speed, temperature, tension, vacuum, vowel*) उच्च; 3. (*chief*) प्रधान, मुख्य; 4. (*exalted*) उच्च, श्रेष्ठ, महा-, महान्, उन्नत, उत्तम, उत्कृष्ट; 5. (*grave*) भारी, महा-, घोर; 6. (*expensive*) महँगा; 7. (*violent*) तीव्र, प्रचण्ड, प्रबल; 8. (*shrill*) तीक्ष्ण; 9. अतिप्राचीन; 10. (*haughty*) घमण्डी; 11. (*extreme*) कट्टर, पक्का; 12. (*hilarious*) प्रफुल्ल; 13. (*luxurious*) विलासमय; 14. (*extravagant*) उच्छृंखल, निरंकुश, असंयत; ~and dry, स्थल पर, सूखे पर; निस्सहाय; ~and low, सर्वत्र; on~, ऊँचाई* पर; स्वर्ग में; ~command, आला कमान*; ~commissioner, उच्चायुक्त; ~court, उच्चन्यायालय; ~fidelity, उत्तम तद्रूपता*; ~jump, ऊँची कूद*; ~life, रईसी जीवन; गुलछर्रा; ~mass, महायाग; ~priest, 1. महायाजक; 2. (*the* —) प्रधानयाजक; ~school, उच्चविद्यालय; ~seas, खुला सागर, महासमुद्र; ~tension, उच्चवोल्टता*; ~tide, उच्च ज्वार*, पूरबेला*; ~treason, महाराजद्रोह; ~vacuum, अति-निर्वात; ~water, पूर्ण ज्वार*; ~water level, ज्वार-तल, पूर्ण-ज्वार-सीमा*; उच्चतम जलस्तरांक। > हाई

high/-angle fire, उच्चकोण फ़ायर; **~-born,** कुलीन, अभिजात; **~-caste,** उच्चजाति; **~-class,** उत्कृष्ट; उच्चवर्ग; **~-coloured,** चमकीला, अतिरंजित; **~-day,** उत्सव; **~er,** उच्चतर; **~est,** उच्चतम; **~-fidelity,** उच्चतद्रूप; **~-flier,** महत्त्वाकांक्षी; **~flown,** महत्त्वाकांक्षी; आडम्बरपूर्ण; **~-grade,** उत्कृष्ट; **~-handed,** उद्धत; स्वेच्छाचारी, निरंकुश, मनमाना; **~land,** उच्चभूमि*; अधित्यका*; **~-level,** उच्चस्तरीय; **~light,** विशिष्टता*; **~ly,** अत्यन्त; speak — of, प्रशंसा* क०; **~-minded,** उच्चाशय, मनस्वी; **~ness,** ऊँचाई*; उच्चता*; अत्रभवान् (Your —); तत्रभवान् (His—); **~-pitched,** 1. तीक्ष्ण; कर्णभेदी; 2. (*lofty*) उच्च; 3. (*of roof*) बहुत ढालू; **~-powered,** 1. शक्तिशाली; 2. (*of microscope*) बृहदावर्धक; **~-priced,** महँगा; **~-sounding,** गुंजायमान; **~-spirited,** साहसी, निर्भीक; तेजस्वी; **~-strung,** अतिसंवेदनशील; उत्तेजनशील; **~-toned,** उच्च, कर्कश; उच्चाशय; **~way,** राजपथ, राजमार्ग, जनपथ; **~wayman,** बटमार।

hike, *n.*(*v.*), पैदल सैर* (क०), पदयात्रा*। > हाइक

hilarious, प्रफुल्ल, प्रसन्नचित्त, उल्लसित। > हिले'ॲर्-इॲस

hilarity, उल्लास, प्रहर्ष; आमोद-प्रमोद। > हिलैरिटी
hill, पहाड़ी*; ढेर; **~ock,** छोटी पहाड़ी*, उपगिरि, टीला, टेकरी*, टेकड़ी*; **~y,** पहाड़ी, पर्वतीय; **~-station,** पहाड़ी स्थान, पहाड़ी सैरगाह*। > हिल; हिलॅक
hilt, मूठ*, दस्ता, हत्था; (up) to the ~, पूर्णतया, बिलकुल। > हिल्ट
hilum, नाभिका*। > हाइलॅम
hind, *adj.*, पश्च-; *n.*, 1. हरिणी*, हिरनी*, मृगी*; 2. (*rustic*) देहाती; **~leg,** पाँव; **~quarters,** पट्ठा; **~ermost, ~most,** पिछला; **~sight,** पश्च दृष्टि*। > हाइन्ड; हाइन्डॅमोस्ट; हाइन्ड्मोस्ट
hinder, रोकना, अटकाना, विघ्न, रुकावट* या बाधा* डालना। > हिन्-डॅ
hindrance, बाधा*, विघ्न, अड़चन*, रुकावट*; रोक*, रुकावट*, अवरोधन। > हिन्ड्रॅन्स
hinge, *n.*, 1. कब्ज़ा, चूल*; 2. (*anat.*) कोर*; 3. मूल सिद्धान्त; —*v.*, क़ब्ज़े पर घूमना; पर निर्भर रहना; **—d,** क़ब्ज़ेदार; **~-joint,** कोरसन्धि*। > हिन्ज
hinny, *v.*, हिनहिनाना, हींसना; *n.*, हिनी (खच्चर) > हिन्-इ
hint, *n.*, (*v.*), संकेत (क०), इशारा, इंगित। > हिन्ट
hinterland, पश्च या भीतरी प्रदेश; पृष्ठ प्रदेश। > हिन्टॅलैन्ड
hip, 1. कूल्हा, पुट्ठा, नितम्ब, श्रोणि*; 2. (*archi.*) काठी*; **~-bath,** कटि-स्नान; **~-bone,** नितम्ब-अस्थि*; **~-roof,** काठीछत*; **~-joint,** श्रोणि-सन्धि*। > हिप
hippo/campus, अश्वमीन; **~drome,** रंगभूमि*, अखाड़ा; **~potamus,** दरियाई घोड़ा। > हिपॅकैम्पॅस; हिपॅड्रोम; हिपॅपॉटॅमॅस
hircine, छागल। > हॅ:साइन
hire, *n.*, किराया, भाड़ा; *v.*, किराये पर लेना या देना; **~d,** किराये का; **~ling,** भाड़े या किराये का टट्टू; **~-purchase,** भाटक-क्रय, किराया-खरीद*; **~r,** भाड़ेदार, किरायेदार। > हाइअॅ; हाइअॅड; हाइअॅलिंग
hirsute, रोयेंदार, बालदार; दीर्घलोमी। > हॅ:सयूट
hirsutism, अधिरोमता*। > हॅ:स्यूटिज़्म
hispid, दृढ़लोमी। > हिस्-पिड
hiss, *v.*, 1. फुफकारना, सिसकारना; 2. (*deride*) सीटी* बजाना, हूट क०; —*n.*, 1. सिसकारी*, फुफकार, फूत्कार, सिसकार; 2. सीटी*; 3. (*phon.*) ऊष्म वर्ण। > हिस
histo/logy, ऊतक-विज्ञान, औतिकी*; **~lysis,** ऊतकलयन। > हिस्टॉलॅजि; हिस्टॉल्-इसिस
histo/rian, इतिहासकार; इतिहासज्ञ; **~rical,** 1. ऐतिहासिक; 2. (*historic*) इतिहास-प्रसिद्ध; **~ricity,** ऐतिहासिकता*; **~riographer,** इतिहासकार, इतिहासलेखक; **~riography,** इतिहास-लेखन। > हिसटॉ:र्-इअॅन; हिस्टॉरिकॅल; हिस्टॉरिक; हिस्टॉ:रि ऑग/रॅफ़्, ~ रॅफ़ि
history, इतिहास, इतिवृत्त, पूर्ववृत्त। > हिस्टॅरि
histrion, अभिनेता; **~ic,** नाटकीय; नटविषयक; कृत्रिम, पाखण्डी; **~ics,** अभिनय-कला*, नाट्य-कला*; अभिनय; पाखण्ड। > हिस्-ट्रि-अॅन; हिस्ट्रिऑन्-इक
hit, 1. मारना, प्रहार क०, आघात क०; 2. से टकराना, भिड़ना, टक्कर* खाना; 3. (*injure*) चोट* या हानि* पहुँचाना; 4. ठोकर* खाना या लगना; 5. (*guess*) ठीक अनुमान क०; 6. (*find*) पाना, पता लगाना; 7. अनुकूल होना; —*n.*, 1. मार*, प्रहार, आघात; 2. (*collision*) टक्कर*; 3. चोट*, ठोकर*; 4. मार्मिक व्यंग्य, ताना; 5. सौभाग्य, भाग्योदय; 6. सफल रचना*; सफलता*; **~off,** नकल* क०; **~ or miss,** लापरवाही* से; **~(out) at,** मारना; निन्दा* क०, तीव्र आलोचना* क०। > हिट
hitch, *n.*, 1. झटका, धक्का; 2. (*limp*) लंगड़ी चाल*; 3. (*entanglement*) अटकाव, अड़चन*; 4. (*catch*) खटका, फन्दा; 5. (*knot*) गाँठ*; —*v.*, लँगड़ाना; खिसकाना; फँस जाना, अटकना; बाँधना, अटकाना; जोड़ना; **~-bar,** योजक दण्ड; **~-hiking,** अनुरोध सैर*। > हिच
hither, इधर; ~ and thither, इधर-उधर; **~to,** अब तक। > हिद्-अॅ; हिदॅटू
Hittite, हित्ती। > हिटाइट
hive, *n.*, 1. छत्ताधानी*, मधुमक्खी-पेटिका*; 2. (*swarm*) मधुगण, पोआ; 3. (*people*) भीड़भाड़,* 4. चहलपहल-भरी जगह*; —*v.*, छत्ते में रहना, रखना या एकत्र क०; संग्रह क०, एकत्र क०; साथ रहना। > हाइव्
hives, पित्ती*। > हाइव्ज़
ho, 1. (*calling*) हे!; 2. (*surprise*) ओ हो, अरे, ओह, अहो; 3. (*admir.*) वाह; 4. (*triumph*) अहा; 5. (*derision*) छि। > हो
hoar, *adj.*, 1. (*grey*) धूसर; 2. (*of hair*) पलित, पक्का, सफ़ेद; —*n.*, 1. (*hoariness*) पलित, पुरानापन; 2. (*~-frost*) पाला, धवल-तुषार; **~hound,** पहाड़ी गंधा*, तितपत्ती*। > हॉ:
hoard, *n.*, 1. (अप) संचय, ज़खीरा; 2. (*treasure*) ख़ज़ाना; —*v.*, (अप)संचय क०, जमा क०; **~er,** जमाखोर, ज़ख़ीरेबाज़; **~ing,** जमाख़ोरी*, ज़खीरेबाज़ी*; तख़्तों का घेरा, टट्टी*। > हॉ:ड; हॉ:ड्/अॅ, ~इन्ग
hoarse, 1. (*harsh*) कर्कश; 2. फटा, भग्न स्वर; **~n,** फट जाना, गला फटना; गला फाड़ना; **~ness,** फटी आवाज़*, फटापन, स्वरभंग। > हॉ:स
hoary, धूसर; पलित, पलिकेशी, श्वेतकेशी, श्वेतरोमिल; पुराना, पुरातन। > हॉ:र्-इ
hoax, *n.*, (*v.*) जुल (देना)। > होक्स

hob, (*peg*),खूँटी*। > हॉब

hobble, *v.*, 1. (*go unsteadily*) भचकना, लड़खड़ाना; 2. (*limp*) लँगड़ाना; 3. (*stammer*) हकलाना; 4. (*be clumsy*) भद्दे ढंग से काम क०; 5. (*an animal*) छाँदना; 6. (*hamper*) अटकाना; —*n.*, 1. लँगड़ी चाल*, लँगड़ाहट*; 2. (*fetter*) छाँद*; **~dehoy,** पट्ठा; **~dehoyhood,** लड़कपन। >हॉबॅल, ~डिहॉइ

hobby, 1. शौक, शग़ल, हॉबी*, व्यासंग; 2. (*bird*) शिकरा; **~-horse,** कठघोड़ा, लिल्ली घोड़ी*। > हब्-इ, ~हॉ:स

hobgoblin, 1. बेताल; 2. (*bugbear*) हौआ। > हॉब्गॉब्लिन

hobnail, गुलमेख़*, फुलिया*; गँवार, देहाती। > हॉब्नेल

hob-nob, मेलजोल रखना; साथ मदिरापान क०। > हॉब्नॉब

hobo, 1. उठल्लू मज़दूर; 2. (*tramp*) आवारागर्द, घुमक्कड़। > होबो

hock, *n.*, (*v.*), घोड़ानस*, कूंच* (काटना)। > हॉक

hockey, हाकी*। > हॉक्-इ

hocus, 1. जुल देना, बहकाना; 2. (*drug*) बेहोश कर देना; **~-pocus,** *n.* (*v.*) छूमन्तर, तन्त्र-मन्त्र; बाज़ीगरी* क०; छलकपट क०। > होकॅस, ~पोकॅस

hod, कठड़ा। > हॉड

hodge-podge, खिचड़ी* (*also fig.*) > हॉज्पॉज

hodiernal, आजकल का, आधुनिक। > हॉडिअॅ:नॅल

hodo/graph, वेगालेख; **~meter,** चक्कर-मापी। > हॉडॅग्राफ़; हॉ-डॉम्-इ-टॅ

hoe, *n.*, फावड़ा, कुदाली*; *v.*, गोड़ना। > हो

hog, *n.*, (ख़स्सी) सूअर; pigmy ~, सानो बनैल; ~badger, भालूसूअर; —*v.*, 1. (*archback*) पीठ* ऊँचा कर लेना; 2. (*trim*) कतरना; **~back,** शूकरकटक, शूकरपृष्ठ; **~-deer,** पाढ़ा; **~gish,** पेटू; गन्दा; कमीना, नीच, स्वार्थी; **~-gum,** अंजीर; **~-plum,** अँबाड़ा, आम्रातक, आमड़ा; **~shead,** पीपा; **~weed,** पुनर्नवा*, गदहपूरना*। > हॉग; हॉग्-इश; हॉग्ज़्हे'ड

hoi polloi, जनसाधारण। > हॉइ पॉलॉइ

hoist, *v.*, 1. उठाना, ऊपर उठाना; 2. (*a flag*) फहराना; —*n.*, हविस; **~ing,** उत्तोलन। > हॉइस्ट; हॉइस्ट्-इना

hoity-toity, *adj.*, 1. ज़िन्दादिल, विनोदशील; 2. (*flighty*) चुलबुला, चंचल; 3. (*haughty*) घमण्डी; ð4. (*petulant*) चिड़चिड़ा; —*n.*, आमोद-प्रमोद; चुलबुलापन। > हॉइट्-इ-टॉइट्-इ

hokey-pokey, छलकपट। > होक्-इ-पोक्-इ

hokum, अनाप-शनाप। > होकॅम

hold, *v.*, 1. (कसकर) पकड़ना; 2. रोकना; 3. रखना; 4. (*restrain*) नियन्त्रित क०, वश में रखना; 5. धारण क०, में स्थान होना; 6. (*own*) का अधिकारी या स्वामी होना, पास रखना; 7. (*a post*) पर होना, संभालना; 8. रक्षा* क०, सुरक्षित रखना; 9. मनाना; करना, आयोजन क०; 10. समझना; 11. निर्णय क०; 12. आकृष्ट क०; 13. (पर) दृढ़ रहना, टिकना; 14. (~ *good*) लागू होना; 15. बना रहना; —*n.*, 1. पकड़*; 2. प्रभाव; 3. (*prison*) क़ैद*, कारावास; 4. (*of ship*) ख़ाव, फलका; get~ of, 1. (*catch~of*) पकड़ना; 2. प्राप्त क०; **~back,** रोकना; हिचकना; रोक रखना, पास रखना; **~down,** नियन्त्रित रखना; **~forth,** भाषण देना; प्रस्तुत क०, प्रस्ताव क०; **~good,** लागू होना, काम देना, पर्याप्त होना; **~in,** रोक रखना; नियंत्रित क०; **~off,** दूर रखना; रोकना; **~on,** पकड़* में रखना, पकड़ता रहना; करता रहना; **~one's own,** डटे रहना; **~out,** बना रहना; डटे रहना; प्रस्ताव क०, प्रस्तुत क०, आगे बढ़ाना; **~over,** स्थगित क०; रोक लेना, उठा रखना; बना रहना, ठहरना; **~up,** सँभालना; प्रदर्शित क०, दिखलाना; बना रहना; रोकना; लूटना; **~with,** से सहमत होना; अनुमोदन क०; का पक्ष लेना। > होल्ड

hold/all, बिस्तरबन्द; **~back,** रोक*, विघ्न, बाधा*; **~er,** धारी, धारक; **~fast,** 1. पकड़*, जकड़*; 2. संलग्नक; 3. (*hook*) अँकुड़ा, आँकड़ा, काँटा। > होल्डॉ:ल; होल्ड्-अॅ; होल्ड्फ़ास्ट

holding, 1. (*land*) जोत*; जोत-क्षेत्र; 2. (*pl.*) सम्पत्ति*; **~company,** नियन्त्रक कम्पनी*; **~ground,** तल-पकड़*। > होल्ड्-इना

hold-up, अवरोध, रोक*, रुकावट*; बटमारी*। > होल्ड्-अॅप

hole, *n.*, 1. छिद्र, छेद, रन्ध्र, सूराख़; घर (*of stirrup etc.*); 2. (*pit*) गड्ढा, विवर; 3. (*pool*) कुण्ड; 4. (*lair*) बिल, माँद*; 5. गन्दा स्थान; 6. (*gap*) रिक्ति*, अभाव, कमी*; 7. (*flaw*) दोष; —*v.*, छिद्र बनाना; छेद में डालना; खोदना। > होल

holey, छिद्रिल। > होल्-इ

holiday, छुट्टी*, अवकाश; **~-camp,** अवकाश-शिविर; **~-maker,** सैलानी। > हॉलॅडि = हॉल्-इ-डे

holiness, पवित्रता*, सन्तता*; His ~, सन्त पापा, पोप। > होल्-इनिस

hollo, holler, चिल्लाना, पुकारना। > हॉलो, हॉल्-अॅ

hollow, (*adj.*) 1. खोखला, पोला; 2. (*of cheeks*) पिचका हुआ; 3. (*concave*) अवतल; 4. (*empty*) खाली, छूछा; 5. (*worthless*) थोथा, निस्सार, छूछा, तत्त्वहीन, निरर्थक; 6. (*false*) झूठा, बनावटी; —*n.*, 1. गड्ढा; 2. (*valley*) घाटी*; 3. (*depression*) धसकन*; 4. (*of the throat*) दुगदुगी*; —*v.*, खोखला बनना या बनाना; धँसना; **~-backed,** ज़ीनपुश्त; **~-eyed,** धँसी आँखोंवाला; **~-hearted,** कपटी, झूठा; **~ware,** बरतन-बासन। > हॉलो

holly, शूलपर्णी; **~hock,** गुलखैरू, खतमी*। > हॉल्-इ, ~हॉक

holm, नदीद्वीप; टापू; कछार; **~-oak,** सदाबहार बलूत। > होम; होम्-ओक

holo/blastic, पूर्णभंजी; **~caust,** पूर्णाहुति*, आहुति*, होम; सत्यानाश, विध्वंस, अग्निकाण्ड; **~graph,** स्वलेख; **~graphic,** स्वलिखित; **~hedral,** पूर्णफलकीय; **~metabolic,** पूर्ण रूपांतरिक; **~phrase,** एकशब्दी वाक्य। > हॉलॅब्लैस्-टिक हॉलॅकॉःस्ट; हॉलॅग्राफ; हॉलॅग्रैफ़-इक; हॉलॅहे'ड्रॅल; हॉलॅमे'टॅबॉल्-इक; हॉलॅफ्रेज़

holster, खोल, क़बूर। > होल्-स्टॅ

holy, पवित्र, पावन, पुण्य, पूत; H~ Land, पुण्य-देश, फ़िलिस्तीन; H~of Holies, परमपावन मन्दिर-गर्भ; ~orders, पुरोहिताभिषेक; H~ See, रोम का धर्मपीठ, परमधर्म-पीठ; H~ Thursday, पुण्य बृहस्पतिवार; ~water, आशिष-जल, अभिमन्त्रित जल; H~Week, पुण्य सप्ताह; H~ Writ, धर्मग्रन्थ, बाइबिल*; **~day,** पुण्यदिवस, धर्मोत्सव; **~stone,** झाँवाँ। > होल्-इ; होल्-इ-डे; होल्-इ-स्टोन

homage, श्रद्धांजलि*, समादर, सम्मान; do, pay ~ to, को श्रद्धांजलि*, अर्पित क०, का सम्मान क०। > हॉम्-इज

home, *n.*, घर, (स्व) गृह; निवास; स्वदेश, स्वराष्ट्र; मातृभूमि*; परिवार; अनाथालय, आश्रम; केंद्र; —*v.*, घर चला जाना; —*adj.*, अपना; देशी; घरेलू; at~, घर पर; सुखी, चैन से; से परिचित, में दश; bring ~to, समझाना; दोष देना। > होम

home/-bred, घर का घरेलू, देशी; अपरिष्कृत; **~craft,** गार्हस्थ्य-विज्ञान; **~department, ~office,** गृहमंत्रालय; **~guard,** गृहरक्षक, गृहरक्षी, नगर-सैनिक, नगर-सेना*; **~-keeping,** गृहप्रेमी, घर-घुसना; **~land,** स्वदेश; **~ly,** साधारण, सीधा-सादा; अपरिष्कृत; असुन्दर, कुरूप; **~-made,** घर का (बना हुआ); अपरिष्कृत; **~minister,** गृहमंत्री, स्वराष्ट्र-मंत्री; **~ministry,** गृहमंत्रालय; **~rule,** स्वशासन, स्वराज्य; **~sick,** गृहासक्त, स्वगृहस्मारी, गृह-विरही, गृह-वियोगी; **~spun,** *n.*, खादी*, खद्दर, खद्दड़; *adj.*, घर का (बना); सीधा-सादा, सामान्य; **~stead,** वासभूमि* (-क्षेत्र); **~thrust,** मर्माघात; **~truth,** मर्मोक्ति*।

homicidal, मानवघाती; ~ mania, मानव-वधोन्माद। > हॉमिसाइडॅल

homicide, मानवहत्या*, नरहत्या*, मानववध; नरघाती, हत्यारा; ~ per misadventure, दुर्दैव मानववध; culpable ~, सदोष या अपराधिक~। > हॉम्-इ-साइड

homi/letics, उपदेश-कला*; **~list,** उपदेशक। > हॉमिले'ट्-इक्स; हॉम्-इ-लिस्ट

homily, प्रवचन, धर्मोपदेश; उपदेश। > हॉम्-इ-लि

homing, गृहगामी; **~ pigeon,** पत्रवाहक कबूतर। > होम्-इन्ग

hominy, दलिया। > हॉम्-इ-नि

homoeopath, समचिकित्सक; **~y,** समचिकित्सा*। > होम्यॅपैथ; होमिऑपॅथि

homocentric, संकेंद्री। > हॉ-मॅ-से'न्-ट्रिक

homo/gamous, समयुग्मकी, समपुष्पी; **~gamy,** समयुग्मन, समपुष्पता*। > हॉमॉगॅमॅस; हॉमॉगॅमि

homo/geneity, समांगता*; एकरूपता*; **~geneous,** 1. सदृश, समरूप; समांगी; सजातीय; 2. एकरूप; 3. समशील; 4. (*math.*) समाघात; **~genetic,** सजातीय, सजातिक; **~geny,** सजातीयता*। > हॉमोजिनीइटि; हॉमॅजीन्यॅस; हॉमोजॅने'ट्इक;हॉमॉजॅनि

homograph, समानाकार। > हॉमोग्राफ़

homologate, अनुसमर्थन क०। > हॉमॉलॅगेट

homo/logous, 1. सदृश, समधर्मी; 2. सजातीय; 3. (*biol.*) समजात; **~logue,** समजात; **~logy,** सादृश्य, समधर्मिता*, सजातीयता*; समजातता*। > हॉमॉलॅगॅस; हॉमॅलॉग; हॉमॉलॅजि

homomorphous, समरूपी। > हॉमॅमॉःफॅस

homonym, श्रुतिसम भिन्नार्थक शब्द; समनाम (धारी); **~ous,** श्रुतिसम, समध्वनिक। > हॉमॅनिम; हॉमॉन्-इमॅस

homosexual, समलिंगकामी; **~ity,** समलिंगकामुकता*। > हॉमॅसे'क्स्यूअॅल, हॉमॅसे'कस्यूऐल्-इटि

homosporous, समबीजाणु। > हॉमॅस्पॉःरॅस

homo/zygous, समयुग्मज; **~zygosis,** समयुग्मजता*। > हॉमॅज़ाइगॅस; हॉमॅज़ाइगोस्-इस

homunculus, बौना। > हो-मॅन्क्-यु-लॅस

homy, 1. घरेलू; 2. (*cosy*) आरामदेह, सुखद। > होम्-इ

hone, सान। > होन

honest, 1. ईमानदार, सच्चा, सच्चरित्र; 2. निष्कपट, सत्यवादी; 3. (*genuine*) सच्चा, खरा, असली; 4. (*respectable*) अच्छा, भद्र; **~ly,** सच; ईमानदारी* से; **~y,** ईमानदारी*, सत्यवादिता*, ऋजुता*, आर्जव। > ऑन्-इस्ट; ऑन्-इस्-टि

honey, मधु, शहद; **~-badger,** बिज्जू; **~-bee,** मधुमक्खी*, मधुमक्षिका*; **~-buzzard,** मधुश्येन; **~comb,** *n.*, 1. छत्ता, करण्ड, मधुकोश; 2. (*zool.*) द्वितीय आमाशय; —*v.*, 1. (*riddle*) छलनी* कर देना या हो जाना; 2. जड़* खोदना; **~combed,** छत्तेदार; **~combed with,** से भरा हुआ; **~dew,** मधुरस; **~ed,** मधुमय; **~-guide,** मधुसूचक; **~moon,** मधुमास, आनन्दमास, प्रमोदकाल; **~-sweet,** मधुमधुर; **~-tongued,** मधुरभाषी। > हॅनि

honk, *n.* (*v.*) 1. भोंपू (बजाना); 2. (*of geese*) काँ-काँ क०। > हॉन्क

honorarium, मानदेय। > ऑनॅरे'अॅर्-इअॅम

honorary, सम्मानार्थ, सम्मान, सम्मानी; अवैतनिक। > ऑनॅरॅरि

honorific, सम्मानसूचक, आदरसूचक, आदरवाचक, आदरार्थक। > ऑनॅरिफ़्-इक

honour, *n.*, 1. सम्मान, आदर; 2. (*reputation*) प्रतिष्ठा*, इज़्ज़त*, मर्यादा*; 3. (*integrity*) ईमानदारी*; 4. (*purity*) शुद्धता*; सतीत्व (*of woman*) 5. (*credit*) गौरव, प्रतिष्ठा*; 6. (*title*) उपाधि*; 7. (*pl.*) सम्मान, अनुष्ठान —*v.*, 1. सम्मान या आदर क० या देना; 2. उपासना* क०; 3. (*a bill*) सकारना; debt of ~, मान-ऋण; in ~of, के आदर में, के सम्मानार्थ; sense of ~, आत्मसम्मान की भावना*; title of ~, मानोपाधि*; His ~, तत्रभवान्; Your ~, अत्रभवान्। > ऑन्-अॅ

honourable, 1. माननीय, आदरणीय, सम्मान्य; 2. (*noble*) अभिजात, प्रतिष्ठित; 3. (*upright*) ईमानदार, साधु, सच्चा; 4. प्रतिष्ठापूर्ण, गौरवपूर्ण। > ऑनॅरॅबॅल

hood, 1. छत्र, टोप, शिरोवस्त्र, शिरोवेष्टन; 2. (*acad.*) हुड; 3. (*of hawk*) टोपी*; 4. (*of carriage*) टप, बरसाती*। > हुड

hoodie, कौवा। > हुड्-इ

hoodlum, गुण्डा। > हूड्लॅम

hoodwink, 1. (*blindfold*) आँखों* पर पट्टी* बाँधना; 2. आँखों* में धूल* झोंकना (डालना); 3. धोखा देना। > हुड्विन्क

hoof, *n.*, 1. खुर, शफ; 2. (*of horse*) सुम, टाप*; —*v.*, खुर मारना; **~beat,** टाप*। > हूफ़

hook, 1. आँकड़ा, अंकुड़ा, काँटा; कँटिया*, अँकुसी*, अंकुश; 2. (*coat ~*) खूँटी*; 3. (*fish~*) कँटिया*; 4. (*sickle*) हँसिया*; —*v.*, 1. कँटिया* से बाँधना, पकड़ना, फँसना या फँसाना; 2. (*cheat*) धोखा देना, फँसाना; 3. छीनना, चुराना; ~and eye, छल्ला कुण्डी*; by~or by crook, किसी भी तरह* से; **~up,** मिलाना; **~ed,** आँकड़ेदार; अंकुशाकार; **~let,** अंकुशिका*; **~-nose,** शुकनासिका*; **~-nosed,** शुकनास; **~-up,** अंत:सम्पर्क; **~-worm,** आँकड़ा-कीड़ा, अंकुश-कृमि। > हुक; हुक्-लिट

hookah, हुक़्क़ा, गुड़गुड़ी*। > हुक्-अॅ

hooligan, गुण्डा; **~ism,** गुण्डागिरी*। > हूल्-इ/गॅन, ~गॅनिज़्म

hoop, छल्ला; चक्करदार पट्टी*; **~ing cough,** कुकुर-खाँसी*, ढाँसी*, कुकास। > हूप; हूप्-इन्ग-कॉफ़

hoopoe, हुदहुद। > हूप्-ऊ

hoot, 1. (*of owl*) घुघुआना; 2. (*shout*) शोरगुल मचाना; हूट क०, सीटी* बजाना; **~er,** भोंपू। > हूट; हूट्-अॅ

hoove, अफरा, अफराव, बादी*। > हूव्

hop, *n.*, 1. (*plant*) होप, हॉप; 2. उछाल*; 3. (*flight*) उड़ान*; —*v.*, फुदकना, उछलना; कूदना; उछल-कूद* क०, कुदकना; **~o'-mythumb,** बौना, **~per,** 1. (*insect*) टिड्डा; 2. (*receiver*) दान, दानी*, हापर; 3. (*basket*) टोकरी*। > हॉप; हॉपॅमिथॅम; हॉप्-अॅ

hope, *n.*(*v.*), आशा* (क०), उम्मेद* (क०); प्रत्याशा* (क०), प्रतीक्षा* (क०); भरोसा (रखना); **~ful,** आशावान्, आशान्वित; आशाजनक, आशाप्रद; **~less,** निराश; निराशाजनक। > होप; होप्फ़ुल; होप्-लिस

hopple, छाँदना; *see* HOBBLE। > हॉपॅल

horary, 1. (*horal*) घंटे या घंटों विषयक; 2. (*indicating hour*) घंटा-सूचक; 3. (*hourly*) प्रतिघण्टा; 4. घण्टे भर का। > हॉ: रॅरि; हॉ: रॅल

horde, झुण्ड, गिरोह। > हॉ:ड

horehound, पहाड़ी गंधा*, तितपत्ती*। > हॉ:हाउन्ड

horizon, 1. क्षितिज, दिगन्त; 2. (*geol.*) संस्तर; 3. (अनुभव या ज्ञान की* सीमा); **~tal,** 1. (*of horizon*) क्षैतिज; 2. अनुप्रस्थ, पड़ा; 3. (*level*) समतल, सपाट, समस्तर। > हॅराइज़ॅन; हॉरिज़ॉन्टॅल

hormone, हार्मोन, अंत:स्राव। > हॉ:मोन

horn, 1. सींग, विषाण, शृंग; 2. (*mus.*) तुरही*, तूर्य; 3. (*hooter*) भोंपू; **~beam,** चमखरक; **~bill,** धनेश; **~ed,** सींगदार, शृंगी; **~stone,** शाणाश्म; **~y,** शृंगी, शार्ङ्ग। > हॉ:न; हॉ:न्-इ

hornet, हाड़ा। > हॉ:न्-इट

horo/loge, घड़ी*, घटिका*; **~logist,** घड़ीसाज़; **~logy,** घड़ीसाज़ी*। > हॉरॅलॉज; हॉरॉलॅजिस्ट; हॉरॉलॅजि

horoscope, जन्मपत्री*, जन्मकुण्डली*। > हॉरॅस्कोप

horrible, भयंकर, डरावना, विकराल, विभीषण। > हॉरॅबॅल

horrid, भयंकर; जघन्य, बीभत्स। > हॉरिड

horrific, रोमांचकारी; भयंकर। > हॉरिफ़्-इक

horrify, भयभीत क०, संत्रस्त क०। > हॉरिफ़ाइ

horripilation, रोमांच, रोमहर्षण। > हॉरिपिलेशॅन

horror, 1. संत्रास, दहल*; 2. (*loathing*) बीभत्सा*, घृणा*; 3. बीभत्सता, 4. विभीषिका*, विभीषण; **~-stricken, ~-struck,** संत्रस्त, भयभीत। > हॉ:रॅ

horse, *n.*, 1. घोड़ा, घोड़ी*, अश्व; 2. (*cavalry*) रिसाला; 3. (*gymnastics*) घोड़ा; 4. (*clothes-horse*) कपड़ा टांगने का फ्रेम, घोड़ी*; **~-chestnut,** (*Indian*) बनखोर; **~dung,** लीद*; **~-fly,** घुड़मक्खी*, कुकुरमाछी*, डाँस, गोमक्षिका*; **~-hair,** वेधतन्तु; **~latitudes,** शांत अक्षांश; **~-laugh,** अट्टहास, ठहाका; **~manship,** शहसवारी*; **~mint,** जंगली पुदीना; **~play,** खरमस्ती*; **~power,** अश्वशक्ति*; **~-race,** घुड़दौड़*; **~-radish,** सहिजन, शोभांजन; **~-rider,** घुड़सवार, अश्वारोही; **~shoe,** नाल; **~whip,** चाबुक, कोड़ा। > हॉ:स

hortative, hortatory, उपदेशात्मक। > हॉ: टॅटिव; हॉ:टॅटॅरि

horticulture, बाग़बानी*, उद्यानकृषि*; उद्यान-विज्ञान। > हॉ:ट्-इ-कॅल्-चॅ

hosanna, स्तुतिगान। > हो-ज़ैन्-ॲ

hose, 1. (*stockings*) मोज़ा, जुर्राब*; 2. होज़, रबर का नल। > होज़

hosiery, होज़री*, मोज़ा-बनियाइन* की दूकान*। > होश्ज़॔रि

hospice, आश्रम; धर्मशाला*। > हॉस्-पिस

hospitable, मेहमाननवाज़, मेहमानदार, आतिथेय, सत्कारशील। > हॉस्-पि-टॅ-बल

hospital, अस्पताल, चिकित्सालय; **~ity,** आतिथ्य, आतिथ्य-सत्कार, पहुनाई*; मेहमानदारी*, मेज़बानी*; **~ize,** अस्पताल में रखना या रखवाना। > हॉस्-पि-टॅल; हॉस्-पि-टैल्-इटि; हॉस-पि-टॅ-लाइज़

host, 1. मेज़बान, मेहमानदार, आतिथेय; 2. (*of parasite*) परपोषी; 3. (*of Eucharist*) रोटिका*; 4. (*army*) सेना*, फ़ौज*; 5. दल, झुण्ड, भीड़*, जमघट। > होस्ट

hostage, ओल, बन्धक-व्यक्ति। > हॉस्-टिज

hostel, 1. छात्रावास; 2. (*hostelry*) सराय*। > हॉस्-टल; हॉस्-टॅल्-रि

hostess, मेहमानदारिन*; सत्कारिणी*। > होस्-टिस

hostile, 1. (*adverse*) विरोधी, प्रतिकूल; 2. (*inimical*) शत्रुतापूर्ण, वैरपूर्ण, शत्रु-; विद्वेषी, प्रतिपक्षी (य)। > हॉस्टाइल

hostility, 1. बैर, शत्रुता*, विद्वेष; 2. (*pl.*) युद्ध; युद्धस्थिति*। > हॉस्-टिल्-इटि

hostler, साईस। > ऑस्-लॅ

hot, 1. गरम, उष्ण, तप्त; 2. (*pungent*) तीता, चरपरा, तिक्त; 3. (*violent*) उग्र, तीव्र, प्रचण्ड; 4. (*ardent*) तेज़, तीव्र; उत्तेजित; **~bed,** गरम क्यारी*; केंद्र, अड्डा; **~-blooded,** उत्तेजनशील, उत्तेजनीय; विषयी, कामुक; **~-headed,** क्रोधी; उतावला; **~house,** तापगृह, गरमख़ाना, काचघर; **~ness,** गरमी*, उष्णता*, ताप; **~-tempered,** क्रोधी। > हॉट

hotch-potch, खिचड़ी* (*also fig.*)। > हॉच्-पॉच

hotel, होटल। > होटे'ल

hound, *n.*, (शिकारी) कुत्ता; कमीना, नीच; —*v.*, 1. शिकार क०; 2. पीछा क०; 3. (*urge*) उत्तेजित क०, लहकाना, उकसाना। > हाउन्ड

hour, घंटा, हीरा; समय; **~-circle,** होरावृत; **~-glass,** रेतघड़ी*; **~-hand,** घंटे की सूई*; **~ly,** *adj.*, घंटेवार; *adv.*, प्रति घण्टा; बारम्बार; निरन्तर; **~plate,** अंकपट्ट। > आउ-ॲ

houri, परी*, सुन्दरी*। > हुऑर्-इ

house, *n.*, 1. घर, गृह, मकान; सदन, भवन; 2. (*~hold*) परिवार; 3. वंश, कुल; 4. (*legislature*) सदन; —*v.*, घर दिलाना; ठहराना; घर में रखना; आश्रय देना; ठहरना, रहना; शरण* लेना; ~of the people, लोकसभा*; ~of the legislature, विधान-मण्डल सदन; ~ of correction, सुधारगृह। > हाउस (*n.*), हाउज़ (*v.*)

house/-agent, गृहाभिकर्ता; **~boat,** शिकारा, बजरा; **~breaker,** सेंधमार; **~committee,** सदन-समिति*; **~-doctor,** स्थानिक डाक्टर; **~fly,** मक्खी*।

household, *n.*, घराना, परिवार, कुटुम्ब; गृहस्थी*, घरबार; राजपरिवार; —*adj.*, घरेलू, ~effects, घरेलू मालमता; **~god,** गृहदेवता; **~goods,** घरेलू चीज़ें*; **~er,** गृहस्थ; गृहस्वामी, गृहपति। > हाउसहोल्ड

house/keeping, गृह-व्यवस्था*, घरदारी*; **~maid,** नौकरानी*; **~-organ, ~-magazine,** संस्था-पत्रिका*; **~property,** गृह-सम्पत्ति*; **~-rent,** मकान किराया, गृह-भाटक; ~-to-~ दर-दर, घर-घर, प्रतिगृह; **~-warming,** गृह-प्रवेश; **~wife,** गृह-स्वामिनी*; सूई-धागा थैली*; **~wifery,** गृहप्रबन्ध, गृह-व्यवस्था*, घरदारी*। > हाउस; हाउस्-वि-फ़॔-रि

housing, 1. घर का प्रबन्ध; 2. गृह; 3. (*shelter*) शरण*, आश्रय; 4. (*mech.*); ढाँचा; 5. (*of horse*) ज़ीन-पोश, झूल*। > हाउज़्-इन्ग

hovel, 1. झोपड़ी*, मड़ैया*; 2. (*shed*) छप्पर। > हॉवॅल

hover, 1. मँडराना; 2. (*waver*) हिचकना, आगा-पीछा क०। > हॉव्-ॲ

how, 1. कैसे, किस प्रकार, किस तरह; 2. (*why*) क्यों; 3. क्या; 4. कितना। > हाउ

however, तथापि, फिर भी; 2. (*howsoever*) किसी भी तरह*। > हाउ-ए'व्-ॲ; हाउ-सो-ए'व्-ॲ

howitzer, तोप*। > हाउ-इट्-सॅ

howdah, हौदा, अम्बारी*। > हाउड्-ॲ

howl, *v.*, 1. (*of animals*) हुआना; 2. (*in pain*) चीखना, चीकना; 3. (*shout*) चिल्लाना; —*n.*, हुआँ, चीख़*; चिल्लाहट*; **~er,** भद्दी भूल*, बहक*। > हाउल

hoyden, चुलबुली लड़की*। > हॉइडॅन

hub, नाभि*; केंद्र; **~-cap,** नाभिच्छद, नाभिटोपी*। > हॅब; हॅब्कैप

huble-bubble, 1. हुक़्क़ा, गुड़गुड़ी*; 2. गुड़गुड़*, गुड़गुड़ाहट*; 3. (*hubbub*) गुलगपाड़ा, हो-हल्ला। > हॅबॅल्बॅबॅल

hubbub, 1. गुलगपाड़ा; 2. (*turmoil*) हुल्लड़, शोरगुल, कोलाहल; 3. (*riot*) दंगा। > हॅबॅब

hubris, हेकड़ी*, अक्खड़पन। > ह्यूब्-रिस

huckaback, तौलिया-कपड़ा। > हॅकॅबैक

huckle, कुल्हा; नितम्ब; **~-back,** कूबड़; **~-backed,** कुबड़ा; **~-bone,** कूल्हे अथवा पोर; (*knuckle*) की हड्डी*। > हॅकॅल

huckster, *n.*, खोन्चेवाला; फेरीवाला; —*v.*, खोन्चा लगाना; मोल-तोल क०। > हॅक्-स्टॅ

huddle, *v.*, सटकर इकट्ठा हो जाना या बैठाना; 2. (*oneself up*) सिमट जाना, गठरी* हो जाना या बाँधना; 3. (*pile up*) ढेर लगाना; 4. जल्दी* क० या कराना; हड़बड़ाना; 5. (*crowd into*) ठूस देना, ठूसकर भर देना; —*n.*, 1. भीड़*, भीड़भाड़*; 2. (*muddle*) घालमेल, गड्ड-मड्ड; 3. (*bustle*) हड़बड़ी*, गड़बड़ी*। > हॅडॅल

hue, रंग, वर्ण; (*raise the*) ~ and cry, गुहार*, गोहार* (मारना)। > ह्यू

huff, *v.*, खींझना या खिजाना; 2. (*bully*) धमकाना; —*n.*, खीज*, झुंझलाहट*। > हॅफ़

hug, *v.*, 1. चिपटाना, लिपटाना, गले लगाना, आलिंगन क०; 2. लिपट जाना; 3. (*cherish*) पर श्रद्धा* रखना; —*n.*, आलिंगन; पकड़*। > हॅग

huge, विशाल। > ह्यूज

hugger-mugger, *n.*, गड्डमड्ड; *adj.*, 1. अस्तव्यस्त; 2. (*secret*) गुप्त; —*adv.*, बेतरीक़े; गुप्त रूप से; —*v.*, गुप्त रखना। > हॅगॅमॅगॅ

huggery, लल्लोचप्पो*। > हॅगॅरि

hulk, (बेकार) ढाँचा; जीर्ण नाव*; **~ing,** भारी-भरकम। > हॅल्क

hull, *n.*, 1. छिलका; 2. (*covering*) आवरण, खोल; 3. (*of ship*) पेटा; —*v.*, छीलना। > हॅल

hullabaloo, होहल्ला, कोलाहल। > हॅलॅबॅलू

hum, *n.*, गुनगुनाहट*, गुंजन; *v.*, 1. गुनगुनाना, भिनभिनाना। > हॅम

human, मानव, मानवीय; मानवोचित; ~nature, मानव स्वभाव; ~ respect, लोक-लज्जा*; ~ sacrifice, नरमेध। > ह्यूमॅन

humane, मानवोचित; दयालु, दयामय, सहृदय; सांस्कृतिक। > ह्यूमेन

human/ism, मानववाद; **~ist,** मानववादी। > ह्यूमॅ/निज़्म, ~निस्ट

humanitarian, मानवतावादी; लोकोपकारी; **~ism,** मानवतावाद; लोकोपकारवाद। > ह्यूमैनिटे'ॲर्/इॲन, ~इॲनिज़्म

humanity, 1. मानवजाति*; मानव स्वभाव, मानवता*; 3. सदयता*; 4. (*pl.*) साहित्य; मानविकी*। > ह्यूमैन्-इटि

humanization, मानवीकरण। > ह्यूमॅनाइज़ेशन

humanize, मानवीय, सदय, सभ्य या परिष्कृत बनाना या बनना। > ह्यूमॅनाइज़

humankind, मानवजाति*। > ह्यूमॅन्काइन्ड

humanly, मनुष्य की दृष्टि* या शक्ति* से। > ह्यूमॅन्-लि

humble, *adj.*, विनीत, नम्र, विनम्र, दीन; दीन-हीन; साधारण; —*v.*, नीचा दिखाना, का निरादर क०; घमण्ड तोड़ना; दीन कर देना; ~oneself before,... …के आगे धूल* चाटना, दीन बनना; **~-bee,** भौंरा। > हॅम्बॅल

humbug, *n.*, 1. छल-कपट; 2. (*nonsense*) गप*, गपोड़ा; 3. धोखेबाज़; *v.*, धोखा देना। > हॅम्बॅग

humdrum, नीरस, फीका; साधारण। > हॅम्ड्रॅम

humeral, स्कंध-, ~veil, स्कंधावरण। > ह्यूमॅरॅल

humerus, प्रगण्डिका*। > ह्यूमॅरॅस

humic, धरणिक। > ह्यूम्-इक

humid, नम, आर्द्र, गीला; **~ify,** आर्द्र क०; **~ity,** आर्द्रता*, नमी*, गीलापन; **~or,** आक्लेदित्र। > ह्यूम्-इड; ह्यूमिड्-इफ़ाइ; ह्यूमिड्-इटि; ह्यूम्-इ-डॉ:

humili/ate, नीचा दिखाना, अवमानित क०, मानमर्दन क०; **~ating,** अपमानजनक, मानहानिकर; **~ation,** मानमर्दन, मानभंग, अवमानना*, अपमान; **~ty,** (वि) नम्रता*, दीनता*, विनय*। > ह्यूमिल्/इएट, ~इएटिन्ग, ~इएशॅन, ~इटि

humming-bird, मर्मर-पक्षी। > हॅम्-इन्ग-बॅ:ड

hummock, टीला, टेकरी*। > हॅमॅक

hummum, हमाम, हम्माम। > हैमैम

humoral, त्रिदोष-विषयक, त्रिदोषन। > ह्यूमॅरॅल

humorist, विनोदी, विनोदप्रिय; हास्यरसज्ञ, हास्यरस का लेखक। > ह्यूमॅरिस्ट

humorous, हास्यकर। > ह्यूमॅरॅस

humo(u)r, *n.*, 1. (*fluid*) द्रव, तरल पदार्थ; 2. परिहास, विनोद, हास्य, मज़ाक; विनोद-शीलता*; 3. (*disposition*) मनोदशा*, मिज़ाज; 4. (*whim*) मौज* उमंग*, लहर*; —*v.*, संतुष्ट क०, का मन रखना; प्रसन्न क०; **~some,** मौजी। > ह्यूम्-ॲ, ~ सॅम

hump, 1. कूबर; ककुद् (*of bull*); कोहान (*of camel*); 2. (*mound*) टीला; **~backed,** कुबड़ा। > हैम्प; हैम्प्बैक्ट

humpty-dumpty, गोलमटोल व्यक्ति। > हॅम्-टि-डॅम्-टि

humus, खाद-मिट्टी*। > ह्यूमॅस

hunch, *v.*, झुकाना; उठाना। *n.*, *see* HUMP, HUNK. > हॅन्च

hundred, सौ, शत; **~fold,** सौगुना; **~th,** शततम; शतांश। > हॅन्ड्रॅड, ~फोल्ड; हॅन्ड्रॅड्थ

hunger, *n.*, भूख*, क्षुधा*; लालसा*; *v.*, भूखा होना, भूख* लगना; लालायित होना, की लालसा* क०; भूखा रखना, भूखों मारना; **~-strike,** अनशन, भूखहड़ताल*। > हॅन्ग-गॅ, ~स्ट्राइक

hungry, 1. भूखा, क्षुधित; उत्सुक, लालायित; 2. (*soil*)

अनुर्वर, खादापेक्षी। > हॅन्ग्-ग्रि

hunk, टुकड़ा, खंड। > हॅन्क

hunt, *n.*, 1. शिकार, मृगया*, आखेट; 2. (*search*) खोज*, तलाश*, अन्वेषण; —*v.*, 1. शिकार खेलना; 2. खोज* क०; 3. (*pursue*) पीछा क०; 4. (*harry*) सताना; **~down,** पकड़ लेना; **~up,** ढूँढ़ निकालना; **~er, ~sman,** शिकारी; **~ing ground,** आखेट क्षेत्र। > हन्ट, हॅन्-ट; हॅन्-टिन्ग; हॅन्ट्स-मॅन

hurdle, *n.*, 1. घोड़ी*; 2. (*obstacle*) बाधा*, रुकावट*; ~*v.*, घेरा डालना। > हॅ:डॅल

hurl, *v.*, (जोर से) फेंकना, फेंककर मारना; गिरा देना; —*n.*, प्रक्षेपण, फेंक*। > हॅ:ल

hurly-burly, हुल्लड़, होहल्ला, कोलाहल; गड़बड़ी। > हॅ:ल्-इ-बॅ:ल्-इ

hurrah, hurray, *n.,(v.)*, जयकार (क०)। > हुरा; हुरे

hurricane, प्रभंजन, तूफ़ान; **~lamp,** लालटेन*। > हॅरिकॅन

hurried, त्वरित; **~ly,** जल्दी* से, हड़बड़ी* में। > हॅरिड

hurry, *n.*, 1. उतावली*, जल्दी*, हड़बड़ी*; 2. (*eagerness*) उत्सुकता*, बेचैनी*; —*v.*, जल्दी* क० या कराना; **~-scurry,** *n.(adv.)* हड़बड़ी (में); —*v.*, हड़बड़ाना। > हॅरि, ~स्कॅरि

hurst, 1. टीला; 2. (*copse*) झाड़ी*। > हॅ:स्ट

hurt, *n.*, 1. चोट*; 2. (*harm*) हानि*, क्षति*; —*adj.*, उपहत; —*v.*, चोट* या हानि* पहुँचाना, ठेस* लगाना; दुःख देना; दर्द क०; **~ful,** दर्दनाक, पीड़ाकर, दुःखदायी; हानिकर; **~less,** 1. अहानिकर, अपीड़ाकर; 2. (*unhurt*) अक्षत। > हॅ:ट

hurtle, *v.*, टकराना; 2. (*clatter*) खड़खड़ाना; 3. झपटना। > हॅ:टॅल

husband, *n.*, पति, भर्ता, स्वामी; *v.*, सँभलकर खर्च क०, किफ़ायत* से प्रबन्ध क०, बचा रखना। > हॅज़्बॅन्ड

husbandman, खेतिहर, किसान, कृषक। > हॅज़्बॅन्ड्मॅन

husbandry, 1. कृषि*, कृषिकर्म; 2. (*economy*) अर्थव्यवस्था*; 3. (*thrift*) किफ़ायत*, मितव्ययिता*; animal~, पशु-पालन। > हॅज़्-बॅन्-ड्रि

hush, *v.*, चुप या शान्त क० या हो जाना; —*n.*, निस्तब्धता*, सन्नाटा, चुप्पी*, मौन; **~up,** दबा लेना, छिपाना; **~ed,** निस्तब्ध; **~-hush,** गोपनीय, गुप्त; **~-money,** मुँह-भराई*। > हॅश; हॅश्ट

husk, *n.*, 1. (*of corn*) भूसी*, तुष; 2. (*rind etc.*) छिलका; —*v.*, कूटना, भूसी* निकालना; छीलना; **~y,** 1. भूसीदार; 2. छिलकेदार; 3. (*hoarse*) भर्राया, भारी। > हॅस्क; हॅस्-कि

hussy, 1. फूहड़*; 2. (*of low morals*) कुलटा*, छिनाल*, हरजाई*; 3. (*minx*) ढीठ या चुलबुली लड़की*। > हॅस्-इ

hustle, *v.*, धकेलना, धकियाना, धकियाकर चलना, चलाना, आगे बढ़ना, आगे बढ़ाना या निकाल देना; —*n.*, धक्कम-धक्का। > हॅसॅल

hut, *n.(v)*, झोपड़ी*, कुटीर*, कुटी*, कुटिया*; मड़ैया*; सैन्यकुटीर (में रहना या ठहराना); **~ment,** सैन्यकुटीर, बैरक। > हॅट; हॅट्मॅन्ट

hutch, 1. (*chest*) सन्दूक; 2. (*coop*) खाँचा, टापा, खाना; 3. झोपड़ी*; 4. कोयलागाड़ी*। > हॅच

hyacinth, 1. (*jewel*) राहुरत्न, रत्न, मणि*; 2. (*flower*) सम्बूल; **~red,** पीतरक्त। > हाइॲसिन्थ

hyaline, काचाभ; पारभासक। > हाइॲलिन

hyaloid, काचाभ। > हाइॲलॉइड

hybrid, संकर, मिश्र, दोग़ला; **~ism, ~ity,** संकरता*; दोग़लापन; **~ization,** संकरण; **~ize,** संकरित या मिश्रित क०; संकरण क०। > हाइब्-रिड; हाइब-रिडिज़्म; हाइब्रिड्-इटि हाइब्रिडाइज़ेशॅन; हाइब्-रिडाइज़

hydra, 1. (*serpent*) सर्प; 2. (*astron.*) वासुकि; 3. (*zool*) हाइड्रा; **~gogue,** जलरेचक। > हाइड्रॅ, ~ गॉग

hydrant, बम्बा, नल, नलका। > हाइड्रॅन्ट

hydrate, हाइड्रेट **~d,** जलयोजित। > हाइड्रेट; हाइड्रेटिड

hydration, जलयोजन। > हाइड्रेशॅन

hydraulic, 1. द्रवचालित; जल-, द्रविक, उदिक, जलीय, तोयालिक; 2. (*of engineer*) जल-व्यवस्था-; 3. (*of lime*) बुझा; **~s,** द्रव-इंजीनियरी*, तोयालिकी*। > हाइड्रॉ:ल्-इक

hydro-, 1. जल-; 2. (*with hydrogen*) उदजन-। > हाइड्रो

hydrocele, हाइड्रोसील, जलवृषण, जलसंग्रह। > हाइड्रॅसील

hydrocephalus, जलशीर्ष। हाइड्रॅसे'फ़ॅलॅस

hydrochloric acid, नमक का तेज़ाब। > हाइड्रॅक्लॉर्-इक ऐसिड

hydrodynamic, द्रवगतिक; **~s,** द्रवगतिकी*, द्रवगति-विज्ञान। > हाइड्रोडाइनैम्/इक, ~इक्स

hydrogen, हाइड्रोजन, उदजन। > हाइड्-रिजॅन

hydro/graphy, जलसर्वेक्षण; **~logy,** जल-विज्ञान; **~lysis,** जल-अपघटन। > हाइड्रॉग्रॅफि; हाइड्रॉल्/ॲजि, ~इसिस

hydro/meter, उत्प्लव-घनत्वमापी; **~metry,** उत्प्लवधनत्वमापन। > हाइड्रॉम्/इटॅ, ~इट्रि

hydro/pathy, ~therapy, जलचिकित्सा*। > हाइड्रॉपॅथि; हाइड्रॅथे'रपि

hydrophobia, 1. (*rabies*) जलान्तक; 2. जलभीति*। > हाइ-ड्र-फ़ोब्-यॅ

hydro/plane, जल-विमान; **~sphere,** जलमण्डल। > हाइड्/रोप्लेन, ~रॅस्फ़िअॅ

hydrostatic, द्रवस्थैतिक; **~s,** द्रवस्थैतिकी*। > हाइड्रोस्टैट्-इक

hydrotropic, जलानुवर्ती। > हाइड्रॅट्रॉप्-इक

hydrous, सजल, जलमय। > हाइड्रॅस

hyena, लकड़बग्घा, तरक्षु। > हाइ-ईन्-ॲ

hygiene, स्वास्थ्य-विज्ञान। > हाइजीन

hygienic, 1.स्वास्थ्य-; 2. स्वास्थ्यकर। > हाइजीन्-इक

hygienist, स्वास्थ्य-विज्ञानी। > हाइजिनिस्ट

hygro/logy, आर्द्रता-विज्ञान; **~meter,** आर्द्रतामापी; **~metry,** आर्द्रतामिति*; **~scope,** आर्द्रतादर्शी; **~scopic,** आर्द्रताग्राही। > हाइग्रॉलॅजि; हाइग्रॉम्/इ-टॅ, ~इट्रि हाइग्रॅस्कोप; हाइग्रॅस्कॉप्-इक

hylo/morphism, भौतिक द्वैतवाद; **~theism,** भौतिक ईश्वरवाद; **~zoism,** सर्वजीववाद। > हाइलॅमॉःफ्-इज़्म; हाइलॅथीइज़्म; हाइलोज़ोइज़्म

hymen, विवाह-देवता; योनिच्छद; **~eal,** —*adj.*, वैवाहिक; —*n.*, विवाह-गीत। > हाइम्-ए'न;हाइमनीॲल

hymn, भजन; स्तोत्र; **~al, ~book,** भजन-संग्रह; भजनावली*; **~ody,** भजनगान; **~ographer,** भजनकार; **~ology,** स्तोत्रशास्त्र। > हिम; हिम्नॅल; हिम्नॅडि; हिम्नॉग्रॅफ़ॅ; हिम्नॉलॅजि

hyoid, (*bone*) कण्ठिका*। > हाइ-ऑइड

hyper-, अति-। > हाइ-पॅ

hyperaesthesia, अतिसम्वेदिता*। > हाइपॅरीस्थीस्-इॲ

hyperbola, अतिपरवलय। > हाइपॅःबॅलॅ

hyperbole, अतिशयोक्ति*, अत्युक्ति*। > हाइपॅःबॅलि

hyper/bolic, 1. अतिशयोक्तिपूर्ण; 2. (*of hyperbola*) अतिपरवलयिक; **~boloid,** अतिपरवलयज। > हाइपॅबॉल्-इक; हाइपॅःबॅलॉइड

hypercritical, छिद्रान्वेषी। > हाइपॅक्रिट्-इकॅल

hyperdulia, प्रार्थना*। > हाइपॅःड्यूलाइॲ

hyperphysical, अतिभौतिक। > हाइपॅफ़िज्-इकॅल

hyperplasia, अतिवृद्धि*, अतिविकसन। > हाइपॅप्लेज़िॲ

hypersensitive, अतिसंवेदनशील। > हाइ-पॅ-से'न्-सि-टिव

hypertension, उच्चरक्तचाप, अतिरक्त दाब। > हाइपॅटे'न्शॅन

hyperthyroidism, अवटु-अतिक्रियता*। > हाइपॅथाइरॉइडिज़्म

hyper/trophied, अतिवृद्ध; **~trophy,** अतिवृद्धि*। > हाइपॅः/ट्रॅफ़िड, ~ट्रॅफ़ि

hypha, कवकतन्तु। > हाइ-फ़ॅ

hyphen, समासक, समास-चिह्न, योजिका*, योजकचिह्न, संयोजक रेखा*। > हाइफ़ॅन

hypnology, निद्राविज्ञान। > हिप्नॉलॅजि

hypno/sis, ~tism, सम्मोहन; सम्मोहन विद्या*; **~tic,** 1. (*soporific*) स्वापक, निद्राजनक; 2. सम्मोहक; 3. (*easily hypnotized*) सहजसम्मोहित; 4. (*hypnotized*) सम्मोहित; **~tist,** सम्मोहक; **~tizable,** सम्मोहनीय; **~tize,** सम्मोहित क०, सम्मोहन उत्पन्न क०। > हिप्नोस्-इस; हिप्नॅटिज़्म; हिप्नॉट्-इक; हिप्नॅटिस्ट; हिप्नॅ/टाइज़ॅबॅल, ~टाइज़

hypo-, उप-, अव-, अल्प; अधः; अन्तः। > हाइपो

hypochondria, रोगभ्रम; **~c,** रोगभ्रमी। > हाइपोकॉन्/ड्रिॲ, ~ड्रिऐक

hypo/crisy, पाखण्ड, ढोंग, दम्भ, मिथ्याचार; **~crite, ~critical,** पाखण्डी, ढोंगी, दम्भी। > हिपॉक्-रिसि; हिपॅक्रिट; हिपॅक्रिट्-इकॅल

hypo/cycloid, अन्तश्चक्रज। > हाइपोसाइक्लॉइड

hypo/derma, ~dermis, अधस्त्वचा*, अधश्चर्म; **~dermic,** अधस्त्वचीय। > हाई-पॅ-डॅःम्/ॲ, ~इस, ~इक

hypogastrium, अधोजठर (प्रदेश)। > हाइपोगैस-ट्रिॲम

hypomania, अल्पोन्माद। > हाइपॅमेन्यॅ

hypoplasia, अल्पविकसन। > हिपॅप्लेसिया

hyposta/sis, 1. (*sediment*) तलछट*; 2. (*med.*) रक्तसंकुलता*; 3. (*substance*) तत्त्व; 4. (*person*) व्यक्ति; **~tic union,** व्यक्तिपरक अभेद। > हाइपॉस्टॅसिस; हाइ-पॅ-स्टैट्-इक

hypotension, निम्न रक्तचाप, अवरक्तचाप, अल्परक्तदाब। > हिपॅटे'न्शॅन

hypotenuse, कर्ण। > हाइ-पॉट्-इन्यूज़

hypothe/cate, बन्धक रखना; **~cated,** भाराक्रान्त; **~cation,** भाराक्रांति*। > हाइपॉथ/इकेट, ~इकेटिड, ~इकेशॅन

hypothe/sis, 1. परिकल्पना*, प्राक्कल्पना*; 2. (*assumption*) अनुमान; **~size,** परिकल्पना* क०; मान लेना; **~tical,** 1. परिकल्पित, परिकल्पनात्मक; आनुमानिक; 2. (*conditional*) सोपपाधिक, सापेक्ष;

3. (*imaginary*) काल्पनिक, कल्पित।

> हाइपॉथ/इसिस, ~इसाइज़; हाइपॉथे'ट्-इकॅल

hypsometer, जलक्वथनांकमापी।।> हिप्-सॉम्-इ-टॅ

hyssop, ज़ूफ़ा। > हिसॅप

hysteria, हिस्टीरिया*, अपतन्त्रक, वातोन्माद; उन्माद।

> हिस्टिअॅर्-इअॅ

hysterical, उन्मत्त; वातोन्मत्त।

> हिस्टे'रिकॅल

Ii

I, 1. मैं; 2. (*ego*) अहं। > आइ

iamb (us), लघु-गुरु चरण (।ऽ)।

> आइ-ऐम्ब्; आइऐम्बॅस

iatrology, औषध-विज्ञान। > आइअट्रॉलॅजि

ibex, साकिन। > आइब्-ए'क्स

ibidem, तत्रैव, वहीं, वही।

> इबाइड्-ए'म = ईबिडे'म

ibis, बुज्जा; spoon-billed~, दाबिल।

> आइब्-इस

ice, *n.,* बर्फ़*, हिम; *n.,* 1. बर्फ़* लगाना, प्रशीतित क०; 2. (*freeze*) जमाना; 3. चीनी* या चाशनी* की तह* लगाना। > आइस

ice/-age, हिम-काल, हिम-युग, ~berg, (प्लावी) हिमशैल; ~bound, हिम-बद्ध; ~box, प्रशीतक; ~breaker, हिमभंजक; ~cap, हिमच्छद, हिमशिखर; ~cream, आइसक्रीम*, मलाई* या कुलफ़ी* की बर्फ़*; ~fall, हिमपात; ~pack, 1. प्लावी हिमपुंज; 2. (*bag*) बर्फ़ की थैली*; ~sheet, हिमचादर*।

ichneumon, नेवला। > इक्न्यूमॅन

ichor, 1. देवताओं का रक्त; 2. (*of wound*) पछा; पूयरक्त। > आइकॉ:

ichthy-, मत्स्य-; ~orgraphy, मत्स्य-विवरण; ~oid, मत्स्याभ; ~olite, मत्स्याश्म, ~ology, मत्स्यविज्ञान; ~ophagous, मत्स्यभक्षी।

> इक्-थि; इक्-थि-ऑग्-रॅ-फ़ि; इक्-थि/ऑइड, ~ अॅलाइट; इक्-थि-ऑलॅजि; इक्थिऑफ़ॅर्गॅस

icicle, हिमलम्ब, हिमवर्तिका*। > आइसिकॅल

iciness, रुखाई*; शीत। > आइसिनिस

icing, पाग, चाशनी*। > आइसिन

icon, प्रतिमा*, मूर्ति*; ~oclasm, मूर्तिभंजन; रूढ़िभंजन; ~oclast, मूर्तिभंजक; रूढ़िभंजक; ~ography, प्रतिमा-विज्ञान; चित्रकला*; ~olatry, मूर्तिपूजा*; ~ometer, दृश्यमापी।

> आइकॅन; आइकॉनॅ/क्लज़्म, ~क्लैस्ट; ~ क्लैस्-टिक; आइकॅनॉलॅट्रि; आइकॅनॉम्-इटॅ

icosahedron, विंशफलक। > आइकॅसॅहे'ड्रॅन

icterus, पीलिया, कामला, कमल। > इक्टॅरॅस

ictus, 1. बलाघात; 2. (*med.*) दौरा। > इक्टॅस

icy, हिममय, बर्फ़ीला, ठण्डा, अतिशीतल; रूखा।

> आइसि

id, इद, कामतत्त्व। > इड

idea, 1. (*notion*) भाव, प्रत्यय, भावना*, बोध। 2. (*opinion*) विचार, मत, धारणा*; 3. (*plan*) योजना*; 4. (*aim*) लक्ष्य; 5. (*impression*) अनुमान, कल्पना*।

> आइडिअॅ

ideal, *n.,* आदर्श; *adj.,* आदर्श (स्वरूप), सर्वांगपूर्ण, अभीष्ट; मानसिक; काल्पनिक; ~ism, 1. आदर्शवाद, 2. (*philos.*) विज्ञानवाद, प्रत्ययवाद; ~ist(ic), आदर्शवादी; विज्ञानवादी; ~ity, आदर्शत्व; ~ization, आदर्शीकरण; ~ize, आदर्श रूप में देखना या प्रस्तुत क०; ~ly, आदर्शत:।

> आइडि/अॅल, ~ अॅलिज़्म, ~अॅलिस्ट आइडिअॅलिस्टिक; आइडिएल्-इटि; आइडिअॅलाइज़ेशॅन; आइडि/अॅलाइज़, अॅलि

ideate, विचार क०; कल्पना* क०। > आडीएट

ideation, उद्भावना*। > आइडिएशॅन

idem, वही। > आइडे'म = इड्-ए'म

identic(al), एक ही, अभिन्न; समरूप, एकरूप, समान, सर्वसम; (*of twins*) एकांडी।

> आइ-डे'न्-टिक, ~टिकॅल

identifiable, अभिज्ञेय। > आइडे'नटिफ़ाइअॅबॅल

identification, 1. एकीकरण, एकात्मीकरण, तादात्म्य; 2. (*means of ~*) पहचान*, अभिज्ञान, शिनाख़त*; ~mark, पहचानचिह्न शिनाख़त* का निशान।

> आइ-डे'न्-टि-फ़ि-केशॅन

identify, अभिन्न समझना; तादात्म्य स्थापित क०; पहचानना, पहचान* या अभिज्ञान क०; घनिष्ठ सम्बन्ध स्थापित क०। > आइ-डे'न्-टि-फ़ाइ

identity, 1. (*oneness*) तादात्म्य, एकात्मकता, अभिन्नता*, सारूप्यता*, सर्वसमिका*, समानिका*; 2. अभिज्ञान; परिचय; 3. (*individuality*) व्यक्तित्व, विशिष्टता*; ~card, पहचान-पत्र।

> आइ-डे'न्-टि-टि

ideo/gram, भावचित्र, चित्राक्षर; **~graphic,** भावसूचक; भावमूलक; **~graphy,** भावांकन; भावलिपि*। > इड्-इओग्रैम; इडिओग्रैफ़्-इक; इडिऑग्रॅफ़ि

ideological, सैद्धान्तिक, वैचारिक। > आइ-डि-अॅ-लॉ-जि-कॅल

ideology, 1. विचारधारा*, सिद्धान्त; 2. (*science*) वैचारिकी*; 3. (*idle speculation*) कोरी सिद्धान्तवादिता*। > आइडिऑलॅजि

ides, महीने का १३वाँ या (मार्च, मई*, जुलाई*,) अक्तूबर का (१५ वाँ दिन) > आइड्ज़

idiocy, जड़ता*, जड़बुद्धिता*; मूर्खता*। > इड्-इ-अॅसि

idiom, मुहावरा; बोली*; **~atic,** मुहावरेदार। > इड्-इ-अॅम; इडिअॅमैट्-इक

idiopathy, मूलरोग। > इडिऑपॅथि

idiosyncrasy, (व्यक्तिगत) विशेषता*, विशिष्टता*; प्रकृति-वैशिष्टय; संवेदन-वैशिष्ट्य, स्वभाव-विशेषता*; स्वभावगत विलक्षणता*। > इडिअॅसिन्-क्रॅसि

idiot(ic), जड़बुद्धि, जड़मति; मूर्ख। > इड्-इअॅट; इडिऑट्-इक

idiotism, मूर्खतापूर्ण व्यवहार। > इडिअॅटिज़्म

idle, *adj.*, 1. (*worthless*) व्यर्थ, निरर्थक, बेकार, निकम्मा; 2. (*baseless*) निराधार, असार; 3. (*unemployed*) बेरोज़गार, बेकार, खाली; कार्यहीन, निष्कर्म; 4. (*not used*) खाली, निष्क्रिय; 5. (*lazy*) आलसी, सुस्त, अकर्मण्य; —*v.*, 1. आलसी होना, बेकार घूमना, अलसना, अलसाना, समय गँवाना; 2. (*of machine*) खाली चलना; **~ness,** आलस्य, सुस्ती*। **~idly,** व्यर्थ; आलस्य से; निष्प्रयोजन। > आइडॅल; आइड्-लि

idol, मूर्ति*, बुत; भक्तिभाजन; **~ater,** मूर्तिपूजक, बुतपरस्त; **~atry,** मूर्तिपूजा*; **~ize,** की पूजा* क०। > आइडॅल; आइडॉल्/अॅट, ~अॅट्रि; आइडॅलाइज़

idolum, 1. (*idea*) भावना*, कल्पना*, धारणा*; 2. (*apparition*) छाया*, छायाभास, मरीचिका*; 3. (*fallacy*) भ्रम। > आइडोलॅम

idyl(l), सौम्य काव्य, ग्राम-काव्य; काव्य; काव्यात्मक दृश्य या घटना* (चक्र)। > इड्-इल = आइड्-इल

idyllic, काव्यात्मक; ग्रामीण, रमणीय। > आइ-डिल्-इक

i.e., अर्थात्। > आइ-ई; दैट्-इज़

if, यदि, अगर; क्या, कि; *n.*, शर्त*। > इफ़

Ignatius's bean, पपीतिया।

igneous, आग्नेय, अग्निमय; अग्निज। > इग्-नि-अॅस

ignis fatuus, कच्छ-प्रकाश, छलावा; मृग-मरीचिका*। > इग्-निस्-फ़ैट्-यू-अॅस

ignitable, दाह्य, दहनीय। > इग्नाइटॅबॅल

ignite, सुलगाना या सुलगना, (प्र) ज्वलित क०; प्रदीप्त क०; उत्तेजित क०; **~r,** दाहक; पलीता। > इगनाइट; इग्-नाइट्-अॅ

ignition, ज्वलन, प्रज्वलन; ~system, दाह-प्रणाली*; ~temperature, प्रज्वलनताप। > इग्-नि-शॅन

ignobility, नीचता*। > इग्नोबिल्-इटि

ignoble, नीच, अधम, हेय। > इग्नोबॅल

ignominious, अपकीर्तिकर; घृणित; अधम, बदनाम। > इग्नॅमिन्-इअॅस

ignominy, अपकीर्ति*, बदनामी*, लोक-निन्दा*; अपयश, कलंक; घृणित व्यवहार; नीच काम। > इग्नॅमिनि

ignoramus, अज्ञानी, ज्ञान-शून्य। > इग्नॅरेमॅस

ignorance, अज्ञान, अनभिज्ञता*; culpable ~, सदोष अज्ञान; invincible ~, अनिवार्य या अजेय अज्ञान। > इग्नॅरॅन्स

ignorant, अशिक्षित, अनजान, अज्ञानी; अनभिज्ञ, नावाक़िफ; अज्ञात, अनजान (में किया हुआ)। > इग्नॅरॅन्ट

ignore, उपेक्षा* क०, अवज्ञा* क०, अवहेलना क०, पर ध्यान नहीं देना; अस्वीकार क०; से अनभिज्ञ होना; **~d,** अवगणित, उपक्षित, अज्ञात। > इग्नॉः; इगनॉःड

ignoring, अवगणन, उपेक्षण। > इग्नॉःर्-इन्ग

iguana, गोह*, गोधा*, गोध*। > इ-ग्वा-नॅ

ileum, शेषान्त्र। > इल्-इअॅम

ilex, सदाबहार बलूत। > आइल्-ए'क्स

iliac, श्रोणीय। > इलइऐक

ilium, श्रोणिफलक। > इल्-इ-अमॅ

ill, *adj.*, 1. अस्वस्थ, बीमार, रुग्ण; 2. (*bad*) बुरा, ख़राब; 3. (*unfavourable*) अशुभ; 4. (*defective*) दोषपूर्ण; —*n.*, बुराई*; बीमारी*; विपत्ति*; —*adv.*, बुरी तरह* से; रुखाई* से; मुश्किल* से; ~ at ease, अशान्त, बेचैन, व्याकुल; ~ will, द्वेष; दुर्भाव, वैमनस्य; ~blood, वैरभाव; ~turn, अपकार; अवनति*, ह्रास; take ~, (का, पर) बुरा मानना; speak ~ of, की निन्दा* क०। > इल

ill/-advised, कुमंत्रित, अविवेचित; **~-assorted,** कुवर्गित; **~-being,** अस्वस्थता*; **~-boding,** अशुभ; **~-bred,** अशिष्ट; **~-disposed,** दुष्ट; विरोधी, प्रतिकूल; **~-fame,** कुख्याति*, बदनामी*; **~-famed,** कुख्यात, बदनाम; **~-fated,** अभागा, भाग्यहीन; अशुभ; **~-favoured,** कुरूप, भद्दा; अरुचिकर; **~-feeling,** अनबन*, दुर्भावना*; **~-gotten,** (*gain*), पाप की या हराम की (कमाई*); **~-health,** अस्वास्थ्य; **~-humour,** झुँझलाहट*; **~-mannered,** अशिष्ट, उजड्ड; **~-natured,** चिड़चिड़ा; **~-ness,** बीमारी*; **~-omened,** 1. अशुभ; 2. (*~-starred*) अभागा,

भाग्यहीन; **~-tempered,** चिड़चिड़ा; **~-timed,** असामयिक; **~-treatment,** दुर्व्यवहार; **~-use,** *n.*, दुरुपयोग; —*v.*, का दुरुपयोग क०; के साथ दुर्व्यवहार क०।

illation, निष्कर्ष, निगमन। > इलेशॅन

illative, परिणामसूचक; निगमनात्मक। > इलेट्-इव्

illegal, अवैध, अविधिक, ग़ैरकानूनी, अनधिकृत; **~ity,** अवैधता*। > इलीगॅल; इलिगैल्-इटि

illegible, अपाठ्य, दुर्वाच्य, अस्पष्ट। > इले'जॅबॅल = इले'जिबॅल

illegiti/macy, जारजता*; **~mate,** 1. जारज; 2. *see* ILLEGAL; 3. तर्कविरुद्ध; ग़लत, अशुद्ध। > इलिजिट्-इमॅसि, ~इमिट

illiberal, अशिक्षित, असुशिक्षित; अशिष्ट; अनुदार; कृपण, कंजूस। > इलिबॅरॅल

illicit, 1. (*illegal*) गैरक़ानूनी, अवैध; 2. (*forbidden*) निषिद्ध; 3. (*unauthorized*) अनधिकृत; 4. (*improper*) अनुचित, अयुक्त, अधर्म्य। > इ-लि-सिट

illimitable, असीम्य; असीम, अनन्त। > इ-लिम्-इटॅबॅल

illiteracy, निरक्षरता*। > इलिटॅरॅसि

illiterate, निरक्षर, अनपढ़, अशिक्षित; अनभिज्ञ। > इलिटॅरिट

illogical, तर्कविरुद्ध, असंगत। > इ-लॉ-जि-कॅल

illuminant, प्रदीपक। > इल्यूम्-इनॅन्ट

illuminate, illumine, 1. प्रदीप्त क०, ज्योतित क०; 2. (*explain*) समझाना, प्रकाश डालना, स्पष्ट क०; 3. (*enlighten*) प्रबुद्ध क०; 4. प्रसिद्ध बना देना; 5. (*decorate with lights*) दीपों से सजाना, दीपमाला* लगाना; 6. रंग लगाना, सचित्र क०। > इ-ल्यूम्-इ-नेट; इल्यूम्-इन

illuminati, प्रबुद्ध। > इलूमिनाटी

illumination, प्रदीप्ति*; प्रदीपन; स्पष्टीकरण; प्रबोधन; ज्योति*, प्रकाश; दीपसज्जा*; दीपमाला*; चित्रावली*, चित्र। > इल्यूमिनेशॅन

illuminative, प्रदीपक; प्रबोधक; ~way, बोधन-मार्ग। > इल्यूम्-इनॅटिव्

illusion, भ्रम, मोहभ्रम, धोखा, भ्रांति*; माया*, मरीचिका*, अध्यास; optical ~, दृष्टिभ्रम; **~ism,** मायावाद; **~ist,** 1. मायावादी; 2. (*visionary*) स्वप्नद्रष्टा; 3. (*entertainer*) ऐंद्रजालिक, जादूगर। > इलूश़्जॅन; इलूश़्जॅ/निज़्म, ~निस्ट

illusive, illusory, मायिक, मायामय, अवास्तविक, प्रातिभासिक; आभासी; भ्रामक, भ्रांतिजनक। > इलूस्/इव्, ~ॲरि

illustra/te, सचित्र क०; स्पष्ट क०, (उदाहरण देकर) समझाना; उदाहरण देना; **~ted,** सचित्र; सोदाहरण; **~tion,** चित्र, निदर्शन; स्पष्टीकरण; उदाहरण, नज़ीर*, दृष्टान्त, निदर्शन, निदर्शना*; **~tive,** निदर्शी; **~tor,** चित्रकार। > इलॅस्ट्रेट; > इलॅस्ट्रेटिड; इलॅस्ट्रेशॅन; इलॅस्ट्रे/टिव, ~टॅ

illustrious, प्रख्यात, सुविख्यात, लब्धप्रतिष्ठ, यशस्वी। > इ-लॅस्-ट्रि-ॲस

image, 1. चित्र, मूर्ति*, प्रतिमा*; 2. (*reflection*) बिम्ब, प्रतिबिम्ब; 3. (*counterpart*) प्रतिरूप, प्रतिकृति*; 4. (*conception*) धारणा*, भावना*, कल्पना*; 5. (*emblem*) प्रतीक; 6. (*embodiment*) मूर्त रूप; 7. (*metaphor*) रूपक; 8. सजीव चित्रण; —*v.*, चित्रित क०; प्रतिबिम्बित क०; कल्पना* क०; **~ry,** 1. मूर्ति-समूह, प्रतिमावली*; 2. (*statuary*) मूर्तिकला*; 3. (*lit.*) बिम्बविधान, अलंकारयोजना*। > इम्-इज; इम्-इजॅरि

imagni/nable, 1. कल्पनीय; **~nary,** काल्पनिक/कल्पित, ख़याली; 2. (*math.*) अधिकल्पित; **~nation,** कल्पना*; कल्पन; कल्पनाशक्ति*; **~native,** कल्पनाशक्ति-सम्पन्न, कल्पनाशील, कल्पनाप्रवण; काल्पनिक, कल्पनात्मक, कल्पनाप्रसूत। > इमैजि/नॅबॅल, ~नॅरि, ~नेशॅन, ~नॅटिव्

imagine, कल्पना* क०; मान लेना; अनुमान क०; समझना। > इमैजिन

imagism, बिम्बवाद। > इमॅजिज़्म

imago, पूर्ण कीट। > इमेगो

ima(u)m, इमाम। > इमाम

imbalance, असन्तुलन। > इम्बैलॅन्स

imbecile, अल्पबुद्धि, अल्पधी, जड़बुद्धि; मूर्ख, मूढ़; दुर्बल। > इम्-बि-सील

imbecility, अल्पबुद्धिता*; मूढ़ता*; दुर्बलता*। > इम्-बि-सिल्-इ-टि

imbibe, 1. आत्मसात् क०, हृदयंगम क०; 2. पीना, पान क०; 3. (*absorb*) सोख लेना, अन्तःशोषण क०; 4. ग्रहण क०, अन्तर्ग्रहण क०। > इम्बाइब

imbibition, निपान, निपीति*। > इम्-बि-बि-शॅन

imbricate, कोरछादी, खपरैला। > इम्-ब्रि-किट

imbroglio, घोटाला, अव्यवस्था*; उलक्षन*। > इम्ब्रोल्यो

imbrue, रक्तरंजित क०; दूषित क०। > इम्ब्रू

imbrute, पाशविक बनाना। > इम्ब्रूट

imbue, 1. भर देना, अनुप्राणित क०, ओत-प्रोत क०; 2. (*saturate*) सराबोर क०, भिगोना; 3. (*dye*) रंग चढ़ाना। > इम्ब्यू

imita/ble, अनुकरणीय; **~te,** 1. अनुकरण क०; 2. नक़ल क०; 3. (*resemble*) सदृश होना; **~tion,** अनुकरण; नक़ल*, अनुकृति; प्रतिलिपि*; **~tive,** 1. अनुकृत; 2. (*not genuine*) नक़ली; 3. अनुकरणशील; अनुकारक; 4. अनुकरणात्मक,

अनुकरणमूलक; **~tor,** अनुकारक, नक़्क़ाल।
> इम्-इ/टॅ-बॅल, ~टेट, ~टेशॅन, ~टॅटिव, ~टे-टॅ

immaculate, निर्मल, निष्कलंक, अमल, बेदाग़; त्रुटिहीन, सही; निर्दोष, निष्पाप। > इमैक्यूलिट

imma/nence, 1. (*of God*) अंतर्यामिता*, सर्वव्यापिता*; 2. अंतर्भूति*; **~nent,** अंतर्यामी, सर्वव्यापी; अंतर्भूत, अन्तःस्थ, अन्तर्निहित। > इमॅ/नॅन्स, ~नॅन्ट

immaterial, 1. अमूर्त, अभौतिक, निराकार; 2. (*negligible*) नगण्य, तुच्छ, असार; **~ism,** अभौतिकवाद। > इमॅटिऑर्/इऑल, ~इऑलिज़्म

immature, कच्चा, अ(परि)पक्व; अप्रौढ़; अपूर्ण। > इमॅट्युऑ

immaturity, अपरिपक्वता*। > इमॅट्युऑर्-इटि

immeasurable, अपरिमेय, अमापनीय; अपार, अमित। > इमे'श़्ज़ॅरॅबॅल

immediate, 1. (*instant*) तात्कालिक; 2. (*close*) निकटतम, निकटस्थ, सन्निकट; 3. (*direct*) अव्यवहित, आसन्न, प्रत्यक्ष, सीधा; **~ly,** तत्काल, तुरन्त, अविलम्ब, फ़ौरन; सीधे। > इमीड्यॅट, ~लि

immemorial, अतिप्राचीन, स्मरणातीत। > इमिमॉ:र्-इअॅल

immense, विशाल, अपरिमित, असीम; **~ly,** अत्यधिक। > इमे'न्स्

immensity, विशालता*, अनन्तता*। > इ-मे'न्-सि-टि

immerse, डुबाना; **~d,** निमज्जित; तल्लीन। > इमॅ:स

immersion, 1. निमज्जन, डुबकी*; 2. (*of a statue*) भसान, प्रवाह; 3. (*of mind*) तल्लीनता*, निमग्नता*; 4. (*astron,*) निमीलन। > इमॅ:शॅन

immi/grant, आप्रवासी; **~gration,** आप्रवास (न); **~grate,** आप्रवास क०, आकर बस जाना। > इम्-इ-/ग्रॅन्ट, ~ग्रेशॅन, ~ग्रेट

immi/nent, (~nence), सन्निकट (ता*), आसन्न (ता)। > इम्-इ/नॅन्ट, ~नॅन्स

immis cible, अमिश्रणीय। > इ-मिस्-इ-बॅल

immitigable, अप्रशम्य। > इ-मिट्-इ-गॅ-बॅल

immixture, 1. मिश्रण; 2. (*involvement*) उलझाव। > इ-मिक्स्-चॅ

immobile, निश्चल, अचल; सुस्थिर। > इमोबाइल

immobility, निश्चलता*; सुस्थिरता*। > इ-मॉ-बिल्-इ-टि

immobilize, 1. गतिहीन कर देना; 2. (*coin*) चलन बन्द कर देना; 3. (*troops*) अटकाए रखना। > इ-मॉब्-इ-लाइज़

immoderate, अत्यधिक, बेहद, अमर्यादित, अमर्याद। > इमॉडॅरिट

immoderation, असंयम। > इमॉडॅरेशॅन

immodest, निर्लज्ज; अविनीत, धृष्ट; **~y,** निर्लज्जता*; अविनय*, धृष्टता*। > इमॉड्/इस्ट, ~इस्टि

immolate, बलि देना, क़ुरबान क०। > इमोलेट

immolation, बलिदान, क़ुरबानी*। > इमोलेशॅन

immoral, 1. अनैतिक; 2. (*unchaste*) लम्पट, व्यभिचारी; 3. (*obscene*) अश्लील; **~ity,** अनैतिकता*; भ्रष्टता*, दुराचार, अनाचार, व्यभिचार। > इमॉ रॅल; इमॅरॅल्-इटि

immortal, अमर, अनश्वर; **~ity,** अमरता*, अमरत्व, अविनाशिता*; **~ize,** अमर बनाना। इमॉ:टॅल; इमॉ:टैल्-इटि; इमॉ:टॅलाइज़

immovable, 1. अचल, अटल; 2. (*impassive*) भावशून्य; 3. (*pl., ~ property*) स्थावर या अचल सम्पत्ति*। > इमूवॅबॅल

immune, 1. (*exempt*) उन्मुक्त; 2. (*protected*) प्रतिरक्षित, निरापद; 3. (*against disease*) असंक्राम्य; **~body,** प्रतिरक्षक पिण्ड। > इम्यून

immunity, उन्मुक्ति*; प्रतिरक्षा*, निरापदता*; असंक्राम्यता*। > इम्यून्-इटि

immunization, प्रतिरक्षण। > इम्यूनाइज़ेशॅन

immunize, उन्मुक्त या प्रतिरक्षित क०; असंक्रमीकरण। > इम्यूनाइज़

immure, क़ैद क०, बन्द क०; अलग क०। > इम्युअॅ

immutable, अपरिवर्तनीय, अपरिवर्त्य, अविकार्य; निर्विकार। > इम्यूटॅबॅल

imp, शैतान, छोकरा। > इम्प

impact, *n.*, संघात, संघट्ट, संघट्टन, टक्कर*; —*v.*, ठूसना; बैठाना, जमाना। > इम्पैक्ट (*n.*) इम्पैक्ट (*v.*)

impair, कम क०; दुर्बल या क्षीण कर देना; हानि* या क्षति* पहुँचाना; बिगाड़ना, विकृत क०; **~ment,** हानि*, क्षति*; हानिकरण। > इम्पे'अॅ

impale, (*pierce*) छेदित क०, छेदना; शूली* (पर) चढ़ाना। > इम्पेल

impalpable, स्पर्शातीत, स्पर्शागम्य, स्पर्श-अगोचर; दुर्ज्ञेय, अगोचर; नगण्य। > इम्पैल्पॅबॅल

impanation, अन्तर्निहितवाद। > इम्पॅनेशॅन

impanel, सूची* में नाम चढ़ाना। > इम्पैनॅल

imparadize, आनन्दविभोर कर देना; स्वर्ग बना देना। > इम्पैरॅडाइज़

impark, बाड़े में रखना; बाड़ा लगाना। > इम्पा:क

impart, प्रदान क०; बताना, विदित क०। > इम्पाट

impartial, निष्पक्ष, समदर्शी; **~ity,** निष्पक्षता*, समदर्शिता*, न्याय। > इम्पार्शॅल; इम्पाशिऐल्-इटि

impartible, 1. अविभाज्य; 2. (*that can be*

imparted) देय। > इम्पाट्-इबॅल
impassable, अलंघ्य, अगम्य, दुर्गम। > इम्पासॅबॅल
impasse, बंद गली*; गतिरोध, ज़िच*।
> इम्पास = ऐम्पास
impassible, 1. दु:खातीत; 2. (*unfeeling*) भावशून्य; 3. (*invulnerable*) अभेद्य। > इम्-पैस-इ-बॅल
impassion, उत्तेजित क०, जोश दिलाना; **~ed,** आवेगपूर्ण, उत्तेजित, जोशीला। > इम्पैशॅन; इमपैशॅन्ड
impassive, 1. (*calm*) शांम, धीर, निरावेग; 2. (*unconscious*) अचेतन; 3. *see* IMPASSIBLE 1, 2, 3. > इम्-पैस्-इव्
impaste, 1. लेई* तैयार क०; 2. लेई* से ढकना; 3. (*painting*) रंग थोपना। > इम्पेस्ट
impatience, अधीरता*, व्यग्रता*, बेचैनी*, विकलता*। > इम्पेशॅन्स
impatient, अधीर, व्यग्र, बेचैन, विकल।
> इम्पेशॅन्ट
impawn, बंधक रखना; दाँव पर रखना। > इम्पॉ:न
impeach, 1.आरोप, अभियोग या महाभियोग लगाना; 2. (*challenge*) चुनौती* देना; **~able,** अभियोज्य; **~ment,** महाभियोग, दोषारोपण।
> इम्पीच; इम्पीचॅबॅल; इम्पीच्मॅन्ट
impeccable, 1. पापातीत; 2. (*flawless*) अनिन्द्य, निर्दोष, त्रुटिहीन। > इम्पे'कॅबॅल
impecunious, निर्धन, धनहीन।
> इम्-पि-क्यून्-इअॅस
impedance, प्रतिबाधा*; प्रतिबाधिता*।> इम्पीडॅन्स
impede, रोकना, बाधा* डालना, अटकाना, में बाधक होना। > इम्पीड
impediment, 1. बाधा*, रुकावट*, अड़चन*; विघ्न, अडंगा; 2. (*impedimenta*) सामान, माल-असबाब; ~ in speech, हकलाहट*; **~al, impeditive,** बाधक। > इम्-पे'ड्-इ-मॅन्ट;
इम्-पे'-डि-मे'न/टॅ, ~टॅल; इमपे'ड्-इटिव्
impel, 1. प्रेरित क०, उकसाना; 2. (*propel*) आगे बढ़ाना, ढकेलना, ठेलना; **~lent,** *adj*., प्रेरक; —*n*., प्रेरणा*, प्रेरक, उद्देश्य; **~ler,** प्रेरक।
> इम्पे'ल; इम्पै'लेन्ट; इम्-पे'ल्-अॅ
impend, लटकना; आसन्न होना; **~ence,** आसन्नता*; **~ent, ~ing,** आसन्न, सन्निकट, समुपस्थित।
> इम्पे'न्ड; इम्पे'न/डॅन्स, ~डॅन्ट, ~डिन्ग
impenetrable, 1. अभेद्य; 2. (*inscrutable*) अज्ञेय, अगम्य; 3. (*narrow-minded*) अनुदार।
> इम्-पे'न्-इ-ट्रॅ-बॅल
impenetrate, दूर तक घूस जाना।
> इम्-पे'न्-इ-ट्रेट
impenitent(nce) पश्चात्तापहीन (ता)*।
> इम्पेन/इटॅन्ट, इटॅन्स

imperative, *adj*., 1. आदेशसूचक, आदेशक; 2. (*urgent*) अत्यावश्यक, अनिवार्य, अवश्यकरणीय; 3. (*gram.*) आज्ञार्थ(क), आज्ञासूचक; —*n*., 1. आदेश; 2. (*gram.*) विधि*, विध्यर्थ, आज्ञार्थ। > इम्पे'रॅटिव्
imperator, सम्राट्। > इम्पॅराटॉ:
imperceptible, अतीन्द्रिय, अगोचर, अति-सूक्ष्म, दुर्ग्राह्य; सूक्ष्म। > इम्पॅसे'प्-टॅबॅल, ~टिबॅल
imperceptive, impercipient, अनुभूति-शून्य।
> इम्-पॅ-से'प्-टिव; इमपॅसिप्-इअॅन्ट
imperfect, *adj*., 1. अपूर्ण, अधूरा; 2. त्रुटिपूर्ण, सदोष; —*n*., अपूर्ण काल, अनद्यतन भूत, लङ; **~ion,** अपूर्णता*; दोष, त्रुटि*, अभाव, कमी*; **~ive,** अपूर्णार्थी, अपूर्ण। > इमपॅ:फ्-इक्ट; इमपॅफ़े'क्/शॅन, ~टिव्
imperforate, अछिद्री। > इम्पॅ:फ़ॅरिट
imperial, 1. साम्राज्यिक, शाही, साम्राज्य-; 2. (*magnificient*) प्रतापी, प्रतापमय, शानदार; **~ism(ist),** साम्राज्यवाद(ी)।
इमपिअॅर/इअॅल, ~ अॅलिज़्म, ~ अॅलिस्ट
imperil, जोखिम* में डालना। > इम्-पे'-रिल
imperious, 1. उद्धत, दबंग, घमण्डी, निरंकुश; 2. (*urgent*) अत्यावश्यक। इम्-पिअॅर्-इअॅस
imperishable, अविनश्वर, अविनाशी, अक्षय।
> इम्-पे'-रि-शॅ-बॅल
imperium, 1. परमसत्ता*, प्रभुत्व; 2. (*law*) सर्वोच्च शक्ति*। > इम्-पिअॅर्-इ-अॅम
impermanent, 1. नश्वर; 2. (*temporary*) अस्थायी। > इम्पॅ:मॅनॅन्ट
impermeable, अभेद्य, अपारगम्य।
> इम्पॅ:म्-इअॅबॅल
impermissible, अननुज्ञेय।
> इम्पॅमिसॅबॅल = इम्पॅमिस्-इबॅल
imperscriptible, अप्रमाणित।
> इम्-पॅ-स्क्रिप्-टि-बॅल
impersonal, 1. अव्यक्तिक, अवैयक्तिक; 2. व्यक्तित्वहीन; 3. (*gram.*) भाववाचक; ~use, भावे प्रयोग। > इमपॅ:सॅनॅल
imperso/nate, 1. (*personify*) की मूर्ति* होना; 2. का (छद्म) रूप धारण क०; 3. का अभिनय क०; **~nation,** 1. (*embodiment*) मूर्तरूप, मूर्ति*, अवतार; 2. पररूपधारण, प्रतिरूपण, छद्मव्यक्तिता*; 3. अभिनय; **~nator,** (पर)रूपधारण; अभिनेता।
> इम्पॅ:सॅनेट; इम्पॅ:सॅनेशॅन; इम्पॅ:सॅने-टॅ
impertinence, असंगति*; अनुपयुक्तता*; ढिठाई*।
> इम्पॅ:ट्-इनॅन्स
impertinent, 1. असंगत; अप्रासंगिक; 2. (*inappropriate*) अनुपयुक्त; 3. (*insolent*) ढीठ, धृष्ट, गुस्ताख़। > इम्पॅ:ट्-इनॅन्ट

imperturbable, अविचलित, शान्त; निर्विकार। > इम्पर्टे:बॅबॅल

impervious, अभेद्य, अपारगम्य; अप्रभावित, अप्रभावनीय। > इम्पॅ:व्-इअॅस

impetigo, चर्मपूय। > इम्-पिटाइगो

impetrate, माँग लेना। > इम्-पि-ट्रेट

impetration, याचना*। > इम्-पि-ट्रे-शॅन

impetuosity, उतावलापन,जल्दबाज़ी*; तीव्रता*। > इम्पे'ट्युऑस्-इटि

impetuous, 1. (*rash*) अविवेकी, उतावला, अविचारी, जल्दबाज़; 2. तीव्र, प्रचण्ड, संवेगी। > इम्पे'ट्युअॅस

impetus, संवेग, आवेग; प्रेरणा*, प्रोत्साहन, प्रेरक शक्ति*। इम्-पि-टॅस

impiety, अधार्मिकता*, नास्तिकता*; अनादर, अश्रद्धा*, श्रद्धाहीनता*। > इम्पाइअॅटि

impinge, 1. टकराना; 2. (*encroach*) अतिक्रमण क०। > इम्-पिन्ज

impious, अधर्मी, नास्तिक, विधर्मी। > इम्-पि-अॅस

impish, नटखट। > इम्प्-इश

implacable, अप्रशम्य, कठोर। > इम्प्लैकॅबॅल

implant, रोपना; (मन में) बैठाना; **~ation,** आरोपण। > इम्प्लान्ट; इम्प्लान्टेशॅन

implausible, अविश्वास्य। > इम्प्लॉ:ज़ॅबॅल

implead, पर मुक़दमा चलाना। > इम्प्लीड

impledge, रेहन रखना। > इम्प्ले'ज

implement, *n.*, औज़ार, उपकरण, साधन; —*v.*, 1. कार्यान्वित क०, लागू क०, (परि)-पालन क०, अमल में लाना; 2. (*fulfil*) पूरा क०, अभिपूर्ति* क०, निबाहना; 3. उपकरण दिलाना; **~ation,** कार्यान्वयन, कार्यान्विति*; पालन, अभिपूर्ति*, परिपालन। > इम्-प्लि-मॅन्ट (*n.*); इम्-प्लि-मे'न्ट (*v.*); इम्-प्लि-मे'न्-टे-शन

impletion, भराई*। > इम्प्लीशन

implicate, 1. फँसाना, आलिप्त क०; 2. *see* IMPLY; 3. (*entangle*) उलझाना। > इम्-प्लि-केट

implication, 1. (*meaning*) विवक्षा*, तात्पर्य, निहितार्थ, आशय; 2. उलझाव, उलझन; 3. (*process*) विवक्षा*, अर्थापत्ति*, उपलक्षणा*। > इम्-प्लि-के-शॅन

implicit, 1. अस्पष्ट, अप्रत्यक्ष, अव्यक्त; विवक्षित, अन्तर्निहित; 2. (*unquestioning*) निर्विवाद, अन्धा। > इम्-प्लि-सिट

implied, विवक्षित, अन्तर्निहित, उपलक्षित, ध्वनित; आलिप्त; समाविष्ट। > इम्प्लाइड

implore, अनुनय-विनय*, याचना* या प्रार्थना क०। > इम्प्लॉ:

implosion, अन्त:स्फोट। > इम्प्लोश्ज़ॅन

implosive, अन्त:स्फोटात्मक। > इम्प्लोस्-इव़

imply, 1. में अन्तर्निहित या समाविष्ट होना, से परिणाम निकालना, का अर्थ होना, की अपेक्षा* क०; 2. (*include*) समाविष्ट क०; 3. उपलक्षित क०, सूचित क०, ध्वनित क०, संकेत क०। > इम्प्लाइ

impolicy, 1. (*bad policy*) दुर्नीति*; 2. (*inexpediency*) अनुपयुक्तता*, अनौचित्य। > इम्पॉल्-इ-सि

impolite, अशिष्ट, अभद्र। > इम्पॅलाइट

impolitic, नीति-विरुद्ध, अविवेकपूर्ण, अनुचित। > इम्-पॉल्-इ-टिक

imponderable, अतिसूक्ष्म; भारहीन। > इम्पॉन्डॅरॅबॅल

imponent, लगानेवाला। > इम्पोनॅन्ट

import, *n.*, आयात; अभिप्राय, अर्थ, आशय; महत्त्व; —*v.*, आयात क०; प्रचलित क०; अर्थ रखना, उपलक्षित क०; महत्त्व रखना; ~duties, आयात-शुल्क; **~ed,** आयातित; **~er,** आयात-कर्त्ता। > इम्पॉ:ट (*n.*); इम्पॉ:ट (*v.*); इम्पॉ:ट्/इड, ~ अॅ

import/ance, महत्त्व; **~ant,** महत्त्वपूर्ण, आवश्यक; प्रभावशाली। > इम्पॉ:ट/अॅन्स, ~अॅन्ट

importunate, आग्रही, दुराग्रही, हठी > इम्पॉ:ट्यूनिट

importune, आग्रह, दुराग्रह या हठ क०; माँगता रहना; तंग क०। > इम्पॉ:ट्यून

importunity, आग्रह, दुराग्रह। > इम्-पॉ:-ट्यून्-इ-टि

impose, लगाना, लागू क०; थोपना; आरोपित क०; घोखा देना; फ़ार्म सजाना। > इम्पोज़

imposing, शानदार, भव्य, प्रभावशली, प्रभावक। > इम्-पोज़्-इन्ग

imposition, 1. आरोपण; 2. घुसपैठ*; 3. (*burden*) भार; 4. (*tax*) कर; 5. (*fine*) अर्थदण्ड; 6. (*fraud*) धोखा, प्रतारणा*; ~ of hands, हस्तारोपण। > इम्पॅज़िशॅन

impossibility, असंभवता*, अशक्यता*। > इम्पॉसॅबिल्-इ-टि = इमपॉसिबिल-इटि

impossible, असंभव, अशक्य, असाध्य; दुःसाध्य, कठिन। > इम्पॉसॅबॅल = इम्पॉस्-इबॅल

impost, 1. महसूल, चुंगी*, कर; 2. (*of arch*) दासा; 3. (*of pillar*) सिरा। > इम्पोस्ट

impostor, धोखेबाज़; ढोंगी। > इम्-पॉस्-टॅ

imposture, धोखबाज़ी*; धोखा, छल-कपट, प्रतारणा*; ढोंग, पाखंड। > इम्-पॉस्-चॅ

impotence, कमज़ोरी*, दुर्बलता*; असमर्थता*, बेबसी, लाचारी*; नपुंसकता*, नामर्दी*। > इम्पॅटॅन्स

impotent, दुर्बल, कमज़ोर; असमर्थ, लाचार, निस्सहाय; नपुंसक, क्लीव, नामर्द। > इम्पॅटॅन्ट

impound, 1. (*cattle*) काँजीहाउस में रखना; 2. (*confiscate*) ज़ब्त क०, क़ुर्क क०; 3. (*water*)

अवरुद्ध क०। > इम्‌पाउन्ड

impoverish, दरिद्र कर देना; निर्बल, अशक्तया निरुपाय कर देना; **~ed,** कंगाल। > इम्‌पॉव़/रिश, ~रिश्ट

impracticable, 1. अव्यावहारिक, दुष्कर, दुःसाध्य; 2. (*road*) दुर्गम, अगम; 3. (*intractable*) टेढ़ा। > इम्-प्रैक्-टि-कॅ-बॅल

impre/cate, कोसना; **~cation,** अभिचार; (अभि)शाप; **~cator,** शापात्मक, शापवाचक। > इम्-प्रि-केट; इम्-प्रि-के-शॅन इम्-प्रि-के-टॅ-रि

impreg/nable, अजेय, अपराजेय; अटल; **~nate,** 1. (*cell*) संसेचित क०; 2. (*being*) गर्भाधान क०; 3. (*land*) उर्वर बनाना; 4. (*saturate*) से भर देना, से व्याप्त क०; सराबोर क०, तर क०, संसिक्त क०, 5. (*imbue*) अनुप्राणित क०; **~nation,** संसेचन, निषेक; गर्भाधान; उर्वरीकरण। > इम्‌प्रे 'ग्‌नॅबॅल; इम्‌प्रे 'ग्‌नेट; = इम्‌प्रे 'गनेट; इम्‌प्रे 'गनेशॅन

impresario, संचालन, संयोजक। > इम्‌प्रे 'सार्-इयो

imprescriptible, अ-चिरभोगजन्य; अहस्तान्तरणीय। > इम्-प्रिस्-क्रिप्-टि-बॅल

impress, *n.*, छाप*; *v.*, छाप* लगाना, मुहर* लगाना, अंकित क०; दबाना; प्रभाव डालना, प्रभावित क०; मन में बैठाना। > इम्‌प्रे 'स (*n.*); इम्‌प्रे 'स (*v.*)

impression, 1. (*action*) अंकन; 2. (*mark*) छाप*, मुद्रा*, निशानी*, चिह्न; 3. (*influence*) प्रभाव, असर; 4. (*notion*) विचार, राय*; 5. (*printing*) आवृत्ति*; संस्करण; **~able,** आशुप्रभावित, प्रभावनीय; अतिसंवेदनशील; **~ism,** प्रभाववाद। > इम्‌प्रे 'शॅन, इम्‌प्रे 'शॅ/नॅबॅल, निज़्म

impressive, प्रभावशाली, प्रभावोत्पादक। > इम्‌प्रे 'स्-इव़

impressment, बलात् या जब्री भरती*। > इम्‌प्रे 'सर्मेन्ट

imprest, पेशगी*, अग्रदाय। > इम्‌प्रेस्ट

imprimatur, मुद्रण-अनुमति*। > इम्-प्रि-मेट्-अॅ

imprimis, सर्वप्रथम। > इम्‌प्राइम्-इस

imprint, *n.*, छाप*, मुहर*; छापा, निशान, चिह्न; —*v.*, अंकित क०; में बैठा देना; लगा देना। > इम्-प्रिन्ट (*n.*) ; इम्-प्रिन्ट (*v.*)

imprison, क़ैद क०, बन्दी बनाना; में बन्द क०, सीमाबद्ध क०; **~ed,** क़ैदी, कारा-रुद्ध; **~ment,** कारावास, क़ैद*, बन्दीकरण। > इम्‌प्रिज़ॅन, इम्‌प्रिज़ॅन्ड; इम्‌प्रिज़ॅन्मॅन्ट

improbability, असंभावना*; असंभाव्यता*। > इम्‌प्रॉबॅबिल्-इ-टि

improbable, असम्भाव्य, असंभावित, अप्रायिक। > इम्‌प्रॉबॅबॅल

improbity, बेईमानी*। > इम्‌प्रोब्-इटि, इम्‌प्रॉब्-इटि

impromptu, *adj.*, तात्कालिक; *adv.* तत्काल; *n.*, बिना तैयारी* का भाषण (प्रदर्शन आदि)। > इम्‌प्रॉम्‌ट्यू

improper, 1. (*unsuitable*) अनुपयुक्त, असंगत; 2. अनुचित, अशोभनीय, अश्लील; 3. (*wrong*) अशुद्ध, ग़लत; अवास्तविक; 4. (*math.*) विषम। > इम्‌प्रॉप्-अॅ

impropriate, विनियोजित क०। > इम्‌प्रोप्-रिएट

impropriety, अनुपयुक्तता*; अनौचित्य; अशुद्धि*; अनुचित व्यवहार; अशुद्ध प्रयोग। > इम्‌प्रॅप्राइअॅटि

improvable, सुधार्य। > इम्‌प्रूवॅबॅल

improve, सुधरना या सुधारना, उन्नति* क०; का लाभ उठाना; **~d,** सुधरा, उन्नत, संशोधित; **~ment,** सुधार, उन्नति*। > इम्‌प्रूव

improvi/dence, अदूरदर्शिता*; अपव्यय; असावधानी*, लापरवाही*; **~dent,** अदूरदर्शी; अपव्ययी; असावधान। > इम्‌प्रॉव/इडॅन्स, ~इडॅन्ट

improvi/sation, तात्कालिक भाषण, (संगीत, प्रदर्शन या कविता*); कामचलाऊ प्रबन्ध; **~sator,** (*poet*) आशुकवि। > इम्‌प्रॅवाइ = इमप्रॉवि-ज़ेशॅन; इम्‌प्रॉव्-इ-ज़े-टॅ

improvise, तत्काल भाषण देना (कविता* क०, संगीत सुनाना); कामचलाऊ प्रबन्ध क०; **~d,** तात्कालिक; कामचलाऊ। > इम्‌प्रॅ/वाइज़, ~वाइज़्ड

impru/dence, अविवेक, असावधानी*; **~dent,** अविवेकी, असावधान, लापरवाह। > इम्‌प्रूडॅन्स; इम्‌प्रूडॅन्ट

impu/dence, ढिठाई*, गुस्ताख़ी*; **~dent,** ढीठ, निर्लज्ज, गुस्ताख़, उद्धत, अक्खड़; **~dicity,** निर्लज्जता*। > इम्‌प्यू/डॅन्स, ~डॅन्ट; इम्‌प्यूडिसिटि

impugn, विरोध क०, प्रतिवाद क०; पर संदेह प्रकट क०; **~ment,** विरोध, प्रतिवाद; आरोप। > इम्‌प्यून, ~मॅन्ट

impuissant, अशक्त, असमर्थ। > इम्‌प्यूइसॅन्ट

impulse, 1. धक्का; 2. (*impetus*) आवेग; 3. (*stimulus*) प्रेरणा*; 4. अन्तःप्रेरणा*, मनोवेग, आवेश, आवेग। > इम्‌पॅल्स

impulsion, प्रणोदन, प्रवर्तन, प्रोत्साहन, प्रेरण; ओवग। > इम्-पॅल्‌शॅन

impulsive, प्रेरक, प्रवर्तक; आवेगशील, आवेगी। > इम्-पॅल्स्-इव़

impunity, 1. दण्डाभाव, दण्डमुक्ति*; सुरक्षा*; with ~, अदण्डित। > इम्-प्यून्-इ-टि

impure, 1. अशुद्ध; 2. (*morally*) अपवित्र, दूषित, अशुद्ध; 3. मिश्रित। > इम्‌प्युअॅ

impurity, 1. अशुद्धता*, अशुद्धि*; मिश्रण; 2. (*dirt*) मैल*; 3. (*foreign matter*) अपद्रव्य। > इम्‌प्युअॅर्-इटि

imputable, आरोप्य। > इम्प्यूटॅबॅल
imputation, आरोपण, लांछन; आरोप। > इम्प्यूटेशॅन
impute, 1. आरोप या लांछन लगाना; 2. के गले मढ़ना, थोपना, आरोपित क०; 3. (*credit*) श्रेय देना। > इम्प्यूट
in-, अ-, अन्-; नि-, निर्-; अन्त:-, अन्तर्। > इन
in, *prep.*, 1. में; 2. (*with*) से; *adv.*, भीतर, अन्दर; —*adj.*, 1. (*in power*) सत्तारूढ़; 2. भीतरी, आन्तरिक; —*v.*, जमा क०; ~that, क्योंकि; ~s and outs, पूरा विवरण, ब्योरा। > इन
inability, असमर्थता*; अयोग्यता*। > इनॅबिल्-इ-टि
inaccessible, अगम्य। > इनैक्से 'सॅबॅल, इबॅल
inaccurate, अयथार्थ, अ(परि)शुद्ध, ग़लत। > इन्-ऐक्-यू-रिट
inaction, 1. (*inactivity*) निष्क्रियता*; 2. आलस्य। > इन्-ऐक्-शॅन; इ-नैक्-टिव्-इटि
inacti/vate, निष्क्रिय बना देना; **~vation,** निष्क्रियण। > इन्-ऐक्-टि/वेट, ~वे-शॅन
inactive, 1. निष्क्रिय; 2. अकर्मण्य, आलसी; (*gram.*) अकर्तृवाच्य। > इन्-ऐक्-टिव्
inadaptable, अननुकूलनीय। > इनॅडैप्टॅबॅल
inadequacy, अपर्याप्तता*। > इन्-ऐड्-इ-क्वॅ-सि
inadequate, अपर्याप्त। > इन्-ऐड्-इ-क्विट
inadhesive, न चिपकनेवाला। > इनॅड्हीस्-इव्
inadmissible, अमान्य, अस्वीकार्य, अग्राह्य। > इनॅड्-मिसॅबॅल, -मिस्-इ-बॅल
inadvert/ence, 1. (*oversight*) असावधानी*, भूल*, अनवधान, प्रमाद; 2. असावधानता*; **~ent,** 1. (*heedless*) असावधान, अनवधान; 2. (*unintentional*) अनभिप्रेत; **~ently,** अनजाने, अनजान में, असावधानी* से। > इनॅड्वॅ:ट/ॲन्स, ~ॲन्ट, ~ॲन्ट्-लि
inadvisable, अनुचित, अनुपयुक्त; अविवेकपूर्ण। > इनॅड्वाइज़ॅबॅल
inalienable, असंक्राम्य, अहस्तान्तरकरणीय; अहरणीय, अनपहार्य। > इन्-एल्-यॅ-नॅ-बॅल
inalterable, अपरिवर्तनीय। > इन्-ऑ:ल्-टॅ-रॅ-बॅल
inamorata, प्रेयसी*, प्रेमिका*। > इन्-ऐ-मॅ-रा-टॅ
inamorato, प्रेमी। > इन्-ऐ-मॅ-रा-टो
inane, शून्य; निरर्थक; मूर्ख। > इनेन
inanimate, 1. जड़, निर्जीव, जीवहीन, अचेतन; 2. (*dull*) निर्जीव; 3. (*spiritless*) हतोत्साह; 4. (*gram.*) अप्राणीवाचक। > इन्-ऐन्-इ-मिट
inanition, अपक्षय। > इनॅनिशॅन
inanity, शून्यता*; निरर्थकता*; मूर्खता। > इनैन्-इ-टि
inappeasable, अतोषणीय। > इनॅपीज़ॅबॅल
inappellable, अपुनरावेदनीय। > इनॅपे 'लॅबॅल
inappetence, अप्रवृत्ति*; अनिच्छा*, अरुचि*। > इन्-ऐपिटॅन्स
inapplicable, अप्रयोज्य; अनुपयुक्त। > इन्-ऐप्-लि-कॅ-बल
inapposite, 1. अनुपयुक्त; 2. (*irrelevant*) अप्रासंगिक। > इन्ऐपॅज़िट
inappreci/able, नगण्य; **~ation,** उपेक्षा*; **~ative,** अगुणज्ञ, अगुणग्राही। > इनॅप्रीशॅबॅल; इनॅप्रीशिएशॅन; इनॅप्रीशिॲटिव्
inapprehensible, 1. (*by sense*) अगोचर; 2. अबोधगम्य। > इन्-ऐप्-रि-हे 'न्-सॅ-बॅल,-सिबॅल
inapproachable, अनभिगम्य। > इनॅप्रोचॅबॅल
inappropriate, अनुपयुक्त; असंगत। > इनॅप्रोप्-रिइट
inapt, 1. (*unsuitable*) अनुपयुक्त; 2. (*unskilled*) अदक्ष, अकुशल। > इन्-ऐप्ट
inarch, भेंटकलम* बाँधना। > इन्-आच
inarticulate, अस्पष्ट, अस्फुट; अव्यक्त; मूक, गूँगा। > इनाटिक्यूलिट
inartificial, अकृत्रिम। > इन्-आ-टि-फ़िशॅल
inartistic, 1. अकलात्मक; 2. (*person*) कलाहीन। > इ-ना-टिस्-टिक
inasmuch as चूँकि, क्योंकि। > इनॅज़्मॅच
inattention, अनवधान; लापरवाही*; उपेक्षा*। > इनॅटे 'न्शॅन
inattentive, अनमना, अन्यमनस्क; असावधान, लापरवाह। > इन्-ॲ-टे 'न्-टिव्
inaudible, अश्रव्य, कर्णागोचर, अश्राव्य। > इन्-ऑ:ड्/ॲ-बॅल = इबॅल
inaugu/ral, उद्घाटन-भाषण; **~rate,** उद्घाटन क०, उद्घाटित क०; प्रारंभ क०, शुभारंभ क०; पद पर प्रतिष्ठित क०; **~ration,** उद्घाटन; प्रारंभण। > इनॉ:ग्यू/रॅल; ~रेट, ~रेशॅन
inauspicious, अशुभ, अमंगल। > इनॉ:स्पिशॅस
inboard, भीतरी। > इन्बॉ:ड
inborn, सहज, स्वाभाविक; जन्मसिद्ध; अन्तर्जात। > इन्बॉ:न
inbreathe, 1. (*inhale*) का कश लेना; 2. (*inspire*) प्रेरणा* देना। > इन्-ब्रीद
inbred, 1. *see* INBORN. 2. अन्त:प्रजात। > इन्-ब्रे 'ड
inbreeding, अन्त:प्रजनन। > इन्ब्रीडिङ्ग
incalculable, गणनातीत; अनिश्चित। > इन्कैल्क्यूलॅबॅल
incandesce, उद्दीप्त क० या हो जाना; **~nce,** उद्दीप्ति*, तापदीप्ति*; **~nt,** उद्दीप्त, तापदीप्त। > इनकैन्/डे 'स; ~डे 'सॅन्स, ~डे 'सॅन्ट
incantation, 1. अभिचार, झाड़-फूँक*; 2. (*magic*) जादू-टोना; 3. (*formula*) मंत्र। > इन्कैन्टेशॅन

incapable, अक्षम, असमर्थ, अशक्त। > इन्केपॅबॅल

incapacitate, 1. (*disable*) पंगु या विकलांग बनाना; 2. असमर्थ या अक्षम कर देना; 3. (*disqualify*) अयोग्य ठहराना। > इन्कॅपैसिटेट

incapacity, असमर्थता*, असामर्थ्य; अक्षमता*; अयोग्यता*। > इन्कॅपैसिटि

incarcerate, क़ैद क०, बन्दी बनाना। > इन्कासॅरेट

incardinate, अधिष्ठापन क०; समाविष्ट क०। > इन्काडिनेट

incarnate, *adj.*, 1. देहधारी, शरीरधारी; 2. (*fig.*) मूर्तिमान; —*v.*, अवतार लेना, शरीर धारण क०; मूर्त रूप प्रस्तुत क०, की मूर्ति* होना, का अवतार होना। > इन्कान्-इट (*adj.*); > इन्कानेट = इन्कानेट (*v.*)

incarnation, देहधारण, अवतरण; अवतार। > इन्कानेशॅन

incautious, असावधान। > इन्कॉ:शॅस

incendiarism, आगजनी*, गृहदाह। > इन्से 'न्ड्यॅरिज़्म

incendiary, *adj.*, आगलगाऊ, दाहक; उत्तेजक, विद्रोहात्मक; —*n.*, गृहदाही; विद्रोही; अग्निगोला, अग्नि-बम, आगलगाऊ बम। > इन्से 'न्ड्यॅरि

incense, *v.*, 1. चिढ़ाना, क्रुद्ध क०, उत्तेजित क०; 2. लोबान चढ़ाना, धूप देना; 3. (*perfume*) महकना, सुगंधित क०; —*n.*, 1. लोबान; 2. सुगंध*; 3. (*praise*) प्रशंसा*। > इन्से 'न्स (*v.* 1); इन्से 'न्स (*v.* 2, 3 *n.*)

incensory, धूपदान। > इनसे 'न्सॅरि

incentive, *adj.*, प्रेरक, प्रेरणादायक, उद्दीपक; —*n.*, प्रेरणा*, प्रोत्साहन; प्रेरणास्रोत। > इन्-से 'न-टिव

incept, 1. प्रारंभ क०; 2. (*biol.*) आत्मसात् क०; **~ion,** प्रारम्भ; **~ive,** 1. प्रारंभिक; 2. (*gram.*) प्रारंभवाचक। > इन्से 'प्ट; इन-से 'प्/शॅन, ~टिव

incertitude, अनिश्चय, संदेह। > इन्सॅ:ट्-इठ्यूड

incessant, निरन्तर, अविच्छिन्न, अनवरत, अविराम। > इनसे 'सॅन्ट

incest, अगम्यागमन, अगम्यगमन, कौटुम्बिक, व्यभिचार। > इनसे 'स्ट

inch, *n.*, इंच; रत्ती*, थोड़ा सा; *v.*, थोड़ा-थोड़ा करके या धीरे-धीरे सरकना, खिसकना या आगे बढ़ना; **~meal,** थोड़ा-थोड़ा करके, धीरे-धीरे। > इंच

in-charge, प्रभारी, कार्यभारी। > इन्-चाज

incho/ate, *adj.*, प्रारंभिक; अपक्व, अपूर्ण; —*v.*, प्रारंभ क० या होना; **~ation,** प्रारंभ; **~ative,** 1. प्रारंभिक; 2. (*gram.*) प्रारंभात्मक। > इन्कोएट ; इनकोएशॅन; इन्कोएटिव

incidence, आपतन, आपात, सम्पात; प्रभाव, विस्तार, भार, प्रभाव-क्षेत्र। > इन्-सि-डॅन्स

incident, *n.*, 1. (*event*) घटना*; 2. (*episode*) प्रसंग; 3. (*law*) अनुषंग; —*adj.*, 1. आनुषंगिक; 2. (*phys.*) आपतित; **~al,** 1. आनुषंगिक, प्रासंगिक; 2. (*casual*) आकस्मिक; **~ally,** अकस्मात्, संयोग से, प्रसंगवश। > इन्-सि-डॅन्ट; इन्-सि-डे 'न्/टॅल, ~टॅलि

incine/rate, भस्म कर देना; **~ration,** भस्मीकरण; **~rator,** भस्मक, निर्दाहक, दाहित्र। > इन्-सिनॅरेट; इन-सिनॅरेशॅन; इन्-सिनॅरे-टॅ

incipient, प्रारंभी, आरंभिक। > इन्-सिप्-इ-ॲन्ट

incise, छेदना, चीरना; उत्कीर्ण क०; **~d,** 1. छेदित; 2. (*carved*) उत्कीर्ण; 3. (*bot.*) कटा-फटा, छिन्न। > इन्साइज़; इनसाइज़्ड

incision, चीरा, कटन*, छेदन; उत्कीर्णन; काट*, चीरा। > इन्-सि-श़्ज़ॅन

incisive, छेदक; तीक्ष्ण। > इन्साइस्-इव़

incisor, कृन्तक, छेदक। > इन्-साइज़्-ॲ

incite, 1. भड़काना, उभारना, उत्तेजित क०; 2. (*stimulate*) प्रेरित क०; **~ment,** उत्तेजन, प्रेरण; उत्तेजन*, प्रेरणा*। > इन्साइट

incivility, अशिष्टता*; रुखाई*। > इन्-सि-विल्-इ-टि

incivism, देशद्रोह। > इन्-सिविज़्म

inclement, कड़ा, तेज़, तूफ़ानी, विषम, प्रतिकूल; ~weather, आँधी-पानी। > इन्क्ले 'मॅन्ट

inclinable, अनुकूल। > इन्क्लाइनलॅबॅल

inclination, 1. झुकाव, आनति*, नति*; 2. ढाल*; 3. (*tendency*) झुकाव, प्रवृत्ति*, अभिरुचि*। > इन्-क्लि-ने-शॅन

incline, *v.*, झुकना; झुकाना; रुचि* रखना, झुकाव होना; प्रवृत्त क०, प्रभावित क०; —*n.*, ढाल*; झुकाव; **~d,** नत, आनत, झुका हुआ, प्रवण; प्रवृत्त। > इनक्लाइन

inclinometer, नमनमापी, ढालमापी। > इन्-क्लि-नॉम्-इटॅ

include, में लगा देना; सम्मिलित क०; अंतर्गत क०; **~d,** सम्मिलित, अंतर्गत, अन्तर्विष्ट। > इन्क्लूड; इन्-क्लू-डिड

inclusion, 1. (*act*) अन्तर्वेशन; 2. (*state*) अन्तर्भाव, समावेश, अंतर्वेश; 3. (*body*) अन्त: स्थ पिण्ड। > इन्क्लूश़्ज़ॅन

inclusive of, को मिलाकर, को शामिल करके, को सम्मिलित करके। > इनक्लूस्-इव़

incognito, अज्ञात या गुप्त रूप से। > इन्-कॉग-निटो

incognizable, अगोचर; अबोधगम्य। > इन्-कॉग्-नि-ज़ॅ-बॅल

incognizant, अनभिज्ञ। > इन्-कॉग्-नि-ज़ॅन्ट

incoherent, असंबद्ध, असंगत, अण्ड-बण्ड। > इन्कोहिअॅरॅन्ट

incohesive, असंसंजक। > इन्कोहीस्-इव़

incombustible, अदाह्य, अदह्य। > इन्कॅम्बॅस्-टॅबॅल, ~टिबॅल

income, आय*, आमदनी*; **~-tax,** आयकर। > इन्कॅम

incomer, प्रवेशक; आगन्तुक; आप्रवासी; अतिक्रामक; उत्तराधिकारी। > इन्-कॅम्-अॅ

incoming, आवक, प्रवेशी, आगन्ता, आगामिक। > इन्कॅमिन्ग

incommensu/rable, असम्मेय; अतुलनीय; **~rate,** असमानुपात; अपर्याप्त, अनुपयुक्त। > इन्कॅमे'न्शॅ/रॅबॅल, ~रिट

incom/mode, कष्ट देना, तंग क०; **~modious,** कष्टकर; असुविधाजनक; संकीर्ण, तंग। > इन्कॅमोड ; इनकॅमोड्यॅस

incommuni/cable, अकथनीय, अप्रकाश्य; **~cado,** सम्पर्क-वर्जित; **~cative,** अल्पभाषी। > इनकॅम्यून्-इकॅबॅल; इनकॅमूनिकाडो; इनकॅम्यून्-इकॅटिव

incommutable, अविनिमेय; अपरिवर्तनीय। > इनकॅम्यूटॅबॅल

incomparable, अनुपम, अद्वितीय, बेजोड़, अतुल्य, अतुलनीय। > इनकॉम्पॅरॅबॅल

incompati/bility, असंगति*, असामंजस्य; **~ble,** असंगत; परस्पर-विरोधी; असंयोज्य, असंसर्गी। > इन्कॅमपैटि-, इन्कॅम्पैटॅ-बिल्-इ-टि; इन्कॅम्पै-टॅबॅल, -टिबॅल

incompe/tence, असमर्थता*; अयोग्यता*; अनधिकार; **~tent,** 1. (*incapable*) अक्षम, असमर्थ; 2. (*unfit*) अयोग्य; 3. (*law*) अनधिकारी। > इन्-कॉम्-पि/टॅन्स, ~टॅन्ट

incomplete, अपूर्ण; अधूरा। > इन्कॅम्प्लीट

incomprehen/sible, अबोध्य, अबोधगम्य; **~sion,** नासमझी*, अज्ञान। > इन्कॉम्-प्रि-हे'न्/सॅबॅल = सिबॅल, ~शॅन

incompressible, असम्पीड्य। > इनकॅमप्रे'सॅबॅल = इन्कॅम्प्रे'स-इबॅल

incomputable, अपरिकलनीय। > इन्कॅमप्यूटॅबल

inconceivable, अचिन्त्य, कल्पनातीत, अकल्पित, अभावनीय। > इन्कॅन्सीवॅबॅल

inconclusive, अनिश्चायक, अनिर्णायक। > इनकॅन्क्लूस-इव

incondensable, असंघनीय। > इन्कॅन्डे'न्सॅबॅल

incondite, अपरिष्कृत, कच्चा; असभ्य। > इन्-कॉन्-डिट

inconformity, विषमता*, असादृश्य। > इनकॅन्फ़ॉःम्-इटि

incongruity, 1. असंगति*; अनुपयुक्तता*; 2. (*figure of speech*) विषम। > इन्-कॉन्ग्-ग्रू-इ-टि

incongruous, 1. असंगत, बेतुका, बेमेल; 2. अनुपयुक्त; 3. (*math*) असवांगसम। > इनकॉनाग्रुअॅस

inconsecutive, तर्कविरुद्ध, अतर्क। > इन्कॅनसे'क-यूटिव

inconsequent, असंगत, अप्रासंगिक; तर्क-विरुद्ध; **~ial,** नगण्य, महत्त्वहीन; असंगत। > इन्-कॉन्-सि/क्वॅन्ट, ~क्वे'न्शॅल

inconsider/able, नगण्य; अल्प; **~ate,** दूसरों का ध्यान न रखने वाला, बेमुरौवत, बेलिहाज़; लापरवाह; उतावला, अविवेकी; **~ation,** बेमुरौती*; अविवेक। > इन्-कॅन्-सिडॅ/रॅबॅल, रिट; इन्-कॅन्-सि-डॅ-रे-शॅन

inconsis/tency, असंगति*; अननुरूपता*; (परस्पर-) विरोध; **~tent,** असंगत; अननुरूप; परस्पर-विरोधी, सामंजस्यहीन। > इन्-कॅन्-सिस्/टॅन्सि, ~टॅन्ट

inconsolable, शोकातुर, भग्नहृदय। > इन्कॅन्सोलॅबॅल

inconso/nance, असंगति*; **~nant,** असंगत, बेमेल। > इन्कॉन्सॅ/नॅन्स, ~नॅन्ट

inconspicuous, अप्रकट, अप्रत्यक्ष, अव्यक्त; अस्पष्ट। > इन्कॅन्स्पिक्यूअॅस

incon/stancy, अस्थिरता*; चंचलता*; अनियमितता*; **~stant,** अस्थिर; चंचल, परिवर्तनशील; अनियमित। > इन्कॉन/स्टॅन-सि, ~स्टॅन्ट

inconsumable, अदाह्य, अविनाश्य; अपाच्य। > इन्कॅनस्यूमॅबॅल

incontestable, अप्रतिवाद्य, अकाट्य; निर्विवाद। > इनकॅन्टे'स्टॅबॅल

inconti/nence, असंयम; व्यभिचार; **~nent,** असंयमी; व्यभिचारी। > इन्कॉन्टि/नॅन्स, ~नॅन्ट

incontrollable, अनियन्त्रणीय। > इन्कॅन्ट्रोलॅबॅल

Incontrovertible, अकाट्य, अखंडनीय, अविवाद्य। > इन्कॉन्ट्रॅवॅःटॅबॅल, ~इबॅल

inconveni/ence, *n.* (*v.*), असुविधा*, कष्ट, तकलीफ़* (देना); **~ent,** असुविधाजनक, कष्टकर। > इनकॅन्वीन्/यॅन्स, ~यॅन्ट

inconvertible, अपरिवर्त्य; अविनिमेय। > इन्कॅन्वॅःटॅबॅल = इनकनवॅःट्-इबॅल

inconvincible, अप्रभावनीय, अप्रत्यायनीय। > इन्-कॅन्-विन्-सॅ-बॅल, -सिबॅल

incoordination, असमन्वय। > इन्कोऑःडिनेशॅन

incorpo/rate, *adj.*, समाविष्ट; निगमित; —*v.*, मिला लेना, समाविष्ट क०, सम्मिलित क०; निगमित क०; संस्थापित क०; **~rating,** संयोगी; **~ration,**

समावेशन, समामेलन; निगमीकरण; संस्थापन। > इन्कॉ:पॅरिट (*adj.*); इन्कॉ:पॅ/रेट (*v.*), ~रेटिन्ग, ~रेशन

incorporeal, अमूर्त, अभौतिक; अशारीरिक, अशरीरी। > इन्कॉ:पॉ:र्-इॲल

incorporeity, अमूर्तता*। > इन्कॉ:पॅरीइटि

incorrect, अयथार्थ, अशुद्ध, ग़लत; अनुचित। > इन्कॅरे'क्ट

incorrigible, सुधारातीत, असुधार्य। > इन्कॉरि-जॅबॅल, -जिबॅल

incorrupt, अविकृत; शुद्ध; ईमानदार; **~ible,** 1. अविनाशी, अक्षय; 2. (*a person*) सच्चरित्र, ईमानदार। > इन्कॅरॅप्ट; इन्कॅरॅप्-टॅबॅल, -टिबॅल

incrassate, 1. (*of fluid*) गाढ़ा; 2. (*swollen*) सूजा हुआ। > इन्क्रैस्-इट

increase, *v.*, बढ़ना, वृद्धि* क०; बढ़ाना; —*n.*, बढ़ती*, वृद्धि*। > इन्क्रीस (*v.*); इन्क्रीस (*n.*)

increasing, वर्धमान। > इन्क्रीस्-इन्ग

increate, अनादि। > इन्-क्रि-एट

incre/dible, अविश्वसनीय, अविश्वास्य; **~dulity,** अविश्वास, संदेह; **~dulous,** अविश्वासी, संदेही। > इन्क्रे'ड्/ॲबॅल, ~इबॅल; इन्-क्रि-ड्यूल्-इ-टि; इन्क्रे'ड्यूलॅस

increment, (सं) वृद्धि*, बढ़ती*, तरक़्क़ी*; वेतन-वृद्धि*। > इन्-क्रि-मॅन्ट

incrimi/nate, अभियोग लगाना, अभिशस्त क०; उलझाना, दोष लगाना, फँसाना; **~nating, ~natory,** अभिशंसी; **~nation,** अभिशंसन; **~nator,** अभिशंसक। > इन्-क्रिम्-इ/नेट, ~नेटिन्ग, ~नॅटॅरि, ~नेशॅन, ~ने-टॅ

incrust, पपड़ी* चढ़ाना; (रत्न) जटित क०; **~ation,** पपड़ी*; अलंकरण; **~ed,** पपड़ीदार। > इन्क्रॅस्ट; इनक्रॅस्टेशॅन; इन्क्रॅस्-टिड

incubate, सेना। > इन्क्यूबेट

incubation, सेना, उष्मायन; उद्‌भवन, परिपाक; ~period, उद्‌भवन-अवधि*। > इनक्यूबेशॅन

incubator, ऊष्मायित्र, अण्डे सेने की मशीन*। > इन्-क्यू-बे-टॅ

incubus, दुःस्वप्न। > इन्क्यूबॅस

inculcate, मन में बैठाना। > इन्कॅल्केट

inculpable, निर्दोष। > इन्कॅल्पॅबॅल

inculpate, *see* INCRIMINATE। > इन्कॅल्पेट

incumbency, पदधारण; भार, कर्तव्य; पदभार; पदावधि*; कार्यकाल। > इन्कॅमबॅन्सि

incumbent, *n.*, पदधारी, पदस्थ, वृत्तिभोगी; —*adj.*, आश्रयी, उपाश्रयी; **~on,** के लिए आवश्यक या लाज़िमी। > इन्कॅमबॅन्ट

incumbrance, (ऋण) भार। > इन्कॅम्ब्रॅन्स

incunabula, शैशव-काल। > इन्-क्यू-नैब्-यू-लॅ

incur, उठाना, में पड़ना, अपने ऊपर लेना; **~red,** उपगत, उठाया, प्राप्त। > इन्कॅ:; इनकॅ:ड

incurable, असाध्य, अचिकित्स्य। > इन्क्युअॅरॅबॅल

incurious, उदासीन, अनुत्सुक; अरुचिकर। > इन्क्युॲर्-इॲस

incurrence, भारग्रहण। > इन्कॅरॅन्स

incurrent, अन्तर्वाही, आवाहन। > इन्कॅरॅन्ट

incursion, छापा, आक्रमण। > इन्कॅ:शॅन

incursive, आक्रामक। > इन्कॅ:सिव

incurve, झुकाना; अन्दर झुकाना। > इन्-कॅ:व

incus, स्थूणक। > इन्कॅस

incuse, *adj.*, अंकित; *n.*, छाप*। > इन्क्यूज

indebted, ऋणी, ऋणग्रस्त, कर्ज़दार; आभारी; **~ness,** ऋणभार; ऋणग्रस्तता*; आभार। > इन्-डे'ट्-इड

inde/cency, अनौचित्य; निर्लज्जता*; अश्लीलता*; **~cent,** अनुचित, अशोभनीय; निर्लज्ज; लज्जास्पद, अश्लील। > इन्डीसॅन्सि; इनडीसॅन्ट

indeciduous, सदाबहार, सदापर्णी। > इन्-डि-सिड्-यू-ॲस

indecipherable, अपाठ्य। > इन्-डि-साइफ़ॅरॅबॅल

indeci/sion, अनिश्चय, दुविधा*, हिचकिचाहट*; **~sive,** 1. अनिश्चायक, अनिर्णायक; 2. अनिश्चित; 3. (*irresolute*) ढुलमुल, सन्देही, डाँवाँडोल। > इन्-डिसिश्ज़ॅन; इन्-डि-साइस्-इव

indeclinable, *adj.*, अव्यय, अविकारी; —*n.*, अव्यय। > इन्डिक्लाइनॅबॅल

indecomposable, अविघटनीय। > इन्डीकॅम्पोज़ॅबॅल

indeco/rous, अनुचित; अभद्र, अशिष्ट; **~rum,** अनौचित्य; अशिष्टता*। > इन्डे'कॅरॅस; इन्-डि-कॉ:रॅम

indeed, सचमुच, अवश्य ही; असल में, वास्तव में। > इन्डीड

indefatigable, अथक, अश्रान्त। > इन्-डि-फ़ैट्-इ-गॅ-बॅल

indefeasible, अलोप्य। > इन्-डिफ़ीज़ॅबॅल, इबॅल

indefectible, अक्षय; अनिन्द्य, त्रुटिहीन। > इन्-डि-फ़े'क्-टॅ-बॅल, -टिबॅल

indefensible, अरक्षणीय; असमर्थनीय। > इन्-डिफ़े'न्-सॅबॅल, -सिबॅल

indefinable, अनिर्वचनीय/अकथनीय; अपरिभाष्य। > इन्-डिफ़ाइनॅबॅल

indefinite, 1. अनिश्चित, अनियत; 2. अस्पष्ट; 3. अपरिमित; 4. (*gram.*) अनिश्चित, अनिश्चयवाचक,

अनिश्चितार्थी; **~ly,** अनिश्चित काल तक; अनिश्चित रूप से, अनियतरूपेण। > इन्-डे'फ़्-इ-निट

indehiscent, अस्फुटनशील। > इन्-डिहिसॅन्ट

indeliberate, अविवेचित, अ-ज्ञानकृत। > इन्-डिलिबॅरिट

indelible, अमिट; स्थायी। > इन्-डे'ल्-इ-बॅल

indelicate, अभद्र, रूखा; ग्राम्य, अशोभन। > इन्-डे'ल-इ-किट

indemni/fication, 1. क्षतिपूरण; क्षतिपूर्ति*; **~fier,** क्षतिपूरक; **~fy,** रक्षा* क०, सुरक्षित रखना; क्षतिपूर्ति* क०; **~ty,** क्षतिपूर्ति*, हरजाना; 1. (*exemption*) छुटकारा, माफ़ी*; 3. (*protection*) सुरक्षा*। > इन्-डे'म्-नि-फ़ि-के-शॅन; इन्-डे'म्-नि/फ़ाइ-ॲ, ~फ़ाइ, ~टि

indemonstrable, अप्रामाण्य। > इन्डिमॉन्स्ट्रॅबॅल

indent, *v.*, 1. दाँतेदार, दन्तुर या दन्तुरित बनाना; 2. टेढ़ी-मेढ़ी रेखा* पर काटना; 3. दोहरी दस्तावेज़* या दोहरा प्रलेख तैयार क०; 4. (*order*) मँगाना; 5. (*printing*) हाशिये से हटकर छापना, जगह* छोड़कर पंक्ति* आरंभ क०; 6. गड्ढा बनाना; 7. (*impress*) छाप* लगाना; —*n.*, 1. काट*; 2. (*dent*) गड्ढा; 3. (*order*) माँगपत्र; **~ation, ~ion,** 1. दन्तुरण, दुन्तुरीकरण; 2. काट*; 3. गड्ढा; 4. (*inlet*) छोटी खाड़ी*; दन्तुरता*; 5. खाली जगह*। > इन्डेन्ट (*v.*); इन्डे'न्ट (*n.*); इन्डे'न्टेशॅन; इन्डे'न्शॅन

indenture, *v.*, अनुबंधपत्र से बाँधना; *n.*, 1. अनुबन्धपत्र, क़रारनामा; 2. (*list*) तालिका*; **~d,** करारबद्ध, प्रतिज्ञाबद्ध। > इन्डे'न्/चॅ, चॅड

independence, स्वतन्त्रता*, स्वाधीनता*, स्वातन्त्र्य; स्वावलम्बन। > इन्-डि-पे'न्-डॅन्स

independent, 1. स्वतन्त्र, स्वाधीन; 2. (*self-reliant*) स्वावलम्बी; 3. (*politics*) निर्दलीय, अदलीय, अदल; **~ly,** स्वतन्त्र रूप से। > इन्-डि-पे'न्-डॅन्ट

indescribable, अनिर्वचनीय, वर्णनीत। > इन्-डिस्-क्राइबॅबॅल

indestructible, अनश्वर, अविनाशी; अध्वंस्य। > इन-डिस्-ट्रॅक्-टॅ-बॅल, -टिबॅल

indetermi/nable, अनवधार्य, **~nacy,** अनिर्धार्यता*; **~nate,** 1. अनिश्चित; 2. अनियत, अनिर्धारित; 3. (*vague*) अस्पष्ट; 4. (*bot.*) अपरिमित; 5. (*zool.*) अविशेषित; 6. (*math.*) अनिर्धार्य; **~nation,** अनिश्चय; **~nism,** अतन्त्रतावाद, अनियततत्ववाद। > इन्-डि-टॅ:म/इनॅबॅल, इनिट; इन्-डि-टॅ:-मि-ने-शॅन; इन्-डि-टॅ:म्-इ-निज़्म

index, *n.*, 1. (*finger*) तर्जनी*, देशिनी*; 2. (*pointer*) (अभि) सूचक, निर्देशिका*; सुई* (*of needle*) 3. (*list*) तालिका*, सूची*; 4. (*of book*) अनुक्रमणिका*, अनुक्रमणी*; 5. (*exponent*) घातांक; —*v.*, सूची* या अनुक्रमणिका* बनाना; सूचीबद्ध क०; सूचित क०; **~number,** सूचकांक, सूचनांक। > इन्डे'क्स

Indian, भारतीय; American ~, अमरीकी आदिवासी; ~ corn, मकई*; **~ization,** भारतीयकरण। > इन्ड्यॅन; इनड्यॅनाइज़ेशॅन

indicant, सूचक। > इन्-डि-कॅन्ट

indicate, दिखाना; बताना, सूचित क०; **~d,** निर्दिष्ट, निदर्शित, सूचित। > इन्-डि-केट

indication, 1. संकेत, निर्देश; 2. चिह्न, लक्षण; 3. (*indicating*) सूचन, निर्देशन। > इन्-डि-के-शन

indicative, 1. निर्देशक, निर्देशात्मक; 2. (*gram.*) निश्चयार्थ। > इन्-डिकॅटिव़

indicator, संकेतक, सूचक। > इन्-डि-के-टॅ

indicatrix, सूचिका*, द्योतिका*। > इन्-डि-के-ट्रिक्स

indict, अभ्यारोप या अभियोग लगाना; **~able,** अभ्यारोप्य; **~ment,** अभ्यारोपण; अभियोगपत्र। > इनडाइट; इन्डाइटॅबॅल

indifference, उदासीनता*; नगण्यता*, महत्त्वहीनता*, अनधिमान। > इन्-डिफ़रॅन्स

indifferent, 1. उदासीन, विरक्त; 2. (*neutral*) तटस्थ; 3. (*immaterial*) नगण्य, तुच्छ; 4. (*average*) साधारण; 5. (*inactive*) निष्क्रिय; **~ism,** उदासीनतावाद; सर्वधर्म समतावाद; **~ly,** जैसे-तैसे, किसी प्रकार। > इन्-डिफ़ॅ/रॅन्ट, ~रॅन्टिज़्म

indigence, दरिद्रता*, ग़रीबी*। > इन्-डि-जॅन्स

indigenous, देशज, देशी। > इन्डिजिनॅस

indigent, दरिद्र, ग़रीब, अकिंचन, दीनहीन। > इन्-डि-जॅन्ट

indiges/tible, अपाच्य; **~tion,** अपच, अजीर्ण, बदहज़मी*, अपाचन; **~tive,** मन्दाग्निग्रस्त; अजीर्णकारी। > इन्-डिजे'स्टॅबॅल, इबॅल; इन्-डिजे'स्चॅन; > इन्-डि-जे'स्-टिव़

indig/nant, रुष्ट, क्रुद्ध; **~nation,** रोष, क्रोध। > इन्-डिग्-नॅन्ट; इन्-डिग्-ने-शॅन

indignity, अनादर, अपमान, तिरस्कार। > इन्-डिग्-नि-टि

indigo, नील; ~blue, जुम्बुकी नील। > इन्-डि-गो

indirect, 1. अप्रत्यक्ष, परोक्ष; 2. (*round-about*) चक्करदार; 3. (*secondary*) गौण; 4. (*crooked*) कुटिल; जटिल; 5. (*gram.*) गौण, अप्रत्यक्ष, परोक्ष; ~ speech, असाक्षात्कथन; **~ion,** परोक्ष उपाय, अप्रत्यक्ष कार्रवाई*; छल-कपट; **~ly,** परोक्ष या अप्रत्यक्ष रूप से। > इन्-डि-रे'क्ट; इन्-डि-रे'क्-शॅन

indiscernible, अतीन्द्रिय, अगोचर।
> इन्-डिसॅ:नॅबॅल, -इबॅल

indiscipline, अनुशासनहीनता*।
> इन्-डिस्-इ-प्लिन

indis/creet, अविवेकी, असावधान; **~cretion,** अविवेक, असावधानी*।
> इन्-डिस्-क्रिट ; इन्-डिस्-क्रे'-शॅन

indiscrete, अपृथक्, अविभक्त।
> इन्-डिस्-क्रीट = इन्-डिस्-क्रीट

indiscrimi/nate, 1. (*confused*) अव्यवस्थित, गड्डमड्ड; 2. अविवेकी, अन्धाधुन्ध; **~nately,** अन्धाधुन्ध; **~nation,** अविवेक; अंधाधुन्ध*।
> इन्-डिस्-क्रिम्-इ-निट; इन्-डिस्-क्रि-मि-ने-शॅन

indispensable, अपरिहार्य, अनिवार्य।
इन्-डिसपे'न्सॅबॅल

indispose, अयोग्य या अनुपयुक्त बनाना या ठहराना; अनिच्छुक, अप्रसन्न या नाराज़ क०; अस्वस्थ क०; **~d,** अस्वस्थ; अनिच्छुक।
> इन्-डिस्-पोज़

indisposition, अस्वस्थता*; अनिच्छा*।
> इन-डिस्-पॅ-ज़ि-शॅन

indisputable, निर्विवाद, अविवाद्य।
> इन्-डिस्-प्यू-टॅ-बॅल = इन-डिस्प्यूटॅबॅल

indissolubility, अविच्छेद्यता।*
> इन्-डिसॉल्युबिल्-इटि

indissoluble, 1. अविच्छेद्य, अटूट, अभेद्य; 2. (*lasting*) टिकाऊ, चिरस्थायी; अवियोज्य; अविलेय; अविलोपनीय; अविसर्जनीय।
> इन्-डिसॉल्युबॅल

indistinct, अस्पष्ट **~ive,** 1. अविशिष्ट ; 2. (*undiscriminating*) अन्धाधुन्ध; **~ness,** अस्पष्टता*, धुँधलापन।
> इन्-डिस्-टिन्क्ट; इन्-डिस्-टिन्क्-टिव़

indistinguishable, अप्रभेद्य, अविभेद्य; अलक्ष्य, अदृश्य, अगोचर।
> इन्-डिस्-टिन्ग्-ग्वि-शॅ-बल

indistributable, अवितरणीय।
> इन्-डिस्-ट्रिब्-यु-टॅ-बॅल

indite, रचना, लिपिबद्ध क०।
> इन्डाइट

indivertible, अनपवर्त्य।
> इन्-डि-वॅं:ट्-इ-बॅल

individual, *adj.*, व्यक्तिगत, वैयक्तिक, व्यक्तिक; विशेष, विशिष्ट; पृथक्, अलग; —*n.*, व्यक्ति; व्यष्टि; **~ism,** व्यष्टिवाद, व्यक्तिवाद; व्यक्तित्व; विशेषता*; स्वार्थ; **~istic,** व्यक्तिपरक, व्यष्टिपरक; **~ity,** वैयक्तिकता*, व्यक्तिकता*; व्यक्तित्व; विशेषता*, विशिष्टता*; **~ize,** 1. विशिष्ट कर देना, विशिष्टता* प्रदान क०; 2. एक-एक पर विचार क०, अलग-अलग उल्लेख क०; **~ly,** व्यक्तिगत रूप से; एक-एक करके।
> इन्-डि-विड्-यु/ॲल, ~ ॲलिज़्म ॲ-लिस्-टिक, ~ऐल्-इटि, ~ ॲलाइज़ ~ॲलि

individuate, व्यक्तित्व या विशिष्टता* प्रदान क०; अलग कर देना, भेद दिखलाना।
> इन्-डि-विड्-यु-एट

individuation, व्यक्तीयन; वैयक्तिता*।
> इन्-डिविड्युएशॅन

indivisible, अभाज्य, अविभाज्य, रूढ़।
> इन्-डिविज़ॅबॅल

Indo/-Aryan, भारतीय-आर्य; **~-China,** हिन्दचीन; **~-European,** भारोपीय; **~-Iranian,** भारत-ईरानी; **~logy,** भारत-विद्या*; **~nesia,** हिन्देशिया **~nesian,** हिन्देशियाई।
> इन्डो/ए'ॲर्-इॲन, ~चाइन्-ॲ ~युॲरॅपीॲन, ~इरेन्यॅन; ~इनडॉलॅजि इन्डोनीज़/यॅ, ~यॅन

indocile, अवश्य, अशिक्षणीय।
> इन्डोसाइल

indoctrinate, शिक्षा* देना।
> इन्-डॉक्-ट्रि-नेट

indolent, आलसी, निष्क्रिय, अकर्मण्य।
> इन्डॅलॅन्ट

indomitable, दुर्दमनीय, अदम्य।
> इन्डॉम्-इ-ट-बॅल

indoor, भीतरी; **~patient,** अन्तरंग रोगी; **~s,** (घर के) अन्दर।
> इन्डॉ:

indorse, *see* ENDORSE।
> इन्डॉ:स

indraft, indraught, आकर्षण, अन्तराकर्षण; अन्तरागम।
> इन्ड्राफ़्ट

indubitable, असंदिग्ध, सुनिश्चित।
> इन्ड्यूब्-इटॅबॅल

induce, 1. प्रवृत्त क०, प्रभावित क०, (अभि)प्रेरित क०; राज़ी क०, फुसलाना; 2. (*cause*) उत्पन्न क०; 3. (*infer*) अनुमान क०, 4. (*electr.*) प्रेरण क०; प्रेरित क०; **~ment,** (अभि)प्रेरण; प्रेरणा*; प्रलोभन।
> इन्ड्यूस

induct, प्रवेश कराना; (किसी पद पर) प्रतिष्ठित क०; भरती क०; प्रेरित क०; **~ance,** प्रेरकता*, प्रेरकत्व; **~ion,** 1. अधिष्ठापन, प्रवेश; 2. (*logic*) आगमन; 3. (*electr.*) प्रेरण; 4. (*brining about*) सम्पादन; —coil, प्रेरण-कुण्डली*; **~ive,** 1. प्रेरक; 2. (*logic*) आगमनात्क, आगमिक; 3. (*electr.*) प्रेरण-, प्रेरणिक; **~ivity,** प्रेरकत्व; **~or,** 1. प्रेरक; 2. (*electr.*) प्रेरित्र।
> इन्डॅक्ट; इन्डॅक्/टॅन्स, ~ शॅन, ~टिव़ इन्-डॅक्-टिव-इ-टि; इन्-डॅक्-टॅ

indulge, प्रसन्न क०, सन्तुष्ट क०, का मन रखना; प्रदान क०; भुगतान की तिथि* बढ़ाना; **~in,** का आनन्द लूटना, में मग्न हो जाना, में आसक्त होना, का रस लेना, भोगना, में बह जाना; का सेवन क०; **~nce,** 1. (अति)भोग, (अति)सेवन, आसक्ति*; 2. (*favour*) अनुग्रह, कृपा*; 3. दण्डमोचन; **~nt,** आसक्त; कृपालु।
> इन्डॅल्ज; इन्डॅल्/जॅन्स, ~जॅन्ट

indult, अनुज्ञापत्र।
> इन्डॅल्ट

indu/rate, कठोर बनना या बनाना; **~ration,**

दृढ़ीभवन, कठोरीभवन; दृढ़ीकरण।
> इन्ड्युअॅरेट; इन्ड्यु रेशॅन

indusium, सोरसछद। > इन् ड्यूज़्-इअॅम

industrial, औद्योगिक, उद्योग-; **~ism,** उद्योगवाद; **~ist,** उद्योगपति; **~ization,** उद्योगीकरण।
> इन्- डॅस्-ट्रि/अॅल, ~अॅलिज़्म, ~अॅलिस्ट, ~अॅलाइ ज़ेशॅन

industrious, अध्यवसायी, परिश्रमी, मेहनती।
> इन्- डॅस्- ट्रि-अॅस

industry, 1. अध्यवसाय, परिश्रम; 2. उद्योग; 3. (*pl.*) उद्योग-धन्धे। > इन्डॅस्ट्रि

indwell, में निवास क०; **~er,** निवासी; अन्तर्यामी; **~ing,** अन्तर्निवास, अन्तर्यामिता*।
> इन्- ड्वे 'ल; इनड्वे 'ल्-अॅ

inebri/ant, मादक; **~ate,** *adj.*, मतवाला, मस्त (*also fig.*); —*n.*, पियक्कड़, मद्यप; —*v.*, मतवाला या मस्त बना देना; **~ation, ~ety,** मतवालापन; मस्ती*।
> इनीब्-रि/अॅन्ट, ~इट (*adj.*) ~एट (*v.*), ~एशॅन; इनी ब्राइअॅटि

inedible, अखाद्य, अभक्ष्य। > इन्-ए 'ड्-इ-बॅल

inedited, अप्रकाशित; असम्पादित।
> इन्-ए 'ड्-इ-टिड

ineffable, अकथनीय, अनिर्वचनीय; अवाच्य।
> इन्ए 'फ़ॅबॅल

ineffaceable, अमिट। > इनिफ़ेसॅबॅल

ineffective, see INEFECTUAL, INEFFICIENT। इ-नि-फ़े 'क्-टिव

ineffectual, 1. निष्प्रभाव, अप्रभावी, निष्फल; 2. *see* INEFFICIENT। > इनिफ़े 'क्ट्यूअॅल

ineffica/cious, निष्फल, प्रभावशून्य; **~cy,** निष्फलता*, व्यर्थता*।
> इने 'फ़िकेशॅस; इन्-ए 'फ़्-इ-कॅ-सि

ineffi/cient, (~ciency), 1. अयोग्य (ता*), अक्षम, असमर्थ, अकुशल, अदक्ष (ता*); 2. *see* INEFFECTUAL। > इनिफ़िशॅन्ट; इनिफ़िशॅन्सि

inelastic, 1. (*not elastic*) अप्रत्यास्थ, चीमड़; 2. (*unyielding*) अनम्य। > इ-नि-लैस्-टिक

inelegant, असुन्दर, बेढंगा; अपरिष्कृत।
> इन्-ए 'ल्-इ-गॅन्ट

ineligible, अनिर्वाच्य, अवरणीय; अपात्र; अनुपयुक्त, अयोग्य। > इन्-ए 'ल्-इ-जि-बॅल

ineluctable, अपरिहार्य, अनिवार्य।
> इनिलॅक्टॅबॅल

inept, 1. अयोग्य, अनुपयुक्त; 2. असंगत; मूर्ख; 3. (*law*) अमान्य रद्ध; 4. (*clumsy*) अनाड़ी, अकुशल, भद्दा। > इने 'प्ट

inequality, 1. असमानता*, विषमता*; 2. (*inequation*) असमता*, असमिका*; 3. (*unevenness*) असमतलता*, ऊबड़-खाबड़पन।
> इनिक्वॉल्-इटि

inequilateral, असमभुज। > इनीक्विलैटॅरॅल

inequitable, न्याय-विरुद्ध, अन्याय्य, अनुचित, साम्यहीन। > इन्-ए '-क्वि-टॅ-बॅल

inequity, अन्याय; पक्षपात; अनौचित्य।
> इन्-ए '-क्वि-टि

ineradicable, अनुन्मूलनीय। > इनिरैड्-इ-कॅबॅल

inerm(ous), कंटकहीन; निरस्त्र।
> इन्- अॅःम; इन्- अॅःमॅस

inerrable, भ्रमातीत। > इन्-ए 'रॅबॅल

inerrancy, निर्भ्रान्तता*। > इन्-ए 'रॅन्सि

inerrant, निर्भ्रान्त। > इन्-ए 'रॅन्ट

inert, 1. (*phys.*) जड़, अवस्थित; 2. (*chem.*) अक्रिय; 3. (*sluggish*) अकर्मण्य, निष्क्रिय; **~ia,** जड़त्व, जड़ता*, अवस्थितत्व; अक्रियता*; अकर्मण्यता*; **~ial,** जड़त्वीय। > इनॅःट; इनॅः/श्यॅ, ~श्यॅल

inescapable, अनिवार्य, अपरिहार्य।
> इनिस्केपॅबॅल

inessential, अनावश्यक, गौण। > इनिसे 'न्शॅल

inestimable, अपार, अपरिमेय; अमूल्य, अनमोल।
> इन्-ए 'स्-टि-मॅ-बॅल

inevitable, अपरिहार्य, अनिवार्य; अवश्यंभावी।
> इन्-ए 'व्-इ-टॅबॅल

inexact, अयथार्थ, अतथ्य, अशुद्ध; **~itude,** अयथार्थता*। > इनिग्ज़ैक्ट; इनिग्ज़ैक्-टिट्यूड

inexcusable, अक्षम्य। > इनिक्स्क्यूज़ॅबॅल

inexhaustible, 1. अक्षय। असीम, अनन्त, अपार; 2. (*tireless*) अथक। > इनिग्ज़ॉःस्टॅबॅल, -टिबॅल

inexorable, अनमनीय, अप्रशाम्य; दृढ़, अटल; निर्दय, कठोर। > इन्-ए 'क्सॅरॅबॅल

inexpectant, आशारहित। > इनिक्स्पे 'क्टॅन्ट

inexpedient, अनुपयुक्त; असामयिक; अनुचित, अविवेकपूर्ण, नीतिविरुद्ध, अलाभकर।
> इनिक्स्पीड्यॅन्ट

inexpensive, सस्ता। > इनिक्स्पे 'न्-सिव्

inexperience, अनुभवहीनता*; **~d,** अनुभव-हीन।
> इनिक्स्- पिअॅर्-इ/अॅन्स, ~ अॅन्स्ट

inexpert, अदक्ष, अप्रवीण। > इने 'क्स्पॅःट

inexpiable, अप्रायश्चित्तीय, अशोधनीय।
> इन्-ए 'क्स्-पि-अॅ-बॅल

inexplainable, inexplicable, अबोध्य, अबोधगम्य; अव्याख्येय।
> इनिक्स्प्लेनॅबॅल; इन्-ए 'क्स्-प्लि-कॅ-बॅल

inexplicit, अनिश्चित, अस्पष्ट; सामान्य।
> इ-निक्स्-प्लि-सिट

inexplosive, अविस्फोटक। > इ-निक्स्-प्लोस्-इव्

inexpressible, अकथनीय, अनिर्वचनीय, वर्णनातीत। > इनिक्स्प्रे'सॅबॅल, -इबॅल

inexpressive, अर्थशून्य; अव्यंजक। > इनिक्स्-प्रे'स्-इव्

inexpugnable, अजेय, अपराजेय। > इनिक्स्पॅग्नॅबॅल

inextensible, अवितान्य। > इनिक्स्टे'न्सॅबॅल, -सिबॅल

inextinguishable, अनिर्वाप्य। इ-निक्स्-टिन्ग्-ग्वि-शॅ-बॅल

in extremis, प्राण-संकट में। इनिक्स्ट्रीमिस

inextricable, 1. विकट, अलंघनीय; 2. (*of a knot*) अविमोचनीय; 3. असमाधेय, जटिल। > इन्-ए'क्स्-ट्रि-कॅबॅल

infalli/bilism, भ्रमातीतत्व-सिद्धान्त; **~bility,** भ्रमातीतत्व; अमोघत्व; **~ble,** 1. भ्रमातीत; 2. (*means*) अमोघ, अचूक। > इन्फ़ैल्-इ = इन्फ़ैलॅ-बिलिज़्म; इन्फ़ैलॅबिल्-इटि; इन्फ़ैलॅबॅल, इबॅल

infamize, बदनाम कर देना। > इन्फ़ॅमाइज़

infamous, कुख्यात, बदनाम; गर्हणीय, घृणित; गर्हित। > इन्फ़ॅमॅस

infamy, बदनामी*, अपकीर्ति*, कुख्याति*; गर्हणीयता*, दुष्टता*; महापाप; प्रतिष्ठाभंग। > इन्फ़ॅमि

infancy, 1. बचपन, शैशव, बालकपन; 2. प्रारम्भिक अवस्था*; 3. (*minority*) अवयस्कता*, नाबालिग़ी*। > इन्-फ़ॅन्-सि

infant, *n*., 1. बच्चा, शिशु, बालक; 2. (*minor*) अवयस्क, नाबालिग़; —*adj*., शैशव; प्रारंभिक; **~icide,** शिशुहत्या*; शिशुहन्ता **~ile,** 1. शैशव, शिशु-; 2. बालसुलभ, बालोचित; 3. (*childish*) बचकाना; 4. प्रारंभिक; -paralysis, बाल-संस्तम्भ; शिशु-पक्षाघात; **~ilism,** शिशुता*, बालिशता*; **~-school,** शिशुपाठशाला*। > इन्फ़ॅन्ट; इन्-फ़ैन्-टि-साइड; इन्फ़ॅन्टाइल; इन्-फ़ैन्-टि-लिज़्म

infantry, पैदल सेना*; **~man,** पदाति, प्यादा। > इन्-फ़ॅन्-ट्रि, ~मॅन

infatu/ate, *v*., मूर्ख बनाना; मोहित क०, प्रेम में अन्धा कर देना, मुग्ध क०; —*adj*., (~*d*); मूर्ख; मोहित, सम्मोहित, प्रेमान्ध; **~ation,** 1. (*act*) सम्मोहन; 2. सम्मोह, आसक्ति*; 3. प्रेमोन्माद। > इन्फ़ैट्/यु-एट, ~यु-ए-टिड, ~यु-ए-शॅन

infeasible, अव्यवहार्य; अव्यावहारिक। > इन्फ़ीज़ॅबॅल, ~इबॅल

infect, 1. (*with disease*) संदूषित क०, छूत* लगाना; संक्रमित क०; 2. (*corrupt*) दूषित क०, बिगाड़ना, भ्रष्ट क०; 3. प्रभावित क०, **~ion,** 1. (*active*) संदूषण, संक्रामण; दूषण, भ्रष्टीकरण; प्रभावन, अनुप्रेरण; 2. (*passive*) संक्रमण, छूत*, रोगसंचार; भ्रष्टता*, विकृति*; प्रभाव; **~ious,** 1. छुतहा, संसर्गज, औपसर्गिक; 2. (~*ive*) संक्रामक; 3. (*catching*) मुग्धकारी, फैलनेवाला; **~or,** संक्रामक। > इन्फ़े'क्ट, इन्फ़े'क्/शॅन, ~शॅस, ~टिव्, ~टॅ

infecundity, अनुर्वरता*; बाँझपन। > इन्-फ़ि-कॅन्-डि-टि

infelicific, दुःखद। > इन्फ़ीलिसिफ़्-इक

infelici/tous, अनुचित, अनुपयुक्त, असंगत, अशुभ; **~ty,** दुर्भाग्य; अनुपयुक्तता*। > इन्-फ़ि-लि-सि/टॅस, ~टि

infelt, हार्दिक। > इन्फ़े'ल्ट

infer, अनुमान क०, परिणाम निकालना; उपलक्षित क०, सूचित क०, से परिणाम निकलना, की अपेक्षा* क०, का अर्थ होना; **~able,** अनुमेय; **~ence,** अनुमान, अध्याहार; अनुमिति*, निष्कर्ष; **~ential,** अनुमान-सिद्ध, अनुमित; आनुमानिक; **~red,** अनुमानित अध्याहृत। > इन्फ़ॅः; इन्फ़ॅः रॅबॅल = इन्फ़ॅरॅबॅल; इन्फ़ॅरॅन्स; इन्फ़ॅरे'न्शॅल; इन्फ़ॅःड

inferior, *n*., अधीनस्थ, मातहत; *adj*., 1. (*in rank*) अवर, निम्न; 2. (*in space*) निचला, अधर, अधोवर्ती (*also in print*) 3. (*in quality*) घटिया, निकृष्ट; 4. (*anat.*) निम्न, अधर; 5. (*astron.*) अवर, अन्तः; ~planet, अन्तर्ग्रह; ~conjunction, अन्तर्युति*। > इन्-फ़िअॅर्-इ-अॅ

inferiority, अधीनता*; हीनता*; घटियापन, अपकर्ष; ~complex, हीनभावना*, हीनता-मनोग्रंथि*। > इन्-फ़िअॅ-रि-ऑर्-इ-टि

infernal, नारकीय। > इन्फ़ॅःनॅल

inferno, नरक। > इन्फ़ॅःनो

infertile, 1. अनुपजाऊ, अनुर्वर; 2. बाँझ; 3. (*of egg*) असंसेचित। > इन्फ़ॅःटाइल

infertility, अनुर्वरता*। > इन्फ़ॅःटिल्-इटि

infest, सताना, तंग क०; पर आक्रमण करता रहना, में उपद्रव मचाता रहना; झुण्ड के झुण्ड आता रहना या आया-जाया क०; **~ation,** जन्तुबाधा*; उत्पीड़न; **~ed,** बाधित, पीड़ित, से ग्रस्त। > इन्फ़े'स्ट; इन्फ़े'स्टेशॅन; इन्-फ़े'स्-टिड

infidel, 1. (*unbeliever*) अविश्वासी, नास्तिक; 2. म्लेच्छ; ग़ैर-ईसाई; ग़ैर-मुसलमान, काफ़िर; **~ity,** 1. नास्तिकता*; 2. (*unbelief*) अविश्वास; 3. (*disloyalty*) विश्वासघात; 4. (*adultery*) अन्यागमन, अन्यगमन, दाम्पत्य-च्युति*। > इन्-फ़ि-डॅल; इन्-फ़ि-डे'ल्-इ-टि

infield, कृष्य भूमि*। > इन्फ़ील्ड

infil/trate, *v*., 1. (*percolate*) छनना, छन-छनकर प्रवेश क०, रिसना; 2. में फैल जाना; अन्तःसरण क०;

3. (*mil.*) घुसना, घुसपैठ* क०; **~tration,** अन्तःस्यंदन; घुसपैठ*; —well, अन्तःस्रुप कूप; **~trator,** घुसपैठिया।
> इन्-फ़िल्-ट्रेट; इन-फ़िल-ट्रे-शॅन; इन्-फ़िल-ट्रे-टॅ

infinite, अनन्त, असीम, अपरिमित; अपरिमेय; विशाल; असंख्य; ~verb, असमापिका क्रिया*; **~ly,** अत्यधिक, असीम मात्रा* में; **~simal,** अत्यणु, अत्यल्प; अत्यन्त सूक्ष्म। > इन्-फ़ि-निट, ~लि; इन्-फ़ि-नि-टे'स्-इ-मॅल

infinitive, *adj.*, (*not defined*) अनियत; —*n.*, क्रियार्थक संज्ञा*। > इन्-फ़िन्-इ-टिव़

infinity, infinitude, अनन्तता*, असीमता*, अनन्त। > इन्-फ़िन्/इटि, ~इट्यूड

infirm, अशक्त, दुर्बल; अस्थिर, अदृढ; **~arian,** परिचारक, परिचारी; **~ary,** रुग्णालय; अस्पताल; **~ity,** 1. अशक्तता*, दौर्बल्य; 2. (*defect*) अवगुण, कमज़ोरी*, अदृढ़ता*; 3. (*sickness*) बीमारी*, कमज़ोरी*। > इन्‌फ़ॅम; इन्‌फ़ॅमे'ॲर्-इॲन; इन्‌फ़ॅःमॅरि; इन्‌फ़ॅःम्-इटि

infix, मध्यप्रत्यय, मध्यसर्ग। > इन्-फ़िक्स

inflame, *v.t.*, आग* लगाना; उत्तेजित क०, भड़काना; अनुप्राणित क०, प्रेरणा* देना; प्रदाह या जलन* उत्पन्न क०; —*v.i.* उत्तेजित हो जाना; जलना; प्रदाह उत्पन्न होना; **~d,** लाल, प्रदाही। > इन्‌फ़्लेम; इन्‌फ़्लेम्ड

inflamma/ble, 1. ज्वलनशील; 2. (*excitable*) उत्तेजनशील, क्षोभशील; **~tion,** 1. (*med.*) सूजन, सोज़िश*, प्रदाह, जलन*, शोथ; 2. उत्तेजन; उत्तेजना*; 3. दाहन; प्रज्वलन; **~tory,** प्रदाहक; प्रदाहात्मक; उत्तेजक, भड़कानेवाला।
> इन्‌फ़्लैमॅबल; इन्‌फ़्लॅमेशॅन; इन्‌फ़्लैमॅटॅरि

inflate, 1. फूलना या फुलाना, हवा* भरना; 2. (*elate*) प्रफुल्लित क०; 3. (*puff up*) फुलाना, गर्व बढ़ाना; 4. (*money*) मुद्रास्फीति* क०, बढ़ाना; **~d,** फुलाया हुआ; आडम्बरपूर्ण; गर्वित; स्फीत।
> इन‌फ़्लेट; इन्-फ़्लेट्-इड

inflation, फुलाव; (मुद्रा)स्फीति*; **~ary,** स्फीति-, स्फीति-विषयक; स्फीतिकारी।
> इन्‌फ़्ले/शॅन, ~शॅनॅरि

inflect, 1. मोड़ना, झुकाना; 2. (*voice*) सुर बदलना या घटाना-बढ़ाना; 3. (*gram.*) संज्ञारूप या क्रियारूप प्रस्तुत क०, विभक्ति* लगाना; **~ion, inflexion,** 1. (*active*) नमन; अन्तर्नमन; 2. (*bend*) मोड़, नति*; 3. (*voice*) उतार-चढ़ाव, सुर-परिवर्तन; 4. (*gram.*) रूपरचना*, रूपान्तरण; विभक्ति* (*suffix*) **~ional,** श्लिष्टयोगात्मक, विभक्तिप्रधान।
> इन्‌फ़्ले'क्ट; इन्‌फ़्ले'क्/शॅन, ~शॅनल

inflexible, अनम्य; अटल, दृढ़; कठोर, हठीला; अपरिवर्तनीय। > इन्‌फ़्ले'क्सॅबॅल, ~सिबॅल

inflict, पहुँचाना; लगाना; देना; **~ion,** 1. (*pain*) कष्ट, पीड़ा*; 2. (*punishment*) दण्ड; 3. प्रदान।
> इन्-फ़्लिक्ट; इन्-फ़्लिक्-शॅन

inflores/cence, पुष्पण; पुष्पक्रम; पुष्पसमूह; **~cent,** पुष्पित। > इन्‌फ़्लॉरे'सॅन्स; इन्‌फ़्लॉरे'सॅन्ट

inflow, अन्तर्वाह; **~ing,** अन्तःप्रवाही। > इन्‌फ़्लो, ~इना

influence, *n.*, 1. प्रभाव, असर; 2. (*induction*) प्रेरण; —*v.*, प्रभाव डालना, प्रभावित क०। > इन्‌फ़्लुॲन्स

influent, *adj.*, अन्तर्वाही; *n.*, सहायक नदी*। > इन्‌फ़्लुॲन्ट

influential, प्रभावशाली। > इन्‌फ़्लु-ए'न्शॅल

influenza, 1. प्रतिश्याय। > इन्-फ़्लु-ए'न्-ज़ॅ

influx, 1. अन्तर्वाह; 2. (*estuary*) मुहाना; 3. आगमन, अवाई*, बाढ़*, अन्तरागम। > इन्‌फ़्लॅक्स

inform, 1. बता देना, सूचना* देना, जानकारी* देना, सूचित क०; अवगत क०; 2. पर दोष लगाना 3. (*animate*) अनुप्राणित क०। > इन्‌फ़ॉःम

informal, 1. अनौपचारिक; 2. (*irregular*) अनियमित, नियमविरुद्ध; 3. (*dress*) साधारण, सादा; **~ity,** अनौपचारिकता*; **~ly,** अनौपचारिक रूप से।
> इन्‌फ़ॉःमॅल; इन्-फॉःमैल्-इ-टि; इन्‌फ़ॉःमॅलि

inform/ant, ~er, ज्ञापक, सूचक; मुखबिर; **~ation,** 1. (*action*) ज्ञापन; 2. सूचना*; 3. (*knowledge*) जानकारी*, ज्ञान; 4. (*accusation*) अभियोग; — bureau, सूचनालय; **~ative, ~atory,** शिक्षाप्रद, ज्ञानप्रद; सूचक; सूचनात्मक; **~ed,** जानकार; ज्ञाता, शिक्षित। > इन्‌फ़ॉःम/ॲन्ट, ~ॲ; ~इन्‌फ़ॅमेशॅन; इनफ़ॉःमॅ/टव, ~टॅरि; इन्‌फ़ॉःम्ड

infract, व्यतिक्रम क०, उल्लंघन क०, भंग क०; **~ion,** व्यतिक्रम, उल्लंघन, भंजन। > इन्‌फ़्रैक्ट; इन्‌फ़्रैक्‌शॅन

infra dig., प्रतिष्ठा* के प्रतिकूल। > इन्‌फ़्रॅ डिग

infrangible, अखण्डनीय, अभंगुर; अनुल्लंघनीय।
> इन्-फ़्रैन्-जि-बॅल

infra/-red, अवरक्त; **~sonic,** अवश्रव्य।
> इन्‌फ़्रॅरे'ड

infrequent, विरल; **~ly,** विरले ही। > इन्‌फ़्रीक्वॅन्ट

infringe, उल्लंघन क०, भंग क०; **~ on,** अतिक्रमण क०; अतिलंघन क०; **~ment,** उल्लंघन; अतिक्रमण, अतिलंघन। > इन्‌फ़्रिन्ज

infructuous, निष्फल। > इन्‌फ़्रॅक्ट्यूॲस

infundibular, कीपाकार। > इन्-फ़ॅन्-डिब्-यू-लॅ

infuriate, *adj.*, (*v.*) क्रोधोन्मत्त (क०)।
> इन्‌फ़्युॲर्-इएट

infuse, 1. (में, पर) उँडेलना; 2. प्रदान क०; 3. से अनुप्रमाणित क०, में डाल देना, से भर देना; 4. द्रव या

जल में भिगोना। > इन्फ़्यूज़
infusion, 1. निषेचन; 2. (*inspiring*) अनुप्रेरण; 3. (*admixture*) मिलावट*; 4. (*extract*) निषेक, फाण्ट। > इन्फ़्यूश़्ज़ॅन
infusible, अगलनीय। > इन्फ़्यूज़ॅबॅल, इबॅल
ingathering, संचयन। > इन्‌गैदॅरिन्ग
ingeminate, दुहराना। > इन्-जे'म्-इ-नेट
ingenerate, स्वयंभू। > इन्‌जे'नॅरिट
ingenious, विदग्ध, विचक्षण, प्रवीण; उम्दा, बढ़िया, उत्तम। > इन्‌जीन्यॅस
ingénue, भोली*। > ऐन्श़्ज़ेन्यू
ingenuity, विदग्धता*, प्रवीणता*, पटुता*। > इन-जि-न्यु-इ-टि
ingenuous, सच्चा, निष्कपट, सीधा-सादा, सरलहृदय। > इन्‌जे'न्युअॅस
ingest, खाना, खिलाना; **~ion,** अन्तर्ग्रहण। इन्‌जे'स्ट; इन्‌जे'स्‌चॅन
ingle, आग*; चूल्हा। > इन्ग्‌गॅल
inglorious, अकीर्तिकर, लज्जास्पद; अज्ञात, दीन। > इन्‌ग्लॉ:र्-इअॅस
ingoing, अन्दर जानेवाला, आनेवाला। > इन्‌गोइन्ग
ingot, सिल*, सिल्ली*, निपिण्ड, धातुपिण्ड, शिलिका*। > इन्ग्‌गॅट = इन्ग्‌गॉट
ingrain, (*dye*), अधिश्लिष्ट (रंजग); **~ed,** गहरा; पक्का। > इन्-ग्रेन
ingratiate, (*oneself with*), का कृपापात्र बन जाना, का अनुग्रह या की कृपादृष्टि* प्राप्त क०। > इन्‌ग्रेशिएट
ingratitude, कृतघ्नता*, नमकहरामी*, अकृतज्ञता*। > इन्-ग्रैट्-इ-ट्यूड
ingravescent, बदतर बननेवाला। > इन्‌ग्रॅवे'सॅन्ट
ingredient, संघटक, उपादान; अंश, अवयव। > इनग्रीड्यॅन्ट
ingress, प्रवेश; प्रवेशाधिकार; प्रवेशद्वार; **~ion,** प्रवेश; अन्त-प्रवेश, अन्तर्गमन। > इन्‌ग्रे'स; इन्‌ग्रे'शॅन
ingroup, विशेष वर्ग; अन्त: समूह। > इन्‌ग्रूप
ingrowing, अन्तर्वर्धी। > इन्‌ग्रोइन्ग
ingrown, अन्तर्वर्धित; जन्मजात, सहज। > इन्‌ग्रोन
ingrowth, अन्तर्वृद्धि*; अतवर्द्धन। > इन्‌ग्रोथ
inguinal, वंक्षण-। > इन्ग्-वि-नॅल
ingulf, निगलना; निमग्न क०। > इन्‌गॅल्फ़
ingurgitate, भकोसना, गटकना; निगलना। > इन्‌गॅ:जिटेट
inhabit, में निवास क०; **~able,** रहने लायक, वासयोग्य; **~ancy,** निवास (स्थान); **~ant,** निवासी; **~ation,** निवास; **~ed,** बसा हुआ। > इन्‌हैब्/इट, ~इटॅबॅल, ~इटॅन्सि, ~इटॅन्ट, ~इटेशॅन, ~इटिड

inhalation, अन्त:श्वसन, कश। > इन्‌हॅलेशॅन
inhale का कश लेना; साँस* खींचना, नि:श्वास लेना; **~r,** 1. श्वासयंत्र; 2. (*person*) कश लेनावाला। > इन्‌हेल; इन्-हेल्-अॅ
inharmo/nic, ~nious, 1. (*of sound*) बेसुरा, कर्णकटु, विस्वर; 2. बेमेल, असंगत। > इनहामॉन्-इक; इन्‌हामोन्यॅस
inhere, अन्तर्निष्ठ होना, में निहित होना; **~nce,** समवाय; **~nt,** 1. अन्तर्निष्ठ, समवायी, अन्तर्निहित, अन्तर्भूत, निहित; 2. (*innate*) सहज, स्वाभाविक, जन्मजात। > इन्-हिअॅ; इन्-हिअॅरॅन्स; इन्-हिअॅरॅन्ट
inherit, दाय पाना, उत्तराधिकार में प्राप्त क०; (पुरखों से) प्राप्त क०; **~able,** दाययोग्य; **~ance,** दाय (भाग), रिक्थ, विरासत*, बपौती*; उत्तराधिकार; वंशागति*, वंशानुक्रम, दायप्राप्ति*; **~ed,** दायागत, वंशागत; **~or,** उत्तराधिकारी। > इन्‌हे'/रिट, ~रिटॅबॅल, ~रिटॅन्स, ~रिटिड, ~रिटॅ
inhesion, समवाय। > इन्‌हीश़्ज़ॅन
inhibit, निषेध क०, मना क०; रोकना, निरोध क०; **~ion,** 1. निषेध, निरोध, अवरोधन; 2. (*psych.*) अन्तर्बाधा, अवरोध; **~or(y)** निरोधक, निरोधी, रोधी। > इन्-हिब्-इट; इन्-हि-बि-शॅन; इन्-हिब्-इ-टॅ-रि
inhomogeneous, 1. असमरूप; 2. (*math.*) असमघात। > इन्‌हॉमॅजीन्यॅस
inhospitable, 1. असत्कारशील; 2. (*barren*) बंजर, ऊसर; 3. (*of region*) अशरण्य; 4. (*disagreeable*) अप्रीतिकर, अमंगल, अशुभ। > इन्‌हॉस्-पि-टॅ-बॅल
inhuman, 1. अमानुषिक; 2. (*inhumane*) निर्दय, कठोर, निष्ठुर, क्रुर; **~ity,** अमानुषिकता*; क्रूरता*। > इन्‌ह्यूमॅन; इन्‌ह्यूमैन्-इटि
inhumation, दफ़न, शवाधान। > इन्‌ह्यूमेशॅन
inhume, दफ़न क०, > इन्‌ह्यूम
inimical, 1. विरोधी, प्रतिकूल, विद्वेषी; 2. (*harmful*) हानिकर। > इनिम्-इकॅल
inimitable, अननुकरणीय, अननुकार्य; अद्वितीय, अप्रतिम। > इनिम्-इटॅबॅल
inion, पश्चकपाल बिन्दु। > इन्-इयॅन
iniquitous, दुष्ट, विधर्मी; अन्यायपूर्ण, अन्यायी। > इनिक्विटॅस
iniquity, दुष्टता*; पाप, अत्याचार, अधर्म; अन्याय। > इनिक्विटि
initial, *adj.*, आरंभिक, प्रारंभिक, प्राथमिक, आद्य, आदि-; मूल, पहला, आदि; —*v.*, आद्याक्षरित क०; —*n.*, आद्यक्षर; **~led,** आद्याक्षरित; **~ly,** प्रारंभ में, आद्यत:। > इनिशॅल; इनिशॅल्ड; इनिशॅलि
initia/te, *v.*, प्रवर्तित क०, चलाना, प्रारंभ क०, उपक्रम क०; प्रारंभिक शिक्षा* देना; दीक्षा* देना, दीक्षित क०;

—*n*., दीक्षित; **~ted,** दीक्षित; **~tion,** प्रवर्तन, उपक्रम (ण); सूत्रपात, प्रारंभ; दीक्षा*; **~tive,** उपक्रमण, पहल*, पहल-शक्ति*; अभिक्रम, सूत्रपात; नेतृत्व, अगुआई*; **~tor,** प्रारंभक, प्रवर्तक; दीक्षक; **~tory,** प्रारंभिक; दीक्षा-, दीक्षात्मक।
> इनिशि/एट (*v.*) ~इट (*adj.*), ~ए-टिड, एशॅन, ~ॲ-टिव्, ~ए-टॅ, ~ॲटरि

inject, सूई* देना या लगाना; भर देना, भीतर डालना; **~ion,** सूई*, इंजेक्शन; अन्तःक्षेप (ण); **~or,** अन्तःक्षेपक। > इन्जे 'क्ट; इन्जे 'क्शॅन; इन्जे 'क्-टॅ

injudicious, अविवेकी; अविवेकपूर्ण। > इन्जूडिशॅस

injunction, 1. निषेधाज्ञा*, निषेधादेश, निरोधाज्ञा*, व्यादेश, 2. (*order*) आदेश, समादेश। > इन्जॅन्क्शॅन

injunctive, आदेशार्थ। > इन्-जॅन्क्-टिव्

injure, 1. चोट*, क्षति* या हानि* पहुँचाना; 2. (*wrong*) अन्याय या अपकार क०; **~d,** घायल; अपकृत। > इन्-जॅ; इन्-जॅड

injurious, हानिकर; अपमानिक। > इन्जुअॅर्-इअॅस

injury, 1. चोट*, क्षति*; 2. (*damage*) हानि*, क्षति*, नुक़सान; 3. अन्याय। > इन्जॅरि

injustice, अन्याय, बेइंसाफ़ी*। > इन्-जॅस्-टिस

ink, *n.* (*v.*) स्याही*, मसी*, मसि*, रोशनाई* (लगाना); **~er,** स्याहीवाला, इंकर; **~-pad,** मसी-पैड; **~stand,** कलमदान; **~-well,** दवात*, दावात*, मसपात्र, मसिदानी*, मसिधान; **~y,** स्याह, काला; मसीभरा।
> इन्क; इन्क्-इ

inkling, इंगित, संकेत; आभास, ख्याल, विचार।
> इन्क्-लिन्ग

inlaid, खचित, जटित; **~work,** जड़ाऊ काम।
> इन्-लेड

inland, *adv*., अन्दर *adj*., देशीय, अन्तर्देशी, स्वदेशी; आन्तरिक, अंतःस्थलीय, आन्तरस्थलीय; —*n*., भीतरी प्रदेश। > इन्लैण्ड (*adv.*) इन्लॅन्ड (*adj*., *n.*)

inlay, *v*., जड़ना, जटित या खचित क०; —*n.* जड़ाऊ काम। > इन्ले (*v.*) इन्ले (*n.*)

inlet, उपखाड़ी*; प्रवेश (मार्ग), प्रवेशिका*, अंतर्गम, निवेशिका*; लगाया हुआ टुकड़ा। > इन्ले 'ट

inlying, भीतरी। > इन्-लाइ-इन्ग

inmate, निवासी; संवासी, सहवासी। > इन्मेट

inmost, अन्तरतम। > इन्मोस्ट

inn, सराय*, पान्थशला*; **~keeper,** भठियारा, पान्थशाला-पाल। > इन; इन्-की-पॅ

innate, सहजात, सहज, स्वाभाविक, अन्तर्जात।
> इ-नेट

innavigable, अनौगम्य। > इ-नैव्-इ-गॅ-बॅल

inner, भीतरी, आभ्यन्तर, आन्तरिक, आन्तर; मानसिक; अन्तरंग; **~most,** अन्तरतम। > इन्-ॲ ~मोस्ट

innervate, innerve, प्रेरित क०, अनुप्राणित क०।
> इनॅःवेट; इनॅःव

innervation, तन्तिकाभरण, तन्त्रिकोत्तेजन।
> इनॅःवेशॅन

innings, 1. पाली*; 2. (*turn*) बारी*; 3. शासन-काल। > इन्-इन्ग्ज़

inno/cence, निर्दोषता*; निष्कपटता*; सीधापन; **~cent,** निर्दोष, निष्पाप, निरपराध, बेगुनाह; निष्कपट, अबोध, निरीह, सीधा, अहानिकर। > इनॅ/सॅन्स, ~सॅन्ट

innocuous, अहानिकर, अनपकारक; अनुपघातक, अनपकारी। > इनॉक्यूअॅस

innominate, अनाम। > इ-नॉम्-इ-निट

inno/vate, (नव)परिवर्तन लाना, (नवीन प्रक्रिया*, प्रथा* आदि) प्रवर्तित क०; **~vation,** अभिनव परिवर्तन, नवाचार, नवीनता*; **~vator,** प्रवर्तक।
> इनो/वेट, ~वेशॅन, ~वे-टॅ

innoxious, अहानिकर, अनपकारक। > इनॉक्शॅस

innuendo, इंगित, संकेत; व्यंग्य, वक्रोक्ति*।
> इन्यूए 'न्डो

innumerable, असंख्य, अगणित, असंख्येय।
> इन्यूमॅरॅबॅल

innutri/tion, पोषणाभाव; **~tious,** अपौष्टिक।
> इन्यूट्रिशॅन; इन्यूट्रिशॅस

inobservance, उपेक्षा*; उपालन। > इनॅब्ज़ॅःवॅन्स

inoccupation, बेकारी*। > इनॉक्यूपेशॅन

inocu/late, 1. टीका लगाना; 2. (*bot.*) कलम* लगाना; 3. संचारित क०; 4. (*imbue*) में भर देना, से प्रभावित क०; **~lation,** टीका; संचारण।
> इनॉक्/यूलेट, ~यूलेशॅन

inodorous, निर्गन्ध। > इन्-ओडॅरॅस

inoffensive, अहानिकर; आपत्तिहीन।
> इ-नॅ-फ़े 'न्-सिव्

inofficious, अमान्य; अप्रकृत, अनैतिक।
> इनॅफ़िशॅस

inoperable, अशल्यकरणीय। > इन्-ऑपॅरॅबॅल

inoperative, निष्क्रिय, ख़ाली; अमान्य।
> इनऑपॅरॅटिव

inopportune, असामयिक; अनुचित।
> इन्-ऑपॅट्यून

inordinate, 1. अनियमित, अनियत, विशृंखल; 2. (*excessive*) अत्यधिक, बेहद, अतिमात्र।
> इनॉःड्-इनिट

inorganic, 1. अजैव; 2. (*chem.*) अकार्बनिक; 3. निरवयव, निरिन्द्रिय। > इनॉःगैन्-इक

inorganization, अव्यवस्था*, कुप्रबन्ध।
> इनॉःगॅनाइज़ेशॅन

inosculate, 1. मिल जाना, जुड़ जाना; 2. जोड़ देना; 3. (*intertwine*) गुथना (*v.i.*) या गूथना (*v.t.*)।
> इनॉस्क्यूलेट

in-patient, अंतरंग रोगी। > इन्पेशॅन्ट
inpouring, भराव, भरन, भरण। > इन्पॉ:रिन्ग
input, निवेश। > इन्पुट
inquest, जाँच-पड़ताल*, तहक़ीक़ात*; अपमृत्यु-विचारणा*। > इन्क्वे 'स्ट
inquiet, अशांत; **~ude,** अशान्ति*, बेचैनी*। > इन्-क्वाइ/ॲट, ~इट्यूड
inquiline, परनिलय-वासी। > इन-क्वि-लाइन
inquire, 1. पूछना, पता लगाना, पूछ-ताछ* क०, दरियाफ़्त क०; 2. (*investigate*) जाँचना, जाँच* क०, जाँच-पड़ताल* क०; 3. (*~for*) माँगना। > इन्क्वाइॲ
inquiry, 1. प्रश्न, परिप्रश्न; दरियाफ़्त*; पूछताछ*, परिपृच्छा*; जाँच*, जाँच-पड़ताल*; 2. (*research*) अन्वेषण; **~-office,** पूछताछ-दफ़्तर (~ कार्यालय, ~ घर); **~-officer,** पूछताछ-अधिकारी। > इन्-क्वाइर्-इ
inquisi/tion, परीक्षण; धर्माधिकरण; **~tor,** (धर्म) परीक्षक। > इन्-क्विज़िशॅन; इन्-क्विज़्-इ-टॅ
inquisitive, 1. जिज्ञासु; 2. (*prying*) कुतूहली। > इन्-क्विज़्-इ-टिव्
inroad, छापा, हमला; अतिक्रमण, अतिचार; हानि*। > इन्रोड
inrush, आगमन, बाढ़*, अन्तर्वाह। > इन्रॅश
insalivation, लालामिश्रण। > इनसैलिवेशॅन
insalubrious, अस्वास्थ्यकर। > इन्सॅलूब्-रिॲस
insane, 1. उन्मादी, पागल, बावला, विक्षिप्त; 2. (*of actions*) पागल, मूर्ख। > इन्-सेन
insani/tary, अस्वास्थ्यकर; **~tation,** अस्वच्छता*, सफ़ाई* का कुप्रबंध। > इन्सैन्-इ-टॅ-रि; इन्सैनिटेशॅन
insanity, उन्माद, पागलपन; मूर्खता*, पागलपन। > इन्-सैन्-इ-टि
insatiable, अतोषणीय, अतर्पणीय; अतिलोभी, अतिलालची। > इन्सेश्यॅबॅल, इन्सेशिॲबॅल
insatiate, अतृप्त, अतोषित; अतर्पणीय। > इन्-से-शि-इट, इनसेश्यॅट
inscribe, 1. अंकित क०, उत्कीर्ण क०; 2. (*enroll*) नाम लिखना; 3. समर्पित क०; **~d, circle,** अन्तर्वृत्त। > इन्स्क्राइब
inscription, (अभि)लेख, शिलालेख; समर्पण। > इन्-स्क्रिप्-शॅन
inscrutable, (नि)गूढ़, रहस्यमय; अतर्क्य, अबोधगम्य। > इन्-स्क्रूटॅबॅल
insect, कीट, कीड़ा (*also fig.*) **~arium,** कीटगृह; **~icide,** कीटनाशी, कृमिनाशी; **~ivorous,** कीटभक्षी, कीटाहारी, कीटभोजी। > इन्से 'क्ट; इन्से 'क्टे 'ॲर्-इॲम; इन्-से 'क्-टि-साइड; इन्-से 'क्-टिवॅरॅस
insecure, 1. असुरक्षित, अरक्षित; 2. आशंकित, शंकालु; 3. (*unreliable*) अदृढ़, अस्थिर, अविश्वसनीय। > इन्-सि-क्युॲ
insecurity, असुरक्षा*, अरक्षा*, जोखिम*; आशंका*, संदेह; अविश्वसनीयता*। > इन्-सि-क्युॲर्-इ-टि
insemi/nate, बोना, बीजारोपण क०; संसेचित क०; **~nation,** बीजारोपण; (वीर्य) सेचन; संसेचन, गर्भाधान। > इन्से 'म्/इनेट; ~इनेशॅन
insensate, 1. निरिन्द्रिय, जड़; 2. (*foolish*) मूर्ख; 3. (*hard*) कठोर, निष्ठुर। > इन्से 'न्सेट
insensi/bility, संज्ञाहीनता*, बेहोशी*; असंवित्ति*, असंवेदन; अनभिज्ञता*; उदासीनता*; **~ble,** 1. (*unconscious*) संज्ञाहीन, बेहोश, अचेतन; 2. संवेदनशून्य, असंविद, वेदनाहीन, अनुभूतिहीन; 3. (*unaware*) अनभिज्ञ; 4. (*apathetic*) उदासीन; 5. अतिसूक्ष्म, नगण्य; **~tive,** 1. असंवेदनशील; 2. भावशून्य, उदासीन; संवेदनाशून्य; 3. *see* INSENSATE. > इन्से 'न/सिबिल्-इ-टि, सॅबॅल = सिबॅल, ~सिटिव
insentient, जड़, निरिन्द्रिय; निर्जीव, संज्ञाहीन। > इन्-से 'न्-शि-ॲन्ट
inseparable, अवियोज्य, अविच्छेद्य, अपृथक्करणीय। > इन्से 'पॅरॅबॅल
insert, घुसेड़ना, में रख देना; निविष्ट क०, सन्निविष्ट क०, सम्मिलित क०, शामिल क०; **~ion,** निवेशन, सन्निवेश। > इन्सॅ:ट; इन्सॅ:शॅन
inset, *v.*, 1. सन्निविष्ट क०; *n.*, सन्निवेश; अन्तर्निविष्ट वस्तु*, आंतरिक चित्र (नक़्शा); ~map, उप-मानचित्र। > इन्-से 'ट (*v.*); इन्से 'ट (*n.*)
inshore, *adv.*, अभितट, तट की ओर*; तट के पास; —*adj.*, तटगामी; तटवर्ती, उपतट। > इन्-शॉ:
inside, *n.*, अन्तर, भीतरी भाग; *adj.*, 1. आन्तरिक, भीतरी (*also fig.*); —*adv.*, अन्दर; —*prep.*, में, के अन्दर; **~r,** अंतरंगी। > इन्-साइड; इन्-साइड्-ॲ
insidious, 1. (*person*) कपटी, धोखेबाज़; 2. कपटपूर्ण, दुरंगा; 3. घातक। > इन्-सिड्-इ-ॲस
insight, अन्तर्दृष्टि*, सूक्ष्मदृष्टि*; पूरी जानकारी*, गहरी पहुँच*। > इन्साइट
insignia, (पद-, राज-, सदस्य-) चिह्न, लक्षण, प्रतीक। > इन्-सिग्-नि-ॲ
insignificant, 1. निरर्थक; 2. (*trivial*) नगण्य, उपेक्षणीय, उपेक्ष्य; तुच्छ। > इन्-सिग्-निफ़्-इ-कॅन्ट
insin/cere, कुटिल, कपटी, झूठा, पाखण्डी; **~cerity,** पाखण्ड, कुटिलता*, कपट। > इन्-सिन्-सिॲ; इन्-सिन्-से 'रि-टि
insinu/ate, 1. (*hint*) संकेत क०, इंगित क०, चुपचाप, छिपे-छिपे, युक्ति* से या धीरे से घुसना, फैल जाना, स्थान बना लेना, कृपा* प्राप्त क०; प्रवेश कराना; घुसाना, मन में बैठाना; **~ation,** परोक्ष संकेत, इंगित; गूढ़ार्थ;

कपटपूर्ण या युक्तिपूर्ण प्रवेश; चापलूसी*। > इन्-सिन्-यू/एट, ~एशॅन

insipid, स्वादहीन, फीका; **~ity,** फीकापन। > इन्-सिप्-इड; इन्-सि-पिड्-इ-टि

insipience, मूर्खता*। > इन्-सिप्-इ-ॲन्स

insist, आग्रह क०; पर बल देना; **~ence,** आग्रह; **~ent,** 1. (*person*) आग्रही; 2. आग्रहपूर्ण, साग्रह। > इन्-सिस्ट; इन्-सिस्/टॅन्स, ~टॅन्ट

in situ, स्वस्थाने। > इन् सीटू

insobriety, असंयम। > इन्सोब्राइॲटि

insofar as, जहाँ तक। > इन्सोफ़ा ऐस

inso/late, धूप* में रखना; **~lation,** 1. आतपन, सूर्यातपन; 2. (*sunstroke*) आतपाघात। > इन्सोलेट; इन्सोलेशॅन

insole, भीतरी तल्ला। > इन्सोल

inso/lence, गुस्ताखी*, ढिठाई*; **~lent,** गुस्ताख, ढीठ, धृष्ट, उद्धत, अक्खड़, बदतमीज़। > इन्स/लॅन्स, ~लॅन्ट

insolu/bility अविलेयता*; समाधेयता*; **~ble,** 1. (*chem.*) अविलेय; 2. (*insolvable*) असमाधेय, समाधानातीत। > इनसॉल्यूबिल्-इटि; इनसॉल्यूबॅल

insol/vency, दिवाला, दिवालियापन; **~vent,** दिवालिया, शोधाक्षम, परिक्षीण। > इनसॉल्/वॅन्सि, ~वॅन्ट

insom/nia, अनिद्रारोग, उन्निद, अनिद्रा*; **~niac,** अनिद्रारोगी। > इन्-सॉम/नि-ॲ, ~निऐक

insomuch, 1. ~ that, कि; यहाँ तक कि; 2. ~as, क्योंकि; यहाँ तक कि, कि। > इन्सोमॅच

insouci/ance, लापरवाही*, निश्चिन्तता*; बेफ़िक्री*; उदासीनता*, उपेक्षा*; **~ant,** लापरवाह, निश्चिन्त; उदासीन। > इन्सू/स्यॅन्स, ~स्यॅन्ट

inspect, निरीक्षण क०; जाँचना; **~ed,** निरीक्षित; **~ion,** निरीक्षण, मुआयना; परिदर्शन, जाँच*; **~or,** निरीक्षक; **~orate,** निरीक्षणालय; निरीक्षकत्व; निरीक्षक-वर्ग; **~ress,** निरीक्षिका*। > इन्स्पे'क्ट; इन्स्पे'क्/टिड, ~शॅन, ~टॅ, ~टॅरिट, ~ट्रिस

inspiration, 1. (अन्त:) प्रेरणा*, उत्प्रेरणा*; 2. (*of breath*) अन्त:श्वसन। > इन्स्पॅरेशॅन

inspire, 1. प्रेरित क०, प्रेरणा* देना; अनुप्राणित क०; 2. (*inhale*) साँस* खींचना; 3. उत्पन्न क०; **~d,** अनुप्राणित, उत्प्रेरित; ईश्वरप्रेरित; अपौरुषेय। > इन्स्पाइॲ; इन्स्पाइॲड

inspiring, प्रेरक, प्रेरणाबद्ध। > इन्-स्पाइर्-इन्ग

inspirit, अनुप्राणित क०, जान* डालना; प्रोत्साहित क०; ढारस बँधाना। > इन्-स्पि-रिट

inspissation, संघनन। > इन्-स्पि-से-शॅन

instability, अस्थायित्व, अस्थिरता*। > इनस्टॅबिल्-इटि

install, 1. लगाना; 2. (*place*) रखना, (सं)स्थापित क०, प्रतिष्ठापित क०; 3. (*appoint*) नियुक्त क०; 4. अधिष्ठापित, प्रतिष्ठित या प्रतिष्ठापित क०, पदासीन क०; **~ation,** 1. अधिष्ठापन, प्रतिष्ठापन; अभिषेक; 2. संस्थापन, प्रस्थापन; 3. व्यवस्था*, स्थापना*। > इनस्टॉ:ल; इनस्टॅलेशन

instal(l)ment, 1. *see* INSTALLATION; 2. क़िस्त*, अंशिका*। > इन्स्टॉ:ल्मॅन्ट

instance, *n.*, 1. उदाहरण, दृष्टान्त; 2. (*request*) अनुरोध; 3. (*law*) वाद; for ~, उदाहरणार्थ; in the first ~, पहले, प्रथम, प्रथमत:;—*v.*, दिखलाना; उल्लेख क०; उदाहरण देना। > इन्स्टॅन्स

instancy, अत्यावश्यकता*; अनुरोध। > इन्स्टॅनन्सि

instant, *n.*, क्षण; *adj.*, 1. वर्तमान मास का; 2. (*imminent*) आसन्न; 3. (*immediate*) तात्कालिक; **~aneous,** तात्कालिक, तात्क्षणिक; क्षणिक **~aneoulsy,** तत्काल, तत्क्षण; **~ly,** तत्काल; ज्यों ही। > इन्स्टॅन्ट; इन्स्टॅन्टेन्यॅस

instar, (*zool.*), अन्तर्रूप। > इन्स्टा

instate, अधिष्ठापित क०; स्थापित क०। > इन्स्टेट

instauration, पुनरुद्धार; नवीकरण। > इनस्टॉ: रेशॅन

instead, के स्थान पर, के बदले में, के बजाय। > इन्स्टे'ड

instep, 1. पिचिण्डिका*; 2. (*of horse*) गामचा। > इन्स्टे'प

insti/gate, प्रेरित क०; उकसाना, उभाड़ना, भड़काना; पैदा क०; **~gation,** प्रेरण, उत्तेजन, उकसाहट*, उकसाई*; **~gator,** उत्तेजक, उभाड़नेवाला, उकसानेवाला। > इन्-स्टि/गेट, ~गेशॅन, ~गे-टॅ

instil(l), टपकाना, चुआना; मन में बैठाना, की शिक्षा* देना। > इन-स्टिल

instinct, *n.*, 1. (सहज) वृत्ति*, नैसर्गिक या मूल प्रवृत्ति*; 2. (*intuition*) सहज-बोध, सहज-बुद्धि*; 3. (*talent*) प्रतिभा*;—*adj.*, अनुप्राणित, पूर्ण; **~ive,** वृत्तिक, सहज, साहजिक, सहजात, स्वाभाविक, नैसर्गिक; **~ively,** सहज-ज्ञान से। > इन्-स्टिन्क्ट (*n.*); इन-स्टिन्क्ट (*adj.*); इन-स्टिन्क्-टिव्

institute, *v.*, 1. स्थापित क०; 2. प्रारंभ क० प्रवर्तन क०; 3. (*appoint*) नियुक्त क० —*n.*, 1. संस्थान, पीठ, प्रतिष्ठान, संस्था*; 2. (*custom*) प्रथा*; 3. (*pl.*) संहिता*। > इन्-स्टि-ट्यूट

institution, 1. (*act.*) संस्थापन; 2. नियुक्ति*; 3. प्रथा*; 4. संस्था*; (संस्था) भवन; **~al,** सांस्थानिक, संस्थागत; **~alism,** संस्थावाद। > इन्-स्टि-ट्यू/शॅन, ~शॅनॅल, ~शॅनॅलिज़्म

institutor, संस्थापक। > इन्-स्टि-ट्यू-टॅ

instruct, शिक्षा* देना, सिखलाना, सुशिक्षित क०; विवरण देना, सूचना* देना, बताना; अनुदेश या आदेश

देना, हिदायत* क०; **~ion,** 1. अनुदेश, आदेश, हिदायत*; 2. (*act.*) शिक्षण, अनुदेशन; 3. शिक्षा*, उपदेश; 4. सूचना*, निर्देश; **~ive,** शिक्षाप्रद; **~or,** शिक्षक, प्रशिक्षक; **~ress,** शिक्षिका*।
> इन्स्ट्रॅक्ट; इन्स्ट्रॅक्/शॅन, ~टिव्, ~टॅ, ~ट्रिस

instrument, 1. उपकरण, उपकरणिका*, यन्त्र; 2. (*tool*) औज़ार, हथियार, आला; 3. (*means*) साधन; 4. (*mus.*) वाद्य, बाजा; 5. (*deed*) प्रपत्र, दस्तावेज़*, लिखित, लिखत*; **~al,** *adj.*, सहायक; यंत्रीय; *n.*, करण कारक, तृतीया*;—music, वाद्य संगीत; **~alist,** वादक; **~ality,** करणत्व; सहायता*; **~ation,** 1. वाद्यसंगीत-विन्यास; 2. वाद्यसंगीत-शास्त्र; 3. सहायता*, माध्यम; 4. (*surgery*) शल्यकर्म।
> इन्स्टुमॅन्ट; इन्स्टुमे'न्/टॅल, ~टॅलिस्ट; इनस्टुमे'न्/टैल्-इ-टि, ~टेशॅन

insubordi/nate, अवज्ञाकारी, अनाज्ञाकारी, दुर्विनीत, उद्धत; **~nation,** अवज्ञा*, अविनय*, आज्ञाभंग।
> इनसबॉ:डॅनिट; इनिट; इन्सॅबॉ:डिनेशॅन

insubstantial, अवास्तविक; असार।
> इन्सॅबस्टैन्शॅल

insufferable, असह्य। > इनसॅफ़ॅरॅबॅल

insufficient, अपर्याप्त, न्यून। > इन्सॅफ़िशॅन्ट

insuf/flate, फूँकना; **flation,** प्रधमन।
> इन्सॅफ़्लेट; इनसॅफ़्लेशॅन

insula, (*anat.*) द्वीपिका*। > इन्स्यूलॅ

insular, 1. द्वीपीय; 2. (*of mind*) अनुदार, संकीर्णमना; द्वीपवासी। > इन्-स्यू-लॅ

insu/late, 1. पृथक् क०, अलग क०; 2. (*phys.*) (विद्युत-, ऊष्मा-) रोधी बनाना; **~lation,** पृथक्करण; रोधन; **~lator,** पृथक्कारी; (विद्युत-, ऊष्मा-) रोधी।
> इन्स्यू/लेट, ~लेशॅन, ~ले-टॅ

insulin, इन्सुलिन, मधुसूदनी*। > इन्स्यूलिन

insult, *n.* (*v.*), अपमान (क०), अनादर (क०)।
> इन्सॅल्ट (*n.*) ; इनसॅल्ट (*v.*)

insuperable, अलंघ्य, दुरतिक्रम, दुस्तर।
> इन्स्यूपॅरॅबॅल

insupportable, असह्य; अप्रमेय। > इन्सॅपॉ:टॅबॅल

insurable, बीमायोग्य। > इन्शुॲरॅबॅल

insurance, बीमा; **~-policy,** बीमा-पालिसी*।
> इनशुॲरॅन्स

insurant, बीमादार। > इन्शुॲरॅन्ट

insure, 1. बीमा कराना; 2. (*underwrite*) बीमा क०; 3. (*make sure*) निश्चित कर लेना; 4. (*secure*) दिलाना, प्राप्त कराना; 5. (*make safe*) (सु)रक्षित क०; **~d,** बीमाकृत; **~r,** बीमाकर्ता।
> इन्शुॲ; इन्शुॲड; इन्-शुॲर्-ॲ

insurgent, विद्रोही, बाग़ी। > इन्सॅ:जॅन्ट

insurmountable, अलंघ्य, दुरतिक्रम, दुर्लंघ्य।
> इन्सॅमाउन्टॅबॅल

insurrection, विद्रोह, बग़ावत*, राजद्रोह।
> इन्सॅरे'क्शॅन

insusceptible, अप्रभावनीय, अप्रभावित।
> इन्सॅसे'प्टॅबॅल, -टिबॅल

intact, अविकल, अक्षुण्ण, अक्षत, अखंड, सम्पूर्ण, साबुत। > इन्टैक्ट

intaglio, उत्कीर्ण आकृति*। > इनटैलिओ

intake, 1. अन्तर्ग्रहण, भरती*, ग्रहण; 2. (*opening*) मुँह; 3. (*airshaft*) वायु-गवाक्ष; **~-pipe,** अन्तर्ग्राही नल। > इन्टेक

intangible, 1. स्पर्शागम्य, अमूर्त, अतिसूक्ष्म; 2. (*vague*) अस्पष्ट, अप्रत्यक्ष।
> इन्टैन्जॅबॅल, -जिबॅल

integer, पूर्णांक, पूर्ण संख्या*; अखंड वस्तु*।
> इन्-टि-जॅ

integrable, 1. समावेश्य; 2. (*math.*) समाकलनीय।
> इन्-टि-ग्रॅ-बॅल

integral, *adj.*, अंगभूत, अनिवार्य; सम्पूर्ण, समग्र; पूर्णसांख्यिक;—*n.*, समाकल; ~calculus, समाकलन-गणित; ~part, अभिन्न अंग। > इन्-टि-ग्रॅल

integrand, समाकल्य। > इन्-टि-ग्रैन्ड

integrant, *adj.*, अंगभूत; *n.*, संघटक, अंग, अवयव।
> इन्-टि-ग्रॅन्ट

integrate, 1. सम्पूर्ण क०; 2. संघटित क०, जोड़ना; 3. पूर्ण योग सूचित क०; 4. (*math.*) समाकलन क०, समाकलित क०। > इन्-टि-ग्रेट

integration, एकीभवन; एकीकरण, संघटन; समाकलन। > इन्-टि-ग्रे-शॅन

integrative, समाकलनात्मक। > इन्-टि-ग्रे-टिव्

integrator, समाकलक। > इन्-टि-ग्रे-टॅ

integrity, सम्पूर्णता*; अखंडता*, सुस्वस्थता*, अक्षतता*; ईमानदारी*, सत्यनिष्ठा*, न्याय-निष्ठा*।
> इन्-टे'ग्-रिटि

integument, आवरण, अध्यावरण, कवच; त्वचा*; **~ary,** अध्यावरणी।
> इन्टे'ग्यूमॅन्ट; इन्टे'ग्यूमे'न्टॅरि

intellect, बुद्धि*, ज्ञानशक्ति*, विचारशक्ति*; प्रतिभा*; प्रतिभाशाली व्यक्ति; **~ion,** विचारणा*, बुद्धि-व्यापार; विचार; **~ive,** बुद्धिसम्पन्न।
> इन्-टि-ले'क्ट; इन्-टि-ले'क्/शॅन, ~टिव्

intellectual, *adj.*, बौद्धिक, बुद्धिमान; —*n.*, बुद्धिजीवी; **~ism,** बुद्धिवाद; **~ist,** बुद्धिवादी।
> इन्-टि-ले'क्-ट्यू/ॲल, ~ॲलिज़्म, ~ॲलिस्ट, ~ऐल्-इ-टि

intelligence, 1. बुद्धि*, समझ*; 2. (*information*) समाचार, खबर*, आसूचना*; ~department,

ख़ुफ़िया विभाग, गुप्तचर विभाग; ~test, बुद्धि-परीक्षा*; **~quotient,** बौद्धिक स्तर।

> इन्-टे'ल्-इ-जॅन्स

intelligent, बुद्धिमान, समझदार, मेधावी; जानकार, अभिज्ञ; **~ial,** बौद्धिक; सूचनाप्रद; समाचार-; **~sia,** बुद्धिजीवी-वर्ग, प्रबुद्ध-वर्ग।

> इन्टे'ल्-इ-जॅन्ट; इन्टे'लिजे'न्शॅल; इन्-टे'-लि-जे'न्ट्-सि-ॲ

intelligible, (सु) बोधगम्य।

> इन्-टे'ल्-इ-जॅ-बॅल, -जिबॅल

intemper/ance, असंयम, अति*; (अति)-मद्यसेवन, नशाखोरी*; **~ate,** 1. (*person*) असंयमी; उद्धत, उग्र; नशाख़ोर, मद्यप; 2. असंयमित; 3. (*inclement*) विषम, कड़ा, तेज़।

> इन्टे'म्पॅ/ रॅन्स, ~रिट

intend, 1. इरादा क० या होना, विचार क०, ठान लेना; 2. (*destine*) नियत क०, के लिए निर्दिष्ट क० या अलग क०; 3. (*mean*) अर्थ लगाना; अभिप्राय होना; **~ance,** अधीक्षण; **~ant,** अधीक्षक; **~ed,** अभिप्रेत, अभीष्ट; भावी; **~ment,** अभिप्राय।

> इन्टे'न्ड; इन्टे'न्/डॅन्स, ~डॅन्ट, ~डिड; इन्टे'न्ड्मॅन्ट

intense, तीव्र, प्रचण्ड, तेज़, उत्कट; उत्साही, जोशीला; उत्तेजित; भावप्रवण; **~ly,** अत्यधिक, पूर्णरूपेण; तीव्रतापूर्वक, भावपूर्ण ढंग से; **~ness,** तीव्रता*।

> इन्टे'न्स

intensi/fication, तीव्रीकरण; **~fier,** तीव्र-कारी; **~fy,** तीव्र क० या हो जाना, बढ़ाना।

> इन्-टे'न्-सि/फ़िकेशॅन, ~फ़ाइअॅ, ~फाइ

intension, निश्चय, दृढ़ता*; तीव्रता*; तीव्री-करण।

> इन्टे'न्शॅन

intensity, 1. तीव्रता*, प्रगाढ़ता*, तेज़ी*, प्रबलता*; 2. (*amount*) मात्रा*।

> इन्-टे'न्-सि-टि

intensive, 1. तीव्र; गहन, प्रगाढ़, घना, गहरा; 2. (*gram.*) तीव्रताबोधक, अतिशयबोधक, यङन्त।

> इन्-टे'न्-सिव़

intent, *n.*, उद्देश्य; *adj.*, 1. एकाग्र, दत्तचित्त; 2. (*resolved*) दृढ़संकल्प; 3. (*of faculties*) तीव्र, उत्सुक, स्थिर।

> इन्टे'न्ट

intention अभिप्राय, इरादा, आशय, नीयत*, मतलब, मंशा; 2. (*purpose*) उद्देश्य; **~al,** साभिप्राय, अभिप्रेत; ज्ञानकृत; **~ally,** जान-बूझकर, इरादतन, साभिप्राय; well- ~ed, नेकनीयत।

> इन्टे'न्/शॅन, ~शॅनॅल, ~शॅनॅलि, ~शॅन्ड

inter, दफ़नाना, गाड़ना।

> इन्-टॅ:

inter-, 1. (*among*) अन्तर-; 2. (*in between*) अन्तर्-, अन्तः-।

> इन्-टॅ

interact, एक-दूसरे को प्रभावित क०; **~ion,** अन्योन्यक्रिया*, पारस्परिक क्रिया* या प्रभाव।

> इन्टॅर्/ऐक्ट, ~ऐक्शॅन

inter/blend, सम्मिश्रण क०, मिलाना; मिल जाना; **~breeding,** संकरण।

> इन्टॅ/ब्ले'न्ड, ~ब्रीड्-इन्ग

inter/calary, अधिक; अन्तर्निविष्ट, अन्तर्विष्ट, अन्तर्वेशी; **~calate,** जोड़ देना; सन्निविष्ट क०, अन्तर्विष्ट क०।

> इन्टॅ:कॅ/लॅरि, ~लेट

intercaste, अन्तरजातीय।

> इन्टॅकास्ट

intercede, मध्यस्थता* क०; के लिए निवेदन या अनुनय* क०।

> इन्टॅसीड

intercept, बीच में रोक देना, अटकाना, अवरोध क०; रोकना; अवरुद्ध क०, में बाधा* डालना; काटना; **~ion,** अवरोधन, अन्तरावरोधन; **~or,** अवरोधक।

> इन्टॅ/से'प्ट, ~से'प्शॅन, ~से'प्-टॅ

inter/cession, मध्यस्थता*, बिचवई*; निवेदन; **~cessor,** मध्यस्थ; निवेदक।

> इन्टॅ/से'शॅन, ~से'स्-ॲ

interchange, *v.*, विनिमय क०; अदला-बदली* क०, एक-दूसरे के स्थान पर रखना; बारी-बारी से क०; —*n.*, विनिमय, एकान्तरण, व्यतिहार; **~able,** विनिमेय; अन्तर्बदल।

> इन्टॅचेन्ज (*v.*); इन्टॅचेन्ज (*n.*); इन्टॅचेन्जॅबॅल

intercollegiate, अन्तरविद्यालयीय।

> इन्टॅकॅलीजिइट

intercolonial, अन्तर-उपनिवेशी।

> इन्टॅकॅलोन्यॅल

intercommu/nication, अन्त-संचार, अन्योन्यसंचार; **~nion,** (पारस्परिक) सम्पर्क, संसर्ग; **~nity,** 1. (*sharing*) सहभागिता*; 2. (*being common*) सामान्यता*।

> इन्टॅकॅम्यूनिकेशॅन; इन्टॅकॅम्यून्यॅन; इन्टॅकॅम्यून्-इटि

interconnect, अन्तःसम्बद्ध होना या क०; **~ion,** अन्तःसम्बन्ध।

> इन्टॅकॅने'क्ट; इन्टॅकॅने'क्शॅन

intercontinental, अन्तरमहाद्वीपीय।

> इन्-टॅ-कॉन्-टि-ने'न्-टॅल

intercostal, अन्तरापर्शुक।

> इन्टॅकॉस्टॅल

intercourse, 1. सम्पर्क, संसर्ग, परस्पर व्यवहार; 2. (*sexual*) मैथुन, समागम।

> इन्टॅक्रॉ:स

intercrop, अन्तराल सस्य।

> इन्टॅक्रॉप

intercross, परस्पर काटना या प्रजनन क०।

> इन्टॅक्रॉस

intercurrent, मध्यवर्ती।

> इन्टॅकॅरॅन्ट

interdepend, अन्योन्याश्रित होना, एक दूसरे पर निर्भर या अवलंबित होना; **~ence,** अन्योन्याश्रय; **~ent,** अन्योन्याश्रित।

> इन्टॅडिपे'न्ड; इन्टॅडिपे'न्/डॅन्स, ~डॅन्ट

interdict, *n.*, (*v.*), निषेध (क०), प्रत्याख्यान (क०);

निषेधादेश (निकालना); **~ion,** निषेध, निषेधादेश; **~ive, ~ory,** निषेधात्मक।
> इन्‌टॅडिक्ट (*n.*); इन्‌टॅडिक्ट (*v.*); इन्‌टॅडिक्/शॅन, ~टिव्, ~टॅरि

interest, *n.*, 1. (*right*) अधिकार, स्वत्व; 2. (*profit*) लाभ, हित; स्वार्थ; 3. (*share*) साझा, हिस्सा, अंश; 4. (*interested party*) स्वार्थ; 5. (*concern*) परवाह*, चिन्ता* फ़िक्र*; 6. (*liking*) रुचि*, दिलचस्पी*, अभिरुचि*; रस; 7. (*importance*) महत्त्व; 8. (*influence*) प्रभाव, सिफ़ारिश*; 9. (*of money*) ब्याज, सूद; —*v.*, रुचि*, दिलचस्पी* या चिन्ता* उत्पन्न क०; compound ~, चक्रवृद्धि ब्याज, सूद-दर-सूद; vested ~, अधिष्ठित या निहित स्वार्थ; **~ed,** सम्बद्ध; हितबद्ध; पक्षपाती, तरफ़दार; आकृष्ट, दिलचस्पी* लेनेवाला; **~ing,** रुचिकर, रोचक, दिलचस्प।
> इन्-ट्रिस्ट; इन्-टिस्-टिड; इन्-ट्रिस्-टिंग

inter/face, अंतरापृष्ठ; **~facial,** अंतरापृष्ठीय।
> इन्‌टॅफेस; इन्‌टॅफ़ेशॅल

interfere 1. हस्तक्षेप क०, दखल देना; 2. (*phys.*) व्यतिकरण क०; 3. (*clash*) टकराना; 4. (*of horse*) नेवर* लगना; **~ with,** में बाधा* डालना, रोकना; छेड़ना।
> इन्‌टॅफ़िअॅ

inter/ference, हस्तक्षेप, व्यतिकरण; **~fering,** हस्तक्षेप करनेवाला, दस्तंदाज़, व्यतिकारी; **~ferometer,** व्यक्तिकरणमापी।
> इन्‌टॅफ़िअर्/अॅन्स, ~इना; इन्‌टॅफ़िअॅरॉम्-इ-टॅ

interfluent, अन्योन्याप्रवाही।
> इन्‌टॅ:फ्लुॅन्ट

inter/fuse, में व्यापत हो जाना; सम्मिश्रण क०, एक कर देना; भर देना, में डाल देना; **~fusion,** सम्मिश्रण; व्याप्ति*।
> इन्‌टॅफ़्यूज़; इन्‌टॅफ़्यूशज़ॅन

intergovernmental, अन्तर-सरकारी।
> इन्‌टॅगवॅर्नमे'न्टॅल

interim, *adj.*, अन्तरिम; *n.*, अन्तरिमकाल।
> इन्‌टॅरिम

interior, *adj.*, 1. भीतरी; आन्तरिक, अन्तस्थ, अन्तरंग, आभ्यन्तर; 2. (*inland*) देशीय, स्वदेशी; आन्तरस्थलीय; —*n.*, 1. अन्दर, अभ्यन्तर; 2. (*inland*) भीतरी प्रदेश; 3. (*of person*) अन्तःकरण; 4. अन्तर का दृश्य; 5. (*department*) स्वराष्ट्र विभाग, गृहमन्त्रालय; ~angle, अन्तःकोण; ~life, आध्यात्मिक जीवन; **~ity,** आन्तरिकता*, अन्तर्मुखता*; आन्तरिक स्वभाव; **~ly,** अन्दर; हृदय में, अन्तरतम में।
> इन्-टिऑर्-इ-अॅ; इन्-टिअॅ-रि-ऑर्-इ-टि

interjacent, मध्यवर्ती, अन्तर्वर्ती।
> इन्‌टॅजेसॅन्ट

interject, टोकना, बीच में बोलना; **~ion,** विस्मयबोधक (अव्यय); **~ionism,** उद्‌गारवाद।
> इन्‌टॅजे'क्ट; इन्‌टॅजे'क्/शॅन, ~शॅनिज़्म

interlace, अन्तर्ग्रथित क०; **~ment,** अन्तर्ग्रथन।
> इन्‌टॅलेस

interlard, मिला देना।
> इन्‌टॅलाड

inter/leaf, अन्तःपत्र; **~leave,** अन्तःपत्रित क०; **~leaving,** अन्तःपत्रण।
> इन्‌टॅलीफ़; इन्‌टॅलीव्; इन्‌टलीव्-इन्ग

interline, पंक्तियों* के बीच लिखना; **~ar,** अन्तरापंक्ति।
> इन्‌टॅलाइन; इन्‌टॅलिन्-इअॅ

interlink, जोड़ना।
> इन्‌टॅलिन्क

interlock, गूथना; गुथ जाना; **~ing,** अन्तः पाशन।
> इन्‌टॅलॉक; इन्‌टॅलॉक्-इन्ग

interlo/cution, वार्तालाप, कथोपकथन, संवाद; **~cutor,** संभाषी; **~cutory.** 1. संवादात्मक 2. (*law*) वादकालीन।
> इन्‌टॅलॅक्यूशन; इन्‌टॅलाक्/यू-टॅ, ~यूटॅरि

interlope, दस्तंदाज़ी* क०; **~r,** दस्तंदाज़, अन्तःप्रवेष्टा।
> इन्‌टॅलोप; इन्-टॅ-लो-पॅ

interlude, 1. विष्कंभक; 2. (*short play*) विलासिका*, प्रहसन; 3. बीच का कार्यक्रम; अवकाश, विराम।
> इन्‌टॅलूड

inter/marriage, (~marry), अन्तर्विवाह (क०)।
> इन्‌टॅमैरिज; इन्‌टॅमैरि

intermeddle, दखल देना, हस्तक्षेप क०।
> इन्‌टॅमे'डॅल

intermediary, *n.*, मध्यस्थ, बिचवई; माध्यम; —*adj.*, 1. मध्यस्थ; 2. *see* INTERMEDIATE.
> इन्‌टॅमीड्-यॅरि, -इअॅरि

Inter/mediate, *adj.*, मध्यवर्ती, बिचला, अन्तःस्थ, अन्तर्वर्ती, मध्यस्थ, मध्यग, मध्यम, मध्य; —*v.*, मध्यस्थता* क०; मध्यस्थ बनना; **~mediation,** मध्यस्थता*, बिचवई*; **~medium,** माध्यम।
> इन्‌टॅमीड्/यॅट (*adj.*), ~इएट (*v.*); इन्‌टॅमीडिएशॅन; इन्‌टॅमीड्यम

interment, दफ़न।
> इन्‌टॅ:मॅन्ट

intermezzo, मध्यवर्ती प्रदर्शन।
> इन्‌टॅमे'ट्सो

intermigration, अन्योन्यप्रवसन।
> इन्‌टॅमाइग्रेशॅन

interminable, अनन्त, असीम; बहुत लम्बा।
> इन्‌टॅ:म्-इनॅबॅल

intermingle, आपस में मिलना या मिलाना; परस्पर मिश्रित क०।
> इन्‌टॅ-मिन्-गॅल

intermission, अवरोध; अवकाश।
> इन्‌टॅमिशॅन

intermit, रुक जाना, बन्द हो जाना; रोकना; **~tence,** अन्तर्विराम; **~tent,** 1. आन्तरायिक, सविराम, विरामी; 2. (*periodic*) आवर्तक।
> इन्‌टॅमिट; इन्‌टॅमिटॅन्स; इन्‌टॅमिटॅन्ट

intermix, आपस में मिलना या मिलाना; **~ture,** अन्तर्मिश्रण।
> इन्-टॅ-मिक्स, ~चॅ

intermolecular, अंतरा-अणुक। > इन्-टॅ-मो-ले'क्-यू-लॅ

intern, *n.*, अंतरंग डाक्टर; *v.*, नजरबन्द क०, स्थानबद्ध क०। इन्टॅ:न (*n.*); इन्टॅ:न (*v.*)

internal, भीतरी, आन्तरिक, अन्दरूनी, आभ्यन्तर, आन्तर; स्वदेशी, देशी (य), देशिक; ~combustion, अन्तर्दहन; ~ear, आन्तरकर्ण; ~evidence, अन्त:साक्ष्य। > इन्टॅ:नॅल

international, अन्तरर्राष्ट्रीय; **~ism,** अन्तरराष्ट्रीयता*; अन्तरराष्ट्रीयवाद; **~ization,** अन्तरराष्ट्रीयकरण; **~ize,** अन्तरराष्ट्रीय बनाना। > इन्टॅनैशॅ/नॅल, ~नॅलिज़्म, ~नॅलाइज़ेशॅन, ~नॅलाइज़

internecine, (परस्पर) सांघातिक, (परस्पर)-संहारक। > इन्टॅनीसाइन

internee, नज़रबन्द। > इन्टॅ:नी

internment, नजरबन्दी*, स्थानबन्धन। > इन्टॅ:न्मॅन्ट

internode, 1. (*bot.*) पोर*; 2. (*anat.*) पर्वान्तर। > इन्टॅनोड

internuncio, राजदूत; पोप के प्रतिनिधि। > इन्टॅनन्शिओ

interoceanic, अन्तर-सागर(ीय) > इन्टॅर्‌ओशिऐन्-इक

interoceptor, अन्त:संवेदक। > इन्टॅर्‌से'प्टॅ

interosculate, आपस में मिलना; सामान्य गुण रखना। > इन्टॅरऑस्‌क्यूलेट

interpel/lant, प्रश्नकर्ता, प्रश्नी; **~late,** प्रश्न पूछना; **~lation,** (सं)प्रश्न। > इन्टॅपे'लॅन्ट; इन्टॅ:पे'लेट; इन्टॅ:पे'लेशॅन

interpene/trate, (एक-दूसरे) में व्याप्त हो जाना; अन्तर्वेधन क०; **~tration,** अन्त-व्याप्ति*, अन्तर्वेशन। > इन्टॅपे'न्-इट्रेट; इन्टॅपे'निट्रेशॅन

interplanetary, अन्तराग्राहिक, ग्रहान्तर। > इन्टप्लैन्-इटॅरि

interplay, पारस्परिक प्रभाव, अन्योन्य-क्रिया*। > इन्टॅप्ले

interplead, अन्तर-अभिवचन क०। > इन्टॅप्लीड

interpo/late, 1. (*in a book*) क्षेपक जोड़ देना, प्रक्षिप्त क०; 2. अन्तर्वेशित क०; **~lation,** 1. क्षेपक; 2. अन्तर्वेशन; 3. (*math.*) आन्तर-गणन; **~lator,** प्रक्षेप्ता। > इन्टॅ:पॅलेट; इन्टॅपॅलेशॅन; इन्टॅ:पॅलेटॅ

inter/pose, 1. (*insert*) घुसेड़ना, सन्निविष्ट क०; 2. बीच में पड़ना या बोलना, हस्तक्षेप क०, टोकना; 3. बाधा* डालना; **~position,** हस्तक्षेप; मध्यस्थता*। > इन्टॅपोज़; इन्टॅ:पॅज़िशॅन

interpret, की व्याख्या* क०, समझाना; अर्थ लगाना; प्रतिपादित क०, प्रस्तुत क०, दुभाषिया का काम क०; **~able,** व्याख्येय; **~ation,** व्याख्या*, अर्थनिर्णय, भाष्य, टीका*, निर्वचन, विवृति*; अर्थ; प्रतिपादन; प्रदर्शन, अभिनय; **~ative,** व्याख्यात्मक; **~er,** दुभाषिया; व्याख्याता। > इन्टॅ:प्/रिट, ~रिटॅबॅल; इन्टॅ:प्रिटेशॅन; इन्टॅ:प्-रि-टॅटिव; इन्-टॅ:प्-रि-टॅ

inter/provincial, अन्तर-प्रान्तीय; **~racial,** अन्तर-जातीय; **~regnum,** अराजक काल; मध्यावकाश, मध्यावधि, अवकाश, अन्तराल; **~relation,** परस्परसंबंध। > इन्टॅप्रॅविन्शॅल; इनटरेशॅल; इन्टॅरे'ग्नॅम; इन्टॅरिलेशॅन

interro/gate, प्रश्न क०, पूछना; पूछ-ताछ* क०; **~gation,** 1. प्रश्न; 2. पूछ-ताछ*, परिप्रश्न; 3. (*mark*) प्रश्न-चिह्न; **~gative,** 1. प्रश्नात्मक, प्राश्निक; 2. (*gram.*) प्रश्नार्थक, प्रश्नवाचक; **~gator,** पृच्छक, प्रश्नकर्ता; **~gatory,** *adj.*, प्रश्नात्मक; —*n.*, प्रश्नमाला*, परिप्रश्न। > इन्टे'रॅगेट; इन्टे'रॅगेशन; इनटरॉगॅटिव; इन्टॅरॉगॅटॅरि

interrupt, 1. टोकना, बीच में बोलना या रोकना; 2. (*intervene*) हस्तक्षेप क०; 3. (*break continuity*) क्रम भंग क०; 4. (*hinder*) बाधा* डालना, अवरोध क०; **~ed,** बाधित, अवरुद्ध; व्यवहित, अंतरायित (*also current*); **~er,** अन्तरायित्र; **~ion,** 1. टोक*, हस्तक्षेप; 2. (*break*) क्रमभंग; विराम, व्यवधान (*in service*) 3. रोक*, अवरोध, बाधा*, विघ्न। > इन्टॅरप्ट; इन्-टॅ-रप्/टिड, ~शॅन

intersect, 1. काटना; 2. (*math.*) प्रतिच्छेद क०; **~ing,** प्रतिच्छेदी; **~ion,** 1. कटान*, प्रतिच्छेद (न); 2. (*of roads*) चौराहा; 3. (*point of—*) प्रतिच्छेद-बिन्दु; 4. (*math.*) सर्वनिष्ठ। > इन्टॅसे'क्ट; इनटॅसे'क्शॅन

interspace, अन्तराल। > इन्टॅस्पेस

inter/sperse, छितराना, विकीर्ण क०; अलंकृत क०; **~spersion,** छितराव, अन्त:-प्रकीर्णन; अलंकरण। > इन्टॅस्पॅ:स; इन्टॅस्पॅ:शॅन

interstate, अन्तर-प्रदेशीय, अन्तर-राज्य। > इन्टॅस्टेट

interstellar, अन्तरातारकीय। > इन्टॅस्टे'ल्-ॲ

inter/stice, अन्तराल, अन्तर; दरार*; **~stitial,** अन्तराली (य)। > इन्टॅ:स्-टिस; इन्टॅस्टिशॅल

intertexture, अन्तर्वयन। > इन्-टॅ-टे'क्स्-चॅ

intertribal, अन्तर-जनजातीय। > इन्टॅट्राइबॅल

intertropical, अन्त:कटिबन्धीय, अन्तर्वलयिक। > इनटॅट्रॉप्-इ-कॅल

intertwine, (साथ) गूथना, बटना। > इन्टॅट्वाइन

interuniversity, अन्तरविश्वविद्यालय।
> इन्‌टॅयूनिवॅ:स्‌-इटि

interurban, अन्तरनगर (ीय)। > इन्‌टॅर्‌ॲ:बॅन

interval, 1. (*of space*) अन्तर, अन्तराल; 2. (*of time*) अन्तराल, समयान्तराल, कालान्तराल, मध्यान्तर, मध्यावधि*; 3. (*pause*) अवकाश, विराम, मध्यावकाश, मध्यान्तर; 4. (*gap*) दरार*; 5. (*music*) स्वरान्तराल। > इन्‌-टॅ-वॅल

inter/vene, हस्तक्षेप क०; बीच में पड़ना, होना या घटित होना; **~vener,** 1. दस्तंदाज़; 2. (*law*) अन्तरायक; **~vening,** मध्यवर्ती, अन्तः स्थ; **~vention,** इस्तक्षेप, दखल; मध्यस्थता*।
> इन्‌टॅवीन; इन्‌टवीन्‌/ॲ ~इन्‌ग; इन्‌टॅवे 'न्‌शॅन

intervertebral, अंतराकशेरुक, कशेरुकान्तर।
> इन्‌टॅवॅ:टॅब्रॅल

interview, *n.*(*v.*), मुलाक़ात*, भेंट*, साक्षात्कार, इन्टरव्यू, समालाप (क०); **~ee,** समालाप्य; **~er,** समालापक, भेंटकर्ता, प्रश्नकर्ता।
> इन्‌टॅव्यू; इन्‌टॅव्यूई; इन्‌-टॅ-व्यू-ॲ

intervocalic, स्वरमध्यग, स्वरमध्यस्थ।
> इन्‌टॅवोकैल्‌-इक

intervolve, अन्तर्वलित, अन्तर्वेष्टित या गुम्फित क०।
> इन्‌टॅवॉल्व

inter/weave, **~wind,** (साथ) गूथना, बटना; **~woven,** अन्तर्ग्रथित, अन्तुर्गम्फित।
> इन्‌टॅवीव; इन्‌टॅवाइन्ड; इन्‌टॅवोवॅन

intes/tacy, इच्छापत्रहीनत्व; **~tate,** इच्छा-पत्रहीन, अकृतदित्स। > इन्‌टे 'स्‌टॅसि; इन्‌-टे 'स्‌-टिट

intestinal, आन्त्र। > इन्‌-टे 'स्‌-टि-नॅल

intestine, आंत्र, आँत*, अँतड़ी*; large ~, बृहदान्त्र; small ~,लघ्वान्त्र। > इन्‌-टे 'स्‌-टिन

intimacy, 1. घनिष्ठता*, आत्मीयता*; 2. अनैतिक प्रेमसंबंध। > इन्‌-टि-मॅ-सि

intimate, *adj.*, 1. आन्तरिक, अन्तरतम, आभ्यन्तर; 2. (*familiar*) आत्मीय, घनिष्ठ, अन्तरंग, जिगरी; 3. (*profound*) गहरा, प्रगाढ़, पूरा; —*n.*, अंतरंग मित्र, आत्मीय; —*v.*, 1. (*announce*) सूचना* देना, सूचित क०, प्रज्ञापित क०; (*law*); 2. संकेत क०।
> इन्‌-टि-मिट (*adj.*, *n.*) इन्‌-टि-मेट (*v.*)

intimation, 1. (*act*) सूचन, (प्र)ज्ञापन; सूचना*, इत्तला*; संकेत, इंगित। > इन्‌-टि-मे-शॅन

intimi/date, डराना, भयभीत क०, अभित्रस्त क०; **~dation,** तर्जन, डाँट-डपट*; अभित्रास।
> इन्‌-टिम्‌-इ/डेट, ~डेशॅन

intimity, 1. आत्मीयता*; 2. (*privacy*) एकान्त।
> इन्‌-टिम्‌-इ-टि

intinction, डुबाव। > इन्‌-टिन्क्‌-शॅन

intitule, शीर्षक रखना। > इन्‌टिट्यूल

into, 1. के अन्दर; में; 2. तक; 3. (*multipl.*) गुणा।
> इन्‌टु

intoed, बाँगुर, न्युब्जपाद। > इन्‌टोड

intoler/able, असह्य, असहनीय; **~ance,** असहिष्णुता*, अनुदारता*; **~ant,** असहिष्णु, अनुदार, असहनशील। > इन्‌टॉलॅ/ रॅबॅल, ~ रॅन्स, ~ रॅन्ट

intonation, 1. (*accent*) स्वर-शैली*; स्वर, लय*, लहजा; 2. गायन; 3. संगीतारंभ। > इन्‌टॅनेशॅन

intone, गाना, लय* से पढ़ना, गाकर सुनाना; भजन आरंभ क०। > इन्‌टोन

in toto, संपूर्णतः। > इन्‌ टोटो

intoxi/cant, *adj.*, मादक, नशीला; *n.*, मद्य, शराब*, मादक द्रव्य; **~cate,** 1. मतवाला, मत्त, मस्त या मदोन्मत्त क०; 2. (*excite*) उत्तेजित, मस्त या उन्मत्त क०; **~d,** मदहोश; **~cation,** 1. (*act*) उन्मादन; 2. मद, नशा; मस्ती*; उन्माद, उत्तेजना*।
> इन्‌-टॉक्‌-सि/कॅन्ट,
~केट, ~केटिड, ~केशॅन

intractable, 1. (*stubborn*) हठीला; 2. (*unruly*) अवश्य, उद्धत; दुर्दमनीय; 3. (*of disease*) असाध्य।
> इन्‌ट्रैक्‌टबॅल

intramural, भीतरी, अतरंग। > इन्‌ट्रॅम्युऑरॅल

intransigent, दुराग्रही, कट्टर, अनम्य।
> इन्‌-ट्रैन्‌-सि-जॅन्ट

intransitive, अकर्मक। > इन्‌-ट्रैन्‌-सि-टिव

intrant, प्रवेशी। > इन्‌ट्रॅन्ट

intravenous, अन्तःशिरा। > इन्‌ट्रॅवीनॅस

intra vires, अधिकाराधीन। इनट्रॅ वाइजअॅरीज़

intrench, मोर्चाबंदी* क०। > इन्‌ट्रे 'न्च

intrepid, निर्भिक, साहसी, शूर; **~ity,** निर्भीकता*, साहस, बहादुरी*।
> इन्‌-ट्रे 'प्‌-इड; इन्‌-ट्रि-पिड्‌-इ-टि

intricacy, जटिलता*। > इन्‌-ट्रि-कॅ-सि

intricate, जटिल, पेचीदा, पेचीला, क्लिष्ट; दुर्बोध।
> इन्‌-ट्रि-किट

intrigue, *n.*, दुरभिसन्धि*, कुचक्र, षड्‌यन्त्र, कपटयोग, साज़िश*; अनुचित या गुप्त प्रेम सम्बन्ध; —*v.*, षड्‌यन्त्र क०; गुप्त प्रेम क०; जिज्ञासा* या कुतूहल उत्पन्न क०; **~r,** **intrig(u)ant,** षड्‌यन्त्रकारी।
> इन्‌ट्रीग; इन्‌-ट्रीग्‌-ॲ; इन्‌-ट्रि-गॅन्ट

intrinsic(al) तात्त्विक, मूलभूत; अन्तर्भूत, अन्तरस्थ, आन्तर, आन्तरिक, आभ्यन्तर; निज, निजी, नैज।
> इन्‌-ट्रिन्‌-सिक

introduce, 1. अन्दर ले जाना; 2. (*insert*) सन्निविष्ट क०, घुसेड़ना, घुसाना; 3. प्रवेश कराना; लाना, जोड़ देना, रख देना; 4. चलाना, प्रवर्तित क०, आरंभ क०; 5. (*make known*) से˙˙˙का परिचय कराना, परिचय देना; 6. (*present*) प्रस्तुत क०, पेश क०।
> इन्‌ट्रॅड्यूस

introduc/tion, 1. प्रवेश; 2. परिचय; 3. (*of book*) भूमिका*, प्रस्तावना*, आमुख; *letter* of ~, परिचय-पत्र; **~tory,** 1. (*preliminary*) आरंभिक, प्रारंभिक; 2. परिचायक। > इन्ट्रॅडॅक्/शॅन; ~टॅरि

introit, प्रवेश-स्त्रोत। > इन्ट्रोइट

intro/mittent, प्रवेशी; **~mission,** (*insertion*) निवेशन, सन्निवेश। > इन्ट्रोमिटॅन्ट; इन्ट्रोमिशॅन

introrse, अन्तर्मुख। > इन्ट्रॉःस

introspec/tion, अन्तर्दर्शन, आत्मविश्लेषण, आत्मनिरीक्षण; **~tive,** अन्तर्दर्शी, आत्मविश्लेषी। > इन्ट्रोस्पे'क्/शॅन, ~टिव्

intro/version, अन्तर्मुखता*, अंतर्वृत्ति*; **~vert,** अन्तर्मुखी। > इन्ट्रोवॅःशॅन; इन्ट्रोवॅःट

intrude, 1. (*insert*) घुसेड़ना; 2. घुस पड़ना, अनुचित रूप से घुसना; 3. अनुचित रूप से सामने रखना या घुसा देना; **~r,** घुसपैठिया। > इन्ट्रूड; इन्-ट्रूड्-अॅ

intru/sion, 1. अनधिकार प्रवेश; घुसपैठ*; अनुचित, हस्तक्षेप; 2. (*geol.*) अन्तर्वेध(न); **~sive,** अन्तर्वेधी। > इन्ट्रूशज़ॅन; इन्ट्रूस्-इव्

intuit, अन्तर्ज्ञान होना; **~ion,** अन्तर्ज्ञान, अन्त; प्रज्ञा*, अन्तर्बोध, सहजबुद्धि*, अन्तर्दृष्टि*, प्रमा*; **~ionism,** अन्तर्ज्ञानवाद; **~ive,** अन्तर्ज्ञानी, अन्तर्दर्शी; अन्तर्ज्ञात; सहजानुभूत। > इन्ट्यूइट = इन्ट्युइट; इन्ट्युइ/शॅन, ~शॅनिज़्म, इन्ट्यूइटिव्

intu/mesce, 1. फूट जाना; 2. (*bubble*) बुदबुदाना; **~mescence,** 1. स्फीति*; 2. (*tumour*) अर्बुद, सूजन; 3. बुदबुदाहट*; **~mescent,** स्फीत, सूजा हुआ। > इन्ट्यूमे'स; इन्ट्यूमे'सॅन्स; इन्ट्यूमे'सॅन्ट

intussusception, 1. आत्मसात्करण; 2. (*physiol.*) अन्तराधान; 3. (*path.*) अन्तर्वेशन। > इन्टॅसॅसे'प्शॅन

inunction, विलेपन। > इन्-अॅन्क्शॅन

inun/date, जलमग्न कर देना, (आ)प्लावित क०; की भरमार* कर देना; **~dation,** बाढ़*, आप्लावन, आप्लव; भरमार*, बाढ़। > इन्-अॅन्-डेट; इनॅन्डेशॅन

inurbane, अशिष्ट; असभ्य, गँवार, उजड्ड। > इनःबेन

inure, 1. अभ्यस्त क०; 2. (*law*) लागू हो जाना; **~ment,** अभ्यास, आदत*। > इन्युअॅ

inurn, कलश में रखना। > इनअॅःन

inutile, व्यर्थ, बेफ़ायदा। > इन्यूट्-इल

inutility, व्यर्थता, बेफायदगी*। > इन्यूटिल्-इटि

invade, चढ़ाई* क०, हमला क०, धावा क०; आक्रमण क०; घुस पड़ना; **~r,** हमलावर, आक्रामक। > इन्वेड; इन्-वेड्-अॅ

invagi/nate, अन्तर्वलित क०; **~nation,** अन्तर्वलन, अंतर्वेशन। > इनवैजि/नेट, ~नेशॅन

invalid, *adj.*, 1. अमान्य, रद्द, अप्रामाणिक; 2. (*sick*) असमर्थ, दुर्बल, निर्बल, अशक्त; *—n.*, रोगी; *—v.*, असमर्थ बना देना, हो जाना या ठहराना; **~ate,** अमान्य क० या ठहराना, रद्द क०; **~ation,** अमान्यकरण; **~ity,** अमान्यता*; असमर्थता*, अशक्तता*। > इन्-वैल्-इड (*adj.* 1) ; इन्वॅलीड (*adj.* 2; *n.*); इन्वैल्-इ-डेट; इन्वैलिडेशॅन, इनवॅलिड्-इ-टि

invaluable, अमूल्य। > इन्वैल्यूअॅबॅल

invari/able, 1. अपरिवर्ती, अपरिवर्तनीय, स्थिर; 2. (*without exception*) निरपवाद; 3. (*math.*) निश्चर; **~ably,** स्थिर रूप से, एक ही तरह* से, निरपवाद रूप से; सदा; निरन्तर; **~ant,** निश्चर। > इन्-वे'अॅर्-इ/अॅबल, ~अॅब्लि, ~अॅन्ट

invasion, चढ़ाई *, हमला, धावा। > इन्वेश्ज़ॅन

invasive, हमलावर, आक्रामक। > इन्वेस्-इव्

invective, गाली*, फटकार*, भर्त्सना*। > इन्-वे'क्-टिव्

inveigh, घोर निन्दा* क०; फटकारना। > इन्वे

inveigle, फुसलाना, बहकाना, लुभाना; **~ment,** फुसलाहट*, प्रलोभन, विलोभन। > इन्वीगॅल

invent, 1. आविष्कार क०; 2. (*think up*) गढ़ना, कल्पना* क०; **~ed,** आविष्कृत, उपज्ञात; (मन)गढ़न्त, कल्पित; **~ion,** 1. आविष्कार, उपज्ञा*, ईजाद*, 2. (कपोल-) कल्पना*; 3. (*finding*) उपलब्धि*, प्राप्ति*, 4. (*ingen-uity*) विदग्धता*, प्रतिभा*; **~ive,** मौलिक, विदग्ध, आविष्कारशील; **~or,** आविष्कारक, ईजादकर्ता; **~ory,** *n.*, 1. सम्पत्ति-सूची*; 2. (*list*) सूची*; तालिका*, फ़िहरिस्त*; सामान-सूची*; *—v.*, की सूची* बनाना। > इन्वे'न्ट; इन्वे'न्/टिड, ~शॅन, ~टिव्, ~टॅ; इन्-वॅन्-ट्रि

inveracity, अविश्वसनीयता*; असत्यता*। > इन्-वि-रै-सि-टि

inverse, *adj.*, 1. (*upside down*) औंधा, उलटा; 2. (*opposite*) उलटा, विपरीत; 3. (*math. etc.*) प्रतिलोम(ी), प्रतीप, व्युत्क्रम; *—n.*, उलटा, विपर्यय; *—v.*, उलटा क०, उलटना; **~ly,** प्रतिलोमत; —proportional, व्युत्क्रमानुपाती। > इन्-वॅःस; इन्-वॅःस-लि

inversion, 1. (*act.*) उलटाव, उत्क्रमण, प्रतिलोमन, प्रतीपन; 2. प्रतिलोमता*; विपर्यय, व्युत्क्रम; 3. (*logic*) विपरिवर्तन। > इन्वॅःशन

inversive, प्रतिलोमी(य)। > इन्वॅःस्-इव

invert, *v.*, औंधा क०, उलटाना, उलटा क०; विलोम क०; प्रतीप क०, विपर्यस्त क०, विपरीत क०; उत्क्रमण क०, व्युत्क्रमण क०; *—n.*, 1. समलिंगकामी; 2. (*archi.*) उलटा; चाप; **~ed,** औन्धा, उलटा; विपरीत, उलटा; विपर्यस्त; प्रतिलोमित, व्युत्क्रमित; —commas, उद्धरण चिह्न; **~er,** प्रतीपक। > इन्वॅःट (*v.*) ; इन्वॅःट (*n.*); इन्वॅःटिड

invertebrate, अकशेरुकी, अपृष्ठवंशी; कमज़ोर, निर्बल, अदृढ़। > इन्वॅःट्-इब्रिट

invest, 1. (पूँजी*) लगाना, 2. (अधिकार) देना, प्रदान क०; 3. (*install*) प्रतिष्ठापित क०, प्रतिष्ठित क०, नियुक्त क०; 4. (*cover*) आवृत या आच्छादित क०; 5. (*array*) आभूषित क०, सज्जित क०; 6. (*besiege*) घेर लेना; **~ing,** निवेशी; **~ment,** 1. लागत*, निवेश, लागत*; 2. (*siege*) घेरा; 3. प्रतिष्ठापन; 4. आच्छादन; आवरण; पहनावा; **~or,** निवेशक, पूँजी* लगाने वाला। > इन्वे'स्ट; इन्-वे'स्-टिन्ग; इन्-वे'स्-टॅ

investi/gable, अनुसन्धेय; **~gate,** 1. अनुसन्धान क०; 2. (*examine*) जाँचना; **~gation,** अनुसंधान, अन्वेषण, खोज*, जाँच*, जाँच-पड़ताल*, छानबीन*; **~gator,** अन्वेषक, अनुसन्धाता; जाँच* करनेवाला। > इन्-वे'स्-टि-गॅ-बॅल; इन्-वे'स्/टि-गेट; ~टिगेशॅन; ~टि-गे-टॅ

investiture, प्रतिष्ठापन, अधिष्ठापन; मानाभिषेक, अभिषेक; आवरण। > इन्-वे'स्-टि-चॅ

invete/racy, गहरापन, गाढ़ता*; पुराना बैर; **~rate,** पुराना, चिरकालिक; गहरा, प्रगाढ़; कठोर, पक्का, कट्टर, हठीला। > इन्वे'टॅ/रॅसि, ~रिट

invidious, द्वेषजनक; घृणित, घृणाजनक; आपत्तिजनक, पक्षपातपूर्ण। > इन्-विड्-इ-ॲस

invigi/late, निरीक्षण क०; **~lator,** निरीक्षक, अभिजागर। > इन्-वि-जि/लेट, ~लेटॅ

invigo/rate, शक्ति* या पुष्टि* प्रदान क०, जान* डालना, अनुप्राणित क०; **~ration,** बलवर्द्धन; अनुप्राणन; **~rative,** शक्तिवर्धक, पुष्टिकारक, बलवर्द्धक; उत्साहक। > इन्-विगॅ/रेट, ~रेशॅन, ~ रॅटिव्

invincible, अपराजेय, अजेय। > इन्-विन्-सॅ-बॅल, -सिबॅल

inviolable, अलंघ्य, अलंघनीय, अनतिक्रम्य, अदूषणीय; परमपावन। > इन्वाइअॅलॅबॅल

inviolate, अदूषित, अखंड, अक्षत; अनतिक्रान्त। > इन्वाइअॅलिट

invisible, अदृश्य, अलक्ष्य; परोक्ष, अप्रकट; गुप्त। > इन्-विज़ॅबॅल, -इबॅल

invitation, निमंत्रण, आमंत्रण, न्योता; प्रलोभन। > इन्-वि-टे-शॅन

invite, निमंत्रण देना, आमन्त्रित क०, बुलाना; माँगना, के लिए निवेदन क०; आकृष्ट क०; प्रलोभन देना; **~e,** निमंत्रित, आमंत्रित, अतिथि। > इन्वाइट; इन्वाइटी

inviting, आकर्षक, मोहक। > इन्-वाइट्-इन्ग

invocation, 1. आह्वान, प्रार्थना*; 2. (*incantation*) अभिचार, झाड़-फूँक*। > इन्वोकेशॅन

invoice, बीजक (बनाना, में लिखना)। > इन्वॉइस

invoke, आह्वान क०, से प्रार्थना* क०; बुलाना; की योजना* क०। > इन्वोक

involucre, 1. आवरण, आवेष्टन; 2. (*of flower*) सहपत्र चक्र। > इन्-वॅ-लू-कॅ

involun/tarily, अनजाने, अनजान में; अनिच्छा* से; **~tary,** 1. अनैच्छिक; 2. (*unintentional*) अनभिप्रेत; 3. (*fortuitous*) इत्तिफ़ाक़ी, दैवकृत। > इन्वॉलॅन्/टॅरिलि, ~ टॅरि

involute, 1. जटिल; 2. अन्तर्वलयित; 3. (*geom.*) प्रतिकेंद्रज। > इन्वॅलूटॅ

involution, 1. उलझन*, जटिलता*; 2. अन्तर्वलय, निवर्तन; 3. (*med.*) प्रत्यावर्तन; 4. (*math.*) घातकरण, घातक्रिया*; 5. (*geom.*) अन्तर्वलन। > इन्वॅलूशॅन

involve, 1. (*enfold*) आवृत्त क०, आवेष्टित क०, लपेटना; 2. (*coil*) कुण्डलित क०, कुण्डलीकृत क०; 3. (*complicate*) जटिल बनाना; 4. (*implicate*) फँसाना, उलझाना; 5. (*include*) सम्मिलित क०, शामिल क०; 6. (*require*) के लिए आवश्यक होना, की अपेक्षा* क०, माँगना; **~d,** अवेष्टित; कुण्डलित; जटिल, दुर्बोध; अन्तर्ग्रस्त; **~ment,** आवेष्टन, जटिलता*; उलझाव, उलझन*; आर्थिक संकट। > इनवॉल्व्

invulnerable, अभेद्य। > इन्वॅल्नॅरॅबॅल

inward, *adj.*, 1. भीतरी, आन्तरिक, आभ्यन्तर; 2. (*ingoing*) आवक; —*adv.*, अंदर भीतर; **~ly,** अंदर; मन में, मन ही मन, भीतर ही भीतर। > इन्वॅड; इन्वॅड्लि

inweave, साथ गूथना या बुनना। > इन्-वीव

inworking, भीतरी प्रभाव। > इन्वॅ:किन्ग

inwrought, 1. (*of fabric*) कामदार; 2. खचित, जटित; 3. अन्तर्भूत। > इन्-रॉ:ट

iodine, आयोडीन। > आइअॅडीन

ion, आयन; **~ic,** आयनिक, आयनी; **~ization,** आयनन, आयनीकरण; **~ize,** आयनित क० या होना; **~osphere,** आयन-मण्डल। > आइअॅन; आइ-ऑन्-इक; आइअॅनाइज़ेशॅन; आइअॅनाइज़; आइ-ऑनॅस्फिअॅ

iota, बिन्दु; कण, रत्ती*, अत्यल्प। > आइ-ओट्-अॅ

ipomoea, 1. (*aquatica*) कलमी*, पटुआसाग, करेमू; 2. (*batats*) शकरकन्द; 3. (*digitata*) बिलाईकन्द, बिदारीकन्द; 4. (*maxima*) वनकलमी*; 5. (*nil*) कालादाना, मिरचाई*; 6. (*reniformis*) मूसाकानी*; 7. (*turpethum*) निसीथ*। > इपोमीअॅ

ipso facto, स्वत:, तथ्यत:, इसी बात* से। > इप्सो फ़ैक्टो

ipso jure, विधित:। > इप्सो जुअॅरि

iracund, irascible, क्रोधी, चिड़चिड़ा, प्रचण्ड, उग्र। > आइरॅकॅन्ड; इ-रैस्-इ-बॅल

irate, क्रुद्ध, कुपित, उत्तेजित। > आइरेट

ire, क्रोध, रोष; **~full,** क्रुद्ध; क्रोधी। > आइअॅ; आइअॅफ़ुल

irenic(al), शान्त; शान्तिप्रिय; शांतिकर, शांतिक। > आइरीन/इक, ~इकॅल

iridesc/ence, रंगदीप्ति*, बहुवर्ण छटा*; **~ent,** रंगदीप्त, बहुवर्णभासी, सतरंग (I)।
> इरिडे'सॅन्स; इरिडे'सॅन्ट

iris, 1. (*rainbow*) इन्द्रधनुष; 2. वर्णच्छटा*; 3. (*of eye*) परितारिका*, तारामण्डल; 4. (*flower*) आइरिस; **~ diaphragm,** रन्ध्रपटल। > आइअॅर्-इस

irksome, कष्टप्रद, क्लेशकर, भारी, क्लांतिकर, थकानेवाला; उबानेवाला। > अॅ:क्सॅम

iron, *n.*, 1. लोहा, अयस्; 2. (*brand - ~*) सलाख*; 3. (*sad-~*) इस्तरी*; 4. (*horse-shoe*) नाल; 5. (*golf*) लोहमय बल्ला; 6. (*pl.*) बेड़ियाँ* 7. (*strength*) कड़ाई*, कठोरता*, दृढ़ता*; —*adj.*, लौह; सशक्त, अटल, सुदृढ़; कड़ा, निर्दय, कठोर; —*v.*, लोहा लगाना; बेड़ियाँ* डालना; इस्तरी* क०; **~out,** दूर क०, समाधान क०; ~age, लौह-युग; ~curtain, लोहे का परदा, लोह-पट, लोह-जाल। > आइअॅन

iron/-bound, लोहबद्ध; चट्टानों* से अवरुद्ध; कड़ा, कठोर, अनम्य; **~clad,** *adj.*, कवचित, बक्तरबन्द; —*n.*, युद्धपोत; **~-founder,** ढलैया; **~-handed,** सख़्त, कड़ा; **~-hearted,** कठोर, निष्ठुर; **~monger,** लोहिया; **~-mo(u)ld,** मोरचे या स्याही* का धब्बा; **~-ore,** खनिज लोहा; **~side,** शूरवीर; **~smith,** लोहार; **~ware,** लोहे का सामान; **~wood tree,** नागकेशर; **~work,** लोहे का काम; **~works,** लोहे का कारखाना।

ironical, व्यंग्यात्मक, व्यंग्यपूर्ण, व्यंग्यभाषी, व्यंग्यपरायण। > आइ-रॉन्-इ-कॅल

irony, व्यंग्य, विडम्बना*; व्यंग्योक्ति*। > आअॅरॅनि

irradi/ant, प्रदीप्त; **~ate,** 1. (*shine*) चमकना, प्रदीप्त होना; 2. प्रदीप्त क०, ज्योतित क०, उज्ज्वल क०; 3. पर प्रकाश डालना; 4. किरणित क०; **~ation,** प्रदीपन; किरणन। > इरेड्यॅन्ट; इरेड्-इएट; इरेडिएशॅन

irrational, 1. अविवेकी, विवेकहीन; 2. (*absurd*) असंगत, अतर्क, अयुक्तिक, अयुक्त; अकारण, निर्मूल; 3. (*math.*) अपरिमेय; **~ism,** अविवेक; **~ity,** अविवेक; असंगति*, अयुक्ति*; अपरिमेयता*।
> इैरॅशॅनॅल; इैरश्नॅलिज़्म; इैरशॅनैल्-इटि

irreclaimable, अनुद्धार्य; अटल। > इरिक्लेमॅबॅल

irrecognizable, अनभिज्ञेय। > इरे'कॅग्नाइज़ॅबॅल

irreconcilable, अशाम्य, अनम्य; असंगत, परस्पर-विरोधी। > इरे'कॅनसाइलॅबॅल

irrecoverable, अप्रतिप्राप्य, अप्राप्य; अपूरणीय, असंशोध्य, अप्रतिकार; अचिकित्स्य। > इरिकॅव्रॅबॅल

irrecusable, अत्याज्य। > इरिक्यूज़ॅबॅल

irredeemable, 1. (*of debts etc.*) अशोध्य; 2. अमोचनीय, अनुद्धार्य; 3. (*hopeless*) निराशाजनक; 4. (*depraved*) भ्रष्ट, गया-बीता, असुधार्य।
> इरिडीमॅबॅल

irreducible, 1. अपरिवर्तनीय, असरलीकरणीय; 2. अजेय; 3. (*math.*) अखण्डनीय।
> इरिड्यूसॅबॅल, -सिबॅल

irrefragable, अकाट्य, अखण्डनीय। > इरे'फ़्रॅगॅबॅल

irrefrangible, 1. अलघ्य, अलंघनीय; 2. (*optics*) अनपवर्तनशील। > इ-रि-फ्रैन्-जि-बॅल

irrefutable, अकाट्य, अखण्डनीय। > इरे'फ़्यूटॅबॅल

irregular, 1. (*against custom, law*) असाधारण, खिलाफ़-दस्तूर, बेक़ायदा; नियम-विरुद्ध, ग़ैरकानूनी, अवैध, अनियमित; 2. (*lawless*) अनियमी, उत्पाती, उपद्रवी; 3. (*in shape*) विषम, असम्मित, असमाकृति; 4. (*in time, motion, etc.*) अनियमित; 5. (*gram.*) अनियमित, नियम-विरुद्ध; 6. (*eccles.*) अपात्र, अयोग्य; 7. (*pl.*) कच्ची पलटनें*; **~ity,** बेक़ायदगी*; अवैधता*; विषमता*; अनियमितता*, अयोग्यता*, बाधा*।
> इ-रे'ग्-यूलॅ; इरे'ग्यूलैर्-इटि

irrelative, असम्बद्ध, असंगत। > इरे'लॅटिव्

irrele/vance, असंगति*; **~vant,** असंगत, विसंगत, अप्रासंगिक, असम्बद्ध। > इरे'ल्/इवॅन्स, ~इवॅन्ट

irrelievable, अप्रशमनीय; अलघुकरणीय; अविमोचनीय। > इरिलीवॅबॅल

irreli/gion, अधर्म, नास्तिकता*; **~gious,** 1. (*of persons*) अधार्मिक, विधर्मी, अधर्मी, धर्मविरोधी; 2. धर्मविरुद्ध। > इरिलि/जॅन, ~जॅस

irremediable, 1. (*sickness*) असाध्य; 2. अप्रतिकार, असंशोधनीय, अपूरणीय।
> इरिमीड्यॅबॅल

irremissible, अक्षम्य। > इरिमिस्-इबॅल

irremovable, 1. अस्थानान्तरीय, अनपनेय।
> इरिमूवॅबॅल

irreparable, असंशोधनीय, अप्रतिकार, अपूरणीय, असुधार्य; मरम्मत* के अयोग्य। > इरे'पॅरॅबॅल

irreplaceable, अद्वितीय। > इरिप्लेसॅबॅल, -इबॅल

irrepressible, अदम्य। > इरिप्रे'सॅबॅल

irreproachable, अनिन्द्य, अनवद्य, निर्दोष, निष्कलंक। > इरिप्रोचॅबॅल

irresistible, अप्रतिरोध्य; अत्यन्त सम्मोहक।
> इरिज़िस्टॅबॅल

irreso/lute ढुलमुल, डाँवाँडोल, अनिश्चयी, अदृढ़; **~lution,** अनिश्चय, दुबधा*।
> इरे'ज़ॅलूट; इरे'ज़ॅलूशॅन

irresolvable, 1. अखण्डनीय, अविभाज्य, अविभेदनीय; 2. (*insoluble*) असमाधेय।
> इरिज़ॉल्वॅबॅल

irrespective of, का ध्यान या लिहाज़ किए बिना, -निरपेक्ष। > इ-रिस्-पे'क्-टिव

irrespon/sibility, अनुत्तरदायित्व, ग़ैर-ज़िम्मेदारी*;

~sible, अनुत्तरदायी, ग़ैर-ज़िम्मेदार; उत्तरदायित्वहीन, लापरवाह; **~sive,** अनुक्रियाहीन; अप्रतिसंवादी।
> इरिसपॉन्सॅबिल्-इ-टि इरिस्पॉन्/सॅबॅल, ~सिव्

irretent/tion, अधारिता*; **~tive,** अधारणक्षम।
> इरिटे'न्/शॅन ~टिव्

irretrievable, अप्राप्य; असुधार्य। > इरिट्रीवॅबॅल

irreve/rence, अनादर, अश्रद्धा*, अपमान; **~rent(ial),** श्रद्धाहीन, अनादरकारी, अवमानी।
> इरे'वॅ/रॅन्स, ~ रॅन्ट, ~रे'न्शॅल

irreversible, 1. अनुत्क्रमणीय, अनिवर्त्य, अनपलट; 2. *see* IRREVOCABLE। > इरिवॅ:सॅबॅल

irrevocable, अप्रतिसंहार्य, अपरिवर्तनीय, अटल, अप्रत्यादेय। > इरे'वॅकॅबॅल

irri/gate, सींचना, सिंचाई* क०;(द्रव या जल से) साफ़ क०, तर रखना; **~gation,** सिंचाई, आबपाशी*; **~gator,** सेचक। > इरि/गेट, ~गेशॅन, ~गेटॅ

irritable, 1. (*person*) चिड़चिड़ा, क्रोधी, उत्तेजनशील, क्षोभशील; 2. अतिसंवेदनशील; उत्तेज्य। > इरिटॅबॅल

irritancy, 1. उत्तेजकता*; 2. (*nullity*) अमान्यता*; 3. (*nullification*) अभिशून्यन। > इरिटॅन्-सि

irri/tant, क्षोभक, उत्तेजक; दाहोत्पादक, प्रदाहजनक; **~tate,** 1. चिढ़ाना, उत्तेजित क०, क्षुब्ध क०, गुस्सा दिलाना; 2. (*skin, e.g.*) (प्र)दाह या जलन* उत्पन्न क०; 3. अनुक्रिया* उत्पन्न क०; **~tation,** 1. (*act.*) उत्तेजन, क्षोभण; 2. उत्तेजना*, क्षोभ, चिड़चिड़ाहट*, चिढ़*; 3. दाह, प्रदाह, जलन*; 4. (*med.*) अतिसंवेदना*; **~tative,** उत्तेजक; प्रदाहजनक; प्रदाहात्मक। > इरि/टॅन्ट, ~टेट, ~टेशॅन, ~टॅटिव

irruption, 1. (*attack*) चढ़ाई*, धावा, हमला; 2. (*phys.*) अंतर्वेधन। > इरॅप्शॅन

isagogic, प्रारंभिक। > आइसॅगॉजिक

ischium, आसनास्थि*। > इस्-कि-ॲम

Islam, इसलाम; **~ic,** इसलामी; **~ism,** इसलाम, मुसलमान धर्म; **~ite,** मुसलमान, मुसलिम; **~itic,** मुसलमानी। > इज़्लाम्-इज़्-लैम्-इक; इज़्लॅ/मिज़्म, ~माइट, ~मिट्-इक

island, द्वीप, टापू; **~er,** द्वीप-निवासी, द्वीप्य, द्वैपक। **~isle,** (उप)द्वीप। **~islet,** द्वीपक, द्वीपिका*।
> आइलॅन्ड; आइलॅन्‌डॅ; आइल; आइल्-इट

ism, वाद। > इज़्म

iso-, सम-। > आइसो

isobar, 1. समदाबरेखा*; 2. (*atom*) समभार परमाणु; **~ic,** समदाब, समनिपीड; समभारिक।
> आइसोबा; आइसोबैर्-इक

isochromatic, सवर्ण, समवर्ण।
> आइसोक्रोमैट्-इक

isochronous, समकालिक। > आइसॉक्रॅनॅस

isocli/nal, ~nic, समनमन, समनतिक।
> आइसोक्लाइनॅल; आइसोक्लिन्-इक

isogamous, समयुग्मकी। > आइसॉगॅमॅस

isogloss, भाषाविभाजन-रेखा*। > आइसोग्लॉस

isogon, समकोण बहुभुज; **~al, ~ic,** 1. तुल्य-कोणी, समकोण; 2. (*geogr.*) समदिक्पाती।
> आइसॅगॉन; आइसॉगॅनॅल; आइसोगॉन्-इक

isolate, 1. अलग, विलग, पृथक् या विविक्त क०, अलगाना; 2. (*chem.*) वियुक्त क०; **~d,** 1. अलग, पृथक्; 2. वियुक्त ; 3. (*solitary*) एकाकी; अकेला, इक्का-दुक्का, एकल। > आइसॅलेट; आइसॅलेटिड

isolating, वियोगात्मक। > आइसॅलेटिना

isolation, 1. अलगाव, पार्थक्य, विविक्ति*; 2. (*chem.*) वियोजन; 3. (*loneliness*) एकाकी-पन; **~ism,** विविक्तिवाद, अलगाववाद।
> आइसले/शॅन, ~शॅनिज़्म

isologous, समजातीय। > आइसॉलॅगॅस

isomer, समावयव; **~ic,** समावयवी।
> आइ-सो-मॅ; आइसोमे'रिक

isometric, 1. सममितीय; 2. (*of crystal*) त्रिसमलम्बाक्ष, घनीय। > आइसोमे'ट्-रिक

isomorphic, 1. (*math.*) एकैकसमाकारी; 2. (*isomorphous*) समाकृतिक।
> आइसोमॉ:फ़्/इक, ~ ॲस

isonomy, अधिकार-समता*। > आइसॉनॅमि

isophone, ध्वनिरेखा*। > आइसोफ़ोन

isosceles, समद्विबाहु। > आइ-सॉस्-इ-लीज़

isostatic, समस्थितिक। > आइसोस्टैट्-इक

isothermal, समतापी। > आइसोथॅ:मॅल

isotopic, समस्थानिक। > आइसोटॉप्-इक

isotropic, समदिक्, समदैशिक।
> आइसोट्रॉप्-इक

Israel, इसराएल; **~ite,** इसराएली।
> इज़्-रे-ए'ल; इज़्-रि-ॲ-लाइट

issuable, 1. प्रकाश्य; 2. प्रचालनीय; 3. निगमनीय, निस्त्रावणीय; 4. (*law*) विवाद्य। > इस्यूॲबॅल

issuance, प्रकाशन; प्रचालन; *see* ISSUE।
> इस्यूॲन्स

issue, *n.*, 1. (*outgoing*) निर्गम(न); 2. (*discharge*) स्राव; 3. (*exit*) निर्गम, निकास; 4. (*outcome*) परिणाम, निर्णय; समाप्ति*; 5. (*offspring*) सन्तान*, सन्तति*, अपत्य; 6. (*profit*) लाभ; 7. (*point*) विचार-वस्तु*, विषय, समस्या*; 8. (*law*) वादविषय, वाद-पद; 9. (*of stamps, etc.*) प्रचालन, निकास (न); 10. (*or review*) अंक; प्रकाशन; —*v.i.*, निकलना; से उत्पन्न होना; प्रकाशित होना; परिणाम होना, फल निकलना; —*v.t.*, बहना, वितरण क०, देना, बाँटना, भेजना; प्रकाशित क०; जारी क०, निकालना; —*adj.*,

निकासी, जावक; over ~, अतिप्रचालन; under-~, अवप्रचालन, at~, विवादग्रस्त; असहमत; take~, असहमत होना; join ~, से विवाद क०, से संघर्ष क०; **~bank,** प्रचालक बैंक; **~less,** अनपत्य, निस्सन्तान; निष्परिणाम। > इस्यू

isthmus, 1. (*georg.*) स्थल-संयोजक, भू-सन्धि*; 2. संयोजक। > इस्मॅस = इस्थ्मॅस

it, वह, यह; **~s,** उसका, इसका। > इट; इट्स

italic, तिरछा; **~s,** कर्णिक, तिरछा टाइप; **~ize,** तिरछे टाइप में छपवाना। > इटैल्/इक, ~इक्स, ~इसाइज़

itch, *n.*, 1. खुजली*; खाज*; 2. (*desire*) उत्कण्ठा*, ललक*, बेचैनी*; —*v.*, खुजली* होना; के लिए बेचैन होना, ललकना; **~-mite,** कुटकी*; **~iness,** खुजालाहट*। > इच; इच्-इ-निस

item, 1. (*of account*) मद*, मद्द*; 2. (*news*) समाचार; 3. (*of programme*) विषय; 4. विषय, बात*, अंग, इकाई*, एकक, वस्तु*; **~ize,** अलग-अलग उल्लेख क०; मदवार लिख देना; **~ized,** मदवार; **~wise,** विषय-क्रम से। > आइटॅम; आइटॅमाइज़

iterate, दोहराना; **~d,** पुनरावृत्त। > इटॅरेट

itera/tion, पुनरुक्ति*, पुनरावृत्ति*, दोहराई*; **~tive,** 1. पुनरावृत्तीय; 2. (*gramm.*) पुनरावृत्ति-वाचक; पुनरावृत्ति-मूलक। > इटॅरे शॅन; इटॅरॅटिव़

itine/ra(n)cy, (परि)भ्रमण; **~rant,** *n.*, सैलानी, परिभ्रामी; —*adj.*, जंगम, चलता; भ्रमणशील। > इटिनॅ/रॅन्सि, ~ रॅसि, ~ रॅन्ट

itinerary, *n.*, मार्ग; यात्राक्रम, मार्गविवरण, मार्ग-सूची*; यात्रावृत्तान्त; —*adj.*, मार्ग-, यात्रा-; जंगम, चलता। > इटिनॅरॅरि = आइटिनॅरॅरि

itinerate, भ्रमण क०। > इटिनॅरेट

itself, अपने को; स्वयं in ~, अपने में; by ~, अपने आप, स्वयं। > इट्सेल्फ़

ivory, हस्तिदन्त, हाथीदाँत, ~ tower, एकान्त; **~black,** दन्ति-कज्जलि*; **~-turner,** दन्तकार। > आइवॅरि

ivy, लबलब, मारवल्ली*; ~ gourd, कुँदरु, बिम्बा-फल। > आइव्-इ

Jj

jab, कोंचना, चुभाना, गड़ाना; धक्का मारना। > जैब

jabber, बकना, बकवाद* क०, बड़बड़ाना। > जैब्-ॲ

jacana, 1. (*pheasant-tailed*) जलमोर; 2. (*bronze- winged*) जलमखानी*, जलपीही*, पिद्दी*, करटिया*। > जैकॅना

jacinth, 1. राहुरत्न; 2. (*colour*) पीतारक्त। > जै-, जे-सिन्थ

jack, 1. (*seaman*) नाविक, मल्लाह; 2. मज़दूर, नौकर, गुरगा, टहलुआ*; लौंडा; आदमी; 3. (*card*) गुलाम; 4. (*mechan.*) जैक, उत्थापक; 5. छोटा झण्डा। > जैक

jackal, सियार, गीदड़, शृगाल; कमीना। > जैकॉ:ल

jackanapes, बाँका, छैला; गुस्ताख़, ढीठ; नटखट। > जैकॅनेप्स

jackass, गधा, गदहा, गर्दभ। > जैकैस

jackdaw, कौआ। > जैक्डॉ:

jacket, 1. (*dress*) जाकेट*, मिरजई*; 2. (*cover*) जैकेट, आवरण। > जैक्-इट

jackfruit, कटहल, पनस।

Jack in office, दफ़्तरशाह। > जैक्-इन्-ऑफ़िस

jack-knife, खटकेदार, चाक़ू। > जैक्नाइफ़

Jack of all trades, दर्ज़ी की सूई। > जैकॅव़्ऑ:ल्-ट्रेडस

jack-o'-lantern, 1. (*ignis fatuus*) छलावा; 2. (*delusion*) मृगमरीचिका*। > जैकॅलैनृटॅन

jack/-plane, मोटा रन्दा; **~pudding,** भाँड़; **~-screw,** जैक-पेंच; **~-snipe,** चाहा; **~-stay,** जैक-तान; **~-straw,** छुटभैया; **~-tar,** मल्लाह।

jac(ti)tation, 1. (*restlessness*) छटपटी*; (*spasm*) ऐंठन*; 3. (*boasting*) शेखीबाज़ी*। > जैक्-टि-टे-शॅन

jade, *n.*, 1. (*stone*) संगयशब; 2. (*horse*) डग्गा, मरियल घोड़ा; 3. (*woman*) तिरिया*, औरत*; कुलटा* (*unchaste*); चुड़ैल* (*illnatured*); —*adj.*, हरित; —*v.*, थक जाना; थकाना; **~d,** 1. थका माँदा, क्लान्त; 2. (*fig.*) घिसा-पिसा, घिसा-पिटा। > जेड; जेड्-इड

jag, 1. काँटा, नोक*, दाँता; 2. (*jagged edge of garment*) सिंघाड़ा; 3. (*tear in cloth*) खोंच; **~ged,** कँटीदार; दाँतेदार। > जैग; जैग्-इड

jaggery, गुड़। > जैगॅरि

jaguar, जागुआर। > जैग्यूॲ

jaghir, जागीर*। > जागीर

jail, *n.*, क़ैदख़ाना, जेलख़ाना, बन्दीगृह, कारागार, कारागृह; —*v.*, क़ैद क०; ~bird, क़ैदी, बन्दी; **~er, ~or,** कारागारिक, कारापाल; **~-delivery,** कारामुक्ति*; **~-fever,** टाइफ़स ज्वर, पृषज्ज्वर। > जेल

jalap, जुलाब, जैलप। > जैलॅप

jalousie, झिलमिली*। > जैल्-उ-ज़ी

jam, *n.*, 1. मुरब्बा; 2. (*blocking*) जाम; 3. (*predicament*) जंजाल, उलझन*, झंझट*; —*v.*, 1. (*squeeze into*) घुसेड़ना, ठूसना; 2. (*tighten*) कसना, जकड़ना; 3. ठुसना, ठुस जाना; जकड़ा जाना, जकड़ना; 5. (*spoil*) गड़बड़ डालना, जाम क०; 6. (*crush*) भींचना, चापना, कुचलना; 7. (*crowd*) भीड़* मचाना, अवरोध क०; 8. अटक जाना; **~ful,** खचाखच भरा। > जैम

jamb, बाज़ू, पाखा। > जैम

jambo(lan), jambu, जामुन। > जैम्बो(लेन), जैम्बू

jamboree, जमावड़ा। > जैमबॅरी

jangle, *v.*, खड़खड़ाना; झगड़ना; *n.*, खटाखट, खटखट*, खड़खड़ाहट*; झगड़ा, खटखट*। > जैन्गॅल

janitor, द्वारपाल, प्रतिहार। > जैन्-इ-टॅ

janitress, द्वारपालिन*। > जैन्-इ-ट्रिस

January, जनवरी*। > जैन्यूअँरि

jap, *n.* (*v.*), रोग़न (लगाना)। > जैप

Japanese, जापानी। > जैपॅनीज़

jape, *n.* (*v.*) मज़ाक(क०)। > जेप

jar, *n.*, 1. (*container*) मरतबान, मर्तबान; 2. (*sound*) खड़खड़ाहट*; 3. (*jolt*) धक्का; 4. (*quarrel*) झगड़ा, अनबन*, संघर्ष; —*v.*, 1. अप्रिय लगना, खटकना; 2. चरचराना, खड़खड़ाना; 3. (*vibrate*) काँपना या कँपाना; स्पन्दित होना या क०; 4, (*clash*) टकराना, संघर्ष होना या क०, झगड़ना; 5. धक्का देना; **~ring,** कर्णकटु, कर्कश। > जा; जार्-इन्ग

jardinie're, गमला। > जाडिन्ये'अँ

jargon, 1. (*incoherent*) अनाप-शनाप, आँय-बाँय; 2. खास बोली*, विशिष्ट शब्दावली*, वर्ग-बोली*। > जार्गन

jargo(o)n, जारगून, लंका-गोमेद। > जागून

jasmine, 1. (*common*) चमेली*, जाली*; 2. (*auriculatum*) जूही*, जुही*; 3. (*yellow*) पीली चमेली*, पीली जुही*, सोनजूही*; 4. (*wild*) वनमल्लिका*, नेवाड़ी*; 5. (*downy*) कुन्द (फूल); 6. (*Arabian*) मोगरा; 7. (*arboreum*) नवमल्लिका*; 8. (*flexible*) मालती*; orange~, कामिनी*; night~, coral~, हर-सिंगार। > जैस्मिन

jasper, जैस्पर, सूर्यकान्त। > जैस्-पॅ

jaundice, 1. कामला, कमल, पीलिया, यरकान; 2. (*envy*) ईर्ष्या*। > जॉ:न्-डिस

jaunt, सैर*, भ्रमण; **~y,** बाँका, ज़िन्दादिल, प्रफुल्ल। > जॉ:न्ट; जॉ:न्-टि

javelin, भाला, बरछा, नेजा। > जैव्-लिन

jaw, जबड़ा, हनु*; **~-bone,** हन्वस्थि*। > जॉ:; जॉ:बोन

jay, 1. (*blue-necked*) नीलकण्ठ; 2. (*black-throated*) बनसर्रा। > जे

jazz, जाज़। > जैज़

jealous, 1. ईर्ष्यालु, डाही, मत्सरी, जरतुवा; 2. (*vigilant*) सर्तक; **~y,** 1. ईर्ष्या*, डाह*, असूया*, जलन*, मत्सर, मात्सर्य; 2. (*solicitude*) चिन्ता*। > जे'लॅस; जे'लॅसि

jean, सूती कपड़ा। > जेन = जीन

jeep, जीप*। > जीप

jeer, *n.* (*v.*) उपहास (क०), ताना(मारना)। > जिअँ

jehad, जिहाद। > जिहाड

jejune, फीका, शुष्क, नीरस; अपर्याप्त; अनुर्वर; अपौष्टिक। > जिजून

jejunum, मध्यान्त्र। > जिजूनॅम

jelly, जेली*, अवलेह; **~fish,** छत्रिक। > जे'ल्-इ

jemadar, जमादार। > जे'म्-अॅ-डा

jemmy, सबरी*। > जे'म्-इ

jenny, गधी*। > जे'न्-इ

jeopard, ~ize, जोखिम* में डालना; दाँव पर रखना; **~y,** जोखिम*, ख़तरा, संकट, आशंका*। > जे'पॅड; जे'पॅडाइज़; जे'पॅडि

jerboa, हिरन-मूसा। > जॅ:बो-अॅ

jeremiad, विलाप; दुखड़ा। > जे'रिमाइअॅड

jerid, jer(r)eed, बरछा, नेजा। > जिरीड

jerk, *n.*, 1. झटका, झकझोरा; 2. (*spasm*) ऐंठन*; —*v.*, 1. झटकना, झटकारना, झटका देना; 2. (*utter*) फूट पड़ना, बोल उठना, झटककर बोलना; 3. (*twitch*) फड़कना; 4. (*move*) हचकना; **~y,** झटकेदार; ऐंठनदार। > जॅ:क; जॅ:क्-इ

jerkin, मिरजई*। > जॅ:क्-इन

jerry-built, कच्चा, काग़ज़ी। > जे'-रि-बिल्ट

jersey, जर्सी*, चुस्त ऊनी बण्डी*। > जॅ:स्-इ

jessamine, *see* JASMINE। > जे'सॅमिन

jest, *n.*, 1. मज़ाक, हँसी*, दिल्लगी*; 2. (*witticism*) चुटकुला; 3. (*taunt*) ताना; —*v.*, मज़ाक क०; ताना मारना; **~er,** मज़ाकिया, मसख़रा; विदूषक। > जे'स्ट; जे'स-टॅ

jet, *n.*, 1. धारा*, धार*, प्रधार*, जेट, स्रुति*; 2. जेट वायुयान; 3. (*spout*) टोंटी*; 4. (*mineral*) संगमूसा, कृष्णाश्म; —*v.*, फूट निकलना; धार* फेंकना; **~black,** स्याह काला, कोयली; **~-propelled,** जेट चालित; **~-propulsion,** जेट-चालन। > जे'ट

jetsam, फेंका माल, क्षिप्तक। > जे'ट्सॅम

jettison, फेंक देना। > जे'ट्-इर्सन
jetty, जेटी, घाट। > जे'ट्-इ
Jew, यहूदी; **~-baiting,** यहूदियों का उत्पीड़न; **~ess,** यहूदिन*; **~ish,** यहूदी; **~ry,** यहूदी मुहल्ला; यहूदी जाति*। > जू; जू-इस; जू-इश; जुअरि
jewel, रत्न, मणि*, जवाहर; **~led,** रत्नित; **~ler,** जौहरी, मणिकार; **~lery, ~ry,** जवाहरात, गहने, ज़ेवर। > जूअॅल; जूअॅल्ड; जू-अॅ-लॅ; जूअॅल्-रि
jewing, लोलकी*, गलचर्म। > जूइन्ग
Jezebel, स्वैरिणी*, पुंश्चली*। > जे'ज़ॅबॅल
jib, *n.*, 1. (*sail*) तिकोना पाल, गाब; 2. (*boom*) डाँड़, भुजा*; 3. (*gib*) अड़ानी*; 4. अड़ियल घोड़ा; —*v.*, 1. (*shift*) हटना; मुड़ना; हटाना, खसकाना; मोड़ना; 2. (*stop*) अड़ जाना, अड़ना; पीछे हटना; **~ber,** अड़ियल घोड़ा। > जिब; जिब्-अॅ
jibe, *see* GIBE। > जाइब
jig, *n.*, 1. नाच; 2. मज़ाक; 3. (*jigger, gadget*) जुगत*; —*v.*, नाचना, उछलना। > जिग; जिग्-अॅ
jiggle, झुलाना। > जिगॅल
jigsaw, (छोटा) चौखटी-आरा। > जिग्-सॉ
jihad, जिहाद। > जिहाड
jilt, छोड़ देना, अस्वीकार क०। > जिल्ट
jimson weed, धतूरा। > जिम्सॅन वीड
jingal, जंजाल। > जिंगॉःल
jingle, छनकना; छनकाना; तुकबन्दी* क०; ~words, तुकान्त युग्म। > जिन्ग्गॅल
jingo, उद्धत राष्ट्रवादी। > जिन्ग्गो
jink, *v.*, कतराकर बच जाना या बचाना, वार बचाना; अचानक झुकना या झुकाना; —*n.*, 1. झपट*; 2. (*pl.*) रंगरलियाँ*। > जिन्क
jinn(ee), जिन्न, जिन। > जिन; जिनी
jinricksha, jinrikisha, जापानी रिकशा। > जिन्-रिक्-शॅ
jirga, जिरगा। > जॅःग्-अॅ
jittery, घबराया, हैरान, परेशान, आशंकित। > जिटॅरि
jittery, छटपटी*, घबराहट*, हैरानी*, परेशानी*, आशंका*। > जिटॅज़
jiu-jitsu, जापानी कुश्ती*। > ज्यूजिट्सू
job, *n.*, 1. नौकरी*, काम; 2. कर्तव्य; 3. काम, कार्य; 4. भ्रष्टाचार; 5. (*jab*) झटका, धक्का; —*v.*, फुटकर काम क०; किराये पर लेना; दलाली* क०; भ्रष्टाचार क०; चुभना, कोंचना, धक्का मारना; **~ber,** 1. फुटकर काम करने वाला, ठेकेदार; 2. (*middleman*) आढ़तिया; 3. भ्रष्टाचारी; **~bery,** भ्रष्टाचार; **~-work,** ठेके का काम, फुटकर काम। > जॉब; जॉब्/अॅ, ~ऑरि
Job's tears, सांक्रू। > जोब्स टिअॅज़
jockey, (घुड़दौड़* का) घुड़सवार; धोखेबाज; —*v.*, धोखा देना, छल-कपट क०। > जॉक्-इ
jocko, चिम्पाजी; बन्दर। > जॉक्-ओ
jocose, jocular, विनोदी, विनोदप्रिय, हँसोड़, मज़ाकपसन्द; विनोदपूर्ण, विनोदात्मक। > जॅकोस; जॉक्-यु-लॅ
jocund, प्रसन्न, प्रमुदित, प्रफुल्ल। > जॉकॅन्ड
jog, *n.*, 1. टहोका, झटका; धक्का; 2. (*~trot*) मन्थरगति*, धीमी चाल*; दुलकी* (*of horse*); —*v.*, 1. टहोकना, हिला देना; 2. (*revive*) जगाना, जागरित क०, प्रेरित क०; गिरते-पड़ते या मन्थरगति* से आगे बढ़ना, झूमते चलना। > जॉग; जॉग्-ट्रॉट
joggle, 1. हिला देना; 2. (*jolt, v.i.*) हचकना, लड़खड़ाना; 3. (*join*) जोड़ लगाना; —*n.*, 1. (*notch*) खाँचा; 2. गुज्झी*। > जॉगॅल
join, *n.*, जोड़; *v.*, मिलना, मिल जाना, जुड़ जाना; सम्मिलित या शामिल हो जाना, भाग लेना; जोड़ना, जोड़ देना, मिलाना, संयुक्त क०, एकत्र क०, सम्बद्ध क०, एक कर देना; सहयोगी, साथी या सदस्य बनना; साथ चलना, साथ देना; (काम पर, स्कूल में आदि) पहुँचना; पदभार ग्रहण क०, सेवारंभ क०, कार्य आरंभ क०; **~ed,** संयुक्त। > जॉइन; जॉइन्ड
joinder, 1. सम्मिलन; 2. (*law*) संयोजन। > जॉइन्-डॅ
joiner, 1. मिलानेवाला, योजक; 2. (*carpenter*) बढ़ई, मिस्तरी; **~y,** 1. (*work*) बढ़ईगिरी*; 2. (*place*) बढ़ईख़ाना। > जॉइन्-अॅ
joining date, कार्यग्रहण-तिथि*, कार्यारंभ तारीख*। > जॉइन्-इन्ग
joint, *n.*, 1. जोड़, सन्धि*, गाँठ*; 2. (*geol.*) संभेद, दरज*; 3. (*of meat*) पारचा; 4. (*place*) अड्डा; मद्यशाला*; —*v.*, जोड़ना, जोड़ मिलाना; 2. (*dismember*) टुकड़े-टुकड़े क०, अंगविच्छेद क०; —*adj.*, 1. संयुक्त, सह-सम्मिलित; 2. (*concurrent*) समवर्ती; out of ~, उखड़ा हुआ; अस्तव्यस्त, अव्यवस्थित; ~family, संयुक्त परिवार; **~ed,** सन्धित, सन्धिमय, गाँठदार; **~er,** युक्तक; मेलक; **~ing,** सन्धान, सन्धिकरण; दरजबन्दी*; 2. (*geol.*) संभेदन; **~less,** सन्धिहीन, **~ly,** संयुक्त रूप से। > जॉइन्ट; जॉइन्ट्/इड, ~अॅ, ~इन्ग, ~लिस, ~लि
jointure, विधवा-धन। > जाइन्-चॅ
joist, कड़ी*। > जॉइस्ट
joke, *n.*,(*v.*), मज़ाक (क०), परिहास, दिल्लगी*; **~r,** 1. मज़ाकिया; जोकर। > जोक; जोक्-अॅ
jollification, रंगरलियाँ*, रागरंग। > जॉलिफ़िकेशॅन
jollify, मौज* उड़ाना, आनंदित क०। > जॉल्-इ-फ़ाई
jollity, आनन्द, उल्लास; रागरंग। > जॉल्-इ-टि
jolly, प्रफुल्ल, प्रसन्न, आनन्दित; मिलनसार, तबीअतदार; **~-boat,** डोंगी*, होड़ी*। > जॉल्-इ
jolt, 1. हचका, हचकोला; झटका, झोंका; 2. (*shock*) धक्का; —*v.*, हचकाना; हचकना; **~y,** हचकेदार। > जोल्ट, जोल्-टि

jolterhead, उल्लू का पट्ठा। > जोल्टॅहे'ड

jorum, कटोरा। > जॉ:रॅम

joss, चीनी देवमूर्ति*; **~-house,** चीनी मन्दिर; **~-stick,** धूप-बत्ती*। > जॉस

jostle, *v.*, धक्का देना, ढकेलना; धकियाना; —*n.*, 1. धक्का; 2. (*jostling*) ढकेला-ढकेली*, धक्कमधक्का, धकपेल*, रेल-पेल*। > जॉसॅल

jot, *n.*, बिन्दु; कण, रत्ती*, अत्यल्प; *v.*, (संक्षेप में) लिख लेना। > जॉट

jounce, *v.*, झटकारना, झकझोरना, हिला देना, हचकाना; हचकना; —*n.*, हचका; धक्का, झटका। > जाउन्स

journal, 1. दैनिकी*, दैनन्दिनी*, रोज़नामचा, जर्नल; 2. (*diary*) डायरी*; 3. (*newspaper*) पत्र, अखबार, दैनिक (*daily*) 4. (*periodical*) पत्रिका*; **~ese,** अखबारी भाषा*, पत्रकार-शैली*; **~ism,** पत्रकारिता*; **~ist,** पत्रकार; **~ize,** दैनिकी* में लिखना।
> जॅ:नॅल; जॅ:नॅ/लीज़, ~लिज़्म, ~लिस्ट, ~लाइज़

journey, *n.* (*v.*), यात्रा* (क०), सफ़र, **~man,** कारीगर, कमेरा; **~-work,** कच्चा काम; ठीके का काम।
> जॅ:न्/इ, ~इमॅन, ~इवॅ:क

joust, *n.*, (*v.*) घुड़सवारों की बरछेबाज़ी* या नेजाबाज़ी* (क०) > जाउस्ट = जूस्ट

jovial, प्रसन्नचित्त, तबीअतदार; **~ity,** तबीअतदारी*; प्रसन्नता*। > जोव्यॅल; जोवि्ऐल्-इटि

jowl, 1. जबड़ा; 2. (*cheek*) गाल; 3. (*dewlap*) गलकम्बल; 4. (*crop*) गलथैली*; 5. (*of fish*) सिर। > जाउल

joy, *n.*, आनन्द, हर्ष, आह्लाद, ख़ुशी*; *v.*,आनन्दित होना या क०, ख़ुश होना या क०; **~ful, ~ous,** 1. आनन्दित, हर्षित, 2. आनन्दपूर्ण, आनन्दमय, 3. (*delightful*) आनन्दप्रद, आनन्ददायक, रुचिकर; **~less,** निरानन्द, उदास; नीरस, निरानन्द, मनहूस।
> जॉइ; जॉइ्फ़ुल; जॉइॲस; जॉइलिस

jubi/lant, प्रफुल्ल, आनन्दविभोर, प्रमुदित, उल्लसित; **~late,** आनन्द मनाना, हुलसना, फूले न समाना, आनन्दित होना; **~lation, ~lance,** उल्लास; आनन्दोत्सव। > जूब्-इ/लॅन्ट, ~लेट, ~लेशॅन, ~लॅन्स

jubilee, जयन्ती*; diamond, golden, silver~, हीरक, स्वर्ण, रजत ~; ~year, जयन्ती-वर्ष। > जूब्-हली

Judaism, यहूदी धर्म; यहूदीवाद। > जेडेइज़्म

judas, विश्वासघाती। > जूडॅस

judder, *n.*, डगमगाहट*; *v.*, डगमगाना। > जॅड्-ॲ

judge, *n.*, न्यायाधीश, न्यायकर्ता; निर्णायक; पारखी, गुणज्ञ; —*v.*, 1. न्याय क०, 2. (*decide*) निर्णय क०, फ़ैसला देना; 3. (*think*) समझना, विचार होना; 4. (*estimate*) आँकना; 5. (*criticize*) आलोचना* क०; 6. (*censure*) निन्दा* क०; **~advocate,** न्यायाधिवक्ता; **~-made,** निर्णीत; **~ship,** न्यायाधीशपद। > जॅज; जॅज्-शिप

Judge(e) ment, 1. (*sentence*) निर्णय, फ़ैसला; न्याय; 2. निर्णयन; 3. (*misfortune*) विपत्ति*, (ईश्वरीय) दण्ड; 4. (*opinion*) विचार, राय*; अनुमान; 5. (*criticism*) आलोचना; मूल्यांकन, निन्दा*; 6. (*good sense*) विवेक, परख*; **~creditor,** निर्णीत ऋणदाता; **~ day,** विचार का दिन, क़यामत*। > जॅज्मॅन्ट

judicable, न्याय-योग्य। > जूड्-इकॅबॅल

judicature, न्याय-व्यवस्था*, न्याय-विधान; न्यायाधिकार; न्यायालय; न्यायाधिकरण, न्यायाधिकारी। > जूड्-इकॅचॅ

judicial, 1. न्यायिक, अदालती, न्याय-; 2. (*fair*) निष्पक्ष, न्यायसम्मत; 3. (*critical*) विवेचनात्मक, विवेचित। > जुडिशॅल

judiciary, *n.*, न्यायपालिका*, न्यायतन्त्र, न्यायांग; न्यायाधिकारी; —*adj.*, न्यायिक। > जुडिशॅरि

judicious, विवेकपूर्ण, विवेचित; विवेकी, प्रज्ञ, बुद्धिमान्, समझदार; **~ly,** सविवेक, विवेकपूर्वक। > जुडिशॅस

jug, सुराही*, घड़ा, घट। > जॅग

jugal bone, गण्डिका*। > जूगॅल

jugate, 1. (*paired*) युग्मित; 2. (*bot.*) युग्मपर्णी। > जूगेट

Juggernaut, जगन्नाथ। > जॅगॅनॉ:ट

juggle, बाज़ीगरी* क०; धोखेबाज़ी* क०, धोखा देना; **~r,** बाज़ीगर, ऐंद्रजालिक, इन्द्रजाली; धोखेबाज़; **~ry,** बाज़ीगरी*; हस्तलाघव, इन्द्रजाल; धोखेबाज़ी*।
> जॅगॅल; जॅग्-लॅ; जॅगलॅरि

jugular, कण्ठ्य, ग्रैव; **~canal,** गल-नाल*; **~vein,** गल-शिरा*। > जॅग्-यु-लॅ

jugulate, गला काटना, गला घोंटना। > जॅग्-यु-लेट

jugulum, जत्रुक। > जूग्युलॅम

jugum, युग्मदण्ड। > जूगॅम

juice, रस; सार; **~less,** रसविहीन; नीरस। > जूस

juicy, 1. रसदार, पिलपिला; 2. (*fig.*) दिलचस्प, रसीला, मज़ेदार। > जूसि

ju-jitsu, ju-jutsu, जापानी कुश्ती*। > जूजिट्सू

ju-ju, पूजा-वस्तु*, तावीज़। > जूजू

jujube, बेर। > जूजूब

juelp, 1. शरबत; 2. (*allcoholic*) मसालेदार शराब*। > जूल्-इप = जूले'प

July, जुलाई*। > जुलाइ = जूलाइ

jumble, *n.*, 1. (*medley*) घालमेल; 2. (*muddle*) गड़बड़, अव्यवस्था*, घमरौल*, गड़बड़झाला; 3. (*shock*) धक्का, हचकोला; —*v.*, गड्डबड्ड या अस्तव्यवस्त कर देना; 2. घबरा देना, उलझाना; 3. (*flounder*) छटपटाना, कुलबुलाना। > जॅम्बॅल

jumbo, भारी-भरकम; हाथी। > जॅम्बो

jump, *n.*, 1. कूद*, फाँद*, छलाँग*, प्लुति*;

2. (*upward*) झम्प, उछाल*; 3. (*distance*) कुदान*; 4. (*start*) चौंक; 5. दरार*, अन्तर; आकस्मिक परिवर्तन; विषयान्तर; मूल्यवृद्धि*; —*v.*, 1. कूदना, उछलना; 2. लाँघना, फाँदना, कूदना; 3. चौंकना या चौंकाना; 4. अचानक बढ़ना या बढ़ाना; 5. (*ship*) छोड़ देना; high~, ऊँची कूद*; long ~, लम्बी कूद*; **~er,** 1. कूदनेवाला; 2. (*mech.*) झम्पक; 3. (*garment*) जम्पर, कुरता; **~y,** 1. (*apprehensive*) आशंकित, आशंकी; 2. (*irregular*) अनियमित; 3. (*restless*) अशांत। > जॅम्प; जॅम्/पॅ, ~पि

junction, 1. (*action*) संयोजन; 2. संगम, संयोग, सम्मिलन, मिलन, सन्धि*, सन्धिस्थान; 3. (*railway*) जंकशन; 4. (*point of time*) घड़ी*; 5. (*crisis*) संकटस्थिति*, संकटवेला*। > जॅन्क्शॅन

juncture, संयोजन; जोड़, सन्धि*; समय, परिस्थिति*; संकटकाल। > जॅन्क्-चॅ

June, जून। > जून

jungle, जंगल; **~-fowl,** जंगली मुरगी*। > जॅन्ग्-गॅल

jungly, जंगली। > जॅन्ग्-लि

junior, 1. अवर; 2. छोटा; 3. (*brother*) अनुज; ~ division, अवर प्रभाग; **~ity,** अवरता*; **~most,** कनिष्ठ। > जून्-यॅ; जूनिऑरिटि

juniper, हपुषा*, आरा, हौबेड़ा। जून्-इ-पॅ

junk, *n.*, 1. (*ship*) जंग*; 2. (*old cable*) रद्दी रस्सा; 3. (*rubbish*) कूड़ा-करकट; 4. (*chunk*) टुकड़ा; 5. सुखाया मांस;—*v.*, फेंक देना; टुकड़े-टुकड़े कर डालना; **~yard,** गुदड़ी-बाज़ार। > जॅन्क

junket, *n.*, 1. दही का मिठाई*, लस्सी*; मिष्टान्न; 2. (वन)भोज; 3. (*trip*), सैर*; —*v.*, भोज देना, खिलाना-पिलाना; सैर* क०। > जॅन्क्-इट

junta, 1. परिषद्*; 2. (*junto*) (गुप्त) दल, गुट। > जॅन्-टॅ

jupe, लहँगा, घघरा। > जूप, श्ज़ूप

Jupiter, बृहस्पति, गुरु। > जू-पि-टॅ

jural, विधिक; वैधिक। > जुऑरॅल

juratory, शपथ-, शपथमय। > जुऑरॅटॅरि

jure divino, ईश्वरीय विधान से। > जुऑरि डिवाइनो

juridical, 1. न्यायिक; 2. (*legal*) वैधिक। > जुऑरिड्-इकॅल

jurisconsult, विधिवेत्ता। > जुऑर्-इस्कॅन्सॅल्ट

jurisdiction, 1. (न्याय-)अधिकार; क्षेत्राधिकार; 2. (*range*) अधिकार-क्षेत्र; 3. (*court*) न्यायालय; 4. (*system*) न्याय-व्यवस्था*; **~al,** आधिकारिक। > जुऑरिस्-डिक्-शॅन, ~शॅनल

juris/prudence, विधिशास्त्र, न्यायशास्त्र; विधि-संग्रह; **~prudent,** *see* JURIST। > जुअरिसप्रूड्/ॲन्स, ~ॲन्ट

jurist, विधिवेत्ता, विधिशास्त्री; **~ic,** न्यायिक। > जुऑर्-इस्ट; जुॲ-रिस्-टिक

juror, जूरर, जूरी-सदस्य, पंच। > जुऑर्-ॲ

jury, *n.*, जूरी*, न्याय-सभ्य, अभिनिर्णायक; —*adj.*, कामचलाऊ; verdict of ~, अभिनिर्णय; **~man,** जूरीसभ्य, जूरी-सदस्य। > जूऑर्-इ, ~मॅन

jus, 1. (*law*) विधि*; 2. अधिकार। > जॅस

jussive, आज्ञार्थ। > जॅस्-इव

just, *adj.*, 1. (*person*) न्यायी; धार्मिक; 2. न्यायसंगत, न्यायोचित, न्याय्य, न्यायपूर्ण; 3. (*merited, proper*) उचित; यथोचित; 4. (*lawful*) वैध, विधिसंगत; 5. (*well-founded*) सकारण; 6. (*correct*) सही, ठीक, यथातथ्य; —*adv.*, ठीक-ठीक; मात्र, भर; अभी-अभी; किंचित्; मुश्किल* से; **~ly,** न्यायतः; ठीक ही; उचित रूप से; **~ness,** औचित्य; सच्चाई*, सचाई*। जॅस्ट

justice, न्याय, इंसाफ़; न्यायपरायणता*, न्यायशीलता*; धार्मिकता*; औचित्य; सच्चाई*; न्यायाधिपति, न्यायमूर्ति, do ~to, के साथ न्याय क०; की क़दर* क०, का पूरा रस लेना। > जॅस्-टिस

justiciable, वादयोग्य। > जॅस्-टि-शि-ॲ-बॅल

justiciary, *n.*, न्यायाधिकारी; न्यायाधिकार; —*adj.*, न्यायिक। > जॅस्-टि-शि-ॲ-रि

justifiable, न्याय्य, क्षम्य; तर्कसंगत, न्यायसंगत, समर्थनीय। > जॅस्-टि-फ़ाइ-ॲ-बॅल

justifi/cation, 1. न्याय या औचित्य प्रतिपादन; 2. तर्कसंगति*, औचित्य; 3. (*defence*) सफ़ाई*, प्रतिवाद, समर्थन; 4. (*exculpation*) दोषमोचन; 5. (*theol.*) पापमोचन; पापमुक्ति*, कृपाप्राप्ति*; 6. व्यवस्थापन; **~cative, ~catory, ~er,** न्याय-प्रतिपादक, दोषनिवारक; समर्थक। > जॅस्-टि-फ़ि-के-शॅन; जॅस्-टि/फ़ि-के-टिव्, ~फ़िकेटॅरि, ~फ़ाइ-ॲ

justified, न्यायसंगत; दोषमुक्त; समर्थित; व्यवस्थित, समंजित। > जॅस्-टि-फ़ाइड

justify, 1. सफ़ाई* देना, न्यायसंगत, तर्कसंगत, यथातथ्य या उचित सिद्ध क०; 2. (*absolve*) निर्दोष ठहराना, दोषमुक्त क०; 3. (*warrant*) कारण दिखाना, आधार प्रस्तुत क०; समर्थन क०; 4. (*adjust*) ठीक कर देना, समंजित क०, व्यवस्थित क०। > जस्-टि-फ़ाइ

jut, बाहर निकला हुआ होना। > जॅट

jute, जूट, पाट, पटसन, पटुआ। > जूट

juvenescence, तरुणाई*। > जूविने'सॅन्स

juvenile, *adj.*, तरुण, किशोर; *n.*, किशोर, नवयुवक; ~ delinquency, बाल अपराध; किशोर-अपचार; ~ literature, बालसाहित्य; ~ offender, बाल-अपराधी; किशोर-अपराधी। > जव़्-इनाइल

juvenilia, कैशोर की रचनाएँ*। > जूवॅनिल्-इ-अॅ

juvenility, नवयौवन, कैशोर, किशोरावस्था*। > जूवॅनिल्-इटि

juxta/pose, पास-पास रखना; **~position,** 1. (*act*) सन्निधान; 2. सन्निधि*; सान्निध्य। > जॅक्स्टॅ/पोज़, ~पॅज़िशॅन

Kk

Kabba, काबा। > का-बॅ

kadi, क़ाज़ी। > काड्-इ

kaiser, सम्राट्। > काइ-ज़ॅ

kala-azar, काला-आज़ार, काल-ज्वर। > का-ला-आ-ज़ा

kale, kail, करमसाग। > केल

kaleisdoscope, बहुमूर्तिदर्शी। > कॅलाइडॅस्कोप

kali, क्षार। > कैल्-इ = केल्-इ

kalong, चमगादड़। > कालॉन्ग

kanarese, कन्नड़। > कैनॅरीज़

kangaroo, कंगारू; **~rat,** कंगारू-मूषक। > कैन्ग्गॅरू

kaolin, केओलिन, चीनी-मिट्टी*। > केऑलिन

kapok, सेमल की रुई*। > केपॉक

karait, करैत। > क्राइट

karma, 1. कर्म; 2. (*fate*) भाग्य, नियति*। > काम्-अॅ

kata/basis, अवरोहण; **~batic,** अवरोही। > कॅटैबॅसिस; कैटॅबैट्-इक

katabolism, अपचय। > कॅटैबॅलिज़्म

kataseism, अवकम्प। > कैटासाइज़्म

kathode, कैथोड, ऋणाग्र। > कैथोड

katydid, टिड्डा। > केट्-इडिड

kayak, डोंगी*। > काइऐक

keck, उबकना; से घृणा* क०। > के'क

kedge, फेरना; **~-anchor,** लोथारी-लंगर। > के'ज

kedgeree, खिचड़ी*। > के'जॅरि

keel, *n.*, नौतल, पठाण; जहाज़, नाव*; —*v.*, औधना, उलट जाना; औंधाना, औंधा क०, उलट देना; **~ed,** नौतलित; **~man,** माँझी। > कील; कील्ड

keen, *adj.*, 1. (*~-edged*) तीक्ष्ण, पैना, चोखा, तेज़; 2. (*eager*) उत्साही, जोशीला, तेज़, उत्सुक; 3. (*intense, sharp*) तीक्ष्ण, तीव्र, प्रखर, तेज़; उग्र, प्रचण्ड; 4. (*~-witted*) कुशाग्रबुद्धि, विचक्षण, दूरदर्शी; 5. (*pungent*) तीखा, तीता, तिक्त, चरपरा; —*n.*(*v.*), विलाप (क०); **~-eyed,** तीक्ष्णदृष्टि। > कीन

keep, *n.*, 1. (*charge*) देख-रेख*; 2. (*of castle*) अन्तर्कोट, गढ़ी*; 3. (*woman*) रखैल*; 4. (*mech.*) कीप*; 5. (*stop*) अड़ानी*, ठेक*; 6. (*maintenance*) गुज़ारा, निर्वाह; भरण-पोषण; —*v.*, 1. (*have, hold*) रखना, पास रखना, ठीक रखना; 2. (*observe*) मनाना; ध्यान रखना, पालन क०, मानना; 3. (*fulfil*) पूरा क०, निबाहना; 4. (*tend*) देख-रेख* क०; 5. (*guard*) की रक्षा* क०, सुरक्षित रखना; 6. (*reserve*) बचा रखना; 7. (*~up, maintain*) ख़र्च देना, भरण-पोषण क०; चालू, चलते या बनाए रखना; 8. (*raise*) पोसना, का पालन क०; 9. (*conduct*) चलाना; 10. (*detain*) रोकना, रोक रखना; क़ैद* में रखना; 11. (*~down, under*) नियन्त्रित क०, वश में रखना, अपने को रोकना; 12. (*conceal*) गुप्त रखना, (से) छिपाना; 13. (*~ on*) करता रहना; 14. (*continue*) पर चलता रहना; 15. (*remain*) बना रहना; ठीक रहना, नहीं बिगड़ना; ~away, से अलग या दूर रहना या रखना; ~up, (पढ़ाई*) बनाए रखना; करता रहना; नहीं पिछड़ना। > कीप

keeper, 1. रक्षक, पाल(क); 2. (*on reins*) मछली*। > कीप्-अॅ

keeping, 1. (*care*) रक्षा*, देख-भाल*, देख-रेख*; 2. (*charge*) अधिकार; 3. (*main-tenance*) अनुरक्षण; भरण-पोषण, खर्च; 4. (*harmony*) सामंजस्य, संगति*, 5. (*observance*) पालन; 6. (*preservation*) परिरक्षण। > कीप्-इन्ग

keepsake, निशानी*, स्मृतिचिह्न, यादगार*। > कीप्सेक

keeve, हौज़। > कीव़

kef, keif, kief, मस्ती*; कैफ़, मादक द्रव्य। > के'फ़, काइफ़; कीफ़

keg, पीपा। > के'ग

ken, पहुँच*, ज्ञान की सीमा*। > के'न

kennel, 1. कुत्ताघर; 2. शिकारी कुत्ते; 3. (*gutter*) पनाला, मोरी*। > के'नॅल

kenosis, न्यूनीकरण। > किनोस्-इस

kentledge किन्तार। > के'न्ट-लिज

kepi, टोपी*। > के'प्-इ
kera/toid, शृंगाकार; **~tose,** शृंगी, शार्ङ्ग। > के'रॅ/टॉइड, ~टोस
kerb, 1. किनारा; 2. (~-*stone*) किनारे का पत्थर, उपांताश्म। > कॅ:बॅ; कॅ:ब्स्टोन
kerchief, 1. ओढ़नी*; 2. (*hand*~) रूमाल। > कॅ:च्-इफ़
kerf, काट*। > कॅ:फ
kermis, मेला। > कॅ:म्-इस
kernel, 1. गरी*, गिरी*, मींगी*; 2. (*grain*) दाना; 3. (*core*) सार, तत्त्व। > कॅ:नॅल
kerosene, किरासन, मिट्टी* का तेल। > के'रॅसीन
kestrel, खेरमुतिया*। > के'स्ट्रॅल
ketch, केच, नाव*। > के'च
ketchup, चटनी*। > के'चॅप
kettle, केतली*, देगची*; **~drum,** ताशा, नक़्क़ारा; **~hole,** जलजगर्तिका*; **~stitch,** लपेट-सिलाई*। > के'टॅल, ~ड्रॅम
kevel, (*peg*), खूंटी*। > के'वॅल
key, *n.*, 1. कुंजी*, चाबी*, ताली*; 2. (*wedge*) पच्चर, फन्नी*; 3. (*of piano*) परदा; 4. (*tone*) तान*; सुर, स्वर; 5. (~*note*) मूलस्वर; मूल-सिद्धान्त, मूल-भाव, भाव, वातावरण; शैली*; 6. (*mech.*) कुंजी*; 7. (~*stone*) सन्धान-प्रस्तर, डाट*; 8. (*explan., fig.*) कुंजी*; 9. *see* REEF, SANDBANK; —*v.*, कुँजी* या फन्नी* लगाना; सुर ठीक क०; **~up,** उत्तेजित क०; उत्सुक कर देना; **~board,** कुँजी-फलक; **~ed,** कुंजीदार; **~industry,** मूल-उद्योग; **~-point,** मूलस्थल; **~way,** चाबीखाँचा; **~-word,** संकेतशब्द। > की; कीबॉ:ड
khaddar, खद्दर, खादी*। > कैड्-अॅ
khaki, खाकी। > काकि
khalifa, खलीफ़ा; **~te,** खिलाफ़त*। > का-ली-फॅ; कैल्-इ-फैट
khamsin, खामसिन। > कैम्-सिन
khan, 1. ख़ान; 2. (*inn*) सराय*। > कान
khidmutgar, खिदमतगार। > किड्मॅट्गा
khilafat, खिलाफ़त*। > क्लिलॉफ़ॅट
kibble, *n.*, डोल; *v.*, कूटना, पीसना। > किबॅल
kibe, बिवाई*। > काइब
kiblah, क़िबला। > किब्ला
kick, *n.*, 1. लात*, पादप्रहार, पादाघात, ठोकर*; 2. (*recoil*) प्रतिक्षेप, धक्का; —*v.*, 1. ठोकर* या लात* मारना, लतियाना, ठुकराना; 2. (*of animals*) लत्ती* मारना, लात* चलाना; दुलत्ती*; मारना (*with two hindlegs*); 3. धक्का; क्रुद्ध हो जाना, असन्तोष प्रकट क०, विरोध क०; **~er,** लतहा; **~-off,** प्रारंभ; **~shaw,** तर माल, स्वादिष्ठ पकवान; खिलौना, नुमाइशी चीज़*; **~-up,** ऊधम, उपद्रव। > किक; किक्-अॅ; किक्-ऑ:फ; किक्शॉ:; किक्-अॅप
kid, *n.*, मेमना; मेमने का चमड़ा; *v.*, ब्याना। > किड
kidnap, (अप)हरण, ले भागना; **~ped,** अपहृत **~per,** (अप)हर्ता। > किड्नैप; किड्-नै-पॅ
kidney, गुरदा, वृक्क; प्रकृति*, स्वभाव; प्रकार; **~bean,** मोठ, मोथ; **~stone,** पथरी*। > किड्-नि
kilderkin, पीपा। > किल्डॅकिन
kill, *v.*, 1. मार डालना; हत्या* क०, वध क०; 2. (*destroy*) नष्ट क०, समाप्त क०; 3. (*defeat*) हरा देना, विफल या व्यर्थ कर देना; 4. (*destroy effect*) फीका कर देना; 5. (*time*) बिताना, काटना; 6. (*overwhelm*) अभिभूत क०; 7. (*cancel*) काटना, प्रकाशित न होने देना; 8. (*an engine*) बन्द कर देना; —*n.*, वध, हनन; शिकार, मारा हुआ पशु; **~er,** हन्ता, हत्यारा; **~ing,** *n.*, वध, हनन, हत्या*; —*adj.*, घातक; अत्यन्त सम्मोहक; थकाऊ; **~joy,** रंग, में भंग करने वाला, मज़ा किरकिरा करनेवाला। > किल; किल्/अॅ; ~इन्ग, ~जॉइ
killick, killock, पत्थर का लंगर। > किल्/इक, ~ऑक
kiln, 1. भट्ठा, भट्टा; 2. (*potter's*~) आँवाँ, आवाँ। > किल्न
kilo-, किलो-, सहस्र-। > किलो
kilt, *n.*, किल्ट, घाघरा; *v.*, 1. (*tuck up*) चढ़ाना; 2. (*pleat*) चुनट* डालना;, **~ed,** चुनटदार, चुननदार। > किल्ट
kin, *n.*, (*kinsfolk*), ज्ञातिवर्ग, सम्बन्धी, रिश्तेदार; —*adj.*, सगोत्र; समगुण, सदृश; सम्बद्ध; **~less,** कुटुम्बहीन। > किन
kincob, कमख़ाब, किमख़ाब, कमख़्वाब। > किन्कॉब
kind, *n.*, 1. (*sort*) क़िस्म*, प्रकार; 2. (*class*) वर्ग; 3. (*race*) जाति*; —*adj.*, अच्छा, भला; स्नेही; सदय, दयालु, कृपालु; भद्र, सौम्य; हार्दिक; in~, माल (जिंस*) के रूप में; उसी प्रकार; of a ~, सदृश; बहुत साधारण; **~-hearted,** कृपालु, दयालु, सहृदय; **~ly,** *adj.*, कृपालु, भद्र, सदय; मनोहर, सुखद, सुहावना; —*adv.*, कृपया; कृपापूर्वक; अनुकूल दृष्टि* से, अनुग्रहपूर्वक; **~ness,** कृपा*। > काइन्ड
Kindergarten, बालविहार। > किन्डॅगार्टॅन
kindling(s), चेले, चैलियाँ*। > किन्ड्-लिन्ग
kindle, सुलगना या सुलगाना, जलना या जलाना, उत्तेजित क० या हो जाना; प्रदीप्त, उज्ज्वल या उत्साहित कर देना या हो जाना। > किन्डॅल
kine, 1. गायें*; 2. (*cattle*) मवेशी, ढोर। > काइन
kindred, *n.*, सगोत्रता*; रिश्तेदार; सादृश्य; —*adj.*,

सगोत्र; सजातीय; सदृश। > किन्-ड्रिड

kinema, *see* CINEMA. > किन्-इ-में

kinematic, शुद्धगतिक; **~s,** शुद्धगति-विज्ञान, शुद्धगतिकी*। > काइनिमैट्/इक, ~इक्स

kinematograph, चलचित्रदर्शी; चलचित्र कैमरा। > काइनिमैटॅग्राफ़

kinesis, गति*; गतिक्रम। > काइनीस्-इस

kinesthe/sia, गति-संवेदन, गतिबोध; **~tic,** गतिबोधक। > काइनिस्थीस्-इअॅ; काइनिस्थे'ट्-इक

kinetic, गतिज; गतिक, गतिसम्बन्धी, गतिमूलक, गत्यात्मक; ~energy, गतिज ऊर्जा*; ~theory, गतिक सिद्धान्त; **~s,** बलगति-विज्ञान, बलगतिकी*। > काइने'ट्/इक, ~इक्स

kineto/graph, चलचित्र-कैमरा; **~scope,** चलचित्रदर्शी। > काइने'टॅ/ग्राफ़, ~स्कोप

king, 1. राजा, नरेश, नरपति; 2. (*chess card*) बादशाह। > किन्ग

king/bolt, ~pin, मध्यक़ाबला; **~-cobra,** नागराज; **~craft,** शासन-कला*; **~-crow,** भुजंगा; **~dom,** 1. राज्य, शाही*, बादशाहत*; 2. (खनिज-, वनस्पति-, प्राणि-) जगत्; **~fisher,** कौड़िल्ला, किलकिला, कौड़िल्ली*; **~let,** रजवाड़ा; **~ly,** राजसी, शाही, राजोचित्त; **~post,** मध्यथूनी*; **~'s evidence,** मुख़बीर; **~'s evil,** कण्ठमाला*, गण्डमाला*; **~ship,** राजत्व; राजपद, राजाधिकार, राजतन्त्र; **~'s yellow,** अमलतासी।

kink, *n.*, 1. बल, ख़म, ऐंठ्*; 2. (*curl*) घूँघर; 3. (*spasm*) ऐंठन*; 4. (*mental*) ग्रन्थि*, सनक*; —*v.*, बल पड़ना या डालना। > किन्क

kinsfolk, कुटुम्ब। > किन्ज़्फ़ोक

kinship, 1. सगोत्रता*, रिश्तेदारी*, बन्धुता*, बान्धव्य; 2. (*relation*) सम्बन्ध; 3. (*similarity*) सादृश्य। > किन्-शिप

kins/man, रिश्तेदार, ज्ञाति, नातेदार; **~woman,** रिश्तेदारिन*। > किन्ज़्/मॅन, ~वुमॅन

kiosk, छतरी*, कुश्क। > कीऑस्क

kip, (बछड़े, मेमने आदि की) खाल*। > किप

kipper, *n.*, सामन; सुखाया सामन या हिलसा; —*v.*, सुखाना। > किप्-अॅ

kirk, *see* CHURCH। > कॅ:क

kirsch (wasser), ओलची* का आसव। > किअॅश; किअॅश्-वा-सॅ

kismet, क़िस्मत*। > किस्मे'ट

kiss, *n.*, चुम्बन, चुम्मा, बोसा; *v.*, चूमना, चुम्बन क०। > किस

kit, 1. किट, सामान; 2. (*implements*) उपकरण, औज़ार; 3. (*~-bag*) बैग, थैला, झोला, तोशदान; 4. (*tub*) कठौत*, कठौता, कठरा; 5. (*basket*) टोकरा। > किट

kitchen, 1. रसोईघर, पाकशाला*, बावरचीखाना; 2. (*food*) रसोई*, भोजन; **~er,** रसोइया; **~ette,** छोटा रसोईघर। > किच्/इन, ~इनॅ, किचिने'ट

kite, 1. चील*; 2. (*person*) गीध, ठग, धोखेबाज; 3. (*toy*) पतंग*, कनकौआ; गुड्डी* (*small*); 4. (*business*) निभाव हुण्डी*; **~-flying,** कनकौवेबाजी*। > काइट

kith (and kin), परिचित (और सम्बन्धी)। > किथ

kitten, *n.*, बिलौटा; *v.*, ब्याना; **~ish,** 1. चिलबिल्ला; 2. (coy) नख़रेबाज। > किटॅन; किट्-निश

kittle, टेढ़ा। > किटॅल

kleptomania, चौर्योन्माद; **~c,** चौर्योन्मादी। > क्ले'प्टोमेन्-यॅ; क्लोप्टोमेन्-इऐक

knack, 1. (*adroitness*) कौशल, दक्षता*; 2. (*way of doing*) ढब, ढंग; 3. (*device*) युक्ति*, चाल*। > नैक

knag, 1. गाँठ*; 2. (*peg*) खूँटी*; 3. (*crag*) कूटक; **~gy,** गाँठदार। > नैग; नैग्-इ

knap, तोड़ना। > नैप

knapsack, झोला, थैला। > नैप्सैक

knar, गाँठ*; **~red,** गाँठदार। > ना; नाड

knave, 1. धोखेबाज़, धूर्त, पाजी, बदमाश; 2. (*card*) गुलाम; **~ry,** बेईमानी*, धोखेबाज़ी*, पाजीपन, बदमाशी*। > नेव़; नेवॅरि

knavish, बेईमान। > नेव्-इश

knead, 1. गूंधना, सानना, माँड़ना; 2. (*massage*) मालिश* क०, मर्दन क०, मलना। > नीड

knee, 1. घुटना, जानु; 2. (*bent piece*) कोहनी*, करवा; **~-breeches,** घुटन्ना; **~-cap, ~-pan,** चपनी*, जानुफलक, चक्की*, खुरिया*; **~d,** घुटनेदार; **~-joint,** जानुसन्धि। > नी; नीब्रिचिज़; नीकैप; नीपैन; नीड; नीजॉइन्ट

kneel, घुटने (घुटना) टेकना, घुटनों के बल बैठना; **~er,** चौकी*, टेकनी*। > नील; नील्-अॅ

knell, *n.*, घण्टानाद, घण्टास्वन; मृतकघण्टा; —*v.*, बजना; बजाना। > ने'ल

knick-knack, नुमाइशी चीज़*; दिखाऊ या लिफ़ाफ़िया गहना; मिठाई*। > निक्नैक

knife, *n.* (*v*), चाक़ू, छुरा, छुरी* (मारना); **~edge,** क्षुर-धार*; **~-grinder,** सिकलीगर। > नाइफ़

knight, 1.सामन्त; शूरवीर, सूरमा; 2. (*chess*) घोड़ा; 3. नाइट, सर; **~errant,** (परिभ्रामी) शूरवीर; **~hood,** सामन्त या नाइट की उपाधि*; सामन्त-वर्ग; **~ly,** वीरोचित। > नाइट; नाइट्-ए'रॅन्ट; नाइट्हुड; नाइट्-लि

knit, 1. बुनना; 2. (*contract*) सिकोड़ना या सिकुड़ना; 3. (*unite*) सटाना या सटना, जोड़ना या जुड़ना, बाँधना या बंध जाना; **~ting,** बुनाई*; —needle, बुनने की सलाई*। > निट; निट्-इन्ग

knittle, डोरी*। > निटॅल
knob, 1. (*protuberance*) गुमटा, गुलमा, घुण्डी*; 2. (*lump*) डला; 3. (*handle*) दस्ता, मूठ*; 4. (*knoll*) टीला; **~by,** गुमटेदार; **~kerrie, ~stick,** गाँठदार लाठी*। > नॉब; नॉब्-इ
knobble, गुलमी*। > नॉबॅल
knock, 1. मार*, प्रहार, आघात, धक्का; 2. (*rap*) दस्तक*, खटखट*, खटखहाहट*; 3. (*thumping noise*) खटखट*, आवाज़*; —*v.*, 1. प्रहार क०, मारना, ठोंकना; 2. (*rap*) खटखटाना; 3. (*collide*) टक्कर* खाना, टकराना; 4. (*rattle*) में खटखट* होना, आवाज़* क०, खड़खड़ाना; **~about,** मारा-मारा फिरना; दुर्गति* कर देना; **~down,** गिरा देना, हरा देना; बोली* ख़तम क०; पुर्ज़े खोलना; **~out,** पछाड़ देना; अचेत कर देना; हरा देना; **~together,** उतावली* से तैयार कर लेना। > नॉक
knock/about, घुमक्कड़, **~-down,** *adj.*, पछाड़, दंग या अभिभूत कर देनेवाला; —*n.*, गिरा देनेवाला प्रहार; **~er,** कुण्डी*; **~-kneed,** संहतजानु(क); **~-out,** *adj.*, अचेत या पछाड़ कर देनेवाला; —*n.*, पछाड़ कर देनेवाला प्रहार; —tournament, निराकरण-प्रतियोगिता*। > नॉकॅबाउट; नॉक्-अॅ; नॉक्नीड; नॉकाउट
knoll, टीला, टेकरी*। > नोल
knot, *n.*, 1. गाँठ*, ग्रंथि*; 2. (*group*) समूह, पुंज; 3. (*bond*) बन्धन; 4. (*tangle*) गाँठ*, उलझन*; 5. समुद्री मील; —*v.*, गाँठ* बाँधना, लगाना या पड़ जाना; बाँधना; उलझाना या उलझना; सिकोड़ना; **~-grass,** चिमटी घास*; **~ty,** गाँठदार; जटिल, पेचीदा, ग्रंथिल। > नॉट; नॉट्ग्रास; नॉट्-इ
knout, *n.* (*v.*), कोड़ा (लगाना)। > नाउट
know, 1. जानना, का ज्ञान होना; 2. (*understand*) समझना; 3. से परिचित होना, अभिज्ञ होना; 4. (*recognise*) पहचानना; 5. (*distinguish*) अन्तर जानना। > नो
know/able, ज्ञेय; **~-all,** सर्वज्ञ; **~er,** ज्ञाता, जाननेवाला; **~-how,** जानकारी*; **~ing,** *adj.*, जानकार; चतुर, बुद्धिमान; —*n.*, जानकारी*; **~ingly,** जानबूझकर; ज्ञानपूर्वक; **~-nothing,** अज्ञानी, नासमझ। > नोअॅबॅल, नोऑ:ल; नो-अॅ; नोहाउ; नोइन्ग; नोनॅथिन्ग
knowledge, 1. ज्ञान, विद्या*; 2. (*acquaintance*) परिचय; 3. (*awareness*) जानकारी*; **~able,** जानकार, सुविज्ञ। > नॉल्/इज, ~इजॅबॅल
known, ज्ञात। > नोन
knuckle, *n.*, 1. पोर*, उँगली* की गाँठ*; 2. (*of animals*) घुटने या टखने का पारचा; 3. (*of ship*) कोना; —*v.*, ठुनका या टोला मारना, ठुनकाना; **~down, under,** झुकना; **~-bone,** पोर* की हड्डी*; **~duster,** लोहे का दस्ताना; **~-joint,** जानु-सन्धि*। > नॅकॅल
knur(r) knurl, गाँठ*। > नॅ:, नॅ:ल
kobold, बौना। > कोबॉल्ड
koel, कोयल*, कोकिल, कोकिला*। > कोइल
koh-i-noor, कोहनूर। > कोइनुअॅ
kohl, सुरमा, अंजन। > कोल
kohlrabi, बन्द-गोभी*, गाँठगोभी*। > कोल्-रा-बि
koine, बोली*। > कॉइन्-इ
kola, कोला। > कोल्-अॅ
Kolarian, कोल। > कोले'अॅर्-इअॅन
Kolkhoz, सहकारी चक। > कॉल्कोज़
Koran, क़ुरान। > कॉरान
kos, कोस।
ko(w)tow, *n.*, (*v.*), दण्डवत् (क०); 2. (*abjectly*) तलवे चाटना। > को-टाउ; काउ-टाउ
kotwal, कोतवाल। > काट्वाल
kraal, बाड़ा, बाड़* (से घिरा गाँव)। > क्राल
krait, करैत; banded ~, घोड़-करैत। > क्राइट
kukri, खुखड़ी*। > कुक्-रि
kulak, ज़मींदार। > कूलैक
kupfernickel, नक़ली ताम्बा। > कुप्फ़ॅनिकॅल
kymograph, तरंगलेखी। > काइमॅग्राफ़
kyrie, दया-याचना*। > किर्-इ-इ

L

laager, *n.* (*v.*) पड़ाव (डालना)। > ला-गॅ
labdacism, *see* LAMDACISM.
labefaction, झकझोर; विनाश। > लैबिफैक्शॅन
label, *n.*, 1. लेबल, परचा, नामपत्र, अंकितक; 2. नाम; 3. (*band*) पट्टी*, फ़ीता; 4. (*archi.*) गढ़त*; —*v.*, लेबल लगाना; नाम रखना, वर्गीकरण क०; **~(l)ed,** अंकित, चिह्नित; **~lum,** ओष्ठक। > लेबॅल; लेबॅल्ड; लॅबे'लम
labial, ओष्ठ्य; **~ization,** ओष्ठ्यीकरण। > लेब्यॅल; लेबिॲलाइज़ेशॅन

labiate, ओष्ठी, होंठदार। > लेब्-इ-इट

labile, अस्थायी, अस्थिर, परिवर्ती। > लैब्-इल = लेब्-इल

labio/dental, दन्तयौष्ठ्य; **~nasal,** ओष्ठ्यानुनासिक; **~velar,** कण्ठ्योष्ठ्य। > लेब्-इओ/डे'न्टॅल, ~नेज़ॅल, ~वी-लॅ

laboratory, प्रयोगशाला*। > लॅबॉरॅटॅरि = लैबॅरॅटॅरि

laborious, 1. (*industrious*) परिश्रमी, मेहनती, श्रमशील; 2. (*difficult*) कठिन, श्रमसाध्य; 3. (*of style*) *see* LABOURED. > लॅबॉ:र्-इअॅस

labour, *n.*, 1. श्रम, परिश्रम, मेहनत*; 2. श्रमिक (वर्ग), मज़दूर; 3. (*travail*) प्रसव; प्रसव-पीड़ा*, प्रसव-वेदना*; —*v.*, 1. श्रम क०; (कठोर) परिश्रम क०; 2. कठिनाई* से आगे बढ़ना; 3. (*elaborate*) विस्तार देना; ~under, से कष्ट पाना, से आक्रान्त होना; से प्रभावित होना; casual ~, अनियमित श्रम; child ~, बालश्रम; division of ~, श्रम-विभाजन; forced ~, बेगार*; ~Exchange, रोज़गार कार्यालय; ~ party, मज़दूर दल; ~problem, श्रम-समस्या*; ~unrest, श्रमिक अशांति*; manual, mental ~, शारीरिक, मानसिक श्रम; part-time, whole-time ~, अंशकालिक, पूर्णकालिक श्रमिक; skilled ~, कुशल या सिद्धहस्त श्रमिक, कारीगर; unskilled ~, अकुशल श्रमिक, अनसीखा मज़दूर। > लेब्-अॅ

labour/-bureau, श्रमालय, श्रम-कार्यालय; **~-dispute,** श्रम-विवाद; **~ed,** अस्वाभाविक; आयासित, यत्नसिद्ध; कठिन; **~er,** श्रमिक, श्रमजीवी, मज़दूर; मज़दूरनी*, मज़दूरिन*; **~famine,** श्रमिक-अभाव; **~-market,** श्रम-बाज़ार; **~-movement,** श्रमिक-आन्दोलन; **~-pains,** प्रसव-पीड़ा*; **~-room,** सौरी*, प्रसूतिगृह; **~-saving,** श्रम बचानेवाला; **~-union,** श्रमिक संघ, श्रम-संघ; **~-welfare,** श्रमिक-कल्याण। > लेबॅड; लेबॅरॅ

labret, अधरिका*, ओष्ठाभरण। > लेब्-रिट

labrum, ओष्ठ। > लेब्रॅम

laburnum, अमलतास। > लॅबॅ:नॅम

labyrinth, 1. भूलभुलैया*; 2. (*inner ear*) आन्तरकर्ण; **~ine,** गहन, जटिल। > लैबॅरिन्थ; लैबॅरिन्थाइन

lac, 1. लाख*, लाक्षा*; 2. (*number*) लाख, लक्ष। > लैक

lace, *n.*, 1. (*string*) फ़ीता, तसमा; 2. (*braid*) डोरी*; 3. (*fabric*) लेस*, जाली*; 4. (*dash*) पुट; —*v.*, 1. (डोरी* या तसमे से) बाँधना या कसना; 2. गूथना, पिरोना; 3. डोरी* या किनारी* लगाना; 4. पुट देना; 5. (*steak*) धारियाँ लगा देना; 6. (*lash*) कोड़े लगाना। > लेस

lacerate, *v.*, चिथाड़ना, फाड़ना; दुखाना; —*adj.*, 1. चिरा-फटा; 2. (*bot.*) दीर्ण। > लैसॅरेट

laceration, 1. विदारण; 2. (*tear*) चीर; 3. (*wound*) चीरा। > लैसॅरेशॅन

laches, अनुचित विलम्ब; ग़फ़लत्त*, प्रमाद, असावधानी*। > लेच्-इज़ = लैच्-इज़

lachrymal, अश्रु-; ~ **gland,** अश्रु-ग्रन्थि*। > लैक्-रि-मॅल

lachry/mation, अश्रुधारा*; **~matory,** अश्रुजनक; **~mose,** अश्रुपूर्ण, अश्रुमय; अश्रु-प्रवण। > लैक्रिमेशॅन; लैक्-रि/मॅटॅरि, ~मोस

lacing, 1. फ़ीता, तसमा; 2. (*rope*) डोरी*; 3. (*measure*) मात्रा*। > लेसिन्ग

laciniate, विदीर्ण। > लॅ-सिन्-इ-इट

lack, *n.*, 1. (*shortage*) कमी*; 2. अभाव; —*v.*, कमी* या अभाव होना, से रहित होना। > लैक

lackadaisical, 1. (*sentimental*) भावुक; 2. (*listless*) निस्तेज, निरुत्साह। > लैकॅडेज़्-इकॅल

lackey, नौकर, टहलुआ; पिछलगा। > लैक्-इ

lacklustre, भावशून्य, निस्तेज। > लैक्-लॅस्-टॅ

laconic, अल्पाक्षरिक, संक्षिप्त; सारगर्भित; **~ism, laconism,** सूत्रशैली*; सूक्ति*। > लॅकान्/इक, ~इसिज़्म; लैकॅनिज़्म

lacquer, प्रलाक्षा*, रोग़न। > लैक्-अॅ

lactate, *v.*, दूध देना; दूध पिलाना; *n.*, दुग्धीय, दुग्ध-लवण। > लैक्टेट

lactation, 1. दुग्धस्रवण; 2. (~ *period*) दूध देने का समय, स्तन्य-काल; 3. (*suckling*) स्तन्यदान। > लैक्टेशॅन

lacteal, *adj.*, (*milky*) दूधिया; *n.*, दुग्धवाहिनी*, वसासलीकावाहिनी*। > लैक्-टि-अॅल

lactes/cence, 1. दुग्धीभवन; 2. दूधियापन; 3. (*of plants*) क्षीरस्रवण; **~cent,** 1. दूधिया; 2. (*of plants*) आक्षीरी, क्षीरस्रावी। > लैक्टे'स्/अॅन्स, ~अॅन्ट

lactic, दुग्धिक; ~ acid, दुग्धाम्ल। > लैक्-टिक

lactiferous, 1. दुधार; दुग्धजन; 2. आक्षीरी; क्षीरवाही। > लैक्टिफ़ॅरॅस

lactometer, दुग्धमापी। > लैक्-टॉम्-इ-टॅ

lactose, दुग्धशर्करा*। > लैक्टोस

lacuna, 1. रिक्ति*; रिक्त स्थान; कमी*; 2. (*gap*) अन्तराल, अन्तर; 3. (*anat.*) गर्तिका*, कुल्यिका*; **~r,** *adj.*, रिक्तिमय; —*n.*, गर्तिका-छत*। > लॅ-क्यून्-अॅ

lacustrine, सरोवरी। > लॅकॅस्ट्राइन

lad, लड़का, किशोर, युवक। > लैड

ladder, 1. सीढ़ी*, निसेनी*, ज़ीना; 2. (*rope* ~) कमन्द; 3. (*in stacking*) खाली घर; **~ed,** उधड़ा हुआ। > लैड्/अॅ, ~अॅड

lade, 1. लादना; 2. (*bail*) उलीचना; **~n,** लदा; भाराक्रान्त। > लेड; लेडॅन

lading, लदान*; भार; माल; bill of ~, बिलटी*, लदान-पत्र। > लेड्-इन्ग
ladida, *n.*, 1. (*person*) शेखीबाज़; 2. आडम्बर; शेख़ीबाज़ी*; —*adj.*, आडम्बरी, आडम्बरपूर्ण। > लाडिडा
ladle, *n.* (*v.*), कलछी*, करछुल (से निकालना), दरबी*, दर्बी*। > लेडॅल
lady, महिला*; Our ~, माता मरियम*; ~doctor, महिला डाक्टर*; ~ principal, प्राचार्या*; **~'s finger,** भिण्डी*, राम तरोई*। > लेड्-इ
lady/bird, सोनपाखरा, सोनपंखी*, सुररखी*; **~fly, ~cow,** बीरबहूटी*; **~fy, ~ladify,** लेडी* बनाना; लेडी* कहकर पुकारना; **~-like,** महिला-जैसा, महिलोचित, महिलासुलभ; शालीन; परिष्कृत; सुकुमार; **~-love,** प्रेयसी*; **~ship,** her —, तत्रभवती*; your —, अत्रभवती*।
laevorotatory, वामावर्त, वामावर्ती। > लीव़ोरोटेॅटॅरि
laevulose, फलशर्करा*। > लीव़्यूलोस
lag, *v.*, पिछाड़ना, पीछे रह जाना; देर* लगाना; —*n.*, विलम्ब; पश्चता*; **~gard,** 1. फिसड्डी 2. (*loiterer*) आवारागर्द। > लैग; लैगॅड
lagan, (समुद्र में) डूबा माल। > लैगॅन
lagging, लपेटन, परिवेष्टन; चपती*, फट्टी*। > लैग्-इन्ग
lagoon, लैगून, अनूप, समुद्रताल। > लॅगून
laic, अयाजकीय; साधारण, अविषेशज्ञ, **~ize,** साधारण लोगों (अयाजकों) को सौंपना; याजकवर्ग से निकालना। > ले-इक; लेइसाइज़
laid paper, रेखित काग़ज़। > लेड पेप्अॅ
lair, 1. मांद*; 2. (*bed*) बिछौना। > ले'अॅ
laissez-aller, अहस्तक्षेप। > लेस्-ए-ऐल्-ए
laissez-faire, अहस्तक्षेप। > लेस्-ए-फे'अॅ
laity, जन-साधारण; अयाजकवर्ग। ले-इ-टि
lake, 1. झील*, सरोवर, ताल; 2. (*pigment*) लाक्षक। > लेक
lallation, लकारीकरण। > लैलेशॅन
lama, लामा; **~ism,** लामावाद; **~sery,** लामा-विहार। > ला-मॅ; लामॅइज़्म; लॅमासॅरि = लामॅसॅरि
lamb, *n.*, 1. मेमना; 2. (*~-like*) भोला-भाला, निर्दोष; 3. (*simpleton*) भोंदू, गावदी; —*v.*, ब्याना; **-'s quarters,** बथू, बथुआ। > लैम
lambdacism, लकारीकरण। > लैम्डॅसिज़्म
lambkin, छोटा मेमना; मुन्ना, मुन्नूँ, मुन्नी*। > लैम्-किन
lambent, 1. (*flickering*) झिलमिला; 2. (*radiant*) कांतिमय; 3. (*of style*) विनोदपूर्ण, मनोरंजक। > लैम्बॅन्ट
lambskin, मेमने की खाल* या चमड़ा। > लैम्-स्किन
lame, *adj.*, 1. लँगड़ा, पंगु; 2. (*defective*) सदोष; असंतोषजनक, कच्चा, अधूरा; —*v.*, पंगु कर देना या हो जाना; ~duck, 1. रोगी; अयोग्य, असमर्थ या निस्सहाय व्यक्ति; 2. (*comm.*) टुटपुंजिया, दिवालिया; **~ness,** लँगड़ापन। > लेम
lamella, पटलिका*; **~te,** पटलित, स्तरित। > लॅ-मे'ल्/अॅ, ~इट
lament, *n.*, विलाप; शोकगीत, शोककाव्य; —*v.*, विलाप क०; शोक क० या प्रकट क०; **~able,** 1. शोचनीय, शोच्य; दयनीय; 2. (*wretched*) घटिया; **~ation,** विलाप; विलापगीत। > लॅमे'न्ट, लैम्-इन्टॅबॅल; लैमे'न्टेशॅन
lamia, चुड़ैल*। > लेम्-इअॅ
lamina, 1. पटल, परत*, स्तरिका*; 2. (*bot.*) पत्रदल, फार; **~te,** *adj.*, पटलित, स्तरित, परतदार; —*v.*, पटल बनाना, उतारना या चढ़ाना; परतदार वन जाना; **~tion,** पटलीभवन; पटलीकरण; परतबन्दी*; पटल। > लैम्-इ/नॅ; ~निट (*adj.*), ~नेट (*v.*); लैमिनेशॅन
laminitis, सुम-शोथ। > लैमिनाइट्-इस
lamp, दीप(क), बत्ती*, चिराग। > लैम्प
lamp/black, काजल, कज्जल; **~lighter,** बत्तीवाला; **~post,** बत्ती* का खंभा; **~-shade,** दीप-छादक; **~-stand,** दीवट, दीपाधार।
lampas, तालुआ। > लैम्पॅस
lampion, दीया; फ़ानूस। > लैम्-पि-अन
lampoon, *n.*, निन्दा-रचना*, निन्दा-लेख, अवगीत, हजो*; —*v.*, निन्दा* क०; **~ery,** निन्दा-लेखन; व्यंग्यात्मकता*; **~ist,** निन्दा-लेखक; निन्दक। > लैम्पून; लैम्पूनॅरि; लैम्पून्-इस्ट
lamprey, तब्बू। > लैम्-प्रि
lanate, लोमश, बालदार। > लेनेट
lance, *n.*, बल्लम; *v.*, 1. बल्लम मारना; 2. (*cut open*) चीरना; **~r,** बल्लम-बरदार। > लान्स; लान्स्-अॅ
lancet, छुरिका*, नश्तर; ~arch, नोकदार मेहराब*। > लान्-सिट
lanceolate, बल्लम-नोक। > लान्-सि-अॅ-लेट
lanci/nate, छेदना, चीरना; **~nating pain,** टीस*, हूक*। > लान्-सि-नेट
land, *n.*, 1. (*opp. to sea*) स्थल, ख़ुश्की*; 2. (*soil*) भूमि*, ज़मीन*, भू*; 3. (*region*) देश, प्रदेश, राज्य; 4. (*of bore*) पुश्ता; 5. (*landed property*) भूसम्पत्ति*; —*v.*, उतारना; पहुँचा देना; उतारना; पहुँचना; फँसाना; प्राप्त क०; **~ forces,** स्थल-सेना*। > लैन्ड
land/-breeze, स्थल-समीर; **~-cess,** लगान, उपकर; **~ed,** भू-, भूमिगत; भूमिसम्पन्न; **~fall,** भूदर्श;

स्थलावतरण; **~holder,** 1. भूमिधारी; 2. (*tenant*) काश्तकार।

landing, 1. अवतरण; अवतारण; 2. (*platform*) शीर्ष-मंच, मध्यमंच; चौकी*; **~-ground,** अवतरण-भूमि*; **~-place,** घाट; **~-stage,** अवतरण-पटरा। > लैन्-डिना

land : ~-jobber, भू-सटोरिया; **~lady,** 1. मकानदारिन*; जमींदारिन*; 2. (*of inn*) मालिका*; भठियारी*, भठिहारिन* (*pej.*); **~-locked,** स्थल-रुद्ध; **~lord,** 1. जमींदार, भूस्वामी; मकानदार; 2. (*of inn*) मालिक; भठियारा (*pej.*); **~lordism,** जमींदारी*; **~lubber,** भूकीट; **~man,** किसान; **~mark,** सीमाचिह्न, सरहद*; निशान; ऐतिहासिक या युगान्तरकारी घटना*; **~owner,** भू-स्वामी, जमींदार; **~-revenue,** भू-राजस्व, माल-गुज़ारी*, भू-आगम; **~scape** भू-दृश्य; परिदृश्य; प्राकृतिक दृश्य; **~scaping,** भू-दृश्य-निर्माण; **~scapist,** प्रकृति* का चित्रकार; **~slide,** 1. भू-स्खलन; 2. (*victory*) महाविजय*; **~slope,** भूढाल; **~-survey,** भू-परिमाप*; **~-tenure,** भूधारण, भू-धृति*।

lane, गली*, वीथिका*; पथ। > लेन

language, 1. भाषा*; 2. (*style*) शैली*। > लैन्ग्-ग्विज

languid, 1. निस्तेज, शिथिल, दुर्बल, कमज़ोर; 2. (*spiritless*) निर्जीव, निरुत्साह, उदासीन; 3. निष्क्रिय, सुस्त। > लैन्ग्-ग्विड

languish, दुर्बल या क्षीण हो जाना, घुलना, सूख जाना, मुरझाना; दुःख में दिन काटना; मन्द पड़ना; ललकना; प्रेमविह्वल या ललचौही आँखों* से देखना या ग्लानि* का अभिनय क०; **~ing,** क्षीयमाण; मन्द; उत्कण्ठित; प्रेमविह्वल। > लैन्ग्/ग्विश, ~ग्विशन्ग

languor, 1. (*lassitude*) क्लांति*, ग्लानि*; 2. (*listlessness*) उदासीनता*, निर्जीवता*; 3. (*tenderness*) प्रेमविह्वलता*; 4. (*slackness*) मन्दी*, नीरसता*; 5. (*of atomosphre*) भारीपन, ऊमस*;, उमस*, **~ous,** 1. *see* LANGUID; 2. क्लांतिकर; नीरस। > लैन्ग्-गॅ, ~ रॅस

langur, लंगूर। > लैन्ग्-गुअॅ

laniary, भेदक। > लैन्-इ-अॅ-रि

laniferous, ऊनदार। > लेनिफ़ॅरॅस

lank, 1. (*lean*) दुबला-पतला, छरहरा; 2. (*not curly*) सीधा; **~y,** ताँतिया, लम्बू। > लैन्क्-लैन्क्-इ

lanner, बाज़। > लैन्-अॅ

lantana, तानतानी*। > लैन्-टा-नॅ

lantern, लालटेन*; magic ~, चित्रदर्शी। > लैन्टॅन

lanuginous, रोमश, रोमिल। > लैन्यूजिनॅस

lanugo, गर्भलोम। > लैन्यूगो

lanyard, डोरी*। > लैन्यॅड

lap, *n.*, 1. गोद* (*also fig.*) अंक; 2. (*of dress*) अंचल; 3. (*flap*) पल्ला; 4. (*circuit*) चक्कर; 5. (*noise*) चपड़-चपड़* (*of drinking*); छप-छप* (*of waves*); —*v.*, 1. (*drink*) चाटना, चपड़-चपड़ या लप-लप पीना; 2. (*of waves*) छपछपाना; 3. (*enfold*) लपेटना; गोद* में रखना; 4. (*place over*) पर चढ़ा देना; **~-dog,** छोटा कुत्ता; **~ful,** गोद-भर; **~-joint,** चढ़ाव या चढ़वाँ जोड़; **~ping,** लेहन; **~-robe,** धुस्सा। > लैप; लैप्डॉग; लैप्फ़ुल; लैप्जॉइन्ट; लैप्-इन्ग; लैप्रोब

lapel, (गरेबान की) लौट*, मोड़ी*, मुड़ी*। > लॅपे'ल

lapidary, *n.*, मणिकार; *adj.*, 1. उत्कीर्ण; 2. (*style*) सूत्ररूप, सूत्रात्मक। > लैप्-इ-डॅ-रि

lapi/date, पत्थर मारना; पत्थरों से मार डालना; **~dation,** पत्थरबाज़ी*, पथराव; पत्थरों से वध। > लैप्-इ-डेट; लैपिडेशॅन

lapideous, पथरीला, आश्मिक। > लैपिड्-इ-अॅस

lapidi/fy, पत्थर बना देना; **~fication,** अश्मीकरण। > लैप्-पिड्-इ-फ़ाइ; लैपिडिफ़िकेशॅन

lapillus, ज्वालामुखी अश्मक। > लॅपिलॅस

lapis lazuli, लाजवर्द, रावट। > लैपिस् लैज़्युलाइ

lappet, पल्ला। > लैप्-इट

lapse, *n.*, 1. (*error*) भूल*; ग़लती*, चूक*; 2. (*moral*) दोष; पतन, च्युति*; 3. (*decline*) अवनति*, ह्रास; 4. (*of time*) गति*, व्यपगम, समाप्ति*; 5. (*flow*) बहाव; 6. (*law*) व्यपगमन, लय; —*v.*, 1. गिर जाना, अवनत हो जाना; 2. (*moral*) पतित या च्युत हो जाना; 3. (*of time*) बीत जाना, समाप्त होना; 4. (*flow*) बह जाना; 5. (*become void*) रद्द या कालातीत हो जाना; **~d,** 1. समाप्त, व्यतीत; 2. (*of a person*) पतित, च्युत; 3. (*law*) रद्द, गतावधि, लीन; व्यपगत। > लैप्स; लैप्स्ट

laputan, अव्यावहारिक; काल्पनिक। > लॅप्यूटॅन

lapwing, टिटहरी*। > लैप्-विन्ग

larboard, *n.*, बायाँ, वामपार्श्व; *adj.*, बायाँ; —*adv.*, बायें। > लाबॅड

lar/cener, चोर, तस्कर; **~cenous,** चोर; **~ceny,** चोरी*, स्तेय। > ला-सि-नें; लासिनॅस; ला-स्नि = लासिनि

larch, देवदारु। > लाच

lard, *n.* (*v.*), सूअर की चरबी* (भरना;) **~er,** (खाद्य-)भण्डार। > लाड; लाड्-अॅ

lares, कुलदेवता, गृहदेवता। > ले'अॅरीज़

large, 1. (*big*) बड़ा, बृहत् (*in size*); 2. (*abundant*) प्रचुर; 3. (*bulky*) बृहदाकार, भारी-भरकम; 4. (*spacious*) विशाल, लम्बा-चौड़ा, विस्तृत; 5. (*comprehensive*) बृहत्, विस्तृत; 6. (*of wind*) अनुकूल; at ~, स्वच्छन्द, मुक्त; विस्तारपूर्वक, ब्योरेवार; सामान्य रूप से; कुल मिलाकर; ~ intestine, बृहदान्त्र;

~-**hearted,** विशाल हृदय; ~**ly,** बहुत; अधिकांश; ~-**minded,** उदार; ~-**scale,** बड़ा, बड़े पैमाने पर; व्यापक। > लाज; लाज्/हाट्-इड, ~लि, ~माइन्ड्-इड्, ~स्केल

largess(e), उदार दान। > लाजे'स

larghetto, अवमन्द। > लागे'टो

largo, मंद। > लागो

lariat, 1. रस्सी*; 2. (*lasso*) कमन्द*। > लैरिॲट

lark, *n.*, 1. (*crested*) चण्डूल; 2. (*redwinged bush* ~) अगिन*; 3. (*short-toed* ~) बगेरी*; 4. (*sky* ~) भरत, भरुही*; 5. (*prank*) शरारत*, मज़ाक; 6. (*frolic*) क्रीड़ा-कौतक, आमोद-प्रमोद। > लाक़

larkspur, निर्विषी*। > लाक्स्पॅ:

larrikin, गुण्डा, दंगेबाज़। > लैरिकिन

larva, डिंभक, इल्ली*; ~**l** stage, डिम्भक अवस्था*। > लाव्/ॲ, ~ ॲल

larvicide, डिंभकनाशी। > लाविसाइड

larviparous, डिंभकप्रजक। > लाविपॅरॅस

laryn/geal, कण्ठ्य; ~**gitis,** स्वरयंत्रशोथ; ~**goscope,** स्वरयंत्रदर्शी; ~**gotomy,** स्वरयंत्र-उच्छेदन। > लॅ-रिन्-जि-ॲल; लैरिन्जाइट-इस लॅरिन्गॅस्कोप; लैरिन्गॉटॅमि

larynx, कंठ, स्वरयन्त्र। > लैरिन्क्स

lascar, लशकर, लसकर। > लैस्-कॅ

lascivious, लम्पट, कामुक; कामोत्तेजक। > लॅ-सिव्-इ-ॲस

lash, *n.*, 1. कोड़ा, चाबुक; 2. कोड़े की मार*, कशाघात; 3. (*censure*) ताना, कोड़ा; 4. (*eye*~) बरौनी*; —*v.*, 1. कोड़े लगाना; प्रहार क०; 2. से टकराना; 3. की घोर निन्दा* क०, की भर्त्सना क०, फटकारना; 4. उत्तेजित क०; 5. (*switch*) घुमाना, मारना; 6. (*fasten*) बाँधना; ~**ing,** कोड़ों की मार*, कशाघात; फटकार*, झिड़की*, भर्त्सना*; बन्धन। > लैश; लैश्-इन्ग

lashkar, लशकर। > लैश्-का

lass, लड़की*, किशोरी*; प्रेयसी*। > लैस

lassitude, क्लान्ति*, शिथिलता*, अवसाद। > लैस्-इ-ट्यूड

lasso, कमन्द*, फाँसा। > लैसो

last, *n.*, 1. कलबूत, क़ालिब, गोलम्बर; 2. अन्त; 3. दो टन का भार; —*adj.*, 1. (*final*) अन्तिम; आखिरी; 2. (*latent, hindmost*) पिछला; 3. (*previous*) गत, पिछला; 4. (*lowest*) अधम; 5. (*extreme*) चरम; —*adv.*, अन्त में; पिछली बार*; —*v.*, टिकना, बना रहना; टिकाऊ होना; पर्याप्त होना; at ~, आखिर, अन्त में अन्ततोगत्वा; ~but one उपान्तिम; ~night, कल शाम।

lasting, 1. (चिर) स्थायी; 2. (*strong*) टिकाऊ; 3. (*of colour*) पक्का। > लास्ट; लास्ट्-इन्ग

lastly, अंत में, अन्ततः। > लास्ट्-लि

latch, 1. सिटकिनी*, अर्गला*; 2. (*spring lock*) खटकेदार ताला। > लैच

late, *adv.*, 1. देर* से, देर* करके; देर* तक; 2. (*of*~, ~*ly*) हाल में; 3. के अंत में; —*adj.*, 1. विलम्बित, लेट, देर* का; 2. (*of crops*) पछेता; 3. (*recent*) पिछला; 4. (~*in a period*) उत्तर-, परिवर्त्ती; 5. (*deceased*) स्वर्गीय, दिवंगत; 6. (*recently out of office*) भूतपूर्व; ~*fee*, देर-फ़ीस*, लेट-फ़ीस*, विलम्ब-शुल्क; ~in the day, दिन ढले; ~in the night, बहुत रात* गए; ~ news, छपते-छपते; ~**ness,** देर*। > लेट

lateen, तिकोना पाल, कातरा। > लॅटीन

lately, हाल में। > लेट्-लि

latency, अव्यक्तता*, अन्तर्हिति*। > लेटॅन्सि

latent, अव्यक्त, अप्रकट, गुप्त, निगूढ़, निहित, अन्तर्हित, प्रच्छन्न। > लेटॅन्ट

later, *adv.*, बाद में, फिर कभी; *adj.*, बाद का, परवर्त्ती; उत्तरकालीन। > लेट्-ॲ

lateral, *adj.*, पार्श्विक, पार्श्वीय, पार्श्व-; *n.*, शाखा*, पार्श्व। > लैटॅरॅल

laterite, मखरला। > लैटॅराइट

latex, वनस्पति-दूध, क्षीर। > लेटे'क्स

lath, पट्टी*, धज्जी*; ~**ing,** धज्जीबन्दी*; ~**y,** ताँतिया, दुबला-पतला। > लाथ-लाथिन्ग; लाथि

latest, नवीनतम, अंततम; at the ~, अधिक से अधिक। > लेट्-इस्ट

lathe, 1. खराद; 2. (*of potter*) चाक; 3. (*of loom*) डण्डा। > लेद

lather, *n.*(*v.*) फेन, झाग (उठना या उठाना); ~**y,** झागदार। > लैद् = लाद्/ॲ,~ॲरि

lathi, लाठी*। > लाथ्-इ

lathyrism, कलायखंज। > लैथ्-इ-रिज़्म

laticiferous, आक्षीरी, रबड़ क्षीरी। > लैटिसिफ़ॅरॅस

Latin, *adj.* (*n.*) लैटिन (*), लातीनी (*); ~**ize,** लैटिन (ढंग का, जैसा) बनाना। > लैट्/इन, ~इनाइज़

latitude, 1. (*geogr.*) अक्षांक्ष, अक्षान्तर; 2. (*astron.*) विक्षेप, शर; 3. (*liberality*) उदारता*; 4. (*freedom*) स्वच्छन्दता*, स्वातन्त्र्य, छूट*; 5. (*scope*) विस्तार, फैलाव, गुंजाइश*। > लैट्-इ-ट्यूड

latitudinal, अक्षांशीय। > लैटिट्यूड्-इनल

latitudinarian, उदारपत्नी, सिद्धान्त-निरपेक्ष; ~**ism,** उदारपन्थ, सिद्धान्त-निरपेक्षता*। > लैट्-इ-ट्यू-डि-ने'ॲर्/इॲन, ~इॲनिज़्म

latria, आराधना*। > लॅ-ट्राइ-ॲ

latrine, शौचघर, पाख़ाना, संडास। लॅट्रीन

latter, 1. (*opp. to former*) अवरोक्त; 2. पिछला, परवर्त्ती; ~-**day,** आधुनिक; ~**ly,** हाल में, अन्त में। > लैट्-ॲ, ~डे, ~लि

lattice, जालक, जाली*, झँझरी*। > लैट्-इस

laud, *n.*, 1. भजन; 2. (*pl.*) प्रत्यूष-वन्दना*; —*v.*, प्रशंसा* क०, गुणगान क०; **~able,** प्रशंसनीय, श्लाघ्य, स्तुत्य; **~ation,** प्रशंसा*; **~ator,** प्रशंसक; **~atory,** प्रशंसात्मक। > लॉ:ड; लॉ:डबॅलॅ, लॉ:डेशॅन; लॉ:डेट्-ॲ; लॉ:डॅटॅरि

laudanum, अफ़ीम-निर्यास। > लॉड्नॅम

laugh, *v.*, हँसना; *n.*, हँसी*; **~at,** 1. (*ridicule*) की हँसी* या मज़ाक उड़ाना, का उपहास क०; 2. (*disregard*) की उपेक्षा* क०; 3. (*be amused*) से प्रसन्न होना, सुनकर हँसना; **~away,** हँसकर या हँसी* में टाल देना या बिता देना; **~ down,** हँसकर चुप कर देना; **~ off,** हँसी* में उड़ा देना; **~able,** हास्यास्पद, हास्यकर, हास्यजनक। > लाफ़; लाफ़ॅबॅल

lauging, हंसनेवाला, हास्यमय, प्रसन्न; हँसौंहाँ (*or eyes etc.*) हँसानेवाला, हास्यकर; **~-gas,** हास-गैस*; **~-stock,** हँसी* का पात्र, उपहास-पात्र। > लाफ़्-इन्ग; ~-गैस, ~-स्टॉक

laughter, हँसी*, हास्य। > लाफ़्-टॅ

launch, *n.*, 1. (*boat*) लांच; 2. जलावतरण; —*v.*, 1. छोड़ना, फेंकना, चलाना; 2. (*a ship*) भसाना, जलप्रवेश कराना, जल में उतारना; 3. आरंभ कर देना, का प्रवर्त्तन क०; प्रवर्त्तित क०; 4. प्रस्थान क०; 5. (*rush*) कूद पड़ना, पिल पड़ना, में लग जाना; **~ing,** जलावतरण, पोत-सन्तरण; **— way,** अवतरण-मंच। > लॉ:न्च; लॉ:न्च्-इन्ग

launder, धोना। > लॉ:न्-डॅ

laundress, धोबिन*। > लॉ:न्-ड्रिस

laundry, धोबीखाना, धुलाई-घर; लौंड्री*; धुले कपड़े। > लॉ:न्-ड्रि

laureate, प्रतिष्ठित; poet ~, राजकवि। > लॉ:र्-इ-इट

laurel, जयपत्र; Alexandrian ~, सुलताना-चम्पा, पून, पुन्नाग; Indian ~, सज, साइन। > लॉरॅल

lava, लावा। > ला-व

lavabo, हस्त-प्रक्षालन। > लॅवेबो

lavation, प्रक्षालन। > लैवेशॅन

lavatory, 1. प्रक्षालन (-पात्र); 2. (*closet*) शौचघर। > लैवॅटॅरि

lavement, वस्ति*, वस्तिकर्म। > लेव्-मॅन्ट

lavender, *n.*, लैवेण्डर; *adj.*, चमेलिया। > लैव्-इन्-डॅ

lavish, *adj.*, 1. मुक्तहस्त, उदार; 2. (*prodigal*) अपव्ययी, फ़िजूलख़र्च, उड़ाऊ; 3. (*abundant*) प्रचुर, विपुल, अत्यधिक; —*v.*, खर्च क०, व्यय क०, उदारपूर्वक देना; उड़ाना; **~ly,** खुले हाथों। > लैव्-इश

law, 1. विधि* क़ानून; 2. (*rule*) नियम, सिद्धान्त; 3. (*code*) संहिता*; ~ and order, क़ानून (विधि*) और व्यवस्था*; ~ of the land, देशाचार, देशविधि*; civil ~, दीवानी कानून, व्यवहार-विधि*; criminal ~, फ़ौजदारी क़ानून, दण्ड-विधि*; positive ~, राजकृत विधि*; moral ~, नैतिक नियम; natural ~, स्वभावगत धर्म, मानव-धर्म; ~ of nature, प्रकृति-नियम, प्राकृतिक नियम; go to ~, मुक़दमा चलाना। > लॉ:

law/-abiding, विधिपालक; **~-breaker,** विधिभंजक; **~-costs,** वाद-व्यय; **~-court,** न्यायालय; **~ful,** विधिसम्मत, विधिसंगत, वैध, क़ानूनी; **~fully,** विधित:; **~giver, ~maker,** विधायक, विधिकर्ता; **~less,** 1. विधिहीन; 2. विधिविरुद्ध, अवैध; 3. (*disorderly*) उपद्रवी, उत्पाती, उद्दण्ड, उच्छृंखल; **~lessness,** अव्यवस्था*, अन्धेर, अराजकता*।

lawn, लॉन, मैदान शाद्वल भूमि*, दूर्वाक्षेत्र; **~-mower,** घास-लावक। > लॉ:न

lawsuit, वाद, मुक़दमा। > लॉ:स्यूट

lawyer, वकील, विधिज्ञ, विधिवक्ता > लॉ:यॅ

lax, 1. ढीला, श्लथ, शिथिल; 2. (*careless*) लापरवाह; 3. (*bot.*) विरल; **~ative,** मृदु(वि)रेचक, सारक; **~ity,** ढिलाई*, ढीलापन, शिथिलता*; 2. (*carelessness*) लापरवाही*। > लैक्स; लैक्सॅटिव; लैक्-सि-टि

lay, *n.*, 1. गीत; 2. (*lair*) माँद*; 3. (*position*) स्थिति*, परिस्थिति*; 4. (*share*) हिस्सा, भाग, साझा; 5. (*of gun*) साध*; 6. (*of rope*) बटन*, बल; —*adj.*, 1. साधारण, अविशेषज्ञ; 2. (*non-clerical*) अयाजकीय; ~borther (*sister*), गृहकाजी या सहायक धर्मसंघी (धर्मसंघिनी*); ~figure 1. पुतला, 2. (*fig.*) कठपुतली; —*v.*, 1. (*knock down*) गिरा देना; 2. (*place*) रख देना; लगाना; बिछाना; 3. (अण्डे) देना; 4. (*allay*) शान्त क०; 5. (*bet*) दाँव पर रखना, की बाज़ी* लगाना; 6. (*impose*) लगाना; 7. (*aim*) साधना, निशाना बाँधना; 8. (*devise*) सोच निकालना; 9. (*prepare*) तैयार क०; 10. (*present*) प्रस्तुत क०, पेश क०; 11. (*impute*) आरोप लगाना; 12. (*twist*) बटना; 13. (*recline*) लेटना; **~aside,** 1. किनारे रखना, टालना; 2. (~ *away*) रख लेना; **~ down,** अर्पित क०; रख देना; निर्धारित क०; **~hold,** पकड़ लेना; **~in,** रख लेना; **~on,** लगाना; प्रहार क०; **~open,** उघाडना, प्रकट क०; **~out,** प्रदर्शित क०, निकाल कर रखना; लगाना; बनाना, तैयार क०; व्यय क०; **~ to,** 1. उत्तरदायी ठहराना, दोष लगाना; श्रेय देना; 2. (*of ship*) रोक देना; पड़ा रहना। > ले

lay-days, घाट-दिन; विलम्ब-दिन। > लेडेज़

layer, 1. रखनेवाला, लगानेवाला, *etc., see verb;* 2. (*stratum*) परत*, तह*, (सं)स्तर; 3. (*of masonry*) रद्दा; 4. (*gardening*) दाब-डाली*; **~age, ~ing,** दाब-कलम*; **~ed,** परतदार, स्तरित। > लेॲ

layette, (भावी) शिशु के कपड़े। > लेए'ट

layman, 1. अविशेषज्ञ, सामान्य जन; 2. (*not cleric*) अयाजक, यजमान। > लेमॅन

lay-off, 1. अस्थायी छँटनी*; 2. (*time*) मन्दी*। > ले-ऑ:फ

layout, अभिन्यास, विन्यास; ख़ाका। > लेआउट

laystall, घूरा। > लेस्टॉ:ल

lazaret(to), कुष्ठालय; संगरोध-भवन। > लैज़रे'ट; लैज़रे'टो

lazarus, कंगाल। > लैज़रॅस

laziness, आलस्य, सुस्ती*, काहिली*, अकर्मण्यता*। > लेज़्-इनिस

lazy, आलसी, सुस्त, काहिल। > लेज़्-इ

lea, चरी*, चरागाह। > ली

leach, विक्षालन क०; घुलकर बह जाना; **~ing,** विक्षालन। लीच; लीच्-इन्ग

lead[1], 1. सीसा, सीस(क); 2. (*graphite*) लिखिज; 3. (*sounding ~*) प्रूम; 4. (*printing*) पत्ती*; **red ~,** सिंदूर; white ~, सफ़ेदा; **~en,** 1. सीसे का; 2. भारी; 3. (*dull grey*) धूसर; **~-line,** प्रूम-रस्सी*; **~-pencil,** अंकनी*; **~-poisoning,** सीसक-विषायण; **~-sheet,** सीसा-चादर*; **~shot,** सीस-छर्रा; **~wort,** 1. (*zeyl.*) चीता, चित्रक; 2. (*indica*) लालचीता। > ले'ड, ले'डॅन

lead[2], *n.*, 1. (*leadership*) अगुआई*; नेतागिरी*; 2. (*example*) उदाहरण, नमूना; 3. अग्रता*; 4. मार्गदर्शन; मार्गदर्शक; 5. (*channel*) नहर*, कुल्या*; 6. (*wire*) तार; 7. (*theatre*) प्रधान पात्र; 8. (*cards*) प्रारंभ; 9. (*leash*) पट्टा; 10. have a ~ of 10 yards, दस गज़ आगे होना; —*v.*, 1. (*conduct*) ले चलना, ले जाना; 2. (*guide*) आगे जाना, नेतृत्व क०, पथप्रदर्शन क०, रास्ता दिखाना; 3. (*a horse*) टहलाना; 4. प्रेरित क०, की ओर* ले जाना, का कारण बनना; 5. का नेता होना, का संचालन क०, का नेतृत्व क०; 6. बिताना; 7. प्रारंभ क०; **~astray,** बहकाना, पथभ्रष्ट क०; **~on,** आगे ले जाना; प्रोत्साहन देना; बहकाना; **~up to,** की तैयारी* क०, के लिए तैयार क०; **~-in,** अन्तर्वाही। > लीड

leader, 1. नेता, अगुआ, अग्रणी; 2. (*leading article*) अग्रलेख, सम्पादकीय; 3. (*tendon*) कण्डरा; 4. (*printing*) संकेतक बिन्दु; **~ette,** लघु अग्रलेख; **~ship,** अगुआई*, नेतृत्व; नेतागिरी*। > लीड्-अॅ; लीडॅरे'ट

leading, *n.*, नेतृत्व; मार्गदर्शन; *adj.*, प्रमुख, मुख्य, अग्र, अग्रग, अगला, मार्गदर्शक; ~ case, निदर्शक वाद; ~ question संकेतक या सूचक प्रश्न; ~ man, प्रधान अभिनेता। > लीड्-इन्ग

leaf, 1. पत्ता, पत्ती*, पर्ण, पत्र, दल; 2. (*of book*) पन्ना, वरक़; 3. (*lamina*) पत्तल, पत्तर, पटल, स्तरिका*; 4. (*of door*) पल्ला, किवाड़, कपाट; **~age,** पत्रावलि*, पत्रसमूह; **~-cutting bee,** पतकटनी*; **~ed,** पर्णिल, पत्तेदार; **~less,** अपर्ण; **~let,** पत्रक, पर्णक; पुस्तिका*, पर्चा, इश्तहार, विज्ञप्ति*; **~-mould,** पत्ते की खाद*; **~-spring,** पत्तीदार कमानी*; **~-stalk,** पर्ण-वृन्त; **~y,** पत्तेदार, पर्णिल। > लीफ़; लीफ़्-इज; लीफ़्ट; लीफ़्/लिस, ~लिट, ~मोल्ड, ~स्टॉ:क लीफ़्-इ

league, *n.*, संघ, लीग*; *v.*, संघटित हो जाना या क०; ~ of nations, राष्ट्र-संघ; be in ~ with, के साथ साँठ-गाँठ* होना; **~r,** संघी, संघ-सदस्य। > लीग; लीग्-अॅ

leak, *v.*, चूना, रिसना, रसना, टपकना; चूकर निकलना; बाहर निकलना; प्रकट हो जाना; खुल जाना; में छेद होना; —*n.*, 1. रन्ध्र, छेद, छिद्र, दरार*; 2. (*leakage*) रिसाव, रसाव, च्यवन, टपकन*, नि:सरण, स्रवण; प्रकटन, रहस्योदघाटन; 3. (*electr.*) क्षरण; **~y,** सूराख़दार, नि:स्रावी, चूना; क्षरक। > लीक; लीक्-इ

lean, *adj.*, 1. दुबला-पतला, कृश; 2. (*of meat*) बे-चरबी; 3. (*meagre*) क्षीण; अपर्याप्त; अपौष्टिक; 4. कमी* का, अकाल का; —*n.*, झुकाव; —*v.*, झुकना, झुक जाना; टेकना, का सहारा लेना; पर आश्रित या अवलम्बित रहना; की ओर* झुकना; झुकाना; टिका देना, लगा देना; **~ing,** *adj.*, झुका हुआ, तिरछा; —*n.*, झुकाव, प्रवृत्ति*; **~-to,** एकपार्श्व ढालू छत*; सायबान। > लीन; लीन्-इन्ग; लीन्-टू

leap, *n.*, कूद*, छलांग*, उछाल* (*upwards*) लघन; कुदान* (*distance*) आकस्मिक परिवर्तन, विषयान्तर; —*v.*, कूदना; उछलना (*upwards*) 2. (*bound*) झपटना; 3. (*pass over*) लाँघना; **~-day,** अधिदिन; **~-frog,** *n.* (*v.*), मेंढक-कूद* (क०); **~-year,** अधिवर्ष। > लीप; लीप्/डे, ~ फ्रॉग, ~यिअॅ = ~यॅ:

learn, 1. सीखना, सीख लेना, शिक्षा* प्राप्त क०; 2. जान जाना, मालूम क०, पता चलना, मालूम हो जाना; 3. (*~by heart*) कण्ठस्थ क०; **~ed,** विद्वान्, पंडित; पांडित्य-पूर्ण; विद्या-; **~er,** नौसिखिया; **~ing,** 1. ज्ञान, विद्या*; जानकारी*; 2. पाण्डित्य, विद्वत्ता*; 3. (*study*) पढ़ाई*, शिक्षा-प्राप्ति*, अधिगम। > लॅ:न; लॅ:न्/इड, ~अॅ, ~इन्ग

leasable, पट्टा-देय। > लीसॅबॅल

lease, *n.*, पट्टा, इजारा; *v.*, पट्टे पर देना या लेना; **~hold,** *n.*, पट्टा; पट्टभूमि*; —*adj.*, पट्टे पर; **~holder,** पट्टाधारी। > लीस; लीसहोल्ड; लीस्-होल्-डॅ

leash, पट्टा; hold in ~, वश में रखना, नियन्त्रित क०। > लीश

leasing, झूठ। > लीस्-इन्ग

least, अल्पतम, लघुतम, न्यूनतम; **at~, ~wise,** कम से कम; चाहे जो हो, ख़ैर; not in the ~, कुछ भी नहीं, जरा भी नहीं। > लीस्ट; लीस्ट्वाइज़

leat, कुल्या*। > लीट

leather, चमड़ा; **~-cloth,** चर्मवस्त्र; **~n,** चमड़े का; **~y,** चिमड़ा, चीमड़। > ले'दॅ; ले'दॅन; ले'दॅरि

leave, *n.*, 1. छुट्टी*, अवकाश; 2. (*permission*) अनुमति*, इजाज़त*; —*v.*, 1. छोड़ना, छोड़ देना; रहने देना; 2. (*give up*) त्याग देना; 3. (*give*) देना; 4. (*entrust*) सौंप देना, पर छोड़ देना; 5. (*reject*) अस्वीकार क०; 6. (*go away*) विदा होना, चला जाना; प्रस्थान क०; **~out,** छोड़ देना; take ~, विदा होना; **~-taking,** विदाई*। > लीव्

leaven, *n.*, ख़मीर; *v.*, ख़मीर उठाना; प्रभावित क०; में परिवर्तन लाना; **~ed,** ख़मीरा; **~ing,** किण्वीकरण, किण्वन। > ले 'व़्न; ले 'व़्न्ड; ले 'वॅनिन्ग

leavings, 1. अवशेष; 2. (*of food*) जूठन*; 3. (*refuse*) कूड़ा-करकट। > लीव़्-इन्गज़

lecherous, लम्पट, कामुक; **lechery,** लम्पटता*, कामुकता*, विषयासक्ति*, व्यभिचार। > ले 'चॅरॅस; ले 'चॅरि

lectern, पाठ-मंच। > ले 'क्टॅन

lection, पाठ; **~ary,** पाठ-पुस्तक*। > ले 'क्शॅन; ले 'क्शॅनॅरि

lector, वाचक। > ले 'क्-टॉ:

lecture, *n.* (*v.*) व्याख्यान (देना); 2. डाँट*, सीख*; **~r,** प्राध्यापक, प्राध्यापिका*; व्याख्याता, व्याख्यात्री*। > ले 'क्-चॅ; ले 'क्-चॅ-रॅ

ledge, कगार; शिला-फलक; तलशिला*। > ले 'ज

ledger, 1. खाता, खाता-बही*, प्रपंजी*; 2. (*timber*) आड़ा; 3. (क़ब्र* पर का) समतल पत्थर। > ले 'ज्-ॲ

lee, *n.*, 1. (*shelter*) शरण*; आश्रय, ओट*; —*adj.*, अनुवात; **~-board,** ओट तख्ता, अनुवात पटल; **~shore,** अनुवात तट; **~side,** अनुवात पार्श्व; **~ward,** अनुवात **~way,** 1. अनुवात दूरी*; अनुवात गमन; 2. (*freedom, margin*) छूट*; स्वतन्त्रता*; गुंजाइश*; 3. (*deficiency*) कसर*, कमी*; make up—, कसर*(या कमी*) पूरी क०। > ली

leech, जलौका*, जोंक* (*also fig.*)। > लीच

leek, गन्दना। > लीक

leer, *n.*(*v.*), कुदृष्टि* (डालना), बुरी नज़र*(से देखना)। > लिॲ

lees, तलछट*, तलौंछ*। > लीज़

left, *n.*, 1. बायाँ; 2. वाम पार्श्व; 3. (*pol.*) वामपक्ष, वामपन्थ; —*adv.*, बायें, बायीं ओर*; —*adj.*, बायाँ, वाम। > ले 'फ़्ट

left/-handed, 1. खब्बा, बायाँहत्था, वामहस्तिक; 2. (*clumsy*) अनाड़ी, अदक्ष, फूहड़; 3. (*ambiguous*) द्व्यर्थक, संदिग्ध; 4. (*marriage*) अनुलोम; 5. (*counter-clockwise*) वामावर्त्त; **~-hander,** खब्बा। > ले 'फ़्ट्-हैन्ड्/इड, ~ॲ

left/ism, वामपंथ; **~ist,** वामपंथी। > ले 'फ्ट्/इज़्म, ~इस्ट

left-overs, 1. अवशेष; 2. (*food*) उच्छिष्ट, जूठन*। > ले 'फ़्टओव़ॅज़

leg, 1. टाँग*, पैर; 2. (*of trousers*) पाँयचा, पायँचा; 3. (*of chair etc.*) पाया; 4. (*stage*) मंज़िल*; **~ged,** -पाद; **~less,** टंगहीन। > ले 'ग; ले 'ग्ड; ले 'ग्-लिस

legacy, रिक्थ, पैतृक सम्पत्ति*, बपौती*। > ले 'गॅसि

legal, 1. (*lawful*) वैध, क़ानूनी, वैधिक, विधिसम्मत; 2. विधिपरक, विधिक, विधि-विषयक; ~practitioner, विधिजीवी, वकील; ~tender, वैध मुद्रा*। > लीगॅल

legal/ism, विधिवादिता*; कर्मकाण्डवाद; **~ist,** विधिज्ञ; विधिवादी; कर्मकाण्डवादी; **~ity,** वैधता*, क़ानूनियत*; **~ization,** वैधीकरण; **~ize,** वैध बनाना; **~ly,** वैध रूप से, विधितः, क़ानूनन। > लीगॅलिज़्म; लीगॅलिस्ट; लिगैल्-इ-टि; लीगॅलाइज़ेशॅन; > लीगॅलाइज़; लीगॅलि

legate[1], रिक्थदान क०, देना, दानपत्र लिखना। > लिगेट

legate[2], दूत, प्रतिनिधि, राजदूत। > ले 'ग्-इट

legatee, रिक्थभागी, वसीयतदार। > ले 'गॅटी

legation, दूतप्रेषण; दूतपद; दूतकार्य; प्रतिनिधि-मण्डल; दूतावास। > लिगेशॅन

legato, अभंग रीति* से। > लिगाटो

legator, रिक्थदाता। > लि-गे-टॅ

legend, 1. अनुश्रुति*, दन्तकथा*, किंवदन्ती*; आख्यान; 2. (*inscription*) लेख; 3. (*title*) शीर्षक; **~ary,** पौराणिक; कल्पित; अनुश्रुत, ऐतिह्य; **~ry,** दन्तकथा-समूह। > ले 'जॅन्ड; ले 'जॅन्डॅरि; ले 'जॅन्-ड्रि

legerdemain, 1. इन्द्रजाल, बाज़ीगरी*, जादू-गरी*; 2. (*trickery*) छल-कपट, चालबाज़ी*। > ले 'जॅडॅमेन

legging, leg-guard, टंगत्राण। > ले 'ग्-इन्ग

leggy, लमटंगा। > ले 'ग्-इ

legible, सुवाच्य, सुपाठ्य, स्पष्ट। > ले 'जॅबॅल = ले 'जिबॅल

legion, अक्षौहिणी*; सेना*; भीड़-भाड़*, **~ary,** सैनिक। > लीजॅन; लीजॅनॅरि

legislate, विधि* या क़ानून बनाना। > ले 'जिस्-लेट

legislation, विधि-निर्माण; कानून, विधान; penal ~, दण्ड-विधान। > ले 'जिस्लेशॅन

legislative, विधायी; वैधानिक; ~assembly, विधान-सभा*; ~council, विधान-परिषद्*; ~measure, वैधानिक कार्यवाही*; ~power, विधान-शक्ति*। > ले 'जिस्-लॅ-टिव़्

legis/lator, विधिकर्ता, विधायक; **~lature,** विधायिका*; विधानमण्डल, विधानांग। > ले 'जिस्-ले/टॅ, ~चॅ

legist, विधिज्ञ। > लीजिस्ट

legiti/macy, वैधता*; तर्कसंगति*; औरसता*; **~mate,** *adj.*, 1. (*lawful*) वैध, न्यायसंगत; 2. (*reasonable*) तर्कसंगत, युक्तियुक्त; 3. (*of* *offspring*) औरस; 4. (*real*) यथार्थ; —*v.*, वैध (औरस) बनाना, ठहराना या प्रमाणित क०; तर्कसंगत या उचित सिद्ध क० **~mation, ~mization,** वैधीकरण; औरसीकरण; **~m(at)ize,** *see* LEGITIMATE; **~mism,** वैधतावाद; **~mist,** वैधतावादी। > लि-जिट्-इ/मॅसि, ~मिट (*adj.*), ~मेट (*v.*); ~मेशॅन; ~माइज़ेशॅन; ~माइज़; ~मॅटाइज; ~मिज़्म; ~मिस्ट

legume(n), 1. (*pod*) शिम्ब; 2. (*plant*) फली*। > ले'ग्यूम; लिग्यूमॅन

leguminous, छीमीदार, फलीदार, शिम्बी। > लिग्यूम्-इनॅस

lei, पुष्पमाला*। > लेई = ले

leisure, *n.*, अवकाश, फ़ुरसत*; *adj.*, खाली; सावकाश; at one's ~, अपने अवकाश में, अपनी सुविधा* के अनुसार; **~ly,** *adj.*, अत्वरित; —*adv.*, धीरे-धीरे; इतमीनान से फ़ुरसत* से। > ले'श़्-अॅ, ~लि

leit/motiv, ~motif, विशिष्ट स्वरलहरी*। > लाइट्मोटीफ़

lemma, प्रमेयिका*। > लेम्-अॅ

lemon, नीम्बू, नीबू, जम्बीर; **~ade,** नीम्बू शरबत; **~-drop,** लेमनचूस; **~-grass,** नीम्बू-घास*; **~-juice,** नीम्बू-रस। > ले'मॅन; ले'मॅनेड

lemur, flying ~, कुबंग; **~es,** प्रेत। > लीम्-अॅ; ले'म्यूरीज़

lend, उधार देना; किराये पर देना; प्रदान क०, देना; ~oneself (itself) to, के अनुकूल होना, के लिए उपयुक्त होना, में सहायक होना; **~er,** उधारदाता; महाजन, साहूकार; **~ing,** library, ऋणद पुस्तकालय। > ले'न्ड; ले'न्/डॅ, ~डिना

length, 1. लम्बाई*, दैर्घ्य; 2. (*distance*) दूरी*; 3. दीर्घत्व, दीर्घता*; 4. (*prosody*) मात्रा*; 5. (*extent*) विस्तार; 6. टुकड़ा; at ~, विस्तार से; अन्ततोगत्वा, अन्त में; **~en,** लम्बा या दीर्घ क० या हो जाना, बढ़ाना या बढ़ना; **~ened,** प्रवर्द्धित, दीर्घीकृत; **~ening,** वृद्धि*, सम्प्रसारण; प्रवर्द्धन, दीर्घीकरण; **~ways, ~wise,** लम्बाई* में, लम्बान* में; **~y,** बहुत लम्बा, (अति) विस्तृत, अपविस्तृत। > ले'न्थ; ले'न्थॅन; ले'न्-थि

leniency, मार्दव, सदयता*, सौम्यता*। > लीन्यॅन्सि

lenient, सदय, सौम्य, मृदुल। > लीन्यॅन्ट

lenis, शिथिल, अशक्त। > लीनिस

lenitive, प्रशामक; मृदरेचक। > ले'न्-इ-टिव़्

lenity, सदयता*, दयालुता*; रियायत*। > ले'न्-इ-टि

lens, 1. लेन्स, ताल, वीक्ष; 2. (*of eye*) तेजोजल। > ले'न्ज

Lent, चालीसा। > ले'न्ट

lenten, 1. चालीसे का; 2. (*meagre*) अपर्याप्त, अप्रचुर। > ले'न्-टॅन

lenticel, वातरन्ध्र। > ले'न्-टि-से'ल

lenticular, मसूराकार। > ले'न्-टिक्-यू-लॅ

lentigo, चकत्तेदार चमड़ा। > ले'न्टाइगो

lentil, मसूर; green ~, मूँग*। > ले'न्-टिल

lentitude, सुस्ती*। > ले'न्-टि-ट्यूड

lento, धीरे-धीरे। > ले'न्टो

lentoid, वीक्षाकार। > ले'न्टॉइड

leonine, सिंह का; सिंह-जैसा, सिंह-सदृश। > लीअॅनाइन

leopard, तेंदुआ; snow ~, साह; clouded ~, लमचित्ता; *see* CHEETA; **~ess,** तेंदई*। > ले'पॅड; ले'पॅडिस

leper, कोढ़ी, कुष्ठी। > ले'प्-अॅ

lepidopterous, शल्किपक्ष। > ले'पिडॉपटॅरस

leporine, शशजातीय। > ले'पॅराइन

leprechaun, परी*। > ले'प्-रॅ-कॉःन

leprosarium, कुष्ठालय, कुष्ठाश्रम। > ले'प्-रॅ-से'अॅर्-इ-अॅम

leprosy, कोढ़, कुष्ठ। > ले'प्-रॅ-सि

leprous, कोढ़ी। > ले'प्-रॅस

lesbianism, स्त्रीसमलिंगकामुकता*। > ले'ज़्-बि-अॅ-निज़्म

lese'-majeste', lese-majesty, राजद्रोह, राजापमान। > लेज़्मैश्ज़े'स्टे; लीज़्-मैज़्-इस्-टि

lesion, 1. क्षत, चोट*, घाव; 2. (*injury*) क्षति*, हानि*। > लीश़्जॅन

less, कम; **~en,** कम क० या हो जाना; (महत्त्व) घटाना; **~er,** लघु। > ले'स; ले'सॅन; ले'स्-अॅ

lessee, पट्टेदार, पट्टाधारी। > ले'सी

lesson, पाठ, सबक; शिक्षा*, चेतावनी*, सीख*, सबक। > ले'सॅन

lessor, पट्टादाता, पट्टाकर्ता, पट्टाकार। > ले'सॉः

lest, ऐसा न हो कि, कहीं⋯न > ले'स्ट

let, *n.*, बाधा*, रोक-टोक*; पट्टादान, किरायेदारी*; —*v.*, 1. होने देना, अनुमति* देना; 2. (निकलने, करने, जाने) देना; 3. (*hire out*) किराये, भाटक या पट्टे पर देना; भाड़े पर उठाना; **~alone, ~be,** रहने देना; हस्तक्षेप नहीं क०, दखल नहीं देना; छोड़ देना; **~down,** उतार देना; निराश क०; घटाना, मन्द कर देना; **~in,** आने देना; **~off,** निकालना, जाने देना, रिहा क०; **~out,** जाने, निकलने या बहने देना; मुक्त क०; छोड़ देना, निकालना; प्रकट क०; **~up,** कम क०, बन्द क० या हो जाना; **~-down,** घटाव, उतार, मन्दी*; **~-off,** क्षमा*; **~-up,** घटाव, मन्दी*; विराम। > ले'ट

lethal, (प्राण) घातक, प्राणहर। > लीथॅल

lethar/gic, 1. तन्द्रालु; 2. (*dull*) अकर्मण्य, निर्जीव, निश्चेष्ट; 3. तन्द्राजनक; **~gy,** तन्द्रा*; निर्जीवता*, अकर्मण्यता*, सुस्ती*। > लिथाजिक; ले'थॅजि

letter, 1. (*of alphabet*) वर्ण, अक्षर; 2. पत्र, चिट्ठी*, खत; 3. (*document*) पत्र; 4. (*pl.*) साहित्य; विद्या*; ~ of advice, सूचना-पत्र; ~ of credence, प्रत्यय-पत्र; ~ of credit, साख-पत्र; ~s patent, अधिकार-लेख; to the ~, अक्षरशः। > ले'ट्-अॅ

letter/-book, पत्र-पंजी*; **~-box,** लेटर-बक्स, पत्र-पेटी*; **~-card,** पत्रक; **~-carrier,** डाकिया; **~ed,** साक्षर; *(सु)शिक्षित; अक्षरांकित; **~-head,** शीर्षनामा, सरनामा; **~ing,** अक्षर-लेखन, अक्षरांकण; **~-pad,** पत्र-पैड; पत्राली*; **~-paper,** पत्र का काग़ज़; **~-press,** अक्षर-मुद्रण; चित्रटीका*; **~-weight,** दाब*।

lettuce, सलाद, काहू। > ले'ट्-इस

leucas, छोटा हलकुशा। > लूकॅस

leuchaemia, leukaemia, श्वेतरक्तता*। > ल्यूकीम्-इअॅ

leuco/cyte, श्वेताणु; **~cytosis,** श्वेताणुवृद्धि*। > ल्यूकॅसाइट; ल्यूकोसाइटोस्-इस

leuco/derma, धवल रोग; **~pathy,** रंजक-हीनता*; **~plast,** अवर्णी लवक, श्वेत कणक; **~rrhoea,** (श्वेत) प्रदर। > ल्यूक-डॅःम्-अॅ; ल्यूकॉपॅथि; ल्यूकॅप्लास्ट; ल्यूकॅरीअॅ

Levant¹, निकट-पूर्व। > लिवैन्ट

levant², चम्पत हो जाना, भाग जाना। > लिवैन्ट

levator, उन्नायक, उन्नयनी। > लि-वेट्-अॅ

levee, 1. (*embankment*) बाँध, तटबंध; 2. (*quay*) घाट; 3. दरबार। > ले'व्-इ

level, *n.*, 1. (*spirit-~*) साधनी*, तलमापी; 2. (*of sea etc.*) तल; 3. (*standard*) स्तर; 4. (*flat area*) समतल; —*adj.*, 1. (*even*) समतल, सपाट, चौरस; 2. (*horizontal*) क्षैतिज; 3. (*equal*) बराबर; 4. (*uniform*) सम; 5. (*balanced*) संतुलित; —*v.*, 1. समतल, चौरस या बराबर कर देना; पटतारना (*ground*) 2. गिरा देना; 3. (*a gun*) साधना, छतियाना; 4. लक्ष्य क०; **~crossing,** समपार; **~-headed,** सन्तुलित, समझदार; **~ler,** समतावादी; बराबर कर देनेवाला; तलेक्षक; **~ling,** 1. समकरण; 2. (*of ground etc.*) चौरसाई*, समतलन, तलेक्षण; 3. (*survey*) तलमापन। > ले'वॅल; ~क्रॉस्-इन्ग; ~हे'ड्-इड; ले'वॅलॅ, ले'वॅलिन्ग

lever, *n.*, उत्तोलक; *v.*, उठाना; **~age,** उत्तोलन; (उत्तोलक-) शक्ति*। > लीव्-अॅ; लीवॅरिज

leveret, शशक। > ले'वॅरिट

leviable, उद्ग्राह्य, आरोप्य। > ले'व्-इ-अॅ-बॅल

leviathan, तिमिंगल। > लिवाइअॅथॅन

levigate, चूर्ण कर देना, घोटना; लेई* बनाना। > ले'व्-इ-गेट

levin, कौंध*। > ले'व्-इन

levirate, नियोग। > लीव्-इरिट

levi/tate, हवा* में उठ जाना; **~tation,** आकाशगामिता*। > ले'व्-इ-टेट; लेविटेशॅन

Leviticus, लेवी-ग्रंथ। > लि-विट्-इ-कॅस

Levite, लेवी; वेदी-सेवक। > लीवाइट

levity, छिछोरापन, चपलता*, चंचलता*; हलकापन। > ले'व्-इ-टि

levulose, फलशर्करा*। > लीव्यूलोस

levy, *n.*, उगाही*, उद्ग्रहण; चन्दा; अनिवार्य सैन्य-भरती*; —*v.*, उगाहना, (कर आदि) लगाना; सेना* में भरती* क०; ~in mass, आम लामबन्दी*। > ले'व्-इ

lewd, लम्पट, व्यभिचारी; कामुक। > लूड

lewis, डोली*। > लूइस

lexical, शाब्दिक; कोश-विषयक। > ले'क्स्-इकॅल

lexico/grapher, कोशकार; **~graphy,** कोश-कला*; कोश-रचना*। > ले'क्-सि-कॉग्/रॅफ, ~ रॅफ़ि

lexicon, शब्द-कोश, निघंटु। > ले'क्स्-इकॅन

liability, 1. देयता*, दायिता*, दायित्व; 2. (*responsibility*) ज़िम्मेवारी*, उत्तर-दायित्व; 3. (*pl.*) देय, ऋण; 4. भार। > लाइ-अॅ-बिल्-इ-टि

liable, दायी; उत्तरदायी; अधीन; he is ~ to err (error), वह गलती* कर सकता है (उसके लिए ग़लती* की सम्भावना* होती है)। > लाइअॅबॅल

liaison, 1. (*mil.*) सम्पर्क; 2. (*phon.*) सन्धि*; 3. अनुचित सम्बन्ध, जार-सम्बन्ध; ~ officer, सम्पर्क-अधिकारी। > लिएज़ों

liana, liane, कठलता*। > लि-आ-न; लिआन

liar, झूठा, मिथ्यावादी, मिथ्याभाषी : out-rageous ~, झूठ का पुतला। > लाइ-अॅ

libation, तर्पण। > लाइबेशॅन

libel, *n.*, अपमान-लेख, अपलेख; निन्दा*, अपमान; अभियोगपत्र; —*v.*, मान-हानि* क०; अपमानित क०; अभियोग लगाना, मुक़दमा चलाना; **~lous,** अपलेखात्मक; अपमानजनक। > लाइबॅल; लाइबॅलॅस

liberal, 1. (*generous*) दानी, उदार, दानशील, वदान्य; 2. (*not rigorous*) उदार; 3. (*open-minded*) उदार, उदारचेता, उदारचरित; 4. उदार(ता)वादी; 5. (*ample*) प्रचुर, भरपूर; **~ism,** उदार(ता)वाद; **~ity,** वदान्यता*; उदारता*; दान; **~ize,** उदार बनना या बनाना। > लिबॅरॅल; लिबॅरॅलिज़्म; लिबॅ-रैल्-इ-टि, लिबॅरॅलाइज़

libe/rate, (वि)मुक्त क०; स्वतन्त्र क०; अलग क०; **~ration,** (वि)मोचन; मुक्ति*; **~rator,** परिमोचक। > लिबॅरेट; लिबॅरेशॅन; लिबॅ-रे-टॅ

libertarian, इच्छास्वातंत्र्यवादी; **~ism,** इच्छा-स्वातंत्र्यवाद। > लिबॅटे 'ॲर्/इॲन, ~इॲनिज़्म

liberticide, *n.*, स्वातंत्र्यघातक; *adj.*, स्वातंत्र्यघाती। > लिबॅ:ट्-इसाइड

liber/tine, लम्पट, व्यभिचारी; **~tinism, ~tinage,** व्यभिचार, लाम्पट्य। > लिबॅटाइन; लिबॅटि/निज़्म, ~निज

liberty, 1. स्वतन्त्रता*, आज़ादी*, स्वातन्त्र्य, स्वाधीनता*; 2. (*licence*) स्वेच्छाचार, स्वच्छन्दता*; 3. (*release*) मुक्ति*; 4. (*exemption*) छुटकारा; 5. (*right*) अधिकार; 6. (*permission*) छुट्टी*, अनुज्ञा*; take the ~ or, की धृष्टता* क०। > लिबॅटि

libidinous, कामुक, कामी। > लि-बिड्-इ-नॅस

libido, 1. काम, कामवासना*, कामप्रवृत्ति*; 2. मनःशक्ति*। > लिबाइडो

libra, (*astron.*) तुला*। > लाइब्- रॅ

librarian, लाइब्रेरियन, पुस्तकाध्यक्ष, पुस्तकालयाध्यक्ष, पुस्त-पाल। > लाइ-ब्रे 'ॲर्-इ-ॲन

library, पुस्तकालय, लाइब्रेरी*, ग्रन्थागार। > लाइब्- रॅरि

librate, डोलना, दोलन क०; सन्तुलित रहना। > लाइब्रेट

libration, 1. डोलन; 2. सन्तुलन; 3. (*astron.*) (आभासी) दोलन। > लाइब्रेशॅन

libratory, दोलायमान। > लाइब्- रॅटॅरि

libretto, गीतिनाट्य की पुस्तिका*, सांगीतपाठ। > लिब्रे'टो

licence, 1. (*permit*) लाइसेंस, अनुज्ञापत्र; 2. (*permission*) अनुज्ञा*, अनुज्ञप्ति*, अनुमति*; 3. स्वेच्छाचार, स्वच्छन्दता*, उच्छृंखलता*; व्यभिचार, लाम्पट्य; 4. (*freedom*) छूट*, स्वतन्त्रता*। > लाइसॅन्स

license, अनुज्ञा* प्रदान क०; **~d,** अनुज्ञप्त; **~e,** अनुज्ञप्तिधारी; **~r,** अनुज्ञप्तिदाता। > लाइसॅन्स; लाइसॅन्स्ट; लाइसॅन्/सी; लाइ-सॅन-सॅ

licentiate, लाइसेंसिएट। > लाइ-से 'न्-शि-इट

licentious, लम्पट, व्यभिचारी; स्वेच्छाचारी। > लाइसे 'न्शॅस

lichen, लाइकेन, चरीला, पत्थर का फूल, शैवाक। > लाइ-कॅन

licit, 1. (*allowed*) अनुमत, धर्म्य, धर्मसंगत; 2. (*lawful*) विधिसम्मत, विधिसंगत; **~ly,** विधिवत्। > लिसिट

lick, *n.*, 1. लेहन; 2. थोड़ा सा; 3. (*blow*) प्रहार; —*v.*, चाटना; स्पर्श क०; **~erish,** 1.(*epicurean*) चटोरा 2. (*greedy*) लोलुप; 3. (*lecherous*) कामुक; **~spittle,** चाटुकार। > लिक; लिकॅरिश

licorice, *see* LIQUORICE। > लिकॅरिस

lid, 1. ढक्कन, ढकना, पिधान; प्रच्छद; 2. (*eye~*) पलक*, वर्त्म। > लिड

lie[1], *v.*, झूठ बोलना; कपट क०; भ्रांति* उत्पन्न क०; —*n.*, झूठ, असत्य, अनृत; give the ~ to, झुठलाना। > लाइ

lie[2], 1. लेटना, लेट जाना; 2. (*of things*) पड़ा रहना; 3. होना, रहना; 4. स्थित होना; 5. (*law*) ग्राह्य या स्वीकार्य होना; —*n.*, 1. (*situation*) स्थिति*, अवस्थिति*; 2. (*direction*) दिशा*; 3. (*aspect*) रूप; 4. (*arrangement*) बनावट*; 5. (*lair*) माँद*। > लाइ

lief, खुशी* से। लीफ़

liege, स्वामिभक्त; **~lord,** स्वामी; **~man,** सामन्त। > लीज

lien, ग्रहणाधिकार, गहन। > लिॲन

lierne, पट्टी*, धज्जी*। > लिॲ:न

lieu, स्थान; in ~of, के बदले में। > ल्यू

lieutenant, स्थानापन्न; लेफ़्टिनेंट; **~-governor,** उपराज्यपाल। > ले 'फ़्टे 'नॅन्ट; ~गॅवॅनॅ

life, 1. जीवन; 2. (*vigour*) स्फूर्ति*, प्राण, जान*; 3. जीवन-चरित, जीवनी*; 4. (*of atom*) आय*; mode of ~, जीवन-चर्य्या*। > लाइफ़

life/belt, रक्षा-पेटी*; **~-blood,** प्राणशक्ति*; **~boat,** रक्षा-नौका*; **~buoy,** रक्षा-बोया; **~estate,** आजीवन-सम्पदा*; **~-giving,** प्राणदायक; **~-history,** जीवन-वृत्त; **~insurance,** जीवन-बीमा; **~less,** निर्जीव, निष्प्राण, निस्तेज; **~like,** सजीव, जीता-जागता; **~line,** बचाव-रस्सी*, रक्षा-रस्सी*; **~long,** आजीवन; **~-period,** आयु*; **~-policy,** जीवन-बीमा; **~-saving,** *n.*, प्राणरक्षा*, *adj.*, प्राणरक्षक; **~-sentence,** आजीवन दण्ड; **~-size,** प्राकृत आकार का, आदमक़द; **~-span,** जीवन-अवधि*; **~-spring,** जीवन-स्रोत; **~time,** जीवन-काल।

lift, *n.*, 1. लिफ़्ट, उत्थापक; 2. (*raising*) उत्थापन, उत्तोलन; उन्नयन; 3. (*rising*) उत्थान; उठान*; उन्नति*, प्रगति*; 4. (*help*) सहायता*; 5. (*heel of shoe*) गुल; —*v.*, 1. उठाना, ऊँचा क०, उठाकर रखना; 2. (*raise*) उन्नत बना देना, ऊपर उठाना; 3. (*steal*) ले जाना, उठा ले जाना; 4. (*cancel*) उठा देना; 5. (*of clouds*) छँट जाना; 6. (*rise*) उठना, बढ़ना; give a ~, अपनी सवारी* में ले जाना; **~-pump,** उद्ग्राहक पम्प। > लिफ़्ट

ligament, 1.स्नायु*, अस्थिबन्ध; 2. (*bond*) बन्धन। > लिगॅमॅन्ट

ligate, बाँधना। > लाइ गेट

ligature, 1. बन्ध, अनुबन्ध, बन्धन; 2. (*bandage*) पट्टी*; 3. संयोजन। > लिगॅचुॲ

light[1], *n.*, 1. प्रकाश ज्योति*, रोशनी*, आलोक; 2. (*lamp*) बत्ती*, दीपक; 3. (*match*) दीयासलाई*;

4. (*window*) खिड़की*; 5. (*aspect*) दृष्टि*, दृष्टिकोण; —*adj.*, ज्योतिर्मय, उज्जवल; —*v.*, 1. सुलगना, जलना, सुलगाना, जलाना; 2. आलोकित क०, पर प्रकाश डालना; 3. (*animate*) अनुप्राणित क०; 4. प्रकाशमान होना, चमकना; **~en,** प्रदीप्त क०, आलोकित क०; प्रबुद्ध क०, शिक्षा* देना; चमकना; **~er,** जलानेवाला; **~house,** प्रकाश-गृह, फ़ानूस, कंडीलिया*, दीपस्तंभ, जलदीप, प्रकाशस्तम्भ; **~ing,** प्रदीपन; प्रदीप्ति*; प्रकाश; प्रकाश-व्यवस्था। > लाइट; लाइट्/ॲन; ~ॲ, ~हाउस, ~इन्ग

lightning, बिजली*, तड़ित*, विद्युत्*; **~-conductor,** तड़ित्-संवाहक, तड़ित्-चालक, बिजली-बचाव; तड़ित्-रक्षक। > लाइट्-निन्ग; ~कॅन-डॅक्-टॅ

light/ship, दीप-नौका*; **~some,** प्रकाशमान; उजला; **~-year,** प्रकाश-वर्ष।

light², *adj.*, 1. (*not heavy, intense, etc.*) हलका; 2. (*of wind*) मन्द; 3. (*not coarse*) महीन, बारीक; 4. (*easy*) आसान; सरल; 5. (*flighty*) चंचल; 6. (*wanton*) व्यभिचारी, स्वेच्छाचारी; 7. (*nimble*) फुरतीला; 8. (*unstressed*) बलाघातशून्य; **~en,** हलका क० या हो जाना; कम, सरल या हर्षित क०; **~er,** (*ship*) माल बोट*। > लाइट; लाइट्/ॲन, ~ॲ

light/-fingered, हथफेर, हथलपक; **~-footed,** फुरतीला; **~-headed,** चलचित्त, चपल, चंचल, अविवेकी; **~-hearted,** प्रफुल्ल, प्रसन्नचित्त; **~ly,** धीरे से, हलके से; खुशी* से, स्फूर्त्ति* से; लापरवाही* से; उपेक्षा* से; अकारण; **~-minded,** चंचल, चपल; **~ness,** हलकापन; नरमी*, कोमलता*; स्फूर्ति*; खुशी*; छिछोरापन; **~-o'-love,** स्वैरिणी*; **~some,** प्रसन्नचित्त, विनोदशील; चंचल; फुरतीला; **~-skirts,** कुलटा*, व्यभिचारिणी*।

lights, फेफड़े। > लाइट्स

ligneous, काष्ठीय; काष्ठाभ। > लिग्-नि-ॲस

lignify, काष्ठ बनना या बनाना। > लिग्-नि-फ़ाइ

lignite, भूरा कोयला। > लिग्नाइट

ligulate, 1. जीभिकाकार; 2. (*as a strap*) पट्टाकार। > लिग्यूलिट

ligule, जिह्विका*, जीभिका*। > लिग्यूल

lik(e)able, मनोहर, रुचिकर, रमणीय; आकर्षक, प्रीतिकर। > लाइकॅबॅल

like¹, *v.*, पसन्द क०, से प्रसन्न होना, की रुचि* होना; चाहना; —*n.*, पसन्द*। > लाइक

like². *adj.*, सदृश, तुल्य, समान; सजातीय; अनुसार, अनुरूप; —*adv.*, *prep.* के समान, के सदृश; —*conj.* 1. जैसा; 2. (*as if*) मानो; —*n.*, जोड़, जवाब; **~lihood,** 1. संभावना*; 2. (*degree of —*) सभाविता*; **~ly,** *adj.*, 1. संभावनीय, बहुत संभव, संभाव्य; 2. (*suitable*) उपयुक्त; 3. (*promising*) होनहार; 4. (*hopeful*) आशाजनक;—*adv.*, संभवत; सम्भाव्यत:; **~-minded,** समरुचि; **~wise,** उसी तरह*, उसी प्रकार। > लाइक; लाइक्-लि-हुड; लाइक्/लि, ~माइन्-डिड, ~वाइज़

liken, तुलना* क०, बराबर समझना। > लाइकॅन

likeness, 1. सादृश्य, साम्य, समानता*; 2. (*shape*) रूप; 3. (*concrete*) प्रतिकृति*, प्रतिरूप। > लाइक्-निस

liking, 1. रुचि*, पसन्द*; 2. (*affection*) अनुराग प्रेम। > लाइक्-इन्ग

lilac, नीलक; Persian ~, बकायन। > लाइलॅक

Lilliputian, बौना। > लिलिप्यूश्यॅन

lilt, गीत, झूमर; *v.*, झूमकर गाना। > लिल्ट

lily, कुमुदिनी*, लिलि*, सोसन। > लिल्-इ

limb, *n.*, 1. अवयव, अंग; 2. (*branch*) शाखा*; 3. (*bot.*) दल-फलक; 4. (*edge*) किनारा, छोर; —*v.*, अंगच्छेद क०। > लिम्ब

limbate, किनारेदार। > लिम्-बिट्

limber, *adj.*, 1. (*flexible*) सुनम्य, लचीला; 2. (*nimble*) फुरतीला; —*n.*, तोप-गाड़ी*; —*v.*, अभ्यास क०, लचीला बनना या बना लेना। > लिम्बॅ

limbo, 1. लिम्बस, स्वर्ग-प्रान्त; 2. (*prison*) कारागार; 3. कूड़ाख़ाना। > लिम्-बो

lime, 1. (*bird~*) लासा; 2. चूना (*quick-~*, अनबुझा; *slaked~*, बुझा); 3. (*fruit*) काग़ज़ी नींबू या नीबू; खट्टा नींबू; —*v.*, फँसाना; चूना लगाना या मिलाना। > लाइम

lime/-juice, नींबू-रस; **~kiln,** चूना-भट्ठा; **~light,** प्रकाश-बिन्दु; लोकप्रसिद्धि;* **~stone,** चूना-पत्थर, चूर्ण प्रस्तर; **~-twig,** लसौटा, खोंचा, लासेदार टहनी*; **~-wash,** पुताई*; सफ़ेदी*; चूनापुताई*।

limen, 1. (*threshold*) देहली*; 2. अवसीमा*। > लाइम्-ए'न

limerick, तुक्तक। > लिमॅरिक

liminal, अल्पतम प्रत्यक्ष। > लिम्-इ-नॅल

limit, *n.*, सीमा*; *v.*, सीमित क०; सीमाबद्ध क०, प्रतिबन्ध लगाना; **~arian,** सीमित-मुक्तिवादी; **~ary,** सीमाबद्ध; नियन्ता, नियामक, प्रतिबंधक; **~ation,** 1. (*active*) परिसीमन, सीमानिर्धारण, सीमाबन्धन; नियन्त्रण; 2. (*state*) सीमाबद्धता*; 3. (*limit*) सीमा*, परिसीमा*; 4. (*restriction*) प्रतिबन्ध; 5. (*period*) अवधि*; **~ative,** प्रतिबन्धी; **~ed,** (परि)सीमित, मर्यादित, परिमित; **~ing,** सीमान्त; सीमाकारी; प्रतिबंधक; **~less,** असीम। > लिम्-इट; लिमिटे'ॲर्-इॲन; लिम्-इटॅरि; लिमिटेशॅन; लिम्/इटॅटिव़ ~इटिड, ~इटिन्ग, ~इट्-लिस

limitrophe, सीमावर्ती। > लिम्-इ-ट्रोफ़

limnology, सरोवर-विज्ञान। > लिम्नॉलॅजि

limp, *adj.*, लचलचा, लचीला; ढीला, शिथिल; निस्तेज,

निर्जीव; —*v.*, लँगड़ाना; —*n.*, लँगड़ापन; लँगड़ी चाल*।
> लिम्प

limpet, घोंघा; नौकरी-परस्त। > लिम्-पिट

limpid, स्वच्छ, निर्मल; सुस्पष्ट; **~ity,** स्वच्छता*।
> लिम्-पिड; लिम्-पिड्-इ-टि

limy, 1. चूनिया, चूनेदार; 2. (*sticky*) लासेदार।
> लाइम्-इ

linage, 1. पंक्तिबद्धता*; 2. (*number*) पंक्ति-संख्या*; 3. (*rate*) पंक्तिदर*। > लाइन्-इज

linchpin, धुरे की कील*। > लिन्च्-पिन्

linctus, लेह्य, अवलेह, लेह। > लिन्क्टॅस

line, *n.*, 1. रेखा* (*also math.*), लकीर*, लीक*; 2. (*border*) सीमा*, सीमा-रेखा*; 3. (*outline*) रूपरेखा*; 4. (*row*) क़तार*, ताँता, पाँत*, पंक्ति* (*also of print*); 5. (*of poetry*) पंक्ति*, चरण; 6. (*series*) श्रेणी*, माला*, अनुक्रम; 7. (*lineage*) वंशक्रम, वंशावली*; 8. (*cord*) रस्सी*, डोर*, डोरी*, रज्जु*; 9. (*wire*) तार; 10. (*track*) लाइन*, (रेल-) पथ, मार्ग; 11. (*direction*) दिशा*; 12. (*course*) पद्धति*, प्रणाली*, नीति*, तरीक़ा; 13. (*trade*) व्यवसाय, पेशा; 14. (*field*) विषय, कार्यक्षेत्र; 15. (*front*) मोरचा; —*v.*, रेखाएँ खींचना; पंक्तिबद्ध क० या हो जाना; कतार* में खड़ा क०; अस्तर लगाना; भरना, भर देना। > लाइन

lineage, वंश, वंशपरम्परा*, वंशावली*।
> लिन्-इ-इज

lineal, 1. वंशागत, परम्परागत; 2. *see* LINEAR; **~descendant,** वंशज। > लिन्-इ-ॲल

lineament, रेखा*, आकृति*; विशेषता*।
> लिन्-इ-ॲ-मॅन्ट

linear, 1. रेखीय, रैखिक; 2. रेखाकार; 3. (*extended in a line*) अनुरेख; 4. (*of equation*) एकघाती।
> लिन्-इ-ॲ

lineate, रेखित। > लिन्-इ-इट

lineation, रेखांकण। > लिनिएशॅन

lined, अस्तर लगा हुआ, आस्तरित; रेखित; पक्का।
> लाइन्ड

line-drawing, रेखाचित्र।

linen, छालटी*, क्षौम। > लिन्-इन

liner, लाइनर, जहाज़। > लाइन्-ॲ

line-up, पंक्ति*; पंक्तिबद्धता*। लाइन्-ॲप

linger, 1. ठहर जाना, ठहरना; 2. (*delay*) देर* लगाना, विलम्ब क०; **~ing,** *n.*, विलम्ब; —*adj.*, लम्बा, चिरकालिक। > लिन्-गॅ; ~रिन्ग

lingerie, अधोवस्त्र। > लैन्श्जरी

lingo, भाषा*। > लिन्गो

lingua franca, सामान्य भाषा*, लोक भाषा।
> लिन्-ग्वॅ-फ्रैन-कॅ

lingual, 1. जिह्वीय, जिह्वा-; 2. (*phon.*) मूर्धन्य।
> लिन्ग्वॅल

linguiform, lingulate, जिह्वाकार।
> लिन्-ग्वि-फ़ॉ:म्, लिन्ग्युलिट

linguist, 1. भाषाविद्, भाषाविज्ञानी; 2. (*polyglot*) बहुभाषाविद्; **~ic,** भाषाई, भाषा-विषयक, भाषा-मूलक, भाषा-; भाषिक; — provinee, भाषाधार राज्य; **~ics,** भाषा-विज्ञान, भाषिकी*।
> लिन्-ग्विस्ट; लिन्-ग्विस्-/टिक, ~टिक्स

lingula, जिह्विका*। > लिन्-ग्यु-ला

liniment, लेप। > लिन्-इ-मॅन्ट

lining, अस्तर। > लाइन्-इन्ग

link, *n.*, 1. (*of chain*) कड़ी* (*also fig.*); 2. (*connection*) सम्बन्ध; 3. (*mechan.*) योजक; 4. (*tie*) बन्ध, सम्पर्क; 5. (*torch*) मशाल*; —*v.* जुड़ जाना; जोड़ देना, मिला लेना, संयुक्त क०, सम्बद्ध क०; **~age,** 1. अनुबन्ध, संयोजन; 2. (*biol.*) सहलग्नता*; **~ing,** (*verb*), योजक (क्रिया*); **~s,** मैदान।
> लिन्क; लिन्क्/इज, ~इन्ग

linoleum, लिनोलियम। > लिनोल्यॅम

linotype, लाइनोटाइप, पंक्तिमुद्रक। > लाइनोटाइप

linseed, अलसी*, अतसी*, तीसी*। > लिन्सीड

linstock, पलीता, तोड़ा। > लिन्स्टॉक

lint, फाहा, सूफ़। > लिन्ट

lintel, सरदल, सोहावटी*। > लिन्टॅल

liny, 1. (*thin*) ताँतिया; 2. रेखित। > लाइन्-इ

lion, 1. सिंह, शेर; 2. (*fig.*) नर-नाहर; **~ess,** सिंहनी*, शेरनी*; **~et,** सिंहशाव; **~-hearted,** शेरदिल, वीर; **~ize,** बहुत महत्त्व देना, भव्य स्वागत क०; **~-like,** सिंहसदृश, सिंहवत्; **~'s share,** सब से बड़ा या सब से अच्छा हिस्सा। > लाइॲन; लाइॲनिस; लाइॲनिट; लाइॲनाइज़; लाइॲन्लाइक

lip, 1. ओंठ, ओष्ठ, होंठ, अधर (*esp. lower*); 2. (*edge*) किनारा; 3. (of *beaker*) चोंच*; 4. (*of tool*) धार*; **~-deep,** झूठा; **~-devotion,** बगुलाभगती*, कपट-भक्ति*; **~-language,** ओष्ठ-भाषा*; **~let,** जिह्विका*; **~ped,** होंठदार; **~-reading,** ओष्ठपठन; **~-service,** दिखावटी प्रेम, ठकुर-सुहाती*; **~stick,** लिपस्टिक, रंजनशलाका*। > लिप

lipography, (अक्षर-, शब्द-) विलोपन।
> लिपॉग्रॅफ़ि

lipuria, वसामेह। > लिप्युॲर्-इॲ

liquation, गलनिक, पृथक्करण। > लिक्वेशॅन

lique/facient, ~factive, द्रावक; **~faction,** द्रवीकरण, द्रावण; द्रवण।
> लिक्वि/फ़ेशॅन्ट, ~ फ़ैक्-टिव्, ~ फ़ैक्शॅन

lique/fiable, द्रवणीय; **~fied,** द्रवित; **~fier,** द्रावी; द्रावित्र; **~fy,** द्रव बनना, द्रवना, द्रव बनाना।
> लिक्वि/फ़ाइॲबॅल; ~ फ़ाइड, ~ फाइॲ; ~ फ़ाइ

liquescent, द्रवणशील। > लिक्वे'सॅन्ट

liqueur, मध्विरा*। > लिक्युअॅ

liquid, *adj.*, 1. द्रव; 2. (*clear*) स्वच्छ; 3. (*unstable*) अस्थिर; 4. (*smooth*) प्रवाही; 5. (*money*) नक़द; 6. (*phon.*) अन्त-स्थ;—*n.*, द्रव; **~ambar,** सिलारस, सिल्हक। > लिक्विड

liqui/date, 1. (*wind up*) परिसमाप्त क०; 2. (*settle*) निर्धारित क०; 3. (*pay*) चुकाना; 4. दूर क०; समाप्त क०; **~dation,** परिसमापन, अपाकरण; निर्धारण; परिशोधन; समापन, अपाकरण; **~dator,** परिसमापक, अपाकर्ता। > लिक्वि/डेट, ~डेशॅन, ~डे-टॅ

liquidity, द्रवता*, द्रवत्व। > लि-क्विड्-इ-टि

liquor, 1. शराब*, लिकर, मद्य; 2. (*liquid*) द्रव, रस; 3. (*pharm.*) औषध-जल; **~ish,** मद्यप, पियक्कड़। > लिकॅ; लिकॅरिश

liquorice, 1. (*plant*) गुंजा, घुँघची*, रत्ती*; 2. मलैठी*, जेठीमधु, मधुयष्टिका*। > लिकॅरिस

lisp, *v.*, 1. (*phon.*) यदीकरण क०; 2. तुतलाना; —*n.*, 1. थदीकरण; 2. तुतलाहट*, तोतली बोली*; 3. (*rustling*) सरसराहट*; 4. (*rippling*) कल-कल। > लिस्प

lissom(e), 1. (*supple*) सुनम्य, लचीला; 2. (*agile*) फुरतीला। > लिसॅम

list, *n.*, 1. सूची*, तालिका*, फ़िहरिस्त*; 2. (*cloth-border*) किनारी*; 3. (*strip of wood*) चपती*; 4. (*agric.*) मेंड़; 5. (*inclination*) झुकाव; 6. (*pl.*) अखाड़ा;—*v.*, सूचीबद्ध क०, की सूची* बनाना, सूची* में लिखना, फ़िहरिस्त* में दर्ज क०; किनारी* लगाना; मेंड़ बनाना; झुकाव होना, झुक जाना; **~er,** मेंड़कारी; **~ing,** सूचीकरण; **~less,** निर्जीव, निरुत्साह, उदासीन; **~-price,** सूची-मूल्य। > लिस्ट

listen, (कान लगाकर) सुनना, कान देना; ध्यान देना; **~er,** श्रोता; **~ing post,** सुनने की चौकी*। > लिसॅन; लिस्-नॅ

litany, स्तुति-माला। > लिटॅनि

litchi, लीची*। > लीची

literacy, साक्षरता*। > लिटॅरॅचॅ

literal, 1. शाब्दिक; 2. (*of letters*) आक्षरिक, अक्षर-, वर्णिक; 3. (*prosaic*) नीरस, शुष्क; 4. (*unvarnished*) यथातथ्य, यथार्थ, अनलंकृत; ~translation, शब्दानुवाद; **~ism,** अक्षरा-नुसरण; **~ist,** अक्षरचारी; **~ity,** शाब्दिकता*; **~ize,** 1. का अभिधार्थमात्र ग्रहण क०; 2. (*in translat.*) शब्दानुवाद क०; **~ly,** अक्षरक्षः, अक्षर-अक्षर। > लिटॅरॅल; लिटॅरॅलिज़्म; लिटॅरॅलिस्ट; लिटॅरैल-इ-टि; लिटॅरॅलाइज़; लिटॅरॅलि

literary, साहित्यिक। > लिटॅरॅरि

literate, शिक्षित; साक्षर; साहित्यिक। > लिटॅरिट

literati, विद्वन्मण्डली*। > लिटॅराटी

literatim, अक्षरशः। > लिटॅरेट्-इम

literator, साहित्यकार। > लिटॅ-रे-टॅ

literature, साहित्य। > लिटॅ-रि-चॅ

litharge, लिथार्ज, मुरदासंख। > लिथाज

lithe(some) 1. सुनम्य, लचीला; 2. (*nimble*) फुरतीला। > लाइद; लाइद्सॅम

lithiasis, पथरी*, अश्मरी*। > लिथाइअॅसिस

lithic, पत्थर का, आश्मिक; पथरीला, पथरी* का। > लिथ्-इक

lithium, लिथियम। > लिथ्-इ-अॅम

lithograph, *n.*, अश्ममुद्र; अश्मलेख; *v.*, अश्ममुद्रण; क०; **~er,** अश्ममुद्रक; **~ic,** अश्ममुद्रणीय; **~y,** अश्ममुद्रण। > लिथॅग्राफ़; लिथॉग्रॅफ़ॅ; लिथॅग्रैफ़्-इक; लिथॉग्रॅफ़ि

litho/logy, अश्म-विज्ञान; **~sphere,** स्थल-मण्डल; **~tomy,** पथरी* की शल्यक्रिया*, मूत्राशय अश्मरीहरण। > लिथॉलॅजि; लिथोस्फ़िअॅ; लिथॉटॅमि

liti/gant, वादकारी, वादी; **~gate,** वाद क०, मुकदमा लड़ना; **~gation,** वाद, मुक़दमा; मुक़दमेबाज़ी*; **~gious,** 1. मुक़दमेबाज़, वादप्रिय; 2. (*actionable*) वादयोग्य, व्यवहार्य; 3. वादीय, मुक़दमे का। > लिट्-इगॅन्ट, ~इगेट, ~इगेशॅन; ~लिटिजॅस

litmus, लिटमस। > लिट्मॅस

litotes, पर्यायोक्ति*। > लाइटॅटीज़

litre, लीटर। > लीट्-अॅ

litter, *n.*, 1. पालकी*, डोला, डोली*; 2. (*straw-bedding*) तृणशैय्या*, बिचाली*; 3. (*rubbish*) कूड़ा-कचरा, घास-फूस; 4. (*of young*) झोल; —*v.*, बिचाली* डालना, (घास*, तृण) बिछाना, बिखेरना, छिटकाना; ब्याना, बच्चे देना। > लिट्-अॅ

littérateur, साहित्यकार। > लीटे'राटॅः

little, *adj.*, 1. (*in size*) छोटा, लघु; 2. (*in amount*) थोड़ा, कुछ ही, अल्प, किंचित्; 3. (*ordinary*) साधारण; 4. (*trivial*) तुच्छ, क्षुद्र, नगण्य; 5. (*narrow-minded*) संकीर्णमना, अनुदार; —*adv.*, थोड़ा सा; एकदम नहीं; —*n.*, किंचित्, थोड़ा सा, कुछ ही; ~by~, शनैःशनैः, क्रमशः, थोड़ा-थोड़ा करके; ~of, तुच्छ समझना; not a~, बहुत अधिक; ~people, परियाँ*; **~ness,** छोटाई*, छोटापन, लघुता*, अल्पता*; तुच्छता*; संकीर्णता*। > लिटॅल, ~निस

littoral, *n.*, तट, वेलांचल; *adj.*, वेलांचली, तटवर्ती, तटीय। > लिटॅरॅल

liturgic(al), पूजन-पद्धति-विषयक, पूजा-; पूजा-पद्धति-सम्मत; ~ year, पूजन-वर्ष, पर्व-चक्र। > लिटॅः/जिक, ~जिकॅल

liturgy, पूजन-पद्धति*, उपासना-पद्धति*। > लिटॅर्जि

livable, 1. रहने लायक, वास-योग्य; 2. (*endurable*) सहनीय, सह्य; 3. (*of a person*) अनुकूल मिलनसार। > लिवॅबॅल

live, *v.*, 1. जीवित होना, जीना; जीवित रहना; 2. (*endure*) टिकना, बना रहना; 3. जीवन बिताना; 4. (*subsist on*) निर्वाह क०, गुज़र क०; 5. (*reside*) रहना, निवास क०; 6. (*practise*) जीवन में उतारना या लागू क०; 7. (*experience*) अनुभव क०, भोगना;—*adj.*, 1. जीवित, ज़िन्दा, सजीव, सप्राण; 2. (*energetic*) कर्मठ, क्रियाशील, ओजस्वी; 3. (*actual*) आधुनिकतम, अद्यतन, साम्प्रतिक; 4. (*burning*) जलता हुआ; 5. (*electr.*) गरम, विद्युन्मय; 6. (*of bomb*) भरा, ज़िन्दा; 7. (*real*) जीता-जागता; ~down, उतारना, दूर क०; ~through अनुभव क०, भोगना; ~up to, के अनुसार आचरण क०, पूरा क०; ~well, अच्छा खाना-पीना; सदाचरण क०; **~lihood,** (आ)जीविका*, रोज़ी*; **~long,** सम्पूर्ण सारा; **~ly,** 1. सजीव; सक्रिय; 2. (*exciting*) सजीव, उत्तेजनापूर्ण; 3. (*gay*) प्रफुल्ल, प्रसन्न; 4. (*nimble*) फुरतीला; (*of colours*) चटकीला, चमकीला। > लिव (*v.*) लाइव् (*adj.*); लाइव्-लि-हुड; लिव्-लॉन्ग; लाइव्-लि

liven, में जान* डालना या पड़ना। > लाइवॅन

liver, कलेजा, जिगर, यकृत; **~-complaint,** जिगर की बीमारी*; **~-extract,** यकृत-निष्कर्ष; यकृत्निचोड़; **~ish,** यकृत्-रोगी, पित्तदोषग्रस्त; चिड़चिड़ा; **~wort,** लिवरवर्ट, प्रहरिता*। > लिव्-अॅ; लिवॅरिश;

livery, 1. वरदी*; 2. परिच्छद, पहनावा; 3. (*law*) अर्पण। > लिवॅरि

livestock, पशुधन। > लाइव्-स्टॉक

livid, 1. सुरमई, नीलाभ; 2. (*black-and-blue*) कलौंस; **~ity,** सुरमई*; कलौंस*। > लिव्-इड; लिविड्-इ-टि

living, *adj.*, 1. जीवित, सप्राण; वर्तमान; 2. (*vigorous*) सक्रिय, सजीव, जीवन्त, जीवित; 3. (*of image*) जीता-जागता; 4. (*of wage*) निर्वाह-योग्य, निर्वाह-;—*n.*, जीवन; जीविका*, जीवन-निर्वाह; ~-room, बैठक*; ~ wage, निर्वाहिका*, निर्वाह वेतन; ~ expense, निर्वाह-ख़र्च। > लिव्-इन्ग

lixiviation, निक्षालन। > लिक्सिविएशॅन

lizard, 1. (*house~*) छिपकली*, गोधिका*; 2. (*garden~*) गिरगिट, सरट; 3. (*spiny-tailed ~*) साण्डा; 4. (*snake-eyed ~*) बम्हनी*, बम्हनबिछिया*; 5. (*iguana*) गोह। > लिज़ॅड

llama लामा, विकूट। > ला-मॅ

lo, देखो। > लो

load, *n.*, 1. भार, बोझ; 2. (*amount carried at one time*) खेप*, बोझ; लदान*, 3. (*electr., fig.*) भार; —*v.*, 1. लादना; 2. (*a gun, a camera*) भरना; 3. (*adulterate*) मिलावट* क०, मिलौनी* क०; **~ed,** 1. भारित, लदा हुआ; 2. भरा; **— dice,** उलटा पासा, कूटाक्ष; **~ing,** भारण, लदान*; भरण; भार-स्थिति*; **~star,** ध्रुवतारा; **~stone,** चुम्बक-पत्थर। > लोड; लोड्-इड; लोड्-इन्ग; > लोड्/स्टा, ~स्टोन

loaf, *n.*, 1. पावरोटी*, डबलरोटी*; 2. कन्द का डला; —*v.*, आवारागर्दी* क०; समय नष्ट क०, **~er,** आवारागर्द; **~sugar,** कन्द। > लोफ़; लोफ़्-अॅ; लोफ़्-शु-गॅ

loam, दुमट*, दुम्मट*; **~y,** दुम्मटी*। लोम

loan, *n.*, 1. (*act*) उधार; 2. (*money*) क़र्ज़, ऋण; —*v.*, उधार देना; **~able,** उधार-देय; **~-company,** कर्ज़-कम्पनी*; **~ee,** क़र्ज़दार, ऋणी; **~-word,** गृहीत शब्द। > लोन; लोनॅबॅल; लोनी; लोन्वॅ:ड

loath, अनिच्छुक। > लोथ

loathe, से घृणा* क०, नफ़रत* क०; नापसन्द क०। > लोद

loathing, घृणा*, बीभत्सा*। > लोद्-इन्ग

loathsome, घृणित, घृण्य। > लोद्सॅम

lob, भद्दी चाल* से या धीरे से आगे बढ़ना; धीरे से ऊपर फेंकना। > लॉब

lobate, पालिमय। > लोब्-एट

lobby, लॉबी, प्रकोष्ठ, सभाकक्ष, उपान्तिका*; प्रतीक्षा-कक्ष। > लॉब्-इ

lobe, 1. (*of ear*) लोलकी*, ललरी*, लौ*, पालि*; 2. पालि* खण्ड; 3. (*bot.*) पिण्डक। > लोब

lobelia, नरसल, नलोत्तम। > लो-बील्-यॅ

lobster, समुद्री झींगा, महाचिंगट। > लॉब्-स्टॅ

lobular, पालिरूप। > लॉब्-यु-लॅ

lobule, पालिका*, खण्डक, पिण्डिका*। > लॉब्यूल

lobworm, बड़ा केंचुआ; समुद्री केंचुआ। > लॉब्वॅ:म

local, *adj.*, 1. स्थानीय, स्थानिक, मुक़ामी; 2. (*restricted*) सीमित; —*n.*, स्थानीय निवासी, समाचार या रेलगाड़ी*; शाखा* ~ colour, स्थानीय पृष्ठभूमि*; ~ custom, देशाचार; **~e,** घटनास्थल; **~ism,** देशाचार स्थानीय मुहावरा, उच्चारण, शब्द; प्रान्तीयता*; **~ity,** संस्थिति*; स्थान, जगह*; इलाका; महल्ला; **~ization,** स्थानीकरण; स्थान-निर्धारण; **~ize,** सीमित रखना, स्थानीय बनाना; स्थान निर्धारित क०; **~ized,** स्थानिक; स्थानीकृत; **~ly,** स्थानीय रूप से; (किसी)स्थान में। > लोकॅल; लोकाल; लोकॅलिज़्म; लो-कैल्-इटि; लोकलाइज़ेशॅन; लोकॅलाइज़

locate, पता लगाना या पाना; स्थान निर्धारित क०; रखना, स्थापित क०, बिठाना; सीमा* निर्धारित क०; ठहराना; अवस्थित होना; **~d,** स्थित। > लोकेट; लोकेटिड

location, स्थाननिर्धारण; (अव)स्थापन; (अव)स्थिति*, स्थान। > लोकेशन

locative, अधिकरण कारक, सप्तमी*। > लॉकेटिव

loch, झील*; (संकीर्ण) खाड़ी*। > लॉक

lochia, सूति-स्राव। > लॉक्-इअॅ

lock, *n.*, 1. (*of hair*) लट*; 2. (*tuft*) गुच्छ; 3. (*of door*) ताला; 4. रोक*; 5. (*of canal*) जलपाश, बाँध; 6. (*of gun*) घोड़ा; 7. (*stoppage*) अवरोध; 8. (*engineering*) डोडाकोष्ठ; —*v.*, ताला लगाना; बन्द क०; जोड़ना; कसना, जकड़ना; बन्द हो जाना; जुड़ना, जुड़ जाना; जकड़ा जाना; **~er,** लॉकर, सन्दूक; **~et,** लॉकिट, लटकन, जन्तर, ढोलना; **~-jaw,** 1. धनुक-बाई*; 2. (*of house*) चाँदनी*; **~-nut,** ताला-ढिबरी*; **~-out,** तालाबन्दी*; **~smith,** तालासाज़; **~-up,** (*jail*), हिरासत*, हवालात*; बन्दीख़ाना, क़ैदखाना। > लॉक; लॉक्/अॅ, ~इट; ~जॉ:, ~नॅट; लॉकाउट; लॉक्-स्मिथ, लॉक-अॅप

loco/motion, 1. संचालन; गति*, चलन, गमन; 2. (*travel*) यात्रा*; 3. (*means of—*) वाहन; **~motive,** *adj.*, जंगम, संचलनशील; —*n.*, इंजन, चलित्र। > लोकॅमोशॅन; लोकॅमोटिव्

locomotor, *adj.*, गति-विषयक; *n.*, चलने-वाला; **~ataxia,** चलन-विभ्रम; **~organ,** चलन-अंग; **~y,** गतिक, गति-। > लोकॅमोटॅ, ~रि

loculus, कोष्ठक। > लॉक्यूलॅस

locum-tenens, स्थानापन्न। > लोकॅम्‌टीन्-ए'न्ज़

locus, 1. स्थान; 2. (*math.*) बिन्दुपथ; ~ standi, अधिकारिता*। > लोकॅस

locust, टिड्डी*। > लोकॅस्ट

locution, मुहावरा; विशिष्ट शैली*। > लॅक्यूशॅन

locutory, बैठकख़ाना, बैठक*। > लॉक्युटॅरि

lode, धातु-रेखा*; **~star,** ध्रुवतारा; पथप्रदर्शक, आदर्श; **~stone,** चुम्बक-पत्थर। > लोड; लोड्/स्टा, ~स्टोन

lodge, *n.*, 1. वासा, मकान; 2. (*den*) माँद*; 3. (*hut*) झोंपड़ा; 4. (*tent*) तम्बू; शाखाभवन; —*v.*, 1. ठहरना; 2. (*deposit*) रख देना, सौंपना; 3. (*put*) लगाना, बैठा देना; 4. (*present*) प्रस्तुत क०, दायर क०; 5. (*beat down*) गिरा देना; 6. (*live*) ठहरना, रहना; 7. बैठ जाना; **~-keeper,** द्वारपाल, दरबान; **~ment,** ठहरने की जगह*, डेरा, निवास; आधार, मोरचा; **~r,** किरायेदार। > लॉज; लॉज्/की-पॅ, ~मॅन्ट

lodging, डेरा, आवास; किराये का स्थान; **~-allowance,** आवास-भत्ता। > लॉज्-इन्ग

loft, 1. अटारी*, अट्टाल; 2. (*gallery*) दीर्घा*। > लॉफ़्ट

lofty, 1. (*high*) ऊँचा, उत्तुंग; 2. (*sublime*) उच्च, उदात्त; 3. (*arrogant*) अहंकारी, उद्धत, अक्खड़। > लॉफ़्-टि

log, 1. लट्ठा, कुन्दा, बोटा; 2. लॉग, अभिलेख; 3. (*~book*) रोज़नामचा; यात्रा-दैनिकी*; कार्य-पंजी*; **~ger,** लकड़हारा; **~wood,** पतंग। > लॉग; लॉग्-अॅ; लॉग्‌वुड

logan(-stone), स्पर्शस्पन्दन शिलाखण्ड, दोल-पत्थर। > लॉगॅन, ~स्टोन

logarithm, लघुगणक; **~ic,** लघुगणकीय। >लॉगॅरिथ्म; लॉगॅरिथ्-मिक

loggerhead, 1. (*animal*) राजकच्छप; 2. उल्लू, उल्लू का पट्ठा, मूर्ख; be at ~s, अनबन* या झगड़ा होना। > लॉगॅहे'ड

loggia, छत्ता। > लॉज्-इ-अॅ

logia, सूक्तिसंग्रह। >लॉग्-इ-अॅ

logic, 1. तर्कशास्त्र; 2. (*reasoning*) तर्क; 3. तर्कसंगति*; **~al,** तर्कसंगत, युक्तियुक्त; तार्किक, तर्कशास्त्रीय; **~ality,** तर्कसंगति*; **~ian,** तार्किक, नैयायिक। > लॉजिक; लॉजिकॅल; लॉजिकैल्-इ-टि लोजिशॅन = लॉजिशॅन

logion, (बाइबिल* में अप्राप्त) ईसा की सूक्ति*; सूक्ति*। > लॉग्-इ-ऑन

logistics, संभार-तन्त्र। लॉ-जिस्-टिक्स

logo/gram, शब्दचिह्न; **~griph,** शब्द-प्रहेलिका*; **~machy,** वितण्डा*, शब्दयुद्ध। > लॉगो/ग्रैम, ~ग्रिफ़; लॉगॉमॅकि

Logos, शब्द। > लॉगॉस

loin, 1. कमर*, कटि*; ~-cloth, धोती*; लुंगी*; gird up one's ~s, कमर* कसना। > लॉइन

loiter, देर* लगाना; मटरगश्ती* क०, इधर-उधर घूमना, आवारा फिरना, आवारगी* क०; समय गँवाना; **~er,** आवारागर्द। > लॉइट्/अॅ, ~अॅरॅ

loll, (आराम से) लेटे या पड़े रहना; 2. (*thrust out*) लटकाना, निकालना; 3. लटकना। > लॉल

lollipop, मिठाई*। > लॉल्-इ-पॉप

London, लन्दन। > लॅन्डॅन

lone, 1. (*alone*) अकेला, एकाकी; 2. (*isolated*) अलग, पृथक्; 3. (*unfrequented*) एकान्त, सूना, निर्जन; 4. (*unmarried*) अविवाहित; **~liness,** एकाकीपन, अकेलापन; एकान्त; **~ly, ~some,** अकेला, एकाकी; एकान्त, सुनसान। > लोन; लोन्-लि-निस; लोन्-लि; लोन्‌सॅम

long, *n.*, दीर्घ स्वर; दीर्घ अक्षर; दीर्घ काल; लम्बी अवधि*; —*v.*, लालायित होना, ललकना, तरसना; —*adv.*, देर* तक, बहुत समय तक; —*adj.*, 1. लम्बा, दीर्घ; 2. (*tedious*) नीरस; 3. (*large*) बड़ा; 4. (*vowel, syllable, wave, note*) दीर्घ; 5. (*~-term*) दीर्घकालीन, मुद्दती, दीर्घावधि; ~ago, बहुत पहले, प्राचीन काल में; ~ dozen, तेरह; all day ~, दिन भर; as ~as, जब तक; before ~, शीघ्र ही; in the ~run,

अन्त में, अन्ततोगत्वा; the ~and short, सारांश। > लॉन्ग

long/-ago, *adj.*, प्राचीन, *n.*, अतीत; **~cloth,** लंकलाट, लट्ठा, गाढ़ा; **~-distance,** सुदूर; **~-drawn,** अतिविस्तृत, लम्बा-चौड़ा; **~-eared,** लम्ब-कर्ण; मूर्ख; **~hand,** सामान्य लिपि*; **~-headed,** 1. दीर्घशीरस्क; 2. (*shrewd*) चतुर, बुद्धिमान; **~-legged,** लमटंगा, लमगोड़ा, दीर्घपाद; **~-lived,** दीर्घायु; दीर्घकालीन; **~-necked,** दीर्घग्रीव, लमधिचा; **~-range,** 1. दीर्घपरास, दूरमार, दूरप्रहारी; 2. (*of plans etc.*) दीर्घकालिक; **~-shore,** वेलांचली, तटीय; अनुतट; **~-sighted,** 1. (*med*), दीर्घदृष्टि; 2. (*fig.*) दूरदर्शी; **~-standing,** पुराना, चिरकालिक; **~-suffering,** सहिष्णु; **~-tongued,** गप्पी; **~ways,** लम्बाई* में; **~-winded,** लम्बा दमवाला; उबाऊ, लम्बा-चौड़ा; **~-term,** दीर्घकालीन।

longanimity, सहिष्णुता*, सहनशीलता*। > लॉन्-गॅ-निम्-इ-टि

longeval, longaeval, चिरंजीव, दीर्घायु, चिरायु। > लॉन्‌जीवॅल

longevity, दीर्घ आयु*। > लॉन-जे व्-इ-टि

longing, उत्कंठा*, लालसा*। > लॉन्ग्-इन्ग

longi/tude, देशान्तर रेखांश; **~tudinal,** 1. देशान्तरी(य); 2. (*opposed to transverse*) अनुदैर्ध्य, अनुलम्ब; लम्बाई* का। > लॉन्-जि-ट्यूड; लॉन्-जि-ट्यूड्-इ-नॅल

looby, गँवार, गोबर-गणेश। > लूब्-इ

loofah, तुरई*। > लूफ़ा

look, *n.*, 1. दृष्टि*, नज़र*, अवलोकन, निगाह*; 2. (*appearance*) रूप, आकार, आकृति*, रूपरंग; 3. (*countenance*) आकृति*, रुख, चेहरा; —*v.*, 1. देखना, दृष्टि* डालना; 2. (*search*) खोजना; 3. (*seem*) प्रतीत होना, दिखाई देना, लगना; 4. (*face*) की ओर* अभिमुख होना; 5. (*expect*) की प्रतीक्षा* क०; प्रत्याशा* क०; 6. व्यक्त क०; 7. (*consider*) पर विचार क०; **~ after,** देखभाल* क०; रखवाली क०; **~ back,** स्मरण क०; मुड़कर देखना; **~ daggers,** क्रोधभरी दृष्टि* से देखना; **~down,** तुच्छ समझना, तिरस्कार क०; **~ for,** खोजना; प्रतीक्षा* क०; **~forward to,** उत्सुकता* से प्रतीक्षा* क०; **~into,** जाँच-पड़ताल* क०, जाँचना; **~on, upon,** देखना; समझना; **~out,** ताक* में रहना; सतर्क रहना; **~over,** निरीक्षण क०; **~to,** का ध्यान क०, देख-रेख* क०; पर निर्भर रहना; आशा* क० **~up,** खोजना, पता लगाना; **~up to,** का आदर क०, पर श्रद्धा* रखना; प्रशंसा क०। > लुक

looker-on, दर्शक; निरक्षक। > लुकॅर्-ऑन

look-in, दृष्टि*; भेंट। > लुक्-इन

looking-glass, दर्पण, आईना, आरसी*। > लुक्-इन्-ग्लास

look-out, 1. ताक*, अवेक्षण, पहरा; 2. (*place*) चौकी*; 3. (*person*) पहरेदार; अवेक्षक, 4. (*prospect*) प्रत्याशा*, संभावना*। > लुक्-आउट

loom, *n.*, 1. करघा; 2. (*of ear*) डंडा; 3. (*handle*) मूठ*; 4. (*appearance*) अस्पष्ट छाया* या रूप; —*v.*, अस्पष्ट या धुंधला दिखाई देना। > लूम

loon, 1. (*bird*) मुर्ग़ाबी*; 2. (*dolt*) गोबर-गणेश, मूर्ख; 3. (*rogue*) पाजी, बदमाश। > लून

loop, *n.*, 1. फन्दा, फाँद*, पाश, पाशकुण्डली*; 2. (*ring-shaped fastening*) तुकमा, पाशक, छल्ला, मुद्धी*; 3. (*bend*) चाप; 4.(*circle*) चक्कर; 5. (*electr.*) परिपथ; 5. लूप; —*v.*, 1. फन्दा बनाना, कुण्डली* डालना, कुण्डलित क०; 2. (*wind*) लपेटना; 3. (फन्दे से) बाँधना; **~-hole,** रन्ध्र, विवर; बचाव का रास्ता; **~-line,** चाप-लाइन*; **~y,** चक्करदार, घुमावदार। > लूप; लूप्-इ

loose, *adj.*, 1. (*not tied*) खुला, निर्बन्ध, बन्धनरहित, बन्धनमुक्त; अबद्ध; 2. (*not rigidly fixed, loosely fitting*) ढीला, शिथिल, श्लथ; 3. (*free*) मुक्त, स्वच्छन्द; 4. (*detached*) अलग; अलग्न; 5. (*unrestrained*) असंयत; 6. (*not compact*) असंगठित, अदृढ़, ढीला, छिदरा, असंहत; 7. (*chem.*) असंयुक्त*; 8. (*vague*) अस्पष्ट; 9. (*inexact*) अयथार्थ, अशुद्ध, वितथ्य; 10. (*irespnosible*) ग़ैरज़िम्मेदार, लापरवाह; 11. (*lewd*) लम्पट; 12. (*available*) सुलभ; —*v.*, 1. खोलना; खुल जाना; 2. ढीला क० या हो जाना; 3. (*free*) मुक्त क०; 4. (*release*) छोड़ना; ~bowels, दस्त; cut~, बन्धन तोड़ना, निकल भागना; अनियंत्रित हो जाना; **~-tongued,** बकवादी, बक्की। > लूस

loosen, ढीला या मुक्त क० या हो जाना; **~ing,** श्लथन, शिथिलन। > लूसॅन

loot, *n.*, लूट*; *v.*, लूटना; **~er,** लुटेरा। > लूट; लूट्-अॅ

lop, *v.*, 1. (*trim*) छाँटना; 2. (*cut off*) काट डालना; 3. (*hang*) लटकना; लटकाना; —*n.*, 1. छँटाई*, काट-छाँट*; 2. (*loppings*) छाँट*, कतरन*; **~-eared,** प्रलम्बकर्ण; **~-sided,** तिरछा; असन्तुलित, एकतरफ़ा। > लॉप, लॉप्-इअॅड, लॉप्साइड्-इड

lope, लम्बे-लम्बे क़दम भरना। > लोप

loquacious, वाचाल, बकवादी; गप्पी। > लॅ-, लॉ-, लो-क्वेशॅस

loquacity, वाचालता*। > लॅ-, लॉ-, लो-क्वै-सि-टि

loquat, लोकाट। > लोक्वैट = लोक्वॉट

lord, *n.*, 1. (*master*) स्वामी, अधिपति, मालिक; 2. (*feudal*) सामन्त; 3. (*Lord*) प्रभु, प्रभुवर; 4. (*title*) लार्ड; —*v.*, शासन क०, प्रभुत्व जमाना; **~ly,** 1. प्रतापी; 2. (*of things*) भव्य; 3. (*haughty*) गर्वीला, घमण्डी। > लॉ:ड; लॉ:ड्-लि

lordosis, अग्रकुब्जता*। > लॉ-डोस्-इस
lordship, प्रभुत्व, स्वामित्व; your ~, अत्रभवान, श्रीमान्; his~, तत्रभवान्। > लॉःड्-शिप
lore, विद्या*; (*tradit.*) जनश्रुति*। > लॉः
lorgnette, चश्मा; दूरबीन*। > लॉःन्येट
lorica, कवच; **~te,** कवचित। > लोराइका; लॉरिकेट
loris, 1. show ~, लज़ीला-वानर; 2. slender~, तवांगु। > लॉःर्-इस
lorry, लारी*, ट्रक। > लॉरि
lory, मधुशुक। > लॉःर्-इ
lose, 1. खो देना, खोना; नहीं (देख, सुन, समझ, पकड़) पाना; 2. (*waste*) गँवा देना, गँवाना; 3. हानि* उठाना या पहुँचाना; 4. हार जाना; 5. (*of watch*) पिछड़ना; 6. (*outdistance*) पीछे छोड़ देना, पछेलना; 7. (*be engrossed*) लीन या तन्मय होना, डूब जाना; ~one's way, भटक जाना; **~r,** खोनेवाला, हानि* उठानेवाला; हारनेवाला। > लूज़; लूज़्-अॅ
losing, *adj.*, घाटे का, *see* LOSER; *n.*, *see* LOSE; हार*। > लूज़्-इन्ग
loss, 1. *see* LOSE; 2. (*disappearance*) लोप, अप्राप्ति*, अभाव; 3. (*damage*) क्षति*, क्षय; हानि*, नुक़सान; नाश; 4. (*amount*) घाटा, हानि*। > लॉस
lost, 1. (*ruined*) नष्ट, ध्वस्त; 2. (*missing*) खोया, लुप्त, गुम, ग़ायब; 3. (*defeated*) हारा हुआ; 4. (*wasted*) गँवाया; 5. (*astray*) भटका हुआ; 6. (*bewildered*) हक्का-बक्का; **~in,** मग्न, लीन, तन्मय। > लॉस्ट
lot, 1. (*destiny*) भाग्य, क़िस्मत*, तक़दीर*; 2. (*share*) हिस्सा; 3. (*heap*) ढेर, गड्डु; 4. (*plot of land*) भूखंड, भूभाग; 5. भाग्य-पत्रक, चिट्ठी*; draw ~s, चिट्ठी* डालना। > लॉट
loth, अनिच्छुक। > लोथ
lotion, लोशन। > लोशॅन
lottery, लाटरी*, भाग्यदा*। > लॉटॅरि
lotus, कमल, पद्म, कँवल; **~-eater,** स्वप्नविलासी। > लोटॅस; लोटॅस्-ईट-अॅ
loud, 1. ऊँचा, उच्च, महाघोष; 2. (*noisy*) कोलाहलपूर्ण; 3. (*colours*) चटकीला; 4. (*emphatic*) प्रबल, ज़ोरदार, तीव्र; **~ly,** ऊँचे स्वर से, ज़ोर से; **~ness,** 1. उच्चता*; 2. (*strength*) प्रबलता*; 3. (*pitch*) तारत्व; **~speaker,** लाउडस्पीकर, ध्वनिक्षेपक, ध्वनिवर्धक, ध्वनिविस्तारक। > लाउड; लाउड्निस; लाउड्स्पीक्-अॅ
lounge, आवारा घूमना; धीरे-धीरे टहलना, मटरगश्ती* क०; पड़े रहना; अलसाना, सुस्ताना, समय गँवाना; —*n.*, विश्राम कक्ष; बैठकख़ाना; **~r,** आवारागर्द; आलसी। > लाउन्ज; लाउन्ज्-अॅ
lour, *see* LOWER². > लाउ-अॅ
louse, 1. (*head~*) जूँ*, जुआँ; 2. (*body ~*) चीलर; 3. (*crab ~*) छगोड़िया; 4. (*biting~*) कुटकी*। > लाउस
lout, गँवार। > लाउट
louver, झिलमिली*। > लूव्-अॅ
lovable, प्यारा, प्रीतिकर। > लॅवॅबल
lovage, अजवायन*। > लॅविज
love, *n.*, 1. (*general*) प्रेम, प्यार, मुहब्बत*, प्रीति*; 2. (*predilection*) प्रेम, अनुराग, अभिरुचि*, पसन्द*, 3. (*~of benevolence*) स्नेह, निःस्वार्थ प्रेम; 4. (*for opp. sex*) प्रणय, शृंगार; 5. (*material ~*) दाम्पत्य प्रेम, रति*; 6. (*sexual ~*) काम; 7. (*parental ~*) वात्सल्य, ममता*; 8. (*object of ~*) प्रेमपात्र, स्नेहभाजन, प्रेमी; प्रेमिका*; 9. (*zero*) शून्य; —*v.*, प्यार क०, अनुरक्त होना, से प्रेम रखना दुलारना, चुमकारना; चाहना, पसन्द क०; fall in ~, आसक्त या अनुरक्त हो जाना; for the ~of, के कारण, के हेतु, के नाम पर। > लॅव
love/-affair, they have a—, उनमें प्रेम चल रहा है; **~-apple,** टमाटर; **~-bird,** छोटा सुग्गा; **~-child,** जारज; **~-feast,** प्रीति-भोज; **~-knot,** दुहरी गाँठ*; **~less,** 1. निर्मोही, प्रेमशून्य; 2. (*not loved*) प्रेमवंचित, अप्रिय; **~-letter,** प्रेमपत्र; **~lock,** लट*, काकुल; **~lorn,** प्रियोपेक्षित; प्रेमातुर; **~ly,** मनोहर, सुन्दर, रमणीय; प्यारा, प्रीतिकर; **~-making,** प्रेमविहार; **~-match,** प्रेम-विवाह; **~-philtre,** वशीकरण-पेय **~r,** प्रेमी, प्रणयी; शौक़ीन; **~-shaft,** कामबाण; **~sick,** प्रेमातुर, प्रेमविह्वल, विरही; **~-song,** प्रेमगीत; **~-story,** प्रेम-कथा*। > लॅवॅ
loving, 1. (*of person*) स्नेही; 2. स्नेहमय, प्रेममय; **~kindness,** प्रेममय व्यवहार; दयालुता*, दयाशीलता। > लॅव्-इन्ग
low¹, (*moo*) *v.*, रँभाना; *n.*, रंभण। > लो
low², *adv.*, नीचे; धीमे; *adj.*, 1. नीचा, निम्न; 2. (*~-lying*) निचला, निम्नस्थ, अधस्तन; 3. (*cloud, star, vovel, latitude, level, pitch, temperature, tension, frequency etc.*) निम्न; 4. (*shallow*) छिछला, उथला (*also ground*) 5. (*in quantity, value*) अल्प; 6. (*in intensity*) हलका, मन्द; 7. (*weak*) दुर्बल; 8. (*sad*) उदास; 9. (*humble*) दीन, दरिद्र; 10. (*mean*) नीच, अधम, क्षुद्र; 11. (*vulgar*) ग्राम्य, गँवारू; 12. (*in quality*) निकृष्ट, घटिया; 13. (*not loud*) मन्द, धीमा, मद्धिम; 14. (*in pitch*) मन्द्र, अनुदात्त; 15. (*opinion*) बुरा; make a~ bow, झुककर प्रणाम क०, नतमस्तक हो जाना; ~mass, साधारण मिस्सा; **~Sunday,** उजला या शुक्ल इतवार; ~tide, भाटा, उतार; ~water, निम्नजल, अवजल। > लो
low/-born, अकुलीन; **~-bred,** असभ्य, गँवारू; **~-caste,** निम्नजाति; **~-class, ~-grade,** घटिया, अपकृष्ट; **~-cost,** सस्ता; **~-land,** निम्नभूमि*; **~ly,** निम्न, अवर; दीन, दरिद्र, विनीत, नम्र; नीचा;

~-minded, नीच; **~-pressure,** अल्पदाब; **~-priced,** सस्ता; **~-spirited,** उदास।

lower[1], 1. *adj.*, निम्नतर; अवर, निम्न; निचला; न्यूनतर; —*v.*, 1. नीचा क०, उतारना, गिराना, झुकाना; 2. घटाना, कम क०; 3. घटना, कम हो जाना; ~class, निचली श्रेणी*; ~house, अवर सदन; ~limit, अधःसीमा*; **~most,** निम्नतम। > लो-अॅ

lower[2], *v.*, 1. (*frown*) त्योरी* चढ़ाना, घूरना; क्रोधभरी दृष्टि* से देखना; 2. (*of sky*) बादलों* से घिरा होना; 3. (*of clouds*) बरसने ही वाला होना; 4. (*of weather*) ख़राब होने का होना; —*n.*, 1. (*scowl*) तेवर, क्रोधभरी दृष्टि*, भ्रूभंग; 2. धुँधलापन, कालिमा*। > लाउ-अॅ

lowest, निम्नतम; न्यूनतम, लघुतम, मन्दतम; at the~, कम से कम। > लोइस्ट

loxodromic line, एकदिश नौपथ। > लॉक्सॅ-ड्रॉम्-इक

loyal, 1. निष्ठावान्, निष्ठ, ईमानदार, वफ़ादार, सच्चा; स्वामिभक्त; 2. (*loyalist*) राजभक्त; **~ty,** निष्ठा*, वफ़ादारी*; स्वामिभक्ति*, राजभक्ति*। > लॉइअॅल; लॉइअलिस्ट; लॉइ-अॅल्-इटि

lozenge, 1. (*geom.*) समचतुर्भुज; 2. चूष, टिकियाँ*, बरफ़ी*। > लॉज़्-इन्ज

lubber, गोबर-गणेश; **~'s line,** सूचक रेखा*। > लॅब्-अॅ

lubri/cant, *adj.*, स्नेहक; *n.*, चिकनाई*, स्नेहक, ओंगन; **~cate,** ओंगना, चिकनाना; तेल देना; चिकना कर देना; **~cation,** स्नेहन; **~cator,** स्नेहक; **~city,** चिकनाहट*; 2. (*fig.*) धूर्तता* चालाकी*; 3. (*lewdness*) कामुकता*; **~cious, ~cous,** चिकना, चिक्कण; धूर्त; कामुक। > लूब्-रि/कॅन्ट, ~केट, ~केशॅन, ~के-टॅ; लूब्रिसिटि; लूब्रिशॅस; लूब्-रिकॅस

lucent, 1. चमकदार, प्रकाशमान्; 2. (*translucent*) पारभासी। > लूसॅन्ट

lucerne, गरारी*, रिज़का, लसुनघास*। > लूसॅ:न

lucid, 1. (*intelligible*) सुबोध, प्रांजल; 2. (*clear-headed*) सुबुद्ध; 3. (*clear, transparent*) स्वच्छ; 4. (*sane*) स्वस्थ; प्रकृतिस्थ; 5. (*calm*) शान्त; ~ interval, स्वस्थ अन्तराल; **~ity,** सुबोधगम्यता*; सुबुद्धता*; स्वच्छता*; स्वस्थता*; शान्ति*। > लूसिड; लूसिड्-इ-टि

Lucifer, 1. शैतान; 2. (*Venus*) शुक्र। > लू-सि-फ़ॅ

lucifer, दियासलाई*; **~ous,** दीसिकर। > लू-सि-फ़ॅ; लूसिफ़ॅरॅस

lucifugous, ज्योतिर्विमुख। > लूसिफ़्युगॅस

luck, भाग्य, नियति*; सौभाग्य; **~ily,** सौभाग्य से; **~less,** अभागा; **~y,** 1. भाग्यवान्, सौभाग्यशाली, क़िस्मतवर; 2. शुभ; मंगलप्रद, मंगलकारी; 3. (*fortuitous*) दैवकृत; 4. (*felicitous*) ललित। > लॅक; लॅक्-लिस; लॅक्-इ

lucrative, प्रलाभी, अर्थकर, लाभप्रद। > लूक्रॅटिव़

lucre, आर्थिक लाभ। > लूक्-अॅ

lucu/brate, गहरा अध्ययन क०, पांडित्यपूर्ण पुस्तक* (लेख) लिखना या भाषण देना; **~bration,** पाण्डित्यपूर्ण रचना*। > लूक्यूब्रेट; लूक्यूब्रेशॅन

luculent, सुबोधगम्य; अकाट्य। > लूक्यूलॅन्ट

ludicrous, 1. हास्यास्पद, अभिहस्य, हास्यकर, हास्यजनक; 2. (*absurd*) बेतुका। > लूड्-इक्रॅस

lues, 1. महामारी*; 2. (*syphillis*) गरमी*। > लूईज़

luff, (जहाज़ को) अनुवात कर देना या चलाना। > लॅफ़

lug, *n.*, पकड़*; *v.*, (*drag*) घसीटना, घसीटकर ले जाना। > लॅग

luggage, सामान, असबाब; **~-office,** सामान-घर; **~-porter,** भारिक; **~-van,** सामान-यान। > लॅग्-इज

lugsail, लगपाल। > लॅग्सेल

lugubrious, विषादमय, दुःखपूर्ण। > लूग्यूब्-रिॲस

lugworm, समुद्री केंचुआ। > लॅग्वॅ:म

lukewarm, 1. (*phys.*) कुनकुना, अल्पोष्ण, कदुष्ण, गुनगुना, मंदोष्ण, शीरगर्म; 2. निरुत्साह; अनुत्सुक, मंदोत्साह, अनुत्साह; ढीला, शिथिल; **~ness,** कदुष्णता*; अनुत्सुकता*, अनुत्साह। > लूकवॉ:म, ~निस

lull, *v.*, शान्त हो जाना या क०; सुलाना; बहकाना; —*n.*, 1. (*in trade*) मंदी*; 2. (*calm*) शान्ति*, उपशम, सन्नाटा। > लॅल

lullaby, लोरी*। > लॅलॅबाइ

lumbago, कटिवात, कटिवेदना*। > लॅम्बेगो

lumbar, कटि-। > लॅम्-ब

lumber, *n.*, 1. काठ-कबाड़; 2. (*timber*) इमारती लकड़ी*; —*v.*, ढेर लगाना; छेकना, स्थान घेरना; लकड़ी* काटना; भदभदाते आगे बढ़ना; **~er, ~man,** लकड़हारा; लकड़ी* का व्यापारी, काष्ठ-व्यापारी। > लॅम्-बॅ; लॅम्-बॅ-रॅ

lumbrical muscle, अनुकंडरिका*। > लॅम्-ब्रि-कॅल मॅसॅल

lumen, 1. (*bot.*) पुटी*; 2. ल्यूमेन, अवकाशिका*। > लूमे'न

luminary, नक्षत्र, प्रकाश-पुँज; तेजस्वी व्यक्ति, प्रकाण्ड विद्वान। > लूम्-इनॅरि

luminesc/ence, संदीप्ति*; **~ent,** संदीप्तिशील। > लूमिने'स्/ॲन्स, ~ॲन्ट

luminiferous, प्रकाशवाही, तेजोवाही। > लूमिनिफ़ॅरॅस

lumi/nosity, दीप्ति*, ज्योति*; **~nous,** 1. ज्योतिर्मय, प्रकाशमान्; प्रदीप्त; 2. (*clear*) सुबोध, प्रांजल; 3. प्रतिभाशाली; 4. (*of insect*) प्रदीपी।
> लूमिनॉस्-इटि; लूम्-इनॅस

lump, *n.*, 1. ढेला, पिण्ड; 2. (*of sugar*) डला; 3. (*swelling*) सूजन, अपवृद्धि*; 4. (*a person*) गोबर-गणेश; —*v.*, मिला लेना; बराबर समझना; ढेर लगाना; घसीटकर आगे बढ़ना; एकत्र हो जाना; ~sum, पिण्डराशि*; in a ~ sum, एकमुश्त; **~ed,** पिण्डित; **~ing,** पिण्डन। > लॅम्प

lumper, मोटिया। > लॅम्पॅ

lumpish, 1. बोझिल, भारी भरकम; 2. (*stupid*) बुद्धू।
> लॅम्-पिश

lumpy, ढेलेदार, पिण्डित। > लॅम्-पि

lunacy, उन्माद, पागलपन। > लुनॅसि

lunar, 1. चान्द्र, चन्द्र-; 2. (*shape*) अर्ध-चन्द्राकार; 3. (*pale*) फीका, पाण्डु; ~caustic, क्षारक रजत; **~ian,** चन्द्रनिवासी; चन्द्र-विशेषज्ञ।
> लून्-ॲ; लूने'ॲर्-इ-ॲन

lunate, नवचन्द्राकार। > लून्-एट

lunatic, पागल, विक्षिप्त, बावला, उन्मादी; ~asylum, पागलखाना। > लूनॅटिक

lunation, चान्द्र मास। > लूनेशॅन

lunch, मध्याह्न-भोजन, उपाहार। > लॅन्च

lune, इन्दुक। > लून

lunette, अर्धचन्द्रक। > लूने'ट

lung, फेफड़ा, फुफ्फुस। > लॅन्ग

lunge, *n.*, 1. हूल*, झोंका; 2. (*plunge*) झपट*, झपट्टा; —*v.*, 1. हूरना, भोंकना, घोंपना; 2. (*plunge*) झपटना; 3. (*a horse*) कावे देना। > लॅन्ज

lungfish, उभयश्वासी मीन। > लॅन्ग्-फ़िश

lungi, लुंगी*।

luni-solar, चान्द्र-सौर। > लू-नि-सोल्-ॲ

lunula, lunule, अर्धचन्द्रक, चन्द्रक।
> लू-न्यू-लॅ; लून्यूल

lunular, अर्धचन्द्राकार। > लू-न्यू-लॅ

lupine, *n.*, ल्यूपिन, द्विदल; *adj.*, भेड़िये का; भेड़िये जैसा, वृकायु, वृककर्मा।
> लूप्-इन (*n.*); लूपाइन (*adj.*)

lupus, 1. (L.) वृक; 2. (*disease*) चर्मयक्ष्मा।
> लूपॅस

lurch, *n.*, झोंका, झटका; झोंका खाना; **~er,** 1. (*thief*) उचक्का; 2. (*spy*) गुप्तचर। > लॅ:च; लॅ:च्-ॲ

lure, *n.*, 1. प्रलोभन; 2. (*bait*) चारा; *v.*, लुभाना, बहकाना, प्रलोभन देना, आकर्षित क॰। > ल्यूॲ

lurid, 1. (*wan*) विवर्ण, फीका; 2. (*ghastly*) डरावना, भयंकर, कराल; 3. धुँधला; 4. (*sensational*) सनसनीदार, सनसनीख़ेज। > ल्युॲर्-इड

lurk, घात* में बैठना; छिपा रहना; **~ing,** place निभृत स्थान, छिपने की जगह*। > लॅ:क, लॅ:क्-इन्ग

luscious, 1. (*delicious*) सुस्वादु; 2. (*fig.*) सुमधुर, ललित; 3. (*cloying*) ज्यादा मीठा, अतिमधुर।
> लॅशॅस

lush, 1. रसीला, रसाल; 2. (*vegetation*) हरा-भरा, प्रभूत। > लॅश

lust, *n.*, कामुकता*; लालसा*, लोभ; *v.*, के लिए लालायित होना, ललकना; कामातुर होना; **~ful,** कामुक।
> लॅस्ट

lustral, शुद्धिकर; शुद्धिकरण-विषयक। > लॅसट्रॅल

lustrate, शुद्धिकरण क॰। > लॅसट्रेट

lustre, luster, *n.*, 1. (*gloss*) चमक*, ओप*; 2. (*beauty*) कान्ति*, आभा*, द्युति*; 3.(*brilliance*) दीप्ति*, द्युति*; 4. (*glory*) महिमा*, ख्याति* (*fame*); 5. (*chandelier*) दीपवृक्ष; 6. (*varnish*) रोग़न; —*v.*, चमकना; चमकाना; **~less,** मलिन।
> लॅस्-टॅ, ~लिस

lustrous, चमकदार; द्युतिमान्। > लॅसट्रॅस

lustrum, वर्षपंचक। > लॅसट्रॅम

lusty, हृष्ट-पुष्ट। > लॅस्-टि

lutanist, वीणावादक। > लूटॅनिस्ट

lute, 1. वीणा*; 2. (*clay*) मृत्तिका*। > लूट

lutein, पीतिका*। > लूटिइन

luteous, नारंग पीत। > लूटिॲस

lux/ate, जोड़ उखाड़ना; **~ation,** उखाड़, संधिभ्रंश।
> लॅक्सेट; लॅक्सेशॅन

luxuri/ance, प्रवर्द्धिष्णुता*; अत्युर्वरता*; प्रचुरता*, बाहुल्य; अत्यलंकृति*; **~ant,** अत्यधिक फैलनेवाला, प्रवर्द्धिष्णु; अत्युर्वर; प्रचुर; अत्यलंकृत।
> लॅग्ज्युॲरइॲन्स, ~इॲन्ट

luxuriate, भोग-विलास क॰। > लॅग्-ज्युॲर्-इ-एट

luxurious, 1. (*of persons*) विलासप्रिय, विलासी, ऐशपसन्द; 2. विलासमय, ठाठदार, राजसी।
> लॅग्ज्युॲरइॲस

luxury, 1. ऐयाशी*, विषय-सुख, विलासिता*, (भोग-) विलास, ऐश; 2. सुख; 3. (*also pl.*) सुख-साधन; विलासोपकरण, विलास-वस्तुएँ*। > लॅक्शॅरि

lycanthropy, वृकोन्माद। > लाइकैनथ्रॅपि

lyceum, सभा-भवन; संस्थान। > लाइसीॲम

lye, सज्जीदार पानी। > लाइ

lying, *adj.*, झूठा, मिथ्याभाषी, मिथ्यावादी; लेटा हुआ, शयित; —*n.*, झूठ, मिथ्याभाषण; **~-in,** प्रसव; **~-in hospital,** प्रसवाश्रय। > लाइइन्ग

lymph, लसीका; **~atic,** 1. (*lymphous*) लसीका-, लसीका-संबंधी; 2. (*sluggish*) शिथिल, निष्क्रिय, काहिल; **~oid,** लसीकाभ; **~ocyte,** लसीका-कोशिका*। > लिम्फ़; लिम्-फ़ैट्-इक; लिम्फ़ॅस; लिम्फ़ॉइड; लिम्फ़ोसाइट

lynch, बेक़ायदा मार डालना। > लिन्च

lyncean, तीव्रदृष्टि, तीक्ष्णदृष्टि। > लिन्सी॑ॲन

lynx, 1. बनबिलाव; 2. (astron.) विडाल; ~-eyed, तीक्ष्णदृष्टि। > लिन्क्स

Lyra, (astron.) वीणा*। > लाइॲर्-ॲ

lyre, वीणा*। > लाइ-ॲ

lyric, adj., (lyrical) प्रगीतात्मक; गीतात्मक; —n., (lyrical poem) प्रगीत, गीतिकाव्य; गीत; ~ism, प्रगीतत्व; ~ist, प्रगीतकार। > लिरिक; लिरि/सिज़्म, ~सिस्ट

lyrist, 1. वैणिक; 2. (lyricist) प्रगीतकार। > लाइॲर्-इस्ट (1) लिरिस्ट (2)

lysin, संलायिका*। > लाइसिन

lysis, (सं)लयन; अपघटन। > लाइसिस

lysol, लायसॉल। > लाइसॉल

Mm

macabre, विकराल, डरावना; घिनावना, बीभत्स। > मॅ-का-बॅ

macadam, गिट्टी*, रोड़ी*; पक्की सड़क*। > मॅकैडॅम

macaque, लघुपुच्छ वानर। > मॅकाक

macaroni, मैकरोनी। > मैकॅरोन्-इ

macaronic, adj..मिश्रित। > मैकॅरॉन्-इक

macaw, मकाआ। > मॅका:

mace, 1. (weapon) गदा*; 2. (staff) चोब*; 3. (spice) जावित्री*; ~bearer, चोबदार। > मेस

Macedonia, मकदूनिया। > मैसिडोन्यॅ

macerate, 1. (soften) भिगोकर नरम कर देना; 2. दुर्बल या क्षीण बना देना या हो जाना, गलाना या गलना। > मैसॅरेट

machan, मचान।

machete, छूरा, छुरा। > मॅचेट्-इ

machi/nation, (~nate) षड्यन्त्र (रचना), साज़िश* (क०), दुरभिसंधि* (क०), चालबाज़ी* (क०); ~nator, चालबाज़। > मैकिनेशॅन; मैक्-इ/नेट, ~ने-टॅ

machine, 1. यन्त्र, मशीन*, कल*; 2. (organisation) संगठन; 3. (vehicle) वाहन; ~gun, मशीन-गन*, यन्त्रतोप*; ~-made, यन्त्रनिर्मित; ~ parts, पुर्ज़े; ~ tools, मशीन-औज़ार, यन्त्रोपकरण, उपयंत्र; ~shop, यंत्रालय। > मशीन

machinery, 1. मशीनरी*, यन्त्र-समूह, यंत्रावली*; 2. (fig.) संगठन, कार्यप्रणाली*; तन्त्र। > मॅशीनॅरि

machinist, मशीन-वाला; यान्त्रिक; मशीन-चालक, मशीनिया। > मॅशीनिस्ट

mackerel, बाँगड़ा; ~sky, चित्रित आकाश। > मैकॅरॅल

mac(k)intosh, बरसाती*। मैक्-इन्-टॉश

mackle, धब्बा। > मैकॅल

macle, यमल-मणिभ। > मैकॅल

macramé, झालर*। मॅ-क्रा-मि

macro/cephalic, बृहत्-शीर्ष (~-शिरस्क); ~cosm, ब्रह्माण्ड, विश्व; ~cyte, बृहत्-लोहिताणु; ~gamete, गुरुयुग्मक; ~scopic, स्थूल; ~spore, गुरुबीजाणु। > मैक्रॅसिफैल्-इक; मैक्रॅ/कॉज़्म, ~साइट; मैक्रोगॅमीट; मैक्रॅस्कॉप्-इक; मैक्-रॅं-स्पॉ:

macron, दीर्घचिह्न। > मैक्रॉन

macula, धब्बा, दाग़; ~te, दाग़ लगाना; दूषित क०। > मैक्यु/लॅ, ~लेट

mad, 1. पागल, विक्षिप्त, उन्मत्त, बौरहा; 2. (excited) उत्तेजित; 3. (angry) क्रुद्ध, कुपित। > मैड

madam, महोदया*; भद्रे। > मैडॅम

madame, श्रीमती*। > मैडॅम

madcap, सनकी। > मैड्कैप

madden, पागल, उत्तेजित या क्रुद्ध क० अथवा बनना। > मैडॅन

madder, मजीठ*, मंजिष्ठा*; Indian ~, चिरवाल। > मैड्-ॲ

made, 1. निर्मित; 2. (artificial) कृत्रिम; 3. (ready) तैयार; 4. (successful) सफल; ~-up, 1. कृत्रिम; 2. (invented) गढ़न्त; 3. (cured) प्रसाधित; 4. (ready) तैयार, जुटाया हुआ। > मेड

mademoiselle, कुमारी*, सुश्री*। > मैडॅमॅज़े'ल

madhouse, पागलख़ाना। > मैड्हाउस

madman, पागल। > मैड्मॅन

madness, पागलपन, दीवानगी*, दीवानापन, विक्षेप; उत्तेजना*; क्रोध। > मैड्-निस

Madonna, पागलपन, दीवानगी*, दीवानापन, विक्षेप; उत्तेजना*; क्रोध। > मॅ-डॉन्-ॲ

madrasah, मदरसा। > मॅ-ड्रैस्-ॲ

madrigal, (प्रेम)गीत, कजली*। > मैड-रि-गॅल
Maecenas, संरक्षक। > मिसीन्-ऐस
maelstrom, 1. (*whirlpool*) भँवर, जलावर्त; 2. (*fig.*) उथल-पुथल*। > मेल्स्ट्रोम
maenad, 1. सुरादेवी*; 2. (*fury*) चण्डी*। > मीन्-ऐड
maestoso, प्रभावपूर्वक। > माए'स्टोज़ो
maestro, संगीतज्ञ; आचार्य। > माए'स्ट्रो
maffick, रंगरलियाँ* मनाना। > मैफ़्-इक
mafia, विधि-विरोध। > माफ़ीआ
magazine, 1. (*periodical*) पत्रिका*; 2. (*powder-room*) बारूदखाना, शस्त्रागार; 3. (*of gun*) पेट, मैगज़ीन; 4. (*store-house*) भण्डार, गोदाम। > मैगॅज़ीन
magenta, मैजेंटा। > मॅ-जे'न्टॅ
maggot, 1. मेगट, कीड़ा; 2. (*fad*) सनक*। > मैगॅट
Magi, मजूसी, ज्योतिषी। > मेजाइ
magic, 1. (*sorcery*) जादू, टोना, जादूगरी*, जादू-टोना; 2. (*charm*) जादू, माया*, सम्मोहन; 3. (*jugglery*) जादू, इंद्रजाल, बाज़ीगरी*; black~, अभिचार, वशीकरण, white ~, इन्द्रजाल, जादू; ~lantern, चित्रदर्शी, चित्रक्षेपी लालटेन*। > मैजिक
magical, मायिक; आभिचारिक; ऐंद्रजालिक। > मैजिकॅल
magician, 1. जादूगर; 2. मायावी; 3. (*juggler*) जादूगर, ऐंद्रजालिक, बाज़ीगर। > मॅजिशॅन
magisterial, 1. दण्डाधिकारीय, दण्डनायक-विषयक, दण्डनायकी; 2. (*authoritative*) प्रामाणिक; 3. (*pompous*) आडम्बरी। > मैज्- इस्-टिॲर्-इ-ॲल
magis/tracy, दण्डनायक-गण; **~tral,** 1. (*masterful*) अधिकारपूर्ण, प्रभावशाली; प्रामाणिक; 2. अध्यापकीय, शिक्षकीय; 3. (*of medicine*) विशेष; —staff, अध्यापक-गण; **~trate,** दण्डनायक, दण्डाधिकारी; **~trature,** दण्डाधिकार। > मैजिस्/ट्रॅसि, ~ट्रॅल, ~ट्रिट, ~ट्रॅट्युअॅ
magma, मैगमा। > मैग्-मॅ
magna c(h)arta, महाधिकार-पत्र। > मैग्-नॅ-काट्-ॲ
magnanimity, उदारता*, महामनस्कता*। > मैग्नॅनिम्-इ-टि
magnanimous, उदार, उदारचरित, उदारचेता, विशालहृदय। > मैग्नैन-इमॅस
magnate, प्रभावशाली या धनी-मानी व्यक्ति। > मैग्नेट
magnesia(sium) मैग्नीशिया, मैग्नीशियम। > मैग्-नी-शॅ
magnet, चुम्बक; **~ic,** चुम्बकीय; **~ism,** चुम्बकत्व; **~zation,** चुम्बकन; **~ize,** चुम्बकित क०। > मैग्-निट; मैग्ने'ट्-इक मैग्-नि-टिज़्म; मैगनिटाइज़ेशॅन; मैग्-नि-टाइज़
magneto, मैगनेटो; **~meter,** चुम्बकत्वमापी। > मैग्नीटो; मैग-नि-टॉम्-इ-टॅ
magnificat, मरिया* का भजन। > मैग्-निफ़्-इ-कैट
magni/fication, 1. आवर्धन; 2. (*praise*) प्रशंसा*, स्तुति*; **~ficence,** वैभव, शान*, प्रताप, महिमा*; **~ficent,** भव्य, शानदार, राजसी, प्रतापी; **~fied,** आवर्धित; **~fier,** आवर्धक। > मैग्-नि-फ़ि-के-शॅन मैग्-निफ़्/इसॅन्स, ~इसॅन्ट; मैग्-नि/फ़ाइड, ~फ़ाइअॅ
magnify, 1. (*phys.*) आवर्धन क०, आवर्धित क०; 2. (*exaggerate*) बढ़ाना, अतिरंजित क०, बढ़ा-चढ़ाकर कहना; ~ing glass, आवर्धक लेन्स; ~ing power, आवर्धन-शक्ति*। > मैग्-नि-फ़ाइ; ~इना
magnilo/quence, शेख़ीबाज़ी*; आडम्बर; **~quent,** शेख़ीबाज़; आडम्बरपूर्ण, आडम्बरी। > मैग्-निलॅ/क्वॅन्स, ~क्वॅन्ट
magnitude, 1. (*greatness*) महत्त्व, महत्ता*; 2. (*extent*) विस्तार; 3. (*size*) आकार; 4. (*measure*) परिमाण, मात्रा*; 5. (*astron.*) कान्तिमान, दीप्ति*। > मैग्-नि-ट्यूड
magnum, बोतल*। > मैग्नॅम
magpie, 1. मुटरी*; 2. (*fig.*) बकवादी, बक्की; **~robin,** दँहगल*। > मैग्पाइ
magus, मजूसी। > मेगॅस
mahogany, तून विशेष, महार्घ। > महॉगॅनि
Mahomet, मुहम्मद; **~an,** मुसलमान, मुहम्मदी। > मॅहॉम्/इट, ~इटॅन
mahout, महावत। > मॅहाउट
mahseer, महासीर, महसीर*।
maid, 1. कुमारी*, कुमारिका*; 2. अविवाहिता*; 3. (*~servant*) नौकरानी*। > मेड
maidan, मैदान। > माइदान
maiden, *n.*, कुमारी*; *adj.*, 1. अविवाहित; 2. कन्योचित, कुमारी-सुलभ; 3. (*first*) प्रथम; 4. (*untried*) अव्यवहृत, अप्रयुक्त; नया; कोरा; **~hood,** कौमार्य; **~ly,** कुमारी-सुलभ, कन्योचित। > मेडॅन, ~हुड, ~लि
maieutic method, उद्‌बोधन-प्रणाली*, धात्री-प्रणाली*। > मेयूट्-इक
maigre, निरामिष। > मे-गॅ
mail, *n.*, 1. डाक*; 2. (*coat of~*) कवच; *v.*, डाक में डालना, डाक* से भेजना; कवच पहनाना; **~able,** डाक* से भेजने योग्य; **~ed,** कवचित; **~-list,** डाक-सूची*; **~man,** डाकिया; **~train,** डाक-गाड़ी*। > मेल; मेलॅबॅल; मेल्ड

maim, 1. लँगड़ा-लूला क०, अंगभग क०, अपांग कर देना; 2. (*disable*) अशक्तबना देना; 3. (*spoil*) विकृत क०, बिगाड़ना। > मेम

main, *adj.*, मुख्य, प्रमुख, प्रधान; बड़ा; *n.*, 1. मुख्यांश, मुख्य बात* या विषय; 2. मुख्य लाइन*, नहर* 3. (*canal*), परिपथ (*circuit*) या नल (*pipe*) 3. (*cockfight*) मुरगों की लड़ाई*, डंका; by ~force, बलप्रयोग से; ~body, मुख्यांग; ~clause, मुख्य वाक्यांश; in the~, कुल मिलाकर; **~land,** महाद्वीप-मुख्य भूमि*; **~ly,** प्रधानतः, मुख्यतः; **~spring,** बड़ी कमानी*; मुख्य प्रेरणा* या प्रेरणास्रोत; **~stay,** मुख्य आधार या सहारा। > मेन; मेन्‌लॅन्ड; मेन्-लि

maintain, 1. बनाए, चालू, क़ायम या जारी रखना, करता रहना; 2. (*affirm*) दावा क०, दृढ़तापूर्वक या निश्चयपूर्वक कहना; 3. (*support*) सहारा देना, प्रोत्साहन देना, समर्थन क०; 4. (*provide livelihood*) भरण-पोषण क०, खरच चलाना या देना; 5. (*defend*) की रक्षा* क०, सुरक्षित रखना; 6. (*keep in existence*) सम्पोषित क०। > मे 'न्टेन

maintenance, 1. (*keep in working order*) अनुरक्षण; 2. (*observance*) रखरखाव, पालन; 3. (*sustentation*) भरण-पोषण, सम्पोषण, रख-रखाव, रोटी-कपड़ा; 4. (*livelihood*) निर्वाह, जीविका*, गुज़ारा; 5. (*of law and order*) रक्षा*, संधारण; **~allowance,** भरण-भत्ता। > मेन्-टि-नॅन्स

maison(n)ette, छोटा सा मकान। > मेज़ॅने 'ट

maize, मकई*, मक्का, ज्वार*। > मेज़

majestic, प्रतापी, तेजस्वी, राजसी। > मॅ-जे 'स्-टिक

majesty, 1. (*grandeur*) प्रताप, तेजस्विता*, ऐश्वर्य, विभूति*; 2. (*sovereignty*) राजसत्ता*; आधिपत्य, प्रभुत्व; 3. राजा, महाराजा; His~, तत्रमहान्, महामहिम; Your ~, अत्रमहान्; Her~, तत्रमहती*। > मैज्-इस-टि

major, *adj.*, 1. मुख्य, प्रधान; 2. भारी, बड़ा, गुरु; 3. (*of age*) वयस्क, बालिग; 4. अधिकांश; —*n.*, 1. (*logic*) साध्यपद; 2. प्रधान, प्रमुख; 3. (*army*) मेजर; 4. बालिग; **~-domo,** गृहप्रबंधक। > मेज्-ऑ; ~डोमो

majority, 1. अधिकांश; 2. (*in voting*) बहुमत; 3. (*age*) वयस्कता*, बालिग़ी*; absolute ~, पूर्ण बहुमत; the ~ of the people, अधिकांश या अधिसंख्यक जनता*। > मॅ-जॉ-रि-टि

majuscule, बड़ा अक्षर। > मैजॅस्‌क्यूल = मॅजॅस्‌क्यूल

make, *n.*, 1. बनावट*, गठन*; 2. (*nature*) स्वभाव; 3. (*sort*) प्रकार; 4. (*manufacture*) निर्माण; —*v.*, 1. बनना, निर्माण क०; उत्पन्न क०; 2. (*do*) करना; 3. (*arrange*) तैयार क०, सजाना; 4. (*earn*) कमाना; 5. (*regard*) समझना, मानना; 6. (*amount to*) के बराबर होना; 7. बनना, बन जाना; 8. (*reach*) पहुँचना; 9. पार क०; 10. (*repair*) मरम्मत क०; **~after,** पीछा क०; **~away with,** चुराना, चोरी* क०; दूर क०; खा जाना; मार डालना, नष्ट क०; **~for,** की ओर* जाना; पर आक्रमण क०; उत्पन्न क०; **~little of,** तुच्छ समझना; **~off,** चला जाना; भाग जाना; **~off with,** चुराना, **~out,** तैयार क०; लिख देना; भर देना; सफल होना; समझना; देखना; बनना, प्रस्तुत क०; **~over,** 1. हस्तान्तरित क०; 2. (*change*) बदल देना; **~up,** बनाना, संघटित क०; कसर* निकालना, पूरा क०; तैयार क०; एकत्र क०; गढ़ना, कल्पना* क०; मेल-मिलाप क०, समझौता क०; सजाना; श्रृंगार क०; **~up to,** प्रणय निवेदन क०। > मेक

make-and-break contact, जोड़-तोड़ सम्पर्क।

make-believe, *n.*, 1. बहाना, छल, ढोंग; 2. (*person*) धोखेबाज़; —*adj.*, कपटपूर्ण, कपट-, झूठा। > मेक्‌बिलीव़

makepeace, शान्तिस्थापक। > मेक्‌पीस

maker, बनानेवाला, निर्माता, रचयिता। > मेक्-ॲ

makeshift, *adj.*, (*n.*) कामचलाऊ (चीज़*)। > मेक्-शिफ़्ट

make-up, 1. बनावट*, ढाँचा, रचना*; 2. स्वभाव; 3. बनाव-श्रृंगार; भेस (*of actor*); 4. (*cosmetics*) अंगराग; 5. (*get-up*) रूपसज्जा*; 6. मनगढ़न्त बात*। > मेक्-ॲप

makeweight, पासँग। > मेक्‌वेट

making, 1. निर्माण, रचना*; **~s,** 1. कमाई*, लाभ; 2. (*qualities*) गुण, योग्यता*; 3. (*material*) सामग्री*। > मेक्-इन्ग

mal-, कु-, दुः-, दुर्-, कद्; अप-; अ-। > मैल

maladjust/ed, अव्यवस्थित; कुसमंजित; **~ment,** अव्यवस्था*; कुसमंजन, कुसन्तुलन। > मैलॅजॅस्-टिड; मैलॅजॅस्ट्‌मॅन्ट

maladministration, कुप्रशासन; अव्यवस्था*। > मैलॅड्-मि-निस्-ट्रे-शॅन

maladroit, अनाड़ी, फूहड़। > मैलॅड्रॉइड

malady, बीमारी*, रोग, व्याधि*, मर्ज़। > मैलॅडि

mala fide, *adj.*, 1. (*person*) बदनीयत, दुराशय, असद्‌भावी, दुर्भावपूर्ण; 2. जाली, कपटपूर्ण; —*adv.*, बदनीयत* से, बेईमानी* से, दुर्भावपूर्वक, असद्‌भावपूर्वक। > मेल्-ॲ फ़ाइडि

malaise, 1. रुग्णता*, अस्वस्थता*, क्लान्ति*; 2. बेचैनी*, घबराहट*, व्याकुलता*; 3. (*comm.*) मन्दी*। > मैलेज़

malapropism, हास्यास्पद शब्द-प्रयोग। > मैलॅप्रॉपिज़्म

malapropos, *adj.*, असंगत, असामयिक; अनुचित; —*adv.*, बेमौक़े, असमय। > मैल्-ऐप्-रॅ-पो

malar, *adj.*, गण्ड-; *n.*, गण्डास्थि*। > मेल्-ॲ

malaria, मलेरिया, शीतज्वर, जूड़ी*, फ़सली बुख़ार। > मॅ-ले 'ऑर्-इ-ॲ

Malayalam, मलयालम*। > मैलिआलॅम

malcontent, असन्तुष्ट, विक्षुब्ध। > मैल्कॅन्टे'न्ट

maldistribution, कुवितरण। > मैल्-डिस्-ट्रि-ब्यू-शॅन

male, *n.*, नर, पुरुष; *adj.*, पुंजातीय, नर; पुं-, पुरुष-; ~ nurse, उपचारक। > मेल

maledic/tion, अभिशाप; निन्दा*, आक्रोश; **~tory,** अभिशापपूर्ण; निन्दात्मक। > मैलिडिक्/शॅन, ~टॅरि

malefac/tion, कुकर्म, अपराध; **~tor,** कुकर्मी, अपराधी; अपकारी। > मैलिफ़ैक्शॅन; मैल्-इ-फ़ैक्-टॅ

malefic, अनिष्टकर; **~ent,** अहितकर, हानिकर, अशुभ; अपराधी। > मॅ-ले'फ़्/इक; ~इसॅन्ट

male/volence, दुर्भाव, (वि)द्वेष; **~volent,** अहितेच्छु, द्वेषी, द्वेषपूर्ण; अपकारी। > मॅले'व़्/लॅन्स, ~लॅन्ट

malfea/sance, दुष्करण, भ्रष्टाचार; **~sant,** दुष्कर्ता, भ्रष्टाचारी। > मैल्फ़ीज़ॅन्स; मैल्फ़ीज़ॅन्ट

malfor/mation, कुरचना*; **~med,** विकृत, कुघड़। > मैल्फ़ॉ:मेशॅन; मैल्फ़ॉ:म्ड

malice, दुर्भाव, दुर्भावना*, द्वेष, विद्वेष; ~aforethought, पहले से विद्वेष। > मैल्-इस

malicious, 1. विद्वेषपूर्ण, दुर्भावपूर्ण, विद्वेष-मूलक; 2. (*mischievous*) नटखट; **~ly,** विद्वेषपूर्वक, दुर्भावपूर्वक, दुर्भाव से। > मॅलिशॅस, ~लि

malign, *adj.*, 1. (*harmful*) अनिष्टकर, अहितकर; 2. (*evil*) अशुभ, बुरा; 3. (*malevolent*) द्वेषी; 4. (*pathol.*) विषालु, दुर्दम्य; —*v.*, निन्दा* क०, बुराई* क०; **~ant,** 1. अहितकर, अमंगल, अशुभ; 2. (*malevolent*) प्रद्वेषी, अहितेच्छु, द्वेषी; 3. (*pathol.*) दुर्दम्य, विषालु; सांघातिक, असाध्य, घातक; **~ity,** 1. द्वेष, बैर; 2. (*of disease*) विषालुता*, सांघातिकता*। > मॅलाइन; मॅलिग्नॅन्ट; मॅ-लिग्-नि-टि

malinger, बीमारी* का बहाना क०; **~er,** कामचोर, मिथ्यारोगी। > मॅ-लिन्ग्-गॅ, ~ रॅ

malism, कुसृष्टिवाद। > मेल्-इज़्म

mall, छत्ता। > मॉ:ल

mallard, नीलसर। > मैलॅड

malleable, आघातवर्ध्य, पिटवाँ, कुट्टनीय। > मैल्-इ-ॲ-बॅल

malleolus, गुल्फ, गुल्फिका*। > मलीॲलॅस

mallet, मुँगरा, मुँगरी*, मुद्गर। > मैल्-इट

malleus, 1. हथौड़ा; 2. (*anat.*) मैलियस, मुद्गरक। > मैल्-इ-ॲस

mallow, कंघी*; musk ~, मुश्कदाना। > मैलो

malm, खड़ियामय चट्टान*। > माम

malnutrition, कुपोषण। > मैल्न्युट्रिशॅन

malodorous, बदबूदार, दुर्गन्धपूर्ण। > मैलोडॅरॅस

malprac/tice, अनाचार, कदाचार; अपराध; **~tioner,** दुराचारी, कदाचारी। > मैल्-प्रैक्-टिस; मैल्प्रैक्-टिश्-नॅ

malt, 1. माल्ट, यव्य; 2. (*liquor*) यवरस; **~ose,** यव-शर्करा। > मॉ:ल्ट, मॉ:ल्टोस

maltreat, दुर्व्यवहार क०, अत्याचार क०। > मैल्ट्रीट

malversation, भ्रष्टाचार। > मैल्वॅ:सेशॅन

mamelon, गोल पहाड़ी*। > मैमॅलॅन

mamilla, चूचुक, चूची*, कुचाग्र, स्तनाग्र; **~ry,** चूचुकीय; चूचुकाकार; **~te,** 1. चूचुकी, चूचुकधारी; 2. (*mamilliform*) चूचुकाकार। > मै-मिल्-ॲ; मैम्-इ/लॅरि, ~लिट; मैमिल्-इ-फ़ॉ:म

mamma, 1. अम्माँ*, माँ*; 2. (*gland*) स्तन; **~ry,** स्तनीय, स्तन-। > मॅमा (1); मैम्-ॲ (2); मैमॅरि

mammal, स्तनपायी, स्तनधारी, स्तनी; **~ia,** स्तनी वर्ग। > मैमॅल; मैमेल्यॅ

mammifer, स्तनपायी, **~ous,** स्तनधारी। > मैम्-इ-फ़ॅ; मैमिफ़ॅरॅस

mammiform, स्तनाकार, कुचाकार। > मैम्-इफ़ॉ:म

mammon, 1. धनसम्पत्ति*; 2. (*god*) कुबेर; **~ism,** धनलोलुपता*। > मैमॅन; मैमॅनिज़्म

mammoth, *n.*, मैमथ; *adj.*, विशाल; विशालकाय। > मैमॅथ

man, 1. मनुष्य, मानव, आदमी, इनसान; 2. (*male*) नर, पुरुष; 3. (*servant*) नौकर, अनुचर; 4. (*workman*) मज़दूर, श्रमिक; 5. (*pl.*) सैनिक; 6. (*chess*) पैदल; 7. (*checkers*) गोटी*, मोहरा; —*v.*, पहरा, सैनिक, मल्लाह आदि रखना या तैनात क०; हिम्मत* बाँधना, साहस बटोरना; the ~in the street, जनसाधारण। > मैन

man/-at-arms, सैनिक, योद्धा; **~-day,** श्रम-दिन; **~-eater,** आदमख़ोर, नरभक्षी; **~-of-war,** युद्धपोत, जंगी, जहाज़।

manacle, *n.* (*v.*) 1. (*handcuff*) हथकड़ी* (डालना); 2. निरोध (क०), बेड़ी* (डालना)। > मैनॅकॅल

manage, प्रबंध क०, व्यवस्था* क०; संचालन क०; चलाना, संभालना; देखरेख* क०; नियंत्रित क०; की युक्ति* निकालना, में सफल होना; वश में रखना; **~able,** संचालनीय; नियन्त्रणीय; वश्य; **~ment,** प्रबंध; व्यवस्था*, इन्तज़ाम; प्रबन्धकौशल। > मैन्/इज, ~इजॅबॅल, ~इज्मॅन्ट

manager, प्रबन्धक, मैनेजर, व्यवस्थापक। > मैन्-इ-जॅ

managerial, प्रबंधकीय, प्रबंधक-, प्रबंध-। > मैनॅजिॲर्-इॲल

managing, 1. (*scheming*) धूर्त, कुचक्री; 2. (*domineering*) दबंग; 3. (*economical*) मितव्ययी;

4. प्रबंधकुशल; 5. प्रबन्धक; ~agent, प्रबंध-अभिकर्ता; ~committee, प्रबंध-समिति*; ~director, प्रबंधसंचालक; ~editor, प्रबंध-सम्पादक। > मैन्-इ-जिना

manatee, समुद्री गाय*। > मैनॅटी

manciple, रसद-ख़रीदार। > मैन्-सि-पॅल

mandamus, परमादेश। > मैन्डेमॅस

mandarin, मन्दरिन। > मैन्डॅरिन

mandarin(e) (orange), सन्तरा। > मैन्डॅरिन; मैन्डॅरीन

mandatary, अधिदेश-प्राप्त सत्ता*। > मैन्डॅटॅरि

mandate, 1. आदेश, आज्ञा*, आदेशपत्र; 2. (*by the League of Nations*) अधिदेश, शासनादेश; —*v.*, सौंपना; **~d,** अधिदेशाधीन। मैन्-डेट (*n.v.*); मैन्डेट (*v.*); मैन्डेटिड

mandatory, *n.*, अधिदेश-प्राप्त सत्ता*; *adj.*, 1. (*obligatory*) अनिवार्य, आदेशात्मक; 2. अधिदेशात्मक; 3. अधिदेश-प्राप्त। > मैन्डॅटॅरि

mandi/ble, जबड़ा, अधोहनु*; **~bular,** अधोहनु-। > मैन्-डि-बॅल; मैन्-डिब्-यू-लॅ

mandolin(e), सारंगी*। > मैन्डॅलिन; मैन्डॅलीन

mandrake, विशाखमूल, लक्ष्मणा*। > मैन्ड्रेक

mandrel, मैण्ड्रेल। > मैन्-ड्रॅल

mandrill, विशालकाय लंगूर, नरकीश। > मैन्-ड्रिल

mandu/cate, चबाना; **~cation,** चर्वण। > मैन्ड्युकेट; मैन्ड्युकेशॅन

mane, अयाल, याल*, केसर। > मेन

mangége, घुड़सवारी* (का स्कूल)। मैनेश्ज़

manes, पितर, पितृ; प्रेत, प्रेतात्मा। > मानेज़ = मेनीज़

manful, शूरवीर, साहसी। > मैनफ़ल

manganese, मैंगनीज़। > मैन्-गॅ-नीज़

mange, खाज*, ख़ारिश*, खुजली*। > मेन्ज

mangel-wurzel, बड़ा चुकन्दर। > मैन्गॅल्वॅ:ज़ॅल

manger, नाँद*, चरनी*। > मेन्-जॅ

mangle, क्षत-विक्षत क०; बिगाड़ना, विकृत क०। > मैन्-गॅल

mango, आम, आम्र, अम्ब; **~-ginger,** आम-हल्दी*; **~-grove,** अमराई*, आम्रवन। > मैन्-गो

mangonel, शिलाप्रक्षेपक। > मैन्-गॅ-ने'ल

mangosteen, मंगुष्ठ। > मैन्-गो-स्टीन

mangrove, गरान, कच्छ वनस्पति। > मैनग्रोव

mangy, खरसैला। > मेन्-जि

manhandle, थपेड़ना, पीटना। > मैन्हैन्डल

manhole, मानुसमोखा, प्रवेश-छिद्र, प्रवेश। > मैन्होल

manhood, पुरुषत्व; पुरुषार्थ, साहस, मरदानगी*, पुरुषवर्ग। > मैन्हुड

mania 1. उन्माद; 2. (*craze*) सनक*, झक*; **~c(al),** उन्मत्त, विक्षिप्त, पगला; सनकी, झक्की। > मेन्यॅ; मेन्-इ-ऐक

Manichaeism, मानीवाद। > मैनिक्रीइज़्म

mani/cure, *n.*(*v.*) नख-प्रसाधन (क०); **~curist,** नख-प्रसाधक। > मैन्-इ-क्युअॅ, ~रिस्ट

manifest, *adj.*, प्रकट, व्यक्त, प्रव्यक्त, सुस्पष्ट, प्रत्यक्ष; —*v.t.*, व्यक्त क० या होना, दिखलाना; का प्रमाण होना या देना; मालसूची* में लिखना; —*n.*, मालसूची*; **~ant,** प्रदर्शनकारी; **~ation,** 1. अभिव्यक्ति*, प्रकटीकरण; 2. आविर्भाव; 3. (*public*) प्रदर्शन। > मैन्-इ-फ़े'स्ट; मैनिफ़े'स्टॅन्ट; मैनिफ़े'स्टेशॅन

manifesto, घोषणा-पत्र; नीति-घोषण*, लोकघोषणा*। > मैनिफ़े'स्टो

manifold, *adj.*, विविध, नानारूप, बहुविध; —*v.*, प्रतिलिपियाँ* बनाना। > मैन्-इ-फ़ोल्ड

manikin, 1. (*dwarf*) बौना; 2. पुतला। > मैन्-इ-किन

maniple, हस्तपट, हस्तपट्टिका*। > मैन्-इ-पल

manipu/late, 1. चलाना, से काम लेना; 2. चालाकी* से प्रभावित क० (चलाना, मोड़ लेना या काम निकालना), में चालबाज़ी* क०; छलयोजना* क०; 3. (*falsify*) झुठलाना; **~lated,** छलयोजित; **~lation,** परिचालन, चालन; हस्तलाघव, हस्तकौशल; व्यवहार- कौशल; चालाकी*, धोखेबाज़ी*, चालबाज़ी*, छलयोजना*, छल-कपट। > मॅनिप्यु/लेट, ~लेटिड; मनिप्यूलेशॅन

manitou, परमात्मा; आत्मा। > मैन्-इ-टू

mankind, 1. मानव-जाति*, मनुष्य-जाति*; 2. पुरुष-वर्ग। > मैन्काइन्ड (1); मैन्काइन्ड (2)

manliness, पौरुष, पुरुषत्व। > मैन्-लि-निस

manlike, manly, पुरुषोचित, मरदाना; मनुष्योचित। > मैन्लाइक; मैन्-लि

manna, मन्ना, दिव्यान्न। > मैन्-अॅ

mannequin, पुतला। > मैन्-इ-किन

manner, 1. (*way*) ढंग, भाँति*, रीति*; 2. (*sort*) प्रकार; 3. (*custom*) रीति*, रिवाज; 4. (*behaviour*) व्यवहार, आचरण, चालचलन; bad ~s, अशिष्टता*, अभद्रता*; good ~s, शिष्टाचार, सभ्याचार; adverb of~, रीतिवाचक क्रियाविशेषण; ~of life, जीवनचर्या*; **~ism,** कृत्रिमता*; व्यवहार वैचित्र्य, वैचित्र्य; **~less,** अशिष्ट; **~liness,** शिष्टता*; **~ly,** शिष्ट। > मैन्-अॅ; मैनॅ/रिज़्म, ~लिस, ~लिनिस, ~लि

mannish, मरदाना, पुरुषसदृश। > मैन्-इश

manoeuvre, *n.*, 1. (*mil.*) युक्तिचालन; 2. (*pl.*) युद्धाभ्यास; 3. (*stratagem*) युक्ति*, चाल*, दाँव; चालबाजी*, कपट-प्रबन्ध; —*v.*, युक्ति चालन क०; युद्धाभ्यास क०; युक्ति* से काम निकालना, चाल* चलना, चलाकी* क०। > मॅनूवॅ

manometer, दाबान्तरमापी। > मॅ-नॉम्-इ-टॅ

manor, जागीर*; ज़मींदारी*। > मैन्-अॅ

manpower, मानवशक्ति*। > मैन्-पाउ-ऑ
manqué, 1. अप्राप्तलक्ष्य, अकृतकार्य; लक्ष्यच्युत; 2. (*unsuccessful*) असफल। > माँ-के
mansard, दुढालू छत*। > मैन्साड
manservant, नौकर। > मैन्सॅ:वॅन्ट
manse, पुरोहिताश्रम। > मैन्स
mansion, हवेली*, कोठी*, भवन, प्रासाद। > मैन्शॅन
man/slaughter, मानवहत्या*; मनुष्यहत्या*; **~slayer,** मानवहन्ता। > मैन्-स्लॉ:-टॅ; मैन्-स्ले-ऑ
mansuetude, सौम्यता*, नम्रता*। > मैन्-स्वि-ट्यूड
mantel, *see* MANTELPIECE। > मैन्टॅल
mantelet, (*mil.*) गोलीसह परदा। > मैन्टॅलिट
manteletta, प्रावारिका*। > मैन्-टॅ-ले'ट्-ऑ
mantel/piece, अँगीठी-कानस; **~shelf,** अँगीठी-पट्ट। > मैन्टॅल/पीस, ~शे'ल्फ़
mantic, शाकुन, शाकुनेय। > मैन्-टिक
mantilla, ओढ़नी*, दुपट्टा; प्रावारिका*। > मैन्-टिल्-ऑ
mantis, मैन्टिस, बद्धहस्त कीट। > मैन्-टिस
mantissa, अपूर्णांश। > मैन्-टिस्-ऑ
mantle, *n.*, 1. लबादा, प्रावरण; 2. (*covering*) आवरण; 3. (*outer wall*) बाह्यभित्ति*; 4. (*zool.*) प्रावार; —*v.*, 1. (*cover*) आवृत क०, ढाँकना, आच्छादित क०; 2. (*colour*) लाल हो जाना या कर देना; 3. (*of liquid*) पर तह* जम जाना। > मैन्टॅल
manual, *adj.*, 1. हस्त-, हस्त्य; 2. (*operated by hand*) हस्तचालित; —*n.*, पुस्तिका*, गुटका; नियमावली*, नियम-पुस्तक*; ~ labour, शारीरिक श्रम। > मैनुअॅल
manufactory, कारख़ाना, निर्माणी*। > मैन्युफ़ैक्टॅरि
manufacture, *n.*, निर्माण, उत्पादन; विनिर्माण; —*v.*, 1. निर्माण क०; बनाना, तैयार क०; 2. (*concoct*) गढ़ना; **~d,** निर्मित; **~r,** निर्माता। > मैन्-यु-फ़ैक्-चें
manu/mission, दास्यमुक्ति*; **~mit,** (दासता* से) मुक्त क०, दास्यमुक्त क०। > मैन्युमिशॅन; मैन्युमिट
manure, *n.*(*v.*) खाद* (देना, डालना)। > मॅन्युऑ
manuscript, 1. हस्तलिपि*; 2. (*author's copy*) पाण्डुलिपी*; —*adj.*, हस्तलिखित। > मैन्-यु-स्क्रिप्ट
manward, मनुष्य-विषयक। > मैन्वॅड
many, बहुत से, बहुत सी*, अनेक; a good ~, बहुत कुछ, बहुतेरे; a great ~, अनेकानेक, बहुत अधिक; how~, कितने; so~, इतने; the~, अधिकांश लोग; जनता*, जनसाधारण; **~-coloured,** बहुरंग, रंगबिरंगा; **~-headed,** बहुशीर्ष; **~-sided,** बहुमुख। > मे'नि
map, *n.*, मानचित्र, नक़शा; *v.*, 1. मानचित्र बनाना; 2. (*plan*) की योजना* बनाना, की व्यवस्था* क०, सुव्यवस्थित क०; **~ping,** मानचित्रण। > मैप; मैप्-इन्ग
maple, मैपिल, द्विफल। > मे-पॅल
mar, बिगाड़ना। > मा
marabou, (*adjutant*) चमरधेंघ। > मैरॅबू
marabout, 1. एकान्तवासी; 2. (*shrine*) मक़बरा। > मैरॅबूट
marasmus, सूखा (रोग)। > मॅरैज़्मॅस
Marathon, *n.*, लम्बी दौड़*; *adj.*, बहुत लम्बा। > मैरॅथॅन
maraud, लूट-मार* करते फिरना, छापा मारना; लूटपाट* क०, लूटना-मारना, लूटना; **er,** लूटेरा। > मॅरॉ:ड, मॅरॉ:ड्-ऑ
marble, 1. संगमरमर; 2. (*ball*) गोली*; **~d,** 1. चितकबरा; 2. (*of paper*) अबरी।
marcescent, म्लान। > मासे'सॅन्ट
march, *n.*, 1. मार्च, प्रयाण, अभियान; 2. (*movement*) गति*, चाल*; 3. (*progress*) प्रगति*; 4. (*month*) मार्च; 5. (*boundary*) सीमा*; 6. (*borderland*) सीमान्त, सीमाप्रान्त; 7. (*music*) प्रयाण-राग; —*v.*, मार्च क०, कूच क०, प्रयाण क०; चलना; चलता रहना, प्रगति* क०; ~ing song, प्रयाण-गीत; ~ing orders, प्रयाण-आदेश; **~-land,** सीमाप्रान्त; **~past,** मार्च-पास्ट। > माच
marchpane, बादाम की मिठाई*। > माच्पेन
mare, घोड़ी*; गधी* (*donkey*); **~'s-nest,** मायाजाल; **~'s-tail,** (*meteor*) चमरी मेघ। > मे'ऑ
maremma, दलदल-प्रदेश। > मॅ-रे'म्-ऑ
margarine, मारगरीन, मारजरीन। > माजॅरीन = मागॅरीन
margin, 1. (*of page*) हाशिया, उपान्त, पार्श्व; 2. (*border*) किनारा; 3. (*limit*) सीमा*; 4. (*econom.*) सीमान्त; 5. (*extra amount*) अतिरिक्त राशि*, माल, सामग्री*; 6. (*latitude*) गुंजाइश*, मात्रा*; **~al,** 1. हाशिये का, उपान्तीय, उपांतिक, पार्श्व-; 2. किनारे का; सीमावर्ती; पार्श्ववर्ती; 3. सीमान्त-; 4. (*mininum*) न्यूनतम; —land, कष्टकृष्य भूमि*; **~alia,** पार्श्व-टिप्पणी*; **~ate(d),** हाशियेदार। > माजिन; माजिनॅल; माजिनेल्यॅ माजि/निट, ~नेटिड
margosa, tree, नीम। > मागोसा
marigold, गेंदा। > मैरिगोल्ड
marine, *adj.*, समुद्री(य); जहाज़ी, नौ-; *n.*, जहाज़ी बेड़ा; नौसैनिक; **~r,** नाविक, मल्लाह। > मॅरीन; मैरिनें
marionette, (कठ)पुतली*। > मैरिऑने'ट
marital, 1. पति-विषयक, पति का; 2. वैवाहिक, दाम्पत्य। > मैरिटॅल
maritime, 1. (*of the sea*) समुद्री(य); समुद्रवर्ती;

2. (*near the sea*) तटवर्ती, अनुसमुद्री; 3. (*of ships*) नौ-, जहाज़ी। > मैरिटाइम

marjoram, कुठरा, मरुआ, मरुवा, मुरवा, मुरबाक। > मार्जरॅम

mark, *n.*, 1. चिह्न, निशान, अंक, मारका; 2. (*indication*) निर्देश, संकेत; 3. (*seal*) छाप*; 4. (*proof*) प्रमाण; लक्षण; 5. (*in examin.*) अंक, नम्बर; 6. (*standard*) स्तर; 7. (*importance*) महत्त्व; 8. (*distinction*) प्रतिष्ठा*, यश; 9. (*target*) लक्ष्य, निशाना, वेध्य; 10. (*influence*) प्रभाव, छाप*; —*v.*, चिह्न, निशान या छाप* लगाना; अंकित क०; चिह्नित क०; व्यक्त क०, प्रकट क०; की विशेषता* होना; पर ध्यान देना; अंक देना, नम्बर डालना; लिखना; full ~s, पूर्णांक; grace ~s, अनुग्रहांक; pass ~s, उत्तीर्णांक; off the ~, लक्ष्यच्युत;~ make one's~, सफल होना, यश प्राप्त क०;**~off,** अलग क०; चिह्न लगाना; **~out,** सीमांकन क०; निर्दिष्ट क०; **~down, (up),** मूल्य घटाना (बढ़ाना); **~ed,** चिह्नित, अंकित; सुस्पष्ट, अच्छा ख़ासा, विशिष्ट; **~edly,** सुस्पष्ट रूप से; **~er,** चिह्नकारी, चिह्नक; अंकक; निशान; **~ing,** अंकन; चिह्न, निशान; **~ing-ink,** अंकन-मसि*; **~ing-nut,** भिलावाँ, भल्लात(क); **~sman,** निशानेबाज़, लक्ष्यवेधी; **~smanship,** निशानेबाज़ी*। > माक; माक्ट; माक्-अॅ; माक्-इन्ग; माक्स्‌मॅन

market, *v.*, बेचना, बाज़ार में लाना या भेजना; बाज़ार क०; रसद ख़रीदना; —*n.*, बाज़ार (*also fig. meanings*), हाट*, मण्डी*; **~able,** विक्रेय, पण्य, विपण्य; **~ing,** विपणन; **~-place,** चौक; **~-price,** अंकित मूल्य। > माक्/इट, ~इटॅबॅल, ~इटिन्ग

markhor, मारख़ोर। > मा-खॉ:

marl, मार्ल, चिकनी मिट्टी*, खड़िया। > माल

marmalade, मुरब्बा। > मामॅलेड

maroon, असहाय छोड़ देना। > मॅरून

marplot, रंग में भंग करनेवाला। > माप्लॉट

marquee, शामियाना। > माकी

marquetry, जड़ाऊ काम। > माकिट्रि

marriage, विवाह, शादी*, परिणय, पाणिग्रहण; civil ~, रजिस्ट्री विवाह; **~articles,** विवाह-समझौता; **~licence,** विवाह-अनुज्ञा*; **~party,** बारात*, **~able,** विवाहयोग्य, विवाह्य। > मैरिज; मैरिजॅबॅल

married, 1. (*of person*) विवाहित; 2. वैवाहिक, विवाहित; **~life,** दाम्पत्य जीवन। > मैरिड

marrow, 1. मज्जा*; 2. (*essence*) सार; vegetable ~, कुम्हड़ा। > मैरो

marry, विवाह क०; विवाह-संस्कार सम्पन्न क०; विवाह कराना। > मैरि

Mars, मंगल। > माज़

marsh, कच्छ, दलदल**; **~y,** कच्छी। > माश; माश्-इ

marshal, *n.*, मार्शल; *v.*, क्रम से रखना, क्रमबद्ध क०, (सु)व्यवस्थित क०; विधिपूर्वक ले चलना; **~ling,** विन्यास, क्रमबंधन; —yard, विन्यास या समाहार यार्ड। > मार्शॅल

marsu/pial, मार्स्युपिअल, धानी-प्राणी; **~pium,** शिशुधानी*। > मास्यूप्यॅल; मास्यूप्यॅम

mart, बाज़ार। > माट

martello, गढ़ी*। > माटे'लो

marten, चितराला। > माट्-इन

martial, 1. युद्ध-सम्बन्धी; युद्ध-, सामरिक; 2. (*brave*) वीर; 3. (*warlike*) युद्धप्रिय; 4. (*of army*) सैनिक, फ़ौजी; ~law, सेनाशासन, फ़ौजी क़ानून। > माशॅल

martin, अबाबील*। > माट्-इन

martinet, कठोर अनुशास्तक या अनुशास्ता। > माटिने'ट

martingale, (*of harness*) ज़ेरबन्द, पेशबन्द। > माट्-इन्गेल

martyr, *n.*, शहीद, हुतात्मा; चिररोगी, चिरयातनाग्रस्त; —*v.*, शहीद बनाना; यातना* देना, सताना; **~dom,** शहादत*, प्राणोत्सर्ग, आत्मबलिदान; यातना*, यंत्रणा*; **~ology,** शहीदनामा; **~y,** शहीद-स्मारक, हुतात्मा-स्मारक। > माट्-अॅ; माटॅडॅम; माटॅरॉलजि; माटॅरि

marvel, *n.*, चमत्कार, अदभुत वस्तु*; आश्चर्य; —*v.*, आश्चर्यचकित होना, आश्चर्य क०, अचम्भे में पड़ना; जिज्ञासा* होना; ~of Peru, गुल-अब्बास; **~lous,** आश्चर्यजनक, चामत्कारिक, अद्‌भुत; 2. (*excellent*) बढ़िया। > मावॅल; मावॅलॅस

Marxism, मार्क्सवाद। > माक्स्-इज़्म

marzipan, बादाम की मिठाई*। > माज़िपैन

mascara, अंजन। > मैस्-कार्-अॅ

mascot, शुभंकर। > मैस्कॅट

masculine, 1. पुंजातीय, नर-; 2. (*virile*) पुरुषोचित, पुरुष-सुलभ; मरदाना, पुरुष-सदृश; 3. (*grammar*) पुल्लिंग। > मास्क्यूलिन

masculinity, पुरुषत्व, पौरुष, पुंस्त्व। > मैस्क्यूलिन्-इ-टि

mash, *n.*, 1. दलिया; सानी*; 2. (*brewing*) मैश; 3. (*medley*) घालमेल; —*v.*, मरगजा क०। > मैश

masjid, मसजिद*। > मॅस्-जिड

mask, *n.*, 1. (*cover*) नक़ाब; मुखावरण, मुखच्छद; 2. (*face*) चेहरा; 3. (*cloak*) बहाना, परदा; 4. (*camouflage*) छद्मावरण; आवरण; —*v.*, नक़ाब या चेहरा लगाना; छिपाना, आच्छादित क०; छद्मवेश धारण क०; **~ed,** नक़ाबपोश; चेहराधारी; अवगुण्ठित, आच्छादित; छद्मवेशी; **~ing,** प्रच्छादन। > मास्क; मास्क्ट; मास्-किन्ग

masoch/ism, परपीड़ित-कामुकता*; मासोक-वाद; **~ist,** परपीड़ित-कामुक। > मैज़ोकिज़्म; मैज़ोकिस्ट

mason, 1. राज(गीर), थवई, राजमिस्त्री; 2. मेसन, गुप्त-संसदी; 3. (*stone-cutter*) संगतराश; **~bee,**

भौरी*; **~ry,** राजगीरी*, चिनाई*, चिति*; ईंट* या पत्थर की इमारत*। > मेसॅन; मेसॅन्-रि

masque, लीला-रूपक; **~rade,** *n.*, छद्मवेश-समारोह; छद्मवेश; छल-कपट; —*v.*, छद्मवेश पहनना या पहनाना; छल-कपट क०। > मास्क; मास्करेड

mass, *n.*, 1. (*Holy~*) मिस्सा, ख्रीस्तयाग, यज्ञ; 2. ढेर, राशि*, अम्बार, पुंज; समूह; 3. (*people*) जनता*, जनसमूह, भीड़*; 4. (*phys.*) द्रव्यमान; मात्रा*; 5. (*size*) परिमाण, आकार; 6. (*majority*) अधिकांश; —*v.*, एकत्र क० या हो जाना, ढेर लगाना, जुटाना; —*adj.*, व्यापक; सामूहिक; जन-; **~number,** द्रव्यमान-संख्या*; **~movement,** जन-आन्दोलन; **~production,** बहुमात्र-उत्पादन; पुंजोत्पादन। > मैस

massacre, हत्याकाण्ड, सामूहिक हत्या*, कटा*, क़त्ले-आम, जनसंहार। > मैसॅकॅ

massage, (अंग) मर्दन, मालिश* —*v.*, मालिश* क०, मसलना। > मैसाश्ज़

massagist, masseur, अंगमर्दक। > मैसाश्ज्-इस्ट; मैसॅः

masseter, चर्वणिका*। > मै-सी-टॅ

masseuse, अंगमर्दिका*। > मैसॅःज

massif, गिरि-पिण्ड। > मैसीफ़ = मासीफ़

massive, 1. भारी, स्थूल, अतिविशाल, महाकाय; 2. (*not hollow*) ठोस, संपिंडित; 3. (*impressive*) प्रभावशली। > मैस्-इव़

massy, 1. (*weighty*) भारी; 2. (*bulky*) भारी-भरकम; 3. (*solid*) ठोस। > मैस्-इ

mast, मस्तूल; **~-head,** मस्तूल-शिखर। > मास्ट

master, 1. स्वामी, मालिक, अधिपति; गृहपति; अध्यक्ष, प्रधान, अधिकारी; 2. (*teacher*) शिक्षक, अध्यापक, गुरु, मास्टर; 3. (*captain*) कप्तान; 4. (*expert*) विशेषज्ञ, आचार्य, उस्ताद, प्रवीण; उत्कृष्ट कलाकार या साहित्यकार; 5. (*degree*) मास्टर; —*v.*, वशीभूत क०, वश में कर लेना, अधीन क०; पर अधिकार प्राप्त क०, का विशेषज्ञ बनना; शासन क०; —*adj.*, प्रधान; मूल; ~of ceremonies, विधि-नायक; **~-builder,** स्थपति; **~dom, ~y,** प्रभुत्व, आधिपत्य; अधिकार; प्रवीणता*, नैपुण्य; पाण्डित्य; **~ful,** दबंग; प्रभावशाली; पाण्डित्य-पूर्ण; **~-key,** सर्वकुंजी*, मास्टर कुंजी*; **~ly,** *adj.*, उत्कृष्ट; —*adv.*, कौशलपूर्वक; **~piece, ~work,** श्रेष्ठकृति*, उत्कृष्ट कलाकृति*, ग्रन्थरत्न; **~ship,** प्रभुत्व; अध्यापकत्व; अध्यापन, अध्यापकी*; आचार्यत्व, नैपुण्य; **~-stroke,** अत्यन्त चतुर युक्ति* या चाल*, कमाल, चतुराई*; (हस्त)कौशल, हथौटी*। > मास्टॅ; मास्टॅरि

mastic, मस्तगी*। > मैस्-टिक

masti/cate, 1. चबाना, चर्वण क०; 2. (*crush*) कूटना, पीसना; **~cation,** चर्वण; **~cator,** चर्वक। > मैस्-टि-केट; मैस्-टि-के-शॅन; मैस्-टि-के-टॅ

mastitis, स्तन-कील, थनेला, थनेली*, स्तनशोथ। > मैस्टाइट्-इस

mastodon, मैस्टोदॉन, शंकुदन्त। > मैस्टॅडॉन

mastoid, स्तनाकार। > मैस्टॉइड

mastur/bation, (~bate,), हस्तमैथुन (क०)। > मैस्टॅबेशन; मैस्टॅबेट

mat, *n.*, 1. चटाई*; 2. (*door~*) पायंदाज; —*adj.*, द्युतिहीन, निष्प्रभ। > मैट

matador, वृष-हन्ता। > मैटॅडॉः

match, *n.*, 1. दियासलाई*; 2. (*counter-part*) जोड़, जोड़ीदार; 3. (*pair*) जोड़ा; 4. (*contest*) प्रतियोगिता*, मैच, खेल; 5. (*marriage*) विवाह; वर; वधू*; —*v.*, विवाह कराना या क०; मेल मिलाना, जोड़ा खोज निकालना; मेल खाना, उपयुक्त होना, सदृश होना; तुलना* क०; की बराबरी* कर सकना; के अनुकूल बनाना; **~board,** सुमेल तख्ता; **~-box,** दियासलाई* की डिबिया*; **~ed,** अनुरूप; सुमेल; **~less,** अद्वितीय, अनुपम, बेजोड़; **~lock,** तोड़ेदार बन्दूक*; **~maker,** बरेखिया, घटक; दियासलाई* बनानेवाला; **~wood,** make ~of, चूरचूर कर देना। > मैच

matchet, छूरा, छुरा। > मैच्-इट

mate, *n.*, 1. साथी, सखा; 2. पति; पत्नी*; जोड़; 3. (*of ship*) मालिम; 4. (*chess*) शहमात*; —*v.*, 1. विवाह क० या कराना; 2. (*animals*) जोड़ा खाना या खिलाना; 3. शहमात* या शह देना। > मेट

material, *adj.*, 1. (*not spiritual*) भौतिक, द्रव्यात्मक; 2. (*corporeal*) शारीरिक; दैहिक; 3. (*pecuniary*) आर्थिक; 4. (*worldly*) सांसारिक, पार्थिव; 5. (*sensual*) ऐन्द्रिय, विषयी; 6. (*considerable*) महत्त्वपूर्ण, भरपूर; 7. (*law*) ससार, सारवान्; 8. (*logic*) वस्तुपरक; —*n.*, 1. उपादान; सामान, माल; 2. (*data, pl.*) सामग्री*; 3. (*cloth*) कपड़ा; raw ~, कच्चा माल। > मॅ-टिअॅर्-इ-अॅल

material/ism, भौतिकवाद, जड़वाद; सांसारिकता*, विषयासक्ति*; **~ist(ic),** भौतिकवादी; सांसारिक, विषयी; **~ity,** भौतिकता*, द्रव्यात्मकता*; द्रव्य, पदार्थ। > मॅ-टिअॅर्-इ-अॅ/लिज़्म, ~लिस्ट मॅटिअॅरिअॅलिस्-टिक; मॅटिअॅरिऐल्-इ-टि

material/ization, मूर्तीकरण; भौतिकीकरण; कार्यान्वयन; उत्पादन; **~ize,** 1. मूर्त रूप देना; 2. भौतिक बनाना; 3. कार्यान्वित क० या हो जाना; 4. उत्पन्न क०; 5. (*of spirits*) मूर्त रूप धारण क० या कराना; **~ly,** 1. (*considerably*) पर्याप्त या अधिक मात्रा* में भरपूर; 2. भौतिक दृष्टि* से; 3. विषय की दृष्टि* से। > मॅटिअॅरिअॅलाइज़ेशॅन; मॅ-टिअॅर्-इ-अॅ/लाइज़, ~लि

matériel, साज़-सामान, उपकरण। > मॅटिरिए'ल

materia medica, औषध-शास्त्र। > मॅटीरिअॅ मे'ड्-इ-कॅ

maternal, मातृ-सुलभ, मातृक, मातृ-; मातृवंश-। > मॅटॅ:नॅल

maternity, मातृत्व; **~centre,** मातृ-केंद्र, **~hospital, ~home,** प्रसवशाला*, **~leave,** प्रसूति छुट्टी*, प्रसवावकाश, **~welfare,** मातृकल्याण। > मॅटॅ:न्-इटि

mathema/tical, 1. गणितीय, गणित; 2. (*exact*) यथातथ्य, परिशुद्ध, सुनिश्चित; **~tically,** गणितानुसार; गणितीय ढंग से। > मैथिमैट्/इकॅल, ~इकॅलि

mathematician, गणितज्ञ। > मैथिमॅटिशॅन

mathematics, गणित। > मैथिमैट्-इक्स

matins, मध्यरात्रिवन्दना*। > मैट्-इन्ज़

matinee, अपराह्न का खेल। > मैट्-इ-ने

mating-season, संगम-ऋतु*। > मेट्-इना सीज़ॅन

matrass, काँच की नली*। > मैट्रैस

matriarch, कुल-माता*; **~al,** मातृसत्तात्मक, मातृक; **~y,** मातृ-सत्ता*, मातृ-तंत्र। > मैट्-रिआक; मेट्रिआर्कॅल; मैट्-रिआकि

matri/cidal, मातृघातक; **~cide,** मातृहत्या*, मातृघात; मातृघातक। > मेट्-रिसाइडॅल; मेट्रिसाइड

matricu/late, *adj.*, मैट्रिक-पास; *v.*, 1. मैट्रिक पास क०; 2. (*enroll*) पंजीकृत क०; **~lation,** प्रवेशिका-परीक्षा*, मैट्रिक परीक्षा*; > मॅट्रिक्य/लिट (*adj.*), ~ लेट (*v.*); मॅट्रिक्यूलेशॅन

matri/monial, वैवाहिक; **~mony,** विवाह, शादी*, पाणिग्रहण, परिणय; वैवाहिक जीवन। मैट्रिमोन्यॅल; मैट्-रि-मॅ-नि

matrix, 1. (*womb*) गर्भाशय; 2. उत्पत्ति-स्थान; 3. (*geol.*) आधार-पत्थर; 4. (*biol.*) आधात्री*; 5. (*mould*) साँचा; मैट्रिक्स; 6. (*math.*) मैट्रिक्स। > मेट्-रिक्स

matron, विवाहिता*; मेट्रन*, अध्यक्षा*, अधीक्षिका*। > मेट्रॅन

matt, निष्प्रभ; **~ed,** 1. निष्प्रभ, द्युतिहीन; 2. चटाईदार; 3. बेंत का, 4. (*tangled*) उलझा हुआ, जटिल; 5. घना। > मैट; मैट्-इड

mattamore, तहखाना। > मैटॅमॉ:

matter, *n.*, 1. द्रव्य, पदार्थ, भौतिक तत्त्व, जड़ वस्तु*; 2. (*material*) सामग्री*; 3. (*content, subject*) विषय, विषयवस्तु*; 4. (*affair*) बात*, मामला; 5. (*pus*) पीब*, मवाद; 6. (*cause*) कारण; 7. (*importance*) महत्त्व; 8. (*phil.*) उपादान, प्रकृति*; 9. (*typogr.*) मैटर; —*v.*, महत्त्व रखना, महत्त्वपूर्ण होना; as a ~of fact, वास्तव में, असल में; a ~ of course, स्वाभाविक या साधारण बात*; ~of-course, स्वाभाविक; ~of-fact, तथ्यात्मक; नीरस; व्यावहारिक। > मैट्-ॲ

matting, चटाई*। > मैट्-इना

mattock, गैंती*, फावड़ा। > मैटॅक

mattoid, प्रतिभाशाली; सनकी। > मैटॉइड

mattress, गद्दा, तोशक*। > मैट्-रिस

maturate, मवाद पड़ना; पक जाना। > मैट्यूरेट

maturation, 1. (*of pus*) पूयसंचय; 2. परिपक्वन; परिपाक। > मैट्यूरेशॅन

mature, *adj.*, 1. परिपक्व, पक्का; तैयार; 2. (*person*) प्रौढ़; 3. (*due*) देय, प्राप्य; —*v.*, परिपक्व हो जाना या क०, पक जाना; विकसित क० या हो जाना, पूर्ण रूप से तैयार क० या हो जाना; देय या प्राप्य बनना। > मट्युॲ

maturity, परिपक्वता*; प्रौढ़ता*; पूर्णता*, पूर्ण तैयारी*; भुगतान-तिथि*। > मॅट्यूॲर्-इ-टि

matutinal, 1. प्रात:कालीन, प्राभातिक। > मैट्यूटाइनॅल = मॅट्यूट्-इ-नॅल

maudlin, भावुक। > मॉ:ड्-लिन

maul, *n.*, मोगरा; *v.*, मारना-पीटना, की धज्जियाँ* उड़ाना (*also fig.*); क्षत-विक्षत क०; बिगाड़ना। > मॉ:ल

maulstick, mahlstick, (हाथ टेकने की) छड़ी*। > मॉ:ल्-स्टिक

maund, मन। > मॉ:न्ड

maunder, भटकते घूमना-फिरना; इधर-उधर की बातें* क०, बकवाद* क०। > मॉ:न्-डॅ

Maundy, Thursday, पुण्य बृहस्पतिवार। > मॉ:न्-डि

mausoleum, मक़बरा, रौज़ा, समाधि*। > मॉ:सॅलीॲम

mauve, बैंगनी, नील-लोहित। > मोव

maverick, घुमक्कड़। > मैवॅरिक

mavourneen, प्रिये। > मॅवुॲनीन

maw, पेट, उदर, पोटा; जबड़े, मुँह। > मॉ:

mawkish, फोका, स्वादहीन, मिचली* लानेवाला; भावुक। > मॉ:क्-इश

mawseed, पोस्ते का दाना। > मॉ:सड

maxilla, जंभिका*, ऊर्ध्वहनु*। > मैक्-सिल्-ॲ

maxim, सूक्ति*, नीतिवचन, तथ्योक्ति*, सूत्र, सिद्धान्तवाक्य; नियम। > मैक्स्-इम

maximal, अधिकतम, उच्चिष्ठ; **~ist,** अतिवादी। > मैक्स्-इ/मॅल, ~मॅलिस्ट

maximize, उच्चतम सीमा* तक बढ़ाना; अतिवादी व्याख्या* क०। > मैक्स्-इ-माइज़

maximum, 1. अधिकतम, महत्तम, उच्चतम; 2. (*of curve*) उच्चिष्ठ। > मैक्स्-इ-मॅम

May, मई*, वसन्त; नवयौवन; **~fly,** पाँखी*। > मे; मेफ़्लाइ

may, he ~go, वह जा सकता है; वह संभवत: जाएगा; **~be,** शायद, संभवत:। > मे

mayhem, अंगभंग। > मेहे'म

mayonnaise, (सलाद का मसाला)। > मेॲनेज़

mayor, मेयर, नगरपति, नगरप्रमुख, निगमाध्यक्ष, महापौर। > मे'ऍ

mazarine, गहरा नीला। > मेज़रीन

Mazdaism, ज़रतुश्ती धर्म। > मैज़्-डॆ-इज़्म

maze, *n.*, भूलभुलैया*; *v.*, चकरा देना, उलझन* में डालना। > मेज़

mazy, जटिल, पेचीदा, पेचीला, पेचदार। > मेज़्-इ

mead, मध्वासव। > मीड

meadow, घासस्थली*, शाद्वल, बाँगर, घास का मैदान। > मे'डो

meagre, 1. (*lean*) दुबला-पतला, कृश; 2. (*scanty*) अपर्याप्त, अल्प, स्वल्प; 3. (*thin*) तनु। > मी-गॅ

meal, *n.*, 1. भोजन; 2. (*powder*) आटा; —*v.*, भोजन क०; पीसना; आटा डालना; **~time,** भोजन का समय। > मील

mealy, 1. चूर्णवत्; 2. चूर्णमय, आटेदार; 3. (*spotty*) धब्बेदार; 4. (*pale*) फीका, पीला; **~-mouthed,** चिकनी-चुपड़ी बातें* करने वाला, मृदुभाषी; अस्पष्टवादी, घुमा-फिराकर बातें* करनेवाला। > मील्-इ

mealie(s), मकई*। > मील्/इ, ~इज़

mean, *adj.*, 1. (*average*) औसत, माध्य; 2. (*medium*) मध्यम, मँझला; 3. (*mediocre*) घटिया, निकृष्ट; 4. (*ignoble*) नीच, कमीना, अधम; 5. (*paltry*) नगण्य; क्षुद्र; 6. (*stingy*) कंजूस, कृपण; 7. (*shabby*) दीन, हीन; 8. (*of low status*) अकुलीन, क्षुद्र; —*n.*, 1. मध्य; मध्यमार्ग; 2. (*average*) मध्यमान, औसत; 3. (*math.*) माध्य; 4. (*of syllogism*) मध्यपद; —*v.*, 1. (*signify*) अर्थ होना या रखना; सूचित क०, 2. (*intend*) इरादा होना, चाहना; 3. महत्त्व रखना; ~well by, के प्रति सद्भाव रखना; ~ness, नीचता*। > मीन; मीन्-निस

meander, *n.*, 1. विसर्पण; 2. (*pattern*) गोमूत्रिका*; 3. (*rambling*) (वि)भ्रमण; —*v.*, टेढ़े-मेढ़े बहना; इधर-उधर फिरना, भ्रमण क०; **~ing,** *adj.*, विसर्पी; —*n.*, विसर्पण। > मि-ऐन्-डॆ; मिऐन्डॅरिना

meandrian, meandrous, टेढ़ा-मेढ़ा, घुमावदार, चक्करदार। > मिऐन्/ड्रिॲन, ~ड्रॅस

meaning, *n.*, अर्थ, अभिप्राय, तात्पर्य, आशय; —*adj.*, अर्थवान्; सोद्देश्य; **~ful,** अर्थपूर्ण; **~less,** निरर्थक। > मीन्-इना

means, 1. उपाय, साधन; 2. (*resources*) सम्पत्ति*, आय* (*income*); by all ~, अवश्य ही; निश्चय ही; सब प्रकार से; by no~, एकदम नहीं*; हरगिज़ नहीं, कदापि नहीं। > मीन्ज़

meantime, meanwhile, इतने में, इसी बीच। > मीन्टाइम, मीन्वाइल

measles, खसरा, रोमान्तिका*। > मीज़ॅल्ज़

measurable, परिमेय, मेय। > मेश़्ज़ॅरॅबॅल

measure, *n.*, 1. (*size*) माप*, नाप*; 2. (*quantity*) मात्रा*, परिमाण; 3. (*instrument*) नाप*, पैमाना, मानदण्ड, मान; 4. (*unit, system*) माप*, नाप*; 5. (*criterion*)* मापदण्ड; 6. (*math.*) अपवर्त्तक; 7. (*geol.*) संस्तर; 8. (*proporation*) अनुपात; 9. (*limit*) सीमा*, मर्यादा*; 10. (*music*) ताल; 11. (*procedure*) कार्रवाई*, कार्यवाही*, उपाय, युक्ति*; —*v.*, 1. मापना, नापना; 2. (*appraise*) आँकना, मूल्यांकन क०, (शक्ति* आदि का) अनुमान लगाना; 3. (*proportion*) के अनुसार घटाना-बढ़ाना; 4. (*rival*) तुलना* क०, प्रतिस्पर्द्धा* क०, beyond ~, अत्यधिक; in a ~, कुछ-कुछ; ~up to, के अनुरूप होना; **~d,** 1. परिमित, मापा हुआ; 2. (*regular*) नियमित, अनवरत; 3. (*rhythmical*) तालगत; 4. (*restrained*) संयत; **~less,** असीम, अनन्त; **~ment,** 1. (*act*) मापन, मापनी*, माप*, नाप*; 2. माप*, नाप*; **~r,** मापक। > मे'श्ज़्-ॲ; मे'श्ज़ॅड; मे'श्ज़ॅ/मॅन्ट, ~ रॅ

measuring, *n.*, मापन; *adj.*, माप-मापन-। > मे'श्ज़ॅरिंग

meat, 1. मांस, गोश्त; 2. (*of fruits*) गूदा, गिरी*; **~less,** निरामिष; **~y,** 1. मांसल; 2. (*fig.*) सारगर्भित। > मीट; मीट्-लिस, मीट्-इ

meatus, नली*; कुहर, द्वार। > मिएटॅस

Mecca, 1. मक्का; 2. (*fig.*) केन्द्र, उद्गम स्थान। > मे'क्-ॲ

mechanic, मैकेनिक, मिस्त्री, यान्त्रिक, यन्त्रकार, यन्त्रविद्; **~al,** 1. मशीनी, यान्त्रिक, यन्त्र-; 2. (*not chemical*) बलकृत, भौतिकीय; — *transport*, मोटर परिवहन; **~ally,** यन्त्रवत्; **~ian,** यन्त्रविद्; **~s,** 1. (*science of machinery*) यान्त्रिकी*, यंत्रविज्ञान; 2. (*branch of physics*) बलविज्ञान; 3. (*technique*) प्रक्रिया*, क्रियाविधि*। > मिकैन्/इक, ~इकॅल, ~इकॅलि; मे'कॅनिशॅन; मि-कैन्-इक्स

mechanism, 1. यन्त्र-रचना*, यंत्रावली*, यन्त्रकारी*, यन्त्रयोग, यन्त्रविन्यास, कल-पुरज़े; 2. (*system*) बनावट*, रचना*, विरचना*, तन्त्र, रचनातन्त्र; 3. (*process*) प्रक्रिया*, क्रियाविधि*, प्रक्रम; 4. (*theory*) यन्त्रवाद, यान्त्रिकी*। > मे'कॅनिज़्म

mechanist, यान्त्रिक; **~ic,** यन्त्रवादी। > मे'कॅनिस्ट; मे'कॅनिस्-टिक

mechanization, यन्त्रीकरण; यन्त्रसज्जन। > मे'कॅनाइज़ेशॅन

mechanize, यांत्रिक या यन्त्रचालित बनाना; यन्त्रसज्जित क०; **~d,** यांत्रिक; यन्त्रचालित, यन्त्रीकृत, मशीनी; यन्त्रसज्जित। > मे'कॅनाइज़; मे'कॅनाइज़्ड

medal, पदक, तमग़ा; **~list,** पदकधारी; पदक

बनानेवाला; **~lion,** गोलाकार फलक या चित्र। > मे 'डॅल; मिडैल्यॅन

meddle, हस्तक्षेप क०, दस्तन्दाज़ी* क०; **~r, ~some,** दस्तंदाज़। > मे 'डॅल; मे 'ड्-लॅं; मे 'डॅल्सॅम

media, *pl. of* MEDIUM। > मीड्-इअॅ

media(a) eval, मध्ययुगीन, मध्यकालीन; **~ism,** मध्ययुग-भाव; मध्ययुगीनता*। > मे 'डिई/वॅल, ~वॅलिज़्म

medial, मध्य, अभिमध्य, मध्यम, मध्यस्थ, मध्यवर्ती, औसत, माध्य; साधारण, मध्यम; **~ly,** मध्यत:। > मीड्यॅल, मीड्यॅलि

median, *adj.*, मध्य, मध्यम, बिचला, मध्यस्थ, माध्यिक; —*n.*, 1. (*statistics*) माध्यिका*; माध्यिक; 2. मध्यम शिरा* (*vein*) या धमनी* (*artery*); 3. मध्यान्तर या मध्यम रेखा* (*line*), बिन्दु (*point*) समतल (*plane*)। > मीड्यॅन

mediant, मध्यम स्वर। > मीड्यॅन्ट

mediastinum, मध्यस्थानिका*। > मीडि-ऐस्टाइनॅम

mediate, *adj.*, 1. मध्यस्थ, मध्यवर्ती; 2. (*not immediate*) परोक्ष, अप्रत्यक्ष, व्यवहित; —*v.*, मध्यस्थता* क०, मध्यस्थ होना या बनना, बीचबचाव क०, माध्यम होना; **~ly,** अप्रत्यक्ष रूप से, अन्य द्वारा, माध्यक से। > मीड्-इइट (*adj.*), मीड्-इएट (*v.*); मीड्-इ-इट्-लि

mediation, मध्यस्थता*, बीचबचाव, बिचवई*, बीचबिचाव। > मीडिएशॅन

mediatize, मिला लेना, समामेलित क०। > मीड्-इअॅटाइज़

media/tor, मध्यस्थ, बिचवई, **~trix,** मध्यस्था*, बिचवइन*। > मीड्-इ-ए-टॅ; मीड्-इ-ए-ट्रिक्स

medicable, चिकित्स्य, साध्य। > मे 'ड्-इ-कॅ-बॅल

medical, डाक्टरी, चिकित्सा-; ~certificate, डाक्टरी प्रमाण-पत्र; ~leave, बीमारी* की छुट्टी*, चिकित्सा-अवकाश; ~science, चिकित्सा-शास्त्र। > मे 'ड्-इ-कॅल

medicament, औषध*, दवा*। > मे 'ड्-इकॅमॅन्ट = मे 'डिकॅमॅन्ट

medicaster, कठबैद, नीमहकीम। > मे 'ड्-इ-कैस्-टॅ

medi/cate, चिकित्सा* क०, इलाज क०; औषध* मिलाना, **~cation,** चिकित्सा*, चिकित्सन, औषध-मिश्रण, औषध*; **cative,** स्वास्थ्यकर। > मे 'ड्-इ-केट, मे 'डिकेशॅन; मे 'ड्-इ-के-टिव़

medicinal, औषधीय; स्वस्थकर, रोगहर। > मे 'डि-सि-नॅल

medicine, 1. (*science*) चिकित्सा-शास्त्र, वैद्यक; 2. दवा*, औषध*, भेषज; **~-man,** जादूगर, ओझा। > मे 'ड्-सिन; ~मैन

medio, मध्य-। > मीडियो

mediocre, मध्यम, साधारण, सामान्य, औसत, मामूली, अतिसामान्य। > मीड्-इ-ओ-कॅ

mediocrity, सामान्यता*; सामान्य योग्यता* (का व्यक्ति)। > मी-डि-ऑक्-रि-टि

medi/tate, 1. मनन क०, चिन्तन क०, 2. (*intend*) विचार क०, इरादा क०, **~tation,** मनन, चिन्तन; मनन-प्रार्थना*; विचार, विवेचन; **~tative,** चिन्तनशील, मननशील; ध्यानस्थ, विचारमग्न; चिन्तनमय; **~tator,** मनन करनेवाला। > मे 'ड्-इ-टेट; मे 'डिटेशॅन; मे 'ड्-इ-टॅ-टिव़

Mediterranian, *adj.*, भूमध्य; भूमध्य-सागरीय; —*n.*, भूमध्यसागर। > मे 'डिटॅरेन्यॅन

medium, *n.*, 1. माध्यम; 2. (*means*) साधन; 3. (*middle*) मध्य; 4. (*environment*) पर्यावरण; 5. (*nutritive substance*) जीवाणुपोष पदार्थ; —*adj.*, मध्यम, मँझला, मझोला। > मीड्यॅम

medlar, Japanese, लोकाट। > मे 'ड्-लॅं

medley, *n.*, घालमेल; खिचड़ी*; सम्मिश्रण; —*adj.*, गड्डबड्ड, बेमेल, मिश्रित। > मे 'ड्-लि

medulla, 1. (*of bone*) मज्जका*; 2. (*of organ*) अन्तस्था*; 3. (*of plant*) गूदा; **~ry,** मज्जक; **~ted,** मेदावृत। > मिडॅल्-अ; मिडॅलरि; मिडॅलेटिड

meek, 1. (*humble*) (वि) नम्र, विनीत; 2. (*submissive*) दब्बू; **~ness,** विनम्रता*; दब्बूपन। > मीक

meerschaum, समुद्रफेन। > मिअॅशॅम

meet, *v.*, 1. से मिलना, भेंट* होना; 2. (*confront*) का सामना क०, मुक़ाबला क०; 3. (*refute*) खण्डन क०; 4. (*~with*) अनुभव क०, पाना; 5. का परिचय प्राप्त क०; 6. (*satisfy*) पूरा क०, के अनुकूल होना; 7. (*pay*) चुकाना; 8. मिलना; एकत्र हो जाना; सभा* क०; की बैठक* होना, का अधिवेशन होना; —*n.*, जमाव; जमावड़ा; मिलने की जगह*; —*adj.*, उचित, समीचीन। > मीट

meeting, 1. सभा*, बैठक*; गोष्ठी*; अधिवेशन; 2. मिलन, सम्मिलन; 3. (*junction*) संगम; 4. (*encounter*) भिड़न्त*, मुठभेड़*; **~-house,** सभाघर। > मीट्-इन्ग

mega/cephalic, ~cephalous, बृहत्शिरस्क; **~cycle,** मेगासाइकल, **~lithic,** महापाषाणी, महापाषाण-। > मे 'गॅसिफ़ैल्-इक मे 'गॅसे 'फ़लॅस, मे 'गॅसाइकॅल; मे 'गॅलिथ्-इक

megalo/mania, 1. महत्त्वोन्माद, अहंकारोन्माद; 2. (*ambition*) महात्वाकांक्षा*; **~maniac,** महत्त्वोन्मादी; महत्त्वाकांक्षी। > मे 'गॅलो/मेन्यॅ, ~मेन्-इऐक

mega/phone, मेगाफ़ोन, भोंपू; **~scope,** मेगास्कोप; **~spore,** गुरु बीजाणु। > मे'गॅ/फ़ोन, ~स्कोप, ~स्पॉः

megass(e), ऊख* की सीठी*। > मे'गॅस

megrim, 1. आधा-सोसी*, अधकपारी*, 2. (*whim*) सनक*, 3. उदासी*; 4. (*vertigo*) घुमड़ी*, लड़खड़ाहट*। > मीग्रिम

meiosis, 1. अर्धसूत्रण; 2. (*litotes*) पर्यायोक्ति*। > माइओस्-इस

melan/cholia, विषाद-रोग, मालीखूलिया, **~cholic,** विषादी, विषादग्रस्त; विषादप्रवण; विषादपूर्ण; **~choly,** *adj.*, 1. उदास, दुःखी, विषण्ण; विषादमय; 2. चिन्ताग्रस्त, चिन्तामग्न; 3. (*gloomy*) निरानन्द, निराशाजनक; 4. (*deplorable*) दुःखद, शोचनीय; —*n.*, विषाद, अवसाद, उदासी*; चिन्ता*। > मे'लॅन्कोल्यॅ; मे'लन्कॉल्-इक; मे'लॅन्कलि

Melanesia, मेलानेसिया, *n.*, मेलानेसियाई। > मे'लॅनीज़्यॅ, ~ज़्यॅन

mélange, 1. (*mixture*) सम्मिश्रण, 2. (*medley*) घालमेल। > मेलाँश्ज़

melanism, अतिकृष्णता।*, श्यामता*, साँवलापन। > मे'लॅनिज़्म

melanosis, काला सरतान। > मे'लॅनोस्-इस

meld, विलीन हो जाना या कर देना। > मे'ल्ड

melee, संकुलयुद्ध, रणसंकुल। > मे'ल्-ए

melic, गेय। > मे'ल्-इक

melilot, सिंजी*, मेथा। > मे'ल्-इ-लॉट

melior/ate, सुधरना; सुधारना; **~ation,** 1. सुधार, उन्नति*; 2. (*ling.*) अर्थोत्कर्ष, **~ative,** अर्थोत्कर्षी; **~ator,** सुधारक, **~ism,** (विश्व)सुधारवाद, उन्नयनवाद। > मील्-इअॅरेट; मोलिअॅरेशॅन, मील्-इअॅरेटिव, ~रे-टॅ, ~रिज़्म

melli/ferous, मधुप्रद, **~fluence,** (सु)- मधुरता*; **~fluous,** (सु)मधुर, मृदुमन्द। > मे'लिफ़ॅरॅस; मे'लिफ़्लु/ॲन्स, ~ ॲस

mellow, *adj.*, 1. (*fruit*) रसोला, परिपक्व, घुला; 2. (*soft*) स्निग्ध, मंजुल, मृदु(ल), नरम; 3. (*person*) नरम, मृदुस्वभाव, परिपक्व, सौम्य; 4. (*matured*) परिपक्व, तैयार; 5. (*jovial*) प्रसन्नचित्त, तबीअतदार, प्रफुल्ल, प्रमुदित; 6. (*ground*) उपजाऊ, अत्युर्वर; *v.*, नरमाना, पकना या पकाना। > मे'लो

melodic, रागात्मक, राग-। > मि-लॉड्-इक

melodious, श्रुतिमधुर, सुरीला। > मिलोड्यॅस

melodist, गायक, गीतकार। > मे'लॅडिस्ट

melodize, राग बनाना; सुरीला बना देना। > मे'लॅडाइज़

melodrama, अतिनाटक; भावुकता*; **~tic,** 1. अतिनाटकीय; 2. भावुकतापूर्ण, 3. (*sensational*) सनसनीदार। > मे'लोड्रामॅ; मे'लोड्रॅमैट्-इक

melody, 1. स्वरमाधुर्य, 2. (*tune*) लय*, राग; 3. (*sequence*) स्वरानुक्रम, स्वरावली*, 4. गीत। > मे'लॅडि

melomania, संगीतोन्माद। > मे'लॅमेन्यॅ

melon, 1. (*musk-~*) खरबूज़ा, मधुपाका*, 2. (*water-~*) तरबूज़, 3. (*momordica*) फूट*। > मे'लॅन

melt, *v.*, 1. पिघलना, गलना, द्रवित होना, पसीजना; 2. पिघलाना, गलाना, द्रवीभूत क०; 3. (*dissolve*) घुलना, 4. (*disappear*) विलीन हो जाना; 5. (*disintegrate*) विघटित हो जाना; 6. मिल जाना; 7. (*soften*) नरमाना; —*n.*, गलन; द्रवीभूत धातु*; **~er,** गालक; **~ing, point,** गलनांक, द्रवणांक, **~ing-pot,** कुठाली*, घरिया*। > मे'ल्ट, मे'ल्-टॅ; मे'ल्-टिंग

member, 1. अंग, अवयव; 2. (*person*) सदस्य, सभासद; 3. (*part*) भाग, अंश; 4. (*element*) तत्त्व; 5. (*item*) घटक, एकक, इकाई*; **~ship,** सदस्यता, मेम्बरी*, सदस्य, सदस्य-संख्या*। > मे'म्-बॅ

mem/brane, झिल्ली*, झिल्लिका*, कला*; **~branaceous, ~braneous, ~branous,** झिल्लीमय। > मे'म्ब्रेन; मे'म्ब्रॅनेशॅस; मे'म्ब्रेन्यॅस; मे'म्ब्रॅनॅस

memento, निशानी*, यादगार*, स्मृतिचिह्न; स्मरण-प्रार्थना*। > मिमे'न्टो

memo, *see* MEMORANDUM > मीमा

memoir, 1. (*record*) वृत्त, विवरण, इतिहास; 2. (*biography*) जीवनवृत्त; 3. (*essay*) शोध-निबन्ध; **~s,** संस्मरण; कार्य-विवरण। > मे'म्वा, मे'म्वाज़

memorabilia, स्मरणीय। > मे'मॅरॅबिल्-इ-ॲ

memorable, स्मरणीय। > मे'मॅ रॅ बॅ ल

memorandum, 1. (*note*) मेमो, नोट, पत्रक; 2. स्मरणपत्रक, स्मारपत्र; अनुबोधक, 3. (*statement*) ज्ञापन-पत्र, ज्ञापिका* वक्तव्य, विज्ञप्ति*; 4. (*record*) विवरणिका*, विवरण-पत्र। > मे'मॅरन्डॅम

memorial, *n.*, 1. स्मारक, यादगार*, स्मरण-चिह्न, 2. स्मरण-पत्र, प्रज्ञप्ति*, अभ्यावेदन, आवेदनपत्र, 3. (*pl.*) इतिवृत्त, संस्मरण, —*adj.*, स्मरणात्मक, स्मरण-, स्मारक, **~ist,** अभ्यावेदक, **~ize,** स्मरणोत्सव मनाना; आवेदनपत्र देना। > मिमॉःर्/इअॅल, ~इअॅलिस्ट, ~इअॅलाइज़

memorize, कंठस्थ क०, याद क०। > मे'मॅराइज़

memory, स्मृति*, स्मरण, याद*; स्मरणशक्ति*, याददाश्त*, in ~of, के स्मरणार्थ, की स्मृति* में। > मे'मॅरि

menace, *v.*, धमकाना, जोख़िम* में डालना, —*n.*, धमकी*, घुड़की*, संकट, जोखिम*, खतरा, भीति*। > मे'नॅस

menacing, धमकी-भरा, धमकानेवाला। > मे 'नॅसिन्ग

ménage, घराना, परिवार, धरदारी*, गृह-व्यवस्था*। > मे 'नाश्ज़ = मेनाश्ज़

menagerie, प्राणी-संग्रह, पशु-संग्रह; पशु-शाला*, प्राणिशाला*। > मिनैजॅरि

mend, *v.*, 1. (*repair*) मरम्मत क०, ठीक कर देना; 2. (*patch*) पैबन्द लगाना; 3. (*darn*) रफ़ू क०; 4. (*make better*) सुधारना, शुद्ध क०; भला-चंगा क०; 5. (*become better*) सुधरना, उन्नति* क०, ठीक हो जाना; स्वस्थ या भला चंगा हो जाना; —*n.*, मरम्मत*; सुधार। > मे 'न्ड

menda/cious, मिथ्यावादी, झूठा, मिथ्या, झूठ, असत्य; **~city,** 1. मिथ्यावादिता*; 2. (*lie*) झूठ। > मे 'न्डेशॅस; मे 'न्डैसिटि

mendi/cancy, भिक्षावृत्ति*; **~cant,** *n.*, 1. भिखारी, भिखमंगा, भिक्षुक; 2. (*monk*) भिक्षु, —*adj.*, भिक्षार्थी, भीख* माँगनेवाला, **~city,** भिक्षावृत्ति*, भिक्षाचर्या*; भिखारीपन। > मे 'न्-डि/कॅन्सि, ~कॅन्ट; मे 'न्-डिसिटि

menhir, मेनहिर, दीर्घाश्म स्तम्भ। > मे 'न्-हिॲ

menial, *adj.*, 1. नौकर का, दासोचित, भृत्योचित, 2. (*low*) नीच, कमीना, —*n.*, नौकर, कमीना, नराधम, **~staff,** भृत्यगण, नौकर लोग। > मीन्यॅल

meninges, तानिका*। > मिनिन्जीज़

meningitis, तानिका-शोथ। > मे 'निन्जाइट्-इस

meniscus, नवचन्द्रक। > मिनिस्कॅस

menology, भक्तमाल। > मीनॉलॅजि

menopause, रजोनिवृत्ति*। > मे 'नॅपॉ:ज़

menorrhagia, अतिरज; स्राव, अत्यार्त्तव। > मे 'नोरेजिॲ

menses, रजोधर्म, मासिक धर्म, रजोदर्शन, आर्त्तव। > मे 'न्सीज़

menstrual, मासिक; रजोधर्म-विषयक, आर्त्तव-; **~fluid,** रज। > मे 'न्स्ट्रॲल

menstru/ate, रजोधर्म होना, **~ation,** रज:स्राव, ऋतुस्राव, रजोधर्म, आर्त्तव। > मे 'न्स्ट्रुएट; मे 'न्स्ट्रुएशॅन

menstruum, विलायक। > मे 'न्सट्रुॲम

mansu/rable, 1. परिमेय; 2. (*music*) तालबद्ध; **~ration,** 1. मापन; 2. (*math.*) विस्तार-कलन, क्षेत्रमिति*। > मे 'न्शुरॅबॅल; मे 'न्स्युॲरेशॅन

mental, 1. मानसिक, मनोगत, मन:- (मनो-, मनस्-), 2. (*of chin*) चिबुक-; 3. (*ill*) विक्षिप्त, ~deficiency, मनोवैकल्य; अल्पबुद्धिता*, ~hospital, मानसिक चिकित्सालय, पागलख़ाना, ~ reservation, कूट-कथन; **~ity,** मनोवृत्ति*, मनोभाव; मन, **~ly,** मन में, मन से, मनसा। > मे 'न्टॅल; मे 'न्-टैल्-इ-टि; मे 'न्टॅलि

mentation, मानसिक प्रक्रिया*; मनोभाव। > मे 'न्टेशॅन

menthol, मेन्थॉल, पोदीने का सत। > मे 'न्थॉल

mention, *n.*, उल्लेख, चर्चा*, ज़िक्र; *v.*, उल्लेख क०; नाम लेना; **~able,** उल्लेखनीय; **~ed,** उल्लिखित, चर्चित, कथित। > मे 'न्शॅन; मे 'न्शॅनॅबॅल; मे 'न्शॅन्ड

mentor, परामर्शदाता। > मे 'न्टॉ:

menu, व्यंजन-सूची*, व्यंजनी*; भोजन। > मे 'न्यू

mephi/tic, दुर्गन्धमय; विषाक्त; **~tis,** दुर्गन्ध*; विषाक्त वाष्प; **~tism,** वायु-विषायण। > मे 'फ़िट्-इक, मे 'फ़ाइट्-इस, मे 'फ़्-इ-टिज़्म

mercan/tile, वाणिज्य-, व्यापारिक, तिजारती; —marine, व्यापारी बेड़ा, **~tilism,** वाणिज्य-वाद; बनियापन, व्यापारिक बुद्धि*। > मॅ:कॅन/टाइल, ~टाइलिज़्म

mercenary, *adj.*, धनलोलुप, स्वार्थी, भृतिभोगी; —*n.*, भृतक सैनिक, भाड़े (किराये) का सिपाही। > मॅ:सिनरि

mercer, वस्त्र-व्यापारी। > मॅ:-सॅ

merchandise, माल, सौदा, पण्य। > मॅ:चॅन्डाइज़

merchant, *n.*, व्यापारी, सौदागर, वणिक; दुकानदार; —*adj.*, व्यापारिक, व्यापारी, **~able,** विपण्य, विक्रेय; **~man, ~ship,** व्यापारी जहाज़, वाणिज्य-पोत; **~navy, ~service,** व्यापारी बेड़ा। > मॅ:चॅन्ट; मॅ:चॅन्टॅबॅल

merci/ful, दयालु, कृपालु, सदय; **~less,** निर्दय, निष्ठुर, कठोर। > मॅ:सिफुल, मॅ:सिलिस

mercuration, पारद निवेशन। > मॅ:क्युॲरेशॅन

mercurial, *adj.*, 1. (*M.*) बुध का, बुध विषयक; 2. पारदीय, पारदमय, पारद का; 3. (*changeable*) अस्थिर, परिवर्तनशील, चंचलचित्त; 4. (*ready-witted*) प्रत्युत्पन्नमति; 5. (*sprightly*) जिन्दादिल, प्रसन्नचित्त; 6. (*shrewd*) चालाक, चतुर; —*n.*, पारदमय औषध* या द्रव्य, **~ism,** पारदात्यय; **~ize,** पारद-निवेश क०। > मॅ:क्युॲर्/इॲल, ~इॲलिज़्म, ~इॲलाइज़

mercu/ric, पारदिक; **~rous,** मर्क्यूरस, पारदस। > मॅ:क्युॲर्-इक; मॅ:क्यूरॅस

mercury, 1. (*M.*) बुध; 2. पारा, पारद; 3. (*guide*) मार्गदर्शक; 4. (*messenger*) संदेशहर; 5. (*of barometer*) पारदस्तंभ; 6. (*fig.*) ज़िन्दादिली*; जीवट; जोश। > मॅ:क्युरि

mercy, दया*, करुणा*, अनुकम्पा*, दयालुता*; कृपादान, वरदान; at the ~of, के वश में, **~killing,** सुखमृत्यु*; **~-petition,** दया-याचिका*, दया-याचना*; **~-seat,** दया-सिंहासन, ईश-सिंहासन। > मॅ:सि

mere, *n.*, झील*; *adj.*, 1. निरा, मात्र (*after noun*); 2. शुद्ध, अनमेल; **~ly,** केवल, सिर्फ़। > मिॲ; मिॲलि

meretricious, 1. वेश्या* का, वेश्या-सुलभ; 2. (*showy*) नकली, भड़कीला, भड़कदार। > मे'रिट्रिशॅस

merganser, कारण्ड, कारण्डव। > मॅ-गैन्-सॅ

merge, विलीन हो जाना या कर देना; मिला देना; **~nce, ~r,** विलय(न), संविलय (न)। > मॅ:ज; मॅ:जॅन्स; मॅ:-जॅ

meridian, *n.*, 1. याम्योत्तर (-रेखा*), याम्योत्तर-वृत्त, 2. (*apex*) शिरोबिन्दु, 3. (*culmination*) पराकाष्ठा*, —*adj.*, 1. (*astr.*) मध्याह्निक, 2. सर्वोच्च, सर्वोत्कृष्ट। > मि-मॅ-रिड्-इ-अन

meridional, *adj.*, 1. दक्षिण, दक्षिणी(य), दाक्षिणात्य; 2. (*of a meridian*) रेखांशिक; —*n.*, दक्षिणी। > मि-मॅ-रिड्-इ-अॅ-नॅल

meristem, विभज्योतक; **~atic,** विभ-ज्योतिकी। > मे'र्-इस्टे'म; मे'रिस्टिमैट्-इक

merit, *n.*, 1. (*religious*) पुण्य, पुण्यफल; 2. (*desert*) अर्हा*; 3. (*worth*) गुण, ख़ूबी*, अच्छाई*, योग्यता*, उत्कर्ष; 4. (*pl.*) गुण-दोष; —*v.*, पुण्य प्राप्त क०, अर्जित क०; के योग्य होना; **~orious,** 1. (*rel.*) पुण्यप्रद; (*person*); 2. स्तुत्य, सराहनीय, श्लाघ्य, प्रशंसनीय; —act, पुण्य-कर्म। > मे'रिट; मे'रि-टॉ:र्-इ-अॅस

merlin, बाज़। > मॅ:ल्-इन

merlon, कगूरा। > मॅ:लॅन

mer/maid, जलपरी*, मत्स्यकन्या*; **~man,** जलपुरुष। > मॅ:मेड; मॅ:मैन

meroblastic, अंशभंजी। > मे'रोब्लैस्-टिक

merriment, आमोद-प्रमोद। > मे'रिमॅन्ट

merry, 1. आनन्दित, प्रमुदित; विनोदी; प्रसन्नचित्त, ज़िन्दादिल; 2. (*festive*) आनन्दमय; 3. नीममस्त, गुलाबी नशे में; make ~, आनन्द मनाना, उत्सव मनाना; **~andrew,** मसख़रा; **~-go-round,** चक्रदोला; चक्र; **~-maker,** मौज* मनानेवाला; **~-making,** आमोद-प्रमोद; **~thought** (*bone*) फ़ुरकुला। > मे'रि

mésalliance, बेमेल विवाह। > मैज़ैल्-इ-आन्स

mesencephalon, मध्यमस्तिष्क। > मे'स्-ए'न्के'फ़ॅलॉन

mesentery, आन्त्रयोजनी*। > मे'सॅन्टॅरि

mesh, *n.*, 1. छिद्र, जालरन्ध्र; 2. (*pl.*) जाल के डोरे; 3. (*~work*) जाल, जाली*; 4. (*snare*) फन्दा, पाश; —*v.*, फँसना; फँसाना; **~y,** जालीदार। > मे'श; मे'श्-इ

mesial, मध्यम, अभिमध्य। > मीज़्यॅल

mesme/ric, सम्मोहक; सम्मोहन-विषयक; **~rism,** मूर्च्छन, सम्मोहन(-विद्या*); **~rist,** सम्मोहक; **~rize,** सम्मोहित क०। > मे'ज़्मे'रिक, मे'ज़्मॅ/रिज़्म, ~रिस्ट; ~राइज़

mesne, मध्यवर्ती। > मीन

meso-, मध्य-; **~carp,** मध्यफल-भित्ति*; **~derm,** मध्यजनस्तर; **~morphic,** मध्यरूप। > मे'सो; ~काप; ~डॅ:म; मे'सोमॉ:फ़्-इक

meson, मेसॉन। > मीज़ॉन

meso/phyll, पर्णमध्यक; **~thorax,** मध्यवक्ष; **~zoic era,** मध्यजीवी महाकल्प। > मे'सो/फ़िल, ~थॉ:रैक्स, ~ज़ोइक

mess, *n.*, 1. (*food*) ख़ुराक*; 2. (*medley*) घाल-मेल; 3. (*muddle*) घोटाला; गड़बड़ी*; 4. (*trouble*) बखेड़ा, झंझट*, परेशानी*, तकलीफ़*, कष्ट; 5. (*dirt*) गंदगी*, 6. मेस, सहभोजीदल; 7. मेस, भोजन-कक्ष, भोजनालय; —*v.*, भोजन क०; गन्दा क०; गड़बड़ कर देना, अव्यवस्थित कर देना; **~about, ~around,** इधर-उधर के काम क०, समय गँवाना; ~ing charge; खाने का खर्च; **~-kit,** बरतन-भाँड़े; **~mate,** सहभोजी; **~-room,** भोजन-कक्ष; **~-tin,** डिब्बा; **~y,** अस्तव्यस्त, गड़बड़; गन्दा। > मे'स; मे'स्-इ

message, 1. सन्देश, संदेसा; 2. (*errand*) दूतकार्य, सौंपा काम। > मे'स्-इज

messenger, दूत, संदेशहर, संदेशवाहक; हरकारा। > मे'सॅन्-जॅ

Messiah, Messias, मसीह। > मे'साइअॅ; मे'साइअॅस

Messianic, मसीही। > मे'-सि-ऐन्-इक

messieurs, Messrs, सर्वश्री। > मे'सॅज़

messuage, हवेली* और बाड़ी*। > मे'स्-विज

mestizo, वर्णसंकर। > मे'स्टीज़ो

metabo/lic, 1. चयापचयी, उपापचय-, 2. *see* METAMORPHIC; **~lism,** 1. चपायचय 2. *see* METAMORPHOSIS। > मे'टॅबाल्-इक, मे'टैबॅलिज़्म

meta/carpal, करभास्थि*; **~carpus,** करभ। > मे'टॅकापॅस

metacentre, आप्लव-केंद्र। > मे'टॅसे'न्टॅ

metage, मापन; मापन-शुल्क। > मीट्-इज

metal, *n.*, 1. धातु*; 2. (*cast iron*) ढलवाँ लोहा; 3. पिघला काँच; 4. (*road~*) रोड़ी*, गिट्टी*; 5. (*courage*) जीवट, हिम्मत*, साहस; —*v.*, धातु* चढ़ाना या लगाना; रोड़ी* डालना; पक्का क०; ~age, धातु-युग। > मे'टॅल

metalled road, पक्की सड़क*। > मे'टॅल्ड

metallic, धात्विक, धात्वीय, धातुक, धातु-; ~currency, धातु-मुद्रा*, ~ sound, खनक*। > मि-टैल्-इक

metalline, *see* METALLIC। > मे'टॅलाइन

metal/lization, धात्विकीकरण; **~lize,** 1. धात्विक बना देना; 2. धातु* की तह* चढ़ाना; 3. (*vulcanize*) वल्कनित क०। > मे'टॅलाइज़ेशॅन; मे'टॅलाइज़

metalliferous, धातुमय। > मे'टॅलिफ़ॅरॅस

metallography, धातुरचना-विज्ञान। > मे'टॅलॉग्रॅफ़ि

metalloid, उपधातु*। > मे'टॅलॉइड

metallur/gical, धातुकर्मीय; **~gist,** धातु-विज्ञानी; **~gy,** धातु-कर्म, धातु-विज्ञान।
> मे'टॅलॅ:जिकॅल, मे'टॅलॅ/जिस्ट, ~जि

metalwork, धातु-शिल्प; **~er,** धातुकर्मकार, धातुकार।

meta/mer, मध्यावयवी; **~mere,** विखण्ड, **~meric,** विखंडी*।
> मे'टॅम; मे'टॅमिअॅ; मे'टॅमे'रिक

metamor/phic, रूपान्तरिक; रूपान्तरित, कायान्तरित, परिवर्तित; रूपान्तरकारी; **~phism,** 1. (*of form*) रूपान्तरण; 2. (*of composition*) कायान्तरण, **~phose,** रूपान्तरित या कायान्तरित क० या हो जाना, रूप बदल देना या बदल जाना; **~phosis,** 1. (*act*) रूपान्तरण, 2. रूपान्तर, 3. (*complete change*) कायापलट; 4. (*biol*) कायान्तरण।
> मे'टॅमॉ:फ़्/इक, ~इज़्म, ~ओज़ ~ॲसिस

metaphase, मध्यरूप, मध्यावस्था*। > मे'टॅफ़ेस

metaphor, रूपक रूपकालंकार; sustained~, सांग रूपक; **~ic(al),** लाक्षणिक।
> मे'टॅफ़ॅ; मे'टॅफ़ॉ/रिक, ~रिकॅल

metaphrase, *n.(v.)* शाब्दिक अनुवाद, अविकल अनुवाद (क०)। > मे'टॅफ़्रेज़

metaphy/sical, 1. तात्त्विक; 2. (*abstruse*) गूढ़, दुर्बोध, दुरूह, अतिसूक्ष्म, 3. (*inmaterial*) अतींद्रिय, अभौतिक, 4. (*supernatural*) आध्यात्मिक, अलौकिक, अतिलौकिक, 5. (*poets*) बुद्धिवादी, **~sician,** तत्त्वमीमासंक; **~sics,** तत्त्वमीमांसा*, आधितात्त्विकी*, सैद्धान्तिकी*।
> मे'टॅफ़िज़्-इकॅल, मे'टॅफ़िज़िशॅन, मे'टॅफ़िज़्-इक्स

metaplasm, अजीवद्रव्य, शब्दपरिवर्तन।
> मे'टॅप्लैज़्म

metapsychology, अधिमनोविज्ञान।
> मे'टॅसाइकॉलॅजि

metastasis, स्थानान्तरण, रोगव्याप्ति*, विक्षेप(ण)।
> मे'टैस्टॅसिस

metatarsus, प्रपद, प्रपदिका*, प्रपदास्थि*, अनुगुलिफ़िका*। > मे'टॅटासॅस

metathesis, (वर्ण, ध्वनि)-विपर्यय अथवा -व्यत्यय; स्थानान्तरण। > मे'टैथ्-इसिस

meththorax, पश्चवक्ष। > मे'टथॉ:रैक्स

métayage, बटाई*, अधबटाई*। > मे'टेआइश़

mete, *n.,* 1. चौहद्दी*; 2. (*measure*) माप*; *v.* 1. (*~out*) बाँट देना, देना; 2. नापना। > मीट

metempirical, अनुभवातीत, आत्यनुभविक।
> मे'टे'म्-पि-रि-कॅल

metempsychosis, पुनर्जन्म।
> मे'-टेम्'-प्सि-कोस्-इस

meteor, उल्का*, **~ic,** 1. (*atmospheric*) वायुमण्डलीय; 2. उल्का-, उल्का-विषयक, उल्कामय; 3. (*fig.*) क्षणप्रभ, **~ite,** उल्का-पिण्ड; उल्काश्म; **~shower,** उल्का-वृष्टि*।
> मीट्-इअॅ = मीचॅ; मीटिऑरिक;
मीट्-इअॅराइट = मीचॅराइट

meteoro/logical, मौसमविज्ञान-सम्बन्धी; मौसमी; वायुमण्डलीय; **~logist,** मौसमविज्ञानी; **~logy,** मौसम-विज्ञान। > मीटिअॅ = मीचॅ/रॅलॉज्-इकॅल; ~रॉलॅजिस्ट, ~रॉलॅजि

meter, मापी, मापक; *see* METRE. > मी-टॅ

methane, मैथेन। > मे'थेन

method, 1. (*way*) ढंग, रीति*, तरीक़ा, कायदा; 2. (*procedure*) प्रणाली*, पद्धति*, विधि*, 3. (*arrangement*) अनुक्रम, क्रमबद्धता*, (सु)व्यवस्था*, 4. (*regularity*) क्रम, नियमितता*, **~ical,** 1. सुव्यवस्थित, क्रमबद्ध, सिलसिलेवार, 2. (*of persons*) व्यवस्थित, तरीके से काम करनेवाला, **~ically,** तरीके से, क़ायदे से, क्रमानुसार, **~ize,** क्रमबद्ध क०, सुव्यवस्थित क०, **~ology,** प्रणाली-विज्ञान; वर्गीकरण। > मे'थॅड; मिथॉड्/इकॅल, ~इकॅलि, मे'थॅडाइज़, मे'थॅडॉलजि

methyl, मेथिल, **~ated,** मेथिलित।
> मे'थ्/इल, ~इलेटिड

meticulous, अतिसावधान, अत्यवधानी, सतर्क।
> मिटिक्यूलॅस

métier, पेशा, व्यवसाय। > मे'ट्ये

metis, वर्णसंकर। > मीट्-इस

metonym, लाक्षणिक शब्द; **~ic(al),** लाक्षणिक; **~y,** लाक्षणिक प्रयोग, लक्षणा*।
> मे'टॅनिम; मे'टॅनिम्/इक, इकॅल; मि-टॉन्-इ-मि

metre, 1. मीटर; 2. (*poetry*) छन्द, वृत्त। > मीटॅ

metric, 1. मापीय; 2. (*math.*) दूरिक; ~system, मीटरी पद्धति*; **~al,** 1. (*in verse*) छन्दोबद्ध, पद्यात्मक; 2. मापीय; **~s,** छन्दःशास्त्र; छन्दोविधान; माप-विद्या*। > मे'ट्/रिक, ~रिकॅल, ~रिक्स

metrify, छन्दोबद्ध क०; पद्य लिखना।
> मे'ट्-रि-फ़ाइ

metritis, गर्भाशय-शोथ। > मिट्राइट्-इस

metrology, मापविद्या*; माप-पद्धति*। > मिट्रॉलॅजि

metro/nome, तालमापी; **~nomic,** तालमानी।
> मे'ट्रॅनोम; मे'ट्रॅनॉम्-इक

metronymic, *n.*, मातृनाम; *adj.*, मातृनामिक।
> मे'ट्रॅनिम्-इक

metropolis, राजधानी*; महानगर। > मिट्रॉपॅलिस

metropolitan, *adj.*, राजधानी-, राजधानीय, केंद्रीय; महानगरीय; अधिधर्माध्यक्षीय; —*n.*, अधिधर्माध्यक्ष; राजधानी-निवासी। > मे'ट्रॅपॉल्-इटॅन

mettle, 1. तेज, ओज, उत्साह, दिलेरी*; 2. (*courage*) साहस, जिगर, हिम्मत*; 3. (*nature*) स्वभाव; **~d, ~some,** तेजस्वी; साहसी। > मे'टॅल; मे'टॅल्ड; मे'टॅल्सॅम

mew, *n.*, 1. (*gull*) सामुद्रिक; 2. (*cage*) पिंजड़ा; 3. (*of cat*) म्याँव*, म्याऊँ*; —*v.*, म्याँव* क०। > म्यू

mewl, रिरियाना, पिनपिनाना। > म्यूल

mews, अस्तबल, अश्वगोष्ठ > म्यूज़

mezzanine, बिचला (या बीच का) तल्ला; रंगमंच का तहखाना। > मे'ज़ॅनीन

mezzo, मध्यम। > मे'इ्ज़ो

miaow, miaul, *n.* (*v.*) म्याँऊँ* (क०)। > मिआउ; मिऑःल

miasma, विषाक्त वाष्प। > मि-ऐज़्-मॅ = माइ-ऐज़्-म

mica, अबरक, अभ्रक; **~ceous,** अभ्रकी, अभ्रकाभ। > माइक्-अॅ; माइकेशॅस

micro-, सूक्ष्म-, लघु-। > माइक्रो

microbe, 1. जीवाणु; 2. (*germ*) रोगाणु। > माइक्रोब

microbiology, सूक्ष्मजैविकी*, सूक्ष्मजीव-विज्ञान। > माइक्रोबाइऑलॅजि

microcosm, लघु ब्रह्माण्ड; लघु जगत्, छोटी दुनिया*। > माइक्रॅकॉज़्म-

microfilm, माइक्रोफ़िल्म; **~reader,** माइक्रोफ़िल्म-पाठ। > माइक्रोफ़िल्म

microgamete, लघुयुग्मक। > माइक्रोगॅमीट

micrograph, सूक्ष्मलेखी। > माइक्रॅग्राफ़

micrometer, सूक्ष्ममापी। > माइक्रॉम्-इ-टॅ

micron, माइक्रोन। > माइक्रॉन

micro-organism, सूक्ष्मजीव। > माइक्रोऑ-गॅनिज़्म

microphone, माइक, ध्वनिग्राहक। > माइक्रॅफ़ोन

micropyle, बीजाण्डद्वार। > माइक्रॅपाइल

micro/scope, सूक्ष्मदर्शी; खुर्दबीन*; **~scopic,** सूक्ष्म, सूक्ष्मदर्शनी; **~scopy,** सूक्ष्मदर्शिकी*। > माइक्रॅसकोप; माइक्रॅस्कॉप्-इक; माइक्रॉस्कॅपि

microseism, सूक्ष्मभूकम्प। > माइक्रॅसाइज़्म

microspore, लघुबीजाणु, पुंबीजाणु। > माइक्रॅस्पॉः

micro/tome, सूक्ष्मकर्तक, सूक्ष्मतक्षणी; **~tomy,** सूक्ष्मतक्षण। > माइक्रॅटोम; माइक्रॉटॅमि

microwave, सूक्ष्मतरंग*। > माइक्रॅवेव्

micturition, मूत्रण; मुहुर्मूत्रण। > मिक्ट्यूरिशॅन

mid, मध्य; in ~ air, आकाश में; **~brain,** मध्यमस्तिष्क; **~channel,** मध्यधारा*; **~day,** मध्याह्न, दोपहर*। > मिड; मिड्डे

midden, कूड़ा-करकट, धूरा। > मिडॅन

middle, *n.*, 1. मध्य; 2. (*waist*) कमर*, कटि*; 3. (*~voice*) मध्यवाक्य; 4. (*~term*) मध्यपद; —*v.*, 1. मध्य में रखना; 2. (*fold*) दोहरा क०; —*adj.*, मध्य; मध्यवर्ती; मध्यम, दरमियानी; ~age, मध्यवय; ~ages, मध्ययुग; ~class, मध्यवर्ग; ~course, मध्यमार्ग; ~ear, मध्य कर्ण; ~ East, मध्यपूर्व; ~finger, मध्यमा*; ~school, माध्यमिक विद्यालय या पाठशाला*; ~term, मध्यपद। > मिडॅल

middle/-aged, अधेड़; **~-class,** मध्यवर्गीय, मध्यवित्त; **~man,** 1. दलाल; 2. (*intermediary*) मध्यस्थ, बिचौली; **~most,** मध्यवर्ती; **~-sized,** मँझला; **~-weight,** मध्यभार।

middling, 1. मध्यम, मँझला; 2. (*mediocre*) साधारण, मामूली, अतिसामान्य। > मिड्-लिन्ग

midge, मच्छर; बौना। > मिज

midget, *n.*, बौना, नाटा, बलिश्तिया; लघुरूप; —*adj.*, (अति)लघु। > मिज्-इट

mid/heaven, मध्याकाश; **~land,** मध्यदेश; **~most,** *adj.*, मध्यवर्ती; —*adv.*, मध्य में।

midnight, मध्यरात्रि*, आधी रात*। > मिड्नाइट

mid/rib, मध्यशिरा*; **~riff,** मध्यच्छद; **~ship(s),** पोतमध्य।

midst, in our ~, हम लोगों के बीच में; in the ~of, 1. के मध्य में, के बीचोंबीच; 2. (*during*) में, के समय। > मिड्स्ट

mid/stream, मझधार*; **~summer,** मध्य-ग्रीष्म*; **~term,** मध्यावधि; **~way,** बीचोंबीच।

midwife, दाई*, धात्री*, प्रसाविका*; **~ry,** धात्री-विद्या*, प्रसूति-विद्या*, कुमारभृत्य। > मिड्वाइफ़; मिड्-वि-फ़ॅ-रि

midwinter, मध्यशीत(काल) > मिड्-विन्-टॅ

mien, 1. आकृति*, मुखाकृति*; 2. (*manner*) रंगढंग, चालढाल*। > मीन

might, बल, महाबल, शक्ति*, सामर्थ्य, पराक्रम; **~ily,** बलपूर्वक; प्रभावशाली ढंग से; अत्यधिक; **~iness,** शक्तिमत्ता*; **~y,** शक्तिशाली, बलवान्; महान्, प्रकाण्ड। > माइट; माइट्-इ

mignon, सुकुमार। > मिन्यों

migraine, आधासीसी*, अंधसीसी*। > मीग्रेन

migrant, प्रवासी, प्रव्राजी। > माइग्रॅन्ट

migrate, प्रवास क०, प्रव्रजन क०, परदेश जाकर बसना; विभिन्न स्थानों में बसना; स्थानान्तरण क०, स्थान बदलना। > माइग्रेट

migration, प्रवसन, प्रव्रज्या*, प्रव्रजन, देशान्तरण;

स्थानान्तरण; ~ certificate, (विश्वविद्यालय-) अन्तरणप्रमाणक। > माइग्रेशॅन

migratory, 1. प्रवासी, प्रव्राजी; 2. (*nomadic*) यायावर, भ्रमणशील। > माइग्रॅटॅरि

mikado, सम्राट्। > मिकाडो

milch, दुधार, दुधारु। > मिल्च

mild, 1. (*disposition*) मृदुल, कोमल, सौम्य, सदय; 2. (*not violent*) मन्द, नरम, मध्यम; 3. (*soft*) नरम, मृदु; 4. (*of weather*) सुहावना; **~en,** कोमल, मन्द या नरम हो जाना या क०; **~ly,** नरमी* से; किंचित्। > माइल्ड; माइल्-डॅन; माइल्ड्-लि

mildew, भुकड़ी*, फफूँदी*, फफूँद*; **~y,** फफूँददार। > मिल्ड्यू

mile, मील; **~age,** 1. मील-दूरी*, मील-संख्या*; 2. (*allowance*) मील-भत्ता; 3. (*charge*) मील-भाड़ा; **~stone,** मील-पत्थर। > माइल; माइल्-इज; माइल्स्टोन

milfoil, सहस्रपर्णी*। > मिल्फ़ॉइल

miliary, (*pimpled*), फुंसीदार। > मिल्-इॲरि

milieu, वातावरण, पर्यावरण। > मील्यें:

mili/tancy, युयुत्सा*; युद्धसंलग्नता*। **~tant,** 1. (*bellicose*) युयुत्सु, युद्धप्रिय, लड़ाकू; 2. युद्धसंलग्न, युद्धकारी, युद्धमान; 3. (*of church*) प्रयतमान। > मिल्/इटॅन्सि, ~इटॅन्ट

milita/rism, सैन्यवाद; **~rist(ic),** सैन्यवादी; **~rization,** सैन्यीकरण। > मिल्-इटॅ/रिज़्म, ~रिस्ट; मिलिटॅरिस्-टिक; मिलिटॅराइज़ेशॅन

military, *adj.*, 1. सैनिक, सैन्य, सेना-, फ़ौजी; 2. (*of war*) सामरिक, समर-; —*n.*, फ़ौज*। > मिल्-इटॅरि

militate, युद्ध क०; विरोध क०, प्रतिकूल होना। > मिल्-इटेट

militia, नागरिक सेना*; सहायक सेना*। > मिलिशॅ

milk, *n.*, 1. दूध, दुग्ध, क्षीर; 2. (*of plants*) क्षीर; —*v.*, दुहना, दूहना (*also fig.*); **~-and, ~water,** *adj.*, (*n.*) नीरस, निस्सार (भाषण; भावुकता*); **~er,** दोहक; दोहनयन्त्र; **~fever,** प्रसूति-ज्वर; **~-gland,** दुग्धग्रंथि*; **~ing,** दोहन; **~-livered,** कायर, डरपोक; **~maid,** ग्वालिन; **~man,** ग्वाला; **~sop,** मेहरा, **~-sugar,** दुग्ध शर्करा*, **~-tooth,** दूध-दाँत; पातुकदंत, **~y,** दूधिया, M—Way, आकाश-गंगा*, मन्दाकिनी*। > मिल्क, मिल्/कॅ, ~कि

mill, *n.*, 1. चक्की*, पेषणी*, water-~, पनचक्की*; wind-~, पवनचक्की*, flour~, आटा-चक्की*; tread~, पाँव-चक्की*, 2. (*factory*) कारख़ाना, निर्माणी*, मिल*; —*v.*, 1. (*grind*) पीसना, दलना; 2. मशीन* से बनाना; 3. (*move in a circle*) चक्कर काटना; 4. (*cloth*) मलीदा क०; **~board,** दफ़्ती*; **~-cake,** खली*; **~ed,** 1. मशीन* से तैयार किया हुआ, यन्त्रनिर्मित; 2. (*or rice*) मशीन-कुटा; 3. (*grooved*) खाँचेदार; 4. (*of coin*) गडारीदार; 5. मलीदा, **~er,** चक्कीवाला; मिलमालिक, **~ing,** 1. (*grinding*) पेषण; 2. मिल से बनाना, 3. (*of coin*) रेखांकन; 4. चक्कर काटना, **~-owner,** मिल-मालिक, **~stone,** पाट। > मिल, मिल्ड, मिल्/अॅ, ~इन्ग

millenarian, सहस्राब्दिक, सहस्राब्दवादी, **~ism,** सहस्राब्दवाद। > मिलिने'ॲर्/इॲन, ~इॲनिज़्म

millenary, *adj.*, 1. (*of* 1000) सहस्री, 2. (*of 1000 years*) सहस्राब्दिक;—*n.*, सहस्र, सहस्राब्दि*। > मिल्-इनॅरि = मिले'नॅरि

millennial, सहस्राब्दिक। > मिले'न्-इॲल

millennium, 1. सहस्राब्दि* 2. (*golden age*) स्वर्ण युग, सत युग। > मिले'न्-इॲम

millepede, millipede, 1. रामघोडी*, 2. (*centipede*) कनखजूरा, गोजर। > मिल्-इ-पीड

millesimal, सहस्रतम, सहस्रांश। > मिले'स्-इमॅल

millet, pearl ~, बाजरा; barnyard ~, साँवाँ; finger~, मँडुआ; great ~, ज्वार*, जुवार*; Italian~, कँगनी*; common ~, चेना; little ~, कुटकी*, कोदों। > मिल्-इट

milli-, मिलि। > मिल्-इ

millinery, नारी-शिरोवस्त्र। > मिल्-इनॅरि

million, दस लाख, दक्षलक्ष; **~aire,** करोड़पति, लखपती। > मिल्यॅन; मिल्यॅने'ॲ

milt, *n.*, 1. (*spleen*) तिल्ली*, प्लीहा*; 2. (*soft roe*) मत्स्यशुक्र, —*v.*, संसेचित क०। > मिल्ट

mime, *n.*, 1. (*play*) स्वाँग, 2. (*player*) स्वाँगिया; 3. (*clown*) भाँड़, मसखरा, —*v.*, स्वाँग भरना; नक़ल* क०। > माइम

mimeograph, *n.*, अनुलिपित्र; *v.*, अनुलिपियाँ बनाना। > मिम्-इॲग्राफ़

mimesis, अनुकरण, अनुहार, अनुकार। > माइमीस्-इस

mimetic, 1. (*imitative*) अनुकरणशील; 2. अनुकरणात्मक, अनुकरणमूलक; 3. (*biol.*) अनुहारी, अनुकारी; 4. (*not genuine*) नक़ली। > मि-मे'ट्-इक = माइमे'ट्-इक

mimic, *adj.*, 1. अनुकरणशील; अनुकारी; 2. अनुकरणात्मक, अनुहारक; 3. (*simulated*) नक़ली, —*n.*, 1. नक़लची; 2. (*actor*) भाँड़; —*v.*, नक़ल* उतारना; अनुकरण क०, के सदृश होना या हो जाना; **~ker,** नक़लची; **~ry,** 1. नक़ल*, स्वाँग, विडम्बन, विडम्बना*; 2. (*biol.*) अनुहरण, अनुकृति*, अनुकार। > मिम्/इक, ~इकॅ, ~इक्रि

miminy-piminy, अतिसुकुमार, नाज़ुक मिज़ाज। > मिम्-इनि पिम्-इनि

mimosa pudica, लजालू, छूई-मूई*, छुई-मुई*, लाजवन्ती*, लज्जावती*। > मि-मोज़-अॅ प्यु-डी-कॅ

mina(h), मैना*, common ~, किलहँटा; bank ~, चही*, दरियामैना*, किलनहिया*; pied ~, अबलखा*, black-headed ~, पवई*, gracale, पहाड़ी मैना*। > माइन्-अॅ

minacious, minatory, धमकानेवाला, धमकी-भरा। > मिनेशॅस; मिनॅटॅरि

minaret, मीनार*। > मिनॅरे'ट

mince, 1. (*meat*) क़ीमा क०, काटकर टुकड़े-टुकड़े क०; 2. टुकड़े-टुकड़े क०; 3. (*weaken*) हलका क०, कम क०; 4. ठुमक-कर चलना; 5. चबा-चबाकर बातें* क०; —*n.*, क़ीमा, कोफ़्ता; make ~meat of, टुकड़े-टुकड़े कर देना; मात कर देना। > मिन्स

mind, *n.*, 1. (*seat of consciousness*) मन, मानस, चित्त; 2. (*intellect*) बुद्धि*; 3. (*opinion*) मत, विचार, राय*; 4. (*intention*) इरादा; 5. (*disposition*) मनोवत्ति*, मनोभाव, मन; मनोदशा*; 6. (*memory*) स्मृति*; 7. (*remembrance*) स्मरण; —*v.*, 1. का ध्यान रखना, पर ध्यान देना; 2. में मन लगाना; 3. (*look after*) देख-भाल* क०, देख-रेख* क०; 4. I don't~, मुझे आपत्ति* (उज्र) नहीं है; 5. (*feel concern*) की चिन्ता क०, bear in ~, याद क०; be in one's right ~, प्रकृतिस्थ होना; be of one~, सहमत होना, एकदिल होना, be of two ~s, दुबधा* में पड़ना; be out of one's ~विक्षिप्त होना; call to~, याद क० या दिलाना; have half a ~ to, का मन होना; have in ~, याद क०; सोचना; इरादा क०; make up one's ~, निश्चय क०; speak one's ~, मन की बात* कहना; presence of~, तत्काल-बुद्धि*, to my ~, मेरी समझ* में, **~ed,** प्रवण, प्रवृत्त, -मनस्क, -बुद्धि, **~ful,** सावधान, ख़बरदार, सतर्क, सचेत, **~less,** बुद्धिहीन; लापरवा(ह); **~'s eye,** कल्पना*, **~-stuff,** मानस-द्रव्य। > माइन्ड, माइन्ड्-इड

mine, *adj.*, मेरा, *n.*, 1. (*also fig.*) खान*, आकर, खदान*; 2. (*weapon*) सुरंग*, —*v.*, 1. खोदना; 2. (*tunnel*) सुरंग* बनाना; 3. (*place mines*) सुरंग* लगाना; **~field,** सुरंगक्षेत्र; **~layer,** सुरंग-पोत, **~r,** खनक, खनिक; **~-shaft,** खान-कूप; **~sweeper,** सुरंगमार्जक। > माइन; माइन्-अॅ

mineral, *adj.*, *n.*, खनिज, **~ized,** खनिजीकृत; खनिजयुक्त, **~ogy,** खनिज विज्ञान, खनिजिकी*। > मिनॅरॅल; मिनॅरॅलाइज्ड; मिनैरॅलॅजि

minever, सफ़ेद लोमचर्म। > मिन्-इ-वॅ

mingle, मिश्रण क०, मिलाना, से मिल जाना; के साथ भाग लेना, सम्मिलित हो जाना, से मिलना-जुलना। > मिन्-गॅल

miniate, 1. सिन्दूर से रंगना; 2. (*a manuscript*) सचित्र क०, रंग लगाना। > मिन्-इ-एट

miniature, *adj.*, लघु, छोटा, *n.*, लघुचित्र; लघुरूप। > मिन्-यॅ-चॅ

minify, कम या छोटा क०, महत्त्व घटाना। > मिन्-इ-फाइ

minikin, दिखावटी, कृत्रिम। > मिन्-इ-किन

minim, *n.*, 1. (*measure*) बिन्दुक, 2. (*music*) अर्द्धस्वर; 3. अल्पमात्रा*; —*adj.*, **~al,** अल्प; अल्पतम, **~alist,** न्यूनतमवादी, **~ize,** यथासंभव छोटा क०, अल्पमत, न्यूनतम या कम कर देना, छोटा, लघु या कम क० या समझना। > मिन्-इम, ~इमॅल, ~इमॅलिस्ट, ~इमाइज़

minimum, 1. अल्पमत, लघुतम, न्यूनतम, अल्पिष्ठ, निम्निष्ठ, कम से कम; 2. (*lowest*) निम्नतम; ~wage, न्यूनतम मज़दूरी*। > मिन्-इ-मॅम

minimus, कनिष्ठ। > मिन्-इ-मॅस

mining, खनिकर्म, खनन; सुंरग* लगाना या बनाना, ~ centre, खनन-केंद्र, ~industy, खनन-उद्योग; ~settlement, खनि-बस्ती*। > माइन्-इन्ग

minion, 1. (*favourite*) कृपापात्र; 2. (*servile follower*) ख़ुशामदी टट्टू, ~ of the law, पुलिसमैन। > मिन्यॅन

miniskirt, ऊँची काट* का लहँगा, अधलहँगा। > मिन्-इ-स्कॅ:ट

minister, *n.*, 1. मंत्री, 2. (*ambassador*) राजदूत; 3. (*clergy*) पुरोहित, अनुष्ठाता; 4. (*agent*) अभिकर्ता, —*v.*, 1. सेवा* क०, सहायता* क०, में सहायक होना; 2. (*nurse*) उपचार क०; 3. (*officiate*) अनुष्ठान क०, ~of state, राज्यमंत्री, chief ~, मुख्य मंत्री, prime ~, प्रधान मंत्री, **~ial,** 1. मंत्रीपदीय, मंत्रीपक्षीय; मंत्रीवर्गीय; मंत्रालय का; 2. (*governmental*) सरकारी, शासकीय; 3. (*of clerks*) लिपिक-वर्गीय; दफ़्तरी; 4. (*instrumental*) सहायक; 5. (*priestly*) पुरोहिती, **~ialist,** मंत्रीपक्षीय, मंत्रीसमर्थक। > मिन्-इस-टॅ, मिनिस्-टिअॅर्/इअॅल, ~इअॅलिस्ट

ministrant, सेवक। > मिन्-इस्-ट्रॅन्ट

ministration, 1. (*service*) सेवा*; उपचार, परिचर्या*; 2. पुरोहिती सेवा*; संस्कार-प्रदान। > मिनिसट्रेशॅन

ministry, 1. (*department*) मंत्रालय; 2. मंत्रिमण्डल; 3. (*of clergy*) धर्मसेवा*, पुरोहिताई*, संस्कार-प्रदान। > मिन्-इस्-ट्रि

minimum, सिन्दूर, सीस-सिन्दूर। > मिन्-इ-अॅम

miniver, *see* MINEVER। > मिन्-इ-वॅ

minivet, सहेली*। > मिन्-इ-वे'ट

mink, विस्रक। > मिन्क

minnow, मीनिका*। > मिनो

minor, *adj.*, 1. (*small*) छोटा, लघु;

2. (*secondary*) गौण, अप्रधान; 3. (*under legal age*) अवयस्क, नाबालिग़; —*n.*, 1. (*ligic*) लघुपद, पक्षपद; 2. नाबालिग़, अवयस्क; **~ity,** 1. अल्पांश; अल्पसंख्या*; 2. (*in voting*) अल्पमत; 3. (*people*) अल्संख्यक, अल्पसंख्यक वर्ग; 4. (*of age*) अवयस्कता*, नाबालिग़ी*। > माइन्-अँ; माइनॉरिटि

Minotaur, वृषशिरस्क (दानव), नरवृषभ। > माइनॅटॉ:

minster, (मठ का) गिरजाघर। > मिन्-स्टॅ

minstrel, चारण, मागध, भार; **~sy,** चारण-काव्य। > मिन्स्ट्रॅल, सि

mint, *n.*, 1. टकसाल*, टंकशाला*; 2. (*fig.*) खान*, आकर; 3. (*plant*) पुदीना; **~age,** 1. (*act.*) टंकण; 2. सिक्का; 3. (*stamp*) छाप*। > मिन्ट; मिन्-टिज

minuend, व्यवकल्य। > मिन्यूअॅन्ड

minuet, मन्द नृत्य। > मिन्यूए 'ट

minus, 1. (*math.*) ऋण; 2. (*negative*) ऋणात्मक; ~sign, ऋण-चिह्न। > माइनॅस

minuscule, छोटा अक्षर। > मिनॅस्क्यूल = मिनॅस्क्यूल

minute, *n.*, 1. (*time*) मिनट; क्षण; 2. (*angle*) कला*; 3. (*note*) मेमो, नोट; 4. (*pl.*) कार्यवृत्त, विवरण; —*adj.*, 1. सूक्ष्म; 2. (*small*) अतिलघु; 3. (*trifling*) गौण, तुच्छ; 4. (*detailed*) ब्योरेवार; —*v.*, 1. मिनट का हिसाब लगाना; 2. (*draft*) तैयार क०, प्रारुप बनाना; 3. विवरण तैयार क०; **~-book,** कार्यवृत्त-पुस्तक*; **~-hand,** मिनट की सूई*; **~ly,** सूक्ष्म रूप से; **~ness,** अत्यल्पता*; सूक्ष्मता*; यथातथ्यता*। > मिन्-इट (*n., v.*); माइन्यूट (*adj.*); मिन्-इट्/बुक, ~हैन्ड; माइन्यूट्/लि, ~निस

minutiae, गौण बातें*। > माइन्यूशिई

minx, 1. ढीठ लड़की*, चुलबुली लड़की*; 2. (*flirt*) तितली*, चोचलहाई*। > मिन्क्स

miocene, माइओसीन, अल्पनूतन। > माइअॅसीन

mir, मीर। > मिअॅ

miracle, 1. चमत्कार, करामात*; 2. (*marvel*) चमत्कार, आश्चर्य की बात*; ~play, धर्म-नाटक; ~-worker, चमत्कारक। > मिरॅकॅल

miraculous, 1. चमत्कारी, चमत्कारात्मक, चामत्कारिक, करामाती; 2. (*marvellous*) अद्‌भुत, आश्चर्यजनक; 3. (*wonder-working*) चमत्कारी, करामाती। > मिरैक्यूलॅस

mirage, मृगतृष्ण*, मृगजल, (मृग-) मरीचिका*। > मिराश्ज़ = मिराश्ज़

mire, *n.*, 1. कीचड़, पंक; 2. (*bog*) दलदल**, पंकस्थली*; —*v.*, 1. कीचड़ में फँसना या फँसाना; 2. (*fig.*) पर कीचड़ उछालना। > माइअॅ

mirror, *n.*, 1. दर्पण, आईना, शीशा, आरसी*; 2. (*model*) नमूना, आदर्श; —*v.*, प्रतिबिम्बित क०, प्रतिरूप प्रस्तुत क०। > मि-रॅ

mirth, प्रमोद, हर्ष, आमोद-प्रमोद; प्रसन्नता*, (हँसी-) खुशी*; **~ful,** प्रमुदित, उल्लसित, प्रसन्न; आनन्दमय; आनन्दकर; **~less,** निरानन्द, विषादपूर्ण। > मॅ:थ

miry, पंकिल; कीचड़-भरा; गंदा। > माइअॅर्-इ

mirza, मिरज़ा। > मॅ:ज़ा

misadventure, अनिष्ट, दुर्घटना*; दुर्भाग्य; by ~, दुर्दैवात्। > मिसॅड्वे 'न्चॅ

misalliance, बेमेल विवाह या सम्बन्ध। > मिसॅलाइअॅन्स

misan/thrope, ~thropic, ~thropist, मानवद्वेषी। > मिसॅ = मिज़ॅनथोप; मिज़ॅन्थ्रॉप्-इक; मिज़ैन्थ्रॅपिस्ट

misanthropy, मानव-द्वेष। > मिज़ैन्थ्रॅपि

misapplication, (misapply), दुरुपयोग (क०), दुष्प्रयोग (क०)। > मिसैप्लिकेशॅन; मिसॅप्लाइ

misapplied, दुष्प्रयुक्त। > मिसॅप्लाइड

misappre/hend, ग़लत समझना, मिथ्या अर्थ लगाना; **~hension,** ग़लतफ़हमी*, मिथ्या बोध। > मिस्ऐप्रि/हे 'न्ड, ~हे 'न्शॅन

misappro/priation (~priate), दुरुपयोग (क०), अपयोजन; ग़बन। > मिसॅप्रोप्रिएशॅन; मिसॅप्रोप्रिएट

mis/become, अनुपयुक्त, अनुचित या अशोभनीय होना; **~becoming,** अनुचित। > मिस्-बि/कॅम, ~कॅम-इन्ग'

misbegotten, जारज। > मिस्-बि-गॉटॅन

mis/behave, अनुचित या अभद्र व्यवहार क०, दुराचार क०; **~behaviour,** दुराचार, कदाचार, बुरा चाल-चलन, बदचलनी*; अभद्र व्यवहार, दुर्व्यवहार। > मिस-बि/हेव, ~हेव्यॅ

mis/belief, भ्रान्त विश्वास या धारणा*; **~believe,** को भ्रान्त धारणा* होना। > मिस-बि/लीफ़, ~लीव

misbeseem, अनुचित होना। > मिस्-बि-सीम

miscalcu/late, ग़लत हिसाब लगाना, अशुद्ध गणना* क०; मिथ्या अनुमान लगाना; **~lation,** अशुद्ध गणना*। > मिस्कैल्क्यू/लेट, ~लेशॅन

micall, ग़लत नाम लेना। > मिस्-कॉ:ल

miscarriage, 1. गर्भस्राव, गर्भपात; 2. (*of mail etc.*) अपवहन; 3. (*failure*) विफलता*; ~of justice, न्याय-हत्या*। > मिस्कैरिज

miscarry, 1. को गर्भपात होना; 2. (*of letter*) अपवाहित होना, खो जाना; 3. (*of plan*) विफल, बेकार या व्यर्थ हो जाना। > मिस्कैरि

miscasting, ग़लत योग। > मिस्कास्-टिन्ग

miscegenation, जाति-मिश्रण, (जाति-) संस्करण। > मिसिजिनेशॅन

miscel/lanea, ~lany, प्रकीर्णक, विविध-निबन्ध-संग्रह। > मिसिलेन्-इअॅ; मिसे 'लॅनि = मिस् इलॅनि

miscellaneous, 1. विविध, फुटकर, प्रकीर्ण; 2. (*many-sided*) बहुमुखी। > मिसिलेन्यॅस

mischance, दुर्भाग्य, दुर्दैव। > मिस्‌चान्स

mischief, 1. (*harm*) हानि*; 2. (*law*) रिष्टि*; 3. (*evil*) अनिष्ट; 4. नटखटपन; नटखटी*, शरारत*; 4. (*~-maker*) अनिष्टकारी; आग* या झगड़ा लगानेवाला, विष की गाँठ। > मिस्-चिफ़

mischievous, 1. नटखट, शरारती; 2. (*harmful*) अनिष्टकर, हानिकर। > मिस्-चि-वॅस

miscible, मिश्र्य, मिश्रणीय। > मिस्-इ-बॅल

misconceive, ठीक कल्पना* नहीं क०, उचित रीति* से नहीं विचारना या सोचना; ग़लत समझना, मिथ्या अर्थ लगाना; भ्रान्त धारण* होना। > मिसकॅन्सीव़

misconception, 1. भ्रान्त धारणा*, भ्रान्ति*, भ्रम; 2. (*misunderstanding*) ग़लतफ़हमी*। > मिस्‌कॅन्‌से 'प्‌शॅन

misconduct, *n.*, 1. *see* MISMANAGEMENT; 2. *see* MALFEASANCE; 3. दुराचार, दुराचरण, कदाचार, बदचलनी*; 4. व्यभिचार; —*v.*, 1. कुप्रबन्ध क०; 2. भ्रष्टाचार क०, ~oneself, दुराचार क०; व्यभिचार क०। > मिसकॉन्‌डक्ट (*n.*); मिस्‌कनडॅक्ट (*v.*)

misconstrue, ग़लत या अशुद्ध अर्थ लगाना। > मिस्‌कॅनस्ट्रू

miscount, *n.*, (*v.*) अशुद्ध गणना* (क०)। > मिस्‌काउन्ट

miscreant, बदमाश, पाजी। > मिस्-क्रि-अन्ट

miscreated, विकृत। > मिस्-क्रि-एट्-इड

misdeed, दुष्कर्म अपकर्म; अपराध। > मिस्‌डीड

misdemea/nant, अपराधी; **~nour,** 1. अपराध; 2. (*law*) उपापराध। > मिस्-डि-मीन्/ॲन्ट, ~ॲ

misdirect, 1. ग़लत रास्ता बताना, बहकाना; ग़लत निर्देश देना; 2. (*a letter*) ग़लत या अशुद्ध पता लिखना; 3. (*a blow*) बेठीक मारना; be ~ed (*of blow*), खाली जाना, चूकना; **~ion,** अपनिदेशन, विमार्गदर्शन, बहकावट*; ग़लत पता; विमार्ग, विपथ। > मिस्-डि-रे'क्ट; मिस्-डि-रे'क्-शन

misdo, ग़लत ढंग से क०; **~ing,** अपराध; भूल;। > मिस्‌डू; मिस्‌डूइन्ग

misemploy, दुरुपयोग क०, कुप्रयोग क०। > मिसिम्‌प्लॉइ

mise en scene, अभिनय; पर्यावरण; दृश्य-सज्जा*। > मीज़ांसेन

miser(ly), कंजूस, कृपण, सूम। > माइज़्-ॲ, ~लि

miserliness, कंजूसी*, कृपणता*। > माइज़ॅलिनिस

miserable, 1. (*of person*) अभागा, कम-बख़्त, दुःखी; 2. (*unpleasant*) अप्रिय, दुःखद; 3. (*pitiable*) दयनीय; 4. (*contemptible*) घृणित। > मिज़ॅरॅबॅल

miserably, बुरी तरह* से। > मिज़ॅरॅब्लि

misery, तंगहाली*, दुर्दशा*, दुर्गति*, विपत्ति*, दुःख, दुःख-तकलीफ़*; ग़रीबी*, कंगाली*। > मिज़ॅरि

misfeasance, अपकरण। > मिसफ़ीज़ॅन्स

misfire, 1. (*of gun*) न दगना, गोली* न चलना; 2. (*of engine*) न चलना; ~d cartridge, अनदगा कारतूस। > मिस्‌फ़ाइॲ

misfit, *v.*, ठीक नहीं बैठना या बैठाना; —*n.*, ठीक न बैठनेवाला कपड़ा; मेल न खानेवाली या बेमेल चीज़*; अनुपयुक्त वस्तु* या व्यक्ति। > मिस्‌फ़िट

misfortune, दुर्भाग्य, विपत्ति*, अनर्थ। > मिस्‌फॉःचॅन

mis/give, आशंका* होना या उत्पन्न क०; **~giving,** आशंका*, संदेह, भय। > मिस्-गिव़; मिस्-गिव़्-इन्ग

misgovern, कुशासन क०; कुप्रबन्ध क०। > मिस्‌गॅवॅन

misguidance, बहकावट*, विमार्गदर्शन। > मिसगाइडॅन्स

misguide, बहकाना, ग़लत रास्ते पर ले जाना, भ्रम में डालना*; **~d,** बहकाया हुआ, विभ्रान्त। > मिस्‌गाइड; मिस्‌गाइड्-इड

mishandle, ग़लत ढंग से चलाना या हाथ में लेना; के साथ दुर्व्यवहार क०। > मिस्‌हैन्‌डॅल

mishap, अनर्थ, अनिष्ट, दुर्घटना*। > मिस्‌हैप

mishear, 1. (*amiss*) ग़लत सुनना; 2. (*imperfecty*) ऊँचा सुनना। > मिस्‌हिॲ

mishit, *n.*, बेठीक मार*; *v.*, बेठीक मारना। > मिस्-हिट (*n.*); मिस्-हिट (*v.*)

mishmash, घालमेल। > मिश्‌मैश

misinform, गलत जानकारी* या मिथ्या सूचना* देना। > मिस्-इन-फ़ॉःम

misinterpret, ग़लत अर्थ लगाना; **~ation,** 1. भ्रान्त व्याख्या*, ग़लत अर्थ; 2. (*law*) अपविवृति*, अपनिर्वचन। > मिस्-इन/टॅःप्-रिट, ~टॅःप्रिटेशॅन

misjoinder, दुस्संयोजन। > मिस्‌जॉइन्-डॅ

misjudge, गलत समझना या अनुमान लगाना; गलत निर्णय देना। मिस्‌जॅज

mislay, हिरा देना; *see* MISPLACE। > मिस्‌ले

mislead, बहकाना; भ्रम में डालना; पथभ्रष्ट क०; **~ing,** भ्रामक, भ्रमजनक। > मिस्‌लीड; मिस्-लीड्-इन्ग

mismanage, कुप्रबन्ध क०; **~ment,** कुप्रबन्ध अव्यवस्था*, बद-इन्तज़ामी*। > मिस्-मैन्-इज, ~मॅन्ट

mismatch, बेमेल होना। > मिस्‌मैच

misname, ग़लत नाम लेना। > मिस्‌नेम

misnomer, अयथार्थ नाम, मिथ्या नाम; अयथार्थ नामकरण। > मिस्-नोम्-ॲ

miso/gamist, विवाह-द्वेषी; **~gamy,** विवाह-द्वेष। > मिसॉगॅ/मिस्ट, ~मि

miso/gynist, नारी-द्वेषी; **~gynous,** नारी-द्वेषात्मक; **~gyny,** नारीद्वेष। > मिसॉज़्/इनिस्ट; ~इनॅस, ~इनि
miso/logist, तर्कद्वेषी; **~logy,** तर्कद्वेष। > मिसॉलॅ/जिस्ट, ~जि
misplace, ग़लत जगह* पर रखना; अपात्र या अयोग्य व्यक्ति पर (विश्वास, स्नेह) रखना; **~d,** अनुचित, अपात्र में। मिस्प्लेस; मिस्प्लेस्ट
misprint, *n.*, छापे को ग़लती*, मुद्रण-दोष; —*v.*, ग़लत या अशुद्ध छापना। > मिस्-प्रिन्ट (*n.*); मिस्-प्रिन्ट (*v.*)
misprision, व्यतिक्रम; ~ of felony, महापराध-संगोपन; ~ of treason, देशद्रोह संगोपन। > मिस्-प्रिश्ज़ॅन
misprize, तिरस्कार क०; की क़दर* नहीं क०। > मिस्प्राइज़्
mis/pronounce, अशुद्ध उच्चारण क०; **~pronunciation,** अशुद्ध उच्चारण। > मिस्प्रॅनाउन्स; मिस्-प्रॅ-नॅन्-सि-ए-शॅन
misquote, ग़लत या अशुद्ध उद्धरण देना। > मिस्क्वोट
misread, ग़लत पढ़ना या समझना। > मिस्रीड
misrepresent, का अयथार्थ रूप प्रस्तुत क०, का अयथार्थ विवरण देना; **~ation,** मिथ्या निरूपण, अन्यथा-कथन। > मिस्रे'प्रि/ज़े'न्ट, ~ज़े'न्टेशॅन
misrule, *n.*(*v.*) कुशासन (क०)। > मिस्रूल
miss[1], 1. कुमारी*; 2. (*title*) सुश्री*। > मिस
miss[2], *v.*, 1. चूकना, चूक जाना; न मिलना; 2. (*fail to...*) में असफल होना, से रह जाना, न पालना, न समझना, न कर, सुन या देख पाना; 3. (*let slip*) खो देना, हाथ से जाने देना; 4. (*omit*) छोड़ देना; न करना; में अनुपस्थित होना; 5. (*lack*) अभाव का अनुभव क०, चाहना, आवश्यकता* का अनुभव क०; अभाव मालूम हो जाना; —*n.*, चूक*, भूल*; अभाव; **~ing,** लापता, ग़ायब, गुम; अविद्यमान, लुप्त, अप्राप्त; —link, अप्राप्त कड़ी*। > मिस्; मिस्-इन्ग
missal, मिस्सा-ग्रन्थ यज्ञ-ग्रंथ। > मिसॅल
misshapen, विरूपित, विकृत, कुरूप। > मिस्शेपॅन
missile, *n.*, प्रक्षेपणास्त्र, अस्त्र, क्षिपणी*; —*adj.*, क्षेपणीय। > मिसाइल
mission, मिशन; 1. (*sending*) प्रेषण; 2. (*territory*) मिशन-क्षेत्र; 3. (*delegation*) शिष्टमण्डल; 4. (*errand*) दौत्य, (दूत) कार्य, लक्ष्य; 5. (*calling*) जीवन-लक्ष्य; 6. (*rel.*) उपदेश-माला*; **~ary,** मिशनरी; धर्मप्रचारक, धर्मदूत। > मिशॅन; मिश्नॅरि
missis, missus, मालिका*; श्रीमती*। > मिस्-इज़
missive, पत्र। > मिस्-इव़
misspell, अशुद्ध वर्त्तनी* या ग़लत हिज्जे क०। > मिसस्पे'ल
misspend, गँवाना, अपव्यय क०, बेकार खर्च क०। > मिस्स्पे'न्ड
misstate, अयथार्थ विवरण देना। > मिसस्टेट
misstep, ग़लत क़दम, भूल*। > मिस्स्टे'प
mist, *n.*, कुहासा, कुहरा; *v.*, धुँधला क०, होना या हो जाना। > मिस्ट
mistakable, भ्रामक, भ्रान्तिजनक। > मिस्टेकॅबॅल
mistake, *n.*, भूल*, ग़लती*; अशुद्धि*, दोष; —*v.*, 1. (*err*) भूल* क०, ग़लती* क०; 2. ग़लत अर्थ लगाना; 3. दूसरा समझना; **~n,** भ्रम में; ग़लत, अशुद्ध, अयथार्थ, भ्रान्तिपूर्ण; **~nly,** भूल* से। > मिस्टेक; मिस्टेकॅन
mister, 1. महोदय; 2. (*title*) श्री, श्रीमान्। > मिस्-टॅ
mistime, 1. असमय बोलना, आना या कुछ क०; 2. (*miscalculate*) समय का ग़लत हिसाब लगाना। > मिसटाइम
mistletoe, बाँदा, मिसलटो। > मिसॅल्टो
mistral, मिस्ट्रल। > मिस्टॅल
mistranslate, अशुद्ध या ग़लत अनुवाद क०। > मिस्ट्रैन्स्लेट
mistreat, के साथ दुर्व्यवहार क०। > मिस्ट्रीट
mistress, 1. (*of house*) गृहिणी*, गृह-स्वामिनी*; 2. स्वामिनी*, मालिका*; अधिकारिणी*, अधिष्ठात्री*; 3. (*teacher*) शिक्षिका*, अध्यापिका*; 4. (*paramour*) प्रेमिका*; उपपत्नी*, रखेली*; 5. (*Mrs.*) श्रीमती*। > मिस्-ट्रिस
mistrial, अपविचार। > मिस्ट्राइअॅल
mistrust, *n.* (*v.*), अविश्वास, शंका*, शक या सन्देह (क०); **~ful,** संदेही, शंकाशील, अविश्वासी, शक्की। > मिस्ट्रॅस्ट
misty, कुहरेदार; धुँधला। > मिस्-टि
misunderstand, कुछ का कुछ या ग़लत समझना; ग़लत अर्थ लगाना; **~ing,** 1. ग़लत-फ़हमी*, भ्रम; 2. (*disagreement*) अनबन*, वैमनस्य। > मिसन्डॅस्टैन्ड
misusage, 1. (*misuse*) अशुद्ध प्रयोग; दुरुपयोग; 2. (*ill-treatment*) दुर्व्यवहार, बुरा बरताव। > मिस्यूज़्-इज
misuse, *n.* (*v.*) दुरुपयोग (क०); अशुद्ध प्रयोग (क०); (के साथ) दुर्व्यवहार (क०); **~r,** दुरुपयोजक। > मिस्यूस (*n.*); मिस्यूज (*v.*), मिस्यूज़्-ॲ
mite, 1. (*insect, itch-~*) कुटकी*, बरुथी*; 2. (*coin*) दमड़ी*; 3. (*infant*) शिशु। > माइट
mithri/date, विषहर; **~datize,** विषसह बना देना। > मिथ्-रि-डेट; मिथ्रिडॅटाइज़
miti/gable, प्रशम्य; **~gant,** प्रशामक, उपशामक; **~gate,** कम क०, घटाना; हलका, मन्द या लघु क०; **~gation,** 1. अल्पीकरण, न्यूनीकरण; (प्र)शमन;

2. (*state*) मन्दी*, कमी*।
> मिट्/इर्गेबॅल, ~इर्गेन्ट, ~इगेट, ~इगेशॅन

mitrailleuse, मशीनगन*। > मिट्राइॲःज़

mitosis, सूत्रीविभाजन; **mitotic,** सूत्री।
> मिटोस्-इस; मिटॉट्-इक

mitre, किरीट। > माइ-टॅ

mitt(en), दस्ताना। > मिट, मिटॅन

mittimus, क़ैद* का हुक्मनामा। > मिट्-इ-मॅस

mix, *n.*, 1. मिश्रण; 2. (*muddle*) खिचड़ी*, घालमेल; —*v.*, 1. मिलाना, मिला देना, मिश्रण क०; 2. (*crossbreed*) संकरण क०; 3. (*mingle*) मिल जाना; 4. (*associate*) मिलना-जुलना; **~ed,** मिश्र, मिश्रित; **~er,** मिश्रक। > मिक्स; मिक्सट; मिक्सॅ

misture, मिश्रण। > मिक्स्-चॅ

mix-up, उलझन*, गड़बड़। > मिक्स्अॅप

miz(z)enmast, पिछला मस्तूल। > मिज़ॅनमास्ट

mizzle, (*drizzle*) झींसी। > मिज़ॅल

mnemo/nic, ~technic, स्मरणोपकारी, स्मृति-सहायक; स्मृति-विषयक; **~nics, ~techny,** स्मृति-विज्ञान। > निमॉन्-इक; निमो-टे'क्निक
नि-मॉन्-इक्स; नि-मो-टे'क्-नि

moan, *n.*, कराह*; *v.*, कराहना; विलाप क०। > मोन

moat, खाई*, परिखा*, खन्दक*। > मोट

mob, *n.*, 1. उत्तेजित भीड़*; 2. (*the masses*) जनसाधारण; निम्न-वर्ग; 3. (*crowd*) भीड़*, भीड़-भाड़*, जनसमूह; —*v.*, मिलकर घेर लेना, तंग क० या आक्रमण क०। > मॉब

mob/bish, अनियन्त्रित, उत्पाती; **~-law,** हुल्लड़बाज़ी*, अराजकता*; **~-mentality,** सामूहिक मनोवृत्ति*; **~-psychology,** भीड़ मनोविज्ञान।
> मॉब्-इश

mobile, 1. (*movable*) चल, चलंत; गतिशील; 2. (*moving*) चलता; गश्ती, चलता-फिरता; 3. (*easily changing*) चंचल, परिवर्तनशील; 4. (*of troops*) चलिष्णु। > मोबाइल

mobility, गतिशीलता*, चंचलता। > मो-बिल्-इ-टि

mobilization, लामबन्दी*, सैन्यसंघटन, युद्धसन्नाह; संघटन, संग्रह(ण)। > मोबिलाइज़ेशॅन

mobilize, लामबन्दी* क०, सेना* संघटित क०; संघटित क०, तैयार क०, संचारित क०, चलाना, चल या गतिशील बनाना; लगाना, कार्यप्रवृत्त क०। > मोब्-इलाइज़

mobocracy, भीड़-तन्त्र, हुल्लड़बाज़ी*, भीड़शाही*।
> मॉबॉक्रॅसि

mocassin, जूता; चप्पल*। > मॉकॅसिन

mock, *n.*, *see* MOCKERY; *v.*, 1. का उपहास क०, की हँसी* उड़ाना; 2. (*mimic*) की नक़ल* क० या उतारना; 3. धोखा देना; 4. व्यर्थ कर देना, हरा देना; —*adj.*, दिखावटी, नक़ली, बनावटी; ~ moon, चन्द्राभास; ~sun, सूर्याभास; **~-battle, ~-combat,** नक़ली लड़ाई*; **~er,** 1. उपहासक; 2. नक़लची; **~ery,** उपहास; उपहासपात्र; नक़ल*, स्वाँग, विडम्बना*; **~-heroic,** व्यंग्य वीरकाव्य; **~-orange,** नक़ली नारगी*। > मॉक; मॉक्-अॅ; मॉकॅरि

modal 1. रूपात्मक, रीत्यात्मक; 2. (*gramm.*) क्रियार्थद्योतक; 3. (*logic*) निश्चयमात्रक; **~ism,** अभिव्यंजनप्रकारवाद; **~ity,** 1. रूपात्मकता*; 2. (*logic*) निश्चयमात्रा*; 3. (*statistics*) बहुलकता*।
> मोडॅल; मोडॅलिज़्म; मो-डैल्-इ-टि

mode, 1. ढंग, प्रकार, विधि*, तरीक़ा, रीति*; 2. (*method*) प्रणाली*, पद्धति*; 3. (*form*) रूप; 4. (*custom*) रिवाज, प्रथा*; फ़ैशन; 5. (*music*) राग; ~ of life, जीवनचर्या*; 6. (*statistics*) बहुलक।
> मोड

model, *n.*, 1. मॉडल, नमूना, प्रतिमान; 2. (*ideal*) आदर्श, नमूना; 3. (*person*) मॉडल; —*adj.*, आदर्श, मानक; —*v.*, प्रतिरूप या नमूना बनाना; (मूर्ति*) गढ़ना; (स्वरूप) तैयार क०; (आदर्श) के अनुसार बना लेना; **~ler,** मूर्त्तिकार; **~ling,** प्रतिरूपण।
> मॉडॅल; मॉडॅल; मॉडॅलिन्ग

modena, गहरा बैगनी। > मॉड्-इ-नॅ

moderate, *adj.*, 1. सन्तुलित, संयत; मिताचारी, संयमी (*of persons*); 2. (*mild*) मन्द, मृदु, अल्पबल; 3. (*mediocre*) मध्यम, साधारण, सामान्य, मामूली; —*n.*, नरमपन्थी, मध्यमार्गी; —*v.*, संयत, हलका, कम या मन्द क०; संचालन क०, सभापतित्व क०; **~ly,** संयमपूर्वक, हिसाब से; साधारण। > मॉडरिट (*adj.*, *n.*);
मॉडॅरेट (*v.*); मॉडॅरिट्-लि

moderation, 1. (*active*) नियन्त्रण, संयमन, नियमन; 2. (*phys.*) मन्दन; 3. संयम, आत्मसंयम, मिताचार; संतुलन; 4. नरमी*, शान्ति*। > मॉडॅरेशॅन

moderator, 1. (*mediator*) मध्यस्थ; 2. (*arbiter*) निर्णायक; 3. संचालक, नियामक; 4. (*phys.*) मन्दक।
> मॉडॅरेटॅ

modern, 1. आधुनिक आजकल का; 2. (*not ancient*) अर्वाचीन; 3. (*new*) नवीन **~ism,** आधुनिक प्रयोग, शैली*, मुहावरा, विचार, प्रथा* या विशेषता*; आधुनिकता*; आधुनिकतावाद; **~ist,** आधुनिकतावादी; **~istic,** आधुनिकतावादी; आधुनिक।
> मॉडॅन; मॉडॅ/निज़्म, ~निस्ट; मॉडॅनिस्-टिक

modernity, आधुनिकता*। > मॉडॅःन्-इटि

moder/nization, आधुनिकीकरण; **~nize,** आधुनिक बनाना या बनना। > मॉडॅनाइज़ेशॅन; मॉडॅनाइज़

modest, 1. (*unassuming*) विनीत, विनयशील, विनम्र, निरहंकार; 2. (*reserved*) संकोची, अल्पभाषी; 3. (*not forward*) सलज्ज, शालीन, सुशील; 4. (*moderate*) सन्तुलित, मर्यादित; 5. (*in appearance*) साधारण, सीधा-सादा। > मॉड्-इस्ट

modesty, 1. विनय*; 2. संकोच; सलज्जता*, शील, शील-संकोच, शालीनता*; 3. सन्तुलन; 4. सादगी*, सादापन; 5. (*decorum*) मर्यादा, औचित्य; ~ of the eyes, आँखों का नियन्त्रण। > मॉड्-इस्-टि

modicum, किंचित्, थोड़ा-सा। > मॉड्-इ-कॅम

modifi/able, परिवर्त्य, **~cation,** परिवर्तन; रूपान्तर; संशोधन, परिष्करण, परिष्कार; रूपान्तरण; **~catory,** परिवर्तक, संशोधक; **~er,** 1. परिवर्तक; रूपान्तरक; 2. (*gram.*) विशेषक। > मॉड्-इ-फ़ाइ-अॅ-बॅल; मॉडिफिकेशॅन; मॉड्-इ-फि-के-टॅ-रि; मॉड्-इ-फ़ाइ-अॅ

modify, 1. किंचित् परिवर्तन क०, हेर-फेर क०, रूपान्तरित क०; 2. (*moderate*) कम क०; 3. (*gramm.*) अर्थ सीमित क०; 4. (*phon.*) बदल देना। > मॉड्-इफ़ाइ

modish, फ़ैशनेबुल; फ़ैशनप्रिय। > मॉड्-इश

modular, प्रमापीय, मापांक-। > मॉड्-यू-लॅ

modu/late, 1. (*adjust*) ठीक क०, घटाना-बढ़ाना; के अनुकूल बना लेना; कम क०; 2. सुर मिलाना; (स्वर) ऊँचा-नीचा क० या बदलना; गाना; 3. (*radio*) अधिमिश्रण क०; **~lated,** 1. मूर्च्छनित; 2. (*radio*) अधिमिश्रित; **~lation,** 1. अनुकूलन, नियमन, नियन्त्रण; 2. (*of voice*) मूर्च्छना*, आरोह-अवरोह, स्वर-परिवर्तन, स्वर-सामंजस्य; स्वर-माधुर्य; 3. अधिमिश्रण, आरोपण; **~lator,** नियन्त्रक; अधिमिश्रक। > मॉड्यूलेट; मॉड्यूलेशॅन; मॉड्-यू-ले-टॅ

module, मापांक, मापदण्ड। > मॉड्यूल

modulus, मापांक। > मॉड्यूलॅस

modus/operandi, कार्य-प्रणाली*; **~vivendi,** जीवनचर्या*; समझौता। > मॉडॅस/ऑपॅरैन्-डि, ~विवेन्डि

mofussil, मुफ़स्सल, नगरेतर। > मो-फ़ॅस्-इल

Mogul, मुग़ल। > मोगॅल, मोगॅल

Mohammed, मुहम्मद; **~an,** मुसलमान, मुहम्मदी; **~anism,** इसलाम। > मोहैम्/ए'ड, ~इडॅन, ~इडॅनिज़्म

Moharram, मुहर्रम। > मोहॅरॅम

mohur, मुहर*, अशर्फ़ी*, अशरफ़ी*। > मोहॅ:

moiety, आधा, अर्धांश, अंश। > मॉइ-इ-टि

moil, कठिन परिश्रम क०। > मॉइल

moire, लहियादार कपड़ा। > म्वा

moist, नम, गीला, भीगा हुआ; आर्द्र, तर; **~en,** भीग जाना; भिगोना, तर क०; **~ure,** नमी*, आर्द्रता*, सील*, सीड़*। > मॉइस्ट; मॉइसॅन; मॉइस्-चॅ

molal, ग्रामाणव। > मोलॅल

molar, *adj.*, 1. चर्वण-; 2. (*chem.*) ग्राम-अणुक; —*n.*, चर्वण-दन्त, चर्वणक, दाढ़; **~ity,** ग्राम अणुकता*। > मोल्-अॅ; मो-लैर्-इ-टि

molasses, सीरा, शीरा, चाशनी*। > मॅ-लैस्-इज़

mole, 1. (*on skin*) तिल; 2. (*animal*) छछूँदर; 3. बाँध; कृत्रिम बन्दरगाह; **~-cricket,** रीवाँ; **~-eyed,** निकटदर्शी; अन्धा; **~hill,** छछूँदर की बाँबी*; make a mountain of a—, तिल का ताड़ क०। > मोल

mole/cular, आणविक, आण्विक, अणु-, **~cule,** अणु; **~cularity,** अणुसंख्यता*। > मो-ले'क्-यु-लॅ; मॉल्-इ-क्यूल

molest, छेड़छाड़* क०, छेड़खानी* क०, तंग क०, सताना; **~ation,** छेड़छाड़*, उत्पीड़न। > मॅले'स्ट; मोले'स्टेशॅन

molli/fication, (प्र)शमन; **~fy,** शान्त क०; प्रशमित क०; नरमाना, नरम या मन्द क०। > मॉलिफ़िकेशॅन; मॉल्-इ-फ़ाइ

mollusc, mollusk, मोलस्क, चूर्णप्रावार। > मॉलॅस्क

molly, मेहरा। > मॉल्-इ

molten, पिघला। > मोलटॅन

molto, अत्यधिक। > मॉल्टो

moment, 1. क्षण, पल; 2. (*importance*) महत्त्व; 3. (*phys.*) घूर्ण, आघूर्ण; **~al,** घूर्णी, आघूर्णी; संवेगीय। > मोमॅन्ट; मो-मे'न्-टॅल

momentarily, क्षणमाक्ष, पलभर। > मोमॅन्टॅरिलि

momentary, 1. क्षणिक; 2. (*transient*) क्षणभंगुर। > मोमॅन्टॅरि

momently, तत्क्षण; क्षणमात्र। > मोमॅन्ट्-लि

momentous, महत्त्वपूर्ण। > मोमे'न्टॅस

momentum, 1. संवेग, गतिमात्रा*; 2. (*fig.*) बल, ज़ोर, परिबल। > ममे'न्टॅम

monacal, ~chal, मठवासीय, मठ सम्बन्धी; **~chism,** मठवाद। > मॉनॅकल; मॉनॅकिज़्म

monad, 1. इकाई*, एकक; 2. (*biol.*) प्रजीवाणु 3. (*chem.*) एकसंयुज; 4. (*phil.*) चिदणु; **~ism, ~ology,** चिदणुवाद। > मॉनैड; मॉनैडिज़्म; मॉनै डॉलॅजि

monadelphous, एकसंघी। > मॉनॅडे'ल्फ़ॅस

monan/drous, एकपतिका*; 2. (*bot.*) एकपुंकेसर; **~dry,** एकपतित्व। > मॉनैन्/ड्रॅस, ~ड्रि

monanthous, एकपुष्पी। > मॉनैन्थॅस

monarch, राजा, नरपति; अधिपति, अधीश, **~al,** राजसी; राजकीय, राजा का। > मॉनॅक; मॉनार्कॅल

monarch/ianism, एकव्यक्तिवाद **~ical,** राजतन्त्रीय। > मॉनाकिॲनिज़्म; मॉनार्किल

monarch/ism, राजतन्त्रवाद; **~ist,** राजतन्त्र-वादी; **~y,** राजतन्त्र। > मॉनॅ/किज़्म, ~किस्ट, ~कि

monastery, मठ, विहार, संघाराम। > मॉनॅस्टॅरि

monastic, 1. मठ-विषयक, मठवासीय; 2. (*ascetic*) तपोमय; ~ life, मठवास, मठवासीय जीवन; **~ism,** मठवाद; मठजीवन, मठचर्या*। > मॅ-नैस्/टिक, ~टिसिज़्म

monatomic, एक परमाणु(क)। > मॉनॅटॉम्-इक

monaxial एकधुरीय। > मॉनैक्-सि-ॲल

Monday, सोमवार, चन्द्रवार। > मॅन-डि

monde, फ़ैशनेबुल समाज; मण्डली*। > मॉःन्ड

mondial, विश्वव्यापी, सार्वभौम। > मॉन्-डि-ॲल

monetary, 1. (*pecuniary*) आर्थिक; 2. (*finanical*) वित्तीय; 3. (*of currency*) मुद्रा-, मौद्रिक। > मॅनिटॅरि

mone/tize, मुद्रा* के रूप में चलाना, मुद्रीकरण क०; **~tization,** मुद्रीकरण। > मॅनिटाइज़; मॅनिटाइज़ेशॅन

money, 1. रुपया-पैसा, मुदा*; 2. (*wealth*) धन, द्रव्य; 3. (*sum of~*) रक़म*; **~-bag,** बटुआ, थैली*; **~-box,** गोलक, गुल्लक*; **~-changer,** सराफ़; **~ed,** धनी; धन-सम्बन्धी; **~-lender,** साहूकार; **~-lending,** साहूकारी*, महाजनी*; **~-making,** *n.*, धनोपार्जन; —*adj.*, प्रलाभी, अर्थकर; **~-market,** मुद्रा-बाज़ार; **~order,** मनी-आर्डर, धनादेश। > मॅनि

monger, व्यापारी। > मॅन्-गॅ

Mongol, मंगोल; **~ian,** मंगोली। > मॉन्ग्गॉल; मॉन्ग्गोल्-इॲन

mongoose, नेवला, नकुल; ~plant, सरहटी*, सर्पाक्षी*, नकुलकंद, गंधनाकुली*। > मॉन्ग्गूस

mongrel, *adj.*, दोगला, संकरजातीय; —*n.*, संकर; दोग़ला कुत्ता; **~ word,** संकर शब्द, मिश्रशब्द। > मॅन्ग्ग्रॅल

monial, बिचला छड़। > मोन्-इ-ॲल

moniliform, मालाकार। > मॉ-निल्-इ-फ़ॉःम

monism, अद्वैत, अद्वैतवाद; एकत्ववाद, एकसत्तावाद, एकतत्त्ववाद। > मॉन्-इज़्म

monist, अद्वैतवादी; **~ic,** अद्वैतवादात्मक, एकात्मक, अद्वैतात्मक। > मॉन्-इस्ट; मॉ-निस्-टिक

monition, 1. चेतावनी*; 2. (*summons*) सम्मन, आह्वान। > मॅनिशॅन

monitor, 1. प्रबोधक; छात्रनायक, कक्षानायक; 2. (*lizard*) गोह* (*large land ~*); कवरा गोह* (*water~*); चन्दन गोह* (*barred ~*) 3. युद्धपोत, जंगी जहाज़; 4. (*radio*) अनुश्रोता; —*v.*, अनुश्रवण क०, मानीटर क०; **~y,** प्रबोधक। > मॉन्/इ-टॅ, ~इटॅरि

monk, मठवासी; **~ery,** मठवासी जीवन; मठ; **~s'hood,** मोहरी। > मॅन्क; मॅन्कॅरि

monkey, *n.*, 1. बन्दर, वानर; लंगूर; 2. (*liontailed*) नोल वानर; —*v.*, नक़ल* क० या उतारना; हँसी* उड़ाना; शरारत* या नटखटी* क०। > मॅन्-कि

monkey/-bread, (*tree*), गोरक्षी*; **~ish,** नटखट, चंचल; **~-jacket,** वरदी कोट; **~-jacktree,** लकुच, बड़हर; **~-nut,** चीना-बादाम, मूँगफली*; **~-wrench,** चूड़ीदार रेंच या प्रकुंच। > मॅन्-कि-इश

mono-, एक-। > मॉन्-ॲ; मॅमॉ; मॉनो

monoacidic, एकाम्लक, एकाम्ल। > मॉनोॲसिड्-इक

monoatomic, एकपरमाणुक। > मॉनोॲटॉम-इक

monobasic, एकक्षारकी। > मॉनॅबेस्-इक

monocephalous, एकमुण्डकी। > मॉनॅसे'फॅलॅस

monochord, स्वरमापी। > मॉनोकॉःड

mono/chromatic, एकवर्णी; **~chrome,** एकरंगा चित्र; एकवर्ण। > मॉनॅक्रॅमैट्-इक; मॉनॅक्रोम

mono/clinic, एकनताक्ष; **~clinous,** उभय-लिंगी। > मॉनॅक्लिन्-इक; मॉनॅक्लाइनॅस

monocle, एकोपाक्ष, उपनेत्र। > मॉनॉकॅल

monocotyledon, एकबीजपत्रक, एकबीज-पत्री। > मॉनोकॉटिलीडॅन

monocracy, 1. एकतन्त्र; 2. (*tyranny*) तानाशाही*। > म-नॉक्-रॅ-सि

monocu/lar, एकनेत्र, एकनेत्री, एकाक्षिक; **~lous,** एकाक्ष। > मॉ-नॉक्-यू-लॅ, ~ लॅस

monodrama, एकलनाटक। > मॉनॅड्रामॅ

monody, 1. एकस्वर गीत; 2. (*lament*) शोकगीत। > मॉनॅडि

monoe/cious, 1. द्विलिंगी, उभयलिंगी; 2. (*bot.*) उभय-लिंगाश्रयी; **~cism,** उभय-लिंगता; उभयलिंगाश्रयिता*। > मॉनीशॅस; मॉनीसिज़्म

mono/gamist, एकपत्नीक, एकपतिका*; **~gamous,** 1. एकविवाही; 2. (*zool.*) एक संगमनी; **~gamy,** एकविवाह, एकपतित्व, एकपत्नीत्व; एकविवाह-प्रथा*। > मॉनॉगॅ/मिस्ट, ~मॅस, ~गॅमि

monogenesis, 1. (*monogenism, monogeny*) एकपूर्वजवाद; 2. एकोद्भव। > मॉनॅजे'न्-इसिस; मॉनॅजे'न्-इज़्म; मॅ-नॉज्-इनि

monoglot, एकभाषी। > मॉनॅग्लॉट

monogram, गुम्फाक्षर। > मॉनॅग्रैम

monograph, प्रबन्ध, विनिबन्ध। > मॉनॅग्राफ़

mono/gynous, 1. (*~gynist*) एकपत्नीक; 2. (*bot.*) एकस्त्रीकेसरी; **~gyny,** एकपत्नीत्व। > मॅनॉजि/नॅस, ~निस्ट, ~नि

monolith, एकाश्मक; **~ic,** एकाश्म; अखण्ड, अखण्डित। > मॉनोलिथ; मॉनोलिथ्-इक

monologue, एकालाप। > मॉनॅलॉग

monomania, एकोन्माद; उन्माद। > मॉनोमेन्यॅ
monometallic, एकधातु। > मॉनोमिटैल्-इक
monomial, एकपद। > मनोम्-इॲल
monomolecular, एकाणुक। > मॅनोमॅले'क्-यु-लॅ
monomor/phic, ~phous, एकरूप।
> मॉनॅमॉ:फ़्/इक, ~ॲस
monopetalous, एकदली। > मॉनॅपे'टॅलॅस
monophonic, एकराग। > मानॅफ़ॉन्-इक
monophthong, एकस्वर। > मॉनॅफ़्थॉन्ग
monophyllous, एकपत्री। > मॉनॅफ़िलस
monophysite, एकस्वभाववादी। > मॅनॉफ़ॅसाइट
monoplane, एकतल वायुयान। > मॉनॅप्लेन
mnoplegia, एकांगघात, एकांग संस्तंभ।
> मॉनॅप्लीजिॲ
monopodial, एकाक्षिक। > मॉनॅपोडिॲल
mono/polism, एकाधिकारवाद; **~polist,** एकाधिकारी, इजारेदार; **~polization,** एकाधिकरण; **~polize,** एकाधिकार प्राप्त क०; पर पूरा अधिकार प्राप्त क०; पूर्णरूप से अपनाना या अपने अधिकार में क०; **~poly,** एकाधिकार, इजारा, एकाधिपत्य; इजारेदारी*। > मॅनॉपॅ/लिज़्म, ~लिस्ट; मॅनॉपॅलाइज़ेशॅन मॅनॉपॅलाइज़; मॅनॉपॅलि
monorail, एकपटरी-रेल*, एकपटरी-लाइन*, एकलरेल*। > मॉनोरेल
monosyl/labic, एकाक्षर, एकाक्षरीय, एकाच्; अल्पभाषी; **~able,** एकाक्षर।
> मॉनॅसिलैब्-इक; मॉनॅलिसॅबॅल
monothe/ism, एकेश्वरवाद; **~ist,** एकेश्वरवादी; **~istic,** एकेश्वरवादात्मक।
> मॉनोथी/इज़्म, ~इस्ट; मॉनोथीइस्-टिक
mono/tone, *adj.*, एकस्वर; *n.*, एकस्वर गान; एकस्वर उच्चारण; एकरूपता*, एकस्वरता*; **~tonous,** एकसुरा, एकस्वर, एकरस, नीरस, विरस; **~tony,** एकस्वरता*, एकसुरापन, एकरसता*, विरसता*, नीरसता*, ऊब*, उकताहट*।
> मॉनॅटोन; मॅनॉटॅनॅस; मॅनॉटॅनि
mono/type, मोनोटाइप, एकल प्ररूप, एकमुद्र; **~typic,** एकप्रतिरूपी। > मॉनॅटाइप; मॉनॅटिप्-इक
monovalent, एकसंयोजक। > मॉनोवेॅलॅन्ट
monsignor, महामान्यवर। > मॉन्सीन्यॉ: = मॉन्सीन्यॅ
monsieur, श्री(मान्); महोदय; सज्जन। > मॅस्यॅ:
monsoon, बरसांत*, वर्षा-ऋतु*, पावस, मानसून; बरसाती पवन। > मॉन्सून
monster, 1. विकृतांग, विकटांग, अप्रकृत-रूप या विरूप प्राणी (पौधा); दैत्य; 2. दुष्टात्मा, पिशाच, राक्षस, अतिक्रूर व्यक्ति; 3. (*huge*) भीमकाय जानवर, भीमाकार वस्तु*। > मॉन्-स्टॅ
monstrance, प्रदर्शिका*। > मॉन्स्ट्रॅन्स
monstrosity, 1. अतिविरूपता*, विरूपता*; 2. विकतांग जन्तु; 3. (*fig.*) असंगति*, भद्दी, भूल*।
> मॉन्स्ट्रॉस्-इटि
monstrous, 1. (*enormous*) अतिविशाल, भीमाकार; 2. (*horrible*) विकराल, विकट, डरावना; 3. (*malformed*) विरूप, विकृतांग; 4. (*evil*) पापात्मा, दुष्टात्मा; 5. (*absurd*) नितांत असंगत, निरर्थक।
> मॉन्स्ट्रॅस
montage, फ़िल्म-संग्रंथन। > मॉन्टाश्ज़
montane, पर्वतीय, पर्वत-, पहाड़ी। > मॉन्टेन
month, महीना, मास; **~ly,** *adj.*, *n.*, मासिक; —*adv.*, प्रतिमास, हर महीने, माहवार; —wages, महावार। > मॅन्थ, मॅन्थ्-लि
monticule, अद्रिका*। > मॉन्-टि-क्यूल
monument, स्मारक, कीर्त्तिस्तम्भ; **~al,** स्मारक-, स्मारकीय; विशाल, अतिविशाल; चिरस्थायी, अत्यन्त महत्त्वपूर्ण; भारी, बहुत बड़ा; **~alize,** का स्मारक बनाना। > मॉन्यूमॅन्ट; मॉनयूमे'न्/टॅल, ~टॅलाइज़
moo, *v.*, रँभाना; *n.*, रँभण। > मू
mood, 1. मनोदशा*, चित्तवृत्ति*, मिज़ाज, भाव(दशा*), मन-स्थिति*; 2. (*whim*) तरंग*, मौज*, सनक*; 3. (*gramm.*) क्रियार्थ, अर्थ, क्रियाभाव, 4. (*logic*) प्रकार; **~y,** 1. तुनक-मिज़ाज, बदमिज़ाज, चिड़चिड़ा; 2. (*gloomy*) उदास, विमन। > मूड; मूड्-इ
moollah, मुल्ला।
moolvi, मौलवी। > मूल्-वि
moon, *n.*, 1. चन्द्रमा, चन्द्र, चाँद, शशि, शशी; 2. (चान्द्र) मास; 3. (*crescent*) अर्द्धचन्द्र; 4. (*satellite*) उपग्रह; —*v.*, निरुद्देश्य या निरुत्साह घूमना-फिरना, गुम-सुम बैठा रहना; full ~, पूर्णिमा*, पूर्णमासी*, राका*; new ~, अमावस*, अमावस्या*, बालचन्द्र। > मून
moon/beam, चन्द्रकिरण*, **~-blind,** 1. (*night-blind*) निशान्ध; 2. (*purblind*) चुँधा; **~calf,** उल्लू का पट्ठा, बैल; **~flower,** चन्द्रकांति*; **~light,** चाँदनी* चन्द्रिका*, ज्योत्स्ना*; **~-lit night,** चाँदनी रात*; **~rise,** चन्द्रोदय; **~shine,** अनाप-शनाप, बकबक*, प्रलाप; **~stone,** चन्द्रकान्त, चंद्रशिला*; **~struck,** 1. विक्षिप्त, पागल; 2. (*dazed*) भौचक्का, हक्का-बक्का; **~y,** 1. चान्द्र; 2. (*moon-shaped*) चन्द्राकार; 3. (*listless*) गुम-सुम; (दिवा) स्वप्नद्रष्टा।
moonshee, मुंशी।
moor, *n.*, बीढ़, बंजर भूमि*; *v.*, बाँधना। > मुॲ
moor/cock, जंगली मुरगा; **~hen,** जल-मुरगी*; **~ing,** नौबन्ध; बाँध-घाट, लंगर-स्थल; **~land,** झाबर भूमि*।
moot, *n.*, बहस*; *adj.*, विवादास्पद, विवाद्य; सन्दिग्ध, सन्देहात्मक; —*v.*, की चरचा* चलाना, (विवाद के लिए) प्रस्तुत क०; **~point,** विवाद का विषय;

~-court, विधि-सभा*; **~-hall,** सभामंडप। > मूट

mop, *n.*, 1. झाड़न*, पुचारा; 2. (*tuft*) गुच्छा; 3. (*grimace*) मुख-विकृति*; —*v.*, झाड़ना, पुचारा फेरना; पोंछना; मुँह बनाना; ~up, बचे-खुचे दुश्मनों का सफ़ाया क०; **~board,** किनारी*। > मॉप

mope, *v.*, उदास, निरुत्साह, या विषण्ण होना; —*n.*, 1. उदास या हतोत्साह व्यक्ति; 2. (*pl.*) उदासी*; **~-eyed,** निकटदर्शी। **mopish,** उदास, विषण्ण। > मोंप, मोप्-इश

mora, मात्रा*। > मॉ: रॅ

moraine, हिमोढ़, मोरेन। > मॅरेन =मॉरेन

moral, *n.*, 1. शिक्षा*, सीख*; 2. (*maxim*) सूक्ति*, नीतिवचन; 2. (*pl.*) आचार, आचरण; (*ethics*) आचार-शास्त्र, नीतिशास्त्र; —*adj.*, 1. नैतिक, नीति-; 2. (*good*) नैतिक, नीति-संगत; सदाचारी; 3. (*practical*) व्यावहारिक, मनोवैज्ञानिक (*impossibility, certainty*) ~code, नीति-संहिता*, आचार-संहिता*; ~courage, चरित्रबल; ~philosophy, नीतिशास्त्र। > मॉरॅल

morale, मनोदशा*; हौसला, मनोबल, धृति*, धैर्य, साहस। > मॅराल = मॉराल

moral/ism, नैतिक शिक्षा*; नीतिवाद; **~ist,** नीतिज्ञ; सदाचारी; नीतिवादी; **~istic,** शिक्षाप्रद; नीतिवादात्मक। > मॉरॅ/लिस्म, ~लिस्ट; मॉरॅलिस्-टिक

morality, 1. नैतिकता*; 2. सदाचार; 3. नीतिशास्त्र; 4. नैतिक शिक्षा*, उपदेश; 5. (*play*) नीति-नाटक। > मॅरैल्-इटि = मॉरैल्-इटि

moral/ize, उपदेश देना; शिक्षा* निकालना; सुशील या सदाचारी बनाना; **~izer,** उपदेशक; **~ly,** नैतिक दृष्टि* से; व्यावहारिक दृष्टि* से; धार्मिकता* से, सदाचारपूर्वक। > मॉरॅ/लाइज़, ~लाइ-ज़ॅ; मॉरॅलि

morass, दलदल**, चहला। > मॅरैस

moratorium, ऋणस्थगन, विलम्बन; विलम्बन-काल। > मॉ-रॅ-टॉ:र्-इ-ॲम

moratory, विलम्ब(न)कारी। > मॉरॅटॅरि

morbid, 1. रुग्ण, रोगग्रस्त; 2. अस्वस्थ; विकृत, दूषित; 3. (*gruesome*) वीभत्स, घिनावना; **~ity,** रुग्णता*, विकृति*; अस्वस्थता-दर*। > मॉ:ब्-इड; मॉ:-बिड्-इ-टि

morbific, रोगकारक। > मॉ:बिफ़्-इक

morceau, कृति*। > मॉ:सो

morda/cious, 1. (*biting*) काटू, दंशक; 2. (*fig.*) कटु, तीक्ष्ण; **~city,** काटूपन; कटुता*। > मॉ:डेशॅस; मॉ:डैसिटि

mordant, *n.*, रंगबंधक, (रंग)स्थापक; *adj.*, 1. स्थापक; 2. (*corrosive*) क्षयकारी, संक्षारक; 3. कटु, तीक्ष्ण, —*v.*, रंगस्थापक लगाना, रंगस्थापन क०। > मॉ:डॅन्ट

mordent, स्वरकम्पन। > मॉ:डॅन्ट

more, अधिक, ज्यादा, और, ~ and ~, अधिकाधिक, ~ or less, लगभग, प्रायः; कुछ अंश तक, न्यूनाधिक, कम-ज़्यादा; **~over,** इसके अतिरिक्त, इसके अलावा, इसके सिवा(य)। > मॉ., मॉ रोव्-ॲ

moreen, (परदे का) मोटा कपड़ा। > मॅरीन

mores, लोकाचार, रीति-रिवाज, लोकरीति*, लोकप्रथा*। > मॉ:रीज़

morganatic, अनुलोम। > मॉ:गॅनैट्-इक

morgue, 1. मुरदाघर, शवगृह, 2. (*haughtiness*) हेकड़ी*। > मॉ:ग

moribund, मरणासन्न, मरियल, मृतप्राय, म्रियमाण। > मॉरिबॅन्ड

morion, शिरस्त्राण। > मॉरिॲन

Mormon, 1. मोरमन, 2. (*polygamist*) बहुपत्नीक। > मॉ:मॅन

morning, 1. प्रात:काल, प्रभात, सबेरा; 2. (*fig.*) प्रभात, प्रारंभ; 3. पूर्वाह्न; —*adj.*, प्रात: कालीन, सबेरे का, **~ star,** प्रभाततारा; 2. (*Venus*) शुक्र। > मॉ:न्-इन्ग

moron, मन्दबुद्धि, क्षीणबुद्धि, बालिश; **~ity,** बालिशता*। > मॉ:रॉन, मॉ:रॉन्-इ-टि

morose, 1. चिड़चिड़ा, रूखा; 2. (*sad*) उदास, विषण्ण। > मॅरोस

morpheme, रूपग्राम। > मॉ:फ़ीम

morphine, morphia, मार्फ़िया*, अहि-फेनासव। > मॉ:फ़ीन, मॉ:फ़्यॅ

morphogenesis, संरचना-विकास। > मॉ:फ़ॅजे न्-इसिस

morpho/logical, आकृति-मूलक; रूपात्मक, रूप-; **~logy,** आकृति-विज्ञान, आकारिकी*; 2. (*gram.*) रूपविधान, रूपविज्ञान, रूपविचार। > मॉ:फ़ॅलॉजिकॅल; मॉ:फ़ॉलॅजि

morrow, अगला दिन, कल। > मॉरो

morse, मॉर्स। > मॉ:स

morsel, *n.*, 1. (*mouthful*) ग्रास, कौर, निवाला, कवल, 2. अल्प भोजन, 3. टुकड़ा, —*v.*, छोटे टुकड़ों में विभाजित क०, थोड़ा-थोड़ा करके बाँटना। > मॉ:सॅल

mortal, *n.*, मर्त्य, मनुष्य; *adj.*, 1. मर्त्य, मरणशील, नश्वर, अनित्य; 2. (*fatal*) घातक, सांघातिक, प्राणघातक; 3. (*fierce*) भीषण, विकट, कटु, मरणान्तक; ~sin, महापाप, घातक पाप, **~ity,** 1. मर्त्यता*, नश्वरता*; 2. घातकता*, 3. मृत्यु-संख्या*; 4. (*death-rate*) मृत्यु-दर*, 5. मृत शरीर, **~ly,** घातक रूप से; घोर रूप से, अत्यधिक। > मॉ:टॅल; मॉ:टैल्-इ-टि, मॉ:टॅलि

mortar, 1. खरल, खल्ल, 2. (*to pound rice etc.*) ऊखल, ओखली*, 3. (*mixture*) गारा, मसाला, 4. (*gun*) मार्टर, तोप*; —*v.*, गारा लगाना। > मॉ:ट्-ॲ

mortgage, *n.*, 1. बन्धक, गिरवी*, रेहन, गिरो, आधि*, 2. (*dead*) बन्धकपत्र, रेहननामा; —*v.*, 1. बन्धक या रेहन रखना; 2. (*pledge*) वचन देना, **~d,** बन्धकित। > मॉ:ग्-इज, मॉ:ग्-इज्ड

mortgagee, रेहनदार, गिरवीदार, बन्धकग्राही, बन्धकी। > मॉ:गॅजी

mortga/ger, ~gor, बन्धकदाता, बन्धककर्ता। > मॉ:ग्-इ-जॅ; मॉ:गॅजॉ:

mortician, अन्त्येष्टि, निर्वाहक। > मॉ:टिशॅन

mortification, 1. आत्मदमन, तपस्या*, तप, आत्मसन्तापन, 2. (*med.*) विगलन; 3. (*humiliation*) मानमर्दन, अवमानना*, सन्ताप। > मॉ:टिफ़िकेशॅन

mortify, 1. दमन क०, वश में रखना, 2. अपमानित क०, नीचा दिखाना, का मानमर्दन क०। > मॉ:ट्-इफ़ाइ

mortise, छेद। > मॉ:ट्-इस

mortmain, असंक्राम्यता*। > मॉ:ट्मेन

mortuary, *n.*, मुरदाघर, शवगृह; *adj.*, दफ़न-सम्बन्धी, मृत्यु-सम्बन्धी। > मॉ:ट्यूऑरि

mosaic, मोज़ेक, पच्चीकारी*। > मॅज़ेइक

Mosaic law, मूसा-संहिता*।

moschatel, कस्तूरी पुष्प। > मॉस्कॅटे'ल

Moslem, मुसलमान; **~ism,** इसलाम। > मॉज़्ले'म, मॉज़्ले'मिज़्म

mosque, मसजिद*। > मॉस्क

mosquito, मच्छड़, मच्छर, मशक; **~-curtain, ~-net,** मसहरी*, मच्छरदानी*। > मॅस्कीटो

moss, मॉस, काई*, **~y,** काईदार। > मॉस; मॉस्-इ

most, *n.*, अधिकांश; *adj.*, अधिकतम, सब से अधिक, अधिकतर, अधिकांश, —*adj.*, 1. सब से अधिक, सब से ज़्यादा, सर्वाधिक, 2. (*very*) अत्यन्त, अत्यधिक; at (the) ~, अधिक से अधिक; for the ~part, **~ly,** 1. अधिकतर, ज़्यादातर, बहुधा; 2. (*mainly*) मुख्यतः, प्रधानतः, make the~of, से पूरा लाभ उठाना; का अधिक या विशेष सम्मान क०। > मोस्ट; मोस्ट्-लि

mot, सूक्ति*। > मो

mote, 1. रजकण, धूलिकण, कणिका*, 2. (*mound*) टीला। > मोट

motel, मोटल। > मोटे'ल

motet, भजन। > मोटे'ट

moth, पतंगा, शलभ; (कपड़े का) कीड़ा; **~y,** कीड़ेदार। > मॉथ, मॉथ्-इ

mother, *n.*, माँ, माता*, जननी*, *v.*, को जन्म देना, उत्पन्न क०, मातृवत् देखरेख* या पालन-पोषण क०, उत्तरदायित्व स्वीकार क०, ~country, मूल-देश, मातृभूमि*; ~ tongue, मातृभाषा*, मूलभाषा*, ~wit, सहज बुद्धि। > मॅद्-अॅ

mother/-church, मूल चर्च; **~hood,** मातृत्व; **~-in law,** सास*, श्वश्रू*, **~land,** मातृभूमि*, **~less,** मातृहीन; **~like, ~ly,** मातृ-सुलभ, मातृवत्, **~-love,** मातृप्रेम, **~ of pearl,** मुक्ता, सीप, **~-right,** मातृ-तन्त्र; **~ship,** आधार-पोत; **~-tincture,** मूलार्थ; **~wort,** (*Siberian*) गूमा।

motif, 1. मूलभाव; मूल, 2. (*motive*) अभिप्राय। > मोटीफ़

motile, गतिक्षम, गतिशील, चर। > मोटाइल

motion, *n.*, 1. गति*, चाल*, गतिशक्ति*, गतिक्षमता*; 2. (*gait*) चाल*, ठवन*; 3. (*gesture*) चेष्टा*, अंगविक्षेप; चाल*, इंगित, इशारा; 4. (*proposal*) प्रस्ताव, 5. (*law*) प्रावेदन; 6. अशान्ति*, अस्थिरता*, कम्पन, स्पन्दन, 7. मलत्याग; मल; —*v.*, इशारा क०; इशारे से बता देना या आदेश देना, in ~, चलता चलायमान, **~less,** अचल, निश्चल, गतिहीन; **~picture,** चलचित्र। > मोशॅन

moti/vate, प्रेरित क०, कारण बनना या बताना; be ~ d by, से प्रेरित होना, के कारण घटित होना, **~vation,** (अभि)प्रेरण, प्रेरणा*, कारण, प्रयोजन। > मोट्-इवेट; मोटिवेशॅन

motive, *n.*, 1. प्रेरणा*, प्रेरक हेतु, अभिप्रेरक; 2. (*intention*) अभिप्राय; 3. (*aim*) उद्देश्य; प्रयोजन; 4. (*cause*) कारण, हेतु, 5. *see* MOTIF, —*adj.*, प्रवर्तक, चालक; प्रेरक; उत्प्रेरक; —*v.*, *see* MOTIVATE; ~ power, प्रेरक बल (शक्ति*), **~less,** निष्कारण, निरुद्देश्य। > मोट्-इव्

motivity, प्रेरकता*। > मो टिव्-इटि

motley, *adj.*, 1. रंगबिरंगा, बहुरंग, बिरंगा, पंचरंगा; 2. (*heterogeneous*) पंचमेल; —*n.*, 1. बहुरंगा कपड़ा; 2. (*medley*) घालमेल, भानुमती* का पिटारा। > मॉट्-लि

motor, *n.*, मोटर, *adj.*, प्रेरक, चालक; **~ist,** मोटर-चालक, मोटर-यात्री; **~ize,** मोटर-सज्जित क०। > मोट्-अॅ, ~रिस्ट, ~राइज़

mottle, *n.*, चित्ती*; रंगबिरंगा या चित्तीदार पैटर्न; रंगबिरंगा ऊनी कपड़ा; —*v.*, चित्तियाँ* डालना, रंगबिरंगा बना देना; **~d,** चितकबरा, चित्तीदार, करबुरा, कर्बुर, कर्बुरित। > मार्टल, मॉटॅल्ड

motto, आदर्श-वाक्य। > मॉटो

moue, खीझ*। > मू

moujik, किसान। > मूश्ज़िक

mould, *n.*, 1. (*for casting*) साँचा, 2. (*frame*) ढाँचा, 3. (*make*) गठन*; स्वभाव, 4. (*growth*) फफूँदी*, भुकड़ी*, 5. (*earth*) ढीली मिट्टी*, दोमट मिट्टी*, 6. (*material*) उपादान, —*v.*, 1. सांचे में ढालना, 2. (*shape*) गढ़ना, 3. फफूँददार बनना; **~ing,** गढ़त*; गढ़न*; **~y,** फफूँददार, पुराना, घिसा-पिटा। > मोल्ड; मोल्-डिंग; मोल्-डि

moult, *n.*, 1. निर्मोक; 2. (*~ing*) निर्मोचन; —*v.*, पर (*feathers*), रोआँ (*hair*) या सींग (*horn*) झाड़ना, केंचुली* (*skin*) उतारना। > मोल्ट

mound, 1. टीला; 2. (*globe*) स्वर्ण गोलक। > माउन्ड

mount *n.*, 1. पर्वत; 2. (*palmistry*) उभार; 3. (*support*) धारक, आधार, आलम्बन; 4. (*of telescope*) बैठक*; 5. (*on horse, cycle*) सवार, सवारी*; —*v.*, 1. चढ़ना, सवार होना; 2. बढ़ना; 3. चढ़ाना; सवार क०; 4. तैयार क०; 5. (*a jewel*) जड़ना; 6. (*frame*) चौखट चढ़ाना; 7. (*paste*) चिपकाना; **~ed,** घुड़सवार; सवार; आरूढ़, आरोपित; तैयार; **~er,** मढ़ाईदार; **~ing,** आरोहण; आरोपण; धारक, आधार। > माउन्ट; **माउन्**/टिड, ~टॅ, ~टिन्ग

mountain, *n.*, पर्वत, पहाड़; *adj.*, पर्वती, पर्वतीय, पहाड़ी; ~ash, गिरि-प्रभूर्ज; ~ sickness, पर्वत-रोग; **~-chain, ~-range,** पर्वत-माला*। > **माउन्**-टिन

mountaineer, पर्वतारोही; पर्वतवासी; **~ing,** पर्वतारोहण। > माउन्-टि-**निअॅ**, ~रिन्ग

mountainous, पहाड़ी, पर्वतीय, पर्वती; पर्वताकार। > **माउन्**-टि-नॅस

mountebank, कठबैद, नीमहकीम। > **माउन्**-टि-बैन्क

mourn, 1. (*grieve*) शोक क०, मनाना या प्रकट क०, दुःखी होना; 2. (*for dead*) मातम क० या मनाना; 3. (*lament*) विलाप क०; **~ful,** 1. मातमी; 2. दुःखी, विषण्ण; दुःखपूर्ण; **~ing,** 1. शोक; 2. मातम; 3. विलाप; 4. (*apparel*) मातम-लिबास। > मॉःन, **मॉःन्**-अॅ, **मॉःन्**फ़ुल; **मॉःन्**-इन्ग

mouse, *n.*, 1. (*house~*) चुहिया*, मूषिका*; 2. (*field-~*) मूस; —*v.*, चुहियों का शिकार क०; ढूँढ़ते फिरना। > माउस (*n.*); माउज़ (*v.*)

mouse/-coloured, (*of horse*) सूर; **~-deer,** पिसूरी; **~-grey,** धूसर; **~-hare,** रंगदुनी, पहाड़ी खरगोश; **~-hole,** सूराख, छेद; **~-trap,** चुहियादानी*।

mousseline, फ्रांसीसी मलमल*। > मूस्**लीन** = **मूस्**लीन

moustache, मूँछ*, श्मश्रु। > मुस् = मॅस्**टाश**

mouth, *n.*, 1. (*also opening*) मुँह, मुख; 2. (*of vessel*) मोहड़ा; 3. (*of river*) मुहाना, दहाना; —*v.*, सुनाना; चबा-चबाकर कहना; मुँह में डालना; मुँह से पकड़ना या छूना; मुँह बनाना। > माउथ (*n.*); माउद (*v.*)

mouth/-cavity, मुख-विवर; **~ful,** ग्रास, कौर, निवाला; थोड़ा, अल्पमात्रा*; **~piece,** 1. लगाम* (*of bridle*) मुँहनाल* (*of hookah*); मुखिका* (*of instrum.*); 2. (*person*) प्रवक्ता, प्रतिनिधि; मुखांग; 3. (*periodical*) मुखपत्र; **~-wash,** मुख-धावन; **~y,** बक्की; शेखीबाज़।

movable, चल, जंगम; सर्पी; ~feast, चल पर्व। > **मूवॅबॅल**

movables, चल सम्पत्ति*। > **मूवॅ**बॅल्ज़

move, *n.*, 1. चेष्टा*; 2. (*action*) कार्रवाई*, युक्ति*; 3. (*in chess etc.*) चाल*; 4. निवास-परिवर्तन; —*v.t.*, 1. हटाना, खिसकाना; 2. संचालित क०, चलाना, हिलाना; 3. प्रभावित क०, प्रेरित क०, उत्पन्न क०; प्रस्तुत क०, प्रस्ताव क०; 4. (*chess*) चाल* चलना; —*v.i.*, चलना, चलना-फिरना, हिलना; आना-जाना; आगे बढ़ना, स्थिर नहीं रहना, स्थान बदलता रहना; उपाय क०, कार्रवाई* क०; घर या जगह* बदलना; निवेदन क०; में रहना, आना-जाना; ~heaven and earth, आकाश-पाताल एक क०। > मूव़

movement, 1. गति*, (सं)चलन, चाल*; 2. (*action*) चेष्टा*, क्रिया*; चाल*; 3. (*pl.*) गति-विधि*; 4. (*tendency*) प्रवृत्ति*, झुकाव; 5. (*organized activity*) आन्दोलन; 6. (*of drama*) कार्यव्यापार; 7. (*music*) लय*। > **मूव्**मॅन्ट

mover, 1. प्रवर्तक; 2. प्रस्तावक; 3. (*transporter*) परिवाहक। > **मूवॅ**

movie(s), चलचित्र। > **मूवि; मूविज़**

moving, गतिमान, चलता, चल; प्रवर्तक; हृदयस्पर्शी, प्रभावशाली; ~force, प्रेरक शक्ति*; ~spirit, जान*, जीवन, केंद्र-बिन्दु। > **मूविन्ग**

mow, *v.*, 1. काटना, लुनना, लवना; 2. गिरा देना; मार डालना; समाप्त कर देना, नष्ट क०; 3. (*grimace*) मुँह बनाना; —*n.*, 1. (*stack*) गर्री*, गाँज; 2. मुख-विकृति* **~er,** 1. काटने-वाला, लुनेरा, लावक; 2. (*mech.*) लवित्र; **~ing,** लवन, कटाई*, लुनाई*। > मो; **मो-अॅ; मोइन्ग**

much, *adj.*, बहुत; *adv.*, बहुत; प्रायः; लगभग; make ~ of, को बहुत महत्त्व देना; **~ness,** अधिकता*, प्राचुर्य। > मॅच

muci/lage, 1. लासा, श्लेष्मक; 2. (*mucus*) श्लेष्मा; **~laginous,** लसदार। > **म्यू**सिलिज; म्यूसिलैजिनॅस

mucin, म्यूसिन, श्लेषमरस।

muck, 1. (*manure*) पाँस*; 2. गंदगी*, कूड़ा-करकट; **~y,** गंदा। > मॅक; **मॅक्**-इ

mucous, श्लेष्मल, श्लेष्म; **~membrane,** श्लेष्मल झिल्ली*। > **म्यूकॅस**

mucro, नोक*, उगाग्र; **~nate,** नोकदार। > **म्यूक्**रो; **म्यूक्**रॅनिट

mucus, 1. कफ़, श्लेष्मा, बलग़म; 2. (*nasal*) रेंट; 3. (*of eyes*) कीचड़। > **म्यूकॅस**

mud, कीचड़, पंक, कर्दम; fling, ~, कीचड़ उछालना; ~-brick, कच्ची ईंट*। > मॅड

mudar, मदार, आक। > मॅडा

muddle, *n.*, 1. गडबड़ी* अव्यवस्था*; 2. (*mental*) घबराहट*, संभ्रम; 3. (*medley*) घालमेल; —*v.*, 1. धुँधला कर देना; 2. (*jumble*) गड़बड़ कर देना, अस्तव्यस्त कर देना; 3. (*bewilder*) घबरा देना; 4. (*befuddle*) मदहोश कर देना, मतवाला क०;

5. गँवाना, बिगाड़ना; 6. बेतरीक़े काम क०; ~through, किसी तरह* पार लगना। > मॅडॅल

muddy, 1. कीचड़भरा, कीचड़दार, पंकिल; 2. (*turbid*) गदला; 3. (*dull*) धुँधला; 4. (*confused*) अस्पष्ट, अव्यवस्थित। > मॅड्-इ

mud/guard, पंकरोक*; **~-mortar,** गारा; **~stone,** पंकाश्म; **~-turtle,** कछुई*; **~-wasp,** बिलनी*।

muezzin, मुअज़्ज़िन, अज़ाँ* देनेवाला। > मु-ए'ज़्-इन

muff, मफ़, दस्ताना। > मॅफ़

muffin, फुलका, चपाती*। > मॅ:फ़्-इन

muffle, *n.*, 1. छादन, अवगुण्ठन; 2. (*~kiln*) छादित भ्राष्ट्र या भट्ठा; 3. (*of animals*) ऊपरी होंठ, थूथन (*snout*) 4. दबी आवाज़*; —*v.*, ढक लेना, लपेटना; (कपड़ा डालकर) मुँह बन्द क० या आवाज़* दबाना। > मॅफ़ॅलें

muffler, 1. (*wrap*) गुलूबन्द; 2. (*silencer*) निशब्दक। > मॅफ़्-लें

mufti, मुफ़्ती*, साधारण कपड़े। > मॅफ़्-टि

mug, प्याला। > मॅग

mugger, मगर, मकर। > मॅग्-अें

muggins, उल्लू का पट्ठा। > मॅग्-इन्ज़

muggy, उमसदार। > मॅग्-इ

mugwump, अवसरवादी। > मॅग्वॅम्प

Muhammedan, *see* MOHAMMEDAN। > मु-हैम्-इ-डॅन

mulatto, मुलट्टो, संकर, नीग्रो। > म्यूलैटो

mulberry, तूत, शहतूत; Himalayan~, कीमू, हीमू। > मॅल्बॅरि

mulch, *n.*(*v.*), घासपात, पलवार (से ढकना)। > मॅल्च

mulct, *n.*, जुरमाना, अर्थदण्ड; *v.*, 1. अर्थदण्ड देना; 2. (*deprive*) से वंचित क०। > मॅल्क्ट

mule, 1. (*animal*) खच्चर, बेसर; 2. (*hybrid*) दोग़ला, वर्णसंकर; 3. (*obstinate person*) हठधर्मी; 4. (*slipper*) चट्टी*, स्लीपर; **~teer,** खच्चरबान्। > म्यूल; म्यूलिटिअें

muliebrity, नारीत्व। > म्यू-लि-ए'ब्-रि-टि

mulish, हठीला, अड़ियल, ज़िद्दी। > म्यूल्-इश

mull, *n.*, 1. (*muslin*) मलमल*; 2. (*mess*) घालमेल; —*v.*, चीनी* आदि डालकर गरम क०। > मॅल

mullah, मुल्ला। > मॅल्-अें

muller, सिलौटी*, मूसली*। > मॅल्-अें

mulligrubs, 1. उदासी*; 2. (*sulkiness*) खीझ*; 3. (*colic*) उदरशूल। > मॅल्-इ-ग्रॅब्ज़

mullion, बिचला छड़। > मॅल्यॅन

multangular, बहुकोणीय। > मॅल्-टैन्-ग्यू-लें

multi-, बहु-। > मॅल्-टि

multi/coloured, बहुरंग, रंगबिरंगा; **~farious,** विविध, नानाविध, बहुविध। > मॅल्-टि-कॅ-लॅड; मॅल्-टि-फ़े'अॅर्-इ-अॅस

multifocal बहुकेंद्रीय। > मॅल्-टिफ़ोकॅल

multiform, बहुरूप। > मॅल्-टि-फ़ा:म

multilateral, 1. बहुपार्श्व; 2. (*fig.*) बहुपक्षी, बहुपक्षीय। > मॅल्-टिलैटॅरॅल

multimember, बहुसदस्य। > मॅल्-टि-मे'म्-बें

multimillionaire, करोड़पती। > मॅल्-टि-मिल्-य-ने'अें

multinomial, बहुपदी; बहुनामक। > मॅल्-टि-नोम्-इअॅल

multiparous, बहुसर्जी। > मॅल्-टिपॅरॅस

multiped, बहुपाद। > मॅल्-टि-पे'ड

multiple, *adj.*, 1. (*many*) बहुल; 2. (*various*) बहुविध; 3. बहुखण्ड, बहुशाख; बहुप्रयोजन; बहुगुण, बहुलित; —*n.*, गुणज, अपवर्त्य; (*least*) common ~, (लघुतम) सार्वगुणज, समापवर्त्य। > मॅल्-टि-पॅल

multiplex, बहुविध। > मॅल्-टि-प्ले'क्स

multi/plicable, ~pliable, गुण्य। > मॅल्-टि/प्लिकॅबॅल, ~प्लाइअॅबॅल

multiplicand, गुण्य। > मॅल्-टि-प्लि-कैन्ड

multiplication, गुणा, गुणन; ~sign, गुणन-चिह्न; ~table, पहाड़ा। > मॅल्-टि-प्लि-के-शॅन

multiplicative, 1. गुणक; गुणनात्मक; 2. (*gram.*) गुणात्मक। > मॅल्-टि-प्लि-कॅ-टिव्

multiplicator, गुणक। > मॅल्-टि-प्लि-के-टें

multiplicity, विविधता; अधिकता*, बाहुल्य, बहुलता*। > मॅल्-टि-प्लि-सि-टि

multiplier, गुणक; प्रवर्धक, तीव्रकारी। > मॅल्-टि-प्लाइ-अें

multiply, गुणा क०; बढ़ना; बढ़ाना। > मॅल्-टि-प्लाइ

multipresence, बहुदेशीयता*। > मॅल्टिप्रे'ज़ॅन्स

multipurpose, बहुप्रयोजन; बहुहेतुक; बहु-मुखी, बहुधन्धी। > मॅल्-टिपें:पॅस

multistoried, बहुतल। > मॅल्-टि-स्टॉ:र्-इड

multisyllabic, बह्वक्षर। > मॅल्-टि-सि-लैब्-इक

multitude, 1. बहुसंख्या*; 2. (*abundance*) बाहुल्य, अधिकता*, ढेर; 3. (*crowd*) भीड़*; जनसाधारण। > मॅल्-टि-ट्यूड

multitudinous, 1. बहुसंख्य(क); 2. (*various*) बहुविध। > मॅल्-टि-ट्यूड्-इ-नॅस

multi/valence, बहुसंयोजकता*; **~valent,** बहुसंयोजक-बहुसंयोजी। > मॅल्-टि-वे/लॅन्स, ~लॅन्ट

multivariate, बहुचर। > मॅल्-टि-वे'अॅर्-इ-अॅट

multure, पिसाई*। > मॅल्-चें

mum, मूकाभिनय क०। > मॅम

mumble, बुदबुदाना, गुनगुनाना, फुसफुसाना। > मॅम्बॅल

Mumbo Jumbo, (अफ्रीकी) बुत; बुत-परस्ती*; निरर्थक पूजा*। > मॅम्बो जॅम्बो

mummery, मूकाभिनय। > मॅमॅरि

mummify, सूखाना; सूख जाना। > मॅम्-इ-फ़ाइ

mummy, ममी*, पुराना (परिरक्षित) शव। > मॅम्-इ

mump, 1. (*sulk*) खीझना; 2. (*beg*) भीख* माँगना। > मॅम्प

mumps, कनपेड़ा, गलसुआ, कर्णमूल। > मॅम्प्स

munch, चबाना। > मॅन्च

mundane, सांसारिक, ऐहिक्। > मॅन्डेन

municipal, नगर-, नागर; ~ corporation, नगर-निगम; **~ity,** नगरपालिका*; **~ize,** नगरपालिका* के अधीन क०। > म्यूनिसिपल; म्यूनिसिपैल्-इटि; म्यू-नि-सि-पॅ-लाइज़

munifi/cent, (~cence), वदान्य(ता*) > म्यूनिफ़्/इसॅन्ट, ~इसॅन्स

muniment, अधिकार-पत्र। > म्यून्-इमॅन्ट

munitions, युद्ध-सामग्री*। > म्यूनिशॅन्स

munnion, बिचला छड़। > मॅन्यॅन

munshi, मुंशी। > मूनशी

munsif, मुंसिफ़।

mural, भित्ति-; ~painting, भित्ति-चित्र। > म्युअॅरॅल

murder, *n.*, (नर)हत्या*, खून; *v.*, 1. हत्या* क०; 2. (*kill*) वध क०, मार डालना; 3. (*spoil*) बिगाड़ना; **~er,** हत्यारा, खूनी; **~eress,** हत्यारिन*; **~ous,** 1. खूनी, हिंसक, हिंस्र, हिंसालु; 2. (*brutal*) नृशंस, क्रूर, निर्दय। > मॅःड्-अॅ, ~रॅ, ~रिस, ~रॅस

mure, बन्द क०, क़ैद क०। > म्यूअॅ

murk, अंधेरा; **~y,** 1. अँधेरा, अन्धकारमय; 2. घना; 3. (*gloomy*) निरानन्द, विषादमय। > मॅःक; मॅःक्-इ

murmur, *v.*, 1. मरमराना, सरसराना; कलकलाना, 2. (*grumble*) बड़बड़ाना, भुनभुनाना, कुड़बुड़ाना, कुड़कुड़ाना; 3. (*mumble*) बुदबुदाना, गुनगुनाना, फुसफुसाना; —*n.*, मरमराहट*, सरसराहट*; बड़बड़ाहट*; फुसफुसाहट*, गुनगुनाहट*। > मॅःम्-अॅ

murrain, पशु-महामारी*। > मॅरिन

muscle, 1. (मांस)पेशी*; 2. (*brawn*) बाहुबल। > मॅसॅल

muscovite, श्वेत, अबरक। > मॅस्कॅवाइट

muscular, (मांस)पेशीय, पेशी-; हट्टा-कट्टा, हृष्ट-पुष्ट; ~system, पेशी-तंत्र। > मॅस्-क्यू-लॅ

musculature, पेशी-विन्यास; पेशीसमूह। > मॅस्-क्यू-लॅ-चॅ

muse, *n.*, कलादेवी*; *v.*, चिन्तन क०, ध्यान क०; **~ful,** विचारमग्न, ध्यानमग्न। > म्यूज़

musing, चिन्तन। > म्यूज़्-इन्ग

museum, म्यूज़ियम, संग्रहालय, अजायबघर; ~-keeper, संग्रहपाल। > म्यूज़ीअॅम

mush, 1. (*pulp*) गूदा, लुगदी*; 2. (*porridge*) दलिया; 3. (*sentimentality*) भावुकता*। > मॅश

mushroom, 1. खुमी*, छत्रक, कुकुरमुत्ता; 2. (*upstart*) कल का नवाब। > मॅश्रुम

mushy, गूदेदार; भावुक। > मॅश्-इ

music, संगीत; classical ~, शास्त्रीय ~; instrumental ~, वाद्य ~, vocal ~, कंठ-संगीत। > म्यूज़्-इक

musical, संगीत-, सांगीतिक, संगीतात्मक; संगीतमय, श्रुतिमधुर; संगीतप्रिय, संगीतज्ञ; ~ accent, (सं)गीतात्मक स्वराघात, स्वरतान* सुर, ~comedy, संगीत-कामदी*; ~instrument, वाद्य, बाजा; ~interval, स्वरान्तराल; ~notation, स्वरलिपि*। > म्यूज़्-इकॅल

musicale, संगीत-समारोह। > म्यूज़िकैल

musician, संगीतज्ञ; वाद्यकर। > म्यूज़िशॅन

musicology, संगीत-शास्त्र। > म्यूज़िकॉलॅजि

musk, कस्तूरी*, मुश्क, मृगमद; **~-deer,** कस्तूरीमृग, कस्तूरा; **~mallow,** मुश्कदाना; **~melon,** ख़रबूज़ा; **~-rat,** छछूँदर, गन्धाखु; **~-rose,** कूजा। > मॅस्क

musket, बन्दूक*; तुपक। > मॅस्-किट

musky, मुश्की। > मॅस्-कि

muslin, मलमल*। > मॅज़्-लिन

mussel, मस्ल, शम्बुक, सीपी*; fresh-water ~, सूती*। > मॅसॅल

Mussulman, मुसलमान, मुसलिम। > मॅसॅल्मॅन

must, *n.*, 1. (*mould*) भुकड़ी*; (*grape-juice*) द्राक्षारस; 3. (*frenzy*) मस्ती*; 4. मस्त हाथी; 5. अनिवार्य बात*; —*adj.*, मस्त; —*v.*, 1. (*necessity*) I ~ go, मुझे जाना (पड़ता) है; 2. (*obligation*) I ~pray, मुझे प्रार्थना* करनी चाहिए; 3. (*presumption*) you ~be my brother, आप मेरे भाई होंगे; you ~ have seen, आपने देखा होगा; you ~know, आप जानते होंगे। > मॅस्ट

mustache, mustachio, मूँछ*। > मॅस्टाश; मॅस्टाशो

mustang, जंगली घोड़ा। > मॅस्टैन्ग

mustard, राई*, सरसों*; wild ~, हुरहुर। > मॅस्टॅड

muster, *n.*, 1. (*specimen*) बानगी*; 2. हाज़िरी*; —*v.*, एकत्र क०; हाज़िरी* लेना; जुटाना, बटोरना; एकत्र हो जाना; ~in, भरती* क०; ~out, अलग क०, छुड़ाना; **~-roll,** (सं) नामावली*। > मॅस्टॅ

musty, फफूँददार, फफूँदियाहा; पुराना। > मॅस्-टि

mutable, परिवर्त्य; परिवर्तनशील, चंचल; उत्परिवर्तनशील (*biol.*)। > म्यूटॅबॅल

mutant, उत्परिवर्ती। > म्यूटॅन्ट

mutation, 1. परिवर्तनशील; 2. (*biol.*) उत्परिवर्तन। > म्यूटेशॅन

mutative, परिवर्तनशील। > म्यूटॅटिव्

mutatis mutandis, आवश्यक परिवर्तन सहित। > मूटाटिस मूटैन्डिस

mute, *adj.*, 1. गूँगा, मूक; 2. (*silent*) मौन; 3. (*not pronounced*) अनुच्चरित; 4. (*stopped*) स्पर्श; —*n.*, 1. गूँगा; 2. स्पर्श व्यंजन; —*v.*, मन्द क०। > म्यूट

muti/late, विकलांग क०, लँगड़ा-लूला क०; अंग-भंग कर देना; विकृत क०, बिगाड़ना; **~lated,** विकलांग; विकृत; कटा-फटा; **~lation,** अंगच्छेद; विकृति*। > म्यूटइ/लेट, ~लेटिड; म्यूटिलेशॅन

mutineer, mutinous, विद्रोही, बाग़ी। > म्यूटिनिअॅ; म्यूट्-इनॅस

mutiny, *n.*, (*v.*) विद्रोह, सैन्यद्रोह, बग़ावत*, ग़दर, बलवा (क०)। > म्यूट्-इनि

mutism, गूँगापन, मूकता*। > म्यूट्-इज़्म

mutter, 1. (*mumble*) बुदबुदाना, फुसफुसाना, गुनगुनाना; 2. (*grumble*) बड़बड़ाना, कुड़बुड़ाना; 3. (*rumble*) घड़घड़ाना। > मॅट्-अॅ

mutton, भेड़* का मांस। > मॅटॅन

mutual पारस्परिक, आपसी, परस्पर, अन्योन्य; **~ism,** अन्योन्याश्रयवाद; **~ity,** 1. पारस्परिकता*; 2. (*biol.*) सहोपकारिता*; **~ize,** पारस्परिक बनना या बनाना; **~ly,** आपस में, परस्पर। > म्यूट्यू/ॲल, ~ॲलिज़्म; म्यूट्यू-ऐल्-इ-टि; म्यूट्यू/ॲलाइज ~ॲलि

muzzle, *n.*, 1. (*snout*) थूथन, प्रोथ; 2. (*covering of snout*) मोहरा, छींका, मुसका, जाबा; 3. (*of gun*) नालमुख; —*v.*, मोहरा लगाना; मुँह बन्द क०; ~ velocity, नालमुख-वेग। > मॅज़ॅल

muzzy, निस्तेज़, निर्जीव, हतोत्साह; मतवाला। > मॅज़्-इ

my, मेरा। > माइ

myalgia, पेशीशूल। > माइ-ऐल्-जि-अॅ

myasthenia, पेशी-दुर्बलता*। > माइॲस्थीन्यॅ

mycelium, कवक-जाल। > माइसील्-इॲम

mycology, कवक-विज्ञान। > माइकॉलॅजि

mycosis, कवकता*। > माइकोस्-इस

myelitis, मेरुमज्जाशोथ; मेरुरज्जुशोथ। > माइ-इ-लाइट्-इस

myna, *see* MINA। > माइन्-अॅ

myology, पेशीविज्ञान। > माइऑलॅजि

myope, myopic, निकटदृष्टिक। > माइओप; माइ-ऑप्-इक

myopia, myopy, निकटदृष्टि*(ता*)। > माइ-ओप्-यॅ; माइॲपि

myosis, तारासंकुचन। > माइओस्-इस

myositis, पेशीशोथ। > माइॲसाइट्-इस

myosotis, मूषकर्णी। > माइॲसोट्-इस

myriad, *n.*, 1. (10,000) अयुत; 2. करोड़ों; *adj.*, असंख्य। > मि-रि-ॲड

myriapod, बहुपाद। > मि-रि-ॲ-पॉड

myrmecology, चींटी-विज्ञान। > मॅ:मिकॉलॅजि

myrmidon, अनुचर; लठैत। > मॅ:म्-इडॅन

myrobalan, 1. हर्र*, हर्रा, हरीतकी*; 2. belleric ~, बहेड़ा; 3. emblic ~, आंवला। > माइरॉबॅलॅन

myrrh, गन्धरस, बोल। > मॅ:

myrtacious, मेंहदिया। > मॅ:टेशॅस

myrtle, विलायती मेंहदी* या मेहँदी*; box ~, कायफल; common crape ~, चिनाई-मेन्धी*, तेलिगचीना, फ़र्राश; queen crape ~, जारूल, तामन, मोता। > मॅ:टॅल

mysophobia, मैलभीति*। > माइसोफ़ोब्यॅ

mysta/gogue, रहस्य-आचार्य; **~gogy,** रहस्य-दीक्षा*। > मिसटॅ/गॉग; ~गॉजि

mysterious, रहस्यमय, रहस्यपूर्ण, भेदभरा, गूढ़, निगूढ़। > मिस्-टिअॅर्-इ-ॲस

mystery, 1. रहस्य, भेद; मर्म, गूढ़ार्थ; गूढ़ता*; 2. (*pl., secret rites*) रहस्यानुष्ठान, गुप्तोपासना*; 3. (*~-play*) धर्मनाटक। > मिसटॅरि

mystic, *n.*, रहस्यवादी; *adj.*, 1. रहस्यवादी; 2. (*ocult*) गुह्य, गूढ़; 3. (*enigmatic*) रहस्यमय; **~al,** रहस्यात्मक; रहस्यवादी; —body, रहस्यात्मक या आध्यात्मिक शरीर; **~ism,** रहस्यवाद। > मिस्-टिक; मिस्-टि-कॅल; मिस्-टि-सिज़्म

mystification, 1. (*act*) बहकावट*; 2. घबराहट*। > मिस्-टि-फ़ि-के-शॅन

mystify, 1. (*bewilder*) घबरा देना; 2. (*hoax*) जुल देना, धोखा देना; 3. (*obscure*) रहस्यमय बना देना। > मिस्-टि-फ़ाइ

mystique, रहस्यात्मकता*, रहस्यपूर्ण वातावरण। > मिस्टीक

myth, ~us, पौराणिक कथा*, मिथक, पुराणकथा*, देवकथा*, काल्पनिक, कल्पित या (मन)गढ़न्त कथा*, बात* या व्यक्ति; **~ical** पौराणिक; कल्पित, (मन)गढ़न्त; **~icize,** पौराणिक या कल्पित समझना या मानना। > मिथ; मिथॅस; मिथ्/इकॅल ~इसाइज़

mytho/logical, पौराणिक; **~logist,** पुराणज्ञ; **~logy,** पुराण(समूह), पौराणिक कथाएँ*; मिथकशास्त्र, पुराणविद्या*, पौराणिकी*। > मि-थॅ-लॉज्-इ-कॅल; मिथॉलॅजस्ट; मिथॉलॅजि

Nn

nabob, नवाब; करोड़पति। > नेबॉब
nacelle, निलय, नसेल। > नैसे 'ल
nacre, 1. मुक्तास्तर, सीप; 2. (*animal*) सीप; **~ous,** मुक्ताभ, मौक्तिक। > ने-कॅ; नेक्-रिअॅस
nadir, अधोबिन्दु, पादबिन्दु, अध:स्वस्तिक। > नेडिअॅ
nag, *n.*, टट्टू, अश्वक; *v.*, तंग क०, परेशान क०, सिर खाना। > नैग
naiad, जलपरी*, जलदेवी*। > नाइऐड
naik, नायक।
nail, *n.*, 1. नख, नाख़ून; 2. (*of mental*) कील*, कीला, मेख*, काँटा, कँटिया*; —*v.*, कील* ठोंकना या लगाना; जकड़ देना; लगाना; hit the ~on the head, पते की बात* कहना; **~-brush,** नखकूर्च; **~-cutter,** नखकर्तनी*; **~-file,** नख-रेती*; **~-head,** कीलशीर्ष। > नेल
nainsook, नैनसुख।
naive, naive, 1. भोला-भाला, सीधा; 2. (*artless*) निष्कपट, अकृत्रिम, सहज। > नेव, ना-ईव़
naiveté, naivety, naivety, भोलापन; निष्कपटता*, अकृत्रिमता*। > ना-ईव़्-टे; ना-ईव़्-टि; नेव्-इ-टि
naked, 1. नंगा, नग्न, विवस्त्र; 2. (*uncovered*) अनावृत, खुला, उघाड़ा; 3. (*unprotected*) अरक्षित; ~contract, प्रतिफलहीन संविदा*; ~debenture, अप्रतिभूत ऋणपत्र; **~eye,** खाली आँख*; ~fact, नग्न तथ्य; ~light, खुली बत्ती*; **~ness,** नंगापन, नग्नता*। > नेक्-इड, ~निस
naker, नगाड़ा, नक़्क़ारा। > नेक्-अॅ
namby-pamy, *adj.*, भावुकतापूर्ण; अति-सुकुमार, नाज़ुक। > नैम्-बि-पैम्-बि
name, *n.*, 1. नाम, अभिधान; 2. (*fame*) ख्याति*, नाम; —*v.*, 1. नाम रखना; 2. (*mention by name*) नाम लेना, नामोद्दिष्ट क०; 3. (*nominate*) मनोनीत क०, नियुक्त क०; 4. (*fix*) निश्चित क०, निर्धारित क०; 5. (*mention*) उल्लेख क०, चर्चा* क०; bad~, बदनामी*; by~, नामक; नामत:, नाम से; call~s, गाली* देना, निन्दा* क०; good~, नेकनामी*; in the ~of, के नाम पर, के नाम से; to one's ~, अपना; ~word, व्यक्तिवाचक संज्ञा*; **~board, ~plate,** नामपट्ट; **~-child,** नामधेय; **~-day,** नामदिवस। > नेम
nameable, namable, अभिधेय; उल्लेखनीय। > नेमॅबॅल
named, नामक। > नेम्ड
nameless, 1. अनाम; 2. (*unknown*) अज्ञात, 3. (*inexpressible*) अकथनीय, अकथ्य, अनिर्वचनीय; 4. (*horrible*) घृणित, वीभत्स। > नेम्-लिस
namely, अर्थात्, यानी, यथा। > नेम्-लि
name-part, शीर्षक-पात्र की भूमिका*।
namesake, समनाम, एकनाम। > नेम्-सेक
nameworthy, उल्लेखनीय। > नेम्वॅ:दि
naming, नामकरण; नामोल्लेख। > नेम्-इन्ग
nankeen, नानकीन। > नैन्कीन
nanny, आया*; **~-goat,** बकरी*। > नैन्-इ
nap, *n.*, 1. झपक*, झपकी*; 2. (*down*) रोआँ; *v.*, झपकना, झपकी* लेना; **~less,** जर्जर, जीर्ण। > नैप, नैप्-लिस
nape, घाटिका*, गुद्दी*। > नेप
napery, मेज़पोश। > नेपॅरि
naphtha, नैफ़्था; **~lene,** नैफ्थलीन। > नैफ़्-थॅ, ~लीन
napiform, कुम्भीरूप। > नेपिफॉ:म
napkin, नैपकिन*। > नैप्-किन
narcissism, आत्ममोह, आत्मासक्ति*, आत्मरति*। > ना-सिस्-इज़्म
narcissus, नरगिस। > नासिसॅस
narco/lepsy, निद्रारोग; **~mania,** स्वापक-व्यसन; **~sis,** 1. निद्रावहन; 2. (*state*) सुषुप्ति*, अचैतन्य; पीनक*। > नाकॅले'प्-सि; नार्कॅमेन्यॅ; नाकोस्-इस
narco/tic, *n.*, 1. संवेदनमन्दक, उपविष, स्वापक, स्वापी; 2. (*person*) स्वापी-व्यसनी; —*adj.*, स्वापक, पीनक* लानेवाला; **~tism,** अचैतन्य, बेहोशी*, सुषुप्ति*; निद्रारोग; **~tist,** स्वापक-व्यसनी; **~tize,** अचेतन कर देना। > नाकॉट्-इक; नार्कॅ/टिज़्म, ~टिस्ट, ~टाइज़
nard, जटामांसी*, बालछड़। > नाड
nares, नासा-छिद्र, नथना। > ने 'रीज़
narghile, nargileh, हुक़्क़ा। > नाग्-इलि
nar/rate, वर्णन क०, बताना; **~ration,** कथन, वर्णन; वृत्तान्त, विवरण, वर्णन; **~rative,** *adj.*, वर्णनात्मक, विवरणात्मक; —*n.*, वर्णन, वृत्तान्त; कथा*, आख्यान; **~rator,** वर्णन-कर्ता; कथक, वाचक। > नैरेट; नैरेशॅन; नैरॅटिव़; नै-रेट्-अॅ
narrow, *adj.*, 1. संकीर्ण, तंग; 2. (*~-minded*) अनुदार, संकीर्ण(मना); 3. (*limited*) परिमित, सीमित, संकुचित; 4. (*careful*) सूक्ष्म; —*v.*, संकीर्ण हो जाना; घट जाना; संकुचित या सीमित कर देना; घटाना; ~circumstances, तंगहाली*; ~ gauge, छोटी लाइन*; ~majority, थोड़ा-सा बहुमत, have a ~escape, बाल-बाल बचना। > नैरो
narthex, ड्योढ़ी*। > नाथे'क्स
nasal, *adj.*, 1. नाक* का, नासा-, नासीय; 2. (*phon.*) अनुनासिक नासिक्य; —*n.*, 1. नासिक्य, अनुनासिक;

2. (~*bone*) नासास्थि*, ~cavity, नासिका-विवर; नासा-पुट; ~index, नासा-सूचनांक। > नेज़ॅल

nasal/ity, अनुनासिकता*; **~ization,** नासिक्यीकरण; अनुनासिकता*; **~ize,** नाक* से बोलना*, नाकियाना; अनुनासिक बनाना।
> नॅं = ने-ज़ैल्-इ-टि; नेज़ॅलाइज़ेशॅन; नेज़ॅलाइज़

nas/cency, उत्पत्ति*, **~cent,** 1. जायमान; 2. उदीयमान; 3. (*chem.*) नवजात। > नैसॅन्सि; नैसॅन्ट

nasturtium, इन्द्रशूर, जलकुम्भी*। > नॅस्टॅ:शॅम

nasty, 1. (*filthy*) गन्दा, घिनावना; 2. (*unpleasant*) अप्रिय; 3. (*obscene*) अश्लील; 4. (*serious*) गंभीर, घोर; 5. (*of weather*) ख़राब।
> नास्-टि

natal, प्रसव-, प्रसव का, प्रासूतिक; जन्म का, जन्म-; **~ity,** जन्मदर*। > नेटॅल; नॅ-टैल्-इ-टि

natant, प्लवमान। > नेटॅन्ट

natation, प्लवन, तैरना। > नॅ = नेटेशॅन

natatorial, natatory, 1. (*adopted for swimming*) तरणार्थ; 2. तरणशील, प्लावी।
> ने-टॅ-टॉ:र्-इ-ॲल; नेटॅटॅरि

nates, पुट्ठा। > नेटीज़

nation, राष्ट्र, कौम*, जाति*, league of ~s, राष्ट्रसंघ; **~hood,** राष्ट्रत्व; **~wide,** देशव्यापी। > नेशॅन

national, *adj.*, राष्ट्रिय, राष्ट्रीय, राष्ट्रिक, क़ौमी, जातीय; देशव्यापी;—*n.*, राष्ट्रिक, नागरिक; ~anthem, राष्ट्रगान, राष्ट्रगीत; ~language, राष्ट्रभाषा*; **~ism,** राष्ट्रीयता*, राष्ट्रवाद; **~ist,** राष्ट्रवादी; **~ity,** राष्ट्रिकता*, नागरिकता*; राष्ट्रीयता*; राष्ट्र; **~ization,** राष्ट्रीयकरण; **~ize,** का राष्ट्रीयकरण क०; राष्ट्रिक या नागरिक बनाना, राष्ट्रिकता* प्रदान क०; राष्ट्रीय बनाना।
> नैशॅनॅल; नैशॅनॅ/लिज़्म, ~लिस्ट
नैशॅनैल्-इटि; नैशॅनॅलाइज़ेशॅन; नैशॅनॅलाइज़

native, *adj.*, 1. (*innate*) सहज, स्वाभाविक, सहजात, जन्मजात; 2. जन्मगत, जन्म-; 3. (*indegenous*) मूल निवासी, देशी(य), देशज; 4. (*not refined*) प्राकृत, प्राकृतिक; —*n.*, देशी; आदिवासी; ~country, जन्मभूमि*, स्वदेश; ~place, जन्मस्थान; ~intelligence, सहज बुद्धि*। > नेट्-इव़

nati/vism, देशीय पक्षपात, देशीयता*; सहज-ज्ञानवाद, सहजवाद; **~vistic,** साहजात्य।
> नेट्-इविज़्म; ने-टि-विस्-टि

nativity, 1. जन्म; 2. जन्मोत्सव; 3. (*horoscope*) जन्मपत्री*। > नॅ-टिव्-इ-टि

natty, बना-ठना। > नैट्-इ

natural, 1. स्वाभाविक, नैसर्गिक, सहज; 2. (*as in nature*) प्राकृतिक, प्राकृत, प्रकृत, नैसर्गिक, कुदरती; 3. (*not artificial*) अकृत्रिम; 4. (*primitive*) असभ्य, आदिम; 5. (*physical*) भौतिक; ~ child, जारज़; ~history, ~science, प्रकृति-विज्ञान; ~law, स्वभावगत धर्म, मानव धर्म, प्राकृतिक नियम; **~-born,** जन्मतः, जन्मना, देशजात। > नैचरॅल

natura/lism, प्रकृतवाद, प्रकृतिवाद; **~list,** प्रकृति-वैज्ञानिक; **~listic,** प्रकृतिवादी।
> नैचॅरॅ/लिज़्म, ~लिस्ट; नैचॅरॅलिस्-टिक

natura/lization, नागरिकता-प्रदान; देशीकरण; **~lize,** नागरिक या राष्ट्रिक बनना या बनाना, नागरिकता* प्राप्त क० या प्रदान क०; का देशीकरण क०, देशी बनाना, अपनाना; स्वाभाविक या अकृत्रिम बनाना; प्रकृति* का अध्ययन क०; प्राकृतिक या स्वाभाविक सिद्ध क०।
> नैचॅरॅलाइज़ेशॅन; नैचॅरॅलाइज़

naturally, 1. स्वाभाविक ढंग से; 2. (*by nature*) सहज ही, स्वभावत; 3. (*of course*) अवश्य, निस्सन्देह।
> नैचॅरॅलि

nature, 1. (*inborn, character*) स्वभाव, प्रकृति*; निसर्ग; 2. (*essential character*) स्वरूप; 3. (*essence*) तत्त्व; 4. (*kind*) प्रकार; 5. (*physical universe*) प्रकृति*, निसर्ग; सृष्टि*; **~-cure,** प्राकृतिक चिकित्सा*; **~-worship,** प्रकृति-पूजा*। > नेचॅ

naught, *adj.*, निकम्मा, बेकार; *n.*, कुछ नहीं; शून्य, सिफ़र; set at ~, अवज्ञा* क०, अनादर क०। > नॉ:ट

naughty, नटखट, शरारती, शरीर; अनुचित, बुरा।
> नॉ:ट्-इ

nausea, 1. मिचली*, मचली*, मतली*, उबकाई*; 2. (*disgust*) जुगुप्सा*, घृणा*।
> नॉ:स्-इ-ॲ = नॉ:स्-यॅ

nauseate, *v.i.*, जी मिचलाना, मचलाना; —*v.t.*, मतली* पैदा क०। > नॉ:स्-इएट

nauseous, 1. (*loathsome*) घिनावना, घृणित, वीभत्स; 2. वमनकारी; 3. बदज़ायका, कुस्वाद; 4. बदबूदार, दुर्गन्धपूर्ण। > नॉ:स्यॅस = नॉ:स्-इॲस

nautch, नाच, **~-girl,** नर्तकी*। > नॉ:च

nautical, 1. नाविक, नौ-; 2. (*of sea*) समुद्री।
> नॉ:ट्-इकॅल

naval, नौसैनिक, नौसेना-, नौ-। > नेवॅल

nave, 1. (*of wheel*) चक्रनाभि*; 2. (*of church*) मध्यभाग। > नेव्

navel, नाभि*, ढोंढी*, तुन्दी। > नेवॅल

navicert, नौपत्र। > नैव्-इ-सॅ:ट

navicular, नौकाकार, नौकाभ; **~disease,** सुरनबाद।
> नॅ-विक्-यू-लॅ

navigable, 1. नौगम्य, नाव्य; 2. (*dirigible*) संचाल्य।
> नैव्-इ-गॅ-बॅल

navi/gate, 1. समुद्रयात्रा* क०, नौयात्रा* क०; विमान-यात्रा* क०; 2. जहाज़ या विमान चलाना; 3. (*plot course*) मार्ग-निर्देशन क०; **~gation,** (नौ)संचालन, विमान-संचालन; जहाज़रानी*, नौयात्रा*; मार्गनिर्देशन;

~**gator,** (नौ-, विमान-) चालक, जहाज़रान; मार्ग-निर्देशक। > नैव्-इ-गेट; नैविगेशॅन; नैव्-इ-गे-टॅ

navvy, खुदाई-मज़दूर, बेलदार। > नैव्-इ

navy, नौसेना*, जलसेना*; ~-blue, गहरा नीला। > नेव्-इ

nawab, नवाब। > नॅवाब

nay, *adv.*, बल्कि; *n.*, 1. नकार; नहिक; 2. (*denial*) इनकार, अस्वीकृति*, नकार*। > ने

Nazarene, नाज़री। > नैज़ॅरीन

naze, अन्तरीप। > नेज़

Nazi, नात्सी, नाज़ी। > नाट्-सि

neap (-tide), लघु ज्वार-भाटा। > नीप

near, *adj.*, 1. निकट, पास का, नज़दीकी, समीप(वर्ती); 2. (*of relation*) निकट; 3. (*intimate*) घनिष्ठ, अन्तरंग; 4. (*stingy*) कंजूस; —*adv.*, 1. निकट, पास, नज़दीक, समीप; 2. (*almost*) प्राय:, लगभग; 3. (*closely*) निकट से; —*v.*, निकट आना, पास पहुँचना, नज़दीक आना; ~-**sighted,** निकटदर्शी; N ~ East, निकट-पूर्व। > निअॅ

nearby, निकट। > निअॅबाइ

nearly, प्राय:, लगभग, क़रीब-क़रीब; निकट से; I ~fell, मैं गिरते-गिरते बच गया। > निअॅलि

nearness, निकटता*, समीपता*, सामीप्य, सान्निध्य। > निअॅनिस

neat, *n.*, मवेशी, ढोर; *adj.*, 1. विशुद्ध, अमिश्रित; 2. (*trim*) साफ़-सुथरा, सुरूचिपूर्ण; स्वच्छ; 3. (*of style etc.*) विदग्ध, परिष्कृत, प्रांजल; 4. (*~-handed*) कुशल, दक्ष; 5. (*tidy*) सुव्यवस्थित। > नीट

neat/herd, गोपाल, ~-**house,** गोशाला*।

nebula, 1. नीहारिका*; 2. (*on cornea*) फूली*, हल्कीफुल्ली*। > ने'ब्यूलॅ

nebular, hypothesis, नीहारिका-परिकल्पना*। > ने'ब्-यू-लॅ

nebulize, फुहारना; ~**r,** फुहारा, शीकरक। > ने'ब्-यू-लाइज़

nebulous, 1. (*astr.*) नीहारिकाभ; नीहा-रिकामय; 2. (*misty*) कोहरेदार; 3. (*hazy*) धुँधला, अस्पष्ट; 4. (*turbid*) गदला। > ने'ब्-यू-लॅस

nebulosity, कोहरेदारपन; धुँधलापन। > ने'ब्यूलॉस्-इ-टि

necessarily, अनिवार्य रूप से, अनिवार्यत:, ज़रूरतन्। > ने'सिसॅरिली

necessaries, आवश्यक वस्तुएँ*, आवश्यकताएँ, ज़रूरियात*। > ने'-सि-सॅ-रिज़

necessary, 1. आवश्यक, ज़रूरी; 2. (*inevitable*) अवश्यंभावी; 3. (*unavoidable*) अनिवार्य, अपरिहार्य। > ने'सिसॅरि

necessitarian, नियतिवादी; ~**ism,** नियतिवाद। > निसे'सिटे'अॅर्‌इअॅन, ~इअॅनिज़्म

necessi/tate, 1. अनिवार्य बना देना; 2. माँगना, की अपेक्षा* क०, की माँग* क०; 3. (*compel*) बाध्य क०, मजबूर क०। > निसे'स्-इ-टेट

necessitous, दरिद्र, अकिंचन, तंगहाल। > निसे'स-इ-टॅस

necessity, आवश्यकता*, ज़रूरत*; अनिवार्यता*; दरिद्रता*, ग़रीबी*। > निसे'स्-इटि

neck, 1. गरदन*, ग्रीवा*; 2. (*of garment*) गरेबान, गला, गरदनी*; 3. (*of bottle*) गरदन*, गला; 4. (*of mountain*) घाटी*; 5. (*of land*) डमरूमध्य। > ने'क

necklace, necklet, कण्ठी*, कण्ठा। > ने'क्-लिस; ने'क्-लिट

necktie, टाई*, कण्ठबन्ध। > ने'क्टाइ

neckerchief, गुलूबन्द। > ने'कॅचिफ़

necrology, 1. मृतक-तालिका*; 2. (*obituary*) निधन-सूचना*; मृत्युसंवाद। > ने'क्रॉलॅजि

necroman/cer, जादूगर, टोनहाया, ओझा; **cy,** 1. भूतसिद्धि*; 2. (*magic*) अभिचार, टोनहाई*, जादू-टोना, टोना-टोटका। > ने'क्-रो/मैन्-सॅ, ~मैन्-सि

necro/phagous, शवभक्षी; ~**philia,** ~**philism,** ~**phily,** शवकामुकता*। > ने'क्रॉफ़ॅगॅस; ने'क्रॅफ़िल्-इअॅ; ने'क्रॉफ़्/इलिज़्म, ~इलि;

necropolis, कब्रिस्तान। > ने'क्रॉपॅलिस

necropsy, necroscopy, शवपरीक्षा*। ने'-क्रॉप्-सि; ने'क्रॉस्कॅपि

necrosis, ऊतकक्षय, अस्थिक्षय; परिगलन, क्षय। > ने'क्रोस्-इस

nectar, 1. अमृत, सुधा*; 2. (*bot.*) मकरन्द, मधुरस; ~**ine,** शफ़तालू; ~**y,** मकरन्दकोष। > ने'क्-टॅ; ने'क्टॅरिन; ने'क्-टॅ-रि

need, *n.*, 1. आवश्यकता*, अपेक्षा*; 2. (*difficulty*) विपत्ति*, कष्ट; 3. (*poverty*) ग़रीबी*, तंगी*; —*v.*, की आवश्यकता* होना या पड़ना; का अभाव होना; ~**ful,** आवश्यक; ~**less,** अनावश्यक, व्यर्थ; ~**s,** अनिवार्य रूप से, मजबूरन्, लाचारी* से; ~**y,** दरिद्र, ग़रीब। > नीड्; नीड्फुल; नीड्-लिस; नीड्ज़; नीड्-इ

needle, *n.*, सूई*, सूची*; *v.*, 1. (*sew*) सीना, सिलाई* क०; 2. (*puncture*) छेदना, चुभाना; ~**woman,** दरज़िन*; ~**work,** सूईकारी*। > नीडॅल

nefarious, (अति)दुष्ट; घृणित, जघन्य। > नि-फ़े'अॅर्-इ-अॅस

negate, 1. (*deny*) नकारना, अस्वीकार क०, खण्डन क०; 2. (*nullify*) व्यर्थ कर देना। > निगेट

negation, 1. इनकार, नकार*, प्रतिवाद, खण्डन; 2. (*logic*) निषेध, अभाव; ~**ist,** नकारवादी। > निगे/शॅन, ~शॅनिस्ट

negative, *adj.*, 1. (*opp. to affirmative*)

नकारात्मक, नकारी, नहिक; 2. (*opp. to positive*) ऋणात्मक, ऋण; 3. (*prohibitory*) निषेधात्मक, निषेधी, निषेधक; 4. (*expressing absence*) अभावात्मक; 5. (*photogr.*) नहिक, नेगेटिव; —*n.*, 1. नकार, नहिक; 2. (*photogr.*) नहिक, प्रतिचित्र, निगेटिव; —*v.*, 1. (*reject*) अस्वीकार क०; 2. (*deny*) खण्डन क०, नकारना; 3. (*neutralize*) व्यर्थ कर देना; 4. (*veto*) रोकना, निषेध क०। > ने 'गॅटिव्

negativism, नकारवाद, निषेधवाद; नकारवृत्ति*, निषेधवृत्ति*। > ने 'गॅटिविज़्म

negativity, नकारात्मकता*; ऋणात्मकता*; निषेधात्मकता*। > ने 'गॅ-टिव्-इ-टि

negatory, नकारात्मक। > ने 'गॅटॅरि

neglect, *n.*, 1. उपेक्षा*, अनादर, तिरस्कार, अवहेलन, अवहेलना*; 2. (*negligence*) लापरवाही*; —*v.*, की उपेक्षा* क०; का ध्यान नहीं रखना; (पूरा) नहीं क०, छोड़ देना; **~ed,** उपेक्षित; **~ful,** लापरवाह। > निग्ले 'क्ट; नि-ग्ले 'क्-टिड

négligé, negligee, ढीले-ढाले कपड़े। > ने 'ग्-लि-श्ज़े; ने 'ग्लिजी

negli/gence, लापरवाही*, ग़फ़लत*, असावधानी*, अनवधान, प्रमाद, उपेक्षा*; **~gent,** असावधान, लापरवाह, बेख़बर, प्रमादी; **~gible,** नगण्य; उपेक्षणीय। > ने 'ग्-लि-जॅन्स, ~जॅन्ट, ~जॅबल = जिबल

negoti/able, 1. परक्राम्य, विक्रेय; विनिमेय; 2. (*passable*) पारणीय; **~ate,** 1. (*confer*) बातचीत* क०, वार्ता* क०; 2. (*bargain*) मोल-तोल क० 3. (*settle*) समझौता क०, सौदा क०; प्रबन्ध क०, इन्तज़ाम क०; 4. बेचना, बेचान क०; परक्रामण क०; 5. पार क०; **~ation,** (समझौते की) बातचीत*, (संधि-) वार्ता*; मोल-तोल, परक्रामण; **~ator,** वार्ताकार; बेचनेवाला, परक्रामक। > निगोशॅबॅल; निगोशिएट; निगोशिएशॅन; निगोशिएटॅ

Negress, हबशिन। > नीग्-रे 'स

Negro, हबशी। > नीग्-रो

negrillo, बौना हबशी। > ने 'ग्रिलो

negrito, नेग्रीटो। > ने 'ग्रीटो

Negus, नीगस। > नीगॅस

neigh, *n.*, हिनहिनाहट*; *v.*, हिनहिनाना। > ने

neighbour, *n.*, पड़ोसी, प्रतिवेशी, प्रतिवासी; —*v.*, पास रहना या होना; मेल-जोल रखना; **~hood,** 1. पड़ोस, अड़ोस-पड़ोस, प्रतिवेश, प्रतिवास; सामीप्य; 2. (*~liness*) मेल-जोल; ~ing, निकटवर्ती, समीपवर्ती, परिवेशी; **~ly,** मिलनसार। > नेब्-अॅ; नेबॅहुड; नेबॅरिन्ग; नेबॅलि

neither, दोनों में से कोई नहीं; भी नहीं; ~...nor..., न तो ··· और न ···। > नाइद्-अॅ; नीद्-अॅ

nekton, तरणक। > ने 'क्टॅन

nematocyst, दंशकोशिका*। > ने 'मॅटॅसिस्ट

nematode, गोलकृमि। > ने 'मॅटोड

Nemesis, प्रतिशोध-देवी*; प्रतिशोध; दण्ड। > ने 'म्-इ-सिस

nenuphar, कुमुद, कुमुदिनी*। > ने 'न्-यु-फ़ा

neo-, नव्य-, नव-। > नीओ

neolithic, नवप्रस्तर। > नी-ओलिथ्-इक

neologism, नया प्रयोग; नवनिर्मित शब्द; नववाद। > निऑलॅजिज़्म

neon, निऑन। > नीअॅन

neophyte, नवदीक्षित, नवशिष्य। > नीओफ़ाइट

neoplasm, अर्बुद। > नीओप्लैज़्म

neoteric, आधुनिक। > नीओटे 'रिक

nepenthe(s), घटपर्णी*। > निपे 'न्/थि; ~थीज़

nephew, 1. (*borther's son*) भतीजा; 2. (*sister's son*) भाजना, भागिनेय। > ने 'व्यू

nephology, मेघविज्ञान। > नि = ने 'फ़ॉलॅजि

nephralgia, वृक्कार्ति*। > नि-फ़्रैल्-जि-अॅ

nephri/tic, वृक्क-; **~tis,** वृक्कशोथ। > नि = ने '-फ़्रिट्-इक; ने '-फ़्राइट्-इस

nepotism, कुनबापरस्ती*, भाई-भतीजावाद, स्वजन-पक्षपात। > ने 'पॅटिज़्म

Neptune, वरुण। > ने 'प्ट्यून

nereid, जलपरी*। > निअॅर्-इ-इड

nerium, (*indicum*) कनेर। > नीरिअॅम

nervate, रेशेदार। > नॅ:व्-एट

nervation, नाड़िका-विन्यास; रेशाविन्यास। > नॅ:वेशॅन

nerve, *n.*, 1. स्नायु*, नस*, तंत्रिका*; 2. (*bot.*) तंत्रिका*, रेशा; 3. (*strength*) धैर्य; बल, तेज, शक्ति*; —*v.*, शक्ति* या साहस प्रदान क०; **~less,** शक्तिहीन, निस्तेज; तंत्रिकाविहीन; **~-racking,** कष्टप्रद। > नॅ:व्

nervine, शामक, शमक। > नॅ:वाइन

nervous, 1. (*neural*) स्नायविक, तन्त्रिकीय, स्नायुसम्बन्धी; 2. (*agitated*) अधीर, विकल, व्यग्र; उत्तेजित; 3. (*apprehensive*) आशंकित सशंक; 4. (*vigorous*) ओजस्वी, सशक्त, ~system, तंत्रिका-तन्त्र, स्नायु-तन्त्र; **~ness, nervosity,** घबराहट*, अधीरता*, उत्तेजना*। > नॅ:वॅस; नॅ:-वॉस्-इ-टि

nervure, 1. (*bot.*) रेशा, शिरा*; 2. (*entom.*) नली*। > नॅ:व्-यॅ

nervy, सशक्त, बलवान्। > नॅ:व्-इ

nesc/ience, अज्ञान, अविद्या*; **~ient,** 1. अनभिज्ञ; 2. (*agnostic*) अज्ञेयवादी। > ने 'स्/इअॅन्स, ~इअॅन्ट

ness, अन्तरी*। > ने 'स

nest, *n.*, घोंसला, नीड़; बसेरा, निलय; 2. (*haunt*) अड्डा; 3. (*brood*) झुण्ड; समूह; —*v.*, घोंसला बनाना; बसेरा क०; घोंसले निकालना। > ने 'स्ट

nestle, सुख से बस जाना या बसाना; चिपटकर बैठ जाना, चिपट जाना; चिपटा लेना, छाती* से चिपका लेना; छिपा पड़ा रहना। > ने'सॅल

nestling, गेदा, चिड़िया* का बच्चा, नीड़-शावक। > ने'स्द्-लिंग

Nestorianism, द्विव्यक्तिवाद। > ने'स्-टॉ:र्-इ-ॲ-निज़्म

net, *n.*, 1. जाल, पाश; 2. (*~work*) जाली*; —*v.*, फँसाना; जाल रखना या बिछाना; जाल में बन्द क०, जाल से घेर लेना; जाली* लगाना; जाल बनाना; जाल में फेंकना या मारना; लाभ उठाना; —*adj.*, नेट, शुद्ध, वास्तविक, ख़ालिस, असली। > ने'ट

nether, निचली, निम्नस्थ; garments, अधोवस्त्र; ~world, अधोलोक; **~most,** निम्नतम। > ने'द्-ॲ, ~मोस्ट

nettle, *n.*, बिच्छू, बिच्छू-बूटी*; *v.*, चुभाना; तंग क०, चिढ़ाना; उत्तेजित क०; **~-rash,** पित्ती*। > ने'टॅल, ~रेश

network, जाल, जाली*; तन्त्र। > ने'ट्वॅ:क

neural, तंत्रिकीय, तंत्रिका-; **~gia,** तंत्रिकाति*। > न्यूऑरॅल; न्युऑरैल्जॅ

neurasthenia, मन:श्रान्ति*; तंत्रिकावसाद। > न्युऑरॅस्थीन्यॅ

neurasthenic, श्रान्तमना:। > न्युऑरॅस्थे'न्-इक

neuration, तंत्रिका-विन्यास। > न्युऑरेशॅन

neuritis, तंत्रिका-शोथ। > न्युॲ-राइट्-इस

neuroblast, तंत्रिका-कोशिकाप्रसू। > न्युऑरॅब्लास्ट

neuro/logist, तंत्रिका-विज्ञानी; **~logy,** तन्त्रिका-विज्ञान। > न्युऑरॉलॅजिस्ट, ~जि

neuroma, तंत्रिका अर्बुद। > न्युॲ-रोम्-ॲ

neuron, तंत्रिकाकोशिका*। > न्युऑरॉन

neuro/path, ~tic, तंत्रिका-रोगी, स्नायु-रोगी। > न्युऑरॅपैथ; न्युॲ-रॉट्-इक

neuro/pathy, ~sis, तंत्रिका-रोग, स्नायु-रोग। > न्युऑरॉपॅथि; न्युऑरोस्-इस

neuter, 1. (*gender*) नपुंसक; 2. (*intransitive*) अकर्मक। > न्यूट्-ॲ

neutral, 1. तटस्थ; 2. (*indifferent*) उदासीन; 3. (*in middle*) मध्यग, मध्यम; 4. (*vague*) अनिश्चित; 5. (*mech.*) बलशून्य, उदासीन; निष्क्रिय; 6. (*bot, asexual*) अलिंगी; 7. (*chem.*) मध्यग, उदासीन; 8. (*electr.*) अनाविष्ट; 9. (*phon.*) उदासीन; **~ism,** तटस्थवाद; **~ity,** तटस्थता*; उदासीनता*, मध्यगता*; **~ization,** 1. तटस्थीकरण; निष्प्रभावन; उदासीनीकरण; निरावेशन; **~ize,** 1. तटस्थ घोषित क०; 2. (*counterbalance*) व्यर्थ या निष्प्रभाव कर देना; निष्प्रभावित क०; 3. उदासीन कर देना; 4. (*electr.*) अनाविष्ट कर देना। > न्यूट्-रॅल; न्यूट्रॅलिज़्म; न्यू-ट्रैल्-इ-टि; न्यूट्रॅलाइज़ेशन; न्यूट्रॅलाइज़

neutron, न्यूट्रॉन। > न्यूट्रॉन

névé, कणहिम। > ने'व्-ए

never, कभी नहीं, कदापि नहीं; be he ~ so rich, वह कितना धनी क्यों न हो; **~-ending,** अनन्त; **~-failing,** अक्षय; **~more,** (फिर)कभी नहीं; **~theless,** फिर भी, तिस पर भी, तथापि। > ने'व्-ॲ; ने'व्-ॲ-मॉ:; ने'वॅदले'स

new, 1. नया, नवीन; 2. (*fresh*) ताज़ा; 3. (*inexperienced*) कच्चा, अनाड़ी; ~deal, नयी अर्थनीति*; ~moon, अमावस*, अमावस्या*; बालचन्द्र; N~ Testament, नवविधान, इंजील*, बाइबिल* का उत्तरार्ध; **~-born,** नवजात; नवोदित; **~comer,** नवागत; **~-fangled, ~-fashioned,** आधुनिक, अभिनव, नये ढंग का; **~ly,** हाल में; दुबारा, फिर से; **~year, ~-year's day,** नववर्ष। > न्यू; न्यूबॉ:न; न्यूकॅमॅ

newel, सोपान-स्तंभ। > न्यूॲल

news, समाचार, ख़बर*, संवाद; **~-agent,** समाचारपत्र-एजेंट; **~-boy,** अख़बारवाला; **-~letter,** सूचना-पत्र; **~monger,** गप्पी, गपोड़िया; **~paper,** समाचारपत्र, अख़बार; **~print,** अख़बारी काग़ज; **~-reel,** समाचार-फिल्म*। > न्यूज़, न्यूज़्रील

newt, सरटिका*। > न्यूट

next, *adj.*, 1. (*following*) अगला, आगामी; 2. (*nearest*) निकटतम, समीपस्थ, पास का; —*adv.*, अनन्तर, तदनन्तर, (ठीक) उसके बाद, उसके उपरान्त; —*prep.* के पास, के निकट; **~-door,** *n.*, पास का मकान, अगला दरवाज़ा; —*adv.*, प्रायः लगभग; पास के मकान में;—*adj.*, पास का, ~of kin, निकटतम सम्बन्धी; ~time, अगली बार*; ~to, प्रायः, क़रीब-क़रीब; ~to nothing, कुछ नहीं के बराबर। > ने'क्स्ट

nexus, सम्बन्ध; अंतर्बन्धन। > ने'क्सॅस

nib, 1. निब*, डंक; 2. (*bill*) चोंच*। > निब

nibble, 1. कुतरना; 2. (*criticize*) नुकताचीनी* क०; 3. (*food*) टूँगना। > निबॅल

nice, 1. (*agreeable*) सुखद, रमणीय; 2. (*attractive*) सुन्दर, रुचिकर, मनोहर; 3. (*kind*) अच्छा, सहृदय; 4. (*well-behaved*) भद्र, शालीन; 5. (*modest*) सुशील, सलज्ज; 6. (*subtle*) सूक्ष्म, बारीक; 7. (*delicate*) नाजुक; 8. (*dainty*) स्वादिष्ठ; **~-looking,** मनोहर, सुन्दर, रमणीय; **~ly,** अच्छी तरह* से, आकर्षक या ठीक ढंग से; **~ty,** बारीकी*, सूक्ष्मता*; to a—, ठीक-ठीक। > नाइस, नाइस्-लि; नाइसिटि

niche, ताक़, आला; ताख़ा > निच

nick, *n.*, खाँचा; *v.*, 1. खाँचा डालना या काटना; 2. काटना; 3. ठीक मारना; 4. ठीक समय पर पहुँचना;

5. (*guess*) ताड़ जाना; ठीक अंदाज़ लगाना; in the ~of time, ऐन मौके पर। > निक

nickel, निकल। > निकॅल

nickname, *n.*(*v.*) उपनाम (रखना)। > निक्नेम

nicotine, निकोटीन। > निकॅटीन

nic(ti)tate, पलक* मारना। > निक्टेट; निक्-टि-टेट

nidamen/tal, अण्डावरणी; **~tum,** अण्डा-वरण। > नाइडॅमे'न्/टॅल, ~टॅम

niddle-noddle, *adj.*, अस्थिर, डाँवाँ-डोल; —*v.i.*, 1. (*of person*) ऊँघना; 2. (*of head*) पिनकना, झुकता रहना, झूमना; —*v.t.*, झुमाना। > निडॅल-नॉडॅल

nidificate, nidify, घोंसला या नीड़, बनाना। > निड्/इफ़िकेट, ~इफ़ाइ

nid-nod, *v.i.*, ऊँघना (*of person*); झूमना (*of head*); —*v.t.*, झुमाना। > निड्नॉड

nidus, 1. नीड़; 2. (*breeding place*) (सं)प्रजनन-स्थान; रोगाणु-केंद्र; 3. (*source*) उद्गम, उत्पत्ति-स्थान। > नाइडॅस

niece, 1. (*brother's d.*) भतीजी*; 2. (*sister's d.*) भानजी*, भागिनेयी*। > नीस

Nigella, कलौंजी*। > नाइजे'ला

niggard, कंजूस; **~ly,** *adj.*, कंजूस, मितव्ययी; थोड़ा सा; —*adv.*, कंजूस की तरह*। > निगॅड, ~लि

nigger, हबशी। > निग्-अॅ

niggle, मक्खी* मारना, झक मारना। > निगॅल

nigh, निकट। > नाइ

night, रात*, रात्रि*, निशा*। > नाइट

night-blind, निशान्ध; **~ness,** रतौंधी*।

nightfall, 1. सन्ध्या*, शाम*; 2. (*dusk*) झुटपुटा। > नाइट्फॉ:ल

night-heron, वाक-बगुल। > नाइट्हे'रॅन

nightingale, बुलबुल*। > नाइट्-इन्-गेल

nightjar, छपका। > नाइट्जा

night-long, *adv.*, (*adj.*) रातभर(का)।

nightly, *adv.*, रात* का, रात्रिकालीन; (*adv.*) रात* को, रात* में; रात-रात, हर रात। > नाइट्-लि

nightmare, दु:स्वप्न। > नाइट्मे'अॅ

night-school, रात-स्कूल।

night/shade, 1. (*deadly*) बेलाडोना, कण्टालिका*; 2. (*black*) रजनीमाची*; **~-shelter,** रैनबसेरा; **~-shift,** रात्रि-पारी*; **~-soil,** मल; **~-walker,** 1. (*animal*) रात्रिचर; 2. (*somnambulist*) निद्राचारी; 3. (*prostitute*) वेश्या*; **~-watch,** 1. रात* का पहरा; 2. (*man*) चौकीदार; 3. (*pl.*) रात* के पहर।

nigrescent, साँवला, श्याम(ल)। > नाइग्रे'सॅन्ट

nigritude, कालापन। > निग्-रि-ट्यूड

nihil/ism, 1. शून्यवाद; 2. (*polit.*) नाशवाद; **~ist,** शून्यवादी; नाशवादी; **~ity,** शून्यता*; असत्ता*। > नाइ-इ/लिज़्म, ~लिस्ट; नाइ-हिल्-इ-टि

nil, कुछ नहीं, शून्य। > निल

nilg(h)ai, नीलगाय*, रोझ*। > निल्गाइ

Nilotic, नीलनदीय। > नाइ-लॉट्-इक

nimble, 1. (*agile*) दक्ष, फुरतीला, कुशल; 2. (*~-witted*) प्रत्युत्पन्नमति, कुशाग्रबुद्धि; 3. (*altert*) तेज़; **~-footed,** द्रुतगति। > निम्बॅल

nimbus, 1. प्रभामण्डल; 2. (*nimbo-stratus*) वर्षास्तरी मेघ, वर्षामेघ। > निम्बॅस

nimiety, आधिक्य, प्रचुरता*। > निमाइइटि

niminy-piminy, कृत्रिम, सुकुमार। > निम्-इनि-पिम्-इनि

Nimrod, आखेटिक। > निम्-रॉड

nincompoop, मूर्ख, उल्लू। > निन्कॅम्पूप

nine, 1. नौ, नव; 2. (*card*) नहला; **~fold,** नौगुना; नवधा; **~pins,** स्किटल्स। > नाइन; नाइन्फ़ोल्ड

nineteen, उन्नीस; **~th,** उन्नीसवाँ, नवदश। > नाइन्टीन; नाइन्टीन्थ

ninetieth, नब्बेवाँ, नवतितम। > नाइन्-टि-इथ

ninety, नब्बे, नवति; (*91 etc.* इक्यानबे, बानबे, तिरानबे, चौरानबे, पंचानबे, छियानबे, सत्तानबे, अट्ठानबे, निन्यानबे)। > नाइन्-टि

ninny, मूर्ख, बुद्धू। > निन्-इ

ninth, नौवां, नवम; नवमांश; **~ly,** नौवें। > नाइन्थ

Niobe, शोकमूर्ति*। > नाइअॅबि

nib, 1. दबाना, दबा देना; पकड़ना; 2. (*pinch*) चुटकी* काटना, चिहुँटना; 3. (*pluck*) तोड़ना, काटना; 4. रोकना, अवरुद्ध क०, आगे न बढ़ने देना; हानि* पहुँचाना; 5. (*sip*) चुस्की* लेना; —*n.*, 1. दबाव; कटाव; 2. चुटकी*, चिकोटी*; 3. टुकड़ा; 4. (*cold*) तीक्ष्ण शीत, तेज़ सरदी*; 5. चुस्की*। > निप

nippers, चिमटी*। > निपॅज़

nipple, चूचुक, चूची*, ढिपनी*, स्तनाग्र। > निपॅल

nippy, तेज़, तीक्ष्ण। > निप्-इ

nirvana, निर्वाण। > निअॅ-वा-नॅ

nisi, (*decree etc.*) प्रारंभिक, सापेक्ष। > नाइसाइ

nit, लीख*, लिक्षा*। > निट

nitrate, नाइट्रेट। > नाइट्-रेट

nitre, शोरा, नाइटर, सुरिया-खार। > नाइ-टॅ

nitric, नाइट्रिक। > नाइट्-रिक

nitri/fication, नाइट्रीकरण; **~fying,** नाइट्रीकारी। > नाइट्रिफ़िकेशॅन; नाइट्-रि-फ़ाइ-इन्ग

nitrogen, नाइट्रोजन; **~ous,** नाइट्रोजनी। > नाइट्-रॅ-जॅन; नाइ-ट्रॉजिनॅस

nitrous, नाइट्रॅस। > नाइट्रॅस

nitwit, बुद्धू, उल्लू। > निट्-विट

niveous, हिममय। > निव्-इ-ॲस

Nizam, निज़ाम। > निज़ाम = नाइज़ैम

no, *adv.*, नहीं; बिलकुल नहीं, तनिक भी नहीं; —*adj.*, कोई भी नहीं, एक भी नहीं; —*n.*, नकार; ~man's land, लावारिस, अस्वामिक, स्वामीहीन या अवान्तर भूमि*। > नो

Noah, नूह। > नोअॅ

nobiliary, आभिजात्य-। > नो-बिल्-इ-अॅ-रि

nobility, 1. (*dignity*) उच्चता*, श्रेष्ठता*; 2. (*of birth*) कुलीनता*, आभिजात्य; 3. (*nobles*) अभिजात-वर्ग, कुलीनवर्ग, सामन्तवर्ग, अमीरवर्ग। > नो-बिल्-इ-टि

noble, 1. (*lofty*) उच्च, उदात्त; 2. (*great*) महान्, भव्य, प्रभावशाली; 3. (*by birth*) कुलीन, अभिजात; 4. (*of metal etc.*) उत्कृष्ट, उत्तम, राज(सी); **~man,** कुलीन पुरुष; **~-minded,** उच्चाशय, उदारचेता, विशालहृदय, महानुभाव; **~woman,** कुलीन स्त्री*। > नोबॅल

noblesse, आभिजात्य। > नोब्ले'स

nobody, कोई नहीं; नगण्य व्यक्ति, नाचीज़, छुटभैया। > नोबॅडि

nock, खाँचा। > नॉक

no-confidence, (*vote*), अविश्वास (प्रस्ताव)।

noctambu/lant, रात्रिचर; **~lism,** निद्राचार; **~list,** निद्राचारी। > नॉक्टैम्ब्यू/लॅन्ट, ~लिज़्म, ~लिस्ट

nocti/florous, निशापुष्पी*; **~lucent,** निशादीप्त। > नॉक्-टि/फ़्लॉ:रॅस, ~ल्यूसॅन्ट

nocti/vagant, ~vagous, निशाचारी। > नॉक्-टिवॅ-गॅन्ट, ~गॅस

noctule, चमगिदड़ी*.। > नॉक्ट्यूल

nocturn, रात्रिवन्दना*, शार्वरिका*; **~al,** 1. रात्रिक, नैश, निशा-, रात्रि-; 2. (*animal*) रात्रिचर। > नॉक्टॅ:न; नॉक्टॅ:नॅल

nocturne, 1. नैशसंगीत, रोमैंटिक संगीतरचना*; 2. (*painting*) रात्रि-दृश्य। > नॉक्टॅ:न

nocuous, 1. हानिकर; 2. (*poisonous*) विषैला। > नॉक्यूअॅस

nod, 1. सिर हिलाना, झुकाना, नवाना या निहुराना; सहमति* प्रकट क०; 2. (*be sleepy*) झपकना, ऊँघना; 3. असावधान होना, ग़लती* क०; 4. (*sway*) हिलना, झूलना; —*n.*, 1. नवाई*, निहुराई; 2. (*assent*) सहमति*; 3. (*command*) आदेश; 4. (*nap*) झपकी*; **~ding,** (*acquaintance*) हलका, साधारण। > नॉड्; नॉड्-इन्ग

nodal, ग्रन्थिल; पर्व-; पातिक, पात-; निस्पन्द। > नोडॅल

noddle, झुका लेना। > नॉडॅल

noddy, मूर्ख, भोला। > नॉड्-इ

node, 1. (*knot*) गाँठ*, ग्रन्थि*; 2. (*entanglement*) ग्रन्थि*, उलझन*; 3. (*bot.*) पर्णसन्धि*, पर्णग्रन्थि*, पर्व; 4. (*astron.*) पात; 5. (*phys.*) निस्पन्द; 6. (*geom.*) कटान-बिन्दु; ascending ~, 1. आरोह-पात; 2. (*of moon*) राहु; *descending* ~, 1. अवरोह-पात; 2. (*of moon*) केतु। > नोड

nodose, गाँठदार, ग्रन्थिल, गठीला। > नोडोस

nodosity, ग्रंथिलता*। > नोडॉस-इ-टि

nodular, ग्रन्थिल; पर्विल; पिण्डाकार। > नॉड्-यू-लॅ

nodule, 1. (*bot.*) ग्रन्थिका*; 2. (*geol.*) पिण्ड; 3. (*anat.*) पर्विका*। > नॉड्यूल

nodus, कठिनाई*, उलझन*। > नोडॅस

noeme, अर्थग्राम। > नोईम

noesis, संज्ञान, प्रज्ञान। > नोईसिस

noetic, बौद्धिक। > नो-ए'ट्-इक

nog, (1. *peg.*) खूँटी*; 2. चिप्पड़। > नॉग

noggin, प्याला। > नॉग्-इन

no-go, ज़िच*। > नो-गो

nohow, एकदम नहीं। > नोहाउ

noise, *n.*, 1. (*din*) शोर, कोलाहल, हो-हल्ला, हुल्लड़, शोरगुल, रव, राव; 2. (*sound*) नाद, आवाज़*, शब्द; 3. (*radio*) शोर, रव; —*v.*, फैलाना, प्रचारित क०; शोर मचाना; **~less,** 1. निःशब्द, नीरव; 2. (*silent*) मौन, चुप; 3. (*quiet*) शान्त; **~-meter,** रव-मापी। > नॉइज़; नॉइज़्-लिस

noisome, 1. (*noxious*) हानिकर; 2. (*ill-smelling*) बदबूदार; 3. (*disagreeable*) घृणित, अप्रिय। > नॉइसॅम

noisy, 1. शोर मचानेवाला, मुखर; 2. (*full of noise*) कोलाहलपूर्ण। > नॉइज़्-इ

nolens volens, ख़्वाहमख़्वाह, अवश्य ही। > नोल्-ए'न्ज़् वोल्-ए'न्ज़्

nomad, ~ic, यायावर, ख़ानाबदोश, चलवासी; भ्रमणशील; **~ism,** ख़ानाबदोशी*, चलवासित*। > नॉमॅड; नो-मैड्-इक

nom de plume, उपनाम, तख़ल्लुस। > नॉडॅप्लूम

nomen/clator, नामदाता; **~clature,** 1. नामावली*, नामकोश; 2. नामपद्धति*, नामतन्त्र; 3. (*terminology*) पारिभाषिक शब्दावली*। > नोम्-ए'न्-क्ले-टॉ:; नो-मे'न्-क्लॅ-चॅ

nominal, 1. (*of name*) नामिक, नामधेय; 2. (*in name only*) नाममात्र (का), नामधारक, सांकेतिक, नामिक, अवास्तविक; 3. (*gram.*) नामजात, संज्ञात्मक, संज्ञा-, संज्ञाप्रधान; 4. (*of capital value*) अभिहित; अंकित; ~definition, शाब्दिक परिभाषा*; ~ roll, नामावली*; ~verb, नामधातु*; **~ism,** नामवाद, नामरूपवाद; **~ly,** 1. (*by name*) नाम से, नाम लेकर; 2. नाममात्र को, नाममात्र के लिए। > नॉम्/इनॅल, ~इनॅलिज़्म, ~इनॅलिस्ट

nomi/nate, 1. (*appoint*) नियुक्त क०, नियोजित क०; नामज़द क०, मनोनीत क०; 2. (*enter name*) नामांकन क०, नामनिर्देश क०; **~nated, ~nee,** नामज़द, मनोनीत, नियुक्त; नामांकित, नामनिर्दिष्ट; **~nation,** नियुक्ति*, नामज़दगी*, मनोनयन, नामांकन, नामनिर्देशन;

— paper, नामांकन-पत्र; **~nator,** नियोजक, नियोक्ता; नामांकक। > नॉम्-इ-नेट; नॉम्-इ-ने-टिड; नॉमिनी नॉमिनेशॅन; नॉम्-इ-ने-टॅ

nominative, कर्त्ता कारक, प्रथमा*; ~absolute, अनन्वित कर्त्ता। > नॉम्-इ-नॅ-टिव़

nomology, विधि-विज्ञान। > नोमॉलॅजि

non-, अ-, अन्-, इतर, ग़ैर-। > नॉन

non-acceptance, अस्वीकृति*। > नॉनॅक्से'प्टन्स

nonage, अवयस्कता*। > नोन्-इज

nonagenarian, नवतिवर्षीय। > नोनॅजिने'ॲर्-इॲन

non-aggression pact, अनाक्रमण समझौता। > नॉनॅग्रे'शॅन पैक्ट

nonagon, नवभुज। > नॉनॅगॉन

non-apparent, परोक्ष, अप्रत्यक्ष। > नॉनॅपैरॅन्ट

non-appearance, अनुपसंजाति*; अनु-पस्थिति*। > नॉनॅपिॲरॅन्स

nonary, नवक। > नोनॅरि

non-attendance, अनुपस्थिति*। > नॉनॅटे'न्डॅन्स

non-automatic, अस्वचालित। > नॉनॉ:टॅमैट्-इक

non-bailable, अप्रतिभाव्य। > नॉन्बेलॅबॅल

nonce, for the ~, इसी बार, समय या अवसर के लिए; इतने में; **~-word,** विशिष्ट शब्द। > नॉन्स

noncha/lance, रूखापन; लापरवाही*; उदासीनता*; **~lant,** 1. रूखा, भावहीन; 2. (*careless*) लापरवाह; 3. (*indifferent*) उदासीन। > नॉन्शॅ/लॅन्स, ~लॅन्ट

non/cognizable, अनवेक्षणीय; **~-cognizance,** अनवेक्षा*। > नॉन्-कॉग्-नि/ज़ॅबॅल, ~ज़ॅन्स

non-collegiate, शासनेतर। > नॉन्कॅलीजिइट

non/-combatant, अयोधी; **~-commissioned,** अनधिकृत, अनायुक्त, अराजादिष्ट; **~-committal,** अनिश्चित; **~-compliance,** अपालन **~-conductor,** अचालक। > नॉन्/कॉम्बॅटॅन्ट, ~कॅमिशॅन्ड, ~कॅमिटॅल, ~कॅम्प्लाइॲन्स, ~कॅन्-डॅक्-टॅ

nonconformity, विरोध, अपालन; असादृश्य, प्रतिकूलता*; पार्थक्य; असमविन्यास। > नॉन्कॅनफ़ॉ:म्-इटि

non-cooperation, असहयोग। > नॉन्कोऑपरेशॅन

non-delivery, अवितरण। > नॉन्-डिलिवॅरि

nondescript, अल्लम-गल्लम; अज्ञातकुल। > नॉन्-डिस-क्रिप्ट

none, *pronoun*, कोई (भी) नहीं; *n.*, कुछ (भी) नहीं; *adv.*, तनिक भी नहीं, बिलकुल नहीं; **~ the less,** फिर भी। > नॅन; नॅन दॅ ले'स

non-effective, निष्प्रभाव; अयुद्धक्षम। > नॉन्-इ-फ़े'क्-टिव़

non-ego, अनहम्, अनात्म। > नॉन्ए'गो

non-ejector, अनपसारक। > नॉनिजे'क्टॅ

nonentity, 1. असत्त्व, अनस्तित्व; 2. (*figment*) आकाशकुसुम; 3. नगण्य व्यक्ति, छुटभैया। > नॉने'न्-टिटि

nones, 1. महीने का पाँचवाँ या (मार्च, मई*, जुलाई*, अक्तूबर का) सातवाँ दिन; 2. (*prayer*) उत्तराह्निका*। > नोन्ज़

non-essential, अनावश्यक। > नॉन्-इसे'न्शॅल

nonesuch, अद्वितीय। > नॅन्सॅच

nonet, नवक। > नोने'ट

non-/existence, अनस्तित्व; **~-existent, ~-existing,** असत्; काल्पनिक, कल्पित। > नॉन्-इग्-ज़िस्/टॅन्स, ~टॅन्ट, ~टिन्ग

non-feasance, अकरण। > नॉन्फ़ीज़ॅन्स

non-ferrous, अलोह। > नॉन्फ़े'रॅस

non-gazetted, अराजपत्रित। > नॉन्गॅज़े'ट्-इड

non-intervention, अहस्तक्षेप, तटस्थता*। > नॉन्-इन्टॅवे'न्शॅन

non-judicial, न्यायिकेतर। > नॉन्जूडिशॅल

non-liability, अदेयता*। > नॉन्लाइॲबिल्-इटि

non-member, असदस्य। > नॉन्-मे'म्-बॅ

non-metalled, कच्चा। > नॉन-मे'टॅल्ड

non-moral, अनैतिक। > नॉन-मॉरॅल

non-nasalized, निरनुनासिक। > नॉन्नेज़ॅलाइज़्ड

non-natural, अस्वाभाविक, अप्राकृतिक। > नॉन्नैचॅरॅल

non-negotiable, अपरक्राम्य। > नॉन्निगोशयॅबॅल

non-observance, अपालन, अननुवर्तन। > नॉनॅब्ज़ॅ:वॅन्स

non-official, ग़ैरसरकारी, अराजकीय, अनधिकारिक, अशासकीय। > नॉनॅफ़िशॅल

nonpareil, अद्धितीय, अप्रतिम। > नॉन्पॅरे'ल

non/-partisan, ~-party, निर्दल, निर्दलीय; अनेकदलीय। > नॉनपाटिज़ैन; नॉन्पाटि

non-payment, अशोधन। > नॉन्पेमॅन्ट

nonplus, *v.*, उलझन* में डालना, किंकर्तव्य-विमूढ़ कर देना; व्यर्थ कर देना; —*n.*, गतिरोध। > नॉन्प्लॅस

non-poisonous, निर्विष, विषहीन। > नॉन्पॉइज़्नॅस

non-productive, अनुत्पादक, अनुत्पादी। > नॉन्-प्रॅ-डॅक्-टिव़

non-profit, लाभनिरपेक्ष। > नॉन्-प्रॉफ़्-इट

non-recurring, अनावर्ती, अनावर्तक, अनावर्त। > नॉन्-रि-कॅ:-रिन्ग

non-renewable, अपूर्य। > नॉन्-रि-न्यू-ॲ-बॅल

non/residence, अनावास; **~-resident,** अनावासी; **~-residential,** अनावासिक। नॉन्रे'ज़्/इडेंन्स, ~इडेंन्ट; नॉन्रे'ज़िडे'न्शॅल
non/-resistance, अप्रतिरोध; **~-resistant,** प्रतिरोधी, अरोधक। > नॉन्-रि-ज़िस्/टॅन्स, ~टॅन्ट
non/sense, 1. (*words*) अनापशनाप, अण्ड-बण्ड; 2. मूर्खता*; **~sensical,** निरर्थक। > नॉन्सन्स; नॉन्-से'न्-सि-कॅल
non sequitur, नानुमिति*। > नॉन्-से'क्-वि-टॅ:
non-stop, अविराम, निरन्तर। > नॉन्-स्टॉप
nonsuch, अद्वितीय। > नॅन्सॅच
nonsuit, *n.*, वादावसान *v.*, खारिज क०। > नॉन्स्यूट
non-technical, 1. अप्राविधिक; 2. (*of terms*) अपारिभाषिक। > नॉन्टे'क्-नि-कॅल
non-transferable, 1. अनन्तरणीय, अहस्तान्तरणीय; 2. (*of place*) अस्थानान्तरणीय। > नॉन्ट्रैन्स्फ़रॅबॅल
non-union, असंघी। > नॉन्यूनयॅन
non-user, अनुपयोग। > नॉन्-यूज़्, अॅ
non-variant, अचर। > नॉन्वे'अॅर्-इ-ॲन्ट
non-vegetarian, मांसाहारी, आमिषभोजी। > नॉन्-वे'-जि-टे'अॅर्-इ-ॲन
non/-violence, अहिंसा*; **~-violent,** अहिंसात्मक। > नॉनवाइअॅ/लॅन्स, ~लॅन्ट
non-voter, अमतदाता। > नॉन्-वोट्-अॅ
noodle, 1. उल्लू, मूर्ख; 2. (*food*) नूडल। > नूडॅल
nook, कोना; एकान्त (स्थान)। > नुक
noon, 1. (*~day, ~tide*) दोपहर*, मध्याह्न; 2. (*fig.*) चरम बिन्दु, पराकाष्ठा*। > नून
noose, 1. (*loop*) फन्दा, चाँद* 2. (*snare*) फन्दा, पाश, जाल; 3. विवाहबन्धन; —*v.*, 1. फन्दा डालना; 2. फन्दा बनाना; 3. (*ensnare*) फँसाना। > नूस
nor, और न; neither...~... न तो ··· और न ···। > नॉ:
noria, रहँट, रहट। > नोरिअॅ
norm, मानक, मानदण्ड, प्रसामान्यक, प्रसमा*, प्रतिमान। > नॉ:म
normal, 1. प्रसम, प्रसामान्य; 2. (*usual*) साधारण, सामान्य, बदस्तूर, मामूली; 3. (*natural*) स्वाभाविक, प्रकृत, प्राकृत, सहज; 4. (*regular*) नियमित; 5. (*standard*) प्रमाणक; 6. (*perpendicular*) अभिलम्ब, अभिलम्बीय; 7. (*chem.*) नार्मल; —*n.*, 1. सामान्य स्थिति* या अवस्था*; 2. (*mean*) औसत; 3. (*perpend.*) लम्ब, अभिलंब; 4. सामान्य तापमान; ~school, प्रशिक्षण विद्यालय। > नॉ:मॅल
normal/cy, ~ity, प्रसमता*, प्रसामान्यता*; **ization,** प्रसामान्यीकरण; **~ize,** सामान्य बना लेना; ठीक कर देना; **~ly,** प्रसमतः; सामान्यतः। > नॉ:मॅल्-सि; नॉ:-मैल्-इटि; नॉ:मॅलाइज़ेशॅन; नॉ:मॅलाइज़; नॉ:मॅलि
normative, 1. प्रासमिक, नियामक; 2. (*of norms*) मानकी(य), आदर्शक, आदर्शी। > नॉ:मॅटिव्
north, *n.*, उत्तर; *adj.*, उत्तरी, उत्तर;—*adv.*, उत्तर की ओर*; ~ pole, उत्तर-ध्रुव, सुमेरु; ~star, ध्रुवतारा। > नॉ:थ
north-east, उत्तरपूर्व, ईशान-कोण; **~er,** उत्तरपूर्वी हवा*; **~erly,** उत्तरपूर्वी। > नॉ:थ्ईस्ट; नॉ:थ्ईसर्टॅ, ~लि
northern *adj.*, उत्तरी; *n.*, उत्तरी हवा*; ~cross, हंस; ~crown, उत्तर किरीट; ~lights, उत्तरध्रुव-प्रकाश; **~er,** उत्तर-देशवासी। > नॉ:दॅन, ना:दॅने
northing, उत्तरान्तर। > नॉ:द्-इन्ग
north-polar, उत्तरध्रुवीय। > नॉ:थ्-पो-लॅ
northward(s), उत्तर की ओर*। > नॉ:थ्/वॅड, ~वॅड्ज़
north-west, उत्तरपश्चिम, वायुकोण; **~er, nor'-wester,** उत्तरपश्चिमी हवा*, काल-बैसाखी*; **~erly,** उत्तरपश्चिमीय। > नॉ:थ्/वे'स्ट, ~वे'सटॅ; नॉ:वे'स्टॅ
nose, *n.*, 1. नाक*, नासा*, नासिका*; 2. (*snout*) थूथन; 3. (*sense of smell*) घ्राण*, सूंघने की शक्ति*; 4. (*scent*) गन्ध*, सुगन्ध*; 5. अग्रभाग, अग्र; नोक*; 6. (*spout*) टोंटी*; —*v.*, 1. (*smell*) सूँघना; 2. (*pry*) ताक-झाँक* क०; 3. (*~out*) पता लगाना, टोह* लेना; 4. आगे बढ़ना; 5. (*utter through*) नकियाना; follow one's ~, नाक* की सीध* में चले जाना; lead by the ~, वश में रखना; pay through the ~, अत्यधिक दाम देना; turn up one's ~, नाक* चढ़ाना या सिकोड़ना। > नोज़
nose/bag, तोबड़ा; **~band,** पूज़ीपट्टा; **~bleed,** नकसीर*; **~dive,** सीधे नीचे उतरना; **~gay,** गुलदस्ता; **~less,** नककटा, नकटा; **~ring,** 1. नकेल*, नाथ*; 2. (*ornament*) नथ*, नथनी*; बुलाक़, बेसर*।
noser, तेज़ प्रतिवात। > नोज़्-अॅ
nosey, 1. (*having long nose*) नक्कू; 2. (*smelly*) बदबूदार; N ~Parker, कुतूहली, घरघुमना। > नोज़्-इ
nosing, गोला। > नोज़्-इन्ग
nosology, रोग-विज्ञान। > नॉसॉलॅजि
nostal/gia, गृह-विरह, गृहस्मारी*; विरह; **~gic,** (गृह) विरही। > नॉस्-टैल्/जिअॅ, ~जिक
Nostradamus, ज्योतिषी। > नॉसट्रॅडेमॅस
nostril, नथना, नासारन्ध्र, नासाछिद्र। > नॉस्-ट्रिल
nostrum, 1. दवा*; 2. (*panacea*) रामबाण। > नॉस्-ट्रॅम
nosy, *see* NOSEY। > नोज़्-इ
not, 1. नहीं, न; 2. (*imperative*) न, मत। > नॉट
nota bene, ध्यान दीजिए। > नोट्-अॅ-बीन्-अॅ

notability, प्रसिद्धि*; लब्धप्रतिष्ठ व्यक्ति; । > नोटॅबिल्-इटि

notable, *adj.*, उल्लेखनीय; असाधारण, विशिष्ट; महत्त्वपूर्ण; —*n.*, लब्धप्रतिष्ठ व्यक्ति; श्रेष्ठ व्यक्ति। > नोटॅबॅल

notably, विशेष रूप से, विशेषकर; यानी; पर्याप्त मात्रा* में। > नोटॅब्लि

notarial, लेख्य। > नो-टे'अॅर्-इ-अॅल

notary, (*public*), लेख्य प्रमाणक। > नोटॅरि

notation, अंकनपद्धति*, संकेतन, अंकन; संकेत, संकेत-चिह्न; musical ~, स्वरांकण, स्वरलिपि*। > नोटेशॅन

notch, *n.*, 1. खाँच, खाँचा; 2. (*defile*) तंग घाटी*; *v.*, खाँचा डालना या काटना; **~ed,** दाँतेदार; खाँचेदार। > नॉच, नॉच्ट

note, *n.*, 1. (*music*) स्वर (*also fig.*) ; स्वरचिह्न; 2. (*characteristic*) लक्षण; 3. (*of birds*) बोली*, कलरव; 4. (*sign*) चिह्न; 5. (*singal*) संकेत, सूचना*; 6. (*key of piano etc.*) परदा; 7. (*stigma*) लांछन, कलंक; 8. (*importance*) प्रतिष्ठा*, ख्याति*; 9. (*attention*) ध्यान; 10. (*brief statement*) नोट, मेमो; 11. (*letter*) नोट, पत्र; 12. (*record, also pl.*) विवरण; 13. (*annotation*) टिप्पणी*; 14. (*bank~*) (बैंक)नोट; 15. (*~of hand*) रुक्का; —*v.*, 1. देख लेना, पर ध्यान देना; 2. नोट कर लेना, लिख लेना; 3. (*annotate*) की व्याख्या* क०; 4. उल्लेख क०; **~book,** कापी*, नोटबुक*; **~d,** नामी, प्रसिद्ध; **~paper,** पत्र-काग़ज; **~worthy,** ध्यान देने योग्य, विचारणीय, द्रष्टव्य; असाधारण, स्मरणीय। > नोट, नोट्बुक; नोट्-इड; नोट्/पे-पॅ, ~वॅ:दि

nothing, *n.*, 1. कुछ नहीं; 2. नगण्य (व्यक्ति आदि); 3. (*math.*) शून्य; 4. (*non-existence*) अभाव, अनस्तित्व; —*adv.*, बिलकुल नहीं, तनिक भी नहीं; कदापि नहीं; come to~, निष्फल(सिद्ध) होना; for ~, मुफ़्त में; व्यर्थ ही; अकारण; make ~of, तुच्छ समझना; नहीं समझना; ~but, ~else than, केवल, मात्र; **~ness,** शून्यता* अनस्तित्व; असारता*, नगण्यता*। > नॅथिन्ग, ~निस

notice, *n.*, 1. (*intimation, information*) सूचना*, नोटिस*, अधिसूचना*; 2. (*placard*) सूचनापत्र, नोटिस*; 3. (*short article*) टिप्पणी*; 4. (*attention*) ध्यान; —*v.*, देख लेना; उल्लेख क०; serve ~, सूचित क०, सूचना* देना; take~, ध्यान देना; देख लेना; मालूम क०; **~able,** (सु)स्पष्ट; दर्शनीय; **~-board,** सूचना-पट्ट*। > नोट्-इस; नोट्-इसॅबॅल; नोट्-इस्-बॉ:ड

noti/fiable, सूचनीय; **~fication,** 1. (*act*) अधिसूचन; अधिसूचना*, विज्ञप्ति*; **~fied,** अधिसूचित; **~fy,** 1. सूचना* देना, (अधि)-सूचित क०; 2. (*proclaim*) घोषित क०, प्रकट क०। > नोट्-इफ़ाइ-अॅ-बॅल नोटिफ़िकेशॅन; नोट्/इ-फ़ाइड, ~इफ़ाइ

notion, 1. धारणा*, विचार, बोध, भाव; 2. (*belief*) धारणा* विश्वास, बोध, मत; 3. (*desire*) चाह*, इच्छा* झुकाव; 4. (*intention*) अभिप्राय, उद्देश्य; 5. (*pl.*) बिसाती के सामान; **~al,** 1. (*speculative*) मीमांसात्मक, अप्रयोगमूलक; 2. (*imaginary*) काल्पनिक, ख़याली; 3. (*fanciful*) झक्की, मौजी; 4. (*conceptual*) वैचारिक, सैद्धान्तिक। > नोशॅन; नोशॅनॅल

notochord, आद्यपृष्ठवंश > नोटोकॉ:ड

noto/riety, 1. कुख्याति*, बदनामी*; प्रसिद्धि*, ख्याति*; 2. लब्धप्रतिष्ठ व्यक्ति; **~rious,** कुख्यात, नम्बरी, बदनाम; विख्यात, प्रसिद्ध। > नोटॅराइअॅटि; नोटॉ:र्-इ-अॅस

notwithstanding, *prep.*, के होते हुए भी, के बावजूद; —*conj.*, यद्यपि; —*adv.*, तभी, तिसपर भी, तथापि। > नॉट्-विथ्-स्टैन्ड्-इन्ग

nought, *n.*, कुछ नहीं; शून्य, सिफ़र; *adj.*, बेकार। > नॉ:ट

noume/nal, तात्त्विक; **~non,** परासत्ता*। > नाउम्-इ/नॅल, ~नॉन

noun, संज्ञा*; abstract ~, भाववाचक; ~; common ~, जातिवाचक ~; proper ~, व्यक्तिवाचक ~; ~ of agency, कर्तृवाची संज्ञा*। > नाउन

nourish, 1. खिलाना; पोषित क०; 2. (*promote*) बढ़ाना, विकसित क०; 3. (*encourage*) प्रोत्साहन देना; **~ing,** पुष्टिकर; **~ment,** 1. (*food*) आहार; पोषाहार; 2. पोषण। > नॅरिश; नॅरिशिन्ग; नॅरिश्मॅन्ट

nous, बुद्धि*, बुद्धित्व। > नाउस

nova, नवतारा। > नो-वॅ

novation, नवाचार। > नोवेशॅन

nouveau riche, कल का नवाब। > नूवोरीश

novel, *n.*, उपन्यास; *adj.*, 1. अभिनव, नवीन, नूतन; 2. (*strange*) अनूठा, अपूर्व, अद्‌भुत, विलक्षण; 3. (*unusual*) असाधारण; **~ese,** भद्दी उपन्यास-शैली*; **~ette,** लघु उपन्यास, उपन्यासिका*; **~ist,** उपन्यासकार; **~istic,** औपन्यासिक; **~ize,** उपन्यास के रूप में प्रस्तुत क०, उपन्यास का रूप देना। > नॉवॅल; नॉवॅले'ट; नॉवॅलिस्ट

novelty, 1. नवीनता*; 2. (*strangeness*) विलक्षणता*, अनूठापन; 3. अपूर्व बात*, घटना* या वस्तु*; 4. (*innovation*) अभिनव परिवर्तन; 5. (*pl.*) अनूठी वस्तुएँ*। > नॉवॅल्टि

November, नवम्बर। > नवे'म्बॅ

novena, नवाह, नौरोजी*। > नो-वीन-अॅ

novennial, नववर्षीय। > नोवे'न्यॅल

novercal, सौतेला, वैमात्रीय। > नोवॅ:कॅल

novice, 1. नवशिष्य, नवशिष्या*; 2. (*new convert*) नवदीक्षित; 3. (*apprentice*) नौसिखिया; **~-master,** नवशिष्य-गुरु; **~-mistress,** नवशिष्या-गुरुआनी*। > नॉव्-इस

noviciate, novitiate, 1. (*period*) नवशिष्यकाल; 2. (*state*) नवशिष्यत्व; 3. (*place*) नवशिष्यालय। > नॉविशिइट

now, *adv.*, अब, इस समय; अभी; *n.*, वर्तमान काल; *—conj.*, क्योंकि; ~ and then, कभी कभी, जब तब; just ~, अभी अभी। > नाउ

nowadays, आजकल। > नाउअँडेज़

noway(s), *see* NOWISE। > नोवे, नोवेज़

nowhere, कहीं (भी) नहीं; be (*get*) ~, पूर्णतया असफल होना, कहीं का न रह जाना; from ~, कहीं से। > नोवे'अँ

nowhither, कहीं भी नहीं। > नो-वि-दॅ

nowise, किसी भी तरह* नहीं, बिल्कुल नहीं, कदापि नहीं, तनिक भी नहीं। > नोवाइज़

noxious, हानिकर, अनिष्टकर। > नॉक्शॅस

nozzle, 1. टोंटी*, चंचु*, तुंड; 2. (*snout*) थुथना, थूथन। > नॉज़ॅल

nuance, 1. सूक्ष्म भेद या अन्तर; 2. (*of meaning*) अर्थछटा*, अर्थभेद। > न्यूआन्स

nub(ble), गाँठ*; टुकड़ा। > नॅब; नॅबॅल

nubile, विवाह-योग्य, विवाह्य। > न्यूबाइल = न्यूब्-इल

nuclear, 1. नाभिकीय, नाभिक; 2. (*zool.*) केन्द्र-, केन्द्रकीय; ~weapon, अणु-अस्त्र। > न्यूक्-लि-अँ

nucleate, *v.*, नाभिक (केंद्रक) बनना या बनाना; नाभिक (केंद्रक) में एकत्र हो जाना या क०; *—adj.*, (*~d*) नाभिकीय, केंद्रकीय। > न्यूक्-लि/एट (*v.*) ~इट (*adj.*) ~एटिड

necleolar, अणुनाभिकीय। > न्यूक्लीअँलॅ

nucleole, अणुनाभिक, केन्द्रिका*। > न्यूक्-लि-ओल

nucleus, 1. केन्द्र; 2. (*of atom*) नाभिक; 3. (*bot. anat.*) केन्द्रक। > न्यूक्-लि-ऑस

nude, *adj.*, 1. नग्न; 2. (*bare*) शून्य, अनावृत; 3. (*law*) प्रतिफलहीन; *—n.*, नग्नचित्र; नग्नमूर्ति*। > न्यूड

nudism, नग्नवाद। > न्यूड्-इज़्म

nudist, नग्नवादी। > न्यूड्-इस्ट

nudity, नग्नता*। > न्यूड्-इ-टि

nudge, *n.* (*v.*) टहोका (देना)। > नॅज

nugae, महत्त्वहीन या नगण्य विषय। > न्यूगी = न्यूजी

nugatory, 1. (*nugacious*) तुच्छ, क्षुद्र, नगण्य; 2. (*useless*) निरर्थक, व्यर्थ, बेकार, अमान्य, रद्दी। > न्यूगॅटॅरि; न्युगेशॅस

nugget, 1. सोने का डला; 2. (*lump*) ढेला, पिण्ड। > नॅग्-इट

nuisance, 1. कण्टक; उपद्रव; 2. (*person*) लोककण्टक; उपद्रवी। > न्यूसॅन्स

null, *adj.*, 1. (*void.*) रद्द, अकृत, अमान्य; 2. (*insignificant*) नगण्य, निष्प्रभाव; निष्फल; 3. (*nil*) शून्य; ~ and void, अकृत और शून्य, बातिल और शून्य। > नॅल

nullah, नाला। > नॅल्-अँ

nulli/fication, अकृतीकरण, अभिशून्यन, व्यर्थन; **~fy,** रद्द क०, अकृत क०; व्यर्थ या निष्प्रभाव कर देना। > नॅलिफ़िकेशॅन, नॅल्-इ-फ़ाइ

nullipara, अप्रसवा*। > नॅलिपॅरा

nullity, अमान्यता*, अकृति*, शून्यता*; शून्य। > नॅल्-इ-टि

numb, *adj.* (*v.*) सुन्न(कर देना), जड़ीभूत, जड़वत्, स्तब्ध; *—n.*, ठिठुराहट*। > नॅम

number, *n.*, 1. संख्या*; 2. (*symbol*) अंक, नम्बर; 3. (*total*) कुल संख्या*, कुल योग; 4. (*collection*) समूह; 5. (*multitude*) भीड़*; बहुत से; 6. (*of a publication*) अंक; 7. (*gramm.*) वचन (एक-, द्वि-, त्रि-, बहु-); 8. (*rhythm*) लय*; 9. (*pl.*) पद्य (*verses*); स्वरसमूह (*music*); *—v.*, 1. अंक लगाना, संख्या* देना; 2. (*count*) गिनना; 3. *class* में सम्मिलित या शामिल क०, समझना; 4. they ~ ten, वे कुल दस हैं; Calcutta ~s..., कलकत्ते में…होते हैं; a ~ of, कुछ; Book of N~s, गणना-ग्रन्थ; serial ~, क्रमांक, क्रमसंख्या*; special ~, विशेषांक; **~ed,** क्रमांकित, अंकित, संख्यांकित; **~ing,** क्रमांकण, अंकन, संख्यांकन; **~less,** असंख्य, अगणित। > नॅम्बॅ, नॅम्-बॅड; नॅम्-बॅ-रिन्ग; नॅम्बॅलिस

numen, देवता। > न्यूमे'न

numerable, संख्येय, गणनीय। > न्यूमॅरॅबॅल

numeral, *adj.*, 1. संख्यात्मक; 2. (*gramm.*) संख्यावाचक; *—n.*, अंक, संख्यांक; संख्या-वाचक विशेषण, संख्यापद। > न्यूमॅरॅल

numerary, संख्या-विषयक, संख्यात्मक। > न्यूमॅरॅरि

numeration, 1. (*counting*) गणना*, गणन, संख्यान; 2. (*calculation*) परिकलन; 3. (*system*) संख्यालेखन, गणना-प्रणाली*। > न्यूमॅरे'शॅन

numerator, 1. गणक; 2. (*machine*) अंकित्र; 3. (*of function*) अंश, लव। > न्यूमॅरेटॅ

numeric, राशि*; **~al,** संख्यात्मक; संख्यावाचक; संख्या-विषयक, संख्या-; — order, संख्या-क्रम। > न्युमे'रिक, न्युमे'रिकल

numerology, संख्या-सगुनौती*। > न्यूमॅरॉलॅजि

numerous, बहुत से, बहुसंख्यक। > न्यूमॅरॅस

numinous, *adj.*, दैवी; ईश्वरीय; *n.*, श्रद्धा*। > न्यूम्-इ-नॅस

numisma/tic, मुद्रा-विषयक, पदक-विषयक; मुद्राशास्त्रीय; **~tics, ~tology,** मुद्राशास्त्र, मुद्रातत्त्व; **~tist,** मुद्राशास्त्री। > न्यूमिज़्मैट्/इक, ~इक्स; न्युमिज़्मॅटिस्ट

num/mary, ~mulary, मुद्रा-, मुद्रा-विषयक; **~mular,** मुद्राकार। > नॅमॅरि; नैम्यूलॅरि; नॅम्-यू-लॅ

numnah, नमदा। > नॅम्-नॅ

numskull, उल्लू (का पट्ठा)। > नॅम्स्कॅल

nun, मठवासिनी*, धर्मसंघिनी*। > नॅन

nunciature, दूतावास। > नॅन्-शॅ-ट्यॅ

nuncio, धर्मदूत, वैटिकन-राजदूत। > नॅन्-शि-ओ

nuncu/pate, मौखिक रूप से प्रकट क० या घोषित क०; **~pative,** मौखिक; अलिखित। > नैन्क्यू/पेट, ~पेटिव

nunnation, नकार-संयोजन। > नॅनेशॅन

nunnery, मठ। > नॅनॅरि

nuphar, कुमुद। > न्यूफ़ा

nuptial, वैवाहिक; **~s,** विवाहोत्सव। > नॅप्शॅल; नॅप्शॅल्ज़

nurse, *n.*, 1. नर्स*, उपचारिका*, परिचारिका*; 2. (*wet ~*) धाय*, धात्री*, दाई*, 3. (*~maid*) दाई*, आया*; 4. (*fig.*) पोषक, संरक्षक; —*v.*, 1. (*suckle*) दूध पिलाना; 2. उपचार क०, सेवा-शुश्रूषा* क०; 3. देख-रेख* क०; 4. (*foster*) पालन-पोषण क०, पालना-पोसना; रक्षा* क०; 5. (*treat*) चिकित्सा* क०, इलाज क०; 6. सावधानी*, किफ़ायत* या खबरदारी* से काम में लाना, चलाना या उपयोग क०; 7. छाती* से लगाना, दुलारना; *male ~*, उपचारक; **~-child,** पोष्य बालक (बालिका*)। > नॅ:स

nursery, 1. बालकक्ष; 2. (*agric.*) नर्सरी*, नौरंगा, केड़वारी*, ज़ख़ीरा; 3. संवर्धन-स्थान, संवर्धन-गृह; 4. शिक्षण-संस्था*; **~-bed,** रोपण-क्यारी*; **~-pond,** संवर्धन तालाब; **~-school,** शिशु-पाठशाला*; **~-word,** बाल-शब्द। > नॅ:सॅरि

nursing, उपचर्या*, उपचार; **~father,** पालक पिता; **~home,** उपचर्या-गृह; **~mother,** धाय*, स्तन्यदा माता*। > नॅ:स्-इन्ग

nurs(e)ling, 1. दुधमुँहाँ या छोटा बच्चा; 2. पोष्य बालक (बालिका*); लाड़ला, लाड़ली*। > नॅ:स्-लिन्ग

nurture, *n.*, 1. (*active*) पोषण; प्रशिक्षण (*training*) 2. (*food*) आहार, पोषाहार; —*v.*, 1. पालना-पोसना, पोषण क०; परिपोषण क०; प्रोत्साहन देना, विकसित क०; 2. (*educate*) लिखाना-पढ़ाना, शिक्षा* देना; 3. (*train*) प्रशिक्षित क०। > नॅ:-चॅ

nut, 1. काष्ठफल, गिरीदार फल; 2. (*kernel*) गिरी*, गरी*; 3. (*mech.*) ढिबरी*; 4. (*difficulty*) कठिन समस्या*, कठिनाई*। > नॅट

nutation, 1. (*astron.*) विदोलन, अक्ष-विचलन, 2. (*bot.*) शिखाचक्रण, 3. (*noding*) झुकाई*, नवाई*। > न्यूटेशॅन

nut/-brown, बादामी; **~cracker,** सरौता; **~-gall,** माजूफल; **~-grass,** मोथा, नागरमोथा; **~hatch,** कठफोड़ा; **~-hook,** लग्गा, लग्गी*।

nutmeg, जायफल, जातिफल। > नॅट्मे'ग

nutri/ent, ~mental, ~tious, पुष्टिकर, पुष्टिकारक, पौष्टिक, पोषक। > न्यूट्-रि-ॲन्ट; न्यूट्रिमे'न्टॅल; न्युट्रिशॅस

nutriment, (पोषक) आहार, पोषाहार; पोषक। > न्यूट्-रि-मॅन्ट

nutrition, पोषण; आहार; **~al,** पौषणिक। > न्युट्रिशॅन; न्युट्रिशॅनॅल

nutritive, पोषक, पौष्टिक, पुष्टिकर; पौषणिक। > न्यूट्-रि-टिव

nutshell, छिलका; in a ~, संक्षेप में। > नॅट्शे'ल

nux vomica, कुचला। > नॅक्स वॉम्-इ-कॅ

nuzzle, 1. नाक* से खोदना या छूना, नाक* लगाना या घुसेड़ना, थुथनियाना; 2. (*snuggle*) आराम से लेटना, सटकर लेट जाना, लिपट जाना। > नॅज़ॅल

ncyt-, nycti-, nycto-, नक्त-, निशा-। > निक्ट; निक्-टि; निक्टो

nyctalopia, 1. रतौंधी*; 2. (*day-blindness*) दिवान्धता*। > निक्टॅलोप्य

nyctophobia, अन्धकारभीति*। > निक्टॅफोब्यॅ

nylghau, नीलगाय*। > निलगॉ:

nylon, नाइलॉन। > नाइलॅन

nymph, 1. परी*; 2. (*entom.*) निम्फ़, शिशुकीट; 3. (*pupa*) कोष। > निम्फ़

nymphalid, परी तितली*। > निम्फ़ॅलिड

nympho/lepsy, भावोन्माद **~lept,** भावोन्मादी। > निम्फ़ॅ/ले'प्-सि, ~ले'प्ट

nympho/mania, स्त्रीकामोन्माद; **~maniac,** कामोन्मादिनी*। > निम्फ़ॅ/मेन्यॅ, मेन्- ~इऐक

nystagmus, अक्षिदोलन। > निस्टैग्मॅस

Oo

O, 1. (*calling*) हे; 2. *see* AH। > ओ
oaf, मूर्ख, उल्लू; विकृत या जड़बुद्धि बच्चा; **~ish,** मूर्ख, भोला। > ओफ़, ओफ़्-इश्
oak, बांज, बलूत, बाँजू, वंजुल, वंजु; **~-apple, ~-gall,** माजू, माजूफल, वंजुस्फोट, वंजुफल; **~en,** बलूती। > ओक; ओकॅन
oakum, ओकन, पुराना सन। > ओकॅम
oar, चप्पू, डाँड़; **~sman,** खेवैया, नाविक। > ऑ:ऑ:ज़्मॅन
oasis, मरूद्यान, शाद्वल, मरुद्वीप, नख़लिस्तान। > ओएसिस
oast, भट्ठी*। > ओस्ट
oat(s), जुई*, जई*। > ओट, ओट्स
oath, 1. शपथ*, सौगन्द*, सौगन्ध*, कसम*; 2. (*curse*) अपशब्द, दुर्वचन, गाली*; ~ of office, पदशपथ*; ~ of allegiance, निष्ठा-शपथ*; administer ~, शपथ* देना या दिलाना; take ~, शपथ* खाना या क०; on ~, शपथपूर्वक, शपथ* खाकर; **~-breaker,** शपथभंजक; **~-breaking,** शपथभंजन; **~-taking,** शपथग्रहण। > ओथ
obbligato, अनिवार्य। > ऑब्लिगाटो
obcordate, प्रतिहृदयाकार। > ऑब्कॉ:डेट
obduracy, कठोरता*; हठ, हठकारिता*, ज़िद*; अपश्चात्ताप। ऑब्ड्यूरॅसि
obdurate, 1. (*hard-hearted*) कठोर (हृदय), निष्ठर, पाषाणहृदय; 2. (*obstinate*) हठी(ला), ज़िद्दी, दुराग्रही; 3. (*impenitent*) पश्चात्तापहीन। > ऑब्ड्यूरिट
obeah, 1. जादू-टोना; 2. (*amulet*) तावीज़; **~-man,** ओझा। > ओब्-इ-ॲ
obediece, आज्ञापालन, आज्ञाकारिता*, हुक्म-बरदारी*; अनुसरण। > ॲबीड्यॅन्स
obedient, आज्ञाकारी, आज्ञापरायण, हुक्म-बरदार; **~iary,** अधीनस्थ अधिकारी। > ॲबीड्यॅन्ट; ओबीडिए'न्शॅरि
obeisance, 1. प्रणाम; 2. (*deference*) आदर-सत्कार, सम्मान, श्रद्धा*। > ओबेसॅन्स
obelisk, ओबेलिस्क, सूच्याकार स्तम्भ; संकेत-चिह्न, स्तम्भ-चिह्न। > ऑब्-इ-लिस्क
obese, मोटा, स्थूल। > ओबीस
obesity, मोटापन, स्थूलता*, मेदुरता*। > ओ-बीस्-इ-टि
obex, बाधा*। > ओबे'क्स
obey, (आज्ञा)पालन क०, आज्ञा* मानना; के अनुसार चलना। > ॲबे

obfus/cate, 1. धुँधला कर देना; 2. (*confuse*) घबरा देना; **~cation,** धुँधलापन, अँधेरा; घबराहट*; आच्छादन। > ऑब्फ़ॅस्केट; ऑब्फ़ॅस्केशॅन
obi, *see* OBEAH. > ओब्-इ
obiter dictum, 1. प्रासंगिक उक्ति*; 2. (*law*) प्रासंगिक विचार। > ऑब्-इ-टॅ डिक्टम
obituary, निधन-सूचना*; **~-notice,** मृत्यु-संवाद। > ॲबिट्युऑरि
object, *n.*, 1. (*thing*) पदार्थ, वस्तु*, चीज़*; 2. (*to which action, thought feeling is directed*) विषय; पात्र, भाजन; 3. (*purpose*) उद्देश्य, लक्ष्य, ध्येय; 4. (*gramm.*) कर्म; 5. (*astron.*) पिण्ड; —*v.*, आपत्ति* क०; विरोध क०; **~-glass,** अभिदृश्यक; **~ification, ~ivation,** विषयीकरण; **~ify, ~ivate,** इन्द्रियग्राही या इन्द्रियगोचर बनाना, विषय बनाना। > ऑब्-जिक्ट (*n.*); ॲब्जे'क्ट (*v.*); ॲबजे'क्/टिफ़ाइ, ~टिवेट
objection, आपत्ति*, उज़्र, एतराज़; **~able,** आपत्तिजनक। > ॲब्जे'क्/शॅन, ~शॅनबल
objective, *adj.*, 1. वस्तुगत, वस्तुनिष्ठ, विषयपरक; 2. (*real*) वास्तविक, यर्थाथ; 3. (*impersonal*) तटस्थ, निष्पक्ष; 4. (*gramm.*) कर्मवाची; —*n.*, 1. विषय; वास्तविकता*; 2. (*aim*) उद्देश्य, लक्ष्य; 3. (*gramm.*) कर्मकारक; 4. (*optics*) अभिदृश्यक; **~ly,** वस्तुगत दृष्टि* से; निष्पक्ष दृष्टि* से; यथार्थ में। > ॲब्-जे'क्-टिव, ~लि
objecti/vism, विषयनिष्ठवाद; यथार्थवाद; **~vity,** विषयनिष्ठता*; वास्तविकता*। > ॲब्-जे'क्-टि-विज़्म; ऑब्-जे'क्-टिव़्-इ-टि
object/less, निरुद्देश्य, उद्देश्यहीन।
object-lesson, प्रदर्शन। > ऑब्-जिक्ट्-ले'-सॅन
objector, आपत्ति-कर्ता, उज़्रदार। > ॲब्-जे'क्-ट
objur/gate, फटकारना, डाँटना, डपटना; **~gation,** डाँट, झिड़की*, फटकार*; **~gatory,** भर्त्सनात्मक। > ऑब्जॅ:गेट; ऑब्जॅ:गेशॅन; ऑब्जॅ:गॅटॅरि
oblate, 1. समर्पित, निवेदित; 2. (*flattened at poles*) चपटा, लघु-अक्ष, लघ्वश। > ऑब्लेट
oblation, 1. (*act.*) समर्पण, उत्सर्ग; 2. दान, बलि, चढ़ावा, नैवेद्य; **~al, oblatory,** अर्पणात्मक। > ऑब्लेशॅन, ऑब्लेशॅनॅल, ऑब्लॅटॅरि
obligate, *v.*, वचनबद्ध क०, बाध्य क०; आभारी बनाना, अनुगृहीत क०; —*adj.*, 1. अविकल्पी, बाध्य, विवश; 2. (*bot.*) अनिवार्य। > ऑब्-लि-गेट

obligation, 1. आभार, बन्धन, आबन्ध, (नैतिक) बाध्यता*; 2. (*responsibility*) दायित्व, भार; 3. (*duty*) कर्तव्य; 4. (*promise*) प्रतिज्ञा*, वचन, इक़रार; 5. (*document*) अनुबन्ध-पत्र, इक़रारनामा; feast of ~, आदेश-पर्व। > ऑब्लिगेशॅन

obligatory, 1. अनिवार्य, आवश्यक; अवश्यकरणीय; 2. (*law*) आबन्धक, बाध्यकर। > ऑब्लिगॅटॅरि = ऑब्-लिगॅटॅरि

oblige, 1. बाध्य क०, विवश क०; 2. (*make indebted*) आभारी बनाना, उपकृत क०, एहसान क०; अनुग्रह क०; **~d,** अनुगृहीत, आभारी; बाध्य; **~e,** (*law*) आभार्य। > ॲब्लाइज; ॲब्लाइज्ड; ऑब्लिजी

obliging, अनुग्राहक, उपकारी, कृपालु; भद्र। > ॲब्लाइजिन्ग

obligor, (*law*) आभारी। > ऑब्-लि-गॉ:

oblique, *adj.*, 1. तिरछा, टेढ़ा, तिर्यक्; 2. (*indirect*) अप्रत्यक्ष, परोक्ष; 3. (*evasive*) द्व्यर्थक, अस्पष्ट, टालमटोलवाला; 4. (*math.*) तिर्यक्; 5. (*angle*) असम; 6. (*sloping*) ढलवाँ; 7. (*gramm.*) विकारी; 8. (*of indirect speech*) असाक्षात्; —*v.*, तिरछे चलना; तिरछा होना। > ॲब्लीक

obliquity, 1. तिरछापन; 2. (*science*) तिर्यक्ता*; 3. विपथगमन। > ॲब्लिक्विटि

oblite/rate, 1. मिटाना, काटना, अभिलोपन क०; 2. (*destroy*) मिटा देना, नष्ट क०; **~ration,** 1. अभिलोपन; 2. विनाश; 3. (*of stamps*) विरूपण; **~rator stamp,** विरूपक मोहर*। > ॲब्लिटॅरेट; ॲब्लिटॅरेशॅन; > ॲ-ब्लिटॅ-रे-टॅ

oblivion, 1. विस्मृति*, विस्मरण; 2. (*disregard*) उपेक्षा*; 3. विस्मृति*, गुमनामी*; अप्रसिद्धि*; 4. (*pardon*) क्षमा*, क्षमादान। > ॲ-ब्लिव्-इ-ॲन

oblivious, भुलक्कड़, विस्मरणशील। > ॲ-ब्लिव्-इ-ॲस

oblong, 1. आयात, आयताकार; 2. (*elliptical*) दीर्घायात। > ऑब्लॉन्ग

obloquy, निन्दा*, अपवाद, बुराई*, गर्हा*, बदनामी*, कलंक। > ऑब्लॅक्वि

obmutes/cence, ~cent, मौन। > ऑबम्यूटे'सॅन्स; ऑबम्यूटे'सॅन्ट

obnoxious, 1. अप्रिय, अप्रीतिकर, घिनावना, घृणित, आपत्तिजनक; 2. (*answerable*) उत्तरदायी; 3. (*harmful*) हानिकर। > ॲब्नॉक्शॅस

oboe, शहनाई*, नफ़ीरी*। > ओबो

obscene (obscenity), अश्लील(ता*)। > ॲब्सीन = ऑबसीन; ऑब्सीन्-इटि

obscurant, दक़ियानूसी, पुराणपन्थी, रूढ़िवादी; **~ism,** रूढ़िवाद, पुराणपन्थ; **~ist,** दक़ियानूसी। > ऑब्स्क्युअॅरॅन्ट; ऑब्स्क्युऔरैन्/टिज़्म, ~टिस्ट

obscuration, 1. आच्छादन, तमाच्छादन; 2. (*occultation*) प्रच्छादन; 3. (*state*) धुँधलापन, धुँधलका, अँधेरा, अन्धकार। > ऑब्स्क्युअरेशॅन

obscure, *adj.*, 1. (*dim*) धुँधला, फीका; 2. (*obscure*) अँधेरा, अन्धकारमय; 3. (*indistinct*) अस्पष्ट; अल्पदृश्य; 4. (*difficult to understand*) दुर्बोध, दुरूह, गूढ़; 5. (*dismal*) निरानन्द, निराशाजनक; 6. (*unknown*) अज्ञात; 7. (*hidden*) निभृत, गुप्त; 8. (*lowly*) दीन-हीन; —*v.*, 1. धुँधला, अस्पष्ट या दुर्बोध कर देना; 2. (*hide*) छिपाना; 3. (*cover*) ढाँकना। > ॲब्स्क्युअॅ

obscurity, 1. धुँधलापन; अन्धकार, अँधेरा; 2. अस्पष्टता*, अल्पदृश्यता*; दुर्बोधता*; 3. (*difficulty*) कठिनाई*, 4. अप्रसिद्धि*, गुमनामी*, विस्मृति*। > ॲबस्क्युॲर्-इटि

obsecration, प्रार्थना*, याचना*। > ऑब-सि-क्रे-शॅन

obsequies, अन्त्येष्टि*, अंतिम संस्कार; दफ़न (*burial*)। > ऑब्-सि-क्विज़

obsequious, चापलूस, जीहुज़ूरिया, ताबेदार। > ॲब्सीक्वॲस

observable, 1. (*to be observed*) पालनीय; 2. (*perceptible*) दृष्टिगोचर, दृश्य, इन्द्रिय-गोचर; 3. (*noteworthy*) दर्शनीय; द्रष्टव्य। > ॲब्ज़ॅ:वॅबॅल

obser/vance, 1. (अनु)पालन; 2. (*custom*) रिवाज, प्रथा*; **~vant,** 1. अनुपालक; 2. (*alert*) सावधान, सतर्क, चौकस; 3. (*perceptive*) प्रतिबोधी, परिदर्शक। > ॲब्ज़ॅ:वॅन्स; ॲबज़ॅ:वॅन्ट

obsevation, 1. अवलोकन, प्रेक्षण; 2. (*comment*) टिप्पणी*, टीका-टिप्पणी*; उक्ति*, कथन; **~post,** चौकी*, प्रेक्षण-चौकी*। > ऑब्ज़ॅवेशॅन

observatory, वेधशाला*। > ॲब्ज़ॅ:वॅट्रि

observe, 1. (अनु)पालन क०, के अनुसार चलना, मानना, पूरा क०; 2. (*celebrate*) मानना; 3. (*notice*) देखना; अवलोकन क०, निरीक्षण क०, ध्यान से देखना; 4. (*remark*) कहना; 5. (*keep up*) बनाए रखना; **~d,** पालित; प्रेक्षित, अवलोकित; **~r,** प्रेक्षक, पर्यवेक्षक; पालक। > ॲब्ज़ॅ:व; ॲब्ज़ॅ:व्ड; ॲब्-ज़ॅ:व्-ॲ

obsess, सताना, आविष्ट क०, अभिभूत क०; **~ion,** 1. ग्रस्तता*; 2. (*by a spirit*) प्रेतबाधा*; अपदूतग्रहण, आवेश; 3. (*by an idea*) धुन*, सनक*; झोंक*, जोश, आवेश; मोह, सम्मोह; मनोग्रस्ति*। > ॲब्से'स; ॲब्से'शॅन

obsidian, लावा काँच, आग्नेय काँच। > ऑब्-सिड्-इ-ॲन

obsoles/cence, 1. अप्रचलन; 2. (*biol.*) अपक्षय, लोप; **~cent,** 1. (*old-fashioned*) अप्रयुक्तप्राय, पुराना; 2. (*disappearing*) लुप्तप्राय; 3. अविकसित। > ऑब्सॅ/ले'सॅन्स, ~ले'सॅन्ट

obsolete, अप्रचलित, अप्रयुक्त; पुराना; लुप्त; अविकसित। > ऑब्सॅलीट

obstacle, बाधा*, विघ्न, अवरोध, रुकावट*, अड़चन*, अन्तराय; **~-race,** सबाध दौड़*। > ऑब्स्टॅकॅल

obste/tric(al), प्रासविक, प्रसूति-; **~trician,** प्रसूति-विशेषज्ञ; **~trics,** प्रसूति-विज्ञान, प्रासविकी*, धात्री-विद्या*। > ऑब्स्टे'ट्/रिक, ~रिकॅल; ऑब्स्टे'ट्रिशॅन ऑब्-स्टे'ट्-रिक्स

obsti/nacy, हठ, ज़िद* हठधर्म; **~nate,** हठी(ला), ज़िद्दी, दुराग्रही; 2. (*of disease*) दुःसाध्य। > ऑब्-सिट्/नॅसि, ~निट

obsti/pant, स्तम्भक, क़ाबिज़; **~pation,** अतिकोष्ठबद्धता*। > ऑब्-स्टि-पॅन्ट, ऑब्-स्टि-पे-शॅन

obstreperous, ऊधमी, उपद्रवी, उत्पाती, शोर मचानेवाला। > ॲबस्ट्रे'पॅरॅस

obstruct, 1. (*hinder*) बाधा* डालना, रोक* लगाना, रोकना, अटकाना, टाँग* अड़ाना; 2. (*block*) बन्द क०, अवरुद्ध या बाधित क०; **~ed,** बाधित। > ॲबस्ट्रॅक्ट; ॲबस्ट्रॅक-टिड

obstruction, 1. अवरोधन, प्रतिरोधन, बाधन; 2. (*hindrance*) बाधा*, अवरोध, रुकावट*, अडंगा, अटकाव; 3. (*state*) अवरोध; **~ism,** अड़ंगा-नीति*, प्रतिरोध-नीति; **~ist,** प्रतिरोध-वादी। > ॲबस्ट्रॅक्/शॅन, ~शॅनिज़्म, ~शॅनिस्ट

obstructive, बाधक, अवरोधक, विघ्नकारी; प्रतिरोधात्मक। > ॲब-स्ट्रॅक्-टिव्

obstructor, विघ्नकर्ता। > ॲब्-स्ट्रॅक्-टॅ

obstruent, अवरोधक। ऑबस्टुॲन्ट

obtain, 1. पाना, प्राप्त क०; हस्तगत क०, हथियाना, लेना; 2. (*be in usage*) प्रचलित होना, लागू होना; **~able** प्राप्य, सुलभ; **~ed,** प्राप्त लब्ध; **~ment,** प्राप्ति*। > ॲब्टेन; ॲबटेनॅबॅल; ॲब्टेन्ड; ॲब्टेन्मॅन्ट

obtected, आच्छादित। > ऑब-टे'क्-टिड

obtrude, *v.t.*, अनुचित रूप से या ज़बरदस्ती सामने रखना, थोपना, लादना, आरोपित क०; बाहर निकालना; *—v.i.*, घुस पड़ना, अनधिकार प्रवेश क०, दखल देना; **~r,** दस्तंदाज़। > ॲब्ट्रड; ॲब्ट्रड्-ॲ

obtruncate, 1. (*decapitate*) सिर काटना; 2. (*a tree*) फुनगी* काटना, फुनगियाना। > ॲब्ट्रॅनकेट

obtrusion, (बलात्) आरोपण; दस्तंदाज़ी*; अनधिकार प्रवेश, घुसपैठ*। > ॲब्ट्रश्ज़ॅन

obtrusive, 1. (*in the way*) बाधक; 2. (*forward*) दुःसाहसी, धृष्ट, ढीठ, दुराग्रही। > ॲब्-ट्रस्-इव्

obtund, निस्तेज या कुण्डित कर देना। > ॲब्टॅन्ड

obtu/rate, बन्द क०, अवरुद्ध क०; **~ration,** अवरोधन; अवरोध; **~rator,** अवरोधक। > ऑब्ट्युऑरेट; ऑब्ट्युरेशॅन; ऑब्-ट्युॲ-रे-टॅ

obtuse, 1. (*blunt*) कुंठित, कुन्द, भोथरा; 2. (*angle*) अधिक; 3. मन्दबुद्धि; 4. (*dull*) मन्द; 5. (*bot.*) कुण्ठाग्र। > ॲब्ट्यूस

obverse, *n.*, 1. (*of coin*) मुख, चेहरा, चित; 2. (*of cloth etc.*) सीधा; 3. (*logic*) प्रतिवृत्त, प्रतिवर्तित वाक्य; 4. (*front*) अग्रभाग, पुरोभाग; 5. (*counterpart*) दूसरा पहलू, दूसरा पक्ष, प्रतिपक्ष, *—adj.*, 1. अभिमुख, सामने का; प्रतिमुख; परिपूरक। > ऑब्वॅ:स

obversion, प्रतिवर्तन। ऑब्वॅ:शॅन

obvert, प्रतिवर्तित क०। > ऑब्वॅ:ट

obviate, निराकरण क०, निवारण क०, दूर क०, हटाना; अनावश्यक बनाना। > ऑब्-वि-एट

obviation, निराकरण। > ऑब्-वि-ए-शॅन

obvious, (सु)स्पष्ट, प्रत्यक्ष, प्रकट। > ऑब्-वि-ॲस

occasion, *n.*, 1. (*opportunity*) (सु)अवसर, सुयोग; 2. (*casual occurrence*) संयोग; 3. (*cause*) कारण; 4. (*need*) आवश्यकता*; 5. (*time*) समय; *—v.*, का कारण बनना; उत्पन्न क०, पैदा क०; on ~,**~ally,** कभी-कभी, यदा-कदा, समय-समय पर। > ॲकेश्ज़ॅन; ॲकेश्ज़ॅनॅलि

occasional, 1. (*infrequent*) अवसरिक, अनियमित, विरल; 2. (*for special ~s*) अवसरिक, प्रासंगिक, प्रसंगाश्रयी; **~ism,** संयोगवाद। > ॲकेश्ज़्-नॅल, ~नॅलिज़्म

occident, पश्चिम। > ऑक्-सि-डॅन्ट

occidental, पाश्चात्य, पश्चिमी; **~ism,** पाश्चात्य सभ्यता*। > ऑक्-सि-डे'न्-टॅल, ~टॅलिज़्म

occipital bone, पश्चकपाल-अस्थि*। > ऑक्-सिप्-इ-टॅल

occiput, अनुकपाल। > ऑक्-सि-पॅट

occlude, 1. बन्द क०, अवरुद्ध क०; 2. (*chem.*) अधिधारण क०; **~d,** अवरुद्ध, संरोधित; अधिधारित। > ऑक्लूड = ॲक्लूड

occlusion, 1. (*act.*) संरोधन, अवरोधन; 2. संरोध, अवरोध; 3. अधिधारण; 4. (*phon.*) स्पर्शता*। > ऑक्लूश्ज़ॅन; = ॲक्लूश्ज़ॅन

occlusive, 1. संरोधक; 2. अधिधारक; 3. (*phon.*) स्पर्श। > ऑक्लूसिव

occlusor, संवारक। > ऑ-क्लूस्-ॲ

occult, *adj.*, 1. गुप्त, गुह्य, 2. (*mysterious*) रहस्यमय, गूढ़, निगूढ़; *—v.*, छिपाना, प्रच्छादित क०;

~ sciences, **~ism,** गुह्यविद्या*, गुप्तविद्या*, तन्त्र-मन्त्र, **~ist,** तान्त्रिक; **~ation,** 1. (*astron.*) अपगूहन, 2. लोप, तिरोभाव। > ऑकॅल्ट = ॲकॅल्ट; ऑकॅल्/टिज़्म, ~टिस्ट; ऑकॅल्टेशॅन

occupancy, दख़ल, दखलकारी, अधिभोग; **~right,** भोगाधिकार; **~tenant,** दख़ीलकार, दख़लकार। > ऑक्यूपॅन्सि

occupant, 1. अधिभोक्ता, दख़लकार, 2. (*of office*) पदाधिकारी। > ऑक्यूपॅन्ट

occupation, 1. (*business*) व्यवसाय, धन्धा, पेशा; 2. (*employment*) रोज़गार, (उप) जीविका*; 3. (*tenure*) अधिभोग, दखल; 4. (*possession*) कब्ज़ा, अधिकार, आधिपत्य, अधिकृति*; 5. (*capture*) अधिकार में करना, प्रग्रहण, अभिग्रहण; army of ~, कब्ज़ा करनेवाली सेना*, आधिपत्य-सेना*; **~al,** व्यावसायिक पेशेवर। > ऑक्यूपे/शॅन, ~शॅनॅल

occupied, 1. (*territory*) अधिकृत; 2. (*busy*) व्यस्त; 3. खाली नहीं , भरा हुआ। > ऑक्यूपाइड

occupier, दख़लदार, पदाधिकारी; रहने वाला। > ऑक्यूपाइअॅ

occupy, 1. अधिकार में करना, अधिकृत क०; 2. (*by tenure*) दख़ल क०, अधिभोग क०; 3. (*dwell*) में निवास क०, रहना; 4. (*office*) पर होना या काम क०, संभालना; 5. (जगह*) लेना, घेरना, छेंकना; 6. समय लेना; 7. (*employ*) काम में लाना। > ऑक्यूपाइ

occur, 1. (*happen*) घटित होना; 2. मन में आना, सूझना; 3. (*exist*) पाया जाना। > अॅकॅ:

occurrence, 1. (*event*) घटना*; 2. (*existence*) प्राप्ति*, उपस्थिति*। > अॅकॅरॅन्स

ocean, महासागर, ~-going, समुद्रगामी, **~ic,** महासागरी(य), समुद्री; **~ography,** समुद्र-विज्ञान। > ओशॅन; ओशिऐन्-इक;

ocellus, नेत्रक, सरल आँख*। > ओसे 'लॅस

ochlocracy, भीड़-तन्त्र। > ऑकलॉक्रॅसि

ochre, गेरु, गैरिक; **~ous, ochrous,** गैरिक; गेरुमय। > ओक्-अॅ; ओक्-रि-ॲस; > ओक्रॅस

o'clock, बजे। > अॅक्लॉक

ocrea, परिवेष्टक। > ऑक-रि-अॅ

octachord, अठतारा; अष्टस्वरग्राम। > ऑक्टॅकॉ:ड

octad, अष्टक। > ऑक्टैड

octagon, अष्टभुज; **~al,** अष्टभुजाकार। > ऑक्टॅगॅन; ऑक्टैगॅनॅल

octa/hedral, अष्टफलकीय; **~hedron,** अष्टफलक। > ऑक्टॅहे 'ड्/रॅल; ~रॅन

octangular, अष्टकोण। > ऑक्-टैन्-ग्यू-लॅ

octastyle, अष्टस्तम्भ। > ऑक्टॅस्टाइल

octane, ऑक्टेन। > ऑक्टेन

octant, अष्टमांशक; अष्टक। > ऑक्टॅन्ट

octave, 1. (*group of 8*) अष्टक; 2. (*of eight days*) अठवारा; 3. (*eighth day*) अष्टमी*; 4. (*prosody*) अष्टपदी*; 5. (*music*) अष्टक, सप्तक (*Indian*); ~note, अष्टक स्वर। > ऑक्-टिव़ (1, 4, 5) ऑक्टेव़ (2, 3)

octavo, अठपेजी। > ऑक्टेवो

octennial, अष्टवर्षीय > ऑक्टे 'न्यॅल

octet, 1. अष्टक; 2. (*prosody*) अष्टपदी*। > ऑक्टे 'ट

octingentenary, अष्टशताब्दी*। > ऑक्-टिन्जे 'न्टीनॅरि

October, अक्तूबर। > ऑक्-टोब्-अॅ

octocentenary, अष्टशताब्दी*। > ऑक्टोसे 'न्टीनॅरि

octodecimo, अठारहपेजी। > ऑक्टोडे 'सिमो

octogenarian, अशीति-वर्षीय। > ऑक्टोजिने 'अॅर्-इअॅन

octonal, octonary, अष्टक। > ऑक्टॅनॅल; ऑक्टॅनॅरि

octopod, अष्टपाद। > ऑक्टॅपॉड

octopus, अष्टभुज। > ऑक्टॅपॅस

octo/syllabic, अष्टाक्षरीय; **—syllable,** अष्टाक्षर। > ऑक्टोसिलैब्-इक; ऑकटोसिलॅबॅल

octroi, चुंगी*; **~-barrier,** चुंगी-चौकी*। > ऑक्ट्रवा

octuple, अठगुना, अष्टगुण; अष्टविध। > ऑक्ट्यूपॅल

ocular, *adj.*, 1. नेत्र-, नेत्र्य, नैत्र; नैत्राकार; चाक्षुष; 2. (*visual*) प्रत्यक्ष, दृश्य; —*n.*, नेत्रिका*, **~ist,** नेत्रकार। > ऑक्-यू-लॅस ~रिस्ट

oculist, नेत्रचिकित्सक। > ऑक्यूलिस्ट

odalisque, 1. दासी*; 2. (*concubine*) रखैल*। > ओडॅलिस्क

odd, 1. (*math.*) विषम, ताक़; 2. (*additional*) अतिरिक्त; 3. (*surplus*) शेष; 4. (*strange*) अनोखा, अनूठा, निराला, विलक्षण; 5. (*unpaired*) अयुग्म, वियुग्म, इकला, इकल्ला, अकेला; 6. (*miscell.*) फुटकर, चुटफुट; **~ish,** विचित्र; **~ity,** अनोखापन; विचित्र व्यक्ति; या वस्तु*; **~ments,** चुटफुट*, फुटकर सामान। > ऑड; ऑड्-इश; ऑड्-इटि; ऑड्मॅन्ट्स

odds, 1. (*difference*) अन्तर; विषमता*; 2. (*advantage*) सुविधा*; 3. (*chances*) संभावना*, संयोगानुपात; be at~, झगड़ा क०, अनबन* होना; ~ and ends, बची-खुची चीज़े*; फुटकर सामान। > ऑड्ज़

ode, सम्बोध-गीति*। > ओड

odeum, संगीतशाला*। > ओडीअॅम

odious, धृणित, घृणास्पद, कुत्सित, अप्रिय, निन्दनीय। > ओड्यॅस

odium, 1. द्वेष, घृणा*; 2. (*disgrace*) कलंक, लांछन; निन्दा*, अलोकप्रियता*। > ओड्-इअॅम = ओड्यॅम

odometer, चक्करमापी। > ऑडॉम्-इटॅ

odont/algia, दन्त-शूल; **~oblast,** दन्त कोशिकाप्रसू; **~oid,** दन्ताभ। > ऑ-डॉन्-टैल्-जि-अॅ; ऑडॉन्टॅब्लैस्ट; ऑडॉन्टॉइड

odontology, दन्तविज्ञान। > ऑडॉन्टॉलॅजि

odoriferous, odorous, सुगन्ध, सुगन्धित, खुशबूदार, सुवासित; गन्धमय। > ओडॅरिफ़ॅरॅस; ओडॅरॅस

odour, गन्ध*, बू*, वास, महक*; सुगन्ध*, खुश्बू*, सौरभ; ख्याति*, नाम; **~less,** गन्धहीन। > ओड्-अॅ; ओडॅलिस

odyssey, भ्रमण। > ऑड्-इ-सि

oecology, पारिस्थितिकी*। > ईकॉलॅजि

oecumenical, सार्वभौम; एकता-विषयक; एकता-प्रवर्तक, एकता-वर्धक। > ईक्यूमे'न्-इकॅल

oedema, शोफ। > ई-डीम्-अॅ

oedipus complex, मातृरति*, मातृ-मनोग्रन्थि*। > ईड्-इ-पॅस

oeso/phageal, ग्रसिका-, ग्रासनली-; **~phagus,** ग्रसिका*, ग्रासनली*। > ईसॅफैजिअॅल; ईसॉफ़ॅगॅस

oestrus, 1. (*fly*) गोमक्षिका*; 2. (*stimulus*) उद्दीपन; 3. (*frenzy*) उन्माद; 4. (*rut*) मदकाल, मदचक्र, कामोन्माद; स्त्रीमद। > ईसट्रॅस

of, 1. का (की*, के); 2. (*from*) से; 3. (*about*) के विषय में। > ऑव, अॅव्

off, *adv.*, अलग, पृथक्; दूर; बन्द; —*prep.* से; से नीचे; से अलग; से दूर; से मुक्त; से लगा हुआ; —*adj.*, दूर दूरवर्ती; और दूर; अलग; बन्द; कम; अनुपस्थित; घटिया; ग़लत; be ~, चला जाना; ~ and on, कभी-कभी। > ऑ:फ़ = ऑफ

offal, *n.*, 1. (*rubbish*) कूड़ा-करकट; 2. (*of meat*) छीछड़े; 3. (*carrion*) सड़ा-गला मांस; —*adj.*, घटिया। > ऑफ़ॅल

off/-cast, परित्यक्त; **~-chance,** अल्प-संभावना*; **~colour,** अस्वस्थ; अपवर्ण; अनुचित, भद्दा; **~-day,** छुट्टी* (का दिन); अनध्याय (*of a school*); **~duty,** खाली, कार्यमुक्त।

offence, offense, 1. (*misdeed*) अपराध, दोष; 2. (*offending*) दुर्व्यवहार, अपमान, तिरस्कार; 3. (*umbrage*) अप्रसन्नता*, खीझ*, नाराज़गी*, नाराज़ी*; 4. (*attack*) आक्रमण; 5. (*stumbling-block*) ठोकर*, बाधा*; give ~, नाराज़ क०; take ~, नाराज़ हो जाना। > अॅफ़े'न्स

offend, 1. अपराध क०; भंग क०, तोड़ना, उल्लंघन क०; 2. नाराज़ क०, अप्रसन्न क०; खिजाना; अपमान क०; 3. बुरा लगना, पर आघात क०, ठेस* पहुँचाना; **~ed,** नाराज़, रूठा हुआ; रुष्ट; **~er,** अपराधी, मुजरिम। > अॅफ़े'न्ड; अॅ-फ़े'न्ड्-अॅ

offensive, *adj.*, 1. (*repugnant*) घिनावना, बीभत्स, घृणास्पद, घृणाजनक; 2. (*unpleasant*) अप्रिय, अरुचिकर; 3. (*stinking*) बदबूदार; 4. (*insulting*) अपमानजनक, आपत्तिजनक, अपमानिक, उद्वेजक; 5. (*attacking*) आक्रामक, आक्रमणात्मक, हमलावर; —*n.*, 1. (*attack*) आक्रमण, हमला, समाक्रमण; 2. अभियान, आन्दोलन। > अॅ-फ़े'न्-सिव्

offer, *n.*, 1. (*act.*) अर्पण; 2. (*present*) भेंट*; 3. (*proposal*) प्रस्ताव; 4. (*comm.*) निवेद; —*v.*, 1. चढ़ाना, अर्पित क०, देना; 2. (*proffer*) प्रस्तुत क०, पेश क०, सामने रखना; 3. (*propose*) का प्रस्ताव क० या रखना; 4. (*bid*) दाम या मोल लगाना; 5. (*attempt*) की चेष्टा* क०; 6. (*occur*) प्रस्तुत होना, उपस्थित होना, आ जाना। > ऑफ़्-अॅ

offering, 1. अर्पण, चढ़ाव; 2. (*thing offered*) चढ़ावा, चढ़त*; 3. (*present*) भेंट*; दान; 4. (*oblation*) बलिदान; burnt ~, होम, आहुति*; votive ~, मन्नत* का चढ़ावा। > ऑफ़ॅरिन्ग

offertory, अर्पण, चढ़ावा; 2. (*alms*) दान; **~-box,** दान-पेटी*। > ऑफ़ॅटॅरि

offhand, *adv.*, तुरन्त, तुरत, तत्काल; बिना तैयारी* किए; —*adj.*, 1. तात्कालिक; बिना तैयारी* का; 2. (*curt*) रूखा, लापरवाह; **~edness,** रूखापन; लापरवाही*। > ऑ:फ़्हैन्ड; ऑ:फ़्-हैन्-डिड्-निस

office, 1. (*position*) पद; 2. (*duty*) कार्य, कर्तव्य; कार्यभार; 3. (*service*) सेवा*, उपकार; 4. (*department, place*) कार्यालय, दफ़्तर; 5. (*religious*) अनुष्ठान; उपासना*; 6. (*breviary*) आह्निका*, आह्निक प्रार्थना*; **~-bearer, ~-holder,** पदधारी; ~hours, कार्य-समय। > ऑफ़्-इस

officer, पदाधिकारी, अधिकारी; अफ़सर; **~in-charge,** कार्यभारी अधिकारी, प्रभारी, भारवाह अधिकारी। > ऑफ़्-इ-सॅ

official, *adj.*, 1. (*authoritative*) आधिकारिक; 2. (*gov.*) सरकारी, राजकीय, शासकीय; 3. (*of office*) पदीय, पद-; 4. (*formal*) औपचारिक; 5. (*pharm.*) अधिकृत; —*n.*, पदाधिकारी, अधिकारी; ~ language, राजभाषा*; ~ member, सरकारी सदस्य; ~ title, पदनाम; ~ residence, पदावास। > अॅफ़िशॅल

official/dom, ~ism, 1. अधिकारी-वर्ग; 2. (*red tape*) अफ़सरशाही*। > अॅफ़िशॅलडॅम; अफ़िशॅलिज़्म

officialese, दफ़्तरी भाषा*। > अॅफ़िशॅलीज़

officialize, सरकारी बनाना। > अफ़िशॅलाइज़
officially, सरकारी तौर पर, आधिकारिक या औपचारिक रूप से। > ॲफ़िशॅलि
officiant, अनुष्ठाता। > ॲफ़िशिॲन्ट
officiary, पदीय। > ॲफ़िशिॲरि
officiate, 1. (किसी पद पर) काम क०, का कार्य क० या निभाना; 2. (*replace*) स्थानापन्न होना; 3. (*relig.*) अनुष्ठान क०। > ॲफ़िशिएट
officiating, स्थानापन्न। > ॲफ़िशिएटिन्ग
officinal, अधिकृत। > ऑफ़िसाइनॅल = ऑफ़िसिनॅल
officious, 1. दस्तंदाज़; 2. (*informal*) अनौपचारिक। > ॲफ़िशॅस
offing, दृष्ट क्षितिज; दूर समुद्र। > ऑफ़्-इन्ग
off-print, अनुमुद्रण। > ऑ:फ़्-प्रिन्ट
offscourings, कूड़ा-करकट। > ऑफ़ = ऑ:फ़्स्काउरिन्ग्ज़
offseason, असमय, मन्दी* का समय। > ऑफ़् = ऑ:फ़्सीज़ॅन
offset, *n.*, 1. (*offshoot*) भूस्तरी, (प्र)शाखा*; 2. (*compensation*) प्रतिकार, प्रतिकरण, प्रतिसन्तुलन; 3. (*math.*) अन्तर्लम्ब; 4. (*bend*) मोड़; 5. (*~-printing*) आफ़सेट, अनुचित्रित मुद्रण; —*v.*, 1. प्रतितुलन या प्रतिकार क०; 2. (*neutralize*) व्यर्थ कर देना; बराबर क०; 3. (*compensate*) क्षतिपूर्ति* क०; 4. (*branch*) (शाखा* के रूप में) निकलना। > ऑ:फ़्से'ट
offshoot, (प्र)शाखा*। > ऑ:फ़्शूट
offshore, अपतट, समुद्र की ओर*; तट से दूर। > ऑफ़्शॉ:
off-side, दाहिनी ओर*; परला सिरा। > ऑ:फ़्साइड
offspring, 1. सन्तान*, सन्तति*, अपत्य; 2. (*produce*) उपज*; 3. (*result*) परिणाम, फल। > ऑफ़् = ऑफ़्-स्प्रिन्ग
offstage, नेपथ्य। > ऑफ़्स्टेज
off-take, 1. कुल ख़रीद*; 2. (*tube*) निकास-नली*। > ऑफ़्टेक
off-time, अवकाश। > ऑफ़्टाइम
off-white, श्वेताभ। > ऑफ़्वाइट
often(times), अकसर, प्रायः बहुधा। > ऑफ़ॅन = ऑ:फ़ॅन, ~टाइम्ज़
ogdoad, अष्ट; अष्टक। > ऑग्डोऐड
ogive, तोरण। > ओजाइव
ogle, *v.*, से आँख* (आँखें*) लड़ाना; *n.*, चितवन*, कटाक्ष, भ्रूविलास। > ओगॅल
ogre, राक्षस, मनुजाद; नरपिशाच; **~ss,** राक्षसी*। > ओगॅ; ओग्-रिस
Ogygian, प्रागैतिहासिक। > ऑगिजिॲन
oh, 1. (*calling*) हे; 2. *see* AH। > ओ
ohm, ओम; **~meter,** ओममापी। > ओम
oho, 1. (*surprise*) ओ हो, ओह, अहो, अरे; 2. (*exultation*) आहा, ओहो, अहा। > ओहो
oil, *n.*, तेल, तैल; *v.*, तेल देना, डालना, लगाना या भरना; 2. (*bribe*) घूस* देना। > ऑइल
oil/cake, खली*; **~can,** तेल-डिब्बा; **~cloth,** मोमजामा; **~-colour,** तैलरंग; **~-crusher,** कोल्हू; **~ed,** तैलाक्त; **~er,** तेलवाला; **~field,** तेल-क्षेत्र; **~-mill,** कोल्हू; **~-painting,** तैलचित्र; **~-paper,** तेलिया कागज़; **~-press,** कोल्हू; **~-seed,** तेलहन; **~skin,** मोमजामा; **~stone,** सिल्ली*; **~-tanker,** तेलपोत; **~tight,** तेलरोध **~well,** तेलकूप; **~y,** 1. (*oil-like*) तेलिया; 2. (*containing oil*) तेलहा; 3. (*greasy*) तैलाक्त; 4. (*of words*) चिकना-चुपड़ा; 5. (*person*) चाटुकार, चापलूस। > ऑइल्-इ
ointment, विलेप, मरहम। > ऑइन्ट्मॅन्ट
okra, भिण्डी*। > ओक्-रॅ
old, 1. बूढ़ा, वृद्ध, बुड्ढा; 2. (*worn-out*) पुराना; 3. (*ancient*) प्राचीन, पुरातन, पुराना; 4. (*former*) भूतपूर्व, पुराना; 5. (*experienced*) अनुभवी; how~? इसकी उमर* क्या है? किस समय का?; fifty years old, 1. (*person*) वह पचास वर्ष का है; 2. वह पचास वर्ष पुराना है; ~ age, बुढ़ापा, वृद्धावस्था*, वार्द्धक्य; ~man, बुड्ढा, बूढ़ा; ~woman, बुढ़िया*। > ओल्ड
old/-fashioned, 1. पुराना, पुरानी चाल* का, पुराने ढंग का; 2. (*old-fogyish*) दक़ियानूसी; **~ish,** बूढ़ा-सा; पुराना-सा; **~ness,** बुढ़ापा; प्राचीनता*, पुरानापन; **~ster,** बुड्ढा, बूढ़ा; **~-time,** पुरातन।
oleaginous, *see* OILY। > ओलिऐजिनॅस
oleander, कनेर। > ओ-लि-ऐन्-डॅ
oleaster, जंगली जैतून। > ओ-लि-ऐस्-टॅ
olecranon, कर्पूर। > ओलिक्रेनॅन
oleic, तैल। > ओलीइक
oleograph, रंगीन शिलामुद्र। > ओल्-इ-ओ-ग्राफ़
olfac/tion, 1. घ्राण*, घ्राणशक्ति*; 2. (*act.*) घ्राण, घ्राति*, सूँघना; **~tory,** *adj.*, घ्राण-, घ्राणेन्द्रिय-विषयक; —*n.*, घ्राणेन्द्रिय*; घ्राण-शक्ति*। > ऑल्फ़ैक्/शॅन, ~टॅरि
olibanum, लोबान; **~tree,** सलई*। > ऑलिबॅनॅम
olid, बदबूदार। > ऑल्-इड
oli/garchic(al, अल्पतंत्रीय; **~garchy,** अल्पतन्त्र, कुलीन-तन्त्र, कुल-तन्त्र, गुटतंत्र। > ऑलिगाक्-इक; ऑल्-इगाकि
olio, खिचड़ी*। > ओल्-इओ
olivaceous, जैतूनी। > ऑलिवेशॅस
olivary, जैतून-जैसा, जैतून-नुमा; **~body,** वर्तुलिका*। > ऑल्-इ-वॅ-रि
olive, जैतून; wild~, काऊ; **~-branch,** शांति प्रतीक;

सन्धि-प्रस्ताव; **~-green,** जैतून-हरित; Mount of O~s, जैतून-पहाड़। > ऑल्-इव्

Olympian, 1. ओलिम्पियन; 2. (*magnificient*) शानदार; 3. (*condescending*) कृपाडम्बरी; 4. (*lofty*) अहंकारी। > ओ-लिम्-पि-ॲन = ॲलिम्-पिॲन

omasum, तृतीय आमाशय। > ओमेसॅम

omelet, आमलेट। > ऑम्-लिट

omen, *n.*, शकुन, सगुन, लक्षण; *v.*, पूर्व सूचना* देना, का शकुन होना। > ओम्-ए'न

omentum, वपा*। > ओमे'न्टॅम

ominous, 1. शकुनात्मक; 2. (*sinister*) अशुभ, अनिष्ट-सूचक। > आम्-इ-नॅस

omissible, लोप्य, त्याज्य। > ओमिस्-इबॅल

omission, 1. (*non-performance*) अकरण, अनाचरण; 2. (*leaving out*) विलोपन, लुप्ति*, त्याग; 3. (*instance of* 1 *and* 2) चूक*, त्रुटि*, छूट*। > ओमिशॅन = ॲमिशॅन

omissive, 1. अकरणात्मक; 2. विलोपनात्मक; 3. (*careless*) असावधान। > ओ-मिस्-इव्

omit, छोड़ देना; नहीं क॰; जाने देना; **~ted,** छोड़ा हुआ। > ओमिट = ॲमिट

ommatidium, नेत्रांशक। > ऑमॅटिड्-इॲम

omnibus, *n.*, 1. बस*; 2. (*volume*) सर्वसंग्रह; —*adj.*, बहुप्रयोजन; **~test,** संग्राही परीक्षा*। > ऑम्-नि-बॅस

omnidirectional, सर्वदिशिक, सर्वदिशात्मक। > ऑम्-नि-डि-रे'क्-शॅ-नॅल

omnifarious, बहुविध। > ऑम्-नि-फ़े'ॲर्-इ-ॲस

omni/potence, सर्वशक्तिमत्ता*; **~potent,** सर्वशक्तिमान्। > ऑम्-निपॅ/टॅन्स, ~टॅन्ट

omni/presence, सर्वव्यापिता; **~present,** सर्वव्यापी, विभु। > ऑम्-नि-प्रे'ज़्/ॲन्स, ~ॲन्ट

omni/science, सर्वज्ञता*; **~scient,** सर्वज्ञ। > ऑम्-नि-सि/ॲन्स; ~ॲन्ट

omnium gatherum, घाल-मेल, भानुमती* का पिटारा। > ऑम-नि-ॲम गैदॅरॅम

omnivorous, सर्वभक्षी, सर्वाहारी। > ऑम्-निवॅरॅस

omophagous, कच्चा मांस खानेवाला। > ओमॉफ़ॅगॅस

omoplate, स्कन्धास्थि*। > ओमॅप्लेट

omphalos, 1. उभार; 2. (*centre*) केन्द्र। > ऑम्फ़ॅलॉस

on, *prep.*, 1. (*upon*) पर; 2. (*near*) के पास; 3. (*at the time of*) के समय, को; 4. (*after*) के बाद; 5. (*concerning*) के विषय में; —*adv.*, 1. (*onward*) आगे; 2. (*continuously*) बराबर, निरन्तर; 3. पहना हुआ; —*adj.*, 1. (*in operation*) जारी; 2. (*nearer*) पास का, इधर का, उरला; and so ~, इत्यादि। > ऑन

onager, गोरख़र। > ऑनॅगॅ

onanism, 1. अपूर्ण मैथुन; 2. (*masturbation*) हस्तमैथुन। > ओनॅनिज़्म

once, *adv.*, एक बार; किसी समय; कभी; —*conj.*, ज्योंही; जैसे ही; जब कभी; —*adj.*, भूतपूर्व, पुराना; all at ~, अचानक; at ~, तुरंत; एक ही समय, एक साथ; for ~, अब की बार*; ~ and again, बारम्बार; ~ for all, सदा के लिए, अन्तिम रूप से; ~ in a while, कभी-कभी; ~upon a time, बहुत पहिले। > वॅन्स

oncoming, *adj.*, 1. उपगामी; 2. (*in time*) आगामी; —*n.*, उपगमन; आगमन। > ऑन्कॅमिन्ग

one, *n.*, 1. एक; 2. (*card, domino*) इक्का; —*adj.*, 1. एक; 2. (*a certain*) कोई; 3. (*same*) एक ही; 4. (*alone*) अकेला, एकाकी; 5. (*unparalleled*) अद्वितीय; at ~, सहमत, एकमत; make ~, सदस्य होना, सम्मिलित हो जाना; जोड़ देना, एक बना देना; ~ and all, सभी; ~another, एक दूसरे को परस्पर; ~ by ~, एक एक करके। > वॅन

one/-act play, एकाकी; **~-armed,** एकबाहु; **~-crop,** एकसस्य; **~-dimensional,** एक-विम; **~-eyed,** काना; **~fold,** एकहरा, इकहरा; **~-legged,** एकटंगा; **~-man,** एकजन; एककार्मिक; **~ness,** 1. ऐक्य, एकत्व; 2. (*sameness*) अभिन्नता*; **~self,** स्वयं, खुद; by —, अकेला, एकाकी; **~-sided,** 1. एकतरफ़ा, एकपक्षी(य); 2. (*partial*) पक्षपाती, तरफ़दार, पक्षपातपूर्ण; **~-storied,** एकतल्ला, एकमंज़िला; **~-time,** भूतपूर्व, पुराना; **~-track,** एकपथ; **~-way,** एकतरफ़ा, इकतरफ़ा।

oneirocritic, स्वप्न-सगुनिया, स्वप्नविचारी। > ऑनाइॲरोक्रिट्-इक

oneiromancy, स्वप्न-सगुनौती*, स्वप्नशास्त्र। > ऑनाइॲरोमैन्सि

onerous, 1. भारी, दूभर, दुर्भर, दुर्वह, दुःसह; 2. (*law*) सभार। > ऑनॅरॅस

onion, प्याज़, पलाण्डु; **~y,** प्याज़ी। > अॅन्यॅन; अॅन्यॅनि

onlooker, दर्शक, प्रेक्षक। > ऑन्-लुकॅ

only, *adj.*, अकेला, एकमात्र; अद्वितीय; —*adv.*, केवल, सिर्फ़, मात्र, ही; —*conj.*, किंतु; ~ too, अत्यन्त, अत्यधिक। > ओन्-लि

only-begotten, एकलौता। > ओन्-लिबिगॉटॅन

onomastic, नाम-, नामिक, नामविषयक; **~on,** नाम-कोश। > ऑ-नो-मैस्/टिक, ~टिकॅन

onomatology, नाम-विज्ञान, नामिकी*। > ऑनोमॅटॉलॅजि

onomato/poeia, ध्वनि-अनुकरण; अनुकरणात्मक शब्द; **~poeic,** अनुकरणात्मक, अनुरणनात्मक, अनुकरणामूलक, अनुरणनमूलक। > ऑनोमैटो/पीॲ, ~पीइक

onrush, 1. अभिधावन, आस्कन्दन; 2. (*of water*) प्रवाह, बहाव। > ऑन्रॅश

onset, आक्रमण; प्रारंभ। > ऑन्से'ट

onshore, अभितट; तटवर्ती। > ऑन्शॉ:

onslaught, आक्रमण, चढ़ाई*, अभ्याघात, ज़बरदस्त मार-काट*। > ऑन्स्लॉ:ट

ontogeny, व्यक्तिवृत्त, व्यष्टिविकास। > ऑन्-टॉज्-इ-नि

onto/logical, सात्त्विक; सत्तामूलक; —argument, प्रत्ययाश्रित तर्क; **~logy,** सत्तामीमांसा*। > ऑन्-टॅ-लॉज्-इ-कॅल; ऑन्टॉलॅजि

onous, भार; दायित्व। > ओनॅस

onward, *adv.*, आगे; *adj.*, अग्रसर, आगे बढ़नेवाला; **~s,** आगे। > ऑन्वॅड; ऑन्वॅड्ज़

onychophorous, नखी। > ऑनिकॉफ़ॅरॅस

onymous, सनाम। > ऑन्-इ-मॅस

onyx, सुलेमानी*। > ऑन्-इक्स

oocyst, युग्मक-पुटी*। > ओऑसिस्ट

occyte, डिम्बाणुजनकोशिका*। > ओऑसाइट

oo/gamous, विषमयुग्मकी; **~gamy,** विषम-युग्मन। > ओऑगॅमॅस; ओऑगॅमि

oogenesis, डिम्बजन। > ओॲजे'न्-इसिस

oogonium, डिम्बाणुप्रसूजन। > ओॲगोनिॲम

oolite, डिम्बाश्म। > ओॲलाइट

oology, डिम्बविज्ञान। > ओऑलॅजि

ooplasm, अण्डकद्रव्य, डिम्बद्रव्य। > ओॲप्लैज़्म

oosperm, निषिक्ताण्ड। > ओॲस्पॅ:म

oosphere, अण्डकगोल। > ओॲस्फिॲ

ooze, *n.*, 1. (*soft mud*) पंक, सिन्धुपंक, मृदुपंक; 2. (*bog*) दलदल**; 3. (*oozing*) स्यन्दन, निस्यन्दन; —*v.*, रिसना, चूना, टपकना। > ऊज़

oozy, 1. (नि)स्यन्दी, रिसनेवाला; 2. (*muddy*) पंकिल; 3. (*slimy*) दलदला। > ऊज़्-इ

opacity, अपारदर्शिता*, अपार्यता*; 2. (*of eye*) फुल्ली*, फूली*। > ओपैसिटि

opal, दूधिया। > ओपॅल

opales/cence, दूधियापन, रंगदीप्ति*; **~cent,** सतरंगा, दूधिया, दुग्धिल। > ओपॅले'स्/ॲन्स, ~ॲन्ट

opaline, *adj.*, दूधिया; *n.*, ओपलीन। > ओपॅलाइन (*adj.*), ओपॅलीन (*n.*)

opaque, 1. अपारदर्शी, अपार्य; 2. (*obscure*) गूढ़; 3. (*dull*) निष्प्रभ; 4. (*obtuse*) मन्दबुद्धि। > ओपेक

open, *adj.*, 1. खुला; 2. (*unprotected*) अरक्षित; 3. (*not hidden*) प्रकट; 4. (*frank*) निष्कपट; 5. (*undecided*) अनिर्णीत; विचाराधीन, अनिश्चित; 6. (*not occupied*) खाली; 7. (*to doubt etc.*) -आस्पद; 8. (*accessible*) प्रभावनीय; 9. (*of ranks, formation*) विरला; 10. (*or vowel*) विवृत; 11. (*of syllable*) मुक्त; 12. (*of consonant*) संघर्षी; —*n.*, खुला मैदान; —*v.t.*, खोलना, खोल देना; खुला कर देना; फैलाना; प्रकट क०; की चर्चा* चलाना; उदार बनाना; प्रारंभ क०; उद्घाटन क०; —*v.i.*, खुलना, खुल जाना; फैल जाना; प्रकट हो जाना; प्रारंभ होना; उदार बनना; **~off,** फैल जाना या फैलाना, विकसित हो जाना या क०; वेग बढ़ाना; हृदय खोलना; **~up,** खोलना; फैलाना; प्रारंभ क०; in the ~air, बाहर; ~ letter, खुला पत्र, आम पत्र; ~-door policy, अभेदनीति*, मुक्त-द्वार नीति*। > ओपॅन

open/-air, बाहरी; **~-eared,** चौकन्ना; **~er,** खोलनेवाला; उद्घाटक; **~-eyed,** चौकस; **~-handed,** उदार, मुक्तहस्त; **~-hearted,** निष्कपट, हार्दिक, उदार।

opening, *n.*, 1. उद्घाटन, प्रारंभ; 2. (*aperture*) विवर, छेद; मुख, द्वार; 3. खुली जगह*; 4. (*opportunity*) सुअवसर; 5. खाली जगह*; 6. (*chess*) प्रारंभिक चाल*; —*adj.*, पहला, प्रारंभिक; उद्घाटक; **~balance,** अथशेष, आद्य-शेष, प्रारंभिक रोकड़*; **~ceremony,** उद्घाटन-समारोह। > ओप्-निंग

openly, खुल्लमखुल्ला, खुलेआम, प्रकट रूप से; खुलकर, निःसंकोच। > ओपॅन्-लि

open-minded, उदारमति, तटस्थ, निष्पक्ष।

open-mouthed, 1. मुँह बाए; 2. (*greedy*) लोभी; 3. (*ravenous*) खाऊ; 4. (*astonished*) हक्का-बक्का।

openness, खुलापन, खुलावट*; प्राकट्य; निष्कपटता*; उदारता*। > ओपॅन्-निस

open-work, जाली*। > ओपॅन्वॅ:क

opera, गीति-नाट्य, संगीतक, सांगीत; **~glass,** नाट्य-दूरबीन*। > ऑपॅरॅ

operable, शल्यकरणीय। > ऑपॅरॅबल

operant, *adj.*, 1. (*working*) चलता; 2. (*active*) सक्रिय; 3. (*effective*) कारगर; —*n.*, *see* OPERATOR। > ऑपॅरॅन्ट

operate, 1. (*conduct*) चलाना, परिचालित क०, परिचालन क०; 2. (*accomplish*) सम्पादित क०, सम्पन्न क०, उत्पन्न क०; 4. (*med.*) शल्यक्रिया* क०, आपरेशन क०; 5. (*mil.*) सैनिक कार्रवाई क०; 6. (*be in action*) चालू होना, चलना; काम क०, क्रियाशील होना; लागू होना; 7. (*take effect*) असर क०; प्रभाव डालना। > ऑपॅरेट

operatic, सांगीतीय। > ऑपॅरैट्-इक

operating, ~costs, परिचालन लागत*;

~ theatre, आपरेशन-भवन; ~ staff, परिचालन अमला। > ऑपॅरेटिन्ग

operation, 1. (*operating*) प्रचालन, चालन, संचालन; 2. (*activity*) काम, क्रिया*, प्रक्रिया*; व्यापार; 3. (*being in action*) प्रचलन; 4. (*math.*) संक्रिया*; 5. (*influcence*) प्रभाव; 6. (*action*) कार्यवाही*, कार्रवाई*; 7. (*mil.*) फ़ौजी कार्रवाई*, (सैनिक) संक्रिया*, संग्राम; 8. (*plan*) योजना*; 9. (*med.*) शल्यक्रिया*, शल्योपचार, चीरफाड़*, आपरेशन; in ~, 1. चालू; 2. (*in force*) लागू, जारी; ~ area, कार्रवाई-क्षेत्र; सांग्रामिक क्षेत्र; ~ manual, परिचालननियम पुस्तिका*; **~al,** 1. परिचालन-; 2. (*mil.*) सांग्रामिक। > ऑपॅरेशॅन; ऑपॅरेशॅनॅल

operative, *adj.*, 1. (*working*) चालू, क्रियात्मक, क्रियाकारी, चलता; 2. (*of person*) सक्रिय; 3. (*effective*) कारगर, कार्यकर, कार्योत्पादक; 4. (*practical*) व्यावहारिक; —*n.*, कर्मी। > ऑपॅरॅटिव्

operatize, ठीक कर देना, चालू या चलता बना देना। > ऑपॅरॅटाइज़

operator, 1. (प्र)चालक; 2. कर्ता; 3. शल्य-चिकित्सक; 4. (*math.*) संकारक; 5. (*speculator*) सट्टेबाज़; 6. (*director*) संचालक। > ऑपॅरेटॅ

oper/cular, प्रच्छदी; **~culum,** 1. प्रच्छद; 2. (*of fishes*) क्लोमछद; 3. (*bot.*) पिधानक। > ओपॅ:क्यु/लॅ, ~लॅम

operetta, गीति-नाटिका*। > ऑपॅरे'ट्-अॅ

operose, 1. श्रमसाध्य; 2. (*industrious*) परिश्रमी, मेहनती। > ऑपॅरोस

ophi/cephalous, सर्पशीर्ष; **~cleide,** तूमड़ी*, तुमड़ी*; **~dian,** *n.*, सर्प, साँप; —*adj.*, 1. सर्पजातीय; 2. (*snake-like*) सर्पिल; **~olatry,** सर्पपूजा*; **~ology,** सर्पविज्ञान; **~te,** अहिरश्म। > ऑफ़िसे'फ़लॅस; ऑफ़्-इ-क्लाइड; ऑफ़िड्-इअॅन; ऑफ़िऑलॅ/ट्रि, ~जि; ऑफ़ाइट

ophthal/mia, नेत्रप्रदाह, नेत्रशोथ; **~mic,** नेत्र-, नैत्र; नेत्रप्रदाह-ग्रस्त; **~mologist,** नेत्रविज्ञानी; **~mology,** नेत्रविज्ञान, नैत्रिकी*; **~moscope,** दृष्टिपटलदर्शी। > ऑफ़्-थैल्/मि-अॅ, ~मिक; ऑफ़्थैल्मॉलॅ/जिस्ट, ~जि; ऑफ़्थैल्मॅस्कोप

opiate, *adj.*, स्वापक; *v.*, मन्द कर देना। > ओप्-इ-इट (*adj.*); ओप्-इ-एट (*v.*)

opine, समझना, कहना। > ओपाइन

opinion, 1. विचार, राय*, सम्मति*, मत; 2. (*formal*) अभिमत; 3. (*estimation*) मूल्यांकन; **~ated,** हठीला, दुराग्रही, मताग्रही*, हठधर्मी; **~ative,** 1. (*doctrinal*) सैद्धान्तिक; 2. हठधर्मी। > अॅपिन्/यॅन, ~यॅनेटिड, ~यॅनेटिव्

opium, अफ़ीम*, अहिफेन; **~plant,** पोस्ता; **~-smoker,** अफ़ीमची। > ओप्यॅम

oppossum, ओपोसम। > ऑपॉसॅम

oppidan, नगरनिवासी। > ऑप्-इ-डॅन

oppilate, अवरुद्ध क०। > ऑप्-इ-लेट

opponent, *n.*, 1. प्रतिपक्षी, विरोधी; 2. (*competitor*) प्रतिद्वन्द्वी; —*adj.*, 1. (*opposite*) सम्मुख, प्रतिमुख, अभिमुख; 2. (*adverse*) प्रतिकूल, विरोधी; 3. (*med.*) व्यावर्तक। > अॅपोनॅन्ट

opportune, 1. उपयुक्त; संगत; 2. (*timely*) समयानुकूल समयोचित; **~ly,** यथावसर। > ऑपॅट्यून, ~लि

opportu/nism, अवसरवाद, अवसरवादिता*; **~nist(ic),** अवसरवादी, समयानुवर्ती, ज़मानासाज़। > ऑपॅट्यू/निज़्म, ~निस्ट; ऑपॅट्यूनिस्-टिक

opportunity, (सु)अवसर, मौक़ा, सुयोग। > ऑपॅट्यून्-इटि

opposable, विरोधनीय, दमनीय; प्रतिस्थापनीय। > अॅपोज़ॅबॅल

oppose, (का) विरोध क०, का सामना क०; सम्मुख रखना। > अॅपोज़

opposing, विरोधी। > अॅपोज़्-इन्ग

opposite, *adj.*, 1. (*in position*) प्रतिमुख, सम्मुख, सामने का; 2. (*bot.*) विरुद्ध, विपरीत; 3. (*contrary*) विरोधी, प्रतिकूल, विपरीत, उलटा; —*n.*, उलटा; —*adv.*, सामने; के प्रतिमुख, के समानान्तर; ~ party, 1. (*law*) प्रतिपक्ष; 2. (*pol.*) विरोधी दल। > ऑपॅज़िट

opposition, 1. विरोध, प्रतिरोध; 2. (*contrast*) प्रतिकूलता*; 3. (*astron.*) वियुति*; 4. (*pol.*) विरोधी दल। > ऑपॅज़िशॅन

oppress, 1. दमन क०, सताना, पर अत्याचार क०; 2. (*weigh down*) भार डालना, दबाना; **~ed,** (पद)दलित, उत्पीड़ित। > अॅप्रे'स; अॅप्रे'स्ट

oppression, दमन, अत्याचार, उत्पीड़न, ज़ुल्म; उदासी*, क्लान्ति*। > अॅप्रे'शॅन

oppressive, 1. अत्याचारी, कठोर, दमनात्मक; 2. (*burdensome*) भारी, कष्टकर, असह्य; 3. (*depressing*) विषादजनक, अवसादक, अवसादी; 4. (*weather*) उमसदार। > अॅप्रे'स्-इव्

oppressor, अत्याचारी, तानाशाह। > अॅ-प्रे'स्-अॅ

opprobrious, 1. अपमानजनक, निन्दाभरा, निन्दात्मक; 2. (*person*) निन्दक, अपमानी। > अॅ-प्रोब्-रि-अॅस

opprobrium, 1. अपयश, अपकीर्ति*, बदनामी*, कलंक; 2. (*reproach*) निन्दा*, तिरस्कार, अपमान। > अॅ-प्रोब्-रि-अॅम

oppugn, खण्डन क०; विरोध क०; **~ance,** विरोध;

~**ant,** विरोधी, प्रतिकूल; ~**ation,** खण्डन; विरोध; ~**er,** खण्डक। > अॅप्यून; अॅपॅग्/नॅन्स, ~नॅन्ट; ऑपॅग्नेशॅन; अॅ-प्यून्-अॅ

opt, चुनना, पसन्द क०; ~**ative,** *adj.*, इच्छाबोधक; —*n.*, इच्छाबोधक क्रियार्थ, संभाव्य भविष्यत्, विधिलिङ्। > ऑप्ट; ऑप्टॅटिव्

optic, 1. (*of sight*) दृष्टि-, दृक्; 2. (*of eye*) नेत्र-, अक्षि-, 3. (*of light*) प्रकाशीय, प्रकाश-; ~ nerve, दृक्-तंत्रिका*। > ऑप्-टिक

optical, 1. दृष्टि-; 2. (*re optics*) प्रकाश-, प्रकाशिक, प्रकाशीय; ~illusion, दृष्टिभ्रम; ~ instrument, प्रकाशिक यंत्र। > ऑप्-टि-कॅल

optician, चश्मा बनानेवाला, चश्माकार; चश्मा बेचनेवाला, चश्माफ़रोश। > ऑप्-टि-शॅन

optics, प्रकाश-विज्ञान, प्रकाशिकी*। > ऑप्-टिक्स

opti/mism, 1. आशावाद; 2. (*philos.*) सर्वशुभवाद; श्रेष्ठवाद; ~**mist,** आशावादी; ~**mistic,** आशान्वित; आशावादी, आशापूर्ण; ~**mize,** आशावादी होना। > ऑप्-टि/मिज़्म, ~मिस्ट ऑप्-टि-मिस्-टिक

optimum, *n.*, अनुकूलतम वातावरण या परिस्थिति*; —*adj.*, अनुकूलतम, इष्टतम, आदर्श, श्रेष्ठ, सर्वोत्तम। > ऑप्-टि-मॅम

option, 1. विकल्प; 2. (*choice*) वरण, चुनाव; 3. (*preference*) पसंद*; 4. (*right*) वरणाधिकार; call ~, तेज़ी*; double ~, नज़राना; put ~, मंदी*; ~**al,** वैकल्पिक, ऐच्छिक, विकल्पी; ~**ally,** विकल्प से, विकल्पतः। > ऑप्शॅन, ऑप्शॅ/नॅल, ~नॅलि

opto/meter, दृष्टिमापी; ~**metry,** दृष्टि-मिति*। > ऑप्-टॉम्/इटॅ, ~इट्रि

optophone, आलोकभाष। > ऑप्टॅफ़ोन

opu/lence, 1. धन-सम्पत्ति*; 2. (*abundance*) प्राचुर्य, आधिक्य, बहुतायत*; ~**lent,** धनी, अतिसमृद्ध; प्रचुर, भरपुर, विपुल। > ऑप्यू/लॅन्स, ~लॅन्ट

opus, रचना*; ~**cule,** लघु-रचना। > ओपॅस; ओपॅसक्यूल

or, *conj.*, अथवा, या, वा; *n.*, स्वर्ण। > ऑ:

oracle, 1. देववाणी*; 2. (*person*) आप्तपुरुष; 3. (*truth*) आप्तवचन, वेदवाक्य। > ऑरॅकॅल

oracular, 1. देववाणी-सदृश; 2. (*prophetic*) प्रामाणिक, भविष्य-सूचक; 3. (*mysterious*) रहस्यमय। > ऑ-रैक्-यू-लॅ

oral, *adj.*, 1. मौखिक, ज़बानी; 2. (*in the mouth*) मुख-, मुखी, मुखवर्ती; ~cavity, मुख-विवर; ~evidence, मौखिक साक्ष्य; ~**ly,** मौखिक रूप से; मुख से। > ऑ:रॅल, ऑ-रॅलि

orange, *n.*, 1. (*tight-skinned*) नारंगी*, मुसम्मी*, कमला; 2. (*loose-skinned*) सन्तरा; 3. (*sour*) खट्टा; 4. (*colour*) नारंगी; —*adj.*, नारंगी; ~**ade,** नारंगी-शरबत; ~**ry,** नारंगी-वाटिका*; ~**-tip,** केसरिया; ~**-tree,** नारंगी*। > ऑरिन्ज; ऑरिन्जेड; ऑरिनजॅरि

orang-outang, ओरंग उटान, ओरंगोटंग। > ऑ:रॅंग्ऊटैंग

orate, भाषण झाड़ना। > ऑरेट

oration, 1. भाषण, सम्भाषण, व्याख्यान, वक्तृता*; 2. (*prayer*) निवेदन, प्रार्थना*। > ऑरेशॅन

orator, 1. वक्ता, वाग्मी; सुवक्ता; 2. (*plaintiff*) वादी; ~**ical,** 1. भाषण-, वक्तृ; 2. (*given to oratory*) भाषणबाज़। > ऑ- रॅ- टॅ; ऑरॅटॉरिकॅल

oratorio, संकीर्तन। > ऑ- रॅ- टॉ:र्-इ-ओ

oratory, 1. (*place*) प्रार्थनागृह; 2. (*art*) वाक्पटुता*, वाग्मिता*; प्रभावशाली भाषण। > ऑरॅटॅरि

orb, *n.*, 1. (*sphere*) गोला; खगोलीय गोला; 2. (*globe*) पृथ्वीमण्डल; 3. (*circle*) वृत्त; 4. मण्डल, प्रभाव-क्षेत्र, घेरा; —*v.*, घेर लेना; गोल बनना या बनाना; ~**icular,** ~**iculate,** 1. (*spherical*) गोलाकार; 2. (*circular*) वृत्ताकार, वर्तुल, वर्तुलाकार। > ऑ:ब; ऑ:-बिक्-यू-लॅ

orbit, 1. (*eye-socket*) नेत्र-कोटर, नेत्रगुहा*; 2. (*astron.*) परिक्रमा-पथ, कक्षा*, कक्ष; ग्रहपथ; 3. (*fig.*) कार्यक्षेत्र, वातावरण; ~**al,** नेत्रगुहा-; कक्षीय, कक्षकीय। > ऑ:ब्/इट, ~इटॅल

orchard, फलोद्यान, फलवाटिका*; ~**ist,** फलोद्यानी। > ऑ:चॅड

orchestic, *adj.*, नृत्य; *n.*, नृत्यकला*। > ऑ:-के'स्-टिक

orchestra, 1. (*place*) वाद्य-मण्डल, वादक-स्थान; 2. (*company*) वाद्य-वृन्द, वादक-दल; 3. (*instruments*) वृन्दवाद्य; ~**l,** वाद्यवृन्दीय; ~**tion,** वाद्यवृन्दकरण; ~**tor,** वाद्यवृन्दकार। > ऑ:-किस्-ट्रॅ; ऑ:के'स्ट्रॅल; ऑ:के'स्ट्रेशॅन, ऑ:के'स-ट्रे-टॅ

orchid, ऑर्किड। > ऑ:किड

orchitis, वृषणशोथ। > ऑ:काइट्-इस

ordain, 1. (*decree*) निश्चय क०, विधान क०, विहित क०, ठहराना, बदना, फ़रमाना; 2. (*command*) आदेश देना; 3. (*enact*) क़ानून बनाना; 4. (*a priest*) अभिषेक देना, अभिषिक्त क०। > ऑ:डेन

ordeal, 1. दिव्य, सत्यपरीक्षा*; 2. (*fig.*) अग्निपरीक्षा*, कठिन परीक्षा*; ~ by fire, अग्निपरीक्षा*; ~ by water, जलपरीक्षा*। > ऑ:डील

order, *n.*, 1. (*class*) वर्ग; 2. (*group, biol.*) गण; 3. (*grade, rank*) श्रेणी*, कोटि*; 4. (*of religious*) (धर्म)संघ; 5. (*math. degree*) घात; 6. (*sequence*) अनुक्रम, क्रम; 7. (*proper arrangement*) व्यवस्था*, क्रम; 8. (*command*) आदेश, हुक्म, आज्ञा*; 9. (*system, style*) पद्धति*; 10. (*comm.*) माँग*,

फ़रमाइश*, आर्डर; आदेश; 11. (*state*) दशा*, हालत*; 12. (*law*) आदेश; —*v.*, 1. (*arrange*) क्रम से रखना, सजाना; व्यवस्थित क०; सुव्यवस्थित क०; 2. (*command*) आदेश देना; 3. (*comm.*) मँगाना, मँगवाना; 4. (*ordain*) ठहराना, विधान क०; by ~, आदेशनुसार; in ~, ठीक क्रम में; अच्छी हालत* में; नियमानुसार; उचित, उपयुक्त; in ~ that, ताकि; in ~to, के उद्देश्य से; in short~, तुरन्त, शीघ्र ही; out of~, अक्रम, अव्यवस्थित; खराब, बिगड़ा हुआ; नियमविरुद्ध; अनुपयुक्त, अनुचित; law and ~, विधि* और व्यवस्था*; in ~of merit, योग्यता-क्रम से, योग्यतानुसार; ~ of march, कूच-क्रम; **~-book,** कार्यक्रम-सूची*; आदेश पुस्तक*; **~ed,** सुव्यवस्थित, क्रमित; आदेशित; मँगाया; ठहराया, विहित; **~-form,** माँग-पत्र, प्रेषणादेश-पत्र; **~less,** अस्तव्यस्त, अव्यवस्थित। > ऑ:ड्-अॅ

orderly, *n.*, अर्दली; *adj.*, 1. सुव्यवस्थित; क्रमबद्ध; 2. (*well-behaved*) शान्त, अनुशासित, सुशील; 3. (*methodical*) तरीके से काम करनेवाला, व्यवस्थित; 4. (*mil.*) आदेशवाहक; —*adv.*, शान्तिपूर्वक; विधिपूर्वक; विधिवत्; **~bin,** कूड़ा-कोठ। > ऑ:डॅलि

ordinal, *adj.*, 1. क्रमसूचक; 2. (*nat. hist.*) वर्गीय; —*n.*, 1. क्रमसंख्या*, क्रमसूचक संख्या*, 2. क्रमवाचक विशेषण; 3. अभिषेक-ग्रन्थ; 4. (*service-book*) धर्मविधि-पुस्तक*। > ऑ:ड्-इ-नॅल

ordinance, 1. अध्यादेश; 2. (*usage*) प्रथा*, रिवाज; 3. धर्मविधि*। > ऑ:ड्-इ-नॅन्स

ordinand, अभिषेष्य। > ऑ:ड्-इनैन्ड

ordinant, अभिषेक्ता, अभिषेककर्ता। > ऑ:ड्-इ-नैन्ट

ordinarily, साधारणतया, साधारणत:। > ऑ:ड्नॅरिलि = ऑ:ड्-इनॅरिलि

ordinary, *adj.*, 1. (*common, mediocre*) साधारण, मामूली; 2. (*usual*) सामान्य, प्रथागत, रिवाजी; 3. (*natural*) स्वाभाविक, प्रकृत; 4. (*of jurisdiction*) पदेन, साधारण; —*n.*, स्थानीय धर्माध्यक्ष; सामान्य प्रार्थनाएँ*। > ऑ:ड्-नॅरि = ऑ:ड्-इनॅरि

ordinate, कोटि*, भुजमान; कोटि-अंक। > ऑ:ड्-इनिट = ऑ:ड्-निट

ordination, 1. अभिषेक, पुरोहिताभिषेक; 2. (*by God*) विधान, विधायन; 3. (*arranging*) विन्यसन। > ऑ:डिनेशॅन

ordinee, नव-अभिषिक्त उपयाजक। >ऑ:डिनी

ordnance, 1. (*artillery*) तोपख़ाना; 2. युद्धसामग्री*; गोला-बारूद* (*ammunition*); अस्त्र-शस्त्र (*weapons*); 3. (*dept.*) आयुध-विभाग। > ऑ:ड्नॅन्स

ordonnance, 1. विन्यास; 2. (*law*) अध्यादेश। > ऑ:डॅनॅन्स

ordure, 1. (*filth*) गन्दगी*, मैल; 2. (*foul language*) गाली*, अपशब्द; 3. (*excrement*) मल; 4. (*manure*) खाद*। > ऑ-ड्युअॅ

ore, कच्ची धातु*, अयस्क, धातुक। > ऑ:

oread, पर्वत-परी*, पर्वत-देवी*। > ऑ:र्-इ-ऐड

orectic, 1. इच्छामूलक; 2. (*med.*) बुभुक्षा-वर्धक। > ऑ:रे'क्-टिक

organ, 1. (*music*) वाद्यराज, आर्गन, आरगन; 2. (*of body*) अवयव, अंग, इन्द्रिय*; 3. (*means*) साधन; 4. (*periodical*) मुखपत्र; 5. (*of govern.*) अंग। > ऑ:गॅन

organdie, महीन मलमल*। > ऑ:गॅन्डि

organic, 1. (*of living organisms*) जैव; 2. (*of organs*) आंगिक, ऐंद्रिय; 3. (*having organs*) सावयव, सेन्द्रिय, जैव; 4. (*chem.*) कार्बनिक; 5. (*systematic*) सुघटित, संघटित, सुव्यवस्थित; 6. (*inherent*) सहज, स्वभावगत, समवायी; 7. (*fundamental*) मूलभूत; 8. (*of disease*) कायिक; 9. (*mechanical*) यान्त्रिक। > ऑ:गैन्-इक

organicism, अवयववाद। > ऑ:-गैन्-इ-सिज़्म

organism, 1. जीव, अवयवी, अंगी; अवयव-संस्थान, संघटित, शरीर-रचना*; 2. *see* ORGANIZATION (4)। > ऑ:गॅनिज़्म

organizable, संघटनीय; संयोजनीय। > ऑ:गॅनाइज़ॅबॅल

organization, 1. (*action*) संगठन, संघटन, व्यवस्थापन; 2. (*structure*) संगठन, संघटन; 3. (*arrangements*) व्यवस्था*, प्रबन्ध; 4. (*institution*) संस्था*, संस्थान; 5. (*people*) पदाधिकारी; अधिकारी-गण; आयोजक; प्रबन्धक, प्रबन्ध-समिति*; **~al,** संघटनात्मक। > ऑ:गॅनाइज़ेशॅन

organize, 1. (*union etc.*) संघटित क०, संघटन क०; स्थापित क०; 2. (*a function*) आयोजित क०, का आयोजन क०; 3. (*arrange*) सुव्यवस्थित क०; 4. (*of people*) संघबद्ध क० या हो जाना; **~r,** संगठक, संगठनकर्ता; आयोजक; **~d,** संगठित। > ऑ:गॅ/नाइज़, ~नाइज़ॅ

organo/gen, जैवतत्त्व; **~genesis,** अंग-विकास; **~graphy,** अंगवर्णन; **~logy,** अंगविज्ञान; **~therapy,** जैव-तत्त्व-चिकित्सा*। > ऑ:गॅ/नॉजे'न; ~नॉ-जे'न्-इ-सिस; ~ नॉग्रॅफ़ि; ~नॉलॅजि, ~नॅथे'रॅपि

organon, organum, ज्ञान-साधन; तर्कशास्त्र। > ऑ:गॅनॉन; ऑ:गॅनॅम

orgasm, 1. (*frenzy*) उन्माद, प्रबल उत्तेजना*; 2. (*rage*) क्रोधोन्माद; 3. कामोत्ताप, मदन-लहरी*। > ऑ:गैज़्म

orgeat, बादाम-शरबत। > ऑ:जिएट = ऑ:श़ा

orgiastic, व्यभिचारपूर्ण, उच्छृंखल। > ऑ:-जि-ऐस-टिक

orgy, 1. (*rites*) रहस्यानुष्ठान, गुह्योपासना*; 2. (*revel*) मद्यपान-उत्सव; रंगरलियाँ*; 3. (*debauchery*) व्यभिचार, लाम्पट्य; 4. (*excess*) अतिरेक, ज़्यादती*, आधिक्य। > ऑ:जि

oriel, गवाक्ष, झरोखा। > ऑ:र्-इ-अॅल

orient, *n.*, 1. पूर्व, प्राची*, पूर्व देश; 2. (*lustre*) चमक*; —*adj.*, चमकदार; —*v.*, पूर्व की ओर* अभिमुख क०, हो जाना या होना; (परिस्थिति*) के अनुकूल कर देना या बन जाना, अनुस्थापन क०; (किसी) दिशा* में रख देना; स्थान निश्चित कर लेना। > ऑ:र्-इ- अॅन्ट (*n., adj.*); ऑ:रिए 'न्ट (*v.*)

oriental, *adj.*, पूर्वी, पूरबी, प्राच्य; *n.*, पूर्ववासी, पूर्वदेशी; **~ism,** प्राच्य विद्या*; पूर्वदेशीयता*; **~alist,** प्राच्यविद्; **~ize,** पूर्वी या प्राच्य बना लेना या बनना। > ऑ:रिए 'न्/टॅल, ~टॅलिज़्म, ~टॅलाइज़

orien/tate, (पूर्व) की ओर* अभिमुख होना; के अनुकूल बन जाना; **~tation,** 1. (*orienting*) दिग्विन्यास; पूर्वाभिमुखीकरण (*towards the East*); 2. (*ascertaining position*) स्थिति-निर्धारण; 3. (*adjustment*) अनुकूलन; 4. (*arranging*) अभिविन्यास; 5. (*position*) अवस्थिति*, स्थिति*। > ऑरि = ऑ:र्-इ-ए 'न्-टेट ऑरि = ऑ:रिए 'न्टेशॅन

orifice, रन्ध्र, छिद्र, सूराख, मुख। > ऑरिफ़िस

oriflamme, केतु, रणपताका*। > ऑरिफ़्लैम

origan(um), मरुवक। > ऑरिगॅन; ऑरिगॅनॅम

origin, 1. उत्पत्ति*, उद्‌भव, उद्‌गम, मूल; 2. (*beginning*) आरंभ; 3. (*lineage*) कुल, वंश; 4. (*source*) स्रोत; उद्‌गमस्थान; 5. (*cause*) कारण; 6. (*math.*) मूलबिन्दु; 7. (*anat.*) मूलबन्ध; office of ~, उद्‌गम-कार्यालय। > ऑरिजिन

original, *adj.*, 1. (*initial*) मूल, प्रारंभिक, आरंभिक; आद्य, आदि-; 2. (*new*) नया, अपूर्व, नूतन, नवीन; 3. (*not copied*) मूल, मूलभूत; 4. (*ideas*) मौलिक (*also of persons*) —*n.*, 1. (*archetype*) मूल; 2. (*eccentric*) सनकी, झक्की(व्यक्ति); ~ copy, मूल प्रति*~ sin, आदि-पाप, मूल-पाप; **~ity,** मौलिकता*; **~ly,** मूलत:; आदि में। > अॅरिजॅनॅल; अॅरिजिनैल्-इटि; अॅरिजॅनॅलि

origi/nate, प्रारंभ, आरंभ, उत्पन्न या उद्‌भूत होना या क०; **~nation,** प्रवर्त्तन, आरंभन, उत्पादन; आरंभ, उत्पत्ति*; **~native,** मौलिक, आविष्कारशील; **~nator,** प्रवर्त्तक, आरंभक; जन्मदाता, उत्पादक; आविष्कारक। > अॅरिजिनेट; अॅरिजिनेशॅन; > अॅरिजिनेटिव्; अॅ-रि-जि-ने- टॅ

orinasal, मुखनासिक। > ऑ:रिनेज़ॅल

oriole, पीलक। > ऑ:र्-इ-ओल

Orion, ओरायन, मृग। > अॅराइअॅन

orision, प्रार्थना*। > ऑरिज़ॅन

orlop, निम्नतम डेक। > ऑ:लॉप

ormer, घोंघा। > ऑ:म्-अॅ

ormolu, नक़ली सोना। > ऑ:मॅलू

ornament, *n.*, 1. (*jewels etc.*) आभूषण, गहना; 2. (*embellishment*) अलंकार, अलंकरण, सजावट*; 3. (*fig.*) आभूषण, विभूषण, शृंगार; 4. (*furnishings*) साज़-सामान; 5. (*display*) दिखावा, आडम्बर, तड़क-भड़क*; —*v.*, सजाना; अलंकृत क०, विभूषित क०; **~al,** *adj.*, अलंकारी, सजावटी, आलंकारिक; शोभाकारी; —*n.*, अलंकार, अलंकरण; **~ation,** सजावट*, अलंकरण; अलंकार। > ऑ:नॅमॅन्ट (*n.*); ऑ:नमे 'न्ट (*v.*); ऑ:नॅमे 'न्टॅल; ऑ:नॅमे 'नटेशॅन

ornate, अलंकृत (*also fig.*) > ऑ:नेट

ornithic, पक्षी-, खग-, वैहग, वैहंग। > ऑ:निथ्-इक

ornitho/logist, पक्षिविज्ञानी; **~logy,** पक्षि-विज्ञान; **~mancy,** खग-सगुनौती*; **~pter,** चलपक्ष विमान। > ऑ:निथॉलॅ/जिस्ट, ~जि; ऑ:नाइथॅमैन्सि; ऑ:नि थॉप्टॅ

orogenesis, पर्वतोत्पत्ति*। > ऑ-रॉ-जे 'न्-इ-सिस

orography, पर्वत-विज्ञान, पार्वतिकी*। > ऑरॉग्रॅफ़ि

orology, पर्वत-विज्ञान, पार्वतिकी*। > ऑरॉलॅजि

orotund, 1. (*of voice*) उदात्त, ऊँचा; 2. (*bombastic*) आडम्बरपूर्ण। > ऑ:रोटॅन्ड

orphan, *n., adj.*, अनाथ, यतीम; *v.*, अनाथ क०; **~age,** 1. अनाथालय, अनाथाश्रम, यतीमख़ाना; 2. (*~hood*) अनाथत्व। > ऑ:फ़ॅन; ऑ:फ़ॅनिज

orphic, orphean, 1. (*melodious*) श्रुतिमधुर, मोहक; 2. (*mysterious*) रहस्यमय। > ऑ:फ़्-इक; ऑ:फ़ीअॅन

orpiment, हरताल*। > ऑ:प्-इ-मॅन्ट

orrery, कृतिम सौर-मण्डल। > ऑरॅरि

orris-(root), वासमूल, केवड़े का मूल। > ऑरिस

orthodox, 1. (*correct*) शास्त्रसम्मत, यथार्थ, प्रामाणिक; 2. (*convnentional*) परम्परागत, सनातन, रूढ़िवादी; 3. (*person*) परम्परानिष्ठ, नैष्ठिक; सनातनी, रूढ़िवादी; प्रामाणिक; ~church, प्राच्य चर्च। > ऑ:थॅडॉक्स

orthodoxy, शास्त्रसम्मतता*, प्रामाणिकता*; परम्परानिष्ठा*। > ऑ:थॅडॉक्सि

ortho/epy, शुद्धोच्चारण; **~genesis,** नियत-विकास; **~gonal,** 1. लम्बकोणीय, लाम्बिक; 2. (*data*) स्वतन्त्र। > ऑ:थोए 'पि ऑ:थॅजे 'न्-इसिस; ऑ:थॉगॅनॅल

ortho/graphic, 1. वर्तनी-विषयक; शुद्ध; 2. (*of projection*) लम्बकोणीय; **~graphy,** 1. (*spelling*)

वर्तनी*, वर्णविन्यास, हिज्जे; शुद्ध वर्तनी*; 2. (*grammar-section*) वर्ण-विचार, शिक्षा*; 3. लम्बकोणीय प्रक्षेप। > ऑ:थॅग्रैफ्-इक; ऑ:थॉगरॅफ़ि

orthology, अर्थविज्ञान। > ऑ:थॉलॅजि

orthop(a)edics, विकलांक-विज्ञान। > ऑ:थॅपीड्-इक्स

orthoscopic, यथार्थचित्री। > ऑ:थॅस्कॉप्-इक

ortho/tropic, ~tropous, ऋजु। > ऑ:थॅट्रॉप्-इक; ऑ:थॉटरॅपॅस

ortolan, पीठकण्ड। > ऑ:टॅलॅन

oryx, हिरण। > ऑरिक्स

oscil/late, *v.i.*, 1. (*swing*) झूलना, डोलना; 2. (*phys.*) दोलन क०, दोलायमान होना; 3. (*vary*) घटना-बढ़ना; 4. (*vacillate*) आगा-पीछा क०, हिचकिचाना;—*v.t.*, प्रदोलित क०, डुलाना; **~lating,** दोलायमान; दोलनी; **~lation,** 1. दोलन; 2. (*variation*) घटाव-बढ़ाव, घटबढ़*; 3. आगा-पीछा, दुबधा*, अनिश्चय। > ऑस्-इ/लेट, ~लेटिंग, ~लेशॅन

oscillator, 1. दोलक; 2. (*electr.*) दोलित्र, कंपित्र; **~y,** दोलनी, दोलन-; दोलायमान। > ऑस्-इ/ले-टॅ, ~लेटॅरि

oscillo/gram, दोलनलेख; **~graph,** दोलन-लेखी; **~scope,** दोलन-दर्शी। > ऑसिलॅ/ग्रैम, ~ग्राफ़; ~स्कोप

osci/tancy, ~tation, 1. (*drowsiness*) उनींदापन, निद्रालुता*, तन्द्रा*; 2. (*yawning*) जँभाई*, जृम्भा*। > ऑस्-इ-टॅन्-सि; ऑसिटेशॅन

osculant, आश्लेषी; (*intermediate*) मध्यवर्ती। > ऑस्कयूलॅन्ट

oscular, मुख का; चुम्बन का। > ऑस्-क्यू-लॅ

oscu/late, स्पर्श क० या कराना; **~lation,** 1. चुम्बन; 2. (अधि)स्पर्श; 3. (*geom.*) आश्लेषण। > ऑस्क्यूलेट; ऑसक्यूलेशॅन

osculatory, 1. चुमनेवाला; 2. स्पर्शी; 3. आश्लेषी। > ऑस्क्यूलेटॅरि

osculum, 1. चुम्बन; 2. (*oscule*) मुख। > ऑस्क्यूलॅम

osier, बेंत। > ओ-श्जॅ

osmose, osmosis, परासरण; (रसाकर्षण)। > ऑज़्मोस, ऑज़्मोस्-इस

osmotic, परासरणी। > ऑज़्मॉट्-इक

osprey, मछारंग। > ऑस्-प्रि = ऑस्प्रे

osseous, अस्थिमय, अस्थि-। > ऑस्-इ-ॲस

ossicle, अस्थिका*। > ऑस्-इ-कॅल

ossi/ferous, अस्थिमय; **~fication,** अस्थीभवन*; अस्थिविकास; **~frage,** मछारंग। > ऑसिफ़ॅरॅस; ऑसिफ़िकेशॅन; ऑस्-इ-फ़्रिज

ossify, अस्थि* बनना; अस्थि* में परिणत क०; कठोर, कड़ा या निर्जीव बनना या बनाना। > ऑस्-इ-फ़ाइ

ossuary, अस्थिपात्र। > ऑस्यूॲरि

osteitis, अस्थिशोथ। > ऑस्-टि-आइट्-इस

osten/sible, 1. प्रकट, दृश्यमान, प्रत्यक्ष; 2. (*pretended*) दिखावटी, तथाकथित; **~sibly,** प्रकट रूप से। > ऑस्टे'न्/सॅबॅल, ~सॅब्लि

osten/sion, प्रदर्शन; **~sive,** प्रत्यक्ष। > ऑस्टे'न्/शॅन, ~सिव़

ostensory, प्रदर्शिका*। > ऑस्टे'नसॅरि

osten/tation, आडम्बर, तड़क-भड़क*, ठाट-बाट, दिखावा; **~tatious,** 1. (*of a person*) आडम्बरप्रिय, आडम्बरी; 2. दिखावटी, भड़कीला, आडम्बरपूर्ण, आडम्बरी। > ऑसटे'न्टे/शॅन, ~शॅस

osteo/blast, अस्थिकोशिकाप्रसू; **~clast,** अस्थिभंजक। > ऑस्-टि-ॲ/ब्लैस्ट, ~क्लैस्ट

osteoid, अस्थिकल्प। > ऑस्-टि-ऑइड

osteogenesis, अस्थिजनन। > ऑस्-टि-ॲ-जे'न्-इ-सिस

osteology, अस्थिविज्ञान। > ऑस्-टि-ऑल्-ॲ-जि

osteomalacia, अस्थिमृदुता*। > ऑस्-टि-ॲ-मै-ले-शि-ॲ

osteopath, अस्थिचिकित्सक; **~y,** अस्थि-चिकित्सा*। > ऑस्-टि-ॲ-पैथ; ऑस्-टि-ऑप्-अ-थि

osteotomy, अस्थिविच्छेदन। > ऑस्-टि-ऑटॅमि

ostiary, द्वारपाल। > ऑस्-टि-ॲ-रि

ostiole, आस्यक, मुख, रन्ध्रक। > ऑस्-टि-ओल

ostium, आस्य। > ऑस्-टि-ॲम

ostler, साईस। > ऑस्-लॅ

ostra/cism, निर्वासन, देशनिष्कासन; (समाज-, जाति-) बहिष्कार; **~cize,** निर्वासित क०; निकाल देना, बहिष्कृत क०, का बहिष्कार क०। > ऑस्ट्रॅ/सिज़्म, ~साइज़

ostrich, शुतुरमुर्ग। > ऑस्-ट्रिच

otalgia, कर्णशूल। > ओ-टैल्-जि-ॲ

other, 1. दूसरा, अन्य; 2. (*different*) भिन्न, दूसरा; 3. (*additional*) अतिरिक्त, और; every ~, हर तीसरा; the ~day, हाल में; the ~world, परलोक। > ॲ-दॅ

other/ness, अन्यत्व, भिन्नता*; **~wise,** —*adj.*, भिन्न; —*adv.*, 1. दूसरे ढंग से, अन्य प्रकार से; 2. अन्य बातों* में, दूसरी दृष्टि* से; 3. (*if not*) नहीं तो, अन्यथा; **~-worldly,** आध्यात्मिक, परलोक-परायण,

पारलौकिक, आमुष्मिक। > अॅर्डे/निस, ~वाइज़, ~वें:ल्ड्-लि

otic, कर्ण-। > ऑट्-इक

otiose, 1. (*unemployed*) बेकार, निठल्ला, निकम्मा; निष्क्रिय; 2. (*indolent*) अकर्मण्य, आलसी; 3. (*ineffective*) निष्प्रभाव, निष्फल; 4. (*useless*) बेकार, व्यर्थ, निरर्थक। > ओशिओस = ओसिओस

otitis, कर्णशोथ। > ओ-टाइट्-इस

oto/cyst, श्रवण-पुटी*; **~logy,** कर्णविज्ञान; **~scope,** कर्णदर्शी। > ओटॅसिस्ट; ओटॉलॉजि; ओटॅस्कोप

otter, ऊद, ऊदबिलाव। > ऑट्-अॅ

oubliette, गुप्त कालकोठरी*। > ऊब्लिए'ट

ouch, हाय! > आउच

ought, *n.*, कुछ भी, किंचित्; कर्तव्य, *v.*, he ~to study, उसे पढ़ना चाहिए; I ~ to have told, you, मुझे आपसे कहना चाहिए था। > ऑ:ट

ouija, प्रश्न-फलक। > वीजा

ounce, 1. आउन्स; 2. थोड़ा सा; 3. (*snow leopard*) साह। > आउन्स

our(s), हमारा। > आउ-अॅ; आउअॅज़

ourselves, 1. हम स्वयं, हम खुद; 2. (*obj.*) अपने को; we are not ~, हम प्रकृतिस्थ (आप में) नहीं हैं। > आउअॅसे 'ल्व्ज

oust, 1. (*dispossess*) बेदखल क०; 2. (*expel*) निकाल देना, हटा देना, हटाना; 3. (*drive out of use*) उठा देना, 4. (*deprive*) से वंचित क०; **~er,** बेदखली*। > आउस्ट; आउस्-टॅ

out, *n.*, 1. बाहर; 2. (*pl.*) अपदस्थ दल; 3. (*printing*) लोप; —*v.*, बाहर जाना; बाहर निकलना; आउट कर देना; —*adv.*, बाहर; अलग; खाली; खतम; हड़ताल* पर; ~ and away, कहीं अधिक; ~ and ~, पूर्णतया; ~ of, में से, के बाहर; में से, के परे; से, के कारण; का (बना); के बिना। > आउट

outbalance, से भारी, महत्त्वपूर्ण या बढ़कर होना। > आउट्बैलॅन्स

outbid, से बढ़कर बोली* लगाना; से बढ़कर होना, मात कर देना। > आउट्बिड

outblowing, बहिर्गामी। > आउट्ब्लोइङ्ग

outboard, बाहरी। > आउट्बॉ:ड

outborn, बहिर्जात। > आउट्बॉ:न

outbound, निर्गामी। > आउटबाउन्ड

outbrag, से ज़्यादा शेखी* बघारना। > आउट्ब्रैग

outbrave, का सामना क०। > आउट्ब्रेव्

outbreak, 1. प्रादुर्भाव, आरंभ; प्रकोप; 2. (*geol.*) दृश्यांश; 3. (*insurrection*) विद्रोह; 4. (*med.*) उद्रेक। > आउट्ब्रेक

outbreeding, बहि:प्रजनन, विजाति-प्रजनन। > आउट्ब्रीडिङ्ग

outbuilding, उपभवन, उपगृह। > आउट्बिल्डिङ्ग

outburst, 1. प्रस्फोटन; 2. (*of epidemic*) प्रकोप; 3. (*of emotion*) लहर*, विस्फोट; 4. (*of laugther*) ठहाका; 5. (*geol.*) दृश्यांश। > आउटबॅ:स्ट

outcast, बहिष्कृत; निर्वासित; परित्यक्त। > आउट्कास्ट

outcaste, *n.*, *adj.*, जातिबहिष्कृत, जातिच्युत; अछूत; —*v.*, जाति* या बिरादरी* से निकालना। > आउट्कास्ट (*n.*); आउट्कास्ट (*v.*)

outclass, से बढ़कर होना, मात कर देना। > आउट्क्लास

outcome, परिणाम, नतीजा; निष्कर्ष। > आउट्कॅम

outcrop, दृश्यांश। > आउट्क्रॉप

outcry, चिल्लाहट*, हो-हल्ला; कड़ा विरोध। > आउट्क्राइ

outdated, पुराना, यातयाम। > आउट-डेट्-इड

outdistance, पिछेलना, पीछे छोड़ देना; बहुत आगे निकल जाना। > आउट्-डिस्-टॅन्स

outdo, से बढ़कर होना; हरा देना। > आउट्-डू

outdoor, बाहरी, बाह्य, बहिर्द्वारी; **~s,** बाहर। > आउट्डॉ:; आउट्डॉ:ज़

outer, *adj.*, बाह्य, बाहरी; *n.*, बाहर; **~most,** बाह्यतम। > आउट्-अॅ, ~मोस्ट

outface, घूरना; सामना क०। > आउट्फ़ेस

outfall, मुहाना, दहाना। > आउट्फ़ॉल

outfield, बाहरी खेत; परला मैदान। > आउट्फ़ील्ड

outfit, 1. सज्जा*, उपकरण, उपस्कर; 2. (*unit*) इकाई*; 3. सज्जीकरण; —*v.*, लज्जित क०। > आउट्-फ़िट

outflank, बाजू से होकर जाना; पीछे से हमला क; व्यर्थ कर देना; में बाधा* डालना, मात कर देना। > आउट्फ़्लैंक

outflow, बाहिर्वाह, नि:स्राव, बहिर्गमन। > आउट्फ़्लो

outgoing, *adj.*, 1. निर्गामी, जावक; 2. (*from office*) पदमुक्त; —*n.*, 1. बहिर्गमन 2. (*outlay*) लागत*, व्यय। > आउट्गोइङ्ग

outgrow, से अधिक बढ़ जाना; से बढ़ निकलना; **~n,** अधिवृद्ध; **~th,** 1. (*excrescense*) अपवृद्धि*; 2. (*bot.*) उद्वर्ध; 3. (*result*) परिणाम, विकास। > आउट्ग्रो, आउट्ग्रोन; आउट्ग्रोथ

outhouse, उपभवन, बहिर्गृह। > आउट्हाउस

outing, भ्रमण, विहार, सैर*। > आउट्-इन्ग

outlandish, विदेशी; अनोखा; देहाती। > आउट्-लैन्-डिश

outlast, से अधिक समय तक टिकना या जीवित रहना। > आउट्लास्ट

outlaw, *n.*, 1. विधिबहिष्कृत; 2. (*exile*) निर्वासित; 3. (*fugitive*) भगोड़ा; 4. (*bandit*) डाकू; —*v.*, अवैध घोषित क०, गैरक़ानूनी क़रार देना; **~ry,** 1. (*defiance of the law*) विधि-विद्रोह; 2. विधिबहिष्कार;

3. अवैधीकरण। > आउट्लॉ:, ~रि

outlay, *n.*, लागत*, व्यय; *v.*, व्यय क०। > आउट्ले (*n.*); आउट्ले (*v.*)

outlet, 1. निर्गम (-द्वार, -मार्ग), निकास; 2. (*of feelings*) अभिव्यक्ति*(का मार्ग); 3. (*comm.*) बाज़ार। > आउट्ले'ट

outlier, 1. बहिर्वासी; 2. *see* OUTSIDER, 3. (*geol.*) बहि:शायी। > आउट्-लाइ-अॅ

outline, *n.*, 1. रूपरेखा*, बहिरेखा*, खाका, रेखाचित्र; 2. सारांश, ख़ुलासा, संक्षेप; 3. (*general plan*) रूपरेखा*, खाका, मसौदा; 4. बहिर्रेखा*;—*v.*, रूपरेखा* प्रस्तुत क०, खाका खींचना; सारांश देना। > आउट्लाइन

outlive, से अधिक समय तक जीवित रहना या टिकना, से अतिजीवित रहना। > आउट्-लिव़

outlook, 1. (*place*) चौकी*; 2. (*watching*) प्रतीक्षण, चौकसी*, पहरा; 3. (*viewpoint*) दृष्टिकोण; 4. (*prospect*) संभावना*। > आउट्लुक

outlying, बहिर्वर्ती, दूरस्थ। > आउट्लाइइन्ग

outmanoeuvre, मात कर देना। > आउट्-मॅ-नू-वॅ

outmatch, से बढ़कर या श्रेष्ठ होना। > आउट्मैच

outmoded, पुराना। > आउट्मोड्-इड

outmost, बाह्यतम; दूरतम। > आउट्मोस्ट

outness, बाह्यता*। > आउट्-निस

outnumber, संख्या* में अधिक होना। > आउट्-नॅम्-बॅ

out-of-date, पुराना; दिनातीत, अनद्यतन। > आउट्-ऑव़्-डेट

out-of-the-way, एकान्त, विविक्त; असाधारण, अनोखा, निराला। > आउट्-ऑव़्-दॅवे

outpatient, बाहरी रोगी। > आउट्पेशॅन्ट

outpost, 1. (*mil.*) चौकी*, नाका; सीमा-चौकी*; 2. (*settlement*) दूरवर्ती स्थान, दूर की बस्ती*; 3. (*fig.*) छोर। > आउट्पोस्ट

outpouring, उद्गार, भावोद्गार। > आउट्पॉ:रिन्ग

output, 1. उत्पादन; पैदावार*, उपज*; 2. (*mech.*) निर्गत। > आउट्पुट

outrage, *n.*, 1. (*violence*) अत्याचार; 2. घोर अपमान; 3. महापातक; —*v.*, 1. (*infringe*) भंग क०, उल्लंघन क०, धक्का या आघात पहुँचाना; 2. का घोर अपमान क०; 3. (*rape*) बलात्कार क०;**~ous,** 1. (*shocking*) निर्लज्ज, घृणित; 2. (*cruel*) नृशंस, दारुण, अन्यायपूर्ण, अत्याचारपूर्ण; 3. (*violent*) उग्र, प्रचण्ड, घोर; 4. (*immoderate*) अमर्यादित। > आउट्-रिज (*n.*); आउट्-रेज (*v.*); > आउट्रेजॅस

outrigger, उलण्डी*। > आउट्-रिगॅ

outright, *adv.*, 1. पूर्णतया, एकदम; 2. (*at once*) तुरत, एकदम; तत्काल; 3. (*openly*) साफ़-साफ़, स्पष्ट रूप से; —*adj.*, पक्का, पूरा; साफ़, सुस्पष्ट। > आउट्राइट (*adv.*) आउट्राइट (*adj.*)

outrival, से श्रेष्ठ होना; पराजित क०; मात कर देना। > आउट्राइवॅल

outroot, उखाड़ना, उन्मूलन क०। > आउट्रूट

outrun, 1. से जल्दी दौड़ना, पीछे छोड़ देना, पिछेलना; दौड़कर भाग निकलना; 2. (*fig.*) सीमा* पार क०, से आगे बढ़ जाना। > आउट्रॅन

outset, प्रारंभ; प्रस्थान। > आउट्से'ट

outshine, से बढ़कर या श्रेष्ठ होना, मात कर देना; से अधिक चमकाना। > आउट्शाइन

outside, *n.*, बाहर, बाहरी हिस्सा, बाह्य सतह*; सीमा*; —*adj.*, बाहरी; अधिकतम; ऊपरी; —*adv.*, बाहर; —*prep.*, के बाहर; at the ~, अधिक से अधिक; **~r,** बाहरी व्यक्ति। > आउट्साइड; आउट्साइड्-अॅ

outsize, अधिमाप*। > आउट्साइज

outskirts, 1. बाह्यांचल, परिसर; 2. (*of city*) नगरोपान्त; 3. (*of village*) उपकंठ। > आउट्स्कॅ:ट्स

outspoken, स्पष्टवादी; सुस्पष्ट, खरा। > आउट्स्पोकॅन

outstanding, 1. (*unpaid*) बक़ाया, अशोधित, बाक़ी; अप्राप्त; 2. (*eminent*) विशिष्ट, श्रेष्ठ, बढ़ा-चढ़ा, उत्कृष्ट; 3. प्रक्षिप्त; अलग खड़ा। > आउट्-स्टैन्-डिन्ग (1, 2); आउट्-स्टैन्-डिन्ग (3)

outstrip, पीछे छोड़ देना, से आगे बढ़ जाना, पिछेलना। > आउट्-स्ट्रिप

outvote, मतदान में (या से) पराजित क०। > आउट्वोट

outward, *adj.*, 1. बाहरी, बाह्य; 2. (*visible*) दृश्य; 3. (*superficial*) ऊपरी, सतही; 4. (*~bound*) बहिर्गामी, जावक; —*adv.*, बाहर; —*n.*, बाहर, बाहरी रूप, दृश्य जगत्; ~journey, बहिर्यात्रा*; **~ly,** बाह्यत:; बाहर की ओर*; देखने में; **~ness,** बाह्यता*; **~s,** बाहर। > आउट्वॅड, ~लि, ~निस; आउट्वॅड्ज़

outweigh, से भारी, महत्त्वपूर्ण या प्रभावशाली होना। > आउट्वे

outwit, अपनी चालाकी* से मात कर देना। > आउट्-विट

outworn, जीर्ण (*in all senses*)। > आउट्वॉ:न

oval, *adj.*, अण्डाकार; *n.*, अण्डवक्र। > ओवॅल

ovarian, अण्डाशय-, अण्डाशयी। > ओ-वे'ॲर्-इ-ॲन

ovariotomy, डिम्बग्रन्थि-उच्छेदन। > ओवे'ॲरिऑटॅमि

ovaritis, डिम्बग्रन्थि-शोथ। > ओ-वॅ-राइट्-इस

ovary, अण्डाशय, डिम्बग्रन्थि*। > ओवॅरि

ovate, अण्डाकार। > ओवेट

ovation, जय-जयकार, उत्साहपूर्ण स्वागत; साधुवाद,

करतलध्वनि*, शाबाशी*। > ओवेशॅन

oven, चूल्हा, भट्टी*, तन्दूर, कदु। > अॅवॅन

over, अतिरेक; शेष; ओवर; *adj.*, ऊपरी; बाहरी; उच्चतर; अतिरिक्त; ख़तम, समाप्त; पार; —*adv.*, ऊपर; पार; (से) अधिक; पूर्णतया; आद्योपान्त; नीचे; औंधे; फिर से; दुबारा; उस ओर; —*prefix*, अति-, अधि-; —*prep*, के ऊपर, पर; के समय; के पार; के उस पार; में; एक ओर; से दूसरी ओर* तक; से अधिक; के बाद तक; की अपेक्षा*; के विषय में; all ~, पूर्ण रूप से; सब जगह*; समाप्त, ख़तम; ~ and above, के अतिरिक्त; ~and ~again, बारम्बार। > ओव़्-अॅ

over-abound, अत्यधिक पाया जाना, अति-बहुल होना। > ओवॅरॅबाउण्ड

over/-abundance, अतिरेक, ज़्यादती*; **~-abundant,** अतिप्रचुर, अतिबहुल। > ओवॅरॅबॅन/डॅन्स, ~डॅन्ट

overact, अत्यभिनय क०। > ओवॅर्-ऐक्ट

over-active, अत्यधिक सक्रिय। > ओवॅर्-ऐक्-टिव

over-age, अधिक-वय। > ओवॅर्-एज

overall, 1. कुल, समस्त, समग्र; 2. (*comprehensive*) व्यापक, समावेशक। > ओवॅरॉ:ल

over-anxiety, अतिचिन्ता*। > ओवॅर्ऐनाज़ाइअॅटि

over-anxious, अतिचिन्तित। > ओवॅर्ऐन्गॅशॅस

overawe, आतंकित क०, पर रोब जमाना। > ओवॅरऑ:

overbalance, *n.*, 1. अतिभार; 2. (*surplus*) आधिक्य, अतिरेक; —*v.*, 1. गिर जाना; गिरा देना, 2. (*outweigh*) से अधिक महत्त्व रखना, से अधिक प्रभावशाली होना, का प्रभाव दूर क०। > ओवॅबैलॅन्स

overbearing, उद्धत, रोबीला, दबंग। > ओवबे'अॅर्-इन्ग

overbid, 1. (*outbid*) से बढ़कर बोली* लगाना; 2. (मूल्य) से ज़्यादा बोली* लगाना। > ओवॅबिड

overboard, (जहाज़) पर से। > ओवॅबॉ:ड

overbridge, उपरिपुल। > ओवॅब्रिज

overbrim, छलकना। > ओव़्-अॅ-ब्रिम

overbuild, पर ज़्यादा इमारत* बनवाना। > ओव़्-अॅ-बिल्ड

overburden, *v.*, अधिक भार डालना; —*n.*, अधिभार। > ओव़्-अॅ-बॅ:डॅन

overbusy, 1. अत्यधिक व्यस्त; 2. (*officious*) दस्तंदाज़। > ओव़्-अॅ-बिज़्-इ

overbuy, ज़्यादा खरीदना। > ओवॅबाइ

overcall, (से) ज़्यादा बोली* लगाना। > ओवॅकॉ:ल

over-careful, अत्यधिक सावधान। > ओव़्-अॅ-के'अॅ-फ़ुल

overcast, आच्छन्न, घिरा हुआ, मेघाच्छन्न। > ओवॅकास्ट

over-cautious, अत्यधिक सतर्क। > ओव़्-अॅ-कॉ:शॅस

overcharge, *v.*, अधिक दाम लेना या माँगना; अधिक भार लगाना; —*n.*, 1. अतिप्रभार, अधिमूल्य; 2. (*load*) अतिभार। > ओव़्-अॅ-चाज

overcloud, आच्छादित क०; धुँधला कर देना; उदास या विषण्ण कर देना। > ओवॅक्लाउड

overcoat, ओवरकोट। > ओवॅकोट

over-colour, 1. ज़्यादा रंग देना; 2. (*exaggerate*) अतिरंजना* क०। > ओवॅकॅल

overcome, (पर) विजयी होना; पार क०; पराजित क०, हरा देना; अभिभूत क०, पराभूत क०। > ओवॅकॅम

overconcern, अतिचिन्ता*। > ओवॅकॅन्सॅ:न

over/-confidence, अतिविश्वास, अतिविश्रंभ; **~-confident,** अतिविश्रंभी, अतिविश्वस्त। > ओवॅकॉन्फ़ि/डॅन्स, ~डॅन्ट

overcooling, अधिशीतन। > ओवॅकल-इन्ग

over/-credulity, अति-आशुविश्वास; **~-credulous,** अति-आशुविश्वासी। > ओवॅ/क्रि-ड्यूल्-इ-टि; ~क्रे'ड्यूलॅस

overcrowd, ज़्यादा भर देना; अधिक संख्या में आ जाना; **~ing,** अतिसंकुलता*, भीड़भाड़*। > ओवॅक्राउड; ओवॅक्राउड-इन्ग

over-develop, (*photogr.*) का अधिक व्यक्तीकरण क०। > ओवॅडिवे'लॅप

overdo, अति* क०; थका देना; अत्यधिक काम क०; ज़्यादा पकाना। > ओ-वॅ-डू

overdose, अतिमात्रा*। > ओवॅडोस

overdraft, ओवरड्राफ़्ट, अधिविकर्ष। > ओवॅड्राफ़्ट

overdraw, 1. (*exaggerate*) अतिरंजना* क०; 2. ज़्यादा रुपया निकालना। > ओवॅड्रॉ:

overdress, *n.*, ऊपरी पोशाक*; *v.*, भड़कीले कपड़े पहनना। > ओवॅड्रे'स (*n.*); ओवॅड्रे'स् (*v.*)

overdrive, थका देना, से ज़्यादा काम लेना। > ओवॅड्राइव़

overdue, 1. (*for payment*) अतिदेय, विलम्बित; 2. कालातीत, अत्यवधिक, समय से पीछे, पुराना। > ओवॅड्यू

overeat, ठूसना, ज़रूरत* से ज़्यादा खाना, अतिभोजन क०। > ओवॅर्-ईट

over-estimate, *v.*, (वास्तविकता* से) अधिक कूतना या समझना, अनावश्यक महत्त्व देना; —*n.*,

अतिप्राक्कलन, अधिमूल्यांकन।
> ओवॅर्-ए'स्-टि/मेट (*v.*), ~ मिट (*n.*)

over/-expose, अति-उद्भासित क०; **~-exposure,** अति-उद्भासन।
> ओवॅरिक्स/पोज़, ~पोश्ज़ॅ

over-fatigue, अतिश्रान्ति*। > ओवॅफ़ॅटीग

overfeed, *see* OVEREAT. > ओवॅफ़ीड

overflow, *v.*, 1. (*flood*) जलमग्न कर देना; प्लावित क०, 2. (*spread over*) में फैल जाना; 3. (*flow over*) छलकना, उमड़ना, बह निकलना; से परिपूर्ण होना; —*n.*, 1. परिवाह, उमड़*; 2. (*flood*) बाढ़*, बहाव; 3. (*excess*) अतिरेक; ~ pipe, उमड़नल; **~ing,** परिवाही-। > ओवॅफ़्लो (*v.*), ओवॅफ़्लो (*n.*)

over-govern, अनावश्यक नियमों से शासित क० या के अधीन क०। > ओवॅगॅवॅन

overground, ज़मीन* के ऊपर का। > ओवॅग्राउन्ड

over/grow, पर फैल जाना, ढक लेना; से अधिक बढ़ जाना; से बढ़ निकलना; **~grown,** अतिवृद्ध; **~growth,** 1. अतिवृद्धि*; 2. (*accretion*) वृद्धि*।
> ओवॅ/ग्रो, ~ग्रोन,
~ग्रोथ (1) ; ओवॅग्रोथ (2)

overhand, उपरला। > ओवॅहैण्ड

overhang, *v.*, लटकना; लटकाना; *n.*, निकासा; **~ing,** प्रलम्बी। > ओवॅहैन्ग (*v.*,); ओवॅहैन्ग (*n.*)

overhaste, हड़बड़ी*, उतावलापन। > ओवॅहेस्ट

overhasty, उतावला। > ओवॅहेस्-टि

overhaul, *v.*, पूरी तरह* से मरम्मत क०; अच्छी तरह* से जाँचना; *see* OVERTAKE; —*n.*, पूरी मरम्मत*, पुन:कल्पन; जाँच*। > ओवॅहॉ:ल (*v.*); ओवॅहॉ:ल (*n.*)

overhead, *n.*, (*expenses*) बँधा खर्च; —*adj.*, 1. उपरला; 2. (*extra*) ऊपरी, अतिरिक्त; 3. (*of shooting*) शिरोपरि; 4. (*in the sky*) ऊर्ध्वस्थ, व्योमस्थ; —*adv.*, ऊपर।
> ओवॅहे'ड (*n., adj.*) ओवॅहे'ड (*adv.*)

overhear, संयोग से या छिपकर सुन लेना, प्रच्छन्न रूप से सुनना, कनसुई* लेना। > ओवहिअॅ

overheat, ज़्यादा गरम क० या हो जाना।
> ओवॅ-हीट

over-indulge, (in), में अधिक आसक्त होना, में बह जाना, का अतिसेवन क०; **~nce,** अतिसेवन; **~nt.,** अतिकृपालु। > ओवॅरिन्/डॅल्ज, ~डॅल्जॅन्स, ~डॅल्जॅन्ट

over-issue, *n.*, अतिप्रचालन; *v.*, अधिक निकालना।
> ओवॅ-इस्-यू

overjoyed, उल्लसित, आनन्द-विभोर। > ओवॅजॉइड

overlabour, 1. का अधिक विस्तार क०; 2. पर अधिक काम क०; 3. (*overwork*) से अधिक काम लेना।
> ओ-वॅ-ले-बॅ

overladen, अतिभारित। > ऑवॅलेडॅन

overlaid, से ढका हुआ, से भरा हुआ; अतिभारित।
> ओवॅलेड

overland, *adv.*, स्थलमार्ग से; *adj.*, स्थल-।
> ऑवॅलैन्ड (*adv.*); ओवॅलैन्ड (*adj.*)

overlap, कुछ अंश तक ढक लेना, अतिछादित क०, परस्पर व्याप्त क०; **~ping,** *n.*, अंशछादन; अतिव्याप्ति*, परस्पर व्यापन; —*adj.*, परस्परछादी, परस्परव्यापी, अतिव्यापी; कोरछादी, खपरैला।
> ओवॅलैप्; ओवॅलैप्-इन्ग

overlay, *n.*, 1. अधिचित्र; 2. (*coverlet*) आवरण; —*v.*, पर फैला देना, बिछाना; ढकना, आच्छादित क०; भार डालना। > ओवॅले (*n.*); ओवॅले (*v.*)

overleaf, (पन्ने की) दूसरी ओर*। > ओवॅ-लीफ़

overleap, 1. लाँघ जाना; 2. (*omit*) छोड़ देना।
> ओवॅलीप

overlive, see OUTLIVE. > ऑवॅलिव़

overload, *n.*, अतिभार; *v.*, अधिक भार डालना या रखना, अधिक लादना; **~ed,** अतिभारित।
> ओवॅलोड (*n.*); ओवॅलोड (*v.*);
ओवॅलोड्-इड

overlook, 1. देखी-अनदेखी* क०, पर ध्यान न देना; 2. (*neglect*) की उपेक्षा* क०; 3. (*excuse*) जाने देना, माफ़ क०; 4. ऊपर से देखना; से ऊँचा होना; 5. (*superintend*) निरीक्षण क०; 6. (*bewitch*) मोहित क०, नज़र लगाना। > ओवॅलुक

overlord, अधिपति। > ओवॅलॉ:ड

overlying, उपरिशायी। > ओवॅलाइइन्ग

overman, 1. (*overseer*) अधिकर्मी; 2. (*superman*) अतिमानव। > ओवॅमैन

over-many, अत्यधिक। > ओवॅमे'नि

overmaster, पराजित क०, पर पूरी विजय* प्राप्त क०।
> ओवॅमास्टॅ

over-match, मात कर देना; से शक्तिशाली होना।
> ओवॅमैच

over-measure, घाल, घलुआ।
> ओव्-अॅ-मे'श्ज़ॅ

overmuch, अत्यधिक, बहुत अधिक, अति-मात्र।
> ओवॅमॅच

over-nice, 1. अतिसुकुमार; 2. (*fastidious*) दुष्तोषणीय। > ओवॅनाइस

overnight, *adv.*, रात* को; रात* भर; पिछली रात* को; —*adj.*, पिछली रात* का; ~ stay, रात्रिवास।
> ओवॅनाइट (*adv.*); ओवॅनाइट (*adj.*)

overpass, 1. पार क०; 2. (*exceed*) से अधिक होना; 3. (*omit*) छोड़ देना; —*n.*, उपरिपारक।
> ओवॅपास (*v.*); ओवॅपास (*n.*)

overpay, अधिक देना; **~ment,** अधिशोधन, अधिक भुगतान। > ओवॅ़पे, ~मॅन्ट

over-persuade, मनवाना, राज़ी कर लेना। > ऑवॅ़पॅस्वेद

overplus, *n.*, आधिक्य, बाहुल्य, बचत*; —*adj.*,अतिरिक्त। > ओवॅ़प्लॅस

over/-populated, अत्यधिक आबाद; **~-population,** अत्यधिक आबादी*। > ओवॅ़पॉपयूलेटिड; ओवॅ़पॉप्यूलेशॅन

overpower, अभिभूत क०, पराजित क०। > ओवॅ़पाउअॅ

overprint, *n.* (*v.*), 1. अधिमुद्रण (क०); 2. (*offprint*) अनुमुद्रण। > ओवॅ़प्रिन्ट (*n.*); ओवॅ़प्रिन्ट (*v.*)

over/-produce, अधिक उत्पादन क०; **~-production,** अति-उत्पादन। > ओवॅ़प्रॅड्यूस; ओवॅ़प्रॅडॅक्शॅन

overrate, अनावश्यक महत्त्व देना; अत्यधिक मूल्य लगाना, अधिमूल्यांकन क०। > ओवॅ़रेट

overreach, 1. (से आगे, से परे) फैल जाना, बढ़ना या पहुँच जाना; 2. (*cheat*) धोखा देना, चालाकी* से हरा देना; ~ oneself, (अति* के कारण) असफल रहना। > ओवॅ़रीच

over-refine, का अधिक परिष्कार क०। > ओवॅ़रिफ़ाइन

override, 1. (*trample*) कुचलना, पददलित क०; 2. (*oppress*) दमन क०, पर रोब जमाना, अभिभूत क०; 3. (*disregard*) अवहेलना क०; 4. (*nullify*) रद्द क०; 5. प्रत्यादेश देना। > ओवॅ़राइड

overriding, अभिभावी। > ओवॅ़राइड्-इन्ग

overripe, अतिपक्व। > ओव्-अॅ-राइप

over/rule, 1. निकाल देना, रद्द क०, अस्वीकृत कर देना; 2. विरुद्ध व्यवस्था* या निर्णय क०; 3. (*prevail over*) अभिभूत कर देना; **~ruled,** प्रत्यादिष्ट, रद्द किया हुआ; **~ruling,** प्रत्यादेश। > ओवॅ़रूल, ओवॅ़रूल्ड, ओवॅ़रूल्-इन्ग

overrun, 1. पर फैल जाना; 2. (*ravage*) उजाड़ना, लूटना, रौंद डालना। > ओवॅ़रॅन

over-scrupulous, अत्यधिक धर्मभीरु या सावधान। > ओवॅ़स्क्रूप्युलॅस

overseas, *adv.*, समुद्रपार; *adj.*, समुद्रपार, विदेशी, विदेश-, समुद्रपार का। > ओवॅ़-सीज़ (*adv.*); ओवॅ़सीज़ (*adj.*)

over/see, का निरीक्षण क०; **~seer,** निरीक्षक, सर्वेक्षक; अधिकर्मी। > ओवॅ़सी; ओवॅ़सिअॅ

oversell, ज़्यादा बेचना; महँगा बेचना। > ओवॅ़सेल

over-sensitive, अतिसंवेदनशील। > ओवॅ़सेन्-सिटिव़

overshadow, 1. छाया* क०, छा जाना; 2. (*darken*) धुँधला कर देना; 3. (*dominate*) नीचा दिखाना, निष्प्रभ कर देना, से बढ़कर होना, कहीं अधिक महत्त्व रखना। > ओवॅ़शैडो

overshoe, ऊपरी जूता। > ओवॅ़शू

overshoot, अतिलंघन क०, पार कर जाना। > ओवॅ़शूट

oversight, 1. (*supervision*) निरीक्षण; 2. (*inadvertence*) चूक*, भूल*, ग़लती*, असावधानी*, अनवधान, दृष्टिदोष। > ओवॅ़साइट

oversize, *n.*, अधिमाप*; *adj.*, 1. (*too large*) अधिक बड़ा; 2. (*outsize*) अधिमाप। > ओवॅ़साइज़

overslaugh, *n.*, कार्यमुक्ति*; *v.*, 1. (*exempt*) से मुक्त क०; 2. (*pass over*) की उपेक्षा* क०; 3. (*hinder*) रोकना। > ओवॅ़स्लॉ:

oversleep, देर* तक सोना। > ओवॅ़स्लीप

over-solicitous, अतिचिन्तित। > ओवॅ़सॅलिसिटॅस

oversoul, परमात्मा। > ओवॅ़सोल

overspend, ज़्यादा ख़र्च क०। > ओवॅ़स्पे'न्ड

overspill, छलका हुआ(पानी आदि); छलकी हुई आबादी*, अतिक्रमी जनसंख्या*। > ओवॅ़स्पिल

overspread, पर फैल जाना। > ओवॅ़स्प्रे'ड

overstate, बढ़ा-चढ़ाकर कहना, अतिरंजना* क०; **~ment,** अत्युक्ति*, अतिरंजना। > ऑव्स्टेट, ~मॅन्ट

overstay, (छुट्टी* से, समय से) अधिक ठहरना। > ओवॅ़स्टे

overstep, अतिक्रमण क०। > ओवॅ़स्टे'प

overstock, ज़्यादा सामान भरना, अतिसंचय क०। > ओवॅ़स्टॉक

overstrain, *v.*, अत्यधिक बल लगाना; हद* से ज़्यादा काम लेना या भार लगाना, अत्यधिक थकाना; *n.*, (*fatigue*) अतिश्रांति*। > ओवॅ़स्ट्रेन (*v.*); ओवॅ़स्ट्रेन (*n.*)

overstrung, अतिव्यग्र, अतिक्षुब्ध, अत्युद्विग्न। > ओवॅ़स्ट्रॅन्ग

oversubscribe, अतिपूर्वक्रय क०; **~d,** 1. (*shares*) अतिपूर्वक्रीत; 2. (*capital*) अतिदत्त। > ओवॅ़सॅब्स्क्राइब

overt, प्रत्यक्ष, प्रकट, खुला; **~ly,** खुल्लम-खुल्ला। > ओवॅ़:ट, ~लि

overtake, बराबर आ पहुँचना, जा पकड़ना, आगे निकल जाना; आ पड़ना, आ घेरना। > ओवॅ़टेक

overtask, पर अधिक भार डालना। > ओवॅ़टास्क

overtax, पर अधिक कर लगाना; पर अधिक भार डालना। > ओवॅ़टैक्स

overthrow, *v.*, उलट देना; गिरा देना; पराजित क०, तख़्ता उलट देना, समाप्त कर देना; —*n.*, पराजय*; विध्वंस, विनाश; समाप्ति*।
> ओवॅथ्रो (*v.*); **ओवॅथ्रो** (*n.*)

overtime, *n.*, अधिसमय, अतिसमय; *adj.*, समयोपरि, अधिकाल, अधिसमय, अतिकाल, अतिकालिक; —*adv.*, work ~, अधिक समय काम क०।
> **ओवॅटाइम** (*n., adj.*); ओवॅ**टाइम** (*adv.*)

overtire, अधिक थका देना। > ओवॅ**टाइअॅ**

overtone, 1. (*sound*) अधिस्वर(क); 2. (*photogr.*) अधिवर्ण; 3. (*suggestion*) इंगित, व्यंजना*।
> **ओवॅटोन**

overtop, 1. से ऊँचा होना; 2. (*surpass*) से बढ़कर होना। > ओवॅ**टॉप**

overtrump, बढ़कर तुरुप लगाना। > ओवॅ**ट्रॅम्प**

overture, 1. प्रस्ताव; 2. (*music*) पूर्वरंग; 3. (*introduction*) प्रस्तावना*; 4. संधिप्रस्ताव।
> **ओवॅट्युअॅ**

overturn, *v.*, उलट देना; गिरा देना; हरा देना, पराजित क०; उलट जाना; —*n.*, उलटाव।
> ओवॅ**टॅःन** (*v.*); **ओवॅटॅःन** (*n.*)

over-use, *n.*(*v.*)., अति-उपयोग (क०); दुरुपयोग (क०) > **ओवॅ**-अॅ-यूस (*n.*); ओवॅ**यूज़** (*v.*)

over/valuation, अधिमूल्यन; अतिमूल्यांकन; **~value,** *n.*, अधिमूल्य; *v.*, अधिमूल्यन क०; अतिमूल्यांकित क०। > ओवॅवैल्यु**एशॅन**; ओवॅ**वैल्यु**

overwash, अपक्षेप। > **ओवॅवॉश**

overweening, 1. (*arrogant*) अक्खड़, उद्धत; 2. (*proud*) घमण्डी, अभिमानी; 3. (*of opinions*) आत्यन्तिक, अतिवादिक। > ओवॅ**वीन्**-इन्ग

overweight, *n.*, (*v.*) अतिभार, अधिक भार (लगाना); 2. (*preponderance*) प्राबल्य; **~ed,** अतिभारित।
> **ओवॅवेट** (*n.*) ओवॅ**वेट** (*v.*); ओवॅ**वेट्**-इड

overwhelm, अभिभूत क०; दबा देना; पराजित क०, हरा देना; **~ing,** अत्यधिक, जबरदस्त, दुर्दमनीय; भारी।
> ओवॅवे**ल्म**; ओ-वॅ-**वेल्**-मिन्ग

overwind, ज़्यादा चाबी* देना, ज़्यादा कूकना।
> ओवॅ**वाइन्ड**

overwork, *n.*, 1. अतिश्रम, अत्यधिक परिश्रम; 2. (*extra*) अतिरिक्त श्रम; —*v.t.*, से अधिक काम लेना, थका देना; *v.i.*, अत्यधिक परिश्रम क०।
> **ओवॅवॅःक** (*n.* 2) ओवॅ**वॅःक** (*n.* 1;*v.*)

overwrite, के ऊपर लिखना; ज़्यादा लिखना।
> ओवॅ**राइट**

overwrought, 1. (*tired*) अतिश्रान्त, अतिक्लान्त; 2. (*nervous*) व्यग्र, उत्तेजित; 3. (*ornate*) अलंकृत, अत्यलंकृत। > ओवॅ**रॉःट**

over-zealous, अत्युत्साही। > ओवॅ**ज़े**'लॅस

ovi-, डिम्ब-, अण्ड-। > **ओवि**

oviduct, डिम्बवाहिनी*। > **ओव्**-इडॅक्ट

oviform, अण्डाकार। > **ओव्**-इफ़ॉःम

oviparous, अण्डप्रजक, अण्डज। ओ**विपॅरॅस**

oviposi/tion, अण्डनिक्षेपण, **~tor,** अण्ड निधायक।
> ओविपॅ**ज़िशॅन**; ओ-वि-**पॉज़्**-इ-टॅ

ovisac, अण्डपुटिका*। > **ओव्**-इसैक

ovine, भेड़* का; भेड़* जैसा। > **ओवाइन**

ovoid, अण्डाभ। > **ओवाइड**

ovolo, उत्तरोष्ठ। > **ओवॅलो**

ovoviviparous, अण्डजरायुज।
> ओवोवाइ**विपॅरॅस**

ovular, 1. अण्ड-, डिम्ब-; 2. (*bot.*) बीजाण्ड-।
> **ओव्**-यू-लॅ

ovu/late, *adj.*, बीजाण्डी; *v.*, अण्डाणु या डिम्ब उत्सर्जित क०; **~lation,** अण्डोत्सर्ग, डिम्बक्षरण।
> **ओव्यूलिट** (*adj.*);
ओव्यूलेट (*v.*), ओव् यु**लेशॅन**

ovule, 1. डिम्ब; 2. (*bot.*) बीजाण्ड। > **ओव्यूल**

ovum, अण्डाणु, डिम्ब। > **ओवॅम**

owe, 1. ऋणी होना, देनदार होना; 2. (*be, beholden*) आभारी होना; ~ a grudge, दुर्भाव या बैर रखना। > ओ

owing, देनदार, ऋणी; देय, बाक़ी; ~ to, के कारण।
> **ओ**-इन्ग

owl, 1. उल्लू; मुआ (*living near water*) घुघ्घू (*living in trees*) 2. barn ~, करैल, रुस्तक; **~et,** खूसट; **~-light,** झुटपुटा।
> आउल; **आउल्**-इट; **आउल्**-लाइट

own, *adj.*, अपना; निजि, निज; *v.*, 1. (*possess*) का मालिक या स्वामी होना, स्वामित्व रखना; 2. (*acknowledge*) स्वीकार क०, मानना; came into one's ~, उचित सम्मान पाना; hold one's ~, डटकर सामना क०। > ओन

owner, स्वामी, मालिक; ~'s risk, जोखिम* धनी-सिर; **~less,** स्वामिहीन, अस्वामिक।
> **ओ**-नॅ; **ओनॅ**लिस

ownership, स्वामित्व, स्वाम्य, मालिकी*।
> **ओनॅ**शिप

ox, बैल; **~en,** गाय-बैल; **~eyed,** विशालाक्ष।
> ऑक्स; **ऑक्**सॅन; **ऑक्स्**-आइड

oxi/dant, ~dative, उपचायक, ऑक्सीकर; **~dation,** ऑक्सीकरण, उपचयन।
> **ऑक्**-सि-डैन्ट; **ऑक्**-सि-डे-टिव्;
ऑक्-सि-**डे**-शॅन

oxide, ऑक्साइड। > **ऑक्**साइड

oxidize, oxidate, 1. ऑक्सीकरण क०; 2. (*rust*)

ज़ंग लगना। > ऑक्-सि-डाइज़; ऑक्-सि-डेट

oxygen, ऑक्सीजन। > ऑक्-सि-जॅन

oxygenate, ऑक्सीजन भरना; ऑक्सीजनीकरण क०। > ऑक्-सि-जि-नेट

oxymoron, विरोधाभास। > ऑक्-सिमॉ-रॉन

oxytone, *adj.*, (*n.*) अन्त्याघाती (शब्द)। > ऑक्-सि-टोन

oyster, शुक्ति*, कस्तूरा; **~-bank, ~-bed,** शुक्ति-तट। > ऑइस्-टॅ

ozone, ओज़ोन। > ओज़ोन

Pp

Pabulum, आहार। > पैब्यूलॅम

pace¹ ..., *prep*...... बुरा न मानें, ...के प्रति सम्मान होते हुए भी। > पेसि

pace² *n.* 1. (*step*) कदम, पग; 2. (*speed*) गति*, प्रगति*, वेग; 3. (*gait*) चाल*; 4. (*of horse*) क़दमचाल*; —*v.*, टहलना, क़दम-क़दम जाना, क़दम से मापना; गति* निर्धारित क०; **~r,** 1. क़दमबाज़; 2. (*~-maker*) गति नियामक, गतिनिर्धारक; put one through his ~s, की परिक्षा* लेना। >पेस

pachyderm, दृढ़त्वचीय प्राणी। > पैक्-इ-डॅ:म

pacific, *adj.*, प्रशान्त, शान्तिकर; शान्तिपूर्ण; शान्तिप्रिय; —*n.*, **(P.)** प्रशान्त महासागर; **~ation,** प्रशमन, शान्तिस्थापन; शान्ति*; **~ator,** शान्तिस्थापक; शमक*; **~atory,** शान्तिकर। > पॅसिफ़्-इक; पैसिफ़िकेशॅन; पॅसिफ़्/इ-के-टॅ, ~इकेटॅरि = ~इकटॅरि

pacifier, शमक। > पैसिफ़ाइॲ

pacify, शान्त क०, विरोध मिटाना, सन्तुष्ट क०; शान्ति* स्थापित क०। >पैसि फ़ाइ

paci/fism, शांतिवाद; **~fist,** शांतिवादी। > पैसि/फ़िज़्म, ~फ़िस्ट

pack, *n.*, 1. (*bundle*) गठरी*, पोटला, गट्ठर; 2. (*load*) भार, बोझ; 3. (*bale*) गट्ठा; 4. (*of cards, notes, etc.*) गड्डी*; 5. (*gang*) दल, गिरोह; 6. (*of animals*) झुण्ड; —*v.*, 1. बाँधना, पैक क०; 2. भरना, भर देना; 3. (*cram*) ठूसना; 4. डिब्बे में बन्द क०; 5. खचाखच या ठसाठस भर जाना; 6. भार रखना; 7. अपने साथ रखना; 8. सामान बाँधना; 9. दल बाँधना; 10. लपेटना; **~-animal,** लद्दू या भारवाही पशु; **~-drill,** दलेल*; **~-ice,** प्रवाही हिमपुंज; **~-saddle,** खुरजी*; **~-train,** लद्दू जानवरों का दल, भारवाही पंक्ति*, टाँड़ा। >पैक

package, 1. पैकेज, संवेष्टन; 2. (*parcel*) पार्सल, संवेष्ट, मोट*; मोटरी*; 3. (*box*) सन्दूक; *adj.*, एकमुश्त। > पैक्-इज

packer, पैकर, संवेष्टक। > पैक्-ॲ

packet, पैकट, पुलिन्दा; **~-boat,** डाक-नाव*, डाक-जहाज़। > पैक्-इट

packing, 1. (सं)वेष्टन, पैकिंग; बँधाई*; 2. (*filling*) भराई*; (*chem, phys.*) संकुलन; **~-needle,** सूजा। > पैक्-इन्ग

packman, फेरीवाला। > पैक्मॅन

packthread, सुतली*। > पैक्थ्रे'ड

pact, 1. (*agreement*) समझौता; 2. (*compact*) संविदा*; 3. (*treaty*) संधि*। > पैक्ट

pad, *n.*, 1. (*cushion*) गद्दी*, उपधान, 2. (*on wound*) कवलिका*; 3. (*cushion-like part of body*) गद्दी*, 4. पैड, *see* INK-~, LETTER~, WRITING-~; (*of harness*) चाल*, —*v.*, 1. गद्दीदार तह* लगाना, गद्दीदार बनाना; 2. व्यर्थ का विस्तार देना; 3. पैदल चलना; **~ded cell,** गद्दीदार (दीवारों वाली) कोठरी*; **~ding,** भराई*; अनावश्यक विस्तार। > पैड; पैड्-इन्ग

paddle, *n.*, 1. पैडल, छोटा चप्पू, क्षेपणी*; 2. (*spade-like*) बेलचा; 3. (*stick*) डण्डा; —*v.*, 1. (*a boat*) खेना; 2. (*wade*) पानी में चलना; 3. (*toddle*) ठुमकना; **~-wheel,** चप्पूदार चक्कर। > पैडॅल

paddock, बाड़ा; पशु-बाड़ा। > पैडॅक

paddy, 1. धान; 2. parched ~, खील*। > पैड्-इ

padlock, *n.*,(*v.*) ताला (लगाना)। > पैड्लॉक

padre, पादरी। > पाड्-रि = पाड्-रे

paean, विजय-गीत; धन्यवाद-स्तोत्र; स्तुति गान, स्तोत्र, स्तुति*। > पीॲन

p(a)ederasty, लौण्डेबाज़ी*। > पी डॅरैस्टि

p(a)ediatrics, बालचिकित्सा*, कौमार-भृत्य। > पी-डि-ऐट्-रिक्स

p(a)edo/-baptism, बाल-बपतिस्मा; **~-genesis,** डिम्बजनन; **~logy,** बाल विज्ञान। > पी-डो/-बैप्-टिज़्म, ~जे'न्-इ-सिस; पीडॉलॅजि

pagan, 1. ग़ैर-ईसाई, ग़ैरयहूदी, ग़ैरमुसलमान, काफ़िर, मूर्तिपूजक; 2. (*irreligious*) म्लेच्छ, विधर्मी; **~ism,** मूर्तिपूजा*; विधर्म; **~ize,** विधर्मी (म्लेच्छ) बनना या बनाना। > पेगॅन; पेगॅनिज़्म; पेगॅनाइज़

page, *n.*, 1. पृष्ठ; 2. (*boy*) परिचर, पेज; *v.*, *see* PAGINATE; ~ **proof,** पृष्ठाकार प्रूफ़ पेजप्रूफ़। > पेज

pageant, 1. (*procession*) जलूस, शोभायात्रा*; 2. (*show*) शानदार प्रदर्शन, समारोह; 3. (*empty show*) आडम्बर; **~ry,** भव्य समारोह, धूमधाम*; आडम्बर। > पैजॅन्ट, पैजॅन्ट्रि

paginal, पृष्ठविषयक; पृष्ठ-प्रति-पृष्ठ। > पैजिनॅल

pagi/nate, पृष्ठों पर नम्बर डालना, पृष्ठांकित क०; **~nation,** पृष्ठांकन। > पैजिनेट; पैजिनेशॅन

pagoda, (मेरू) मन्दिर, पैगोडा; **~-tree** गुलचीन। > पॅ-गोड्-ॲ

paid, 1. (*money*) दत्त, प्रदत्त, अदा किया हुआ; 2. (*bill*) भुगतान किया हुआ, शोधित, चुकाया हुआ; 3. (*articles*) दत्तशुल्क, दत्तमूल्य; 4. (*leave*) सवेतन; 5. (*person*) वैतनिक, वेतनभोगी। > पेड

pail, बालटी*, डोल; **~ful,** बालटीभर। > पेल, पेलफ़ुल

paillasse, पयालभरा गद्दा। > पैल्यैस

paillette, चमकी*, सितारा। > पैल्येट

Pain, *n.*, 1. (*general*) दु:ख, तकलीफ़*, क्लेश, व्यथा*; 2. (*bodily*) पीड़ा*, दरद, दर्द; 3. (*mental*) वेदना*; खेद, मनस्ताप; 4. (*pl.*) कष्ट, परिश्रम; सावधानी*; take ~s, परिश्रम क०; —*v.*, दु:ख देना; दर्द पैदा क०; कष्ट पहुंचाना; under ~of, का भय दिखाकर; **~ed,** पीड़ित; दु:खदी, अप्रसन्न; **~ful,** 1. (*hurting*) दु:खदायी, दु:खद, दु:खकर, कष्टकर; 2. (*full of~*) दर्दनाक, दरदीला; **~-killer,** पीड़ानाशक, शामक; **~less,** पीड़ाहीन; अकष्टकर; **~staking,** *n.*, परिश्रम, मेहनत*; —*adj.*, 1. (*industrious*) परिश्रमी, मेहनती अध्यवसायी; 2. (*or works*) श्रमसाध्य श्रमसाधित। > पेन; पेन्ड; पेनफ़ुल; पेन्-किलॅ; पेन्ज़्टेकिन्ग

paint, *n.*, पेंट, रंगलेप, प्रलेप; *v.*, रँगना, रंग भरना; चित्र बनाना; (सजीव) वर्णन क०, चित्रित क०, **~ed,** 1. चित्रित; 2. रँगा हुआ; 3. (*artificial*) कृत्रिम, दिखावटी; 4. (*variegated*) रंगबिरंगा; **~ed,** 1. रंगसाज़; 2. (*artist*) चित्रकार, रंगचित्रक, चितेरा; 3. (*rope*) पागर; **~ing,** 1. चित्र, रंग-चित्र; 2. (*art*) चित्रकला*; 3. चित्रकारी*, चित्रांकन; रंगसाजी*, रँगाई*; 5. (*description*) चित्रण। > पेन्ट; पेन्ट्-ॲ; पेन्ट्-इन्ग

painty, रंग-, रंग का; अतिरंग। > पेन्ट्-इ

pair, *n.*, जोड़ा, जोड़ी*, युगल, युग्म; दो, द्वय; —*v.*, जोड़ा मिलाना या लगाना; जोड़े बनाना; जोड़ना; जुड़ जाना, जोड़ा बनना; **~ed,** युग्मित, युगलित; **~ing,** युग्मन, युगलन। > पे'ॲ; पे'ॲड; पे'ॲर्-इन्ग

pajamas, पाजामा, पायजामा। > पॅजामॅज़

pal, साथी। > पैल

palace, राजभवन; प्रासाद, भवन, महल। > पैल्-इस

paladin, सामन्त; शूरवीर। > पैलॅडिन

pal(a)eography, पुरालिपि*; पुरालिपिशास्त्र। > पैलिॲग्रफ़ि

pal(a)eolith, पुराप्रस्तर उपकरण; **~ic,** पुरापाषाण, पुराप्रस्तर(युगीन)। > पैल्-इ-ओ-लिथ; पैलिओलिथ्-इक

pal(a)eology, पुरातत्त्व। > पैलिऑलॅजि

pal(a)eonto/graphy, जीवाश्म-वर्णन; **~logical,** जीवाश्म, जीवाश्मीय; **~logy,** जीवाश्म-विज्ञान, जीवाश्मिकी*। > पैलिऑन्/टॉ ग्रॅफि, ~टॅलॉज्-इकॅल; पैलिऑनटॉलॅजि

pal(a)eo/zoic, पुराजीवी; **~zoology,** जीवाश्म-प्राणि-विज्ञान। > पैलिओज़ोइक; पैलिओज़ोऑलॅजि

Palaestra, व्यायामशाला*; मल्लशाला*, अखाड़ा। > पॅलीस्ट्र

palanquin, palankeen, पालकी*। > पैलन्कीन

palatable, स्वादिष्ठ; स्वादु; रुचिकर। > पैलॅटॅबॅल

palatal, तालव्य; तालु-; **~ization,** तालव्यीकरण; **~ize,** तालव्य बनाना। > पैलॅटॅल; पैलॅटॅलाइज़ेशॅन; पैलॅटॅलाइज़

palate, 1. तालू, तालु (*hard; soft:* कठोर; कोमल); 2. (*taste*) स्वाद; 3. (*liking*) रुचि*, अभिरुचि*; 4. (*bot.*) अधरिका*। > पैल्-इट

palatial, भव्य, आलीशान। > पॅलेशॅल

palatine, तालव, तालु-। > पैलॅटाइन

palato/-alveolar, तालु-वर्त्स्य; **-dental,** तालु-दन्त्य; **-graph,** तालु-लेखी; **~gram,** तालु-आलेख। > पैलॅटो/ऐल्-वि-ॲ-लॅ; ~डे'न्टल; पैलॅटॅ/ग्राफ़, ~ग्रैम

palaver, *n.*(*v.*), 1. (*parley*) वार्ता* पंचायत*, बातचीत*; 2. (*idle talk*) बकवाद*; 3. (*flattery*) चिकनी-चुपड़ी बातें* (क०), चापलूसी* (क०), 4. (*cajolery*) फुसलाहट*; (फुसलाना)। > पॅ-ला-वॅ

pale, *adj.*, 1. (*wan*) पीला, पाण्डु(र), विवर्ण; 2. (*dim*) फीका, मन्द धुँधला; निस्तेज, निष्प्रभ; 3. (*of colour*) फीका, हलका; —*v.*, पीला, फीका या धुँधला पड़ जाना या कर देना; —*n.*, 1. (*stake*) खूँटा; 2. (*fence*) बाड़ा, घेरा; 3. (*fig.*) घेरा; **~-face,** गोरा। > पेल; पेल्-फ़ेस

palea, अन्त:पुष्पकवच। > पेलिॲ

Palestine, फिलस्तीन। > पैल्-इस्-टाइन

paletot, ओवरकोट, लबादा। > पैल्टो

palette, रंगपट्टिका*। > पैल्-इट

palfrey, सवारी घोड़ा, टट्टू, टाँगन। > पॉ:ल्फ्रि

Pali, पाली*। > पालि

pali(l)logy, पुनरुक्ति*। > पैलिलॉजि

palimpsest, उपर्यालिखित चर्मपत्र (या फलक)। > पैल्-इम्पसे'स्ट

palindrome, *n.*, विलोमपद, विलोमकाव्य; —*adj.*, (*palindromic*) विलोमाक्षर। > पैल्-इन्-ड्रोम; पैलिनड्रॉम्-इक

paling, 1. घेराबन्दी*; 2. (*fence*) घेरा; 3. (*pale*) खूँटा। > पेल्-इन्ग

palingenesis, 1. (*rebirth*) पुनर्जन्म; 2. (*biol.*) पुनर्भवन; 3. (*metamorphosis*) कायान्तरण। > पैलिन्जे'न्-इसिस

palinode, प्रत्याख्यान। > पैल्-इ-नोड

palisade, *n.*, (*v.*), घेरा (लगाना)। > पैलिसेड

palish, पीला-सा, पीताभ। > पेल्-इश

pall, *n.*, 1. (ताबूत का) आवरण, कपड़ा; 2. (*of chalice*) पिधानिका*; 3. (*fig.*) छाया*; परदा; —*v.i.*, नीरस या अरुचिकर हो जाना; —*v.t.*, छका देना, अतितृप्त कर देना; अरुचि* उत्पन्न क०; **~ed,** स्वादहीन; नीरस; अतितृप्त। > पॉ:ल; पॉ:ल्ड

pallet, 1. (*straw-bed*) तृणशय्या*, सौथरी*; 2. (*mean couch*) गुदड़ी*; 3. (*wooden instrument*) थापी*; 4. (*palette*) रंग-पट्टिका*; 5. (*bookbinding*) ठप्पा > पैल्-इट

palliasse, पलायभरा गद्दा। > पेल्यैस

palli/ate, 1. कम क०, हलका क०; 2. (*excuse*) सफ़ाई* देना; **~ation,** 1. (*of pain*) उपशमन, प्रशमन; 2. लघूकरण; **~ative,** प्रशामक; लघूकारी। > पैल-इ-एट; पैलिएशॅन; पैल्-इ-ऍ-टिव्

pallid, पाण्डु, पीला, विवर्ण। > पैल्-इड

pallium, 1. (*anat.*) प्रावार; 2. (*zool.*) प्रावार; 3. (*of archbishop*) पैलियम, अम्बरिका*। > पैल्-इ-ऍम

pallor, पीलापन, पाण्डुरिमा*; फीकापन। > पैल्-ऍ

palm, 1. (*of hand*) हथेली*, करतल; 2. (*blade*) फलक; 3. (*measure*) बालिश्त, वित्ता; 4. (*~-tree*) ताड़, ताल, खजूर*; मरी* (*toddy palm*); 5. (*victory*) विजय*; grease the ~ of, घूस* देना; ~off, किसी के गले मढ़ना; carry off the ~, विजयी होना; P~Sunday, खजूर-इतवार; **~-civet,** मुसंग; **~-oil,** 1. खजूर-तेल; 2. (*bribe*) घूस*; **~-wine,** ताड़ी*; **~leaf,** तालपत्र, ताड़पत्र। > पाम

palmar, करतल-। > पैल्मॅ

palmary, विजयी, सर्वोत्तम, श्रेष्ठ। > पैल्मॅरि

palmate, 1. (*bot.*) हस्ताकार; 2. (*palmiped*) जालपाद। > पैल्-मिट; पैल्-मि-पे'ड

palmipede, जालपाद। > पैल्-मि-पीड

palmist, कर-सामुद्रिक; **~ry,** करसामुद्रिक, हस्तरेखा-शास्त्र। > पामिस्ट; पामिस्ट्रि

palmy, 1. विजयी; 2. (*prosperous*) समृद्धि* का अनुकूल। > पामि

palmyra, पनई ताड़, पंखिया खजूर*। > पैल्माइर्-ऍ

palp, स्पर्शक, स्पर्शिनी*; **~able,** 1. स्पृश्य, परिस्पृश्य, स्पर्शग्राह्य, स्पर्शगोचर; 2. (*perceptible*) इन्द्रियगोचर; 3. सुस्पष्ट; **~ably,** सुस्पष्टतया; **~ate,** छूना, स्पर्श क०, टटोलना; **~ation,** स्पर्शपरीक्षा*, परिस्पर्शन। > पैल्प; पैल्पॅ/बॅल, ~ब्लि; पैल्पेट; पैल्पेशॅन

palpe/bra, पलक*, नेत्रच्छद; **~bral,** नेत्रच्छद-। > पैल्-पि-ब्रॅ; पैल्-पि-ब्रॅल

palpi/tate, धड़कना, धक-धक* क०, स्पन्दित होना; **~tation,** धड़कन*, धकधकी*, स्पन्दन, अतिस्पन्दन। > पैल्-पि-टेट; पैल्-पि-टे-शॅन

palpus, स्पर्शक। > पैल्पॅस

palsied, 1. अर्धांगरोगी, अर्धांगी; संस्तम्भित; 2. (*trembling*) कम्पायमान। > पॉ:ल्-ज़िड

palsy, *n.*, अंगघात, पक्षाघात, फ़ालिज; संस्तंभ; —*v.*, स्तम्भित क० (*also fig.*)। > पॉ:ल्-ज़ि

palter, 1. (*equivocate*) टाल-मटोल* क०; 2. (*cheat*) छलकपट क०; 3. (*haggle*) मोलतोल क०; 4. (*trifle*) तुच्छ समझना, से खेलवाड़ क०। > पॉ:ल्-टॅ

paltry, 1. तुच्छ, क्षुद्र, नगण्य; 2. (*worthless*) रद्दी, निकृष्ट; 3. (*contemptible*) नीच, तुच्छ। > पॉ:ल्-ट्रि

palu/dal, कच्छी; ~*dism* मलेरिया, जूड़ी* > पॅल्यूडॅल; पैल्यूडिज़्म

pam, चिड़ी* का गुलाम। > पैम

pamper, बहुत लाड़-प्यार क०। > पैम्-पॅ

pamphlet, पैम्फ़लेट, पुस्तिका*, चौपन्ना। > पैम्फ़्-लिट

Pan¹, प्रकृति-देवता पैन

pan², *n.*, 1. तवा, कड़ाह, कड़ाही*, कटाह; 2. (*of scales*) पलड़ा, पल्ला; 3. (*geogr.*) पटल; 4. (*betel leaf*) पान; —*v.*, धोना; —*prefix*, सर्व-, अखिल-। >पैन

panacea, सर्वरोगहर, रामबाण। > पैनॅसीअॅ

panache, कलगी*। > पॅनाश = पॅनैश

Panchayat, पंचायत*। > पॅन्चाइऑट

pancake, चिल्ला। > पैन्केक

pan/creas, अग्न्याशय, लबलबा; **~creatic,** अग्न्याशयी। > पैन्क्-रि-ॲस; पैन्क्रिऐट्-इक,

panchromatic, सर्ववर्णिक। > पैन्क्रोमैट्-इक

panda, वाह, पण्डक। > पैन्-डॅ

pandanus, केवड़ा। > पैन्डेनॅस

pandects, विधि-संग्रह, संहिता*। > पैन्डे'क्ट्स

pandemic, *adj.*, देशव्यापी, सार्वभौम; —*n.*, देशान्तरगामी महामारी*; विश्वमारी*। > पैन्-डे'म्-इक

pandemonium, कोलाहल, हो-हल्ला, हुल्लड़। > पैन्-डि-मोन्/यॅम = इॲम
pander, *n.*, दलाल, भड़ुआ, कुटना; पाप सहायक; —*v.*, कुटनाई* क०; में सहायक होना। > पैन्-डॅ
pandit, पण्डित, विद्वान्। > पैन्-डिट
pandu/rate, ~riform, वायलिनरूपी। > पैन्डयुरिट; पैन्ड्युर्-इफ़ॉःम
pane, 1. (*side*) फलक; 2. (*compartment*) उपखण्ड, ख़ाना; 3. (*glass*) शीशा, काचफलक। > पेन
panegy/ric, प्रशस्ति*, गुणगाथा*; गुणगान, गुणकीर्तन, प्रशंसा*; **~rical,** प्रशंसात्मक; **~rist,** प्रशंसक, स्तावक; **~rize,** प्रशंसा* क०। > पैनिजि/रिक, रिकॅल, ~रिस्ट; पैन्-इ-जि-राइज़
panel, *n.*, 1. (*of door etc.*) दिल्ला, दिलहा, 2. (*of saddle*) गद्दी*; 3. (*board*) फलक, पट्ट, पट्टी*; 4. (*section*) खण्ड, भाग; 5. (*of names*) तालिका*, नामिका*, चयनक, नामसूची*; —*v.*, दिल्ला लगाना, सूची* में नाम लिखना; **~led,** दिलहेदार; **~ling,** दिलहाबन्दी*। > पैनॅल; पैनॅल्ड; पैनॅलिंग
pang, टीस* हूक*, कसक*। > पैंग
pangolin, साल। > पैंग्-गोल्-इन
panic, *n.*, सन्त्रास, आतंक, भगदड़*, तहलका, भीषिका*, —*v.*, संत्रस्त क० या हो जाना; **~monger,** आतंक फैलानेवाला; **~ky, ~-stricken, ~-struck,** संत्रस्त, आतंकित। > पैन्-इक
panicle, पुष्प-गुच्छ। > पैन्-इ-कॅल
panjandrum, 1. (*mock title*) लाटसाहब; 2. (*official*) द़फ्तरशाह। > पॅन्जैन्ड्रॅम
paniculate, पुष्प-गुच्छी। पैनिक्यूलिट
pannage, सूअरों की चराई* या चरागाह। > पैन्-इज
pannier, झाबा, खोंचा, टोकरा। > पैन्-इ-ॲ
pannikin, कटोरी*, प्याली*। > पैन्-इ-किन
panoplied, सकवच। > पैनॅप्लिड
panoply, कवच। > पैनॅप्लि
pano/rama, 1. (*picture*) दृश्यपटल, चित्रावली*; 2. (*view*) सर्वदिग्दृश्य, परिदृश्य; 3. (*survey*) सिंहावलोकन; **~ramic,** विशालदर्शी। > पै-नॅ-रा-मॅ; पैनरैम्-इक
pant, *v.*, 1. हाँफना; 2. (*throb*) धड़कना; 3. ~for, लालायित होना, ललचना; 4. (*puff*) फूँक-फूँककर निकालना; —*n.*, हाँफा, हाँफी*; फूँक*। > पैन्ट
pantaloon, पतलून। > पैनटॅलून
pantechnicon, फ़र्नीचर-गोदान। > पैन्-टे'क्-नि-कॅन
pan/theism, सर्वेश्वरवाद **~theist,** सर्वेश्वरवादी, **~theistic,** सर्वेश्वरवादात्मक। > पैन्-थि/इज़्म, इस्ट; पैन्-थि-इस्-टिक
pantheon, देवकुल, देवगण; सर्वदेवमन्दिर; स्मारकभवन। पैन्-थि-ॲन
panther, तेंदुआ। > पैन्-थॅ
pantile, खपरैल, जालीदार। > पैन्टाइल
pantisocracy, सर्वतन्त्र। > पैन्-टि-सॉक्-रॅ-सि
pantograph, सर्वमापलिख; विद्युद्ग्राही। > पैन्टॅग्राफ़
panto/mime, मूकाभिनय (क०); **~mimic, ~mimist,** मूकाभिनेता। > पैन्टॅमाइम; पैन्टॅमिम-इक; पैन्टॅमाइमिस्ट
pantoscopic, सर्वेक्ष। > पैन्टॅस्कॉप्-इक
pantry, रसोई-भण्डार। > पैन्-ट्रि
pants, पैन्ट, पतलून। > पैन्ट्स
pap, 1. (*food*) दलिया; 2. (*paste*) लेई*; 3. (*mash*) सानी*; 4. (*pulp*) गूदा। > पैप
papacy, पोप का पद, परमधर्माध्यक्ष-पद। > पेपॅसि
papal, पोप का, परमधर्माध्यक्षीय। पेपॅल
papaya, पपीता। > पॅ-पाइ-ॲ
paper, 1. काग़ज़; 2. (*newspaper*) अखबार, समाचारपत्र; 3. (*article*) निबन्ध, लेख; 4. (*document*) दस्तावेज़*; 5. (*sheet*) पन्ना; 6. (*of exam.*) प्रश्नपत्र; 7. (*pl., credentials*) प्रमाणपत्र, प्रत्यय-पत्र; 8. (*pl., documents*) काग़ज़ात, काग़ज़-पत्र, पत्रजात; —*adj.*, काग़ज़ी; —*v.*, काग़ज़ लगाना या चिपकाना; on~, लिखित; मुद्रित; सिद्धान्ततः। > पेप्-ॲ
paper/-bag, ठोंगा; **~back,** काग़ज़-चढ़ी या पत्रावरणबद्ध पुस्तक*; **~currency, ~money,** काग़ज़ी चलार्थ, पत्र-चलार्थ; **~-cutter, ~-knife,** पत्रकर्तक; **~pulp,** लुगदा, लुगदी*; **~-weight,** दाब*; **~y,** काग़ज़ी।
papier mâche', कुट्टी*। > पैप्ये माशे
papilionaceous, मटरकुलीय। > पॅपिल्यॅनेशॅस
pappilla, पैपिला, अंकुरक। > पॅ-पिल्-ॲ
papist, पोप-समर्थक; **~ry,** पोपवाद। > पेप्/इस्ट, ~इस्-ट्रि
pappus, रोमगुच्छ। > पैपॅस
papule, पिटिका*, फुंसी*। > पैप्यूल
papyraceous, काग़ज़ी। > पैपिरेशॅस
papyrus, पपीरस, पटेरा। > पॅपाइॲरॅस
par, सममूल्य; अंकित मूल्य; समता*, बराबरी*; औसत; above ~, अधिमूल्य पर; at ~, सममूल्य पर, बराबरी* से below~, अवमूल्य पर, बट्टे से; औसत से कम; put on a ~ with के बराबर समझना। > पा
parable, दृष्टान्त, नीति-कथा*। > पैरॅबॅल
para/bola, परवलय; **~bllic(al),** 1. परवलयिक; 2. (*allegorical*) लाक्षणिक; **~boloid,** परवलयज। > पॅरैबॅलॅ; पैरॅबॉल्/इक, इकॅल; पॅरैबॅलॉइड

parachronism, तिथिभ्रम। > पैरेक्‌रॅनिज़्म
para/chute, पैराशूट, (हवाई) छतरी*; **~chutist,** छतरी-सैनिक। > पैरॅशूट; पैरशूटिस्ट
Paraclete, सान्त्वनादाता, धैर्यदाता। > पैरॅक्लीट
parade, *n.*, परेड*, सेना-प्रदर्शन, क़वायद*; प्रदर्शन; जलूस; —*v.*, परेड* क० या कराना; (का) प्रदर्शन क० (इठलाकर) टहलना। > पॅरेड
paradigm, 1. (*gram.*) उदाहरण; रूपतालिका; 2. प्रतिमान; **~atic,** निदर्शनात्मक। > पैरॅडाइम; पैरॅडिग्मैट्-इक
para/dise, आनन्दधाम; स्वर्ग, परलोक; अदनवाटिका*; **~disiac(al), ~disial,** स्वर्गीय; स्वर्गिक; स्वर्गोपम, स्वर्गतुल्य। > पैरॅडाइस; पै- रॅ-डिस्-इ-ऐक; पैरॅडिसाइॲकॅल; पै- रॅ-डिस्-इ-ॲल
paradox, विरोधाभास विरोधोक्ति*; **~ical,** विरोधाभासी; विरोधाभास-प्रेमी। > पैरॅडॉक्स; पै- रॅ-डॉक्-सि-कॅल
paraffin, पराफ़िन। > पैरॅफ़िन
para/goge, अन्त्ययोग; **~gogic,** अन्त्ययोगात्मक। > पैरॅगोजि; पैरॅगॉजिक
paragon, आदर्श, मूर्त्तिमान् आदर्श। > पैरॅगॅन
paragraph, 1. पैरा, पैराग्राफ़, अनुच्छेद; 2. (*Law*) कण्डिका*; 3. (*mark*) निर्देशक। > पैरॅग्राफ़
parakeet, 1. (*green*) ढेलहरा तोता; 2. (*blossom-headed*) टुइयाँ तोता। > पैरॅकीट
paralipsis, paraleipsis, आक्षेप। > पैरॅ-लिप्सिस; पै- रॅ-लाइप्-सिस
paral/lactic, लम्बनिक **~lax,** लम्बन, पैरॅलैक्स; दिग्भेद। > पै- रॅ-लैक-टिक; पैरेलैक्स
parallel, *adj.*, 1. समान्तर, समानान्तर; समरूप, समान, सदृश, तुल्य, समकक्ष; —*n.*, 1. समान्तर; 2. (*counterpart*) प्रतिरूप, जोड़; 3. (*of latitude*) अक्षांश; 4. (*agreement*) सादृश्य; 5. (*comparison*) तुलना*; —*v.*, समान्तर होना या क०; के बराबर होना, की बराबरी* क०; in~, पार्श्वबद्ध; ~connexion, पार्श्व-बन्ध। > पैरॅले'ल = पैरॅलॅल
parallelepiped, समान्तरषट्फलक। > पैरॅले'ले'प्-इपे'ड
parallelism, समान्तरता*; सादृश्य; समान्तरवाद, समानान्तरवाद। > पैरॅले'लिज़्म
parallelogram, समान्तरचतुर्भुज। > पैरॅले'लॅग्रैम
paralogism, तर्काभास, हेत्वाभास। > पॅरैलॅजिज़्म
paralyse, paralyze, स्तम्भित, गतिहीन, अशक्त या ठप कर देना। > पैरॅलाइज़
paralysis, 1. लक़वा, अंगघात, फ़ालिज, संस्तम्भ; 2. (*of horses' loins*) कमरी*; 3. (*fig.*) गतिहीनता*; infantile~, शिशु अंगघात। > पॅरैल्-इसिस
paralytic, लक़वारोगी, अंगघातग्रस्त, अंगघाती; शक्तिहीन, अशक्त; घातज। > पैरॅलिट्-इक
paramagnetic, अनुचुम्बकी(य)। > पैरॅमैग्ने'ट्-इक
para/meter, (*math.*) प्राचल; **~metric,** प्राचलिक। > पॅ-रैम-इ-टॅ; पैरॅमे'ट्-रिक
paramount, *adj.*, परम, सर्वोपरि, सर्वोच्च; —*n.*, अधीश्वर, अधिराज; ~power, सर्वोपरि सत्ता*; **~cy,** प्रभुता* परमसत्ता*; सर्वोच्चता*। > पैरॅमाउन्ट; सि
paramour, जार, उपपति; जारिणी*, उपपत्नी*। > पैरॅमुॲ
paranoea, paranoia, संविभ्रम, संभ्रांति*। > पैरॅनी ॲ; पै- रॅ-नॉइ-ॲ
parapet, 1. प्राकार; 2. (*of roof*) मुँडेरा। > पैरॅपिट
paraphernalia, 1. व्यक्तिगत या निजी सामान; 2. (*equipment*) साज़-सामान, उपकरण; सामग्री*। > पैरॅफ़ॅनेल्-यॅ
paraph, लपेट*। > पैरॅफ़
para/phrase, *n.*(*v.*), भावानुवाद (क०), व्याख्या* (क०), पदान्वय (क०); **~phrastic,** व्याख्यात्मक। > पैरॅफ्रेज; पै-रे-फ़्रैस्-टिक
paraphysis, सहसूत्र। > पॅरैफ़-इसिस
paraplegia, अधरांगघात। > पैरॅप्लीजिॲ
parapsychology, परा-मनोविज्ञान। > पैरॅसाइकॉलॅजि
parasceve, तैयारी* का दिन, उपक्रमदिवस। > पैरॅसीव
paraselene, चन्द्राभास। > पैरॅसिलीन्-इ
para/site, परजीवी, पराश्रयी; **~sitic(al),** परजीवी पराश्रयिक; **~siticide,** परजीवीनाशी; **~sitism,** परजीविता*। > पैरॅसाइट, पैरॅसिट्/इक, ~इकॅल, ~इसाइड; पैरॅसाइटिज़्म
parasol, छाता, छत्ता, आतपत्र। > पैरॅसॉल
parasympathetic, सहानुकम्पी। > पैरॅसिमपॅथे'ट-इक
parasynapsis, पार्श्वसंयोग। > पैरॅसिनैप्-सिस
parasynthesis, परासंकलन। > पै- रॅ-सिन्-थि-सिस
parataxis, असंबद्ध, वाक्य-विन्यास। > पै- रॅ-टैक्-सिस
parathyroid, परावटु। > पैरॅथाइरॉइड
para/trooper, छतरी-सैनिक; **~troops,** छतरी-सेना*। > पैरॅट्रूपॅ; पैरॅट्रूप्स
paratyphoid, पैराटाइफ़ाइड। > पैरॅटाइफाइड
parboil, उसनना; **~ed rice,** उसना चावल, भुजिया, सेला। > पाबॉइल

parbuckle, डोल-फन्दा। > पाबॅकॅल

parcel, *n.*, 1. पारसल, पोट*; 2. (*of land*) (भूमि)खण्ड; 3. (*set*) राशि*, ढेर, समूह; **~post,** पारसल-डाक*, पोट-डाक*; —*v.*, बाँट देना, संविभाजित क०; पार्सल बनाना; —*adv.*, अंशत:; **~ling,** संविभाजन। > पार्सॅल

parce/nary, समांशिता*; **~ner,** समांशी। > पासिनॅरि; पा-सि-नॅ

parch, *v.t.*, 1. (*roast*) भूनना 2. (*scorch*) झुलसाना; 3. सुखाना; —*v.i.*, सूख जाना, झुलसना। > पाच

parchment, चर्मपत्र, पार्चमेंट। > पाच्-मॅन्ट

pardon, *n.*, क्षमा*, माफ़ी*; *v.*, क्षमा* क०; माफ़ क०; **~able,** क्षम्य; **~ed,** क्षमाप्राप्त; **~er,** क्षन्ता। > पार्डन; पार्डनॅबॅल; पार्डन्ड; पार्डनॅ

pare, 1. (*peel*) छीलना; 2. (*trim*) कतरना छाँटना; काटना; 3. (*reduce*) कम क०, घटाना। > पे'अॅ

paregoric, पीड़ानाशक। > पैरिगॉरिक

parenchyma, मृदूतक। > पॅ-रे'ना्-कि-मॅ

parent, 1. पिता, जनक, जनिता; मामा*, जननी*; 2. (*cause*) कारण, उद्‍गम, मूल, मूलकारण; 3. (*pl.*) माता-पिता, माँ-बाप; ~language, मूल भाषा*; **~age,** 1. (*~-hood*) जनकता*, पितृत्व; 2. (*lineage*) वंश, कुल; वंशावली*; **~al,** पैतृक, जनकीय; पितृसुलभ। > पे'अॅरॅन्ट; पे'अॅरॅन्-टिज; पॅरे'न्टॅल

parenteral, आन्त्रेतर। > पॅरे'न्टॅरॅल

parenthesis, 1. निक्षिप्त पद, वाक्यांश या वाक्य; 2. (*interval*) अन्तराल; 3. (*curved line*) लघु कोष्ठक, बंधनी*। > पॅ-रे'न्-थि-सिस

parenthesize, 1. (*insert*) निक्षिप्त क०, सन्निविष्ट क०; 2. कोष्ठक में रखना। > पॅ-रे'न-थि-साइज़

parenthetic(al), निक्षिप्त, सन्निविष्ट। > पैरॅनथे'ट्/इक, ~इकॅल

parergon, उपजीविका*। > पैरॅ:गॉन

paresis, आंशिकघात। > पैरिसिस

paresthesia, अपसंवेदन। > पैरे'स्थीज़्यॅ

par excellence, सर्वोत्कृष्ट, श्रेष्ठ, उत्कृष्ट। > पर ए'क्सॅलान्स

parget, पलस्तर, प्रलेप। > पाजित

parhelion, सूर्याभास। > पाहील्यॅन

pariah, अछूत, चाण्डाल; ~dog, लावारिस, बहेतू, चमर या आवारा कुत्ता। > पैरिअॅ

parietal, 1. पार्श्विक; 2. (*bot.*) भित्तिलग्न; भित्तीय; ~bone, भित्तिकास्थि*; ~lobe, भित्तीय पालि*। > पॅ-राइ-इ-टॅल

paring, 1. (*act.*) छीलन*; कर्तन, छँटाई*; 2. छीलन*, कतरन*। > पे'अॅर्-इन्ग

pari passu, समरूप। > पे'अॅर्-ई पैस्-ऊ

parish, पैरिश*, पल्ली*; यजमानी*; **~ioner,** पल्लीवासी, पल्लीक़; यजमान; **~priest,** पल्ली-पुरोहित। > पैरिश; पॅरिशॅनॅ

parisyllabic, समाक्षरिक। > पैरिसिलैब्-इक

parity, 1. समता*, समानता*, बराबरी*; 2. (*similarity*) सादृश्य, तुल्यता*, अनुरूपता*, साम्य; 3. (*of value*) सममूल्यता*, समार्हता* 4. (*equivalent*) तुल्य राशि*। > पैरिटि

park, *n.*, 1. उपवन, उद्यान; 2. (*~ing place*) गाड़ी-स्थान, पड़ाव; 3. (*oyster-~*) शुक्ति-क्षेत्र; —*v.*, पार्क क०, खड़ा क०; रख देना; बाड़ा लगाना। > पाक

parlance, (विशिष्ट) भाषा-शैली*, बोली*; शब्दावली*; in common~, बोलचाल* में। > पालॅन्स

parley, *n.(v.)*, सन्धिवार्ता* (क०); विचार-विमर्श (क०)। > पाल्-इ

parliament, संसद्*, लोकसभा*; **~arian,** सभाचतुर; **~ary,** संसदीय, पार्लमेंटरी, सांसद, संसद्-। > पालॅमन्ट; पालमे'न्टेअॅर्-इअॅन; पालॅमे'न्टॅरि

parlo(u)r, बैठक*, बैठकख़ाना। > पाल्-अॅ

parochial, 1. पल्ली-विषयक, पल्लीय; 2. (*restricted*) सीमित; 3. (*narrow minded*) संकीर्ण(मना), अनुदार, संकुचित; **~ism,** संकीर्णता*, अनुदारता*; प्रान्तीयता*। > पॅरोक्/यॅल = इअॅल, ~यॅलिज़्म

parode, पूर्वगान। > पैरोड

parody, *n.*, 1. पैराडी*, विडम्बन(-कृति*); विद्रूपिका*; 2. (*poor imitation*) नक़ल*, विद्रूप; —*v.*, नक़ल* क०। > पैरॅडि

paroecious, एकशाखाशयी। > पॅरीशॅस

parole, प्रतिज्ञा*, प्रतिश्रुति*, वचन, पैरोल; सप्रतिबन्ध या प्रतिज्ञा* पर करामुक्ति*; on ~, प्रतिज्ञाबद्ध, वचनबद्ध। > पॅरोल

paronomasia, श्लेष। > पैरॉनोमेज़्-इअॅ

paronym, समधातु या समोच्चरित शब्द; ~ous, 1. (*cognate*) समधातु; 2. समोच्चरित। > पैरॅनिम; पॅरॉन्-इमॅस

paroquet, *see* PARAKEET। > पैरॅकिट

parotid gland, कर्णमूल-ग्रन्थि*। > पॅरॉट्-इड

parotitis, कनपेड़ा। > पैरॅटाइट्-इस

parousia, (मसीह का) पुनरागमन। > पॅरूज़िअॅ

paroxysm, 1. (*of disease*) दौरा; 2. (*fit*) आवेग, आवेश; **~al,** आवेगी। > पै-रॅक्-सिज़्म; पै-रॅक्-सिज्-मॅल

paroxytone, उपान्त्याघाती। > पॅ-रॉक्-सि-टोन

parquet, (सजावटी लगड़ी* का) फ़र्श; **~ry,** काष्ठचित्रकारी*। > पाके = पाकिट; पाकिट्रि

parri/cidal, पितृघातक; **~cide,** पितृहत्या*, पितृघात; पितृहन्ता; देशद्रोह; राजद्रोह, देशद्रोही, राजद्रोही। > पैरिसाइडॅल; पैरिसाइड

parrot, *n.*, तोता, शुक; अन्धानुकरण करने वाला; —*v.*, अन्धानुकरण क०; रटना; **~ry,** अन्धानुकरण; रट*। > पैरॅट; पैरॅट्रि

parry, *v.*, 1. वार बचाना; 2. (*evade*) टाल देना, टाल-मटोल* क०; —*n.*, बचाव, परिहार, निवारण, रोक*; टाल-मटोल*। > पैरि

parse, पदव्याख्या*, क०। **parsing,** पदव्याख्या*, पदपरिचय। > पाज़; पाज़्-इन्ग

Parsee, Parsi, पारसी। > पासी

parsi/monious, 1. मितव्ययी, किफ़ायती, अल्पव्ययी; 2. (*stingy*) कंजूस; 3. (*meagre*) अल्प, अपर्याप्त; **~mony,** 1. मितव्ययिता* किफ़ायत*, मितव्यय; 2. (*stinginess*) कंजूसी*, कृपणता*। > पासिमोन्/यॅस = इॲस; पास्-इमॅनि

parsley, अजमोद*। > पास्-लि

parsnip, पार्सनिप, गर्जरिका*, चुकन्दर। > पास्-निप

parson, पुरोहित, पादरी, फादर; पल्ली-पुरोहित; **~age,** पुरोहिताश्रम। > पासॅन; पास्-निज़

part, *n.*, 1. अंश, भाग, हिस्सा; 2. (*of machine*) पुरज़ा; 3. (*fragment*) टुकड़ा, खण्ड; 4. (*of publication*) भाग; 5. (*element*) तत्त्व; 6. (*of body*) अवयव, अंग; 7. (*duty*) कर्तव्य; 8. (*concern*) काम, मामला; 9. (*of play*) पार्ट, भूमिका*; 10. (*area*) प्रदेश, इलाक़ा; 11. (math.) अशेषभाजक; 12. (*of dispute*) पक्ष; 13. (*pl.*) प्रतिभा*, योग्यता*; पक्ष; 14. (*of hair*) माँग*; —*v.*, 1. अलग क० या हो जाना; 2. (*divide*) विभक्त या विभाजित क०; 3. (*break*) टूट जाना; —*adv.*, अंशतः; ~s of speech, शब्दभेद; for the most ~, प्रायः; in~, अंशतः; on the ~ of, की ओर* से; ~ and parcel, अनिवार्य अंग; ~with, दे देना, अर्पित क०; त्याग देना, छोड़ देना; play a~, 1. बनना, चाल* चलना; 2. (*take~*) भाग लेना; tank in good ~ बुरा न मानना; take the ~ of, का पक्ष लेना; **~ed,** विभक्त; 2. अलग किया हुआ, पृथक्; 3. (*bot.*) फटा हुआ; **~-owner,** अंशस्वामी; **~-payment,** आंशिक शोधन; **~-time,** अंशकालिक। > पाट

partake, 1. भाग लेना, सम्मिलित होना; 2. भागी होना, साझीदार होना; 3. (*~of, eat*) खाना; 4. (*~of, have a trace of....*) में ''' की गंध* होना; **~r,** भागी, हिस्सेदार, साझेदार। > पाटेक; पा-टेक्-ॲ

parterre, फूलों की क्यारी*। > पाटे'ॲ

parthenogenesis, अनिषेक-जनन; अनिषेक-फलन। > पाथिनोजे'न्-इसिस

parti, वर; वधू*; **~pris,** पूर्वग्रह। > पाटी, ~ प्रो

partial, 1. आंशिक, अपूर्ण, अधूरा, खण्ड-; 2. (*unfair*) पक्षपाती; ~eclipse, खण्डग्रहण; **~ity,** 1. पक्षपात; 2. (*liking*) तरफ़दारी*; **~ly,** अंशतः। > पाशॅल; पाशिऐल्-इटि; पाशॅलि

partible, विभाज्य। > पाट्-इबॅल

partici/pant, ~pator, 1. भाग लेनेवाला; 2. (*sharer*) भागी, हिस्सेदार, साझेदार; **~pate,** भाग लेना, सम्मिलित या शामिल होना; भागी या साझेदार होना; **~pation,** भाग, सहयोग; हिस्सेदारी*, सहभागिता*। > पाटिसि/पॅन्ट, पेटॅ, ~पेट; पाटिसिपेशॅन

participial, कृदन्ती; ~noun, क्रियार्थक संज्ञा*। > पाटिसिप्-इॲल

participle, कृदन्त; conjunctive ~, पूर्वकालिक ~; imperfect ~, अपूर्ण ~, भूतकालिक ~। > पाट्-सि-पॅल = पाट्-इ-सि-पॅल

particle, 1. कण, कणिका*, जर्रा; 2. (*small part*) (छोटा सा) अंश, हिस्सा, लव-लेश; 3. (*gram.*) निपात। > पाट्-इ-कॅल

particoloured, रंगबिरंगा; दुरंगा। > पाट्-इकॅलॅड

particular, *adj.*, 1. विशिष्ट, विशेष, खास; 2. (*logic*) अंशव्यापी; 3. (*detailed*) विस्तृत; 4. (*fastidious*) तुनकमिज़ाज, सख़्त; 5. (*careful*) सावधान; —*n.*, 1. विशिष्टता*, विशेष बात*, उदाहरण या स्थिति*; 2. (*pl.*) ब्योरा, विवरण, तफ़सील*; in~, **~ly,** विशेष रूप से; ब्योरेवार। > पॅ-टिक्-यू-लॅ, ~लि

particularism, 1. अनन्यता*; एकनिष्ठता*; अनुदारता*; पक्षपात; 2. (*polit.*) संघवाद, विशेषाधिकारवाद; 3. (*theol.*) विशिष्टमुक्तिवाद। > पॅटिक्यूलॅरिज़्म

particularity, विशिष्टता*, विशेषता*; विस्तार; सावधानी*, सतर्कता*। > पॅटिक्युलैरिटि

particularize, ब्योरा देना, विस्तृत विवरण क०; एक-एक करके बताना, अलग-अलग उल्लेख क०। > पॅटिक्यूलॅराइज़

particulate, विविक्त। > पाटिक्यूलिट

parting, *n.*, 1. विभाजन; पृथक्करण; अलगाव; 2. (*of hair*) माँग*; 3. (*leave taking*) विदाई*; —*adj.*, विभाजक; जानेवाला; विदाई* का। > पाट्-इन्ग

partisan, अन्धभक्त; तरफ़दार, हिमायती, समर्थक; देशभक्त सैनिक, गुरिल्ला; **~ship,** पक्षपात; अन्धभक्ति*। > पाटिज़ैन

partite, विभक्त। > पाटाइट

partition, *n.*, 1. (*division*) विभाजन; 2. (*separation*) पृथक्करण, अलगाव; 3. (*of property*) बँटवारा; 4. (*that which separates*) व्यवधान; 5. (*section*) भाग, हिस्सा; 6. (*compartment*) कक्ष, खाना; —*v.*, विभक्त क०; बाँट देना; **~wall,** विभाजक दीवार*। > पाटिशॅन

partitive, 1. विभाजक; (*gram.*) अंशार्थी, अंशबोधक। > पाट्-इ-टिव्

partly, अंशत:; कुछ अंश तक। > पाट्-लि

partner, *n.*, 1. साथी, संगी; 2. (*comm*) साझेदार, साझी, भागी; 3. खेल का साथी, गुइयाँ; जोड़, जोड़ा, जोड़ीदार; —*v.*, साझेदार बनना या बनाना; साथी (जोड़) बनना या बनाना; **~ship,** साझा, साझेदारी*, भागिता*। > पाट्-नें, ~शिप

partridge, 1. (*grey*) तीतर, 2. (*black*) काला तीतर; 3. (*red-legged*) चकोर। > पाट्-रिज

partu/rient, प्रसवी, प्रसविनी*, आसन्न-प्रसव; प्रसव-, प्रसवकालीन; **~rition,** प्रसव, प्रसूति*, प्रसवन। > पाट्युॲर्-इॲन्ट; पाट्युरिशॅन

party, 1. (*polit.*) दल, पार्टी*; 2. (*group*) दल, मण्डली*, टोली*; 3. (*low*) पक्ष, पक्षकार; 4. (*social*) गोष्ठी*, पार्टी*, प्रीतिभोज; 5. सहायक, समर्थक, भाग लेनेवाला, **~-line,** दल-नीति*; **~-politics,** दलबन्दी*; **~spirit,** दलगत भावना*; **~-wall,** साझी दीवार*। > पाट्-इ

parvenu, कल का आदमी; कल का नवाब। > पावॅन्यू

parvis, 1. प्रांगण, 2. (*portico*) अलिन्द। > पाव्-इस

pas, 1. क़दम, थिरक*, ठुमक*; नाच; 2. (*precedence*) पूर्वता*, अग्रता*। > पा

Pasch, पास्का, ईस्टर, पुनरुत्थान-पर्व; **~al,** पास्का-विषयक। > पास्क; पास्कॅल = पैस्कॅल

pasha, पाशा। > पा-शॅ

pasigraphy, विश्वलिपि*। > पॅसिग्रॅफ़ि

pasquil, pasquinade, निन्दा-लेख। > पैस्-क्विल; पैस्-क्वि-नेड

pass, *n.*, 1. (*mountain ~*) दर्रा, घाटी*, गिरि-संकट; 2. रास्ता, मार्ग; 3. (*document*) पास; पारक, पारपत्र, पारणपत्र; 4. (*in exam.*) सफलता*; 5. (*situation*) हालत*, दशा*; 6. (*thrust*) वार, प्रहार; 7. (*sleight of hand*) हस्तलाघव; —*v.i.*, 1. आगे बढ़ना, जाना; चलना; बहना; चला जाना; 2. (*circulate*) फैलना, प्रचलित होना; हस्तान्तरित होना; 3. बदलना, बदल जाना; 4. (*cease*) समाप्त हो जाना; 5. (*move past*) से गुज़रना; 6. (*elapse*) बीतना, गुजरना; 7. (*be approved*) स्वीकृत, पारित या मंजूर होना; 8. (*in exam.*) पास या उत्तीर्ण होना; 9. (*happen*) घटित होना; 10. (*in game*) पास क०; 11. निर्णय क०, फ़ैसला देना; —*v.t.*, 1. पार क०, पार जाना; के सामने से गुज़रना; 2. से आगे निकल जाना; पीछे छोड़ जाना; 3. (*omit*) छोड़ देना; 4. (*disregard*) उपेक्षा* क०; ध्यान नहीं देना; 5. (*an exam.*) पास क०; 6. (*an examinee*) उत्तीर्ण क०, पास कर देना; 7. (*undergo*) भोगना, सहना, अनुभव क०, झेलना; 8. (*a sentence*) देना; 9. (*overstep*) अतिक्रमण क०; से आगे बढ़ जाना; 10. (*excel*) से बढ़कर होना; से परे होना; 11. (*cross*) पार उतारना; 12. (*time*) बिताना, गुजारना; 13. (*ratify*) पारित क०, स्वीकृत क०; 14. (*move*) चलाना, ले चलना; आगे बढ़ाना; 15. (*hand over*) देना, हस्तान्तरित क०; 16 प्रचलित क०, चलाना; **~over,** की उपेक्षा* क०; **~-check, ~-out,** प्रवेश-पत्र, पारणक। > पास

passable, 1. पारणीय; 2. (*coin*) खरा; 3. (*adequate*) कामचलाऊ; उपयुक्त। > पासॅबॅल

passably, किसी प्रकार, जैसे-तैसे। > पासॅब्लि

passage, 1. गमन, पारगमन; देशान्तरण, स्थानान्तरण; 2. (*crossing*) पारण; अवतरण; 3. (*journey*) यात्रा*; 4. (*way*) रास्ता, मार्ग, पथ; 5. (*corridor*) गलियारा; 6. (*of time*) व्यतिक्रम, बीत जाना 7. (*right of ~*) मार्गाधिकार; 8. (*of law*) पारण, स्वीकृति*; 9. (*in a book*) परिच्छेद, लेखांश, उद्धरण; 10. (*transition*) परिवर्तन; विषयान्तरण; 11. (*negotiation*) वार्ता*; पत्रव्यवहार; 12. (*fight*) हाथापाई*, मुठभेड़*; right of ~, मार्गाधिकार; **~-money,** मार्गव्यय, पाथेय, भाड़ा, किराया। > पैस्-इज

passbook, पासबुक, लेखा-पुस्तिका*। > पास्बुक

passenger, यात्री, मुसाफ़िर; **~-train,** सवारी गाड़ी*। > पैस्-इन्-जॅ

passe-partout, सर्वकुंजी*। > पास्पाटू

passer-by, बटोही, पथिक, राहगीर। > पासॅबाइ

passible, दु:खाधीन। > पैस्-इ-बॅल

passibility, दु:खाधीनता*। > पैसिबिल्-इटि

passim, यत्र-तत्र। > पैस्-इम

passing, 1. जानेवाला; गुजरनेवाला; पार करनेवाला; 2. (*momentary*) क्षणिक, अस्थायी, क्षणभंगुर; 3. (*casual*) प्रासंगिक, आकस्मिक; 4. (*cursory*) सरसरी; —*adv.*, अत्यधिक; —*n.*, *see* PASSAGE, PASS; ~shower, उड़ती बौछार*; ~of property, सम्पत्ति-संक्रमण; ~out parade, समापन-समारोह; **~-bell,** मरण-घंटा। > पासिन्ग

passion, 1. (*emotion*) मनोभाव, भाव, मनोविकार; 2. (*intense emotion*) आवेश, आवेग, मनोवेग, भावावेश, भावातिरेक; 3. (*fury*) क्रोध, प्रकोप, क्षोभ; 4. (*enthusiasm*) उत्साह, उमंग*, धुन*, सनक*, शौक़; 5. (*strong love*) अनुराग; 6. (*lust*) कामवासना*; 7. (*evil inclin.*) कुप्रवृत्ति*, व्यसन, दुर्वासना*; 8. (*suffering*) दु:खभोग; P~ Sunday, दु:खभोग-इतवार; **~-play,** दु:खभोग-नाटक; **~-tide,** दु:खभोग-काल। > पैशॅन

passional, शहीद-नामा। > पैशॅनॅल

passionate, 1. (*irascible*) क्रोधी; 2. (*wrathful*) क्रोधपूर्ण; 3. (*emotional*) भावप्रवण; 4. (*impassioned*) भावपूर्ण; 5. (*vehement*) तीव्र, उत्कट; 6. (*lustful*) कामुक, वासनामय। > पैशॅनिट

passive, *n.*, कर्मवाच्य; *adj.*, 1. निष्क्रिय, निश्चेष्ट, अकर्मण्य; 2. (*gram.*) कर्मप्रधान, कर्मणि; 3. (*comm.*) अब्याजी, प्याजहीन; 4. (*submissive*) सहनशील; वश्य; **~resistance,** सत्याग्रह, निष्क्रिय विरोध; **~voice,** 1. (*gram.*) कर्मवाच्य; 2. निर्वाच्यता*। > पैस्-इव्

passivity, निष्क्रियता*; अकर्मण्यता*; सहनशीलता*; वश्यता*। > पॅ = पैसिव्-इटि

passkey, मास्टरकुंजी*, सर्वकुंजी*; निजीकुंजी*। > पास्की

Passover, पास्का, ईस्टर। > पासोवें

passport, पासपोर्ट, पारपत्र। > पास्पॉ:ट

password, संकेत-शब्द, पहचान-शब्द। > पास्वें:ड

past, *adj.*, 1. समाप्त; 2. (*bygone*) विगत, गत, पूर्व, भूत; 3. (*imm. preceding*) पिछला; 4. (*previous*) भूतपूर्व, पुराना; 5. (*gram.*) भूकालिक; *n.*, 1. (*time*) अतीत; 2. (*tense*) भूतकाल; —*prep.* के बाद (तक); के आगे, के पार; के परे; से अधिक; —*adv.*, से होकर; के सामने से; के पार; **~master,** विशेषज्ञ, प्रवीण। > पास्ट

paste, *n.*, 1. लेई*; 2. (*glass*) पेस्ट; *v.*, चिपकाना; **~board,** दफ़्ती*; **~r,** चिपकानेवाला; चिप्पी*। > पेस्ट, पेस्ट्बॉ:ड; पेस्ट्-ॲ

pastel, पैस्टल। > पैस्टे'ल = पैस्टॅल

pastern, गामचा; **upright~,** मुर्गपा। > पैस्-टॅ:न

pasteurization, पास्तुरीकरण, आंशिक निर्जीवीकरण। > पैस्टॅराइज़ेशॅन

pasticcio, pastiche, खिचड़ी*, मिश्रगीत। > पैस्-टि-चो; पैस्टीश

pastile(le), 1. चूष, टिकिया*; 2. (*for burning*) धूपबत्ती*। > पैस्-टिल; पैस्टील = पैस्टील

pastime, मनोरंजन, मनबहलाव; आमोद-प्रमोद। > पास्टाइम

pastor, 1. पुरोहित, (धर्म)गुरु; 2. (*parish priest*) पल्ली-पुरोहित। > पास्टॅ

pastoral, 1. पशुचारी; 2. (*of land*) पशुचारणिक, चरागाही; 3. (*rural*) ग्राम्य, ग्रामीण; ~farming, पशुचारण; ~letter, धर्मपत्र; ~poetry, ग्वालगीत; ~theology, व्यवहार-धर्मविज्ञान। > पास्टॅरॅल

pastoralism, ग्राम्यता*। > पास्टॅरॅलिज़्म

pastorate, पुरोहिताई*; पुरोहित-वर्ग। > पास्टॅरिट

pastry, पेस्ट्री*, पिष्टक, पिष्टान्न। > पेस्-ट्रि

pasturable, चरने योग्य। > पास्चॅरॅबॅल

pasturage, 1. (*place*) चरागाह*, 2. (*grazing*) चराई*; 3. (*fodder*) चारा। > पास्चुरिज

pasture, चरागाह, पशुचर, चराव, गोचरभूमि*; घास*, चारा। > पास्चॅ

pasty, *n.*, कचौड़ी; *adj.*, लेईदार; पीला। > पैस्-टि (*n.*) पेस्-टि (*adj.*)

pat, *n.*, 1. थपकी*; 2. (*lump*) डला, टिकिया*; —*v.*, थपकी* देना, थपकना, थपथपाना; —*adj.*, उपयुक्त, अनुकूल; —*adv.*, ठीक ही; तुरन्त। > पैट

patagium, पक्ष-झिल्ली*। > पैटॅजाइॲम

patch, 1. थिगली*, पैवन्द, चकती*; 2. (*dressing*) मरहम-पट्टी*, फाहा; 3. (*piece*) टुकड़ा, खण्ड; 4. (*spot*) धब्बा; 5. (*of colour*) चित्ती*; 6. (*pad*) कवलिका*; —*v.*, थिगली* लगाना; मरम्मत क०, जोड़ना; **~up,** निपटाना, तय क०; **~ery, ~work,** गुदड़ी*, जोड़जाड़, कच्चा काम। > पैच; पैचॅरि; पैचवॅ:क

patchouli, पचौली*। > पैच्-ऊ-लि

patchy, 1. पैवन्ददार; 2. (*irregular*) विषम। > पैच्-इ

patella, 1. पलिया*; 2. (*kneecap*) चपनी*, जानु-फलक, जानुका*। > पॅ-टे'ल्-ॲ

paten, थालिका*। > पैटॅन

patency, 1. स्पष्टता*, प्राकट्य; 2. (*openness*) अनवरुद्धता*। > पेटॅन्सि

patent, *adj.*, प्रत्यक्ष, स्पष्ट; खुला; विस्तीर्ण; एकस्वकृत; —*n.* एकस्व; —*v.*, एकस्व प्राप्त क०; —right, एकस्व अधिकार; **~ee,** एकस्वी। > पेटॅन्ट; पैटॅन्टी

paterfamilias, कुलपिता। > पेटॅफ़ैमिल्-इऐस

paternal, पैतृक, पितृ-; पितृसुलभ, जनकोचित्त; **~ism,** पैतृक शासन, पैतृकवाद, पितृ-सत्तावाद। > पॅटॅ:नॅल, पॅटॅ:नॅलिज़्म

paternity, पैतृत्व; कर्तृत्व। > पॅटॅ:न्-इटि

paternoster, प्रभु-प्रार्थना*। > पैट्-ॲ-नॉस्-टॅ

path, पथ; रास्ता; **~finder,** 1. अन्वेषक; 2. (*pioneer*) अग्रगामी, पुरोगामी; **~less,** निमार्ग; **~way,** पथ, रास्ता, मार्ग; पगडण्डी*, पथिका*। > पाथ

pathe/tic, 1. कारुणिक, करुणात्मक; 2. (*pitiful*) करुणाजनक, कारुणिक, दयनीय; 3. (*emotional*) भावात्मक; —fallacy, भावाभास, संवेदन-आरोप; **~tics,** भावुकता*; भाव-विश्लेषण। > पॅथे'ट्/इक, ~इक्स

patho/gen, रोगजनक; **~genesis, ~geny,** रोगजनन; **~genetic, ~genic,** रोगमूलक; रोगोत्पादक, रोगजनक, विकृतिजनक। > पैथॉजे'न; पैथॅजे'न्-इसिस; पॅथॉज्-इनि; पैथॅजिने'ट्-इक; पैथजे'न्-इक

patho/logical, रोगात्मक; रोगविज्ञान-; **~logist,** रोगविज्ञानी; **~logy,** रोगविज्ञान, विकृतिविज्ञान; विकृति*। > पैथॅलॉजिकॅल; पॅथॉल/जिस्ट, ~जि

pathophobia, रोगभीति*। > पैथॅफ़ोब्यॅ

pathos, करुणता*, कारुणिकता*। > पेथॉस

patience, 1. धैर्य, धीरता*, सहनशक्ति*, तितिक्षा*; 2. (*perseverance*) अध्यवसाय। > पेशॅन्स

patient, धीर, धैर्यवान, सहनशील; अध्यवसायी; —*n.*, 1. रोगी, मरीज़; 2. (*phil.*) कर्मविषय। > पेशॅन्ट

patina, 1. छदिमा*; 2. (*mould*) मोरचा, काई*; **~ted,** मोरचा लगा। > पैट्-इ-नॅ

patio, आँगन। > पैटिओ = पाटिओ

patois, (स्थानीय) बोली*। > पैट्वा

patri/arch, 1. कुलपति; 2. (*bishop*) प्राधिधर्माध्यक्ष; **~archal,** 1. कुलपति का, पितृक; पैतृक; पूज्य; 2. (*soc.*) पितृसत्तात्मक; **~archate,** प्राधिधर्माध्यक्ष का पद या क्षेत्र; पितृसत्ता*; **~archy,** पितृसत्ता*, पितृतन्त्र। > पेट्-रि-आक, पेट्रिआर्कल; पेट्-रि-आ-किट; पेट्-रि-आ-कि

patri/cian, कुलीन, अभिजात, **~ciate,** कुलीनता*, कुलीन-वर्ग। > पॅट्रिशॅन; पॅट्रिशिइट

patricide, पितृहत्या*; पितृहन्ता। > पैट्-रि-साइड

patri/monial, बपौती* का; आनुवंशिक, पुश्तैनी; **~mony,** 1. पैतृक सम्पत्ति*, बपौती*, विरासत*; दाय; 2. (*endowment*) धर्मदाय। > पैट्रिमोन्यॅल; पैट्-रि-मॅ-नि

patriot, देशभक्त, **~ic,** देशभक्त; देशभक्तिपूर्ण; **~ism,** देशभक्ति*। > पेट्-रि-ॲट; पैट्रिऑट्-इक; पेट्-रि-ॲ-टिज़्म

patristic, पूर्वाचार्य-सम्बन्धी। > पॅ-ट्रिस्-टिक

patrol, *n.*(*v.*), गश्त* (लगाना), पतरौल। > पॅट्रोल

patron, 1. संरक्षक; 2. (*customer*) समर्थक, हिमायती; 3. (*customer*) ग्राहक; ~saint, संरक्षक सन्त; **~age,** संरक्षण, आश्रय; प्रश्रय, सहारा; **~ess,** संरक्षिका*; **~ize,** संरक्षण क०; प्रोत्साहन या सहायता* देना; पर कृपा* क०, ग्राहक होना। > पैट्रॅन; पैट्रॅनिज; पैट्रॅनिस; पैट्रॅनाइज़

patronymic, *adj.*, गोत्रीय; *n.*, गोत्र, वंशनाम। > पैट्रॅनिम्-इक

patten, खड़ाऊँ*। > पैटॅन

patter, *v.*, 1. रटना; 2. (*jabber*) बड़बड़ाना; 3. (*noise*) पट-पट* क०, पटपटाना, पड़पड़ाना, तड़तड़ाना; —*n.*, 1. (*jargon*) खास बोली*; 2. बड़बड़ाहट*; 3. पड़पड़ाहट*, तड़तड़ाहट*। > पैट्-ॲ

pattern, *n.*, 1. (*ideal*) आदर्श; 2. (*model*) पैटर्न, नमूना, प्रतिमान; प्रतिरूप, प्रतिकृति*; 3. (*sample*) बानगी*, नमूना; 4. (*example*) उदाहरण; 5. (*design*) बनावट*, ढाँचा, आकृति*, रचना*; नक़्शा; —*v.*, गढ़ना, बना लेना; अनुकरण क०; सजाना। > पैटॅन

patulous, विस्तीर्ण; विवृत। > पैट्यूलॅस

paucity, अल्पता*, अल्पसंख्यता*; कमी*, अभाव। > पॉःसिटि

paunch, 1. पेट, उदर; 2. (*potbelly*) तोंद*; 3. (*of ruminant*) प्रथम आमाशय; **~y,** तोंदल, तोंदीला, तोंदवाला। > पॉःन्च; पॉःन्च्-इ

pauper, अकिंचन, कंगाल, मुफ़लिस; **~ism,** अकिंचनता*, कंगाली*; **~ize,** अकिंचन बनाना। > पॉःप्-ॲ; पॉःपॅरिज़्म; पॉःपॅराइज़

pause, *n.*, 1. विराम; 2. (*hesitation*) हिचकिचाहट*; 3. (*prosody*) यति*; —*v.*, 1. रुकना; 2. हिचकना; 3. (*linger*) ठहर जाना। > पॉःज़

pave, खड़ंजा डालना; ~the way for, का रास्ता तैयार क०, की तैयारी* क०, का मार्ग प्रशस्त क०; **~ment,** 1. खड़ंजा, फ़र्श, गच*; 2. (*footway*) पटरी*। > पेव; पेव्मॅन्ट

paving, खड़ंजा; **~stone,** फ़र्शी पत्थर। > पेव्-इन्ग

pavilion, 1. मण्डप; 2. (*auricle*) कर्ण। > पॅविल्यॅन

pavonine, 1. मयूर का, मयूर जैसा; 2. (*iridescent*) सतरंग(ा)। > पैवॅनाइन

paw, *n.*, पंजा, चंगुल; *v.*, 1. पंजा मारना, टाप* मारना, टापना, खूँदना; 2. (*scrape*) टाप* से कुरेदना; 3. (*handle*) मसलना। > पॉः

pawl, कुत्ता। > पॉःल

pawn, *n.*, 1. (*chess*) प्यादा, पैदल; 2. (*tool*) कठपुतली*; 3. (*thing pawned*) आधि*, गिरवी वस्तु*; ओल; 4. (*hostage*) ओल, बन्धक-व्यक्ति; 5. (*abstract noun*) रेहन, बन्धक; —*v.*, 1. बन्धक या रेहन रखना, आधि* रखना; 2. (*stake*) दाँव पर रखना; **~broker,** आधि-व्यवसायी; **~ed,** गिरवी; **~ee,** रेहनदार, गिरवीदार, आधिग्राही; **~er,** आधिकर्ता। > पॉःन; पॉःन्-ब्रो-कॅ; पॉःन्ड; पॉःनी; पॉःन्-ॲ

pay, *n.*, 1. (*wages*) वेतन, मज़दूरी*, तनख़ाह*; 2. (*stipend*) पारिश्रमिक; 3. (*paying*) भुगतान, शोधन, अदायगी*; —*v.*, 1. (*a bill*) चुकाना, अदा क०, भुगतान क०; 2. (*a person*) मज़दूरी*, वेतन या रुपया देना; बदला देना, क्षतिपूर्ति* क०; 3. से लाभ होना; लाभकर होना; 4. (*naut.*) अलकतरा चढ़ाना; **~for,** दाम चुकाना; के कारण दण्ड भोगना; **~load,** आयभार; **~out,** 1. रुपया देना, खर्च क०; 2. (*a rope*) ढीलना। > पे

payable, 1. देय, शोध्य [at sight, दर्शनदेय; to order, आदेशदेय; to bearer, वाहकदेय]; 2. (*profitable*) लाभकर। > पेॲबॅल

payee, पानेवाला, प्रापक, प्रापी, आदाता। > पेई

payer, दाता, देनेवाला, भुगतानकर्त्ता। पे-ॲ

paying, लाभकर; सशुल्क; शुल्कदायी। > पेइन्ग

paymaster, वेतनदाता, वेतनाधिकारी। > पे-मास्-टॅ

payment, 1. शोधन, भुगतान, अदायगी*; 2. (*money*) (चुकाया हुआ) रुपया; 3. (*reward*) पुरस्कार; 4. (*punishment*) दण्ड, डण्ड। > पेमॅन्ट

pay/-order, अदायगी-आदेश, देयादेश; **~-roll, ~-sheet,** वेतन-चिट्ठा; **~-scale,** वेतन-मान; **~-slip,** वेतन-पर्ची*।

paysage, भू-दृश्य, प्राकृतिक दृश्य। > पेज़ाश्ज़

pea, मटर; pigeon ~, तूबरी*, अरहर*; **~shooter,** फोंफी*, फुकनी*। > पी

peace, 1. शान्ति; 2. (*treaty*) सन्धि*, सुलह*; breach of the ~, शान्तिभंग, **~able,**

शान्तिमय, शान्तिप्रिय; **~-breaker,** शान्तिभंजक; **~conference,** शान्ति सम्मेलन, **~force,** शान्ति-सेना*; **~ful,** शान्त, शान्तिपूर्ण; शान्तिप्रिय, शान्तिमय; **~maker,** सन्धिकर्त्ता, सुलहकार; **~negotiation,** शान्तिवार्ता*; **~offering,** धन्यवाद-यज्ञ; शान्तिदान, शान्ति-उपहार। > पीस

peach, आड़ू, सतालू, शफ़तालू। > पीच

peacock, 1. मोर, मयूर; 2. (*person*) छैला, बाँका; **~-flower,** कृष्णचूड़; **~-throne,** तख़्तताऊस। > पीकॉक

peahen, मोरनी*, मयूरी*। > पीहे'न

peak, *n.*, 1. चोटी*, शिखर, शीर्ष; 2. (*fig.*) चरम सीमा*, पराकाष्ठा*; *—v.*, 1. (*droop*) कुम्हलाना; 2. (*raise*) खड़ा क०, उठाना; ~*period*, व्यस्ततम काल; ~power, अधिकतम शक्ति*; **~ed,** 1. (*pointed*) नुकीला; 2. (*sickly*) दुबला-पतला। > पीक; पीक्ट

peal, *n.*, 1. (*of bell*) झनझनाहट*, घनघनाहट*, घण्टानाद; 2. (*of thunder etc.*) गरज*, गड़गड़ाहट*; 3. (*of laughter*) ठहाका, अट्टहास; *—v.*, घनघनाना; गड़गड़ाना। > पील

peanut, मूँगफली*, चीनिया बादाम। > पीनॅट

pear, नाशपाती*। > पे'ॲ

pearl, 1. मोती, मुक्ता; 2. (*colour*) खसखसी, मोतिया; **~-ash,** मुक्ता-क्षार; **~-grey,** मुक्ताधूसर; **~millet,** बाजरा; **~-mussel,** मुक्ता-सीपी*; **~-oyster,** मुक्ता-शुक्ति*, सीप। > पॅःल

pearly, मोतिया, मुक्ता का, मुक्ता-जैसा, मुक्तोपम; मुक्तामय। > पॅःल्-इ

peasant, 1. किसान, खेतिहर, कृषक; 2. (*rustic*) देहाती; ~proprietor, भूमिधारी; **~ry,** कृषि वर्ग, किसान वर्ग। > पे'ज़ॅन्ट; पे'ज़ॅन्ट्रि

peat, पीट, पांस। > पीट

pebble, 1. गुटिका*, बटिया*, रोड़ा; 2. (*quartz*) स्फटिक; Scotch ~, गोमेद अक़ीक। > पे'बॅल

pebbly, 1. गिट्टीदार, कंकड़ीला; 2. (*uneven*) दानेदार। > पे'ब्-लि

peccable, पापाधीन, पापक्षम, पापवश। > पे'कॅबॅल

peccadillo, लघुपाप। > पे'कॅडिल्-ओ

peccancy, पापात्मकता*; पाप। > पे'कॅन्सि

peccant, पापी, दोषी; पापात्मक, पापमय; दूषित, विकृत; रोगकारक। > पे'कॅन्ट

peck, *v.*, 1. चोंच* मारना; 2. (*pick up*) चुगना; *—n.*, चंचु-प्रहार; **~er,** 1. (*bird*) कठफोड़ा; 2. (*pick*) गैंती*। > पे'क

pecten, कंकतांग। > पे'क्टे'न

pectinate, कंकताकार, कंघाकार। > पे'क्-टि-निट

pectoral, *n.*, 1. (*breast-plate*) उरस्त्राण, कवच; 3. (*medicine*) फेफड़े की दवा*; 3. (*muscle*) अंसपेशी*; *—adj.*, अंसीय, ~arch, अंस-चाप; ~ cross, वक्ष क्रूसमूर्ति*; ~ fin, अंस-पंख; ~ girdle, अंस-मेखला*। > पे'क्-टॅ-रॅल

pecu/late, ग़बन क०; **~lation,** ग़बन; **~lator,** ग़बनकर्त्ता। > पे'क्यू/लेट, लेशॅन, ले-टॅ

peculiar, 1. (*own*) निजी; 2. (*personal*) व्यक्तिगत; 3. (*special*) विशिष्ट, असाधारण, विलक्षण; 4. (*odd*) निराला, अनूठा, अनोखा; **~ity,** विशिष्टता*, विशेषता*; विलक्षणता*; अनूठापन; **~ly,** विशेष रूप से; व्यक्तिगत रूप से। > पिक्यूल्/यॅ = इॲ; इॲ; पिक्यूलिऐरिटि; पिक्यूल्यॅलि

peculium, निजी सम्पत्ति*। > पिक्यूल्यॅम

pecuniary, आर्थिक, धन-सम्बन्धी, अर्थ-। > पिक्यून्/यॅरि = इयॅरि

peda/gogic(al), शिक्षाशास्त्रीय, शैक्षणिक; **~gogics, ~gogy,** 1. शिक्षा-शास्त्र; 2. (*teaching*) अध्यापन; **~gogue,** शिक्षक; **~gog(u)ism,** शिक्षकत्व। > पे'डॅगॉज्/इक, ~इकॅल, ~इक्स; पे'डॅगॉगि = पे'डॅगॉग; पे'ड्गॉगिज़्म

pedal, *n.*, 1. (*mech.*) पेडल; 2. (*geom.*) पादिक; *—adj.*, 1. पैर का, पाद-; 2. (*geom.*) पदिक; *—v.*, (पेडल से) चलाना। > पे'डॅल

pedant, विद्याडम्बरी, पण्डितवादी; **~ic,** पण्डिताऊ; **~ry,** विद्याडम्बर, पाण्डित्य-प्रदर्शन। > पे'डॅन्ट; पि-डैन्-टिक; पे'डॅन्ट्रि

pedate, पंजाकार। > पे'डेट

peddle, 1. फेरी* लगाना; 2. (*trifle*) समय गँवाना; 3. बेचना; **~r,** फेरीवाला; पैकार। > पे'डॅल; पे'ड्-लॅ

peddling, 1. फेरीवाला; 2. (*trifler*) मक्खी* मारनेवाला; 3. (*petty*) तुच्छ। > पे'ड्-लिन्ग

pedestal, 1. पीठिका*, मंची*; 2. (*base*) आधार। > पे'ड्-इस्टॅल

pedestrian, 1. पैदल; 2. (*dull*) नीरस; *—n.*, प्यादा, पदाति, पादचारी; **~ism,** पादचार; नीरसता*। > पि-डे'स्-ट्रि-ॲन

pediatrics, बालचिकित्सा*, कौमारभृत्य। > पीडिऐट्-रिक्स

pedi/cel, ~cle, पुष्पवृन्त, वृन्तक; **~cellate,** सवृन्त। > पे'ड्/इसे'ल, इकॅल, इसे'लेट

pedi/cular, ~culous, जूँ* का; जूँ-भरा। > पि-डिक्-यू/लॅ, ~लॅस

pedicure, 1. (*person*) पादचिकित्सक; 2. पादचिकित्सा*; 3. नखप्रसाधन, नख-शृंगार। > पे'ड्-इक्युॲ

pedigree, 1. वंशावली*, वंशवृक्ष; वंश; 2. (*of animals*) नसल*। > पे'ड्-इग्री

pediment, त्रिकोणिका*। > पे'ड्-इमॅन्ट

pedlar, 1. फेरीवाला; पैकार; 2. (*gossip*) गप्पी।
> पे 'ड्-लॅ

pedology, मृदाविज्ञान। > पि = पे 'डॉलॅजि

pedometer, पदगणित्र। > पि-डॉम्-इ-टॅ

peduncle, पुष्पवृन्त, वृन्त, वृंतक। > पिडॅन्ग्कॅल

peek, *n.*, झाँकी*; *v.*, झाँकना। > पीक

peel, *n.*, 1. छिलका; 2. (*shovel*) बेलचा; —*v.t.*, छीलना; —*v.i.*, छिलना। > पील

peen, (मारतौल का) उलटा सिरा। > पीन

peep, *v.*, 1. झाँकना; 2. (*emerge*) दिखाई पड़ना; 3. (*chirp*) चीं-चीं* क०; —*n.*, 1. झाँकी*; 2. (~*of dawn*) अरुणोदय; 3. चीं-चीं*; **~-hole,** झरोखा, गवाक्ष; निरीक्षण-छिद्र; **~ing Tom,** ताक-झाँक* करनेवाला, झँकवैया; **~-show,** सैरबीन*। > पीप

peepul, pipal, पीपल। > पीपॅल

peer, *v.*, ताकना; दिखाई देना; बराबर होना; —*n.*, समकक्ष व्यक्ति, जोड़, जोड़ा, अभिजात। > पिअॅ

peerage, अभिजात-वर्ग। > पिअॅर्-इज

peerless, बेजोड़, लाजवाब, अद्वितीय। > पिअॅ-लिस

peevish, चिड़चिड़ा। > पीव्-इश

peg, *n.*, खूँटी*, मेख*; *v.*, 1. खूँटी* लगाना; 2. बाँधना, जकड़ना, जड़ना; 3. (*stabilize*) स्थिर रखना; परिश्रम करते रहना। > पे 'ग

Pegasus, पेगासस, सपक्ष घोड़ा। > पे 'गॅसॅस

pejora/tion, अर्थापकर्ष; **~tive,** अपकर्षार्थी, अर्थापकर्षक, निन्दात्मक।
> पीजॅरेशॅन; पीजॅरॅटिव = पिजॉ 'रॅटिव्

pelage, लोमचर्म। > पे 'ल्-इज

Pelagianism, पेलाजियसवाद, कृपानिरपेक्षतावाद।
> पिलेजिअॅनिज़्म

pelagic, वेलापवर्ती। > पि = पे 'लैजिक

pelf, धन। > पे 'ल्फ

pelican, जलसिंह, हवासिल। > पे 'ल्-इ-कॅन

pellagra, पेलाग्रा, चर्मग्राह। > पि = पे'-लैग्-रॅ

pellet, 1. गोली*, गुटिका*; 2. (*small shot*) छर्रा; 3. (*of stone or earth*) गुलेला; **~bow,** गुलेल*।
> पे 'ल्-इट

pellicle, झिल्ली*, तनुत्वक्। > पे 'ल्-इकल

pell-mell, *n.*, 1. गड़बड़; 2. (*fight*) संकुल युद्ध, रणसंकुल; —*adj.*, गड्डमड्ड, अस्तव्यस्त, तितर-बितर; —*adv.*, 1. बेतरतीबी* से; 2. (*in haste*) हड़बड़ी* से। > पे 'ल्मे 'ल

pellucid, पारभासी, स्वच्छ; सुबोध।
> पि = पे 'ल्यूसिड

pelt, *n.*, 1. खाल*; 2. (*throw*) फेंक*, क्षेपण; 3. (*blow*) प्रहार; 4. (*speed*) रफ़्तार*, गति*; झपट*; 5. (*of rain*) मूसलाधार या धारासार वर्षा*; —*v.*, 1. फेंकना, फेंककर मारना, मारना; 2. (*assail with*) की बौछार* क०; 3. (*rush*) झपटना। > पे 'ल्ट

peltate, ढालाकार, छत्रिकाकार। > पे 'ल्टेट

pelvic, श्रोणीय, श्रोणि-। > पे 'ल्-विक

pelvis, 1. श्रोणि*; श्रोणि-प्रदेश; 2. (*of kidney*) वृक्कद्रोणि*। > पे 'ल्-विस

pemphigus, जलपीटिका*। > पे 'म्-फ़ि-गॅस

pen, *n.*, 1. (*enclosure*) बाड़ा; 2. कलम*, लेखनी*; 3. (*swan*) हंसी*, हंसिनी*; —*v.*, (बाड़े में) बन्द क०; लिखना, रचना* क०; ~picture, शब्दचित्र।
> पे 'न

pen/-driver, ~-pusher, कलमघसीट; **~-friend,** पत्रमित्र; **~holder,** होल्डर; **~knife,** चाकू; **~man,** सुलेखक; लेखक; **~manship,** सुलेखन; लेखनशैली*, लिपि*; **~-name,** (साहित्यिक) उपनाम, तख़ल्लुस; **~ner,** लिपिक; लेखक; **~-tray,** कमलदान।

penal, 1. दण्ड-, दण्डविषयक, दाण्डिक; 2. (*punitive*) दण्डात्मक, दण्डरूप, दाण्डिक; 3. (*punishable*) दण्डनीय; ~code, दण्डसंहिता*; ~law, दण्ड-विधि*; ~servitude, कठोरश्रम-कारावास; ~settlement, दण्डितों की बस्ती*; **~ize,** दण्डित क०, दण्ड देना; दण्डनीय ठहराना या बनाना; 1. दण्ड, शास्ति*, सज़ा*, 2. (*fine*) अर्थदण्ड, जुर्माना।
> पीनॅल; पीनॅलाइज़; पे 'नॅल-टि

penance, 1. तपस्या*, तप; प्रायश्चित; 2. (*of confession*) शोधन-कार्य; sacrament of ~, पापस्वीकार-संस्कार। > पे 'नॅन्स

penannular, वलयाकार-प्राय। > पे 'न्-ऐन्-यू-लॅ

Penates, कुल-देवता। > पिनेटीज़

penchant, झुकाव, अभिरुचि*। > पाँशाँ

pencil, *n.*, 1. पेंसिल* 2. (*brush*) तूलिका*, कूँची; 3. (*geom.*) कूर्चिका*; 4. (*optics*) किरणावली*; —*v.*, लिखना; अंकित क०; चित्रित क०।
> पे 'न्सॅल = पे 'न्-सिल

pend, विचाराधीन होना; **~ant,** लटकन, जुगनूँ; ~ency, अनिर्णय, विचाराधीनता*; **~ent,** 1. (*undecided*) विचाराधीन, अनिर्णीत; 2. (*hanging*) लंबित, लम्बमान, लटकनेवाला; **~ing,** *adj.*, विचाराधीन, लंबित; —*prep.* तक; के समय। > पे 'न्ड; पे 'न्डॅन्ट; पे 'नडॅन्सि; पे 'न्डॅन्ट; पे 'न्-डिन्ग

pendragon, अधिराज। > पे 'न्ड्रैगॅन

pendulate, 1. झूलना; 2. (*fig.*) आगा-पीछा
> पेन्ड्यूलेट

penduline, निलम्बी, लम्बित। > पे 'न्ड्यूलाइन

pendulous, 1. (*oscillating*) लोल; 2. (*suspended*) निलम्बी। > पे 'न्-ड्यू-लॅस

pendulum, लोलक। > पे 'न्ड्यूलॅम

peneplain, स्थली-प्राय। > पीन्-इ-प्लेन

pene/trable, 1. प्रवेश्य; 2. (*pierceable*) भेद्य, वेधनीय, छेदनीय; **~tralia,** अन्तर्गृह; रहस्य; **~trant,**

~trating, ~trative, 1. भेदक, वेधी; 2. (*of mind*) मर्मज्ञ, सूक्ष्म, कुशाग्र।
> पे'न्-इट्रॅबॅल; पे'निट्रेल/यॅ = इअॅ; पे'न्-इ/ट्रॅन्ट, ~ट्रेटिंग, ~ट्रॅटिव्

pene/trate, 1. (*pierce*) छेदना, बेधना; 2. (*permeate*) में व्याप्त हो जाना, भर देना, अनुप्राणित क०; 3. (*enter*) प्रवेश क०, पैठना, घुसना; 4. (*grasp*) मर्म या रहस्य समझना; 5. (*affect deeply*) गहरा प्रभाव डालना; **~tration,** 1. भेदन, वेधन, प्रवेश, व्यापन; 2. प्रभाव; 3. (*insight*) विचक्षणता*, विवेक।
> पे'न्-इ-ट्रेट; पे'निट्रेशॅन

penicillate, गुच्छदार, रोएँदार। > पे'न्-इसिलेट

penin/sula, प्रायद्वीप; **~sular,** प्रायद्वीपीय।
> पि-निन्-स्यू-लॅ

penis, शिश्न, लिंग। > पीन्-इस

penitence, पश्चात्ताप, अनुताप, परिताप।
> पे'न्-इटॅन्स

penitent, पश्चात्तापी, अनुतापी; **~ial,** पश्चात्तापी।
> पे'न्-इटॅन्ट; पे'निटे'न्शॅल

penitentiary, *adj.*, पश्चात्तापी; दण्डात्मक, दण्डरूप; दण्डनीय; —*n.*, 1. (*prison*) बन्दीगृह; 2. (*reformatory*) सुधारालय, सुधारघर; 3. धर्मदण्डविभाग; धर्मदण्डाधिकारी। > पे'निटे'न्शॅरि

pennant, पताका*। > पे'नॅन्ट

penniform, पक्षाकार। > पे'न्-इ-फ़ॉ:म

penniless, कंगाल, अकिंचन। > पे'न्-इ-लिस

pennon, (त्रिभुजाकार) झण्डा। > पे'नॅन

penny, पेनी*; **~wort,** मण्डूकपर्णी*, ब्रह्ममण्डूकी*।
> पे'न्-इ, ~वॅ:ट

peno/logical, दण्डशास्त्रीय; **~logy,** दण्डशास्त्र, दण्डविज्ञान। > पीनॅलॉजिकॅल; पीनॉलॅजि

pensile, लम्बमान। > पे'न्-सिल = पे'न्साइल

pension, *n.*(*v.*) 1. पेंशन* (देना), निवृत्तिवेतन, निवृत्तिका*, अनुवृत्ति*; 2. (*subsidy*) परिदान; 3. बोर्डिंग-हाउस; **~able,** पेंशनयोग्य, पेंशनी; **~ary,** *adj.*, पेंशन का, पेंशनी; भृतिभोगी; —*n.*, (*also* **~er**), 1. पेंशनभोगी; 2. (*hireling*) किराये का टट्टू।
> पे'न्शॅन (*v.n.* 1.2); पॉसिऑ:न्ग (*n.* 3); पे'न्शॅ/नॅबॅल; ~नॅरि, ~नॅ

pensive, 1. विचारमग्न; 2. (*melancholy*) विषण्ण, विषादग्रस्त। > पे'न्-सिव्

penstock, जलकपाट। > पे'न्स्टॉक

pentachord, पंचतन्त्री*। > पे'न्टॅकॉ:ड

pentad, 1. पाँच; पंचक; 2. पंचाब्ध; 3. (*chem.*) पंचसंयोजक। > पे'न्टैड

pentadactyl, पंचांगुलि। > पे'न्-टॅ-डैक्-टिल

pentagon, पंचभुज; **~al,** पंचभुजीय।
> पे'न्टॅगॅन; पे'न्टैगॅनॅल

pentagram, पंचकोण तारक। > पे'न्टॅग्रैम

pentahedron, पंचफलक। > पे'न्टॅहे'ड्-रॅन

pentamerous, पंचतयी। > पे'नटैमॅरॅस

pentameter, पंचचरण। > पे'न्-टैम्-इ-टॅ

pentangular, पंचकोण। > पे'न्-टैन्ग-ग्यु-लॅ

pentarchy, पंचशासन। > पे'न्टाकि

penta/stich, पंचपदी*; **~syllable,** पंचाक्षर; **P~teuch,** पंचग्रन्थ; **~tonic,** पंचतान; **~valent,** पंचसंयोजक।
> पे'न्टॅस्टिक; पे'न्टॅसिलॅबॅल; पे'न्टॅट्यूक; पे'न्टॅटॉन्-इक; पे'न्टॅवे़लॅन्ट = पे'न्टैवॅलॅन्ट

Pentecost, पेन्तकोस्त, पंचाशती*।
> पे'न्-टि-कॉस्ट

penthouse, सायबान। > पे'न्ट्हाउस

pent-roof, ढालू छत*। > पे'न्ट्रूफ़

penult(imate), उपान्तिम, उपान्त्य।
> पे'नॅल्ट = पिनॅल्ट्; पिनॅल्-टि-मिट

penumbra, उपच्छाया*। > पि-नॅम्-ब्रॅ

penurious, 1. (*needy*) ग़रीब, निर्धन, दरिद्र; 2. कंजूस। > पिन्युअॅर्-इअॅस

penury, 1. ग़रीबी*, दरिद्रता*; 2. (*scarcity*) कमी*, अभाव। > पे'न्यूरि

peon, प्यून, चपरासी, पत्रवाह; (पुलिस* का) सिपाही।
> प्यून

people, *n.*, 1. लोग; 2. (*nation*) जाति*, लोग; 3. (*common*) जनता* जनसाधारण; 4. (*subjects*) प्रजा*; 5. (*kin*) रिश्तेदार; —*v.*, आबाद क०, बसाना; ~'s front, सर्वदलीय मोरचा। > पीपॅल

pepper, *v.*, 1. मिर्च* डालना; 2. (*sprinkle*) छिड़कना; 3. (*pelt*) बरसाना, की बौछार* क०; 4. (*beat*) पीटना; —*n.*, (गोल या काली) मिर्च*, मिरचा; tailed ~, कबाब-चीनी*; long ~, पीपरा-मूल, पीपलामूल, पहाड़ी, पीपल; पिपरामूल **~box,** मिर्चदानी*; **~corn,** मिर्च का दाना; नाचीज़, तुच्छ, नगण्य; **~grass, ~wort,** हालिम, चंसुर: **~mint,** पिपरमिंट।
> पे'प्-अॅ

peppery, 1. (*of taste*) चरपरा, तीता, तीखा; 2. (*fig.*) कटु, उग्र, जोशीला, प्रचण्ड; 3. (*irritable*) चिड़चिड़ा, गुस्सावर, क्रोधी। > पे'पॅरि

pepsin, पेप्सिन, पाचक रस। > पे'प्-सिन्

peptic, पाचक। > पे'प्-टिक

per, 1. (*for every*) प्रति, फ़ी; 2. (*by*) द्वारा, से; ~annum, प्रतिवर्ष; ~bearer, दस्ती; ~capita, प्रतिव्यक्ति; ~ cent, प्रतिशत, फ़ी सदी, सैकड़े; ~diem, प्रतिदिन; ~se, अपने में स्वभावत:।
> पॅ:; पॅ

peradventure, 1. (*chance*) संयोग; 2. (*doubt*) संदेह; 3. (*uncertainty*) अनिश्चय। > पॅरॅड्वे़'न्चॅ

perambu/late, 1. का चक्कर लगाना 2. (*stroll*) टहलना, भ्रमण क०, चहलक़दमी* क०; **~lation,** भ्रमण; टहल*, चहलक़दमी; **~lator,** बच्चा-गाड़ी*, बाबा-गाड़ी*; **latory,** भ्रमणशील। > पॅरैम्‌ब्यूलेट; पॅरैमब्यूलेशॅन; प्रैम्-ब्यू-ले-टॅ; पॅरैमब्यूलेटॅरि

perceivable, इन्द्रियगोचर। > पॅसीवॅबॅल

perceive, 1. महसूस क०, अनुभव क०, मालूम क०, 2. (*understand*) समझना, समझ लेना; देखना। > पॅसीव़

per cent, प्रतिशत, सैकड़े। > पॅसे'न्ट

percent/age, प्रतिशतता*, सैकड़ेवारी*; **~ile,** शतमक। > पॅसे'न्-टिज; पॅ:से'न्‌टाइल

percept, ज्ञान, बोध; प्रत्यक्ष वस्तु*; **~ible,** (इन्द्रिय) गोचर; अवगम्य; **~ion,** 1. प्रत्यक्षज्ञान, बोध, अवगम; 2. (*act*) अवबोधन; **~ive,** अनुबोधक, अनुभूतिक्षम; **~ual,** प्रत्यक्षज्ञानात्मक, बोधात्मक। > पॅ:से'प्ट; ~पॅसे'प्/टॅबॅल, ~शॅन, ~टिव़, ~चूॲल

perch, *n.*, 1. (*fish*) कवई*; 2. (*of birds*) चक्कस, अड्डा; 3. (*rod*) डण्डा; 4. (*position*) टिकान*; —*v.*, बैठना; टिकना, खड़ा होना। > पॅ:च

percipi/ence, बोध:, अवबोधन; **~ent,** अवबोधक, परिग्राहक। > पॅसिप्/इॲन्स, ~इॲन्ट

perco/late, *v.i.*, रिसना, चूना; फैल जाना; —*v.t.*, चुवाना, छानना; **~lation,** परिस्रवण; च्यवन, रिसन; **~lator,** स्रावित्र। > पॅ:कॅलेट; पॅ:कॅलेशॅन; पॅ:कॅलेटॅ

percuss, थपकना। > पॅकॅस

percussion, 1. आघात, समाघात, प्रघात; 2. (*med.*) थपक*; 3. (*impact*) संघात, टक्कर*; **~cap,** दगाऊ टोपी*; **~instrument,** तालवाद्य, आघात-वाद्य। > पॅ:कॅशॅन

percussive, आघाती। > पॅ:कॅस्-इव़

percutaneous, त्वचा-, त्वचीय; त्वचा-प्रवेशी। > पॅ:क्यूटेन्/यॅस = इॲस

perdition, 1. नरकवास; 2. (*ruin*) सत्यानाश, सर्वनाश। > पॅ:डिशॅन

perdu, घात* में; छिपा हुआ। > पॅ:ड्यु

perdurable, 1. अविनाशी; 2. (*lasting*) टिकाऊ। > पॅ:ड्युॲरॅबल

peregri/nate, यात्रा* क०; **~nation,** (परदेश) भ्रमण, पर्यटन, यात्रा*; **~nator,** पर्यटक। > पे'रिग्रिनेट; पे'रिग्रिनेशॅन; पे'रिग्रिनेटॅ

peregrine (*falcon*), बहरी*। > पे'रिग्रिन

peremptory, 1. (*absolute*) अलंघनीय, अनतिक्रमणीय; 2. (*imperative*) अनिवार्य, अत्यावश्यक; 3. (*domineering*) दंबंग, असिहिष्णु, हठधर्मी। > पॅरे'म्‌टॅरि = पे'रॅम्‌टॅरि

perennial, 1. बारहमासी, परिवार्षिक; 2. (*everlasting*) चिरस्थायी, नित्य; 3. (*bot.*) बहुवर्षी, बहुवार्षिक। > पॅरे'न्‌यॅल

perfect, *adj.*, 1. (परि)पूर्ण, सम्पूर्ण; 2. आदर्श, अनिन्द्य, श्रेष्ठ; 3. (*exact*) सही, परिशुद्ध; 4. (*complete*) पूरा, पक्का; 5. (*gram.*) पूर्णकालिक, भूतकालिक; 6. (*skilled*) निपुण, दक्ष; —*n.* पूर्वकाल, लिट्; —*v.* पूर्ण क०, परिष्कार क०; पूरा क०, समाप्त क०, निष्पादित क०। > पॅ:फ्-इक्ट (*adj., n.*) पॅफ़ेक्ट (*v.*)

perfectible, पूरणीय। > पॅफ़े'क्‌टॅबॅल

perfection, पूर्णता*; आदर्श, पराकाष्ठा*; निर्माण, निष्पादन; **~ism,** पूर्णतावाद; **~ist,** पूर्णतावादी। > पॅफ़े'क्/शॅन, ~शॅनिज़्म, ~शॅनिस्ट

perfective, पूर्णकालिक। > पॅ-फ़े'क्-टिव़

perfervid, जोशीला, ओजस्वी। > पॅ = पॅ:फ़ॅ:व्-इड

perfidious, विश्वासघाती। > पॅ = पॅ:फ़िड्‌यॅस

perfidy, विश्वासघात। > पॅ:फ्-इडि

perfoliate, स्तंभवेष्ठी। > पॅ-फ़ोल्-इ-इट

perfor/rate, *v.*, 1. छेद बनाना, छेदना; छेदित क०; 2. (*penetrate*) पैठना, घुसना, पार क०; —*adj.* छेददार, सछिद्र, छिद्रिल, छिद्री; छिद्रित; **~ration,** 1. छेदन, वेधन, छिद्रण; 2. (*hole*) छिद्र, छेद; **~rator,** छेदक, छिद्रक, वेधनी*। > पॅ:फ़ॅरेट (*v.*); पॅ:फ़ॅरिट (*adj.*); पॅ:फ़ॅरेशॅन; पॅ:फ़ॅरेटॅ

perforce, मजबूरन, लाचारी* से, विवश होकर। > पॅफ़ॉ:स

perform, 1. पूरा क०, पालन क०; 2. समाप्त क०, पूरा क०, सम्पन्न क०, निष्पादित क०; 3. (*enact*) अभिनय क०, अनुष्ठान क०, प्रदर्शित क०; 4. (*of animals*) करतब, कौतुक या तमाशा दिखाना; **~ance,** 1. पालन, अनुपालन, निष्पादन; 2. (*of ceremony*) अनुष्ठान; 3. (*show*) प्रदर्शन; 4. (*acting*) अभिनय; 5. (*entertainment*) तमाशा; 6. (*deed*) काम, कार्य; 7. (*action*) क्रिया*, निष्पत्ति*; **~ed,** अनुष्ठित। > पॅफ़ो:म; पॅफ़ा:मॅन्स

perfume, *n.* 1. (*fragrance*) सुगन्ध*, खुशबू*, परिमल; 2. इतर, अतर, इत्र, सुगन्धित द्रव्य; —*v.* इतर लगाना, सुवासित क०; **~r,** अत्तार, इत्रफ़रोश (*seller*); इत्रसाज़ (*maker*); **~ry,** इत्रसाज़ी*; सुगन्धशाला*। > पॅ:फ़्यूम् (*v.*); पॅफ़्यूभ् (*v.*); पॅफ़्यूम्/ॲ, ~ॲरि

perfunctori/ly, यन्त्रवत; **~ness,** लापरवाही*। > पॅफ़ॅन्‌ग्‌टॅरि/लि, ~निस

perfunctory, 1. (*indifferent*) लापरवाह, असावधान; अन्यमनस्क, उत्साहहीन; 2. (*mechanical*) यांत्रिक; 3. (*superficial*) सरसरी; 4. (*formal*) औपचारिक। > पॅफ़ॅन्‌ग्‌टॅरि

perfuse, छिड़कना, उँडेलना, परिप्लुत क०; से भर देना। > पॅफ़्यूज़

perfusion, छिड़काव, आप्लावन। > पॅफ़्यूश़्ज़ॅन
pergameneous, चर्मपत्रीय। > पॅ:गॅमीन्-इॲस
pergola, मँड़वा, मंडप। > पॅ:गॅलॅ
pergunnah, परगना। > पॅ:गॅना
perhaps, शायद, संभवत:, कदाचित्। > पॅहैप्स, प्रैप्स
peri, परी*। > पिॲर्-इ
perianth, परिदल-पुंज। > पे'रिऐन्थ
periapt, तावीज़। > पे'रिऐप्ट
pericardium, हृदयावरण, परिहृद्। > पे'रिकाड्यॅम
pericarp, फलभित्ति*, फलावरण, परिस्तर। > पे'रिकाप
perichondrium, पर्युपास्थि*। > पे'-रि-कॉन्-ड्रि-ॲम
periclinal, परिनत। > पे'रिक्लाइनॅल
pericope, परिच्छेद, अंश। > पे'रिकॅपि
pericranium, कपालावरण, परिकपाल। > पे'रिक्रेन्-इॲम
pericycle, परिरंभ। > पे'रिसाइकॅल
periderm, परित्वक्, बाह्य वल्क। > पे'रिडॅ:म
perigee, भूमि-नीच, उपभू। > पे'रिजी
perigynous, परिजायांगी। > पे'रिज्-इनॅस
perihelion, सूर्य-नीच, रवि-नीच, उपसौर। > पे'रिहील्यॅन
peril, *n.(v.)* जोखिम* (में डालना), खतरा, संकट; **~ous,** ख़तरनाक, संकटपूर्ण। > पे'रिल; पे'रिलॅस
peri/meter, 1. परिधि*; परिमाप; 2. (*instr.*) परिमापी; **~metry,** दृष्टिपरिमिति*। > पॅरिम्/इटॅ, ~इट्रि
perin(a)eum, मूलाधार। > पे'रिनीॲम
perineurium, परितन्त्रिका*। > पे'रिन्यूर्-इॲम
period, 1. (*definite portion of time*) अवधि*, मुद्दत*, मीयाद*, कालावधि*; 2. (*era*) युग, काल, समय; 3. (*geol.*) कल्प; 4. (*of a planet*) परिक्रमण-काल; 5. (*class hour*) घण्टा; 6. (*periodic time*) आवर्तकाल; 7. (*pl.*) रजोधर्म; 8. (*end*) समाप्ति*; 9. (*sentence*) पूर्ण वाक्य; 10. (*full stop*) पूर्ण विराम; 11. (*geom.*) आवर्तनांक; 12. (*arith.*) आवर्तक। > पिॲर्-इ-ॲड
periodic 1. (*recurring*) आवर्ती, आवर्तक, मीयादी; नियतकालिक; 2. (*astron.*) परिक्रमणिक; ~law, आवर्त नियम; ~table, आवर्त सारणी*; ~time (*of planet*), परिक्रमण-काल; **~al,** *n.*, पत्रिका*; —*adj.*, *see* PERIODIC; **~ally,** समय-समय पर; **~ity,** आवर्तन; आवर्तिता*। > पिॲरिऑड्/इक, ~इकॅल, ~इकॅलि; पिॲरिॲडिसिटि
periosteum, परि-अस्थिक, पर्यस्थिकला*। > पे'-रि-ऑस्-टि-ॲम

peripatetic, भ्रमणशील, परिभ्रामी; अरस्तू का। > पे'रिपॅटे'ट्-इक
peripet(e)ia, भाग्य-विपर्यय, विपर्यास। > पे'रिपॅटाइॲ
peripheral, बाह्य, परिधीय। > पॅरिफ़ॅरॅल
periphery, 1. (*perimeter*) परिधि*, परिरेखा*; 2. (*surface*) बाह्य सतह*; 3. (*environs*) परिसर। > पॅरिफ़ॅरि
periphrasis, पर्यायोक्ति*, घुमा-फिराकर कही बात*। > पॅरिफ़् रॅसिस
periphrastic, संयुक्त, **~future,** लुट्। > पे'-रि-फ्रैस्-टिक
periscope, परिदर्शी। > पे'रिस्कोप
perish, नष्ट हो जाना; मर जाना; **~able,** 1. बिगड़नेवाला, विकारी; 2. (*transitory*) नश्वर, नाशवान्, विनाशी। > पे'रिश; पे'रिशॅबॅल
peristal/sis, लहरी गति*, क्रमाकुंचन; **~tic,** क्रमाकुंचक। > पे'-रि-स्टैल्/सिस, ~टिक
peristome, 1. (*bot.*) परितुण्ड, परितुण्डिका*; 2. (*zool.*) परिमुख। > पे'रिस्टोम
peristyle, परिस्तंभ। > पे'रिस्टाइल
perito/neum, उदरावरण, पर्युदर्या*; **~nitis,** पर्युदर्या-शोथ। > पे'रिटॅनीॲम; पे'रिटॅनाइट्-इस
periwig, बालों की टोपी*। > पे'रिविग
periwinkle, 1. (*plant*) पेरिविन्कल; सदाबहार; 2. (*snail*) घोंघा। > पे'रिविन्ग्कॅल
per/jure मिथ्या शपथ* खाना, झूठी क़सम* खाना, कूट साक्ष्य देना; **~jurer,** कूट साक्षी, मिथ्याशपथकारी, कूटशप्तक; **~jury,** मिथ्या शपथ*, झूठी क़सम*, कूट साक्ष्य, दरोग़-हलफ़ी*। > पॅ:ज्/ॲ, ~अरॅ, ~ॲरि
perk, (सिर) उठाना; इतराना, अकड़ना; **~y,** 1. उद्धत, अकड़बाज़; 2. (*brisk*) फुरतीला; 3. (*smart*) बाँका। > पॅ:क
perma/nence, स्थायित्व; **~nent,** (चिर)-स्थायी, दवामी; **~nently,** स्थायी रूप से। > पॅ:मॅनॅन्स; पॅ:मॅनॅन्ट, ~लि
perme/able, 1. पारगम्य, प्रवेश्य, भेद्य, व्याप्य; 2. (*to magnetism*) चुंबकशील; **~ate,** में फैल जाना, में व्याप्त हो जाना; **~ation,** व्याप्ति*, फैलाव। > पॅ:म्यॅबॅल; पॅ:मॅ-इ-इट; पॅ:मिएशॅन
permis/sible, अनुज्ञेय, उचित; **~sion,** अनुमति*, अनुज्ञा*, इजाज़त*, आज्ञा*, **~sive,** 1. अनुमतिबोधक, अनुज्ञात्मक, अनुज्ञापक; 2. (*allowed*) अनुमत; 3. (*optional*) वैकल्पिक; निर्बन्ध, उन्मुक्त। > पॅमिसॅबॅल; पॅमिशॅन; पॅमिस्-इव्
permit, *v.*, अनुमति* देना; मौका या अवसर देना, करने देना; —*n.*, अनुमति-पत्र, परमिट, अनुज्ञा-पत्र; अनुज्ञा*;

~ted, अनुमत, अनुज्ञात, अनुज्ञप्त।
> पॅमिट् (*v.*); पॅ:म्-इट (*n.*); पमिट्-इड

permutation, 1. क्रमचय, प्रस्तार; 2. (*change*) (क्रम)परिवर्तन। > पॅ:म्यूटेशॅन

permute, क्रमपरिवर्तन क०। > पॅम्यूट

pernicious, 1. हानिकर; 2. (*fatal*) घातक, विनाशक। > पॅ = पॅ:निशॅस

pernickety, 1. (*fastidious*) दुष्पोषणीय; 2. नाजुक। > पॅनिक्-इटि

pernoctation, जागरण। > पॅ:नॉक्टेशॅन

pero/rate, (लम्बा) भाषण देना; उपसंहार क०, भाषण समाप्त क०; **~ration,** उपसंहार; भाषण। > पे'रॅरेट; पे'रॅरेशॅन

perpendicular, *adj.*, (अभि)लम्ब; *n.*, 1. लम्ब; **~ity,** लम्बता*; **~ly,** लम्बतः, अनुलम्ब। > पॅ:-पॅन्-डिक्-यू-लॅ; पॅ:पॅन्-डिक्यूलैरिटि; पॅ: पॅन्डिक्यूलॅलि

perpe/trate, करना, कर बैठना; **~tration,** करण, करन; अपराधकर्म; **~trator,** कर्ता। > पॅ:प्-इ-ट्रेट; पॅ:पिट्रेशॅन; पॅ:प्-इट्रेटॅ

perpetual, 1. चिरस्थायी, अनन्त, सतत, नित्य; 2. (*continuous*) निरन्तर, अविच्छिन्न, अविरत; **~ly,** 1.अनन्तकाल तक; 2. (*incessantly*) निरन्तर, बराबर। > पॅपे'ट्यूअॅल, ~ॲलि

perpe/tuate, स्थायी बनाना, जारी, क़ायम या बनाये रखना; अमर कर देना; **~tuation** स्थायीकरण। > पॅपे'ट्यूएट; पॅपे'ट्यूएशॅन

perpetuity, 1. स्थायित्व, सातत्व; निरन्तरता*; 2. (*perpetual annuity*) स्थायी वार्षिकी; 3. स्थायी अधिकार। > पॅ:पिट्यूइटि

perplex, घबरा देना, हैरान क०, उलझाना; जटिल कर देना; **~ed,** 1. हैरान, परेशान, व्याकुल, किंकर्तव्यविमूढ़, हतबुद्धि; 2. (*intricate*) जटिल; **~ing,** जटिल, पेचीला; **~ity** घबराहट*, उलझन*, परेशानी*, असमंजस; गड़बड़ी*, जटिलता*; समस्या*। > पॅप्ले'क्स; पॅप्ले'क्स्ट; पॅ-प्ले'क्-सि-टि

perquisite, 1. अनुलाभ, परिलब्धि*; 2. (*prerogative*) प्राधिकार। > पॅ:क्विज़िट

perron, 1. बाहरी सीढ़ी*; 2. (*platform*) चबूतरा, प्रवेश-मंच। > पे'रॅन

perse/cute, सताना, उत्पीड़ित क०; **~cution,** उत्पीड़न, अत्याचार; **~cutor,** उत्पीड़क, अत्याचारी। > पॅ:स्-इक्यूट; पॅ:सिक्यूशन; पॅ:स्-इक्यूट

Perseus, परशु। > पॅ:स्यूस

perse/verance, 1. अध्यवसाय, दृढ़ता*; 2. (*of grace*) कृपास्थायित्व; **~verant,** अध्यवसायी, दृढ़, दृढ़प्रतिज्ञ; **~vere,** दृढ़ रहना, करता रहना। > पॅ:सि/विअॅरॅन्स, ~विअॅरॅन्ट; ~विअॅ

Persian, फ़ारसी; wheel, रहँट, रहट। > पॅ:शॅन

persiennes, झिलमिली*। > पॅ:सिए'न्ज़

persiflage, हँसी-मज़ाक, हँसी-ठठोली*। > पॅ:स्-इ-फ़्लाश्ज़ = पे'ॲसिफ्लाश्ज़

persimmon, तेंदू। > पॅ:सिमॅन

persist, 1. डटे रहना, अड़/जाना, दृढ़ रहना; 2. करता रहना; आग्रह क०; 3. (*endure*) बना रहना; **~ence,** दृढ़ता*, अध्यवसाय, आग्रह, अभिनिवेश, अड़*; ज़िद*, दुराग्रह; स्थायित्व, अवस्थिति*; **~ent,** 1. दृढ़, अटल, अध्यवसायी; दुराग्रही, ज़िद्दी; 2. (*enduring*) (चिर)स्थायी; 3. (*continued*) निरन्तर, लगातार, सतत; 4. दुर्लोप। > पॅसिस्ट; पॅसिस्/टॅन्स, ~टॅन्स

person, 1. व्यक्ति; 2. (*gram*) पुरुष; first, second, third~, उत्तम, मध्यम, अन्य पुरुष। > पॅ:सॅन

persona/grata, स्वीकार्य, अभिमत या ग्राह्य व्यक्ति; **~non grata,** अस्वीकार्य व्यक्ति। > पॅसोन्-अॅ-ग्रे-टॅ

personable, सुन्दर, रूपवान, रूपवती*। > पॅ:स्-नॅ-बॅल = पॅ:सॅनॅबॅल

personage, 1. मान्य व्यक्ति, श्रेष्ठ व्यक्ति; 2. (*character*) पात्र। > पॅ:सॅनिज

personal, 1. व्यक्तिगत, व्यक्तिक, वैयक्तिक; 2. निजी, अपना; 3. (*gram*) पुरुषवाचक; sin, स्वकृत पाप; ~effects, निजी सामान; **~ism,** व्यक्तिवाद; **~ity,** व्यक्तित्व; 2. (*pl.*) व्यक्तिगत आलोचना*; **~ize,** 1.व्यक्तिगत बना लेना, व्यक्ति (विशेष) पर लगाना; 2. *see* PERSONIFY **~ly,** स्वयं; व्यक्तिगत रूप से; **~ty** निजी सम्पत्ति*। > पॅ:सॅनॅल = पॅ:स्नॅल; पॅ:सॅनैल्-इटि; पॅ:स्नॅलिज़्म; पॅ:स्नॅलाइज़; पॅ:स्नॅलि; पॅ:स्-नॅल्-टि

perso/nate, *v.*, का अभिनय क०; का (छद्म) रूप धारण क०; —*adj.* मुँहबंद; **~nation,** अभिनय; छद्मधारण, प्रतिरूपण; **~nator,** अभिनेता; छद्मवेशी। > पॅ:सॅनेट (*v.*); पॅ:सॅनिट (*adj.*) पॅ:सॅनेशॅन; पॅ:सॅनेटॅ

personi/fication, मानवीकरण; (मूर्तिमान) आदर्श; **~fied,** मूर्तिमान, साकार; **~fy,** मानवीकरण क०, व्यक्तिगत का आरोप क०; का आदर्श प्रस्तुत क०। > पॅ:सॉनिफ़िकेशॅन; पॅ:सॉन्/इफ़ाइड, ~इफ़ाइ

personnel, कर्मचारी(गण), कार्मिक, कार्यकर्ता। > पॅ:सॅने'ल

perspective, संदर्श, परिप्रेक्ष्य, परिदृश्य; सापेक्ष महत्त्व; दृश्य, अनुदृश्य। > पॅ-स्पे'क्-टिव्

perspica/cious, कुशाग्रबुद्धि; **~city,** कुशाग्रता*। > पॅ:स्पिकेशॅस; पॅ:स्पिकैसिटि

perspi/cuity, प्रसादत्व; **~cuous,** सुस्पष्ट, प्रांजल। > पॅ:स्पिक्यूइटि; पॅस्पिक्यूअॅस

perspi/rable, प्रस्वेद्य; प्रस्वेदक; **~ration,** पसीना, स्वेद; स्वेदन; **~ratory** स्वेदक; पसीने का।
> पॅस्पाइअरॅबॅल; पॅ:स्पॅरेशॅन; पॅस्पाइअरॅटॅरि

perspire, पसीना बहाना, पसीना आना।> पॅस्-पाइअॅ

persuade, 1. के लिए राज़ी क०, सम्मत क०, 2. (*convince*) क़ायल क०, विश्वास उत्पन्न क०, स्वीकार कराना, समझाना। > पॅस्वेड

persuasible, प्रत्यायनीय, अनुनेय, विश्वासनीय।
> पॅस्वेस्-इबॅल

persuasion, 1. (*act*) प्रत्यायन, प्रतिपादन, अनुनय; 2. (*persuasiveness*) प्रत्ययकारिता*; 3. (*conviction*) धारणा*, दृढ़ विश्वास; 4. (*religion*) धर्म, सम्प्रदाय। > पॅस्वेश्ज़ॅन

persuasive, प्रत्यायक, प्रत्ययकारी, विश्वासोत्पादक; आकर्षक। > पॅस्वेस्-इव

pert, ढीठ, उद्धत, धृष्ट। > पॅ:ट

pertain, का होना; से सम्बन्ध रखना; के अनुकूल या उपयुक्त होना, के लिए उचित होना। > पॅ:टेन

pertinacious, 1. दृढ़प्रतिज्ञ, सुदृढ़, अटल; 2. (*stubborn*) हठी, दुराग्रही; 3. (*unyielding*) दुर्दम्य।
> पॅटिनेशॅस

pertinacity, दृढ़ता*, दुराग्रह, हठ; दुर्दभ्यता*।
> पॅ:टिनैसिटि

perti/nence, संगति*, प्रासंगिकता*; **~nent,** संगत, उपयुक्त, प्रासंगिक। > पॅ:ट्/इनॅन्स, ~इनॅन्ट

perturb, अस्तव्यस्त क०; घबरा देना, व्याकुल, अशान्त या उद्विग्न कर देना; **~ation,** 1. (*disorder*) अस्तव्यस्तता*, गड़बड़, अव्यवस्था*; 2. (*mental*) घबराहट*, 3. (*astron.*) व्यतिक्रम, विचलन; **~ation,** अस्तव्यस्तकारी; उद्वेजक; **~ed,** क्षुब्ध; **~ing** क्षोभकारी। > पॅटॅ:ब; पॅ:टॅ:बेशॅन; पट:बॅटिव्

pertussis, कुकुरखाँसी*, कुकास। > पॅ:टुस्-इस

peruke, बालों की टोपी*। > पॅरूक

perusal, 1. पठन, पढ़ना; 2. (*scrutiny*) परिशीलन।
> पॅरूज़ॅल

peruse 1. (ध्यान से) पढ़ना; 2. (*study*) अनुशीलन क०। पॅरूज़

per/vade, में फैल जाना, में व्याप्त होना; **~vasion,** व्याप्ति*; **~vasive** व्यापक।
> पॅ:वेड; पॅ:वेश्ज़ॅन; पॅ:वेस्-इव

perverse, 1. (*perverted*) विकृत, भ्रष्ट; 2. (*wicked*) दुष्ट, पतित; 3. (*law*) विपर्यस्त, विप्रतीप, तर्कविरुद्ध; 4. (*stubborn*) दुराग्रही, अड़ियल, जिद्दी; 5. (*intractable*) निमानिया, अवश्य, उद्दण्ड।> पॅवॅ:स

perver/sion, 1. विकृति*, विकार; विकृत रूप; 2.(*sexual*) कामविकृति*; **~sity,** विकृति*; दुष्टता*; विप्रतीप्ता*; दुराग्रह; उद्दण्डता*; **~sive** विकृत या भ्रष्ट कर देनेवाला; अनिष्टकर, हानिकर।
> पॅवॅ:शॅन; पॅवॅ:स्-इटि; पॅवॅ:सिव्

pervert, *v.*, 1. विकृत या भ्रष्ट कर देना; 2. (*misuse*) दुरुपयोग क०; 3. (*misinterpret*) गलत अर्थ लगाना; 4. (*debase*) दूषित क०, बिगाड़ना; —*n.*, पथभ्रष्ट व्यक्ति; विकृतकामी।
> पॅवॅ:ट (*v.*); पॅ:वॅ:ट (*n.*)

pervious, 1. प्रवेश्य, भेद्य; 2. (*of persons*) प्रभावनीय, प्रत्यायनीय; उदारचेता। > पॅ:व्-यॅस

peshwa, पेशवा। > पेश्वा

pessary, पेसरी, पिंधा*। > पे'सॅरि

pessi/mism, निराशावाद, दु:खवाद; **~mist,** निराशावादी; **mistic,** निराशावादी, निराशावादात्मक; निराशात्मक।
> पे'स्/इमिज़्म, ~इमिस्ट; पे'-सि-मिस्-टिक

pest, 1. (महा)मारी*; 2. (*nuisance*) कण्टक, बला*; 3. (*vermin*) पीड़क जन्तु; नाशी जीव। > पे'स्ट

pester, सताना, परेशान क०, कष्ट देना। > पे'स्-टॅ

pesti/ferous,~lential, रोगजनक; घातक; हानिकर; **~lence,** महामारी*; अनिष्ट, अनर्थ; **~lent,** घातक; हानिकर; कष्टकर।
> पे'स्टिफ़ॅरॅस; पे'स्-टि-ले'न्-शॅल;
पे'स्-टि/लॅन्स, ~लॅन्ट

pestology, नाशिकृमि-विज्ञान; नाशिजीव-विज्ञान।
> पे'स्टॉलॅ-जि

pestle, *n.*, मूसली*, मूसल; *v.*, कूटना; ~and mortar, हावन-दस्ता। > पे'सॅल

pet, *n.*, 1. पालतू या दुलारा पशु; प्रेमपात्र, कृपापात्र; 2. (*ill-humour*) खीझ*, झुझलाहट*; —*adj.*, प्रिय, दुलारा, लाड़ला; विशेष; —*v.*, 1. दुलारना; 2. (*sulk*) झुँझलाना, खीझना। > पे'ट

petal, पँखड़ी*, दल; **~(l)ed,** पंखड़ीदार; **~oid,** दलाभ। > पे'टॅल; पे'टॅल्ड; पॅटॅलॉइड

petard, पटाका। > पे'टाड = पिटाड

petiole, पर्णवृन्त, वृन्त। > पे'ट्-इओल

petite, ठिंगनी*। > पॅटीट

petitio principii, आत्माश्रय-दोष।
> पे'टिशिओ प्रिन्-सिप्-इ-ई

petition, *n.* आवेदन, अर्ज़ी*, याचना*; निवेदनपत्र, याचिका*; —*v.* निवेदन क०; माँगना; **ary,** निवेदनात्मक; **~er,** आवेदक, प्रार्थी, अर्जीदार, याचिका-दाता। > पिटि/शॅन, ~शॅनॅरि, ~शॅ-नॅ

petrel, समुद्रकाक। > पे'ट्रॅल

petri/faction, 1. अश्मीभवन; अश्मीकरण; **~fied,** अश्मीभूत; अश्मीकृत; सन्न; **~fy,** 1. अश्मीभूत हो जाना; अश्मीकृत क०; 2. (*harden*) पथराना; 3. (*benumb*) सन्न कर देना, स्तम्भित क०।
> पे'ट्रिफ़ैक्शॅन; पे'ट्-रि/फ़ाइड, ~फ़ाइ

petrol, पेट्रोल; **~eum,** पेट्रोलियम, भूतेल। > पे'ट्‌ रॅल; पिट्रोल्‌ यॅम

petrology, शैल-विज्ञान, शैलिकी*। > पिट्रॉलॅजि

petrous, पथरीला। > पे'ट्‌ रॅस

petticoat, 1. (*underskirt*) पेटीकोट, साया; 2. लहँगा, घाघरा; (*of children*) झगा; **~goverment,** स्त्रीराज्य। > पे'ट्‌-इ-कोट

pettifog, 1. तुच्छ वकालत* क०; 2. (*quibble*) कानून छाँटना, बाल की खाल* खींचना; **~ger,** छोटा वकील; चालबाज़; **~ging,** अदालत* की वकालत*; झाँसा-पट्टी*, चालबाज़ी*। > पे'ट्‌/इफ़ॉग, ~इफ़ॉगिन्ग

pettish, चिड़चिड़ा, तुनकमिज़ाज; नाराज़। > पे'ट्‌-इश

petty, 1. (*trivial*) नगण्य, तुच्छ, क्षुद्र, छोटा-मोटा; 2. (*minor*) लघु, छोटा; 3. (*mean*) नीच, संकीर्ण (मना); 4. (*subordinate*) गौण, छोटा, अवर, अधीनस्थ; ~cash, खुदरा रोकड़*; ~repairs, छोटी-मोटी मरम्मत*। > पे'ट्‌-इ

petu/lance, चिड़चिड़ापन, बदमिज़ाजी*; **~lant** चिड़चिड़ा, बदमिज़ाज। > पे'ट्यू/लॅन्स, ~लॅन्ट

pew, मंच; आसन। > प्यू

pewit, टिटहरी*। > पीविट

pewter, प्यूटर, जस्ता। > प्यूट्‌-ॲ

phaeton, फिटन*। > फ़ेटॅन

phagocyte, भक्षक-कोशिका*। > फ़ैगॅसाइट

phalanux, 1. (*mil.*) फलेंक्स, व्यूह; 2. संगठित दल; जत्था; 3. (*phalange*) अंगुल्यस्थि*। > फ़ैलैन्क्स; फ़ैलेन्ज

phallic, लिंग-, लैंगिक; **~ist,** लिंग-पूजक; **~ism,** लिंगोपासना*, लिंगपूजा*। > फ़ैल्‌/इक, ~इसिस्ट, ~इसिज़्म

phallus, लिंग। > फ़ैलॅस

phantasm, 1. (*illusion*) मोहभ्रम; मृगमरीचिका*; माया*; छायाभास; 2. प्रेतदर्शन; 3. (*phil.*) मानसिक प्रतिबिम्ब; **~agoria,** मायाजाल; **~al,** मायिक, मायामय, काल्पनिक। > फ़ैन्‌टैज़्म; फ़ैन्‌टैज़्मॉ:र्‌-इॲ; फ़ैन्‌टैज़्‌ मॅल

phantasy, *see* FANTASY > फ़ैन्‌ टॅसि

phantom, 1. छायाभास, मनोलीला*, मृग-मरीचिका*, छाया*, माया*, 2. (*spectre*) प्रेत भूत। > फ़ैन्‌टॅम

Pharaon, फ़िराउन, फ़रो। > फ़े'ॲरो

Pharisee, फारसी; पाखण्डी। > फ़ैरिसी

pharmaceu/tic(al), औषधीय, औषध..., भेषजीय; **~tics,** औषध-निर्माण-विज्ञान; भेषजिकी*। > फ़ामॅस्यूट्‌/इक, इकॅल, ~इक्स

pharmacist, भेषजज्ञ। > फ़ामॅसिस्ट

pharmaco/logy, औषध (-प्रभाव-) विज्ञान, औषधशास्त्र; **~poeia,** औषध-कोश; भेषज-संग्रह। > फ़ामॅकॉलॅजि; फ़ामॅकॅपीॲ

pharmacy, औषधालय, औषधशाला*; भेषजी*, औषधनिर्माण (-विज्ञान-)। > फ़ामॅसि

pharos, दीपस्तम्भ। > फ़े'ॲरॉस

pharyn/gal, ~geal, ग्रसनीय, ग्रसनी-। > फ़ॅ-रिन्ग्‌-गॅल; फ़ै-रिन्‌-जी-ॲल = फ़ै-रिन्‌-जि-ॲल

pharyngitis, ग्रसनीशोथ। > फ़ैरिन्‌जाइट्‌-इस

pharynx, ग्रसनी*। > फ़ैरिन्क्स

phase, 1. अवस्था*, दशा*, स्थिति*; 2. (*aspect*) पहलू, पक्ष; 3. (*astron., chem.*) कला*; 4. (*phys.*) प्रावस्था*। > फ़ेज

pheasant, फ़ेज़ेण्ट, चेड़; crow~, महोख। > फ़े'ज़ॅन्ट

phenology, ऋतुजैविकी*। > फ़िनॉलॅजि

phenomenal, प्रतिभासिक, प्रतीयमान, दृश्य; तथ्यविषयक; असाधारण, अपूर्व, चामत्कारिक; **~ism,** गोचरवाद, दृश्यपंचवाद। > फ़िनॉम्‌/इनॅल, ~इनॅलिज़्म

phenomenology, घटना-क्रिया-विज्ञान, दृश्यप्रपंचशास्त्र। > फ़िनॉमिनॉलॅजि

phenomenon, 1. तथ्य, (दृश्य) घटना*, संवृति*, दृश्यप्रपंच; 2. (*appearance*) प्रतिभास, आभास; 3. चमत्कार, अद्‌भुत घटना*। > फ़िनॉम्‌-इनॅन

phew, छी। > फ़ॅ: = फ़्यू

phial, शीशी*। > फ़ाइॲल

philander, इश्कबाज़ी* क०। > फि-लैन्‌-डॅ

philan/thrope, ~thropist, मानव प्रेमी; लोकोपकारक; **~thropic,** लोकोपकारी, लोकहितैषी; **~thropize,** लोकोपकार क०; **~thropy,** मानव-प्रेम, लोकोपकार, परोपकार। > फ़िलॅन्‌थ्रोप; फ़िलैन्‌थ्रॅपिस्ट; फ़िलॅन्‌थ्रॉप्‌-इक; फ़िलैन्‌थ्रॅपाइज़; फ़िलैन्‌थ्रॅपि

phila/telist, टिकट-संग्रही; **~tely,** टिकट-संकलन; टिकट-संग्रहण। > फ़िलैटॅ/लिस्ट, ~लि

philharmonic, संगीत-प्रेमी। > फ़िलामॉन्‌-इक

philhellene, यूनान-प्रेमी; यूनान-समर्थक। > फ़िल्‌-हे'-लीन

philippic, भर्त्सनापूर्ण भाषण। > फ़िलिप्‌-इक

Philistine, फिलिस्तीनी; विषयासक्त। > फ़िल्‌-इस्टाइन

philo/logic, ~logical, भाषाशास्त्रीय; **~logist,** भाषाशास्त्री; **~logy,** भाषा-शास्त्र। > फ़िलॅलॉ/जिक, ~जिकल; फ़िलॉलॅ/जिस्ट, ~जि

philomel, बुलबुल*। > फ़िलॅमे'ल

philo/sopher, दार्शनिक, तत्त्वज्ञ; —'s stone, पारस पत्थर, पारसमणि; **~sophical,** दार्शनिक, तात्त्विक; स्थितप्रज्ञ, शान्तचित्त, स्थिरबुद्धि; **~sophism,**

छदमदर्शन, तथाकथित दर्शन; **~sophize,** चिन्तन क०; दार्शनिक रूप में प्रस्तुत क०; **~sophy,** दर्शन(शास्त्र); तत्त्व-ज्ञान; मानसिक शान्ति*, धैर्य। > फ़िलॉसॅफ़ॅ; फ़िलॅसॉफ़-इकॅल; फ़िलॉसॅ/फ़िज़्म, ~फ़ाइज़, ~फ़ि

phil/ter, ~tre, वशीकरण-पेय। > फ़िल्-टॅ

phlebitis, शिराशोथ। > फ़्लिबाइट्-इस

phlebotomy, शिराच्छेदन। > फ़्लिबॉटॅमि

phlegm, कफ, श्लेष्मा, बलग़म; **~atic** 1. (*apathetic*) भावशून्य, निरुत्साह; 2. (*calm*) निरुद्वेग, शान्त, स्थिरबुद्धि; **~y,** कफपूर्ण, श्लेष्मीय। > फ़्ले'म; फ्ले'ग्मैट्-इक; फ्ले'म्-इ

phlegmon, अर्बुद। > फ्ले'ग्मॅन

phloem, वल्कल। > फ़्लोॲम

phlogistic, प्रदाहक; प्रदाहात्मक; शोथकर। > फ़्लॉ-जिस्-टिक

phobia, भीति*, भय, दुर्भीति*। > फ़ोब्यॅ

phoenix, अमरपक्षी। > फ़ीन्-इक्स

phonate, ध्वनि* निकालना। > फ़ोनेट

phonation, ध्वनि-उच्चारण। > फ़ोनेशॅन

phonautograph, ध्वनि-लेखी। > फ़ोनॉःटॅग्राफ़

phone, 1. फ़ोन; 2. (*speech-sound*) ध्वनि*, स्वन। > फ़ोन

phoneme, ध्वनिग्राम, स्वनिम। > फ़ोनीम

phonemic, ध्वनिग्रामिक, स्वानिमिक; **~s,** ध्वनिग्रामिकी*, स्वानिमी*। > फ़ोनीम्/इक, ~इक्स

phone/tic, ध्वन्यात्मक; —combination, सन्धि*; **~tics,** स्वरविज्ञान, स्वानिकी*; **~tist, ~tician,** स्वर-विज्ञानी। > फ़ॅ = फ़ोने'ट्/इक, ~इक्स; फ़ोन्-इटिस्ट; फोनिटिशॅन

phoneti/cism, ध्वन्यात्मक वर्तनी*, ध्वन्यात्मकता*; **~cist,** ध्वन्यात्मकवादी। > फोने'ट्/इसिज़्म, ~इसिस्ट

phonic, ध्वनिक; **~s,** ध्वनिविज्ञान। > फ़ोन्/इक, ~इक्स

phonogram, फ़ोनोग्राम, ध्वनिसंकेत। > फ़ोनॅग्रैम

phonograph, फ़ोनोग्राफ़, ध्वनिलेख; **~y,** ध्वनिलेखन। > फ़ोनॅग्राफ़; फ़ॅ = फ़ोनॉग्रॅफ़ि

phonology, स्वरविज्ञान, स्वानिकी*। > फ़ॅ = फ़ोनॉलॅजि

phonometer, ध्वनिमापी। > फ़ोनॉम्-इटॅ

phonotype, ध्वनिमुद्र। > फ़ोनोटाइप

phospho/resce, टिमटिमाना; **~rescence,** स्फुर-दीप्ति*; **~rescent,** स्फुर-दीप्त; स्फुरदीपी; **~rus,** फास्फोरस। > फ़ॉस्फ़ॅ/रे'स, ~रे'सॅन्स, ~रे'सॅन्ट; फ़ॉस्फ़ॅरॅस

photochemistry, प्रकाश-रसायन। > फ़ोटोके'म्-इस्ट्रि

photochromy, रंगीन, फ़ोटोग्राफ़ी*। > फ़ोटोक्रोमि

photo-electric, प्रकाश-वैद्युत। > फ़ोटो-इले'क्-ट्रिक

photogenic, 1. प्रकाशजनक; 2. (*of person*) चित्रोपम। > फ़ोटोजे'न्-इक

photograph, *n.*(*v.*) फ़ोटो, छायाचित्र, आलोकचित्र (खींचना, लेना, उतारना); **~er,** फ़ोटोग्राफर, छायाचित्रकार, **~ic,** फ़ोटो-, **~y** फ़ोटोग्राफ़ी*, छायाचित्रण। > फ़ोटॅग्राफ़, फ़ॅटॉग्रॅफ़ॅ; फ़ोटॅग्रैफ्-इक; फ़ॅटॉग्रॅफ़ि

photolysis, प्रकाशिक-अपघटन। > फ़ोटॉल्-इसिस

photo/meter, प्रकाशमापी; **~metry,** प्रकाशमिति*। > फ़ोटॉम्/इटॅ, ~इट्रि

photophobia, प्रकाशभीति*। > फ़ोटोफ़ोब्यॅ

photosensitive, प्रकाश-सुग्राही। > फ़ो-टो-से'न्-सि-टिव़

photosphere, प्रकाश-मण्डल। > फ़ोटोस्फ़िॲ

photostat, फ़ोटोस्टैट। > फ़ोटोस्टैट

photosynthesis, प्रकाश-संश्लेषण। > फ़ो-टो-सिन्-थि-सिस

phototherapy, प्रकाश-चिकित्सा*। > फ़ोटोथे'रॅपि

phototype, प्रकाशमुद्र। > फ़ोटोटाइप

phrase, *n.*, 1.(*gram.*) वाक्यांश; 2. (*expression*) मुहावरा, सूक्ति*; 3. (*style*) शैली*, भाषा*; — *v.* (शब्दों में) व्यक्त क०, अभिव्यक्त क०; **~orgam,** वाक्यसंकेत; **~ology,** शैली*, वाक्यरचना*, पदावली*, शब्दचयन। > फ़्रेज़; फ़्रेज्-इओग्रैम; फ़्रेज़िऑलॅजि

phrenetic, उन्मत्त, पागल; कट्टर। > फ़्रिने'ट्-इक

phrenic, मध्यच्छद-। > फ़्रे'न्-इक

phrenology, कपाल-विज्ञान। > फ़्रिनॉलॅजि

phrontistery, चिन्तन-कक्ष, चिन्तन-स्थल। > फ़्रॉन्-टिस्-टॅ-रि

phthisic(al), क्षयरोगी। > थाइस्-इक

phthisis, क्षयरोग, तपेदिक, राजयक्ष्मा। > थाइस्-इस

phut, फट। > फ़ॅट

phylactery, तावीज़। > फ़िलैक्टॅरि

phyletic, जातीय, संघी। > फ़ाइले'ट्-इक

phyllanthus, (*simplex*) भुईआँवला। > फ़िलैन्थॅस

phyllotaxis, पर्णविन्यास। > फ़िलॅटैक्-सिस

phylogeny, जातिवृत्त। > फ़ाइलॉज्-इनि

phylum, जाति*, संघ। > फ़ाइलॅम

physic, 1. औषध*, दवा*; 2. (*purge*) जुलाब। > फ़िज़्-इक

physical, 1. भौतिक; 2. (*of nature*) प्राकृतिक; 3. (*of body*) शारीरिक; ~chemistry, भौतिक रसायन; ~culture, ~exercise, व्यायाम, कसरत*; ~fitness, शारीरिक योग्यता*; ~geography, प्राकृतिक या भौतिक भूगोल; ~science, भौतिकीय विज्ञान; **~ly,**

प्राकृतिक नियम के अनुसार, प्रकृति* के अनुसार; शरीर (की दृष्टि*) से। > फ़िज़्/इकॅल, ~इकॅलि

physician, चिकित्सक, वैद्य, डाक्टर। > फ़िज़िशॅन

physicist, भौतिक विज्ञानी। > फ़िज़्-इ-सिस्ट

physics, भौतिकी*, भौतिक विज्ञान। > फ़िज़्-इक्स

physio/gnomist, आकृति-विशेषज्ञ; **~-gnomy,** आकृतिविज्ञान; आकृति*, रूप। > फ़िज़िऑनॅ/मिस्ट, ~मि

physiography, भू-आकृति-विज्ञान। > फ़िज़िऑग्रॅफ़ि

physio/logical, शारीरिक, दैहिक; (शरीर-) क्रियात्मक, **~logy,** शरीरविज्ञान, (शरीर) क्रियाविज्ञान, दैहिकी*, शरीरवृत्ति*। > फ़िज़िॲलॉज्-इकॅल; फ़िज़िऑलॅजि

physiotherapy, भौतिक चिकित्सा*। > फ़िज़िओथे'रॅपि

physique, शरीर-गठन*, डील-डौल, अंग-लेट। > फ़िज़ीक

phyto/genesis, पादपविकास; **~graphy,** वनस्पति-वर्णन; **~phagous,** पादपभक्षी। > फ़ाइटॅजे'न्-इसिस; फ़ाइटॉग्रॅफ़ि

pi, पाइ।

piacular, 1. पापनाशक, प्रायश्चित्तकारी; 2. (*sinful*) पापी, दुष्ट। > पाइ-ऐक्-यू-लॅ

pia mater, मृदुतानिका*। > पाइ-ॲ-मेट्-ॲ

pianissimo, *adj.* (*adv.*) अत्यन्त धीमा (धीमे)। > प्यैनिस्-इमो

piano, *n.* पियानो, महावाद्य; *adv.* धीमे; —*adj.* धीमा। > पिऐनो = प्यैनो (*n.*); पिआनो = प्यानो (*adv., adj.*)

piazza, चौक। > पि-ऐट्स्-ॲ

picaresque novel, खलाख्यान। > पिकॅरे'स्क

picaroon, 1. बदमाश, 2. (*pirate*) जलदस्यु। > पिकॅरून

piccaninny, pickaninny, बच्चा। > पिकॅनिनि

pick, *n.* 1. गैंति*; खोदनी* (*small*) 2. (*choosing*) चयन; 3. (*selecion*) चयन, संकलन, सर्वोत्कृष्ट लोग या वस्तुएँ*; —*v.*, 1. (*dig*) खोदना; 2. (*scratch*) खुरचना, कुरेदना; 3. (*pierce*) छेदना; 4. (*cull*) तोड़ना, बीनना; 5. (*peck*) चुगना; चोंच* मारना; 6. (*choose*) चुन लेना, छाँटना; 7. (*look for*) ढूँढ़ना। > पिक

pickaback, पीठ* पर। > पिकॅबैक

pickax(e), गैंती*। > पिकैक्स

picked, चुनिन्दा। > पिक्ट

picket, *n.* 1. (*snake*) खूँटा; 2. (*mil.*) टुकड़ी*; 3. धरना देनेवाला, धरनैत; —*v.* 1. घेरा डालना, खूँटा गाड़ना; 2. बाँधना; 3. पहरा बैठाना; पहरा देना; 4. धरना देना; **~ing** धरना, घेरा। > पिक/इट, ~इटिन्ग

picking, 1. (*act*) चयन; 2. (*pl.*) रद्दी माल, बची-खुची चीज़ें*; 3. (*pl.*) ऊपर की आमदनी*। > पिक्-इन्ग

pickle, *n.*, अचार; *v.* 1. अचार बनाना या डालना, अचार में रखना; 2. (*chem.*) तेज़ाब में डालना; अम्ल-मार्जन क०। > पिकॅल

pickpocket, जेबकट, जेबकतरा, पाकेटमार, गिरहकट। > पिक्पॉकिट

pick-up, ध्वनि-ग्रह। > पिक्-ऑप

picnic, वनभोज, गोठ, वनविहार, पिकनिक। > पिक्-निक

pictograph, चित्रलेख; चित्रलिपि*; **~y,** चित्रलिपि*। > पिक्टॅग्राफ़; पिक्टॉगरॅफ़ि

pictorial, *adj.* 1. सचित्र, चित्रमय, चित्रात्मक, चित्रीय; 2. (*vivid*) चित्रोपम, सजीव, जीता-जागता; —*n.*, सचित्र पत्रिका*। > पिक्टॉ:र्-इॲल

picture, *n.*, 1. चित्र, तसवीर*; 2. (*description*) वर्णन; —*v.*, का चित्र बनाना; चित्रित क०; दिखाना, प्रतिबिम्बित क०; का चित्र प्रस्तुत क०, वर्णन क०; कल्पना* क०; **~-gallery,** चित्रशाला*; **~-house,** सिनेमा; **~postcard,** तस्वीर-कार्ड; **~-writing,** चित्रलिपि*। > पिक्-चॅ

picturesque, 1. चित्रोपम, सुरम्य, नयनाभिराम; 2. (*quaint*) अनोखा, विलक्षण; 3. (*vivid*) सरस, सजीव, वित्रमय, रंगीन। > पिक्चॅरे'स्क

picturize, का (चल) चित्र बनाना। > पिक्चॅराइज़

pidgin, मिश्रित। > पिज़्-इन

pie, 1. कचौरी*, कचौड़ी*; 2. (*jumble*) घालमेल, खिचड़ी*; 3. (*magpie*) मुटरी*। > पाइ

piebald, pied, चितकबरा, अबलक। > पाइबॉ:ल्ड, पाइड

piece, *n.*, 1. (*fragment*) टुकड़ा, खण्ड; 2. (*part*) भाग, अंश, खण्ड, हिस्सा; 3. (*of art*) कलाकृति*, रचना*; 4. (*action, work*) कार्य, काम; 5. (*coin*) सिक्का; 6. (*chess*) मोहरा; 7. (*of cloth*) थान; 8. (*rifle*) बन्दूक*; —*v.*, जोड़ना; मरम्मत क०; **~meal,** खण्डशः; थोड़ा-थोड़ा करके; **~-work,** उजरती काम; **~-worker,** उजरती कारीगर। > पीस

piedmont, गिरिपद। > पीड्मॅन्ट

pier, 1. (*pillar*) पाया; 2. (*in harbour*) बंगसार, पोतघाट; 3. (*column*) खम्भा, स्तम्भ; **~age,** घाट-शुल्क। > पिॲ; पिॲर्-इज

pierce, 1. छेदित क०, छेदना, भेदना, भेदन क०; 2. (*stab*) भोंकना, चुभाना; 3. पार क०, पैठना; 4. (*affect*) प्रभावित क०, मर्माहत क०; 5. (का मर्म या रहस्य) समझना; **~r,** वेधुनी*। > पिॲस; पिॲ-सॅ

piercing, भेदक (*also fig.*)। > पिॲसिन्ग

pierrot, भाँड़। > प्ये'रो = पिॲरो

pietism, भक्तिवाद। > पाइॲटिज़्म

piety, 1. भक्ति*, धर्मपरायणता*, धर्मनिष्ठा*, धार्मिकता*; 2. (*to superiors*) आज्ञाकारिता*, श्रद्धा*, निष्ठा*, exercises of ~, धर्मचर्य्या*। > पाइअॅटि

piezometer, दाबमापी। > पाइ-इ-ज़ॉम्-इ-टॅ

pig, 1. सूअर, सूअरी*; 2. (*of metal*) पिण्ड। > पिग

pigeon, 1. कपोत; 2. (*blue rock-~*) कबूतर; 3. (*green-~*) हारिल; 4. (*tumbler*) गिरहबाज़ 5. (*fantail*) चकदील; **~-hole,** *n.*, खाना, कोष्ठ; —*v.* 1. खाना में रखना; 2. (*shelve*) ताक़ पर रखना; 3. (*classify*) क्रम से रखना, वर्गीकरण क०; **~-house, ~ry,** दरबा; **~-pea,** अरहर*, तुवर, तूर*। > पिजिन

pig/gery, ~pen, ~sty, सूअर-बाड़ा, खोबार। > पिगॅरि; पिग्-पे'न; पिगस्टाइ

piggish, 1. (*pig-headed*) ज़िद्दी, हठी; 2. (*gluttonous*) पेटू, लालची; 3. (*selfish*) स्वार्थी; 4. (*filthy*) गन्दा; (*mean*) नीच। > पिग्-इश

pig-iron, कच्चा लोहा, ढलवाँ लोहा। > पिगआइअॅन

pig/let, ~ling, घेंटा, घेंटुला। > पिग्/लिट, ~लिन्ग

pigment, रंगद्रव्य, वर्णक, रंजक; **~aty,** रंगमय; **~ation,** वर्णकता*, रंजकता*; **~ed,** रंजित। > पिग्मॅन्ट; पिग्मॅन्टॅरि; पिगमॅन्टेशॅन

pigtail, झोंटा, (लम्बी) चोटी*; तम्बाकू की बटी*। > पिगटेल

pika, रंगदुनी। > पाइका

pike, 1. (*weapon*) बरछा, भाला; 2. (*spike*) नोक*, मेख*, कीला; 3. (*toll-gate*) चुंगी-फाटक; **~man,** बरछैत, भलाबरदार; गैंती* चलानेवाला; **~staff,** डण्डा, दण्ड। > पाइक

pilaster, भित्ति-स्तम्भ। > पिलैस्-टॅ

pilau, pilaw, pilaff, पुलाव। > पिलाउ; पिलैफ़

pile, *n.*, 1. (*heap*) ढ़ेर, अम्बार, राशि*, पुंज; 2. (*funeral ~*) चिता*; 3. (*support*) लट्ठा, स्थूणा*; 4. (*stake*) खूँटा, बल्ली*; 5. (*down*) रोम; 6. (*pl.*) बवासीर*, अर्श; —*v.*, ढेर लगाना, जमा क० या हो जाना; खूँटा गाड़ना; voltaic~, वोलटीय पुंज। > पाइल

pilfer, चुराना; **~age,** चोरी*, उठाईगीरी*; **~er,** उचक्का, चोर। > पिल्-फ़ॅ, ~रिज, ~रॅ

pilgrim, तीर्थयात्री; **~age,** तीर्थयात्रा*; तीर्थस्थान। > पिल्-ग्रिम; पिल्-ग्रि-मिज

piliferous, रोयेंदार, रोमधर, रोमिल, रोमी। > पाइलिफ़ॅरॅस

piliform, रोमाकार, केशाकार। > पाइल्-इ-फॉ:म

pill, *n.*(*v.*) गोली* (खिलाना); a bitter~, कड़ुआ घूँट; **~box,** डिबिया*; छोटा कंक्रीट किला, कवँच-कोठरी*। > पिल

pillage, *v.*, लूटना; *n.*, 1. (*act*) लूटमार*, लूटपाट*, लूट*; 2. (*booty*) लूट*; **~r,** लुटेरा। > पिल्/इज, ~इजॅ

pillar, खम्भा, स्तम्भ; **~-box,** बम्ब। > पिल्-अॅ

pillion, ज़नाना ज़ीन; पिघली सीट*। > पिल्यॅन

pillory, टिकठी*। > पिलॅरि

pillow *n.*, तकिया; *v.*, तकिये पर रखना; तकिया लगाना, तकिये का सहारा देना; **~-case, ~slip,** ग़िलाफ़, खोल; **~y,** तकियाई। > पिलो

pilose, pilous, रायेंदार, बालदार, लोमश; मृदुलोमी। > पाइलोस; पाइलॅस

pilot, *n.*, 1. चालक, पायलट, निर्यामक; 2. (*steerman*) कनहार, कर्णधार, कर्णिक, पोतचालक, जहाज़रान; 3. (*of plane*) विमानचालक; 4. (*guide*) मार्गदर्शी; —*v.* चलाना; पथप्रदर्शन क०, मार्ग दिखाना; —*adj.* 1. (*guiding*) पथप्रदर्शी; 2. (*experimental*) प्रायोगिक; आरंभिक; **~age,** संचालन, निर्याण; कनहारी*; **~balloon,** पवनसूचक गुब्बारा; **~car,** पथदर्श गाड़ी*; **~plant,** प्रायोगिक संयंत्र; **~scheme** अग्रगामी योजना*। > पाइलॅट; पाइलॅटिज

pilule, गोली*, गुटिका*, वटिका*। > पिल्यूल

pimp, *n.*, भड़ुआ, दलाल, कुटना; *v.*, कुटनाई* क०। > पिम्प

pimpernel, जोंकमारी*। > पिम्पॅने'ल

pimping, *n.*, कुटनाई*; *adj.* 1. (*mean*) तुच्छ; 2. (*sickly*) कमज़ोर, रुग्ण। > पिम्-पिन्ग

pimple, फुंसी*, पिटिका*। > पिम्पॅल

pin, *n.*, आलपीन*, पिन*; 2. (*peg*) खूँटी*, कील*, मेख*; 3. (*trifle*) तिनका; —*v.*, 1. (पिन*) लगाना; 2. (*pierce*) चुभाना, छेदना; 3. जकड़ देना, जकड़ना; **~cushion,** पिनगद्दा, पिनकुशन; **~-drop silence,** पूर्ण नीरबता*; **~-feather,** पक्षांकुर; **~-money,** जेबखर्च; **~-point,** *n.*, सूच्यग्र (*also fig.*) सूई* की नोक*; —*v.*, 1. का ठीक-ठीक पता लगाना; 2. (*bomb with precision*) पर ठीक-ठीक बम गिराना; 3. (*designate precisely*) का सूक्ष्म निरूपण क०; **~prick,** 1. पिन* की चुभन*; चुभकी*; 2. (*fig.*) मामूली कष्ट, मामूली बात*। > पिन

pincers, pinchers, चिमटा, चिमटी*, सँड़सा, सँड़सी*। > पिन्सॅज़; पिन्चॅज़

pinch, *v.*, 1. चिहुँटना, चिकोटी* काटना, चुटकी* भरना, चुटकना; 2. (*press*) चाँपना, चापना, गड़ना; 3. तकलीफ़* या कष्ट देना, तंग क०; 4. (*squeeze*) निचोड़ना, ऐंथना; —*n.* 1. चिकोटी*, चुटकी*; 2. चुटकीभर, थोड़ा-सा; 3. (*difficulty*) तकलीफ़*, कष्ट, कठिनाई*; विपत्ति*; **~cock,** चुटकी*। > पिन्च

pinchbeck, नक़ली। > पिन्च्बे'क

pine, *n.*, चीड़, देवदारु, देवदार; *v.*, 1. घुलना, गलना, मुरझाना, क्षय हो जाना; 2. (*yearn*) लालायित होना, ललकना; **~apple,** अनन्नास, भुईंकटहल; **~-cone,**

देवदारु-फल। > पाइन

pineal, शंकुरूप। > पाइन्-इ-ॲल

pinfold, कांजी-आउस। > पिन्फ़ोल्ड

ping, *n.*, पटाक*, पटाका; सनसनाहट*; *v.*, सनसनाना; **~pong,** पिंगपोंग। > पिन्ग

pinguid, 1. चरबीदार, चरबीला; 2. (*fertile*) उपजाऊ। > पिन्ग्-ग्विड

pinion, *n.*, 1. (*mech.*) गरारी*; 2. पक्षान्त; पक्ष, पंख, डैना; —*v.*, 1. पंख काटना या बाँधना; 2. बाँधना, बेड़ियाँ* डालना, जकड़ना; 3. (*bind arms*) मुश्कें* कसना या बाँधना। > पिन्यॅन

pink, *adj.*, गुलाबी; *n.*, गुलाबी रंग; परमोत्कर्ष, पराकाष्ठा*, शिखर; —*v.*, 1. सँवारना, अलंकृत क०; 2. (*prick*) चुभाना। > पिन्क

pinna, , 1. (*auricle*) बाह्य कर्ण, कर्णपाली*; 2. (*bot.*) पिच्छक; 3. (*feather*) पक्ष पर। > पिना

pinnace, नौका*। > पिन्-इस

pinnacle, 1. (*turret*) कलश; 2. (*peak*) चोटी*, शिखर; शिखरिका*; 3. (*fig.*) परमोत्कर्ष, पराकाष्ठा*। > पिनॅकॅल

pinnate, पिच्छाकार। > पिन्-इट

pinnatifid, दीर्घपिच्छाकार। > पिनैट्-इफ़िड

pinniped, युक्तांगुलि। > पिन्-इ-पे'ड

pinnule, 1. (*bot.*) पिच्छिका*; 2. (*zool.*) भुजपक्ष। > पिन्यूल

pintail, सीखपर। > पिन्टेल

pintle, कीली*। > पिन्टॅल

pioneer, *n.*, अगुआ, अग्रेसर, पुरोगामी; अग्रगामी, पथप्रदर्शक; 2. (*mil.*) सफरमैना, पायनिर; —*v.*, पथप्रदर्शक का काम क०; मार्ग प्रशस्त क०, रास्ता तैयार क०। > पाइॲनिॲ

pious, धर्मनिष्ठ, धर्मपरायण, भक्त; पुण्य। > पाइॲस

pip, *n.*, 1. (*of fruit*) बीज; 2. (*spot*) बिन्दु, बुँदकी*; 3. (*of officer*) फूल; —*v.*, चीं-चीं* क०। > पिप

pipal, पीपल। > पीपॅल

pipe, 1. (*tube*) नल; पाइप, नली*, नलिका*; 2. (*flute*) वंशी*, मुरली*, बाँसुरी*, वेणु; 3. (*whistle*) सीटी*; 4. (*smoking*) चिलम*, पाइप*; 5. (*casket*) पीपा; 6. (*call of bird*), बोली*; 7. (*voice*) स्वर, आवाज़*; —*v.*, 1. मुरली* बजाना; 2. (*whistle*) सीटी* बजाना या देना; 3. (*whizz*) सनसनाना; 4. (*of bird*) चहकना; 5. (*utter in a shrill voice*) चिंघाड़ना; 6. (*cheep*) चीं-चीं* क०; 7. नल लगाना; नल से ले जाना या पहुँचाना; 8. (*a dress*) गोट* लगाना; **~line,** नल-तन्त्र। > पाइप

piper, मुरली* बजानेवाला (वेणु)वादक। > पाइप्-ॲ

pipette, पिपेट, नल्लिका*। > पिपे'ट

piping, 1. वेणुवादन; 2. (*shrill sound*) चिंघाड़*; सीटी*; 3. नल; नल-तन्त्र; 4. (*of dress*) गोट*; ~hot, खदबदाता हुआ। > पाइप्-इन्ग

pipit, चचरी*, तुलिका*। > पिप्-इट

pipkin, मटकी*। > पिप्किन

pippin' सेब। > पिप्-इन

piquant, 1. मसालेदार, चरपरा; 2. मज़ेदार; दिलचस्प, मनोरंजक, उत्तेजक, उद्दीपक, चटकीला। > पीकॅन्ट

pique, *n.*, खीझ*, चिढ़*; *v.*, 1. चिढ़ाना, खिजलाना; 2. उत्तेजिक क०, जगाना, प्रेरित क०; 3. (*pride oneself*) पर गौरव क०। > पीक

piracy, समुद्री डकैती*, जलदस्युता*; साहित्यिक चोरी*। > पाइॲरॅसि

pirate, *n.*, जलदस्यु, समुद्री डाकू; *v.*, डाका डालना, लूटना; साहित्यिक चोरी* क०। > पाइर्-इट

pirouette, घिरनी* खाना। > पिरुए'ट

piscary, मछली* मारने का अधिकार; मीनक्षेत्र। > पिस्कॅरि

piscatorial, piscatory, मत्स्य-; मत्स्यग्रहण-; मछुवों का। > पिस्कॅटॉ:र्-इॲल; पिस्कॅटॅरि

Pisces, मीन। > पिसीज़

pisciculture, मत्स्यपालन। > पिस्-इ-कॅल-चॅ

piscina, कुण्ड। > पि-सी-नॅ

piscine, *n.*, (*bathing-pool*), स्नान-कुण्ड; —*adj.*, मात्स्य, मत्स्य-। > पिसीन (*n.*); पिसाइन (*adj.*)

piscivorous, मत्स्याहारी, मत्स्यभक्षी। > पिसिवॅरॅस

pise, गोन्दा; कच्ची ईंट*। > पीज़-ए

pish, *int.*, छी; *v.*, छी छी क०। > पिश

pisiform, मटरनुमा; ~bone, वर्तुलिकास्थि*। > पिस्-इ-फॉ:म

pismire, च्यूँटी*। > पिस्माइॲ

piss, *n.*, मूत्र, पेशाब; *v.*, मूतना, पेशाब क०। > पिस

pistachio, पिस्ता। > पिस्टाशिओ

pistil, स्त्री-केसर, गर्भकेसर; **~late** स्त्रीकेसरी। > पिस्-टिल; पिस्-टि-लिट

pistol, पिस्तौल*, तमंचा। > पिस्टॅल

piston, पिस्टन, मुषली*। > पिस्टॅन

pit, *n.*, 1. गड्ढा, गढ़ा, गर्त्त; 2. (*pitfall*) कूटावपात, चोरगढ़ा; फन्दा; 3. (*hell*) नरक; 4. (*cavity*) गड्ढ़ा; —*v.*, गड्ढे में रखना; गड्ढ़े बनाना; लढ़ाना, मुकाबले पर खड़ा क०; **~ted,** 1. गुड्ढेदार; 2. (*pockmarked*) चेचकरू। > पिट; पिट्-इड

pit(a)pat, *n.*, धकधकी*; *v.*, धकधकाना, धड़कना; —*adv.*, धक-पक। > पिट्-ॲ-पैट; पिट्पैट

pitch, *n.*, 1. (*substance*) डामर, अलकतरा; 2. (*music*) तारत्व, तारता*, स्वर, सुर; स्वरमान (*standard*); 3. (*of ship*) उचनिचान; 4. (*throw*) फेंक*, क्षेपण; 5. (*stage*) अवस्था*, ऊँचाई*; पराकाष्ठा* (*acme*); 6. (*place*) पड़ाव; 7. (*slope*)

ढाल*, आनति*, अक्षनति (*geol.*) 8. (*mech.*) अन्तराल, दूरी*; पेचदूरी*, चूड़ीअंतराल; —*v.*, 1. डामर लगाना या पोतना; 2. (*set up*) लगाना, खड़ा क०; सजाकर रखना; 3. पड़ाव डालना, तम्बू गाड़ना या खड़ा क०, 4. (*fix*) बैठाना, स्थिर क०, ठीक क०; 5. (*throw*) फेंकना; 6. (*music*) स्वर या सुर बाँधना; 7. (धड़ाम से) गिरना; 8. (*of ship*) डूबना-उतराना; 9. (*plunge forward*) झपटना, लपकना, कूद पड़ना; **~-accent,** सुराघात; **~-black,** कालाकलूटा; **~dark,** बिलकुल अँधेरा **~-darkness,** सूचिभेद्य अन्धकार; **~ed battle,** जमी हुई लड़ाई*; **~fork,** जेली*, जंदरा; पांचा (*five-pronged*); **~level,** सुर-स्तर; **~-pine,** चीड़; **~y,** डामरदार; चिपचिपा; काला। > पिच

pitcher, घड़ा, सुराही*; **~-plant** घटपर्णी। > पिच्-अॅ

piteous, दयनीय। > पिट्-इ-अॅस

pitfall, चोरगढ़ा, कूटावपात; फन्दा। > पिट्फॉ:ल

pith, 1. मज्जा*, गूदा; 2. (*gist*) सार, सारांश; 3. (*vigour*) बल, ज़ोर; **~y,** गूदेदार; अर्थगर्भित, सारगर्भित; ज़ोरदार, ओजस्वी। > पिथ

piti/able, 1. दयनीय, दयापात्र; 2. (*despicable*) तुच्छ, घृणित; **~ful,** 1. (*merciful*) दयालु; 2. (*wretched*) दयनीय; 3.तुच्छ, घृणित; **~less,** निर्दय। > पिट्/इ-अॅ-बॅल, ~इफ़ुल, ~इलिस

pitta, नौरंग। > पिट्-अॅ

pittance, अल्पवृत्ति*, अल्पवेतन; अल्पांश, अल्पमात्रा*। > पिटॅन्स

pituitary, पिट्युइटरी, श्लेष्मीय; **~body,** पीयूष-काय; **~gland,** पीयूष-ग्रन्थि*। > पिट्यूइटॅरि

pity, *n.*, करुणा*, अनुकम्पा*, तरस, दया*, सहानुभूति*; खेद का विषय; *v.*, सहानुभूति* रखना; पर दया* क०, तरस खाना। > पिट्-इ

pityriasis, शल्करोग। > पिटिराइअॅसिस

pivot, *n.*, 1. चूल*, कीली*, धुरी*, धुराग्र, कीलक; 2. (*fig.*) केंद्रबिन्दु; —*v.*, पर निर्भर रहना या होना, का केंद्रबिन्दु होना; (चूल* पर) घूमना; **~al,** 1. कीलकीय, धुराग्रीय; 2. (*fig.*) मूलभूत, प्रधान; निर्णायक; **~ed,** कीलकित, धुराग्रस्त **~joint,** धुराग्र सन्धि*। > पिवॅट; पिवॅटॅल; पिवॅटिड

pixy, परी*, अप्सरा*। > पिक्-सि

placable, प्रसाद्य, प्रशम्य; क्षमाशील, सौम्य। > प्लैकॅबॅल

placard, *n.*(*v.*), इश्तहार, विज्ञापन, भित्तिपत्रक (लगाना, चिपकाना)। > प्लैकाड

placate, शान्त क०, प्रसादित क०, तुष्ट क०; अनुकूल बना लेना, राज़ी क०। > प्लॅकेट

placatory, प्रसादक। > प्लैकॅटॅरि

place, *n.*, 1. स्थान, जगह*; 2. (*square*) चौक; 3. (*street*) गली*; 4. (*region*) क्षेत्र; 5. (*residence*) निवास (स्थान); 6. (*employment*) नौकरी*; 7. (*position*) स्थिति*, पद; —*v.*, 1.रख देना; 2. नौकरी* दिलाना; 3. (*arrange*) सजाकर रखना; 4. लगाना; 5. पहचानना; 6. स्थान निश्चित क०; in~, (अपने) स्थान पर; संगत, उपयुक्त, उचित; out of~, बेठिकाने; असंगत, अनुचित, अनुपयुक्त; take ~, घटित होना; take the ~ of, का स्थान लेना; ~of occurrence, घटनास्थल, **~ment,** 1. स्थापन; 2. नियोजन; 3. (आसन) व्यवस्था*। > प्लेस

placenta, 1. खेड़ी*, पुरइन*, अपरा*; 2. (*bot.*) बीजाण्डासन। > प्लॅ-से न्-टॅ

placet, मंजूर है; मंजूरी*, स्वीकृति*। > प्लेसे ट

placid, शान्त, शान्तमना, सौम्य, शान्तिप्रिय। > प्लैसिड

placoid, पट्टाभ। > प्लैकोइड

plafond, (भीतरी) छत*। > प्लैफ़ॉ:न

plage, समुद्रतट, वेलांचल। > प्लाश्ज़

plagia/rism, साहित्यिक चोरी*, भावहरण; **~rist,** भावहारी; **~rize,** साहित्यिक चोरी* क०। > प्लेजि = प्लेज्यॅ/रिज़्म, ~रिस्ट, ~राइज

plague, *n.*, 1. (*bubonic*) ताऊन; 2. प्लेग, महामारी*; 3. (*calamity*) विपत्ति*, आफ़त*; —*v.*, सताना, तंग क०, कष्ट देना। > प्लेग

plaid, पट्टू। > प्लैड

plain, *n.*, मैदान, समतल भूमि*; *adv.*, स्पष्टतया, स्पष्ट शब्दों में, साफ़-साफ़; —*adj.*, 1. (*level*) समतल, सपाट, चौरस; 2. (*open*) खुला, अबाधित; 3. (*easy*) सरल; 4. (*easy to understand*) सुबोधगम्य; 5. (*clear*) सुस्पष्ट; 6. (*unembellished*) सादा; सीधासादा; अनलंकृत; 7. (*homely*) असुन्दर, कुरूप; 8. (*ordinary*) साधारण; 9. (*~dealing*) निष्कपट; 10. (*~-spoken*) स्पष्टवादी; ~water. विशुद्ध जल; in ~clothes, साधारण कपड़ों में; **~-song,** समस्वर-संगीत; **~-speaking** स्पष्टवादिता*। > प्लेन

plaint, वादपत्र, अर्ज़ीदावा; **~iff,** वादी, मुद्दई; **~ive,** दुःखपूर्ण, विषादपूर्ण। > प्लेन्ट; प्लेन्-टिफ़; प्लेन्-टिव़

plait, *n.*, 1. (*pleat*) चुनन*, चुनट*; 2. (*fold*) शिकन*, सिलवट*; 3. (*wrinkle*) झुर्री*; 4. (*braid*) वेणी*; —*v.*, 1. चुनना; 2. (*intertwine*) गूथना। > प्लैट

plan, *n.*, 1. (*drawing*) नक्शा, मापचित्र, अनुप्रस्थिका*, 2. (*scheme*) योजना*, आयोजना*; परियोजना*; 3. (*outline*) रेखाचित्र, खाका रूपरेखा*; 4. (*map*) नक़्शा, मानचित्र; 5. (*programme*) कार्यक्रम; 6. (*method*) कार्यप्रणाली*, तरीक़ा; 7. (*arrangement*) विन्यास, व्यवस्था*; —*v.*, 1. योजना* बनाना; 2. मानचित्र बनाना; 3. (*purpose*) अभिप्राय रखना, इरादा क०, सोचना; **~ned,** आयोजित; **~ner,** आयोजक; **~ning,** आयोजन, नियोजन, योजना*; —commission, योजना-आयोग। > प्लैन, प्लैन्ड; प्लैन्/अॅ, ~इना

planchet, मुद्रा-चक्रिका*। > प्लैन्-शिट

planchette, प्लैंशेट। > प्लान्शे 'ट

plane, *n.*, 1. (*tree*) चनार; 2. (*tool*) रन्दा; 3. (*math.*) समतल, तल; 4. (*level*) स्तर; 5. (*airplane*) विमान, वायुयान; —*adj.*, समतल, सपाट; समतलीय; —*v.*, 1. रँदना, चिकनाना, रन्दा फेरना; 2. बराबर कर देना, चौरस बनाना; 3. (*glide*) विसर्पण क०; ~geometry, planimetry, समतल रेखागणित; **~r, planning-machine,** रन्दामशीन*; **~-table,** चित्रणफलक। > प्लेन; प्लेन्-अॅ

planet, ग्रह; **~arium,** ताराघर, कृत्रिम नभोमण्डल; **~ary,** ग्रहीय; भूमंडलीय; सांसारिक; अस्थिर, अव्यवस्थित; **~esimal,** ग्रहाणु; **~old,** क्षुदग्रह, ग्रहिका*; **~-stricken,** 1. ग्रहग्रस्त; 2. (*panic-stricken*) आतंकित, हतबुद्धि। > प्लैन्-इट; प्लैनिटे 'अॅर्-इअॅम; प्लैन्-इटॅरि; प्लैनिटे 'स्-इमॅल; प्लैन्-इटॉइड

plangent, घनघोर; झनझना। > प्लैन्जॅन्ट

planimeter, क्षेत्रमापी। > प्लैनिम्-इटॅ

planish, चिपटा कर देना, प्रमार्जित क०। > प्लैन्-इश

plank, 1. *n.*(*v.*), तख्ता, पटरा (लगाना बिछाना); 2. (*polit.*) मोरचा, घोषणा-पत्र; **~-floor,** फलक-फ़र्श। > प्लैन्क

plankton, प्लवक। > प्लैन्क्टॅन

plano/concave, समतलावतल; **~convex,** समतलोत्तल। > प्लेनो/कॉन्केव, कॉन्वेक्स

plant, *n.*, 1. पौधा, वनस्पति*, उद्‌भिज, पादप; 2. (*machinery*) संयंत्र; —*v.*, 1. रोपना, लगाना, रखना, बैठाना; 2. (*settle*) बसाना; **~ing,** रोपण। > प्लान्ट; प्लान्-टिन्ग

plantago, (*ovata*), इसबगोल। > प्लैन्टेगो

plantain, केला। > प्लैन्-टिन

plantar, पादतल-, पदतल-। > प्लैन्-टॅ

plantation, बाग़ान, रोपस्थली*; बाग़, बगीचा। > प्लैन्टेशॅन

planter, रोपक; बाग़ान-मालिक। > प्लान्-टॅ

plantigrade, पादतलचारी। > प्लैन्ट्-इ-ग्रेड

plaque, फलक, पटिया*; **~tte,** पट्टिका*। > प्लाक; प्लैके 'ट

plash, *v.*, 1. (*splash*) छपछपाना; छिड़कना; 2. (*interweave*) गूथना; —*n.*, 1. छपछपाहट*; 2. (*puddle*) डबरी*; **~y,** 1. डबरीदार; 2. (*boggy*) दलदला। > प्लैश; प्लैश्-इ

plasm, जीवद्रव्य। > प्लैज़्म

plasma, 1. (*of blood*) प्लाविका*; 2. (*quartz*) हरा बिलौर। > प्लैज्-मॅ

plaster, *n.*, 1. पलस्तर; 2. (*med.*) मरहम; —*v.*, पलस्तर लगाना; मरहम लगाना; पोतना, पोत देना; चापलूसी* क०; ~ of Paris, पैरिस-प्लास्टर, गच*; **~ing,** पलस्तर; पुताई*, लिपाई*। > प्लास्-टॅ, ~रिन्ग

plastic, *n.*, प्लास्टिक; *adj.*, 1. सुघट्य, मृद्य, 2. (*person*) सुनम्य, नम्र, आज्ञाकारी; 3. (*arts*) प्रतिमाविधायक, रूपंकर; 4. (*techn.*) प्लास्टिक; **~ity,** सुघट्यता*; सुनम्यता*। > प्लैस्-टिक; प्लैस्-टि-सि-टि

plastron, 1. (*fencing*) उरस्त्राण; 2. (*of tortoise*) अधरवर्म। > प्लैस्ट्रॅन

plat, *see* PLOT; PLAIT > प्लैट

platan, अचार। > प्लैटॅन

plate, *n.*, 1. प्लेट; 2. पट्टिका*; पट्ट; 3. (*sheet metal*) चद्दर*; पत्तर (*thin*); 4. (*utensil*) थाली*, रकाबी*; सोने-चाँदी* के बरतन; —*v.*, मुलम्मा चढ़ाना; चद्दर* लगाना; **~d,** पट्टित। > प्लेट; प्लेट्-इड

plateau, पठार, अधित्यका*। > प्लैटो

pla(t)ten, मुद्रपट्टिका*। > प्लैटॅन

platelet, बिम्बाणु। > प्लेट्-लिट

platform, 1. प्लेटफ़ार्म; चबूतरा; 2. (सभा)- मंच; 3. (*polit.*) मोरचा, घोषणापत्र। > प्लैट्फॉ:म

plating, चादर*। > प्लेट्-इन्ग

platinum, प्लैटिनम। > प्लैट्-इ-नॅम

plati/tude, 1. नीरस बात*, सामान्योक्ति*; 2. (*dullness*) नीरसता*; **~tudinous,** घिसा-पिटा, नीरस। > प्लैट्-इ-ट्यूड; प्लैटिट्यूड्-इनॅस

Plato, अफ़लातून; **~nic,** 1. अफलातूनी; 2. (*spiritual*) आध्यात्मिक, निष्काम (*not sensual*); 3. (*impractical*) अव्यावहारिक; **~nism,** अफलातूनवाद। > प्लेटो; प्लॅटॉन्-इक; प्लेटॅनिज़्म

platton, प्लाटून, गुल्म, पलटन*। > प्लैटून

platter, कटौती*। > प्लैट्-अॅ

plaudit, साधुवाद, शाबाशी*; करतल-ध्वनि*। > प्लॉ:ड्-इट

plausibility, सत्याभास। > प्लॉ:ज़ॅबिल्-इटि

plausible, 1. (*specious*) सत्याभासी, कपटपूर्ण; 2. देखने में या ऊपर से विश्वसनीय, सच्चा, रमणीय या युक्तियुक्त; 3. (*fairspoken*) मधुरभाषी। > प्लॉ:ज़ॅबॅल

play, *n.*, 1. खेल, क्रीड़ा*, खेल-कूद*; 2. (*jest*) विनोद, मज़ाक; 3. (*trifling*) खेलवाड़; 4. (*gambling*) नाटक, तमाशा; अभिनय 5. (*drama*) नाटक, तमाशा; अभिनय (*acting*); 6. (*manoeuvre*) चाल*; 7. (*activity*) विलास, गतिविधि*; 8. (*scope*) गुंजाइश*; ~on words, श्लेष; —*v.*, 1. खेलना; विहार क०, क्रीड़ा* क०; 2. (*trifle*) खेलवाड़ क०, खेलना; 3. (*gamble*) बाज़ी* लगाना; जूआ खेलना; 4. (*music*) बजाना; 5. (*wield*) चलाना; घुमाना; 6. (*drama*) अभिनय क०; 7. (*a fish*) खेलाना; 8. (*act*) बरताव क०, आचरण क०; **~at,** खेलना, भाग लेना; का बहाना क०; बेमन से क०; **~down,** कम कहत्त्व देना; **~fair,** नियमानुसार खेलना; ईमानदारी* से काम क०; **~foul,** बेईमानी*

क०; **~on** से लाभ उठाना। > प्ले
play/able, खेलने योग्य; **~-actor,** नट; **~back,** प्रतिश्रवण; **~bill,** (नाटक का)विज्ञापन; **~ed out,** समाप्त; थकामाँदा; पुराना; 1. खिलाड़ी; 2. (*actor*) अभिनेता; 3. (music) वादक; 4. (*gambler*) जुआरी; **~fellow, ~mate** सखा, बालमित्र, लंगोटिया यार; **~ful,** विनोदशील, मज़ाकिया, ज़िन्दादिल; प्रमुदित, आनन्दित, प्रसन्न; **~ground,** खेल का मैदान, क्रीडास्थल; **~house,** नाट्यशाला*; **~ing cards,** ताश; **~let,** नाटिका*; **~thing,** खिलौना; **~wright,** नाटककार।
plaza, चौक। > प्ला-ज़्रॅ
plea, 1. (*pretext*) बहाना, मिस, हीला; 2. (*excuse*) सफ़ाई*, तर्क, दलील*; 3. (*apology*) क्षमायाचना*; 4. (*request*) निवेदन, अनुनय-विनय*; 5. (*pleading*) अभिवचन। > प्ली
pleach, गूथना। > प्लीच
plead, 1. अभिवचन क०, वकालत* क०, बहस* क०; 2. (*supplicate*) निवेदन क०, चिरौरी क०; 3. सफाई* में कहना ~(*not*) guilty, अपराध स्वीकार (अस्वीकार) क०; **~er,** वकील, अभिवक्ता; **~ing,** अभिवचन, वकालत*। > प्लीड; प्लीड्/ॲ, ~इन्ग
pleasance, विहारभूमि*, क्रीड़ा-कानन, क्रीड़ा-वन। > प्ले ज़ॅन्स
pleasant, रमणीय, मनोहर, सुखकर, सुखद; प्रिय, प्रीतिकर; **~ly,** सुखपूर्वक; **~ry,** हँसी-दिल्लगी*, चुटकुला। > प्ले'ज़ॅन्ट, ~लि; प्ले'ज़ॅन्ट्रि
please, *v.*, अच्छा लगना, सुहाना; प्रसन्न क०, रिझाना; चाहना; *indecl.*, कृपया; **~d,** सन्तुष्ट; प्रसन्न। > प्लीज़; प्लीज़्ड
pleasing, सुखद; प्रीतिकर; रमणीय; रोचक, मनोहर। > प्लीज़्-इन्ग
pleasurable, सुखद, सुखदायक। > प्ले'श़्ज़ॅरॅबॅल
pleasure, 1. सुख, आराम; 2. (*wish*) इच्छा*, चाह*; 3. (*of senses*) विलास, भोग-विलास; **~-ground,** विहारभूमि*; **~-loving, ~-seeking,** विलासी, विलासप्रिय; **~-resort,** विहारस्थल, विहारस्थली*। > प्ले'श़्ज़्-ॲ
pleat, *n.*, चुनन*, चुनट*; *v.*, चुनट* डालना, चुनना। > प्लीट
plebeian, *adj.*, 1. साधारण, अकुलीन, निम्नवर्गीय; 2. (*vulgar*) गँवारू, अशिष्ट; —*n.*, साधारण जन; गँवार। > प्लिबीॲन
plebiscite, जनमत; जनतम-संग्रह। > प्ले'ब्-इ/सिट = साइट
plebs, जनसाधारण। > प्ले'ब्ज़
plectrum, मिज़राब*। > प्ले'क्ट्रॅम
pledge, 1. बन्धक, रेहन, धरोहर*; 2. (*promise*) प्रतिज्ञा*, वचन, प्रण, पण; —*v.*, बन्धक रखना, गिरवी* रखना; वचन देना, प्रतिज्ञा* क०; **~d,** प्रतिभूत; **~e,** रेहनदार, गिरवीदार, बन्धकग्राही; **~r,** बन्धककर्ता, गिरवीकर्ता। > प्ले'ज; प्ले'ज्ड; प्ले'जी; प्ले'ज्-ॲ
pledget, फाहा। > प्ले'ज्-इट
pleiades, कृत्तिका*। > प्लाइॲडीज़
pleistocene, अभिनूतन, प्लाइस्टोसीन। > प्लाइस्टोसीन
plenary, पूर्ण, परिपूर्ण। > प्लीनॅरि
plenipotentiary, *adj.*, (*n.*) पूर्णाधिकारी (दूत)। > प्ले'निपॅटे'न्शॅरि
plenitude, 1. पूर्णता, परिपूर्णता*; 2. (*abundance*) प्राचुर्य, बाहुल्य, बहुतायत*। > प्ले'न्-इ-ट्यूड
plenteous, plentiful, प्रचुर, विपुल, बहुत। > प्ले'न्ट्यॅस; प्ले'न्-टि-फ़ुल
plenty, 1. *n.*, प्रचुरता*, पर्याप्ति*, यथेष्टता*; 2. (*opulence*) समृद्धि*, धन-दौलत*; —*adj.*, प्रचुर, विपुल। > प्ले'न्-टि
plenum, पूर्ण बैठक* या सभा*। > प्लीनॅम
pleonasm, पुनरुक्ति*, शब्दबाहुल्य। > प्लीॲनैज़्म
pleonastic, पुनरुक्तिपूर्ण, पुनरुक्तात्मक। > प्लीॲनैस्-टिक
pleopod, प्लवपाद। > प्लीॲपॉड
plesiosaurus, जलसरट। > प्लीसिॲसॉ:रॅस
plethora, 1. (*excess*) आधिक्य, उद्रेक; 2. (*med.*) अतिरक्तप्रवाह। > प्ले'थॅरॅ
pleura, 1. फुप्फुसावरण; 2. (*of invertebrates*) पार्श्वक। > प्लुॲर्-ॲ
pleurisy, फुप्फुसावरण-शोथ, उरोग्रह। > प्लुॲर्-इ-सि
pleuro-pneumonia, (*of cattle*) फेफ़ड़ी*। > प्लुॲरोन्यूमोन्यॅ
plexiform, जालरूप; जटिल। > प्ले'क्-सि-फ़ॉ:म
plexus, जालक, जालिका* चक्र। > प्ले'क्सॅस
pliable, pliant, 1. आनम्य; 2. (*compliant*) नमनशील, आज्ञाकारी, वश्य, वशवर्ती। > प्लाइॲबॅल; प्लाइॲन्ट
plica, वलन, पुटक। > प्लाइक्-ॲ
plicate, 1. वलित, वेष्टित; 2. (*pleated*) चुननदार। > प्लाइक्-इट
pliers, चिमटा, चिमटी*। > प्लाइॲज़
plight, *n.*, 1. दशा*; दुर्दशा*; 2. (*pledge*) प्रतिज्ञा*; —*v.*, प्रतिज्ञा* क०, वचन देना। > प्लाइट
plinth, कुरसी*। > प्लिन्थ
pliocene, अतिनूतन, प्लाइओसीन। > प्लाइॲसीन
plod, 1. (*trudge*) पाँव घसीटना; 2. (*toil*) पिसना, नीरस

काम में लगा रहना, परिश्रम करता जाना; **~der,** कोल्हू का बैल। > प्लॉड; प्लॉड्-अॅ

plop, *n.*, गड़प*, छपाका, छप*, छपछप*; —*v.*, छपछपाना। > प्लॉप

plosion, स्फोट, स्फोटन। > प्लोश़्ज़न

plosive, स्पर्श। > प्लोसिव्

plot, *n.* 1. (*of ground*) भूखण्ड, गाटर; 2. (*map*) नक़्शा; आलेख; 3. (*conspiracy*) षड्यन्त्र, कुचक्र; 4. (*liter.*) कथानक, कथावस्तु*;—*v.* 1. नक़्शा बनाना; (स्थिति*) अंकित क०; 2. (*math*) आलेखित क०; 3. षड्यन्त्र क० या रचना; 4. (*plan*) की योजना* तैयार क०; **~ter** षड्यन्त्रकारी; **~ting paper,** आलेखन पत्र। > प्लॉट; प्लॉट्/अॅ, ~इन्ग

plotosus, कंटकार। > प्लॅटोसॅस

plough, plow, *n.* 1. हल, लांगल; 2. (*astr.*, *P*) सप्तर्षि;—*v.* हल चलाना, जोतना; आगे बढ़ना; **~able,** कृष्य, कृषियोग्य; **~man,** हलवाहा; **~share,** फाल। > प्लाउ; प्लाउअॅबॅल; प्लाउमॅन; प्लाउशे'अॅ

plover, 1. (*golden*) बटान; 2. (*little ringed*) जीरा। > प्लॅ-वॅ

pluck, *v.* 1. (*pick*) तोड़ना, बीनना; 2. (*drag*) खींचना, 3. (*snatch*) छीनना; 4. (*pull out*) नोंचना, निकियाना, खसोटना, उखाड़ना; 5. (*twang*) झंकृत कर देना; 6. (*in exam.*) अनुत्तीर्ण कर देना; 7. (*plunder*) लूटना; —*n.* 1. (*jerk*) झटका; 2. (*of animals*) कलेजी*; 3. (*courage*) हिम्मत*, साहस, कलेजा, जीवट; **~y,** बहादुर, साहसी, दिलेर। > प्लॅक

plug, *n.* 1. डाट*; 2. (*in the ear*) ठेंठी*; 3. (*of tobacco*) बट्टी*; 4. (*electr.*) प्लग; —*v.* डाट* लगाना, बन्द कर देना। > प्लॅग

plum, आलूचा, आलूबुखारा; balck~, जामुन; puneala पनियाला। > प्लॅम

plumage, पक्षति*। > प्लूमिज

plumb, *n.* 1. (*of mason*) साहुल; 2. (*depthmeter*) साहुल, पनसाल; —*adj.* सीधा, लम्ब; —*adv.*, सीधे, साहुल में; ठीक-ठीक; —*v.* 1. गहराई* नापना, थाहना; 2. (*fathom*) थाह* लेना, समझ लेना; 3. सीधा क०; 4. लटकाना; 5. शीशा लगाना; **bob,** साहुल; **~-line,** साहुल-सूत्र; **~-rule,** साहुल-पट्टी*। > प्लॅम

plumbago, प्लम्बेगो, लिखिज। > प्लॅम्बेगो

plumbeous, सीसे का, सीसमय। > प्लॅम्-बि-अॅस

plumber, नलसाज़*; **~y, plumbing,** नलसाज़ी*। > प्लॅम्/अॅ, ~अॅरि, ~इन्ग

plumbum, सीसा, सीस, सीसक। > प्लॅम्बॅम

plume, *n.*, पिच्छक; *v.*, पिच्छक लगाना; पंख बनाना; घमण्ड क०। > प्लूम

plummet, *n.*, साहुल; *v.*, सीधे गिर जाना; अचानक घट जाना। > प्लॅम्-इट

plumose, plumy, पक्षदार; पक्षाकार, पंख जैसा। > प्लूमोस; प्लूमि

plump, *adj.*, 1. (*chubby*) गोल-मटोल; 2. (*blunt*) खरा, सुस्पष्ट, रूखा; —*adv.*, धड़ाम से; अचानक, एकाएक; स्पष्ट शब्दों में, साफ़-साफ़; —*n.*, धड़ाम; —*v.*, 1. (धड़ाम से) गिरना; 2. (*collide*) टकराना; 3. (*rush*) पिल पड़ना, झपटना; 4. (*throw down*) पटक देना; 5. (*flatten*) मोटा क०; 6. (*fill out*) भर देना, फुलाना; फूलना। > प्लॅम्प

plunder, *v.*, लूटना; *n.*, 1. लूट*; 2. (*robbery*) लूट*, लूटमार*, लूटपाट*, डकैती*; **~age,** 1. लूटपाट*; 2.(*embezzlement*) ग़बन। > प्लॅन्-डॅ, ~रिज

plunge, *n.*, 1. (*dip.*) ग़ोता, डुबकी*, निमज्जन; अवनमन; 2. (*movement*) झपट*, कूद*, छलाँग*; 3. (*pool*) कुण्ड;- *v.t.* डुबाना; डाल देना, फँसाना; —*v.i.*, 1. (*dive*) ग़ोता लगाना; 2. झपटना, कूद पड़ना, लपकना; 3. मग्न हो जाना; फँस जाना, उलझ जाना; 4. (*pitch*) डूबना-उतराना; 5. (*slope*) अचानक ढालू हो जाना; **~r** 1. ग़ोताखोर; 2. (*mech.*) मूसल, मज्जक। > प्लॅन्ज

plunging, अवपाती। > प्लॅन्-जिन्ग

plunk, *v.t.*, 1. (*strum*) झंकृत कर देना; 2. पटक देना; —*v.i.* झंकारना; धड़ाम से गिरना; —*n.*, झंकार*; धड़ाम। > प्लॅन्क

pluperfect, परोक्ष भूत, पूर्ण भूत। > प्लू-पॅ: फ़्-इक्ट

plural, *adj.* 1. अनेक, एकाधिक, बहु(ल), अनेकसंख्यक; 2. (*gram.*) बहुवचन; —*n.*, बहुवचन; **~ism,** 1. अनेकत्व; 2. (*phil.*) अनेकवाद, बहुकवाद, बहुलवाद, द्वैतवाद; 3. (*eccl.*) अनेकवृत्तिभोग; **~ist,** अनेकवादी; अनेकवृत्तिभोगी; **~ity,** 1. अनेकत्व; 2. (*multitude*) बहुसंख्या*, बाहुल्य; 3. (*majority*) अधिकांश; बहुमत; **~ize,** बहुवचन का रूप देना; अनेक धर्मवृत्तियाँ* भोगना। > प्लूअॅरॅल; प्लुअॅरॅ/लिज़्म, ~लिस्ट; प्लुअॅरॅल्-इटि; प्लुअॅरॅलाइज़

plurilingual, बहुभाषिक। > प्लुअॅरिलिन्ग्वॅल

plus, *prep.*, धन; और; मिलाकर; *adj.*, 1. धन; 2. (*positive*) धनात्मक; 3. (*additional*) अतिरिक्त; —*n.*, 1. धन-चिह्न; 2. धन-राशि*; 3. अतिरिक्त राशि*; 4. (*gain*) लाभ। > प्लॅस

plush, मखमल*; **~y** मखमली। > प्लॅश; प्लॅश्-इ

Pluto, प्लूटो। > प्लूटो

pluto/cracy, plutarchy, धनिकतन्त्र; धनिकवर्ग; **~crat,** धनाढ्य; धनिक, धनकुबेर; **~cratic,** धनिकतन्त्रीय; **~latry,** धनपूजा*। > प्लूटॉक्रॅसि; प्लूटाकि; प्लूटॅक्रैट्; प्लूटॅक्रैट्-इक; प्लूटॉलॅट्रि

Plutonic, वितलीय। > प्लूटॉन्-इक

Plutus, कुबेर। > प्लूटॅस

pluvial, वर्षा का, वार्षिक; बहुवृष्टि; वृष्टिजन्य। > प्लूविअॅल

pluviometer, वर्षामापी। > प्लूविऑम्-इटॅ

pluvious, वर्षा* का; वृष्टिमय। > प्लूविअॅस

ply, *n.*, 1. (*layer*) परत*; 2. (*strand*) लड़*; 3. (*bent*) झुकाव; —*v.*, 1. चलाना, घुमाना; इस्तेमाल क०; काम में लाना; 2. काम करता रहना, (का काम) करना; 3. देता रहना; 4. तंग करता रहना, की झड़ी* लगाता रहना; 5. आना जाना, चलना; **~wood,** परतदार लकड़ी*, परती लकड़ी*। > प्लाइ

p.m. *see* POST MERIDIEM > पी ए'म

pneuma, 1. प्राणवायु; 2. (*Holy Spirit*) पवित्र आत्मा। > न्यूमा

pneumatic, 1. वायवीय, वाती; 2. (*of bone*) वातिल ~tire, वायवीर टायर; ~trough, गैस-द्रोणिका*; **~s,** गैस-यांत्रिकी*। > न्यूमैट्/इक, ~इक्स

pneumato/logy, आत्मा-शास्त्र; **~lytic,** वाष्पखनिजीय; **~phore,** 1. श्वसनमूल; 2. (*zool.*) वाष्पपुटिका*। > न्यूमॅटॉलॅजि; न्यूमॅटोलिट्-इक; न्यूमॅनटोफ़ॉ:

pneumonia, न्युमोनिया, फुफ्फुस(प्र)दाह, फुफ्फुसार्त्ति*। > न्यमोन्यॅ

pneumothorax, वातवक्ष। > न्यूमोथॉ:रैक्स

poach, 1. (*an egg*) गरम पानी में तलना; 2. (*hunt*) अनधिकार शिकार क० या मछली* मारना; 3. (*steal*) चोरी* क०, चुराकर ले जाना; 4. (*trespass*) अनधिकार प्रवेश क०, अतिक्रमण क०; 5. (*trample the ground*) खूँदना; 6. (*sink in the ground*) धँसना; **~er,** शिकार-चोर; **~y,** दलदली; **~ing,** शिकार-चोरी*। > पोच; पोच/अॅ, ~इ

pochard, 1. बुड़ार*, डूबा; 2. (*red-breasted*) लालसर। > पोचॅड

pock, फुंसी*; **~-marked,** चेचकरू। > पॉक

pocket, *n.*, 1. जेब; 2. (*bag*) थैली*, थैला; 3. (*cavity*) कोटरिका*, कोशिका*, पुटिका*; 4. (*air* ~) हवाई गर्त; 5. (*hollow*) गड्ढ़ा, विवर; 6. (*billiard*) थैली*; 7. (*geol.*) संचयिका*; 8. (*of population*) आंतरनिवास —*adj.* जेबी; छोटा, लघु; —*v.*, 1. जेब में रखना; 2. (*appropriate*) हथियाना; 3. (*swallow*) पी जाना, (चुपचाप) सहना; छिपा लेना; 4. (*hem in*) घेर लेना; ~edition, गुटका; ~of resistance, रोध-स्थल; **~-book,** नोटबुक* बटुआ, मनीबैग; **~ful,** जेबभर; **-~expenses,** जेब-खर्च। > पॉक्-इट

poco/curante, उदासीन, लापरवाह; **~curantism,** लापरवाही*। > पोकोक्यु/रैन्-टि, ~रैन्-टिज़्म

pod, *n.*, फली*, छीम्बी*, शिम्ब; कोष, कोया (*cocoon*); —*v.*, छीलना। > पॉड

podagra, (पैर की) गठिया*। > पॅडैग्-रॅ = पॉडॅग्रॅ

podgy, गोलमटोल। > पॉज्-इ

podium, 1. (*dais*) मंच, चबूतरा, चौकी*; 2. (*pedestal*) पीठिका*; 3. (*zool.*) पादक। > पोड्-इ-अॅम

podophyllum, पितपापड़ा, लघुपत्र। > पॉडोफ़िलॅम

podzol, राखमिट्टी*। > पॉड्ज़ॉल

poem, कविता*। > पोइम

poet, कवि; ~laureate, राष्ट्रकवि; **~aster,** तुक्कड़, कुकवि; **~ess,** कवयित्री*। > पोइट; पो-इ-टैस्-टॅ; पोइटिस

poetic, 1. कवि का, कविसुलभ; 2. काव्यमय, काव्योचित, काव्यात्मक; 3. (*in verse*) छन्दोबद्ध, पद्यात्मक; ~diction, काव्य-पदावली*; ~justice, कविकल्पित या आदर्श न्याय; ~licence, कवि-स्वातंत्र्य **~al,** *see* POETIC; **~ize,** कविता* लिखना; **~s,** काव्यशास्त्र। > पोए'ट्/इक, ~इकॅल, ~इसाइज, ~इक्स

poetry, काव्य, पद्य; काव्यात्मकता*, कवित्व। > पोइट्रि

pogrom, हत्याकाण्ड, सामूहिक हत्या*। > पॅग्रॉम = पॉग्रॅम

poignant, 1. (*to feelings*) मर्मस्पर्शी, मार्मिक, हृदयविदारक; 2. (*of sight*) पैना, भेदक; 3. (*of smell*) उग्र; 4. (*to taste*) चरपरा, तिक्त; 5. (*stinging*) तीक्ष्ण, कटु। > पॉइनॅन्ट

point, *n.*, 1. (*sharp end*) नोक*, अनी*, 2. (*dot*) विन्दु, बिन्दु; 3. (*unit of scoring*) अंक; 4. (*place*) स्थल; 5. (*of time*) क्षण, बिन्दु, समय; 6. (*boiling, freezing, etc.*) अंक; 7. (*item, detail*) विषय, बात*, सूत्र; 8. (*question*) प्रश्न, प्रसंग, विषय, सवाल; 9. (*of discussion*) वादविषय; वादहेतु; 10. (*main point*) सारवस्तु*, सार, सारांश; 11. (*part*) अंश; 12. (*argument*) तर्क; तर्कसंगत या सारगर्भित बात*; 13. (*meaning*) अर्थ, अभिप्राय; 14. (*characteristics*) विशेषता*, गुण; 15. (*salient feature*) मर्म, गूढ़ार्थ, रहस्य; 16. (*juncture*) परिस्थिति*; संकटकाल; 17. (*aim*) उद्देश्य, लक्ष्य; 18. (*apex*) चोटी*, शिखर; 19. (*cape*) अन्तरीप; 20. (*of compass*) दिग्विन्दु, दिशाबिन्दु; 21. (*hint*) निर्देश, संकेत; 22. (*needle*) सुई*, सूआ; 23. (*mil.*) अग्रदल, हरावल, सेनामुख; टुकड़ी,* सेनादल; 24. (*printing*) पाइंट; 25. (*pl. railway*) काँटा; —*v.*, 1. (*show*) दिखलाना, निर्दिष्ट क०, इशारा क०; निर्देश क०, ध्यान दिलाना, संकेत क०, बताना; 2. बिन्दु लगाना; 3. (*sharpen*) नुकीला बनाना, पैना या तेज़ क०; 4. बल या सार्थकता* प्रदान क०; 5. (*aim*) निशाना बाँधना, लक्ष्य क०; 6. (*face*) की ओर* अभिमुख होना, 7. (*masonry*) टीपना; ~of honour, मान का प्रश्न; ~ of no return, ना-वापसी* सीमा*; ~ of order, नियमापत्ति*; ~ of view, दृष्टिकोण; beside the ~, अप्रासंगिक, असंगत; in~, to the ~, प्रासंगिक, संगत; उपयुक्त; in~of, के विषय में; make a~of, महत्त्व देना, पर बल देना; on the ~ of..., (*verb*) पर, (*noun*), के निकट; stretch a ~, अपवाद क०, रिआयत* क०। > पॉइन्ट

point/-blank, *adj.* सीधा; रूखा; *adv.*, सीध* में, सीधे; साफ़-साफ़; —range, अत्यन्त निकट से; **~ed,** 1. (*sharp*) नुकीला, नोकदार; 2. (*incisive*) सारगर्भित, तत्त्वपूर्ण; मार्मिक, मर्मस्पर्शी; 3. सुस्पष्ट; 4. ठीक, सही; **~er,** 1. निर्देशक, संकेतक, सूचक; 2. (*needle*) सूई*, सुई*; 3. (*rod*) दण्ड, निर्देशदण्ड; 4. (*hint*) संकेत, इशारा; 5. शिकारी कुत्ता। > पॉइन्ट्/इड, ~अॅ

pointillism, बिन्दु-चित्रण। > पॉइन्-टिलिज़्म

point/ing, *n.*, 1. निर्देशन; निर्देश, इशारा; 2. (*punctuation*) विराम-चिह्न; 3. (*masonary*) टीप*, टीपटाप*, टीपकारी*; **~less,** 1. (*blunt*) भोथरा, कुन्द, कुण्ठित; 2. (*meaningless*) निरर्थक, व्यर्थ; **~sman,** काँटेवाला। > पॉइन्ट्/इन्ट, ~लिस

poise, *n.*, 1. (*equilibrium*) सन्तुलन (*also fig.*); 2. (*carriage*) ठवन*; 3. (*indecision*) असमंजस, दुविधा*, अनिर्णय; —*v.*, 1. (*balance*) सन्तुलित रखना; 2. (*a weapon*) सधा हुआ रखना, सँभालना; 3. (*be suspended*) लटकना, झूलना; 4. (*hover*) मँडराना। > पॉइज़

poison, *n.*, विष, ज़हर; *v.*, विष देना; विष मिलाना; विषाक्त या दूषित कर देना, बिगाड़ना; **~er,** विषघातक, विषदायी; **~-gland,** विषग्रन्थि*; **~ing,** 1. (*act.*) विषायण; विषाक्तीकरण, विषाक्तन; 2. (*state*) विषाक्तता*; **~ous.** विषैला, ज़हरीला, विषमय, विषाक्त; **~-sac,** विषधानी*। > पॉइज़ॅन; पॉइज़्/नॅ, ~निंग; ~नॅस

poke, *v.*, 1. (*push*) ढकेलना, ढकियाना, धक्का मारना; ठेलना; 2. (*jab*) कोंचना, गड़ाना, चुभाना, घुसेड़ना, घोंपना, खोदना; 3. (*stir up*) कुरेदना, उलटना-पलटना; 4. (*meddle*) दखल देना, हस्तक्षेप क०, दस्तन्दाज़ी* क०, 5. (*pry*) टोहना, टोह* लेना, ताक-झांक* क०; —*n.*, धक्का; ~ fun at, की हँसी* उड़ाना, का उपहास क०; **~r,** कुरेदनी*। > पोक; पोक्-अॅ

pok(e)y, 1. (*petty*) तुच्छ; 2. (*confined*) तंग, संकीर्ण; 3. (*dowdy*) फूहड़, भद्दा। > पोक्-इ

polar, ध्रुवीय, ध्रुवी; ~axis, ध्रुवाक्ष; ~circle, ध्रुवीय वृत्त; ~front, ध्रुवीय अग्र; ~region, ध्रुवदेश; **~imeter,** ध्रुवणमापी; **~iscope,** ध्रुवणदर्शी; **~ity,** ध्रुवता*, ध्रुवत्व; **~izable,** ध्रुवणीय; **~ization,** ध्रुवण; **~ize,** ध्रुवित क० या होना; ध्रुवण क०; **~izer** ध्रुवक, ध्रुवीयक। > पोल्-अॅ; पोलॅरिम्-इटॅ; पॅ=पोलैरिस्कोप; पॅ=पोलैरिटि; पोलॅ/राइज़ॅबॅल; ~राइज़ेशॅन, ~राइज़

pole, 1. (*of earth*) ध्रुव, मेरु; 2. (*rod*) बल्ला, डण्डा, लट्ठा, लग्गा, लग्गी*, लग्घा; खम्भा; 3. (*of vehicle*) बम; 4.(*end*) छोर; **~-ax(e),** परशु, कुठार, फरसा; **~cat,** गन्धमार्जार; **~-star,** ध्रुवतारा; **~-vaulting,** लग्गा-कूद*। > पोल

polemic, *adj.* 1. विवादात्मक, खण्डनात्मक; 2. (*argumentative*) विवादी, विवादप्रिय; —*n.*, विवाद, शास्त्रार्थ, वादविवाद; विवादी; **~s** विवाद-कला*, खण्डन-मण्डन; वाद-विवाद। > पॉले'म्-इक = पॅले'म्-इक

polenta, दलिया। > पॅ-ले'न्-टॅ

police, *n.*, पुलिस*, आरक्षी*, आरक्षक; *v.*, पुलिस* नियुक्त क०; पुलिस द्वारा घेरना, नियन्त्रित क० या नियन्त्रण क०; शासित क०; **~force,** आरक्षक दल; **~man,** आरक्षक, सिपाही; **~state,** पुलिस-राज; **~-station,** थाना। > पॅलीस; पॅलीस्मॅन

policy, 1. नीति*; 2. (*statecraft*) कूटनीति*; 3. (*craftiness*) चालाकी*; 4. (*insurance*) पॉलिसी*, बीमा-पत्र; **~-holder,** पॉलिसी-धारक; **~-maker,** नीति-विधायक, नीति-निर्माता। > पॉल्-इसि

poliomyelitis, पोलियो। > पोल्-इओमाइॲलाइट्-इस

polish, *v.*, 1. चमकाना, पालिश क०; 2.(*refine*) परिष्कार क०; सँवारना; —*n.* पालिश*; परिष्कार; **~ed,** पॉलिशदार; परिष्कृत, परिमार्जित; **~er,** पालिशगर। > पॉल्/इश, ~इश्ट, ~इशॅ

polite, (सु)शिष्ट, भद्र; ~literature, ललित साहित्य; **~ness,** शिष्टता*, भद्रता*। > पॅलाइट; पॅलाइट्-निस

politic, 1. (*shrewd*) नीतिकुशल, चतुर; 2. (*judicious*) सुविवेचित, सुविचारित, नीति-सम्मत; 3. (*cunning*) चालाक; **~al,** राजनीतिक; — science, राजनीतिविज्ञान; **~ian,** राजनीतिज्ञ*, राजनयिक; **~ize,** राजनीति* क०; राजनीति की चर्चा* चलाना; राजनीति* का रंग चढ़ाना, राजनीतिक बनाना; **~s,** राजनीति*; राजनीतिशास्त्र। > पॉल्-इटिक; पॅलिट्-इकॅल; पॉलिटिशॅन; पॅलिट्-इसाइज़; पॉल्-इटिक्स

polity, राज्यतन्त्र, राजशासन, राज्यव्यवस्था*; राज्य। > पॉल्-इटि

poll, *n.*, 1. (*head*) सिर, मुण्ड; चाँद* (*crown*); 2. (*voting*) मतदान; 3. (*counting of votes*) मतगणना*; 3. मतसंख्या*; 4. (*~ing booth*) मतदानकक्ष; 5. (*parrot*) तोता; 6. (*blunt end*) कुन्दा; —*v.*, 1. मतदान क०; मत प्राप्त क०; 2. (*cut*) काटना; कतरना; छाँटना; —*adj.*, (*hornless*) श्रृंगहीन; **~-tax,** मथौट, व्यक्ति-कर। > पॉल (*n.* 5); पोल (*n.* 1-4, 6; *v.*); पोल्-टैक्स

pollard, 1. (*tree*) ठूँठ; 2. (*animal*) श्रृंगहीन। > पॉलॅर्ड
pollen, पराग। > पॉल्-इन
polli/nate, पराग सींचना; **~nation,** परागण; **~nator,** परागद, परागणकर्ता। > पॉल्-इ-नेट; पॉलिनेशॅन; पॉल्-इनेटॅ
pollicitation, वादा। > पॉलिसिटेशन
polling, मतदान; मतगणना*; **~-booth** मतदान-कोष्ठ; **~-station,** मतदान-केंद्र। > पोल्-इन्ग
pollute, 1. अपवित्र क०; 2. (*defile*) दूषित क०, कलुषित क०; 3. (*dirty*) गँदला क०, मैला क०; **~d,** प्रदूषित। > पॅलूट
pollution, 1. अपवित्रीकरण; अपवित्रता*; 2. प्रदूषण, कालुष्य; 3. गंदगी*; 4. (*effusioseminis*) वीर्यपात। > पॅलूशॅन
pollux, द्वितीय मिथुन। > पॉलॅक्स
polo, चौगान। > पोलो
poltergeist, भूत। > पॉल्टॅगाइस्ट
poltroon, कायर, डरपोक; **~ery,** कायरता*, भीरुता*। > पॉल्ट्रन; पॉल्ट्रनॅरि
poly-, बहु-। > पॉल्-इ
poly/androus, 1. बहुपतिका*, अनेकपतिका*; 2. (*bot.*) बहुपुंकेसरी; **~andry,** बहुपतित्व, बहुपति-प्रथा*; बहुपुंकेसरता*। > पॉलिऐन्ड्रॅस; पॉल्-इ-ऐन्-ड्रि
polyarchy, बहुतन्त्र। > पॉल-इ-आ-कि
polybasic, बहुक्षारकी। > पॉलिबेस्-इक
poly/chromatic, ~chrome, बहुवर्ण, बहुरंगा, **~chromy,** बहुवर्णता*। > पॉलिक्रोमैट्-इक; पॉल्/इक्रोम, ~इक्रोमि
poly/gamist, बहुविवाही; बहुविवाहवादी **~gamous,** 1. बहुविवाही; 2. (*zool.*) बहुसंगमनी; 3. (*bot.*) सर्वलिंगी, बहुलिंगी; **~gamy,** बहुविवाह; बहुविवाह-प्रथा*। > पॉलिगॅ/मिस्ट, ~मॅस, ~मि
poly/genesis, 1. बहुमूलजता*, 2. (*~genism*) अनेकपूर्वजवाद। > पॉलिजे'न-इसिस
polygenous, बहुविध। > पॉलिजिनॅस
polyglot, *adj.*, बहुभाषी, *n.*, बहुभाषाविद्, बहुभाषिया। > पॉल्-इ-ग्लॉट
polygon, बहुभुज; **~al,** बहुभुजी। > पॉल्-इ-गॅन; पॉलिगॅनॅल
polygraph, पोलीग्राफ़। > पॉल्-इ-ग्राफ़
poly/gynist, बहुपत्नीक; **~gyny,** बहुपत्नीत्व; बहुपत्नी-प्रथा*। > पॉलिज्/इनिस्ट, ~इनि
poly/hedral, बहुफलकीय; बहुतलीय; **~hedron,** बहुफलक। > पॉलिहे'ड्/ रॅल, ~रॅन
polymath, बहुश्रुत। > पॉल्-इ-मैथ
polymer, बहुलक; **~ic,** बहुलक; **~ism,** बहुलकता*। > पॉल्-इ-मॅं; पॉलिमे'रिक; पॉलिमॅरिज़्म
polymorphous, बहुरूपी। > पॉलिमॉःफ़ॅस
polynomial, *n.*, बहुपद; *adj.*, बहुपदी। > पॉलिनोम्यॅल
polyonymous, बहुनाम। > पॉलिऑन्-इमॅस
polyp, पोलिप। > पॉल-इप
poly/phonic, बहुस्वर; **~phony,** बहुस्वरता*; विविधस्वर-संगति*। > पॉलिफ़ॉन्-इक; पॅलिफ़ॅनि
polyploid, बहुगुणित। > पॉलिप्लॉइड
polypod, बहुपाद। > पॉल्-इ-पॉड
polysemantic, अनेकार्थी। > पॉलिसिमैन्-टिक
poly/syllabic, अनेकाक्षर; **~syllable,** अनेकाक्षर शब्द। > पॉलिसिलैब्-इक; पॉलिसिलॅबॅल
polysyndeton, समुच्चयबोधक-आवृत्ति*। > पॉलि-सिन्-डि-टॅन
polytechnic, बहुशिल्प। > पॉ-लि-टे'क्-निक
poly/theism, बहुदेववाद; **~theist,** बहुदेववादी। > पॉल्-इ-थि/इज़्म, ~इस्ट
polytonic, बहुसुरात्मक। > पॉलिटॉन्-इक
polyuria, बहुमूत्रता*। > पॉलियुऑर्-इॲ
polyvalent, बहुसंयोजक। > पॉलिवे़लॅन्ट
pomace, फलमेष। > पॅम्-इस
pomade, अंगराग। > पॅमाड= पॅमेड
pome, सेबीय; **~granate,** अनार, दाड़िम। > पोम; पॉम्ग्रैनिट
pomelo, 1. (*shaddock*) चकोतरा; 2. (*grapefruit*) छोटा चकोतरा। > पॉम्-इ-लो=पॅमॅलो
pomiculture, फलकृषि*। > पोम्-इकॅल्चॅ
pommel, *n.*, 1. (*of sword*) घुण्डी*; 2. (*of saddle*) हरना; —*v.*, घूँसे लगाना, मुकियाना, मारना। > पॅमॅल
pomology, फलकृषि-विज्ञान। > पॅमॉलॅजि
pomp, 1. (*magnificence*) धूमधाम*, शान*, प्रताप; 2. (*ostentation*) आडम्बर, तड़क-भड़क*, ठाट-बाट, सज-धज*, आटोप। > पॉम्प
pompon, फुँदना। > पॉम्पॉन्
pomposity, 1. आडम्बर; शब्दाडम्बर; 2. (*self-importance*) अहम्मन्यता*, आत्मप्रदर्शन; 3. आडम्बरप्रियता*। > पॉम्पॉस्-इटि
pompous, शानदार, प्रतापी; आडम्बरी; आडम्बरपूर्ण। > पॉम्पॅस
pond, तालाब, सरोवर, तलैया*, पोखर, कुण्ड, ताल; **~-snail,** कटुआ; **~weed,** सेवार। > पॉन्ड
ponder, चिन्तन क०, मनन क०, विचारना; **~able,** 1. तोलनीय; 2. (*appreciable*) अनुभवगम्य, **~ation,** 1. तोलन; 2. (*fig.*) सोच-विचार; **~ous,** 1. भारी; 2. (*bulky*) भारी-भरकम; 3. (*difficult*) श्रमसाध्य; 3. (*laboured*) भारी, नीरस। > पॉन्-डॅ, ~रॅबॅल, ~रेशॅन, ~रॅस
poniard, *n.*, (*v.*,) कटार* (भोंकना)। > पॉन्यॅड

pone, निसेतु। > पॉन्ज़

pontifex, pontiff, धर्मगुरु; धर्माध्यक्ष; supreme~, परमधर्माध्यक्ष; उच्चाधिकारी। > पॉन्-टि-फ़े'क्स; पॉन्-टिफ़

pontifical, धर्माध्यक्षीय; प्रतापी; आडम्बरी; **~s,** धर्माध्यक्षीय परिच्छद। > पॉन्-टिफ़्-इकॅल

pontificate, *n.*, (धर्माध्यक्ष, परमधर्माध्यक्ष की) पदावधि*, शासनकाल; धर्माध्यक्ष का पद; —*v.*, 1. शासन क०; अनुष्ठान क०; 2. (*dogmatize*) सिद्धान्त बघारना। > पॉन्-टिफ़्/इकिट (*n.*), ~इकेट (*v.*)

pont-levis, उठाऊ पुल। > पॉन्ट्ले'व्-इस

pontoon-bridge, पीपों का पुल; नौकासेतु, नावपुल। > पॉन्टून

pony, 1. टट्टू, याबू, 2. (*hill~*) टॉगन। > पोन्-इ

poodle, पूडल। > पूडॅल

pooh, उँह; **~-pooh,** तिरस्कार क०, उपेक्षा* क०; —theory, आवेगवाद। > पू; पूपू

pool, *n.*, 1. पोखरा, गड्ढा; 2. (*pond*) तालाब; 3. (*puddle*) डबरी*; 4. (*geol.*) कुण्ड; 5. (*total*) (धन) राशि*, 6. (*comm.*) संघ; 7. (*group*) निकाय; —*v.*, मिलाना, इकट्ठा क०; **~ing,** एकत्रीकरण; एकीकरण। > पूल; पूल-इन्ग

poon, (*tree*) पून। > पून

poop, दुम्बाल, पिछाड़ी*। > पूप

poor, 1. दरिद्र, ग़रीब, निर्धन, कंगाल, अकिंचन; 2. (*scanty*) अपर्याप्त, अल्प, थोड़ा, कम; 3. (*mediocre*) घटिया, निकृष्ट; तुच्छ; 4. (*contemptible*) घृणित, क्षुद्र, तुच्छ, नीच, 5. (*unfortunate*) अभागा, बेचारा, दीनहीन; 6. (*not strong*) दुर्बल, कमज़ोर; 7. (*emaciated*) दुबला-पतला; 8. (*bad*) बुरा, खराब; 9. (*of soil*) अनुपजाऊ; **~-box,** दान-पात्र, दान-पेटिका*; **~-house,** दरिद्रालय; **~ly,** *adj.*, अस्वस्थ; —*adv.*, लस्टमपस्टम, ज्यों-तयों, किसी तरह* से, जैसे-तैसे; think—of, तुच्छ समझना; **~ness,** दरिद्रता*, ग़रीबी*; **~-spirited,** कायर, भीरु। > पुॲ

pop, *n.*, तड़ाका, फट*; *adv.*, तड़ाक, तड़ातड़; एकाएक; —*v.*, 1. तड़कना, फटफटाना; 2. (*fire*) दागना; 3. (*put suddenly*) पटकना, पटक देना; 4. (*move suddenly*) आ पड़ना, घुस पड़ना; लपकना; **~corn,** लावा, फुटेहरा; **~gun,** तुफ़ंग*। > पॉप; पॉप्कॉ:न; पॉप् गॅन

pope, 1. (*R.C.*) सन्त पिता, सन्त पापा, पोप, परमधर्माध्यक्ष; 2. (*orthodox*) पुरोहित; 3. (*fig.*) धर्मगुरु; **~dom,** परमधर्माध्यक्ष(पोप) का पद या अधिकार। > पोप; पोप् डॅम

popinjay, (*conceited person*) गर्वीला, दंभी। > पॉप्-इन्-जे

poplar, पहाड़ी पीपल। > पॉप्-लॅ

popliteal, जानुपृष्ठ-। > पॉप्-लिट्-इ-ॲल

popple, लहराना। > पॉपॅल

poppy, 1. (*white*) पोस्ता, पोस्त; 2. (*corn~*) लालपोस्त; 3. prickly~, भड़भड़वा; ~seed, खसखस, खसख़ाश। > पॉप्-इ

populace, 1. जनसाधारण; 2. (*rabble*) निम्नवर्ग, कुँजड़े-क़साई। > पॉप्यूलॅस

popular, 1. (*liked*) लोकप्रिय, सर्वप्रिय, जनप्रिय, प्रिय; 2. (*common*) सामान्य, लोकगत, (लोक)प्रचलित; 3. (*of people*) लोक-, जन-; 4. (*public*) सार्वजनिक; 5. (*of prices*) सस्ता, लोकसुलभ; ~front, जनमोरचा; ~government, लोक-शासन; ~literature, जन-साहित्य; ~taste, लोकरुचि*; **~ity,** लोकप्रियता*; **~ize,** लोकप्रिय बनाना; प्रचार क०; सामान्य भाषा* में स्पष्ट कर देना या प्रतिपादन क०; **~ly,** सामान्यतया, आम तौर से। > पॉप्-यू-लॅ; पॉप-यू-लै-रि-टि; पॉप्यूलॅराइज; पॉप्-यू-लॅ-लि

populate, बसाना; बस जाना। > पॉप्यूलेट

population, जनसंख्या*, आबादी*; जनता*, जनसमुदाय; जीवसंख्या*। > पॉप्यूलेशॅन

populous, जनाकीर्ण, घनी आबादीवाला। > पॉप्यूलॅस

porcelain, पोर्सिलेन, चीनी-मिट्टी* (के बरतन)। > पॉ:स्-लिन

porch, ड्योढ़ी*, द्वारमण्डप, बरसाती*, अलिन्द। > पॉ:च

porcine, शूकरीय, सूअर का। > पॉ:साइन

porcupine, साही*; **~fish,** साही मछली*। > पॉ:क्यूपाइन

pore, *n.*, 1. रन्ध्र, छिद्र; 2. (*of skin*) रोपकूप, लोमकूप; —*v.*, 1. परिशीलन क०, ध्यान से देखना, निरखना; 2. (*muse*) चिन्तन क०, मनन क०। > पॉ:

pork, सूअर का गोश्त; **~er,** मोटा सूअर; **~ling,** घेंटा। > पॉ:क; पॉ:क्-ॲ; पॉ:क्-लिन्ग

porno/graphic, अश्लील; **~graphy,** अश्लील साहित्य, घासलेटी साहित्य। > पॉ:नॅग्रैफ़्-इक, पॉ:नॉग्रॅफ़ि

porosity, सूक्ष्मरंध्रता*, सरंध्रता; छिद्रिलता*। > पॉ:रॉस्-इटि

porous, सूक्ष्मरंध्र, सरंध्र; छिद्रिल। > पॉ:रॅस

porpoise, सूँस, शिंशुक, चुल्लकी*। > पॉ:पॅस

porridge, दलिया, रबड़ी*। > पॉरिज

porringer, कटोरा। > पॉ-रिन्-जॅ

port, *n.*, 1. बन्दरगाह, पत्तन; 2. (*larboard*) बायाँ, वामपार्श्व, डाबा; 3. (*~hole*) मूका; 4. (*gateway*) तोरण; 5. (*of bit*) जीभी*; 6. (*deportment*) ठवन*, रंग-ढंग; 7. (*purport*) अभिप्राय; —*v.*, 1. (*turn to the left*) बायें मुड़ना या मोड़ना; 2. (*arms*) तिरछे थामना; **~arms!** बायें शस्त्र; **~authority,** पत्तन-

निकाय; **~-charges, ~-dues,** पत्तन-प्रभार, पत्तन-देय; **~-trust,** पत्तन-प्रबंध। > पॉ:ट

portable, सुवाह्य। > पॉ:टॅबॅल

portage, संवहन; संवहन-शुल्क। > पॉ:ट्-इज

portal, फाटक, प्रवेशद्वार; ~vein, निर्वाहिका शिरा*। > पॉ:टॅल

portcullis, उठाऊ फाटक। > पॉ:ट्कॅल्-इस

portend, पूर्वाभास या पूर्वसूचना* देना। > पॉ:टे 'न्ड

portent, 1. शकुन; 2. (*of evil*) अपशकुन; 3. (*marvel*) चमत्कार; **~ous,** शकुनात्मक; अमंगलसूचक, अशुभ; विलक्षण, चमत्कारी। > पॉ:टे 'न्ट; पॉ:टे 'न्टॅस

porter, 1. (*doorman*) द्वारपाल, दरबान; 2. भारिक; पल्लेदार; कुली; **~age,** भारिक की मज़दुरी*। > पॉ:ट्-अ; पॉ:टॅरिज

portfire, रसबत्ती*। > पॉ:ट्फाइअॅ

portfolio, 1. फाइल*, पत्राधान; 2. (*of minister*) (सं)विभाग; without~, निर्विभाग। > पॉ:ट्.फोल्यो

porthole, मूका। > पॉ:ट्होल

portico, (द्वार-) मण्डप, ड्योढ़ी*। > पॉ:ट्-इको

portiere, परदा। > पॉ: ट्यॆ 'अॅ

portion, *n.*, 1. (*share*) भाग, अंश, हिस्सा; 2. (*dowry*) दहेज, दायजा; 3. (*fate*) भाग्य, क़िस्मत*; 4. (*a helping*) ख़ुराक*; —*v.*, अनुभाजन क०, बाँट देना; धन प्रदान क०; दहेज देना। > पॉ:शॅन

portly, 1. शानदार, प्रतापी; 2. (*stout*) मोटा, स्थूलकाय। > पॉ:ट्-लि

portmanteau, सूटकेस; **~word,** मिश्रशब्द। > पॉ:ट्मैन्टो

portrait, चित्र, प्रतिकृति*, रूपचित्र; शब्दचित्र; **~ist,** चित्रकार; **~ure,** चित्रकला*; न्चित्रण; चित्र। > पॉ:ट्/रिट; ~रिटिस्ट; ~रि-चॅ

portray, चित्र बनाना; चित्रिक क०, का वर्णन क०; का अभिनय क०; प्रस्तुत क०; **~al,** 1. (*act*) चित्रण, चित्रांकन; निरूपण; 2. चित्र; वर्णन; अभिनय; **~er,** चित्रकार, चितेरा। > पॉ: ट्रे; पॉ: ट्रॅअॅल; पॉ: ट्रे-अॅ

portress, द्वारपालिन*। > पॉ:ट्-रिस

Portuguese, पुर्तगाली। > पॉ:ट्यूगीज़

pose, *n.*, 1. (*of body*) ठवन*, मुद्रा*, भंगिमा*; 2. (*attitude*) रुख; 3. (*pretense*) ढोंग, आडम्बर, छल-कपट; —*v.*, 1. प्रस्तुत क०, सामने रखना, उठाना, चर्चा* चलाना; 2. चित्र के लिए खड़ा रहना या बैठना; 3. (*pretend*) का ढोंग रचना; दिखावा क०; 4. (*baffle*) चकरा देना, घबरा देना; **~r,** 1. (*poseur*) ढोंगी, आडम्बरी; 2. कठिन प्रश्न; पहेली*, समस्या*। > पोज़; पोज़ॅ-अॅ; पोज़ॅ (*poseur*)

posit, 1. रख देना; 2. (*logic*) मान लेना। > पॉज़्-इट

position, *n.*, 1. (*location; situation*) स्थिति*; अवस्थिति*; 2. (*condition*) अवस्था*; 3. (*attitude*) रुख, दृष्टिकोण; 4. (*place*) स्थान (*also in competition*); 5. (*rank*) स्तर, श्रेणी*, कोटि*; प्रतिष्ठा*; बाना; 6. (*employment*) पद; 7. (*site*) स्थल, स्थान, अवस्थान; 8. (*affirmation*) प्रकथन, कथन; 9. (*placing*) स्थापन; —*v.* रख देना; **~al,** स्थितीय। > पॅज़िशॅन; पॅज़िशॅनॅल

positive, 1. (*math. electr.*) धनात्मक, धन-; 2. (*affirmative*) सकारात्मक, सहिक, सकारी, स्वीकारात्मक; 3. (*contrustive*) रचनात्मक; 4. (*real*) वास्तविक; 6. (*definite*) निश्चयात्मक, (सु)निश्चित, (सु)स्पष्ट; 6. (*convinced*) निश्चयी; आश्वस्त; 7. (*gram.*) अस्तिवाचक, सामान्य; 8. (*absolute*) निरपेक्ष; 9. (*phot.*) पोज़िटिव, सहिक; 10. (*imposed*) आरोपित, ठहराया हुआ, विधिकृत, राजकृत; 11. (*artificial*) कृत्रिम; 12. (*conventional*) औपचारिक; 13. (*of reaction*) प्रभावयुक्त; ~science, प्रत्यक्ष विज्ञान; ~ term, भाव-पद; ~ sign, धन-चिह्न; **~ly,** निश्चय ही; अवश्य, सकारात्मक रूप से। > पॉज़्-इटिव़् = पॉज़ॅटिव़्

positivism, 1. प्रत्यक्षवाद; 2. (*positivity*) निश्चयात्मकता*। > पॉज़्-इटिविज़्म; पॉज़ि टिव़्-इटि

positron, पॉज़िट्रोन, धनाणु। > पॉज़्-इ-ट्रॉन

posology, औषध-मात्रिकी*। > पॅसॉलॅजि

posse, (आरक्षी-) दल, टुकड़ी*। > पॉस्-इ

possess, 1. (*own*) का स्वामी या मालिक होना; 2. (*have possession of*) पर क़ब्ज़ा होना; अधिकार में रखना; 3. (*qualities*) से सम्पन्न होना, से युक्त होना, 4. (*know*) पर अधिकार होना, जानना; 5. (*dominate*) पर नियन्त्रण रखना; 6. (*affect*) प्रेरित, अनुप्राणित या संचालित क०; **~ed,** 1. अधिकृत; 2. (*by evil spirit*) आविष्ट, ग्रस्त। > पॅज़ॆ 'स; पॅज़ॆ 'स्ट

possession, 1. (*ownership*) स्वामित्व, स्वत्व, आधिपत्य, आधिकार; 2. (*occupancy*) क़ब्ज़ा, दख़ल, भोग; 3. (*property*) सम्पत्ति*, जायदाद*; 4. (*territory*) अधिकृत या अधीन क्षेत्र; 5. (*by spirit*) भूतबाधा*, आवेश। > पॅज़ॆ 'शॅन

possessive, 1. स्वत्वबोधक, स्वत्वात्मक; 2. (*gram.*) सम्बन्धवाचक, ~ case, सम्बन्धकारक, षष्ठी*। > पॅज़ॆ 'स्-इव़

possessor, स्वामी, मालिक, क़ब्जेदार; दखलकार, भोक्ता; **~y,** क़ब्ज़ा-; — title, क़ब्ज़ा-हक़। > पॅज़ॆ 'स्-अ; पॅज़ॆ 'सॅरि

possibility, सम्भवता*, शक्यता*; संभावना*। > पॉसि बिल्-इटि

possible, संभव, शक्य। > पॉसॅबॅल

possibly, सम्भवत; शायद। > पॉसॅब्लि

post[1], *n.*, डाक*; *v.*, 1. डाक* से भेजना, डाक* में

डालना; 2. शीघ्रता* से यात्रा* क०, जल्दी सफ़र क०; 3. (*book-keeping*) खतियाना, खाते में चढ़ाना; ~ and telegraph, डाक-तार; by return of ~, वापसी डाक* से; **~-bag,** डाक-थैला; **~-box,** डाक-बक्स, पत्र-पेटी*; **~-chaise,** डाक-गाड़ी*; **~-free,** डाकभार-मुक्त; **~-haste,** बहुत जल्दी, शीघ्रता* से; **~-office,** 1. डाकघर, डाकख़ाना; 2. (*department*) डाक-विभाग; **~-paid,** दत्त-डाकभार; **~-town,** डाकनगर। > पोस्ट

post², *n.*, 1. (*pillar*) स्तम्भ, खम्भा, खूँटा; 2. (*job*) पद, नौकरी*; 3. (*place*) स्थान, जगह*, स्थल; 4. (*mil.*) चौकी*; —*v.*, 1. (*stick up*) चिपकाना, (इश्तहार) लगाना; 2. (*make known*) घोषित क०, विज्ञापन क०; 3. (*station*) तैनात क०; 4. (*appoint*) नियुक्त क०। > पोस्ट

post³, (*prefix*) 1. (*in time*) -उत्तर, उत्तर-; 2. (*in space*) पश्च-, -पश्चीय, -पश्ची। > पोस्ट

postage, डाक-भार, डाक-व्यय, डाक-शुल्क; ~ due, देय डाक-भार, बैरंग; **~stamp,** डाक-टिकट, डाक-मुद्रांक। > पोस्ट्-इज

postal, डाक, डाकीय; डाक* द्वारा; ~order, पोस्टल आर्डर; ~ union, डाक-संघ। > पोस्टॅल

postcard, पोस्ट-कार्ड। > पोस्ट्काड

post/-communion, प्रसाद-प्रार्थना*, **~-date,** *n.*, उत्तरदिनांक; *v.*, उत्तरदिनांकित क०; **~-dated,** उत्तरदिनांकित; **~-dental,** पश्चदन्त्य; **~-diluvian,** प्रलयोत्तर; **~-entry,** पश्चाद् उल्लेख।

poster, इश्तहार, विज्ञापन, प्रज्ञापक। > पोस्-टॅ

poste restante, न्यस्त डाक*। > पॉस्ट रे'स्टान्ट

posterior, *adj.*, 1. (*later*) उत्तरकालीन; 2. (*subsequent*) परवर्ती, उतर; 3. (*rear*) पश्च, पिछला; —*n.*, (*also pl.*) नितम्ब, चूतड़; **~ity,** उत्तरकालीनता*; परवर्तिता*; पश्चता*। > पॉस्टिॲर्-इ-ॲ; पॉस्-टिॲ-रि-ऑ-रि-टि

posterity, 1. भावी पीढ़ियाँ*; 2. (*of one man*) सन्तति*, वंशज। > पॉस्-टे'-रि-टि

postern, *n.*, 1. पश्चद्वार; गुप्तद्वार; 2. निकलने का रास्ता, 3. (*tunnel*) सुरंग*; —*adj.*, पश्च, पिछला; गौण; निजी। > पॉस्टॅ:न

post/-exilic, निर्वासनोत्तर, **~-factum,** घटनोत्तर, कार्योत्तर; **~-fix,** (पर) प्रत्यय; **~-glacial,** हिमयुगोत्तर; **~-graduate,** स्नातकोत्तर।

posthumous, मरणोत्तर; मरणोपरान्त-प्रकाशित; **~ly,** मरणोपरान्त। > पॉस्ट्यूमॅस

postiche, *adj.*, 1. (*artificial*) कृत्रिम; 2. (*counterfeit*) नक़ली; 3. (*superfluous*) अनावश्यक, फ़ालतू; —*n.*, 1. जोड़ा हुआ अंश; 2. (*coil of false hair*) कृत्रिम वेणी*। > पॉस्टीश

postil, पार्श्वटिप्पणी*; व्याख्या*। > पॉस्-टिल

posting, (*accounts*) खतियानी*। > पोस्-टिन्ग

postman, डाकिया; **~mark,** मोहर*, छाप*; **~master,** डाकपाल, पोस्टमास्टर।

post/meridian, अपराह्णतन, अपराह्ण-, **~meridiem,** अपराह्ण (में)।

post-mortem, *n.*, शव-परीक्षा*; *adj.*, मरणोत्तर। > पोस्ट्मॉ:टे'म

post/-natal, 1. जन्मोत्तर; 2. (*of mother*) प्रसवोत्तर, **~-nuptial,** विवाहोत्तर; **~-obit,** मरणोत्तर प्रभावी; **~-partum,** प्रसवोत्तर।

postpone, 1. (*defer*) आगे बढ़ाना, (आ)-स्थगित क०, मुल्तवी क०; 2. (*indefinitely*) ताक़ पर रखना; 3. पीछे रख देना; **~ment,** स्थगन, विलम्बन। > पोस्ट्पोन

post/position, परसर्ग; **~positive,** —*adj.*, प्रत्ययित; —*n.*, परसर्ग; **~prandial,** भोजनोपरान्त; **~script,** पश्च-लेख, पुनश्च। > पोस्ट्पॅज़िशॅन

postu/lant, प्रार्थी, प्रार्थिनी*; प्रवेशार्थी, प्रवेशार्थिनी*; **~late,** *n.*, अभिगृहीत, अभिधारणा*; आधारतत्त्व; —*v.*, 1. (*claim*) माँगना; 2. (*assume*) मान लेना; **~lation,** याचना*, माँग*; अभिधारणा*, पूर्वधारणा*। > पॉस्ट्यू/लॅन्ट, लिट (*n.*), ~लेट (*v.*), ~लेशन

posture, *n.*, 1. (*carriage*) ठवन*; 2. (*pose*) मुद्रा*, भंगिमा*; आसन, संस्थिति*; 3. (*condition*) स्थिति*, परिस्थिति*; 4. (*mental*) रुख, मनःस्थिति*; —*v.*, अंग-विन्यास क०; आसन लगाना, विशिष्ट मुद्रा* में स्थित होना; रुख अपनाना; दिखावा क०, **~-maker,** कलाबाज़। > पॉस्-चॅ

post-velar, पश्चकंठ्य। > पोस्ट्वील्-ॲ

post-war, युद्धोत्तर। > पोस्टवॉ:

pot, *n.*, पात्र, हँडिया*, हण्डी*, बरतन; *v.*, 1. पात्र में (परिरक्षित) रखना; 2. (*plants*) गमले में लगाना; 3. प्राप्त क०, जीतना; 4. (*billiards*) पिलाना। > पॉट

potamic, नद्य। > पॅटैम्-इक

pot-bellied, तोंदल; **~-belly,** तोंद*; तोंद-वाला; **~-herb,** साग; **~-hole,** जलजगर्त्तिका*; गड्ढा, **~-hook,** कड़ा; **~-house,** शराबघर, मद्यशाला*; **~luck,** दाल रोटी*; **~ted,** 1. (*preserved*) परिरक्षित; 2. गमले में लगाया हुआ; **~valiant,** नशाबहादुर।

potable, पेय। > पोटॅबॅल

potage, शोरबा > पॉटाश्ज़

potash, पोटैश। > पॉट्-ऐश

potassium, पोटैशियम। > पॅटैस्यॅम

potation, 1. (*act.*) पान; 2. (*drink*) पेय; 3. (*draught*) घूँट, चुस्की*; 4. मद्यपान, नशाख़ोरी*; 5. (*liquor*) मदिरा*, शराब*। > पोटेशॅन

potato, आलू; sweet ~, शकरकन्द। > पॅटेटो

potency, 1. शक्ति*, सामर्थ्य, प्रभविष्णुता*; 2. (*potentiality*) अन्तःशक्ति*। > पोटॅन्सि

potent, 1. शक्तिशाली, प्रबल, प्रभावशाली, प्रभविष्णु; 2. (*cogent*) अकाट्य, प्रत्यायक, प्रत्ययकारी, युक्तियुक्त; 3. (*effective*) प्रभावकारी, तेज़; 4. (*sexually*) (प्र)जननक्षम, मैथुन-समर्थ। > पोटॅन्ट

potentate, अधिपति, राजा। > पोटॅन्‌टेट

potential, *adj.*, 1. (*possible*) सम्भावित, संभाव्य, संभव, शक्य; 2. (*latent*) अन्तर्निहित, प्रच्छन्न, गर्भित; 3. (*gram.*) विध्यर्थक; —*n.*, 1. अन्त:शक्ति*; 2. (*possibility*) संभावना*; 3. (~ *mood*) विधिलिङ्‌ लिङ्; 4. (*electr.*) विभव; ~energy, स्थितिज ऊर्जा*; **~ity,** 1. अन्त:शक्ति*; विभव; 2. (*possibility*) सम्भाव्यता*; 3. (*power*) शक्ति*, क्षमता*, प्रभावकारिता*, प्रभविष्णुता*; **~ly,** संभवत:। > पॅटे'न्‌शॅल; पॅ-टे'न्-शि-ऐल्-इ-टि; पॅटे'न्‌शॅलि

potentiometer, विभवमापी। > पॅ-टे'न्-शि-ऑम्-इ-टॅ

pother, *n.*, 1. धूल-धक्कड़; 2. (*commotion*) ऊधम, उत्पात, उपद्रव, हलचल*; 3. (*mental*) घबराहट*; —*v.*, 1. परेशान क०, हैरान क०; 2. (*worry*) घबराना, घबरा जाना; 3. (*make a fuss*) उपद्रव या हलचल* मचाना। > पॉद्-अॅ

potion, घूँट, चुस्की*, खुराक*। > पोशॅन

pot-pourri, 1. गुलकन्द; 2. (*lit.*,) चयन। > पोपुरि = पोपुरी

potsherd, ठीकरा। > पॉट्‌शॅ:ड

potstone, छीयापत्थर। > पॉट्‌स्टोन

potter[1], कुम्हार, कुम्भकार, कुलाल; **~,s,** earth, कुम्हरौटी*, चिकनी मिट्टी*; भाण्डमृत्तिका*; ~'s kiln, आवाँ; ~'s wheel, चाक। > पॉट्-अॅ

potter[2], 1. समय गँवाना, मक्खी* मारना; 2. (*loiter*) इधर-उधर फिरना, व्यर्थ घूमना, भटकना। > पॉट्-अॅ

pottery, कुम्हारी*, भाण्डकर्म; मिट्टी* के बरतन, मृदुभाण्ड, मृण्पात्र, मृत्तिका-भाण्ड। > पॉटॅरि

pouch, *n.*, 1. थैली*; जेब (*pocket*); 2. (*zool.*) धानी*; —*v.*, 1. थैली* (जेब) में रखना; 2. (*swallow*) निगलना। > पाउच

poudrette, विष्ठाचूर्ण। > पूड्रे'ट

poult, चूज़ा; **~ erer,** मुरगीवाला। > पोल्ट; पोल्‌टॅरॅ

poultice, पुलटिस*। > पोल्-टिस

poultry, कुक्कुट, मुरगा-मुरगी*; **~-farming,** मुरगी-पालन; **~-house,** मुरगीख़ाना। > पोल्-ट्रि

pounce, *n.*, 1. पाउन्स; 2. (*talon*) चंगुल; 3. (*swoop*) झपट्टा, झपट*; —*v.*, 1. पाउन्स लगाना; झाँवाँ रगड़कर चिकनाना; 2. (*of birds*) चंगुल मारना; 3. झपटना; 4. (*beat*) पीटना, मुकियाना। > पाउन्स

pound, *n.*, 1. (*weight, money*) पाउण्ड, पौण्ड; 2. (*enclosure*) बाड़ा, घेरा; 3. (*pinfold*) कांजी-हाउस, पशु-अवरोधशाला*; 4. (*blow*) प्रहार, आघात; 5. (*thud*) धमाका; —*v.*, 1. कूटना; 2. (*pummel*) मुकियाना, (तड़ातड़) मारना; 3. (*fire*) गोलाबारी* क०; 4. (*throb*) धड़कना; 5. (*move heavily*) धमा-चौकड़ी* मचाना; 5. (*impound*) कांजी-हाउस या घेरे में बन्द क०; **~age,** 1. प्रतिपाउण्ड शुल्क, वेतन या बोनस; 2. (*enclosure*) घेरा; घेराबन्दी*; 3. निरोध-शुल्क। > पाउन्ड; पाउन्-डिज

pour, *v.*, 1. उँडेलना, बहाना, प्रवाहित क०; बहा देना; 2. (*flow*) बहना; निकल पड़ना; 3. (*rain*) मूसलधार बरसना; —*n.*, 1. बहाव; 2. मूसलाधार वर्षा*; 3. (*of metal*) ढलाई*। > पॉ:

pourboire, बख्शिश*। > पुअॅब्वा

purparler, प्रारंभिक वार्ता* या बातचीत*। > पुअॅपाले

pout, *v.*, थुथाना, मुँह फुलाना; खीझना; —*n.*, खीझ*। > पाउट

poverty, 1. निर्धनता*, ग़रीबी*, दरिद्रता*, 2. (*deficiency*) कमी*, अभाव; अपूर्णता*, अयोग्यता*; 3. (*of soil*) अनुर्वरता*; 4. (*smallness*) अल्पता*; **~-stricken,** अभावग्रस्त, अकिंचन। > पॉवॅटि

powder, *n.*, 1. चूर्ण, बुकनी*, चूरा; 2. (*cosmetic*) पाउडर, ग़ाज़ा; 3. (*gun-~*) बारूद*; 4. (*medicine*) चूरन; —*v.*, 1. चूर्ण या पाउडर छिड़कना या लगाना; 2. (*sprinkle*) छिड़कना; 3. (*pulverize*) पीसना, चूरना, चूर क०, चूर्ण क०; **~ed,** चूर्णित; **~-magazine,** बारूदखाना; **~y,** 1. चूर्णी, चूर्णमय; 2. (*friable*) भुरभुरा; 3. (*dusty*) धूल-धूसरित। > पाउड्-अॅ; पाउडॅड; पाउडॅरि

power, *n.*, 1. (*strength*) शक्ति*, बल, सामर्थ्य; 2. (*capacity*) क्षमता*; 3. (*legal authority*) अधिकार; अधिकार-पत्र; 4. (*moral authority*) अधिकार, प्रभाव*; 5. (*political power*) सत्ता*; 6. (*math.*) घात; 7. (*electr.*) बिजली*, विद्युत-शक्ति*, पावर; 8. (*effort*) आयास; 9. (*person*) प्रभावशाली व्यक्ति; 10. (*country*) शक्तिशाली देश, महाशक्ति*; 11. (*divinity*) देवता; —*adj.*, मशीनी, यन्त्र-, बिजली-; in ~, सत्तारूढ़; assume ~, अधिकार ग्रहण क०; motive ~, चालन-शक्ति*; ~ of the attorney, मुख्तारनामा; मुख्तारी अधिकार; ~ of appointment, नियोजन-शक्ति*; ~ of the keys, विमोचन-अधिकार; ~on, इंजन चालू; ~ off, इंजन बन्द; ~s that be, सत्ताधारी; **~cable,** बिजली* का तार; **~-driven,** शक्तिचल; **~ful,** शक्तिशाली; प्रभावशाली; **~-house,** बिजलीघर; **~less,** अशक्त, शक्तिहीन; लाचार, विवश, मजबूर; **~-loom,** बिजलीकरघा; **~-plant,** बिजली-संयंत्र; **~politics,** शक्ति-राजनीति*, बलनीति*। > पाउअॅ

powwow, *n.*, 1. (*man*) ओझा; 2. (*conference*) सभा*, सम्मेलन; वार्ता*; —*v.*, जादू क०; बातचीज क०, विचार-विमर्श क०। > पाउवाउ

practicable, 1. व्यवहार्य, साध्य; 2. (*usable*) उपयोगी। > प्रैक्-टि-कॅ-बॅल

practical, 1. व्यावहारिक; 2. (*opp. to theoretical*) प्रयोगात्मक, प्रायोगिक; 3. (*useful*) उपयोगी; 4. (*workable*) व्यवहार्य; 5. (*working*) सक्रिय, क्रियात्मक; 6. (*virtual*) वास्तविक, यथार्थ; ~ chemistry, प्रायोगिक रसायन; ~ joke, शरारत; **~ity,** व्यावहारिकता*; **~ly,** व्यावहारिक रूप से; व्यावहारिक दृष्टि* से; वास्तव में, असल में। > प्रैक्-टि-कॅल; प्रैक्-टि-कैल्-इ-टि; प्रैक्-टि-कॅ-लि

practice, 1. (*habitual action*) व्यवहार; 2. (*custom*) प्रथा*, दस्तूर, रिवाज; 3. (*habit*) आदत*; 4. (*exercise*) अभ्यास मश्क़*; 5. (*profession*) व्यवसाय, पेशा; 6. (*math.*) व्यवहार गणित; 7. (*conduct*) आचरण; 8. (*doing*) कार्य, प्रयोग, व्यवहार, काम; 9. (*procedure*) पद्धति*, प्रक्रिया*; legal ~, वकालत*; put in(*to*)~, कार्यान्वित क०; ~of virtue सद्गुणों का आचरण, साधना*। > प्रैक्-टिस

practician, 1. *see* PRACTITIONER ; 2. कार्यकुशल, व्यवहारकुशल। > प्रैक्-टि-शॅन

practise, 1. कार्यान्वित क०, के अनुसार चलना या आचरण क०; 2. (*virtue*) की साधना* क०, की आदत* डालना; 3. (*a profession*) का व्यवसाय क०, का काम क०, करना; 4. (*train*) अभ्यास क०; **~d,** अभ्यस्त, कुशल, सधा हुआ, अनुभवी। > प्रैक्-टिस; प्रैक्-टिस्ट

practitioner, व्यवसायी; कर्ता। > प्रैक्-टि-शॅ-नॅ

praetorium, राजभवन। > प्रिटॉ:र्-इअॅम

pragmatic, 1. (*busy*) व्यस्त; 2. (*meddle-some*) दस्तन्दाज़; 3. *see* ~AL; 4. (*practical*) व्यावहारिक; 5. (*philos.*) परिणामवादी; 6. (*of state*) राजकाजी, प्रशासनिक; ~ sanction, राजकीय अध्यादेश; **~al,** हठधर्मी, मताग्रही। > प्रैग्मैट्/इक, इकॅल

pragmatism, 1. (*officiousness*) दस्तन्दाजी*; 2. (*matter-of-factness*) तथ्यात्मकता*, तथ्यकता*, व्यावहारिक्ता*; 3. (*philos.*) परिणामवाद, उपयोगितावाद। > प्रैग्मॅटिज़्म

prairie, प्रेयरी*, प्रशाद्वल। > प्रे'अॅर्-इ

praise, *n.*, प्रशंसा, तारीफ़*, सराहना*, बड़ाई*, गुणगान; स्तुति*; —*v.*, 1. प्रशंसा* क०, सराहना; 2. (*laud*) स्तुति क०; **~ful,** प्रशंसापूर्ण, प्रशंसात्मक; **~worthy,** प्रशंसनीय; शलाघ्यय, श्लाघनीय; स्तुत्य। > प्रेज़; प्रेज़्वॅ:दि

prance, *v.*, 1. पिछले पैरों पर खड़ा हो जाना या आगे बढ़ना; नाचना, कूदना-फाँदना; 2. घोड़ा कुदाना; 3. (*swagger*) इठलाना, अकड़कर या ऐंठकर चलना; —*n.*, 1. (*of horse*) पुरुषक; 2. (*jumping about*) कूदफाँद*, उछलकूद*; 3. (*strutting*) इठलाहट*। > प्रान्स

prank, *n.*, 1. (*trick*) शरारत*, नटखटी*; 2. (*frolic*) कलोल, क्रीड़ा-कौतुक, आमोद-प्रमोद; 3. उछल-कूद*; —*v.*, 1. (*dress up*) बनना-ठनना, तड़क-भड़क* दिखाना; 2. (*adorn*) संवारना, सजाना; **~ish,** विनोदशील, विनोदी; नटखट। > प्रैन्क; प्रैन्क्-इश

prate, *n.*, बकबक*; *v.*, बकबक* क०, बड़बड़ाना; **~r,** बक्की, बकवादी। > प्रेट

pratincole, (*little Indian*) धोबैचा। > प्रैट्-इन्-कोल

pratique, संगरोध-मुक्ति*। > प्रैट्-इक, प्रॅटीक

prattle, *n.*(*v.*) बकबक* (क०)। > प्रैटॅल

prawn, झींगा। > प्रॉ:ग

praxis, 1. आचरण, कार्यान्वयन; 2. (*custom*) दस्तूर, प्रथा*, रिवाज, चलन; 3. (*gram.*) रूपतालिका*; अभ्यास (*exercises*)। > प्रैक्-सिस

pray, प्रार्थना* क०, विनती* क०। > प्रे

prayer, 1. प्रार्थना*, विनती*; 2. (*entreaty*) याचना*, निवेदन; 3. (*person*) प्रार्थी; **~-book,** प्रार्थना-पुस्तक*, प्रार्थनासंग्रह; **~-carpet,** (*Moh.*) मुसल्ला, जानमाज़*; **~ful,** 1. (*devout*) भक्त, प्रार्थनाशील; 2. प्रार्थनामय; **~less,** नास्तिक; प्रार्थनाहीन; **~-meeting,** प्रार्थना-सभा*; **~-wheel,** प्रार्थनाचक्र। > प्रे'अॅ (1. 2.); प्रे-अॅ (3); प्रे'अॅबुक

pre-, 1. (*prior*) पूर्व-, प्राक्-, पूर्वी; 2. (*anterior*) पुरः-, परो-, अग्र-; 3. (*superior*) परम-। > प्री, प्रि

preach, 1. प्रवचन या उपदेश देना; 2. (*expound*) का प्रतिपादन क०; 3. (*advocate*) प्रचार क०; **~er,** उपदेशक, धर्मोपदेशक; प्रचारक; **~ing,** प्रवचन, उपदेश; **~y,** उपदेशात्मक। > प्रीच; प्रीच्/अॅ, ~इ

preamble, 1. आमुख, प्रस्तावना*; 2. (*preliminary*) उपक्रम, तैयारी*। > प्रीएम्बॅल

pre/-arranged, पूर्वव्यवस्थित, पूर्वायोजित; **~-arrangement,** पूर्वव्यवस्था*। > प्रीअॅरेन्ज्ड; प्री-अॅ-रेन्ज्-मॅन्ट

pre-audience, पूर्व-सुनवाई*। > प्री-ऑ:ड्-इ-अॅन्स

prebend, (याजक)वृत्ति*; **~ary,** वृत्तिभोगी। > प्रे'बॅन्ड; प्रे'बॅन्डॅरि

precarious, 1. (*uncertain*) अनिश्चित; 2. (*unstable*) अस्थिर, भाग्याधीन; 3. (*at another's pleasure*) पराधीन, अन्याधीन; 4. (*unfounded*) निराधार; 5. (*doubtful*) सन्दिग्ध; 6. (*risky*) खतरनाक। > प्रिके'अॅर्-इअॅस

precative, 1. (*precatory*) प्रार्थनात्मक, याचनात्मक; 2. (*gram.*) इच्छार्थक; ~mood, आशीर्लिङ्। > प्रे'कॅटिव्; प्रे'कॅटॅरि

precaution, 1. (*measure*) पूर्वोपाय, पूर्वविधान,

एहतियात*; 2. (*care*) सावधानी*, सतर्कता*, पूर्वसाचित्य, पूर्वावधानता*; **~ary,** एहतियाती, वारणिक। > प्रिकॉ:शॅन; प्रि:कॉ:श्-नॅ-रि

precautious, सावधान, चौकस। > प्रिकॉ:शॅस

precede, से पहले आना या घटित होना; से श्रेष्ठ या उत्तम होना; आगे-आगे चलना; से प्रारंभ क०, प्रारंभ में या भूमिकास्वरूप कहना या लिखना। > प्रिसीड

prece/dence, 1. (*priority*) पूर्ववर्तिता*, अग्रगामिता*; 2. (*pre-eminence*) श्रेष्ठता*; 3. (*right to precede*) अग्रता*, पूर्वता*, वरीयता*, अग्रसरता*; 4. (*order*) अग्रताक्रम; **~dent,** *adj.*, पूर्ववर्ती; —*n.*, पूर्विका*; नज़ीर*, पूर्वोदाहरण, मिसाल*, पूर्वनिर्णय; **~dented,** पूर्विका-सम्पन्न; **~ding,** पूर्व, पूर्ववर्ती, पूवगामी, पूर्वगत। > प्रिसीडॅन्स=प्रे'सिडॅन्स; प्रिसीडॅन्ट (*adj.*), प्रे'सिडॅन्ट (*n.*); प्रे'सिडे'न्-टिड; प्रिसीड्-इन्ग

precentor, अग्रगायक, प्रगायक। > प्रि-से'न्-टॅ

precept, 1. (*rule*) नियम; 2. (*maxim*) नीतिवचन; 3. (*direction*) निर्देश; 4. (*law*) हुक्मनामा; आदेश; **~ive,** 1. आदेशात्मक; 2. (*didactic*) शिक्षाप्रद; **~or,** शिक्षक, गुरु। > प्रीसे'प्ट; प्रिसे'प्/टिव, ~टॅ

precession, 1. (*precedence*) अग्रगमन, पुरस्सरण; पूर्वगामिता*; 2. (*of the equinoxes*) अयन। > प्रिसे'शॅन

precinct, 1. (*enclosure*) हाता, अहाता, 2. (*pl.*) पड़ोस, परिवेश; 3. (*boundary*) हद*, सीमा*; 4. (*district*) क्षेत्र, इलाक़ा, उपक्षेत्र। > प्रीसिन्क्ट

preciosity, अतिसुकुमारता*, नाज़ुकमिज़ाजी*; कृत्रिमता*। > प्रेशिऑस्-इटि

precious, 1. (*costly*) बहुमूल्य, मूल्यवान्, महाई, क़ीमती; 2. (*esteemed*) अमूल्य, अनमोल; 3. (*dear*) प्रिय, परमप्रिय; 4. (*over-refined*) कृत्रिम, अतिसुकुमार, नाज़ुकमिज़ाज; 5. (*arrant*) पक्का; ~ stone, रत्न, मणि*। > प्रे'शॅस

precipice, 1. खड़ी चट्टान*, दरद, पातुक, प्रपात; 2. (*fig.*) संकट, जोखिम*। > प्रे'सिपिस

precipi/tance, ~tancy, हड़बड़ी*, उतावली*। > प्रिसिप्/इटॅन्स, इटॅन्सि

precipitant, (*chem.*) अवक्षेपक। > प्रिसिप्-इटॅन्ट

precipitate, *n.*, अवक्षेप; *adj.*, 1. (*of person*) उतावला, हड़बड़िया; 2. (*of acts*) अविचारित; अन्धाधुन्ध; 3. प्रपाती; प्रवाही; —*v.*, 1. वेग से गिरना या गिरा देना; 2. (*hurry*) हड़बड़ाना, जल्दी* मचाना; 3. (*bring about*) प्रेरित क०, उत्पन्न क०, जल्दी* कराना; 4. (*chem.*) अवक्षेप क०; 5. (*of vapour*) घनीभूत होकर गिरना; घनीभूत करके जमाना या गिराना; **~d,** अवक्षिप्त, अवक्षेपित। > प्रिसिप्/इटिट (*n., adj.*), इटेट (*v.*), ~इटेटिड

precipitation, 1. पतन; पातन; 2. (*haste*) उतावली*, हड़बड़ी*; 3. (*chem.*) अवक्षेपण; अवक्षेप (*precipitate*); 4. (*meteor.*) वर्षण; वृष्टिपात (*of rain*)। > प्रिसिपिटेशॅन

precipitous, प्रपाती, प्रवण। > प्रिसिप्-इटॅस

pre'cis, संक्षेप, सार, ~ writing, सारलेखन। > प्रेसी

precise, 1. (*exact*) परिशुद्ध, यथार्थ, अवितथ, सही, यथातथ्य, सूक्ष्म; 2. (*definite*) सुनिश्चित, सुस्पष्ट, असंदिग्ध; 3. (*strict*) सख़्त, नियमनिष्ठ; 4. (*punctilious*) तकल्लुफ़-मिज़ाज; 5. (*fastidious*) दुष्तोषणीय; तुनक-मिज़ाज; **~ly,** ठीक; ठीक-ठीक, हुबहू। > प्रिसाइस

precisian, नियमनिष्ठ। > प्रिसिश़्ज़ॅन

precision, सूक्ष्मता* परिशुद्धता*, यथार्थता*; सुस्पष्टता*। > प्रिसिश़्ज़ॅन

preclude, निवारण क०, रोकना, प्रतिबाधित क०, असंभव कर देना, बाधा* डालना* **~d,** (प्रति)बाधित, प्रतिवारित। > प्रिक्लूड

preclusion, निवारण, प्रतिवारण। > प्रिक्लूश़्ज़ॅन

preclusive, निवारक। > प्रिक्लूस्-इव़

precocious, 1. (*of plants*) अकालपक्व; 2. (*of children*) अकालप्रौढ़, 3. (*premature*) कच्चा, अधूरा, अकालिक। > प्रिको शॅस

precocity, अकालपक्वता*; अकालप्रौढ़ता*; अधूरापन, अपूर्णता। > प्रिकॉसिटि

precognition, पूर्वज्ञान, पूर्वदर्शन। > प्री-कॉग-नि-शॅन

preconceive, पूर्वकल्पना* क०; **~d,** पूर्वकल्पित, पूर्वावधारित। > प्रीकॅन्सीव़; प्रीकॅन्सीव्ड्

preconception, 1. पूर्वकल्पना*, पूर्वावधारण, 2. (*prejudice*) पूर्वग्रह, पूर्वाग्रह, पूर्वधारणा*। > प्रीकॅन्से'प्शॅन

preconize, घोषित क०; प्रशंसा* क०। > प्रीकॅनाइज़

precursor, 1. अग्रदूत, पुरोगामी, पूर्वगामी; *see* PREDECESSOR; **~y,** 1. अग्रगामी; 2. (*preliminary*) प्रारम्भिक। > प्रिकॅ:स्/ॲ, ~ॲरि

predacious, परभक्षी। > प्रिडेशॅस

predate, पूर्वदिनांकित क०, से पहले घटित होना। > प्रीडेट

predator, परभक्षी; **~y,** 1. लूटमार* करने वाला, लुटेरा, लुण्ठक; 2. *see* PREDACIOUS। > प्रे'ड्-ॲ-टॅ, ~रि

predecease, से पहले मर जाना। > प्रीडिसीस

predecessor, पूर्वाधिकारी; पूर्ववर्ती; पूर्वज। > प्रीड्-इ-से'-सॅ

predella, वेदी-मंच, वेदीपीठ। > प्रिडेल्-ॲ

predestinarian, पूर्वनियतिवादी; **~ism,** पूर्वनियतिवाद। > प्रि-डे'स्-टि-नेॲर्/इॲन, ~इॲनिज़्म

predesti/nate, *v.*, पहले से ही निश्चित या नियत क०; *—adj.*, 1. पूर्वनिश्चित; 2. *(by fate or God)* बदा, नियत; **~nation,** 1. पूर्वनियति*; 2. *(fate)* भाग्य, प्रारब्ध। > प्रि-डे 'स्-टि/नेट, ~नेशॅन

predestine, पहले से ही निश्चित क०, पूर्वनियत क०। > प्रि-डे 'स्-टिन

predetermination, पूर्वनिर्धारण, पूर्वनियति*। > प्रीडिटॅःमिनेशॅन

predetermine, पूर्वनिर्धारित क०; पूर्वनिश्चय क०; **~d,** पूर्वनिश्चित। > प्रीडिटॅःम्/इन, ~इन्ड

predial, 1. *(agraian)* भूमिसम्बन्धी; 2. *(rural)* देहाती, ग्रामीण; 3. *(landed)* स्थावर। > प्रीड्-इॲल

predicable, 1. विधेय, अभिधेय; 2. *(assertable)* प्रतिपाद्य, स्थापनीय। > प्रे 'ड्-इकॅबॅल

predicament, 1. *(situation)* दशा*; दुर्दशा*, दुर्गति*; 2. वर्ग। > प्रिडिकॅमॅन्ट

predicant, उपदेशक। > प्रे 'ड्-इ-कॅन्ट

predi/cate, *n.*, 1. *(gram.)* विधेय; 2. *(quality)* गुण, लक्षण; *—v.*, 1. *(assert)* निश्चयपूर्वक कहना; 2. के विषय में कहना; **~cation,** (प्र)कथन; गुणारोपण; **~cative,** विधेयात्मक। > प्र 'ड्-इकिट *(n.)*; प्रे 'ड्-इकेट *(v.)*; प्रे 'डिकेशॅन; प्रिडिकॅटिव्

predicatory, उपदेशक; उपदेशात्मक। > प्रे 'ड्-इकॅटॅरि

predict, भविष्यवाणी* क०, **~ion,** भविष्यद्वाणी*, भविष्यवाणी*, भविष्यकथन; **~ive,** भविष्यवाची, भविष्यसूचक। > प्रिडिक्ट; प्रिडिक्शॅन; प्रि-डिक्-टिव्

predilection, 1. अभिरुचि*, अनुराग; 2. *(partiality)* पक्षपात। > प्रीडिले 'क्शॅन

predis/pose, पहले ही वे प्रवृत्त या प्रवण क०, तैयार क० या झुकाना; पहले ही से व्यवस्था* या प्रबन्ध क०; **~position,** प्रवणता*, झुकाव, प्रवृत्ति*, पूर्ववृत्ति*, पूर्वानुकूलता*। > प्रीडिस्पोज़; प्रीडिस्पॅज़िशॅन

predomi/nance, प्रधानता*, प्राधान्य; प्रबलता*, आधिपतय; सर्वाधिकता*, आधिक्य; **~nant,** पर आधिपत्य या प्रभुत्व रखना, प्रबल होना; से श्रेष्ठ होना; सर्वाधिक होना। > प्रिडॉम्-इनॅन्स, ~इनॅन्ट, ~इनेट

pre/-eminence, उत्कर्ष, प्रकर्ष; अग्रता*; **~-eminent,** श्रेष्ठ, उत्कृष्ट, सर्वश्रेष्ठ, सर्वोत्तम; **~-eminently,** उत्कृष्ट रूप में। > प्रीए 'म्/इनॅन्स, इनॅन्ट, इनॅन्ट्-लि

pre-empt, पूर्वक्रय से प्राप्त क०; पहले ही से अधिकृत क०; **~ion,** पूर्वक्रय, हक़्क़शफ़ा, हक़्क़शुफ़ा; पूर्वक्रय-अधिकार। > प्री-ए 'म्प्ट; प्री-ए 'म्प्-शॅन

preen, 1. सँवारना, ठीक क०; 2. *(dress up)* बनना-ठनना; 3. पर घमण्ड क०; 4. *(of bird)* पिच्छप्रसाधन क०। > प्रीन

pre-exist, पहले से होना या अस्तित्व रखना; **~ence,** प्राग्भाव, पूर्वभाव; **~ent,** पूर्ववर्ती। > प्री-इग्-ज़िस्ट; प्री-इग्-ज़िस्/टॅन्स, ~टॅन्ट

pre/fabricated, पूर्वविरचित, पूर्वनिर्मित; **~fabrication,** पूर्वनिर्माण। > प्रीफ़ैब्-रिकेटिड; प्रीफ़ैब्रिकेशॅन

preface, *n.*, 1. प्राक्कथन; प्रस्तावना*, आमुख, भूमिका*; 2. *(prelude)* पूर्वरंग, भूमिका*; 3. *(of Mass)* अवतरणिका*; *—v.*, प्रस्तावना* (भूमिका*) लिखना या लगाना; (से) प्रारंभ होना या क०, भूमिकास्वरूप कहना या लिखना। > प्रै 'फ़्-इस

prefatory, प्रारंभिक। > प्रे 'फ़ॅटरि

prefect, प्रशासक, अधिपति; प्रधान; ~apostolic, उपधर्माध्यक्ष; **~ure,** प्रशासक का पद; प्रान्त। > प्रीफ़े 'क्ट; प्री-फे 'क्-ट्युॲ = प्रीफ़्-इक-चॅ

prefer, 1. (अधिक) चाहना, (ज़्यादा) पसन्द क०, अधिमान देना, तरजीह* देना, 2. *(promote)* तरक़्क़ी* देना; 3. *(present)* प्रस्तुत क०, पेश क०; **~able,** बेहतर, श्रेय, वरीय, अधिमान्य; **~ably,** अधिमानतः; I would—go there, वहाँ जाना मुझे अधिक पसन्द है; **~ence,** 1. अधिमान, वरीयता*, पसन्द*, अभिरुचि*, तरजीह*; 2. *(prior claim)* पूर्वाधिकार; — share, अधिमानी शेयर, अधिमान अंश; **~ential,** अधिमान्य, अधिमानिक, तरजीही; वरणात्मक, **~ment,** तरक़्क़ी*, पदोन्नति*; **~red,** वरीय, अधिमत। > प्रिफ़ॅः; प्रे 'फॅरॅबॅल; प्रे 'फ़ॅरॅब्लि; प्रे 'फ़ॅरॅन्स, प्रे 'फ़ॅरे 'न्शॅल; प्रिफ़ॅःमन्ट; प्रिफ़ॅःड

prefiguration, 1. *(act.)* पूर्वकल्पन, पूर्वनिर्देशन; 2. *(prototype)* आदिरूप, प्रतीक। > प्रीफ़िग्युरेशन

prefigure, पूर्वकल्पना* क०, का आदिरूप होना। > प्रीफ़िग्-ॲ

prefix, *n.*, उपसर्ग, पुरःप्रत्यय, पूर्वप्रत्यय; *—v.*, उपसर्ग लगाना, शुरू या आरंभ में लगाना। > प्रीफ़्-इक्स *(n.)*; प्रीफ़िक्स *(v.)*

preform, पूर्वगठित क०; **~ation,** पूर्वगठन*, पूर्वनिर्माण; **~ative,** *(gram.)* रचनात्मक उपसर्ग। > प्रीफ़ॉःम; प्रीफ़ाःमेशॅन; प्रीफ़ॉःमॅटिव्

pregnable, भेद्य, विजेय। > प्रे 'ग्नॅबॅल

pregnacy, 1. गर्भ, गर्भावस्था*; गर्भकाल; 2. *(of soil)* उर्वरता*; 3. *(of mind)* विदग्धता*, प्रतिभा*; 4. अर्थपूर्णता*, अर्थगौरव। > प्रे 'ग्नॅन्सि

pregnant, 1. गर्भवती*, सगर्भा*, गर्भिणी*; 2. *(of animals)* गाभिन*, गर्भिणी*; 3. *(inventive)* विदग्ध, मौलिक, प्रतिभाशाली; 4. *(meaningful)* अर्थपूर्ण, अर्थगर्भ, अर्थगर्भित; 5. *(abounding)* से भरपूर, परिपूर्ण, भरा-पूरा; 6. *(fruitful)* फलोत्पादक, उर्वर। > प्रे 'ग्नॅन्ट

prehen/sile, परिग्राही; **~sion,** 1. परिग्रहण; 2. (*mental*) बोध, समझ*, प्रत्यय। > प्रिहे 'न्साइल; प्रिहे 'न्शॅन

prehistoric(al), प्रागैतिहासिक। > प्रीहिस्टॉ/रिक, ~रिकॅल

prehistory, प्रागितिहास। > प्रीहिस्टॅरि

pre-ignition, पूर्वप्रज्वलन। > प्री-इग्-नि-शॅन

prejudge, पूर्वनिर्णय क०। > प्रीजॅज

prejudice, *n.*, 1. पूर्वग्रह; पूर्वधारणा*, पूर्वाग्रह; 2. (*bias*) पक्षपात, द्वेष, प्रतिकूल प्रभाव; 3. (*harm*) हानि*, क्षति*; —*v.*, हानि* पहुँचाना; पूर्वग्रह उत्पन्न क०, प्रतिकूल प्रभाव डालना; **~d,** पूर्वाग्रही। > प्रे 'ज्/उडिस, ~उडिस्ट

prejudicial, हानिकर; प्रतिकूल, विपरीत; **~ly,** प्रतिकूलत:। > प्रे 'जुडि/शॅल, ~शॅलि

preknowledge, पूर्वज्ञान। > प्रीनॉल्-इज

prelacy, धर्माधिकार। > प्रे 'लॅसि

prelate, धर्माधिकारी। > प्रे 'ल्-इट

prelect, व्याख्यान देना; **~ion,** व्याख्यान; **~or,** प्राध्यापक। > प्रिले 'क्ट; प्रिले 'क्/शॅन, ~टॅ

prelibation, पूर्वास्वादन। > प्रीलाइबेशॅन

preliminary, *adj.*, प्रारंभिक, प्राथमिक, आरंभिक; —*n.*, प्रारंभिक तैयारी*, उपोद्‌घात। > प्रि-लिम्-नॅ-रि = प्रिलिम्-इनॅरि

prelude, *n.*, पूर्वरंग; प्रस्तावना*; मंगलाचरण; —*v.*, से आरंभ होना या क०; सूचित क०, पूर्वाभास देना। > प्रे 'ल्यूड

prelusive, प्रारंभिक। > प्रिल्यूस्-इव

premature, 1. अकाल, असामयिक, अकालिक; कालपूर्व; 2. (*over-hasty*) अविचारित, अधूरा, कच्चा; **~ly,** असमय। > प्रे '-मॅ-ट्युअॅ

premaxilla, अग्रजम्भिका*। > प्री-मैक्स्-इ-लॅ

premeditate, पहले से विचार क०; योजना* बनाना; **~d,** पूर्वविमर्शित; **~dly,** सोच-विचारकर। > प्रिमे 'ड्/इटेट, ~इटेटिड

premeditation, पूर्वचिन्तन, पूर्वविमर्श। > प्रिमे 'डिटेशॅन

premier, *n.*, प्रधान मन्त्री; *adj.*, प्रधान, प्रमुख; सर्वप्रथम। > प्रे 'म्-इ-अॅ = प्रे 'म्-यॅ = प्रीम्यॅ

premie're, प्रथम प्रदर्शन। > प्रॅम्ये 'अॅ

premise, *n.*, 1. (*logic*) आधार-वाक्य; 2. (*pl., law*) आमुख, आदिखण्ड; 3. (*pl,., house and grounds*) अहाता, भवन, (गृह)परिसर; —*v.*, से प्रारंभ क०, भूमिका-स्वरूप कहना या लिखना; आधार-वाक्य के रूप में कहना। > प्रे 'म्-इस (*n., v.*); प्रिमाइज़ (*v.*)

premium, 1. (*prize*) पुरस्कार; 2. (*insurance~*) बीमा-क़िस्त*; 3. प्रीमियम, बढ़ौती*, अधिमूल्य, अधिदेय, अधिशुल्क; 4. (*bonus*) लाभांश; at a ~, अधिमूल्य पर। > प्रीम्यॅम = प्रीम्-इ-अॅम

premolar, अग्रचर्वणक। > प्रीमोल्-अॅ

premoni/tion, 1. पूर्वसूचना*, चेतावनी*; 2. (*foreboding*) पूर्वबोध, पूर्वाभास; **~tory,** पूर्वसूचक। > प्रीमॅनिशॅन; प्रिमॉन्-इटॅरि

pre-natal, जन्मपूर्व; प्रसवपूर्व। > प्रीनेटॅल

preoccupation, 1. (*pre-occupancy*) पूर्वाधिकार; 2. (*absorption*) तन्मयता*, ध्यानमग्नता*, तल्लीनता*, चिन्ता*; 3. (*bias*) पूर्वग्रह, पक्षपात; 4. मुख्य काम, सर्वोपरि व्यवसाय। > प्रिऑक्युपेशॅन

preoccupied, लवलीन, विचारमग्न; चिन्तित; पूर्वाधिकृत। > प्रिऑक्‌यूपाइड

preoccupy, पूर्णरूपेण ध्यान आकर्षित क०, तन्मय कर लेना; पहले से अधिकार में कर लेना। > प्रिऑक्‌यूपाइ

preoption, पूर्वविकल्प। > प्री-ऑप्-शॅन

pre/-ordination,(~-ordain), पूर्व-निर्धारण (क०)। > प्रीऑ:डिनेशॅन; प्रीऑ:डेन

prepaid, पूर्वदत्त। > प्रीपेड

preparation, 1. तैयारी*, उपक्रम, आयोजन; 2. (*fitting out*) सज्जा*; 3. (*medicine*) सम्पाक। > प्रे 'पॅरेशॅन

preparative, *adj.*, 1. प्रारंभिक; 2. (प्रारंभिक) तैयारी*, उपोद्‌घात। > प्रिपैरॅटिव

preparatory, प्रारंभिक, उपक्रमात्मक। > प्रिपैरॅटॅरि

prepare, तैयार क०, बनाना; **~d,** तैयार; उद्यत, तत्पर; **~dness,** तैयारी*; तत्परता*। > प्रिपे 'अॅ, प्रिपे 'अॅड; प्रि-पे 'अॅर्-इड्-निस

prepayment, पूर्व-अदायगी*, पूर्वशोधन। > प्रीपेमॅन्ट

prepense, पूर्वचिन्तित, पूर्वविमर्शित। > प्रिपे 'न्स

preplanned, पूर्वयोजित। > प्रीप्लैन्ड

preponde/rance, 1. (*in weight*) गुरुता*; 2. (*in force*) प्रबलता*, प्राबल्य; 3. (*in influence*) प्रधानता*, प्राधान्य; 4. (*in quantity*) आधिक्य, बाहुल्य, प्रचुरता*; 5. (*in occurrence*) प्रचलन; **~rant, (~rate),** 1. गुरुतर (होना); 2. प्रबल(होना); 3. प्रभावी, प्रधान(होना); 4. अधिक प्रचुर होना; 5. अधिक प्रचलित (होना)। > प्रिपॉन्डॅ/रॅन्स, ~रॅन्ट, ~रेट

preposition, पूर्वसर्ग; **~al,** पूर्वसर्गिक। > प्रे 'पॅज़ि/शन, ~शॅनॅल

prepositive, पूर्वसर्ग के रूप में लगाया हुआ। > प्रिपॉज़्-इटिव

prepossess, (पक्ष में) प्रभावित क०, प्रभाव डालना; **~ing,** आकर्षक, रमणीय, मनोहर, चित्ताकर्षक; **~ion,** 1. पक्षपात, झुकाव; 2. (*prejúdice*) पूर्वग्रह। > प्रीपॅज़े 'स; प्रीपॅज़े 'स्-इन्ग, प्रीपॅज़े 'शॅन

preposterous, 1. (*absurd*) असंगत, निरर्थक, अनर्गल; 2. (*ridiculous*) हास्यास्पद। > प्रिपॉस्‌टॅरॅस

pre/potency, 1. प्रबलता*, 2. (*biol.*) प्रगुणता*; **~potent,** प्रबल, अधिक्षम; प्रगुण। > प्रिपोटॅन्सि; प्रिपोटॅन्ट

prepuce, खलड़ी*, गिलाफ़, घूँघट, शिश्न-मुण्डच्छद। > प्रीप्यूस

prerequisite, *n.*, पूर्वापेक्षा*; *adj.*, पूर्वापेक्षित। > प्रीरे'क्विसिट

prerogative, 1. परमाधिकार; 2. (*privilege*) विशेषाधिकार, प्राधिकार; 3. (*advantage*) लाभ। > प्रिरॉगॅटिव़

presage, *n.*, 1. (*omen*) शकुन; 2. (*presentiment*) पूर्वाभास, पूर्वबोध; —*v.*, पूर्वसूचना* देना, पूर्वबोध होना; भविष्यवाणी* क०। > प्रे'स्-इज (*n.*); प्रिसेज (*v.*)

presbyopia, दूरदृष्टिदोष, जरा-दूरदृष्टि*। > प्रे'ज़्-बि-ओप्/यॅ = इॲ

presbyter, 1. (*elder*) धर्मवृद्ध, वयोवृद्ध; 2. पुरोहित; **~y,** पुरोहिताश्रम। > प्रे'ज़्-बि-टॅ, ~रि

prescience, 1. पूर्वज्ञान, पूर्वबोध; 2. (*fore-sight*) दूरदर्शिता*। > प्रे'सिॲन्स

prescient, पूर्वज्ञानी; दूरदर्शी। > प्रे'सिॲन्ट

prescind, काट देना; अलग कर देना। > प्रिसिन्ड

prescribe, 1. निर्धारित क०, आदेश देना, प्रदिष्ट, विहित या नियत क०; 2. (*med.*) नुसख़ा लिखना; 3. (*law*) चिरभोग के आधार पर दावा क०; **~r,** प्रदेष्टा। > प्रिस्क्राइब; प्रिस्-क्राइब्-ॲ

prescript, आदेश, अध्यादेश; **~ible,** 1. (*of illness*) साध्य; 2. (*law*) चिरभोगजन्य; **~ion,** 1. प्रदेशन, निर्धारण; आदेश; 2. (*med.*) नुसख़ा; 3. (*law*) चिरभोग, अतिभोग, भोगाधिकार; **~ive,** 1. आदेशात्मक; 2. (*law*) चिरभोगज, चिरभोगजन्य; 3. चिरकालिक, पुराना, रूढ़िगत; 4. (*gram.*) निर्देशात्मक, आदर्शी। > प्रीस्-क्रिप्ट; प्रिस्-क्रिप्/टिबॅल, ~शॅन, ~टिव़

presence, 1. उपस्थिति*, हाज़िरी*, विद्यमानता*, मौजूदगी*; 2. (*personality*) व्यक्तित्व; 3. (*of God*) सानिध्य; ~ of mind, सुध-बुध*; **~-chamber,** दीवानख़ाना, श्रीमंडप। > प्रे'ज़ॅन्स

present, *adj.*, 1. (*not absent*) उपस्थित, हाज़िर विद्यमान; 2. (*actual*) वर्तमान, मौजूदा; 3. (*in question now*) प्रस्तुत; 4. (*gram.*) वर्तमानकालिक; —*n.*, 1. वर्तमान काल; 2. उपहार, भेंट*; —*v.*, 1. (*introduce*) परिचय कराना, मिलाना; 2. (*bring forward*) प्रस्तुत क०, सामने रखना, पेश क०, उपस्थित क०; 3. (*show*) दिखाना, प्रदर्शित क०; 4. देना, प्रदान क०; 5. का अभिनय क०; 6. (*law*) पेश क०; at ~, सम्प्रति, इस समय। > प्रे'ज़ॅन्ट (*adj.,n.*); प्रि-ज़े'न्ट (*v.*)

presen/table, 1. (*fit to be seen*) सामने आने योग्य; 2. प्रदेय; **~tation,** 1. प्रस्तुतीकरण, उपस्थापन; 2. प्रदर्शन, अभिनय; 3. समर्पण, प्रदान; भेंट*, उपहार; 4. (*obstetrics*) प्रस्तुति*; 5. (*law*) उपस्थापन, प्रस्तुति*; 6. (*setting forth*) निरूपण, प्रतिपादन; 7. (*image*) प्रतिकृति*, प्रतिरूप; **~tative,** 1. प्रत्यक्षज्ञानात्मक; 2. (*perceptive*) अनुबोधक। > प्रिज़े'न्टॅबॅल; प्रे'ज़ॅन्टेशॅन; प्रिज़े'न्टॅटिव़

presentee, 1. (*recommended*) प्रस्तावित व्यक्ति; 2. (*donee*) आदाता, पुरस्कृत व्यक्ति। > प्रे'ज़ॅन्टी

presentient, पूर्वज्ञानी। > प्रि-से'न्-शि-ॲन्ट

presentiment, पूर्वज्ञान, पूर्वाभास, पूर्वबोध। > प्र-ज़े'न्-टि-मॅन्ट

presentive, अवबोधक। > प्रिज़े'न्-टिव़

presently, 1. (*soon*) शीघ्र ही, अभी अभी, तुरंत; 2. (*now*) सम्प्रति, इस समय। > प्रे'ज़ॅन्ट्-लि

presentment, 1. (*act of presenting*) उपस्थापन, प्रस्तुतीकरण; 2. (*law*) विवरण; बयान; 3. (*image*) प्रतिकृति*, चित्र, 4. (*theatrical representation*) प्रदर्शन। > प्रिज़े'न्ट्मॅन्ट

preser/vable, परिरक्ष्य; **~vation,** 1. (*of food, etc.*) परिरक्षण; 2. (*well-being*) सुरक्षा*; 3. (*protection*) रक्षण, संरक्षण, प्रतिरक्षण, (सं)रक्षा*, प्रतिरक्षा*, सुरक्षा*; **~vative,** परिरक्षक, परिरक्षी; संरक्षक, रक्षक। > प्रिज़ॅःवॅबॅल; प्रे'ज़ॅवेशॅन; प्रिज़ॅःवॅटिव़

preserve, *v.*, 1. (*food etc.*) परिरक्षण क०; 2. (*protect*) सुरक्षित रखना; बचाना; 3. (*maintain*) बनाए रखना; —*n.*, परिरक्षित फल; सुरक्षित स्थान या क्षेत्र; **~d,** परिरक्षित। > प्रिज़ॅःव़, प्रिज़ॅःव्ड

preside, सभापति होना; संचालन क०, चलाना; प्रधान होना; **~d** by, के सभापतित्व में; की अध्यक्षता* में। > प्रिज़ाइड; प्रिज़ाइड्-इड

presidency, राष्ट्रपतित्व; सभापतित्व; अध्यक्षता*; महाप्रान्त। > प्रे'ज़्-इ-डॅन्-सि

president, 1. (*of country*) राष्ट्रपति; 2. अध्यक्ष; सभापति; **~ial,** राष्ट्रपति-; अध्यक्षीय। > प्रे'ज़्-इ-डॅन्ट

presiding, (*deity*), अधिष्ठाता (देवता)। > प्रिज़ाइड्-इन्ग

presidium, स्थायी समिति*; प्रधान परिषद्*। > प्रिसिड्-इॲम

press, *n.*, 1. (*pressure*) दबाव; 2. (*of work*) व्यस्तता*, हड़बड़ी*; 3. (*throng*) भीड़-भाड़*, भीड़-भड़क्का, धक्कमधक्का; 4. (*mech.*) सम्पीडक; 4. (*printing ~*) मुद्रण-यन्त्र; मुद्रणालय, छापाख़ाना; 5. (*news papers*) समाचारपत्र, अख़बार; 6. (*men*) पत्रकार, प्रेस; 7. (*cupboard*) आलमारी*; —*v.*, 1. दबाना; 2. (*fig.*) दबाव डालना; 3. (*squeeze out*)

पेरना, निचोड़ना; 4. (*iron*) इस्तरी* क०; 5. तंग क०; 6. (*insist*) अनुरोध क०, आग्रह क०; 7. (*force*) बाध्य क०, मजबूर क०; 8. (*emphasize*) पर बल देना, को महत्त्व देना; 9. (*urge on*) प्रोत्साहित क०, प्रेरित क०; 10. (*go forward*) आगे बढ़ता जाना; 11. (*crowd*) घेर लेना, भीड़* लगाना; in the ~, यन्त्रस्थ; **~ conference,** पत्रकार-सम्मेलन; **~ copy,** मुद्रण-प्रति*; **~-gallery,** पत्रकार-कक्ष; **~ material,** प्रकाशन-सामग्री*; **~man,** पत्रकार; **~mark,** पुस्तक-संख्या*; **~release,** प्रकाशनार्थ विज्ञप्ति*; **~-work,** मुद्रण। > प्रे'स्

pressing, *adj.*, 1. (*urgent*) अत्यावश्यक, बहुत ज़रूरी; 2. (*serious*) भारी, घोर, ज़ोरदार; 3. (*insistent*) आग्रही, दुराग्रही, हठीला; —*n.*, अनुरोध; आग्रह; दबाव। > प्रे'स्-इन्ग

pressure, 1. (*physical*) दाब*, चाप, दबाव; 2. (*fig.*) दबाव, प्रभाव, दाब*; 3. (*affliction*) क्लेश, कष्ट, कठिनाई*, विपत्ति*; 4. (*urgency*) अत्यावश्यकता*; ~of work, व्यस्तता*, कार्यभार; **~-cooker,** दाब-कुकर; **~-guage,** दाबमापी, दाबमापक; **~ group,** दबाव-गुट, प्रभावक गुट, प्रभावी समूह। > प्रे'शें

pressurized, दाबानुकूलित। > प्रे'शॅराइज़्ड

prestation, शोधन, अदायगी*। > प्रे'स्टेशॅन

prestidigi/tation, इन्द्रजाल; **~tator,** ऐन्द्रजालिक, मायावी। > प्रे'स्-टि-डि-जि-टे-शॅन; प्रे'स्-टि-डि-जि-टे-टॅ

prestige, प्रतिष्ठा*, गौरव। > प्रे'स्टीश्ज़

prestissimo, अतिक्षिप्र। प्रे'स्-टिस्-इ-मो

presto, क्षिप्र। > प्रे'स्टो

presumable, संभावनीय, संभावित। > प्रिज़्यूमॅबॅल

presumably, संभाव्यत:; अनुमानत:। > प्रिज़्यूमॅब्लि

presume, 1. (*venture*) (का) साहस क०; धृष्टता* क०; 2. (*assume*) मान लेना; 3. का प्रमाण होना; ~on, से अनुचित लाभ उठाना, का दुरुपयोग क०; **~d,** अनुमानित। > प्रिज़्यूम; प्रिज़्यूम्ड

presuming, अक्खड़, धृष्ट। > प्रिज़्यूम्-इन्ग

presumption, 1. (*assumption*) प्र-कल्पना*, परिकल्पना*; अनुमान; धारणा*; 2. (*effrontery*) धृष्टता*, ढिठाई*, दु:साहस; 3. (*arrogance*) अक्खड़पन; अहंकार, अवलेप; 4. (*false hope*) दुराशा*। > प्रिज़ॅम्शॅन

presumptive, 1. (*inferred*) अनुमानित, संभावित, प्रकल्पित (*also of heir*) 2. आनुमानिक; ~mood, संदेहार्थ। > प्रि-ज़ॅम्-टिव़

presumptuous, धृष्ट, अक्खड़, ढीठ; अवलिप्त; दुराशी। > प्रिज़ॅम्ट्यूॲस

presuppose, 1. (पहले से) मान लेना; 2. (*require*) के लिए आवश्यक होना, की अपेक्षा* रखना; **~d,** पूर्वकल्पित। > प्रीसॅपोज़

presupposition, पूर्वधारणा*, पूर्वकल्पना*, पूर्वमान्यता*। > प्रीसॅपॅज़िशॅन

pretence, pretense, 1. (*claim*) दावा; 2. (*pretext*) बहाना; 3. (*show*) दिखावा, प्रदर्शन; ढोंग; 4. (*deciet*) छल,कपट। > प्रिटे'न्स

pretend, 1. दावा क०; 2. (*feign*) का बहाना क० या देना; का अभिनय क०, स्वाँग भरना, का ढोंग रचना; **~ed,** 1. (*false*) मिथ्या; 2. (*alleged*) तथाकथित; **~er,** 1. दावेदार; 2. उम्मीदवार; 3. (*deceiver*) कपटी, धोखेबाज़। > प्रिटे'न्ड; प्रि-टे'न्-डिड; प्रि-टे'न्-डॅ

pretension, 1. (*claim*) दावा; 2. (*pretext*) बहाना; 3. (*pretentiousness*) महत्त्वाकांक्षा*; मिथ्याभिमान; आडम्बर, आत्मप्रदर्शन। > प्रिटे'न्शॅन

pretentious, महत्त्वाकांक्षी; मिथ्याभिमानी, आडम्बरी। > प्रिटे'न्शॅस

preter-, अति-। > प्री-टॅ

preterhuman, अतिमानव। > प्रीटॅह्यूमॅन

preterit(e), भूत(काल), अतीत। > प्रे'टॅरिट

preterition, अकरण, अनाचरण; चूक*; विलोपन; विस्मरण। > प्रीटॅरिशॅन

preter/mission, विलोपन; चूक*; उपेक्षा*; **~mit,** छोड़ देना, नहीं क०, उपेक्षा* क०, पर ध्यान न देना। > प्रीटॅमिशॅन; प्रीटॅमिट

preternatural, अतिप्राकृत > प्रीटॅनैचॅरॅल

pretext, बहाना, मिस, व्याज, हीला। > प्रीटे'क्स्ट

pre/tone, बलाघातपूर्व ध्वनि*; **~tonic,** बलाघातपूर्व। > प्रीटोन; प्रीटॉन्-इक

prettify, सँवारना। > प्रिटिफ़ाइ

prettily, अच्छी तरह* से, आकर्षक ढंग से। > प्रिटिलि

prettiness, मनोहरता*, रमणीयता*, बाँकपन। > प्रिटिनिस

pretty, *adj.*, 1. मनोहर, रमणीय; रुचिकर, सुन्दर; 2. (*foppish*) बना-ठना, बाँका-तिरछा; *adv.*, बहुत कुछ, पर्याप्त मात्रा* में। > प्रिटि

prevail, 1. (*triumph*) अभिभावी होना; 2. (*succeed*) सफल होना; 3. (*predominate*) प्रबल होना, सर्वाधिक होना; 4. (*be current*) प्रचलित होना, चालू होना; **~on,** (के लिए) राज़ी क०, सम्मत क०; **~ing,** 1. (*predominant*) प्रबल, प्रधान, अभिभावी, हावी; 2. *see* PREVALENT; 3. (*efficacious*) प्रभावोत्पादक। > प्रिव़ेल; प्रिव़ेल्-इन्ग

pre/valence, प्रचलन, प्रचार; व्यापकता*; **~valent,** प्रचलित, चलनसार, चालू। > प्रे'व़ॅ/लॅन्स, ~लॅन्ट

prevari/cate, गोल बात* कहना; छल कपट क०; **~cation,** टाल-मटोल*; छल-कपट। > प्रिव़ैरिकेट; प्रिव़ैरिकेशॅन

prevenient, 1. पूर्ववर्ती; 2. (*expectant*) प्रत्याशी। > प्रीवीन्-इअॅन्ट

prevent, रोकना, रुकावट* या बाधा* डालना, नहीं होने देना; **~able, ~ible,** निवार्य, निरोध्य; **~ative, ~ive,** निवारक, निरोधक, रोधात्मक, निरोधी; **~ion,** निवारण, रोक*, निरोध, रोकथाम*। > प्रिवेन्ट; प्रिवे'न्/टॅबॅल, ~टिबॅल, ~टॅटिव्, ~टिव्; ~शॅन

preview, पूर्वदर्शन। > प्रीव् यू

previous, पूर्ववर्ती, पूर्व, पिछला, पहले का; **~ly,** पहले, पूर्व, पहले से। > प्रीव्-यस

prevision, दूरदर्शिता*; पूर्वज्ञान। > प्रिविश्ज़ॅन

pre-war, युद्धपूर्व। > प्री-वॉ:

prey, *n.*, शिकार, अहेर; *v.*, 1. शिकार क०; 2. (*rob*) लूटना; (*wear out*) क्षीण या नष्ट कर देना। > प्रे

price, *n.*, दाम, मूल्य, क़ीमत*, भाव; *v.*, मूल्य लगाना या निर्धारित क०; **~less,** अमूल्य; **~-list,** मूल्य-सूची*; **~-tag,** मूल्यपर्ची*। > प्राइस; प्राइस्-लिस; प्राइस्-लिस्ट

prick, *v.*, 1. छेदना, चुभाना; 2. (*pain, sting*) दुखाना, सालना; 3. प्रेरित क०, प्रोत्साहित क०; 4. चिह्न लगाना, चिह्नित क०; *n.*, 1. छेद; 2. (*~ing*) छेदन; 3. (*pain*) चुभन*; कसक*, टीस*, साल*; 4. (*goad*) अंकुश; ~up one~s ears, कान उठाना या खड़े क०; **~-eared,** ऊर्ध्वकर्ण; **~er,** बेधनी*; चुभनी*। > प्रिक; प्रिक्-अॅ

pricket, 1. (*spike*) शंकु; 2. हिरन, हरिण। > प्रिक्-इट

prickle, *n.*, काँटा, कण्टक, तीक्ष्णवर्ध; *v.*, चुभाना, गोदना। > प्रिकॅल

prickly, कँटीला, काँटेदार, कण्टकित; चुभानेवाला, झुनझुनी* पैदा करनेवाला; ~ heat, अम्हौरी*, अम्भौरी*, पित्ती*, गरमीदाना; ~ pear, नागफनी*। > प्रिक्-लि

pride, 1. (*conceit*) अभिमान, अहंकार, घमण्ड, गर्व; 2. (*self-respect*) आत्माभिमान, आत्मगौरव; 3. (*proper ~*) गौरव, गर्व; 4. (*elite*) सर्वोत्कृष्ट (वर्ग, अंश, वस्तु*); 5. (*prime*) यौवन; उत्कर्ष;~ oneself on, पर गर्व क०; **~ful,** अभिमानी, घमण्डी। > प्राइड; प्राइड्फ़ुल

prie-dieu, प्रार्थना-पीठिका*। > प्रीड्यॅ:

prier, झँकवैया। > प्राइ-अॅ

priest, याजक, पुरोहित; पुजारी; **~craft,** पुजारी-प्रपंच, पुरोहित-प्रपंच; **~ess,** पुजारिन*; **~hood,** पुरोहिताई*, पौरोहित्य; **~ly,** पुरोहिती, याजकीय; **~-ridden,** पुरोहितधीन। > प्रीस्ट; प्रीस्ट्/क्राफ़्ट, ~इस, ~हुड, ~लि, ~रिड्न

prig, दम्भी, ख़ुद-परस्त; परोपदेशक; **~gery,** दम्भ, आत्मसन्तोष; **~gish,** आत्मसन्तुष्ट; तकल्लुफ़-मिज़ाज; *see* PRIG। > प्रिग; प्रिगॅरि; प्रिग्-इश

prim, 1. तकल्लुफ़-मिज़ाज; 2. औपचारिक, रूखा; 3. (*demure*) शान्त, गम्भीर। > प्रिम

prima, प्रथम; प्रधान; **~ donna,** प्रधान गायिका*; **~facie,** *adv.*, ऊपर से (देखने पर), प्रत्यक्षत:; —*adj.*, प्रथमदृष्ट्या। > प्रीमॅ; प्री-मॅ-डॉन्-अॅ; प्राइमॅफ़ेशिई

primacy, प्रमुखता*, श्रेष्ठता*; आधिपत्य। > प्राइमॅसि

primage, अतिरिक्त भाड़ा। > प्राइम्-इज

primal, आद्य, आदिम; प्रमुख। > प्राइमॅल

primarily, 1. (*principally*) मुख्यत: मुख्यतया; प्रधानत:; 2. पहले, आदि में। > प्राइमॅरिलि

primary, 1. (*original*) आद्य, आदिम, आदि-; 2. (*fundamental*) मूल, मूलभूत, मौलिक, बुनियादी; प्राथमिक; 3. (*earliest*) प्रथम, पहला; 4. (*chief*) प्रधान, मुख्य; 5. (*elementary*) प्राथमिक, प्रारंभिक, प्राइमरी; 6. (*chem. phys.*) प्राथमिक; ~education, प्राथमिक शिक्षा*; ~suffix, कृत्प्रत्यय। > प्राइमॅरि

primate, 1. धर्माधिपति; 2. (*amimal*) नर-वानर, प्राइमेट **~s,** नरवानरगण। > प्राइम्-इट (1); प्राइमेट (2) प्राइमेटीज़

prime, *adj.*, 1. (*in time*) प्रथम, पहला; आदिम, आद्य; आरंभिक; 2. (*chief*) प्रधान, मुख्य; 3. (*first-rate*) उत्कृष्ट, बढ़िया, उत्तम; 4. (*fundamental*) मूल, आदि-; 5. (of *numbers*) अभाज्य, रूढ़; —*n.*, 1. (*of life*) चढ़ती जवानी*, बहार*; 2. (*beginning*) प्रारंभ; 3. (*spring*) वसन्त, बहार*; 4. (*best stage*) उत्कर्ष, पूर्णोत्कर्ष, पूर्णता*; 5. (*best part*) सर्वोत्तम अंश; 5. (*dawn*) प्रात:काल, उषाकाल, प्रभात; 7. (*prayer*) प्रभाती*; 8. (*number*) अभाज्य संख्या*; —*v.* 1. (*prepare*) तैयार क०; 2. (*mech.*) पनियाना; 3. (*cover with a first coat of painting*) अस्तर चढ़ाना; 4. सिखा देना; 5. (*a firearm*) रंजक* लगाना या डालना; ~ cost, मूल लागत*; ~matter, आदिद्रव्य; ~meridian, आदि-रेखांश; ~minister, प्रधान मन्त्री; ~mover, आदि प्रवर्तक। > प्राइम

primer, 1. (*book*) प्रवेशिका*; 2. (*of fire-arm*) रंजकी; 3. प्रारंभक। > प्राइम्-अॅ

prim(a)eval, आदिम, आदियुगीन। > प्राइमीवॅल

priming, 1. (*gunpowder*) रंजक*; 2. (*undercoat*) अस्तर; 3. (*of pump*) उपक्रामण। > प्राइम्-इन्ग

primiparous, प्रथमप्रसवा*। > प्राइमिपॅरॅस

primitive, *adj.*, 1. आदिम, आद्य, आदि-; 2. (*ancient*) पुरातन, आदिकालीन, प्राचीन; 3. (*crude*) कच्चा, अपरिष्कृत; 4. (*uncivilized*) असभ्य; 5. (*old-fashioned*) पुराना; 6. (*basic*) मूल; —*n.*, 1. आदिम मानव; 2. मध्यकालीन चित्रकार; 3. (*math.*) पूर्वग; 4. (*gram.*) धातु*, मूल। > प्रिम्-इ-टिव

primitivism, आदिमवाद। > प्रिम्-इटिविज़्म

primo/genitor, आदिपुरुष; **~geniture,** ज्येष्ठता*;

ज्येष्ठाधिकार। > प्राइमॅजे'न्/इ-टॅ, इ-चॅ

primor/dial, आदिकालीन, आदिम, आद्य, आदि-; मौलिक, मूल-; प्रारंभिक; **~dium,** आद्यक। > प्राइमॉ:ड्/यॅल = इअॅल, ~यॅम

prince, राजकुमार; राजा; ~ consort, रानीपति, राजकुँवर; **~dom,** राज्य; **~ly,** 1. राजसी; 2. (*liberal*) उदार; 3. (*magnificent*) शानदार, प्रतापी। > प्रिन्स; प्रिन्स्डॅम; प्रिन्स्-लि

princess, राजकुमारी*। > प्रिन्से'स्, प्रिन-से'स (*when followed by a name*)

principal, *adj.*, मुख्य, प्रधान, प्रमुख; मूल; —*n.*, 1. (*of college*) प्राचार्य, प्रिंसिपल; 2. (*chief*) अध्यक्ष, प्रधान; नायक, नेता, मुखिया; मालिक, स्वामी; 3. (*capital sum*) मूल, मूलधन; 4. (*rafter*) धरन*, शहतीर; 5. मुख्य अपराधी; **~ly,** मुख्यतया। > प्रिन्सॅपॅल = प्रिन्-सिपॅल

principality, राज्य; प्रदेश, जागीर*। > प्रिन्-सि-पैल्-इ-टि

principle, 1. सिद्धान्त; 2. (*ultimate source*) मूलतत्त्व, (सार)तत्त्व, आधारभूत कारण; 3. (*rule*) नियम; 4. (*integrity*) ईमानदारी*, सत्यनिष्ठा*, न्यायनिष्ठा*; on~, सिद्धान्ततः; **~d,** सिद्धान्ती; चरित्रवान्। > प्रिन्सॅपॅल = प्रिन्-सि-पॅल; प्रिन्सॅपॅल्ड

prink, बनना-ठनना। > प्रिन्क

print, *v.*, 1. छापना, मुद्रित क॰; मुद्रांकन क॰; छपवाना; 2. (*stamp*) छाप* या मुहर* लगाना; 3. (*imprint*) अंकित क॰; —*n.*, 1. छपाई*; मुद्रित सामग्री*; प्रति;* 2. (*imprint*) छाप*, छापा, निशान; 3. (*instrument*) छापा, ठप्पा; 4. (*cloth*) छींट*; in ~, प्रकाशित, प्राप्य; out of ~, अप्राप्य; ~order, मुद्रण-आदेश; **~able,** मुद्रणीय; **~ed,** मुद्रित; **~er,** मुद्रक; **~ing,** छपाई*, मुद्रण; —press, मुद्रण-यन्त्र। > प्रिन्ट; प्रिन्/टॅबॅल, ~टिड, ~टॅ, ~टिन्ग

prior, *adj.*, पूर्व; पूर्ववर्ती; *n.*, मठाधिकारी, मठाध्यक्ष; ~to, से पहले; **~ess,** मठाध्यक्षा; **~ity,** 1. प्राथमिकता*, प्रथमता*, अग्रता*; 2. (*in time*) पूर्वता*, पूर्ववर्तिता*; **~y,** मठ। > प्राइ-अॅ; प्राइअॅरिस; प्राइऑरिटि; प्राइअॅरि

prism, 1. प्रिज़्म, समपार्श्व; 2. (*optics*) प्रिज़्म, संक्षेत्र; 3. (*spectrum*) स्पेक्ट्रम, वर्णक्रम, रंगावली*; **~atic,** समपार्श्वीय; प्रिज़्मी, सांक्षेत्रिक। > प्रिज़्म; प्रिज़्मैट्-इक

prison, क़ैदखाना, जेलख़ाना, कारागार, बन्दीगृह; **~er,** क़ैदी, बन्दी; —of state, राजबन्दी; — of war, युद्धबन्दी; **~-warden,** कारापाल, जेलर। > प्रिज़ॅन; प्रिज़्-नॅ

pristine, 1. (*former*) पूर्व, भूतपूर्व; 2. (*ancient*) पुरातन, प्राचीन, पूर्वकालीन; 3. (*original*) आदिम, आदि(कालीन)। > प्रिस्टाइन

prittle-prattle, बकबक*। > प्रिटॅल्प्रैटॅल

privacy, 1. (*seclusion*) एकान्त, एकान्त स्थान, विविक्त, एकान्तता*; 2. (*secrecy*) गुप्ति*, गोपन, दुराव, छिपाव; गोपनीयता*। > प्राइवॅसि

private, *adj.*, 1. (*one's own*) निजी; 2. (*personal*) व्यक्तिगत, वैयक्तिक, ख़ास; 3. (*not public*) ग़ैरसरकारी, अराजकीय, अशासकीय; असार्वजनिक, अलोक; 4. (*secluded*) ऐकान्तिक; 5. (*ordinary*) साधारण; 6. (*secret*) गुप्त; 7. (*confidential*) गोपनीय; 8. (*of agreement*) आपसी; 9. (*student*) स्वतन्त्र; —*n.*, 1. सामान्य सैनिक; 2. (*pl.*) गुप्तांग; **in~, ~ly,** एकांत में, अकेले में; गुप्त रूप से; व्यक्तिगत रूप से; व्यक्तिगत जीवन में। > प्राइव्-इट, ~लि

privateer, निजी या ग़ैरसरकारी युद्धपोत (का कप्तान)। > प्राइवॅटिअॅ

privation, 1. (*absence*) राहित्य, अभाव; 2. (*want*) तंगी*, कठिनाई*, कष्ट। > प्राइवेशॅन

privative, 1. अपहर्ता, अपहारक; अभावात्मक; 2. (*gram.*) अभाववाचक; ~term, वैकल्प पद। > प्रिवॅटिव

privilege, *n.*, 1. विशेषाधिकार, प्राधिकार; 2. (*special advantage*) सुविधा*; सौभाग्य; —*v.*, 1. विशेषाधिकार प्रदान क॰; 2. विशेष सुविधा* देना; 3. (*exempt*) रियायत* क॰, छूट* देना; breach of~, अधिकार-हनन; **~d,** प्राधिकृत, विशेषाधिकृत; विशेष सुविधा-प्राप्त; रियायती, सुविधा-; —communication, सविशेषाधिकार संसूचना*। > प्रिव्/इलिज; ~इलिज्ड

privity, 1. रहस्य-ज्ञान, गुप्त जानकारी*; 2. (*law*) सम्बन्ध। > प्रिव्-इटि

privy, *adj.*, 1. ~ council, सर्वोच्च न्यायालय; ~ purse, राजभत्ता, निजी कोश; ~seal, राजमुद्रा*; —*n.*, 1. शौचघर, शौचगृह; शौच-गर्त्त; 2. (*law*) संसर्गी, सम्बन्धी। > प्रिव्-इ

prize, *n.*, 1. पुरस्कार, पारितोषिक, इनाम; 2. (*ship*) विजित पोत; 3. (*loot*) नौजित माल, समुद्री लूट*, जीत* का माल; —*adj.*, 1. पुरस्कृत; 2. (*first class*) उत्कृष्ट; —*v.*, 1. (*esteem*) महत्त्व देना, सम्मान क॰, क़द्र* क॰; 2. (*seize*) जीत लेना; 3. (*force open*) तोड़ना, खोल देना; **~-court,** समुद्री लूट* न्यायालय; **~ distribution,** पुरस्कारवितरण; **~-fighter,** मुक्केबाज़; **~-money,** विजित धन। > प्राइज़

pro, *prefix*, 1. (*instead*) प्रति-; 2. (*inferior*) उप-; 3. (*early*) पूर्व-; 4. (*front*) अग्र-; 5. (*forward*) प्र-; —*adv.*, पक्ष में; —*adj.*, अनुकूल; *n.*, समर्थक; अनुकूल तर्क; सकारात्मक मत; ~and con, *adv.*, पक्ष और विपक्ष में —*v.*, तर्क-वितर्क क॰; ~s and cons, तर्क-वितर्क, पक्ष-विपक्ष। > प्रो

proa, डोंगा। > प्रोअॅ

probabi/liorism, अधिसम्भाव्यवाद; **~lism,** सम्भाव्यवाद; **~lity,** संभाव्यता*, संभाविता*, प्रायिकता*; सम्भावना*। > प्रॉबॅबिल्-इअॅरिज़्म; प्राबॅबिलिज़्म; प्रॉबॅबिल्-इटि

probable, संभावित, प्रसंभाव्य, प्रायिक, संभाव्य, संभवहीन। > प्रॉबॅबॅल

probably, सम्भाव्यत:; संभवत:। > प्रॉबॅब्लि

probate, *n.*, सम्प्रमाण; प्रमाणित इच्छापत्र; —*adv.*, (*v.*) सम्प्रमाणित (क०), प्रोबेट। > प्रोब्-इट (*adj.*), प्रोबेट (*adj.*, *v.*)

probation, परिवीक्षा*, परख*, परीक्षण, परीक्षा*, परख-अवधि*; **~ary,** परिवीक्षा-, परिवीक्षात्मक; परिवीक्षाधीन, परीक्ष्यमाण; **~er,** पारीक्षणिक, परिवीक्षार्थी। > प्रॅबे/शॅन, ~शॅनॅरि, ~शॅनॅ

probative, प्रमाणक। > प्रोबॅटिव़

probe, *n.*, 1. (*instrument*) सलाई*; 2. परीक्षण, जाँच*, तहक़ीक़ात*; —*v.*, गहराई* नापना; जाँचना, जाँच-पड़ताल* क०। > प्रोब

probity, ईमानदारी*; सत्यनिष्ठा*। > प्रोब् = प्रॉब्/इटि

problem, 1. समस्या*; 2. (*question*) प्रश्न; 3. (*math.*) निर्मेय; **~atic,** 1. (*doubtful*) सन्दिग्ध, सन्देहास्पद; अनिश्चित; 2. कठिन, समस्यात्मक, जटिल; **~(at)ist,** समस्या-शौक़ीन; समस्या-विधायक (*setter*)। > प्रॉब्/लॅम = लिम = ले'म; प्रॉब्लिमैट्-इक; प्रॉब्लि/मॅटिस्ट, ~मिस्ट

proboscis, सूँड*, शुण्डिका*, शुण्ड। > प्रॅबॉस्-इस

procedure, 1. क्रियाविधि*, प्रक्रिया*, कार्यविधि*, कार्यप्रणाली*; 2. (*conduct*) व्यवहार। > प्रॅ-सी-जॅ

proceed, आगे बढ़ना, अग्रसर होना; करने लगना; मुक़दमा चलाना; पैदा या उत्पन्न होना, से निकलना; **~ing,** 1. कार्यवाही*, कार्रवाई*; 2. (*advance*) प्रगति*, प्रगमन; 3. (*pl.*) कार्यविवरण, विवरण; **~s,** प्राप्ति*, अर्थागम, आय*, लाभ, नफ़ा, मुनाफ़ा। > प्रॅसीड्; प्रॅसीड्-इना; प्रोसीड्ज़

process, *n.*, 1. (*operation*) प्रक्रम (*phys.*); प्रक्रिया*; 2. (*progress*) प्रगति*, गति*; 3. (*law*) वाद, मुक़दमा, कार्यवाही*; 4. (*summons*) सम्मन, प्रसर, आदेशिका*; 5. (*outgrowth*) प्रवर्ध(क), कण्टक; 6. (*method*) प्रणाली*, विधि*, परिपाटी*; —*v.*, 1. (*presecute*) मुक़दमा चलाना, अभियोग चलाना; 3. (*reproduce*) प्रतिलिपि* तैयार क०; **~ed,** (*fish*) संसाधित (मछली*); **~ing,** संसाधन। > प्रोसे'स; प्रोसे'स्ट; प्रोसे'सिना

procession, 1. जलूस, शोभायात्रा*; 2. (*of Holy Spirit*) प्रसरण। > प्रॅसे'शॅन

proclaim, 1. (*announce*) घोषित क०, उद्घोषित क०; 2. (*show to be*) प्रमाणित क०। > प्रॅक्लेम

proclamation, घोषणा*, उद्घोषणा*, मुनादी*, एलान; घोषणा-पत्र। > प्रॉक्लॅमेशॅन

proclitic, अग्राश्रयी, बलाघात-रहित(शब्द)। > प्रॅक्लिट्-इक

proclivity, झुकाव, प्रवृत्ति*। > प्रॅक्लिव़्-इटि

proconsul, राज्यपाल, प्रान्तपति; उप-वाणिज्यदूत। > प्रोकॉन्सॅल

procrasti/nate, विलम्ब क०, देर* लगाना; टालना; आगे बढ़ाना, स्थगित क०; **~nation,** दीर्घसूत्रता*, टाल-मटोल*; विलम्बन, स्थगन; विलम्ब, देर*; **~nator,** दीर्घसूत्री, विलम्बी, चिरकारी; **~natory,** विलम्बकारी। > प्रॅ = प्रो-क्रैस-टि-नेट; प्रोक्रैस-टि-ने-शॅन; प्रो-क्रैस्-टि/ने-टॅ, ~नेटॅरि

procre/ant, प्रजनक, उत्पादक; **~ate,** प्रजनन क०; उत्पन्न क०, पैदा क०; **~ation,** प्रजनन, उत्पादन; उत्पत्ति*; **~ative,** प्रजननक्षम; प्रजनक; उत्पादक; **~ator,** जनक। > प्रोक् रिअॅन्ट, ~रिएट; प्रोक्रिएशॅन; प्रोक्/रिएटिव़; ~रिएटॅ

proctor, 1. (*agent*) अभिकर्ता; 2. अनुशासक; 3. (*univ.*) कुलानुशासक। > प्रॉक्-टॅ

procumbent, 1. पट; 2. (*bot.*) शयान। > प्रॅ = प्रोकॅम्बॅन्ट

procurable, प्राप्य। > प्रॅक्युअॅरॅबॅल

procuration, 1. प्रापण; प्राप्ति*; 2. (*pimping*) दलाली*; 3. (*attorney*) मुख़्तारी अधिकार (*power*); मुख़्तारी* (*function*)। > प्रॉक्युअॅरेशॅन

procurator, 1. (*agent*) मुख़्तार; 2. (*governor*) राज्यपाल। > प्रॉक्-युअ-रे-टॅ

procure, 1. (*acquire*) प्राप्त क०; 2. (*act as procurer*) दलाली* क०, कुटनाना, कुटनापा क०; **~ment,** प्रापण (अधि)-प्राप्ति*, उपलब्धि; मुख़्तारी*; प्रबन्ध, इन्तज़ाम। > प्रॅक्युअॅ

procurer, 1. प्रापी, प्रापयिता; 2. (*pimp*) कुटना, दलाल, भडुआ। > प्रॅक्युअॅरॅ

procuress, कुटनी*। > प्रॅक्युअॅरिस

prod, *v.*, 1. कोंचना, खोदना, धकियाना; 2. (*rouse*) उकसाना, प्रेरित क०; 3. (*irritate*) तंग क०, छेड़ना; —*n.*, 1. धक्का; 2. (*goad*) अंकुश, खोदनी*। > प्रॉड

prodelision, आद्यस्वरलोप। प्रोडिलिश्ज़न

prodigal, 1. ख़र्चीला, ख़रचीला, अपव्ययी, फ़ुजूलख़र्च; 2. (*generous*) उदार, अत्युदार, मुक्तहस्त; 3. (*profuse*) प्रचुर, विपुल; **~ity,** अपव्यय, फ़ुज़ूलख़र्ची*; उदारता*, वदान्यता*; प्राचुर्य, बाहुल्य; **~ize,** फ़ुजूलख़र्ची* क०। > प्रॉड्-इ-गॅल; प्रॉडिगैल्-इटि; प्रॉड्-इगॅलाइज़

prodigious, 1. (*amazing*) आश्चर्यजनक, अनोखा, अपूर्व; 2. (*abnormal*) असाधारण; अस्वाभाविक; अप्रसामान्य; 3. (*enormous*) बड़ा, बृहदाकार, अतिविशाल। > प्रॅडिजॅस

prodigy, कौतुक, चमत्कार; अद्‌भुत वस्तु* या व्यक्ति; विलक्षण प्रतिभासम्पन्न व्यक्ति। > प्रॉड् इ-जि

prodrome, प्रस्तावना*, पूर्वलक्षण। > प्रॉडरोम = प्रॉड्रॅम

produce, *v.*, 1. उत्पन्न क०, पैदा क०; उत्पादन क०; बनाना, तैयार क०; 2. (*compose*) रचना* क०, 3. (*exhibit*) दिखलाना, प्रस्तुत क०, पेश क०; 4. (*stage*) का अभिनय क०, प्रस्तुत क०; 5. (*extend*) बढ़ाना; —*n.*, उपज*, पैदावार*; माल, उत्पादन (*of factories*) 2. (*thing produced*) उत्पाद; 3. (*result*) परिणाम, 4. (*fruit*) फल, **~d,** उत्पादित, प्रस्तुत **~r,** उत्पादक; प्रस्तुतकर्ता, सूत्रधार। > प्रॉड्यूस (*n.*), प्रॅड्यूस (*v.*); प्रॅड्यूस्ट; प्र-ड्यू-सॅ

producible, उत्पाद्य, प्रस्तुत्य। > प्रॅड्यूसॅबॅल

product, 1. *see* PRODUCE *n.*, (1, 2, 3, 4) 2. (*math.*) गुणनफल; **~ion,** 1. (*act*) 2. उपज*, उत्पादन; 3. (*art*) रचना*; 4. (*law*) प्रस्तुति*, पेश क०, 5. प्रदर्शन; 6. (*prolongation*) प्रवर्धन; **~ive,** 1. उत्पादक, उत्पादी, उत्पादनकारी; 2. (*fertile*) उपजाऊ, उर्वर; **~ivity,** उत्पादकता*; उर्वरता*, उपजाऊपन। > प्रॉडॅक्ट; प्रॅडॅक्/शॅन, ~टिव्; प्रॉडॅक्-टिव्-इ-टि

proem, प्रस्तावना*, आमुख। > प्रो-इम

profanation, 1. अपवित्रीकरण; 2. (*cheapening*) लघूकरण। > प्रॉफ़ॅनेशॅन

profane, *n.*, 1. (*secular*) लौकिक; सांसारिक, धर्मनिरपेक्ष; 2. (*not initiated*) अदीक्षित; 3. (*unhallowed*) अपवित्र; 4. (*impious*) विधर्मी, अधर्मी; —*v.*, अपवित्र क०; दूषित क०; अनादर क०; का दुरुपयोग क०। > प्रॅफेन

profanity, लौकिकता*; अपवित्रता*; 2. (*language*) (ईश)निन्दा*; गाली*। > प्रॅफ़ैन्-इटि

profess, 1. प्रकट क०, खुले आम कहना, दिखाना, प्रदर्शित क०, घोषित क०; 2. (*claim*) दावा क०; 3. (*pretend*) का प्रदर्शन क०, का अभिनय क०; 4. का पेशा क०; प्राध्यापक होना, सिखाना; 5. पर विश्वास प्रकट क०, स्वीकार क०, मानना; 6. (*in rel. order*) दीक्षा* लेना, व्रत लेना; **~ed,** 1. व्रतदीक्षित, व्रतधारी; 2. घोषित, ज्ञापित; आत्मघोषित; 3. (*pretended*) तथाकथित; **~edly,** प्रकट रूप से, ख़ुल्लम-ख़ुल्ला। > प्रॅफ़े'स; प्रॅफ़े'स्ट; प्रॅ-फ़े'स्-इड-लि

profession, 1. (*occupation*) व्यवसाय, पेशा, वृत्ति*, धन्धा; 2. (*avowal*) घोषणा*; प्रदर्शन; अंगीकार, स्वीकारोक्ति*, स्वीकरण; 3. (*in rel. order*) व्रतधारण, व्रतदीक्षा*, **~al,** *adj.*, व्यावसायिक, पेशावर; —*n.*, व्यवसायी; **~alism,** व्यावसायिकता*। > प्रॅफ़े'शॅन; प्रफ़े'शॅनल; प्रफ़े'श्‌नॅलिज़्म

professor, प्राध्यापक; आचार्य, प्रोफ़ेसर; **~ate,** आचार्यत्व; प्राध्यापक-गण; **~ial,** प्राध्यापकीय; **~ship,** प्रोफेसरी*, प्राध्यापकी*। > प्रॅफ़े'स्-अॅ; प्रॅफ़े'सॅरिट; प्रॉफ़े'सॉ:र्-इअॅल; प्रफ़े'सॅशिप

proffer, *v.*, अर्पित क०, *n.*, अर्पण। > प्रॉफ़्-अॅ

profici/ency, प्रवीणता*, निपुणता*, योग्यता*; **~ent,** प्रवीण, निपुण। > प्रॅफ़ि/शॅन्-सि, ~शॅन्ट

profile, 1. पार्श्वचित्र, पार्श्वक, पार्श्विका*, पार्श्वदृश्य, पार्श्वगत चित्र, एकचश्म; 2. (*outline*) रूपरेखा*; रेखाचित्र; 3. (*transverse section*) परिच्छेदिका*, अनुप्रस्थ या आड़ी काट*। > प्रोफ़ाइल

profit, *n.*, 1. लाभ, नफ़ा, मुनाफ़ा, फ़ायदा; 2. (*well-being*) हित, कल्याण; ~ and loss, लाभ-हानि*, लाभालाभ; —*v.*, लाभ उठाना; लाभदायक या हितकर होना, लाभ पहुँचाना; **~able,** लाभदायक, लाभकारी, लाभप्रद। > प्रॉफ़्/इट, ~इटॅबॅल

profiteer, मुनाफ़ाखोर; *v.*, मुनाफ़ाखोरी* क०; **~ing,** मुनाफ़ाख़ोरी*, अपलाभ(न)। > प्रॉफ़िटिअॅ; प्रॉफ़िटिअॅर्-इन्ग

profli/gacy, लाम्पट्य, दुश्चरित्रता*; अपव्यय; **~gate,** दुश्चरित्र, लम्पट, चरित्रहीन; अपव्ययी, उड़ाऊ, फ़ुज़ूलख़र्च, ख़र्चीला। > प्रॉफ़्/लिगॅसि, ~लिगिट

profluent, प्रवाही। > प्रोफ़्लुअॅन्ट

proforma, उपचारात्, उपचारार्थ। > प्रोफ़ॉ:म्-अॅ

profound, 1. (*physical*) गहरा; 2. (*fig. of feelings*) गहरा; 3. (*learned*) पारंगत; 4. (*in meaning*) गंभीर; 5. (*abstruse*) गूढ़, दुर्बोध, गहन। > प्रॅफ़ाउन्ड

profundity, 1. गहराई*; 2. गाम्भीर्य, 3. गूढ़ता*; 4. (*abyss*) अगाध गर्त्त; 5. गंभीर सत्य। > प्रॅ-फ़ॅन्-डि-टि

profuse, 1. उदार, मुक्तहस्त; 2. (*prodigal*) उड़ाऊ; 3. (*abundant*) प्रचुर, बहुल, विपुल, अत्यधिक। > प्रॅफ़्यूस

profusion, उदारता*, अतिव्यय; अपव्यय; प्राचुर्य, आधिक्य। > प्रॅफ़्यूश्ज़ॅन

proge/nitive, प्रजनक; **~nitor,** (प्र)जनक; पूर्वज; **~nitorial,** पूर्वजीय; **~nitress,** पूर्वजा*; **~niture,** प्रजनन। > प्रोजे'न्/इटिव्, ~इ-टॅ प्रोजे'निटॉ:र्-इअॅल; प्रोजे'न्/इट्रिस, ~इ-चॅ

progeny, 1. सन्तति*, सन्तान*; 2. शिष्य-(गण); 3. (*outcome*) परिणाम। > प्रॉजिनि

prognathism, उद्‌गतहनुता*। > प्रॉग्‌नॅथिज़्म

prognathous, उद्गतहनु। > प्रॉग्नॅथॅस = प्रॉग्नेथॅस

prognosis, (*med.*), पूर्वानुमान। > प्रॉग्नोस्-इस

prognos/tic, 1. (*omen*) शकुन; 2. (*forecast*) पूर्वानुमान, पूर्वसूचना; 3. (*med.*) पूर्वलक्षण; —*adj.*, पूर्वानुमानिक; पूर्वसूचक; **~ticate,** पूर्वानुमान क०, पहले से बताना, भविष्यवाणी* क०; सूचित क०, जताना, का लक्षण होना, का पूर्वाभास होना; **~tication,** 1. पूर्वानुमान; 2. भविष्यवाणी*; 3. (*fore-boding*) पूर्वाभास; **~ticative,** पूर्वसूचक, पूर्वानुमानिक; **~ticator,** पूर्वानुमाता। > प्रॉग्नॉस्/टिक, ~टिकेट, ~टिकेशॅन, ~टिकॅटिव़ ~टि-के-टॅ

program(me), 1. कार्यक्रम, प्रोग्राम; 2. (*plan*) योजना*। > प्रोग्रैम

progress, *n.*, 1. (*improvement*) उन्नति*, प्रगति*, तरक़्क़ी*; 2. (*advance*) प्रगति*, प्रगमन, अग्रगति*; 3. (*developm.*) विकास; —*v.*, उन्नति* क०; आगे बढ़ना; विकास पाना; आगे बढ़ाना, प्रोत्साहित क०, विकसित क०। > प्रोग्रेस (*n.*); प्रॅग्रे'स (*v.*)

progression, 1. (*progress*) प्रगति*; 2. (*sequence*) अनुक्रम, श्रेणी*; 3. (*math.*) श्रेढ़ी*; 4. (*music*) स्वरक्रम, स्वरानुक्रम, आरोह-अवरोह; 5. (*astr.*) अग्रगमन; **~ist,** प्रगतिवादी। > प्रॅग्रे'शॅन; प्रॅ-ग्रे'-शॅ-निस्ट

progressive, 1. (*of persons*) प्रगतिशील; 2. (*making progress*) प्रगामी, पुरोगामी; 3. (*gradual*) क्रमिक, उत्तरोत्तर; 4. (*increasing*) वर्धमान; 5. (*gram.*) सप्रवाह; 6. (*math.*) श्रेढ़िक; 7. (*lit.*) प्रगतिशील; **~ly,** उत्तरोत्तर। > प्रॅग्रे'स्-(इव़)

progressivism, प्रगतिवाद; प्रगतिशीलता*। > प्रॅग्रे'स्-इविज़्म

prohibit, 1. मना क०, निषेध क०, प्रतिषेध क०; 2. (*prevent*) रोकना; 3. (*debar*) वर्जित क०; **~ed,** निषिद्ध, प्रतिषद्ध; निबद्ध; वर्जित।> प्रॅहिब्/इट, ~इटिड

prohobition, 1. निषध, प्रतिषेध, मनाही*; 2. (*of liquor*) मद्य-निषेध; 3. (*writ*) निषेधाज्ञा* प्रतिषेध-लेख; **~ist,** मद्यनिषेधवादी; प्रतिषेधवादी। > प्रोइबि/शॅन, ~शॅनिस्ट

prohibitive, 1. (*prohibitory*) प्रतिषेधक, निषेधक; 2. (*gram.*) निषेधात्मक, निषेधवाची। > प्रॅहिब्/इटिव़, ~इटॅरि

project, *n.*, परियोजना*, प्रायोजना*, योजना*; *v.t.*, 1. (*throw*) फेंकना; 2. (*a shadow etc.*) डालना; 3. (*geom., psych.*) प्रक्षेपण क०; *v.t.*, बाहर निकला हुआ या बहिर्विष्ट होना; **~ed,** प्रक्षिप्त, प्रक्षेपित। > प्रॉजेक्ट (*n.*); प्रॅजे'क्ट (*v.*); प्रॅ-जे'क्-टिड

projectile, *n.*, अस्त्र; *adj.*, प्रक्षेप्य; प्रक्षेपक। > प्रॅजे'क्टाइल

projec/ting, 1. प्रक्षेपी; 2. (*sticking out*) बहिर्विष्ट; बहिर्वेशन **~tion,** (*all meanings*) प्रक्षेप(ण); **~tive,** प्रक्षेपीय; **~tor,** प्रक्षेपक; प्रक्षेपित्र। > प्रॅजे'क्/टिन्ग, ~शॅन, ~टिव़, ~टॅ

prolapse, भ्रंश। > प्रोलैप्स

prolate, 1. दीर्घाक्ष; 2. (*extended*) विस्तृत; 3. (*fig.*) व्यापक। > प्रोलेट

prolative, सहार्थी। > प्रॅ =पोलेट्-इव़

prolego/menon, (~mena) प्राक्कथन, उपोद्घात। > प्रोलि = प्रोले'गॉम्/इनॅन, ~इॅनॅ

prolepsis, पूर्वप्रयोग। > प्रो-ले'प्-सिस

proleta/rain, श्रमजीवी, सर्वहारा; **~riat(e),** सर्वहारा-वर्ग, मज़दूरवर्ग, श्रमजीवी। > प्रोलिटे'ॲर्/इॲन, ~इॲट

proli/cide, अपत्यघात; **~cidal,** अपत्यघातक। > प्रोल्-इसाइड; प्रोलिसाइडॅल

proli/ferate, प्रचुर मात्रा* में उत्पन्न होना या क०; **~feration,** प्रचुरोद्भव(न); **~ferous,** प्रचुरोद्भवी। > प्रोलिफ़ॅरेट; प्रोलि.फ़ॅरेशॅन; प्रोलिफ़ॅरॅस

prolific, 1. प्रजावती*, बहुप्रज, बहुप्रसव; 2. (*fertile*) उर्वर; बहुफलदायक; 3. (*fig.*) बहुसर्जक, बहुकृतिक; 4. (*abounding*) से भरपूर; **~acy,** बहुप्रजता*; **~ation,** (बहु)-प्रजनन; *see* PROLIFERATION; **~ity,** बहुप्रजता*; उर्वरता*; बहुसर्जकता*; प्रचुरता*। > प्रॅलिफ़्/इक, ~इकॅसि; प्रोलिफ़िकेशॅन; प्रोलिफ़िसिटि

proligerous, अपत्यवान्; अपत्यवती*। > प्रॅलिजॅरॅस

prolix, 1. अतिविस्तृत, अपविस्तृत; 2. (*person*) बहुभाषी; **~ity,** अतिविस्तार, अपविस्तार। > प्रोल्-इक्स; प्रॅलिक्स्-इटि

prolocutor, 1. अध्यक्ष; 2. (*spokesman*) प्रवक्ता। > प्रॉ-लॉ-क्यु-टॅ

prologue, 1. आमुख, प्रस्तावना*; 2. (*preliminary*) पूर्वरंग, प्रारंभिक कार्य। > प्रोलॉग

prolong, 1. (*in time or space*) बढ़ाना, लम्बा या दीर्घ क०; 2. (*in time*) जारी रखना; 3. (*phon.*) दीर्घ क०; **~ation,** दीर्घीकरण, प्रवर्द्धन (*also distance added*); **~ed,** दीर्घीकृत, प्रवर्द्धित; दीर्घ, लम्बा। > प्रॅलॉन्ग; प्रोलॉन्ग्गेशॅन; प्रॅलॉन्ग्ड

prolusion, 1. पूर्वरंग; 2. (*essay*) प्रयोग। > प्रॅलूश़ॅन

prolusory, प्रारम्भिक। > प्रॅलूसॅरि

promenade, *n.*, 1. चहलक़दमी*, विचरण; 2. (*avenue*) विहारस्थल, विचरणस्थल; —*v.i.*, टहलना; —*v.t.*, टहलाना, घुमाना; ~deck, विहार डेक। > प्रॉमिनाड

promi/nence, 1. (*excellence*) उत्कर्ष, विशिष्टता*; प्राधान्य; 2. (*physical*) उदग्रता*, उत्सेध; 3. (*a *projection*) प्रक्षेप, ऊँचा स्थान; **~nent,** 1. (*distinguished*) प्रमुख, मुख्य, विशिष्ट, लब्धप्रतिष्ठ; 2. (*conspicuous*) सुव्यक्त, सुस्पष्ट, सुप्रकट; 3. (*projecting*) उदग्र, बाहर निकला हुआ। > प्रॉम्/इनॅन्स, ~इनॅन्ट

promis/cuity, 1. प्रकीर्णता*; 2. (*medley*) घालमेल, मिश्रण; 3. स्वच्छन्द संभोग; **~cuous,** 1. (*jumbled*) गड्डबड्ड; 2. (*mixed*) मिश्रित, प्रकीर्ण; 3. (*indiscriminate*) अन्धाधुन्ध; 4. (*indiscriminating*) अविवेकी; 5. (*sexually*) स्वच्छन्दसंभोगी, असंयमी। प्रॉमिस्क्यूइटि; प्रॅमिस्क्यूअॅस

promise, *n.*, प्रतिज्ञा*, वादा, प्रतिश्रुति*, वचन; आशा, प्रत्याशा*; —*v.*, 1. प्रतिज्ञा* क०, वचन देना; 2. (*betroth*) वाग्दान क०; 3. आशा* दिलाना या देना; 4. (*assure*) विश्वास दिलाना; **~d,** प्रतिज्ञात, प्रतिश्रुत; **~d,** प्रतिज्ञाती। > प्रॉम्-इस; प्रॉमिसी

promising, 1. आशाजनक; 2. (*person*) होनहार, उदीयमान। > प्रॉम्-इसिन्

promisor, प्रतिज्ञाता, प्रतिज्ञाकर्ता। > प्रॉम्-इसॉ:

promissory, सप्रतिज्ञ, प्रामिसरी; ~note, रुक्का, वचनपत्र। > प्रॉम्-इसॅरि

promontory, 1. अन्तरीप; 2. (*med.*) प्रोत्तुंग। > प्रॉमॅन्टॅरि

promote, 1. तरक़्क़ी* देना, पदोन्नति* क०; 2. (*further*) प्रोत्साहन देना, (आगे) बढ़ाना, बढ़ावा देना; 3. (*raise*) उन्नत क०; 4. (*a law*) समर्थन क०, बढ़ावा देना; 5. (a *company*) प्रवर्तन क०; 6. (*educ.*) चढ़ाना; सम्पारित क०; **~d,** उन्नीत; **~r,** प्रोत्साहक, समर्थक, वर्धक; प्रवर्तक। > प्रॅमोट; प्रॅमोट्-अॅ

promotion, तरक़्क़ी*, पदोन्नति*; प्रोत्साहन, समर्थन; उन्नयन; प्रवर्तन, संस्थापन; सम्पारण, कक्षोन्नति*। > प्रॅमोशॅन

promotive, उन्नायक, प्रोत्साहक; समर्थक; प्रवर्तक। > प्रॅमोट्-इव

prompt, *adj.*, 1. (*person*) तत्पर, उद्यत, मुस्तैद, तैयार; 2. तत्काल, शीघ्र, अचिर, तात्कालिक; तुरन्त तैयार; —*adv.*, 1. (*promptly*) तुरन्त, अविलंब, तत्काल, झटपट, झट; 2. at seven ~, ठीक सात बजे; —*n.*, 1. अनुबोधन; 2. (*com.*) अवधि*; —*v.*, 1. प्रेरित क०, प्रोत्साहन देना; 2. (*suggest*) जताना, सुझाना; 3. (*an actor, e.g.*) अनुबोधन क०; **~er,** प्रेरक, प्रोत्साहक; अनुबोधक; **~itude,** तत्परता*, मुस्तैदी*; शीघ्रता*। > प्रॉम्प्ट = प्रॉम्प्ट; प्रॉम्प्ट्/अॅ, ~इट्यूड

promul/gate, 1. प्रख्यापित क०, घोषित क०; 2. (*put into effect*) जारी क०, लागू क०, प्रवर्तित क०, प्रचारित क०; 3. (*spread*) फैलाना, प्रचारित क०, प्रचार क०; **~gation,** प्रख्यापन; प्रवर्तन; प्रचार। > प्रॉमॅल्गेट; प्रॉमॅल्गेशॅन

promycelium, प्रकवक। > प्रोमाइसीलिअॅम

pro/nate, अधोवर्तित क०; **~nation,** अधोवर्तन, अवतानन; **~nator,** अवताननी*। > प्रोनेट; प्रोनेशॅन; प्रोनेट्-अॅ

prone, 1. (*bowed*) प्रणत, अधोवृत्त, अधस्तन; 2. (*face downwards*) अधोमुख; 3. (*on stomach*) पट; 4. (*inclined to*) प्रवण, प्रवृत्त; 5. (*sloping*) ढालू, अधोगामी। > प्रोन

proneur, प्रशंसक। > प्रो-नॅ:

prong, 1. काँटा, शूल; 2. (*of fork*); भुजा*; **~ed,** काँटेदार। > प्रॉन्ग; प्रॉन्ग्ड

pronominal, सार्वनामिक; सर्वनामजात। > प्रॅनॉम्-इनॅल

pronoun, सर्वनाम। > प्रोनाउन

pronounce, 1. (*proclaim*) सुनाना, घोषित क०, बता देना; 2. (*utter*) उच्चारित क०; 3. फैसला देना, निर्णय देना; अपना मत प्रकट क०; **~able,** उच्चारणीय; **~d,** 1. उच्चरित; 2. (*clear*) सुस्पष्ट; 3. (*decided*) सुदृढ़, सुनिश्चित; **~ment,** 1. (*act*) उच्चारण, उद्घोषण, ज्ञापन; 2. (*statement*) उद्घोषणा*, घोषणा*; 3. (*decision*) निर्णय। > प्रॅनाउन्स; प्रॅनाउन्स्ट

pronouncing dictionary, उच्चारणकोश। > प्रॅ-नाउन्-सिना

pronucleus, पूर्वकेंद्रक। > प्रोन्यूक्-लिअॅस

pronunciamento, घोषणा-पत्र। > प्रॅ-नॅन्-सि-अॅ-मे न्-टो

pronunciation, उच्चारण। > प्रॅ-नॅन्-सि-ए-शॅन

proof, *n.*, 1. (*evidence*) प्रमाण, सबूत, उपपत्ति*, 2. (*test*) परीक्षण, जाँच*, 3. (*printing*) प्रूफ़, शोध्यपत्र; 4. (*test-tube*) परखनली*; —*adj.*, अभेद्य; —*v.*, परखना; अभेद्य कर देना; **~-reader,** प्रूफ़-रीडर, प्रूफ़-शोधक, **~spirit,** प्रमाण-स्पिरिट। > प्रूफ़

prop, *n.*, 1. टेक*, थूनी*, 2. (*fig.*) अवलम्ब, सहारा, आश्रय; —*v.*, टेकना, टेक* लगाना; थामना; सँभालना; सहारा देना। > प्रॉप

propaedeutic, *adj.*, प्रारम्भिक; *n.*, प्रवेशिका*, **~s,** प्रारम्भिक ज्ञान। > प्रोपीड्यूट्-इक

propa/ganda, 1. प्रचार, अधिप्रचार; 2. (*R.C.*) धर्मप्रचार-परिषद्*; **~gandist,** प्रचारक, अधिप्रचारक; **~gandize,** (का या में) प्रचार क०। > प्रॉ-पॅ-गैन्-डॅ, डिस्ट, ~डाइज़

propa/gate, *v.t.*, 1. (*spread*) फैलाना, प्रचार क०, प्रचारित क०; 2. (*transmit*) प्रसारित क०, 3. (*raise, breed*) उपजाना; *v.t.*, बढ़ना, फैल जाना; **~gation,** 1. प्रचार(ण), फैलाव; 2. प्रसार(ण); प्रेषण; 3. (*procreation*) प्रजनन; 4. (*of light etc.*) संचरण; 5. (*of vegetation*) प्रवर्धन; **~gator,** प्रचारक; प्रसारक; प्रजनन। > प्रॉपॅगेट; प्रॉपगेशॅन; प्रॉपॅगेटॅ

propel, 1. (*mech.*) नोदन क०; 2. ठेलना, ढकेलना,

धकेलना; फेंकना, मारना; 3. (*fig.*) आगे बढ़ाना, प्रेरणा* देना, प्रेरित क०; **~lant, ~lent,** *adj.*, नोदक, प्रणोदक; —*n.*, प्रणोदी; 2. (*charge*) नोदक, बारूद*; **~ler,** 1. (*mech.*) नोदक, प्रणोदित्र; 2. प्रेरक। > प्रॅपे 'ल, प्रॅपे 'ल्/अॅन्ट, ~अॅ

propensity, प्रवृत्ति*, झुकाव, प्रवणता*। > प्रॅ-पे 'न्-सि-टि

proper, *adj.*, 1. (*suitable*) उचित, उपयुक्त, समीचीन; 2. (*exact*) ठीक, सही, यथातथ्य; 3. (*decent*) समुचित, यथोचित, मर्यादित; 4. (*peculiar*) विशिष्ट, निजी, अपना; 5. (*real*) वास्तविक; 6. (*gram.*) व्यक्तिवाचक; 7. (*of fraction*) वास्तविक; —*n.*, विशेष प्रार्थनाएँ*; **~ly,** उचित रीति* से, ढंग से; ठीक ही; यथार्थ में। > प्रॉप्/अॅ, ~अॅलि

propertied, धनी। > प्रॉपॅटिड

property, 1. (*owndership*) स्वामित्व, स्वत्व; 2. (*possession*) सम्पत्ति*, जायदाद*, 3. (*attribute*) गुण, धर्म, गुणधर्म, विशेषता*; 4. (*theatre*) रंगमंच का साज़-सामान; immovable ~, अचल या स्थावर सम्पत्ति*; landed ~, भूसम्पत्ति*; movable ~, चल, जंगम, या अस्थावर ~; private ~, निजी ~; public ~, सार्वजनिक या राजसम्पत्ति*। > प्रॉपॅटि

prophase, पूर्णावस्था*। > प्रोफ़ेज़

prophecy, भविष्यवाणी*। > प्रॉफ़्-इसि

prophesy, भविष्यवाणी* क०, पहले से बता देना; उपदेश देना। > प्रॉफ़्-इसाइ

prophet, 1. नबी, भविष्यवक्ता, पैग़म्बरी; 2. (*spokesman*) प्रवक्ता; **~ess,** नबिया*, भविष्यवक्त्री*; **~ic,** 1. पैग़म्बरी; 2. (*predictive*) भविष्यसूचक; 3. (*predicted*) पूर्वकथित। > प्रॉफ़्/इट, ~इटिस; प्रॅफ़े 'ट्-इक

prophy/lactic, *adj.*, रोगनिरोधी; *n.*, रोगनिरोधक; **~laxis,** रोगनिरोधन। > प्रॉफ़िलैक् टिक, ~सिस

propinquity, 1. (*in time, space*) सामीप्य; 2. (*likeness*) सादृश्य, साम्य; 3. (*kinship*) रिश्ता। > प्रॅ-पिन्ग्-क्वि-टि

propitiable, अनुनेय। > प्रॅपिशिअॅबॅल

propi/tate, शान्त क०, सन्तुष्ट क०; मना लेना, अनुकुल बना लेना, प्रसादित क०; **~tiation,** 1. प्रसादन; 2. (*atonement*) प्रायश्चित्त; **~tiatory,** प्रसाद; प्रायश्चित्तिक। > प्रॅपिशिएट; प्रॅपिशिएशॅन; प्रॅपिशिअॅ टॅरि

propitious, 1. (*of person*) कृपालु, प्रसन्न, अनुकूल; 2. (*favourable*) अनुकूल, सहायक, हितकर; 3. (*auspicious*) शुभ, मांगलिक। > प्रॅपिशॅस

propolis, छत्ता-गोंद। > प्रॉपॅलिस

proponent, प्रस्तावक। > प्रॅपोनॅन्ट

proportion, *n.*, 1. समानुपात, अनुपात; 2. (*portion*) अंश; 3. (*comparison*) साम्य, सादृश्य; 4. (*dimension*) परिमान, आयाम; —*v.*, के अनुपात में ठीक क०, के अनुसार निर्धारित क०; समानुपातन क०; **~able,** सन्तुलित। > प्रॅपॉ: शॅन; प्रॅपॉ:शॅनॅबॅल

proportional, *adj.*, 1. समानुपाती, आनुपातिक; 2. (*relative*) सापेक्ष; —*n.*, अनुपाती; **~ist,** समानुपातवादी; **~ly,** अनुपात में, अनुपातत:। > प्रॅपॉ: शॅन/नॅल ~नॅलिस्ट, ~नॅलि

proportionate, सन्तुलित; आनुपातिक; **~ly,** अनुपात में, यथानुपात। > प्रॅपॉ: शॅनिट

proposal, प्रस्ताव; विवाह-प्रस्ताव। > प्रॅपोज़ॅल

propose, 1. प्रस्ताव क० या रखना, प्रस्तावित क०, सुझाव देना; 2. (*intend*) इरादा क० या होना, विचार क०, ठान लेना; 3. विवाह का प्रस्ताव क०; 4. प्रस्तुत क०, सामने रखना; **~d,** प्रस्तावित; **~r,** प्रस्तावक। > प्रॅपोज़ प्रॅपोज़्ड; प्रॅपोज़्-अॅ

proposition, 1. प्रस्ताव; 2. (*logic*) प्रतिज्ञप्ति*; 3. (*math.*) साध्य; 4. (*problem*) समस्या*। > प्रॉपॅज़िशॅन

propound, प्रस्तुत क०। > प्रॅपाउन्ड

proprietary, स्वाम्य, मालिकाना, स्वामित्व-। > प्रॅप्राइअॅटॅरि

proprietor, स्वामी, मालिक; **~ship,** स्वामित्व, मालिकी*। > प्रॅप्राइअॅटॅ

proprietress, स्वामिनी*, मालिकिन*। > प्रॅप्राइअॅट्रिस

propriety, 1. (*fitness*) उपयुक्तता*, योग्यता*; 2. औचित्य, मर्यादा* (*also proprieties*)। > प्रॅप्राइअॅटि

propul/sion, 1. नोदन, प्रणोदन; 2. (*fig.*) प्रेरणा*; **~sive,** नोदक, नोदी। > प्रॅपॅल्/शॅन, ~सिव़

propylaeum, द्वार-मण्डप। > प्रॉपिलीअॅम

pro rata, यथानुपात। > प्रो-रा-टॅ

prorate, स्थगित क०; सत्र का अवसान क०। > प्रोरेट

prorogation, सत्रावसान; स्थगन। > प्रोरॅगेशॅन

prorogue, स्थगित क०; सत्र का अवसान क०। > प्रॅरोग

prosa/ic, नीरस, फीका, इतिवृत्तात्मक, शुष्क; **~ism,** नीरसता*; **~ist,** गद्यकार; नीरस व्यक्ति। > प्रोज़ेइक; प्रोज़्/ए-इज़्म, ~ए-इस्ट

proscenium, रंगपीठ, अग्रमंच; आगा, सामना। > प्रोसीन् यॅम

proscribe, 1. (*outlaw*) अवैध या विधिबाह्य घोषित क०, गैरक़ानूनी क़रार देना, अभिनिषिद्ध क०; 2. (*banish*) निर्वासित क०; 3. (*ban*) बाधित क०। > प्रोस्क्राइब = प्रॅस्क्राइब

proscript, विधि-बाह्य; **~ion,** अभिनिषेध (न); निर्वासन; बाधन; **~ive,** (अभि)- निषेधात्मक।
> प्रोस्क्रिप्ट; प्रॅस् = प्रोस्-क्रिप्/शॅन, ~टिव
prose, *n.*, गद्य; *adj.*, गद्यात्मक; *v.*, गद्य लिखना; गद्यरूप देना; नीरस लिखना या बोलना; **~r,** गद्यलेखक; नीरस लेखक या वक्ता। > प्रोज़; प्रोज़्-ॲ
prosector, विच्छेदक। > प्रॅ = प्रो-से'क्-टॅ
prose/cutable, अभियोज्य; **~cute,** 1. (*law*) अभियोग क०, पर मुक़दमा चलाना; 2. चलाना, आगे बढ़ाना, पूरा क०, 3. (*engage in*) में लगा रहना, जारी रखना; **~cution,** 1. अभियोजन, इस्तगासा; अभियोगपक्ष; 2. (*pursuing*) परिचालन, चालन, निष्पादन; 3. अनुष्ठान; **~cutor,** अभियोगी, अभियोजक, अभियोक्ता; **~cutrix,** अभियोजिका*।
> प्रॉस/इक्यूटॅबॅल, ~इक्यूट; प्रॉसिक्यूशॅन; प्रॉस्-इक्यू/टॅ, ~ट्रिस
prose/lyte, नवदीक्षित, धर्मान्तरित; **~lytism,** 1. धर्मप्रचार; 2. (*conversion*) धर्मान्तरण, धर्मपरिवर्तन; **~lytize,** धर्मप्रचार क०, शिष्य बनाना।
> प्रॉस्/इलाइट, ~इलिटिज़्म, ~इलिटाइज़
prosencephalon, अग्रमस्तिष्क।
> प्रॉसे'न्से'फ़ॅलॉन
prosenchyma, दीर्घोतक। > प्रॉस्-ए'न्ग्-कि-मॅ
prosify, गद्य के रूप में प्रस्तुत क०, गद्यरूप देना; गद्य लिखना; नीरस या फीका बना देना। > प्रोज़्-इफ़ाइ
prosodic, छन्दःशास्त्रीय। > प्रॅसॉड्-इक
prosodist, छन्दःशास्त्री। > प्रॉसॅडिस्ट
prosody, छन्दःशास्त्र, पिंगल। > प्रॉसॅडि
prospect, *n.*, 1. (*view*) दृश्य, परिदृश्य; 2. (*pl. fig.*) आसार, लक्षण, भविष्य; 3. (*anticipation*) प्रत्याशा*; 4. (*probable*) सम्भावना*; 5. (*client*) संभावित ग्राहक; 6. (*mining*) पूर्वेक्षण-स्थल; कच्ची धातु* का नमूना; —*v.*, पूर्वक्षण क०; खोजना; **~ing,** पूर्वक्षेण; **~ive,** 1. अग्रदर्शी; 2. (*expected*) प्रत्याशित; 3. (*future*) भावी; 4. (*applying to the future*) भविष्यप्रभावी; 5. (*relying on the future*) भविष्य-सापेक्ष; **~or,** पूर्वेक्षक। > प्रॉसपे'क्ट (*n.*); प्रॅस्पे'क्ट (*v.*); प्रस्-पे'क्/टिव्ह, ~टिव्, ~टॅ
prospectus, विवरणिका*, विवरणपत्र, परिचय-पत्र, विवरण-पत्रिका*। > प्रॅस्पे'क्टॅस
prosper, फलना-फूलना, पनपना, उन्नति* क०; सफल होना, समृद्ध होना; उन्नत क०, समृद्ध क०, बढ़ावा देना; **~ity,** समृद्धि*, वैभव, सम्पन्नता*; उन्नति*, सफलता*; **~ous,** 1. सफल, फलता-फूलता; 2. (*well-to-do*) समृद्ध, धनी; 3. (*favourable*) अनुकूल; हितकर, शुभ।
> प्रॉस्-पॅ; प्रॉस्पे'रिटि; प्रॉस्पॅरॅस
prostate, प्रॉस्टैट ग्रन्थि*, पुरःस्थ। > प्रॉस्टेट
prosthesis, 1. (*gram.*) अग्रागम, आदिस्वरागम; 2. (*med.*) अभावपूर्ति*; कृत्रिम अंग।
> प्रॉस्-थि-सिस
prosti/tute, *n.*, वेश्या*; रण्डी*; *v.*, 1. वेश्यावृत्ति* क०; 2. (*misuse*) बेचना, दुरुपयोग क०, नीच काम में लगाना; **~tution,** वेश्यावृत्ति*, वेश्याकर्म; दुरुपयोग।
> प्रॉस्-टि-ट्यूट; प्रॉस्टिट्यूशॅन
prostrate, *adj.*, 1. साष्टांग प्रणत, दण्डवत् पड़ा हुआ; शयान, भूशायी; 2. गिराया हुआ, निपातित; 3. (*overcome*) अवसन्न; पराजित क०; 4. (*bot.*) भूशायी; —*v.*, गिरा देना; पराजित क०; निस्सहाय या निर्बल कर देना; ~oneself, साष्टांग प्रणाम क०।
> प्रॉस्ट्रेट (*adj.*); प्रॉस्ट्रेट (*v.*)
prostration, 1. साष्टांग प्रणाम, दण्डवत्, प्रणिपात; 2. (*exhaustion*) श्रान्ति*, क्लान्ति*; 3. (*dejection*) अवसन्नता*, विषाद, ग्लानि*; 4. (*defeat*) पराभव, पराजय*। > प्रॉसट्रेशॅन
prosy, नीरस, शुष्क। > प्रोज़्-इ
prosyllogism, पूर्व-न्यायवाक्य। > प्रोसिलॅजिज़्म
protagonist, 1. (*of play*) नायक; 2. (*leader*) नेता; 3. (*champion*) समर्थक। > प्रोटैगॅनिस्ट
protasis, 1. पूर्वरंग; 2. (*gram.*) प्रथम या प्रारंभिक उपवाक्य; 3. हेतुवाक्य। > प्रॉटॅसिस
protean, परिवर्तनशील। > प्रोटीॲन
protect, रक्षा* क०, बचाना, सुरक्षित रखना; संरक्षण क०; **~ed,** (सं)रक्षित, सुरक्षित; **~ing,** संरक्षी।
> प्रॅटे'क्ट; प्रॅ-टे'क्-टिड
protection, (सं)रक्षा*, सुरक्षा*; बचाव, (सु)रक्षण; आवरण, आच्छादन; संरक्षण, (*also econ.*) **~ism,** संरक्षणवाद। > प्रॅटे'क्/शॅन, ~शॅनिज़्म
protective, (सं)रक्षी*, (सं)रक्षक, बचाव-, (सं)रक्षण-, रक्षा-, (सं)रक्षात्मक, एहतियाती; शरण्य।
> प्रॅ-टे'क्-टिव़
protector, 1. (सं)रक्षिक; 2. (*regent*) रीजेंट, प्रतिशासक; **~ate,** संरक्षित राज्य।
> प्रॅटे'क्/टॅ, ~टॅरिट
protectres, (सं)रक्षिका*। > प्रॅ-टे'क्-ट्रिस
prote'ge', आश्रित, रक्षित; **~e,** आश्रिता*, रक्षिता*।
> प्रोटे'श़े
protein, प्रोटीन। > प्रोटीन = प्रोट्-इ-इन
proterozoic, (*era*), प्राजीव (कल्प)।
> प्रॉटॅरोज़ोइक
protest, *v.*, 1. विरोध (प्रकट) क०, प्रतिवाद क०; 2. (*state*) दृढ़तापूर्वक कहना, प्रतिज्ञापित क०; 3. (*comm.*) अस्वीकार क०; —*n.*, 1. विरोध, प्रत्याख्यान, प्रतिवाद, असम्मति*; 2. विरोध-पत्र; 3. (*comm.*) नकार पत्र। > प्रॅटे'स्ट (*v.*); प्रोटे'स्ट (*n.*)
protestant, प्रोटेस्टैन्ट; **~ism,** प्रोटेस्टैंट धर्म।
> प्रॉट्/इस्टॅन्ट, ~इस्टॅन्टिज़्म

protes/tation, 1. विरोध; 2. (*affirmation*) प्रकथन, प्रतिज्ञापन; **~ter, ~tor,** विरोधी; प्रतिज्ञापन; अस्वीकर्ता।
> प्रॉटिस्टेशॅन = प्रोटे'स्टेशॅन; प्रॅ-टे'स्-टॅ

prothala/mion, ~mium, विवाहगीत।
> प्रोथॅलेम्/इॲन, ~इॲम

prothesis, अग्रागम, पूर्वागम, आदिवर्णागम, आदिस्वरागम। > प्रॉथ्-इसिस

prothorax, अग्रवक्ष। > प्रोथोःरैक्स

proto-, आदि-, पूर्व-, अग्र-, आद्य-। > प्रोटो

protocol, 1. (*ceremonial*) नयाचार; 2. (*draft*) पूर्वलेख, संलेख; 3. (*original draft*) मूलप्रति*; 4. (*statement*) विज्ञप्ति*। > प्रोटॅकॉल

proto/genic, आदिजात; **~martyr,** आदि हुतात्मा; **~notary,** सचिव; **~plasm,** जीवद्रव्य; **~plast,** 1. आदिरूप; 2. (*biol.*) जीवद्रव्यक; 3. (*creator*) स्रष्टा; **~type,** 1. आदिप्ररूप; 2. (*model*) आदर्श; **~zoa,** प्रोटोज़ोआ; **~zoic,** आदिजीवी।

proton, प्रोटॉन। > प्रोटॉन

protract, 1. बढ़ाना, लम्बा क०; 2. (*draw*) (अनुपात में) खींचना; **~ed,** दीर्घकालिक, लम्बा, **~ile,** वर्धनीय, प्रसरणीय; **~ion,** 1. प्रवर्धन, दीर्घीकरण; 2. (*drawing*) आलेखन, चित्रांकन; मानचित्र; **~or,** 1. (*instr.*) चाँदा, कोणमापक; 2. (*muscle*) अपाकुंचक।
> प्रॅट्रैक्ट, प्रॅ-ट्रैक्/टिड, ~टाइल, ~शॅन, ~टॅ

protrude, *v.i.*, बाहर निकला हुआ होना; —*v.t.*, 1. बाहर निकालना, बढ़ाना; 2. (*obtrude*) थोपना, लादना। > प्रॅट्रूड

protrusible, बहिःक्षेप्य, बहिःसारी। > प्रॅट्रूसिबॅल

protrusion, बहिःसरण, उद्वर्तन; *see* PROTUBERANCE. > प्रॅट्रूश़ॅन

protrusive, 1. बहिःक्षेपी; 2. (*propulsive*) नोदक; प्रेरक; 3. (*obtrusive*) दुःसाहसी, दुराग्रही, धृष्ट।
> प्रॅट्रूसिव़

protube/rance, 1. (*swelling*) उभाड़, उभार; 2. प्रक्षेप, प्रवर्ध, उत्सेध, प्रोद्वर्ध; **~rant,** उभरा हुआ; उदग्र, प्रक्षेपी; बाहर निकला हुआ, बहिर्विष्ट।
> प्रॅट्यूबॅ/रॅन्स, ~रॅन्ट

proud, 1. अहंकारी, घमण्डी, अभिमानी; 2. (*feeling proper pride*) गौरवान्वित, गर्वित, गर्वीला; स्वाभिमानी; 3. (*splendid*) शानदार, प्रतापी, वैभवशाली; 4. (*arrogant*) उद्धत, अक्खड़; ~flesh, बदगोश्त; be ~ of, पर गौरव (*proper pride*) या अभिमान (*conceit*) क०। > प्राउड

provable, साध्य, प्रमाण्य। > प्रूवॅबॅल

prove, 1. प्रमाणित क०, सिद्ध क०, प्रमाण देना, साबित क०; 2. (*test*) परखना, परीक्षण क०, जाँचना; 3. (*turn out*) निकलना, सिद्ध हो जाना; प्रमाणित होना। > प्रूव

provenance, provenience, उद्गम; उद्गमस्थान। > प्रॉव्-इनॅन्स; प्रॅवीन्-इॲन्स

provender, चारा। > प्रॉव्-इन्-डॅ

proverb, कहावत*, लोकोक्ति*, मसल*, आभाणक; book of ~s, सूक्ति-ग्रन्थ; **~ial,** 1. लोकोक्तीय; 2. लोकप्रसिद्ध; 3. (*notorious*) कुख्यात।
> प्रॉवॅःब; प्रॅवॅःब्यॅल = प्रॅवॅब्-इॲल

proviant, रसद। > प्रॉव्-इॲन्ट

provide, 1. देना, का प्रबन्ध क०; 2. (*supply*) मुहैया क०, संभरण क०; 3. (*gather*) जुटाना; 4. (*prepare*) की तैयार* क०, पहले से (रक्षा* का) प्रबन्ध क०; 5. (*stipulate*) शर्त* लगाना; 6. (*maintain*) भरणपोषण क०; **~d,** बशर्ते कि; परन्तु; **~r,** 1. प्रबन्धक; संभरक; 2. (tradesman) परचूनिया।
> प्रॅवाइड; प्रॅवाइड्/इड, ~ॲ

providence, 1. (*P~*) विधाता, ईश्वर, परमात्मा; 2. पूर्वप्रबन्ध; दूरदर्शिता*; 3. (*thrift*) मितव्यय; 4. (परमात्मा का) विधान। > प्रॉव्-इडॅन्स

provident, दूरदर्शी, अग्रशोची; मितव्ययी; ~fund, भविष्य-निधि*, निर्वाह-निधि*; **~ial,** 1. दैवकृत; 2. (*lucky*) शुभ; 3. (*opportune*) समयोचित।
> प्रॉव्-इ-डॅन्ट; प्रॉविडे'न्शॅल

province, प्रदेश, प्रान्त; कार्यक्षेत्र; अधिकार क्षेत्र; क्षेत्र।
> प्रॉव्-इन्स

provincial, 1. प्रान्तीय; 2. (*rustic*) देहाती; 3. (*narrow*) संकीर्ण(मना), अनुदार; ~superior, प्रान्ताधिकारी; **~ism, ~ity,** प्रान्तीयता*, प्रादेशिकता*; संकीर्णता*; प्रान्तीय, प्रादेशिक या स्थानीय प्रयोग।
> प्रॅविन्/शॅल; ~शॅलिज़्म; प्रॅ-विन्-शि-ऐल्-इटि

provision, *n.*, 1. प्रबन्ध, व्यवस्था*, तैयारी*; 2. (*stock*) सम्भार, भण्डार, ढेर; 3. (*pl.*) रसद, खाद्य सामग्री*; 4. (*precaution*) पूर्वोपाय, पूर्वयोजना*; निवेश (*law*) 5. (*clause*) धारा*; 6. *see* PROVISO; —*v.*, सामान या रसद पहुँचाना, दिलाना या एकत्र क०; **~al,** अस्थायी, अनन्तिम; अन्तःकालीन, अन्तरिम; कच्चा, कामचलाऊ; **~ally,** अस्थायी या अनन्तिम रूप से; **~-merchant,** परचूनी, परचूनिया।
> प्रॅविश़ॅन; प्रविश़ॅ/नॅल, ~नॅलि

proviso, 1. उपबन्ध, परन्तुक; 2. (*condition*) शर्त*, प्रतिबन्ध; **~ry,** 1. (*conditional*) प्रतिबन्धित, शर्तबन्द; 2. *see* PROVISIONAL. > प्रॅवाइज़ो; प्रवाइज़ॅरि

provo/cation, 1. (*act*) छेड़खानी*, छेड़छाड़*, उत्तेजन, उत्तेजना*; 2. (*stimulus*) उद्दीपन, प्रेरणा*; 3. (*invitation*) मौक़ा, अवसर, कारण; **~cative,** उत्तेजक, प्रेरक, उद्दीपक। > प्रॉवॅकेशॅन; प्रॅवॉकॅटिव़

provoke, 1. उत्तेजित क०, उकसाना, भड़काना, उभाड़ना; 2. (*irritate*) चिढ़ाना, गुस्सा दिलाना; 3. (*cause*) उत्पन्न क०। > प्रॅवोक

provoking, चिढ़ानेवाला, चिढ़ाऊ, उत्तेजक, कष्टप्रद। > प्रॅवोक्-इन्ग

provost, अध्यक्ष, अधीश; **~marshal,** सैनिक न्यायाधीश। > प्रॉवॅस्ट; प्रॅवो-मार्शॅल

prow, गलही*, मन्दान। > प्राउ

prowess, 1. पराक्रम, वीरता*, बहादुरी*; 2. (*skill*) कौशल। > प्राउ-इस

prowl, *v.*, शिकार या लूट* खोजते फिरना, विचरना, ढूँढ़ते फिरना; —*n.*, खोज़*; **~er,** शिकारी; गीदड़-गश्त। > प्राउल; प्राउल्-अ

proximal, समीपस्थ, निकटस्थ। > प्रॉक्-सि-मॅल

proximate, 1. (*in space*) समीपस्थ, निकटस्थ, निकटवर्ती; 2. (*in time*) अगला; आगामी; 3. (*cause etc.*) आसन्न, अव्यवहित, प्रत्यक्ष, सीधा; 4. (*approximate*) अनुमानित। > प्रॉक्-सि-मिट

proximity, सामीप्य, सान्निध्य, सन्निधि*; निकटता* (*also in kinship*) सन्निकटता* (*also in time*)। > प्रॉक्-सिम्-इटि

proximo, आगामी मास का। > प्रॉक्-सि-मो

proxy, 1. (*person*) प्रतिपुरुष, प्रतिपत्री; प्रतिनिधि मुख्तार; 2. (*document*) प्रतिपत्र; 3. (*agency, authority*) प्रतिनिधित्व, मुख्तारी*। > प्रॉक्-सि

prude, छद्मलज्जालु स्त्री* या कुमारी*; **~ry,** छद्मलज्जा*, अतिसलज्जता*। > प्रूड; प्रूडॅरि

prudence, बुद्धिमानी*, समझदारी*, विवेक, दुनियादारी*, सावधानी*। > प्रूडॅन्स

prudent, 1. (*person*) बुद्धिमान, समझदार, विवेकी, दुनियादार, सावधान; 2. विवेकपूर्ण; **~ial,** 1. विवेकपूर्ण; 2. विवेकी; 3. (*discretionary*) विवेकाधीन; **~ly,** बुद्धिमानी* से; सावधानी* से। > प्रूडॅन्ट; प्रू-डे'न्शॅल; प्रू-डॅन्ट्-लि

prudish, कपटलज्जालु, छद्मलज्जालु। > प्रूड्-इश

pruinose, तुषारित। > प्रूइनोस

prune, *n.*, (सूखा) आलूचा, आलूबुख़ारा; —*v.*, (*also fig.*) छाँटना, काटना-छाँटना, काट-छाँट क०। > प्रून

pruning, 1. काट-छाँट*, छँटाई*, छाँट*; कतर-ब्योंत*; 2. (*pl.*) छाँट*; **~-knife,** कैंचा। > प्रून्-इन्ग

pruri/ence, कामुकता*; **~ent,** कामुक, विषयासक्त। > प्रुअॅर्/इअॅन्स, ~इअॅन्ट

pruri/ginous, खजीला; **~go, ~tus,** खुजली*, खाज*, कण्डु*। > प्रुरिजिनॅस; प्रुराइगो; प्रॅराइटॅस

pry, *v.*, 1. ताक-झांक* क०, झाँकना; 2. (*prize, force*) तोड़ना, खोल देना; —*n.*, 1. ताक-झाँक*; 2. (*person*) झँकवैया। > प्राइ

psalm, भजन, स्तोत्र; **~ist,** भजनकार; **~odist,** भजन-गायक; **~ody,** भजनगान। > साम; साम्-इस्ट; सैल्मॅ/डिस्ट, ~डि

psalter, भजनसंहिता*, स्तोत्रसंहित्रा*; **~y,** सारंगी*। > सॉ:ल्-टॅ, ~रि

psephology, चुनाव-विश्लेषण। > सी़फ़ॉलॅजि

pseudo, छद्म-, कूट-, नक़ली, मिथ्या, कृत्रिम, आभासी, असत्; **~carp,** आभासी फलिका*; **~graph,** जाली ग्रन्थ; **~morph,** कूटरूपी; **~nym,** कृतकनाम, छद्मनाम; **~podium,** पादाभ, कूटपाद; **~scope,** विपरीतदर्शी। > प्स्यूडो = स्यूडो

pshaw, छी। > प्शॉ: = शॉ:

psilanthropism, मानवमात्रवाद। > साइलैन्थ्रॅपिज़्म

psittacism, तोतारटन्त*। > प्सिटॅ = सिटॅसिज़्म

psittacosis, सिटैकोसिस, शुकरोग। > प्सि = सिटॅकोस्-इस

psora, खाज*। प्शॉ:र्-अ = सॉ:र्-ॲ

psoralea, बकुची*। > सॅरेलिॲ

psoriasis, छालरोग। > सॉ:राइॲसिस

psyche, 1. आत्मा*; 2. (*mind*) मन, चित्त, मानस। > साइक्-इ

psychia/ter, ~trist, मनश्चिकित्सक; **~tric,** मनोविकृति-सम्बन्धी; मनश्चिकित्सीय; **~try,** मनोविकृति-विज्ञान, मनश्चिकित्सा*; मनोरोग-विज्ञान। > साइ-काइ-ॲ/टॅ, ~ट्रिस्ट; > साइकिऐट्-रिक; साइकाइॲट्रि

psychic, 1. (*of the soul*) आत्मिक; 2. (*mental*) मानसिक; 3. (*hyper-physical*) अतींद्रिय, अतिभौतिक; 4. (*susceptible to ~ influence*) अतींद्रियसंवेदी; **~s,** मनोविज्ञान, आत्मिकी*। > साइक्-इक

psychism, 1. आत्मवाद; 2. (*animism*) सर्वात्मवाद। > साइक्-इज़्म

psycho/analy/sis, मनोविश्लेषण; **~tic,** मनोवैश्लेषिक। > साइकोॲनैल्-इसिस; साइकोऐनॅलिट्-इक

psycho/logic(al), मनोवैज्ञानिक, मनोविज्ञानी; **~logist,** मनोवैज्ञानी; **~logy,** 1. मनोविज्ञान; 2. (*attitude*) मनोवृत्ति*। > साइकॅलॉज्/इक, ~इकॅल; साइकॉलॅ/जिस्ट, ~जि

psychometry, मनोमिति*। > साइकॉम्-इट्रि

psycho/path, मनोरोगी; **~pathic,** मनोरोगमय; **~pathy,** मनोरोग, मनोविकृति* > साइकोपैथ; साइकोपैथ्-इक; साइकॉपॅथि

psychosis, मनोविक्षिप्ति*, मनोविकृति*। > साइकोस्-इस

psychosomatic, मन:कायिक, मनोदैहिक। > साइकोसोमैट्-इक

psychotherapy, मनश्चिकित्सा*। > साइकोथे'रॅपि

ptisan, पथ्य पेय। > टिज़ैन

ptomaine, टोमैन। > टोमेन

puberty, यौवनारभ, तारुण्य, वय:सन्धि।* > प्यूबॅटि

puberulent, अल्परोमिल, सूक्ष्मरोमिल। > प्युबे'र्‌यूलॅन्ट
pubes, 1. (*hair*) झाँट*, पशम*; 2. (*region*) जघन; **~cence,** 1. यौवनारंभ; 2. (*down*) रोम; **~cent,** तरुण; रोमिल। > प्यूबीज़; प्यूबे'सॅन्स; प्यूबे'सॅन्ट
pubic, जघन-। > प्यूबिक
pubis, जघनास्थि*। > प्यूबिस
public, *adj.*, 1. सार्वजनिक, आम; लोक-, जन-, 2. (*official*) सरकारी, शासकीय, राजकीय, राज्य-; 3. (*manifest*) सर्वविदित, प्रकट, खुला; 4. (*authorized*) अधिकृत; —*n.*, जनता*, जनसाधारण; in ~, खुले आम, प्रकट रूप से, अलानिया; ~body, लोक-निकाय; ~ carrier, भाड़े का ट्रक, लोकवाहक; ~ debt, राष्ट्र-ऋण, सरकारी ऋण; ~ demand, सार्वजनिक माँग*; ~ enemy, लोक-शत्रु; ~ good, लोक-हित; ~ health, लोक-स्वास्थ्य; ~ holiday, सार्वजनिक छुट्टी*; ~ house, मधुशाला*; ~life, लोक-जीवन; ~ nuisance, लोक-कंटक; ~ office, लोक-पद; ~ opinion, लोकमत, जनमत; ~ order, सार्वजनिक(सु)व्यवस्था*; ~ peace, लोक-शांति; ~ prosecutor, लोक-अभियोजक; ~relations, जन-सम्पर्क; ~ revenue, लोक-राजस्व; ~ safety, जन-रक्षा*; ~ sector, राजकीय क्षेत्र; ~servant, लोक-सेवक; ~ service, लोक-सेवा*, जन-सेवा*; ~ spirit, लोकहित-भाव, लोक-भावना*; ~ utility service, जनोपयोगी सेवा*; ~ works (*dept.*) लोक-वास्तु, पूर्त-विभाग, लोकनिर्माण (-विभाग); **~ly,** खुले आम, सार्वजनिक रूप से; **~-spirited,** लोक-हितैषी। > पॅब्-लिक, ~लि
publican, 1. (*hist.*) नाकेदार, इजारेदार; 2. (*innkeeper*) भठियारा। > पॅब्-लि-कॅन
publication, 1. प्रकाशन, 2. (*promulgation*) प्रख्यापन, प्रवर्तन। > पॅब्-लि-के-शॅन
publicist, 1. अन्तरराष्ट्रीय विधिवेत्ता; 2. (*journalist*) पत्रकार। > पॅब्-लि-सिस्ट
publicity, प्रचार, प्रसिद्धि*, ख्याति*; प्रचार, विख्यापन; ~ agent, प्रचार अभिकर्ता; ~ officer, प्रचार-अधिकारी। > पॅब्-लि-सि-टि
publicize, विख्यापन क०, प्रचार क०। > पॅब्-लि-साइज़
publish, 1. प्रकाशित क०; 2. (*make public*) प्रकट क०, घोषित क०, प्रचार क०; **~able,** प्रकाश्य; **~er,** प्रकाशक; **~ing,** प्रकाशन। > पॅब्-लिश; पॅब्-लि/शॅ-बॅल, ~शॅ, ~शिना
puce, बैंगनी भूरा। > प्यूस
puck, बेताल। > पॅक
pucka, पक्का। > पॅक्-अॅ
pucker, *v.*, सिकुड़ना, शिकन* पड़ना, बल पड़ना; झुर्री*, सिकुड़न* या शिकन* डालना; —*n.*, सिकुड़न*, झुर्री*, शिकन। > पॅक्-अॅ
puckish, नटखट। > पॅक्-इश
pudding, पुडिंग; **~face,** गोलगप्पा मुँह; **~-head,** मूर्ख, गोबर-गणेश; **~-heart,** कायर। > पुडिना
puddle, *n.*, 1. डबरी*, डबरा; 2. (*clay*) गारा, कीचड़, पगार; —*v.*, 1. (*wallow*) (कीचड़ में) लोटना; 2. (*bemire*) गँदला क०, घंघोलना; 3. मिट्टी* या गारा लगाना; 4. (*agric.*) गीली जुताई* क०। > पॅडॅल
puddling furnace, पलटनी भट्ठी। > पॅड्-लिना
pudency, सलज्जता*, शील-संकोच। > प्यूडॅन्सि
pudenda, उपस्थ, गुह्य। > प्यू-ड'न्-डॅ
pudgy, pudsy, गोल-मटोल। > पॅज्-इ, पॅड्-सि
puerile, बचकाना, बालिश, बालेय। > प्यूअॅराइल
puerility, 1. बालिशता*; बचकानापन; 2. (*law*) किशोरावस्था*। > प्युअॅरिल-इटि
puerperal, प्रासविक; ~ fever, प्रसूति-ज्वर। > प्यूअॅ:पॅरॅल
puff, *n.*, 1. फूँक*; 2. (*gust*) झोंका, झकोरा; 3. (*draw*) कश, दम; 4. (*swelling*) फुलाव, सूजन*, उभार; 5. (*praise*) अतिप्रशंसा*; 6. (*powder ~*) गदिया*; 7. (*of smoke or vapour*) लच्छा; —*v.*, 1. फूँकना; 2. (*pant*) हाँफना; 3. फूँक-फूँककर निकालना, 4. (*inflate*) फुलाना; 5. (*take a~*) कश या दम लगाना; 6. (*swell*) फूलना; 7. (*praise*) अतिप्रशंसा* क०; **~-ball,** फुल्ल कन्दुक; गगन-घुलि*; **~ed, paddy,** लाजा; **~ed rice,** मुरमुरा; **~ing,** फुल्लन। > पॅफ़; पॅफ़्ट
puffery, विज्ञापन। > पॅफ़रि
puffy, 1. (*of wind*) झोंकेदार; 2. (*panting*) हाँफनेवाला; 3. (*puffed up*) घमण्डी; 4. (*fat*) मोटा। > पॅफ़्-इ
pug, *n.*, 1. (*dog*) पग; 2. (*clay*) गारा, पगार; 3. (*trait*) खोज*; —*v.*, 1. गारा सानना, पगारना; गारा लगाना; 2. (*track*) खोज* पर चलना; **~gy,** चिपटा; **~-mill,** गारा-चक्की*; **~-nose,** चिपटी नाक*। > पॅग; पॅग्-इ; पॅग्नोस
pugg(a)ree, पिगड़ी*। > पॅगॅरि
pugh, छी। > प्यू
pugi/lism, मुक्केबाज़ी*, मुष्टियुद्ध; **~list,** मुक्केबाज़, घूँसेबाज*; **~listic,** मुष्टियुद्धीय। > प्यूजि/लिज़्म, ~लिस्ट, प्यूजिलिस्टिक
pugna/cious, 1. युद्धप्रिय, लड़ाका, युयुत्सु; 2. (*quarrelsome*) झगड़ालु, कलहप्रिय; **~city,** युयुत्सा*; कलहप्रियता*, झगड़ालूपन। > पॅग्नेशॅस; पॅग्नैसिटि
puisne, 1. अवर; 2. (*later*) उत्तरवर्ती। > प्यून्-इ
puke, *n.*, (*v.*) वमन, क़ै* या उल्टी* (क०)। > प्यूक
pulchritude, लावण्य, सौन्दर्य। > पॅल-क्रि-ट्यूड
pule, पिनपिनापा। > प्यूल

puling, पिनपिनहाँ। > प्यूल्-इन्ग

pull, *v.*, 1. खींचना; 2. (~ *out*) उखाड़ना; 3. (*pluck*) तोड़ना; 4. (*tear*) फाड़ना; 5. (*sprain*) मुरकना; मुरकाना; मरोड़ना; 6. (*stretch*) तानना; 7. (*row*) खेना; 8. (*rein in*) रोकना; 9. (*drink*) चुस्की* या घूँट लेना; 10. (*smoke*) कश लगाना; 11. (*move away*) आगे बढ़ना, चला जाना; 12. (*a proof*) छापना; छप जाना; —*n.*, 1. (*act*) खिंचाई*, कर्षण; 2. (*abstract*) खींच*; 3. (*tug*) झटका; 4. (*drink*) चुस्की*, घूँट; 5. (*smoke*) कश; 6. (*rowing*) खेवाई*; 7. (*effort*) परिश्रम; 8. (*handle*) दस्ता; 9. (*influence*) प्रभाव, दबाव; **~apart,** धज्जियाँ उड़ाना (*also fig.*); **~down,** 1. ढहाना; 2. (*humble*) नीचा दिखाना; 3. (*reduce*) घटाना; **~-over,** स्वेटर। > पुल; पुल्-ओ-वॅ

pullet, पठोर*। > पुल्-इट

pulley, घिरनी*, कप्पी, गड़ारी*, गरारी*, चरखी*। > पुलि

pullorum, सफ़ेद दस्त। > पॅलोःरॅम

pullulate, 1. (*bud*) अंकुरित होना, फूटना, उगना; 2. (बहुतायत* से) उत्पन्न होना; 3. (*teem*) उमड़ना। > पॅल्यूलेट

pulmo/nary, फुप्फुसीय, फुप्फुस-; **~nate,** फुप्फुसश्वासी; **~nic,** फुप्फुसरोगी। > पॅल्मॅ/नॅरि, निट; पॅल्मॉन्-इक

pulp, *n.*, गूदा, मज्जा।* (*also of teeth*); लुगदा, लुगदी*; 2. (*of paper*) लुगदा; 3. (*of ore*) अयस्क-पंक; —*v.*, 1. गूदा निकालना; 2. (*pulpify*) भुरता बना देना; 3. (*become pulpy*) गुदगुदा हो जाना; 4. (*swell with juice*) पिलपिला हो जाना; **~ous, ~y,** 1. गूदेदार; 2. (*soft*) गुदगुदा; 3. (*succulent*) पिलपिला; 4. (*fleshy*) मांसल; 5. (*flabby*) ढीला, श्लथ। > पॅल्प; पॅल्प्/ॲस, ~इ

pulpit, मंच; प्रवचन-मंच; **~eer,** उपदेशक; **~ry,** प्रवचन; उपदेशन। > पुल्-पिट; पुल्-पि-टिॲ; पुल्-पि-ट्रि

pul/sate, 1. धड़कना, स्पन्दित होना; 2. (*throb*) फड़कना; 3. (*vibrate*) कम्पायमान होना; **~satile,** 1. स्पन्दी; 2. (*percussive*) आघाती; **~sation,** स्पन्दन, धड़कन*; फड़कन*, कम्पन; **~sator,** स्पन्दक; **~satory,** स्पन्दी; **~sating,** स्पन्दमान। > पॅल्सेट्; पॅल्सॅटाइल; पॅल्सेशॅन; पल्-सेट्-ॲ; पॅल्सॅटरि

pulse, *n.*, 1. (*plant*) दाल*, दलहन; 2. (*of blood*) नब्ज़*, स्पन्द, नाड़ी-स्पन्द; 3. (*feelings*) भाव; —*v.*, *see* PULSATE; feel the ~, नाड़ी* देखना। > पॅल्स

pulsimeter, नाड़ी-मापी। > पॅल्-सिम्-इ-टॅ

pultaceous, गुदगुदा। > पॅल्टेशॅस

pulve/rizable, पेषणीय; **~rization,** पेषण, चूर्णन। > पॅल्वॅराइज़ॅबॅल; पॅल्वॅराइज़ेशॅन

pulverize, 1. चूरचूर क०, सम्पेषित क०, पीसना, चूरना; 2. चूरचूर हो जाना; 3. (*demolish*) चूरना, विनष्ट क०, धूल* में मिलाना; **~d,** पिसा हुआ, (प्र)चूर्णित, क्षोदित; **~r,** (सं)पेषक*, चक्की*, पेषणी*। > पॅल्वॅराइज़, ~राइज़्ड, ~राइ-ज़ॅ

pulverulent, 1. (*friable*) भुरभुरा; 2. (*powdery*) चूर्णमय, चूर्णवत्; 3. (*dusty*) धूल-धूसरित। > पॅलवे'रुलॅन्ट

pulvinate, (*bot.*) तल्पयुक्त। > पॅल्-वि-नेट

pumice, झामक, झाँवाँ। > पॅम्-इस

pummel, मुकियाना। > पॅमॅल

pump, *n.*, पम्प, दमकल*; पम्पशू, पम्प; —*v.*, पम्प क०; हवा; भरना; (पानी) निकालना; खाली क०; भेद लेना; पेट की बात* निकालना। > पॅम्प

pumpkin, कद्दू, लौकी*; field ~, सफ़ेद; ~gourd, कुम्हड़ा, काशीफल। > पॅम्-किन = पॅम्प्-किन

pun, *n.*, 1. यमक; श्लेष; *v.*, 1. श्लेष (यमक) क०; 2. (*pound*) कूटना। > पॅन

punch, *n.*, 1. (*tool*) छेदक (*for piercing*) छापा (*for stamping*) 2. (*blow*) मुक्का, घूँसा; —*v.*, 1. छेदना, छेदित क०; 2. छापा लगाना; 3. (*strike*) मुक्का मारना; 4. (*prod*) कोंचना, खोदना; ~-marked coin, आहत-मुद्रा*; **~y,** गोल-मटोल। > पॅन्च, पॅन्च्-इ

puncheon, थून। > पॅन्चॅन = पॅन्शॅन

punc/tate, बिन्दीदार, चित्तीदार; बिन्दुकित; **~tation,** 1. (*dot.*) बिन्दु; बिन्दुरेखा*; 2. (*act*) बिन्दु-अंकन; **~tiform,** बिन्दु-रूप। > पॅन्क्टेट; पॅन्क्टेशॅन; पॅन्क्-टि-फ़ॉःम

punctilio, अत्यौपचारिकता*, अनावश्यक औपचारिकता*; बारीकी*। > पॅन्क-टिल्-इ-ओ

punctilious, अत्यौपचारिक। > पॅन्क-टिल्-इ-ॲस

punctual, 1. समयनिष्ठ, पाबन्द; 2. (*geom.*) बिन्दु-; 3. (*on time*) यथासमय, समय पर; **~ity,** समयनिष्ठा*, (समय)पाबन्दी*; **~ly,** यथासमय, ठीक समय पर। > पॅन्क्ट्यूॲल; पॅन्कट्यूऐल्-इटि; पॅन्क्ट्यूॲलि

punctu/ate, 1. विरामचिह्न लगाना; 2. (*interrupt*) बीच में रोकना; 3. (*emphasize*) पर बल देना; **~ation,** 1. विरामादि-विधान, विरामचिह्न-विधान; 2. (*~marks*) विरामचिह्न। > पॅन्क्ट्यूएट; पॅन्क्ट्यूएशॅन

punctum, बिन्दु। > पॅन्क्टॅम

puncture, *n.*, 1. (*act*) छेदन, वेधन, चोभ*, 2. (*hole*) छिद्र, छेद पंक्चर; —*v.*, 1. छेद क०, चुभना; 2. छेद होना; 3. समाप्त क०; 4. (*tattoo*) गोदना लगाना; **~d,** छिद्रित, वेधित। > पॅन्क्-चॅ; पॅन्क्-चॅड

pundit, पण्डित। > पॅन्-डिट

pun/gency, तीक्ष्णता*, तीखापन; **~gent,** तीखा, तिक्त, तीक्ष्ण (*also fig.*)। > पॅन्जॅन्सि; पॅन्जॅन्ट

punish, दण्ड देना, दण्डित क०, सज़ा* देना; **~able,** दण्डनीय; **~ed,** दण्डित; **~ment,** दण्ड, सज़ा*, ताज़ीर*; capital—, प्राणदण्ड। > पॅन्/इश; ~इशॅबॅल, ~इश्ट, ~इश्मॅन्ट

punitive, दण्डात्मक, दाण्डिक, दण्ड-, ताज़ीरी। > प्यून्-इटिव़्

punk, 1. सड़ी लकड़ी*; 2. (*fungus*) खुमी*, भुकड़ी। > पॅन्क

punka(h), पंखा। > पॅन्क्-अॅ

punner, दुरमुस। > पॅन्-अॅ

punster, श्लेषवादी। > पॅन्-स्टॅ

punt, *n.*, डोंगी*; *v.*, 1. बाँस से डोंगी* चलाना 2. (*gamble*) जुआ खेलना, बाज़ी* लगाना। > पॅन्ट

puny, अदना। > प्यून्-इ

pup, *n.*, पिल्ला; *v.*, ब्याना, बच्चे देना। > पॅप

pupa, प्यूपा, कोष। > प्यूप्-अॅ

pupate, प्यूपा बनाना। > प्यूपेट

pupation, कोशावस्था*; कोषीभवन। > प्यूपेशॅन

pupil, 1. शिष्य, छात्र; 2. (*ward*) आश्रित; 3. (*of eye*) तारा, पुतली*, कनीनिका*; **~(l)age,** 1. शिष्यत्व; 2. (*minority*) अवस्कता*; **~(l)ary,** शिष्य-; आश्रित-; तारा-। > प्यूप्/इल, ~इलिज, ~इलॅरि

puppet, 1. (*doll*) गुड़िया*, पुतली*; 2. (*for ~-show*) पुतली*; 3. (*fig.*) कठपुतली*; **~-show,** पुतली* का नाच। > पॅप्-इट

puppy, 1. पिल्ला; 2. (*coxcomb*) छैला। > पॅप्-इ

purblind, 1. चुंधा; 2. (*slow*) मन्दबुद्धि। > पॅ:ब्लाइन्ड

purchasable, क्रेय। > पॅ:चॅसॅबॅल

purchase, *n.*, 1. क्रय, ख़रीद*; 2. (*acquisition*) प्राप्ति*; उपलब्धि*; 3. (*income*) आय*; 4. (*rent*) किराया; —*v.*, खरीदना, क्रय क०, मोल लेना; प्राप्त क०; उठाना*; **~d,** क्रीत; **~r,** क्रेता, खरीददार; purchasing power, क्रय-शक्ति*। > पॅ:चॅस; पॅ:चॅस्ट; पॅ:चॅसॅ

purdah, परदा; परदा-प्रथा*। > पॅ:डा

pure, 1. (वि)शुद्ध, अमिश्रित (*unmixed*); 2. (*spotless*) निर्मल, विमल; 3. (*of sound*) स्पष्ट; 4. (*mere*) निरा; 5. (*perfect*) पूर्ण; 6. (*blameless*) निर्दोष; अनघ; निष्पाप; 7. (*chaste*) शुद्ध, शुचि, पवित्र; **~-bred,** विशुद्ध प्रजनित; **~ly,** 1. (वि)शुद्ध रूप से; 2. (*merely*) केवल, सिर्फ़; 3. (*entirely*) पूर्णतया, पूर्ण रूप से। > प्यूअॅ

pureé, शोरबा। > प्युअॅर्-ए

purfle, गोट*। > पॅ:फ़ॅल

purgation, 1. शुद्धीकरण; 2. (*purging*) विरेचन। > पॅ:गेशॅन

purgative, 1. शोधक; 2. (*med.*) (वि)रेचक; ~way, शोधक मार्ग। > पॅ:गॅटिव़्

purgatory, *n.*, शोधन-स्थान; *adj.*, शोधक। > पॅ:गॅटॅरि

purge, *v.*, 1. शुद्ध क०; साफ़ क०; 2. (*exculpate*) निर्दोष सिद्ध क० या ठहराना; 3. (*remove*) मिटाना, धो डालना; 4. (*med.*) पेट साफ क०; —*n.*, 1. (*medicine*) रेचन, जुलाब; 2. (*purgation*) शुद्धीकरण, परिष्करण, सफ़ाई*। > पॅ:ज

purifi/cation, शुद्धीकरण, स्वच्छीकरण, शोधन; **~cator,** मार्जनिका*; **~catory,** शोधक, शुद्धिकर। > प्युअॅरिफ़िकेशॅन; प्युअॅर-इफ़ि/के-टॅ; ~के टॅरि

purifier, 1. शोधक; 2. (*apparatus*) शोधित्र। > प्युअॅर्-इ-फ़ाइ-अॅ

purify, शुद्ध क०; 2. (*chem.*) शोधित क०, शोधन क०। > प्युअॅर्-इ-फ़ाइ

pu/rism, (वि)शुद्धिवाद; **~rist,** (वि)शुद्धि-वादी। > प्युअॅर्/इज़्म, ~इस्ट

puritan(ism), प्यूरिटन(वाद)। > प्यूअॅर्/इटॅन, ~इ टॅनिज़्म

puritanical, प्यूरिटनवादी; अतिनैतिक। > प्यूअॅरिटैन्-इकॅल

purity, विशुद्धता*, (वि)शुद्धि*; शुचि*, शुचिता*। > प्युअॅर्-इ-टि

purl, *n.*, 1. सोने(चाँदी) का तार; 2. (*sound*) कल-कल; —*v.*, कलकलाना। > पॅ:ल

purlieu, 1. क्षेत्र; 2. (*pl.*) सीमा*, सीमान्त; 3. (*outskirts*) बाह्यांचल। > पॅ:ल्यू

purlin, पर्लीन, बत्ता। > पॅ:ल्-इन

purloin, हड़पना, चुराना। > पॅ:लॉइन

purple, *adj.*, बैंगनी, बैंजनी, नीललोहित, जामुनी; —*n.*, बैंगनी; —*v.*, बैंगनी कर देना या हो जाना। > पॅ: पॅल

purport, *n.*, 1. (*meaning*) अर्थ, तात्पर्य; 2. (*purpose*) अभिप्राय, उद्देश्य; —*v.*, 1. अर्थ रखना; 2. (*claim*) दावा क०; से आभास मिलना। > पॅ:पॅट (*n.*, *v.*); पॅपॉ:ट (*v.*)

purpose, *n.*, 1. (*aim*) प्रयोजन, उद्देश्य, लक्ष्य; 2. (*determination*) संकल्प; charitable ~, पुण्यार्थ; **on ~, ~ly,** 1. (*intentionally*) जानबूझकर, इरादतन्; 2. सप्रयोजन, प्रयोजन से; to little (*no*) ~, व्यर्थ; to the ~, संगत, प्रासंगिक; **~ful,** दृढ-संकल्प; अर्थपूर्ण, अर्थगर्भित; **~less,** निरुद्देश्य; **~-novel,** सोद्देश्य उपन्यास। > पॅ: पॅस; पॅ: पॅस्/लि, ~फुल, ~लिस

purposive, सप्रयोजन, सोद्देश्य। > पॅ: पॅसिव़्

purpura, रक्तचित्तिता*। > पॅ:पयुअॅरॅ

purr, *n.*, घुरघुर, घुरघुराहट*; *v.*, घुरघुराना। > पॅ:

purree, पियरी*। > पॅरि

purse, *n.*, 1. (*bag*) बटुआ, थैली*; 2. (*money*) रुपया; 3. (*sum*) थैली*; —*v.*, सिकोड़ना; **~-bearer,** 1. खज़ानची; 2. (*marsupial*) धानी-प्राणी; **~-net,** ख़र्की-जाल, ग्रन्थिजाल; **~-pride,** धनमद; **~-proud,** धनगर्वित; **~r,** पर्सर, पोतनीस। > पॅ:स; पॅ:स्-अॅ

purslane, लुनिया*, लोनिया*, कुलफा; horse ~, पुनर्नवा, गदह-पूरना*। > पॅ:स्लिन

pursu/able, अनुसरणीय; **~ance,** 1. अनुसरण; पालन; 2. (*excution*) निष्पादन; **~ant,** 1. अनुसारी; अनुवर्ती; 2. (*quasi-adv.,*) के अनुसार।
> पॅस्यू/अॅबॅल, ~अॅन्स, ~अॅन्ट

pursue, 1. पीछा क०; शिकार क०; 2. (*annoy*) सताना; 3. (*seek*) की खोज* में रहना, खोजना; 4. (*carry on*) जारी रखना, में लगा रहना, करता रहना; 5. (*follow up*) आगे बढ़ाना; 6. के अनुसार काम क०, पालन क०; 7. (*go on*) आगे बढ़ना; **~r,** 1. पीछा करनेवाला; सतानेवाला, उत्पीड़क; खोजनेवाला; करनेवाला; अनुसारक; 2. (*paintiff*) वादी, मुद्दई।
> पॅस्यू; पॅस्यूअॅ

pursuit, 1. पीछा, अनुधावन; अनुसरण; 2. खोज*; 3. (*aim*) लक्ष्य; 4. (*profession*) पेशा, धन्धा, व्यवसाय। > पॅस्यूट

pursuivant, अनुचर। > पॅ:स्-वि-वॅन्ट

pursy, 1. (*short-winded*) हँफैल, कोताहदम, दमचढ़ा; 2. (*puckered*) सिकुड़ा हुआ; 3. (*rich*) धनी; 4. (*purse-proud*) धन-गर्वित। > पॅ:स्-इ

puru/lence, सपूयता*; पूय, पीप*; **~lent,** सपूय, पूयमय, पीपदार। > प्यूअॅर/उलॅन्स, ~उलॅन्ट

purvey, प्रबन्ध क०, (सामान या रसद) पहुँचाना या दिलाना; **~ance,** 1. (खाद्य)- प्रबन्ध; 2. (*provisions*) रसद, खाद्य सामग्री*; **~or,** 1. (खान-पान) प्रबन्धक; 2. (*army*) रसद-प्रबन्धक।
> पॅ:वे; पॅ:वे/अॅन्स, ~अॅ

purview, 1. (*range*) सीमा*, क्षेत्र; 2. (*main part*) मुख्यांश; 3. (*scope*) विस्तार; 4. (*intention*) प्रयोजन, अभिप्राय, उद्देश्य। > पॅ:व्-यू

pus, पीप*, पीब*, मवाद, पूय। > पॅस

push, *v.*, 1. (*press*) दबाना; 2. (*a cart*) ठेलना; 3. (*shove*) खिसकाना; ढकेलना, धकेलना, धक्का देना; 4. (*thrust out*) निकालना, आगे बढ़ाना; 5. (*thrust in*) डाल देना, लगाना, घुसाना, घुसेड़ना; 6. (*impel*) प्रोत्साहित क०, प्रेरित क०, उकसाना; 7. आगे बढ़ाना, आगे बढ़ता जाना; 8. (*exert oneself*) घोर परिश्रम क०, ज़ोर मारना या लगाना; 9. आगे बढ़ाना, में लगा रहना; 10. (*extend*) फैलाना, विस्तार देना; 11. (*press somebody*) पर दबाव डालना; 12. (*promote*) प्रचार क०, बढ़ावा देना, आगे बढ़ाना; —*n.*, 1. दाब*; ठेला; धक्का; 2. (*thrust*) प्रहार, वार; 3. (*effort*) प्रयास; 4. (*mil.*) अभियान, चढ़ाई*; 5. (*pressure*) दबाव; 6. (*energy*) उत्साह, ऊर्जस्विता*, तेज; 7. (*emergency*) संकट; **~on,** आगे बढ़ना; **~over,** गिरा देना; **~through,** पूरा क०, पारित क०; **~-button,** दाब-बटन; **~-cart,** ठेलागाड़ी*; **~er,** चलता पुरज़ा; **~ful, ~ing,** 1. उत्साही, उद्यमी; 2. (*officious*) दस्तन्दाज़; **~over,** अशक्त प्रतिद्वन्द्वी; कान का कच्चा; सरल समस्या*। > पुश; पुश्-अॅ

pusillani/mity, भीरुता*; कातरता*; **~mous,** भीरु; कातर। > प्यूसिलॅनिम्-इटि; प्यूसिलैन्-इमॅस

puss(y), 1. बिल्ली* 2. (*hare*) ख़रगोश, खरहा।
> पुस, पुसि

pustu/lar, 1. फुंसीदार; 2. (*bot.*) स्फोटपूर्ण; **~late,** *v.*, फुंसी* बनना या उत्पन्न क०; —*adj.*, फुंसीदार।
> पॅस्-ट्यू-लॅ; पॅस्ट्यूलेट

pustule, 1. पूयस्फोटिका*, फुंसी*; 2. (*on plant*) स्फोट। > पॅस्ट्यूल

put, *n.*, 1. (*throw*) फेंक*; 2. (*comm.*) विक्रय-विकल्प; —*v.*, 1. (*set*) रखना, रख देना; डालना; 2. (*impose*) लगाना; 3. (*a question etc.*) करना, प्रस्तुत क०, पेश क०; 4. (*express*) व्यक्त क०; 5. (*throw*) फेंकना; 6. कराना, बाध्य क०; 7. (*a ball*) मारना; **~ about,** मोड़ना; फैलाना; तंग क०; **~ across,** पूरा क०, निष्पादित क०; **~ aside,** रख लेना, सुरक्षित रखना; निकाल देना, फेंक देना; **~ by,** बचा रखना; टालना; **~ down,** दमन क०, दबा देना; निरुत्तर कर देना, नीचा दिखाना; बन्द कर देना; लिख लेना; समझना; **~ forth,** निकालना, फूटना; (शक्ति*) लगाना; प्रकाशित क०, फैलाना, निकालना; प्रस्तुत क०; पेश क०; **~ forward,** पेश क०, प्रतिपादित क०; **~ in,** रख लेना; में रख देना; सन्निविष्ट क०; लगाना; **~ off,** आगे बढ़ाना, स्थगित क०; देर* क०, उतारना; निकाल देना; टाल देना; से विरक्त क०; रोकना; **~ on,** पहन लेना; धारण क०; लगाना; अभिनय क०, प्रस्तुत क०; आरोपित क०; श्रेय देना; **~ out,** निकाल देना, निकालना, बुझाना; घबरा देना, परेशान क०; सताना; कष्ट देना; **~over,** 1. (*ferry across*) पार उतारना; पहुँचाना, 2. (*postone*) आगे बढ़ाना, 3. (*convey*) सम्प्रेषित क०; सफलतापूर्वक व्यक्त क० या अभिनय क०, लोकप्रिय बनाना; **~through,** निष्पादित क०, पूरा कर देना; नम्बर मिलाना; **~ to it,** दबाव डालना; परेशान क०; **~ up,** दिखाना, प्रदर्शित क०; पेश क०, प्रस्तुत क०; परिरक्षण क०; बनवाना; ठहराना; देना; लगाना; उठाना; अभिनय क०; बढ़ाना; **~ up with,** सह लेना, बरदाश्त क०; **~-and-call,** उभय-विकल्प; **~-off,** बहाना; स्थगन; **~-on,** कृत्रिम, बनावटी, दिखावटी; **~-up,** (कपट से) पूर्वायोजित, छल-योजित।
> पुट

putamen, (*fruitstone*) गुठली*। > प्यूटेमॅन

putative, ख़्यात; अनुमानित। > प्यूटॅटिव़

putre/faction, 1. सड़न*, सड़ान*, सड़ाव, पूतीभवन; 2. (*corruption*) प्रदोष; **~factive,** 1. पूयकारी; 2. (*putrid*) सड़ियल। > प्यूट्रिफ़ैक्/शॅन, ~टिव़
putrefy, सड़ना, पूयित होना। > प्यूट्-रिफ़ाइ
putres/cence, सड़न*; सड़ी हुई चीज़ें*; **~cent,** सड़ियल, पूतिमान। > प्यूट्रे'सॅन्स; प्यूट्रे'सॅन्ट
putrid, 1. सड़ा हुआ, सड़ियल; 2. पूतिगन्ध, दुर्गन्ध, बदबूदार; 3. (*depraved*) प्रदुष्ट, भ्रष्ट; **~ity,** पूति*, सड़ायँध*, सड़न*। > प्यूट्-रिड; प्यूट्रिड्-इटि
putsch, क्रान्ति*, विद्रोह। > पुच
puttee, पुट्टी*। > पॅट्-ई
putty, पुटीन। > पॅट्-इ
puzzle, *n.*, 1. पहेली*; 2. (*problem*) समस्या*; 3. (*bewilderment*) उलझन*, परेशानी*, दुबधा*; 4. (*toy*) गोरखधन्धा; —*v.*, उलझन* में डालना या पड़ना; **~ over,** पर गम्भीर विचार क०; **~out,** हल क०; **~d,** परेशान, किंकर्तव्यविमूढ़; **~ment,** उलझन*, परेशानी*; **~r,** समस्या*। > पॅज़ॅल; पॅज़ॅल्ड; पॅज़् लॅ
puzzling, उलझन* पैदा करनेवाला, रहस्यमय। > पॅज़्-लिन्ग
pyaemia, पूयरक्तता*। > पाइ-ईम्-यॅ
pycnometer, घनत्वमापी। > पिक्-नॉम्-इ-टॅ
pygmy, 1. पिग्मी; 2. (*dwarf*) बौना। > पिग्-मि
pyjamas, पायजामा। > पॅजामॅज़
pylon, तोरण। > पाइलॉन
pylorus, जठरनिर्गम। > पाइलॉ:रॅस
pyorrhoea, पाइरिया*, शीताद, दन्ताज, परिदर, पूयस्राव। > पाइॲरीॲ
pyramid, पिरैमिड, सूचीस्तम्भ; **~al,** सूची-स्तम्भीय, पिरामिडी। > पिरॅमिड; पिरैम्-इडॅल
pyre, चिता*। > पाइॲ
pyrene, गुठली*। > पाइरीन
pyrethrum root, अकरकरा। > पाइरोथ्रॅम
pyretic, 1. ज्वरोत्पादक; 2. ज्वर-विषयक, ज्वर का; 3. (*antipyretic*) ज्वरहर, ज्वरान्तक। > पाइरे'ट्-इक
pyrexia, ज्वर। > पाइ-रे'क्-सि-ॲ
pyrite, पाइराइट, माक्षिक। > पाइराइट
pyro-, ताप-, उत्ताप-, अग्नि-। > पाइॲरो
pyrogenetic, 1. उष्मोत्पादक; ज्वरोत्पादक; 2. (*igneous*) अग्निजात। > पाइॲरोजिने'ट्-इक
pyrolatry, अग्निपूजा*। > पाइॲरॉलॅट्रि
pyrolysis, ताप-अपघटन। > पाइॲरॉल्-इसिस
pyro/meter, उत्तापमापी; **~metry,** उत्तापमिति*। > पाइॲरॉम्/इटॅ, ~इट्रि
pyrophobia, अग्निभीति*। > पाइॲरोफोब्यॅ
pyrophoric, स्वत:जलनशील। > पाइॲरोफॉरिक
pyro/technic, आतिशबाज़ी-; चमत्कारपूर्ण; **~technist,** आतिशबाज़; **~technics,** **~techny,** आतिशबाज़ी* (-शिल्प)। > पाइॲरोटे'क्/निक, ~निस्ट, ~निक्स, ~नि
python, अजगर; **~ess,** (*witch*) डाइन*, जादूगरनी*, टोनहाइ*; **~ic,** 1. अजगर का; 2. (*huge*) विशालकाय; 3. (*prophetic*) भविष्यसूचक, भविष्यवाची। > पाइथॅन; पाइथॅनिस; पाइथॉन्-इक
pyx, (प्रसाद-) पेटिका*; **~is,** 1. (*astron.*) नौदिक्सूचक; 2. पेटिका*; 3. (*pyxidium*) शीर्षस्फोटी। > पिक्स; पिक्स्-इस

Qq

qua, के रूप में, की हैसियत* से। > क्वे
quack, *n.*, 1. कठबैद, नीमहकीम; 2. (*of ducks*) काँ-काँ; —*v.*, 1. कठबैदी* क०; 2. काँ-काँ क०, टर्राना; 3. (*boast*) शेख़ी* मारना; **~ery,** कठबैदी*, नीमहकीमी*; **~ish,** कठबैद-सा; शेख़ीबाज़। > क्वैक; कवैकॅरि; क्वैक्-इश
quadrable, वर्ग्य; क्षेत्रफलनीय। > क्वॉड्रॅबॅल
quadragenarian, चत्वारिंशत्-वर्षीय। > क्वॉड्रॅजिने'ॲर्-इॲन
quadragesi/ma, चालीसा; **~mal,** चालीस दिन का। > क्वॉड्रॅजे'स्/इमॅ, ~इमॅल
quadr/angle, 1. चतुष्कोण; 2. (*of building*) प्रांगण, चौक, अजिर; **~angular,** चतुर्भुजीय, चतुष्कोण। > क्वॉड्रैन्गॅल; क्वॅ = क्वॉ-ड्रैन्-ग्यू-लॅ
quadrant, 1. चतुर्थांश, पाद; 2. (*of circle*) वृत्तपाद; 3. (*instr.*) क्वाड्रैंट; **~al,** वृत्तपादीय। > क्वॉड्रॅन्ट; क्वॅ = क्वॉड्रैन्टॅल
quadrat, चतुष्कोणक, क्वाड। > क्वॉड्रैट
quadrate, *adj.*, 1. चतुष्कोण, चौकोर, चौकोना; 2. (*zool.*) हनुसंधिका*; —*n.*, चतुष्कोण; —*v.*, वर्गकरण क०; वर्गमाप निकालना। > क्वॉड्रिट; क्वॉड्रेट (*v.*)

quadratic, *adj.*, 1. चतुष्कोण, वर्ग–; 2. (*alg.*) द्विघात, द्विघाती; —*n.*, द्विघाती समीकरण। > क्वॅड्रैट्-इक

quadrature, 1. वर्गकरण; क्षेत्रफलन; 2. (*astron.*) पादस्थिति*। > क्वॉ-ड्रॅ-चॅ

quadrennial, चतुर्वार्षिक। > क्वॅड्रे'न्यॅल

quadric, द्विघात, द्विघाती। > क्वॉड्रिक

quadri/lateral, चतुर्भुज; **~lingual,** 1. चतुर्भाषीय, चतुर्भाषिक; 2. (*person*) चतुर्भाषी; **~nomial,** चतुष्पद; **~partite,** चतुष्पक्षीय; **~syllabic,** चतुरक्षरीय; **~syllable,** चतुरक्षर; **~valent,** चतु; संयोजक।
> क्वॉड्रि/लैटॅरॅल, ~लिन्ग्वॅल, ~नोम्-इअॅल, ~पाटाइट, ~सिलैब्-इक, ~सिलॅबॅल; क्वॅड्रिवेॅलॅन्ट

quadroon, वर्णसंकर। > क्वॉड्रन

quadrumanous, चतुर्हस्त। > क्वॉड्रुमॅनॅस

quadruped, चौपाया, चतुष्पाद।
> क्वॉड्रुपिड = क्वॉड्रुपे'ड

quadruple, *adj.*, 1. (*fourfold*) चतुर्गुण, चौगुना, चौहरा; 2. चतुष्क; —*v.*, चौगना क० या हो जाना।
> क्वॉड्रुपॅल

quadruplet, चतुष्क। > क्वॉड्रुप्लिट

quadrupli/cate, *adj.*, चौहरा; *v.*, चौगुना क०; चार प्रतियाँ* तैयार क०; **~cation,** चतुर्गुणन।
> क्वॉड्रुप्लि/किट (*adj.*) ~केट (*v.*); क्वॉड्रुप्लिकेशॅन

quaere, प्रश्न। > क्विअॅर्-इ

quaestor, कोषाध्यक्ष। > क्वीस्-टॅ

quaff, *n.*, घूँट; *v.*, पी डालना, ढकोसना। > क्वाफ़

quag, दलदल**, **~gy,** दलदला; **~mire,** दलदल** (*also fig.*)। > क्वैग; क्वैग्-इ; क्वैग्माइअॅ

quail, *n.*, 1. बटेर*; घाघस बटेर*; चिनिग बटेर*; 2. (*button~*) लवा; —*v.*, दबकना, हिम्मत हारना; डराना; मन्द पड़ जाना; घबरा जाना। > क्वेल

quaint, अनोखा, अनूठा, निराला। > क्वेन्ट

quake, *v.*, 1. काँपना; 2. (*shiver*) सिहरना; —*n.*, कम्प, कम्पन; भूकम्प। > क्वेक

quaky, कम्पनशील। > क्वेक्-इ

qualification, 1. योग्यता*, अर्हता*, परिगुण; 2. (*degree*) उपाधि; 3. (*condition*) प्रतिबन्ध, शर्त*; 4. (*restriction*) कमी*; 5. (*modification*) हेर-फेर। > क्वॉलिफ़िकेशॅन

qualifi/cative, गुणवाचक; **~catory,** *see* QUALIFYINC।
> क्वॉलिफ़ि/कॅटिव़, ~केटॅरि = कॅटॅरि

qualified, 1. (*fit.*) योग्य; 2. (*limited*) सीमित, सापेक्ष; 3. (*having a degree*) सोपाधि(क)।
> क्वॉलिफ़ाइड

qualifier, (*gram.*) विशेषक। > क्वॉ-लि-फ़ाइअॅ

qualify, 1. योग्य होना, बनना, ठहरना या बनाना; योग्यता* या अर्हता* प्राप्त क०; 2. (*describe*) बता देना, मान लेना, की संज्ञा* देना; 3. (*gram.*) विशेषता* बतलाना, विशेषित क०; अर्थ सीमित क० या बदलना; 4. (*modify*) परिवर्तित कर देना; 5. (*restrict*) सीमित कर देना; 6. (*moderate*) कम या हलका कर देना; **~ing,** 1. अर्हकारी; 2. विशेषक; 3. (*limiting*) प्रतिबंधक।
> क्वॉलिफ़ाइ, ~इन्ग

qualitative, 1. गुणात्मक; 2. (*gram.*) गुणवाचक।
> क्वॉलि/टॅटिव़ = टेटिव़

quality, 1. (*attribute*) विशेषता*, धर्म, स्वभाव, लक्षण, गुण; 2. (*nature*) स्वभाव, स्वरूप; 3. (*kind*) प्रकार, कोटि*, दरजा; 4. (*skill*) योग्यता*; क्षमता*; 5. (*excellence*) गुण, उत्कर्ष; 6. (*phonetics*) स्थान-भेद; in the~ of a friend, मित्र के रूप में।
> क्वॉलिटि

qualm, 1. (*nausea*) मिचली*, मतली*; 2. (*misgiving*) आशंका*, संशय, सन्देह; 3. (*scruple*) पापशंका*; **~ish,** वमनेच्छु; आशंकित।
> क्वॉ:म = क्वाम; क्वॉ:म्-इश

quandary, 1. उलझन*, असमंजस, दुविधा*; 2. (*dilemma*) उभयसंकट, धर्मसंकट। > क्वॉन्डॅरि

quant, *n.* (*v.*) लग्गा, लग्गी* (से नाव* चलाना)।
> क्वॉन्ट

quantic, समघाती। > क्वॉन्टिक

quanti/fication, परिमाणन; **~fy,** परिमाण बताना या निर्धारित क०; परिमाणवाचक विशेषण लगाना।
> क्वॉन्-टि-फ़ि-के-शॅन; क्वॉन्टिफ़ाइ

quantitative, मात्रिक; परिमाणात्मक; परिमाणवाचक, मात्रात्मक। > क्वॉन्टिटॅटिव = क्वॉन्टिटेटिव

quantity, 1. (*amount*) राशि* (*also math.*) ढेर; परिमाण, मात्रा*, इयत्ता*; 2. (*prosody*) मात्रा*।
> क्वॉन्टिटि

quantivalence, संयोजकता*। > क्वॉन्टिवेॅलॅन्स

quantum, क्वाण्टम, प्रमात्रा*। > क्वॉन्टॅम

quarantine, संगरोध(न), निरोधा*। > क्वॉरॅन्टीन

quarrel, *n.*, झगड़ा, कलह; *v.*, 1. झगड़ा क०, झगड़ना; 2. (*find fault*) दोष निकालना; 3. (*fall out*) में अनबन* हो जाना; **~ler, ~some,** झगड़ालू, कलहप्रिय। > क्वॉरॅल; क्वॉरॅलॅ; क्वॉरॅल्सॅम

quarrier, ~quarryman, खदान-मज़दूर, कोहकन।
> क्वॉरिअॅ; क्वॉरिमॅन

quarry, *n.*, 1. खुली खान*, खदान*; 2. (*prey*) शिकार, अहेर, सावज; 3. (*stone*) चौका; —*v.*, (खोदकर) निकालना; खोदना; **~ing,** उत्खनन।
> क्वॉरि

quart, क्वार्ट। > क्वॉ:ट

quartan, चतुर्थक, **~fever,** चौथिया। > क्वॉ: टॅन

quarter, *n.*, 1. चतुर्थांश, चौथाई*; 2. (*measure*) क्वार्टर; 3. (*span*) बित्ता; 4. (*three months*) त्रिमास, त्रैमास्य, तिमाही*; 5. (*term*) सत्र; 6. (*direction*) दिशा*; 7. (*region*) प्रदेश; 8. (*of city*) महल्ला, मुहल्ला, बस्ती*, 9. (*of ship*) किलमी; 10. (*pl.*) निवास(स्थान), आवास; 11. (*mercy*) दया*, क्षमादान; 12. (*hind-quarters*) पुट्ठा; —*v.*, 1. (चार भागों में) विभक्त क०; 2. चार टुकड़े कर देना; 3. (फ़ौज* को) टिकाना, ठहराना; at close ~s, निकट से; पास पास; cry ~, दया* माँगना; **~-day,** त्रिमास-दिवस; **~-deck,** किलिनडेक; **~ed,** चतुर्धाकृत, चतुर्धाविहित; टिकाया हुआ; निवेशित; **~-ill,** गठिया-गोली*; **~sessions,** त्रैमासिक न्यायालय। > कवॉ: टॅ

quarterage, त्रैमासिक चन्दा, भत्ता, भुगतान या पेंशन*; टिकान*। > क्वॉ: टॅरिज

quarterly, *adj.*, *n.*, त्रैमासिक, तिमाही; —*adv.*, प्रति त्रिमास, हर चौथे महीने। > क्वॉ: टॅलि

quartermaster, 1. क्वाटर-मास्टर, रसद प्रबन्धक; सैन्यवास-प्रबन्धक; 2. (*navy*) कर्णपाल। > क्वॉ:-टॅ-मास्-टॅ

quartern, चतुर्थांश। > क्वॉ: टॅन

quartet, 1. चतुष्क, चतुष्टय; 2. (*music*) चतुर्वाद्य। > क्वॉ:टे'ट

quartic, चतुर्घाती। > क्वॉ:टिक

quartile, चतुर्थक। > क्वॉ: टाइल

quarto, चौपेजी। > क्वॉ:टो

quartz, स्फटिक, बिल्लौर, बिलौर, काचमणि; **~iferous,** स्फटिकमय। > क्वॉ:त्स; क्वा-ट्-सिफ़ॅरॅस

quash, 1. (*crush*) कुचलना, मिटा देना, दबाना, दमन क०; 2. (*annul*) रद्द क०, खण्डित क०। > क्वॉश

quasi, -वत्, -प्राय, -कल्प, अर्ध-; **~-contract,** संविदा-कल्प; **~-judicial,** न्यायिक-कल्प। > क्वाज़्-इ = क्वेज़ाइ

quassia, भारंगी*। > क्वॉश्-अॅ

quatercentenary, चतुश्शती* > क्वैटॅसे'न्टीनॅरि

quater/nary, *adj.*, चतुर्थ; चतुर्थयुगीन; —*n.*, 1. (*four*) चौका, चतुष्क; 2. (*period*) चतुर्थ* महाकल्प; **~nion,** चौका, चतुष्क; **~nity,** 1. चौका, चतुष्क; चतुर्व्यूह, 2. (*four-foldness*) चौहरापन, चतुर्विधता*। > क्वॅटॅ:न्/ॲरि, ~इअॅन, ~इटि

quatrain, चतुष्पदी*। > क्वॉट्-रेन

quatrefoil, चौपतिया। > कैट्रॅफ़ॉइल

quaver, *v.*, 1. (*tremble*) काँपना, थरथराना, लरजना; 2. (*music*) गिटकिरी* भरना, स्वर कँपाना; —*n.*, 1. (*trill*) स्वर कंपन, गिटकिरी*; 2. (*note*) अर्धपादस्वर; **~y,** कंपायमान। > क्वेव्/अॅ, ~ॲरि

quay, (जहाज़ी)घाट; **~age,** घाट-शुल्क। > की; की-इज

queasy, 1. (*food*) वमनकारी; 2. (*delicate*) नाज़ुक, सुकुमार; 3. (*scrupulous*) पापशंकालु, धर्मभीरु; 4. (*fastidious*) दुष्तोषणीय, तुनकमिज़ाज; 5. (*nauseated*) वमनेच्छु; he feels ~, उसे मिचली* आ रही है। > क्वीज़्-इ

queen, 1. (महा)रानी*; 2. (*card*) बेगम*; 3. (*chess*) वज़ीर; **~bee,** रानी-मक्खी*; **~consort,** पटरानी*; **~ly,** रानीवत्*, रानी-सदृश; **~mother,** राजमाता*; **~post,** पार्श्व थूनी*। > क्वीन

queer, *n.*, 1. विचित्र, विलक्षण, अनोखा; 2. (*eccentric*) सनकी, 3. (*suspect*) संदिग्ध; 4. (*ill*) अस्वस्थ; *v.*, बिगाड़ना। > क्विअॅ

quell, 1. दमन क०, कुचलना, दबाना; 2. (*allay*) शान्त क०, शमन क०। > क्वे'ल

quench, 1. बुझाना; 2. (*stifle*) दमन क०, दबाना; 3. (*slake*) शान्त क०, शमित क०, शमन क०; 4. (*cool*) ठण्डा क०। > क्वे'न्च

quenelle, कोफ़्ता। > कॅने'ल

querimonious, शिकायती, शाकी। > क्वे'रिमोन्यॅस

querist, प्रश्नकर्ता, प्राश्निक। > क्विअॅर्-इस्ट

quern, चक्की*। > क्वॅ:न

querulous, 1. शिकायती, शाकी; 2. (*peevish*) चिड़चिड़ा। > क्वे'रुलॅस

query, *n.*, (*v.*), 1. प्रश्न, अनुयोग, पूछताछ* (क०); 2. (*doubt*) संदेह, शंका* (प्रकट क०); 3. प्रश्नचिह्न। > क्विअॅर्-इ

quest, *n.*(*v.*) खोज*, तलाश*, अन्वेषण (क०)। > क्वे'स्ट

question, *n.*, 1. प्रश्न, सवाल; 2. (*doubt*) संदेह, शंका*; 3. (*subject*) विषय, मामला; 4. (*problem*) समस्या*; —*v.*, प्रश्न पूछना, सवाल क०; संदेह प्रकट क०; विरोध क०, आपत्ति क०; in ~, विचाराधीन, विवादास्पद; out of~, निस्सन्देह*; out of the ~, असंभव; **~less,** असन्दिग्ध; **~-mark,** प्रश्नचिह्न; **~-paper,** प्रश्नपत्र; **~hour,** प्रश्न-अवधि*। > क्वे'स्चॅन

questio/nable, शंकनीय, शंकास्पद, सन्दिग्ध; संदेहास्पद; **~nary,** प्रश्नात्मक **~ner,** प्रश्नकर्ता, प्राश्निक। > क्वे'स्चॅ/नॅबॅल, ~नॅरि, ~नॅ

questionnaire, प्रश्नावली*, प्रश्नमाला*। > के' =क्वे'स्टिअॅने'अॅ

queue, *n.*, 1. (*pigtail*) चोटी*; 2. क़तार*; पंक्ति*, ताँता*; —*v.*, पंक्ति* में खड़ा होना। > क्यू

quibble, *n.*, 1. (*pun*) श्लेष; 2. वाक्छल, वितण्डा*, टाल-मटोल*; —*v.*, टाल-मटोल* क०, बाल की खाल*

निकालना; **~r,** वाक्-छली, वितण्डी, वितण्डक, वैतण्डिक। > क्विबॅल; क्विब्-लॅ

quibbling, वाक्छल, वितण्डा*, बारीकी-बीनी*। > क्विब्-लिन्ग

quick, *adj.*, 1. (*fast*) तेज़, द्रुत(गामी), शीघ्रगामी, फुरतीला; 2. (*prompt*) शीघ्र, तत्काल, अचिर, आशु; 3. (*of look*) सरसरी; 4. (*of mind, senses*) तेज़; 5. (*lively*) फुरतीला, तत्पर, सजीव; 6. (*sensitive*) संवेदनशील; —*adv.*, जल्दी, झट, शीघ्र, तुरन्त; —*n.*, जीवित; मर्म(स्थान); **~-eared,** तीक्ष्णकर्ण। > क्विक; क्विक्-इअॅड

quicken, 1. चाल* बढ़ाना, तेज़ क०; तेज़ हो जाना; 2. (*animate*) जान* डालना; अनुप्राणित क०; जोश दिलाना, उत्तेजित क०, 3. जीवित या सजीव क० या हो जाना; **~ing,** *adj.*, सचेतक, उत्तेजक; *n.*, स्पन्दन। > क्विकॅन; क्विकॅनिन्ग

quick/-eyed, ~sighted, तीक्ष्णदृष्टि; **~lime,** अनबुझा चूना, बरी* का चूना, अलीचूना; **~ly,** शीघ्र, जल्दी, झट; फुरती* से; **~ness,** शीघ्रता*, जल्दी*; तीक्ष्णता*; **~sand,** चोर-रेत*, चोर-बालू, बलुआ दलदल, बलुई दलदल*, बालू-पंक; **~silver,** पारद, पारा; **~tempered,** चिड़चिड़ा, तनुकमिज़ाज, क्रोधी, तुनकना; **~witted,** प्रत्युत्पन्नमति, हाज़िरजवाब।

quid, *n.*, फंकी*; *v.*, चबाना। > क्विड

quiddity, 1. तत्त्व, सार; 2. (*quibble*) वितण्डा*, बारीकबीनी*। > क्विड्-इटि

quidnunc, 1. कुतूहली; 2. (*gossip*) गप्पी, गपोड़िया। > क्विड्नॅन्क

quid pro quo, 1. (*mistake*) भूल* 2. (*compensation*) प्रतिकर, मुआवज़ा; 3. (*substitute*) एवज़ी (*person*); 4. (*tit for tat*) प्रतिकार, बदला। > क्विड् प्रो क्वो

quies/cence, 1. निष्क्रियता*; शान्ति*; 2. (*gram.*) अनुच्चरण; **~cent,** 1. निष्क्रिय, निश्चल, शान्त; 2. (*latent*) अव्यक्त, अप्रकट, सुप्त; 3. (*silent*) अनुच्चरित। > क्वाइए'सॅन्स; क्वाइए'सॅन्ट

quiet, *adj.*, 1. (*peaceful, gentle*) शान्त; 2. (*motionless*) निश्चेष्ट, निश्चल, स्थिर; 3. (*noiseless*) नीरव, निस्तब्ध; 4. (*silent*) मौन; गुमसुम; 5. (*not obstentatious*) सादा, निराडम्बर, आडम्बरहीन; 6. (*comm.*) मन्द; 7. (*secret*) गुप्त; 8. (*of a horse*) ग़रीब; —*n.*, शान्ति*; नीरवता*; —*v.*, **~en,** शान्त क० या हो जाना; **~ism,** नैष्कर्म्य; निवृत्तिवाद, निवृत्तिमार्ग; **~ist,** निवृत्तिवादी; **~ly,** शान्तिपूर्वक, शान्ति* से। > क्वाइअॅट; क्वाइ-अॅ/टिज़्म, ~टिस्ट; क्वाइअॅट्-लि

quietude, (प्र)शान्ति*। > क्वाइ-इट्यूड

quietus, 1. मृत्यु; मुक्ति*, निर्वाण; 2. (*discharge*) उन्मुक्ति*, छुटकारा। > क्वाइ-ईटॅस

quiff, अलक*। > क्विफ़

quill, 1. (*~feather*) पिच्छाक्ष, पंखपिच्छ, पक्ष-नाड़ी*; 2. (*pen*) पर की क़लम*; 3. (*spine*) काँटा; 4. (*bobbin*) फिरकी*; 5. (*musical pipe*) वंशी*, बाँसुरी*। > क्विल

quilt, रज़ाई, दुलाई*। > क्विल्ट

quinary, *adj.*, *n.*, पंचक। > क्वाइनॅरि

quince, वीही*; Bengal ~, बेल। > क्विन्स

quincunx, पंचवृक्ष। > क्विन्कॅन्क्स

quindecagon, पंचदशभुज। > क्विन्‌डे'कॅगॅन

quingentenary, पंचशती*। > क्विन्‌जे'न्टीनॅरि

quinine, कुनैन*, क्विनीन*। > क्विनीन

quinquagenarian, पंचाशद्वर्षीय। > क्विन्क्वॅजिने'अरिअॅन

quinquagesima, पचासा। > क्विन्-क्वॅ-जे'स्-इ-मॅ

quinquangular, पंचकोण। > क्विन्-क्वैन्-ग्यु-लॅ

quinquen/nial, पंचवार्षिक, पंचवर्षीय; **~nium,** पंचाब्द। > क्विन्‌क्वे'न्/इअॅल, ~इअॅम

quinque/partite, पंचपक्षीय; **~reme,** पंचचप्पू। > क्विन्-क्वि-पाटाइट; क्विन्-क्विरीम

quinquivalent, पंचसंयोजक। > क्विन्-क्विवॅलॅन्ट

quinsy, कण्ठप्रदाह। > क्विन्-जि

quintan, चौथिया। > क्विन्टॅन

quintes/sence, सारतत्त्व; **~sential,** सर्वोत्कृष्ट। > क्विन्टे'सॅन्स; क्विन्-टि-से'न्-शॅल

quintet, पंचक। > क्विन्टे'ट

quintuple, *adj.*, पंचगुना, पंचगुण; *v.*, पंचगुणित क०, पंचगुना क०। > क्विन्ट्यूपॅल

quintuplet, पंचक। > क्विन्ट्यूप्लिट

quip, *n.*, 1. (*witticism*) चुटकुला; 2. (*taunt*) ताना; 3. *see* QUIBBLE; 4. अनोखी बात*; —*v.*, चुटकुला छोड़ना; ताना मारना। > क्विप

quire, दस्ता। > क्वाइअॅ

quirk, 1. *see* QUIBBLE; 2. *see* QUIP; 3. (*peculiarity*) विशिष्टता*; 4. (*mannerism*) व्यवहार-वैचित्र्य। > क्वॅ:क

quirt, चाबुक। > क्वॅ:ट

quisling, जयचन्द, देशद्रोही, शत्रुपोषी। > क्विज़्-लिन्ग

quit, *adj.*, मुक्त, विमुक्त; रिहा; *v.*, छोड़ देना, ख़ाली क०; चला जाना; जाने देना, मुक्त क०; **~-claim,** *n.*, दस्तबरदारी*, अध्यर्थ-त्याग; **~-rent,** लगान। > क्विट

quitch, दूब*। > क्विट्च

quite, 1. नितान्त, बिलकुल, पूर्णरूपेण, पूर्णतया; 2. (*truly*) सचमुच, निश्चय ही। > क्वाइट

quits, बराबर। > क्विट्स

quittance, 1. उन्मोचन, छुटकारा; 2. (*receipt*) भरपाई*, रसीद*; 3. (*repayment*) प्रतिदान; 4. (*recompense*) प्रतिफल, पारिश्रमिक, इनाम; 5. (*reprisal*) प्रतिकार, प्रतिशोध। > क्विटॅन्स

quitter, कामचोर; कायर। > क्विट्-अॅ

quiver, *n.*, तरकश, तूणीर, तरकस, भाथा; 2. कम्पन, स्पन्दन; —*v.*, थरथराना, लरजना, काँपना। > क्विव्-अॅ

quixotic, स्वप्नद्रष्टा; अव्यावहारिक। > क्विक्सॉट्-इक

quiz, *n.*, 1. प्रश्नोत्तरी*, पूछताछ*; 2. (*questionnaire*) प्रश्नावली*; 3. (*hoax*) शरारत*; 4. (*ridicule*) दिल्लगी*, उपहास; —*v.*, पूछताछ* क०, प्रश्न पूछना, परीक्षा* लेना; की हँसी* उड़ाना, परिहास क०; **~zical,** 1. (*comical*) बेढंगा, हास्यास्पद; 2. (*bantering*) दिल्लगीबाज़; 3. (*questioning*) प्रश्नभरा; प्रश्नात्मक। > क्विज़; क्विज़्-इ-कॅल

quoad, के विषय में। > कवोऐड

quoin, कोनिया*। > कॉइन

quoit, चकती*। > कॉइट

quondam, भूतपूर्व। > क्वॉन्डैम

quorum, कोरम, गणपूर्ति*, कियत्ता*। > क्वॉ:रॅम

quota, कोटा, यथांश, नियतांश, अभ्यंश। > क्वोट्-अॅ

quotable, उद्धरणीय। > क्वोटॅबॅल

quotation, 1. उद्धरण, अवतरण; 2. (*comm.*) निवेदित भाव, दर*, निर्ख; **~-mark,** उद्धरणचिह्न। > क्वॅ-क्वोटेशॅन

quotative, उद्धरण-; उद्धरण देना; भाव बताना। > क्वोटॅटिव्

quote, उद्धृत क०, उद्धरण देना; भाव बताना। > क्वोट

quotidian, 1. दैनिक; 2. (*ordinary*) साधारण, मामूली। > क्वो = क्वॉटिड्-इअॅन

quotient, भागफल, लब्धि*। > क्वोशॅन्ट

quo warranto, अधिकार-पृच्छा*। > क्वो वॉरैन्टो

Rr

rabbet, खाँचा (*groove*) पैताम। > रैब्-इट

rabbi, रब्बी, गुरु। > रैबाइ

rabbit, ख़रगोश, शशक, खरका। > रैब-इट

rabble, 1. भीड़*, निम्नवर्ग, कुली-कबाड़ी; 2. (*rod*) छड़। > रैबॅल

rabid, 1. (*violent*) प्रचण्ड, उग्र; 2. (*fanatical*) कट्टर, मतान्ध, 3. (*mad*) पागल; ~dog, अलर्क। > रैब्-इड

rabies, जलातंक, अलर्करोग। > रेबीज़ = रेब्-इ-ईज़

raccoon, Himalayan, वाह। > रॅकून

race, *n.*, 1. जाति*; 2. (*family*) वंश; 3. (*ethnological*) प्रजाति*; 4. (*contest*) दौड़*; 5. (*course of life*) जीवन-यात्रा*; 6. (*current*) प्रवाह, धारा*; 7. (*channel*) नाला; 8. (अदरक की) जड़, मूल, कन्द; —*v.* दौड़ना, दौड़* लगाना; दौड़* में भाग लेना; दौड़ाना, दौड़ा देना, दौड़* में लगाना; **~course, ~track,** (घुड़)-दौड़* का मैदान, चौगान; **~horse,** दौड़* का घोड़ा; **~r,** दौड़ाक; **~-way,** नाला। > रेस; रे-सॅ

raceme, असीमाक्ष। > रॅसीम = रैसीम

rachis, 1. (*anatomy*) मेरुदण्ड, 2. (*ornith.*) पिच्छाक्ष; 3. (*bot.*) प्राक्ष। > रेकिस

rachi/tic, सूखारोगी, **~tics,** सूखा(रोग) अस्थिक्षय, सखुंडी*। > रॅ = रैकिट्-इक, रॅ = रैकाइट्-इस

racial, जातीय, जातिगत, जाति-; प्रजातीय; *discrimination*, जातिभेद, वर्गभेद; **~ism,** प्रजातिवाद, प्रजातीयता*। > रेशॅल; रेशॅलिज़्म

rack, *n.*, 1. (*furniture*) रैक, टाँड*; 2. (*for fodder*) चारादान, चरही*; 3. (*for clothes*) घोड़ी*, 4. (*framework*) ढाँचा; 5. (*toothed bar*) दन्तुरदण्ड; 6. (*instrum of torture*) शिकंजा; 7. (*torture*) यातना*, यंत्रणा*; 8. (*arrack*) ताड़ी*; 9. (*horse-gait*) रहवाल*; 10. (*destruction*) तबाही*; —*v.*, 1. शिकंजे में फँसाना; यातना* देना; 2. (*shake violently*) झकझोरना; मरोड़ना; 3. (*oppress*) शोषण क०; 4. (*of horse*) रहवाल चलना; 5. (*draw off*) तलछट* से खींचना; **~and pinion,** दंतुर दण्ड-चक्र; **~-rent,** निष्ठुर लगान; **~-wheel,** दाँतेदार चक्कर। > रैक

racket, *n.*, 1. (*uproar*) हल्ला, गुलगपाड़ा, हुल्लड, कोलाहल, शोरगुल; 2. (*revelry*) रंगरलियाँ*, आमोद-प्रमोद; 3. (*scheme*) कूट-योजना*, तिकड़म; 4. (*ordeal*) अग्नि-परीक्षा*; 5. (*tennis*) रैकट; —*v.*, हल्ला मचाना, आमोद-प्रमोद क०। > रैक्-इट

racketeer, ठग; **~ing,** धोखाधड़ी*, झाँसापट्टी*। > रैकिटिऑ, ~रिंग

racoon, Himalayan, वाह। > रॅकून

racy, 1. (*excellent*) विशिष्ट, बढ़िया; 2. (*lively*) सजीव; 3. (*pungent*) तीखा, चरपरा; 4. (*indecent*) अश्लील। > रेसि

radar, रेडार। > रेड्-अॅ = रेडा

raddle, लाल गेरू। > रॅडॅल

radial, 1. (*of spokes*) अरीय; 2. (*math.*) त्रिज्य, त्रिज्यीय; 3. (*of forearm*) बहि:-प्रकोष्ठिक। > रेड्यॅल = रेड्-इअॅल

radian, रेडियन, त्रिज्या-कोण। > रेड्-इअॅन = रेड्यॅन

radi/ance, कान्ति*, चमक, दीप्ति*; **~ant,** *adj.*, 1. (*radiating*) विकिरक, विकिरणी, 2. (*bright*) कान्तिमय; 3. (*fig.*) प्रफुल्ल, उल्लसित; 4. (*radiated*) विकिरित, विकीर्ण, —*n.*, 1. (*astron.*) उल्का-विकीर्णक; 2. (*optics*) विकिरण-बिन्दु। > रेड्-इअॅन्स = रेड्यॅन्स; रेड्-इअॅन्ट = रेड्यॅन्ट

radi/ate, *v.*, विकिरण क० या होना; प्रसारित क०, फैलाना; —*adj.*, अरीय; **~ating,** विकिरणकारी; अरीय; **~ation,** विकिरण; प्रसारण; **~ative,** विकिरणी, विकिरणशील; **~ator,** विकिरक; रेडिएटर। > रेड्-इएट; रेड्-इएटिन्ग; रेडिएशॅन; रेड्-इएटिव्; रेड्-इ-ए-टॅ

radical, *adj.*, 1. (*fundamental*) मूल, मूलभूत, आमूल; 2. (*drastic, extreme*) उग्र, आत्यन्तिक; 3. (*extremist*) अतिवादी; 4. (*gram.*) धातु-संबंधी, धात्वीय; 5. (*basic*) आधारिक; 6. (*bot.*) जड़* का, मौलिक; 7. (*math.*) मूल-सम्बन्धी; —*n.*, 1. मूल; 2. (*a fundamental*) मूलसिद्धान्त, मूलतत्त्व; 3. (*radicalist*) अतिवादी, उग्र सुधारवादी; 4. (*chem.*) मूलक; 5. (*gram.*) धातु*; 6. (*math.*) करणी*; 7. (~ *sign.*) करणीचिह्न। > रैड्-इ-कॅल

radicalism, अतिवाद, उग्र सुधारवाद, आमूल परिवर्तनवाद। > रैड्-इ-कॅ-लिज़्म

radically, मूलत:। > रैड्-इ-कॅ-लि

radicle, 1. मूलांकुर; 2. (*chem.*) मूलक। > रैड्-इ-कॅल

radio, *n.*, रेडियो, आकाशवाणी*; *v.*, रेडियो द्वारा भेजना; प्रसारित क०; ~ play, रेडियो-नाटक, रेडियो-रूपक; ~station, प्रसार-केंद्र; ~transmitter, रेडिया-प्रेषित्र; **~telegram,** रेडियो-तार; **~therapy,** विकिरण-चिकित्सा*। > रेड्-इ-ओ

radio/active, विघटनाभिक, रेडियोधर्मी; **~activity,** विघटनाभिकता*, रेडियोधर्मिता*। > रेड्-इ-ओ/ऐक्-टिव्, ~ऐक्-टिव्-इटि

radiography, विकिरणी चित्रण, एक्स-रे-चित्रण। > रेडिऑग्रॅफ़ि

radio/logist, विकिरण-चिकित्सक; **~logy,** विकिरण-चिकित्सा-विज्ञान, रेडियम-विज्ञान। > रेडिऑलॅ/जिस्ट, ~जि

radiometer, विकिरणमापी। > रोडिऑम्-इटॅ

radish, मूली*। > रैड्-इश

radium, रेडियम। > रेड्यॅम = रेड्-इ-अॅम

radius, 1. (*of circle*) त्रिज्या*, व्यासार्ध; 2. (*spoke*) आरा, आरी*; 3. (*region*) घेरा; 4. (*range*) परास; 5. (*of forearm*) बहि:-प्रकोष्ठिका*। > रेड्यॅस = रेड्-इ-अॅस

radix, 1. (*math.*) मूलांक; 2. (*of plant*) जड़*। > रेड्-इक्स

radula, रेतीजिह्वा*। > रैड्-यू-लॅ

rafflia, रैफ़िया, ताड़पत्र का रेशा। > रैफ़्-इअॅ

raffish, 1. (*disgraceful*) अशोभन; 2. (*dissipated*) दुर्व्यसनी। > रैफ़्-इश

raffle, 1. लाटरी*; 2. (*rubbish*) कूड़ा। > रैफ़ॅल

raft, बेड़ा, तरापा। > राफ़्ट

rafter, कड़ी*। > राफ़्टॅ

rag, *n.*, चिथड़ा, लत्ता; टुकड़ा; *v.*, 1. (*scold*) डाँटना; 2. (*tease*) सताना, तंग क०, चिढ़ाना; **~ged,** 1. (*torn*) जीर्ण-शीर्ण, फटा-पुराना; उधड़ा; (*frayed*); 2. (*of person*) फटीचर; 3. (*uneven*) खुरदरा, विषम; 4. (*shaggy*) उलझा हुआ; 5. (*unfinished*) अपरिष्कृत; 6. (*strident*) कर्कश, फटा; 7. (*bot.*) शीर्ण। > रैग; रैग्-इड

ragamuffin, गुदड़िया। > रैगमॅफ़िन

rag-bolt, दन्तुर काबला। > रैगबोल्ट

rage, *n.*., 1 (*furry*) रोष, क्रोधोन्माद, क्रोधान्धता*; 2. (*of wind, disease, etc.*) प्रकोप; 3. (*emotion*) भावावेश, उमंग*; 4. (*crase*) धुन*; —*v.*, क्रोध क०; क्षुब्ध या प्रचण्ड होना; का प्रकोप होना। > रेज

rag/man, ~-picker, गुदड़िया, कबाड़िया; **~tag,** कुली-कबाड़ी। > रैग्/मॅन, ~पिकॅ, ~टैग

ragout, मसालेदार क़ीमा, सालन। > रॅगू = रैगू

raid, *n.*(*v.*), छापा (मारना), धावा (क०); **~er,** छापामार; **~ing,** छापामारी*। > रेड; रेड्अॅ; रेड्-इन्ग

rail[1], *n.*, 1. (*bar*) छड़, दण्ड; 2. (*of railway*) पटरी*; 3. (*railing*) बाड़ा, घेरा, जंगला, रेलिंग; 4. (*bird*) जलकुक्कुटी*; **~head,** रेलशीर्ष; **~way, ~road,** रेलवे*, रेल*, रेलमार्ग। > रेल, रेल्/हे'ड, ~वे, ~रोड

rail[2], घोर निन्दा* क०, गाली* देना; **~lery,** ठठोली*, परिहास, दिल्लीगी*। > रेल: रेलॅरि

raiement, परिधान। > रेमॅन्ट

rain, *n.*, वर्षा*, वृष्टि*, बारिश*; *v.i.*, बरसना; वर्षा* होना, पानी पड़ना; बौछार* या भरमार* होना या पड़ना; —*v.t.*, बरसाना; बौछार* क० या छोड़ना। > रेन

rain/band, वर्षा-पट्टी*; **~bow,** इन्द्रधनुष; **~coat,**

बरसाती*; **~drop,** वर्षा-बिन्दु; **~fall,** वर्षा*, वृष्टि*; **~-gauge,** वर्षामापी, वृष्टिमापी; **~proof,** वर्षा-सह; **~shower,** झड़ी*; **~storm,** वर्षा-तूफ़ान; **~-water,** वर्षा-जल; **~-worm,** केंचुआ।

rainy, बारिशी, वर्षा-; ~ day, 1. बारिश* का दिन, दुर्दिन; 2. (*fig.*) दुर्दिन; ~season, बरसात*, वर्षाऋतु*, वर्षाकाल। > रेन्-इ

raise, *v.*, 1. (*lift*) उठाना, कड़ा क०; 2. (*construct*) बनाना, निर्माण क०; बनवाना; 3. (*rouse*) उभाड़ना, उत्तेजित क०; 4. (*increase*) बढ़ाना; 5. (*improve position*) उन्नत क०, ऊपर उठाना; 6. (*provoke*) उत्पन्न क०; 7. (*bring forward*) प्रस्तुत क०, (प्रश्न) उठाना; 8. (*collect*) वसूल क०, उगाहना, एकत्र क०; 9. (*end*) समाप्त क०; 10. (*breed*) पालना; 11. (*cause to grow*) उगाना; 12. (*bring up*) पालन-पोषण क०, पढ़ाना-लिखाना, शिक्षा* देना; —*n.*, (वेतन-)वृद्धि*; **~d,** उत्थित; उभरा। > रेज़; रेज़्ड

raisin, किशमिश*। > रेज़्न

raison d'etre, उद्देश्य। > रेज़ोडेट्रॅ

rake, *n.*, 1. (*tool*) पाँचा, जेली*; 2. (*person*) लम्पट, दुश्चरित्र; 3. (*inclination*) झुकाव, अवनमन, नति*; —*v.*, 1. (*gather*) एकत्र क०, बटोरना; 2. (*search*) छानना, छानबीन* क०; 3. (*scrape*) खुरचना; 4. (*incline*) झुकना; झुकाना; 5. (*pursue*) पीछा क०; 6. (*fire*) पर गोली* चलाना, पर गोलाबारी* क०। > रेक

rakish, 1. (*jaunty*) बाँका; 2. (*dissolute*) लम्पट, दुर्व्यसनी। > रेक्-इश

râle, घुरघुराहट*। > राल

rallentando, उत्तरोत्तर मन्द। > रैलॅन् = रैले'नटैन्डो

rally, *n.*, 1. रैली*, जमघट; 2. (*of health*) स्वास्थ्यलाभ; —*v.*, 1.एकत्र क० या हो जाना; जुट जाना; जुटाना; 2. एक होकर खड़े हो जाना; 3. सहायता* करने आना; 4. (*revive*) समेटना, जगाना, में प्राण डालना; सँभल जाना, प्रकृतिस्थ हो जाना, स्वास्थ्य लाभ क०; 4. (*banter*) उपहास क०, हँसी* उड़ाना। > रैल्-इ

ram, *n.*, 1. भेड़ा, मेढ़ा, मेष; 2. (*Aries*) मेष; 3. (*battering-~*) भित्ति-पातक; 4. (*rammer*) दुरमुस; थापी* (*of wood*); —*v.*, 1. (*dash*) टक्कर* मारना; 2. (*drive down*) कूट-कूट कर भरना; 3. (*cram.*) ठूसना, ठूँसना। > रैम; रैम्-ॲ

Ramadan, रमज़ान। > रैमॅडैन

ramal, शाखीय। > रेमॅल

ramble, *n.*, भ्रमण, सैर*; *v.*, 1. भ्रमण क०, मटरगश्ती* क०; 2. (*talk aimlessly*) इधर-उधर या बेसिरपैर की बातें क०, प्रलाप क०। > रैम्बॅल

rambling, 1. (*disconnected*) असम्बद्ध; 2. (*wandering*) भ्रमणकारी; 3. (*bot.*) फैलनेवाला। > रैम्-ब्लिन्ग

ramification, 1. प्रशाखन; शाखा-विस्तार, शाखा-प्रशाखाएँ*; 2. (*branch*) शाखा*। > रैम्-इ-फ़ि-के-शॅन

ramified, बहुशाखी। > रैम्-इ-फ़ाइड

ramify, शाखाओं* में फैल जाना; शाखाएँ* निकालना या बनाना। > रैम्-इ-फ़ाइ

rammish, बदबूदार, दुर्गन्ध। > रैम्-इश

ramose, बहुशाखी, शाखी। > रॅमोस = रेमोस

ramp, *n.*, ढाल*, रपटा, ढलान*; *v.*, 1. पिछले पैरों पर खड़ा होना; 2. (*rage*) क्रोध क०, गरजना। > रैम्प

rampage, *v.*, क्रोध क०, गरजना; *n.*, क्रोधोन्माद, क्रोधावेश; **~ous,** ऊधमी। > रैम्पेज; रैम्पेजॅस

rampant, 1. (*unchecked*) उच्छृंखल, निरंकुश, अनियंत्रित, उद्दाम; 2. (*violent*) उग्र, प्रचण्ड, 3. (*prevalent*) प्रचलित, प्रबल; 4. (*of plants*) अत्यधिक फैलनेवाला, प्रवर्द्धिष्णु; 4. (*heraldry*) अलफ़, पिछले पैरों पर खड़ा। > रैम्पॅन्ट

rampart, परकोटा, प्राकार, फ़सील*। > रैम्पाट

ramrod, गज़, सुम्बा। > रैम्रॉड

ramshackle, टूटा-फूटा, जर्जर। > रैम्शैकॅल

ramson, लहसुन। > रैम्सॅन

ranch, पशु-फ़ार्म। > रान्च = रैन्च

rancid, विकृतगंधी, बासी, खट्टा; बिसायँध; **~ity,** विकृतगंधिता*, बासीपन; बिसायँध*। > रैन्सिड; रैन्-सिड्-इ-टि

rancorous, विद्वेषी। > रैन्-कॅ-रॅस

rancour, विद्वेष। > रैन्-कॅ

rand, पाताबा, पायताबा। > रैन्ड

randan, रंगरली*। > रैन्डैन

random, *adj.*, 1. (*haphazard*) यादृच्छिक, बेतरतीब; 2. (*purposeless*) निरुद्देश्य; —*n.*, at ~, यदृच्छया, यों ही। > रैन्डॅम

randy, 1. (*boisterous*) ऊधमी; 2. (*restive*) अशान्त, बेचैन; 3. (*lustful*) कामुक। > रैन्-डि

ranee, रानी*। > रानी

range, *n.*, 1. (*row*) पंक्ति*; 2. (*series*) माला*, श्रेणी*; पर्वतश्रेणी*, पर्वतमाला* (*of mountains*) 3. (*class*) श्रेणी*, वर्ग, प्रकार; 4. (*direction*) सीध*, पंक्ति*; 5. (*area*) क्षेत्र; 6. (*open area*) मैदान; 7. (*scope*) पहुँच*; 8. (*limits of variation*) परिसर; 9. (*distance*) दूरी*; 10. (*maximum distance, e.g., of a gun*) परास, प्रास, मार*; 11. (*shooting-~*) चांदमारी*; 12. (*fire place*) अँगीठी*, चूल्हा; —*v.*, 1. (*arrange*) व्यवस्थित क०, क्रमबद्ध क०; 2. (*systematize*) वर्गीकृत क०; 3. (*place*) रखना; 4. (*place onself*) से मिल जाना; 5. (*a gun*) सीध* बाँधना; परासना; 6. (*extend*) फैल जाना; 7. (*be found*) पाया जाना; 8. (*rove*) भ्रमण क०, विचरना; 9. (*reach*) पहुँचना; 10. (*equal*) के

बराबर होना; **~-finder,** परासमापी, दूरीमापी।
> रेन्ज

ranger, (*forest ~*), रेंजर, वनपाल, (बन)-राज़िक।
> रेन्-जॅ

rank, *n.*, 1. (*queue*) पंक्ति*; 2. (*order*) क्रम व्यवस्था*; 3. (*class*) श्रेणी*, वर्ग, दरजा, कोटि*; 4. (*position*) पद, पदवी*; 5. (*eminence*) प्रतिष्ठा*; 6. (*pl.*) सेना*; सामान्य सैनिक; —*v.*, 1. पंक्तिबद्ध क०; 2. (*classify*) वर्गीकृत क०, श्रेणीबद्ध क०; 3. से बढ़कर होना; 4. स्थान पाना; 5. (*equal*) के बराबर होना; —*adj.*, 1. (*of plants*) प्रवर्द्धिष्णु, अत्यधिक फैलनेवाला; 2. (*of soil*) अत्युर्वर; 3. (*foul-smelling*) बदबूदार; 4. (*coarse*) गँवारू, अश्लील; 5. (*extreme*) पक्का, नितान्त, चरम, अत्यधिक; **the ~ and file,** सामान्य सैनिक; सामान्य जन।
> रैन्क

rankle, 1. (*fester*) पीब* से भर आना; 2. (*fig.*) कसकना, खटकना।
> रैन्क्‌ल

ransack, 1. छान डालना; 2. (*loot*) लूटना।
> रेन्सैक

ransom, *n.*, 1. (*money*) निष्कृति-धन, रक्षाशुल्क; 2. (*act*) निष्क्रयण, निष्क्रय, छुड़ाई*; 3. (*redemption*) उद्धार;—*v.*, 1. निष्क्रय क०, छुड़ाना; 2. (*expiate*) प्रायश्चित्त क०; 3. (*redeem*) उद्धार क०; **~ed,** निष्क्रीत।
> रैन्सॅम

rant, *n.*, शब्दाडम्बर; *v.*, प्रलाप क०।
> रैन्ट

rap, *n.*, 1. टकोरा; 2. (*noise*) खटखट*, खटाखट, ठक-ठक*; 3. (*a whit*) लव-लेश; —*v.*, 1. खटखटाना, ठकठकाना; 2. (*utter*) झाड़ना, कह डालना, फूट पड़ना।
> रैप

rapa/cious, 1. (*greedy*) लोभी; 2. (*voracious*) पेटू; 3. (*plundering*) लूटनेवाला; 4. (*of animals*) हिंस्र, खूँखार; **~city,** लोभ।
> रॅपेशॅस; रॅपैसिटि

rape, *n.*, 1. (*sexual crime*) बलात्कार; 2. (*looting*) लूट*, लुण्ठन; 3. (*taking away*) अपहरण; 4. (*plant*) तोरी*; 5. (*of grapes*) अंगूर का गूदा; —*v.*, बलात्कार क०, लूटना; अपहरण क०।
> रेप

raphe, सन्धि-रेखा*, सीवनी*।
> रेफ़ी

rapid, *adj.*, 1. तेज़; द्रुत(गामी), शीघ्रगामी; 2. (*prompt*) शीघ्र, अचिर, तत्काल; 3. (*steep*) उत्प्रवण, खड़ा; *n.* (*pl.*) क्षिसिका*; **~ity,** तेज़ी*, द्रुतगति*, शीघ्रता*।
> रैप्-इड; रॅपिड्-इटि

rapier, खाँडा, नीमचा।
> रेप्यॅ = रेप्-इ-ॲ

rapine, लूटमार*, लूटपाट*, लूट*।
> रैपाइन = रैप्-इन

rappee, घटिया, सुँघनी*।
> रैपी

rapport, 1. सम्बन्ध, सम्पर्क; 2. (*close relationship*) घनिष्ठता*, सौहार्द।
> रैपॉ: = रॅपॉ:ट

rapproachement, पुनर्मेल।
> रैप्रॉश्माँ

rapt, 1. (*enraptured*) सम्मोहित, भावविभोर; 2. (*engrossed*) तन्मय, तल्लीन, मग्न, लीन; 3. उठाया हुआ।
> रैप्ट

raptorial, प्रहरक; ~ bird, शिकारी पक्षी, प्रसह।
> रैप्टॉ:र्-इॲल

rapture, प्रहर्ष, हर्षोन्माद, हर्षातिरेक, भाव-समाधि*; **~d, rapturous,** हर्षोन्मत्त, हर्षविह्वल।
> रैप्-चॅ; रैप्-चड; रेप्चॅरॅस

rare, 1. (*not dense*) विरल; 2. (*scarce*) दुर्लभ, दुष्प्राप्य; 3. (*excellent*) असाधारण; 4. (*infrequent*) विरल, विरला; 5. (*partially raw*) अधपका।
> रे'ॲ

raree-show, सैरबीन*।
> रे'ॲरीशो

rare/faction, विरलन, विरलीकरण; विरली-भवन; विरलता*; **~factive,** विरलक; **~fied,** विरलित; **~fy,** विरल क०।
> रे'ॲरिफैक्/शॅन, ~टिव; रे'ॲर्/इफ़ाइड, ~इफ़ाइ

rarely, बिरले ही।
> रे'ॲलि

rarity, 1. (*uncommonness, thinness*) विरलता*; 2. (*scarcity*) दुष्प्राप्यता*; 3. (*excellence*) उत्कर्ष; 4. (*something remarkable*) कौतुक, चमत्कार; दुर्लभ वस्तु*।
> रे'ॲर्-इ-टि

rascal, बदमाश, दुर्जन, धूर्त्त; **~ity,** बदमाशी*।
> रास्कॅल; रैस = रास-कैल्-इ-टि

rash, *n.*, ददोरा; *adj.*, 1. (*hasty*) अविवेकी, अविचारी, उतावला, जल्दबाज़; 2. (*overbold*) दुःसाहसी; 3. (*of acts etc.*) अविवेचित; अन्धाधुन्ध (*of driving etc.*); **~ly,** अन्धाधुन्ध; **~ness,** अविवेक, उतावलापन; दुसाहस।
> रैश; रैश्/लि, ~निस

rasher, (शूकरमांस का) तिक्का या कतला।
> रेश्-ॲ

rasp, *n.*, मोटी रेती*, सौहान; *v.*, 1. (*file*) रेतना; 2. (*make grating sound*) किरकिराना; 3. (*irritate*) अखरना, खलना।
> रास्प

raspberry, रसभरी*, मकोय*।
> राज़्बॅरि

rat, 1. चूहा, मूषक; 2. (*politics*) दलत्यागी; 3. (*workman*) हड़ताल-भेदी; smell a ~, सन्देह क०; **~-catcher,** चूहामार, मूषक-नाशक, मूषनाशक; **~-race,** तेज़ होड़ाहाड़ी* या चढ़ा-ऊपरी*, **~-tail,** चूहा-पुच्छ; **~-trap,** चूहादान, चूहेदानी*, मूसदान।
> रैट

ratable, 1. (*taxable*) करयोग्य; 2. (*proportional*) आनुपातिक; 3. (*estimable*) आकलनीय।
> रेटॅबॅल

ratal, करयोग्य मूल्य।
> रेटॅल

rataplan, *n.*, ढमढम, ढनक*; *v.*, ढमकाना, ढनकाना, ढोल बजाना।
> रैटॅप्लैन

ratatat, खटखट*।
> रैट्-ॲ-टैट

ratche(et), रैचट; **~-wheel,** अनिवर्ती चक्र। > रैच; रैच्-इट

rate, *n.*, 1. दर*, भाव; 2. (*proportion*) अनुपात; 3. (*speed*) गति*, रफ़्तार*; 4. (*price*) मूल्य; 5. (*class*) श्रेणी*; 6. (*tax*) उपकर, उपशुल्क; —*v.*, 1. (*appraise*) मूल्य निर्धारित क०, मूल्यांकन क०; 2. की श्रेणी* में रखना; 3. (*consider*) मानना, समझना; 4. (*esteem*) सम्मान क०; 5. दर* नियत क०; 6. समझा जाना; की श्रेणी* में आना; 7. (*scold*) झिड़कना, डाँटना; at any ~, बहरहाल, जो भी हो; कम से कम; **~able,** *see* RATABLE; **~-circular,** रघौती*, **~-list,** दर-सूची*; **~payer,** करदाता। > रेट

ratel, बिज्जू। > रेटॅल

rather, 1. (*preferably*) बल्कि; you ~ than I should go, मैं नहीं बल्कि आप जाएँ; I would ~ stay here, यहाँ रहना मुझे अधिक पसन्द है; 2. (*more accurately*) he is ~ good than bad, वह बुरा नहीं बल्कि अच्छा है; 3. (*somewhat*) कुछ-कुछ, कुछ; 4. (*on the cntrary*) उलटे; 5. (*assuredly*) बेशक, निश्चय ही। > रा-दॅ

rati/fication, अनुसमर्थन, अभिपोषण; **~fied,** अभिपुष्ट, अनुसमर्थित; **~fy,** अनुसर्मथन क०, अभिपुष्ट क०। > रैटिफ़िकेशॅन; रैट्-इ/फाइड, ~फ़ाइ

rating, 1. (*rank*) श्रेणी*, वर्ग, दरजा; 2. (*evaluation*) मूल्यनिर्धारण; करनिर्धारण; 3. (*amount*) निर्धारित मूल्य या कर; 4. (*reprimand*) झिड़की*; 5. (*sailor*) नाविक, मल्लाह। > रेट्-इन्ग

ratio, अनुपात। > रेशिओ

ratio/cinate, तर्क क०; **~cination,** निगमन-तर्क, तर्कण, तर्कणा*; **~cinative,** निगम-नात्मक, तर्कात्मक। > रैटिऑसिनेट; रैटिऑसिनेशॅन: रैटिऑसिनेटिव = रैटिऑसिनॅटिव्

ration, *n.*, 1. राशन, अनुभक्तक 2. (*pl. provisions*) रसद; —*v.*, राशनिंग लागू क०; ~card, राशन-कार्ड; **~ed,** अनुभक्त; **~ing,** राशनिंग, नियंत्रित वितरण, नियन्त्रण। > रैशॅन; रैशॅन्ड; रैश्-निन्ग

rational, 1. (*endowed with reason*) विवेकी, बुद्धिसम्पन्न; 2. (*based on reason*) बुद्धिसंगत, युक्तिमूलक, तर्कणा परक, यौक्तिक, 3. (*sensible, moderate*) समझदार, बुद्धिमान्; विवेकपूर्ण; 4. (*math.*) परिमेय। > रैशॅनॅल

rationale, मूलाधार, तर्काधार। > रैशिअॅनालि

rationa/lism, बुद्धिवाद, तर्कणावाद, **~list,** बुद्धिवादी; **~listic,** तर्कणापरक, तर्कबुद्धिपरक, तर्कणावादी; **~lization,** 1. यौक्तिकीकरण, बुद्धिसंगत व्याख्या*; 2. (*math.*) परिमेयकरण; 3. वैज्ञानिक पुनर्गठन; **~lize,** 1. बुद्धिसंगत बना देना, की वैज्ञानिक या बुद्धिसंगत व्याख्या* प्रस्तुत क०; 2. (*math.*) परिमेय बनाना; 3. (*industry*) की वैज्ञानिक व्यवस्था* या पुनर्गठन क०। > रैश्-नॅ/लिज़्म, ~लिस्ट; रैश्नॅलिस्-टिक; रैश्नॅलाइज़ेशॅन; रैश्नॅलाइज़

ratlin(e), पैररस्सी*। > रैट्-लिने

ratoon, पेड़ी*। > रॅटून

ratproof, मूषकरोधक। > रैट्प्रूफ़

ratsnake, धामिन*। > रैट्स्नेक

rattan, बेंत। > रॅटैन्

rat-tat, rat-tat-tat, खटखट*, खटाखट, ठक-ठक*। > रैट्-टैट, रैट्-टॅ-टैट

ratten, तोड़-फोड़* क०। > रैटॅन

ratter, चूहामार। > रैट्-अॅ

rattle, *v.*, 1. खड़खड़ाना; खड़खड़ाते चलना; 2. (*utter*) बकना, बड़बड़ाना, बघारना, टरटराना; 3. (*stir*) उकसाना, उत्तेजित क०; 4. (*fluster*) घबरा देना;—*n.*, 1. खड़खड़ाहट*; 2. (*death~*) घर्रा, घटका; 3. (*uproar*) शोरगुल, गुल-गपाड़ा, हो-हल्ला; 4. (*talk*) बकवास*; 5. (*toy*) झुनझुना; **~-brain, ~-plate,** मूर्ख; **~trap,** जरजर। > रैटॅल

rattling, 1. (*brisk*) तेज़, तीव्र; 2. (*before adj.*) बहुत ही। > रैट्-लिन्ग

raucous, 1. कर्कश, कर्णकटु; 2. (*hoarse*) फटा, भग्नस्वर। > रॉ:कॅस

ravage, *n.*, 1. (*destruction*) विनाश, विध्वंस; 2. (*havoc*) बरबादी*, क्षति*; —*v.*, उजाड़ना, विध्वंस क०। > रैव्-इज़

rave, *v.*, 1. (*talk incoherently*) प्रलाप क०, बेसिरपैर की बातें* क०; 2. (*~about*) की अत्यधिक प्रशंसा* करता रहना; 3. (*be angry*) अत्यधिक क्रोध क०; 4. (*roar*) गरजना; प्रचंड होना; —*n.*, 1. प्रलाप; 2. (*commendation*) अतिप्रशंसा*; 3. गर्जन; गर्जना; गरज*। > रेव

ravel, *v.*, 1. (*entangle*) उलझाना; 2. (*disentagle*) सुलझाना; उधेड़ना; 3. (*fray*) उधड़ जाना, उधड़ना; *n.*, गुत्थी*, उलझन* (*also fig.*)। > रैवॅल

ravelin, परिकूट। > रैव्-लिन

raven, *n.*, काला कौआ; *adj.*, काला-चमकीला; —*v.*, 1. (*plunder*) लूटना; 2. (*prowl*) शिकार खोजते फिरना; 3. (*eat*) भकोसना, निगल जाना। > रेवॅन (*n. adj.*); रैवॅन (*v.*)

ravenous, 1. (*hungry*) मरभुखा, क्षुधातुर; 2. (*gluttonous*) भुक्खड़, क्षुधालु; 3. (*eager for*) का भूखा, लालची, लोलुप; 4. (*of hunger, eagerness*) तीव्र। > रैवॅनॅस

ravin, 1. (*looting*) लूटपाट*; 2. (*loot*) लूट*; 3. (*prey*) शिकार। > रैव्-इन

ravine, तंगघाटी*, खड्ड, दर्रा, गिरिसंकट। > रॅवीन

ravish, 1. (*carry away*) हर ले जाना, अपहरण क०; 2. (*rape*) बलात्कार क०; 3. (*enrapture*) आनन्दविभोर कर देना; सम्मोहित क०, हर्षोन्मत्त क०; **~er,** बलात्कारी; **~ing,** सम्मोहक; **~ment,** अपहरण; बलात्कार; आनन्दातिरेक। > रैव्-इश; रैव्-इ-शॅं; रैव्-इ-शिंग; रैव्-इश्-मॅन्ट

raw, *adj.*, 1. (*uncooked, unripe, unwrought, untrained*) कच्चा; 2. (*stripped of skin*) छिला हुआ; 3. (*of weather*) ठण्डा; 4. (*undiluted*) ख़ालिस, शुद्ध; 5. (*crude*) अनपढ़, अपरिष्कृत; 6. (*harsh*) कठोर, सख़्त, कड़ा; 7. (*unfair*) अन्यायपूर्ण, अनुचित; —*n.*, 1. हरा घाव; 2. (*fig.*) मर्मस्थल; ~ material, कच्चा माल; **~-boned,** डाँगर, दुबला-पतला; **~ish,** अधकचरा; **~ness,** कच्चापन। > रॉ:; रॉ:-इश; रॉ:निस

ray, *n.*, 1. (*of light, etc.*) किरण*, रश्मि, अंशु; 2. (*spoke*) अर; 3. (*fish*) रे, शंकुश; —*v.*, विकीर्ण होना; फैलना; फैलाना, प्रसारित क०; **~less,** 1. अँधेरा; 2. (*gloomy*) निरानन्द। > रे

rayon, रेयन। > रेअॅन = रेऑन

raze, 1. (*erase*) मिटाना, काटना; 2. (*demolish*) ढाना। > रेज़

razor, उस्तरा, क्षुर; **~-blade,** पत्ती*; **~-edge,** 1. तीक्ष्ण धार*; 2. (*ridge*) प्रपात; 3. (*fig.*) विषम परिस्थिति*, संकट; **~-edged,** अतितीक्ष्ण। > रेज़्-अॅं; रेज़्-अॅर्-ए'ज्ड

razzia, छापा। > रैज़्-इ-अॅ

razzle(-dazzle), 1. (*stir*) हो-हल्ला; 2. (*spree*) रंगरलियाँ*। > रैज़ॅल(-डैज़ॅल)

re, *prep.*, के विषय में *prefix*, 1. पुन:-, पुनर्-; 2. प्रति-। > री

reabsorption, पुनरवशोषण। > री-अब्-सॉ:प्-शॅन

reach, *v.*, 1. (*thrust out*) फैलाना, बढ़ाना; 2. तक पहुँचना, तक फैल जाना; 3. देना, बढ़ाना; 4. (*obtain*) प्राप्त क०; 5. (*affect*) प्रभावित क०; 6. (*try*) पाने का प्रयास क०; —*n.*, 1. प्रसारण; 2. (*range*) पहुँच*; 3. (*stretch*) विस्तार; खण्ड। > रीच

react, 1. प्रतिक्रिया* क० या दिखाना; प्रभाव या असर क०; 2. (*chem.*) अभिक्रिया* उत्पन्न क०, सक्रिय क०; 3. (*mil.*) प्रत्याक्रमण क०; 4. (*a play*) पुन: अभिनय क०; **~ance,** प्रतिघात, **~ant,** अभिकारक। > रिऐक्ट, रे-ऐक्/टन्स, ~टॅन्ट

reaction, 1. प्रतिक्रिया*; 2. (*chem.*) अभिक्रिया*, क्रिया*; 3. (*mil.*) प्रत्याक्रमण; 4. (*retrogression*) प्रतिगमन; **~ary, ~ist,** 1. प्रतिक्रियात्मक; प्रतिगामी; 2. (*person*) प्रतिक्रियाशील; प्रतिक्रियक, प्रतिक्रियावादी। > रिऐक्/शॅन, ~शॅनॅरि, ~शॅनिस्ट

reacti/vate, फिर से सक्रिय क०; **~vation,** (पुन:) सक्रियकरण, पुनरुत्प्रेरण। > रि-ऐक्-टि-वेट; रि-ऐक्-टि-वे-शॅन

reac/tive, 1. प्रतिक्रिय, प्रतिक्रियाशील; प्रतिघातक; 2. (*Chem.*) अभिक्रियाशील; **~tivity,** प्रतिक्रियाक्षमता*; अभिक्रियाशीलता। > रि-ऐक्-टिव; रि-ऐक्-टिव्-इ-टि

reactor, 1. प्रतिकर्मी, प्रतिकारी; 2. (*electr.*) प्रतिघातक; 3. (*chem.*) रिएक्टर। > रिऐक्टॅ

read, 1. पढ़ना, बाँचना; पढ़कर सुनाना; 2. (*study*) पढ़ना, का अध्ययन क०; 3. (*understand*) समझना, ताड़ लेना, भाँपना; 4. (*interpret*) का अर्थ लगाना या निकालना; भेद या शकुन समझना या बताना; 5. (*of instr. record*) बतलाना; **~able,** 1. रोचक; पठनीय; 2. (*legible*) सुवाच्य, सुपाठ्य। > रीड; रीडॅबॅल

readdress, अनुप्रेषित क०। री-अॅ-ड्रे'स

reader, 1. पाठक; 2. (*reciter*) (प्र)वाचक; 3. (*professor*) रीडर; 4. (*book*) पाठ्यपुस्तक*, पाठमाला*, रीडर*; 5. (*proof ~*) प्रूफ़-संशोधक; **~ship,** रीडरशिप*; पाठकगण। > रीड्-अॅ

readily, 1. (*willingly*) खुशी* से, स्वेच्छा* से, सहर्ष; 2. (*quickly*) तुरन्त, जल्दी, जल्द, शीघ्र; 3. (*easily*) सहज ही। > रे'ड्-इ-लि

readiness, 1. तैयारी*; 2. (*willingness*) तत्परता*, मुस्तैदी*। > रे'ड्-इ-निस

reading, 1. (*act*) पठन, पाठ; 2. (*~aloud*) पाठन, वाचन; 3. (*study*) अध्ययन; 4. (*learing*) विद्वत्ता*; 5. पाठ्य सामग्री*; 6. (*of a text*) पाठान्तर; 7. (*of instruments*) पाठ्यांक; 8. (*interpretation*) व्याख्या*, निर्वचन; 9. (*of a bill*) वाचन, **~-room,** वाचनालय। > रीड्-इन्ग

ready, *adj.*, (*v.*), 1. तैयार (क० या हो जाना), 2. (*willing*) तत्पर, मुस्तैद, उद्यत तैयार; 3. (*dexterous*) दक्ष, निपुण, तैयार; 4. (*prompt*) शीघ्र, तत्काल, तात्कालिक; 5. (*convenient*) सुविधाजनक; 6. (*available*) सुलभ; ~money, नक़द, नगद; **~-made,** बना-बनाया, तैयार; **~reckoner,** परिकलित्र; **~-witted,** प्रत्युत्पन्नमति। > रे'डि

reagency, अभिकर्मकता*। > रीएजॅन्सि

reagent, अभिकर्मक, प्रतिकर्मक। > रीएजॅन्ट

real, 1. (*existing, genuine*) वास्तविक, असल, असली; 2. (*math., phys., etc.*) वास्तविक; 3. (*of property*) स्थावर। > रिअॅल

realgar, मैनसिल*, मन-शिल, मन:शिला*। > रि-ऐल्-गा

rea/lism, यथार्थवाद; **~list(ic),** यथार्थवादी; **~lity,** वास्तविकता*, असलियत*; यथार्थता*, सच्चाई*; यथार्थवादिता*, सत्ता*, तत्त्व। > रीअॅ/लिज़्म, ~लिस्ट रिअॅलिस्-टिक; रि-ऐल्-इटि

realization, 1. (*accompliashm.*) कार्यान्वयन, सिद्धि*; उपलब्धि*; 2. (*awareness*) अनुभूति*, बोध; 3. (*obtaining*) प्राप्ति*; उगाही*, वसूली*, प्रापण। > रिॲलाइज़ेशॅन

realize, 1. कार्यान्वित क०, चरितार्थ क०, कार्य में परिणत क०, कर दिखाना; साकार कर देना; 2. स्पष्ट अनुभव क०, अनुभूति* होना, पूर्ण रूप से समझना; 3. (*obtain*) प्राप्त क०; पैदा क०; 4. (*collect*) वसूल क०, उगाहना; 5. (*convert into money*) रुपये में परिवर्तित क०; 6. (*be sold for*) में बिक जाना। > रीॲलाइज़

really, सचमुच, वास्तव में, वस्तुतः, असल में, सच, दर असल। > रिॲलि

realm, 1. राज्य; 2. (*sphere*) क्षेत्र; 3. (*zool.*) परिमण्डल। रे'ल्म

realtor, भूसम्पत्ति-दलाल। > री = रि-ऐल्-टॅ

realty, भूसम्पत्ति*, स्थावर सम्पत्ति*। > री-ॲल्-टि = रि-ॲल्-टि

ream, *n.*, रीम; *v.*, बढ़ाना, चौड़ा क०; **~er,** रीमर, परिछिद्रक। > रीम; रीम्-ॲ

re-ammunition, गोला-बारूद* भरना। > रीऐम्युनिशॅन

reani/mate, पुनर्जीवित क०, में प्राण डालना, अनुप्राणित क०; **~mation,** अनुप्राणन। > रीऐन्-इमेट; रीऐनिमेशॅन

reap, 1. लुनना; 2. (*obtain*) प्राप्त क०, लाभ क०; **~er,** 1. लुनेरा; 2. (*machine*) फ़सलकट, रीपर; **~ing,** लुनाई*, लवनी*, कटाई*। > रीप; रीप्-इन्ग

rear, *n.*, 1. पिछाड़ी*; पृष्ठभाग, पीछा; 2. (*of a house*) पिछवाड़ा; —*v.* 1. खड़ा क०; ऊँचा उठाना; 2. (*build*) बनाना, निर्माण क०; बनवाना; 3. (*grow*) उगाना; 4. (*breed*) पालना; 5. (*enducate*) पालन-पोषण क०, पढ़ाना-लिखाना; 6. (*of horse*) पिछले पैरों पर खड़ा होना; अलफ़, चिराग़-पा या सीख-पा होना; —*adj.*, पिछला, पश्च, पृष्ठ-; **~-admiral,** सह-नौसेनाध्यक्ष; **~guard,** चन्दावल, चण्डावल; —action, पृष्ठरक्षक-युद्ध; **~most,** पश्चतम; **~wards,** पीछे की ओर*। > रिॲ; रिॲ-ऐड्-मॅ-रॅल; रिॲगाड

rearmament, पुनरस्त्रीकरण। > रीआमॅमॅन्ट

reason, *n.*, 1. (*argument*) तर्क, तर्कणा*, युक्ति*, दलील*; 2. (*cause*) हेतु, कारण; 3. (*faculty*) विवेक, बुद्धि*, मति*, धी*; 4. (*premise*) आधार-वाक्य; 5. (*sanity*) विवेक, सन्तुलन; 6. (*sensible conduct*) समझदारी*; —*v.*, 1. (*argue*) तर्क क०, तर्क-वितर्क क०; समझाना; 2. (*think*) सोचविचार क०; bring to~, समझाना; by ~of, के कारण; with ~, सकारण; **~ability, ~ableness,** औचित्य; तर्कसंगति*; **~able,** 1. (*rational*) विवेकी, बुद्धिसम्पन्न; 2. (*amenable to reason*) समझदार, सन्तुलित; 3. (*moderate*) उचित, यथोचित; पर्याप्त; 4. (*according to~*) युक्तिसंगत, तर्कसंगत, युक्तियुक्त, सयुक्तिक; **~ed,** सुविवेचित, तर्कसंगत; **~er,** तार्किक, विचारक; **~ing,** विवेचन, तर्कणा*, तर्क; **~less,** 1. अविवेकी; 2. (*unreasoned*) अविवेचित; 3. (*illogical*) तर्कहीन; 4. (*senseless*) निरर्थक। > रीज़ॅन; रीज़ॅनॅबिल्-इटि; रीज़ॅनॅबॅल रीज़ॅन्ड; रीज़ॅ नॅ; रीज़ॅनिन्ग; रीज़ॅन्-लिस

reassure, आश्वासन देना, **~d,** आश्वस्त। > रीॲशुॲ

rebarbative, बीभत्स, घिनावना; अप्रिय। > रिबाबॅटिव

rebate, 1. बट्टा, छूट*; 2. (*rabbet*) पैताम। > रिबेट = रीबेट (1); रैबिट (2)

rebel, *n.*, विद्रोही, बाग़ी; *adj.*, विद्रोही, —*v.*, विद्रोह क०; 2. (*abhor*) से घृणा* क०, में घृणा* या बीभत्सा* उत्पन्न होना; **~lion,** विद्रोह, बग़ावत*; **~lious,** 1. विद्रोही; विद्रोहात्मक; 2. (*defiant*) उद्धत, अक्खड़; 3. (*refractory*) दुर्दमनीय, दुर्जय, दुर्दम। > रे'बॅल (*n.*); रिबे'ल (*v.*); रिबे'ल्/यॅन, ~यॅस

rebirth, 1. पुनर्जन्म, जन्मान्तर; 2. (*revival*) पुनरुज्जीवन, पुनर्जीवन। > री-बॅःथ

reborn, पुनर्जात; पुनर्जीवित। > री-बॉःन

rebound, *v.*, 1. (*upwards*) उछलना; 2. टकराकर लौटना, प्रतिक्षिप्त होना; 3. प्रतिघात क०, प्रतिक्रिया* क०; —*n.*, 1. उच्छलन; 2. प्रतिघात, प्रतिक्षेप; 3. (*reaction*) प्रतिक्रिया*। > रिबाउन्ड

rebuff, *n.*, 1. दो टूक जवाब, अस्वीकृति*; 2. (*snub*) झिड़की*; 3. (*check*) निरोध, हार*, पराजय*; —*v.*, दो टूक जवाब देना; झिड़कना; रोकना, निरोध क०। > रिबॅफ़

rebuild, पुनर्निर्माण क०। > रीबिल्ड

rebukable, निन्दनीय। > रिब्यूकॅबॅल

rebuke, *n.*, फटकार*, डाँट-डपट*, भर्त्सना*; —*v.*, फटकारना, डपटना, डाँटना। > रिब्यूक

rebus, चित्र-बुझौवल*, (-पहेली*)। > रिबॅस

rebut, 1. खण्डन क०; 2. (*repel*) रोकना, निरोध क०, भगाना, भगा देना; **~ment, ~tal, ~ter,** खण्डन, काट*। > रिबॅट

recalci/trance, अक्खड़पन; ज़िद*, हठ; **~trant,** अक्खड़, दुर्दान्त, उद्दण्ड, उजड्ड; आड़ियल; **~trate,** हठपूर्वक विरोध क०, हुक्म मानने से इनकार क०, आज्ञा* की अवज्ञा* क०; **~tration,** विरोध। > रि-कैल्-सि/ट्रॅन्स, ~ट्रॅन्ट, ~ट्रेट, ~ट्रेशॅन

recall, *v.*, 1. वापस बुलाना; 2. याद क० या कराना, स्मरण क० या दिलाना; 3. (*take back*) वापस लेना; वापस माँगना; 4. (*annul*) रद्द क०; —*n.*, प्रत्याह्वान; (अनु)स्मरण। > रिकॉःल

recant, वापस लेना, मुकरना, मुकर जाना; मतत्याग क०; **~ation,** मुकरी*, मतत्याग। > रिकैन्ट; रीकैन्टेशॅन

recapitu/late, संक्षेप में दोहराना, सारांश प्रस्तुत क०; **~lation,** 1. सारकथन; 2. सार, संक्षेप; 3. (*biol.*) पुनरावर्तन; **~lative, ~latory,** आवृत्ति-, आवृत्तिमूलक। > रीकॅपिट्युलेट; रीकॅपिट्युलेशॅन; रीकॅपिटचु/लॅटिव़, ~लॅटॅरि

recapture, दुबारा बन्दी क० या हथियाना, पुनः प्राप्त क०, पुनः अधिकार में क०; याद क०, पुनः अनुभव क०। > री-कैप्-चॅ

recast, 1. दुबारा ढालना; 2. सुधारना; नया रूप देना; 3. (*a play*) नयी भूमिका* निर्धारित क०। > रीकास्ट

recede, 1. (पीछे) हटना, लौटना; 2. (*withdraw*) से मुकर जाना; 3. (*slope*) पीछे की ओर* झुका हुआ होना; 4. (*diminish*) घटना। > रिसीड

receding, पश्चप्रवण। > रि-सीड्-इन्ग

receipt, *n.*, 1. (*receiving*) प्राप्ति*; 2. (*that which is received*) प्राप्ति*, आय*; 3. (*acknowledgment*) रसीद*, पावती*; प्राप्तिका*; 4. (*recipe*) नुसखा; —*v.*, रसीद* लिखना। > रिसीट

receivable, प्राप्य; स्वीकार्य, वैध। > रिसीवॅबॅल

receive, 1. (*get*) पाना, प्राप्त क०; 2. (*accept, also of radio etc.*) ग्रहण क०; 3. (*take*) लेना; 4. (*accept as valid*) स्वीकार क०; मान लेना; 5. (*welcome*) स्वागत क०; 6. (*undergo*) भोगना; 7. (*bear*) सहना; 8. (*encounter*) का सामना क०; 9. (*admit*) आने देना, प्रवेश करने देना; 10. (*hold*) धारण क०; में स्थान होना। > रिसीव़

receiver, 1. पानेवाला, प्रापक, लेनेवाला; 2. (*of stolen goods*) थाँगी; चोर-हटिया; 3. (*law*) आदाता, रिसीवर; 4. (*of telephone*) चोंगा; 5. अभिग्राहित्र; रेडियो। > रि-सीव़्-अॅ

receiving, *n.*, आदान, ग्रहण; *adj.*, ग्राही; **~station,** अभिग्राही स्टेशन या केंद्र। > रि-सीव़्-इन्ग

recency, अभिनवता*। > रीसन्सि

recension, 1. (*version*) पाठ; 2. (*revision*) पाठसंशोधन। > रिसे 'नशॅन

recent, 1. अभिनव, नूतन; 2. (*modern*) आधुनिक; हाल का; 3. (*geol.*) अभिनव; 4. (*history*) अर्वाचीन; **~ly,** हाल में। > रीसॅन्ट

recept, मनश्चित्र। > रीसे 'प्ट

receptacle, 1. आधार, निधान, पात्र, धानी*; 2. (*bot.*) पुष्पधर। > रिसे 'प्टॅकॅल

reception, 1. (*receiving*) प्राप्ति*; 2. (*taking in*) ग्रहण; 3. (*entrance*) प्रवेश; 4. (*of radio etc.*) अभिग्रहण; श्रवण (*auditive*); 5. (*acceptance*) स्वीकृति*; 6. (*of guests*) स्वागत, सत्कार; स्वागत-समारोह; ठहराव (*putting-up*); **~-committee,** स्वागत-समिति*; **~ist,** स्वागती, अभ्यर्थक, अभ्यर्थी, स्वागतिक; **~-room,** स्वागत कक्ष। > रिसे 'प्/शॅन, ~शॅनिस्ट

receptive (~tivity) 1. ग्रहणशील(ता*); 2. (*mech.*) संग्राहक(ता*), ग्राही (ग्राहिता*)। > रि-से 'प्-टिव़्; रि-से 'प्-टिव़्-इ-टि

receptor, अभिग्राहक, ग्राही। > रि-से 'प्-टॅ

recess, 1. (*rest*) अवकाश, मध्यावकाश, अल्पावकाश, विश्रांति*; 2. (*niche*) ताक़, आला; 3. (*cavity*) गड्ढा, कोटरिका*; 4. (*cave*) गुफ़ा*, गुहा*, दरी*; 5. (*secret place*) एकान्त स्थान, विविक्त। > रिसे 'स

recession, 1. (*receding*) अपसर्पण, अपगमन; 2. (*comm.*) मन्दी*। > रिसे 'शॅन

recessional, समाप्ति-भजन। > रिसे 'शॅनॅल

recessive, 1. अपगामी; 2. (*phon.*) पश्चगामी; 3. (*biol.*) अप्रबल, अप्रभावी। > रि-से 'स्-इव़

recherché, 1. (*uncommon*) साधारण; 2. (*refined*) परिष्कृत; 3. (*far-fetched*) क्लिष्ट-कल्पित; 4. (*choice*) चुनिन्दा, बढ़िया। > रॅशे 'ॲशे

recidi/vism, अपराध-व्यसन; पाप-व्यसन; **~vist,** अपराध-व्यसनी; पाप-व्यसनी। > रिसिड्/इविज़्म, ~इविस्ट

recipe, नुसखा। > रे 'सिपि

recipient, *n.*, पानेवाला, प्रापक; *adj.*, 1. प्रापी; 2. (*receptive*) ग्रहणशील। > रि-सिप्-इ-ॲन्ट

reciprocal, 1. (*mutual*) आपसी, पारस्परिक, अन्योन्य; 2. (*done in return*) वापसी; 3. (*math., adj., n.*) व्युत्क्रम; 4. (*corresponding*) सदृश; 5. (*gram.*) पारस्परिक, अन्योन्य; **~ity,** पारस्परिकता*, अन्योन्यता*; **~ly,** परस्पर। > रिसिप्रॅकॅल; रिसिप्रॅकैल्-इटि

recipro/cate, 1. (*interchange*) लेना-देना, आदान-प्रदान क०; 2. (*requite*) बदले में देना या अनुभव क०; लौटाना; 3. (*be equivalent*) सदृश या बराबर होना; 4. (*mech.*) पश्चाग्र चलना या चलाना; **~cating,** पश्चाग्र; **~cation,** 1. आदान-प्रदान; 2. प्रतिदान; प्रतिकार; 3. (*math.*) व्युत्क्रमण। > रिसिप्रॅ/केट, ~केटिन्ग; रिसिप्रॅकेशॅन

reciprocity, 1. पारस्परिकता*, अन्योन्यता*; 2. आदान-प्रदान, विनिमय। > रे 'सिप्रॉसिटि

recital, 1. (*account*) विवरण, वृत्तान्त; 2. *see* RECITATION, 3. (*music*) संगीत-समारोह; गायन; 4. (*performance*) प्रस्तुति*। > रिसाइटॅल

recitation, निपठन, प्रपठन, पाठ; कविता-पाठ; सस्वर पाठ। > रे 'सिटेशॅन

recitative, सस्वर पाठ। > रे 'सिटॅटीव़

recite, 1. सुनाना; 2. कवितापाठ क०; 3. विवरण देना,

वर्णन क०; 4. (*enumerate*) एक-एक करके बताना। > रिसाइट

reckless, 1. (*careless*) लापरवाह, असावधान; 2. (*overbold*) दु:साहसी; 3. (*hasty*) अविचारी, उतावला; 4. (*of acts*) अन्धाधुन्ध, अविवेचित। > रे 'क्-लिस

reckon, 1. गिनती* क०, गिनना; 2. (*consider*) मानना, समझना; 3. (*rely*) पर भरोसा रखना; ~with, का ध्यान रखना; का हिसाब चुकाना, हिसाब-किताब साफ़ क०; **~er,** गणक; **~ing,** 1. गिनती*, गणना*, संगणना*; 2. (*guess*) अनुमान; 3. (*settlement of account*) हिसाब, लेखा; 4. (*nautical*) स्थिति-निर्धारण; स्थिति*। > रे 'कॅन; रे 'क्-निन्ग

reclaim, *v.*, 1. (*a person*) सन्मार्ग पर लाना; उद्धार क०; सुधारना; 2. (*land*) कृषि-योग्य बना देना; 3. वापस माँगना या लेना; से प्राप्त क०; —*n.*, सुधार; past ~, असुधार्य; **~able,** सुधार्य। > रिक्लेम; रिक्लेमॅबॅल

reclamation, सुधार, उद्धार; भूमि-उद्धार। > रे 'क्लमेशॅन

réclame, विज्ञापन। > रेक् = रे 'कलाम

reclinate, अवनत। > रे 'क्-लि-नेट

recline, *v.i.*, लेट जाना, लेटना, पौढ़ना; का सहारा लेना; पर निर्भर रहना, पर भरोसा रखना; —*v.t.*, लिटाना, लेटाना; टिका देना, लगा देना। > रिक्लाइन

recluse, *adj.*, एकान्त; *n.*, एकान्तवासी। > रिक्लूस

recog/nition, 1. (*of an institution*) मान्यता*; 2. (*identification*) अभिज्ञान, पहचान*; 3. (*admission*) स्वीकार, स्वीकरण, स्वीकृति*; 4. (*appreciation*) सम्मान, क़दरदानी*; 5. (*attention*) ध्यान; 6. (*greeting*) नमस्कार; **~nizable,** अभिज्ञेय। > रे 'कॅग्-नि-शॅन; रे 'कॅग्नाइज़ॅबॅल

recogni/zance, 1. मुचलका; 2. (*sum*) ज़मानत; **~zant,** 1. अभिज्ञ; 2. (*grateful*) आभारी, कृतज्ञ। > रिकॉग्नि/ज़ॅन्स, ~ज़ॅन्ट

recognize, 1. (*an institution*) मान्यता* प्रदान क०; 2. (*know, identify*) पहचानना; 3. (*admit*) स्वीकार क०, मान लेना; 4. (*appreciate*) क़दर* क०, सम्मान क०; 5. (*greet*) नमस्कार क०; **~d,** मान्यता-प्राप्त; अभिज्ञात; मान्य, स्वीकृत; सम्मानित। > रे 'कॅगनाइज़

recoil, *v.*, 1. पीछे हटना; झिझकना, ठिठकना; 2. (*of gun etc.*) धक्का देना, प्रतिक्षेप क०; —*n.*, 1. झिझक*; 2. (*disgust*) घृणा*; जुगुप्सा*; 3. रिकॉयल, प्रतिक्षेप, धक्का, झटका। > रिकॉइल

recollect, 1. (*remember*) याद क०, स्मरण क०; 2. (*concentrate*) चित्त एकाग्र क०, मन लगाना; 3. (*recover oneself*) सँभल जाना, होश या आपे में आना, प्रकृतिस्थ, ठीक या शान्त हो जाना; साहस बटोरना; **~ed,** अन्तर्लीन, एकाग्रचित्त; **~ion,** 1. (अनु)स्मरण, याद*, स्मृति*; 2. (*concentration*) मनोयोग, चिन्तन; **~ive,** स्मरणात्मक। > रे 'कॅले 'क्ट; रे 'कॅले 'क्/टिड, ~शॅन, ~टिव़

recommencement, पुनरारंभ। > रीकॅमे 'न्स्मॅन्ट

recommend, 1. (*entrust*) सौंपना, सौंप देना; 2. (*speak favourably*) सिफ़ारिश* क० अनुशंसा* क०, उपयुक्त बताना, के पक्ष में बोलना; 3. (*advise*) सलाह* देना, परामर्श देना; **~able,** अनुशंसनीय, प्रशंसनीय; **~ation,** सिफ़ारिश*, अनुशंसा*; संस्तुति*, अभिस्ताव; सिफ़ारिशी पत्र; सलाह*, परामर्श, सुझाव; **~atory,** सिफ़ारिशी, अनुशंसात्मक; **~ed,** अनुशंसित, संस्तुत। > रे 'कॅमेन्ड; रे 'कॅमे 'न्डॅबॅल; रे 'कॅमे 'न्डेशॅन: रे 'कॅमे 'न्/डॅटॅरि, ~डि डॅ

recompense, *n.*, 1. (*reward*) इनाम, पुरस्कार; 2. (*compensation*) क्षतिपूर्ति*, हरजाना; 3. (*requital*) प्रतिदान, बदला; 4. (*remuneration*) पारिश्रमिक; —*v.*, इनाम, हरजाना या पारिश्रमिक देना; प्रतिदान, बदला या प्रतिकार क०। > रे 'कॅम्पे 'न्स

recon/cilable, समाधेय; संगत; **~cile,** 1. (*make friendly*) से मिलाना, मेल-मिलाप कराना, झगड़ा मिटाना; 2. (*settle*) का समाधान क०, निपटारा क०; 3. (*bring into harmony*) संगति* या सामंजस्य स्थापित क०; 4. (*make content*) अनूकूल बना लेना, सन्तुष्ट क०; 5. (*purify*) पवित्र क०। > रे 'कॅन्साइलॅबॅल; रे 'कॅन्साइल

reconcili/ation, मेल-मिलाप; समाधान; सामंजस्य, समन्वय, संगति*; सन्तोष; संतोषण, संराधन; पवित्रीकरण; **~atory,** समाधानात्मक। > रेकॅन्सिलिएशॅन; रे 'कॅन्-सिल्-इअॅटॅरि

recondite, 1. (*profound*) गहन, गूढ़; 2. (*obscure*) दुर्बोध, दुरूह; 3. (*concealed*) गुप्त। > रिकॉन्डाइट = रे 'कॅन्डाइट

recondition, 1. (*repair*) मरम्मत क०; 2. सुधार क०, दुरुस्त क०, नया कर देना। > री-कॅन्-डि-शॅन

reconnaissance, 1. (*mil.*) टोह*; 2. (*survey*) सर्वेक्षण। > रि-कॉन्-इ-सॅन्स

reconnection, पुनर्योजन। > रिकॅने 'क्शॅन

reconnoitre, टोह* लगाना। > रेंकॅनॉइटॅ

reconsideration, पुनर्विचार। > री-कॅन्-सि-डॅ-रे-शॅन

reconstruction, पुनर्निर्माण 2. (*fig.*) पुन: कल्पन। > रीकॅन्स्ट्रॅक्शॅन

record, *v.*, 1. (*write down*) लिखना, लिपिबद्ध क०, अंकित क०; दर्ज क० (*in a register*); 2. (*show*) दिखाना, सूचित क०; 3. (*of instrum.*) बतलाना; 4. (*make a record*) का रिकार्ड बनाना, अभिलेखन क०; —*n.*, 1. (*official report*) अभिलेख; 2. (*recorded facts, history*) वृत्त, इतिहास; विवरण;

हिसाब, लेखा (*account*); 3. (*recorded evidence*) प्रलेख; लिखित प्रमाण; 4. (*sports*) रेकार्ड, उच्चमान, कीर्तिमान; 5. (*memorial*) स्मारक; 6. (*gramophone etc.*) रेकार्ड, आलेख, चूड़ी*; **~-keeper,** अभिलेख-पाल; **~-room,** अभिलेखालय। > रिकॉ:ड (*v.*); रे'कॉ:ड (*n.*)

record/ed, अभिलिखित; **~er,** 1. अभिलेखी; 2. (*machine*) अंकित्र, रिकार्डर; **~ing,** अभिलेखन, ध्वन्यालेखन, रिकार्डिंग। > रिकॉ:ड्/इड, ~अॅ, ~इन्ग

recount, 1. वर्णन क०; 2. दोबारा गिनना। > रिकाउन्ट (1); रीकाउन्ट (2)

recoup, 1. (*a loss*) की पूर्ति* क०; 2. (*recover*) प्राप्त क०, पैदा क०; 3. (*pay back*) वापस क०, क्षतिपूर्ति* देना; 4. (*law*) काटना, घटाना, निकाल लेना; **~ment,** पूर्ति*; प्राप्ति*; क्षतिपूरण, हानिपूरण; कटौती*। > रिकूप; रिकूप्मॅन्ट

recourse, शरण*, सहारा, आश्रय; have ~ to, की शरण* लेना। > रिकॉ:स

recover, 1. दुबारा पाना, पुन: प्राप्त क०; बरामद क०; वसूल क०; 2. (*make up for*) की पूर्ति* क०, की कसर* निकालना; 3. (*reclaim*) उद्धार क०; 4. (*from sickness*) चंगा, अच्छा या स्वस्थ हो जाना; स्वास्थ्य लाभ क०; 5. (~ *oneself*) होश या आपे में आना; ठीक, शान्त या प्रकृतिस्थ हो जाना, संभल जाना; 6. होश में लाना, स्वस्थ, ठीक या शान्त कर देना; **~able,** प्रतिलभ्य; वसूली-योग्य। > रि-कॅ-वॅ, ~ रॅबॅल

recovery, वसूली*, प्रतिप्राप्ति*, प्रत्यादान, प्रतिलाभ, पुनर्लाभ; स्वास्थ्यलाभ; समुत्थान। > रिकॅवॅरि

recreate, 1. मन बहलाना, मनोरंजन क०; ताज़ा कर देना, प्राण डालना; 2. पुन: सृष्ट या उत्पन्न क०। > रे'क्-रि-एट (1); रिक्रिएट (2)

recreation, 1. मनबहलाव, मनोरंजन; 2. (*period*) विश्राम, विहार; **~al,** मनोरंजनात्मक। > रे'क्रिए/शॅन, ~शॅनॅल

recreative, मनोरंजक। > रे'क्-रि-ए-टिव़

recrimi/nate, एक दूसरे पर दोष लगाना; प्रत्यारोप क०, प्रत्यभियोग लगाना; **~nation,** प्रत्यभियोग, प्रत्यारोप; **~native, ~natory,** प्रत्यारोपी, प्रत्यभियोगी; प्रत्यभियोगात्मक। > रि-क्रिम्-इ-नेट रिक्रिमिनेशॅन; रि-क्रिम्-इ-नॅ-टिव़

recru/desce, दोबारा फैल जाना, पुन: प्रकोप होना; **~descence,** पुन: प्रकोप; **~descent,** पुन:प्रकोपी। > रीक्रुडे'स; रीक्रु/डे'सॅन्स, ~डे'सॅन्ट

recruit, *n.*, रंगरूट; *v.*, 1. भरती क०; 2. (*replenish*) भरना; 3. (*recover*) स्वास्थ्यलाभ क०; **~al,** स्वास्थ्यलाभ; **~ing office,** भरती-दफ्तर; **~ment,** भरती*; नियोजन। > रिक्रूट; रिक्रूटॅल; रिक्रूट्मॅन्ट

rectal, मलाशयी, मलाशय-। > रे'क्टॅल

rectangle, आयत। > रे'क्-टैन्-गॅल

rectangular, 1. आयाताकार, आयतीय; 2. (*having right-angled corners*) समकोणीय, समकोणिक; **~ity,** समकोणीयता*। > रे'क्-टैन्-ग्यू-लॅ; रे'क्टैन्ग्यूलैरिटि

recti/fiable, संशोधनीय; परिशोधनीय; चापकलनीय; **~fication,** 1. (*amending*) संशोधन; 2. (*chem.*) परिशोधन; 3. (*adjustment*) समंजन; 4. (*electr.*) दिष्टकरण; 5. (*math.*) चापकलन; **~fied,** (सं)शोधित; परिशोधित; समंजित; दिष्टकृत; **~fier,** (परि)शोधक; दिष्टकारी; **~fy,** सुधारना, संशोधन क०; परिशोधन क०; समंजित क०, ठीक कर देना। > रे'क्-टि-फ़ाइ-अॅ-बॅल; रे'क्-टि-फ़ि-के-शॅन; रे'क्-टि/फ़ाइड, ~फ़ाइ-अॅ, ~फ़ाइ

recti/lineal, ~linear, ऋजुरेखी(य), सरल-रेखीय, रेखीय; एकघाती। > रे'क्-टि-लिन्/इअॅ,ल, ~इ-अॅ

rection, नियंत्रण। > रे'क्शॅन

rectitude, 1. आर्जव, ईमानदारी*, साधुता*; 2. (*correctness*) औचित्य। > रे'क्-टि-ट्यूड

recto, 1. दाहिना पृष्ठ; 2. (*front*) सामना। > रे'क्टो

rector, 1. (*head*) रेक्टर, अध्यक्ष, अधिष्ठाता; 2. (*of college*) प्राचार्य; 3. (*of church*) पुरोहित, पादरी; पल्ली-पुरोहित; **~y,** पुरोहिताश्रम। > रे'क्-टॅ; रे'क्टॅरि

rectum, मलाशय, रेक्टम। > रे'क्-टॅम

recumbent, 1. लेटा हुआ, शयान; 2. (*in-active*) निष्क्रिय। > रिकॅम्बॅन्ट

recupe/rate, चंगा कर देना; दोबारा प्राप्त क०; चंगा हो जाना, स्वास्थ्यलाभ क०; **~ration,** स्वास्थ्यलाभ; वसूली*, प्रति-प्राप्ति*, पुनर्लाभ; **~rative,** स्वास्थ्यकर, पुष्टिकर, बलवर्धक। > रिक्यूपॅरेट; रिक्यूपॅरेशॅन; रिक्यूपॅरॅटिव़

recur, 1. (*return*) लौटना; लौट जाना; लौट आना; 2. (*come up again*) फिर उठना या सामने आना; 3. (*occur again*) फिर होना, पुन: घटित होना, की पुनरावृत्ति* होना; 4. (~*to*) का सहारा या आश्रय लेना; **~rence,** 1. आवर्तन, आवृत्ति*, पुनरावृत्ति*; 2. (*recourse*) आश्रय; **~rent, ~ring,** आवर्तक, पुनरावर्तक, आवर्ती, पुनरावर्ती। > रिकॅ:; रिकॅ/रॅन्स, ~रॅन्ट, ~रिन्ग

recurvate, प्रतिवर्ती। > रीकॅ:वेट

recurve, पीछे की ओर* झुकना या झुकाना। > रिकॅ:व़

recu/sance, अस्वीकर्तृत्व; **~sant,** अस्वीकर्ता। > रे'क्यु/सॅन्स, ~सॅन्ट

red, *adj.*, 1. लाल, सुर्ख, अरुण, रक्त, लोहित, लोही, शोधित; 2. (*bloody*) रक्तरंजित; 3. (*revolutionary*)

क्रांतिवादी; 4. (*communistic*) साम्यवादी; 5. (*Russian*) रूसी; —*n.*, लाल; क्रांतिवादी; साम्यवादी; in the ~, घाटे में; ~ ant, माटा; ~beet, लाल शलग़म, ~corpuscule, रक्ताणु; ~cross, रेड क्रॉस; ~heat, रक्तताप; ~herring, भुलावा; ~lead, सिंदूर; ~light, ख़तरा-संकेत; लाल रोशनी*; Red Sea, लाल सागर, लोहित सागर; ~ tape, लाल-फ़ीता। > रे'ड

red/-blooded, 1. तेजस्वी; 2. (*exciting*) उत्तेजक; **~-handed,** catch —, रंगे हाथ (हाथों) पकड़ना; **~-hot,** रक्ततप्त; उत्तेजित, अतिक्षुब्ध, नवीनतम, एकदम ताज़ा; **~-legged,** ललटंगा; **~-letter,** चिरस्मरणीय, शुभ, महत्त्वपूर्ण; —day, मंगलदिवस; **~ness,** लालपन, लाली*, लालिमा*, सुर्ख़ी, रक्तिमा*, अरुणिमा*; **~start,** थिरथिरा; **~-tapism,** लाल-फ़ीता, लालफ़ीता-वाद, दफ़्तरशाही*; दीर्घसूत्रता*; **~-water,** रक्तमूत्र-रोग।

redact, 1. (*draw up*) लिखना; रचना* क०, तैयार क०; 2. (*edit*) सम्पादित क०; **~ion,** 1. सम्पादन; 2. (*revision*) संशोधन; 3. नया संस्करण; **~or,** सम्पादक। > रिडैक्ट; रि-डैक्-शॅन; रि-डैक्-टॅ

redan, मोरचा। > रिडैन

redden, लाल हो जाना या कर देना। > रे'डॅन

reddish, ललछौहाँ, आरक्त, रक्तिम, रक्ताभ। > रे'ड्-इश

reddle, लाल गेरू, मटियाला हेमेटाइट। > रे'डॅल

redeem, 1. (*set free*) मुक्त क०; निस्तार क०; 2. (*from sin*) उद्धार क०, मुक्ति* दिलाना; 3. (*ransom*) छुड़ाना, निष्क्रय क०; 4. (*buy back*) छुड़ा लेना; 5. (*recover*) दोबारा पाना, पुन: प्राप्त क०; 6. (*pay of*) चुकाना; 7. (*fulfil*) पूरा क०; 8. (*atone*) प्रायश्चित्त क०; 9. (*make amends*) पूर्ति* क०, हरजाना या क्षतिपूर्ति देना; **~able,** 1. उद्धार्य; 2. (*bonds etc.*) मोच्य, विमोच्य, निष्क्रेय; **~ed,** निष्क्रीत; **~er,** 1. (*from sin*) उद्धारक, मुक्तिदाता; 2. छुड़ानेवाला, निष्क्रेता। > रिडीम; रिडीमॅबॅल; रिडीम्ड; रिडीम्-अॅ

redemp/tion, विमोचन, छुटकारा; मुक्ति*, उद्धार; निष्क्रय; पुनर्लाभ, पुन:प्राप्ति*; परिशोधन, ऋणमोचन; निष्पादन; प्रायश्चित्त; क्षतिपूरण, क्षतिपूर्ति*; **~tive, ~tory,** विमोचक; मुक्तिप्रद, मुक्ति-। > रिडे'म्/शॅन, ~टिव़, ~टॅरि

redinte/grate, दोबारा एक या पूर्ण कर देना; पुन: संघटित क०; पुन: स्थापित क०; **~gration,** पुनरुद्धार; पुनर्गठन; पुन:स्थापन। > रि = रे'-डिन्-टि-ग्रेट; रे'-डिन्-टि-ग्रे-शॅन

redirect, अनुप्रेषित क०; **~ion,** अनुप्रेषण। > रीडिरे'क्ट; रीडिरे'क्शॅन

redolence, सुगन्ध*; गन्ध*। रे'डोलॅन्स = रे'डॅलॅन्स

redolent, 1. (*fragrant*) सुगंधित; 2. (*smelling of*) -गंधवाला, -गंधिक; 3. (*suggestive*) सूचक, व्यंजक, द्योतक। > रे'डोलॅन्ट = रे'डॅलॅन्ट

redouble, 1. (*increase*) बढ़ना; बढ़ाना; 2. दुगुना या दूना क० या हो जाना; 3. (*repeat*) दोहराना। > रिडॅबॅल

redoubt, गढ़ी*। > रिडाउट

redoubtable, 1. विकट, दुर्जेय; 2. (*fearsome*) भयानक। > रिडाउटॅबॅल

redound, 1. (*contribute to*) में सहायक होना, बढ़ाना; 2. (*result*) से निकालना। > रिडाउन्ड

redress, *v.*, 1. (*correct*) ठीक कर देना, सुधारना; 2. (*adjust*) ठीक कर देना, समंजित क०; 3. (*compensate*) पूर्ति* क०; हरजाना देना; —*n.*, सुधार; हरजाना, क्षतिपूर्ति*। > रिड्रे'स

redskin, अमरीकी आदिवासी। > रे'ड्-स्किन

reduce, 1. (*diminish*) घटना, कम हो जाना, घटाना, कम क०; 2. (*lose weight*) वज़न कम क०; 3. (*degrade*) दरजा घटाना; कोटिच्युत, पदच्युत या पदावनत क०; 4. (*subdue*) हराना, वशीभूत क०; दमन क०, नियंत्रण क०; 5. (*weaken*) कमज़ोर या निर्बल कर देना; 6. (*compel*) मजबूर क०, बाध्य क०; 7. (*thin*) पतला या तनु कर देना; 8. (*surgery*) बिठाना; 9. (*change into*) में बदल देना, में परिणत क०, के रूप में लाना; 10. (*change*) बदलना; रूपान्तरित क०; 11. (*adapt*) के अनुकूल बना देना; 12. (*classify*) वर्गीकरण क०; 13. (*math.*) समानयन क०; 14. (*chem.*) अपचयन क०; **~d,** घटाया हुआ, लघुकृत, न्यूनीकृत, ह्रस्वीकृत; परिवर्तित; समानीत; अपचित; **~r,** लघुकारक; तनुकारक; परिवर्तक। > रिड्यूस; रिडयूस्ट; रि-ड्यू-सॅ

reducible, लघुकरणीय, लघुकार्य; परिवर्त्य; अवकार्य; अपचेय; समानेय। > रिड्यूसॅबॅल

reducing, लघुकारक, परिवर्तक; अवकारक; अपचायक। > रि-ड्यूस्-इन्ग

reductase, अपचायक। > रि-डॅक्-टेस

reductio ad absurdum, असंगतिप्रदर्शन, अयुक्ति-साधन। > रि-डॅक्-शि-ओ ऐड एब्सॅ:डॅम

reduction, 1. (*diminution*) घटाव, कमी*, घटती*, ह्रास; 2. (*amount reduced*) छूट*, बट्टा, कटौती*; 3. (*act of reducing; see* REDUCE) लघुकरण, न्यूनीकरण; पदावनयन; अभिभावन; वशीकरण; रूपान्तरण, परिवर्तन; अवरण, कटौती*; अपचयन (*chem.*) 4. हार*, पराजय*; 5. (*reduced copy*) लघुकृत प्रति*; 6. (*math.*) समानयन। > रिडॅक्शॅन

redutive, लघुकारक। > रि-डॅक्-टिव़

reductor, (*chem.*), अपचायक। > रिडॅक्-टॅ

reduit, अन्तर्दुर्ग। > रे'द्वी

redundance, फ़ालतूपन, अतिरेक; अत्यधिकता*;

प्रचुरता*, बाहुल्य; शब्दाडम्बर; निरर्थकता*, पदाधिक्य-दोष, शब्दाधिक्यदोष, शब्दातिरेक। > रिडॅन्डॅन्स

redundant, 1. (*superfluous*) फ़ालतू, व्यर्थ, अनावश्यक, अतिरिक्त; 2. (*excessive*) अत्यधिक, अतिशय; 3. (*copious*) बहुत अधिक, प्रचुर, विपुल; 4. (*wordy*) शब्दाडम्बरपूर्ण; 5. (*pleonastic*) शब्दबहुल, निरर्थक। > रिडॅन्डॅन्ट

redupli/cate, *v.*, 1. (*repeat*) दोहराना; 2. (*redouble*) दूना, दुगुना या द्विगुणित क० या हो जाना; —*adj.*, द्विगुणीकृत; द्विरावृत्तिक; **~cation,** 1. दोहराव; 2. द्विगुणीकरण, द्विगुणन; 3. (*gram.*) द्वित्व, द्विरावृत्ति*, द्विरुक्ति*; **~cative,** द्विरावृत्तिक। > रिड्यूप्-लिकेट; रिड्यूप्लिकेशॅन; रिड्यूप-लिकॅटिव़

re-echo, *v.*, गूँजना, प्रतिध्वनित होना; *n.*, प्रतिध्वनि*। > री-ए'क्-ओ

reed, 1. नरकुल, नड, नरकट, सरकण्डा; 2. (*flute*) बाँसुरी*, मुरली*; 3. (*vibrating strip*) कम्पिका*, रीड, पत्ती*; 4. (*weaver's implement*) कंघी*, धुनकी*; **~-pipe,** रीड-पाइड। > रीड

reef, *n.*, 1. (*of rock*) समुद्री चट्टान*, शैलभित्ति*, जल-शैल; 2. (*of sand*) बलुई भित्ति*; 3. (*of coral*) प्रवालभित्ति*; 4. (*bed of ore*) खनिज-शिरा*, धातु-रेखा*; —*v.*, पाल समेटना; **~-knot,** दोहरी गाँठ*। > रीफ़

reek, *n.*, 1. दुर्गन्ध*, बदबू*; 2. (*vapour*) भाफ*; 3. (*smoke*) धुआँ; —*v.i.*, बदबूदार होना, से बदबू* या दुर्गन्ध* निकलना या उठना; भाफ* या धुआँ छोड़ना; —*v.t.*, 1. धुँआना; 2. (*exude*) छोड़ना। > रीक

reel, *n.*, 1. (*spool*) चरखी*, फिरकी*; 2. (*of film*) रील; 3. (*staggering*) लड़खड़ाहट*; 4. (*whirling*) चकराना; —*v.*, 1. चरखी* पर लपेटना; चरखी* से उतारना; 2. (*rattle off*) धड़ाधड़ बोलना (लिखना आदि), बघारना; 3. (*chirr*) झंकारना; 4. (*stagger*) लड़खड़ाना; 5. (*be in a whirl*) चकराना, चक्कर खाना, घूमना; off the ~, धड़ाधड़; सहज ही; बेधड़क। > रील

re-election, पुनर्निर्वाचन। > री-इ-ले'क्-शॅन

re-entrant, भीतरी, अन्त:प्रविष्ट; अन्त:प्रवेशी। > री-ए'न्-ट्रॅन्ट

re-entry, 1. पुन:प्रवेश; 2. (*law*) पुनरधिकार, पुनर्भुक्ति*। > री-ए'न्-ट्रि

reeve, पिरोना; पार क०। > रीव़

re-examination, पुन:परीक्षण; पुन:परीक्षा*। > री-इग्-ज़ै-मि-ने-शॅन

refection, जलपान। > रिफ़े'क्-शॅन

refectory, भोजनालय। > रिफ़े'क्-टॅ-रि

refer, *v.t.*, 1. (*direct*) के पास भेजना; की राय* लेना; 2. (*submit*) सौंपना, सुपुर्द क०; 3. (*assign*) का मानना; के वर्ग में रखना (*to a class*) कारण बताना या मानना (*to a cause*); से संबंध जोड़ना; —*v.i.*, 1. (*relate*) से संबंध रखना; 2. (*point to*) की ओर* निर्देश या संकेत क०; 3. (*mention*) का ज़िक्र क०, का उल्लेख क०, की चर्चा* क०; ध्यान दिलाना; 4. (*cite as authority*) का हवाला या प्रमाण देना; 5. (*consult*) सहायता* या आश्रय लेना; देखना; **~able,** प्रेषणीय; अर्पणीय; आरोप्य; उल्लेखनीय; सम्बन्धित; **~red,** निर्दिष्ट; उल्लिखित। > रिफ़ॅ:; रे'फ़ॅरॅबॅल = रिफ़ॅ:रॅबॅल; रिफ़ॅ:ड

referee, 1. (*arbitrator*) मध्यस्थ, पंच, (अभि)निर्णायक, अभिदेशिकी; 2. (*sport*) रेफ़री, खेलपंच। > रे'फ़ॅरी

reference, 1. (*act*) अभिदेश(न); निर्देशन; अर्पण; प्रेषण; 2. (*connection*) सम्बन्ध, सन्दर्भ, प्रसंग; 3. (*allusion*) निर्देश, संकेत; 4. (*mention*) चर्चा*, उल्लेख, ज़िक्र; 5. (*in a book*) सन्दर्भ; 6. (*authority*) हवाला, प्रमाण; 7. (*testimonial*) प्रमाणपत्र; with ~to, के सम्बन्ध में; के उत्तर में; **~ book,** सन्दर्भ-पुस्तक*; निर्देश-ग्रन्थ; **~ number,** निर्देश-अंक। > रे'फ़ॅरॅन्स

referendum, मत-संग्रह, जनमत-संग्रह। > रे'फ़ॅरे'न्डॅम

referential, 1. सम्बन्धी, विषयक; 2. (*containing ref.*) निर्देशात्मक, निर्देशक; 3. (*used for ref.*) निर्देश-, सन्दर्भ-। > रे'फ़ॅरे'न्शॅल

refine, 1. (*purify*) शुद्ध या परिष्कृत क० या हो जाना; का परिष्कार या संस्कार क०; 2. (*be subtle*) बाल की खाल* खींचना या निकालना; **~d,** 1. परिष्कृत; परिमार्जित; 2. (*cultured*) सुसंस्कृत; 3. (*specious*) (अति)सूक्ष्म; **~ment,** 1. (*refining*) परिष्करण, परिष्कार, शोधन, परिमार्जन; 2. (*state*) परिष्कृति*; 3. (*of taste*) सुरुचि*; 4. सूक्ष्मता*; 5. (*math.*) अधिशोधन; **~r,** परिष्कारक; **~ry,** परिष्करण-शाला*। > रिफ़ाइन; रिफ़ाइन्ड; रिफ़ाइन्मॅन्ट; रि-फ़ाइन्-अॅ; रिफ़ाइनॅरि

refit, दुरुस्त क०, मरम्मत क०, **~ment,** दुरुस्ती*, मरम्मत*। > रीफ़िट

reflect, 1. (*think*) चिन्तन क०, विचार क०; 2. (*cast back*) परावर्तित क० या होना; 3. (*mirror*) प्रतिबिम्बित क० या होना; 4. (*result in*) देना, पहुँचाना; 5. (*discredit*) प्रतिष्ठा* घटाना, बदनाम क०; **~ed,** परावर्तित, प्रतिक्षिप्त; प्रतिबिम्बित; **~ing,** परावर्तक, परावर्ती, परावर्तन-; प्रतिबिम्बक; **~ion, ~reflexion,** 1. चिन्तन, मनन, विमर्श; 2. (*reconsideration*) अनुचिन्तन; पुनर्विचार; 3. (*idea*) विचार; 4. (*a reflecting*) परावर्तन; प्रतिबिम्बन; 5. (*image*) प्रतिबिम्ब; 6. (*a comment*) टिप्पणी*; 7. (*censure*) निन्दा*, आलोचना*, आक्षेप; 8. (*discredit*) बदनामी*,

अप्रतिष्ठा*; **~ive,** 1. (*thinking*) विमर्शक; 2. (*meditative*) चिन्तनशील, विचारशील; 3. (*phys.*) परावर्तक; **~ivity,** परावर्तकता*; **~or,** परावर्तक। > रिफ़्ले'क्ट; रिफ़्ले'क्/टिड ~टिन्ग, ~शॅन, ~टिव़; रि-फ़्ले'क्-टिव़्-इ-टि; रि-फ़्ले'क्-टॅ

reflect, चमक*, ओप*। > रॅफ़्ले'

reflex, *n.*, 1. (*image*) प्रतिबिम्ब (*also fig.*); 2. (*manifestation*) अभिव्यक्ति*; 3. (*reaction*) प्रतिक्रिया*; 4. (~ *action*) प्रतिवर्ती क्रिया*, प्रतिवर्त, सहज क्रिया*; —*adj.*, 1. (*introspective*) अन्तर्मुखी; 2. (*reactive*) प्रतिक्रिय, प्रतिक्रियात्मक; 3. (*physiol.*) प्रतिवर्त, सहज; ~angle, बहुत्कोण; ~camera, रिफ्लेक्स कैमरा; **~ed,** प्रतिवर्तित; **~ible,** परावर्त्य; **~ive,** निजवाचक, आत्मवाचक। > रीफ़्-ले'क्स; रिफ़्ले'क्स्ट; रिफ़्ले'क्स/इबॅल, ~इव़

refluent, अधोवाही, पश्चवाही। > रे'फ़्लुअॅन्ट

reflux, 1. अधोवाह; 2. (*ebb*) भाटा। > रीफ़्लॅक्स

reform, *v.*, 1. सुधारना, का सुधार क०; 2. (*abolish*) उठा देना, दूर क०, अन्त क०; 3. सुधरना, सुधर जाना; —*n.*, सुधार; आत्मसुधार; **~ation,** सुधार; धर्मसुधार, सुधारान्दोलन; **~ative,** सुधारात्मक; सुधार–; **~atory,** सुधारक; —*adj.*, सुधारात्मक, सुधार–; —*n.*, सुधारालय; **~er,** सुधारक; **~ism,** सुधारवाद; **~ist,** सुधारवादी। > रिफ़ॉ:म; रे'फ़ॅमेशॅन; रिफ़ॉ:मॅटिव़; रिफ़ॉ:मॅटॅरि; रि-फ़ॉ:म/अॅ; ~इज़्म

refract, मोड़ना; **~ion,** अपवर्तन; **~ive,** अपवर्तक; वर्तन–; — index, अपवर्तनांक; **~ivity,** अपवर्तकता*। > रिफ्रैक्ट; रिफ्रैक्शन; रि-फ्रैक्-टिव़; रिफ्रैक्-टिव़्-इ-टि

refractor, अपवर्तक; **~y,** 1. (*stubborn*) हठीला, ज़िद्दी; निमानिया; 2. (*resisting to heat*) (उच्च)तापसह, ऊष्मसह; दुर्गलनीय (*of a crucible*) 3. (*resisting treatment*) दुर्जेय, दुर्दान्त, दुर्दम्य; 4. (*immune*) से प्रतिरक्षित। > रिफ़ैक्/टॅ, ~टॅरि

refrain, *n.*, टेक*, स्थायी; *v.*, नहीं करना, से रहना। > रिफ़्रेन

refrangible, अपवर्तनशील। > रि-फ़्रैन्-जि-बॅल

refresh, 1. (*re-invigorate*) ताज़ा क० या हो जाना, नयी शक्ति* प्रदान क०, प्राण डालना; 2. (*memory etc.*) ताज़ा क०, जगाना; 3. (*replenish*) भरना; 4. जलपान क०; **~er,** (*fee*), अतिरिक्त शुल्क; — course, पुनश्चर्या*; **~ing,** स्फूर्तिदायक; ताज़ा, नवीन, अभिनव; **~ment,** जलपान, अल्पाहार; ताज़गी*, विश्रान्ति*; उज्जीवन, प्राणसंचार; — room, जलपान-गृह। > रिफ़्रे'श; रिफ़्रे'श/अॅ, ~इन्ग; रिफ़्रे'शमॅन्ट

refrige/rant, 1. प्रशीतक; 2. (*of medicine etc.*) तापहर; **~rate,** प्रशीतित क०; ठण्डा क०; **~ration,** प्रशीतन; **~rator,** रेफ्रिजरेटर, प्रशीतित्र; **~ratory,** प्रशीतक। > रिफ़्रिजॅ/रन्ट, ~रेट; रिफ़्रिजॅरेशॅन; रिफ़्रिजॅ/रे-टॅ, ~रॅटॅरि

refuge, 1. (*shelter*) शरण*, आश्रय; 2. (*fig.*) आश्रय, गति*; 3. (*excuse*) बहाना। > रे'फ़्यूज

refugee, शरणार्थी। > रे'फ़्यूजी

reful/gence, दीप्ति*, द्युति*, प्रभा*; **~gent,** देदीप्यमान, द्युतिमान्। > रिफ़ॅल/जॅन्स, ~जॅन्ट

refund, *v.*, लौटाना, वापस क०; *n.*, वापसी*, प्रत्यर्पण, प्रतिनिचयन; **~able,** प्रत्यर्पणीय। > रीफ़ॅन्ड (*v.*) रीफॅन्ड (*n.*); रीफ़ॅन्डॅबॅल

refusal, 1. इनकार, अस्वीकृति*, नकार*; 2. (*option*) विकल्प। > रिफ़्यूज़ॅल

refuse, *v.*, इनकार क०, अस्वीकृत क०, नकारना; 2. (करने, देने) से इनकार क०; 3. (*deprive*) से वंचित क०; —*n.*, कूड़ा, कूड़ा-करकट, कचरा; —*adj.*, रद्दी; **~d,** नामंज़ूर। > रिफ़्यूज़ (*v.*); रे'फ़्यूस (*n., adj.*)

refutable, खण्डनीय। > रे'फ़्यू-टॅबॅल

refutation, खण्डन। > रे'फ़्यूटेशन

refute, खण्डन क०। > रिफ़्यूट

regain, दोबारा प्राप्त क०, पाना या पहुंचना। > रिगेन

regal, राजोचित; राजसी, शानदार। > रीगॅल

regale, *v.t.*, 1. दावत* देना; 2. (*delight*) मनोरंजन क०, मुग्ध कर देना; —*v.i.*, दावत* उड़ाना; —*n.*, दावत*, आह्लादक (वस्तु*···); **~ment,** आतिथ्य-सत्कार; मनोरंजन। > रिगेल, रिगेल्मॅन्ट

regalia, राजचिह्न; पदचिह्न; वैभव। > रिगेल्यॅ

regalism, राजकीय धर्म-परमाधिकार-वाद। > रीगॅलिज़्म

regality, राजत्व; राजाधिकार। > रिगैल्-इटि

regard, *v.*, 1. (*consider*) मानना, समझना; 2. (*look*) ध्यानपूर्वक देखना, ताकना; 3. (*take into account*) का ध्यान रखना; 4. (*respect*) आदर क०, सम्मान क०; 5. (*concern*) से सम्बन्ध रखना; —*n.*, 1. (*gaze*) ताक*, टकटकी*; 2. (*attention*) ध्यान; 3. (*concern*) परवाह*, चिन्ता*; 4. (*esteem*) आदर, सम्मान; श्रद्धा*; 5. (*relation*) सम्बन्ध; 6. (*pl.*) शुभकामनाएँ*। > रिगाड

regardant, 1. (*observant*) परिदर्शक; 2. (*heraldry*) पश्चाभिमुख। > रिगार्डॅन्ट

regard/ful, 1. (*attentive*) सावधान; 2. (*considerate*) लिहाज़ रखनेवाला; **~ing,** के विषय में, के बारे में; **~less,** लापरावह, असावधान; अनपेक्ष; **~lessly,** पर ध्यान दिए बिना। > रिगाड/फ़ुल, ~इन्ग, ~लिस

regatta, नौका-दौड़*। > रि-गैट्-अॅ

regelaton, पुनर्हिमायन। > रीजिलेशॅन

regency, रीजेंसी। > रीजेंन्सि

regeneracy, नवजीवन। > रिजे 'नॅरॅसि

regene/rate, *adj.*, संजीवित, पुनरुजीवित, पुनर्जात; नवीनीकृत; —*v.*, 1. नवजीवन प्रदान क० या प्राप्त क०, पुनरुज्जीवित क०, पुनर्जीवित क०; उन्नत, नया या नवीन कर देना, प्राण डालना; 2. पुन: उत्पन्न क० या हो जाना; 3. (*re-establish*) पुन: स्थापित क०; 4. (*electr.*) सम्पोषित क०; **~ration,** पुन-रुज्जीवन, पुनरुद्धार, आत्मोन्नति*; पुनरुत्पादन, पुनरुद्‌भवन; सम्पोषण (*electr.*)
> रिजे 'नॅ/रिट (*adj.*), ~ रेट (*v.*); रिजे 'नॅरेशॅन

regene/rative, ~ratory, पुनरुद्धारक; पुनरुत्पाक; **~rator,** 1. पुनरुद्धारक; 2. (*mech.*) पुनर्योजित्र; 3. सम्पोषक। > रिजे 'नॅ/रॅटिव, ~ रॅटॅरि, ~रे-टॅ

regent, रीजेंट, प्रतिशासक। > रीजॅन्ट

regicide, राजवध, राजहत्या*; राजघ्न, राजहन्ता।
> रे 'जिसाइड

re'gie, राज्य-नियंत्रण। > रेश्ज़ी

regime, re'gime, 1. (*political*) शासन-प्रणाली*, शासन; 2. (*social*) सामाजिक व्यवस्था*; 3. *see* REGIMEN (1)। > रेश्ज़ीम

regimen, 1. पथ्यापथ्य- नियम; 2. (*gram.*) अन्वय।
> रे 'जिमे 'न

regiment, *n.*, रेजिमेंट*, सैन्यदल; बहुसंख्या*; —*v.*, संगठित क०; **~ation,** संगठन; अनुशासन।
> रे 'जिमॅन्ट *n.*, रे 'जिमे 'न्ट *v.*, रे 'जिमे 'न्टेशन

region, 1. प्रदेश; क्षेत्र, इलाक़ा; 2. (*fig.*) क्षेत्र; **~al,** प्रादेशिक, क्षेत्रीय; —novel, आंचलिक उपन्यास; **~alism,** प्रादेशिकता*; आंचलिकता*।
> रीजॅन; रीजॅ/ नॅल, ~नॅलिज़्म

register, *n.*, 1. (*record*) रजिस्टर, पंजी*; पंजिका*, सूची* (*list*); 2. (*slider*) सरकन, 3. (*compass of voice*) स्वर-विस्तार; स्वर-स्तर; 4. (*regulation*) नियामक; 5. (*indicator*) -सूचक, -दर्शक; 6. (*printing*) मेल; —*v.*, 1. (*enter in ~*) रजिस्टर में दर्ज क० या कराना, पंजीबद्ध क० या कराना; 2. (*a letter*) रजिस्ट्री* क० या कराना; 3. (*indicate*) बतलाना; 4. (*express*) व्यक्त क०; 5. (*printing*) मिलना या मिलाना; 6. (*make mental note of*) मन में रख लेना; **~ed,** रजिस्टर्ड, पंजीकृत, पंजीबद्ध, पंजीयित; निबद्ध, निबंधित। > रे 'जिस्टॅ; रे 'जिस्टॅड

registrar, 1. रजिस्ट्रार; पंजीयक; 2. (*law*) निबन्धक; 3. (*univ.*) कुल-सचिव। > रे 'जिस्ट्रा

registration, 1. रजिस्ट्रेशन, पंजीयन, पंजीकरण; 2. (*law*) निबन्धन। > रे 'जिस्ट्रेशॅन

registry, रजिस्ट्री*। > रे 'जिस्ट्री

reglet, पट्टिका*। > रे 'ग्‌-लिट

regnal, शासकीय, शासन-। > रे 'ग्‌नॅल

regnant, 1. शासक; 2. (*prevalent*) प्रचलित, प्रबल।
> रे 'ग्‌नॅन्ट

regorge, 1. उगलना; 2. (*flow back*) बह निकलना, उमड़ पड़ना; 3. (*swallow again*) दोबारा निगलना।
> रिजॉ:ज

regrate, जमाख़ोरी* क०। > रिग्रेट

regress, *v.*, लौट जाना, पीछे हटना; लौट आना; अवनति* क०; —*n.*, 1. प्रतिगमन, पश्चगमन; 2. (*coming back*) प्रत्यागमन; 3. (*decline*) अवनति*, अपकर्ष, ह्रास, पतन; **~ion,** 1. प्रतिगमन, पश्चगमन, परावर्तन; 2. (*biol.*) प्रतिक्रमण; 3. (*astron.*) पश्चगमन; 4. (*pscho-anal.*) प्रतीपायन; 5. (*statistics*) समाश्रयण; 6. (*relapse*) पुनरावर्तन; 7. (*moral decline*) अध: पतन; 8. (*malaise*) मन्दी*; **~ive,** प्रतिगामी, प्रतीपगामी, पश्चगामी, प्रत्यावर्ती; प्रत्यागामी; अपवर्ती; अधोगामी, अपकर्षक।
> रिग्रे 'स (*v.*); रीग्रे 'स (*n.*)
रिग्रे 'शॅन, रि-ग्रे 'स्‌-इव

regressus ad infinitum, अनवस्था-दोष।

regret, *v.*, 1. (*repent*) पश्चात्ताप क०, पछताना; (*mourn for*) के कारण दु:खी होना, अफ़सोस क०; 3. (*be sorry that*) खेद प्रकट क०; (*we*) regret that..., (हमें) खेद है कि···;—*n.*, पश्चात्ताप, अनुताप; दु:ख, खेद; **~ful,** दु:खी, खिन्न; खेदसूचक; **~table,** खेदजनक, शोचनीय; it is—that, खेद है कि।
> रिग्रे 'ट; रिग्रे 'टॅबॅल

regulable, नियम्य, नियन्तव्य। > रे 'ग्यूलॅबॅल

regular, *adj.*, 1. नियमित; 2. (*orderly*) सुव्यवस्थित, व्यवस्थित; नियमनिष्ठ (*of person*); 3. (*symmetrical*) सम, सम्मित, सममित; समभुजकोणीय; 4. (*fixed*) नियत; 5. (*constant*) स्थायी, नियत; अविकारी; 6. (*normal*) साधारण, सामान्य; 7. (*properly qualified*) सोपाधि(क); 8. (*proper*) औपचारिक, समुचित; 9. (*without excesses*) संयत, संयमित; 10. (*thorough*) पक्का; 11. (*of students, opposed to private*) नियमित; 12. (*opposed to secular*) धर्म-संघीय, संघीय; —*n.*, धर्मसंघी; नियमित, सैनिक; स्थायी ग्राहक; **~ity,** नियमितता*; नियमनिष्ठा*; **~ization,** नियमन; **~ize,** नियमित, व्यवस्थित, वैध (*legal*), सामान्य या पक्का क०; **~ly,** नियमित (रूप से)।
> रे 'ग्‌-यू-लॅ; रे 'ग्यूलैर्‌-इटि;
रे 'ग्यूलॅराइज़ेशॅन; रे 'ग्यूलॅराइज़; रे 'ग्यूलॅलि

regulate, 1. (*control*) नियंत्रित क०, नियमन क०; 2. (*adjust*) ठीक कर देना, समंजित क०; 3. (*put order in*) व्यवस्थित क०; **~d,** नियंत्रित, नियमित, विनियमित; समंजित; सुव्यवस्थित।
> रे 'ग्यू/लेट, ~लेटिड

regulation, *n.*, 1. (*act.*) (वि)नियमन, नियंत्रण; समंजन; व्यवस्थापन; 2. (*rule*) विनियम, नियम, अधिनियम; —*adj.*, 1. (*prescribed*) निर्धारित, नियत; 2. (*usual*) सामान्य, साधारण। > रे 'ग्यूलेशॅन

regulative, regulator, (वि)नियामक, (वि)नियन्त्रक। > रे'ग्यूलॅटिव़; रे'ग्-यू-ले-टॅ

regulus, 1. (*chem.*) रेगुलस, धातुक; 2. (*astron.*) मघा*। > रे'ग्यूलॅस

regurgi/tate, *v.i.*, उलटे बहना; *v.t.*, उलटे बहा देना; उगलना; **~tation,** प्रत्यावहन; प्रतिक्षेपण, उद्गिरण; **~tant,** प्रत्यावह। > रिगें:जिटेट; रिगें:जिटेशॅन

rehabili/tate, 1. (*restore*) अधिकार लौटाना (*to right*) बहाल क०, पुनर्नियुक्त क० (*to position*) कलंक दूर क०, प्रतिष्ठा* लौटाना, पुन: प्रतिष्ठित क० (*to honour*) चंगा कर देना (*to health*) 2. (re-*settle*) पुनर्वास क०; 3. (*re-establish*) पुन:स्थापित क०, पुन: संगठित क०; 4. (*a criminal*) सुधारना; **~tation,** पुन: प्रतिष्ठा*; बहाली*, पुनर्नियुक्ति*; स्वास्थ्यलाभ; पुनर्वास; पुन: स्थापना*; सुधार। > री-ॲ-बिल्-इ-टेट; रीॲबिलिटेशॅन

rehearsal, 1. रिहर्सल, पूर्वाभ्यास, पूर्वाभिनय; 2. (*reciting*) दोहराई*; 3. पूरा विवरण; 4. अभ्यास। > रिहें:सॅल

rehearse, 1. रिहर्सल क०; 2. (*recite*) दोहराना; 3. (*tell in detail*) ब्योरेवार बता देना; 4. (*train*) अभ्यास कराना, प्रशिक्षण देना, प्रशिक्षित क०। > रिहें:स

Reich, जर्मन राज्य। > राइक

reify, मूर्त रूप में देखना। > री-इ-फ़ाइ

reign, *n.*, 1. शासन; शासनकाल; 2. (*dominance*) आधिपत्य, प्राबल्य, बोलबाला; —*v.*, शासन क०; प्रबल होना, का बोलबाला होना। > रेन

reimburse, 1. वापस देना, अदा क०, चुकाना; 2. (*compensate*) प्रतिपूर्ति* क०; **~ment,** वापसी*; अदायगी*; प्रतिपूर्ति*। > री-इम्बें:स

reimpression, पुनर्मुद्रण। > री-इमप्रे'शॅन

rein, *n.*, 1. बागडोर*, रास*, लगाम*; 2. (*fig.*) बागड़ोर*, लगाम*; *v.*, बागडोर* लगाना, लगाम* चढ़ाना (*also fig.*)। > रेन

reincarnation, पुनर्जन्म। > री-इन्कानेशॅन

reinforce, 1. (*mil.*) कुमक* भेजना; 2. (*increase*) बढ़ाना; 3. (*strengthen*) सुदृढ़ या मजबूत क०, प्रबलित या संबलित क०; **~d,** प्रबलित; **~ment,** 1. (*mil.*) कुमक*; 2. प्रबलीकरण, सुदृढ़ीकरण, प्रबलन, संबलन, पुनर्बलन। > री-इन्-फ़ॉ:स

reinstate, 1. (*to post*) बहाल क०, फिर से नियुक्त क०; 2. (*to honour*) पुन: प्रतिष्ठित क०; 3. (*re-establish*) पुन: स्थापित क०, फिर से संगठित क०; **~ment,** बहाली*, पुनर्नियोजन; पुन: प्रतिष्ठा*; पुन: स्थापना*। > री-इन्-स्टेट

reinsurance, पुनर्बीमा। > री-इन्शुॲरॅन्स

reite/rate, दोहराना; **~ration,** पुनरावृत्ति*; **~rative,** पुनरावृत्तीय। > री-इटॅरेट; री-इटॅरेशॅन; री-इटॅरॅटिव़

reject, 1. अस्वीकार क०; 2. (*discard*) निकाल देना; 3. (*vomit*) क़ै* क०, वमन क०; **~able,** अस्वीकार्य; **~amenta,** 1. कूड़ा-करकट; 2. (*excrement*) विष्ठा*; 3. (*jetsam*) क्षिप्तक; **~ed,** अस्वीकृत; बहिष्कृत, निराकृत; **~ion,** अस्वीकरण; अस्वीकार, अस्वीकृति*, नामंजूरी*; निराकरण, बहिष्करण। > रिजे'क्ट; रिजे'क्टॅबॅल; रिजे'क्टॅमे'न्-टॅ रिजे'क्/टिड, ~शॅन

rejoice, *v.t.*, खुश क०, प्रसन्न क०; रिझाना, हुलसाना; —*v.t.*, आनन्द मनाना; आनन्दित होना, हुलसना; I rejoice that..., मुझे खुशी है कि...। > रिजॉइस

rejoicing, आनन्द, हर्ष; **~s,** आमोद-प्रमोद, रंगरलियाँ*। > रिजॉइ/सिन्ग, ~सिन्ग्ज़

rejoin, 1. उत्तर देना; 2. (*law*) पुनरुत्तर या प्रति-प्रत्युत्तर देना; 3. फिर से मिल जाना, जोड़ना या एक कर देना; **~der,** उत्तर; पुनरुत्तर, प्रति-प्रत्युत्तर। > रिजॉइन (1, 2); रिजॉइन (3); रि-जॉइन्-डॅ

rejuve/nate, नया कर देना; तरुण बनाना या हो जाना; **~ation,** नवीकरण; कायाकल्प, पुनर्यौवन; **~nescence,** पुनर्यौवन-प्राप्ति*, पुनर्युवन। > रिजूविनेट; रिजूविनेशॅन; रिजूविने'सॅन्स

relapse, *v.*, फिर से बीमार हो जाना; दोबारा पतित हो जाना; —*n.*, 1. (*of sickness*) आवर्तन, आवृत्ति*; 2. पुन:पतन। > रिलैप्स

relapsing fever, आवर्तक या आवर्ती ज्वर। > रि-लैप्-सिन्ग

relate, 1. (*narrate*) बतलाना, वर्णन क०; 2. (*connect*) सम्बन्ध लगाना या दिखलाना; 3. सम्बन्ध होना, सम्बद्ध होना; **~d,** वर्णित; सम्बद्ध, संबंधित; रिश्तेदार, सम्बन्धी; **~r,** वक्ता, वाचक। > रिलेट; रिलेट्/इड, ~ॲ

relation, 1. (*connection*) सम्बन्ध; 2. (*kinship*) रिश्ता, नाता, सम्बन्ध; 3. (*kinsman*) सम्बन्धी, रिश्तेदार, नातेदार; 4. (*narrative*) वृत्तान्त, वर्णन; **~al,** 1. सम्बन्धी, सम्बन्धात्मक, सम्बन्ध-; 2. (*gram.*) सम्बन्धदर्शी; **~ship,** सम्बन्ध; रिश्तेदारी* *n.*, नातेदारी*। > रिले/शॅन, ~शॅनॅल, ~शॅन्-शिप

relative, *adj.*, 1. (*dependent*) सापेक्ष, आपेक्षिक; 2. (*gram.*) सम्बन्धवाचक, सम्बन्ध - सूचक; 3. (*relevant*) प्रासंगिक, संगत; 4. (*comparative*) तुलनात्मक; 5. (*proportioned to*) आनुपातिक, अनुपती; 6. (*correlative*) अन्योन्याश्रयी; 7. (*relating to*) सम्बन्धी; —*n.*, 1. (*kinsman*) सम्बन्धी, रिश्तेदार; 2. सम्बन्धवाचक शब्द; **~ly,** अपेक्षाकृत। > रे'लॅटिव़

relati/vism, सापेक्षवाद; **~vist,** सापेक्षवादी; **~vistic,** आपेक्षिकीय; **~vity,** सापेक्षता*, आपेक्षिकता*। > रे'लॅटि/विज़्म, ~विस्ट, रे'लॅटिविस्-टिक; रे'लॅटिव्-इटि

relax, 1. ढीला या शिथिल क० या हो जाना; 2. (*soften*) हलका या नरम क० या हो जाना;

3. (*abate*) कम या मन्द क० या हो जाना; 4. (*rest*) विश्राम क०; 5. (*in manner*) नरम पड़ जाना; **~ation,** 1. (*act.*) शिथिलन, शिथिलीकरण, श्लथन; 2. (*state*) ढिलाई*, ढील*, शिथिलता*; 3. (*remission*) छूट*, रिआयत*; 4. (*rest*) विश्राम, आराम, विश्रांति*। > रिलैक्स; रिलैक्सेशॅन

relay, *n.*, 1. (*of horses*) डाक*; 2. (*of men*) टोली*; 3. (*telegr.*) रिले; प्रसारण; —*v.*, 1. डाक* का प्रबन्ध क०; 2. नयी टोली* लगाना; 3. (*broadcast*) रिले क०, (पुनः) प्रसारित क०; 4. (*send on*) आगे भेजना; **~-race,** चौकी-दौड़*; **~-station,** रिले-केन्द्र। > रिले

release, *v.*, 1. (*set free*) मुक्त क०, छोड़ना, रिहा क०; मुक्त क०; 2. (*energy*) निर्मुक्त क०; 3. (*a weapon*) छोड़ना; 4. (*unfasten*) खोलना; 5. (*a claim*) छोड़ देना, त्यागना; 6. (*from obligation*) निर्मुक्त क०, छुटकारा देना, 7. (*issue*) निकालना, प्रकाशित क०; 8. (*of censor*) पास क०; —*n.*, 1. मोचन, रिहाई*, छुड़ाई*; मुक्ति*, छुटकारा; 2. (*of film etc.*) प्रकाशन, बंटन; 3. (*mech.*) कुत्ता, घोड़ा, लिबलिबी* (*also trigger*); 4. (*law*) अभित्याग। > रिलीस

relegate, 1. (*exile*) निर्वासित क०, निकाल देना; 2. (*place*) (की श्रेणी*) में रखना; 3. (*assign to lower position*) का दरजा उतारना, पदावनत कर देना; (की स्थिति* में) ढकेलना, डालना; पीछे क०, नीचे क०; 4. (*commit to*) सौंपना, के ज़िम्मे कर देना। > रे'ल्-इ-गेट

relegation, निर्वासन, बहिष्कार; पदावनति*, अपकर्ष, अपक्षेप। > रे'लिगेशॅन

relent, नरम पड़ जाना, द्रवित हो जाना; **~less,** 1. कठोर, निष्ठुर; 2. (*uremitting*) अनवरत, निरन्तर, लगातार। > रिले'न्ट; रिले'न्ट्-लिस

rele/vance, संबद्धता*; प्रासंगिकता*, (सु)-संगति*; **~vant,** संबद्ध; प्रासंगिक, (सु)-संगत। > रे'ल्/इवॅन्स; ~इवॅन्ट

reli/ability, विश्वसनीयता*, विश्वस्तता*; **~able,** विश्वसनीय, विश्वस्त; **~ance,** 1. भरोसा, आस्था*, विश्वास; 2. (*what is relied on*) सहारा, अवलम्ब; **~ant,** विश्वासी, विश्रयी, अवलम्बी; आत्मविश्वासी, आत्मावलम्बी। > रिलाइअॅबिल्-इटि रिलाइ/अॅबॅल; ~अॅन्स, ~अॅन्ट

relic, 1. (*memento*) स्मृतिचिह्न; स्मृतिशेष; 2. (*of a saint*) तबर्रुक; 3. (*pl.*) अवशेष। > रे'ल्-इक

relict, 1. (*widow*) विधवा*; 2. अवशिष्ट पौधा या जन्तु। > रे'ल्-इक्ट

relief, 1. (*from pain*) उपशम, राहत*, आराम, शमन; 2. (*from burden*) छुटकारा, मुक्ति*, उन्मुक्ति*; 3. (*from monotony*) विविधता*; 4. (*aid*) सहायता*, मदद*, साहाय्य; 5. (*reinforcements*) कुमक*; 6. (*from work*) बदली*, अवमुक्ति*, बदल, भारमुक्ति*; 7. (*relieving person*) एवज, एवज़ी, भारग्राही अधिकारी; 8. (*of picture*) उभार; 9. (*geogr.*) भू-आकृति*; **~map,** उभारदार नक्शा; **~train,** इमदादी गाड़ी*; **~valve,** विमोचन-वाल्व। > रिलीफ़

relieve, 1. आराम देना, कम क०; 2. से मुक्त क०, छुटकारा देना, छुड़ाना; 3. सहायता* क०; 4. भारमुक्त क०, कार्यमुक्त क०, का काम संभालना, छुट्टी* देना, अवमुक्त क०; 5. (*monotony etc.*) कम क०, हलका क०; 6. (*make stand out*) उभारना, स्पष्ट दिखाना; 7. ~oneself, मलत्याग क०; पेशाब क०। > रिलीव़

religion, 1. धर्म; 2. (*order*) धर्मसंघ; 3. (*duty*) कर्तव्य; **~er,** धर्मसंघी, धर्मोत्साही; **~ism,** 1. अतिधर्मोत्साह; 2. (*hyopcrisy*) बगुलाभगती*; **~ist,** 1. धर्मोत्साही; 2. (*fanatic*) धर्मान्ध; **~ize,** धार्मिक बना देना; धर्मोत्साह दिखाना, धर्मप्रचार क०। > रिलि/जॅन; ~जॅ-नॅ; ~जॅनिज़्म; ~जॅनिस्ट, ~जॅनाइज़

religiose, धर्म का सनकी, अतिधार्मिक। > रिलिजिओस

religiosity, 1. धार्मिकता*, धर्मनिष्ठा*, धर्मपरायणता*; 2. (*excessive*) धर्म की सनक*, अतिधार्मिकता*। > रिलिजिऑस्-इटि

religious, *adj.*, 1. धार्मिक, धर्मपरायण, धर्मनिष्ठ; 2. धार्मिक, धर्म-, धर्मसम्बन्धी; 3. (*monoastic*) व्रतधारी; 4. (*scrupulous*) धर्मभीरु; 5. (*conscientious*) कर्तव्यनिष्ठ; —*n.*, धर्मसंघी, धर्मसंघिनी*, संन्यासी, संन्यासिनी*, व्रती, व्रतिनी*, व्रतचारी, व्रतचारिणी*। > रिलिजॅस

relinquish, 1. (*renounce*) त्यागना, त्याग देना; 2. (*give up, let go*) छोड़ना, छोड़ देना; **~ment,** त्याग। > रि-लिन्ग्-क्विश

reliquary, तबर्रुक-पात्र। > रे'ल्-इ-क्वॅ-रि

reliquiae, अवशेष। > रि-लि-क्वि-ई

relish, *n.*, 1. (*taste*) स्वाद; 2. (*pleasing taste*) सुस्वाद, रस; 3. (*slight dash*) पुट; 4. (*what adds flavour to food*) मसाला; 5. (*attraction*) आकर्षण, रस; 6. (*enjoyment, zest*) रुचि*; —*v.*, 1. (*enjoy*) स्वाद लेना, मज़ा उड़ाना, रस लेना; 2. (*like*) पसन्द क०, के प्रति रुचि* रखना; 3. स्वादिष्ट बनाना या होना; 4. (*please*) पसन्द आना; 5. (*taste of*) में स्वाद होना, स्वाद देना; 6. (*savour of*) लगना, जान पड़ना, में…की गन्ध* होना (*also fig.*); से गन्ध* आना, गंध* देना; **~able,** सुस्वादु, स्वादिष्ट। > रे'ल्-इश; रे'ल्-इशॅबॅल

reluctance, 1. अनिच्छा*, अरुचि*; 2. (*electr.*) प्रतिष्टम्भ। > रिलॅक्टॅन्स

reluctant, अनिच्छुक, अनिच्छ; **~ly,** अनिच्छा* से। > रिलॅक्/टॅन्ट, ~टॅन्ट-लि

reluctivity, प्रतिष्टम्भता*। > रि-लॅक्-टिव़्-इ-टि

rely, 1. पर भरोसा या विश्वास रखना; 2. (*depend*) पर निर्भर या आश्रित रहना या होना। > रिलाइ

remain, शेष या बाकी रहना; रह जाना, रहना, रुक जाना, ठहर जाना; बना रहना; **~der,** शेष, बाकी*, अवशेष, शेषफल; **~s,** 1. अवशेष; 2. (*corpse*) शव। > रिमेन्; रि-मेन्-डॅ

remand, *v.*, 1. (*in custody*) हवालात* वापस भेजना; 2. (*send back*) वापस क०, लौटाना; —*n.*, वापसी*, पुनरर्पण; प्रतिप्रेषण, वापसी*; **~home,** सुधारालय; **~prison,** हवालात*। > रिमान्ड

remanent, अवशिष्ट। > रे'मॅनॅन्ट

remanet, शेष; आस्थगित वाद (*lawsuit*) या विधेयक (*bill*)। > रे'मॅनेट

remark, *v.*, 1. (ध्यान से) देखना, देख लेना; 2. (*say*) कहना; 3. (*comment*) टिप्पणी* क०; —*n.*, 1. (*comment*) टिप्पणी*; उक्ति*; 2. (*seeing*) निरीक्षण; **~able,** 1. असाधारण, विशिष्ट; 2. (*strange*) अनोखा, विलक्षण; 3. (*worthy of~*) दर्शनीय, अवेक्षणीय। > रिमाक; रिमार्कॅबॅल

remblai, धुस्स। > राँब्ले

remedi/able, उपचार्य; **~al,** उपचारी; प्रतिविधिक, प्रतिकारी; **~less,** असाध्य।
रिमीड्/यॅबॅल, ~यॅल; रे'म्-इ-डि-लिस

remedy, *n.*, 1. (*medicine*) दवा*, औषध*, इलाज; 2. (*treatment*) चिकित्सा*, इलाज, उपचार; 3. (*means of redress*) इलाज, उपाय, प्रतिकार, प्रतिविधान, प्रतिविधि*; —*v.*, 1. (*rectify*) का इलाज क०, प्रतिकार क०; ठीक कर देना, सुधारना; 2. (*remove*) दूर क०। > रे'म्-इ-डि

remember, याद क०, स्मरण क०; याद या स्मरण रखना; नमस्कार कहना। > रि-मे'म्-बॅ

remembrance, 1. याद*, स्मरण; 2. स्मरणशक्ति*; 3. (*souvenir*) निशानी*, स्मृतिचिह्न, यादगार*; 4. (*pl.*) नमस्कार; प्रणाम (*to a superior*); **~r,** 1. अनुस्मारक; 2. (*memento*) निशानी*। > रिमे'म्/ब्रॅन्स, ~ब्रॅन्-सॅ

remex, ~remiges, पक्षपिच्छ।
> रीमे'क्स; रे'म्-इ-जीज़

remind, स्मरण या याद दिलाना; **~er,** अनुस्मारक, स्मरणपत्र, तक़ाज़ा; **~ful,** 1. स्मारक, स्मरण दिलानेवाला; 2. (*mindful*) स्मरण करनेवाला।
> रिमाइन्ड; रि-माइन्-डॅ; रि-माइन्ड्-फ़ुल

reminis/cence, 1. स्मरण, संस्मृति*; 2. (*pl.*) संस्मरण; 3. (*reminder*) अनुस्मारक, संकेत; **~cent,** 1. याद* या स्मरण करनेवाला या करानेवाला; संस्मरणशील, अपने अतीत के विषय में सोचनेवाला।
> रे'मिनिसॅन्स; रे'मिनिसॅन्ट

remise, त्याग देना। > रिमाइज़

remiss, 1. (*careless*) लापरवाह, असावधान; 2. (*languid*) निस्तेज, अकर्मण्य, ढीला, काहिल; 3. (*badly done*) घटिया। > रिमिस

remissible, क्षम्य। > रिमिस्-इबॅल

remission, 1. (*pardon*) क्षमा*, माफ़ी*; 2. (*cancellation*) माफ़ी*, छूट*, परिहार; 3. (*abating*) कमी*, घटाव, अवसर्ग; 4. (*of pain*) उपशमन। > रिमिशॅन

remissive, 1. क्षमी, क्षमाप्रद; 2. (*diminishing*) घटनेवाला, ह्रासमान। > रिमिस्-इव़

remit, 1. (*pardon*) क्षमा* क०, माफ़ क०; 2. (*cancel*) माफ़ क०, छूट* देना, छोड़ देना, का परिहार क०; 3. (*abate*) कम क० या हो जाना, घटना या घटाना; 4. (*refer*) सौंपना; 5. (*send back*) लौटाना; 6. (*postpone*) आगे बढ़ाना, स्थगित क०; 7. (*send*) भेजना, प्रेषित क०; 8. वापस रख देना; **~tal,** 1. क्षमा*; छूट*; 2. (*law*) प्रतिप्रेषण; **~tance,** प्रेषण; प्रेषित रुपया, भेजी हुई रकम*; **~tee,** पानेवाला, प्रेषिती; **~tent,** अल्पविरामी; **~ter,** 1. प्रेषक; 2. प्रतिप्रेषण; 3. (*restoration*) पुन:प्रतिष्ठा*।
> रिमिट; रिमिटॅल; रिमिटॅन्स; रिमिटी;
रिमिटॅन्ट; रिमिट्-अॅ

remnant, शेष, अवशेष; तितिम्मा, बचा हुआ टुकड़ा, अवशिष्ट अंश, शेषांश। > रे'म्नॅन्ट

remodel, दोबारा गढ़ना; नया रूप देना; पुनर्निर्माण क०।
> रीमॉडॅल

remon/strance, 1. विरोध-प्रदर्शन; 2. विरोध, आपत्ति*, प्रतिवाद; 3. (*expostulation*) उलाहना; **~strant,** प्रतिवादी; प्रतिवादात्मक।
> रिमॉन्/स्ट्रॅन्स, ~स्ट्रॅन्ट

remon/strate, 1. (*protest*) आपत्ति* क०, विरोध क०; 3. (*expostulate*) समझाना-बुझाना, उलाहना क०; **~strative,** प्रतिवादी; **~strator,** प्रतिवादक।
> रिमॉन्/स्ट्रेट, ~स्ट्रॅटिव़, ~स्ट्रे- टॅ

remontant, अनुपुष्पी। > रिमॉन्टॅन्ट

remorse, अनुताप, पश्चात्ताप; **~ful,** पश्चात्तापी, अनुतप्त; **~less,** कठोर, निष्ठुर। > रिमॉ:स

remote, 1. (*distant, also in time*) दूर, दूरवर्ती, दूरस्थ, दूर का; सुदूर; 2. (*secluded*) एकान्त, विविक्त; 3. (*reserved*) अलग रहनेवाला, ओलगिया, बेमिलनसार; 4. (*not immediate*) परोक्ष, अप्रत्यक्ष; 5. (*slight*) अल्प। > रिमोट

remount, फिर से चढ़ना; का होना। > रीमाउन्ट

removable, अपनेय, स्थानान्तरणीय, निराकरणीय।
> रिमूवॅबॅल

removal, 1. स्थानान्तरण; 2. (*dismissal*) बरखास्तगी*, पदच्युति*; 3. (*taking away*) अपनयन, निराकरण, अपादान, दूरीकरण, निष्कासन, पृथक्करण।
> रिमूव़ॅल

remove, *v.*, 1. (*take away*) हटा देना, ले जाना;

2. (*take off*) उतारना; 3. (*kill*) मार डालना; 4. (*dismiss*) निकाल देना, बरखास्त क०; 5. (*eliminate*) दूर क०; 6. (*take from*) निकाल लेना; 7. (*move*) चला जाना; —*n.*, 1. (*promotion at school*) सम्पारण, कक्षोन्नति*; 2. (*degree*) श्रेणी*, कोटि*, सोपान, दरजा; **~d,** दूर; अलग, पृथक्; अपनीत; **~r,** ले जानेवाला। > रिमूव; रिमूव्ड; रि-मू-वॅ

remune/rable, 1. पुरस्करणीय; 2. (*meritorious*) स्तुत्य; **~rate,** 1. पारिश्रमिक देना; 2. (*compensate*) हरजाना देना, क्षतिपूर्ति* क०; 3. (*reward*) इनाम देना; **~ration,** पारिश्रमिक, मेहनताना; हरजाना, क्षतिपूर्ति*; इनाम, पुरस्कार; **~rative,** लाभकारी, लाभकर। > रिम्यूनॅ/रॅबॅल, ~रेट, ~रेशॅन, ~ रॅटिव़

renaissance, 1. पुनर्जागरण, नवजागरण; 2. (*revival*) पुनरुज्जीवन, संजीवन, पुनर्जीवन, नवचेतना*। > रिनेसॅन्स

renal, गुरदे का, वृक्क का, वृक्कीय, वृक्क-। > रीनॅल

renas/cence, पुनर्जीवन, पुनरुज्जीवन; **~cent,** पुनर्जात; फिर से बढ़नेवाला या फैलनेवाला। > रिनैसॅन्स; रिनैसॅन्ट

rend, 1. फाड़ना, चीरना; 2. (*take away*) छीनना; 3. (*tear out*) उखाड़ना। > रे 'न्ड

render, *v.*, 1. देना, प्रस्तुत क०, पेश क०; 2. (*give back*) लौटना; बदले में क० या देना; 3. (*surrender*) अर्पित क०, समर्पित क०; 4. (*cause to be*) बना देना; 5. (*depict*) चित्रित क०; 6. (*perform*) प्रदर्शित क०, प्रस्तुत क०; 7. (*translate*) अनुवाद क०; (दूसरे शब्दों में) व्यक्त क०; 8. (*melt down*) पिघलाना; 9. पलस्तर क०; —*n.*, 1. पलस्तर; 2. (*law*) प्रतिदान; **~ing,** प्रतिदान, दान; समर्पण; *see* RENDITION। > रे 'न्-डॅ; रे 'न्डॅरिन्ग

rendezvous, *n.*, मिलनस्थान; मिलन, भेंट*, पूर्वनिश्चित भेंट*, परियुक्ति*; —*v.*, मिलना। > रॉन्-डि-वू

rendition, 1. (*translation*) अनुवाद, भाषान्तर; व्याख्या*; 2. प्रदर्शन, चित्रण, अभिनय (*play*), वादन (*music*)। > रे 'न्-डि-शॅन

rene/gade, *n.*, 1. (*apostate*) स्वधर्मत्यागी; 2. स्वदलत्यागी, स्वपक्षत्यागी; 3. (*traitor*) विश्वासघाती; —*v.*, अपना धर्म, दल या पक्ष त्याग देना; **~gation,** स्वधर्मत्याग; स्वपक्ष-त्याग, स्वदलत्याग। > रे 'न्-इ-गेड; रे 'निगेशॅन

renege, renegue; पत्ता दबा लेना। > रिनीग

renew, 1. नया, नवीन या ताज़ा (*fresh*) क० या हो जाना; 2. (*repair*) ठीक कर देना; मरम्मत क०; 3. (*revive*) नया जीवन प्रदान क०, जान* डालना, पुनरुज्जीवित क०; 4. (*re-establish*) दोबारा स्थापित क०; 5. (*begin again*) दोबारा शुरू क० या होना, पुन: प्रारंभ क० या हो जाना; 6. (*repeat*) दोहराना; 7. (*replace*) बदल लेना, बदलना; 8. (*refill*) भरना; 9. (*through extension*) अवधि* बढ़ाना या बढ़वाना, प्रलंबित क० या कराना; **~al,** नवीकरण, नवीनीकरण; नवजीवन; पुन:स्थापन; पुनरांरभ; दोहराई*; बदलाई*; भराई*; प्रलम्बन; **~ed,** नवीकृत। > रिन्यू; रिन्यूॲल

reniform, वृक्काकार, गुरदेनुमा। > रीन्-इ-फ़ॉ:म

rennet, रैनेट, जामन। > रे 'न्-इट

renounce, 1. त्याग देना, त्यागना, छोड देना; 2. (*disown*) परित्याग क०; से सम्बन्ध तोड़ना, निकाल देना; 3. (*a treaty*) तोड़ना; 4. (*at cards*) बदरंग होना; ~ the world, संन्यास लेना; *n.*, बदरंगी*। > रिनाउन्स

reno/vate, नया कर देना; मरम्मत क०; जान* डालना; पुनरुद्धार क०; **~vation,** नवीकरण; मरम्मत*; पुनरुज्जीवन; पुनरुद्धार। > रे 'नॅवेट = रे 'नोवेट; रे 'नॅवेशॅन =रे 'नोवेशॅन

renown, ख्याति*, कीर्ति, प्रसिद्धि*; **~ed,** विख्यात, प्रसिद्ध, नामी, मशहूर। > रिनाउन, रिनाउन्ड

rent, *n.*, 1. (*tear*) चीर*, शिगाफ; खोंच*; 2. (*fissure*) दरार*; 3. (*disunion*) फूट*; 4. (*payment*) किराया, भाड़ा, भाटक; लगान (*of field*); —*v.*, किराये पर लेना; किराये पर देना या उठाना; **~al,** किराया; — value, जमाबन्दी मूल्य; **~ier,** वार्षिकी-भोगी; **~ed,** किराये का। > रे 'न्ट, रान्-टि-ए

renunciation, 1. त्याग, परित्याग; 2. (*self denial*) आत्मत्याग; 3. (*of world*) संन्यास। > रि-नॅन्-सि-ए-शॅन

reopen, फिर से खुलना या शुरू होना; फिर खोलना या शुरू क०। > री-ओपॅन

reorga/nization, पुन:संगठन, पुनर्गठन; **~nize,** पुन:संगठित क०। > रीऑ: गॅनाइज़ेशॅन; रीऑ: गॅनाइज़

repair, *v.*, मरम्मत क०; ठीक कर देना; सुधारना; प्रतिकार क०; पूर्ति* क०; प्रतिपूर्ति* क०; जाना; जाया क०; —*n.*, 1. मरम्मत*, जीर्णोद्धार; सुधार; 2. (*state*) अवस्था*; **~able,** मरम्मतयोग्य; सुधार्य, प्रतिकार्य। > रिपे 'ॲ; रिपे 'ॲरॅबॅल

repand, कोरतरंगी। > रिपैन्ड

reparable, मरम्मतयोग्य, सुधार्य; प्रतिकार्य। > रे 'पॅरॅबॅल

reparation, 1. मरम्मत*; सुधार; उद्धार, पुनरुद्धार; 2. (*making amends*) क्षतिपूर्ति*, हरजाना, प्रतिपूर्ति*; 3. (*expiation*) प्रायश्चित्त। > रे 'पॅरेशॅन

reparative, सुधारक; सुधारात्मक। > रे 'पॅरॅटिव़

repartee, प्रत्युत्तर। > रिपाटी

repast, भोज, दावत*। > रिपास्ट

repatri/ate, *v.*, स्वदेश भेजना या लौटना; —*n.*, देशप्रत्यावर्तित; **~ation,** देश-प्रत्यावर्तन। > रि-पैट्-रि-एट; रिपैट्रिएशॅन

repay, 1. (*return*) लौटाना, बदले में क० या देना, प्रतिदान क०; 2. (*retaliate*) बदला चुकाना या लेना; 3. (*compensate*) क्षतिपूर्ति* क०, हरजाना देना; पूर्ति* क०; 4. इनाम (*reward*) या दण्ड (*punishment*) देना; **~able,** परिशोध्य, शोध्य; प्रतिदेय; **~ment,** 1. (*of money*) शोधन, परिशोध(न), चुकौती*; 2. प्रतिदान; 3. प्रतिकार, बदला; 4. क्षतिपूर्ति*; 5. इनाम; दण्ड। > रिपे, ~ऍबॅल, ~मॅन्ट

repeal, *v.*, रद्द क०, निरस्त क०; *n.*, निरसन। > रिपील

repeat, *v.*, 1. दोहराना; 2. (*recite*) सुनाना; 3. (*recur*) फिर (घटित) होना, —*n.*, दोहराई*, आवृत्ति*; **~ed,** दोहरा, पुनरावृत्त; **~edly,** बारम्बार, बार-बार; **~er,** आवर्तक, पुनरावर्तक, रिपीटर; **~ing,** आवर्ती; — decimal, आवर्त दशमलव। > रिपीट; रिपीट्/इड, ~इड्-लि, ~ऑ, ~इन्ग

repel, 1. (*drive back*) मार भगाना; 2. (*ward off*) रोकना, (प्रति)वारण क०, निवारण क०, अपवारण क०, दूर क०; 3. (*refuse*) अस्वीकार क०; 4. (*be repulsive*) में घृणा* उत्पन्न क०; 5. (*phys.*) प्रतिकर्षित क०, विकर्षित क०; **~lence,** 1. (*phys.*) विकर्षण; 2. (*distaste*) घिनावनापन; **~lent,** विकर्षक; घिनावना, घृणित। > रिपे 'ल; रिपे 'लॅन्स; रिपे 'लॅन्ट

repent, *v.*, पछताना, पश्चात्ताप क०; *adj.*, (*bot. and zool.*) विसर्पी; **~ance,** पश्चात्ताप, पछतावा, अनुताप; **~ant,** पश्चात्तापी, अनुतप्त। > रिपे 'न्ट (*v.*); रीपॅन्ट (*adj.*); रिपे 'न्/टॅन्स, ~टॅन्ट

repercussion, 1. (*recoil*) प्रतिक्षेप, प्रतिघात; 2. (*echo*) प्रतिध्वनि*; 3. (*reaction*) प्रतिक्रिया*; अप्रत्यक्ष प्रभाव। > रीपॅ:कॅशॅन

repercussive, 1. प्रतिक्षेपी; प्रतिध्वनिक; 2. (*reverberated*) प्रतिध्वनित। > रीपॅ:कॅस्-इव़

repertoire, रंगपटल। > रे 'पॅट्वा

repertory, 1. *see* REPERTOIRE; 2. (*storehouse*) खान*, आकर, भण्डार, ख़ज़ाना; 3. (*collection*) संग्रह। > रे 'पॅटॅरि

repetend, 1. (*math.*) आवर्ती अंक 2. (*refrain*) टेक*। > रे 'पिटे 'न्ड

repetition, 1. (*a repeating*) दोहराई*; 2. (*an occurring again*) आवृत्ति*, आवर्तन, पुनरावृत्ति*; 3. (*a saying again*) पुनरुक्ति*; 4. (*recitation*) पाठ; 5. (*replica*) प्रतिकृति*; 6. (*copy*) प्रतिलिपि*। रे 'पिटिशॅन

repetitious, repetitive, आवृत्ति-, आवृत्तिमूलक, आवृत्तीय। > रे 'पिटिशॅस; रिपे 'ट्-इटिव़

repine, 1. (*fret*) खीजना, चिढ़ना, कुढ़ना; 2. (*complain*) शिकायत* क०। > रिपाइन

replace, 1. (*put back*) वापस रख देना, स्थान पर रख देना; 2. (*take the place of*) का स्थान लेना; के स्थान पर या की जगह* पर काम क०; 3. (*provide a substitute for*) बदलना, बदल देना, प्रतिस्थापन क०; के स्थान पर दूसरे को नियुक्त क०; 4. (*give back*) लौटाना; **~able,** प्रतिस्थापनीय, प्रतिस्थाप्य; **~ment,** 1. (*act*) प्रतिस्थापन, पुन:स्थापन; बदल, बदलाई* (*subsitution*); वापसी*; 2. (*a substitute*) स्थानापन्न, प्रतिस्थापित; 3. (*a thing*) प्रतिवस्तु*। > रिप्लेस; रिप्लेसॅबॅल; रिप्लेस्मॅन्ट

replenish, (फिर से) भरना; **~ed,** भरा-पूरा; **~ment,** 1. भराई*, आपूरण; पुन:पूर्ति*; 2. (*fresh supply*) नया माल या सामान। > रिप्ले 'न्/इश, ~इश्ट, ~इश्मॅन्ट

replete, 1. भरापूरा, परिपूर्ण; 2. (*with food*) परितृप्त। > रिप्लीट

repletion, परिपूर्ति*, परिपूर्णता*; परितृप्ति*। > रिप्लीशॅन

replevin, प्रत्याप्ति*। > रिप्ले 'व़्-इन

replevy, प्रत्याप्त क०। > रिप्ले 'व़्-इ

replica, प्रतिकृति*। > रे 'प्-लि-कॅ

replicate, (*bot.*) प्रतिवलित, दोहरा। > रे 'प्-लि-किट

replication, 1. (*answer*) प्रत्युत्तर; 2. (*copy*) प्रतिकृति*; 3. (*echo*) प्रतिध्वनि*। > रे 'प्लिकेशॅन

replier, उत्तरदाता। > रि-प्लाइ-ऑ

reply, *v.*, उत्तर या जवाब देना; *n.*, उत्तर, जवाब; **~-coupon,** जवाबी कूपन, **~-paid,** जवाबी; **~-postcard,** जवाबी पोस्टकार्ड। > रिप्लाइ

repondez s'il vous plait, (R.S.V.P.), कृपया उत्तर दें। > रेपॉ:न्डे सि-वू-प्ले

report, *v.*, 1. (*official*) रिपोर्ट* (या प्रतिवेदन) प्रस्तुत क०, लिखना या देना; 2. (*give an account*) विवरण देना; 3. (*for press*) सम्वाद लिखना या भेजना; 4. (*inform*) ख़बर*, समाचार या सूचना* देना; बतलाना, कहना; 5. (*complain*) के विरुद्ध शिकायत* क०; 6. समुपस्थित या उपस्थित हो जाना; —*n.*, 1. रिपोर्ट*, प्रतिवेदन; 2. विवरण; 3. सम्वाद; सूचना*; 4. (*to police*) रपट*; 5. (*rumour*) अफ़वाह*, उड़ती ख़बर*, किंवदन्ती*; 6. (*repute*) नाम; 7. (*noise*) धड़ाका। > रिपॉ:ट

repor/table, प्रतिवेद्य; **~tage,** रिपोर्ताज; **~ted,** प्रतिवेदित; **~ter,** 1. प्रतिवेदक; 2. (*press*) सम्वाददाता, रिपोर्टर; **~torial,** प्रतिवेदात्मक; सम्वाददाता-। > रिपॉ:टॅबॅल; रे 'पॉ:टाश्ज़; रिपॉ:ट्/इड, ~ऑ; रे 'पॅटॉ:र्-इअॅल

reposal, निधान। > रिपोज़ॅल

repose, *v.*, 1. (*place*) में रखना; पर रख देना; 2. (*take rest*) विश्राम क० या लेना, आराम क०, लेटना; 3. (*give rest to*) विश्राम देना;

4. (*depend*) पर आधारित या अवलम्बित होना; 5. (*lie*) स्थित होना; 6. (*lie quiet*) शान्त पड़ा हुआ होना; —*n.*, 1. विश्राम, आराम, विश्रांति*; 2. (*peace*) शान्ति*; 3. (*composure*) आत्मसंयम, आत्मसंवरण, धैर्य; **~ful,** शान्तिपूर्ण, शान्तिमय; प्रशान्त। > रिपोज़्; रिपोज़्फ़ुल

reposit, रख देना; **~ion,** प्रतिस्थापन; **~ory,** 1. (*receptacle*) आधान, पात्र, निधान; 2. (*storehouse*) गोदाम, भण्डार; (*fig.*) ख़ज़ाना, खान*, आकर, भण्डार; 3. (*sepulchre*) क़ब्र*, मक़बरा, समाधि*; 4. (*confidant*) विश्वासपात्र; 5. (*altar*) वेदिका*। > रि-पॉज़्-इट; रीपॅज़िशॅन; रिपॉज़्-इटॅरि

repoussé, उभारदार। > रॅपूस-ए

repre/hend, 1. फटकारना; 2. (*blame*) दोष देना, निन्दा* क०; **~hensible,** निन्दनीय, निन्द्य; **~hension,** फटकार*, डॉट-डपट*; निन्दा*। > रे'प्-रि/हेन्ड, ~हे'न्-सॅ-बॅल, ~हे'न्-शॅन

represent, 1. (*present again*) दोबारा देना या अर्पित क०; 2. (*image*) कल्पना* क०; 3. (*portray*) (के रूप में) चित्रित क०; 4. (*describe*) वर्णन क०; निरूपित क०, निरूपण क०;(के रूप में) प्रस्तुत क०; 5. (*be a likeness of*) का चित्र या मूर्ति* होना; 6. (*explain*) समझाना; 7. (*plead*) निवेदन क०, अभिवेदन क०; 8. (*act*) अभिनय क०; 9. (*denote*) का अर्थ रखना, द्योतित क०, का द्योतक या परिचायक होना; 10. (*symbolize*) का प्रतीक होना; 11. (*be deputy of*) का प्रतिनिधि होना; प्रतिनिधित्व क०; **~able,** कल्पनीय; **~ation,** 1. (*act*) कल्पन; चित्रण; निरूपण; प्रदर्शन (*a showing*) 2. (*image*) प्रतिरूप, चित्र, मूर्ति*; 3. (*report*) प्रतिवेदन; निवेदन, आवेदन (पत्र); 4. (*of a play*) अभिनय; 5. (*law*) अभिवेदन; 6. प्रतिनिधित्व; 7. प्रतिनिधि-मण्डल; 8. (*math.*) निरूपण; **~ational,** सादृश्यमूलक। > रेप्रि/ज़े'न्ट ~ज़े'न्टॅबॅल, ~ज़े'न्टेशॅन; रे'प्रिज़े'न्टेशॅनॅल

representative, *n.*, प्रतिनिधि; *adj.*, 1. प्रतिनिधिक (*also typical*) 2. (*portraying, showing*) प्रदर्शक, द्योतक, निरूपक (*also math.*)। > रे'प्रिज़े'न्टॅटिव

repress, 1. (*subdue*) दमन क०; 2. (*restrain*) निरोध क०; **~ion,** दमन; निरोध, निग्रह; **~ive,** दमनकारी, दमनात्मक; निरोधक, निरोधात्मक; **~ed,** दमित। > रिप्रे'स्; रिप्रे'शॅन; रिप्रे'स्-इव्

reprieve, *v.*, 1. का प्राणदण्ड स्थगित क०, की फाँसी* रोकना, प्रविलम्बन क०; 2. (*give respite to*) विराम या फ़ुरसत* देना; —*n.*, (प्राण)दण्डस्थगन, प्रविलम्बन; विराम, अवकाश, फ़ुरसत*, जान-बख्शी*। > रिप्रीव्

reprimand, *n.*, फटकार*, घुड़की*, डाँट*; —*v.*, फटकारना, डाँटना, डपटना। > रे'प्-रि-मान्ड

reprint, पुनर्मुद्रण। > रीप्रीन्ट

reprisal, प्रत्यपकार; प्रतिशोध, बदला, प्रति-पीड़न; प्रतिहिंसा*। > रिप्राइज़ॅल

reprise, 1. कटौती*; 2. (*music*) आवृत्ति*। > रिप्राइज़

reproach, *v.*, 1. (*upbraid*) भर्त्सना* क०, उलाहना देना; 2. (*rebuke*) फटकारना; 3. (*blame*) निन्दा* क०, गर्हण क०, धिक्कारना; —*n.*, 1. भर्त्सन, भर्त्सना*, उपालंभ; फटकार*; निन्द्रा*, गर्हण; 2. (*cause of ~*) कलंक; 3. (*disrepute*) बदनामी*; **~ful,** उलाहना-भरा; निन्दा-भरा, निन्दात्मक, निन्दक; **~less,** अनिन्द्य; निर्दोष। > रिप्रोच्; रिप्रोच्/फ़ुल, ~लिस

repro/bate, *adj.*, 1. (*depraved*) भ्रष्ट, पापी, पापात्मा; 2. (*theol.*) नारकी, ईश्वर द्वारा परित्यक्त, ईश-परित्यक्त; —*v.*, 1. (*censure*) निन्दा* क०; अनुचित समझना; 2. (*reject*) अस्वीकार क०; 3. नरक में डाल देना, परित्यक्त क०; **~bation,** निन्दा*; अस्वीकरण; निराकरण; परित्याग; नरकवास। > रे'प्रॅबेट; रे'प्रॅबेशॅन

repro/duce, 1. (दोबारा) उत्पन्न क०, पैदा क०; 2. (*offspring*) प्रजनन क०; 3. प्रतिलिपि* या प्रतिकृति* तैयार क०; 4. दोहराना; **~duction,** 1. पुनरुत्पादन, उत्पादन; पुनरुत्पत्ति*, उत्पत्ति*; 2. (*generation*) प्रजनन, जनन; 3. (*copy*) प्रतिकृति*, प्रतिलिपि*, प्रतिरूप; **~ductive,** उत्पादक, पुनरुत्पादक; प्रजनक, प्रजायी; जनन-, जननीय; — system, जनन-तन्त्र; — organs, जननांग। > रीप्रॅड्यूस; रीप्रॅडॅक्/शॅन, ~टिव्

reproof, reproval, 1. (*blame*) निन्दा*; 2. (*rebuke*) भर्त्सना*, फटकार*। > रिप्रूफ़; रिप्रूवॅल

reprove, निन्दा* क०, धिक्कारना; फटकारना। > रिप्रूव

reptant, विसर्पी। > रे'प्टॅन्ट

reptile, 1. सरीसृप, रेंगनेवाला; 2. (*person*) पाजी। > रे'प्टाइल

republic, 1. गणराज्य, गणतन्त्र; 2. (*fig.*) समाज; **~an,** *adj.*, गणतन्त्री(य); गणतन्त्रात्मक; —*n.*, गणतन्त्री, गणतन्त्रवादी; **~anism,** गणतन्त्रवाद। > रिपॅब्/लिक, ~लिकॅन, ~लिकॅनिज़्म

repudi/ate, 1. (*divorce*) तलाक़ देना, परित्युक्त क०; 2. (*disown, reject*) निकाल देना, छोड़ देना, परित्याग क०, सम्बन्धविच्छेद क०; 3. (*deny*) खण्डन क०, नकारना; 4. (*refuse to acknowledge*) अस्वीकार क०, नहीं मानना; **~ation,** परित्याग; सम्बन्ध-विच्छेद; खण्डन; अस्वीकरण, अस्वीकार, अस्वीकृत*; अनंगीकार, अनंगीकरण; **~ator,** परित्यागी; अस्वीकर्ता। > रिप्यूड्-इएट; रिप्यूडिएशॅन; रि-प्यूड्-इ-ए-टॅ

repug/nance, 1. (*inconsistency*) असंगति*; 2. (*opposition*) विरोध, प्रतिकूलता*, प्रतीपता*; 3. (*dislike*) नफ़रत*, घृणा*, अरुचि*, जुगुप्सा*; **~nant,** असंगत, विरोधी, प्रतिकूल, प्रतीप; अरुचिकर, घिनावना, घृणास्पद, घृणित। > रिपॅग्/नॅन्स, ~नॅन्ट

repulse, *v.*, 1. मार भगाना, भगा देना, खदेड़ना; 2. (*foil*) हरा देना; 3. (*rebuff*) दो टूक जवाब देना; 4. (*refuse*) नकारना, अस्वीकार क०; —*n.*, प्रतिक्षेप; दो टूक जवाब; अस्वीकृति*, अस्वीकरण, नकार*, इनकार। > रिपॅल्स

repulsion, 1. प्रतिक्षेप; 2. (*distaste*) घृणा*, अरुचि*, नफ़रत*, जुगुप्सा*; 3. (*phys.*) प्रतिकर्षण, विकर्षण। > रिपॅल्शॅन

repulsive, प्रतिक्षेपक; घृणास्पद, अरुचिकर; प्रतिकर्षी, प्रतिकर्षक, विकर्षक, विकर्षी। > रि-पॅल्-सिव

reputable, नेकनाम, सम्मानित; प्रतिष्ठित। > रे'प्यूटॅबॅल

reputation, 1. (*repute*) नाम; 2. नेकनामी*, प्रतिष्ठा*; 3. (*fame*) ख्याति*, कीर्ति*, यश; bad~, बदनामी*, कुख्याति*, अपयश, good ~, नेकनामी*, सुयश। > रे'प्यूटेशॅन

repute, *n.*, नाम; नेकनामी*, प्रतिष्ठा*; —*v.*, समझना, मानना; **~d,** माना हुआ, विख्यात, प्रसिद्ध; **~dly,** के रूप में प्रसिद्ध। > रिप्यूट; रिप्यूट्/इड, ~इड्-लि

request, *n.*(*v.*), निवेदन (क०), अनुरोध (क०), प्रार्थना* (क०); 2. (*demand*) माँग*, **~ed,** प्रार्थित। > रिक्वे'स्ट; रिक्वे'स्ट्-इड

requiem, 1. (*mass*) शांति-यज्ञ, शान्ति-याग; 2. (*song*) शोकगीत। > रे'-क्वि-ए'म

require, 1. (*demand*) माँगना; 2. (*order*) हुक्म देना, आदेश देना; 3. (*need*) के लिए ज़रुरी, आवश्यक या अपेक्षित होना, अपेक्षा* रखना; **~ment,** 1. माँग*; 2. अपेक्षा*, आवश्यकता*; 3. (*condition*) शर्त*। > रिक्वाइॲ

requisite, *adj.*, आवश्यक, अपेक्षित; *n.*, आवश्यकता*; आवश्यक सामग्री*, वस्तु* या गुण; अपेक्षित गुण। > रे'-क्वि-ज़िट

requisition, *n.*, 1. माँग*, अधियाचन; 2. (*taking*) अधिग्रहण; 3. माँग-पत्र; 4. (*condition*) शर्त*, आवश्यकता*, अपेक्षा*; —*v.*, से माँग लेना, की माँग* क०; की सहायता* लेना, काम में लगाना; ~slip, माँग-पर्ची*। > रे'क्विज़िशॅन

requital, प्रतिदान, प्रत्युपकार; प्रतिपूर्ति*; इनाम, पुरस्कार; बदला, प्रतिशोध। > रिक्वाइटॅल

requite, 1. बदले में क० या देना; प्रतिदान क०; 2. (*compensate*) प्रतिपूर्ति* क०, हरजाना देना; 3. (*reward*) इनाम देना; 4. (*avenge*) बदला लेना या चुकाना, प्रतिशोध क०। > रिक्वाइट

reredos, वेदी-पटल। > रिॲडॉस

resale, पुनर्विक्रय। > रीसेल

rescind, रद्द क०, मंसूख क०, निरस्त क०। > रिसिन्ड

rescission, मंसूखी*, निरसन। > रिसिश्ज़ॅन

rescissory, निरसनकारी। > रिसिसॅरि

rescript, 1. राजाज्ञा*, राजघोषणा*; 2. (*copy*) प्रतिलिपि*; 3. (*rewriting*) पुनर्लेख(न); 4. (*palimpsest*) उपर्यालिखित चर्मपत्र। > रीस्-क्रिप्ट

rescue, *v.*, बचाना, उद्धार क०; छुड़ा लेना; —*n.*, बचाव, उद्धार; छुड़ाई*; **~-boat,** बचाव-नौका*; **~-home,** उद्धारगृह। > रे'स्-क्यू

research, *n.*(*v.*) खोज*, अनुसन्धान, शोध, गवेषणा* (क०); **~er,** शोध-कर्ता, अन्वेषक, गवेषक, अनुसन्धायक। > रिसॅ:च

resect, उच्छेदन क०। > रिसे'क्ट

resemblance, सादृश्य, साम्य, समानता*, समरूपता*। > रिज़े'म्ब्लॅन्स

resemble, 1. सदृश होना, साम्य रखना; 2. (*take after*) पर पड़ा होना। > रिज़े'म्बॅल

resent, का या पर बुरा मानना; अप्रसन्न या नाराज़ होना, कुढ़ना; **~ful,** 1. नाराज़; 2. (*rancorous*) विद्वेषी; **~ment,** नाराज़गी*, अप्रसन्नता*; मनोमालिन्य, विद्वेष, अमर्ष, रोष, कुढ़न*। > रिज़े'न्ट; रिज़े'न्ट्/फ़ुल, ~मॅन्ट

reservation, 1. (*of seat, room, etc.*) आरक्षण, प्रारक्षण; 2. सरंक्षण, सुरक्षण, अभिरक्षण; 3. सुरक्षित अधिकार, विशेष अधिकार; 4. (*condition*) प्रतिबन्ध, शर्त*; 5. (*territory*) आरक्षित क्षेत्र। > रे'ज़ॅवेशॅन

reserve, *v.*, 1. (*hold over*) बचा रखना, रख छोड़ना, रोक रखना; 2. (*keep safe*) सुरक्षित रखना, सुरक्षित कर लेना; 3. (*set apart for*) के लिए अलग क०, नियत क०, 4. (*a place, a room, etc.*) आरक्षित, सुरक्षित या प्रारक्षित क० या करा लेना, रिज़र्व क० या कराना; —*n.*, 1. (सुरक्षित, अतिरिक्त या उपलभ्य) संचय, निधि*, निचय; 2. (*mil.*) रिज़र्व, रिज़र्व सेना*; 3. (*condition*) प्रतिबन्ध, शर्त*; 4. (*exception*) अपवाद; 5. (*sports*) अतिरिक्त खेलाड़ी; 6. (*self-restraint*) आत्मसंयम, आत्मसन्तुलन; 7. (*reticence*) अल्पभाषिता*, संकोच; 8. (*coolness*) रुखापन, शुष्कता*; अलगाव; 9. (*territory*) आरक्षित क्षेत्र; in ~, तैयार; without ~, अप्रतिबन्ध; **~bank,** रिज़र्व बैंक; **~d,** 1. (*see verb*) बचा हुआ, बाकी, रखा हुआ; रक्षित सुरक्षित; अलग किया हुआ, नियत; आरक्षित प्रारक्षित; 2. (*self-restrained*) संयमी; 3. (*reticent*) अल्पभाषी, चुप्पा, घुन्ना; संकोची (*shy*); 4. (*cool*) शुष्क; ग़ैरमिलनसार;—cases, आरक्षित विषय; **~dly,** संकोच से, सावधानी* से; **~fund,** आरक्षित निधि*। > रिज़ॅ:व़; रिज़ॅ:व्ड; रि-ज़ॅ:व-इड्-लि

reservist, रिज़र्व-सैनिक। > रि-ज़ॅ:व्-इस्ट

reservior, 1. (*large container*) टंकी*; हौज़, कुण्ड; 2. (*lake*) जलाशय, तालाब; 3. (*receptacle*) आधान, पात्र; 4. (*fig.*) भण्डार, ख़जाना। > रे'ज़ॅव् वा

resettlement, पुनर्वास। > रीसे'टॅल्मॅन्ट

reshuffle, 1. (*cards*) दोबारा फेंटना; 2. में हेरफेर क०, अदल-बदल क०। > रीशॅ:फॅल

reside, 1. निवास क०, रहना; 2. (*be inherent*) में अंतर्निष्ठ या निहित होना; 3. (*be present*) विद्यमान होना; 4. (*be vested in*) निहित होना। > रिज़ाइड

resi/dence, 1. निवास, आवास; 2. निवास-स्थान, रिहाइश*; 3. (*house*) भवन, निवास; official—, पदावास; **~dency,** रेज़िडेंसी*। > रे'ज़्/इडॅन्स, ~इडॅन्सि

resident, *adj*., 1. निवासी; आवासी; 2. (*bound to residence*) स्थानिक, आवासी, रिहाइशी; 3. (*located*) स्थित; 4. (*inherent, vested*) निहित; —*n*., निवासी; रेज़िडेंट; **~ial,** निवास-, निवासीय, आवासी, रिहाइशी; —area, रिहाइशी क्षेत्र; — university, आवासी विश्वविद्यालय; **~iary,** आवासी। > रे'ज़ू-इ-डॅन्ट; रे'ज़िडे'न्/शॅल, ~शॅरि

residual, residuary, अवशिष्ट। > रिज़िड्/यूअॅल, ~यूअॅरि

residue, अवशेष। > रे'ज़्-इ-ड्यू

residuum, 1. अवशेष; 2. (*of society*) निम्न-वर्ग, क़ुली-कबाड़ी। > रिज़िड्यूअॅम

resign, 1. इस्तीफ़ा देना, पदत्याग क०; 2. (*give up*) छोड़ देना, त्यागना, अर्पित क०; 3. ~ oneself, स्वीकार क०, सहना; **~ation,** 1. इस्तीफ़ा, पदत्याग; त्यागपत्र; 2. त्याग, अर्पण; 3. (*submission*) स्वीकृति*; (आत्म)समर्पण; वश्यता*; **~ed,** सन्तुष्ट, सन्तोषी, सब्र करनेवाला। > रिज़ाइन; रे'ज़िग्नेशॅन; रिज़ाइन्ड

resile, 1. लचीला होना; 2. (*rebound*) उछलना; 3. (*fig*.) में नयी शक्ति* का संचार होना। > रिज़ाइल

resili/ence, लोच*, लचीलापन, प्रतिस्कन्दन; समुत्थान-शक्ति*; **~ent,** लोचदार, लचीला, प्रत्यास्थी, प्रतिस्कन्दी; समुत्थानशील। > रिज़िल्/इअॅन्स, ~इअॅन्ट

resin, राल*, धूना; **~iferous,** रालमय; **~ous,** रालदार। > रे'ज़्-इन; रे'ज़िनिफ़ॅरॅस > रे'ज़्-इनॅस

resipiscence, सद्‍बुद्धि*। > रे'सिपिसॅन्स

resist, *v*., 1. (*oppose*) विरोध क०, प्रतिरोध क०; का सामना क०; 2. (*stop*) रोकना, रोक देना, बाधा* डालना; 3. (*keep off*) निवारण क०; —*n*.,रोध; **~ance,** 1. विरोध, मुक़ाबला, सामना; 2. (*hindrance*) बाधा*; रुकावट*; 3. (*phys., med.*) प्रतिरोध; 4. प्रतिरोधशक्ति*, तितिक्षा*; **~ant,** विरोधी; प्रतिरोधी; **~ive, ~or,** प्रतिरोधक। > रिज़िस्ट; रिज़िस्/टॅन्स, ~टॅन्ट, ~टिव़, ~टॅ

resoluble, ~resolvable, विघट्य; विश्लेष्य; समाधेय। > रिज़ॉल्यूबॅल = रे'ज़ॅल्यूबॅल; रिज़ॉल्वॅबॅल

resolute, कृतसंकल्प; दृढ़, अटल, दृढ़प्रतिज्ञ। > रे'ज़ॅलूट = रे'ज़ॅल्यूट

resolution, 1. (*decision*) संकल्प, दृढ़ निश्चय; 2. (*motion*) प्रस्ताव; 3. (*firmness*) दृढ़ता*, दृढ़प्रतिज्ञता*; 4. (*breaking up*) विघटन, खण्डन (*also math*.) वियोजन (*also chem*.), विभेदन (*also optics*); 5. (*solution*) समाधान; 6. (*med*.) उपशमन; 7. (*in a play*) नियताप्ति*। > रे'ज़ॅलूशॅन = रे'ज़ॅल्यूशॅन

resolutive, विघटक; विलायक। > रे'ज़ल्यूटिव़

resolve, *v*., 1. (*decide*) निश्चय क०, संकल्प क०; प्रस्ताव पार क०; 2. (*break up*) विघटित क०, खण्डित क०, खण्डन क०; खण्ड क० (*math*.) वियोजित क० (*chem*.) विभेदन क० (*optics*); 3. (*solve*) समाधान क०; 4. (*remove*) दूर क०, का निराकरण क०; —*n*., संकल्प; प्रस्ताव; **~d,** कृतसंकल्प। > रिज़ॉल्व़

resolvent, 1. (*chem*.) विघटक; 2. (*med*.) शोथहर। > रिज़ॉल्वॅन्ट

reso/nance, 1. (*sound*) अनुनाद; गूंज*, प्रतिध्वनि*; 2. (*movement*) संस्पन्दन, संदोलन, अनुकम्पन; **~nant,** 1. अनुनादी; 2. (*of voice*) गुंजायमान; **~nator,** अनुनादक। > रे'ज़ॅ/नॅन्स, ~नॅन्ट, ~ने-टॅ

resort, *v*., 1. का आश्रय, शरण* का सहारा लेना; 2. (*visit*) जाना, जाया क०; —*n*., आश्रय, सहारा, शरण*; 2. (*place*) सैरगाह; 3. (*visiting*) गमन; ~ to force, बलप्रयोग क०; in the last ~, अन्त में। > रिज़ॉःट

resound, गूँजना; की चर्चा* फैल जाना, की बहुत चर्चा* होना; प्रतिध्वनित होना या क०; की प्रशंसा* क०। > रिज़ाउन्ड

resource, 1. (*usually pl*.) साधन, संबल; सम्पत्ति* (*wealth*) 2. (*expedient*) उपाय, साधन, युक्ति*; रास्ता; 3. (*relaxation*) विश्राम; 4. (*ingenuity*) विदग्धता*, उपायकुशलता*; **~ful,** विदग्ध, उपायकुशल, चतुर, उपायी; साधनसम्पन्न। > रिसॉःस

respect, *n*., 1. (*esteem*) आदर, श्रद्धा*, सम्मान; 2. (*consideration*) ध्यान, लिहाज़, मुलाहज़ा; 3. (*pl*.) प्रमाण; 4. (*reference*) सम्बन्ध; 5. (*aspect*) पहलू; —*v*., आदर क०, पर श्रद्धा* रखना; का ध्यान रखना; से सम्बन्ध रखना; ~ of persons, पक्षपात; human ~, लोकलज्जा*; self-~, आत्मसम्मान; in ~ of, के विषय में; in some ~s, कुछ अंश तक; **~able,** 1. आदरणीय, सम्मान्य ; 2. (*having good name*) प्रतिष्ठित; 3. (*proper*) उचित; 4. काफ़ी अच्छा; 5. काफ़ी बड़ा (*in number, size, etc*.); **~ful,** श्रद्धालु; **~ing,** के विषय में; **~ive,** अपना-अपना; **~ively,** क्रमशः, क्रमानुसार, क्रमात्। > रिस्पे'क्ट; रिस्पे'क्टॅबॅल; रिसपे'क्ट्फ़ुल; रिस्पे'क्/टिन्ग, ~टिव़, ~टिव़-लि

respi/rable, अन्तःश्वसनीय; **~ration,** श्वसन; **~rator,** श्वसित्र; **~y,** श्वसन-, श्वास-। > रे'स्-पिरॅबॅल = रिस्पाइरॅबॅल; रे'स्पिरेशॅन; रे'स्-पि-रे-टॅ; रे'स्-पिरेटॅरि-रिसपाइअॅरॅटरि

respire, साँस* लेना। > रिस्पाइअॅ

respite, *n*., 1. (*delay*) विलम्ब; 2. (*reprieve*)

प्रविलम्बन, स्थगन; 3. (*rest*) विराम; 4. (*relief*) आराम, राहत*; —*v.*, प्रविलम्बन क०; आराम देना। > रे'स्-पिट = रे'स्पाइट

resplen/dence, दीप्ति*; **~dent,** समुज्ज्वल, देदीप्यमान। > रिस्प्ले'न्/डॅन्स, ~डॅन्ट

respond, *v.*, 1. उत्तर देना, जवाब देना; 2. उत्तर में ··· क०; 3. प्रतिक्रिया* दिखाना; —*n.*, 1. उत्तर, अनुवचन; 2. (*archi.*) भित्तिस्तम्भ; **~ent,** *adj.*, उत्तर देनेवाला; प्रतिक्रिया* दिखानेवाला; —*n.*, प्रतिवादी, मुद्दालेह, प्रत्यर्थी। > रिस्पॉन्ड; रिस्पॉन्डॅन्ट

response, 1. उत्तर जवाब; 2. (*reaction*) अनुक्रिया*; प्रतिक्रिया*; *see* RESPONSORY। > रिस्पॉन्स

responsibility, जिम्मेवारी*, (उत्तर)दायित्व, जवाबदेही*। > रिस्पॉन्सॅबिल्-इटि

responsible, 1. ज़िम्मेवार, उत्तरदायी, जवाबदेह; 2. (*trustworthy*) विश्वसनीय, विश्वस्त; 3. (*involving responsibility*) उत्तरदायित्वपूर्ण, महत्त्वपूर्ण। > रिस्पॉनसॅबॅल

responsive, 1. (*impressionable*) प्रभावनीय; प्रति क्रियाशील, अनुक्रियाशील, प्रतिसंवेदी; 2. (*sympathetic*) अनुकूल, सहानुभूतिपूर्ण; 3. उत्तर देनेवाला, उत्तरकारी। > रिस्पॉन्-सिव़

rest, *v.*, 1. आराम क० या देना, विश्राम क०, सुस्ताना; 2. (*the soul*) शांति* प्रदान क०; 3. (*sleep*) सोना; 4. (*be tranquil*) शान्त होना; 5. (*be left alone*) पड़ा रहना; 6. (*leave alone*) रहने देना, जाने देना, छोड़ देना; 7. (*end*) समाप्त क०; 8. (*lie on*) पर पड़ा या रखा हुआ होना, रहना, टिकना, स्थित होना; 9. (*place on*) पर रख देना, टिकाना; 10. (*depend on*) पर निर्भर के अधीन होना, के हाथ में होना; 11. (*be based on*) पर निर्भर या आधारित होना; 12. (*base on*) पर आधारित क०, का सहारा लेना; 13. (*place trust*) पर भरोसा रखना; 14. (*be directed*) पर लगना, लग जाना; 15. (*direct*) लगाना, गड़ाना, जमाना; 16. (*remain*) बना रहना, रहना; —*n.*, 1. विश्राम, आराम, विश्रांति*; 2. (*leisure*) अवकाश, फ़ुरसत*; 3. (*pause*) विराम (*also music*); 4. (*sleep*) नींद*; 5. (*peace*) शांति*, चैन; 6. (*shelter*) आश्रय; 7. (*support*) टेक*; आधार, सहारा (*also fig.*); 8. (*remainder*) शेष, अवशेष; at ~, शांत, निश्चिन्त; lay to ~, दफ़नाना। > रे'स्ट

rest/-cure, विश्राम-चिकित्सा*; **~ed,** ताज़ा, स्वस्थ, **~-home,** विश्रांति-गृह; **~-house,** विश्रामगृह।

restaurant, रेस्तराँ, भोजनालय, आहार गृह; **~-car,** भोजन-यान। > रे'स्टॅरॅन्ट = रे'स्टॅरॉन्ट = रे'स्टॉरॉं

restful, आरामदेह, सुखप्रद; शांतिपूर्ण; शान्त। > रे'स्ट्-फ़ुल

resting, (*bot.*) सुप्त; **~-place,** विश्राम स्थान। > रे'स्-टिंग

restitution, 1. वापसी*, प्रत्यर्पण, प्रत्यानयन; 2. (*reparation*) क्षतिपूर्ति; 3. (*to former position*) पुनः प्रतिष्ठा*, पुनःप्रतिष्ठापन; 4. (*to original shape*) प्रत्यवस्थापन, प्रत्यवस्थान। > रे'स्टिट्यूशॅन

restive, 1. (*of horse etc.*) अड़ियल; 2. (*refractory*) दुर्दम, दुर्दमनीय; 3. (*restless*) बेचैन। > रे'स्-टिव़

restless, 1. अशान्त, बेचैन, अधीर; 2. (*of activity*) अविराम, निरन्तर, अनवरत; 3. (*discontented*) असन्तुष्ट। > रे'स्ट्-लिस

resto/rable, प्रत्यर्पणीय; पुनरुद्धारणीय; **~ration,** (*see* verb), वापसी*; मरम्मत*, जीर्णोद्धार; पुनरुद्धार; पुनःप्रतिष्ठा*; पुनःस्थापन; स्वास्थ्यलाभ; पुनःप्रचलन; मलरूपनिरूपण (*of fossil*); **~rative,** *adj.* (*n.*), पुष्टिकर, पौष्टिक (भोजन, औषध*)। > रिसटॉ: रॅबॅल; रे'स्टॅरेशॅन; रिस्टॉरॅटिव़

restore, 1. वापस क०, लौटाना; 2. (*repair*) मरम्मत क०; जीर्णोद्धार क० (*of building*); 3. (*a text*) पुनरुद्धार क०; 4. (*re-instate*) पुनः प्रतिष्ठित क०; 5. (*re- establish*) पुनः स्थापित क०; 6. (*cure*) चंगा क०; 7. (*bring back to use*) फिर चालू क०। > रिस्टॉ:

restoring force, प्रत्यानयन बल।

restrain, 1. (*curb*) रोकना, निरोध क०; 2. (*control*) नियंत्रित रखना; 3. (*imprison*) क़ैद क०; 4. (*limit*) सीमित क०। > रिस्ट्रेन

restraint, 1. (*act*) रोक*, निरोध, निग्रह, रोकथाम*; 2. (*means*) रोक*, प्रतिबंध; 3. नियन्त्रण; 4. क़ैद*; 5. (*self-control*) आत्मसंयम, संयम। > रिस्ट्रेन्ट

restrict, सीमित क०; प्रतिबन्ध या रोक* लगाना, प्रतिबद्ध क०, निर्बद्ध क०; **~ion,** 1. (*act*) निर्बन्धन, रोक*, नियन्त्रण; 2. अवरोध, निरोध, आसेध; 3. (*limitation*) प्रतिबन्ध, पाबंदी*, रोक*; 4. (*of meaning*) अर्थसंकोच; mental —, कूट-कथन; **~ive,** 1. प्रतिबंधक, नियामक; 2. (*gram.*) प्रतिबन्धी, विशेषक। > रिस्-ट्रिक्ट; रिस्-ट्रिक/शॅन, ~टिव़

result, *n.*, 1. परिणाम, नतीजा, फल (*also math.*); परीक्षाफल (*of exam.*); 2. (*answer*) उत्तर; *v.*, परिणामी होना या निकलना; **~ant,** *adj.*, परिणामी, परिणामिक; —*n.*, 1. परिणाम; 2. परिणामी वेग (*speed*) या बल (*force*)। > रिज़ॅल्ट; रिज़ॅलटॅन्ट

resume, पुनः आरंभ होना या क०, दोबारा शुरू होना या क०; पुनः ग्रहण क०; पुनः प्राप्त क०; संक्षेप तैयार क०। > रिज़्यूम

re'sume', संक्षेप, सारांश, सार। > रेज़्युमे = रेज़ुमे

resummons, पुनराह्वान। > रीसॅमॅन्स

resumption, पुनरारंभ; पुनर्ग्रहण। > रिज़ॅम्शॅन

resupinate, विपर्यस्त। > रिस्यूप्-इनिट

resur/gence, पुनरुत्थान; **~gent,** पुनरुत्थित; पुनरुत्थानशील। > रिसः/जॅन्स, ~जॅन्ट

resurrect, पुनर्जीवित क० या होना; दोबारा चालू क०; **~ion,** पुनरुत्थान, मृतोत्थान, पुनर्जीवन; पुनरुज्जीवन। > रे'ज़ेरे'क्ट; रे'ज़ेरे'क्शॅन

resusci/tate, पुनर्जीवित क० या होना; **~tation,** पुनरुज्जीवन; **~tative, ~tator,** पुनरुज्जीवक, पुनरुत्थापक। > रिसॅस्-इटेट; रिसॅसिटेशॅन; रिसॅस्/इटेटिव्; ~इटेटॅ

ret, *v.t.*, गलाना; *v.i.* सड़ जाना। रे'ट

retail, *n.*, खुदरा, परचून; *adj.*, खुदरा, फुटकर, परचून; —*v.*, 1. फुटकर बेचना; 2. ब्योरेवार बता देना, सविस्तर वर्णन क०; फैलाना; **~er,** परचूनिया; **~trade,** परचूनी*। > रीटेल (*n.adj.*); रिटेल (*v.*); रिटेलॅर

retain, 1. रखना, रख लेना, रोक रखना; सुरक्षित रखना अधिकार में रखना; 2. रहने देना, बनाए रखना; 3. (*remember*) याद रखना; 4. (*hire*) करना, (नौकर) रखना, प्रतिधारण क०; **~er,** 1. (*fee*) फ़ीस*, शुल्क, प्रतिधारण-शुल्क; 2. (*a retaining*) प्रतिधारण; 3. (*servant*) परिचर; **~ing-wall,** पुश्ता-दीवार*, प्रतिधारक दीवार*। > रिटेन; रि-टेन्-ॲ

retali/ate, प्रतिकार क०, बदला लेना; **~ation,** प्रतिकार, बदला, प्रत्यपकार, प्रतिशोध; **~ative, ~atory,** प्रतिकारात्मक। > रिटैल्-इएट; रिटैलिएशॅन; रिटैल्/इॲटिव्, ~इॲटॅरि

retard, *v.*, में देर* या विलम्ब होना या क०, विलम्बित होना या क० (प्रगति*, उन्नति*, विकास) में बाधा* डालना या रोकना; धीमा या मन्द कर देना; —*n.*, विलम्बन, मन्दन; विलम्ब देर*; **~ation,** विलम्बन, मन्दन; बाधा* **~ative, ~atory,** विलम्बक, मन्दक; **~ed,** 1. विलंबित; मंदित; 2. (*backward*) पिछड़ा, अवरुद्ध; **~er,** मन्दक। > रिटाड; रिटाडेशॅन; रिटाड्/ॲटिव्, ~ॲटॅरि, ~इड, ~ॲ

retch, *v.*, उबकना; *n.*, उबाक, ओकाई*। > रीच

reten/tion, 1. (*see* RETAIN) धारण; अवरोधन, निरोध; स्मरण; अवधारण; 2. (*med.*) अवरोधन; **~tive,** 1. धारणशील, धारणक्षम; 2. (*of memory*) तीव्र, तीक्ष्ण; **~tiveness, ~tivity,** धारिता* धारणक्षमता। > रिटे'न्/शॅन, ~टिव् टिव्-निस; रिटे'न-टिव्-इटि

retenue, आत्मसंयम। > रॅटॅनू

retiary, जाल का; जाल-जैसा; जाल लगानेवाला; जालधारी। > रीशॅरि

reti/cence, अल्पभाषिता*; मौन; **~cent,** 1. चुप्पा, अल्पभाषी; 2. (*silent*) मौन, चुप। > रे'ट्/इसॅन्स, ~इसॅन्ट

reticle, जाली*, जालिका*। > रे'ट्-इकॅल

reti/cular, 1. जालवत्, जाल-; 2. (*intricate*) जटिल; **~culate,** *v.*, जालीदार बनना या बनाना; —*adj.*, जालवत्, जालमय; जालिकारूपी, जालीदार, जालदार; **~culation,** जाली*; जाल-रचना*। > रिटिक्/यू-लॅ, ~यूलेट, ~यूलेशॅन

reti/cule, 1. (*network*) जाली*; 2. (*handbag*) हैंडबैग; **~culum,** 1. जालिका*, जाली*; 2. (*astron.*) जाल; 3. (*stomach*) द्वितीय आमाशय; **~form,** जालवत्; जालदार, जालीदार। > रे'ट्-इक्यूल रिटिक्यूलॅम; रीट्-इ-फॉ:म

retina, दृष्टिपटल। > रे'ट्-इनॅ

retinitis, दृष्टिपटलशोथ। > रे'टिनाइट्-इस

retinue, परिकर, परिजन। > रे'ट्-इन-यू

retire, *v.*, 1. चला जाना, अलग ही जाना, हट जाना, पीछे हटना; सोने जाना; 2. हटा देना, वापस बुलाना; 3. वापस लेना; 4. (*from service*) अवकाश ग्रहण क०, सेवानिवृत्त होना, रिटायर होना, निवृत्त होना; सेवा-निवृत्त क०; —*n.*, वापसी* का संकेत; **~d,** 1. सेवानिवृत्त, अवकाश-प्राप्त; 2. (*secluded*) एकान्त; 3. (*in seclusion*) एकान्तवासी; **~ment,** 1. सेवा-निवृत्ति*, अवकाश ग्रहण; 2. (*seclusion*) एकान्त; एकान्तवास; 3. (*see verb*) प्रस्थान; अपसरण; वापसी*। > रिटाइॲ

retiring, 1. (*shy*) संकोची; 2. (*reserved*) अल्पभाषी; **~ pension,** निवृत्ति-पेंशन*, **~-room,** विश्राम-कक्ष। > रिटाइॲर्-इन्ग

retort, *n.*, 1. (*repartee*) प्रत्युत्तर, मुँहतोड़ जवाब; 2. (*vessel*) भभका, बक-यंत्र; —*v.*, प्रत्युत्तर देना; प्रतिकार क०; शोधन क०; **~ion,** 1. मोड़; 2. (*retaliation*) जवाबी कार्रवाई*। > रिटॉ:ट; रिटॉ:शॅन

retouch, *n.*(*v.*), अनुशोधन (क०), परिष्कार (क०); **~ed,** परिष्कृत। > रीटॅच

retrace, 1. लौटना; 2. खोज* या पता लगाना; 3. प्रारंभ से अवलोकन क०; 4. (*trace over again*) पुन: अनुरेखण क०। > रिट्रेस (1-3); रीट्रेस (4)

retract, वापस लेना, (से) मुकर जाना; खींच लेना, सिकोड़ना, समेटना; **~able, ~ile,** आकुंचनशील; **~ation,** वापस लेना, प्रत्याहार; **~ion,** 1. (*a drawing back*) प्रत्याकर्षण, प्रतिकर्षण; आकुंचन; 2. (*a taking back*) प्रत्याहार; **~ive, ~or,** आकुंचक। > रिट्रैक्ट; रिट्रैक्/टॅबॅल, ~टाइल; रिट्रैक्टेशॅन; रिट्रैक्/शॅन, ~टिव्, ~टॅ

retral, पश्च। > रीट्-रॅल

retreat, *v.*, 1. पीछे हटना या हटाना; 2. (*recede*) पीछे की ओर* झुका हुआ होना; —*n.*, 1. (*act*) पश्चगमन, अपसरण, अपयान, निवर्तन, अपावर्तन; 2. (*signal*) वापसी* का संकेत; 3. (*seclusion*) एकान्त, एकान्तवास; 4. (*asylum*) आश्रम; 5. (*shelter*) आश्रय, शरणस्थान; 6. (*spir. exerc.*) मौनव्रत,

आध्यात्मिक साधन; **~ant,** साधक; **~-house,** साधनालय। > रिट्रीट; रिट्रीटॅन्ट

retrench, 1. (*reduce*) कम क०, घटाना; 2. (*delete*) काटना, निकाल देना; 3. (*remove*) हटाना, निकालकर अलग क०; 4. (*economize*) ख़र्च कम क०; **~ment,** 1. घटाव, कटौती*, काट-छाँट*; 2. (*of workmen*) छँटनी*; 3. (*mil.*) भीतरी मोरचाबन्दी*। > रिट्रे'न्च

retrial, पुनर्विचार। > रिट्राइअॅल

retribu/tion, 1. प्रतिफल; 2. (*punishment*) दण्ड; 3. (*vengeance*) प्रतिशोध, बदला, प्रतिकार, **~tive, ~tory,** प्रतिकारी, प्रतिफलात्मक; **~tor,** प्रतिफल-दाता; प्रतिकारक। रे'ट्रिब्यूशॅन; रिट्रिब्/यूटिव़, ~यूटॅरि, ~यू-टॅ

retrievable, पुनः प्रापणीय; सुधार्य। > रिट्रीवॅबॅल

retrieval, पुनःप्राप्ति*; सुधार। > रिट्रीवॅल

retrieve, *v.* 1. दोबारा पाना, पुनः प्राप्त क०; 2. (*make good*) ठीक कर देना; की पूर्ति* क०; बचा लेना; 3. (*restore*) सुधारना, में सुधार लाना; 4. का पता लगाना; स्मरण क०; (*of dogs*) ढूँढ़ लाना; —*n.*, सुधार। > रिट्रीव़

retro-, प्रति-; प्रत्यक्-; पूर्व-; पश्च-; अधः-। > रीट्रो

retroact, 1. (*react*) प्रतिक्रिया* दिखाना; 2. पूर्वव्यापी होना; **~ion,** प्रतिक्रिया*; पूर्वव्याप्ति*; **~ive,** पूर्वव्यापी, पूर्वप्रभावी। > रीट्रॅ/ऐक्ट, ~ऐक्शॅन, ~ऐक्-टिव़

retro/cede, *v.i.*, पीछे हटना; *v.t.*, लौटाना; **~cession,** पश्चगमन; वापसी*। > रीट्रॅसीड (*v.i*), रीट्रॅ/सीड (*v.t.*), ~से'शॅन

retroflex, 1. प्रत्यग्वक्र; 2. (*phon.*) मूर्धन्य। > रीट्रॅफ्ले'क्स

retro/gradation, 1. पश्चगमन; 2. (*decline*) अधोगति*, अवनति*; **~grade,** *adj.*, पश्चगामी, प्रतिगामी; पतनोन्मुख; अवनतिशील, अधोगामी; —*v.*, पश्चगामी होना, हटना; अवनति* पर होना, गिरना, बिगड़ता जाना। > रे'ट्रॅग्रॅडेशॅन; रे'ट्-रॅ-ग्रेड

retro/gress, पीछे हटना, अवनति* पर होना, बिगड़ता जाना; **~gression,** पश्चगमन, प्रतिगमन; अधोगति*, अवनति*, ह्रास; **~gressive,** पश्चगामी, प्रतिगामी, प्रतिक्रमणी; अधोगामी, ह्रासमान, पतनोन्मुख। > रीट्रॅ = रे'ट्रॅ/ग्रे'स, ~ग्रे'शॅन, ~ग्रे'स्-इव़

retropulsion, प्रतिक्षेपण। > रीट्रॅपॅल्शॅन

retrorse, पश्चमुखी। > रिट्रॉःस

retro/spect, ~spection, अनुदर्शन, सिंहावलोकन, पश्चदर्शन; **~spective,** 1. अनुदर्शी; 2. (*retroactive*) पूर्वव्यापी, पूर्वप्रभावी; — effect, पूर्वव्याप्ति*। > रे'ट्रॅस्पे'क्ट; रे'ट्रस्पे'क्/शॅन, ~टिव़

retrousse', ऊपर मुड़ा या उठा हुआ। > रॅ-ट्रस्-ए

retro/version, पश्चनति*; **~verted,** पश्चनत। > रीट्रोवॅः/शॅन, ~टिड

return, *v.*, 1. लौटना, वापस आना, वापस जाना; 2. (*to a subject*) पर वापस आना; 3. वापस क०, लौटाना; वापस रखना; 4. बदले में क०; 5. (*answer*) उत्तर देना; 6. (*yeild*) पैदा क०, से लाभ होना; 7. (*elect*) निर्वाचित क०; 8. (*deliver*) प्रस्तुत क०; 9. (*report*) विवरण देना; 10. (*declare*) घोषित क०; —*n.*, 1. वापसी*, प्रत्यागमन, प्रत्यावर्तन; प्रतिगमन; 2. (*a giving back*) वापसी*, प्रत्यर्पण; 3. (*recurrence*) आवर्तन, आवृत्ति*; 4. (*requital*) प्रतिदान, प्रतिवर्तन; 5. (*proceeds*) आय*, (प्रति)लाभ, प्रतिफल, प्रत्यागम; 6. उत्तर; 7. (*report*) रिपोर्ट*; विवरण, विवरणी*; annual ~s, वार्षिक विवरण; by ~ of post, लौटती डाक* से; **~able,** प्रत्यावर्त्य; प्रत्यावर्तनीय; **~ing officer,** चुनाव-अधिकारी; **~ journey,** वापसी यात्रा*; **~ticket,** वापसी टिकट; **~wall,** समानान्तर दीवार*। > रिटॅःन; रिटॅःनॅबॅल, रिटॅःन्-इन्ग

retuse, खाँचाग्री। > रिट्यूस

reunion, 1. पुनर्मिलन; 2. (*gathering*) गोष्ठी*, सभा*। > रीयूनयॅन

reunite, दोबारा एक क० या हो जाना। > रीयूनाइट

revalorization, मूल्योद्धार। > रीवैलराइज़ेशन

revaluation, पुनर्मूल्यन, पुनर्मूल्यांकन। > रीवैल्युएशॅन

reveal, *v.*, प्रकट क०, उद्घाटित क०; 2. (*exhibit*) प्रदर्शित क०, व्यक्त क०; —*n.*, पाखा; **~ed,** प्रकटित, प्रकाशित, उद्घाटित; अपौरुषेय, ईश्वरादिष्ट। > रिवील; रिवील्ड

reveille, जगाने का बिगुल (या तम्बूर)। > रिवैलि = रिवे'लि

revel, *v.*, आमोद-प्रमोद क०, रंग रलना, रंगरलियाँ* मनाना; बहुत पसंद क०; —*n.*, आमोद-प्रमोद, रंगरलियाँ*; आनन्दोत्सव; **~ler,** मौज* उड़ानेवाला; **~ry,** रंगरलियाँ*, गुलछर्रे। > रे'वॅल; रे'वॅलॅ; रे'वॅल्-रि

revelation, 1. (*a revealing*) प्रकटन; रहस्योद्घाटन; 2. (*Christian*) प्रकाशना*; 3. (*Hindu*) श्रुति*; 4. (*Apocalypse*) प्रकाशना-ग्रंथ। > रे'विलेशॅन

revenant, भूत, प्रेत। > रॅवॅनॉ

revendication, प्रत्यध्यर्थन। > रिवे'न्-डिकेशॅन

revenge, *n.*(*v.*), बदला (लेना), प्रतिशोध (क०), प्रतिकार (क०); **~ful,** प्रतिशोधी। > रिवे'न्ज; रिवे'न्ज़फुल

revenue, 1. (*income*) आय*, आमदनी*; 2. (*of govern.*) राजस्व; **~stamp,** रसीदी टिकट। > रे'व़्-इन्-यू

reverbe/rant, गुंजायमान; **~rate,** 1. (*sound*)

प्रतिध्वनित होना या क०, गूँजना; 2. (*reflect*) परावर्तित होना या क०; **~ration,** प्रतिध्वनि*, अनुरणन; परावर्तन; **~rative,** 1. (*of sound*) गुंजायमान; प्रतिध्वनिक; 2. परावर्तक; परावर्तन–; **~rator,** परावर्तक; **~ratory,** (*furnace*) परावर्तन-भट्ठी*।
> रिवॅ:बॅ/रॅन्ट, ~रेट, ~रेशॅन, ~रॅटिव़, ~रे-टॅ, ~रॅटॅरि

revere, का आदर क०, पर श्रद्धा* रखना, का सम्मान क०, पूज्य मानना। > रिविअॅ

reverence, *n.*(*v.*), आदर (क०), श्रद्धा*; (रखना), समादर, प्रणाम। > रे'वॅरॅन्ड

reverend, श्रद्धेय, मान्यवर, आदरणीय। > रे'वॅरॅन्ड

reverent, श्रद्धालु; **~ial,** श्रद्धामय, श्रद्धापूर्ण।
> रे'वॅरॅन्ट; रे'वॅरे'न्शॅल

reverie, दिवास्वप्न। > रे'वॅरि

revers, उलटा। रिविअॅ = रिवे'अॅ

reversal, 1. (*reversing*) उलटाव, उत्क्रमण; विपर्यय; 2. (*annulment*) अभिशून्यन, निराकरण। > रिवॅ:सॅल

reverse, *adj.*, 1. उलटा, विपरीत, प्रतिलोम; 2. (*upside down*) औंधा; 3. (*of curve etc.*) प्रतिवर्ती; 4. (*of gear*) उलट, —*n.*, 1. विपर्यय, उलटा; 2. (*back*) पृष्ठ, पीठ*; 3. (*of cloth etc.*) उलटा; 4. (*of coin*) पट; 5. (*misfortune*) विपत्ति*; 6. (*defeat*) हार*, पराजय*; 7. (*mech.*) प्रतिक्रम; —*v.*, 1. उलटा क०, उलट देना, उलटना, पलटना, विपर्यस्त क०, फेर देना, पलटा देना; 2. उलट जाना, पलट जाना, पलटना, पलटा खाना; 3. (*mach.*) उत्क्रमित क०, प्रतिवर्तित क०; 4. (*annul*) रद्द क०, अभिशून्य क०; **~d,** उलटा, विपर्यस्त, प्रतिवर्तित; **~ly,** उलटे ढंग या क्रम से; उलटे; **~r,** प्रतिचालक।
> रिवॅ:स; रिवॅ:स्ट रिवॅ:स्लि; रिवॅ:स्-अॅ

rever/sible, 1. (*mech.*) उलटवाँ, पलटवाँ, पलटावी; 2. प्रतिवर्ती; प्रतिवर्त्य; **~sing,** प्रतिवर्ती।
> रिवॅ:सॅबॅल; रिवॅ:स्-इन्ग

reversion, 1. (*of property*) प्रत्यावर्तन, उत्तरभोग; 2. (*reversal*) उलटाव, उत्क्रमण, विपर्यय; 3. (*return*) प्रत्यावर्तन; **~ary,** प्रत्यावर्ती; **~er,** उत्तरभोगी।
> रिव:/शॅन, ~शॅनॅरि, ~शॅ:नॅ

revert, लौटना, फिरना; पर लौटना; को प्राप्त होना; फेरना; **~ible,** प्रत्यावर्त्य। > रिवॅ:ट, रिवॅ:ट्-इबॅल

revet, पलस्तर लगाना। > रिवे'ट

review, *n.*(*v.*), 1. (*view again*) पुनरवलोकन (क०), पुनरीक्षण; 2. (*survey*) सिंहावलोकन (क०), सर्वेक्षण; 3. (*re-exam.*) पुनर्विचार (क०), पुनर्विवेचन, नज़रसानी*; 4. (*lit.*) समीक्षा* (क०), समालोचना*; 5. (*journal*) पत्रिका*; 6. (*a lesson*) दोहराई* (दोहराना); 7. (*inspect*) निरीक्षण (क०), मुआयना; **~al,** पुनरवलोकन; समीक्षा*; **~er,** समीक्षक, समालोचक। > रिव्यू, ~ॲल, ~अॅ

revile, निन्दा* क०, गाली* देना; **~ment,** निन्दा*; गाली*, अपशब्द, दुर्वचन। > रिवाइल; रिवाइल्मॅन्ट

revisal, संशोधन। > रिवाइज़ॅल

revise, *v.*, संशोधन क०, सुधारना; बदलना; —*n.*, संशोधन; संशोधित प्रूफ़; **~d,** संशोधित; **~r,** संशोधक।
> रिवाइज़; रिवाइज़्ड; रिवाइज़्-अॅ

revision, संशोधन; सुधार; संशोधित संस्करण; दोहराई*; **~al, revisory,** संशोधनात्मक, संशोधन–; **~ism,** संशोधनवाद। > रिविश़ॅन; रिविश़ॅनॅल, रिवाइज़ॅरि; रिविश़ॅनिज़्म

revival, 1. (नव)जागरण, संजीवन, पुनर्जीवन, पुनरुज्जीवन; पुनरुद्धार, पुनरुत्थान; 2. (*of custom etc.*) पुन:प्रवर्तन, पुन:प्रचलन; 3. धर्मजागरण, पुनर्जागरण; **~ism,** पुन-र्जागरणवाद। > रिवाइवॅल; रिवाइवॅलिज़्म

revive, 1. (*new life*) जी उठना, पुनर्जीवित होना या क०, पुनरुज्जीवित होना या क०; 2. (*consciousness*) होश में लाना या आना; 3. (*new vigour*) में नवीन जीवन का संचार होना या क०, प्राण डालना; 4. (*a custom*) दोबारा प्रचलित होना या क०, फिर चालू होना या क०; फिर लागू होना या क०; 5. (*a play etc.*) फिर प्रदर्शित क०। > रिवाइव

re/vivification, पुनरुज्जीवन; **~vivify,** पुनरुज्जीवित क०; **~viviscence,** पुनर्जीवन; नवजागरण; **~vivor,** पुनरुज्जीवन। > रिविविफ़िकेशॅन; रिविव्-इफ़ाइ; रे'विविसॅन्स; रिवाइव्-अॅ

revo/cable, प्रतिसंहार्य, निरस्य; **~cation,** प्रतिसंहरण; **~catory,** प्रतिसंहारी।
> रे'वॅकॅबॅल; रे'वॅकेशॅन; रे'वॅकॅटॅरि

revoke, 1. प्रतिसंहरण क०, रद्द क०; 2. (*at cards*) पत्ता दबा देना। > रिवोक

revolt, *v.*, 1. विद्रोह क०; 2. (*feel disgust*) से घृणा* क०, में बीभत्सा* या जुगुप्सा* उत्पन्न होना; 3. (*disgust*) में घृणा* या बीभत्सा*; उत्पन्न क०; —*n.*, विद्रोह, बग़ावत*; बीभत्सा*, घृणा*, जुगुप्सा*, नफ़रत*; **~ed,** विद्रोही; घृणा* से भरा; **~ing,** घिनावना, घृणित, बीभत्स।
> रिवोल्ट; रिवोल्/टिड, ~टिन्ग

revolute, कोरकुंचित। > रे'वॅल्यूट

revolution, 1. (*change*) क्रांति*; 2. (*of planet*) परिक्रमण, परिक्रमा*; 3. (*rotation*) घूर्णन, परिभ्रमण; 4. (*cycle*) चक्र, चक्कर; **~ary,** *n.*, क्रान्तिकारी; —*adj.*, क्रांतिकारी; परिक्रामी; **~ist,** क्रान्तिवादी; **~ize,** में क्रांति* उत्पन्न क०, का कायापलट कर देना, आमूल परिवर्तन क०। > रे'वॅलूशॅन = रे'वॅल्यूशॅन; रे'वॅलू/शॅनॅरि, ~शॅनिस्ट; ~शॅनाइज़

revolve, 1. (*move in orbit*) परिक्रमा* क०, परिभ्रमण क०, घूमना या घुमाना; 2. (*rotate*) घूर्णन क०; चक्कर खाना या खिलाना; 3. (*recur*) लौटाना, लौट आना, का आवर्तन होना; 4. (*ponder over*) पर विचार क०, चिन्तन क०। > रिवॉल्व्

revolver, तमंचा, रिवाल्वर। > रि-वॉल्-वॅ

revolving, (*see verb*) परिक्रमी; घूर्णायमान, परिभ्रामी; आवर्ती; ~ door, चक्र-द्वार; ~storm, परिभ्रामी तूफान। > रि-वॉल्-विन्ग

revue, रिवू, समसामयिक प्रहसन। > रिव्यू

revulsion, 1. घोर प्रतिक्रिया*, आकस्मिक प्रतिक्रिया*; 2. आकस्मिक (भाव-)परिवर्तन; 3. (*disgust*) बीभत्सा*, घृणा*, जुगुप्सा*; 4. (*med.*) प्रत्युत्तेजन। > रिवॅल्शॅन

revulsive, 1. (*med.*) प्रत्युत्तेजक; 2. (*fig.*) बीभत्स। > रि-वॅल्-सिव

reward, *n.*, 1. इनाम, पुरस्कार; प्रतिफल; 2. (*remuneration*) पारिश्रमिक; 3. (*profit*) लाभ, प्रतिफल; —*v.*, इनाम देना; **~ing,** लाभप्रद, करने या पढ़ने लायक। > रिवॉ:ड; रिवॉ:ड्-इन्ग

reword, दूसरे शब्द में कहना या व्यक्त क०। > री-वॅ:ड

Rex, राजा। > रे'क्स

rhabdo/mancy, दण्ड-सगुनौती*; **~-mancer,** दण्ड-सगुनिया। > रैब्‌डॅ/मैन्सि, ~मैन्-सॅ

rhap/sode, ~sodist, चारण; **~sodic(al),** अत्युक्तिपूर्ण, अतिप्रशंसात्मक, भावुकतापूर्ण; **~sodize,** अतिप्रशंसा* क०; गाथा* की रचना* क० या सुनाना; **~sody,** 1. चारण-गीत, गाथा*; 2. भावोद्‌गार, अतिप्रशंसा*, प्रशस्ति*। > रैप्/सोड, ~सॅडिस्ट, रैप्सॉड्/इक, ~इकॅल; रैप्/सॅडाइज़, ~सॅडि

rheostat, धारा-नियन्त्रक। > रीअॅस्टैट

rhesus, लघुपुच्छ वानर। > रीसॅस

rhetor, 1. साहित्यशास्त्री; 2. (*orator*) वक्ता; **~ic,** 1. साहित्यशास्त्र, अलंकारशास्त्र; 2. (*eloquence*) वाक्पटुता*, वक्तृता*, वाग्मिता*; 3. (*artificial eloq.*) शब्दाडम्बर; **~ical,** आलंकारिक; शब्दाडम्बरपूर्ण, आडम्बरी; — question, भाषणगत, प्रश्न; **~ician,** साहित्यशास्त्री, अलंकारवादी। > रीटॉ; रे'टॅरिक; रिटॉरिकॅल; रे'टॅरिशॅन

rheum, 1. कफ; 2. (*catarrh*) जुकाम, सरदी*, प्रतिश्याय; **~atic,** *adj.*, सन्धिवातीय; गठिया-ग्रस्त; —*n.*, गठिया* का रोगी; —fever, आमवातिक ज्वर; **~atism,** गठिया*, सन्धिवात; **~atoid,** गठिया-जैसा गठिया* का; गठिया-ग्रस्त। > रूम; रूमैट्-इक; रूमॅटिज़्म; रूमॅटॉइड

rhinal, rhino-, नासा-, नासिका-; घ्राण-। > राइनॅल; राइनो

rhinoceros, गैंडा, गण्डक। > राइनॉसॅरॅस

rhinology, नासा-चिकित्सा*, नासा-विज्ञान। > राइनॉलॅजि

rhizoid, मूलाभास; मूलांग। > राइज़ॉइड

rhizome, प्रकन्द। > राइज़ोम

rhomb, ~us, 1. समचतुर्भुज 2. (*crystal*) समान्तर षट्फलक; **~ic,** 1. समचतुर्भजी(य); 2. (*of crystal*) विषमलंबाक्ष; **~ohedron,** समान्तरषट्फलक; **~oid,** समान्तर असम-चतुर्भुज। > राम; रॉम्‌बॅस; रॉम्‌बिक; रॉम्‌बॅहे'ड्रॅन; रॉम्‌बॉइड

rhotacism, र-करण। > रोटॅसिज़्म

rhubarb, रेवतचीनी*, रेबन्दचीनी*, रूबार्ब। > रूबाब

rhumb-line, एकदिश नौ-पथ। > रॅम

rhyme, *n.*, तुक*; तुकान्त, अन्त्यानुप्रास, क़ाफ़िया; तुकान्त कविता*; —*v.*, तुक या क़ाफ़िया मिलाना; कविता* लिखना; छन्दोबद्ध क०; A ~ s with B, मार* और प्यार में तुक* (मिलती) है, मार* की तुक* प्यार से मिलती है; **~d,** तुकांत; **~less,** अतुकांत; **~r, ~ster, rhymist,** तुक्कड़; **~-scheme,** तुकयोजना। > राइम; राइम्ड; राइम्/लिस, ~अॅ; राइम्/स्टॅ, ~इस्ट, ~स्कीम

rhyming, तुकबन्दी*। > राइम्-इन्ग

rhythm, 1. लय*, ताल; 2. (*harmony*) सामंजस्य; 3. (*recurrence*) आवर्तन; आवर्तिता* (*as quality*); ~ method, आवर्तन प्रणाली*; **~ic(al),** लयक, लयिक, लयबद्ध, लयात्मक, तालबद्ध; **~less,** लयहीन; **~ist,** लय-पारखी। > रिदॅम; रिद्/मिक, ~मिकॅल; रिदॅम-लिस; रिद्-मिस्ट

riant, प्रफुल्ल, हँसमुख, प्रसन्नमुख। > राइ-अॅन्ट

rib, 1. (*anat.*) पसली*, पर्शुका*; 2. (*of leaf*) शिरा* नस*; 3. (*of umbrella*) तीली*, कमानी*; 4. (*in cloth, knitting*) धारी*, लकीर*; 5. (*strip*) पट्टी*। > रिब

ribald, *adj.*, 1. अश्लील, गन्दा; 2. (*irreverent*) अवमानी; —*n.*, फक्कड़बाज़; **~ry,** फक्कड़बाज़ी*। > रिबॅल्ड; रिबॅल्-ड्रि

ribband, पट्टी*। > रिबॅन्ड

ribbon, 1. फ़ीता, पट्टी*; 2. (*shred*) धज्जी*; **~-fish,** फ़ीता-मछली*। > रिबॅन

rice, 1. धान, धान्य, व्रीहि*; 2. (*husked*) चावल; 3. (*cooked*) भात; 4. (*parched*) लाई*, मुरमुरा, खोल*; 5. (*parboiled*) सेला; **~-grass,** जंगली धान; **~-water,** माँड़। > राइस

rich, 1. धनी, धनवान्, धनाढ्य, मालदार, दौलतमन्द; 2. (*abundant*) प्रचुर, विपुल; 3. (*abounding in*) से भरपूर, समृद्ध; 4. (*valuable*) मूल्यवान्; 5. (*fertile*)

उपजाऊ; उर्वर; 6. (*splendid*) भड़कीला; शानदार; 7. (*of food*) बढ़िया, स्वादिष्ठ; मसालेदार (*spicy*); 8. (*of colours*) चटकीला; 9. (*of voice*) गंभीर; 10. (*amusing*) मनोरंजक; 11. (*of mixture*) गाढ़ा; **~es,** धन, धन-सम्पत्ति*, धन-दौलत*, समृद्धि*; **~ly,** प्रचुर मात्रा* में; पूर्ण रूप से, पूर्णतया, पूर्णतः पूर्णरूपेण; **~ness,** धनाढ्यता*, दौलतमन्दी*; प्रचुरता*, विपुलता*, समृद्धि*; बहुमूल्यता*। > रिच; रिच्-इज़; रिच्लि, ~निस

rick, गरी*, पयाल का गाँज, पोरवट, पोरौटी*। > रिक

rickets, सूखा, सुखंडी*। > रिक्-इट्स

rickety, 1. सूखारोगी; 2. (*shaky*) डाँवाँडोल; 3. (*fragile*) टुटियल, जर्जर। > रिक्-इटि

ricksha(w), रिकशा। > रिक्शॉ:

ricochet, *n.*, उछाल*; छिछली*; *v.*, छटकना, छटकता जाना, छिछलना, टप्पा खाना। > रिकॅशे'ट = रिकॅशे

rictus, वक्त्रायाम। > रिक्टॅस

rid, दूर क०, मुक्त क०; get ~ of, से पिंड छुड़ाना, से पीछा छुड़ाना; **~dance,** छुटकारा। > रिड; रिडॅन्स

riddle, *n.*, 1. पहेली*, बुझौअल*, प्रहेलिका*; 2. (*engima*) रहस्य; 3. (*sieve*) छलनी*; —*v.*, 1. (*talk in riddles*) पहेली बुझाना; 2. (*unriddle*) पहेली* सुलझाना, बुझाना या हल क०; 3. (*sift*) छानना; 4. (*perforate*) छलनी* कर देना; 5. (*find flaws*) दोष निकालना। > रिडॅल

ridden, अभिभूत, वशीभूत, अधीन। > रिडॅन

ride, 1. चढ़ना, सवारी* क०, सवार होना; चढ़ाना; 2. (*move along*) चलना; चलाना; ले जाना; 3. (घोड़े पर चढ़कर) पार क०; 4. (*float*) तैरना, तिरना; 5. (*at anchor*) लंगर डाले रुका रहना; 6. (*control*) वश में रखना, नियंत्रित रखना, सताना, पर अत्याचार क०; **~out,** बच निकलना; —*n.*, 1. सवारी*, सैर*; घुड़सवारी*; 2. (*track*) पथ; 3. (*mil.*) घुड़सवार दस्ता। > राइड

rider, 1. सवार, चढ़नेवाला, आरोही; घुड़सवार, अश्वारोही; 2. (*amendment*) संशोधन; 3. (*add. clause*) अनुवृद्धि*; 4. (*of balance*) आरोही 5. (*math.*) प्रश्न। > राइड्-अॅ

ridge, 1. (*of mountain*) कटक; पर्वतश्रेणी*; 2. (*back*) रीढ़*, पीठ*; 3. (*of field*) मेंड़*; डाँड़, डौल; 4. (*top*) चोटी*; 5. (*of roof*) मँगरा, मगरी*, चोटी*; 6. (*on cloth*) लकीर*; **~-piece, ~-pole, ~-tree,** बँडेर; **~-roof,** काठी छत*। > रिज

ridicule, *n.*, उपहास, खिल्ली*, विद्रूप; —*v.*, का उपहास क०, खिल्ली* या हँसी* उड़ाना। > रिड्-इक्यूल

ridiculous, 1. हास्यास्पद; 2. (*absurd*) बेतुका। > रिडिक्यूलॅस

riding, घुड़सवारी*; सवारी*। > राइड्-इन्ग

rife, 1. फैला हुआ, प्रबल, प्रचलित; 2. (*plentiful*) प्रचुर, विपुल; 3. (*abounding in*) से भरा हुआ, भरपूर, परिपूर्ण। > राइफ़

riffle, (*groove*) खाँचा, अवखातिका*। > रिफ़ॅल

riff-raff, क़ुली-कबाड़ी, निम्न-वर्ग। > रिफ़्रैफ़

rifle, *n.*, राइफ़ल*; *v.*, 1. (*ransack*) छान डालना, लूटना; ख़ाली क०; 2. (*make grooves*) झिरी* काटना; 3. राइफ़ल* चलाना; **~r,** लुटेरा; **~man,** बन्दूकची। > राइफ़ॅल

rift, *n.*, 1. दरार*, दरज*; 2. (*fig.*) अनबन*; **~-valley,** विभ्रंश-घाटी*; —*v.t.*, फोड़ना; —*v.i.*, फटना। > रिफ़्ट

rig, *n.*, 1. (*of ship*) मस्तूल-पाल आदि की सज्जा*; 2. (*equipment*) साज़-सामान; 3. (*dress*) पोशाक*; 4. (*deceit*) तिकड़म, युक्ति*, झाँसा; —*v.*, 1. (*equip*) सुसज्जित क०; 2. कपड़े पहनाना; 3. (*assemble*) पुर्ज़े जोड़ना; 4. (*set up hastily*) कमचलाऊ ढंग से तैयार क०; 5. (*manipulate*) चालाकी* से प्रभावित या संचालित क०; 6. (*comm.*) कृत्रिम रूप से भाव बढ़ाना या घटाना; **~ging,** साज़-सामान। > रिग; रिग्-इन्ग

Rigel, द्वितीय मृग, द्वितीय कालपुरुष। > राइजॅल

rigescent, कठिनीभू। > रिजे'सॅन्ट

right, *adj.*, 1. (*proper*) ठीक, उचित; 2. (*suitable*) उपयुक्त; 3. (*just*) न्यायसंगत, न्याय्य, न्यायोचित, न्यायपूर्ण; 4. (*good*) अच्छा नेक, धार्मिक; 5. (*correct*) ठीक, सटीक, सच्चा, सही, यथार्थ; 6. (*side of fabric*) सीधा; 7. (*sound*) स्वस्थ; 8. (*opp. to left*) दाहिना, दक्षिण; 9. (*straight*) सीधा, सरल; 10. (*of angle*) सम, लम्ब; 11. (*of cone etc.*) लम्ब; —*v.*, 1. ठीक या (खड़ा) कर देना या हो जाना; सुधारना; के साथ न्याय क०; —*n.*, 1. अधिकार, हक़; स्वत्व; 2. (*justice*) न्याय, इंसाफ़; 3. दक्षिण, दायाँ; दक्षिण पार्श्व; दाहिने हाथ का प्रहार; 4. (*pol.*) दक्षिणपथ, दक्षिणपन्थ; 5. (*pl.*) वास्तविकता*, वस्तु-स्थिति*; —*adv.*, ठीक; सीधे; अच्छी तरह* से, भली-भाँति*; अच्छा, उचित रीति* से; पूर्णतया, बिलकुल; दायें, दायीं ओर*; ~and wrong, धर्माधर्म; ~ ascension, विषुवांश; set (put) ~, ठीक कर देना; ~ and left, चारों ओर; by ~, अधिकार से; वास्तव में; ~ away, तुरन्त। > राइट

right-about, *n.*, 1. पलटा, पूरी पलट*; 2. (*opp. direction*) उलटी या विपरीत दिशा*; —*adv.*, पलटा खाक़र, एकदम पलटकर; **~ face,** *n.*, 1. पलटा; 2. (*fig.*) कायापलट; —*interj.* पीछे मुड़। > राइटॅबाउट

right-angled, समकोण। > राइटैन्गॅल्ड

right-down, पक्का। > राइट्डाउन

righteous, 1. (*virtuous*) धार्मिक, धर्मात्मा, सदाचारी,

धर्मपरायण; 2. (*of acts*) धार्मिक, अच्छा, नेक, धर्म्य, न्यायसंगत; 3. (*justified*) सकारण। > राइचॅस

rightful, 1. न्यायपूर्ण, न्यायसम्मत, न्यायसंगत, उचित; 2. (*of owner etc.*) वैध, अधिकारी; 3. अधिकारपूर्ण। > राइट्फ़ुल

right-hand, दाहिना; विश्वस्त; **~ed,** 1. दक्षिणहस्तिक; 2. दाहिना; 3. (*clockwise*) दक्षिणावर्त, दक्षिणावर्ती। > राइट्/हैन्ड, ~हैन्डिड

right/ism, दक्षिणपंथ; **~ist,** दक्षिणपंथी। > राइट्/इज़्म, ~इस्ट

rightly, 1. (*fairly*) न्यायानुसार; 2. (*suitably*) उचित रीति* से; 3. (*correctly*) ठीक ही। > राइट्-लि

right-minded, सुबुध। > राइट्-माइन्डिड

right-of-way, मार्गाधिकार।

right-winger, दक्षिणपंथी। > राइट्-विन्-अॅ

rigid, 1. (*infexible*) दुर्नम्य, अनम्य; 2. (*set*) कड़ा, स्थिर; सख्त, स्तंभित; 3. (*severe*) कड़ा, सख़्त, कठोर; **~ity,** अनम्यता*; दृढ़ता*; कड़ाई*, सख़्ती*, कठोरता*। > रिजिड; रिजिड्-इटि

rigmarole, अनाप-शनाप, अण्ड-बण्ड। > रिग्मॅरोल

rigor, जूड़ी*; **~mortis,** शव-काठिन्य। > राइगॉ: मॉ:ट्-इस

rigor/ism, 1. (*strictness*) कड़ाई*; 2. (*of opinions*) संकीर्णवाद; 3. (*austerity*) अतिसंयम; **~ist,** संकीर्णवादी; अतिसंयमी; **~ous,** 1. कड़ा, सख़्त, कठोर; 2. (*precise*) यथात्य, यथार्थ, परिशुद्ध। > रिगॅ/रिज़्म, ~रिस्ट, ~ रॅस

rigour, 1. कड़ाई*, सख़्ती*, कठोरता*; 2. (*hardship*) कठिनाई*। > रिग्-अॅ

rill, *n.*, नदिका*, क्षुद्र सरिता*; *v.*, बहना। > रिल

rille, चन्द्रघाटी*। > रिल

rim, 1. (*edge*) किनारा, बाढ़*, बारी*; 2. (of *wheel*) नेमि*; हाल (*outer metal strip*); 3. (*of spectacles*) घेरा। > रिम

rime, 1. *see* RHYME; 2. तुहिन, पाला, तुषार। > राइम

rimose, विदरित। > राइमोस

rind, 1. (*of tree*) छाल*; 2. (*of fruit, cheese*) छिलका; 3. (*of bacon*) चमड़ा; 4. (*fig.*) बाह्यरूप —*v.*, छीलना। > राइन्ड

rinderpest, पशुप्लेग, कैटल प्लेग, पोंकनी। > रिनुडॅपे 'स्ट

ring¹, *n.*, 1. (*for finger*) अँगूठी*, मुद्रिका*; 2. (*circular band*) छल्ला, वलय; 3. घेरा; मंडल; चक्र; 4. (of *circus*) अखाड़ा; 5. (*group*) गुट्ट; —*v.*, 1. चक्कर काटना, मँडराना; चक्कर लगाना; 2. (*encircle*) घेर लेना; 3. मण्डलाकार खड़ा होना; 4. अँगूठी* पहनाना; 5. छल्ला लगाना या काटना; 6. (*put a ring in the nose of an animal*) नाथना; **~-bolt,** छल्ला-बोल्ट, छेददार ढिबरी*; **~-bone,** चक्रावल; **~-cartilage,** वलय-उपास्थि*; **~-compound,** वलय यौगिक; **~-dove,** धवर फ़ाख़्ता*; **~ed,** अँगूठी* पहननेवाला; छल्लेदार; घिरा हुआ; वलयित; **~-finger,** अनामिका*; **~leader,** (गुट्ट) नेता, सरदार, सरगना; **~let,** 1. छोटी अँगूठी*; छोटा छल्ला; 2. (*curl*) अलक*, घूँघर; **~worm,** दाद*, दद्रु। > रिन्ग; रिन्ड; रिन्ग्/फ़िन्ग्-गॅ, ~लीडॅ, ~लिट, ~वॅ:म

ring², *v.*, 1. (*a bell*) बजना; बजाना; 2. (*peal*) ठनठनाना; घनघनाना; 3. (*resound*) गूँजना; 4. (*appear*) लगना; 5. टेलीफ़ोन क०; 6. (*proclaim*) घोषित क०;—*n.*, 1. (*peal*) घनघनाहट*, झनझनाहट*; 2. (*sound of a bell*) घंटी*; 3. (*of coin etc.*) खनक*; 4. गूँज*, प्रतिध्वनि*; 5. (*fig.*) ध्वनि*; 6. (*set of bells*) घण्टा-समूह; ~ down (*up*) the curtain, परदा गिराना (उठाना); समाप्त (प्रारंभ) क०; **~er,** बजानेवाला। > रिन्ग; रिन्ग्-अॅ

ringent, मुँहखुला। > रिन्-जॅन्ट

rink, रिंक; (बर्फ़* का) मैदान। > रिन्क

rinse, खँगालना, प्रक्षालन क०; साफ़ क०; धोना। > रिन्स

riot, *n.*, 1. (*uproar*) हो-हल्ला, शोरगुल, कोलाहल, गुलगपाड़ा; 2. (*public disturbance*) दंगा, बलवा, हंगामा; 3. (*revelry*) रंगरलियाँ*; 4. (*debauchery*) भोग-विलास, व्यभिचार; 5. (*outburst*) लहर*, विस्फोट; 6. (*display*) प्रदर्शन; —*v.*, 1. बलवा क०; 2. भोग-विलास क०, गुल-छर्रे उड़ाना; 3. मौज* उड़ाना, रंगरलियाँ मचाना; 4. (*dissipate*) उड़ा देना; 5. (*indulge in*) का आनन्द लूटना, का रस लेना; run~, अनियंत्रित हो जाना; खूब फैल जाना; **~er,** दंगाई, बलवाई; **~ous,** 1. बलवाई; 2. (*boisterous*) ऊधमी, उपद्रवी; 3. (*dissolute*) विलासी, लम्पट; उड़ाऊ; विलासमय (*of living*); 4. (*luxuriant*) अत्यधिक फैलनेवाला प्रवर्द्धिष्णु। > राइ/अॅट, ~अॅ-टॅ, ~अॅ-टॅस

rip, *n.*, 1. (*tear*) चीर*, चीरा, शिगाफ़; 2. (*horse*) निकम्मा घोड़ा; 3. (*rake*) लम्पट, दुर्व्यसनी; 4. (*slut*) कुलटा*; 5. निकम्मी चीज़*; —*v.*, 1. फाड़ना, चीरना; फटना, चिरना; 2. (*cut*) काटना; 3. (*split*) फोड़ना; 4. (*a roof*) उघाड़ना, खपड़े उतारना; 5. (*open up*) खोलना; दोबारा छेड़ना; 6. तेज़ी* से चलना; **~-cord,** खोलने की रस्सी*। > रिप; रिप्कॉ:ड

riparian, नदीतटीय, तट-; तटवर्ती। > राइपे'अॅर्-इअॅन

ripe, 1. पक्का, पक्व, परिपक्व; 2. (*mature*) प्रौढ़; पूर्णविकसित; 3. (*ready*) तैयार। > राइप

ripen, पकना; पकाना, परिपक्व कर देना; विकसित होना या कर देना; **~ing,** पक्वन। > राइपॅन; राइपॅनिना

riposte, 1. प्रतिघात; 2. (*fig.*) प्रत्युत्तर, मुँहतोड़ जवाब। > रिपोस्ट

ripple, *n.*, 1. छोटी लहर*; ऊर्मिका*, लहरी*; 2. (*sound*) कलकल; 3. (*instr.*) कंघी*; —*v.*, लहराना (*also v.t.*); कलकलाना; साफ़ क०; **~-mark,** तरंग-चिह्न; **~d,** लहरदार। > रिपॅल

ripply, लहरदार, तरंगायित। > रिप्-लि

rip-rap, पत्थर-भराव। > रिप्रैप

rise, *v.*, 1. उठना; उठ खड़ा होना; (सोकर) उठना, जागना; 2. (*from the dead*) जी उठना; 3. (*rebel*) विद्रोह क०; 4. (*adjourn*) उठना, बन्द होना, बरख़ास्त होना; 5. (*ascend*) चढ़ना; 6. (*of sun etc.*) उठना, उदित होना; 7. (*increase*) बढ़ना; 8. (*swell*) उठना बढ़ना; 9. (*socially*) उठना, उन्नति* क०; 10. (*become rigid*) खड़ा हो जाना, उठना; 11. (*of dough, wind, building, hills*) उठना; 12. (*appear*) दिखाई पड़ना; 13. (*originate*) उठना; उत्पन्न होना; 14. (*of spirits*) प्रसन्न हो जाना; 15. **~to,** के योग्य हो जाना; का सामना क०; —*n.*, 1. (*ascent*) चढ़ाव, आरोहण; 2. (*socially*) उन्नति*, तरक्क़ी*; 3. (*of sun, movement*) उदय; 4. (*increase*) बढ़ती*; 5. (*return of life*) पुनरुत्थान; 6. (*hill*) पहाड़ी*, ऊँचाई*; 7. (*upward slope*) चढ़ाई*; 8. (*origin*) उत्पत्ति*; उद्गम; ~and fall, उत्थान-पतन; उतार-चढ़ाव; give ~ to, उत्पन्न क०। > राइज़

riser, खड़-पट्ट। > राइज़-अॅ

risible, 1. (*able to laugh*) हास्याक्षम; 2. (*inclined to laugh*) हास्यप्रवण; 3. हास्य-; 4. (*laughable*) हास्याजनक, हास्यास्पद। > रिज़्-इबॅल

rising, *adj.*, 1. आरोही; 2. (*fig.*) उदीयमान; —*n.*, 1. उठान*, उत्थान; 2. (*of sun*) उदय; 3. (*revolt*) विद्रोह; 4. (*progress*) उन्नति*; 5. (*height*) ऊँचाई*; 6. (*upward slope*) चढ़ाई*; 7. (*boil*) फोड़ा; 8. (*pimple*) फुंसी*। > राइज़्-इना

risk, *n.*, जोखिम*; 2. (*danger*) ख़तरा; 3. (*owner's ~*) दायित्व; —*v.*, जोखिम* उठाना; जोखिम* में डालना; दाँव पर रखना; **~y,** 1. जोखिमी*, जोखिम-भरा; 2. (*risqué*) अभद्र, किंचित् अश्लील। > रिस्क; रिस्-कि

risotto, पुलाव। > रिज़ॉटो

rissole, कोफ़्ता। > रिसोल

ritardando, उत्तरोत्तर विलम्बित। > रिटाडैन्डो

rite, 1. (*act*) धार्मिक कृत्य या अनुष्ठान; 2. (*religious procedure*) धर्मविधि*; 3. (*procedure*) प्रक्रिया*, कार्यविधि*। > राइट

ritual, *adj.*, विध्यात्मक, विधि* के अनुसार; धार्मिक; —*n.*, 1. धर्मविधि*; धर्मविधिसंग्रह; 2. धार्मिक कृत्य या अनुष्ठान; 3. कर्मकाण्ड; **~ism,** विधिवाद, कर्मकाण्ड; **~ist,** विधिवादी, कर्मकाण्डी; **~istic,** आनुष्ठानिक; कर्मकाण्डी। > रिट्यू/अॅल, ~ॲलिज़्म, ~ॲलिस्ट; रिट्-यू-अॅ-लिस्-टिक

rival, *n.*, प्रतिद्वन्द्वी, प्रतिस्पर्धी; —*v.*, के बराबर होना, की बराबरी* क०; होड़* लगाना; **~ry,** प्रतिद्वन्द्व, प्रतिद्वन्द्विता*, (प्रति)स्पर्धा* > राइवॅल; राइवॅल-रि

rive, *v.t.*, 1. (*rend*) फाड़ना; 2. (*cleave*) फोड़ना; 3. (*fig.*) विदीर्ण कर देना, विदरित क०; —*v.*, फटना; चिरना। > राइव

river, नदी*, दरिया, सरिता*; **~ain,** *adj.*, (नद)तटीय, तटवर्ती; *n.*, तटवासी; **~-bank,** तट; **~-basin,** नदी-क्षेत्र; **~-bed,** नदीतल; **~craft,** डोंगी*; **~-head,** उद्गम; **~-horse,** दरियाई घोड़ा; **~ine,** नदीय, नदी-; नटीय, तटवर्ती; **~side,** नदी-तट; **~-valley,** नदी-घाटी*। > रिव्-अॅ

rivet, *n.*, रिवेट, कीलक; *v.*, 1. रिवट लगाना; 2. (*fasten*) जकड़ना; 3. (*fix*) पर लगाना; 4. (*hold*) आकृष्ट क०। > रिव्-इट

rivulet, नदिका*, नाला। > रिव्-यूलिट

road, *n.*, 1. (*highway*) सड़क*, राजपथ, राजमार्ग; 2. (*way, also fig.*) मार्ग; 3. रेलमार्ग; 4. (*roadstay*) लंगरगाह, पोताश्रय;.—*v.*, पीछा क०, खोज निकालना; **~-bed,** मार्गतल; **~-block,** मार्ग-रोक*; **~hog,** बेधड़क मोटर-चालक; **~-metal,** गिट्टी*, रोड़ी*; **~-sense,** मार्गबोध; **~worthy,** मार्गयोग्य। > रोड

roam, भ्रमण क०, घूमना; ~ing ambassador, पर्यटक राजदूत। > रोम

roan, *adj.*, गर्रा (*of horse*); *n.*, चितकबरा जानवर; (भेड़* का) चमड़ा। > रोन

roar, *v.*, 1. गरजना, दहाड़ना, डकारना, डकरना (*of bull*); 2. (*shout*) चिल्लाना; 3. (*with laughter*) ठहाका लगाना, अट्टहास क०; 4. (*resound*) गूँजना; —*n.*, 1. गरज*, गर्जन, दहाड़*; 2. चिल्लाहट*; 3. ठहाका; 4. (*din*) शोर-गुल, कोलाहल; **~ing,** *n.*, 1. गर्जन; 2. (*horse-disease*) शेरदमी*; —*adj.*, 1. (*noisy*) ऊधमी, कोलाहलपूर्ण; 2. (*brisk*) तेज़; 3. (*stormy*) तूफ़ानी; 4. (*spent in revelry*) आमोद-प्रमोदपूर्ण। > रॉ:

roast, *v.t.*, 1. भूनना, सेंकना; 2. (*bake*) पकाना; 3. (*heat*) तपाना; 4. (*warm oneself*) तापना; 5. (*chem.*) भर्जित क०; —*v.i.*, भूनना; तपना; —*n.*, 1. भूना हुआ मांस; 2. भूनना; 3. (*chem.*) भर्जन; **~er,** 1. भूननेवाला; 2. (*apparatus*) भर्जित्र; **~ing-jack,** सीख़*। > रोस्ट; रोस्ट्/अॅ, ~इन्ग्-जैक

rob, 1. लूटना; डाका डालना, लूटमार* क०; 2. (*deprive of*) छीनना, से वंचित क०; **~ber,** लुटेरा, डाकू, डकैत, लुण्ठक; **~bery,** लूट*, लूटमार*,

लूटपाट*, डकैती*। > रॉब; रॉब्-अॅ; रॉबॅरि

robe, *n.*(*v.*) वस्त्र (पहनना या पहनाना)। > रोब

roborant, *adj.*(*n.*), पौष्टिक (औषध*)। > रॉबॅरॅन्ट

robot, 1. यंत्रपुत्रक, यन्त्रमानव; 2. (*fig.*) यंत्रवत् काम करनेवाला। > रोबॉट

robust, 1. हृष्ट-पुष्ट, तगड़ा, हट्टा-कट्टा; 2. (*of work*) सख़्त, कड़ा; 3. (*of intellect*) सन्तुलित, खरा; **~ious,** ऊधमी, मुखर। > रॅबॅस्ट; रॅबॅस्-टिअॅस

rochet, उत्तरीय। > रॉच्-इट

rock, *n.*, 1. चट्टान*, शैल; 2. (*refuge*) आश्रय; 3. (*motion*) झूल*; —*v.t.*, 1. झुलाना; 2. (*shake*) हिला देना; —*v.i.*, झूलना; हिल जाना, डोलना; **~-bed,** शैलसंस्तर; **~-bottom,** निम्नतम; **~-crystal,** बिल्लौर; **~-dove, ~-pigeon,** (*blue*), कबूतर; **~-drill,** पत्थर-छिद्रक; **~er,** दोलक; **~ery, ~-garden,** शैलोद्यान। > रॉक

rocket, *n.*, 1. रॉकेट, अग्निबाण; 2. (*plant*) तारामीरा; —*v.*, 1. रॉकेट गिराना; 2. (*of horse*) छलाँग* मारकर दौड़ जाना; 3. (*of birds*) सीधे ऊपर उड़ जाना; 4. (*of prices*) अचानक बहुत बढ़ना। > रॉक्-इट

rocking/-chair, दोलन-कुरसी*; **~-horse,** दोलन-घोड़ा; **~-stone,** दोलन-पत्थर। > रॉक्-इना

rock-oil, पेट्रोलियम, शैल-तेल; **~-ribbed,** 1. शैलमय, चट्टानी; 2. (*firm*) सुदृढ़; 3. (*unyielding*) अटल; **~-salt,** खनिज नमक, सैंधव।

rocky, 1. चट्टानी, शैलमय, शैल-; 2. (*stony*) पथरीला; 3. (*firm*) सुदृढ़; 4. (*hard*) कठोर; 5. (*shaky*) दोलायमान। > रॉक्-इ

rococo, 1. रोकोको; 2. (*florid*) अत्यलंकृत। > रॅकोको

rod, 1. छड़, छड़ी*, दण्ड, शलाका*; 2. (*for whipping*) कोड़ा; 3. (*punishment*) दण्ड। > रॉड

rodent, कृन्तक **~icide,** कृन्तकनाशी। > रोडॅन्ट; रोडे'न्-टिसाइड

rodeo, 1. (*round-up*) हँकाई*; 2. (*enclosure*) बाड़ा; 3. रोडेयो। > रोडेओ = रोड्-इओ

rodomontade, *n.*, शेख़ीबाज़ी*; *v.*, शेख़ी* बघारना, डींग* मारना; —*adj.*, शेख़ी-भरा; **~r,** शेख़ीबाज़। > रॉडॅमॉन/टेड, ~टेड्-अॅ

roe, 1. (*~deer*) हरिणी*, मृगी*; 2. (*soft~*) मत्स्यशुक्र; 3. (*hard~*) मत्स्याण्ड; **~buck,** हरिण, मृग। > रो; रोबॅक

rogation, याचना*; ~ days, याचनादिवस। > र = रोगेशॅन

rogue, *n.*, 1. (*bad*) दुर्जन, दुष्ट, शठ, छलिया, बदमाश; 2. (*mischievous*) नटखट; 3. (*plant*) कुतृण, कण्टक; 4. अड़ियल घोड़ा; 5. ~ elephant etc., एकचारी हाथी आदि; —*v.*, निराना; **~ry,** 1. (*fraud*) छलकपट, धोखेबाज़ी; 2. नटखटी*, शरारत*। > रोग; रोगॅरि

roguish, धूर्त; नटखट। > रोग्-इश

roil, 1. गँदला कर देना; 2. (*vex*) चिढ़ाना; **~y,** 1. (*turbid*) गँदला; 2. (*angry*) क्रुद्ध; 3. (*irritable*) चिड़चिड़ा। > रॉइल; रॉइल्-इ

roister, रंगरलियाँ* मनाना। > रॉइस्-टॅ

role, rôle, 1. (*in play*) भूमिका*, पार्ट; 2. (*function*) कार्य, कर्तव्य। > रोल

roll, *b.*, 1. (*thin~*) मुट्ठा; 2. (*scroll*) खर्रा, चीरक; 3. (*cylindrical*) गोल गड्डी*; 4. (*register*) रजिस्टर, पंजी*; 5. (*list*) सूची*, तालिका, फ़िहरिस्त*; नामावली*; हाज़िरी - रजिस्टर, उपस्थितिपंजी*; 6. (*cylinder*) बेलन; 7. (*of butter etc.*) टिकिया*, गोली*; बत्ती*, गोला, पिण्ड; 8. (*rolling motion*) लुढ़काव; 9. (*sound*) गड़गड़ाहट*; 10. (*of words*) प्रवाह; 11. (*undulation*) लहराव, लहराहट*; उतार-चढ़ाव; —*v.*, 1. (*move by turning over*) लुढ़कना, ढुलकना; लुढ़काना, ढुलकाना; 2. (*move on wheels*) चलना; चलाना; 3. (*advance*) आगे बढ़ना, तेज़ चलाना; 4. (*wander*) भ्रमण क०; 5. (*elapse*) बीत जाना; 6. (*of stars, planets*) घूमना, परिक्रमा* क०; 7. (*turn*) घूमना; फिरना; घुमाना, फिराना; 8. (*wallow*) लोटना; 9. (*reel*) डगमगाना (*i. and t.*) 10. (*sway*) झूमना; झूमकर चलना; 11. (*undulate*) लहराना; 12. (*of thunder etc.*) गड़गड़ाना, गरजना; 13. (*a drum*) बजाना, पीटना; 14. (*flow*) प्रवाहित होना; 15. (*make flow*) बहा देना; 16. (*flatten with roller*) बेलन फेरना, बेलना; 17. (~ *up*) लपेटना; गोला बनाना; 18. (*utter*) पूरे उतार-चढ़ाव के साथ बोलना (*with full sound*); का लुंठित उच्चारण क० (*with a trill*) 19. (*be uttered*) पूरे उतार-चढ़ाव के साथ सुनाई देना; **~-call,** हाज़िरी*, उपस्थिति*; **~ed,** 1. वेल्लित; 2. (*phon.*) लुण्ठित, लोड़ित; **~-film,** रोल-फ़िल्म*; **~-number,** क्रमांक, रोल नम्बर। > रोल

roller, 1. (*mech.*) रोलर, बेलन; 2. (*crusher*) बेलन-दलित्र; 3. (*utensil*) बेलना, बेलन, लोढ़ा, बट्टा; 4. (*wave*) बड़ी लहर*, मौज*, उत्ताल तरंग*; 5. (*bird Indian ~*) नीलकंठ; **~-bearing,** बेलन-धारुक; **~-shutter,** लिपटवाँ किवाड़ या कपाट। > रोल्-अॅ

rollick, *v.*, आमोद-प्रमोद क०, कुदकना-फुदकना; —*n.*, आमोद-प्रमोद, कलोल, उछल-कूद*; **~ing, ~some,** प्रफुल्ल, हँसमुख; ज़िन्दादिल। > रॉल्/इक, ~इकिन्ग, ~इक्सॅम

rolling, लहरदार; लुढ़कता; घूमता (*etc. cf.* ROLL); a ~ stone, 1. लुढ़कता पत्थर; 2. (*fig.*) उठल्लू चूल्हा; **~-mill,** बेलनी मिल*; **~-pin,** बेलना; **~-stock,** चलस्टाक, गाड़ियाँ*। > रोल्-इना

roly-poly, *adj.*, गोल-मटोल; *n.*, पुडिंग। > रोल्-इ-पोल्-इ

Roman, रोमन, रोमी; रोम-निवासी। > रोमॅन

romance, *n.*, 1. (*R.*) रोमांस; 2. (*medieval tale*) रोमांस, रम्याख्यान, रमन्यास; 3. रोमांस-वादी साहित्य, प्रेमकथा*, प्रेमाख्यान; 4. (*love-affair*) प्रेम-लीला*, रोमांस; 5. (*happenings*) रोमांचकारी घटनाएँ*; 6. (*exaggeration*) अतिरंजना*, अत्युक्ति*; —*v.*, बड़ा चढ़ाकर बातें* क०, अतिरंजन क०; **~r,** 1. रोमांसवादी; 2. (*fantastic liar*) गपोड़िया, गपोड़बाज़। > रॅमैन्स; रॅ-मैन्-सॅ

romantic, 1. रोमानी; भावुक, कल्पनाप्रधान; 2. (*fictitious*) मनगढ़न्त, कल्पित; 3. (*unpractical*) अव्यावहारिक; 4. (*lit.*) स्वच्छन्दतावादी; स्वच्छन्द; **~ism,** स्वच्छन्दतावाद; **~ist,** स्वच्छन्दतावादी; **~ize,** रोमानी रंग चढ़ाना।
> रॅ-मैन्/टिक, ~टिसिज़्म, ~टिसिस्ट, ~टिसाइज़

Romany, 1. रोमणी, कंजर, जिप्सी; 2. (*language*) रामणी*। > रॉमॅनि

romp, *n.*(*v.*) 1. कलोल(क०), कूद-फाँद* (क०), उछल-कूद* (क०); 2. (*person*) खिलवाड़ी व्यक्ति; **~ish,** ज़िन्दादिल, खिलवाड़ी, खेलवाड़ी। > रॉम्प; रॉम्प्-इश

rondeau, रोंडो। > रॉन्डो

rood, 1. (*cross*) क्रूस; 2. (*crucifix*) क्रूसमूर्ति*; 3. (*measure*) चौथाई एकड़। > रूड

roof, *n.*, 1. छत*; 2. (*of a hut*) छप्पर; 3. (*cover*) छाजन*; 4. (*top*) शिखर; 5. (*of the mouth*) तालू; 6. (*house*) घर;—*v.*, छत*, छप्पर या छाजन* डालना, छादन क०; ~truss, छत-कैंची*। > रूफ़

rook, *n.*, 1. कौआ; 2. (*swindler*) धोखेबाज़; 3. (*chess*) हाथी, रुख़, किश्ती*;—*v.*, 1. धोखेबाज़ी* क०, ठगना; 2. (~ *somebody*) मूँडना; **~ery,** कौओं का अड्डा; गन्दी बस्ती*; अड्डा। > रुक; रुकॅरि

room, *n.*, 1. (*place*) जगह*, स्थान; 2. (*scope*) गुंजाइश*; 3. (*opportunity*) मौका, अवसर; 4. (*of house*) कमरा, कक्ष, कोठरी*; 5. (*pl.*) निवास;—*v.*, निवास क०, रहना; **~y,** लम्बा-चौड़ा, विस्तृत, बड़ा। > रूम; रूम्-इ

roost, *n.*, 1. बसेरा, अड्डा, चक्कस; 2. (*bed*) बिस्तर; 3. (*bedroom*) शयनकक्ष;—*v.*, 1. बसेरा लेना, अड्डे पर बैठना; 2. (*rest*) आराम क०; 3. (*stay*) ठहरना, टिकना; 4. (*put up*) ठहरा देना; **~er,** (पालतू) मुरगा। > रूस्ट; रूस्-टॅ

root[1], 1. (*of plant*) जड़*, मूल; 2. (*edible*) मूल, कन्द; 3. (*of teeth etc.*) मूल; 4. (*source*) मूल, जड़*, मूल कारण;[1] 5. (*base*) आधार; 6. (*core*) तत्त्व, मूल; 7. (*scion*) वंशज 8. (*offshoot*) प्रशाखा*; 9. (*ancestor*) पूर्वज; 10. (*math.*) मूल; 11. (*gram.*) धातु*;—*v.*, 1. (*of plant*) जड़* पकड़ना; 2. (*become settled*) किसी की जड़* जम जाना, जड़* पकड़ना, जमना; 3. (*settle*) जड़* जमाना, जमा देना, सुस्थिर क०; cube ~, घनमूल; square ~, वर्गमूल; ~ and branch पूर्णतया; take ~, जड़* पकड़ना; (*also fig.*) **~ up, ~out,** जड़* उखाड़ना; उन्मूलन क०, मिटा देना; **~ed,** बद्धमूल, गहरा; **~let,** मूलिका*; **~-stalk,** प्रकन्द; **~-stock,** 1. (*rhizome*) प्रकन्द; 2. (*source*) मूलस्रोत; **~-system,** मूल-तन्त्र; **~y,** जड़ीला। > रूट; रूट्-इ

root[2], **rootle, rout,** 1. (*of swine*) थूथन से मिट्टी* खोदना या कुरेदना; 2. (*search*) छान डालना खोज निकालना। > रूट; रूटॅल; राउट

rope, *n.*, 1. रस्सी*, रज्जु*; 2. (*for hanging*) फाँसी; 3. (*lasso*) कमन्द*, फाँसा; 4. (*number of objects on a string*) लड़ी*; 5. (*in liquid*) तार; —*v.*, 1. (रस्सी* से) बाँधना; 2. रस्सी* से घेरना; 3. (*become sticky*) लसदार बनना, में तार उठना; **~in,** फँसाना, फँसा लेना; **~-dancer,** रज्जुनर्तक, कलायन; **~-ladder,** कमन्द*; **~way,** रज्जुमार्ग। > रोप

ropy, लसलसा। > रोप्-इ

rorqual, नीलीतिमि*। > रॉःक्वॅल

rosace, चक्राकार खिड़की*। > रोज़ेस

rosa/ceous, गुलाबवत्; **~rian,** गुलाब उगानेवाला; **~rium,** गुलाब-उद्यान।
> रो ज़ेशॅस; रो ज़े'अर/इअॅन, ~इअॅम

rosary, 1. गुलाब-क्यारी*; गुलाब-उद्यान; 2. (*beads*) माला*, सुमिरनी*, जपमाला*; 3. (*prayer*) माला-विनती*। > रोज़ॅरि

rose, *n.*, 1. गुलाब, पाटल; 2. गुलाबी रंग, पाटलक; 3. (*erysipelas*) विसर्प; 4. *see* ROSETTE; 5. (*nozzle*) छिद्रिल टोंटी*; *adj.*, गुलाबी, पाटल; —*v.*, गुलाबी बना देना; गुलाब छिड़कना; *bed* of ~s, सुखशय्या*, फूलों की सेज*; under the ~, गुप्त रूप से। > रोज़

rose/-apple, गुलाबजामुन; **~-bay,** (*EAST Indian*),गुलचाँदनी*, तगर **~-colour,** गुलाबी रंग, पाटलक; सर्वमांगल्य, सर्वसौभाग्य; आनन्द ही आनन्द; **~-coloured,** 1. गुलाबी, पाटल; 2. (*optimistic*) उज्जवल; प्रमुदित; आशावादी; **~-finch,** तूती*, **~-red,** गुलाबी रक्त; **~-water,** गुलाब - जल, गुलाब; **~window,** चक्राकार खिड़की*; **~wood,** (*East Indian*) शीशम।

roseate, 1. गुलाबी; गुलाब-; 2. उज्जवल; प्रसन्नचित्त; आशावादी। > रोज़्-इ-इट

rosella, पटुआ, अम्बारी*, अम्बाड़ी*।
> रो-ज़े'ल्-अॅ

roseola, ददोरा। > रो-ज़ी-अॅ-लॅ

rosette, 1. रोज़ेट; गुलाब; 2. गुलाबवत् पाटलक; 3. (*cluster*) गुच्छा। > रॅज़े'ट

rosin, गंधराल*, रोज़िन डामर। > रॉज़्-इन

Rosinante, डग्गा। > रॉज़िनैन्-टि

roster, रोस्टर, कार्यक्रमावली*; नामावली*; सूची*, तालिका*। > रोस्-टॅ = रॉस्-टॅ

rostral, 1. गलहीदार; 2. (*zool.*) चंचु-, चोंच* का। > रॉस्-ट्रॅल

rostrate, गलहीदार; चंचुमय, चोंचदार। > रॉस्-ट्रिट

rostrum, 1. (*of ship*) गलही*; 2. (*platform*) मंच, व्याख्यानपीठ; 3. (*beak*) चोंच*, चंचु*, तुण्ड। > रॉस्-ट्रॅम

rosulate, गुलाब-नुमा। > रॉज़्यूलिट

rosy, 1. गुलाबी; 2. (*fig.*) उज्जवल, शुभ। > रोज़्-इ

rot, *n.*, 1. (*decay*) विगलन, क्षय, अपक्षय, 2. (*putrefaction*) सड़न*, सड़ाव, गलन, पूयन; 3. (जिगर की) बीमारी*; 4. (*nonsense*) अनाप-शनाप; —*v.*, 1. क्षय हो जाना, बिगड़ना; नष्ट हो जाना; 2. सड़ना, गलना; 3. (*morally*) भ्रष्ट या पतित हो जाना; 4. सड़ाना, गलाना; 5. (*ret*) गलाना। > रॉट

rota, 1. (*roster*) कार्यक्रमावली*; 2. (*R*) उच्च न्यायालय। > रोट्-अॅ

rotary, *adj.*, घूर्णी, घूर्णक, घूर्ण-; परिभ्रामी; आवर्ती, चक्री(य); —*n.*, 1. घूर्णन-मशीन*, घूर्णन-इंजन; 2. रोटरी क्लब। > रोटॅरि

rotable, घूर्ण्य। > रॅ = रोटेटॅबॅल

rotate, *v.*, 1. (*round axis*) घूर्णन क०, चक्कर खाना, घूमना; 2. (*in orbit*) घूमना, परिभ्रमण क०, परिक्रमा* क०; 3. (*recur*) बारी-बारी* से आना, का आवर्तन होना; बारी-बारी* से लगाना; —*adj.*, चक्राकार। > रॅ = रोटेट (*v.*); रोटेट (*adj.*)

rotating, घूर्णी; आवर्ती। > रॅ = रोटेट्-इन्ग

rotation, 1. घूर्णन; 2. (*in orbit*) परिभ्रमण, परिक्रमण; 3. (*recurrence*) चक्र, चक्रानुक्रम, चक्रक्रम, क्रमावर्तन, आवर्तन; (*of crops*) हेर-फेर; चक्र, परिवर्तन, आवर्तन, चक्रानुसरण; **~al,** घूर्णी, घूर्णनात्मक, घूर्ण-; घूर्णनी; चक्रीय। > रॅ = रोटेशॅन; रोटेशॅनॅल

rotative, 1. घूर्णी; आवर्ती; 2. (*causing rot.*) घूर्णक; आवर्तक। > रोटॅटिव़

rotator, 1. घूर्णी; 2. (*muscle*) आवर्तनी*; **~y,** घूर्णनी, घूर्ण-; आवर्ती; घूर्णक; आवर्तक। > रॅ = रोटेट्-अॅ; रोटॅटॅरि

rote, परिपाटी*, रूढ़ि*; by ~, यंत्रवत्; learn by ~, रट लेना, रट डालना, घोखना; say by ~, रटा-रटाया बोलना। > रोट

rotifer, रोटिफ़ेर। > रोट्-इ-फ़ॅ

rotiform, चक्राकार। > रोट्-इ-फॉ:म

rotor, रोटर, घूर्णक। > रोट्-अॅ

rotten, 1. सड़ा, गलित, पूतिमय; 2. (*foulsmelling*) बदबूदार, दुर्गन्ध; 3. (*corrupt*) भ्रष्ट; 4. (*decayed*) जीर्ण-शीर्ण; 5. (*worthless*) निकम्मा, बेकार, रद्दी; 6. (*friable*) भुरभुरा; **~-stone,** भुरभुरा चूना-पत्थर। > रॉटॅन

rotund, 1. गोल; 2. (*of speech*) आडंम्बरपूर्ण; आडम्बरी; 3. (*plump*) गोल-मटोल; **~a,** गोल-भवन; **~ity,** गोलाई*; आडम्बर। > रॅटॅन्ड; रॅटॅन्/डॅ, ~डिटि

roue', विलासी, लम्पट। > रूए

rouge, *adj.*, लाल; *n.*, 1. (*cosmetic*) रूज़; 2. (*chem.*) कुंकुमी*; 3. (*politics*) क्रान्तिकारी। > रूश़्ज़

rough, *adj.*, 1. (*of surface*) खुरदरा, खुरखुरा, रूक्ष; 2. (*of ground, road*) ऊबड़-खाबड़, ऊँचा-नीचा, असम, विषम; 3. (*of texture*) मोटा; 4. (*of food*) रूखा; 5. (*shaggy*) झबरा, लोमश; 6. (*unhusked*) बिना कूटा, अनकूटा; 7. (*stormy*) तूफ़ानी; 8. (*violent*) प्रचण्ड, उग्र, तेज़; क्षुब्ध, अशान्त; 9. (*boisterous*) ऊधमी, उद्धत, उजड्ड; 10. (*hard*) कड़ा, कठोर, कठिन; 11. (*harsh*) कठोर रूखा; 12. (*of sound*) कर्कश, कर्णकटु; 13. (*of taste*) कसैला; 14. (*aspirate*) महाप्राण; 15. (*unmannerly*) अशिष्ट, अभद्र; 16. (*unfinished of sketch, etc.*) कच्चा; 17. (*inexpert*) अनाड़ी; 18. (*deficient*) घटिया, त्रुटिपूर्ण; 19. (*approximate*) स्थूल, मोटा; 20. (*unpolished*) अपरिष्कृत; 21. (*preliminary*) प्रारंभिक; 22. (*rudimentary, of bandage, etc.*) कामचलाऊ; ~ and ready, 1. कामचलाऊ, कच्चा, मामूली; 2. (*of person*) बेतकल्लुफ़; रूखा; ~ luck, दुर्भाग्य; ~ treatment, बुरा व्यवहार, दुर्व्यवहार; —*n.*, 1. ऊबड़-खाबड़ ज़मीन*; 2. (*hardship*) कष्ट, तकलीफ़*, मुसीबत*, विपत्ति*; 3. (*ruffian*) गुण्डा; 4. कचाई*, कच्चापन, कचाहट*; in the ~, कच्ची हालत* में, अपरिष्कृत, कच्चा; मोटे तौर पर; उलटा-सीधा; —*adv.*, *see* Roughly; —*v.*, 1. (*turn up*) उलटना; 2. (*irritate*) चिढ़ाना, 3. कच्चे ढंग से या मोटे तौर पर तैयार क०; 4. (*break in a horse*) सधाना; 5. (*insert spikes*) नाल में कीलें* लगा देना; 6. ~ it, कष्ट उठाना। > रॅफ़

roughage, मोटा चारा, रूक्षांश। > रॅफ़्-इज़

rough-and-tumble, *adj.*, उलटा-पुलटा; —*n.*, हाथापाई*, धक्कम-धक्का।

roughcast, *adj.*, कच्चा; *n.*, 1. (*plaster*) मोटा छर्रा; 2. (*pattern*) कच्चा ढाँचा या मसौदा, मोटी रुपरेखा*; —*v.*, मोटा छर्रा लगाना; कच्चा मसौदा तैयार क०। > रॅफ़्कास्ट

roughen, खुरदरा, ऊबड़-खाबड़, रूखा, क्षुब्ध (*etc., cf.* ROUGH) बनना या बनाना। > रॅफ़ॅन

rough/-hew, मोटा-मोटा चीरना; मोटी रूपरेखा* तैयार क०; **~-hewn,** अपरिष्कृत, मोटा-झोटा; **~-house,** *n.*, हाथापाई*; —*v.*, उपद्रव या ऊधम मचाना; **~ish,** खुरदरा-सा; रूखा-सा; कच्चा-सा (*cf.* ROUGH); **~-legged,** परदार (*of birds*) या बालदार (*of horse*) पैरोंवाला; **~ly,** 1. स्थूल रूप से, कामचलाऊ ढंग से; 2. रूखेपन से; उग्रता* से; 3. (*approximately*) लगभग, मोटा-मोटी, मोटे हिसाब से; **~neck,** गुण्डा; **~-rider,** घोड़ों को सधानेवाला, चाबुक-सवार; **~shod,** कीलित नालवाला; ride —over, कुचल डालना, उपेक्षा* क०; **~-spoken,** मुँह-फट; **~-wrought,** कच्चा, अपरिष्कृत।

rouleau, गड्डी*। > रूलो

roulette, 1. (*gambling*) रूलेट; 2. (*math.*) लुंठन; 3. दाँतेदार चक्र; 4. (*perforator*) छिद्रक। > रूले'ट

round, *adj.*, 1. (*circular*) गोल, वृत्ताकार, वर्तुल; 2. (*globular*) गोल, गोलाकार; 3. (*cylindrical*) गोल बेलनाकार, बेलनीय, गोल; 4. (*more or less~*) गोल; 5. (*of vowels*) गोलित; 6. (*chubby*) गोल-मटोल; 7. (*full*) पूरा, सम्पूर्ण; 8. (*of numbers*) पूर्णांक, पूर्ण (*integer*); शून्यान्त (*ending in zero*); 9. (*approximate*) स्थूल, मोटा; 10. (*large*), भारी, बड़ा; 11. (*sonorous*) गंभीर, भारी, गुंजायमान; 12. (*brisk*) तेज़; 13. (*outspoken*) सुस्पष्ट, खरा; 14. (*candid*) निष्कपट, सरल, निश्छल; ~dance मण्डल-नृत्य; ~ table, गोलमेज़*; — trip., फेरा; —*adv.*, 1. घूमकर; चक्कर लगाकर; 2. फिर; 3. (*in circumference*) दायरे में, घेरे में; 4. (*on all sides*) चारों ओर; सबों के लिए; 5. (*about*) आसपास; 6. (*here and there*) इधर-उधर; all the year ~, साल भर;—*prep.*, के चारों ओर, के पास, के आसपास; के किनारे पर, की सीमा* पर; ~about, विपरीत दिशा* में; चारों ओर;~ the clock, रात-दिन;—*n.*, 1. (*round object*) गोल; 2. (*a globe*) गोला; 3. (*rung*) डण्डा; 4. (*circumference*) घेरा, दायरा; 5. (*circle*) वृत्त; 6. (*ring*) छल्ला; 7. (*coil*) कुण्डल, कुण्डली; 8. (*curve*) घुमाव, मोड़; 9. (*round part, roundness*) गोलाई*; 10. (*circular group*) मण्डल, घेरा; 11. (*a single turn of yarn*) फेरा; 12. (*circular dance*) मण्डल-नृत्य; 13. (*movement*) परिक्रमा* (*in an orbit*); घुमाव (*about an axis*); प्रदक्षिणा* (*round an object*) चक्कर (*roundabout a locality etc.*); 14. (*recurrence*) चक्र, आवर्तन; 15. (*round, roundabout way*) चक्कर; 16. (*beat*) गश्त, हलक़ा; 17. (*extent*) विस्तार; 18. (*tour of inspection*) दौरा; 19. (*series*) चक्र; 20. (*of drinks etc.*) दौर; 21. (*from firearms*) चक्र; 22. (*at play*) चक्कर, दौर, पाली*, फेरा; 23. (*of applause*) लहर*; 24. (*routine*) नित्यक्रम; लीक*; —*v.*, 1. गोल बनना या बनाना; 2. (*a vowel*) गोलित क०; 3. (*finish*) पूरा क०, परिष्कार क०; दुरुस्त क०; 4. (*make smooth*) बराबर क०, चिकना क०; 5. (का) चक्कर लगाना, चक्कर काटना; 6. (*pass around*) पार क०, के इर्द-गिर्द निकल जाना, घूमकर जाना; 7. (*surround*) घेर लेना; 8. (*turn*) घुमाना (*v.t.*); घूमना (*v.i.*); **~off,** पूर्ण क०; ~ on a person, के विरुद्ध हो जाना, का विरोधी बनना; के साथ विश्वासघात क०, की मुख़बिरी* क०; **~up,** एकत्र क०, घेर लाना; गिरफ़्तार क०। > राउन्ड

roundabout, *adj.*, 1. (*circuitous*) चक्करदार; 2. (*circumlocutory*) घुमाव-फिराव-वाला; पेचीदा; —*n.*, चक्कर, चक्करदार मार्ग; घुमावफिराव-वाली बात*। > राउन्डॅबाउट

roundel, गोल; गोल खिड़की*; गोलाकार फलक, चित्र या मण्डलक; मण्डल-नृत्य। > राउन्डॅल

roundelay, गीत; मण्डल-नृत्य। > राउन्-डि-ले

roundish, गोल-सा। > राउन्-डिश

roundly, 1. (*thoroughly*) अच्छी तरह* से, बख़ूबी, भली भांति*; 2. (*fully*) पूरी तरह* से, पूर्ण रूप से; 3. (*severely*) कड़ाई* से, सख़्ती* से; 4. (*bluntly*) साफ़-साफ़, स्पष्टतया; 5. (*circularly*) चक्कर काटकर या लगाकर। > राउन्ड्-लि

roundsman, फेरीवाला। > राउन्ड्ज़मॅन

round-up, 1. हँकाई*; 2. (*arrest*) गिरफ़्तारी*; 3. (*survey*) सिंहावलोकन। > राउन्ड्-अप

roundworm, केंचुआ, गोलकृमि, मलसर्प, केंचुला। > राउन्डवॅःम

roup, नज़ला। > रूप

rouse, *v.t.*, 1. (*wake*) जगाना, उठाना; सावधान क०, चौकन्ना क०; 2. (*excite*) उत्तेजित क०, भड़काना, उकसाना; 3. (*game*) भड़काना; 4. (*evoke*) उत्पन्न क०; 5. (*startle*) चौंकाना; 6. (*haul*) मोड़ना; 7. (*a liquid*) चलाना; 8. (*salt*) नमक लगाना; —*v.i.*, जागना; क्रियाशील हो जाना; चौंक जाना, उड़ जाना, निकल आना; —*n.*, जागरण। > राउज़

rousing, 1. (*stirring*) उत्तेजक, भावोद्दीपक, प्रभावशाली; 2. (*of welcome*) शानदार; उत्साहपूर्ण; 3. (*of a lie*) बहुत बड़ा। > राउज़्-इन्ग

roustabout, 1. (*deck-hand*) नाविक; 2. (घाट का) मोटिया; 3. मज़दूर। > राउस्टॅबाउट

rout, *n.*, 1. भगदड़*; घोर पराजय*; 2. (*riot*) होहल्ला; दंगा; 3. (*disturbance*) शान्ति-भंग; —*v.*, हरा देना, तितर-बितर कर देना; भगा देना, खदेड़ना। > राउट

route, *n.*, 1. मार्ग; 2. (*marching orders*) प्रयाण-आदेश; en~, मार्ग में —*v.*, के मार्ग से भेज देना। > रूट

routine, *n.*, नित्यक्रम, नित्यचर्या*, लीक*, नेम; दिनचर्या*, नैत्यक; —*adj.*, नेमी, नैत्य। > रूटीन

routinism, नैत्यकवाद। > रूटीन्-इज़्म

rove, *v.*, 1. भ्रमण क०, घूमना, मटरगश्ती* क०; 2. (*twist before spinning*) पूनी* बनाना; —*n.*, 1. भ्रमण; 2. (*twisted fibre*) पूनी*। > रोव़

rover, 1. भ्रमण करनेवाला, पर्यटक; घुमक्कड़; 2. (*pirate*) जल-दस्यु; 3. (*boy scout*) वयस्क बालचर; 4. (*target*) निशाना। > रोव़्-अॅ

row[1], 1. पंक्ति*, कतार*; 2. (*alley*) गली*। > रो

row[2], *v.*, 1. (*a boat*) खेना; 2. नाव* में ले जाना; 3. नाव* में सैर* क०; —*n.*, खेवाई*; नौका-विहार; **~er,** खेनेवाला; खेवैया, केवट। > रो; रो अॅ

row[3], *n.*, 1. झगड़ा; 2. (*comotion*) होहल्ला, हुल्लड़, ऊधम, उपद्रव; —*v.*, 1. लड़ना-झगड़ना; 2. ऊधम मचाना, उत्पात मचाना; 3. (*reprimand*) फटकारना, डपटना; **~-de-dow,** होहल्ला। > राउ; राउडिडाउ

rowan, रक्तकोल। > रो अॅन = राउ अॅन

rowdy, *n.*, गुण्डा, हुल्लड़बाज़, दंगाई; *adj.*, ऊधमी, उपद्रवी, दंगई; **~ish,** ऊधमी; **~ism,** हुल्लड़बाजी*। > राउड्/इ, ~इ-इश, ~इ-इज़्म

rowel, *n.*, 1. (*end of spur*) (महमेज़* की काँटेदार) फिरकी*; 2. (चमड़े का) छल्ला; —*v.*, एड़* लगाना; छल्ला लगाना। > राउ अॅल = राउ-इल

rowlock, चप्पू-कुण्डा। > रॅलॅक = रॉ लॅक

royal, 1. राजकीय, शाही; 2. (*of a government*) राजकीय, सरकारी; 3. (*splendid*) राजसी; शानदार; 4. (*majestic*) प्रतापी, तेजस्वी, राजसी; 5. (*excellent*) उत्कृष्ट, बढ़िया; —*n.*, (*paper*) रायल। > रॉइ अॅल

royal/ism, राजन्त्रवाद; राजभक्ति* **~ist,** राजतन्त्रवादी; राजभक्त; **~ty,** 1. (*office, dignity*) राजत्व; 2. (*power*) राजसत्ता*; 3. (*prerogative*) राजाधिकार; 4. राजदत्त अधिकार; 5. (*person*) राजा, राजवंशी; 6. (*share of proceeds*) रायल्टी*, स्वामिस्व, स्वत्व-शुल्क; राजशुल्क (*to the state*)। रॉइ/ॲलिज़्म, ~ॲलिस्ट, ~ॲल्-टि

rub, *v.*, 1. (*one object on or against another*) मलना, रगड़ना; घिसना (*abrade*); 2. (*with towel*) अँगोछना; 3. (*get worn by friction*) घिस जाना; 4. (*smear*) लेप क०, मलना; पोतना, लीपना; 5. (*polish*) माँजना, घिसना; 6. (*reduce to power*) मलना, रगड़ना; 7. (*manage with difficulty*) किसी तरह* से (काम) चलाना या निर्वाह क०; —*n.*, 1. रगड़*, रगड़ा घिसाई*; मर्दन; लेपन; 2. (*obstacle*) मुश्किल*, बाधा*, रोड़ा; 3. (*something irritating*) कंटक; ~ shoulders with, से मिलना-जुलना, के सम्पर्क में आना; ~ (*up*) the wrong way, चिढ़ाना; **~off,** साफ़ क०; घिस जाना; दूर हो जाना; **~out,** मिटाना; **~up,** चमकाना; ताज़ा क०, जगाना; **~-stone,** करण्ड, सान। > रॅब

rub-a-dub, *n.*, ढमढम; *v.*, ढपकाना। > रॅबॅडॅब

rubber, 1. रबड़, रबर; 2. (*eraser*) रबर, अपमार्जक; 3. (*pl., overshoe*) ऊपरी जूता; 4. (*whetstone*) सान; 5. (*file*) रेती*, रगड़-पट्टी*; 6. रगड़नेवाला; 7. (*masseur*) अंगमर्दक; **~-stamp,** रबड़ की मोहर*; **~y,** रबड़-जैसा। > रॅब्-अॅ; रॅबॅरि

rubbish, 1. (*refuse*) कूड़ा-करकट, काठ-कबाड़; 2. (*worthless goods*) रद्दी माल; रद्दी चीज़े*; 3. (*nonsense*) अण्ड-बण्ड, अनाप-शनाप; **~-dump,** घूर, रद्दी-ख़ाना; **~y,** रद्दी, निकम्मा। > रॅब्/इश, ~इशि

rubble, 1. मलवा; रोड़ी*; 2. (*~-stone*) अनगढ़े पत्थर; **~-work,** गिट्टी* की चिनाई*, मोटी चुनाई*। > रॅबॅल

rubbly, कंकड़-भरा। > रॅब्-लि

rubefacient, चर्मरक्तकर। > रूबिफ़ेशॅन्ट

rubefy, rubify, लाल क०; जलन* या प्रदाह उत्पन्न क०। > रूबिफ़ाइ

rubella, rubeola, खसरा। > रूबे 'ल्-अॅ, रूबी अॅलॅ

Rubicon, cross the, अटल क़दम उठाना। > रूबिकॅन

rubicund, लाल। > रूबिकॅन्ड

rubiginous, मोरचे के रंग का, लाल भूरा। > रूबिजिनॅस

rubric, *adj.*, लाल; *n.*, 1. (*heading*) शीर्षक; 2. अनुष्ठान-निर्देश; **~al,** 1. आनुष्ठानिक; 2. (*acc. to rubrics*) अनुष्ठित; **~ate,** लाल स्याही* से अंकित क०; लाल (रंग) में छापना या लिखना; निर्देश देना; **~ian, ~ist,** अनुष्ठान-शास्त्री; **~s,** अनुष्ठान-शास्त्र, पूजनक्रम, अनुष्ठान-क्रम। > रूब्रिक; रूबि/कॅल, ~केट; रूब्रिशॅन; रूब्रिसिस्ट; रूब्रिक्स

ruby, *n.*, 1. माणिक्य, पद्मराग, याकूत, मानिक, लाल; 2. गहरा लाल (रंग); 3. (*pimple*) लाल फुंसी*; —*adj.*, गहरा लाल। > रूबि

ruche, झालर*। > रूश

ruck, *n.*, **crowd,** 1. भीड़*; 2. (*common run*) जनसाधारण; 3. (*of competitors*) पिछड़े प्रतियोगियों का समूह; 4. (*crease*) शिकन*, सिलवट*; —*v.*, शिकन* पड़ना या डालना। > रॅक

ruckle, *v.*, 1. (*crease*) शिकन* पड़ना या डालना; 2. घर्रा लगना; —*n.*, 1. शिकन*; 2. (*death-rattle*) घर्रा, घटका। > रॅकॅल

rucksack, रकसैक। > रुक्सैक = रॅक्सैक

ruction, उपद्रव, होहल्ला। > रॅक्शॅन

rudder, पतवार*, कर्ण, सुक्कान; **~-post,** सुक्कान-खंभा; **~-stock,** सुक्कान-दण्ड। > रॅड्-अॅ

ruddle, *n.*(*v.*), लाल गेरू (लगाना)। > रॅडॅल

ruddy, 1. (*red*) लाल; 2. (*reedish*) रक्ताभ; 3. (*rosy*) गुलाबी; 4. (*healthy*) सुस्वस्थ। > रॅड्-इ

rude, 1. (*roughly made, in rough state*) कच्चा; अनपढ़, अपरिकृष्ट; 2. (*not accurate*) मोटा; 3. (*uncivilized*) असभ्य; 4. (*uneducated*) अशिक्षित; 5. (*simple*) अकृत्रिम; 6. (*boorish*) गँवार; 7. *discourteous*) अशिष्ट, अभद्र; 8. (*insolent*) उजड्ड, गुस्ताख़ ढीठ; 9. (*offensive of words etc.*) अपमानजनक, आपत्तिनक, अपमानिक; 10. (*hard, unpleasant*) कड़ा, कठोर, कटु; 11. (*harsh*) कठोर, रूखा; 12. (*sudden, abrupt*) आकस्मिक, चौंकानेवाला; 13. (*violent*) तेज़, उग्र, प्रचण्ड; 14. (*uncontrolled*) अनियंत्रित; 15. (*discordant*) कर्कश; 16. (*robust*) हृष्ट-पुष्ट, तगड़ा। > रूड

rudiment, 1. (*pl.*) मूलतत्त्व, मूल सिद्धान्त; प्रारंभिक ज्ञान; 2. (*pl.*) प्रारंभ, प्रारंभिक अवस्था*, सूत्रपात; 3. (*biol.*) मूलांग, आद्यावशेष, अल्पविकसित अंग; अवशेष (*vestige*); **~al, ~ary,** 1. (*elementary*) प्रारंभिक, प्राथमिक; 2. (*undeveloped*) अल्पविकसित; अल्पवर्धित; 3. (*vestigial*) अवशिष्ट, आद्यांगिक। > रूडिमॅन्ट; रूडिमे 'न्/टॅल, ~टॅरि

rue, *n.*, 1. सदाब, ब्राह्मी*; 2. (*Syrian~*) हर-मल; —*v.*, (के कारण, पर) पछताना, अनुपात क०; **~ful,** 1. (*pitiable*) दयनीय; 2. (*doleful*) निरानन्द, विषादमय, उदास। > रू; रूफ़ुल

rufescent, आरक्त। > रूफ़े 'सॅन्ट

ruff, *n.*, 1. (*collar*) रफ़; 2. (*ring of feathers* or *hair*) कंठा, कंठी*; 3. (*pigeon*) धवर फ़ाखता*; 4. (*kind of sandpiper*) गेहवाला; 5. (*at cards*) तुरुप की मार* या काट*; —*v.*, तुरुप मारना। > रॅफ़

ruffian, गुण्डा, बदमाश; **~ism,** गुण्डई*, गुण्डापन। > रॅफ़्/यॅन, ~यॅनिज़्म

ruffle, *v.*, 1. (*wrinkle*) शिकन* पड़ना या डालना; 2. (*ripple*) लहरें* पैदा क०; लहराना, क्षुब्ध हो जाना; 3. (*disturb*) घबरा देना (*a person*); अस्त-व्यस्त क०; 4. (*be disturbed*) घबरा जाना; 5. (*annoy*) चिढ़ाना; 6. (*be annoyed*) चिढ़ना; 7. (*feathers*) खड़ा क०, फड़फड़ाना; 8. (*turn over*) उलटना; 9. (*shuffle*) फेंटना; 10. (*swagger*) शेख़ी* बघारना, डींग* मारना; 11. (*quarrel*) झगड़ना; 12. (*brawl*) उपद्रव मचाना; 13. (*a drum*) ढमकाना, बजाना; —*n.*, 1. (*wrinkle*) शिकन*; 2. (*trimming*) झालर*; 3. (*bird's ruff*) कंठी*; 4. (*drum-beat*) ढमढम; 5. (*disturbance*) उपद्रव; 6. (*irritation*) चिढ़*; 7. (*ripple*) लहर*। > रॅफ़ॅल

rufuos, लाल भूरा, बादामी। > रूफ़ॅस

rug, 1. (*floor-mat*) गलीचा, क़ालीन; 2. (*wrap*) कम्बल। > रॅग

ruga, झुर्री*, वली*, वलि*। > रूगॅ

rugged, 1. (*of ground*) ऊबड़-खाबड़, ऊँचा-नीचा, असम, नतोन्नत, बीहड़; 2. (*of surface*) विषम, रूक्ष, खुरदरा; 3. (*of featuers*) बेडौल, भद्दा; 4. (*wrinkled*) झुर्रीदार; 5. (*unpolished*) अपरिष्कृत, अनगढ़ा; 6. (*of sound*) कर्कश; 7. (*difficult*) भारी, कठिन; 8. (*harsh*) कठोर, कड़ा; 9. (*of manners*) रूखा, अशिष्ट, अभद्र, असभ्य; 10. (*stormy*) तूफ़ानी; 11. (*robust*) तगड़ा, हृष्ट-पुष्ट। > रॅग्-इड

rugose, rugous, झुर्रीदार। > रूगोस; रूगॅस

rugosity, झुर्रीदारी*; झुर्री*। > रूगॉस्-इटि

ruin, *n.*, 1. (*destruction*) विनाश, विध्वंस, तबाही*, बरबादी*; 2. (*downfall*) विनाश, अध:पतन, सर्वनाश सत्यानाश; 3. (*moral*) पतन; 4. (*a ruin*) खंडहर; 5. (*pl.*) भग्नावशेष, ध्वंसावशेष; —*v.*, 1. (*spoil*) बिगाड़ना; 2. (*destroy*) नष्ट क०, का विनाश क०, विध्वंस क०, बरबाद क०; 3. (*make bankrupt*) तबाह क०, बरबाद क०; **~ous,** 1. (*in ruins*) विध्वस्त, विनष्ट, तबाह; 2. (*diapidated*) टूटा-फूटा, जर्जर, जीर्ण-शीर्ष; 3. (*causing ruin*) विनाशक, (वि-)ध्वंसक, विनाशकारी, अनर्थकारी। > रूइन - रुइन; रुइनॅस = रूइनॅस

rule, *n.*, 1. नियम; 2. (*set of ~s*) नियमावली*; 3. (*criterion*) मापदण्ड, कसौटी*; 4. (*normal state of things*) विधान; 5. (*custom*) प्रथा*, दस्तूर; रिवाज; 6. (*government*) शासन; 7. (*domination*) हुकूमत*, आधिपत्य; 8. (*ruler*) रूलर, चपती*, पटरी*; 9. (*law*) आदेश; 10. (*math.*) नियम; ~ absolute, निरपेक्ष आदेश; ~ nisi, सशर्त आदेश; ~of three, त्रैराशिक; ~s and regulations, नियम-विनिमय; as a ~, साधारणतया, सामान्यत:, साधारणत: by ~, 1. नियमानुसार; 2. (*mechanically*) यंत्रवत्; —*v.*, 1. (*govern*) शासन क०, राज्य क०; पर शासन क०; 2. (*control*) नियंत्रित क०, वश में रखना; परिचालित क०; 3. (*curb*) रोकना, निरोध क०; 4. (*influence*) प्रभावित क०, पर प्रभाव डालना; 5. (*of prices*) होना; 6. (*settle by decree*) का निर्णय क०; आदेश, निर्णय या फैसला देना; 7. रेखाएँ* या रेखा* खींचना; **~out,** 1. (*exclude*) वर्जित क०, का वर्जन क०; निकाल देना; 2. नियमविरुद्ध घोषित क०; **~d,** लाइनदार; रेखांकित; **~-of-thumb,** व्यावहारिक, कामचलाऊ। > रूल; रूल्ड

ruler, शासक; रूलर, चपती*, पटरी*, रेखनी*, रेखक। > रू-लॅ

ruling, *adj.*, शासक, शासन करनेवाला, नियंत्रक; 2. (*predominant*) प्रबल, प्रभावी; प्रमुख, प्रधान; 3. (*prevalent*) प्रचलित; —*n.*, 1. शासन; नियन्त्रण; 2. (*decision*) निर्णय; आदेश; व्यवस्था*; 3. रेखण, रेखांकन; रेखा*, रेखाएँ*। > रूलिन्ग

rulley, ठेला। > रॅल्-इ

rum, *n.*, रम; शराब*; *adj.*, अनोखा, अजीब। > रॅम

rumble, *v.*, 1. गड़गड़ाना, घड़घड़ाना (*i. and t. ; of thunder, cart, etc.*) 2. (*utter thus*) घरघराना; —*n.*, घर्घर*, गड़गड़ाहट*, घड़घड़ाहट*। घरघराहट
> **रॅम्**-बॅल

rumbustious, गुल-गपाड़िया। > रॅम्**बॅस्**-टिॲस

rumen, प्रथम आमाशय। > **रूमे**ʼन्

rumi/nant, *adj.*, 1. रोमन्थी, जुगाली* करनेवाला; 2. (*meditative*) चिन्तनमग्न, ध्यानमग्न; —*n.*, रोमन्थक; **~nate,** जुगाली* क०; चिन्तन क०; **~nation,** जुगाली*, रोमन्थन; चिन्तन; **~native,** रोमन्थी; चिन्तनशील; **~nator,** चिन्तक।
> **रूमि**/नॅन्ट, ~नेट, रूमि**नेशॅन**, **रूमि**/**नॅटिव़**, ~ने-टॅ

rummage, *v.*, 1. छानना, छान डालना या मारना, तलाशी* क०; 2. (*find*) खोज निकालना; —*n.*, 1. छानबीन*; 2. (*medley*) घाल-मेल, फुटकर चीज़ें*; **~sale,** फुटकर माल की बिक्री* या नीलाम।
> **रॅम्**-इज

rummer, चषक, पानपात्र। > **रॅम्**-ॲ

rumour, *n.*, किंवदन्ती*, अफ़वाह*, जनश्रुति*, उड़ती ख़बर*; —*v.*, अफ़वाह* उड़ाना; **~-monger,** अफ़वाह* फैलानेवाला। > **रूम्**-ॲ

rump, 1. (*of animals*) पुट्ठा; 2. (*buttocks*) चूतड़, नितम्ब; 3. (*remnant*) अवशेष, तितिम्मा; **~less,** पुच्छहीन। > रॅम्प

rumple, सिलवटें* पड़ना या डालना; अस्त-व्यस्त कर देना। > **रॅम्**पॅल

rumpus, हुल्लड़, उपद्रव। > **रॅम्**पॅस

rum-tum, बजरा। > **रॅम-टॅम**

run[1], *v.*, 1. दौड़ना; 2. (*make run*) दौड़ाना; 3. (*flee*) भाग जाना; 4. (*move*) जाना, चलना, जल्दी चलना; 5. (*~ wild*) बढ़ना, फैलना; (मुक्त रूप से, स्वेच्छया) आना-जाना, घूमना; 6. (*become*) बन जाना; 7. (*be in force*) लागू होना; 8. होना; it runs as follows, वह इस प्रकार है; that kind runs small, वह क़िस्म* छोटी होती है या हुआ करती है; 9. दौड़* या प्रतियोगिता* (*competition*) में भाग लेना, सम्मिलित होना या खड़ा क०, चुनाव (*election*) में खड़ा होना या खड़ा क०, चुनाव लड़ना; 10. (*be in operation, action, or use*) चलना, चलता रहना, चालू होना; 11. (*operate*) चलाना; 12. (*rule*) चलाना, पर शासन क०, का मालिक होना; 13. (*ply*) आना-जाना, चलना; 14. (*spread*) तेज़ी* से फैल जाना; 15. (*elapse*) बीत जाना, गुज़रना; 16. (*come and go, of thoughts, etc.*) आना, आना-जाना; 17. (*survey*) का सिंहावलोकन क०; 18. (*wander*) घूमना; 19. (*one's eye*) दौड़ाना; 20. (*one's hand*) फेरना; 21. (*a nail*) ठोंक देना; 22. (*a knife*) भोंकना; 23. (*cattle*) चरने के लिए छोड़ देना; 24. (*a bill*) बढ़ाता रहना; 25. (*a blockade*) काटना, से बच निकलना; 26. (*flow*) बहना; 27. (*drip*) चूना, रिसना, टपकना; 28. (*extend*) तक फैल जाना, तक फैला हुआ होना; तक बना रहना; 29. (*be current*) प्रचलित होना, फैलना, में पाया जाना; 30. (*climb, grow*) चढ़ना, बढ़ना; 31. (*ravel*) उधड़ना; 32. (*melt*) गलना (*v.i.*); गलाना (*v.t.*); 33. (*pursue*) का पीछा क०; 34. (*follow*) पर चलना, अनुगमन क०; 35. (*traverse*) पार क०; 36. (*cover a distance*) तय क०, पूरा क०; 37. (*perform*) पूरा क०, करना, सम्पादित क०; 38. (*incur*) उठाना; में पड़ जाना; 39. (*sew slightly*) तुरपना; 40. (*transport*) ले जाना, पहुँचाना; 41. (*smuggle*) चोरी* से ले आना; 42. (*publish*) प्रकाशित क०, छपवाना; ~dry, सूख जाना; ~for it, भाग जाना; ~foul of, से टकराना; ~high, बढ़ जाना; ~short of, कम रह जाना; **~ about,** दौड़-धूप* क०; इधर-उधर घूमना; खेलना-कूदना; **~ across,** से मुलाक़ात* हो जाना; संयोग से मिल जाना; **~ after,** के पीछे पड़ा रहना, पीछा क०; **~ at,** पर टूट पड़ना, आक्रमण क०; **~ away,** भाग जाना; **~ away with,** 1. (*steal*) चुरा ले जाना; 2. (*a person*) भगा ले जाना; 3. (*accept hastily*) अन्धाधुन्ध मान लेना; 4. (*consume*) में लग जाना, खर्च हो जाना; **~ down,** 1. (*stop*) बन्द हो जाना; 2. (*lessen*) घटना, कम पड़ जाना; 3. (*become rundown*) कमज़ोर या दुर्बल हो जाना; 4. (*knock down*) गिरा देना; 5. (*overtake*) जा पकड़ना; बराबर आ पहुँचना; 6. (*discover*) खोज निकालना, पता लगाना; 7. (*disparage*) निन्दा* क०; **~ for,** उम्मीदवार होना; **~ in,** 1. (*of combatants*) भिड़ जाना; 2. (*arrest*) गिरफ़्तार क०; 3. (*a car etc.*) चलाकर ठीक तरह* से चालू क०; 4. भेंट* कर लेना; **~ into,** 1. संयोग से मुलाक़ात* होना; 2. (*collide*) से टकराना; 3. में पड़ना या पड़ जाना; 4. से मिल जाना; 5. (*reach*) तक पहुँचना, तक फैल जाना; **~ off,** 1. भाग जाना; 2. बह जाना; बहने देना, बहा देना; 3. (*digress*) विषयान्तर क०, भटक जाना; 4. (*write*) लिख डालना; 5. (*rattle off*) बघारना; 6. (*print*) छपवाना; **~ on,** 1. (*~ upon*) से सम्बन्ध रखना; के विषय में होना; 2. (*continue*) जारी रहना; 3. (*elapse*) बीत जाना; 4. से मिल जाना; मिलाना; 5. लगातार बोलता रहना; **~ out,** समाप्त हो जाना या क०; 2. (*drive out*) निकाल देना, खदेड़ना; 3. से निकल आना; टपकना; 4. पूरा क०; 5. आगे बढ़ाना; 6. निकला हुआ होना; 7. (*a rope*) ढीलना; **~out of,** समाप्त क०, ख़तम कर देना; **~over,** 1. के ऊपर से निकल जाना; 2. (*touch lightly*) छू जाना, पर हाथ फेरना; 3. (*overflow*) बह निकलना, छलकना; 4. सरसरी दृष्टि* से देखना या पढ़ना; 5. (*review*) सिंहावलोकन क०; 6. (*recapitulate*) दोहराना; **~ through,** 1. (*spend*) उड़ा देना;

2. (*pervade*) व्याप्त होना; 3. (*pierce*) भोंकना, घुसेड़ना; 4. सरसरी तौर पर पढ़ना, देखना या विचार क०; 5. (*cut*) काटना; 6. तक पहुँचना; जारी रहना; 7. फेरना; **~to,** तक पहुँचना; तक बढ़ना; पर्याप्त या काफ़ी होना; योग्य होना; में पड़ना; झुकाव होना; **~up,** (तेज़ी* से) बढ़ना; तक बढ़ जाना; बढ़ा देना; उठाना; खड़ा क०, बनवाना; योग क० या निकालना; **~upon,** में लग जाना, में मग्न होना; के विषय में होना, से सम्बन्ध रखना; अचानक या संयोग से मुलाक़ात* होना। > रॅन

run², *n.*, 1. (*act*) दौड़*, धावन; 2. (*race*) दौड़*, 3. (*cricket*) रन; 4. (*demand*) (सार्वजनिक, बड़ी) माँग*; 5. (*rush*) दौड़*; 6. (*journey*) यात्रा*, सफ़र; 7. (*route of milkman etc.*) फेरा, चक्कर; 8. (*movement*) चाल*, गति*; 9. (*flow*) प्रवाह; 10. (*hang, way*) ढब, ढंग; 11. (*direction*) दिशा*; 12. (*trend*) रुख, रंग-ढंग 13. (*continuous course or period*) क्रम; चक्र; 14. (*stretch*) विस्तार, अंश; 15. (*music*) गत*; 16. (*average*) औसत; 17. (*ware*) माल; 18. (*drove, batch*) झुण्ड; 19. (*enclosure*) बाड़ा, घेरा; 20. (*for pasture*) चरागाह; 21. (*in stocking*) खाली घर; 22. (*licence*) छूट*; 23. (*channel*) मार्ग; जलमार्ग, नाला; 24. (*trough*) नाँद*, कुण्ड; 25. (*track*) लीक*; in the long ~, अंत में, आखिरकार, अन्ततोगत्वा; on the ~, दौड़ता हुआ; हड़बड़ी* में; भागता हुआ।> रॅन

run³, *adj.*, 1. (*melted*) गला हुआ, गलित; 2. (*molten*) पिघला हुआ; 3. (*cast*) ढला हुआ। > रॅन

runabout, घुमक्कड़, आवारगर्द। > रॅनॅबाउट

runaway, *n.*, 1. भगोड़ा; 2. बेलगाम घोड़ा; 3. (*a running away*) पलायन; —*adj.* पलायित, भगोड़ा; 2. बेलगाम; 3. (*uncontrolled*) अनियंत्रित, उच्छृंखल; 4. (*easily won*) बहुत सहज। > रॅनॅवे

runcinate, पश्चदंती। > रॅन्-सि-निट

run-down, 1. बन्द; 2. (*debilitated*) दुर्बल; 3. (*dilapidated*) टूटा-फूटा, गिरा-पड़ा। > रॅन्डाउन

rune, रून। > रून

runic, रूनिक। > रूनिक

rung, डण्डा। > रॅन्ग

runlet, नदिका*। > रॅन्-लिट

runnel, नदिका*; नाला। > रॅनॅल

runner, 1. दौड़ाक, घावक; 2. (*messenger*) हरकारा; 3. (*agent*) दलाल; 4. (*botany*) उपरिभूस्तरी, रनर; 5. (*smuggler*) तस्कर-व्यापारी; 6. (*revolving mill-stone*) घूमनेवाला पाट; 7. (*ring*) छल्ला; 8. (*mech.*) पटरी*; थामी तख़्ता। > रॅन्-अॅ

running, *n.*, धावन; दौड़*; चाल*; चलन; (सं)चालन, परिचालन; —*adj.*, 1. दौड़नेवाला; 2. (*flowing*) बहनेवाला; 3. (*in operation, in progress*) चलता, चालू; 4. (*continuous*) निरन्तर, लगातार; 5. (*prevalent*) प्रचलित; ~ commentary, चल-विवरण; ~ cost, परिचालन व्यय; ~fight, पलायन-युद्ध; ~hand, घसीट*; ~knot, सरक गाँठ*। > रॅन्-इन्ग

run-of-the-mill, मामूली, साधारण।

run-off, 1. अंतिम दौड़*; 2. (*of water*) अपवाह।

runt, नाटा। > रॅन्ट

runway, 1. (*of animals*) लीक*; 2. (*of airplane*) दौड़-पथ, धावन-पथ; 3. (*incline*) ढाल*; 4. (*groove*) खाँचा; 5. (*way*) मार्ग, पथ। > रॅन्वे

rupee, रुपया। > रूपी

rupture, *n.*, 1. (*bursting*) फटन*; 2. (*breaking*) फूटन*, भंग; 3. (*disagreement*) फूट*, बिगाड़, अनबन*, सम्बन्ध-भंग; 4. (*hernia*) हर्निया*, अन्त्रवृद्धि*; 5. (*gap*) दरार*; —*v.*, फटना; टूटना, फूटना; फोड़ना; तोड़ना; भंग क०। > रॅप्-चें

rural, 1. ग्रामीय; देहाती, ग्राम-, ग्राम्य, ग्रामीण; 2. (*agric.*) कृषि-; ~ uplift, ग्रामसुधार; **~ity,** देहातीपन; **~ize,** ग्राम्य बनाना; देहात में बस जाना। > रुअॅरॅल; रुअॅरैल्-इटि; रुअॅरॅलाइज़

ruse, छल, चाल*, धोखा। > रूज़

rush, *n.*, 1. (*plant*) भादा, जलबेंत; 2. (*a rushing*) दौड़*, रेल-पेल* (*of many people*) 3. (*hurry*) हड़बड़ी*; 4. (*on-slaught*) झपट*, धावा, चढ़ाई*; 5. (*demand*) बड़ी माँग*, 6. (*pl.*) तुरत प्रति*; —*v.*, 1. (*dash*) झपटना, पिल पड़ना; वेगपूर्वक आगे बढ़ना; 2. जल्दी, अचानक या हड़बड़ाकर आ जाना, ले जाना, घुस पड़ना, पार क०, कर डालना, पारित क०, आदि; 3. (*charge*) धावा बोलना, चढ़ाई* क०; धावा बोलकर ले लेना; 4. तेज़ी* से बहना या फैल जाना; with a ~, अचानक, हड़बड़ी* से, वेगपूर्वक; **~-hours,** व्यस्त समय। > रॅश

rusk, बिस्कुट। > रॅस्क

russet, गेरुआ। > रॅस्-इट

Russell's viper, दुबोइया। > रॅसॅल्स वाइप्-अॅ

Russian, रूसी। > रॅशॅन

rust, *n.*, 1. ज़ंग मोरचा; 2. (*botany*) किट्ट, रतुआ; 2. (*fig.*) बिगाड़, विकार; —*v.*, ज़ंग लगना; बिगड़ना; बिगाड़ना। > रॅस्ट

rustic, *adj.*, 1. (*rural*) देहाती, ग्राम्य; 2. (*unsophisticated*) सीधा; 3. (*uncouth*) गँवारू; 4. (*of rude workmanship*) कच्चा; अनपढ़; अपरिष्कृत; —*n.*, देहाती, ग्रामवासी, ग्रामी; **~ate,** 1. देहात में बस जाना; 2. देहाती बन जाना; 3. (*a student*) अस्थायी रूप से निकाल देना; **~ation,** ग्रामवास; देहातीपन; अस्थायी बहिष्कार; **~ity,** देहातीपन; सीधापन, भोलापन; गँवारूपन; अनगढ़पन। > रॅस्/टिक, ~टिकेट; रॅस्टिकेशॅन; रॅस्-टि-सि-टि

rustle, *v.*, 1. सरसराना; 2. (*steal*) चुराना; —*n.*, सरसराहट*। > रॅसॅल

rustler, पशुचोर। > रॅस्-लॅ

rust/less, ज़ंग-रहित; **~-proof,** ज़ंगरोक; **~y,** 1. जंग लगा हुआ, मोरचेदार; 2. (*plant*) रतुआ लगा हुआ; 3. (*antiquated*) पुराना; 4. (*of voice*) फटा हुआ; 5. (*impaired*) कमज़ोर, निस्तेज़; 6. ज़ंग के रंग का; 7. (*rancid*) बिसायँध। > रॅस्ट्/लिस, ~प्रूफ़; रॅस्-टि

rut, *n.*, 1. लीक* (*also fig.*) 2. (*of animals*) मद, मदकाल, मस्ती*; —*v.*, मस्ताना; **~ting, ~tish,** मस्त। > रॅट: रॅट्/इन्ग, ~इश

ruthless, निष्ठुर, बेरहम। > रूथ्-लिस

rye, 'राइ'; **~-grass,** 'राइ'-घास*। > राइ

ryot, किसान। > राइअॅट

Ss

Sabaism, नक्षत्र-पूजा*। > सेब्-अॅ-इज़्म

sabbath, विश्राम-दिवस, शनिवार; इतवार; विश्राम। > सैबॅथ

sabbatize, विश्राम-दिवस मनाना या बना देना। > सैबॅटाइज़

sable, काला। > सेबॅल

sabot, काठ का जूता। > सैबो

sabotage, *n.*, तोड़-फोड़*, ध्वंसन; *v.*, तोड़-फोड़* क०; बिगाड़ना; बेकार कर देना। > सैबॅटाश्ज़

saboteur, तोड़-फोड़* करने वाला, (वि)-ध्वंसक, अंतर्ध्वंसक। > सैबॅटॅ:

sabre, *n.*, (*v.*) तेग*, तलवार* (चलाना, से मारना या काटना); **~tache,** झोला। > से-बॅ; सैबॅटैश

sabulous, 1. (*sandy*) बलुआ; 2. (*gritty*) कंकड़ीला। > सैब्यूलॅस

sac, 1. कोश, पुट; थैली*, गोणी*; 2. (*membrane*) झिल्ली*; **~cate,** 1. पुटाकार; 2. (*contained in a ~*) पुटित; 3. सपुट। > सैक; सैकेट

saccha/rate, सैकरेट; **~ric,** सैकैरिक; **~ride,** सैकैराइड; **~riferous,** शर्करामय। > सैकॅरिट; सॅकॅरिक; सैकॅराइड; सैकॅरिफ़ॅरॅस

saccha/rify, शर्करीकृत क०; **~rimeter,** शर्करामापी; **~rin,** सैकरिन। > सैकॅरिफ़ाइ; सैकॅरिम्-इटॅ; सैकॅरिन

saccha/rine, *adj.*, शर्करीय; सुमधुर; *n.*, सैकरिन; **~roid,** शर्कराभ; **~rose,** इक्षु-शर्करा*। > सैकॅ/राइन (*adj.*) ~रिन (*n.*). ~रॉइड, ~रोस

sac/ciform, ~cular, पुटाकार, कोशाकार; **~cule, ~culum,** गोणिका*, अनुकोश, लघुकोश। > सैकसिफ़ॉःम; सैक्/यूलॅ, ~यूल, ~यूलॅम

sacerdotal, पुरोहिती, याजकीय; पुरोहितवादी; **~ism** 1. (*priesthood*) पुरोहिताई*; 2. (*system*) पुरोहिततन्त्र; 3. (*belief*) पुरोहितवाद; **~ist,** पुरोहितवादी। > सैसॅडोटॅल; सैसॅडोटॅ/लिज़्म, ~लिस्ट

sachem, मुखिया; बड़ा आदमी। > सेचॅम = सेचे'म

sachet, (सुगन्ध* का) पुटक, थैली*। > सैशे

sack, *n*, 1. बोरा, बोरी*; 2. (*coat*) ढीला-ढाला कुरता; 3. (*looting*) लूटपाट*, लूट*; 4. (*wine*) अंगूरी शराब*; —*v.*, बोरे में रखना; निकाल देना; लूटना; **~cloth,** टाट; in—and ashes, टाट ओढ़े और भस्म रमाए; **~ful,** बोराभर; **~ing,** टाट। > सैक; सैक्क्लॉथ

sacral, सेक्रमी, त्रिक-। > सेक्रॅल

sacrament, 1. संस्कार; 2. (*Eucharist*) परमसंस्कार, परमप्रसाद; 3. (*mystery*) रहस्य; 4. (*symbol*) प्रतीक; 5. (*oath*) शपथ*; **~al,** (*adj.*,) सांस्कारिक; —*n.*, उपसंस्कार; **~alism,** संस्कारवाद; **~alist,** संस्कारवादी; **~ary,** संस्कार-ग्रंथ। > सैक्रॅमॅन्ट; सैक्रॅमेन्/टॅल, ~टॅलिज़्म, ~टॅलिस्ट, ~टॅरि

sacrarium, गर्भगृह। > सॅक्रे'अॅर्-इअॅम

Sacred, 1. (*holy*) पवित्र, पावन, पुण्य; 2. (*religious*) धार्मिक; 3. (*venerable*) पूज्य, परमपावन; 4. (*dedicated*) निवेदित; **~thread,** यज्ञोपवीत, जनेऊ; **~vessels,** यज्ञ-पात्र; **~vestment,** यज्ञ-परिधान। > सेक्-रिड

sacrifice, *n*, 1. (*a rite*) यज्ञ, याग, बलिदान;

2. (*a giving up*) त्याग, उत्सर्ग; आत्मत्याग; 3. (*victim*) बलि, बलिपशु; 4. (*offering*) चढ़ावा; —*v.*, 1. बलिदान चढ़ाना, यज्ञ क०; 2. (*offer up*) अर्पित क०, उत्सर्जित क०; 3. (*give up*) त्याग देना, छोड़ देना, जाने देना; **~r** याजक। > सेक्-रि-फ़ाइस

sacrificial, यज्ञीय, यज्ञ-, बलि-। > सैक्रिफ़िशॅल

sacri/lege, अपवित्रीकरण; **~legious,** अपवित्रीकारी; देवद्रोही; धर्मविरोधी। > सैक्-रि-लिज; सैक्रिलिजॅस=सैक्रिलीजॅस

sacristan, गिरजादार, मन्दिर-परिचर। > सैक्-रिस्टॅन

sacristy, (मंदिर का) वस्त्रालय; पूजा सामग्री-कक्ष। > सैक्-रिस्टि

sacrosanct, 1. परमपावन, अतिपवित्र; 2. (*inviolable*) अलंघनीय, अलंघ्य। > सैक्-रो-सैन्क्ट=सैक्रॅसैन्क्ट

sacrum, सेक्रम, त्रिक, त्रिकास्थि*। > सैक्-रॅम

sad, 1. उदास, दु:खी, खिन्न, विषण्ण; 2. (*causing sorrow*) दु:खद; 3. (*of colour*) मलिन, फीका; 4. (*deplorable*) पक्का, बहुत बुरा; 5. (*of bread*) भारी; **~den,** उदास या दु:खी बनना या क०; **~ly,** उदासी* से; बुरी तरह* से; **~ness,** उदासी*, विषाद। > सैड; सैडॅन; सैड्/लि, ~निस

saddle, *n*, 1. (*of horse*) ज़ीन, काठी*, चारजामा, पल्याण, पर्याण; 2. (*of camel*) कजावा; 3. (*of cycle etc.*) गद्दी*, आसन, सीट*; 4. (*back*) पीठ*; 5. (*meat*) पीठ* का पारचा; 6. (*ridge*) अवतल प्रदेश; —*v.*, 1. ज़ीन बाँधना; 2. (*load, impose*) पर डालना या लादना; के सिर मढ़ना, के गले बाँधना, मढ़ना या लगाना; in the ~, कर्ता-धर्ता। > सैडॅल

saddle/back, 1. (*roof*) काठी छत*; 2. (*hill*) अवतल पर्वत; **~backed,** 1. (*of horse*) गहरी पीठवाला; 2. (*concave*) अवतल; **~-bag,** खुरजी*; **~-bow,** काठी* का आगा; **~-cloth,** नमदा, मैलख़ोरा; **~-girth,** तंग; **~-horse,** सवारी* का घोड़ा।

saddler, जीनसाज़। > सैड्-लॅ

saddlery, ज़ीनसाज़ी*; घोड़े का साज़-सामान; ज़ीनसाज़ की दुकान*। > सैड्-लॅरि

sadducee, सदूसी। > सैड्यूसी

sad-iron, इस्तरी*। > सैडाइअॅन

sad/ism, परपीड़न-कामुकता*, सादवाद; **~ist,** परपीड़न-कामुक; परपीड़क, परपीड़नशील।

safari, 1. शिकार; 2. (*caravan*) कारवाँ। > सॅफ़ारि

safe, *adj.*, 1. (*uninjured*) सही-सलामत, भला-चंगा; सकुशल; 2. (*secure*) सुरक्षित, निरापद; 3. (*not involving danger*) निरापद; अभय, भयरहित; 4. (*reliable*) विश्वस्त, विश्वसनीय; 5. (*unfailing*) निश्चित, सुलभ; ~ conduct, अभयपत्र; ~ custody, सुरक्षा*; ~ deposit, तिजोरी*; ~ keeping, सुरक्षा; सुरक्षण; —*n.*, 1. (*for valuables*) तिजोरी*; 2. (*for food*) जालीदार आलमारी*। > सेफ़

safeguard, *n.*, 1. (*safe conduct*) अभयपत्र; 2. (*pass*) पारपत्र; 3. (*precaution*) रक्षोपाय, पूर्वोपाय; 4. (*guard*) रक्षक; 5. (*protection*) रक्षा*, सुरक्षा, बचाव, परित्राण; 6. (*mech.*) रक्षाकवच; —*v.*, (से) बचाना, सुरक्षित क०। > सेफ़्गाड

safely, निरापद, कुशलपूर्वक, सलामती* से; निश्चित रूप से। > सेफ़्-लि

safety, *adj.*, सुरक्षा-, निरापद; *n.*, सुरक्षा*, क्षेम; बचाव; **~-catch,** सुरक्षा-तालक; **~-device** सुरक्षा-साधन; **~-fence,** बचाव-जंगला; **~ lamp,** निरापद दीप; **~-match,** दियासलाई*; **~-pin,** सुरक्षा-पिन*; **~zone,** निरापद क्षेत्र। > सेफ़्-टि

safflower, कुसुम्भ, कुसुम। > सैफ़्लाउअॅ

saffron, *n.*, केसर, कुंकुम, ज़ाफ़रान; *adj.*, केसरिया, *v.*, केसर से रँगना; **~y,** केसरिया, ज़ाफ़रानी। > सैफ़्-रॅन

sag, *v.*, 1. बैठ जाना, झोल पड़ना, झुक जाना; झुकाना 2. (*sink*) धसकना; धसकाना; 3. (*hang down*) ढलक पड़ना, लटकना; ढलकाना; 4. (*decline*) घटना; 5. (*drift*) बह जाना; —*n.*, झोल, अवनमन, अवतलन; धसकन*; घटती*; घटाव; बहाव; **~ging,** झोलदार। > सैग

saga, सागा, आख्यान। > सार्ग

sagacious, विचक्षण, दूरदर्शी। > सॅगेशॅस

sagacity, विचक्षणता*, दूरदर्शिता*। > सॅगैसिटि

sagamore, मुखिया। > सैगॅमॉ:

sage, *adj.*, 1. (*of person*) बुद्धिमान, विवेकी; 2. विवेकपूर्ण; —*n.*, 1. मनीषी, पंडित; 2. (*herb*) सेज; Bengal ~, कपूर का पत्ता; wild ~, साननानी*। > सेज

saggar, sagger, अग्निसह-मृत्तिका पेटी*। > सैग्-अॅ

Sagitta, सजिटा, बाण; **~rius,** धनु। > सॅजिट्-अॅ; सैजिटे'अॅर्-इअॅस

sagittal, सममिताधी। > सॅजिट्-अॅल

sagittary, 1. (*centaur*) किन्नर; 2. (*archer*) तीरंदाज़, धनुर्द्धर। > सैजिटॅरि

sagittate, बाणाकार। > सैजिटेट

sago, साबूदाना, सागू; **~palm,** सागूताड़, मरी*। > सेगो

sahib, साहब। > साहिब

said, उपर्युक्त; कथित, उक्त। > से'ड

sail, *n*, 1. पाल, बादबान; 2. पाल-जहाज़, पाल-नाव*; जहाज़; 3. जलयात्रा; —*v.*, 1. जलयात्रा* क०; 2. रवाना होना, प्रस्थान क०, 3. (*steer*) चलाना; 4. पार क०; 5. (*glide*) मँडराना, तिरना, चलना; in ~, पाल चढ़ाए; set ~, पाल लगाना या चढ़ाना; प्रस्थान क०, रवाना

होना; strike ~, पाल उतारना। > सेल

sail/able, नौगम्य, नाव्य; **~-arm,** (पवनचक्की* का) पंखा; **~-axle,** धुरी*; **~-boat,** पाल-नाव*।

sailing, *n.*, 1. जलयात्रा*; 2. (*art*) नौ-चालन, जहाज़रानी*; 3. (*start*) नौप्रस्थान; —*adj.*, बादबानी; जहाज़ी; ~ date, चलने की तिथि*; ~ orders, चालन-आदेश; **~-boat,** पाल-नाव*; **~-master,** पाल कप्तान। > सेल-इन्ग

sail/-loft, पालघर; **~-maker,** सिलमाकुर।

sailor, मल्लाह, नाविक; **~ing,** मल्लाही*। > सेल्/अॅ, ~ॲरिन्ग

saint, *n.*, सन्त, धर्मात्मा; *adj.*, 1. सन्त; सिद्ध; 2. (*holy*) पवित्र; —*v.*, सन्त घोषित क०; patron ~, संरक्षक सन्त; titular ~, अधिष्ठाता सन्त; **~ed,** 1. सन्त; सन्तसुलभ; 2. (*sacred*) पवित्र, पुण्य, पावन; **~hood, ~ship,** सन्तता*, साधुता*; **~like, ~ly,** सन्तसुलभ, सन्त-जैसा; सन्त, साधु। > सेन्ट; सेन्ट्/इड, ~हुड, ~शिप, ~लाइक, ~लि

Saint-John's-wort, बसन्त, बालशना, देन्धू।

sake, for the ~ of...., for...s ~, के लिए; के कारण। > सेक

saké, साकि, जापानी शराब। > साकि

saker, 1. (*falcon*) बाज़, श्येन; 2. (*gun*) पुरानी तोप*। > सेक्-अॅ

sakia, रहट। > सा-कि-अॅ

sal, saul, सखुआ, साखू, शाल। > साल

salaam, —*n.* (*v.*) सलाम (क०)। > सॅलाम

sal(e)ability, विक्रेयता*। > सेलॅबिल्-इटि

sal(e)able, विक्रेय। > सैलॅबॅल

sala/cious, 1. लम्पट, कामुक; 2. (*obscene*) अश्लील; **~city,** कामुकता*, लाम्पट्य; अश्लीलता*। > सॅलेशॅस; सॅलैसिटि

salad, सलाद; ~-days, कच्ची उमर*। > सैलॅड

salamander, समन्दर; सैलामैण्डर। > सैलॅमैन्डॅ

salame, salami, मसालेदार लंगोचा। > सॅलामि

sal-ammoniac, नौसादर। > सैलॅमोन्-इऐक

salaried, वैतनिक, वेतनभोगी, तनख्वाहदार। > सैलॅरिड

salary, *n.* (*v.*) वेतन, तनख़ाह*, तनख्वाह* (देना)। > सैलॅरि

sale, बिक्री*, विक्रय, बेची*; on ~, for ~, बिकाऊ; **~s-book,** बिक्री-बही*; **~sman,** विक्रेता, विक्रयिक; **~smanship,** बिक्रीकारी*, विक्रयकला*; **~swoman,** विक्रेत्री; **~s tax,** बिक्रीकर, विक्रयकर; deed of ~, बैनामा, विक्रयपत्र। > सेल

salience, उदग्रता*; प्रमुखता*; उभार। > सेल्यॅन्स

salient, *adj.*, 1. (*pointing outward*) निकला हुआ, बहिर्गत; 2. (*prominent*) प्रमुख, मुख्य; 3. (*leaping*) उछलता हुआ; 4. (*gushing*) प्रवाही; —*n.*, उभार। > सेल्यॅन्ट=सेल्-इ-ॲन्ट

saliferous, लवणमय। > सेलिफ़ॅरॅस

saline, *adj.*, 1. (*salt*) खारा, नमकीन; 2. (*chem.*) लवणीय; —*n.*, 1. (*salt lake*) खारी झील*; *see* SALT-MARSH, SALT-PAN; 2. (*solution*) लवण घोल; 3. (*salt*) लवण। > सेलाइन (*adj.*); सॅलाइन (*adj.*, *n.*)

salinity, खारापन, लवणता*। > सॅलिन्-इटि

salinometer, लवणमापी। > सैलिनॉम्-इटॅ

saliva, लार*, लाला*। > सॅलाइव्-अॅ

salivary, लारमय, लार-, लाला-; ~gland, लाला-ग्रन्थि*। > सैल्-इवॅरि

sali/vate, लार* बहना, टपकाना या उत्पन्न क०; ~vation, लालास्रवण; **~vator,** लालास्रावक; **~vatory,** लाल-। > सैल्-इवेट; सैलिवेशन; सैल्-इ-वे-ट

sallenders, सूखा फोड़ा। > सैलॅन्डॅज़

sallow, *adj.*, पीला, फीका; *n.*, 1. पीलापन; 2. (*willow*) बेदमजनूँ; —*v.*, पीला क० या पड़ जाना। > सैलो

sally, *n*, 1. (*attack*) धावा, झपट*; 2. (*excursion*) सैर*; 3. (*outburst*) लहर* 4. (*witticism*) चुटकुला; 5. (*retort*) मुँहतोड़ जवाब; —*v.*, 1. झपटना, धावा बोलना, निकल पड़ना; निकलना, (बाहर) निकलना; प्रस्थान क०; **~-port,** निर्गम-द्वार। > सैल्-इ

salmagundi, खिचड़ी* (*also fig.*)। > सैल्मॅगॅन्-डि

salmi, मसालेदार क़ीमा, सालन। > सैल्-मि

salmon, *n.*, सामन, मृदुपक्षा*; *adj.*, गेरुआ। > सैमॅन

salon, 1. (*drawing-room*) बैठक*; 2. (*hall*) हॉल, बड़ा कमरा; सभाभवन; 3. (*meeting*) गोष्ठी*; 4. (*exhibition*) वार्षिक प्रदर्शनी*; 5. प्रदर्शनी-कक्ष। > सैलों

saloon, 1. सैलून; 2. (*bar*) शराब-घर, मधुशाला*; *see* SALON 1. *and* 2. > सॅलून

salsify, विलायती कचालू > सैल्-सि-फ़ाइ

salt, *n.*, 1. नमक, नोन, लवण; 2. (*chem.*) लवण; 3. (*pl. Epsom ~*) जुलाबी नमक; 4. (*piquancy*) तीखापन, चटकीलापन; 5. (*wit*) वाग्विदग्धता*; 6. (*~cellar*) नमकदान; —*adj.*, 1. नमकीन, खारा; 2. (*bitter, fig.*) अप्रिय, अरुचिकर, कटु, खारा; 3. (*pungent fig.*,) तीखा, तीक्ष्ण; 4. (*witty*) चटकीला; 5. (*spicy, indecent*) अश्लील, फूहड़; —*v.*, 1. नमक मिलाना, नमकीन बनाना; नमक में रखना; 2. (*mix*) में मिलाना; 3. (*falsify*) में जाल क०; not worth his ~, निकम्मा, eat ~ with, का अतिथि होना; का नमक खाना; **take with** a grain of ~, पर विश्वास नहीं क०; **old ~,** अनुभवी नाविक; **~-cat,** नमक का डला;

~-cellar, नमकदान; **~-glaze,** लवणकाच; **~-lick,** लवणलेह; **~-marsh,** लवणकच्छ **~-pan,** लवण-पटल; **~-works,** लोनारा। > सॉ:ल्ट

salta/tion, 1. (*jumping*) कूद*; 2. (*leaping*) उछाल*, उच्छलन; 3. (*danging*) नाच, उछल-कूद*; 4. (*biol.*) उत्परिवर्तन; **~torial, ~tory,** उच्छलन-; नृत्य-; उत्परिवर्तन-, उत्परिवर्तनीय। > सैल्टेशॅन; सेल्टॅटॉ:र्-इॲल; सैल्टॅटॅरि

salt/ed, 1. लवणित, नमकीन; 2. (*experienced*) अनुभवी; **~er,** नुनेरा; **~ern,** लोनारा। > सॉ:ल्ट्/इड, ~ॲ, ~ॲन

saltigrade, *adj.*, (*n.*) उछलनेवाला (मकड़ा)। > सैल्-टि-ग्रेड

saltish, नुनखरा, नुनखारा। > सॉ:ल्ट्-इश

saltpetre, शोरा, सुवर्चल। > सॉ:ल्ट्-पीट्-ॲ

saltus, क्रमभंग, आकस्मिक परिवर्तन। > सैल्टॅस

salty, नमकीन, खारा। > सॉ:ल्ट्-इ

salubrious, स्वास्थ्यवर्धक, स्वास्थ्यकर। > सॅलूब्रिॲस

salutary, हितकर, हितकारी। > सैल्यूटॅरि

salutation, 1. नमस्क्रिया*, अभिवादन; 2. (*address*) सम्बोधन। > सैल्यूटेशॅन

salutatory, नमस्क्रियात्मक। > सॅल्यूटॅटॅरि

salute, *v.*, 1. (*greet*) नमस्कार क०; प्रणाम क० (*a superior*); 2. (*mil., naval*) अभिवादन क०, सलामी* देना; —*n.*, नमस्कार; प्रणाम; अभिवादन, सलामी*। > सॅल्यूट = सॅलूट

saluting-base, सलामी-मंच। > सॅल्यूटिन्ग्बेस

salvable, रक्षणीय, उद्धारणीय। > सैल्वॅबॅल

salvage, *n.*, 1. (*act*) उबार, भ्रंशोद्धार; बचाव; 2. (*award*) उबार-पुरस्कार; 3. बचाया हुआ माल; —*v.*, उबारना, निकाल लेना; बचाना। > सैल्-विज

salvarsan, सैलवर्सन। > सैल्वॅसैन

salvation, 1. मुक्ति*, मोक्ष; विस्तार; 2. (*from danger*) बचाव, रक्षा*, (परि)त्राण, उद्धार; S~Army, मुक्ति-सेना*, **~ist,** मुक्ति-सैनिक। > सैल्वे/शॅन, ~शॅनिस्ट

salve, *n.*, 1. मरहम, विलेप; 2. (*remedy*) इलाज; —*v.*, 1. शान्त क०; 2. (*salvage*) उबारना, बचा लेना। > साव (*n., v.* 1); सैल्व् (*v.* 2)

salver, थाली*। > सैल्-वॅ

salvo, 1. (*of arms*) साल्वो, बाढ़*; 2. (*of applause*) लहर*; 3. (*proviso*) प्रतिबन्ध; 4. (*excuse*) बहाना; 5. (*expedient*) युक्ति*। > सैल्-वो

sal volatile, ऐमोनियम कार्बोनेट। > सैल् वॅलैटॅलि

salvor, उबारक। > सैल्-वॅ

Samaritan, समारी। > सॅमैरिटॅन

sambar, sambur, साँभर। > सैम्-बॅ

sambo, वर्णसंकर। > सैम्बो

same, 1. (*identical*) एकही, वही; 2. (*not different*) वैसा ही, अभिन्न; 3. (*alike*) समान, सदृश, वैसा ही, समरूप; 4. (*aforesaid*) उपर्युक्त, वही; 5. (*uniform*) एकरूप; 6. (*monotonous*) नीरस, एकरस; all the ~, फिर भी; just the ~, फिर भी; वैसा ही, उसी तरह* से; at the ~ time, फिर भी; एक ही समय; **~ness,** अभिन्नता*; समानता*; एकरूपता*; नीरसता*। > सेम; सेम्-निस

samel, अधपाक। > सैमॅल

samovar, समोवार। > सैमोवा = सैमॅवा

sampan, साम्पान। > सैम्पैन

samphire, सम्फायर। > सैम्फ़ाइॲ

sample, *n.*, 1. बानगी*, नमूना, प्रतिदर्श; 2. (*fig.*) नमूना, उदाहरण; —*v.*, 1. नमूना लेना या देना; 2. (*test*) परखना; 3. (*experience*) का अनुभव प्राप्त क०, का मज़ा चखना। > साम्पॅल

sampler, 1. (*person*) प्रतिचयक; पारखी; 2. (*instrum.*) प्रतिदर्शित्र; 3. नमूना। > साम्प्लॅ

sampling, *n.*, 1. (*act*) प्रतिचयन, प्रतिदर्शन; 2. नमूना, प्रतिदर्श; —*adj.*, प्रतिचयी, प्रतिदर्शी। > साम्प्लिन्ग

sana/tive, ~tory, रोगनाशक, रोगहर; **~torium,** आरोग्य-निवास, आरोग्य-आश्रम, स्वास्थ्य-निवास। > सैनॅटिव्; सैनॅटॅरि; सैनॅटॉ:र्-इॲम

sancti/fication, 1. पवित्रीकरण; 2. (*spiri-tual progress*) आत्मोन्नति*; सिद्धिसाधना*; 3. (*cano-nization*) सन्तघोषण; **~fied,** पवित्र, पवित्रीकृत; 2. (*sanctimonious*) पाखंडपूर्ण; **~fier,** 1. पवित्रीकर्ता; 2. (*S.*) पवित्र आत्मा; **~fy,** 1. पवित्र क०; 2. (*purify*) शुद्ध क०; पाप से मुक्त क०; 3. (*justify*) दोषमुक्त क०। > सैन्क्-टिफ़िकेशॅन; सैन्क्/टिफ़ाइड, ~टिफ़ाइॲ, ~टिफ़ाइ

sancti/monious, 1. (*of person*) पाखण्डी, ढोंगी, बगुलाभगत, धर्मध्वज; 2. पखण्डपूर्ण; **~mony,** पाखण्ज, ढोंग, बगुलाभगती*। > सैन्क्-टि-मोन्-यॅस; सैन्क्-टिमॅनि

sanction, *n.*, 1. (*coercive measure*) अनुशास्ति*; शास्ति*; 2. (*penalty*) दण्ड, दण्ड-विधान; 3. (*reward*) पुरस्कार; 4. (*ratification*) मंजूरी*, अनुमोदन, अनुसमर्थन; स्वीकृति*; 5. (*support*) समर्थन; 6. (*decree*) आदेश, अनुज्ञप्ति*; 7. (*law*) विधि*; —*v.*, अनुमोदित क०, मंजूर क०; समर्थन क०; **~ed,** स्वीकृत, मंजूर; अनुमत। > सैन्क्शॅन; सैन्कशॅन्ड

sanctity, पवित्रता*, सन्तता*, पुनीतता*। > सैन्क्-टिटि

sanctuary, 1. (*temple*) मंदिर, पुण्य-स्थान; 2. (*within the church*) मंदिर-गर्भ, गर्भगृह,

यज्ञमण्डप; 3. (*refuge*) शरण-स्थान, शरण-क्षेत्र, शरण्य, आश्रम; 4. (*for animals*) मृग-वन। > सैन्क्ट्यूअॅरि

sanctum, मन्दिर; निजी कमरा; ~sancto-rum, परमपावन मन्दिर-गर्भ। > सैन्क्-टॅम

sanctus, स्तुतिगान। > सैन्कटॅस

sand, *n*, 1. बालू, रेत*, बालुका*, सिकता*, रेणुका*; 2. (*pl.*) रेती*, रेतीली ज़मीन*, सिकता*, बलुआ; बालू-तट (*beach*); —*v.*, बालू छिड़कना, लगाना या मिलाना; बालू से चमकाना या पालिश क०। > सैन्ड

sandal, चप्पल**, **~wood,** चन्दन। > सैन्‌डॅल, ~वुड

sandarac, राल*, धूना। > सैन्‌डॅरैक

sand-bag, *n*, (*v.*), बालू-थैली* (लगाना, से मारना); **~bank,** रेती*, सैकत; **~-bar,** बालू-भित्ति*; **~-bath,** बालू-ऊष्मक; **~-bin,** रेतखत्ता; **~-blasting,** बालूक्षेपण **~-box,** बालूदानी*; **~-fly,** मरुमक्षिका*; बालूमक्षिका*, **~-glass,** रेतघड़ी*; **~-hill,** बालू का टीला; **~paper,** रेगमाल; **~piper,** टिटिहरी*; **~stone,** बलुआ पत्थर, बालुकाश्म; **~-storm,** रेतीली आँधी*, रेतीला तूफ़ान।

sandwich, *n.*, सैंडविच; *v.*, बीच में रखना या ठूसना। > सैन्ड्-विच = सैन्-विज

sandy, बलुआ, रेतीला, बालुकामय। > सैन्ड्-इ

sane, 1. स्वस्थचित्त, प्रकृतिस्थ; 2. (*sensible*) समझदार, सन्तुलित; 3. (*healthy*) स्वस्थ। > सेन

sang-froid, आत्मसंयम, धैर्य। > साँफ़्वा

sanguification, रक्तनिर्माण। > सैन्-ग्वि-फ़ि-के-शॅन

sanguinary, 1. रक्तपातपूर्ण; 2. (*blood-stained*) रक्तरंजित, ख़ूनी; 3. (*blood-thirsty*) रक्तपिपासु, खूँखार। > सैंग्-विनॅरि

sanguine, 1. आशावादी, सुप्रत्याशी; उत्साही; प्रसन्नचित्त, प्रफुल्ल; 2. (*ruddy*) लाल, रक्तिम; **~ous,** रक्त-, रक्त का; लाल; आशावादी। > सैंग्-विन; सैन्-ग्विन-इ-अॅस

Sanhe/drim, ~drin, (यहूदियों की) महासभा*। > सैन्/इड्रिम, ~इड्रिन

sanies, पंछा। > सेनिईज़

sanify, स्वस्थ क०; सफ़ाई* का प्रबन्ध क०। > सैन्-इ-फ़ाइ

sani/tarian, *adj.*, स्वास्थ्य-; *n.*, स्वास्थ्य-शास्त्री; सफ़ाई-पसन्द व्यक्ति; **~tary,** स्वास्थ्य-, सफ़ाई* का; स्वास्थ्यकर; **~tate,** सफ़ाई* का प्रबन्ध क०; **~tation,** 1. सफ़ाई* का प्रबन्ध, स्वच्छता*, स्वास्थ्य-रक्षा*; 2. (*hygiene*) स्वास्थ्य-विज्ञान। > सैनिटे'अॅर्-इअॅन; सैन्-इ/टॅरि, ~टेट; सैनिटेशॅन

sanity, 1. मानसिक सन्तुलन; स्वस्थचित्तता*; 2. (*soundness of judgment*) विवेक, समझदारी*। > सैन्-इ-टि

Sanscrit, Sanskrit, संस्कृत*; **~ic,** सांस्कृतिक; **~ist,** संस्कृतज्ञ। > सैन्-स्क्रिट; सैन्स्-क्रिट्/इक, ~इस्ट

san(n)yasi, संन्यासी। > सॅन्यासि

sanserif, सादा टाइप। > सैन्‌से'रिफ

sap, *n.*, 1. (*of tree*) रस, सार; 2. (*vigour*) स्फूर्ति*, ओज, तेज; 3. (*trench*) सुरंग*; —*v.*, 1. रस निकालना; 2. (*exhaust*) थका देना, अशक्त या दुर्बल कर देना; 3. सुरंग* बनाना; 4. (*undermine*) तलोच्छेदन क०; 5. (*destroy insidiously*) गुप्त रूप से (या धीरे-धीरे) दुर्बल क० या नष्ट क०; **~less,** 1. सूखा; 2. (*fig.*) निर्जीव; **~ping,** अध: खनन। > सैप; सैप्-लिस; सैप्-इन्ग

sap(p)an-wood, पतंग, सैपन। > सैपॅन्‌वुड

sapid, 1. (*savoury*) स्वादिष्ठ, स्वादु, ज़ायक़ेदार; 2. (*interesting*) रुचिकर, मज़ेदार, दिलचस्प; **~ity,** स्वाद; मज़ा। > सैप्-इड; सॅपिड्-इटि

sapience, प्रज्ञा*। > सेप्यॅन्स

sapient, प्रज्ञ; **~ial,** शिक्षात्मक। > सेप्यॅन्ट; सैपिए'न्शॅल

sapling, बालवृक्ष; किशोर, जवान। > सैप्-लिन्ग

sapodilla, चीकू। > सैपॅडिल्-अॅ

sapo/naceous, 1. साबुनी; 2. (*fig.*) चिकना-चुपड़ा; **~nifiable,** साबुनीकरणीय; **~nifica-tion,** साबुनीकरण; **~nifier,** साबुनीकारक; **~nify,** साबुन में परिवर्तित क०; **~nite,** सैपोनाइट। > सैपॅनेशॅस; सॅपॉन्-इफ़ाइ-अॅबॅल; सॅपॉनिफ़िकेशॅन; सॅपॉन्-इ/फ़ाइअॅ, ~फ़ाइ; सैपॅनाइट

sapor, स्वाद, जायक़ा। > सेपॉ:

sapper, सफरमैना। > सैप्-अॅ

sapphire, *n.*, नीलम, नीलमणि; *adj.*, **sapphirine,** नीला। > सैफ़ाइअॅ; सैफ़्-इराइन

sapphism, स्त्रीसजातीय कामुकता*। > सैफ्-इज़्म

sappy, 1. रसदार, हरा-भरा; 2. (*vigorous*) तेजस्वी, ओजस्वी, जीवन्त। > सैप्-इ

sapraemia, पूतिरक्तता*। > सैप्रीमिअॅ

sapwood, रसदारु। > सैपवुड

sapro/genic, 1. (*producing putrefac-tion*) पूतिजनक, पूयकारी; 2. (*produced by putrefaction*) पूतिजनित; **~phagous,** मृतभक्षी, पूतिभोगी; **~phyte,** मृतजीवी। > सैप्रॅजे'न्-इक; सैप्रॉफ़ॅगॅस; सैप्रॅफ़ाइट

sarcasm, ताना, कटाक्ष, व्यंग्योक्ति*, बोली-ठोली*, कटूक्ति*; व्यंग्य। > साकैज़्म

sarcastic, 1. व्यंग्यात्मक, व्यंग्यपूर्ण, कटु; 2. (*of person*) व्यंग्यप्रिय। > साकैस्-टिक

sarcoma, भ्रूण-अर्बुद। > सा-कोम्-अॅ

sarcophagus, शवपेटिका*, ताबूत। > साकॉफ़ॅगॅस

sarcous, मांसल। > सार्कस
sardine, सार्डीन। > सादीन
sardonic, कटुतापूर्ण, कटु, अवज्ञापूर्ण, निन्दापूर्ण। > सा-डॉन्-इक
sardonyx, सार्डोनिक्स। > सार्डेनिक्स
sargasso, समुद्री शैवाल। > सागैसो
sari, साड़ी*। > सारि
sarmentose, भूस्तरी-जनक। > सामॅन्टोस
sarong, सारोंग। > सारॉन्ग = सॅरॉन्ग
saros, चान्द्र चक्र। > सेरॉस
sarsaparilla, चिरायता। > सासॅपॅरिल्-ॲ
sartorial, 1. दर्ज़ी का; 2. (*of dress*) पोशाक* का, पहनावे का; 3. (*anat.*) दीर्घतमा* का। > साटॉ:र्-इॲल
sartorius, दीर्घतमा*। > साटॉ:र्-इॲस
sash, 1. (*scarf*) दुपट्टा; 2. (*cincture*) पेटी*, कमरबन्द; 3. (*of window etc.*) गज़; **~bar,** संधार पट्टी*। > सैश
Satan, शैतान; **~ism,** शैतानी*, महापाप; शैतानवाद, अतिदुष्टता*; शैतान-पूजा*; **~ology,** शैतान-शास्त्र। > सेटॅन; सेटॅनिज़्म; सेटॅनॉलॅजि
satanic(al), शैतानी, पैशाचिक, अतिदुष्ट। > सॅटैन्/इक, ~इकॅल
satchel, बस्ता। > सैचॅल
sate, 1. (*gratify*) तृप्त क० (*a person*) शान्त क० (*an appetite*); 2. (*glut*) छका देना। > सेट
sateen, स्टीन। > सैटीन=सॅटीन
satellite, *n.*, 1. (*astro.*) उपग्रह; 2. (*follower*) पिछलगा, अनुचर; 3. (*state*) अधीन राज्य; —*adj.*, अनुषंगी। > सैटॅलाइट
sati/ability, तृप्यता*; **~able,** तृप्य; **~ate,** छका देना, अघा देना, परितृप्त कर देना; **~ation,** 1. (*action*) परितर्पण; 2. (*state*) परितृप्ति*। > सेश्यॅबिल्-इटि; सेशॅबॅल; = सेश्यॅबल; से-शि-एट; सेशिएशॅन
satiety, परितृप्ति*, अघाव। > सॅटाइअॅटि = सॅटाइ-इ-टि
satin, *n.*, साटन*; *adj.*, चिकना; **~wood,** (*East Indian*) भिर्रा, गिर्या। > सैट्-इन
satire, व्यंगिका*, व्यंग्यरचना*; व्यंग्यकाव्य; प्रहसन, व्यंग्य, उपहास, विद्रूप। > सैटाइअॅ
satiric(al), 1. उपहासात्मक, व्यंग्यात्मक, विद्रूपात्मक; 2. (*of person*) व्यंग्यप्रिय। > सॅटिरिक; सॅटिरिकॅल
satirist, व्यंग्यकार। > सैट्-इरिस्ट
satirize, का उपहास क०, की निन्दा* क०। > सैट्-इराइज़
satis/faction, 1. (*act*) सन्तोषण, तोषण, तुष्टीकरण; 2. (*state*) सन्तोष, तुष्टि*, मनस्तोष; 3. (*payment of debt*) शोधन, ऋणशोधन; 4. (*atonement*) प्रायश्चित्त; 5. (*reparation*) क्षतिपूर्ति*, हरजाना; 6. (*after confession*) शोधन, शोधनकार्य; **~factory,** 1. सन्तोषजनक, सन्तोषप्रद; 2. (*adequate*) यथेष्ट; 3. (*theol.*) शोधनात्मक, प्रायश्चित्तात्मक। > सैटिस्फ़ैक्/शॅन, ~टॅरि
satis/fiable, तोषणीय; **~fied,** I am — that, मुझे विश्वास (निश्चय) है कि; I am (of rest)—, मुझे संतोष है; **~fier,** संतोषक। > सैट्-इस्/फ़ाइअॅबॅल, ~फ़ाइड, ~फ़ाइअॅ
satisfy, 1. (*fulfil*) पूरा क०; 2. (*pay*) चुकाना; 3. (*atone*) प्रायश्चित्त क०; 4. (*make reparation*) क्षतिपूर्ति* क०; हरजाना देना; 5. (*give satisfaction*) सन्तोष देना, सन्तुष्ट क०, प्रसन्न क०; 6. (*convince*) क़ायल क०, का सन्देह दूर क०, मनवाना; 7. (*hunger, appetite, etc.*) शान्त क०, तृप्त क०; 8. (*solve*) का समाधान क०, **~ing,** सन्तोषजनक। > सैट्-इस्-फ़ाइ, ~इन्ग
satrap, 1. क्षत्रप, प्रान्तपति, सूबेदार; 2. (*tyrant*) तानाशाह। > सैट्रैप
satu/rability, संतृप्यता*; **~rable,** संतृप्य; **~rant,** संतृप्तिकारक; **~rate,** 1. संतृप्त क०; 2. (*soak*) सराबोर या तर-बतर कर देना; **~rated,** 1. संतृप्त; 2. (*of colours*) गहरा; 3. (*soaked*) तर-बतर सराबोर; **~ration,** 1. (*state*) संतृप्ति*; 2. (*act*) संतृप्तीकरण; **~rator,** संतर्पित्र। > सैचॅरॅबिल्-इटि; सैचॅ/रॅबॅल, ~रॅन्ट, ~रेट, ~रेटिड; सैचॅरेशॅन
Saturday, शनिवार। > सैटॅ:डि = सैटॅडे
Saturn, शनि; **~ian,** शनि का; —age, स्वर्ण काल, सत्य युग; **~'s ring,** शनिवलय। > सैटॅ:न; सैटॅ:न्यॅन
Satur/nalia, सतरनालिया, आनन्दोत्सव, रंगरलियाँ*; **~nalian,** उच्छृंखल। > सैटॅनेल्/यॅ, ~यॅन
saturnic, सीसक-विषाक्त। > सॅटॅ:न्-इक
satur/nine, 1. (*sad, morose*) विषण्ण, उदास; 2. (*sluggish*) निस्तेज, मंथर, मट्ठर, सुस्त; 3. (*of lead*) सीसक-; 4. सीसक-विषाक्त; **~nism,** सीसक-विषायण। > सैटॅनाइन; सैटॅनिज़्म
satyr, 1. वनदेवता; 2. (*debauchee*) लम्पट, विलासी; **~iasys,** कामोन्माद, कामार्ति*। > सैट्-ॲ; सैटॅराइॲसिस
sauce, *n.*, 1. चटनी*, सालन; 2. (*flavour*) रस, मज़ा, स्वाद; 3. (*cheek*) ढिठाई*, गुस्ताख़ी*; —*v.*, नमक-मिर्च* मिलाना; **~-boat,** चटनी-पात्र; **~box,** ढीठ; **~pan,** डेगची*। > सॉ:स
saucer, तश्तरी*; **~-eyed,** विशालाक्ष, विशालाक्षी*। > सॉ:-सॅ

saucy, ढीठ, गुस्ताख़, धृष्ट। > सॉ:सि
saul, सखुआ, साखू, शाल। > साल
saunter, *v.*, टहलना, चहलना, मटरगश्ती* क०; —*n.*, टहल*, चहलक़दमी*, मटरगश्त*, मटरगश्ती*। > सॉ:न्-टॅ
saurian, *n.* (*adj.*), गिरगिट (जैसा, का)। > सॉ:र्-इॲन
sausage, गुलमा, लंगोचा। > सॉसिज
sauté, तला हुआ। > सोट्-ए
savage, *adj.*, 1. (*uncultivated*) जंगली; 2. (*rugged*) बीहड़; 3. (*untamed*) जंगली, वहशी; 4. (*fierce*) हिंस्र, हिंसक; 5. (*uncivilized*) असभ्य, जंगली, वन्य, वहशी, बर्बर; 6. (*cruel*) क्रूर, निष्ठुर, नृशंस, बर्बर; 7. (*furious*) क्रुद्ध, क्रोधोन्मत्त; —*n.*, वहशी, बर्बर; —*v.*, 1. (*bite*) काटना; 2. (*trample*) कुचलना; **~ry,** 1. जंगलीपन; 2. (*barbarity*) बर्बरता; क्रूरता*, पशुपन, पाशविकता*। > सैव्-इज; सैव्-इ-जॅ-रि
savanna(h), सवाना, घास* का मैदान। > सॅ-वैन्-ॲ
savant, विद्वान्, पंडित। > सैवाँ = सैवॅन्ट
save, *prep.*, को छोड़कर, के अतिरिक्त, के सिवाय; —*n.*, बचाव; बचत*; —*v.*, 1. (*from danger etc.*) से बचाना, रक्षा* क०, सुरक्षित रखना; उबारना; 2. (*from sin, damnation*) उद्धार क०, मुक्ति* दिलाना; 3. (*lay by*) बचाना, रख लेना, संचित क०, जमा क०; 4. (*reserve*) बचा रखना, सुरक्षित रखना; 5. (*economize*) सँभलकर ख़र्च क०, किफ़ायत* से प्रबन्ध क०, बचा रखना; 6. (*spare*) बचाना; 7. (*prevent*) रोकना, का निवारण क०। > सेव्
saver, बचवैया, रक्षक। > सेव्-ॲ
saving, *adj.*, 1. रक्षक; 2. (*economical*) किफ़ायती, कमख़र्च; 3. (*redeeming*) उद्धारक; —*n.*, 1. बचाव; 2. (*reduction in expense*) बचत*; 3. (*proviso*) प्रतिबंध, शर्त* ~clause, बचाव खण्ड। > सेव्-इन्ग
savings, बचत*; ~campaign, मितव्ययिता-आंदोलन; **~-bank,** बचत-बैंक। > सेव्-इन्ग्ज़
Saviour, 1. त्राणकर्ता, परित्राता, उद्धारक, निस्तारक; 2. (*S.*) मुक्तिदाता। > सेव् यॅ
savoir faire, व्यवहार-कुशलता*। > सैव्-वा-फ़े'ॲ
savorous, स्वादिष्ठ, स्वादिष्ट। > सेवॅरॅस
savour, *n.*, 1. (*taste*) स्वाद; 2. सुस्वाद; 3. (*smell*) गंध*; 4. सुगंध*; 5. (*trace*) पुट, गंध*; 6. (*piquancy*) रस, मज़ा; —*v.*, 1. (*smack of...*) में...... का पुट होना, में...... की गंध* होना; 2. (*relish*) का रस लेना; पसन्द क०; **~less,** नीरस, फीका; **~y,** 1. (*appetizing*) स्वादिष्ठ; 2. (*fragrant*) सुगंधित, ख़ुशबूदार; 3. (*piquant*) मज़ेदार, ज़ायक़ेदार; मसालेदार (*of food*); 4. (*pleasant*); सुखकर, सुखद, मनोहर। > सेव्/ॲ, ~ॲलिस, ~ॲरि
saw, *n.*, 1. (*maxim*) सूक्ति*, कहावत*; 2. (*instrum.*) आरा, आरी*, करौंत; —*v.*, चीरना; आरा चलाना; **~dust,** बुरादा, कुनाई*; **~fish,** आरा-मछली*; **~ing,** चिराई*; **~mill,** आराघर; आरामशीन*; **~yer,** आराकश, करौंती। > सॉ:; सॉ:/डॅस्ट, ~फ़िश, ~इन्ग, ~मिल, ~यॅ
sawder, soft ~, चापलूसी*। > सॉ:ड्-ॲ
sax, स्लेट छैनी*। > सैक्स
sax/atile, ~icoline, 1. (*of plants*) प्रस्तररुह; 2. (*of animals*) प्रस्तरवासी। > सैक्सॅटिल; सैक्सिकॅलाइन
Saxon, सैक्सन। > सैक्सॅन
say, *v.*, 1. कहना, बोलना; 2. (*recite*) सुनाना; 3. (*allege*) कहना; 4. (*assume*) मान लेना; 5. (*take*) लेना; —*n.*, 1. (*dictum*) कथन बात*; 2. (*authority*) अधिकार; 3. बोलने का अवसर; that is to ~, अर्थात्, यानी, याने; **~ing,** कहना, कथन, उक्ति*; 2. (*adage*) कहावत*, लोकोक्ति*। > से; सेइन्ग
scab, 1. (*on wound*) स्कैब, कुकरी*, खुरण्ड; 2. (*disease*) पामा; 3. (*black-leg*) हड़तालभेदी; **~by,** 1. (*scabbed*) पपड़ीदार; 2. (*having scabies*) खरसैला; 3. (*low*) कमीना। > स्कैब; स्कैब्-इ
scabbard, म्यान। > स्कैबॅड
scabies, खुजली*, ख़ारिश*, खाज*, कण्डु, कच्छु। > स्केब्-इ-ईज़
scabious, खरसैला। > स्केब्यॅस
scabrous, 1. (*uneven*) खुरदरा; 2. (*difficult*) जटिल, पेचीदा; 3. (*delicate*) नाज़ुक; 4. (*improper*) अश्लील। > स्केब्रॅस
scaffold, *n.*, *also* **~ing,** 1. (*for building*) पाइट*, पाड़; 2. (*for execution*) टिकठी*, पाड़, फाँसी* का तख़्ता; 3. (*stage*) मंच; 4. (*framework*) ढाँचा; —*v.*, पाड़ या पाइट* बाँधना। > स्कैफ़ॅल्ड
scalable, आरोह्य। > स्केलॅबॅल
scalar, स्केलर, अदिश। > स्केलॅ
scalariform, सीढ़ीनुमा, सोपानवत्। > स्कॅलैरिउफ़ॉ:म
scal(l)awag, 1. बदमाश, दुर्जन; 2. (*animal*) मरियल (पशु)। > स्कैलॅवैग
scald, *n*, 1. द्रवदाह, जला; 2. (*bot.*) दाह; 3. (*poet.*) चारण; —*v.*, 1. (गरम पानी से) जलाना; 2. (*heat*) उबालना, गरम क०; 3. (गरम पानी से) साफ़ क०। > स्कॉ:ल्ड
scale, *n.*, 1. (*of fish, reptile*) शल्क, छिलका, सेहरा; 2. (*of tortoise*) खपड़ा; 3. (*thin layer*) परत*, तह*, पपड़ी*; 4. (*coating of dirt*) कीट; 5. (*dish of*

balance) पलड़ा; पल्ला; 6. (*pl.*) तराजू, तुला*, काँटा; 7. (*pl., libra*) तुला*; 8. (*series of degrees*) मापक्रम; श्रेणी*, क्रम; सोपान; 9. (*musical*) स्वरग्राम, सरगम; 10. (*relative dimension*) अनुमाप; 11. (*proportion*) अनुपात; 12. (*system of measuring, grouping*) मान, मापदण्ड, मापक्रम; 13. (*measure*) माप*, पैमाना; 14. (*instrum.*) मापनी*, परिमाप, स्केल, पैमाना; —*v.*, 1. छिलका या परत* उतारना; परत* पड़ जाना, पपड़ियाना; छिलना, छिलका या परत* उतरना; 2. (*weigh*) तौलना; वज़न होना (*v.i.*); 3. (*climb*) चढ़ना; 4. (अनुमाप से) नक़्शा या रेखाचित्र बनाना; 5. (*measure*) मापना; 6. (*~up*) बढ़ाना; 7. (*~down*) घटाना, कम क०; 8. (*estimate*) कूतना, आँकना, 9. (*be commensurable*) सम्मेय होना; reduction to ~ अनुमाप-परिवर्तन; ~ of wages, वेतनमान, वेतन-क्रम; on a large ~, बड़े पैमाने पर; **~d,** शल्की; **~-insect,** खपड़ीदार कीट। > स्केल; स्केल्ड

scalene, *adj.*, विषमबाहु, विषम; *n.*, 1. विषमबाहु त्रिकोण; 2. (*muscle*) विषमिका*। > स्कॅलीन

scallion, प्याज़। > स्कैल्यॅन = स्कैल्-इअॅन

scallop, 1. शम्बूक, घोंघा; 2. (*shell*) शम्बु, शंख, कम्बु; 3. (*utensil*) तवा। > स्कैलॅप

scallywag, *see* SCALAWAG. > स्कैल्-इ-वैग

scalp, *n.*, (*skin with hair*) सिर की खाल*, शिरोवल्क; 2. (*top of the head*) चाँद*; 3. (*of hill*) चोटी*, कूट; 4. (*trophy*) जय-चिह्न; —*v.*, 1. सिर की खाल* उतारना; 2. (*criticize savagely*) कटु आलोचना* क०; 3. (*rob*) लूटना; **~-lock,** चुन्दी*, चोटी*, शिखा*। > स्कैल्प

scalpel, स्कैलपेल, क्षुरिका*। > स्कैल्पॅल

scalpriform, छेनी-जैसा। > स्कैल्-प्रि-फ़ॉ:म

scaly, शल्की; पपड़ीला*, पपड़ीदार। > स्केल्-इ

scammony, साक मुनियाँ। > स्कैमॅनि

scamp, *n.*, बदमाश; *v.*, लापरवाही* से कर देना या पूरा क०, कच्चा काम क०। > स्कैम्प

scamper, *v*, दौड़ जाना, दौड़ पड़ना; *n.*, भागड़*, दौड़ा-दौड़ी*, हड़बड़ी*। > स्कैम्-पॅ

scan, 1. (*test metre*) छन्द की परीक्षा क०; 2. (*read*) लय* के साथ पढ़ना; 3. में लय* होना; 4. (*examine*) अवलोकन क०, पर्यवलोकन क०, बारीक जाँच क०; 5. (*television*) क्रमवीक्षण क०। > स्कैन

scandal, 1. कलंक, बुराई*; 2. (*bad example*) बुरा उदाहरण; 3. (*ignominy*) बदनामी*, अपयश, अपकीर्ति*, लोकनिन्दा*, अपवाद, लोकापवाद; 4. (*backbiting*) चुग़ली*, चुग़लख़ोरी*; 5. (*affront*) अपमान; talk ~, गप* लड़ाना; **~ize,** 1. (*shock*) धक्का देना, आघात पहुँचाना; विक्षुब्ध क०; 2. (*theol.*) के लिए पाप का कारण बनना, विचलित क०; को बुरा उदाहरण देना; **~monger,** गप्पी, चुग़लख़ोर; **~ous,** 1. कलंककर, लज्जाजनक; अकीर्तिकार; 2. (*libellous*) अपमानजनक, निन्दात्मक; 3. चुग़लखोर। > स्केन्ड्डॅल; स्कैन्डॅलाइज; स्कैन्डॅल्मॅन्गॅ; स्कैन्-डॅ-लॅस

scandent, आरोही। > स्कैन्-डॅन्ट

scansion, छन्दपरीक्षण; छन्द-विकलन। > स्कैन्शॅन

scansorial, आरोही, वृक्षारोही। > स्कैन्सॉ:र्-इअॅल

scant, अल्प, कम, अपर्याप्त; **~ling,** 1. (*small amount*) अल्पमात्रा*, थोड़ा; 2. (*beam*) कड़ी*, बत्ता; 3. (*measure*) माप*; **~ly,** 1. कम; 2. (*barely*) मुश्किल* से। > स्कैन्ट; स्कैन्ट्/लिन्ग, ~लि

scanty, 1. अल्प, अपर्याप्त; 2. (*small*) छोटा; 3. (*close*) तंग। > स्कैन्-टि

scape, 1. (*stem of flower*) स्केप, पुष्पदण्ड; 2. (*of feather*) पिच्छाक्ष; 3. (*of column*) शंकु; **~goat,** बलि का बकरा (*also fig.*); **~grace,** 1. निकम्मा; 2. (*rascal*) बदमाश। > स्केप; स्केप्/गोट, ~ग्रेस

scaphoid, *adj.*, नौकाभ; *n.*, नौकाभ अस्थि*। > स्कैफ़ॉइड

scapula, अंसफलक, स्कंधास्थि*; **~r(y),** *adj.*, अंसफलकीय; स्कंध-, अंसफलक-; —*n.*, 1. स्कंधावरण, स्कापुलर; 2. अंसफलक; 3. (*bandage*) स्कंध-पट्टी*। > स्कैप्यु/लॅ, ~लॅरि

scar, *n.*, 1. (*cicatrix*) क्षतचिह्न, व्रणचिह्न; 2. (*blemish*) दाग़, धब्बा; 3. (*mark*) निशान; 4. (*hilum*) वृंतक; 5. (*scaur*) खड़ी चट्टान*, प्रपात; —*v.t.*, विक्षत क०; धब्बा लगाना; —*v.i.*, भर जाना; पपड़ियाना। > स्का

scarab, 1. (*dung-beetle*) गुबरैला; 2. स्कैरब। > स्कैरॅब

scaramouch, 1. शेख़ीबाज़ डरपोक; 2. (*rascal*) बदमाश। > स्कैरॅमाउच

scarce, 1. (*hard to get*) दुर्लभ, दुष्प्राप्य; 2. (*rare*) विरल, बिरला; 3. (*insufficient*) अपर्याप्त, कम; **~ly,** 1. (*nearly not*) नहीं के बराबर, बहुत ही कम; 2. (*with difficulty*) मुश्किल* से; 3. (*just*) अभी-अभी; 4. (*surely not*) शायद ही, (निश्चय ही) नहीं। > स्के'अॅस; स्केअॅस्-लि

scarcement, ताक़, आला। > स्के'अॅस्मॅन्ट

scarcity, 1. (*lack*) कमी*, अभाव; 2. दुर्लभता*; विरलता*, न्यूनता*। > स्के'अॅसिटि

scare, *v.*, 1. डराना, भयभीत क०; 2. (*take fright*) डर जाना; 3. (*drive away*) भगाना, कुड़कुड़ाना, उड़ाना; —*n.*, 1. (*terror*) आतंक; 2. (*apprehension*) आशंका*; 3. (*commercial~*) व्यापारिक आतंक, तिजारती ख़तरा, वाणिज्य-संत्रास; **~crow,** 1. धूहा, बिजूखा, डरावा; 2. (*bugbear*) हौआ, जूजू; 3. (*skinny person*) हड्डियों* का ढाँचा;

~-head-(ing), सनसनीदार शीर्षक; **~monger,** आतंक या सनसनी* फैलानेवाला।
> स्के'अॅ; स्के'अॅ/क्रो, ~हे'ड, ~मॅन्ग्-गॅ

scarf, *n.*, 1. (*ornamental*) दुपट्टा; 2. (*against cold*) गुलूबन्द; 3. (*necktie*) टाई*; 4. (*joint*) मल्ल जोड़; 5. (*groove*) खाँचा; —*v.*, 1. (*wrap*) लपेटना; 2. (*join*) जोड़ना; 3. (*a whale*) खाल* या चरबी* निकालना **~-skin,** बाह्यत्वचा*, **~-wise,** आड़े-तिरछे।
> स्काफ़; स्काफ़/स्किन, ~वाइस

scarify, 1. (*make incisions*) नश्तर लगाना, छेदना; खरोंचना, खुरचना (*in seeds*); 2. (*criticize*) घोर निन्दा* क०, कटु आलोचना* क०; 3. (*the soil*) कोड़ना।
> स्कैरिफ़ाइ

scarious, झिल्लीनुमा।
> स्के'अॅर्-इअॅस

scarlatina, स्कारलट ज्वर।
> स्कालॅटीनॅ

scarlet, *n.*, लोहित, लाल रंग, लाल कपड़ा; —*adj.*, 1. सिंदूरी, लोहित, लाल; 2. (*sinful*) पापिष्ठ, पापमय, पापी; ~fever, स्कारलेट ज्वर, लोहित ज्वर।
> स्कालॅट = स्काल्-इट

scarp, (*steep slope*), कगार; **~let,** कगारिका*।
> स्काप; स्काप्-लिट

scary, 1. (*frightening*) डरावना; 2. (*easily frightened*) भीरु।
> स्के'अॅर्-इ

scatheless, सही-सलामत।
> स्केद्-लिस

scathing, अत्यन्त कटु, अत्यन्त कठोर।
> स्केद्-इन्ग

scatology, पुरीष-विज्ञान; पुरीष-सम्मोह; अश्लील साहित्य।
> स्कॅ = स्कैटॉलॅजि

scatophagous, पुरीषभोजी, पुरीषाहारी।
> स्कॅ = स्कैटॉफ़ॅगॅस

scatter, *v.*, (*strew*) छितराना, बिखेरना; 2. (*dis-perse*) छितराना (*also v.i.*), तितर-बितर क०, छिन्न-भिन्न क०; 3. (*waste*) उड़ा देना; 4. (*make disappear*) दूर क०; मिटा देना, नष्ट क०; 5. (*diffuse*) प्रकीर्ण क०; —*n.*, छितराव, बिखराव; फैलाव, प्रसार; **~-brain(ed),** 1. (*light-headed*) चलचित्त, अविवेकी; 2. (*frivolous*) ओछा, छिछोरा, चंचल; **~ed, ~ing,** *adj.*, 1. बिखरा; प्रकीर्ण; 2. (*sporadic*) छिटपुट; —*n.*, प्रकीर्णन। > स्कैट्/अॅ, ~अॅड, ~अॅरिन्ग

scaur, खड़ी चट्टान*, प्रपात।
> स्कॉ:

scavenge, सफ़ाई* क०; **~r,** 1. झाड़ू-बरदार, झाड़वाला; 2. (*animal*) मुरदारख़ोर; 3. (*author*) घासलेटी साहित्यकार; 4. (*techn.*) अपमार्जक, संमार्जक।
> स्कैव्/इंज, ~इंजॅ

scenario, 1. दृश्यलेख; 2. (*scene-distribu-tion*) दृश्य-विधान।
> शेने'अॅर्-इओ = सिनार्-इओ

scenarist, दृश्यलेखक।
> सीनॅरिस्ट

scene, 1. (*place*) घटनास्थल; स्थान; 2. (*division of a play*) दृश्य; 3. (*stage-hangings etc.*) मंचसज्जा*, (सचित्र) परदा; 4. (*view*) दृश्य; 5. (*display of feeling*) तमाशा, प्रदर्शन; 6. (*incident described*) झाँकी*; 7. (*happening*) घटना*; behind the ~s, परदे के पीछे, छिपे-छिपे; make a ~, तमाशा खड़ा क०।
> सीन

scenery, 1. (*of nature*) प्राकृतिक दृश्य, परिदृश्य; 2. (*of stage*) मंचसज्जा*, दृश्यबन्ध।
> सीनॅरि

scenic, 1. (*of stage*) नाटकीय; 2. (*of natural scenery*) प्राकृतिक; 3. (*picturesque*) सुरम्य।
> सीन्-इक = से'न्-इक

scenography, दृश्यचित्रण।
> सीनॉग्रॅफ़ि

scent, *v.*, 1. सूँघना, सूँघ लेना, गंध* लेना; 2. (*get a hint of*) भाँपना, ताड़ लेना; 3. (*perfume*) महकाना, सुगंधित क०, इत्र लगाना; 4. (*make rank*) बदबूदार कर देना, में दुर्गन्ध* फैलाना; 5. सूँघकर शिकार क०; ~ of..., में... की गन्ध* होना; —*n.*, 1. (*smell*) गंध*; 2. (*fragrance*) सुगन्ध*, खुशबू*; 3. (*liquid perfume*) अतर, इतर, इत्र; 4. (*sense of smell*) घ्राणशक्ति*, घ्राण*, 5. (*flair*) सूक्ष्मदर्शिता*; जन्मजात योग्यता*; 6. (*trail*) खोज*; 7. (*clue*) सुराग़, सूत्र, निर्देश; put off the ~, भटकाना, भटका देना, बहकाना; **~-bag,** गन्धधानी*; **~-gland,** गन्ध-ग्रंथि*।
> से'न्ट

scep/sis, सन्देह; सन्देहवाद; **~tic(al),** संदेहवादी, संशयवादी; संदेही, संशयी, अविश्वासी, संशयात्मा; **~ticism,** संदेहवाद, संशयवाद; संदेह, अविश्वास।
> स्के'प्/सिस, ~टिक, ~टिकॅल, ~टिसिज़्म

sceptre, 1. (*staff*) राजदण्ड, अधिकारदण्ड; 2. (*authority*) राजसत्ता*, राजाधिकार। > से'प्-टॅ

schedule, *n.*, 1. (*list*) सूची*; 2. (*appended list*) अनुसूची*; 3. (*table*) सारणी*, तालिका*; 4. (*time-table*) समय-सारणी*; 5. (*timed plan*) योजना-लेख, कार्यक्रम; —*v.*, 1. सूची* तैयार क०; 2. सूची* में रखना; अनुसूचित क०; 3. (*fix*) नियत क०; **~(d) time,** नियत समय; **~d,** 1. अनुसूचित, परिगणित; 2. (*fixed*) नियत, निर्धारित। > शे'ड्यूल; शे'ड्यूल्ड

schema, 1. (*outline*) रूपरेखा*; 2. (*diagram*) आरेख; 3. (*plan*) योजना*; 4. (*classification*) वर्गीकरण; **~tic,** संक्षिप्त; आरेखीय; योजनाबद्ध; **~tize,** का वर्गीकरण क०; की रूपरेखा* प्रस्तुत क०।
> स्कीम्-अॅ; स्कीमैट्-इक; स्कीमॅटाइज़

scheme, *n.*, 1. (*plan*) योजना*; परियोजना*; 2. (*arrangement*) विन्यास; आयोजन; 3. (*plot*) षड्यन्त्र; 4. (*system*) पद्धति*; 5. (*outline*) रूपरेखा*; 6. (*table*) सारणी*, तालिका*; 7. (*diagram*) आरेख; 8. (*programme*) कार्यक्रम; —*v.*, योजना* बनाना, मनसूबा बाँधना; षड्यन्त्र रचना; **~r,** मनसूबाबाज़; षड्यन्त्रकारी।
> स्कीम; स्कीम्-अॅ

scherzando, विनोदपूर्वक।
> स्के'अॅट्सैन्डो

schism, फूट*; विच्छेद; विच्छिन्न सम्प्रदाय;

~atic(al), विच्छिन्न; विच्छेदकारी। > सिज़्म; सिज़्मैट्-इक

schist, स्तरित चट्टान*; **~ose,** स्तरित, पटलित। > शिस्ट

schizo/carp, भिदुर; **~dont,** विरलदन्ती; **~genesis,** विखण्डनीजनन; **~phrenia,** खंडित मनस्कता*। > स्किड्ज़ो/काप, ~डॉन्ट; स्किड्ज़ो/जे'न्-इसिस, ~फ्रीन्यें

scholar, 1. (*learned*) विद्वान्, पण्डित, कृतविद्य; 2. (*aided student*) वृत्ति-छात्र; 3. (*learner*) विद्यार्थी; 4. (*student*) छात्र, छात्रा*; **~ly,** 1. (*learned*) विद्वान्, 2. (*of work*) पांडित्यपूर्ण, विद्वत्तापूर्ण; 3. (*scientific*) वैज्ञानिक; 4. पंडितोचित, पंडित-जैसा; 5. (*studious*) अध्ययनशील; **~ship,** 1. (*stipend*) छात्रवृत्ति*; 2. पाण्डित्य, विद्वता*। > स्कॉल्/अ़ॅ, ~ॲलि, ~ॲशिप

scholastic, 1. (*educational*) शैक्षिक; 2. (*pedantic*) पंडिताऊ; 3. (*formal*) शास्त्रीय; 4. (*traditional*) रूढ़िवादी; 5. (*hair-splitting*) वितण्डावादी, वितण्डापूर्ण; **~ism,** मध्यकाल-दर्शन; तर्कमोह, वितण्डावाद; रूढ़िवाद। > स्कॅलैस्/टिक, ~टिसिज़्म

scholi/ast, टीकाकार; **~um,** टीका*, टिप्पणी*। > स्कोल्-इ/ऐस्ट, ~ॲम

school, *n.*, 1. विद्यालय, स्कूल, पाठशाला*, 2. (*education*) शिक्षा*; 3. (*~ of thought*) विचारधारा*, मत, वाद; 4. (*sect*) सम्प्रदाय; शाखा*; 5. (*style of art*) शैली*, स्कूल; 6. (*shoal*) गोल, झुण्ड, समूह; high ~, उच्च विद्यालय; ~ age, शिक्षावयस; —*v.*, 1. (*teach*) शिक्षा* देना, सिखलाना; 2. (*train*) प्रशिक्षित क०; 3. (*discipline*) वश में रखना, पर नियन्त्रण रखना, अनुशासित क०; **~able,** स्कूलयोग्य; **~-book,** पाठ्यपुस्तक*; **~boy,** स्कूली लड़का; **~-days,** विद्यार्थी-जीवन; **~fellow,** सहपाठी; **~girl,** स्कूली लड़की*; **~ing,** शिक्षा*; प्रशिक्षण; शिक्षा-शुल्क; **~man,** मध्यकालीन दार्शनिक; **~master,** शिक्षक, अध्यापक; **mate,** सहपाठी; **~mistress,** शिक्षिका*, अध्यापिका*; **~*ship,** प्रशिक्षण-जहाज़; **~-teacher,** शिक्षक; **~-time,** स्कूल का समय। > स्कूल; स्कूलॅबॅल

schooner, स्कूनर। > स्कून्-ॲ

scia/gram, ~graph, ए-क्सरे चित्र; **~graphy,** 1. एक्स-रे-चित्रण; छायाचित्रण; 2. (*astron.*) छाया-मिति*। > साइॲ/ग्रैम, ~ग्राफ़; साइऐग्रॅफ़ि

sciamachy, छायायुद्ध। > साइऐमॅकि

scia/tic, नितम्ब-; **~tica,** गृध्रसी*। > साइऐट्/इक, ~इकॅ

science, 1. विज्ञान; शास्त्र; 2. (*skill*) कौशल, हुनर। > साइॲन्स

scien/tial, ~tific, 1. वैज्ञानिक; 2. (*skilful*) कुशल, निपुण; **~tist,** विज्ञानी। > साइ-ए'न्-शॅल; साइ-ॲन्-टिफ़्-इक; साइ-ॲन्-टिस्ट

scilicet, scil. अर्थात्। > साइल्-इ-से'ट

scimitar, शमशेर*, शमशीर*। > सिम्-इ-टॅ

scin/tilla, 1. (*spark*) चिनगारी*; 2. (*atom*) लव-लेश, अल्पमात्रा*; not a ~of, रती-भर भी नहीं; **~tillant,** टिमटिमाता हुआ, चमकता हुआ; **~tillate,** 1. (*as stars*) टिमटिमाना, चमकना; 2. (*sparkle*) चिनगारियाँ, छोड़ना; 3. (*fig., be brilliant*) चमकना, फबना; **~tillation,** 1. टिमटिमाहट*; नक्षत्रोन्मीलन; 2. (*spark*) चिनगारी*, स्फुलिंग; 3. (*phys.*) प्रस्फुरण; 4. (*of wit*) वाग्विलास; **~tilloscope,** स्फुरणदर्शी। > सिन्-टिल्-ॲ; सिन्-टि/लॅन्ट, ~लेट; सिन्-टिलेशॅन; सिन्-टिलॅस्कोप

scio/lism, सतही ज्ञान; पल्लवग्राहिता*; **~list,** पल्लवग्राही। > साइ-ॲ/लिज़्म, ~लिस्ट

sciolto, स्वच्छन्द रीति* से। > शॉल्टो

scion, 1. (*descendant*) वंशज; 2. (*plant*) कलम*। > साइॲन

scirrhus, कठोर कैन्सर। > सिरॅस

scissel, धातु* की कतरन*। > सिसॅल

scissile, विपाट्य। > सिसाइल

scission, विपाटन; विखण्डन। > सिशॅन

scissor, काटना, कतरना। > सिज़्-ॲ

scissors, कैंची*, कतरनी*, मिक़राज़* कर्तरी*। > सिज़ॅज़

scissure, 1. (*cleft*) दरार*; 2. (*tear*) चीर*। > सिश्-ॲ

sciurine, गिलहरी-जैसा; गिलहरी-। > साइयुॲराइन

sclera, श्वेतपटल, स्क्लीरा। > स्क्लिॲर्-ॲ

sclereid, दृढ़कोशिका*। > स्क्लिॲरीॲड

sclerenchyma, दृढ़ोतक, दृढ़-ऊतक। > स्क्लिॲरे'न्ग्-कि-मॅ

scleriasis, scleroma, sclerosis, ऊतक-दृढ़न, काठिन्य। > स्क्लिॲराइॲसिस; स्क्लि अरोम्-अ; स्क्लिॲरोस्-इस

scleroid, कठिन, जरठ। > स्क्लिॲरॉइड

sclerotic, *adj.*, श्वेतपटली कठिन; *n.*, दृढ़पटल। > स्क्लिॲरॉट्-इक

scobs, बुरादा। > स्कॉब्ज़

scoff, *n.*, 1. (*taunt*) ताना; 2. उपहास-पात्र; *v.*, (पर) ताना मारना, (का) उपहास क०, (की) हँसी* उड़ाना; **~er,** निन्दक। > स्कॉफ़; स्कॉफ़्-ॲ

scold, *v.*, 1. डाँटना, झिड़कना; 2. (*abuse*) गाली* देना; —*n.*, कर्कशा*, कलहनी*; **~ing,** डाँट*,

झिड़की*, फटकार*। > स्कोल्ड; स्कोल्-डिना

scolex, शीर्ष। > स्कोले'क्स

scoliosis, (मेरुदण्ड की) पार्श्वकुब्जता*। > स्कालिओस्-इस

scolopendra, कनखजूरा। > स्कॉलॅपे'न्ड्रॅ

sconce, *n.*, 1. (*bracket-candlestick*) दीवारगी*; 2. (*candlestick*) बत्तीदान; 3. (*head*) खोपड़ी*, चाँद*; 4. (*fort*) क़िला; 5. (*earthwork*) धुस्स; 6. (*shelter*) आड़*, ओट*; 7. (*cover*) आच्छादन, आवरण; 8. (*shed*) छप्पर; 9. (*punishment*) दण्ड; —*v.*, दण्ड देना। > स्कॉन्स

scone, केक*। > स्कॉन = स्कोन

scoop, 1. (*ladle*) कलछी*, डोई*, कलछा, 2. (*shovel*) बेलचा; 3. (*dipping vessel*) हत्था; 4. (*gouge*) गोलची*; 5. (*swoop*) झपट*, झपट्टा; 6. (*profit*) तगड़ा, मुनाफ़ा; 7. (*news*) अनूठी खबर*, —*v.*, 1. (कलछी* से) निकाल लेना, उठाना; 2. (*empty by bailing*) उलीचकर, ख़ाली क०, उलीचना; 3. (*hollow out*) खोखला या पोला बनाना, खोदना; 4. (*secure*) हथियाना, प्राप्त कर लेना; 5. (*forestall*) पहले प्राप्त क०। > स्कूप

scooter, स्कूटर। > स्कूट्-ॲ

scope, 1. (*area, field*) कार्यक्षेत्र; क्षेत्र; विषय; 2. (*extent*) विस्तार, व्याप्ति*; 3. (*capacity*) पहुँच*; 4. (*opportunity*) गुंजाइश*, अवकाश, अवसर; 5. (*range of missile*) परास, मार*; 6. (*length*) लम्बाई*; 7. (*purpose*) उद्देश्य, प्रयोजन। > स्कोप

scopulate, कूर्चाकार। > स्कॉप्यूलिट

scorbutic, स्कर्वी का; स्कर्वी-ग्रस्त। > स्कॉ:-ब्यूट्-इक

scorch, *v.i.*, झुलसना; *v.t.*, 1. झुलसना, झुलसाना; 2. (*affect painfully*) को चोट* पहुँचाना*; 3. (*burn and destroy*) उजाड़ना; -ed earth policy, सर्वक्षार-नीति*, घरफूँक-नीति*। > स्कॉ:च

score, *n.*, 1. (*scratch*) खरोंच*; 2. (*notch*) खाँचा; खाँची; 3. (*account*) हिसाब; 4. (*debt*) ऋण; 5. (*twenty*) कोड़ी*, बीसी*, विंशक, बीस; 6. (*points*) प्राप्तांक (*in examin. etc.*); अंक (*of play*); 7. (*music*) संगीत-लेख; स्वर-लिपि*; 8. (*reason*) हेतु, कारण; विषय; 9. (*grudge*) गुबार; 10. (*pl.*) बहुत से; —*v.*, 1. (*scratch*) खरोंचना, खुरचना; 2. खाँचा बनाना, रेखा* खींचना; 3. (*underline*) रेखांकित क०; 4. (*cancel*) काटना; 5. (*keep account*) हिसाब रखना; हिसाब में चढ़ाना; 6. (*in game*) अंक बनाना; रन बनाना; गोल क० या बनाना; अंक लिखना (*keep score*); 7. (*criticize severe-ly*) कड़ी आलोचना* क०; 8. प्राप्त क०; विजयी होना; 9. स्वर-लिपि* तैयार क०, **~-board,** अंकफलक, अंक-पट्ट; **~-card,** अंकपत्र; **~r,** गणक। > स्कॉ:

scoria, 1. धातु-मल, अवस्कर, 2. (*lava*) लावा। > स्कॉ:र्-इ-ॲ

scori/fication, अवस्करण; **~fy,** अवस्करित क०। > स्कॉ:रिफ़िकेशॅन, स्कॉ:र्-इ-फ़ाइ

scorn, *n.*, 1. (*feeling*) तिरस्कार, घृणा*, अश्रद्धा*; 2. (*act*) अवज्ञा*, तिरस्कार, अवमान, अनादर; 3. घृणा* का पात्र; —*v.*, का तिरस्कार क०, ठुकराना; से घृणा* क०, तुच्छ समझना; **~ful,** घृणापूर्ण, अवज्ञापूर्ण; तिरस्कारात्मक, निन्दात्मक। > स्कॉ:न

scorpio, वृश्चिक। > स्कॉ:प्-इ-ओ

scorpioid, कुंडलित, वृश्चिकी। > स्कॉ:प्-इ-ऑइड

scorpion, बिच्छू, वृश्चिक। > स्कॉ:प्यॅन

scot, कर। > स्कॉट

scotch, 1. (*block*) रोक*, रोध, आड़*; 2. (*slash*) काट*, खाँची*; —*v.*, 1. रोक* लगाना; 2. (*scratch*) खरोंचना; 3. (*maim*) क्षत-विक्षत कर देना, अपांग कर देना; घायल क०, अशक्त कर देना; 4. (*stifle*) दबाना, दबा देना। > स्कॉच

scoter, समुद्री बतख़*। > स्कोट्-ॲ

scot-free, करमुक्त; निरापद, सही-सलामत। > स्कॉट-फ़्री

scotia, अन्तर। > स्कोशॅ

scotoma, अन्धनेत्र। > स्कॅ-टोम्-ॲ

scoundrel, बदमाश, दुर्जन, दुष्ट। > स्काउनड्रॅल

scour, *v.*, 1. माँजना, (रगड़कर) चमकाना; 2. (*of current*) निर्घर्षण क०; 3. (*cleanse*) (पानी बहाकर) साफ़ क०, धोना; शुद्ध क०, स्वच्छ क० 4. (*purge*) पेट साफ़ क०; 5. (*get rid of*) दूर क०; 6. (*range over*) घूम आना, चक्कर लगाना; भ्रमण क०; 7. (*search*) छान डालना; —*n.*, 1. मँजाई*, मँजावट*; 2. (*of current*) कटाव; निघर्षण; 3. (*diarrhoea*) दस्त, पेचिश*, अतिसार। > स्काउअॅ

scourge, *n.*, 1. (*whip*) कोड़ा, चाबुक; 2. (*affliction*) महाविपत्ति*, अनिष्ट, अनर्थ; 3. (*person*) लोक-कंटक; —*v.*, कोड़े लगाना; उत्पीड़न क०, सताना; कड़ा दण्ड देना। > स्कॅ:ज

scourging, कोड़ों की मार*, कशाघात। > स्कॅ:ज्-इना

scouring, 1. मँजाई*; 2. (*diarrhoea*) दस्त; 3. (*pl. refuse*) कूड़ा-करकट। > स्काउअॅर्-इना

scout, *n.*, 1. (*spy*) गुप्तचर, भेदिया, जासूस; 2. (*boy ~*) बालचर, स्काउट; 3. (*act of scouting*) गुप्तचर्या*, जासूसी*; —*v.*, 1. गुप्तचर्या* क०; 2. (*watch*) पहरा देना; 3. (*~ for*) खोजना; 4. (*reject*) तिरस्कारपूर्वक अस्वीकार क०। > स्काउट

scow, पटेला। > स्काउ

scowl, *v.*, त्योरी* चढ़ाना या बदलना, भौंहें* चढ़ाना, नाक*-भौं* चढ़ाना; क्रोधभरी दृष्टि* से देखना; —*n.*, तेवर; भ्रूभंग। > स्काउल

scrabble, 1. (*scribble*) घसीटना; 2. (*scratch*) खरोंचना, खुरचना; 3. (*grope*) टटोलना; 4. (*collect*) (खुरचकर या टटोलकर) बटोर लेना। > स्क्रैबॅल

scrag, दुबला-पतला आदमी या जानवर; पतला पौधा; (भेड़* की) गरदन* का पारचा; **~gy,** दुबला-पतला। > स्क्रैग; स्क्रैग्-इ

scram, धत्। > स्क्रैम

scramble, *v.*, 1. (हाथ-पैर के बल) चढ़ना; 2. (*crawl*) रेंगना; 3. (*scuffle*) छीना झपटी* क०, छीनझपट* क०, संघर्ष क०; 4. (*scatter*) बिखेरना; 5. (*eggs*) तोड़कर पकाना; —*n.*, 1. (हाथ-पैर के बल) चढ़ाई*; 2. छीना-झपटी*, धक्कमधक्का; 3. (*competition*) संघर्ष, होड़ा-हाड़ी*। > स्क्रैम्बॅल

scrap, *n.*, 1. (*fragment*) टुकड़ा; 2. (*pl.*) रद्दी माल; 3. (*cutting*) कतरन*; 4. (*rubbish*) कूड़ा-करकट; 5. (*residuum with oil expressed*) सीठी*; 6. (*quarrel*) झगड़ा, *v.*, निकाल देना, अलग क०, दूर क०, निकम्मा ठहराना; झगड़ना; **~-book,** कतरन-रजिस्टर; **~-heap,** रद्दीखाना; **~-iron,** रद्दी लोहा; **~-metal,** रद्दी धातु*; **-py,** 1. फुटकर; 2. (*discon-nected*) असंबद्ध। > स्क्रैप; स्क्रैप्-इ

scrape, *v.*, 1. खुरचना, कुरेदना; 2. (*rub*) रगड़ना; 3. (*abrade*) घिसना; 4. (*polish*) चमकाना; 5. (*remove*) छीलना; 6. (*dig*) खोदना; 7. (*collect*) बटोरना, इकट्ठा क०, 8. (*make grating noise*) खड़खड़ाना; 9. (*economize*) किफ़ायत* से रहना; —*n.*, 1. (*act*) खुरचन*; रगड़*; 2. (*abrasion*) खरोंच*, छीलन*; 3. (*sound*) खड़खड़ाहट 4. (*predicament*) मुसीबत*, उलझन*, चपकुलिश*; **~r,** खुरचनी*। > स्क्रेप

scrapings, खुरचन*, छीलन*। > स्क्रेप्-इन्ग्ज़

scratch, *v.*, 1. खरोंचना, खुरचना, बकोटना, नोचना; 2. (*to relieve itch*) खुजलाना, 3. (*rub*) रगड़ना; 4. (*letters etc.*) कुरेदना; बनाना, खोदना; 5. (*scribble*) घसीटना; 6. (*scrape up*) बटोरना; 7. (*erase*) काटना, मिटाना; 8. (*withdraw*) वापस लेना, हटा लेना; हट जाना, से अलग हो जाना, अपना नाम वापस लेना; 9. (*grate*) खड़खड़ाना; —*n.*, 1. (*wound*) खरोंच*; 2. (*scratching*) खुरचन*; खुजलाना; 3. (*sound*) खड़खड़ाहट*; 4. (*writing*) घसीट*; 5. प्रस्थानरेखा*; —*adj.*, पंचमेल; कामचलाऊ; **~er,** आखुरक। > स्क्रैच

scratchy, 1. (*clumsy*) भद्दा, भोंडा; 2. (*hetero-geneous*) पंचमेल; 3. खुरचनेवाला। > स्क्रैच्-इ

srcrawl, *v.*, घसीटना; *n.*, घसीट*। > स्क्रॉ:ल

scrawny, दुबला-पतला। > स्क्रॉ:न्-इ

scream, *v.*, 1. चीकना, चीखना, चीख* मारना; 2. (*~ with laughter*) ठठाकर हँसना, ठठाना, ठहाका लगाना, अट्टहास क०; —*n.*, चीख़*, चीक*। > स्क्रीम

scree, शैल-मलवा। > स्क्री

screech, *n.*, (*v.*), चीत्कार, चीख़* (मारना); कर्कश ध्वनि*; **~-owl,** घुग्घू। > स्क्रीच

screed, 1. लम्बा-चौड़ा उबानेवाला भाषण, पत्र, उद्धरण या सूची*; राम-कहानी* 2. (*strip*) पट्टी*। > स्क्रीड

screen, *n.*, 1. (*curtainlike*) परदा; यवनिका*, 2. (*of split bamboo*) चिक*, चिलमन**; 3. (*as shelter, protection, etc.*) आड़*, ओट*; *see* SMOKE; 4. (*mil.*) आवरण, रक्षावरण; 5. (*of film*) चित्रपट; 6. (*notice-board*) सूचना-पट्ट; 7. (*phys.*) आवरण; 8. (*sieve*) छलनी*, चलनी*, —*v.*, 1. (*protect*) आड़* देना, से बचाना, रक्षा* क०; 2. (*hide*) छिपाना, पर परदा डालना; 3. (*sift*) छानना, चालना; 4. (*test*) परखना, जाँचना; 5. (*show*) प्रदर्शित क०, 6. (*make a film of*) का चलचित्र बनाना; **~play,** फ़िल्म-नाटक। > स्क्रीन

screw, *n.*, 1. पेच, पेंच; 2. (*female ~*) भीतरी पेच; 3. (*a turn*) फेर; 4. (*miser*) कंजूस; 5. (*horse*) मरियल टट्टू, डग्गा; —*v.*, 1. (*tighten*) कसना; 2. (*twist*) मरोड़ना; 3. (*~ up, intensify*) तेज़ क०, चुस्त क०; 4. (*oppress*) सताना; 5. (*extort*) खसोटना; 6. (*compel*) बाध्य क०, मजबूर क०; 7. (*swerve*) घूम जाना; **~driver,** पेचकश; **~-jack,** पेचदार जैक; **~-pine,** 1. केतकी*, केवड़ा; 2. (*the flower*) गगनधूलि*; **~-thread,** पेच की चूड़ी*, **~tree,** मरोड़फली*। > स्क्रू

scribal, 1. लिपि-; लिपिकीय; 2. (*of Scribes*) शास्त्रियों का। > स्क्राइबॅल

scribble, *v.*, 1. (*write*) घसीटना; लिखना, लिख डालना; 2. (*card*) धुनकना; —*n.*, घसीट*; **~r,** 1. घसीट* लिखनेवाला, बदख़त; 2. (*hack-writer*) कलमघीसू; 3. धुनकनी*। > स्क्रिबॅल; स्क्रिब्-लॅ

scribe, *n.*, 1. शास्त्री, धर्मशास्त्री; 2. (*penman*) लिपिक; 3. (*clerk*) मुंशी; 4. (*instrum.*) खुरचनी*; —*v.*, लिखना; रेखा* अंकित क०, निशान बनाना। > स्क्राइब

scrim, अस्तर का कपड़ा। > स्क्रिम

scrimmage, 1. (*fight*) हाथापाई*, धक्का-मुक्की*; 2. (*skirmish*) भिड़ंत*; 3. (*to get something*) छीन-झपट*, छीना-झपटी*। > स्क्रिम्-इज

scrimp, *see* SKIMP। > स्क्रिम्प

scrimshaw, (शुक्ति*, हस्तिदंत आदि की) नक़्क़ाशी*। > स्क्रिम्शॉ:

scrip., 1. (*receipt*) पावती-पत्र; 2. (*scrap of paper*) परची*। > स्क्रिप

script, 1. (*handwriting*) लिखावट*, लिपि*; 2. (*Roman Nagari ~*) लिपि*; 3. (*manu-script*) हस्तलिपि*; 4. (*author's copy*) पाण्डुलिपि*; 5. (*text of play*) रचना*; 6. (*of broadcast*) आलेख; 7. (*answer book*) उत्तर-पुस्तिका*; 8. (*law*) मूल-

लेख; 9. (*type*) लिखावट-टाइप; **~writer,** कथा-लेखक। > स्क्रिप्ट

scriptural, धर्मग्रंथ-(संबंधी); धर्मग्रंथसम्मत। > स्क्रिप्-चॅ-रॅल

Scripture, 1. धर्मग्रंथ; 2. (*Hindu*) वेद, आगम। > स्क्रिप्-चॅ

scrobiculate, 1. (*pitted*) गड्ढेदार; 2. (*furrowed*) खाँचेदार। > स्क्रॅबिक्यूलिट

scrofula, कंठमाला*, गण्डमाला*। > स्क्रॉफ़्-यू-लॅ

scroll, 1. (*of paper*) चीरक, खर्रा; 2. (*list*) सूची*, नामावली*; 3. (*archi*) मरग़ोल, **~ed,** कुण्डलित; **~-saw,** नक़्क़ाशी आरी-। > स्क्रोल

scroop, *v.*, चरचराना*; *n.*, चरचराहट*। > स्क्रूप्

scrotum, वृषण-कोष, अण्डकोश, फ़ोता। > स्क्रोटॅम

scrub, *n.*, 1. झाड़, झाड़ी*; 2. (*collective*) झाड़ी*; 3. (*brush*) बुरुश; 4. (*insignificant...*) निकम्मा या अदना (आदमी, जानवर, पौधा); —*v.*, माँजना, साफ़ क०; मार्जन क०; घोर परिश्रम क०; **~ber,** मार्जक; **~by,** 1. झाड़दार; 2. (*insignificant*) निकम्मा, अदना, नगण्य; 3. (*stunted*) नाटा, अवरुद्ध। > स्क्रॅब

scruff, गरदन*। > स्क्रॅफ़

scrunch, चबाना; कुचलना। > स्क्रॅन्च

scruple, *n.*, 1. पापशंका*, नैतिक संकोच, धर्मसंकोच, झिझक*; 2. (*small quantity*) अल्पमात्रा*, रत्तीभर; —*v.*, झिझकना, हिचकना। > स्क्रूपल

scrupu/losity, पापशंकालुता*, धर्मभीरुता*, ईमानदारी*, कर्तव्यनिष्ठा*; सावधानी*; **~lous,** 1. पापशंकालु, धर्मभीरु; 2. (*conscientious*) ईमानदार, कर्तव्यनिष्ठ, नियमनिष्ठ; 3. (*thorough*) अतिसावधान, अध्यवसायी (*of a person*); अवितथ (*precise*), श्रमसाध्य (*of a work*)। > स्क्रूप्यूलॉसॅ-इटि; स्क्रूप्यूलॅस

scrutator, संवीक्षक, परिनिरीक्षक। > स्क्रू-टेट्-ॲ

scrutineer, मतपत्र-निरीक्षक। > स्क्रूटिनिॲ

scrutinize, संवीक्षा* क०, जाँचना। > स्क्रूटिनाइज़

scrutiny, संवीक्षा*, सूक्ष्म परीक्षण, संवीक्षण, छान-बीन*, परिनिरीक्षा*; मतपत्र-परीक्षण। > स्क्रूटिनि

scry, (क्रिस्टल में) भविष्य देखना। > स्क्राइ

scud, *v.*, तेज़ी से* दौड़ना, उड़ना या बह जाना; —*n.*, 1. तेज़ दौड़*, उड़ान* या बहाव; 2. (*clouds*) चल मेघ। > स्कॅड

scuff, पैर घसीटकर चलना। > स्कॅफ़

scuffle, *n.* (*v.*) हाथापाई* (क०), हाथाबाँही* (क०)। > स्कॅफ़ॅल

sculduggery, छल-कपट, चालबाज़ी*। > स्कॅल्डॅगॅरि

scull, छोटा चप्पू। > स्कॅल

scullery, बर्तन माँजने की जगह*। > स्कॅलॅरि

sculptor, मूर्तिकार, बुत-तराश। > स्कॅल्प्-टॅ

sculpture, *n.*, मूर्तिकला*, भास्कर्य; मूर्ति*, प्रतिमा*; —*v.*, मूर्ति बनाना; **~d,** तक्षित; **~sque,** मूर्तिवत्। > स्कॅल्प्-चॅ; स्कॅल्प्चॅरे'स्क

sculpturing, मूर्तिकरण, तक्षण।

scum, *n.*, 1. झाग, गाज, फेन; 2. (*of metal*) धातुमल; 3. (*refuse*) कूड़ा-करकट, कचरा; 4. (*people*) निम्नवर्ग; —*v.*, झाग उठना; झाग निकालना; **~my,** 1. झागदार; 2. (*worthless*) निकम्मा; 3. (*mean*) कमीना, नीच। > स्कॅम; स्कॅम्-इ

scumble, *n.*, (*v.*) पुचारा (लगाना)। > स्कॅम्बॅल

scupper, बरनाला। > स्कॅप्-ॲ

scurf, 1. पपड़ी*; 2. (*dandruff*) रूसी*; **~y,** पपड़ीदार, पपड़ीला। > स्कॅ:फ; स्कॅफ़्-इ

scurrility, 1. अपभाषण, गालीगलौज*; 2. अश्लीलता*। > स्कॅरिल्-इटि

scurrilous, 1. (*of person*) भंड, बदज़बान; 2. (*of language*) अश्लील, फूहड़। > स्कॅरिलॅस

scurry, दौड़ जाना, दौड़ पड़ना; *n.*, दौड़ा-दौड़ी*; दौड़*। > स्कॅरि

scurvy, *adj.*, नीच, जघन्य, तुच्छ, घृणित; —*n.*, स्कर्वी*। > स्कॅव़्:-इ

scut, छोटी पूँछ* या दुम*, लघु पुच्छ। > स्कॅट

scutate, छत्राकार। > स्क्यूटेट

scutch, कूटकर रेशा निकालना। > स्कॅच

scutcheon, 1. कुलचिह्न-फलक; 2. (*shield*) ढाल*; 3. (*nameplate*) नामपट्ट। > स्कॅचॅन

scute, प्रशल्क। > स्क्यूट

scutellate, scutiform, ढालाकार। > स्क्यूटे'लेट; स्क्यूटिफॉ:म

scutellum, स्कुटेलम, वरूथिका*। > स्क्यूटे'लॅम

scuttle, *n*, 1. (*basket*) टोकरा, छबड़ा; 2. (*bucket*) तसला; 3. (*opening*) मोखा; 4. (*flight*) दौड़ा-दौड़ी*; भागड़*; —*v.*, 1. (छेद बनाकर) डुबाना; छेद बनाना; 2. (*run away*) भाग जाना। > स्कॅटॅल

scutum, 1. (*shield*) ढाल*; 2. (*scale*) प्रशल्क; 3. (*astron.*) ढाल*; 4. (*knee-pan*) चपनी*, जानुफलक। > स्क्यूटॅम

scythe, *n.*, दराँती*; *v.*, काटना। > साइद

sea, 1. समुद्र, सागर; 2. (*in comb.*) समुद्री, समुद्र; तटीय; at ~, 1. समुद्र पर; 2. (*perplexed*) परेशान, किंकर्तव्यविमूढ़; go to ~, नाविक बनना; high ~s, खुला सागर, महासमुद्र। > सी

sea/-anchor, किरमिच लंगर; **~ anemone,** समुद्रफूल, अनिलपुष्प; **~ bathing,** समुद्र-स्नान; **~board,** समुद्रतट; **~-borne,** समुद्री; **~-calf,** सील-मछली*; **~-cow,** समुद्री गाय*; **~-dog,** 1. सील मछली*; 2. (*fig.*) अनुभवी नाविक; **~faring,** समुद्री यात्रा, समुद्रगमन; **~ fight,** समुद्री युद्ध; **~front,**

तटीय नगरभाग; **~-god,** वरुण; **~going,** समुद्री, समुद्रगमी; **~-gull,** सामुद्रिक; **~-hog,** सूँस; **~-horse,** अश्वमीन; **~-letter,** राष्ट्रिकतापत्र; **~ level,** समुद्र-तल; **~ lion,** जलसिंह; **~man,** नाविक; **~manship,** जहाज़रानी*, नाविक कला*; **~ mile,** नाविक मील; **~-nymph,** जलपरी* **~plane,** समुद्री विमान; **~port,** बन्दरगाह, समुद्र-पत्तन; **~quake,** समुद्र-कम्प; **~rover,** जल-दस्यु; **~-scape,** समुद्री दृश्य; **~-shore, ~side,** समुद्रतट; **~sickness,** जहाज़ी मतली*; **~-urchin,** जलसाही*; **~ward,** *adj.*, समुद्राभिमुख; —*adv.*, समुद्र की ओर*; **~-water,** समुद्र-जल; **~weed,** समुद्री शैवाल; **~worthy,** यात्रायोग्य।

seal, *n.*, 1. (*fish*) सील मछली*; 2. (*of document, also ring and fig.*) मोहर*, मुद्रा*, मुहर*; 3. (*token*) प्रतीक; 4. (*pledge*) प्रतिज्ञा*, वचन; 5. (*obligation*) बन्धन; ~ of confession, मौन-बन्धन; —*v.*, 1. (*affix seal*) मोहर* लगाना, मुद्रांकित क०, 2. (*close*) मुहरबन्द क०, बन्द क०, 3. (*certify*) प्रमाणित क०, 4. (*confirm*) पक्का क०; 5. (*decide irrevocably*) सुनिश्चित क०, 6. (*fix*) जड़ना, बैठाना; ~ of office, पद-मुद्रा*; **~er,** मुद्रांकक; **~ed,** मोहरबंद। > सील; सील्-अॅ

sealing, मुहरबंदी*, मुद्रांकण; **~-wax,** (मोहरी) लाख*, लाह*। > सील्-इन्ग

seam, *n.*, 1. (*in cloth*) सीवन*; 2. (*line of junction*) संधि*, संधिरेखा*; 3. (*fissure*) दरार*; 4. (*scar*) क्षतचिह्न; 5. (*layer*) परत*; —*v.*, 1. (*in knitting*) धारियाँ* बनाना; 2. (*crack open*) दरार* पड़ना; 3. (*furrow*) खाँचा बनाना; 4. (*join*) जोड़ना; **~-lace,** सीवन-बेल*; **~less,** सीवनहीन; **~stress,** दरज़िन*। > सीम; सीम्लेस; सीम्लिस; से'म्-स्ट्रिस

seamy, 1. सीवनदार; 2. (*fig.*) जघन्य, बीभत्स। > सीम्-इ

seance, seance, 1. बैठक*; 2. (*of spiritualists*) आत्मायन। > सेआन्स

sear, *v.t.*, 1. (*scorch*) झुलसाना; 2. (*cauterize*) दागना; 3. (*wither*) सुखाना, कुम्हला देना; 4. (*make callous*) कठोर बना लेना; —*v.i.*, कुम्हलाना; —*adj.*, कुम्हलाया हुआ; —*n.*, कुत्ता (*of gun*)। > सिअॅ

search, *v.*, 1. (*go over, look through*) की तलाशी* क० या लेना, छान डालना, छानबीन* क०, देख डालना; 2. (*a person*) की जामा-तलाशी* क०, नंगाझोली* क०; 3. (*look for*) खोजना, ढूँढ़ना, पता लगाना; 4. (*examine*) जाँचना; 5. (*penetrate*) पैठना, व्याप्त हो जाना; 6. (*pierce*) पार क०, —*n.*, तलाशी*, छानबीन*; खानातलाशी* (*of house*); नंगाझोली*, जामा-तलाशी*; खोज*, तलाश*, अन्वेषण; जाँच*, जाँच-पड़ताल*; **~ing,** *n.*, *cf.* SEARCH; *adj.*, 1. (*thorough*) सूक्ष्म; 2. (*penetrating*) भेदक; 3. (*sharp*) प्रचण्ड; **~light,** सर्चलाइट, खोज-बत्ती*; **~-warrant,** तलाशी-अधिपत्र। > सॅ:च

season, *n.*, 1. (*winter etc.*) ऋतु*, मौसम; 2. (*of particular crop or activity*) मौसम, ऋतु*; 3. (*apportune time*) मौसम; 4. (*opportune moment*) मौक़ा, सुअवसर; 5. (*period of time*) अवधि*, (कुछ) समय, काल; 6. (*of a festival*) समय; —*v.*, 1. (*with condiments*) नमक-मिर्च* मिलाना, छौंकना, बघारना; 2. (*flavour*) स्वादिष्ठ बनाना; 3. (*add interest to*) सरस या मज़ेदार बनाना, नमक-मिर्च* मिलाना; 4. (*temper*) नरम क०, हलका क०, 5. (*inure*) का अभ्यस्त या आदी बना देना; 6. (*mature*) पूर्ण रूप से तैयार क०, पक्का या परिपक्व कर देना; 7. (*mature, ripen*) पकना, पक्का हो जाना, तैयार हो जाना; 8. (*wood*) सीझना (*v.i.*); सिझाना, (*v.t.*); for a ~, कुछ समय तक; in ~, 1. बाज़ार में (उपलब्ध); 2. मौक़े पर, उपयुक्त समय में; 3. (*early enough*) समय पर; 4. (*in heat*) मस्ती* में; in ~and out of ~, मौक़े-बेमौक़े; **~able,** 1. (*timely*) समयानुकूल; सामयिक, समयोचित; 2. (*opportune*) उपयुक्त, संगत; **~al,** 1. मौसमी, ऋतु-; 2. ऋतुनिष्ठ; 3. (*recurring*) आवर्तक; **~ed,** 1. (*of wood*) पका, सिझाया; 2. (*of troops*) अनुभवी; 3. (*inveterate*) पक्का, मँजा हुआ, घुटा हुआ; **~ing,** 1. (*condiment*) मसाला; नमकमिर्च* (*fig.*); 2. (*preparation*) पकाई*; **~-ticket,** मौसमी टिकट। > सीज़ॅन; सीज़ॅ/नॅबॅल, ~नॅल, ~निन्ग

seat, *n.*, 1. आसन, सीट*; 2. (*of cycle etc.*) गद्दी*, सीट*; 3. (*chair*) कुरसी*; 4. (*buttocks*) चूतड़; 5. (*place*) स्थान; अधिष्ठान; 6. (*home*) निवासस्थान; 7. (*base*) आधार; 8. (*of pants*) पीछा; —*v.*, बैठाना, आसन देना; बैठ जाना, आसन ग्रहण क०, 2. (*elect.*) निर्वाचित क०, 3. (~500) में 500 के लिए जगह* होना; 4. (*reseat*) नया आसन लगाना (*a chair*); 5. (*fix*) बैठाना; he has a good ~, उसका आसन कड़ा है। > सीट

seating/accommodation, बैठने का स्थान; ~ plan, बैठक-नक़्शा। > सीट्-इन्ग

sebaceous, वसामय। > सिबेशॅस

secant, *adj.*, छेदक; *n.*, 1. (*geom.*) छेदक, छेदक रेखा*; 2. (*trigon.*) व्युत्क्रम कोटिज्या*। > सीकॅन्ट

secateur(s), कैंचा। > से'कॅटॅ: (ज़)

seccotine, *n.*, गोंद; *v.*, चिपकाना। > से'कॅटीन

secede, (से) अलग हो जाना; **~r,** संबंध-विच्छेदक। > सिसीड; सि-सीड्-अॅ

secern, 1. अलग क०, 2. (*secrete*) निस्सारित क०; **~ent,** *adj.*, स्रावी; *n.*, 1. (*organ*) स्रावक; 2. (*medicine*) स्रावक; **~ment,** स्रावण। > सिसॅ:न; सिसॅ:नॅन्ट; सिसॅ:नमॅन्ट

secession, सम्बन्ध-विच्छेद, अलहदगी*; **~ist,** सम्बन्ध-विच्छेदी, पृथग्वादी; पक्षत्यागी। > सिसे'शॅन
seclude, 1. अलग रखना, अलगाना; 2. (*screen*) एकांत बनाना; **~d,** एकान्त, विविक्त। > सिक्लूड
seclusion, एकान्त, विविक्त। > सिक्लूश्ज़न
seclusive, अलग रहने वाला, एकान्तप्रिय। > सिक्लूसिव
second, *adj.*, 1. दूसरा, द्वितीय; 2. (*another*) दूसरा, भिन्न, अतिरिक्त (*also additional*) 3. (*inferior*) घटिया (*in quality*); गौण (*in importance*); अवर, मध्यम, मझला (*in rank*); ~childhood, सठियापा; ~person, मध्यम पुरुष; ~ to none, सर्वोत्तम; every ~ day, हर दूसरे दिन; —*adj.*, दूसरे; —*n.*, 1. द्वितीय, दूसरा; 2. (*of time*) सेकण्ड; 3. (*instant*) क्षण; 4. (*of angle*) विकला*; 5. (*aid*) सहायक; 6. (*pl.*) घटिया माल; —*v.*, 1. (*assist*) सहारा देना; 2. (*support*) समर्थन क०, अनुमोदन क०, 3. (*further*) बढ़ावा देना, आगे बढ़ाना; 4. (*mil.*) के लिए अलग क०; 5. (*transfer*) स्थानान्तरित क०। > से'कॅन्ड
secondarily, गौणत:। > से'कॅन्डॅरॅलि
secondary, *adj.*, 1. (*subordinate*) गौण, अप्रधान, उप-; अनु-, अनुषंगी (*as sensation*); 2. (*derived*) अप्रत्यक्ष, परोक्ष, अमौलिक; 3. (*supplementary*) अनुपूरक; 4. (*auxiliary*) सहायक; 5. (*of education*) माध्यमिक; 6. (*of root*) यौगिक; 7. (*in sequence*) द्वितीय; 8. (*botany*) परवर्ती, परवर्धी, उत्तर-; 9. (*chem. phys.*) द्वितीयक; —*n.*, 1. (*deputy*) प्रतिनिधि; 2. (*satellite*) उपग्रह; 3. (*feather*) गौण पिच्छ; 4. (*wing*) पिछला पंख, पश्चपक्ष; ~ suffix, तद्धित प्रत्यय। > से'कॅन्डॅरि
second/-best, दूसरे दरजे का; **~-class,** 1. (*in-ferior*) घटिया; 2. दूसरे दरजे का, दूसरी श्रेणी* का; **~er,** अनुमोदक, समर्थक; **~-hand,** 1. (*not new*) पुराना; 2. (*of news*) सुना-सुनाया; 3. (*not direct*) अप्रत्यक्ष; **~ly,** दूसरे; **~-rate,** घटिया, मामूली, साधारण।
secrecy, 1. (*state*) गुप्तता*, रहस्य; गोपनीयता*; 2. (*seclusion*) एकांत; 3. (*action*) छिपाव, दुराव, (सं) गुप्ति*, (सं)गोपन; 4. (*tendency*) दुराव, छिपाव, गोपनशीलता*। > सीक्-रिसि
secret, *adj.*, 1. (*hidden*) गुप्त, छिपा हुआ; 2. (*to be kept ~*) गोपनीय, गुह्य; 3. (*clandes-tine*) गुप्त; 4. (*secluded*) एकान्त; 5. (*mysterious*) रहस्यमय, गूढ़; 6. (*secretive*) गोपनशील, छिपाऊ; —*n.*, 1. भेद, रहस्य, मर्म; 2. (*mystery*) रहस्य (*also fig.*); open ~, प्रकट मंत्र; ~ agent, गुप्तचर; ~ parts, गुप्तांग; ~ service, खुफ़िया विभाग; **~ly,** गुप्त रूप से, छिपे-छिपे, चोरी-छिपे। > सीक्-रिट
secre/taire, डेस्क; **~tarial,** साचिविक; लिपिकीय; **~tariat(e),** सचिवालय, मंत्रालय, सेक्रेटरियट। > से'क्रिटेअॅ, ~रिऍल, ~रिऍट
secretary, 1. (*of govt.*) सचिव; 2. (*of organi-sation*) मंत्री; 3. (*of person*) सेक्रेटरी, मुंशी; 4. डेस्क; ~ of state, 1. (*minister*) मंत्री; 2. (*foreign minister*) विदेश-मंत्री, परराष्ट्रमंत्री। > से'क्-रि-टॅ-रि
secrete, 1. (*hide*) छिपाना; 2. (*embezzle*) छिपाकर रखना, ग़बन क०, 3. (*produce by secretion*) स्रावित क०, निस्सारित क०। > सिक्रीट
secretion, 1. छिपाव; 2. स्रावण; स्रवण; 3. (*subs-tance*) स्राव। > सिक्रीशॅन
secretive, गोपनशील, छिपाऊ। > सिक्रीटिव़=सीक्-रिटिव़
secretory, स्रावी, स्राव-। > सिक्रीटॅरि
sect, सम्प्रदाय, पंथ, मत। > से'क्ट
sectarian, *adj.*, 1. साम्प्रदायिक; 2. (*narrow*) कट्टर, मतांध; —*n.*, 1. (*member of a sect*) सम्प्रदायी; 2. सम्प्रदायवादी; **~ism,** साम्प्रदायिकता*, धार्मिक दलबंदी*; सम्प्रदाय-वाद; कट्टरपन; **~ize,** साम्प्रदायिक बना देना। > से'क्टे'ऑर्/इऍन, ~इऍनिज़्म; ~इऍनाइज़
sectile, छेद्य। > से'क्-टिल=से'क्टाइल
section, 1. (*act of cutting*) काट*, कटाई*, छेदन; 2. (*part*) अंश, भाग, खण्ड, हिस्सा, टुकड़ा; 3. (*divi-sion*) भाग, विभाग, खण्ड; 4. (*of department*) अनुभाग, शाखा*, प्रशाखा*; 5. (*of a book etc.*) अनुच्छेद, परिच्छेद; 6. (*of a law*) धारा*, दफ़ा*; 7. (*group*) प्रवर्ग, वर्ग; 8. (*of people*) वर्ग, दल; 9. (*mil.*) सेक्शन, सेनामुख, टुकड़ी*; 10. (*conic etc.*) परिच्छेद; 11. (*microscopic*) काट*; —*v.*, विभाजित क०; काटना; **~al,** अनुभागीय; आंशिक; वर्गीय; प्रान्तीय; **~alism,** प्रान्तीयता*; जातिवाद, वर्गवाद; **~alize,** विभाजित क०; **~ally,** खंडत:। > से'क्शॅन
sector, 1. (*of circle*) त्रिज्य खण्ड, वृत्त खंड; 2. (*district*) क्षेत्र, अंचल, खण्ड; 3. (*instrument*) त्रिज्य यंत्र; **~ial,** 1. त्रिज्य-; 2. (*of teeth*) कर्तनकारी। > से'क्-टॅ; से'क्टॉ:र्-इऍल
secular, 1. (*temporal*) लौकिक, ऐहिक, सांसारिक, दुनियावी; 2. (*secularistic*) धर्मनिरपेक्ष; धर्मविरुद्ध, 3. (*of a century*) शतवार्षिक, शतवर्षीय; 4. (*lasting for ages*) दीर्घकालिक, चिरकालिक, चिरन्तन, ~ arm, राज्याधिकार; ~ clergy, धर्मप्रान्तीय (या अधर्मसंघीय) पुरोहितवर्ग; ~ state, धर्मनिरपेक्ष (या असाम्प्रदायिक) राज्य, **~ism,** 1. धर्म-निरपेक्षवाद; 2. (*secular spirit*) सांसारिकता*, ऐहिकता*, धर्मविरोध, **~ity,** धर्मनिरपेक्षता*; सांसारिकता*; **~ize,** लौकिक, सांसारिक, धर्मनिरपेक्ष या धर्मप्रान्तीय बना देना। > से'क्-यू-लॅ; से'क्यूलॅरिज़्म; से'क्-यू-लै-रि-टि; से'क्यूलॅराइज़

secund, एकपक्षकी। > सिकॅन्ड

securable, प्राप्य; सुरक्ष्य, रक्ष्य। > सिक्युअॅरॅबॅल

secure, *adj.*, 1. (*safe*) सुरक्षित, निरापद; 2. (*free from anxiety*) निश्चिन्त; 3. (*firm, stable*) सुदृढ़, पक्का, मज़बूत; 4. (*sure*) निश्चित; 5. (*reliable*) विश्वस्त, विश्वसनीय; —*v.*, 1. सुरक्षित क०, की रक्षा* क०, सुरक्षा* का प्रबंध क०; 2. (*make firm*) पक्का क०, मज़बूत क०; 3. (*tighten*) कसकर बाँधना; 4. (*fasten*) जकड़ना, कसना; 5. (*confine*) बाँधना, बन्द क०, क़ैद रखना; 6. (*ensure*) सुनिश्चित क०; 7. (*rserve*) आरक्षित कर लेना; 8. (*guarantee*) ज़िम्मा लेना, आश्वासन देना; 9. (*obtain*) प्राप्त कर लेना; 10. (*a vein*) दबाना; 11. (*arms*) सँभालना। > सिक्युअॅ

securiform, कुठाराकार। > सिक्युअॅर्-इफ़ॉ:म

security, 1. (*safety*) सुरक्षा*, अभय; 2. (*freedom from care*) निश्चिन्तता*; 3. (*certainty*) निश्चय, निश्चितता*; 4. (*over-confidence*) अतिविश्वास; 5. (*care-less-ness*) असावधानी*, लापरवाही*; 6. (*safeguard*) रक्षा*, बचाव; 7. (*guarantee*) ज़मानत*, प्रतिभूति*, प्रत्याभूति*; प्रतिभू (*a person*); 8. (*pl.*) ऋणपत्र, ऋणाधार; ~ council, सुरक्षा-परिषद्*; ~ measure, सुरक्षा-उपाय। > सिक्युअॅर्-इटि

sedan, पालकी*; मोटरकार*। > सिडैन

sedate, शान्त, प्रशान्त, गंभीर, सौम्य। > सिडेट

sedative, *adj.* (*n.*), उपशामक, शमक (औषध*), शामक। > सै'डॅटिव़

sedentary, 1. (*sitting*) आसीन, बैठा हुआ; 2. (*characterized by sitting*) निषादी; 3. (*not migratory*) स्थानबद्ध; 4. (*stary-at-home*) घरघुसना, गृहप्रेमी; 5. (*accustomed to sit*) बैठा रहनेवाला; अभ्रमणशील। > से'डॅन्टॅरि

sederunt, बैठक*। > सिडिअॅरॅन्ट

sedge, नरकट। > से'ज्

sedilia, sedile, आसन। > सिडिल्-इ-अॅ; सिडाइलि

sediment, तलछट*, तलौंछ*, अवसाद; **~ary,** तलछटी, अवसादी; **~ation,** अवसादन। > से'ड्-इ-मॅन्ट; से'डिमे'न्टॅरि

sedition, राजद्रोह; **~ist,** राजद्रोही। > सिडिशॅन

seditious, राजद्रोहात्मक, राजद्रोही। > सिडिशॅस

seduce, 1. (*lead astray*) बहकाना, पथभ्रष्ट क०; 2. (*corrupt*) भ्रष्ट क०, चरित्र बिगाड़ना; 3. (*a woman*) का शील भंग क०; **~r,** बहकानेवाला; प्रलोभक। > सिड्यूस, सि-ड्यूस्-अॅ

seducible, प्रलोभ्य। > सि-ड्यूस्-इबॅल

seduction, प्रलोभन। > सिडॅक्शॅन

seductive, सम्मोहक, विमोहक। > सि-डॅक्-टिव़

sedulity, अध्यवसाय। > सिड्यूल्-इटि

sedulous, अध्यवसायी, परिश्रमी। > से'ड्यूलॅस

see[1], 1. धर्मपीठ; 2. (*bishopric*) धर्मप्रान्त; 3. (*posi-tion of a bishop*) धर्माध्यक्षीय पद; Holy See, परमधर्मपीठ। > सी

see[2], 1. देखना, निहारना, अवलोकन क०; 2. (*under-stand*) समझना, देखना; 3. (*learn*) मालूम क०, जान जाना; 4. (*experience*) अनुभव क०, देखना; 5. (*imagine*) कल्पना* क०, देखना; 6. (*examine*) निरीक्षण क०, जाँचना, देखना; 7. (*grant interview*) से मिलना, भेंट क०; 8. (*call on*) देखने जाना, मिलने जाना; 9. (*consult*) से सलाह* लेना, देखना; 10. (*escort*) साथ जाना या चलना, पहुँचाना; 11. (*deem*) समझना, के रूप में देखना; 12. (*take care*) का प्रबंध क०, ध्यान रखना, देखना; 13. (*make sure*) पता लगाना, देखना; 14. (*reflect*) विचार क०, सोचना; 15. (*in gambling*) स्वीकार क०; ~ fit, उचित समझना; ~ red, आग बबूला हो जाना; **~about,** प्रबंध क०, इन्तज़ाम क०; पर विचार क०; पता लगाना, जाँच* क०; **~ after,** की देख-रेख* क०, देख-भाल* क०; ध्यान रखना; **~ into,** जाँच* क०, निरीक्षण क०; समझना; **~ off,** विदा क०; **~ through,** 1. समझना, झाँपना, ताड़ जाना; 2. (*carry out*) पूरा क०; सम्पादित क०; 3. (*help*) की सहायता* क०; **~ to,** का इंतज़ाम क०; की देख-रेख* क०, ध्यान रखना। > सी

seed, *n.*, 1. बीज; 2. (*origin*) बीज, मूल कारण; प्रारंभ; 3. (*semen*) बीज, वीर्य, शुक्र; 4. (*progeny*) सन्तति*; —*v.*, 1. (*of plant*) बीज उत्पन्न क० या गिराना, पक जाना; 2. (*sow*) बीज बोना; 3. (*sprinkle*) छिड़कना; 4. बीज निकालना; 5. (*sport*) छाँटना; go to ~, 1. (*of plant*) बीज उत्पन्न क०, में बीज पड़ना; 2. (*fig.*) अवनति* पर होना, पुराना हो जाना; **~-bed, ~-plot,** 1. बियाड़; 2. (*fig. hotbed*) अड्डा; **~-coat,** बीजावरण; **~-drill,** बीजवपित्र; **~ed,** 1. बीजदार; 2. बोया हुआ; 3. (*experi-enced*) प्रौढ़; **~er,** बीजवपित्र; (किशमिश* से) दाने निकालने का यंत्र; **~ing-machine,** वपित्र; **~ling,** पौद*; पौध*; नवोद्भिद; **~-lobe,** बीजपत्र; **~-vessel,** फलभित्ति*; **~y,** 1. बीजदार, बिजैला; 2. (*shabbily dressed*) फटीचर। > सीड

seeing, *n.*, दृष्टि*; *adj.*, देखता हुआ; —*conj.*, क्योंकि। > सीइङ्ग

seek, 1. (*look for*) खोजना, ढूँढना, तलाशना; 2. (*inquire after*) पता लगाना, पूछताछ* क०; अन्वेषण क०; 3. (*search, explore*) छान डालना, देख डालना; 4. (*resort to*) जाना; के पास जाना; 5. (*pursue*) चाहना; 6. (*ask for*) माँगना; 7. (*attempt*) की कोशिश* क०, का प्रयत्न क०; **~er,** अन्वेषक; जिज्ञासु (*after truth*)। > सीक; सीक्-अॅ

seem, प्रतीत होना, लगना, जान पड़ना; **~ing,** *adj.*, प्रतीयमान; —*n.*, प्रतीति*; आभास (*semblance*) **~ingly,** प्रतीयमानतः; **~liness,** औचित्य; **~ly,** 1. उचित, मुनासिब; 2. (*decorous*) शोभनीय; 3. (*in appearance*) सुहावना। > सीम; सीम्-इन्ग

seep, रिसना; **~age,** 1. निस्यन्दन; 2. (*liquid*) निस्यन्द। > सीप; सीप्-इज

seer, 1. देखनेवाला, द्रष्टा; 2. (*sage*) ऋषि, मनीषी; 3. (*prophet*) नबी, पैग़म्बर। > सीअॅ

seesaw, *n.*, 1. झूमा-झूमी*, ढेंकी*; 2. (*movement*) उतार-चढ़ाव (*also fig.*); —*v.*, 1. झूमा-झूमी* खेलना; 2. (*vacillate*) आगा-पीछा क॰; 3. घटना-बढ़ना; —*adv.*, 1. (*back and forth*) आगे-पीछे; 2. (*up and down*) ऊपर-नीचे; —*adv.*, चढ़ता-उतरता; घटता-बढ़ता। > सीसॉः

seethe, *v.i.* 1. (*boil*) उबलना, खौलना; 2. (*bubble*) बुदबुदाना; 3. (*be agitated*) उत्तेजित होना, आंदोलित होना, हलचल* से भरा होना; —*v.t.*, उबालना, खौलना। > सीद

segment, *n.*, 1. (*part*) खण्ड; 2. (*of orange etc.*) फाँक*; 3. (*of circle*) खण्ड; —*v.*, विभाजित क॰ या हो जाना; **~al,** खण्ड-, खण्डीय; सखंड, खण्डयुक्त; **~ation,** खण्डीकरण; खण्डीभवन; **~ed,** खंडित, सखण्ड; विभक्त। > से 'ग्मॅन्ट

segre/gate, *adj.*, अलग; अलग किया हुआ, पृथक्कृत; —*v.*, अलग क॰ या हो जाना, पृथक् क॰, जुदा क॰; **~gation,** 1. (*act*) पृथक्करण; वियोजन; 2. (*state*) पार्थक्य; पृथग्वास; **~gative,** 1. पृथक्कारी; 2. (*unsociable*) अलगाऊ। > से 'ग्-रि/गिट (*adj.*) ~गेट (*v.*); से 'ग्रिगेशॅन; से 'ग्-रि-गे-टिव्

seiche, जलदोलन। > सेश

seigneur, seignior, सामन्त, जागीरदार। > सेन्यॅः; सेन्-यॅ

seigniory, जागीर*। > सेन्यॅरि

seine, कोना-जाल। > सेन

seismic, भूकम्पी (य), भूकम्प-। > साइज़्-मिक

seismo/gram, भूकम्प-अभिलेख; **~graph,** भूकम्प-लेखी; **~graphy,** भूकम्प-लेखन; **~logy,** भूकम्प-विज्ञान; **~meter,** भूकम्प-मापी; **~scope,** भूकम्प-दर्शी। > साइज़्मॅग्रैम; साइज़्मॅग्राफ़; साइज़्मॉग्रॅफ़ि; साइज़्मॉलॅजि; साइज़्-मॉम्-इ-टॅ; साइज़्मॅस्कोप

seize, 1. (*take hold of*) पकड़ लेना, (कसकर) पकड़ना; 2. (*snatch*) झपट लेना, छीनना; 3. (*capture*) जीत लेना; 4. (*arrest*) पकड़ना, गिरफ़्तार क॰, बन्दी बनाना; 5. (*impound*) ज़ब्त क॰, क़ुर्क़ क॰; 6. (*understand*) समझना, समझ लेना, पकड़ना; 7. (*attack, of disease*) पकड़ना, आक्रान्त क॰; 8. (*take advantage of*) से (तुरंत) लाभ उठाना; 9. (*lash*) कसकर बाँधना; 10. (*of machine*) रुक जाना, बन्द हो जाना, जम जाना, जाम होना; 11. (*law, put in possession*) क़ब्ज़ा दिलाना। > सीज़

seizin, seisin, क़ब्ज़ा। > सीज़्-इन

seizure, 1. (*see* SEIZE) पकड़*; गिरफ़्तारी*; ज़ब्ती*, अभिग्रहण, क़ुर्क़ी; 2. (*of disease*) दौरा, झटका, ग्रह, आक्रमण। > सीश्ज़्-अॅ

seldom, बिरले ही, कभी-कभार, यदा-कदा, जब तक। > से 'ल्डॅम

select, *adj.*, 1. (*picked out*) चुनिन्दा; 2. (*excel-lent*) श्रेष्ठ, उत्कृष्ट, वरिष्ठ, प्रवर; 3. (*exclusive*) विशिष्ट, एकांतिक; ग़ैरमिलनसार, ऐकान्तिक; ~ committee, प्रवर समिति*; —*v.*, चुन लेना, छाँटना, पसन्द क॰; **~ion,** 1. (*act*) वरण, चयन, छाँट*; 2. (*what is selected*) चयन; चयनिका* (*esp. of writings*) natural —, नैसर्गिक वरण; **~ive, (~ivity),** वरणात्मक(ता*), वरणशील(ता*); चयनात्मक(ता*); वरणक्षम(ता*); **~or,** वरणकर्ता, चयक; वरणाधिकारी। > सिले 'क्ट; सिले 'क्/शॅन, ~टिव्; सिले 'क्-टिव्-इ-टि; सिले 'क्टॅ

seleno/centric, चन्द्रकेंद्रिक; **~graphy,** चन्द्रभूगोल; **~logy,** चान्द्रिकी*। > सिलीनॅसे 'न्-ट्रिक; से 'लिनॉग्रॅफ़ि; से 'लिनॉलॅजि

self, *adj.*, 1. (*uniform*) एकरूप; 2. (*of one colour*) इकरंगा; —*n.*, 1. (*ego*) अहम्, आत्मन्; 2. (*perso-nality*) व्यक्तित्व; 3. (*soul*) आत्मा*; 4. (*selfish-ness*) स्वार्थ; —*prefix*, स्व-, आत्म-, स्वतः-। > से 'ल्फ़

self/-abandonment, असंयम; **~-abase-ment,** आत्मतिरस्कार; **~-abnegation,** स्वार्थत्याग, आत्मत्याग; **~-absorption,** आत्मलीनता*; **~-abuse, ~-pollution,** 1. आत्मनिन्दा*; 2. आत्म-दुरुपयोग; 3. (*mastur-bation*) हस्तमैथुन; **~-accusatory,** आत्माभियोगात्मक; **~-accusation,** आत्माभियोग, दोषस्वीकरण; **~-acting,** स्वतःक्रिय, स्वचालित; **~-addressed,** envelope, अपने पते का या स्वनामांकित लिफ़ाफ़ा; **~-adjusting,** स्वसमंजक; **~-appointed,** 1. स्वयंनियुक्त; 2. (*of task*) स्वनिर्धारित; **~-asser-tive,** स्वाग्राही; **~-assumed,** स्वगृहीत; **~-assur-ed,** आत्मविश्वासी; **~-centred,** आत्मकेंद्रित, स्वकेंद्रित; **~-collected,** धीर, धैर्यवान्; **~-colour-ed,** स्ववर्णी; इकरंगा; स्ववर्ण; **~-command,** आत्मसंयम; **~-communion,** आत्मचिन्तन; **~-complacence (cy),** आत्मसंतोष; **~-compla-cent,** आत्मसन्तुष्ट; **~-conceit,** अभिमान; **~-con-ceited,** अभिमानी;

~-condemned, आत्मनिन्दित; **~-confessed,** आत्मघोषित; **~-confidence,** आत्मविश्वास; **~-confident,** आत्मविश्वासी; **~-con-quest,** आत्मविजय*; **~-conscious,** 1. (*shy*) संकोची, संकोचशील; संकोच-भरा; 2. (*phil.*) आत्मचेतन; **~-consistent,** स्वसंगत; **~-con-tained,** 1. (*reserved*) अल्पभाषी; घुन्ना, चुप्पा; 2. (*controlled*) संयमी; 3. (*self-sufficient*) आत्मनिर्भर, आत्मभरित; 4. (*complete in itself*) स्वत:पूर्ण; **~-contempt,** आत्मतिरस्कार; **~-con-tented,** आत्मसंतुष्ट; **~-contradiction,** स्वतोविरोध, स्वतोव्याघात, अंतर्विरोध, परस्परविरोध, असंगति*; **~-contradictory,** स्वतोविरोधी; अंतर्विरोधी, परस्परविरोधी; असंगत; **~-control,** आत्मसंयम, आत्मनियंत्रण; **~-convicted,** आत्मदंडित; **~-deception,** आत्म-प्रवंचना*; **~-de-fence,** आत्मरक्षा*; **~-denial,** आत्मत्याग, स्वार्थत्याग; **~-dependent,** आत्मनिर्भर, स्वावलंबी; **~-depreciation,** आत्मावमूल्यन; आत्मनिन्दा*; **~-destruction,** आत्मनाश, आत्मसंहार; **~-determination,** आत्मनिर्णय, स्वाधीनता*; **~-determined,** स्वाधीन; **~-devotion,** स्वार्थत्याग, आत्मोत्सर्ग; **~-display,** आत्म-प्रदर्शन; **~-distrust,** आत्मविश्वासहीनता*; **~-educated,** स्वयंशिक्षित, अताई; **~-edu-cation,** स्वयशिक्षा*; **~-educator,** स्वयं-शिक्षक; **~-effacement,** अनात्मशंसा*; **~-effacing,** अनात्मशंसी; **~-elec-tive,** स्वनिर्वाची; **~-esteem,** 1. स्वाभिमान; 2. (*pride*) अभिमान, अहंकार; **~-evident,** स्वयंसिद्ध, स्वत:प्रमाण; **~-examination,** आत्मपरीक्षा*; **~-existing,** स्वयंभू; **~-explaining, ~-explanatory,** स्वत:स्पष्ट; **~-expression,** आत्माभिव्यक्ति*; आत्म-विकास; **~-feeder, ~-feeding,** स्वयंभर; **~-fertile,** स्वनिषेची; **~-fertility,** स्वनिषेचन; **~-forgetful,** नि:स्वार्थ; **~-glorification,** आत्मश्लाघा*; **~-govern-ing,** स्वशासी; स्वाधीन; **~-government,** स्वशासन; स्वराज्य; **~-help,** स्वावलम्बन; **~-hood,** 1. आत्मतत्त्व; व्यक्तित्व; 2. (*selfish-ness*) स्वार्थ; **~-humiliation,** आत्म-अवमानना*; **~-hypnotism,** आत्मसम्मोहन; **~-importance,** अहंकार, अभिमान; **~-important,** अहंकारी; **~-imposed,** स्वगृहीत; **~-improvement,** आत्मसुधार; **~-inductance,** स्वप्रेरकत्व; **~-induction,** स्वप्रेरण; **~-inductive,** स्वप्रेरक; **~-indul-gence,** असंयम, विषयासक्ति*; **~-indul-gent,** असंयमी; **~-inflicted,** आत्मकृत; **~-interest,** स्वार्थ; **~-interested,** स्वार्थी।

selfish, स्वार्थी, स्वार्थपरायण; **~-ness,** स्वार्थ, स्वार्थपरता*। > से'ल्-फ़िश

self/-knowledge, आत्मज्ञान; **~-less,** नि:स्वार्थ; **~-loading,** स्वयंभर; **~-love,** स्वार्थ; **~-lumi-nous,** आत्म-दीप्त; **~-made,** स्वनिर्मित; **~-mas-tery,** आत्मसंयम; **~-opinion,** अभिमान; हठ, हठ-धर्म; **~-opinionated,** हठ-धर्मी; **~-pity,** आत्मदया*; **~-pollination,** स्वपरागण; **~-port-rait,** आत्मचित्र; **~-possessed,** धीर, प्रशान्त; **~-possession,** आत्मसंयम; **~-praise,** आत्मश्लाघा*; **~-preserva-tion,** आत्मपरिरक्षण, आत्मरक्षा*; **~-propagating,** स्वसंचारी, स्वप्रजननी; **~-propelled,** स्वचालित; **~-realization,** आत्मविकास, आत्मसिद्धि*; आत्मज्ञान, आत्मानुभूति*; **~-recording, ~-registering,** स्वत: अभिलेखी; **~-regard,** स्वार्थ; स्वाभिमान, आत्मसम्मान; **~-regulating,** स्वत:नियामक; **~-reliance,** स्वावलंबन, आत्मनिर्भरता; **~-reliant,** आत्मनिर्भर; **~-renunciation,** आत्मत्याग; **~-repression,** आत्मदमन; **~-reproach,** आत्म-भर्त्सना*; **~-repugnant,** असंगत, स्वतो-विरोधी; **~-res-pect,** आत्मसम्मान, आत्मगौरव, स्वाभिमान; **~-res-pecting,** स्वाभिमानी; **~-restraint,** आत्मसंयम, आत्मनिग्रह; **~-revelation,** आत्माभिव्यक्ति*; **~-righteous,** दंभी; **~-sacrifice,** आत्म-बलिदान, आत्मत्याग; **~-sacrificing,** आत्मत्यागी; **~same,** वही, अभिन्न; **~-satisfaction,** आत्मसन्तोष; अहंकार **~-satisfied,** आत्मसन्तुष्ट; दंभी, अहम्मन्य; **~-searching,** आत्मपरीक्षा*; **~-seek-er,** स्वार्थी; **~-seeking,** *n.*, स्वार्थ; *adj.*, स्वार्थपरायण; **~-service,** स्वयंसेवा*; **~-shield-ing,** स्व-परिरक्षी; **~-slaughter,** आत्महत्या*; **~-sown,** स्वयंजात; **~-starter,** सेल्फ-स्टार्टर; **~-starting,** स्वत:-प्रवर्ती **~-sterility,** स्ववन्ध्यता*; **~-styled,** स्वघोषित; तथाकथित; **~-sufficiency,** आत्मनिर्भरता*; अभिमान; **~-sufficient,** आत्मनिर्भर, अभिमानी; **~-suf-ficing,** आत्मनिर्भर, स्वावलम्बी; **~-suggestion,** आत्मसुझाव; आत्मसम्मोहन; **~-supporting,** आत्मनिर्भर, स्वावलंबी; **~-surrender,** आत्मसमर्पण; **~-sustaining,** आत्मनिर्भिर; स्वपोषी; **~-taught,** स्वयंशिक्षित, अताई; **~-torture,** आत्मयंत्रणा*; **~-will,** हठ; **~-willed,** हठ-धर्मी।

sell, 1. बेचना (*also fig.*) विक्रय क०; 2. (*deal in*) का व्यापार क०; 3. (*betray*) के साथ विश्वासघात क०, 4. (*deliver up to*) के हवाले कर देना; 5. (*be sold*) बिकना; ~ off, औने-पौने क० या बेचना; **~er,** बेचनेवाला, विक्रेता। > से'ल, से'ल-अ‍ॅ

selling/-out, विश्वासघात; **~-price,** विक्रय-मूल्य; **~-race,** नीलामी बाज़ी*। > से'ल्-इन्ग

selvage, selvedge, किनारा। > से'ल्-व़िज

seman/teme, अर्थतत्त्व, अर्थग्राम; **~tic,**

semasiological, अर्थगत, अर्थ-, **~tics,** **semasiology,** अर्थविज्ञान। > सिमैन्/टीम, ~टिक; सिमेसिऑलॉज्-इकॅल; सिमेसिऑलॅजि

semaphore, *n,* 1. इंगक; संकेत-यंत्र; संकेत-पद्धति* (*system*); 2. (*mechanical arm*) संकेत-स्तंभ, संकेत-भुज; —*v.,* संकेत से सूचित क० या समाचार भेजना। > सेमॅफॉ:

sematic, (*colour,*) भयबोध (वर्ण)। > सि-मैट्-इक

semblance, 1. (*outward form*) आकृति*, रूप, आकार; 2. (*resemblance*) सादृश्य; 3. (*image, copy*) प्रतिरूप, प्रतिकृति*; 4. (*opp. to reality*) आभास; झलक*; 5. (*pretense, show*) दिखावा, प्रदर्शन,ढोंग। > सेमब्लॅन्स

semen, वीर्य, शुक्र। > सीमे'न

semester, 1. (*half-year*) आधा वर्ष; 2. सत्र। > सि-मे'स्-टॅ

semi-, अर्ध-; अल्प-, ईषत्-, नीम-; **~-annual,** अर्धवार्षिक; **~breve,** स्वर; **~-centennial,** अर्धशतवर्षीय; **~circle,** अर्धवृत्त; **~circular,** अर्धवृत्ताकार **~colon,** अर्धविराम; **~-conductor,** अर्धचालक; **~-conscious,** अर्धचेतन; **~-detached,** जुड़वाँ; **~-diurnal,** अर्धदैनिक; **~final,** उपान्त; सेमीफ़ाइनल; **~-lunar,** अर्धचन्द्राकार; अर्धचन्द्र-; **~-monthly,** अर्धमासिक, पाक्षिक। > सेम्-इ

seminal, 1. शुक्रीय, शुक्र-; शुक्रमय; 2. (*repro-ductive*) प्रजनक, प्रजायी; 3. (*embryonic*) भ्रूणीय; 4. (*undeveloped*) प्रारंभिक; 5. (*germinative, promising*) बीजगर्भित। > सेम्-इनॅल=सेम्-इ-नॅल

seminar, 1. सेमिनार, परिसंवाद; 2. (*class*) सेमिनार, उपकक्षा*, अध्ययन-गोष्ठी*। > सेम-इ-ना

semi/narist, गुरुकुल-शिष्य; **~nary,** 1. गुरुकुल; शिक्षणालय; 2. (*hotbed*) अड्डा। > सेम-इ/नॅरिस्ट, ~नॅरि

semination, 1. (*sowing*) वपन; 2. (*dissemi-nation*) प्रचार; बीजोत्पत्ति*। > से'मिनेशॅन

seminiferous, 1. बीजोत्पादक; 2. (*producing semen*) शुक्रजनक; 3. (*conveying semen*) शुक्रवाहक। > से'मिनिफ़ॅरॅस

semi/-occasional, विरल; **~-official,** अर्धसरकारी।

semiology, लक्षण-विज्ञान लाक्षणिकी*। > सीमिऑलॅजि

semiprecious, अल्पमूल्य। > सेम्-इप्रे'शॅस

Semite, Semitic, सामी, शामी। > सीमाइट; = सेमाइट; सि-मिट्-इक

semi/tropical, अर्ध-उष्णकटिबन्धी; **~vowel,** अर्धस्वर, अन्त:स्थ; **~-weekly,** अर्ध-साप्ताहिक।

semolina, सूजी*। > से'-मॅ-ली-नॅ

sempiternal, अनन्त। > सेम्-पिटॅ:नॅल

sempstress, दरज़िन*। > सेम्-स्ट्रिस

senary, षड्धा। > सीनॅरि

senate, 1. (*of state*) राज्यसभा*; 2. (*of univ.*) सीनेट, अधिसभा*। > से'न्-इट

senator, सीनेटर, सीनेट-सदस्य। > से'नॅटॅ

send, *n.,* 1. (*of wave*) रेला, बहाव; 2. (*of ship*) उतार; —*v.,* 1. भेजना, प्रेषित क०; 2. (*propel*) चलाना, फेंकना, मारना; 3. (*grant*) प्रदान क०, भेज देना; 4.(*drive, bring into a state*) बना देना; 5.(~ *word*) कहला भेजना; **~down,** निकाल देना; **~flying,** 1. (~*away*) निकाल देना; भगा देना; 2. धकेल देना; 3. (*rout*) हरा देना, तितर-बितर कर देना; **~for,** बुला भेजना; मँगाना; **~forth,** भेजना; छोड़ना; उत्पन्न क०; उत्सर्जित क०, विकीर्ण क०; प्रसारित क०; **off,** भेज देना; निकालना; विदा क०; **~up,** ऊपर फेंकना; बढ़ाना; **~er,** 1. भेजनेवाला, प्रेषक; 2. (*instrum.*) प्रेषित्र; **~-off,** 1. विदाई*; 2. (*lau-datory review*) प्रशंसा*, प्रशंसात्मक समीक्षा*; 3. (*start*) शुभारंभ। > से'न्ड

senescence, सठियाव। > सिने'सॅन्स

senescent, जीर्यमाण, बूढ़ा-सा। > सिने'सॅन्ट

seneschal, कारिंदा। > से'न्-इ-शॅल

senile, 1. (*of person*) जराजीर्ण, जराग्रस्त; 2. ज़रा-, जराजन्य, जरामूलक; जरासूचक। > सीनाइल

senility, जरा*, बुढ़ापा; जराजीर्णता*, सठियापा। > सि-निल्-इटि

senior, 1. (*older*) ज्येष्ठ; अग्रज; 2. (*of higher rank*) प्रवर, वरिष्ठ; उच्च; 3. सीनियर; **~ity,** ज्येष्ठता*; प्रवरता*, वरिष्ठता*; **~most,** ज्येष्ठ; वरिष्ठ। > सीन्-इअॅ=सीन्-यॅ; सीनिऑरिटि

senna, सनाय*। > से'न्-अॅ

sennet, तूर्यनाद। > से'न्-इट

sensate, *v.,* संवेदन होना; *adj.,* 1. संवेदनशील; 2. (*perceived*) संवेदित। > से'न्सेट (*v.*); से'न्-सिट (*adj.*)

sensation, 1. संवेदन; अनुभूति*, अनुभव; 2. (*excite-ment*) सनसनी*, उत्तेजना*; **~al,** संवेदनात्मक; सनसनीखेज, सनसनीदार, क्षोभ-जनक; **~alism,** इन्द्रियार्थवाद, संवेदनवाद। > से'न्से/शॅन, ~शॅनॅल, ~शॅनॅलिज़्म

sense, *n.,* 1. (*faculty*) इंद्रिय*, ज्ञानेंद्रिय*; 2. (*pl. sanity*) होश; 3. (*perception*) संवेद; संवेदन, अनुभूति*, अनुभव; 4. (*conscious-ness*) संज्ञा*, होश, चेतना*; 5. (*awareness, instinct*) बोध, बुद्धि*; 6. (*feeling*) भाव; 7. (*practical wisdom*)

समझदारी*, समझ*; 8. (*discernment*) विवेक; 9. (*meaning*) अर्थ, अभिप्राय, तात्पर्य, भाव; 10. (*sentiment*) भाव, मत; 11. (*direction*) दिशा*, अभिदिशा*; —*v*., अनुभव क०, का बोध होना, महसूस क०, को लगना; common ~, सहज बुद्धि*; moral ~, धर्मबुद्धि*; ~ of direction, दिशा-बोध; ~ of humour, विनोद-वृत्ति*, ~ of taste, स्वाद-संवेद; make ~, सार्थक, उचित या संगत होना। > से'न्स

sense/-cell, संवेदी कोशिका*; **~less,** 1. बेहोश, अचेतन, संज्ञाहीन; 2. (*foolish*) मूर्ख, नासमझ; 3. (*meaningless*) निरर्थक; **~-organ,** ज्ञानेंद्रिय*।

sensibility, 1. संवेद-शक्ति*; संवेदनशीलता*; 2. (*emotionality*) भावुकता*, भावप्रवणता*; 3. (*oversensitiveness*) अतिसंवेदनशीलता*; 4. (*susceptibility*) प्रभावनीयता*; क़दरदानी*, गुणग्राहकता* (*to beauty*); एहसानमन्दी* (*to kindness*)। > से'न्-सि-बिल्-इ-टि

sensible, 1. (*reasonable*) समझदार (*of person*); उचित, समीचीन, युक्तियुक्त, तर्कसंगत; 2. (*preceptible*) (इंद्रिय-) गोचर, संवेद्य; अनुभवगम्य; 3. (*visible*) दृश्य (*of horizon*); 4. (*aware*) से अवगत या परिचित, का ध्यान रखनेवाला; 5. (*affected*) प्रभावित; 6. (*sus-ceptible to*) प्रभावनीय; गुणग्राही; एहसानमन्द; 7. (*sensitive*) संवेदी, संवेदनशील; 8. (*appreciable*) अच्छा ख़ासा, पर्याप्य, काफ़ी। > से'न्सॅबॅल

sensibly, पर्याप्त मात्रा* में, समझदारी* से। > से'न्-सॅ-ब्लि

sensitive, 1. (*tender*) कोमलहृदय; (निन्दा* आदि का) तीक्ष्ण अनुभव करनेवाला; भावुक (*emotional*); अतिसंवेदनशील (*oversensi-tive*) 2. (*touchy*) चिड़चिड़ा, तुनकमिज़ाज; 3. (*sensory*); संवेदी; प्रतिसंवेदी (*responsive*) 4. (*of ear, eye, etc.*) सूक्ष्म, अतिसंवेदी; 5. (*of instruments, film, etc.*) सूक्ष्मग्राही, सुग्राही; 6. (*of market*) अस्थिर; ~ plant, लाजवन्ती*, छुई-मुई*। > से'न्-सिटिव़ = से'न्सॅटिव़

sensitivity, अतिसंवेदनशीलता*; भावुकता*; चिड़चिड़ापन; (प्रति) संवेदिता*; सूक्ष्मग्राहिता*, सुग्राहिता*। > से'न्सॅटिव़्-इटि

sensitize, सुग्राही बनाना; **~d,** सुग्राहीकृत, सुग्राहित। > से'न्-सि-टाइज़

sensorium, संवेदन-क्षेत्र। > से'न्सॉ:र्-इॲम

sensory, संवेदी, संवेदिक। > से'न्सॅरि

sensual, 1. (*of the senses*) ऐंद्रिय, इंद्रियजन्य, विषयसंबन्धी, वैषयिक, विषय-, इंद्रियग्राह्य; 2. (*voluptuous*) विषयी, विषयासक्त, इंद्रियलोलुप; 3. (*lustful*) कामुक; 4. (*sensory*) संवेदी; 5. इंद्रियार्थवादी; **~ism,** 1. भोगविलास, विषय-आसक्ति*; 2. (*hedonism*) विषयभोगवाद, सुखवाद, भोगवाद; 3. (*sensationalism*) इंद्रियार्थवाद; **~ist,** विषयी; सुखवादी, भोगवादी; इंद्रियार्थवादी; **~ity,** विषयासक्ति*; कामुकता*; **~ize,** इंद्रियग्राह्य बनाना; विषयासक्त बनाना।
> से'न्शु = से'न्स्यू/ॲल, ~ॲलिज़्म, ~ॲल्टि, ~ॲलाइज़; से'न्स्यूऐल्-इटि

sensuous, ऐंद्रिय, इंद्रियगत, इंद्रिय-संबंधी; इंद्रियग्राह्य। > से'न्स्यूॲस

sentense, *n*., 1. (*gram.*) वाक्य; 2. (*of a court*) दण्डादेश, दण्डाज्ञा*, सज़ा*; 3. (*decision*) निर्णय, फ़ैसला; —*v*., दण्डादेश देना; **~d,** दण्डादेशित। > से'न्टॅन्स

sentential, 1. वाक्यगत; वाक्यात्मक; 2. निर्णयात्मक, दण्डात्मक। > से'न्टे'न्शॅल

sententious, 1. (*pithy*) सारगर्भित, अर्थ-गर्भित; 2. (*full of maxims*) सूक्तिपूर्ण; 3. (*pompous*) शब्दाडम्बरपूर्ण; आडम्बरी (*of person*); 4. (*moralizing*) उपदेशात्मक; 5. (*trite*) घिसा-पिटा, नीरस। > से'न्टे'न्शॅस

sen/tience, संवेदन, चेतना*; अधोचेतना*; **~tient,** संवेदी, संवेदनसमर्थ; सचेतन। > से'न्शि/ॲन्स, ~ॲन्ट

sentiment, 1. (*feeling*) भाव, मनोभाव, 2. (*opi-nion*) विचार, मत; 3. (*sentimentality*) भावुकता*; 4. (*idea*) भाव, भावना*; 5. (*lit.*) स्थायी भाव, रस; **~al,** 1. (*emotional*) भावुक, भावप्रवण (*of person*); भावुकतापूर्ण (*of speech etc.*); 2. (*having feeling*) भावपूर्ण; 3. (*of sentiment*) भावात्मक; **~ality,** भावुकता*, भावप्रवणता*; **~alize,** भावुक बननाया बनाना। > से'न्-टि-मॅन्ट; से'न्-टि-मे'न्/टॅल, ~टॅलाइज़; से'न्-टि-मे'न्-टैल्-इ-टि

sentinel, संतरी, पहरेदारी, प्रहरी। > से'न्-टि-नॅल

sentry, संतरी; keep ~, पहला देना; **~-box,** संतरी-कोठरी*; **~-go,** पहरा; **~-post,** सन्तरी-चौकी*। > से'न्-ट्रि

sepal, बाह्यदल। > से'पॅल

separable, वियोज्य; पृथक्करणीय। > से'पॅरॅबॅल

separate, *adj*., 1. अलग, पृथक्; 2. (*dif-ferent*) भिन्न; 3. (*individual*) निजी, अपना; विशिष्ट; 4. (*secluded*) एकांत; —*n*., (*off-print*) अनुमुद्रण; —*v*., 1. अलग या पृथक् क० या हो जाना; ~ estate, स्त्रीधन; ~mainte-nance, निर्वाह-धन।
> से'पॅरिट (*adj., n.*) से'पॅरेट (*v.*)

separating, पृथक्कारी। > से'पॅरेटिन्ग

separation, 1. (*act*) पृथक्करण, वियोजन; 2. (*state*) पार्थक्य, विच्छेद, वियुक्ति*; 3. (*division*) विभाजन; 4. (*divorce from bed and board*) निवास-पृथक्करण, विच्छेद। > से'पॅरेशॅन

separa/tism, पृथक्तावाद, पार्थक्यवाद; **~tist,** 1. पृथक्तावादी; 2. (*dissenter*) वियुक्त, भिन्न मतावलम्बी; **~tive,** पृथक्कारी; **~tor,** पृथक्कारक; मथित्र, मथने का यंत्र। > से'पॅ/रॅटिज़्म, ~रॅटिस्ट, ~रॅटिव, ~रे-टॅ

separatum, अनुमुद्रण। > से'पॅरॅटॅम

sepia, सीपिअ। > सीप्-यॅ=सीप-इॲ

sepoy, सिपाही। > सीपॉइ

sepsis, पूर्ति*, पूतिता*। > से'प्-सिस

sept, गोत्र, कुल। > से'प्ट

septangular, सप्तकोणीय। > से'प्-टैन्ग्-ग्यु-लॅ

septal, पटीय, पट-। > से'प्-टॅल

septate, पटयुक्त। > से'प्टेट

septcentenary, सप्तशती*। > से'प्ट्से'न्टी नॅरि

September, सितम्बर। > से'प्टे'म्बॅ

septempartite, सप्तभागी। > से'प्टे'म्पाटाइट

sptenary, *n.*, सप्तक; *adj.*, सप्त-, सप्तसंख्यक; सप्तवार्षिक। > से'प्टीनॅरि = से'प्टिनॅरि

septennial, सप्तवर्षीय, सप्तवार्षिक। > से'प्टे'न्यॅल = से'प्टे'न्-इॲल

septennium, सप्ताब्द। > से'प्-टे'न्-इ-ॲम

septentrional, उत्तरी, उदीच्य। > से'प्-टे'न्-ट्रि-ॲ-नॅल

septet(te), सप्तक। > से'प्टे'ट

septfoil, सप्तशाखी चित्र। > से'प्ट्फॉइल

septic, पूतिक, विषाक्त; ~ tank, सेप्टिक टैंक; **~ity,** पूतिकता*, विषाक्तता*। > से'प्-टिक; से'प्-टिसिटि

septicaemia, पूतिजीवरक्तता*। > से'प्-टि-सीम्-इ-ॲ

septicidal, पटविदारक। > से'प्-टिसाइडॅल

septi/form, सप्तरूप, सप्तविध; **~fragal,** पटभंजक; **~lateral,** सप्तभुज; **~mal,** सप्तसंख्यक; **~syllable,** सप्ताक्षर।

septuagenarian, सप्तति-वर्षीय। > से'प्-ट्यू-ॲ-जि-ने'अर्-इ-ॲन

Septuagesima, सत्तरा। > से'प्ट्यूॲजे'स्-इ-मॅ

septum, पट। > से'प्टॅम

septuple, सातगुना, सप्तगुण। > से'प्ट्यूपॅल

sepulchral, 1. समाधि-, क़ब्र* का; दफ़न का; 2. (*gloomy*) निरानन्द, मनहूस; 3. (*melan-choly*) विषादमय। > सिपॅल्क्रॅल

sepulchre, *n.*, क़ब्र*, समाधि*, मक़बरा; —*v.*, दफ़नाना। > से'पल्कॅ

sepulture, दफ़न। > से'पॅल्चॅ

sequacious, 1. (*servile*) पिछलगा, पिछलगू, ताबेदार, जीहुजूरिया, चापलूस, नीच; 2. (*logical*) युक्तियुक्त, तर्कसंगत, सुसंगत। > सिक्वेशॅस

sequel, 1. (*continuation*) शेष; 2. (*consequence*) परिणाम; 3. (*complete lit. work*) उत्तरकथा*। > सीक्वॅल

sequela, उत्तरप्रभाव, परिणाम। > सि-क्वील्-ॲ

sequence, 1. (*a succession*) अनुक्रम, ताँता, सिलसिला; 2. (*order of succ.*) क्रम; पूर्वापरता*; कथाक्रम (*of story*); 3. (*series*) माला*, श्रेणी*, अनुक्रम (*also math., music etc.*) 4. (*sequel*) परिणाम; 5. (*of film*) दृश्य; 6. (*hymn*) अनुस्तोत्र; ~ of tenses, कालनियम। > सीक्वॅन्स

sequent, 1. (*subsequent*) परवर्ती, अनुवर्ती; 2. (*consequent*) अनुवर्ती; **~ial,** 1. आनुक्रमिक; क्रमिक; 2. (*consequent*) अनुवर्ती, परिणामिक। > सीक्वॅन्ट; सिक्वे'न्शॅल

seques/ter, 1. अलग क०; 2. (*confiscate*) ज़ब्त क०; 3. अपने अधिकार में लेना; **~tered,** एकान्त; **~trate,** *see* SEQUESTER (2, 3); **~tration,** 1. पृथक्करण; 2. (*seclusion*) एकान्त; 3. ज़ब्ती। > सि-क्वे'स्/टॅ, ~ट्रेट; सिक्वे'स्ट्रेशॅन

seraglio, अन्तःपुर, हरम, ज़नानख़ाना। > से'रालिओ = सॅराल्यो

serai, सराय*। > से'राइ = सॅराइ

seraph, सेराफीम; **~ic,** सेराफीम-तुल्य, स्वर्गदूत-तुल्य, दिव्य। > से'रॅफ़; से'-रैफ़्-इक = सॅरैफ़्-इक

sere, 1. (*bot.*) क्रमक; 2. (*of gun*) कुत्ता। > सिॲ

serein, झींसी*। > सॅरैन

serenade, *n.*, (*v.*), सांध्यसंगीत, सांध्यगीत (गाना); प्रेमगीत। > से'रिनेड

serenata, संगीत-काव्य। > से'-रि-ना-टॅ

serene, 1. (*calm*) शान्त, प्रशांत; अविक्षुब्ध; 2. (*unclouded*) निरभ्र, स्वच्छ; 3. (*exalted*) महामहिम। > सॅरीन = सिरीन

serenity, शांति*; प्रशांति*; निरभ्रता*, स्वच्छता*। > सॅ = सि-रे'न्-इटि

serf, 1. (*feud*) कृषिदास; 2. (*slave*) दास; 3. (*oppressed*) पददलित; **~age, ~dom,** कृषिदासता*, कृषिदास-प्रथा*; दासता*। > सॅःफ़; सॅःफ़्-इज; सॅःफ़्डॅम

serge, सर्ज, सरज। > सॅःज

sergeant, सारजेंट। > सार्जॅन्ट

serial, *adj.*, 1. क्रमिक, आनुक्रमिक, क्रम-; 2. (*published at intervals*) धारावाहिक, धारावाही; 3. (*science*) श्रेणीगत; —*n.*, धारावाहिक उपन्यास (कहानी*); ~ number, क्रमांक, क्रमसंख्या*; **~ize,** धारावाहिक निकालना; **~ly,** क्रमानुसार, क्रमशः। > सिअॅर्/इॲल, ~इॲलाइज़, इॲलि

seriate, पंक्तिबद्ध; श्रेणीबद्ध। > सिअॅर्-इ-इट

seriatim, क्रमानुसार, क्रमशः। > सिअॅरिएट्-इम

sericeous, 1. रेशमी; 2. (*downy*) रोमिल। > सिरिशॅस

sericulture, कोशकीट-पालन, रेशम-उत्पादन। > से'-रि-कॅल्चॅ

series, 1. माला*, श्रेणी*, शृंखला*; 2. (*of events*) ताँता, सिलसिला, अनुक्रम; 3. (*math.*) श्रेणी*; in ~, श्रेणीबद्ध। > सिअॅरीज़

seringa, चमेली*। > सॅरिन्ग्-अॅ

serio-comic(al), 1. रुलानेवाला भी और हँसानेवाला भी; रुदनहास्यकर; 2. (*pseudo-serious*) छद्मगंभीर। > सिअॅरिअॅकॉम्/इक, ~इकॅल

serious, 1. गंभीर; 2. (*~-minded*) गंभीर, विचारशील, संजीदा; 3. (*important*) भारी, महत्त्वपूर्ण; 4. (*sincere, real*) वास्तविक, सच्चा; 5. (*critical, dangerous*) चिन्ताजनक, गंभीर, विकट, सख़्त; 6. (*of crime*) घोर, संगीन; are you ~? आप मज़ाक तो नहीं कर रहे हैं? क्या आप सच कह रहे हैं? > सिअर्-इअॅस

sermon, *n.* (*v.*), 1. प्रवचन (देना), धर्मोपदेश; 2. (*lecture*) उपदेश, सीख* ~ on the Mount, पर्वत-प्रवचन; **~ize,** प्रवचन या उपदेश देना; **~izer,** उपदेशक। > सॅ:मॅन; सॅ:मॅ/नाइज़; ~नाइ-ज़ॅ

sero/logical, सीरम-संबंधी; **~logy,** सारम-विज्ञान। > सिअॅरॅलॉज्-इकॅल; सिअॅरॉलॅजि

sero/tine, ~tinous विलंबित। > से'रॅटाइन; सि-रॉट्-इ-नॅस

serous, सीरमी। > सिअॅरॅस

serow, सेराव। > से'रो

serpent, 1. साँप, सर्प, भुजंग; 2. (*fig.*) धूर्त, धोखेबाज़; 3. (*Satan*) शैतान; 4. (*astron.*) सर्प; **~arius, ~-bearer,** सर्पधर; **~-charmer,** सँपेरा; **~iform,** सर्पाकार; **~ine,** *adj.*, 1. सर्पिल; 2. (*sly*) धूर्त; विश्वासघाती; 3. (*coiled*) कुण्डलित; 4. (*winding*) सर्पगतिक; —*n.*, सर्पेन्टाइन; —*v.*, टेढ़े-मेढ़े चलना। > सॅ:पॅन्ट; सॅ-पे'न्-टि-फॉ:म; सॅ:पॅन्टाइन

serpiginous, दद्रुण। > सॅ:पिजिनॅस

serpigo, दाद*, दद्रु। > सॅ:पाइगो

serra, क्रकच। > से'रॅ

serrate, serriform क्रकची, दंदानेदार, दन्तुर। > से'रेट; से'रिफ़ॉ:म

serration, दंदाना, दाँता। > से'रॅशॅन

serried, सटा हुआ, घना, संहत; in ~ranks, कंधे से कंधा मिलाकर। > से'रिड

serrulate, सूक्ष्म दंदानेदार। > से'रुलेट

serum, सीरम। > सिअॅरॅम

servant, 1. नौकर, चाकर, भृत्य; 2. (*slave*) दास; 3. (*employee*) सेवक, कर्मचारी; 4. (*of state*) राजकर्मचारी, आफ़िसर, नौकर; 5. (*follower*) अनुचर, भक्त; **~-maid,** नौकरानी*। > सॅ:वॅन्ट

serve, 1. (*God, country, in office, army, at altar*) सेवा* क०; 2. (*work*) काम क०, के रूप में काम क०; 3. (*a master*) का नौकर होना, नौकरी* क०; 4. (*aid*) सहायता* क०, मदद* देना; 5. (*profit*) लाभ पहुँचाना; लाभदायक होना, काम आना; 6. (*satisfy*) पूरा क०; 7. (*meet needs of*) की आवश्यकता* पूरी क०; की आपूर्ति क०; 8. (*~ as*) का काम देना; 9. (*be sufficient*) के लिए पर्याप्त या काफ़ी होना; 10. (*be suitable*) के लिए उपयुक्त होना, काम देना, ठीक होना; 11. (*treat*) के साथ बरताव क०, व्यवहार क० पेश आना; 12. (*food*) परोसना, परसना; 13. (*distribute*) देना; वितरण क०, बाँटना; सामने रखना; 14. (*customers*) देखना; 15. (*a summons*) तामील* क०; 16. (*a gun*) चलाना; 17. (*a sentence*) भुगतना; काटना; 18. (*tennis*) गेंद चलाना; 19. (*a female animal*) फाँदना, लाँघना; बाहना; 20. (*take revenge*) बदला लेना। > सःव

server, सेवक। > सॅ:व्-अॅ

service, *n.*, 1. (*general*) सेवा* (*also in army*); 2. (*public employment*) राजसेवा*, सर्विस*; नौकरी*; 3. (*department*) विभाग, महकमा; विभाग के अधिकारी; 4. (*of a master*) चाकरी*, नौकरी*; 5. (*attendance*) ख़िदमत*, परिचर्या*, टहल*; 6. (*help*) सहायता*, सेवा*, उपकार; 7. (*benefit*) लाभ, फ़ायदा, नफ़ा; 8. (*religious ~*) अनुष्ठान, धर्मक्रिया*; उपासना*; 9. (*army*) सेना*; 10. (*of car etc.*) सफ़ाई*, सफ़ाई-धुलाई*; 11. (*supply*) आपूर्ति*; 12. (*of food*) परिवेषण, परोस; 13. (*distribution*) वितरण; 14. (*of bus etc.*) व्यवस्था*; परिवहन-व्यवस्था*; 15. (*set of utensils*) सेट, बरतन; 16. (*legal notification*) तामील*; 17. (*by male animal*) गर्भस्थापन; —*v.*, 1. सफ़ाई* क०; सफ़ाई-धुलाई* क०; 2. की आपूर्ति* क०; ~area, प्रसार-सीमा*; civil, public ~, लोकसेवा*, सरकारी नौकरी*। > सॅ:व्-इस

serviceable, 1. प्रयोज्य, व्यवहार्य; 2. (*durable*) टिकाऊ; 3. (*useful*) काम का, उपयोगी; 4. (*obliging*) उपकारी। > सॅ:व्-इसॅबॅल

service-man, सैनिक; मिस्त्री।

serviette, नैपकिन*। > सॅ:विए'ट

servile, 1. (*flattering*) चापलूस; चाटुकार, 2. (*cringing*) जीहुज़ूरिया, ताबेदार; 3. (*mean*) नीच; 4. दास-; दासोचित; ~works, दास-कर्म। > सॅ:वाइल

servility, चापलूसी*, ताबेदारी*, जीहुज़ूरियापन; नीचता*। > सॅ:विल्-इ-टि

servitude, 1. दासता*, गुलामी*, पराधीनता*; 2. (*law*) अधिसेविता*, सुविधाभार; भोगाधिकार। > सॅ:व्‌-इट्यूड

servo/-mechanism, सहायक यन्त्र; **~-motor,** सहायक या नियमन-मोटर*। > सॅ:वो/मे'कॅनिज़्म, ~मोटॅ

sesame, तिल। > से'सॅमि

sesqui/centennial, अध्यर्धशतवर्षीय; **~pedalian,** बह्वक्षर। > से'स्‌-क्वि/से'न्टे 'न्यॅल, ~पिडेल्यॅन

sessile, 1. (*bot.*) अवृन्त; 2. (*zool.*) स्थानबद्ध। > से'साइल

session, 1. (*meeting*) अधिवेशन, बैठक*; 2. (*period*) सत्र। > से'शॅन

sessions/-court, सत्र-न्यायालय, दौरा न्यायालय; **~-judge,** दौरा-जज।

sestet, छक्का। > से'स्टे'ट

set¹, *n.*, 1. (*number of things belonging together*) सेट; 2. (*collection*) समूह, कुलक; 3. (*series*) माला*; 4. (*of person*) गुट्ट, दल, वर्ग, मण्डली*, गिरोह; 5. (*radio etc.*) सेट; 6. (*graft*) कलम*; 7. (*drift*) झुकाव, रुख, प्रवृत्ति*; 8. (*direction*) दिशा*; 9. (*configuration*) आकृति*, ढाँचा, आकार; 10 (*posture*) भंगिमा*, ठवन*; 11. (*warp*) ऐंठ*, ऐंठन*, मरोड़*; 12. (*bend*) मोड़, झुकाव; 13. (*dis-placement*) सरकाव; 14. (*burrow*) बिल; 15. (*attack*) आक्रमण; 16. (*way dress etc. sits*) मेल; 17. (*paving stone*) चौका; 18. (*set scene*) मंचसज्जा*, दृश्यबंध; 19. (*hardening*) कठोरीभवन; 20. (*math.*) समुच्चय। > से'ट

set², *adj.*, 1. (*fixed*) नियत, निश्चित; स्थिर; 2. (*immovable*) अटल, अचल; 3. (*resolute*) दृढ़; 4. (*obstinate*) हठीला; 5. (*prescribed*) निर्धारित; 6. (*conventional*) रूढ़िगत; 7. (*formal*) औपचारिक; 8. (*stereotyped*) घिसा-पिटा; 9. (*deliberate*) ज्ञानकृत; 10. (*hard*) कठोर, ठोस; 11. (*regular*) नियमित; 12. (*ready*) तैयार; 13. (*clear*) सुस्पष्ट; 14. (*strong*) मज़बूत, पक्का; ~square, कोनिया*; ~ with, (*jewels etc.*) खचित, जड़ाऊ। > से'ट

set³, *v.t.*, 1. (*place*) रख देना; 2. (*put in right place*) बैठाना; 3. (*apply*) लगाना; 4. (*write down*) लिखना, लिपिबद्ध क०; 5. (*a watch etc. adjust*) ठीक क०; 6. (*prepare*) तैयार क०; 7. (*sharpen*) तेज़ क०, पैनाना, टेना, बाढ़* या धार* रखना, सान देना, बाढ़* पर चढ़ाना; 8. (*gems etc.*) जड़ना; 9. (*fix limit, time etc.*) निश्चित क०; 10. (*assign*) ठहराना; 11. (*an example*) प्रस्तुत क०; 12. (*introduce*) चलाना, प्रवर्तित क०; 13. (*printing*) कम्पोज़ क०; 14. (*harden*) जमाना; —*v.i.*, 1. (*become firm*) दृढ़, पक्का या कड़ा हो जाना; पकना; 2. (*solidify*) जमना; 3. (*mature*) पकना, पक जाना; 4. (*of colour*) पक्का, हो जाना; 5. (*develop*) विकास पाना, दृढ़ हो जाना; 6. (*form fruit*) फल उत्पन्न क०, में फल बनना; 7. (*of face*) कठोर या कड़ा बन जाना; 8. (*of eyes*) पथराना; 9. (*of sun etc.*) अस्त हो जाना; 10. (*wane, decline*) घटना, क्षीण हो जाना, ढलना; 11. (*fit*) लगना, बैठना; 12. (की ओर*) बढ़ना, अग्रसर होना, चलना; **~ about,** शुरू क०, प्रारंभ क०, में लग जाना; **~ against,** 1. (*compare*) से तुलना* क०; 2. (*balance*) के मुक़ाबले में खड़ा क०; 3. उभारना; **~aside,** 1. (~ *apart*) अलग क० या रखना, बचा रखना; 2. (*discard*) निकाल देना; छोड़ देना; 3. (*annul*) रद्द क०; **~back,** 1. (*a clock*) पीछे क०; 2. (*needle*) पीछे घुमाना; 3. बाधा* डालना; **~ down,** रख देना; उतारना; लिखना, लिपिबद्ध क०; समझना, मानना; **~forth,** बताना, घोषित क०; प्रस्थान क०; **~ in,** आरंभ होना; **~ off,** 1. (*a person*) प्रवृत्त क०, लगाना; 2. (*enhance*) बढ़ाना; 3. (*set in relief*) स्पष्ट क०, उभारना; 4. (*make explode*) दागना; **~on,** उकसाना, उभारना; आक्रमण क०; **~out,** 1. (*define, make out*) सीमांकन क०, निर्दिष्ट क०; 2. (*lay out*) लगाना; 3. (*exhibit*) प्रदर्शित क०; सजाकर रखना; 4. (*start*) चल पड़ना, रवाना होना, प्रस्थान क०; **~to,** आरम्भ क०; लड़ने लगना; ~ to music, स्वर में बाँधना; **~up,** 1. खड़ा क० (*also fig.*); 2. (*raise to power*) प्रतिष्ठित क०, ऊपर उठाना; 3. लगाना; 4. पैदा क०; 5. (*establish*) स्थापित क०; बनाना; 6. (*start*) प्रारंभ क०; चलाना; 7. (*fit out a person*) साधन देना, जमाना, बसाना; 8. (*equip*) सज्जित क०; 9. (*stimulate*) प्रोत्साहन देना; 10. (*propound*) प्रस्तुत क०, प्रतिपादित क०; 11. (*printing*) कम्पोज़ क०; 12. (*a cry etc.*) मचाना; 13. (*heal*) चंगा क०। > से'ट

set/-back, 1. गतिरोध, गत्यवरोध, रुकावट*; धक्का; 2. (*relapse*) आवर्तन; **~down,** झिड़की*; **~-in,** आरंभ, शुरू; **~-off,** 1. (*counterbalance*) प्रतितुलन; 2. (*counter-poise*) प्रतिभार; 3. (*compensation*) क्षतिपूर्ति*, मुआवज़ा; प्रतिकर; 4. (*law*) मुजराई*; 5. (*adornment*) अलंकरण; 6. (*departure*) प्रस्थान; **~-out,** प्रारंभ; प्रदर्शित वस्तुएँ; **~-screw,** जमाऊ पेच; **~-to,** हाथापाई*; लड़ाई*; **~-up,** 1. संगठन; ढाँचा; 2. (*bodily posture*) ठवन*, मुद्रा*; 3. (परि)स्थिति*।

seta, शूक; **~cious, setose,** शूकमय। > सी-टॅ; सिटेशॅस; सीटोस

seti/ferous, ~gerous, शूकमय; **~form,** शूकाकार। > सिटिफ़ॅरॅस; सिटिजॅरॅस; सीटिफ़ॉ:म

seton, बत्ती*। > सीटॅन

settee, 1. (*sofa*) कोच, सोफ़ा; 2. (*bench*) बेंच*। > से'टी

setter, 1. (*of verb*) रखनेवाला, बैठानेवाला..., 2. (*of* question-paper) प्राश्निक; 3. (*mech.*) सेटर, निवेशक; **~-on,** उभारनेवाला। > से'ट्-ॲ

setting, 1. (*arrangement*) विन्यास; 2. (*frame-work*) चौखटा, घर; 3. (*of gem*) घर; 4. (*environ-ment*) वातावरण, पर्यावरण, प्रतिवेश; 5. (*neighbour-hood*) अड़ोस-पड़ोस; प्रतिवेश; 6. (*of stage*) मंच-सज्जा*, दृश्यबंध; 7. (*music*) संगीत; 8. (*placing*) स्थापन; 9. (*fixing*) जमाई*; 10. (*solidifying*) जमाव; 11. (*of sun etc.*) अस्तगमन। > से'ट्-इन्ग

settle, *n.*, बेंच*; *v.*, 1. (*take up residence*) बस जाना; 2. (*establish as resident*) बसाना; टिकाना; 3. (*colonize*) उपनिवेश बसाना, आबाद क०; 4. (*sit*) बैठ जाना; 5. (*place*) बैठाना, लगाना; 6. (*calm down*) शान्त, ठीक या स्थिर हो जाना या क०; 7. (*descend on*) पर छा जाना; लग जाना; 8. (*subside*) धँसना, बैठ जाना; डूब जाना; (*in liquid*); 9. (*become denser*) जम जाना; गाढ़ा, घना या ठोस हो जाना; पकना; 10. (*of liquid, become clear*) निथरना, साफ़ हो जाना; निथारना (*v.t.*); 11. (*reach an agreement*) समझौता कर लेना (*outside court*); 12. (*debts etc.*) चुकाना (हिसाब, ऋण), भुगतान क०; 13. (*a question*) सुलझाना; 14. (*a dispute*) निपटाना, तय क०; 15. (*decide*) निर्णय क०, निश्चय क०; 16. (*determine*) निर्धारित क०, तय क०; 17. (*put in order*) ठीक क०, व्यवस्थित क०, सजाना; 18. (*make permanent*) स्थिर क०; 19. (*give*) देना, प्रदान क०; 20. (*one's children*) के लिए व्यवस्था* क०, बसाना; 21. (*deal effectively with*) समाप्त कर देना; 22. ~ oneself to, में लग जाना। > से'टॅल

settled, 1. (*cf.* SETTLE) आवासी; बसा हुआ, आबाद; शान्त, धीर; चुकाया हुआ; निश्चित; निर्धारित; तय; समाप्त; व्यवस्थित; 2. (*firm*) दृढ़, दृढ़निश्चय; 3. (*regular*) नियमित; 4. (*of account*) बेबाक़। > से'टॅल्ड

settlement, 1. (*arrangement*) व्यवस्था*; 2. (*arranging*) व्यवस्थापन; 3. (*permanent ~ of land*) बन्दोबस्त; भूमिव्यवस्था*; 4. (*agreement, understanding*) समझौता; 5. (*of quarrel*) निपटारा; 6. (*of debt*) शोधन, परिशोधन, भुगतान; 7. (*decision*) निर्णय; 8. (*determination*) निर्धारण; 9. (*colony*) उपनिवेश; 10. (*hamlet*) बस्ती*; 11. (*resi-dence*) आवास, अधिवास; 12. (*subsidence*) धँसन*; 13. (*conveyance of property*) हस्तान्तरण; दान। > से'टॅल्मॅन्ट

settler, 1. (*colonist*) उपनिवेशी; 2. आबादकार, अधिवासी। > से'ट्-लॅ

settling, तलछट*, तलौंछ*; **~-tank,** निथार-टंकी*। > से'ट्-लिन्ग

settlor, अवस्थापक। > से'ट्-लॅ

seven, 1. सात, सप्त; 2. (*card*) सत्ता; **~fold,** सात गुना, सप्तगुण; **~teen,** सत्तरह, सत्रह, सप्तदश; **~teenth,** सत्तरहवाँ; **~th,** सातवाँ, सप्तम; **~tieth,** सत्तरवाँ, सप्ततितम; **~ty,** सत्तर, सप्तति (**71** etc., इकहत्तर, बहत्तर, तिहत्तर, चौहत्तर, पचहत्तर, छिहत्तर, सतहत्तर, अठहत्तर, उनासी)। > से'वॅन; से'वॅन्टीन; से'वॅन्-टि

sever, 1. (*separate*) अलग क०, पृथक क०; 2. (*divide*) विभक्त क०; 3. (*cut off*) काट देना; 4. (*relations*) तोड़ देना, तोड़ना; 5. (*break*) टूट जाना; **~able,** विच्छेदनीय। > से'व़-ॲ; से'वॅरॅबॅल

several, 1. (*few*) अनेक, कई; 2. (*separate, distinct*) पृथक्, अलग; 3. (*different*) भिन्न, विभिन्न; 4. (*diverse, varied*) विविध; 5. (*respective*) अपना-अपना, निजी; 6. (*indivi-dual*) व्यक्तिगत; **~ly,** अलग-अलग; **~ty,** पृथकत्व, पार्थक्य; निजी सम्पत्ति*। > से'व़रॅल; से'व़रॅलि; से'व़्रॅल्-टि

severance, 1. विच्छेद, पृथक्करण; 2. (*of relations*) सम्बन्ध-विच्छेद। > से'व़रॅन्स

severe, 1. (*harsh*) कठोर, कड़ा, सख़्त; 2. (*violent*) तीव्र, प्रचण्ड; 3. (*difficult*) कठिन; 4. (*serious*) गंभीर; 5. (*accurate*) सटीक, परिशुद्ध; 6. (*restrained*) संयत; 7. (*simple*) अनलंकृत, सादा; 8. (*heavy*) भारी; 9. (*sarcastic*) व्यंग्यपूर्ण कटु। > सिविॲ

severity, कठोरता*, सख़्ती*; प्रचण्डता*; कठिनता*; गंभीरता*; परिशुद्धता*; संयम; सादगी*; कटुता*। > सिवे'रिटि

sew, सीना; सिलाई* क०। > सो

sewage, गन्दा पानी, मलजल। > स्यूइज

sewer, 1. सीनेवाला, दरज़ी, दरज़िन*; 2. (*drain*) मोरी*, मलप्रणाल; **~age,** मल-व्यवस्था*; मल-निर्यास; मलजल। > सो-ॲ (1); स्यू-ॲ (2); स्यूॲरिज

sewing, सिलाई*; **~-machine,** सिलाई* की मशीन*। > सोइंग

sex, 1. लिंग; 2. (*eroticism*) काम, कामुकता*, काम-भावना*, कामवासना*, रत्यात्मकता*; 3. (*in literature*) सेक्स, घोर शृंगार; the fair ~, नारी-जाति*; the opposite ~, प्रतिजाति*; the stronger ~, पुरुष-जाति*; ~ instinct, कामप्रवृत्ति*; ~ appeal, यौनाकर्षण; **~less,** नपुंसक; **~ology,** यौन-विज्ञान, यौनिकी* **~-ridden,** कामोन्मत्त। > से'क्स

sexage/narian, साठा, **~nary,** साठ का; **~sima,** साठा, **~simal,** षाष्ठिक। > से'क्सॅजिनेॲर्‌इॲन; से'क्सॅजीनॅरि से'क्सॅजे'स्/इ-मॅ, इ-मॅल

sexcentenary, षट्शती*। > से'क्से'न्टीनॅरि

sexennial, षड्वार्षिक, षड्वर्षीय।
> से'क्-से-न्-इ-ॲल

sext(e), मध्याह्निका*। > से'क्स्ट

sex/tain, षट्पदी; **~tan,** छठे दिन आनेवाला; **~tant,** सेक्सटैन्ट, षष्ठक; **~tet,** षट्क; **~ton,** गिरजादार; **~tuple,** छगुना, षड्गुण।
> से'कस्टेन; से'क्स्टॅन; से'क्स्टॅन्ट; से'क्स्टे'ट; सेक्सटॅन; से'क्स्ट्यूपॅल

sexual, 1. (*of, about sex*) यौन; 2. (*having sex*) लैंगिक; 3. (*of copulation*) मैथुनिक; ~ affinity, यौनाकर्षण; ~ instruction, यौन शिक्षा*; ~ intercourse, मैथुन; ~ organs, जननेंद्रियाँ; ~ perversion, यौन-विकृति*; ~ pleasure, यौन सुख; ~ selection, कामचयन; **~ity,** 1. (*having sex*) लैंगिकता; 2. (*desire*) कामवासना*, कामुकता*।
> से'क्स्यूॲल = से'क्शुॲल; से'क्-स्यू-ऐल्-इ-टि

sexy, 1. (*of person*) कामुक; 2. कामोत्तेजक।
> से'क्-सि

shabby, 1. (*threadbare*) फटा-पुराना, जीर्ण-शीर्ण, जीर्ण; 2. (*shabbily dressed*) फटीचर; 3. (*dilapi-dated*) टूटा-फूटा; 4. (*deterio-rated*) फटेहाल; दीन, दरिद्र, ग़रीब, विपन्न; 5. (*paltry*) तुच्छ, क्षुद्र; 6. (*disgraceful*) निन्द्य, घृणित, कमीना, नीच; 7. (*unfair*) अनुदार, अनुचित; 8. (*close-fisted*) कंजूस, कृपण। > शैब्-इ

shabrack, नमदा। > शैब्रैक

shack, कुटी*, झोंपड़ी*, कुटीर। > शैक

shackle, *n.*, 1. (*fetter*) बेड़ी*, निगड़*; 2. (*manacle*) हथकड़ी*; 3. (*metal loop*) कोंढ़ा, कुण्डा; शैकल; 4. (*fig.*) बेड़ी*, बन्धन; —*v.*, 1. बेड़ी* या हथकड़ी* डालना; 2. (*connect*) जोड़ना, मिलाना; 3. (*restrain*) बाधा* डालना, रोकना। > शैकॅल

shaddock, चकोतरा। > शैडॅक

shade, *n.*, 1. छाया* (*also area in the ~; darker part of picture*); 2. (*phantom*) छाया*, छायाभास, मरीचिका*; 3. (*ghost*) प्रेत, प्रेतात्मा*, भूत; 4. (*nuance*) सूक्ष्म भेद; आभाभेद (*of colour*); अर्थच्छटा*, अर्थभेद (*of mean-ing*); 5. (*colour*) रंग, रंगत*; 6. (*slight difference*) सूक्ष्म अन्तर, अल्पान्तर; 7. (*slight amount*) किंचित्, कुछ ही, थोड़ा सा, अल्पमात्रा*, लेशमात्र; 8. (*tinge*) संकेत, इंगित, आभा*; 9. (*of lamp*) ढक्कन; 10. (*of eyes*) नेत्ररक्षक; 11. (*of window*) परदा; 12. (*secluded place*) एकान्त; कुंज (*grove*); 13. (*pl. darkness*) अँधेरा; धुँधलका (*of even-ing*); 14. (*pl. Hades*) अधोलोक; in the ~, उपेक्षित; —*v.*, 1. पर छाया* क० या डालना; आच्छादित क०; आड़* क०; 2. (*cover*) ढकना; 3. धुँधला (*dark*), मन्द (*mild*) या उदास (*gloomy*) कर देना; 4. (*in drawing*) छायित क०; छाया* क०; 5. (*change*) क्रमशः (धीरे-धीरे) बदल जाना; या बदल देना। > शेड

shading, छायाकरण। > शेड्-इन्ग

shadow, *n.*, 1. (*thrown by a body*) परछाईं* छाया*; 2, (*reflected image*) प्रतिबिम्ब, परछाईं*, प्रतिच्छाया*; 3. (*insepa-rable companion, detective*) छाया*; 4. (*shade*) छाया*; 5. (*unreal thing*) छायाभास, मरीचिका*; 6. (*adumbration*) आभास, पूर्वाभास; शकुन (*omen*); 7. (*trace*) लेशमात्र, गंध*; 8. (*ghost*) प्रेतात्मा*, भूत; 9. (*obscurity*) अप्रसिद्धि*, गुमनामी*; 10. (*shelter*) आश्रय, शरण*, छत्रच्छाया*, संरक्षण; 11. (*gloom*) विषाद, उदासी*; 12. (*darkness*) अँधेरा; 13. (*remnant*) अवशेष; ~ cabinet, छाया-मंत्रिमण्डल; —*v.*, 1. आच्छादित क०; धुँधला क०; 2. (*outline*) रूपरेखा* प्रस्तुत क०; 3. (*foreshadow*) का आभास देना; 4. (*follow*) के पीछे लगा रहना, साथ लगा फिरना; **~-play,** छाया-नाटक, छाया-नाट्य। > शैडो

shadowy, 1. (*shady*) छायादार; 2. (*illusory*) असत्य, अवास्तविक, मायिक, मायामय; 3. (*dim*) धुँधला, अस्पष्ट। > शैड्-ओ-इ

shady, 1. छायादार; छायामय; 2. (*disreput-able*) नीच, कुत्सित, निन्द्य। > शेड्-इ

shaft, 1. (*spear*) बरछा, कुन्त; 2. (*arrow*) बाण, तीर; 3. (*pole*) डण्डा, बल्ला; दण्ड; 4. (*column*) स्तंभ; 5. (*spire*) मीनार*, लाट*; 6. (*beam of light*) किरणपुंज; 7. (*of cart*) बम; 8. (*of bone, etc.*) काण्ड; 9. (*mech.*) शाफ़्ट, धुरा, दण्ड; 10. (*of mine*) कूपक; 11. (*vent*) निकास; 12. (*of satire etc.*) कटाक्ष।
> शाफ़्ट

shag, झबरे बाल; रोयेंदार कपड़ा; कटा हुआ तमाकू; **~gy,** 1. झबरा; 2. (*rugged*) खुरदरा।
> शैग; शैग्-इ

shagreen, कीमुख्त। > शैग्रीन = शग्रीन

shah, शाह, बादशाह। > शा

shake, *v.i.*, 1. (*move*) हिलना, हिलना-डुलना, 2. (*tremble*) काँपना, थरथराना; 3. (*totter*) लड़खड़ाना, डगमगाना; —*v.t.*, 1. (*move violently*) झँझोड़ना, झकझोरना; 2. (*make tremble*) कँपाना; 3. (*make totter*), डगमगा दोना; 4. (*brandish*) घुमाना; 5. (*fig.*) घबरा देना (*upset*); प्रभावित क०, पर गहरा प्रभाव डालना (*move*); विचलित क०, धक्का पहुँचाना (*shock*); 6. (*weaken*) डाँवाँडोल क०, दुर्बल कर देना, डगमगाना; ~ hands, हाथ मिलाना; **~down,** 1. (*fruit*) झाड़ना; 2. (*straw etc.*) बिछाना; 3. हिलाकर बैठाना; **~ off,** से पीछा छुड़ाना; **~ out,** हिलाकर खाली क०; हिलाकर गिराना; फैला देना; **~ up,** (हिलाकर) मिलाना, जगाना, जागरुक क०, सचेत क०; हिलाकर ठीक क०; —*n.*, 1. हिलना, हल्लन, स्पन्दन, डोल; डगमगाहट*; 2. (*tremor*) कम्प, कम्पन; 3. (*jerk*) झटका; 4. (*fissure*) दरार*, विदर;

4. (*moment*) क्षण; 5. (*trill*) गिटकिरी*, मुरकी*; **~down,** बिछौना, बिस्तर; **~-out,** संकट; **~r,** हल्लित्र; **~-up,** 1. झकझोर; 2. (*fig.*) पूर्ण-पुनर्गठन। > शेक

shaky, 1. (*shaking*) कम्पायमान; 2. (*un-steady*) अस्थिर; डाँवाँडोल; 3. (*not strong; unsound*) कमज़ोर, कच्चा; 4. (*unreliable*) अविश्वसनीय, कच्चा। > शेक्-इ

shale, स्लेटी पत्थर; **~-oil,** शिला-तेल। > शेल

shalloon, हलका ऊनी कपड़ा। > शॅलून

shallop, नौका*, डोंगी*। > शैलॅप

shallot, छोटा प्याज़। > शॅलॉट

shallow, *adj.*, 1. (*also of a vessel*) छिछला, उथला; 2. (*of a person*) उथला, छिछला, ओछा; 3. (*of trivial*) ओछा, हलका, सतही, ऊपरी, छिछला; —*n.*, उथला जल, छिछला स्थान; —*v.*, छिछला क० या हो जाना। > शैलो

shaly, स्लेटी। > शैल्-इ

sham, *v.*, बनना, का स्वाँग भरना, का अभिनय क०; —*n.*, 1. (*pretence*) ढोंग, बहाना, कपट, दिखावा; पाखंड (*hypocrisy*) 2. (*deception*) धोखा, कपट; 3. (*fake*) नक़ल*; 4. (*a person*) ढोंगी, पाखण्डी, कपटी; —*adj.*, 1. (*pretend-ed*) कृत्रिम, बनावटी, छद्मी; 2. (*counterfeit*) जाली, खोटा; 3. (*false*) झूठा, मिथ्या, अयथार्थ; 4. (*imitated*) नक़ली; ~fight, छायायुद्ध, छद्म-युद्ध; **~ming,** बहानेबाज़ी*। > शैम; शैम्-इन्ग

shaman, शामन; **~ism,** शामानी धर्म। > शैमॅन, शैमॅनिज़्म

shamble, *v.*, पैर घसीटकर चलना; *n.*, भद्दी चाल*। > शैम्बॅल

shambles, 1. (*slaughter house*) क़साई-खाना, बूचड़खाना; 2. (*mart*) क़लिया बाजार; 3. (*place of bloodshed*) भीषण रणक्षेत्र; 4. (*mess, muddle*) गड़बड़-घोटाला। > शैम्बॅल्ज़

shame, *n.*, 1. लज्जा*, लज्जा*, शरम*, हया*, व्रीडा*; 2. लज्जाशीलता*, शरमिन्दगी*; 3. (*disgrace*) कलंक; बदनामी*; 4. लज्जा* की बात*; —*v.*, लज्जित क०; बदनाम क०; कलंकित क०; बाध्य क०, मजबूर क०; put to ~, 1. लजवाना, लज्जित क०; 2. (*outshine*) मात कर देना; **~faced,** 1. (*shy*) लज्जाशील, झेंपू, लज्जालु; संकोची; 2. (*ashamed*) लज्जित; **~ful,** लज्जाजनक, शर्मनाक; घृणित, घिनावना; **~less,** 1. निर्लज्ज, बेशरम; 2. (*impudent*) ढीठ, धृष्ट। > शेम; शेम्/फ़ेस्ट, ~फ़ुल, ~लिस

shammy, साँभर-चर्म। > शैम्-इ

shampoo, *n.*(*v.*), केशमार्जन (क०), मालिश* (क०), संवाह (क०), संवाहन। > शैम्पू

shamrock, तिपतिया*। > शैम्रॉक

shanghai, अपहरण क०। > शैन्गहाइ

shank, 1. (*leg*) टाँग*; 2. (*shinbone*) नली*, नरहर*; 3. (*shaft*) डण्डा, डण्डी*, दण्ड; 4. (*of sword*) दुम्बाला; 5. (*stalk*) वृन्त, डण्ठल; **~ off,** झड़ जाना; ride on ~'s mare, पैदल चलना। > शैन्क

shantung, कच्चा रेशमी कपड़ा। > शैन्टॅन्ग

shanty, झोंपड़ी*, कुटिया*। > शैन्-टि

shapable, सुघट्य। > शेपॅबॅल

shape, 1. (*physical*) आकार, शक्ल*, आकृति*; 2. (*figure*) आकृति*, डील-डौल; 3. (*appearance*) रूप; in the ~ of, के रूप में; 4. (*phantom*) छाया*, छायाभास; 5. (*kind*) प्रकार; 6. (*orderly arrangement*) सुगठित रूप; 7. (*last*) कलबूत; 8. (*mould*) साँचा; —*v.*, 1. (*make*) बनाना, गढ़ना, निर्माण क०; आकार या रूप देना; 2. (*adapt*) अनुकूल क०; 3. (*arrange*) व्यवस्थित क०; 4. (*organize*) संघटित क०; 5. (*plan*) की योजना* बनाना; 6. (*take* ~) रूप धारण क०, सुगठित या निश्चित रुप धारण क०; विकास पाना; **~less,** बेडौल, अनगढ़, भद्दा; **~ly,** सुडौल, सुघड़, सुन्दर; **~r,** रूपित्र, आकृतिकार। > शेप; शेप्/लिस, ~लि, ~ॲ

shard, 1. (*potsherd*) ठीकरा, ठीकरी*; 2. (*frag-ment*) टुकड़ा; 3. (*hard covering*) शल्क। > शाड

share, *n.*, 1. (*of plough*) फाल; 2. (*portion*) अंश, हिस्सा, भाग; 3. (*equitable portion*) हिस्सा, अंश; 4. (*of capital*) शेयर, अंश; ~ and ~ alike, समान अधिकार से; go ~s, आपस में बाँटना; समान रूप से साझा लगाना; —*v.*, 1. (*apportion*) बाँटना, बाँट देना; 2. देना; 3. साझा लगाना; 4. (*participate*) में शामिल या सम्मिलित होना; 5. (*have shares in*) साझेदार या हिस्सेदार होना; 6. (*expenses*) में साझा क०, में हिस्सा बँटाना; 7. (*experience in common*) का भागी होना। > शे'ॲ

sharecropper, बटाईदार।

shareholder, हिस्सेदार, अंशधारी, पत्तीदार, साझेदार। > शे'ॲहोल्डॅ

sharer, भागी, सहभागी। > शे'ॲर्-ॲ

share-out, बँटाई*। > शे'ॲराउट

shark, 1. हाँगर*, सोर; blue ~, दंदानी हाँगर*; hammerheaded ~, हथौड़ीसिरी ~; fresh-water ~, पढ़िना, पहिना*; 2. (*a person*) धूर्त, धोखेबाज़, ठग; —*v.*, धोखेबाज़ी* क०। > शाक

sharp, 1. (*of knife etc.*) पैना, तेज़, तीक्ष्ण, चोखा, तीखा; 2. (*with sharp point*) नुकीला; 3. (*pointed*) नोकदार, अनीदार; 4. (*well-defined*) सुस्पष्ट, सुनिश्चित; तीखा (चेहरा या नक़्श, *features*); 5. (*abrupt, angular*) तीखा; ~ bend, कैंची-मोड़; 6. (*pungent*) चरपरा, तीखा, तीक्ष्ण; 7. (*harsh*) कटु, कड़ा, कठोर; 8. (*violent*) तीव्र, तीक्ष्ण, प्रचण्ड, तेज़, उग्र; 9. (*shrill*) तीक्ष्ण, कर्णभेदी; 10. (*clever*) तेज़, कुशाग्रबुद्धि, चतुर;

11. (*crafty*) धूर्त, चालाक; 12. (*of eyes*) तेज़; 13. (*of look-out, vigilant*) कड़ा; 14. (*of light*) तेज़, तीव्र; 15. (*speedy*) तेज़; 16. (*brisk*) फुरतीला; 17. (*vigorous*) ज़ोरदार; 18. (*unvoiced*) अघोष; 19. (*music*) सामान्य स्वर से ऊँचा; 20. (*steep*) खड़ा, दुरारोह; —*adv.*, 1. (*exactly*) ठीक-ठीक; 2. (*music*) उच्च स्वर में; 3. (*briskly*) स्फूर्ति* से; 4. (*attentively*) ध्यान से; 5. (*alertly*) चौकसी* से; —*n.*, 1. (*needle*) सुई*; 2. (*swindler*) धोखेबाज़, घाघ; 3. (*music*) उच्च स्वर; 4. (*phonetics*) अघोष व्यंजन; —*v.*, 1. (*swindle*) धोखेबाज़ी* क०, धोखा देना, ठगना; 2. (*music*) उच्च स्वर में सुनाना। > शाप

sharp-edged, पैना।

sharpen, 1. (*see* SHARP) तेज़, कड़ा, तीखा ··· क० या हो जाना; 2. (*a knife*) धार* या बाढ़* रखना, सान देना, तेज़ क०, पैना क०, बाढ़* पर चढ़ाना। > शापॅन

sharper, धोखेबाज़; card-~, पत्ताचोर। > शाप्-अॅ

sharp/-set, भूखा; **~-shooter,** पक्का निशानेबाज़; **~-sighted,** तीक्ष्णदृष्टि; **~-witted,** प्रत्युत्पन्नमति; कुशाग्रबुद्धि।

shatter, 1. (*break to pieces*) टुकड़े-टुकड़े या चकनाचूर कर देना या हो जाना, चूर-चूर क० या होना; 2. (*wreck*) छिन्न-भिन्न क० या हो जाना; 3. (*spoil*) बिगाड़ना; बिगड़ जाना; 4. (*destroy*) नष्ट क० या हो जाना; **~proof,** छितर-रोक। > शैट्-अॅ

shave, *v.*, 1. (*beard*) हजामत* बनाना, दाढ़ी* बनाना; 2. (*hair*) मूँड़ना; 3. (*wood etc.*) छीलना; 4. (*graze*) छू जाना, संस्पर्श क०; 5. (*cut*) काटना; —*n.*, 1. हजामत*, क्षौर; मुण्डन, मुँड़ाई*; 2. (*shaving*) छीलन*; 3. (*tool*) रुखानी*; 4. (*narrow escape*) बाल-बाल बचाव। > शेव्

shaver, 1. (*razor*) उस्तरा, क्षुरक; 2. (*barber*) हज्जाम, नाई; 3. (*swindler*) ठग, धोखेबाज़। > शेव्-अॅ

shaving, *n.*, 1. (*act.*) हजामत*, क्षौर; मुण्डन; 2. (*clippings*) छीलन*, कतरन*; चैली* (*of wood*); —*adj.*, क्षौर-, हजामती। > शेव्-इन्ग

shawl, शाल*। > शॉःल

she, *pronoun*, वह*; *adj.*, मादा*; नारी*; **~-ass,** गधी*; **~-bear,** रीछनी*; **~-cat, ~-devil*;** चुड़ैल*; **~-goat,** बकरी*; **~-wolf,** वृकी*। > शी

sheaf, *n.*, 1. (*of corn-stalks etc.*) पूला, पूली*; 2. (*bundle*) गट्ठा, पुलिन्दा; —*v.*, पूला बाँधना। > शीफ़

shear, *v.*, 1. (*with scissors*) कतरना; 2. (*divest*) से वंचित क०; 3. (*fleece*) लूटना; 4. (*break*) फट जाना; टूट जाना; —*n.*, 1. (*pl.*) कैंचा; 2. (*action of shearing, its result*) कतरन*; 3. (*stress*) दबाव, प्रतिबल; 4. (*distortion*) अपरूपण; **~ing stress,** अपरूपक प्रतिबल। > शिअॅ; शिअॅर्-इन्ग

sheath, 1. (*of sword*) म्यान; 2. (*covering*) आच्छद, आवरण, छादन; ग़िलाफ़, कोष। > शीथ

sheathe, म्यान में रखना; ग़िलाफ़ चढ़ाना; आच्छादित क०, ढकना। > शीद

sheathing, ग़िलाफ़; आवरण, चादर*। > शीद्-इन्ग

sheave, *n.*, घिरनी*, गराड़ी*, चरखी*; —*v.*, पूला बाँधना। > शीव्

shed, *n.*, सायबान, छप्पर, शेड; शाला*; —*v.t.*, 1. (*cause to flow*) बहाना; 2. (*cast off, as feathers, leaves, etc.*) झाड़ना; 3. (*diffuse*) फैलाना; 4. अलग क०, छोड़ देना; —*v.i.*, झड़ना। > शे'ड

sheen, 1. चमक*, चमक-दमक*; 2. (*fig.*) तड़क-भड़क*; **~y,** चमकदार, चमकीला। > शीन; शीन्-इ

sheep, 1. भेड़*, मेष; blue wild ~, भरल*; great Tibetan ~, न्याय; 2. (*leather*) मेषचर्म; 3. (*person*) दब्बू; black ~, कुल-कलंक; दुश्चरित्र; **~fold,** भेड़शाला*; **~ish,** 1. (*shy*) संकोची, मुँहचोर; 2. (*meek*) दब्बू। > शीप; शीप्-इश

sheer[1], *adj.*, 1. (*pure*) शुद्ध, विशुद्ध, अमिश्रित (*unmixed*) 2. (*mere*) निरा, मात्र (*after substantive*); 3. (*perpendicular, steep*) खड़ा; 4. (*of textiles*) पारदर्शक; —*adv.*, 1. (*completely*) पूर्णतया; बिलकुल; 2. (*outright*) एकदम। > शिअॅ

sheer[2], *v.*, 1. (*deviate*) बहक जाना; 2. (*swerve*) मुड़ना; मोड़ना (*v.t.*); **~off,** कतराना; से अलग हो जाना; से जी चुराना; —*n.*, 1. (*deviation*) विचलन, बहक*; 2. (*upward slope*) उठान*। > शिअॅ

sheet, *n.*, 1. (*cloth*) चादर*; 2. (*shroud*) कफ़न; 3. (*of iron etc.*) चद्दर*, पत्तर, चादर*; 4. (*of paper*) ताव, तख्ता, फलक; काग़ज़, पत्र; 5. (*layer*) चादर*, परत*; 6. (*wide expanse*) विस्तार; 7. (*rope*) रस्सी*; 8. (*newspaper*) अखबार; ~ iron, चादरी लोहा; ~ lightning, लौका*, चद्दरी बिजली*, सौदामिनी*; —*v.*, 1. चादर* बिछाना; चादर* ओढ़ना; कफ़न ओढ़ना; 2. (*cover*) आच्छादित क०; 3. (*secure*) बाँधना, कसना; **~-anchor,** 1. आकबती लंगर; 2. अवलंब, आश्रय; **~-bend,** जुलाहा गाँठ*; **~ed rain,** मूसलाधार वर्षा*। > शीट

sheik(h), 1. शैख; 2. चितचोर, साक्षात् कामदेव। > शेक

sheldrake, 1. शाह-चकवा; 2. (*ruddy*) सुरखाव। > शे'ल्ड्रेक

shelf, 1. टाँड़*, शेल्फ़, ताक़ (*in the wall*), खाना; 2. (*ledge*) कगार; 3. (*sandbank*) रेती*, सैकत; on the ~, ताक़ पर। > शे'ल्फ़

shell, 1. (*of fruit etc.*) छिलका; छीम्बी* (*pod*); 2. (*of coconut*) खोपड़ी*; 3. (*of tortoise*) खोपड़ी*, कर्पर; 4. (*of shellfish*) सीप, सीपी*; शुक्ति*, शंख; 5. (*casing, cover*) खोल, कवच, आवरण, कोश, कोष; 6. (*earth-crust*) भूपटल; 7. (*frame*) ढाँचा;

8. (*outline*) रूपरेखा*, खाका; 9. (*ammunition*) गोला; 10. (*outward show*) दिखावा, आडम्बर; —*v.t.*, 1. छिलका उतारना, छीलना; दाने निकालना; 2. (*bombard*) गोलाबारी* क०, गोले बरसाना; —*v.i.*, छिलना; come out of one's ~, संकोच त्यागना, अपने घेरे या दायरे से निकलना। > शे'ल

shellac, चपड़ा, शल्क-लाक्षा*। > शॅलैक

shell/-bark, अमरीकी अखरोट; **~fish,** शंख-मीन; कवच-प्राणी; **~proof,** गोला-सह; **~-shock,** मनोविकृति*; **~-work,** सीपी-शिल्प।

shelter, *n*, 1. (*refuge*) शरण*, आश्रय, पनाह*; 2. (*place of refuge*) शरणस्थान, आश्रय, पनाह*; 3. (*protection*) रक्षा*, सुरक्षा*; 4. (*that which protects*) आश्रय; 5. (*cabin*) कुटिया*, झोंपड़ी*; 6. (*screen*) आड़*, ओट*; 7. (*air-raid ~*) शरणगृह; —*v.*, शरण* देना, आश्रय देना; रक्षा* क०, आड़* देना, से बचाना; शरण* लेना, आश्रय लेना, पनाह* लेना; **~-deck,** अड़तल डेक; **~er,** शरणार्थी; **~less,** निराश्रय; **~-trench,** पनाह-खाई*। > शे'ल्-टॅ

shelve, 1. शेल्फ पर रखना; 2. तख्ता लगाना; 3. (*abandon consideration*) ताक़ पर रखना; 4. (*cease to employ*) निकाल देना, अलग क०, हटा देना; 5. (*slope gently*) धीरे-धीरे या थोड़ा-थोड़ा ढलवाँ होना, अल्पप्रवण होना। > शे'ल्व

shelving, अल्पप्रवण, मन्दढाल। > शे'ल्-विना

shemozzle, उपद्रव, हुल्लड़। > शिमॉज़ॅल

Sheol, अधोलोक। > शी-ओल

shepherd, 1. गड़ेरिया, मेषपाल, चरवाहा; 2. (*religi-ous leader*) गुरु, धर्मगुरु; —*v.*, 1. भेड़ें* चराना; भेड़ें* पालना; 2. (*drive*) हाँकना; 3. (*lead*) का नेतृत्व क०, मार्ग दिखाना, ले चलना (*conduct*); **~ess,** गड़ेरिन*। > शे'पॅड; शे'पॅडिस

sherbet, शरबत। > शॅ:बॅट

sherd, *see* SHARD. > शॅ:ड

sherif, shereef, शरीफ़। > शॅरीफ़

sheriff, शैरिफ़, सुमान्य, शासनाधिकारी। > शे'रिफ़

sherry, शैरी*। > शे'रि

shibboleth, 1. (*sign*) अभिज्ञान, संकेत-शब्द; 2. (*old-fashioned doctrine*) दक़ियानूसी विश्वास या सिद्धान्त। > शिबॅले'थ

shield, *n.*, 1. (*piece of armour*) ढाल*, चर्म, सिपर*; 2. (*protective plate*) कवच; आड़*, ओट*; 3. (*protector*) परिरक्षक; 4. (*coat of arms*) कुलचिह्न-फलक; —*v.*, रक्षा* क०, बचाना; **~ing,** परिरक्षण। > शील्ड; शील्ड्-इन्ग

shift, *v.t.*, 1. (*move*) हटाना, खिसकाना; स्थानान्तरित क०, का स्थान बदलना; 2. (*change*) बदलना, बदल देना; 3. (*responsibility*) दूसरे पर डालना; —*v.i.*, 1. (*move*) हटना, खिसकना; चला जाना; जगह* बदलना; 2. (*change*) बदल जाना; 3. (*make ~, manage*) काम चलाना, का उपाय निकालना, 4. (*equivocate*) टालमटोल* क०; —*n.*, 1. (*of workmen*) पाली*; 2. (*expedient*) उपाय, युक्ति*, तरकीब*; 3. (*dodge*) चाल*, चकमा, दाँव; बहाना (*excuse*); 4. (*transfer*) स्थानान्तरण, बदली*, तबादला; 5. (*change*) परिवर्तन; 6. (*change in position*) विचलन, खिसकाव; अन्तरण; 7. (*substi-tution*) बदली*; **~less,** असमर्थ; निरुपाय; **~y,** 1. (*evasive*) बहानेबाज़; 2. (*tricky*) धूर्त; 3. (*resourceful*) विदग्ध, उपायी, चतुर। > शिफ़्ट; शिफ़्ट्-इ

shilly-shally, *adj.*, ढुलमुल; *n.*, हिचक*, हिचकिचाहट*, हिचर-मिचर*; —*v.*, आगा-पीछा क०, हिचकिचाना, हिचकना। > शिल्-इ-शैल्-इ

shim, *n.*(*v.*) पच्चर (जड़ना)। > शिम

shimmer, *v.*, टिमटिमाना, झिलमिलाना; —*n.*, टिमटिमाहट*, झिलमिलाहट*; **~y,** झिलमिला, टिमटिमाता। > शिम्-अॅ; शिम्-अॅ-रि

shimmy, (*wobble*), *v.*, डगमगाना, हिलना-डुलना, लड़खड़ाना; —*n.*, डगमगाहट*, लड़खड़ाहट*। > शिम्-इ

shin, *n.*, 1. नली*, नरहर*; 2. (*~-bone*) अंतर्जंघिका*, नली*; —*v.*, चढ़ना; नली* पर ठोकर* मारना; *~-guard*, नली-कवच। > शिन

shindy, शोरगुल, हल्ला, ऊधम, होहल्ला, उपद्रव। > शिन्-डि

shine, *v.*, 1. चमकना (*also fig.*) 2. चमकाना; —*n.*, 1. चमक*; 2. (*brilliance*) दीप्ति*, आभा*; 3. (*sunshine*) धूप*। > शाइन

shingle, *n.*, 1. (*of wood*) (कोरछादी) तख्ता, पटरा; 2. (*hair-style*) शिंगल; 3. (*pebbles*) (समुद्री) कंकड़; 4. (*pl. skin-disease*) कच्ची दाद*; —*v.*, तख्ता लगाना। > शिन्ग्-गॅल

shingly, कंकड़ीला। > शिन्ग्-ग्लि

shining, 1. चमकदार, देदीप्यमान, चमकीला; 2. (*fig.*) ज्वलन्त। > शाइन्-इन्ग

shiny, चमकदार। > शाइन्-इ

ship, *n.*, 1. जहाज़, पोत; 2. (*aircraft*) हवाई-जहाज़, विमान; —*v.*, 1. जहाज़ पर लादना या चढ़ाना; 2. जहाज़ से भेज देना; 3. (*send*) भेज देना; 4. जहाज़ पर लगा देना; 5. (*take ~*) जहाज़ पर चढ़ना या सवार होना; 6. (*take in water*) पानी से भरना; 7. (*of sailor*) जहाज़ पर नौकर बनना। > शिप

ship/builder, पोतनिर्माता, पोतकार, पोतशिल्पी; **~building,** पोतनिर्माण; **~-canal,** जहाज़ी नहर*; **~-fever,** टाइफस; **~load,** पोत-भार, नौ-भार; **~master,** कप्तान; **~mate,** सहनाविक; **~ment,** 1. (*load*) नौभार; 2. (*loading*) नौभरण, लदान*; 3. (*transport*) नौ-परिवहन; **~owner,** पोतधारी।

shipper, पोतवणिक। > शिप्-ॲ
shipping, 1. प्रेषण; 2. पोत-परिवहन, नौ-परिवहन; 3. (*ships*) बेड़ा, पोत-समूह; **~-arti-cles,** नाविक क़रार; **~-bill,** लदानपत्र। > शिप्-इन्ग
shipshape, ठीक-ठाक, सुव्यवस्थित। > शिप्शेप
ship/-way, पोतसन्तरण-मंच, जलावतरण-मंच, अवतरण-मंच; **~-worm,** नौकृमि; **~wreck,** *n.*, 1. पोतभंग; 2. (*wreckage*) पोत-अवशेष; 3. (*fig.*) विध्वंस, सर्वनाश, तबाही*; विपत्ति*; —*v.*, 1. पोतभंग कराना; भग्न कर देना; 2. (*ruin*) का सर्वनाश क०, बरबाद क०, नष्ट क०; **~wright,** *see* SHIP-BUILDER; **~yard,** पोत-कारखाना, पोतनिर्माणी*।
shire, प्रान्त। > शाइॲ
shirk, से जी चुराना, से भाग जाना; टालना; **~er,** कर्त्तव्य-त्यागी, जी चुरानेवाला; कामचोर। > शॅ:क; शॅ:क्-ॲ
shirr, *n.*, 1. (*elastic thread*) लचीला तागा; 2. (*gathered trimming*) गोट*; 3. (*pleat*) चुनट*; —*v.*, चुनट* डालना। > शॅ:
shirt, कमीज़*; **~-front,** सीना; **~ing,** कमीज़* का कपड़ा; **~-waist,** कुरती*। > शॅ:ट; शॅ:ट्-इन्ग
shiver, *v.*, 1. सिरहना, ठिठुरना, काँपना; 2. (*shatter*) चकनाचूर कर देना, टुकड़े-टुकड़े कर देना या हो जाना; —*n.*, 1. सिहरन*, सिहरी*, कँपकँपी*, कम्पन; 2. (*fragment*) टुकड़ा; किरच* (*of glass etc.*); **~y,** 1. (*cold*) ठिठुरा हुआ; 2. (*terrifying*) डरावना, भयावह; 3. (*brittle*) भुरभुरा। > शिव्-ॲ; शिव्रि
shoal, *n.*, 1. (*of fish*) गोल, झुण्ड; 2. (*of people*) भीड़*; 3. (*shallow place*) छिछला स्थान, उथला पानी; 4. (*sandbank*) रेती*; 5. (*pl. fig.*) फन्दे; ...*v.*, झुण्ड बनाना; —*adj.*, **~y,** छिछला। > शोल; शोल्-इ
shock, 1. धक्का, प्रघात, आघात, सदमा; 2. (*fig.*) धक्का, सदमा; 3. (*agitation*) संक्षोभ; 4. (*state of* ~) स्तब्धता*, जड़ता*, दहशत*; 5. (*of cornsheaves*) ढेर; 6. (*of hair*) उलझा हुआ गुच्छा; ~ tactics, आकस्मिक आक्रमण (*attack*) या कार्यवाही* (*action*); ~ therapy, प्रघात-चिकित्सा*; ~ wave, प्रघाती तरंग*; —*v.*, 1. धक्का देना या लगाना; चकित कर देना; घृणा* उत्पन्न क०। > शॉक
shock/-absorber, धक्का-सह; **~-headed,** झबरा; **~ing,** 1. (*staggering*) दहलानेवाला; 2. (*revolting*) बीभत्स; 3. (*very bad*) बहुत खराब, घटिया; **~-troops,** आक्रमण-सेना*।
shoddy, *n.*, 1. (*fibre*) रद्दी*; 2. (*cloth*) मोटा कपड़ा; 3. (*sham*) रद्दी माल; —*adj.*, 1. मोटा; 2. (*inferior*) घटिया, रद्दी; 3. (*counterfeit*) नक़ली। > शॉड्-इ
shoe, *n.*, 1. जूता; 2. (*of horse*) नाल; 3. (*at tip of cane*) शाम*; 4. (*cap*) टोपी*, ढक्कन; —*v.*, जूता पहनाना; नाल लगाना; **~-flower,** जपा*, जवा*, गुड़हल; **~horn,** सीगड़ा; **~-lace, ~-string,** तसमा; **~maker,** मोची; **~tree,** कलकूत; **~ing,** नालबंदी*। > शू
shoer, नालबन्द। > शू-ॲ
shoo, *interj.*, कुड़कुड़; *v.*, कुड़कुड़ाना; भगा देना। > शू
shoot, *v.*, 1. (पर) गोली* चलाना या मारना; 2. (*dis-charge*) छोड़ना, चलाना, मारना; 3. (*wound*) घायल क०; 4. (*kill*) मार डालना; 5. (*hunt*) शिकार खेलना; 6. पार कर जाना; 7. (*sprout*) अंकुरना; 8. (*dump, cast*) गिरा देना; निकालना; 9. (*emit*) फैलाना, विकीर्ण क०; 10. (*photograph*) फोटो लेना, फ़िल्म* बनाना, चलचित्रित क०; 11. (*plane*) बराबर क०; 12. (*a star, the sun*) उन्नतांश मापना; 13. (*pain*) में हूक* या टीस* उठना; **~ ahead,** आगे निकल जाना; **~ down,** मार गिराना; **~ out,** बाहर निकला हुआ होना; **~ out from,** से निकल पड़ना; **~ up,** एकाएक बढ़ जाना; (एकाएक) ऊपर उठना; बारम्बार गोली* मारना; —*n.*, 1. (*hunt*) शिकार; 2. (*young branch*) टहनी*; प्ररोह; 3. (*chute*) ढालू प्रणाल; 4. (*rapid*) जल-प्रपात। > शूट
shooting, 1. (*firing*) गोलीबारी*; 2. (*event*) गोलीकाण्ड; 3. (*hunting*) शिकार; शिकार करने का अधिकार, आखेट-अधिकार; **~pain,** टीस*, हूक*; **~ star,** उल्का*; **~-box,** शिकार-वास; **~-range,** चाँदमारी*। > शूट्-इन्ग
shop, *n.*, दुकान*, दूकान*; 2. (*work~*) कर्मशाला*; कारखाना; 3. (*profession*) पेशा; —*v.*, बाज़ार क०; **~keeper,** दुकानदार; **~-lifter,** उचक्का, उठाईगीरा। > शॉप
shore, *n.*, 1. तट, समुद्रतट; नदीतट, तीर; 2. (*strand*) पुलिन; 3. (*opposed to water*) थल; 4. (*prop*) टेक*, थूनी*; गदम (*of ship*); —*v.*, टेक* या गदम लगाना; **~-based,** तट-आधारित; **~less,** असीम; **~man,** तट-वासी; **~ward,** अभितट। > शॉ:
shoring, टेकबन्दी*। > शॉ:र्-इन्ग
short, *adj.*, 1. (*not long, not great*) छोटा, लघु; 2. (*of person, not tall*) छोटा, नाटा, ठिगना; 3. (*brief*) अल्प; अल्पकालीन, अल्प-कालिक; 4. (*concise*) संक्षिप्त; 5. (*curt*) रूखा; 6. (*~-tempered*) चिड़चिड़ा, बदमिज़ाज, बिगड़ैल; 7. (*not enough*) कम, अपर्याप्त, न्यून; 8. (*friable*) भुरभुरा; 9. (*of vowel*) ह्रस्व; 10. (*of note*) अल्प; 11. (*of memory*) कमज़ोर; 12. (*of credit*) अल्पकालीन; —*adv.*, अचानक, एकाएक, सहसा; रुखाई* से; संक्षेप में; —*n.*, 1. ह्रस्व स्वर, ह्रस्व अक्षर; लघु फ़िल्म*; 3. (*pl.*) घुटना, जाँघिया, निकर, हाफ़पैंट; ~ circuit, लघुपथ; ~ commons, कम या नाकाफ़ी रसद; ~ cut, 1. छोटा रास्ता; 2. (*fig.*) सुगम मार्ग, सरल उपाय; ~ division, लघु भाग; ~-notice question, अल्पसूचित प्रश्न; ~ rib, गौण पर्शुका*; ~ wave, लघु तरंग*; ~ story, कहानी*; ~ weight, न्यून तौल*; **cut ~,** संक्षिप्त क०, अचानक समाप्त क०;

fall (come) ~, कम पड़ना, अपूर्ण होना; असफ़ल होना; in ~, संक्षेप में; be in ~ supply, कम मिलना; make ~ work of, जल्दी समाप्त कर देना; run ~, कम होना, कम पड़ना; ~ of, 1. (*except*) के सिवाय, के अतिरिक्त; 2. से कम; 3. (*lacking*) रहित; 4. (*not far enough*) के इधर; से घटकर। > शॉ:ट

shortage, कमी*, अभाव; अपर्याप्तता*, अल्पता*। > शॉ:ट्-इज

short/-circuit, लघुपथित क०; **~ -circuit-ing,** लघुपथन; **~-coming,** 1. कमज़ोरी*, दोष; 2. (*defi-ciency*) कमी*, कसर*, त्रुटि*; **~-dated,** अल्प-कालिक, अल्पावधि।

shorten, कम, छोटा क० या हो जाना; या हो जाना; घटाना या घटना; **~ing,** 1. घटाई*, लघुकरण, ह्रस्वीकरण; 2. घटाव, घटती*, ह्रास; 3. (*fat*) चरबी*। > शॉ:टॅन; शॉ:ट्-निन्ग

short/fall, कमी*, न्यूनता*; **~hand,** आशुलिपि*; **~-handed,** we are —, हमें (लोगों, मज़दूरों, नौकरों, कर्मचारियों, कार्यकर्त्ताओं) की कमी* है; **~-lived,** 1. अल्पजीवी, अल्पायु; 2. (*brief*) अल्पकालिक; क्षणस्थायी, क्षणभंगुर।

shortly, 1. (*soon*) अविलंब; निकट भविष्य में; कुछ देर* बाद; 2. (*briefly*) संक्षेप में; 3. (*rudely*) रुखाई* से। > शॉ:ट्-लि

short/-range, 1. लघु-परिसर; 2. (*fig.*) सीमित; **~-sighted,** 1. (*myopic*) निकटदर्शी; 2. (*fig.*) अदूरदर्शी; **~-sightedness,** निकटदृष्टि*; अदूरदर्शिता*; **~-spoken,** अल्पभाषी; रूखा; **~-tempered,** चिड़चिड़ा, बदमिज़ाज, बिगड़ैल, क्रोधी; **~term,** अल्पकालिक, अल्प-आवधिक; **~-winded,** हँफ़ैल; **~-witted,** मूर्ख, अल्पबुद्धि, अल्पमति।

shot, *adj.*, से मिला हुआ; रंगबिरंगा; धारीदार; —*n.*, 1. (*act*) मार*; 2. (*range*) पहुँच*, मार*; 3. (*attempt*) कोशिश*, प्रयत्न, प्रयास; 4. (*guess*) अनुमान, अंदाज़ा; 5. (*pellets*) छर्रा; 6. (*marksman*) निशानेबाज; 7. (*projectile*) गोला; 8. (*photograph*) शॉट, चित्र, फ़ोटो; —*v.*, छर्रा पिलाना या भरना; like a ~, बहुत जल्दी, शीघ्र; 2. (*willingly*) खुशी* से; not by a long ~, कभी नहीं; **~-gun,** बन्दूक*। > शॉट

should, he ~ come, उसे आना चाहिए; ~ he come, यदि वह आए; he ~ be coming soon, वह जल्दी ही आता होगा। > शुड

shoulder, *n.*, कंधा, स्कन्ध, अंस; *v.*, कंधा मारना; कंधे पर चढ़ाना, का भार लेना, की ज़िम्मेवारी* लेना, ~ to ~, कंधे से कंधा लगाकर, ~ arms!, बगलशस्त्र!, straight from the ~, 1. सीधे, 2. (*frankly*) स्पष्ट रूप से, साफ़-साफ़; **~-belt,** परतला, परतली*, **~-blade,** अंसफलक, स्कंधास्थि*, **~-knot,** स्कंधिका*। > शोल्-डॅ

shout, 1. *v.*, चिल्लाना, शोर मचाना; पुकारना; 2. (*from pain*) चीखना; —*n.*, 1. चीत्कार, चिल्लाहट*; चीख़*, 2. (*of slogans*) नारा, पुकार*; 3. (*uproar*) शोर, शोरग़ुल, कोलाहल। > शाउट

shove, *v.*, 1. खिसकाना, सरकाना, ठेलना; 2. (*push roughly*) ढकेलना, धकेलना, धक्का मारना या देना; डाल देना; 3. आगे बढ़ना; ~ off, किनारे से हटना या हटाना; ~ on to, के गले मढ़ना; —*n.*, ठेला; धक्का। > शॅव़

shovel, *n.*, बेलचा, बेल; *v.*, बेलचे से उठाना या हटाना। > शॅवॅल

shoveller, तिदारी*। > शॅवॅलॅ

show, *v.*, 1. दिखाना, दिखा देना; 2. (*exhibit*) प्रदर्शित क०; 3. (*manifest*) व्यक्त क०, प्रकट क०; 4. (*prove*) सिद्ध क०, प्रमाणित क०; 5. (*expound*) प्रतिपादित क०, 6. (*make under-stand*) समझाना; 7. (*con-duct*) ले जाना, ले चलना; 8. (*register, indicate*) बतलाना; 9. (*grant*) प्रदान क०; 10. (*appear*) दिखाई देना, दिखाई पड़ना; लगना, **~ in,** अन्दर ले जाना, **~ off,** का प्रदर्शन क०; इतराना, इठलाना; **~ up,** प्रकट हो जाना, दिखाई पड़ना; आना, प्रकट क०, दिखलाना; की पोल* या कलई* खोलना; —*n.*, 1. (*a showing*) प्रदर्शन; 2. (*a show, esp. theatrical*) प्रदर्शन, तमाशा; समारोह; 3. (*exhibition*) प्रदर्शनी*; 4. (*ostentation*) आडम्बर, दिखावा, ठाट-बाट, तड़क-भड़क*; 5. (*trace*) अल्पमात्रा*, लेशमात्र; 6. (*pretense*) दिखावा, ढोंग; 7. (*laughable spectacle*) तमाशा। > शो

show/-bill, इश्तहार, विज्ञापन; **~boat,** रंगनौका*, नाट्यनौका*, **~-business,** कौतुक-व्यवसाय, **~-case,** प्रदर्शन-मंजूषा*; **~-down,** बलपरीक्षा*।

shower, *n.*, 1. (*of rain*) वर्षा*, वृष्टि*, बौछार*, वर्षण; 2. (*of flowers etc.*) वृष्टि*; 3. (*rush*) बौछार*, भरमार*, वर्षा*; 4. (*~-bath*) फुहारा-स्नान, फुहारा-घर; —*v.*, 1. (*pour*) बरसना (*v.i.*); बरसाना (*v.t.; also fig.*); 2. (*sprinkle*) छिड़कना; **~y,** बौछारी। > शाउॲ; शाउॲरि

show/-glass, प्रदर्शन-मंजूषा*; **~man,** कौतुकी, कौतुकिया, तमाशागर; **~manship,** कौतुककला*, नाट्य-कला*; **~-piece,** प्रदर्शन-वस्तु*; **~-place,** प्रदर्शनस्थान; **~-room,** प्रदर्शन-कमरा, प्रदर्शनकक्ष; **~-up,** भण्डा-फोड़, **~-window,** प्रदर्शन-खिड़की*।

showy, 1. (*ostentatious*) आडम्बरी; 2. (*gaudy*) भड़कीला, दिखावटी, दिखाऊ; 3. (*striking*) असाधारण, विशिष्ट, दर्शनीय। > शोइ

shrapnel, श्रैपनेल, किरच* का गोला। > श्रैप्नॅल

shred, *n.*, 1. धज्जी*; 2. (*fig.*) लेशमात्र, रत्ती* भर; —*v.*, की धज्जियाँ* उड़ाना। > श्रे'ड

shrew, 1. (*~-mouse*) छछूँदर; 2. (*woman*) कर्कशा*, चण्डी*, लड़ाकी स्त्री*। > श्रू

shrewd, 1. समझदार, बुद्धिमान, सयाना, चतुर; 2. (*correct*) सही, विवेकपूर्ण; 3. (*sharp*) तेज़, तीक्ष्ण। > श्रूड

shrewish, लड़ाका, झगड़ालू। > श्रूइश

shriek, 1. *v.*, चीख़* मारना, चीखना, चीकना; 2. (*with laughter*) ठठाना, ठहाका लगाना, अट्टहास क०, —*n.*, चीख़*। > श्रीक

shrike, (*great grey*) लहटोरा। > श्राइक

shrill, 1. (*of sound*) तीक्ष्ण, कर्णभेदी; 2. (*biting*) तेज़, तीखा, तीक्ष्ण। > श्रिल

shrimp, 1. झींगी*; 2. (*person*) छुटभैया। > श्रिम्प

shrine, 1. (*temple*) तीर्थ-मंदिर; 2. (*tomb*) मक़बरा, समाधि*, रौज़ा; 3. (*altar*) वेदी*, वेदिका*; 4. (*casket*) तबर्रुक-पात्र; अस्थिपात्र। > श्राइन

shrink, 1. सिकुड़ना, संकुचित हो जाना; 2. (*diminish*) घटना; 3. (*recoil*) झिझकना; 4. (*draw back*) पीछे हटना, खिसक जाना, कतराना; 5. (*be reluctant*) अनिच्छा* होना; 6. (*v.t.,*) सिकोड़ना; **~able,** संकुच्य; **~age,** 1. संकुचन; 2. (*depreciation*) मूल्यह्रास, अवमूल्यन; 3. (*decrease*) घटती*, ह्रास, कमी*। > श्रिन्क; श्रिन्कॅबॅल; श्रिन्क्-इज

shrivel, 1. (*wrinkle*) शिकन* या झुर्री* पड़ना या डालना; 2. (*wither*) मुरझाना, कुम्हलाना, झुरना; निस्तेज हो जाना। > श्रिवॉल

shroff, *n.*, सराफ़; *v.*, परखना। > श्रॉफ़

shroud, *n.*, 1. कफ़न; 2. (*veil*) परदा; 3. (*of ship*) बरांडल; —*v.*, 1. कफ़न ओढ़ाना; 2. पर परदा डालना; छिपाना, ढकना। > श्राउड

Shrove/tide, पूत-काल; **~Tuesday,** पूत-मंगल। > श्रोव्

shrub, झाड़ी*, क्षुप; **~bery,** झाड़ी*, झुरमुट; झाड़-झंखाड़; **~by,** झाड़ीदार। > श्रॅब; श्रॅबॅरि; श्रॅब्-इ

shrug, कंधा (कंधे) उचकाना या झाड़ना; **~off,** टालना, उपेक्षा* क०, पर ध्यान नहीं देना, उड़ा देना। > श्रॅग

shrunken, झुर्रीदार; सिकुड़ा हुआ। > श्रॅन्कॅन

shuck, *n.*, 1. (*husk*) छिलका; 2. (*pod*) छीम्बी*; 3. (*worthless object*) ठीकरी*; —*v.*, 1. छिलका, छीम्बी* उतारना; 2. उतारना। > शॅक

shudder, *v.*, 1. काँप उठना, थरथराना; 2. (*feel repugnance*) रोंगटे खड़े हो जाना; —*n.*, थरथराहट*, कँपकँपी। > शॅड्-अॅ

shuffle, 1. (*feet*) रगड़ना; घसीटना (*drag*); 2. (*cards*) फेंटना; 3. (*mingle*) मिलाना; 4. (*confuse*) अस्तव्यस्त कर देना; 5. (*shift*) खिसकाना; 6. (*keep shifting position*) स्थिर नहीं रहना, स्थान बदलता रहना; 7. (*vacillate*) आगा पीछा क०, टाल-मटोल* क०; 8. (*practise deceit*) धोखेबाज़ी* क०, छल-कपट क०, 9. पैर घसीट कर चलना, (कठिनाई* से) आगे बढ़ना; **~into,** में डाल देना, **~ off,** उतारना; से पीछा छुड़ाना; **~ off on,** के गले मढ़ना; **~on,** पहन लेना; **~ out off,** चालाकी* से निकल जाना; —*n.*, 1. (*change*) हेर-फेर, अदल-बदल, उलट-फेर, परिवर्तन; 2. (*of feet*) रगड़*; घसीट*; 3. (*of cards*) फेंट*; 4. (*mixing*) मिश्रण; 5. (*trick*) चाल*; 6. (*eva-sion*) टाल-मटोल*, बहाना। > शॅफ़ॅल

shuf/fler, बहानेबाज़; **~fling,** *n.*, बहाने-बाज़ी*, —*adj.*, 1. (*of walk*) ढीला; 2. (*evasive*) ढुलमुल; 3. (*tricky*) कपटी। > शॅफ़्/लॅ, ~लिन्ग

shun, से दूर रहना, से बचना, से बचकर रहना; टालना। > शॅन

shunt, *v.* 1. शंट क०, पार्श्वपथन क०, बग़ल* की पटरी* (*track*) या पथ (*circuit*) पर लाना, पटरी* या पथ बदलना; 2. (*divert*) दूसरे मार्ग पर ले जाना, अपवर्तन क०; मोड़ना; 3. (*post-pone*) स्थगित क०; 4. (*lay aside*) ताक़ पर रखना; —*n.* शंट; **~ing,** पार्श्वपथन; **~-wound,** पार्श्व-कुण्डलित। > शॅन्ट

shush, (*interj.*), हुश; *v.*, चुप क०। > शॅश

shut, *adj.*, बन्द; *v.*, बन्द क० या हो जाना; **~ down,** 1. (*window*) गिराना, गिरा देना; 2. (*a factory*) बन्द क०; **~ in,** घेरना; **~ off,** बन्द क०; **~ out,** भीतर न आने देना, बहिष्कृत क०; रोकना; **~ up,** में बन्द क०, क़ैद क०; पूरी तरह* बन्द कर देना; ताला लगाना। > शॅट

shut/-down, काम-बन्दी*; **~-in,** 1. शय्या-ग्रस्त; घर में बन्द; 2. (*introverted*) अन्तर्मुखी; **~-off,** 1. ताली*, कुंजी*; 2. (*stoppage*) बन्दी*, **~-out,** तालाबन्दी*।

shutter, 1. (*screen of window*) झिलमिली*; 2. (*of camera*) शटर, कपाट; 3. (*of organ*) परदा। > शॅट्-अॅ

shuttle, 1. (*weaving*) ढरकी*, भरनी*; 2. (*mech.*) तुरी*; ~ train शटिल गाड़ी*; **~cock,** चिड़िया*। > शॅटॅल

shy, *adj.*, 1. (*bashful*) संकोची; शर्मीला, झेंपू, लज्जालु; 2. (*easily startled*) भड़कैल, भड़कीला; 3. (*wary*) चौकन्ना, सतर्क, चौकस, सचेत; 4. (*elusive*) दुष्प्राप्य; दुर्बोध; be ~ of, से दूर रहना, से अलग रहना, से भागना, से परहेज़ क०; —*v.*, 1. (*start suddenly*) भड़कना, चौंकना, चमकना; 2. सचेत हो जाना, कान खड़े क०; 3. (*fling*) फेंकना; —*n.*, 1. भड़क*, चौंक*; 2. (*fling*) फेंक*; 3. (*attempt*) कोशिश*, प्रयास; 4. (*gibe*) ताना; **~ness,** संकोच, सकुचाहट*, शर्मीलापन। > शाइ

shyster, धोखेबाज़। > शाइस्-टॅ

Siam, स्याम; **~ese,** स्यामी। > साइऐम; साइअॅमीज़

sib, सगोत्र। > सिब

sibi/lance, 1. (*phon.*) ऊष्मता*; 2. (*hiss-ing*) सीत्कार, सिसकारी*; **~lant,** *adj.*, ऊष्म वर्ण; **~late,** ऊष्म उच्चारण क०; सिसकारना, सीत्कार क०; **~lation,**

ऊष्म ध्वनि*; सिसकारी*।

> सिब्‌इलॅन्स, ~इलॅन्ट, ~इलेट, ~इलेशॅन

sibling, सहोदर भाई या बहन*। > सिब्‌-लिन्ग

sibyl, 1. (*prophetess*) नबिया*; 2. (*sorce-ress*) टोनहाई*, ओझाइन*; 3. (*witch*) डाइन*; **~line,** 1. (*oracular*) भविष्यसूचक; 2. (*mys-terious*) रहस्यमय। > सिब्‌इल, ~इलाइन

sic, एवमेव। > सिक

siccative, शोषक, शुष्कताप्रेरक। > सिकॅटिव़

sice, 1. छक्का; 2. (*syce*) साईस। > साइस

sick, *v.*, 1. (*pursue*) झपटना; 2. (*urge*) झपटाना; उकसाना; —*adj.*, 1. (*unwell*) बीमार, अस्वस्थ, रोगग्रस्त, रुग्ण, रोगी; the ~, रोगी, मरीज़; sacrament of the ~, विलेपन-संस्कार; 2. (*feeling nausea*) feel ~, मिचली* होना या आना; be ~, क़ै*, उलटी* या वमन क०; 3. (*upset*) हैरान, व्यथित, व्याकुल; 4. (*surfeited*) ऊबा हुआ, be ~ of, से ऊब जाना; 5. (*pining for*) be ~ for, के लिए छटपटाना।

> सिक

sick/-bay, ~-berth, ~-room, रोगीकक्ष; **~-bed,** रोग-शय्या*; **~-benefit,** रोग-भत्ता; **~-call,** 1. (*mil.*) रोगी-सम्मन; 2. (रोगी-) बुलावा।

sicken, बीमार पड़ जाना या क०; मिचली* आना या पैदा क०; घृणा* उत्पन्न क०; **~ing,** (*disgusting*) बीभत्स, घिनावना। > सिकॅन, सिकॅनिन्ग

sickish, अस्वस्थ, बीमार-सा। > सिक्‌-इश

sickle, हँसिया*, दराँती*; **~man,** हँसियारा।

> सिकॅल

sick/-leave, बीमारी-छुट्टी*, रोग-अवकाश; **~-list, ~-roll,** रोगी-सूची*; ~be on the —, बीमार होना।

sickly, *adj.*, 1. अस्वस्थ, रोगी; 2. (*pale*) पीला, विवर्ण; 3. (*nauseating*) मिचली* लानेवाला; 4. (*un-healthy*) अस्वास्थ्यकर, दूषित; 5. (*mawkish*) फीका; —*v.*, पीला या फीका कर देना। > सिक्‌-लि

sickness, 1. बीमारी*, रोग, मर्ज़; 2. (*nausea*) मिचली*। > सिक्‌-निस

Sida, (*bot.*), बरियारी*, खरैंटी*। > साइडॅ

side, *v.*, ~with, का पक्ष लेना, का समर्थन क०; *adj.*, 1. बग़ली, पार्श्व-, पार्श्विक; 2. (*minor*) गौण; —*n.*, 1. (*of person, house, etc.*) बग़ल*, पार्श्व; 2. (*of flat figure*) भुज, भुजा*; 3. (*of cube etc.*) फलक; 4. (*aspect, phase*) पक्ष, पहलू; 5. (*of cloth, paper*) तरफ़*; 6. (*surface*) सतह*; 7. (*of road, playground, etc.*) किनारा; 8. (*margin*) हाशिया; 9. (*page*) पृष्ठ; 10. (*of a hill*) ढाल*; 11. (*of river, pond*) तट, तीर, किनारा; 12. (*extremity*) सिरा; 13. (*direction*) दिशा*, तरफ़*, ओर*; 14. (*of equation*) पक्ष; 15. (*party, faction*) पक्ष, दल; 16. (*lineage*) वंश, पक्ष; 17. (*at billiards*) घुमाव; 18. (*swagger*) अकड़*; ~ by ~ पास-पास; ~-line, उपजीविका*; ~-issue, गौण या प्रासंगिक प्रश्न या बात*; on that ~, उस ओर*; on this ~, इस ओर*; on the ~, ऊपर से; take ~s, इस ओर*; on the ~, ऊपर से; take ~s, पक्ष लेना, तरफ़दारी* क०।

> साइड

side/-arms, बग़ली हथियार (पिस्तौल*, तलवार*, संगीन*); **~-bet,** आपसी बाज़ी*; **~board,** अलमारी*; **~burns,** गलमुच्छा; **~-car,** पार्श्वगाड़ी*; **~-chapel,** पार्श्व-प्रार्थनालय, पार्श्वालय; **~-glance,** कटाक्ष, दृष्टि-विक्षेप, कनखी*; **~long,** 1. तिरछा; 2. (*indirect*) परोक्ष; **~-note,** पार्श्व-टिप्पणी*।

sideral, sidereal, नाक्षत्र।

> सिडॅरॅल; साइ-डिॲर्-इ-ॲल

siderite, लोह-उल्का*, सिडराइट।

siderolite, लोहाश्म-उल्का*। > सिडॅरॅलाइट

side/-saddle, ज़नाना ज़ीन; **~-show,** 1. अतिरिक्त प्रदर्शन या तमाशा; 2. गौण बात*; **~-slip,** *v.*, फिसलना; —*n.*, (बग़ली) फिसलन*; **~-splitting,** लोटपोट*; कर देनेवाला; — **laughter,** लोटपोट*; **~-step,** *n.*, 1. बग़ली पायदान (*step*) या सीढ़ी* (*stair*); 2. (*movement*) बचाव; —*v.*, 1. कतराकर या हटकर बचाना या बच जाना; 2. (*fig.*) टाल देना; **~-track,** *n.*, साइडिन्ग*, बग़ली रेलपथ; —*v.t.*, 1. (*train*) शंट क०, पटरी* बदलना; 2. (*fig.*) टालना, ताक़ पर रखना; विषयान्तर क०; —*v.i.*, बहक जाना; **~walk,** पटरी*; **~wards, ~ways, ~wise,** तिरछे; **~way,** पगडण्डी*; **~-whiskers,** गलमुच्छा।

siding, 1. (*rail*) साइडिंग*, बग़ली रेलपथ, 2. (*taking sides*) तरफ़दारी*। > साइड्‌-इन्ग

sidle, तिरछे चलना; दबककर चलना। > साइडॅल

siege, 1. घेरा; घेराबन्दी*, मुहासरा, मुहासिरा; 2. (*fig.*) पैरवी*। > सीज

sienna, सिएना, गैरिक मिट्टी*। > सिए'नॅ

sierra, (दंदानेदार) पर्वमाला*। > सिए'रॅ

siesta, दोपहर का आराम। > सि-ए'स्-टॅ

sieve, *n.*, 1. छलनी*, चालनी*, छन्नी*, चलनी*, छाननी*; 2. (*basket*) टोकरी*; 3. (*a person*) पेट का हलका; —*v.*, छानना। > सिव़

sift, *v.i.*, छनना, *v.t.*, 1. छानना; 2. (*examine*) जाँचना, छान-बीन* क०; विश्लेषण क०। > सिफ़्ट

siftings, चोकर। > सिफ़्-टिन्ग्ज़

sigh, *v.*, 1. आह* क०, खींचना या भरना; ठण्डी साँस* लेना; 2. (*of wind etc.*) सरसराना, सनसनाना; 3. (~ *for*) की प्रबल इच्छा* होना, ललकना; —*n.*, आह*, उदास*, उच्छ्वास। > साइ

sight, *n.*, 1. (*faculty*) दृष्टि*; 2. (*thing seen*) दृश्य; 3. (*spectacle*) तमाशा, नज़ारा; 4. (*pl.*) दर्शनीय स्थान; 5. (*a look*) दर्शन, नज़र*, निगाह*, दृष्टि*; 6. (*mental vision*) दृष्टि*; 7. (*aim*) निशाना; 8. (*range of vision*) दृष्टि*; 9. (*mech. aid*) लक्षक, तकनी*, दर्शा*;

दीदबान; —*v.*, 1. देखना, देख लेना; निरीक्षण क०, अवलोकन क०; 2. (*aim at*) निशाना बनाना; at first ~, ऊपर से (देखने पर); at ~, देखते ही; I know him by ~, मैं उसे चेहरे से जानता हूँ, पहचानता भर हूँ; catch ~ of, देखना, देख लेना; lose ~ of, की दृष्टि* से ओझल हो जाना; भूल जाना; not by a long ~, कदापि नहीं, बिलकुल नहीं; out of ~, आँखों* से ओझल; से दूर; second ~, दिव्य दृष्टि*। > साइट

sight/-bill, ~-draft, दर्शनी हुण्डी*।

sighting, लक्ष्यसाधन; ~ rule, दर्शरेखनी*। > साइट्-इन्ग

sightless, अन्धा। > साइट्-लिस

sightly, मनोहर, रमणीय। > साइट्-लि

sight/seeing, सैर-सपाटा, पर्यटन; **~seer,** पर्यटक; **~worthy,** दर्शनीय। > साइट्/सी-इन्ग, ~सी-ॲ

sigil, मुहर*, मुद्रा*; **~late,** मुद्रांकित। > सिजिल; सिजिलिट

sigmatic, सिजन्त। > सिग्मैट्-इक

sigmoid, अवग्रहान्त्र। > सिग्मॉइड

sign, *n.*, 1. (*gesture*) इशारा, सैन*, संकेत, इंगित; 2. (*mark*) चिह्न, निशान, सैन*, संकेत; 3. (*token*) संकेत, चिह्न, सैन*, अभिज्ञान; 4. (*indicaiton*) चिह्न, लक्षण; 5. (*portent*) शकुन, चिह्न; 6. (*symbol*) प्रतीक, चिह्न; 7. (*math.*) 8. (*miracle*) चमत्कार, करामात*; 9. (*~board*) पट्ट; नामपट्ट; सूचनापट्ट; 10. (*of zodiac*) राशि*; ~ language, इंगित भाषा*; ~ manual, हस्ताक्षर; ~ of the cross, क्रूस का चिह्न; in ~ of, प्रमाणस्वरूप; —*v.*, हस्ताक्षर क०; प्रकट क०; इशारा क०, निशाना लगाना, चिह्नित क०, क्रूस का चिह्न बनाना; ~ away, त्याग देना; ~ off, बन्द क०; ~ on, ~ up, नाम लिखना; **~ed,** हस्ताक्षरित, दस्तखती; **~-off,** समाप्ति*; **~-painter, ~-writer,** पेंटर। > साइन

signal, *n.*, 1. (*token*) संकेत, सैन*, चिह्न; 2. (*occasion*) अवसर; 3. (*railway*) सिगनल, सिकन्दरा; —*adj.*, विशिष्ट, असाधारण; संकेतक; —*v.*, संकेत क०, संकेत भेजना; सिगनल देना; व्यक्त क०; **~-book,** संकेतकी*, संकेत-पुस्तक*; **~ler, ~-man,** सिगनलर, **~ling,** संकेतन; **~ly,** अच्छी तरह*, बड़ी खूबी* से, विशिष्टता* से; साफ़-साफ़, एकदम, सुस्पष्ट रूप से; बुरी तरह*। > सिग्नॅल

signalize, विशिष्ट बना देना, महत्त्व प्रदान क०; का महत्त्व दिखलाना, की ओर* ध्यान आकर्षित क०। > सिगनॅलाइज़

signatory, signer, हस्ताक्षर-कर्त्ता। > सिग्नॅटॅरि; साइन-ॲ

signature, हस्ताक्षर, दस्तखत, सही*, संकेत; ~ tune, संकेत-धुन*। > सिग्-नॅ-चॅ

signboard, सूचना-पट्ट; नामपट्ट। > साइन्बॉःड

signet, मुहर*, मुद्रा*, **~-ring,** मुद्रिका*, अंगुलि-मुद्रा*, मुद्रा*। > सिग्-निट

signi/ficance, 1. (*meaning*) अर्थ, अभिप्राय; 2. (*meaningfulness*) सार्थकता*, अर्थवत्ता*; 3. (*expressiveness*) अभिव्यंजकता*; 4. (*import-ance*) महत्त्व; **~ficant,** 1. (*having meaning*) अर्थवान्, सार्थक; 2. (*full of meaning*) अर्थगर्भित, सार्थक, अर्थपूर्ण; 3. (*expressive*) अभिव्यंजक; 4. (*important*) महत्त्वपूर्ण; **~fication,** अर्थ; **~ficative,** सार्थक; सूचक; **~fy,** 1. (*indicate*) सूचित क०, बताना, दिखाना*; 2. (*mean*) अर्थ होना, अर्थ रखना; 3. (*be important*) महत्त्व रखना; 4. (*manifest*) व्यक्त क०। > सिग्-निफ़्-इ/कॅन्स, ~कॅन्ट; सिग्निफ़िकेशॅन; सिग्-निफ़्-इ-कॅटिव; सिग्-नि-फ़ाइ

signpost, 1. मार्गपट्ट; 2. (*clear indication*) सुस्पष्ट निर्देश। > साइन्पोस्ट

Sikh, सिक्ख, सिख। > सीक

silage, *n.*, साइलो-संरक्षण; *v.*, साइलो में रखना। > साइलॅज

silence, *n.*, 1. मौन, चुप्पी*, खामोशी*; 2. (*stillness*) नीरवता*, सन्नाटा, निःशब्दता*; keep ~, चुप रहना, मौन या चुप्पी* साधना; —*v.*, 1. मौन कर देना; 2. (*by argument*) निरुत्तर कर देना, का मुँह बंद कर देना; 3. (*overcome*) हरा देना; शान्त क०, दबा देना; 4. (*put out of action*) बेकार कर देना, बिगाड़ देना। > साइलॅन्स

silencer, रवशामक। > साइलॅन्-सॅ

silent, 1. मौन, चुप, खामोश, मुक; 2. (*not talkative*) चुप्पा, अल्पभाषी; 3. (*not able to talk*) गूँगा, मूक; 4. (*noiseless*) नीरव, निःशब्द; 5. (*phon.*) अनुच्चरित, मूक; 6. (*not expres-sed*) अनभिव्यक्त; 7. (*inactive*) निष्क्रिय; 8. (*of film*) मूक; 9. (*med.*) प्रच्छन्न, लक्षणहीन। > साइलॅन्ट

silex, 1. (*flint*) चक्रमक़; 2. सिलिका। > साइलेक्स

silhouette, *n.*, (पार्श्व) छायाचित्र; (पार्श्व) रूपरेखा*; —*v.*, छायाचित्र बनाना; रूपरेखा प्रदर्शित क०। > सिलुए'ट

silica, सिलिका। > सिल्-इ-कॅ

sili/cate(d), सिलिकेट; **~ceous, ~ciferous,** सिलिकामय; **~cic,** सिलिसिक; **~con,** सिलिकन। > सिल्/इकिट, ~इकेटिड; सिलिशॅस; सिलिसिफ़ॅरॅस; सिलिसिक; सिल्-इ-कॅन

siliqua, silique, छीम्बी*, शिम्बी*। > सिल्-इक्-वॅ; सिलीक

silk, *n.*, 1. रेशम, कौशेय, सिल्क; रेशमी कपड़ा, कौशेय, सिल्क; 2. (*lustre*) चमक*, ओप*; take ~, बैरिस्टर बनना; —*adj.*, रेशमी, कौशेय; **~-cotton tree,** सेमल। > सिल्क

silken, silky, 1. रेशमी, कौशेय; 2. (*soft, smooth*) मुलायम, चिकना*; 3. (*shiny*) चमकदार; 4. (*suave*)

चिकना-चुपड़ा; लुभावना; 5. (*gentle*) हलका, कोमल। > सिल्कॅन; सिल्-कि

silk/-gland, रेशम-ग्रंथि*; **~worm,** रेशम-कीट।

sill, 1. (*of door*) देहली*, दहलीज़*; 2. दासा, सिल*। > सिल

silly, *adj.*, 1. (*feeble-minded*) अल्पबुद्धि, भोला; 2. (*foolish*) मूर्खतापूर्ण; हास्यास्पद; —*n.*, मूर्ख। > सिल्-इ

silo, *n.*(*v.*), साइलो, खत्ती* (में रखना)। > साइलो

silt, *n.*(*v.*) गाद*, रेग* (से भरना); **~y,** गाद-भरा। > सिल्ट

silvan, 1. वन्य, जंगली; 2. (*rural*) देहाती, ग्रामीण। > सिल्वॅन

silver, *n.*, 1. चाँदी*, रजत, रौप्य; 2. (*coin*) चाँदी* का सिक्का; 3. (*~ware*) चाँदी* के बरतन-भाँड़े (सामान); —*adj.*, रजत, राजत, रौप्य; —*v.*, रजतित क०, चाँदी* चढ़ाना; ~ jubilee, रजत-जयंती*; ~ screen, रजत-पट; ~ standard, रजतमान; **~ed,** रजतित; **~-fish,** मछली*; **~ing,** रजतन; **~smith,** सुनार; **~-tongued,** वाक्पटु; **~y,** 1. रजत; 2. (*colour*) रूपहला; 3. (*tone*) सुमधुर। > सिल-वॅ

silviculture, वन-वर्धन; वनवृक्ष-विज्ञान। > सिल्-वि-कॅल्-चॅ

simian, *adj.*, वानरी; *n.*, वानर। > सिम्-इ-ॲन

similar, *adj.*, 1. सदृश, समान, तुल्य, मिलता-जुलता; 2. (*geom. etc.*) समरूप; —*n.*, तुल्य वस्तु*; **~ity,** सादृश्य, समानता*, समरूपता*; **~ly,** समान रूप से, वैसे ही, उसी तरह*, उसी प्रकार; भी। > सिम्-इ-लॅ; सिमिलैरिटि; सिम्-इलॅलि

simile, उपमा*। > सिम्-इ-लि

similitude, 1. सादृश्य, समानता*; 2. (*coun-terpart*) प्रतिरूप, प्रतिकृति*; 3. (*appearance*) रूप; 4. (*par-able*) दृष्टान्त। > सि-मिल्-इ-ट्यूड

similize, उपमा* देना; उपमा* या दृष्टान्त द्वारा समझाना। > सिम्-इ-लाइज़

simioid, simious, *see* SIMIAN. > सिम्/इऑइड, ~इॲस

simmer, *v.*, 1. (*boil*) सिमसिमाना, खदबदाना, खदखदाना; 2. (*fig.*) अन्दर ही अन्दर उबलना, मिज़ाज खोलना; (क्रोध, उत्सुकता* आदि) से भरा होना; *n.*, खदबदाहट*। > सिम्-ॲ

simoniac, धर्मविक्रयी, धर्मविक्रेता; **~al,** धर्मविक्रयी, धर्मविक्रयात्मक। > सि = साइमोन्-इऐक; सि = साइमॅनाइॲक्ल

Simony, धर्मविक्रय। > सिमॅनि = साइमॅनि

simoom, सिमूम। > सिमूम

simper, *v.*, दाँत (खीसें*) निकालना या काढ़ना; —*n.*, भद्दी मुस्कराहट*। > सिम्पॅ

simple, *n.*, ओषधि*, जड़ी* बूटी*; *adj.*, 1. (*not complicated*) सरल, सहज, साधारण; 2. (*not elaborate*) सादा; अनलंकृत; 3. (*math.*) सरल; 4. (*absolute*) परिशुद्ध; 5. (*mere*) निरा, मात्र (*after noun*); 6. (*honest*) निष्कपट, सीधा-सादा, भोला-भाला, सीधा, सरल, सच्चा; 7. (*natural*) अकृत्रिम, स्वाभाविक; 8. (*easily deceived*) भोला; 9. (*foolish*) मूर्ख, बेवकूफ़; 10. (*ordinary*) साधारण, मामूली, सामान्य; 11. (*humble, lowly*) साधारण; **~-heart-ed,** निष्कपट; **~-minded,** 1. निष्कपट, सरल-स्वभाव; 2. भोला-भाला; 3. (*feeble-minded*) अल्पबुद्धि, अल्पमति; **~ton,** बुद्धू, उल्लू, गोबर-गणेश। > सिम्पॅल; सिम्पॅल्टॅन

simpliciter, पूर्णरूपेण, सर्वथा, अप्रतिबंध। > सिम्-प्लि-सि-टॅ

simplicity, simpleness, (*cf.* SIMPLE) सरलता*, आसानी*; सादापन, सादगी*; अकृत्रिमता*, स्वाभाविकता*; निष्कपटता*; भोलापन; मूर्खता*। > सिम्-प्लि-सि-टि

simplification, सरलीकरण। > सिम्-प्लि-फ़ि-के-शॅन

simplify, सरल बना देना, सरल क०। > सिम्-प्लि-फ़ाइ

simplism, एकांगीपन, अतिसरलता*। > सिम्-प्लिज़्म

simplistic, एकांगी, एकतरफ़ा, एकपक्षीय। > सिम्-प्लिस्-टिक

simply, सरलता* से, सादगी* से; आसानी* से; बिलकुल, एकदम; सिर्फ़, केवल, मात्र, ही। > सिम्-प्लि

simulacrum, 1. प्रतिकृति*, प्रतिमा*; 2. (*sham*) नक़ल*; छाया*, आभास। > सिम्यूलेक्रॅम

simu/lant, अनुरूपी, अनुरूपक; **~late,** 1. (*look like*) का रूप धारण क०; अनुकरण क०, बनना, की नक़ल* क०; 2. (*pretend*) का स्वांग भरना, का ढोंग रचना, का अभिनय क०; **~lation,** अनुरूपण; अनुकरण, नक़ल*, छद्मरूप; स्वाँग, ढोंग; पाखण्ड **~lator,** अनुरूपक; नक़लची; ढोंगी। > सिम्यूलॅन्ट; सिम्यूलेट; सिम्यूलेशॅन; सिम्-यू-ले-टॅ

simulta/neity, समक्षणिकता*, युगपत्ता*, समकालिकता*; **~neous,** 1. समक्षणिक, युगपत्, समकालिक, एककालिक; 2. (*of equations*) युगपत्; **~neously,** एकसाथ, साथ-साथ, एक ही समय, युगपत्। > सिमल्टॅनीइटि; सिमल्टेन्यॅस

sin, *n.*, 1. पाप, गुनाह, पातक, अघ; पापकर्म; 2. (*offence*) अपराध; दोष; —*v.*, पाप क०; अपराध क०; के विरुद्ध आचरण क०; actual ~, स्वकृत पाप; capital ~, मूल-पाप; seven capital~s, सप्तपातक; mortal ~, महापाप, आत्मामारू पाप; original ~, आदि-पाप; personal ~, स्वकृत पाप; public ~,

लोकविदित ~; venial ~, लघु ~; ~ of commission, करण का पाप; ~ of omission, अकरण का पाप। > सिन

sinapism, राई* का मरहम। > सिनॅपिज़्म

since, *adv.*, 1. (तब, उस समय) से अब तक; 2. के बाद; 3. (*ago*) पहले; long ~, बहुत पहले; —*prep.*, से, के बाद से; के बाद; —*conj.*, 1. के बाद से, से; 2. जब से; 3. (*inas-much as*) क्योंकि, चूँकि। > सिन्स

sincere, 1. सच्चा, निष्कपट; 2. (*real*) वास्तविक, सच्चा। > सिन्-सिअॅ

sincerity, 1. सच्चाई*, निष्कपटता*; 2. (*honesty*) ईमानदारी*; 3. (*genuineness, truth*) सच्चाई*; 4. (*good faith*) सद्भाव। > सिन्सेरिटि

sinciput, 1. खोपड़ी* का अग्रभाग; 2. (*fore-head*) ललाट; अग्रोपरिशीर्ष। > सिन्-सि-पॅट

sine, *n.*, साइन, ज्या*; *prep.*, विना; ~ die, अनिश्चित काल तक; ~ qua non, अनिवार्य (शर्त्त*)।
> साइन (*n*); साइन्-इ (*prep.*); ~डाइ-इ; क्वे नॉन

sinecure, आराम की नौकरी*, दायित्वहीन पद। > साइन्-इ-क्युअॅ

sinew, *n.*, 1. (*tendon*) नस*, कंडरा*; 2. (*pl. muscular strength*) बाहुबल, ताक़त*; 3. (*pl. resources*) साधन; संबल; —*v.*, सशक्त बना देना; **~y,** 1. (*sinewed*) नसदार; 2. (*tough*) चीमड़; 3. (*strong*) हट्टा-कट्टा, तगड़ा, बलवान्; 4. (*fig.*) सशक्त, प्रभावशाली, ज़ोरदार। > सिन्-यू

sinful, 1. (*of acts*) पापमय, बुरा, पापात्मक; 2. (*of persons*) पापी, अघी, गुनाहगार, पापाचारी; पातकी, पापात्मा; बुरा, दुष्ट। > सिन्फ़ुल

sing, *v.*, 1. गाना; गीत गाना; 2. (*of birds*) चहकना, चहचहाना, गाना, कलरव क०, कूजना; 3. (*buzz*) भिनभिनाना, भिनकना (*of insects*); बजना, गूँचना (*of ears*); 4. (*whistle*) सनसनाना (*of wind etc.*); 5. कविता* क०; की प्रशंसा* क०, का गुणगान क०; —*n.*, सनसनाहट*; **~able,** गेय। > सिन्ग; सिन्गॅबॅल

singe, *v.i.*, झुलसना; *v.t.*, झुलसाना। > सिन्ज

singer, 1. गायक, गवैया; 2. (*singing bird*) गानेवाला या गायक पक्षी; 3. (*poet*) कवि। > सिन्ग्-अॅ

single, *n.*, 1. (*tennis*) इकहरा खेल, द्वन्द्वखेल; 2. (*cricket*) एक रन; 3. (*~ ticket*) एकतरफ़ा टिकट; —*v.*, 1. (*~ out*) चुनना, चुन लेना; 2. (*thin out*) छाँटना; —*adj.*, 1. (*one*) एक, एक ही; एक-; एकमात्र; 2. (*alone*) अकेला; एकाकी (*solitary*); अयुग्मित (*not coupled*); अविवाहित (*unmarried*); एकल (*not multi-ple*); 3. (*designed for one*) एक व्यक्ति के लिए (का), इकहरा; 4. (*separate*) अलग, पृथक्; 5. (*sincere*) सच्चा, निष्कपट; ~ com-bat, द्वन्द्व-युद्ध; in a ~ sum, एकमुश्त; **~-acting,** एक-क्रिया; **~-barrelled,** इकनाली; **~-eyed,** काना; एकनिष्ठ; सच्चा; **~-handed,** एकहत्था; अकेला; **~-hearted,** सच्चा, निष्कपट; **~-minded,** सच्चा, एकनिष्ठ, अनन्य; **~stick,** गतका; **~ton,** एक ही, अकेला। > सिन्गॅल

singlet, कमीज़*। > सिन्-ग्लिट

singly, 1. (*alone*) अकेले; 2. एक-एक करके, एकश: 3. (*unaided*) अकेले ही। > सिन्ग्लि

singsong, *adj.*, एकसुरा; *n.*, एकसुरा गाना, एकसुरी लय*; —*v.*, एक ही स्वर में बोलता या गाता रहना; रट* लगाना। > सिन्ग्सॉन्ग

singular, *adj.*, 1. (*gram.*) एकवचन; 2. (*sole*) अकेला, एकमात्र; 3. (*individual, separate*) व्यक्तिगत; अलग, पृथक्; 4. (*strange*) अनोखा, विलक्षण, अनूठा, अद्भुत; 5. (*eccentric*) सनकी, झक्की; 6. (*remarkable*) असाधारण, विशिष्ट; विशेष; 7. (*unique*) अद्वितीय, बेजोड़, अनुपम; —*n.*, एकवचन रूप; **~ity,** विशिष्टता*, विशेषता*; विलक्षणता*; **~ize,** की विशेषता* होना; विशिष्ट कर देना; एकवचन क०।
> सिन्ग्-ग्यू-लॅ; सिन्ग्यूलैरिटि; सिन्ग्यूलॅराइज

sinister, 1. (*left*) वाम; 2. (*ominous*) अशुभ, अमंगल; 3. (*wicked*) दुष्ट, बुरा, खराब; 4. (*of aspect*) बदशकल; डरावना; 5. (*unfortunate*) अभागा, बदनसीब; 6. (*disastrous*) अनर्थकारी, अहितकारी। > सिन्-इस्-टॅ

sinistral, 1. (*left*) वाम; 2. (*of shells*) वामावर्त; 3. (*left-handed*) खब्बा, वामहस्त। > सिन्-इस-ट्रॅल

sink, *v.i.*, 1. (*in liquid*) डूबना, मग्न या निमग्न हो जाना; 2. (*in ground etc.*) धँसना, धसकना; 3. (*descend*) गिरना, गिर जाना, उतरना; झुक जाना; छा जाना; 4. (*of sun etc.*) ढलना, डूबना; 5. (*sub-side*) मन्द पड़ना; 6. (*slope down*) ढलवाँ होना; 7. (*diminish*) घट जाना, घटना; 8. (*decline*) अवनति* पर होना; ह्रास होना; क्षीण हो जाना, गिरना, बिगड़ना; 9. (*droop*) कुम्हलाना; निर्जीव, निराश या उदास हो जाना; टूटना; (दिल) बैठना, धसकना; 10. (*become hollow as eyes*) धँसना; 11. (*penetrate*) पैठना; घुसना; में फैल जाना; बैठ जाना; 12. मरणासन्न होना, मरने पर होना; —*v.t.*, 1. डुबाना, निमग्न कर देना; 2. धँसाना; 3. गिरा देना; उतारना; झुकाना; झुका लेना; 4. (*a well, mine*) खोदना; 5. (*a die*) उकेरना; 6. (*reduce*) घटाना, कम क०; मन्द क०; 7. (*conceal*) छिपाना; 8. (*suppress*) दबाना; 9. (*make penetrate*) गड़ाना, धँसाना; चुभाना; 10. (*a debt*) चुकाना; 11. (*money*) लगाना; 12. (*lose*) खो देना; 13. (*ruin*) तबाह क०; 14. (*debase*) बिगाडना; बदनाम क०; —*n.*, 1. (*drain*) नाली*, मोरी*, नाबदान; 2. (*cesspool*) चहबच्चा, चौबच्चा, हौदी*; (*fig.*) अड्डा; 3. (*basin*)

हौज़; 4. (*pool*) कुण्ड। > सिन्क

sinker, निमज्जक। > सिन्क्-अॅ

sink-hole, घोल, रन्ध्र। > सिन्क्-होल

sinking fund, शोधन-निधि*, ऋण-निधि*।

sinless, 1. निष्पाप; 2. (*innocent*) निर्दोष। > सिन्-लिस

sinner, 1. पापी, पातकी, गुनाहगार; 2. (*wrong-doer*) अपराधी। > सिन्-अॅ

Sinology, चीन-विद्या*। > सिनॉलॅजि

sinter, निसाद, सिन्टर। > सिन्-टॅ

sinu/ate, लहरदार; **~osity,** 1. टेढ़ा-मेढ़ापन, घुमावदारी*; लहरीलापन; कुटिलता*; 2. (*bend*) मोड़, घुमाव; **~ous,** 1. (*winding*) टेढ़ा-मेढ़ा, घुमावदार, चक्करदार; 2. (*undulating*) लहरदार; 3. (*dis-honest*) कुटिल। > सिन्य/इट, ~ऑस्-इ-टि, ~ॲस

sinus, 1. विवर, खातिका*; शिरानाल; 2. (*fistula*) नाड़ी-व्रण, नासूर; 3. (*curve*) मोड़, घुमाव; वक्र; **~itis,** साइनसाइटिस। > साइनॅस; साइनॅसाइट्-इस

sinusoid, शिरानालाभ। > साइनॅसॉइड

sip, *n.*, चुस्की*, घूँट, *v.*, चुस्की* लगाना या लेना, घूँट लगाना, सुरकना। > सिप

siphon, *n.*, 1. साइफ़न; 2. (*zool.*) नाल*, नली*; —*v.*, साफ़न से निकालना या बहना। > साइफ़ॅन

siphuncle, नाल*, साफ़ंकिल। > साइफ़न्कॅल

sippet, (तली हुई रोटी* का) टुकड़ा। > सिप्-इट

sir, *n.*(*v.*) 1. (*vocative*) श्रीमन्, महोदय (कहकर संबोधित क०); 2. (*prefix*) श्रीमान्; 3. (*title*) सर। > सॅः

sircar, सरकार*। > सॅःका

sirdar, सरदार। > सॅःडा

sire, *n.*, 1. (*title of king*) महाराज; 2. (*forefather*) पुरखा, पूर्वज; 3. (*of animal*) प्रजनक; —*v.*, प्रजनन क०, पैदा क०। > साइॲ

siren, 1. जलपरी*; 2. (*woman*) मोहनी*; 3. (*instru-ment*) भोंपू। > साइर्-इन

siriasis, 1. (*sunstroke*) आतपाघात; 2. (*sunbath*) आतप-स्नान। > सिराइॲसिस

Sirius, लुब्धक। > सिरिॲस

sirloin, पुट्ठे का मांस। > सॅःलॉइन

sirocco, सिरोको; गरम हवा*। > सिरॉको

sisal, रेशा; सुतली* (*rope*); **~ hemp,** बाँस केवड़ा, रामबाँस। > सिसॅल

sissoo, शीशम, शिशपा। > सिस्-ऊ

sissy, मेहरा, ज़नखा। > सिस्-इ

sister, 1. बहन*, भगिनी*, सहोदरा*; 2. (*elder ~*) दीदी*; 3. (*half-~*) सौतेली बहन*, विमातृजा भगिनी* (*of different mother*); कठबहन*, विपितृजा भगिनी* (*of different father*); 4. (*religious ~*) सिस्टर*; व्रतिनी*, संघिनी*; 5. (*hospital ~*) सिस्टर*; महो-पचारिका*; 6. (*companion*) बहन*; सहेली*, सखी*, बहनेली*। > सिस्-टॅ

sisterhood, 1. बहनसंघ; 2. (*relationship*) बहनापा, भगिनीत्व। > सिस्टॅहुड

sister-in-law, 1. (*elder brother's wife*) भाभी*, भौजाई*, भावज*; 2. (*younger brother's wife*) बहू*, अनुज-वधू*; 3. (*wife's sister*) साली*; 4. (*wife's brother's wife*) सलहज*; 5. (*hus-band's elder brother's wife*) जेठानी*; 6. (*hus-band's younger brother's wife*) देवरानी*; 7. (*husband's sister*) ननद*। > सिस्टॅरिनलॉः

sisterly, बहन-जैसा, भगिनीसुलभ, भगिनीवत्। > सिस्टॅलि

sistrum, झाँझ*। > सिसट्रॅम

sit, 1. बैठना; बैठ जाना; 2. (*hatch*) सेना; 3. (*have a seat*) का सदस्य होना; का प्रतिनिधि होना; 4. (*be in session*) का अधिवेशन होना; बैठना; 5. (*pose*) चित्र के लिए बैठना; 6. (*be inactive*) बैठे रहना, पड़ा रहना; 7. (*be situated*) स्थित होना, पड़ना; 8. (*fit*) लगना, बैठना; 9. (*for examin*) में बैठना; 10. (*rest on*) को लगना, पर पड़ा होना; 11. (*place*) बैठाना, लगाना; आसन देना; **~ down,** बैठ जाना; घेरा डालना; **~ down under,** चुपके से सह लेना, बरदाश्त क०, पी जाना; **~ on,** का सदस्य होना; के विषय में परामर्श क०; **~ out,** अंत तक रुकना; से अधिक समय तक रुकना; में शामिल नहीं होना; **~ up,** उठ बैठना; देर* तक जागना। > सिट

sit-down strike, बैठ-हड़ताल*, धरना।

site, *n.*, स्थल, स्थान; *v.*, रखना, खड़ा क०; स्थान चुनना या निर्धारित क०। > साइट

sitfast, घट्टा। > सिट्फ़ास्ट

sito/logy, आहार-विज्ञान; **~mania,** आहार-उन्माद; **~phobia,** आहार-भीति*। > साइटॉलॅजि; साइटॅमेन्यॅ; साइटॅफोब्यॅ

sitting, 1. (*session*) बैठक*, उपवेशन; 2. (*period of being seated*) बैठक*; ~ member, वर्तमान सदस्य, **~-room,** बैठक*, बैठकखाना; बैठने की जगह*। > सिट्-इन्ग

situated, स्थित। > सिट्यूएटिड

situation, (*place*) स्थल, स्थान; 2. (*phys. position*) अवस्थिति*, स्थिति*; 3. (*personal position*) स्थिति*, हालत*, दशा*; 4. (*circumstances*) परिस्थिति*, हालत*; 5. (*state of affairs*) स्थिति*, हालत*, दशा*; 6. (*critical point*) संकटबिन्दु, क्रान्तिक बिन्दु; 7. (*employment*) जगह*; नौकरी*; पद। > सिट्यूएशॅन

sitz-bath, कटि-स्नान। > सिट्स्बाथ

six, 1. छः, षट्; 2. (*card, domino*) छक्का; at ~es and sevens, 1. अस्तव्यस्त; 2. they are—, उनमें अनबन* है। > सिक्स

sixain, षट्पदी*। > सिक्सेन

sixer, छक्का। > सिक्स्-ॲ

sixfold, छगुना, षड्गुण। > सिक्स्फ़ोल्ड

sixteen, सोलह, षोडश। > सिक्स्टीन

sixteenth, सोलहवाँ, षोडश। > सिक्स्टीन्थ

sixth, छठा, छठवाँ, षष्ठ। > सिक्स्थ

sixtieth, साठवाँ, षष्टितम। > सिक्स्-टि-इथ

sixty, साठ, षष्टि* (61 *etc.* इकसठ, बासठ, तिरसठ, चौंसठ, पैंसठ, छियासठ, सड़सठ, अड़सठ, उनहत्तर)। > सिक्स्-टि

sizable, काफ़ी बड़ा; बृहदाकार (*in bulk*); विस्तृत (*in extent*)। > साइज़ॅबॅल

size, *n.*, 1. (*magnitude*) आकार, परिमाण; 2. (*any of a numbered series*) माप*; 3. (*extent*) विस्तार; 4. (*amount*) मात्रा*; 5. (*gelatinous solution, sizing*) सरेस; —*v.*, 1. (आकार के अनुसार) सजाना; 2. छाँटना; 3. सरेस लगाना, चिक्कन क०; **~ up,** 1. आकार का अंदाज़ा लगाना; 2. (*a person, situation*) थाह* लेना। > साइज़; साइज़्-इन्ग

sizy, चिपचिपा, लसलसा। > साइज़्-इ

sizzle, *v.*, कड़कड़ाना; *n.*, कड़कड़ाहट*। > सिज़ॅल

s'jambok, *n.(v.)*, चाबुक (लगाना)। > शैम्बॉक

skald, चारण। > स्कॉ:ल्ड

skate, स्केट। > स्केट

skean, skene, skain, कटार*। > स्कीन; स्काइन

skedaddle, *v.*, भाग जाना; *n.*, भगदड़*। > स्किडैडॅल

skein, 1. (*of yarn etc.*) लच्छा, अण्टी*; 2. (*of geese*) झुण्ड; 3. (*tangle*) उलझन*; 4. (*confusion*) गड़बड़ घोटाला। > स्केन

skeletal, कंकाल-, कंकाली। > स्के'ल्-इ-टॅल

skeleton, *n.*, 1. (*of body*) कंकाल, ठठरी*, पंजर, अस्थि-पंजर; 2. (*framework*) ढाँचा; 3. (*abstract*) सार; 4. (*outline*) रूपरेखा*, ढाँचा, खाका; 5. (*thin person*) he is a ~, सूखकर काँटा हो गया, हड्डियों* की माला* है; 6. (*remains*) अवशेष; ~ key, चोर-कुंजी*; ~ crew, अपूर्ण कर्मीदल; **~ize,** 1. कंकाल तैयार क०; 2. (*outline*) रूपरेखा* प्रस्तुत क०; 3. (*reduce greatly*) बहुत अधिक घटाना। > स्के'ल्-इ/टॅन, ~टॅनाइज़

skep, 1. टोकरी*; 2. (*beehive*) छत्ताधानी*। > स्के'प

skepsis, skeptic, *see* SCEPSIS।

skerry, समुद्री चट्टान*; चट्टानी टापू। > स्के'रि

sketch, *n.*, 1. (*rough drawing*) ख़ाका, कच्चा नक़्शा; 2. (*outline*) रूपरेखा*, ढाँचा; 3. (*literary*) रेखाचित्र; 4. सरल संगीत-रचना*; —*v.*, ख़ाका उतारना; रेखांकन क०; रूपरेखा* या रेखाचित्र प्रस्तुत क०; **~-map,** रेखाचित्री नक़्शा। > स्के'च

sketchy, 1. (*rough*) स्थूल; 2. (*incomplete*) अपूर्ण; 3. (*superficial*) ऊपरी। > स्के'च्-इ

skew, *adj.*, 1. (*oblique*) टेढ़ा, तिरछा; 2. (*slanting*) ढलवाँ; 3. (*not symmetrical*) विषम; —*v.*, 1. कतराना, मुड़ जाना; तिरछे चलना; 2. (*squint*) भेंगा होना; **~back,** तिरछी डाट*; **~bald,** लाल अवलक; **~-eyed,** भेंगा; **~ness,** टेढ़ापन; वैषम्य। > स्क्यू

skewer, *n.*, सीख*; *v.*, छेदना। > स्क्यूॲ

ski, स्की। > स्की = शी

skia-, *see* SCIA-।

skid, *v.*, फिसलना; *n.*, 1. फिसलन*; 2. (*brake*) रोक*; 3. (*timber*) लकड़ी*। > स्किड

skiff, नाव*। > स्किफ़

skilful, 1. (*expert*) निपुण, पटु, प्रवीण; 2. (*showing skill*) कौशलपूर्ण; 3. (*skilled*) कुशल, दक्ष; 4. (*clever*) चतुर; **~ly,** निपुणता* से; बड़े कौशल से; सफ़ाई* से; चतुराई* से। > स्किल्फुल

skill, 1. (*expertness*) पटुता*, निपुणता*, प्रवीणता*; चतुराई*; 2. (*a craft*) शिल्प, दस्तकारी*, हुनर, कला*; 3. (*dexterity*) दक्षता*, कारीगरी*, कौशल, हस्त-कौशल; **~ed,** कुशल; —workman, कारीगर, शिल्पकार। > स्किल; स्किल्ड

skillet, (लम्बी मूठ* वाला) तवा। > स्किल्-इट

skill-less, अकुशल। > स्किल्-लिस

skilly, पतला शोरबा। > स्किल्-इ

skim, 1. मलाई* (*cream*), झाग (*scum*) या मल (*slag*) उतारना; काछना; 2. (*pass over*) के ऊपर से निकल जाना; 3. (*pass along*) छूते हुए निकल जाना; 4. (*read cursorily*) सरसरी नज़र* (या दृष्टि*) से देखना; ~ (*or* ~ed) milk, मखनिया या मलाई* उतारा हुआ दूध; **~mer,** 1. (*utensil*) कलछी*, पौनी*; 2. (*bird*) Indian—, पनचिरा। > स्किम; स्किम्-ॲ

skimp, 1. कम देना, बड़े हिसाब से देना; 2. (*be slingy*) कंजूस होना; 3. (*be parsimonious*) हिसाब से या किफ़ायत* से रहना, मितव्ययी होना; **~y,** 1. (*scanty*) अपर्याप्त, नाकाफ़ी; नपा-तुला; 2. (*stingy*) कंजूस, कृपण; 3. (*fitting too tightly*) तंग। > स्किम्प; स्किम्प्-इ

skin, *n.*, 1. चमड़ा, चर्म, त्वचा*, त्वक्; 2. (*hide*) खाल*, चाम, चमड़ा; अजिन; 3. (*bag*) मशक*; 4. (*rind*) छिलका; 5. (*film*) झिल्ली*, पपड़ी*; छाली* (*on milk*); 6. (*plating*) चादर*; —*v.*, 1. चमड़ा या छिलका उतारना; 2. (*strip*) उतारना; 3. चमड़ा लगाना; 4. (*cicatrize, of wound*) भर जाना, पपड़ी* आ जाना; 5. (*fig., fleece*) लूटना, लूट लेना; ~ disease, चर्मरोग; escape with the ~ of one's teeth, बाल-

बाल बचना; have a thick ~, मोटी चमड़ी* वाला होना; have a thin ~, कोमलहृदय या नाज़ुक दिमाग़ होना; only ~ and bone, हड्डीला। > स्किन

skin/-deep, ऊपरी; हलका; **~ner,** चर्मकार; चर्मव्यापारी; धोखेबाज़; **~flint,** कंजूस, मक्खीचूस; **~ny,** 1. त्वचीय; 2. (*lean*) दुबला-पतला; **~-tight,** चुस्त।

skink, कोतरी*। > स्किन्क

skip, 1. (*caper*) उछल-कूद* क०, कूदफाँद* क०, फुदकना, कुदकना; 2. रस्सी* कूदना (फाँदना); 3. विषय या काम बदलता रहना; 4. (*omit*) छोड़ जाना, छोड़ देना; 5. (*ricochet*) छटकता जाना; —*n.*, 1. उछाल*; 2. (*mining*) टोकरा; डोल; **~ping-rope,** कूदने की रस्सी*। > स्किप

skipper, 1. (*captain*) कप्तान; 2. (*in games*) कप्तान, नायक; 3. (*butterfly*) तितली*। > स्किप्-अॅ

skirl, तीक्ष्ण ध्वनि*; चीख*। > स्कॅ:ल

skirmish, *n.*(*v.*), 1. भिड़न्त*, मुठभेड़* (क०); 2. (*conflict*) कहा-सुनी*, वाद-विवाद (होना), झड़प*। > स्कॅ:म्-इश

skirt, *n.*, 1. स्कर्ट, घाघरा, लहँगा; 2. (*flap*) पल्ला; 3. (*edge*) किनारा; 4. (*pl.*) सीमाप्रदेश; नगरोपान्त (*of town*); उपकंठ (*of village*); —*v.*, के किनारे-किनारे चलना, के किनारे पर या की सीमा* पर स्थित होना। > स्कॅ:ट

skit, 1. (*gibe*) ताना; 2. (*burlesque*) प्रहसन; 3. (*satire*) व्यंगिका*; व्यंग्यरचना*। > स्किट

skitter, छपछपाकर उड़ जाना। > स्किट्-अॅ

skittish, 1. (*of horses*) भड़कैल; 2. (*fickle*) चंचल; 3. (*coquettish*) नख़रेबाज़। > स्किट्-इश

skittle out, जल्दी आउट कर देना। > स्किटॅल

skittles, स्किटल्स; beer and ~, आमोद-प्रमोद। > स्किटॅल्ज़

skive, 1. (*cut*) तराशना; 2. (*grind away*) घिसना। > स्काइव

skiver, छुरा; पतला चमड़ा। > स्काइव-अॅ

skua, सामुद्रिक। > स्क्यूअॅ

skulduggery, छल-कपट, चालबाजी*। > स्कॅल्डॅगॅरि

skulk, 1. लुकना-छिपना, दबकना; 2. (*shirk*) (काम से) जी चुराना; **~er,** दबकैल; कामचोर। > स्कॅल्क

skull, 1. खोपड़ी*, कपाल, करोटी*, खोपड़ा; **~-cap,** टोपी*। > स्कॅल

skunk, बदमाश, नीच, कमीना, पाजी; **~cabbage,** क़लमीसाग, पटुआसाग। > स्कॅन्क

sky, *n.*, 1. आकाश, आसमान, व्योम, नभ; 2. (*climate*) जलवायु, आबोहवा*; —*v.*, ऊँचा मारना; ऊँचा टाँगना; out of a blue ~, अकस्मात्, अचानक; to the skies, अत्यधिक। > स्काइ

sky/-blue, आसमानी, नभोनील; **~-clad,** दिगम्बर; **~er,** ऊँची मार*; **~ey,** 1. (*lofty*) उच्च; 2. आसमानी; **~-high,** —*adj.*, बहुत ऊँचा, गगनचुम्बी; बड़ी ऊँचाई* तक; **~lark,** *n.*, भरल (*bird*); —*v.*, 1. आमोद-प्रमोद क०; 2. (*play tricks*) शरारत* क०; **~light,** झरोखा, रोशनदान, वातायन; **~line,** 1. क्षितिज; 2. (*outline*) रूपरेखा*; **~rocket,** हवाई*; **~scape,** आकाश-दृश्य; **~scraper,** गगनचुम्बी भवन, अभ्रंकष; **~wards,** ऊपर की ओर*, आकाश की ओर*; **~way,** आकाश-मार्ग; **~-writing,** धूम्र-लेख।

slab, 1. (*~stone*) पटिया*; 2. (*of wood, metal, etc.*) पट्टी*। > स्लैब

slack, *adj.*, 1. (*loose*) ढीला; 2. (*slow-moving*) मन्द, मन्दा, धीमा; 3. (*opp. to busy, dull*) मन्द, मन्दा; 4. (*of person*) सुस्त, आलसी (*idle*); लापरवाह, असावधान, बेखबर (*negli-gent*); ढीला (*lax*); 5. (*of lime*) बुझा हुआ; 6. (*of weather*) भारी; ~ water, भाटा; —*n.*, 1. ढील*; 2. (*lull*) मन्दी*; (*coal-dust*) कोयले का चूरा; 4. (*pl.*) पाजामा; *v.*, *see* SLACKEN, SLAKE; **~ off,** ढीला क०; **~ up,** चाल* धीमी क०; —*adv.*, 1. (*slowly*) धीरे-धीरे; 2. (*insuffi-ciently*) कम। > स्लैक

slacken, ढीला, मन्द, धीमा या कम क०; मन्द या ढीला पड़ जाना। > स्लैकॅन

slacker, कामचोर; आलसी व्यक्ति। > स्लैक्-अॅ

slag, धातु-मल, लोह-चून, कोट। > स्लैग

slake, 1. बुझाना (*also lime*); 2. (*appease*) शांत क०। > स्लेक

slam, *v.*, 1. (*shut*) ज़ोर से बन्द क०; धम* से बन्द हो जाना; 2. (*put down*) पटक देना; 3. (*knock*) ज़ोर से मारना; 4. (*defeat*) मात कर देना; —*n.*, 1. (*noise*) धम*, धड़, धमाका; 2. (*at cards*) स्लैम। > स्लैम

slander, *n.*, (*v.*), मिथ्यापवाद (क०), झूठी निन्दा*; **~er,** निन्दक; **~ous,** निन्दात्मक; निन्दक। > स्लान्डॅ, ~रॅ, ~रॅस

slang, *n.*, 1. अपभाषा*, गँवारू बोली*; 2. (*argot*) वर्गबोली*, खास बोली* —*v.*, गाली* देना; **~y,** गँवारू। > स्लैना; स्लैन्‌ग्-इ

slant, *v.*, 1. तिरछाना (*v.i., v.t.*) तिरछा होना या क०; झुकना या झुकाना; मुड़ना या मोड़ना; 2. (*news*) पर अपना रंग चढ़ाना; —*n.*, 1. तिरछापन; झुकाव, (अभि) नाति*; मोड़; 2. (*slope*) ढाल*; 3. (*point of view*) दृष्टिकोण; 4. (*bias*) पूर्वग्रह; तरफ़दारी*; —*adj.*, तिरछा; **~ingly, ~ways, ~wise,** तिरछे, तिरछौहें। > स्लान्ट

slap, *v.*, 1. थप्पड़ मारना, लगाना, कसना या देना; पटक देना, फेंक देना, लगा देना; —*n.*, 1. थप्पड़, तमाचा, चाँटा, चपेट*, चपेटा, चपत, झापड़; 2. (*insult*) अपमान; 3. (*rebuff*) झिड़की*; —*adv.*, 1. अचानक;

ठीक ही; **~bang,** *adv.*, 1. (*violently*) ज़ोर से; 2. (*headlong*) अन्धाधुन्ध; 3. (*suddenly*) अचानक; **~dash,** *adv.*, 1. (*impetuously*) अन्धाधुन्ध; 2. (*care-lessly*) लापरवाही* से; —*adj.*, लापरवाह; —*n.*, 1. लापरवाही*; 2. (*roughcast*) मोटा छर्रा; —*v.*, कच्चा काम क०; लापरवाही* से काम क०; **~stick,** *n.*, 1. दोहरी पट्टी*; 2. (*low comedy*) भँड़ैसी*, प्रहसन; —*adj.*, भँड़ेहरी; **~-up,** बहुत बढ़िया। > स्लैप

slash, *v.*, 1. काट मारना, काटना; 2. (*slit*) चीरना; 3. (*lash*) कोड़े लगाना; 4. (*reduce*) बहुत घटाना; 5. (*criticize*) कटु आलोचना* क०; 6. (*fell*) काट गिराना; —*n.*, 1. (*act*) मार*; काट*, 2. (*cut*) काट*, गहरा घाव; 3. (*slit*) चीर*; **~ing,** 1. (*bitter*) कटु; 2. (*violent*) उग्र, प्रचण्ड, तीव्र। > स्लैश; स्लैश्-इन्ग

slat, पट्टी*। > स्लैट

slate, *n.*, स्लेट*; *adj.*, स्लेटी; *v.*, 1. स्लेट लगाना; 2. (*abuse*) गाली* देना; 3. (*criticize*) कटु आलोचना* क०। > स्लेट

slattern, फूहड़ स्त्री*; **~ly,** फूहड़। > स्लैटॅन

slaughter, *n.*, 1. (*killing*) वध, हत्या*; नरवध; पशुवध; 2. (*massacre*) हत्याकाण्ड, कटा*, क़त्ल-आम; —*v.*, क़त्ल क०, मार डालना, हत्या* कर डालना; **~er,** हत्यारा, बधिक, क़ातिल; **~-house,** कसाईख़ाना, बूचड़खाना; **~ous,** 1. ख़ूनी, हिंसक; 2. (*destructive*) विध्वंसक। > स्ला:ट्-अ; स्लॉ:ट/रॅ, ~हाउस, ~रॅस

slave, *n.*, 1. दास, गुलाम, दासी* (*also fig.*); 2. (*drudge*) टहलुआ; टहलनी*; —*v.*, 1. कठोर परिश्रम क०; 2. (*drudge*) नीरस या नीच काम में लगा रहना, पिसना; **~-born,** गुलामज़ादा; **~-dealer, ~-trader,** बरदाफ़रोश; **~-driver,** 1. दासाध्यक्ष, दास-अधीक्षक; 2. (*taskmaster*) कठोर मालिक; **~-holder,** दास-स्वामी; **~-labour,** दासश्रम; **~-trade,** बरदा-फ़रोशी*, दास-व्यापार। > स्लेव

slaver¹, 1. (*person*) बरदा-फ़रोश, दास-व्यापारी; 2. (*ship*) दास-व्यापार का जहाज़; **~y,** 1. दासप्रथा*; 2. (*bondage*) ग़ुलामी*, दासत्व, दासता*, दास्य; 3. (*fig.*) ग़ुलामी*, दासता*; 4. (*hard work*) कठोर परिश्रम, कड़ी मज़दूरी*; 5. (*drudgery*) टहल*, नीरस या नीच काम। > स्लेव्-अॅ; स्लवॅरि

slaver², *v.*, लार* टपकना; *n.*, 1. (*spittle*) लार*; 2. (*flattery*) खुशामद*, चापलूसी*; 3. (*nonsense*) बकबक*; **~y,** लार-भरा; ख़ुशामदी। > स्लैव्-अॅ; स्लैवॅरि

slavish, 1. दासवत्, दासोचित; 2. (*base*) नीच, कमीना, अधम; 3. (*entailing drudgery*) नीरस; नीच; ~ imitation, ज्यों-का-त्यों अनुकरण; हू-बहू नकल*। > स्लेव्-इश

slaw, बन्दगोभी* का सलाद। > स्लॉ:

slay, मार डालना, वध क०; **~er,** बधिक, हत्यारा, क़ातिल। > स्ले

sleazy, sleezy, (*flimsy*) झीना, झिरझिरा; 2. (*untidy*) फूहड़। > स्लीज़्-इ

sledge, *n.*, 1. स्लेज*; (*~-hammer*) घन; —*v.*, स्लेज* में यात्रा* क० या ले जाना। > स्ले'ज

sleek, *adj.*, 1. (*glossy*) चिकना, चिक्कण; 2. (*well-fed*) मोटा-ताज़ा, हृष्ट-पुष्ट; 3. (*well-groomed*) बना-ठना, छैलचिकनिया; 4. (*unctuous*) चिकना, चाटुकार, जीहुजूरिया, चिकनी-चुपड़ी बातें* करनेवाला; —*v.*, चिकनाना। > स्लीक

sleep, *n.*, (*also fig.*) नींद*, निद्रा*, सुप्ति*; go to ~, सो जाना; put to ~, सुलाना; —*v.*, 1. सोना, नींद* लेना; 2. (*be inactive*) निष्क्रिय रहना, सोना; 3. रात* बिताना, ठहरना; **~er,** 1. सोनेवाला, शतिया, शायी; 2. (*~ing-car*) शयन-यान, शयनिका*; 3. (*beam*) स्लीपर, सिलिपट, सिलीपट। > स्लीप; स्लीप्-अॅ

sleepiness, उनींद*, निद्रालुता*। > स्लीप्-इ-निस

sleeping, *adj.*, सुप्त, सोया हुआ, निद्राण, निद्रित, शयित; —*n.*, शयन; ~ partner, निष्क्रिय साझेदार; **~-bag,** सोने का थैला; **~-berth,** शायिका*; **~-car,** शयनिका*; **~-draught,** स्वापक दवा*; **~-room,** शयन कक्ष, शयनागार, शयनगृह; **~-sickness,** निद्रारोग; **~-suit,** सोने के कपड़े। > स्लीप्-इन्ग

sleepless, 1. (*insomniac*) उन्निद्र; 2. (*spent waking*) विनिद्र; 3. (*watchful*) सजग, जागता, जागरूक; 4. (*never at rest*) निरन्तर सक्रिय। > स्लीप्-लिस

sleep/-walker, निद्राचारी; **~-walking,** निद्राचार, निद्राभ्रमण।

sleepy, 1. उनींदा, निद्रालु, शयालु; 2. (*lethargic*) निर्जीव; 3. (*inducing sleep*) निद्राजनक, स्वापक; **~head,** उनींदा। > स्लीप्-इ

sleet, सहिम वृष्टि* हिमी वर्षा*; **~y,** हिममय, हिमी, हैम। > स्लीट; स्लीट्-इ

sleeve, 1. आस्तीन*, बाँह*; 2. (*tube*) नली*; laugh in one's ~, अंदर ही अंदर खुश होना; up one's ~, तैयार; turn up one's ~s, आस्तीन* चढ़ाना; **~less,** बेबाँह, बे-आस्तीन। > स्लीव

sleigh, स्लेज*। > स्ले

sleight, कौशल; छल-कपट; चाल*; करतब; **~-of-hand,** हाथ की सफ़ाई*, हस्त-लाघव। > स्लाइट

slender, 1. (*long and thin*) पतला, तनु; 2. (*of persons, slim*) छरहरा, इकहरा; 3. (*scanty*) अल्प, अपर्याप्त; नाकाफ़ी, थोड़ा; 4. (*feeble*) कमज़ोर; 5. (*of voice*) महीन, क्षीण; 6. (*negligible*) नगण्य। > स्लैन्-डॅ

sleuth, *n.*, 1. (*~-hound*) भेदिया कुत्ता, सूँघा; 2. (*detective*) जासूस, भेदिया, गुप्तचर; —*v.*, 1. (*of* *dog*) सूँघ-सूँघकर पीछा क०; 2. जासूसी* क०। > स्लूथ

slew, *v.*, घुमाना; *n.*, घुमाव। > स्लू

slice, *n.*, 1. (*piece*) कतला; फाँक* (*of fruit etc.*); तिक्का (*of meat*); 2. स्तरखंड; 3. (*part*) हिस्सा, भाग, अंश; 4. (*implement*) चपटा छुरा; —*v.*, तराशना; काटना। > स्लाइस

slick, *adj.*, 1. (*sleek*) चिकना, चिक्कण; 2. (*dexte-rous*) दक्ष, निपुण; कुशल; 3. (*glib.*) चालाक, चतुर; कपटपूर्ण; साफ़; —*adv.*, ठीक-ठीक; सीधे-सीधे; —*v.*, चिकनाना। > स्लिक

slide, सरकना, खिसकना, फिसलना; सरकाना, खिसकाना, फिसलाना; *see* SLIP; let ~, जाने देना, उपेक्षा* क०; —*n.*, 1. (*act*) सरक, फिसलन*; 2. (*track*) फिसलने का मार्ग; 3. (*incline*) ढाल*; ढालू प्रणाल; 4. (*sliding part*) सरकन; 5. (*techn.*) स्लाइड; 6. (*of land etc.*) स्खलन। > स्लाइड

sliding, सरकवाँ, सर्पी, ~ door, सरकवाँ किवाड़; ~ knot, सरक-गाँठ*; ~ rule, परिकलन-पट्टिका*। > स्लाइड्-इन्ग

slight, *adj.*, 1. (*in body*) छरहरा, दुबला-पतला; 2. (*not heavy, not strong*) हलका, कच्चा; 3. (*weak*) कमज़ोर; दुर्बल, नाज़ुक; 4. (*in intensity*) हलका; 5. (*of look*) सरसरी; 6. (*unimportant*) नगण्य, हलका, तुच्छ; 7. (*ordinary*) सामान्य, मामूली; 8. (*scanty*) थोड़ा, अल्प, अपर्याप्त; कम; 9. (*small*) छोटा; —*v.*, 1. (*treat as unimportant*) उपेक्षा* क०, तुच्छ समझना, पर ध्यान नहीं देना; 2. (*treat with disrespect*) अनादर क०, तिरस्कार क०, अवज्ञा* क०, अपमान क०, —*n.*, उपेक्षा*; अनादर, अवज्ञा*, अवधीरण, तिरस्कार; **~ing,** अपमानजनक, तिरस्कारात्मक; **~ingly,** तिरस्कारपूर्वक; **~ish,** किंचित् छरहरा; हलका; **~ly,** किंचित्, ज़रा सा, कुछ-कुछ। > स्लाइट; स्लाइट्/इन्ग, ~इश, ~लि

slily, चालाकी* से; लुक-छिपकर, चोरी* से। > स्लाइलि

slim, *adj.*, 1. (*thin*) पतला; छरहरा; (*of person*); 2. (*meagre, scant*) अल्प, कम; 3. (*crafty*) चालाक, धूर्त; —*v.*, मोटापन कम क० या दूर क०; दुबला बनना। > स्लिम

slime, 1. (*deposit*) अवपंक; 2. (*mud*) कीचड़, पंक, चहला; 3. (*mucus*) श्लेष्मा; 4. (*fig.*) कीचड़, गंदगी*। > स्लाइम

slimy, 1. अवपकी; 2. (*muddy*) कीचड़दार; 3. (*slippery*) फिसलना; 4. (*sticky*) लसदार, लसौला, चिपचिपा; 5. (*mucous*) श्लेष्मल; 6. (*disgusting*) बीभत्स, घिनावना; 7. (*filthy*) गंदा; 8. (*servile*) चापलूस, ताबेदार, जीहुज़ूरिया। > स्लाइम्-इ

sling, *n.*, 1. ढेलवाँस, गोफन, गोफना; 2. (*~shot*) गुलेल*; 3. (*bandage*) गलपट्टी*, स्लिंग; —*v.*, 1. (*throw*) फेंकना; 2. (*suspend*) लटकाना। > स्लिन्ग

slink, 1. लुक-छिपकर आना, जाना; 2. (*of animal*) बच्चा गिराना; **~away, ~off,** सटकना, खसकना, खिसकना, खिसक जाना। > स्लिन्क

slinky, 1. (*furtive*) नज़र-चोर; 2. (*graceful*) मोहक, रमणीय; 3. (*close-fitting*) चुस्त। > स्लिन्क्-इ

slip, 1. (*lose balance*) फिसल जाना; 2. (*fall*) गिर जाना; 3. (*glide*) सरकना, फिसलना; सरकाना; 4. (*escape*) फिसलकर निकल जाना, (से) निकल जाना, (से) गिर जाना; 5. (*of time*) जल्दी बीत जाना; 6. चुपचाप चला जाना या खिसक जाना; 7. (*go*) जाना; 8. (*err*) भूल* क०; 9. (*let go*) छोड़ना, छोड़ देना; गिराना; से छुड़ाना; खोल देना; 10. हाथ से निकलने देना; 11. (*pull on*) पहन लेना; 12. (*insert*) चुपके से घुसेड़ना, रख देना या रख लेना; डाल देना; 13. (*of animal*) बच्चा गिराना; ~in, (चुपके से) आ जाना, घुस जाना; ~ over, छोड़ देना; उपेक्षा* क०; let ~, अनजाने बता देना; —*n.*, 1. (*act*) फिसलन*; सरक, सर्पण; 2. (*blunder*) चूक*, भूल*, गलती*; 3. (*mis-conduct*) बदतमीज़ी*, प्रमाद, दुराचार, बदचलनी*; 4. (*landing stage*) घाट; 5. (*slipway*) अवतरण-मंच; 6. (*covering*) गिलाफ़, खोली*; 7. (*under-garment*) साया; 8. (*leash*) पट्टा; 9. (*of paper*) परची*, चिट*; 10. (*of other material*) पट्टी*, धज्जी*; 11. (*graft*) क़लम*, पैबन्द; 12. (*young person*) किशोर, किशोरी*; छरहरा व्यक्ति; 13. (*semifluid clay*) पतली चिकनी मिट्टी*, घोल; 14. (*pl. theatre*) मंच का पार्श्वभाग; 15. (*drawers*) जाँघिया; **~-knot,** सरक-गाँठ*। > स्लिप

slipper, *n.*(*v.*), स्लीपर, चट्टी* (लगाना)। > स्लिप्-ॲ

slippery, 1. फिसलना, फिसलनेवाला; 2. (*hard to hold*) पकड़* में न आनेवाला; फिसलकर निकल जानेवाला; 3. (*unrealiable*) कपटी, चालाक, धूर्त; अविश्वसनीय; 4. (*evasive*) बहानेबाज़। > स्लिपॅरि

slipshod, 1. (*in dress*) फूहड़; 2. (*careless*) लापरवाह; 3. (*inaccurate*) अव्यवस्थित, बेढंगा; ग़लत, अयथार्थ। > स्लिप्शॉड

slipslop, *adj.*, 1. पतला; 2. (*pointless*) बेढंगा, ऊटपटांग; 3. (*sentimental*) भावुक; —*n.*, 1. (*drink*) पतला पेय; 2. (*talk*) अनाप-शनाप; 3. (*writing*) भावुकतापूर्ण, हलकी या सस्ती रचना*। > स्लिप्स्लॉप

slipway, जलावतरण-मंच। > स्लिपवे

slit, *v.*, चीरना; *n.*, चीर*, शिगाफ़; दरार*, विदर; स्लिट, रेखा-छिद्र; ~ trench, संकरी खाई। > स्लिट

slither, फिसलते हुए आगे बढ़ना; फिसल जाना; **~y,** फिसलना। > स्लिद्-ॲ

sliver, *n.*, 1. छिपटी*, 2. (*fibre*) पूनी*; —*v.t.*, चीरना; —*v.i.*, छिपटियाँ* उतरना। > स्लिव्-ॲ

slob, 1. (*mud*) कीचड़; 2. (*fool*) मूर्ख। > स्लॉब

slobber, *v.*, 1. (*slaver*) लार* टपकाना; 2. (*botch*)

कच्चा काम क०; —*n.*, 1. लार*; 2. (*sentimentality*) भावुकता*; भावुकतापूर्ण बातचीत*; चूमाचाटी*; **~y,** 1. लारभरा; 2. (*wet*) भीगा, गीला; 3. (*dirty*) गंदा; 4. (*slip-shod*) बेढंगा। > स्लॉब्-अॅ; स्लॉबॅरि

sloe, जंगली आलूचा। > स्लो

slog, *v.*, 1. (*hit*) ज़ोर से मारना; 2. (*walk*) पाँव घसीटना; 3. (*toil*) घोर परिश्रम क०, पिसना, नीरस काम में लगा रहना; —*n.*, 1. (*violent blow*) घूँसा, प्रहार; 2. (*work*) नीरस काम; पिसाई*। > स्लॉग

slogan, नारा, घोष। > स्लोगॅन

sloop, जहाज़। > स्लूप

slop, *n.*, 1. छलक*; 2. छलका पानी; 3. (*pl., liquid food*) तरल खाद्य; 4. (*pl. non-alco-holic drink*) शरबत; 5. (*pl., dirty water*) गँदला पानी; —*v.i.*, छलकना; —*v.t.*, छलकाना। > स्लॉप

slope, *n.*, 1. ढाल* (*downwards*); चढ़ाई* (*upwards*); 2. (*steepness*) प्रावण्य, —*v.*, ढालू होना; चढ़ाऊ होना; तिरछा क०, झुकाना; ~arms, कंधे शस्त्र। > स्लोप

sloping, ढालू; चढ़ाऊ; तिरछा। > स्लोप्-इन्ग

sloppy, 1. कीचड़दार; 2. पानी-भरा, गीला; 3. (*unsystematic*) बेढंगा; 4. (*sentimental*) भावुक। > स्लॉप्-इ

slosh, *see* SLUSH। > स्लॉश

slot, 1. (*opening*) छिद्र, छेद, झिरी*, खाँचा; 2. (*track*) खोज*; **~ted,** झिरीदार; खाँचेदार। > स्लॉट

sloth, 1. (*indolence*) सुस्ती*, आलस्य, काहिली*; 2. (*slowness*) ढिलाई*; देर*; 3. (*animal*) सुस्तपाँव, शाखालंबी; **~-bear,** रीछ; **~ful,** सुस्त, आलसी, काहिल। > स्लोथ; स्लोथ/बे'अॅ, ~फुल

slouch, *v.*, 1. भद्देपन से चलना, खड़ा होना या बैठना; 2. (*droop*) लटकना; 3. झुका लेना; —*n.*, भद्दी चाल*; झुकाव। > स्लाउच

slough¹, 1. दलदल* (*also fig.*); **~y,** दलदला, कीचड़दार। > स्लाउ; स्लाउ-इ

slough², *n.*, 1. (*of snake*) केंचुली*, केंचुल*, निर्मोक; 2. (*of wound*) खुरण्ड; —*v.*, उतरना; उतारना, उतार फेंकना; **~y,** पपड़ीदार। > स्लॅफ़; स्लॅफ़-इ

sloven, फूहड़; **~ly,** 1. (*untidy*) फूहड़, मैला-कुचैला; 2. (*slipshod*) बेढंगा; 3. (*careless*) लापरवाह। > स्लवॅन, ~लि

slow, *adj.*, A. (*of person*); 1. (*in action*) दीर्घसूत्री, चिरकारी, विलंबकारी; 2. (*~-witted*) मन्दबुद्धि; 3. (*sluggish*) सुस्त, काहिल, मट्ठर, मन्थर; 4. (*reluctant*) अनिच्छुक; 5. (*not hasty*) ठण्डा, धीर, शान्तस्वभाव; 6. (*old-fashioned*) दक़ियानूसी; B. 1. (*in speed*) धीमा, मन्द, मन्थर, मन्दगति; 2. (*in intensity*) मन्द; 3. (*slack*) मन्द, ढीला; 4. (*of clock*) सुस्त; 5. (*gradual*) क्रमिक; 6. (*tedious*) नीरस, उबाऊ; 7. (*not prompt*) विलंबित; —*adv.*, धीरे-धीरे; —*v.*, धीमा पड़ जाना; चाल* कम क० या धीमा क०, मन्द क०। > स्लो

slowcoach, 1. दीर्घसूत्री, चिरकारी; 2. (*dull*) मन्दबुद्धि; 3. (*old-fashioned*) दक़ियानूसी। > स्लोकोच

slowly, धीरे-धीरे, मन्थर गति* से। > स्लोलि

slow-match, पलीता।

slow-motion, मन्दगति।

slub, *n.*(*v.*), पूनी* (बनाना)। > स्लॅब

slubber, *see* SLOBBER। > स्लॅब्-अॅ

sludge, 1. (*mud*) गाढ़ा कीचड़, पंक; 2. (*slush*) गलती बर्फ़*; 3. (*deposit*) अवपंक; अवमल। > स्लॅज

sludgy, कीचड़दार; अवपंकी। > स्लॅज्-इ

slug, 1. (*mollusc*) घोंघा, शम्बूक; 2. स्लग; धातुपिण्ड। > स्लॅग

sluggard, *adj.*, (*n.*), आलसी (व्यक्ति)। > स्लॅगॅड

sluggish, 1. (*of person*) ढिल्लड़, आलसी, सुस्त,निस्तेज; 2. (*not active*) मन्द, सुस्त। > स्लॅग्-इश

sluice, *n.*, 1. (*channel*) नहर*, कुल्या*, जलमार्ग; नाली*; 2. (*~-gate*) जलद्वार; जल-कपाट; —*v.*, (ज़ोर से) बहना; बहने देना; पर पानी बहा देना, धोना; जलद्वार लगाना। > स्लूस

sluit, sloot, नाला। > स्लूट

slum, 1. गंदी बस्ती*, मलिनावास; 2. (*residue of oil*) तैलपंक। > स्लॅम

slumber, *n.*, नींद*; *v.*, सोना। > स्लॅम्-बॅ

slumb(e)rous, 1. (*sleepy*) उनींदा, निद्रालु; 2. (*soporific*) निद्राजनक, स्वापक; 3. (*tranquil*) शान्त, निर्जीव। > स्लॅम्बरॅस

slump, *n.*, 1. (*sudden fall*) अवपात, गिरावट*; (*depression*) मंदी*; —*v.*, 1. (*collapse*) गिर पड़ना, गिर जाना, अवपात होना; 2. (*sink into*) धँस जाना; 3. (*decline*) मन्द पड़ना; 4. (*of prices*) अचानक गिर जाना या कम हो जाना। > स्लॅम्प

slur, *v.*, 1. (*minimize*) महत्त्व कम क०; कम महत्त्व देना, कम कर देना, पर कम ध्यान देना; पर ध्यान नहीं देना; 2. (*pronounce*) का अस्पष्ट उच्चारण क०; मिलाकर उच्चारण क०; 3. (*write*) अस्पष्ट लिखना, मिलाकर लिखना; 4. (*music*) मींड़* में गाना; —*n.*, 1. (*blot*) धब्बा; 2. (*aspersion*) कलंक, निन्दा*, लांछन; 3. अस्पष्ट उच्चारण; अस्पष्ट लिखावट*; 4. (*music*) मींड़* (का चिह्न)। > स्लॅ:

slurry, गारा; घोल, पतला मसाला। > स्लॅरि

slush, 1. गलती बर्फ़*; 2. (*mud*) पतला कीचड़; 3. (*sentimentality*) सस्ती भावुकता*; **~y,** कीचड़दार; भावुकतापूर्ण, सस्ता। > स्लॅश; स्लॅश्-इ

slut, 1. (*slattern*) फूहड़ स्त्री*; 2. (*of bad reputation*) कुलटा*; 3. (*bold girl*) ढीठ लड़की*; 4. (*bitch*) कुतिया*; **~tish,** फूहड़। > स्लॅट; **स्लॅट्-इश**

sly, 1. (*cunning*) धूर्त, चालाक; 2. (*secretive*) छिपाऊ, गोपनशील; 3. (*roguish*) नटखट; on the ~, छिपे-छिपे, गुप्त रूप से; **~boots,** बदमाश। > स्लाइ; **स्लाइबूट्स**

smack, *n.*, 1. (*taste*) स्वाद; 2. (*flavour*) गंध*; 3. (*trace*) पुट; 4. (*slap*) तमाचा, थप्पड़, चाँटा; 5. (*sound of slap*) चटाक, पटाक; 6. (*sound to appreciate taste*) चटकारा, चटखारा; 7. (*kiss*) चुमकार*; 8. (*boat*) मत्स्य-नौका*; —*v.*, 1. गंध* होना (*also fig.*); 2. स्वाद होना; 3. (*the lips*) चटकारा भरना; 4. (*kiss*) चुमकारना; 5. (*slap*) थप्पड़ मारना; 6. (*make sharp noise*) चटकना (*v.i.*); चटकाना (*v.t.*); 7. (*a whip*) कोड़ा फटकारना; —*adv.*, सीधे-सीधे, ठीक-ठीक। > स्मैक

small, *n.*, पतला अंश; *adj.*, 1. (*in size*) छोटा, लघु, नन्हा; 2. (*of person, not tall*) ठिगना, नाटा; 3. (*in amount*) थोड़ा, अल्प, कम; 4. (*on a small scale*) लघु; 5. (*in age*) छोटा; 6. (*in intensity*) हलका, मन्द; 7. (*trivial*) नगण्य, ओछा, क्षुद्र, तुच्छ, सामान्य, मामूली; 8. (*mean, petty*) नीच, कमीना, अधम, अनुदार; 9. (*socially*) छोटा, बहुत साधारण; feel ~, लज्जित होना; sing ~, दीन बनना; ~ cause, लघुवाद; ~ change, रेज़गारी*, खुदरा, छोटे सिक्के; ~ hours, आधी रात* के बाद का समय; ~ intestine, क्षुद्रान्त्र; ~ scale, लघुमान; ~ talk गपशप*। > स्मॉ:ल

smallage, जंगली अजमोद*। > **स्मॉ:लि-इज**

small/-arms, लघु-शस्त्र; **~ish,** छोटा-सा; **~-minded,** संकीर्णमना, अनुदार; **~pox,** चेचक*, शीतला* मसूरिका*; **~-sword,** नीमचा, खाँड़ा।

smalt, स्माल्ट। > स्मॉ:ल्ट

smarmy, चापलूस। > **स्माम्-इ**

smart, *adj.*, 1. (*sharp, intense*) तीव्र, तीक्ष्ण, प्रचण्ड, कड़ा, सख्त, ज़ोरदार; 2. (*brisk*) तेज़, फुरतीला; 3. (*clever*) चतुर; 4. (*quick-witted*) हाज़िर-जवाब, प्रत्युत्पन्नमति; 5. (*neat*) बना-ठना (*of person*); साफ़-सुथरा, सुव्यवस्थित; 6. (*stylish*) फ़ैशनेबुल; —*v.*, 1. (*cause pain*) टीसना, टीस* मारना, सालना; दर्द क०; अखरना; 2. (*rankle*) खलना, कसकना, अखरना; 3. (*feel pain*) टीस* लगना (*bodily*); व्यथा* होना (*also mental*); का तीक्ष्ण अनुभव क०; 4. (*suffer*) दुःख भोगना, कष्ट पाना; 5. (*feel resentful*) चिढ़ना, खीझना; —*n.*, 1. (*acute pain*) टीस*; 2. (*distress*) दुःख, व्यथा*; 3. (*irritation*) चिढ़*, खीज*; **~-money,** 1. (*compensation*) मुआवजा, हरजाना, क्षतिपूर्ति*; 2. (*penalty*) अर्थदण्ड, जुर्माना। > स्माट

smarten, सजाना; सँवारना; चमकाना। > **स्माटॅन**

smash, *v.*, 1. (*shatter*) टुकड़े-टुकड़े कर देना, चकनाचूर क०; तोड़ना; 2. (*crush*) कुचलना; 3. (*rout*) तितर-बितर कर देना, हरा देना; 4. (*destroy*) नष्ट कर डालना, बिगाड़ना, बरबाद क०; 5. (*hit*) मारना; पर प्रहार क०; 6. (*break to pieces*) टुकड़े-टुकड़े हो जाना; 7. (*be ruined*) बरबाद हो जाना; 8. (*go bankrupt*) का दिवाला निकलना; दिवालिया बनना; 9. (*collide, ~ into*) से टकराना, टक्कर* खाना, भिड़ना; —*n.*, 1. (*hit*) प्रहार; ज़ोरों की मार*, चटाके का प्रहार; 2. (*sound of a blow*) चटाक, पटाक; 3. (*with fist*) घूँसा; 4. (*a breaking*) भंजन, परिभंजन, तोड़न, तोड़-फोड़*; 5. (*noise of breaking*) चटाक; 6. (*collision*) टक्कर*, भिड़न्त*; 7. (*violent fall*) विपात; 8. (*ruin*) सत्यानाश, सर्वनाश, बरबादी*, तबाही*, परिध्वंस; 9. (*bankruptcy*) दिवाला; 10. (*disaster*) दुर्घटना*, अनर्थ; —*adv.*, चटाक-पटाक; **~er,** भंजक। > स्मैश

smash-up, 1. (*a breaking*) भंजन, तोड़न, परिभंजन, तोड़-फोड़*; 2. (*collision*) भिड़न्त*, टक्कर*; 3. (*catastrophe*) अनर्थ, महाविपत्ति*; 4. (*ruin*) तबाही*। > **स्मैश्**-अॅप

smatter/er, अल्पज्ञ; पल्लवग्राही; **~ing,** अल्पज्ञान, ऊपरी जानकारी*। > **स्मैट**/र, रिंग

smaze, धूम-धुन्ध*। > स्मेज़

smear, 1. मैल* (*dirt*) या चिकनाई* (*grease*) लीपना या पोतना; 2. (*butter*) लगाना; 3. (*dirty*) मैला क०; 4. (*blot*) धब्बे डालना, मलिन क०; 5. (*blur*) अस्पष्ट कर देना; 6. (*defame*) बदनाम क०, कलंक लगाना; —*n.*, 1. (*stain*) धब्बा; 2. (*on a slide*) लेप; 3. (*defamation*) कलंक, बदनामी*; **~y,** दाग़दार, दग़ैल, धब्बेदार; चिकना। > स्मिअॅ

smell, *n.*, 1. (*odour*) गन्ध*, बू*, वास, महक*; 2. (*bad odour*) दुर्गन्ध*, बदबू*; 3. (*sense*) घ्राण*, सूँघने की शक्ति*; 4. (*act of smelling*) आघ्राण; 5. (*suggestion*) गंध*; —*v.*, 1. (*perceive odour*) सूँघना, गंध* लेना; सूँघ सकना; 2. (*perceive*) भाँपना, को पता लगना, पहचानना; 3. (*emit odour*) महकना, गंधाना, गंध* देना; 4. (*stink*) बदबू* क० या देना, बदबूदार होना; 5. (*hunt*) सूँघकर शिकार क०; 6. (*suggest*) में ‥की गंध* होना; **~ out,** का पता लगाना; **~able,** महकदार; **~ing-salts,** स्मेलिंग साल्ट; **~y,** बदबूदार, गंधैला। > स्मेल, **स्मे'ल्**/इना, ~इ

smelt, पिघलाना, गलाना; **~er,** प्रगालक; **~ing,** प्रगलन। > स्मे'ल्ट; **स्मे'ल्**/ टॅ, ~टिन्ग

smew, मछलीमार बतख़*। > स्म्यू

smile, *v.*, 1. मुस्कराना; 2. (*be propitious*) चमकना; —*n.*, मुस्कराहट*, मुस्कान*, स्मिति*, स्मित, मंदहास्य; **~ at,** पर हँसना; **~ away,** मुस्कराकर दूर क०। > स्माइल

smiling, मुस्कराता हुआ, स्मितित; प्रसन्नमुख, प्रफुल्लित। > स्माइल्-इन्ग

smirch, *v.*, 1. मैला क०, धब्बे डालना; 2. (*fig.*) कलंक लगाना; —*n.*, धब्बा; कलंक। > स्मॅ:च

smirk, *v.*, खीसें* निकालना; *n.*, भद्दी या बनावटी मुस्कराहट*। > स्मॅ:क

smite, 1. (*hit*) मारना, प्रहार क०; 2. (*defeat*) हरा देना, तितर-बितर कर देना; 3. (*chastise*) दण्ड देना, दंडित क०; 4. (*affect*) आक्रान्त क०; 5. (*wound*) आहत क०, घायल क०, चोट* पहुँचाना; 6. अचानक लग जाना। > स्माइट

smith, 1. (*metal-worker*) धातु-कर्मी; 2. (*black-smith*) लोहार। > स्मिथ

smithereens, smithers, छोटे-छोटे टुकड़े, धुर्रे। > स्मिदॅरीन्ज़; स्मिदॅज़

smithery, लोहारी*, लुहारी*। > स्मिथॅरि

smithy, 1. लोहारखाना; 2. (*forge*) भट्ठी*। > स्मिदि

smitten, 1. (*afficted*) से आक्रान्त; 2. (*under influence of*) के वशीभूत। > स्मिटॅन

smock, कुरता। > स्मॉक

smocking, चुनटदार सिलाई*। > स्मॉक्-इन्ग

smog, धूम-कोहरा। > स्मॉग

smoke, *n.*, 1. धूआँ, धुआँ, धूम्र; 2. (*smoking tobacco*) धूमपान, धूम्रपान; —*v.*, 1. (*emit smoke*) धूआँ देना, धुँधुआना; 2. (*emit vapour*) भाप* उठना या निकलना; 3. (*tobacco etc.*) धूम्रपान क०, (तमाकू, बीड़ी*···) पीना; 4. (*apply smoke*) धुँधाना, धूआँ देना; धूआँ देकर भगाना, निकालना या नष्ट क०; **~-ball;,** धूआँ-बम; **~-black,** काजल; **~d,** धूमित, कज्जलित; **~-dried,** धूमायित; **~less,** निर्धूम, धूमहीन; **~-plant, ~-tree,** धूम्या*; **~-screen,** धूमपट। > स्मोक

smoking, no ~, धूमपान-निषेध; ~-room, धूमपान-कक्ष; ~-carriage, **smoker,** धूमपान-डिब्बा। > स्मोक्/इन्ग, ~ॲ

smoky, 1. (*giving off smoke*) धुँधुआता; 2. (*like smoke*) धूमवत्; 3. (*filled with smoke*) धूआँधार, धूमी; 4. (*of colour*) धूमल, धूम्रवर्ण, धूमर, धूमिल; 5. (*covered with smoke*) धूमित। > स्मोक्-इ

smooth, *adj.*, 1. (*even*) बराबर; 2. (*not rough*) चिकना, मसृण; 3. (*of curve*) निष्कोण; 4. (*of sound, taste, etc.*) मधुर, मृदु; 5. (*free from obstacles*) निर्विघ्न, अबाध, निर्बाध; 6. (*calm*) शान्त; 7. (*not easily ruffled*) ठण्डा, शान्तस्वभाव, धीर; 8. (*polite*) शिष्ट; 9. (*suave*) चापलूस, चाटुकार, चिकना; 10. (*of words etc.*) चिकना-चुपड़ा, मधुर; ~ things, चिकनी-चुपड़ी, बातें*; —*v.*, 1. बराबर क०; चिकनाना; 2. आसान बना देना; (बाधाएँ*) दूर क०; 3. (*calm*) शान्त क० या हो जाना; **~ over,** कम कर देना; महत्त्व घटाना, पर ध्यान नहीं देना, पर परदा डालना; **~ bore,** साफ़ नालवाली बन्दूक*; **~faced,** चिकने चेहरेवाला; चिकना, कपटी, पाखण्डी; **~ing,** समकारी, —iron, इस्तरी*; **~ly,** निर्विघ्न; आसानी* से, सहज में; **ness,** चिकनापन; आसानी*; **~-spoken, ~-tongued,** 1. मधुरभाषी, मिष्टभाषी; 2. चाटुकार। > स्मूद

smother, *n.*, 1. (*dense smoke*) घना धूआँ; 2. (*cloud of dust*) धूल-धक्कड़, गर्दगुबार; 3. (*darkness*) धुँधरी*; —*v.*, 1. (*suffocate*) गला घोंटना, साँस* रोकना; 2. (*overwhelm*) अभिभूत क०; पर बरसाना; 3. (*put out*) बुझाना; 4. (*cover*) ढकना; 5. (*suppress*) दबा लेना, रोकना; छिपाना; **~y,** श्वासावरोधी। > स्मॅदॅर; स्मॅदॅरि

smoulder, *v.*, सुलगना (*also fig.*); *n.*, सुलग*, सुलगन*, अन्तर्दहन। > स्मोल्-डॅ

smudge, *n.*, 1. धब्बा; 2. (*smoke*) घना धूआँ; 3. (*fire*) खूब धुँधुआती आग*; —*v.*, धब्बा डालना, मैला क०। > स्मॅज

smudgy, मैला, धब्बेदार। > स्मॅज्-इ

smug, 1. आत्मसन्तुष्ट, दम्भी; 2. (*narrow*) अनुदार, संकीर्णमना। > स्मॅग

smuggle, चौकी* मारना, तस्कर-व्यापार क०; चोरी* से ले जाना या ले आना; **~r,** चौकीमार, तस्कर-व्यापारी। > स्मॅगॅल, स्मॅग्लॅ

smuggling, चौकीमारी*, तस्कर-व्यापार, तस्करी*। > स्मॅग्-लिन्ग

smut, *n.*, 1. (*soot*) काजल, काजल का कण; 2. (*blot*) धब्बा; 3. (*talking*) गंदी बातें* या बात*; 4. (*writing*) अश्लील साहित्य, घासलेटी साहित्य; 5. (*bot.*) स्मट, कण्ड; —*v.*, धब्बा डालना; काला क०; दूषित क०; कण्ड लगना या लगाना; **~ty,** 1. धब्बेदार, मैला; 2. (*obscene*) अश्लील; 3. कण्ड-ग्रस्त। > स्मॅट; स्मॅट्-इ

snack, (हलका) नाश्ता। > स्नैक

snaffle, कज़ाई*। > स्नैफ़ॅल

snag, *n.*, 1. (*obstacle*) रोड़ा, फन्दा; 2. (*stump*) ठूँठ; 3. (*tear*) खोंच*; —*v.*, 1. (*collide*) टकराना; 2. (*tear*) फाड़ना। > स्नैग

snail, 1. (*animal*) घोंघा, शम्बूक; 2. (*~-wheel*) सर्पिल चरखी*; 3. (*sluggard*) आलसी व्यक्ति; **~-paced,** मन्थरगति; ~'s pace, कच्छप-गति*। > स्नेल

snake, *n.*, 1. साँप, साँपिन*, सर्प, सर्पिणी*; earth ~, मटिहा साँप; Indian flying ~, नागिन*; rat ~, धामिन; water ~, पनिहा; सँपोला (*a young snake*); 2. (*person*) साँप, दग़ाबाज; —*v.*, रेंगना; **~-bite,** सर्पदंश; **~-charmer,** सँपेरा; **~-gourd,** चिचिण्डा। > स्नेक

snakish, साँप-जैसा, सर्पवत्। > स्नेक्-इश

snaky, 1. सर्पवत्, सर्पसदृश; 2. (*serpentine*) सर्पिल, टेढ़ा-मेढ़ा; 3. (*treacherous*) सर्पगति, कुटिल; 4. (*full of snakes*) साँपभरा, सर्पबहुल। > स्नेक्-इ

snap, 1. (*bite*) काटना, काट लेना, काट पकड़ना, मुँह मारना; 2. (*seize*) छीनना, छीन लेना, पकड़ लेना, झड़प लेना; झपटना, झपट लेना; 3. (*break*) तड़कना; चटकना, टूट जाना, तड़तड़ाना; तड़काना, चटकाना, तोड़ डालना; 4. (*make sharp noise*) तड़कना, कड़कना (*v.i.*); फटकारना (*a whip*); दागना (*a pistol*); 5. (*close*) खट से बन्द क० या हो जाना; 6. (*speak sharply*) गुर्राना, झल्लाना, टर्राना; 7. (*take a snapshot*) फ़ोटो लेना; **~ at,** मुँह मारना; उत्सुकता* से स्वीकार क०; गुर्राना; ~ one's fingers, चुटकी* बजाना या देना; ~one's fingers at, को चुटकियों* में उड़ाना; को चुनौती* देना; ~ out of it, सँभल जाना, से बच जाना; ~ somebody's head of, फटकारना, डाँटना; टोकना; **~ up,** उत्सुकता* से स्वीकार क० या पकड़ लेना; टोकना, की बात* काटना; —*n.*, 1. (*bite*) चकत*; 2. (*snatch*) झपट्टा; 3. (*breaking*) तड़क*; 4. (*noise*) कड़क, फट*, तड़; चटाका; फटाका, तड़ाका; 5. (*angry utterance*) फटकार*; 6. (*spell*) दौर; अवधि*; 7. (*spring-catch*) खटका; 8. (*~shot*) स्नैपशाट, आशुचित्र; 9. (*vigour*) जोश, तेज़ी*, तेज, स्फूर्ति*, फुरती* —*adj.*, 1. तात्कालिक, फ़ौरी, आशु; 2. (*with a catch*) खटकेदार; —*adv.*, खट से; **~-dragon,** स्नैपड्रैगन; **~pish,** 1. कटखना; 2. (*of a person*) कटखना, चिड़चिड़ा, तुनकमिज़ाज; **~py,** 1. (*irritable*) चिड़चिड़ा, तुनकमिज़ाज; 2. (*lively*) फुरतीला, सजीव; 3. (*rapid*) तेज़, शीघ्र; make it—, जल्दी* करो। > स्नैप; **स्नैप्**/इश, ~इ

snare, *n.*, (*also fig.*) जाल, फन्दा, फन्द; —*v.*, फँसाना। > स्ने'ॲ

snarl, *v.*, 1. (*growl*) गुर्राना (*also of persons*); 2. (*entangle*) उलझाना; 3. (*become entangled*) उलझ जाना; —*n.*, गुर्राहट*; उलझन*; **~y,** चिड़चिड़ा; उलझा हुआ। > स्नाल; **स्नाल्**-इ

snatch, *v.*, छीनना, छीन लेना, झपटना, झपट लेना; उत्सुकता* से स्वीकार क०; मुश्किल* से प्राप्त कर लेना; —*n.*, 1. झपट्टा, झपट*; 2. (*spell*) दौर; अल्पकाल; 3. (*fragment*) अंश, टुकड़े **~y,** 1. अनियमित; 2. (*disconnected*) असम्बद्ध। > स्नैच; **स्नैच्**-इ

sneak, *v.*, 1. आँख* बचाकर आना-जाना; चुपके आ जाना; खिसकना, सरकना, छिपे-छिपे चला जाना; 2. छिपे-छिपे ले जाना या ले जाना; 3. (*pilfer*) चुराना; —*n.*, 1. (*coward*) डरपोक, गीदड़; 2. (*informer*) मुखबिर; **thief,** उचक्का, उठाईगीरा। > स्नीक

sneaking, 1. (*secret*) गुप्त, अप्रकट; 2. (*of person*) नज़र-चोर; डरपोक। > **स्नीक्**-इन्ग

sneer, *v.*, की हंसी* उड़ाना, का उपहास क०; की अवज्ञा* क०, का तिरस्कार क०; —*n.*, उपहास; ताना; अवज्ञा*। > स्निॲ

sneeze, *v.*, छींकना; *n.*, छींक*, छिक्का*; **~wort,** नकछिकनी*, छिकनी*। > स्नीज़

snick, *n.*, खाँचा; *v.*, काटना; खाँचा काटना। > स्निक

snicker, 1. (*whinny*) धीरे हिनहिनाना; 2. (*snigger*) ठीठी* क०। > **स्निक्**-ॲ

snickersnee, छुरा। > स्निकॅस्नी

sniff, *v.*, 1. नाक* से साँस* खींचना, सूँ-सूँ क०, सों-सों क०; 2. (*inhale*) सुड़कना (*v.t.*); 3. (*smell, ~ at*) सूँघना; 4. (*~ at, show contempt for*) नाक* चढ़ाना; का तिरस्कार क०, की अवज्ञा* क०; (*scent, detect*) भाँपना, महसूस क०; —*n.*, सुड़क*; सूँ-सूँ। > स्निफ़

sniffle, *v.*, सूँ-सूँ करता जाना; *n.*, सूँ-सूँ। > स्निफ़ॅल

sniffy, 1. (*disdainful*) नकचढ़ा; 2. (*smelly*) गंधैला। > **स्निफ़्**-इ

snigger, *n.* (*v.*), ठीठी* क०। > **स्निग्**-ॲ

sniggle, फँसाना। > स्निगॅल

snip, *v.*, कतरना, काटना; *n.*, 1. (*act*) कतरन*, तराश*, काट*; 2. (*piece, ~ping*) कतरन*; 3. (*pl. scissors*) कतरनी*। > स्निप

snipe, *n.*, common ~, चाहा; *v.*, छिपकर गोली* चलाना; **~r,** छिपकर गोली* चलानेवाला, कमीनदार। > स्नाइप; **स्नाइप्**-ॲ

snippet, 1. कतरन*; 2. (*fragment*) टुकड़ा; **~y,** 1. (*fragmentary*) फुटकर, खिचड़ी; टुकड़ों का बना, खंडनिर्मित; 2. (*curt*) रूखा; 3. (*disconnected*) असंबद्ध; 4. (*small*) क्षुद्र, तुच्छ। > **स्निप्**/इट, ~इटि

snippy, *see* SNIPPETY 1, 2. > **स्निप्**-इ

snivel, *v.*, 1. नाक* बहना; 2. (*sniffle*) सूँ-सूँ करता जाना; 3. (*fret*) झीखना, झींखना, खीझना, चिढ़ना; 4. (*weep*) पिनपिनाना, ठिनकना, ठनकना; —*n.*, 1. (*running mucus*) रेंट, नाक*; 2. (*fretting*) झीख*; 3. (*whining*) पिनपिनाहट*; 4. (*cant*) चिकनी-चुपड़ी बातें*, ढोंगबाज़ी*। > स्निवॅल

snob, 1. दंभी; वर्गदंभी; 2. (*proud*) अभिमानी; **~bery, ~bism,** दंभ; वर्गदंभ; अभिमान; **~bish,** दंभ-भरा। > स्नॉब; **स्नॉबॅरि**; **स्नॉब्**/इज्म, ~इश

snood, (केश बाँधने का) फ़ीता; जाली*। > स्नूड

snoop, 1. ताक-झाँक* क०; टाँग* अड़ाना; दख़ल देना; 2. (*steal*) चुरा लेना; **~er,** दस्तंदाज़। > स्नूप; **स्नूप्**-ॲ

snooze, *v.*, 1. झपकी* लेना, ऊँघना; 2. (*idle*) अलसाना, अलसना; —*n.* झपकी*, ऊँघ*, हल्की नींद*। > स्नूज़

snore, *n.*(*v.*), खर्राटा (लेना, भरना, मारना), घर्राटा। > स्नॉ:

snort, *v.*, 1. फुफकारना; 2. (*of engine*) फटफटाना; —*n.*, 1. फुफकार*, फूत्कार; 2. (*of engine*) फट-फट*। > **स्नॉ:**ट

snot, रेंट; **~ty,** 1. रेंट-भरा; 2. (*dirty*) मैला; 3. (*contemptible*) घिनावना; 4. (*short-tempered*) चिड़चिड़ा। > स्नॉट; **स्नॉट्**-इ

snout, 1. (*of animal*) थूथन, थूथनी*; 2. (*rostrum*) तुण्ड; 3. (*spout*) टोंटा, टोंटी*; 4. (*glacier*) प्रोथ। > स्नाउट

snow, *n.*, हिम, बर्फ़*, बरफ़*; *v.*, 1. हिम पड़ना या गिरना; 2. (*shower*) बरसाना; **~ball,** *n.*, हिमकंदुक, बरफ़* की गोली*; —*v.*, बरफ़* की गोलियाँ* फेंकना या मारना; बड़ी तेज़ी* से बढ़ जाना या फैल जाना; **~-blind,** हिमान्ध; **~-bound,** हिमवाधित; **~-cap-ped,** हिमावृत; **~-drift,** हिमसंचय; **~drop,** गुलचाँदनी*; **~-fall,** हिमपात; **~-field,** हिमक्षेत्र; **~-flake,** हिमलव; **~-leopard,** साह; **~-line,** हिम-रेखा*; **~man,** हिममानव; **~-storm,** हिम-झंझावात, बर्फ़ानी तूफ़ान; **~-white,** हिमश्वेत; **~y,** 1. बरफ़ानी, बरफ़ीला, हिमी, हिम-; 2. (*~-covered*) हिमित, बरफ़* से ढका हुआ; 3. (*spotless*) निर्मल; 4. (*white*) श्वेत। > स्नो; स्नो-इ

snub, *v.*, 1. झिड़कना, डपटना; 2. (*humiliate*) नीचा दिखाना, अवमानित क०; 3. (*check*) झटका देकर रोकना; रोकना; —*n.*, झिड़की*, डाँट*; अपमान; —*adj.*, चिपटा; **~-nosed,** नकचिपटा। > स्नॅब

snuff, *v.*, 1. (*sniff*) सूँ-सूँ क०; 2. (*sniff up*) सुड़कना; 3. (*take snuff*) सुँघनी* लेना; 4. (*trim*) गुल काटना, कतरना या तराशना; **~out,** बुझाना, गुल क०; —*n.*, 1. (*sniff*) सुड़क*; 2. (*of tobacco*) सुँघनी*; 3. (*powder*) नास*, नसवार*, नस्य; 4. (*of candle*) गुल; **~-box,** सुँघनीदानी*, नासदानी*। > स्नॅफ़

snuffers, गुलगीर। > स्नॅफ़ॅज़

snuffle, *v.*, 1. (*sniffle*) सूँ-सूँ क०; 2. (*talk nasally*) नकियाना; —*n.*, 1. सुड़क*; सूँ-सूँ; 2. (*catarrh*) जुकाम। > स्नॅफ़ॅल

snuffy, 1. सुँघनी-जैसा; सुँघनी-भरा; 2. (*sulky*) नाराज़। > स्नॅफ़्-इ

snug, 1. (*cosy*) सुखद, आरामदेह; 2. (*sheltered*) सुरक्षित; 3. (*trim*) दुरुस्त; 4. (*neat*) साफ़-सुथरा, सुव्यवस्थित; 5. (*close-fitting*) चुस्त; 6. (*compact*) सुसंहत; 7. (*sufficient*) पर्याप्त, अच्छा खासा; 8. (*hidden*) छिपा, गुप्त; **~gery,** सुखद स्थान। > स्नॅग; स्नॅगॅरि

snuggle, *v.i.*, सटकर या चिपटकर लेट जाना; —*v.t.*, छाती* लगाना, छाती* से चिपका लेना। > स्नॅगॅल

so, *adv.*, 1. (*in such a manner*) ऐसे, इस प्रकार; 2. (*to such an extent*) इतना, इस क़दर*, इस हद* तक, इतना अधिक; 3. (*very much*) अत्यधिक; 4. (*equally*) इतना ही, समान रूप से; 5. (*likewise*) भी, उसी तरह, उसी प्रकार; 6. (*therefore*) इसलिए, अतः, सो; 7. (*approxi-mately*) लगभग; 8. (*then*) सो; —*conj.*, 1. (*in order that*) जिससे, ताकि; 2. (*provided, ~ long as*) बशर्ते कि; 3. (*with the result that, ~ as*) कि, यहाँ तक कि; —*pron*, ऐसा; ~ -and- ~, अमुक, फ़लाना, फ़लाँ; and ~ on, इत्यादि; **so-called,** तथाकथित; **so-so,** *adv.*, किसी प्रकार, जैसे-तैसे; —*adj.*, बहुत साधारण; किंचित् अस्वस्थ। > सो; सोसो

soak, 1. (*place in liquid*) भिगोना; 2. (*drench*) तर-बतर कर देना; 3. (*absorb*) सोख लेना, चूस लेना; 4. (*assimilate*) आत्मसात् कर लेना; 5. (*booze*) ज्यादा शराब* पीना, पीता रहना; 6. (*lie steeped*) भीगना, भींगना, डूबा रहना; 7. तर-बतर होना; 8. (*permeate*) व्याप्त हो जाना, फैल जाना; —*n.*, 1. (*act*) डुबाव; सोखाई*; 2. (*rain, ~er*) मूसलाधार वृष्टि*; 3. (*drunk-ard, ~er*) पियक्कड़, मद्यप; 4. (*drinking bout*) मदिरापान का दौरा; **~age,** सीड़*, सील*; **~ing,** तर-बतर (कर देनेवाला)। > सोक; सोक्/अॅ, ~इन्ग

soap, *n.*(*v.*), साबुन (लगाना); soft ~, चापलूसी*; **~-berry,** पीलू; **~-nut,** रीठा; **~-stone,** सेलखड़ी*, सिलखड़ी*, गोरा-पत्थर, घीया-पत्थर; **~-suds,** साबुन का झाग; **~-wort,** मुसना; **~y,** 1. साबुनी; साबुन-जैसा, साबुन-भरा; 2. (*smooth*) चिकना; 3. (*servile*) जीहुज़ूरिया; 4. (*unctuous*) चिकना-चुपड़ा; चिकना (*of person*); 5. (*flattering*) चापलूस। > सोप; सोप्-इ

soar, *v.*, 1. ऊँचा चढ़ना (*go up*), उड़ना (*fly*) या मँडराना (*hover*); 2. (*rise*) बहुत बढ़ना; —*n.*, ऊँची उड़ान*, बुलन्दपरबाज़ी*। > सॉः

sob, *v.*, सिसकना; *n.*, सिसकी*, सिसक*। > सॉब

sober, *adj.*, 1. (*not drunk*) अमत्त; 2. (*temperate*) संयमी, परहेज़गार; 3. (*sedate*) गंभीर, सौम्य; 4. (*quiet*) शान्त; 5. (*not showy*) सादा; 6. (*not exaggerated*) सन्तुलित, मर्यादित, संयत; —*v.*, शान्त कर देना या हो जाना; **~-minded,** शान्तस्वभाव; सन्तुलित। > सोब्-अॅ

sobriety, (*see* SOBER) संयम, मिताचार; गाम्भीर्य; शान्ति*; सादगी*; सन्तुलन। > सॅब्राइ-इटि

sobriquet, उपनाम। > सोब्-रि-के

soc(c)age, खिदमती काश्तकारी*। > सॉक्-इज

so-called, तथाकथित। > सोकॉःल्ड

soccer, फुटबाल। > सॉक्-अॅ

sociability, मिलनसारी*; मैत्री*; मैत्रीपूर्णता*, मित्रभाव। > सोशॅबिल्-इटि

sociable, 1. (*companionable*) मिलनसार, सामाजिक; 2. (*friendly, of person*) स्नेही; 3. (*of meeting*) मैत्रीपूर्ण, दोस्ताना, सुखद; अनौपचारिक (*informal*)। > सोशॅबॅल

social, *adj.*, 1. (*of society*) सामाजिक, समाज-; समाज-मूलक; 2. (*sociable*) मिलन-सार; 3. (*gregarious*) यूथचर, संघचारी; 4. (*bot.*) सघनवर्धी; —*n.*, गोष्ठी*। > सोशॅल

social/ism, समाजवाद; **~ist(ic),** समाजवादी; **~ite,** रईस, उच्चवर्गी; **~ity,** सामाजिकता*; **~ization,** समाजीकरण; **~ize,** 1. सामाजिक बनाना, का समाजीकरण क०; 2. समाजवादी व्यवस्था* क०; 3. (*nationalize*) का राष्ट्रियकरण क०।
> सोशॅ/लिज़्म, ~लिस्ट; सोशॅलिस्-टिक; सोशॅलाइट; सोशिऐल्-इटि; सोशॅलाइज़ेशॅन; सोशॅलाइज़

society, *n.*, (*social community*) समाज; 2. (*upper classes*) उच्चवर्ग; 3. (*company*) संगति*, साथ, संग, साहचर्य, संग-साथ; 4. (*association*) समाज, संघ, सभा*, सोसाइटी*, संस्था*, संसद्*; S~ of Jesus, येसुसंघ; —*adj.*, 1. उच्चवर्गीय; 2. (*fashionable*) फ़ैशनेबुल। > सॅसाइ-इटि

socio/logical, समाजवैज्ञानिक; **~logist,** समाज-विज्ञानी, समाजशास्त्री; **~logy,** समाज-विज्ञान, सामाजिकी*।
> सोसिऑलॉजिकॅल; सोसिऑलॅ/जिस्ट, ~जि

sock, 1. मोज़ा, जुर्राब*; 2. (*of shoe*) भीतरी तल्ला। > सॉक

socket, गर्तिका*, सॉकेट; घर; कूप, कोटर; **~-joint,** उलूखक-संधि*। > सॉक्-इट

socle, (*archit.*), कुरसी*। > सॉकॅल

Socrates, सुक़रात। > सोक् = सॉक् रॅटीज़

socratic, सुक़राती। > सॅ = सॉ-क्रैट्-इक

sod, 1. (*turf*) तृणभूमि*; 2. (*piece*) घास* की थिगली*। > सॉड

soda, सोडा; ~ ash, सोडा-क्षार, ~ nitre, शोरा। > सोड्-अॅ

sodalist, संगतीय। > सॅ = सोडेलिस्ट

sodality, 1. (*fellowship*) भाईचारा, मैत्रीभाव; 2. (*confraternity*) भ्रातृसंघ; 3. (*R.C.*) मरियम-संगत*। > सॅ = सोडैल्-इटि

sodden, *adj.*, 1. (*wet*) तर-बतर, गीला, सराबोर 2. (*of bread*) कुचकुचा, पिचपिचा, अधपका; 3. (*dull*) मन्दबुद्धि, जड़बुद्धि; 4. (*drunken*) धुत्त, नशीला; —*v.*, तरबतर कर देना या हो जाना। > सॉडॅन

sodium, सोडियम। > सोड्यॅम

sodomite, लौण्डेबाज़। > सॉडॅमाइट

sodomy, लौण्डेबाज़ी*। > सॉडॅमि

soever, कितना ही; कोई भी। > सो-ए'व्-अॅ

sofa, सोफ़ा। > सोफ़्-अॅ

soffit, निचली सतह*, तला। > सॉफ़्-इट

soft, *n.*, *see* SOFTY; *adv.*, *see* SOFTLY;—*adj.*, 1. (*as butter, clay*) नरम, मुलायम, कोमल; 2. (*flabby*) ढीला, श्लथ, शिथिल; 3. (*smooth*) चिकना, मसृण; 4. (*of claret; bland*) मधुर, मृदु; 5. (*non-alcoholic*) अमादक; 6. (*of water*) मृदु; 7. (*mild*) मन्द, हलका; सुहावना (*of weather*); 8. (*of colour*) सादा, हलका; 9. (*of sound, low*) धीमा, मन्द; 10. (*blurred, indistinct*) धुँधला, अस्पष्ट; 11. (*sibilant*) ऊष्म; 12. (*voiced*) घोष, सघोष; 13. (*unaspirated*) अल्पप्राण; 14. (*of currency*) सुलभ; 15. (*of job*) आराम का; 16. (*weak*) दुर्बल, अशक्त, कमज़ोर; 17. (*effeminate*) ज़नाना, स्त्रैण; 18. (*gentle, lenient*) मृदुल, मृदु, सौम्य, कोमल, नरम; ढीला; 19. (*compassionate*) दयालु, सदय, सहृदय; 20. (*tender*) स्नेही; 21. (*sentimental*) भावुक; 22. (*easily imposed upon*) भोला; सीधा-सादा, ~ goods, वस्त्र, कपड़ा; ~ nothings, प्रेमालाप; ~ palate, कोमल तालू; ~ roe, मत्स्यशुक्र; ~ sawder, चापलूसी*; ~soap, तरल साबुन; चापलूसी*। > सॉफ़्ट

soften, हलका, नरम, मन्द, मृदु आदि (*see* SOFT) कर देना या हो जाना; **~er,** मृदुकर; **~ing,** मृदुकरण। > सॉफ़ॅन

soft/-head, बुद्धू, गोबर-गणेश, भोंदू; **~hearted,** 1. कोमल-हृदय; 2. (*lenient*) ढीला; **~ly,** 1. (*gently*) हलके से, नरमी* से; 2. (*quietly*) चुपचाप, दबे पाँव।

soft-pedal, हलका क०, का महत्त्व कम कर देना, को कम महत्त्व देना।

soft-spoken, मिष्टभाषी, मधुरभाषी; नरम, सुमधुर।

softy, 1. (*imbecile*) बुद्धू, भोंदू; 2. (*effeminate*) मेहरा; 3. (*coward*) डरपोक। > सॉफ़्ट्-इ

soggy, 1. (*wet*) गीला; तर-बतर; 2. (*marshy*) दलदला। > सॉग्-इ

soil, *v.*, 1. मैला क० या हो जाना; 2. (*stain*) धब्बे डालना; 3. (*defile*) दूषित क०; 4. (*bring disgrace upon*) कलंकित क०, कलंक लगाना, बदनाम क०; 5. (*cattle*) हरा चारा खिलाना; —*n.*, 1. (*earth, surface layer*) मिट्टी*, मृदा*; 2. (*ground*) भूमि*, धरती*, ज़मीन*; 3. (*country*) देश; 4. (*blot*) धब्बा; 5. (*defilement*) दूषण; 6. (*manure*) खाद*; 7. (*excrement*) मैला, मल; 8. (*sewage*) मलजल; **~-conservation,** भूमिसंरक्षण; **~less,** बेदाग़, निर्मल; **~-pipe,** मल-नल; **~-water,** भूमि-जल। > साइल

soireé, सान्ध्य, सान्ध्य गोष्ठी*। > स्वार्-ए

sojourn, *v.*, ठहरना, टिकना, डेरा डालना;—*n.*, ठहराव, टिकाव; निवास, प्रवास। > सॉजॅ:न = सॅजॅ:न

sola (topi), सोला (टोपी*)। > सोल्-अॅ

solace, *n.*, 1. (*consolation*) दिलासा, सान्त्वना*, तसल्ली*; 2. (*relief*) आराम, राहत*, उपशम; —*v.*, 1. दिलासा देना; 2. (*allay*) (दु:ख) कम कर देना। > सॉलॅस

Solanum, 1. (*incanum*) असिन्द; 2. (*indicum*) बड़ी कटेरी*; 3. (*melongena*) बैंगन; 4. (*nigrum*) मकोय*; 5. (*tuberosum*) आलू; 6. (*verba-scifolium*) असेदा; 7. (*xanthocarpum*) भटकैया*। > सोलेनॅम

solar, सौर, सूर्य; ~ day (month, year, time), सौर दिन, (मास, वर्ष, समय); ~eclipse, सूर्य-ग्रहण; ~plexus, सौर जालक; ~system, सौर परिवार। > सोल्-अॅ

solarium, सौर-चिकित्सागृह। > सॅ = सोले'अॅर्-इअॅम

solarize, अति-उद्भासित क०। > सोलॅराइज़

solatium, मुआवज़ा; सान्त्वना-उपहार। > सॅ = सोलेशिअॅम

solder, *n.*, 1. टाँका; राँगा (*tin*); 2. (*bond*) बन्धन; —*v.*, टाँका लगाना, झालना; एक कर देना या हो जाना। > सॉल्डॅ

soldering, झलाई*, टँकाई*; **~-iron,** कहिया। > सॉल्डॅरिन्ग

soldier, *n.*, 1. सैनिक; 2. (*common ~*) सिपाही, सामान्य सैनिक; 3. (*propagandist*) प्रचारक; —*v.*, 1. सिपाहगरी* क०, फ़ौज* में नौकरी* क०; 2. (*shirk*) काम से जी चुराना; ~ on, दृढ़तापूर्वक करता रहना; **~ing,** सिपाहगरी*; **~ly,** 1. (*as a, befitting a ~*) सिपाहियाना; 2. (*reso-lute*) दृढ़, दृढ़प्रतिज्ञ, निर्भीक; **~y,** सेना*, फ़ौज*। > सोल्जॅ, ~रिन्ग, ~लि, ~रि

sole, *n.*, 1. (*of foot*) तलवा, तली*; 2. (*of shoe*) तल्ला; 3. (*bottom*) तल, तला, पेंदा, पेंदी*; 4. (*fish*) कुकुरजीभी*च —*v.*, तल्ला लगाना; —*adj.*, 1. (*only*) एकमात्र; अकेला; 2. (*exclusive*) अनन्य; 3. (*un-married*) अविवाहित; **~ly,** अकेले; केवल, सिर्फ़, मात्र। > सोल; सोल्-लि

solecism, 1. अशुद्ध प्रयोग, व्याकरणिक अशुद्धि*; 2. (*behaviour*) अशिष्टता*, बदतमीज़ी*; 3. (*improp-riety*) अनौचित्य। > सॉल्-इ-सिज़्म

solemn, 1. (*done with ceremony*) ससमारोह, समारोही; 2. (*formal*) औपचारिक, विधिवत्, रीतिक; 3. (*magnificent*) धूमधामी, शानदार, भव्य; 4. (*osten-tatious*) आडम्बरी, आडम्बरपूर्ण; 5. (*impressive*) प्रभावशाली; रहस्यमय, रहस्यपूर्ण; 6. (*sacred*) परमपावन, पुण्य, पवित्र; 7. (*weighty*) महत्त्वपूर्ण, भारी, गंभीर; 8. (*serious, earnest*) गंभीर; 9. (*slow*) मन्द; 10. (*dull*) फीका; **~mass,** महायाग; **~ity,** 1. (*celebration*) समारोह, उत्सव; 2. (*ceremony*) धर्मानुष्ठान, धर्मक्रिया*; 3. (*see* SOLEMN) औपचारिकता*; धूमधाम*; आडम्बर; रहस्यमयता*; पवित्रता*; महत्ता*, गाम्भीर्य; **~ization,** समारोही पालन; विधिवत् सम्पादन; **~ize,** 1. (*observe*) ससमारोह अथवा धूमधाम* से मनाना; 2. (*perform*) विधिवत् अथवा औपचारिक रूप से (*with formality*) धूमधाम* से अथवा ससमारोह (*with ceremony*) सम्पादित क०; 3. (*see* SOLEMN) शानदार, भव्य, आडम्बरपूर्ण, गंभीर बना देना; **~ly,** धूमधाम* से; विधिवत्; सत्यभाव से; दृढ़तापूर्वक। > सॉलॅम; सॅले'म्-निटि; सॉलॅम्नाइज़ेशॅन; सॉलॅम्/नाइज़, ~लि

solenoid, परिनालिका*, ~al, परिनालिकीय। > सोलॅनॉइड; सोलॅनॉइडॅल

solicit, 1. (*ask*) माँगना, प्रार्थना* क०; याचना* क०, निवेदन क०; 2. (*importune*) साग्रह प्रार्थना* क०, के लिए अनुरोध क०; 3. (*tempt*) लुभाना, रिझाना; **~ation,** प्रार्थना*, याचना*, निवेदन, अनुनय-विनय*; अनुरोध; प्रलोभन। > सॅलिसिट; सलिसिटेशॅन

solicitor, सॅलिसिटर, प्रतिवक्ता, न्यायाभिकर्ता। > सॅलिसिटॅ

solici/tous, 1. (*concerned*) ध्यान रखनेवाला; 2. (*worried*) चिन्तित; व्याकुल, परेशान; 3. (*eager*) उत्सुक, उत्कंठित, इच्छुक; **~tude,** 1. (*concern*) ध्यान, फ़िक्र*, ख्याल; 2. चिन्ता*; व्याकुलता*, परेशानी*; 3. उत्सुकता*, उत्कण्ठा*। > सॅलिसि/टॅस; ~ट्यूड

solid, 1. (*not liquid, gaseous*) ठोस, घनीभूत; 2. (*not hollow*) ठोस; 3. (*cubic*) घन; 4. (*strongly built*) मज़बूत; टिकाऊ (*lasting*); 5. (*well made*) पक्का, ठोस; 6. (*dense*) घना; 7. (*of arguments*) ठोस, पुष्ट; 8. (*reliable*) ठोस, पक्का, विश्वस्त; 9. (*serious, not trivial*) गंभीर; 10. (*compact*) ठोस, सुसंहत; 11. (*real*) वास्तविक, असली, यथार्थ; 12. (*complete*) पूरा-पूरा, भरपूर; 13. (*without interstices*) निरन्तर, अटूट, अविच्छिन्न; 14. (*of gold*) ख़ालिस, बेमेल, चोखा, खरा; 15. (*uniform, homogeneous*) एक-सा, एक-रूप, एक-समान; 16. (*unanimous*) एकमत, अविभक्त; 17. (*without pauses*) निरन्तर, अखंड, अनवरत; 18. (*three-dimensional*) त्रिविम, घन (*of geometry, angle*); —*n*, 1. पिण्ड, ठोस पदार्थ; 2. (*math.*) घनाकृति*, ठोस। > सॉल्-इड

soli/darity, 1. (*agreement*) पूर्ण एकता*, एकात्मता*, एकप्राणता*; समस्वार्थता*; 2. (*fellow-feeling*) भाईचारा, सहानुभूति*, हमदर्दी*; 3. (*mutual dependence*) परस्पर निर्भरता*; 4. (*holding together*) संहति*; **~dary,** एक, एकप्राण, एकात्म; समस्वार्थ; हमदर्द; परस्परनिर्भर; सुसंहत। > सॉलिडैरिटि; सॉल्-इडॅरि

solidi/fiable, घनीभवनीय; घनीकरणीय; **~fication,** 1. (*becoming*) घनीभवन; दृढ़ीभवन; 2. (*making*) घनीकरण; दृढ़ीकरण; **~fy,** ठोस बनना या बनाना; जमना; जमाना; दृढ़ क०। > सॅलिड्-इफ़ाइअॅबॅल; सॅलिडिफिकेशॅन; सॅलिड्-इफ़ाइ

solidity, 1. (*see* SOLID) ठोसपन; घनत्व; मज़बूती*; सुसंहति*; 2. (*firmness*) दृढ़ता*; 3. (*validity*) प्रामाणिकता*। > सॅलिड्-इटि

solidungular, एकशफ। > सॉलिडॅन्ग्यूलॅ

solifidian, विश्वासमात्रवादी। > सोलिफ़िड्-इॲन

soli/loquize, अपने आप से बातें* क०; स्वगत कहना, स्वगत-कथन क०; **~loquy,** स्वगत, स्वगत-कथन, स्वगतभाषण। > सॅलिलॅ/क्वाइज़, ~क्वि

soliped, एकशफ। > सॉल्-इपे'ड

solipsism, अहंमात्रवाद। > सॅाल्-इप्सिज़्म

solitaire, एक मणि या एक नग वाला आभूषण; एक व्यक्ति के लिए ताश का खेल। > सॉलिटे'ॲ

soli/tarily, अकेले; **~tariness,** अकेलापन; एकाकीपन; **~tary,** *adj.*, 1. (*alone*) अकेला, निःसंग; 2. (*living alone*) एकान्तवासी, एकान्त-सेवी; 3. (*not gregarious*) एकचर, एकल; 4. (*sole, single*) एकमात्र, अकेला; 5. (*lonely*) एकाकी, अकेला; 6. (*remote*) एकान्त; 7. (*uninhabited*) निर्जन, सुनसान, ग़ैर-आबाद; —cell, कालकोठरी*, साँसत-घर; —confine-ment, कालकोठरी* की सज़ा*, क़ैदतनहाई*; —*n.*, एकान्तवासी। > सॉल्/इटॅरिलि, ~इटॅरिनिस, ~इटॅरि

solitude, 1. (*being alone*) अकेलापन; 2. (*loneliness*) एकाकीपन; 3. (*seclusion*) एकान्त; 4. (*lonely place*) एकान्त, निर्जन स्थान, अकेला, तनहाई*। > सॉल्-इ-ट्यूड

solmi/zate, सरगम सुनाना; **~zation,** सरगम। > सॉल्-मि-ज़ेट; सॉल्-मि-ज़े-शॅन

solo, *n.*, एकल वादन, गायन, प्रदर्शन या संगीत-रचना*; —*adj.*, अकेला; एकल; —*adv.*, अकेले; **~ist,** एकल वादक या गायक। > सोलो; सोलोइस्ट

Solomon, सुलेमान, सुलैमान; **~ic,** सुलैमानी। > सॉलॅमन; सॉलॅमॉन्-इक

solstice, अयनांत; summer ~, उत्तर अयनान्त, कर्क-संक्रांति*; winter ~, दक्षिण अयनान्त, मकर-संक्रांति*। > सॉल्-स्टिस

solstitial, अयनान्तिक, अयनान्त-। > सॉल्-स्टिशॅल

solubility, विलेयता*; समाधेयता*। > सॉल्यूबिल्-इटि

soluble, 1. (*dissolvable*) विलेय, विलयशील, घुलनशील; 2. (*solvable*) समाधेय; ~ glass, विलेय कांच। > सॉल्यूबॅल

solus, अकेला। > सोलॅस

solute, विलेय। > सॉल्यूट

solution, 1. (*dissolving*) विलेयन; 2. (*liquid*) घोल; 3. (*math.*) साधन (*method*); हल (*result*); 4. (*of a difficulty*) समाधान; 5. (*explanation, answer*) हल, उत्तर; 6. (*a breaking up*) विघटन; 7. (*rubber* ~) सलूशन, रबड़-घोल। > सॅलूशॅन = सॅल्यूशॅन

solva/bility, समाधेयता*, **~ble,** समाधेय। > सॉलवॅबिल्-इटि; सॉल्वॅबॅल

solve, 1. (*a riddle or problem*) हल क०; 2. (*a difficulty*) समाधान क०; रास्ता निकालना; 3. (*un-ravel*) सुलझाना; खोलना; 4. (*a debt*) चुकाना। > सॉल्व़

solvency, (ऋण) शोध-क्षमता*, सम्पन्नता*। > सॉल्वॅन्सि

solvent, *adj.*, 1. (ऋण) शोधक्षम, सम्पन्न, मालदार, सुस्थित; 2. (*able to dissolve*) विलायक; —*n.*, 1. विलायक (द्रव्य); 2. (*solution*) समाधान। > सॉल्वॅन्ट

somatic, कायिक, दैहिक। > सॅ = सोमैट्-इक

somato/logy, कायिकी*; **~plasm,** कायद्रव्य; **~pleure,** कायस्तर। > सोमॅटॉलॅजि; सोमॅटॅ/प्लैज़्म, ~प्लुॲ

sombre, 1. (*dark, dull*) धुँधला, फीका, मलिन; 2. (*depressing*) निराशाजनक, अंधकारपूर्ण, निरानन्द; 3. (*mentally depressed*) उदास, खिन्न, ग़मगीन। > सॉम्बॅ

sombrero, चौड़े किनारे का टोप। > सॉम्ब्रे'ॲरो

some, *adj.*, कुछ; कोई; काफ़ी, बहुत; *adv.*, कोई, लगभग, क़रीब; —*pron.*, कुछ; कुछ लोग; ~ time, कुछ समय तक; किसी समय, किसी दिन, कभी; ~ day, किसी समय, किसी दिन। > सॅम

some/body, ~one, कोई; बड़ा आदमी; **~how,** किसी तरह*।

somersault, *n.*, 1. कलाबाज़ी*, ढेंकली*, कलैया*; 2. (*fig.*) कायापलट; —*v.*, कलाबाज़ी* खाना, कलैया* मारना; रंग बदलना। > सॅमॅसॉःल्ट

some/thing, कुछ; **~time,** *adv.*, पहले, किसी समय में; —*adj.*, भूतपूर्व, पुराना; **~times,** कभी-कभी, यदा-कदा, जब-तब; **~what,** कुछ-कुछ, ज़रा-सा, किंचित्; **~where,** कहीं।

somite, कायखण्ड। > सोमाइट

somnam/bulant, ~bulist, निद्राचारी; **~bulate, ~bulize,** नींद* में चलना-फिरना; **~bulism,** निद्राचार, निद्राभ्रमण। > सॉम्नैम्ब्यू/लॅन्ट, ~लिस्ट, ~लेट, ~लाइज़, ~लिज़्म

somni/ferous, ~fic, निद्राजनक, स्वापक; **~loquence, ~loquism, ~loquy,** निद्राप्रलाप; **~loquous, ~loquist,** निद्राप्रलापी। > सॉम्-निफ़ॅरॅस, सॅाम्-निफ़्-इक; सॉम्-निलॅ/क्वॅन्स, ~क्विज़्म, ~क्वि, ~क्वॅस, ~क्विस्ट;

somni/pathist, सम्मोहित; **~pathy,** सम्मोहनिद्रा*। > सॉम्-निपॅथिस्ट, सॉम्-निपॅथि

somno/lence, निद्रालुता*; उनींद*; **~lent,** 1. उनींदा; निद्रालु; 2. (*somniferous*) निद्राजनक; **~lism,** सम्मोह-निद्रा*। > सॉम्नॅ/लॅन्स, ~लॅन्ट, ~लिज़्म

son, 1. पुत्र, बेटा; 2. (*descendant*) वंशज; 3. (*product of*) सन्तति*, सन्तान*; bad~, कपूत, कुपुत्र; good~, सपूत, सुपुत्र; ~ of man, मनुष्य का पुत्र; ~ of perdition, विनाश का पुत्र; **~hood, ~ship,** पुत्रत्व; **~-in-law,** दामाद, दमाद, जामाता, जँवई; **~ny,** बेटा। > सॅन

sonancy, घोषत्व। > सोनॅन्सि

sonant, *adj.*, (*n.*), सघोष (वर्ण)। > सोनॅन्ट

sonata, सोनाटा। > सॅ-ना-टॅ

song, 1. (*vocal music*) गाना, गायन; 2. (*of a bird*) बोली*, चहचहाहट*; 3. (*piece*) गीत, गाना; 4. (*poetry*) काव्य, पद्य; 5. (*poem*) कविता*; for a ~, कौड़ी* के मोल; **~ful,** सुरीला, श्रुतिमधुर; **~ster,** 1. गायक, गवैया; 2. (*~bird*) गानेवाला पक्षी; 3. (*poet*) कवि, गीतकार; **~stress,** गायिका*। > सॉन्ग; सॉन्ग्/फ़ुल, ~स्टॅ, ~स्ट्रिस

sonic, ध्वनिक, ध्वनि-। > सॉन्-इक

soniferous, ध्वनिजनक, निनादी, शब्दायमान; 2. (*conveying*) ध्वनिचालक। > सोनिफ़ॅरॅस

sonnet, चतुर्दश-पदी*। > सॉन्-इट

sonometer, स्वरमापी। > सॅ = सो-नॉम्-इ-टॅ

sonorescent, निनादी। > सॉनॅरे'सॅन्ट

sonorific, ध्वनिजनक, शब्दायमान। > सानॅरिफ़्-इक

sonority, निनादिता*; सुरीलापन। > सॅना:र्-इटि = सॅनॉरिटि

sonorous, 1. (*resonant*) अनुनादी, गुंजायमान; 2. (*melodious*) सुरीला; 3. (*imposing*) प्रभावशाली; 4. (*rhetorical*) आडम्बरी, शब्दाडम्बरपूर्ण; 5. (*produced by sound*) ध्वनिज। > सॅना:रॅस = सॉनॅरॅस

soon, 1. (*in a short time*) जल्दी, शीघ्रही, निकट भविष्य में; 2. (*quickly, promptly*) जल्दी, तुरन्त, तत्काल, झट(पट), चटपट, फ़ौरन, अविलंब, अभी, शीघ्र; 3. (*early*) जल्दी, समय से पहले; as~, ~er, I would (~er) as ~ stay here, मुझे यहाँ रहना अधिक पसन्द है, as ~ as, ज्यों ही; no ~er had they gone than, वे चले गए ही थे कि ..., ~er or latter, कभी-न-कभी। > सून

soot, *n.*, काजल, कजली*, कज्जल, कालिख*; *—v.*, काजल लगाना। > सुट

soothe, 1. (*calm*) शान्त क०, प्रशमित क०; 2. (*mitigate*) कम क०; 3. (*satisfy, flatter*) खुश क०; सन्तोष देना। > सूद

soothing, शामक, शमक, उपशामक। > सूद्-इना

soothsay, 1. (*divine*) सगुनाना; 2. (*foretell*) भविष्यवाणी* क०, भविष्य बताना; ~er, सगुनिया, ज्योतिषी, निमित्तज्ञ; भविष्यवक्ता; **~ing,** सगुनौती*; भविष्यवाणी*। > सूथ्/से, ~सेॲ; ~सेइना

sooty, 1. (*of, like soot*) कज्जली; 2. (*covered with soot*) कज्जलित। > सुद्-इ

sop, *n.*, 1. भिगोया निवाला; 2. (*fig.*) मुँह-भराई*; घूस* (*bribe*); *—v.*, 1. (*soak*) भिगोना; डुबाना; 2. (*be wet*) भीग जाना, तर-बतर होना या हो जाना; ~ up, सोख लेना। > सॉप

sophism, कुतर्क, हेत्वाभास, वाक्छल, जल्प। > सॉफ़्-इज़्म

sophist, 1. कुतर्की; 2. (*quibbler*) वितण्डी, वाक्छली। > सॉफ़्-इस्ट

sophis/tic(al), कुतर्कपूर्ण; कुतार्किक; **~ticate,** 1. कुतर्क क०; 2. कृत्रिम, (*artificial*) अथवा दुनियादार (*worldwise*) बना देना; 3. (*mislead*) बहकाना; 4. (*falsify*) बिगाड़ना, विकृत क०; 5. (*adulterate*) मिलावट* क०, खोट* मिलाना; **~ticated,** 1. कृत्रिम; 2. दुनियादार; 3. (*refined*) परिष्कृत; 4. (*well-informed*) सुविज्ञ, विवेकी; 5. (*complex*) जटिल; **~tication,** कृत्रिमता*; दुनियादारी*; कुतर्क; **~try,** कुतर्क। > सॅफ़िस्/टिक, ~टिकॅल, ~टिकेट, ~टिकेटिड; सॅफ़िसटिकेशॅन

sopori/ferous, ~fic, निद्राजनक, स्वापक। > सॉपॅरिफ़/ॲरॅस, ~इक

sopping, तर-बतर। > सॉप्-इना

soppy, 1. तर-बतर; 2. (*sentimental*) भावुक। > सॉप्-इ

soprano, उच्चतम स्वर। > सॅप्रानो

sorbet, शरबत। > सॉ:ब्-इट

sorcerer, 1. जादूगर, ओझा, टोनहाया; अभिचारक; 2. (*fig.*) जादूगर। > सॉ:-सॅ - रॅ

sorceress, जादूगरनी*, टोनहाई*। > सॉ:सॅरिस

sorcery, 1. जादू, टोना, जादूगरी*, जादूटोना; 2. (*black magic*) अभिचार। > सॉ:सॅरि

sordid, 1. (*filthy*) गन्दा, मैला; 2. (*wretched*) फटेहाल, 3. (*disgusting*) घिनावना, घृणित; 4. (*base*) नीच, अधम; 5. (*selfish*) स्वार्थपूर्ण; 6. (*miser*) कंजूस। > सॉ:ड्-इड

sordine, अवमन्दक। > सॉ:डीन

sore, *adj.*, 1. (*painful*) दुखता; 2. (*sad*) दुःखी; 3. (*causing sorrow*) दुःखद; 4. (*disagreeable*) अप्रिय; अरुचिकर; 5. (*irritated*) नाराज़; 6. (*touchy*) चिड़चिड़ा; 7. (*bitter*), कटु *—n.*, 1. घाव, ज़ख्म; फोड़ा, व्रण; 2. (*fig.*) अप्रिय विषय; दुःखद स्मृति*; ~ throat, गल-शोथ; **~ly,** अत्यधिक; बुरी तरह* से; कठोरता* से। > सॉ:; सॉ:लि

sorites, मालानुमान। > सॅराइटीज़

sororicide, भगिनी-हत्या*; भगिनी-हन्ता। > सॅरॉ:र्-इसाइड

sorority, बहन-संघ। > सॅरॉरिटि

sorrel, *adj.*, पिंगल, लाली* लिए हुए भूरा; *—n.*,

खट्टी-मीठी*; red ~, लाल अम्बाड़ी*; Indian ~, अम्ल शाक, चुक्र, चोका। > सॉरॅल

sorrow, *n.*, 1. (*distress*) दु:ख, व्यथा*; क्लेश; 2. (*sadness*) उदासी*, शोक, विषाद; 3. (*regret*) अनुताप; 4. (*misfortune*) विपत्ति*; संकट; 5. (*mourning*) शोक; 6. (*lamentation*) विलाप; —*v.*, दु:खी होना; शोक क० या मनाना; **~ful,** 1. दु:खी; उदास; 2. (*causing sorrow*) दु:खद; दु:खपूर्ण; **~-stricken,** शोक-संतप्त, शोकार्त्त। > सॉरो

sorry, 1. दु:खी; I am ~ that, मुझे खेद है कि; 2. (*of poor quality*) घटिया, निकृष्ट; 3. (*pitiful*) दयनीय; 4. (*shabby*) फटेहाल; 5. (*dismal*) निरानन्द, मनहूस; 6. (*contemptible*) घृणित। > सॉरि

sort, *n.*, 1. (*kind*) क़िस्म*, प्रकार; 2. (*group*) वर्ग; 3. (*manner*) ढंग, रीति*; 4. (*print*) टाइप; of a ~, of ~s, बहुत साधारण; out of ~s, अस्वस्थ; उदास, खिन्न; —*v.*, 1. छाँटना, निबेड़ना; 2. (*select*) छाँटना, चुनना, पसन्द क०; 3. (*harmonize*) से मेल खाना; **~er,** छाँटनेवाला, सार्टर; **~ing,** छँटाई*, छाँट*, निबेड़ा; वर्गीकरण। > सॉ:ट; सॉ:ट्‌/अॅ, ~इन्ग

sortie, 1. (*sally*) धावा, झपट*; 2. (*flight*) उड़ान*। > सॉ:ट्-इ

sortilege, चिट्ठी* डालकर सगुनौती*; रमल। > सॉ:ट्-इ-लिज

sortition, चिट्ठी* डालना। > सॉ:टिशॅन

sorus, 1. सोरस, बीजाणुधानीपुंज; 2. (*cluster*) गुच्छ। > सॉ:रॅस

S O S, *n.*(*v.*), 1. (बेतार का) संकट-संदेश (भेजना); 2. (*fig.*) गोहार*, गुहार* (मारना)। > ए'स्-ओ-ए'स

sostenuto, दीर्घीकृत रूप में। > सॉस्टॅनूटो

sot, *n.*, शराबी, नशेबाज़; *v.*, शराब* पीना; **~tish,** धुत्त, मतवाला; मूर्ख। > सॉट; सॉट्-इश

soteriology, मोक्ष-शास्त्र। > सॉटिअॅरिऑलॅजि

Sothic, लुब्धक-। > सोथ्-इक

sotto voce, धीमे स्वर में। > सॉटो वोचि

soubrette, ढीठ लड़की* या नौकरानी*। > सूब्रे'ट

soucar, sowkar, साहूकार। > साउका

souchong, काली चाय*। > सूचॉन्ग

sough, *n.*, सरसराहट*, सर-सर; *v.*, सरसराना। > सॅफ़

soul, 1. आत्मा*, जीवात्मा*, जीव, अन्तरात्मा*; 2. (*of dead*) आत्मा*, प्रेतात्मा*; 3. (*conscience*) अन्त:-करण; 4. (*animating part, central figure*) प्राण (*pl.*) जान*, जीवन; 5. (*emotional warmth*) भाव, भावात्मकता*; 6. (*sensitivity*) संवेदनशीलता*; सहानुभूति*; 7. (*embodiment*) मूर्तरूप, अवतार; 8. (*personality*) व्यक्तित्व; 9. (*person*) व्यक्ति; **~ful,** भावपूर्ण; **~less,** भावशून्य, निर्भाव; निष्प्राण; **~-destroying, ~-killing,** आत्मा-मारक, जड़ बनानेवाला; **~-searching,** आत्मपरीक्षा*; **~-stir-ring,** मर्मस्पर्शी, भावपूर्ण। > सोल

sound, *n.*, 1. (*noise*) ध्वनि* (*also fig.*), शब्द, नाद, आवाज़*; 2. (*din*) शोर, शोरगुल; 3. (*earshot*) श्रवणसीमा*; 4. (*strait*) जलसंयोजी, जलडमरूमध्य; 5. (*surgeon's probe*) सलाई*; 6. (*air-bladder*) वायु-आशय; —*adv.*, *see* SOUNDLY; —*adj.*, 1. (*healthy*) स्वस्थ, तन्दुरुस्त; 2. (*free from defect*) दुरुस्त, पक्का, बेऐब, सलामत, निर्दोष, अदूषित; 3. (*undamaged*) पूरा, अक्षत; 4. (*correct*) सही; 5. (*well-founded*) ठोस, पक्का, युक्तियुक्त; 6. (*reliable*) विश्वस्त, पक्का; 7. (*capable*) समर्थ; 8. (*prudent*) सावधान (*of person*); विवेकपूर्ण (*of advice etc.*); 9. (*solvent*) ठोस, सुस्थित, ऋण-शोधनक्षम; 10. (*thorough*) पक्का; 11. (*deep, of sleep*) गहरा; —*v.*, 1. (*produce sound*) ध्वनि* निकालना, बजाना; ध्वनि* निकलना, बजना; 2. (*seem*) लगना, मालूम पड़ना, जान पड़ना; प्रतिध्वनित क०; 3. (*express*) व्यक्त क०; फैलाना (*spread about*); 4. (*utter*) उच्चारित क०; 5. (*give notice of*) सूचित क०, घोषित क०; 6. (*test*) जाँचना, परखना; 7. (*examine*) परीक्षा* क०; 8. (*test depth*) थाहना; गहराई* नापना; 9. (*somebody*) मन की थाह* लेना, मन जानने की कोशिश* क०; **~-box,** ध्वनिपेटी*; **~-camera,** ध्वनिलेखी कैमरा। > साउन्ड

sounder, 1. (*telegr.*) ध्वनित्र; 2. (*plumb*) साहुल, पनसाल, थाहमापी। > साउन्ड्-अॅ

sound-film, सवाक् फ़िल्म*, बोलपट।

sounding, *adj.*, 1. (*making sound*) शब्दायमान; 2. (*resonant*) अनुनादी, गुंजायमान; 3. (*imposing*) प्रभावशाली; 4. (*bombastic*) शब्दाडम्बरपूर्ण, आडम्बरी; —*n.*, 1. (*probing*) जाँच*; 2. (*of depth*) गंभीरता-मापन; 3. (*of atmosphere*) परिज्ञापन; 4. (*depth*) गंभीरता-माप; थाह*; **~-balloon,** परिज्ञापी बैलून; **~-board,** ध्वनि-तख्ता। > साउन्ड्-इन्ग

sound/less, निश्शब्द; **~ly,** अच्छी तरह*, भली-भाँति*, बख़ूबी; ख़ूब, पूरी तरह*; ठीक ही; sleep—, गहरी नींद* सोना; **~-proof,** ध्वनिरोधी; **~-track,** ध्वनि-पट्टी*; **~-wave,** ध्वनि-तरंग*।

soup, शोरबा; रसा, झोल; **~y,** झोलदार, रसेदार। > सूप

soupcon (*trace*), पुट। > सूप्सों

sour, *adj.*, 1. (*taste*) खट्टा; अम्ल (*acid*); 2. (*embittered*) कटु; 3. (*peevish*) चिड़चिड़ा; 4. (*harsh*) रूखा, कड़ा; 5. (*unpleasant*) अप्रिय; 6. (*dank*) गीला; —*v.*, खट्टा (कटु ¨ *see adj.*) बनना या बनाना; **~ness,** खट्टापन; कटुता*; —*n.*, खट्टा पेय; कटु अनुभव। > साउअॅ

source, 1. (*origin*) स्रोत, उद्गम; 2. (*of river*) उद्गम;

3. (*spring*) झरना, सोता; 4. (*primary cause*) मूल कारण; जड़* (*root*); 5. (*authority*) प्रमाण, आधार; 6. (*of news*) सूत्र; 7. (*of lit. work*) स्रोत; **~-book,** प्रलेख-ग्रन्थ। > सॉ:स

sour/grass, सन्धूर; **~-sop,** अन्त।

souse, *n.*, 1. (*pickle*) अचार; 2. (*brine*) लवण-जल; 3. (सूअर के) गोश्त का अचार; 4. (*dip*) डुबकी*; —*v.*, अचार में रखना; पान में डुबाना, भिगोना; पर पानी डालना; —*adv.*, 1. अचानक; 2. (*headlong*) अंधाधुन्ध। > साउस

soutache, फ़ीता। > सूताश

soutane, चोग़ा। > सूतान

south, *n.*, दक्षिण, दक्खिन (*also region*); —*adj.*, दक्षिणी; दक्षिणाभिमुख; —*adv.*, दक्षिण की ओर*; —*v.*, दक्षिण की ओर* जाना; **~-east,** *n.*, दक्षिण-पूर्व, अग्निकोण, अग्नेयी*; —*adj.*, दक्षिण-पूर्व; —*adv.*, दक्षिण-पूर्व की ओर* (से)। > साउथ; साउथ्-ईस्ट

south/-easter, दक्षिण-पूर्वी पवन या हवा*; **~-easterly, ~-eastern,** दक्षिण-पूर्वी(य)। > साउथ्-ईस्/टॅ, ~टॅलि, ~टॅन

souther, दक्षिणी पवन या हवा*, दखिना, दक्षिणावह; दखिनहरा; **~ly,** दक्षिण। > साउथ्-अॅ; सॅदॅलि

southern, *adj.*, दक्षिणी, दक्खिनी; *n.*, दक्खिनी; ~ cross, क्रक्स, त्रिशंकु; ~ crown, दक्षिण किरीट; ~ lights, दक्षिण ध्रुवीय ज्योति*; **~er,** दक्षिण का रहनेवाला, दक्खिनी। > सॅदॅन; सॅ-दॅ-नॅ

southing, दक्षिण-गमन; दक्षिणान्तर। > साउथ्-इन्ग = साउद्-इन्ग

south/ward, *adj.*, दक्षिणी; दक्षिणाभिमुख; —*adv.*, **~s,** दक्षिण की ओर*; **~-west,** —*n.*, दक्षिण-पश्चिम; नैर्ऋत्य; —*adj.*, दक्षिण-पश्चिमी; *adv.*, दक्षिण-पश्चिम की ओर* (से)। > साउथ्/वॅड, ~वॅड्ज़, ~वे'स्ट

south/-wester (sou'wester), दक्षिण-पश्चिमी पवन या हवा*; **~-westerly, ~-western,** दक्षिण-पश्चिमी। > साउथ्वे'स्/टॅ (साउवे'स्/टॅ) साउथ्वे'स्/टॅलि, ~टॅन

souvenir, निशानी*, यादगार*, स्मृतिचिह्न; स्मारिका* (*esp. in book form*)। > सूवॅनिअॅ

sovereign, *adj.*, 1. (*chief*) प्रधान, परम, सर्वश्रेष्ठ; 2. (*independent*) प्रभुसत्ता-सम्पन्न, प्रभुसत्ताक, सर्वसत्ताक; ~ state, प्रभु-राज्य; 3. (*ruling*) शासक; 4. (*royal*) राजकीय; 5. (*excellent*) बढ़िया, उत्तम; रामबाण (*of remedy*); 6. ~ contempt, घोर अवज्ञा*; —*n.*, 1. अधिराट्, अधिराज; शासक; 2. (*coin*) स्वर्ण-मुद्रा*, अशरफ़ी*; **~ty,** प्रभुसत्ता*, सर्वसत्ता*, प्रभुत्व, आधिपत्य, आधिराज्य। > सॉव्/रिन, ~रॅन्-टि

soviet, *n.*, 1. पंचायत*; 2. (*council*) समिति*, परिषद्*; —*adj.*, पंचायती; रूसी; **~ism,** पंचायत-राज्य; साम्यवाद; **~ize,** पंचायत-राज्य स्थापित क०; साम्यवादी बनाना। > सोव्-इ/ए'ट, ए'टिज़्म, ए'टाइज़

sow[1], बोना (*also fig.*); 2. (*scatter*) छितराना; 3. (*spread*) फैलाना; 4. (*implant*) रोपना; 5. (*inculcate*) मन में बैठाना; **~er,** 1. बीज बोने वाला, वापक; 2. (*mech.*) वपित्र; **~ing,** बोआई*, बोनी*, बुआई*, वपन, वापन। > सो; सोअॅ; सोइन्ग

sow[2], 1. सूअरी*, शूकरी*, वराही*; 2. (*trough*) नाली*; 3. (*of iron*) लोहपिण्ड; 4. (*~-bug*) काष्ठ-यूका*; **~back,** बालू की मेंड़*। > साउ

soya bean, सोयाबीन, भठमाष। > सॉइ-अॅबीन

sozzled, धुत्त, नशे में चूर। > सॉज़ॅल्ड

spa, स्पा, सखनिज-झरना (का स्थान)। > स्पा

space, *n.*, 1. (*of universe*) आकाश, अन्तरिक्ष; ~ and time, दिक्काल, आकाश और काल; 2. (*dis-tance*) दूरी*, अन्तर, फ़ासला; 3. (*interval, in space or time*) अन्तराल; 4. (*period of time*) समय; 5. (*room*) जगह*, स्थान; गुंजाइश*; —*adj.*, आकाशीय; —*v.*, अन्तर पर रखना, बीच में स्थान छोड़ना; ~ craft, ~ ship, अंतरिक्षयान; ~ flight, अंतरिक्ष उड़ान*; ~ travel, अंतरिक्ष-यात्रा*; **~-bar, ~r,** अन्तर-छड़, अन्तरक; **~man,** अंतरिक्षयात्री; **~time,** दिक्काल। > स्पेस

spacing, अन्तरालन, अंतरण। > स्पेसिन्ग

spacious, लम्बा-चौड़ा, विस्तृत, बड़ा, **~ness,** विस्तार। > स्पेशॅस

spade, *n.*, 1. (*tool*) खनित्र, बेल; फावड़ा (*also mattock*); कुदाल*; 2. (*card*) हुकुम का पत्ता; —*v.*, खोदना; call a ~ a ~, खरी बात* कहना, साफ़-साफ़ सुनाना, खरी खरी सुनाना; **~-work,** तैयारी* का काम। > स्पेड

spadille, हुकुम का इक्का। > स्पॅडिल

spall, *n.*, 1. (*of stone*) कत्तल; 2. (*of wood*) चैला, चैली*; —*v.*, 1. टुकड़े-टुकड़े हो जाना; 2. (*break up*) तोड़ना। > स्पॉ:ल

span, *n.*, 1. (*hand ~*) बित्ता, वितस्ति*, बालिश्त; 2. (*breadth*) चौड़ाई*, फैलाव, पाट; 3. (*extent*) विस्तार, विस्तृति*, वितति*; 4. (*space of time*) अवधि*; अल्पकाल, अल्पावधि*; 5. (*team of animals*) जोड़ी*; —*v.*, 1. (*extend across*) आर-पार फैला होना; 2. पर पुल बाँधना; पर मेहराब* बनाना; 3. (*fig.*) पार कर जाना, फैला होना; 4. (*with hand*) हाथ से नापना; हाथ से ढक लेना; ~ roof, दुढालू छत*। > स्पैन

spancel, *n.*, पिछाड़ी*, छाँद*; *v.*, छाँदना। > स्पैन्-सॅल

spandrel, चाप-स्कंध। > स्पैन्-ड्रॅल

spangle, *n.*(*v.*) सितारा (लगाना), चमकी*। > स्पैन्ग्-गॅल

spank, *v.*, 1. (चूतड़ पर) थप्पड़ मारना; 2. (*of horse, ship*) तेज़ी* से चलना; —*n.*, थप्पड़; **~er,** तेज़ घोड़ा; **~ing,** पिटाई*; पिटंत*, मार*। > स्पैन्क; **स्पैन्क्**/अॅ, ~इन्ग

spanner, स्पैनर, पाना। > **स्पैन्**-अॅ

spar, *n.*, 1. (*pole*) डण्डा, बल्ला; बम (*of vehicle*); 2. (*mast*) मस्तूल; 3. (*mineral*) स्पार; 4. (*boxing*) मुक्केबाज़ी* (का अभ्यास); 5. (*argument*) वाद-विवाद; 6. (*cockfight*) डंका; —*v.*, मुकेबाज़ी* (का अभ्यास) क०; विवाद क०, लड़ना। > स्पा

sparable, छोटी (बिना सिरे की) कील*। > **स्पैरॅबॅल**

spare, *adj.*, 1. (*meagre*) कम, अल्प, अपर्याप्त; 2. (*lean*) दुबला; 3. (*extra*) अतिरिक्त, फ़ालतू (*not in use*); ~ time, खाली वक़्त, अवकाश, फ़ुरसत*; —*n.*, (~ *part*), अतिरिक्त या फ़ालतू पुरज़ा; —*v.*, 1. (*save*) बचाना, से बचा रखना; 2. (*refrain from*) नहीं क०, से रहना; 3. (*be merciful*) दया* क०; छोड़ देना; माफ़ क०; 4. (*use little*) किफ़ायत* से या कम उपयोग क०, काम में लाना या लगाना; 5. (*dispense with*) छोड़ देना, के बिना काम चलाना; 6. (*give*) दे देना, दे सकना; **~ly,** कम; किफ़ायत* से। > स्पे'अॅ

sparing, 1. (*scanty*) कम, अपर्याप्त; 2. (*frugal*) मितव्ययी। > **स्पे'अॅर्**-इन्ग

spark, 1. (*of fire*) चिनगारी*, स्फुलिंग, अग्निकण; 2. (*electr.*) स्फुलिंग; 3. (*of wit*) चुटकुला, लतीफ़ा, सूक्ति*; 4. (*brilliance*) चमक*, दमक*; 5. (*vitality*) प्राण, जान*, ओज, स्फूर्ति*; 6. (*trace*) लव-लेश; 7. (*person*) बाँका, छैला, रसिया; रमणीरंजक (*gallant*); —*v.*, 1. (से) चिनगारियाँ* या स्फुलिंग निकलना या छूटना; 2. (*ignite*) ज्वलित क०; 3. (*stir*) में प्राण डालना; 4. (*cause*) का कारण बनना; **~(ing)-plug,** स्फुलिंग-प्लग। > स्पाक

sparkish, छबीला, बाँका। > **स्पाक्**-इश

sparkle, *v.*, 1. चिनगारियाँ* निकालना; 2. (*glitter*) चमकना, झिलमिलाना; 3. (*twinkle*) टिमटिमाना; 4. (*effervesce*) बुदबुदाना; —*n.*, 1. चिनगारी*; 2. चमक*; 3. (*liveliness*) स्फूर्ति*, ज़िन्दादिली*, उल्लास। > **स्पार्कल**

sparkling, 1. बुदबुददार, बुल्लेदार, बुदबुदाने-वाला; 2. चमकदार; 3. (*witty*) वाग्विदग्ध; 4. (*lively*) ज़िन्दादिल। > **स्पाक्**-लिन्ग

sparrow, गौरा, गौरैया*, चिड़ा, चिड़ी*, चटक, चटका*; **~-hawk,** गौरहिवा शिकरा। > **स्पैरो**

sparse, 1. (*not dense*) विरल; 2. (*scattered*) छितरा, बिखरा, विकीर्ण; 3. (*sporadic*) छुटपुट; 4. (*scanty*) अपर्याप्त, नपा-तुला। > स्पास

spartan, स्पार्ती, सादा और कठोर (*of life*); तितिक्षु (*of person*)। > **स्पार्टन**

spasm, 1. (*contraction*) अतिसंकुचन, जकड़*; 2. (*convulsion*) ऐंठन*, उद्वेष्ट, आकर्ष; 3. (*burst*) लहर*, दौरा; **~odic,** 1. आकर्षी; 2. (*irregular*) अनियमित; 3. (*fitful*) तरंगी। > स्पैज़्म; **स्पैज़्मॉड्**-इक

spastic, 1. (*spasmodic*) आकर्षी; 2. मस्तिष्क-संस्तम्भ से आक्रान्त, संस्तंभी। > **स्पैस्**-टिक

spat, *n.*, 1. शंखमीन का जलांडक; 2. (*pl.*) गुल्फत्राण; —*v.*, अण्डे देना। > स्पैट

spate, बाढ़* (*also fig.*)। > स्पेट

spatial, 1. आकाशीय; 2. (*of coordinates*) स्थानिक, स्थान-; 3. त्रिविम। > **स्पेशॅल**

spatter, 1. (*sprinkle*) छिड़कना, छींटना; 2. (*with mud*) कीचड़ उछालना; 3. (*slander*) कलंक लगाना, बदनाम क०; 4. (*v.i.*) छिटकना; —*n.*, 1. छिड़काव; छिड़काई*; 2. (*noise*) पड़पड़ाहट*। > **स्पैट्**-अॅ

spatula, स्पैचुला। > **स्पैट्**-यू-लॅ

spavin, 1. (*bog ~*) मोथरा; 2. (*bone ~*) हड्डा; **~ed,** लँगड़ा। > **स्पैव्**/इन, ~इन्ड

spawn, *n.*, 1. (*of fish*) जलांडक; 2. (*off-spring*) संतान*; 3. (*mycelium*) कवकजाल; —*v.*, अण्डे देना; पैदा क०; पैदा हो जाना; **~ing,** अण्डजनन। > स्पॉ:न, **स्पॉ:न्**-इन्ग

spay, अण्डाशय-उच्छेदन क०। > स्पे

speak, 1. (*talk*) बोलना; 2. (*converse*) बोलना, बातचीत* क०; 3. (*discourse*) भाषण देना; 4. (*express*) व्यक्त क०, बताना, बतलाना, कहना, बोलना; 5. (*a language*) बोलना, 6. (*a ship*) को संबोधित क०; संकेत भेजना, 7. (*of mus. instrum.*) बजना, बोलना; 8. (*of dog*) भौंकना; 9. (*of guns*) दगना; nothing to ~ of, नहीं के बराबर; so to ~, एक प्रकार से; अर्थात् ~ volumes, का अत्यधिक महत्त्व रखना; का प्रबल प्रमाण उपस्थित क०; ~ well for, का प्रमाण देना, के पक्ष में अच्छा होना या रहना; ~ for, की ओर* से बोलना, का प्रवक्ता होना; का प्रमाण देना; **~ of,** का उल्लेख क०, की चर्चा* क०; **~ out, ~ up,** 1. (*plainly*) खरी-खरी सुनाना; साफ़-साफ़ सुनाना; 2. (*clearly*) साफ़-साफ़ बोलना, स्पष्ट बोलना; 3. (*loudly*) ज़ोर से बोलना; **~ to,** की गवाही* देना; के विषय में बोलना। > स्पीक

speaker, 1. बोलनेवाला, वक्ता; 2. (*orator*) वक्ता; 3. (*of parliament*) अध्यक्ष। > **स्पीक्**-अॅ

speaking, *n.*, 1. (*act*) कथन, कहना, बोली*; 2. (*art*) वाक्पटुता*, वाग्मिता*; 3. (*utterance*) कथन, उक्ति*, 4. (*speech*) भाषण, व्याख्यान, वक्तृता*; —*adj.*, बोलनेवाला; सजीव, जीता-जागता; strictly ~, सही अर्थ में; roughly ~, मोटे तौर पर; ~ acquaintance, बोलचाल* (भर) का संबंध; he is a ~ acquaintance, उससे मेरी बोलचाल* है; I am not on ~ terms with him, उससे मेरी

बोलचाल* नहीं है; उससे मेरी बोलचाल* बन्द है; **~-trumpet,** ध्वनिप्रवर्धी, भोंपू; **~-tube,** बतनाल*। > स्पीक्-इन्ग

spear, *n.*, बरछा, भाला, कुन्त; बरछी*; *—v.t.*, छेदना, भाला मारना; *—v.i.*, लंबा तना बनना या बढ़ना*; ~ grass, खेर, लुम्पा; ~ side, पितृकुल, पितृपक्ष; **~head,** *n.*, 1. (*of spear*) नोक*; 2. (*of army*) सेनामुख, हरावल; 3. (*leaders*) नेतागण, अग्रणी; *—v.*, नेतृत्व क०, अगुआई* क०; **~man,** बरछैत, भालाबरदार; **~mint,** पुदीना। > स्पिअॅ

special, 1. (*peculiar, particular*) विशेष, खास; 2. (*not common*) असामान्य, असाधारण; 3. (*exceptional, special*) विशेष, विशिष्ट; 4. (*extra*) अतिरिक्त, विशेष; 5. (*unusually good*) उत्कृष्ट, असाधारण; ~ number, विशेषांक; ~ pleading, 1. विशेष अभिवचन; 2. (*quib-bling*) वितण्डा*, वाक्छल; **~ism,** विशिष्टी-करण; विशेषता*; **~ist,** विशेषज्ञ*; **~ity,** विशेषता*; विशेष विषय। > स्पे 'शॅल; स्पे 'शॅ/लिज़्म, ~लिस्ट; स्पेशिएल्-इटि

special/ization, 1. विशिष्टीकरण; 2. (*state*) विशेषज्ञता*; 3. (*of meaning*) अर्थसंकोच; **~ize,** विशेष अध्ययन क०, विशेषज्ञ बनना; विशेष प्रयोजन के लिए अलग क०, रूपान्तरित क०, अनुकूल बनाना या बन जाना, विशेष, विशिष्ट या सुनिश्चित कर देना या बन जाना, विशेषित क०; सीमित कर देना। > स्पे 'शॅ/लाइज़े शॅन, ~लाइज़

special/ly, विशेष रूप से, खास कर, खास तौर से; **~ty,** 1. विशेषता*; 2. विशेष विषय; 3. (*sealed contract*) मुद्रांकित संविदा*। > स्पे 'शॅलि; स्पे 'शॅल्-टि

speciation, जाति-उद्भवन। > स्पीशिए शॅन

specie, सिक्का, सोना-चाँदी*। > स्पीशी

species, 1. (*science*) जाति*; 2. (*sort*) प्रकार, क़िस्म*; 3. (*class*) वर्ग; 4. (*shape*) आकार; 5. (*appearance*) रूप-रंग; the ~, our ~, मानव जाति*; sacred ~, परम-प्रसाद; 6. (*logic*) उपजाति*। > स्पीशीज़

specifiable, (वि)निर्देशनीय। > स्पे 'सिफ़ाइअॅबॅल

specific, *adj.*, 1. (*particular*) विशिष्ट, विशेष; 2. (*of a species*) जातिगत; 3. (*definite*) (सु)निश्चित, सुस्पष्ट; ~gravity, आपेक्षिक या विशिष्ट घनत्व; *—n.*, इलाज, औषध*; **~ally,** विशेष रूप से; **~ation,** 1. (*act*) विनिर्देशन; 2. (*description*) विनिर्देश, विशेष विवरण; **~ity,** विशिष्टता*। > स्पिसिफ़्/इक, ~इकॅलि; स्पे 'सिफ़िकेशॅन; स्पे 'सिफ़िसिटि

specify, विशेष रूप से उल्लेख क०; ब्योरा देना, विशेष विवरण देना; एक-एक करके बता देना, अलग-अलग उल्लेख क०; नाम लेना, नाम लेकर बताना; शर्त* रखना। > स्पे 'सिफ़ाइ

specimen, 1. नमूना, निदर्श; 2. (*in trade*) बानगी*, नमूना; 3. अनोखा व्यक्ति। > स्पे 'सिमिन

speciology, जाति-उद्भव-विज्ञान। > स्पीसिऑलॅजि

speciosity, सत्याभास। > स्पीसिऑस्-इटि

specious, 1. (*false*) सत्याभासी; 2. (*superficially attractive*) ऊपर से आकर्षक या रमणीय; 3. निरर्थक। > स्पीशॅस

speck, *n.*, 1. (*stain*) धब्बा, दाग़; 2. (*dot*) बिन्दु, चित्ती*; 3. (*particles*) कण, कणिका*; *—v.*, बिन्दु लगाना। > स्पे 'क

speckle, चित्ती*; **~d,** चित्तीदार। > स्पे 'कॅल; स्पे 'कॅल्ड

spectacle, 1. (*show*) प्रदर्शन, तमाशा; 2. (*pageant*) चमत्कारिक या शानदार प्रदर्शन, समारोह; 3. (*exhibition*) प्रदर्शनी*; 4. (*sight*) भव्य या प्रभावशाली दृश्य; 5. (*ridiculous sight*) तमाशा; 6. (*pl., also fig.*) चश्मा, ऐनक*; **~d,** 1. चश्माधारी, चश्मा लगाए हुए; 2. (*of animals*) चश्मेदार। > स्पेक्टॅ/कॅल, ~कॅल्ड

spectacular, 1. (*impressive*) प्रभावशाली; भव्य, शानदार; 2. (*amazing*) अपूर्व, चमत्कारिक, आश्चर्य-जनक; 3. (*showy*) आडम्बरपूर्ण, भड़कीला, दिखाऊ; आडम्बरप्रिय, आडम्बरी (*of person*)। > स्पे 'क्टैक्यूलॅ

spectator, दर्शक, प्रेक्षक। > स्पे 'क्-टेट्-अॅ

spectatrix, दर्शिका*। > स्पे 'क्-टेट्-रिस

spectral, 1. स्पेक्ट्रमी, वर्णक्रमीय; 2. (*of or like ghosts*) भूत का; भूत जैसा, प्रेततुल्य। > स्पे 'क्ट्रॅल

spectre, 1. भूत, प्रेत; 2. (*fig.*) काली छाया*। > स्पे 'क्-टॅ

spectro/gram[1]; **~graph**[2]; **~meter**[3]; **~metry**[4]; **~scope**[5]; **~scopy**[6], स्पेक्ट्रम/चित्र[1], ~लेखी[2], ~मापी[3], ~मिति*[4], ~दर्शी[5], ~विज्ञान[6]। > स्पे 'क्ट्रॅ/ग्रैम्, ~ग्राफ़, ~स्कोप; स्पे 'क्ट्रॉम्/इटॅ, ~इट्रि; स्पे 'क्ट्रॉसकॅपि

spectroscopic, स्पेक्ट्रमी। > स्पे 'क्ट्रॅस्कॉप्-इक

spectrum, 1. स्पेक्ट्रम, वर्णक्रम; 2. (*on the retina*) परछाईं*, प्रतिबिम्ब। > स्पे 'क्ट्रॅम

specular, 1. (*reflecting*) परावर्तक; 2. (*shining*) चमकीला। > स्पे 'क्यूलॅ

specu/late, 1. (*ponder*) चिन्तन क०; 2. (*conjecture*) अटकलबाज़ी* क०, अन्दाज़ लगाना; 3. (*comm.*) सट्टेबाज़ी* क०, सट्टा क०; **~lation,** चिन्तन; अटकलबाज़ी, निराधार कल्पना*, अनुमान मात्र; सट्टा, फाटका, खेला*, सट्टेबाज़ी*; **~lative,** 1. (*characterized by reflection*) मीमांसात्मक; 2. (*theoreti-cal*) सैद्धान्तिक; 3. (*unpractical*)

अव्यावहारिक; 4. (*fond of reflection*) चिन्तनशील, 5. सट्टा-, सट्टे का; 6. (*uncertain*) अनिश्चित, संदिग्ध; **~lator,** चिन्तक, अटकलबाज़, सटोरिया, सट्टेबाज़। > स्पे 'क्यूलेट; स्पे 'क्यूलेशॅन; स्पे 'क्यू/लॅटिव, ~ले-टॅ

speculum, 1. (*mirror*) दर्पण; 2. (*reflector*) परावर्तक; 3. (*med.*) वीक्षण-यन्त्र; 4. (*zool.*) चित्ती*। > स्पे 'क्यूलॅम

speech, 1. (*faculty*) वाणी*; 2. (*act*) कथन, बोली*; 3. (*way*) बोली*; 4. (*remark*) बात*, कथन, उक्ति*; वाक्*; 5. (*language*) भाषा*; 6. (*discourse*) भाषण, व्याख्यान; **~-day,** पुरस्कार-वितरण; **~-reading,** ओष्ठ-पठन; **~-sound,** वाग्ध्वनि*; **~-therapy,** वाणी-सुधार; **~-tract,** वाग्यन्त्र; **~-training,** वक्तृत्व-शिक्षण। > स्पीच

speechi/fication, भाषणबाज़ी*; **~fier,** भाषणबाज़; **~fy,** भाषणबाज़ी* क०, लम्बा-चौड़ा भाषण देना। > स्पीचिफ़िकेशॅन; स्पीच्-इ/फ़ाइ-अॅ, ~फ़ाइ

speechless, 1. अवाक्; 2. (*dumb*) गूँगा, मूक; 3. (*silent*) मौन; 4. (*amazed*) हक्का-बक्का, भौचक्का। > स्पीच्-लिस

speed, *n.*, 1. (*rate of movement*) चाल*, रफ़्तार*; 2. (*of lens*) क्षिप्रता*; 3. (*swiftness*) तेज़ी*, शीघ्रता*, द्रुतगति*, त्वरा*, जल्दी*; —*v.*, तेज़ी* से चलना, जल्दी* क०; अधिक तेज़ी* से चलना, चाल-सीमा* से तेज़ चलना; **~ up,** चाल* या गति* बढ़ाना; **~er,** तेज़ चलनेवाला, त्वरक; चालनियंत्रक; **~ily,** जल्दी, जल्द, शीघ्रता* से, शीघ्र; **~-limit,** गति-सीमा*, **~ometer,** चालमापी; **~y,** 1. (*rapid*) तेज़, द्रुत(गामी); 2. (*prompt*) शीघ्र, अचिर; तत्काल, तात्कालिक। > स्पीड; स्पीड्-अॅ; स्पीडॉम्-इटॅ; स्पीड्-इ

spel(a)eology, गुहा-विज्ञान। > स्पे' = स्पी-लिऑलॅजि

spell[1], 1. (*magical formula*) मंत्र, मंत्रतंत्र; 2. (*magical power*) माया*, जादू; 3. (*fascination*) मोहनी*; सम्मोहन, वशीकरण; आकर्षण; cast a ~, जोदू या मोहनी* डालना; मोहित क०, वशीभूत क०; under a ~, **~bound,** मोहित, मंत्र-मुग्ध; **~binder,** मंत्र-मुग्ध करनेवाला वक्ता। > स्पे 'ल

spell[2], 1. (*turn*) दौर (*also of specified activity or weather*); पारी*, बारी*; 2. (*fit*) दौरा; 3. (*period*) अवधि*, समय। > स्पे 'ल

spell[3], 1. (ठीक) हिज्जे क०; 2. (*have as consequence*) से परिणाम निकलना; 3. (*signify*) अर्थ होना, सूचित क०। > स्पे 'ल

spelling, वर्तनी*, हिज्जे, वर्णविन्यास, अक्षरी*; **~-bee,** वर्तनी-प्रतियोगिता*। > स्पेल्-इन्ग

spelt, गेहूँ। > स्पे 'ल्ट

spelter, स्पेल्टर, जस्ता। > स्पे 'ल्टॅ

spencer, 1. जाकेट*; 2. (*trysail*) पाल (विशेष)। > स्पे 'न्-सॅ

spend, 1. (*money*) खर्च क०, व्यय क०; 2. (*consume*) व्यय क०, खर्च कर डालना; स्मात्त क०; 3. (*be consumed*) व्यय या ख़र्च हो जाना; 4. (*time*) बिताना, व्यतीत क०, गुज़ारना; 5. (*give*) दे देना; 6. (*waste*) गँवाना; 7. (*lose*) खोना; **~er, ~thrift,** अपव्ययी, उड़ाऊ, फुजूलख़र्च, फ़ैलसूफ़। > स्पे 'न्ड; स्पेन्ड्/अॅ, ~थ्रिफ़्ट

spent, 1. खर्च किया हुआ; 2. (*tired out*) थका-माँदा; 3. (*used up, of acid etc.*) भुक्तशेष। > स्पे 'न्ट

sperm, शुक्र; शुक्राणु; **~aceti,** स्पर्मेसेटी; **~ary,** शुक्रग्रन्थि*; **~atic,** शुक्र-। > स्पॅ:म; स्पॅ:मॅ-सीट्-इ = से 'ट्-इ; स्पॅ:मॅरि; स्पॅ:मैट्-इक

spermato/genesis, शुक्र-जनन; **~zoon,** शुक्राणु; **~cyte,** शुक्राणु-कोशिका*। > स्पॅ:मॅटॅजे 'न्-इसिस; स्पॅ:मॅटॅज़ोऑन

sperm-whale, मोमी-तिमि। > स्पॅ:म्वेल

spew, उगलना। > स्प्यू

sphacelate, गलना; गलाना। > स्फ़ैसिलेट

sphagnum, स्फ़ैग्नम। > स्फ़ैग्नॅम

sphenogram, कीलाक्षर। > स्फ़ीनॅग्रैम

sphenoid, (*wedge-shaped*), फान-रूप; ~ bone, जातूकास्थि*; **~al,** जातूक-। > स्फ़ीनॉइड; स्फ़ीनॉइडॅल

sphere, 1. (*globe*) गोला, गोल; 2. (*field*) क्षेत्र; 3. (*star*) तारा; 4. (*planet*) ग्रह; celestial ~, खगोल। > सिफ़अॅ

spheric, ~al, 1. (*in shape*) गोल, गोलाकार; 2. (*of sphere*) गोलीय; **~s,** गोलीय ज्यामिति* (*geometry*); गोलीय त्रिकोणमिति* (*trigonometry*)। > स्फ़े '/रिक, ~रिकॅल, ~रिक्स

sphericity, गोलाई*। > स्फ़े 'रिसिटि

spheroid(al), गोलाभ। > सिफ़अॅरॉइड

spherometer, गोलाईमापी। > सिफ़अॅरॉम्-इटॅ

spherule, गोलक, गोली*। > स्फ़े 'रूल

sphincter, अवरोधिनी*। > सिफ़न्क्-टॅ

sphinx, 1. स्फ़िन्क्स (नारसिंही मूर्ति*); 2. (*enigmatic person*) रहस्यमय व्यक्ति; 3. (*hawkmoth*) जमुहाँ; **~-like,** रहस्यमय। > स्फ़िन्क्स

sphragistics, (उत्कीर्ण) मुद्रा-विज्ञान। > स्फ़्रॅजिस्-टिक्स

sphygmometer, नाड़ीमापी। > स्फ़िग्मॉम्-इटॅ

sphygmus, नाड़ी-स्पन्द; स्पन्दन। > स्फ़िग्मॅस

spica, 1. (*bot.*) स्पाइक; 2. (S.) चित्रा*; **~te,** स्पाइकी। > स्पाइक्/अॅ, ~इट

spice, *n.*, 1. मसाला; 2. (*flavour*) गंध*; 3. (*trace*) पुट; —*v.*, 1. छौंकना, बघारना, मसाला डालना; 2. (*fig.*) मज़ेदार बनाना; **~ry,** मसाले।
> स्पाइस, **स्पाइसॅरि**

spick and span, 1. बना-ठना; 2. (*brand-new*) अभिनव। > स्पिक

spicu/lar, ~late, 1. कंटकी, काँटेदार; 2. (*needle-like*) सूच्याकार। > **स्पिक्**/यलॅ, ~यूलिट

spicule, कंटिका*। > **स्पिक्**यूल

spicy, 1. (*of food*) मसालेदार, चरपरा; 2. (*pungent*) तिक्त, तीखा; 3. (*poignant*) मज़ेदार, दिलचस्प, चटकीला; 4. (*aromatic*) सुरभित, सुगन्धित, खुशबूदार। > **स्पाइसि**

spider, मकड़ी*, लूता*, **~y,** 1. मकड़ी* का, मकड़ी-जैसा, मकड़ी-भरा; 2. लम्बा-पतला, सींकिया*। > **स्पाइड्**/अॅ, ~ऑरि

spigot, 1. (*plug*) डाट*; 2. (*faucet*) टोंटी*। > स्पिगॅट

spike, 1. (*sharp point*) नोक*; 2. (*large nail*) कीला; 3. (*on shoes*) कील*; 4. (*pointed rod*) नुकीला छड़; 5. (*ear of corn*) बाल*, बाली*; 6. (*bot.*) स्पाइक; —*v.*, 1. कील* लगाना; 2. (*pierce*) छेदित क०, छेदना, भेदन क०; 3. (*make useless*) व्यर्थ कर देना, बिगाड़ देना; **~d,** कीलदार; **~let,** (*bot.*) शूकिका*। > स्पाइक

spikenard, जटामांसी*, बालछड़। > **स्पाइक्**नाड

spiky, 1. (*pointed*) नुकीला; 2. (*with spike*) कीलित; 3. (*bot.*) स्पाइकी; 4. (*fig.*) कट्टर (*unyielding*); टेढ़ा (*difficult*); कठोर (*hard*)। > **स्पाइक्**-इ

spile, 1. (*spigot*) डाट*; 2. (*stake*) खूँट। > स्पाइल

spiling, खूँटों का घेरा। > **स्पाइल्**-इन्ग

spill, *v.*, 1. (*of liquid*) छलकना (*v.i.*); छलकाना (*v.t.*); 2. (*fall*) गिर जाना; 3. (*make fall*) गिरा देना; 4. (*scatter*) बिखर जाना; (*v.i.*); बिखेरना, छितराना (*v.t.*); 5. (*a sail*) से हवा* निकालना; 6. (*blood*) बहाना; —*n.*, 1. (*to light a candle etc.*) शलाका*, (कागज़ या लकड़ी की) बत्ती*; 2. (*fall*) गिराव, गिरावट*। > स्पिल

spillikin, छिपटी*, खपची*। > **स्पिल्**-इकिन

spillway, उत्प्लव-मार्ग। > **स्पिल्**वे

spin, *v.*, 1. (*thread*) कातना; 2. (*a web etc.*) बुनना, बुनाना; 3. (*compose*) रचना; 4. (*protract*) बढ़ाना; 5. (*tell*) बताना; 6. (*whirl*) घूमना, चक्कर खाना, फिरकना, फिरना; 7. (*cause to whirl*) घुमाना, फिराना; —*n.*, 1. (*whirl*) चक्रण; घुमाव; 2. (*rotating dive*) चक्रणी पतन; go into a ~, चक्कर खाते हुए गिरना; 3. (*spell, short run*) दौर; 4. (*trip*) सैर*। > स्पिन

spinaceous, पालक का, पालक जैसा। > स्पिनेशॅस

spinach, spinage, पालक; Indian ~, पोई*। > **स्पिन्**-इज़

spinal, मेरुदण्डीय; ~ column, रीढ़*, मेरुदण्ड; **~ cord,** मेरुरज्जु*, सुषम्ना*। > स्पाइनॅल

spindle, *n.*, 1. तकला, तकली*, तर्कु, टेकुरी*; 2. (*axle*) धुरी*; 3. (*person*) लमछड़ व्यक्ति; **~-legged, ~-shanked,** लमटंगा; **~-shaped,** तर्कुरूप। > **स्पिन्**डॅल

spindly, लमछड़। > **स्पिन्ड्**-लि

spindrift, समुद्री फुहार*। > **स्पिन्**-ड्रिफ़्ट

spine, 1. रीढ़*, मेरुदण्ड, पृष्ठ-वंश; 2. (*on animals, plants*) काँटा, कंटक, शूल; 3. (*ridge*) कंटक; 4. (*of book*) पीठ*, पुट्ठा; **~less,** 1. (*invertebrate*) अकशेरुकी; 2. (*irresolute*) ढुलमुल; 3. (*coward*) डरपोक, कायर; दब्बू। > स्पाइन

spinescent, शूलाग्री। > स्पाइने'सॅन्ट

spinet, छोटी वीणा*। > **स्पिन**-इट = स्पिने'ट

spiniferous, कंटकमय, काँटेदार। > स्पाइनिफ़ॅरॅस

spinner, कातनेवाला; कातने की मशीन*। > **स्पिन्**-अॅ

spinneret, तंतु-ग्रंथि*। > **स्पिनॅरे'**ट

spinney, 1. (*of trees*) बनी*; 2. (*of shrubs*) झुरमुट। > **स्पिन्**-इ

spinning, 1. (*of thread*) कताई*, कर्तन; 2. (*whirl-ing*) चक्रण; ~ electron, चक्रणी इलेक्ट्रॉन; **~-wheel,** चरखा। > **स्पिन्**-इन्ग

spinose, spinous, spiny, 1. काँटेदार; शूलमय; 2. (*in shape*) कंटकाकार; शूलाकार; 3. (*perplexing*) जटिल, पेचीदा, पेचीला। > **स्पाइनोस**; **स्पाइनॅस**; **स्पाइन्**-इ

spinster, अविवाहिता*। > स्पिनस्टॅ

spinthariscope, (प्र)स्फुरदर्शी। > स्पिन्थैरिस्कोप

spinule, शूलिका*। > स्पाइन्यूल

spinulous, शूलिकामय। > स्पाइन्यूलॅस

spi/racle, श्वास-रंध्र; **~racular,** श्वास-रंध्री। > **स्पाइ रॅकॅल**; स्पाइरैक्यूलॅ

spiral, *adv.*, 1. सर्पिल; पेचदार; 2. (*coiled*) कुंडलित; —*n.*, 1. (*curve, screw*) सर्पिल; 2. (*coil*) कुंडली*; 3. (*design*) पेचक, डंडामुरी*; 4. (*motion*) सर्पिल गति*; 5. (*continuous increase*) उत्तरोत्तर वृद्धि*; उत्तरोत्तर घटती* (*decrease*); —*v.*, सर्पिल गति* से घेरना, चढ़ना या गिराना; उत्तरोत्तर बढ़ना या घटना। > स्पाइरॅल

spirant, संघर्षी, ऊष्मवर्ण। > **स्पाइरॅन्ट**

spire, *n.*, 1. (*steeple*) मीनार*, लाट*; 2. (*summit*) शिखर; सर्पिल शिख्र; 3. *see* SPIRAL; —*v.*, ऊँचा उठना। > स्पाइअॅ

spirit, *n.*, 1. (*immaterial being*) आत्मा; Holy S~,

पवित्र आत्मा; 2. (*soul*) आत्मा*, जीवात्मा*, अन्तरात्मा* जीव; 3. (*ghost*) प्रेतात्मा*, भूत, प्रेत; 4. (*fairy, goblin*) परी*, बेताल; ~ of the woods, वनदेवता, वनदेवी*; 5. (*personality*) व्यक्तित्व, मनीषी, मनस्वी; 6. (*essential quality*) आत्मा*, अन्तरात्मा*; 7. (*meaning*) भाव, अभिप्राय; 8. (*courage*) जीवट, हिम्मत*; धैर्य; 9. (*dash, vigour*) उत्साह, जोश, ओज, स्फूर्ति*, जान*; 10. (*inspirer*) प्राण, जान*; 11. (*attitude, outlook*) मनोभाव, मनोवृत्ति*, रुख; 12. (*tendency*) प्रवृत्ति*, झुकाव; प्रवाह; ~ of the age, युगबोध, युगचेतना*; 13. (*mood, pl.*) मिज़ाज, मनोदशा*; high ~s, प्रफुल्लता*, खुशी*; low ~s, उदासी*; 14. (*meaning*) भाव, अभिप्राय, तात्पर्य; 15. (*alcohol*) स्पिरिट, मद्यसार, सुरासार; 16. (*tincture*) टिंचर; ~ of salt, लवण का अम्ल; ~ of vitriol, गंधक-अम्ल; —*v.*, (~ *up*) आनन्दित क०; धैर्य बँधाना; 2. (~ away, ~ off) उड़ा ले जाना। > स्पिरिट

spirited, 1. (*lively*) सजीव; 2. (*gay*) प्रफुल्ल; 3. (*enthusiastic*) उत्साही; 4. (*vigorous*) तेजस्वी, ओजस्वी, जोशपूर्ण; 5. (*courageous*) साहसी; 6. (*in hyphenated compound*) -मना। > स्पिरिटिड

spirit/ism, प्रेतात्मवाद; **~ist,** प्रेतात्मवादी; **~less,** निर्जीव, बेजान; उदास; निरुत्साह; निस्तेज; **~-level,** तलमापी, साधनी*। > स्पिरि/टिज़्म, ~टिस्ट; स्पिरिट्-लिस

spiritual, *adj.*, 1. (*of the spirit,of the soul*) आत्मिक; 2. (*of the soul in a religious sense*) आध्यात्मिक; 3. (*not corporeal, immaterial*) निराकार, अमूर्त, अभौतिक, अशारीरिक, चिन्मय; 4. (*mental*) मानसिक; बौद्धिक; 5. (*religious*) धार्मिक; 6. (*divine*) दिव्य, ईश्वरीय; 7. (*holy*) पवित्र; —*n.*, धार्मिक गीत; ~ bouquet, आध्यात्मिक स्तवक; ~ communion, मानसिक कोमुन्यो; ~ exercises, 1. धर्मचर्या*, पूजा-पाठ; 2. (*retreat*) आध्यात्मिक साधना*, मौनव्रत; ~ reading, अध्यात्म-पाठ। > स्पिरिट्यूअॅल

spiritual/ism, 1. (*spiritism*) प्रेतात्मवाद; 2. (*opp. to materialism*) अध्यात्मवाद, आध्यात्मिकी*; **~ist,** प्रेतात्मवादी; अध्यात्मवादी; **~istic,** प्रेतात्मवादिक; अध्यात्मवादिक। > स्पिरिट्यूअॅ/लिज़्म ~लिस्ट, ~लिस्-टिक

spirituality, 1. (*cf.* SPIRITUAL) आध्यात्मिकता*; अभौतिकता*; धार्मिकता*; 2. (*eccl. rights*) धार्मिक अधिकार; 3. (*school of ~*) साधना*। > स्पिरिट्यूऐल्-इटि

spiritua/lization, अध्यात्मीकरण; **~lize,** 1. आध्यात्मिक बना देना; 2. (*elevate*) उन्नत क०; 3. आध्यात्मिक व्याख्या* क०। > स्पिरिट्यूअॅलाइज़ेशॅन; स्पिरिट्यूअॅलाइज़

spirituel, 1. (*refined*) सुसंस्कृत; 2. (*witty*) वाग्विदग्ध। > स्पिरिट्यूए'ल

spirituous, मादक। > स्पिरिट्यूअॅस

spiritus, ~ asper, महाप्राण; ~ lenis, अल्पप्राण। > स्पिरिटॅस/ऐस्पॅ, ~लीन-इस

spiroch(a)ete, तरंगाणु। > स्पाइरॅकीट

spiro/graph, श्वासलेखी; **~meter,** श्वासमापी; **~phore,** श्वासयन्त्र। > स्पाइरॅग्राफ़; स्पाइरॉम्-इटॅ; स्पाइरॅफ़ॉ:

spirt, *v.*, फूट निकलना, फुहारा छूटना (*v.i.*) या छोड़ना (*v.t.*); —*n.*, तेज़ धार*, फुहारा। > स्पॅ:ट

spiry, 1. (*spiral*) सर्पिल, पेचदार; 2. (*coiled*) कुंडलित; 3. (*with spire*) मीनारदार; 4. (*pointed*) नुकीला। > स्पाइर्-इ

spit, *n.*, 1. (*rod*) सीख़*, सीख़चा; 2. (*point of land*) भूजिह्वा*; 3. (*sandbank*) सँकरी रेती*; 4. (*act*) निष्ठीवन, थूकना; 5. (*spittle*) थूक, निष्ठीव(न); 6. (*drizzle*) झींसी*; 7. (*spade-depth*) कुदालभर गहराई*; 8. (*resemblance*) प्रतिरूप; 9. (*of insects*) अण्डा; ~ and polish, चिकनाना-चमकाना; —*v.*, 1. सीख* पर लगाना; 2. (*pierce*) छेदित क०, भेदन क०; 3. थूकना; 4. झींसी* या फुहार* पड़ना; 5. (*oaths, insults*) बकना; 6. (*of cat*) घुरघुराना; 7. (*of fire*) चिनगारियाँ* छोड़ना, चिटकना; 8. (*of pen*) रिसना; 9. (*eject*) छोड़ना, निकालना; 10. (*of lamp*) रहरहकर भभकना; **~ at, ~ upon,** पर थूकना; के मुँह पर थूकना। > स्पिट

spite, 1. (*malice*) द्वेष,विद्वेष; 2. (*grudge*) दुर्भाव, मनमुटाव, गाँठ*, मैल*; in ~ of, के होते हुए भी, के बावजूद; —*v.*, परेशान क०, दिक़ क०, तंग क०; का विरोध क०, मात कर देना; **~ful,** (वि)द्वेषपूर्ण; (वि)द्वेषी (*of person*)। > स्पाइट; स्पाइट्फ़ुल

spitfire, क्रोधी, गुस्सावर या गुस्सैल व्यक्ति; चण्डी*; दुर्वासा। > स्पिट्फ़ाइअॅ

spittle, थूक। > स्पिटॅल

spittoon, पीकदान, उगालदान। > स्पिटून

splanchnic, अंतरंग। > स्प्लैन्क्-निक

splash, *v.*, 1. (*sprinkle*) छिड़कना, छींटना; 2. (*bespatter*) पर पानी छिड़कना, पर छींटे (कीचड़) डालना या उछालना; गीला क०, भिगोना; 3. (*be scattered*) से टकराना, से टकराकर छितरना (*of liquid*); से टकराकर बिखरना; 4. (*cause noisy agitation of a liquid*) छपछपाना; 5. (*move with splashes*) छपछपाते आगे बढ़ना (गिरना, गोता लगाना); 6. (*print*) सुस्पष्ट रूप से या मोटे अक्षरों में छपवाना; 7. (*announce*) धूमधाम* से घोषित क० (*announce*) या विज्ञापन क० (*advertise*); —*n.*, 1. (*sound*) छपछप*, छपाका; 2. (*act*) छिड़काव, छिड़काई*; 3. (*water etc. splashed*) छींटा, छपाका;

4. (*mark*) धब्बा; 5. (*patch of colour*) चित्ती*; 6. (*display*) प्रदर्शन; make a ~, ध्यान आकर्षित क०, आकर्षण का केंद्र बनना; **~-board,** 1. (*mud-guard*) पंकरोक*; 2. (*of a boat*) तरंगरोक*; **~ed with,** से चित्रित; **~y,** कीचड़-भरा। > स्प्लैश

splatter, 1. (*sprinkle*) छिड़कना; उछालना; 2. (*splash*) छटपटाना; **~-dash,** हो-हल्ला, कोलाहल, शोरगुल। > स्प्लैट्-अॅ

splay, *v.*, 1. तिरछा क०, ढाल* देना; 2. तिरछा होना; ढलवाँ होना; तिरछे फैल जाना; 3. (*dislocate*) जोड़ उखाड़ना; —*n.*, तिरछा फलक; तिरछी सतह*; —*adj.*, फैला हुआ; चौड़ा-चिपटा; तिरछा; ढलवाँ; **~-footed,** लचरा। > स्प्ले

spleen, 1. तिल्ली*, प्लीहा*; 2. (*ill-humour*) झुँझलाहट*, चिड़चिड़ापन; 3. (*spite*) द्वेष, विद्वेष; 4. (*melancholy*) विषाद, उदासी*; **~ful, ~ish, ~y,** 1. (*bad-tempered*) चिड़चिड़ा; 2. (*melancholy*) उदास; (*spiteful*) (वि)द्वेषी। > स्प्लीन; स्प्लीन्/फुल, ~इश, ~इ

splendent, दीप्तिमान। > स्प्ले 'न्डॅन्ट

splendid, 1. (*magnificent*) भव्य, शानदार, वैभवशाली; 2. (*brilliant, shining*) चमकीला, भड़कीला; 3. (*grand, glorious*) गौरवपूर्ण, प्रतापमय, प्रतापी, महान्, ख्यातिकर; 4. (*excellent*) अत्युत्तम, बढ़िया, उत्कृष्ट, अच्छा। > स्प्ले 'न्-डिड

splendour, भव्यता*, वैभव, शान*; दीप्ति*, चमक*, प्रताप, महिमा*, गौरव। > स्प्ले 'न्डॅ

splenectomy, प्लीहोच्छेदन। > स्प्लीने 'क्टॅमि

splenetic, *adj.*, चिड़चिड़ा, बदमिज़ाज; प्लीहा-; —*n.*, प्लीहा-रोगी; प्लीहा-औषध*। > स्प्लिने 'ट्-इक

splenic, प्लीहा-। > स्प्ले 'न्-इक

splenitis, प्लीहा-शोथ। > स्प्लीनाइट्-इस

splice, 1. (*ropes*) गूथकर जोड़ना; 2. (*pieces of wood*) एक-दूसरे पर रखकर जोड़ना; —*n.*, जोड़। > स्प्लाइस

spline, पट्टी*। > स्प्लाइन

splint, *n.*(*v.*), खपची* (बाँधना); **~-bone,** बेर-हड्डी*। > स्प्लिन्ट

splinter, *n.*, 1. (*of wood*) चैली*, छिपटी*; 2. (*of stone, etc.*) किरच*; —*v.*, छिपटियाँ* उतारना या अतरना; —*adj.*, (*of party etc.*) अलग हुआ, विच्छिन्न; **~-bone,** (*fibula*), बहिर्जंघिका*; **~ed,** खंडित; **~-proof,** छितर-रोक; **~y,** शितखंडी। > स्प्लिन्-टॅ, ~रि

split, *v.*, 1. (*cut into pieces*) चीरना, फाड़ना, विखंडित क०; 2. (*rend*) फाड़ना; 3. (*divide*) विभाजित क०; 4. (*share*) बाँटना; में हिस्सा बँटाना, में साझा क० (*expenses*); 5. चिरना, फटना; 6. (*become disunited, ~up*) अलग हो जाना, में फूट* पड़ना; 7. (*disunite*) अलग क०, फूट* डालना; 8. (*reveal a secret*) भेद बताना या प्रकट क०; ~ hairs, बाल की खाल* खींचना या निकालना; ~ (one's sides) with laughter, हँसते-हँसते पेट में बल पड़ना या लोटपोट होना; —*adj.*, विखंडित, विपाटित; खंडित (*also of personality*); विभाजित, विभक्त; अलग; —*n.*, 1. (*act*) विपाटन, विखण्डन; विभाजन; फटन*; 2. (*fissure*) दरार*; 3. (*disunion*) फूट*, विच्छेद; 4. (*strip*) पट्टी*; do the ~s, विपरीत दिशाओं* में पैर फैलाकर बैठना; **~ting,** 1. चीरनेवाला, 2. (*severe*) तेज़, तीक्ष्ण, ज़ोरों का। > स्प्लिट

splotch, splodge, धब्बा। > स्प्लॉच; स्प्लॉज

splurge, आडम्बर, दिखावा, ठाट-बाट। > स्प्लॅ:ज

splutter, *v.*, 1. (*in speech*) बड़बड़ाना, बकना; 2. (*hiss*) सिसकारना, फुफकारना; 3. (*scatter*) छितराना; छिड़कना (*drop*); —*n.*, बड़बड़*। > स्प्लॅट्-अॅ

spoil, *n.*, 1. (*plunder, also pl.*) लूट*; 2. (*pl. profit*) लाभ; 3. (*pl., of office*) ऊपर की आमदनी*; ~s system, इनामी पद्धति*; 4. (*earth*) निकाली हुई मिट्टी*; —*v.*, 1. बिगाड़ना, बिगाड़ देना, खराब कर देना; 2. (*by over-indulgence*) सिर चढ़ाना, दुलारना, गुस्ताख़ बना देना; 3. (*coddle*) लाड़-प्यार से परिचर्या* क०; 4. (*become bad*) बिगड़ जाना; 5. (*plunder*) लूटना। > स्पॉइल

spoil/age, रद्दी*; **~ed,** सिर-चढ़ा, दुर्ललित, निहंग-लाड़ला; **~ing for,** के लिए उत्सुक; **~-sport,** रंग में भंग करनेवाला, मज़ा किरकिरा करनेवाला। > स्पॉइल्-इज

spoke, 1. (*of wheel*) अर, आरा; 2. (*rung of ladder*) डंडा; 3. (*brake*) रोक*। > स्पोक

spoken, 1. (*pronounced*) उच्चारित (*also of language*); 2. (*oral*) मौखिक; 3. (*incompounds*) भाषी। > स्पोकॅन

spokesman, प्रवक्ता। > स्पोक्स्मॅन

spoli/ate, लूटना; **~ation,** 1. लूटमार*, लूटपाट*, लुण्ठन; 2. (*extortion*) खसोट*; 3. (*of document*) दूषण; **~ator,** लुटेरा; खसोटा। > स्पोलि/एट, ~एशॅन, ~एटॅ

spondee, द्वि-गुरु चरण (ऽऽ)। > स्पॉन्डी

sponge, *n.*, 1. स्पंज; 2. (*dough*) लोई*; 3. (*person, ~r*) टुकड़तोड़; throw up the ~, हार* मानना; —*v.*, 1. स्पंज से साफ़ क० या पोंछना; 2. (*absorb*) सोखना; 3. (*wipe out*) मिटाना; 4. ~ on, के टुकड़े तोड़ना; **~-gourd,** घियातरोई*, चिकनी तोरी*। > स्पॅन्ज

spongy, स्पंजी। > स्पॅन्-जि

sponsion, 1. प्रत्याभूति*; 2. (*promise*) प्रतिश्रुति*। > स्पॉन्शॅन

sponson, स्पॉन्सन। > स्पॉन्सॅन

sponsor, *n.*, 1. (*guarantor*) प्रतिभू, ज़ामिनदार;

2. उत्तरदायी (*responsible*); समर्थक (*supporter*); 3. (*in baptism*) धर्मपिता; धर्ममाता*; 4. (*advertiser who pays*) प्रवर्तक; —*v.*, प्रतिभू बनना; प्रत्याभूति* देना; उत्तरदायी बनना; समर्थन क०; खर्च देना, प्रवर्तित क०; **~ed, by,** 1. द्वारा प्रवर्तित; 2. (*under the auspices of*) के तत्त्वावधान में।
> स्पॉन्सॅ; स्पॉन्सॅड

spontaneity, स्वत:प्रवृत्ति*; स्वेच्छा*; स्वाभाविकता*, सहजता*। > स्पॉन्टॅनीइटि

spontaneous, 1. (*without external cause*) स्वत:प्रवर्तित, स्वत: (*of combustion, generation, etc.*); 2. (*voluntary*) स्वैच्छिक, अपनी खुशी* का, ऐच्छिक, स्वेच्छित; 3. (*by natural impulse, instinctive*) स्वाभाविक, सहज, नैसर्गिक, साहजिक; 4. (*growing naturally*) जंगली, स्वत:प्रसूत; 5. (*gracefully natural, unconstrained*) सहज स्वाभाविक; **~ly,** स्वत: अपने आप से; स्वेच्छा* से; अनायास, सहज भाव से। > स्पॉन्टेन्/यॅस = इॲस

spontoon, फरसा, परशु। > स्पॉन्टून

spoof, *n.*(*v.*) जुल (देना); *adj.*, नक़ली। > स्पूफ़

spook, प्रेत, भूत; **~y,** 1. भूत-जैसा; 2. (*eerie*) अलौकिक, भयानक। > स्पूक; स्पूक्-इ

spool, *n.*(*v.*) फिरकी*, चरखी* (पर लपेटना)।
> स्पूल

spoon, *n.*, चम्मच, चमचा; चमची* (*small*); डोई* (*large wooden*); *see* LADLE; —*v.*, चम्मच से उठाना, लेना या निकालना; **~-bill,** चमचाचोंच; **~erism,** स्पूनरिज़्म, आद्यक्षर-विपर्यय; **~-fed,** (*of industries*), कृत्रिम उपायों द्वारा संरक्षित; **~ful,** चम्मच-भर; **~-meat,** तरल खाद्य; बच्चों का भोजन; **~-bit,** अधगोल अनी*। > स्पून

spoor, *n.*(*v.*) खोज* (पर चलना)। > स्पुॲ

sporadic, 1. (*scattered*) छुट-पुट, चुटफुट, यत्रतत्रिक; 2. (*occasional*) विरल, कदाचनिक; **~ally,** कहीं-कहीं, यत्र-तत्र; कभी-कभी, अनियमित रूप से। > स्पॅरैड्/इक, ~इकॅलि

sporangium, बीजाणुधानी*। > स्पॅरैन्-जिॲम

spore, बीजाणु। > स्पॉ:

sporo/genous, बीजाणुजन; **~genesis,** बीजाणुजनन; **~phore,** बीजाणुधर।
> स्पॉ:रॉजॅनॅस; स्पॉ: रॅजे न्-इसिस

sporran, थैली*। > स्पॉरॅन

sport, *n.*, 1. (*amusement*) मनोरंजन, मनबहलाव, मनोविनोद; क्रीड़ा*, लीला*; in ~, मज़ाक में, हँसी* में; make ~ of, की हँसी* उड़ाना; 2. (*pastime, game*) खेल, क्रीड़ा*; 3. (*pl. athletics*) खेल-कूद*; 4. (*hunting*) आखेट, शिकार; 5. (*plaything*) खिलौना; 6. (*laughing-stock*) हँसी* का पात्र; 7. (*abnormal type*) नवोदय; —*v.*, 1. (*amuse oneself*) मन बहलाना, मनोरंजन क०; 2. (*joke*) मज़ाक क०; 3. (*play*) खेलना; शिकार खेलना; 4. (*display*) (पहनकर) प्रदर्शित क०। > स्पॉ:ट

sport/ful, ~ive, विनोदी; ~ive, mood, लीला-भाव; **~ing,** 1. खेल का, खेल-कूद* का; 2. (*fond of sports*) खेलाड़ी; 3. (*fair at sports*) अच्छा खेलाड़ी; पक्का खेलाड़ी; 4. (*fair*) उचित, अच्छा; **~sman,** 1. खेलाड़ी; शिकारी, आखेटक; 2. (*fair-minded*) निष्पक्ष; पक्का; निष्कपट; **~smanship,** क्रीड़ा-कौशल; खिलाड़ीपन।
> स्पॉ:ट्/फुल, ~इव़, ~इन्ग; स्पॉ:ट्सर्मॅन

spo/rulation, बीजाणु-जनन; **~ rule,** बीजाणुक।
> स्पॉर्यूलेशन; स्पॉर्यूल

spot, *n.*, 1. (*patch*) चित्ती*; 2. (*pimple*) फुंसी*; 3. (*stain*) धब्बा; दाग़; 4. (*moral blemish*) दोष, कलंक; 5. (*locality, place*) स्थान, जगह*; —*v.*, 1. धब्बे डालना; मैला क०; कलंकित क०; 2. (*mark*) चिह्नित क०; 3. (*see*) देख लेना; 4. (*locate*) का पता लगा लेना; 5. (*guess*) का अनुमान लगा लेना, जान जाना; 6. (*v.i.*) में दाग़ लग जाना; **~ price,** नगद मूल्य; on the ~, तत्काल, तुरन्त; **~less,** 1. साफ़-सुथरा; 2. (*fig.*) निष्कलंक, निर्मल; **~light,** 1. प्रकाश-बिन्दु; 2. (*lamp*) बिन्दु-प्रदीप; 3. (*fig.*) लोकप्रसिद्धि*; **~ted,** 1. (*of animal, having spots*) चित्तीदार; 2. (*stained*) धब्बेदार, मैला; **~ter,** भेदिया; पता लगानेवाला; **~ty,** 1. (*spotted*) धब्बेदार; चित्तीदार; 2. (*having pimples*) चकत्तेदार; 3. (*irregular*) अनियमित, असम। > स्पॉट

spouse, पति; पत्नी*। > स्पाउज़

spout, *n.*, 1. (*of teapot etc.*) टोंटी*; 2. (*of roof etc.*) टोंटा; 3. (*jet*) धारा*, फुहारा; —*v.*, 1. (*v.t.*) (फुहारा) छोड़ना; 2. (*v.i.*) फुहारे की तरह छूटना; 3. (*declaim*) झाड़ना; **~ed,** टोंटीदार। > स्पाउट

sprag, रोक*, निरोधक। > स्प्रैग

sprain, *n.*, मोच*; *v.*, में मोच* पड़ना या आना, मुड़कना; मुड़काना। > स्प्रेन

sprawl, *v.*, 1. (भद्देपन से) पसर जाना या अंग (पसारकर) फैलाकर लेटना या बैठना; भद्देपन से अंग पसारना; 2. (*of writing*) टेढ़ा-मेढ़ा होना; 3. (*of plant*) अव्यवस्थित रूप से फैल जाना; 4. (*of troops*) इधर-उधर फैल जाना; —*n.*, भद्दा पसार; अव्यवस्थित फैलाव।
> स्प्रॉ:ल

spray, *n.*, 1. (*twig*) टहनी*; 2. (*of liquid*) फुहार*; 3. (*sprayer*) फुहारा; —*v.*, 1. (*a liquid*) छिड़कना; 2. (*direct a spray on*) फुहारना; **~-gun,** पिचकारी*; **~ing,** छिड़काव, शीकरण। > स्प्रे

spread, 1. (*extend, expand*) फैलाना, फैला देना; 2. (*unfurl*) खोलना; 3. (*a carpet, a cloth*) बिछाना; 4. (*butter etc.*) लगाना; 5. (*be diffused, extend*) फैल जाना, फैला हुआ होना; 6. (*diffuse,* *dis-seminate*) फैलाना, प्रचारित क०; 7. (*cover surface of*) पर लगाना, पर बिछाना; 8. (*a table*) तैयार क०, लगाना; 9. (*prolong*) बढ़ाना; ~ oneself, हाथ-पैर पसारना; बड़े विस्तार से बोलना या लिखना; शेखी* बघारना; आत्मप्रदर्शन क०; —*n.*, 1. (*act*) प्रसारण; 2. (*extent*) फैलाव, विस्तार, प्रसार; चौड़ाई*; 3. (*diffusion*) प्रचार; 4. (*cover*) पलंगपोश (*for bed*); मेज़पोश (*for table*); 5. (*ample meal*) दावत*। > स्प्रे'ड

spread-eagle, *n.*, पंख फैलाया उकाब; —*adj.*, 1. हाथ-पैर फैलाया; 2. (*boasting*) बड़बोला, शेखीबाज़; —*v.*, हाथ-पैर फैलाकर बाँधना; हाथ-पैर फैलाये गिरना या पड़ा होना।

spread-over, समय-विस्तार।

spree, *n.*(*v.*) रंगरलियाँ* (मनाना); spend-ing ~, अनावश्यक व्यय या फ़ुजूल ख़र्च का दौरा (की झौंक*)। > स्प्री

sprig, 1. टहनी*; 2. (*nail*) बेसिर की कीली*; 3. (*offshoot*) (प्र)शाखा*; 4. (*youth*) युवक; लड़का; 5. (*offspring*) वंशज। > स्प्रिग

spright, *n.*, see SPRITE; **~ly,** 1. (*viva-cious*) ज़िन्दादिल, प्रसन्नचित्त; 2. (*gay*) हँसमुख, प्रफुल्ल; 3. (*brisk*) फुरतीला। > स्प्राइट; स्प्राइट्-लि

spring, *v.*, 1. (*upward*) उछलना; 2. (*forward*) लपकना, झपटना; 3. (*back, as a spring*) (झटके से) अपनी जगह* पर आना; 4. (*over*) लाँघना; 5. (*come into being, arise, ~ up*) प्रकट होना; उठना, उठ खड़ा होना; (से, में) उत्पन्न होना; उगना (*about plants*); 6. (*from inside*) से निकलना, फूट निकलना; 7. (*appear suddenly*) एकाएक आ जाना या प्रकट होना, आ टपकना, आ पहुँचना; 8. (*warp*) टेढ़ा हो जाना, ऐंठना; टेढ़ा क०, ऐंठा देना; 9. (*split, crack*) फटना, दरकना; फाड़ना, दरकाना; 10. (*ex-plode*) फूट पड़ना, का विस्फोट होना (*v.i.*) या क० (*v.t.*); 11. (*rouse from cover*) चौंकाना; 12. (*cause to operate, a trap, etc.*) चलाना; 13. (*unexpectedly*) एकाएक बताना, घोषित क० (*announce*) या प्रस्तुत क० (*produce*); 14. (*equip with ~*) कमानी* लगाना; 15. ~ a leak, में छेद पड़ना, पानी भरने लगना; —*n.*, 1. (*act*) उछाल*; लपक*, झपट*, झपटा; कूद*; 2. (*~ time*) वसन्त, बहार* (*also fig.*); ~ festival, वसन्तोत्सव; 3. (*backward movement, recoil*) प्रतिक्षेप; 4. (*of metal*) कमानी*; पत्तीदार कमानी* (*laminated*); 5. (*source of water*) झरना, सोता, चश्मा, जल-स्रोत; 6. (*pl., sources*) स्रोत; 7. (*resi-lience*) लोच*, लचक*; प्रफुल्लता*; स्फूर्ति*; ~ balance, कमानीदार तुला*; ~ gun, चोर बन्दूक*; ~ lock, खटकेदार ताला; ~ tide, बृहत् ज्वार*। > स्प्रिन्ग

spring-board, ग़ोता-तख़्ता।

springe, फन्दा। > स्प्रिंज

spring-halt, झनकबाद। > स्प्रिन्ग्हॉ:ल्ट

springy, लचीला। > स्प्रिन्ग्-इ

sprinkle, *v.*, 1. छिड़कना (*water*); छितराना, बुरकना (*sand etc.*); 2. पर छिड़कना या छितराना; 3. (*drizzle*) झींसी* पड़ना; —*n.*, झींसी*, बूँदाबूँदी*। > स्प्रिन्ग्कॅल

sprinkling, छिड़काव; छितराव; a ~ of, छिटफुट, थोड़ा सा, थोड़े से। > स्प्रिन्क्-लिन्ग

sprint, *n.*, (थोड़ी दूर* की) तेज़ दौड़*; —*v.*, बड़ी तेज़ी* से दौड़ना। > स्प्रिन्ट

sprite, परी*; बेताल। > स्प्राइट

sprocket, दाँता; **~-wheel,** दाँतेदार पहिया। > स्प्रॉक्-इट

sprout, *v.*, अंकुरित होना; उत्पन्न क०; जल्दी बढ़ना या विकसित होना; —*n.*, अंकुर, अँखुआ, कल्ला; Brussels ~s, चोकीगोभी*; **~ing,** अंकुरण। > स्प्राउट

spruce, *n.*, स्प्रूस; *adj.*, बना-ठना; *v.*, बनाव-सिंगार क०च, शृंगार क०; सजाना, सँवारना। > स्प्रूस

sprue, (*disease*), संग्रहणी*। > स्प्रू

spry, फुरतीला। > स्प्राइ

spud, *n*(*v.*) खुरपा, खुरपी* (से निकालना)। > स्पॅड

spume, *n.*, झाग, फेन; *v.*, झगियाना। > स्प्यूम

spumescence, फेनिलता*। > स्प्यूमे सॅन्स

spumous, spumy, फेनिल, झागदार। > स्प्यूमॅस; स्प्यूम्-इ

spun, काता हुआ; ~ glass, तंतु-काच। > स्पॅन

spunk, 1. (दियासलाई* की) लकड़ी*; 2. (*courage*) हिम्मत*, जीवट, साहस; 3. (*anger*) क्रोध, गुस्सा; चिड़चिड़ापन। > स्पॅन्क

spur, 1. (*of horseman*) महमेज़*; 2. (*incentive*) प्रेरणा*, प्रेरक; 3. (*on cock's leg*) कंट, खाँग, खार; 4. (*bot.*) दलपुट; 5. (*ridge*) पर्वत-स्कंध; gain one's ~, नाम कमाना; on the ~ of the moment, तत्काल; —*v.*, 1. (*a horse*) एड़* लगाना या देना; 2. (*urge*) प्रेरित क०, प्रोत्साहन देना, प्रेरणा* देना; 3. तेज़ चलना। > स्पॅ

spurge, Indian tree, कोंपल सेंहुड़। > स्पॅ:ड

spurious, 1. (*not genuine*) अप्रामाणिक; 2. (*coun-terfeit*) खोटा, नक़ली, जाली, कूट; 3. (*phys., chem., bot.*) मिथ्या; 4. (*of child*) जारज; 5. (*illegal, unauthorized*) अवैध। > स्प्यूर्-इ-अॅस

spurn, 1. (*reject*) ठुकराना, पर लात* मारना; 2. (*despise*) तिरस्कार क०, अवज्ञा* क०; 3. (*kick*) ठुकराना, लतियाना, लात* मारना; —*n.*, तिरस्कार; ठोकर*। > स्पॅ:न

spurt, *v.*, 1. (*spirt*) फूट निकलना, फुहारा छूटना, (*v.i.*) या छोड़ना (*v.i.*); 2. (*make effort*) थोड़ी देर* तक बड़ी तेज़ी* से काम क०; गति* बढ़ाना, बड़ी

तेज़ी* से चलना; —*n.*, 1. तेज़ धार*, फुहारा; 2. (*of activity*) लहर*, झोंक*; 3. तेज़ चाल*, तेज़ दौड़*। > स्पॅ:ट

sputnik, कृत्रिम उपग्रह। > स्पूट्-निक

sputter, *v.*, 1. (*in speech*) बड़बड़ाना; 2. (*of fire*) चिटकना; रहरहकर भभकना; —*n.*, 1. बड़बड़*; 2. (*sputtering noise*) चरचराहट*। > स्पॅट्-ॲ

sputum, 1. (*saliva*) लार*, लाला*; 2. (*spittle*) थूक; (*med.*) कफ़। > स्प्यूटॅम

spy, *n.*, गुप्तचर, जासूस, भेदिया; *v.*, 1. गुप्तचर्या* क०, जासूसी* क०; 2. (~ *on*) पर ताक* रखना; 3. (*pry*) ताक-झाँक* क०; 4. (*detect*, ~ *out*) पता लगाना, ढूँढ़ निकालना, खोज निकालना; भेद लेना; 5. (*watch*) दृष्टि* रखना, देखता रहना, ध्यान रखना; 6. (*see perceive*) देखना, पहचानना; **~glass,** दूरबीन*; **~hole,** गवाक्ष, झरोखा। > स्पाइ

squab, *adj.*, **~by,** गोल-मटोल; *n.*, 1. गोल-मटोल व्यक्ति; 2. (*pigeon*) कबूतर का बच्चा; 3. (*cushion*) मसनद; 4. (*padded sofa*) गद्देदार सोफ़ा। > स्क्वॉब

squabble, *v.*, 1. टंटा मचाना; (*disarrange*) गड़बड़ कर देना; —*n.*, टंटा, तू-तू, मैं-मैं*, कहा-सुनी*। > स्क्वॉबॅल

squad, 1. (*mil.*) दस्ता, टुकड़ी*; 2. छोटा दल, टुकड़ी*। > स्क्वॉड

squadron, 1. स्क्वॉड्रन; 2. (*fig.*) संगठित दल। > स्क्वॉड्रॅन

squalid, 1. (*dirty*) गन्दा, मैला; 2. (*disgusting*) घिनावना, कुत्सित; 3. (*mean, petty*) नीच; 4. (*wretched*) फटेहाल। > स्क्वॉलिड

squall, 1. (*cry*) चीख़*; 2. (*storm*) अल्पकालिक झंझा*; 3. (*quarrel*) झगड़ा; 4. (*racket*) हल्ला, गुलगपाड़ा; —*v.*, चीख़* मारना, चीकना, चीख़ना; **~y,** झंझा-, तूफ़ानी। > स्क्वॉ:ल

squaloid, हाँगर-जैसा। > स्क्वेलॉइड

squalor, गंदगी*। > स्क्वॉ-लॅ

squama, शल्क; पट्टक। > स्क्वेम्-ॲ

squamosal, शल्कास्थि*। > स्क्वॅमोसॅल

squamose, squamous, शल्की; पट्टकी। > स्क्वेमोस; स्क्वेमॅस

squander, 1. उड़ा देना; (का) अपव्यय क०; 2. (*time*) गँवाना; **~er,** अपव्ययी, फ़िज़ूलखर्च; **~ing,** अपव्यय, फ़िज़ूलख़र्ची*; **~mania,** अपव्ययोन्माद। > स्क्वॉन्डॅ, ~ रॅ, ~रिन्ग; स्क्वॉन्डॅमेन्यॅ

squarable, 1. वर्गणीय; 2. (*venal*) घूसख़ोर, भ्रष्टाचारी। > स्क्वे'ॲरॅबॅल

square, *n.*, 1. (*figure*) वर्ग; 2. (*object*) चौका, चत्वर, चौकोर टुकड़ा; 3. (*of a town*) चौक; 4. (*of buildings*) (वर्गाकार) भवन-समूह; 5. (*of a number*) वर्ग, वर्गफल; 6. (*instrument*) कोनिया*, गुनिया*; 7. (*of soldiers*) वर्ग-व्यूह; on the ~, *adj.*, ईमानदार, सच्चा, ईमान का; *adv.*, ईमानदारी* से, सच्चाई* से; word-~, शब्दवर्ग; magic ~, माया-वर्ग; —*adj.*, 1. (*in shape*) वर्गाकार, चौकोर; 2. (*rectangular*) आयताकार; 3. (~*to*) आड़ा, (परस्पर) लम्ब; 4. (~ *with level*) बराबर (*also equal*) समतल, चौरस; 5. (*quits*) बराबर; 6. (*of accounts, leaving no balance*) बेबाक़, चुकता; 7. (*in proper order*) सुव्यवस्थित; क्रमबद्ध; 8. (*outspoken, straight*) सुस्पष्ट, खरा; 9. (*fair*) निष्पक्ष, न्यायी, न्यायप्रिय (*of person*); उचित, मुनासिब, न्यायोचित; 10. (*honest*) सच्चा, निष्कपट, ईमानदार; 11. (~-*built*) चौड़ी काठी* का; 12. (*of measure*) वर्ग-; ~ bracket, गुरुकोष्ठक, गुरुबंधनी*; ~ deal, खरा सौदा; अच्छा व्यवहार; ~ meal, पेटभर भोजन; ~ meter, वर्ग-मीटर; ~ number, वर्गसंख्या*; ~ root, वर्गमूल; —*adv.*, 1. (*at right angles*) पर लम्ब, परस्पर लम्ब; 2. (*honestly*) सच्चाई* से, ईमानदारी* से; 3. (*fairly*) उचित रूप से; 4. (*justly*) ठीक ही; 5. (*directly*) सीधे; 6. (*exactly*) ठीक-ठीक; 7. (*facing*) के ठीक सामने, आमने-सामने; 8. (*firmly*) जमकर, दृढ़ता* से; —*v.*, 1. वर्गाकार, चौकोर या समकोण (*right-angled*) बनाना या बनना; 2. (*straighten*) सीधा क०; ठीक बैठाना; 3. (*multiply by itself*) वर्गफल निकालना; 4. (*quadrate*) वर्गकरण क०, वर्गमाप निकालना; 5. (*mark off in squares*) वर्गांकित क०; 6. (*settle, pay*) चुकाना; रुपया देना; 7. (*secure acquiescence*) समझाकर राज़ी कर लेना; 8. (*bribe*) घूस* देना; 9. (*harmonize*) से मेल खाना, संगत होना; मेल बैठाना, सामंजस्य स्थापित क०, समन्वय क०; 10. (*equalize*) बराबर क०; ~ accounts, 1. ले-देकर हिसाब ठीक क०, हिसाब चुकता या बेबाक़ क०; 2. बदला लेना; ~ the circle, 1. वृत्त का वर्गमाप निकालना, वृत्त वर्गण क०; 2. (*fig.*) आकाश के तारे तोड़ लाना; **~ up,** चुकता क०; निपटाना; **~ up to,** डटकर सामना क०। > स्क्वे'ॲ

squarish, चौकोर-सा। > स्क्वे'ॲर्-इश

squarrose, squarrous; शल्करुक्ष। > स्क्वॉरोस, स्क्वॉरॅस

squash, 1. (*crush*) दबाना, कुचलना; भुरता बना देना (*into pulp*); 2. (*suppress*) कुचलना, समाप्त कर देना, दमन क०; 3. (*cram into*) ठूसना, ठसाठस भर देना; 4. (*silence*) निरुत्तर कर देना, का मुँह बन्द कर देना; 5. (*be crushed*) दब जाना, कुचल जाना; 6. (*force one's way*) धकियाकर घुसना; —*n.*, 1. (*squashed mass*) भुरता; लुगदा (*pulp*); 2. (*crowded assembly*) भीड़-भाड़*; धक्कम-धक्का; 3. (*sound*) धबधब*; 4. (*drink*) शरबत; 5. (*gourd*) कुम्हड़ा; **~y,** गुदगुदा; 2. (*slushy*) कीचड़दार। > स्क्वॉश; स्क्वॉश्-इ

squat, 1. उकड़ूँ बैठना; पालथी* मारना (*with legs crossed*); 2. (*sit*) बैठना; 3. (*crouch*) दबककर या सिमटकर बैठना; 4. (*settle*) बस जाना; —*adj.*, **~ty,** गोल-मटोल; **~ter,** आबादकार। > स्क्वॉट; स्क्वॉटॅ

squaw, (अमरीकी आदिवासी) स्त्री*। > स्क्वॉ:

squawk, *n.*(*v.*), चीख* (मारना)। > स्क्वॉ:क

squeak, चीं-चीं*, चूँ-चूँ*; *v.* 1. चूँ-चूँ* क०, किकियाना; 2. (*grate*) चरचराना; 3. (*of boats*) चरमराना; have a narrow ~, बाल-बाल बचना। > स्क्वीक

squeal, *v.*, 1. चिल्लाना; 2. (*with delight*) किलकारना; 3. भेद खोलना, मुख़बिर बनना; —*n.*, चीत्कार; किलकार*, किलकारी*। > स्क्वील

squeamish, 1. मतलाहा, जल्दी मतलानेवाला; सुकुमार; 2. (*fastidious*) दुष्तोषणीय, तुनक-मिज़ाज; 3. (*overscrupulous*) धर्मभीरु, पापशंकालु। > स्क्वीम्-इश

squeegee, रबड़ झाड़ू*; रबड़ बेलन। > स्क्वी-जी

squeeze, *v.*, 1. (*compress*) दबाना, भींचना, चापना; 2. (*to extract moisture*) निचोड़ना; 3. (*cram into*) में ठूसना, घुसेड़ना; 4. (*force one's way*) धकियाकर घुसना, घुस जाना; 5. (*extort*) ऐंठना; 6. (*harass by extortion*) निचोड़ना; तंग क०, विवश क०, मजबूर क०; 7. (*take impression*) की छाप* तैयार क०; 8. दब जाना; —*n.*, 1. (*act*) दबाव; निचोड़; 2. (*crowd*) भीड़-भाड़*, धक्कम-धक्का; 3. (*impression*) छाप*; 4. (*exaction*) ऐंठा हुआ धन या रुपया; 5. (*percentage to servant buying goods*) दस्तूरी*। > स्क्वीज़

squelch, 1. (*crush*) कुचल डालना; 2. (*silence*) मुँह बन्द कर देना; 3. (*make sucking sound*) फच-फच* क०; —*n.*, फच-फच*। > स्क्वे'ल्च

squib, 1. (*firework*) फुलझड़ी*; 2. (*of gun-powder*) पलीता; 3. (*lampoon*) निन्दालेख, हजो*। > स्क्विब

squid, समुद्रफेनी, स्क्विड। > स्क्विड

squill, Indian, कन्द, जंगली प्याज़। > स्क्विल

squinch, बगली डाट*। > स्क्विन्च

squint, *v.*, 1. भेंगा होना; 2. (*look obliquely at*) कनखी* मारना, कनखियाना,तिरछी नज़र* से देखना; 3. (*eyes*) झपकाना, मिचकाना; अधखुली आँखों* से देखना; 4. (*incline towards*) की ओर* झुकना; —*n.*, 1. भेंगापन; 2. कनखी*, कटाक्ष; 3. (*glance*) सरसरी दृष्टि*, झाँकी*; 4. झुकाव; **~-eyed,** 1. भेंगा, ऐंचा-ताना; 2. (*malignant*) दुर्भावपूर्ण, विद्वेषपूर्ण। > स्क्विन्ट

squire, *n.*, ज़मींदार; अनुरक्षक, सहचर; ~ of dames, रमणीरंजक; —*v.*, का सहचर होना। > स्क्वाइअॅ

squir(e)archy, ज़मींदार-शाही*; ज़मींदार-वर्ग। > स्क्वाइअॅराकि

squireen, छोटा ज़मींदार। > स्क्वाइरीन

squirm, *v.*, 1. तड़फड़ाना, तड़पना, छटपटाना; 2. (*feel embarrassment*) झेंपना; —*n.*, 1. तड़फड़ाहट*; 2. (*twist*) ऐंठन, बल। > स्क्वॅ:म

squirrel, palm ~, गिलहरी*, चिखुरी*; गिलहरा, चिखुरा; brown ~ रुकिया*; black hill ~, शिंगशाम*; brown flying ~, सूरजभगत; large Indian ~, जंगली गिलहरी*, कराट*। > स्क्विरॅल

squirt, *v.t.*, फुहारा छोड़ना; पिचकारी* मारना; —*v.i.*, फूट निकलना, फुहारा छूटना, पिचकारी* छूटना; —*n.*, 1. (*syringe*) पिचकारी*; 2. (*jet*) धार*, पिचकारी*, फुहारा; **~-gun,** पिचकारी*। > स्क्वॅ:ट

stab, 1. (छुरा) भोंकना, घोंपना, छुरा मारना; घायल क०; (छुरे से) प्रहार क०; 2. (*cause to feel regret*) दुखाना, सालना; 3. (*give physical pain*) टीस* उठना या मारना; —*n.*, 1. (*thrust*) प्रहार; 2. (*wound*) घाव; 3. (*throbbing pain*) हूक*, टीस*। > स्टैब

stabi/lity, (*see* STABLE), स्थिरता*, स्थैर्य; स्थायित्व, टिकाऊपन; मज़बूती*; दृढ़ता; धैर्य; **~lization,** स्थिरीकरण; स्थायीकरण; दृढ़ीकरण; **~lize,** स्थिर, स्थायी, मज़बूत या दृढ़ क०; **~lizer,** स्थायीकारी, स्थिरीकारी। > स्टॅबिल्-इटि; स्टे = स्टबिलाइज़ेशॅन; स्टेब् = स्टैब्/इलाइज़, ~इलाइज़ॅ

stable, *adj.*, 1. (*not likely to change*) स्थिर; अचल, अटल; 2. (*enduring*) स्थायी; टिकाऊ (*of material*); 3. (*firmly fixed*) सुस्थिर, अटल; 4. (*not easily destroyed*) पक्का, मज़बूत; 5. (*firm*) दृढ़; 6. (*resolute*) दृढ़, दृढ़निश्चय; 7. (*not easily upset*) धीर; 8. (*not fickle*) स्थिर-मति, संतुलित; 9. (*chem.*) स्थायी; —*n.*, 1. (*for horses*) अस्तबल, घुड़साल*, अश्वशाला*; 2. (*for cattle*) गोशाला*; —*v.*, अस्तबल में रखना। > स्टेबॅल

staccato, असम्बद्ध रीति* से। > स्टॅकाटो

stack, *n.*, 1. (*of straw*) गर्री*, गांज; 2. (*heap*) ढेर, अम्बार, टाल; 3. (*of bricks*) चट्टा; 4. (*of cards, coins*) गड्डी*; 5. (*pyramidal group of rifles*) कोत; 6. (*large amount*) ढेर-सा; 7. (*chimney*) चिमनी*; 8. (*rack*) टाँड़; —*v.*, 1. गर्री*, ढेर आदि लगाना; 2. (*cards*) चाल-बाज़ी* से फेंटना; **~ed,** राशीकृत। > स्टैक

stadium, 1. स्टेडियम; मैदान, अखाड़ा; 2. (*stage*) अवस्था*; 3. (*zool.*) अन्तरावस्था*। > स्टेड्-इअॅम

staff, *n.*, 1. (*strong stick*) सोंटा, लट्ठ, लाठी*; 2. (*fig. support*) सहारा; 3. (*sign of office*) अधिकार-दण्ड; 4. (*shaft*) दण्ड; 5. (*of institution*) स्टाफ़, कर्मचारी (-गण, -वर्ग, -वृन्द); प्राध्यापकगण (*of college*); 6. (*of army*) स्टाफ़, बलाधिकरण; 7. (*music*) (पाँच समानान्तर रेखाओं* की) संगीत-सारणी*; —*v.*, कर्मचारी, अध्यापक या प्राध्यापक रखना। > स्टाफ़

stag, 1. हिरन, हरिण, मृग; Cashmere ~, हंगल; 2. (*castrated bull*) बधिया साँड़; **~-party,** पुरुष-गोष्ठी*। > स्टैग

stage, *n.*, 1. (*platform*) मंच, 2. (*scaffold*) पाइट*, पाड़; 3. (*of theatre*) मंच, रंगमंच; 4. (*dramatic art*) नाट्यकला*; 5. (*scene of action*) घटनास्थल; मंच; 6. (*of development*) अवस्था*; अवस्थान; 7. (*of progress*) चरण; 8. (*of a journey*) मंज़िल*; मुक़ाम, पड़ाव (*halting-place*); —*v.*, का अभिनय क०; का अभिनय होना; नाटकीय ढंग से आयोजित क०; ~ direction, अभिनय-निर्देश; ~ effect, नाटकीय प्रभाव; ~ fever, अभिलिप्सा*, अभिनय-लालसा*; ~ fright, मंचभीति*, मंचभीरुता*; ~ manager, सूत्रधार, मंच-प्रबन्धक; ~ rights, अभिनय-अधिकार; ~ whisper, जनान्तिक, स्वगत; **~craft,** नाट्यकला*; **~-struck,** अभिनयलिप्सु; नाटक-प्रेमी; **~-setting,** मंचविधान। > स्टेज

stager, old ~, अनुभवी व्यक्ति। > स्टेजें

stagger, 1. (*totter*) लड़खड़ाना, डगमगाना; 2. डगमगा देना; 3. (*waver*) हिचकना, आगा-पीछा* क०; 4. (*startle*) चौंका देना, आश्चर्यचकित क०; धक्का पहुँचाना; विचलित क०; 5. टेढ़े-मेढ़े ढंग से रखना; 6. भिन्न-भिन्न समय रखना; —*n.*, 1. लड़खड़ाहट*, 2. (*pl. disease*) घुमनी*। > स्टैग्-अॅ

staging, 1. (*of play*) अभिनय; 2. (*scaffold*) पाइट*। > स्टेजिना

stag/nancy, ~nation, निश्चलता*; प्रगतिरोध; रुद्धता*, गतिहीनता*; निष्क्रियता*; **~nant,** 1. (*not moving*) स्थिर, निश्चल; 2. (*not flowing*) रुद्ध, बँधा हुआ; खड़ा (*of water*); 3. (*sluggish*) मंद, गतिहीन; निष्क्रिय, निस्तेज, सुस्त; **~nate,** बँध जाना; निश्चल या निष्क्रिय होना (बनना, पड़ जाना)।
> स्टैग्नॅन्सि; स्टैग्नेशॅन; स्टैग्नॅन्ट; स्टैगनेट

stagy, 1. नाटकीय; 2. (*artificial*) कृत्रिम। > स्टेजि

staid, गंभीर, सौम्य, शान्त; संतुलित। > स्टेड

stain, *v.*, 1. मैला बनना या क०; धब्बा डालना; रंग बिगड़ना या बिगाड़ना; 2. (*reputation etc.*) कलंक लगाना; 3. (*colour*) अभिरंजन क०; —*n.*, 1. धब्बा, दाग़; 2. (*fig.*) कलंक; 3. (*staining material*) अभिरंजक; ~ ed glass, रंगीन काँच; **~ing,** अभिरंजन; **~less,** बेदाग़; 2. निष्कलंक, निर्दोष; 3. (*of steel*) जंगरोधी। > स्टेन

stair, 1. (*pl.; ~case, ~way*) सीढ़ी*, सोपान, ज़ीना, पैड़ी*, निसेनी*; 2. (*single step*) सोपान, सीढ़ी*। > स्टे'अॅ

stake, *n.*, 1. (*post*) खूँटा; 2. (*punishment*) अग्निदण्ड; 3. (*money wagered*) पण, बाज़ी* की रकम*; 4. (*thing at stake*) बाज़ी* की वस्तु*; 5. (*pl. prize*) इनाम, पारितोषिक; 6. (*share*) साझा; have a ~ in, का साझेदार होना; 7. (*small anvil*) अहरन*; —*v.*, 1. (*wager*) दाँव पर रखना, की बाज़ी* लगाना; 2. खूँटे से बाँधना; 3. खूँटों से घेरना; at ~, 1. दाँव पर; 2. (*in danger*) खतरे में; **~holder,** पणधारी। > स्टेक

stalactite, आरोही निक्षेप। > स्टैलॅक्टाइट

stalagmite, निलम्बी निक्षेप। > स्टैलॅग्माइट

stale, *adj.*, 1. (*of food*) बासी, पर्युषित; 2. (*trite*) घिसा-पिटा, पुराना; 3. (*out of form*) निस्तेज; —*v.*, बासी, पुराना या निस्तेज बनना या कर देना; —*n.*, (घोड़ों या ढोरों का) मूत्र; **~mate,** *n.*(*v.*), 1. (*chess*) ज़िच* (में डालना) 2. (*deadlock*) ज़िच*, गतिरोध, गत्यवरोध (उत्पन्न क०)। > स्टेल; स्टेल्मेट

stalk, *n.*, 1. (*of plant*) वृन्त, डंठल, डंडी*; 2. (*of wine-glass*) डंडी*; 3. (*chimney*) चिमनी*; 4. (*hunting*) लुक-छिपकर शिकार; 5. (*gait*) अकड़* की चाल*; —*v.*, 1. (*in hunting*) लुक-छिपकर पीछा क०; 2. (*stride*) अकड़कर चलना, शान* से चलना; 3. (*prowl*) विचरना (*also plague etc.*); **~ed,** सवृन्त; **~ing-horse,** 1. आड़* का घोड़ा; 2. (*pretext*) धोखे की टट्टी*, बहाना; मिस, व्याज। > स्टॉ:क; स्टॉ:क्ट

stall, *n.*, 1. (*of animal*) थान; 2. (*booth*) स्टाल, छोटी दुकान*; 3. (*seat*) स्टाल, आसन; 4. (*finger-~*) अंगुली-त्राण; 5. (*of thief*) पाकेटमार का सहयोगी; —*v.*, 1. थान पर रखना; बाँधे रखना; 2. (*of cart*) धँसना, धँस जाना; 3. (*of motor*) बन्द या ठप हो जाना, रुक जाना; बन्द कर देना; 4. (*of plane*) अनियंत्रित या डाँवाँडोल हो जाना या कर देना; 5. (*block*) बाधा* डालना; 6. (*delay*) टालना। > स्टॉ:ल

stallion, साँड़। > स्टैल्यॅन = स्टैल् = इअॅन

stalwart, *adj.*, 1. (*sturdy*) हट्टा-कट्टा, तगड़ा; 2. (*courageous*) निर्भीक, दिलेर, साहसी; 3. (*resolute*) दृढ़निश्चय; 4. (*loyal*) निष्ठावान्; —*n.*, पक्का समर्थक। > स्टॉ:ल्वॅट

stamen, पुंकेसर। > स्टेमे'न = स्टेमॅन

stamina, 1. (*endurance*) तितिक्षा*, सहन-शक्ति*; 2. (*vigour*) ऊर्जस्विता*, दम। > स्टैम्-इनॅ

staminal, 1. तितिक्ष, तितिक्षु, सहनशील; 2. (*bot.*) पुंकेसरी। > स्टैम्-इनॅल

stami/nate, ~neal, ~niferous, पुंकेसरी।
> स्टैमिइनॅट; स्टॅमिनिइअॅल; स्टैमिनिफ़ॅरॅस

staminode, बन्ध्य पुंकेसर। > स्टैमिनोड

stammer, *v.*, हकलाना; *n.*, हकलाहट*, हकलापन; **~er,** हकला; हकलानेवाला। > स्टैम्-अॅ

stamp, *v.*, 1. (*imprint*) छापना, अंकित क०, की छाप* लगाना; 2. (*affix a stamp*) टिकट लगाना; 3. (*with seal*) मुद्रांकित क०; मोहर* लगाना; 4. (*impress*) में बैठा देना; 5. (*influ-ence*) प्रभावित क०; 6. (*show to be*) प्रमाणित क०, सिद्ध क०;

7. (*crush, pulverize*) पीसना; 8. (*one's foot*) पटकना; 9. (*the ground*) पर पैर पटकना; **~out,** मिटा देना, समाप्त कर देना, कुचल डालना; —*n.*, 1. (*~ing*) अंकन, मुद्रांकण; पत्रांकण; 2. (*instrument*) मोहर*, मुद्रा*, ठप्पा, स्टाम्प; 3. (*imprint*) छाप*, मोहर*, मुद्रा*, ठप्पा, स्टाम्प; 4. डाक* का टिकट, स्टाम्प, अंकपत्र; 5. (*characteristic mark*) छाप*; 6. (*kind*) प्रकार; 7. (*of foot*) पटक*; **~-duty,** मुद्रांक-शुल्क; **~ed,** 1. टिकट लगा, अंकपत्रित; 2. (*sealed*) मुद्रांकित; —paper, पक्का कागज़। > स्टैम्प

stampede, *n.*, भगदड़*; *v.*, में भगदड़* पड़ना या मचना; में भगदड़* मचाना। > स्टैम्पीड

stance, अवस्थिति*, ठवन*, मुद्रा*। > स्टैन्स

stanch, रोकना; बन्द क०, *adj.*, *see* STAUNCH. > स्टान्च

stanchion, *n.*(*v.*), 1. (*support*) थूनी* (लगाना), चाँड़*, टेक*, थम; 2. (*iron bar*) सीकचा (लगाना), सीख़चा। > स्टान्शॅन

stand¹, *v.*, 1. खड़ा होना या रहना; खड़ा हो जाना, उठ खड़ा होना; 2. (*be situated*) स्थित होना; 3. (*be*) होना; 4. (*last*) बना रहना, टिकना; 5. (*remain firm*) दृढ़ रहना, डटे रहना; 6. (*remain*) ज्यों का त्यों रहना (*unaltered*); लागू होना, मान्य होना या रहना (*valid*); 7. (*place*) रखना, रख देना; खड़ा कर देना; 8. (*steer*) की ओर* चलाना; की ओर* अभिमुख होना; 9. (*provide*) (का खर्च) देना; 10. (*endure*) सहना, झेलना, बरदाश्त क०; it ~s to reason that, यह तो मानी हुई बात* है कि; ~ a (good, bad) chance, की (पूरी*, कम) संभावना* होना; ~ in good stead, काम आना, बहुत सहारा देना; ~ trial, पर मुकदमा चलाया जाना; **~against,** के सामने खड़ा होना; का विरोध क०; में बाधा* होना; सह सकना; **~ alone,** लाजवाब होना; अकेला होना; **~ aloof,** अलग रहना; **~aside,** 1. कुछ नहीं क०, निष्क्रिय रहना; 2. (*~ clear*) हट जाना; 3. नाम वापस लेना; **~ back,** पीछे हटना; कुछ दूरी* पर स्थित होना; **~by,** 1. का समर्थन क०, का पक्ष लेना; के प्रति निष्ठा* रखना, का साथ देता रहना; 2. (*a promise etc.*) निभाना, पूरा क०, पालन क०; 3. चुपचाप देखता रहना; 4. (*be alert*) तैयार रहना; **~ down,** उतरना; हट जाना; ~ for, 1. (*signify*) का अर्थ होना; 2. (*symbolize*) का प्रतीक होना; 3. (*support*) का समर्थन क०; 4. (*contend for*) के लिए संघर्ष क०; 5. (*in election*) खड़ा होना; 6. (*tolerate*) बरदाश्त क०; **~ in,** 1. (*cost*) दाम लगना; 2. (*share cost*) में साझा क०, में हिस्सा बँटाना; 3. (*deputize for*) का स्थान लेना; **~ in with,** से हेल-मेल होना; **~ off,** 1. अलग रहना; 2. हट जाना; 3. (*employees*) की अस्थायी छँटनी* क०; **~ on, ~ upon,** के लिए आग्रह क०, पर बल देना; **~ out,** 1. स्पष्ट दिखाई देना; श्रेष्ठ या प्रमुख होना; 2. (*one's ground*) डटे रहना; **~ over,** स्थगित होना; **~ to,** 1. (*a promise*) निभाना; 2. (*a friend*) का साथ देता रहना; 3. तैयार रहना; 4. (*to win, lose;* लाभ, हानि*) निश्चित होना; **~ up,** 1. खड़ा हो जाना; 2. (*deceive*) धोखा देना; 3. (*jilt*) छोड़ देना; 4. नहीं आना; **~ up for,** का समर्थन क०; का पक्ष लेना; **~ up to,** 1. का डटकर सामना क०; 2. (*endure*) सहना। > स्टैन्ड

stand², *n.*, 1. (*stopping*) ठहराव; गतिरोध (*fig.*); 2. (*resolute resistance*) make a ~, डटकर मुकाबला क०, सामना क०; 3. (*position*) खड़ा हो जाना; मोरचा (*in order to resist*); आधार (*in order to argue*); 4. (*furniture*) धानी*, 5. (*stall*) स्टाल, दुकान*; 6. (*for vehicles*) अड्डा; 7. (*for spectators*) मंच; 8. (*witness-box*) गवाहों का कटघरा; 9. (*standing crop*) खड़ी फ़सल*। > स्टैन्ड

standard, *n.*, 1. (*flag*) झण्डा, ध्वज, ध्वजक, पताका*, ध्वजा*; raise the ~ of revolt, विद्रोह का झण्डा खड़ा क०; 2. (*by which weight, measure, quality are determined, also fig.*) मानक, मानदण्ड; आदर्श (*model*); 3. (*degree of excellence*) स्तर; ~ of living, जीवन-स्तर; 4. (*quality*) कोटि*, दरजा; 5. (*of school*) दरजा, कक्षा*, वर्ग, जमात*, 6. (*monetary*) मान; gold ~, स्वर्णमान; 7. (*upright support*) टेक*, थूनी*; 8. (*bot.*) ध्वज; **~-bearer,** 1. ध्वजी, वैजयंतिक; 2. (*leader*) नेता, अगुआ, अग्रणी; —*adj.*, 1. मानक; 2. (*authoritative*) प्रामाणिक; 3. (*accepted*) टकसाली, मान्य; 4. (*usual*) सामान्य; ~ Hindi, परिनिष्ठित हिन्दी*। > स्टैनर्डड

standar/dization, मानकीकरण; **~dize,** मानकीकृत क०, मानकित क०। > स्टैन्डॅडाइज़ेशॅन; स्टैन्डॅडाइज़

stand-by, 1. सहारा; 2. (*of person*) गाढ़े का साथी।

stand-in, स्थानापन्न।

standing, *adj.*, 1. (*permanent*) स्थायी; 2. (*established*) प्रचलित; चिर-प्रचलित; 3. (*erect, stagnant; of crop*) खड़ा; 4. (*stationary*) अचल; 5. (*not in operation*) खाली; —*n.*, 1. (*rank, position*) स्थिति*; पद, पदवी*; 2. (*repute*) नाम; प्रतिष्ठा*, नेकनामी*; 3. (*duration*) अवधि*, काल। > स्टैन्-डिंग

stand-offish, 1. (*aloof*) ओलगिया, अलग रहने वाला, अलगाव-पसन्द, ग़ैरमिलनसार; 2. (*haughty*) घमण्डी; 3. (*unfriendly*) रूखा, शुष्क, **~ness,** अलगाव। > स्टैन्ड्-आफ़्-इश

standpoint, दृष्टिकोण। > स्टैन्ड्पॉइन्ट

standstill, 1. ठहराव, विराम; 2. (*fig.*) गतिरोध, जिच*। > स्टैन्ड्-स्टिल

stand-to, संकट-सूचना*।

stand-up, खड़ा।

stanhope, घोड़ा-गाड़ी*। > स्टैनॅप

stan/nary, राँगे की खान*; **~nate,** स्टैनेट; **~nic,** राँगे का; **~niferous,** वंगमय; **~num,** राँगा, वंग, टिन। > स्टैनॅरि; स्टैनेट; स्टैन्-इक; स्टैनिफ़ॅरॅस, स्टैनॅम

stannel, staniel, खेरमुतिया*। > स्टैनॅल; स्टैन्यॅल

stanza, बन्द। > स्टैन्ज़ॅ

stapes, रकाब। > स्टेपीज़

staphylococcus, गुच्छाणु। > स्टैफ़िलॅकॉकॅस

staple, *n.*, 1. (*U-shaped metal*) स्टेपल; 2. (*fibre*) रेशा; 3. (*article of commerce*) माल, प्रधान माल; 4. (*raw material*) कच्चा माल; 5. मुख्य विषय (*subject-matter*) या तत्त्व (*element*); —*adj.*, 1. (*chief*) मुख्य, प्रधान; 2. (*basic*) मूल, आधारिक, बुनियादी; 3. (*indispensable*) अनिवार्य। > स्टेपॅल

star, 1. तारा, सितारा, तारक; 2. (*asterisk*) तारक; 3. (*actor*) सितारा; तारिका*; 4. (*leading performer*) नायक; नायिका*; 5. (*luck*) सितारा, तारा; भाग्य; 6. (*on forehead of horse*) सितारा; ~ dust, तारिका-धूलि*; ~ turn, विशिष्ट कार्यक्रम या प्रदर्शन; shooting, falling ~, उल्का*; see ~s, तारे दिखाई देना; —*v.*, सितारे लगाना; तारांकित क०; तारक लगाना, तारक से अंकित क०; नायक (नायिका*) बनना; नायक (नायिका*) के रूप में प्रस्तुत क०; —*adj.*, उत्कृष्ट, सर्वोत्कृष्ट। > स्टा

star-apple, तर्री*।

starboard, *n.*, दायाँ, दक्षिणपाख, जमना; —*adj.*, दायाँ, दाहिना; —*adv.*, दायें, दाहिने। > स्टाबॅड = स्टाबॉःड

starch, *n.*, 1. स्टार्च, माँड़ी*, कलफ़, श्वेतसार, मण्ड; 2. (*fig.*) रूखापन, औपचारिकता*; —*v.*, कलफ़ चढ़ाना, देना या लगाना; **~y,** 1. मण्ड का; मण्डमय; 2. (*starched*) कलफ़दार; 3. (*stiff*) रूखा, रूक्ष, कड़ा, शुष्क, औपचारिक। > स्टाच; स्टाच्-इ

star-crossed, अभागा, बदक़िस्मत।

stare, 1. आँखें* फाड़कर देखना, टकटकी* लगाकर देखना, एकटक देखना; पर आँखें* गड़ाना, ताकना; 2. (*be astonished*) आश्चर्यचकित होना; 3. ~ into confusion, घूरकर घबरा देना; 4. (*be evident*) स्पष्ट दिखाई देना; —*n.*, टकटकी*, ताक*। > स्टे'ॲ

starfish, तारामीन। > स्टाफ़िश

star-gazer, 1. ज्योतिषी; 2. (*dreamer*) स्वप्नदर्शी। > स्टागेज़ॅ

staring, भड़कीला, भड़कदार। > स्टे'ॲर्-इना

stark, *adj.*, 1. (*rigid*) कड़ा, सख्त, स्तंभित; 2. (*sheer*) निरा, मात्र (*afternoun*), 3. (*grim*) कठोर, कड़ा; 4. (*~naked*) नंगधड़ंग, मादरज़ाद नंगा, —*adv.* नितान्त, बिलकुल, एकदम, सरासर। > स्टाक

starlight, नक्षत्र-प्रकाश। > स्टालाइट

starling, 1. (*bird*) तेलियर; 2. (*piling*) पुश्ता। > स्टाल्-इना

starlit, तारकित, ताराकीर्ण, तारामय। > स्टा-लिट

starred, 1. तारकित; 2. (*marked with a star*) तारांकित। > स्टाड

starry, 1. तारकित; तारामय; 2. (*brief*) चमकीला; 3. (*star-shaped*) ताराकार; **~-eyed,** 1. दीप्तनेत्र; 2. (*unexperienced*) कच्चा, अनुभवहीन। > स्टार्-इ

star-spangled, तारकित।

start¹, *v.*, 1. (*begin*) आरंभ क०, शुरू क०, (करने) लगना; होने (बरसने···) लगना, शुरू होना; 2. (*on a journey*) रवाना होना, प्रस्थान क०, चलना, चल देना; छूटना (*of train etc.*); 3. (*bring into existence*) चलाना, प्रवर्तित क०, चालू क०; 4. (*set in motion*) चलाना, खोलना; 5. (*objection, quarrel*) खड़ा क०, पैदा क०; 6. (*somebody in business*) साधन देना, जमाना, बसाना; 7. (*a race*) चलने का संकेत देना, 8. (*make a sudden movement*) चौंकना, चौंक उठना, चिहुँकना, उछल पड़ना (*from a chair*); 9. (*appear suddenly*) उमड़ आना; फूट निकलना; 10. (*rouse from lair*) भड़काना; 11. (*of timber etc.*) ढीला पड़ जाना, डुल जाना, टेढ़ा हो जाना; ढीला क०, डुलाना, खिसकाना; to ~ with, एक तो, प्रारंभ में; **~ off,** चल देना; शुरू क०, चलने का संकेत देना; भेजना; चलाना; **~ out,** चल देना; प्रारंभ क०; **~ up,** चौंकना; उत्पन्न होना; दिखाई देना; खोलना, चलाना। > स्टाट

start², *n.*, 1. आरंभ, प्रारंभ, शुरू; 2. (*of a journey*) प्रस्थान, रवानगी*, कूच, चाला; 3. (*sudden movement*) चौंक*, चिहुँक*; 4. (*advantage conceded*) रिआयत*, सुविधा*, get the ~ of, से आगे होना; by fits and ~s, तरंग* में आने पर, मनमौजी ढंग से। > स्टाट

starter, प्रतियोगी, प्रवर्तक (*also mech.*)। > स्टाट्-ॲ

startle, चौंकाना, चौंका देना, चौंक जाना, चौंकना। > स्टाटॅल

startling, चौंकानेवाला, सनसनीखेज; आश्चर्य-जनक (*surprising*), भयप्रद (*alarming*)। > स्टाट्-लिना

starvation, भुखमरी*। > स्टाव़ेशॅन

starve, 1. भूखों मरना (*v.i.*), भूखों मारना (*v.t.*), 2. भूख* लगना; 3. (*long for*) का भूखा होना, के लिए तरसना; 4. (*keep deprived of*) से वंचित रखना, तरसाना, **~ling,** भुखमरा; 2. (*poverty-stricken*) कंगाल। > स्टाव़, स्टाव़्-लिना

stasis, अवरोध, स्थैतिकता*। > स्टेस्-इस

state, *n.*, 1. (*condition*) अवस्था*, स्थिति* दशा*, हालत*; be in a ~, घबरा जाना; ~ of mind,

मनोदशा*, ~ of affairs, परिस्थिति*, ~ of nature, प्राकृत अवस्था*; liquid ~, द्रव-अवस्था*; 2. (*nation*) राज्य, राष्ट्र; 3. (*territory*) राज्य; 4. (*civil governm.*) शासन, सरकार*; 5. (*of a federation*) राज्य, प्रान्त; 6. (*legislative body*) लोक-सभा*; 7. (*rank*) पद, पदवी*; 8. (*dignity*) प्रतिष्ठा*; 9. (*pomp*) धूमधाम*, शान*, ठाठबाट, शान-शौकत*, lie in ~, दर्शनार्थ रखा रहना; —*adj.*, 1. राज्य-, राज-, राजकीय, सरकारी; 2. (*ceremonial*) समारोही; राजसी; निजी; —*v.*, 1. बता देना, अभिव्यक्त क०, प्रकट क०, स्पष्ट कर देना; 2. (*fix*) निश्चित क०; नियत क०; 3. (*algebra*) प्रतीकों में लिख देना। > स्टेट

statecraft, शासन-कला*। > स्टेट्क्राफ़्ट

stated, निश्चित, नियत, मुक़र्रर; घोषित। > स्टेट्-इड

stateless, राष्ट्रिकताहीन, नागरिकताहीन। > स्टेट्-लिस

stately, 1. (*dignified*) गौरवपूर्ण, गौरवमय; 2. (*impressive*) प्रतापी; प्रभावशाली; 3. (*magni-ficent*) शानदार, भव्य। > स्टेट्-लि

statement, 1. (*act*) कथन, कहना; 2. कथन, वक्तव्य, उक्ति*, बयान, विवरण; 3. (*in court*) बयान, अभ्युक्ति*। > स्टेट्मॅन्ट

statesman, राजनेता, **~ship,** राजनीतिमत्ता*। > स्टेट्स्मॅन

static, ~al, 1. (*opp. to dynamic*) स्थैतिक; 2. (*not moving*) स्थिर, निश्चल, गतिहीन; 3. (*un-changing*) स्थायी, ~ electricity स्थिर विद्युत्*; **~s,** 1. (*science*) स्थैतिकी*, स्थिति-विज्ञान; 2. (*atmo-spherics*) वायुवैद्युत क्षोभ। > स्टैट्/इक, ~इकॅल, ~इक्स

station, *n.*, 1. (*railway etc.*) स्टेशन, अवस्थान; 2. (*appointed place*) स्थान, जगह*, ठिकाना; police ~, थाना, 3. (*military post*) चौकी*, 4. (*base*) अड्डा; 5. (*centre*) केन्द्र; कार्यालय; 6. (*status*) स्थिति*, पद; 7. (*occupation*) पेशा, व्यवसाय; 8. (*in survey*) चाँदा; 9. (*of the cross*) स्थान, मुक़ाम, विश्राम; —*v.*, (किसी स्थान पर) नियुक्त क०, खड़ा क०, रखना, तैनात क० या खड़ा हो जाना; **~-master,** स्टेशन-मास्टर। > स्टेशॅन

stationary, 1. (*not mobile*) स्थावर; 2. (*not moving*) स्थिर, निश्चल, अचल; 3. (*of curve etc.*) स्तब्ध; 4. (*of wave*) अप्रगामी; 5. (*not changing*) स्थिर, स्थायी। > स्टेशॅनॅरि

stationer, लेखन - सामग्री - विक्रेता, काग़जी (*paper-merchant*), **~y,** लेखन-सामग्री*। > स्टेशॅनॅ, ~रि

statism, राज्यनियन्त्रण-वाद। > स्टेटिज़्म

statist, 1. सांख्यिकीविद्; 2. राज्यनियन्त्रणवादी; **~ic(al),** सांख्यिकीय; **~ician,** सांख्यिकीविद्, **~ics,** 1. (*science*) सांख्यिकी*, 2. (*data*) आँकड़े। > स्टेट्-इस्ट, स्टॅटिस्/टिक, ~टिक्स; स्टैटिस्-टिशॅन

statocyst, संतुलन-पुटी*। > स्टैटॅसिस्ट

stator, स्टेटर। > स्टेट्-ॲ

statoscope, सूक्ष्म निर्द्रव वायुदाबमापी। > स्टैटॅस्कोप

statuary, *n.*, 1. मूर्ति-समूह, मूर्तिसंग्रह, 2. (*art*) मूर्ति-कला*; 3. (*sculptor*) मूर्तिकार; —*adj.*, मूर्ति-, मूर्ति-योग्य। > स्टैट्यूऑरि

statue, मूर्त्ति*, प्रतिमा*, बुत, **~sque,** मूर्तिवत्, सर्वांगसुन्दर। > स्टैट्यू; स्टैट्यूए'स्क

statuette, लघुप्रतिमा*। > स्टैट्यूए'ट

stature, 1. क़द, ऊँचाई*, लम्बाई*; 2. (*fig.*) महत्ता*, महिमा*। > स्टैट्यें = स्टैच्-ॲ

status, 1. (*position*) स्थिति*; 2. (*rank*) पद, पदवी*; 3. (*prestige*) प्रतिष्ठा*, नाम; 4. (*importance*) महत्त्व; ~ quo, यथापूर्व स्थिति*, ~ symbol, वैभव (*wealth*) या प्रतिष्ठा* का प्रतीक। > स्टेटॅस

statute, 1. (*law*) संविधि*; 2. (*ordinance*) अध्यादेश; 3. (*regulation*) अधिनियम; 4. (*divine law*) विधान; ~ mile, मानक मील, **~-book,** संविधि-संग्रह। > स्टैट्यूट

statutory, सांविधिक, वैधानिक, क़ानूनी। > स्टैट्यूटॅरि

staunch, *v. see* STANCH, *adj.* 1. (*loyal*) सच्चा, पक्का, निष्ठावान्; स्वामिभक्त; 2. (*trust-worthy*) विश्वस्त, ईमानदार; 3. (*watertight*) जलरुद्ध, जलरोधी; 4. (*airtight*) वायुरुद्ध, वायुरोधी। > स्टॉ:न्च

stave, *n.*, 1. (*piece of wood*) पटरा, तख़्ता; 2. (*of ladder*) डण्डा; 3. (*verse*) पद; 4. (*stanza*) बन्द; 5. (*music*) संगीतसारिणी*; —*v.*, छेद क०, फोड़ना; तोड़ डालना, चकनाचूर कर देना; कुचलना; पटरा लगाना; फट जाना; टूट जाना, **~ off,** टालना; निवारण क०, दूर क०। > स्टेव

stay, *v.*, 1. (*remain*) रहना, ठहर जाना; 2. (*dwell temporarily*) ठहरना; रहना; टिकना; 3. (*pause*) रुकना, रुक जाना; 4. (*show endurance*) दमदार होना; 5. (*check*) रोकना, रोकथाम* क०; 6. (*post-pone*) स्थगित क०; 7. (*prop up*) टेक* लगाना; सहारा देना (*fig.*); —*n.*, 1. (*sojourn*) ठहराव, टिकान*; वास, निवास; प्रवास; 2. (*endurance*) तितिक्षा*, धैर्य, दम; 3. (*check*) रोक*; रोकथाम*; 4. (*postponement*) स्थगन; 5. (*support*) टेक*; सहारा (*fig.*); 6. (*pl. corset*) चोली*; 7. (*rope supporting mast*) तान-रस्सी*; come to ~, स्थायी बन जाना; ~ one's stomach, भूख* शान्त क०; **~put,** स्थिर रहना; पड़ा रहना; **~up,** जागना; **~at-home,** घर-घुसना; **~-bar, ~-rod,** आड़ी-पट्टी*; **~er,** ठहरनेवाला; दमदार; **~-in strike,** बैठ-

हड़ताल*; **~ing power,** दम, तितिक्षा*; **~-lace,** तनी*। > स्टे

stead, in my ~, मेरे बदले में, मेरे स्थान पर; stand (him) in good ~, (उसके) काम आना, (उसे) उपयोगी होना। > स्टे'ड

steadfast, 1. (*fixed, settled*) स्थिर, अटल, पक्का; 2. (*unwavering*) दृढ़, दृढ़निश्चय। > स्टे'ड्.फ़ॅस्ट

steadily, स्थिर गति* से; अनवरत, लगातार, निरन्तर, बराबर; नियमित रूप से। > स्टे'डिलि

steadiness, स्थिरता*; धैर्य; सन्तुलन। > स्टे'डिनिस

steading, चक। > स्टे'डिंग

steady, *adj.*, 1. (*fixed*) स्थिर, सुस्थिर, अटल; 2. (*uniform*) स्थिर, स्थायी, एकसमान; 3. (*regular*) नियमित; 4. (*not fickle*) धीर, सन्तुलित, गंभीर, स्थिरमति; 5. (*industrious*) परिश्रमी; 6. (*temperate*) संयमी; —*v.*, स्थिर क०, बनना या रहना; —*adv.*, *see* STEADILY। > स्टे'डि

steak, टिक्का। > स्टेक

steal, *v.*, 1. चोरी* क०, चुराना (*also fig.*); 2. (*obtain surreptitiously*) मार लेना; 3. (*move silently*) चुपके से आना-जाना; ~ a march on, से आगे निकल जाना; **~ing,** चोरी*, स्तेय, चौर्य।

> स्टील; स्टील्-इन्ग

stealth, छिपाव, दुराव; **~ily, by ~,** छिपे-छिपे, चोरी-चोरी, चुपके से, चुपचाप; **~y,** 1. गुप्त, दुरावपूर्ण; 2. (*of person*) नज़रचोर। > स्टे'ल्थ; स्टे'ल्थ्/इलि, ~इ

steam, *n.*, 1. भाप*, वाष्प; 2. (*energy*) जोश, तेज, उत्साह; get up ~, शक्ति* का संचय क०; उत्तेजित हो जाना; let off ~, मन का ग़ुबार निकालना; —*adj.*, भाप* का, वाष्पीय, वाष्प-चालित; —*v.*, 1. भाप* छोड़ना, से भाप* उठना या निकलना; 2. (*treat with ~*) भाप* देना; 3. (*cook*) दम देना; 4. (*move*) (वाष्पशक्ति* से) आना, जाना, चलना; **~ up,** भाप* से ढक जाना; get ~ed up, उत्तेजित हो जाना। > स्टीम

steam/boat, स्टीमर, अगिन-बोट*, धूमपोत, धुआँ-कश; **~-engine,** भाप* का इंजन; **~er,** 1. स्टीमर; 2. (*~ing vessel*) भापतापी पात्र; **~-tight,** वाष्परोधी, भापरोक।

steatite, सेलखड़ी*। > स्टीअॅटाइट

steed, अश्व, युद्धाश्व, जंगी घोड़ा। > स्टीड

steel, *n.*, 1, इस्पात, फ़ौलाद (*also fig.*); 2. (*sword*) तलवार*; —*v.*, 1. फ़ौलाद चढ़ाना; 2. (*harden*) दृढ़, पक्का, कठोर या कड़ा बनाना; —*adj.*, **~y,** इस्पाती, फ़ौलादी; **~-clad,** कवचित, बख्तरबन्द; **~-plated,** कवचित; **~yard,** विषमभुज तुला*। > स्टील

steep, *adj.*, 1. दुरारोह, अतिप्रवण, खड़ा; 2. (*excessive*) मनमाना; अत्यधिक; 3. (*exaggerated*) बेतुका, अविश्वसनीय; —*n.*, 1. प्रपाती, खड़ी चट्टान*, खड़ी ढाल*; 2. (*a steeping*) निमज्जन; 3. (*solution*) घोल; —*v.*, 1. (*soak*) भिगोना; 2. (*fig.*) में तल्लीन या मग्न कर देना, से ओत-प्रोत कर देना। > स्टीप

steepen, दुरारोह बना देना या बनना। > स्टीपॅन

steeper, निमज्जक। > स्टीप्-अॅ

steeple, मीनार*, लाट*; **~chase,** टट्टीबाज़ी*; **~jack,** मीनार* मरम्मत करनेवाला।

> स्टीपॅल, ~चेस, ~जैक

steer, *n.*, 1. बछड़ा, बछवा, दोहान; 2. (*young ox*) जवान बैल; —*v.*, 1. चलाना, परिचालन क०; 2. (*guide*) मार्ग दिखाना, ले चलना; 3. की ओर* अभिमुख होना; 4. चलाया जाना; ~ clear of, से बचकर रहना, से दूर रहना। > स्टिअॅ

steerable, परिचालनीय। > स्टिअॅरॅबॅल

steerage, 1. परिचालन; 2. कर्णप्रभाव; ~ passenger सस्ते किराये का जहाज़ी; **~-way,** कर्णचाल*। > स्टिअॅर्-इज

steering, परिचालन; ~ committee, संचालन समिति*; ~-wheel, चालन-चक्का। > स्टिअॅर्-इन्ग

steersman, परिचालक, कर्णधार, सुक्कानी।

> स्टिअॅज़्मॅन

stele, 1. प्रस्तर-पट्ट; 2. (*bot.*) रंभ। > स्टील्-ई

stellar, 1. तारकीय, तारों का; 2. (*stelliform, stellate*) ताराकार, ताराकृति।

> स्टे'ल्/अॅ, ~इफॉ:म, ~इट

stellated, stelliferous, तारकित।

> स्टे'लेटिड; स्टे'लिफ़ॅरॅस

stellular, ताराकार, ताराकृति। > स्टे'ल्-यूलॅ

stem, 1. (*of tree*) तना, स्तंभ; स्कंध; 2. (*stalk*) वृन्त, डंठल, डण्डी*; 3. (*narrow part*) डण्डी*; 4. (*narrow tube*) नली*; 5. (*winding-part*) खूँटी*; 6. (*of a word*) धातु*; प्रातिपदिक (*of noun*); 7. (*bow of ship*) मन्दान, गलही*; 8. (*lineage*) वंश; 9. (*branch*) शाखा*; —*v.*, 1. (*check*) रोकना; 2. (*dam up*) बाँध बनाना; 3. (*face*) डटकर सामना क०; 4. के विरुद्ध आगे बढ़ना; 5. डंठल निकालना; 6. (*~ from*) से उत्पन्न होना। > स्टे'म

stemma, 1. (*pedigree*) वंशावली*; 2. सरल आँख*।

> स्टे'म्-अॅ

stench, दुर्गन्ध*, बदबू*; सड़ायँध* (*of rotting*); चिरायँध (*of burning flesh, fat, etc.*) बिसायँध (*of rotten flesh, fish*); तिलौंछ (*of oil*); कपड़गंध* (*of burning cloth*); धुँआयँध* (*of smoke*)। > स्टे'न्च

stencil, *n.*(*v.*) स्टेंसिल (क०)। > स्टे'न्-सिल

steno/graph, 1. आशुलेख; 2. (*machine*) आशुलेखी; **~grapher,** आशुलिपिक; **~graphy,** आशुलिपि*। > स्टे'नॅग्राफ़; स्टे'नॉग्/रॅफ़ॅ, ~रॅफ़ि

stentorian, महाघोष, बुलन्द, भारी।

> स्टे'न्टॉ:र्-इअॅन

step[1], *prep.*, **~brother,** सौतेला भाई, वैमात्रेय, वैमात्र या विमातृज भ्राता; कठभाई, वैपित्र या विपितृज भ्राता;

~child, 1. (*of mother*) सौतेला बच्चा; 2. (*of father*) वैपित्र सन्तति*; **~daughter,** 1. (*of mother*) सौतेली बेटी*; 2. (*of father*) कठबेटी*, तरैली*, वैपित्र दुहिता*; **~fatger,** कठबाप, सौतेला बाप; **~mother,** सौतेली माँ, विमाता*; **~motherly,** वैमात्रेय, निष्ठुर; **~sister,** सौतेली बहन*, वैमात्रेयी, वैमात्र या विमातृजा भगिनी*; कठबहन*; वैपित्र या विपितृजा भगिनी*; **~son,** 1. (*of mother*) सौतेला बेटा; 2. (*of father*) कठबेटा, कठपुत्र, तरैला। > स्टे'प

step², *n.*, 1. (*act, distance*) क़दम (*also of dance*) डग, पग; 2. (*sound*) पदध्वनि*, चाप*; 3. थोड़ी दूरी*; 4. (*gait*) चाल*, ठवन*; 5. (*footprint*) पदचिह्न; 6. (*fig. measure taken*) उपाय, कार्रवाई*, कार्यवाही*; take ~s, कदम उठाना, उपाय क०; 7. (*stage of progress*) चरण; 8. (*of stairs etc.*) सीढ़ी*, सोपान; 9. (*pl.*) सीढ़ी*, ज़ीना, निसेनी*; 10. (*notch*) सीढ़ी*; 11. (*rung of ladder*) डण्डा; 12. (*attached piece of vehicle*) पायदान; पावदान; 13. (*block of stone*) चबूतरा, चौंतरा; 14. (*grade*) श्रेणी*, दरजा; 15. (*socket*) घर; break ~, क़दम छोड़ना; fall out of ~, का क़दम टूटना; keep ~, क़दम मिलाना; in ~, क़दम मिलाकर; से मिलकर; out of ~, क़दम बेमेल; से अलग रहकर; ~ by ~, धीरे-धीरे, क्रमशः।

step³, *v.*, 1. चलना, जाना, आना, डग भरना, क़दम रखना; 2. (*tread*) पर पैर रखना; 3. (*dance*) नाचना; 4. (*naut., set up*) खड़ा क०; ~ aside, हट जाना; ~ in, 1. अन्दर आना या जाना; 2. (*intervene*) हस्तक्षेप क०, दखल देना; सहायता* क०; ~ on it, जल्दी* क०; **~out,** क़दम बढ़ाना; **~ up,** बढ़ाना। > स्टे'प

step-down, 1. (*of transformer*) अपचायी; 2. अवमन्दक।

steppe, घास* का मैदान। > स्टे'प

stepping-stone, 1. पैर रखने का पत्थर; 2. (*fig.*) सोपान, साधन। > स्टे'प्-इन्ग-स्टोन

step-up, 1. (*of transformer*) उच्चायी; 2. वर्द्धक।

sterco/raceous, ~ral, विष्ठा-, पुरीषीय; विष्ठामय। > स्टॅ:कॅरेशॅस; स्टॅ:कॅरॅल

stereo/chemistry, विन्यास-रसायन; **~gram,** त्रिविमचित्र; **~graphic, ~phonic, ~scopic,** त्रिविम; **~scope,** त्रिविमदर्शी।

> स्टे'रिॲ = स्टिॲरिॲ; स्टे'रिॲके'म्-इस्ट्रि; स्टे'रिॲग्रैम; स्टे'रि/अग्रैफ़्-इक, ~ॲफ़ॉन्-इक, ~अस्कॉप्-इक; स्टे'रिॲस्कोप

stereotype, *n.*, 1. (*printing*) मुद्रण-फलक; 2. (*fig.*) रूढ़िबद्ध धारणा*, रूढ़ि*; —*v.*, 1. मुद्रण-फलक बनाना; मुद्रण-फलक से छापना; 2. (*fig.*) अपरिवर्तनीय रूप देना, एक ही साँचे में ढालना, रूढ़िबद्ध बना देना; **~d,** 1. रूढ़िबद्ध, रूढ़, घिसा-पिटा; 2. (*formal*) औपचारिक।

> स्टे'रिॲटाइप = स्टिॲर्-इॲटाइप

sterile, 1. (*of woman*) बाँझ, वन्ध्या, बन्ध्या; 2. (*of man, semen*) अप्रजायी; 3. (*of land*) बंजर, ऊसर; अनुर्वर, अनुपजाऊ; 4. (*of plant*) फलहीन, अफल, अफलित; 5. (*of egg*) अनुर्वर; 6. (*of effort*) निष्फल, व्यर्थ; 7. (*lifeless*) निर्जीव, निष्प्राण; नीरस; 8. (*free from germs*) जीवाणुहीन, रोगाणुहीन, निर्जीवाणुक। > स्टे'राइल

steri/lity, (*see* STERILE) बाँझपन, वन्ध्यता*; अप्रजायिता*; अनुर्वरता*, अनुपजाऊपन; फल-हीनता*; निष्फलता*, व्यर्थता*; निर्जीवाणुहीनता*, **~lization,** बन्ध्यीकरण, अनुर्वरीकरण; व्यर्थीकरण; जीवाणुनाशन, निष्कीटन, विसंक्रमण; **~lize,** वन्ध्य, अनुर्वर, निष्फल या जीवाणुहीन बना देना; **~lized,** वन्ध्यीकृत; निष्कीटित, विसंक्रमित; **~lizer,** निष्कीटक, विसंक्रामक-यन्त्र। > स्टॅरिल्-इटि; स्टे'रिलाइज़ेशॅन; स्टे'रि/लाइज़, ~लाइज़्ड, ~लाइ-ज़ॅ

sterling, *n.*, पाउण्ड; *adj.*, 1. (*of silver*) खरा, असली; 2. (*of solid worth*) पक्का, विश्वस्त, सच्चा; 3. (*excellent*) उत्तम, उत्कृष्ट। > स्टॅ:ल्-इन्ग

stern, *n.*, 1. (*of ship*) दुम्बाल, दबूसा, पिच्छल; 2. (*rump*) पुट्ठा; 3. (*tail*) पूंछ*; —*adj.*, 1. (*strict*) कड़ा, सख्त; 2. (*harsh*) कठोर, निर्दय; 3. (*of features*) कठोर, कड़ा; **~most,** सब से पिछला, पश्चतम। > स्टॅ:न

sternum, उरोस्थि*। > स्टॅ:नॅम

sternu/tation, छींक*, छिक्का*; **~tative, ~tatory,** छींक लानेवाला, छिक्काजनक।

> स्टॅ:न्यूटेशॅन; स्टॅ:न्यूटॅ/टिव, ~टॅरि

stertorous, खरटिदार। > स्टॅ:टॅरॅस

stet, पूर्ववत्। > स्टे'ट

stetho/scope, *n.*, स्टेथॉस्कोप, परिश्रावक; **~scopic,** परिश्रवण-; **~scopy,** परिश्रवण।

> स्टे'थॅस्कोप; स्टे'थॅस्कॉप्-इक; स्टे'थॉस्कॅपि

stetson, चौड़ी बाढ़* की टोपी*। > स्टे'ट्सॅन

stevedore, जहाज़ी क़ुली या मोटिया।

> स्टीव्-इडॉ:

stew, *v.*, 1. सिझाना (*v.t.*); सीझना (*v.i.*); 2. उमस* से परेशान होना; —*n.*, 1. (*dish*) दमपुख्त; 2. (*pond*) तालाब, पोखर; **~-pan,** (ढक्कनदार) कड़ाही*।

> स्ट्यू

steward, 1. (*manager*) प्रबन्धक, कारिन्दा; 2. (*pur-veyor*) (खाद्य-) प्रबन्धक; भण्डारी; 3. (*waiter*) खिदमतगार; 4. (*official*) कर्मचारी; **~ess,** परिचारिका*। > स्ट्यू/ॲड, ~ॲडिस

stich, चरण, पंक्ति*, पद। > स्टिक

stick, *v.*, 1. (*thrust into*) चुभाना, घुसेड़ना, भोंकना, गड़ाना, धँसाना, घोंपना; 2. (*pierce*) छेदना, छेदित क०, बींधना, बेधना, भेदन क०; मारना; 3. (*fix on*) लगाना, लगा देना; 4. (*be fixed by point*) चुभना, चुभ जाना; 5. (*with, or as with, paste*) चिपकना, चिपक जाना, लगा रहना; चिपकाना, सटाना (*v.t.*); 6. (*put*) रख देना; रख लेना; लगाना; 7. (*insert*) खोंसना; 8. (*lose power of motion, also fig.*) अटक जाना, रुक जाना (*v.i.*); अटकाना, रोकना (*v.t.*); 9. (*support with stick*) लकड़ी* लगाना, टेक* लगाना; 10. (*bear*) बरदाश्त क०, सह लेना; **~ around,** पास रहना; **~ at,** हिचकना; में लगा रहना; **~ at nothing,** घोर अनैतिक होना; **~ in one's throat,** गले के नीचे नहीं उतरना; कहा नहीं जाना, ज़बान* पर अटक जाना; **~ out,** बाहर निकला हुआ होना; अत्यन्त स्पष्ट होना; बाहर निकलना; **~ out for,** (की माँग*) पर डटे रहना; **~ to,** का साथ देता रहना, नहीं छोड़ना; करता रहना, में लगा रहना; **~ together,** साथ रहना; एक दूसरे के प्रति ईमानदार रहना; **~ up,** उठाना; खड़ा होना या क०; आतंक फैलाकर लूटना; **~ up for,** का पक्ष लेना, के पक्ष में बोलना; **~ up to,** डटकर सामना क०; **~ with,** के प्रति ईमानदार रहना; कहना; —*n.*, 1. (*piece of wood*) लकड़ी*; 2. (*techn.*) यष्टि*; 3. (*club*) लाठी*, डण्डा; 4. (*wand, baton, walking-~*) छड़ी*; 5. (*of chalk, sealing-wax, etc.*) बत्ती*; वर्तिका*, सलाई*; 6. (*of bombs etc.*) लड़ी*; 7. (*composing-~*) पटरी*; 8. (*a person*) निकम्मा; फूहड़; *see* FIDDLE~, DRUM~। > स्टिक

stickiness, लसलसाहट*, चिपचिपाहट*। > स्टिक्-इनिस

stick-in-the-mud, रूढ़िवादी, दक़ियानूस।

stick-insect, कठ-कीड़ा।

sticking-plaster, चेपदार पट्टी*।

stickler for, का आग्रही।

stick-on, चेपदार।

stick-up, आतंकपूर्ण लूट*।

sticky, 1. चिपचिपा, लसलसा; 2. (*troublesome*) टेढ़ा; 3. (*unbending*) रूखा; दृढ़; 4. (*of end*) घोर, बहुत बुरा, भीषण। > स्टिक्-इ

stiff, *adj.*, 1. (*rigid*) कड़ा, सख्त, स्तंभित; 2. (*inflexible*) दुर्नम्य, अनम्य; 3. (*of muscle etc.*) सख्त; 4. (*of gear, wheel, lock*) कड़ा; 5. (*taut*) तना हुआ; 6. (*~-necked*) हठीला, हठधर्मी; 7. (*cold, formal*) रूखा, रूक्ष, शुष्क; औपचारिक; 8. (*haughty*) घमण्डी; 9. (*harsh*) कठोर, कड़ा; 10. (*difficult to do*) कठिन, दुःसाध्य; 11. (*strong*) तेज़, कड़ा; 12. (*thick, viscous*) गाढ़ा; —*adv.*, बेहद, अत्यधिक। > स्टिफ़

stiffen, सख्त, कड़ा, कठिन, रूखा, तेज़, गाढ़ा, बनना या बनाना (*see* STIFF); ऐंठ जाना, अकड़ जाना। > स्टिफ़ॅन

stifle, *v.*, 1. दम घोंटना; 2. (*hold back*) रोकना, दबा लेना; 3. (*suppress*) कुचलना, दबाना; 4. (*v.i.*) गला घुटना; —*n.*, पिछले पैर का घुटना। > स्टाइफ़ॅल

stifling, दमघोंटू दमघोंट। > स्टाइफ़्-लिंग

stigma, 1. (*mark of disgrace*) कलंक (का टीका), लांछन, बट्टा, दाग़; 2. (*on criminal*) दाग़; 3. (*bot.*) वर्तिकाग्र; 4. (*of disease*) दाग़; 5. (*spot on skin*) चकत्ता; 6. (*scar*) क्षतचिह्न; 7. (*eye-spot*) दृक्बिन्दु; **~ta,** क्षतचिह्न; five—, पंचक्षत; **~tic,** 1. (*person*) क्षतचिह्नित; 2. (*bot.*) वर्तिकाग्री; 3. (*anastigmatic*) बिन्दुक; **~tism,** (*of eye*), बिन्दुकता*; **~tize,** 1. (*denounce*) की निन्दा* क०; का कलंक लगाना; 2. क्षतचिह्न से अंकित क०। > स्टिग्/मॅ, ~मॅटॅ; स्टिग्मैट्-इक; स्टिग्/मॅ/टिज़्म, ~टाइज़

stile, पैड़ी*, सीढ़ी*। > स्टाइल

stilletto, कटारी*। > स्टिले'टो

still, *adj.*, 1. (*motionless*) निश्चल, अचल, स्थिर, निश्चेष्ट; 2. (*not talking*) चुप, मौन, खामोश; 3. (*hushed*) धीमा; 4. (*noiseless*) नीरव, निःशब्द; 5. (*quiet, calm*) शान्त; 6. (*not effervescent*) बुद्बुदहीन; ~ birth, मृत प्रसव; ~ life, जड़ पदार्थों का चित्र(ण); —*n.*, 1. (*apparatus*) भभका; 2. (*silence*) नीरवता*, सन्नाटा; 3. (*photo.*) अचल चित्र; —*v.*, 1. शान्त क०; 2. (*distil*) चुलाना, चुआना; —*adv.*, अब तक, अद्यापि; उस समय तक; अधिक, ज़्यादा; तो भी, तिस पर भी, तथापि, तदपि। > स्टिल

stillage, धानी*। > स्टिल्-इज

still-born, मृतजात।

still-room, भण्डार; आसवन-गृह।

stilt, 1. गेड़ी*, पैरबाँसा; 2. (*bird*) पनलवा (*small*); लमटंगा, टिलुआ, बड़ा पनेवा (*black-winged*)। > स्टिल्ट

stilted, 1. (*of style*) आडम्बरपूर्ण, आडम्बरी, अस्वाभाविक; 2. (*of arch.*) पैरदार, सपाद, उत्थापित। > स्टिल्-टिड

stimu/lant, 1. प्रेरक; उत्तेजक; 2. (*med.*) उद्दीपक; **~late,** 1. (*rouse*) प्रेरित क०, प्रेरणा* देना, प्रोत्साहित क०; 2. (*excite*) उत्तेजित क०; 3. (*med.*) उद्दीपित क०; **~lation,** प्रेरण; उत्तेजन; उद्दीपन; **~lative, ~lator,** प्रेरक; उत्तेजक; उद्दीपक; **~lus,** 1. (*incentive*) प्रेरणा*; प्रोत्साहन; 2. (*med.*) उद्दीपक (*agent*); उद्दीपन (*action*)। > स्टिम्यू/लॅन्ट, ~लेट, ~लेशॅन, ~लॅटिव, ~लॅस

sting, *v.*, 1. (*wound with a ~*) डंक मारना, डँकियाना, डसना, दंशना; 2. (*of plant*) जलन* पैदा क०; 3. (*give mental pain*) दुःख पहुँचाना, जलाना, व्यथित क०, संतप्त क०; —*v.i.*, 1. (*have a ~*) डंकदार होना; 2. दुखना, जलना; ~ into, प्रेरित क०; —*n.*, 1. (*organ*) डंक, दंश; 2. (*of nettles etc.*) काँटा; 3. (*act*) दंशन, डसन; 4. (*wound*) दंश; 5. (*pain*)

टीस*; 6. (*goad*) अंकुश; 7. (*of malicious utterance*) डंक, दंश; **~er,** करारी चोट*। > स्टिन्ग

stingy, कंजूस, मक्खीचूस। > स्टिन्-जि

stink, *n.*, see STENCH; *v.*, बदबू* क० या देना, बदबूदार होना, से बदबू* आना, उठना या निकलना; **~ing,** बदबूदार; **~-stone,** पूतिप्रस्तर; **~weed,** धतूरा। > स्टिन्क

stint, *v.*, कम देना, थोड़ा-थोड़ा करके देना; —*n.*, निर्धारित अंश; 2. (*limitation*) प्रतिबन्ध; 3. (*limit*) सीमा*; without ~, खुले हाथों; दिल खोलकर। > स्टिन्ट

stipate, घना। > स्टाइपेट

stipe, वृन्त। > स्टाइप

stipel, अनुपर्णिका*। > स्टाइपॅल

stipend, वृत्ति*, वृत्तिका*, वज़ीफ़ा; mass~, यज्ञ-शुल्क; **~iary,** वृत्तिभोगी; वेतनभोगी। > स्टाइप्-एन्ड; स्टाइ-पे'न्ड्यॅरि

stipitate, वृन्ती। > स्टिप्-इटेट

stipple, बिन्दुचित्रण क०। > स्टिपॅल

stipular, अनुपर्णी। > स्टिप्यूलॅ

stipu/late, 1. अनुबन्ध क०, शर्त* लगाना; 2. (*de-mand*) माँगना; —*adj.*, अनुपर्णी; **~lated,** अनुबद्ध; **~lation,** 1. अनुबन्ध; 2. (*contract*) संविद*; 3. (*condition*) प्रतिबन्ध-शर्त*। > स्टिप्यूलेट; स्टिप्यूलेशॅन

stipule, अनुपर्ण। > स्टिप्यूल

stir, *v.*, 1. (*a liquid*) चलाना; विलोड़ना (*techn.*); 2. (*move*) हिलना, हिलना-डुलना, चलना, चलना-फिरना (*v.i.*); हिलाना, चलाना (*v.t.*); 3. (*shake*) हिला देना, झकझोरना; 4. (*the fire*) तेज क०; 5. (*displace*) खिसकाना; **~ up,** 1. उत्तेजित क०, भड़काना, उकसाना; 2. (*animate*) प्रेरित क०, अनुप्राणित क०, प्राण डालना; 3. (*mutiny etc.*) उत्पन्न क०, पैदा क०; —*n.*, 1. (*of liquid*) विलोड़न; 2. (*bustle*) हलचल*, चहल-पहल*, खलबली*; 3. (*tumult*) हुल्लड़, कोलाहल, ग़ुल-गपाड़ा; 4. (*sensation*) सनसनी*; 5. (*excitement*) उत्तेजना*, घबराहट*; 6. (*a slight movement*) हरकत*। > स्टॅ:

stirabout, दलिया। > स्टॅ:रॅबाउट

stirpiculture, वरणात्मक प्रजनन। > स्टॅ:प्-इकॅल्चॅ

stirps, 1. (*progenitor*) मूलपुरुष, वंशकर; 2. (*stock*) वंश। > स्टॅ:प्स

stirrer, विलोड़क। > स्टॅ:र्-ॲ

stirring, 1. भावोद्दीपक, भावोत्तेजक, प्रभावशाली; 2. (*exciting*) उत्तेजक; 3. (*active*) क्रियाशील, कर्मण्य, फुरतीला। > स्टॅ:र्-इन्ग

stirrup, रक़ाब*; **~-bone,** वलयक; **~-lea-ther,** रक़ाब-दवाल; **~-lock,** चाम्प। > स्टिरॅप

stitch, *n.*, 1. (*in sewing*) टाँका, तोपा; 2. (*in knitting*) घर; 3. (*in crocket*) फन्दा; 4. (*of wound*) टाँका; 5. (*pain*) हूक*, पार्श्वशूल; —*v.*, 1. टाँकना, टाँका लगाना, सीना; 2. (*sew*) सीना, सिलाई* क०; 3. (*fasten*) जोड़ना; **~ing,** सिलाई*; double ~, बखिया। > स्टिच

stiver, दमड़ी*। > स्टाइव्-ॲ

stock, *n.*, 1. (*goods*) माल, बिक्री* का माल, सामान, स्टाक; 2. (*ready supply, provision*) भण्डार, सम्भार, संचय, संग्रह; 3. (*livestock*) पशुधन; 4. (*raw material*) कच्चा माल; 5. (*tree-trunk*) तना; 6. (*stem*) स्कन्ध; 7. (*butt, handle*) कुन्दा; 8. (*blockhead*) काठ का उल्लू; 9. (*family*) वंश, कुल; 10. (*zool.*) प्रभव; 11. (*money lent to govt.*) सरकारी ऋण; 12. (*of a company*) मूलधन; 13. (*pl., for criminals*) काठ, कुन्दा; 14. (*pl., of a ship*) ढाँचा; take ~, 1. माल-सूची* तैयार क०, स्टाक की जाँच* क०; 2. (*observe, assess*) का अध्ययन क०, अवलोकन क०; जाँचना, परखना; take ~ in, में दिलचस्पी* लेना; the S~Exchange, शेयर बाज़ार; —*adj.*, 1. सामान्य; 2. (*trite*) घिसा-पिटा; —*v.*, 1. (बिक्री* के लिए) रखना; 2. (*gather*) जमा क०, संचित क०, संग्रह क०, ढेर लगाना, जुटाना, इकट्ठा क०, भरना; 3. (*provide with*) लगाना; से सज्जित क०, से भर देना; 4. (*a criminal*) काठ मारना, काठ में पाँव देना या ठोंकना। > स्टॉक

stockade, घेरा, लकड़कोट, कटघरा। > स्टॉकेड

stock/-book, स्कंध-पंजी*; **~-breeder, ~-farmer,** पशु-पालक; **~broker,** शेयर-दलाल; **~broking,** शेयर-दलाली*; **~fish,** सुखाई मछली*; **~holder,** अंशधारी, शेयर-होल्डर।

stocking, 1. मोज़ा, जुर्राब*; 2. (*action*) संग्रहण। > स्टॉक्-इन्ग

stock/-in-trade, 1. (*goods*) माल; 2. (*tools*) साज़-सामान; 3. (*devices*) बराबर के तरीक़े; स्थायी ख़ज़ाना; **~ish,** मंदबुद्धि; निर्बुद्धि; **~ist,** (थोक) व्यापारी, भण्डारी; **~jobber,** स्टोरिया, सट्टेबाज; **~jobbery,** सट्टेबाज़ी*; **~list,** शेयरसूची*, शेयर-दर-सूची*; **~-market,** शेयर-बाज़ार; **~pile,** *n.*, संचय; *v.*, संचित क०; **~piling,** संचयन; **~-still,** मूर्तिवत्, निश्चल; **~-taking,** 1. मालसूची* की तैयारी*, स्टाक की जाँच*; 2. (*fig.*) पर्यवलोकन, सर्वेक्षण।

stocky, 1. नाटा और गठीला; 2. (*sturdy*) गठीला, हट्टा-कट्टा। > स्टाक्-इ

stockyard, बाड़ा। > स्टॉक्याड

stodgy, 1. (*of food*) भारी, गरिष्ठ; 2. (*rammed*) खचाखच भरा हुआ; 3. (*uninteresting*) नीरस। > स्टॉज्-इ

stoep, बरामदा। > स्टूप

stogy, stogie, भारी जूता; चुरुट। > स्टोग्-इ

stoic, 1. (*philosopher*) स्टोइक दार्शनिक; 2. संयमी; सुख दुःख-उपेक्षी; ~al, तितिक्षु, तितिक्ष, धीर; समबुद्धि; उदासीन, विरक्त; **~ism,** स्टोइक दर्शन; तितिक्षा*, धैर्य; आत्मसंयम, विरक्ति*। > स्टोइक; स्टोइकॅल; स्टोइसिज़्म

stoichiometry, रससमीकरणमिति*। > स्टॉइकिऑम्-इट्रि

stoke, कोयला भरना या झोंकना; (आग*) भड़काना; **~hold,** भट्ठी-स्थान; **~hole,** भट्ठी-मुख; **~r,** आगवाला। > स्टोक; स्टोक्-ऑ

stole, 1. (*scarf*) दुपट्टा; 2. (*of priest*) स्कंध-पट; ~ fees, याजक-शुल्क। > स्टोल

stolen property, चोरी* का माल।

stolid, 1. भावशून्य, निर्विकार; 2. (*unexcitable*) स्थिरमति, निरुद्वेग, शान्त, धीर। > स्टॉल्-इड

stolon, stole, 1. (*bot.*) भूस्तरी; 2. (*zool.*) देहांकुर। > स्टोलॉन; स्टोल

stoma, रंध्र; मुखछिद्र, मुख। > स्टोमॅ

stomach, *n.*, 1. आमाशय, पक्वाशय; 2. (*abdomen*) पेट, उदर, जठर; 3. (*appetite*) भूख*, क्षुधा*; 4. (*liking, wish*) रुचि*, इच्छा*; 5. (*courage*) साहस; —*v.*, खाना; बरदाश्त क०; **~-ache,** पेट का दर्द; **~ic,** 1. आमाशय-; 2. (*digestive*) पाचक; 3. क्षुधावर्धक। > स्टॅमॅक; स्टॅमैक्-इक

stomatal, रंध्री। > स्टॅमॅटॅल

stomate, सरंध्र। > स्टोमिट

stomatitis, मुखपाक। > स्टॉमॅटाइट्-इस

stomatogastric, मुखजठरी। > स्टॉमॅटॅगैस्-ट्रिक

stone, *n.*, 1. पत्थर, प्रस्तर, पाषाण, शिला*, शिलाखण्ड; 2. (*gem*) रत्न, नगीना, मणि*; 3. (*of fruit*) गुठली*, अष्ठि*; 4. (*in kidneys etc.*) पथरी*, अश्मरी*; 5. चौदह पाउन्ड; leave no ~ unturned, कुछ उठा नहीं रखना; S~Age, प्रस्तर-युग; ~'s cast, ~'s throw, पत्थर फेंकने की दूरी*; थोड़ी दूरी*; —*adj.*, पत्थर का, आश्मिक, आश्म; —*v.*, 1. पत्थर मारना, पथराव क०; 2. (*to death*) पत्थर मार, मारकर मार डालना; 3. पत्थर बैठाना या लगाना; 4. गुठली* निकालना। > स्टोन

stone/-blind, सूरदास, एकदम अंधा; **~-cold,** एकदम ठण्डा; **~-dead,** एकदम मुरदा; **~-deaf,** वज्र-बधिर; **~-fruit,** अष्ठि-फल, गुठलीदार फल; **~mason,** 1. (*stone-cutter*) संगतराश; 2. राजमिस्त्री; **~-throwing,** ढेलेबाज़ी*; **~wall,** 1. रोधक बल्लेबाज़ी क०; 2. रुकावट* डालना; **~ware,** शिलामाण्ड; **~work,** पत्थर की चिनाई*।

stony, 1. (*full of stones*) पथरीला; 2. (*hard*) कड़ा; 3. (*~-hearted*) पाषाण हृदय, कठोर, संगदिल; 4. (*of a stare*) स्थिर, भावशून्य। > स्टोन्-इ

stooge, *n.*, 1. हँसी* का पात्र; 2. (*puppet*) कठपुतली*; 3. (*underling*) टहलुआ; —*v.*, ~around, मँडराता रहना। > स्टूज

stool, 1. स्टूल, चौकी*; तिपाई* (*three legged*); 2. (*footstool*) पायदान; 3. (*kneeler*) टेकनी*, चौकी*; 4. (*privy*) पाखाना, शौच-घर, शौचालय; 5. (*evacuation*) मलत्याग; 6. (*faeces*) पाखाना, मल, गुह; 7. (*bot.*) अन्तर्भूस्तरी; **~-pigeon,** फँसानेवाली चिड़िया; फँसानेवाला व्यक्ति। > स्टूल

stoop, 1. झुकना; 2. (*condescend*) कृपा* क०; 3. (*lower oneself*) नीचता* क०; 4. (*swoop*) झपटना, झपट्टा मारना; 5. (*incline*) झुकाना; —*n.*, 1. झुकाव, नति*; 2. (*platform*) चबूतरा; 3. (*porch*) ड्योढ़ी*; **~ed,** धड़-टूटा। > स्टूप

stop, *v.*, 1. (*stop movement or progress, check*) रोकना, रोक देना; 2. (*stop moving, doing*) रुकना, रुक जाना, ठहरना; 3. (*suspend, discontinue, cease, cut off, close, block*) बन्द क०; 4. (*stop functioning, close*) बन्द हो जाना; 5. (*stay*) ठहरना; 6. (*fill*) भरना, भर देना; 7. (*punctuate*) विराम-चिह्न लगाना; 8. (*fasten*) कसना; ~off, ~over, रुक जाना; ~ up late, देर* तक जागना; ~ dead, अचानक रुक जाना; —*n.*, 1. (*halt*) रुकाव, ठहराव, विराम; 2. (*place*) स्टाप, ठहराव; 3. (*active*) रोक*, रोधन; 4. (*punctuation*) विरामचिह्न; full ~, पूर्ण विराम; 5. (*of organ etc.*) परदा; 6. (*manner of speech*) लहज़ा; 7. (*of window etc.*) अड़ानी*; 8. (*peg*) खूँटी*; 9. (*phonetics*) स्पर्श वर्ण; 10. (*of camera*) पटल; come to a (full) ~, (एकदम) बन्द हो जाना; put a ~ to, बन्द क०; without a ~, लगातार। > स्टॉप

stopcock, रोधनी*। > स्टॉप्कॉक

stope, निखनन। > स्टोप

stopgap, *n.*, 1. (*person*) अन्तरकालीन, स्थानापन्न; 2. कामचलाऊ चीज़*, उपाय या प्रबन्ध; —*adj.*, कामचलाऊ; अन्तरकालीन, अन्तःकालीन। > स्टॉप्गैप

stoppage, 1. (*active*) रोक*, रोधन; 2. (*state*) रुकाव, विराम; बन्दी*; 3. (*obstruction*) अवरोध। > स्टॉप्-इज

stopper, *n.*, 1. रोधक, अवरोधक; 2. (*plug*) डाट*, डट्टा, काग, ठेंठी*; —*v.*, डाट* लगाना, बन्द क०; **~ed,** डाटदार। > स्टॉप्-ॲ

stopping, 1. *see* STOPPAGE (1, 2); 2. (*filling*) भराई*, भराव; भराव (*material*); ~-distance, रुकने की दूरी*; ~-place, ठहराव; ~-power, निरोधी शक्ति*। > स्टॉप्-इन्ग

stopple, *n.*(*v.*), डाट* (लगाना)। > स्टॉपॅल

stop/-press, छपते-छपते; **~-signal,** रोक-संकेत; **~-watch,** विराम-घड़ी*।

storage, 1. संग्रहण, संचयन; 2. (*place*) गोदाम,

भण्डार; 3. (*fee*) गोदाम-भाड़ा; cold ~, शीतसंग्रहण; शीतसंग्रहागार; ~battery, संचायक बैटरी*, ~ tank, संग्रह-टंकी*। > स्टॉ:र्-इज

storax, शिला-रस। > स्टॉ:र्-ऐ'क्स

store, *n.*, 1. (*stock*) भण्डार (*also fig.*); 2. (*supplies*) सामान; 3. (*store-room*) भण्डार, गोदाम; 4. (*shop*) दूकान*; set ~ by, महत्त्व देना; —*v.*, रखना; गोदाम में रखना; संचय क०, संचित क०, संग्रह क०, जमा क०; से भर देना, से सज्जित क०; में स्थान होना, में समाना। > स्टॉ:

storey, तल्ला, मंज़िल*, खण्ड, मरातिब; **~ed,** -मंज़िला। > स्टॉ:र्-इ

storiated, सचित्र। > स्टॉ:र्-इ-ए-टिड

storied, *adj.*, 1. (*illustrated*) सचित्र; 2. (*in comp.*) -मंज़िला। > स्टॉ:र्-इड

sonic, ध्वनिक, ध्वनि-। > सॉन्-इक

storiette, कहानी*। > स्टॉ:रिए'ट

stork, 1. (*adjutant*) चमरघेंच; 2. (*white necked*) लक़लक़, लगलग; 3. (*open-billed*) घोंघिल; 4. (*painted*) जांघिल; 5. (*white*) गबर। > स्टॉ:क

storiology, लोककथा-शास्त्र। > स्टॉ:रिऑलॅजि

storm, *n.*, 1. झंझावात, तूफ़ान; 2. (*dust-~*) आँधी*; 3. (*upheaval*) तूफ़ान, आफ़त*, संकट, विप्लव, क्रांति*; 4. (*tumult*) उपद्रव, हुल्लड़, हो-हल्ला, हंगामा; 5. (*outburst*) विस्फोट, बाढ़*; 6. (*shower*) बौछार*, भरमार*; 7. (*assault*) धावा, हमला, चढ़ाई*; ~ in a teacup, तुम्बी* में तूफ़ान, नाहक़ का हो-हल्ला, नाहक़ का तोबा-तिल्ला; take by ~, 1. जीत लेना; 2. (*an audience*) तुरन्त मोहित क०; —*v.*, 1. (*of wind*) प्रचण्ड होना, तेज़ चलना; 2. (*show violent anger*) आग बबूला होना, झल्लाना; गरजना; **~ at,** पर उबल पड़ना; 3. (*assault*) पर धावा बोलना; 4. (*take*) पर क़ब्जा कर लेना, जीत लेना। > स्टॉ:म

storm/-beaten, आँधी* का मारा; विपत्ति* का मारा; **~-belt,** झंझा-क्षेत्र; **~-signal,** तूफ़ान-संकेत; **~-track,** झंझा-पथ; **~-troops,** आक्रमण-सेना*।

stormy, 1. तूफ़ानी; 2. (*violent*) प्रचण्ड, तीव्र, तेज़; 3. (*of meeting etc.*) उत्तेजनापूर्ण; कोलाहलपूर्ण; 4. (*troubled*) संकट-पूर्ण। > स्टॉ:म्-इ

story, 1. *see* STOREY; 2. (*literary tale*) कहानी*, क़िस्सा; 3. (*plot*) कथानक; 4. (*account*) विवरण, वृत्तान्त; क़िस्सा; 5. (*history*) इतिवृत्त, इतिहास; 6. (*rumour*) अफ़वाह*, उड़ती ख़बर*; 7. (*news*) समाचार, ख़बर*; 8. (*lie*) कहानी*, झूठ; **~-teller,** 1. कथक; (*writer*) कहानीकार; 3. (*liar*) गपोड़िया, गपोड़ेबाज़। > स्टॉ:र्-इ

stoup, जलपात्र। > स्टूप

stout, *adj.*, 1. (*strongly built*) मज़बूत, पक्का; 2. (*strong in body*) हृष्ट-पुष्ट, तगड़ा, हट्टा-कट्टा; 3. (*corpulent*) स्थूलकाय; मोटा; 4. (*~-hearted*) दिलेर, बहादुर, निर्भीक; 5. (*forceful*) ज़ोरदार, कड़ा, तीव्र, दृढ़; —*n.*, तेज़ बियर*। > स्टाउट

stove, 1. स्टोव; अंगीठी*, आतिशदान, चूल्हा; 2. (*hothouse*) गरमखाना। > स्टोव़

stow, 1. (*store away*) सजाकर रखना, लगा देना; 2. (*fill*) सजाकर भर देना; **~away,** छिपकर यात्रा* करनेवाला; **~age,** 1. भरण; नौभरण; 2. गोदाम; 3. (*fee*) भराई*, नौभरण-शुल्क; गोदाम-भाड़ा; 4. (*capacity*) धारिता*। > स्टो; स्टोऑवे

strabismus, भेंगापन। > स्टॅबिज़्मॅस

strabotomy, भेंगेपन या वलिरता* का आपरेशन। > स्ट्रॅबॉटॅमि

straddle, *v.*, टाँगें* फैलाकर बैठना, खड़ा होना, चलना; फैलाना; निशाना बाँधने के लिए गोले बरसाना —*n.*, क्रय-विक्रय की संविदा*। > स्ट्रैडॅल

strafe, 1. *v.*, पर गोलाबारी* क०, पर गोली* चलाना; 2. (*reprimand*) फटकारना, गाली* देना, भर्त्सना* क०; 3. (*punish*) दण्ड देना; 4. (*thrash*) पीटना; —*n.*, गोलाबारी*; डाँट-डपट*; दण्ड। > स्ट्राफ़

straggle, 1. से अलग हो जाना, अलग पड़ जाना, भटक जाना; 2. (*~behind*) पिछड़ना; 3. (*get dispersed*) बिखर जाना; फैल जाना; 4. (*be dispersed*) बिखरा होना, छितरा हुआ होना; फैला हुआ होना; 5. छुट-फुट रूप से आना (जाना, घटित होना); 6. (*of rays*) विचरण क०; **~r,** भटकनेवाला, भटकैया; फैला हुआ होना। > स्ट्रैगॅल; स्ट्रैग्-लॅ

straggling, फैला हुआ, बिखरा हुआ। > स्ट्रैग्-लिन्ग

straight, *adj.*, 1. (*not bent or crooked*) सीधा, सरल, ऋजु; 2. (*direct, unqualified, of answer, etc.*) सीधा; 3. (*unobstructed*) सीधा, सरल; 4. (*of angle*) ऋजु; 5. (*honest*) सीधा, सच्चा, निष्कपट, ईमानदार, ऋजु; 6. (*outspoken*) स्पष्टवादी; 7. (*in proper order, place, etc.*) ठीक, सीधा, सुव्यवस्थित; 8. (*logical*) तर्कसंगत; 9. (*undiluted*) परिशुद्ध, खरा; 10. (*unmixed*) अमिश्रित; —*n.*, 1. सीध*; 2. सीधा भाग; 3. (*sequence*) अटूट या निरन्तर क्रम; ~ face, गंभीर मुद्रा*; ~ fight, सीधा संघर्ष; —*adv.*, सीधे; **~away, ~ off** तुरंत। > स्ट्रेट

straighten, सीधा या ठीक क० या हो जाना; **~ out,** सुलझाना। > स्ट्रेटॅन

straightforward, 1. (*of person*) निष्कपट, सीधा, सच्चा, सीधा-सादा; स्पष्टवादी; 2. (*direct*) सीधा; 3. (*easy*) सीधा, सरल; सीधा-सीधा; **~ness,** सीधापन; आर्जव; स्पष्टवादिता*। > स्ट्रेट्फ़ॉ:वॅड

strain, *v.*, 1. (*stretch*) कसकर तानना; 2. (*eyes, ears, etc.*) पूरी शक्ति* लगाकर (देखना, सुनना); 3. (*overtax*) पर अधिक भार डालना, से अत्यधिक काम लेना, थकाना; ~one's eyes, आँखों* से तेल निकालना; 4. (*one's authority*) की सीमा* का

उल्लंघन क०; 5. (*a text*) खींच-खांचकर अर्थ लगाना; 6. (*sprain*) मुड़काना; 7. (*injure*) क्षति* पहुँचाना; विकृत कर देना; 8. (*hug*) कसकर गले लगाना; 9. (*make intense effort*) घोर परिश्रम क०; ~ after, के लिए प्रयास क०; 10. (*filter*) छानना; 11. (*percolate*) टपकना, रिसना; ~ at a gnat, and swallow a camel, गुड़ खाना गुलगुलों से घिनाना (परहेज़ क०); —*n.*, 1. (*tension*) तनाव, खिंचाव, टान*; (see STRESS); 2. (*great effort*) घोर परिश्रम; प्रयास; 3. (*fatigue*) श्रान्ति*, 4. (*distortion, deformation*) विकृति*; 5. (*sprain*) मोच*; 6. (*injury*) क्षति*; 7. (*demand upon*) दबाव; माँग*; 8. (*tone*) लहज़ा; 9. (*manner*) ढंग, 10. (*style*) शैली*; 11. (*tune, air*) राग, तान*, लय*; 12. (*tendency*) प्रवृत्ति*, झुकाव; 13. (*family*) वंश, कुल; 14. (*breed*) नसल*; 15. (*bot.*) उपभेद। > स्ट्रेन

strained, 1. (*forced, of interpretation*) कष्ट-कल्पित; 2. (*deformed*) विकृत; 3. (*unnatural*) अस्वाभाविक, कृत्रिम; 4. (*showing effort*) आयासित; अस्वाभाविक; ~relations, तनाव, मनमुटाव, मनो-मालिन्य, अनबन*। > स्ट्रेन्ड

strainer, 1. (*colander*) चलनी*, छलनी*; 2. (*of cloth*) छन्ना, साफ़ी*; 3. (*filter*) निस्यन्दक, फ़िलटर। > स्ट्रेन्-अॅ

strait, *adj.*, 1. (*difficult*) कठिन, कठोर, कड़ा; 2. (*distressing*) क्लेशकर, दुःखद, 3. (*narrow*) तंग, संकीर्ण; 4. (*strict*) सख्त, कड़ा; ~jacket, ~waistcoat, जकड़-जामा; **~-laced,** अतिनैतिक; —*n.*, 1. जलसंयोजी, जलडमरूमध्य; 2. (*usually pl.*) तंगी*, तंगहाली*, कंगाली*; तकलीफ़, संकट, दुर्गति*; in ~ened circumstances, तंगहाल। > स्ट्रेट

strake, पट्टी*। > स्ट्रेक

stramineous, 1. पयाल का, पलाल का; 2. (*worthless*) असार, बेकार। > स्ट्रॅमिन्-इअॅस

stramonium, धतूरा। > स्ट्रॅमोन्-इअॅम

strand, *n.*, 1. (*of a rope*) लड़*, लड़ी*, गुण; 2. (*of beads*) लड़ी*, लड़*; 3. (*of hair*) लट*; 4. (*fibre*) रेशा, तंतु; 5. (*element*) तत्त्व; 6. (*shore*) तट; समुद्रतट; —*v.*, 1. (*make a rope*) बटना, 2. (*run aground*) भूग्रस्त होने देना; तल से अड़ जाना, भूग्रस्त हो जाना; 3. (*run ashore*) तट पर ले जाना या लग जाना; 4. (*leave helpless*) असहाय छोड़ देना; **~ed,** 1. असहाय; 2. (*without transport*) बेसवारी। > स्ट्रैन्ड

strange, 1. (*foreign*) विदेशी; 2. (*not one's own*) पराया, ग़ैर, बेगाना; 3. (*unfamiliar*) अपरिचित; 4. (*odd, unusual*) अनोखा, अनूठा, निराला, विलक्षण; 5. (*surprising*) आश्चर्यजनक; 6. (*eccentric*) सनकी, झक्की; 7. (~ *to, inexperienced*) से अनभिज्ञ; 8. (*bewildered*) चकित। > स्ट्रेन्ज

stranger, 1. (*foreigner*) विदेशी; 2. (*outsider*) बाहरी व्यक्ति; 3. (*not one's own*) पराया; 4. (*unknown*) अपरिचित, अजनबी; 5. (*guest*) अतिथि; आगन्तुक; 6. (*novice*) नौसिखिया; (*I am*) a ~ to ..., (मुझे)··· का अनुभव नहीं है; (मैं)···से अपरिचित हूँ। > स्ट्रेन्जें

strangle, 1. गला घोंटना; 2. (*suppress*) दबाना; 3. (*subdue*) दमन क०; 4. (*v.i.*) गला घुँटना; **~hold,** 1. गलाघोंटू पकड़*; 2. (*fig.*) निरोधन; निरोधक सत्ता*। > स्ट्रैनग्गॅल, ~होल्ड

strangles, हुबक। > स्ट्रैनग्गॅल्ज़

stran/gulate, दबाना; अवरुद्ध क०; **~gulation,** अवरोधन। > स्ट्रैनग्ग्यूलेट; स्ट्रैनग्ग्यूलेशॅन

strangury, बिन्दु मूत्रकृच्छ्र। > स्ट्रैनाग्यूरि

strap, *n.*, 1. (*of leather*) पट्टा, तसमा; 2. (*of hat*) बद्धी*; 3. (*of cloth*) फ़ीता; 4. (*of metal*) पट्टी*; 5. (*a razor strop*) चमोटा; —*v.*, तसमे से कसना या मारना; चमोटे पर तेज़ क०। > स्ट्रैप

strapping, तगड़ा, हट्टा-कट्टा; लंब-तड़ंग। > स्ट्रैप्-इन्ग

strata, स्तर, संस्तर। > स्ट्रेट्-अॅ

statagem, चाल*, छलबल, युक्ति*, चालाकी*, कपट-प्रबंध, दाँव-पेच। > स्ट्रैट्-इजॅम = स्ट्रैटॅजिम

strategic, 1. युद्धनीति-, युद्धनीतिक; 2. सामरिक महत्त्व का; 3. (*advantageous*) अनुकूल। > स्ट्रॅटीजिक

strategist, युद्धनीतिज्ञ, युद्ध-कुशल। > स्ट्रैट-इजिस्ट

strategy, 1. (*art*) युद्ध-कला*, युद्धनीति*; 2. (*plan*) (युद्ध)योजना*; 3. (*skill*) युद्धकौशल (*in war*) कौशल, चतुराई*। > स्ट्रैट्-इजि

straticulate, सूक्ष्मस्तरित। > स्ट्रॅटिक्यूलिट

strati/fication, स्तरण, स्तरविन्यास; स्तर; **~form, ~fied,** स्तरित; **~fy,** स्तरण क०; स्तरीकरण क०; **~graphy,** स्तरित शैल-विज्ञान; स्तरविन्यास। > स्ट्रैट्-इ/फ़िकेशॅन, ~फ़ॉ:म, ~फाइड, ~फ़ाइ; स्ट्रॅटिग् रॅफ़ि

stratocracy, सेना-तन्त्र। > स्ट्रॅटॉक् रॅसि

strato-cumulus, स्तरी कपासी मेघ। > स्ट्रेटोक्यूम्यूलॅस

stratosphere, समताप मण्डल। > स्ट्रैटॅस्फ़िअॅ

stratum, स्तर। > स्ट्रेटॅम

stratus, स्तरी मेघ। > स्ट्रेटॅस

straw, 1. पयाल, पुआल, पलाल; 2. (*a single* ~) तिनका, तृण; 3. (*trifle*) घास-भूसा, घास-फूस; man of ~, पुतला; catch at a ~, तिनके का सहारा लेना। > स्ट्रॉ:

strawberry, स्ट्राबेरी*, हिसालू। > स्ट्रॉ:बॅरि

straw/-board, गत्ता; **~-coloured,** हलका पीला।

stray, *v.*, 1. (*roam*) घूमना, भ्रमण क०; भटकना; 2. (*deviate*) पथ से विचलित या भ्रष्ट होना; 3. (*lose one's way*) रास्ता भूल जाना, बहकना; 4. (*straggle*) अलग पड़ जाना, भटक जाना, बहकना; 5. (*morally*) पथभ्रष्ट या पतित हो जाना; 6. (*of thoughts*) भटकना; —*adj.*, 1. भटका; भूला-भटका; पथभ्रष्ट, गुमराह; 2. (*sporadic*) छुट-फुट, चुटफुट; 3. (*occasional, rare*) बिरला, विरल; 4. (*casual*) आकस्मिक; 5. (*physics*) अवांछित; —*n.* 1. भटका जानवर या बच्चा; 2. (*pl. atmospherics*) वायु-वैद्युत क्षोभ। > स्ट्रे

streak, *n.*, 1. धारी*; 2. (*layer*) परत*; 3. (*of mineral*) शिरा*; 4. (*strain*) झुकाव, प्रवृत्ति*; 5. (*element*) पुट; 6. (*spell*) दौर; ~ of light, वर्णरेखा*; ~ of lightning, कौंध*; —*v.*, धारियाँ* डालना या लगाना; बड़ी तेज़ी* से आना, जाना। > स्ट्रीक

stream, *n.*, 1. (*river*) नदी*, सरिता*, दरिया; 2. (*flow of anything*) धारा*, प्रवाह; 3. (*continuous series*) ताँता, कतार*; 4. (*trend*) बहाव, धारा*; —*v.*, 1. बहना (*also run with liquid*); 2. (*float on air*) लहराना (*of hair also*), फहराना; **~er,** 1. (*of flag*) फरहरा; 2. (*flag*) फरहरा; 2. (*flag*) पताका*; 3. (*of aurora*) ज्योतिरेखा*; **~ing,** बहता, प्रवाही; **~let,** नदिका*; नाला; **~line,** *n.*, धारा-रेखा*, प्रवाह-रेखा*; *adj.*, धारा-रेखी; —*v.*, धारा-रेखी रूप देना; सरल और कारगर बना देना; **~lined,** धारारेखित; सरल और कारगर। > स्ट्रीम

street, सड़क*, गली* (*lane*); ~ arab, छोकरा; **~walker,** रण्डी*। > स्ट्रीट

strength, 1. (*bodily, muscular*) बल, शक्ति*, ताक़त*; 2. (*moral*) बल; मनोबल (*of mind*) चरित्रबल (*of character*); 3. (*source of strength*) शक्ति*; 4. (*capacity to produce an effect*) शक्ति*, सामर्थ्य, ताक़त*; योग्यता*, क्षमता*; 5. (*toughness, durability*) मज़बूती*; 6. (*firmness*) दृढ़ता*; 7. (*intensity*) तेज़ी*, तीव्रता*; 8. (*numbers*) संख्या*, तादाद*; 9. (*of a solution*) सान्द्रता*; on the ~ of, के बल पर। > स्ट्रे'न्ग्थ

strengthen, बल, शक्ति* आदि (*see* STRENGTH) बढ़ना या बढ़ाना; (और) बलवान् समर्थ, मज़बूत आदि (*see* STRONG) बनना या बनाना। > स्ट्रे'न्ग्थॅन

strenuous, 1. (*of effort*) सख्त, कड़ा, कठोर, घोर; अनवरत; 2. (*of work*) श्रम-साध्य, कठिन, कठोर; 3. (*of person*) कर्मठ, उद्योगी, अध्यवसायी, मेहनती, उद्यमी। > स्ट्रे'न्यूॲस

stress, *n.*, 1. (*pressure*) दबाव, दाब*; भार; प्रभाव; 2. (*hardship*) तंगहाली*, तंगी*; विपत्ति*, कष्ट, तकलीफ़*; 3. (*tension*) तनाव, टान*; 4. (*mechanics*) प्रतिबल; 5. (*emphasis*) बल, ज़ोर; 6. (*importance*) महत्त्व; 7. (*phonetics*) बलाघात, बलात्मक स्वराघात; —*v.*, पर बल देना; बलाघात क०; **~ed,** प्रतिबलित। > स्ट्रे'स

stretch, *v.t.*, (*place in outspread state*) तानना; 2. (*pull*) खींचना; खींचकर बढ़ाना; 3. (*tighten*) कसना; 4. (~ *out, extend*) पसारना, बढ़ाना, फैलाना; 5. (~ *the limbs*) अँगड़ाई* लेना; 6. (~ *beyond legitimate extent*) की सीमा* का अतिक्रमण या उल्लंघन क०; 7. (*a muscle*) मुड़काना; ~ a point नियम ढीला क०, ढिलाई क०; रिआयत* क०; ~ one's legs, टाहल लेना; ~ the truth, अतिरंजन क०, अत्युक्ति* क०; झूठ बोलना; —*v.i.*, 1. ताना जाना, तनना, खिंचना, खींचा जाना; 2. (*of body limbs*) पसर जाना; 3. (*ex-tend*) फैलना, फैला हुआ होना; —*n.*, 1. तनाव, खिंचाव; पसरन*; अँगड़ाई*; 2. (*expanse*) फैलाव, विस्तार; वितति*, वितान; 3. (*distance*) दूरी*, फ़ासला; 4. (*spell*) दौर, अवधि*; 5. (*effort*) प्रयास; परिश्रम; 6. (*utmost extent*) सीमा*। > स्ट्रे'च

stretcher, 1. स्ट्रेचर; 2. (*litter*) डोला, डोली*; 3. (*wooden frame*) चौखटा; 4. (*crosspiece*) तख्ता; 5. (*lengthwise brick*) लम्बाई* में रखी ईंट*। > स्ट्रे'च्-ॲ

stretching, तनन; पसरन*; अँगड़ाई*। > स्ट्रे'च्-इन्ग

stretchy, लचीला। > स्ट्रे'च्-इ

strew, (पर) बिखेरना, छितराना। > स्ट्रू

stria, 1. रेखा*, धारी*; (*groove*) खाँचा। > स्ट्राइ-ॲ

stri/ate, ~ated, धारीदार, रेखित; **~ation,** रेखांकण; रेखा*। > स्ट्राइ-इट; स्ट्राइएटिड; स्ट्राइएशॅन

stricken, 1. (*afflicted with*) से आक्रान्त, पीड़ित; 2. (*overcome by*) अभिभूत; 3. (*distressed*) दु:खी, व्यथित; 4. (*struck*) मारा हुआ, घायल। > स्ट्रिकॅन

strickle, 1. (*whetstone*) सान; 2. (*rod*) मापदण्ड। > स्ट्रिकॅल

strict, 1. (*of master, of rule*) कड़ा, सख्त, कठोर; 2. (*punctilious*) अतिनियमनिष्ठ; 3. (*clearly defined*) सुनिश्चित; 4. (*accurate*) सही, यथातथ्य; 5. (*perfect, absolute*) पूर्ण, पूरा, पक्का; ~ly speaking, सही अर्थ में; सच तो यह है, असल में, सच पूछिए तो। > स्ट्रिक्ट

stricture, 1. (*censure*) निन्दा*, कटु आलोचना*, गर्हण; 2. (*medicine*) निकोचन। > स्ट्रिक्चॅ

stride, *v.*, 1. (*walk*) लम्बे डग या क़दम भरना; 2. (*cross*) एक क़दम में पार क०, लाँघना; 3. टाँगें* फैलाकर बैठना या खड़ा होना; —*n.*, 1. क़दम, डग; 2. (*pl.*) प्रगति*; take in one's ~, सहज में पार क०,

पूरा क०, सम्पादित क०, सामना क० या सुलझाना। > स्ट्राइड

stri/dency, तीक्ष्णता*; **~dent,** तीक्ष्ण, कर्णभेदी; कर्कश, कर्णकटु; **~dor,** घर्घर। > स्ट्राइडॅन्सि; स्ट्राइडॅन्ट

stridu/late, झंकारना; **~lation,** झंकार*; घर्षण-ध्वनि*; **~lous,** झंकार करने वाला। > स्ट्रिड्यू/लेट, ~लेशॅन, ~लॅस

strife, 1. (*conflict*) संघर्ष; 2. (*discord*) अनबन*, फूट*; 3. (*quarrel*) झगड़ा, कलह। > स्ट्राइफ़

strigil, खुरचनी*। > स्ट्रिजिल

strigose, रूक्षरोमी। > स्ट्राइगोस

strike[1], *v.*, 1. (*hit*) मारना; प्रहार क०, आघात क०; 2. (*bring down*) पटक देना, दे मारना; 3. (*a knife*) भोंकना, घुसेड़ना; 4. (*attack*) आक्रमण क०; झपटना; 5. (*collide with*) से टकराना, टक्कर* खाना, भिड़ना; 6. (*of light, sound*) पड़ जाना, लग जाना; 7. (*appear*) दिखाई देना, देखने में आना; 8. (*produce*) उत्पन्न क०, पैदा क०, फैलाना; ~coin सिक्का ढालना; ~ a bargain, सौदा क०, ~ a match, सुलगाना, जलाना; 9. (*the hour etc.*) बजना (*v.i.*); बजाना (*v.t.*); टनटनाना (*v.i., v.t.*); 10. (*come upon*) पर पहुँचना, पाना; को मिल जाना; 11. (*occur to mind of*) मन में आना, को सूझना; ~ as, लगना, प्रतीत होना; 12. (*at-tract attention*) असर क०, प्रभाव डालना, ध्यान आकर्षित क०; 13. (*lower, take down*) झुकाना, उतार देना; ~ tent, तम्बू या खेमा उखाड़ना; 14. (*cease work*) हड़ताल* क०; 15. (*penetrate*) घुस जाना, पैठ जाना, पार क०; गड़ाना; 16. (*go towards*) की ओर* मुड़ जाना, बढ़ जाना; 17. (*level*) बराबर क०; 18. (*assume*) अपनाना; ~ a blow for, की रक्षा* क०; ~ at the root of, जड़ उखाड़ना, काटना या खोदना, जड़ों* में तेल देना; ~ down, मार गिराना; ~ dumb, चकित क०, चकराना; ~ home, मर्मप्रहार क०; अपूर्व सफलता* प्राप्त क०, ~ oil, तेल का पता लगाना; सफलता* प्राप्त क०; खज़ाना मिल जाना; ~ one's foot againt, से ठोकर* खाना या लगना; ~ root, की जड़* जमना; **~ in,** टोकना; **~ off,** काट देना; मिटाना, काटना; छापना; **~ out,** मारना; काटना, मिटाना; सोच निकालना; हाथ-पैर मारना; **~ up,** प्रारंभ क०, छेड़ना; — an acquain-tance with, का परिचय प्राप्त क०; **~ upon,** सोच निकालना, को सूझना, मन में आना। > स्ट्राइक

strike[2], *n.*, 1. हड़ताल*; 2. (*blow*) मार*, प्रहार, आघात; 3. (*attack*) आक्रमण; 4. (*strickle*) मापदण्ड; 5. (आकस्मिक) सफलता*; 6. (*geol.*) अनुदैर्घ्य, नति लम्ब। > स्ट्राइक

striker, 1. हड़ताली; 2. (*hitter*) आघातक। > स्ट्राइक्-अॅ

striking, 1. हड़ताली; 2. बजनेवाला; 3. (*remarkable*) असाधारण, आश्चर्यजनक; 4. (*impressive*) प्रभावशाली; ~ range, प्रहार-परास। > स्ट्राइक्-इन्ग

string, *n.*, 1. (*fine cord*) सुतली*, डोरी*, रस्सी*; 2. (*of leather*) तसमा; 3. (*ribbon*) फ़ीता; 4. (*of pyjamas etc.*) इज़ारबन्द; नाड़ा (*of skirt*); तनी* (*of apron etc.*), 5. (*of musical instr.*) तंत्री*, तार, ताँत*; 6. (*of puppet*) डोरा, तार; 7. (*of bow*) डोरी*, ताँत*, प्रत्यंचा*, पतंचिका*, चिल्ला, रोदा; 8. (*fibre*) रेशा; 9. (*number of things on a ~*) लड़ी*, माला*, हार; 10. (*series in succession*) ताँता, सिलसिला, क़तार*, तार, पंक्ति*; 11. (*pl. conditions*) शर्तें*, प्रतिबन्ध; बन्धन; on a ~, असहाय; पराधीन, वश में; pull~s, पैरवी* कराना; pull the ~s, सूत्रधार होना; —*v.*, 1. (*put a string on*) तसमा, फ़ीता, तार, डोरी* लगाना; तार चढ़ाना; 2. (*a bow*) धनुष चढ़ाना; 3. (*put on a string*) पिरोना, गूथना, ग्रथित क०; 4. (*tie*) बाँधना, 5. (*tighten*) कसना; 6. (*a mus. instrument*) सुर ठीक क०; 7. (*excite*) उत्तेजित क०; 8. (*stretch*) तानना; लगाना; फैलाना; फैल जाना; 9. पंक्ति* में खड़ा क० या हो जाना; 10. (*become stringy*) रेशेदार बनना; ~ along, धोखा देना; ~ along with, साथ देना; ~ up, 1. फाँसी* देना; 2. (*brace*) तैयार क०, प्रोत्साहन देना; **~-board,** फट्टा; **~course,** निकसा रद्दा; **~ed,** तारदार; ~ instrument, तन्त्री-वाद्य। > स्ट्रिन्ग

stringency, 1. सख्ती*, कड़ापन; 2. (*scarcity*) अभाव; 3. (*of arguments*) अकाट्यता*, प्रत्यायकता*, तर्कसंगति*। > स्ट्रिन्जॅन्सि

stringendo, उत्तरोत्तर त्वरित। > स्ट्रिन्जे न्डो

stringent, 1. (*of rules etc.*) सख्त, कड़ा, कठोर; 2. (*of arguments*) अकाट्य, युक्तियुक्त, प्रत्यायक; 3. (*of market*) कड़ा। > स्ट्रिन्जॅन्ट

stringhalt, झनकबाद। > स्ट्रिन्गहॉःल्ट

stringy, रेशेदार। > स्ट्रिन्ग्-इ

strip, *v.*, 1. (*take off*) उतारना; 2. (*denude*) उघाड़ना, निरावृत क०, आवरण हटाना, 3. (*clothes*) नंगा क० या हो जाना, कपड़े उतारना, 4. (*deprive off*) से वंचित क०, ले लेना, छीनना, निचोड़ना; 5. (*a house etc.*) एकदम खाली क०, साज़-सामान निकालना, सज्जा-सामग्री* उतारना; (*an engine*) पुरज़े खोलना; 7. (*tobacco*) रेशा निकालना; 8. (*a cow*) थन निचोड़ना, 9. (*of a screw*) चूड़ी* बिगड़ना (*v.i.*) या बिगाड़ना (*v.t.*); —*n.*, पट्टी*, धज्जी*, **~ped,** नग्नीकृत; नग्न। > स्ट्रिप

stripe, 1. (*band*) धारी*; 2. (*military*) फ़ीती*, फ़ीता; 3. (*blow of whip*) कोड़े की मार*, कशाघात; **~d,** **stripy,** धारीदार। > स्ट्राइप

stripling, पट्ठा, नवजवान, लड़का। > स्ट्रिप्-लिन्ग

strive, 1. (के लिए, का) प्रयास क०; मेहनत* क०; 2. (*with, against*) से संघर्ष क०, का मुक़ाबला क०,

का सामना क०; 3. (*vie*) से होड़* क०, प्रतिस्पर्द्धा क०। > स्ट्राइव़

strobile, शंकु। > स्ट्रोबाइल

stroke, *n.*, 1. (*caressing*) सहलाना, हलका स्पर्श, 2. (*blow*) प्रहार, आघात; ~ of lightning, वज्रपात, ~ of apoplexy, रक्ताघात; ~ of illness, दौरा, 3. (*shock*) धक्का, 4. (*effort*) चेष्टा*, प्रयास; 5. (*cricket, golf*) मार*, 6. (*of engine etc.*) चरण; 7. (*complete movement*) चरण; 8. (*of clock*) टनटन*, on the ~ ठीक समय पर; on the ~ of (seven), ठीक (सात) बजे; 9. (*of the pen*) घसीट*, 10. (*of the brush*) स्पर्श; ~ from life, झाँकी*, झलक*, a clever ~, चतुराई*, कमाल, कौशल, a ~ of genius, मौलिक सूझ*; a ~ of business लाभ का व्यापार; a ~ of luck, अहोभाग्य, सौभाग्य; —*v.*, सहलाना, हाथ फेरना, ~ one down, शांत क०, ठण्डा क०, ~ the wrong way, चिढ़ाना। > स्ट्रोक

stroll, *v.*, टहलना, सैर* क०, चहलना; —*n.*, चहलक़दमी*, मटरगश्ती*, सैर*। > स्ट्रोल

stroma, पीठिका*। > स्ट्रोम्-अ‍ॅ

strong, A (*of the living*); 1. (*robust*) हृष्ट-पुष्ट, हट्टा-कट्टा, तगड़ा, बलवान्, बली; 2. (*healthy, hale*) भला-चंगा, सुस्वस्थ; तन्दुरुस्त; 3. (*morally powerful, having resources*) प्रभावशाली, शक्तिशाली, तेजस्वी, समर्थ, ओजस्वी; 4. (*in a subject*) तेज़, 5. (*resolute*) दृढ़, दृढ़निश्चय, 6. (*zealous, ardent*) उत्साही, जोशीला, 7. (*as a player*) समर्थ; दमदार (*having staying power*) B: 1. (*not easily broken, solid*) मज़बूत, पक्का, टिकाऊ (*durable, as cloth*); 2. (*powerful; having resources*) समर्थ, सक्षम; 3. (*numerous*) विशाल, बड़ा, बहुसंख्यक; 500 ~ 500 का; 4. (*of measures*) कड़ा, ज़बरदस्त, ज़ोरदार, 5. (*of eyes, memory; light; wind, prices, market*) तेज़; 6. (*of tea, coffee, medicine*) कड़ा; 7. (*of smell*) तेज़, उग्र; 8. (*of taste*) तीखा, तेज़; 9. (*of voice*) पल्लेदार, ऊँचा, 10. (*emphatic*) सुस्पष्ट, कड़ा, ज़ोरदार; 11. (*of opinion, belief*) दृढ़, पक्का; 12. (*of friendship, resemblance*) गाढ़ा; 13. (*ardent*) गहरा, प्रगाढ़ (*of love*); उत्कट (*of desire*); 14. (*of evidence*) महत्त्वपूर्ण, ज़ोरदार, प्रबल, सशक्त; 15. (*of arguments*) ज़ोरदार, पक्का, युक्तियुक्त, ठोस; 16. (*of case*) तगड़ा, सशक्त; 17. (*gram.*) सबल; ~ drink, मदिरा*, शराब; ~ language, कटु भाषा*; गाली*, दुर्वचन, अपशब्द; ~ meat, कठोर सिद्धान्त, कड़ी कार्रवाई*; ~ point, विशिष्टता*, विशेष योग्यता*; by the ~ arm, बलपूर्वक, ज़बरदस्ती; going ~, फलता-फूलता, दुरुस्त, स्वस्थ, तन्दुरुस्त; **~-box, ~-room,** तिजोरी*; **~hold,** 1. (*fort*) क़िला, गढ़, दुर्ग; 2. (*fig.*) केन्द्र, गढ़, **~ly,** पूरी शक्ति* से; **~-minded,** दृढ़-चेता, दृढ़निश्चय। > स्ट्रॉन्ग

strontium, स्ट्रॉन्शियम। > स्ट्रॉन्-शॅम

strop, *n.*, 1. (*to sharpen razor*) 1. चमोटा, 2. (*strap*) पट्टा, तसमा; —*v.*, तेज़ क०। > स्ट्रॉप

strophe, छन्द। > स्ट्रोफ़्-इ

strophic, छन्दोबद्ध। > स्ट्रॉफ़-इक

struck, 1. (*impressed*) प्रभावित; 2. (*affected*) से आक्रान्त; ~ with terror, आतंकित। > स्ट्रॅक

structural, 1. संरचना-, संरचनात्मक 2. (*used in construction*) इमारती। > स्ट्रॅक्चॅरॅल

structure, 1. संरचना*, बनावट*, ढाँचा; 2. (*building*) इमारत*, वास्तु। > स्ट्रॅक्चॅ

struggle, *v.*, 1. (*make violent movements*) हाथ-पैर मारना; 2. (*make great effort*) कोशिश* क०, प्रयत्न क०; हाथ-पैर मारना; 3. (*contend with*) से संघर्ष क०, का मुक़ाबला क०; 4. (*make one's way*) किसी तरह* मार्ग निकालना, आगे बढ़ना, पार क०, *n.*, 1. (*effort*) संघर्ष; ~ for existence, जीवन-संग्राम, जीवन-संघर्ष, 2. (*tussle*) हाथा-पाई*, हाथाबाँही*, धक्कम-धक्का। > स्ट्रॅगॅल

strum, *v.*, झंकारना, बजाना; *n.*, झंकार*। > स्टॅम

struma, 1. (*scrofula*) कठमाला*, गण्डमाला*; 2. (*goitre*) घेघा, गलगंड। > स्ट्रम्-अ‍ॅ

strumpet, रण्डी*। > स्ट्रॅम्-पिट

strung, उत्तेजित; highly ~, अतिसंवेदनशील। > स्ट्रॅन्ग

strut, *v.*, 1. (*stalk*) इठलाना, अकड़कर या ऐंठकर चलना; 2. (*prop*) टेक* लगाना; —*n.*, 1. इठलाहट*, अकड़* की चाल*; टेक*। > स्ट्रॅट

struthious, शुतुरमुर्ग़ का; शुतुरमुर्ग-जैसा। > स्ट्रूथ्-इअ‍ॅस

strychnine, कुचला-सत। > स्ट्रिक्-निन

stub, *v.*, 1. (*of cigarette*) टोंटा, टुर्रा; 2. (*of pencil*) टुकड़ा; 3. (*of tree etc.*) ठूँठ; 4. (*counterfoil*) मुसन्ना, प्रतिपर्ण; —*v.*, 1. (*weeds*) उखाड़ना, जड़* से खोदना; 2. (*ground*) ठूँठ निकालना, खोदकर साफ़ क०; 3. (~ *out*) बुझा देना; ~ one's toe against, से ठोकर* खाना या लगना। > स्टॅब

stubble, 1. खूँटी*, ठूँठी*; 2. (*of beard*) खूँटी*। > स्टॅबॅल

stubbly, खूंटीदार। > स्टॅब्-लि

stubborn, 1. हठीला, ज़िद्दी, अड़ियल, हठधर्मी, 2. (*inflexible*) अटल, अनम्य, **~ness,** हठ, ज़िद*। > स्टॅबॅन

stubby, 1. ठूंठों से भरा, ठूंठदार, 2. (*of person*) गोल-मटोल। > स्टॅब्-इ

stucco, *n.*, गच*, *v.*, गचकारी* क०। > स्टॅको

stuck, अटका हुआ, रखा हुआ; **~-up,** दंभी, गर्वीला। > स्टॅक; स्टॅक्-ऑप

stud, *n.*, 1. (*buttan*) दुहरा बटन; 2. (*nail*) गुलमेख*,

फुलिया*, 3. (*horses*) घोड़े; —*v.*, जड़ना, **~ded,** 1. (*with jewels*) जटित, खचित, जड़ाऊ; 2. से भरा हुआ। > स्टॅड

student, 1. (*of a school*) छात्र, विद्यार्थी, छात्रा*, 2. (*stipendiary*) वृत्तिभोगी छात्र; 3. (*one who studies*) अध्येता; **~ship,** छात्रवृत्ति*। > स्ट्यूडॅन्ट

stud-horse, साँड़।

studied, 1. (*planned*) सोचा-समझा, विवेचित, सुविचारित, पूर्ववमर्शित, नियोजित; 2. (*deliberate*) जानबूझकर किया हुआ; ज्ञानकृत; 3. (*affected*) बनावटी; **~ly,** सोच-समझकर; जानबूझकर। > स्टॅड्-इड

studio, स्टुडियो, प्रसारकक्ष (*radio*); शिल्प-शाला* (*of artist*)। > स्ट्यूडिओ

studious, 1. अध्ययनशील; 2. (*diligent*) अध्यवसायी; 3. (*eager*) उत्सुक, इच्छुक, सतर्क, सावधान, तत्पर; 4. (*deliberate*) ज्ञानकृत; बनावटी; be ~ of, का (बहुत) ध्यान रखना। > स्ट्यूड्-इअॅस

study, *v.*, 1. पढ़ना, अध्ययन क०; 2. (*examine carefully*) ध्यान से देखना; का अध्ययन क०; की जाँच* क०; का विश्लेषण क०; 3. (*show concern for*) ध्यान रखना; —*n.*, 1. अध्ययन, पढ़ाई*, अनुशीलन, परिशीलन; 2. (*examination*) जाँच*, परीक्षण, 3. अध्ययन का विषय; 4. (*object, aim*) लक्ष्य; 5. (*room*) अध्ययन-कक्ष; 6. (*sketch*) प्रारंभिक-अभ्यास-चित्र; 7. (*music*) अभ्यास-संगीत-रचना*; in a brown ~, ध्यानमग्न, विचारमग्न; **~ club,** अध्ययन-गोष्ठी*। > स्टॅड्-इ

stuff, 1. (*to make things*) उपादान, सामान, माल; सामग्री* (*also immaterial; fig.*); कच्चा माल (*raw material*); 2. (*woollen fabric*) ऊनी कपड़ा; 3. (*things*) चीजें*; 4. (*rubbish*) रद्दी माल; कूड़ा-करकट (*refuse*); 5. (*nonsense*) अनापशनाप; —*v.*, 1. (*cram with*) ठूसकर भरना; भर देना; 2. (*cram into*) ठूसना, घुसेड़ना; 3. (*overeat*) ठूसना; 4. (*gull, hoax*) जुल देना, ठगना, धोखा देना; 5. (*a bird, to eat*) में मसाला भरना; **~ed,** भरा हुआ। > स्टॅफ़

stuffing, 1. (*action*) भराई*; 2. (*material*) भराव, भरत; 3. (*food*) मसाला; **~-box,** भराव-डिब्बी*। > स्टॅफ़्-इन्ग

stuffy, 1. (*badly ventilated*) दम-घोंटू, दमघोंट, दमघुट्ट, घुटन-भरा, दम घोंटनेवाला; 2. (*narrow-minded*) अनुदार; 3. (*sulky*) नाराज़, रुष्ट, रूठा हुआ। > स्टॅफ़्-इ

stulti/fication, 1. उपहास; मूर्खता*; 2. निरर्थन; निरर्थकता*; 3. व्यर्थन, निष्प्रभावन; व्यर्थता*; **~fy,** 1. बेवक़ूफ़ (मूर्ख) बनना, बनाना या सिद्ध क०; 2. (*reduce to absurdity*) बेतुका, निरर्थक या असंगत बनाना या सिद्ध क०; 3. (*neutralize*) बेकार, व्यर्थ या निष्प्रभाव कर देना, किये-कराये पर पानी फेरना। > स्टॅल्-टिफ़िकेशॅन; स्टॅल्-टि-फ़ाइ

stum, *n.*, द्राक्षारस, अंगूर का रस; —*v.*, किण्वन रोकना। > स्टॅम

stumble, *v.*, 1. ठोकर* खाना या लगना; 2. (*~ along*) लड़खड़ाना; 3. (*blunder*) भूल* क०; पाप क० (*sin*); 4. (*stutter*) लड़खड़ाकर (हकलाकर) बोलना या पढ़ना; ~ upon, ~ across संयोग से मिल जाना या हाथ लगना; —*n.*, ठोकर*; लड़खड़ाहट*; भूल*। > स्टॅम्बॅल

stumbling-block, 1. ठोकर*; 2. (*hindrance*) बाधा*, अड़ंगा, अड़बंगा; 3. (*difficulty*) कठिनाई*। > स्टॅम्-ब्लिन्ग् ब्लॉक

stump, *n.*, 1. (*of tree, limb, etc.*) ठूँठ; 2. (*of cigarette*) टोंटा, टुर्रा; 3. (*of pencil*) टुकड़ा; 4. (*cricket*) डण्डा, स्टम्प; —*v.*, 1. पैर पटककर चलना; 2. भाषण देता फिरना; 3. आउट कर देना; 4. (*baffle*) चकरा देना; ~ up, चुकाना; **~er,** कठिन प्रश्न, ज़बरदस्त सवाल; **~y,** 1. (*of a person*) गोलमटोल; 2. टुण्ड। > स्टॅम्प; स्टॅम्प्-इ

stun, 1. (*knock senseless*) अचेत कर देना; 2. (*shock*) धक्का देना; 3. (*bewilder*) चकित, हक्का-बक्का या भौचक कर देना; घबरा देना; 4. (*overwhelm*) अभिभूत क०; स्तंभित क०; 5. (*deafen*) बहरा कर देना; **~ner,** सर्वांगसुंदर, सर्वांगसुन्दरी*, ग़ज़ब की चीज़*; **~ning** 1. (*amazing*) विलक्षण, ग़ज़ब का; 2. (*delightful*) मोहक, रमणीय। > स्टॅन; स्टॅन्/अॅ, ~इन्ग

stunt, *n.*, 1. करतब, कमाल, कलाबाजी*; 2. (*in advertising*) इश्तहारबाज़ी*; —*v.*, विकास (*development*) या वृद्धि* (*growth*) रोकना, बढ़ने न देना; **~ed,** 1. अविकसित, अवरुद्ध, रुद्धविकास; 2. (*dwar-fish*) बौना। > स्टॅन्ट, स्टॅन्ट्-इड

stupe, *n.*, गरम फाहा; —*v.*, सेंकना। > स्ट्यूप

stupe/facient, ~factive, सम्मोहक; **~faction,** 1. (*act*) सम्मोहन; 2. (*state*) जड़िमा*, व्यामोह, जड़ता*; 3. (*amazement*) विस्मय; **~fy,** 1. जड़ कर देना, संवेदनशून्य कर देना; सुन्न या स्तंभित कर देना; 2. (*amaze*) हक्का-बक्का या विस्मित कर देना; **~fying,** सम्मोहक; विस्मयकारक। > स्ट्यूपि/फ़ेशॅन्ट, ~फ़ैक्-टिव़, ~फ़ैक्शॅन; स्ट्यूप्-इ-फ़ाइ, ~इन्ग

stupendous, 1. (*amazing*) आश्चर्यजनक, विस्मय-कारक; 2. (*in size*) अतिविशाल; 3. (*in amount*) अत्यधिक; 4. (*in degree*) बहुत बड़ा, घोर; भद्दा; (*of blunder*)। > स्ट्यूपे 'न्डॅस

stupid, 1. (*slow-witted*) बुद्धिहीन, मन्दबुद्धि, अल्पबुद्धि, जड़मति; 2. (*foolish*) मूर्ख, बेवक़ूफ़, नासमझ; 3. (*dazed*) जड़, सुन्न, सम्मोहित; 4. (*uninteresting*) नीरस; बेमज़ा; **~ity,** बुद्धिहीनता*,

मूर्खता*; **~ly,** मूर्खतावश; —drunk, नशे में चूर, धुत्त। > स्ट्यूप्-इड; स्ट्यूपिड्-इटि; स्ट्यूप्-इड्-लि

stupor, 1. जड़िमा*, व्यामोह; 2. (*apathy*) भावशून्यता*, उदासीनता*; 3. (*amazement*) विस्मय। > स्ट्यूप्-अॅ

sturdy, *adj.*, 1. (*robust*) तगड़ा, हट्टा-कट्टा; 2. (*of things*) मज़बूत; 3. (*firm*) दृढ़, प्रबल, ज़ोरदार; —*n.*, घुमटा। > स्टॅ:ड्-इ

stutter, *v.*, हकलाना; *n.*, हकलाहट*, हकलापन; **~er,** हकला, हकलानेवाला। > स्टॅट्/अॅ, ~अॅरॅ

sty, 1. (*stye*) गुहांजनी*, बिलनी*, अंजनहारी*; 2. (*pig~*) खोबार, सुअर-बाड़ा; गन्दी जगह*। > स्टाइ

stygian, 1. (*infernal*) पाताली; नारकीय, दोज़खी; 2. (*gloomy*) निरानन्द, 3. (*dark*) अंधकारमय। > स्टिजिअॅन

stylate, 1. (*zool.*) शूकधारी; 2. (*bot.*) वर्तिकाधारी। > स्टाइल-इट

style, *n.*, 1. (*literary, architectural*) शैली*; 2. (*way, manner*) ढंग, तरीक़ा, रीति*, शैली*, रंग-ढंग; पद्धति*, प्रणाली*; 3. (*kind, sort*) प्रकार, क़िस्म*; 4. (*distinction*) विशेषता*, विशिष्टता*; 5. (*fashion*) फ़ैशन; 6. (*of a dress*) काट*; 7. (*design*) बनत*, भाँत*, बनावट*; 8. (*title*) पदवी*; 9. (*writing implement*) शलाका*; 10. (*needle*) सूई*; 11. (*bot.*) वर्तिका*; 12. (*zool.*) शूक, कंटिका*; —*v.*, 1. (*name, call*) की संज्ञा* देना, नाम रखना; 2. (*design*) अभिकल्पना* क०। > स्टाइल

stylet, शूकिका*; अन्त:शलाका*। > स्टाइल्-इट

styliform, शूकाकार। > स्टाइल्-इफ़ॉ:म

stylish, 1. (*fashionable*) फ़ैशनेबुल; 2. (*smart*) बना-ठना (*of person*); तरहदार, सजीला; 3. (*elegant*) सुरुचिपूर्ण, ललित। > स्टाइल-इश

stylist, 1. (*literary*) शैलीकार; 2. (*designer*) अभिकल्पक; **~ic,** शैलीगत; **~ics,** शैलीशास्त्र। > स्टाइल्-इस्ट; स्टाइलिस्-टिक, ~टिक्स

stylite, स्तम्भनिवासी। > स्टाइलाइट

stylization, रूढ़ अंकन। > स्टाइलाइज़ेशॅन

stylize, रूढ़ शैली* के अनुसार अंकित क०। > स्टाइलाइज़

stylo/bate, दासा; **~glossus,** शरजिह्वा*; **~graph,** स्टाइलो; **~hyoid,** शरकंटिका*। > स्टाइलॅबेट; स्टाइलॅग्लॉसॅस; स्टाइलॅग्राफ़; स्टाइलॅहाइऑइड

styloid, 1. (*bot.*) वर्तिकाभ; 2. (*zool.*) शूकाभ। > स्टाइलॉइड

stylus, 1. (*implement*) शलाका*; 2. (*needle*) सूई*; 3. (*bot.*) वर्तिका*; 4. (*zool.*) शूक, कंटिका*। > स्टाइलॅस

stymie, *n.*, स्टाइमी, *v.*, 1. स्टाइमी में डालना; 2. (*fig.*) बाधा* या रुकावट* डालना; रोकना, अटकाना, बाधित क०। > स्टाइम्-इ

styptic, रक्तस्तंभक। > स्टिप्-टिक

styx, वैतरणी*। > स्टिक्स

suability, वादयोग्यता*। > स्यूअॅबिल्-इटि

suable, वादयोग्य। > स्यूअॅबॅल

suasion, प्रत्यायन। > स्वेश़ॅन

suasive, प्रत्ययकारी, प्रत्यायक। > स्वेस्-इव

suave, 1. (*of person*) सौम्य, भद्र, विनीत; सभ्य; 2. (*pleasant*) मनोहर, रुचिर, प्रीतिकर; मधुर; चिकना-चुपड़ा (*of words*); मदु (*of wine*) > स्वेव़ = स्वाव़

suavity, 1. सौम्यता*; मधुरता*; 2. (*pl.*) चिकनी-चुपड़ी बातें*। > स्वैव्-इटि

sub, *prefix*, 1. (*beneath, under*) अध:-अधो-; अन्त:-; 2. (*subordinate, inferior in rank*) उप-; अवर-; अनु-; 3. (*somewhat, not quite*) अव-; अल्प-; 4. (*forming a division*) उप-; 5. (*near*) उप-; परि-; 6. (*further, again*) प्र-; —*prep.*, ~ judice, विचाराधीन; ~ rosa, गुप्त रूप-से। > सॅब

subacid, खट्टा-सा। > सॅब-ऐ-सिड

subaerial, भूपृष्ठीय। > सॅब्-ए'अॅर्-इ-अॅल

subahdar, सूबेदार। > सूबॅडा

subaltern, *adj.*, अधीनस्थ, मातहत; गौण; —*n.*, अफ़सर। > सॅबॅल्टॅन

subapostolic, अनुप्रेरितिक। > सॅब-ऐपॅस्टॉल्-इक

sub/aquatic, ~aqueous, अन्तर्जलीय; जलस्थ। > सॅब्-अॅ-क्वैट्-इक; सॅब-एक्-वि-अॅस

subarctic, उप-उत्तरध्रुवीय। > सॅब्-आक्-टिक

subaudition, निहितार्थ-बोध। > सॅबॉ:डिशॅन

subaxillary, अध:कक्षीय। > सॅब-ऐक्स्-इलॅरि

subclass, उपवर्ग। > सॅब्क्लास

subclavian, अवजत्रुक। > सॅब्-क्लेव्-इअॅन

subcommittee, उपसमिति*। > सॅब्कॅमिट्-इ

subconscious, अवचेतन। > सॅब्कॉन्शॅस

subcontinent, उपमहाद्वीप। > सब्-कॉन्-टिनॅन्ट

subcontract, शिकमी ठेका, उपसंविदा*। > सॅब्-कॉन्ट्रैक्ट

subcostal, अवपर्शुक। > सॅब-कॉस्टॅल

subcutaneous, अवत्वचीय, अधस्त्वक्। > सॅबक्यूटेन्यॅस

subdeacon, प्रत्युपयाजक। > सॅब्डीकॅन

sub/divide, प्रविभाजित क०; **~divison,** 1. प्रवि-भाजन; 2. (*administr.*) अनुमंडल, तहसील*। > सॅब्डि/वाइड, ~विश़ॅन

subdominant, उपप्रभावी। > सॅब्डॉम-इनॅन्ट

sub/duable, दम्य, दमनीय; **~dual,** दमन, वशीकरण,

अधीनीकरण; **~due,** वश में लाना या रखना, दमन क०; अधीन क०; हरा देना, पराजित क०; अभिभूत क०; धीमा क०; मन्द क०; शान्त क०; **~dued,** धीमा, मन्द; शान्त; विजित; दमित।
> सब्ड्यू/अॅबॅल, ~अॅल; सॅब्ड्यू; सॅबड्यूड

subedit, उपसम्पादन क०; **~or,** उपसम्पादक। > सॅब्ए'ड्/इट, ~इटॅ

subereous, suberic, suberose, कार्क का; कार्क-जैसा। > स्यूबिअॅर्-इअॅस; स्यूबेरिक; स्यूबॅरोस

subfamily, उपकुल। > सॅब्फ़ैम-इलि

subfusc, धूँधला। > सॅब्फ़ॅस्क

subgenus, उपवंश। > सॅब्जीनॅस

subglacial, अधोहिमानी। > सॅब्ग्लेशॅल

subheading, उपशीर्षक। > सॅब्हे'ड्-इन्ग

subhuman, अवमानवीय। > सॅब्ह्यूमॅन

subhumid, अल्पार्द्र। > सॅब्ह्यूम्-इड

subinspector, 1. उपनिरीक्षक; 2. (*of police*) थानेदार, दारोग़ा। > सॅब्-इन्-स्पे'क्-टॅ

subintestinal, अवान्त्र। > सॅब्-इन्-टे'स्-टि-नॅल

subjacent, अधोलग्न। > सॅब्जेसॅन्ट

subject, *adj.*, 1. (*not independent*) परतंत्र, पराधीन; 2. (*liable*) अधीन; he is ~ to error वह ग़लती* कर सकता है; this is very ~ to damage, यह आसानी* से बिगड़ सकता है (टूट सकता है); **~ to,** 1. के अधीन; 2. (*conditional upon*) बशर्ते कि; —*n.*, 1. (*citizen*) नागरिक; (*pl.*) प्रजा*, जनता*; 2. (*theme*) विषय; 3. (*object of a feeling*) विषय; 4. (*gram.*) कर्ता, उद्देश्य; 5. (*self*) अहम्; 6. (*substance*) तत्त्व; 7. (*person*) व्यक्ति; 8. (*of an experiment*) प्रयोग-वस्तु*; —*v.*, 1. (*subdue*) अधीन क०; 2. (*expose to*) का विषय बनाना; के प्रभाव में डालना।
> सॅब्-जिक्ट (*adj., n.*) सब्जे'क्ट (*v.*)

subjection, 1. (*action*) वशीकरण, अधीनीकरण; दमन; 2. (*state*) परतन्त्रता*, पराधीनता*, दासता*, अधीनता*। > सॅब्जे'क्शॅन

subjective, *adj.*, 1. (*not objective*) आत्मगत, आत्मपरक, आत्मनिष्ठ, व्यक्तिपरक, व्यक्तिनिष्ठ; व्यक्ति-सापेक्ष, स्वानुभूतिमूलक; 2. (*unreal*) अवास्तविक; 3. (*gram.*) कर्तृपदीय; —*n.*, कर्ता कारक; **~ly,** व्यक्तिपरक ढंग से, आत्मनिष्ठ रूप में।
> सबॅ-जे'क्-टिव़

subjectivism, ज्ञानसापेक्षतावाद, व्यक्तिनिष्ठि-वाद।
> सॅब्-जे'क्-टिव़िज़्म

subjectivity, आत्मपरकता*, व्यक्तिनिष्ठता*, व्यक्तिपरकता*। > सॅब्-जेक्-टिव़्-इ-टि

subject-matter, विषय-वस्तु*, विषय।

subjoin, जोड़ देना। > सॅब्जॉइन

subju/gate, अधीन क०, वशीभूत क०, वश में क०; **~gation,** 1. अधीनीकरण, वशीकरण; दमन; 2. (*state*) अधीनता*, दासता*, परवशता*, परतन्त्रता*; **~gator,** वशीकर्ता; विजेता।
> सॅब्जुगेट; सॅब्जुगेशॅन; सॅब्जुगेटॅ

subjunctive, *adj.*, संभाव्य; *n.*, संभाव्य; क्रियार्थ, लेट्। > सॅब्-जॅन्क्-टिव़

subkingdom, उपजगत्। > सॅब्किन्गडॅम

sublease, शिकमी पट्टा; *v.*, शिकमी देना।
> सॅब्लीस (*n.*), सॅब्लीस (*v.*)

sublessee, शिकमी पट्टेदार। > सॅब्ले'सी

sublessor, शिकमी पट्टादाता। > सॅब्ले'स्-अॅ

sublet, शिकमी देना। > सॅब्ले'ट

subli/mate, *v.*, 1. (*refine*) उदात्तीकरण क०; परिष्कार क०; परिशुद्ध क०; 2. (*chem.*) ऊर्ध्वपातन क०; —*n.*, ऊर्ध्वपातज; **~mation,** 1. उदात्तीकरण; परिष्कार; 2. ऊर्ध्वपातन। > सॅब्-लि-मेट (*v.*), सॅब-लिमिट (*n.*,) सॅब-लि-मे-शॅन

sublime, *adj.*, 1. (*exalted*) महान्; लोकोत्तर, उदात्त, उच्च, उत्कृष्ट; 2. (*grandiose*) भव्य, प्रतापी, शानदार; 3. (*extreme*) परम, चरम; —*v.*, *see* SUBLIMATE।
> सॅब्लाइम

subliminal, अवचेतन। > सॅब्-लिम-इ-नॅल

sublimity, महत्ता*; उत्कृष्टता*; भव्यता*।
> सॅब्लिम्-इटि

sublingual, अधोजिह्व। > सॅब्-लिन्ग्-वॅल

sublittoral, उपबेलांचलीय। > सॅब्-लिटॅरॅल

sublunary, ऐहिक, सांसारिक। > सॅब्ल्यूनॅरि

subman, अवमानव। > सॅब्मैन

submarine, *adj.*, 1. अंतःसागरी, अंतः-समुद्री; 2. (*as cable*) समुद्री; —*n.*, पनडुब्बी*। > सॅब्मॅरीन

submerge, 1. (*inundate*) जलमग्न कर देना, (आ)प्लावित क०; 2. (*dip*) डुबा देना; 3. (*of submarine*) डुबकी* या ग़ोता लगाना; **~d,** जलमग्न, निमग्न। > सॅब्मॅःज

submersible, अवगाहन-क्षम। > सॅब्मॅःस्-इबॅल

submersion, आप्लावन; निमज्जन। > सॅब्मॅःशॅन

submission, 1. (*act*) अधीनता-स्वीकरण, दबन; आत्मसमर्पण, आत्मनिवेदन; 2. (*state*) अधीनता*; परवशता*; 3. (*obedience*) अनुवर्तन, आज्ञाकारिता*; 4. (*meekness*) नम्रता*, विनम्रता*, प्रणति*; दब्बूपन; 5. (*for opinion*) अनुदेश; उपस्थापन (*to a meeting*) 6. (*plea*) निवेदन; अनुरोध। > सॅब्मिशॅन

submissive, 1. वश्य, वशवर्ती; 2. (*obedient*) आज्ञाकारी; 3. (*meek*) दब्बू; 4. (*humble*) विनम्र।
> सॅब्-मिस्-इव़

submit, 1. (*make submission to*) की अधीनता*;

स्वीकार क०, का अधिकार मानना; आज्ञा* मानना; 2. (*yield*) झुक जाना, मान लेना; दब जाना; 3. (*surrender*) आत्मसमर्पण क०; हार* मानना; 4. (*for consideration*) प्रस्तुत क०, पेश क०, (विचारार्थ) उपस्थित क०, सामने रखना; सुझाव देना; 5. (*plead*) निवेदन क०; 6. (*urge*) अनुरोध क०।
> सॅब्-मिट

sub/multiple, अपवर्तक, **~normal,** अवसामान्य; **~ocular,** अवाक्षि; **~order,** उपगण।

subordinate, *adj.*, 1. (*inferior*) अधीनस्थ, अवर, मातहत; अधीन; 2. (*secondary*) गौण, अप्रधान; 3. (*gram.*) आश्रित; —*n.*, मातहत, अधीनस्थ कर्मचारी, —*v.*, 1. अधीनस्थ या मातहत बनाना; 2. गौण समझना; 3. (*subdue*) वश में रखना; दमन क०।
> सॅबॉ:ड्-इनिट (*adj., n.,*) सॅबॉ:ड्-इनेट (*v.*)

subordination, 1. (*act*) अधीनीकरण; वशीकरण, दमन; 2. (*state*) मातहती*; अधीनता*; 3. (*inferiority*) अप्रधानता*, गौणता*; **~ism,** गौणतावाद।
> सॅबॉ:डिने/शॅन, ~शॅनिज़्म

suborn, मिथ्या शपथ* दिलाना, झूठी क़सम* दिलाना; (घूस* देकर या फुसलाकर) अपराध कराना; **~ation,** कूटसाक्ष्य-प्रेरण; अपराध-प्रेरण।
> सॅबॉ:न्; सॅबॉ:नेशॅन

subplot, उपकथानक। > सॅब्प्लॉट

subpoena, *n.* (*v.*) सम्मन (दिलाना)।
> सॅब्-पीन्-ॲ

subpolar, अधोध्रुवीय। > सॅब्पोल्-ॲ

subprefect, उपनिरीक्षक; उपाधिकारी।
> सॅब्प्रीफ़े 'क्ट

subprior, उपमठाध्यक्ष। > सॅब्प्राइॲ

subreption, कूटप्रापण। > सॅब्रे 'प्शॅन

subro/gate, प्रतिस्थापित क०; **~gation,** प्रतिस्थापन। > सॅब्रगेट; सॅब् रॅगेशॅन

subscribe, 1. (*sign*) हस्ताक्षर क०; 2. (*~ to, support*) का समर्थन क०; मंजूर क०, अनुमोदन क०; 3. (*to a periodical*) ग्राहक बनना; 4. (*contribute to*) चन्दा देना, अंशदान क०; 5. (*gather*) जमा क०; 6. (*to engage to buy*) पूर्वक्रय क०; **~d,** 1. (*shares*) पूर्वक्रीत; 2. (*capital*) अभिदत्त।
> सॅब्स्क्राइब्; सॅब्स्क्राइब्ड

subscriber, 1. (*of periodical*) ग्राहक; 2. (अंश)-दाता; 3. (*of share*) पूर्वक्रयी। > सॅब्स्क्राइब्-ॲ

subscript, अधोलिखित। > सॅब्-स्क्रिप्ट

subscription, 1. (*contributing*) अंशदान; 2. (*money given*) चन्दा; शुल्क (*fee*); 3. (*signature*) हस्ताक्षर; 4. take a ~, ग्राहक बनना।
> सॅब्-स्क्रिप्-शॅन

subsection, उपधारा*; उपखण्ड; उपवर्ग।
> सॅब्से 'क्शॅन

subsequence, 1. परवर्तिता*; 2. (*result*) परिणाम; अनुवर्तन। > सॅब्-सिक्वॅन्स

subsequent, 1. परवर्ती, उत्तरवर्ती; उत्तरकालीन; 2. (*as a result*) अनुवर्ती; **~ly,** 1. बाद में; 2. (*immediately*) तदनन्तर। > सॅब्-सिक्वॅन्ट

subserve, में सहायक होना, के लिए उपयोगी होना।
> सॅब्सॅ:व़

subser/vience, चापलूसी*; वश्यता*, आज्ञाकारिता*; उपयोगिता*; **~vient,** 1. (*obsequious*) चापलूस, जीहुजूरिया, ताबेदार; 2. (*submissive*) वशवर्ती, वश्य; आज्ञाकारी; 3. (*useful*) सहायक, उपयोगी।
> सॅब्सॅ:व्/इॲन्स, ~इॲन्ट

subside, 1. (*of floodwater*) उतर जाना, घट जाना; 2. (*of building, ground*) धँसना, धँस जाना; धसकना; 3. (*become quiet*) शान्त हो जाना; **~nce,** उतार, अवतलन; धसकन*, धसक*, धँसान*; शान्ति*।
> सॅब्साइड; सॅब्-सिडॅन्स

subsidiary, *adj.*, 1. (*auxiliary*) सहायक; 2. (*supplem.*) पूरक; 3. (*subordinate*) गौण, उप-; 4. (*controlled*) नियंत्रित; 5. (*of troops*) भाड़े का; —*n.*, सहायक; सहायता*; साधन; नियंत्रित कंपनी* या व्यवसाय। > सॅब्-सिड्-यॅरि

subsidize, आर्थिक सहायता* देना।
> सॅब्-सि-डाइज़

subsidy, आर्थिक सहायता*, परिदान, अर्थसाहाय्य, इमदाद*। > सॅब्-सिडि

subsist, 1. (*remain in being*) बना रहना, टिकना; जीवित रहना; जारी रहना (*in force*); 2. (*find sustenance*) पर निर्वाह क०, पर गुज़ारा क०; जीवन-निर्वाह क०; 3. (*provide sustenance*) का भरण-पोषण क०; **~ence,** अस्तित्व, अवस्थिति*, हस्ती*; जीविका*, जीवन-निर्वाह; रोटी-कपड़ा; भरण-पोषण; — money, निर्वाह-भत्ता; **~ent,** अवस्थित; जीवित।
> सॅब्-सिस्ट; सॅब्-सिस्/टॅन्स, ~टॅन्ट

subsoil, अवमृदा*। > सॅब्सॉइल

sub/solar, अध:सूर्य; **~sonic,** अवध्वनिक; **~sonics,** अवध्वनिकी*; **~species,** उपजाति*।

substance, 1. (*substratum of qualities*) तत्त्व; 2. (*matter*) पदार्थ, द्रव्य; 3. (*material*) उपादान; 4. (*essential part*) सार, सारांश; 5. (*meaning*) तात्पर्य, वास्तविक अर्थ; 6. (*opposed to form*) विषय, वस्तु*, भाव; 7. (*reality*) वास्तविकता*; 8. (*solidity*) ठोसपन; 9. (*fig.*) दृढ़ता*, योग्यता*, सत्त्व; 10. (*wealth*) धन-सम्पत्ति*।
> सॅब्स्टॅन्स

sub-standard, 1. अवसामान्य; अव-मानक, 2. (*inferior*) निकृष्ट, घटिया। > सॅब्-स्टैन्-डॅड

substantial, *adj.*, 1. (*not illusory*) वास्तविक; भौतिक (*material*); 2. (*important*) महत्त्वपूर्ण;

3. (*of arguments etc.*) सारगर्भित, सारवान्, पुष्ट, ठोस; 4. (*in amount*) बड़ा, भारी; पर्याप्त; 5. (*solidly made*) मज़बूत; 6. (*well-to-do*) धनी, समृद्ध, सम्पन्न, ठोस; 7. (*virtual*) व्यावहारिक; 8. (*as to essentials*) तात्त्विक; 9. (*phil.*) तात्त्विक; **~ism,** तत्त्ववाद; **~ity,** वास्तविकता*; प्रामाणिकता*, ठोसपन; मज़बूती*; तात्त्विकता*; **~ize,** वास्तविक, यथार्थ या साकार बना देना या बनना; **~ly,** 1. (*considerably*) भरपूर; 2. (*as regards essentials*) तत्त्वत; मूल बातों* में। > सॅबस्टैन्/शॅल, शॅलिज़्म; सॅब्-स्टैन्-शि-ऐल्-इ-टि; सॅबस्टैन्/शॅलाइज़; ~शॅलि

substan/tiate, का प्रमाण या सबूत देना, प्रमाणित क०, साबित क०, सिद्ध क०; **~tiation,** प्रमाणीकरण, प्रमाणन। > सॅबस्टैन्-शिएट; सॅबस्टैन्-शिएशॅन

substantival, संज्ञात्मक। > सॅबस्टॅन्टाइवॅल

substantive, *n.*, संज्ञा*; *adj.*, 1. (*actual*) वास्तविक; 2. (*independent*) स्वायत्त; 3. (*gram.*) सत्तासूचक; 4. (*considerable*) बहुत, यथेष्ट, पर्याप्त, काफ़ी; 5. (*essential*) तात्त्विक, सारवान्; ~ dye, स्वत:रंजक। > सॅब्-स्टॅन्-टिव़

substation, उपकेंद्र; सब-स्टेशन। > सॅबस्टेशॅन

substitute, *v.*, 1. के स्थान पर रखना, प्रतिस्थापित क०; 2. (*a person*) स्थानापन्न क०; 3. का स्थान लेना; 4. के बदले में इस्तेमाल क०; —*n.*, 1. (*person*) स्थानापन्न, एवज़, एवज़ी, प्रतिहस्त; 2. (*thing*) अनुकल्प; 3. (*math., gram.*) प्रतिस्थापी, आदेश। > सॅब्-स्टिट्यूट

substitution, 1. (*act*) प्रतिस्थापन; 2. स्थानापत्ति*; 3. (*gram.*) आदेश। > सॅबस्टिट्यूशॅन

substitutive, स्थानापन्न। > सॅब्-स्टिट्यूटिव़

substratum, 1. अध:स्तर; 2. (*fig.*) आधार; 3. (*substance*) तत्त्व। > सॅबस्ट्रेटॅम

substructure, नींव*, आधार। > सॅबस्ट्रॅक्चॅ

sub/sume, सम्मिलित क०, शामिल क०; **~sumption,** 1. सन्निवेशन; 2. (*assumption*) कल्पना*। > सॅबस्यूम; सॅबसॅम्प्शॅन

subtenant, शिकमी किरायेदार (*of house*) या काश्तकार (*of land*)। > सॅबटे 'नॅन्ट

subtangent, अध:स्पर्शी। > सॅबटैन्जॅन्ट

subtend, 1. (*math.*) अंतरित क०; 2. (*bot.*) कक्षान्तरित क०। > सॅबटे 'न्ड

subtense, अन्तरकारी। > सॅबटे 'न्स

subterfuge, 1. (*excuse*) बहाना, टालमटोल*, टाल-टूल*; 2. (*trickery*) छल-कपट, चाल*, चालबाज़ी*; 3. (*equivocation*) गोल बात*। > सॅबटॅफ़्यूज

subterra/nean, ~neous, 1. (*of animal*) अन्तर्भूमिक; 2. (*of river*) भूमिगत, अन्तभौम। > सॅबटॅरेन्/यॅन, ~यॅस

subtility, subtilty, *see* SUBTLETY (1, 2, 3, 6, 7)। > सॅब्-टिल्-इ-टि; सॅटॅल्-टि

subtilize, 1. सूक्ष्म बनाना या बनना; 2. (*split hairs*) बाल की खाल* निकालना। > सॅट्-इ-लाइज़

subtitle, उपशीर्षक। > सॅबटाइटॅल

subtle, 1. सूक्ष्म; अतिसूक्ष्म; 2. (*keen of intelligence*) कुशाग्र, प्रखर; 3. (*shrewd*) कुशाग्रबुद्धि, विचक्षण; 4. (*complicated*) जटिल; दुर्बोध, गूढ़; 5. (*deft*) निपुण, दक्ष, प्रवीण; 6. (*crafty*) धूर्त, चालाक; **~ty,** 1. सूक्ष्मता* (*also of spiritual bodies*); 2. प्रखरता*; 3. विचक्षणता*; 4. जटिलता*; 5. निपुणता*; 6. चालाकी*; 7. (*quibbling*) बारीकी-बीनी*, वितण्डा*। > सॅटॅल; ~टि

subtly, सूक्ष्म रूप से। > सॅट्-लि

subtopia, उपनगर, नगरांचल। > सॅबटोप्-इऑ

subtract, घटाना; **~ion,** व्यवकलन; **~ive,** 1. व्यवकलक, व्यवकलनात्मक, 2. (*negative*) ऋणात्मक। > सॅबट्रैक्ट; सबट्रैक्/शॅन, ~टिव़

subtrahend, व्यवकल्य। > सॅबट्रॅहे 'न्ड

subtrans/lucent, अल्पपारभासी; **~parent,** अल्पपारदर्शी।

subtropic, उपोष्ण।

subulate, subuliform, सूच्यग्री। > स्यूब्यू/लिट, ~लिफ़ॉ:म

suburb, 1. उपनगर, परिनगर; 2. (*pl., suburbia*) नगरपरिसर; **~an,** *adj.*, परिनागर, उपनगरीय; 2. (*petty*) संकीर्ण (-मना); 3. (*conventional*) रूढ़िग्रस्त; —*n.*, (*suburba-nite*) उपनगरवासी। > सॅबॅब; सॅबॅ:बॅन; सॅबॅ:बॅनाइट

subvention, 1. (*subsidy*) आर्थिक सहायता*, परिदान, अर्थसाहाय्य; 2. (*grant*) अनुदान। > सॅबवे 'न्शॅन

subver/sion, उच्छेदन, समापन, विनाश; **~sive,** उच्छेदक, विनाशक; विद्रोही, क्रांतिकारी। > सॅबवॅ:शॅन; सॅबवॅ:स्-इव़

subvert, 1. (*overthrow*) उलट देना; उच्छेदित क०, समाप्त क०, नष्ट क०; 2. (*people*) (धर्म या राज्य से) विमुख क०; का विश्वास (निष्ठा*) बिगाड़ना या समाप्त क०, निष्ठाहीन बना देना। > सॅबवॅ:ट

subway, सुरंगपथ, तलमार्ग, अधोमार्ग; सुरंग-रेल*। > सॅब्वे

succade, फल-पाक। > सॅकेड

succedaneum, अनुकल्प। > सॅक्-सि-डेन्-इ-ॲम

succeed, 1. (*have success*) सफलता* प्राप्त क०, कामयाब होना; (*of a scheme*) सफल होना, फलीभूत होना; 2. (*in office*) के स्थान पर काम क०, का स्थान लेना, का उत्तराधिकारी होना; 3. (*by inheritance*)

उत्तराधिकारी या दायाधिकारी होना; 4. (*come after*) के बाद आना; के बाद घटित होना; परवर्ती होना; **~ing,** परवर्ती; उत्तरवर्ती; अनुवर्ती। > सॅक्‌सीड

succentor, उपप्रगायक। > सॅक्-से'न्-टॅ

success, 1. सफलता*, कामयाबी*; 2. (*prosperity*) सम्पन्नता*, समृद्धि; 3. he was a ~ as a (teacher), वह एक सफल (प्राध्यापक) था; **~ful,** 1. सफल; फलीभूत; फलता-फूलता; 2. (*of a person*) सफल, कामयाब; समृद्ध, सम्पन्न (*prosperous*); सौभाग्यशाली (*fortunate*)। > सॅक्‌से'स, ~फ़ुल

succession, 1. (*a following in order*) अनुक्रमण; in ~, लगातार, उत्तरोत्तर, क्रमश); 2. (*series*) अनुक्रम, सिलसिला, ताँता; 3. (*a succeeding*) राज्यारोहण, राज्यप्राप्ति*; पदारोहण, पदप्राप्ति* (*to an office*); दायाप्राप्ति* (*to property*); 4. (*right to succeed*) उत्तराधिकार; दायधिकार; 5. (*biol.*) वंशक्रम; apostolic ~, प्रेरितिक अनुक्रम; **~al,** आनुक्रमिक। > सॅक्‌से'शॅन; सॅक्‌से'शॅनॅल

successive, क्रमिक, निरन्तर, आनुक्रमिक; **~ly,** लगातार; क्रमशः; निरन्तर, उत्तरोत्तर। > सॅक्‌से'स्-इव, ~लि

successor, 1. उत्तराधिकारी; उत्तरवर्ती; 2. (*inheritor*) उत्तराधिकारी; दायाधिकारी। > सॅक्‌से'स्-ॲ

succinct, 1. संक्षिप्त, सारिक; सारगर्भित; 2. (*of style*) सामासिक। > सक्-सिंक्ट

succory, कासनी*, चिकरी*। > सॅकॅरि

succotash, मकई* और सेम* की खिचड़ी*। > सॅकॅटैश

succour, *n.*, (गाढ़े की) सहायता*, मदद*; —*v.*, (गाढ़े में) सहायता* क०; **~less,** असहाय। > सॅक्-ॲ

succuba, succubus, सुप्त पुरुषों के साथ मैथुन करनेवाली पिशाचिका*; दुःस्वप्न। > सॅक्‌यू/बॅ, ~बॅस

succu/lence, सरसता*; **~lent,** 1. (*also fig.*) रसदार, रसीला, रसाल, सरस; 2. (*of leaves*) गूदेदार, सरस। > सॅक्‌यू/लॅन्स, ~लॅन्ट

succumb, 1. (*be overcome by*) अभिभूत, वशीभूत, परास्त या पराजित हो जाना; 2. (*yield*) हार* मानना, झुकना, मान लेना; दब जाना; 3. (*die*) मर जाना; 4. का शिकार बनना। > सॅकॅम

succursal, उप-, शाखा। > सॅकॅःसॅल

succuss, झकझोरना; **~ion,** झकझोर; झटका, धक्का। > सॅकॅस; सॅकॅशॅन

such, *adj.*, 1. ऐसा, इस प्रकार का, इस तरह का; poets ~ as Kalidas, कालिदास जैसे कवि; ~ as you, आप जैसा; 2. (*so much, so very*) इतना; 3. (*so great*) इतना बड़ा; ~ as, उदाहरणार्थ; जैसा; as ~, उसी रूप में, उसी हैसियत* से; अपने में; —*pron.*, ऐसा; वह; **~ -and- ~,** अमुक; **~ like,** इस प्रकार का, ऐसा। > सॅच

suck, *v.*, 1. चूसना; 2. (*milk from the breast*) स्तनपान क०, स्तन का दूध पीना; 3. (*~ up, absorb*) सोख लेना; 4. (*inhale*) का कश लेना, चुसकी* लेना; खींचना; 5. (*obtain from*) खींचना, चूसना, निचोड़ लेना; 6. (*imbibe*) ग्रहण क०, आत्मसात् क०, हृदयंगम क०; 7. (*engulf*) निगलना; 8. (*make ~ing sound*) सुड़सुड़ाना **~ up to,** की चापलूसी* क०; —*n.*, 1. (*suction, also mech.*) चूषण, चोषण; 2. स्तनपान; 3. (*sip*) चुस्की*, चुसकी*; 4. (*sound*) सुड़सुड़*; give ~, स्तन पिलाना। > सॅक

sucker, 1. चूसनेवाला; बच्चा; 2. (*mech.*) चूषक; 3. (*organ*) चूषण-अंग; 4. (*bot.*) अन्तर्भूस्तरी; 5. (*simpleton*) भोला-भाला; बुद्धू। > सॅक्-ॲ

suckfish, चुसनी मछली*। > सॅक्-फ़िश

sucking, 1. दूध-पीता, दुधमुँहाँ; 2. (*inexperienced*) कच्चा, नौसिखुआ, अनाड़ी, अनुभवहीन; **~-pig,** घेंटुला। > सॅक्-इना

suckle, स्तन पिलाना, (स्तन का) दूध पिलाना। > सॅकॅल

suckling, दूध-पीता या दुधमुँहाँ बच्चा। > सॅक्-लिन्ग

sucrose, इक्षु-शर्करा*। > स्यूक्रोस

suction, चूषण; **~ -pump,** चूषण-पंप। > सॅक्‌शॅन

suctorial, चूषण-। > सॅक्टॉःर्-इॲल

sudarium, (सन्त वेरोनिका* का) रूमाल। > स्यूडे'ॲर्-इॲम

sudatorium, हम्माम। > स्यूडॅटॉःर्-इॲम

sudatory, *adj.*, प्रस्वेदक; *n.*, प्रस्वेदक; हम्माम। > स्यूडॅटॅरि

sudden, 1. आकस्मिक; 2. (*hurried*) make a ~ departure, जल्दी* में चला जाना; 3. (*rapid*) make a ~ turn of the wrist, फुरती* से हाथ घुमाना; 4. (*sharp*) a ~ turn of the road, तीखा मोड़; all of a ~, **~ly,** 1. अचानक, एकाएक, अकस्मात्, सहसा; 2. (*hurriedly*) जल्दी* में; हड़बड़ी* में; (*quickly*) फुरती* से; **~ness,** आकस्मिकता*; जल्दी*; हड़बड़ी*; फुरती*। > सॅडॅन, ~लि, ~निस

sudoriferous, स्वेदजनक, स्वेद-। > स्यूडॅरिफ़ॅरॅस

sudorific, *adj., n.*, प्रस्वेदक, स्वेदकारी। > स्यूडॅरिफ़्-इक

suds, झाग, फेन। > सॅड्‌ज़

sue, 1. (*prosecute*) (पर) मुक़दमा चलाना या दायर क०; व्यवहार या वाद चलाना; नालिश* क०; 2. (*entreat*) से अनुनय-विनय* क०, चिरौरी* क०, निवेदन क०। > स्यू

suède, (बछड़े का) सिझाया हुआ चमड़ा। > स्वेद

suet, गो-वसा*; कड़ी चरबी*; **~y,** वसामय; चरबीदार। > स्यूइट; स्यूइटि

suffer, 1. (*undergo*) भुगतना, भोगना, झेलना, उठाना; 2. (*feel pain*) कष्ट पाना, दु:ख भोगना; 3. (*undergo loss*) हानि* उठाना, को क्षति* पहुँचाना; 4. (*allow*) होने (रहने, करने) देना; 5. (*tolerate*) बरदाश्त क०, सहना; 6. प्राणदण्ड पाना, फाँसी* पर चढ़ना; ~ from, से पीड़ित या आक्रान्त होना; **~able,** सह्य, सहनीय। > सॅफ़्-अॅ; सॅफ़रॅबॅल

sufferance, मौन अनुमति*, सहन, बरदाश्त*; on ~, बरदाश्त किया हुआ। > सॅफ़रॅन्स

sufferer, रोगी; हानि* उठानेवाला, कष्ट पानेवाला। > सॅफ़रॅर

suffering, *n.*, 1. दु:खभोग; 2. (*bodily pain*) पीड़ा*, कष्ट, दर्द; 3. (*mental pain*) व्यथा*, दु:ख, वेदना; तकलीफ़*; 4. (*loss*) क्षति*, हानि*, नुकसान; —*adj.*, दु:खी; ~ from, से आक्रान्त, पीड़ित, ग्रस्त। > सॅफ़रिन्ग

suffice, 1. बस, काफ़ी, पर्याप्त या यथेष्ट होना; 2. (*satisfy*) तृप्त क०, की आवश्यकता पूरी क०; सन्तुष्ट क०। > सॅफ़ाइस

suffi/ciency, 1. पर्याप्ति*; 2. (*adequate quantity*) पर्याप्त मात्रा*, राशि* या आमदनी* (*income*); **~cient,** बस, काफ़ी, पर्याप्त, यथेष्ट; **~ciently,** पर्याप्त मात्रा* में। > सॅफ़ि/शॅन्सि, ~शॅन्ट, ~शॅन्ट्-लि

suffix, *n.*(*v.*) 1. प्रत्यय (लगाना), पर-प्रत्यय, अंतसर्ग; 2. (*math.*) अनुलग्न। > सॅफ़्-इक्स (*n.*), सॅफ़िक्स (*v.*)

suffo/cate, 1. (*v.i.*) दम घुटना; 2. दम घोंटना, गला दबाना, साँस* रोकना; 3. (*kill*) गला घोंटना; **~cation,** घुटन*, दमघुटी*; श्वासावरोध; श्वासावरोधन; **~cative,** दमघोंटू; गलाघोंटू। > सॅफ़ॅकेट; सॅफ़ॅकेशॅन; सॅफ़ॅकेटिव़

suffragan, अनुधर्माध्यक्ष। > सॅफ़्-रॅ-गॅन

suffrage, 1. (*vote*) मत; 2. (*right*) मताधिकार; 3. (*prayer*) निवेदन; 4. (*for the dead*) विश्रांति-याचन; **~tte,** नारी-मताधिकार आन्दोलनकर्त्री*। > सॅफ़्-रिज; सॅफ़्रॅजे'ट

suffragist, मताधिकार-विस्तारवादी। > सॅफ़्-रॅजिस्ट

suf/fuse, पर फैल जाना, व्याप्त क०, आप्लावित क०, से भर देना; **~fused,** भरा हुआ, आप्लावित, व्याप्त; **~fusion,** 1. आप्लावन; व्याप्ति*; 2. (*blush*) लालिमा*, अरुणिमा*, मुखारुणिमा*। > सॅफ़्यूज़; सॅफ़्यूश़ॅन

sufi, सूफ़ी; **~sm,** सूफ़ीमत, सूफ़ीवाद। > सूफ़्-इ; सूफ़्-इज़्म

sugar, *n.*, 1. चीनी*, शक्कर*, शकर*, शर्करा*; unrefined ~, खाँड; 2. (*flattery*) चापलूसी*; चिकनी-चुपड़ी बातें*; ~ of lead, सफ़ेदा; ~ of milk, दुग्ध-शर्करा*; —*v.*, चीनी* डालना; का कड़वापन कम कर देना; **~-apple,** सीताफल; **~-basin,** शक्कर-दान; **~-bean,** मोठ; **~-beet,** चुकन्दर; **~-candy,** मिसरी*; **~-cane,** ईख*, ऊख*, गन्ना, इक्षु, साँटा; **~-coat,** चीनी* का लेप लगाना या क०; अकटु या आकर्षक बना देना; **~-coated,** चीनी-लगा; अकटु; भावुकता-पूर्ण; शालीन; **~-loaf,** कन्द; **~-mill,** ईख* का कोल्हू। > शुगॅ

sugary, 1. चीनी* जैसा; 2. (*containing sugar*) शर्करिक; 3. चीनी* का, शर्करिक; 4. (*sweet*) मीठा; 5. (*pleasant*) मधुर; चिकना-चुपड़ा। > शुगॅरि

suggest, 1. (*propose*) सुझाव देना, प्रस्ताव क० या रखना; 2. (*bring into the mind*) सुझाना, जताना; 3. (*hint*) संकेत क०, व्यंजित क०; सूचित क०; 4. (*come into the mind*) मन में आना, सूझना; **~ibility,** प्रभावनीयता*, सम्मोहनीयता*; प्रस्ताव्यता*; **~ible,** 1. (*person*) सुप्रभावनीय, परामर्शग्राही; (सु)-सम्मोहनीय; 2. प्रस्ताव्य, संसूच्य। > सजे'स्ट; सजे'स्टिबिल्-इटि; सॅजे'स्-टिबॅल

suggestion, 1. (*act*) सुझाव; व्यंजना*; 2. सुझाव, प्रस्ताव; 3. (*hint*) संकेत; ध्वनि*; 4. (*hypnosis*) सम्मोहन। > सॅजे'सचॅन

suggestive, 1. विचारोत्तेजक; अर्थगर्भित; महत्त्वपूर्ण; 2. (*evocative*) अभिव्यंजक; उद्दीपक; 3. (*indecent*) अश्लील। > सॅजे'स्-टिव़

sui generis, अद्वितीय। > स्यूआइ जे'नॅरिस

sui juris, स्वाधीन। > स्यूआइ जुअॅर्-इस

suicidal, आत्मघातक, आत्मघाती। > स्यूइसाइडॅल

suicide, 1. आत्महत्या*, आत्मघात, ख़ुदकुशी*; 2. (*person*) आत्महा, आत्मघातक। > स्यूइसाइड

suilline, शूकरीय, शूकरवंशी। > स्यूइलाइन

suint, ऊर्णवसा*। > स्यूइन्ट

suit, *n.*, 1. (*of clothes*) सूट; जोड़; 2. (*set*) सेट; 3. (*petition*) दरखास्त*, प्रार्थना*, निवेदन, याचना*, आवेदन; प्रार्थना-पत्र, अर्ज़ी*, दरखास्त*; 4. (*of marriage*) विवाह-प्रस्ताव; 5. (*law* ~) मुक़दमा, वाद, नालिश*, व्यवहार; criminal ~, फ़ौजदारी मुक़दमा, आपराधिक व्यवहार; civil ~, दीवानी मुकदमा, अर्थ-व्यवहार; 6. (*of cards*) रंग; follow ~, 1. एक ही रंग खेलना; 2. (*imitate*) देखा-देखी* क०, अनुसरण क०, —*v.*, 1. अनुकूल, उचित या उपयुक्त बनाना या होना; 2. (*go well with*) से मेल खाना; के लिए उपयुक्त होना; 3. (*fit*) ठीक बैठना; 4. (*be convenient*) सुविधाजनक होना; 5. (*befit*) उचित होना, शोभा* देना; 6. (*agree with, of climate, food*) अनूकूल होना, के लिए स्वास्थ्यकर होना; 7. (*satisfy, please*) सन्तोष देना, सन्तुष्ट क०, प्रसन्न क०, खुश क०; अच्छा लगना, संतोषजनक होना, जचना, रुचना; ~ oneself, जो जी चाहे क०; अपनी पसन्द* की चीज़* चुन लेना; ~ the action to the words, तुरंत पूरा कर डालना। > स्यूट

suit/ability, उपयुक्तता*; औचित्य; सुविधा*; **~able,** 1. (*appropriate*) उपयुक्त, अनुकूल; 2. (*becoming*) उचित; 3. (*convenient*) सुविधाजनक। > स्यूटॅबॅल्-इटि; स्यूटॅबॅल

suitcase, सूटकेस। > स्यूट्केस

suite, 1. (*of attendants*) परिकर, परिजन; 2. (*set*) सेट; 3. (*of rooms,* कमरों का) सेट, पाँत*; 4. (*music*) वाद्यसंगीत-रचना*। > स्वीट

suited, 1. (*appropriate*) उपयुक्त; 2. (*qualified*) योग्य। > स्यूट्-इड

suiting, कपड़ा। > स्यूट्-इन्ग

suitor, 1. (*in law*) वादी, मुद्दई; 2. (*petitioner*) प्रार्थी, आवेदक, अर्ज़ीदार; 3. प्रेमी; विवाहार्थी। > स्यूट्-अॅ

sulcate(d), खाँचेदार। > सॅल्केट, सॅल्केटिड

sulcus, खाँचा, परिखा*; विदर। > सॅल्कॅस

sulk, *n.*, रूठन*, खीज*, नाराज़गी*; *v.*, रूठना, खीजना, नाराज़ या अप्रसन्न होना, रूखा पड़ना; **~y,** *adj.*, 1. रूठा हुआ, रुष्ट, नाराज़; 2. (*bad-tempered*) चिड़चिड़ा; 3. (*dismal*) निरानन्द, मनहूस; —*n.*, टमटम*। > सॅल्क, सॅल्-कि

sullage, कूड़ा-करकट, कूड़ा-कचरा; मलिन-जल; मलजल। > सॅल्-इज

sullen, 1. रूखा, चिड़चिड़ा; नाराज़, रूठा हुआ; 2. (*sad*) उदास, विषण्ण; 3. (*dismal*) निरानन्द, मनहूस; अनिष्टकर, अमंगल। > सॅलॅन

sully, 1. पर कलंक लगाना; 2. (*defile*) दूषित क०, कलुषित क०; 3. (*soil*) गन्दा क०, मैला क०। > सॅल्-इ

sulphate, सल्फ़ेट; ~ of copper, तूतिया, नीला थोथा; ~ of iron, कासीस, कसीस। > सॅल्फ़ेट

sulph/ide, सल्फ़ाइड; **~ite,** सल्फ़ाइट। > सॅल्/फ़ाइड, ~ फाइट

sulphur, *n.*, गन्धक**, शुल्वारि; *adj.*, गन्धकी, हल्का पीला; **~ate, ~ize,** गन्धक का धुआँ देना, गंधक मिलाना। > सॅल्-फ़ॅ; सॅलफ़्यू/रेट, ~ राइज़

sulphu/reous, गन्धकी; **~retted,** गंधक-मिश्रित; **~rice,** सल्फ़्यूरिक। > सॅल्फ़्युअॅर्-इअॅस; सॅलफ़्यूरे ट्-इड; सॅल्फ़्युअॅर्-इक

sulphurous, 1. सल्फ़्यूरॅस; 2. (*sulphureous*) गंधकी। > सॅल्फ़्युअॅरॅस (1); सॅल्फ़्यूरॅस (2)

sulphury, गंधक-जैसा। > सॅल्फ़ॅरि

sultan, सुलतान; **~a, ~ess,** सुलताना*; **~ate,** 1. (*territory*) सल्तनत*; 2. (*authority*) सुलतानी*। > सॅल्टॅन; सॅल्ता नॅ; सल्टॅनिस; सल्टॅनिट

sultriness, उमस*; तीव्रता*; कामोत्तेजकता*। > सॅल्-ट्रि-निस

sultry, 1. (*of weather*) उमसदार; 2. (*vehement*) तीव्र, उत्कट; 3. (*alluring*) कामोत्तेजक। > सॅल्-ट्रि

sum, *n.*, 1. (~ *total*) जोड़, योग, योगफल, संकलन-फल, जमा*, मीज़ान*; 2. (*amount of money*) रकम*, धन-राशि*; 3. (*gist*) सार, सारांश; निष्कर्ष; 4. (*totality*) समष्टि*; सम्पूर्णता*; 5. (*problem*) गणित का प्रश्न; in ~, संक्षेप में; —*v.*, **~up,** 1. (*sum*) जोड़ना, जोड़ लगाना, योग क०, मीज़ान* लगाना; 2. (*summarize*) सारांश या सार प्रस्तुत क०; समाहार क०, संक्षिप्त विवरण देना, संक्षेप में दोहराना; 3. (*form a judgement on*) समक्ष लेना, समझना। > सॅम

Sumerian, सुमेरी। > स्यूमिअॅर्-इअॅन

summability, संकलनीयता*। > सॅमॅबिल्-इटि

summarily, संक्षेप में, सरसरी तौर पर या ढंग से। > सॅमॅरिलि

summa/rization, संक्षेपण; **~rize,** संक्षिप्त क०; सार प्रस्तुत क०। > सॅमॅराइज़ेशॅन; सॅमॅराइज़

summary, *adj.*, 1. (*brief*) संक्षिप्त; 2. (*of trial etc.*) सरसरी; –*n.*, संक्षेप, सार, सारांश, संक्षिप्त विवरण। > सॅमॅरि

summation, 1. संकलन, जोड़; 2. (*total*) संकलन-फल, जोड़, जमा*; 3. (*in court*) अंतिम अभिवचन। > सॅमेशॅन

summer, *n.*, 1. ग्रीष्म*, गरमी*, ग्रीष्मकाल, ग्रीष्म-ऋतु*; 2. (~-*tree, beam*) धरन*; —*v.*, ग्रीष्म* बिताना, गरमी* गुज़ारना; ग्रीष्म* में चराना; —*adj.*, ग्रीष्मकालीन; गरमी* का; ~ lightning, लौका*, चद्दरी बिजली*, सौदामिनी*; ~ school, ग्रीष्मकालीन शिविर; ~ solstice, उत्तर अयनान्त; ~ time, ग्रीष्मकालीन समय; ~ vacation ग्रीष्म-अवकाश; **~-house,** ग्रीष्म-आवास, बँगला; **~ sault,** कलाबाज़ी*; **~time,** ग्रीष्म-ऋतु*; **~y,** ग्रीष्म-जैसा। > सॅम्-अॅ

summing-up, 1. समाहार, संक्षिप्त विवरण; 2. (*assessment*) विचार, मूल्यांकन। > सॅम्-इन्-अॅप

summit, 1. (*also fig.*) चोटी*, शिखर; 2. (*acme*) पराकाष्ठा*, चरम बिन्दु; ~ meeting, शीर्ष-सम्मेलन। > सॅम्-इट

summon, 1. (*convene*) बुलाना; 2. (*send for*) बुला भेजना; बुलाना; 3. (*to court*) सम्मन देना; 4. (*call upon to*) ... का आह्वान क०; 5. (~ *up*) बटोरना, इकट्ठा क०। > सॅमॅन

summons, *n.*, 1. आह्वान, बुलावा; 2. (*to court*) सम्मन, तलबनामा, आह्वान; —*v.*, सम्मन देना या जारी क०। > सॅमॅन्ज़

sump, चहबच्चा, हौदी*, निगर्त। > सॅम्प

summum bonum, परमार्थ। > सॅमॅम बोनॅम

sumptuary, व्ययिक, व्यय-, व्ययसम्बन्धी; व्यय-नियामक। > सॅम्ट्यूअॅरि

sumptu/osity, ~ousness, महार्घता*; वैभव, शान-शौकत*; **~ous,** 1. (*costly*) क़ीमती, बहुमूल्य, महार्घ; 2. (*magnificent*) वैभवशाली, शानदार,

राजसी, भव्य। > सॅमटयूऑस्-इटि; सॅम्ट्यूॲस

sun, 1. सूर्य, सूरज, रवि, आदित्य, दिनकर, भास्कर; 2. (*~shine*) धूप*, आतप, घाम; 3. (*star*) नक्षत्र; —*v.*, धूप* में रखना, धूप* खिलाना, धूप* दिखाना; 2. (*~oneself*) धूप* खाना या लेना; घाम खाना; apparent ~, दृष्ट सूर्य; mock ~, सूर्याभास; hold a candle to the ~, सूर्य को दीपक दिखलाना। > सॅन

sun/-bath, धूप-स्नान, आतप-स्नान; **~beam,** सूर्यकिरण*; **~ -bird** (*purple*), शकरखोरा; **~-blind,** झिलमिली*; **~-bonnet,** चौड़ी बाढ़* की टोपी*; **~-bow,** इन्द्रधनुष; **~burn,** धूप-ताम्रता*; **~-burnt,** धूप-ताम्र; **~burst,** 1. धूप* की लहर*; 1. (*fireworks*) चरखी*।

sundae, फलमिश्रित आइस-क्रीम*। > सॅन्-डि

Sunday, इतवार, रविवार, आदित्यवार। > सॅन्-डि

sunder, अलग या पृथक क० (*v.t.*) या हो जाना (*v.i.*)। > सॅन्-डॅ

sun/-dial, धूप-घड़ी*; नरयंत्र; **~-dog,** सूर्याभास; **~down,** सूर्यास्त; **~-dried,** धूप* में सुखाया हुआ।

sundries, प्रकीर्णक। > सॅन्-ड्रिस

sundry, नानाविध, विविध, नाना; प्रकीर्ण; each and ~, प्रत्येक। > सॅन्-ड्रि

sun/fish, सूरज मछली*; ~ flower, सूरजमुखी, सूर्यमुखी, सूर्यकमल; **~-glasses,** धूपचश्मा; **~-god,** सूर्य-देव; **~-hat, ~-helmet,** सोला हैट।

sunken, 1. डूबा हुआ; 2. जलमग्न; 3. (*low lying*) निचला; 4. (*of cheeks*) पिचका हुआ; 5. (*of eyes*) धँसा हुआ। > सॅन्कॅन

sunlight, धूप*। > सॅन्लाइट

sunn, सन। > सॅन

sunny, 1. (*bright*) उजला, उज्ज्वल; 2. धूपवाला; 3. (*cherry*) प्रसन्नचित, प्रफुल्ल, प्रमुदित, हँसमुख। > सॅन्-इ

sun/proof, धूपसह; **~-ray,** सूर्यकिरण*; **rise,** सूर्योदय; **~set,** सूर्यास्त; **~shade,** 1. (*parasol*) छाता; 2. (*of show-window*) झाँप*; 3. (*sun-blind*) झिलमिली*; **~shine,** धूप*; **~-spot,** सूर्य-कलंक; **~-stone,** सूर्यकान्त; **~stroke,** धूप आघात, आतप- आघात; get a —, लू* लगना; **~-tan** धूपताम्रता*; **~-tanned,** धूपताम्र; **~-up,** सूर्योदय; **~ways, ~wise,** दक्षिणावर्त; **~-worship,** सूर्योपासना*; **~-worshipper,** सूर्योपासक।

sup, 1. व्यालू क० या देना; 2. (*take up in sips*) सुरकना; –*n.*, घूँट, चुस्की*। > सॅप

super, *prep.*, 1. (*above, from above upper*) अधि-, उपरि-; 2. (*outer*) बहिः-, बाहरी; बाह्य; 3. (*exceeding*) परा-; 4. (*more to a higher degree*) अति; 5. (*superior*) उच्च-, महा-, परम-; 6. (*additional*) अतिरिक्त। > स्यूप्-ॲ

superable, लंघनीय, जेय, विजये। > स्यूपॅरॅबॅल

superabound, अत्यधिक होना, हद* से ज़्यादा होना; ~ in, से भरपूर होना। > स्यूपॅरॅबाउन्ड

superabun/dance, आधिक्य, प्रचुरता*, कसरत*; ~*dant*, अत्यधिक, हद* से ज़्यादा; **~dantly,** भरपूर, अत्यधिक। > स्यूपॅरॅबॅन्/डॅन्स, ~ डॅन्ट

superadd, और जोड़ देना। > स्यूपॅर्-ऐड

superannu/ate, सेवा-निवृत्त क०; **~ated,** 1. सेवा-निवृत्त; 2. (*old-fashioned*) पुराना; **~ation,** 1. सेवा-निवृत्ति*, वार्धक्य-निवृत्ति*; सेवा-निवर्तन, वार्धक्य-निवर्तन; 2. बुढ़ापा, अतिहायन; 3. (*pension*) पेंशन*, अधिवार्षिकी*। > स्यूपॅरैन्यू/एट, ~ एटिड; स्यूपॅरैन्यूएशॅन

superb, 1. (*of building etc.*) भव्य, आलीशान, शानदार; 2. (*impressive*) प्रभावशाली, प्रतापी, महान्; राजसी; 3. (*excellent*) उत्कृष्ट, उच्च, श्रेष्ठ। > स्यूंपॅःब

super/cargo, जहाज़ी माल-अधिकारी; **~charger,** अतिभरक; **~ciliary,** अध्यक्षि; भ्रू-। > स्यूपॅकागो; सयूपॅचार्जे; स्यूपॅसिल्-इॲरि

supercilious, 1. (*of person*) उपेक्षक, उपेक्षाविहारी, अवमानी, तिरस्कारक; दंभी, घमण्डी, मग़रूर; 2. तिरस्कारपूर्ण, अवज्ञापूर्ण। > स्यूपॅसिल्-इॲस

supercooling, अतिशीतलन। > स्यूपॅकूलिन्ग

super-ego, पराहम्। > स्यूपॅरे'गो

superelevation, बाहरी उठान*।

super/eminence, ~excellence, परमोत्कर्ष; **~eminent, ~excellent,** परमोत्कृष्ट, अत्युत्तम, सर्वोत्तम।

superero/gation, अतिरिक्त कर्त्तव्यपालन; work of —, कर्तव्यातिरिक्त सत्कार्य; **~gatory,** 1. कर्त्तव्यातिरिक्त; 2. (*superfluous*) अतिरिक्त, अनावश्यक। > स्यूपॅरे'रॅगेशॅन;स्यूपॅरे'रॉगॅटॅरि

superfatted, अतिवसामय। > स्यूप.फ़ैट्-इड

superfetation, अधिगर्भधारण। > स्यूपॅफ़ीटेशॅन

superficial, 1. (*on or of the surface*) पृष्ठीय, पृष्ठ-; 2. (*square of measure*) वर्ग-; 3. (*of person*) पल्लवग्राही, ग्रंथ- चुम्बक; अल्पज्ञ; उथला, छिछोरा, ओछा; 4. (*of knowledge*) सतही, ऊपरी, छिछला; सामान्य; 5. (*cursory*) सरसरी; 6. (*apparent*) ऊपरी, मोटा, बाहरी, आभासी; **~ity,** पल्लवग्राहिता*; छिछोरापन; सतहीपन। > स्यूपॅफ़िशॅल; स्यूपॅफ़िशिएल्-इटि

superficies, सतह*; पृष्ठ, पृष्ठदेश।> स्यूपॅफ़िशिईज़

superfine, 1. (*excellent*) अत्युत्तम; बहुत बढ़िया; 2. (*subtle*) अतिसूक्ष्म। > स्यूपॅफ़ाइन

superflu/ity, अतिरेक, अत्यधिकता*, अतिशयता*; इफ़रात*; **~ous,** 1. (*excessive*) अतिशय, अत्यधिक,

अतिरिक्त, फालतू; 2. (*unnecessary*) अनावश्यक, फ़ुज़ूल। > स्यूपॅर्फ़्लूइटि; स्यूपॅ:फ्लुअॅस

superheating, अतितापन। > स्यूपॅर्हीट्-इन्ग

superheterodyne, (*receiver*), अतिसंकरण (अभिग्राही)। > स्यूपॅहे 'टॅरॅडाइन

superhuman, 1. अतिमानवीय; 2. (*supernatural*) अलौकिक; 3. (*divine*) दैवी, दिव्य। > स्यूपॅर्ह्यूमॅन

super/impose, अध्यारोपित क०; **~imposition,** अध्यारोपण; **~impregnation,** अधिगर्भाधान; **~incumbent,** उपरिवर्ती, उपरिस्थ।

superintend, 1. का अधीक्षक होना, अधीक्षण क०; 2. (*manage*) चलाना, संचालन क०, व्यवस्था* क०; 3. (*supervise*) पर्यवेक्षण क०, देख-रेख* क०; **~ence,** अधीक्षण; संचालन, प्रबन्ध, व्यवस्था*; निरीक्षण, निगरानी*, देख-रेख; **~ent,** अधीक्षक; संचालक, प्रबन्धक; निरीक्षक। > स्यूपॅरिन्टे 'न्ड; स्यूपॅरिन्टे 'न्/डॅन्स, ~ डॅन्ट

superior, *adj.*, 1. (*in rank*) उच्च, प्रवर, वरिष्ठ; 2. (*in quality*) श्रेष्ठ, उच्च, बेहतर; 3. (*of good quality*) बढ़िया, उत्तम; उत्कृष्ट; 4. (*noble*) उच्च; 5. (*upper, high*) ऊपरी; ऊर्ध्ववर्ती, ऊर्ध्व-; 6. (*in numbers*) अधिक संख्या* में, से बड़ा; 7. (*not influenced by*) से परे, के परे, के ऊपर; 8. (*haughty*) दंभी, अभिमानी, अहंमन्य; 9. (*of airs etc.*) अहंकारपूर्ण; —*n.*, 1. (*in office*) प्रवर या उच्च अधिकारी; 2. (*in merit*) से योग्य (व्यक्ति); (*pl., elders*) गुरुजन, बड़े लोग; 4. (*religious*) अधिकारी, अध्यक्ष; अधिकारिणी*। > स्यूपिअॅर्-इअॅ

superiority, वरिष्ठता*; श्रेष्ठता*, उत्कर्ष; उच्चता*; दंभ, अभिमान; ~ complex, श्रेष्ठता-मनोग्रंथि*। > स्यूपिअॅरिऑरिटि

superjacent, उपरिवर्ती, ऊर्ध्ववर्ती। > स्यूपॅजेसॅन्ट

superlative, *adj.*, 1. (*excelling*) अत्युत्तम, सर्वोत्तम, सर्वोच्च, सर्वश्रेष्ठ; 2. (*exaggerated*) अतिरंजित, अतिशयोक्तिपूर्ण; 3. (*gram.*) उत्तमता-सूचक; —*n.*, (*~degree*) उत्तमावस्था*। > स्यूपॅ:लॅटिव

super/lunary, लोकोत्तर, अलौकिक; **~man,** अतिमानव; **~mundane,** लोकोत्तर; **~natant,** प्लावी, अधिपृष्ठ।

supernatural, 1. अलौकिक, आधिदैविक, लोकोत्तर, लोकातीत; 2. (*preternatural*) अतिप्राकृत; 3. (*of grace*) स्वभावोपरि, अधिस्वाभाविक; **~ism,** 1. अलौकिकता*; अधिस्वाभाविकता*; 2. (*faith*) आस्तिकता*; **~ist,** आस्तिक; **~ization,** अलौकिकीक्रण; स्वभाव-उन्नयन, **~ize,** अलौकिक बना देना या मानना; अधिस्वाभाविक बना देना। > स्यूपॅनैचॅ/रॅल, ~ रॅलिज्म, ~ रॅलिस्ट, ~ रॅलाइज़े शॅन ~ रॅलाइज़

supernormal, अधिसामान्य, औसत से अच्छा, असाधारण। > स्यूपॅनॉ:मॅल

supernumerary, 1. अधिसंख्य; 2. (*extra*) अतिरिक्त; 3. (*unnecessary*) अनावश्यक, फ़ुज़ूल। > स्यूपॅन्यूमॅरॅरि

super/pose, के ऊपर रख देना; एक दूसरे पर रख देना; **~position,** अधिस्थापन, अध्यारोपण; **~saturate,** अतिसंतृप्त क०; **~saturation,** अतिसंतृप्ति **~scribe,** ऊपर (या बाहर) लिखना या अंकित क०; पर (अभि) लेख अंकित क० या उत्कीर्ण क०; **~script,** ऊपरी; **~scription,** लेख, अभिलेख।

supersede, 1. का स्थान लेना; 2. (*sucecd*) के स्थान पर काम क०, का स्थान लेना, का उत्तराधिकारी होना; 3. (*make obsolete*) पुराना कर देना; 4. हटा देना, निकाल देना; के स्थान पर दूसरे को नियुक्त क०। > स्यूपॅसीड

supersedeas, स्थगत-आदेश। > स्यूपॅसीड्-इऐस

super/sensible, ~sensual, अतींद्रिय, अगोचर; **~sensitive,** अतिसंवेदनशील, **~session,** 1. प्रतिस्थापन; 2. (*dismissal*) बरखास्तगी*; **~sonic,** पराध्वनिक; **~sonics,** पराध्वानिकी*।

supersti/tion, अन्धविश्वास; **~tious,** अन्ध-विश्वासी। > स्यूपॅस्टि/शॅन, ~ शॅस

super/structure, अधिरचना*; **~subtle,** अत्यधिक सूक्ष्म; **~tax,** अधिकर।

super/vene, 1. बीच में आ पड़ना (आ जाना या घटित होना), आ टपकना; 2. (*ensure*) पीछे या बाद में घटित होना (आना, हो जाना); **~venient,** आकस्मिक, अभिवर्ती; अनुवर्ती; **~vention,** अभिवर्तन, आकस्मिक घटना*; अनुवर्तन। > स्यूपॅ/वीन, ~ वीन-इअॅन्ट, ~ वे 'न्शॅन

super/vise, 1. पर्यवेक्षण क०, निरीक्षण क०; देख-रेख* क०; 2. (*superintend*) अधीक्षण क०; संचालन क०; **~vision,** पर्यवेक्षण, निरीक्षण; अधीक्षण; **~visor,** पर्यवेक्षक; निरीक्षक; **~visory,** पर्यवेक्षी; निरीक्षणात्मक। > स्यूपॅ/वाइज़, ~ विश्ज़॑न; स्यूपॅवाइज़ॅ; स्यूपॅवाइज़ॅरि

supi/nate, हथेला* ऊपर क०; **~nation,** उत्तानन; **~nator,** उत्ताननी*। > स्यूप्/इनेट, ~ इनेशॅन, ~ इनेटॅ

supine, *adj.*, 1. (*lying face upwards*) चित, उत्तान; 2. (*indolent*) आलसी, अकर्मण्य, निष्क्रिय, काहिल; —*n.*, क्रियार्थक संज्ञा*; **~ness,** उत्तानता*; सुस्ती*, अकर्मण्यता*, काहिली*। > स्यूपाइन

supper, ब्यालू, ब्यारी*। > सॅप्-अॅ

supplant, (चालाकी* से किसी) का स्थान लेना, को निकाल देना, के पैर उखाड़ना। > सॅप्लान्ट

supple, *adj.*, (*v*), 1. (*flexible*) सुनम्य, लचीला

(बनना; बनाना); 2. (*of the mind*) ग्रहणशील; प्रतिसंवेदी; 3. (*submissive*) वश्य, वश्यवती; आज्ञाकारी; 4. (*too submissive*) दब्बू; 5. (*servile*) चापलूस, जीहज़ूरिया; 6. (*sly*) चालाक। > सॅपॅल

supplement, *n.*, 1. (*of book, etc.*) परिशिष्ट; 2. (*of paper*) क्रोड-पत्र; 3. (*math.*) संपूरक; —*v.*, (कमी*) पूरा क०, संपूरण क०; जोड़ देना, बढ़ाना; **~al, ~ary,** 1. पूरक, अनुपूरक; संपूरक; 2. (*additional*) अतिरिक्त; 3. (*of angle*) सम्पूरक; **~ation,** सम्पूरण, अनुपूरण।
> सॅप्-लिमॅन्ट (*n.*); सॅप्लिमे'न्ट (*v.*); सॅप्लिमे'न्/टल, ~ टरि; सॅप्लिमे'न्टेशन

supple/tive, पूरक; **~tion,** पूर्ति*।
> सॅप्ली/टिव्; ~ शॅन

supplial, संभरण, आपूर्ति*। > सॅप्लाइॲल

suppli/ant, *n.*, प्रार्थी; *adj.*, अनुनयी, विनयी; विनम्र, विनयपूर्ण; **~cate,** (से) अनुनय-विनय* क०; विनयपूर्वक माँगना; **~cation,** अनुनय-विनय*, चिरौरी*, याचना*; विनती*, प्रार्थना*; **~catory,** विनयात्मक; विनयपूर्ण। > सप्-लिॲन्ट; सॅप्-लिकेट; सप्-लिकेशॅन; सॅप्-लिकॅटॅरि

supplier, संभरक; प्रदायक। > स-प्लाइ-ॲ

supply, *v.* 1. (*provide*) सप्लाई* क०, आपूर्ति* क०, संभरण क०; 2. (make available) मुहैया क०, उपलब्ध क०; 3. (*give*) देना, प्रदान क०; 4. की कमी* पूरी क०; का स्थान लेना; —*n.*, 1. सप्लाई*, संभरण, आपूर्ति*; 2. (*stock, store*) भण्डार, संभार; संग्रह, संचय; 3. (*pl., provisions*) संभार, सामान; खाद्य सामग्री*, रसद; 4. (*money*) अनुदान; भत्ता; 5. (*substitute*) स्थानापन्न; —*adj.*, संभरण-; स्थानापन्न। > सॅप्लाइ

support, *v.*, 1. (*hold up, keep from falling*) थाम रखना, सँभालना; 2. (*help, give strength to*) सहारा, अनलंब, ढाढ़स, दिलासा या सहायता* देना; बल प्रदान क०; 3. (*supply with necessaries*) भरण-पोषण क०, रोटी-कपड़ा देना, खर्च चलाना, सँभालना; 4. (*endure*) सहना, बरदाश्त क०; 5. (*defend, back up*) समर्थन क०, हिमायत* क०, बढ़ावा देना; प्रोत्साहित क०; 6. (*bear out, vindicate*) की पुष्टि* क०; सिद्ध क०, साबित क०, प्रमाणित क०; 7. (*keep up adequately*) संभालना, का पूरा निर्वाह क०; oneself, गुज़र क०; —*n.*, 1. (*a prop*) टेक*, थूनी*, आधार; 2. (*help*) अवलंब, सहारा, आश्रय; मदद*, सहायता*; *see* SUPPORTER; 3. (*means of subsistence*) जीविका*; 4. (*act*) भरण-पोषण, संभरण; समर्थन; प्रोत्साहन; पुष्टीकरण; **~able,** सह्य, सहनीय; **~er,** समर्थक, हिमायती; पोषक; आधार। > सॅपॉःट; सॅपॉःट्/ॲबॅल, ~ ॲ

supposable, कल्पनीय। > सॅपोज़ॅबॅल

supposal, कल्पना*। > सॅपोज़ॅल

suppose, 1. (*assume*) मान लेना, कल्पना* क०; 2. (*presuppose, require*) की अपेक्षा* रखना, के लिए अनावश्यक होना; 3. (*presume, think*) समझना। > सॅपोज़

supposed, कल्पित; माना हुआ; तथाकथित; we are ~ to ···, हमसे आशा* की जाती है कि ···, we are not ~ to ···, हमें ··· की अनुमति* नहीं है। > सॅपोज़्ड

supposition, 1. कल्पना*; 2. (*conjecture*) अनुमान; **~al, suppositious,** काल्पनिक, कल्पित; अनुमानिक। > सॅपॅज़ि-शॅन, ~ शॅनॅल; सॅपॅज़िशॅस

supposititious, 1. अनुकल्पित, प्रतिस्थापित; 2. (*spurious*) जाली, अप्रामाणिक, मिथ्या। > सॅपॉज़िटिशॅस

suppositive, कल्पनात्मक। > सॅपॉज्-इटिव्

suppository, वर्तिका*। > सॅपॉज्-इटॅरि

suppress, 1. (*crush*) दमन क०, कुचलना, दबाना; 2. (*abolish*) उठा देना, उन्मूलन क०, समाप्त क०; बन्द क०; 3. (*check*) रोकना, निरोध क०, निग्रह क०, दबाना; 4. (*keep secret*) दबा लेना, छिपाना; 5. (*ban*) पर प्रतिबन्ध लगाना, रोक* लगाना, निषेध क०, अवैध घोषित क०; **~ed,** (*of a disease*) निरुद्ध; **~ible,** दमनीय; उन्मूलनीय; निरोधनीय; निषेधनीय; **~ion,** दमन, उन्मूलन; निरोध, निग्रह(ण); गोपन; प्रतिबन्ध, निषेध; **~ive,** दमनात्मक; निषेधात्मक; **~or,** 1. दमनक; उन्मूलक; निग्रही, निग्राहक, निरोधक; निषेधक; 2. (*device*) निरोधी। > सॅप्रे'स; सॅप्रे'स्ट; सॅप्रे'स्-इबॅल; सॅप्रे'शॅन; सप्रे'स्/इव् ~ ॲ

suppu/rate, पिपियाना; में पीप* (मवाद) पड़ना; से पीप* बहना या निकलना; **~ration,** 1. पूयन; 2. (*pus*) पीप*, मवाद, पूय; **~rative,** पीप* लानेवाला, पूयक, सपूय। > सॅप्यूरेट, सॅप्यूरेशॅन, सॅप्यूरॅटिव्

supra, *adv.*, ऊपर; पहले; *prep.*, 1. (*above*) अधि-, उपरि; 2. (*over, beyond*) अति, पर-; अ-। > स्यूप्रॅ

supra/axillary, अधिकक्ष; ~conductivity, अतिचालकता*; **~costal,** अधिपर्शुक; **~dorsal,** अधिपृष्ठक; **~lapsarian,** प्राक्पतन वादी; **~maxillary,** *adj.*, अधिजंभिक; —*n.*, ऊर्ध्वहनु*; **~mundane,** अलौकिक; **~national,** अधिराष्ट्र; **~renal,** अधिवृक्क।

supremacy, 1. (*quality*) सर्वोच्चता*; प्रधानता*, प्राधान्य; पराकाष्ठा*; सर्वश्रेष्ठता*; 2. (*power*) आधिपत्य, परमाधिकार, प्रभुत्व। > स्यूप्रे'मॅसि

supreme, 1. (*in authority, rank*) सर्वोच्च, सर्वोपरि; प्रवर, वरिष्ठ; प्रधान; 2. (*extreme*) परम, चरम; 3. (*best*) सर्वोत्कृष्ट, सर्वोत्तम, सर्वश्रेष्ठ; 4. (*final*) चरम, अन्तिम; उच्चतम, ~ authority, परमसत्ता*, परमाधिकार; S~Being, परमात्मा; S~Pontiff, परमधर्माध्यक्ष; **~ly,** अत्यधिक। > स्यूप्रीम

sur-, अधि-; परा-; अति-; *see* SUPER.

sura(h), सूरत*। > स्युअॅर्-अॅ

sural, पिण्डली* का। > स्युअॅरॅल

surcease, *n.*, अवसान; *v.*, समाप्त हो जाना > सॅ:सीस

surcharge, *n.*, 1. (*payment demanded*) अधिशुल्क (*as fee*); अधिभाटक (*rent*); अधिमूल्य (*price; also on stamp*); अतिरिक्त कर, अधिकर (*tax*); 2. (*load*) अधिभार; —*v.*, 1. अधिशुल्क लेना; अधिभाटक, अधिमूल्य या अधिकर माँगना; 2. (*overload*) अधिभार डालना; **~d,** अधिभारित। > सॅ:चाज (*n.*); सॅ:चाज (*v.*); सॅ:चाज्ड

surcingle, 1. (*of horse*) कोतल-कश, बालातंग; पट्टा (*strap*); 2. (*girdle*) कमरबन्द। > सॅ:सिन्गॅल

surcoat, लबादा। > सॅ:कोट

surd, 1. (*math.*) करणी*; 2. (*phon.*) अघोष। > सॅ:ड

sure, 1. (*convinced*) निश्चयी, कायल, नि:संशय, गतसंदेह; I am ~, मुझे निश्चय है कि; 2. (*confident*) आश्वस्त, विश्वस्त; I am ~ that, मुझे पक्का विश्वास है कि; 3. (*reliable*) विश्वस्त, विश्वसनीय; 4. (*safe*) निरापद; 5. (*unfailing, unerring*) अचूक, अमोघ; 6. (*of a marksman etc.*) अचूक; 7. (*true*) असंदिग्ध, सच, निश्चित, निर्विवाद; 8. (*~ to happen*) निश्चित अवश्यंभावी; for ~, **~ ly**, निश्चित रूप से, अवश्य, निश्चय ही; नि:सन्देह बेशक; to make ~, निश्चय कर लेना, निश्चित क०; **~-footed**, क़दम का सच्चा, मुहकमक़दम; विश्वस्त, अचूक; **~ness**, निश्चय; पक्का विश्वास; विश्वसनीयता; अमोघत्व; सच्चाई*; असंदिग्धता*; अवश्यंभाविता*। > शुअॅ

surety, 1. (*person*) ज़मानतदार, ज़मानती, ज़ामिन (दार), प्रतिभू; 2. ज़मानत*, प्रतिभूति*; 3. (*certainty*) निश्चय; असंदिग्धता*; निश्चयात्मकता*। > शुअॅटि

sur-excitation, अति-उत्तेजना*। > सॅ:रे'क्सिटेशॅन

surf, 1. (तट की) समुद्री लहरें*; 2. (*foam*) समुद्री फेन। > सॅ:फ

surface, *n.* 1. (*of an object*) पृष्ठ, सतह*, बाहरी हिस्सा; 2. (*top of ground*) ऊपरी परत* या तल; 3. (*face*) फलक, तल; 4. (*of a liquid*) सतह*; 5. (*outward appearance*) ऊपरी रूप-रंग; बाह्य रूप, बाहर; 6. (*geom.*) पृष्ठ; —*adj.* 1. पृष्ठीय, पृष्ठ-; 3. (*supperficial*) सतही; 3. (*not sincere*) ऊपरी; 4. (*of mail*) साधारण, समुद्री; —*v.*, 1. (*come to the surface*) उतराना, ऊपर आना; 2. ऊपर लाना, उतराना; 3. (*polish*) चमकाना; 4. (*level*) चौरस बना देना; सतह* चढ़ाना; ~-tension, पृष्ठ-तनाव। > सॅ:फ्-इस

surfeit, 1. *n.*, (*in eating*) अतिभोजन; 2. (*excess*) अतिरेक, आधिक्य; 3. (*satiety*) परितृप्ति*, अघाव (*also fig.*), अफराव; —*v.*, भर-पेट भोजन क०, अघाना, अफराना, छक जाना; अघा देना, छका देना, परितृप्त कर देना। > सॅ:फ्-इट

surge, *v.*, 1. (*of sea*) लहरें* मारना, तरंगायित होना, लहराना; 2. (*of crowd*) उमड़ पड़ना; 3. (*of feelings*) उमड़ना; —*n.*, 1. (*large wave*) हिलोरा, महोर्मि*; 2. (*waves*) लहरें*; 3. (*onrush*) प्रवाह, बहाव; 4. (*of feeling*) आवेश; 5. (*phys.*) प्रोत्कर्ष। > सॅ:ज

surgeon, 1. सर्जन, शल्यकार, शल्यचिकित्सक, जर्राह; 2. (*physician*) डाक्टर। > सॅ:जन

surgery, 1. शल्यचिकित्सा*; शल्यकर्म, शल्यक्रिया*, शल्यकारी*; जर्राही; 2. (*science*) शल्य-विज्ञान, शल्यशास्त्र; 3. (*office*) डाक्टर का कमरा या दफ़्तर; 4. (*operating room*) शल्य-कक्ष। > सॅ:जॅरि

surgical, शल्यक, शल्य-। > सॅ:जिकॅल

surly, 1. (*rude*) रूखा, उजड्ड; 2. (*bad-tempered*) चिड़चिड़ा, बदमिज़ाज। > सॅ:ल्-इ

surmisable, अनुमेय। > सॅ:माइज़ॅबॅल

surmise, *n.*(*v.*)., अनुमान (क०, लगाना), अन्दाज़ा। > सॅ:माइज़

surmount, 1. (*overcome*) पार क० (*also physical obstacles*) जीत लेना, पर विजयी होना, पर विजय* पाना; 2. (*be on the top of*) पर खड़ा होना; 3. (*cover*) आच्छदित क०; **~able**, 1. विजेय, जेय; 2. (*of physical obstacles*) पारणीय, लंघनीय। > सॅमाउन्ट

surname, *n.*, 1. कुलनाम; 2. (*epithet*) उपनाम; —*v.*, उपनाम रखना। > सॅ:नेम

surpass, 1. से बढ़कर या श्रेष्ठ होना; 2. (*outdo*) मात कर देना, से आगे बढ़ना; 3. के परे होना; **~ing**, अद्वितीय, सर्वोत्तम, श्रेष्ठ; अत्युत्तम। > सॅपास; सॅपास्-इन्ग

surplice, उत्तरीय। > सॅ:प्-लिस

surplus, *n.*, 1. (*excess*) अधिशेष; बढ़ती*, बेशी*; आधिक्य, अतिरेक; 2. (*of receipts over spending*) बचत*; 3. (*balance in hand*) रोकड़ बाक़ी*; *-adj.*, 1. अतिरिक्त; अनावश्यक;

2. (*superfluous*) फ़ालतू, फ़ुज़ूल। > सॅ:प्लॅस

surprint, अधिमुद्रण। > सॅ:प्-रिन्ट

surprise, *n.*, 1. (*astonishment*) अचरज, आश्चर्य, अचंभा, तअज्जुब, ताज्जुब, विस्मय, हैरत*; 2. आश्चर्य की बात*; अप्रत्याशित या आश्चर्यजनक घटना* (बात*, समाचार आदि); 3. आकस्मिक आक्रमण या आगमन; by ~, बिना जाने; अचानक, take by ~, *see verb* (1, 2, 3, 4,); —*adj.*, आकस्मिक; अप्रत्याशित; —*v.*, 1. (*astonish*) चकित क०, अचंभे में डालना, आश्चर्यचकित या विस्मित कर देना, हैरत* में डालना, चकरा देना; 2. (*capture by surprise*) अचानक हमले (आकस्मिक आक्रमण) द्वारा जीतना; 3. (*attack unawares*) पर सहसा आक्रमण क०, अकस्मात् टूट पड़ना; 4. (*come upon unawares*) बेमौके या असमय पहुँच जाना, अचानक पहुँचना; चौंका देना; रँगे हाथ (हाथों) पकड़ना (*at a crime*); 5. (~ *into something*) घबराकर करा देना; **~d**, चकित, आश्चर्यचकित, आश्चर्यित, विस्मित, चमत्कृत; हैरान, भौचक्का। > सॅप्राइज़

surprising, 1. आश्चर्यजनक, अनोखा, विलक्षण, निराला; 2. (*extraordinary*) असाधारण। > सॅ-प्राइज़्-इन्ग

surrea/lism, अतियथार्थवाद; **~list**, अतियथार्थ-वादी। > सॅरॅरीॲलिज़्म

sur/rebutter, अंतिम पक्ष-प्रतिपादन, **~rejoinder,** तीसरा पक्ष-प्रतिपादन, प्रतिपुनरुत्तर।

surrender, *v.*, 1. (*submit after defeat*) आत्मसमर्पण क०, के वश में हो जाना, के अधीन हो जाना; झुक जाना; हार* मानना; 2. (*hand over*) समर्पित क०, अभ्यर्पित क०, अर्पित क०; के हवाले कर देना, सौंपना, सुपुर्द क०; 3. (*abandon, give up*) छोड़ देना, त्याग देना; 4. (*yield to emotion, habit, etc.*) से अभिभूत (के वशीभूत) हो जाना, में बह जाना; —*n.*, आत्मसमर्पण; अधीनता-स्वीकरण; समर्पण, अभ्यर्पण; परित्याग, त्याग; अभिभव, अभिभूति*। > सॅ-रे'न्-डॅ

surreptitious, गुप्त, लुका-छिपा, **~ly**, लुक-छिपकर, चोरी-चोरी। > सॅरे'प्-टिशॅस

surrogate, प्रतिनिधि, प्रतिनियुक्त। > सॅरॅगिट

surround, *v.*, 1. के चांरों ओर होना, घेर लेना; से घेरना, (का) बाड़ा लगाना; 3. आ(कर) घेरना, घेर रखना; 4. (*mil.*) घेरा डालना, घेर लेना; *n.*, किनारा; **~ing**, आसपास का, पास-पड़ोस का, प्रतिवेशी; **~ings**, 1. पास-पड़ोस, प्रतिवेश; 2. (*conditions*) परिस्थिति*, वातावरण। > सॅराउन्ड; सॅ-राउन्/डिन्ग, ~ डिन्ग्ज़

surtax, *n.*(*v.*), अतिरिक्त कर (लगाना), अधिकर। > सॅ:टैक्स

surveillance, निगरानी*। > सॅवेलॅन्स

survey, *v.*, 1. चारों ओर देखना, पर्यवलोकन क०; 2. (*fig.*) सर्वेक्षण क०; 3. (*measure*) सर्वेक्षण क०, भूमापन क०; 4. (*inspect*) निरीक्षण क०, जाँचना; —*n.*, पर्यवलोकन; सर्वेक्षण; भूमिति*, भूमापन, सर्वे; निरीक्षण; 2. (*map*) नक्शा; **~or**, सर्वेक्षक; निरीक्षक। > सॅवे (*v.*); सॅ:व्-ए (*n.*): सॅवेॲ

sur/vival, 1. उत्तरजीविता*; उत्तरजीवन; 2. (*remainder*) अवशेष; — of the fittest, योग्यतम की उत्तरजीविता*; **~vive**, 1. (*continue to live or be*) जीवित रहना, बना रहना; (आज तक) विद्यमान रहना या होना, टिका रहना, 2. (*live longer than*) की मृत्यु* के बाद जीवित रहना, के बाद तक जीवित रहना; 3. (*a danger*) से जीवित बचना, के बाद जीवित रहना, से बच जाना; **~vivor,** उत्तरजीवी, उत्तरजीवित; **~vivorship**, उत्तरजीविता*। > सॅवाइवॅल; सॅवाइव्; सॅ-वाइव्-ॲ

susceptibility, 1. (*see* SUSCEPTIBLE) भावुकता*, भावप्रवणता*; सुप्रभाव्यता*; अतिसंवेदनशीलता*; संभावना*; प्रवणता*; गुंजाइश*; 2. (*pl.*) भावनाएँ*; magnetic~, चुम्बकीय प्रवृत्ति*। > सॅ-से'प्-टि-बिल्-इ-टि

susceptible, 1. (*emotional*) भावप्रवण, भावुक; 2. (*impressionable*) आशुप्रभावित, सुप्रभाव्य; 3. (*sensitive*) अतिसंवेदनशील; 4. अधीन; be ~ to error, ग़लती* कर सकना या हो सकना; be ~ to disease, के लिए बीमारी* का खतरा होना, की प्रवणता* होना; 5. be ~ of another interpretation, का दूसरा अर्थ हो सकना, में दूसरी व्याख्या* की गुंजाइश* होना। > सॅ-से'प्/टि-बॅल = टॅबॅल

susceptive, ग्रहण-, संवेदी, संग्राहक; ग्रहणशील; *see* SUSCEPTIBLE। > सॅ-से'प्-टिव्

suspect, *v.*, 1. (*feel, imagine*) समझना, सोचना; I ~ that, मुझे लगता (प्रतीत होता) है कि, मेरा अनुमान है कि; 2. (*mistrust*) (पर) संदेह क०, संदिग्ध समझना; पर अविश्वास क०; 3. (*somebody*) पर संदेह क०, अपराधी समझना; —*n.*, संदिग्ध व्यक्ति, संदेह-भाजन; —*adj.*, 1. (*of a person*) संदिग्ध; 2. संदिग्ध, संदेहास्पद। > सॅस्पे'क्ट (*v.*); सॅस्पे'क्ट (*n., adj.*)

suspend, 1. (*hang up*) लटकाना टाँगना, प्रलंबित क०, निलंबित क०; 2. (*a judgement*) आस्थगित क०; 3. (*a meeting, a rule*) स्थगित क०; 4. (*stop*) बन्द क०; 5. (*from office*) मुअत्तल क०, निलम्बित क०, कार्यवंचित क०; 6. (*a priest*) यज्ञाधिकार से वंचित क०; **~ed,** लटकता हुआ, प्रलंबित, निलंबित; आस्थगित; स्थगित; बन्द; मुअत्तल, निलम्बित, कार्यवंचित; यज्ञाधिकार-वंचित; **~ers,** 1. (*garters*)

गोटिस; 2. (*braces*) गेलिस।
> सॅस्पे'न्ड; सॅस्पे'न्/डिड, ~ डॅज़

suspense, 1. अनिश्चय, दुबिधा*, अनुलंब, असमंजस; 2. (*law*) अधिकार-स्थगन; ~ account, उचिन्त खाता या लेखा। > सॅस्पे'न्स

suspensible, निलम्ब्य।
> सॅसपे'न्/सॅबॅल = सिबॅल

suspension, (*see* SUSPEND) प्रलंबन, निलम्बन; आस्थगन; बन्दी*; स्थगन; मुअत्तली*, निलम्बन, कार्यवंचन; यज्ञाधिकारवंचन; ~ bridge, झूला-पुल।
> सॅस्पे'न्शॅन

suspen/sive, 1. स्थगनक; 2. (*undecided*) अनिश्चित, अनिश्चयात्मक; **~sor,** निलम्बक; **~sory,** *adj.*, 1. निलंबक, निलंबन-; 2. (*deferring*) स्थगनक; 3. (*delaying*) विलम्बकारी; —*n.*, निलंबिका*।
> सॅस्पे'न्/सिव्, ~ सॅ, ~ सॅरि

suspi/cion, 1. संदेह, शक, शुबहा; 2. (*trace*) पुट; **~cious**, 1. (*arousing suspicion*) संदेहजनक, संदिग्ध; 2. (*mistrustful*) शक्की, संदेही, संशयालु।
> सॅस्-पि-शॅन; सॅस्-पि-शॅस

sustain, 1. (*support from below*) संभालना, थाम रखना; 2. (*keep going*) बनाए रखना, क़ायम रखना, जारी रखना; जीवित रखना; 3. (*give sustenance*) संपोषित क०, पुष्टि* देना, पोषण क०; 4. (*supply with necessaries*) भरण-पोषण क०, रोटी-कपड़ा देना, खर्च चलाना, सँभालना; 5. (*help, strengthen*) सहारा या ढाढ़स देना, बल प्रदान क०; 6. (*encourage*) प्रोत्साहित क०, बढ़ावा देना; 7. (*undergo*) भुगतना; 8. ~ loss, हानि* उठाना; 9. ~ defeat, हार* खाना; 10. ~ injury, को क्षति* होना या पहुँचना; क्षतिग्रस्त हो जाना; 11. ~ wounds, घायल हो जाना; 12. (*withstand*) दरदाश्त क०, सहना; 13. (*corro-borate*) की पुष्टि* क०, पुष्ट क०, समर्थन क०; प्रमाणित क०, साबित क०; 14. (*allow validity of*) का समर्थन क०, सही मानना या करार क०, मान्यता* प्रदान क०, वैधता* मान लेना; 15. (*a part*) का पूरा निर्वाह क०, भली भाँति* सँभालना या निभाना।
> सॅस्टेन

sustained, 1. *see verb*; 2. (*prolonged*) दीर्घ (कालीन), लम्बा; दीर्घीकृत (*of note*); 3. (*uninterrupted*) अखंड, अविच्छिन्न, सतत; ~ metaphor, सांग रूपक। > सॅस्टेन्ड

sustenance, 1. पुष्टि*; 2. (*food*) आहार।
> सॅस्टॅनॅन्स

sustentation, सम्पोषण; ~ fund, संभरणनिधि*।
> सॅस्टॅन्टेशॅन

susurration, फुसफुसाहट*। > स्यूसॅरेशॅन

sutler, बनिया, मोदी। > सॅट्-लॅ

suttee, 1. सती*; 2. (*~ism*) सती-प्रथा*। > सॅटी

sutural, सीवन-; संधि-। > स्यूचॅरॅल

suture, *n.*, 1. (*stitching*) सीवन; 2. (*stitch*) टाँका; 3. (*junction*) संधि*, संधिरेखा*; —*v.*, टाँका लगाना, टाँकना। > स्यूचॅ

suzerain, अधिराज, अधिराट्; अधिराज्य; **~ty,** आधिराज्य। > स्यूज़ॅरेन, ~ टि

svelte, छरहरा, छरहरी*। > स्वे'ल्ट

swab, *n.*, 1. (*mop*) झाड़न*; 2. (*for wounds*) फाहा, फुरेरी*; —*v.*, साफ़ क०; सोखना; पुचारा फेरना।
> स्वॉब

swaddle, (कपड़ों में) लपेटना, कसना, बाँधना।
> स्वॉडॅल

swaddling/-bands, ~-cloths, 1. शिशु-वस्त्र; 2. (*fig.*) शैशव; 3. (*rigid control*) कड़ा नियन्त्रण, प्रतिबन्ध। > स्वॉड्-लिना/बैन्ड्ज़, ~ क्लोज़

swag, 1. (*loot*) लूट*; 2. (*bundle*) पोटली*; **~-bellied**, तोंदल, तोंदवाला, तुंदिल; **~-belly,** तोंद*। > स्वैग

swage, ठप्पा। > स्वेज

swagger, *v.*, 1. (*strut*) इठलाना, अकड़कर या ऐंठकर चलना; 2. (*boast*) डींग* मारना, शेखी* बघारना; —*n.*, 1. इठलाहट*, अकड़* की चाल*; 2. डींग*, शेखी*; —*adj.*, फैशनेबुल; **~-cane,** छड़ी*; **~er,** अकड़बाज़; बड़बोल, शेख़ीबाज़। > स्वैग्-अॅ

swin, 1. देहाती नौजवान; 2. (*lover*) प्रेमी। > स्वेन

swallow, *n.*, 1. (*bird*) अबाबील*; 2. (*swallowing*) निगरण; 3. (*amount swallowed*) घूँट; ग्रास (*of food*); 4. (*throat*) गला; 5. (*gullet*) हलक़ ग्रसिका*; —*v.*, 1. (*food drink*), निगलना, लीलना; 2. (*~ up, engulf*) निगलना, निगल जाना, समा लेना, 3. (*consume utterly*) खा जाना, समाप्त क०, लील जाना; 4. (*accept credulously*) आँख* मूँदकर विश्वास क०; झट या जल्दी विश्वास कर लेना; 5. (*an insult etc.*) बरदाश्त क०, सह लेना, पी जाना; 6. (*~ one's words, recant*) वापस लेना; **~-hole,** विलय-रंध्र; **~-tail,** अबाबीलपुछी तितली*।
> स्वॉलो

swami, swamy, स्वामी। > स्वामि

swamp, *n.*, दलदल**, धँसान*, झाबर, अनूप; —*v.*, 1. (*sink in a ~*) धँस जाना; 2. (*flood*) जल से भर जाना या भर देना, जलमग्न कर देना; 3. (*soak*) तर-बतर कर देना; 4. (*overwhelm with*) से अभिभूत क०, की भरमार* या बौछार* कर देना; परेशान क०; 5. (*swallow up*) समा लेना; ~ fever, मलेरिया; **~cabbage**, पटुआसाग-, क़लमीसाग; **~y**, दलदला, अनूपी। > सवॉम्प; स्वॉम्प्-इ

swan, 1. राजहंस, हंस; 2. (*cygnus*) हंस; 3. (*poet*) कवि, महाकवि; **~-neck,** हंसग्रीव; **~-song**, अंतिम

कृति*। > स्वॉन

swank, *n.* (*v.*) शेखी* (बघारना)। > स्वैन्क

sward, घास-स्थली*, शाद्वल। > स्वॉ:ड

swarf, 1. (*of metal*) लोहचूर्ण; कतरन*; 2. (*of wood*) चैलियाँ*; कतरन*। > स्वॉ:फ़

swarm, *n.*, 1. (*of insects, animals, men*) झुण्ड, दल, गिरोह; 2. (*pl., crowds*) बड़ी भीड़*, भीड़-भाड़*; —*v.*, 1. (*of bees*) झुण्ड बनाकर छत्ता बदलना या छोड़ देना; 2. झुण्ड बनाकर घूमना; 3. (*assemble in large numbers*) भीड़* में आना, बड़ी संख्या* में एकत्र हो जाना, उमड़ना; 4. (*of places*) (भीड़* से) भरा हो जाना; 5. (*climb*) पर चढ़ना; **~er, ~-spore,** चलबीजाणु। > स्वॉ:म

swarthy, साँवला। > स्वॉ:दि

swash, *v.*, 1. (*swirl*) लहराना, तरंगित होना; 2. (*make splashing noise*) छपछपाना; —*n.*, 1. (*motion*) हिल्लोलन; 2. (*sound*) छपछप*, छपाका। > स्वॉश

swashbuckler, 1. शेखीबाज़; 2. (*bully*) धौंसिया, दबंग। > स्वॉश्‌बॅक्‌लॅ

swastika, स्वस्तिक। > स्वॉस्-टि-कॅ

swat, *v.*, मारना; *n.*, मक्खीमार। > स्वॉट

swath, कटी फ़सल* (घास*) की क़तार*। > स्वॉ:थ

swathe, 1. (*bandage*) पट्टी* बाँधना; 2. (*wrap up*) लपेटना। > स्वेद

swatter, मक्खीमार। > स्वॉटॅ

sway, *v.*, 1. (*swing*) झूलना, डोलना (*v.i.*), झुलाना, डुलाना (*v.t.*); 2. (*incline, also fig.*) झुकना (*v.i.*); झुकाना (*v.t.*); 3. (*influence*) प्रभावित क०; 4. (*divert from*) विचलित क०; 5. (*rule*) शासन क०, शासित क०, नियंत्रित क०; —*n.*, 1. (*movement*) दोलन, झूल*; 2. (*influence*) प्रभाव; 3. (*rule*) शासन, हुकूमत*; 4. (*control*) नियंत्रण, अधिकार; 5. क्षेत्र। > स्वे

swear, 1. (*take an oath*) शपथ* खाना, क़सम* खाना, सौंगद* खाना, हलफ़ उठाना गंगाजली* उठाना, क़ुरान उठाना, शपथपूर्वक कहना; 2. दृढ़तापूर्वक कहना; 3. (*cause to take oath*) से क़सम* लेना; 4. (~ *in, administer oath*) शपथ* दिलाना, शपथ* ग्रहण क०; 5. (*curse*) गाली* बकना; ~ at, कोसना, कोसना-काटना, को गाली* देना; **~by,** की शपथ* क०; पर अत्यधिक भरोसा रखना; **~off,** शपथपूर्वक छोड़ देना, दृढ़तापूर्वक छोड़ देना; —*n.*, **~-word,** गाली*, अपशब्द; **~er,** शपथ-कर्ता; कोसनेवाला; गाली* बकनेवाला; **~er-in,** शपथ-ग्राही **~ing-in** (*ceremony*), शपथ-ग्रहण (-समारोह)। > स्वे'अॅ; स्वे'अॅर्/अॅ, ~ अॅरिन, ~ इन्-इन

sweat, *n.*, 1. पसीना, स्वेद, प्रस्वेद; be in a ~, पसीने-पसीने होना; 2. (*moisture*) नमी*; 3. (*hard work*) कठिन काम, घोर परिश्रम; 4. (*drudgery*) नीरस काम; 5. (*eagerness*) व्यग्रता*, बेचैनी*, उत्सुकता*; cold ~, 1. (*terror*) आतंक; 2. (*anxiety*) घबराहट*, घोर चिन्ता*; be in a ~, पसीने-पसीने होना; व्याकुल होना, अत्यधिक उत्सुक होना; in the ~ of one's brow, पसीना बहाकर, बड़े परिश्रम से; —*v.*, 1. (*perspire*) पसीना बहाना, पसीना आना, निकलना या छूटना; 2. (*exude moisture*) बहना, रिसना, चूना, टपकना; 3. (*emit*) बहाना, टपकाना, चुआना; 4. (*toil*) घोर परिश्रम क०, एड़ी*-चोटी* का पसीना एक क०; 5. (*cause to ~*) पसीना निकालना; 6. (*exploit*) का शोषण क०, खून चूसना; **~ed** labour, शोषित श्रमिक; **~er,** 1. (*jersey*) स्वेटर; 2. पसीने बहानेवाला या निकालनेवाला; 3. (*exploiter*) शोषक **~-gland,** स्वेद-ग्रंथि; **~y,** 1. (*~ing*) पसीनेदार, स्वेदित, प्रस्वेदित; 2. (*of ~*) स्वेद-, पसीने का; 3. (*causing ~*) पसीना लानेवाला, (प्र) स्वेदक; 4. (*laborious*) श्रमसाध्य। > स्वे'ट; स्वे'ट्/इड; स्वे'टॅ; स्वे'ट्-इ

sweep, *v.*, 1. (*clean*) झाड़ू देना, बुहारना, झाड़ना; साफ़ क०; 2. (*gather up*) बटोर लेना, समेट लेना; 3. (*carry away*) उठा (उड़ा, बहा) ले जाना, ~ an audience, मंत्रमुग्ध क०, पर गहरा प्रभाव डालना; ~ the board, पूरी बाज़ी* मार लेना; 4. (*obliterate*) मिटा देना, नष्ट क०; 5. (*abolish*) उठा देना, समाप्त क०, अन्त कर देना, उन्मूलन क०; 6. (*move swiftly*) तेज चलना; 7. (*move proudly*) अकड़कर या शान* से चलना, आना, जाना; अकड़कर आगे बढ़ना; 8. (*touch lightly*) पर हाथ फेरना, छू जाना, संस्पर्श क०; 9. (*traverse, range*) विचरना, चक्कर लगाना; तेज़ी* से पार क०; 10. (*of artillery*) पर गोलाबारी* क०; 11. (*impart ~ ing motion to*) घुमाना; पसारना, फैलाना; 12. (*extend*) फैला हुआ होना; 13. (*pass eyes quickly along*) पर आँख* या नज़र* दौड़ाना; 14. (*trail*) घसीटा जाना, घसिटना; —*n.*, 1. (*act of ~ing*) झाड़-बुहार*; सफ़ाई; 2. (*chimney-~*) चिमनी* साफ़ करनेवाला; 3. (*motion*) घुमाव; प्रसारण; 4. (*curve*) घुमाव, मोड़; 5. (*expanse*) फैलाव, विस्तार; 6. (*flow onrush*) बहाव, प्रवाह, धारा*; 7. (*range*) मार* (*of weapon*); पहुँच*; परास; 8. (*long oar*) लम्बा डाँड़; 9. (*leverbeam of well*) लट्ठा, ढेंकली*; 10. (*physics, electronics*) प्रसर्प; **~er,** 1. झाड़कश, झाड़बददार; मेहतर, भंगी; 2. (*device*) अपमार्जक; **~ing,** 1. बुहारनेवाला; 2. (*farreaching*) व्यापक; 3. (*radical*) आमूल; 4. (*very great*) भारी, महत्त्वपूर्ण; 5. (*complete*) परिपूर्ण, पूरा-पूरा; 6. (*of statements*) अतिरंजित; अतिशयोक्तिपूर्ण; अतिव्याप्तिपूर्ण **~ings,** झाड़न*; **~-net,** महाजाल; **~stake,** घुड़दौड़* का जुआ

(जूआ)। > स्वीप; स्वीप्/अॅ, ~ इन्ग, ~ इन्ग्ज, ~ ने'ट, ~ स्टेक

sweet, *adj.*, 1. (*~-tasting*) मीठा, मधुर, मिष्ट, शीरीं; 2. (*of water*) मीठा, अक्षार, अलवण, असमुद्री; 3. (*fresh*) ताज़ा; 4. (*~-scented, ~-smelling*) सुगंधित, खुशबूदार; 5. (*melodious*) श्रुतिमधुर, मधुर, सुरीला; 6. (*agreeable, pleasant*) मधुर, मीठा, प्रिय, रुचिकर, मनोहर, आकर्षक; रमणीय, सुन्दर; 7. (*~-tempered*) मीठा, सौम्य; शान्त; ~ flay, बच, घोड़बच; ~ orange, मुसम्मी*; ~ potato, शकरकन्द; be ~ on, प्यार क०; have a ~ tooth, मीठा पसन्द क०; at one's ~ will, स्वेच्छानुसार; the ~ and the bitter, सुख-दुख; —*n.*, 1. मिठाई*, मिष्टान्न; 2. (*~ dish*) दहीचीनी*; 3. (*darling*) प्रेम-पात्र; my~, प्रिय, प्रिये*; 4. (*pl.*) सुख, सुख-चैन, ऐशआराम; **~bread,** लबलबे का (belly —) या थाइमस (throat—) का व्यंजन; **~-corn** मीठी मकई*। > स्वीट

sweeten, मीठा, मधुर, प्रिय आदि (*see* SWEET) बनना या बनाना; शान्त क०, हलका कर देना, कम क०; **~ ing,** मीठा, चीनी*। > स्वीटॅन; स्वीटॅनिन्ग

sweetheart, प्रेमी; प्रेमिका*। > स्वीट्हाट

sweetish, मीठा-सा, मधुर। > स्वीट्-इश

sweetmeat, 1. मिठाई*, मिष्टान्न; 2. (*preserved fruit*) मुरब्बा। > स्वीट्मीट

sweetness, (*see* SWEET) मीठापन, मिठास*, माधुर्य; ताज़गी*; सुगन्ध*; सुरीलापन; रमणीयता*, सौम्यता*। > स्वीट्-निस

swell, *v.i.*, 1. (*expand as balloon etc.*) फूलना; 2. (*as a bruised limb*) सूजना, फूलना; 3. (*become larger at a given point, curve out, bulge*) उभरना; 4. (*increase in size, force, also of sound*) बढ़ना; 5. (*extend*) फैल जाना, उमड़ना; 6. (*be elated*) फूलना, फूले अंग न समाना; 7. (*become proud*) फूल जाना; have a ~ ed (or swollen) head, अभिमान क०, अकड़ना, अभिमानी होना; 8. (*increase within one, of emotion*) उठना, उमड़ना; —*v.t.*, फुलाना; बढ़ाना; —*n.*, 1. (*act of ~ing*) फुलाव; बढ़ाव; उभार; 2. (*state of being swollen*) स्फीति*; सूजन*; उभार; 3. (*protuberance*) उभार, उभाड़; 4. (*increase*) वृद्धि*, बढ़ती*, बढ़ाव; 5. (*of the sea*) महातरंग*; हिल्लोलन; 6. (*of the ground*) चढ़ाई*; 7. (*dandy*) छैला, बाँका; 8. (*person of importance*) बड़ा आदमी; —*adj.*, 1. (*smart*) फ़ैशनेबुल; बना-ठना; 2. (*excellent, fine*) बहुत बढ़िया, बड़ा अच्छा; **~ing,** *n.*, 1. (*act*) फुलाव; बढ़ाव; उभार; 2. (*swollen part of the body*) सूजन*, शोथ, 3. (*tumour*) अर्बुद; 4. (*increase*) वृद्धि*, बढ़ाव; —*adj.*, 1. फूलनेवाला; 2. उभरनेवाला, उभारदार; 3. (*of style; lofty*) उदात्त। > स्वे'ल, स्वे'ल्-इन्ग

swelter, *v.*, 1. (*of weather*) औंसना, उमस* होना; 2. (*of person*) गरमी* के मारे तंग होना, गरमी* से तंग आना; पसीने से तरबतर होना, पसीने-पसीने होना; —*n.*, उमस*, सड़ी, गरमी*। > स्वे'ल्-टॅ

swept/-back, पृष्ठनत; **~-forward,** अग्रनत।

swerve, *v.i.*, मुड़ना; से हट जाना; घूम जाना, —*v.t.*, मोड़ना, मोड़ लेना; —*n.*, मोड़, घुमाव। > स्वॅःव्

swift, *adj.*, 1. (*in movement*) तेज़, शीघ्रगामी, द्रुतगामी, सत्वर, फुरतीला; 2. (*fleet*) फुरतीला, शीघ्रकारी; 3. (*prompt, of person*) तत्पर, उद्यत, तैयार, मुस्तैद; 4. (*undelayed*) शीघ्र, तत्काल, तात्कालिक, आशु; तुरंत तैयार; —*adv.*, **~ly,** तेज़ी* से; तुरंत, झट; तत्काल, अविलम्ब; —*n.*, 1. (*bird*) बतासी*; 2. (*reel*) परेता, अटेरन; 3. (*newt*) सरटिका*; **~ness,** तेज़ी*, वेग; शीघ्रता*, जल्दी*; फ़ुरतीलापन, स्फूर्ति*। > स्विफ़्ट

swig, *v.*, गटगट या गटागट पी जाना, ढकोसना, गटकना; —*n.*, घूँट; लम्बा या बड़ा घूँट। > स्विग

swill, *v.*, 1. (*rinse*) पानी से साफ़ क०, धोना; 2. (*drink*) गटकना, ढकोसना, खूब पीना या पिलाना; —*n.*, 1. प्रक्षालन; 2. (*pigfood*) सूअरों का पतला खाना; 3. (*inferior liquor*) घटिया शराब*; 4. (*large drink*) लम्बा घूँट। > स्विल

swim, *v.*, 1. तैरना, पैरना, हेलना; तैरकर पार क०; ~ with the tide, समय का साथ देना; समय के साथ बहाना; 2. (*float*) तिरना, तैरना, उतराना; 3. (*drift*) बहना, बह जाना; 4. (*cause to ~*) तैराना; 5. (*be drenched*) तर-बतर होना; 6. (*overflow*) छलकना, उमड़ना; से परिपूर्ण होना; 7. (*feel dizzy*) को चक्कर आना; 8. (*reel*) घूमना, चकराना, चक्कर खाना; —*n.*, 1. तैराई*, तैराकी*, पैराई*; 2. (*~ming-bladder*) वाताशय; be in the ~, दुनिया-भर की खबर* रखना; सामाजिक जीवन में भाग लेना; **~mer,** तैराक, पैराक; **~meret,** तरणपाद; **~-suit,** तैरने की पोशाक*। > स्विम; स्विम्-अॅ

swimming, *n.*, 1. तैराई*; 2. (*dizziness*) चक्कर, घुमड़ी*, घुमटा; ~ motion, तरणगति*; **~-belt,** रक्षा-पेटी*; **~ly,** आसानी* से, मज़े में, सुखपूर्वक; **~-pool,** तैरने का तालाब। > स्विम्-इन्ग

swin/dle, *v.*, 1. (*a person*) धोखा देना, ठगना, झाँसना; 2. (*get by fraud*) ऐंठ लेना, ऐंठना, झँसना; **~dier,** भगलिया, झाँसिया, ठग, धोखेबाज़, भगलबाज़; **~dling,** भगल, झाँसा-पट्टी*, ठगी*, धोखा, भगलबाज़ी*। > स्विन्डॅल; स्विन्ड्/लॅ, ~ लिन्ग

swine, सूअर (*also fig.*) शूकर; **~-herd,** सूअर चरानेवाला, पासी। > स्वाइन; स्वाइन्हॅःड

swing, *v.*, 1. (*to and fro*) झूलना, डोलना (*v.i.*)

झूमना (*as branches*); झुलाना, डुलाना (*v.t.*); 2. (*suspend*) लटकना (*v.i.*); लटकाना (*v.t.*); 3. (*in execution*) फाँसी* पर चढ़ना; 4. (*revolve, turn*) घूमना, फिरना (*v.i.*); घुमाना, फिराना (*v.t.*); 5. (*brandish*) घुमाना; 6. (*in walking etc.*) झूमते हुए चलना आदि; 7. (*waver*) आगा-पीछा क०; 8. (*influence*) राज़ी क०, समझाना; 9. (*manage successfully*) में सफलता* प्राप्त क०; 10. (*obtain*) प्राप्त क०; 11. (~ *round*) घूम पड़ना; —*n.*, 1. (*hanging seat*) झूला, हिंडोला; विस्तार; (*its compass*); पेंग* (*its movement*); 2. (*oscillation*) दोलन; 3. (*swaying gait*) झूम*; 4. (*stroke, blow*) मार*; 5. (*brandishing*) घुमाव; 6. (*impetus*) शक्ति*, संवेग; वेग; 7. (*rhythm*) लय*, झूम* की लय*, गति; 8. (*freedom*) छूट*, स्वतन्त्रता*; 9. (*movement towards*) गति*, प्रगमन; 10. (*normal course*) चक्र; in full ~, 1. (*of engine etc.*) भरपूर चालू; 2. जोरों पर; the ~ of the pendulum, 1. लोलक की गति* या दोलन; 2. (*tendency to alteration*) परिवर्तन-न्याय; ~bridge, घुमाऊ पुल; **~-boat,** झूला-गाड़ी*। > स्विना

swingeing, 1. (*forcible*) ज़ोरदार; 2. (*huge*) बहुत बड़ा, भारी। > स्विज्-इन्ग

swinging, 1. (*see* SWING) झूलनेवाला, लटकनेवाला, घूमनेवाला; झूमनेवाला; 2. (*vigorous*) जोरदार; 3. (*of melody; buoyant*) झुमानेवाला। > स्विन्ग्-इन्ग

swingle, *n.*, धुनकी*, फटका; *v.*, धुनना। > स्विन्ग्‌गॅल

swipe, *v.*, 1. जोर से अंधाधुन्ध मारना; 2. (*snatch*) छीनना; 3. (*steal*) चुराना; —*n.*, 1. अंधाधुन्ध मार*; 2. (*pl.*) पतली या घटिया बियर*। > स्वाइप्

swirl, *v.*, 1. (*form eddies*) में भँवर पड़ना; 2. (*feel dizzy*) चकराना; 3. (*move with swirling motion*) बल खाते हुए बहना; चक्कर खाते हुए उड़ना (*v.i.*); चक्कर खिलाना, घुमाना (*v.t.*); —*n.*, 1. (*eddy*) भँवर; 2. चक्कर। > स्वें:ल

swish, 1. (*sound*) सरसराना (*v.i., v.t.*); 2. (*flog*) बेंत लगाना; —*n.*, 1. (*sound*) सरसराहट*; 2. (*stroke*) बेंत का प्रहार; —*adj.*, फ़ैशनेबुल। > स्विश

switch, *n.*, 1. (*electr.*) स्विच, खटका, बटन; 2. (*railway*) कैंची*; 3. (*change*) कायापलट, भारी परिवर्तन; 4. (*twig*) टहनी*; 5. (*movement*) मार*, घुमाव; 6. (*stick*) छड़ी*, बेंत, कमची*; 7. (*of hair*) कृत्रिम बालों की लट*; –*v.*, 1. (*a train*) दूसरी पटरी* पर लाना; लाइन* बदलना; 2. (~ *off*, ~*on*) (स्विच) बन्द क०; (स्विच) खोलना; 3. (*change*) बदल देना; बदल जाना; दूसरे मार्ग पर (विषय पर, दिशा* में) ले जाना; दूसरे काम में लगाना; 4. (*whip*) बेंत लगाना; 5. (*flick*) घुमाना, मारना; 6. (*snatch*) छीन लेना; **~back,** 1. टेढ़ा-मेढ़ा रेलपथ; 2. (*at fairs*) लहरदार रेलपथ; **~board**, स्विचबोर्ड; **~-man**, कैंचीवाला; **~-over,** भारी परिवर्तन, कायापलट। > स्विच

swivel, *n.*, घूमनेवाली लड़ी*, चूलछल्ला; –*v.*, घूमना; **~-bridge**, घुमाऊ पुल; **~-chair**, घुमाऊ कुरसी*; **~-eyed**, भेंगा; **~-gun**, घुमाऊ तोप*। > स्विवॅल

swizzle, मिश्र-मदिरा*। > स्विज़ॅल

swollen, (*see* SWELL), फूला हुआ; सूजा हुआ; उभरा हुआ; बढ़ा हुआ; **~-headed,** अभिमानी। > स्वोलॅन, ~ हे'डिड

swoon, *v.*, बेहोश हो जाना, मूर्च्छा* आना या खाना, बेसुध या मूर्छित होना, गश खाना; तेवराना; —*n.*, बेहोशी*, मूर्च्छा*, बेसुधी*, गश। > स्वून

swoop, *v.*, झपट्टा मारना, झपटना; *n.*, झपट*, झपट्टा। > स्वूप

swop, अदला-बदली* क०, के बदले में देना; बदलना। > स्वॉप

sword, 1. तलवार*, खंग, खड्ग, कृपाण, असि*; तेग़*; शमशेर* (*scimitar*) 2. (*military power*) सैन्य बल; 3. (*war*) युद्ध; the ~ of the spirit, ईश्वर की वाणी*; put to the ~, तलवार* के घाट उतारना; draw the ~, तलवार* खींचना; युद्ध छेड़ना; sheathe the ~, युद्ध बन्द क०; cross ~ s, से लड़ाई* क०; से संघर्ष क०; fire and ~, लूटपाट*; **~-arm**, तलवारी या दाहिनी भुजा; **~-belt**, परतल; **~-blade**, तलवार* का फल; **~-cane**, गुप्ती*; **~-fish**, तेगामछली*; **~-hand**, तलवारी हाथ; **~-hilt**, मूठ*; **~-knot**, तेग़बन्द; **~-law**, सैनिक शासन; **~-play**, पटेबाज़ी*, असिक्रीड़ा*; **~-sman**, तलवारिया, पटेबाज; **~-smanship**, असिकौशल, पटेबाजी*; **~-stick**, गुप्ती*। > सॉ:ड

sworn, 1. (*of statement*) सशपथ; 2. (*of enemies*) घोर, जानी; 3. (*of friends*) पक्का, घनिष्ठ। > स्वॉ:न

swot, *n.* (*v.*) (पढ़ने में) कठिन परिश्रम (क०); परिश्रमी विद्यार्थी। > स्वॉट

sybarite, sybaritic, विलासी, विषयी। > सिबॅराइट; सिबॅरिट्-इक

sycamore, गूलर। > सिकॅमॉ:

syce, साईस। > साइस

syconium, उदम्बरक। > साइकोन्-इअॅम

syco/phancy, चापलूसी*, खुशामद*; **~phant**, 1. चापलूस, चाटुकार, खुशामदी; 2. (*parasite*) खुशामदी टट्टू, पराश्रयी। > सिकॅफ़ॅन्सि; सिकॅफ़ॅन्ट

sycosis, (दाढ़ी* का) रोमकूपशोथ। > साइकोस्-इस

sylla/bary, अक्षर-माला*; **~bic**, आक्षरिक, अक्षरीय; अक्षरात्मक; **~bicate, ~bify, ~bize,** अक्षरों में विभक्त क०; अक्षर-अक्षर का उच्चारण क०।
> सिलॅबॅरि; सिलैब्/इक, ~ इकेट, ~ इफ़ाइ; सिलबाइज़

syllable, अक्षर। > सिलॅबॅल

syllabus, 1. (*of studies*) पाठ्यक्रम, पाठयचर्या; पाठय-विवरण; 2. (*summary*) सारांश, संक्षेप, खुलासा; 3. (*list*) तालिका*, फ़िहरिस्त*, सूची*। > सिलॅबॅस

syllepsis, 1. अयुक्तान्वय; 2. (*zeugma*) दीपक।
> सिले 'प-सिस

syllo/gism, 1. न्याय, न्यायवाक्य; 2. (*deductive reasoning*) निगमनिक तर्क; **~gistic**, न्यायबद्ध; निगमनिक; **~gize**, न्यायबद्ध क०; न्यायबद्ध तर्क क०।
> सिलॅजिज़्म; सिलॅजिस्-टिक; सिलॅजाइज़

sylph, 1. परी*; 2. (*woman*) तन्वी*; **~like**, 1. परी-जैसा; 2. (*slender*) छरहरा। > सिल्फ़

sylvan, *see* SILVAN.

sym/biont(t), ~biotic, सहजीवी; **~biosis,** सहजीवन। > सिम्/बिऑन, ~बिऑन्ट; सिम्-बि-ऑट्-इक; सिम्-बि-ओस्-इस

symbol, 1. प्रतीक; 2. (*science, music*) संकेताक्षर, संकेत, चिह्न; 3. (*of faith*) धर्मसार; **~ic(al),** प्रतीकात्मक, प्रतीकी, द्योतक; सांकेतिक; **~ics**, प्रतीक-शास्त्र। > सिम्बॅल; सिम्बॉल्/इक, ~ इकॅल, ~ इक्स

symbol/ism, 1. प्रतीकवाद; 2. (*symbolic meaning*) प्रतीकार्थ; प्रतीकात्मकता*; संकेतार्थ; सांकेतिकता*; 3. (*symbolization*) प्रतीक-प्रयोग; **~ist(ic),** प्रतीकवादी।
> सिम्बॅ/लिज़्म, ~ लिस्ट; सिम्बॅलिस्-टिक

symbolize, 1. का प्रतीक होना; का संकेत होना; 2. प्रतीक (या संकेत) द्वारा प्रस्तुत क० या प्रकट क०; 3. प्रतीक के रूप में समझना। > सिम्बॅलाइज़

symbology, प्रतीक-शास्त्र; प्रतीक-प्रयोग।
> सिम्बॉलॅजि

symb(ol)olatry, प्रतीकोपासना*।
> सिम्बॅलॉलॅट्रि; सिम्बॉलॅट्रि

symmetallism, मिश्रधातु-मान।
> सिमे 'टॅलिज़्म

symmetric(al), 1. (*math. etc.*) सममित, सम्मित; 2. (*well-proportioned*) सुडौल; 3. (*balanced*) सन्तुलित; 4. (*equal*) प्रतिसम।
> सिमे 'ट्/रिक,, ~ रिकॅल

symmetrize, सममित, सुडौल, सन्तुलित या प्रतिसम बना देना। > सिम्-इट्राइज़

symmetry, सममिति*, सम्मिति*, सुडौलपन; सन्तुलन; प्रतिसाम्य। > सिम्-इट्रि

sympathetic, 1. (*of person*) सहानुभूति-शील, हमदर्द; सहृदय; अनुकूल (*congenial, favourable*); 2. सहानुभूतिक; सहानुभूति-मूलक, सहानुभूतिपूर्ण; सहानुभूतिसूचक; 3. (*appealing*) प्रीतिकर, आकर्षक; मर्मस्पर्शी, करुण, कारुणिक; 4. (*of nerve*) अनुकम्मी, अनुसंदेवी; 5. (*of vibration*) अनुनादी; 6. (*of pain*) अनुसंवेदित; 7. (*of ink*) गुप्त, अदृश्य; **~ally**, सहानुभूतिपूर्वक, हमदर्दी* से।
> सिम्पॅथे 'ट्/इक, ~ इकॅलि

sympathize, 1. सहानुभूति* प्रकट क०; से सहानुभूति* रखना; 2. (*agree*) से सहमत होना; **~r,** 1. हमदर्द; 2. (*supporter*) समर्थक;
> सिम्पॅ/थाइज़, ~ थाइज़ॅ

sympathy, 1. (*feeling, expression*) सहानुभूति* समवेदना*, हमदर्दी*; 2. (*compassion*) अनुकम्पा*, दया*; 3. (*harmony*) मेल, सामंजस्य*, संगति*; 4. (*physics*) अनुनादन, अनुकम्पन, 6. (*physiology*) अनुसंवेदन। > सिम्पॅथि

sympetalous, संयुक्तदली। > सिम्पे 'टॅलॅस

symphony, 1. सिम्‌फ़नी*; 2. (*harmony*) स्वरसंगति*, सुरीलापन। > सिम्फ़ॅनि

symphysis, सन्धानक। > सिम्फ़िसिस

sympodium, संधित कक्ष। > सिम्पोड्-इॲम

symposiarch, गोष्ठी-पति। > सिम्-पॉज़्-इ-आक

symposium, 1. विचार-गोष्ठी*, संगोष्ठी*, परिसंवाद; 2. (*collection*) निबंध-संग्रह; 3. (*in Greece*) पानगोष्ठी*। > सिम्पोज़्/यॅम, = इॲम

symptom, 1. रोगलक्षण; 2. (*sign*) लक्षण, निशान, चिह्न, आसार; **~atic**, रोगसूचक; सूचक; लक्षण-, लाक्षणिक; **~atology**, रोगलक्षण-विज्ञान; लाक्षणिकी*। > सिम्प्टॅम, = सिम्टॅम; सिम्टॅमैट्-इक; सिम्टॅमॅटॉलॅजि

synaeresis, स्वरसंधि*; द्वयक्षर-संकोचन।
> सिनिऑरॅसिस

synaesthesia, सहसंवेदन। > सिने 'स्थीज़्ॅ

synagogue, यहूदी सभाघर या प्रार्थनाभवन।
> सिनॅगॉग

synalgia, अनुसंवेदित पीड़ा*। > सिनैल्-जि-ॲ

synantherous, मुक्तपरागकोशी। > सिनैन्थॅरॅस

synapse, सूत्रयुग्मन, अन्तर्ग्रथन। > सिनैप्स

synarthrosis, अचल संधि*। > सिनाथोस-इस

syncarp, युक्तांडप। > सिन्काप

synchronic, 1. (*opp. to diachronic*) वर्णनात्मक; 2. *see next*। > सिनक्रॉन्-इक

synchro/nical, ~nistic, ~nous, 1. (*simultaneous*) समकालिक, एककालिक; 2. (*techn.*) तुल्यकालिक, तुल्यकाली; 3. (*cinem., television*) समक्रमिक, **~nism**, 1. समकालिकता*;

तुल्यकालिकता*; समक्रमिकता*, समक्रमिता*; 2. समकालिक घटना*; 3. (*table*) समकालिक तालिका*। > सिन्‌क्रॉन्-इकॅल; सिन्‌क्रॅनिस्-टिक; सिन्‌क्रॅ/नस, ~ निज़्म

synchro/nization, 1. तुल्यकालन; समक्रमण; **~nize**, (*be synchronous*) समकालिक; तुल्यकालिक या समक्रमिक होना; एक ही समय पड़ना या घटित होना; में एक ही समय होना (*of watches*); 2. (*make synchronous*) तुल्यकालिक या समक्रमिक बना देना (*of instrum*); एक ही समय रखना या घटित क०; समय मिलाना या मिला लेना (*of watches*); 3. की समकालिक तालिका* बनाना; **~nizer**, तुल्यकालक; समक्रामक। > सिन्‌क्रॅनाइज़ेशॅन, सिन्‌क्रॅ/नाइज़, ~ नाइज़ॅ

synclastic, सदृशवक्रित। > सिन्-क्लैस्-टिक

synclinal, अभिनत। > सिन्‌क्लाइनॅल

syncline, अभिनति*। > सिन्‌क्लाइन

syn/copate, 1. (*music*) ताल बदलना; 2. (*gram*) अक्षर लोप क०; **~copation**, तालपरिवर्तन; अक्षरलोप; **~cope,** 1. (*faint*) मूर्च्छा*, बेहोशी*; 2. (*gram*) अक्षरलोप, मध्याक्षरलोप। > सिन्‌कॅपेट; सिन्‌कॅपेशॅन; सिन्‌कॅपि

syn/cretic, ~cretistic, समन्वयात्मक; समन्वयी; समन्वयवादी; **~cretism**, समन्वय; समन्वयवाद; **~cretist**, समन्वयवादी; **~cretize**, समन्वय क०। > सिन्‌क्रे'ट-इक; सिन्‌क्रॅटिस्-टिक; सिन्‌क्रॅ/टिज़्म, ~ टिस्ट, ~ टाइज़

syncytium, बहुकेंद्रक। > सिन्‌सिशिॲम

syndactylism, युक्तांगुलिता*। > सिन्‌डैक्-टिलिज़्म

syndes/mology, संधि-प्रकरण; **~mosis,** तंतु-संधि*। > सिन्‌डे'स्/मालजि, ~मोस्-इस

syndetic, संयोजी। > सिन्‌डे'ट्-इक

syndic, अधिकारी। > सिन्-डिक

syndica/lism, श्रमिकसंघवाद, **~list**, श्रमिकसंघवादी। > सिन्-डिकॅ/लिज़्म, ~ लिस्ट

syndi/cate, *n.*, 1. (*of univ.*) सिंडिकेट*, अभिषद*; 3. (*business*) व्यवसायसंघ, अभिषद*; 3. (*for publication*) प्रकाशन संघ; —*v.*, संघ बनाना; (प्रकाशन-) संघ द्वारा प्रकाशित कराना; **~cation**, संघ-संघटन; संघ द्वारा प्रकाशन। > सिन्‌डि/किट (*n.*), ~केट (*v.*); सिन्-डि-के-शॅन

syndrome, लक्षण-समष्टि*, संलक्षण। > सिन्‌ड्रोम, = सिन्‌ड्रॅमि

synecdoche, उपलक्षक। > सिने'क्‌डॅकि

synecology, संपारिस्थितिकी*, समुदाय पारिस्थितिकी*। > सिनीकॉलजि

syneresis, *see* SYNAERESIS.

syn/ergetic, सहक्रियाशील; सहयोगी; **~ergic,** सहक्रियात्मक; **~ergism,** सहक्रिया*; सहक्रियावाद; **~ergy,** सहक्रिया*। > सिनॅजे'ट्-इक; सिनॅ:जिक; सिनॅजिज़्म; सिनॅजि

synesis, अर्थान्वय। > सिनॅसिस

syngamy, युग्मकसंलयन। > सिन्‌गॅमि

syn/genesis, सहजनन; **~genetic,** सहजननात्मक; सहजात। > सिन्‌जे'न्-इसिस; सिन्-जि-ने'ट्-इक

synizesis, स्वरसंकोचन। > सिनॅज़ीस्-इस

synod, 1. धर्मसभा*; 2. (*assembly*) सभा*; 3. (*astronomy*) संयुति*; **~ic(al)**, धर्मसभा-; 2. संयुति-। > सिनॅड; सिनॉड्/इक, ~ इकल

synoecious, उभयलिंगाश्रयी। > सिनीशॅस

synonym, पर्याय, समानार्थ; **~ic(al)**, 1. (*of synonyms*) पर्यायिक; 2. समानार्थक; **~ist**, पर्यायज्ञ; **~ity**, समानार्थकता*; **~ize**, का पर्याय देना, पर्याय का प्रयोग क०; **~ous**, समानार्थक, समानार्थी, पर्यायवाचक, पर्यायवाची; **~y**, 1. (*study*) पर्यायिकी*; 2. (*list*) पर्याय-संग्रह; पर्याय-तालिका*; 3. (*quality*) समानार्थकता*। > सिनॅनिम; सिनॅनिम्/इक, ~ इकॅल; सिनॉन्-इमिस्ट; सिनॅनिम्-इटि; सिनॉन्/इमाइज, ~ इमॅस, ~ इमि

synop/sis, 1. (*summary*) संक्षेप; कथासार (*of a story*); 2. (*outline*) रूपरेखा*; सारांश, खुलासा; 3. (*conspectus*) सिंहावलोकन; **~tic**, 1. संक्षिप्त, सारिक; 2. (*of gospels*) सहदर्शी। > सिनॉप्/सिस, ~ टिक

syno/via, श्लेषक; **~vitis,** श्लेषक-कला-शोथ। > सिनोव्-इॲ; सिनॅवाइट्-इस

syn/tactical, 1. वाक्य-, वाक्यगत; 2. (*correct*) व्याकरण-सम्मत; **~tax,** 1. वाक्यविन्यास, वाक्य-रचना*; 2. (*science*) वाक्य-विश्लेषण, वाक्य-विज्ञान, वाक्य विचार। > सिन्‌टैक्-टिक; सिन्‌टैक्स

synthe/sis, संश्लेषण; **~sist**, संश्लेषक; **~size**, संश्लेषण क०। > सिन्-थि/सिस, ~ सिस्ट; ~ साइज

synthetic, ~ al, 1. (*of synthesis*) सांश्लेषिक, संश्लेषण-; 2. (*produced by synthesis*) संश्लिष्ट, संश्लेषित; 3. (*of languages*) संयोगात्मक; 4. (*artificial*) कृत्रिम; 5. (*bogus*) जाली; 6. (*insincere*) बनावटी, कृत्रिम। > सिन्‌थे'ट्/इक; ~ इकॅल

synthetize, संश्लेषण क०। > सिन्-थिटाइज़

syn/tonic, समस्वरित; **~tonize,** मिलाना; **~tony**, समस्वरता*। > सिन्‌टॉन्-इक; सिन्‌टॅनाइज; सिन्‌टॅनि

syphi/lis, गरमी*, उपदंश, आतशक, फिरंग; **~litic**, उपदंशी। > सिफ़्-इलिस; सिफिलिट्-इक

syphon, *see* SIPHON।

syringa, कामिनी*, नक़ली नारंगी*।> सि-रिन्-गॅ

syringe, *n.*, पिचकारी*; hypodermic ~, सूई*; —*v.*, 1. (*spray*) फुहारना, पिचकारी* चलाना, छोड़ना, मारना; 2. (*medical*) पिचकारी* या वस्ति* देना, पिचकारी* से साफ़ क०। > सिरिंज

syringitis, शब्दिनी-शोथ। > सि-रिन्-गाइट्-इस

syrinx, शब्दिनी*। > सिरिन्क्स

syrtis, चोर-बालू, चोर-रेती*। > सॅ:टिस

syrup, चाशनी*, शीरा; **~y**, 1. चाशनीसा; 2. (*fig.*) मीठा-मीठा, भावुकतापूर्ण; भावुक। > सिरॅप; सिरॅपि

syssarcosis, पेशीय अस्थियोग। > सिसाकोस्-इस

systaltic, प्रकुंचक। > सिम्-टैल्-टिक

system, 1. (*of connected things*) निकाय (*of planets, lines, forces, integrals, etc.*) तन्त्र (*of nerves, drains, rivers, pulleys, etc.*); digestive ~, पाचन तन्त्र; समुदाय, समूह (*of connected objects*); solar ~, सौर-परिवार, सौर-मंडल; 2. (*the body*) शरीर; 3. (*of thought*) वाद, दर्शन, शास्त्र; 4. (*theory*) सिद्धान्त, मत; 5. (*procedure, also of decimal, metric ~*) प्रणाली*, पद्धति*; 6. (*way*) ढंग, तरीक़ा; 7. (*plan*) योजना*; 8. (*order*) क्रम, व्यवस्था*, क्रमबद्धता*; 9. (*classification*) वर्गीकरण। > सिस्टॅम, = सिस-टिम

systematic, 1. (*ordered*) (सु) व्यवस्थित, क्रमबद्ध; 2. (*planned*) आयोजित, योजनाबद्ध; 3. (*intentional*) जानबूझकर किया हुआ, ज्ञानकृत; 4. (*regular*) नियमित; 5. (*metho-dical*) बाक़ायदा; तरीक़े से काम करने वाला; 6. (*classified*) वर्गीकृत; 7. (*concerned with classification*) ~ botany, (zoology, etc.) वर्गीकरण-वनस्पतिविज्ञान (-प्राणिविज्ञान); **~ally,** बाक़ायदा, तरीक़े से; सुव्यवस्थित रूप से; क्रमानुसार, क्रम से; जानबूझकर, इरादतन; नियमित (रूप से), बराबर; **~s,** वर्गीकरणविज्ञान। > सिस्-टि-मैट्/इक, ~ इकॅलि, ~ इक्स

systema/tist, 1. (*scientist*) वर्गीकरण-विशेषज्ञ; 2. तरीके से काम करनेवाला; **~tization,** 1. (*act*) व्यवस्थापन; क्रमस्थापन; वर्गीकरण; 2. (*state*) सुव्यवस्था*; क्रम, क्रमबद्धता*; वर्गीकरण; **~tize,** (सु)व्यवस्थित क०; क्रमबद्ध क०; वर्गीकृत क०। > सिस्टिमॅटिस्ट; सिस्-टिमॅटाइज़ेशॅन; सिस्-टिमॅटाइज

systemic, सर्वांगी; दैहिक। > सिस्टे'म्-इक

systemize, *see* SYSTEMATIZE। > सिस्टॅमाइज़

systole, प्रकुंचन। > सिस्टॅलि

systolic, प्रकुंचक। > सिसटॉल्-इक

syzygy, युति-अयुति-बिन्दु। > सिज्-इ-जि

Tt

tab, *n.*, 1. (*loop to hang up garment*) टँगनी*; 2. (*metalling tip of shoe-lace*) घुंडी*; 3. (*strip*) पट्टी*, धज्जी*; तसमा (*of leather*); फ़ीता (*of cloth*); 4. (*projecting piece of a slip*) ऊँचा किनारा; 5. (ear- ~) लटकन; 6. (*record*) हिसाब, लेखा; keep ~s on, पर निगरानी* रखना; —*v.*, 1. (*see noun*) टँगनी* घुण्डी*, पट्टी* लगाना; 2. (*record*) लेखा या हिसाब रखना, लिख लेना। > टैब

tabard, लबादा। > टैबॅड

tabaret, धारीदार मोटा रेशम। > टैबॅरिट

tabasheer, tabashir, तबाशीर, बंसलोचन, तवक्षीर। > टैबॅशिऑ

tabby, *n.*, 1. लहरियादार मोटा रेशम; 2. धारीदार (भूरा) बिलार या बिल्ली*; बिल्ली*; 3. बातूनी औरत*; चुड़ैल* (*spiteful*); —*v.*, लहरियादार बना देना। > टैब्-इ

tabefaction, घुलावट*। > टैबफ़ैक्शॅन

tabernacle, *n.*, 1. (*tent*) तम्बू, खेमा; मण्डप (*booth*); डेरा (*dwelling*); 2. (*shrine*) मंदिर; 3. (*of Eucharist*) प्रकोश; 4. (*human body*) शरीर; 5. (*of mast*) मस्तूल-चौखटा, feast of~s, मण्डपों का पर्व या त्योहार; —*v.*, डेरा देना, ठहराना; डेरा डालना, ठहरना। > टैबॅनैकॅल

tabes, 1. सूखा; क्षयरोग (*consumption*);

2. (*emaciation*) घुलावट*; **~cence,** क्षीयमाणता*, शोष; **~ cent,** क्षीयमाण।

> टेबीज़; टॅबे 'सॅन्स; टॅबे 'सॅन्ट

tabetic, tabid, क्षीयमाण।> टॅबेट्-इक; टैब्-इड

table, *n.*, 1. (*furniture*) मेज़*, टेबुल, टेबिल; 2. (*food*) मेज़*, भोजन; 3. (*people*) मंडली*; 4. (*tablet*) फलक, पट्टी*, पट्ट; 5. (*systematic list of figures, facts, names*) सारणी*, तालिका*; 6. (*list*) सूची*, फ़िहरिस्त*; 7. (*multiplication ~*) पहाड़ा; 8. (*plateau*) पठार; 9. (*of a jewel*) फलक; 10. (*palm*) हथेली*; —*v.*, 1. सारणीबद्ध क०; सूची* में रखना; 2. (*propose*) प्रस्तावित क०; 3. (*postpone indefinitely*) ताक़ पर रखना; —*adj.*, खाद्य; ~ d'hôte, सामान्य भोजन; ~ of contents, विषय-सूची*; ~ tennis, पिंगपोंग; at ~, मेज़* पर; lay (lie) on the ~, ताक़ पर रखना (रखा हुआ होना); turn the ~s on, संबंध पलट देना; **~-cloth,** मेज़पोश; **~land,** पठार, अधित्यका*; **~-talk,** गपशप*, बतकही*; **~-ware,** छुरी-काँटा, बरतन-भाँड़े। > टेबॅल

tableau, 1. (*picture*) चित्र; सजीव चित्र; 2. (*scene*) प्रभावशाली दृश्य, नाटकीय दृश्य; झाँकी*। > टैब्लो

tablet, 1. (*for writing*) पट्टी*, पटिया*, तख़ती*; 2. (*slab*) फलक, पट्ट, पट्टी*; 3. (*pill*) टिकिया*। > टैब्-लिट

tabloid, 1. (*pill*) टिकिया*, गुटिका*; 2. (*newspaper*) पत्रिका*। > टैब्लॉइड

taboo, tabu, *adj.*, वर्जित, निषिद्ध; *n.*, 1. वर्जना*; वर्जित शब्द; वर्जित कर्म; 2. (*ban*) वर्जन, निषेध; —*v.*, वर्जित क०। > टॅबू

tabor, तबला। > टेब्-ॲ

tabouret, 1. चौकी*; 2. (*frame*) चौखटा। > टैबॅरिट

tabula rasa, रिक्त पटिया*; 2. (*fig.*) निरंक मानस। > टैब्युलॅ राज़्-ॲ

tabular, 1. (*tabulated*) सारणीबद्ध; तालिकाबद्ध; 2. (*logarithms etc.*) सारणिक; 3. (*flat*) सपाट। > टैब्यूलॅ

tabulate, *v.*, सारणीबद्ध क०; तालिकाबद्ध क०; सपाट बना देना; —*adj.*, 1. सपाट; 2. (*layered*) स्तरित, परतदार। > टैब्यूलेट (*v.*); टैब्यूलिट

tabu/lation, सारणीयन; **~lator,** सारणीयक; सारणीयन। > टैब्यूलेशॅन; टैब्यूलेटॅ

tacet, मौन। > टेसे 'ट

tacho/meter, वेगमापी; **~metry,** वेगमिति*। > टॅकॉम्/इटॅ, ~ इट्रि

tachycardia, हृद्-क्षिप्रता*। > टैकिकाड्-इॲ

tachy/graphy, आशुलिपि*; **~meter,** टैकीमीटर। > टॅकिग्रॅफ़ि; टॅकिम्-इटॅ

tacit, 1. (*unspoken*) अनकहा, अनुक्त; 2. (*implied*) उपलक्षित, ध्वनित, अन्तर्हित; 3. (*silent*) मौन; ~ consent, मौन सहमति*; **~ly,** मौन रूप से। > टैसिट

taciturn, चुप्पा, अल्पभाषी, कमगो; **~ity,** अल्पभाषिता*। > टैसिटॅ:न; टैसि टॅ:न्-इटि

tack, *n.*, 1. (*nail*) चिपटी बिरिंजी*; 2. (*stitch*) बड़ा-बड़ा टाँका, कच्चा टाँका, तोपा; 3. (*direction*) दिशा*; 4. (*course of action*) रास्ता; on the right (*wrong*) ~, ठीक (ग़लत) रास्ते पर; 5. (*stickiness*) चिपचिपाहट*; hard~, जहाज़ी बिस्कुट, get down to brass ~s, काम की बात* क०; वास्तविकता* का सामना क०; —*v.*, 1. (*nail*) (बिरिंजी* से) जड़ना; 2. (*append*) जोड़ देना, संलग्न क०; 3. (*stitch*) तरुपना, तुरुपना; टाँकना; 4. दिशा* बदलना; टेढ़े-मेढ़े चलना; 5. (*fig.*) रंग बदलना; नीति* बदल देना। > टैक

tackle, *n.*, 1. (*of ship*) रस्से; 2. (*pulley*) कप्पी*, घिरनी*; 3. (*equipment*) साज़-सामान, कील-काँटा, उपकरण, हथियार, औज़ार, राछ*; 4. (*in football*) धर-पकड़*, भिड़न्त*, जूझ*; —*v.*, 1. (*deal with*) हाथ में लेना; में जुट जाना; 2. (*confront*) सामना क०, मुक़ाबला क०; 3. (*~ somebody about ....*) स्पष्टीकरण माँगना, के विषय में किसी से बातचीत* क०; 4. (*fasten*) बाँधना; 5. (*harness*) जोतना; 6. (*grip*) (कसकर) पकड़ना, जकड़ लेना; 7. (*football*) रोकना; से जूझना, से भिड़ना। > टैकॅल

tacky, 1. चिपचिपा; 2. (*dowdy*) फ़ूहड़। > टैक्-इ

tact, व्यवहार-कौशल, शऊर; कार्य-कौशल; **~ful,** व्यावहारिक, व्यवहारशील, व्यवहार-कुशल, कार्यकुशल; **~ less,** 1. अप्रिय, अनुचित, असामयिक; 2. (*of person*) अभद्र, बेशऊर। > टैक्ट; टैक्ट्/फ़ुल, ~ लिस

tactical, 1. (*skilful*) निपुण, कुशल; 2. (*of tactics*) सामरिक; रणनीतिक, रणनीति। > टैक्-टि-कॅल

tactician, रणनीतिज्ञ; कार्यकुशल व्यक्ति। > टैक्-टि-शॅन

tactics, 1. (*of battle*) रणनीति*, रणकौशल; 2. (*device*) युक्ति*, चाल*, दाँव, दाँवपेच। > टैक्-टिक्स

tactile, 1. स्पर्श-; 2. (*tangible*) स्पर्शग्राह्य, स्पृश्य, स्पर्शनीय; 3. (*having sense of touch*) स्पर्शक्षम, स्पर्शिक, स्पर्शी। > टैक्टाइल

tactility, स्पर्शता*, स्पर्शत्व। > टैक्-टिल्-इ-टि

taction, 1. स्पर्शन; 2. (*contact*) स्पर्श। > टैक्शॅन

tactless, 1. बेशऊर; असामयिक। > टैक्ट-लिस

tactual, 1. स्पर्श-; 2. (*caused by touch*) स्पर्शजन्य। > टैक्टयूअॅल

tadpole, बेंगची*, छुछमछली*। > टैड्पोल

taenia, 1. फ़ीता, सरबन्द; 2. (*tapeworm*) फीता-कृमि; 3. (*anat.*) टीनिआ; 4. (*archi.*) बन्द। > टीन्-इअॅ

taffeta, ताफ़्ता। > टैफ़्-इॅट

taffrail, tafferel, दुम्बाल का जंगला, तफ़रैल। > टैफ़्रेल; टैफ़्-रिल

tag, *n.*, 1. (*metal point of shoe-lace*) घुण्डी*; 2. (*loop at back of boot*) पट्टी*, लुपी*; 3. (*loop to hang up garmet*) टँगनी*; 4. (*label*) लेबुल; 5. (*hanging flap*) लटकन; 6. (*shred*) धज्जी*; 7. (*hackneyed phrase*) (घिसी-पिटी) सूक्ति*; घिसा-पिटा उद्धरण; 8. (*catchword*) नारा; 9. (*of play*) भरत-वाक्य; 10. (*children's game*) छूआछूत*; 11. पूछ* (का सिरा); —*v.*, 1. (*see noun*) लेबुल आदि लगाना; 2. (*join*) जोड़ना; बाँधना; 3. (*follow closely*) पीछे-पीछे चलना; 4. (*touch*) छूना, छू जाना; 5. (*rhyme*) तुक* जोड़ना; **~along,** का साथ देना, के पीछे चलना, पीछे हो लेना; **~ on,** जोड़ देना। > टैग

tahsil, तहसील*; **~ dar,** तहसीलदार।

tail[1], *n.*, 1. पूँछ*, दुम*, पुच्छ, लांगूल; 2. (*of comet*) पूँछ*; 3. (*of eye*) बाहरी कोना, नेत्रान्त; 4. (*of a kite*) पुछल्ला, पूँछ*, कन्नी*; 5. (*of attendants*) ताँता; 6. (*of procession*) अंत, पिछला भाग या सिरा; 7. (*of shirt*) पिछाड़ी*, पिछला हिस्सा; 8. (*lowest part*) निचला भाग; 9. (*of cart etc.*) पीछा, पिछाड़ी*; 10. (*pl. of coin*) पट, पुश्त; 11. (*end*) अंत; 12. (*person*) पीछे लगा रहनेवाला; ~ wind, अनुवात, अनुकूल हवा*; पश्च पवन; turn ~, भाग जाना; ~s up, मज़े में, खुश, प्रफुल्ल; —*adj.*, पिछला; —*v.*, 1. पूँछ* काटना; 2. पुछल्ला लगाना; 3. (*~ on*) जोड़ना; 4. (*shadow*) पीछे लगा रहना; **~ after,** पीछे-पीछे चलना; **~ in,** में लगा देना; **~ off,** 1. (*decrease*) घटना; समाप्त हो जाना; 2. (*straggle*) पिछड़ना; अलग पड़ जाना। > टेल

tail/-board, पिछला तख़्ता; **~-braid,** गोट*; **~ed,** पूँछवाला, सपुच्छ, दुमदार, पुच्छी; **~-light,** पिछली बत्ती*, पश्च-दीप; **~piece,** 1. अंत्यरचना*; 2. (*postscript*) पश्च-लेख; 3. (*final remark*) अंतिम टिप्पणी*।

tail[2], *n.*, प्रतिबन्धी स्वामित्व या सम्पत्ति*; —*adj.*, प्रतिबन्धी, परिसीमित। > टेल

tailing, 1. दीवार* में लगा (ईंट* का) सिरा; 2. (*pl.*) अवशिष्ट, कूड़ा-करकट; पछोड़न* (*of grain*)। > टेल्-इन्ग

tailor, *n.*, दरज़ी, सूचिक, सूजी; *v.*, 1. सिलाई* क०, सीना; 2. (*fig.*) के अनुकूल बना लेना; **~-bird,** दरज़िन फुदकी*; **~ess,** दरज़िन*; **~ing,** सिलाई*; **~'s shop,** दरज़ी-ख़ाना। > टेल्-अॅ

taint, *n.*, 1. दूषण, दोष; विकृति*, ख़राबी*; 2. (*infection*) छूत*; —*v.*, 1. दूषित क०, बिगाड़ना; दूषित होना, बिगड़ना; 2. (*infect*) छूत* लगाना; 3. छूत* लगना; **~ed,** दूषित; **~less,** निर्दोष, बेऐब। > टेन्ट; टेन्ट्-इड

take, *n.*, 1. (*act*) आदान, ग्रहण; पकड़*; 2. (*thing taken*) बझाव (*in net*); शिकार (*game*); 3. (*receipts*) प्राप्ति*, आय*; 4. (*cinematography*) दृश्य; —*v.*, **A. पकड़ना**: 1. (*~hold of catch*) पकड़ना (*also a train*), पकड़ लेना; थामना, हाथ में लेना; 2. (*seize*) छीनना; 3. (*capture, win, gain*) जीत लेना, जीतना; 4. (*arrest*) गिरफ़्तार क०; 5. (*earn*) कमाना, प्राप्त क०; 6. (*captivate, charm*) मोहित क०; 7. (*become popular*) लोकप्रिय बनना; सफल होना; 8. (*medicine, operate*) असर क०; प्रभाव डालना; 9. (*begin growing, increase, go, as fire, etc.*) ज़ोर पकड़ना; **B. लेना** : परामर्श (*advice*); साँस* (*breath*); पदभार (*charge*); छुट्टी* (*holiday*); दिलचस्पी* (*interest*); शिक्षा* (*lessons*); माप* (*measure*); नाम (*name*); झपकी* (*a nap*); अख़बार (*newspaper, also* ग्राहक होना); भाग (*part*); उद्धरण (*quotation*); उत्तरदायित्व (*responsibility*); पक्ष (*sides*); टेम्परेचर (*temperature, also* देखना, बुख़ार देखना); टिकट (*ticket, also* कटवाना); 1. (*assume possession of*) ले, ले लेना; चुरा लेना (*steal*); 2. (*~ as example*) लेना; 3. (*acquire*) प्राप्त क०, पा लेना, को मिलना; 4. (*avail oneself of, opportunity etc.*) से लाभ उठाना; 5. (*enjoy as one's right*) का अधिकारी होना (*as ~ precedence*); 6. (*buy*) ख़रीदना; 7. (*choose*) चुनना; 8. (*use*) उपयोग में लाना; से चलना; 9. (*use up*) व्यय क०, खर्च कर डालना; 10. (*require*) की अपेक्षा* रखना, के लिए ज़रूरी होना, लेना, दरकार होना; 11. (*have*) लेना; खाना (*eat*); पीना (*drink*); 12. (*engage*) ले रखना; कर लेना (*reserve*) किराये पर लेना (*hire*); 13. (*as partner,* साझीदार) बना लेना; ~ your time, जल्दी* न कीजिए; *see* EFFECT, LEAVE, NOTICE, ORDERS, ROOT, SILK, WIND; **C. करना** : कार्रवाई* (*action*); नापसन्द (*dislike*); आपत्ति* (*exception*); पसन्द (*fancy, liking*); धृष्टता* (*liberty*); उपाय (*measures*); शपथ* (*oath*); दया* (*pity*); बहुत पसन्द (*pleasure in*); पर गौरव (*pride*); संकल्प (*resolution*); तरफ़दारी* (*sides*); काम (*work*); 1. (*conduct, lead a service*) चलाना, संचालन क०, लेना; 2. (*negotiate*) पार क०; लाँधना (*jump*); 3. (*notes*) लिख लेना; 4. (*an examination*) में बैठना; 5. (*a look,* दृष्टि*)

डालना; 6. (*a photo*) खींचना, उतारना; 7. (~ *on tape*) का रिकार्ड बनाना, का अभिलेखन क०; 8. (*deal with*) पूरा क०, सम्पादित क०, निपटाना; *see* ACCOUNT, AIM, ADVANTAGE, COVER PAINS, STEPS, STOCK, SURPRISE, ASK, TROUBLE, WALK; **D.** 1. (*carry, convey*) ले जाना, पहुँचाना; 2. (*conduct*) ले चलना, रास्ता दिखाना, पहुँचाना, छोड़ने जाना; 3. (*accompany*) के साथ जाना; 4. (*remove*) ले जाना, हटा देना; 5. (~ *through a book*) पढ़ाना, पढ़वाना; **E.** 1. (*accept*) स्वीकार क०, ग्रहण क०; मान लेना (*advice e.g.*); 2. (*receive*) पाना, प्राप्त क०; 3. (*put up with*) बरदाश्त क०, सहना; **F.** 1. (*consider to be*) समझना, मानना, मान लेना; अर्थ लगाना (*interpret*); 2. (*infer, conclude*) निष्कर्ष निकालना, अनुमान क०; ~ ill, (पर, का) बुरा मानना; ~for granted, मान लेना; सच मानना; निश्चित समझना; परवाह* नहीं क०; ~ it easy, परिश्रम नहीं क०; ~ to heart, का तीखा अनुभव क०; **G.** 1. (*catch, be infected with*) को लग जाना, हो आना; ~ fright, डर जाना; 2. (*be big enough to contain*) में समाना, में समा जाना; 3. (*come out well*) अच्छा लगना; ~care, ~ heed, सावधान होना, सतर्क रहना, ध्यान देना, देखना; ~ the chair, सभापति बनना; ~ earth, बिल में छिप जाना; ~ fire, में आग* लग जाना; ~ heart of grace, हिम्मत* क०, धीरज धरना, साहस क०; ~ in hand, प्रारम्भ क०; पर नियंत्रण रखना; सुधारना; ~ into one's confidence, अपना विश्वासपात्र बना लेना; ~ into one's head, पर सनक* सवार हो जाना, किसी को अचानक सूझना; ~ it out of, थका देना; ~ it out on, अपना क्रोध (*anger*) अपनी चिढ़* (*irritation*) किसी पर उतारना; ~ one's chance, भाग्य परखना; ~ one's life in one's hand, हथेली* पर जान* लेना, जीवन दाव पर रखना; ~ one at his word, किसी के कथन से उसी को बाँधना; ~ off one's hat to, का आदर क०, सम्मान की दृष्टि* से देखना; पर श्रद्धा* रखना; ~ place, घटित होना; **~ aback,** चौंका देना, घबरा देना; **~ about,** घुमाना, इधर-उधर ले जाना; **~ across,** पार उतारना; **~ after** (*father e.g.,*) (बाप) पर पड़ा होना; **~ amiss,** (का, पर) बुरा माननां; **~ apart,** पुरज़े खोलना; **~ away,** 1. ले जाना; हटा देना, दूर क०; निकाल लेना; छीन लेना; 2. घटाना; 3. (*oneself*) चला जाना; **~back,** वापस लेना (*also one's words*); ले जाना; **~down,** 1. उतार देना, उतारना; 2. लिख लेना; 3. (*pull down*) ढहाना; गिराना; उखाड़ना (*a tent*); पुरज़े निकालना (*take a machine to pieces*); 4. (*humble*) नीचा दिखाना; घमण्ड तोड़ना; 5. (*unfasten*) खोलना; **~ for,** समझना; **~ from,** घटाना, कम क०; **~ in,** 1. लेना; 2. ले जाना; 3.ठहराना; 4. (*comprise*) के अन्तर्गत होना, में समा जाना; में सम्मिलित क०; 5. (*reduce*) छोटा क०; 6. (*furl*) समेटना; 7. (*understand*) समझ लेना; 8. (*believe*) विश्वास क०; 9. (*cheat*) धोखा देना; 10. देखने जाना; **~ off,** 1. (*remove*) उतारना; हटाना, हटा देना; दूर क०; 2. (*conduct away*) ले जाना; 3. (*one-self*) चला जाना; 4. (*one's attention*) खींचना, हटाना; 5. (*mimic*) की नक़ल* उतारना; 6. (*diminish*) घटाना; घट जाना; 7. (*dirnk off*) ख़ाली क०, पीना; 8. प्रस्थान क०; उड़ जाना; कूदना; **~ on,** 1. ग्रहण क०, लेना; 2. (*employ*) नौकर रखना, काम में लगाना; 3. प्रारंभ क०, हाथ में लेना; 4. (*play against*) खेल में किसी का मुकाबला क०; 5. (*make a scene*) तमाशा खड़ा क०; **~ out,** ले जाना; दूर क०, हटाना; प्राप्त क०; **~ over,** का भार लेना; का नियंत्रण करने लगना, अधिकार में लेना, वश में क०; **~ round,** ले जाना, पहुँचाना; **~to,** 1. (*begin*) आरंभ क०, करने लगना; 2. (*go to*) जाना, की शरण* लेना; 3. में लग जाना; 4. (*become addicted*) की लत* या व्यसन पड़ना, का आदी बन जाना; 5. (*become accustomed*) की आदत* पड़ जाना; अपनाना; 6. (*be attracted*) पसन्द करने लगना, आकर्षित हो जाना; **~ up,** 1. (*lift*) उठाना; 2. (*absorb*) सीख लेना; 3. (*time, passengers*) लेना; 4. (*space*) लेना, घेरना, छेंकना; 5. (*attention*) आकृष्ट क०; 6. (*pay off*) चुकाना; 7. (*accept*) स्वीकार क०; 8. (*assume protection of*) शरण* या संरक्षण में लेना, की ज़िम्मेवारी* लेना; 9. (*interrupt*) टोकना; 10. (*pursue*) आगे बढ़ाना; 11. (*become interested in*) में लग जाना; 12. (*embark upon*) आरंभ क०, करने लगना, में हाथ लगाना; 13. (*adopt*) अपनाना; 14. (*secure, fasten*) बाँधना, जकड़ना, कसना; 15. (*make shorter*) समेटना, चढ़ाना; **~ up with,** से मेल-जोल रखना; **~ upon (on) oneself,** 1. की ज़िम्मेदारी* (का उत्तरदायित्व) लेना; 2. (*presume*) की धृष्टता* क०, का साहस क०। > टेक

takeable, ग्रहणीय। > टेकॅबॅल

take-down, 1. उतार; 2. (*humiliation*) अवमानना*, मान-मर्दन। > टेक्डाउन

take-in, छल-कपट, धोखा, झाँसा-पट्टी*। > टेक्-इन

taken, 1. (*affected*) आक्रान्त, ग्रस्त; ~ ill, अस्वस्थ; 2. (*charmed*) मोहित, आकर्षित; ~ aback, हक्का-बक्का, आश्चर्यचकित, चकित, विस्मित। > टेकॅन

take-off, 1. प्रस्थान; उत्पतन; उत्पतनबिन्दु; 2. (*burlesque*) नक़ल*, विद्रूप; 3. (*decrease*) घटती*; 4. (*drawback*) कमी*, त्रुटि*। > टेक्-ऑफ़

take-over, अधिकार में लेना, वश्यकरण, अधीनीकरण;

~ bid, अधिकार में लेने का प्रस्ताव, वश्यकरण-प्रस्ताव। > टेक्-ओवॅ

taker, लेनेवाला, ग्रहीता; स्वीकार करनेवाला; ग्राहक। > टेक्-अॅ

take-up, 1. (*act*) उठावनी*, उठौनी*; कसन* (*tightening*); समेट* (*drawing together*); 2. (*device*) निवारक; कसनी*। > टेक्-अॅप

taking, *adj.*, 1. मनोहर, मोहक; 2. (*infectious*) छुतहा, संक्रामक; —*n.*, 1. ग्रहण; 2. (*capture*) अभिग्रहण; 3. (*catch*) शिकार; बझाव (*in net*); 4. (*pl.*) प्राप्ति*, आय*; 5. (*distress*) घबराहट*। > टेक्-इन्ग

talapoin, (बौद्ध) भिक्षु। > टैलॅपॉइन

talaria, परदार जूते, सपक्ष पदत्राण; परदार टखने, गुल्फ़-पक्ष। > टॅले'ॲर्-इॲ

talc, 1. टैल्क; सिलखड़ी*; 2. (*mica*) अबरक, अभ्रक, भोडल। > टैल्क

talcum, 1. *see* TALC; 2. (*powdered* ~) टालकम पाउटर। > टैल्कॅम

tale, 1. (*fable*) कहानी*, क़िस्सा; 2. (*account*) विवरण, वृत्तान्त; क़िस्सा; 3. (*rumour*) अफ़वाह*, किंवदन्ती*, उड़ती ख़बर*; 4. (*malicious rumour*) चुग़ली*; ~ of a tube, कपोल-कल्पना*, (मन) गढ़न्त*; tell ~s, चुग़ली खाना; भेद खोलना; **~ bearer,** चुग़लखोर, पिशुन; **~bearing,** चुग़लखोरी*; **~teller,** 1. चुग़लखोर; 2. (*story-teller*) कथक। > टेल

talent, 1. (*ability, aptitude*) योग्यता*, क्षमता*; 2. (*skill*) प्रवीणता*, निपुणता*; 3. (*high mental ability*) प्रतिभा*; 4. (*person*) प्रतिभाशाली व्यक्ति; 5. (*unit of money*) तोड़ा; ~ **ed**, सक्षम; प्रवीण; प्रतिभासम्पन्न, प्रतिभाशाली। > टैलॅन्ट; टैलॅन्टिड

tales, अतिरिक्त जूरीसभ्य। > टेलीज़

talion, प्रतिकार (~ सिद्धान्त)। > टैल्यॅन

taliped, पाँवफिरा। > टैल्-इपे'ड

talipot, तालीपात। > टैल्-इपॉट

talisman, तावीज़, जन्तर। > टैल्-इस्मॅन

talk, *n.*, 1. (*act of ~ ing, speech*) बोली*; 2. (*conversation*) बातचीत*; वार्तालाप, संलाप; small ~, गपशप*, बतकही*; 3. (*discussion*) विचार-विमर्श, वाद-विवाद; 4. (*lecture, radio ~*) वार्ता*; 5. (*rumour*) अफ़वाह*, उड़ती खबर*; किंवदन्ती*; 6. (*empty ~*) गप*, बकवाद*; चर्चा*; 7. (*theme of gossip*) चर्चा* (का विषय); —*v.*, 1. (*converse*) बातचीत* क०, बोलना, बात* क०; 2. (*disclose information*) बताना, बतलाना, कहना; 3. (*express*) बोलना, 4. (*express in words or signs*) बोलना, कहना; 5. (*have power of speech*) बोलना, बोल सकना, बात* क०; 6. (*use a language*) बोलना; 7. (*chatter*) गप* मारना, बकबक* क०; 8. (*gossip*) गपशप* क०; **~about,** पर विचार-विमर्श क०, परामर्श क०; get ~ ed about, चर्चा* का विषय बनना; **~at,** somebody, किसी की ओर* लक्ष्य करके कुछ कहना या टिप्पणी* क०; **~ away,** 1. बातचीत* में या बातों में समय बिताना; 2. (*chatter*) गप* मारना; **~ back,** (ढिठाई* से०) जवाब देना; **~ big,** डींग* मारना; **~ down,** 1. (*a person*) मौन कर देना, मुँह बन्द कर देना; 2. (*a plane*) निर्देश भेजकर उतरवाना; **~down to,** बच्चा समझकर समझाना; किसी के स्तर पर उतरकर उसे समझाना; ~ (*some-body*) **into,** समझाकर राज़ी कर लेना, **~ of,** की चर्चा क०; पर विचार-विमर्श क०; का इरादा या की संभावना* प्रकट क०; **~ out** (*a subject*) समाप्त क०; ~ (*somebody*) **out of**, समझाकर रोकना; **~ over,** 1. (*a subject*) पर विचार-विमर्श क०; 2. (*a person*) अपनी ओर* मिला लेना **~ round,** 1. (*a subject*) विषय के बाहर बातचीत* क०; 2. (*a person*) अपनी ओर* मिला लेना, राज़ी कर लेना; क़ायल क०; **~ to,** फटकारना, डाँटना, डपटना; **~ up,** चर्चा* द्वारा अभिरुचि* पैदा क०। > टॉ:क

talkative, बातूनी, बक्की, बकवादी, वाचाल। > टॉ:कॅटिव़

talkee-talkee, 1. (*chatter*) बकबक*; 2. टूटी-फूटी अँग्रेजी*। > टॉ:किटॉ:कि

talker, 1. बोलनेवाला; वक्ता; 2. बकवादी, गपोड़ेबाज़। > टॉ:क्-अॅ

talkie, बोलपट। > टॉ:कि

talking, *n.*, बोली*; *adj.*, 1. बोलनेवाला; 2. (*expressive*) अभिव्यंजक; **~-to,** फटकार*, डाँट*, घुड़की*। > टॉ:किन्ग

talky, 1. (*of person*) बातूनी; 2. (*of novel*) वार्तालापी। > टॉ:क्-इ

tall, *adj.*, 1. (*of persons*) लम्बा; 2. (*of trees etc.*) ऊँचा; ~ order, 1. बेतुकी या अनुचित माँग; 2. (*task*) कठिन काम, ~ story, अविश्वसनीय बात*; ~ talk, शेखीबाज़ी*; talk~, डींग* मारना, शेखी* बघारना। > टॉ:ल

tall(i)age, कर। > टैल-इज; टैल्-इ-इज

tallboy, अलमारी*। > टॉ:ल्बॉई

tallish, लम्बा-सा; ऊँचा-सा। > टॉ:ल्-इश

tallith, दुपट्टा। > टैल्-इथ

tallness, लम्बाई*; ऊँचाई*। > टॉ:ल्-निस

tallow, *n.*, चरबी*, पीह*, पशुवसा*; *v.*, 1. चरबी* लगाना; 2. (*fatten*) मोटा क०, मुटाना; **~y,** 1. (*greasy, oily*) तैलाक्त; 2. **(~-faced)** पीला; 3. (*fat*) मोटा, चरबीदार। > टैलो, टैल्-ओ-इ

tally, *n.*, 1. (*account*) हिसाब, लेखा; 2. (*label*) लेबुल; 3. (*counterpart*) प्रतिरूप; 4. (*duplicate*) प्रतिलिपि*, अनुलिपि*, नक़ल*; 5. (*agreement*) मेल, अनुरूपता*; —*v.*, 1. (*agree*) से मेल खाना, के अनुरूप होना; 2. (*record*) हिसाब में दर्ज क०; 3. लेबुल लगाना; ~ system, उधार खाता; ~ card, मिलान-कार्ड। > टैल्-इ

talma, लबादा। > टैल्में

Talmud, यहूदी विधि-संग्रह, तालमूद। > टैल्मॅड = टैल्मॅड

talon, 1. (*claw*) चंगुल, पंजा; 2. (*fingernail*) नख, नाखून। > टैलॅन

taluk, talook, ताल्लुक़ा; **~ dar,** ताल्लुक़ेदार। > टॅलूक; टॅलूक्डा

talus, 1. (*ankle-bone*) घुटिकास्थि*; 2. (*ankle*) टखना, गुल्फ़; 3. (*geology*) शैलमलबा; 4. (*of a fortification*) पदत्र। > टेलॅस

tamable, सधाने योग्य, पालतू बनाने योग्य; वश्य, दम्य। > टेमॅबॅल

tamarind, इमली*। > टैमॅरिन्ड

tamarisk, (*Tamaria Indica*) झाऊ।> टैमॅरिस्क

tambour, *n.*, 1. (*drum*) ढोल, तंबूर; 2. (*frame*) गुलकारी* का गोल फ्रेम; 3. (*embroidery*) गुलकारी*; 4. खंभे का बेलनाकार पत्थर; —*v.*, (*embroider*), बेलबूटे काढ़ना। > टैम्बुॲ

tambourine, डफली*, खंजरी। > टैम्बॅरीन

tame, *adj.*, 1. (*of animals*) पालतू, घरेलू (*domesticated*); सौम्य, शान्त (*not fierce*); 2. (*of persons*) निर्जीव, निस्तेज (*spiritless*); वश्य, दब्बू (*submissive*); सौम्य विनीत (*gentle*) 3. (*dull*) नीरस, फीका; —*v.*, 1. पालतू बनाना; 2. (*break in*) सधाना; 3. (*subdue*) वश में क० या रखना; दमन क०; **~ less,** अवश्य; **~ r,** सधानेवाला; वशीकर्ता, दमन करनेवाला। > टेम; टेम्/लिस, ~ ॲ

Tamil, तामिल*, तमिल*। > टैम्-इल

tam-o'-shanter, tammy, स्कॉच टोपी*। > टैमॅशैन्टॅ, टैम्-इ

tamp, 1. (*block up*) मिट्टी* से बन्द क०; 2. (*pound down*) पीटना; कूट-कूटकर भरना। > टैम्प

tamper, *n.*, थापी*; *v.*, **~ with,** 1. (*meddle with*) में हस्तक्षेप या दस्तंदाज़ी* क०; 2. (*bribe*) घूस* देना, मिला लेना, से साँठ-गाँठ* क०; 3. (*a document*) बेईमानी* से बदल देना, में हेर-फेर या रद्दोबदल क०। > टैम्पॅ

tampion, डाट*। > टैम्-पिॲन

tampon, फाहा; टैम्पन। > टैम्पॅन

tamtam, घड़ियाल। > टैम्टैम

tan, *n.*, 1. (*brown*) भूरा, पिंगल; 2. (*suntan*) धूप-ताम्रता*; 3. (*bark*) कस्सा; बकला, छाल*; —*v.*, 1. (*leather*) सिझाना, कमाना, सीझना; 2. ताम्र बनना या कर लेना; 3. (*beat*) पीटना। > टैन

tandem, *n.*, टैनडम; *adv.*, आगे-पीछे।> टैन्डे'म

tang, 1. (*taste*) तीखा स्वाद; 2. (*flavour*) तेज़ गंध*; 3. (*spike of blade in the handle*) जड़*; 4. (*point*) नोक*; 5. (*twang*) टनटन*; —*v.*, टनटनाना। > टैन्ग

tangency, स्पर्शिता*। > टैन्-जॅन्-सि

tangent, *adj.*, स्पर्शी; *n.*, स्पर्शरेखा*; स्पर्शज्या* (*of an angle*); fly (go) off at a~, 1. अचानक विषय बदल देना, विषयान्तर क०; 2. (*in attitude or conduct*) रंग बदलना; **~-balance,** काँटा; **~-galvanmeter,** स्पर्शज्या-धारामापी; **~al,** स्पर्शरेखीय। > टैन्जॅन्ट; टैन्जे'न्शॅल

tangerine, (*orange*) सन्तरा। > टैन्जॅरीन

tangibility, स्पृश्यता*; वास्तविकता*; ठोसपन। > टैन्-जि-बिल्-इ-टि

tangible, 1. (*touchable*) स्पृश्य, स्पर्शनीय; 2. (*material, real*) मूर्त, साकार, ठोस, वास्तविक; 3. (*clear, definite*) सुनिश्चित, ठोस। > टैन्जॅबॅल

tangle, *n.*, 1. (*of threads etc.*) गुत्थी*, उलझन*; 2. (*muddle*) गुत्थी*, उलझन*, उलझेड़ा; 3. (*seaweed*) समुद्री शैवाल; — *v.*, 1. उलझना; उलझाना; 2. (*ensnare*) फँसाना, 3. (*complicate*) जटिल बनाना, उलझाना। > टैन्गॅल

tangly, 1. उलझा हुआ; 2. (*fig.*) जटिल। > टैन्ग्-लि

tangy, 1. (*of taste*) तीख़ा; 2. (*of flavour*) तेज़। > टैन्ग्-इ

tank, 1. (*mil.*) टैंक; 2. (*reservoir*) टंकी*, हौज़; 3. (*pond*) तालाब, कुण्ड। > टैंक

tankage, 1. (*storage*) टंकी-संचयन; 2. (*capacity*) टंकी-धारिता*, टंकी-समाई*; 3. (*fee*) टंकी-भाड़ा; 4. (*fertilizer*) चरबी* की खाद*, वसा-उर्वरक। > टैंक्-इज

tankard, बड़ा प्याला। > टैंकॅड

tanker, टंकी-जहाज़, तेल-पोत, टंकी-ट्रक। > टैंक्-ॲ

tan/nage, चर्मशोधन; **~ner,** चर्मकार, चर्मशोधक; **~nery,** 1. (*place*) चर्मशोधन-शाला*; 2. चर्मशोधन; **~nic,** टैनिक; **~nin,** टैनिन। > टैन्/इज, ~ अ, ~ अरि, ~ इक, ~ इन

tanta/lization, तरसाव, ललचाव; **~lize,** तरसाना, ललचाना, डहकाना; **~lizing,** तरसानेवाला। > टैन्टॅ/लाइज़ेशॅन, ~ लाइज़, ~ लाइज़िना

tantalum, टैन्टलम। > टैन्टॅलॅम

tantamount, समान, बराबर, तुल्य। > टैन्‌टॅमाउन्ट

tantara, तूर्यनाद। > टॅन्टार्-अ

tan/tra, तन्त्र; ~ **trism,** तन्त्र; ~ **trist,** तान्त्रिक। > टैन्/ ट्रॅ, ~ ट्रिज़्म, ~ ट्रिस्ट

tantrum, 1. झल्लाहट*, झाँझ*, झोंक; 2. (*petulance*) बदमिज़ाजी*। > टैन्‌ट्रॅम

tap, *n.*, 1. (*faucet*) टोंटी*; 2. (*plug*) डाट*; 3. (*instrument*) पेजतराश, चूड़ी* काटने का सुम्बा; 4. (*pat*) थपकी*; on ~, तैयार; —*v.*, 1. टोंटी* लगाना; 2. (*let out*) निकालना; 3. (*pierce*) छेदना; 4. (*exploit*) काम में लाना; 5. (*apply to*) से माँगना; 6. (*a subject*) छेड़ना, चरचा* चलाना; 7. (*a district*) प्रवेश क०, से सम्पर्क स्थापित क०, में व्यापार फैलाना; 8. (*wire*) में जोड़ लगाकर सुनना; 9. (*a nut*) में चूड़ी* काटना; 10. (*strike*) थपथपाना; 11. (*rap*) खटखटाना; 12. (*a shoe*) चमड़ा लगाना; तल्ली* (*sole*) या गुल (*heal*) लगाना; **~-borer,** बरमा; **~-dancing,** थिरक*। > टैप

tape, *n.*, 1. फ़ीता, पट्टी*; 2. (*coarse ~*) निवार*; 3. (*~-measure*) फ़ीता, माप-मट्टी*; ~ recorder, टेपरेकार्डर, फ़ीता-अभिलेखित्र; ~ recording, फ़ीता-अभिलेखन; —*v.*, फ़ीते से बाँधना; फ़ीते पर उतार लेना, अभिलेखन क०; have somebody ~ d, किसी को भाँपना। > टेप

taper, *n.*, 1. (*candle*) पतली मोमबत्ती*; 2. (*small light*) धीमी रोशनी*, धीमा प्रकाश; —*v.*, 1. क्रमशः पतला होता जाना; 2. (*diminish*) कम हो जाना या क०; **~ing,** गावदुम, शुण्डाकार।> टेप्-ॲ; टेपॅरिन्ग

tapestry, चित्रपट, चित्रकम्बल, दीवारदरी*। > टैप्-इस्ट्रि

tapetum, टेपीटम, स्तर, परत*। > टैपीटॅम

tapeworm, फ़ीता-कृमि, टेपवर्म। > टेपवॅ:म

tapioca, 1. टैपियोका; 2. (*plant*) दक्षिणी मूल, कसावा। > टैपिओक्-ॲ

tapir, टैपीरस। > टेप्-ॲ

tapis, be on the ~, विचाराधीन होना। > टैप्-इ

tapotement, थपक*, थपथपाहट*। > टॅपोट्‌मॅन्ट

tappet, भुज। > टैप्-इट

tapping, 1. (*act*) निकासी*, निष्कास; 2. (*pl.*) निष्कास, स्त्राव, निःस्त्राव। > टैप्-इन्ग

taproom, मधुशाला*, कलवरिया*। > टैपरूम

tap-root, मूसला जड़*। > टैपरूट

tar¹, *n.*, (*v.*) डामर, तारकोल, अलकतरा (लगाना); **~ macadam,** तारकोली रोड़ी*; ~red with the same brush, जैसे ऊधो वैसे माधो; **~spot,** डामरी चकत्ता। > टा

tar², मल्लाह, नाविक। > टा

taradiddle, tarradiddle, झूठ, गप*। > टॅरॅडिडॅल

tarantism, नृत्योन्माद। > टै-रॅन्टिज़्म

tarantula, बड़ी मकड़ी*। > टैरैन्टयूलॅ

taratantara, धूतू। > टैरॅटैन्टॅरॅ

tarboosh, तरबूश, फ़ेज़। > टाबूश

tardigrade, मन्दचारी, मन्दगति। > टाड्-इग्रेड

tardo, धीरे-धीरे। > टाडो

tardy, 1. (*slow*) धीमा, मन्द; मन्दगति; 2. (*sluggish*) ढिल्लड़, सुस्त, आलसी, निस्तेज; 3. (*reluctant*) अनिच्छुक; 4. (*late*) विलंबित। > टाड्-इ

tare, *n.*, 1. (*vetch*) मोठ*; 2. (*in N.T.*) जंगली घास*; 3. (*weight*) धड़ा। > टे'ॲ

target, 1. (*of shooting practice*) चाँद; 2. (*object of shooting or attack*) निशाना, लक्ष्य; 3. (*objective*) लक्ष्य; लक्ष्यांक (*expressed in nos.*) 4. (*shield*) ढाल*, सिपर*; 5. (*signal*) गोल सिकंदरा; ~ area, लक्ष्य-क्षेत्र; **~-practice,** चाँदमारी*। > टाग्-इट

tariff, 1. (*duty*) शुल्क, सीमा-शुल्क; 2. (*list*) शुल्क-सूची*; 3. (*rate*) शुल्कदर*; 4. (*list of prices*) दर-सूची*; —*v.*, शुल्कसूची* में रखना; पर शुल्क लगाना। > टैरिफ़

tarlatan, महीन मलमल*। > टालॅटॅन

tarmac, 1. तारकोली रोड़ी*; 2. पक्की सड़क*। > टामैक

tarn, गिरिताल। > टान

tarnish, *v.*, 1. बदरंग (मलिन) बनना या कर देना; 2. (*sully*) धब्बा (बट्टा) लग जाना या लगाना; —*n.*, 1. बदरंग, बदरंगी*; 2. धब्बा, बट्टा; 3. (*film of colour*) तह*, परत*। > टान्-इश

taro, 1. कचालू, अरबी*, छुइयाँ*; 2. (*giant ~*) मानकन्द, सूरन। > टारो

tarpan, जंगली घोड़ा। > टापॅन

tarpaulin, तिरपाल; मल्लाही टोपी*।> टापॉल्-इन

tarry¹, कोलतारी। > टारि

tarry², 1. (*remain, stay*) रहना, ठहरना; रुकना; 2. (*delay*) देर* क०, देर* लगाना; 3. (*wait*) प्रतीक्षा* क०। > टैरि

tarsus, गुल्फ़, टखना, टार्सस। > टासॅस

tart, *n.*, 1. फल की कचौरी*; 2. कुलटा*; —*adj.*, 1. (*of taste*) चरपरा, तीखा; (*acid*) खट्टा, अम्ल; 2. (*sarcastic*) कटु, तीखा; —*v.*, **~up,** भड़कीले कपड़े पहन लेना; सजाना, सँवारना। > टाट

tartan, (ऊनी) चारख़ाना। > टाटॅन

tartar, 1. टार्टर; 2. (*on teeth*) दाँत की मैल*; 3. (T.) तातारी; 4. (*fig.*) दुर्वासा क्रोधी व्यक्ति। > टाट्-ॲ

Tartarus, पाताल। > टाटॅरॅस

tartuffe, पाखंडी, बगला-भगत। > टाटुफ़

tasimeter, सूक्ष्मतापान्तर-मापी। > टॅसिम्-इटॅ

task, *n.*, काम, कार्य; नियत कार्य; कठिन काम; ~force (fleet), कृत्यक बल (बेड़ा); take to ~, डाँटना; फटकारना; —*v.*, काम देना या सौंपना; काम लादना, पर भार या बोझ डालना; **~master,** कठोर अधिकारी; **~ work,** 1. नियत कार्य; 2. (*piece work*) उजरती काम। > टास्क

tassel, 1. फुँदना, झब्बा; 2. (*of plants*) पुष्प-बल्लड़; 3. (*bookmark*) फ़ीता; —*v.*, 1. फुँदना लगाना; 2. निकालना। > टैसॅल

tastable, स्वाद्य, स्वादनीय। > टेस्टॅबॅल

taste, *n.*, 1. (*sensation*) स्वाद, आस्वाद, ज़ायक़ा; 2. (*quality*) स्वाद, ज़ायका; 3. (*sense*) आस्वादन की शक्ति*; 4. (*small quantity*) थोड़ा-सा; get (give) a ~ of ...., ... का मज़ा चखना (चखाना); 5. (*tinge, trace*) पुट, अल्पमात्रा*; 6. (*liking, preference*) पसन्द*, रुचि*; स्वाद, मज़ा; 7. (*aesthetic* ~) सुरुचि*, रुचि*; 8. (*tact*) व्यवहार-कौशल, शऊर; —*v.*, 1. (*perceive* ~) चखना; 2. (*test* ~) चखना, स्वाद लेना; 3. (*of food*) स्वाद होना, स्वाद देना; 4. (*experience*) चखना, अनुभव क०, भोगना; 5. थोड़ा-सा लेना (खाना, पीना); **~-bud,** स्वादकलिका*; **~ful,** 1. (*of person*) सुरुचिसम्पन्न; 2. (*of a work*) सुरुचिपूर्ण; **~less,** 1. (*of food*) नि:स्वादु, स्वादहीन, फीका; 2. (*of person*) स्वाद-अक्षम; सुरुचिहीन; 3. (*not in good taste*) भद्दा; बेढंगा, कुरूप। > टेस्ट

taster, स्वादक, स्वादी। > टेस्टॅ

tasting, आस्वादन, स्वादन, स्वदन। > टेस्-टिना

tasty, स्वादिष्ठ, स्वादिष्ट, ज़ायक़ेदार। > टेस्-टि

tat, *n.*, 1. (*coarse canvas*) टाट; 2. (*pony*) टट्टू; —*v.*, 1. गूथना; 2. (*make tatting*) झालर गूथना; tit for ~, जैसा को तैसा। > टैट

tatter, *n.*, चिथड़ा, लत्ता। चिरकुट; धज्जी*; 2. (*pl.*) चिथड़ा-गुदड़ा; —*v.*, चिथाड़ना, धज्जी-धज्जी* क०; **~ demalion,** गुदड़िया, चिरकुटिया; **~ ed,** 1. चिथड़ा, फटा-पुराना; 2. (*of person*) फटीचर। > टैट्-ॲ; टैटॅडेमेल्यॅन; टैटॅड

tatting, झालर*। > टैट्-इना

tattle, *n.*, गपशप*, बतकही*; बकबक*, बकवाद*; —*v.*, गपशप* क०, गप* लड़ाना; बकवाद* क०; **~ r,** 1. गप्पी, बक्की; 2. (*sandpiper*) टिटिहरी*; **~ tale,** 1. (*tale bearer*) चुग़लीखोर, पिशुन; 2. गप्पी; 3. (*telltale*) भेद बतानेवाला, पेट का हलका। > टैटॅल

tattoo, *n.*, 1. (*on skin*) गोदना; 2. (*mil.*) रात* का बिगुल; परेड*; 3. (*drumming*) ढमढम, ठनक*; 4. (*rapping*) खटखट*; —*v.*, गोदना, गोदना या बनाना; टकठकाना; खटखटाना। > टॅटू

tatty, *n.*, टट्टी*; *adj.*, 1. (*ragged*) फटा-पुराना; 2. (*fussily ornate*) भड़कीला; 3. (*of person*) फटीचर। > टैट्-इ

taunt, *n.*(*v.*), ताना (मारना), उपहार (क०), कटाक्ष (क०), बोली-ठोली* (छोड़ना, मारना); —*adj.*, बहुत ऊँचा। > टॉःन्ट

tauriform, वृषभाकार। > टॉःरि-इफ़ॉःम

taurine, 1. वृषभीय; वृषभ-सदृश; 2. (*bovine*) गोजातीय। > टॉःराइन

tauromachy, वृषभ-युद्ध। > टॉःरॉमॅकि

Taurus, वृष। > टॉः रॅस

taut, 1. (*of rope*) कसा हुआ, तना हुआ; 2. (*of ship*) कसा-कसाया, ठीक-ठाक; **~en,** *v.i.*, तनना, कसना; —*v.t.*, तानना, खींचना। > टॉःट; टॉःटॅन

tautochronous, एककालिक़। > टॉःटॉक् रॅनॅस

tauto/logic(al), ~logous, पुनरुक्त, द्विरुक्त; पुनरुक्तात्मक, पुनरुक्तिपूर्ण; **~ logism, ~logy,** पुनरुक्त, द्विरुक्त, पुनरुक्ति*, द्विरुक्ति*; **~logize,** पुनरुक्ति* क०। > टॉः टॅलॉ/जिक, ~ जिकॅल; टॉःटॉलॅ/गॅस, ~ जिज़्म, ~ जि, ~ जाइज़

tauto/merism, चलावयवता*; **~ phony,** ध्वनिपुनरुक्ति*; **~ zonal,** एककटिबंधीय। > टॉःटॉमॅरिज़्म; टॉःटॉफ़ॅनि; टॉःटॅज़ोनॅल

tavern, कलवरिया*, मधुशाला*, शराबखाना, भट्टीघर। > टैवॅन

taw, *n.*, गोल*; *v.*, कमाना, सिझाना; **~er,** चर्मकार, चर्मशोधक; **~ery,** चर्मशोधनशाला*। > टॉः, ~ ॲ, ~ ॲरि

tawdry, *adj.*, भड़कीला, दिखाऊ; भद्दा, बेढंगा; —*n.*, तड़क-भड़क*। > टॉःड्-रि

tawny, कपिल, पिंगल। > टॉःन्-इ

taws(e), कोड़ा। > टॉःज़

tax, *n.*, 1. कर, टैक्स, महसूल; 2. (*burden*) भार; —*v.*, 1. कर लगाना; 2. (*burden*) भारस्वरूप होना; भार डालना; 3. (~ *with*) का आरोप (दोष, अभियोग) लगाना; **~ able,** कर-योग्य, महसूली; **~ ation,** कराधान, करारोपण; **~-collector, ~-gatherer,** कर-समाहर्ता, महसूलदार; **~-free,** कर-मुक्त; **~payer,** कर-दाता। > टैक्स; टैक्सॅबॅल; टैक्सेशॅन

taxi, *n.*, टैक्सी*; *v.*, टैक्सी* में जाना या ले जाना; टैक्सी* क०; **~-cab,** टैक्सी*; **~-man,** टैक्सी-चालक; **~ meter,** टैक्सी-मीटर; **~-rank,** टैक्सियों* का अड्डा। > टैक्स्-इ; टैक्-सिम्-इ-टॅ

tax/dermist, चर्मप्रसाधक; **~dermy,** चर्मप्रसाधन। > टैक्स्/इड; मिस्ट, ~ इडॅःमि

taxis, 1. (*biology*) अनुचलन; 2. (*surgery*) अनुचालन; 3. (*classification*) वर्गीकरण; 4. (*word-order*) वाक्य-विन्यास। > टैक्स-इस

taxodont, बहुदन्ती। > टैक्सॅडॉन्ट

taxonomy, 1. वर्गीकरण; 2. (*taxology*) वर्गीकरण-विज्ञान, वर्गिकी*। > टैक्सॉनॅमि; टैक्सॉलॅजि

taxus (*baccata*), तालीश-पत्र। > टैक्सॅस

tchick, *n.*, टिकटिक*, चुचचुच; *v.*, टिक-टिक* क०, चुचकारना, चुमकारना। > चिक

tea, चाय*; चाय-पानी; **~-caddy,** चाय* का डिब्बा; **~ cup,** प्याला; **~-garden,** चाय-बागान; चाय-दूकान*; **~party,** चायपान, चाय-पार्टी*; **~pot,** चायदान, चायदानी*; **~-spoon,** छोटा चम्मच, चमची*; **~-stall,** चाय* की दूकान*। > टी

teach, 1. सिखलाना, सिखाना, शिक्षा* देना; पढ़ाना; 2. अध्यापन क०; 3. (*train*) शिक्षण देना, प्रशिक्षित क०; 4. (*explain*) समझाना; **~able,** 1. (*of person*) शिक्षणीय; 2. (*of science etc.*) पाठनीय, पाठ्य, अध्यापनीय; **~er,** शिक्षक, अध्यापक; शिक्षिका*, अध्यापिका*; आचार्य; **~ing,** 1. (*act*) अध्यापन, शिक्षण; 2. (*doctrine*) शिक्षा*; 3. (*profession*) अध्यापकी*, अध्यापन।

> टीच; टीच्/अॅबॅल, ~ अॅ, ~ इन्ग

teak, सागौन। > टीक

teal, चैती*। > टील

team, *n.*, 1. (*sports*) टीम*; 2. (*group*) दल, टोली*; 3. (*of animals*) जोड़ी*; —*v.*, 1. (*animals*) साथ जोतना; 2. मिलकर काम क०; **~ster,** जोड़ी* हाँकनेवाला; **~-work,** सामूहिक कार्य; सहयोग।

> टीम

teapoy, तिपाई*। > टीपॉइ

tear[1], 1. आँसू, अश्रु, अश्रुजल; 2. (*~-drop*) अश्रुबिन्दु, अश्रुकला*; 3. (*drop*) बूँद*, कतरा; **~-bomb,** अश्रुगोला; **~-duct,** अश्रुवाहिनी*; **~ful,** 1. (*of person*) रोआसा, अश्रुमुख; 2. (*of news*) दु:खद; **~-gas,** अश्रुगैस*; **~-gland,** अश्रु-ग्रंथि*; **~-jerker,** रुलाने-वाला; **~less,** निरश्रु; **~-stained,** अश्रुपूर्ण। > टिअॅ

tear[2], *n.*, 1. (*in cloth*) खोंच*, चीर*; 2. (*opening*) चीर*, दरार*, शिगाफ़; 3. (*act*) चीरा, चीर*, फाड़न*; —*v.*, 1. (*pull apart, rend*) फाड़ना, चीरना, फाड़ डालना; विदारण क०; 2. (*cause dissension*) फूट* डालना; 3. (*~ from*) छीनना, अलग क०; 4. (*~out*) उखाड़ना, खसोटना; नोचना; 5. (*destroy*) नष्ट क०, बिगाड़ना (*spoil*); 6. (*become torn*) फटना, चिरना; 7. (*move fast*) बड़ी तेज़ी* से चलना; **~ down,** 1. ढाना, ढा देना, गिरा देना; 2. (*disprove*) खण्डन क०; **~ fault,** विदारण-भ्रंश; **~ away,** (*impetuous*), उतावला, जल्दबाज़। > टे'अॅ

tearing, 1. (*violent*) उग्र, प्रचण्ड; तेज़; 2. (*impetuous*) उतावला, जल्दबाज़; 3. (*overwhelming*) ज़बरदस्त, अत्यधिक। > टे'अॅर्-इन्ग

tease, *v.*, 1. चिढ़ाना, छेड़ना; 2. (*annoy*) तंग क०, परेशान क०; 3. (*card, comb*) धुनना, धुनकना, तूमना; 4. (*cloth*) रोआँ उठाना; —*n.*, चिढ़ानेवाला। > टीज़

teasel, teazel, teazle, *n.*, 1. (*plant*) विलायती गोखरू; 2. (*instrument*) धुनकी*; —*v.*, रोआँ उठाना। > टीज़ॅल

teaseler, teazler, धुनिया। > टीज़ॅलॅ; टीज़्-लॅ

teaser, 1. चिढ़ानेवाला; 2. कठिन प्रश्न; समस्या*; कठिन काम। > टीज़्-अॅ

teat, चूचुक, चूकी*, स्तनाग्र। > टीट

technic, *adj.*, *see* TECHNICAL; *n.*, see TECHNIQUE। > टे'क्-निक

technical, 1. (*of a particular art, science, craft*) तकनीकी, प्राविधिक; 2. (*of mechanical art*) तकनीकी, प्राविधिक, यान्त्रिक; 3. (*of terminology*) पारिभाषिक; 4. (*of criticism*) शास्त्रीय; 5. (*such in the eyes of the law*) क़ानूनी, विधिक; **~ity,** 1. (*technicalness*) प्राविधिकता*; 2. (*technical term*) पारिभाषिक शब्द; 3. (*minute formal point*) बारीकी*। > टे'क्-नि-कॅल; टे'क्-नि-कैल्-इ-टि

technicolour, टेकनिकलर; **~ed,** 1. चटकीला; 2. (*exaggerated*) अतिरंजित।

> टे'क्, ~ नि/कॅलॅ ~ कॅलॅड

technician, प्रविधिज्ञ, तकनीशियन; यंत्रविद्; शिल्पी; मिस्त्री। > टे'क्-नि-शॅन

technique, 1. तकनीक, प्रविधि*; शिल्प-विधि*; 2. (*expertness*) कौशल, निपुणता*; 3. (*method*) प्रणाली*, क्रियाविधि*, कार्यप्रणाली*, प्रक्रिया; 4. (*way of doing*) ढंग, तरीक़ा, शैली*।

> टे'क्नीक

technocracy, तकनीकी-तन्त्र, शिल्पतंत्र।

> टे'क्नॉक्रॅसि

techno/logical, शिल्पवैज्ञानिक, शिल्प-विज्ञानीय; **~logist,** शिल्पवैज्ञानिक, शिल्प-विज्ञानी; **~logy,** 1. शिल्पविज्ञान, प्रौद्योगिकी*; 2. (*terms*) पारिभाषिक शब्दावली*।

> टे'क्नॅलॉजिकॅल; टे'क्नॉलॅ/जिस्ट, ~ जि

techy, चिड़चिड़ा। > टे'च-इ

tectology, संरचना-आकारिकी*। > टे'क्टॉलॅजि

tec/tonic, 1. (*geol.*) विवर्तनिक; 2. (*architectural*) वास्तुशिल्पीय; **~tonics,** 1. विवर्तनिकी*; 2. वास्तुशिल्प, स्थापत्य। > टे'क्टॉन्/इक, ~ इक्स

tectorial, आच्छादक, आच्छादी।

> टे'क्टॉन्/इक, ~ इअॅल

tectrices (*plural*), **tectrix** (*singular*), आच्छादक पंख। > सटे'क्ट्राइसीज़; टे'क्-ट्रिक्स

ted, फैलाना। > टे'ड

Te Deum, धन्यवाद-भजन। > टी डीॲम

tedious, 1. (*wearisome*) थकानेवाला, थकाऊ, क्लांतिकर; 2. (*boring*) उबाऊ; 3. (*uninteresting*) नीरस। > टीड्-इॲस

tedium, 1. थकाऊपन; उबाऊपन; नीरसता*; 2. (*boredom*) ऊब*, उचाट। > टीड्-इॲम

tee, 1. (*aim*) निशाना; 2. (*golf*) टी, टीला; 3. (*of Burmese temple*) छतरी*, शिखर, **~off,** शुरू क०; **~up**, तैयार हो जाना। > टी

teem, 1. (*be full of*) से भरा होना; 2. (*be abundant*) भरपूर होना, प्रचुर होना; 3. (*empty, pour out*) उँडेलना। > टीम

teen-age, किशोर; **~r,** किशोर; किशोरी*। > टीन्/एज, ~ एजॅ

teens, कैशोर, किशोर-अवस्था*। > टीन्ज़

teeny, बहुत छोटा। > टीन्-इ

teeter, *v.*, 1. (*seesaw*) झूमाझूमी* खेलना; 2. (*waver*) आगा-पीछा क०; 3. (*move unsteadily*) लड़खड़ाना; —*n.*, झूमाझूमी*। > टीट्-ॲ

teethe, दाँत निकलना। > टी

teething, दन्तोद्भवन; ~ troubles, प्रारंभिक कठिनाइयाँ*। > टीद्-इन्ग

teetotal, मद्यत्याग-, **~ism,** मद्यत्याग; **~ler,** मद्यत्यागी। > टीटोट्/ॲल, ~ ॲलॅ, ~ ॲलिज़्म

teetotum, फिरकी*, फ़िरिहरी**, लट्टू। > टीटोटॅम

tegmen, 1. आवरण; 2. (*bot.*) अन्तःकवच। > टे'गमे'न

tegular, खपड़े का; खपड़े जैसा। > टे'ग्यूलॅ

tegulated, छोरच्छादी, कोरच्छादी। > टे'ग्यूलेटिड

tegument, 1. आवरण; कवच; 2. (*skin*) त्वचा*; **~al**, आच्छादक। > टे'ग्यूमॅन्ट; टे'ग्युमे'न्टॅल

tehee, *n.* (*v.*), हीं-हीं* (क०), ठी-ठी* (क०)। > टीही

telaesthesia, अतीन्द्रिय दृष्टि*, परोक्ष दर्शन। > टे'लिस्थीज्-इॲ

telamon, पुरुषस्तंभ। > टे'लॅमॅन

telary, जाले का; जाला बनानेवाला। > टीलॅरि

telecommunication, दूर-संचार। > टे'लिकॅम्यूनिकेशॅन

telegram, तार, टेलीग्राम। > टे'ल्-इग्रैम

telegraph, *n.*, 1. टेलीग्राफ़; तारयंत्र; तारप्रेषण; 2. (*semaphor*) संकेत-यंत्र; —*v.*, 1. तार देना या भेजना; तार से (समाचार) भेजना; 2. (*convey silently*) संकेत से बता देना; **~-plant,** शाल-पर्णी*, सरिवन। > टे'ल्-इग्राफ़

telegraph/er, ~ist, तार-यांत्रिक; **~ese,** तार-भाषा*; **~ic,** तार का, तार-योग्य, तार-। > टिले'ग्रॅफ़ॅ; टे'लिग्रॅफ़ीज़; टे'लिग्रैफ़्-इक

telegraphy, तारसंचार, टेलीग्राफ़ी*। > टिले'ग्रॅफ़ि

teleo/logical, 1. सोद्देश्यवादी; 2. (*relating to a purpose*) सोद्देश्य, उद्देश्यमूलक, उद्देश्यपरक, प्रयोजनमूलक; **~logy,** 1. (*doctrine*) सोद्देश्यवाद; 2. (*quality*) सोद्देश्यता*, प्रयोजनमूलकता*, सप्रयोजनता*। > टे'लिॲलॉजिकॅल; टे'लिऑलॅजि

tele/pathic, ~pathist, दूरसंवेदी, दूरबोधी; **~pathy,** दूरसंवेदन, दूरबोध, टेलीपैथी*। > टे'लिपैथ्-इक; टिले'पॅ/थिस्ट, ~ थि

tele/phone, *n.*, टेलीफ़ोन, दूरभाष; *v.*, फ़ोन क०; — exchange, मिलान-केन्द्र; **~phonic,** दूरभाषिक; **~phony,** टेलीफ़ोनी*। > टे'ल्-इफ़ोन; टे'लिफ़ॉन-इक; टिले'फ़ॅनि

telephoto, दूरचित्रक। > टे'ल्-इफ़ोटो

teleprinter, टेलीप्रिन्टर, तारलेखी, दूरमुद्रक। > टे'ल्-इप्रिन्टॅ

tele/scope, *n.*, दूरबीन*, टेलीस्कोप, दूरदर्शक; —*v.*, 1. (*as a telescope*) धँसाकर बिठाना; 2. एक दूसरे में धँस जाना या धँस जाना या धँसना; 3. (*compress*) ज़ोर से दबा देना, सम्पीडित क०; 4. (*amalgamate and compress*) दबाकर एक कर देना; **~ scopic,** 1. दूरबीनी; 2. (*farseeing*) दूरदर्शी; 3. (*having sections sliding into one another*) धँसवाँ, अन्त; सर्पी; — deposit, अंतर्विद्ध निक्षेप। > टे'ल्-इस्कोप; टे'लिस्कॉप्-इक

tele/view, टेलीविजन देखना; **~vise,** टेलीविज़न से प्रसारित क०; **~vision,** टेलीविजन, रेडियोवीक्षण। > टे'ल्/इव्यू, ~ इवाइज़ ~ इविशॅन

tell, 1. (*relate*) सुनाना, कहना; 2. (*announce, make known*) बताना, कहना; प्रकट क०; ~ tales, चुग़ली* खाना; 3. (*utter*) बोलना; 4. (*give information*) बताना, जताना, सूचित क०, सूचना* देना; 5. (*describe*) वर्णन क०; 6. (*distinguish*) अलग क०, (अन्तर) पहचानना; 7. (*know, determine*) जानना; निश्चय क०, निर्णय क०; 8. (*assure*) विश्वास दिलाना; 9. (*state emphatically*) कहे देना, निश्चयपूर्वक कहना; 10. (*be effective*) असर क०, प्रभाव डालना; 11. (*count*) गिनना; all told, सब मिलाकर; 12. (*direct, order*) कहना, बताना; आज्ञा* या आदेश देना; ~ the world, घोषित क०; **~ of,** का प्रमाण होना, बताना, सूचित क०; **~ off,** 1. अलग क०, नियत क०; 2. (*rebuke*) डाँटना, फटकारना; **~ on,** 1. थकाना, थका देना; 2. (*inform against*) की चुग़ली* खाना, का दोष प्रकट क०, पर दोष लगाना। > टे'ल

tell/able, कथनीय; वर्णनीय; **~ er,** 1. (*counter*) गणक; मत-गणक (*of votes*); 2. (*narrator*) कथक; **~ ing,** 1. (*effective*) कारगर, प्रभावी, प्रभावकारी; 2. (*impressive*) प्रभावशाली; ज़ोरदार; **~ tale,** *n.*, 1. (*talebearer*) चुग़लखोर, पिशुन; 2. भेद बतानेवाला; 3. (*indicator*) संकेतक; 4. (*indication*) संकेत; —*adj.*, सूचक, अनुसूचक।
> टे'लॅबॅल; टे'ल्/अ‌ॅ, ~ इन्ग, ~ टेल

tellu/rian, *n.*, भूवासी; *adj.*, भौम; **~ric,** टेल्यूरियमी; स्थलमण्डलीय; **~rium,** टेल्यूरियम।
> टे'ल्युअॅर्/इअॅन, ~ इक, ~ इअॅम

telophase, अन्त्यावस्था*। > टे'लॅफ़ेज़

telson, पुच्छखण्ड। > टे'ल्सॅन

temblor, भूकम्प। > टे'म्ब्लॉः

temerarious, 1. (*overbold*) दुःसाहसी, धृष्ट, ढीठ; 2. (*rash*) अविवेकी, उतावला; **~ ly,** बेधड़क।
> टे'मॅरे'अॅर्-इअॅस

temerity, दुःसाहस, धृष्टता*; अविवेक, उतावलापन।
> टिमे'रिटि

temper, *n.*, 1. (*mood*) मिज़ाज, तबीअत*, मनोदशा*, मनःस्थिति*; 2. (*temperament*) स्वभाव, प्रकृति*, मिज़ाज; 3. (*irritable nature*) चिड़चिड़ापन; 4. (*irritation*) चिढ़*, खीज*; 5. (*anger*) क्रोध, गुस्सा, क्रोधावेश; lose one's ~, गुस्सा क०; झल्लाना; keep one's ~, शान्त रहना; out of ~, क्रुद्ध, कुपित; 6. (*mixture*) मिश्रण; 7. (*desired consistency*) उचित गाढ़ापन; 8. (*of steel etc.*) कड़ापन; पानी; —*v.*, 1. (*mitigate*) मन्द क०, कम क०; नरम क०; 2. (*steel etc.*) पर पानी चढ़ाना; 3. (*clay*) गूँधकर तैयार क०; तैयार हो जाना। > टे'म्पॅ

tempera, डिस्टेम्पर। > टे'म्पॅरॅ

temperament, 1. स्वभाव, (चित्त-) प्रकृति*, मिज़ाज; 2. (*capricious nature*) तुनक-मिज़ाजी*; 3. (*music*) संस्कार; **~ al,** 1. (*natural*) स्वभावगत, स्वाभाविक; 2. (*moody*) तुनकमिज़ाज; मनमौजी; **~ ally,** स्वभावतः।
> टे'म्-पॅरॅमॅन्ट; टे'म्पॅरॅमे'न्टॅल

tempe/rance, 1. संयम, आत्मसंयम; मिताचार; मिताहार (*in food*); 2. (*moderation*) सन्तुलन, संयमन; संयमिता*; 3. (*abstinence from alcoholic drinks*) मद्यत्याग; **~ rate,** 1. संयमी; मिताचारी; मिताहारी; संतुलित; 2. मद्यत्यागी; 3. (*of climate*) शीतोष्ण, —zone, शीतोष्ण कटिबन्ध।
> टे'म्पॅ/ रॅन्स, ~ रिट

temperature, ताप, तापमान, टेम्परेचर, have a ~, बुखार होना; take one's ~, बुखार या टेम्परेचर देखना। > टे'म्-प्रि-चॅ

tempered, 1. (*moderated*) मन्दीकृत; संयमित, संतुलित; 2. (*softened*) मृदूकृत; 3. (*of steel*) पनिया; 4. (*music*) संस्कारित; 5. (*suffix*) -स्वभाव, -मिज़ाज। > टे'म्पॅड

tempest, 1. तूफ़ान, झंझावात; 2. (*upheaval*) तूफ़ान; 3. (*tumult*) उपद्रव, हो-हल्ला, हुल्लड़; **~ uous,** 1. तूफ़ानी; 2. (*violent*) तेज़, प्रचण्ड।
> टे'म्पिस्ट

templar, 1. टेम्पलर; 2. (*religious*) सैनिक धर्मसंघी।
> टे'म्प्लॅ

template, templet, 1. दासा; 2. (*mould*) साँचा।
> टे'म्-प्लेट; टे'म्-प्लिट

temple, 1. मंदिर, देवालय; गिरजाघर; 2. (*of forehead*) कनपटी*, शंख, गण्डस्थल।
> टे'म्-पॅल

tempo, 1. (*music*) ताल; 2. (*of activity*) गति*, रफ़्तार*, तेज़ी*; 3. (*style*) शैली*। > टे'म्पो

temporal, *adj.*, 1. (*worldly, secular*) सांसारिक, ऐहिक, लौकिक, दुनियावी, पार्थिव; 2. (*of time*) कालिक; 3. (*temporary*) अस्थायी, अल्पकालिक; 4. (*grammar*) कालवाची, कालवाचक; 5. (*of the head*) कनपटी* का, शंख-; —*n.*, (~ *bone*) शंखास्थि*, टेम्पोरल; **~ ity,** 1. (*also pl.*) धन-सम्पत्ति*; 2. (*temporariness*) अस्थायित्व; अल्पकालिकता*; **~ ly,** अस्थायी रूप से।
> टे'म्पॅरॅल; टे'म्पॅरैल्-इटि; टे'म्पॅरॅलि

temporalty, 1. (*laity*) अयाचक-वर्ग; 2. धन-सम्पत्ति*। > टे'म्-पॅ- रॅल्-टि

tempo/rarily, अस्थायी रूप से; **~rariness,** अस्थायित्व; **~rary,** *adj.*, 1. (*transient*) अस्थायी; अल्पकालिक; 2. (*provisional*) अंतरिम; कामचलाऊ, कच्चा; —*n.*, अस्थायी कर्मचारी या मज़दूर।
> टे'म्पॅ/ रॅरिलि, ~ रॅरिनिस ~ रॅरि

tempo/rization, टाल-मटोल*; अवसर-वादिता*; समझौता; **~ rize,** 1. (*act noncommittally*) टाल-मटोल* क०; 2. (*conform to circumstances*) अवसर-वादिता* दिखाना; परिस्थिति* से समझौता कर लेना; 3. (*effect a compromise*) समझौता क०; **~ rizer,** टाल-मटोल* करनेवाला; अवसरवादी।
> टे'म्पॅराइज़ेशॅन; टे'म्पॅराइज़, ~ राइज़ॅ

tempt, 1. (*entice*) लुभाना, प्रलोभन देना; बहकाना; 2. (*induce*) प्रेरित क०; प्रवृत क०; 3. (*attract*) आकर्षित क०, लुब्ध क०, मोहित क०; ललचाना; 4. (*test*) परखना, परीक्षा* लेना; ~ Providence, जोखिम* उठाना; **~ ation,** 1. (*act*) प्रलोभन; परीक्षण, परीक्षा*; 2. (*state*) लोभ, प्रलोभ, मोह, लालच; 3. (*thing that tempts*) प्रलोभन; **~er,** 1. लुभानेवाला, प्रलोभक, बहकानेवाला; परीक्षा* लेनेवाला; 2. (*T.*) शैतान; **~ ing,** 1. लुभानेवाला, बहकानेवाला; 2. (*attractive*) लुभावना, मोहक, आकर्षक, मनोहर; **~ ress,** मोहनी*, लुभानेवाली*।
> टे'म्ट; टे'म्टेशॅन; टे'म्/टॅ, ~ टिन्ग, ~ ट्रिस

ten, 1. दस, दश; 2. (*card*) दहला। > टे'न

tenability, तर्कसंगति*; दुर्विजेयता*; धार्यता*। > टे'नॅबिल्-इटि

tenable, 1. (*logical*) तर्कसंगत, युक्तियुक्त; समर्थनीय, प्रतिपाद्य; 2. (*of fort etc.*) रक्षणीय; दुर्विजेय; 3. (*of office*) धार्य। > टे'नॅबॅल

tenace, इक्का और बेगम*; बादशाह और ग़ुलाम। > टे'न्-इस

tena/cious, 1. (*firm*) दृढ़; 2. (*persistent*) दृढ़, अटल; अध्यवसायी, दृढ़निश्चयी (*of person*); 3. (*obstinate*) दुराग्रही, हठी, ज़िद्दी, अड़ियल; 4. (*retentive; or momory*) तीक्ष्ण, तीव्र; 5. (*adhesive*) लगिष्णु, अभिसक्त; 6. (*sticky*) चिपचिपा, लसलसा; 7. (*cohesive*) अभिसक्त; 8. (*tough, as leather*) चीमड़; **~city,** दृढ़ता*; अध्यवसाय; दुराग्रह, हठ; तीक्ष्णता; लगिष्णुता*, चिपचिपाहट*; लसलसाहट*; अभिसक्ति; संसक्ति*; चीमड़मन। > टिनेशॅस; टिनैसिटि;

tenaculum, चिमटी*। > टिनैक्यूलॅम

tenancy, 1. (*of land*) काश्तकारी*; 2. (*of house*) किरायेदारी*; 3. (*of office*) पदधृति*; 4. (*land*) काश्तकारी*; 5. (*occupancy*) दखल, अधिभोग, कब्ज़ा; 6. (*period*) काश्तकारी* की अवधि*; पदावधि*, कार्यकाल; ~ act, काश्तकारी-क़ानून। > टे'नॅन्सि

tenant, *n.*, 1. (~ *farmer*) काश्तकार, असामी; पट्टेधारी (*lease-holder*); 2. (*of house*) किरायेदार; 3. (*of office*) पदाधिकारी; 4. (*occupant*) दखलदार, अधिभोक्ता; 5. (*owner*) भूस्वामी; ~ right, काश्तकारी*; —*v.*, 1. (*occupy as tenant*) काश्तकार या किरायेदार होना; पट्टे पर लेना; किराये पर लेना; 2. (*occupy*) दखलदार होना, दखल क०, अधिभोग क०; **~able,** पट्टे पर या किराये पर देने योग्य; **~ed,** पट्टे पर दिया हुआ; बसा हुआ किराये पर दिया हुआ; **~less,** खाली; **~ry,** काश्तकार; किरायेदार।
> टे'नॅन्ट; टेनॅन्/टॅबॅल, ~ ट्डि; टे'नॅन्ट्/लिस, ~ रि

tend, 1. (*move*) की ओर* अभिमुख होना, प्रवृत्त होना, चलना या अग्रसर होना; 2. (*have a tendency*) झुकाव होना, सहज ही (कुछ) क०; 3. (*lead, contuce*) की ओर* ले जाना, का कारण बनना, उत्पन्न क०; 4. (*look after*) देखना; देखभाल* क०; रखवाली* क०; 5. (*an invalid*) देख-रेख* क०, सेवा* क०, सेवा-शुश्रूषा* क०, परिचर्या* क०; **~ance,** देखभाल*, परिचर्या*। > टे'न्ड

tendency, प्रवृत्ति*, झुकाव। > टे'न्डॅन्सि

tendentious, tendencious, 1. (*not impartial*) पक्षपाती, तरफ़दार, पक्षपातपूर्ण; 2. (*having a purpose*) सोद्देश्य, प्रयोजन-मूलक; ध्येयवादी। > टे'न्डे'न्शॅस

tender, *n.*, 1. (*person*) परिचर, टहलुआ; परिचारक (*of the sick*); चरवाहा (*of flock*); 2. (*railway*) टेंडर, ईंधन-गाड़ी*; 3. (*ship*) सेवी-पोत; 4. (*offer to execute work*) निविदा*; ~ system, ठीका-पद्धति*; legal~, विधिमान्य चलार्थ; —*v.*, 1. (*present*) पेश क०, प्रस्तुत क०; देना; 2. (*offer*) अर्पित क०; 3. निविदा* देना; —*adj.*, **A.** (*of things*) 1. (*soft*) मुलायम, नरम, कोमल; 2. (*frail fragile, also fig.*) सुकुमार, भंगुर, नाशवान्; 3. (*painful*) दु:खद; **B.** (*of persons*) 1. (*gentle*) कोमल, सौम्य; 2. (*sensitive*) संवेदनशील, सदय, कोमल; 3. (*affectionate*) प्रेममय, स्नेहशील, स्नेही; of ~ age, छोटा; कच्चा; अल्पवयस्क; ~ conscience (heart), सुकुमार अंत:करण (हृदय); ~ devotion, प्रेममयी भक्ति*; ~ subject, नाज़ुक विषय; **~foot,** नौसिखिया; **~-hearted,** कोमल (हृदय); स्नेही; **~ness,** नरमी*, कोमलता*; सुकुमारता*; भंगुरता*; सदयता*; नज़ाकत*। > टे'न्डॅ; टे'न्डॅनिस

tendinous, कंडरा। > टे'न्-डि-नॅस

tendon, कंडरा*, नस*। > टे'न्डॅन

tendril, प्रतान। > टे'न्-ड्रिल

tenebrae, तिमिरिका*। > टे'न्-इ-ब्रे

tenebrific, निशाकर। > टे'निब्रिफ़्-इक

tenebrous, 1. अंधकारपूर्ण; अंधेरा; 2. (*gloomy*) निरानन्द। > टे'न्-इ-ब्रॅस

tenement, 1. (चाल की) कोठरी*; **~-house,** चाल; 2. (*property held by tenure*) काश्तकारी*; 3. (*house*) मकान; 4. (*piece of land*) ज़मीन*, भूमि*। > टे'न्-इ-मॅन्ट

tenesmus, पेचिश*। > टिने'स्मॅस

tenet, सिद्धान्त, मत। > टे'न्-इट, = टीन-इट

tenfold, दसगुना। > टे'न्फ़ोल्ड

tenner, दस का नोट। > टे'न्-ॲ

tennis, टेनिस। > टे'न्-इस

tenon, *n.* (*v.*), जोड़, डबचूल (बनाना, बिठाना); **~-saw,** चूल-आरा। > टे'नॅन

tenor, 1. (*course*) गति*, दिशा* (*direction*); जीवन-प्रवाह (*of life*); 2. (*of speech etc.*) अभिप्राय, तात्पर्य, भाव; 3. (*exact copy*) सही प्रतिलिपि*; 4. (*music*) पुरुषस्वर, टेनोर। > टे'न्-ॲ

tenotomy, कण्डरा-छेदन। > टनॉटॅमि

tense, *adj.*, 1. (*stretched tight*) कसा हुआ, तना हुआ, आतत; 2. (*fig.*) आतनिक; तनावदार (*as atmosphere*); 3. (*uneasy*) बेचैन, व्यग्र; 4. (*overwrought*) अतिक्लान्त, अतिश्रांत; 5. (*excited*) क्षुब्ध, उत्तेजित; 6. (*alert*) तेज़, चुस्त; —*v.*, तन जाना; कसना, खींचना; —*n.*, काल; past ~, भूत ~; present~, वर्तमान ~; future ~,

भविष्यत् ~ ; radical ~ ; मूल~; periphrastic ~, संयुक्त ~; participal ~, कृदन्ती ~। > टे'न्स

tenseness, tensity, तनाव, आतति*। > टे'न्स्-निस; टे'न्-सि-टि

tensible, तन्य। > टे'न्-सि-बॅल

ten/sile, 1. तनन-; 2. (*tensible*) तन्य; **~sility,** तन्यता*। > टे'न्साइल

tensi/meter, वाष्पदाबमापी; **~ometer,** पृष्ठतनन-मापी। > टे'न्-सिम्-इ-टॅ; टे'न्सिऑन्-इटॅ

tension, 1. (*act*) तनन; 2. (*tenseness*) तनाव; 3. (*mental ~*) तनाव, तनातनी*; 4. (*strain, effort*) प्रयास; 5. (*uneasiness*) व्यग्रता*, बेचैनी*; उत्तेजना*; 6. (*stress*) दाब*; प्रतिबल; **~al,** तनाव-मूलक, तनाव-। > टे'न्शॅन; टे'न्शॅनॅल

tensive, आतानक। > टे'न्-सिव्

tensor, टेन्सर, तानिका*। > टे'न-सॅ

tent, *n.*, तम्बू, खेमा, शिविर (*also camp*), कपड़कोट; 2. (*small ~*) छोलदारी*; 3. (*in wound*) बत्ती*; pitch one's ~, डेरा डालना, तम्बू गाड़ना, तानना या खड़ा क०; —*v.*, 1. तम्बू में रहना; 2. बत्ती* लगाना; **~-bed,** 1. छतवाला पलंग; 2. (*low*) नीचा पलंग। > टे'न्ट

tentacle, स्पर्शक, स्पर्शिका*। > टे'न्टॅकॅल

tentative, *adj.*, 1. (*experimental*) आज़माइशी, प्रायोगिक, प्रयोगात्मक; सुझाव के रूप में; 2. (*provisional*) अंतरिम, अस्थायी; प्रारंभिक; कामचलाऊ; (*cautious*) खबरदार, सतर्क; 4. (*diffident*) संकोचपूर्ण; —*n.*, 1. प्रयोग, आज़माइश*; 2. (*suggestion*) सुझाव। > टे'न्टॅटिव

tenter, 1. (*person*) निरीक्षक; मशीनवाला; 2. (*machine*) वस्त्र तानने की मशीन*। > टे'न्टॅ

tenterhook, अँकड़ी; be on ~s, काँटों पर लोटना; बेचैन, चिन्तित या व्यग्र होना। > टे'न्टॅहुक

tenth, दसवाँ, दशम। > टे'न्थ

tentorium, मस्तिष्कछदि*।

tenuis, अघोष स्पर्श व्यंजन। > टे'न्यूइस

tenuity, तनुता*; विरलता*; पतलापन। > टिन्यूइटि

tenuous, 1. (*thin*) तनु, पतला; 2. (*not dense*) विरल (*of air*); पतला (*of fluid*); 3. (*subtle*) सूक्ष्म, बारीक; 4. (*flimsy*) कच्चा, हल्का; 5. (*trivial*) तुच्छ, सारहीन। > टे'न्यूॲस

tenure, 1. (*act or right of holding land*) काश्तकारी*; 2. धृति*, धारण; धारणअधिकार; 3. (*period*) काश्तकारी* की अवधि*; 4. (*period of office*) कार्यकाल, पदावधि*, सेवा-अवधि*। > टे'न्युअॅ, = टे'न्यॅ

tenuto, दीर्घीकृत रूप में। > टॅनूटो

teosinte, मकचरी*। > टीऑसिन-टि

tepee, teepee, शँकुरूप तम्बू। > टीपी

tepefy, कुनकुना क० या बनना। > टे'प्-इ-फ़ाइ

tepid, 1. कुनकुना, कदुष्ण; 2. (*fig.*) ढीला, शिथिल, निरुत्साह; **ity,** कुनकुनापन, कदुष्णता*; ढीलापन, शिथिलता*, निरुत्साह। > टे'प्-इड; टिपिड्-इटि

teratology, वैरूपिकी*, विरूपिता-विज्ञान। > टे'रॅटॉलॅजि

terce, पूर्वाह्निका*। > टॅ:स

tercel, बाज़। > टॅ:सॅल

ter/centenary, त्रिशताब्दी*; **~centennial,** त्रिशतवर्षीय। > टॅ:से'न्-टिनॅरि, = टॅ:से'न्टीनॅरि; टः:से न्टे'न्यॅल

tercet, त्रिक। > टॅ:सिट

terebinth, तारपीन का पेड़। > टे'रिबिन्थ

teredo, पोत-कीट, जहाज़ी कीड़ा। > टॅरीडो

tergal, पृष्ठीय। > टॅ:गल

tergi/versate, 1. (*act evasively*) टाल-मटोल* क०; 2. (*vacillate*) आगा-पीछा क०; 3. (*desert a cause*) दल (मत, पक्ष) त्याग देना; रंग बदलना; मुकर जाना; **versation,** टालमटोल*, बहानेबाज़ी*; आगा-पीछा; दलत्याग। > टॅ:जिवॅ:सेट; टॅ:जिवॅसेशॅन

tergum, पृष्ठक। > टॅ:गम

term, *v.*, नाम रखना, कहना; *n.*, 1. (*limited period*) अवधि*, मीआद*, मुद्दत*; 2. (*of schoolyear, law-court*) सत्र; 3. (*math. logic*) पद; 4. (*word*) शब्द; technical ~, पारिभाषिक शब्द; 5. (*fixed day*) नियत तिथि; 6. (*limit*) सीमा*। > टॅ:म

terms, 1. (*conditions*) शर्तें*, निबन्धन; come to ~, समझौता करना, झुक जाना; bring to ~, समझौते के लिए विवश क०; ~ of reference, विचारणीय या विचारार्थ विषय; 2. (*relationship*) संबंध; be not on speaking ~, बोलचाल* बन्द होना; 3. (*mode, of expression*) शैली*, भाषा*, शब्दावली*। > टॅ:म्ज़

terma/gancy, कर्कशता*, लड़ाकापन; **~gant,** *n.*, कर्कशा*, चण्डी*, लड़ाकी स्त्री*; —*adj.*, 1. कर्कश, लड़ाका, झगड़ालू; 2. (*boisterous*) ऊधमी। > टॅ:मॅगॅन्सि, ~ गॅन्ट

termi/nability, समाप्यता*; **~nable,** 1. समाप्य; 2. (*limited*) सावधि, मीआदी। > टॅ:मिनॅबिल्-इटि; टॅ:म्-इनॅबॅल

terminal, *adj.*, 1. (*taking place each term*) सात्रिक; त्रैमासिक; 2. (*last*) अंतिम, अन्त्य, आखिरी; 3. (*at the tip*) अग्रस्थ, सिरे का; अन्तस्थ; 4. (*at the limit*) सीमावर्ती; —*n.*, 1. अंतिम स्टेशन; टर्मिनल; 2. (*of battery*) सिरा; ~ leave

सेवान्त अवकाश; ~ tax, सीमाकर। > टॅ:म्-इनॅल

Terminalia Belerica, बहेड़ा।

termi/nate, *v.*, 1. समाप्त क० या हो जाना, अंत क० या हो जाना; 2. (*set a limit to*) सीमाबद्ध क०; — *adj.*, सान्त; सीमित; **~nation,** 1. (*act*) समापन; 2. (*end*) समाप्ति*, अवसान, अंत; 3. (*conclusion*) अंत, उपसंहार; 4. (*limit*) सीमा*; 5. (*of a word*) विभक्ति*, अन्त्याक्षर; **~native,** 1. समापक; 2. (*astron.*) दीप्तिसीमान्त। > टॅ:म्/इनेट (*v.*), ~इनिट (*adj.*); टॅ:मिनेशन; टॅ:म्/इनटिव्, ~इनेटॅ

termino/logical, पारिभाषिक; ~ inexactitude, झूठ; **~logy,** 1. (*terms*) पारिभाषिक शब्दावली*; 2. (*science*) पारिभाषिकी*। > टॅ:मिनॅलाजिकॅल; टॅ:मिनॉलॅजि

terminus, 1. (*station*) अंतिम स्टेशन, टर्मिनस; 2. (*goal*) लक्ष्य; ~ ad quem, लक्ष्य-बिन्दु; ~ a quo, आरंभ-बिन्दु। > टॅ:म्-इनॅस

termitary, बाँबी*, विमौट, वल्मीक, बिमौट, बिमौटा। > टॅ:म-इटॅरि

termite, दीमक*। > टॅ:माइट

tern, 1. (*bird*) कुररी*; river ~, बड़ी ~; black-billed ~, कलपेटी ~; 2. (*set of three*) त्रिक। > टॅ:न

ternal, त्रिधा। > टॅ:नॅल

ternary, त्रिअंगी; त्रिधा; त्रयात्मक; त्रिआधारी; त्रिधातुक (*alloy*)। > टॅ:नॅरि

ternate, त्रिपर्णकी; त्रिकविन्यासी। > टॅ:न्/इट = एट

Terpsichore, नृत्यदेवी*; **~an,** नृत्य-। > टॅ:प्-सिकॅरी; टॅ-प्-सिकॅरीॲन

terra, पृथ्वी*, धरती*; ~ firma, स्थल, खुश्की*; ~ incognita, अज्ञात देश। > टे'रॅ, ~फॅ:म्-अ, ~इन्कॉग्-निटॅ

terrace, 1. (*high bank*) कगार; 2. (*mound*) वेदिका*, टीला; 3. (*platform*) चबूतरा; 4. (*in front of a room*) बारजा, छज्जा; 5. (*~d roof*) खुली छत*; 6. (*level cut from a slope*) सीढ़ी*; ~ cultivation, सीढ़ीदार खेती*; 7. (*row of houses*) गृह-श्रेणी*; **~-like,** सीढ़ी-नुमा। > टे'रॅस

terracotta, पक्की मिट्टी*; मृण्मूर्ति*। > टे'रॅकॉट्-ॲ

terrain, भूभाग; क्षेत्र; मैदान। > टे'रेन

terraneous, स्थलज। > टे'रेन्-इॲस

terrapin, रामानन्दी कछुआ। > टे'रॅपन

terraqueous, जलस्थलमय। > टे'रेक्विॲस

terrene, 1. (*of earth*) पार्थिव; 2. (*worldly*) सांसारिक, ऐहिक। > टे'रीन

terrestrial, 1. (*of earth*) पार्थिव; ~ equator, भूमध्यरेखा*; ~ globe, पृथ्वी-गोलक; 2. (*worldly*) सांसारिक, दुनियावी, लौकिक, ऐहिक; 3. (*of dry land*) स्थलीय; 4. (*living on land; of animals*) स्थलचर, स्थलचारी; 5. (*growing on dry land*) स्थलज; —*n.*, पृथ्वीवासी। > टॅ = टि/रे'स्-ट्रि-ॲल

terret, छल्ला। > टे'रिट

terrible, 1. (*causing fear*) भयानक, भयंकर, डरावना, (वि)भीषण; 2. (*excessive*) भारी, घोर; भद्दा। > टे'रबॅल

terricolous, भूमिवासी। > टे'रिकॅलॅस

terrific, 1. भयानक, डरावना; 2. (*amazing*) आश्चर्यजनक; 3. (*very good*) खूब। > टरिफ़्-इक

terrify, भयभीत क०, आतंकित क०, दहलाना, दहला देना। > टे'रिफ़ाइ

terrigenous, स्थलजात। > टे'रिजिनॅस

territorial, 1. (*of territory*) क्षेत्रीय; 2. (*of a specific territory*) प्रादेशिक; 3. (*of the territory of a state*) राजक्षेत्रीय; ~ army, प्रादेशिक सेना*; ~ waters, सीमांतर्गत जलक्षेत्र; **~ize,** का (राज्य) क्षेत्र बढ़ाना; प्रादेशिक बनाना। > टे'रिटॉ:र्/इॲल,~इॲलाइज़

territory, 1. (*area, sphere*) क्षेत्र; 2. (*territorial division*) प्रदेश; 3. (*~ of a state*) राज्यक्षेत्र। > टे'रिटॅरि

terror, 1. आतंक, त्रास, संत्रास, दहशत*; 2. (*cause of ~*) विभीषिका*; 3. (*nuisance*) लोककंटक; उपद्रवी; **~ism,** आतंकवाद; **~ist(ic),** आतंकवादी; **~ization,** संत्रासन; **~ize,** आतंकित क०; दहलाना। > टे'रॅ, ~रिज़्म, ~रिस्ट; टे'रॅरिस्-टिक; टे'रॅराइज़ेशॅन; टे'रॅराइज़

terror/-stricken, ~-struck, संत्रस्त, आतंकित। > टे'रॅ/स्ट्रिकॅन, ~स्ट्रॅक

terse, 1. संक्षिप्त, सुगठित, परिसंहत, सारगर्भित; 2. (*curt*) रूखा। > टॅ:स

tertian, *adj.*, अँतरा, त्र्याहिक, *n.*, तिजरा, तिजारी*, तृतीयक, अँतरा। > टॅ:शॅन

tertiary, *adj.*, 1. तीसरा, तृतीय; 2. (*chem.*) तृतीयक; ~ era, तृतीय महाकल्प; —*n.*, उपधर्मसंघी, गृहस्थ धर्मसंघी। > टॅ:शॅरि

tertius, तृतीय। > टॅ:शॅस

tervalent, त्रि-संयोजक। > टॅ:वॅलॅन्ट = टॅ:वेलॅन्ट

tessel/late, चौपड़दार फ़र्श लगाना; **~lated, ~lar,** 1. चौपड़दार; 2. (*checkered*) चारखाने-दार; **~lation,** 1. (*floor*) चौपड़, पच्चीकारी*; 2. (*cloth*) चारखाना। > टे'स्/ॲलेट, ~ॲलेटिड, ~ॲलॅ:टे'सॅलेशॅन

test, *n.*, 1. (*trial; also scientific*) परीक्षण, परख*;

जाँच*; 2. (*examination*) परीक्षा*, इम्तहान; 3. (*criterion*) कसौटी*, मापदण्ड; 4. (*reagent*) अभिकर्मक; 5. (*cupel*) कुठाली*, खर्पर; 6. (*shell of animals*) चोल; —*v.*, 1. परीक्षण क०, परखना; जाँचना, आज़माना; परीक्षा* लेना; 2. (*try severely, tax*) के लिए भारस्वरूप होना, पर बहुत अधिक भार डालना; 3. (*refine; of metal*) शोधन क०; **~able,** परीक्षणीय; **~ed,** परीक्षित, जाँचा; **~-paper,** परख-कागज़, परीक्षण-पत्र; **~-tube,** परखनली*, परीक्षण-नली*। > टे'स्ट; टे'स्/टॅबॅल, ~टिड

testa, 1. बीजावरण, छिलका; 2. (*zool.*) चोल। > टे'स्-टॅ

testacean, चोलदार। > टे'स्टेशॅन

testaceous, 1. (*of shell*) शंख-, शुक्ति-; 2. (*having a shell*) शंखी; 3. चोलदार। > टे'स्टेशॅस

testacy, कृतदित्सता*। > टे'स्टॅसि

testament, 1. (*dispensation*) विधान; New T~, नवविधान; Old T~, पूर्वविधान; 2. (*will*) दित्सापत्र, इच्छापत्र, वसीयत*, वसीयतनामा; **~ary,** दित्सापत्रीय, वसीयती। > टे'स्टॅमॅन्ट; टे'स्टॅमे'न्टॅरि

testamur, प्रमाणपत्र, प्रमाणक। > टे'स्-टेम्-ॲ

testate, कृतदित्स, बा-वसीयत। > टे'स्टेट = टे'स्-टिट

testation, दित्सा*, वसीयत*। > टे'स्टेशॅन

testator, वसीयतकर्ता, दित्साकर्ता। > टे'स्-टेट्-ॲ

testatrix, दित्साकर्त्री*। > टे'स्टेट्-रिक्स

tester, 1. परीक्षक; 2. (*instrument*) परीक्षित्र; 3. (*canopy*) चँदवा। > टे'स्-टॅ

testicle, अण्ड-ग्रन्थि*, अण्ड, वृषण। > टे'स्-टिकॅल

testicular, वृषण-। > टे'स्-टिक्यूलॅ

testiculate, अण्डाकार। > टे'स्-टिक्यूलिट

testification, 1. साक्ष्य देना, साक्ष्यदान, साक्ष्यण; 2. (*testimony*) साक्ष्य। > टे'स्-टि-फ़ि-के-शॅन

testifier, साक्षी, गवाह। > टे'स्-टि-फ़ाइ-ॲ

testify, 1. साक्ष्य देना, गवाही* देना; 2. (*~ to*) का प्रमाण होना, प्रमाणित क०, सिद्ध क०; 3. (*profess*) घोषित क०, पर विश्वास प्रकट क०। > टे'स्-टि-फ़ाइ

testimonial, 1. प्रमाण-पत्र, प्रमाणक; 2. शंसापत्र, सिफ़ारिशनामा, सिफ़ारिशी चिट्ठी*; 3. (*gift*) उपहार, थैली*; **~ize,** शंसापत्र देना; उपहार प्रदान क०। > टे'स्टिमोन्/यॅल = इॲल, ~यॅलाइज़

testimony, 1. साक्ष्य, गवाही*; 2. (*proof*) प्रमाण, सबूत; 3. (*statement*) कथन; घोषणा*; 4. (*logic*) शब्दप्रमाण। > टे'स्-टिमॅनि

testy, चिड़चिड़ा, तुनकमिज़ाज। > टे'स्-टि

tetanus, 1. धनुस्तंभ, धनुष-टंकार; 2. (*lockjaw*) धनुक-बाई*; चाँदनी* (*of horse*)। > टे'टॅनॅस

tetany, पेशी-तनाव, अपतानिका*। > टे'टॅनि

tetchy, चिड़चिड़ा, बदमिज़ाज। > टे'च्-इ

tête-á-tête, *n.*, 1. एकान्तिक भेंट*; *adj.*, एकान्तिक; —*adv.*, एकान्त में, अकेले में। > टेट्-आ-टेट

tether, *n.*, 1. पगहा, पघा; रस्सी*; 2. (*fig.*) पहुँच*, क्षेत्र; —*v.*, खूँटे पर बाँधना, पगहे से बाँधना। > टे'द्-ॲ

tetrabasic, चतु:क्षारकी। > टे'ट्रॅबेस्-इक

tetrachord, अर्ध-अष्टक। > टे'ट्रॅकॉ:ड

tetrad, 1. चार, चतुष्क, चौक, चौका, चौगड्डा, चतुष्टय; 2. (*tetravalent*) चतु:संयोजक तत्त्व। > टे'ट्रैड

tetragon, चतुर्भुज, चतुष्कोण; **~al,** चतुष्कोणीय। > टे'ट्रगन; टिट्रैगनल

tetragram, चतुर्वर्णी शब्द; चतुर्भुज। > टे'ट्रॅग्रैम

tetragynous, चतुर्गर्भकेसरी। > टिट्रैजिनॅस

tetra/hedral, चतुष्फलकीय; **~hedron,** चतुष्फलक। > टे'ट्रॅहे'ड्/रॅल, ~रॅन

tetralogy, नाटक-चतुष्टय। > टिट्रैलॅजि

tetra/meral, ~merous, चतुष्टयी। > टिट्रैमॅ/रॅल, ~रॅस

tetrameter, चतुष्पदी*। > टिट्रैम्-इटॅ

tetrandrous, चतुष्पुंकेसरी। > टिट्रैन्ड्रॅस

tetra/petalous, चतुर्दलीय; **~phyllous,** चतुष्पर्णी; **~pod,** चतुष्पद। > टे'ट्रॅपे'टॅलॅस; टे'ट्रॅफ़िलॅस; टे'ट्रॅपॉड

tetrapterous, चतुष्पंखी। > टिट्रैप्टॅरॅस

tetrarch, राज्यपाल; शासक। > टे'ट्राक

tetraspore, चतुष्कीबीजाणु। > टे'ट्रॅस्पॉ:

tetrastich, चौपाई*। > टे'ट्रॅस्टिक

tetra/syllabic, चतुरक्षरीय; **~syllable,** चतुरक्षर। > टे'ट्रॅसिलैब्-इक; टे'ट्रॅसिलॅबॅल

tetravalent, चतु:संयोजक। > टे'ट्रॅवेलॅन्ट = टे'ट्रॅवॅलॅन्ट

tetter, दाद*, खाज*। > टे'ट्-ॲ

Teuton(ic), जर्मन। > ट्यूटॉन्-इक

text, 1. मूल, मूल-पाठ; 2. (*topic*) विषय; 3. (*quota-tion*) उद्धरण, अवतरण; 4. (*of a sermon*) विषय-वाक्य; **~book,** पाठ्य-पुस्तक*। > टे'क्स्ट

textile, *n.*, कपड़ा, वस्त्र; *adj.*, 1. वस्त्र-; 2. (*woven*) बना हुआ; 3. (*of weaving*) वयन; ~ industry, वस्त्रोद्योग। > टे'क्स्टाइल

textual, 1. मूलपाठ-विषयक, पाठ-; 2. (*literal*) शाब्दिक; ~criticism, पाठालोचन। > टे'क्स्ट्यूॲल

textural, संरचना-। > टे'क्स्चॅरॅल

texture, 1. (*of cloth*) पोत; बुनावट*; 2. (*structure*)

गठन*, संरचना*, बनावट*; 3. (*tissue*) ऊतक; तन्तु-विन्यास; 4. (*nature*) स्वभाव, प्रकृति*।
> टे'क्स्-चें

textus receptus, सर्वमान्य पाठ।

thalamus, 1. (*inner apartment*) अन्तःपुर, हरम; 2. (*of flower*) पुष्पासन; 3. (*med.*) चेतक।
> थैलॅमॅस

than, से, की अपेक्षा*, की बनिस्बत*। > दैन = दॅन

thanage, नवाबी*। > थेन्-इज

thanatophobia, मृत्यु-भीति*। > थैनॅटॅफ़ोब्यॅ

thane, नवाब। > थेन

thank, धन्यवाद देना, शुक्रिया अदा क०, शुक्र क०, कृतज्ञता* प्रकट क०; **~ful,** कृतज्ञ, एहसान-मन्द, नमक-हलाल; **~less,** 1. कृतघ्न, अकृतज्ञ, नमक-हराम; 2. (*profitless*) व्यर्थ, बेकार, अनुपादेय; 3. (*unpleasant*) अप्रिय, अरुचिकर; 4. (*unappreciated*) असमादृत, उपेक्षित; **~-offering,** धन्यवाद का बलिदान या चढ़ावा।
> थैन्क; थैन्क्/फ़ुल, ~लिस

thanks, 1. (*also interjection*) धन्यवाद, शुक्रिया, शुक्र; 2. (*gratitude*) कृतज्ञता*; ~ to, के कारण; **~giver,** शुक्रगुज़ार; **~giving,** धन्यवाद-ज्ञापन, शुक्रगुज़ारी*। > थैन्क्स; थैन्क्स्/गिवें, ~गिविन्ग

thar, थेर। > टा

that, *conjunction*, कि; in ~, क्योंकि, चूँकि; —*adj.*, इतना; —*adj.*, यह; वह; —*pronoun*. 1. (*demonstrative*) यह; वह; 2. (*relative*) जो, जिसे (*who, which*); जहाँ (*where*); जब (*when*); ~ is (to say), अर्थात्, याने, यानी; ~'s ~, बस, हो गया; like ~, ऐसा, इस प्रकार। > दैट

thatch, *n.*, 1. छप्पर, छान*, छानी*, छाजन*, छाज; फूस; 2. (*hair*) केश, सिर के बाल; —*v.*, छप्पर छानना या डालना; **~er,** छप्परबन्द; **~ing,** छवाई*, छाजन, छप्परबंदी*; छप्पर। > थैच

thauma/turge, ~turgist, 1. (*miracle-worker*) करामाती, चमत्कारक; 2. (*conjurer, juggler*) जादूगर, ऐंद्रजालिक, मायावी, बाजीगर; **~turgic,** करामाती, चमत्कारक; ऐंद्रजालिक; **~turgy,** चमत्करण; इन्द्रजाल, जादू, बाजीगरी*। > थॉ:मॅ/टॅ:ज, ~टॅ:जिस्ट; था:मॅटॅ:जिक; थॉ:मॅटॅ:जि

thaw, *v.*, 1. (*melt*) गलना, पिघलना; गलाना, पिघलाना; 2. (*of people*) ढीला पड़ना; पसीजना, पिघलना; —*n.*, (हिम) द्रवण, गलन। > थॉ:

the, *adj.*, 1. वह; वही; 2. (*excellent*) सर्वोत्तम, श्रेष्ठ; 3. (*fashionable*) फ़ैशनेबुल; —*adv.*, ~ (*sooner*) ~ better, जितना (जल्दी) उतना ही अच्छा। > दॅ, दि

theandric, theanthropic(al), ईश-मानवीय।
> थी-ऐन्-ड्रिक; थीऐन्थ्रॉप्-इक

theanthropos, ईशमानव। > थिऐन्थ्रॅपॅस

thearchy, ईशतन्त्र; देवतन्त्र; देववर्ग। > थी-आ-कि

theatre, 1. थिएटर, रंगशाला*, नाट्यशाला*; 2. (*hall*) शाला* कक्ष; operating-~, शल्य-शाला* 3. नाट्य-साहित्य, नाट्य-कला*; 4. (*scene*) क्षेत्र; घटनास्थल (*of events*); कार्यक्षेत्र (*of operation*); मैदान, खेत, युद्धक्षेत्र (*of war*)। > थी-ॲ-टॅ

theatrical, 1. (*of theatre*) नाटकीय; 2. (*dramatic*) नाटकीय; प्रभावशाली; 3. (*melodramatic*) अतिनाटकीय; भावुकतापूर्ण; 4. (*pompous, affected, insincere*) आडम्बरी, कृत्रिम, दिखावटी; **~ity,** नाटकीयता*।
> थिऐट्-रिकॅल; थिऐट्रिकैल्-इटि

theatricals, नाटक, नाट्यभिनय। > थिऐट्-रिकॅल्स

theca, प्रावरक। > थीकॅ

theft, चोरी*, चौर्य, स्तेय। > थे.'फ्ट

theic, चाय-व्यसनी। > थी-इक

their(s), उनका; इनका। > दे'ॲ, दे'ॲज़

the/ism, ईश्वरवाद, आस्तिकवाद; आस्तिकता*; **~ist,** ईश्वरवादी; अस्तिक; **~istic,** ईश्वरवादी, ईश्वरवादात्मक।
> थी-इज़्म; थी-इस्ट; थी-इस्-टिक

them, उन्हें, उनको; इन्हें, इनको। > दे'म

thematic, विषयक। > थिमैट्-इक

theme, 1. (*subject*) विषय, विषय-वस्तु*; प्रकरण, प्रसंग; मूल विषय; 2. (*gram.*) प्रातिपदिक; 3. (*composition*) निबन्ध; 4. (*music*) संगीत-विषय; ~ song, 1. विषयधुन*; 2. (*of radio*) संकेत धुन*।
> थीम

then, *adv.*, 1. तब, उस समय; 2. (*afterwards*) तब, इसके बाद, तत्पश्चात्, अनन्तर; —*conjunc-tion*, तब तो; इसलिए, इस कारण से; अतः, अतएव; —*adj.*, उस समय का, तत्कालीन; till ~, तब तक; from ~, तब से। > दे'न

thenar, 1. (*of hand*) हथेली*, अंगुष्ठमूल; 2. (*of foot*) तलवा, तली*। > थीन्-ॲ

thence, 1. वहाँ से, उस जगह* से; 2. (*~forth, ~forward*) तब से, उस समय से, तत्पश्चात्; 3. (*for that reason*) उस कारण, इसलिए।
> दे'न्स; दे'न्स्फ़ॉ:थ; दे'न्स्फ़ॉ:वॅड

theocentric, ईशकेंद्रित, ईशकेंद्रिक।
> थिॲसे'न्-ट्रिक

theo/cracy, धर्मतन्त्र; ईशतन्त्र; **~crat,** धर्मतन्त्री; **~cratic,** धर्मतन्त्रिक, धर्मतंत्रीय, धर्म-तन्त्रात्मक; धर्मतन्त्रवादी; मज़हबी।
> थिऑक्रॅसि; थी-ॲ-क्रैट; थिॲक्रैट्-इक

theocrasy, ईश-संयुक्ति*। > थिऑक्रॅसि

theodicy, ईशशास्त्र। > थिऑड्-इसि

theodolite, थियोडोलाइट। > थिऑडॅलाइट

theogony, देवोत्पत्ति*। > थिऑगॅनि
theolatry, ईशपूजा*; देवपूजा*। > थिऑलॅट्रि
theo/logian, ~logist, ब्रह्मविज्ञानी, धर्मविज्ञानी, धर्मतत्त्वज्ञ; **~logic(al),** 1. (*of theology*) ब्रह्मवैज्ञानिक; 2. ईश्वरपरक; **~logize,** धर्मविज्ञान पढ़ना; धर्मवैज्ञानिक शब्दों में व्यक्त क०; **~logy,** ब्रह्मविज्ञान, धर्मविज्ञान; ईश्वरमीमांसा*। > थीॲलोजिॲन; थिऑलॅजिस्ट; थीॲलॉ/जिक, ~जिकॅल; थिऑलॅजाइज़; थिऑलॅजि
theomachy, देवयुद्ध। > थिऑमॅकि
theomania, धर्मोन्माद। > थीॲमेन्यॅ
theophany, ईशदर्शन; ईश-साक्षात्कार। > थिऑफ़ॅनि
theopathy, समाधि*, हाल। > थिऑपॅथि
theorem, प्रमेय; **~atic,** प्रमेयी, प्रमेय-। > थीॲरॅम; थीॲरिमैट्-इक
theo/retic(al), 1. सैद्धान्तिक; 2. (*speculative*) मीमांसात्मक; **~retically,** सिद्धान्त रूप से, सिद्धान्ततः; **~retician, ~rist,** सिद्धान्ती; सिद्धान्तवादी; शास्त्री, आचार्य; **~retics,** सैद्धान्तिकी*, सिद्धान्त-पक्ष, सैद्धान्तिक पक्ष। > थीॲरे'ट्/इक, ~इकॅल, ~इकॅलि; थीॲरिटिशॅन; थीॲरिस्ट; थीॲरे'ट्-इक्स
theo/rization, सिद्धान्तीकरण; सिद्धान्त-स्थापन; **~rize,** 1. सिद्धान्त प्रस्तुत क० या स्थापित क०; 2. (*speculate*) चिन्तन क०; अनुमान लगाना, कल्पना* क०। > थीॲराइज़ेशॅन; थीॲराइज़
theory, 1. सिद्धान्त; वाद, मत; 2. (*hypothesis*) परिकल्पना*। > थीॲरि
theo/sophical, ब्रह्मविद्या-; **~sophist,** ब्रह्मविद्या*; थियोसाफ़ी*। > थीॲसॉफ़्-इकॅल; थिऑसॅफ़िस्ट; थिऑसॅफ़ि
theotokos, ईशमाता*। > थिऑटॅकॉस
thera/peutic(al), 1. चिकित्सीय; 2. (*healing*) आरोग्यकर, रोगहर; **~peutics, ~py,** 1. चिकित्सा-विज्ञान; 2. (*treatment*) चिकित्सा*, रोगोपचार; **~peutist, ~pist,** चिकित्सक। > थे'रॅप्यूट्/इक, ~इकॅल, ~इक्स; थे'रॅपि; थे'रॅप्यूट्-इस्ट; थे'रॅपिस्ट
there, 1. वहां, उस स्थान (जगह*) पर; 2. (*thither*) उधर; 3. (*at that point*) वहाँ, उस बिन्दु (अवसर, स्थिति*) पर; 4. इसमें, इस बात* में; उसमें; ~ and then, वहीं पर; not all ~, मूर्ख; पागल। > दे'ॲ
there/abouts, वहाँ कहीं; लगभग, क़रीब; **~after,** उसके बाद; **~at,** उसपर; इस कारण से; **~by,** उसके द्वारा; उसके सम्बन्ध में; **~fore,** इसलिए, अतः, इस कारण से; **~in,** इसमें; उसमें; इस (उस) बात* में, इस (उस) दृष्टि* से; **~inafter,** इसी (उसी) में आगे चलकर; **~upon,** उस पर, तदनन्तर, तत्पश्चात्। > दे'ॲ रॅ/बाउट, बाउट्स; दे'ॲराफ़्टॅ; दे'ॲरैट; दे'ॲबाइ; दे'ॲफ़ॉ:; दे'ॲर्-इन; दे'ॲरिन्आफ़्टॅ; दे'ॲ रॅपॉन
theriac, विषहर। > थिॲर्-इऐक
therianthropic, पशुमानवीय। > थिॲरिऐन्थ्रॉप्-इक
theriomorpic, पशुरूप। > थिॲरिॲमॉ:फ़्-इक
therm, थर्म; **~al,** 1. (*of heat*) ऊष्मीय, ऊष्मा-; 2. (*hot*) गरम, ऊष्म; 3. (*of temperature*) तापीय; **~ic,** ऊष्मीय, ऊष्मिक। > थॅ:म; थॅ:मॅल; थॅ:म्-इक
thermion, तापायन; **~ic,** तापायनिक; **~ics,** तापायनिकी*। > थॅ:माइॲन; थॅ:मिऑन्/इक, ~इक्स
thermo/chemistry, ऊष्मा-रसायन; **~dynamics,** ऊष्मा-गतिकी*; **~-electric,** ताप-वैद्युत; **~-electricity,** ताप-विद्युत*; **~graph,** तापलेखी।
thermo/meter, तापमापी, थर्मामीटर; **~metry,** तापमिति*। > थॅमॉम्/इटॅ, ~इट्रि
thermo/nuclear, ताप-नाभिकीय; **~plastic,** ताप-सुनम्य।
thermos, थर्मस। > थॅ:मॉस
thermoscope, तापदर्शी। > थॅ:मॅस्कोप
thermo/stat, तापस्थायी; **~static,** ऊष्म-स्थैतिक; **~statics,** ऊष्मास्थैतिकी*; **~taxis,** ताप-अनुचलन; **~tropism,** ताप-अनुवर्तन।
theroid, पशुवृत्तिक। > थिॲरॉइड
thesaurus, 1. कोश; 2. (*encycl.*) विश्व-कोश। > थीसॉ: रॅस
these, ये। > दीज़
thesis, 1. (*treatise*) शोध-प्रबन्ध; 2. (*proposition*) प्रमेय; दावा; धारणा*; 3. (*postulate*) अभिधारणा*; 4. (*theme*) विषय। > थीस्-इस
Thespian art, नाट्यकला*। > थे'स्-पिॲन
theurgy, 1. चमत्कार; 2. (*sorcery*) जादू-टोना। > थी-ॲ:जि
thewed, thewy, हृष्ट-पुष्ट, हट्टा-कट्टा। > थ्यूड, थ्यू-इ
thews, 1. (*strength*) बाहुबल; 2. (*muscles*) पेशियाँ*, पेशी-समूह। > थ्यूज़
they, वे; ये; लोग। > दे
thick, 1. (*of cloth*) मोटा, गाढ़ा, दबीज़; 2. (*of layer*) मोटा, गहरा; 3. (*of line, lens*) मोटा; 4. (*compact*) घना, सघन; संकुल (*crowded*); 5. (*abounding*) से भरा हुआ; 6. (*numerous*) बहुत से, बहुल; बहुसंख्यक; 7. (*of liquid, paste*) गाढ़ा; 8. (*dense, of fog, vapour*) घना, सघन; 9. (*turbid*) गदला, गँदला; 10. (*muddy*) कीचड़-भरा, पंकिल; 11. (*not clear, of vapour*) धुँधला; 12. (*of voice*) अस्पष्ट,

भर्राया हुआ, रूँधा हुआ; 13. (*of intellect*) मोटा; 14. (*~-headed, ~-skulled, ~-witted*) मन्दबुद्धि, जड़मति; 15. (*intimate*) घनिष्ठ, गहरा, गाढ़ा; —*adv.*, ज़ोर से, तड़ातड़, लगातार, अंधाधुंध; a bit ~, बरदाश्त* के बाहर; अनुचित; in the ~ of, के बीचोंबीच; lay it on ~, बढ़ा-चढ़ाकर बातें* क०, अतिरंजना* क०; through ~ and thin, सुख-दुःख में। > थिक

thicken, गाढ़ा (मोटा, घना) बनना या बनाना। > थिकॅन

thicket, झुरमुट, झाड़ी*। > थिक्-इट

thickness, मोटाई*; गाड़ापन; सघनता*। > थिक्-निस

thick/set, 1. घना, सघन; 2. (*of person*) नाटा और गठीला; **~-skinned,** 1. मोटी चमड़ी* वाला; 2. (*stolid*) भावशून्य। > थिक्से'ट; थिक्-स्किन्ड

thief, 1. चोर, तस्कर; petty ~, उचक्का, चोट्टा, उठाईगीर; 2. (*robber*) लुटेरा। > थीफ़

thieve, चोरी* क०; चुराना; **~ry,** चोरी*। > थीव; थीवॅरि

thievish, 1. चोर-सा; चोर-जैसा; 2. (*in the habit of stealing*) चोरटा, चौर्य-व्यसनी; 3. (*dishonest*) बेईमान; 4. (*furtive stealthy*) नज़र-चोर। > थीव्-इश

thigh, जांघ*, जंघा*, रान*, ऊरु, उरु; **~-bone,** ऊर्वस्थि*। > थाइ; थाइबोन

thigmotaxis, स्पर्शानुचलन। > थिग्मटैक्-सिस

thill, बम। > थिल

thimble, 1. अंगुश्ताना; 2. (*metal ring*) छल्ला। > थिम्बॅल

thin, *adj.*, 1. (*of cloth, paper, etc.*) पतला, बारीक, महीन; 2. (*of thread, wire, stick, line*) पतला, बारीक; तनु; 3. (*lean*) दुबला-पतला; 4. (*slender*) छरहरा; 5. (*sparse, also of audience*) विरल, कम, छितराया हुआ; 6. (*scant*) कम; 7. (*scattered*) छितरा; 8. (*of air*) विरल; 9. (*of liquid*) पतला; 10. (*of voice*) महीन, क्षीण; 11. (*flimsy, of fabric*) झीना; 12. (*inadequate*) पतला, हलका, छिछला, तुच्छ; a ~ time, तकलीफ़*, कष्ट; —*v.*, 1. पतला, महीन, बारीक बनना या बनाना; घटना, कम हो जाना; 2. (*vine*) छाँटना; **~ly,** थोड़ा; कम; **~ner,** विरलक; **~ness,** पतलापन; बारीकी*; तनुता*; विरलता*; **~ning,** विरलन; **~-skinned,** कोमलहृदय; नाज़ुकदिमाग़। > थिन

thine, तेरा। > दाइन

thing, 1. चीज़*, वस्तु*, पदार्थ, जिंस*; 2. (*matter, item*) बात*; 3. (*topic*) विषय; 4. (*event*) घटना*; 5. (*affair*) मामला; 6. (*act*) काम, कार्य; 7. (*pl., belongings*) सामान; 8. (*pl., property*) सम्पत्ति*; 9. (*pl., affairs, business*) कारोबार, व्यवसाय; know a ~ or two, अनुभवी होना; make a good ~ of, से लाभ उठाना। > थिङ

think, 1. (*reflect, pounder*) विचार क०, सोचना, विचारना; चिन्तन क०, ग़ौर क०, मनन क०; 2. (*be of opinion*) समझना, मानना; 3. (*form conception of, ~ of, ~ out*) कल्पना* क०, सोचना; सोच निकालना; 4. (*intend*) इरादा होना या क०; 5. (*surmise*) अनुमान होना या क०; 6. (*recollect*) याद क०; ~ better of (*intention*), छोड़ देना, मन बदलना; ~ fit, पसन्द क०; ~ much (well) of, की बहुत क़दर* क०; ~ nothing of, 1. (*despise*) तुच्छ समझना; 2. (*~ easy*) बायें हाथ का खेल समझना। > थिन्क

think/able, कल्पनीय; **~er,** विचारक; **~ing,** *n.*, विवेचन, विचारणा*, विचारण; चिन्तन, सोच-विचार; to my —, मेरी समझ* में; —*adj.*, 1. विचारशील; 2. (*rational*) विवेकी, बुद्धिसम्पन्न। > थिन्क्/अॅबॅल, ~अॅ, ~इन्ग

third, *adj.*, तीसरा, तृतीय; ~ day of the moon, तीज*, तृतीया*; ~ degree, उत्पीड़न; ~ person, 1. (*gram.*) अन्य पुरुष; 2. (*~ party*) तिसरैत; —*n.*, तिहाई*, तृतीयांश; **~-class, ~-rate,** घटिया; **~ly,** तीसरे। > थॅ:ड

thirst, *n.*, (*also fig.*), प्यास*, पिपासा*, तृषा*, तृष्णा*; —*v.*, 1. प्यास* लगना, प्यासा होना; 2. (*~ for, ~ after*) की अभिलाषा* क०, की लालसा* क०, के लिए तरसना; **~y,** 1. प्यासा, पिपासु, पिपासित, पिपासी, तृषित; 2. (*of land*) सूखा; 3. (*fond of drink*) मद्यप। > थॅ:स्ट, थॅ:स्ट्-इ

thirteen, तेरह, त्रयोदश। > थॅ:टीन

thirteenth, तेरहवाँ, त्रयोदश; ~ day of the moon, तेरस*, त्रयोदशी*। > थॅ:टीन्थ

thirtieth, तीसवाँ, त्रिंश। > थॅ:ट्-इअॅथ

thirty, तीस, त्रिंशत् (31 *etc.* इकतीस, बत्तीस, तेंतिस = तैंतीस = तैंतिस; चौंतिस = चौंतीस, पैंतीस, छत्तीस, सैंतीस, अड़तीस, उन्तालीस)। > थॅ:ट्-इ

this, यह; ~ day, आज; ~ much, इतना, इतना ही; by ~, इस समय; for all ~, तथापि; like ~, ऐसा; **~ness,** इदंता*। > दिस; दिस्-निस

thistle, ऊँटकटारा, भट-कटैया*; **~down,** रोम। > थिसॅल, ~डाउन

thither, *adv.*, उधर; *adj.*, परला। > दिद्-अॅ

thole(-pin), चप्पू की टेक*। > थोल, थोल्-पिन

Thomism, थोमसवाद। > टॉम्-इज़्म

thong, *n.*(*v.*), 1. (*whiplash*) कोड़ा (लगाना); 2. (*strap*) तसमा, पट्टा। > थॉन्ग

thoracic, वक्षीय, वक्ष-। > थॅ = थॉ:रैसिक

thorax, वक्ष, छाती*, सीना। > थॉ:रैक्स

thorium, थोरियम। > थॉ:र्-इअॅम

thorn, 1. कांटा, कंटक; 2. (*nuisance*) कंटक, ~ apple, धतूरा; **~y,** 1. कंटीला, काँटेदार, कंटकाकीर्ण; 2. (*fig.*) कंटकाकीर्ण, पेचीला। > थॉ:न; थॉ-न्-इ

thorough, 1. (*complete*) पूरा, सम्पूर्ण, पूर्ण, सम्यक्; 2. (*out-and-out, of a scoundrel etc.*) पक्का; 3. (*painstaking*) श्रमसाध्य, श्रमसाधित (*of work*); अतिसावधान, अध्यवसायी (*of person*); **~bred,** 1. (*of animals*) नसलदार; 2. (*aristocratic*) कुलीन, अभिजात; 3. (*cultured*) सुसंस्कृत; **~fare,** आम रास्ता; (खुली) सड़क*; **~going,** 1. पक्का; 2. (*uncompromising*) कट्टर; **~ly,** पूर्णरूप से, पूर्णतया; बख़ूबी, अच्छी तरह* से; **~ness,** पक्कापन; सम्पूर्णता*; **~paced,** सधा हुआ, अभ्यस्त; **~-pin,** भभूतरा। > थॅरो

thorp(e), 1. गाँव; 2. (*hamlet*) पल्ली*; खेड़ा। > थॉ:प

those, वे। > दोस

thou, तू। > दाउ

though, 1. यद्यपि, हालाँकि; 2. (*even if*) भले ही; as ~, मानो, जैसे, गोया। > दो

thought, 1. (*act*) विवेचन, विचारणा*, विचारण; बुद्धिव्यापार; 2. (*reflection*) सोच-विचार; चिन्तन; 3. (*faculty*) बुद्धि*, विवेक, विचार-शक्ति*; 4. (*idea*) विचार, ख़याल; धारणा*; 5. (*opinion*) विचार, राय*, मत, दृष्टिकोण; 6. (*body of opinions*) विचारधारा*; 7. (*care, concern*) लिहाज़ा, मुलाहज़ा, ख़याल, ध्यान, परवाह*, चिन्ता*; 8. (*intention*) इरादा; 9. (*a little*) थोड़ा-सा; second ~s, पुनर्विचार। > थॉ:ट

thought/ful, 1. (*pensive*) विचारमग्न; ध्यानमग्न; 2. (*by nature*) विचारशील; गंभीर; 3. (*considerate*) लिहाज़ करनेवाला; सहृदय; 4. (*of book etc.*) विचारपूर्ण; मौलिक; **~less,** 1. लापरवाह; 2. (*inconsiderate*) बेलिहाज़; **~-reader,** परविचारज्ञ; **~-reading,** परविचार-ज्ञान; **~-transference,** विचार-सम्प्रेषण; **~-wave,** विचारलहर*। > थॉ:ट्/फुल, ~लिस

thousand, *n.*, सहस्रक; *adj.*, 1. हज़ार, सहस्र; (*many*) अनेकानेक, अनेक; ~ and one, असंख्य, अगणित, अनगिनत, अगिनत, अनगिन; **~fold,** सहस्रगुण, सहस्रविध, सहस्रधा; **~th,** सहस्रतम। > थाउज़ॅन्ड; थाउज़ॅन्ड्फ़ोल्ड; थाउज़ॅन्ड्थ

thraldom, दासता*। > थ्रॉ:ल्डॅम

thrall, *n.*, दास; दासता*; *v.*, दास बना लेना। > थ्रॉ:ल

thrash, 1. (*beat*) खूब मारना; 2. (*flog*) कोड़े लगाना; 3. (*defeat*) मात कर देना, पराजित क०; 4. (*thresh*) दाँना, दाँवना, गाहना; **~ about,** छटपटाना, हाथ-पैर पटकना; **~ out,** विचार-विमर्श द्वारा सुलझाना; **~ing,** पिटंत*, पिटाई*, मार*; हार*; दँवरी*। > थ्रैश; थ्रैश्-इन्ग

thrasonical, शेखीबाज़, आत्मश्लाघी। > थ्रॅसॉन्-इकॅल

thread, *n.*, 1. (*thin cord*) तागा, धागा, सूत, सूत्र; 2. (*filament*) तन्तु; 3. (*sequence*) सिलसिला, क्रम, ताँता; 4. (*of a screw*) चूड़ी*; 5. (*thin seam or vein*) पतली परत* या शिरा*; gold ~, बादला, कलाबत्तू, ज़री*; hang by a ~, भारी संकट में होना; अनिश्चित होना; —*v.*, 1. (*a needle, beads*) पिरोना; 2. (*pass through*) पार कर जाना; फूँक-फूँककर पैर रखते हुए पार क० या आगे बढ़ना; 3. (*wind one's way*) टेढ़े-मेढ़े आगे बढ़ना; 4. (*streak*) धारियाँ* डालना; **~bare,** 1. (*of clothes*) फटा-पुराना जीर्ण; 2. (*shabbily dressed*) फटीचर; 3. (*hackneyed*) घिसा-पिटा, पुराना; फीका; **~worm,** सूत्रकृमि। > थ्रे'ड; थ्रे'ड्बे'ॲ

thready, 1. (*fibrous*) रेशेदार; 2. (*filamentous*) तन्तुमय; 3. (*viscous*) श्यान; 4. (*of voice*) महीन। > थ्रे'ड्-इ

threat, 1. धमकी*, तर्जन, संतर्जन; 2. (*apprehension*) आशंका*, खटका। > थ्रे'ट

threaten, धमकी* देना, धमकाना, डराना-धमकाना; की आशंका* होना; जोखिम* में डालना; **~ed,** संकट में; **~ing,** 1. धमकानेवाला, धमकी-भरा, संतर्जक; अशुभ। > थ्रे-टॅन; थ्रे'टॅन्ड; थ्रे'टॅनिन्ग

three, 1. तीन, त्रय; 2. (*card, domino*) तिक्का, तिक्की*, तिड़ी*; rule of ~, त्रैराशिक नियम; **~-cor-nered,** त्रिकोण, तिकोना, **~dimensional,** त्रिविम; **~fold,** त्रिगुण, तिगुना; त्रि-, विविध, त्रिधा; **~-legged,** त्रिपाद; **~penny,** सस्ता; **~-phase,** त्रिकल, त्रिप्रावस्था; **~-ply,** तेहरा; **~-quarter(s),** पौन, तीन-चौथाई; **~score,** साठ; **~some,** *n.*, त्रयी, त्रिक; —*adj.*, तीन का, त्रय, त्रि-; **~-way,** त्रिपथ। > थ्री; थ्रे'पॅनि

thre/node, ~nody, शोकगीत, मरसिया, विलाप; **nodial, ~nodic,** शोक-, शोकात्मक, मातमी; **~nodist,** शोकगीत-कार। > थ्रीनोड; थ्रीनॅडि = थ्रे'नॅडि; थ्रीनोड्-इॲल; थिनॉड्-इक; थ्रे'नॅडिस्ट

thresh, दाँना, दाँवना, गाहना; *see* THRASH; **~ing-floor,** खलिहान। > थ्रे'श; थ्रे'श्-इन्ग

threshold, 1. देहली*, देहरी*, दहलीज़*; 2. (*entrance*) द्वार, दरवाज़ा; प्रवेश-द्वार; 3. (*beginning*) प्रारंभ; 4. (*biol., lowest limit*) अवसीमा*; 5. (*physics*) देहली*। > थ्रे'शोल्ड

thrice, 1. तीन बार; 2. (*threefold*) तिगुना; 3. अति-, अत्यधिक; **~-told,** घिसा-पिटा। > थ्राइस

thrift, मितव्ययिता*, किफ़ायत*, कमखर्ची*; मितव्यय; **~less,** अपव्ययी, फ़ुज़ूलख़र्च; **~lessness,** अपव्यय, फ़ुज़ूलख़र्ची*। > थ्रिफ़्ट

thrifty, 1. मितव्ययी, किफ़ायती, कमखर्च;

2. (*prosperous*) फलता-फूलता। > थ्रिफ़्-टि

thrill, *v.*, 1. रोमांचित क०, पुलकित कर देना; 2. (*stir*) भावविह्वल कर देना, उत्तेजित क०; 3. (*be stirred*) को रोमांच या पुलक होना, रोमांचित, पुलकित या गद्‌गद होना; पुलकना, सिहरना; 4. (*throb*) काँपना, धड़कना; —*n.*, 1. पुलक (*of joy, love, etc.*); रोमांच (*also of fear, horror*), रोमहर्ष(ण); सिहरी*, सिहरन*; 2. (*qui-ver*) फुरहरी*, कँपकँपी*, कम्पन; 3. (*pulsation*) स्पन्दन, धड़कन*; 4. (*event*) रोमांचकारी घटना*; **~er,** रोमांचक, उत्तेजक या सनसनीखेज़ रचना* (पुस्तक*, नाटक, फ़िल्म*); **~ing,** 1. भावोत्तेजक, उत्तेजक; रोमहर्षक, रोमांचक; 2. (*vibrant*) स्पन्दित, कम्पित, कम्पायमान। > थ्रिल; थ्रिल्/अॅ, ~इन्ग

thrips, कीट। > थ्रिप्स

thrive, 1. (*prosper*) फलना-फूलना, बढ़ना; सफल (*successful*), सौभाग्यशाली (*fortu-nate*) या सम्पन्न (*rich*) होना; उन्नति* क०; 2. (*of business*) पनपना, चमकना, उन्नति* पर होना; 3. (*of plant*) पनपना; 4. (*develop healthily*) खूब बढ़ना; 5. (*increase*) बढ़ना। > थ्राइव़

thriving, फलता-फूलता; सफल; सौभाग्यशाली; सम्पन्न; उन्नतिशील; हरा-भरा; वर्द्धिष्णु। > थ्राइव़्-इन्ग

throat, *n.*, 1. (*front part of neck, passage in the neck*) गला, कंठ; 2. (*gullet*) ग्रसिका*, हलक़; 3. (*windpipe*) श्वासनली*; 4. (*narrow opening*) मुख; sore ~, गलशोथ; take by the ~, गला दबाना या घोंटना; ram (thrust) down one's ~, किसी के गले बाँधना, मढ़ना या लगाना; ज़बरदस्ती सुनाना; *stick in one's* ~, ज़बान* पर अटक जाना; गले के नीचे नहीं उतरना; —*v.*, खाँचा बनाना; **~latch,** गलतनी*। > थ्रोट

throaty, 1. (*hoarse*) फटा; 2. (*guttural*) कंठ्य। > थ्रोट्-इ

throb, *v.*, 1. (*palpitate*) धड़कना, धकधक* क०; 2. (*quiver*) काँपना, कंपित होना, स्पन्दित होना; —*n.*, धड़कन*, धुकधुकी*; कम्पन, स्पन्दन, कँपकँपी*, स्फुरण। > थ्रॉब

throe(s), 1. (*pangs*) टीस*, हूक*, कसक*; 2. (*of childbirth*) प्रसव-पीड़ा*; 3. (*anguish*) वेदना*, व्यथा*; in the ~s of, में फँसा हुआ, में लगा हुआ। > थ्रो; थ्रोज़

thrombosis, घनास्त्रता*। > थ्रॉम्बोस्-इस

throne, 1. (राज)सिंहासन, गद्दी*, तख़्त; 2. (*fig.*) गद्दी*; आधिराज्य; **~d,** सिंहासनस्थ, सिंहासनारूढ़, तख़्तनशीन। > थ्रोन; थ्रोन्ड

throng, *n.*, भीड़*; *v.*, भीड़* लगाना; भीड* में आना; ठसाठस भर देना; घिर आना। > थ्रॉन्ग

throstle, 1. (*song-thrush*) बाम्कार, 2. (*~-frame*) चरखा। > थ्रॉसॅल

throttle, *n.*, 1. *see* THROAT (1, 2, 3); 2. (*valve*) थ्रॉटल, वाष्परोधी, उपरोधक; —*v.*, 1. (*strangle*) गला घोंटना; 2. (*fig.*) दबा लेना (*suppress*); बन्द कर देना, ठप कर देना (*paralyse*); 3. (*an engine*) नियंत्रित क०; ~ down, गति* कम कर देना; **~-valve,** नियन्त्रण वाल्व। > थ्रॉटॅल

throttling, उपरोधी। > थ्रॉट्-लिन्ग

through, *prep.*, 1. के वार-पार, के आर-पार, के पार; से; के बाहर; में से; 2. (*by way of*) से होकर; 3. (*among*) में से; 4. (*by reason of*) के कारण, की वजह* से; 5. (*by means of*) के द्वारा, के ज़रिये, से; 6. (*to the end of*) के अन्त तक; —*adv.*, 1. आर-पार, वार-पार; 2. शुरू से अन्त तक, आद्योपान्त; 3. (~ *and* ~) पूर्णतया; pass ~, पार क०; be ~ with, से तिनका तोड़ना; —*adj.*, 1. (*unobstructed*) खुला; ~ train, सीधी गाड़ी*। > थ्रू

throughout, *adv.*, 1. (*completely*) पूर्णतया, नितान्त, बिलकुल; 2. शुरू से अन्त तक, आद्योपान्त; 3. (*everywhere*) सर्वत्र; —*prep.*, ~ the country, सारे देश में; देश भर में; ~ the century (day), शताब्दी* (दिन) भर। > थ्रू-आउट

throw, *n.*, 1. फेंक*, क्षेप(ण), निक्षेप(ण), प्रक्षेप; 2. (*of dice*) फेंक*; 3. (*distance*) फेंकने की दूरी*; stone's ~, थोड़ी दूरी*; 4. (*in wrestling*) पछाड़*; 5. (*fault in strata*) पात; —*v.*, 1. फेंकना (*also dice*); 2. (*a weapon*) छोड़ना, चलाना, फेंकना; 3. (*light, net*) डालना; 4. (*on the ground*) पटक देना, फेंकना; 5. (*make fall*) गिराना; 6. (*in wrestling*) पछाड़ना, पटकना, फेंकना; 7. (*move violently*) पटकना, फेंकना; 8. (*place, put*) डालना, डाल देना; 9. (*cast off, shed*) उतारना; 10. (*bring forth young*) डालना, ब्याना; 11. (*twist into thread*) बटना; 12. (*shape on potter's wheel*) गढ़ना; 13. (*turn, move, etc., in a certain direction*) घुमाना, उठाना, झुकाना, बढ़ाना; ~ a fit, मूर्च्छा* खाना; आग-बबूला हो जाना; ~ a party, पार्टी* देना; ~ cold water on, नापसन्द क०, से असम्मति* प्रकट क०; ~ down the gauntlet, चुनौती* देना; ~ dust into the eyes of, की आँख* (आँखों) में धूल* झोंकना; ~ in the teeth of, के कारण फटकारना या निन्दा* क०; ~ one's weight about, अपने पद (शक्ति*) का दुरुपयोग क०, अनुचित रूप से प्रभाव डालना; ~ oneself, 1. — at, पर टूट पड़ना; (किसी पुरुष की) प्रेमिका* बनने की पूरी कोशिश* क०; 2. — down, लेट जाना, दण्डवत् क०; 3. — into, में उत्साहपूर्वक लग जाना; 4. — on, पर अपना भरोसा रखना; **~about,** 1. पटकना; घुमाना; 2. (*scatter*) बिखेरना, छितराना; 3. (*squander*) उड़ाना; **~ away,** खो बैठना, गँवा देना; उड़ाना; फेंक देना; **~ back,** किसी पूर्वज की

विशिष्टता* प्रदर्शित क०; **~ in,** 1. लगाना; जोड़ देना; 2. बीच में बोलना; 3. — one's hand, छोड़ देना; हार* मानना; आत्म-समर्पण क०; 4. — one's lot with, का साथ देना; **~ off,** 1. (*cast of*) उतारना; दूर क०, हटा देना; 2. (*get rid of*) से पीछा छुड़ाना; छोड़ देना, त्याग देना; 3. (*become free of*) से छुटकारा पाना; से मुक्त हो जाना; 4. जल्दी या तत्काल लिख देना; बिना तैयारी* किए या तत्काल भाषण देना; **~ on,** (जल्दी या लापरवाही* से) पहन लेना; **~ open,** पूरा खोल देना, जनता* के लिए खोलना; **~ out,** 1. निकाल देना, निकाल बाहर क०; 2. (*reject*) अस्वीकार क०; 3. (*cricket*) आउट क०; 4. (*suggest*) सुझाव देना, सुझाना, जताना; 5. (*distract*) घबरा देना; ध्यान भंग क०; 6. (*build*) बढ़ाना, का विस्तार क०; **~ over,** छोड़ देना, परित्यक्त क०; **~ together,** एकत्र क०; जल्दी या लापरवाही* से बना लेना; **~ up,** 1. चढ़ाना, ऊपर उठाना; 2. ऊपर फेंकना; 3. (*vomit*) उल्टी* क०, वमन क०; 4. (*give up*) छोड़ देना; 5. (*resign*) इस्तीफ़ा देना; 6. (*mention*) उल्लेख क०, ज़िक्र क०; 7. — the sponge, हार* मानना; आत्मसमर्पण क०; **~-back,** परावर्तन; **~-down,** पछाड़*; **~-off,** प्रारंभ; **~-out,** परित्यक्त। > थ्रो

thrum, *n.*, 1. (*fringe*) झब्बा; 2. ताने का सिरा; 3. (*thread*) तागा, धागा; —*v.*, 1. (*strum*) झंकारना; 2. (*drum*) ठकठकाना। > थ्रॅम

thrush, 1. (*bird*) बाम्कार (*song-~*); कस्तूरिका* (*whistling ~*); चिलबिल (*laughing ~*); 2. (*dis-ease of mouth*) मुँह के छाले, मुखपाक; 3. (*horse disease*) रस। > थ्रॅश

thrust, *v.*, 1. (*push forcefully*) धकेलना, ढकेलना; धक्का देना, पेलना; 2. (*pierce, stab*) भोंकना, घोंपना, गड़ाना, घुसेड़ना; 3. (*put*) डाल लेना; 4. (*squeeze in*) घुसेड़ना, घुसाना, ठूसना; 5. (*exert pressure*) दबाना; दबाव डालना (*fig.*); 6. (*extend*) (आगे) बढ़ाना; 7. (*~ forward*) थकिया कर (ज़बरदस्ती या मुश्किल* से) आगे बढ़ना; ~ on, के गले मढ़ना, पर लादना; ~ oneself, 1. — on, अपने को किसी पर लादना; 2. — in (*~ one's nose in*) दखल देना, हस्तक्षेप क०; 3. — forward, अपनी ओर* ध्यान आकर्षित क०; —*n.*, 1. धक्का; 2. प्रहार; 3. (*attack*) आक्रमण; 4. (*pressure*) दबाव; 5. (*stress*) प्रतिबल; 6. (*mech.*) प्रणोद; 7. (*geol.*) क्षेप; 8. (*med.*) अभिप्लवन। > थ्रॅस्ट

thud, धब-धब*, धम*, धमाका, गद; धब-धब* क०; धम* से गिरना। > थॅड

thug, 1. ठग; 2. (*ruffian*) गुण्डा; **~gee,** ठगी*। > ठग; ठॅग्-इ

thuja, थूजा, मोरपंखी*। > थूजे

thumb, *n.*, अंगूठा, अंगुष्ठ; ~s up, शाबाश; rule of ~, व्यवहार, अनुभव; under the ~ of, की मुट्ठी* में, के वश में, के अधीन; —*v.*, 1. मैला क०; 2. (*play*) भद्दे ढंग से बजाना; 3. (अँगूठे से) इशारा क०; ~ one's nose, ठेंगा दिखाना; **~-index,** पार्श्व-अनुक्रम; **~-nail,** *n.*, अँगूठे का नख; —*adj.*, छोटा-सा, संक्षिप्त; — sketch, लघुचित्र; **~-nut,** अँगूठा-ढिबरी*; **~-print,** अँगूठा-निशान, अँगूठे की छाप*; **~screw,** अँगूठे का शिकंजा; **~-stall,** अंगुश्ताना। > थॅम

thump, 1. (*beat*) मारना, प्रहार क०; ठोकना; 2. (*with fist*) मुकियाना; —*n.*, 1. (*with fist*) घूँसा, मुक्का; 2. (*blow*) प्रहार; आघात, धमाका; 3. (*sound*) धमाका; **~ing,** बहुत बड़ा; अच्छा खासा, बढ़ा-चढ़ा। > थॅम्प; थॅम्प्-इना

thunder, *n.*, 1. गरज*, गड़गड़ाहट*, (मेघ) गर्जन, कड़कड़ाहट*; 2. (*~bolt*) बिजली*, वज्र, गाज*, वज्रपात, पवि, कुलिश; 3. (*loud noise*) बुलन्द आवाज़*, गरज*; 4. (*threats*) गर्जन, भर्त्सना*, फटकार*; —*v.*, 1. गरजना, गड़गड़ाना, कड़कड़ाना, कड़कना; 2. (*fig.*) गरजना; **~-and-lightning,** रंगारंग, रंगबिरंगा; **~clap,** बिजली* की कड़क*; **~cloud,** गर्जन-मेघ; **~ing,** बहुत बड़ा; बहुत तेज़; अच्छा खासा, बढ़ा-चढ़ा; **~ous,** गरजनेवाला, गर्जक; **~peal,** कड़क*; **~shower,** गरज* के साथ वर्षा*; **~storm,** तड़ित्-झंझा*, गरजवाला तूफ़ान; **~stroke,** वज्रापात; **~struck,** 1. वज्राहत, बिजली-मारा; 2. (*fig.*) हक्का-बक्का, भौचक; **~y,** गरज* का; गरज-जैसा; धमकी-भरा। > थॅन्-डॅ

thurible, धूपदान। > थ्युअॅर्-इबॅल

thurifer, धूपवाहक। > थ्युअॅर्-इफ़ॅ

thuriferous, लोबान पैदा करनेवाला। > थ्युअॅरिफ़ॅ रॅस

thurification, धूपन। > थ्युअॅरिफ़िकेशॅन

Thursday, बृहस्पतिवार, गुरुवार। > थॅ:ज्/डि = डे

thus, *adv.*, 1. ऐसा, इस प्रकार; उस प्रकार; 2. (*therefore*) इसलिए, अत:; 3. (*to this extent*) इतना, इस क़दर*। > दॅस

thwack, *n.*, (लाठी* की) मार*; *v.*, (लाठी* से) मारना। > थ्वैक

thwart, *v.*, 1. (*frustrate*) व्यर्थ कर देना, विफल क०, निष्फल क०; 2. (*obstruct*) में बाधा* डालना; —*n.*, (खेनेवाले का) आड़ा तख़्ता; — *adj.*, आड़ा; तिरछा; —*adv.*, आड़े; तिरछे। > थ्वॉ:ट

thy, तेरा। > दाइ

thyme, थाइम, बनजवायन*। > टाइम

thymol, अजवायन* का सत। > थाइमॅल

thymus, थाइमस, बाल्यग्रन्थि*। > थाइमॅस

thyroid, *adj.*, 1. (*shield-shaped*) वर्माकार; 2. अवटु-; —*n.*, अवटुग्रन्थि*; ~ cartilage, टेंटुआ। > थाइरॉइड

tiara, 1. (*triple crown*) त्रिमुकुट, तेहरा मुकुट; 2. (*coronet*) शिरोभूषण, मुकुट; 3. (*Persian turban*) ईरानी सिरपेच। > टि-आर्-अॅ

tibia, टिबिआ, अन्तर्जंघिका*, नली*। > टिब्-इ-अॅ

tic, 1. टिक, पेशी-संकुंचन, पेशी* (पेशियों*) का खिंचाव; 2. (~ *douloureux*) मुख-संकुंचन, चेहरे का खिंचाव, मुख का तंत्रिकाशूल। > टिक

ticca-gharry, ठीका-गाड़ी*, भाड़े की गाड़ी*। > टिक्-अॅ-गैरि

tick, *n.*, 1. (*parasite*) किलनी*, किलना, चिचड़ी*, चिचड़ा; 2. (*contemptible fellow*) अधम, नीच, बदमाश, पाजी; 3. (*mark*) निशान, दाग़; 4. (*credit*) उधार; 5. (~-*tack*) टिक*, टिकटिक*; 6. (*cover*) ग़िलाफ़, खोल, खोली*; 7. (~*ing*) गिलाफ़ का मोटा कपड़ा; on the ~, ठीक समय पर; on ~, उधार —*v.*, 1. (~-*tack*) टिक-टिक* क० 2. (*mark*) टिक क०, निशान या दाग़ लगाना; 3. (*give* ~) उधार बेचना; 4. (*buy on* ~) उधार खरीदना; उधार लेना; ~ off, फटकारना, डाँटना; **~ over,** 1. (गियर से) मुक्त चलना; 2. (*fig.*) मक्खी* मारना। > टिक

ticker, घड़ी*; दिल। > टिक्-अॅ

ticket, 1. टिकट; 2. (*price-label*) लेबुल; —*v.*, लेबुल लगाना; **~ office,** टिकट-घर। > टिक्-इट

ticking, *see* TICK, *n.*, 7. > टिक्-इन्ग

tickle, *v.*, 1. गुदगुदाना; 2. (*amuse*) रिझाना; हँसाना; मन बहलाना; 3. (*please*) खुश क०, प्रसन्न क०; पसन्द आना; 4. (*tingle*) चुनचुनाना, झुनझुनाना, झुनझुनी* होना या चढ़ना; —*n.*, 1. (*act*) गुदगुदाहट*; 2. (*sensation*) गुदगुदी*, गुदगुदाहट*। > टिकॅल

tickler, गुदगुदानेवाला; जटिल समस्या*। > टिक्-लॅ

ticklish, 1. (*person*) गुलगुलिया, गुदगुदिया; 2. (*problem etc.*) नाज़ुक। > टिक्-लिश

tidal, ज्वारीय, ज्वार-; ~ bore, ज्वारीय भित्ति*, बान; ~ water, ज्वारीय जल; ~ wave, 1. ज्वारीय तरंग*; 2. (*fig.*) लहर*। > टाइडॅल

tide, *n.*, 1. (*of sea*) ज्वार-भाटा; 2. (*season*) समय, काल; 3. (*trend*) प्रवाह, बहाव; high ~, ज्वार*; low ~, भाटा; neap ~, लघु ज्वार-भाटा; spring ~, बृहद् ज्वार-भाटा; —*v.*, 1. (*flow*) बहना, प्रवाहित होना; 2. (*surge*) उमड़ना; ~ over, —*v.t.*, पार लगाना; —*v.i.*, पार क०। > टाइड

tidiness, सुव्यवस्था*; साफ़-सुथरापन। > टाइड्-इनिस

tidings, समाचार, ख़बर*, संवाद। > टाइड्-इन्गज़

tidology, ज्वार-भाटा-विज्ञान। > टाइडॉलॅजि

tidy, *adj.*, 1. ठीक-ठाक, सुव्यवस्थित, 2. तरतीबी, तरतीब-पसन्द, व्यवस्था-प्रिय; 3. (*neat, trim*) साफ़-सुथरा; 4. (*fairly large*) काफ़ी बड़ा; —*v.*, सजाना, ठीक-ठाक क०; साफ़ क०; **~ up,** तैयार होना; —*n.*, पात्र। > टाइड्-इ

tie, *v.*, 1. (*bind*) बाँधना; 2. (*be fastened*) बँध जाना; 3. (*make into a knot*) गाँठना, गाँठ* देना, बाँधना या लगाना; 4. (*unite*) जोड़ना, मिलाना; 5. (*restrict freedom of*) बाँधना, बाँध देना; 6. (*of competitors*) बराबर रहना या होना; **~ in with,** से सम्बद्ध होना या क०; **~ up,** प्रतिबन्ध या रोक* लगाना; बाँधना; रोकना; —*n.*, 1. (*necktie*) टाई*, कण्ठबन्ध; 2. (*for fastening*) बन्ध, बन्धनी*; 3. (*bond*) बन्धन; सम्बन्ध; 4. (*obligation*) दायित्व; बन्धन; 5. (*sleeper*) स्लीपर, सिलिपट, सिलीपट; 6. (*beam*) तान*; 7. (*rod*) योजक दण्ड; 8. (*sport*) बराबर का खेल, बराबरी*; 9. (*music*) योजिका*; **~-and-dye,** बाँधनू (की रँगाई*); **~-beam,** धरन*; **~-in,** सम्बद्ध; **~-up,** 1. (*standstill*) ज़िच*, गतिरोध; 2. (*connection*) संबंध, बन्धन। > टाइ

tied, बँधा हुआ; सहबद्ध। > टाइड

tier, *n.*, 1. पंक्ति*, कतार*; 2. (*series of rows*) नि:श्रेणी*; —*v.*, पंक्तिबद्ध क० या होना; पंक्ति* पर पंक्ति* रखना; एक दूसरे के ऊपर रखना, ऊपर-तले रखना। > टिअॅ

tierce, 1. (*terce*) पूर्वाह्निका*; 2. (*at cards*) तीन लगातार पत्ते। (*n*) त > टिअॅस

tiercel, बाज़। > टिअॅसॅल

tiercet, त्रिक। > टिअॅसिट

tiff, 1. (*huff*) खीज*, नाराज़गी*; 2. (*quarrel*) झगड़ा, अनबन*; 3. (*sip*) घूँट; —*v.*, खीजना; नाराज़ हो जाना; झगड़ा क०; चुस्की* लेना। > टिफ़

tiffany, टिफ़नी, महीन मलमल*। > टिफ़ॅनि

tiffin, टिफ़िन, दोपहर* का जलपान। > टिफ़्-इन

tige, 1. (*shaft*) दण्ड; 2. (*stalk*) डंडी*। > टीश्ज़

tiger, बाघ, व्याघ्र; American ~, जगुआर; **~'s-claw,** बिच्छू-बूटी*; **~-beetle,** छ:-बन्दवा; **~ish,** क्रूर, नृशंस; **~-moth,** शेर-तितली*; **~-nut,** क्षुद्रमुस्ता*। > टाइग्-अॅ

tight, *n.*, (*pl.*) चुस्त कपड़े; *adj.*, 1. (*fixed or knotted closely*) कड़ा; कसकर बँधा हुआ, दृढ़, मजबूत; संहत; 2. (*close-fitting*) चुस्त; तंग (*so as to be uncomfortable*); 3. (*entirely filled*) ठसाठस; 4. (*compact*) सुसंहत; कसकर भरा हुआ; 5. (*of woven fabric*) ठस; 6. (*taut*) कसा हुआ, तना हुआ; 7. (*not leaking*) अछिद्र, अनचूना; 8. (*impermeable*) अभेद्य, -रोधी, -रुद्ध; 9. (*strict*) कड़ा, सख़्त; कठोर; 10. (*scarce*) दुर्लभ; 11. (~-*fisted*) कंजूस, ठस, मक्खीचूस; 12. (*drunk*)

नशे में, मतवाला, मस्त; ~ corner, कठिनाई*, कठिन परिस्थिति*; sit ~, टस से मस नहीं होना, डटे रहना; —*adv.*, **~ly,** कसकर; दृढ़ता* से, दृढ़तापूर्वक; **~-lipped,** 1. कड़ा, कठोर; 2. (*secretive*) चुप्पा। > टाइट

tighten, कसना; जकड़ना; कसकर बाँधना; **~up,** कड़ा क० या हो जाना। > टाइटॅन

tightness, कड़ापन; कसाव, तनाव; चुस्ती*; तंगी*; संहति*। > टाइट्-निस

tightrope, कसी हुई या तनी रस्सी*। > टाइट्रोप

tigress, बाघिन*। > टाइग्-रिस

tike, 1. (*dog.*) कुत्ता; 2. (*cur*) निकम्मा या दोगला कुत्ता; 3. (*boor*) गँवार। > टाइक

tilbury, दोपहिया घोड़ा-गाड़ी*। > टिल्बॅरि

tilde, लहरिल डैश। > टिल्ड = टिल्डे

tile, *n.*, 1. खपड़ा, खपरा, खपड़ी*; flat ~, थपुआ, खपुआ; semicylindrical ~, नरिया; 2. (*silk hat*) रेशमी टोपी*; covering of ~s, खपड़ैल*, खपरैल*; —*v.*, खपड़ा बिछाना। > टाइल

till, *n.*, 1. (*drawer*) दराज़*, ड्रावर; 2. (*in shop*) गोलक; 3. (*boulder-clay*) गोलाश्मी मृत्तिका*; —*prep.*, तक; —*conj.*, जब तक, जब तक ··· न; —*v.*, जोतना, हल चलाना। > टिल

tillable, कृष्य, जोतने योग्य। > टिलॅबॅल

tillage, 1. जोताई*, जुताई*, जोत*; 2. (*cultivation*) खेती*, खेती-बारी*, कृषि*, काश्त*; 3. (*land*) खेत। > टिल्-इज

tiller, 1. जोतनेवाला, किसान, खेतिहर, कृषक्; 2. (*handle of rudder*) पतवार* का डण्डा, कर्णदण्ड; 3. (*shoot of plant*) अन्तर्भूस्तरी। > टिल्-अॅ

tilt, *n.*, 1. (*cloth-covering*) चँदवा, वितान; 2. (*sloping position*) नीति*, आनति*, झुकाव; 3. (*joust*) घुड़सवारों की बरछेबाज़ी*; 4. (*attack*) आक्षेप; आलोचना*; 5. (*~-hammer*) भारी हथौड़ा; पातघन; at full ~, बड़ी तेज़ी* से; बड़े ज़ोर से; —*v.*, चँदवा तानना; झुकाना; झुकना; बरछेबाज़ी* क०; बरछा मारना; पर आक्षेप क०, की आलोचना* क०; पीटना; ~ at windmills, ख़याली दुश्मनों पर हमला क०; ~-yard, बरछेबाज़ी* का अखाड़ा या मैदान। > टिल्ट

tilth, जोताई*; जोती हुई ज़मीन। > टिल्थ

timbal, नक़्क़ारा। > टिम्बॅल

timber, 1. इमारती लकड़ी*; 2. (*large piece of wood*) लट्ठा, बल्ला; (*beam*) धरन*, शहतीर; 3. (*of boat*) गूढ़ा, 4. (*trees*) पेड़, वृक्ष; 5. (*forest*) वन, जंगल; **~ed,** वृक्ष-बहुल, वृक्षावृत; **~-line,** वृक्ष-सीमा*; **~-yard,** टाल। > टिम्बॅ

timbre, ध्वनिरूप, ध्वनि* का (विशिष्ट) स्वरूप। > टैम्-बॅ

timbrel, डफली*, खँजरी*। > टिम्-ब्रॅल

time, *v.*, 1. (*choose time for*) समय चुनना या निश्चित क०; ~ well, मौक़े पर, ठीक समय या वक़्त पर क० या कहना; ~ ill, बेमौक़े, बेवक़्त या असमय क० या कहना; 2. (*regulate*) (चाल*, रफ़्तार*, गति*) नियंत्रित क०; 3. (*ascertain time taken*) समय का हिसाब रखना, काल या समय मापना, रफ़्तार* (*speed*) का हिसाब लगाना; ~ with, 1. (*of watches*) मिला लेना; 2. (*music*) साथ देना; —*adj.*, 1. (*of time*) कालिक; समयगत; 2. (*acting, payable, etc., at a certain time*) मीआदी, सावधि; —*interj.*, समय हो गया; —*n.*, 1. (*indefinite duration*) काल, समय, वक़्त; space and ~, दिक्काल; 2. (*personified*) कालपुरुष; 3. (*system of measuring ~, mean, summer, sidereal, etc.*) समय, काल; 4. (*also pl., definite portion associated with something or someone*) समय, काल, ज़माना; as शासनकाल, वाल्मीकि के समय या जीवनकाल में; 5. (*age, period*) युग, काल; 6. (*allotted or available portion of time*) समय, वक़्त; 7. (*definite space of ~*) अवधि*, मीआद*, मुद्दत*; 8. (*time measured in hours, minutes, etc.; e.g. a runner's time*) समय; 9. (*~ destined for something*) समय, वक़्त; his ~ has come, उसका समय आ गया है; ~ for meal, खाने का व्रक़्त; 10. (*~ suitable for something*) समय, वक़्त; अवसर, मौका; मौसम (*season*); at the wrong ~, बेमौक़े; 11. (*free ~*) समय, (खाली) वक्त, अवकाश, फ़ुरसत*; find ~, समय निकालना, 12. (*point of time, esp. stated in hours, min., etc.*) समय, वक़्त; what's the ~? समय (वक़्त) क्या है? कितना बज रहा है? कितने बजे हैं?; 13. (*also pl., conditions*) परिस्थिति*; जमाना, समय; bad (good) ~s, खराब (अच्छा) समय या ज़माना; 14. (*occasion*) बार*, दफ़ा*, मरतबा, मर्तबा; first ~, पहली बार*; ~ and again, ~s out of number, बारम्बार पुनः-पुनः; ~ after ~, बारम्बार; बराबर, निरन्तर; many a ~, many ~s, अकसर, बहुधा; one at a ~, एक-एक करके; three ~s, तीन बार; 15. (*pl.; multipli-cation*) -गुण, -गुना; ten ~s more, दसगुना अधिक; four ~s three, चार गुना तीन; 16. (*grammar*) काल; 17. (*music, measure, tempo*) ताल; 18. (*prosody; mora*) मात्रा*; 19. (*speed*) चाल*, रफ़्तार*; against ~, जी जान* से, पूरी शक्ति* से; बड़ी तेज़ी* से; ahead of ~, समय से पहले; ahead of one's ~, (अपने) समय से आगे; all in good ~, कोई जल्दी* नहीं है; all the ~, सब समय, हमेशा; सारा समय, हर वक़्त; at all ~s, सदा, हमेशा; at no ~, कभी नहीं, कदापि नहीं; at one ~, पहले, किसी समय, कभी; at other ~s, दूसरे अवसरों पर; at the best of ~s, अनुकूल (सबसे अच्छे) समय में;

at the same ~, एक ही समय, एक साथ; फिर भी, तिस पर भी, तथापि; at ~s, between ~s, from ~ to ~, कभी-कभी, जब-तब, यदा-कदा, समय-समय पर; beat ~, ताल देना; साथ देना; behind ~, लेट, देर* से आने वाला; behind the ~s, दक़ियानूसी, पुराणपन्थी; पुराना; by this ~, अब तक; do ~, जेल में समय काटना; for a ~, कुछ समय तक; for the ~ being, 1. (*temporarily*) अस्थायी रूप से; 2. इस समय, सम्प्रति, अभी; तब तक, इतने में, फ़िलहाल; gain ~, 1. टालना; समय मिलना; 2. (*of watch*) तेज़ चलना; half the ~, बहुधा, अक़्सर, प्रायः; I had a bad (good) ~, बहुत बुरा (अच्छा) रहा; in good ~, समय पर; समय से पहले; in no ~, तुरन्त, झट, झटपट, फ़ौरन, चुटकी* (चुटकियों*) में; in ~, 1. (*not late*) समय पर, ऐन वक़्त पर; 2. (*eventually*) अन्त में, आख़िरकार, कभी-न-कभी; 3. (*music*) ताल के अनुसार; keep ~, ताल के अनुसार (के साथ) गाना, बजाना या नाचना; lose ~, 1. समय गँवाना; देर* क०; 2. (*of watch*) सुस्त चलना; make (good) ~, तेज़ चलना; mark ~, क़दमताल क०; देर* लगाना, प्रगति* नहीं क०; on ~, 1. समय पर, यथासमय; 2. (*to be paid in instalments*) क़िस्तवार; out of ~, बेमौक़े, असमय, बेमौसम; बेताला, बेताल; pass the ~ of day, राम-सलाम क०; take your ~, जल्दी* मत कीजिए; ~ immemorial, ~ out of mind, अतिप्राचीन काल; ~ of life, उमर*, अवस्था*; have the ~ of one's life, अपूर्व सुख (आनन्द) होना; the ~ of day, समय, वक़्त। > टाइम

time/-barred, काल-बाधित; **~ bomb,** टाइम-बम, मीआदी बम, समय-बम; **~-card,** समय-पत्रक; **~-chart,** समय-चार्ट।

timed, नियतकालिक। > टाइम्ड

time/-expired, समय-निवृत्त; **~-exposure,** समय-उद्भासन; **~-fuse,** मीआदी पलीता, फ़्यूज़; समय-पलीता; **~-glass,** रेतघड़ी*; **~-honoured,** अतिप्राचीन; चिरसम्मानित; **~-keeper,** 1. घड़ी*; 2. (*for workmen, at sports*) समयपाल; **~-lag,** अन्तराल, कालान्तर, समयान्तर; समयपश्चता*; **~-less,** 1. कालातीत; 2. (*eternal*) शाश्वत; 3. (*endless*) अनन्त; **~-limit,** निश्चित अवधि*; अंतिम तिथि* या समय।

timely, 1. (*opportune*) समयोचित, सामयिक; 2. (*early*) समय से पहले; 3. (*on time*) यथासमय, समय पर। > टाइम्-लि

timepiece, घड़ी*। > टाइम्पीस

timer, 1. (*person*) समयपाल; 2. (*instrument*) कालमापी; 3. (*of engine*) कालसमंजक। > टाइम्-अँ

time/-rate, समय-दर*; **~-saving,** समय बचानेवाला; **~ scale,** समय-मापक्रम; **~sense,** समयबोध; **~-server,** अवसरवादी, समयानुवर्ती, समयानुसारी; **~-serving,** अवसरवाद, समयानुवर्तन, समयानुसरण; **~-sheet,** समयफलक; **~-signal,** समयसंकेत; **~ spirit,** युगचेतना*, युगसत्य; **~-switch,** टाइम-स्विच, नियतकालिक खटका या क़ैंची* (*railway*); **~-table,** 1. समयसारिणी*, समय-सूची*; 2. (*programme*) कार्यक्रम; **~-work,** वक़्ती काम; **~worn,** जराजीर्ण; पुराना।

timid, 1. भीरु; कातर; 2. (*shy*) संकोची; 3. (*lacking courage*) डरपोक, कायर, बुज़दिल; **~ity,** भीरुता*, कातरता*; संकोच; कायरपन, कायरता*, बुज़दिली*। > टिम्-इड; टिमिड्-इटि

timing, 1. कालमापन, समयमापन; 2. समय निर्धारण; 3. (*relative arrangement or occurrence*) समयानुपात; 4. (*of engine*) कालसमंजन। > टाइम्-इन्ग

timo/cracy, 1. (*Aristotelian sense*) धनिक-तन्त्र; 2. (*Platonic sense*) सम्मान-तन्त्र; **~cratic,** धनिक-तन्त्रात्मक। > टाइमॉक् रॅसि; टाइमॅक्रैट-इक

timorous, भीरु, कातर। > टिमॅरॅस

timpano, नक़्क़ारा। > टिम्पॅनो

tin, *n.*, 1. (*metal*) टिन, टीन, राँगा, वंग; 2. (*container*) टीन, डिब्बा, डब्बा; कनस्तर; 3. (*money*) रुपया; —*v.*, राँगा चढ़ाना, कलई* क०; डिब्बे में बन्द क०; ~ foil, टिन की पन्नी*, वंग-पन्नी*; ~ god, खोखला दम्भी, खाली ढोल; मिथ्या देवता; ~ hat, इस्पात की टोपी*; **~-plate,** कलई* क०; **~-plated,** कलईदार; **~man, ~-smith,** कलईगर। > टिन

tincal, टंकण, सोहागा। > टिन्ग्कॅल

tinctorial, रंग-; रंजक। > टिन्क्टाःर्-इअल

tincture, *n.*, 1. (*solution*) टिंचर, घोल; 2. (*of colour*) आभा*, झलक*; 3. (*trace, smack*) पुट; गंध* (*fig.*); 4. (*heraldry*) ज़मीन* का रंग; —*v.*, पर हलका रंग चढ़ाना; में···का पुट देना। > टिन्क्चॅ = टिन्चॅ

tinder, सोख़्ता; **~-box,** सोख़्तादान। > टिन्-डॅ

tine, 1. काँटा; नोक*; 2. (*of antler*) शाखा*। > टाइन

ting, *n.*, टनटन*; *v.*, टनटनाना। > टिन्ग

tinge, *n.*, 1. (*of colour*) आभा*, झलक*, रंगत*; 2. (*trace*) पुट; गंध* (*fig.*); —*v.*, का हलका रंग चढ़ाना; में···का पुट देना। > टिंज

tingle, *n.* 1. झुनझुनी*; 2. (*stinging sensation*) जलन*; —*v.*, झुनझुनी* चढ़ना, झुनझुनाना, सनसनाना; झुनझुनी* या जलन* पैदा क०। > टिन्गॅल

tinker, *n.*, 1. ठठेरा, कसेरा, पंजेरा; 2. (*botcher*) कच्चा काम करनेवाला; 3. (*patching*) मरम्मत*; —*v.*, टाँका लगाना, झालना, पाँजना; मरम्मत क०; कच्चा काम क०। > टिन्क्-अँ

tinkle, *v.*, टनटनाना (*v.i.*, *v.t.*); *n.*, टनटन*। > टिन्‌क्‌ल

tinned, 1. टीन में बन्द; 2. (*plated*) कलईदार। > टिन्ड

tinning, 1. कलईकारी*; 2. (*of food*) डिब्बाबन्दी*। > टिन्-इन्ग

tinnitus, कर्णक्ष्वेड। > टिनाइटॅस

tinny, 1. (*yielding tin*) वंगमय; 2. (*of tin*) वंग का; 3. (*covered with tin*) कलईदार; 4. (*of sound*) महीन। > टिन्-इ

tinospora, गुलंच।

tinplate, कलईदार लोहा। > टिन्प्लेट

tinpot, घटिया। > टिन्पॉट

tinsel, *n.*, 1. पन्नी*; 2. (*superficial splendour*) तड़क-भड़क*; 3. (*gewgaw*) भड़कीली सस्ती चीज़*; —*adj.*, भड़कीला, नुमाइशी, लिफ़ाफ़िया; —*v.*, पन्नी* लगाना; भड़कीला बना देना। > टिन्सॅल

tinstone, बंग-प्रस्तर। > टिन्स्टोन

tint, *n.*, 1. (*colour*) वर्ण, रंग; वर्णभेद; 2. (*tinge*) आभा*, रंगत*, झलक*, हलका रंग; —*v.*, रँगना; का रंग चढ़ाना; रंगत* देना, का हलका रंग चढ़ाना; **~ed,** रंगदार, रँगा हुआ, रंगीन, रंजित; आरंजित। > टिन्ट; टिन्ट्-इड

tintinna/bulation, टनटनाहट*, **~bulous, ~bular(y),** टनटनाता हुआ; **~bulum,** 1. (*small bell*) घँटी; 2. (*rattle*) झुनझुना। > टिन्टिनैब्यूलेशॅन; टिन्टिनैब्यू/लॅस, ~लॅ, ~लॅरि, ~लॅम

tinty, बेमेल रँगा हुआ। > टिन्ट्-इ

tinware, टिन के बरतन। > टिन्वे'ॲ

tiny, बहुत छोटा, नन्हा; a ~ bit, थोड़ा-सा। > टाइन्-इ

tip, *n.*, 1. (*point*) नोक*, अनी*; 2. (*thin end*) अग्र, अग्रभाग; 3. (*of tongue*) नोक*, 4. (*of finger*) अग्र, सिरा; 5. (*extremity*) सिरा, छोर; 6. (*metal tip of a stick*) शाम*; 7. (*cap*) टोपी*; 8. (*brush*) कूँची*; 9. (*gratuity*) बख़्शिश*, इनाम; 10. (*hint*) संकेत; सुझाव; गुप्त सूचना*; युक्ति* (*recipe*); 11. (*pat*) थपकी*; 12. (*slight push*) हलका धक्का, झटका; 13. (*dump*) घूर; —*v.*, 1. (*tilt, slant*) तिरछा होना, तिरछाना, झुकना (*v.i.*); तिरछाना, झुकाना, तिरछा क० (*v.t.*); 2. (*overturn*) उलटना, उलट जाना (*v.i.*); उलटना, उलटाना, उलट देना; (*v.t.*); 3. (*pour out*) उँडेलना; 4. (*furnish with a tip*) टोपी*, शाम*, सिरा लगाना; 5. बख़्शिश* देना; दे जाना; 6. (*also,* **~off**) संकेत क०; सावधान क०; सुझाना; युक्ति* बताना; 7. (*also,* **~ the wink**) गुप्त सूचना* देना; 8. (*touch or strike slightly*) हलका स्पर्श क०; हलका प्रहार क०; 9. (*raise*) उठाना; **~ up,** उलट जाना; गिर जाना; उलट देना; ~ the scale, 1. पलड़ा भारी क०, झुकाना; 2. (*fig.*) का प्रबल कारण होना; he tips the scale at ~, उसका वजन…है। > टिप

tip/-cart, उलटाऊ गाड़ी*; **~cat,** 1. (*piece of wood*) गुल्ली*; 2. (*game*) गुल्ली-डण्डा; **~-off,** संकेत; गुप्त सूचना*।

tippet, 1. (*scarf*) दुपट्टा; 2. (*muffler*) गुलूबन्द। > टिप्-इट

tipple, *n.*, शराब*, मद्य; *v.*, मद्यप होना, शराबी होना; **~r,** शराबी, मद्यप। > टिपॅल; टिप्-लॅ

tipstaff, 1. (*staff*) चोब*; 2. (*person*) चोबदार। > टिप्-स्टाफ़

tipster, गुप्त सूचना* देनेवाला। > टिप्-स्टॅ

tipsy, गुलाबी नशे में। > टिप्-सि

tiptoe, *n.*, पंजा; on ~, 1. पंजों के बल; 2. (*eager*) उत्सुक, व्यग्र, उत्तेजित; —*adv.*, पंजों के बल; —*v.*, पंजों के बल चलना। > टिपटो

tiptop, *n.*, चरमोत्कर्ष, पराकाष्ठा*; *adj.*, बहुत बढ़िया, उत्कृष्ट, अत्युत्तम। > टिपटॉप

tip-up, (seat), उलटाऊ (आसन या सीट*)। > टिप्-ॲप

tirade, उत्तेजनापूर्ण भाषण; लम्बा निन्दापूर्ण भाषण, लम्बी तीव्र फटकार*। > टाइरेड = टिरेड = टिराड

tirailleur, बन्दूकची। > टिराइॲ:

tire, *n.*, 1. (*metal rim*) हाल*; 2. (*of rubber*) टायर; 3. (*headdress*) शिरोवस्त्र; 4. (*attire*) वस्त्र, पोशाक*; —*v.*, 1. थक जाना, थकना; 2. (*become bored*) ऊब जाना, उकताना, उचटना; 3. थकाना; 4. उबाना; 5. हाल* या टायर चढ़ाना; 6. (*adorn*) शृंगार क०; कपड़े पहनाना। > टाइॲ

tired, 1. थका हुआ, थकित, थकौहाँ; क्लान्त, थका-माँदा; 2. (*bored*) ऊबा हुआ, उचाट, उकताया हुआ; **~ness,** थकावट*, थकान*; ऊब*, उचाट। > टाइॲड

tireless, अथक। > टाइॲलिस

tiresome, 1. (*tiring*) थकानेवाला, थकाऊ, क्लांतिकर; 2. (*tedious*) उबाऊ, नीरस; भारी; 3. (*annoying*) कष्टकर, तकलीफ़देह। > टाइॲसॅम; टाइॲर्-इन्ग

tiro, नौसिखिया; **~cinium,** नौसिखियापन। > टाइॲरो, टाइॲरॅसिन्-इॲम

tisane, पथ्य पेय। > टिज़ैन

tissue, 1. (*of cells*) ऊतक; 2. (*fabric*) महीन (*fine*) या जालीदार (*gauzy*) कपड़ा; 3. (*fabric with gold thread*) तमामी*; 4. (*~-paper*) टिशू पेपर, पतला मुलायम काग़ज़; 5. (*a web*) जाल (*also fig.*)। > टिस्यू = टिश्यू = टिशू

tit, 1. (*titmouse*) गंगरा, रामगंगरा; 2. (*horse*) टट्टू (*nag*); डग्गा (*jade*); ~ for tat, जैसे को तैसा। > टिट

Titan, 1. दानव, दैत्य; 2. (*sun-god*) सूर्यदेव; 3. भीमकाय मनुष्य; 4. असाधारण गुणों से सम्पन्न व्यक्ति; **~ess,** दानवी*। > टाइटॅन; टाइटॅनिस

titanic, भीमकाय, दैत्याकार। > टाइटैन्-इक

titanium, टाइटेनियम। > टाइटेन्-इॲम

titbit, 1. मज़ेदार निवाला; चाट*, चटपटी*; 2. (*fig.*) मज़ेदार समाचार, मज़ेदार बात*। > टिट्-बिट

tithable, करयोग्य। > टाइदॅबॅल

tithe, 1. दशमांश; 2. दशमांश-कर, धर्मशुल्क; धर्मशुल्क लगाना। > टाइद

tithing, दशमांश-करारोपण, धर्मशुल्क आरोपण। > टाइद-इन्ग

titil/late, 1. (*tickle*) गुदगुदाना; 2. (*excite pleasantly*) पुलकित कर देना; सहलाना; 3. (*excite to curiosity*) उत्सुक कर देना; उत्तेजित क०; **~lation,** गुदगुदाहट*; गुदगुदी*; उत्तेजन, उद्दीपन। > टिट्-इलेट; टिटिलेशॅन

tit(t)ivate, 1. (*adorn*) सँवारना; 2. (*oneself*) शृंगार क०। > टिट्-इवेट

title, 1. (*of book, document, etc.*) शीर्षक, सिरनामा; 2. (*appellation*) उपाधि*, पदवी*, ख़िताब; ~ of honour, मानोपाधि*; 3. (*name*) नाम; 4. (*right to ownership*) स्वत्वाधिकार; स्वत्व, स्वामित्व; 5. (*right*) अधिकार, हक़; दावा (*claim*); 6. (*division of a statute*) खण्ड; 7. (*of gold*) खरापन; **~-deed,** अधिकार-पत्र, आगम, स्वत्व-संलेख; **~-holder,** उपाधिधारी; **~-page,** मुख-पृष्ठ; **~-role,** शीर्षक-पात्र की भूमिका*। > टाइटॅल

titled, अभिजात। > टाइटॅल्ड

titling, (किताब* के पुट्ठे पर) शीर्षक का अंकन। > टाइट्-लिन्ग

titmouse, गंगरा, रामगंगरा। > टिट्माउस

titratable, अनुमाप्य। > टाइट्रेटॅबॅल

titrate, अनुमापन क०। > टाइट्रेट

titration, अनुमापन। > टाइट्रेशॅन

titter, *n.*(*v.*) ठी-ठी* (क०), हीं-हीं* (क०), दबी हुई हँसी*। > टिट्-ॲ

tittle, 1. (*dot*) बिन्दु, नुक़ता; 2. (*small particle or quantity*) कण; लवलेश, रत्ती*, अल्पमात्रा*। > टिटॅल

tittle-tattle, *n.*(*v.*) गपशप* (क०)। > टिटॅल्टैटल

tittup, कुदकना, फुदकना; उछल-कूद* क०, कलोल क०। > टिटॅप

titubation, 1. (*staggering*) लड़खड़ाहट*; 2. (*fidgetiness*) बेचैनी*। > टिट्यूबेशॅन

titular, *adj.*, 1. (*holding a title*) उपाधिधारी; 2. (*bearing a name*) नामधारी; 3. (*of or by virtue of a title*) औपाधिक (*also for ~ bishop*); ~ saint, रक्षक सन्त; —*n.*, उपाधिधारी, पदधारी। > टिट्यूलॅ

tizzy, 1. (*excitement*) घबराहट*, उत्तेजना*; 2. (*fuss*) बतंगड़। > टिज़्-इ

tmesis, समस्तपद-प्रवेश। > ट्मीस्-इस = मीस्-इस

to, *prep.*, को; की ओर*, की दिशा* में, को; के पास; के लिए; के अनुसार; तक, पर्यन्त; की अपेक्षा*, की तुलना* में; के विषय में, के बारे में; —*adv.*, की ओर*; (अपने) स्थान पर; ठीक; ठीक-ठाक; पास; बन्द; **~ and fro,** इधर-उधर; आगे-पीछे। > टु

toad, भेक, टोड; **~-eater,** ख़ुशामदी टट्टू, जीहुज़ूरिया; **~-eating,** चापलूसी*; जीहुज़ूरी*; **~stool,** छत्रक, कुकुरमुत्ता। > टोड

toady, *n.*, ख़ुशामदी टट्टू; चापलूस, चाटुकार; —*v.*, चापलूसी* क०, ठकुरसुहाती* क०, ख़ुशामद* क०; **~ism,** जीहुज़ूरी*। > टोड्-इ

toast, *n.*, 1. (*of bread*) टोस्ट; 2. (*wish*) शुभकामना*; 3. (*drink*) सलामती* का जाम; 4. (*person*) शुभकामना* का भाजन, लोकप्रिय व्यक्ति; —*v.*, 1. सेंकना; 2. (*warm at a fire*) तापना; 3. (*drink the health of*) की सलामती* का जाम पीना, स्वास्थ्य या शुभकामना* का जाम पीना। > टोस्ट

tobacco, 1. तम्बाकू; 2. (*~ powder chewed with pan*) सुरती*, खैनी*; ज़रदा (*spiced and perfumed*); **~nist,** तम्बाकू फ़रोश। > टॅबैको; टॅबैकॅनिस्ट

to-be, *n.*, भविष्य; *adj.*, भावी। > टॅबी

toboggan, बर्फ़गाडी*। > टॅबॉगॅन

to-come, भविष्य। > टॅकॅम

tocsin, 1. संकट-घण्टी*; 2. (*fig.*) संकट-सूचना*। > टॉक्-सिन

today, to-day, आज, अद्य। > टुडे = टॅडे

toddle, 1. ठुमकना, गिरते-पड़ते चलना; 2. (*saunter*) टहलना, चहलना; —*n.*, ठुमक*; टहल*, चहलक़दमी*; **~r,** बच्चा। > टॉडॅल

toddy, ताड़ी*। > टॉड्-इ

to-do, बतंगड़, उपद्रव। > टॅडू = टुडू

toe, 1. पैर की उँगली*, पादांगुलि*, पादांगुली*, पदज; big ~, पैर का अँगूठा, पादांगुष्ठ; 2. (*forepart of hoof*) खुर या सुम (*of horse*) का अगला भाग; 3. (*of shoe etc.*) पंजा; from top to ~, एड़ी* से चोटी* तक, सिर से पैर तक; on one's ~s, सचेत, चौकस, सजग, सतर्क, होशियार, सावधान; tread on a person's ~s, नाराज़ क०; जी दुखाना; —*v.*, पैर से छूना; पंजा लगाना या मरम्मत क०; ~ the line, आदेश का पालन क०, का हुक्म मानना, के अनुसार चलना या काम क०। > टो

toenail, पैर की उँगली* का नाखून, पादांगुलिनख। > टोनेल

toff, 1. बड़ा आदमी; 2. (*well-dressed*) चिकनिया, बाँका। > टॉफ़

toffee, tiffy, टॉफ़ी*। > टॉफ़्-इ

toft, चक। > टॉफ़्ट

tog, *v.*, वस्त्र-कपड़े पहनना या पहनाना; —*n.*, (*usually pl.*) पहनावा, कपड़े वस्त्र। > टॉग; टॉग्ज़

toga, टोगा, चोग़ा। > टोग्-अॅ

together, 1. (*in company*) साथ, साथ-साथ, साथ ही साथ; 2. (*in one place*) एकत्र, इकट्ठा; 3. (*in union*) मिलकर, मिलजुलकर, एक साथ; 4. (*one with another*) आपस में, एक दूसरे से (*as compare* ~); 5. (*considered collectively*) मिलाकर; 6. (*into conjunction; sew* ~) एक साथ; 7. (*simultaneously*), एक साथ, साथ-साथ, एक ही समय; 8. (*uninterruptedly*) लगातार, बराबर; ~ with, साथ ही, इसके साथ-साथ, साथ ही साथ; **~ness,** मैत्री*। > टॅगे'द्-अॅ

toggery, पहनावा; वस्त्र; कपड़े; कपड़े की दुकान*। > टॉगॅरि

toggle, गिल्ली*, गुल्ली*; खूँटी*; **~-rope,** खूँटी-रस्सा। > टॉगॅल

toil, *v.*, कठिन परिश्रम क०, एड़ी*-चोटी* का पसीना एक क०; बड़ी मुश्किल* से आगे बढ़ना; —*n.*, 1. कठिन परिश्रम; कठिन काम; 2. (*drudgery*) नीरस काम; थकाऊ काम; 3. (*pl., net*) फन्दा, जाल; in the ~s, फँसा हुआ; मोहित, सम्मोहित; **~er,** मेहनती, परिश्रमी। > टॉइल; टॉइल्-अॅ

toilet, 1. (*dressing up*) प्रसाधन, शृंगार, सिंगार, शृंगारण; 2. (*dress, costume*) वेशभूषा*, पहनावा, पोशाक*; 3. (*lavatory*) शौचघर; **~-paper,** शौच का काग़ज़; **~ powder,** टालकम पाउडर; **~-set,** सिंगारदान; **~-table,** सिंगार-मेज़*। > टॉइल्-इट

toilette, प्रसाधन, शृंगार; अलंकृत वेशभूषा*। > ट्वॅले'ट

toil/ful, ~some, 1. (*of work*) श्रमसाध्य; थकाऊ; 2. (*of person*) परिश्रमी; मेहनती; **~-worn,** थका-माँदा।

token, *n.*, 1. (*sign*) चिह्न; संकेत; 2. (*symbol*) प्रतीक; 3. (*proof*) प्रमाण; in ~ of, प्रमाणस्वरूप; 4. (*keepsake*) निशानी*, स्मृतिचिह्न, यादगार*; —*adj.*, 1. सांकेतिक; प्रतीक-; 2. (*nominal*) नाममात्र का; 3. (*slight*) हलका; अपर्याप्त, अल्प; ~ strike, सांकेतिक हड़ताल*। > टोकॅन

tolerable, 1. (*endurable*) सह्य, सहनीय; 2. (*fairly good*) काफ़ी अच्छा, सन्तोषजनक; कामचलाऊ, चलता। > टॉलॅरॅबॅल

tolerance, उदारता*; धैर्य, सहनशीलता*, सहिष्णुता*; सहनशक्ति*; सहन, बरदाश्त*; ~ dose, सह्य मात्रा*; ~ limit, सह्य सीमा*। > टॉलॅरॅन्स

tolerant, उदार, उदारचेता; सहनशील, सहिष्णु। > टॉलॅरॅन्ट

tole/rate, 1. (*endure, put up with*) सहना, बरदाश्त क०; 2. (*sustain use of drug*) सहना; 3. (*allow*) होने देना; उदार होना, उदारता* बरतना; **~ration,** सहन, बरदाश्त*; उदारता*। > टॉलॅरेट; टॉलॅरेशॅन

toll, *n.*, 1. (*tax*) कर, महसूल; 2. (*for passage*) मार्गकर, राहदारी*; 3. (*of bell*) घंटा-नाद; road ~, मार्ग के हताहत; take ~ of, से रुपया वसूल क०; को हानि* पहुँचाना; —*v.*, कर या मार्गकर वसूल क०; मार्गकर चुकाना; घंटा बजाना; घंटा बजाकर मृत्यु* की सूचना* देना; **~able,** करयोग्य; **~age,** मार्गकर; **~-bar, ~-gate,** शुल्कफाटक; **~-house,** महसूल-घर। > टोल; टोलॅबॅल; टोल्-इज

tol-lol, साधारण; काफ़ी अच्छा। > टॉल्-लॉल

toluene, टॉलुइन। > टॉल्-यू-इन

tom, 1. (*male*) नर; long ~, लम्बी तोप*; Old T~, तेज़ जिन (शराब*); *Tom Thumb*, बौना। > टॉम

tomahawk, *n.*, कुल्हाड़ी*; *v.*, कुल्हाड़ी* मारना; अत्यन्त कटु आलोचना* क०। > टॉमॅहॉ:क

tomato, टमाटर। > टॅमाटो

tomb, 1. कब्र*, मक़बरा; समाधि*; 2. (*fig.*) मृत्यु*, मौत*। > टूम

tombola, लाटरी*। > टॉम्बॅलॅ

tomboy, मरदानी लड़की*। > टॉम्बॉइ

tombstone, समाधि-प्रस्तर। > टूमस्टोन

tomcat, बिलार, बिल्ला, बिलाव, बिडाल। > टॉम्कैट

tome, 1. बृहत् ग्रन्थ; 2. (*volume*) जिल्द*। > टोम

tomen/tose, घनरोमिल; **~tum,** घनरोम। > टोमॅन्टोस; टोमे'न्टॅम

tomfool, *n.*, 1. (*fool*) मूर्ख, बेवक़ूफ़, उल्लू; 2. (*clown*) मसख़रा, भाँड़; —*adj.*, गावदी, मूर्ख, बेवक़ूफ़; —*v.*, 1. मूर्खतापूर्ण आचरण क०; 2. (*act in a trifling way*) छिछोरापन क०, छिछोरपन क०; खेलवाड़ क०; **~ery,** मूर्खतापूर्ण आचरण, बेवक़ूफ़ी*; नादानी*, मूर्खता*; छिछोर(ा)पन। > टॉम्-फ़ूल; टॉमफ़ूलॅरि

tommy, (अँगरेज़ी) सिपाही; **~-bar,** सब्बल; **~-gun,** टामीगन*; **~rot,** अनापशनाप। > टॉम्-इ

tomnoddy, उल्लू का पट्ठा, काठ का उल्लू। > टॉमनॉड्-इ

tomorrow, to-morrow, कल। > टॅमॉरो

tompion, *see* TAMPION। > टॉम्-पि-ॲन

tomtom, *n.(v.)* ढोल (बजाना)। > टॉम्टॉम

ton¹, 1. टन; 2. (*pl.*) ढेर-सा (*large amount*); सैकड़ों (*large number*)। > टॅन

ton², फ़ैशन। > टों

tonal, स्वर-संबंधी; रंग-संबंधी; **~ity,** 1. स्वर-संगति*; 2. (*colour scheme*) रंगविन्यास; रंग-संगति*, रंग-सामंजस्य। > टोनॅल; टॅनैल्-इटि

tone, 1. (*sound*) स्वर, ध्वनि*, आवाज़*, शब्द; 2. (*musical sound*) स्वर, सुर; तान* (*pitch*); स्वरक (*pure note*); 3. (*intonation*) लहज़ा, स्वर, स्वर-शैली*; 4. (*accent*) स्वराघात; 5. (*mood*) भाव; वातावरण (*atmosphere*); नैतिक स्तर (*moral ~*); 6. (*colour*) रंग, वर्ण, आभा*, रंगत* (*shade of colour*); रंगसंगति*, रंग-सामंजस्य; 7. (*of body*) स्वास्थ्य; शक्ति* (*vigour*); ~ language, तान-भाषा*, तानप्रधान भाषा*; —*v.*, 1. (*an instrument*) सुर ठीक कर देना; सुर मिलाना; 2. (*recite*) सस्वर सुनाना; 3. (*colour*) उचित रंग भरना; रंग बदलना; 4. (*harmonize*) मेल खाना (*v.i.*); समस्वर होना या क०; समन्वय या सामंजस्य स्थापित क०; ~ down, स्वर उतारना; मंद क०; (रंग) हलका क०; उग्रता* घटाना; ~ in with, से पूरा मेल खाना; ~ up, स्वर चढ़ाना; तीव्र क०; बढ़ाना; रंग गहरा क०। > टोन

tone/-deaf, तान-बधिर; **~less,** 1. तानरहित, सुररहित; 2. (*dull*) निर्जीव; नीरस; 3. (*unmusical*) कर्णकटु; **~-poem,** विषय-प्रधान सिम्फ़नी*।

toneme, तानग्राम। > टोनीम

tonga, तांगा, टाँगा। > टॉन्ग्गॅ

tongs, चिमटा, सँड़सा, चिमटी*, सँड़सी*, संदशिका*। > टॉन्ग्ज़

tongue, 1. जीभ*, ज़बान*, जिह्वा*, रसना*; 2. (*language*) भाषा*; बोली*; gift of ~s, भाषाओं* का वरदान; 3. (*faculty of speech*) वाणी*; 4. (*way of speaking*) बोली*; 5. (*something tongue-shaped*) जीभ*, जिह्वा* (*e.g. ~ of fire*); लोलक (*clapper of a bell*); सुई* (*pin*); काँटा (*pointer of a scale*); अंतरीप (*promontory*); give ~, भूँकना; hold one's ~, चुप रहना, चुप्पी* साधना; with ~ in cheek, 1. (*ironically*) व्यंग्य से; 2. (*insincerely*) झूठ-मूठ; **~-tie,** जिह्वाबन्ध; **~-tied,** 1. (*having ~-tie*) बद्धजिह्व; 2. (*speechless*) अवाक्; 3. (*shy*) संकोची; 4. (*unwilling to speak*) चुप, मौन। > टॅन्ग

tonic, *adj.*, 1. (*invigorating*) बलवर्धक, शक्तिवर्धक, स्फूर्तिकारक, पुष्टिकारक; 2. (*of tones*) तान-विषयक; सुर-विषयक; तानात्मक, सुरात्मक; —*n.*, 1. वल्य; 2. (*keynote*) मूल स्वर, **~ity,** 1. (*tone*) सुर, स्वर; 2. (*of muscles*) स्फूर्ति*। > टॉन्-इक; टोनिसिटि = टॅनिसिटि

tonight, to-night, *n.*, आज की रात*; —*adv.*, आज रात* को। > टॅनाइट

toning, रंग-संस्कार, रंगत*। > टोन्-इन्ग

tonnage, 1. टनभार, टनमान; 2. (*duty*) जहाज़-महसूल। > टॅनिज

tonne, मीटरी टन। > टॅन

tonometer, 1. टोनोमीटर; 2. (*tuning fork*) स्वरमापी; तानमापी; 3. (*of pressure*) दाबमापी; 4. (*of tension*) तनावमापी। > टॅनॉम्-इटॅ

tonsil, टॉन्सिल, गलतुण्डिका*; **~litis,** तुण्डिका-शोथ। > टॉन्-सिल; टॉन्सिलाइट्-इस

tonsorial, नापितीय, नाई का; मुण्डन-। > टॉन्सॉ:र्-इॲल

tonsure, *n.*, मुण्डन; *v.*, मुण्डन क०, मूँड़ना। > टॉन्शॅ

tonus, पेशी-संकोच। > टोनॅस

too, 1. (*excessively*) ज़्यादा, अधिक; 2. (*extremely*) अतीव, अत्यधिक, नितान्त, निपट; 3. (*also*) भी; 4. (*moreover*) इसके अतिरिक्त। > टू

tool, *n.*, 1. (*implement*) औज़ार, हथियार, उपकरण; 2. (*instrument, apparatus*) यन्त्र; 3. (*means*) साधन; उपकरण; 4. (*a person, puppet*) कठपुतली*; 5. (*bookbinding*) छाप*, —*v.*, 1. (*a stone*) गढ़ना, काटना; 2. (*a book*) छाप* लगाना; 3. (*equip*) औज़ार देना; **~ along,** आराम से गाड़ी* में चलना। > टूल

tooler, छेनी*। > टूल्-ॲ

tooling, नक़्क़ाशी*; अलंकरण। > टूल्-इन्ग

toon, तून। > टून

toot, *n.*, 1. भोंपा; सीटी*; 2. (*of trumpet*) तूर्यनाद; —*v.*, भोंपू बजाना; सीटी* देना; तुरही* बजाना। > टूट

tooth, *n.*, 1. दाँत, दन्त, दशन; 2. (*prong*) दंदाना, दाँता; 3. (*cog*) दाँता; 4. काँटा, खूँटी*; small ~, दंतिया*; wolf-~, चोरदन्त, कुकुरदन्त; set of teeth, दन्तावली*; ~ and nail, पूरी शक्ति* से, तन-मन से, जीजान* से; armed to the teeth, पूर्णतया शस्त्र-सज्जित; cast in one's teeth, के कारण फटकारना या निन्दा* क०; escape by the skin of one's teeth, बाल-बाल बचना; in the teeth of, के बावजूद; का सामना करते हुए; के मुकाबले में, के विरुद्ध; have a sweet ~, मीठा पसन्द क०; put teeth into, प्रभावी या कारगर बना देना; कड़ा या सख़्त बनाना; set one's teeth on edge, खटकना, अप्रिय लगना; नफ़रत* पैदा क०, अरुचि* उत्पन्न क०; —*v.*, दाँत लगाना; दाँतेदार या दंतुर बना देना; पकड़ना; फँसाना। > टूथ

tooth/ache, दाँत का दर्द, दन्तशूल; **~-brush,** टूथब्रश; दातुन*, दातौन*; **~-comb,** महीन कंघी*। > टूथ्-एक

toothed, 1. दाँतोंवाला, दंतुल, दन्ती; 2. (*of wheel etc.*) दन्तुर, दन्तुरित, दाँतेदार, दंदानेदार। > टूथ्ट = टूद्ड
toothful, घूँट। > टूथ्-फुल
toothing, 1. दन्तुरण; 2. (*of wall*) दाढ़ा; **~-plane,** धारी रन्दा। > टूथ्-इन्ग
tooth/less, दंतहीन; पोपला (*of mouth*); **~-mark,** दन्तक्षत; **~-paste, ~-powder,** मंजन; मिस्सी*; **~pick,** ख़िलाल*, दंतखोदनी*, दन्तकुरेदनी*; **~-plate,** दन्तपट्टिका*; **~-shell,** गजदन्त-कवची; **~-some,** स्वादिष्ठ, ज़ायकेदार, मज़ेदार; **~wort,** दन्तिमूल।
toothy, 1. (*having large teeth*) दंतुला, दंतुर, दाँतू; 2. *see* TOOTHED. > टूथ्-इ
tootle, बाँसुरी* बजाना; हलके से भोंपू बजाता रहना। > टूटॅल
top, *n.*, 1. (*summit*) शिखर, चोटी*; (*higher part*) शीर्ष, शीर्षभाग (*also of a page*), सिरा; 3. (*pl. leaves of turnip etc.*) पत्ते; 4. (*of a tree*) फुनगी*, शिखर, सिरा; 5. (*of the head*) चाँद*; 6. (*of ground*) ऊपरी तह* या परत* या तल, 7. (*of table*) फलक; 8. (*upper part*) ऊपरी भाग; साज (*of a shoe*); 9. (*cover of a carriage*) टप*; 10. (*lid*) ढक्कन, ढकना; 11. (*highest rank, place*) शिखर, चोटी*; परमोत्कर्ष; सर्वोच्च पद; प्रथम स्थान; 12. (*utmost degree*) पराकाष्ठा*, चरम बिन्दु; 13. (*utmost intensity*) परम तेज़ी*, परम तीव्रता*; 14. (*choicest part*) सर्वोत्तम अंश; 15. (*platform of mast*) मचान; 16. (*buttons*) कलईदार बटन; 17. (*highest gear*) सबसे ऊँचा गियर; 18. (*toy*) लट्टू; at the ~ of one's voice, खूब चिल्लाकर; blow one's ~, आपे से बाहर होना; come to the ~, विशिष्टता* प्राप्त क०, from ~ to toe, सिर से पैर तक, एड़ी* से चोटी* तक; go over the ~, आक्रमण क०, में कूद पड़ना; on ~, ऊपर; sleep like a ~, गहरी नींद* सोना; —*adj.*, 1. (*on top*) उपरला; ऊपरी; 2. (*in degree intensity*) परम, चरम, सर्वोच्च, उच्चतम; 3. (*best*) सर्वश्रेष्ठ, सर्वोत्तम; 4. (*first*) सर्वप्रथम; ~ dog, मालिक; ~ hat, ऊँचा रेशमी हैट; —*v.*, 1. (*put on*) ढकना (*a lid*); टोपी* लगाना (*a cap*); 2. (*remove top*) सिरा काटना; फुनगियाना (*a tree*); छाँटना (*prune*); 3. (*reach top*) शिखर पर पहुँचना; 4. (*be first*) सर्वप्रथम होना; 5. (*surpass*) से बढ़कर या श्रेष्ठ होना (*in excellence*); से ऊँचा होना (*in height*); he ~s six feet, वह छ: फुट ऊँचा है; **~ off,** पूरा क०; **~ up,** पूरा या मुँह तक भरना। > टॉप
topaz, पुखराज, पुष्पराज, जबरजद। > टोपैज़
top/-boots, ऊँचा बूट; **~coat,** आवरकोट; **~-drawer,** सर्वोत्तम, सर्वश्रेष्ठ; पहले दरजे का; **~-dress,** खाद* बिछाना, फ़सल* में खाद* देना; **~-dressing,** बिछायी जाने वाली खाद*; ऊपरी लेप।
tope, *v.*, खूब शराब* पीना; *n.*, 1. (*Buddhist*) स्तूप; 2. (*grove*) बाग़, फलोद्यान; 3. (*mango grove*) अमराई*। > टोप
topee, टोपी*। > टोप्-इ
toper, मद्यप, शराबी, नशेबाज़। > टोप्-ॲ
topflight, पहले दरजे का, उच्च कोटि* का, सर्वोत्तम। > टॉप्फ़्लाइट
topful(l), लबालब या मुँहामुँह भरा।
tophaceous, रेतीला; कंकड़ीला। > टॅफ़ेशॅस
Tophet, जहन्नुम; नरक। > टोफ़ेॅट
top/-heavy, अस्थिर; डाँवाँडोल; **~-hole,** पहले दरजे का; बहुत बढ़िया।
topi, टोपी*। > टोप्-इ
topiary art, कर्तन-कला*। > टोप्-इॲरि
topic, विषय, प्रसंग, प्रकरण, मज़मून। > टॉप्-इक
topical, 1. (*of the topic*) प्रासंगिक, प्राकरणिक; 2. (*timely*) सामयिक; 3. (*up-to-date*) आधुनिक; 4. (*local*) स्थानिक; सीमित। > टॉप्-इकॅल
topknot, 1. (*tuft of hair*) चोटी*; 2. (*of feathers*) कलगी*। > टॉप्नॉट
topmast, दूसरा मस्तूल। > टॉप्मास्ट
topmost, सर्वोच्च। > टॉप्मोस्ट
topnotch, पहले दरजे का; सर्वोत्तम। > टॉप्नॉच
topo/grapher, स्थलाकृति-विशेषज्ञ; **~gra-phic,** स्थलाकृति-विज्ञान; स्थान-वर्णन। > टॅपॉग्रॅफ़ॅ; टॉपॅगफ़्-इक; टॅपॉग्रॅफ़ि
topology, स्थान-विज्ञान। > टॅपॉलॅजि
toponym, स्थान-नाम; **~y,** स्थान-नामविद्या*। > टॉपॅनिम; टॅपॉन्-इमि
topper, *adj.*, सर्वोत्तम; *n.*, ऊँचा रेशमी हैट। > टॉप्-ॲ
topping, पहले दरजे का, बहुत बढ़िया। > टॉप्-इन्ग
topple, (लरजकर) गिर पड़ना; गिरा देना। > टॉपॅल
top/-priority, सर्वप्राथमिकता*, **~-ranking,** सर्वोच्च; **~sail,** तिरकट सवर, गबर; **~-secret,** परमगुप्त; परमगोपनीय; **~-soil,** ऊपरी मिट्टी*, उपरिमृदा*।
topsyturvy, *adj.*, 1. (*upside-down*) उलटा-पुलटा; औंधा; 2. (*in disorder*) अस्तव्यस्त, बेतरतीब; तितर-बितर; —*adv.*, उलटे-पुलटे, औंधे; —*v.*, उलटना-पलटना, औंधाना। > टॉप्सिटॅ:व्-इ
toque, टोपी*। > टोक
tor, 1. (*rocky peak*) कूट; 2. (*hill*) पहाड़ी*। > टॉ:
torah, मूसा-संहिता*। > टॉ:र्-ॲ
torch, 1. मशाल*; electric ~, चोर-बत्ती*; 2. (*fig.*)

प्रकाश-स्तंभ, पथप्रदर्शक; **~bearer,** मशालची; 3. (*fig.*) प्रकाश-स्तंभ। > टॉ:च

torchon paper, खुरदरा काग़ज। > टॉ:शॉन

torchwood, नेवारी*, लोहजंधा, कोटागन्धाल। > टॉ:च्वुड

torment, *n.*, 1. यातना*, यन्त्रणा*; 2. (*anguish*) सन्ताप; 3. (*person*) कंटक; —*v.*, 1. यातना* देना, उत्पीड़ित क०; 2. (*harass*) सताना, तंग क०। > टॉ:मॅन्ट (*n*); टॉ:मे 'न्ट (*v.*)

tormentil, पंचपर्णी। > टॉ:मॅन्टिल

tormentor, उत्पीड़क; अत्याचारी, ज़ालिम। > टॉ:मे 'न्टॅ

tormentress, यन्त्रणा* देनेवाली*। > टॉ:मे 'न्-ट्रिस

tormina, पेचिश*। > टॉ:म्-इनॅ

torn between, के द्वन्द्व में पड़ा हुआ, अन्तर्द्वन्द्व में ग्रस्त। > टॉ:न

tornado, 1. टॉरनेडो; 2. (*whirlwind*) बवण्डर, घूर्णवायु; 3. (*storm*) तूफ़ान; 4. (*fig.*) विस्फोट। > टॉ:नेडो

torous, torose, सूजा हुआ; उभरा हुआ, उभाड़दार। > टॉ:रॅस; टॅरोस

torpedo, *n.*, टॉरपीडो; *v.*, 1. टॉरपीडो मारना; 2. (*fig.*) व्यर्थ कर देना; बरबाद क०; नष्ट कर देना। > टॉ:पीडो

torpid, 1. (*sluggish*) तन्द्रालु, निष्क्रिय; निर्जीव, भावशून्य; आलसी, सुस्त, काहिल; 2. (*numb*) सुन्न, जड़, ठिठुरा हुआ; 3. (*dormant; of hibernating animals*) प्रसुप्त; **~ity,** निर्जीवता*, आलस्य, सुस्ती*, काहिली*; जड़ता*, ठिठुराहट*; प्रसुप्ति*। > टॉ:प्-इड; टॉ:पिड्-इटि

torpor, 1. (*stupor*) जड़ता*, जड़िमा*; 2. (*indifference*) उदासीनता*; 3. (*sluggishness*) काहिली*, निष्क्रियता*, निर्जीवता*। > टॉ:प्-ॲ

torquate(d), कंठीदार। > टॉ:क्वेट; टॉ:क्वेटिड

torque, torc, 1. (गुँथे हुए सुनहले या रुपहले तारों की) कंठी*; 2. (*physics*) बल-आघूर्ण, ऐंठन*। > टॉ:क

torre/faction, तापन; शुष्कण; **~fy,** 1. तपाना; 2. (*dry*) सुखाना > टॉरिफ़ैक्शॅन; टॉरिफ़ाइ

torrent, 1. प्रचण्ड धारा*, वेगधारा*; 2. (*torrential rain*) मूसलाधार वर्षा*; 3. (*fig.*) प्रवाह, बौछार*, झड़ी*; **~ial,** 1. वेगवान्, वेगवती*; 2. (*made by a torrent*) वेगप्रवाही (संस्तरण, *bedding*)। > टॉरॅन्ट; टॉरे 'न्शॅल

torrid, 1. (*very hot*) तप्त, बहुत गरम; 2. (*dried up*) सूखा; 3. (*ardent*) अतितीव्र, उत्कट; ~ zone, उष्ण कटिबन्ध; **~ity,** उष्णता*; बड़ी गरमी*। > टॉरिड; टॉरिड्-इटि

torsion, मरोड़*, ऐंठन*; **~al,** मरोड़ी। > टॉ:शॅन; टॉ:शॅनॅल

torso, 1. (*trunk of statue*) धड़-प्रतिमा*; 2. (*human trunk*) धड़; 3. (*fig.*) अपूर्ण रचना*; बिगाड़ी हुई रचना*। > टॉ:सो

tort, 1. (*damage*) हानि*, क्षति*, नुक़सान; 2. (*wrongful act*) अन्याय। > टॉ:ट

tortile, 1. (*twisted*) मरोड़ा हुआ, व्यावर्तित; 2. (*curved*) टेढ़ा, वक्र; 3. (*coiled*) कुण्डलित। > टॉ:टाइल

tortious, अन्यायपूर्ण। > टॉ:शॅस

tortoise, कछुआ, कच्छप, कमठ, कूर्म; land ~, स्थल-कच्छप; red streaked ~, साल कछुआ; starred ~, छतनहिया कछुआ; (common roofed terrapin, रामानन्दी कछुआ; sea ~, समुद्री कच्छप : green sea turtle, (समुद्री) हरा कछुआ; hawk's beak turtle, बाजठोंठी कछुआ; water ~, जल-कच्छप; Ganges soft shell ~, सेवार कछुआ; southern soft shell ~, चिकना कछुआ; mud turtle, कछुई*; **~-shell,** कर्पर। > टॉ:टॅस

tortuosity, टेढ़ा-मेढ़ापन; वक्रता*; कपट। > टॉ:ट्यूऑस्-इटि

tortuous, 1. (*winding*) टेढ़ा-मेढ़ा, चक्करदार; 2. (*crooked, curved*) टेढ़ा, वक्र; 3. (*deceitful*) कपटी, धूर्त, कुटिल; 4. (*of style*) अस्वाभाविक, आयासित। > टॉ:ट्यूॲस

torture, *n.*, 1. संतापन, उत्पीड़न; 2. (*pain*) यंत्रणा*, यातना*; 3. (*anguish*) सन्ताप; —*v.*, 1. शिकंजे में खिंचवाना, यंत्रणा* देना; उत्पीडित क०, सताना; बहुत अधिक कष्ट देना; 2. (*a text etc., distort*) तोड़-मरोड़ कर अर्थ निकालना, खींच-तान* से अर्थ लगाना; **~r,** संतापक, उत्पीड़क; अत्याचारी। > टॉ:चें; टॉ:चॅरॅ

torturous, सन्तापी; दुःखदायी। > टॉ:चॅरॅस

torulose, torulous, मनकामय। > टॉर्यु/लोस, ~लॅस

torus, 1. (*bot.*) पुष्पासन; 2. (*math.*) वृत्तज वलय। > टॉ:रॅस

Tory, टोरी, अनुदारदली। > टॉ:र्-इ

tosh, अनाप-शनाप, अण्डबण्ड। > टॉश

toss, 1. (*throw up*) उछालना; 2. (*throw*) फेंक देना, डाल देना; 3. (*jerk*) झटकना; ~ *one's head*, सिर झटकना, सिर झटककर उठाना; 4. (*throw about*) आलोड़ित क०; हचकोले खिलाना, हचकाना; 5. (~ *up a coin*) सिक्का उछालना; 6. (*agitate*) हिलाना; हिलाना-डुलाना; 7. (*be agitated*) हिलना-डुलना, अशान्त होना; लहरें* मारना, तरंगित होना (*of sea*); 8. (*swing*) झूमना (*of branches*); 9. (*pitch, of ship*) डूबना-उतराना; 10. (*roll about restlessly*)

करवटें* बदलता रहना; 11. (*be flung about*) हचकोले खाना; ~ oars, चप्पू ऊपर उठाना; **~ off,** 1. (*a drink*) पी डालना, चढ़ा जाना; 2. (*work*) आसानी* से या जल्दी कर डालना; —*n.*, उछाल*, उत्क्षेप; टॉस, सिक्का उछालकर निर्णय, उत्क्षेप-निर्णय; झटका; हचकोला; take a ~, घोड़े से गिर जाना। > टॉस

tot, *n.*, 1. नन्हा बच्चा; 2. (*of liquor*) शराब* का घूँट; 3. (*small quantity*) अल्पमात्रा*; 4. (*total*) जोड़, योग; —*v.t.*, योग निकालना; —*v.i.*, कुल योग होना, तक बढ़ जाना। > टॉट

total, *adj.*, 1. (*complete*) पूरा, पूर्ण, संपूर्ण, समग्र; समूचा, सारा, कुल; 2. (*absolute*) निरा, नितान्त, निपट; ~ eclipse, ख-ग्रास, पूर्णग्रहण; ~ loss, कुल हानि*; ~ war, सर्वांगिक युद्ध; —*n.*, जोड़, योग, जमा*, मीज़ान*; grand ~, सर्वयोग; —*v.*, जोड़ निकालना; तक बढ़ जाना; कुल जोड़ होना। > टोटॅल

totalitarian, *adj.*, सर्वसत्तात्मक; एकदलीय; ~ state, सर्वसत्तात्मक राज्य; —*n.*, एकदलवादी; सर्वसत्तावादी, सर्वाधिकारवादी; **~ism,** सर्वसत्तावाद, सर्वाधिकारवाद; एकदलवाद; एकदलीय शासन-पद्धति*। > टोटैलिटे'अॅर्/इॲन, ~इॲनिज़्म

totality, 1. (*entirety*) सम्पूर्णता*, साकल्य, समग्रता*; समष्टि*; 2. (*total amount*) कुल जोड़। > टोटैल्-इटि

tota/lization, राशीकरण; **~lizator, ~lizer,** योगमापी; **~lize,** योग निकालना। > टोटॅलाइज़ेशॅन; टोटॅ/लाइज़ेटॅ; ~लाइज़ॅ, ~लाइज़

totally, पूर्ण रूप से, पूर्णरूपेण, पूर्णतः, सर्वतः, सर्वथा। > टोटॅलि

tote, 1. (*carry, haul*) ढोना, वहन क०, ले जाना; 2. (*a gun*) अपने पास रखना। > टोट

totem, टोटेम, गणचिह्न; **~ic,** टोटेम का; टोटेमवादी; **~ism,** टोटेमवाद; **~istic,** टोटेमवादी। > टोटॅम; टॅटे'म्-इक; टोटॅमिज़्म; टोटॅमिस्-टिक

tother, दूसरा। > टॅदॅ

totidem verbis, इन्हीं शब्दों में। > टॉट्-इडे'म वॅ:ब्-इस

toties quoties, हर बार*। > टोश्-इ-ईस क्वोश्-इ-ईस

totter, 1. लड़खड़ाना, डगमगाना, लरजना; 2. (*be unsteady*) डाँवाँडोल होना; 3. विनाश के कगार पर खड़ा होना; **~y,** डाँवाँडोल; अस्थिर। > टॉट्-ॲ

touch, *v.*, 1. (*of physical contact*) स्पर्श क०, छूना; 2. (*strings of musical instr.*) छेड़ना, छूना; 3. (*cause to ~*) स्पर्श कराना, छुलाना; 4. (*be or come in contact*) मिलना, मिला हुआ या सटा हुआ होना; 5. (*a bell*) दबाना; 6. (*reach*) तक पहुँचाना; 7. (*approach in excellence*) की बराबरी* क०; 8. (*a painting, drawing*) पर कूँची* या पेंसिल* फेरना; 9. (*impress, affect*) प्रभावित क०, पर गहरा प्रभाव डालना; पर असर क०; द्रवीभूत क०, पिघलाना, का हृदय छू लेना; उत्तेजित क०; 10. (*a subject*) छूना; ज़िक्र क०, चर्चा* चलाना; 11. (*concern*) से संबंध या सरोकार रखना; 12. (*a port, ~ at, call at*) ठहरना, लंगर क०, जाना; 13. (*injure slightly*) हलकी क्षति* पहुँचाना; 14. (*obtain*) पाना; 15. (*borrow, ~ somebody for*) से उधार लेना; 16. (*deal with, cope with*) सुलझाना, निपटाना; **~ down,** 1. (*land*) उतरना; 2. (*rugby*) अंक बनाना (गोल के पीछे गेंद से ज़मीन* छूना); **~ off,** 1. (*cause to explode*) दागना, दाग देना; 2. (*a sketch*) झटपट बना लेना; **~ on, ~ upon,** का उल्लेख क०, की चर्चा* चलाना; पर थोड़ा सा प्रकाश डालना; **~ up,** 1. ठीक कर देना, दुरुस्त क०; 2. (*a painting, writing*) पूरा क०, अंतिम रूप देना; 3. (*whip*) चाबुक मारना; 4. (*excite, jog*) जागरित क०; —*n.*, 1. (*fact of touching*) स्पर्श; संस्पर्श (*more fully*); संसर्ग (*contact*) 2. (*act of touching*) स्पर्श, स्पर्शन; 3. (*sense of touch*) स्पर्श, स्पर्शना*; 4. (*stroke*) स्पर्श (*with brush*); घसीट* (*with pen*); 5. (*trace*) पुट (*also fig.*); थोड़ा-सा, अल्पमात्रा* (*small quantity*); a ~ of fever, हलका बुखार; 6. (*test*) जाँच*; put to the ~, जाँचना; 7. (*style, technique*) शैली*, ढंग, तरीक़ा; 8. (*communica-tion, in ~, out of ~*) संपर्क, संबंध; मेल-जोल (*social relations*); a near ~, बाल-बाल बचाव; at a ~, स्पर्शमात्र से। > टॅच

touchable, स्पृश्य, स्पर्शग्राह्य। > टॅचॅबॅल

touch-and-go, *adj.*, 1. (*risky*) ख़तरनाक; 2. (*uncertain*) नितान्त अनिश्चित; 3. (*cursory*) सरसरी; —*n.*, ख़तरनाक हालत*; अनिश्चय।

touched, 1. प्रभावित; द्रवित; 2. (*demented*) किंचित विक्षिप्त। > टॅच्ड

touchhole, (*of gun*), प्याला। > टॅच्होल

touchiness, चिड़चिड़ापन, तुनकमिज़ाजी*। > टॅचिनिस

touching, *adj.*, 1. मर्मस्पर्शी, हृदयग्राही, हृदयस्पर्शी; 2. (*pathetic*) कारुणिक; —*prep.*, के विषय में; —*n.*, स्पर्श। > टॅचिना

touchline, पार्श्व-रेखा*।

touch-me-not, गुलमेंहदी*।

touchstone, (*lit. and fig.*), कसौटी*, निकष। > टॅच्स्टोन

touchwood, सड़ी या पुरानी लकड़ी*। > टॅच्वुड

touchy, 1. (*irritable*) चिड़चिड़ा, तुनकमिज़ाज; 2. (*oversensitive*) अतिसंवेदनशील, भावुक; 3. (*delicate*) अतिसुकुमार। > टॅचि

tough, 1. (*as leather*) चीमड़, चिमड़ा; 2. (*strongly made*) मज़बूत; पक्का; 3. (*stiff*) कड़ा, सख़्त;

4. (*robust*) तगड़ा, हट्टा-कट्टा; तितिक्षु (*hardy*); 5. (*rough, brutal, violent*) उद्दण्ड, उजड्डु; उग्र; 6. (*ruthless*) बेरहम, निष्ठुर; कठोर; 7. (*stubborn*) हठीला, अड़ियल, ज़िद्दी; 8. (*difficult to do*) कठिन, दुष्कर, दुःसाध्य, मुश्किल; —*n.*, गुण्डा। > टॅफ़

toughen, कड़ा, सख्त आदि (*see* TOUGH) बनना या क०। > टॅफ़ॅन

toughness, (*see* TOUGH), चीमड़पन; मज़बूती*; कड़ापन, सख़्ती*, कड़ाई*; तगड़ापन; उद्दण्डता*, उग्रता*; बेरहमी*, निष्ठुरता*; हठीलापन; कठिनाई*, मुश्किल*। > टॅफ़्-निस

toupee, toupet, कृत्रिम-बाल। > टूपी; टूप्-ए

tour, *n.*, 1. (*four inspection*) दौरा, परिक्रम; 2. (*as a tourist*) पर्यटन, यात्रा*; 3. (*excursion, ramble*) सैर*, भ्रमण; 4. (*spell of duty*) दौर; ~ de force, कमाल, चमत्कार; —*v.*, दौरा, यात्रा*, सैर* या भ्रमण क०। > टुॲ

tourbillion, चरखी*। > टुॲबिल्यॅन

tourist, पर्यटक। > टुॲर्-इस्ट

tourism, पर्यटन। > टुॲर्-इज़्म

tourmaline, तुरमली*। > टुॲमॅलिन

tournament, 1. (*tourney*) नेजाबाज़ी*; 2. खेल-प्रतियोगिता*। > ट: = टुॲनॅमॅन्ट

tourniquet, रक्तबन्ध। > टुॲन्-इ-के = टुॲन्-इ-के'ट

tousle, अस्तव्यस्त कर देना; उलट-पुलट कर देना। > टाउज़ॅल

tousy, अस्तव्यस्त। > टाउज़्-इ

tout, ग्राहक जुटाना, दलाली* क०; **~ round,** घुड़दौड़* के विषय में गुप्त जानकारी* प्राप्त क०; —*n.*, दलाल; (घुड़दौड़* के विषय में) गुप्त सूचना* देनेवाला। > टाउट

tow, *n.*, 1. मोटा सन; 2. (*being towed*) खिंचाव; 3. (*towing*) खिंचाई*, खिंचावट*; have (take) in ~, अपने पास रखना; वश में रखना (या क०), नियंत्रित क०; की ज़िम्मेवारी* लेना; —*v.*, 1. (*pull*) खींचना; 2. (*drag*) घसीटना; **~age,** खिंचाई*, नौकर्षण (शुल्क), **~(ing)-line, ~(ing)-rope,** गून*; **~(ing)-net,** महाजाल। > टो

towards, toward, 1. की ओर*, की दिशा* में; 2. (*as regards*) के विषय में; के प्रति; 3. (*for the purpose of*) के लिए, के हेतु; 4. (*near*) के आसपास, के निकट। > टॉ:इ्ज़, टोॲड्ज़, ट्वॉ:ड्ज़; टुवॉ:ड्ज़

towel, *n.*, तौलिया, अँगोछा, गमछा (*small*); throw in the ~, हार* मानना; —*v.*, 1. (तौलिये से) पोंछना या शरीर पोंछना; 2. (*thrash*) खूब मारना। > टाउ-ॲल = टाउ-इल

tower, *n.*, 1. टावर, मीनार*, लाट*; बुर्ज (*also bastion*); 2. (*fortress*) क़िला, गढ़, दुर्ग, कोट; ~ of strength, (पक्का) सहारा, विश्वस्त सहायक; ivory ~, अलगाव, पार्थक्य, विविक्ति*; — *v.*, ऊँचा उठना या चढ़ना; **~ above,** 1. बहुत ऊँचा होना; 2. (*fig.*) से बढ़कर होना; **~ ing,** 1. बहुत ऊँचा, बुलन्द; 2. (*violent*) उग्र, अतितीव्र, प्रचण्ड। > टाउ-ॲ

town, 1. शहर, नगर, टाउन; 2. (*small* ~) नगरी*, पुर, क़सबा, पत्तन; go to ~, रंगरलियाँ* मनाना; फूले न समाना; खुले हाथों खर्च क०; man about ~, विट; **~ area,** नगर-क्षेत्र; **~clerk,** नगरपालिका* का मुंशी; ~ council, नगरपालिका*; ~ councillor, नगरपाल; **~ crier,** ढँढोरची, ढँढोरिया, मुनादी* करनेवाला; **~ hall,** टाउन-हाल, नगर-भवन; **~-planner,** नगर-निवेशक; **~-planning,** नगर-आयोजन; **~ship,** नगर-क्षेत्र; **~sman, ~sfolk, ~speople,** शहरी, नगरी, नगरवासी; पुरवासी; **~talk,** अफ़वाह*। > टाउन

towy, सन जैसा। > टो-इ

toxaemia, विशाक्तता*, विषरक्तता*। > टॉक्सीम्-इॲ

toxic, 1. (*of poison*) विष का वैषिक; 2. (*poisonous*) विषैला, ज़हरीहा, विषाक्त, 3. (*caused by poison*) वैषिक, विष-जन्य। > टॉक्स्-इक

toxicant, *adj.*, विषैला; *n.*, विष। > टॉक्स्-इकॅन्ट

toxicity, विषाक्तता*। > टॉक्-सि-सि-टि

toxico/logical, विषवैज्ञानिक; **~logist,** विष-विज्ञानी; **~logy,** विष-विज्ञान। > टॉक्सिकॅलॉजिकॅल; टॉक्सिकॉलॅ/जिस्ट, ~ जि

toxicomaina, विषोन्माद। > टॉक्सिकॅमेन्यॅ

toxicosis, विषजन्य रोग। > टॉक्सिकोस्-इस

toxin, जीव-विष। > टॉक्स्-इन

toxiphobia, विषभीति*। > टॉक्सिफ़ोब्यॅ

toxo/philite, धुनर्द्धर, तीरंदाज़, कमनैत; **~phily,** धनुर्विद्या*, तीरंदाज़ी*। > टॉक्सॉफ़्/इलाइट, ~ इलि

toy, *n.*, खिलौना (*also fig.*); *v.*, 1. खेलना, खेलवाड़ क०; 2. (*fondle*) पर हाथ फेरना; 3. (*with food*) टूँगना; 4. (*with a subject*) पूरी तौर से दिलचस्पी* लेना। > टॉइ

trace, *n.*, 1. (*of harness*) जोत*; in the ~s, जुता हुआ; काम में जुता हुआ; kick over the ~ s, विद्रोह क०, अनुशासन भंग करना, उत्पात, उपद्रव या ऊधम मचाना; 2. (*track*) खोज*; पदांक, पदचिह्न (*footprint*); 3. (*sign, mark*) चिह्न, निशान; संकेत; अवशेष (*vestige*) 4. (*small quantity*) अल्पमात्रा*, लेश, लवलेश; पुट; ~ elements, सूक्ष्ममात्रिक तत्त्व; keep ~ of, खोज-खबर* लेता रहना; lose ~ of, ध्यान से उतरना; ~ *v.*, 1. (*sketch*) रूपरेखा* प्रस्तुत

क०, खाका उतारना; खींचना; 2. (*write*) लिखना, कठिनाई* (मुश्किल*) से लिखना; 3. (*on transparent paper*) अनुरेखण क०, अनुरेखित क०; 4. (*track*) खोज* पर चलना; 5. (*a path*) पर चलना; 6. (*find out*) का पता लगाना; खोज निकालना; 7. (*describe*) वर्णन क०; अंकित क०; विकास की रूपरेखा* प्रस्तुत क०; back to से सम्बन्ध मिलाना। > ट्रेस

traceable, अनुमार्गणीय। > ट्रेसॅबॅल

traceless, खोज-मिटा। > ट्रेस्-लिस

tracer, खोजी, अन्वेषक; अनुरेखक; अनुज्ञापक; ~ bullet, चमकदार गोली*; ~ element, अनुज्ञापक तत्त्व। > ट्रेसॅ

tracery, अलंकरण; नक़्क़ाशी*। > ट्रेसॅरि

trachea, 1. (*windpipe*) श्वासप्रणाल; 2. (*duct*) वाहिका*। > ट्रॅ-की-अॅ = ट्रेक्-इ-अॅ

tracheid, वाहिनिका*। > ट्रे-कि-इड

tracheitis, श्वासनली-शोथ। > ट्रे-कि-आइट्-इस

tracheotomy, श्वासनलीच्छेदन। > ट्रे-कि-ऑटॅमि

trachoma, रोहा। > ट्रॅकोम्-अॅ

trachyte, ट्रेकाइट। > ट्रैकाइट

tracing, अनुरेखण; ~-paper, अनुरेखण-कागज़। > ट्रेसिना

track, *n.*, 1. (*trail*) खोज*; पदांक, चरणचिह्न, पदचिह्न (*footprints*); 2. (*path*) पगडण्डी*, रास्ता; 3. (*beaten* ~) लीक*; 4. (*course*) पथ, मार्ग; 5. (*of railway*) पटरी*, रेलपथ; 6. (*wheelband*) चक्र-पट्टी*; 7. (*distance between wheels*) चक्रान्त्र; be off the ~, ग़लत रास्ते पर होना (*also fig.*); विषयान्तर क०; be on somebody's ~ s, पीछा क०; cover up one's ~ s, खोज* मिटाना; छिपकर काम क०; he has a one-~ mind, उसका दिमाग़ एक ही लीक* पर दौड़ता है; वह एक ही विषय में दिलचस्पी* लेता है; in one's ~s, वहीं पर; keep ~ of, में दिलचस्पी* लेना, की खोज-ख़बर* रखना, पर दृष्टि* रखना; से सम्पर्क बनाये रखना; lose ~ of, ध्यान से उतरना; सम्पर्क छूट जाना; off the beaten ~, असामान्य; मौलिक; अज्ञात; कम प्रसिद्ध; *v.*, 1. खोज* पर चलना; 2. का पता लगाना, खोज निकालना; 3. (*capture*) पकड़ लेना; 4. (*tow*) खींचना। > ट्रैक

trackage, 1. (*towing*) कर्षण; 2. (*of railway*) रेलपथ (-परिमाण)। > ट्रैक्-इज

track-clearer, इंजनछाज।

tracker, 1. खोजी; 2. (*rod*) योजक डण्डा। > ट्रैक्-अॅ

trackless, पथविहीन। > ट्रैक्-लिस

tract, 1. (*region*) भूभाग, प्रदेश, इलाक़ा; 2. (*anatomy*) क्षेत्र; digestive ~, पाचन क्षेत्र; 3. (*pamphlet*) पुस्तिका*। > ट्रैक्ट

tract/ability, वश्यता*, विनय*; **~ able,** वश्य, विनीत। > ट्रैक्टॅबिल्-इटि; ट्रैक्टॅबॅल

tractate, 1. प्रबन्ध; 2. (*tract*) पुस्तिका*। > ट्रैक्टेट

traction, कर्षण, संकर्षण। > ट्रैक्शॅन

tractive, कर्षक। > ट्रैक्-टिव

tractor, ट्रैक्टर, कर्षित्र। > ट्रैक्-टॅ

trade, *v.*, 1. व्यापार क०; लेन-देन क०; 2. (*barter*) अदला-बदली* क०; का सौदा क०; बेचना; 3. (*carry merchandize*) माल ढोना या वहन क०; ~ on, से अनुचित लाभ उठाना; —*n.*, 1. (*commerce*) व्यापार, तिजारत*; 2. (*retail business*) दुकानदारी*; 3. (*occupation*) व्यवसाय, पेशा; 4. (*skilled craft*) शिल्प, दस्तकारी*, कारीगरी*; 5. व्यवसायी (-समुदाय); 6. (*pl.*, ~ *wind*) व्यापारिक पवन, तिजारती हवा*; ~ mark, मार्का, मारका; ~ name, व्यापारिक नाम, ~ price, थोक भाव; ~ union, व्यवसाय-संघ; मज़दूर-संघ, श्रमिक-संघ; **~-unionism,** श्रमिकसंघवाद; **~-unionist,** श्रमिकसंघी। > ट्रेक

trader, व्यापारी, व्यापारिक जहाज़। > ट्रेड्-अॅ

tradesman, व्यापारी, दुकानदार। > ट्रेड्ज़्मॅन

tradition, 1. परम्परा*; आम्नाय; 2. (*Hindu*) स्मृति*; 3. (*Muslim*) हदीस*; **~alism,** परम्परावाद; **~ alist,** परम्परावादी; **~al,** परम्परागत, पारंपरिक। > ट्रॅडि/शॅन, ~ शॅनॅलिज़्म, ~ शॅनॅलिस्ट

traditor, विश्वासघाती। > ट्रैड्-इ-टॅ

traduce, 1. (*abuse*) निन्दा* क०; 2. (*calumniate*) मिथ्यापवाद क०, झूठी निन्दा* क०; 3. (*misrepresent*) का अयथार्थ रूप प्रस्तुत क०। > ट्रॅड्यूस

traducianism, जीवानुवंशिकता*, देहात्म-सहजननवाद। > ट्रॅडयूसिअॅनिज़्म

traffic, *v.*, 1. का व्यापार क०; अवैध (*illegal*) व्यापार क०; 2. (*barter*) अदला-बदली* क०; 3. बेचना, का सौदा क०; ~ on, से अनुचित लाभ उठाना; —*n.*, 1. (*movement of vehicles*) यातायात; 2. (*trade*) व्यापार; अवैध व्यापार; ~ circle, यातायात, परिपथ; ~ island, यातायात चक्कर। > ट्रैफ़्-इकॅ

trafficker, अवैध व्यापारी। > ट्रैफ़्-इकॅ

tragacanth, कटीरा, कतीरा। > ट्रैगॅकैन्थ

tragedian, त्रासदी-कार; त्रासदी-अभिनेता। > ट्रॅजीड्-इअॅन

tragedy, 1. त्रासदी*, दु:खान्त नाटक, दु:खान्तिकी*; 2. (*calamity*) दु:खद घटना*, महाविपदा*, दारुण

विपत्ति*, विनिपात। > ट्रैजिडि

tragic(al), 1. (*of play*) दु:खान्त, त्रासिक; 2. (*of tale, scene, etc.*) कारुणिक; दु:खद; 3. (*calamitous*) अनर्थकारी; 4. (*sad*) दु:खपूर्ण; 5. (*fatal*) सांघातिक, घातक। > ट्रैजिक; ट्रैजिकॅल

tragicomedy, त्रासिक कामदी*। > ट्रैजिकॉम्-इडि

trail, *n.*, 1. (*appendage*) पुछल्ला; 2. (*track*) खोज*; चरणचिह्न (*footsteps*); 3. (*path*) पगडण्डी*, रास्ता; पथ; —*v.*, 1. (*drag*) घसीटना, खींचना; 2. (*be dragged*) घसिटना, घसीटा जाना; 3. (*track*) की खोज* पर चलना; 4. (*straggle*) फैल जाना; 5. (*tread down*) कुचलना; ~ arms, तोल शस्त्र; **~ er,** 1. घसीटनेवाला ··· (*see* TRAIL *v.*); 2. (*vehicle*) ट्रेलर, अनुयान; 3. (*plant*) भूस्तारी; 4. (*film*) ट्रेलर, फ़िल्म* की झलकियाँ*; **~-blazer,** अग्रसर, पुरोगामी; **~-net,** महाजाल। > ट्रेल

train, *v.*, 1. (*teach*) शिक्षा* देना, सिखाना, सिखलाना; 2. (*in a particular profession or skill*) प्रशिक्षित क०, प्रशिक्षण देना; 3. (*in athletics etc.*) अभ्यास क० या कराना; 4. (*an animal*) सधाना; 5. (*a plant*) अनुवर्धन क०; 6. (*a gun*) (निशाने) पर लगाना, से (किसी पर) निशाना बाँधना; —*n.*, 1. रेलगाड़ी*, गाड़ी*, ट्रेन*; 2. (*of dress etc.*) पुछल्ला; छोर; 3. (*retinue*) परिकर; 4. (*a group in line*) ताँता, क़तार*, पंक्ति*; कारवाँ (*caravan*); 5. (*series, of events etc.*) ताँता, सिलसिला, अनुक्रम; 6. (*of thought*) धारा*, सिलसिला; 7. बारूद* की पंक्ति*; in ~, तैयार। > ट्रेन

train/able, प्रशिक्षणीय; **~ed,** प्रशिक्षित; **~ee,** प्रशिक्षार्थी; **~er,** प्रशिक्षक; अभ्यास करानेवाला; सधानेवाला। > ट्रेनॅबॅल; ट्रेन्ड; ट्रेनी; ट्रेन्-अॅ

training, प्रशिक्षण; अभ्यास; **~-college,** प्रशिक्षण-महाविद्यालय; in ~, दुरुस्त। > ट्रेन्-इना

traipse, *see* TRAPES. > ट्रेप्स

trait, विशेषता*, विशेषक। > ट्रे = ट्रेट

traitor, विश्वासघाती; देशद्रोही। > ट्रेट्-अॅ

traitorous, 1. (of a person) विश्वासघातक; बेईमान; 2. विश्वासघातात्मक; देशद्रोहात्मक। > ट्रेटॅरॅस

traitress, विश्वासघातिनी*। > ट्रेट्रिस

trajectory, 1. (*of missile*) प्रक्षेप-पथ; 2. (*math.*) समछेदी, संछेदी। > ट्रॅजे क्टॅरि, = ट्रैज्-इक्टॅरि

tram, 1. (*vehicle*) ट्राम*; 2. (*car*) गाड़ी*; 3. (*silk thread*) बटा हुआ रेशनी धागा-। > ट्रैम

trammel, *n.*, 1. (*net*) जाल; 2. (*shackle*) बेड़ी*, पाबन्द; 3. (*also pl., impediments*) बेड़ियाँ*, बन्धन; 3. (*pothook*) कड़ा; 4. (*beam-compass*) दण्ड-परकार; 5. (*to draw ellipses*) दीर्घवृत्त-परकार; —*v.*, 1. (*hamper*) में बाधा* डालना, पर रोक* लगाना; बेड़ियाँ डालना; 2. (catch) फँसाना। > ट्रैमॅल

tramontane, *adj.*, 1. पर्वतों के उप पार का, पारपर्वतीय, पर्वतपारीय; 2. (*foreign*) विदेशी; 3. (*barbarous*) बर्बर; —*n.*, 1. विदेशी; 2. (*stranger*) अजनबी। > ट्रॅमॉन्टेन

tramp, *v.*, 1. धब-धब* करते हुए चलना; 2. (*travel on foot*) पैदल चलना, भ्रमण क० या पार क०; पद-यात्रा* क०; 3. (*as a vagabond*) आवारा फिरना, मारा-मारा फिरना, आवारगी* क०; 4. (*trample*) कुचलना; —*n.*, 1. (*sound*) धब-धब*; 2. पद-यात्रा*; 3. (*person*) आवारागर्द; 4. (*ship*) माल-जहाज़। > ट्रैम्प

trample, 1. कुचलना, रौंदना, खूँदना; 2. (*fig.*) पर ठोकर* मारना, पर आघात क०। > ट्रैम्पॅल

trance, 1. (*ecstasy*) भाव-समाधि*, समाधि*, हाल; 2. आत्मविस्मृति*; 3. (*unconsciousness*) बेहोशी*, मूर्च्छा; 4. (*catalepsy*) स्तब्धता*, स्तब्धि*। > ट्रान्स

tranquil, 1. (*calm*) प्रशान्त, शान्त; 2. (*peaceful*) शान्तिमय; **~lity,** प्रशान्ति*; **~lize,** शान्त क० या हो जाना; **~lizer,** प्रशान्तक। > ट्रैन्-क्विल; ट्रैन्-क्विल्-इ-टि; ट्रैन्-क्वि/लाइज़, ~ लाइज़ॅ

trans-, *pref.* के पार, उस पार का, पार-; के परे, परा-।

transact, 1. (*carry out*) पूरा क०, सम्पादित क०; 2. (*do business*) कारबार क०, व्यवसाय क०। > ट्रैन्ज़ैक्ट

transaction, 1. (*performing*) कार्य-सम्पादन, सम्पादन; कार्रवाई*; 2. (*business ~*) पणाया*, सौदा; 3. (*affair*) मामला; 4. (*pl.*) कार्यविवरण। > ट्रैन्ज़ैकशॅ:

transalpine, पार-आल्पीय। > ट्रैन्ज़ल्पाइन

transatlantic, पार-अटलांटिक। > ट्रैन्ज़ॅट्लैन्-टिक

trans/calency, ऊष्माचालकता*; **~ calent,** ऊष्माचालक। > ट्रैन्स्केलॅन्सि; ट्रैन्स्केलॅन्ट

transceiver, प्रेषाभिग्राहित्र। > ट्रैन्सीव्-अॅ

transcend, 1. (*excel*) से बढ़कर होना, से श्रेष्ठ होना; 2. (*exceed*) से अधिक होना, से आगे बढ़ना; 3. (*go beyond range etc.*) के परे होना। > ट्रैन्सेन्ड

transcend/ence, उत्कर्ष; ज्ञानातीत्व; अनुभातीतत्व; लोकातीतत्व; **~ent,** 1. (*excellent*) श्रेष्ठ, उत्कृष्ट, अत्युत्तम; 2. (*unknowable*) ज्ञानातीत; 3. (*beyond experience*) अनुभवातीत; इन्द्रियातीत; 4. (*beyond material universe*) लोकातीत। > ट्रैन्सेन्डॅन्स, ~ डॅन्ट

transcendental, 1. (*transcendent*) अनुभवातीत; 2. (*intuitive*) अन्तर्ज्ञात; 3. (*supernatural*) लोकोत्तर; 4. (*speculative*) मीमांसात्मक; 5. (*abstruse*) गूढ़, दुरूह, दुर्बोध; 6. (*math.*) अवीजीय; **~ism,** अन्तर्ज्ञानवाद।
> ट्रैन्सॅन्, = ट्रैन्से'न्ड़े'न्/टॅल ~ टॅलिज़्म

transcribe, 1. (*copy out*) (नक़ल*) उतारना, प्रतिलिपि* क; 2. (*from notes*) प्रतिलेखन क०, पूरी प्रतिलिपि* तैयार क०; 3. (*in another script*) लिप्यन्तरण क०; 4. (*record*) अभिलेखन क०; 5. (*music*) अन्य वाद्य के लिये तैयार क०; **~ r,** प्रतिलिपिक। > टैन्स्क्राइब; ट्रैन्स्क्राइब्-अॅ

transcript, प्रतिलिपि*, नक़ल*; **~ion,** 1. (*act*) प्रतिलेखन; 2. प्रतिलिपि*।
> ट्रैन्-स्क्रिप्ट; ट्रैन्-स्क्रिप्-शॅन

transect, आड़े काटना; **~ion,** अनुप्रस्थ परिच्छेद।
> ट्रैन्से'क्ट;ट्रैन्से'क्शॅन

transept, अनुप्रस्थ भाग, आड़ा बाजू। > ट्रैन्से'प्ट

transfer, *v.*, 1. (*general, also abstract meaning*) अन्तरण क०, अंतरित क०; 2. (*to another office or place*) बदली* क०, स्थानान्तरित क०, तबादला क०, दूसरी जगह* ले जाना या भेजना; 3. (*hand over to another*) हस्तांतरित क०; दूसरे के नाम लिखवाना; देना, सौंपना; 4. (*to another account*) अंतरित क०; दूसरे खाते में लिखवाना; 5. (*printing*) अनुचित्रित क०; 6. गाड़ी*, बदलना; —*n.*, अंतरण बदली*, स्थानान्तरण, तबादला; हस्तान्तरण; अनुचित्रण, अनुमुद्रण; अन्तरणपत्र; अंतरित सिपाही; **~-certificate,** अन्तरणप्रमाणक।
> ट्रैन्स्फ़ॅ:, (*v.*); ट्रैन्स्फ़ॅ: (*n.*)

transfer/able, अन्तरणीय; स्थानान्तरणीय; हस्तान्तरणीय; **~ee,** 1. अन्तरिती; 2. (*who is changed*) अंतरित व्यक्ति; **~ence,** अन्तरण; स्थानान्तरण; हस्तान्तरण; **~or, ~ rer,** अंतरितक; **~red,** अंतरित; — epithet, विशेषण-विपर्यय।
>ट्रैन्स्फ़ॅरॅबॅल;ट्रैन्स्फ़ॅरी;
ट्रैन्स्/फ़ॅरॅन्स, ~ फ़ॅरॅ; ट्रैन्स्फ़ॅ:र्-अॅ

trans/figuration, रूपान्तरण; **~figure,** 1. रूपान्तरित क०; 2. (*glorify*) महिमान्वित क०।
> ट्रैन्स्-फिग्यूरेशॅन; ट्रैन्स्-फ़िग-अॅ

transfix, 1. बींधना, छेदना, बेधना, भेदन क०; 2. (*fig.*) स्तंभित, हक्का-बक्का, भौचक्का या आश्चर्यचकित कर देना; **~ion,** बेधन, वेधन, छेदन।
> ट्रैन्स्-फ़िक्स; ट्रैन्स्-फ़िक्-शॅन

transform, बदल देना; बदल जाना; रूप, आकृति*, स्वभाव, स्वरूप बदल देना या बदल जाना; **~able,** परिवर्तनीय; रूपान्तरणीय। > ट्रैन्स्फ़ॉ:म; ट्रैन्स्फ़ॉ:मॅबॅल

transformation, 1. (*act*) रूपान्तरण (*also math. chem.*); 2. (*new state*) रूपान्तर, 3. (*change*) परिवर्तन; 4. (*complete change*) कायापलट; 5. (*of insects*) कायान्तरण; 6. (*electricity*) परिणमन।
> ट्रैन्स्फ़ॅमेशॅन

transform/ative, रूपान्तरकारी; रूपान्तरात्मक; **~ed**, रूपान्तरित। > ट्रैन्स्फ़ॉ:मॅटिव्; ट्रैन्स्फ़ॉ:म्ड

transformer, 1. रूपान्तरकर्ता; परिवर्तक; 2. (*electricity*) परिणामित्र। > ट्रैन्स्-फ़ॉ:म्-अॅ

transformism, विवर्तनवाद, विकासवाद।
> ट्रैन्स्-फ़ॉ:म्-इज़्म

trans/fuse, *v.*, 1. (दूसरे पात्र में) उँडेलना; 2. (*blood*) रुधिर-आधान कराना; 3. (*inject*) भर देना; 4. (*fig.*) मन में बैठाना; का संचार क०; 5. (*make permeate*) में व्याप्त क०; **~fusion,** उँडेलना; रक्त-आधान; —tissue, संचरण-ऊतक; **~fusive,** संचारी। > ट्रैन्स्फ़्यूज़; ट्रैन्स्फ़्यूश्ज़ॅन; ट्रैन्स्फ़्यूस्-इव्

transgress, 1. (*a limit etc.*) अतिक्रमण क०, उल्लंघन क०; 2. (*one's authority*) अतिचार क०; 3. (*a law*) भंग क०, उल्लंघन क०; 4. (*sin*) पाप क०, अपराध क०; **~ion,** अतिक्रमण, उल्लंघन; अतिचार; भंग; पाप; अपराध; **~ive,** अतिक्रामी; अतिचारी; **~ or,** उल्लंघनकर्ता; पापी, अपराधी।
> ट्रैन्स्ग्रे'स; ट्रैन्स्ग्रे'शॅन; ट्रैन्स्ग्रे'स्/इव्, ~ अॅ

tranship, दूसरे जहाज़ (गाड़ी*) पर लादना, वाहनान्तरित क०; जहाज़ या गाड़ी* बदलना; **~ment,** वाहनान्तरण; यानान्तरण; नौकान्तरण।
> ट्रैन्-शिप, ~ मॅन्ट

transhumance, ऋतु-प्रवास। > ट्रैन्स्ह्यूमॅन्स

trans/ience, ~iency, अनित्यता*; आस्थायित्व; क्षणभंगुरता*; अल्पकालीनता*; **~ient,** 1. (*not permanent*) अनित्य, नश्वर; 2. (*temporary, passing*) अस्थायी; 3. (*ephemeral, momentary*) अल्पस्थायी, क्षणभंगुर, क्षणिक; 4. (*brief*) अल्पकालिक, अल्पकालीन; 5. (*of a glance*) सरसरी; 6. (*music*) संयोजक। > ट्रैन्स्-इ/ॲन्स, ~ ॲन्सि ~ ॲन्ट

transilient, असम्बद्ध। > ट्रैन्-सिल्-इ-ॲन्ट

transillu/minate, पार(प्र)दीपित क०; **~mination,** पार(प्र)दीपन।
> ट्रैन्सिल्यूम्-इनेट; ट्रैन्सिल्यूमिनेशॅन

transire, रवन्ना; निकासी-पत्र। > ट्रैन्-साइअॅर्-इ

transistor, ट्राज़िस्टर। > ट्रैन्-ज़िस्-टॅ

transit, *n.*, 1. (*passing*) पारगमन; 2. (*being conveyed*) परिवहन, वहन; 3. (*across sun or moon*) पारगमन; 4. (*over a meridian*) संक्रमण, याम्योत्तर-गमन (*lower*, अधो-; *upper*, ऊर्ध्व-); 5. (*route*) मार्ग; —*v.*, मार क०; in ~, मार्गस्थ।
> ट्रैन्ज्-इट

transition, 1. (*change*) परिवर्तन; 2. (*passing through*) पारण, पारगमन; 3. संक्रमण; संक्राति*;

~ period, संक्रांति-काल, संधिकाल; **~al,** 1. परिवर्ती; 2. सांक्रातिक; 3. (*intermediate*) अन्तर्वर्ती। > ट्रैन्-ज़ि/शॅन, ~ शॅनॅल

transitive, सकर्मक; **~ness,** सकर्मकता*। > ट्रैन्स्-इ-टिव्, ~ निस

transitory, 1. अनित्य, अस्थायी; 2. (*momentary*) क्षणिक; 3. (*brief*) अल्पकालिक। > ट्रैन्स्-इटॅरि

trans/latable, अनुवाद्य; **~late,** 1. अनुवाद क०; अनुवाद होना; 2. स्पष्ट कर देना; अर्थ बताना; अर्थ लगाना; 3. स्थानान्तरित क०, बदली* क०; 4. कार्य में परिणत क०; 5. परलोक ले जाना; 6. दूसरे स्थान पर रखना या स्थापित क०; 7. (*retransmit*) दुबारा भेज देना; **~lated,** अनुवादित, अनूदित; **~lation,** अनुवाद, उल्था, भाषान्तर, तरजुमा; स्पष्टीकरण; स्थानान्तरण (*also phys.*); उद्ग्रहण (*into heavan*); **~lational,** स्थानान्तरीय; **~lator,** अनुवादक, तरजुमान; स्थानान्तरक; **~latory,** स्थानान्तरीय। > ट्रैन्स्लेटॅबल; ट्रैन्स्लेट; ट्रैन्स्लेट्-इड; ट्रैन्स्ले/शॅन,, ~ शॅनॅल; ट्रैन्स्लेट/ॲ, ~ ॲरि

translite/ration (~rate), लिप्यन्तरण (क०) > ट्रैन्स्लि टॅरेशन; ट्रैन्स्लिटॅरेट

translocation, स्थानान्तरण। > ट्रैन्स्लॅकेशॅन

trans/lucence, पारभासकता*; **~lucent,** पारभासी। > ट्रैन्स्लू/सॅन्स, ~ सॅन्ट

translunary, 1. लोकोत्तर; 2. (*fig.*) असार, वायवीय (*insubstantial*); काल्पनिक (*visionary*); अव्यावहारिक (*unpractical*) > ट्रैन्ज़्लूनॅरि

transmarine, पारसमुद्री, पारसागरीय, समुद्रपारीय। > ट्रैन्ज़्मॅरीन

trans/migrant, प्रवासी, प्रव्राजी; **~migrate,** 1. परदेश में जाकर बसना, प्रवास क०; 2. (*of soul*) पुनर्जन्म लेना, का देहान्तर होना; **~migration,** 1. प्रवास, प्रव्रजन, देशान्तरगमन; 2. पुनर्जन्म, देहान्तरण, आवागमन; **~migrator(y)** प्रवासी, प्रव्राजी। > ट्रैन्ज़्माइ/ग्रॅन्ट, ~ ग्रेट, ~ ग्रेशॅन ~ ग्रे-टॅ; ट्रैन्ज्माइग् रॅटॅरि

trans/missible (~missibility), संचार्य(ता*); प्रेष्य(ता*); प्रसार्य(ता*); देय(ता*); हस्तान्तरणीय(ता*); स्थानान्तरणीय(ता*); आनुवंशिक (*of disease*); दाययोग्य (*of property*); पारणीय; **~mission,** संचारण; संचरण; प्रेषण; प्रसारण; दान, प्रदान; हस्तान्तरण; स्थानान्तरण, पारण; पारगमन; **~missive,** प्रेषक; संचारक; प्रसारक; दाता; पारगम्य (*physical property*); **~missivity,** पारगम्या*। > ट्रैन्ज़्-मिसॅबॅल; ट्रैन्ज़्-मिसिबिल्-इटि; ट्रैन्ज़-मि-शॅन; ट्रैन्ज़्-मिस्-इव्; ट्रैन्ज़्-मि-सिव्-इ-टि

transmit, 1. (*communicate*) बताना, पहुँचाना; संचारित क०; 2. (*send*) भेजना, प्रेषित क०; संप्रेषित क०; प्रसारित क० (*by radio*); 3. (*hand on*) आगे बढ़ाना, देना; 4. (*transfer*) हस्तान्तरित क० (*give away*); स्थानान्तरित क० (*to another place*); देना, लगाना (*by heredity*); वसीयत* क० (*by inheritance*); 5. (*cause to pass through*) पारित क०; 6. (*allow to pass through light, heat, etc.*) पारगम्य होना। > ट्रैन्ज़्-मिट

trans/mittable, *see* TRANSMISSIBLE; **~mittal,** *see* TRANSMISSION; अंतरण; **~mittance,** पारगम्यता*; **~mitted,** प्रेषित, संचारित; प्रसारित; प्रदत्त; पारगत; **~mitter,** प्रेषक; संचारी; प्रसारी; दाता; प्रेषित्र (*instrument*); **~mittivity,** पारगम्यांक। > ट्रैन्ज़्-मिटॅबॅल; ट्रैन्ज़्-मिटॅल; ट्रैन्ज़्मिटॅन्स; ट्रैन्ज़्-मिट्/इड, ~ ॲ; ट्रैन्ज़्मिटिव्-इटि

trans/mogrification (~mogrify), काया-पलट (कर देना)। > ट्रैन्ज़्मॉग्रिफ़िकेशॅन; ट्रैन्ज़्मॉग्-रिफ़ाइ

trans/mutability, रूपान्तरणीयता*; तत्त्वान्तरणीयता*; **~mutable,** रूपान्तरणीय; तत्त्वान्तरणीय; **~mutation,** रूपान्तरण; रूपान्तर; तत्वान्तरण; तत्त्वान्तर; **~mutative,** रूपान्तरकारी; तत्त्वान्तरकारी रूपान्तरण-; तत्त्वान्तरण-; **~mute,** कायापलट कर देना; रूप या स्वरूप बदल देना; तत्त्वान्तरित क०, का तत्त्वान्तरण क०; स्वर्ग में बदल देना। > ट्रैन्ज़्म्यूटॅबिल्-इटि; ट्रैन्ज़्म्यूटॅबॅल; ट्रैन्ज़्म्यूटेशॅन; ट्रैज़्म्यूटॅटिव; ट्रैन्ज़्म्यूट

transnormal, असाध। > ट्रैन्ज़्नॉःमॅल

transoceanic, पार-महासागरीय, महासागर-पारीय। > ट्रैन्ज़ोशिऐन्-इक

transom, 1. (*of door or window*) सरदल; 2. (*cross-bar*) आड़ा-शहतीर; **~window,** सरदली (या दरवाज़े के ऊपर की) खिड़की*; पट्टीदार खिड़की*। > ट्रैन्सॅम

transpalatine, पारतालव। > ट्रैन्स्पैलॅटाइन

trans/parence, पारदर्शकता*; **~parency,** पारदर्शकता*, पारदर्शिता*; पारदर्शी चित्र; **~parent,** 1. पारदर्शक, पारदर्शी; 2. (*easily detected or seen through*) सुभेद्य, कच्चा (*of disguise*); कच्चा, खोखला (*of excuse*); 3. (*clear, obvious*) सुस्पष्ट, प्रकट, साफ़; 4. (*sincere, frank*) सच्चा, निष्कपट। > ट्रैन्स्पे'ॲरॅन्स = ट्रैन्स्पैरॅन्स; ट्रैन्स्पे'ॲरॅन्सि = ट्रैन्स्पैरॅन्सि; ट्रैन्स्पे'ॲरॅन्ट = ट्रैन्स्पैरॅन्ट

transpierce, बींधना, छेदना। > ट्रैन्स्पिॲस

tran/spirable, पारस्वेद्य; पारश्वसनीय; **~spiration,** प्रस्वेदन; पारश्वसन; वाष्पोत्सर्जन; **~spire,** 1. पसीना निकलना या निकालना, प्रस्वेदित होना या क०; प्रश्वासित होना या क०; 2. (*as vapour*) वाष्प के रूप में उत्सर्जित होना या क०; 3. (*become *known*) प्रकट हो जाना, मालूम हो जाना; खुल जाना; 4. (*happen*) घटित होना, हो जाना।

> ट्रैन्स्पाइअरॅबॅल; ट्रैन्स्-पि-रे-शॅन; ट्रैन्स्पाइअॅ

transplant, 1. प्रतिरोपित क०; 2. (*remove*) हटा देना, स्थानान्तरित क०; 3. दूसरे स्थान पर बसाना या लगाना या आरोपित क०; **~able,** प्रतिरोप्य; **~ation,** प्रतिरोपण; **~er,** प्रतिरोपक।

> ट्रैन्स्प्लान्ट; ट्रैन्स्प्लान्टॅबॅल; ट्रैन्स्प्लैनन्टेशॅन; ट्रैन्स्पलान्टॅ

transpolar, पार-ध्रुवीय। > ट्रैन्स्-पोल्-ॲ

transpontine, पुल के उस पार का, पुलपारीय, सेतुपारीय। > ट्रैन्स्पॉन्टाइन

transport, *v.*, 1. (*convey*) ले जाना, ढोना, वहन क०; 2. (*a criminal*) देश निकाला देना, कालापानी भेजना; 3. (*enrapture*) भावविह्वल कर देना; आनन्दविभोर कर देना; —*n.*, 1. परिवहन; 2. भावादेश; हर्षोन्माद (*of joy*), 3. (*vehicle*) वाहन; **~able,** परिवहनीय, देशनिकाला-योग्य; **~ation,** 1. परिवहन; 2. (*means*) वाहन; 3. (*punishment*) देशनिकाला; कालापानी; —charges, ढुलाई*; **~ed,** वाहित; **~er,** 1. वाहक; 2. (*conveyor belt*) वाहक पट्टा।

> ट्रैन्स्पॉ:ट, (*v*); ट्रैन्स्पॉ:ट (*n.*); ट्रैन्स्पॉ:टॅबॅल; ट्रैन्स्पॉ:टेशॅन; ट्रैन्स्पॉ:ट्/इड; ~ ॲ

trans/posal, 1. स्थानान्तरण; विपर्यय; 2. क्रम-परिवर्तन; 3. (*math.*) पक्षान्तरण; 4. (*music*) स्वर-परिवर्तन; **~pose,** 1. स्थान बदलना; एक-दूसरे के स्थान पर रखना; 2. क्रम बदलना; 3. (*math.*) पक्षान्तरित क०; 4. दूसरे स्वर में सुनाना या लिखना; **~position,** 1. *see* TRANSPOSAL 1, 2, 3, 4; 2. स्थानान्तर; क्रमपरिवर्तन; पक्षान्तर; स्वरान्तर; 3. स्वरान्तरित संगीत।

> ट्रैन्स्पोज़ॅल; ट्रैन्स्पोज़; ट्रैन्स्पज़िशॅन

trans-ship, *see* TRANSHIP।

Transsiberian, साइबीरिया-पारीय।

transubstan/tiate, तत्त्वान्तरित क०; **~tiation,** तत्त्वान्तरण, तत्त्वपरिवर्तन।

> ट्रैन्स्सॅब्स्टैन्-शिएट; ट्रैन्स्सॅब्स्टैन्शिएशॅन

tran/sudation, 1. (पार)स्रवण; 2. (*matter*) स्राव, पारस्राव; **~sudatory,** (पार)-स्रावी; **~sude,** रिसना।

> ट्रैन्स्यूडेशॅन; ट्रैन्स्यूडॅटॅरि; ट्रैन्स्टयूड

transuranic, परायूरेनियम। > ट्रैन्स्युअरैन्-इक

trans/valuation, मूल्यान्तरण; **~value,** नया मूल्यांकन क०। > ट्रैन्ज़्वैल्युएशॅन; ट्रैन्ज़्वैल्यू

transversal, *adj.*, आड़ा, अनुप्रस्थ; *n.*, तिर्यक् छेदी-रेखा*। > ट्रैन्ज़्वॅ:सॅल

transverse, *adj.*, आड़ा, अनुप्रस्थ; *n.*, अनुप्रस्थ पेशी*। > ट्रैन्स्वॅ:स

transvest, प्रतिजातीय वस्त्र पहनाना या पहनना; **~i(ti)sm,** प्रतिजातीय वेशधारण, भिन्नलिंग-वस्त्रधारण। > ट्रैन्स्वे स्ट

trap, 1. (*to catch animals*) फन्दा, जाल, फन्द (*snare*), चोरगढ़ा, कूटावपात (*trapfall*); शिकार-पिंजरा (*cage*); rat-~, चूहेदानी*; 2. (*fig.*) फन्दा, जाल, फन्द; booby~, चोर-फन्दा; 3. (*ambush*) घात*; 4. (*mech.*) वारक, फन्द; 5. (*~door*) छतद्वार; फ़र्श-दरवाज़ा; 6. (*vehicle*) दोपहिया गाड़ी*; 7. (*policeman*) (पुलिस* का) सिपाही; 8. (*mouth*) मुँह; 9. (*pl.*) सामान, असबाब; —*v.*, 1. (*also fig.*) फँस जाना; फँसाना; 2. रोकना, रोक रखना; फँसा रखना; 3. जाल या फन्दा लगाना; 4. छतद्वार या फ़र्श-दरवाज़ा लगाना; 5. (*harness*) साज़ चढ़ाना। > ट्रैप

trapes, 1. (*gad about*) घुमना-फिरना; 2. (*aimlessly*) मारा-मारा फिरना; 3. (*wearily*) घिसटकर चलना, पैर घसीटकर चलना। > ट्रेप्स

trapeze, 1. कलाबाज़ी* का झूला; 2. *see* TRAPEZIUM। > ट्रॅपीज़

trapeziform, समलम्बाकार। > ट्रपीज़्-इफ़ॉ:म

trapezium, (*two sides parallel*) समलम्ब।

> ट्रॅपीज़्-इअॅम

trapezoid, (*with no sides parallel*) विषम चतुर्भुज। > ट्रैप्-इज़ॉइडॅ

trapezoidal rule, समलम्बी नियम।

> ट्रैप्-इज़ॉइडॅल

trapezohedron, समलम्बफलक। > ट्रॅपीज़ॅहे ड्रॅन

trapper, फन्दा-शिकारी। > ट्रैप्-ॲ

trappings, साज़-सामान। > ट्रैप्-इन्ग्ज़

trash, 1. (*rubbish, refuse*) कचरा, कूड़ा-करकट; घास-भूसा, घास-पात; 2. (*shoddy goods*) रद्दी माल; रद्दी चीज़ें*; 3. (*worthless book, play, music, etc.*) रद्दी रचना*; 4. (*person*) टुटपुंजिया (*destitute*); निकम्मा आदमी (*worthless*); 5. (*nonsense*) अनाप-शनाप, अण्डबण्ड; 6. (*of trees*) छाँट*; 7. (*of sugarcane*) गन्ने की सीठी*; —*v.*, (*sugarcane*) पत्ते छाँटना; **~-can,** कूड़ा-कोठ; **~y,** रद्दी; निकम्मा। > ट्रैश; ट्रैश्-इ

trauma, 1. (*wound*) चोट*, ज़रब*; 2. अभिघात, सदमा, मानसिक आघात; **~tic,** अभिघातज।

> ट्रॉ:म्-ॲ; ट्रॉ:मैट्-इक

travail, *n.*, प्रसव-पीड़ा*; *v.*, प्रसव-पीड़ा* होना; घोर परिश्रम क०। > ट्रैवेल

travel, *v.*, 1. यात्रा* क०, सफ़र क०; 2. (*act as commercial traveller*) व्यापार-यात्रा* क०, व्यापार-यात्री होना; 3. (*move*) चलना, (की ओर*) आगे बढ़ना; 4. (*go*) जाना; 5. (*of eyes*) पर दौड़ना, पर फिरना; 6. (*of mind*) पर विचार क०, एक-एक करके याद क०; 7. (*a distance*) पूरा क०, तय क०; 8. (*a country*) में भ्रमण क०, की सैर* क०, का

पर्यटन क०, घूमना; —*n.*, 1. यात्रा*, सफ़र; 2. (*tour*) भ्रमण, सैर*, पर्यटन; 3. (*movement*) गति*; **~led,** बहुत घूमा हुआ, पर्यटित। > ट्रैवॅल; ट्रैवॅल्ड

traveller, 1. यात्री, मुसाफ़िर, पथिक, राहगीर; 2. (*tourisat*) पर्यटक; 3. (*commercial ~*) व्यापार-यात्री, सफ़री विक्रेता। > ट्रैवॅलॅ

travelling, 1. यात्रा-, सफ़री; 2. (*moveable*) चल-; ~ wave, प्रगामी तरंग*; **~-allowance,** यात्रा-भत्ता। > ट्रैवॅलिना

travelogue, यात्रा-विवरण, सफ़रनामा; यात्रा-फ़िल्म*। > ट्रैवॅलॉग

traversable, पारणीय, पारगम्य। > ट्रैवॅसॅबॅल

traverse, *adj.*, आड़ा, अनुप्रस्थ; *adv.*, आड़े-तिरछे; —*v.*, 1. पार क०; आर-पार जाना; तिरछे चलना; 2. (*lie across*) काटना; आड़ा पड़ा होना; 3. (*survey, examine*) छानना; ध्यान से देखना; 4. (*consider*) पर विचार क०; 5. (*a gun; turn*) घुमाना; 6. (*oppose*) विरोध क०, बाधा* डालना; 7. (*frustrate*) व्यर्थ कर देना; 8. (*law, deny*) खण्डन क०; प्रत्याख्यान क०; अस्वीकार क०; —*n.*, 1. (*wall*) आड़ी दीवार*; आड़-भित्ति*; 2. (*transveral line*) तिर्यक् छेदी-रेखा*; आड़ी रेखा*; 3. (*gallery*) गलियारा; 4. (*survey*) चक्रम; 5. (*zig-zag line*) टेढ़ा-मेढ़ा पथ; 6. (*sideways movement*) तिरछी चाल*; 7. (*law*) खण्डन, प्रत्याख्यान; 8. (*of gun*) घुमाव; 9. (*hindrance*) बाधा*। > ट्रैवस

travesty, *n.*(*v.*), 1. (*distortion*) विडम्बना* (होना); 2. (*parody*) नक़ल* (क०); 3. (*ridicule*) उपहास (क०)। > ट्रैवू-इस्टि

trawl, *n.* (*v.*) महाजाल (से मछली* मारना); ~**er,** जालपोत। > ट्रॉल; ट्रॉःल्-अॅ

tray, ट्रे, किश्ती*। > ट्रे

treacherous, 1. विश्वासघाती; 2. (*disloyal*) बेईमान, निष्ठाहीन; कपटी (*false*); 3. (*not reliable*) अविश्वसनीय; जोखिमभरा; मायावी। > ट्रे'चॅरॅस

treachery, विश्वासघात; बेईमानी*; कपट, धोखेबाज़ी*। > ट्रे'चॅरि

treacle, 1. राव*; 2. (*molasses*) चाशनी*, शीरा। > ट्रीकॅल

treacly, 1. चाशनी-जैसा; गाढ़ा और चिपचिपा, चाशनी-भरा; 2. (*fig.*) चिकना, चाटुकार, ख़ुशामदी; अतिमधुरभाषी। > ट्रीक्-लि

tread, *v.*, 1. (पर) पैर रखना; (पर) चलना; ~ the boards, अभिनय क०; **~ lightly,** फूँक-फूँककर पैर रखना या चलना; ~ on somebody's toes (corns), नाराज़ क०; ~on air, फूले अंग न समाना, फूले-फूले फिरना; ~ in somebody's steps, का अनुसरण क०; 2. (*perform*) तय क०; (*paces*); नाचना (*a measure*); 3. (*trample*) कुचलना, रौंदना; ~under foot, पददलित क०; नष्ट क०; का अपमान क०; की अवहेलना* क०; 4. (*oppress, subdue*) दमन क०; पराजित क०, अधीन क०; 5. (*of male birds*) लाँघना, चढ़ना; —*n.*, 1. (*manner of walking*) चाल*; 2. (*sound*) (पद)चाप*, पगध्वनि*; 3. (*top surface*) ऊपरी तल; 4. (*sole of a shoe*) तल्ला; 5. (*of male bird*) मैथुन; **~mill, ~-wheel,** पाँव-चक्की*। > ट्रे'ड

treadle, ट्रेडिल। > ट्रे'डॅल

treason, 1. देशद्रोह, राजद्रोह; 2. (*disloyalty*) विश्वासघात; बेईमानी*; high ~, घोर देशद्रोह; **~able, ~ous,** देशद्रोहात्मक। > ट्रीज़ॅन; ट्रीज़ॅनॅबॅल; ट्रीज़ॅनॅस

treasure, *n.*, 1. (*hoard, ~ trove*) ख़ज़ाना, निधि*; 2. (*fig., object or person*) निधि*; —*v.*, 1. संचित क०; 2. बहुमूल्य समझना; 3. (*cherish*) संजोए रखना; **~-house,** 1. तोशकख़ाना, तोशाख़ाना; 2. (*fig.*) भण्डार, ख़ज़ाना। > ट्रे'श़ॅ

treasurer, कोषाध्यक्ष, ख़ज़ानची, ख़ज़ांची, कोषपाल। > ट्रे'श़ॅरॅ

treasury, 1. (*of public revenue*) राजकोष, ख़ज़ाना; 2. ख़ज़ाना, कोषागार; 3. (*fig.*) ख़ज़ाना, भाण्डार, भण्डार; ~ bench, मंत्रीपीठ; ~ bill, सरकारी हुण्डी*; ~ note, नोट; ~ officer, कोषाधिकारी। > ट्रे'श़ॅरि

treat, *v.*, 1. (*act towards*) बरताव क०, व्यवहार क०, पेश आना; 2. (*consider, regard*) समझना, मानना; 3. (*apply process to*) संसाधित क०; ~ ing tank, अभिक्रिया-टंकी*; 4. (*medically*) चिकित्सा* क०, इलाज क०, उपचार क०; 5. (*discuss*) पर विचार-विमर्श क०; 6. (*a subject*) विवेचन क०, निरूपण क०, प्रतिपादन क०, प्रस्तुत क०; 7. (*negotiate terms with*) मोल-तोल क०; 8. (*carry on business with*) लेन-देन क०, व्यापार क०; 9. (*~ a person to*) ख़र्च देना; खिलाना (*food*); 10. (*~ oneself to*) का ख़र्च क०; का आनन्द लूटना; —*n.*, 1. (*entertainment*) मनोरंजन; आनन्द (*joy*); this is a real~ यह बड़ा मनोरंजक है; यह बहुत ही आनन्दायक या भावरंजक है; 2. (*excursion*) सैर*; 3. (*picnic*) बनभोज; 4. (*meal*) दावत*; stand ~, ख़र्च देना। > ट्रीट

treatise, 1. (*book*) प्रबन्ध; शोध-प्रबन्ध; पुस्तक*; 2. (*essay*) निब्रन्ध। > ट्रीट्-इस

treatment, 1. (*behaviour*) व्यवहार, बरताव, सलूक; 2. (*of a subject*) निरूपण, प्रतिपादन; विवेचन; 3. (*medical*) चिकित्सा*, उपचार, इलाज, दवा-दारू*; 4. (*processing*) अभिक्रिया*; ill ~, दुर्व्यवहार। > ट्रीट्मॅन्ट

treaty, 1. (*between nations*) संधि*, सुलह*;

संधिपत्र, सुलहनामा; 2. (*agreement*) समझौता; 3. (*negotiation*) वार्ता*; व्यापार-वार्ता*। > ट्रीट्-इ

treble, *adj.*, (*v.*), 1. तिगुना, त्रिगुण (क०, होना, हो जाना); 2. (*music*) उच्च, बहुतर ऊँचा; 3. (*high-pitched*) तीक्ष्ण, कर्णभेदी; —*n.*, उच्चस्वर। > ट्रॅ 'बॅल

trebuchet, trebucket, 1. (*for throwing stones*) शिलाक्षेपक; 2. (*balance*) तुला*; 3. (*trap*) फन्दा। > ट्रे 'ब्यूशे 'ट; ट्रे 'बॅके 'ट

trecento, चौदहवीं शताब्दी*। > ट्रेचे 'न्टो

tree, 1. पेड़, वृक्ष, दरख़्त, गाछ, तरु, पादप; 2. (*fig.*) वृक्ष; genealogical ~, वंशवृक्ष; 3. (*boot-~; last*) कलबूत; 3. (*gallows*) टिकठी*; up a ~, मुसीबत* में; ~ of knowledge, ज्ञानवृक्ष; ~ of life, जीवनवृक्ष; ~ less, वृक्षविहीन; **~nail,** गुज्झा, **~-nymph,** वृक्षदेवी*; **~-trunk,** तना; **~ top,** फुनगी*। > ट्री

trefoil, तिपतिया*। > ट्रे 'फ़ॉइल

trek, *v.*, 1. लम्बी यात्रा* क०; दूर तक पैदल चलना; 2. (*proceed*) कठिनाई* से या धीरे-धीरे आगे बढ़ना; 3. (*migrate*) नयी बस्ती* की खोज* में (बैलगाड़ी* से) सफ़र क०, या निकलना; —*n.*, 1. लम्बी (पैदल) यात्रा*; 2. (*migration*) देशान्तर-गमन। > ट्रे 'क

trellis, 1. जाफ़री*; 2. (*lattice*) जाली*, झँझरी*; **~-work,** जाली*। > ट्रे 'ल्-इस

trematode, पर्णकृमि। > ट्रे 'मॅटोड

tremble, 1. (*shake*) काँपना, थरथराना, लरजना; 2. (*out of fear*) काँपना, थरथराना, थर्रा उठना, थर्रा जाना; 3. (*be afraid*) भयभीत होना, थर्राना, काँपना; लरजना; ~ in the balance, घोर संकट में होना; —*n.*, 1. कम्प, कम्पन, कँपकँपी*, थरथराहट*, लरज़िश*; 2. (*pl.*) पशुकंप। > ट्रे 'म्-बॅल

tembly, कम्पित, कम्पायमान। > ट्रे 'म्-ब्लि

trembler, (*vibrator*), कम्पित्र। > ट्रे 'म्-ब्लॅ

tremellose, जेलीनुमा। > ट्रे 'मॅलोस

tremendous, 1. (*amazing*) आश्चर्यजनक, ज़बरदस्त, विस्मयकारी; 2. (*terrifying*) भयंकर; 3. (*enormous*) विशाल; भारी; बहुत बड़ा। > ट्रिमे 'न्डॅस

tremolo, गिटकिरी*, स्वरकम्प। > ट्रे 'मलो

tremor, 1. कम्प, कम्पन, कँपकँपी, थरथराहट*, लरज़िश*; 2. (*thrill*) रोमांच, सिहरन*; earth~, भूस्पन्द। > ट्रे 'म्-ॲ

temulous, 1. (*trembling*) काँपता हुआ, कम्पित, कम्पायमान, लरज़ाँ; 2. (*timid*) संकोची; 3. (*timorous*) भीरु, कातर; 4. (*wavering*) हिचकनेवाला, आगा-पीछा करनेवाला। > ट्र 'म्यूलॅस

trenail, गुज्झा। > ट्रीनेल

trench, *n.*, खाई*, खन्दक, परिखा*; —*v.*, 1. खाई* खोदना; 2. (*cut a groove in*) में खाँचा बनाना; 3. (*proceed*) आगे बढ़ना; ~on, 1. (*encroach*) अतिक्रमण क०, अनधिकार हस्तक्षेप क०; 2. (*verge on*) में··· की गन्ध* होना, की सीमा* तक पहुँचना; **~ coat,** बरसाती। > ट्रे 'न्च

trenchant, 1. (*sharply critical*) कटु, तीक्ष्ण, तीखा, कड़ा; 2. (*vigorous*) कड़ा, जोरदार, ज़बरदस्त, दृढ़; प्रभावशाली; 3. (*sharp*) पैना, तेज़, तीखा, तीक्ष्ण। > ट्रे 'न्चॅन्ट

trencher, 1. खाई* खोदनेवाला, खनक; 2. (*wooden plate*) तख़्ता; **~man,** good (poor) —, बहुत (कम) खानेवाला। > ट्रे 'न्च्-ॲ

trend, *n.*, 1. (*tendency*) प्रवृत्ति*, उपनति*, झुकाव, प्रवणता*, प्रवाह; 2. (*general purport*) तात्पर्य, अभिप्राय; ~ of thought, विचारधारा*; —*v.*, 1. (*in a certain direction*) की ओर* अभिमुख होना, की ओर* फैलना; 2. (*have a tendency*) का झुकाव होना, की ओर* झुकना, की ओर* ले जाना। > ट्रे 'न्ड

trental, तीस दिन तक दैनिक शांतियाग। > ट्रे 'न्टॅल

trepan, *n.*, 1. (*of surgeon*) गोल आरी*; 2. (*boring tool*) बेधक; —*v.*, 1. कपाल में छेद क०, कपाल छेदना; 2. (*ensnare*) फँसाना; **~ation,** कपाल-छेदन। > ट्रिपैन; ट्रे 'पॅनेशॅन

trepidation, 1. (*flurry*) उद्वेग, विह्वलता*, घबराहट*; 2. (*alarm*) संत्रास, भीति*; 3. (*anxiety*) चिन्ता*; 4. (*trembling*) कँपकँपी*, थरथराहट*। > ट्रे 'पिडेशॅन

trespass, *v.*, 1. अतिक्रमण क०, अनधिकार प्रवेश क०; 2. (*encroach*) अतिक्रमण क०, अतिचार क०, अनधिकार हस्तक्षेप क०, अपचार क०, में दखल देना; 3. (~ *against*) अपराध क० (*sin*); भंग क०, तोड़ना, उल्लंघन क० (*law*); **~ on,** अतिक्रमण क०; से अनुचित लाभ उठाना; लेना (*time*); —*n.*, अतिक्रमण, अनधिकार प्रवेश; अतिचार, अपचार; अपराध, उल्लंघन; **~er,** अतिक्रामक, अतिचारी, अपचारी, अपचारक; अपराधी; **~-offering,** प्रायश्चित्त-यज्ञ। > ट्रे 'स्पॅस; ट्रे 'स्पॅसें

tress, *n.*, 1. (*braid*) चोटी*, वेणी*, कवरी*, 2. (*lack*) लट*, ज़ुल्फ़*, काकुल, अलक*, 3. (*pl.*) बाल, केश; —*v.*, गूथना; **~ed,** वेणिनी*। > ट्रे 'स

trestle, घोड़ी*। > ट्रे 'सॅल

tret, करदा। > ट्रे 'ट

trey, तिड़ी*, तिक्ता, तिक्की*। > ट्रे

tri, त्रि-, ति-। > ट्राइ; ट्रि

triable, परीक्षणीय; अवेक्षणीय, विचार्य। > ट्राइॲबॅल

triad, त्रिक, त्रयी*, त्रय। > ट्राइॲड

triadic, त्रयात्मक। > ट्राइऐड्-इक

trial, *n.*, 1. (*testing, test*) परीक्षण, परख*, जाँच*; 2. (*experiment*) प्रयोग; 3. (*examination*) परीक्षा*, जाँच*; 4. (*nuisance*) कंटक; मुसीबत*; 5. (*hardship*) तकलीफ़*, कष्ट, विपत्ति*; संकट; 6. (*judicial*) मुक़दमा; विचार; —*adj.*, परख-, परीक्षण-; by ~ and error method, परीक्षण-प्रणाली*; be on~, पर मुक़दमा चलना; का परीक्षण या की जाँच* होना; ~ balance, कच्चा चिट्ठा; ~ marriage, परीक्षण-विवाह; ~ of strength, बल-परीक्षा*; ~period, परख-काल। > ट्राइ-ॲल

trialogue, त्रिसंवाद। > ट्राइॲलॉग

triandrous, त्रिपुंकेसरी। > ट्राइऐन्ड्रॅस

triangle, त्रिभुज, त्रिकोण; acute-angled;~, न्यूनकोण ~; obtuse-angled ~, अधिकोण -; solution of ~, ~ का निर्धारण।
> ट्राइ-ऐन्-गॅल

triangular, 1. त्रिभुजीय, त्रिकोणीय; त्रिभुजाकार, तिकोना; 2. (*tripartite*) त्रिपक्षीय; **~ity,** त्रिकोणीयता*, तिकोनापन।
> ट्राइ-ऐन्-यू-लॅ; ट्राइ-ऐन्-यु-लै-रि-टि

trian/gulate, *adj.*, त्रिभुज-अंकित; *v.*, त्रिभुजाकार बनाना; का त्रिभुजन क०; **~gulation,** त्रिभुजन; **~gulator,** त्रिभुजनकर्ता। > ट्राइ-ऐन्ग्यूलिट (*adj.*) ट्राइ-ऐन्ग्यूलेट (*v.*); ट्राइ-ऐन्ग्यूलेशॅन

triarchy, त्रितन्त्र, त्रिशासन। > ट्राइ-आकि

triatomic, त्रि-परमाणुक। > ट्राइ-ॲ-टॉम्-इक

tribadism, स्त्रीसजातीय व्यभिचार। > ट्रिबॅडिज़्म

tribal, जनजातीय, क़बीली। > ट्राइबॅल

tribalism, जनजातीय संगठन। > ट्राइबॅलिज़्म

tribasic, त्रिक्षारकी। > ट्राइबेस्-इक

tribe, 1. (*primitive class*) जनजाति*, आदिम जाति*, 2. (*group*) वंश (*e.g. of ancient Israelites*) कुल; जाति*; 3. (*community*) समुदाय; 4. (*suborder*) उपकुल; उपगण; संवर्ग, उपवर्ग; **~sman,** आदिवासी। > ट्राइब; ट्राइब्ज़्मॅन

tribrach, नगण (///)। > ट्रिब्रैक

tribrachial, त्रिबाहु। > ट्रिबेक्-इॲल

tribulation, 1. (*suffering*) दु:ख-तकलीफ़*, क्लेश, कष्ट, मुसीबत*; 2. (*trial*) विपत्ति*, संकट, तकलीफ़*, मुसीबत*। > ट्रिब्यूलेशॅन

tribunal, 1. न्यायाधिकरण, अधिकरण; 2. (*court of justice*) अदालत*, न्यायालय, कचहरी*।
> ट्राइ = ट्रिब्यूनॅल

tribune, 1. (*Roman*) जनरक्षक; (लोकप्रिय) नेता, जन-नेता, जनाभिवक्ता; 3. (*platform*) मंच।
> ट्रिब्यून

tributary, *adj.*, 1. (*of state*) करद, करदाता; 2. (*subsidiary*) गौण; 3. (*contributory*) सहायक; —*n.*, करद राज्य, मांडलिक राज्य; 2. सहायक नदी*, उपनदी*। > ट्रिब्यूटॅरि

tribute, 1. (*paid by a state*) कर, शुल्क, ख़िराज; 2. (*contribution*) योगदान; सहयोग; अंशदान; 3. (*gift*) उपहार, भेंट*, नज़राना; 4. (*praise*) श्रद्धांजलि*; प्रशंसा, प्रशस्ति। > ट्रिब्यूट

tricar, तिपहिया मोटर*। > ट्राइका

trice, *v.*, (पाल) ऊपर खींचकर कसना; *n.*, *in a ~*, तुरन्त, झटपट, चुटकी* में। > ट्राइस

tricen/tenary, त्रिशताब्दी*; **~tennial,** त्रिशतवर्षीय। > ट्राइसॅन्/टीनॅरि; ~ टे 'न्यॅल

triceps, त्रिशिरस्क। > ट्राइसे 'प्स

trichina, तन्तु-कृमि। > ट्रिक्-इनॅ

trichocyst, दंशिकाभक। > ट्रिकॅसिस्ट

trichogen, शूकजन। > ट्रिकॅजे 'न

trichogyne, स्त्रीधानी रोम। > ट्रिकॅजिन

trichology, केश-विज्ञान। > त्रिकॉलॅजि

trichome, त्वचारोम। > ट्राइकोम

trichopathy, केश-चिकित्सा*। > ट्रिकॉपॅथि

trichosis, केश-रोग। > ट्रिकोस्-इस

trichord, त्रितारा। > ट्राइकॉ:ड

tricho/tomous, त्रिभागी; **~tomy,** त्रि-विभाजन।
> ट्रिकॉटॅमस; ट्रिकॉटॅमि

trichromatic, त्रिवर्ण, तिरंगा। > ट्राइक्रॅमैट्-इक

trick, 1. (*ruse*) चाल*, चालाकी*, दाँव-पेच, छलबल, युक्ति*; 2. (*deception*) छल-कपट, धोखा; 3. (*feat of skill*) करतब; हस्तलाघव; 4. (*jugglery*) इन्द्रजाल, बाज़ीगरी*, हाथ की सफ़ाई*; 5. (*knack*) ढब; 6. (*prank*) शरारत*, नटखटी*; 7. (*mannerism*) अनोखी आदत*, विशेषता*; व्यवहार-वैचित्र्य; 8. (*cards*) दाँव, चाल*, हाथ; 9. (*turn of duty*) कर्णधार (*steersman*) की पारी* (या दौर); —*adj.*, कपटपूर्ण; मायावी; —*v.*, 1. धोखा देना, ठगना; चालबाज़ी* क० 2. (*inveigle*) फुसलाना, बहकाना; 3. (*baffle*) चकरा देना; 4. शरारत* क०; **~out,** अच्छे-अच्छे कपड़े पहनाना; सँवारना, सजाना; dirty ~, नीच काम; चालाकी*; this will do the ~, इससे काम निकल (बन) जाएगा; **~er,** *see* TRICKSTER; **~ery,** चालबाज़ी*, धोखेबाज़ी*, धूर्तता*। > ट्रिक

trickle, 1. टपकना (*v.i.*); टपकाना (*v.t.*); 2. थोड़ा-थोड़ा करके मिल जाना, पहुँचना या मालूम हो जाना; —*n.*, टपक*, टपकन*, टपका-टपकी*; क्षीण धारा*; अल्पमात्रा*। > ट्रिकॅल

tricklet, पतली धारा*। > ट्रिक्-लिट

trickster, छली, चालबाज़, धोखेबाज़, धूर्त।
> ट्रिक्-स्टॅ

tricksy, 1. (*playful*) नटखट; विनोदी, ज़िंदादिल; 2. (*quaint*) अनोखा; 3. (*deceptive*) कपटी; कपटपूर्ण। > ट्रिक्‌सि

tricky, 1. (*crafty*) चालाक, धूर्त; 2. (*deceitful*) कपटी, धोखेबाज़; 3. (*adroit*) चतुर; 4. (*ticklish*) नाज़ुक 5. (*intricate*) जटिल; पेचीला, पेचीदा, 6. (*tricksy*) नटखट; 7. (*dangerous*) ख़तरनाक। > ट्रिक्‌-इ

triclinic, त्रिनताक्ष। > ट्राइक्लिन्‌-इक

triclinium, भोजनालय। > ट्राइ = ट्रिक्लिन्‌-इॲम

tricolour, *adj.*, (*n.*) तिरंगा (झण्डा)। > ट्राइकॅलॅ

tricorn, त्रिशृंग। > ट्राइकॉ:न

tricuspid, valve, त्रिकपर्दी कपाट। > ट्राइकॅस्‌-पिड

tricycle, तिपाहिया साइकिल*। > ट्राइसाइकॅल

tridactyl(ism), त्रिअंगुलि(ता*)। > ट्राइडैक्‌/टिल, ~ टिलिज़्म

trident, त्रिशूल; ~ **ate,** त्रिशूलदन्ती। > ट्राइडॅन्ट; ट्राइ-डे'न्‌-टिट

tridimensional, त्रिविम। > ट्राइडाइमे'न्‌शॅनॅल

triduum, दिवसत्रय। > ट्रिड्यूॲम

tri/ennial, त्रैवार्षिक ~**ennium,** वर्षत्रय। > ट्राइ-ए'न्‌इ-ॲल, ~ इॲम

trifid, त्रिशाख। > ट्राइफ़्‌-इड

trifle, *n.*, 1. छोटी-सी बात*; सस्ती चीज़*; नगणय तथ्य; 2. (*small amount*) अल्पमात्रा*; थोड़ा-सा रुपया, क्षुद्र धनराशि*; 3. (*pewter*) जस्ता; —*v.*, 1. (*behave frivolously*) छिछोरापन क०, चंचल होना; खेलवाड़ क०; 2. (*behave insincerely*) कपटपूर्ण व्यवहार क०, कपट क०; झूठ बोलना; 3. (*joke*) मज़ाक क०, चुहलबाज़ी* क०; 4. (*waste time*) समय गँवाना; ~ with, से खेलवाड़ क०; खेलना; टूँगना (*with food*); ऊपरी तौर से दिलचस्पी* लेना। > ट्राइफ़ॅल

trifler, खेलवाड़ी, छिछोरा; कपटी। > ट्राइफ़्‌-लॅ

trifling, हलका, तुच्छ, नगण्य; सस्ता। > ट्राइफ़्‌-लिन्ग

trifoliate(d), त्रिपर्णक। > ट्राइ-फ़ोल्‌-इ/इट ~ एटिड

trifolium, तिपतिया*। > ट्राइ-फ़ोल्‌-इ-ॲम

triforium, गलियारा। > ट्राइफॉ:र्‌-इॲम

triform, त्रिरूप। > ट्राइ-फॉ:म

trifurcate, त्रिशाख। > ट्राइफॅ:क्‌-इट

trig, *n.*, रोक*; *v.*, 1. (*brake*) रोकना; 2. (*smarten*) सँवारना, सजाना; —*adj.*, बना-ठना। > ट्रिग

tri/gamous, त्रिपत्नीक; त्रिपतिका*; ~**gamy,** त्रिविवाह; त्रिपत्नीत्व; त्रिपतित्व। > ट्रिगॅमस; ट्रिगॅमि

trigeminal, त्रिक-तंत्रिका*। > ट्राइजे'म्‌-इनॅल

trigger, लिबलिबी*; ~ **off,** उत्पन्न क०, प्रवर्तित क०, प्रेरित क०, ~-**happy,** सहज ही गोली* चलानेवाला। > ट्रिग्‌-ॲ

triglot, त्रिभाषी। > ट्राइग्लॉट

triglyph, त्रिधारी। > ट्राइग्‌-लिफ़

trigon, त्रिकोण; ~**al,** त्रिकोणीय। > ट्राइगॉन; ट्रिगॅनॅल

trigono/meter, त्रिकोणमापी; ~**metric,** त्रिकोणमितीय; ~**metry,** त्रिकोणमिति*। > ट्रिगॅनॉम्‌-इटॅ; ट्रिगॅनॅमे'ट्‌-रिक; ट्रिगॅनॉम्‌-इट्रि

trigraph, त्रिवर्ण। > ट्राइग्राफ़

tri/hedral, 1. त्रिफलकीय; 2. (*of angle*) त्रितल; ~**hedron,** त्रिफलक। > ट्राइहे'ड्‌/रॅल, ~ रॅन

trilaminar, त्रिपटली। > ट्राइलैम्‌-इनॅ

trilateral, त्रिपार्श्व। > ट्राइलैटॅरॅल

trilinear, त्रिरेखीय। > ट्राइ-लिन्‌-इ-ॲ

trilingual, त्रिभाषी, त्रैभाषिक। > ट्राइ-लिन्ग्‌-वॅल

triliteral, त्रिवर्णी; त्रिवर्ण। > ट्राइलिटॅरॅल

trilithic, त्रिपाषाणी। > ट्राइलिथ्‌-इक

trill, *n.*, 1. (*sound*) स्वरकम्पन, गिटकिरी*; 2. (*consonant*) कम्पित व्यंजन; —*v.*, गिटकिरी* भरना; स्वर कँपना; ~**ed,** कंपित। > ट्रिल

trillion, 1. (1,000,000,000,000,000,000) दस शंख, एक करोड़ खरब; 2. (*America*; 1,000,000,000,000) दस खरब, एक लाख करोड़। > ट्रिल्यॅन

trilogy, नाटकत्रय; ग्रन्थत्रय; भाषणत्रय; त्रित्व; त्रयी*। > ट्रिलॅजि

trim, *n.*, ठीक-ठाक, दुरुस्ती*; सुव्यवस्था*; —*adj.*, 1. ठीक-ठाक, दुरुस्त, सुव्यवस्थित; 2. (*neat*) साफ़-सुथरा; बना-ठना; —*v.*, 1. ठीक-ठाक क०, दुरुस्त क०, (सु) व्यवस्थित क०; 2. साफ़ क०, साफ़-सुथरा क०; 3. (*clip*) कतरना; 4. (*prune*) छाँटना; 5. (*decorate*) सँवारना, सजाना; 6. (~ *oneself*) साफ़ कपड़े पहन लेना; 7. (*be a time-server*) अवसरवादी होना, समय का साथ देना। > ट्रिम

trimensual, trimestr(i)al, त्रैमासिक, तिमाही। > ट्राइमे'न्‌शुॲल; ट्राइ-मे'स्‌/ट्रिॲल, ~ ट्रॅल

trimerous, त्रितयी। > ट्रिमॅरॅस, = ट्राइमॅरॅस

trimester, त्रिमास, त्रमास्य, तिमाही*। > ट्राइमे'स्‌टॅ

trimeter, त्रिपदी*। > ट्रिम्‌-इटॅ

trimmer, 1. (*time-server*) अवसरवादी; 2. (*instrument*) कतरनी*। > ट्रिम्‌-ॲ

trimming, 1. (*ornament*) सजावट*, अलंकरण; 2. (*on dress*) गोटा-पट्टी*; 3. (*pl., accessories*)

सामान, उपकरण; 4. (*pl., parts trimmed off*) कतरन*। > ट्रिम्-इन्ग

trimolecular, त्रि-अणुक। > ट्राइमॅले'क्यूलॅ

trimonthly, त्रैमासिक। > ट्राइमॅन्थ्-लि

trimor/phism, त्रिरूपता*; **~phous,** त्रिरूपी, त्रिरूप। > ट्राइमॉ:फ़्/इज़्म, ~ ॲस

trinal, trinary, 1. त्रिगुण, तिगुना; 2. (*of three kinds*) त्रिविध; 3. त्रिगुणात्मक। > ट्राइनॅल; ट्राइनॅरि

trine, *adj.*, त्रिगुण; त्रिविध; *n.*, त्रिक, त्रयी*। > ट्राइन

tringle, छड़। > ट्रिन्गॅल

Trinitarian, त्रित्ववादी। > ट्रिनिटे'ॲर्-इॲन

trinity, 1. (*quality*) त्रित्व; 2. (*three*) त्रिक, त्रयी*; 3. (T.) त्रियेक परमेश्वर। > ट्रिन्-इटि

trinket, 1. टूम-छल्ला, बहुत साधारण गहना; 2. (*trifle*) सस्ती चीज़*, 3. (*toy*) खिलौना। > ट्रिन्-किट

trinominal, 1. (*math.*) त्रिपद; 2. त्रिनाम। > ट्राइनोम्-इॲल

trinomial, त्रिनाम। > ट्राइनॉम्-इनॅल

trio, त्रिक, त्रयी*। > ट्री-ओ, = ट्राइ-ओ

triode, त्रायोड, त्रि-अग्र, त्र्यग्र। > ट्राइ-ओड

triole, त्रिक। > त्रि-ओल

triolet, अष्टपदी*। > ट्राइ, = ट्री-ॲलिट

trip, 1. (*walk with light tread*) फुदकना, कुदकना; थिरकना, नाचना (*dance*); 2. (*stumble*) ठोकर* खाना या लगना; लड़खड़ाना; गिर जाना; 3. (*cause to stumble*) अड़ंगा, आँटी* या अंटी* मारना (देना); गिराना; 4. (*make a mistake*) भूल* क०, ग़लती* क०, पाप क० (*sin*); 5. (*detect in blunder*) भूल* पकड़ना; 6. (*anchor*) उठाना; 7. (*machinery*) खोलना; 8. (*stutter*) हकलाना; लड़खड़ाना (*of tongue*); —*n.*, 1. (*excursion, jaunt*) आमोद-यात्रा*, सैर*; 2. (*journey*) यात्रा*, भ्रमण; 3. (*nimble step*) फुदकी*; 4. (*stumble*) लड़खड़ाहट*; 5. (*causing to stumble*) अड़ंगा, आँटी*; 6. (*error*) भूल*, ग़लती*, चूक*। > ट्रिप

tri/partite, 1. (*of three parties*) त्रिपक्षीय; त्रिदलीय (*political*); 2. (*of three parts*) त्रिभागी; **~partition,** त्रिविभाजन। > ट्रिपाटाइट; ट्रिपाटिशॅन

tripe, 1. ओझर, ओझड़ी*; अँतड़ी*; 2. (*trash*) रद्दी चीज़*; 3. (*nonsense*) अनाप-शनाप। > ट्राइप

tripectinate, त्रिकंकती। > ट्राइपे'क्-टिनिट

tripetalous, त्रिदल। > ट्राइपे'टॅलॅस

trip-hammer, पात-घन। > ट्रिप्-हैमॅ

triphthong, त्रिस्वर। > ट्रिफ़्थॉन्ग

triphyllous, त्रिपर्णक। > ट्राइफ़िलॅस

triplane, त्रिपंखी वायुयान। > ट्राइप्लेन

triple, 1. (*in amount*) तिगुना, त्रिगुण; 2. (*of 3 parties*) त्रिपक्षीय; 3. (*of three kinds*) त्रिविध; 4. (*of three folds, done or to be done 3 times*) तेहरा; 5. (*of three*) त्रि-, त्रयात्मक; —*v.*, तिगुना क० या हो जाना, त्रिगुणित क०। > ट्रिपॅल

triplet, त्रिक, त्रयी*; समतुकान्त पदत्रय। > ट्रिप्-लिट

triplex, त्रिगुण; त्रिविध; तेहरा। > ट्रिप्ले'क्स

tripli/cate, *adj., see* TRIPLE; त्रिगुण; त्रिविध; तेहरा; — ratio, घनानुपात; —*n.*, तीन प्रतियाँ*; —*v.*, त्रिगुणित क०, तिगुना क०; तीन प्रतियाँ* तैयार क०; **~cation,** त्रिगुणन; **~city,** त्रिगुणता*, तेहरापन। > ट्रिप्-लि-किट (*adj., n.*); ट्रिप्-लिकेट, (*v.*); ट्रिप्लिकेशॅन; ट्रिप्लिसिटि

triploid, त्रिगुणित। > ट्रिप्लॉइड

tripod, तिपाई*, त्रिपादिका*। > ट्रिपॉड = ट्राइपॉड

tripper, पर्यटक। > ट्रिप्-ॲ

triptych, त्रिफलक। > ट्रिप्-टिक

trip-wire, ठोकर-तार। > ट्रिप्वाइॲ

triquetrous, त्रिकोर। > ट्राइक्वे'ट्रॅस

triradiate, त्रि-अरी। > ट्राइ-रेड्-इ-इट

tri/sect, समत्रिभाजित क०; **~section,** समत्रिभाजन; **~sectrix,** त्रिभाजक। > ट्राइसे'क्ट; ट्राइसे'क्/शॅन, ~ ट्रिक्स

trismus, धनुक-बाई*, हनुस्तंभ। > ट्रिस्मॅस

trispermous, त्रिबीजी। > ट्राइस्पॅ:मॅस

trisoctahedron, अष्टकत्रयफलक। > ट्रिसॉक्टॅहे'ड्रॅन

trisyl/labic, त्र्यक्षरीय; **~lable,** त्र्यक्षर। > ट्रिसिलैब्-इक; ट्रिसिलॅबॅल

trite, घिसा-पिटा, पिटा-पिटाया। > ट्राइट

tritheism, त्रिदेववाद। > ट्राइ-थी-इज़्म

tritu/rate, घोटना, सम्पेषण क०, पीसना; **~ration,** सम्पेषण। > ट्रिट्यूरेट; ट्रिटयूरेशॅन

triumph, *n.*, 1. (*victory*) विजय*, जीत*, फ़तह*; 2. (*success*) अपूर्व सफलता*, कामयाबी*; 3. (*achievement*) उपलब्धि*; 4. (*joy, exultation*) विजयोल्लास, उल्लास; 5. (*Roman*) विजय-यात्रा*, विजयोत्सव; —*v.*, 1. (*gain victory*) जीतना, विजय* प्राप्त क०; 2. (*be successful*) सफल होना; फलना-फूलना; 3. (*exult*) उल्लसित होना, फूले न समाना; 4. विजयोत्सव मनाना। > ट्राइ-ॲम्फ़

triumphal, विजय-; ~ arch, विजयतोरण। > ट्राइ-ॲम्-फ़ॅल

triumphant, विजयी, विजयमान; उल्लसित, प्रफुल्ल,

विजयोल्लसित। > ट्राइ-ॲम-फ़ॅन्ट
triumver, त्रिशासक; **~ate,** त्रिशासकत्व; शासकत्रय; त्रितन्त्र, त्रिशासन; त्रिक, त्रयी*। > ट्राइअॅम्/वॅ:, ~ विरिट
triune, त्रियेक। > ट्राइयून
trivalent, त्रिसंयोजक। > ट्रिवॅलन्ट
trivalvular, त्रिकपाटी। > ट्राइवैल्व्यूलॅ
trivariant, त्रिचर। > ट्राइवे'ॲर्-इॲन्ट
trivet, लोहे की तिपाई*; देगदान। > ट्रिव्-इट
trivial, 1. (*insignificant*) तुच्छ, नगण्य; 2. (*slight*) हलका; 3. (*superficial*) सतही; 4. (*shallow*) ओछा; 5. (*commonplace*) घिसा-पिटा; **~ity,** नगण्यता*; हलकापन; ओछापन; घिसी-पिटी बात*। > ट्रिव्-इ-ॲल
triweekly, त्रैसाप्ताहिक। > ट्राइ-वीक्-लि
troat, (मस्त हिरन का) बोलना। > ट्रोट
trochal, चक्राकार। > ट्रोकॅल
trochanter, शिखरक। > ट्रॅकैन् टॅ
troche, (दवा* की) टिकिया*, गोली*। > ट्रोक्-ई
trochee, गुरु-लघु का चरण (ऽ।) > ट्रोक्-इ
trochlea, चक्रक। > ट्रॉक्-लि-ॲ
trochoid, 1. (*math.*) त्रिज्याज; 2. (*anatomy*) चक्राभ; **~al,** चक्री, चक्रीय। > ट्रोकॉइड; ट्रॅकॉइडॅल
trochometer, चक्करमापी। > ट्रॅकॉम्-इ-टॅ
trodden, बहुगत, चलता। > ट्रॉडॅन
troglodyte, 1. कन्दरावासी; 2. (*hermit*) एकान्तवासी। > ट्रॉग्लॅडाइट
trogon, सदासुहागिन*। > ट्रोगॉन
troika, ट्रोइका गाड़ी* (तीन घोड़ों की); अश्वत्रय। > ट्रॉइक्-ॲ
troll, *v.*, 1. (मुक्त कंठ से) गाना; 2. मछली* मारना; —*n.*, 1. (*malevolent giant*) दैत्य; 2. (*goblin*) वेताल; 3. (*dwarf*) बौना; 4. (*reel*) फिरकी*। > ट्रोल
trolley, trolly, 1. (*push-cart*) ठेला; 2. ट्रॉली*। > ट्रॉल्-इ
trollop, 1. (*slatternly*) फूहड़ स्त्री*; 2. (*immoral*) कुलटा*; 3. (*prostitute*) वेश्या*। > ट्रॉलॅप
trombone, तुरही* (विशेष)। > ट्रॉम्बोन
trommel, घुमाऊ छलनी*। > ट्रॉमॅल
troop, *n.*, 1. (*group*) दल, टोली*; 2. (*of performers*) मंडली*; 3. (*crowd*) भीड़*; 4. (*of troopers*) रिसाला; 5. (*pl.*) सेना*; सैन्यदल, फ़ौज*; —*v.*, दल बाँधकर चलना; एकत्र हो जाना। > ट्रूप
trooper, 1. घुड़सवार सिपाही, अश्वारोही सैनिक; 2. फ़ौज* का घोड़ा, युद्धाश्व; 3. (*troopship*) सेना-वाहक। > ट्रूप्-ॲ
trope, 1. अलंकार; लाक्षणिक; प्रयोग; 2. (*metaphor*) रूपक। > ट्रोप
trophic, पोष-; पोषणज। > ट्रॉफ़्-इक
tropho/blast, बीजपोषक; **~plasm,** पोषद्रव्य; **~zoid,** पोष जीवक; **~zoite,** पोष जीवाणु, पोषाणु। > ट्रॉफ़ॅ/ब्लैस्ट, ~ प्लैज़्म, ~ ज़ॉइड, ~ ज़ॉइट
trophy, 1. (*memorial*) विजयस्मारक, विजयचिह्न; स्मारक; 2. (*prize*) विजयोपहार; पारितोषिक, पुरस्कार; 3. (*loot*) जीत* की लूट*; 4. (*memento*) निशानी*। > ट्रोफ़्-इ
tropic, *in combination,* -अनुवर्ती; phototropic, प्रकाश-अनुवर्ती, —*adj.*, उष्णकटिबंधी; —*n.*, 1. ~ of cancer, कर्करेखा*; 2. ~ of capricorn, मकर रेखा*; 3. (*pl.*) उष्णकटिबन्ध, अयनमण्डल। > ट्रॉप्-इक
tropical, 1. उष्णकटिबन्धी; ~ year, सायन वर्ष; 2. (*fervid*) आवेशपूर्ण, तीव्र, उत्कट; 3. (*metaphorical*) लाक्षणिक। > ट्रॉप्-इकॅल
tropism, अनुवर्तन। > ट्रोप्-इज़्म
tropology, लाक्षणिक प्रयोग; लाक्षणिकता*; लाक्षणिक व्याख्या*। > ट्रॅपॉलॅजि
tropo/pause, क्षोभसीमा*; **~sphere,** क्षोभमण्डल। > ट्रॉपॅ/पॉ:ज़, ~ स्फ़िॲ
troppo, अधिक। > ट्रॉपो
trot, *v.*, 1. (*horse*) दुलकी* चलना, दुलकना; दुलकी* चलाना; 2. (*walk fast*) जल्दी चलना; ~ out, प्रदर्शित क०; व्यस्त क०; —*n.*, दुलकी*, दुलकन*; तेज़ चाल*। > ट्रॉट
troth, वचन, प्रतिज्ञा*; in ~, वास्तव में; plight one's ~, वचन देना। > ट्रोथ
troubadour, चारण, भाट। > ट्रूबॅडुॲ
trouble, 1. (*agitate*) हिलाना; ~ d waters, गड़बड़, गड़बड़ी*। अशांति*; 2. (*fluster, disturb, excite*) घबरा देना, अशान्त या व्याकुल कर देना, उत्तेजित क०; 3. (*be disturbed*) घबरा जाना, अशान्त या उत्तेजित होना; 4. (*distress*) दु:ख देना, दुखाना; 5. (*be distressed*) दु:खी होना; चिन्ता* क०; 6. (*inconvenience*) कष्ट देना; 7. (*be subjected to inconvenience*) तकलीफ़* क०, कष्ट उठाना; 8. (*annoy*) तंग क०, परेशान क०; 9. (*afflict*) सताना, का कष्ट होना; be~d with (asthma) (दमे) का कष्ट, की तकलीफ* होना; —*n.*, 1. (*difficulty*) कठिनाई*, मुश्किल*; 2. (*distress*) दु:ख, क्लेश; तकलीफ़, परेशानी*; 3. (*cause of distress*) कष्ट संकट, विपत्ति*, मुसीबत*, तकलीफ़*, झंझट**; 4. (*disease*) बीमारी*, रोग, कष्ट, तकलीफ़*; 5. (*inconvenience*) असुविधा*, कष्ट, तकलीफ़*; 6. (*unrest*) अशांति*, गड़बड़ी*, दंगा, उपद्रव; 7. (*danger*) जोखिम*; 8. (*discord*) अनबन*; 9. (*effort*) परिश्रम; take ~, बड़े परिश्रम से कोई

काम क०; 10. (*in machinery*) दोष, खराबी*; ask for ~, मुसीबत* मोल लेना; be in ~, सज़ा* पाना; मुसीबत* में होना। > ट्रॅबॅल

trouble/maker, 1. (*agitator*) उपद्रवी, अशांति* फैलानेवाला; 2. (*annoying*) कण्टक, लोककण्टक, टेढ़ा आदमी; **~-shooter,** दोष, अशांति* या गड़बड़ी दूर करनेवाला; **~some,** 1. कष्टप्रद, तकलीफ़देह; 2. (*unruly*) ऊधमी, उपद्रवी, उत्पाती, निमानिया; 3. (*painful*) दुःखदायी। > ट्रॅबॅल/मेकॅ, ~ शूटॅ, ~ सॅम

troublous, अशांत। > ट्रॅब्लॅस

trough, 1. (*container*) द्रोण, द्रोणिका*; 2. (*gutter*) नाली*; 3. (*depression*) गर्त। > ट्रॉफ़, = ट्राफ़ = ट्रॅफ़

trounce, बुरी तरह* से पीटना; हरा देना; सज़ा देना; कटु आलोचना* क०; फटकारना। > ट्राउन्स

troupe, मण्डली*, दल। > टूप

trousers, ट्राउज़र्स, पतलून, पाजामा, पायजामी। > ट्राउज़ॅस

trousseau, दुलहिन* का साज़-सामान। > टूसो, = टूसो

trouve're, चारण। > टूवे'ॲ

trover, क्षतिपूर्ति* का मुक़दमा। > ट्रोव्-ॲ

trowel, 1. (*to apply mortar*) करनी*; 2. (*to smoothen plaster*) पाटा; 3. (*to dig up*) खुरपा, खुरपी*; lay it on with a ~, अतिरंजना* क०। > ट्राउ-ॲल

truance, कर्तव्यत्याग। > टूॲन्स

truant, *n.*, नागा करनेवाला; play ~ नागा क०; —*adj.*, 1. नागा करनेवाला; 2. (*shirking*) कामचोर; कर्तव्यत्यागी; 3. (*idle*) आलसी 4. (*loitering*) आवारा। > टूॲन्ट

truce, 1. विरामसन्धि*, अवहार; 2. युद्धविराम, अवहार; 3. (*cessation*) विराम; 4. (*from pain etc.*) आराम, राहत*। > टूस

truck, *n.*, 1. ट्रक; 2. (*push-cart*) ठेला; 3. (*barter*) अदला-बदली*, वस्तुविनियम; ~ system, जिन्स-अदायगी-पद्धति*; 4. (*dealings*) लेन-देन, व्यापार, संबंध; 5. (*small wares*) बिक्री* का छिट-पुट सामान; 6. (*rubbish*) रद्दी चीज़ें*; 7. (*nonsense*) अनापशनाप; —*n.*, 1. ट्रक में ले जाना; 2. अदला-बदली* क०; 3. (*hawk*) फेरी* लगाना। > ट्रॅक

truckle, *v.*, दब जाना; ठकुरसुहाती* क०; ~ to, के तलवे सहलाना; —*n.*, **~-bed,** पहियादार नीचा पलंग। > ट्रॅकॅल

truckler, जी-हुज़ूरिया, चापलूस। > ट्रॅक्लॅ

trucu/lence, ~lency, 1. लड़ाकापन; 2. उग्रता*; **~lent,** 1. (*aggressive*) लड़ाका; धौंसिया (*bully*); 2. (*fierce*) उग्र, फाड़खाऊ। > ट्रॅक्यू/लॅन्स, ~ लॅन्सि, ~ लॅन्ट

trudge, *v.*, 1. पैदल चलना (*v.i.*) या तय क० (*v.t.*); 2. (*laboriously*); पैर घसीटकर चलना, घिसटकर चलना; —*n.*, पैर-घिस्सू चाल*। > ट्रॅज

true, *v.*, ठीक क०; *adj.*, 1. सच; 2. (*accurate*) सही, ठीक, यथातथ्य, तद्रूप; 3. (*genuine, not spurious*) विशुद्ध, चोखा, खरा, असली, अकृत्रिम, अकूट; 3. (*real*) वास्तविक, यथार्थ, असली; 4. (*loyal, faithful*) सच्चा, निष्ठावान् पक्का, ईमानदार; 5. (*honest*) सच्चा, निष्कपट, ईमानदार; 6. (*in correct position*) ठीक; come, ~, सच निकलना; be ~ to type, खरा; **~-blue,** पक्का; सच्चा; **~-born,** औरस; **~-bred,** विशुद्ध प्रजनित; **~-hearted,** सच्चा; ईमानदार; **~-love,** प्रेमी, प्रेमिका*; **~ness,** सत्यता*, सच्चाई*। > टू

truffle, कवक। > ट्रॅफ़ॅल

trug, 1. (*basket*) टोकरी*; 2. (*wooden pan*) कठौत*, कठौता। > ट्रॅग

tru/ism, 1. स्वयंसिद्धि*, 2. (*trite statement*) घिसी-पिटी बात*, सामान्योक्ति*; **~istic,** स्वयंसिद्ध, घिसा-पिटा। > टू-इज़्म; टू-इस्-टिक

trull, रण्डी*। > ट्रॅल

trully, 1. (*really*) असल में, वास्तव में वस्तुतः, सचमुच, 2. (*genuinely*) सच्चाई* से, सचमुच; 3. (*faithfully*) ईमानदारी* से; 4. (*accurately*) ठीक-ठीक, yours ~, भवदीय। > टूलि

trump, *n.*, 1. तुरुप, *v.*, तुरुप चलना; काटना, मारना, हरा देना, **~ up,** गढ़ना; **~card,** तुरुप का पत्ता; सर्वोत्तम साधन या युक्ति*। > ट्रॅम्प

trumpery, *n.*, 1. (*finery*) सस्ते भड़कीले कपड़े-पहने, टीम-टाम*; 2. (*rubbish*) रद्दी चीज़ें*; 3. (*nonsense*) अनाप-शनाप; —*adj.*, भड़कीला, दिखाऊ; रद्दी; निस्सार। > ट्रॅम्पॅरि

trumpet, *n.*, 1. तुरही*, तूर्य; नरसिंघा; 2. (*speaking ~*) भोंपू; 3. (*flourish of ~ s*) तूर्यनाद; blow one's own ~, आत्मप्रशंसा* क०, अपने मुँह मियाँ मिट्ठू बनना; —*v.*, तुरही* बजाना; घोषित क०, ढिंढोरा पीटना; 2. (*of elephant*) चिंघाड़ना; **~-call,** आह्वान; **~er,** तूर्यवादक। > ट्रॅम्प्/इट, ~ इटॅ

trun/cate, *v.*, 1. सिरा (छोर, अग्र, चोटी*) काटना; छाँटना; 2. छोटा कर देना; बहुत अधिक संक्षिप्त कर देना; 3. (*multilate*) विकृत क०, बिगाड़ना; —*adj.*, **~cated,** लूनाग्र, रुण्डित; विकृत; **~ cation,** कटाई*, काट-छाँट; संक्षेपण; विकृति*। > ट्रॅन्केट; ट्रॅन्केटिड; ट्रॅन्केशॅन

truncheon, 1. लाठी*, गदा*; 2. (*staff*) डण्डा; अधिकारदण्ड (*of authority*)। > ट्रॅन्शॅन

trundle, *n.*, 1. छोटा चौड़ा पहिया; 2. छोटे पहियोंवाला

ठेला या ट्रक, नीचा ठेला; 3. **(~-bed)** पहियादार नीचा पलंग; —*v.*, लुढ़कना। > ट्रॅन्डॅल

trunk, 1. (*of tree and plants*) तना, धड़, काण्ड; 2. (*of body*) धड़, रुण्ड; 3. (*of elephant*) सूँड*, शुण्ड; 4. (*box*) बकस, संदूक; 5. (*main line*) मुख्य मार्ग, मुख्य पथ, बड़ी लाइन*, 6. (*pl.*) जाँघिया, घुटना। > ट्रॅन्क

trunnion, टेक*। > ट्रॅन्-इॲन

truss, *n.*, 1. (*of bridge, roof*) कैंची*, 2. (*of hay etc.*) पूला; 3. (*belt*) पेटी*; —*v.*, 1. कैंची* लगाना, 2. (*tie up*) बाँधना, बाँध देना, कसकर बाँधना, की भुजाएँ शरीर से सटाकर बाँधना, मुश्कें बाँध लेना। > ट्रॅस

trust, 1. (*belief*) विश्वास, आस्था*; take on ~, सहज ही विश्वास कर लेना; 2. (*reliance*) भरोसा, आशा*, आसरा; 3. (*person, thing relied on*) भरोसा, आसरा; अवलम्ब, 4. (*commercial credit*) उधार, supply goods on ~, उधार माल बेचना; 5. (*responsibility*) उत्तरदायित्व, ज़िम्मा; कर्तव्य (*duty*); 6. (*something in trust*) धरोहर*, थाती*, अमानत*; 7. (*legal*) न्यास; 8. (*commercial*) व्यापारसंघ; —*v.*, 1. पर विश्वास क०, पर आस्था* रखना; 2. (*entertain hope*) आशा* क०; 3. (*place reliance on*) पर भरोसा रखना; 4. (*entrust*) सौंपना, सिपुर्द क०; 6. (*allow credit*) उधार देना। > ट्रॅस्ट

trustee, न्यासी; **~ship,** 1. न्यासिता*; 2. (*administration of a territory*) अधिदेश-शासन। > ट्रॅस्टी, ~ शिप

trust/ful, विश्वासी, विश्वस्त; **~ worthy,** 1. विश्वसनीय, विश्वास्य, विश्वस्त; 2. (*reliable*) भरोसे का, विश्वसनीय; 3. (*honest*) ईमानदार, सच्चा; 4. (*accurate*) सही, यथातथ्य, ठीक; **~y,** विश्वसनीय; ईमानदार। > ट्रॅस्ट्/फुल, ~ वॅं:दि ~ इ

truth, 1. सत्यता*, सच्चाई*, सच्चापन; 2. (*that which is true*) सत्य; 3. (*reality*) वास्तविकता*, यथार्थता* असलियत*; 4. (*accuracy*) यथातथ्यता*; 5. (*honesty, sincerity*) ईमानदारी*, सच्चाई*; 6. (*genuineness*) सच्चाई*; 7. (*state of being adjusted*) ठीक-ठाक; 8. (*belief accepted as truth*) सच्चाई*; **~ful,** 1. (*of person*) सत्यवादी, सत्यनिष्ठ, सच्चा; 2. सच; **~ fulness,** सत्यवादिता*, सत्यनिष्ठा*, सच्चाई; सत्यता*; **~less,** 1. (*of person*) बेईमान, झूठा; 2. असत्य, मिथ्या, झूठा, अयथार्थ। > टूथ; टूथ/फुल, = फॅल ~ लिस

try, *n.*, 1. (*attempt*) प्रयत्न, प्रयास, कोशिश*; चेष्टा*; 2. (*rugby*) ट्राइ; —*v.*, 1. (*attempt*) कोशिश* क०, प्रयास क०, परीक्षण क०; 3. (*test*) परखना, जाँचना, आज़माना; परीक्षा* लेना; 4. (*put a strain on*) पर अधिक भार डालना; के लिए भारस्वरूप होना; 5. (*annoy*) परेशान क०, तंग क०; दुःख देना; 6. (*judicially*) न्यायिक जाँच* क०, विचार क०, न्याय क०; 7. (*refine*) शोधना; 8. (*a board*) चिकनाना, रँदना; **~ on,** पहनकर देखना; **~out,** की (कठोर) परीक्षा* लेना; ~ it on, आज़माना; **~-on,** आज़माइश*; **~-out,** परीक्षण; **~-square,** गुनिया*। > ट्राइ; ट्राइ/ऑन, ~ आउट

trying, 1. कष्टकर, क्लेशकर; 2. (*distressing*) दुःखद, दुःखदायी; 3. (*wearisome*) क्लान्तिकर, थकाऊ। > ट्राइ-इन्ग

tryst, *n.*, 1. परियुक्ति*, पूर्वनिश्चित भेंट*; 2. (*place*) मिलनस्थान; —*v.*, भेंट* निश्चित क०। > ट्रिस्ट

tsar, रूस का बादशाह, ज़ार। > ज़ा

tsetse, त्सेत्से। > ट्से ट्-सि

tub, 1. (*vessel*) टब; नाँद*, कठौत*, कंडाल; 2. (*bath*) स्नान; 3. (*bucket*) बालटी*, डोल; 4. (*boat*) भद्दी नाव*; —*n.*, 1. नहाना; 2. (*row*) खेना; 3. (*plants*) गमले में लगाना; 4. (*shaft*) की दीवार* पर तख्ते* या लोहे (टीन आदि) की चादरें* लगाना। > टॅब

tubal, नली-; नलाकार। > टयूबॅल

tubby, गोल-मटोल। > टॅब्-इ

tube, 1. नली*, नलिका*; छुच्छी*; 2. (*of tyre, of toothpaste*) टयूब; 3. (*to keep documents*) चोंगा; 4. (*railway*) सुरंग-रेल*; **~-well,** नल-कूप। > टयूब

tuber, कन्द। > टयूब्-ॲ

tubercle, गुलिका*; यक्ष्मिका*। > टयूबॅःकॅल

tuber/cular, ~ culous, 1. गुलिकीय; 2. (*suffering from ~ culosis*) क्षयरोगी; 3. यक्ष्मज। > टयूबॅःक्/यूलॅ, ~ यूलॅस

tuberculosis, क्षयरोग, तपेदिक, यक्ष्मा। > टयूबॅः क्यूलोस्-इस

tuberculum, गुलिका*। > टयूबॅःक्यूलॅम

tuberose, 1. कंदाकार; 2. (*knobby*) गाँठदार। > टयूबॅरोस

tuberosity, अस्थिप्रोत्थ, गण्डक। > टयूबॅरॉस्-इटि

tuberous, 1. (*knobby*) गाँठदार; 2. (*of tubers*) कंदिल। > टयूबॅरॅस

tubing, 1. नलिका*; 2. (*set*) नल-तंत्र। > टयूब्-इन्ग

tubular, tubulated, 1. (*in shape*) नलिकाकार, नलाकार; 2. नलिका-युक्त, नलयुक्त, नलदार। > टयूब्यूलॅ; टयूब्यूलेटिड

tubule, नलिका*। > टयूब्यूल

tuck, 1. (*~ up*) चढ़ाना; 2. (*gather in folds*) चुनट* डालना; 3. (*fold*) तह* लगाना, तहाना; 4. (*draw together*) समेटना; 5. (*cover snugly*) लपेटना; 6. (*stow away*) छिपाना; 7. (*~ in, eat heartily*) ठूसना, भकोसना (*greedily*); —*n.*,

1. (*fold*) तह*, परत*; चुनट*; 2. मिठाई*; **~-shop,** मिठाई* की दूकान*, मिष्टान्न-भण्डार; **~-poin-ting,** उभरी टीप*। > टॅक

tucker, थका देना। > टॅक्-ॲ

tucket, तूर्य-नाद। > टॅक्-इट

Tuesday, मंगलवार, भौमवार। > टयूज़्-डि = टयूज़्डे

tufa, टूफ़ा। > टयूफ़्-ॲ

tuff, टफ। > टॅफ़

tuft, गुच्छा, गुच्छ, स्तवक; **~ed,** गुच्छेदार; **~-hunter,** अमीर-परस्त। > टॅफ़्ट

tug, *v.,* 1. (*pull sharply*) झटके से खींचना; खसोटना; 2. (*pull hard*) कसकर खींचना; 3. (*tow*) खींचना; 4. (*drag*) घसीटना; 5. (*drag in*) घसीट लाना; —*n.,* 1. झटका, खसोट*; खिंचाई*; 2. (*effort*) घोर परिश्रम; 3. (~ *boat*) कर्षनाव*; ~ of war, रस्साकशी* (*also fig.*)। > टॅग

tuition, 1. शिक्षण, अनुशिक्षण; 2. (~-*fee*) शिक्षा-शुल्क। > टयू-इ-शॅन

tulle, महीन रेशमी मलमल*। > टुल

tulwar, तलवार*। > तॅल्वा

tum, ढमढम। > टॅम

tumble, *n.,* 1. (*fall*) गिराव, गिरावट*, अवपात; 2. (*somersault*) कलाबाज़ी*, कलैया*, ढेंकली*; —*v.,* 1. (~ *down, fall*) गिर पड़ना, भहराना, धड़ाम से गिरना, एकबारगी गिर जाना; 2. (~ *down, collapse*) ढेर हो जाना, ढह जाना; 3. (*move hastily*) हड़बड़ाकर आना; जाना, भागना, उठना, दौड़ना; 4. (*stumble*) ठोकर* खाना; गिरते-पड़ते आगे बढ़ना, लड़खड़ाना; 5. (*roll about*) उठना-गिरना (*of waves*); करवटें बदलता रहना (*of patient*); 6. (*turn somersaults*) कलाबाज़ी* खाना, कलैया* मारना; 7. (*throw down*) गिरा देना; 8. (*rumple*) अस्तव्यस्त कर देना, उथल-पुथल कर देना; सिलवटें* डालना (*cloth*); **~ to,** समझ लेना, समझ जाना; **~ down,** गिरा-पड़ा, टूटा-फूटा। > टॅम्बॅल

tumbler, 1. (*acrobat*) कलाबाज़; 2. (*glass*) तमलेट, गिलास; 3. (*pigeon*) गिरहबाज़; 4. (*mech.*) खटका। > टॅम्ब्-लॅ

tumbrel, tumbril, 1. (*cart*) छकड़ा; 2. (*dung-cart*) गोबर-गाड़ी*; 3. (*mil.*) गोला-बारूद* की गाड़ी*। > टॅम्-ब्रॅल; टॅम्-ब्रिल

tume/facient, सूजन* पैदा करनेवाला, शोथकारी; **~faction,** सूजन*, फुल्लन। > टयूमि/फ़ेशॅन्ट, ~ फ़ैक्शॅन

tumefy, सूजना, फूलना; सूजन* पैदा क०, फुलाना। > टयूम्-इफ़ाइ

tumes/cence, सूजन*; **~cent,** 1. सूजने-वाला; सूजा हुआ; 2. (*bombastic*) आडम्बरी, आडम्बरपूर्ण। > टयूमे'सॅन्स; टयूमे'सॅन्ट

tumid, 1. सूजा हुआ, फूला हुआ; 2. (*bombastic*) आडम्बरपूर्ण, आडम्बरी; **~ity,** सूजन*; शब्दाडम्बर। > टयूम्-इड; टयूमिड्-इटि

tummy, पेट। > टॅम्-इ

tumour, अर्बुद। > टयूम्-ॲ

tump, 1. (*hillock*) टीला; 2. (*heap*) ढूह, स्तूप। > टॅम्प

tumtum, 1. (*vehicle*) टमटम*; 2. (*sound*) ढमढम। > टॅम्टॅम

tumult, 1. (*uproar, confused noise*) होहल्ला, गुलगपाड़ा, शोरगुल, हुल्लड़, हंगामा; 2. (*riot*) दंगा, फ़साद, हंगामा, हुल्लड़ उपद्रव; 3. (*commotion*) खलबली*, हलचल*; 4. (*confusion of mind*) घबराहट*; 5. (*excitement*) उत्तेजना*, क्षोभ; **~uary, ~uous,** 1. (*uproarious*) उपद्रवी, ऊधमी, उत्पाती; 2. (*violent*) उग्र; 3. (*agitated*) उत्तेजित, विक्षुब्ध। > टयूमॅल्ट; टयूमॅल्/टयूॲरि, ~ टयूॲस

tumulus, स्तूप। > टयूम्यूलॅस

tun, पीपा; **~bellied,** तुंदिल, कुप्पा (*noun*)। > टॅन

tunable, 1. (*melodious*) सुरीला, श्रुतिमधुर; 2. (*to be tuned*) समस्वरणीय। > टयूनॅबॅल

tundra, उत्तरध्रुवीय अनुर्वर प्रदेश। > टून्ड्रॅ

tune, *n.,* 1. (*melody*) धुन*, राग; लय*; 2. (*correctness of pitch*) तालमेल, स्वर-संगति*; 3. (*harmony*) सामंजस्य, तालमेल; संगति*; change one's ~, रंग बदलना; in ~, समस्वर; in ~ with, के अनुकूल, के अनुरूप; out of ~, बेसुर; out of ~ with, के अननुरूप, प्रतिकूल, असंगत; to the ~ of, के दाम पर; —*v.,* 1. (*music*) सुर मिलाना, समस्वरित क०; 2. (*adopt*) के अनुकूल बना लेना; 3. (*be in harmony*) के अनुकूल होना, से मेल खाना; **~ in,** मिलाना; **~ up,** सुर मिलाना; ठीक कर देना; उन्नत क०; **~d,** समस्वरित; **~full,** सुरीला, श्रुतिमधुर; **~less,** 1. बेसुरा; 2. (*unmelodious*) कर्णकटु; 3. (*silent*) मौन; **~ r,** समस्वरक। > टयून

tungsten, टंग्स्टेन। > टॅन्ग्स्टॅन

tunic, 1. (*garment*) कुरता; 2. (*membrane*) कंचुक; **~ ate,** कंचुकित। > टयून्/इक, ~ इकिट

tuning, *n.,* समस्वरण; *adj.,* समस्वरक; **~-condenser,** समस्वरक संधारित्र; **~-fork,** स्वरित्र (द्विभुज)। > टयून्-इन्ग

tunnel, *n.,* 1. सुरंग*, टनेल*, बोगदा; 2. (*burrow*) बिल; 3. (*flue*) धुआंकश; —*v.,* सुरंग* बनाना; रास्ता बना लेना। > टॅनॅल

tup, *n.,* 1. (*ram*) मेढ़ा, मेष; 2. (*of hammer*) मुँह; —*v.,* लाँघना। > टॅप

turban, पगड़ी*, पाग*, साफ़ा, मुरेठा। > टॅ:बॅन

turbid, 1. (*of liquid*) गँदला, गदला, आविल, पंकिल; 2. (*confused*) अस्तव्यस्त, अव्यवस्थित; 3. (*dark, dense*) धुँधला; घना; 4. (*of style*) दुरूह, अस्पष्ट; **~ity,** गदलापन; अस्तव्यस्तता*; धुँधलापन; दुरूहता*। > टॅ:ब्-इड; टॅ:बिड्-इटि

turbinate, लट्टू-रूप। > टॅ:ब्-इनिट

turbine, टरबाइन। > टॅ:बाइन

turbu/lence, ~ lency, उपद्रव, दंगा; उग्रता*; विक्षोभ; अशांति*; अस्तव्यस्तता*; **~lent,** 1. (*unruly*) उपद्रवी, दुर्दान्त; 2. (*violent*) उग्र; 3. (*disturbed*) विक्षुब्ध, अशांत; अस्तव्यस्त; अशांत। > टॅ:ब्यू/लॅन्स, ~ लॅन्सि, ~ लॅन्ट

turd, गुह, गू, गूह। > टॅ:ड

tureen, परात*। > टयूरीन = टॅरीन

turf, *n.*, 1. तृणभूमि*, शाद्वल; 2. (*sod*) घास* की थिगली*; 3. (*peat*) पीट, पांस; 4. (*racecourse*) घुड़दौड़* का मैदान; 5. (*top layer*) ऊपरी परत*; —*v.*, घास* की थिगलियों* से ढकना; **~out,** निकाल देना, निकाल फेंकना; **~y,** शाद्वल; घुड़दौड़-प्रेमी। > टॅ:फ़; टॅ:फ़्-इ

turges/cence, 1. सूजन*; 2. (*botany*) स्फीति*; **~cent,** सूजनेवाला, स्फीत। > टॅ:जे'सॅन्स; टॅ:जे'सॅन्ट

turgid, 1. सूजा हुआ; फूला हुआ, स्फीत; 2. (*bombastic*) शब्दाडम्बरपूर्ण; **~ity,** 1. सूजन*; 2. (*botany*) स्फीति*; 3. शब्दाडम्बर। > टॅ:जिड; ट:जिड्-इटि

turgor, स्फीति*। > टॅ:गॅ

Turk, 1. तुर्क; 2. (*unmanageable*) निमानिया। > टॅ:क

turkey, 1. (*bird*) पीरू; 2. (T.) तुर्की; ~ buzzard, अमरीकी गीध; **~-cock,** 1. नर-पीरू; 2. (*conceited*) दम्भी; **T ~ corn,** मकई*। > टॅ:क्-इ

Turkish, *n.*, तुर्की; *adj.*, तुर्की; **~ bath,** हम्माम। > टॅ:क्-इश

turmeric, हलदी*, हल्दी*, हरिद्रा*; **~-paper,** हरिद्रा-पत्र, हल्दी-काग़ज़। > टॅ:मॅरिक

turmoil, 1. (*commotion of crowd*) खलबली*, हलचल*; 2. (*uproar*) शोरगुल, हुल्लड़, होहल्ला; 3. (*of mind*) घबराहट*, अशांति, विक्षोभ। > टॅ:मॉइल

turn[1], *v.*, **A.** CIRCULAR MOTION : *v.i.*, 1. (*of wheel*) घूमना, चक्कर, खाना, घूर्णन क०, फिरकना, फिरना; 2. (*of key*) घूमना; 3. (*of head*) चकराना घूमना, चक्कर खाना; 4. (*be shaped*) गढ़ा जाना; —*v.t.*, 1. घुमाना; चक्कर खिलाना, चकराना, फिराना; 2. घुमाना; 3. (*on a lathe*) खरादना, खराद पर चढ़ाना; 4. (*shape*) गढ़ना, खरादना; 5. (*a somersault*) कलैया* मारना; **B.** CHANGE OF DIRECTION, COURSE, TREND : *v.i.*, 1. (*take new direction*) घूमना, मुड़ना, फिरना; 2. (*take opposite direction*) घूमना, लौटना, फिरना; 3. (*ground*) के इर्द-गिर्द निकल जाना, पार क०, घूमकर जाना; —*v.t.*, 1. घुमाना, मोड़ना, फेरना; ~ one's back on, की ओर पीठ* फेरना; छोड़ देना; 2. (*place in opposite direction*) फिराना, घुमाना; 3. (*repel*) मार भगाना; खाली कर देना (*a blow*) निवारण क० (*avert*); 4. (*flank*) के बाजू से निकल जाना या आगे बढ़ना; 5. (*direct*) पर लगाना; 6. (*put to specified use*) से काम लेना, से लाभ उठाना; 7. (~ *somebody*) से विमुख क० (*from*); की ओर* प्रवृत्त क० (*to*); का विरोधी बना देना, के विरुद्ध उभाड़ना (*against*); 8. (*of age, time*) पार क०, पार कर चुकना; 9. ~ loose, मुक्त क०, जाने देना; भाग्य पर छोड़ देना; **C.** CHANGE OF POSITION : *v.i.*, 1. (*become inverted*) उलट जाना; ~ turtle, औंधा हो जाना, पलट जाना, उलटना; 2. (*become upset*) stomach ~ s, जी मिचलाता है, मतली* आती है; —*v.t.*, 1. (*place in opposite position*) घुमाना; 2. (*invert*) उलटना, उलटा क०, औंधाना; 3. (*pages, earth*) उलटना; 4. (*revolve in the mind*) पर विचार क०, सोचना; 5. (*bend*) मोड़ना, उलटना; 6. (*blunt*) गुठलाना, भोथरा कर देना; 7. ~ *stomach*, मतली* पैदा क०; **D.** CHANGE OF CONDITION; TRANSFORMATION : *v.i.*, 1. (*change*) बदलना, बदल जाना; पलटना (*greatly*); स्वरूप या स्वभाव बदल जाना, रंग बदलना; 2. (*become*) बन जाना; हो जाना; 3. (*of milk*) फट जाना; 4. (*turn sour*) खट्टा हो जाना; 5. (*get spoiled*) बिगड़ जाना; —*v.t.* 1. बदलना, बदल देना; पलटना; रूपान्तरित क०; रंग बदल देना; 2. (*cause to be*) बना देना; 3. (~ *the scale, decide*) परिणाम निश्चित क०; 4. (*exchange for*) में बदल देना; अदलाबदली* क०; 5. (*translate*) में अनुवाद क०; 6. (*make sour*) खट्टा क०; फाड़ना (*milk*); 7. (*derange*) विक्षिप्त कर देना, पागल बना देना; 8. (*infatuate*) मुग्ध क०, अन्धा क०, मूर्ख बनाना; ~ a new leaf, सुधर जाना; ~ one's coat, पक्ष बदलना; ~ the corner, बच जाना; ~ tail, भाग जाना; ~ to ashes, भस्म कर देना; *see* EAR, NOSE, TABLES; **~ against,** का दुश्मन बनना, के विरुद्ध हो जाना का विरोधी बनना; **~ aside,** घूम जाना; घुमाना; मुँह फेर लेना; हट जाना; हटाना, दूर क०; टालना; **~away,** 1. लौटाना; 2. अस्वीकार क०; 3. निकाल देना; 4. (— *from*) छोड़ देना; से मुँह मोड़ना; **~ back,** लौटना; लौटाना; वापस क०; उलटना; **~ down,** उलट देना; उलटकर रखना;

मंद कर देना, घटाना, कम कर देना; अस्वीकार क०; निकाल देना; में प्रवेश क०, अन्दर जाना; **~ from,** से मुँह मोड़ना; से विमुख क०; से निकाल देना; **~in,** अन्दर मोड़ना; तहाना; लौटाना; सौंपना, देना; अन्दर जाना; अन्दर भेज देना; सोने जाना; **~into,** में अनुवाद क०; हो जाना, बन जाना; में प्रवेश क०, के अन्दर जाना; **~ off,** 1. बन्द क०; रोकना 2. (*produce*) बनाना; की रचना* क०; 3. (*dismiss*) निकाल देना; 4. (*deflect*) मोड़ना; दूसरी दिशा* में ले जाना; 5. मुड़ जाना; 6. छोड़ना; **~on,** 1. खोलना; 2. (*depend on*) पर निर्भर होना; 3. पर घूम पड़ना; **~ out,** 1. निकालना; निकाल बाहर क०; 2. बाहर मोड़ना, निकालना; 3. बनाना; 4. (*pockets*) उलटना; 5. (*put out*) बन्द क० (*light*); बाहर क०; 6. (*produce*) बनाना; पैदा क०; 7. (*result, eventuate*) निकलना; घटित होना; 8. (*prove to be, be found*) पाया जाना; 9. (*become*) बन जाना; 10. (*equip, dress*) सुसुज्जित क०; 11. (*appear*) आना, उपस्थित होना, एकत्र हो जाना; 12. उठाना; **~over,** 1. (*invert*) उलटा क०, उलटना; 2. (*roll over*) लुढ़काना, ढुलकाना (*v.t.*); लुढ़कना; करवट* बदलना; (*of person*); 3. (*ponder*) पर विचार क०; 4. (*hand over*) सौंपना; हस्तान्तरित क०; 5. बदल देना; 6. बेचना; 7. (*buy and sell to the amount of*) का व्यवसाय होना; **~ to,** में लग जाना, में दिलचस्पी* लेने लगना; की शरण* लेना, की सहायता* माँगना; पर निर्भर रहना; में बदल जाना; का सहारा लेना, देखना; की राय* लेना; **~up,** 1. उलटना; छोटा क०; 2. (*arrive*) आ जाना; उपस्थित होना; 3. (*appear*) दिखाई देना; 4. (*happen*) हो जाना, घटना; पाया जाना (*be found*) 5. (*discover*) खोज निकालना, का पता लगाना; 6. (*disinter; dig up*) खोदकर निकालना; 7. (*increase intensity*) तेज़ क०; 8. (*lift up*) उठाना; 9. ऊपर उठाना; **~ upon,** 1. पर घूम पड़ना; 2. (*depend on*) पर निर्भर होना या रहना। > टॅ:न

turn[2], *n.*, **A.** CIRCULAR MOTION : 1. (*act of turning, rotary motion*) घुमाव; 2. (*revolution*) फेरा, चक्कर; 3. (*convolution, winding one thing around another*) फेरा, लपेट*; 4. (*each round of a coil*) फेरा, बल; 5. (*walk around something*) चक्कर; **B.** CHANGE : 1. (*change of direction, bend*) घुमाव, मोड़; at every ~, सदा, हमेशा, बराबर, निरन्तर; 2. (*in opposite direction, also of tide*) पलटा, प्रत्यावर्तन; 3. (*deflection*) झुकाव, मोड़; 4. (*~ ing-point*) मोड़; वर्तन-बिन्दु; संक्रांतिकाल, संधिकाल; ~ of the century, युगसंधि*; 5. (*change of condition*) परिवर्तन, फेर (*important change*); पलटा (*esp. favourable*); 6. (*new trend*) नया मोड़; 7. (*nausea*) मिचली*; 8. (*fainting*) बेहोशी*; **C.** OCCASIONAL : 1. बारी*, पारी*; by ~ s; ~ and ~ about, बारी-बारी* से; in ~, क्रम से, क्रमश: take ~s, बारी-बारी* से क०; out of ~, बेसिलसिले; बेमौक़े, असमय; 2. (*shift*) पाली*; 3. (*in games*) बारी*; दाँव; 4. (*opportunity*) सुअवसर, मौक़ा; 5. (*period of specified activity*) दौर; 6. (*attack of illness*) दौरा; 7. (*fit of anger etc.*) आवेश; 8. (*action*) a good ~, उपकार, हित, भलाई*; a bad ~, अपकार, अहित, हानि*, बुराई*; 9. (*short performance*) प्रदर्शन; 10. (*buiness transaction*) पणाया*, सौदा; 11. (*pl., menses*) रजोधर्म, मासिक धर्म; 12. (*short walk*) चहलक़दमी*, चक्कर, सैर*; 13. (*trip, short drive*) सैर*; **D.** 1. (*nature, disposition*) स्वभाव, प्रकृति*, मिज़ाज; 2. (*tendency*) प्रवृति*, झुकाव, रुझान; अभिरुचि*, जन्मजात प्रवृत्ति*; 3. (*aptitude*) क्षमता*, योग्यता*; 4. (*form, appearance*) स्वरूप, सूरत*, आकृति*, रूप, शकल*; 5. (*formation*) बनावट*, रचना*, गठन*; to a ~, एकदम ठीक; 6. (*distinctive manner*) ढंग; 7. (*variation*) रूपान्तर, रूप; (*interpretation*) व्याख्या*। > टॅ:न

turn/about, 1. (*in opp. direction*) पलटा; 2. (*of opinion*) विचार-परिवर्तन; 3. (*of allegiance*) दलपरिवर्तन, दलत्याग, पक्षत्याग; **~-bridge,** घुमाऊ पुल; **~coat,** दलत्यागी; अवसरवादी।

turner, 1. (*artisan*) खरादी; 2. (*pigeon*) गिरहबाज़; **~y,** खराद। > टॅ:न्/अॅ, ~ अॅरि

turning, 1. घुमाव; 2. (*turnery*) खराद*; 3. (*shaping*) गढ़न*; 4. (*bend*) घुमाव, मोड़; **~-lathe,** खराद; **~-point,** मोड़; वर्तनबिन्दु; संक्रांतिकाल; संधिकाल; युगसंधि*। > टॅ:न्-इना

turnip, शलजम, शलग़म। > टॅ:न्-इप

turnkey, जेलर। > टॅ:न्-की

turn-out, 1. (*gathering*) जमावड़ा; उपस्थिति*; 2. (*output*) पैदावार*, उपज*; 3. (*outfit*) सज्जा*; 4. (*equipage*) जोता हुआ या सुसज्जित रथ। > टॅ:नाउट

turnover, 1. (*of money*) वारा-न्यारा; 2. (*of goods*) हेर-फेर; 3. (*change of labour*) श्रमिक-परिवर्तन; 4. (*upset*) उलटाव। > टॅ:नोवें

turnpike, शुल्क-फाटक। > टॅ:न्पाइक

turn-screw, पेचकश। > टः:न्स्क्रू

turnsole, सूरजमुखी। > टॅ:न्सोल

turnspit, सीख* घुमानेवाला। > टॅ:न्-स्पिट

turnstile, चक्रद्वार। > टॅ:न्स्टाइल

turn-table, घूम-चक्कर। > टॅ:न्टेबॅल

turn-up, 1. (*of trouser-leg*) मुड़ी या उलटी मोहरी*; 2. (*disturbance*) हुल्लड़, उपद्रव। > टॅ:न्-ॲप

turpentine, 1. (*oleoresin*) गंधाबिरोजा; 2. तारपीन; **~-tree,** तारपीन का पेड़। > टॅ:पॅन्टाइन

turpeth, टरपिथ। > टॅ:प्-इथ

turpitude, चरित्रहीनता*, भ्रष्टता* नीचता*। > टॅ:प्-इटयूड

turquoise, फ़ीरोजा। > टॅ:कॉइज़ = टॅ:क्वॉइज़

turret, कँगूरा, बुर्ज; **~ed,** कँगूरेदार, कँगूरेवाला। > टॅरिट

turtle, *n.*, 1. (~ *-dove*) काल्हक फ़ाखता*; 2. (*sea tortoise*) समुद्री कच्छप; हरा कछुआ; (*green* ~); turn ~, उलट जाना; —*v.*, कछुओं का शिकार क०। > टॅ:टॅल

tush, *interjection*, छी, छि; छि, फ़िश; —*n.*, (घोड़े का) लम्बा नुकीला दाँत। > टॅश

tushery, आर्ष प्रयोग। > टॅशरि

tusk, 1. (*of elephant*) गजदन्त; 2. (*of wild boar etc.*) खाँग, नेस; **~ed,** खाँगदार; **~er,** हाथी; खाँगदार जानवर। > टॅस्क; टॅस्कट; टॅस्क्-अॅ

tusser, टसर, तसर। > टॅस्-अॅ

tussle, *n.*, (*v.*) हाथाबाँही*, हाथा-पाई*, लड़ाई* (क०)। > टॅसॅल

tussock, गुच्छा। > टॅसॅक

tussore, टसर, तसर। > टॅसॉ:

tut, *interjection*, धत; *v.*, धतकारना। > टॅट

tutelage, 1. संरक्षण, अभिभावकत्व; 2. (*condition of ward*) प्रतिपाल्यता*। > टयूट्-इजिल

tutelar(y), संरक्षक, अभिभावक; ~ god, अधिष्ठाता देवता; ~ saint, संरक्षक सन्त। > टयूट्/इलॅ, ~ इलॅरि

tutor, *n.*, 1. शिक्षक; निजी शिक्षक; अनुशिक्षक टयूटर; 2. (*guardian*) अभिभावक; —*v.*, 1. शिक्षा* देना, पढ़ाना, सिखलाना; 3. (*admonish*) डाँटना, फटकारना; **~ess,** शिक्षिका*; **~ial,** शिक्षकीय; — classes, अनुवर्ग। > टयूट्/अॅ, ~ ऑरिस; टयूटॉ:र्-इअॅल

tutsan, बसन्त, बालशना, देन्धू। > टॅट् सॅन

tutti, सब मिलकर। > टुटी

tutti-frutti, फल-मिश्रित आइसक्रीम*। > टुटी फ्रुटी

tutty, तूतिया। > टॅट्-इ

tu-whit, tu-whoo, *v.*, घुघुआना; *n.*, घूघ्घू*। > टूविट; टूवू

tuyére, शुंडिका*, हवा-टोंटी*, धमन-/तुंड। > ट्विये'अॅ

twaddle, *n.*, 1. (*senseless talk*) बकवाद*, बक*; 2. (*idle talk*) गप*; —*v.*, बकना, बकवाद* क०, बक* लगाना; गप* लड़ाना; **~r,** बकवादी, बक्की; गप्पी; गपोड़िया। > ट्वॉडॅल

twain, *adj.*, दो; *n.*, युग्म जोड़ा; in ~, दुटूक, दो टुकड़ों में। > ट्वेन

twang, *n.*, 1. (*of bow*) टंकार*; 2. (*of bowstring*) झंकार*; 3. (*nasal sound*) नकियाहट*; —*v.*, टंकारना; झंकारना; नकियाना। > ट्वैन्ग

twankay, हरी चाय*। > ट्वैन्क्-ए

tweak, *v.*, 1. (*pinch*) चिकोटी* काटना, चिहुँटना; 2. (*twist*) उमेठना, मरोड़ना; 3. (*pull*) झटके से खींचना, झटकना; —*n.*, चिकोटी*; उमेठन*, मरोड़*; झटका। > ट्वीक

tweed, ऊनी कपड़ा। > ट्वीड

tweedle, *n.*, झंकार*; *v.*, 1. झंकारना; 2. (*cajole*) फुसलाना; **~ dum and ~ dee,** जैसे साँपनाथ वैसे नागनाथ। > ट्वीडॅल; ट्वीडॅल/डॅम, ~ डी

'tween, के बीच में। > ट्वीन

tweet, *n.*, (*v.*) चीं-चीं*, चें-चें* (क०)। > ट्वीट

tweezer, चिमटी* से उखाड़ना। > ट्वीज्-अॅ

tweezers, pair of ~, चिमटी*, मोचनी*। > ट्वीज़ॅज़

twelfth, बारहवाँ, द्वादश; **T~-day,** प्रभुप्रकाश। > ट्वे'ल्फ़्ट

twelve, बारह, द्वादश; **~ month,** वर्ष। > ट्वे'ल्व

twentieth, बीसवाँ, विंश। > ट्वे'न्-टि-इथ

twenty, बीस, विंशति; (21 *etc.*, इक्कीस, बाईस, तेईस, चौबीस, पच्चीस, छब्बीस, सत्ताईस, अट्ठाईस, उनतीस)। > ट्वे'न्-टि

twerp, 1. (*nonentity*) छुटभैया; 2. (*cad*) पाजी। > ट्वॅ:प

twice, दो बार; ~ as much, दूना, दुगुना; **~-born,** द्विज; **~-told,** सुना-सुनाया। > ट्वाइस

twiddle, 1. (*twirl*) फिराना; 2. (*toy with*) से खेलना; ~ one's thumbs, समय गँवाना, मक्खी* मारना, बेकार बैठना। > ट्विड्डॅल

twig, *n.*, 1. टहनी*; 2. (*divining-rod*) शकुनक दण्ड; —*v.*, समझ जाना; देख लेना; **~gy,** 1. टहनियों* से भरा; 2. (*slender*) छरहरा, इकहरा; 3. (*delicate*) सुकुमार। > ट्विग; ट्विग्-इ

twilight, 1. झुटपुटा, झिलमिल*, सांध्य प्रकाश; 2. (*faint light*) धुँधला प्रकाश, धुँधलका; 3. अल्पज्ञान; 4. (*decay*) अपक्षय; —*adj.*, धुँधला; ~ sleep, अर्धचेतन निद्रा*; ~ state, अर्धचेतना*। > ट्वाइलाइट

twill, *n.* (*v.*) टुइल* (बुनना)। > ट्विल

twin, *adj.*, 1. (*born at the same time*) जुड़वाँ, यमल, यमज; 2. (*growing in pairs*) जुड़वाँ; 3. (*identical*) सर्वसम; 4. (*consisting of two*) द्वि-युग्म-, दोहरा, दुहरा; ~ set, जोड़; सूट; —*n.*, 1. यमल, यमज; जुड़वाँ बच्चे; 2. (*one of a pair*) जोड़ा, जोड़; 3. (*counterpart*) प्रतिरूप;

4. (*crystal*) यमल; 5. (*Twins*) मिथुन; identical ~ s, एकांडी यमज, सर्वसम यमज; Siamese ~ s, जुड़े हुए यमल; — *v.*, 1. (*pair*) जोड़ा बनना; जोड़ा मिलाना; 2. (*link*) जोड़ना; **~-born,** जुड़वाँ, यमज; **~brother,** जुड़वाँ भाई; **~-engined,** दो इंजिनवाला; **~-screw,** दुपेची जहाज़; **~ sister,** जुड़वाँ बहन*। > ट्विन

twine, *n.*, 1. सुतली*, डोरा; 2. (*coil*) कुण्डल, कुण्डली*; 3. (*tangle*) गुत्थी* (*also fig.*); —*v.*, 1. (*twist together*) बटना; 2. (*interweave*) गूथना; 3. (*be interwoven*) गुथना; 4. (*wind around*) लपेटना; 5. (*meander*) टेढ़े-मेढ़े आगे बढ़ना या बहना; 6. (*coil itself*) कुण्डली* मारना, कुण्डल बनाना (*of snake*); लिपटना (*of plant*); **~r,** वल्लरी*। > ट्वाइन; ट्वाइन्-अॅ

twinge, 1. टीस*, हूक*; 2. (*of conscience*) अनुताप, पश्चात्ताप; —*v.*, टीसना, हूक* उठना। > ट्विन्ज

twinkle, 1. (*of stars*) टिमटिमाना, चमकना; 2. (*glitter*) झिलमिलाना, चमकना, जगमगाना; 3. (*v.i.; of eyelids*) मिचकना, मुलमुलाना, झपकना; 4. (*blink one's eyes*) आँखें* मिचकाना, पलक* मारना, झपकाना; 5. (*of eyes, show amusement*) मुस्कराना; 6. (*of feet; move rapidly*) थिरकना; —*n.*, 1. टिमटिमाहट*; 2. झिलमिलाहट*, जगमगाहट*; चमक*; 3. (*of eyes*) मिचकी*, झपक* (*active and passive*); 4. (*of eyes*) चमक* (*gleam*); मुस्कराहट*; 5. (*of feet*) थिरक*, थिरकन*; 6. (*moment*) पल, क्षण। > टिवन्गक्ल

twinkling, टिमटिमाहट*; पल, क्षण; in the ~ of an eye, पलक* मारते, पलक* झपकते, पल भर में। > ट्विन्क्-लिन्ग

twinning, यमल-जनन; यमलन। > ट्विन्-इन्ग

twirl, *v.*, घूमना, चक्कर खाना, फिरकना; घुमाना, फिराना; —*n.*, 1. घुमाव, चक्रगति*; 2. (*twist*) मरोड़*; 3. (*coil*) कुण्डल; 4. (*stroke of the pen*) घसीट*। > ट्वें:ल

twist, *v.*, 1. (*wind around one another, interweave*) गूथना; 2. (*twine, ~ together*) बटना; 3. (*wind, coil*) लपेटना; 4. (*wind itself around*) लिटपना; 5. (*give a spiral twist*) मरोड़ना, ऐठना; 6. (*wrench, sprain*) मुड़काना; 7. (*distort, contort*) विकृत करना; 8. (*undergo twisting*) मुड़ना; 9. (*torment*) सताना; उत्पीड़ित क०, यातना* देना; 10. (*squirm, writhe*) तड़फड़ाना, तड़पना, छटपटाना; अंग मरोड़ना; 11. (*~ meaning*) ग़लत अर्थ लगाना, मिथ्या व्याख्या* क०; 12. (*cause to revolve*) घुमाना, फिराना, चक्कर खिलाना; 13. (*revolve*) घूमना, चक्कर खाना; 14. (*bend*) मोड़ना; उमेठना; 15. (*change direction*) घूमना, मुड़ना; 16. (*meander*) टेढ़े-मेढ़े बहना, आगे बढ़ना; घुमावदार होना; 17. (*make one's way through*) पार क०, रास्ता निकालना; 18. (*dance the ~*) अंग मरोड़कर नाचना; 19. (*cheat*) धोखा देना; **~ off,** मरोड़कर तोड़ना; —*n.*, **A.** SOME THING TWISTED : 1. (*thread*) तागा, धागा; 2. (*rope*) रस्सी*; 3. (*of tobacco*) बट्टी*; 4. (*rool of bread*) बेलनदार रोटी*; 5. (*knot*) गाँठ; 6. (*hank of thread*) लच्छा, अट्टी*; 7. (*paper packet*) पुड़िया* पुड़ा; **B.** ACTION : 1. ऐंठ*, मरोड़; 2. (*rotary motion*) घुमाव, घूर्णन, चक्रण; 3. (*deforming*) निरूपण; विकृतीकरण; 4. (*misrepresenting*) मिथ्या निरूपण; **C.** STATE: 1. मरोड़*, मरोड़ी, ऐंठन*; 2. (*curve, bend*) घुमाव; 3. (*kink*) बल, ऐंठ*, मरोड़*; 4. (*deformation*) विकृति*, विकार; 5. (*sprain*) मोच*; 6. (*misrepresentation*) ग़लत अर्थ, मिथ्या व्याख्या*; मिथ्या विवरण; 7. (*tendency*) झुकाव, प्रवृत्ति*; 8. (*wrong tendency in character*) ऐंठ*; 9. (*dexterity, knack*) ढब; **~ed,** व्यावर्तित; बलदार; वक्र; **~ er,** 1. ऐंठनेवाला; 2. ऐंठनदार; 3. (*dishonest person*) धोखेबाज़, ठग; **~y,** घुमावदार; बेईमान। > ट्विस्ट; ट्विस्/टॅ, ~ टि

twit, *n.*, 1. (*taunt*) ताना मारना, चुटकियाँ* लेना, बोली-ठोली* मारना; 2. (*tease*) चिढ़ाना, छेड़ना; 3. (*reproach*) फटकारना; —*n.*, ताना; चुटकी*; बोली-ठोली*; छेड़छाड़*; फटकार*। > ट्विट

twitch, *v.*, 1. (*pull with a jerk*) झटकना, झटका मारना या देना, झटकारना; खींचना; 2. (*contract spasmodically*) फड़कना; ऐंठ जाना, खिंच जाना; —*n.*, झटका; फड़क*, फड़कन*; ऐंठन*, मरोड़*, खिंचाव। > ट्विच

twitter, *v.*, 1. चहकना, चहचहाना, चीं-चीं क०; 2. (*of people*) चहकना; —*n.*, चहक*, चहचहाहट*; all of a ~, in a ~, उत्तेजित, बेचैन, व्यग्र; **~ ation,** उत्तेजना*, बेचैनी*। > ट्विट्-अॅ; ट्विटॅरेशॅन

'twixt, के बीच में। > ट्विक्स्ट

two, 1. दो; 2. (*card, domino*) दुक्का; 3. (*pair*) द्वय; युग्म, युगल; जोड़ी*, जोड़ा; in ~ , दो टुकड़ों में; in ~ ~ s, तुरन्त, चुटकी* में; one or ~, थोड़े-से, कुछ, कतिपय; it takes ~ to make a quarrel, एक हाथ से ताली* नहीं बजती; put ~ and ~ together, सीधा अर्थ निकालना, सुस्पष्ट निष्कर्ष निकालना। > टू

two/-dimensional, द्विविम; **~-edged,** दुधारा; **~-eyed,** द्विनेत्र; **~-faced,** कपटी, दुरंगा, पाखण्डी; **~fold,** *adj.*, द्वि-, दुगुना, दोहरा; —*adv.*, द्विधा; **~-handed,** दुहत्था; **~-horned,** द्विश्रृंगी; **~-legged,** द्विपद; **~-name,** द्विनामी; **~-party,** द्विदलीय।

twopenny, सस्ता; रद्दी; **~-halfpenny,** 1. सस्ता; 2. (*insignificant*) तुच्छ, नगण्य। > टॅपॅनि; ~-हेप्-नि

two/-petalled, द्विदल; **~-phase,** द्विकल; **~-piece,** जोड़; **~-ply,** 1. (*of two strands*) दुलड़ी; 2. (*of two layers*) दुपरती, द्विस्तरी; **~-point,** द्विबिन्दुक; ~*-pole*, द्विध्रुवी; **~-seater,** दो सीटवाली (आसनवाली) मोटर*; **~-sided,** द्विपक्ष, द्विपक्षी; **~ some,** 1. द्विक, दोहरा; 2. मित्रद्वय; **~-speed,** द्विचाल; **~-sotried,** दुमंज़िला; **~-time,** धोखा देना; **~-tongued,** धोखेबाज़, कपटी; **~-toothed,** द्विदंत; **~-way,** 1. दुतरफ़ा; 2. (*techn.*) द्विपथ; 3. (*math.*) द्विचर; 4. (*reciprocal*) आपसी, पारस्परिक, अन्योन्य; **~-wire,** द्वितार; **~-year-old,** द्विवर्षीय।

tycoon, शक्तिशाली उद्योगपति या पूँजीपति। > टाइकून

tyke, 1. (*dog*) कुत्ता; 2. (*cur*) निकम्मा कुत्ता; दोग़ला कुत्ता; 3. (*boor*) गँवार। > टाइक

tym/panic, कर्णपटही; **~panites,** अफरा; **~panitis,** कर्णपटल-शोथ; **~ panum,** 1. कान का परदा, कर्णपटह; 2. (*drum*) पटह, ढोल। > टिम्पैन्-इक; टिम्पॅनाइट्/ईज़, ~ इस; टिम्पॅनॅम

typal, प्ररूपी। > टाइपॅल

type, *n.*, 1. (*kind*) प्रकार, क़िस्म*; asthenic~, क्षीणक़ाय; athletic ~, मल्लकाय; 2. (*species*) जाति*; 3. (*specimen*) नमूना, निदर्श; 4. (*illustration*) निदर्शन; 5. (*symbol*) प्रतीक; 6. (*model*) आदर्श, नमूना; 7. (*biol., phys., chem.*) प्ररूप; ~ species, प्ररूप-जाति*; 8. (*math.*) प्रकार; 9. (*prin- ting*) टाइप; 10. (*fellow*) व्यक्ति, आदमी; अनोखा व्यक्ति; —*v.*, 1. (*symbolize*) का प्रतीक होना; 2. टाइप क०, टंकित क०, टंकण क०; 3. का वर्गीकरण क०; प्रकार या जाति* का पता लगाना; **~-metal,** मुद्रधातु*, टाइपधातु*; **~-script,** टंकित प्रति*; **~-setter,** कम्पोज़िटर; **~write,** टाइप क०; **~writer,** टाइपराइटर; **~writing,** टंकण, टाइप-कारी*। > टाइप

typhlitis, अन्धनालशोथ। > टिफ़्लाइट्-इस

typhoid, आन्त्राज्वर। > टाइफ़ॉइड

typhoon, टाइफ़ून, प्रचण्ड तूफ़ान। > टाइफ़ून

typhus, टाइफ़स, तंद्रिक ज्वर। > टाइफ़ॅस

typic, प्ररूपी। > टिप्-इक

typical, 1. (*serving as biological type*) प्ररूपी, प्रारूपिक; 2. (*statistics*) प्रतिरूपी; 3. (*characteristic of*) ठेठ, विशिष्ट, विशेषता-सूचक, अभिलक्षक; 4. (*representative*) प्रतिनिधिक; 5. (*symbolical*) प्रतीकी, प्रतीकात्मक। > टिप्-इकॅल

typification, प्ररूपण; प्रतीकीकरण; प्रतिनिधित्व; पूर्वाभास; आदिरूप। > टिपिफ़िकेशॅन

typify, 1. (*be the biological type of*) का प्ररूप होना; 2. (*symbolize*) का प्रतीक होना; 3. (*show the characteristics of*) का ठेठ नमूना होना; की विशेषता* प्रदर्शित क०; 4. (*represent*) का प्रतिनिधि होना; 5. (*foreshadow*) का पूर्वाभास देना; 6. (*be the prototype of*) का आदिरूप होना। > टिप्-इफ़ाइ

typist, टाइपिस्ट, टंकक। > टाइप्-इस्ट

typo/grapher, मुद्रक; **~ graphical,** मुद्रण-; **~graphy,** मुद्रण-कला*; मुद्रण। > टाइपॉग्रॅफ़ॅ; टाइपॅग्रैफ़्-इकॅल; टाइपॉग्रॅफ़ि

typo/logical, वर्गीकरण-; प्रतीकात्मक; **~logy,** 1. (प्ररूप-) वर्गीकरण, प्ररूप-विद्या*; 2. (*theology*) प्रतीकात्मक व्याख्या*। > टाइपॅलॉजिकॅल; टाइपॉलॅजि

tyran/nic(al), ~ nous, 1. (*of ruler*) निरंकुश, प्रजापीड़क; 2. (*oppressive*) अत्याचारपूर्ण, ज़ालिमाना; ज़ालिम, अत्याचारी (*of person*) 3. (*cruel*) क्रूर, नृशंस। > टिरैन्/इक, ~ इकॅल; टिरॅनॅस

tyrannicide, तानाशाह की हत्या*; तानाशाह का हत्यारा। > टिरैन्-इसाइड

tyrannize, निरंकुश शासन क०; अत्याचार क०; जुल्म क०। > टिरॅनाइज़

tyranny, 1. (*of ruler*) तानाशाही*, नादिरशाही*, निरंकुश शासन, प्रजापीड़न; निरंकुशता*; 2. (*oppression*) अत्याचार, जुल्म, क्रूरता*। > टिरॅनि

tyrant, 1. (*ruler*) तानाशाह, निरंकुश शासक, प्रजापीड़क; 2. (*oppressor*) अत्याचारी, ज़ालिम; 3. (*cruel master*) तानाशाह। > टाइरॅन्ट

tyre, 1. (*of rubber*) टायर; 2. (*metal rim*) हाल*। > टाइअ़ॅ

Tyrian purple, गहरा बैंगनी। > टिर्-इअ़ॅन

tyro, नौसिखिया, कच्चा। > टाइरो

tzar, रूस का बादशाह, ज़ार। > ज़ा

tzetze, त्सेत्से। > ट्से'ट्-सि

Tzigane, (हंगरी का) रोमणी। > ट्सिगान

Uu

ubiety, स्थानबद्धता*, क्वापित्व, क्वचित्त्व, कुत्रचित्त्व। > यू-बाइ-इ-टि

ubiquitarian, सर्वव्यापकतावादी। > यूविक्विटे' अॅर-इअॅन

ubiquitous, सर्वगत, सर्वव्यापक, सर्वव्यापी, विभु। > यूबिक्विटॅस

ubiquity, सर्वगतत्व, सर्वव्यापकता*, सर्व-व्यापिता*, विभुता*। > यूबिक्विटि

U-boat, जर्मन पनडुब्बी*। > यूबोट

udder, थन। > अॅड्-अॅ

udometer, वर्षामापी। > यूडॉम्-इटॅ

ugh, 1. (*disgust*) छि; तोबा-तोबा; 2. (*horror*) उफ़, ओफ़। > उह

uglification, विरूपण। > ॲगलिफ़िकेशॅन

uglify, 1. कुरूप बनाना; 2. (*disfigure*) विकृत क०, विरूपित क०, बिगाड़ना। > ॲग्-लि-फ़ाइ

ugliness, कुरूपता*, बदसूरती*, भोंड़ापन; घिनावनापन। > ॲग्-लि-निस

ugly, 1. कुरूप, बदसूरत, असुन्दर, भद्दा, भोंडा, बदशकल; 2. (*unpleasant*) अप्रिय; 3. (*hideous, repulsive*) घिनावना बीभत्स, घृणित; नीच; 4. (*ominous*) अशुभ, अनिष्टसूचक; 5. (*ill-tempered*) चिड़चिड़ा, बदमिज़ाज; 6. ~ customer, खतरनाक व्यक्ति या जानवर। > ॲग्-लि

uhlam, घुड़सवार भालाबरदार। > ऊलान

ukase, आज्ञापत्र, हुक्मनामा; मनमाना आदेश। > यूकेज़

ulcer, 1. फोड़ा; व्रण; 2. (*moral blemish*) कलंक; 3. (*corrupting influence*) नासूर; **~ate,** 1. फोड़ा या व्रण पड़ जाना; फोड़ा पैदा क०, व्रण उत्पन्न क०; 2. (*fig.*) कटु बनना या बनाना; **~ated,** व्रणित; **~ation,** व्रण; व्रणोत्पत्ति; **~ ative,** व्रणकारी; **~ous,** 1. (*of ulcer*) व्रणीय; 2. (*having an ulcer*) व्रणी; 3. (*ulcerated*) व्रणित; 4. (*corruptive*) दूषक, दूषित कर देनेवाला। > ॲल्सॅ; ॲल्सॅ/रेट, ~ रेटिड; ॲल्सॅरेशॅन; ॲल्सॅ/रॅटिव, ~ रॅस

ulema, उलमा। > ऊ-लि-मॅ

ullage, कमी*। > ॲल्-इज

ulna, अंत:प्रकोष्ठिका*। > ॲल्नॅ

ulterior, 1. (*later*) परवर्ती, बाद का; 2. (*situated beyond*) बाह्य, बाहरी; 3. (*on the farther side*) परला; 4. (*remote*) दूरस्थ; 5. (*undisclosed*) परोक्ष, अप्रत्यक्ष, अव्यक्त, गूढ़, गुप्त। > ॲल्-टिॲर्-इ-ॲ

ultima, अंतिम; ~ ratio, अंतिम तर्क; बलप्रयोग; ~ Thule, अज्ञात देश। > ॲल-टि-मॅ

ultimate, *adj.*, 1. (*final, last*) अंतिम, आख़िरी; 2. (*utmost*) परम, चरम, 3. (*basic*) मूल, मूलभूत, आधारभूत; तत्त्वात्मक; 4. (*decisive*) निर्णायक; ~ end, चरम साध्य; ~ truth, परम सत्य; —*n.*, 1. (~ *element*) मूलतत्त्व; 2. (*final stage*) अंतिम चरण; **~ly,** अन्त में, अन्ततोगत्वा, आखिरकार। > ॲल-टि-मिट, ~ लि

ultimatum, 1. अन्तिमेत्थम्; 2. (*ultimate conclusion*) अन्तिम निर्णय; 3. (*fundamental principle*) मूल सिद्धान्त, मूलतत्त्व। > ॲल्-टिमेटॅम

ultimo, गतमास का; **~geniture,** कनिष्ठा-धिकार। > ॲल्-टिमो; ॲल्-टिमॅजे'न्-इचॅ

ultra, *n.*, अतिवादी, चरमपन्थी; *adj.*, 1. अतिवादी; 2. (*excessive*) अत्यधिक; —*adv.*, अत्यधिक; —*preffix*, अति-, चरम-; सूक्ष्म-; परा-, -पार, -अतीत; **~vires,** अधिकारातीत; अधिकार के परे। > ॲल्ट्रॅ

ultraconservative, अतिरूढ़िवादी। > ॲल्ट्रॅकॅन्सॅ:वॅटिव

ultracritical, अतिछिद्रान्वेषी। > ॲल्ट्रॅक्रिट्-इकॅल

ultra/ism, अतिवाद; **~ist,** अतिवादी। > ॲल्ट्रॅ/इज़्म, ~ इस्ट

ultramarine, *adj.*, 1. समद्रपारीय, पारसमुद्री; 2. (*colour*) लाजवर्दी; —*n.*, अल्ट्रामरीन, लाजवर्द। > ॲल्ट्रॅमॅरीन

ultramicroscope, अतिसूक्ष्मदर्शी। > ॲल्ट्रॅमाइक्रॅस्कोप

ultramodern, अत्याधुनिक। > ॲल्ट्रॅमॉडॅन

ultramontane, 1. पर्वतपारीय; 2. इटालियन; 3. पोपाधिकारवादी। > ॲल्ट्रॅमॉन्टेन

ultramundane, 1. पारलौकिक; 2. सौरमण्डलबाह्य। > ॲल्ट्रॅमॅन्डेन

ultra/nationalism, अतिराष्ट्रीयता* (-वाद); **~ religious,** अतिधार्मिक; **~-short,** अतिलघु; **~sonic,** पराध्वनिक; **~sonics,** पराध्वानिकी*; **~-violet,** पराबैंगनी; **~-zodi-acal,** राशिचक्र-बह्य।

ulu/late, 1. (*howl, of animals*) हुआना; 2. (*lament*) ज़ोर से विलाप क०; **~lation,** हुआँ; विलाप। > यूल्यु, = युल्यूलेट; यूल्यु = युलयूलेशॅन

umbel, पुष्पछत्र **~late,** पुष्पछत्री; **~liferous,** पुष्पछत्रधर; **~liform,** छत्राकार; **~ lule,** लघुपुष्पछत्र। > ॲम्बॅल; ॲम्बॅलिट; ॲम्बॅलिफ़ॅरॅस; ॲम्बे'ल्युल

umber, अम्बर। > ऑम्बॅ
umbilical, 1. नाभि-; ~ cord, नाभि-नाड़ी*; नाल; 2. (*central*) केन्द्रीय; 3. (*related*) नाभि-सम्बन्धी। > ऑम्-बिल्-इ-कॅल
umbilicate, 1. (*shape*) नाभिवत्; 2. (*having a naval*) नाभिल। > ऑम्-बिल्-इ-किट
umbilicus, 1. (*navel*) नाभि*, तुन्दी*; 2. (*geom.*) शून्यवृत्तक। > ऑम्-बिल्-इ-कॅस = ऑम्बिलाइकॅस
umbles, हिरण की अँतड़ियाँ। > ऑम्बॅल्ज़
umbo, ककुद; **~nate,** ककुदी। > ऑम्बो
umbra, प्रच्छाया*। > ऑम्ब्रॅ
umbrage, नाराज़गी*, असंतोष, मनोमालिन्य; take ~, बुरा मानना; give ~, नाराज़ क०, अप्रसन्न क०; **~ous,** छायादार, सायदार; 2. (*resentful*) तुनकमिज़ाज; 3. (*suspicious*) शक्की, संशयालु। > ऑम्-ब्रिज
umbrella, 1. छाता, छतरी*, छत्र 2. (*fig.*) छत्र। > ऑम्ब्रे'ल्-ॲ
umbriferous, छायादार, छायामय। > ऑम्-ब्रिफ़ॅरॅस
umlaut, 1. अभिश्रुति*; 2. (*sign*) द्वि-बिन्दु। > उम्लाउट
umpirage, 1. मध्यस्थता*; 2. (*arbitratment*) निर्णय, पंचाट। > ऑम्पाइॲरिज
umpire, *n.*, 1. (*arbitrator*) पंच, मध्यस्थ, निर्णायक; 2. (*sport*) रेफ़री, खेलपंच, अंककार; —*v.*, मध्यस्थ होना; रेफ़री होना। > ऑम्पाइॲ
umpteen, बहुत-से। > ऑम्प्टीन
un-, 1. (*before adjective*) अ-, अन्, अप-, निः, वि-, हीन, -रहित; 2. (*before verbs*) उलटाव (*reversal*), निराकरण (*removal*) अथवा छुड़ाई* (*release*) के अर्थ में। > ॲन
unabashed, 1. (*irrepressible*) अदम्य; 2. (*not disconcerted*) अविचलित; अनुद्विग्न, निस्संकोच; 3. (*unashamed*) निर्लज्ज। > ॲनॅबैश्ट
unabated, अक्षुण्ण। > ॲनॅबेट्-इड
unabbreviated, unabridged, अ-संक्षिप्त, पूरा। > ॲनॅब्रीव्-इएटिड; ॲनॅब्रिज्ड
unable, अशक्त, असमर्थ, अयोग्य। > ॲनेबॅल
unaccented, बलाघातहीन; स्वराघातहीन। > ॲनॅक्-से'न्-टिड
unacceptable, 1. अस्वीकार्य, अग्रह्य; 2. (*not desirable*) अवांछनीय; 3. (*not welcome*) नापसन्द, अप्रिय; 4. (*not accepted*) अस्वीकृत, नामंजूर। > ॲनॅक्से'प्टॅबॅल
unaccommodating, अनम्य; रूखा, अ-भद्र। > ॲनॅकॉमॅडेटिन्ग
unaccompanied, 1. अकेला; 2. (*music*) बेसंगत। > ॲनॅकम्पॅनिड
unaccomplished, 1. अकृत; अपूर्ण, अधूरा; 2. (*of a person*) अप्रवीण, बेहुनर। > ॲनॅकॅम्-प्लिश्ट
unaccountable, 1. रहस्यमय, अनोखा; 2. (*not responsible*) अनुत्तरदायी, ग़ैर-ज़िम्मेवार। > ॲनॅकाउन्टॅबॅल
unaccounted, 1. बेहिसाब; 2. (*unexplained*) अस्पष्टीकृत; 3. (*of persons and objects*) लापता। > ॲनॅकाउन्-टिड
unaccustomed, 1. अनभ्यस्त; 2. (*unusual*) असाधारण; विलक्षण। > ॲनॅकॅस्टॅम्ड
unacknowledged, 1. (*not confessed*) अस्वीकृत; 2. (*unanswered*) अनुत्तरित। > ॲनॅक्नॉल-इज्ड
unacquainted, 1. (*with*) से अनभिज्ञ; 2. (*not knowing each other*) अपरिचित। > ॲनॅक्वेन्-टिड
unacquired, अनर्जित; सहज, स्वाभाविक, जन्मजात। > ॲनॅक्वाइॲड
unact/able, अनभिनेय; **~ed,** 1. (*on stage*) अनभिनीत; 2. अकृत, अकार्यान्वित। > ॲन्-ऐक्/टॅबॅल, ~ टिड
unactuated, अप्रेरित। > ॲन्-ऐक्-टयू-ए-टिड
unadaptable, अननुकूलनीय; अपरिवर्तनीय। > ॲनॅडैप्टॅबॅल
unaddressed, पता-रहित। > ॲनॅड्रे'स्ट
unadjusted, असमंजित। > ॲनॅड्जॅस्-टिड
unadmitted, गोपित, गुप्त; अस्वीकृत। > ॲनड्-मिट्-इड
unadopted, अनंगीकृत। > ॲनॅडॉप्-टिड
unadorned, अनलंकृत। > ॲनॅडॉःन्ड
unadulterated, 1. शुद्ध, अमिश्रित; 2. (*genuine*) असली; 3. पक्का। > ॲनॅडॅल्टॅरेटिड
unadvised, 1. (*of actions*) अविवेचित, अविचारित; 2. (*of perons*) अविवेकी, उतावला, जल्दबाज़; **~ly,** बिना सोचे-समझे, बेतहाशा, अन्धाधुन्ध। > ॲनॅड्वाइज़्ड; ॲनॅड्वाइज़्-इड्-लि
unaffected, 1. (*natural*) अकृत्रिम; 2. (*sincere*) निष्कपट; 3. (*not influenced*) अप्रभावित, अछूता; 4. (*by disease*) अनाक्रांत, अछूता। > ॲनॅफ़े'क्-टिड
unafraid, निर्भीक, निडर। > ॲनॅफ्रेड
unaided, बिना सहायता* के, बे-मदद, अकेला। > ॲनेडिड
unaimed, लक्ष्यहीन। > ॲन्-एम्ड
unalive, 1. निर्जीव; 2. (~ *to*) से अनवगत, से अपरिचित; के प्रति उदासीन। > ॲनॅलाइव़

unallied, 1. (*having no alliance*) असंश्रित; 2. असंवद्ध। > ॲनॅलाइड

unallotted, अनियत, अनिर्धारित। > ॲनॅलॉट्-इड

unalloyed, विशुद्ध। > ॲनॅलाइड

unalter/able, अपरिवर्तनीय; अटल; **~ed,** अपरिवर्तित। > ॲन्-ऑ:ल्/टॅरॅबॅल, ~ टॅड

unambiguous, सुस्पष्ट; असंदिग्ध। > ॲनैम्बिग्यूॲस

unambitious, निराकांक्ष, महत्त्वाकांक्षाहीन। > ॲनैम्बिशॅस

unamenable, 1. (*unruly*) अवश्य, उद्धत; दुर्दमनीय, निमानिया; 2. (*impervious to*) अप्रभावित, अप्रभावनीय; 3. (*not responsible*) अनुत्तरदायी। > ॲनॅमीनॅबॅल

un-American, ग़ैर-अमरीकी; अमरीका-विरोधी। > ॲनॅमे'रिकॅन

unamiable, अप्रिय। > ॲन्-एम्-इ-ॲ-बॅल

unanimated, 1. निर्जीव, निष्प्राण; अनुत्साह; 2. (~ *by*) अप्रेरित, अननुप्राणित। > ॲन्-ऐन्-एमेटिड

unani/mity, मतैक्य, सर्वसम्मति*; सर्व-सम्मतता*; **~ mous,** 1. (*of people*) एकमत; 2. (*of resolution*) सर्वसम्मत; **~mously,** सर्वसम्मति* से। > यूनॅनिम्-इटि; यूनैन्-इमॅस

unanswer/able, 1. (*irrefutable*) अकाटय्, अखंडनीय; 2. अनुत्तरदायी, ग़ैर-ज़िम्मेवार; **~ed,** 1. (*not refuted*) अखंडित; अनुत्तरित। > ॲन्-आन्/सॅरॅबल, ~ सॅड

unapparent, अप्रत्यक्ष। > ॲनॅपे'ॲरॅन्ट

unappealable, अपील-अयोग्य, अपुनरावेद-नीय। > ॲनॅपीलॅबॅल

unappeased, अशमित। > ॲनॅपीज़्ड

unappetizing, अरुचिकर; अनाकर्षक। > ॲन्-ऐप्-इटाइज़िंग

unapplied, अप्रयुक्त। > ॲनॅप्लाइड

unappreciated, उपेक्षित, बेक़दार। > ॲनॅप्रीशिएटिड

unapprehended, 1. अनबूझा, अनवगत; 2. (*of a person*) अबन्दीकृत। > ॲनैप्रिहे'न्-डिड

unapprehensible, अबोधगम्य। > ॲनैप्रिहे'न्-सिबॅल

unapprehensive, 1. अशंक; 2. (*slow*) मन्दबुद्धि। > ॲनैप्रिहें'न्-सिव़

unapproachable, 1. अगम्य; 2. (*aloof*) ग़ैरमिलनसार; 3. (*matchless*) लाजवाब, अद्वितीय। > ॲनॅप्रोचॅबॅल

unappropriated, अविनियुक्त; अनियत; अस्वामिक, ग़ैर-मालिक। > ॲनॅप्रोप्रिएटिड

unapt, 1. (*unsuitable*) अनुपयुक्त; 2. (*dull*) मन्दबुद्धि, अदक्ष; 3. (*not inclined*) अनिच्छुक। > ॲन्-ऐप्ट

unarm, निरस्त्र क०; शस्त्र उतारना; **~ed,** निरस्त्र, निहत्था, निरायुद्ध। > ॲन्-आम; ॲन्-आम्ड

unarmoured, अकवचित। > ॲन्-आमॅड

unartistic, 1. अकलात्मक; 2. (*of person*) कलाहीन; कला-विरक्त। > ॲनाटिस्-टिक

unashamed, लज्जाहीन, निर्लज्ज। > ॲनॅशेम्ड

unasked, 1. (*uninvited*) अनिमंत्रित; बिना बुलाया, 2. (*not asked for*) बे-माँगा, अयाचित, अप्रार्थित। > ॲन्-आस्क्ट

unaspirated, अल्पप्राणा। > ॲन्-ऐस्-पिरेटिड

unaspiring, 1. अनाकांक्षी, निराकांक्ष; 2. (*modest*) विनीत, निरहंकार। > ॲनॅस्पाइॲर्-इन्ग

unassail/able, 1. (*of fort*) अनाक्रमणीय, अविजय; 2. (*of arguments*) अकाटय; **~ed,** अनाक्रान्त; अविवादित। > ॲनॅसेलॅबॅल; ॲनॅसेल्ड

unassertive, विनीत। > ॲनॅसॅ:ट्-इव़

unassisted, 1. अकेला, बिनां सहायता* के, बे-मदद; 2. (*of eye*) खुला। > ॲनॅसिस्ट्-इड

unassuming, निरहंकार, निरभिमान, विनीत। > ॲनॅस्यूम्-इन्ग

unassured, 1. (*not certain*) अनिश्चित; 2. अबीमाकृत। > अनॅशुॲडॅ

unattached, 1. (*not connected*) असम्बद्ध; 2. (*loose*) असंलग्न; 3. (*unmarried*) अविवाहित; 4. (*unbetrothed*) अवाग्दत्त। > ॲननेटैच्ट

unattainable, अलभ्य, अनधिगम्य। > ॲनॅटेनॅबॅल

unattended, 1. (*unescorted*) अकेला, बिना साथी के; 2. (*with no one in charge*) अरक्षित, बिना रखवाले अथवा प्रभारी के; 3. (*receiving no attention*) उपेक्षित। > ॲनॅटे'न्-डिड

unattractive, अनाकर्षक; कुरूप, बदसूरत। > ॲनॅट्रैक्-टिव़

unauthentic, अप्रामाणिक; **~ ated,** अप्रमाणीकृत; अप्रमाणित। > ॲनॉ:थे'न्/टिक, ~ टिकेटिड

unauthorized, अप्राधिकृत, अनधिकृत; अवैध। > ॲन्-ऑ:थॅराइज़्ड

unavailable, अप्राप्य, अनुपलभ्य। > ॲनॅव़ेलॅबॅल

unavailing, बेकार, निष्फल, व्यर्थ, बेफ़ायदा। > ॲनॅव़ेलॅ-इन्ग

unavoidable, अनिवार्य, अपरिहार्य। > ॲनॅव़ॉइडॅबॅल

unawakened, 1. सोया हुआ; 2. (*dormant*) प्रसुप्त। > ॲनॅवेकंन्ड

unaware, अवभिज्ञ, अनजान, बेखबर; **~ness,** अनजान। > अँनॅवे'अँ, ~ निस

unawares, 1. (*inadvertently*) अनजाने, अनजान में, बिना जाने; 2. (*by surprise*) अचानक, अकस्मात्, एकाएक; 3. (*without being noticed*) चोरी-छिपे, छिपे-छिपे। > अँनॅवे'अँज़

unawed, निडर, अविस्मित। > अँन्-ऑ:ड

unbacked, 1. (*unsupported*) असमर्थित; 2. (*of horse*) बे-सधाया, अनसधाया; 3. पृष्ठहीन। > अँन्बैक्ट

unbalance, *n.*, असंतुलन; *v.*, 1. सन्तुलन बिगाड़ना; 2. असंतुलित कर देना; **~d,** असंतुलित (*also fig.*)। > अँन्वैलॅन्स; अँन्बैलॅन्स्ट

unbar, अर्गल खोलना; खोलना; प्रतिबन्ध हटाना। > अँन्बा

unbearable, असह्य। > अँन्बे'अॅरॅबॅल

unbearded, बिना दाढ़ी* के। > अँन्बिअॅड्-इड

unbeat/able, अविजेय, अपराजेय, अद्वितीय; **~en,** 1. अविजित, अपराजित; 2. अद्वितीय, लाजवाब; 3. (*of path*) अगत, कुँआरा। > अँन्बीटॅबॅल; अँन्बीटॅन

unbecoming, 1. (*improper*) अशोभनीय, अशोभन, अनुचित; 2. (*not suitable*) अनु-पयुक्त; 3. (*of clothes, not fitting*) अशोभन, असुन्दर, न फबनेवाला, भद्दा। > अँन्-बि-कॅम्-इन्ग

unbefitting, अनुपयुक्त। > अँन्-बि-फ़िट्-इन्ग

unbefriended, मित्रहीन; अनुपकृत। > अँन्-बि-फ्रे'न्ड्-इड

unbegotten, 1. अप्रजात; 2. अनादि। > अँन्-बिगॉटॅन

unbeknown, अज्ञात। > अँन्-बि-नोन

unbe/lief, अविश्वास; **~lievable,** अविश्वसनीय; **~liever,** अविश्वासी; नास्तिक; **~lieving,** अविश्वासी। > अँन्-बि/लीफ़, ~ लीवॅबॅल, ~ लीव्-अॅ; ~ लीव्-इन्ग

unbend, 1. (*a knot*) खोलना; 2. (*a bow*) ढीला क०; 3. (*make straight*) सीधा क०; 4. सीधा हो जाना; 5. (*relax*) विश्राम क०; 6. (*become affable*) नरम पड़ जाना; **~ing,** 1. (*stiff*) रूखा, रूक्ष, शुष्क, 2. (*inflexible*) अनम्य; अटल; हठीला। > अँन्बे'न्ड; अँन्-बे'न्ड-इन्ग

unbeseem, अनुचित होना; **~ing,** अनुचित। > अँन्-बि-सीम; अँन्-बि-सीम्-इन्ग

unbiased, निष्पक्ष, अपक्षपाती; अनभिनत। > अँन्बाइअॅस्ट

unbidden, 1. (*spontaneous*) स्वैच्छिक; 2. अनिमंत्रित, बिना बुलाया। > अँन्-बिडॅन

unbind, बन्धन खोलना; ढीला क०; मुक्त क०। > अँन्बाइन्ड

unbleached, अविरंजित। > अँन्ब्लीच्ट

unblemished, 1. बेदाग़; 2. (*fig.*) निष्कलंक। > अँन्-बले'म्-इश्ट

unblessed, 1. (*wretched*) हतभागा, अभागा, कमबख़्त; 2. (*not blessed*) अनभिमंत्रित। > अँन्बले'स्ट

unbloody, 1. रक्तपातहीन; 2. (*not bloodthirsty*) अहिंसक। > अँन्-ब्लॅड्-इ

unblown, अनखिला; अधखिला, अविकसित, मुकुलित। > अँन्ब्लोन

unblushing, निर्लज्ज, ढीठ। > अँन्-ब्लॅश्-इन्ग

unbodied, अशरीरी; अभौतिक। > अँन्-बॉड्-इड

unboiled, कच्चा। > अँन्बॉइल्ड

unbolt, 1. (*a door*) सिटकिनी* खोलना; 2. काबला खोलना; 3. खोलना; **~ed,** अनर्गल, बिना सिटकिनी* लगाए। > अँन्बोल्ट; अँन्बोल्ट्-इड

unborn, अनजन्मा। > अँन्बॉ:न

unbosom, दिल की गाँठ* खोलना, दिल खोलकर रख देना, (भेद बताकर) जी हलका क०। > अँन्बुज़ॅम

unbounded, असीम, अपार; अपरिबद्ध। > अँन्बाउन्-डिड

unbowed, 1. (*not bowed*) अनमित; 2. (*unsubdued*) अदमित, अविजित। > अँन्बाउड

unbrace, 1. मुक्त क०, बन्धन खोलना, खोलना; 2. (*loosen*) ढीला क०। > अँन्ब्रेस

unbranched, अशाखी। > अँन्ब्रैन्च्ट

unbred, अशिष्ट; अशिक्षित। > अँन्ब्रे'ड

unbridled, अनियंत्रित, बेलगाम; उग्र। > अँन्ब्राइडॅल्ड

unbroken, 1. (*uninterrupted*) निरन्तर, अखण्ड, अटूट; 2. (*not broken*) अटूट, अखण्डित, अनटूटा, अभग्न; 3. (*not subdued*) अदमित, अविजित; 4. (*of ranks, not in confusion*) अविच्छिन्न, अटूट; 5. (*of horse*) अनसधाया, बेसधाया; 6. (*of record, not improved upon*) अलंघित, अभंग > अँन्ब्रोकॅन

unbuckle, खोलना। > अँन्बॅकॅल

unbuilt, 1. (*of ground*) बे-इमारत, अन-धिवसित; 2. अनिर्मित। > अँन्-बिल्ट

unburden, भार या बोझ उतारना, भार मुक्त क०; हलका क०; ~ oneself, (दुःखड़ा रोकर, भेद बताकर या दोष स्वीकार कर) जी हलका क०। > अँन्बॅ:डॅन

unburied, बेदफ़न, अनगाड़ा। > अँन्बे'रिड

unburnt, अदग्ध, अनजला। > अँन्बॅ:न्ट

unbury, खोदकर (क़ब्र* से) निकालना। > अँन्बे'रि

unbusinesslike, 1. (*inefficient*) अकार्यकुशल, अदक्ष; 2. (*unpractical*) अव्यावहारिक। > अँन्-बिज़्-निस्-लाइक

unbutton, (बुताम, बटन, घुण्डी*) खोलना। > अँन्बॅटन

uncalled, अनाहूत, अनबुलाया, बिनबुलाया; **~-for,** 1. अनावश्यक; 2. (*not requested*) अप्रार्थित; 3. (*unprovoked*) अकारण; 4. (*impertinent*) असंगत, अप्रासंगिक। > ॲनकॉ:ल्ड

uncanny, 1. (*weired*) अलौकिक; भयानक; 2. (*mysterious*) रहस्यमय। > ॲनकैन्-इ

uncanonical, अप्रामाणिक। > ॲन्कॅनॉन्-इकॅल

uncap, खोलना; टोपी* उतारना; अनावृत क०। > ॲन्कैप

uncared-for, 1. (*neglected*) उपेक्षित; 2. (*untidy*) मैला, अपरिष्कृत। > ॲन्के'ॲड

uncaring, निश्चिन्त। > ॲनके'ॲर्-इना

uncase, (खोल, बक्स, सन्दूक से) निकालना। > ॲन्केस

uncashed, अभुक्त। > ॲन्कैश्ट

uncastrated, आँड़ू। > ॲन्कैस्ट्रेट्-इड

uncatalogued, असूचीबद्ध। > ॲन्कैटॅलॉग्ड

uncate, अंकुशरूप, अंकुशाकार। > ॲन्केट

unceasing, अविच्छिन, अविरल, अनवरत, अखण्ड। > ॲन्सीस्-इना

uncensored, (सेंसर द्वारा) अपरीक्षित या अपरिवर्तित। > ॲन्से'न्सॅड

unceremonious, 1. (*informal*) अनौपचारिक; बेतकल्लुफ़ (*of person*); 2. (*discourteous*) अशिष्ट, अभद्र; 3. (*brusque*) रूखा। > ॲन्सें'रिमोन्-इॲस

uncertain, 1. (*doubtful*) अनिश्चित, संदिग्ध; 2. (*irresolute*) ढुलमुल, अनिश्चयी, अदृढ़; 3. (*precarious*) डाँवाँडोल; 4. (*not constant*) अस्थिर; 5. (*varying*) षरिवर्ती; **~ty,** अनिश्चय; अदृढ़ता*; अस्थिरता*; — principle, अनिश्चितता* का सिद्धान्त, अनिश्चिति-सिद्धान्त। > ॲन्सें: टॅन् ~ टि

unchain, छुड़ाना, मुक्त क०। > ॲन्चेन

unchallen/geable, अविवाद्य, अप्रतिवाद्य; निर्विरोध, अविरोधनीय; **~ ged,** अविवादित, निर्विवाद, अप्रतिवादित, निर्विरोध। > ॲन्चैल्/इंजॅबॅल, ~ इंज्ड

unchancy, 1. अशुभ; 2. (*dangerous*) खतरनाक; 3. (*inopportune*) बेमौका। > ॲन्चान्-सि

unchan/geable, अविकारी, निर्विकार; **~ ged,** अपरिवर्तित; **~ ging,** अपरिवर्तनशील, अपरिवर्ती। > ॲन्चेन्जॅबॅल; ॲन्चेन्ज्ड; ॲन्चेन्ज्-इना

uncharged, 1. (*electr.*) निरावेशित; 2. (*not accused*) अनभियुक्त; 3. (*of gun*) ख़ाली। > ॲन्चाज्ड

uncharitable, 1. (*harsh*) निर्दय, कठोर; 2. (*selfish*) स्वार्थी; 3. (*spiteful*) विद्वेषी, द्वेषी; 4. (*miserly*) कंजूस। > ॲन्चैरिटॅबॅल

uncharted, 1. अमानचित्रित; 2. अनन्वेषित, 3. (*unknown*) अज्ञात। > ॲन्चाट्-इड

unchartered, 1. अप्राधिकृत; 2. (*lawless*) उच्छृंखल। > ॲन्चाटॅड

un/chaste, 1. व्यभिचारी; 2. (*lewd*) लम्पट; 3. (*immodest*) निर्लज्ज; **~ chastity,** व्याभिचार; लम्पटता*, निर्लज्जता*। > ॲन्चेस्ट; ॲन्चैस्-टिटि

unchecked, 1. अबाधित, बेरोक; अनियंत्रित; 2. (*not disciplined*) उच्छृंखल, अनुशासहीन; 3. (*not tested*) अपरीक्षित, अनजाँचा। > ॲन्चे'क्ट

unchristened, अ-बपतिस्मित, बे-बपतिस्मा। > ॲन्-क्रि-सॅन्ड

unchristian, अखीस्तीय, ग़ैर-ईसाई*। > ॲन्-क्रिस्-ट्यॅन

unchronicled, अनुल्लिखित। > ॲन्-क्रॉन्-इ-कॅल्ड

unchurch, बहिष्कृत क०, कलीसिया* से निकाल देना। > ॲन्चॅ:च

uncial, *n.*, अन्सियल अक्षर या लिपि* या पाण्डुलिपि*; बड़ा अक्षर; —*adj.*, अन्सियल, एक -इंची। > ॲन्-सि-अल = ॲन्शल

unciform, अंकुशाकार, अंकुशरूप। > ॲन्-सि-फ़ॉ:म

uncinate, 1. (*hooked*) अंकुशी; 2. (*un-ciform*) अंकुशाकार, अंकुशरूप। > ॲन्-सि-निट

uncircumcised, बेसुन्नत, बेख़तना। > ॲन्सॅ:कॅम्साइज़्ड

uncivic, अनागरिक। > ॲन्-सिव्-इक

uncivil, अशिष्ट, अभद्र; गँवार; **~ized,** असभ्य। > ॲन्-सिव्/इल, ~ इलाइज़्ड

unclaimed, लावारिस, अस्वामिक। > ॲन्क्लेम्ड

unclasp, खोलना। > ॲन्क्लास्प

unclas/sable, ~ sifiable, अवर्गीकरणीय; **~ sed,** 1. अवर्गित, अवर्गीकृत; 2. (*sports*) अश्रेणिक; **~ sified,** अवर्गीकृत; अवर्गित; अगोपनीय; **~sify,** गोपनीय सूची* से निकालना या हटाना। > ॲन्क्लासॅबॅल; ॲन्क्लैस्-इफाइॲबॅल; ॲन्क्लास्ट; ॲन्क्लैस्/इफ़ाइड; ~ इफ़ाइ

uncle, 1. (*father's elder brother*) ताऊ, ताया; 2. (*father's brother*) चाचा, काका; wife's or husband's chāchā, चचिया ससुर; 3. (*father's sister's husband*) फूफा; 4. (*mother's brother*) मामा, मातुल; wife's or husband's mā mā, ममिया सुसर; 5. (*mother's sister's husband*) मौसा, ख़ालू; 6. (*elderly friendly person*) चाचा। > ॲन्ग्कॅल

unclean, 1. (*dirty*) मैला, गंदा; 2. (*ritually*) अपवित्र, दूषित, नापाक; 3. (*morally*) पापी, गुनाहगार, पातकी; दुष्ट, बुरा; 4. (*unchaste*) व्यभिचारी। > ॲन्क्लीन

unclench, खुलना; खोलना; छोड़ देना। > ऑन्क्ले 'न्च

unclerical, अयाजकीय। > ऑन्क्ले 'रिकॅल

uncloak, 1. लबादा उतारना; 2. (*uncover*) उघाड़ना; 3. (*reveal*) प्रकट क०, उद्‌घाटित क०; 4. (*unmask*) भंडा-फोड़ क०, का भंडा फोड़ना। > ऑन्क्लोक

unclog, मुक्त क०। > ऑन्क्लॉग

unclose, खुलना; खोलना; प्रकट क०। > ऑन्क्लोज़

unclothe, विवस्त्र कर देना, कपड़े उतारना। > ऑन्क्लोथ

unclouded, निरभ्र; स्वच्छ, निर्मल, शांत। > ऑन्क्लाउड्-इड

unclubbable, असामाजिक ग़ैरमिलनसार। > ऑन्क्लबॅबॅल

unclutch, खोलना; छोड़ देना। > ऑन्क्लच

unco, *adj.*, 1. (*unusual*) असाधारण; 2. (*strange*) अनोखा; —*n.*, 1. अजनबी; 2. (*pl.*) समाचार; —*adv.*, अत्यधिक; the ~ guid, दंभी धार्मिक लोग। > ऑन्को, ~ गिड

uncock, घोड़ा उतारना। > ऑन्कॉक

uncoil, खोलना; खुल जाना। > ऑन्कॉइल

uncoloured, 1. अरंजित, अरंगी, सादा; 2. (*unaffected*) सादा; 3. (*not exaggerated*) सच्चा, निष्पक्ष। > ऑन्कॅलॅड

uncombed, 1. (*of person*) बिना कंघा किया, बिखरे बालों वाला; 2. अस्तव्यस्त, बिना कंघे, का, बिखरा हुआ। > ऑन्कोम्ड

un-come-at-able, अनभिगम्य; अप्राप्य। > ऑन्कॅम्-ऐटॅबॅल

uncomely, असुन्दर, बदसूरत, बेढंगा। > ऑन्-कॅम्-लि

uncomfortable, 1. (*feeling discomfort*) बेआराम; I feel ~, मुझे तकलीफ़* (असुविधा*) हो रही है; 2. (*embarrassed*) संकोचित, लज्जित; 3. (*uneasy*) बेचैन, व्याकुल, घबराया हुआ, विकल; 4. (*unpleasant*) अप्रिय; अप्रीतिकर; 5. (*causing discomfort*) कष्टकर, असुविधाजनक। > ऑन्कॅम्फ़ॅटॅबॅल

uncommanded, अनादिष्ट। > ऑन्कॅमान्डिड

uncommercial, 1. अव्यापारिक; 2. (*non-profit*) लाभनिरपेक्ष। > ऑन्कॅमॅ:शॅल

uncommitted, 1. अवचनबद्ध; 2. (*not pledged to a cause*) अप्रतिबद्ध; स्वतन्त्र; 3. (*impartial*) निष्पक्ष; 4. (*not done*) अकृत; 5. (*not referred to a committee*) अनभिदिष्ट; 6. (*not sent to prison*) जेल नहीं भेजा हुआ, अदत्तकारावास। > ऑन्कॅमिट्-इड

uncommon, असाधारण, असामान्य। > ऑन्कॉमॅन

uncompanionable, ग़ैरमिलनसार। > ऑन्कॅम्पैन्/इऑनॅबॅल, = यॅनॅबॅल

uncomplaining, सहनशील, तितिक्षु। > ऑन्कॅम्प्लेन्-इन्ग

uncomplimentary, 1. निन्दात्मक; 2. (*dishonourable*) अपकीर्तिकर, निन्द्य, निन्दनीय। > ऑन्कॉम्प्लिमे 'न्टॅरि

uncompromising, 1. (*inflexible*) अटल; अनम्य; दृढ़प्रतिज्ञ; 2. (*stubborn*) हठधर्मी, हठीला। > ऑन्कॉम्प्रॅमाइज़िन्ग

unconcern, 1. निश्चिन्तता*, बेफ़िक्री*; 2. (*indifference*) उदासीनता*; **~ed,** 1. निश्चिन्त, बेफ़िक्र; 2. उदासीन; 3. (*not involved*) में भाग न लेनेवाला, असम्मिलित। > ऑन्कॅन्सॅ:न; ऑन्कॅन्सॅ:न्ड

uncondi/tional, अप्रतिबन्ध, बिलाशर्त; **~tioned,** 1. अप्रतिबन्धि; 2. (*not in good condition*) ख़राब; 3. (*not in good health*) अस्वस्थ; 4. (*absolute*) परम; असीम; 5. (*innate*) सहज, सहजात। > ऑन्कॅन्-डि/शॅनॅल, ~ शॅन्ड

unconfessed, अस्वीकृत। > ऑन्कॅन्फ़े 'स्ट

unconfined, अबाधित। > ऑन्कॅन्फ़ाइन्ड

unconfirmed, अपुष्ट, असम्पुष्ट, अपरिपुष्ट; अदृढ़ीकृत। > ऑन्कॅन्फ़ॅ:म्ड

unconfor/mable, 1. असंगत, बेमेल; 2. अननुकूल, प्रतिकृत; (*geol.*) विषम-विन्यस्त; **~mity,** 1. असंगति*; 2. (*non-conformity*) प्रतिकूलता*; विरोध; 3. (*geol.*) विषम-विन्यास। > ऑन्कॅन्फॉ:मॅबॅल; ऑन्कॅन्फॉ:म्-इटि

uncongenial, 1. (*disagreeable*) अरुचिकर, अप्रिय; 2. (*unsuited*) अननुकूल। > ऑन्कॅन्जीन्-इॲल

unconnected, असंबद्ध; अकेला, एकाकी। > ऑन्कॅने 'क्-टिड

unconquerable, अविजेय। > ऑन्कॉन्कॅरॅबॅल

unconscionable, 1. (*excessive*) अत्यन्त, अत्यधिक, बेहद; 2. (*unreasonable*) नितान्त अनुचित, बिलकुल बेजा; 3. घोर-अनैतिक। > ऑन्कॉन्शॅनॅबॅल

unconscious, *adj.*, 1. (*in a swoon*) बेहोश, बेसुध, अचेत, मूर्च्छित; 2. (*unaware*) अनजान, अनभिज्ञ; 3. (*involuntary*) अनैच्छिक; 4. (*unintentional*) अनभिप्रेत; —*n.*, अचेतन मन; **~ly,** अनजाने, अनजान में; **~ness,** बेहोशी*, बेसुधी*, मूर्च्छा*; अनजान। > ऑन्कॉन्शॅस, ~ लि, ~ निस

unconsecrated, अप्रतिष्ठित। > ऑन्कॉन्-सिक्रेटिड

unconsidered, 1. (*disregarded*) उपेक्षित; 2. (*negligible*) नगण्य; 3. (*hasty*) अविवेचित; अविचारित। > ऑन्कॅन्-सिडॅड

unconsolidated, असंपिंडित। > ॲन्कॅन्सॉल्-इडेटिड
unconstitutional, असंवैधानिक, अवैधानिक। > ॲन्-कॉन्-स्टि-टयू-शॅ-नॅल
uncon/strained, 1. स्वैच्छिक, स्वेच्छाकृत; 2. (*not self-conscious*) निर्द्वन्द्व, स्वच्छन्द; 3. बेरोक, अबाधित; **~ straint,** स्वच्छन्दता*; निर्द्वन्द्व। > ॲन्कॅन्स्ट्रेन्ड; ॲन्कॅन्स्ट्रेन्ट
uncontaminated, अदूषित, असंदूषित। > ॲन्कॅन्टैम्-इनेटिड
uncon/testable, अविवाद्य; **~tested,** निर्विरोध। > ॲन्कॅन्टे 'स्/टॅबॅल, ~ टिड
uncontrollable, 1. अनियंत्रणीय; असंचालनीय; 2. (*uncontrolled*) अनियंत्रित, बेरोक; 3. (*undisciplined*) उच्छृंखल, बेलगाम। > ॲन्कॅन्ट्रोलॅबॅल
unconventional, 1. (*free and easy*) स्वच्छन्द, स्वतंत्र, निर्द्वन्द्व, उन्मुक्त; स्वेच्छाचारी; 2. (*against custom*) रूढ़िमुक्त, रूढ़िविरोधी; **~ity,** स्वच्छन्दता*। > ॲन्कॅन्वे 'न्शॅनॅल; ॲन्कॅन्वे, 'न्शॅनैल्-इटि
unconvincing, अप्रत्यायक। > ॲन्कॅन्-विन्-सिन्ग
unco-operative, असहयोगी, असहयोगी-शील। > ॲन्को-ऑपॅरॅटिव़
unco-ordinated, असमन्वित। > ॲन्को-ऑःड्-इनेटिड
uncork, काग निकालना; खोलना; व्यक्त क०। > ॲन्कॉःक
uncorrected, 1. असंशोधित; 2. (*unpunished*) अदंडित। > ॲन्कॅरे 'क्-टिड
uncorroborated, अपुष्ट, असम्पुष्ट। > ॲन्कॅरॉबॅरेटिड
uncorrupt(ed), 1. अदूषित; 2. विशुद्ध; 3. (*not taking bribes*) अभ्रष्ट। > ॲन्कॅरप्-टिड
uncoun/table, असंख्य, असंख्येय; **~ted,** अगणित। > ॲन्काउन्/टॅबॅल, ~ टिड
uncouple, अलग क०, काटना। > ॲन्कॅपॅल
uncourteous, अशिष्ट, अभद्र। > ॲन्कॉःट्यॅस, = ॲन्कॅःट्यॅस
uncouth, 1. (*boorish*) गँवार; 2. (*clumsy*) भद्दा; 3. (*uncivilized*) असभ्य; 4. (*of language*) अपरिष्कृत, अनगढ़ा; पंडिताऊ (*pedan-tic*)। > ॲन्कूथ
uncovenanted, अप्रतिश्रुत। > ॲन्कॅविनॅन्टिड
uncover, 1. उघारना; 2. (*a pot etc.*) ढक्कन उतारना; 3. अरक्षित छोड़ देना। > ॲन्कॅवॅ
uncreated, 1. (*self-existent*) स्वयंभू, अज; 2. (*unexisting*) अविद्यमान; 3. (*unborn*) अनजन्मा। > ॲन्क्रिएट्-इड
uncritical, 1. (*lacking in judgement*) अविवेकी; 2. (*of judgement*) अविवेचित, अविवेचनात्मक। > ॲन्-क्रिट्-इ-कॅल
uncropped, 1. (*by cattle*) अनचरा; 2. (*not cut*) अनकटा; 3. (*not planted, of field*) अनबोया। > ॲन्क्रॉप्ट
uncrowned, अनभिषिक्त। > ॲन्क्राउन्ड
unction, 1. मालिश*, तैलमर्दन; 2. (*ointment, salve*) मरहम, विलेप; 3. (*anointing*) विलेपन; 4. (*fervour*) जोश; बनावटी जोश (*simulated*); 5. (*excessive suavity*) चिकनाई*; चिकनी-चुपड़ी बातें*; 6. (*gusto*) चाव, मज़ा। > ॲन्ग्शॅन
unctuous, 1. (*oily, greasy*) चिक्कण, तैलाक्त; 2. (*full of unction*) जोशपूर्ण; चिकना-चुपड़ा; 3. (*of person*) चिकना, चाटुकार; दंभी (*smug*)। > ॲन्ग्ट्यूॲस
uncultivated, 1. (*of plants*) अकृषित; 2. (*of land*) अकृष्ट; 3. (*not civilized*) असभ्य; 4. (*undeveloped*) अविकसित; 5. (*uneducated*) अशिक्षित; 6. (*untrained*) अप्रशिक्षित। > ॲन्कॅल्-टिवेटिड
uncultured, 1. अशिक्षित; 2. (*of land*) अकृष्ट। > ॲन्कॅल्चॅड
uncurbed, बेलगाम; अनियंत्रित। > ॲन्कॅःब्ड
uncut, 1. अनकटा; 2. (*unabbreviated*) पूरा; 3. (*of gems*) अपरिष्कृत। > ॲन्कॅट
undamaged, अक्षत, अक्षतिग्रस्त। > ॲन्-डैम्-इज्ड
undated, 1. अदिनांकित; 2. (*wavy*) तरंगित; लहरदार। > ॲन्-डेट्-इट
undaunted, निडर, निर्भीक। > ॲन्डॉ:न्-टिड
undecagon, एकादशभुज। > ॲन्डे 'कॅगॅन
undecay/ed, अक्षय; **~ing,** निर्विकार। > ॲन्-डि/केड, ~ के-इन्ग
un/deceive, 1. की आँख* (आँखें*) खोलना, का भ्रम दूर क०; 2. (*disillusion*) का मोह दूर क०; **~deception,** भ्रमनिवारण; मोहनिवारण; मोहभंग। > ॲन्-डिसीव़; ॲन्-डि-से 'प्-शॅन
undecided, 1. अनिर्णीत; 2. (*uncertain*) अनिश्चित; 3. (*hesitant*) हिचकिचाने-वाला, डाँवाँडोल, अनिश्चयी। > ॲन्डिसाइड्-इड
undecimal, एकादशसंख्यक। > ॲन्डेसिमॅल
undecipherable, अपाठ्य। > ॲन्-डिसाइफ़ॅरॅबॅल
undecisive, 1. अनिर्णायक; 2. (*of person*) ढुलमुल। > ॲन्-डिसाइस्-इव़
undecked, 1. सादा, अनलंकृत; 2. (*of boat*) बे-डेक। > ॲन्डे 'क्ट
undeclared, अघोषित; गुप्त; अप्रदर्शित; असूचित। > ॲन्-डिक्ले 'ॲड

undeclined, अविकारी। > ऍन्-डिक्लाइन्ड

undefended, अरक्षित; बे-वकील; अप्रतिवादित। > ऍन्-डि-फ़े 'न्-डिड

undefiled, अदूषित, निष्कलंक, बेदाग़। > ऍन्-डिफ़ाइल्ड

undefinable, अपरिभाष्य। > ऍन्-डिफ़ाइनॅबॅल

undemocratic, अलोकतंत्रीय; अप्रजातंत्रीय। > ऍन्डे 'मॅक्रैट्-इक

undemon/strable, अप्रमाण्य; **~strative,** अप्रदर्शी अप्रदर्शनशील, चुप्पा। > ऍन्-डिमॉन्स्ट्रबॅलॅ, = ऍन्डे 'मॅन्स्ट्रॅबॅल; ऍन्-डिमॉन्स्ट्रॅटिव्

undeniable, अखण्डनीय, अकाट्य, अविवाद्य; असंदिग्ध; सुस्पष्ट। > ऍन्-डिनाइऍबॅल

undenominational, असम्प्रदायी; असाम्प्रदायिक। > ऍन्-डिनॉमिनेशॅनॅल

under, *prefix,* 1. (*lower in space*) अध:-, अधो-, निम्न-, अव-; 2. (*beneath*) अव-, अन्तर्-, अध:-, अधो-; 3. (*subordinate, inferior*) अवर-, उप-, निम्न-; 4. (*insufficient, inadequate, incomplete*) अव-, अल्प-, न्यून-, निम्न-, कम-, अध-; —*pre-position,* 1. (*physically below*) के नीचे, के तले; 2. (*beneath*) के नीचे, के अन्दर, के भीतर; में 3. (*less than*) से कम, के नीचे; से घटकर; 4. (*subordinate to*) के नीचे, के अन्दर, के अन्तर्गत, के अधीन; 5. (~ *article of law*) के अनुसार; 6. (~ *an hour etc.*) में, के अन्दर; 7. की देख-रेख* में; के संरक्षण में; के समय में; के राज्यकाल में; 8. (*planted with ...*) ..... वाला; ~ age, अवयस्क, नाबालिग़; अल्पवयस्क, कम-उम्र; ~ arms, शस्त्रसज्जित; छिपा हुआ; ~consideration, विचाराधीन; ~ cover, सुरक्षित; छिपा हुआ; ~ cover of, की आड़* में; ~way, चालू; —*adj.,* निचला; अवर; भीतरी; ~ dog, पराजित; पददलित; उपेक्षित, शोषित; —*adv.,* नीचे; go ~, डूब जाना; हार जाना; keep ~, दबाना; सताना; दमन क०। > ऍन्डॅ

underact, न्यूनाभिनय क०, संयत अभिनय क०। > ऍन्डॅरैक्ट

underbid, कम दाम माँगना; कम बोली* लगाना। > ऍन्डॅबिड

underbred, अशिष्ट; दोग़ला, वर्णसंकर। > ऍन्डॅब्रे 'ड

underbrush, झाड़ी*। > ऍन्डॅब्रॅश

undercarriage, 1. (*of airplane*) अवचक्र; 2. (निचला) ढाँचा। > ऍन्डॅकैरिज

undercharge, 1. कम दाम लेना; 2. (*a gun*) कम बारूद* लगाना; कम भरना। > ऍन्डॅचाज

under/clothes, ~ clothing, अन्दर के कपड़े, अन्तरीय। > ऍन्ड/क्लोद्ज़, = क्लोज़, ~ क्लोदिन्ग

undercooling, अवशीतन। > ऍन्डॅकूल्-इन्ग

undercover, गुप्त। > ऍन्डॅकॅवॅ

undercraft, तहखाना, तलघर। > ऍन्डक्राफ़्ट

undercurrent, 1. अन्तर्धारा*, अन्त:प्रवाह; 2. (*fig.*) अन्तर्धारा*; प्रच्छन्न (विरोधी) प्रभाव या झुकाव। > ऍन्डॅकॅरॅन्ट

undercut, *v.,* 1. (*cut from below*) अधोरदन क०; काटना; 2. (*underbid*) कम दाम या वेतन माँगना; —*n.,* 1. नीचे से प्रघात; 2. (*meat*) पुट्ठे का निचला पारचा। > ऍन्डॅकॅट (*v.*); ऍन्डॅकॅट (*n.*)

under/-develop, (*photogr.*), का कम व्यक्तीकरण क०; **~-developed,** 1. कम व्यक्तीकृत, अवव्यक्तीकृत; 2. (*also of a country*) अविकसित, अल्पविकसित, अपूर्ण-विकसित, 3. (*backward*) पिछड़ा। > ऍन्डॅडिवे 'लप, ऍन्डॅडिवे 'लॅप्ट

underdone, अधपका। > ऍन्डॅडॅन

underdose, *n.,* अल्पमात्रा*; *v.,* कम मात्रा* देना। > ऍन्डॅडोस, (*n.*); ऍन्डॅडोस (*v.*)

underdress, (अधिक) सादे (या कम अच्छे) कपड़े पहन लेना; कम कपड़े पहन लेना। > ऍन्डॅड्रे 'स

underestimate, *v.,* कम महत्त्व देना, कम समझना; वास्तविकता* से कम कूतना, आँकना या आकलन क०; —*n.,* न्यूनप्राक्कलन, कम अन्दाजा। > ऍन्डॅर्-ए 'स्/टिमेट, ~ टिमिट

under/-expose, कम उद्भासित क०; **~exposure,** न्यून-उद्भासन। > ऍन्डॅरिक्स/पोज़, ~ पोश्ज़ॅ

underfed, अल्पपोषित। > ऍन्डॅफ़े 'ड

underfeed, कम खाना या खिलाना, अपर्याप्त भोजन क० या देना। > ऍन्डॅफ़ीड

underfoot, *adv.,* पैरों तले; —*adj.,* पददलित। > ऍन्डॅफ़ुट

underframe, निचला ढाँचा; न्याधार। > ऍन्डॅफ़्रेम

undergarment, अन्दर के कपड़े, अन्तरीय। > ऍन्डॅगामॅन्ट

undergo, 1. सहना, भुगतना, सहन क०, झेलना; 2. अनुभव क०, भोगना; 3. (*an operation*) कराना। > ऍन्डॅगो

undergraduate, पूर्वस्नातक; —*adj.,* स्नातकपूर्व। > ऍन्डॅग्रैड्युइट

underground, *adj.,* 1. भूमिगत, अन्तर्भौम, ज़मींदोज़; 2. (*secret*) गुप्त, प्रच्छन्न; —*n.,* 1. सुरंग-रेल*; 2. (*organization*) गुप्त संगठन। > ऍन्डॅग्राउन्ड

undergrowth, झाड़-झंखाड़। > ऍन्डग्रोथ

underhand, *adj.,* चालाक, धूर्त; *adv.,* चोरी-छिपे। > ऍन्डॅहैन्ड

underhung, आगे निकला हुआ। > अॅन्डॅर्हॅन्ग
underinsured, न्यूनबीमाकृत। > अॅन्डॅरिन्शुअॅड
underived, असाधित। > अन्-डिराइव्ड
underjaw, निचला, जबड़ा, कल्ला। > अॅन्डॅजॉ:
underlay, *n.*, निचली चद्दर*; निचला काग़ज़; —*v.*, 1. (*support*) के नीचे चद्दर* लगाना; 2. (*type*) के नीचे काग़ज़ लगाना। > अॅन्डॅले, (*n.*); अॅन्डॅले (*v.*)
underlayer, निचली परत* या तह*। > अॅन्-डॅ-ले-अॅ
underlease, *n.*, शिकमी पट्टा; *v.*, शिकमी देना। > अॅन्डॅलीस, (*n.*); अॅन्डॅलीस (*v.*)
underlet, कम किराये पर देना; शिकमी देना। > अॅन्डॅले'ट
underlie, के नीचे पड़ा रहना; का आधार होना, के मूल में होना। > अॅन्डॅलाइ
under/line, *v.*, रेखांकित क०; पर बल देना; —*n.*, अधोरेखा*; **~lining,** अधोरेखण, रेखांकण। > अॅन्डॅलाइन, (*v.*); अॅन्डॅलाइन- (*n.*); अन्डॅलाइन्-इन्ग
underlinen, अन्दर के कपड़े, अन्तरीय। > अॅन्डॅलिनिन
underling, 1. (*servant*) टहलुआ; 2. (*subordinate*) मातहत, अधीनस्थ कर्मचारी। > अॅन्डॅलिन्ग
underlip, अधर, निचला ओंठ। > अॅन्डॅलिप
undermanned, we are ~, हमें (लोगों, मज़ूदरों, कर्मचारियों, कार्यकर्ताओं, नाविकों) की कमी* है। > अॅन्डॅमैन्ड
undermentioned, निम्नलिखित। > अॅन्डॅमे'न्शॅन्ड
undermine, तलोच्छेदन क०; काटना; 2. (*fig.*) की जड़* खोदना या काटना; (गुप्त रूप से) नष्ट क०, दुर्बल बना देना या क्षति* पहुँचाना। > अॅन्डॅमाइन
undermost, सब से निचला, निम्नतम। > अॅन्डॅमोस्ट
underneath, *adv.*, (*preposition*); (के) नीचे, (के) तले; *n.*, निचला भाग, तल। > अॅन्डॅनीथ
undernote, 1. धीमा स्वर; 2. (*fig.*) ध्वनि*। > अॅन्डॅनोट
undernourished, न्यूनपोषित, अल्पपोषित। > अॅन्डॅनॅरिश्ट
under/paid, अल्पवैतनिक, न्यूनवैतनिक; **~pay,** कम वेतन देना। > अॅन्डॅपेड; अॅन्डॅपे
underpin, 1. नयी नींव, टेक* या आधार लगाना; पुश्ता लगाना; 2. (*strengthen*) मज़बूत क०; सहारा देना। > अॅन्डॅपिन
underplot, उपकथानक; अन्तर्कथा*। > अॅन्डॅप्लॉट
underpopulated, कम आबाद; अवजन-संख्यक। > अॅन्डॅपॉप्युलेटिड
underprivileged, अप्राधिकृत; पददलित, शोषित। > अॅन्डॅप्रिव्-इलिज्ड
under-production, न्यून-उत्पादन। > अॅन्डॅप्रॅडक्शॅन
underproof, न्यूनमान, न्यूनमद्यसार। > अॅन्डॅप्रूफ़
underprop, टेक* लगाना; सहारा देना। > अॅन्डॅप्रॉप
underquote, कम दाम माँगना। > अॅन्डॅक्वोट
underrate, कम समझना, कम महत्त्व देना, का महत्त्व नहीं समझना; वास्तविकता* से कम कूतना या आँकना। > अॅन्डॅरेट
under-ripe, कच्चा, अधपका। > अॅन्डॅराइप
undersaturated, अवसंतृप्त। > अॅन्डॅसैचॅरेटिड
underscore, रेखांकित क०। > अॅन्डॅस्कॉ:
under-secretary, अवर-सचिव, अनुसचिव। > अॅन्डॅसे'क्-रिटॅरि
undersell, कम दाम पर बेचना, ज़्यादा सस्ता बेचना। > अॅन्डॅसे'ल
underset, मज़बूत क०, पुश्ता लगाना; नीचे लगाना। > अॅन्डॅसे'ट
undersign, पर हस्ताक्षर क०, दस्तख़त क०; **~ed,** अधोहस्ताक्षरी। > अॅन्डॅसाइन; अॅन्डॅसाइन्ड
undersized, 1. (सामान्य से) छोटा; 2. (*of a person*) नाटा, ठिंगना। > अॅन्डॅसाइज़्ड
under/skirt, ~ slip, साया। > अॅन्डॅस्कॅ:ट; अॅन्डॅस्लिप
understaffed, we are ~, हमें कार्यकर्ताओं या कर्मचारियों की कमी* है। > अॅन्डॅस्टाफ़्ट
understamped, कम टिकट लगा, न्यूनांक-पत्रित। > अॅन्डॅस्टैम्प्ट
understand, 1. (*comprehend, grasp*) समझना; 2. (*have knowledge of*) जानना; 3. (*learn*) जान जाना, को पता चलना; 4. (*interpret*) अर्थ लगाना; 5. (*assume, infer*) समझना, मान लेना; अर्थ या परिणाम निकालना; **~able,** बोधगम्य; स्वाभाविक। > अॅन्डॅस्टैन्ड; अॅन्डॅस्टैन्डॅबॅल
understanding, *adj.*, 1. (*sensible*) समझदार; 2. (*sympathetic*) अनुकूल, उदार; सहानुभूतिक, हमदर्द; —*n.*, 1. (*intelligence*) समझ*, बुद्धि*, अक़्ल*, विवेक; 2. (*knowledge*) ज्ञान; 3. (*interpretation*) व्याख्या*, अर्थ; 4. (*agreement*) समझौता; 5. (*harmony*) मेल-मिलाप; 6. (*sympathy*) सहानुभूति*; on the ~ that, इस शर्त* पर कि। > अॅन्डॅस्टैन्ड्-इन्ग

understate, का महत्त्व कम क०; कम करके बताना; **~ment,** न्यूनोक्ति*। > अॅन्डॅस्टेट; अॅन्डॅस्टेट्मॅन्ट

understock, अपर्याप्त रखना, संचित या संग्रहण क०, कम सामान भरना। > अॅन्डॅस्टॉक

understood, 1. ज्ञात; 2. समझा हुआ; 3. (*grammar*) अध्याहृत; make oneself ~, अपना अभिप्राय या आशय स्पष्ट कर देना। > अॅन्डॅस्टुड

understrapper, मातहत; टहलुआ। > अॅन्डॅस्ट्रैप

understudy, *n.*, स्थानापन्न अभिनेता या अभिनेत्री*; —*v.*, का स्थान लेना; (पार्ट या भूमिका* का) अध्ययन या अभ्यास क०। > अॅन्डॅस्टॅडि

undersubscribed, अवदत्त, अव-पूर्वक्रीत। > अॅन्डॅसॅब्स्क्राइब्ड

under/take, 1. का भार अपने ऊपर लेना, का बीड़ा उठाना, का उत्तरदायित्व (या ज़िम्मेवारी*) लेना; 2. (*pledge*) वचन देना, वादा क०, प्रतिज्ञा* क०; 3. (*guarantee, affirm*) विश्वास दिलाना, दृढ़ता* से कहना, आश्वासन देना; (*embark upon*) प्रारंभ क०, में हाथ डालना या लगाना; **~taker,** (*of funerals*) अंत्येष्टि-प्रबन्धक; **~taking,** 1. (*see* UNDERTAKE) उत्तरदायित्व, ज़िम्मेवारी*; बचन, वचन, प्रतिज्ञा*; आश्वासन; 2. (*enterprise*) कार्य, उद्यम; काम-धन्धा, कारबार, व्यवसाय (*business*); उद्योग, औद्योगिक संस्थान (*industrial*); 3. (*of funerals*) अंत्येष्टि-प्रबन्ध। > अॅन्डॅटेक; अॅन्डॅटेकॅ; अॅन्डॅटेक्-इन्ग

under-tenant, शिकमी किरायेदार (*of house*) या काश्तकार (*of land*)। > अॅन्डॅटे'नॅन्ट

underthrust, अध:क्षेप; **~ing,** अध:क्षेपण। > अॅन्डॅथ्रॅस्ट; अॅन्डॅथ्रॅस्ट्-इन्ग

undertone, मन्द स्वर; हलका रंग; गौण तत्त्व; प्रच्छन्न भाव या भावना*, अन्तर्धारा*। > अॅन्डॅटोन

undertow, अध:प्रवाह। > अॅन्डॅटो

under/valuation, अवमूल्यांकन; उपेक्षा*; अवमूल्यन; **~value,** *v.*, 1. दाम कम समझना; 2. कम महत्त्व देना, कम समझना; 3. (*lower value*) दाम कम कर देना, अवमूल्यन क०; (—*n.*,) अवमूल्य। > अॅन्डॅवैल्यू (*v.*); अॅन्डॅवैल्यू (*n.*)

undervest, फतूही*, बंडी*। > अॅन्डॅवे'स्ट

underwater, अन्तर्जलीय। > अॅन्डॅवॉ:टॅ

underwear, अन्दर के कपड़े, अन्तरीय। > अॅन्डॅवे'अॅ

underweight, न्यूनभार, कमवज़न; *n.*, न्यूनभार। > अॅन्डॅवेट

underwing, निचला पंख। > अॅन्डॅविन्ग

underwood, झाड़-झंखाड़। > अॅन्डॅवुड

underwork, से कम काम लेना; कम काम क०; कम वेतन (मज़दूरी*) पर काम क०। > अॅन्डॅवॅ:क

underworld, 1. समाज का निम्नतर स्तर; अपराधी-वर्ग; 2. (*Hades*) अधोलोक; 3. (*antipodes*) प्रतिध्रुव। > अॅन्डॅवॅ:ल्ड

under/write, 1. (*practise marine insurance*) समुद्री बीमा क०; 2. (*engage to buy*) खरीदने का वादा क०; 3. (*guarantee*) उत्तरदायित्व या ज़िम्मा लेना; 4. (*undertake to finance*) लागत* की ज़िम्मेवारी* लेना; 5. (*write below*) के नीचे लिखना, हस्ताक्षर क०; **~ writer,** 1. (*insurer*) समुद्री बीमाकर्ता; ज़िम्मेदार, उत्तरदायी। > अॅन्डॅराइट; अॅन्डॅराइट्-अॅ

un/deserved, अनर्जित; **~deserving,** अयोग्य, अपात्र, अनधिकारी। > अॅन्-डिज़ॅ:व्ड; अॅन्-डि-ज़ॅ:व्-इन्ग

un/designed, 1. अनायोजित; 2. (*not intentional*) अज्ञानकृत, अनजाने में किया हुआ; **~ designedly,** अनजान में अनजाने; **~designing,** निस्स्वार्थ; सच्चा, निष्कपट। > अॅन्-डि-ज़ाइन्ड; अॅन्-डि-ज़ाइन्/इड-लि, ~ इन्ग

un/desirable, *adj.*, 1. अवांछनीय; 2. (*unpleasant*) अप्रिय; अनिष्ट; 3. (*objectionable*) आपत्तिजनक; —*n.*, बदमाश, गुण्डा; **~desired** अवांछित, अनचाहा, अनिच्छित; **~ desiring, ~desirous** अनिच्छुक। > अॅन्-डिज़ाइअॅरॅबॅल; अॅन्-डिज़ाइअॅड; अॅन्-डि-ज़ाइअॅर्-इन्ग; अॅन्-डिज़ाइअॅरॅस

undetermined, 1. अनिर्धारित; 2. (*indefinite*) अनिश्चित; 3. (*irresolute*) अनिश्चयी, ढुलमुल। > अॅन्-डिटॅ:म्-इन्ड

undeveloped, 1. अविकसित; 2. (*not built upon*) बे-इमारत, अनधिवसित। > अॅइन्ड़वे'लॅप्ट

un/deviated, अविचलित; **~ deviating,** अविचल। > अॅन्-डीव्/इ-ए-टिड, ~ इ-ट-टिन्ग

undifferentiated, समरूप; अभिन्न। > अॅन्-डिफ़ॅरे'न्शिएटिड

undigested, 1. (*of food*) अपचित, अजीर्ण; 2. (*fig.*) कच्चा, अपरिपक्व; अव्यवस्थित। > अॅन्-डाइ-जे'स्-टिड

undignified, अशोभनीय, अशोभन; मर्यादाहीन। > अॅन्-डिग्-निफ़ाइड

undiluted, 1. अतनूकृत; 2. (*fig.*) विशुद्ध; पक्का। > अॅन्डाइल्यूट्-इड

undine, जलपरी*। > अॅन्डीन

undischarged, 1. (*undone*) अकृत; 2. (*not released*) अमुक्त; 3. (*unpaid*) अभुक्त; 4. (*not unloaded*) अभारमुक्त; 5. (*not fired*) अनदगा। > अॅन्-डिस्चाज्ड

undisciplined, 1. अनुशासनहीन, निमानिया; 2. (*untrained*) अप्रशिक्षित। > अॅन्-डिस्-सिप्लिन्ड

undisclosed, गुप्त। > ॲन्-डिस्क्लोज़्ड
undiscovered, 1. अप्राप्त; अनदेखा; 2. (*unknown*) अज्ञात। > ॲन्-डिस्कॅवॅ्ड
undisguised, उन्मुक्त; खुला, प्रकट। > ॲन्-डिस्गाइज़्ड
undismayed, निर्भीक। > ॲन्-डिस्मेड
undisputed, निर्विवाद, अविवादित। > ॲन्-डिस्प्यूट्-इड
undissociated, अवियोजित। > ॲन्-डिसोशिएटिड
undistinguished, साधारण, सामान्य, मामूली। > ॲन्-डिस्-टिन्-ग्विश्ट
undistorted, अविकृत। > ॲन्-डिस्टॉ:ट्-इड
undistribed, शांत, अक्षुब्ध; अविक्षुब्ध; अनुत्तेजित। > ॲन्डिस्टॅ:ब्ड
undivided, 1. अविभक्त, अविभाजित; 2. (*not shared*) अनबाँटा; 3. (*whole*) पूरा, अखण्ड। > ॲन्-डि-वाइड्-इड
undo, 1. (*untie*) खोलना; 2. (*cancel out*) मिटा देना; 3. (*annul*) रद्द क०; 4. (*counteract*) व्यर्थ कर देना; 5. (*spoil*) बिगाड़ना; बरबाद क०; 6. (*ruin a person*) तबाह क०; सर्वनाश क०; **~ ing,** 1. सर्वनाश का कारण; विनाश, तबाही*; 2. (*unfastening*) विमोचन। > ॲन्डू, ~ इन्ग
undone, 1. (*not done*) अकृत, असम्पादित; 2. (*ruined*) तबाह, बरबाद; 3. (*destroyed*) विनष्ट; 4. (*unfastened*) खुला। > ॲन्डॅन
undoubted, असंदिग्ध; **~ly,** निस्सन्देह, बेशक, निश्चय ही। > ॲन्डाउट्-इड
undoubting, विश्वासी, आश्वस्त। > ॲन्डाउट्-इन्ग
undramatic, अनाटकीय, शांत; संयत। > ॲन्ड्रॅमैट्-इक
undraped, नग्न। > ॲन्ड्रेप्ट
undrained, अनपवाह। > ॲन्ड्रेन्ड
undreamed, undreamt, अकल्पित। > ॲन्ड्रीम्ड; ॲन्ड्रे'म्ट
undress, *v.*, कपड़े उतारना; नंगा क०; *adj.*, (*n.*) अनौपचारिक (पोशाक*) **~ed,** 1. नग्न, नंगा, दिगंबर; 2. (*of food*) ना-तैयार; 3. (*of wounds*) बिना मरहम-पट्टी* के। > ॲन्ड्रे'स; ॲन्ड्रे'स्ट
undue, 1. (*improper*) अनुचित; 2. (*excessive*) अत्यधिक, बेहद; अनावश्यक। > ॲन्ड्यू
undu/lant, ~ lating, तरंगित, तरंगी; **~ late,** *v.*, 1. (*move*) लहराना; 2. लहरियादार होना; लहरदार होना; *—adj.*, 1. (*of cloth*) लहरियादार; 2. (*surface*) लहरदार; **~ lation,** 1. (*active*) तरंगण; 2. लहर*; **~latory,** 1. तरंगित, तरंगी; 2. (*of solid surface*) लहरदार। > ॲन्डयूलॅन्ट; ॲन्डयूलेटिन्ग; ॲन्ड्यूलेट (*v.*); ॲन्डयूलिट (*adj.*); ॲन्डयूलेशॅन; अन्डयूलेटॅरि
unduly, 1. (*unjustly*) अनुचित रूप से; 2. (*excessively*) अत्यधिक। > ॲन्डयूलि
unduteous, undutiful, 1. कर्तव्यच्युत; ~son, कपूत; 2. (*disobedient*) अनाज्ञाकारी, निमानिया। > ॲन्डयूट्/ॲस, ~ इफ़ुल
undying, अनन्त, अमिट। > ॲन्-डाइ-इन्ग
unearned, अनर्जित, अनुपार्जित। > ॲन्ॲ:न्ड
unearth, 1. खोदकर निकालना; 2. (*an animal*) बिल से निकाल देना; 3. (*discover*) खोज निकालना, का पता लगाना। > ॲन्ॲ:थ
unearthly, 1. (*supernatural*) अलौकिक, लोकोत्तर; 2. (*eerie*) अलौकिक; भयानक; रहस्यमय; 3. (*extraordinary*) असाधारण, आश्चर्यजनक, अद्भुत; at an ~ hour, असमय। > ॲन्ॲ:थ्-लि
uneasiness, बेचैनी*; चिन्ता*, आशंका, भय; घबराहट*; संकोच। > ॲन्-ईज़्-इनिस
uneasy, 1. बेचैन, अशान्त; 2. (*worried, apprehensive*) चिन्तित, आशंकित, सशंक; 3. (*self conscious*) घबराया हुआ; संकुचित, ससंकोच। > ॲन्-ईज़्-इ
uneconomic(al), 1. अलाभकर, घाटे का; 2. (*wasteful*) खर्चीला, महँगा। > ॲनीकॅनॉम्/इक, ~ इकॅल
unedifying, अशोभन; गँवारू; किंचित् अश्लील, अनैतिक। > ॲन्-ए'ड्-इ-फ़ाइ-इन्ग
unedited, असम्पादित; अप्रकाशित। > ॲन्-ए'ड्-इटिड
uneducated, अशिक्षित, अनपढ़, अपढ़। > ॲन्-ए'ड्यूकेटिड
unembarrassed, 1. (*unhindered*) बेरोक; 2. (*of property*) भारमुक्त; 3. (*free, unreserved*) निस्संकोच। > ॲनिम्बैरॅस्ट
unembroidered, सच्चा, सही, अनलंकृत, अनतिरंजित। > ॲनिम्ब्रॉइडॅड
unem/ployable, 1. अनियोज्य; 2. (*not suitable for use*) अप्रयोग्य; **~ ployed,** 1. बेरोज़गार, बेकार, अनधियुक्त; 2. (*not being used*) खाली, अप्रयुक्त; **~ ployment,** बेरोज़गारी*, बेकारी*। > ॲनिम्प्लॉइ-अबॅल; ॲनिम्प्लॉइड; ॲनिम्प्लॉइमॅन्ट
unenclosed, खुला। > ॲनिन्क्लोज़्ड
unencumbered, भारमुक्त, अभारग्रस्त। > ॲनिन्कॅम्बॅड
unending, 1. अनन्त; 2. (*ceaseless*) अविरत। > ॲन्-ए'न्ड्-इन्ग
unendowed, 1. (*of person*) प्रतिभाहीन; अप्रतिभ; 2. (*not subsidized*) बे-मदद। > ॲनिन्डाउड
unendurable, असह्य। > ॲनिन्डयुॲरॅबॅल
unenfranchised, 1. मताधिकार-रहित। 2. (*not free*) परतन्त्र। > ॲनिन्फ्रैन्चाइज़्ड

unengaged, अप्रतिज्ञाबद्ध; अवाग्दत्त; खाली। > ऑनिन्गेज्ड
unengaging, 1. अप्रिय, अनाकर्षक; 2. (*not binding*) अबाध्यकारी। > ऑनिन्गेज्-इन्ग
un-English, ग़ैर-अँग्रेज़ी। > ऑन्-इन्-ग्लिश
unenlightened, 1. अप्रबुद्ध; 2. (*backward*) पिछड़ा; दक़ियानूसी; 3. (*ignorant*) अशिक्षित, अज्ञानी। > ऑनिन्लाइटॅन्ड
unentailed, हस्तान्तरणीय; उन्मुक्त। > ऑनिन्टेल्ड
unentered, अनिविष्ट, नहीं दर्ज किया हुआ; असूचित। > ऑन्-ए'न्टॅड
unenterprising, निरुत्साह। > ऑन्-ए'न्टॅप्राइज़िन्ग
unenviable, अवांछनीय। > ऑन्-ए'न्वाइअॅबॅल
unenvious, अनसूय। > ऑन्-ए'न्-विॲस
unequable, 1. अस्थिर, अनियमित; 2. (*of temperament*) तरंगी, चंचल, मौजी। > ऑन्ए'क्वॅबॅल, = ऑन्-ईक्वॅबॅल
unequal, 1. असमान; 2. (*uneven, of surface*) असमतल; 3. (*not uniform*) अनियमित; विषम; ~to (सामना करने, पूरा करने) में असमर्थ, के अयोग्य, **~ led** अद्वितीय, लाजवाब, बेजोड़ लासानी; **~ly,** असमान रूप से; अनियमित रूप से। > ऑन्-ईक/वॅल, ~ वॅल्ड, ~ वॅलि
unequivocal, सुस्पष्ट, असंदिग्ध, साफ़-साफ़। > ऑनिक्विवॅकॅल
unerring, अचक, अमोघ, निर्भ्रान्त। > ऑन्ॲःर्-इन्ग
unescapable, अनिवार्य। > ऑनिस्केपॅबॅल
unessential, गौण, अप्रधान। > ऑनिसे'न्शॅल
unestablished, अप्रमाणित; अप्रतिष्ठित। > ऑनिस्टैब्-लिश्ट
unethical, अनैतिक; बेईमान। > ऑन्ए'थ्-इकॅल
uneven, 1. (*not smooth*) खुरदरा, असमतल; ऊबड़-खाबड़, ऊँचा-नीचा (*of road*); 2. (*irregular*) असम, अनियमित; 3. (*odd, of numbers*) विषम, ताक़; 4. (*changeable*) परिवर्तनीय। > ऑन्-ईवॅन
uneventful, शांत। > अनिवे'न्ट्फ़ुल
unexampled, अनुपम, अद्वितीय, लाजवाब; असाधारण। > ऑनिग्ज़ामपॅल्ड
unexceptionable, अनिन्दयव श्रेष्ठ; संतोष-जनक। > ऑनिक्से'प्शॅनॅबॅल
unexceptional, 1. (*ordinary*) सामान्य, साधारण; 2. निरपवाद। > ऑनिक्से'पशॅनॅल
unexecuted, 1. (*not carried out*) अकार्यान्वित, अनिष्पादित; 2. अहस्ताक्षरित। > ऑन्-ए'क्स्-इक्यूटिड
unexemplified, अद्वितीय, लाजवाब। > ऑनिग्ज़े'म्-प्लिफ़ाइड
unexpected, अप्रत्याशित, अनपेक्षित; अननुमानित; अकल्पित; अतर्कित, आकस्मिक; **~ly,** अचानक, सहसा। > ऑनिक्स्पे'क्/टिड, ~ टिड्-लि
unexperienced, अनाड़ी, अननुभवी, अनुभवहीन। > ऑनिक्सपिॲर्-इ-ॲन्स्ट
unexpired, असमाप्त। > ऑनिक्स्पाइॲड
unexploded, अविस्फोटित, बिना फटा, भरा, ज़िन्दा। > ऑनिक्सप्लोडिड
unexplored, अनन्वेषित। > ऑनिक्स्प्लॉःड
unexpressed, अनभिव्यक्त, अकथित। > ऑनिक्स्प्रे'स्ट
unexpurgated, अविकल, अपरिशोधित। > ऑन्-ए'क्स्पॅगेटिड
unfading, अमिट; अनश्वर, अविनाशी। > ऑन्फ़ेड्-इन्ग
unfalling, 1. (*never ceasing*) अनन्त; अक्षय; 2. (*continuous*) अविरत; 3. (*infallible*) अमोघ, अचूक; 4. (*reliable*) विश्वसनीय। > ऑन्फ़ेल्-इन्ग
unfair, 1. अनुचित, अन्याय्य, बेजा; 2. (*partial*) पक्षपाती; 3. (*unfavourable*) प्रतिकूल। > ऑन्फ़े'ॲ
unfaithful, 1. बेईमान; विश्वासघाती; 2. (*to marriage vows*) व्यभिचारी; 3. (*in accurate*) अयथार्थ। > ऑन्फ़ेथ्फ़ुल
unfamiliar, 1. (*not well known*) अपरिचित; 2. (*inexperienced*) अनभिज्ञ, अनाड़ी, अननुभवी; **~ity,** अपरिचय; अज्ञान। > ऑन्फ़ॅमिल्यॅ; अन्फ़ॅमिलिए'रिटि
unfashionable, 1. अप्रचलित, अलोकप्रिय, बेचलन, ग़ैरफ़ैशनेबुल; 2. (*of person*) ग़ैर-फ़ैशनेबुल। > ऑन्फ़ैश्नॅबॅल
unfashioned, अनगढ़ा, अपरिष्कृत। > ऑन्फ़ैशॅन्ड
unfasten, खोलना; ढीला क०। > ऑन्फ़ासॅन
unfathered, 1. (*illegitimate*) जारज़; 2. (*unauthentic*) अप्रामाणिक। > ऑन्फ़ादॅड
un/fathomable, 1. अथाह, अगाध; 2. (*fig.*) गूढ़, अगाध; **~ fathomed,** अज्ञात। > ऑन्फ़ैदॅमॅबॅल; ऑन्फ़ैदॅम्ड
unfavourable, 1. प्रतिकूल; 2. (*negative*) नकारात्मक। > ऑन्फ़ेवॅरॅबॅल
unfeathered, लुण्डा। > ऑन्फ़े'दॅड
unfeeling, 1. (*hard-hearted*) निष्ठुर, कठोर, संगदिल, बेरहम, पाषणहृदय; 2. (*insensitive*) भावशून्य, असंवेदनशील। > ऑन्फ़ील्-इन्ग
unfeigned, सच्चा, निष्कपट। > ऑन्फ़ेन्ड
unfeminine, अस्त्रियोचित; नारीस्वभाव-प्रतिकूल। > ऑन्फ़े'म्-इनिन
unfenced, खुला; अरक्षित। > ऑन्फ़े'न्स्ट
unfermented, अकिण्वित। > ऑन्फ़ॅमे'न्-टिड

unfertilized, अनिषेचित। > ॲन्‌फ़ॅ:ट्-इलाइज़्ड

unfetter, मुक्त क०; **~ ed.,** 1. मुक्त, रिहा; 2. (*unrestrained*) उन्मुक्त, बेरोक; 3. (*independent*) स्वच्छन्द। > ॲन्‌फ़े'ट्/ॲ ~ ॲड

unfigured, अचित्रित, सादा। > ॲन्‌फ़िगॅड

unfilial, अपुत्रोचित। > ॲनफ़िल्‌यॅल

unfilled, खाली, अपूरित। > ॲन्‌फ़िल्ड

unfilmed, अचलचित्रित। > ॲन्‌फ़िल्म्ड

unfingered, 1. अप्रांगुलित; 2. (*untouched*) अछूता। > ॲन्‌फ़िन्गॅड

unfinished, 1. अपूर्ण, अधूरा; 2. (*unpolished*) अपरिष्कृत, कच्चा। > ॲन्-फ़िन्-इश्ट

unfit, 1. अनुपयुक्त; 2. (*in bad health*) अस्वस्थ; **~ ted,** अनुपयुक्त; असज्जित; **~ting,** अनुचित। > ॲन्‌फ़िट; ॲन्‌फ़िट्/इड, ~ इन्ग

unfix, 1. खोलना; 2. (*unsettle*) घबरा देना; **~ed,** खुला; अनिश्चित; डाँवाँडोल। > ॲन्-फ़िक्स; ॲन्‌फ़िक्स्ट

unflagging, अथक। > ॲन्‌फ़्लैग्-इन्ग

unflattering, 1. (*of person*) स्पष्टवादी; 2. यथार्थ, अनलंकृत। > ॲन्‌फ़्लैटॅरिन्ग

unfledged, 1. बेपर; 2. (*inexperienced*) अनाड़ी, अननुभवी, अनुभवहीन। > ॲन्-फ़्ले'ज्ड

unflinching, 1. निर्भीक, निडर; 2. (*resolute*) अटल, दृढ़प्रतिज्ञ। > ॲन्-फ़्लिन्च्-इन्ग = ॲन्-फ़्लिन्श्-इन्ग

unfold, 1. खोलना, फैलाना; फैल जाना; 2. (*reveal*) प्रकट क०; प्रकट हो जाना; 3. (*relate*) बतलाना, वर्णन क०; 4. (*of buds*) खिलना। > ॲन्‌फ़ोल्ड

unforbearing, असहनशील। > ॲन्-फ़ॅबे'ॲर-इन्ग

unforced, 1. (*free*) स्वैच्छिक; 2. (*natural*) स्वाभाविक, सहज; 3. (*fluent*) धाराप्रवाह। > ॲन्‌फ़ॉ:स्ट

unforeseen, अप्रत्याशित, अनपेक्षित; आकस्मिक, अतर्कित। > ॲन्‌फ़ॉ:सीन

unforgettable, अविस्मरणीय। > ॲन्‌फ़ॅगे'टॅबॅल

un/forgivable, अक्षम्य, अक्षन्तव्य; **~ for-given,** अक्षमित; **~ forgiving,** 1. अक्षमा-शील; 2. (*hard-hearted*) निष्ठुर, कठोर। > ॲन्‌फ़ॅगिवॅबॅल; ॲन्‌फ़ॅगिवॅन; ॲन्‌फ़ॅगिव्-इन्ग

unformed, 1. (*shapeless*) अनगढ़ा; अपरिष्कृत; 2. (*undeveloped*) अविकसित; 3. (*untrained*) अप्रशिक्षित; 4. (*vague*) अस्पष्ट। > ॲन्‌फ़ॉ:म्ड

unfortunate, 1. अभागा, कमबख़्त, हतभाग्य, बदक़िस्मत, बदनसीब; 2. (*unlucky*) अशुभ; 3. (*unsuccessful*) निष्फल; 4. (*regrettable*) खेदजनक, दुर्भाग्यपूर्ण; **~ly,** दुर्भाग्यवश। > ॲन्‌फ़ॉ:चॅनिट

unfounded, निराधार, निर्मूल, बेबुनियाद। > ॲन्‌फ़ाउन्ड्-इड

unfreeze, पिघलाना; नियन्त्रण हटाना। > ॲन्‌फ़्रीज़

unfrequent, बिरला, not ~ ly, बीच-बीच में। > ॲन्‌फ़्रीक्वॅन्ट

unfrequented, निर्जन, एकान्त। > ॲन्-फ़्रिक्वे'न्-टिड

unfriended, मित्रहीन। > ॲन्-फ़्रे'न्ड-इड

unfreiend/liness, रुखाई*, रूखापन; शत्रुता*, दुश्मनी*; **~ly,** 1. रूखा; 2. (*hostile*) विरोधी, बैरी, प्रतिकूल; शत्रुतापूर्ण। > ॲन्‌फ़्रे'न्ड/लिनिस, ~ लि

unfrock, 1. पुरोहितवर्ग या धर्मसंघ से निकालना; 2. (*unmask*) पोल* खोलना, कलई* खोलना, भण्डा फोड़ना। > ॲन्‌फ़्रॉक

unfruitful, निष्फल; बंजर; बेफ़ायदा, बेकार, व्यर्थ। > ॲन्‌फ़्रूट्‌फ़ुल

unfunded, अनिधिक, अनिधिबद्ध। > ॲन्‌फ़ॅन्ड्-इड

unfurl, 1. खोलना; खुलना; 2. (*a flag*) फहराना (*v.t., v.i.*)। > ॲन्‌फ़ॅ:ल

unfurnished, 1. असज्जित; 2. (*of house*) बेफर्नीचर, उपस्कार-रहित। > ॲन्‌फ़ॅ:न्-इश्ट

ungainly, 1. (*of person*) अनाड़ी; 2. भद्दा। > ॲन्‌गेन्-लि

ungallant, अभद्र, अशिष्ट। > ॲन्‌गैलॅन्ट

ungarbled, अविकृत, सच्चा। > ॲन्‌गाबॅल्ड

ungarnished, अनलंकृत। > ॲन्‌गान्-इश्ट

ungenerous, 1. अनुदार; 2. (*selfish*) स्वार्थी; 3. (*mean*) नीच; 4. (*unfair*) अनुचित, बेजा। > ॲन्‌जे'नॅरॅस

ungenial, 1. (*unpleasant*) अप्रिय; 2. (*not favourable*) अननुकूल। > अन्‌जीन्‌यॅल

ungentle, रूखा; अशिष्ट; **~ manly,** अभद्र। > ॲन्‌जे'न्टॅल, ~ मॅन्-लि

unget-at-able, अप्राप्य; अगम्य। > ॲग्-गे'ट्-ऐटॅबॅल

ungifted, अप्रतिभ, प्रतिभाहीन। > ॲन्-गिफ़्ट्-इड

un/gird, (कमरबन्द) खोलना; उतारना; **~ girt** अतत्पर, अनुद्यत। > ॲन्‌गॅ:ड; अन्‌गॅ:ट

ungiving, अनम्य; अटल; हठीला। > ॲन्-गिव्-इन्ग

unglazed, अकाचित। > ॲन्‌ग्लेज़्ड

ungodly, दुष्ट, अधर्मी, नास्तिक। > ॲन्‌गॉड्-लि

un/governable, अनियंत्रणीय; बेक़ाबू, बेल-गाम, उच्छृंखल; दुर्दमनीय, दुर्दम; **~governed** अनियंत्रित, बेक़ाबू, बेलगाम। > ॲन्‌गॅवॅनॅबॅल; ॲन्‌गॅवॅन्ड

ungraceful, भद्दा, बेढंगा। > ॲन्‌ग्रेसफ़ुल

ungracious, अभद्र; रूखा; कठोर। > ॲन्‌ग्रशॅस

un/gradable, अकोट्य; **~ graded,** अकोटी-कृत। > ॲन्‌ग्रे/डॅबॅल, ~ डिड

ungraduated, अंशांकन-हीन। > ॲन्‌ग्रैड्यूएटिड

ungrammatical, व्याकरण-विरुद्ध, अव्याकरणिक। > ॲन्‌ग्रॅमैट्-इकॅल

ungrateful, अकृतज्ञ, नमकहराम, कृतघ्न। > ॲन्‌ग्रेट्फ़ुल

ungrounded, 1. निराधार, निर्मूल; 2. (*false*) मिथ्या। > ॲन्‌ग्राउन्ड्-इड

ungrouped, अवर्गीकृत। > ॲन्‌ग्रूप्ट

ungrudging, 1. (*of person*) मुक्तहस्त, उदार; 2. उदार, उन्मुक्त; **~ly,** खुले दिल से, खुशी* से। > ॲन्‌ग्रॅज्-इन्ग, ~ लि

ungual, 1. (*having a claw*) नखी; 2. (*having a hoof*) खुरदार। > ॲन्‌ग्वॅल

unguarded, 1. अरक्षित; 2. (*incautious*) असावधान, बेखबर। > ॲन्‌गाड्-इड

unguent, मरहम, विलेप, उबटन। > ॲन्‌ग्वॅन्ट

ungui/culate, 1. नखी; 2. (*botany*) नखरित; **~ form** नखाकार। > ॲन्-ग्विक्यूलिट; ॲन्-ग्विफ़ॉ:म

unguis, नखर। > ॲन्-ग्विस

ungulate, खुरदार, **~ ligrade,** खुरचारी। > ॲन्‌ग्यू/लिट; ~ लिग्रेड

unhackneyed, अभिनव, ताज़ा। > ॲन्‌हैक्-निड

unhallowed, 1. अपवित्रीकृत; 2. (*evil*) दुष्ट। > ॲन्‌हैलोड

unhampered, बेरोक, अबाधित। > ॲन्‌हैम्पॅड

unhand, छोड़ देना; हाथ हटा देना। > ॲन्‌हैन्ड

unhandled, अछूता (*also fig.*)। > ॲन्‌हैन्डॅल्ड

unhandy, 1. (*not within easy reach*) असुलभ; 2. (*not easy to handle*) असुचालनीय; असुविधाजनक, बेढंगा, भद्दा; 3. (*not deft*) अदक्ष, अपटु; 4. (*clumsy*) अनाड़ी। > ॲन्‌हैन-डि

unhang, उतारना। > ॲन्‌हैन्ग

un/happily, 1. दुर्भाग्यवश, दुर्भाग्य से; 2. (*miserably*) दुःखपूर्वक, दुःख में; **~ happiness,** दुःख; **~ happy,** 1. दुःखी; 2. (*unlucky*) अभागा; 3. (*tactless*) अप्रिय, अनुचित, असामयिक। > ॲन्‌हैप्/इलि, ~ इनिस, ~ इ

unharmed, —*adj.*, 1. अक्षत, अनटूटा; 2. (*safe*) सकुशल, सही-सलामत; —*adv.*, निरापद; कुशलपूर्वक। > ॲन्‌हाम्ड

unharnessed, 1. साज़ (*harness*) या कवच (*armour*) से मुक्त; 2. (*unused*) अप्रयुक्त। > ॲन्‌हान्-इस्ट

unhasp, कुण्डी* खोलना। > ॲन्‌हास्प

unhatched, 1. अण्डे में से न निकला हुआ; 2. (*fig.*) अधूरा। > ॲन्‌हैच्ट

unhealthy, 1. अस्वास्थ्यकर; हानिकर; 2. (*fig.*) विकृत, दूषित, अस्वस्थ। > ॲन्‌हे 'ल्थ्-इ

unheard, 1. (*not heard*) अनसुना, अश्रुत; 2. (*strange*) अनूठा, अनोखा, विलक्षण; **~ of,** 1. अपूर्व, अभूतपूर्व, अनसुना, असाधारण; 2. (*outrageous*) निर्लज्ज। > ॲन्‌ह:ड, ~ ऑव्

un/heeded, 1. (*not noticed*) अनदेखा, अदृष्ट; 2. (*disregarded*) उपेक्षित; **~heeding,** असावधान; लापरवाह। > ॲन्‌हीड्-इड, ~ इन्ग

unhelm, पतवार* (*helm*) या टोप (*helmet*) उतारना। > ॲन्‌हे 'ल्म

unhelpful, असहायक; बेकार। > ॲन्‌हे 'ल्प्-फुल

unhesitating, बेधड़क; निर्द्वन्द्व। > ॲन्‌हे 'ज-इटेटिन्ग

unhewn, 1. अनगढ़ा; 2. (*unpolished*) अपष्कृित। > ॲन्‌ह्यून

unhinge, 1. क़ब्जे पर से उतारना; 2. (*make unbalanced*) घबरा देना; 3. (*drive mad*) पागल या विक्षिप्त बना देना। > ॲन्-हिन्ज

unhistorical, 1. अनैतिहासिक; 2. (*legendary*) कल्पित। > ॲन्-हिस्टॉरिकॅल

unhitch, खोलना। > ॲन्‌हिच

unholy, दुष्ट। > ॲन्-होल्-इ

unhonoured, असम्मानित, असमादृत। > ॲन-ऑनॅड

unhook, 1. कँटिया* से उतारना; कँटिया* निकालना; 2. (*set free*) छुड़ाना। > ॲन्‌हुक

un/hoped, अप्रत्याशित; **~ hopeful,** आशा-रहित; निराशा। > ॲन्‌होप्ट; ॲन्‌होप्‌फुल

unhorse, घोड़े से गिराना। > ॲन्‌हॉ:स

unhouse, घर से निकालना। > ॲन्‌हाउस

unhurt, अक्षत, अनोपहत, बेचोट। > ॲन्‌हॅ:ट

unhusk, 1. छिलका निकालना; 2. (*corn*) भूषी* निकालना। > ॲन्‌हॅस्क

uni-, एक-, इक्-। > यून्-इ

uniate, रोम से संयुक्त प्राच्य ईसाई। > यून्-इ-एट

uni/ax(i)al, एक-अक्षीय; **~ cameral,** एक-सदन(ी); **~ cellular,** एककोशिक; **~ colour(ed),** एकरंगा, एकरंग; **~ component,** एकघटकी; **~ corn,** एकशृंग(ी) **~ costate,** एकशिरीय; **~ cycle,** एकपहिया साइकिल*; **~ directional,** एकदिशीय।

uni/fiable, एकीकरणीय; **~fic,** एक कर देनेवाला, एकीकारी, **~fication** एकीकरण; एकता*; **~fied,** एकीकृत; सम्मिलित। > यून्-इफ़ाइअॅबॅल; यूनिफ़्-इक; यूनिफिकेशॅन; यून्-इफ़ाइड

un/ifilar, एकतंतु; **~florous,** एकपुष्प; **~focal,** एककेंद्र; **~ foliate,** एकपर्णी; **~foliolate** एकपुटकी; **~follicular,** एक-पुटकी।

uniform, *n.*, वरदी*, परिच्छद; *adj.*, 1. (*similar in every way*) एकसमान, एकरूप; 2. (*similar in appearance*) एकरूप; 3. (*unvariable*) अचर; 4. (*unchanging*) अपरिवर्ती, अविकारी; 5. एकरूप; एक-सा; —*v.*, वरदी* पहनना; एकसमान या एकरूप बना देना; **~ity,** एकसमानता*; अचरता*; एक-रूपता*; **~ly,** एकसमान। > यून्-इफ़ॉ:म; यूनिफ़ॉम्-इटि; यून्-इफ़ॉ:म्-लि

uniformitarianism, एकरूपतावाद। > यूनिफ़ॉ:मिटॅ:ॲर्-इॲनिज़्म

unify, एक कर देना। > यून्-इफ़ाइ

unilateral, 1. (*physically*) एकपार्श्वी, एकपर्श्विक; 2. (*of one party*) एकपक्षीय, एकतरफ़ा। > यूनिलैटॅरॅल

uni/literal, एकवर्णी; **~locular,** एककोष्ठकी। > यूनिलिटॅरॅल; यूनिलॉक्यूलॅ

unima/ginable, कल्पनातीत, अचिन्त्य, अकल्पनीय, **~ ginative,** अकल्पनाशील, कल्पनाशक्तिहीन; **~ gined,** अकल्पित, अचिन्तित। > अनिमै/जिनॅबॅल, ~ जिनॅटिव्, ~ जिन्ड

unimodal, एकबहुलकी। > यूनिमोडॅल

unimolecular, एकाणविक, एक-अणुक। > यूनिमॅले'क्यूलॅ

unimpaired, अक्षुण्ण; अक्षत। > ॲनिम्पे'ॲड

unimpassioned, अनुत्तजित। > ॲनिम्पैशॅन्ड

unimpeachable, अनिन्द्य, निर्दोष। > ॲनिम्पीचॅबॅल

unim/portance, महत्त्वहीनता*, नगण्यता*; **~ portant,** महत्त्वहीन, नगण्य, हलका, तुच्छ। > ॲनिम/पॉ:टॅन्स, ~ पॉ:टॅन्ट

unimposing, अप्रभावक, अप्रभावन, प्रभाव-शून्य। > ॲनिम्पोस्-इन्ग

unimpressed, अप्रभावित। > ॲनिम्प्रे'स्ट

unimpressive, 1. (*unconvincing*) अप्रत्यायक; 2. (*unimposing*) अप्रभावक। > ॲनिम्प्रे'स्-इव्

unimproved, 1. अशोधित; अपरिष्कृत; 2. (*not developed*) अविकसित। > ॲनिम्प्रूव्ड

uninformed, अनभिज्ञ। > ॲनिन्फ़ॉ:म्ड

unin/habitable, अ-वासयोग्य; **~ habited,** निर्जन, वीरान, ग़ैर-आबाद। > ॲनिन्हैव्/इटॅबॅल, ~ इटिड

uninitiated, अदीक्षित। > ॲनिनिशिएटिड

uninspired, निरुत्साह; निर्जीव; फीका। > ॲनिन्स्पाइॲड

uninsured, अबीमाकृत। > ॲनिन्शुॲड

unintelligent, अमेधावी; नासमझ, नादान। > ॲनिन्टे'ल्-इजॅन्ट

unintelligible, अबोधगम्य, दुरूह। > ॲनिन्टे'ल्-इजॅबॅल

uninten/ded, ~ tional, अनभिप्रेत; अज्ञान-कृत; अनैच्छिक; **~ tionally,** अनजाने। > ॲनि्‌न्टे'न्/डिड, ~ शॅनल

uninte/rested, 1. अनाकृष्ट; उदासीन; 2. (*bored*) ऊबा हुआ, उचाट; **~ resting,** नीरस, अरुचिकर। > ॲन्-इन्टॅरूरे'स्-टिड, ~ रिस्टिन्ग

uninterrupted, अविच्छिन्न, अविरत, निरन्तर; **~ ly,** निरन्तर, लगातार, बराबर। > ॲनिन्टॅरॅप्/टिड, ~ टिड्-लि

uninucleate, एककेन्द्रक। > यूनिन्यूक्-लिएट

uninvestigable, अननुसन्धेय। > ॲनिन्वे'स्-टिगॅबॅल

unin/vited, 1. अनिमंत्रित; बिनबुलाया; 2. (*unasked*) अप्रार्थित, बे-माँगा; **~ viting,** अनाकर्षक; अप्रीतिकर; घिनावना। > ॲनिन्वाहद्/इड, ~ इन्ग

union, 1. (*act of joining, uniting*) संयोजन; 2. (*state of being joint, united*) संयोग, सम्मिलन, जोड़; एकता*; 3. (*spiritually*) संयुक्तता*, संयुक्ति*; 4. (*agreement, harmony*) मेल-मिलाप; 5. (*marriage*) विवाह; 6. (*association, society*) सभा*, यूनियन, संघ, सभा-भवन; 7. (*confederation*) संघ; 8. (*coupling, joint*) जोड़, योजक; in ~ with से संयुक्त; U ~ Jack, ब्रिटिश झण्डा; **~ism,** संघवाद; **~ist,** संघी; संघवादी। > यून्यॅन; यून्यॅ/निज़्म, ~ निस्ट

uni/ovular, एकाण्डी; **~ parous,** 1. (*zool.*) एकप्रसू; 2. (*bot.*) एकशाखी; **~ partite,** अविभाजित; **~ped,** एकपाद; **~personal,** एकव्यक्तिक; **~ planar,** समतलीय; एकतलीय; **~ polar,** एकध्रुवी(य)। > यूनि-ओव्,यूलॅ; यूनिपॅरॅस; यूनिपाटाइट; यून्-इपे'ड; यूनिपॅ:सनॅल; यूनिप्लेन्-ॲ; यूनिपोल्-ॲ

unique, 1. (*sole*) एकमात्र, अकेला; अनन्य; 2. (*unequalled*) अद्वितीय, बेजोड़, लाजवाब, अनुपम; 3. (*unusual*) अनोखा, निराला, अनूठा, विलक्षण; **~ ness,** अद्वितीयता*; अनोखापन। > यूनीक; यूनीक्-निस

uni/ramous, एकशाखी; **~ serial,** एक-पंक्तिक; **~ sexual,** एकलिंगी; **~ sexualism,** एकलिंगता*।

unison, 1. स्वरमेल, स्वरैक्य; 2. (*concord, agreement*) मैत्री*, मेल-मिलाप; 3. (*harmony*) सामंजस्य; **~ al, ~ ous,** एकस्वर, समस्वर, सुसंगत। > यून्-इसॅन; यूनिसॅ/नॅल, ~ नॅस

unit, 1. (*individual thing or group*) इकाई* (*also of numeration*); 1. (*~ of measurement*) मात्रक; 3. (*~ of electrical energy*) यूनिट; 4. (*mil.*) टुकड़ी*, दस्ता; amplifying~, प्रवर्धक, एकक; ~ mass, एकांक द्रव्यमान। > यून्-इट

unitable, संयोज्य। > यूनाइटॅबॅल

unitarian, 1. (*advocate of centralization*) केंद्रीकरणवादी; 2. (U.) एकव्यक्तिवादी; **~ ism,** एकव्यक्तिवाद। > यूनिटे'ॲर्/इॲन, ~ इॲनिज़्म

unitary, ऐकिक; एकात्मक। > यून्-इटॅरि

unite, 1. जोड़ना; मिलाना, एक कर देना; 2. मिलना, मिलकर काम क०, एक हो जाना; 3. (*in marriage*) विवाह कराना; विवाह-संस्कार सम्पन्न क०; 4. समझौता (*agreement*) क०; संश्रय या संधि* (*alliance*) क०। > यूनाइट

united, 1. संयुक्त; संगठित, सामूहिक; 2. (*married*) विवाहित; 3. (*in agreement*) सहमत; 4. (*in alliance*) संश्रित; ~ front, संयुक्त मोरचा; U~Kingdom, ब्रिटेन; U~Nations Organization, संयुक्त राष्ट्र संघ; U~ States, अमरीका, अमेरिका; ~ with, से संयुक्त; **~ly,** मिलकर। > यूनाइट्-इड, ~ लि

unitive, 1. संयोजक; एकता-प्रवर्धक; 2. (*gramm.*) सहार्थी; ~way, संयोजन मार्ग। > यून्-इटिव्

unity, 1. (*oneness*) एकता*, एकत्व, एका; 2. (*thing showing ~*) इकाई*; 3. (*harmony, concord*) एक्ता*; मेलमिलाप, मैत्री*; 4. (*harmonious co-operation*) सहयोग; 5. (*numerical ~*) एक, इकाई*; 6. (*dramatic ~*) अन्विति*। > यून्-इटि

uni/valence, एकसंयोजकता*; **~valent,** एक-संयोजक एककपाटी, एककपाट; **~variate,** एकचर। > यूनिवे़/लन्स, ~ लॅन्ट; यून्-इवैल्व्; यूनिवे़'ॲर्-इ-ॲट

universal, *adj.*, 1. (*involving all*) सर्व-सार्विक; 2. (*in all cases*) सार्विक, सार्वत्रिक; 3. (*widespread*) व्यापक; सर्वव्यापक, सार्वभौम, विश्वव्यापक; 4. (*general*) सामान्य; विश्वजनीन (*useful for all*); 5. (*whole, entire*) सम्पूर्ण; 6. (*usable for all purposes*) सर्वप्रयोजन; 7. (*versatile, all-sided*) सर्वतोमुखी; —*n.*, सामान्य पद (*proposition*) या प्रत्यय (*concept*)। > यूनिवॅ: सॅल

universa/lism, सर्वमुक्तिवाद; **~list,** सर्व-मुक्तिवादी। > यूनि:वॅ्:सॅ/लिज़्म, ~ लिस्ट

universality, सार्विकता*; (सर्व)व्यापकता*; विश्वजनीनता*; सम्पूर्णता*। > यूनिवॅ:सॅल्-इटि

univer/salization, साधारणीकरण (*in literature*); **~ salize,** सार्विक, व्यापक, सामान्य आदि बनाना या मान लेना। > यूनिवॅ:सॅलाइज़ेशॅन; यूनिवॅ:सॅलाइज़

universally, 1. (*everywhere*) सर्वत्र; 2. (*always*) सदा; 3. (*by everybody*) सबों द्वारा; सर्वत:। > यूनिवॅ: सॅलि

universe, 1. विश्व, ब्रह्माण्ड; 2. (*creation*) सृष्टि*; 3. (*all data*) समष्टि*। > यून्-इवॅ:स

university, विश्वविद्यालय, यूनिवर्सिटी*। > यूनिवॅ:स्-इटि

universology, विश्वविज्ञान। > यूनिवॅ़सॉलॅजि

univocal, एकार्थक। > यूनिवॅ़कॅल

unjoint, अलग क०; **~ ed,** बिना संधि* के; असंबद्ध। > ॲन्जॉइन्ट; ॲन्जॉइन्ट्-इड

unjust, 1. (*of person*) अन्यायी, बेइंसाफ़; 2. अन्यायपूर्ण, अन्याय्य; अनुचित; **~ly,** अन्याय से; नाहक़। > ॲन्जॅस्ट

unjustifiable, अनुचित, नाजायज़, बेजा। > ॲन्जॅस्टिफ़ाइॲबॅल

unkempt, 1. (*uncombed*) बिना कंघा किया, बिखरे बालों वाला (*of person*); अस्तव्यस्त, बिखरा हुआ, बिना कंघे का (*of hair*) 2. (*slovenly*) फूहड़; मैला-कुचैला; 3. (*messy*) अस्तव्यस्त; 4. (*of language*) अपरिष्कृत। > ॲन्के'म्प्ट

unkennel, 1. (*a fox etc.*) माँद* से खदेड़ना या निकालना; 2. (*dogs*) छोड़ देना, 3. (*bring to light*) प्रकाश में लाना। > ॲन्के'नॅल

unkind, 1. निर्दय, अदय, दयारहित; 2. (*harsh*) निष्ठुर, कठोर, कठोर-हृदय, बेदर्द; 3. (*inconsiderate*) रूखा, दूसरों का ध्यान न रखनेवाला, बेमुरौवत, बेलिहाज़; **~ly,** *adv.*, निर्दयता* से; रुखाई* से —*adj.*, 1. *see* UNKIND; 2. —weather आँधी-पानी; **~ ness,** निर्दयता*; रुखाई*। > ॲन्काइन्ड, ~ लि, ~ निस

unking, गद्दी* से उतारना; **~ ly,** अराजोचित, अराजसी। > ॲन्किन्ग, ~ लि

unknightly, अवीरोचित। > ॲन्नाइट-लि

unknit, 1. खोजना; 2. (*weaken*) कमज़ोर कर देना। > ॲन्-निट

unknot, खोलना। > ॲन्नॉट

un/knowable, अज्ञेय, ज्ञानातीत; **~knowing,** अनभिज्ञ, अनजान; **~ knowingly,** अनजाने, अनजान में; **~known,** अज्ञात, अपरिचित। > ॲन्नो/ॲबॅल, ~ इन्ग, ~ इन्ग-लि; ॲन्नोन

unlaboured, (*of style*) सहज, स्वाभाविक, अकृत्रिम। > ॲन्लेबॅड

unlace, (फ़ीता) खोलना; ढीला क०। > ॲन्लेस

unladderable, न उधड़नेवाला। > ॲन्लैडॅरॅबॅल

unlade, माल (भार) उतारना। > ॲन्लेड

unlaid, 1. नहीं तैयार किया हुआ; 2. (*of paper*) अरेखित; 3. (*of ghost*) आवारा, अनिरसित। > ॲन्लेड

unlamented, अशोचित, अरोदित, अविलपित। > ॲन्लॅमे'न्-टिड

unlash, खोलना। > ॲन्लैश

unlatch, (सिटकिनी*) खोलना। > ॲन्लैच

unlawful, अवैध, ग़ैरक़ानूनी; अनैतिक। > ॲन्लॉ:फुल

un/learn, भुला देना; **~ learned,** 1. (*ignorant*) अज्ञानी, अनजान, अनपढ़, अशिक्षित; 2. (*of a lesson*)

अपठित, अनपढ़ा, अनधीत; **~learnt,** 1. (*forgotten*) भुलाया, विस्मृत; 2. (*not learnt*) अनपढ़ा, अपठित। > ॲन्लॅ:न; ॲन्लॅ:न्ड; ॲन्लॅ:न्ट

unleash, छुड़ाना; खोलना; उन्मुष्ट क०; प्रवर्तित क०। > ॲन्लीश

unleavened, 1. बेख़मीर; 2. (*fig.*) निष्प्राण, निस्तेज। > ॲन्ले'वॅन्ड

unless, यदि .... नहीं, जब तक .... नहीं; ~ it rains I go every day, यदि पानी नहीं बरसता तो मैं प्रतिदिन जाता हूँ; I shall not write ~ you do, जब तक तुम नहीं लिखते मैं भी नहीं लिखूँगा। > ॲन्ले'स, = ॲन्ले'स

unlettered, 1. अशिक्षित; 2. (*illiterate*) निरक्षर। > ॲन्ले'टॅड

unlicensed, अननुज्ञप्त। > ॲन्लाइसॅन्स्ट

unlike, 1. (*dissimilar*) असदृश, असमान; 2. (*different*) भिन्न; 3. (*of another kind*) विजातीय; 4. (*opposite; as sign, force*) विपरीत; **~lihood, ~ liness,** असंभावना*; असंभाव्यता*; **~ ly,** 1. असंभावव्य, असंभावित*; असंभाव्यता*; **~ly,** 1. असंभाव्य, असंभावित, असंभावनीय; 2. (*unpromising*) निराशाजनक, अनाशाप्रद, अनाशाजनक।

> ॲन्लाइक, ~ लिहुड, ~ लिनिस, ~ लि

unlimber, तैयार क०। > ॲन्-लिम्-बॅ

unlimited, असीमित, अपरिमित। > ॲन्-लिम्-इटिड

unline, अस्तर निकालना। > ॲन्लाइन

unlink, खोलना। > ॲन्लिन्क

unlisted, असूचीबद्ध। > ॲन्-लिस्-टिड

unload, 1. माल (भार या बोझ) उतारना; 2. (*gun*) खाली क०; 3. (*get rid of*) से पिण्ड छुड़ाना; 4. (*sell out*) बेच डालना; 5. (*give vent to, express freely*) कह डालना, खुलकर प्रकट क०। > ॲन्लोड

unlock, खोलना; व्यक्त क०, प्रकट क०। > ॲन्लॉक

unlooked-for, अप्रत्याशित। > ॲनलुक्ट्फ़ॉ:

unloose(n), छोड़ देना, छुड़ाना, मुक्त क०; ढीला क०। > ॲन्लूस; ॲन्लूसॅन

un/lovable, 1. अप्रीतिकर; 2. अनाकर्षक; 3. (*repellent*) घिनावना; **~ lovely,** 1. (*unattractive*) अनाकर्षक; 2. (*ugly*) असुन्दर, बदसूरत, कुरूप; **~ loving,** प्रेमरहित, संवेदनाशून्य; भावशून्य। > ॲन्लॅवॅबॅल; ॲन्लॅव्-लि; ॲन्लॅविन्ग

un/luckily, दुर्भाग्य से, दुर्भाग्यवश; **~ luckly,** 1. अभागा, भाग्यहीन, असफल, विफल; 2. अभागा, बदक़िस्मत, बदनसीब; 3. (*ill-omened*) अशुभ; 4. (*ill-timed*) असामयिक। > ॲन्लॅक्/इलि, ~ इ

unmade, 1. तैयार नहीं; अनिर्मित; अव्यवस्थित; 2. (*uncreated*) स्वयंभू (*self-existing*) अज; 3. (*ruined*) तबाह; 4. (*deposed*) अपदस्थ। > ॲन्मेड

unmaidenly, निर्लज्ज। > ॲन्मेडॅन-लि

unmake, पुरज़े खोलना; अपदस्थ क०; तबाह क०; नष्ट क०;। > ॲन्मेक

unman, 1. (*discourage*) हिम्मत* तोड़ना, हतोत्साह क०; 2. (*unnerve*) दुर्बल क०, के छक्के छुड़ा देना; 3. (*castrate*) बधियाना, नामर्द कर देना, नपुंसक बनाना; **~ned,** कर्मीदल-रहित। > ॲन्मैन्

unmanageable, 1. (*difficult to manage*) टेढ़ा (*of person*) निमानिया, बेकहा (*of children*) 2. (*uncontrollable*) अनियंत्रणीय, बेक़ाबू; 3. असंचालनीय, अपरिचालनीय; दुष्प्रयोज्य। > ॲन्मैन्-इजॅबॅल

unmanly, 1. नामर्द; 2. (*effeminate*) ज़नाना, स्त्रैण। > ॲन्मैन्-लि

unmanned, 1. (*unnerved*) दुर्बल, नामर्द, हतोत्साह, 2. (*automatic*) स्वचालित; 3. (*not provided with a crew*) कर्मीदल-रहित। > अन्मैन्ड

unmannerly, अशिष्ट, असभ्य, बे-अदब, बदतमीज़। > ॲन्मैनॅलि

unmapped, अमानचित्रित। > ॲन्मैप्ट

unmarked, 1. अचिह्नित; 2. (*not stained*) बेदाग़; 3. (*not noticed*) अलक्षित, अनेदखा; 4. (*not corrected*) असंशोधित। > ॲन्माक्ट

unmarketable, अविक्रेय, अपण्य। > ॲन्मार्कटॅबॅल

unmarred, 1. (*without blemish*) बेदाग़; निष्कलंक; 2. (*not disfigured*) अविकृत; 3. (*undamaged*) अक्षत। > ॲन्माड

un/marriageable, अविबाह्य; **~ married,** अनब्याहा, बेब्याहा, कुँवारा, अविवाहित। > ॲन्मै/रिजॅबॅल, ~ रिड

unmask, 1. नक़ाब* उतारना; 2. (*expose somebody*) की पोल* खोलना, की कलई* खोलना, भण्डा फोड़ना; 3. (*reveal*) प्रकट क०। > ॲन्मास्क

unmatched, अद्वितीय। > ॲन्मैच्ट

unmeaning, 1. निरर्थक; 2. (*of face*) भावशून्य। > ॲन्मीन्-इन्ग

unmeant, अनभिप्रेत, अज्ञानकृत। > ॲन्मे'न्ट

un/measurable, अपरिमेय; असीम; **~ measured,** 1. असीम; अनन्त; 2. (*fig.*) अमित, बेहिसाब; 3. (*excessive*) अत्यधिक। > ॲन्मे'श़ॅरॅबॅल; ॲन्मे'श़ॅड

unmeditated, अविवेचित, अविमर्शित। > ॲन्मे'ड्-इटेटिड

unmeet, अनुचित। > ॲन्मीट

un/mentionable, 1. अकथ्य, अकथनीय; 2. (*abhorrent*) बीभत्स; 3. (*boscene*) अश्लील;

~ mentioned, अनुल्लिखित।
> ऍन्मे'न्/शॅनॅबॅल, ~ शॅन्ड

unmerciful, निर्दय, बेदर्द। > ऍन्मॅ:सिफ़ुल

unmerited, अनर्जित। > ऍन्मे'रिटिड

unmesh, सुलझाना। > ऍन्मे'श

unmetrical, 1. (*not in verse*) अछन्दोबद्ध; 2. छन्दभ्रष्ट, पिंगल-विरुद्ध। > ऍन्मे'ट्-रिकॅल

unmetalled, कच्चा। > ऍन्मे'टॅल्ड

unminded, 1. be ~ to come, आने का इरादा नहीं होना; 2. (*unheeded*) उपेक्षित; 3. (*not looked after*) अरक्षित। > ऍन्माइन्-डिड

unmindful, be ~ of, भूल जाना; की परवाह* नहीं क०। > ऍन्माइन्ड्-फ़ुल

unmistak(e)able, सुस्पष्ट।
> ऍन्-मिस्टेकॅबॅल

un/mitigable, अप्रशम्य; **~ mitigated,** 1. अप्रशमित; 2. (*downright*) पक्का।
> ऍन्-मिट्/इगॅबॅल, ~ इगेटिड

unmixed, अमिश्रित; पूर्ण, पूरा, विशुद्ध।
> ऍनमिक्स्ट

unmixing, विमिश्रण। > ऍन्-मिक्स्-इन्ग

unmolested, 1. बिना छेड़ा हुआ, बिना छेड़खानी* के; 2. (*not attacked*) अनाक्रान्त।
> ऍन्मॅले'स्-टिड

unmoor, लंगर उठाना, खोलना। > ऍन्मुऍ

unmoral, 1. अनैतिक; 2. (*amoral*) निर्नैतिक; सदाचार-निरपेक्ष। > ऍनमॉरॅल

unmortgaged, अबन्धकित। > ऍन्मॉ:ग्-इज्ड

unmortified, संयमहीन, असंयत, असंयमित।
> ऍन्मॉ:ट्-इफ़ाइड

unmount, पुरज़े खोलना, उतरना; **~ ed,** 1. ग़ैरसवार, असवार; 2. (*of picture*) बिना चौखटेवाला, बिना चौखटे का; 3. (*not placed on a carriage*) अनचढ़ाया। > ऍन्माउन्ट; ऍन्माउन्-टिड

un/moved, 1. अप्रभावित; अटल; 2. (*feeling no emotion*) भावशून्य; अनुत्तेजित; 3. (*calm*) शान्त; **~ moving**, अचल। > ऍन्मूव्ड; ऍन्मूविन्ग

unmuffle, 1. खोलना; 2. (*bare*) उघारना, उघाड़ना।
> ऍन्मॅफ़ॅल

unmurmuring, सहिष्णु। > ऍन्मॅ:मॅरिन्ग

unmusical, 1. असंगीतज्ञ; संगीतहीन; असांगीतिक; 2. (*not harmonions*) बेसुरा; कर्णकटु (*harsh-sounding*)। > ऍन्म्यूज़्-इकॅल

unmuzzle, 1. मोहरा हटाना; 2. (*allow to speak*) बोलने देना। > ऍन्मॅज़ॅल

unnail, कीलें* निकालना; खोलना। > ऍन्नेल

un/nam(e)able, 1. अकथनीय, अकथ्य; 2. (*abhorrent*) बीभत्स, घिनावना; **~ named,** 1. अकथित; 2. (*anonymous*) अनाम(क), गुमनाम।
> ऍन्नेमॅबॅल; ऍन्नेम्ड

unnatural, अनैसर्गिक, अस्वाभाविक, अप्रकृत, अप्राकृतिक; 2. (*artificial*) कृत्रिम; 3. (*unusual*) असाधारण; 4. (*abnormal*) अप्रसम, अपसामान्य; 5. (*horrible*) विकराल; 6. (*malformed*) विकृत, विकृतांग; 7. (*supernatural*) अलौकिक, लोकोत्तर; 8. (*heinous, vile*) घृणित, जघन्य, घिनावना।
> ऍन्नैचॅरॅल

unnavigable, अनौगम्य। > ऍन्नैव्-इगॅबॅल

unneces/sarily, व्यर्थ, बेकार, नाहक़; **~ sary,** अनावश्यक, फ़ुज़ूल, व्यर्थ। > ऍन्ने'सि/सॅरिलि, सॅरि

unneeded, unneedful, अनावश्यक।
> ऍन्नीड्/इड, ~ फ़ुल

unnegotiable, अविनिमेय; अविक्रेय।
> ऍन्निगोशॅवॅल

unneighbourly, ग़ैरमिलनसार। > ऍन्नेबॅलि

unnerve, हिम्मत* तोड़ना, हतोत्साह क०; दुर्बल कर देना, के छक्के छुड़ा देना। > ऍन्नॅ:व्

unneutral, अतटस्थ। > ऍन्न्यूट्रल

unnoted, अनदेखा, अलक्षित; अज्ञात।
> ऍन्नोट्-इड

un/noticeable, अलक्ष्य, अदृश्य; **~ noticed,** अलक्षित। > ऍन्नोट्/इसबॅल, ~ इस्ट

unnumbered, 1. (*innumerable*) असंख्य, अगणित, बेशुमार; 2. (*not numbered*) असंख्यांकित, अक्रमांकित। > ऍन्नॅम्बॅड

unobjectionable, 1. (*not objectionable*) अन-आपत्तिजनक; स्वीकार्य; 2. (*unimpeachable*) अनिन्द्य। > ऍनॅब्जे'क्शॅनॅबॅल

unob/servable, अलक्ष्य, अदृश्य, अगोचर, **~ servant,** 1. अपरिदर्शक, असावधान; 2. (*of rules*) अननुपालक, उपेक्षक; **~ served,** 1. (*unseen*) अलक्षित; 2. अपालित, उपेक्षित।
> ऍन्ब्/ज़ॅ:वॅबॅल, ~ ज़ॅ:वॅन्ट, ~ ज़ॅ:ब्ड

unobstructed, अबाधित, बेरोक।
> ऍनॅब्स्टॅक्-टिक

unobtainable, अप्राप्य; अगम्य। > ऍनॅब्टेनॅबॅल

unobtrusive, 1. (*modest*) विनीत, विनम्र; संकोची; 2. (*discreet*) सतर्क; सावधान; 3. (*not too obvious*) अप्रत्यक्ष, परोक्ष, प्रच्छन्न। > ऍनॅब्ट्रूस्-इव्

unoccupied, 1. (*of person*) ख़ाली; 2. (*of house*) ख़ाली; 3. (*uninhabited*) ग़ैर-आबाद; निर्जन; 4. (*not built upon*) बे-इमारत, अनधिवसित; 5. (*not occupied by mil.*) अनधिकृत; 6. (*not cultivated*) अकृषित। > ऍन्-ऑक्यूपाइड

unoffending, निरपराध, निर्दोष; अनपमानक।
> ऍन्फ़े'न्ड्-इन्ग

unofficial, 1. (*informal*) अनौपचारिक; 2. (*not official*) अशासकीय, ग़ैरसरकारी; 3. (*not officially confirmed*) अनाधिकारिक। > ॲनॅफ़िशॅल

unopened, बन्द, बिना खोला हुआ; बिना काटा हुआ। > ॲन्ओपॅन्ड

unopposed, निर्विरोध। > ॲनॅपोज़्ड

unorganized, 1. असंघटित, अव्यवस्थित; 2. (*having no organic structure*) अजैव; अवयवरहित। > ॲन्-ऑ:गॅनाइज़्ड

unoriginal, अमौलिक। > ॲनॅरिजॅनॅल

unorthodox, 1. शास्त्र-विरुद्ध; अप्रामाणिक; रूढ़ि-विरुद्ध, अपरम्परागत, परम्परा-विरुद्ध; 2. (*of person*) रूढ़ि-विरोधी; परम्पराविरोधी; स्वच्छन्द। > ॲन्-ऑ:थॅडॉक्स

unosentatious, 1. (*of person*) अनाडम्बरी, आडम्बर-रहित; विनीत; 2. सादा। > ॲनॉस्टॅन्टेशॅस

unowned, अस्वामिक, लावारिस। > ॲन्ओन्ड

unpack, खोलना; सामान निकालना; **~ed,** अवेष्टित। > ॲन्पैक

unpaged, अपृष्ठांकित। > ॲन्पेज्ड

unpaid, 1. अदत्त, अभुक्त, अशोधित; 2. अदत्तमूल्य, अदत्तशुल्क; अदत्तभार; 3. (*person*) अवैतनिक (*not receiving wages*); अदत्तवेतन (*not having received wages*)। > ॲन्पे'ॲड

unpalatable, 1. (*food*) अस्वादिष्ठ; 2. (*unpleasant*) अप्रिय, अरुचिकर। > ॲन्पैलॅटॅबॅल

unparalleled, 1. अद्वितीय, लाजवाब; अप्रतिम, निरुपम; 2. (*unprecedented*) अपूर्व। > ॲन्पैरॅलॅल्ड

unpardonable, अक्षम्य। > ॲन्पार्डनॅबॅल

unparliamentary, असंसदीय; ~ language, गाली*, अपशब्द, दुर्वचन। > ॲन्पालॅमे'न्टॅरि

unpassable, 1. (*unparalleled*) अद्वितीय; 2. (*money*) खोटा; 3. अपारणीय। > ॲन्पासॅबॅल

unpatriotic, अ-देशभक्त; देश-विरोधी। > ॲन्पैट्रिऑट्-इक, = ॲन्पेट्रिऑट्-इक

unpatterned, सादा। > ॲन्पैटॅन्ड

unpave, खड़ंजा निकालना। > ॲन्पेव

unpeg, खूंटी* निकालना; प्रतिबन्ध या नियन्त्रण दूर क०। > ॲन्पे'ग

unpen, 1. (*sheep*) बाड़े से निकालना या निकलने देना; 2. छुड़ाना, छोड़ देना। > ॲन्पे'न

unpeople, जनशून्य कर देना; उजाड़ना; **~ d,** ग़ैर-आबाद। > ॲन्पी/पॅल, ~ पॅल्ड

unper/ceivable, अदृश्य, अलक्ष्य; **~ceived,** अदृष्ट, अलक्षित, अनदेखा। > ॲन्पॅसीवॅबॅल

unperformed, अकृत; अप्रदर्शित। > ॲन्पॅफ़ॉ:म्ड

unperishable, अनश्वर; अविकारी, न बिगड़नेवाला। > ॲन्पे'रिशॅबॅल

unperplexed, शान्त, अविक्षुब्ध, अविकल। > ॲन्पॅप्ले'क्स्ट

unpick, टाँके खोलना, उधेड़ना; **~ed,** 1. सामान्य, साधारण बेछाँटा; 2. (*of sewing*) उधेड़ा हुआ; 3. (*of flowers*) अनतोड़ा। > ॲन्पिक; ॲन्-पिक्ट

unpin, खोलना, पिन* निकालना। > ॲन्-पिन

unplaced, 1. अनिहित; 2. (*in a race or competition*) अश्रेणिक। > ॲन्प्लेस्ट

unplait, 1. (*cloth*) चुनन* निकालना; 2. (*hair*) खोलना। > ॲन्प्लेट

unplanned, 1. अनायोजित, अनियोजित; 2. (*accidental*) सांयोगिक, आकस्मिक; 3. (*random, haphazard*) बेतरतीब, अटकलपच्चू, यादृच्छिक। > ॲन्प्लैन्ड

unplayable, 1. (*ground*) नहीं खेलने लायक, खेल के अनुपयुक्त; 2. (*ball*) नहीं खेलने लायक, असाध्य; 3. (*drama*) अनभिनेय। > ॲन्प्लेॲबॅल

unpleasant, unpleasing, अरुचिकर, अप्रिय, अप्रीतिकर। > ॲन्प्ले'ज़ॅन्ट; ॲनप्लीज़्-इन्ग

unpleasantness, 1. अप्रियता*; 2. (*incident*) अप्रिय घटना*; 3. (*hostility*) नाराज़गी*, मनोमालिन्य; विद्वेष; 4. (*quarrel*) झगड़ा; अनबन*। > ॲन्प्ले'ज़ॅन्ट्-निस

unplug, खोलना; प्लग निकालना। > ॲन्प्लॅग

unplumbed, अज्ञात। > ॲन्प्लॅम्ड

unpolarized, अध्रुवित। > ॲन्पोलॅराइज़्ड

unpolished, अपरिष्कृत, अपरिमार्जित। > ॲन्पॉल्-इश्ट

unpopular, अलोकप्रिय; अप्रिय। > ॲनपॉप्यूलॅ

unprac/ticable, अव्यवहार्य; **~ tical,** 1. अव्यावहारिक; 2. (*inefficient*) अकार्य-कुशल, अकुशल, अदक्ष; **~ tised,** 1. (*person*) अनभ्यस्त, अनुभवहीन, अनाड़ी; 2. अव्यवहृत; अप्रचलित। > ॲन्प्रैक्/टिकॅबॅल, ~ टिकॅल, ~ टिस्ट

unprecedented, अभूतपूर्व; अपूर्व; अद्वितीय। > ॲन्प्रे'सिडे'न्टिड

unpredictable, 1. अननुमेय; 2. (*of person*) तरंगी। > ॲन्-प्रिडिक्टॅबॅल

unprejudiced, 1. निष्पक्ष; पूर्वग्रहरहित; 2. (*of rights*) अक्षुण्ण। > ॲन्प्रे'जुडिस्ट

unpremeditated, अविमर्शित, अपूर्व-विमर्शित, अपूर्वयोजित, अनायोजित। > ॲन्-प्रिमे'ड्-इटेटिड

unprepared, 1. अप्रस्तुत, ना-तैयार; 2. (*having made no preparations*) तैयार नहीं; 3. (*unwilling*) अनिच्छुक, अतत्पर, अप्रस्तुत। > ॲन्प्रिपे'ॲड

unprepossessing, अनाकर्षक; अशुभ। > ॲन्प्रीपॅज़े'स्-इन्ग

unpresentable, भोंडा। > ॲन्-प्रिज़े'न्टॅबॅल

unpresuming, unpretending, unpretentious, विनीत, निरहंकार, निरभिमान। > अॅन्-प्रिज़्यूम्-इन्ग; अॅन्-प्रिटे 'न्डिन्ग; अॅन्-प्रिटे 'न्शॅस

unprevailing, 1. (*useless*) व्यर्थ; 2. (*not prevalent*) कम प्रचलित; 3. (*not predominant*) अप्रबल, अप्रधान। > अॅन्-प्रिवेल्-इन्ग

unpriced, 1. अनिर्धारितमूल्य; 2. (*not marked with a price*) अमूल्यांकित। > अॅन्प्राइस्ट

unprincipled, अनैतिक, चरित्रहीन। > अॅन्-प्रिन्सॅपॅल्ड

un/printable, अमुद्रणीय; घोर अश्लील; **~printed,** अमुद्रित। > अॅन्-प्रिन्/टॅबॅल, ~ टिड

unprivileged, अप्राधिकृत। > अॅन्-प्रिव्-इलिज्ड

unprocurable, अप्राप्य। > अॅन्प्रॅक्युअॅरबॅल

unproductive, 1. अनुत्पादक; 2. (*not fertile*) अनुर्वर। > अॅन्प्रॅडॅक्-टिव़

unprofessional, 1. (*not professional*) अव्यावसायिक; 2. (*unbecoming*) अनुचित। > अॅन्प्रॅफ़े 'शॅनॅल

unprofitable, व्यर्थ, बेफ़ायदा, बेकार; अलाभ-कर। > अॅन्प्रॉफ़्-इटॅबॅल

unprogressive, अप्रगतिशील। > अॅन्प्रॅग्रे 'स्-इव़

unpromising, 1. (*of person*) मन्दबुद्धि, प्रतिभाहीन; 2. निराशाजनक, अनाशाजनक। > अॅन्प्रॉम्-इसिन्ग

unpronounceable, अनुच्चारणीय। > अॅन्प्रॅनाउन्सॅबॅल

unproportioned, अननुपातिक; असंतुलित। > अॅन्प्रॅपॉ:शॅन्ड

unprosperous, असफल; तंगहाल। > अॅन्प्रॉस्पॅरॅस

unprotected, अरक्षित। > अॅन्प्रॅटे 'क-टिड

un/provable, अप्रमाण्य; **~ proved, ~ proven,** 1. अप्रमाणित; 2. (*untested*) अपरीक्षित। > अॅन्प्रूव़बॅल; अॅन्प्रूव्ड; अॅन्प्रूवॅन

unprovided, असज्जित, अप्रस्तुत। > अॅन्प्रॅवाइड्-इड

unprovoked, अकारण। > अॅन्प्रॅवोक्ट

unpublished, अप्रकाशित। > अॅन्पब्-लिश्ट

unpunished, अदंडित। > अॅन्पन्-इश्ट

unqualified, 1. अयोग्य; अनर्ह; 2. (*unrestricted*) पूर्ण, सम्पूर्ण; अप्रतिबन्ध, अबाधित; 3. (*downright*) पक्का। > अॅन्क्वॉलिफ़ाइड

unquenchable, 1. (*of fire*) अनिर्वाप्य; 2. (*thirst etc.*) अशमनीय; 3. (*irrepressible*) अदम्य; 4. (*enduring*) चिरस्थायी। > अॅन्क्वे 'न्चॅलब

unques/tionable, निश्चित; अविवाद्य, अशंकनीय; **~ tioned,** निर्विवाद, असंदिग्ध; अप्रश्नित; **~ tioning,** 1. असंदेही; संदेह-रहित (*of faith*); 2. (*of obedience*) अन्धा; **~ tioningly,** निर्विवाद। > अॅन्क्वे 'स्/चॅनॅबॅल, ~ चॅन्ड, ~ चॅनिन्ग

unquiet, 1. अशांत; 2. (*restless*) बेचैन, अशांत; 3. (*anxious*) चिन्तित। > अॅन्क्वाइअॅट

un/quotable, अनुद्धरणीय; दोहराने लायक नहीं; अकथ्य; **~ quote,** उद्धरणचिह्न बन्द क०; **~ quoted,** अनुद्धृत। > अॅन्क्वोटॅबॅल; अॅन्क्वोट; अॅन्क्वोट्-इड

unransomed, अनिष्क्रीत। > अॅन्रैन्सॅम्ड

unrationed, अनियंत्रित, अननुभक्त। > अॅन्रैशॅन्ड

unravel, 1. उकेलना, सुलझाना; 2. (*fig.*) सुलझाना; 3. सुलझ जाना। > अॅन्रैवॅल

unreachable, अनधिगम्य; अलभ्य। > अॅन्रीचॅबॅल

unread, 1. अपठित; 2. (*illiterate*) अपढ़; **~ able,** 1. (*illegible*) अपाठय; अस्पष्ट; 2. (*not fit to be read*) अपठनीय। > अॅन्रे 'ड; अॅन्रीडॅबॅल

unready, 1. (*not prepared*) ना-तैयार, अप्रस्तुत; 2. (*having made no preparations*) तैयार नहीं; 3. (*unwilling*) अनिच्छुक; अतत्पर; 4. (*irresolute*) अनिश्चयी, ढुलमुल। > अॅन्रे 'ड्-इ

unreal, 1. अवास्तविक; 2. (*imaginary*) कल्पित, काल्पनिक, ख़याली; **~ ity,** अवास्तविकता*; काल्पनिकता*। > अॅन्-रिअॅल; अॅन्-रि-ऐल्-इ-इटि

unreason, अविवेक; मूर्खता*; बेतुकापन; **~ able,** 1. (*of person*) अविवेकी; हठीला; असंतुलित; नासमझ; 2. अनुचित, बेजा; अतिशय; अतिमात्र, हद* से ज़्यादा; 3. (*irrational*) अविवेचित, अकारण, निर्मूल; असंगत; **~ed,** अकारण, निर्मूल; अविवेचित; **~ ing,** 1. (*of person*) अविवेकी; 2. अविवेचित, अकारण; निर्मूल, अतर्क, अयुक्तिक; असंगत। > अॅन्रीज़ॅन्; अॅन्रीज़ॅनॅबॅल; अन्रीज़ॅन्ड; अॅन्रीज़ॅनिन्ग

unreclaimed, 1. (*not reformed*) बिना सुधारा; 2. (*uncultivated*) अकृषित; 3. (*unclaimed*) अनध्यर्थित। > अॅन्-रिक्लेम्ड

unrecognized, 1. अनभिज्ञान; 2. उपेक्षित; 3. (*of an institution*) अ-मान्यताप्राप्त, मान्यता-रहित। > अॅन्रे 'कॅग्नाइज़्ड

unrecorded, 1. (*unwritten*) अलिखित; 2. अनभिलिखित। > अॅन्-रि-कॉ:ड्:-इड

unre/deemable, 1. अनिष्क्रेय, अनुद्धार्य; 2. अविमोच्य; अपरिशोधनीय; 3. (*irreparable*) अपूरणीय; 4. अनिष्पाद्य; **~ deemed,** 1. अनिष्क्रीत, अनुद्धारित; 2. (*of debts*) अपरिशोधित, अदत्त; 3. अपूरित; 4. (*not done*) अनिष्पादित। > अॅन्-रिडीमॅबॅल; अॅन्-रि-डीम्ड

unreel, फिरकी* या चरखी* से उतारना। > अॅन्‌रील

unrefined, 1. (*not civilized*) असभ्य; 2. अपरिमार्जित, अपरिष्कृत; अशुद्ध। > अॅन्‌-रिफ़ाइन्ड

unreflecting, 1. (*of substance*) अपरावर्ती; 2. (*of person*) लापरवाह (*thoughtless*); बेलिहाज़ (*inconsiderate*)। > अॅन्‌-रि-फ्ले'क्‌-टिन्ग

unreformed, अनसुधरा; बिना सुधारा। > अॅन्‌-रि-फ़ॉःम्ड

un/regarded, उपेक्षित; **~ regardful,** लापरवाह; बेलिहाज़। > अॅन्‌-रि-गाड्‌/इड, ~ फ़ुल

un/regeneracy, अपुनरुज्जीवन, पुनरुद्धार-हीनता*; **~ regenerate,** अपुनरुज्जीवित, पुनरुद्धार-वंचित। > अॅन्‌-रिजे'नॅ/ रॅसि, ~ रिट

unregistered, अपंजीकृत; साधारण (*of mail*)। > अॅन्‌रे'जिस्टॅड

unregulated, अनियंत्रत; अनियमित। > अॅन्‌रे'ग्यूलेटिड

unrehearsed, सहज, स्वाभाविक; अनायोजित। > अॅन्‌-रिहॅःस्ट

unrelated, असंबद्ध। > अॅन्‌-रिलेट्‌-इड

unrelenting, 1. कठोर, बेदर्द, निष्ठुर; 2. (*unremitting*) निरन्तर, अविरत, अविरल; अथक। > अॅन्‌-रि-ले'न्‌-टिन्ग

unre/liability, अविश्वसनीयता* बेईमानी*; अयथार्थता* **~ liable,** 1. (*of person*) अविश्वसनीय, अविश्वस्त; बेईमान; 2. अविश्वसनीय; अयथार्य, अशुद्ध, ग़लत। > अॅन्‌-रि-लाइ-अॅ-बिल्‌-इ-टि; अॅन्‌-रि-लाइ-अॅ-बॅल

unrelieved, 1. (*unmitigated*) अप्रशमित (*as pain, e.g.*); पूरा; अन्यूनीकृत; 2. (*downright*) पक्का; 3. (*unaided*) बिना सहायता* के, बे-मदद; 4. (*monotonous*) एकरस, नीरस; 5. (*pure, unmixed*) विशुद्ध। > अॅन्‌-रिलीव्ड

unreligious, 1. (*irreligious*) अधार्मिक, अधर्मी, नास्तिक, धर्मनिरपेक्ष। > अॅन्‌-रिलिजॅस

un/remarkable, साधारण; **~ remarked,** अलक्षित। > अॅन्‌-रिमार्कॅबॅल; अॅन्‌-रिमाक्ट

un/remitted, 1. (*not forgiven*) अक्षमित; 2. निरन्तर; अथक; **~ remitting,** निरन्तर, अजस्त्र, अविरत, अविरल, अथक; **~ remittingly,** निरन्तर, लगातार। > अॅन्‌-रिमिट्‌/इड, ~ इन्ग; ~ इन्ग्‌-लि

unremunerative, अलाभकर, घाटे का। > अॅन्‌-रिम्यूनॅरॅटिव्

unrepair, बेमरम्मती*, जीर्णावस्था*; **~ ed,** बेमरम्मत। > अॅन्‌-रि/पे'अॅ, ~ पे'अॅड

unrepining, सहिष्णु। > अॅन्‌-रि-पाइन्‌-इन्ग

unreplaceable, अद्वितीय; अत्यावश्यक; अप्रतिस्थाप्य। > अॅन्‌-रिप्लेसॅबॅल

unrepresentative, अप्रातिनिधिक। > अॅन्‌रे'प्रिज़े'न्‌टॅटिव्

unrequited, 1. अप्रतिदत्त; एकतरफ़ा; 2. (*unrewarded*) अपुरस्कृत; 3. (*unavenged*) अप्रतिशोधित। > अॅन्‌-रि-क्वाइट्‌-इड

unreserve, बेतकल्लुफ़ी*, सरलता*। > अॅन्‌-रिज़ॅःव

unreserved, 1. बेतकल्लुफ़, निस्संकोच; 2. (*frank*) स्पष्टवादी; सरल, सच्चा, निष्कपट; 3. (*not restricted*) अबाध; अप्रतिबंध; 4. (*not booked in advance*) अनारक्षित, अप्रारक्षित, असुरक्षित; **~ ly,** निस्संकोच* पूर्णयता। > अॅन्‌-रिज़ॅःव्ड; अॅन्‌-रिज़ॅःव्‌-इड्‌-लि

unresolved, 1. (*undecided*) डाँवाँडोल, अकृतसंकल्प (*of person*); अनिर्णीत (*of question*); 2. (*not solved*); अनसुलझा; अनुत्तरित; 3. (*not analysed*) अविश्लेषित; 4. (*not separated into parts*) अविघटित, अवियोजित। > अॅन्‌-रिज़ॉल्व्ड

unresponsive, 1. अप्रतिक्रियाशील; अप्रति-संवेदी; 2. (*unsympathetic*) उदासीन, भावशून्य; प्रतिकूल। > अॅन्‌-रिस-पॉन्‌-सिव

unrest, 1. अशांति*; असन्तोष (*dissatisfaction*); उत्तेजना*; गड़बड़, उपद्रव, लचल*, (*disturbance*); 2. (*restlessness*) बेचैनी*, घबराहट*, व्यग्रता*; चिन्ता* (*anxiety*); **~ful,** 1. अशांत; 2. (*not soothing*) अशामक; 3. (*fidgety*) बेचैन, अधीर, विकल; **~ing,** अथक, अविरत। > अॅन्‌रे'स्ट; अॅन्‌रे'स्ट्‌/फ़ुल, ~ इन्ग

unrestored, बेमरम्मत; अप्रतिदत्त। > अॅन्‌-रिस-टॉःड

unrestrained, अनर्गल, बेलगाम; असंयमित। > अॅन्‌-रिस्ट्रेन्ड

unrestricted, अप्रतिबन्ध, अबाधित, अनियंत्रित। > अॅन्‌-रिस्‌-ट्रिक्ट्‌-इड

unretentive, 1. (*of memory*) कमज़ोर; 2. अधारणक्षम। > अॅन्‌-रि-टे'न्‌-टिव

unrevoked, अब तक लागू। > अॅन्‌-रिवोक्ट

unrhythmical, लयहीन, बेताल। > अॅन्‌-रिद्‌-मि-कॅल

unriddle, हल क०, सुलझाना। > अॅन्‌-रिडॅल

unrig, पाल उतारना। > अॅन्‌-रिग

unrighteous, 1. अधार्मिक, दुष्ट; अनैतिक, असदाचारी; 2. (*unjust*) अन्यायी (*of person*); अन्यायपूर्ण, अचुचित; 3. (*unmerited*) अकारण। > अॅन्‌राइचॅस

unrip, 1. (*tear*) फाड़ना; 2. उधेड़ना। > अॅन्‌-रिप

unripe, 1. कच्चा, अपक्व; 2. (*immature*) कच्चा, अपरिपक्व; अप्रौढ़। > अॅन्‌राइप

unrisen, अनुदित। > ॲन्-रिज़्न
unrivalled, अद्वितीय, बेजोड़, अनुपम, अप्रतिम, अनूप। > ॲन्‌राइवॅल्ड
unrobe, कपड़े उतारना। > ॲन्‌रोब
unroll, खुल जाना; फैल जाना; खोलना; फैला देना; दिखलाना, प्रदर्शित क०। > ॲन्‌रोल
unromantic, नीरस, साधारण। > ॲन्‌रॅमैन्-टिक
unroof, छत* उतारना; ~ **ed,** खुला। > ॲनरूफ़; ॲन्‌रूफ़्ट
unroot, उखाड़ना। > ॲन्‌रूट
unrounded, अगोलित। > ॲन्‌राउन्ड्-इड
unruffled, शान्त, अक्षुब्ध, अनुद्विग्न, अनुत्तेजित। > ॲन्‌रॅफ़ॅल्ड
unruled, अरेखित; अशासित। > ॲन्‌रूल्ड
unruly, 1. (*disorderly*) उपद्रवी, उच्छृंखल; निमानिया, बेकहा (*disobedient*); 2. (*uncontrolled*) बेक़ाबू, बेलगाम, अवश्य, अनियंत्रित। > ॲन्‌रूलि
unsaddle, 1. ज़ीन उतारना; 2. (*a rider*) गिराना। > ॲन्‌सैडॅल
unsafe, ख़तरनाक, संकटपूर्ण; असुरक्षित। > ॲन्‌सेफ़
unsaid, अनकहा, अकथित। > ॲन्‌से ड
unsal(e)able, अविक्रेय, अपण्य। > ॲन्‌सेलॅबॅल
unsalaried, अवैतनिक। > ॲन्‌सैलॅरिड
unsalted, अलोना। > ॲन्‌सॉःल्ट्-इड
unsanctified, अप्रतिष्ठित; अपवित्र, नापाक; दुष्ट। > ॲन्‌सैन्क्-टिफ़ाइड
unsanitary, अस्वास्थ्यकर, हानिकर, हानि-कारक। > ॲन्‌सैन्-इटॅरि
unsatisfactory, असन्तोषजनक, बहुत साधारण। > ॲन्‌सैटिस्‌फ़ैक्‌टॅरि
un/saturated, असंतृप्त; ~ **saturation,** असंतृप्ति*। > ॲन्‌सैचॅरेटिड; ॲन्‌सैचॅरेशॅन
unsavoury, 1. (*unpleasant*) अरुचिकर; 2. (*disgusting*) घृणित, घिनावना; अश्लील; 3. (*to taste*) अस्वादिष्ठ, कुस्वाद, बदज़ायक़ा, बदमज़ा; 4. (*to smell*) बदबूदार। > ॲन्‌सेवॅरि
unsay, वापस लेना। > ॲन्‌से
unscathed, निरापद, सही-सलामत; अक्षत। > ॲन्‌स्केद्‌ड
unscheduled, असूचीबद्ध, असारणीबद्ध; अननुसूचित। > ॲन्‌शे ड्यूल्ड
unscholarly, 1. अवैज्ञानिक; 2. (*of a person*) पांडित्यहीन; 3. (*inaccurate*) अयथार्थ। > ॲन्‌स्कॉलॅलि
unschooled, अशिक्षित; अप्रशिक्षित; अनुभव-हीन। > ॲन्‌स्कूल्ड
unscientific, अवैज्ञानिक। > ॲन्‌साइ-ॲन्-टिफ़्-इक
unscramble, सुलझाना। > ॲन्‌स्कैम्‌बॅल
unscratched, सही-सलामत; अक्षत। > ॲन्‌स्क्रैच्ट
unscreened, 1. खुला, बेपरदा; 2. अनजाँचा; 3. (*not made into a film*) अचलचित्रित। > ॲन्‌स्क्रीन्ड
unscrew, (पेच) खोलना; खुल जाना। > ॲन्‌स्क्रू
unscripted, अलिखित; तात्कालिक। > ॲन्-स्क्रिप्ट्-इड
unscriptural, धर्मग्रन्थ-निरपेक्ष; धर्मग्रंथ-विरुद्ध। > ॲन्-स्क्रिप्‌चॅरॅल
unscrupulous, अनैतिक, चरित्रहीन; बेईमान। > ॲन्‌स्क्रूप्यूलॅस
unseal, (मुहर*) खोलना; ~**ed,** अमुद्रांकित; खोलाना हुआ। > ॲन्‌सील; ॲन्‌सील्ड
unsearchable, रहस्यमय, अनन्वेषणीय। > ॲन्‌सॅःचॅबॅल
unseasonable, 1. बेमौसम; 2. (*ill-timed*) बेमौक़ा, असामयिक; अनुपयुक्त, अनुचित। > ॲन्‌सीज़ॅनॅबॅल
unseasoned, 1. (*not spiced*) सादा; 2. (*unflavoured*) फीका; 3. (*of wood*) कच्चा; 4. (*inexperienced*) कच्चा, कोरा, अनुभवहीन, अनभ्यस्त। > ॲन्‌सीज़ॅन्ड
unseat, गिरा देना; हरा देना। > ॲन्‌सीट
unsectarian, असम्प्रदायी; असाम्प्रदायिक; सम्प्रदाय-निरपेक्ष। > ॲन्‌से'क्‌टे'ॲर्-इॲन
unsecured, प्रतिभूतिरहित। > ॲन्‌सिक्युॲड
unseeing, 1. अप्रतिबोधी, असावधान; 2. (*unsuspecting*) असंदेही; 3. (*blind*) अंधा। > ॲन्‌सी-इन्ग
un/seemliness, अनौचित्य; असंगति*; ~ **seemly,** अनुचित, नामुनासिब, अशोभनीय; बेमौक़ा; असंगत। > ॲन्‌सीम्/लिनिस, ~ लि
unseen, अनदेखा, अलक्षित, अदृष्ट। > ॲन्‌सीन
unsegmented, अखंड। > ॲन्‌से'ग्‌मॅन्टिड
unself-conscious, 1. (*of person*) असंकोची, संकोच-रहित; 2. स्वाभाविक, सहज। > ॲन्‌से'ल्फ़्‌कॉन्‌शॅस
unselfish, निस्स्वार्थ। > ॲन्‌से'ल्फ़िश
unsent, अप्रेषित; ~**-for,** बिनबुलाया; अन-बुलाया। > ॲन्‌से'न्ट
unseptate, पटहीन। > ॲन्‌से'प्‌टेट
unserviceable, 1. अप्रयोज्य, अव्यवहार्य; 2. (*useless*) बेकार। > ॲन्‌सॅःव्-इसॅबॅल
un/settle, 1. अशान्त क०, घबरा देना; डाँवाँडोल क०; 2. (*disturb*) अस्तव्यस्त क०, अव्यवस्थित क०; अस्थिर क०; बिगाड़ना; ~ **settled,** 1. (*restless*)

बेचैन, अशान्त; 2. (*hesitating*) अनिश्चयी, डाँवाँडोल; असंतुलित; 3. (*uncertain*) अनिश्चित; अनिर्णीत (*not decided*); 4. (*unsteady*) अस्थिर; अव्यवस्थित (*not in order*); 5. (*unpaid*) अदत्त; 6. (*not populated*) ग़ैर-आबाद; ~ **settling,** घबरा देनेवाला; अशान्त कर देनेवाला; उत्तेजक।
> ॲन्से'टॅल; ॲन्से'टॅल्ड; ॲन्से'ट्-लिंग

unsew, उधेड़ना। > ॲन्सो

unsex, नपुंसक बनाना; पुरुष-सुलभ अथवा नारी-सुलभ गुणों से वंचित क०; पुरुषत्वहीन अथवा नारीत्वहीन कर देना; **~ed,** 1. नपुंसक, पुरुषत्वहीन; नारीत्वहीन; 2. (*of chicks*) (लिंग के आधार पर) अपृथक्कृत। > ॲन्से'क्स; ॲन्से'क्स्ट

unsexual, अलैंगिक। > ॲन्से'क्स्यूॲल

unshackle, बेड़ियों* से मुक्त क०; छुड़ाना।
> ॲन्शैकॅल

unshaded, खुला; अनावृत्त; अछायित (*of a picture*)।
> ॲन्शेड्-इड

unshadowed, अनाच्छादित; खुश, प्रसन्न; विषादरहित। > ॲन्शैडो

unshak(e)able, अविचलनीय; अविचलित; अटल, अविचल। > ॲन्शेकॅबॅल

unshamed, 1. अकलंकित; 2. (*shameless*) निर्लज्ज, बेहया। > ॲन्शेम्ड

un/shapely, भद्दा, बेढंगा, बेडौल; बदसूरत, कुरूप; **~ shapen,** अनगढ़ा; बेडौल।
> ॲन्शेप्-लि;-ॲन्शेपॅन

unshaven, 1. बेहजामत; 2. दाढ़ीदार, दाढ़ी-वाला।
> ॲन्शेवॅन

unsheathe, म्यान से निकालना, खींचना।
> ॲन्शीद

unsheltered, अरक्षित; निराश्रय, बेपनाह।
> ॲन्शे'ल्टॅड

unship, उतारना। > ॲन्-शिप

unshod, 1. (*bare-footed*) नंगपैरा; 2. (*of horse*) बेनाल, नाल-रहित। > ॲन्शॉड

unshoe, नाल उतारना। > ॲन्शू

unshorn, अकर्तित। > ॲन्शॉ:न

unshrinkable, न सिकुड़नेवाला, असंकुच्य।
> ॲन्-श्रिन्कॅबॅल

unshrinking, निडर। > ॲन्-श्रिन्क्-इन्ग

unsifted, 1. बिना छाना हुआ; 2. (*unexam-ined*) अनजाँचा। > ॲन्-सिफ़्ट्-इड

unsighted, 1. अदृष्ट; अलक्षित; 2. (*of gun*) बिना दीदबान का; 3. (*obstructed*) बाधित।
> ॲन्साइट्-इड

unsightly, असुन्दर, बदसूरत; अप्रिय; घिनावना, घृणित। > ॲन्साइट्-लि

unsilvered, अरजतित। > ॲन्सिल्वॅड

unsinew, दुर्बल कर देना। > ॲन्सिन्यू

unsinkable, 1. अध्वंस्य; 2. (*of debts*) अशोधनीय। > ॲन्-सिन्कॅबॅल

unskilful, अनाड़ी, अदक्ष। > ॲन्-स्किल्-फुल

unskilled, बेहुनर, अप्रशिक्षित, अकुशल।
> ॲन्-स्किल्ड

unslaked, 1. (*of lime*) अनबुझा, बिना बूझा; 2. (*unquenched*) अशमित। > ॲन्स्लेक्ट

un/sleeping, 1. अनिद्रित, असुप्त, जागता हुआ, जाग्रत; 2. (*fig.*) अविरत, निरन्तर; जाग्रत, निरन्तर सक्रिय; अथक; **~ slept,** उन्निद्र।
> ॲन्स्लीप्-इन्ग; ॲन्स्लेप्ट

unsling, खोलना; उतारना। > ॲन्-स्लिन्ग

un/sociability, असामाजिकता*; अलगाव; **~ sociable,** 1. ग़ैरमिलनसार; असामाजिक; रूखा; शुष्क; 2. (*reserved*) अलग रहनेवाला, ओलगिया।
> ॲन्सोशबिल्-इटि; ॲन्सोशॅबॅल

unsocial, असामाजिक; *see* UNSOCIABLE; **~ ized,** असमाजीकृत। > ॲन्सो/शॅल, ~ शॅलाइज़्ड

unsoldierly, ग़ैरसिपाहियाना। > ॲन्सोल्जॅलि

unsolicited, 1. अप्रार्थित, अयाचित; 2. (*gratuitous*) अकारण। > ॲन्सॅलिसिटिड

un/solvable, असमाधेय; **~ solved,** अनसुलझा, अनुत्तरित। > ॲन्सॉल्वॅबॅल; ॲन्सॉल्व्ड

unsophisticated, 1. (*simple*) सरल-स्वभाव, निष्कपट; भोला-भाला, सीधा; 2. (*inexperienced*) अनुभवहीन; 3. (*unadulterated*) शुद्ध, अमिश्रित।
> ॲन्सॅफिस्-टिकेटिड

unsought, अयाचित। > ॲन्सॉ:ट

unsound, 1. (*unhealthy*) अस्वस्थ; of **~ mind,** विक्षिप्त, विकृतमानस; 2. (*not reliable; of arguments, etc.*) अप्रामाणिक; अयुक्तियुक्त; कच्चा; ग़लत, झूठा (*false*); 3. (*not reliable, of person*) डाँवाँडोल; कच्चा; अस्थिर, अविश्वस्त; 4. (*spoilt, damaged*) बिगड़ा हुआ, दूषित, ऐबी, ख़राब; क्षत, क्षतिग्रस्त; 5. (*rotten*) सड़ा हुआ ख़राब; 6. (*worthless*) बेकार; निकम्मा; 7. (*of sleep*) हलका। > ॲन्साउन्ड

unspaced, अनन्तर, अन्तर-रहित। > ॲन्स्पेस्ट

unspan, खोलना। > ॲन्स्पैन

unsparing, 1. बेदर्द, निष्ठुर, कठोर; 2. (*lavish*) प्रचुर, बहुल, अत्यधिक, विपुल, उदार; उदार, मुक्तहस्त (*of person*)। > ॲन्स्पे'ॲर्-इन्ग

unspeak, वापस लेना; **~ able,** अकथ्य, अकथनीय; 2. (*abominable*) घृणित, बीभत्स।
> ॲन्स्पीक; ॲन्स्पीकॅबॅल

unspecialized, 1. (*person*) अप्रशिक्षित; अविशेषज्ञ; 2. अविशेषित; 3. (*general*) सामान्य।
> ॲन्स्पे'शॅलाइज़्ड

unspecified, अनिर्दिष्ट। > ॲन्स्पे'सिफ़ाइड

unspent, 1. अव्ययित; अप्रयुक्त; असमाप्त; अक्षय; 2. (*not tired*) अश्रांत, अपरिश्रान्त। > ॲन्स्पे'न्ट

unsplit, अविदलित। > ॲन्स्प्लिट

unspoilt, 1. अक्षत, बिनबिगड़ा, अविकृत; 2. (*of child*) सुशील। > ॲन्स्पॉइल्ट

unspoken, अकथित, अनकहा; मौन। > ॲन्स्पोकॅन

unsponsored, अप्रतिभूत; असमर्थित; अप्रवर्तित। > ॲन्स्पॉन्सॅड

unsporting, unsportsmanlike, (खेलाड़ी के लिए) अनुचित, अशोभनीय; अनुदार। > ॲन्स्पॉःट्-इन्ग; ॲन्स्पॉःट्स्मॅन्लाइक

unspotted, 1. बेदाग़; निर्मल; 2. (*blameless*) निर्दोष; निष्कलंक। > ॲन्स्पॉट्-इड

unsprung, 1. कमानी-रहित; 2. (*of a trap*) तैयार। > ॲन्स्प्रॅन्ग

unstable, 1. अस्थिर, अस्थायी; डाँवाँडोल; 2. (*unreliable*) अविश्वसनीय; 3. (*unbalanced*) असंतुलित; 4. (*fickle*) चंचल। > ॲन्स्टेबॅल

unstamped, 1. (*not sealed*) अमुद्रांकित; 2. (*without ticket*) बेटिकट। > ॲन्स्टैम्प्ट

unstarch, 1. कलफ़ निकालना; 2. ढीला क॰; ~ **ed,** बेकलफ़। > ॲन्स्टाच, ॲन्स्टाच्ट

unstarred, अतारकित, अतारांकित। > ॲन्स्टाड

unstatutable, अवैध। > ॲन्स्टैट्यूटॅबॅल

unsteady, 1. अस्थिर; 2. (*unreliable*) अविश्वसनीय; चंचल। > ॲन्स्टे'डि

unstick, निकालना; निकल जाना; उधड़ना। > ॲन्-स्टिक

un/stinted, प्रचुर, विपुल; अत्यधिक; ~ **stin-ting,** 1. प्रचुर; 2. (*unqualified*) पूर्ण, सम्पूर्ण, अप्रतिबन्ध, अबाधित। > ॲन्-स्टिन्ट्/इड, ~ इन्ग

unstitch, उधेड़ना। > ॲन्-स्टिच

un/stop, खोलना; डाट* या डट्टा निकालना; बाधा* या रुकावट* दूर क॰; ~ **stopped,** 1. अबाधित; 2. (*of letter*) अस्पर्श। > ॲन्स्टॉप; ॲन्स्टॉप्ट

unstoppered, बिना डाट* का। > ॲन्स्टॉपॅड

unstrap, पट्टा या तस्मा खोलना। > ॲन्स्ट्रैप

unstratified, अस्तरित। > ॲन्स्ट्रैट्-इफ़ाइड

unstressed, बलाघात-रहित। > ॲन्स्ट्रे'स्ट

unstretched, अतत, अतानित। > ॲन्स्ट्रे'च्ट

unstriated, अरेखित। > ॲन्स्ट्राइएट्-इड

unstring, ढीला क॰; डोरी* खोलना; निकालना। > ॲन्-स्ट्रिन्ग

unstriped, अरेखित। > ॲन्स्ट्राइप्ट

unstrung, 1. ढीला; 2. (*dismayed*) घबराया हुआ, व्याकुल। > ॲन्स्ट्रॅन्ग

unstuck, ढीला; अलग; उधड़ा; खुला; come~, निष्फल होना; बीमार पड़ जाना। > ॲन्स्टॅक

unstudied, 1. (*natural*) सहज, स्वाभाविक; 2. ~ in, से अनभिज्ञ। > ॲन्स्टॅड्-इड

unsubsidized, अर्थसहाय्य-रहित, परिदान-रहित। > ॲन्सॅब्-सिडाइज़्ड

unsubstan/tial, 1. अतात्त्विक; असार; अभौतिक (*immaterial*); 2. (*unreal*) अवास्तविक; 3. (*unfounded*) निर्मूल, निराधार; अप्रामाणिक; सारहीन; 4. (*not solid*) कच्चा; 5. (*of meal*) हलका, अल्प; अपर्याप्त; **~tiality,** अतात्त्विकता*; अवास्तविकता*; अप्रामाणिकता*; कच्चापन; अल्पता*; **~ tiated,** अप्रमाणित; असम्पुष्ट; निराधार। > ॲन्सब्स्टैन्शल; ॲन्सॅब्स्टैन्-शि-ऐल्-इटि; ॲन्सब्स्टैन्-शिएटिड

unsubstituted, अप्रतिस्थापित। > ॲन्सॅब्-स्टिटयूटिड

unsuccess, विफलता*; **~ ful,** असफल, विफल। > ॲन्सॅक्से'स, ~ फुल

un/suitability, अनुपयुक्तता*; औनचित्य; **~ suit-able,** 1. अनुपयुक्त*; 2. (*unbecoming*) अनुचित; **~suited,** 1. अनुपयुक्त; 2. (*incompatible*) अननुकूल; असंगत। > ॲन्स्यूटॅबिल्-इटि; ॲन्स्यूटॅबॅल; ॲन्स्यट्-इड

unsullied, 1. बेदाग़; 2. (*fig.*) बेदाग़, निर्मल, निष्कलंक। > ॲन्सॅल्-इड

unsung, अकीर्तित। > ॲन्सॅन्ग

unsupported, 1. निरवलंब; बे-मदद; 2. असमर्थित; 3. (*of evidence*) असम्पुष्ट; निराधार; 4. (*without a prop*) बिना टेक* के। > ॲन्सॅपॉःट्-इड

unsure, 1. (*uncertain*) अनिश्चित; 2. (*doubtful*) संदिग्ध; 3. (*insecure*) असुरिक्षत; 4. (*unreliable*) अविश्वसनीय, अविश्वस्त। > ॲन्शुॲ

unsurmountable, अलंघ्य, अलंघनीय, अपारणीय। > ॲन्सॅमाउन्टॅबॅल

un/suspected, 1. असंदिग्ध; 2. (*not thought of*) अकल्पित; **~ suspecting,** असंदेही। > ॲन्सॅस्पे'क्/टिड, ~ टिन्ग

unsuspicious, 1. असंदेही; 2. (*arousing no suspicion*) असंदेहजनक। > ॲन्सॅस-पिशॅस

unswaddle, unswathe, कपड़े खोलना। > ॲन्स्वॉडॅल; ॲन्स्वेद

unswayed, 1. अविचलित, अप्रभावित; 2. (*unprejudiced*) निष्पक्ष। > ॲन्स्वेड

unswerving, 1. (*not deviating*) अविपथी; 2. (*loyal*) सच्चा, ईमानदार, निष्ठावान्; 3. (*firm*) दृढ़, अटल, अविचल। > ॲन्स्वॅःव-इन्ग

unsymmetrical, असममित, असम्मित। > ॲन्-सिमे'ट्-रिकॅल

unsympathetic, 1. (*feeling no sympathy*)

बेदर्द, कठोर; संगदिल; 2. (*rousing dislike*) अप्रीतिकर, अप्रिय, घृषित, घिनावना। > अॅन्-सिम्पॅथे 'ट्-इक

unsystematic, 1. अव्यवस्थित, गड्डबड्ड; 2. (*haphazard*) अटकलपच्चू। > अॅन्-सिस्-टि-मैट्-इक

untack, 1. (*also untackle*) खोलना; 2. (*unstitch*) उधेड़ना; 3. कीलें* निकालना। > अॅन्टैक

untained, बेदाग़; निष्कलंक, अदूषित। > अॅन्टेन्ट्-इड

untamed, 1. (*wild*) वन्य, बनैला, जंगली; 2. (*unbroken*) अनसधाया; 3. (*unsubdued*) अदमित; अविजित; 4. (*uncontrolled*) अनियंत्रित। > अॅन्टेम्ड

untangle, सुलझाना। > अॅन्टैन्ग्गॅल

untanned, 1. (*of leather*) कच्चा; 2. (*not sunburnt*) अधूपित। > अॅन्टैन्ड

untapped, 1. अछेदित; 2. (*of resources*) अप्रयुक्त। > अॅन्टैप्ट

untasted, 1. (*not experienced*) अननुभूत; 2. अनचखा; अछूता। > अॅन्टेस्-टिड

untaught, 1. (*ignorant*) अशिक्षित; 2. (*of a subject*) अपाठित, अनसिखाया; 3. (*natural*) सहज, स्वाभाविक। > अॅन्टॉःट

untaxed, 1. (*not taxed*) करमुक्त; 2. (*not overburdened*) कम भारित। > अॅन्टैक्स्ट

unteach, भुला देना; **~ able,** अपाठनीय, अनध्याप्य, अनध्यापनीय; 2. (*of person*) अशिक्षणीय। > अॅन्टीच; अॅन्टीचॅबॅल

untempered, 1. (*not softened*) अमृदूकृत; 2. (*not moderated*) अमंदीकृत; असंतुलित; असंयमित, असंयत; उग्र; तेज; 3. (*of steel*) अ-पनिया। > अॅन्टे 'म्पॅड

untenable, 1. (*of fort etc.*) अरक्षणीय; 2. (*of argument*) अयुक्तियुक्त, अतर्कसंगत। > अॅन्टे 'नॅबॅल

un/tenantable, अ-वासयोग्य; **~ tenanted,** खाली; बेकिरायेदार।> अॅन्टे 'नॅन्टॅबॅल; अॅन्टे 'नॅन्टिड

untended, उपेक्षित। > अॅन्टे 'न्-डिड

untested, अनजाँचा, अपरीक्षित। > अॅन्टे 'स्-टिड

untether, खोलना। > अॅन्टे 'द्-ॲ

unthankful, नमकहराम, कृतघ्न; 2. (*profitless*) बेकार, व्यर्थ; 3. (*unpleasant*) अप्रिय। > अॅन्थैन्क्फ़ुल

unthink, मन से निकालना; दूर क०; **~ able,** 1. अविचार्य, अचिंत्य; कल्पनातीत; 2. (*impossible*) असंभव; 3. (*impracticable*) अव्यावहारिक; 4. (*horrible*) भयंकर; 5. (*abominable*) बीभत्स; **~ ing,** 1. लापरवाह; 2. (*inconsiderate*) बेलिहाज़; **~ ingly,** अनजाने। > अॅन्-थिन्क; अॅन्-थिन्कॅबॅल; अॅन्-थिन्क्-इन्ग

unthought-of, 1. अविचारित; 2. (*not imagined*) अकल्पित; 3. (*unexpected*) अप्रत्याशित, अनपेक्षित; आकस्मिक। > अॅन्-थॉःट्-ऑफ़

unthread, 1. तागा निकालना; 2. (*unravel*) सुलझाना। > अॅन्थ्रे 'ड

unthrifty, अपव्ययी, फ़ुज़ूलखर्च। > अॅन्-थ्रिफ़्-टि

unthrone, गद्दी* से उतारना। > अॅन्-थ्रोन

un/tidily, बेसिलसिले*, लापरवाही* से; **~ tidiness,** अस्तव्यस्तता*, अव्यवस्था*; बेढंगापन; फूहड़पन; **~ tidy,** 1. (*in disorder*) अस्तव्यस्त; बेढंगा (*slipshod*); 2. (*slovenly*) फूहड़, मैला-कुचैला। > अॅन्टाइड्/इलि, ~ इनिस, ~ इ

untie, खोलना। > अॅन्टाई

until, *prep.*, तक; *conj.*, जब तक; जब तक··· न। > अॅन्-टिल

untile, खपड़े उतारना। > अॅन्टाइल

untimbered, वृक्षहीन। > अॅन्-टिम्बॅड

untimely, *adj.*, 1. (*premature*) असामयिक, अकाल; 2. (*at the wrong time*) बेमौका, असामयिक, असमयोचित; ~ death, अकाल मृत्यु*; —*adv.*, असमय, समय से पहले; बेवक्त, असमय, बेमौके। > अॅन्टाइम्-लि

untinged, 1. अरंजित; 2. (*unaffected*) अप्रभावित, अछूता। > अॅन्-टिंज्ड

untiring, अथक। > अॅन्टाइअॅर्-इन्ग

untithed, (दशमांश) करमुक्त। > अॅनटाइद्ड

unto, *see* TO. > अॅन्टु

untold, 1. (*not spoken*) अकथित; 2. (*not narrated*) अवर्णित; 3. (*not revealed*) अप्रकटित; 4. (*unlimited*) असीम; 5. (*innumerable*) असंख्य। > अॅन्टोल्ड

untomb, खोद निकालना; क़ब्र* से निकालना। > अॅन्टूम

un/touchability, अस्पृश्यता*, छूआछूत*; **~ touchable,** 1. अस्पृश्य, अछूत; 2. (*intangible*) स्पर्शातीत; अतिसूक्ष्म; **~ touched,** 1. अस्पृष्ट, अछूता; 2. अद्वितीय; 3. (*intact*) अक्षुण्ण; अक्षत; 4. अप्रभावित; भाव-शून्य। > अॅन्टॅचॅबिल्-इटि; अॅन्टॅचॅबॅल; अॅन्टॅच्ट

untoward, 1. अप्रिय, अशोभनीय; अशुभ, अमंगल; अनुचित; 2. (*stubborn*) ज़िद्दी; 3. (*unruly*) दुर्दम्य, अवश्य। > अॅन्टोअॅड

untraceable, अननुमार्गणीय। > अॅन्ट्रेसॅबॅल

untrained, अप्रशिक्षित। > अॅनट्रेन्ड

untrammelled, अबाधित; स्वच्छन्द। > अॅन्ट्रैमॅल्ड

untransferable, अनन्तरणीय; अहस्तान्तरणीय

(*inalienable*); अस्थानान्तरणीय (*to another place*)। > ॲन्ट्रैन्स्फ़रॆबॅलॅ

untravelled, अपर्यटित। > ॲन्ट्रैवल्ड

untreated, 1. (*not processed*) असंसाधित; 2. (*of disease*) अचुपचारित। > ॲन्ट्रीट्-इड

untried, 1. (*not tested*) अपरीक्षित; 2. (*not tried in court*) अविचारित। > ॲन्ट्राइड

untrimmed, अकर्तित। > ॲन्-ट्रिम्ड

untrodden, 1. अगत, कुँवारा; 2. (*remote*) एकान्त, निर्जन। > ॲन्ट्रॉडॅन

untroubled, शान्त, अविकल। > ॲन्ट्रॅबॅल्ड

untrue, 1. असत्य, झूठा, मिथ्या; 2. (*erroneous*) ग़लत, भ्रान्तिपूर्ण, अयतातथ्य; 3. (*unfaithful*) बेईमान; विश्वासघाती; 4. अशुद्ध। > ॲन्ट्रू

untruss, खोलना, छुड़ाना। > ॲन्ट्रॅस

untrustworthy, अविश्वसनीय, अविश्वस्त; बेईमान। > ॲन्ट्रॅस्ट्वॅ:दि

untruth, 1. (*falsehood*) असत्यता*, मिथ्यात्व; 2. (*lie*) झूठ, असत्य; **~ ful,** 1. (*untrue*) असत्य, मिथ्या; 2. (*not telling the truth*) झूठा, मिथ्यावादी। > ॲन्ट्रूथ, ~ फुल

untune, बेसुरा कर देना। > ॲन्ट्यून

untuned, असमस्वरित। > ॲन्ट्यून्ड

untutored, 1. (*not educated*) अशिक्षित; 2. (*untrained*) अप्रशिक्षित; 3. (*not civilized*) असभ्य, गँवार; 4. (*simple*) भोला-भाला। > ॲन्टयूटॅड

untwine, 1. खोलना; खुल जाना; 2. (*unravel*) सुलझाना। > ॲन्ट्वाइन

untwist, खोलना; ढीला क०; खुलना; ढीला हो जाना। > ॲन्-ट्विस्ट

unurged, सहज, स्वैच्छिक। > ॲन्अ:ज्ड

unusable, बेकार, अनुपयोगी, अप्रयोज्य। > ॲन्यूज़ॅबॅल

unused, 1. अप्रयुक्त; 2. (*not accustomed to*) अनभ्यस्त। > ॲनयूज़्ड (1); अन्यूस्ट (2)

unusual, 1. (*not customary*) अप्राचिक; विरला; चलन के विरुद्ध; अरीतिक; 2. (*exceptional*) असाधारण, असामान्य, ग़ैर-मामूली। > ॲन्यूश्जुॲल

un/utterable, 1. अकथ्य; 2. (*indescribable*) अनिर्वचनीय, वर्णनातीत; 3. (*complete*) पक्का; **~uttered,** अकथित, अप्रकटित। > ॲन्ॲटॅरॅबॅल; ॲन्ॲटॅड

unvalued, 1. अमूल्यांकित; 2. (*worthless*) मूल्यहीन। > ॲन्वैल्यूड

unvaried, 1. (*unchanging*) अपरिवर्ती; 2. (*tedious*) उबाऊ, नीरस। > ॲन्वे'ॲर्-इड

unvarnished, 1. बेरोग़न; 2. (*unadorned*) अनलंकृत। > ॲन्वान्-इश्ट

unvarying, अपरिवर्ती। > ॲन्वे'ॲर्-इ-इन्ग

unveil, 1. अनावरण क०; अनावृत क०; 2. (*take off one's veil*) घूँघट उतारना; 3. प्रकट हो जाना। > ॲन्वेल

un/verifiable, असत्यापनीय; **~ verified,** असत्यापित। > ॲन्वे'रि/फ़ाइॲबॅल, ~ फ़ाइड

unversed, अकुशल, अप्रशिक्षित; अदक्ष, अनिपुण। > ॲन्वॅ:स्ट

unvoiced, 1. (*unspoken*) अकथित, अप्रकटित; मौन 2. (*phon.*) अघोष। > ॲनवॉइस्ट

unvoluntary, अनैच्छिक। > ॲन्वॉलॅन्टॅरि

unvouched for, अप्रतिभूत। > ॲन्वाउच्ट

unwakened, सुप्त, सोया हुआ, निद्रित। > ॲन्वेकॅन्ड

unwanted, 1. अवांछित, अनचाहा; 2. (*unnecessary*) अनावश्यक। > ॲन्वॉन्टिड

un/warily, 1. असावधानी* से, 2. (*rashly*) अन्धाधुन्ध; **~ wariness,** 1. असावधानी*, बेख़बरी*; 2. (*rashness*) उतावलापन, अविवेक। > ॲन्वे'ॲर्/इलि, ~ इनिस

unwarlike, 1. (*not warlike*) असामरिक; असैनिक; 2. (*peaceable*) शान्तिप्रिय; शान्तिमय। > ॲन्वॉ:लाइक

unwarped, असंवलित। > ॲन्वॉ:प्ट

un/warrantable, 1. अनुचित; अकारण, नाहक़; 2. (*not authorized*) अप्राधिकृत। > ॲन्वॉ/ रॅन्टॅबॅल; ~ रॅन्टिड

unway, 1. (*not on the alert*) असतर्क, असावधान, बेख़बर; 2. (*rash*) उतावला, अविवेकी, अविचारी (*of a person*); अविवेचित, अन्धाधुन्ध (*of actions*)। > ॲन्वे'ॲर्-इ

unwashed, अनधुला; बिना धोया, अप्रक्षालित, असिंचित; the great ~, निम्नवर्ग। > ॲन्वॉश्ट

unwatered, 1. असिंचित; 2. (*of milk*) शुद्ध, बिना मिलावट* का। > ॲन्वॉ: टॅड

unwavering, अटल, दृढ़, दृढ़निश्चय। > ॲन्वेवॅरिन्ग

unweaned, दुधमुँहाँ, दूधमुँहाँ; बिना दुध छुड़ाया। > ॲन्वीन्ड

unwearable, 1. पहनने योग्य नहीं, अपरिधेय; 2. टिकाऊ। > ॲन्वे'ॲरॅबॅल

un/wearible, अथक; **~ wearied,** अक्लांत, अथकित; अथक; **~ wearying,** 1. अथक; 2. (*persistent*) अध्यवसायी (*of person*); निरन्तर, अविरल, अविरत (*of effort*)। > ॲन्-विॲर/इॲबॅल, ~ इड, ~ इ-इन्ग

unweave, उधेड़ना; खोलना। > ॲन्वीव

unwed(ded), अविवाहित। > ॲन्वे'ड; ॲनवे'ड्-इड

unweighted, अभारित। > ॲन्वेट्-इड

unwelcome, अप्रिय, अरुचिकर; अवांछनीय। > ॲन्वे'ल्कॅम

unwell, अस्वस्थ। > ॲन्वे'ल

unwept, अरोदित, अशोचित, अविलपित। > ॲन्वे'प्ट

unwholesome, 1. हानिकर, अहितकर; 2. (*morally*) दूषित; 3. (*morbid*) रुग्ण। > ॲन्होल्सॅम

unwieldy, 1. (*clumsy*) भद्दा, भोंडा; 2. (*cumbersome*) भारी-भरकम; बोझिल; दुर्वह; 3. दुष्प्रयोजनीय, दुष्परिचालनीय। > ॲन्वील्-डि

unwifely, पत्नी* के अयोग्य, अभार्योचित। > ॲन्वाइफ़्-लि

unwilling, अनिच्छुक; ~ **ly,** अनिच्छा* से। > ॲन्-विल्/इन्ग, ~ इन्ग्-लि

unwind, 1. खोलना; जाना; 2. (*relax*) नरम पड़ जाना; शांत हो जाना। > ॲन्वाइन्ड

unwinking, 1. (*of eyes*) अपलक; 2. (*vigilant*) सतर्क, चौकस, चौकन्ना। > ॲन्-विन्क्-इन्ग

unwisdom, अविवेक; मूर्खता*, बेवक़ूफ़ी*। > ॲन्-विज़्-डॅम

unwise, 1. (*of person*) मूर्ख, बेवक़ूफ़, नासमझ, अविवेकी; 2. मूर्खतापूर्ण; अनुचित। > ॲन्वाइज़

unwished-for, अनचाहा। > ॲन्-विश्ट फ़ॉ:

unwitnessed, 1. अदृष्ट, अलक्षित; 2. अभूतपूर्व; 3. (*not supported by witness*) असाक्षीकृत। > ॲन्-विट्-निस्ट

unwitting, 1. अनभिज्ञ, अनजान; 2. (*unintentional*) अनभिप्रेत; अनैच्छिक; अज्ञानकृत; **~ly,** अनजाने। > ॲन्-विट्/इन्ग, ~ इन्ग्-लि

unwomanly, अस्त्रियोचित। > ॲन्वुमॅन्लि

unwonted, 1. (*unaccustomed*) अनभ्यस्त; 2. (*uncustomary*) अप्रायिक, विरला; अरीतिक, परम्परा-विरुद्ध, रीति-विरुद्ध, चलन या रिवाज के विरुद्ध; 3. (*exceptional*) असाधारण, ग़ैरमामूली। > ॲन्वोन्-टिड

unworkable, अव्यवहार्य; असाध्य; असंभव। > ॲन्वॅ:कॅबॅल

unworkmanlike, कच्चा। > ॲन्वॅ:क्मॅन्लाइक

unworldly, 1. (*spiritual*) आध्यात्मिक; 2. असांसारिक; 3. (*supernatural*) अलौकिक, स्वर्गीय। > ॲन्वॅ:ल्ड्-लि

unworn, 1. (*not worn-out*) दुरुस्त, साबुत, अजीर्ण; 2. (*never having been worn*) बिना पहना, बेपहना। > ॲन्वॉ:न

unworthiness, अयोग्यता*, अपात्रता*, नालायकी*; निकम्मापन; अनधिकार। > ॲन्वॅ:दिनिस

unworthy, 1. अयोग्य, अपात्र, नालायक; 2. (*worthless*) बेकार, रद्दी, निकम्मा; 3. (~ *of*) के अयोग्य, अनधिकारी। > ॲनवॅ:दि

unwounded, अक्षत, अनुपहत। > अन्वून्ड्-इड

unwarp, खोलना। > ॲन्रैप

unwritten, 1. अलिखित; 2. (*unrecorded*) अनभिलिखित। > ॲन्-रिटॅन

unwrought, अनगढ़, कच्चा, अपरिष्कृत। > ॲन्रॉ:ट

unyielding, 1. दृढ़, दृढ़निश्चय, अटल; 2. (*hard*) सख्त, कड़ा; 3. (*stubborn*) हठी, ज़िद्दी। > ॲन्यील्-डिन्ग

unyoke, 1. (*animals*) खोलना, छुड़ाना; 2. (*disconnect*) अलग क०। > ॲन्योक

unzip, खोलना। > ॲन्-ज़िप

unzoned, (मंडलों या क्षेत्रों में) अविभाजित। > ॲन्ज़ोन्ड

up, *prefix,* 1.(*in a higher position*) उच्च-; 2. (*upward*) ऊर्ध्व-; *—pre-position,* पर, के ऊपर; ~ stage, नेपथ्य में; *—n.* चढ़ाव-उतार; on the ~ and ~, उन्नति* पर; ईमानदार, सच्चा; *—v.,* उठ खड़ा होना; सहसा करने लगना; बोल बैठना, कर बैठना; उठाना; *—adj.,* उच्च; ऊपरवाला, उपरला; ऊर्ध्वगामी; अप (*of trains*); be on the ~ grade, सुधरना, उन्नति* क०; *—adv.,* 1. ऊपर; की ओर*; के पास; 2. उत्तर की ओर*; 3. (*before the court*) कचहरी* में, अदालत* में; 4. (*towards the source, against the current*) उजान; 5. (*on horseback*) सवार; 6. (*erect*) खड़े; get ~, खड़े हो जाना; उठना; 7. (*of assembly; ended*) समाप्त, स्थगित; 8. (*hurrah*) ज़िन्दाबाद, ... की जय*; 9. (*in rebellion*) विद्रोही; the whole country is ~, सारे देश में विद्रोह है; 10. (*intensive*) eat ~, खा डालना; dry ~, सोख लेना; speak ~, ज़ोर से बोलना; 11. (*completion*) time is~, समय हो गया; ~ and about, भला-चंगा; ~ and coming, होनहार; ~ and down, 1. ऊपर-नीचे; 2. (*to and fro*) इधर-उधर; आगे-पीछे; ~ in arms, शस्त्रसज्जित, युद्धोद्यत; ~to, 1. करने में समर्थ; में लगा हुआ; 2. (*as far as*) तक, पर्यन्त; it's ~ to us, यह हमारी ज़िम्मेवारी* है; be ~ against, का सामना करना पड़ रहा हैं; be well ~ in, का विशेषज्ञ होना, अच्छी तरह* से जानना; his blood is~, वह उत्तेजित है; be ~ to, गुप्त रूप से सक्रिय होना, छिपे-छिपे क०; ~ to date, आज तक; it's all ~, सर्वनाश हो गया है, आशा* नहीं रह गयी; what's ~?, बात* क्या है ? > ॲप्

upas, विषवृक्ष; विष (*also fig.*)। > यूपॅस

upbraid, भर्त्सना* क०, उलाहना देना; 2. (*scold*) डाँटना, झिड़कना; **~ ing,** भर्त्सना*; डाँट-डपट*। > ॲप्ब्रेड; ॲप्-ब्रेड्-इन्ग

upbringing, 1. शिक्षा*, लिखाई-पढ़ाई*; 2. (*rearing*) पालन-पोषण। > अ‍ॅप्-ब्रिन्-इन्ग

upcast, *n.*, 1. उत्क्षेप; 2. (*mining*) उत्कूपक, हवा-कूपक; —*adj.*, उत्क्षिप्त; ऊपर उठा हुआ; —*v.*, ऊपर फेंकना; ऊपर उठाना। > अ‍ॅप्कास्ट (*n.*); अ‍ॅपकास्ट (*adj., v.*)

up-country, *n.*, देहात; *adj.*, देहाती (*also fig.*)। > अ‍ॅप्-कॅन्-ट्रि

up-date, आधुनिक बनाना। > अ‍ॅप्डेट

up-end, 1. खड़ा क०; 2. (*turn upside down*) औंधाना, उलटा क०; 3. उठ खड़ा होना; 4. उलट जाना। > अ‍ॅप-एन्ड

up-fold, उद्वलन। > अ‍ॅप्-फ़ोल्ड

up-grade, *n.*, चढ़ाई*; on the ~, 1. उन्नति* पर, उन्नतिशील; सुधरनेवाला; बढ़नेवाला; 2. (*ascending*) चढ़ाऊ, चढ़ावदार; —*v.*, पदोन्नति क०; उन्नत क०; मूल्य बढ़ाना; —*adv.*, ऊपर। > अ‍ॅप्ग्रेड (*n.*); अ‍ॅपग्रेड (*v.*)

upgradient, उत्प्रवणता*। > अ‍ॅप्ग्रेड्यॅन्ट

upgrowth, विकास। > अ‍ॅप्ग्रोथ

upheaval, 1. (*vast social change*) क्रांति*; महापरिवर्तन, कायापलट; 2. (*commotion*) होहल्ला, हुल्लड़; उथल-पुथल*; 3. (*earth-quake*) भूकम्प; 4. (*of earth's crust*) प्रोत्थान। > अ‍ॅप्हीवॅल

upheave, उभारना, ऊपर उठाना; उभरना, ऊपर उठना, उभर आना। > अ‍ॅप्हीव्

upheld, (*see* UPHOLD) समर्थित; प्रोत्साहित; अनुमोदित, परिपुष्ट। > अ‍ॅप्हेल्ड

uphill, *adj.*, 1. (*ascending*) चढ़ाऊ, चढ़ावदार; 2. (*difficult*) श्रमसाध्य, कठिन; 3. ऊँचा; —*adv.*, ऊपर, ऊपर की ओर*, ऊर्ध्व। > अ‍ॅप्-हिल (*adj.*); अ‍ॅप्-हिल (*adv.*)

uphold, 1. (*hold up*) थामना, सँभालना, उठाए रखना; 2. (*support, defend*) समर्थन, क०; 3. (*encourage*) प्रोत्साहित क०; प्रोत्साहन देना; 4. (*confirm; maintain*) अनुमोदन क०, परिपुष्ट क०; क़ायम रखना, (की मर्यादा*) बनाए रखना। > अ‍ॅप्होल्ड

uphol/ster, 1. (*a chair*) गद्दी* लगाना; 2. (*a room*) सुसज्जित क०; ~ **sterer,** सोफ़ासाज़; गद्देदार फर्नीचर का दूकानदार; ~ **stery,** कमरे का साज़-सामान (क़ालीन, परदे, और गद्देदार कुरसियाँ*) गद्देदार फर्नीचर की दूकान*। > अ‍ॅप्होल्/स्टॅ, ~ स्टॅरॅ; ~ स्टॅरि

upkeep, 1. अनुरक्षण; 2. (*repair*) मरम्मत*। > अ‍ॅप्कीप

upland, *n.*, अधित्यका*; उच्चभूमि*; *adj.*, अधित्यकीय, अधित्यका-। > अ‍ॅप्लैन्ड

uplift, *v.*, 1. ऊपर उठाना; 2. (*fig.*) उन्नत क०, सुधारना; 3. (*cheer*) ढारस बँधाना; में जान* डालना; आनन्दित क०; —*n.*, 1. (*enthusiasm*) उल्लास, उत्साह; 2. (*raising; also fig.*) उत्थापन, उन्नयन; 3. (*inspiration*) प्रेरणा*, 4. (*geology; upheaval*) प्रोत्थान। > अ‍ॅप्-लिफ़्ट (*v.*); अ‍ॅप्-लिफ़्ट (*n.*)

upmost, सब से ऊँचा; उच्चतम, सर्वोच्च। > अ‍ॅप्मोस्ट

upon, *prep*, पर, के ऊपर; के बाद; के समय; के विषय में; के पास। > अ‍ॅपॉन

upper, *n.*, 1. (*of shoe*) ऊपर भाग, साज; 2. (*pl.*) कपड़े के गेटिस, गुल्फत्राण; on one's ~s, तंगहाल; —*adj.*, 1. (*situated above*) ऊपरी, उपरला; 2. (*superior*) उच्च, प्रवर, वरिष्ठ; ~ air, उपरितन वायु; ~ arm, प्रगण्ड; ~ bar, शिरोरेखा*; ~ class, उच्च वर्ग; ~ jaw, ऊपरी जबड़ा, ऊर्ध्वहनु*; ~ layer, उपरिस्तर; ~limit, उच्चसीमा*; ~ storey, 1. ऊपरी तल्ला; 2. दिमाग़; ~ ten, अभिजात-वर्ग; **~-class, ~- crust,** उच्चवर्गीय; **~-cut,** ऊर्ध्वप्रघात। > अ‍ॅप्-अॅ

uppermost, *adj.*, 1. (*highest*) उच्चतम, सर्वोच्च; 2. (*predominant*) प्रबल, अभिभावी; प्रमुख, प्रधान; —*adv.*, ऊपर; ऊर्ध्व। > अ‍ॅपॅमोस्ट

uppish, 1. (*snobbish*) दंभी; 2. (*conceited*) गर्वीला, अहम्मन्य; अभिमानी; 3. (*imprudent*) उद्धत, ढीठ, धृष्ट, गुस्ताख़। > अ‍ॅन्-इश

upraise, उठाना। > अ‍ॅप्रेज़

uprear, 1. (*raise up*) उठाना, खड़ा क०; 2. (*raise in dignity*) उन्नत क०; 3. (*bring up*) पालन-पोषण; 4. (*rise up*) उठना। > अ‍ॅप्रिअॅ

upright, *adj.*, 1. (*erect*) खड़ा, सीधा; ऊर्ध्वाधर; 2. (*perpendicular*) लम्ब, अभिलम्ब; 3. (*honest*) सच्चा, ईमानदार, खरा; —*n.*, खड़ा खंभा। > अ‍ॅप्राइट

uprising, विद्रोह, बग़ावत*। > अ‍ॅप्राइज़िन्ग

uproar, होहल्ला, शोरग़ुल, कोलाहल, गुलगपाड़ा, हुल्लड़, हंगामा; **~ ious,** 1. (*full of noise*) कोलाहलपूर्ण; 2. (*making noise*) शोर मचानेवाला; 3. (*boisterous*) ऊधमी, उपद्रवी, ग़ुल-गपाड़िया; 4. (*loud*) ऊँचा; 5. (*jovial*) लबीअतदार, ज़िन्दादिल; —laughter, क़हक़हा, ठहाका। > अ‍ॅप्रॉ:; अ‍ॅप्रॉ:र्-इअॅस

uproot, 1. उखाड़ना, उपाड़ना; 2. (*eradicate*) उन्मूलन क०। > अ‍ॅप्रूट

uprush, उद्धावन। > अ‍ॅप्रॅश

upset, *v.*, 1. (*capsize*) उलट देना; उलट जाना; 2. (*knock down*) गिरा देना; 3. गिराया जाना; 4. (*turn upside-down*) औंधाना; 5. (*put out of order*) में गड़बड़ पैदा क०; गड़बड़ा देना, विपर्यस्त क०, अस्त-व्यस्त क०; 6. (*disturb the calm of*) घबरा देना; अशांत क०; दुखाना; 7. (*annoy*) परेशान

क०; तंग क०; 8. (*make ill*) अस्वस्थ या बीमार कर देना; —*n.*, 1. उलटाव; गिरावट*; 2. (*disorder*) गड़बड़, गड़बड़ी*; अस्तव्यस्तता*; 3. (*mental disturbance*) घबराहट*; 4. (*annoyance*) परेशानी*; 5. (*cause of distress*) कष्ट, कण्टक; 6. (*illness*) कष्ट; बीमारी*, अस्वस्थता*; 7. (*quarrel*) झगड़ा; —*adj.*, घबराया हुआ, अशान्त, विकल; परेशान; ~ price, सरकारी बोली*; **~ ting,** घबरा देनेवाला; गड़बड़ पैदा करनेवाला। > अप्**से'ट** (*v.*); ॲप्से'ट (*n. adj.*); ॲप्**से'ट**-इन्ग

upshot, 1. (*conclusion*) निष्कर्ष; 2. (*result*) परिणाम, नतीजा; 3. (*the long and short*) सार। > **ॲप्**शॉट

upside, ऊपरी भाग; ऊपरी सतह* या तरफ़*; **~-down**, *adj.*, 1. उलटा-पुलटा, औंधा; 2. (*in disorder*) अस्तव्यस्त, तितर-बितर; —*adv.*, उलटे-पुलटे, औंधे; turn —, अस्त-व्यस्त कर देना, उलटना-पलटना। > **ॲप्**साइड; ॲप्साइड्**डाउन**

upsides, get ~ with, बदला लेना। > ॲप्**साइड्ज़**

upstage, *adv.*, नेपथ्य की तरफ़*; —*adj.*, दंभी; ग़ैरमिलनसार; शुष्क, रूखा। > ॲप्**स्टेज** (*adv.*); **ॲप्**स्टेज (*adj.*)

upstairs, *n.*, ऊपरी मंज़िल* या तल्ला; —*adv.*, ऊपर; —*adj.*, ऊपरी। > ॲप्**स्टे'ॲज़** (*n.*, *adv.*); **ॲप्**स्टे'ॲज़ (*adj.*)

upstanding, 1. खड़ा; 2. (*strong*) तगड़ा; 3. (*honest*) सच्चा, ईमानदार। > ॲप्**स्टैन्ड्**-इन्ग

upstart, *n.*, कल का नवाब, कल का आदमी; —*adj.*, नौबढ़, नौदौलत; दंभी; उद्धत; घमण्डी। > **ॲप्**स्टाट

upstream, *adv.*, उजान; *adj.*, उजान का, ऊपरी; धारा-प्रतिकूल। > ॲप्**स्ट्रीम** (*adv.*); **ॲप्**स्ट्रीम (*adj.*)

upstroke, ऊर्ध्वरेखा*। > **ॲप्**स्ट्रोक

upsurge, उमड़*; लहर*। > **ॲप्**सॅ:ज

upswept, ऊर्ध्वानत। > ॲप्-**स्वे'प्ट**

uptake, 1. उद्ग्रहण; 2. (*understanding*) समझ*, बुद्धि*; quick on the ~, बुद्धिमान, समझदार। > **ॲप्**टेक

upthrow, 1. उत्क्षेप; 2. (*geol.*) ऊर्ध्वपात। > **ॲप्**थ्रो

upthrust, 1. उत्क्षेप; 2. (*in liquid*) उत्प्लावन; 3. (*of earth's surface*) प्रोत्थान; —*adj.*, उत्प्लावक। > **ॲप्**थ्रॅस्ट

uptilt, उपरिनति*। > **ॲप्**-टिल्ट

up-to-date, अद्यावधिक, अद्यतन, अद्यावत, दिनाप्त; आधुनिकतम। > ॲप्-टु-डेट

uptown, रिहाइशी। > ॲप्टाउन

upturn, *v.*, 1. उलट देना; 2. (*upside-down*) औंधाना; 3. उलट जाना; 4. उठाना; —*n.*, 1. उलटाव; 2. (*improvement*) सुधार; **~ ed,** उलटा। > ॲप्**टॅ:न**, (*v.*); **ॲप**टॅ:न (*n.*); ॲप्**टॅ:न्ड**

upward, *adv.*, 1. ऊपर, ऊर्ध्व; 2. (*up a river*) उजान; —*adj.*, ऊर्ध्वगामी; उपरिमुखी, ऊर्ध्वमुखी; बढ़नेवाला। > **ॲप्**वॅड

upwards, ऊपर, ऊर्ध्व; **~ of,** से अधिक, से ज़्यादा; and ~, और इससे अधिक या ज़्यादा। > **ॲप्**वॅड्ज़

ur-, आदि-। > उर

uraemia, मूत्र-रक्तदोष। > युॲ**रीम्**-इॲ

uranism, पुं-सजाजीय कामुकता*; पुंसमलिंगकामुकता*। > युॲ**रेन्**-इज़्म

uranium, यूरेनियम। > युॲ**रेन्**-इॲम

urano/graphy, वर्णनात्मक खगोल-विज्ञान; **~logy,** गणित-ज्योतिष, खगोल-विज्ञान; **~metry,** खगोलमिति*। > युॲरॅ**नॉग्**रॅफ़ि; युॲरॅ**नॉलॅ**जि; युॲरॅ**नॉम्**-इट्रि

Uranus, यूरेनस, उरण। > **युॲ**रॅनॅस, = युॲ**रेनॅस**

urban, नगरीय, नागर, शहरी। > ॲ:**बॅन**

urbane, सौम्य, भद्र, शिष्ट, सुसभ्य। > ॲ:**बेन**

urbanity, भद्रता*, सौजन्य, सौम्यता। > ॲ:**बैन्**-इटि

urbanization, नगरीकरण। > ॲ:बॅनाइ**ज़े**शन

urbanize, नगरीय बना देना। > **ॲ:**बॅनाइज़

urceolate, कुंभाकार। > ॲ:सिॲलिट

urchin, 1. छोकरा; 2. (*mischievous*) नटखट लड़का; 3. (*sea-urchin*) जलसाही*। > **ॲ:**च्-इन

Urdu, उर्दू*। > उर्**डू**

urea, यूरिया। > **युॲर्**-इॲ

ureter, मूत्रवाहिनी*, गवीनी*। > **युॲरीट्**-ॲ

urethra, मूत्रमार्ग। > युॲ**रीथ्रॅ**

uretic, 1. (*urinary*) मूत्रीय; 2. (*diuretic*) मूत्रवर्धक, मूत्रल। > युॲ**रे'ट्**-इक

urge, *v.*, 1. (*drive*) हाँकना; उकसाना, भड़काना, उत्तेजित क०, लहकाना; 2. (*impel*) प्रेरित क०; 3. (*hurry*) जल्दी* कराना; 4. (*entreat*) से अनुनय-विनय* क०; 5. (*importune*) से अनुरोध क०, से आग्रह क०; तंग क०; 6. (*advocate*) के लिए आग्रह क०; अनुरोध क०; अनुरोध क०; का ज़ोरदार समर्थन क०; 7. (*dwell upon persistently*) पर बल देना, ज़ोर देना —*n.*, 1. (*inner compulsion*) आवेग, प्रेरणा*; 2. (*tendency*) प्रवृत्ति*; 3. (*yearning*) ललक*, लालसा*। > ॲ:ज

urgency, अत्यावश्यकता*; आग्रह; दुराग्रह; महत्त्व। > **ॲ:**जॅन्सि

urgent, 1. अत्यावश्यक, बहुत ज़रूरी; 2. (*urging*) आग्रही; दुराग्रही, हठीला; 3. (*important*) अत्यन्त महत्त्वपूर्ण। > अॅ:जॅन्ट; अॅ:जिन्ग

uric, मूत्रीय; ~ acid मूत्राम्ल। > युअॅर्-इक

urinal, 1. (*place*) पेशाबख़ाना, मूत्रालय; 2. (*vessel*) पेशाबदान, मूत्रपात्र। > युअॅर्-इनॅल

urinary, मूत्रीय, मूत्र-; **~ bladder,** मूत्राशय। > युअॅर्-इनॅरि

urinate, पेशाब क०, लघुशंका* क०, मूतना। > युअॅर्-इनेट

urination, मूत्रत्याग, मेहन, लघुशंका। > युअॅरिनेशॅन

urine, मूत्र, मूत, पेशाब। > युअॅर्-इन

uriniferous, मूत्रवाही। > युअॅरिनिफ़ॅरॅस

ur(in)ogenital, मूत्रप्रजनन-। > युअॅरो, ~ युअॅरिनो/जे'न्-इटॅल

ur(in)ology, मूत्र-विज्ञान। > युअॅरिनॉलॅजि; युअॅरॉलॅजि

ur(in)ometer, मूत्रमापी। > युअॅरिनॉम्-इटॅ; युअॅरॉम्-इटॅ

ur(in)oscopy, मूत्रगुरुत्वमापी। > युअॅरिनॉस्कॅपि; युअॅरॉस्कॅपि

urn, 1. (*vase*) कलश, घट; 2. (*burial ~*) भस्म-कलश (*with ashes*); अस्थिकलश (*with bones*); 3. (*grave*) क़ब्र*; 4. (*metal container*) केतली*। > अॅ:न

uro/chrome, मूत्रवर्णक; **~pod,** परचान्त पाद; **~pygium,** पश्चान्त कूट; **~ style,** पुच्छदण्ड। > युअॅरॅक्रोम

Ursa/Major, सप्तर्षि; **~ Minor,** लघु सप्तर्षि। > अॅ:स्-अॅ

ursine, ऋक्षीय; ऋक्ष। > अॅ:साइन

urticaria, पित्ती*। > अॅ:टिके'अॅर्-इअॅ

urticate, जलन* पैदा क०। > अॅ:ट्-इकेट

usable, प्रजोज्य, व्यवहार्य। > यूज़ॅबॅल

usage, 1. (*way of treating somebody*) व्यवहार, बरताव; 2. (*way of using*) इस्तेमाल, व्यवहार, प्रयोग, उपयोग; 3. (*custom*) रिवाज, प्रथा*, दस्तूर, आचार, रूढ़ि*, लोकाचार; प्रचलन। > यूज़्-इज

usance, 1. (*usage*) रिवाज, प्रथा*; 2. (*of bill of exchange*) मुद्दत*; मीआद*; अवधि*। > यूज़ॅन्स

use, *n.*, 1. (*using*) इस्तेमाल, प्रयोग, उपयोग, व्यवहार; 2. (*purpose*) प्रयोजन; 3. (*usefulness*) उपयोग, उपयोगिता*; 4. (*advantage*) लाभ, फ़ायदा; 5. (*custom*) प्रथा*, रिवाज, दस्तूर; 6. (*wont*) आदत*, अभ्यास; 7. (*law*) उपभोग (*enjoyment*); लाभ (*benefit*); 8. (*ritual*) पद्धति*; have no ~ for, नापसन्द क०; in ~, प्रचलित; of ~, उपयोगी; of no~ , निकम्मा, बेकार; out of ~, पुराना, अप्रचलित; —*v.*, 1. (*put to ~*) इस्तेमाल क०, काम में लाना, उपयोग क०, का व्यवहार क०; 2. (*treat*) के साथ (अच्छा, बुरा) व्यवहार क०, बरताव क०, से पेश आना; 3. (*be wont, accustomed*) की आदत* होना, का अभ्यास होना, अभ्यस्त होना, आदी होना; **~up,** खर्च कर डालना; समाप्त क०। > यूस (*n.*); यूज़ (*v.*)

used¹, 1. प्रयुक्त, काम में लाया हुआ, व्यवहृत; 2. (*worn*) पुराना; **~up,** चकनाचूर, थकामाँदा। > यूज़्ड

used², 1. अभ्यस्त, आदी; 2. (*experienced in*) दक्ष, से अभिज्ञ, का जानकार। > यूस्ट

useful, 1. (*helpful*) उपयोगी; लाभदायक, फ़ायदेमंद; 2. (*capable*) सफल, सुयोग्य। > यूस्फ़ुल

useless, 1. निकम्मा, बेकार, व्यर्थ; 2. (*incompetent*) अयोग्य, अक्षम, असमर्थ; 3. (*that cannot succeed*) व्यर्थ, बेकार, निरर्थक, बेफ़ायदा; **~ ly,** व्यर्थ, बेकार, बेफ़ायदा। > यूस्-लिस

user, 1. इस्तेमाल करनेवाला, प्रयोक्ता; उपभोक्ता; 2. (*enjoyment*) उपभोग। > यूज़्-अॅ

U-shaped, नाल-रूप।

usher, *n.*, प्रवेशक; *v.*, 1. अन्दर ले जाना, जगह* पर पहुँचाना; 2. (*announce*) घोषित क०; की घोषणा* क०; का अग्रदूत होना; **~in,** उद्घाटित क०; प्रारंभ क०। > अॅश्-अॅ

usherette, प्रवेशिका*। > अॅशॅरे'ट

usquebaugh, ह्विस्की*। > अॅस्-क्विबॉः

usual, 1. (*customary*) प्रायिक, रिवाजी; it is ~ to ...., ··· की प्रथा* है; 2. (*normal common*) सामान्य, साधारण; 3. (*commonplace*) मामूली, साधारण; घिसा-पिटा; **~ly,** प्रायः, अकसर; सामान्यतः, सामान्यतया, साधारणतया। > यूश़ुअॅल; यूश़ुअॅलि

usucap(t)ion, चिरभोगजन्य अधिग्रहण। > यूज़्कैप्शॅन; यूज़ूकेप्-इअॅन

usufruct, भोगाधिकार; **~ uary,** भोगधिकारी। > यूज़यूफ़्रॅक्ट; यूज़्यूफ़्रैकटयूअॅरि

usurer, सूदखोर, कुसीद, कुसीदजीवी। > यूश़ॅरॅ

usurious, कुसीदीक, कुसीदात्मक। > यूज्यूर्-इअॅस, = यूज़ूर्-इअॅस

usurp, 1. अनधिकार ग्रहण क० या अपनाना; 2. (*seize*) छीन लेना, हड़पना; **~ation,** अनधिकार ग्रहण; अपहार, अपहरण; **~er,** अनधिकार ग्राही; अपहारक, अपहारी। > यूज़ॅ:प; यूज़ॅ:पेशन; यूज़ॅ:प्-अॅ

usury, सूदखोरी*, कुसीद। > यूश़ॅरि

utensil, 1. (*implement*) उपकरण, औज़ार;

2. (*for domestic purposes*) बरतन, भाँड़ा; बरतन-भाँड़े (*pl.*)। > यूटे'न्-सिल

uterine, 1. गर्भाशय-; 2. (*of brother*) कठ, विपितृज, वैपित्रेय; 3. (*of sister*) कठ, विपितृजा* वैपित्रैयी*। > यूटॅरिन

uteritis, गर्भाशय-शोथ। > यूटॅराइट्-इस

uterus, गर्भाशय। > यूटॅरॅस

utilitarian, 1. (*practical*) व्यावहारिक; 2. (*useful*) उपयोगी; 3. (*functional*) क्रियात्मक; 4. (*for material ends only*) लाभाकांक्षी, लाभार्थी; स्वार्थी; 5. उपयोगितावादी; **~ ism,** उपयोगितावाद। > यूटिलिटे'ॲर्/इॲन, ~ इॲनिज़्स

utility, *n.*, 1. (*usefulness*) उपयोगिता*; उपयोग, लाभ; 2. (*serviceableness*) प्रयोज्यता*, व्यवहार्यता*; 3. (*pl.*) उपयोगी वस्तुएँ; 4. (*pl. public utility services*) जनोपयोगी सेवाएँ; *—adj.*, शुद्ध व्यावहारिक या प्रायोगिक, **~man,** गौण अभिनेता। > यूटिल्-इटि

uti/lizable, प्रयोज्य, व्यवहार्य, उपयोगी; **~lization,** उपयोग, प्रयोग, व्यवहार, इस्तेमाल; **~lize,** काम में लाना; का उपयोग क०, इस्तेमाल क०, का व्यवहार क०; से लाभ उठाना। > यूट्-इलाइज़ॅबॅल; यूटिलाइज़ेशॅन; यूट्-इलाइज़

utmost, 1. (*most extreme*) परम, चरम, आत्यंतिक; 2. (*highest*) उच्चतम; 3. (*outermost*) बाह्यतम, अन्त्य; अन्तिम; do one's ~, भरसक कोशिश* क०, कुछ उठा न रखना, यथासाध्य उद्योग क०। > ॲट्मोस्ट

utopia, आदर्श राज्य, रामराज्य, आदर्शलोक। > यूटोम्-इॲ

utopian, 1. आदर्श; 2. (*unpractical*) अव्यावहारिक; अव्यवहार्य; 3. (*person*) स्वप्नदर्शी। > यूटोप्-इॲन

utricle, दृति*। > यूट्-रिकॅल

utter, *adj.*, पूर्ण, पूरा, सम्पूर्ण; परम, चरम; पक्का, निरा, निपट; *—v.*, 1. (*produce audibly*) छोड़ना, भरना, मुँह से निकालना; उच्चारण क० (*pronounce*); बोलना, कहना (*say*); 2. (*coins; put in circulaton*) चलाना, जारी क०; 3. (*express*) व्यक्त क०, प्रकट क०; 4. (*publish*) प्रकाशित क०। > ॲट्-ॲ

utterable, उच्चार्य; प्रकाश्य। > ॲटॅरॅबॅल

utterance, 1. (*act of speaking*) कथन; अभिव्यक्ति* (*expressing*); 2. (*spoken words*) कथन, उक्ति*, उद्गार; 3. (*way of speaking*) बोली*; उच्चारण (*pronunciation*); वाणी* (*power of speech*)। > ॲटॅरॅन्स

utterly, पूर्ण रूप से, पूर्णरूपेण, पूर्णतः; नितान्त, निहायत, अत्यधिक, निपट, सर्वथा, बिलकुल। > ॲटॅलि

uttermost, 1. चूड़ान्त, आत्यंतिक, परम; 2. (*highest*) उच्चतम; 3. (*outermost*) बाह्यतम, अन्त्य; अंतिम। > ॲटॅमोस्ट

uvula, अलिजिह्वा*, कौआ, काकल(क)। > यूवू यूलॅ

uvular, अलिजिह्व, अलिजिह्वीय। > यूवू यूलॅ

uxorious, स्त्रैण, जोरू* का गुलाम। > ॲक्सॉ:र-इॲस

Vv

vacancy, 1. (*vacant post*) खाली जगह*, रिक्ति*; 2. (*empty space*) खाली जगह*, शून्य स्थान, अवकाश, रिक्त स्थान; अन्तराल (*gap*); 3. (*emptiness*) ख़ालीपन, रिक्तता*, शून्यता*; 4. (*stupidity*) मूर्खता*; 5. (*deficiency*) अभाव, कमी*; 6. (*idleness*) सुस्ती*, काहिली*। > वे़कॅन्सि

vacant, 1. (*not occupied*) ख़ाली, रिक्त; 2. (*empty*) ख़ाली, शून्य, रिक्त; 3. (*stupid*) मूर्ख; 4. (*listless*) निर्जीव; काहिल, सुस्त (*idle*) 5. (*expressionless*) निर्भाव। > वे़कॅन्ट

vacate, 1. ख़ाली क०; छोड़ देना; 2. (*annul*) रद्द क०, अभिशून्य क०। > वॅ़केट = वे़केट

vacation, 1. (*holiday*) अवकाश, (लम्बी) छुट्टी*, अधिश्राम; 2. (*act of vacating*) परित्याग, खाली क०। > वॅ़केशॅन

vacci/nate, टीका लगाना; **~nation,** टीका; **~nator,** टीका लगानेवाला। > वै़क्-सिनेट; वै़क्-सिनेशॅन; वै़क-सिनेटॅ

vaccine, टीका-द्रव्य, टीका। > वै़क्-सिन

vacil/late, 1. आगा-पीछा क०, हिचकना; 2. (*oscillate*)

डोलन क०, डोलना; **~lating,** ढुलमुल; दोलायमान; **~lation,** आगा-पीछा, हिचकिचाहट*, अनिश्चय, दुबधा*; दोलन। > वैसि/लेट्, ~लेटिन्ग; वैसिलेशॅन

vacuity, 1. रिक्तता*, शून्यता*; 2. (*lack of intelligence*) बुद्धिहीनता*, मूर्खता*। > वॅक्यू-इटि

vacu/olar, रिक्तिका-; **~olate,** रिक्तिकायुत; **~ole,** रिक्तिका*। > वैक्यू/ॲलॅ, ~ॲलिट, ~ओल

vacuous, 1. शून्य, रिक्त, खाली; 2. (*unintelli-gent*) निर्बुद्धि, मूर्ख; 3. (*expressionless*) निर्भाव; 4. निर्वात। > वैक्यूॲस

vacuum, 1. (*empty space*) शून्य, खाली जगह*, रिक्त स्थान; 2. (*phys.*) निर्वात; ~ flask, निर्वात फ़्लास्क; ~ pump, निर्वात पम्प। > वैक्यूॲम

vade-mecum, सहचर। > वेड्-इ-मीकॅम

vagabond, 1. (*vagrant*) आवारा, आवारागर्द; 2. (*wanderer*) घुमक्कड़; 3. (*scamp*) बदमाश; —*adj.*, 1. (*wandering*) घुमंतू, घूमता-फिरता, हिण्डक, भ्रमणशील; 2. (*irregular*) अनियमित; —*v.*, आवारा फिरना; मारा-मारा फिरना; **~age,** आवारगी*, आवारापन, आवारागदी*; हिण्डन। > वैगॅबॉन्ड; वैगॅबॉन्डिज

vagary, सनक*, मौज*, तरंग*, लहर*। > वॅगे'ॲर्-इ

va/gina, 1. योनि*; 2. (*botany*) आच्छद; **~ginal,** योनिक, योनि-; आच्छदी। > वॅजाइन्-ॲ; वैजिनॅल

vaginate(d), आच्छदी। > वैजि/निट, ~नेटिड

vaginitis, योनिशोथ। > वैजिनाइट्-इस

vagrancy, 1. आवारगी*, आवारागर्दी*; भ्रमण, हिण्डन; 2. (*digression*) विषयान्तर। > वेग्रॅन्सि

vagrant, *n.*, 1. आवारा; 2. (*wanderer*) घुमक्कड़; —*adj.*, 1. घुमंतू, परिभ्रामी; भ्रमणशील; 2. (*way-ward*) स्वेच्छाचारी, स्वैर; तरंगी, मौजी। > वेग्रॅन्ट

vague, 1. (*not distinct*) अस्पष्ट; 2. (*hazy*) धुँधला (*also of memory*); 3. (*not definite*) अनिश्चित; **~ly,** अस्पष्ट, धुंधले या अनिश्चित रूप से। > वेग; वेग्-लि

vain, 1. (*unavailing*) व्यर्थ, बेकार, निष्फल; 2. (*empty*) निःसार, खोखला, असार; निरर्थक; तुच्छ (*trivial*); 3. (*conceited*) दंभी, अहम्मन्य, गर्वीला; ~ hope, दुराशा*; in ~, व्यर्थ, बेकार, बेफ़ायदा; वृथा (*to no purpose*) **~glorious,** शेखीबाज़, आत्मश्लाघी; गर्वीला, मिथ्याभिमानी, अहम्मन्य; **~glory,** शेखीबाज़ी*, आत्मश्लाघा*; मिथ्याभिमान, अहम्मन्यता*; **~ly,** व्यर्थ; गर्व से। > वेन; वेन्ग्लॉ: र्/इॲस, ~इ

valance, valence, परदा। > वॅलॅन्स

vale[1], घाटी*, उपत्यका*। > वेल

vale[2], अलविदा। > वेल्-इ

valediction, विदाई*। > वैलिडिक्शॅन

valedictory, *n.*, विदाई* का भाषण; *adj.*, विदाई* का। > वैलिडिक्टॅरि

valence, valency, संयोजकता*; कर्षण-शक्ति*। > वेलॅन्स; वेलॅन्सि

valentine, प्रेमिका*, प्रेमी; प्रेमपत्र; St. V~'s day, १४ फरवरी। > वैलॅन्टाइन

valerian, Indian, बिल्लीलोटन। > वॅलिॲर्-इॲन

valet, *n.*, टहलुआ, नौकर, ख़िदमतगार; —*v.*, 1. का नौकर होना; 2. (*clothes*) साफ़ क०। > वैल्-इट

valetudinarian, 1. रोगी; 2. (*convale-scent*) स्वास्थ्यलाभ करनेवाला; 3. (*hypoch-ondriac*) रोगभ्रमी। > वैलिट्यूडिने'ॲर्-इॲन

valgus, संहतजानु, संघट्टजानु (क)। > वैल्गॅस

Valhalla, स्वर्ग। > वैल्हैल्-ॲ

valiant, शूरवीर, साहसी, दिलेर, बहादुर, पराक्रमी। > वैल्यॅन्ट

valid, 1. (*of document*) मान्य, प्रामाणिक; वैध; 2. (*of argument*) तर्कसंगत, युक्तियुक्त, अकाट्य; संगत; ठोस; ~ deed, संलेख; **~ate,** 1. मान्य क०; 2. (*ratify*) मान्य ठहराना, अभिपुष्ट क०, अनुसमर्थन क०; **~ated,** वैधीकृत; अभिपुष्ट; **~ation,** मान्यकरण, वैधीकरण; अनुसमर्थन; **~ity,** मान्यता*, वैधता*; तर्कसंगति*। > वैल्/इड, ~इडेट, ~इडेशॅन; वॅलिड्-इटि

valise, बैग। > वॅलीस

vallation, परकोटा, फ़सील*; क़िलेबन्दी*। > वॅलेशॅन

vallecula, खाँचा; **~te,** खाँचेदार। > वैले'क्यूलॅ

valley, 1. घाटी*, उपत्यका*; 2. (*of roof*) नाली*। > वैल्-इ

vallum, परकोटा। > वैलॅम

valo/rization, मूल्यस्थिरीकरण; मूल्यवर्धन; **~rize,** मूल्य स्थिर क०; मूल्य बढ़ाना। > वैलॅराइज़ेशॅन; वैलॅराइज़

valorous, 1. (*of person*) शूरवीर, बहादुर, दिलेर, पराक्रमी; 2. (*of action*) साहसिक, साहस का। > वैलॅरॅस

valour, पराक्रम, बहादुरी*, दिलेरी*, वीरता*। > वैल्-ॲ

valuable, *adj.*, 1. (*of great worth*) मूल्यवान्, बहुमूल्य; 2. (*of great price*) बहुमूल्य, क़ीमती, मूल्यवान्; 3. (*important*) महत्त्वपूर्ण, क़ीमती; 4. (*very useful*) बहुत उपयोगी; 5. मूल्यांकनीय; —*n.*, *pl.*, 1. बहुमूल्य वस्तुएँ*; 2. (*jewellery*) जवाहिरात, जवाहरात। > वैल्यूॲबॅल

valuation, मूल्यांकन, मूल्यन, मूल्य-निर्धारण; मूल्य। > वैल्यूएशॅन

value, *n.*, 1. (*worth, valuation*) मूल्य; मान; *pl.*, (नैतिक) मूल्य, मान्यताएँ*; 2. (*price*) दाम, क़ीमत*, भाव, मूल्य; 3. (*usefulness*) उपयोगिता*; 4. (*impor-tance*) महत्त्व, क़ीमत*, गरिमा*; 5. (*meaning*) अर्थ, तात्पर्य; 6. (*force*) मूल्य, बल; 7. (*math., amount*) परिमाण, राशि*; 8. (*rank*) श्रेणी*; ~ payable, मूल्यदेय; —*v.*, 1. मूल्यांकन क०; मूल्य निर्धारित क०; 2. (*estimate*) कूतना, आँकना; 3. (*value highly*) क़दर* क०, महत्त्व देना; महत्त्वपूर्ण समझना; सम्मान क०, आदर क०। > वै ल्यू

valued, मूल्यवान्; सम्मानित, समादृत। > वैल्यूड

valueless, 1. (*worthless*) मूल्यहीन; तुच्छ; 2. (*useless*) निरर्थक, व्यर्थ, बेकार। > वैल्यूलिस

valuer, मूल्यांकक। > वैल्यूअॅ

valuta, विनिमय-दर*। > वॅल्यूटॅ

valvate, कोरस्पर्शी। > वैल्विट

valve, वाल्व, कपाट; 2. (*segment*) पुटक; 3. (*of fruit*) फलखंड। > वैल्व

valvular, कपाट-। > वैल्व्यूलॅ

valvule, कपाटिका*। > वैल्व्युल

vambrace, प्रकोष्ठ-कवच। > वैम्ब्रेस

vamoose, नौ दो ग्यारह होना। > वॅमूस

vamp, *n.*, 1. (*of shoe*) साज; 2. (*patch*) पैबन्द; 3. (*music, accompaniment*) संगत*; 4. (*woman*) मोहनी*; —*v.*, 1. (*repair*) मरम्मत क०; 2. (*furbish*) चमकाना; 3. (*make up out of odds and ends*) इधर-उधर की सामग्री* जुटाकर तैयार क०; 4. (*impro-vise*) तत्काल तैयार क०; 5. (*charm*) मोहित क०, लुभाना; **~ up,** नया कर देना। > वैम्प

vamper, मोची। > वैम्प-अॅ

vampire, 1. (*ghost*) रक्तचूषक भूत; 2. (*person*) नरपिशाच, राक्षस; 3. (*bat*) चमगादड़; 4. (*stage trapdoor*) फ़र्श-दरवाज़ा। > वैम्पाइअॅ

vampirism, रक्त-शोषण; शोषण। > वैम्पाइअॅरिज़्म

vamplate, हस्तत्राण। > वैम्प्लेट

van, 1. (*closed vehicle*) बन्द गाड़ी*; 2. (*closed railway truck*) बन्द माल डिब्बा या बोगी; 3. (*see* VANGUARD;) 4. (*winnow-ing machine*) ओसाई-मशीन*। > वैन

vanadium, वैनेडियम। > वॅनेड्-इअॅम

vandal, असभ्य, बर्बर; कलाकृति-ध्वंसक; **~ism,** बर्बरता*; कलाकृतिध्वंसन, कलाविध्वंस। > वैन्डॅल; वैन्डॅलिज़्म

vane, 1. (*weathercock*) वातसूचक; 2. (*blade of fan*) फलक; 3. (*web of feather*) पिच्छ-फलक; 4. (*sight of an instrument*) लक्षक। > वेन

vanguard, 1. (*of army*) हरावल, सेनामुख, नासीर; 2. (*leaders*) नेतागण; अग्रसर, अग्रणी; 3. (*fig., forefront*) मोरचा। > वैन्गाड

vanilla, वैनिला। > वॅनिल्-अॅ

vanish, 1. (*disappear*) ओझल, ग़ायब, अन्तर्धान, लुप्त या अदृश्य हो जाना; काफ़ूर होना; 2. (*fade away*) विलीन हो जाना; 3. (*come to an end*) मिटना, नष्ट हो जाना; 4. (*become zero*) शून्य होना; **~ing-point,** लोपी बिन्दु। > वैन-इश

vanity, 1. मिथ्याभिमान, गर्व, अहम्मन्यता*, दंभ, घमण्ड; 2. (*ostentatious display*) आडम्बर, दिखावा, आत्मप्रदर्शन; 3. (*futility*) असारता*, खोखलापन, निस्सारता*; 4. असार वस्तु*; V ~ Fair, संसार; ~ bag, बटुआ। > वैन्-इटि

vanquish, पराजित क०, परास्त क०, अभिभूत क०; दमन क०; **~able,** पराजेय; **~er,** विजेता। > वैन्-क्विश

vantage, 1. लाभ; 2. (*superiority*) उत्कर्ष; श्रेष्ठता*; 3. (*favourable circumstance*) सुविधा*, अनुकूल परिस्थित*; coign of ~, प्रेक्षण-स्थान; ~-ground, अनुकूल अवस्थिति*। > वान्टिज

vapid, 1. फीका, सीठा; नीरस; 2. (*lifeless*) निर्जीव, निस्तेज; **~ity,** फीकापन; निर्जीवता*। > वैप्-इड; वॅपिड्-इटि

vaporable, वाष्पणीय। > वेपॅरबॅल

vaporescent, वाष्पशील। > वेपॅरे'सॅन्ट

vaporific, वाष्पोत्पादक; वाष्णीय। > वेपॅरिफ़्-इक

vaporimeter, वाष्पमापी। > वेपॅरिम्-इटॅ

vapo/rizable, वाष्पणीय; **~rization,** वाष्पण; **~rize,** वाष्प बनना; वाष्पण क०, वाष्प में बदल देना; **~rizer,** वाष्पित्र। > वेपॅराइज़ॅबॅल; वेपॅराइज़ेशॅन; वेपॅराइज; वेपॅराइज़ॅ

vaporous, 1. वाष्पमय; कोहरेदार (*misty*); 2. वाष्पीय; 3. (*fanciful*) काल्पनिक; असार। > वेपॅरॅस

vapour, *n.*, 1. वाष्प, भाप*, भाफ*; 2. (*as medicine*) बफारा; 3. (*mist*) कोहरा; 4. (*smoke*) धुआँ; 5. असार वस्तु*; 6. (*idle fancy*) कपोल-कल्पना*; 7. (*pl.*) हिस्टीरिया*, वातोन्माद; उदासी*, विषाद, ग्लानि*; —*v.*, 1. वाष्प छोड़ना; 2. (*boast*) शेखी* बघारना; 3. (*utter empty talk*) गप* लड़ाना; **~bath,** वाष्प-स्नान। > वेप्-अॅ

vapourer, शेखीबाज़। > वेपॅरॅ

vapourings, अनापशनाप। > वेपॅरिन्ग्ज़

vapoury, 1. वाष्पीय; 2. (*misty*) वाष्पमय; कोहरेदार; धुँधला। > वेपॅरि

vaquero, गोपाल। > वॅके'अॅरो

variability, परिवर्तिता*; परिवर्तनशीलता*; अस्थिरता*, चंचलता*। > वे'अॅरिअॅबिल्-इटि

variable, *adj.*, 1. (*changeable*) परिवर्ती; परिवर्तनीय;

चल; 2. परिवर्तनशील; 3. (*inconstant*) अस्थिर; चंचल, चंचलचित्त; —*n.*, चर (*also math*)।
> वे'अॅर्-इ-अॅ-बॅल

variance, 1. (*disagreement, dispute*) अनबन*, फूट*, वैमनस्य; विवाद, झगड़ा; 2. (*difference of opinion*) मतभेद; 3. (*difference*) अन्तर, भेद; 4. (*discrepancy*) असंगति*; विसंगति*; विरोध; 5. (*statistics*) प्रसरण; be at ~, में अनबन* होना।
> वे'अॅर्-इ-अॅन्स

variant, *adj.*, 1. भिन्न; 2. (*discrepant*) असंगत; 3. (*variable*) परिवर्ती; —*n.*, परिवर्त; रूपभेद; रूपान्तर; पाठान्तर, पाठभेद (*reading*)। > वे'अॅर्-इ-अॅन्ट

variate, विचार। > वे'अॅर्-इ-इट

variation, 1. (*change, modification*) परिवर्तन; रूपान्तरण; 2. (*extent of change*) विभिन्नता*; 3. (*deviation*) विचरण (*also math.*); 4. (*declination*) दिक्पात, अपक्रम; 5. (*another form*) रूपान्तर; रूपभेद; 6. (*music*) परिवर्तित रूप; अलंकृत रूप। > वे'अॅरिएशॅन

varicated, उत्कूटी। > वैरिकेटिड

varicella, मोती-माता*, मोतीझिरा, छोटी माता*, लघु मसूरिका*। > वैरिसे'ल्-अॅ

varicoloured, 1. रंगबिरंग(ा), चितकबरा, शबल; 2. (*diversified*) रंगबिरंग, विविध।
> वे'अॅर्-इकॅलॅड

varicose, (*vein*) स्फीत (शिरा*)। > वैरिकोस

varied, 1. विविध, नानारूप; 2. (*altered*) परिवर्तित; 3. (*changing*) परिवर्ती; 4. (*vari-coloured*) रंगबिरंगा। > वे'अॅर्-इड

varie/gate, रंगबिरंगा कर देना; **~gated,** रंगबिरंगा, शबल, चितकबरा; **~gation,** रंगबिरंगापन, चितकबरापन, शबलता*।
> वे'अॅर्-इ/गेट, ~गेटिड; वे'अॅरिगेशॅन

varietal, उपजाति-, उपजातीय। > वॅराइ-इ-टॅल

variety, 1. (*diversity*) विविधता*, वैविध्य, अनेकरूपता*; बहुमुखता* (*many sided-ness*); 2. (*col-lection*) संग्रह; 3. (*kind*) प्रकार, क़िस्म*; 4. (*sub-class*) प्रभेद; 5. (*biol., sub-species*) उपजाति*; 6. (~ *entertainment*) विविध मनोरंजन।
> वॅ-राइ-इ-टि

variform, विविध, बहुविध, नानाविध।
> वै'अॅर्-इ-फॉ:म

variola, चेचक, शीतला*। > वॅ-राइ-अॅ-लॅ

variole, वेरिओल, गड्ढा। > वे'अॅर-इ-ओल

variometer, परिवर्ती। > वे'अॅरिऑम्-इटॅ

variorum, विविध-टीका-समन्वित।
> वे'अॅरिऑ: रॅम

various, 1. (*diverse, varied*) विविध, नानाविध, भाँति-भाँति* का, तरह-तरह* का; 2. (*different*) भिन्न; विभिन्न; 3. (*distinct*) अलग, पृथक्; 4. (*several*) अनेक, कई। > वे'अॅर्-इ-अॅस

varix, 1. शिरा-स्फीति*; 2. (*vein*) स्फीत शिरा*; 3. (*of conch*) उत्कूट।
> वे'अॅर्-इक्स; pl. *varices*, वैरिसीज़

varlet, 1. (*page*) परिचर; 2. (*rascal*) बदमाश।
> वाल्-इट

varmint, बदमाश; the ~, लोमड़ी*। > वाम्-इन्ट

varnish, *n.*, 1. वारनिश*, रोग़न; 2. (*glaze*) काच, काचिका*, लुक; 3. (*glossiness*) चमक-दमक*; 4. (*superficial attractiveness*) मुलम्मा; चिकनाई* (*also in manners*); 5. (*fig., whitewash*) लीपा-पोती*; *v.*, 1. वारनिश क०, रोग़न लगाना; चिकनाना, चमकाना; 2. (*gloss over*) पर परदा डालना, पर लीपा-पोती* क०; 3. (*an account*) नमक-मिर्च* मिलाना। > वान्-इश

varsity, यूनिवर्सिटी*। > वास्-इ-टि

varus, 1. (*pimple*) मुँहासा; 2. (*bandylegged*) वक्रपाद। > वे'अॅरॅस

varve, अनुवर्षस्तर। > वाव़

vary, 1. (*change*) बदल जाना; बदल देना; परिवर्तित क० या होना; 2. (*modify*) में हेरफेर क०, किंचित परिवर्तन क०; रूपान्तरित क०; 3. (*be different*) भिन्न होना; या हो जाना; अलग होना; 4. (*in quality*) तरह-तरह* का होना; 5. (*in intensity or degree*) घटना-बढ़ना; घटाना-बढ़ाना; 6. (*diversify*) विविध कर देना, में विविधता* लाना या उत्पन्न क०; ~ directly as, का अनुक्रमानुपाती होना; ~ indirectly as, का व्युत्क्रमानुपाती होना; **~ing,** परिवर्ती; घटता-बढ़ता।
> वे'अॅर्-इ

vas, वाहिनी*, नलिका*; ~ deferens, शुक्रवाहक; ~ efferens, शुक्रवाहिका*।
> वैस, ~डीफ़ॅरॅन्स, ~ऐ'फ़ॅरॅन्स

vascular, संवहनी, संवहन-। > वैस्क्यूलॅ

vasculum, 1. (*case*) पेटी*, (टीन का) डिब्बा; 2. (*duct*) नलिका*। > वैस्क्यूलॅम

vase, कलश, घट; flower ~, फूलदान, गुलदान।
> वाज़

vaseline, वैसलिन। > वैसॅलिन

vasiform, नलिकाकार, नलाकार। > वैस्-इफ़ॉ:म

vaso/constrictor, वाहिका-संकीर्णक; **~dilator,** वाहिका-विस्फारक; **~motor,** वाहिका-प्रेरक।
> वैसो/कॅन्-स्ट्रिक्-टॅ, ~डाइलेट्-अॅ, ~मोट्-अॅ

vassal, *n.*, 1. जागीरदार; 2. (*subordinate*) मातहत; 3. (*servant*) नौकर; 4. (*slave*) दास; —*adj.*, अधीन; **~age,** जागीरदारी;* अधीनता*; दासता*। > वैसॅल; वैसॅलिज

vast, 1. (*in extent*) सुविस्तृत; विशाल; अपार; 2. (*in*

size) बृहत्, विशाल, बहुत बड़ा; 3. *(in number, quantity)* विपुल, बहुत बड़ा; 4. *(in intensity, degree)* तीव्र, उत्कट, तेज; 5. *(far-reaching)* भारी, महत्त्वपूर्ण; **~ly,** अत्यधिक; **~ness,** विस्तार; विशालता*; विपुलता*; तीव्रता*; महत्त्व; **~y,** विशाल। > वास्ट्; वास्ट्/लि, ~निस, ~इ

vat, कुण्ड, वैट, टंकी*, हौज़*। > वैट

vatic, भविष्यसूचक; भविष्यवक्ता-। > वैट्-इक

Vatican, वैटिकन। > वैट्-इकॅन

vatici/nate, भविष्यवाणी* क०; पहले से बता देना; **~nation,** 1. भविष्य-कथन; 2. *(prophecy)* भविष्यवाणी*; **~nator,** भविष्य-वक्ता; भविष्यवक्त्री*। > वॅटिसिनेट; वॅटिसिनेशॅन; वॅटिसिनेटॅ

vaudeville, नाटिका*; विविध मनोरंजन। > वोड्-विल

vault[1], *n.,* 1. *(underground)* तहख़ाना; 2. *(burial-chamber)* शव-कक्ष; 3. *(arched roof)* मेहराबी छत*, चापछत*; 4. *(strong room)* तिजोरी*; 5. *(sky)* आकाश; —*v.,* मेहराब* बनाना; **~ed,** मेहराबी, मेहराबदार; **~ing,** मेहराब-निर्माण; मेहराबदार भवन; मेहराब*। > वॉःल्ट, वॉःल्ट्/इड, ~इन्ग

vault[2], *v.,* 1. (लग्गे के सहारे) कूदना, छलाँग* भरना, फलाँग भरना; 2. *(leap over)* लाँघना; —*n.,* कुदान*, छलाँग*, फलाँग*; **~er,** कूदने-वाला; **~ing,** *n.,* कुदान*; —*adj.,* 1. कूदने-वाला; 2. *(over-confident)* अतिविश्वस्त; 3. *(ambitious)* उच्चाकांक्षी। > वॉःल्ट्; वॉःल्ट्/अॅ, ~इन्ग

vaunt, *n.,* शेखी*, डींग*; *v.,* शेखी* बघारना; पर गर्व क०; **~er,** शेखीबाज़। > वॉःन्ट; वॉःन्ट्-अॅ

vavasory, जागीरदारी*। > वैवॅसॅरि

vavasour, जागीरदार। > वैवॅसुअॅ

veal, बछड़े का मांस। > वील

vector, 1. वेक्टर, सदिश; 2. *(carrier of disease)* रोगवाहक; 3. *(course of aircraft)* वायुपथ, वायुमार्ग। > वे'क्टॅ

vedette, 1. घुड़सवार संतरी; 2. *(filmstar)* तारिका*। > विडे'ट

Vedic, वैदिक; वेदकालीन। > वेडिक

veer, 1. *(of wind)* बदलना; दक्षिणावर्त बदल जाना; 2. दिशा* बदलना; घुमाना; घूमना; 3. बदल जाना; बदल देना; 4. *(in opinion)* रंग बदलना; रुख़ बदलना; 5. *(let out rope etc.)*; ढीलना; **~ing,** दक्षिणावर्तन *(clockwise)*; दिक्परिवर्तन; — wind, दक्षिणावर्त पवन। > विअॅ

vegetable, *n.,* 1. *(plant)* वनस्पति*, पौधा, उद्भिज्ज; 2. *(plant as food)* साग, शाक; तरकारी*, सब्ज़ी* *(green)*; 3. *(pl.)* साग-पात; —*adj.,* वनस्पति-, उद्भिज्ज; ~ diet, फलाहार, शाकाहार; ~ earth, खाद-मिट्टी*; ~ king-dom, वनस्पति-जगत्; ~ market, सब्ज़ी-मंडी*; ~ marrow, विलायती कद्दू, चप्पन-कद्दू। > वे'जिटॅबॅल

vegetal, *adj.,* वनस्पति-, उद्भिज्ज; *n.,* वनस्पति*। > वे'जिटॅल

vegetarian, *adj.,* निरामिष; *n.,* शाकाहारी, निरामिषभोजी; **~ism,** शाकाहार; शाकाहारवाद। > वे'जिटेअॅर्/इअॅन, ~इअॅनिज़्म

vegetate, बढ़ना; निष्क्रिय (या नीरस) जीवन बिताना। > वे'जिटेट

vegetation, 1. पेड़-पौधे, वनस्पति*; 2. *(of plants)* प्ररोहण; 3. *(fig.)* निष्क्रिय जीवन; नीरस जीवन; 4. *(med.)* उद्भेद। > वे'जिटेशॅन

vegetative, 1. *(able to grow)* वर्धी, प्ररोही; *(of plants)* उद्भिज्ज; 2. *(fig.)* निष्क्रिय; नीरस; ~ body, वर्धी काय; ~ cell, कायिक कोशिका*; ~ pole, अल्पक्रिय ध्रुव; ~ propagation, कायिक प्रवर्धन। > वे'जिटेटिव्

vehe/mence, ~mency, तीव्रता*, प्रचण्डता*; ओज-स्विता*; प्रगाढ़ता*; **~ment,** 1. *(impetuous, violent)* तीव्र, प्रचण्ड, संवेगी, उग्र; 2. *(forceful)* ज़ोरदार, प्रबल, ओजस्वी, प्रभावशाली; 3. *(pas-sionate)* प्रगाढ़, उत्कट; भावपूर्ण। > वी-इ/मॅन्स, ~मॅन्सि, ~मॅन्ट

vehicle, 1. गाड़ी*, चक्रयान; 2. *(conveyance)* वाहन, सवारी*; 3. *(medium)* माध्यम; वाहक; 4. *(means)* साधन, उपाय; 5. *(liquid; medium of drugs)* अनुपान। > वी-इ-कॅल

vehicular, यानीय। > विहिक्यूलॅ

veil, *v.,* 1. *(cover with a veil)* पर परदा डालना, आच्छादित या अवगुंठित क०; 2. *(of women, ~ one's face)* घूँघट क०, काढ़ना, निकालना या मारना; 3. *(hide)* छिपाना; —*n.,* 1. *(woman's headdress)* दुपट्टा, ओढ़नी*, चादर*; 2. *(part of sari that covers the head)* घूँघट, नक़ाब *(also mask)*; 3. *(of Moslem women; covering the whole dress)* बुरक़ा; 4. *(curtain)* परदा; 5. *(cover)* आवरण; 6. *(fig. disguise, pretext)* आड़*; बहाना, ब्याज; beyond the ~, परलोक; draw a ~ over, पर परदा डालना; *humeral* ~, स्कन्धावरण; take the ~, धर्मसंघिनी* बनना; **~ed,** 1. अवगुंठित; बुरक़ापोश; 2. *(hidden)* गुप्त; 3. *(obscure)* अस्पष्ट; अप्रत्यक्ष *(indirect)*; **~ing,** जालीदार कपड़ा। > वे़ल; वे़ल्ड; वे़ल्-इन्ग

vein, 1. *(blood vessel; on leaf; on wing of insects; of metallic ore)* शिरा*; 2. *(general)* रग*, नस*; 3. *(streak, stripe)* धारी*; 4. *(ten-dency)* प्रवृत्ति*; 5. *(disposition, mood)* मनोवृत्ति*, मनोदशा*, मिज़ाज़, तबीअत*; 6. *(manner)* ढंग, रीति*; **~ed,** शिरामय; धारीदार; **~ing,** शिरातंत्र; **~let,** लघुशिरा*; **~stone,** शिराप्रस्तर। > वेन्-वेन्ड; वेन्/इन्ग, ~लिट, ~स्टोन

velamen, ~tum, 1. (*membrane*) झिल्ली*; 2. (*velum*) गुंठिका*; 3. (*of orchids*) आर्द्रता-ग्राही गुंठिका। > विलेमॅन; वे'लॅमे'न्‌टम

velar, कंठ्य, पश्च। > वील्‌-अॅ

velleity, अल्पेच्छा*, दुर्बलेच्छा*; इच्छा*, चाह*, ख़्वाहिश*। > वे'ली-इटि

vellum, चर्मपत्र। > वे'लॅम

velocimeter, वेगमापी। > वे'लॅसिम्‌-इटॅ

velocipede, 1. (*tricycle*) तिपहिया साइकिल*; 2. (*old type of vehicle*) पैरगाड़ी*। > विलॉसिपीड

velocity, 1. वेग; 2. (*rapidity*) तेज़ी*, द्रुतगति*, शीघ्रता*। > विलॉसिटि

velour(s), velure, मख़मल*। > वॅलुअॅ; वे'ल्‌युअॅ

velum, 1. गुंठिका*, वीलम; 2. (*soft palace*) कोमल तालु। > वीलॅम

velutinous, मख़मली। > विल्यूट्‌-इनॅस

velveret, घटिया मख़मल*। > वे'ल्वॅरे'ट

velvet, *n.*, 1. मख़मल*; 2. (*soft skin*) रोयेंदार मुलायम चमड़ा; 3. (*profit*) लाभ; be on ~, पाँचों उँगलियाँ घी में होना; *adj.*, मख़मली; ~ glove, सौम्य दृढ़ता*; ~ paw, छद्म कोमलता*, मुँह में राम बग़ल में छुरी*। > वे'ल्‌-विट

velveteen, नक़ली मख़मल*, सूती मख़मल*। > वे'ल्‌-वि-टीन

velveting, मख़मली माल। > वे'ल्‌-वि-टिना

velvety, मख़मली। > वे'ल्‌-वि-टि

venal, 1. (*bribable*) भ्रष्टाचारी, घूसख़ोर, उत्कोची; 2. (*mercenary*) धनलोलुप, स्वार्थी; 3. (*of a vein*) शिरा-, शिरीय*; **~ity,** भ्रष्टाचार, घूसख़ोरी; धनलोलुपता*, स्वार्थ। > वीनॅल; विनैल्‌-इटि

venation, शिराविन्यास। > विनेशॅन

vend, बेचना, बिक्री* क०, विक्रय क०; **~ee,** क्रेता, ख़रीदार; **~er, -or,** विक्रेता, बेचनेवाला। > वे'न्ड; वे'न्‌डी; वे'न्‌डॅ

vendetta, कुलबैर। > वे'न्‌डे'ट्‌-अॅ

vendible, विक्रेय। > वे'न्‌-डिबॅल

vending, बिक्री*, विक्रय। > वे'न्‌-डिना

veneer, *n.*, 1. (*of wood*) पृष्ठावरण; परत*; 2. (*deco-rative coating*) मुलम्मा 3. (*fig.*) मुलम्मा, कलई*, ऊपरी तड़क-भड़क*; —*v.*, पृष्ठावरण लगाना, परतना; मुलम्मा चढ़ाना। > विनिअॅ

vene/rability, पूज्यता*; **~rable,** पूज्य, पूजनीय, आदरणीय, श्रद्धेय, श्रद्धास्पद। > वे'नॅरॅबिल्‌-इटि; वे'नॅरॅबॅल

vene/rate, 1. (*revere*) का आदर क०, पर श्रद्धा* रखना, का सम्मान क०, समादर क०; 2. (*worship*) पूजा* क०, की उपासना क०; **~ration,** आदर, श्रद्धा*, सम्मान, समादर; पूजा*, उपासना*; **~rator,** श्रद्धावान् श्रद्धालू; उपासक। > वे'नॅरेट; वे'नॅरेशॅन; वे'नॅरेटॅ

venereal, 1. (*of disease*) रतिज; 2. (*of person*) रतिरोगी; 3. (*of desire etc.*) मैथुनिक; ~ disease, रतिरोग, यौन रोग। > विनिअॅर्‌-इअॅल

venesection, शिराशल्यक्रिया*। > वे'निसे'क्‌शॅन

Venetian, वेनिसी; ~ blind, झिलमिली*। > विनीशॅन

vengeance, बदला, प्रतिशोध, प्रत्यपकार; प्रतिहिंसा; with a ~, पूर्णतया, अत्यधिक। > वे'न्‌जॅन्स

vengeful, प्रतिशोधी। > वे'न्‌ज्‌फुल

venial, 1. (*pardonable*) क्षम्य, क्षमणीय, क्षन्तव्य; 2. (*minor*) गौण; ~ sin, लघुपाप; **~ity,** क्षम्यता*; गौणता*। > वीन्‌-इअॅल; वीनिऐल्‌-इटि

venison, मृगमांस। > वेन्‌ज़ॅन = वे'न्‌-इज़ॅन

venom, 1. विष, ज़हर, गरल; 2. (*spite*) द्वेष, विद्वेष, बैर; 3. (*virulence*) उग्रता*, कटुता*; **~ed,** 1. विषैला; विषाक्त; 2. (*harmful*) हानिकर; **~ous,** विषैला ज़हरीला; द्वेषी। > वे'नॅम; वे'नॅम्ड; वे'नॅमॅस

venosity, शिरीयता*। > विनॉस्‌-इटि

venose, शिरायुक्त; शिराबहुल। > वीनोस

venous, शिरीय, शिरा-। > वीनॅस

vent, 1. (*outlet*) निकास, मुख, द्वार; निर्गम; 2. (*hole*) छेद, सूराख, रन्ध्र, छिद्र; 3. (*ventilating duct*) हवाकश; 4. (*flue*) धुआँकश, चिमनी*, 5. *see* VENTAGE; 6. (*anus*) गुदा*, मलद्वार; 7. (*touchhole of gun*) प्याला; 8. (*slit*) चीर*; 9. (*fig., expression*) अभिव्यक्ति*; —*v.*, 1. छेद बनाना; छोड़ना, निकालना; 2. (*give ~ to*) अभिव्यक्त क०; 3. (*of otter, beaver*) ऊपर आना। > वे'न्ट

ventage, छेद। > वे'न्‌-टिज

venter, 1. (*belly*) उदर, पेट; उदरतल, अण्डधा; 2. (*womb*) गर्भाशय, बच्चादान; of one ~, सहोदर। > वे'न्टॅ

vent-hole, 1. (*for light*) वातायन, रोशनदान; 2. (*for air*) वातायन, हवाकश; 3. (*for smoke*) धुआँकश। > वे'न्ट्‌होल

ventiduct, हवाकश। > वे'न्‌-टिडॅक्ट

ventifact, वायुघृष्टाश्म। > वे'न्‌-टिफ़ैक्ट

ventil, 1. (*valve*) कपाट; 2. (*of organ*) परदा। > वे'न्‌-टिल

venti/late, 1. (*a room etc.*) में हवा* क०, संवातित क०, वायुसंचार क०; 2. (*blood*) साफ़ क०, में ऑक्सीजन भरना; 3. (*discuss freely*) पर खुले आम विचार-विमर्श क०; 4. (*bring to public attention*) प्रकाश में लाना, जनता* के सामने रखना; **~lating,** संवाती; **~lation,** संवातन, हवादारी*, वायु-संचालन, वायुसंचार; आम चर्चा*, सार्वजनिक विचार-विमर्श; **~lator,** पंखा, संवातक; हवाकश, वातायनी*। > वे'न्‌-टि/लेट, ~लेटिना; वे'न्‌-टिलेशॅन; वे'न्‌-टिलेटॅ

vent-pipe, निकास-नली*। > वेन्ट्पाइप
ventral, 1. अधर, उदर-; 2. (*bot.*) अभ्यक्ष। > वे'न्ट्रॅल
ventricle, निलय। > वे'न्-ट्रिकॅल
ventricose, 1. तुन्दिल; 2. (*inflated*) फूला हुआ, स्फीत। > वे'न्-ट्रिकोस
ventricular, निलय-, निलयी। > वे'न्-ट्रिक्यूलॅ
ventriculus, पश्चजठर। > वे'न्-ट्रिक्यूलॅस
ventri/loquism, ~loquy, पेटबोली*; **~loquist,** पेटबोला; **~loquize,** पेटबोली* बोलना। > वे'न्-ट्रिलॅ/क्विज़्म, ~क्वि, ~क्विस्ट, ~क्वाइज़
venture, *n.*, 1. जोखिम*; साहसिक कार्य; 2. (*business venture*) जोखिम*, झोंकी*; 3. (*speculation*) सट्टेबाज़ी*; at a ~, यों ही, यदृच्छया; —*v.*, 1. (*expose to danger*) जोखिम* में डालना, खतरे में डालना; 2. (*risk*) दाँव पर रखना; 3. (*dare*) साहस क०; जोखिम* उठाना; **~some,** 1. (*of undertaking*) साहसिक; जोखिमी, 2. (*of person*) निडर, निर्भीक, साहसिक, साहसी। > वे'न्चॅ, ~सॅम
venue, 1. (*meeting-place*) मिलन-स्थान; स्थान; 2. (*scene*) घटना-स्थल; 3. (*site*) स्थल; क्षेत्र; 4. (*of a trial*) स्थान। > वे'न्यू
venule, शिरिका*, तनुशिरा*। > वे'न्यूल
Venus, 1. (*goddess*) रति*; 2. (*planet*) शुक्र; 3. (*sexual love*) काम; 4. (*beautiful woman*) सर्वांगसुन्दरी*। > वीनस
vera/cious, 1. सत्यवादी, सत्यनिष्ठ; 2. (*accurate*) सच, सही, सत्य, ठीक, यथातथ्य; **~city,** सत्यवादिता*, सत्यनिष्ठा*; सच्चाई*, यथातथ्यता*। > वॅरेशॅस; वॅरैसिटि
veranda, बरामदा, दालान, मत्तवारण। > वॅरैन्डॅ
verb, क्रिया*; क्रियापद। > वॅ:ब
verbal, 1. (*of, concerning words*) शाब्दिक; 2. (*expressed in words*) वाचिक; 3. (*oral*) मौखिक, ज़बानी; 4. (*literal*) शाब्दिक; 5. (*of a verb*) क्रिया-विषयक; क्रियार्थक, क्रियामूलक; ~ noun, क्रियार्थक संज्ञा*। > वॅ:बॅल
verba/lism, 1. (*expression*) शाब्दिक अभिव्यक्ति*; शब्दाडम्बर; 2. शब्द-समालोचना*; **~list,** शब्द-समालोचक। > वॅ:बॅ/लिज़्म, ~लिस्ट
verbality, शाब्दिकता*; शब्दाडम्बर। > वॅ:बैल्-इटि
verba/lization, क्रियारूप; क्रियारूपान्तरण; शाब्दिक अभिव्यक्ति*; शब्दाडम्बर; **~lize,** 1. (*verbify*) क्रियारूप में बदलना, क्रियारूप बनाना; 2. शब्दों में व्यक्त क०; 3. (*be verbose*) वाचाल होना। > वॅ:बॅलाइज़ेशॅन; वॅ:बॅलाइज़
verbally, मौखिक रूप से; शब्दों में। > वॅ:बॅलि
verbatim, *adv.*, शब्दशः; *adj.*, शाब्दिक। > वॅबेट्-इम
verbena (*gandhabina*), गन्धबेन*, गंधवेणु। > वॅबीन्-अॅ
verbiage, शब्दाडम्बर, शब्दप्रपंच; वाचालता*। > वॅ:बि-इ-इज
ver/bose, 1. शब्दबहुल, शब्दाडम्बरपूर्ण; 2. (*of person*) शब्दाडम्बरी; वाचाल; **~bosity,** शब्दबाहुल्य, शब्दाडम्बर। > वॅबोस; वॅबॉस्-इटि
Verbum, शब्द। > वॅ:बॅम
ver/dancy, हरापन; हरियाली*, सरसब्ज़ी*; अनाड़ीपन; भोलापन; **~dant,** 1. (*green*) हरा; 2. (*covered with green*) हरा-भरा, सरसब्ज़; 3. (*inexperienced*) अनाड़ी, कच्चा; 4. (*simple, gullible*) भोला। > वॅ:डॅन्सि; वॅ:डॅन्ट
verdict, 1. (*of jury*) अभिनिर्णय, पंचनिर्णय; 2. (*deci-sion*) निर्णय, फ़ैसला; न्याय; 3. (*opinion*) मत, विचार, राय*। > वॅ:ड्-इक्ट
verdigris, जंगाल, जंगार। > वॅ:ड्-इ-ग्रिस
ver/dure, 1. (*green vegetation*) हरियाली*, सरसब्ज़ी*; 2. (*greenness*) हरापन; 3. (*freshness*) ताज़गी*; **~durous,** हरा-भरा, सरसब्ज़; गहरा हरा। > वॅज्-अॅ = वॅ:ड्यॅ, वॅ:जॅरॅस
verge, *n.*, 1. (*edge*) किनारा, सिरा, छोर; सीमा* (*also fig.*); 2. (*grass border*) घास* का किनारा; 3. (*emblem of office*) वल्लम; 4. (*sphere of jurisdiction*) अधिकार-क्षेत्र; —*v.*, झुकना; उतरना; **~ on,** की सीमा* तक पहुँचना। > वॅ:ज
verger, गिरजादार; बल्लम-बरदार। > वॅ:जॅ
veridical, सच्चा। > विरिड्-इकॅल
veriest, परम। > वे'-रि-इस्ट
veri/fiable, सत्यापनीय; प्रमाणनीय; **~fication,** सत्यापन, जाँच*; प्रमाणन, प्रमाणीकरण; **~fier,** सत्यापक; प्रमाणकर्ता; **~fy,** 1. सत्यापित क०; 2. (*of events*) सत्य सिद्ध क०, सच्चा साबित* क०, सत्य प्रमाणित क०; पूरा क०; 3. (*authenticate*) प्रामाणिक ठहराना, प्रमाणित क०। > वे'रिफ़ाइअॅबॅल; वे'रिफ़िकेशॅन; वे'रि/फ़ाइअॅ, ~फाइ
verily, वस्तुतः, वास्तव में। > वे'रिलि
veri/similar, संभाव्य; सत्याभासी; **~similitude,** 1. संभाव्यता*, संभावना*; 2. (*appearance of truth*) सत्याभास। > वे'रिसिम्-इलॅ; वे'रिसिमिल्-इट्यूड
veritable, पक्का; खरा; सच्चा, वास्तविक। > वे'रिटॅबॅल
verity, सत्यता*, सच्चाई*; सत्य; यथार्थता*। > वे'रिटि
verjuice, खट्टा रस; **~d,** 1. खट्टा; 2. (*fig.*) कटु। > वॅ:जूस; वॅजूस्ट
vermeil, 1. (*gilt silver*) सुनहली चाँदी*, मुलम्मेदार

चाँदी; 2. (*colour*) हलका सिंदूरी; 3. (*varnish*) मुलम्मे की वारनिश*। > वॅ:म्-इल

vermian, कृमि-; कृमि-जैसा, कृमिरूप। > वॅ:म्-इऑन

vermicelli, सेवई*। > वॅ:मिसे'ल्-इ

vermicide, कृमिनाशी। > वॅ:म्-इसाइड

vermicular, कृमिरूप। > वॅमिक्यूलॅ

vermiculation, 1. (*infestation with worms*) कृमिणता*, कृमिलता*; 2. (*worm-like movement*) कृमिगति*, क्रमाकुंचन। > वॅमिक्यूलेशॅन

vermicule, कृमक। > वॅम्-इक्यूल

vermiform, कृमिरूप। > वॅ:म्-इफ़ॉःम

vermi/fugal, ~fuge, कृमिहर, कृमिहारी, कृमिनिस्सारक। > वॅमिफ़्यूगॅल; वॅ:म्-इफ़्यूज

vermigrade, कृमिचारी। > वॅ:म्-इग्रेड

vermilion, सिन्दूर, ईंगुर, हिंगुल, सिंगरफ़; —*adj.*, सिंदूरी। > वॅमिल्यॅन

vermin, 1. पीड़क जन्तु; 2. (*insects*) कीड़े मकोड़े; 3. (*people*) नराधम, बदमाश; निम्न वर्ग; **~ous,** 1. कृमिण, कृमिल; 2. (*vile*) नीच; 3. (*of disease*) कृमिज। > वॅ:म्/इन, ~इनॅस

vermivorous, कृमिभक्षी। > वॅ:मिवॅ रॅस

vernacular, *n.*, 1. देशी भाषा*; देशी बोली*; 2. (*jargon*) खास बोली*, विशिष्ट शब्दावली*; 3. (*profanity*) गाली*; —*adj.*, देशी; बोली* का, बोलीगत; **~ism,** बोली* का मुहावरा; बोली* का प्रयोग। > वॅनैक्/यूलॅ, ~यूलॅरिज़्म

vernal, 1. वासन्तक, वासन्तिक, वसन्तकालीन; 2. (*fresh*) ताज़ा, अभिनव; 3. (*young*) तरुण; ~ equinox, वसन्त-विषुव, महाविषुव। > वॅ:नॅल

vernation, किसलय-विन्यास। > वॅनेशॅन

vernier, वर्नियर। > वॅ:न्-इ-ॲ

verruca, मसा, मस्सा; चर्मकील। > वे'रूक्-ॲ

verru/cose, ~cous, मस्सेदार। > वे'रु/कोस, ~कॅस

vers libre, मुक्त छन्द। > वे'ॲ लीब् रॅ

versant, ढाल*। > वॅ:सॅन्ट

versa/tile, 1. (*of person, talent, etc.*) बहुमुखी, सर्वतोमुखी; 2. (*bot.*) मुक्तदोली; 3. (*that can be turned*) घुमाऊ; 4. (*change-able, inconstant*) अस्थिर, परिवर्तनशील, चंचल; **~tility,** बहुमुखी या सर्वतोमुखी प्रतिभा*; बहुविज्ञता*; मुक्तदोलिता*। > वॅ:सॅटाइल; वॅ:सॅटिल्-इटि

verse, *v.*, *see* VERSIFY; *n.*, 1. (*line, stanza*) पंक्ति*; छन्द; श्लोक; 2. (*metre*) छन्द, वृत्त; 3. (*poetry*) पद्य, कविता*; 4. (*inferior poetry*) तुकबन्दी*; 5. (*of Bible, Koran*) अनुवाक्य, आयत*; blank ~, अतुकान्त छन्द; free ~, मुक्त छन्द; **~-monger,** तुक्कड़, तुक* मिलानेवाला; **-mongering,** तुकबन्दी*। > व:स; वॅ:समॅन्‌-गॅ, ~रिंग

versed, निष्णात, प्रवीण, कुशल, दक्ष; ~ cosine, शरकोज्या*; ~ sine, शरज्या*। > वॅ:स्ट

verset, 1. (*verse*) अनुवाक्य; 2. (*music*) पूर्वरंग; अन्तराल। > वॅस्-इट

versicle, अनुवाक्य। > वॅ:स्-इकॅल

versicoloured, रंगबिरंगा। > वॅ:स्-इकॅलॅड

versi/fication, 1. पद्यरचना*, शायरी*; 2. (*metrical pattern*) छन्दोयोजना*; **~ficator, ~fier,** कवि, शायर। > वॅ:सिफ़िकेशॅन; वॅ:स-इफ़िकेटॅ; वॅ:स्-इफ़ाइॲ

versify, 1. पद्य लिखना, कविता* क०; 2. (*convert into, relate in, verse*) छन्दोबद्ध क०, पद्यबन्द्ध क०। > वॅ:स्-इ-फ़ाइ

version, 1. अनुवाद, उल्था, तर्जुमा; भाषान्तर; 2. (*account*) बयान, विवरण; वृत्तान्त; 3. (*inter-pretation*) व्याख्या*; 4. (*variation*) रूपान्तर; 5. (*reading*) पाठान्तर; 6. (*med.*) गर्भवर्तन। > वॅ:शॅन

verso, 1. (*of medal, coin*) पट; पीछा; 2. (*left-hand page*) वामपृष्ठ। > वॅ:सो

versus, बनाम, प्रति, विरुद्ध। > वॅ:सॅस

vert, *adj.*, हरा; *n.*, हरियाली*; *v.*, 1. (*change religion*) अपना धर्म बदलना; 2. (*be turned*) टेढ़ा होना। > वॅ:ट

vertebra, कशेरुका*; **~l,** कशेरुका-, कशेरुकी। > वॅ:ट्/इब्रॅ, ~इब्रॅल

vertebrate, कशेरुकी, रीढ़ीदार, मेरुदण्डी; पृष्ठवंशी। > वॅ:ट्-इब्रिट

vertebration, कशेरुका-घटन; कशेरुकाभवन; कशेरुका-विन्यास। > वॅ:टिब्रेशॅन

vertex, 1. शीर्ष; 2. (*zenith*) शिरोबिन्दु; 3. (*crown of the head*) चाँद*। > वॅ:टे'क्स

vertical, 1. (*upright*) खड़ा, सीधा; ऊर्ध्वाधर (*as acceleration, motion, etc.*); उदग्र (*as bar, axis, etc.*); 2. (*vertical*) लम्ब, अनुलम्ब; 3. (*of zenith, vertex*) शीर्ष-; 4. (*overhead*) ऊर्ध्वस्थ; ~ angle, शीर्षकोण; **~ity,** उदग्रता*, ऊर्ध्वता*; अनुलम्बता*। > वॅ:ट्-इकॅल; वॅ:टिकैल्-इटि

verticil, चक्रक; **~late,** चक्रकी। > वॅ:ट्-इसिल; वॅ:टिसिलिट

vertiginous, 1. (*dizzy*) चक्कर से आक्रान्त; 2. (*causing dizziness*) घुमटा लाने वाला, चकरानेवाला; 3. (*whirling*) परिभ्रामी, घूमने-वाला। > वॅ:टिजिनॅस

vertigo, घुमड़ी*, घुमटा, चक्कर; 2. (*med.*) भ्रमि*। > वॅ:ट्-इगो = वॅ: टाइगो

vervain, जंगली गन्धबेन। > वॅ:वेन

verve, 1. (*enthusiasm*) उत्साह, उमंग*, जोश; 2. (*energy*) तेज़, ऊर्जस्विता*; 3. (*vigour in artistic work*) ओज। > वॅ:व

very, *adj.*, 1. (*for emphasizing identity*) वही, यही; 2. (*complete, absolute*) पक्का, पूरा; 3. (*real, genuine*) सच्चा, यथार्थ, असली; —*adv.*, 1. (*extremely*) बहुत, अत्यन्त, अत्यधिक, निहायत; 2. (*exactly*) ठीक-ठाक; 3. (*truly*) सचमुच; 4. (*absolutely*) बिलकुल, पूर्णतया, सर्वथा, नितान्त; ~well, ~good, बहुत अच्छा, ठीक है, बिलकुल ठीक। > वे'रि

vesica, 1. (*bladder, sac*) आशय, कोश, पुटी*; 2. (*urinary*) मूत्राशय; 3. (*oval halo*) अण्डाकार प्रभामण्डल; **~l,** आशय-, आशयिक। > वि'साइक्-अॅ; वे'स्-इकॅल

vesi/cant, व्रणगैस*; **~cate,** फफोले या छाले उत्पन्न क०; **~cation,** व्रणोत्पादन; **~catory, ~cant,** व्रणोत्पादक, स्फोटकर। > वे'स्इकॅन्ट; ~इकेट, ~इकेशॅन, ~इकेटॅरि

vesicle, 1. (*blister*) छाला, फफोला; 2. (*small bladder*) आशय, कोश, पुटी*; 3. (*botany*) पुटिका*; 4. (*geology*) स्फोटगर्त। > वे'स्-इकॅल

vesicular, 1. छालेदार, फफोलेदार; 2. आशयिक; आशय-युक्त; 3. पुटिकामय; 4. (*of rocks*) स्फोट-गर्ती। > वि'सिक्यूलॅ

Vesper, सान्ध्य तारा; शुक्र। > वे'स्पॅ

vesperal, सन्ध्या-संग्रह। > वे'स्पॅरॅल

vespers, सन्ध्या-वन्दना*। > वे'स्पॅज

vespertine, सन्ध्यकालीन, सान्ध्य। > वे'स्पॅटाइन

vespiary, भिड़* का छत्ता। > वे'स्-पिॲरि

vespid, भिड़*, बर्रे, ततैया। > वे'स्-पिड

vessel, 1. (*utensil*) बरतन, बासन, भाजन, पात्र, भाँड़ा, भांड; 2. (*ship*) जहाज़, पोत, जलयान; 3. (*duct*) वाहिका*, नलिका*; 4. (*chosen person*) सुपात्र; पात्र, भाजन; sacred ~, पूजा-पात्र, यज्ञ-पात्र; weaker ~, नारी*। > वे'सॅल

vest, *n.*, 1. (*undervest*) फतूही*, बंडी*; 2. (*waist-coat*) वास्कट*, 3. (*dress*) पोशाक*; —*v.*, 1. (*confer*) प्रदान क०; 2. (*furnish with*) से सम्पन्न क०; 3. (*be vested in*) में निहित होना; 4. (*clothe*) पहनाना; ~ed interest, निहित स्वार्थ। > वे'स्ट; वे'स्-टिड

vesta, दियासलाई*, दीयासलाई*। > वे'स्-टॅ

vestal, शुद्ध, पवित्र; ~ virgin, चिरकुमारी*। > वे'स्-टॅल

vestiary, वस्त्रालय। > वे'स्-टिॲरि

vestibule, 1. (*lobby*) प्रकोष्ठ, 2. (*entrance-hall*) ड्योढ़ी*, पौरी*; 3. (*porch*) द्वारमंडप, बरसाती*; 4. (*cavity*) प्रकोष्ठ; 5. (*of inner ear*) प्रघाण। > वे'स्-टिब्यूल

vestige, अवशेष। > वे'स्-टिज

vestigial, vestigiary, अवशेषी; ~organ, अवशेषांग। > वे'स्-टि/जिॲल, ~जिॲरि

vestiture, आवरण। > वे'स्-टिचॅ

vestment, परिधान; sacred ~, यज्ञपरिधान, पूजा-परिधान। > वे'स्ट्मॅन्ट

vest-pocket, जेबी, छोटा। > वे'स्टपॉकिट

vestry, वस्त्रालय। > वे'स्-ट्रि

vesture, *n.*, 1. पोशाक*, वस्त्र; 2. (*covering*) आवरण; —*v.*, पहनाना। > वे'स्चॅ

vesuvian, ज्वालामुखीय। > वि'सूव्यॅन

vet, *n.*, *see* VETERINARIAN; —*v.*, 1. इलाज क०, चिकित्सा* क०; 2. (*examine*) जाँचना; डाक्टरी जाँच* क०। > वे'ट

vetch, मोठ; chickling ~, मटरी*। > वे'च

veteran, *adj.*, 1. (*experienced*) अनुभवी; 2. (*old*) पुराना; —*n.*, अनुभवी व्यक्ति; पुराना सिपाही, सेवा-निवृत्त सैनिक। > वे'टॅरॅन

veterinarian, शालिहोत्री, पशुचिकित्सक। > वे'टॅरिने'ॲर्-इॲन

veterinary, *n.*, शालीहोत्री; *adj.*, शालीहोत्रीय; ~ science, शालीहोत्र, पशुचिकित्सा*; ~ surgeon, शालीहोत्री, पशुचिकित्सक। > वे'टॅरिनॅरि

veto, *n.*, 1. निषेधाधिकार, प्रतिषेधाधिकार, वीटो; 2. (*act*) प्रतिषेधन, निषेधन; 3. (*prohibi-tion*) प्रतिषेध, निषेध, मनाही*; —*v.*, 1. निषेध क०, मना क०; 2. (*block*) रोकना, अवरोध क०; 3. (*reject*) अस्वीकार क०। > वीटो

vex, 1. (*irritate*) चिढ़ाना, खिजाना, नाराज़ क०; 2. (*annoy*) तंग क०, परेशान क०, दिक़ क०; सताना; कष्ट देना; 3. (*make unhappy*) दुःख देना, दुखाना; **~ation,** 1. (*act*) उत्पीड़न, संतापन; 2. (*state*) चिढ़*, खीज*, नाराज़गी*, रंजीदगी*; परेशानी*; 3. (*that which annoys*) तकलीफ़* मुसीबत*, कष्ट, आफ़त*; **~atious,** खिजानेवाला, खिजाऊ; चिढ़ाऊ; कष्टकर, कष्टप्रद, कष्टदायक, तकलीफ़देह; क्लेशकर, दुःखदायी। > वे'क्स; वे'क्सेशॅन, ~शॅस

vexed, 1. (*of question*) विवादग्रस्त, विवादा-स्पद; 2. (*annoyed*) परेशान, व्याकुल, उद्विग्न; दुःखी; 3. (*displeased*) नाराज़, अप्रसन्न, रूठा। > वे'क्स्ट

vexillum, 1. झण्डा, ध्वजा*; 2. (*bot.; vexil*) ध्वज; 3. (*zool.*) पिच्छ-फलक। > वे'क्-सिलॅम

vexing, *see* VEXATIOUS। > वेक्-सिन्ग

via, *prep.*, से होकर, के मार्ग से, बराह, के रास्ते से;

द्वारा; —*n.*, मार्ग; ~media, मध्यमार्ग। > वाइ-अॅ
viability, जीवनक्षमता*; व्यवहार्यता*; अंकुर-क्षमता*। > वाइ-अॅ-बिल्-इ-टि
viable, 1. जीवनक्षम; 2. (*of plant*) अंकुरणक्षम; 3. (*practicable*) व्यवहार्य। > वाइ-अॅबॅल
viaduct, सेतु, पुल। > वाइ-अॅ-डॅक्ट
vial, शीशी*। > वाइ-अॅल
viands, खाद्य। > वाइ-अॅन्ड्ज़
viaticum, 1. संबल, पाथेय; 2. (*Eucharist*) दिव्य संबल। > वाइ-ऐट्-इ-कॅम
viator, पथिक। > वाइ-एट्-अॅ
vibraculum, कशाप्रवर्ध। > वाइब्रैक्यूलॅम
vibrant, 1. (*vibrating*) कम्पायमान, कम्पमान; 2. (*resonant*) गुंजायमान (*of voice*); अनुनादी। > वाइब्रॅन्ट
vibrate, 1. (*move rapidly to and fro*) कम्पायमान होना (*v.i.*); कँपाना (*v.t.*); 2. (*oscillate*) दोलायमान होना, दोलन क० (*v.i.*); प्रदोलित क०, डुलाना (*v.t.*); 3. (*of a person; thrill*) काँपना, पुलकना, सिहरना; 4. (*of sound*) गूँजना; काँपना। > वाइब्रेट
vibratile, कम्पशील। > वाइब्रॅटाइल
vibration, 1. कम्पन; 2. (*oscillation*) ढोलन, प्रदोलन; 3. (*of human body*) कम्पन, कँपकँपी*; पुलक; सिहरन*; **~al,** कम्पन-, काम्पनिक। > वाइब्रे/शॅन, ~शॅनॅल
vibrato, गिटकिरी*। > वीब्राटो
vibrator, कम्पित्र; **~y,** कम्पन-। > वाइब्रेट्/अॅ, ~अॅरि
vibrissa, दृढ़रोम। > वाइब्रिस्-अॅ
vibroscope, कम्पनदर्शी। > वाइब्रॅस्कोप
vicar, 1. (*deputy*) प्रतिनिधि; 2. (*of a parish*) पल्ली-पुरोहित; ~ apostolic, धर्मपाल; ~ forane, (उप-धर्मप्रान्त का) अध्यक्ष; ~ general, प्रतिधर्माध्यक्ष; V ~ of Christ, पोप, सन्त पिता, सन्त पापा, परम-धर्माध्यक्ष। > विक्-अॅ
vicarage, पुरोहिताश्रम। > विक्रॅरिज
vicariate, उपधर्मप्रान्त। > विके'अॅर्-इ-इट
vicarious, 1. (*deputed*) प्रतिनियुक्त, प्रत्या-युक्त; 2. (*done for another*) प्रतिनिधिक, प्रतिनिधिमूलक; 3. (*acting as substitute*) स्थानापन्न। > वाइ = विके'अॅर-इअॅस
vice[1], *prep.*; के स्थान पर, के बदले में; **~ versa,** उलटे, दूसरी ओर*; विलोमतः; इसके विपरीत, प्रतिक्रमात्, विपर्यय से। > वाइसि; ~ वॅ:स्-अॅ
vice[2], *prefix*, वाइस-, उप-। > वाइस
vice[3], *n.*, 1. (*tool*) शिकंजा; बाँक* (*of lohar*); 2. (*wickedness*) दुष्टता*, भ्रष्टता*, चरित्र-हीनता*; पापाचार, दुराचार, भ्रष्टाचार; 3. (*bad habit*) व्यसन; 4. (*moral fault*) अवगुण, दुर्गुण, बुराई* ऐब, दोष, खराबी*; 5. (*defect*) त्रुटि*, कमी*, दोष, ऐब, बुराई*। > वाइस
vice-chancellor, कुलपति।
vicegerent, प्रतिनिधि। > वाइस्जे'रॅन्ट
vicennial, विंशतिवर्षीय। > वाइसे'न्-इअॅल
viceroy, वाइसराय, बड़े लाट, उपराजा। > वाइस्रॉइ
vicinage, पड़ोस। > विसिनिज
vicinal, 1. निकटवर्ती, समीपवर्ती, परिवेशी, पास का; 2. (*mineralogy*) मूलाभ। > विसिनॅल
vicinity, 1. (*closeness*) सामीप्य, निकटता*, नज़दीकी*; 2. (*neighbourhood*) पड़ोस, पास-पड़ोस, अड़ोस-पड़ोस, प्रतिवेश, प्रतिवास; 3. (*close relationship*) निकट संबंध; in the ~ of, के आस-पास। > विसिन्-इटि
vicious, 1. (*of habits, life, etc.*) पापमय, बुरा, अनैतिक, दुष्ट, दूषित; 2. (*of person; wicked*) चरित्रहीन, भ्रष्ट, दुष्ट, पापी; 3. (*faulty, defective*) दोषपूर्ण, ख़राब, सदोष; त्रुटिपूर्ण; 4. (*spiteful, of remarks, etc.*) कटु, द्वेषपूर्ण; 5. (*ill-tempered*) बदमिज़ाज; चिड़चिड़ा; 6. (*un-controllable*) दुर्दम्य; 7. (*likely to bite*) कटखना; 8. (*of horse*) बदज़ात। > विशॅस
vicissitude, 1. (भाग्य का, दिनों का) फेर; (*pl.*) चढ़ाव-उतार, सुख-दुःख; 2. (*alternation*) प्रत्यावर्तन; 3. (*change*) परिवर्तन, हेर-फेर। > विसिस्-इट्यूड
vicissitudinous, अस्थिर, भाग्याधीन। > विसिसिट्यूड्-इनॅस
victim, 1. (*prey*) शिकार, अहेर; 2. (*of confidence trick*) चिड़िया*; 3. (*of floods etc.*) पीड़ित; 4. (*of sacrifice*) बलि, बलिपशु। > विक्-टिम
victi/mization, अत्याचार, उत्पीड़न; दण्डन; **~mize,** 1. शिकार बनाना; 2. (*make suffer*) सताना, उत्पीड़ित क०; 3. (*penalize*) दण्डित क०, दण्ड देना। > विक्टिमाइज़ेशॅन; विक्-टिमाइज़
victor, विजेता; **~ious,** विजयी, विजयमान, फ़तहमन्द। > विक्टॅ; विक्टॉ:र्-इअॅस
victory, जीत*, जय*, विजय*, फ़तह*; ~ over self, आत्मविजय*। > विक्टॅरि
victress, विजयिनी*। > विक्-ट्रिस
victual, रसद पहुँचाना; रसद, भरना; खाना; **~ler,** खाद्य-प्रबंधक; **~ling,** संभरण। > विटॅल; विट्-लॅ; विट्-लिन्ग
victuals, रसद, खाद्य, खाद्य-सामग्री*। > विटॅल्ज़
vide, देखिए। > वाइड्-ए
videlicet, अर्थात्, यानी, तथा (abbrev. as *viz.*, and usually pronounced as नेम्-लि)। > विडील्-इसे'ट

video, टेलिविज़न। > विड्-इ-ओ

vidimus, प्रामाणिक प्रतिलिपि*; लेखापरीक्षा*। > वाइड्-इमॅस

vidual, 1. विधवा* का; 2. (*widowed*) विधवा*। > विड्यूऑल

viduity, विधवापन, वैधव्य, रँड़ापा। > विड्यू-इटि

vie, से होड़* लगाना, प्रतिस्पर्धा* क०, मुक़ाबला क०। > वाइ

view, *v.*, 1. (*survey*) पर्यवलोकन क० (*with the eye*); सर्वेक्षण क० (*fig.*); 2. (*watch on television*) देखना, निहारना, अवलोकन क०; 3. (*inspect*) निरीक्षण क०, जाँचना; 4. (*consider, estimate*) देखना, विचार क०; समझना; —*n.*, **A.** *Physically;* 1. (*survey*) पर्यवलोकन; 2. (*inspection*) निरीक्षण, जाँच; 3. (*act of seeing*) अवलोकन, दृष्टि*, दर्शन, नज़र*, निगाह*; field of ~, दृष्टिक्षेत्र; 4. (*power of seeing*) दृष्टि*; 5. (*opportunity to see*) झाँकी*; 6. (*what is seen, scenery*) दृश्य; चित्र (*picture*) 7. (*visibility*) दृश्यता*; **B.** *Mentally;* 1. (*survey*) सर्वेक्षण, सिंहावलोकन; ध्यान, सोच-विचार; 2. (*attitude*) दृष्टि*, दृष्टिकोण; 3. (*opinion*) विचार, मत, राय*; dim ~ प्रतिकूल; ~; 4. (*purpose*) उद्देश्य, अभिप्राय, मतलब, प्रयोजन; 5. (*design*) कुदृष्टि*; have in ~, इरादा होना; उद्देश्य होना; ध्यान में रखना; in ~, दृश्य, दृश्यमान; विचाराधीन; ध्यान में; in ~ of, देखते हुए, ध्यान में रखते हुए; के विचार से, के कारण; on ~, प्रदर्शित; point of ~, दृष्टिकोण; with a ~ to, with the ~ of, के उद्देश्य से; के विचार से; की आशा* में; to the ~, खुले आम, प्रकट रूप से। > व्यू

viewer, 1. दर्शक, प्रेक्षक; 2. (*viewfinder*) दृश्यदर्शी। > व्यू-ऑ

viewfinder, 1. दृश्यदर्शी। > व्यूफ़ाइन्डॅ

viewless, 1. (*blind*) अन्धा; 2. (*invisible*) अदृश्य; 3. दृश्यहीन। > व्यूलिस

viewpoint, 1. दृष्टिकोण; 2. (*opinion*) दृष्टि*, विचार; 3. (*place*) प्रेक्षणस्थान। > व्यूपॉइन्ट

vigil, 1. जागरण, जागा, रतजगा; 2. (*eve*) पूर्वदिन; keep ~, जागरण क०। > विजिल

vigilance, 1. सावधानी*, चौकसी*, सतर्कता*; निगरानी* (*against corruption*); 1. (*in-somnia*) अनिद्रा*, उन्निद्र; ~ committee, निगरानी-समिति*; ~ man, vigilante, निगरानी-समिति-सदस्य। > विजिलॅन्स

vigilant, सावधान, चौकस, चौकन्ना, सचेत, सतर्क। > विजिलॅन्ट

vignette, 1. (*ornament*) गुलकारी*, बेलबूटे; 2. (*illustration, picture*) विग्नेट, चित्र; 3. (*word-sketch*) शब्दचित्र; 4. लघुचित्र। > वीन्ये 'ट

vigoroso, ओज से। > विगॅरोसो

vigorous, A. *Of a person;* 1. (*strong*) हृष्ट-पुष्ट, बलवान, तगड़ा, हट्टा-कट्टा; 2. (*healthy*) सुस्वस्थ, भला-चंगा, तन्तुरुस्त; 3. (*energetic*) कर्मठ, तेजस्वी, ओजस्वी, प्रभावशाली; उत्साही; **B.** 1. (*forceful*) सशक्त, ज़ोरदार, प्रबल, ओजस्वी; 2. (*growing well*) वर्द्धिष्णु। > विगॅरॅस

vigour, (*see* VIGOROUS), बल, ताक़त*; तन्दुरुस्ती*; ओज, ओजस्विता*, उत्साह, तेजस्विता*; ज़ोर; वर्द्धन, वर्द्धिष्णुता*। > विग्-ॲ

vile, 1. (*depraved, morally bad*) दुष्ट, भ्रष्ट, चरित्रहीन; कमीना, नीच; 2. (*abject, disgusting*) नीच, तुच्छ, घिनावना, घृणित, हेय; 3. (*worthless*) निकम्मा, रद्दी, बेकार; 4. (*very bad*) बहुत बुरा, बहुत घटिया, एकदम रद्दी। > वाइल

vilification, मिथ्यापवाद; निन्दा*, बदगोई*; गाली*। > विलिफ़िकेशॅन

vilifier, अपवादक, निन्दक। > विल्-इफ़ाइॲ

vilify, 1. (*slander*) की झूठी निन्दा* क०, मिथ्यापवाद क०, अपवाद क०; 2. (*defame*) बदनाम क०; 3. (*revile*) निन्दा* क०, गाली* देना; 4. (*debase*) भ्रष्ट क०, दूषित क०। > विल्-इफ़ाइ

vilipend, 1. का तिरस्कार क०, की अवज्ञा* क०, उपेक्षा* क०; तुच्छ समझना। > विल्-इ-पे 'न्ड

villa, देहाती बँगला, ग्राम-निवास; उपनगरीय निवास। > विल्-ॲ

village, गाँव, ग्राम, मौज़ा, खेड़ा (*small ~*); ~ headman, मुखिया; ~ uplift, ग्रामसुधार, ग्राम-उत्थान। > विल्-इज

villager, 1. ग्रामीण, ग्रामवासी, ग्रामी; 2. (*rustic*) देहाती। > विल्-इजॅ

villain, 1. (*scoundrel*) बदमाश, दुर्जन, दुष्ट, हरामज़ादा; 2. (*of novel etc.*) खलनायक; 3. (*naughty*) नटखट, शरारती। > विलॅन

villainess, खलनायिका*। > विलॅनिस

villainous, *see* VILE (1-4). > विलॅनॅस

villainy, हरामज़ादगी*, बदमाशी*, नीचता*; दुष्टता*, बुराई*। > विलॅनि

villein, कृषिदास; **~age,** कृषिदासता। > विल्-इन; विल्-इनिज

villose, villous, 1. (*anat.*) उद्‌वर्धी; 2. (*bot.*) दीर्घरोमी। > विलोस; विलॅस

villus, 1. (*anat.*) उद्‌वर्ध, अंकुर; 2. (*bot.*) दीर्घरोम। > विलॅस

vim, उत्साह, जोश, ओज। > विम

vina, वीणा*। > वीनॅ

vinaceous, अंगूरी। > वाइनेशॅस

vinaigrette, इत्र की शीशी*, इत्रदान। > विनिग्रे 'ट

vinca, (*rosea*), सदाबहार। > विन्कॅ

vin/cibility, पराजेयता*; **~cible,** पराजेय, विजेय। > विन्सिबिल् -इटि; विन् -सिबॅल

vinculum, (रेखा) बंधनी*, रेखाकोष्ठक। > विन् क्यूलॅम

vindi/cate, 1. निर्दोष (*innocent*), सच (*true*), उचित या न्यायसंगत (*just*) सिद्ध क० या प्रमाणित क०; निर्दोष ठहराना; 2. की रक्षा* क०; का समर्थन क०; 3. (*obtain for oneself*) प्राप्त क०; **~cation,** दोषनिवारण; समर्थन; रक्षण, रक्षा*। > विन् -डिकेट; विन्-डि-के -शॅन

vindicator, दोषनिवारक; समर्थक; रक्षक। > विन् -डि-के-टॅ

vindicatory, 1. (*vindicative*) रक्षात्मक; समर्थक; 2. (*of laws; punitive*) दण्डात्मक। > विन् -डिकेटॅरि; विन् -डिकॅटिव

vindictive, 1. (*revengeful*) प्रतिशोधी; 2. (*of measures*) प्रतिशोधात्मक; 3. (*punitive*) दण्डात्मक। > विन्-डिक् -टिव

vine, 1. अंगूर की बेल*, दाख*; 2. (*climber*) बेल*, लता*, वल्ली*, वल्लरी*; **~-dresser,** अंगूर-कृषक। > वाइन

vinegar, सिरका। > विनॅगॅ

vinegary, 1. सिरकेदार; 2. (*sour*) खट्टा; 3. (*embittered*) कटु। > विनॅगॅरि

vinery, अंगूर का गरमख़ाना। > वाइनॅरि

vineyard, दाख़बारी*, अंगूर का बाग़। > विन् यॅड

viniculture, अंगूर की खेती*। > विनिकॅल् चॅ

vinous, अंगूरी। > वाइनॅस

vintage, *n.*, 1. (*harvesting*) द्राक्षा-संचयन; 2. (*season, crop*) अंगूर की फ़सल*; 3. (*wine*) अंगूरी*, अंगूरी शराब*; *—adj.*, बढ़िया; ~ wine, बढ़िया अंगूरी*; ~car, पुरानी कार*; ~ year, बढ़िया अंगूर का बरस। > विन् -टिज

vintager, अंगूर बटोरनेवाला, द्राक्षासंचयक। > विन् -टि-जॅ

vintner, अंगूरों* का व्यापारी (*merchant*) या दूकानदार (*shopkeeper*)। > विन्ट् -नॅ

viol, मध्यकालीन वायलिन। > वाइअॅल

viola[1], बड़ा वायलिन। > विओल् -अॅ

viola[2], (*odorata*), बनफ्शा, नीलपुष्प। > वाइ-अॅ-लॅ

violable, उल्लंघनीय। > वाइअॅलॅबॅल

violaceous, बैंगनी, नीललोहित। > वाइ-अॅ-ले -शॅस

violate, 1. (*transgress, infringe*) उल्लंघन क०, भंग क०, अतिक्रमण क०, तोड़ना; 2. (*profane*) अपवित्र क०, दूषित क०, 3. (*treat with disrespect*) तिरस्कार क०, अपमान क०, उपेक्षा* क०; 4. (*disturb*) बिगाड़ना, में बाधा* डालना; भंग क०; 5. (*destroy*) नष्ट क०; 6. (*rape*) के साथ या पर बलात्कार क०। > वाइ -अॅ-लेट

violation, (*see* VIOLATE), उल्लंघन, अतिक्रमण, भंग; अपवित्रीकरण; दूषण; तिरस्कार, अपमान; बलात्कार। > वाइ-अॅ-ले -शॅन

violator, (*see* VIOLATE), अतिक्रामक, भंजक; दूषक; तिरस्कारी; बलात्कारी। > वाइ -अॅ-ले-टॅ

violence, 1. (*quality; see* VIOLENT) तेज़ी*, तीव्रता*; सख़्ती*; तीक्ष्णता*; उग्रता*; 2. (*use of force*) बलप्रयोग, ज़बरदस्ती*; हिंसा*; (*unlawful*) ज़बरदस्ती*, सीनाज़ोरी*, धींगा-धींगी*, अत्याचार; 3. (*assault*) प्रहार, मार*, पिटाई*; 4. (*rough treatment*) दुर्व्यवहार; do ~ to, 1. (*insult*) अपमान क०; 2. (*act contrary to*) के विरुद्ध आचरण क०; 3. (*make suffer*) दुखाना, सताना; 4. (*distort, mis-interpret*) विकृत क०, एकदम गलत अर्थ लगाना। > वाइ-अॅ-लॅन्स

violent, 1. (*marked by physical force*) तेज़, प्रबल, प्रचण्ड, तीक्ष्ण, तीव्र; 2. (*doing physical harm*) हिंसापूर्ण, हिंसात्मक, हिंसक; 3. (*intense; of heat, sickness, etc.*) सख़्त, प्रखर, तेज़, तीक्ष्ण, उग्र; 4. (*of temper, langu-age, nature*) उग्र, उत्कट, तीव्र, विकट; 5. (*passionate*) उत्कट, प्रगाढ़, तीव्र; 6. (*of presumption*) ज़ोरदार, प्रबल; ~ death, अपमृत्यु*; lay ~ hands on, मारना; **~ly,** बलपूर्वक, ज़बरदस्ती। > वाइ -अॅ-लॅन्ट

violet, 1. (*flower*) बनफ़्शा, नीलपुष्प; 2. (*colour*) बैंगनी, नीललोहित, जाम्ब। > वाइ- अॅ-लिट

violin, वायलिन, बेला*। > वाइ-अॅ-लिन्

violoncello, मन्द्र वायलिन। > वी=वाइ-अॅ-लॅन्चे 'लो

viper, 1. वाइपर, पृदाकु; Russell's ~, दुबोइया; scaled ~, फुरसा; 2. (*fig.*) द्वेषी; विश्वासघाती; nourish a ~ in one's bosom, आस्तीन* में साँप पालना। > वाइप् -अॅ

virago, चण्डी*, कर्कशा*। > विरेगो

vires/cence, हरीतिमा*, हरापन; हरितायन; **~cent,** हरा; हरा-सा, हरिताभ। > विरे 'सॅन्स; विरे 'सॅन्ट

virgate, (*rod-like*) डण्डाकार। > वॅ:ग् -इट

virgin, *n.*, 1. कुँवारी*, कुँआरी*, क्वाँरी*, अक्षता*, अक्षतयोनि*; कुँवारा, कुँआरा, क्वाँरा, अक्षतवीर्य; 2. (*chaste woman*) सती*, साध्वी*; the Blessed V~, धन्य या सन्त कुँवारी मरिया* (मरियम*); 3. (*V ~, Virgo*) कन्या*; *—adj.*, 1. (*~al*) कुँवारीसुलभ; कुँवारी* का; 2. (*chaste*) शुद्ध, विशुद्ध, शुचि; 3. (*undefiled*) निर्मल, बेदाग़, निष्कलंक, अदूषित; 4. (*untouched*) अछूता; 5. (*intact*) अक्षत; 6. (*unused*) अप्रयुक्त; 7. (*of soil; never* *cultivated*) अकृष्टपूर्व; 8. (*of gold*) प्राकृत (स्वर्ण)। > वॅ:जिन; वॅ:जिनॅल

virginity, 1. कौमार्य, कुँआरापन; 2. (*chastity*) शुद्धता*, शुचिता*; 3. (*see* VIRGIN, *adj.*) शुचिता*; निर्मलता*; अछूतापन; अक्षतता*। > वॅ:जिन्-इटि

Virgo, कन्या*। > वॅ:गो

virgule, अल्पविराम। > वॅ:ग्यूल

viri/descene, 1. हरापन, हरीतिमा*; 2. (*freshness*) ताज़गी*; 3. (*youthful vigour*) तरुणाई*; **~descent,** हरा-सा; ताज़ा; तरुण। > विरिडे'सॅन्स; विरिडे'सॅन्ट

viridity, हरापन। > विरिड्-इटि

virile, 1. (*of man*) पुरुष का, पौरुष, पौरुषेय, मरदाना; 2. (*manly*) पुरुषोचित, मरदाना; 3. (*vigorous*) शक्तिशाली, ओजस्वी, तेजस्वी; 4. (*sexually potent*) मैथुनसमर्थ, मैथुनक्षम। > विराइल

virilescence, (मादा* में) नरलक्षण। > विरिले'सॅन्स

virility, पुरुषत्व, पौरुष, पुंस्त्व, मरदानगी*; मैथुनसामर्थ्य, पुंस्त्व। > विरिल्-इटि

virose, virous, 1. विषाक्त; 2. (*bot.*) बदबूदार। > वाइरोस; वाइअॅरॅस

virtu, कलाप्रेम; articles of ~, कलाकृतियाँ*। > वॅ:टू

virtual, 1. (*for all practical purposes*) वास्तविक, असली, यथार्थ; अप्रत्यक्ष, परोक्ष; 2. (*science*) कल्पित (*of velocity, displace-ment*); आभासी, प्रतीयमान (*apparent*); **~ity,** 1. वास्तविकता*, असलियत*; 2. (*potentiality*) अंत:शक्ति*; **~ly,** कार्यत:; असल में, वस्तुत:। > वॅ:ट्यूॲल; वॅ:ट्युऐल्-इटि; वॅ:ट्यूॲलि

virtue, 1. (*a specific moral quality*) सद्गुण; acquired ~, अभ्यासगत ~; cardinal ~, मूल ~; infused ~, ईश्वरदत्त ~; moral ~, नैतिक ~; theological ~, ईश्वरपरक; practise ~, सद्गुण की साधना* क०; 2. (*moral goodness*) नैतिकता*; सदाचार; ईमानदारी*, सच्चाई*; 3. (*chastity*) शुद्धता*, शुचिता*; सतीत्व; 4. (*quality*) गुण, खूबी*, विशेषता*; 5. (*excellence*) उत्कर्ष, विशिष्टता*; 6. (*inherent power*) शक्ति*, क्षमता*, प्रभावोत्पादकता*; by ~ of, in ~ of, के बल पर, के आधार पर; के अधिकार से; के कारण, की वजह* से। > वॅ:ट्यू

virtuosity, प्रवीणता*; कला-प्रेम, कला-मर्मज्ञता*। > वॅ:ट्यूऑस्-इटि

virtuoso, प्रवीण; कला-मर्मज्ञ, कला-प्रेमी। > वॅट्यूओसो

virtuous, 1. भला, अच्छा, नेक; सदाचारी, सच्चरित्र, धार्मिक, धर्मात्मा; ईमानदार; सद्गुणी; 2. (*chaste*) शुद्ध, शुचि। > वॅ:ट्यूॲस

viru/lence, विषाक्तता*, विषालुता*; सांघाति-कता*, कटुता*, कड़ुआपन; **~lent,** 1. विषाक्त, ज़हरीला; 2. (*malignant*) हानिकर; सांघातिक; 3. (*bitter*) कटु, कड़ुआ, तीव्र; 4. वाइरस का, वाइरस-, विषाणु-। > विरुलॅन्स; विरुलॅन्ट

virus, 1. वाइरस; 2. (*fig.*) विष; विष की गाँठ*। > वाइरॅस

vis, शक्ति*, बल; ~ viva, गतिज ऊर्जा*। > विस

visa, visé, *n.*, विज़ा, अनुवेशिका*; प्रवेश-पत्र; —*v.*, विज़ा लगाना। > वीज़्-अ; वीज़्-ए

visage, 1. चेहरा, मुख, मुँह; 2. (*expression of face*) रुख, मुद्रा*, मुँह, आकृति*, शकल*। > विज़्-इज

visard, *see* VISOR. > वाइज़ॅड

vis-a-vis, *adv.*, 1. आमने-सामने; 2. (*in relationship to*) की तुलना* में; —*n.*, 1. सामनेवाला (व्यक्ति); 2. (*opposite number*) जोड़ीदार। > वीज़्-आ-वी

viscera, 1. (*intestines*) आँतें*, अँतड़ियाँ* अन्त्र; 2. (*interior organs*) आन्तराग। > विसॅरॅ

visceral, आन्त्र, आन्त्रिक; आन्तरांग-। > विसॅरॅल

viscerate, आँतें* निकालना। > विसॅरेट

viscid, 1. (*sticky*) लसीला, लसलसा, चिपचिपा; 2. (*phys.*) श्यान, विस्कासी; **~ity,** चिप-चिपाहट*, लसीलापन; श्यानता*। > विस्-इड; विसिड्-इटि

viscose, विस्कोस। > विस्कोस

viscosity, 1. (*stickiness*) चिपचिपाहट*, लसीलापन; 2. (*phys.*) श्यानता*, विस्कासिता*। > विस्कॉस्-इटि

viscosimeter, श्यानतामापी। > विस्कॉसिम्-इटॅ

viscous, 1. (*sticky*) लसीला, चिपचिपा; 2. (*phys.*) श्यान, विस्कास। > विस्कॅस

vise, शिकंजा; बाँक* (*of lohar*)। > वाइस

visibility, 1. दृश्यता*; दृष्टिसीमा*, दृष्टिक्षेत्र (*range*) 2. (*obviousness*) प्रत्यक्षता*, स्पष्टता*। > विज़िबिल्-इटि

visible, 1. दृश्य, दृष्टिगोचर; 2. (*obvious*) सुस्पष्ट, स्पष्ट, प्रत्यक्ष, प्रकट, ज़ाहिर, समझ। > विज़ॅबॅल

visibly, प्रत्यक्षत:; स्पष्टतया। > विज़ॅब्लि

vision, *n.*, 1. (*act of seeing*) दृष्टि*, अवलोकन, दर्शन, नज़र*, निगाह*; 2. (*faculty of seeing*) दृष्टि*; 3. (*that which is seen*) दृश्य; (*fleeting ~*) झाँकी*, झलक*; 4. (*range of ~*) दृष्टिसीमा*, दृष्टिक्षेत्र; 5. (*apparition*) दिव्य दर्शन; beatific ~, भगवद्दर्शन, ईश्वर-दर्शन; 6. (*foresight*) दूरदर्शिता*; 7. (*insight*) सूक्ष्मदृष्टि*; 8. (*sagacity*) विचक्षणता*; 9. (*~s of power, romantic ~s of youth, etc.*) स्वप्न; 10. (*imaginative power*) कल्पना-शक्ति*; 11. (*description of the future*) भविष्यवाणी*,

भविष्य-निरूपण; 12. (*beauty*) अलौकिक सौन्दर्य; सर्वांगसुन्दरी*; —*v.*, का स्वप्न देखना, की कल्पना* क०; का स्वप्न प्रस्तुत क०; की झाँकी* प्रस्तुत क०; **~al,** काल्पनिक; अव्यावहारिक। > विश़ज़्न; विश़ज़्नॅल

visionary, 1. (*of person; also n.*) दिव्य दर्शनद्रष्टा; स्वप्नदर्शी, स्वप्नद्रष्टा; कल्पना-विहारी; 2. (*imaginary*) काल्पनिक, अवास्तविक; 3. (*unpractical*) अव्यावहारिक, ख़याली; 4. (*idealistic*) आदर्शवादी। > विश़ज़्नॅरि

visit, 1. (*a person*) से मिलने जाना या आना, से भेंट* क०, से मुलाक़ात* क०; के यहाँ ठहरना; 2. (*a celebrity*) के दर्शन क०; 3. (*a place*) देखने जाना या आना; में ठहरना; 4. (*a country*) की सैर* क०, का भ्रमण क०, की यात्रा* क०; 5. (*inspect*) का निरीक्षण क०, मुआयना क०; 6. (*of disease; afflict*) पीड़ित क०, आक्रान्त क०; आ पड़ना; 7. (*avenge*) के लिए दंडित क०, का बदला चुकाना; ~ (one's wrath) upon, (अपना क्रोध)···पर उतारना; —*n.*, भेंट*, मुलाक़ात*; दर्शन; सैर*, भ्रमण; निरीक्षण; ठहराव, टिकान* (*sojourn*)। > विज़्-इट

visitant, 1. *see* VISITOR; 2. (*migratory bird*) प्रवासी पक्षी; 3. (*ghost*) भूत, प्रेत। > विज़्-इटॅन्ट

visitation, 1. (*inspection*) निरीक्षण; 2. (*affliction*) विपत्ति*; दैव-दुर्विपाक; 3. (*V.; feast*) अभ्यागमन; 4. (*of animals, migration*) प्रवसन, देशान्तरगमन, देशान्तरण। > विज़िटे शॅन

visitatorial, निरीक्षण-। > विज़िटॅटॉ:र्-इॲल

visiting, मिलन, भेंट*, मुलाक़ात*; ~ professor, अतिथि प्रोफ़ेसर; **~-card,** परिचय-कार्ड। > विज़्-इटिन्ग

visitor, 1. (*to a person*) मिलनेवाला, मुलाक़ाती; 2. (*to a celebrity*) दर्शनार्थी; 3. (*guest*) अतिथि, आगन्तुक, मेहमान, पाहुना; 4. (*to a place*) दर्शक; ~s' gallery, दर्शकदीर्घा*; 5. (*sightseer, tourist*) पर्यटक; 6. (*inspector*) निरीक्षक। > विज़्-इटॅ

visor, 1. (*of helmet*) नक़ाब, मुखावरण; 2. (*peak of a cap*) अग्रभाग; 3. (*eye-shade*) नेत्ररक्षक; 3. (*mask*) नक़ाब। > वाइज़्-ॲ

vista, 1. (*distant view*) दृश्य; 2. (*perspec-tive*) संदर्श, परिदृश्य; 3. (*prospect*) प्रत्याशा*; 4. (*retrospect*) सिंहावलोकन, अनुदर्शन। > विस्-टॅ

visual, 1. (*of sight*) दृष्टि-, दर्शन-, चाक्षुष; 2. (*visi-ble*) दृश्य; ~ angle, दर्शन-कोण; ~ organs दर्शनांग, ~ range, दृष्टि-परास; ~ tract, दृष्टि-पथ; ~ instrument (aids), चाक्षुष उपकरण (साधन)। > विज़्युॲल

visua/lization, मानसदर्शन; कल्पना*; **~lize,** मन में स्पष्ट रूप से देखना; की (सजीव) कल्पना* क०। > विज़्युॲलाइज़ेशन, विज़्युॲलाइज़

visually, स्पष्टतया; दृश्य रूप से; आँखों* से। > विज़्युॲलि

vital, *n., pl.* (*also fig.*) मर्मस्थान, मर्मस्थल; —*adj.*, 1. (*of life*) जैव, जीव-संबंधी; 2. (*necessary to the continuance of life*) प्राणाधार; 3. (*essential*) अत्यावश्यक, अनिवार्य; 4. (*lively, vigorous*) सक्रिय, तेजस्वी, ओजस्वी, सजीव, जानदार; ~ air, प्राण-वायु; ~ statistics, जन्म-मरण के आँकड़े; ~ part, मर्मस्थान। > वाइटॅल

vitalism, जैवशक्तिवाद। > वाइटॅलिज़्म

vitality, 1. जीवन-शक्ति*; 2. (*energy*) तेजस्विता*, ओजस्विता*, तेज, ओज; 3. (*durability*) स्थायित्व। > वाइटैल्-इटि

vitalize, 1. जीवन प्रदान क०, जिलाना; 2. (*make lively*) में जीवन का संचार क०, में प्राण या जान* डालना। > वाइटॅलाइज़

vitamin, विटामिन; **~ize,** विटामिन जोड़ना। > वाइटॅमिन = विटॅमिन; विटॅमिनाइज़

vitellin, पीतकी। > विटे 'ल्-इन

vitellus, पीतक, अण्डपीत। > विटे 'लॅस

vitex negundo, निर्गुण्डी*।

vitiate, 1. (*spoil*) बिगाड़ना; 2. (*corrupt*) दूषित क०, विकृत कर देना; 3. (*contaminate*) संदूषित क०; 4. (*invalidate*) रद्द कर देना, अमान्य क०; 5. (*render ineffectual*) व्यर्थ या निष्प्रभाव कर देना। > विशिएट

vitiation, 1. (*act*) दूषण (*also of a docu-ment*) संदूषण; व्यर्थन; 2. (*state*) विकार, बिगाड़; खराबी*, दूषण, दोष। > विशिएशॅन

vitiator, दूषक; संदूषक। > विशिएटॅ

viticulture, अंगूर की खेती*, द्राक्षा-कृषि*; अंगूरोत्पादन। > विटिकॅल्चॅ

vitiosity, (*see* VICIOUS), दुष्टता*; भ्रष्टता*; ख़राबी*; कटुता*; चिड़चिड़ापन; दुर्दम्यता*। > विशिऑस्-इटि

vitreosity, काचाभता*। > विट्रिऑस्-इटि

vitreous, काचाभ, काचसम। > विट्-रिॲस

vitri/faction, ~fication, काचन; **~fiable,** काचनीय; **~fied,** काचित; **~fy,** काच बनना या बनाना। > विट्रिफ़ैक्शॅन; विट्रिफ़िकेशॅन; विट्-रि/फ़ाइॲबॅल, ~फ़ाइड, ~फ़ाइ

vitriol, 1. (*sulphuric acid*) सल्फ़्यूरिक अम्ल; 2. (*fig.*) अत्यन्त कटु भाषण (*speech*) या आलोचना* (*criticism*); 3. (*sulphate*) सल्फ़ेट; blue ~, तूतिया, नीला थोथा; green ~, कासीस, कसीस; white ~, ज़िंक सल्फ़ेट; **~ic,** 1. सल्फ़्यूरिक अम्ल का; 2. (*fig.*) अत्यन्त कटु; **~ize,** सल्फ़्यूरिक अम्ल बनना, बनाना, फेंकना या लगाना। > विट्-रिॲल; विट्रिऑल्-इक; विट्-रिॲलाइज़

vitta, 1. (*garland*) माला*; 2. (*bot.*) तैल-नलिका*। > विट्-अॅ

vitupe/rate, 1. (*abuse, revile*) घोर निन्दा* क०, गाली* देना, बुरा-भला सुनाना; 2. (*scold*) झिड़कना, डाँटना; आड़े हाथों लेना; **~ration,** निन्दन, गर्हण; निन्दा*, गाली*, अपशब्द, दुर्वचन; **~rative,** निन्दात्मक; **~rator,** निन्दक। > वाइट्यूपॅरेट; वाइट्यूपॅरेशन; वाइट्यूपॅरॅटिव, ~रेटॅ

viva, ...की जय*, ...ज़िंदाबाद; **~voce,**—*n.*, मौखिक परीक्षा*; *adv.*, मौखिक रूप से; —*adj.*, मौखिक, ज़बानी। > वीवॅ; वाइव्-अॅ-वोसि

vivace, स्फूर्ति* से। > वीवाचे

vivacious, 1. सजीव, जीवन्त, ज़िन्दादिल; 2. (*brisk*) फुरतीला; 3. (*of plant, perennial*) बहुवर्षी। > वाइ = विवेशॅस

vivacity, 1. सजीवता*, ज़िन्दादिली*; 2. (*vigour*) ओज; जोश, उत्साह; 3. (*brightness*) चटकीलापन (*of colour*); दीप्ति*, चमकीलापन (*of light*)। > वाइ = विवैसिटि

vivarium, 1. जीवशाला*; मछलीघर; 2. (*zoological garden*) चिड़ियाघर। > वाइवे'ॲर्-इॲम

vivat, (*interjection*), ... की जय*, ...ज़िन्दाबाद; —*n.*, जयकार। > वाइवैट

vive, ...की जय*, ज़िन्दाबाद। > वीव

vivid, 1. (*of light*) चमकीला, तेज़, उज्ज्वल; 2. (*of colour*) चटकीला, शोख, चमकीला; 3. (*of person; energetic*) ओजस्वी, तेजस्वी, उत्साही; 4. (*of mental faculty, imagination*) सजीव, तीव्र, तीक्ष्ण; 5. (*of mental impression, description*) सजीव, जीवन्त, सुस्पष्ट, विशद, जीता-जागता। > विव्-इड

vivification, जीवन-दान; संजीवन; अनुप्राणन, प्राण-संचारण। > विविफ़िकेशॅन

vivify, 1. जीवन प्रदान क०; 2. (*revive*) जिलाना, पुनर्जीवित क०; 3. (*enliven*) में प्राण या जान* डालना, में जीवन का संचार क०, अनुप्राणित क०, सजीव बना देना; **~ing,** जीवन-दायक। > विव्-इफ़ाइ, ~इन्ग

vivi/parity, जरायुजता*; उद्‌भिद-बीजधारिता*; **~parous,** 1. जरायुज, सजीव-प्रजक, पिण्डज; 2. (*of plants*) उद्‌भिदबीजधारी। > विविपैरिटि*; विविपॅरॅस

vivisect, जीवच्छेदन क०; **~ion,** जीवच्छेदन; **~ionist,** 1. जीवच्छेदनवादी; 2. (*vivisector*) जीवच्छेदक। > विव्-इसे'क्ट; विविसे'क्/शन, ~शॅनिस्ट; विव्-इसे'क्टॅ

vivo, स्फूर्ति* से। > वीवो

vixen, 1. (*she-fox*) लोमड़ी*; 2. (*termagant*) चण्डी*, कर्कशा*; **~ish,** झगड़ालू, लड़ाका। > विक्सॅन

viz, *see* VIDELICET।

vizard, *see* VISOR। > वाइज़ॅड

vizier, vizir, वज़ीर। > विज़िॲ

vizor, *see* VISOR। > वाइज़्-ॲ

vocable, शब्द। > वोकॅबॅल

vocabulary, 1. (*list of words*) शब्दावली*, शब्द संग्रह; 2. (*total number of words*) शब्दभण्डार। > वॅकैब्यूलॅरि

vocal, *n.*, स्वर; *adj.*, 1. (*of voice*) वाक्-, वाचिक; 2. (*spoken*) वाचिक, उच्चरित; 3. (*oral*) मौखिक; वाचनिक; 4. (*voiced*) सघोष; 5. (*having a voice*) सवाक्; मुखरित; वाक्-शक्तिसम्पन्न; 6. (*ready to express opinions*) मुखर, मुखरित; ~ cords, वाक्‌तन्तु, स्वर-तंत्री*, स्वर-सूत्र; ~ music, कंठसंगीत; ~ organs, वागिन्द्रियाँ*। > वोकॅल

vocalic, स्वर-, स्वरीय। > वॅकैल्-इक

vocalism, 1. (*use of voice*) उच्चारण; 2. (*use of vowels*) स्वर-प्रयोग; स्वरसाधना*; 3. (*vowel sound*) स्वर। > वोकॅलिज़्म

vocalist, गायक। > वोकॅलिस्ट

vocality, वाक्‌शक्ति-सम्पन्नता*; वाचिकता*। > वॅकैल्-इटि

voca/lization, उच्चारण; स्वरोच्चारण; कंठ-साधना* **~lize,** उच्चारण क०; स्वर बना देना; सस्वर उच्चारण क०; कंठ-साधना* क०। > वोकॅलाइज़ेशॅन; वोकॅलाइज़

vocally, मौखिक रूप से; वाणी* से। > वोकॅलि

vocation, 1. (*profession, trade*) व्यवसाय, पेशा, धन्धा; 2. (*fitness*) योग्यता*; 3. (*duty*) कर्तव्य; 4. (*religious ~*) बुलाहट*; **~al,** व्यावसायिक (*~ guidance, ~* निर्देशन)। > वो = वॅकेशॅन; वो = वॅकेशॅनॅल

vocative, *adj.*, सम्बोधक; *n.*, सम्बोधन। > वॉकॅटिव

voci/ferant, चिल्लानेवाला; **~ferate,** चिल्लाना, चीखना, शोर मचाना; पुकारकर कहना, गला फाड़ना; **~feration,** 1. चिल्लाहट*; 2. (*clamour*) कोलाहल, होहल्ला, शोरगुल; **~ferous,** 1. चिल्लानेवाला; 2. (*noisy*) कोलाहलपूर्ण, ज़ोरदार। > वोसिफ़ॅरॅन्ट, ~रेट; वोसिफ़ॅरेशॅन; वोसिफ़ॅरॅस

vodka, वोदका, रूसी शराब*। > वॉड्कॅ

voe, उपखाड़ी*। > वो

vogue, 1. (*popularity*) लोकप्रियता*; प्रचलन; 2. (*prevailing fashion*) फ़ैशन; in ~, फ़ैशनेबुल, लोकप्रिय; प्रचलित। > वोग

voice, 1. (*human ~*) वाणी*, आवाज़*, वाक्*, कंठ, स्वर; बोली*; 2. (*of sea, storm*) स्वर; 3. (*utter-ance*) कथन; अभिव्यक्ति* (*expression*);

4. (*opinion*) विचार, राय*, मत; 5. (*right*) अधिकार; मताधिकार (*to vote*); बोलने का अधिकार (*to speak*); 6. (*vote*) मत; 7. (*phon.*) स्वरित उच्चारण; 8. (*gram.; of verb*) वाच्य; active ~, कर्तृवाच्य; impersonal ~, भाव-वाच्य; passive ~, कर्मवाच्य; 9. (*singer*) गायक; ~ mechanism, वाग्यन्त्र-व्यापार; be in ~, गला अच्छा होना; give ~ to, व्यक्त क०; have a ~ in, के विषय में बोलने का अधिकार होना; inner ~, अन्तर्वाणी*; lose one's ~, गला बैठना; with one ~, एकमत होकर; —*v.*, 1. व्यक्त क०; कहना; 2. स्वरित उच्चारण क०; 3. (*an instrument*) स्वर ठीक कर देना। > वॉइस

voiced, 1. सवाक्; सस्वर; 2. (*phon.*) घोष, सघोष, स्वरित। > वॉइस्ट

voiceful, गुंजायमान। > वाइसफ़ुल

voiceless, 1. (*dumb*) गूँगा, मूक; 2. (*speechless*) अवाक्; 3. (*unspoken*) अनुच्चरित; मौन; 4. (*phon.*) अघोष। > वॉइस्-लिस

void, *n.*, 1. रिक्ति*, परिशून्य, शून्य; 2. (*awareness of loss*) अभाव; —*adj.*, 1. (*empty*) रिक्त, शून्य, ख़ाली; 2. (*not occupied; as office*) रिक्त, ख़ाली; 3. (*invalid*) रद्द, अमान्य, व्यर्थ, अभिशून्य; —*v.*, 1. (*annul*) अमान्य या रद्द कर देना; 2. (*excrete*) उत्सर्जित क०, निकालना; 3. (*vomit*) वमन क०; 4. (*vacate*) ख़ाली क०। > वॉइड

voidable, व्यर्थनीय, अमान्यकरणीय। > वॉइडॅबॅल

voidance, 1. (*ejection*) बहिष्करण; 2. (*vacancy*) रिक्ति*; 3. (*annulment*) व्यर्थन, अमान्यकरण, अभिशून्यन। > वॉइडॅन्स

voile, महीन कपड़ा। > वाइल

volant, 1. (*flying*) उड़ाका, उड़न-; 2. (*nimble*) फुरतीला। > वोलॅन्ट

volar, 1. (*of the palm*) हथेली* का, करतलीय; 2. (*of the sole*) तलवे का। > वोल्-अँ

volatile, 1. (*chem.*) वाष्पशील; 2. (*of a person*) चलचित्त, चुलबुला, चंचल, चपल; 3. (*transient*) अस्थिर, क्षणभंगुर, असार। > वॉलॅटाइल

volatility, वाष्पशीलता*; चंचलता*। > वॉलॅटिल्-इटि

volati/lizable, वाष्पकरणीय; **~lization,** वाष्पीकरण; **~lize,** वाष्पित होना या क०। > वॅलैट्/इलाइज़ॅबॅल, ~इलाइज़ेशॅन, ~इलाइज़

volcanic, ज्वालामुखीय, ज्वालामुखी-। > वॉल्कैन्-इक

volcano, ज्वालामुखी; **~logy,** ज्वालामुखी-विज्ञान। > वॉल्केनो; वॉल्कॅनॉलॅजि

vole, *n.*, 1. मूस; 2. (*at cards*) पूरी बाज़ी* की जीत*; —*v.*, पूरी बाज़ी* जीतना। > वोल

volet, फलक। > वॉल्-ए

volitant, उड़ाका। > वॉल्-इटॅन्ट

volition, 1. (*exercise of the will*) संकल्प-व्यापार; 2. संकल्पशक्ति*, इच्छाशक्ति*; **~al,** सांकल्पिक। > वॅ = वोलिशॅन; वॅलिशॅनॅल

volitive, 1. सांकल्पिक; संकल्पमूलक; 2. (*gram.*) इच्छार्थक। > वॉल्-इटिव़

volkslied, लोकगीत। > फ़ॉल्क्स्लीट

volley, *n.*, 1. (*salvo*) बाढ़*; 2. (*of missiles*) बौछार*, वर्षा*; 3. (*of words, question*) झड़ी*, बौछार*; 4. (*cricket, tennis*) (टप्पा खाने से पहले) उड़ते गेंद की मार*; —*v.*, 1. बाढ़* दागना; बौछार* क०; झड़ी* लगाना; 2. (टप्पा लगाने से पहले) उड़ता गेंद मारना; 3. बिना टप्पा खिलाये गेंद फेंकना; 4. (*of guns*) बाढ़* दगना; 5. (*of missiles*) बौछार* होना; 6. (*of words etc.*) झड़ी* लगना। > वॉल्-इ

volplane, *n.*, विसर्पण; विसर्पी उतार; *v.*, विसर्पण क०। > वॉल्प्लेन

volt, वोल्ट; *see* VOLTE। > वोल्ट

voltage, वोल्टता*, वोल्टेज। > वोल्-टिज

voltaic, वोल्टीय। > वॉलटे-इक

voltameter, अपघटन-धारामापी। > वॉल्टैम्-इटॅ

volte, *n(v.)*, 1. (*fencing*) पैंतरा (बदलना); 2. (*circu-lar movement*) चक्कर। > वॉल्ट

volte-face, 1. पलटा; 2. (*fig.*) कायापलट। > वॉल्ट्फ़ास

voltmeter, वाल्टमीटर, वोल्टमापी। > वोल्ट्मीटॅ

volubility, 1. धाराप्रवाहिता*; प्रवाह; 2. (*of speaker*) वाचालता*, ज़बानदराज़ी*। > वॉल्यूबिल्-इटि

voluble, 1. (*of speech*) धाराप्रवाह, प्रवाही, 2. (*of speaker*) बातूनी, बकवादी, वाचाल, ज़बानदराज़; 3. (*bot.; twining*) लिपटनेवाला। > वॉल्यूबॅल

volume, 1. (*book*) पुस्तक*, किताब*, ग्रन्थ; 2. (*separate ~*) जिल्द*; 3. (*amount*) परिमाण, मात्रा*; 4. (*large amount*) ढेर, राशि*; 5. (*loudness of sound*) प्रबलता*; 6. (*measured size*) आयतन। > वॉल्यूम = युम

volu/menometer, ~meter, आयतनमापी; **~metric,** आयतनी, अनुमापी; **~metry,** आयतनमिति*। > वॅलूमिनॉम्-इटॅ; वॅलूमिटॅ; वॉल्यूमे ट्-रिक; वॅलूमिट्रि

volu/minosity, विशालता*; विस्तीर्णता*; विपुलता*; 1. (*of great volume*) विपुल आयतनी; विशाल; 2. (*bulky*) भारी-भरकम, बृहदाकार; 3. (*extensive*) विस्तृत; विस्तीर्ण, अनेक जिल्दों* का; 4. (*copious*) प्रचुर, विपुल; 5. (*of a writer*) बहुसर्जक, लिक्खाड़; 6. (*of drapery*) ढीला-ढाला। > वॅल्यूमिनॉस्-इटि; वॅल्यूम्-इनॅस

voluntarily, स्वेच्छा* से, स्वेच्छया; अपने आप; खुशी से। > वॉलॅन्टॅरिलि

volunta/rism, संकल्पवाद; **~rist,** संकल्प-वादी। > व़ॉलॅन्टॅ/रिज़्म, ~रिस्ट

voluntary, 1. (*done freely*) स्वैच्छिक; 2. (*controlled by will*) ऐच्छिक; 3. (*deliberate*) ज्ञानकृत, संकल्पित; विमर्शित; विवेचित; (*intentional*) अभिप्रेत, ज्ञानकृत; 5. (*acting freely and willingly*) स्वैच्छिक, स्वयंसेवी; 6. (*supported by donations*) दान-आश्रित। > व़ॉलॅन्टॅरि

voluntative, इच्छार्थक। > व़ॉलॅन्टॅटिव़

volunteer, *n.*, 1. स्वयंसेवक; 2. (*mil.*) वालंटियर, बल्लमटर; 3. (*vegetation*) अपने-आप उगनेवाला पौधा; —*v.*, 1. स्वयंसेवक बनना; वालंटियर बनना; 2. (*make voluntary offer of one's services*) अपनी सेवा* अर्पित क०; 3. (*offer voluntarily*) अपने-आप कहना (*a remark*); स्वेच्छा* से अर्पित क०; स्वेच्छा* से···का भार स्वीकार क०। > व़ॉलॅन्-टिॲ

voluptuary, विषयी, विषयासक्त, भोगी, ऐयाश। > वॅलॅप्ट्यूॲरि

voluptuous, 1. (*sensuous*) विलासमय; इन्द्रियग्राह्य; 2. (*of person*) विलासी, विलास-प्रिय; भोगी; विषयी, विषयासक्त, ऐयाश; 3. (*arousing sexual desire*) कामोत्तेजक; कामिनी* (*of woman*); 4. (*showing sexual desire*) कामुक, कामी; **~ness,** विलासिता*, ऐयाशी*; कामुकता*। > वॅलॅप्ट्यूॲस

volute, *n.*, 1. (*archi.*) मरगोल; 2. (*zool.*) वॉल्यूटा; —*adj.*, वलित। > वॅल्यूट

volution, वल्न। > व़ॅलूशॅन

volva, अधोवेष्टन। > वॉल्वॅ

volvulus, अन्त्रग्रंथि*। > वॉल्व्यूलॅस

vomer, सीरिका*; **~ine,** सीरिक। > व़ोमॅ; व़ोमॅराइन

vomit, *v.*, 1. उलटी* क०, क़ै* क०, वमन क०; 2. (*eject*) बाहर निकालना, छोड़ना; 3. (*cast out with disgust*) उगलना; —*n.*, 1. (*act*) वमन, उलटी*, क़ै*, वान्ति*, छर्दन; 2. (*matter*) वमन, वान्त; 3. (*emetic*) वमनकारी औषध*, क़ै* लानेवाली दवा*; **~ive, ~ory,** वमनकारी; **~-nut,** कुचला। > व़ॉम्/इट, ~इटिव़ ~इटॅरि

vomiturition, उबाक, ओकाई*। > व़ॉमिट्यूॲरिशॅन

voodoo, *n.*, जादू-टोना, तंत्र-मंत्र; *v.*, पर जादू डालना, पर जादू जमाना। > वूडू

vora/cious, 1. (*gluttonous*) भुक्खड़, खाऊ, पेटू, अतिभक्षक, उदरपिशाच; 2. (*greedy*) लालची, का भूखा, लोलुप, भुक्खड़; 3. (*insati-able*) अतोषणीय, अतृप्य, अतिलालची; 4. (*eager*) अत्युत्सुक; **~ciousness, ~city,** पेटूपन; लालच; अतृप्यता*; उत्सुकता*। > वॅरेशॅस; वॅरेशॅस्-निस; वॅरैसिटि

vortex, 1. (*whirlpool*) जलावर्त, भँवर; 2. (*whirlwind*) वातावर्त, बवण्डर, चक्रवात, बगूला; 3. (*phys.*) भ्रमिल; 4. (*fig.*) चक्कर; **~-ring,** भ्रमिल वलय। > व़ॉ:टे'क्स

vortical, vortiginous, भ्रमिल। > व़ॉ:ट्-इकॅल; वॉ:टिजिनॅस

vorticity, भ्रमिलता*। > वॉ:टिसिटि

votable, मतदेय। > व़ोटॅबॅल

votaress, व्रतिनी*, धर्मसंघिनी*; भक्तिन* उपासिका*। > व़ोटॅरिस

votary, 1. व्रती, धर्मसंघी; 2. (*devotee*) भक्त, उपासक, 3. (*advocate, supporter*) समर्थक, 4. (*adherent*) अनुयायी; 5. (*enthusiast*) शौक़ीन। > व़ोटॅरि

vote, 1. (के पक्ष में; के विरुद्ध) वोट देना, मत देना; 2. (*elect*) चुनना; 3. बहुमत से पास क०, क़ानून बनाना, स्वीकार क०; 4. सर्वसम्मति* से मान लेना; 5. (*suggest, propose*) सुझाव देना, प्रस्ताव रखना; ~ down, (बहुमत से) अस्वीकार क०, हरा देना; ~ in, चुनना; —*n.*, मतदान; मत, वोट; मताधिकार; cast a ~, मत देना, casting ~ निर्णायक मत; cumulative ~, संचयी मत; ~ of thanks, धन्यवाद-प्रस्ताव; ~ of censure, निन्दा-प्रस्ताव; ~ of confidence, विश्वास-प्रस्ताव; ~ of noconfidence, अविश्वास-प्रस्ताव। > वोट

voter, मतदाता, वोटर। > वोट-ॲ

voting, मतदान, वोटिंग*; **~-paper,** मत-पत्र। > व़ोट्-इन्ग

votive, 1. मन्नत* का, व्रतानुष्ठित; ~ offering, मन्नत* का चढ़ावा; 2. (*optional*) वैकल्पिक; ~ mass, वैकल्पिक याग, इष्टयाग। > व़ोट्-इव़

vouch for, 1. (*the honesty of*) की ईमानदारी* का आश्वासन, साक्ष्य या गवाही* देना; 2. (*the truth of*) की सच्चाई* का आश्वासन, साक्ष्य या गवाही* देना; 3. (*answer for, be surety of*) का ज़िम्मा या उत्तरदायित्व लेना; 4. (*uphold, confirm*) प्रमाणित क०, का प्रमाण होना; विश्वास दिलाना, निश्चित रूप से या दृढ़ता-पूर्वक कहना। > व़ाउच

voucher, 1. वाउचर, ख़र्च का पुरज़ा, आधार-पत्र, 2. (*document*) प्रमाणक, प्रमाण-पत्र। > व़ाउच्-ॲ

vouchsafe, कृपापूर्वक प्रदान क०, (देने, करने) की कृपा* क०। > व़ाउच्सेफ़

voussoir, डाट-पत्थर। > वूस्वा

vow, *n.*, 1. (*of religion*) व्रत; 2. (*to offer something*) मन्नत*, मनौती*; 3. (*promise*) प्रतिज्ञा*, क़रार, इक़रार, वादा; perpetual ~s, आजीवन व्रत; simple ~s, साधारण ~, solemn ~s, महाव्रत; temporary ~, अस्थायी ~; fulfilment of ~s, व्रतपालन; fulfil a ~, मन्नत* उतारना; take a ~, मन्नत* मानना; renovation of ~s, व्रतावर्तन; taking of ~s, व्रतग्रहण; violation of ~s, व्रत-उल्लंघन; —*v.*, 1. व्रत लेना; मन्नत* मानना; क़रार क०; 2. (*dedicate*) समर्पित क०, निवेदित क०। > वाउ

vowel, *n.*, स्वर; ~ gradation, अपश्रुति*; ~ mutation, अभिश्रुति*; back ~, पश्च ~; cardinal ~, मान ~; close ~, संवृत ~; consonantal ~, व्यंजनात्मक ~; front ~, अग्र ~; open ~, विवृत ~; pure ~, मूल ~; —*adj.*, स्वरीय; **~ize,** स्वर अंकित क०। > व़ाउ/इल, ~इलाइज़

voyage, *n.*, (*v.*), 1. यात्रा (क०); समुद्रयात्रा* (क०); जलयात्रा* (क०); 2. (*progress*) प्रगति*, उन्नति*; **~r,** यात्री। > व़ॉइ/इज, ~इर्जे

voyeur, दृश्यरतिक। > व्वार्यें:

vraisemblance, संभाव्यता*; सत्याभास। > व्रेसांब्लांस

Vulcan, रोमन अग्नि-देवता। > व़ल्कॅन

vulcanite, वल्क़ेनाइट। > वॅल्कॅनाइट

vulca/nization, वल्कनीकरण; **~nize,** वल्कनित क०। > वॅल्कॅनाइज़ेशॅन; व़लकॅनाइज़

vulgar, *n.*, the ~, जनसाधारण; *adj.*, 1. (*coarse*) गँवारू, ग्राम्य; अशिष्ट, अभद्र; 2. (*of person*) गँवार, अभद्र, अशिष्ट, असभ्य; 3. (*generally prevalent*) आम, सामान्य; ~ fraction, साधारण भिन्न; ~ tongue, बोली*, देशी भाषा*। > व़ॅल्गॅ

vulgarian, 1. गँवार; 2. (*rich and vulgar*) गँवार लखपती; 3. (*new rich*) कल का नवाब। > व़ॅल्गे'ॲर्-इॲन

vulgarism, ग्राम्य, ग्राम्य-दोष; ग्राम्य प्रयोग। > व़ॅल्गॅरिज़्म

vulgarity, 1. गँवारपन; अभद्रता*, असभ्यता* अशिष्टता*; 2. (*lit.*) ग्राम्य-दोष; ग्राम्य प्रयोग; 3. (*bad taste*) कुरुचि*। > व़ॅल्गैरिटि

vulga/rization, ग्राम्यकरण, असभ्यकरण; सामान्यकरण; प्रचालन; **~rize,** गँवार, असभ्य, अभद्र (*coarse*), अतिसामान्य (*common*) या लोकप्रचलित (*well-known*) बना देना। > व़ॅल्गॅराइज़ेशन; व़ॅल्गॅराइज़

vulgate, 1. प्रचलित पाठ; 2. (V.) प्रचलित लातीनी बाइबिल*। > व़ॅल्-गिट

vulne/rability, छेद्यता*; भेद्यता*; दोषपूर्णता*; कोमलता*, नज़ाकत*; **~rable,** 1. छेद्य; 2. (*of defence*) भेद्य, सुभेद्य; असुरक्षित; 3. (*open to criticism*) आलोच्य, दोषपूर्ण; 4. (*sensitive*) नाज़ुक, सुकुमार, कोमल, अतिसंवेदनशील; — point, मर्मस्थान। > व़ॅल्नॅरॅबिल्-इटि; व़ॅल्नॅरॅबल

vulnerary, *adj.*, घाव भरनेवाला; *n.*, घाव भरनेवाला लेप या औषध*। > वॅलनॅरॅरि

vulpine, 1. लोमड़ी* का; लोमड़ी-जैसा; 2. (*crafty*) धूर्त, घाघ, चालाक, चालबाज़। > व़ॅल्पाइन

vulture, 1. गीध, गिद्ध, गृध; white-backed ~ चमरगिद्ध; king ~, राजगिद्ध; scavenger ~, गोबरद्धि; 2. (*fig.*) लोभी व्यक्ति (*rapacious*); खसोटा (*extortioner*)। > वॅल्चॅ

vulturine, 1. गीध का; गिद्ध-जैसा; 2. (*fig.*) खसोटनेवाला, लूटनेवाला। > वॅल्चॅराइन

vulva, भग*, चूत*। > वॅल्वॅ

vying, *n.*, होड़*, प्रतिस्पर्धा*, हमसरी*; *adj.*, होड़* लगानेवाला, प्रतिस्पर्धी, हमसर। > वाइ-इन्ग

Ww

wabble, *see* WOBBLE। > वॉबॅल

wad, *n.*, 1. (*of soft material*) गद्दी*; 2. (*pile of notes*) गद्दी*; —*v.*, 1. गद्दी* लगाना; गद्दीदार तह* लगाना; 2. (*line*) मोटा अस्तर लगाना; रूई* (*cotton*) भरना; 3. (*stop up*) डाट* लगाना। > वॉड

wadable, पाँझ, सुगाध। > वेडॅबॅल

wadding, भराव; रूई* (*cotton*)। > वॉडिन्ग

waddle, *v.*, बतख़* की तरह* चलना; *n.*, बतख़* की चाल*। > वॉडॅल

waddy, गदा*। > वॉडि

wade, पैदल पार क०; पार क०; ~ through, बड़ी मेहनत* से पूरा क० (पार क०, पूरा पढ़ना); ~ through slaughter (*blood*), मार-काटकर आगे बढ़ना; **~ in,** 1. में पैर रखना; पैठना, हेलना; 2. (*intervene*) बीच में पड़ना, में भाग लेना; **~ into,** 1. आक्रमण क०; 2. (*fig.*) घोर निन्दा* क०, कटु आलोचना* क०। > वेड

wadi, wady, वादी*। > वाडि

wading bird, जल में चलनेवाला (लंबी टाँगों* वाला) पक्षी। > वेड्-इन्ग
wafer, 1. पतला बिस्कुट; 2. (*of Eucharist*) रोटिका*; 3. (*disk of dried paste*) लेई* की टिकली*। > वेफ़्-ॲ
waffle, *n.*, 1. पतली मीठी रोटी*; 2. (*chatter*) गप* —*v.*, गप* लड़ाना। > वॉफ़ॅल
waft, *v.*, बिखेरना, फैला देना, बहा देना, उड़ा ले जाना; —*n.*, 1. (*of bird's wing*) झोला, झकोला; 2. (*whiff of odour*) महक*, गमक*; 3. (*sensation*) बोध। > वाफ़्ट
wag, *n.*, 1. ठट्ठेबाज़, दिल्लगीबाज़, मसख़रा; 2. (*act of wagging*) हिलाना, संचालन; play ~, नागा क०; —*v.*, 1. हिलना; हिलाना, घुमाना; 2. (*oscillate*) डोलना; डुलाना। > वैग
wage, *n.*, 1. (*also pl.*) वेतन, मज़दूरी* (*esp. of workman*) तनखाह*, तनख़्वाह*, तलब*, भृति*; ~ scale, वेतन-क्रम, ~ statistics, मज़दूरी-आँकड़े; daily ~, रोज़ीना, दिहाड़ी*; family ~, पारिवारिक वेतन; living ~, निर्वाह-वेतन; piece ~, उजरत*; freeze, वेतन-स्थिरीकरण; 2. (*usually pl.; requital*) बदला (*punishment*); प्रतिदान, इनाम (*reward*); —*v.*, में लगा रहना; ~ war, युद्ध क०। > वेज
wage-earner, वेतन-भोगी; मज़दूर (*workman*)।
wager, *n.*, बाज़ी*, पण, शर्त*; *v.*, 1. बाज़ी* लगाना, पण लगाना, शर्त* बदना या लगाना; 2. (*stake*) दाँव पर रखना या लगाना; ~ of battle, द्वन्द्वयुद्ध-परीक्षा*। > वेजॅ
waggery, 1. हँसी-ठट्ठा, ठट्ठा, मसखरी*, ठठोली*, दिल्लगी*, मज़ाक़, परिहास; दिल्लगी-बाज़ी*, मसख़रापन, ठट्ठेबाज़ी*; 2. (*prank*) शरारत*, नटखटी*। > वैगॅरि
waggish, 1. (*of a person*) विनोदी, हँसोड़; दिल्लगीबाज़, मज़ाकपसन्द, मज़ाक़िया; 2. मज़ाक़िया, विनोदी, हँसी* का। > वैग्-इश
waggle, *v.*, हिलना; हिलाना; घुमाना; *n.*, हिलाना; संचालन। > वैगॅल
waggly, डाँवाँडोल, अस्थिर। > वैग्-लि
wagon, waggon, 1. चौपहिया गाड़ी*; 2. (*railway*) मालडिब्बा; 3. (*car*) वैगन; hitch one's ~ to a star, अपने से शक्तिशाली का सहारा लेना। > वैगॅन
wag(g)oner, 1. गाड़ीवान; 2. (*W., Auriga*) प्रजापति। > वैगॅनॅ
wag(g)onette, चौपहिया घोड़ा-गाड़ी*। > वैगॅनेट
wagon-lit, शयनिका*। > वैगोंली
wagtail, खंजन। > वैग्टेल
waif, 1. (*child*) परित्यक्त शिशु या बालक; 2. (*home-less*) बेघर व्यक्ति (*person*) या जानवर (*animal*); 3. (*property*) लावारिस माल; ~s and strays, 1. बेघर छोकरे; 2. (*odds and ends*) फुटकर सामान, चुटफुट*। > वेफ़
wail, 1. बिलखना, विलाप क०, रोना-चिल्लाना, बिलबिलाना; 2. (*of wind*) साँय-साँय क०, हुहुआना; —*n.*, विलाप; साँय-साँय। > वेल
wainscot, winscoting, तख़्तबन्दी*। > वेन्स्कॅट; वेन्स्कॅटिन्ग
wainwright, शकटकार। > वेन्राइट
waist, 1. (*also of animals, objects etc.*) कमर*, कटि*, मध्यभाग; 2. (*waistline*) कमर* का घेरा, कटि-विस्तार; **~-band, ~-belt,** कमरबन्द, कटिबन्ध, मेखला*, पटका, पटुका; **~-cloth,** धोती*, लुंगी*। > वेस्ट
waistcoat, वास्कट*, फतूही*। > वेस्कोट = वेस्ट्कोट
wait, 1. (*await, ~ for*) की प्रतीक्षा* क०, का इन्तज़ार क०, की राह* देखना, की बाट* जोहना; की ताक* में रहना; के लिए तैयार रहना; 2. (*defer action, departure*) रुकना, ठहरना; 3. (*postpone*) आगे बढ़ाना, स्थगित क०; 4. (~ *at table*) परोसना; बैरा बनना; 5. (*act as attendant*) सेवा-टहल* क०, ख़िदमत* क०, की सेवा* में हाज़िर रहना; **~ on, ~ upon,** 1. की सेवा-टहल* क०; 2. (*accompany*) का परिचर होना, के साथ रहना; का सहचर होना; 3. (*visit*) से भेंट* कर लेना, के दर्शन क०; —*n.*, 1. प्रतीक्षा*, इन्तज़ार; 2. (*ambush*) घात*; lie in ~, lay ~ for, घात* में बैठना, की घात* में रहना, की ताक* में रहना। > वेट
waiter, 1. प्रतीक्षक; 2. (*in restaurant etc.*) बैरा, परिवेषक; 3. (*tray*) किश्ती*। > वेट्-ॲ
waiting, 1. प्रतीक्षा*, इन्तज़ार; 2. (*attendance*) हाज़िरी*, दरबारदारी*; सेवा-टहल*; 3. बैरा का काम; परोस, परिवेषण; ~ list, प्रत्याशी-सूची*; **~-room,** प्रतीक्षालय। > वेट्-इन्ग
waitress, परिवेषिका*। > वेट-रिस
waive, 1. (*relinquish right etc.*) छोड़ देना, जाने देना, त्याग देना; 2. (*refrain from insisting upon*) पर आग्रह नहीं क०; 3. (*dispense with*) छोड़ देना, के बिना काम चलाना; 4. (*put aside*) दूर क०, हटाना, टालना। > वेव़
waiver, 1. (*act*) अधित्याग, बाज़दावा; 2. (*document*) बाज़दावा। > वेव़्-ॲ
wake, *v.*, 1. (*from sleep*) जागना (*v.i.*); जगाना (*v.t.*); 2. (*from swoon*) होश में आना या लाना; 3. (*fig., from sloth etc.*) जाग्रत होना या क०; सचेत होना या क०; जागना या जगाना; 4. (*be or stay awake*) जागना; 5. (*disturb silence of, make re-echo*) गुंजित क०, गुँजाना; 6. (*hold a wake*) जागरण क०; —*n.*, 1. (*vigil*) जागरण, रतजगा;

2. (*of ship*) अनुजल; in the ~ of, 1. (*behind*) के पीछे; 2. (*as a consequence*) के परिणामस्वरूप। > वेक

wakeful, 1. (*sleepless*) उन्निद्र (*of person*); विनिद्र (*of night*); 2. (*alert*) सजग, सचेत, चौकस, जागरूक। > वेक्‌फ़ुल

waken, जगाना; जाग्रत क०; जागना; होश में आना। > वेकॅन

waking, जागता। > वेक्-इन्ग

wale, 1. (*weal*) बद्धी*, साँट*; 2. (*on cloth*) लकीर*; 3. (*plank*) पट्टी*। > वेल

walk, *n.*, 1. चाल*, चलन; 2. (*gait*) चाल*, ठवन*; 3. (*stroll*) चहलक़दमी*, टहल*, हवाख़ोरी*; 4. (*excursion*) सैर*, पदयात्रा*, भ्रमण; 5. (*promenade*) विहारस्थल, विचरणस्थल; 6. (*path*) पथ; रास्ता; 7. (*round*) चक्कर; ~ of life, व्यवसाय, धन्धा, पेशा; (सामाजिक) स्थिति*; cock of the ~, अगुवा, मुखिया; —*v.*, 1. चलना; 2. (*stroll*) टहलना, चहलक़दमी* क०, टहल लेना, हवा* खाना, चहलना; 3. (*hike*) पैदल सैर* क० या भ्रमण क०, पदयात्रा क०; 4. (*tra-verse*) पैदल पार क०, तय क०; 5. (*perambulate*) चलना-फिरना, घूमना-फिरना, मारा-मारा फिरना; 6. (*take out for a stroll*) टहलाना; 7. (*force to accompany*) चलाकर ले जाना; 8. (*accompany*) के साथ चलना; 9. (*of horse*) क़दम चलना (*v.i.*) या चलाना (*v.t.*); 10. (*haunt, manifest its presence*) विचरना; 11. (*fig., live*) के मार्ग पर चलना; ~ the boards, अभिनेता होना; ~ away, आसानी* से पिछेलना; ~ away with, आसानी* से जीत लेना; से जीत लेना; ले जाना; ~ into, पर आक्रमण क०; मारना-पीटना; डाँटना, झिड़कना; पर हाथ साफ़ क०; ~ off with, चुरा ले जाना; ~ out, हड़ताल* क०; ~ out on, त्याग देना; क्रुद्ध होकर चला जाना; ~ out with, प्रणय-निवेदन क०; ~ over, आसानी* से जीत जाना। > वॉ:क

walkaway, 1. आसान जीत*, सहज विजय*। > वॉ:कॅवे

walker, 1. पैदल चलनेवाला, पातचारी; 2. (*of horse*) क़दमबाज़। > वॉ:कॅ

walkie, talkie, वाकी-टाकी, सुवाह्य रेडियो-प्रेषित्र। > वॉ:किटॉ:कि

walking, *adj.*, चलता; *n.*, 1. चलन, चाल*; 2. (*stroll*) चहलक़दमी*, हवाखोरी*; 3. (*hiking*) पैदल सैर*, भ्रमण **~-stick,** छड़ी*। > वॉ:किन्ग

walk-out, हड़ताल*; सभा-त्याग, सदन-त्याग। > वॉ:क्-आउट

walk-over, आसान जीत*, सहज विजय*। > वॉ:क्-ओवॅ

wall, *n.*, 1. दीवार*, भित्ति*; 2. (*inside surface of cavity*) भित्ति*; 3. (*usually pl., rampart*) परकोटा, प्राचीर, शहरपनाह*, फ़सील*; 4. (*dike*) बाँध; 5. (*barrier*) रोक, परिध, रोध; 6. (*of a tent*) कनात*; ~ of partition (*fig.*), खाई*; baffle ~, थामक दीवार*; blank ~, पूरी दीवार*; partition ~, विभाजक दीवार*; retaining ~, पुश्ता दीवार*; ~s have ears, दीवार* के भी कान होते हैं; go to the ~, हार जाना; दिवाला निकालना; run one's head against the ~, पत्थर से सिर फोड़ना या मारना; see through a brick ~, दिव्य दृष्टि* रखना; with one's back to the ~, विकट स्थिति* में; —*v.*, दीवार* से घेरना; परकोटे से घेरना; **~up,** दीवार* से बन्द क०; दीवार* लगाना; दीवार* में बन्द क० या चुनना। > वॉ:ल

wallaby, छोटा कंगारू। > वॉलॅबि

wallaroo, बड़ा कंगारू। > वॉलॅरू

wall-clock, दीवार-घड़ी*। > वॉ:ल्क्लॉक

wallet, 1. (*money-bag*) बटुआ, मनीबैग़, थैली*; 2. (*leather-case*) पेटी*; 3. (*knap-sack*) थैला, झोला। > वॉलिट

wall-eye, चिट्ठा; **~d,** ताखी। > वॉ:ल्-आइ

wallop, *v.*, खूब मारना; *n.*, प्रहार; **~ing,** *adj.*, खूब बड़ा; —*n.*, पिटाई। > वॉलॅप

wallow, 1. लोटना; 2. (*fig.*) गुलछर्रे उड़ाना, भोग-विलास क०; ~ in money, लखपती होना। > वॉलो

wall/-map, भित्ति-मानचित्र; **~-painting,** भित्तिचित्र; **~paper,** दीवारी काग़ज़; **~-plate,** दासा।

walnut, 1. अखरोट; 2. (*East Indian*) शिरीष। > वॉ:ल्नॅट

walrus, वालरस। > वॉ:ल्रॅस = वॉल्रॅस

waltz, *n.*, नाच; *v.*, नाचना। > वॉ:ल्स

wan, 1. (*pale*) पीला, विवर्ण, पाण्डु, पाण्डुर; निस्तेज; 2. (*of colour*) फीका; हलका; 3. (*dim*) मन्द, धुँधला। > वॉन

wand, छड़ी*। > वॉन्ड

wander, 1. (*rove*) घूमना, भ्रमण क०, मटरगश्ती* क०; 2. (*stray*) भटक जाना, विषयान्तर क० (*fig.*) 3. (*talk incoherently*) बहकी-बहकी बातें* क०, बेसिरपैर की बातें* क०, प्रलाप क०। > वॉन्डॅ

wandering, *n.*, 1. भ्रमण, मटरगश्ती*; 2. (*usually pl., delirium*) प्रलाप; —*adj.*, 1. घूमन्तू, घुमक्कड़; भ्रमणशील; 2. (*of cells etc.*) परिभ्रमी; 3. (*delirious*) प्रलापी; ~ star, ग्रह। > वॉन्डॅरिन्ग

wanderlust, भ्रमण-लालसा*। > वॉन्डॅलुस्ट

wane, *v.*, 1. (*decrease*) घटना, कम हो जाना, क्षय होना; 2. (*also of moon*); 2. (*decrease in importance*) ह्रास होना; अवनति* पर होना; 3. (*decrease in strength*) क्षीण या दुर्बल हो जाना, ह्रास होना, —*n.*, घटाव, ह्रास; अवनति*; क्षय। > वेन

wangle, *v.*, 1. (चापलूसी* से, चालाकी* से) प्राप्त कर लेना, गाँठना; 2. (*accomplish*) काम निकालना, काम बनाना, चालाकी* से कर डालना; 3. (*falsify*) झुठलाना, में गोलमाल क०; —*n.*, चालबाज़ी*; झाँसापट्टी*; धोखेबाज़ी*। > वैन्ग्‌गॅल

wangler, चालबाज़, झाँसिया, धोखेबाज़। > वैन्ग्‌लॅ

waning, *adj.*, क्षीयमाण; *n.*, क्षय। > वेनिन्ग

want, 1. (*lack*) का अभाव होना; से रहित होना; 2. (*fall short of*) की कमी* होना, कम होना; 3. (*need*) की जरूरत* पड़ना, की आवश्यकता* होना, दरकार होना; 4. (*require*) के लिए ज़रूरी, आवश्यक या अपेक्षित होना, अपेक्षा* रखना; 5. (*desire*) चाहना; 6. (*ask*) माँगना, 7. (*be in* ~) गरीब, दरिद्र या कंगाल होना; —*n.*, अभाव, राहित्य; कमी*; ज़रूरत*, आवश्यकता*; अपेक्षा*; चाह*, इच्छा*; माँग*; तंगी*, ग़रीबी*, दरिद्रता*। > वॉन्ट = वान्ट

wanted, आवश्यकता* है। > वॉन्टिड

wanting, *adj.*, 1. (*absent*) अविद्यमान, अप्राप्त, ग़ायब; नामौजूद, अनुपस्थिति (*of person*), 2. (*needed*) आवश्यक, ज़रूरी, दरकार; अपेक्षित (*required*) 3. (*insufficient*) कम; अपर्याप्त; अपूर्ण; 4. (*mentally*) बुद्धू; —*prep.*, 1. (*without*) से रहित; 2. (*minus*) से कम। > वॉन्टिन्ग

wanton, *adj.*, 1. (*frolicsome*) खिलवाड़ी, ज़िन्दादिल, विनोदी; 2. (*capricious*) मनमौजी, तरंगी, चंचल; 3. (*undisciplined*) निमानिया, अनुशासनहीन; बेलगाम; 4. (*unrestrained*) अनियंत्रित; 5. (*extra-vagant*) अत्यधिक; 6. (*unchaste*) लम्पट, व्यभिचारी; 7. (*senseless*) निरर्थक; 8. (*unprovoked*) अकारण; 9. (*arbitrary*) मनमाना; —*n.*, व्यभिचारी; कुलटा*, पुंश्चली*; —*v.*, उछल-कूद*, आमोद-प्रमोद क०, कूद-फाँद* क०। > वॉन्टॅन

war, 1. युद्ध, समर, संग्राम, लड़ाई*; 2. (*fig. conflict*) संघर्ष; 3. (*hostility*) शत्रुता*, दुश्मनी*; civil ~, गृह-युद्ध; cold ~, शीत युद्ध; open ~, खुला संघर्ष; ~ of nerves, आतंक-युद्ध; sinews of ~ युद्ध-साधन; world ~ महायुद्ध; —*v.*, युद्ध क०; संघर्ष क०। > वॉ:

warble, *v.*, 1. कूजना; गाना; 2. (*trill*) गिटकिरी* भरना; 3. (*sing in verse*) पद्य में वर्णित क०; —*n.*, 1. कूजन*; 2. (*lump on skin*) घट्टा; सूजन*; 3. (*larva of gadfly*) डाँस का डिंभक। > वॉ:बॅल

warbler, फुदकी*; Indian wren ~ पिटपिटी फुदकी*; streaked fantail ~ टुनटुनी फुदकी*। > वॉ:ब्लॅ

warbling, 1. कूजन*; 2. (*trill*) गिटकिरी*। > वॉ:ल्बिन्ग

war-cloud, युद्ध की आशंका*।

war-cry, 1. (*slogan*) नारा; 2. रणनाद, युद्ध का नारा।

ward, *n.*, 1. (*minor*) आश्रित; 2. (*of a town*) वार्ड, हलक़ा; 3. (*of hospital*) वार्ड, रोगीकक्ष; 4. (*of prison*) वार्ड, बन्दीकक्ष, 5. (*guarding*) अभिरक्षा*; 6. (*fencing*) बचाव; —*v.*, 1. रक्षा* क०; 2. (*act as guardian*) अभिभावक होना; **~off,** 1. (*a blow*) खाली कर देना, 2. (*avert*) निवारण क०, से बचाव क०, रोकना। > वॉ:ड

war-dance, युद्ध-नृत्य। > वॉ:डान्स

warden, वार्डन; रक्षक; अध्यक्ष। > वॉ:डॅन

warder, वार्डर, जेलर, कारापाल, कारागारिक। > वॉ:ड

wardrobe, 1. (*closet*) अलमारी*; 2. (*stock of clothes*) कपड़े; 3. (*room*) तोशाखाना। > वॉ:ड्रोब

wardroom, (जंगी जहाज़ पर) अफ़सरों का कमरा। > वॉ:ड्रूम

wardship, अभिरक्षा*। > वॉ:ड्-शिप

ware, *n.*, 1. (*also pl.; things for sale*) सौदा, माल; 2. (*pottery*) मिट्टी* के बरतन, मृण्पात्र, मृद्भाण्ड; —*v.*, 1. (*avoid*) से दूर रहना, से सावधान रहना; 2. (*imperative*) सावधान। > वे'ॲ

warehouse, गोदाम, मालगोदाम। > वे'ॲहाउस

warfare, 1. युद्ध, संग्राम; 2. (*state of war*) युद्धस्थिति*; 3. (*conflict*) संघर्ष। > वॉ:फ़े'ॲ

war-god, कार्तिकेय। > वॉ:गॉड

war-head, स्फोटक शीर्ष। > वॉ:हे'ड

war-horse, 1. जंगी घोड़ा; 2. (*veteran*) पुराना सिपाही; 3. (*pugnacious*) लड़ाका, संघर्षप्रिय व्यक्ति। > वॉ:हॉ:स

warily, ख़बरदारी* से, सावधानी* से। > वे'ॲर्-इलि

wariness, ख़बरदारी*, सावधानी*, सतर्कता*। > वे'ॲर्-इनिस

warlike, 1. (*of or for war*) सामरिक, युद्ध-; 2. (*bellicose*) युद्धप्रिय, रणप्रिय, युयुत्सु, लड़ाकू; 3. (*skilled in warfare*) रणकुशल; 4. (*valiant*) शूरवीर, बहादुर। > वॉ:लाइक

war-lord, युद्ध-नेता। > वॉ:लॉ:ड

warm, *n.*, तापन; *v.*, 1. गरम बनना, गरमाना; 2. गरम क०, गरमाना, तपाना, तापना; 3. (~ *oneself*) तापना; 4. (*cheer*) प्रसन्न क०, आनन्दित क०; 5. (*make lively*) को जोश दिलाना, में प्राण डालना, में उत्साह भरना, गरमाना; 6. (*become livelier*, ~ *up*) का उत्साह या उमंग* बढ़ना, को जोश आना; 7. (*become sympathetic*) आकर्षित हो जाना, अनुकूल बनना, पिघल जाना, ढल जाना; 8. (*excite*) उत्तेजित क०; 9. (*thrash*) पीटना; —*adj.*, 1. (*moderately*) गरम; (*lukewarm*) कुनकुना, गुनगुना; 2. (*hot*) गरम, उष्ण, तप्त; 3. (*of clothes*) गरम; 4. (*affectionate*) स्नेही; संवेदनशील; 5. (*emotional*) भावुक, भावप्रवण; 6. (*enthusiastic*) उत्साही, सरगर्म, जोशीला;

7. (*hearty*) हार्दिक; 8. (*heated*) गरम; उत्तेजनापूर्ण; 9. (*exciting*) उत्तेजक; 10. (*excited*) उत्तेजित; 11. (*hot-tempered*) क्रोधी, गरममिज़ाज; चिड़चिड़ा; 12. (*dangerous*) खतरनाक, संकटपूर्ण; 13. (*difficult*) कठिन; 14. (*fresh*) ताज़ा, गरमागरम; 15. (*close to truth etc.*) समीप, बिलकुल नज़दीक; 16. (*wealthy*) धनी; 17. (*of colour*) चटकीला; **~-blooded,** 1. (*of animals*) नियततापी (प्राणी); 2. भावप्रवण **~-hearted,** स्नेही, संवेदनशील, सहृदय। > वॉ:म

warming, 1. तापन; 2. (*thrashing*) पिटंत*, पिटाई*। > वॉ:म्-इन्ग

war-memorial, युद्ध-स्मारक। > वॉ:मिमॉ:र्-इॲल

warmonger, युद्धोत्तेजक। > वॉ:मॅन्ग्गॅ

warmth, 1. गरमी*, गरमाहट*; 2. (*enthusiasm*) उत्साह, जोश, सरगर्मी*, गरमी*, तपाक; 3. (*cordiality*) हार्दिकता*, स्नेह; 4. (*excite-ment*) उत्तेजना*; 5. (*vehemence*) आवेश, तीव्रता*, उग्रता*; 6. (*ang-er*) क्रोध। > वॉ:म्थ

warn, 1. (*admonish*) चेतावनी* देना; 2. (*caution*) सावधान क०, सचेत क०, चेताना; 3. (*notify*) (पूर्व)सूचना* देना, जताना, बतलाना; **~ing,** *n.*, 1. चेतावनी*; 2. (*notice*) सूचना*; 3. (*premonition*) पूर्वसूचना*; take ~, सावधान होना, ख़बरदार होना; —*adj.*, चेतानेवाला; —colouration (*mimicry*) भयसूचक रंग (अनुहरण)। > वॉ:न; वॉ:निन्ग

warp, *n.*, 1. (*in cloth, lengthwise threads*) ताना; ~ and woof (weft) ताना-बाना; 2. (*in wood*) संवलन; 3. (*in mind*) विकृति*, विकार; 4. (*rope*) रस्सी*; 5. (*silt*) गाद*, रेग*; —*v.*, 1. (*of wood*) संवलित हो जाना; 2. (*fig.*) विकृत क० या हो जाना; 3. (*a ship*) रस्सी* से खींचना; 4. (*fertilize*) गाद* से उपजाऊ बनाना। > वॉ:प

war-point, 1. (युद्ध से पहले शरीर पर लगाया) रंगद्रव्य; 2. (*ceremonial costume*) औपचारिक वेषभूषा*, रस्मी लिबास या पोशाक*; 3. (*finery*) तड़क-भड़क*, सजधज*; 4. (*of actor*) भेस। > वॉ:पेन्ट

war-path, अभियान; रण-मार्ग; be on the ~ संघर्ष से लगा होना; go on the ~ संघर्ष पर उतारू होना। > वॉ:पाथ

war-plane, युद्ध-विराम। > वॉ:प्लेन

warrant, *n.*, 1. (*authorizing document*) वारंट, आज्ञा-पत्र, अधिपत्र, परवाना; वारंट-गिरफ्तारी, वारंट (*to arrest*); वारंट-तलाशी (*to search*); वारंट-रिहाई (*to release*); 2. (*writ*) समादेश, लेख; 3. (*of appointment*) नियुक्ति-पत्र; 4. (*authority*) अधिकार; प्रमाण, (*proof*) 5. (*foundation*) आधार; 6. (*justification*) उचित कारण; —*v.*, 1. (*authorize*) अधिकार देना, प्राधिकार देना, प्राधिकृत क०; 2. (*justify*) उचित या न्यायसंगत सिद्ध क०, औचित्य प्रमाणित क०; का आधार प्रस्तुत क०; 3. (*vouch for*) सच्चाई* (*truth*) या शुद्धता* (*genuineness*) का आश्वासन देना; 4. (*assert*) कहे देना, निश्चयपूर्वक कहना; **~able,** न्यायसंगत, उचित, न्याय; **~ee,** समाश्वासित; **~or,** समाश्वासक, समाश्वासी। > वॉरॅन्ट; वॉरॅन्टॅबॅल; वॉरॅन्टी; वॉरॅन्टॅ

warranty, 1. (*assurance*) आश्वासन, समाश्वासन, प्रतिश्रुति*; 2. (*authorization*) प्राधिकरण, अनुज्ञप्ति*; 3. (*justification*) उचित कारण; आधार; औचित्य-प्रतिपादन; 4. (*proof*) प्रमाण। > वॉरॅन्टि

warren, 1. ख़रगोशों का बाड़ा; 2. (*fig.*) भूलभुलैया*। > वॉरिन

warring, 1. (*conflicting*) परस्पर-विरोधी; 2. (*incon-sistent*) असंगत; 3. (*rival*) प्रतिस्पर्धी, प्रतिद्वन्द्वी। > वॉ:रिन्ग

warrior, 1. योद्धा; 2. (*soldier*) सैनिक, सिपाही; —*adj.*, युद्धप्रिय; शूरवीर, बहादुर। > वॉरिॲ

warship, जंगी जहाज़, युद्धपोत। > वॉ:शिप

war-song, युद्ध-गीत। > वॉ:सॉन्ग

wart, 1. (*on skin*) मस्सा; 2. (*bot.*) कीलक; ~-hog, खाँगदार जंगली सूअर। > वॉ:ट

wartime, *adj.*, युद्धकालीन; *n.*, युद्ध-काल। > वॉ:टाइम

warty, मस्सेदार। > वॉ:ट्-इ

war/-weary, युद्ध-क्लान्त; **~-whoop,** चीख*, चिल्लाहट*; **~-worn,** 1. (*experienced*) युद्ध-कुशल, युद्ध-अनुभवी; 2. (*damaged*) युद्ध-क्षत, युद्ध-क्षतिग्रस्त; 3. (*exhausted*) युद्ध-परिश्रान्त।

wary, चौकन्ना, चौकस, सावधान, खबरदार, सतर्क। > वे'ॲर्-इ

wash¹, *v.*, 1. (*clothes, hands, etc.*) धोना, पखारना, प्रक्षालित क०; 2. (*cleanse oneself*) नहा लेना, स्नान क०; (*purify*) साफ क०; 4. (*moisten*) भिगोना, तर क०; 5. (*flow*) बहना, बह जाना; 6. (*touch with*) धोना, स्पर्श क०; 7. (*carry along*) बहा ले जाना; 8. (*cover with thin coat*) पतला लेप चढ़ाना (*of colour*); कलई* क० (*of metal*) 9. (*ore*) पानी में छानना; पानी से धोकर छानना; 10. (*of argument*) युक्तियुक्त होना; ~dirty linen in public, दूसरों के सामने घरेलू झगड़ा क०; ~ one's hands (of), (की) ज़िम्मेवारी* लेने से इन्कार क०; छोड़ देना; **~ away,** 1. मिटा देना; 2. धो बहाना; 3. (*erode*) काटना; **~ down,** 1. धो डालना; 2. (*food*) पीकर उतारना; **~ out,** 1. धो देना, धो डालना; 2. (*rinse*) खँगालना; 3. (*cancel*) मिटा देना; रद्द क०; व्यर्थ कर देना; ~ed out, 1. (*weary*) थका-माँदा, क्लान्त; 2. (*enfeebled*) दुर्बल, कमज़ोर; 3. (*limb*) निस्तेज, निर्जीव; 4. (*demoralized*)

हतोत्साह, निराश; **~ up,** बर्तन-भाँड़े और छुरी-काँटे धोना, साफ़ क० या माँजना; ~ed up, तबाह। > वॉश

wash², *n.*, 1. (*act of cleansing*) धोवन*, धुलाई*, प्रक्षालन, धावन; 2. (*bath*) नहान, स्नान; 3. (*clothes*) धुलाई* के कपड़े; 4. (*rugh-waves*) पोत-तरंग*, 5. (*lotion*) घोल, लोशन; 6. (*liquid refuse*) धोवन*; 7. (*thin drink*) पतला पेय; 8. (*thin coating*) पतला लेप (*of colour*); कलई* (*of metal*) 9. (*silt*) गाद*; 10. (*twaddle*) बकबक*। > वॉश

washable, धुलाई-सह। > वॉशॅबॅल

wash-basin, 1. (*utensil*) चिलमची*; 2. धावन-कुण्ड, धावन-पात्र। > वॉशबेसॅन

washer, 1. धोनेवाला, धावक; 2. (*~man*) धोबी; 3. (*~woman*) धोबिन*; 4. (*machine*) धावित्र; 5. (*steel ring*) वाशर, छल्ला। > वॉशॅ

wash-house, धोबीख़ाना। > वॉश्हाउस

washing, *n.*, 1. धुलाई*, प्रक्षालन, धावन; 2. (*clothes*) धुलाई* के कपड़े; —*adj.*, 1. (*washable*) धुलाई-सह; धोने का, धावन-; 3. धोनेवाला, धावक; ~machine, धावित्र; ~ soda, धोने का सोडा। > वॉशिन्ग

wash-out, 1. (*of track, road, etc.*) कटाव; 2. (*failure*) घोर असफलता*; 3. (*a person*) निकम्मा आदमी। > वॉशआउट

wash-room, शौचघर। > वॉशरूम

washy, 1. (*of liquid*) पनिहा, पनीला, पतला, झल्ला; 2. (*of colour*) फीका, मलिन; 3. (*of style, sentiment*) निस्तेज। > वॉशि

wasp, भिड़*, ततैया*, बर्रे, वरट, वरटा*; **~ish,** चिड़चिड़ा, तुनकमिज़ाज़, क्रोधी; **~-waisted,** तनुमध्य, क्षीणकटि। > वॉस्प; वॉस्पिश

wassail, *n.*, पानगोष्ठी*, आपान; *v.*, रंगरलियाँ* मनाना; खूब पीना; **~er,** मौज* उड़ानेवाला; मद्यप। > वॉसॅल् = वैसॅल = वॉसेल; वॉसॅलॅ

wastage, 1. छीज*, छीजन*; अपव्यय; 2. (*loss*) हानि*, क्षति*। > वेस्ट्-इज

waste, *adj.*, 1. (*of field, uncultivated*) आकृष्ट; ~ field, पड़ती*; 2. (*of land; unfit for cultivation*) बंजर; ~ land, बंजर, बंजर भूमि*; 3. (*of region*) निर्जन, ग़ैर-आबाद, वीरान (*uninhabited*); उजाड़ (*laid waste*); lay ~, उजाड़ना; lie ~, 4. (*left over, useless*) रद्दी, अपशिष्ट; ~ paper, रद्दी काग़ज़, रद्दी*; ~ products, अपशिष्ट उत्पाद; ~ matter, रद्दी पदार्थ, अपशिष्ट द्रव्य; 5. (*fig.; monotonous*) नीरस; सुनसान; —*n.*, **A.** *Ground :* 1. (*desolate land*) उजाड़; निर्जन स्थान; 2. (*desert*) ऊसर; 3. (*waste land*) बंजर; 4. (*waste field*) पड़ती*; 5. (*dreary scene*) सुनसान दृश्य; **B.** *Material :* 1. (*refuse*) कूड़ा-करकट; 2. (*scraps*) रद्दी*; 3. (*useless remains*) अपशेष; 4. (*dirty water*) गंदा पानी, अपजल; 5. (*food*) जूठन*; उच्छिष्ट; 6. (*zool.*) उत्सर्ग; 7. (*geol.*) अपरद; **C.** 1. (*being used up*) छीजन*; क्षय; 2. (*wear and tear*) घिसाई*; क्षय; छीज*; 3. (*injury*) क्षति*; हानि*; 4. (*act of wasting*) अपव्यय; नाश; 5. (*of money*) फ़ुज़ूलखर्ची*, अपव्यय; run to ~, go to ~, व्यर्थ व्यय या ख़र्च हो जाना; नष्ट हो जाना, बिगड़ना; —*v.*, 1. (*ravage*) उजाड़ना, तबाह क०; 2. (*let deteriorate*) उजड़ने या बिगड़ने देना; बिगाड़ना; 3. (*squander*) अपव्यय क०, गँवाना; नष्ट क०; उड़ाना, लुटाना, फूँकना (*wealth*); फ़ुज़ूलखर्ची क०; 4. (*run to ~*) व्यर्थ व्यय हो जाना, नष्ट हो जाना; 5. (*wear*) घिस जाना, छीजना, क्षय हो जाना; घटना (*dwindle*); छिजाना (*v.t.*); **away,** घुलना, झुरना दुर्बल या क्षीण हो जाना; ~breath, व्यर्थ बोलना। > वेस्ट

waste/-basket, ~-paper-basket, रद्दी* की टोकरी*; **~-bin,** कूड़ा-धानी* **~-book,** अस्थायी खाता।

wasteful, 1. (*person*) फ़ुज़ूलखर्च, अपव्ययी, उड़ाऊ; 2. (*causing waste*) खर्चीला। > वेस्ट्फ़ुल

waste-pipe, निकास-नल। > वेस्ट्पाइप

waster, 1. अपव्ययी, फ़ुज़ूलख़र्च; 2. (*spoilt article*) सदोष सामान; 3. (*good-for-nothing*) निकम्मा या निखट्टू आदमी। > वेस्ट्-ॲ

waste-weir, पक्की ढाल*। > वेस्ट्-विॲ

wasting, 1. (*that wastes*) अपव्ययी; 2. (*that destroys*) विनाशकारी; 3. (*that causes loss of strength*) क्षयकारी, क्षयंकर; ~ disease क्षय-रोग। > वेस्ट्-इन्ग

wastrel, 1. (*street arab*) छोकरा; 2. (*waif*) परित्यक्त शिशु का बालक; 3. *see* WASTER 1, 2, 3। > वेस्टरॅल

watch, *n.*, 1. (*timepiece*) घड़ी*, जेबघड़ी*; stop-~, विराम-घड़ी*; 2. (*vigilance, alertness*) चौकसी*, सतर्कता*, सावधानी*, ख़बरदारी*; निगरानी* (*against corruption etc.*) 3. (*observation*) अवलोकन, प्रेक्षण; 4. (*guarding*) रखवाली*, पहरा, चौकी*; 5. (*vigil*) जागरण, रतजगा; 6. (*body of men*) पहरा; 7. (*~man*) पहरेदार, चौकीदार, प्रहरी; 8. (*period of duty*) पहरा; 9. (*~es of the night*) पहर, याम; keep ~, पहरा देना; keep a ~ on, पर निगरानी* रखना, नज़र* रखना; on the ~, चौकस, सतर्क; —*v.*, 1. (*observe*) देखना, अवलोकन क०; ध्यान से देखना, ताकना; 2. (*keep under observation*) पर (कड़ी) निगाह* रखना, पर निगरानी* रखना, पर नज़र* रखना; 3. (*guard carefully*) की रक्षा* क०; की देख-रेख* क०;

4. (*keep watch*) पहरा देना, रखवाली* क०; 5. (*be alert*) चौकन्ना होना, चौकसी* क०; 6. (*keep vigil*) जागना, जागरण क०; 7. (*look out for*) की ताक* में रहना; 8. (*await*) की राह* देखना, की प्रतीक्षा* क०; **~ for,** की ताक* में रहना, उत्सुकता* से प्रतीक्षा* क०; **~over,** की रक्षा* क०; की देख-रेख* क०; **~ out,** सतर्क होना। > वॉच

watch-case, घड़ी-दान।

watch-chain, चेन*, सिकड़ी*।

watchdog, रखवाला कुत्ता।

watcher, पहरेदार, चौकीदार; रखवाल, रक्षक; दर्शक। > वॉच्-अॅ

watchful, चौकन्ना, चौकस, ख़बरदार, सावधान, सतर्क। > वॉचफ़ुल

watch-guard, घड़ी-कवच; चेन*।

watch-key, चाबी*।

watch-maker, घड़ीसाज़।

watchman, चौकीदार, पहरेदार।

watch-night, रतजगा।

watch-tower, बुर्ज, गरगज।

watchword, 1. (*of party*) आदर्शवाक्य; नारा (*slogan*); 2. (*mil.*) संकेत-शब्द।

water¹, *n.*, 1. पानी, जल, आब, नीर, सलिल, वारि, उदक, अंबु, तोय; 2. (*also pl.*); जलाशय (*body of ~*); समुद्र (*sea*); झील* (*lake*); नदी* (*river*); तालाब (*pond*); 3. (*urine*) पेशाब, मूत्र, मूत; 4. (*liquid secreted*) पानी; 5. (*solution of specified substance*) ...का पानी; 6. (*of diamonds, brilliance*) पानी, चमक*, आब*; 7. (*tide*) high ~, ज्वार*; low~, भाटा; boiled ~, पक्का पानी; deep ~, 1. मुसीबत*, संकट; 2. (*mystery*) रहस्य; fresh ~, मीठा पानी; hard ~, भारी पानी; holy ~, आशिष* का जल, अभिमंत्रित जल; mineral ~, विलायती पानी; salt ~, खारा या नुनखरा पानी; soft ~, नरम या हलका पानी; unboiled ~, कच्चा पानी; above ~, निश्चिन्त; संकट से मुक्त; by ~, जलमार्ग से; cast one's bread upon the ~s, निस्स्वार्थ परोपकार क०; hold ~, जलरोधी होना; दुरुस्त होना; तर्कसंगत होना; in hot ~, मुसीबत* में, in low ~, पैसे की कमी*, रुपये का अभाव; in smooth, ~, सुखपूर्वक; keep one's head above ~. 1. ऋण से या दिवाले से बचना, निर्वाह क०; 2. (*hold one's own*) डटे रहना; make ~, मूतना, पेशाब क०; of the first ~, पक्का; उत्कृष्ट; spend (money) like ~, (रुपया) पानी की तरह* बहाना; throw cold ~ on, नापसंद क०; से असहमति* प्रकट क०, में बाधा* उपस्थित क०; की उपेक्षा* क०, written in ~, क्षणभंगुर, पानी का बुलबुला। > वॉ:टॅ

water², *v.*, 1. (*make wet with*) तर क०, पानी देना; पानी छिड़कना; 2. (*irrigate*) सींचना, पनियाना; 3. (*animals*) पानी दिखाना; 4. (*of animals*) पीने जाना; 5. (*take in supply of ~*) पानी भरना; 6. (*adulterate with ~*) पानी मिलाना; 7. (*secrete liquid*) बहना; 8. (*of eyes*) डबडबाना; 9. (*of mouth*) भर आना; मुँह में पानी भर आना, मुँह भर आना, मुँह से लार* टपकना; **~ down,** कम कर देना; **~ed** (silk), लहरियादार (रेशम)। > वॉ:टॅ

waterage, जलपरिवहन (-शुल्क)। > वॉ:टॅरिज

water/-bearer, पनहारा, पनहरा, पनभरा, कहार; पनिहारिन*, पनहारन*, कहारिन*; **~-bed,** पनगद्दा; **~-beetle,** जलभौंरा, जलभृंग; **~-bellows,** पनधौंकनी*; **~-blister,** फफोला; **~-borne,** 1. (*of goods*) जलवाहित; 2. (*of disease*) जलसंक्रामक; **~-bound,** जलबद्ध, पानी से घिरा हुआ; **~-carriage,** जल-परिवहन; **W~-carrier,** कुंभ, कुंभराशि*; **~-cart,** पनगाड़ी* **~-chestnut,** सिंघाड़ा; **~-clock,** जलघड़ी*; **~-closet,** शौचघर; **~-colour,** जलरंग; **~-cooled,** जलशीतित; **~course,** जलमार्ग; नहर* (*canal*); नदी* (*river*); छोटी नदी*; नाला (*brook*); **~-cress,** जलकुंभी*; **~-cure,** जल-चिकित्सा*; **~-diviner,** पानी का पता लगानेवाला; **~-drinker,** मद्यत्यागी; **~-fall,** जलप्रपात; **~-fly,** जुलाहा; **~-fowl,** मुरगाबी*, मुर्ग़ाबी*, जल-कुक्कुट; **~-front,** तटीय नगरभाग; **~-gas,** भाप-अंगार-गैस*; **~-gate,** जल-द्वार; **~-gauge,** जलमापी; **~-glass,** सोडियम-सिलिकेट, **~-hen,** जलमुरग़ी*; बँसमुरग़ी*, डाहुक; **~-hole,** गड्ढा; जलगर्त।

watering, 1. (*sprinkling*) छिड़काव, छिड़काई*; 2. (*irrigating*) सिंचाई*; 3. (*supplying with water*) जलभरन*; **~-can, ~-pot,** हज़ारा। > वॉ:टॅरिना

waterish, 1. जलीय; 2. (*as taste*) जलसोह; 3. (*dilute*) पनीला, पनिहा, पतला; 4. (*weak*) फीका, मलिन; निर्जीव, निस्तेज (*of style etc.*)। > वॉ:टॅरिश

water/-joint, जलरोधी; **~-level,** 1. (*instrument*) पाणसल, साधनी*; 2. जलतल, जलपृष्ठ; **~-lily,** 1. (*Indian white*) कुमुद; 2. (*Indian red*) कोकनद, कँवल; 3. (*Indian blue*) नीलकमल; **~-line,** जल-रेखा*, **~logged,** जलाक्रान्त; **~logging,** जला-क्रान्ति*; **~-main,** जलप्रणाल; **~man,** माँझी, केवट, नाविक; **~mark,** जलांक, जल-चिह्न; **~-melon,** तरबूज; **~-mill,** पनचक्की*; **~-mint,** हरा पुदीना; **~-nymph,** जलपरी*, जलदेवी*; **~-ordeal,** जल-परीक्षा*; **~-pipe,** नल, कल*; **~-pool,** जलकुण्ड; **~-pot,** घड़ा, मटका; **~-power,** जलशक्ति*; **~proof,** *adj.*, जलसह; —*n.*, बरसाती*; —*v.*, जलसह बना देना; **~-rat,** पनचूहा; **~-rate,** जलकर; **~-resistant,** जलप्रतिरोधी; **~-scorpion,** पन-बिच्छु; **~-snake,** पनिहा; **~-shed,** जल-विभाजक;

जलसंभर; **~side,** तट; **~-skin,** मशक*; **~-soften-ing,** जल-मृदूकरण; **~spout,** घूर्णमेघ स्तंभ, जलस्तंभ; **~-supply,** जल-आपूर्ति*, जल का प्रबन्ध; **~-tank,** जलटंकी*; **~-tap,** नल, कल*; **~tight,** जलरोधी; जलरुद्ध; **~-tower,** वाटर-टावर, जल-मीनार*; **~-tube,** जलनलिका*; **~-vapour,** जलवाष्प; **~way,** जलमार्ग, नहर*; **~-weed,** जल-वनस्पति*; **~-wheel,** पनचक्की*; **~works,** वाटरवर्क्स, जलकल*।

watery, 1. (*of water*) जलीय; 2. (*as taste*) जलसोह; नीरस; 3. (*dilute; of liquid*) पनीला, पतला; 4. (*of clouds*) वर्षा-सूचक, गीला; 5. (*of eyes*) डबकौंहा; 6. (*weak, pale*) फीका, मलिन; 7. (*fig.*) निर्जीव, निस्तेज; नीरस; 8. (*of colour*) फीका। > वॉ:टॅरि

watt, वाट; **~age,** वाट-संख्या*; **~-hour,** वाट-घंटा; **~less,** वाटहीन, कार्यहीन; **~meter,** वाटमापी। > वॉट

wattle, *n.*, 1. (*fence*) टट्टर; ठाठ, ठाठर; 2. (*of turkey*) लोलकी*, गलचर्म; 3. (*of fish*) स्पर्शक; —*v.*, ठाठना; टट्टर लगाना; **~-work,** टट्टी*, टट्टर। > वॉटॅल

waul, आँऊँ-आँऊँ* क॰। > वॉ:ल

wave, *v.*, 1. (*undulate; as sea*) लहराना (*also field of corn*); तरंगित होना, लहरें* मारना; 2. (*flutter, as a flag*) लहराना (*also hair*), फहराना; 3. (*sway to and fro*) झूमना, फूलना, हिलना-डुलना (*v.i.*); झुलाना, हिलाना-डुलाना (*v.t.*); 4. (*brandish; a sword*) घुमाना, भाँजना; 5. (*make flutter*) लहराना, फहराना; 6. (*be or make wavy*) लहरियादार (*cloth*), लहरदार (*surface*) या छल्लेदार (*hair*) होना या क॰; 7. (*the hand*) हाथ हिलाना; संकेत क॰; इशारा क॰; ~aside, टाल देना, की उपेक्षा* क॰, पर ध्यान नहीं देना; —*n.*, 1. (*on water*) लहर*, तरंग*, ऊर्मि*, हिलोर*, हिलकोरा, हिल्लोल; 2. (*phys*) तरंग*; —front, तरंगाग्र; ~ guide, तरंगपथ-निर्धारित्र; ~length, तरंग-दैर्घ्य; ~ train, तरंगावलि*; 3. (*on any surface*) लहर*, लहरिया (*~s on cloth*); 4. (*of hair*) घूँघर; छल्ला; 5. (*one of a series*) लहर*; (*fig.*) आवेग, लहर*; cold ~, शीत-लहर*; 6. (*of the hand*) झोला, इशारा, संकेत। > वेव

wave-band, तरंग-पट्टी*। > वेव्-बैन्ड

waved, लहरदार। > वेव्ड

wavelet, तरंगिका*। > वेव्-लिट

wavemeter, तरंगमापी। > वेव् मीटॅ

waver, 1. (*oscillate unsteadily*) डग-मगाना, लड़खड़ाना, डाँवाँडोल होना; 2. (*falter, flich, begin to give away*) डगमगाना, लड़खड़ाना (*also of tongue*); डाँवाँडोल होना; हट जाना, पीछे हटना, झुकना; 3. (*be irresolute*) आगा-पीछा क॰, हिचकना, हिचकिचाना; 4. (*be shaken in resolution*) विचलित होना; 5. (*fluctuate*) अस्थिर होना, बदलता रहना; घटना-बढ़ना। > वेव्-ॲ

waverer, हिचकनेवाला; आगा-पीछा करनेवाला। > वेवॅरॅ

wavy, 1. (*of water*) तरंगित, ऊर्मिल, लहराता; 2. (*of surface, line*) लहरदार; 3. (*of hair*) घुँघराला, छल्लेदार; 4. (*of cloth*) लहरियादार; 5. (*swaying*) डाँवाँडोल, दोलायमान। > वेव्-इ

wax, *n.*, 1. मोम, शमा*, सिक्थ ~candle, मोमबत्ती*, शमा*, sealing-~, लाख*, लाह*; ear-~, खूँट**, कान की मैल*; 2. (*fit of anger*) क्रोधावेश; —*v.*, 1. मोम लगाना; 2. (*increase*) बढ़ना; 3. (*become*) बनना, बन जाना। > वैक्स

waxcloth, मोमजामा। > वैक्स्क्लॉथ

waxen, 1. मोमी; 2. (*pale*) पीला; 3. (*smooth*) चिकना। > वैक्सॅन

wax/light, मोमबत्ती*, शमा*, **~-paper,** मोमकाग़ज़; **~-pocket,** मोमधानी*; **~work,** मोम का सामान; मोम की मूर्ति*।

waxy, 1. मोमी; 2. (*angry*) क्रुद्ध, खफ़ा। > वैक्स्-इ

way, *adv.*, दूर (तक); ~ above (behind...), से काफ़ी ऊँचा (पीछे...); from ~ back, से बहुत पहले; —*n.*, 1. (*road; lit., fig.*) मार्ग, रास्ता; permanent ~, पक्का रेलपथ; Milky W~, आकाश-गंगा*; ~ of the Cross, क्रूस-रास्ता, क्रूस-यात्रा*; earth's ~, भूमार्गीय कोण; illuminative ~, बोधनमार्ग; purgative ~, शोधन-मार्ग; unitive ~, योजन-मार्ग; the little ~, दैन्य-मार्ग; ~ of perfection, सिद्धि-मार्ग; right of ~, मार्गाधिकार; ~ in, अंदर; ~ out, बाहर; 2. (*for attaining an object*) तरीक़ा, ढंग (*method*); साधन (*means*); युक्ति* (*device*); to my ~ of thinking, मेरी समझ* में; ~s and means उपाय, युक्तियाँ*; साधन, सम्पत्ति*; तरीक़े; 3. (*distance*) दूरी*, फ़ासला; a little ~, थोड़ी दूरी*; a long ~, बहुत दूर; 4. (*direction*) दिशा*, ओर*, तरफ़*; 5. (*custom*) रिवाज़, दस्तूर, प्रथा*; the old ~s, पुराने रिवाज़, 6. (*habit*) आदत*; (*pl.*) चालचलन, आचरण (*beha-viour*); व्यक्तिगत विशेषता* (*idiosyncrasy*); 7. (*progress*) प्रगति*, उन्नति*; make one's ~, उन्नति* क॰, आगे बढ़ना; lose ~, गति* कम पड़ जाना; gather ~, गति* बढ़ना; 8. (*condition*) दशा*, हालत*, अवस्था*; be in a bad ~, सख़्त बीमार होना; in the family ~, गर्भवती*; 9. (*extent, degree*) पैमाना, मात्रा*; in a small (big) ~, छोटे (बड़े) पैमाने पर; 10. (*respect*) दृष्टि*, पहलू; in a ~, एक तरह* से, किसी हद* तक, एक दृष्टि* से; in some ~s, कुछ अंश तक; in every ~, सर्वथा, हर तरह* से, हर

प्रकार से, बहर हाल; any ~, किसी तरह*; both ~s, दोनों तरह* से, दोनों तरफ़* से no ~ (inferior...) किसी भी तरह* (कम···) नहीं; 11. (*line*) व्यवसाय (*trade*); क्षेत्र (*sphere*); 12. (*ordinary course of action*) सिलसिला, क्रम, दौरान; be (stand) in the ~, रुकावट* (बाधा*) डालना या उपस्थित क०; रोकना; be on the ~, आ रहा होना; be under ~, चलता होना; चलना; बढ़ना; आगे बढ़ना; by the ~, 1. (*dur-ing the journey*) मार्ग में, रास्ते में; 2. रास्ते के किनारे; 3. (*incidentally*) प्रसंगवश; 4. (*introducing a sentence*) सुनिए; by ~ of, 1. (*via*) से होकर, के मार्ग से, के रास्ते से; 2. (*as a way, means of*) के रूप में, के तौर पर; 3. (*with the intention of*) के अभिप्राय से, के मतलब से; clear the ~, pave the ~ for, मार्ग प्रशस्त क०, रास्ता तैयार क०, रास्ते के काँटे दूर क०; find one's ~, पहुँच जाना; रास्ता निकाल लेना; get out of the ~, हट जाना; हटा देना, दूर क०; से पिण्ड छुड़ाना, से पीछा छुड़ाना; तय क०, निपटाना; सुलझाना; get (have) one's own ~, अपनी बात* मनवाना; give ~, झुकना; हार* मानना, मनचाहा करवाना; हट जाना; टूट जाना; go one's own ~, मनमाना क०; अपनी खिचड़ी* अलग पकाना; go one's ~, चला जाना; go out of one's (the) ~ to, का कष्ट क० या उठाना; के लिए विशेष प्रयास क०; go the ~ of all flesh, चल बसना, मर जाना; have a ~ with (children); (बच्चों को) आसानी* से मना लेना; lead the ~, पथप्रदर्शन क०; lose one's ~, भटक जाना; make one's ~, आगे बढ़ना; फलना-फूलना, उन्नति* क०; out of the ~, रास्ते से हटकर; भटका हुआ; समाप्त; असाधारण; अनोखा; दुर्गम; अगम्य; parting of the ~s, महत्त्वपूर्ण निर्णय का समय या अवसर; put somebody in the ~ of, किसी को···का अवसर देना; put out of the ~, 1. (*a person*) मार डालना; 2. हटा देना; समाप्त क०; निपटाना; see one's ~ to के लिए तैयार होना; ठीक समझना; take one's ~, चला जाना। > वे

way-bill, यात्री-सूची*; माल-सूची*, रवन्ना, चालान*। > वेबिल

wayfarer, राही, पथिक, राहगीर, बटोही; राह-चलता, बटाऊ। > वेफ़े'ॲरॅ

wayfaring, भ्रमण, पदयात्रा*। > वेफे'ॲरिन्ग

waylay, (किसी को) घात* में पाना; (किसी की) घात* में बैठना; (किसी की) ताक* में रहना। > वेले

way-leave, किराये का मार्गाधिकार। > वेलीव

wayside, रास्ते का किनारा। > वेसाइड

wayward, 1. (*self-willed*) निमानिया, निरंकुश, अड़ियल, हठधर्मी, ज़िद्दी, हठी; 2. (*capricious*) मौजी, तरंगी; सनकी; झक्की, वहमी। > वेवॅड

way-worn, रास्ते का थका-माँदा, मार्ग-श्रांत। > वेवॉ:न

we, हम। > वी = वि

weak, 1. (*lacking physical strength*) दुर्बल, कमज़ोर, निर्बल, अशक्त; 2. (*phys.*) दुर्बल (*of field*); क्षीण (*of line*); 3. (*frail, delicate*) सुकुमार, नाज़ुक, कोमल; 4. (*wanting in vigour; feeble; easily defeated*) कमज़ोर, दुर्बल; 5. (*of voice*) महीन, क्षीण, धीमा; 6. (*of light*) धुँधला, मन, फीका; 7. (*in numbers; few*) कम, थोड़े, अल्पसंख्यक; 8. (*morally ~*) दुर्बल, कमज़ोर, हल्का; 9. (*irresolute*) ढुलमुल; शिथिल, अदृढ़, ढीला; 10. (*of argument, logic, etc.*) निर्बल, अप्रत्यायक; 11. (*slack; of market*) मन्द; 12. (*in a subject*) कमज़ोर; 13. (*watery, thin*) पतला; तनु (*of a solution*); 14. (*insipid*) फीका, नीरस, सीठा; 15. (*of style*) निस्तेज, फीका; 16. (*gram.*) निर्बल (*of verbs*); निर्बल, स्वराघात-हीन (*of endings*); a ~ brother (sister, vessel), अविश्वसनीय व्यक्ति; ~ knees, ढुलमुलपन, अदृढ़ता*, अनिश्चय, दुबधा*; ~er sex, नारी-जाति*, मातृ-जाति*। > वीक

weaken, दुर्बल (कमज़ोर, कम, निर्बल, पतला आदि see WEAK) कर देना या हो जाना। > वीकॅन

weak/-eyed, मन्द-दृष्टि; **~-headed,** मन्दबुद्धि, अल्पबुद्धि; **~-hearted,** भीरु, डरपोक, बुज़दिल; **~-kneed,** ढुलमुल; **~ling,** कमज़ोर या दुर्बल व्यक्ति (प्राणी); **~ly,** अस्वस्थ, रोगी; **~-minded,** बोदा, कम-समझ।

weakness, 1. (*also weak point*) कमज़ोरी*, दुर्बलता*; 2. (*defect*) दोष, दुर्गुण; 3. (*fondness*) चस्का, शौक; 4. (*for a person*) में विशेष आकर्षण या अभिरुचि*; कमजोरी*; 5. (*inadequacy*) कमी*, अपर्याप्तता*; असमर्थता*। > वीक्-निस

weak/-sighted, मन्द-दृष्टि; **~-spirited,** भीरु, दब्बू।

weal, 1. (*welfare*) कल्याण, हित; public ~, जलकल्याण, जनहित; 2. (*happiness*) सुख-शान्ति*; ~ and woe, सुख-दुःख; 3. (*prosperity*) समृद्धि*, वैभव; 4. (*wale*) बद्धी*, साँट*। > वील

wealth, 1. (*possessions*) धन, सम्पत्ति*; 2. (*riches*) धन-दौलत*, धनाढ्यता*, दौलत-मन्दी*, अमीरी*, वैभव; 3. (*abundance*) बहुतायत*, बाहुल्य, बहुलता*, प्राचुर्य, प्रचुरता*। > वे'ल्थ

wealthy, धनी, दौलतमन्द, धनवान्, धनाढ्य। > वे'ल्थ्-इ

wean, 1. दूध छुड़ाना, छाती* छुड़ाना; 2. (*~ from*) से अलग कर देना, मुक्त क०, छुड़ाना; की आदत* (*habit*) छुड़ाना; **~ing,** दूध-छुड़ाई*; **~ling,** दूध-छुड़ाया बच्चा। > वीन; वीन्/इन्ग, ~लिन्ग

weapon, 1. (*also fig.*) शस्त्र, हथियार, आयुध; 2. (*missile*) अस्त्र; **~ed,** सशस्त्र; **~less,** निहत्था, निरस्त्र। > वे'पॅन; वे'पॅन्ड; वे'पॅन्-लिस

wear, *v.*, 1. (*clothes, jewels*) पहनना, पहन लेना; 2. (*one's hair in a specified way*) रखना; 3. (*exhibit*) प्रदर्शित क०, प्रकट क०; he ~s a sad look, उसके चेहरे से उदासी* झलकती है; 4. (*rub*) रगड़ना, घिसना (*v.t.*) घिस जाना (*v.i.*) 5. (~ *out; damage by use*) छिजाना, घिसना; छिजाना (*of cloth*) 6. (*suffer damage by use*) छीजना, घिस जाना; छीजना, कट-फट जाना, जीर्ण या पुराना हो जाना (*of cloth*) 7. (*endure continued use*) टिकाऊ होना, टिकना, बहुत चलना; 8. (*tire*) थक जाना (*v.i.*) थकाना (*v.t.*); 9. (*a hole in*) (घिसकर, रगड़कर) बनाना; 10. (*a ship*) मोड़ना; मुड़ जाना; ~ the breeches, मालिक होना; ~ one's years well, उमर* से कम मालूम होना; ~ well, टिकाऊ होना, टिकना; **~ away,** घिस जाना, घिसना; मिटना; मिटाना; धीरे-धीरे बीत जाना; किसी तरह* बिता देना; **~ down,** घट जाना, घटा देना, समाप्त हो जाना या कर देना; **~ off,** धीरे-धीरे समाप्त या लुप्त हो जाना; **~ on,** किसी-न-किसी तरह* या धीरे-धीरे बीत जाना; **~ out,** 1. (*clothes*) छिजाना; 2. थका देना; —*n.*, 1. (*act*) पहनाई*; 2. (*clothes*) कपड़े पहनावा, पोशाक*; लिबास; 3. (*usage*) उपयोग; व्यवहार, इस्तेमाल; 4. (*damage*) छीज*, घिसाव, घिसाव्ट*; कट-फट*; ~ and tear, टूट-फूट* (*breakage*); कट-फट* (*of cloth*) 5. (*quality*) टिकाऊपन। > वे'ॲ

wearable, पहनने योग्य, परिधेय। > वे'ॲरबॅल

weariless, अथक। > वि'ॲर्-इलिस

weariness, थकावट*, श्रांति*, क्लांति*, थकान*। > विॲर्-इनिस

wearing, 1. पहनने का; 2. छिजानेवाला; 3. (*wearying*) थकाऊ, क्लांतिकर; ~ apparel, पहनने के कपड़े। > वे'ॲर्-इन्ग

wearisome, 1. थकाऊ, क्लांतिकर; 2. (*boring*) उबाऊ, नीरस। > विॲर्-इसॅम

weary, *adj.*, 1. (*tired*) थका-माँदा, निढाल, (परि)श्रान्त, क्लान्त; 2. (*causing exhaustion*) थकाऊ, क्लान्तिकर; 3. (*dispirited*) हतोत्साह, मुरदा-दिल; 4. (*tedious*) उबाऊ; —*v.*, 1. थकाना; 2. (*bore*) उकता देना; 3. (*become ~*) थक जाना; ऊब जाना। > विॲर्-इ

weasand, 1. (*windpipe*) श्वास-नली*; 2. (*throat*) गला; 3. (*gullet*) ग्रसिका*, हलक। > वीज़ॅन्ड

weasel, कथियान्याल। > वीज़ॅल

weather, मौसम, मौसिम, ऋतु*; he makes heavy ~ of this (work), यह (काम) उसे बहुत कठिन लग रहा है; bad ~, ख़राब या बुरा मौसम; fair ~, अच्छा मौसम; foul ~, आँधी-पानी; under the ~, 1. अस्वस्थ; 2. (*depressed*) उदास, खिन्न; —*v.*, 1. खुली हवा* में रखना या छोड़ देना; 2. (*disintegrate by exposure*) का अपक्षय हो जाना; 3. (*come safely through*) से बचकर निकलना; सहन क०, बरदाश्त क०, झेलना; —*adj.*, पवनाभिमुख; keep one's ~ eye open, चौकन्ना होना। > वे'दॅ

weather/cock, ~-vane, बातसूचक, बादनुमा।

weathered, अपक्षीण। > वे'दॅड

weather-forecast, मौसम-पूर्वानुमान।

weathering, अपक्षय(ण)। > वे'दॅरिन्ग

weather/-glass, वायुदाबमापी; **~-proof,** वर्षारोक; वर्षासह; **~-report,** मौसम-वार्ता*; **~-wise,** मौसम-पारखी।

weave, 1. (*cloth, matting, etc.*) बुनना; 2. (*intro-duce*) सन्निविष्ट क०, बैठा देना; 3. (*facts into a story*) एक ही कथासूत्र में ग्रथित क०; 4. (*fashion*) रचना, की रचना* क०; 5. (*devise*) सोच निकालना; 6. (*change direction frequently*) दायें-बायें चलना, टेढ़े-मेढ़े चलना; 7. (*dodge*) कतराकर निकल जाना; —*n.*, बुनावट*। > वीव़

weaver, 1. जुलाहा, बुनकर; 2. (*~-bird*) बया। > वीव़्-ॲ

weaving, बुनाई*, वयन। > वीव़्-इन्ग

weazen(ed), see WIZEN(ED) > वीज़ॅन; वीजॅन्ड

web, 1. (*woven fabric*) कपड़ा, वस्त्र; 2. (*amount woven in one piece*) थान; 3. (*spun network*) जाल (*also fig.; ~of lies*); 4. (*cobweb*) जाला; 5. (*membrane between digits*) जाल, पादजाल; झिल्ली*; 6. (*of a feather*) पिच्छ-फलक; 7. (*of printing paper*) गोला; 8. (*plate*) जोड़पट्टी*; **~bed, ~-footed,** जालयुक्त, जालपाद; **~bing,** 1. (*tape*) निवार*, नेवार*; 2. (*edging*) किनारा; **~-eye,** जाला। > वे'ब, वे'ब्ड, वे'ब्-इन्ग

wed, 1. (से) विवाह क०, शादी* क०; (किसी को) ब्याहना; 2. (*join in marriage*) विवाह-संस्कार सम्पन्न क०; विवाह कराना; ब्याहना; 3. (*unite*) जोड़ना, एक कर देना; **~ded,** 1. विवाहित, ब्याहता, परिणीत, शादीशुदा; 2. (*of marriage*) वैवाहिक; 3. (*devoted to*) का समर्थक; के प्रति समर्पित; 4. (*committed to*) से प्रतिबद्ध; के लिए वचनबद्ध। > वे'ड

wedding, विवाह, शादी*; विवाहोत्सव। > वे'ड्-इन्ग

wedge, *n.*, फान, फन्नी*; पच्चर, पच्चड़ (*of wood*) —*v.*, फान लगाना, पच्चर लगाना; जड़ना; घुसा देना; **~-shaped,** फानाकार। > वे'ज

wedlock, विवाह; विवाहित अवस्था*; born in lawful ~, औरस। > वे'ड्लॉक

Wednesday, बुधवार। > वे़न्ज़्-डि

wee, बहुत छोटा; a ~ bit, बहुत थोड़ा, अल्पमात्रा*। > वी

weed, *n.*, 1. अपतृण; 2. (*tobacco*) तम्बाकू; 3. (*cigar*) चुरुट, सिगार; 4. (*lanky*) ताँतिया व्यक्ति; 5. (*pl. widow's ~s*) मातमी पोशाक*; —*v.*, 1. निराना, नींदना; 2. **~out,** छाँटना; निकालना; उखाड़ना। > वीड

weeding, निराई*, निंदाई*; **~ out,** छँटनी*, छँटाई*; **~-hook,** खुरपा, खुरपी*। > वीड्-इन्ग

weed/killer, अपतृण-नाशी।

weedy, 1. अपतृण से भरा; 2. (*person*) ताँतिया। > वीड्-इ

week, सप्ताह, हफ़्ता, अठवारा; Holy W~, पुण्य सप्ताह; **~ days,** काम के दिन; **~-end,** *n.*(*v.*), सप्ताहान्त (बिताना)। > वीक

weekly, *n.*, *adj.*, साप्ताहिक; *adv.*, प्रति सप्ताह। > वीक्-लि

ween, समझना। > वीन

weep, 1. रोना, आँसू बहाना; 2. (*lament*) (पर) विलाप क०; 3. (*drip*) टपकना (*v.i.*); टपकाना (*v.t.*); चूना (*v.i.*); चुआना (*v.t.*); 4. (*exude moisture*) रिसना। > वीप

weeper, रोवनहार। > वीप्-ॲ

weeping, 1. रुलाई*, रोदन, क्रन्दन; 2. (*lament*) विलाप; 3. (*dripping*) स्यन्दन; —*adj.*, 1. रोता; 2. रिसता; ~ rock, रिसती चट्टान*; 3. झुका हुआ; झुकी हुई शाखाओं* वाला; ~ willow, बेद-मजनूँ। > वीप्-इन्ग

weepy, 1. रोआसा; 2. (*of boor, play, film*) रुलानेवाला, भावुकतापूर्ण। > वीप्-इ

weevil, घुन, घुण। > वीवॅल

weft, बाना, भरनी*। > वे'फ़्ट

weigh, *n.*, तुलाई*, तोलन, तौल*; *v.*, 1. (*by means of a balance*) तोलना, तौलना, वज़न क०, जोखना; 2. (*by balancing in hand*) तोलना; 3. (*raise; an anchor*) उठाना; 4. (*have a certain weight*) वज़न होना; 5. (*be heavy; also fig. be burdensome*) भारी होना; 6. (*consider carefully*) जोखना; विचारना; मनन क०, 7. (*estimate relative value*) तौलना, मिलान क०, तुलना* क०; 8. (*~ one's words*) सावधानी* से चुनना; 9. (*have importance*) वज़न रखना, महत्त्व रखना, का महत्त्व होना, प्रभाव डालना, असर क०; **~ down,** 1. दबाना; झुकाना; 2. (*dep-ress*) उदास क०; **~ in (out),** घुड़दौड़* या मुक्केबाज़ी* के पहले (बाद) वज़न क०; **~ in with,** नया (तर्क आदि) प्रस्तुत क०; **~ out,** 1. वज़न क०; 2. (*mea-sure out*) तौलकर बाँटना या निकाल लेना; **~ up,** तौलना, कूतना; **~ with,** प्रभावित क०, प्रभाव डालना, असर क०। > वे

weighable, तोल्य। > वे-ॲ-बॅल

weighage, तोलन-शुल्क। > वे-इज

weigh/bridge, तोलसेतु; **~-house,** तोलघर, वज़नघर; **~-in,** तुलाई*।

weighing-machine, तुला*, काँटा, तराजू।

weight, *n.*, 1. वज़न, तौल, भार; gross ~, कुल भार; net ~, शुद्ध भार; 2. (*standardized piece*) बाट, बटखरा; 3. (*heavy body*) भार; 4. (*burden*) भार, बोझ; 5. (*importance*) महत्त्व; बल (*of an argu-ment*); प्रभाव (*influence*); throw one's ~about, रोब*, धाक* या धौंस* जमाना; —*v.*, 1. भार बाँधना; 2. (*burden*) भार या बोझ डालना; 3. (*over-load*) अधिक भार डालना; 4. (*statistics*) भारित क०। > वेट

weighted, भारित। > वेट्-इड

weighting, भारण। > वेट्-इन्ग

weighty, 1. भारी, वज़नी; 2. (*important*) महत्त्वपूर्ण, वज़नी, वज़नदार; 3. (*influential*) प्रभावशाली। > वेट्-इ

weir, वीयर, बंधारा। > विॲ

weird, 1. (*eerie*) अलौकिक; भयानक; 2. (*odd, strange*) अनोखा, अनूठा, निराला; 3. (*eccentric*) सनकी; ~ sisters, 1. भाग्यदेवियाँ*; 2. (*witches*) डाइनें*। > विॲड

welcome, *int.*, स्वागत!; *n.*, स्वागत, आवभगत*, सत्कार, आदर-सत्कार; give a warm ~ to, का हार्दिक स्वागत क०; का तीव्र विरोध क०; —*v.*, का स्वागत क०; (*also suggestions etc.*) —*adj.*, 1. अभिनन्दित; अभिनन्दनीय; 2. (*pleasing*) सुखद; you are ~ to..., आपको...की पूरी छूट* है; make ~, का स्वागत क०। > वे'ल्कॅम

weld, 1. वेल्द क०; 2. (*fig.*) एक कर देना; **~er,** झलाईगर। > वे'ल्ड

welfare, कल्याण, कुशल-क्षेम, ख़ैरियत*; ~ centre, कल्याण-केन्द्र; ~ state, कल्याण राज्य; ~ work, कल्याण-कार्य। > वे'ल्फ़े'ॲ

welkin, आकाश, आसमान। > वे'ल्-किन

well¹, *n.*, 1. कूआँ; कूप, artesian ~, उत्स्रुत कूप, बुंब कूप; oil ~, तैल-कूप; 2. (*shaft, enclosed space*) कूपक; 3. (*source of water*) झरना, सोता, स्रोत, चश्मा; **~-curb,** जगत*; **~-head,** 1. (*source of spring*) उद्गम; 2. (*fig.*) स्रोत, मूलस्रोत; —*v.*, (*~ up, out, forth*) उमड़ना, बह निकलना, उमड़ आना। > वे'ल

well², *n.*, 1. (*good fortune*) कुशल-क्षेम, कल्याण; 2. (*what is satisfactory*) कुशल, क्षेम; 3. भलाई*; —*interj.*, 1. (*astonishment*) अच्छा!, अरे, अहो, ओह; 2. (*relief*) अहा, अहो, आहा, ओहो; 3. (*resignation, concession*) अच्छा! अस्तु!, खैर; यही सही; 4. (*expectation*) क्यों!, अच्छा फिर!; —*adj.*,

1. (*in good health*) अच्छा, स्वस्थ, नीरोग, चंगा, तंदुरुस्त; 2. (*right, advisable*) उचित, ठीक, अच्छा; 3. (*favourable*) अनुकूल, शुभ, अच्छा; 4. (*in a satisfactory state or position*) ठीक, ठीक-ठाक; ~ enough, सन्तोषजनक; ~ and good, अस्तु! ऐसा ही सही! यही सही! —*adv.*, 1. (*in a good manner*) अच्छी तरह* से, भली भाँति*, बख़ूबी; ~ done, शाबाश, साधु-साधु; come off ~, सफल होना; विशिष्टता* प्राप्त क०; 2. (*skilfully*) बड़े कौशल से, निपुणता* से; 3. (*thoroughly, completely*) पूर्णतया, पूर्ण रूप से, पूरी तरह* से, पूरा, बखूबी; 4. (*sufficiently*) पर्याप्त मात्रा* में; 5. (*considerably*) बहुत, बहुत अधिक; 6. (*heartily*) हृदय से; मैत्री* से; 7. (*easily*) आसानी* से; सहज ही; 8. (*justly*) ठीक ही, उचित रीति* से; 9. (*wisely*) बुद्धिमानी* से; as ~, 1. (*as ~ as*) के अतिरिक्त, के अलावा; 2. (*with equal reason*) के बराबर, जैसा; you might — commit suicide, आत्महत्या* करने के बराबर है; 3. (*preferably*) I might — go home, मैं घर भी जा सकता हूँ; घर जाना ही अधिक अच्छा होगा; doing ~, 1. फलता-फूलता; 2. (*of a patient*) अच्छा हो जाना; it may ~ be, बहुत संभव है कि; just as ~, कोई हर्ज नहीं; बुरा क्या है; stand ~ with, से अच्छा सम्बन्ध होना, का कृपापात्र होना; ~set-up, हट्टा-कट्टा, तगड़ा। > वे'ल

well/-advised, 1. सुविवेचित, सुमंत्रित; 2. (*wise*) बुद्धिमान्; you would be—to..., आपके लिए...अच्छा है कि; **~-appointed,** सुसज्जित; **~-assorted,** सुवर्गित; **~-balanced,** 1. सन्तुलित; 2. (*sensible*) समझदार; **~-behaved,** शिष्ट; सुशील; **~-being,** तन्दुरुस्ती*; कल्याण; **~-born,** कुलीन; **~-bred,** 1. शिष्ट, सुशील; 2. (*of horses etc.*) नसलदार; **~-con-ditioned,** 1. (*of a person*) शान्तस्वभाव; 2. अच्छी हालत* में; **~-connected,** कुलीन; **~-deve-loped,** पूर्णविकसित; **~-disposed,** अनुकूल; **~-educated,** सुशिक्षित; **~-favoured,** सुन्दर; **~-informed,** बहुश्रुत; **~-intentioned, ~-meaning,** सदाशय, नेकनीयत; **~-knit,** सुगठित; **~-known,** सुप्रसिद्ध; **~-mannered,** शिष्ट; **~-meant,** सच्चा, निष्कपट; **~-nigh,** प्राय: क़रीब-क़रीब; **~-off,** सौभाग्यशाली, धनी; **~-oiled,** 1. (*flattering*) चिकना-चुपड़ा; 2. (*tipsy*) गुलाबी नशे में; **~-ordered,** सुव्यवस्थित, सुक्रमित; **~-pleasing,** सुरम्य, मनोहर; **~-proportioned,** सन्तुलित; **~-read,** बहुपठित, बहुश्रुत; **~-reputed,** नेकनाम, सुख्यात; **~-spoken,** 1. सुभाषित, सूक्त; 2. (*courteous*) शिष्ट, मधुरभाषी, सुभाषी; 3. (*refined in speech*) सुभाषी; **~-timed,** समयोचित; **~-to-do,** खुशहाल, धनी; **~-turned,** सुगठित, सुविन्यस्त; **~-wisher,** हितैषी, शुभचिन्तक, शुभेच्छु; **~-worn,** 1. फटा-पुराना, जीर्ण-शीर्ण; 2. (*fig. trite*) घिसा-पिटा।

welsh, welch, ऋण दिये बिना भाग जाना, धोखा देना; (कर्तव्य, दायित्व से) जी चुराना। > वे'ल्श

welt, *n.*, 1. (*border*) किनारा; 2. (*wale*) बद्धी*, साँट*; —*v.*, किनारा लगाना; 2. (*flag*) कोड़ा लगाना। > वे'ल्ट

Weltanschauung, विश्वदृष्टि*, जीवनदर्शन। > वे'ल्ट्-ऐन-शाउ-उन्ग

welter, *v.*, 1. (*wallow*) लोटना; 2. (*be soaked in*) से लथपथ होना; 3. (*fig.*) में डूबा हुआ होना, में मग्न होना; 4. (*rise and fall, toss about*) लहरें मारना, तरंगित या तरंगायित होना; —*n.*, 1. (*medley*) घालमेल; 2. (*muddle*) उलझेड़ा; 3. (*confusion*) अन्ध-व्यवस्था*; 4. (*tumult, turmoil*) हुल्लड़, होहल्ला, हंगामा। > वे'ल्-टॅ

wen, 1. अर्बुद; 2. (*goitre*) घेघा; the great ~, लन्दन। > वे'न

wench, *n.*, 1. (*girl*) तरुणी*, युवती*; —*v.*, 1. व्यभिचार क०; 2. (*with girls*) छोकरीबाज़ी* क०; 3. (*with prostitutes*) रण्डीबाज़ी* क०। > वे'न्च

wend one's way, जाना, चलना; धीरे-धीरे आगे बढ़ना या यात्रा* क०। > वे'न्ड

werewolf, werwolf, भेड़िया-मानव। > विअॅवुल्फ़; वे'अॅवुल्फ़

west, *n.*, पश्चिम, प्रतीची*, पच्छिम, वारुणी*, पश्चिमा*; —*adj.*, 1. पश्चिमी; पश्चिमाभिमुख; 2. (*of the wind*) पछवाँ; —*adv.*, पश्चिम की ओर*; go ~, मर जाना; खतम होना। > वे'स्ट

westering, पश्चिम जानेवाला, हटनेवाला या मुड़नेवाला। > वे'स्‌टॅरिन्ग

westerly, *adj.*, 1. *see* WESTERN; 2. (*facing towards the west*) पश्चिमाभिमुख; 3. (*coming from the west*) पछवाँ; ~ wind, पछवाँ; —*adv.*, पश्चिम की ओर*; —*n.*, *pl.*, पछवाँ हवाएँ*। > वे'स्‌टॅलि

western, *adj.*, पश्चिमी, पाश्चात्य, प्रतीच्य, प्रतीचीन; **~er,** पश्चिम-निवासी; —*n.*, अमरीकी पश्चिम-सम्बन्धी फिल्म* (उपन्यास)। > वे'स्‌टॅन; वे'स्‌टॅर्न

wester/nization, पश्चिमीकरण, पाश्चात्यीकरण; **~nize,** पाश्चात्य (ढंग का) बना देना; पाश्चात्य रंग में रँगना। > वे'स्टॅनाइज़ेशॅन; वे'स्‌टॅनाइज़

westernmost, सुदूर पश्चिम का। > वे'स्‌टॅन्मोस्ट

westing, पश्चिमान्तर। > वे'स्ट्-इन्ग

westward, *adj.*, पश्चिमाभिमुख; *adv.*, (~s), पश्चिम की ओर*; —*n.*, पछाँह। > वे'स्ट्/वॅड, ~वॅड्ज़

wet, *adj.*, 1. गीला, तर, भीगा, आर्द्र, नम; 2. (*drenched*) तर-बतर, शराबोर; 3. (*rainy*) बरसाती; 4. (*sentimental*) भावुक; 5. (*spiritless*) निर्जीव; 6. (*futile*) व्यर्थ; 7. (*allowing use or sale of* *alcohol*) मद्य-, शराबवाला; ~ day, मद्य-दिन; ~ blanket, रंग में भंग करनेवाला, मज़ा किरकिरा करनेवाला; ~ dock, जल-गादी*; —*v.*, 1. भिगोना, गीला क०, तरबोना, तर क०; 2. (*drench*) तर-बतर क०, शराबोर क०; ~ one's whistle, पीना; —*n.*, 1. नमी*, तरी*; 2. (*rainy weather*) बरसाती-मौसम; वर्षा*; 3. (*person lacking spirit*) भीगी बिल्ली। > वे'ट

wether, बधिया मेढ़ा, ख़स्सी भेड़ा। > वे'द्-ॲ

wetness, नमी*, तरी*, गीलापन, आर्द्रता*। > वे'ट्-निस

wet-nurse, *n.*, दूध-पिलाई*, धाय*; *v.*, 1. की दूध-पिलाई* होना; 2. (*coddle*) लाड़-प्यार से परिचर्या* क०। > वे'ट्नॅ:स

wetting, *adj.*, आर्द्रक, क्लेदक; *n.*, क्लेदन। > वे'ट्-इन्ग

whack, *v.*, 1. (लाठी* से) मारना; जोर से मारना; 2. (*defeat*) हरा देना; 3. (*go shares*) (आपस में) बाँटना; **~ up,** तेज़ क०; —*n.*, 1. (लाठी* की) मार*; 2. (*sound*) सड़ाक, सटाक; 3. (*share*) हिस्सा; have a ~ at, 1. (*attempt*) हाथ में लेना; 2. (*attack*) आक्रमण क०। > वैक

whacked, थका-माँदा, चकनाचूर। > वैक्ट

whacker, 1. बहुत बड़ा (आदमी, चीज़*); 2. (*bold lie*) झूठ की पोट*। > वैक्-ॲ

whacking, *n.*, पिटाई*, मार*; *adj.*, बहुत बड़ा। > वैक्-इन्ग

whacko, शाबाश। > वैको

whacky, सनकी। > वैक्-इ

whale, *n.*, ह्वेल*, तिमिंगल; a ~ at, में निपुण, में प्रवीण; —*v.*, ह्वेल* का शिकार क०। > वेल

whalebone, कचकड़, कचकड़ा। > वेल्बोन

whaler, ह्वेल* का शिकार करनेवाला पोत या मनुष्य, ह्वेल-शिकारी। > वेल्-ॲ

whaling, ह्वेल* का शिकार; *adj.*, ह्वेल* का शिकार करनेवाला, ह्वेल-शिकार का। > वेल्-इन्ग

whang, *v.*, ज़ोर से मारना; 2. (*of drums, sound*) ढमकना; —*n.*, सटाक, सड़ाक। > वैन्ग

whangee, चीनी बेंत। > वैन्गी

wharf, *n.*, घाट, जहाज़-घाट; *v.*, 1. घाट लगाना; 2. (*goods*) घाट पर उतारना; 3. घाट पर ठहरना; **~age,** घाट-शुल्क; घाट। > वॉ:फ; वॉ:फ्-इज

wharfinger, घाटवाल, घाटिया। > वॉ:फ़िंजें

what[1], *adj.*, **A.** *Interrogative:* कौन, कौन-सा; कितना, कितने; क्या; **B.** *Exclamation :* कितना बड़ा; कैसा; कितना विलक्षण; कितना (*before adj.*); **C.** *Relative :* जो, जितना (lend me ~ money you can)। > वॉट

what[2], *pronoun,* **A.** *Interrogative :* क्या ?; कितना ?; ~ for, क्यों ?; know ~'s ~, समझदार होना, अनुभवी होना; ~ is that to me, मेरा क्या बिगड़ेगा; **B.** *Relative :* जो; जो कुछ; जितना।

what[3], *exclamation,* क्या!

whatever, जो कुछ; जो भी; कुछ भी; no (doubt ...) ~, कुछ भी (सन्देह…) नहीं; no one ~, कोई भी नहीं। > वॉटे'व्-ॲ

what-for, फटकार*, घुड़की*, डाँट।

what-not, अलमारी*, आलमारी*। > वॉट्नॉट

whatsoever, *see* WHATEVER। > वॉट्सोए'व्-ॲ

wheat, गेहूँ; **~-coloured,** गेहुँआ; **~en,** गेहूँ का; **~meal,** सूजी*। > वीट

wheedle, 1. (*a person*) फुसलाना, लुभाना; झाँसना; 2. (*~ out of*) फुसलाकर या धोखा देकर प्राप्त कर लेना, गाँठ लेना। > वीडॅल

wheedler, झाँसिया। > वीड्-लॅ

wheel, *n.*, 1. पहिया, चक्का, चक्कर, चक्र, चाक; balance ~, संतुलन-चक्र; cog-~, दन्त-चक्र; fly-~, गतिपालक चक्र या पहिया; Fortune's ~, भाग्य-चक्र; potter's ~, चाक; spinning-~, चरखा; steering-~, चालन-चक्का; tread-~, पाँव-चक्की*; ~ map, चक्र-मानचित्र; ~ ore, चक्र-अयस्क; ~ organ, चक्रांग; 2. (*motion*) चक्रगति*, घुमाव (*circular*); कलाबाज़ी* (*cart-wheel*); 3. (*instru-ment of torture*) शिकंजा; 4. (*controlling power*) बागडोर*; नियंत्रण; 5. (*refrain, chorus*) टेक*, स्थायी; break a fly upon a ~, मक्खी* को तोप* से उड़ाना; go on ~s, ठीक तरह* से या सुचारु रूप से चलना; turn of the ~, भाग्य-परिवर्तन; ~s within ~s, गोरधन्धा; —*v.*, 1. (*of troops etc.*) घूमना (*v.i.*); घुमाना (*v.t.*); 2. (*change direction*) मुड़ना (*v.i.*); मोड़ना (*v.t.*); 3. (*a vehicle etc.*) आगे बढ़ना, चलना (*v.i.*); आगे बढ़ाना, ठेलना (*v.t.*); साइकिल* चलाना; 4. (*of birds etc.*) चक्कर काटना। > वील

wheel/barrow, एकपहिया ठेला; **~ chair,** पहियादार कुरसी*; **~ed,** पहियादार; **~wright,** छकड़ा बनानेवाला, बढ़ई।

wheeze, *v.*, घरघर* करते हुए या घरघराहट* के साथ साँस* लेना; —*n.*, 1. घरघराहट*, घरघर*; 2. (*trick, dodge*) चाल*, पैंतरेबाज़ी*, दाँव; 3. (*scheme*) योजना*। > वीज़

wheezy, 1. घरघरानेवाला; 2. (*short of breath*) हँफैल; हाँफता। > वीज़्-इ

whelk, 1. (*shell-fish*) खाद्य शंखमीन; 2. (*pimple*) फुंसी*, पिटिका*। > वे'ल्क

whelm, 1. (*submerge*) डुबो देना; निमग्न कर देना; 2. (*overwhelm*) अभिभूत क०। > वे'ल्म

whelp, *n.*, 1. (*puppy*) पिल्ला, सग-बच्चा; 2. (*cub*) शेर (*lion*) या बाघ (*tiger*) का बच्चा; डाँबरू (*tiger* cub); सिंहशाव (*lion cub*); 3. (*youth*) छोकरा; —*v.*, 1. ब्याना, बच्चा देना; 2. (*originate*) पैदा क०। > वे'ल्प

when, *n.*, समय (*time*); अवसर (*occasion*); तिथि* (*date*); —*pron.*, कब; तब; till ~, कब तक, किस समय तक; from ~, कब से, किस समय से; since ~, तब से; जिस समय से; उस समय से; *adv.*, **A.** *Interro-gative* : कब, कितने बजे, किस समय, किस अवसर पर; कब तक; **B.** *Relative* : जब; जब-जब (*when-ever*); ज्योंहि (*as soon as*); हालाँकि, यद्यपि (*although*); जब कि (*considering that*)। > वे'न

whence, *adv.*, कहाँ से; जहाँ से; जिधर; *pron.*, कहाँ से; जहाँ से; —*n.*, उद्‌गम; ~ comes it that, क्यों; **~soever,** जहाँ कहीं से, जिस किसी जगह* से, जहाँ से भी। > वे'न्स

whenever, जब-जब, जिस-जिस समय। > वे'ने व्‌-ॲ

whensoever, जब भी, जिस समय भी। > वे'न्सोएव्‌-ॲ

where, *n.*, स्थान, जगह*; घटनास्थल; —*pron.*, कहाँ; जहाँ; —*adv.*, **A.** *Interrogative* : कहाँ; कहाँ पर, किस स्थान पर, किस जगह*, किधर, (*in what direction*); **B.** *Relative* : जहाँ। > वे'ॲ

whereabouts, *adv.*, कहाँ? *n.*, पता-ठिकाना। > वे'ॲरॅबाउट्स

whereas, 1. क्योंकि, चूँकि; 2. (*contrast*) जब कि। > वे'ॲर-ऐस

whereat, जिस पर। > व'ॲर्‌-ऐट

whereby, जिससे; कैसे, किस तरह*, किस प्रकार। > वे'ॲरबाइ

wherefore, *adv.*, क्यों, किस कारण, किसलिए; जिस कारण से; —*n.*, कारण। > वे'ॲफ़ॉ:

where/in, किस (बात*) में, किस दृष्टि* से; जिसमें; **~of,** जिसका; **~on,** किसपर; जिसपर; **~soever,** जहाँ कहीं; जहाँ-जहाँ; **~to** क्यों, किसलिए; कहाँ, जिसपर; **~under,** जिसके नीचे; **~unto,** कहाँ; **~upon,** किसपर; जिसपर; तत्पश्चात्, तदनन्तर। > वे'ॲर्‌/इन, ~ऑफ़; ~ऑन; वे'ॲसोए व्‌-ॲ; वे'ॲटू; वे'ॲर्‌/अनुडॅ, ~ॲनटू, ~ॲपॉन

wherever, 1. जहाँ कहीं; 2. (*anywhere*) कहीं भी; 3. कहाँ। > वे'ॲर्‌-ए व्‌-ॲ

wherewith, किससे; जिससे। > वे'ॲ-विथ

wherewithal, *adv.*, किससे; जिससे; *n.*, साधन; सम्पत्ति*। > वे'ॲ-विदॉ:ल

wherry, नौका*, किश्ती*; पनसुइया*। > वे'रि

whet, *v.*, 1. तेज़ क०, पैनाना, टेना, पर सान देना; 2. (*stimulate*) बढ़ाना, तीव्र क०; उत्तेजित क०; —*n.*, 1. सान-धराई*; 2. (*of liquor*) घूँट। > वे'ट

whether, I doubt ~, मुझे संदेह है कि; ~ we live or die, हम चाहे मर जाएँ या जीते रहें; ~ he is here or not, वह यहाँ है कि नहीं, वह यहाँ है या नहीं; ~ or no, बहरहाल। > वे'ॲद्‌-ॲ

whetstone, सान (*large, also turning on an axis*); सिल्ली* (*barber's ~*); गुलेटन (*small and round*)। > वे'ट्स्टोन

whew, 1. (*surprise*) अहो!, ओहो!, अरे!; 2. (*disgust*) छि!, वाह!; 3. (*relief*) ओहो, वाह! > ह्यू = ह्‌वू

whey, तोड़, दही का पानी; **~-faced,** पीला। > वे

which, *adj.*, कौन, कौन-सा; *pron.*, जो; कौन; **~ever, ~soever,** जो कोई, चाहे जो। > विच; विच्‌एव्‌-ॲ; विच्सोए व्‌-ॲ

whiff, *n.*, 1. (*of breath*) फूँक*; साँस*; 2. (*of air, of wind*) झोंका; 3. (*of odour*) गमक*, गंध*; हलकी बदबू*; 4. (*cigar*) छोटा चुरुट; 5. (*inhalation of tobacco*) कश; —*v.*, फूँकना; कश लगा लेना; हलकी बदबू* क०। > विफ़

whiffle, *v.*, 1. (*of wind*) सनसनाना, मन्द-मन्द बहना; बदल जाना; बदलता रहना; 2. (*of ship; drift*) बह जाना; 3. (*of flame; flicker*) टिमटिमाना; 4. (*flutter*) हिलना-डुलना; 5. (*of thoughts, wander*) भटकना, अस्थिर होना; 6. (*v.t., scatter*) छितरा देना; उड़ा देना; 7. (*vacillate*) हीला-हवाला क०, आगा-पीछा क०; —*n.*, झोंका। > विफ़ॅल

while, *n.*, समय, देर*, अरसा; in a little ~, जल्दी, कुछ ही देर* में; once in a ~, कभी-कभार, कभी-कभी; a long ~ ago, बहुत पहले; worth one's ~, लाभकर, लाभदायक; —*v.*, बिताना, काटना, गुज़ारना; —*conjunction*, 1. जब तक; जब; 2. (*whereas*) जब कि; 3. (*although*) यद्यपि, हालाँकि। > वाइल

whilom, पहले। > वाइलॅम

whilst, जब तक; जब। > वाइल्स्ट

whim, तरंग*, लहर*, मौज*, सनक*, झक*। > विम

whimper, *v.*, पिनपिनाना, ठिनकना, ठुनकना, बिसूरना; —*n.*, पिनपिनाहट*। > विम्पॅ

whimsical, 1. (*capricious*) मनमौजी, मौजी, तरंगी; 2. (*eccentric*) झक्की, सनकी; 3. (*fantastic, freakish*) अनोखा, अनूठा, निराला; ऊटपटांग, बेतुका। > विम्‌-ज़िकॅल

whimsy, सनक*, झक*, अनोखी चीज़*। > विम्‌-ज़ि

whin, भटकटैया*, कँटेरी*। > विन

whine, *v.*, 1. रिरियाना, चीखना; चिल्लाना; रोना-चिल्लाना; 2. (*complain peevishly*) झीखना, झीकना; —*n.*, चिल्लपों*, चीख*, चीक*, चिल्लाहट*; झीख*, झीखना। > वाइन

whinger, खंजर। > विन्-ॲ

whinny, *v.*, हिनहिनाना, हींसना, हिनकना, हिंकरना; —*n.*, हिनहिनाहट*, हिनक*। > विन्-इ

whinstone, ह्विन-शैल। > विन्स्टोन

whip, *n.*, चाबुक, कोड़ा, हंटर, साँटा, कशा*; 2. (*blow*) कशाघात; 3. (*coachman*) कोचवान; 4. (*of political party*) सचेतक, चेतक, ह्विप; 5. (*pulley*) घिरनी*; 6. (*confection*) मिठाई*; have the ~ hand, नियंत्रण हाथ में होना, मालिक होना; —*v.*, 1. चाबुक मारना; कोड़े लगाना; 2. (*beat into a froth*) फेंटना; 3. (*bind over with twine*) पर सुतली* लपेटकर बाँधना; 4. (*sew over*) तुरपना; 5. (*vanquish*) परास्त क०, मात कर देना; 6. (*move quickly*) झपटना, लपकना; **~ off,** छीन लेना, झपट लेना; पी डालना; **~on,** चाबुक मार कर उत्तेजित क०, भड़काना; **~out,** झटके से खींचना या निकालना; लपक कर भाग जाना या बाहर जाना; कह डालना, बघारना; **~ round,** झपटकर या तेज़ी* से घूम जाना; **~ up,** प्रेरित क०, प्रेरणा* देना; उत्तेजित क०, भड़काना; एकत्र क०, जमा क०; छीनना; फेंटना; जल्दी* से तैयार क०। > विप

whipcord, कसकर बटा हुआ डोरा। > विप्कॉ:ड

whipper-snapper, 1. छोकरा, ढीठ बच्चा; 2. (*insignificant officious person*) छुटभैया। > विपॅस्नैपॅ

whippet, 1. छरहरा कुत्ता; 2. (*tank*) छोटा तेज़ टैंक। > विप्-इट

whipping, 1. कोड़ों की मार*; 2. करारी हार*; 3. (*oversewing*) तुरपन*; **~-boy,** बलि का बकरा; **~-post,** टिकठी*; **~-top,** लट्टू। > विप्-इन्ग

whippy, 1. (*slender*) छरहरा; 2. (*flexible*) लचीला; 3. (*nimble*) फुरतीला। > विप्-इ

whip-round, चन्दे की अपील*। > विप्राउन्ड

whip-saw, चौखटा-आरा। > विप्सॉ:

whipster, छोटा बच्चा; छोकरा। > विप्स्टॅ

whirl, 1. (*spin round*) तेज़ी* से घूमना (*v.i.*) या घुमाना (*v.t.*); वेग से चक्कर खाना (*v.i.*) या खिलाना (*v.t.*); 2. तेज़ी* से चलना या चला जाना; 3. (*throw*) चलाना, छोड़ना; 4. (*be giddy*) को चक्कर आना; 5. (*be confused*) घबरा जाना; —*n.*, 1. घुमाव, घूर्णन; 2. (*swift movement*) झपट*, लपक*; 3. (*hurry*) हड़बड़ी*; 4. (*bewilderment*) घबराहट*; सम्भ्रम; चक्कर। > वॅ:ल

whirligig, 1. लट्टू; 2. (*merry-go-round*) चक्रदोला; 3. (*beetle*) जलभौंरा; 4. (*revolving motion*) चक्कर; ~ of time, भाग्य-चक्र, काल-चक्र, समय का फेर। > वॅ:ल्-इगिग

whirlpool, भँवर, जलावर्त। > वॅ:ल्पूल

whirlwind, वातावर्त, बवण्डर, चक्रवात, बगूला। > वॅ:ल्-विन्ड

whirr, *v.*, 1. (*of reel etc.*) खरखराना, खर्राना; 2. (*of wings etc.*) फरफराना; 3. (*buzz*) भनभनाना; —*n.*, खरखराहट*; फरफर; भनभनाहट*। > वॅ:

whisht, चुप। > विश्ट

whisk, *n.*, 1. (*to flap flies, etc., away*) चँवर, चामर; झाड़ू; 2. (*brush*) कूँचा; 3. (*utensil*) फेंटनी*, रई*; 4. (*movement*) झटका; —*v.*, 1. (*remove swiftly and lightly*) फुरती* से उठा ले जाना; 2. (*flap away*) झाड़ना; उड़ा देना (*flies*); 3. (*brandish lightly, swing*) झाड़ना, घुमाना; 4. (*convey quickly*) जल्दी या झट से ले जाना; 5. (*move briskly*) तेज़ी* से चला जाना, भाग जाना या छिप जाना; 6. (*eggs*) फेंटना। > विस्क

whisker, 1. (*of animals*) मूँछ*; 2. (*also pl.*) मूँछ* (*moustache*); गलमुच्छा (*side-whiskers*); दाढ़ी* (*beard*); **~ed,** मुच्छल। > विस्कॅ; विस्कॅज़

whiskey, whisky, ह्विस्की*। > विस्-कि

whisper, 1. (*sound*) फुसफुस*, फुसफुसाहट*; मरमराहट* (*murmuring*); सरसराहट* (*rustling*); 2. (*conversation; also fig.*) कानाफूसी*, खुसुरफुसुर*, कानाबाती*, सरगोशी*; —*v.*, फुसफुसाना; मरमराना; सरसराना; कानाफूसी* क०; **~er,** कनफुसका। > विस्पॅ; ~ रॅ

whispering, फुसफुसाहट*; कानाफूसी*, सरगोशी*; **~-gallery,** मरमरश्रावी गैलरी*; **~ly,** खुसुरफुसुर। > विस्पॅरिन्ग

whist, *int.*, चुप; *n.*, ह्विस्ट। > विस्ट

whistle, *v.*, 1. (*of person, steam-engine, etc.*) सीटी* बजाना; सीटी* देना; 2. (*of birds*) बोलना, चहचहाना, 3. (*of bullets, wind, etc.*) सनसनाना; **~up,** सीटी* देकर बुलाना; बुला भेजना; let one go ~, की उपेक्षा क०*; ~ for, बेकार चाहना; —*n.*, 1. (*instrument; sound*); सीटी*; 2. (*throat*) गला; **~r,** सीटीबाज़; **~-stop,** छोटा स्टेशन। > विसॅल

whit, लवलेश, अल्पमात्रा*, रत्ती* भर; not a ~, no ~, बिलकुल नहीं; every ~, हर भाँति*। > विट

Whit Sunday, पेन्तेकोस्त, पंचाशती*। > विट सॅन्-डि

white, *n.*, 1. (*colour*) सफ़ेद रंग; 2. (*person*) गोरा; 3. सफ़ेद कपड़ा; 4. (*of egg eye*) सफ़ेदी*; 5. (*pl. leucorrhoea*) श्वेत प्रदर; —*adj.*, 1. सफेद, श्वेत, चिट्टा, शुभ्र; 2. (*of paper; blank*) कोरा; 3. (*pale*) पीला, विवर्ण; 4. (*transparent*) पारदर्शक; 5. (*having ~ skin*) गोरा; 6. (*honest*) ईमानदार, सच्चा; 7. (*pure*) शुद्ध, पवित्र; निष्कलंक, निर्दोष; 8. (*harmless*) अहानिकर; अनपकारी; bleed ~, ग़रीब कर देना; show the ~ feather, डर जाना; **~ alloy,** (सस्ती) नकली चाँदी*; ~ant, दीमक*; ~ bear, सफ़ेद आलू; ~ coal, जल-शक्ति*; ~ corpuscule, श्वेताणु;

~ elephant, सफ़ेद हाथी; W-Friar, दोमिनिकी; ~ hands, निर्दोषता*; ~ heat, 1. श्वेत ताप; 2. (*intense passion*) तीव्र आवेग, तीव्र उत्तेजना*; ~ horses, झागदार लहरें*; ~ lead, सफ़ेदा; ~ lie, निर्दोष झूठ; ~ light रंगहीन प्रकाश; ~ man, 1. गोरा; 2. (*fig.*) सच्चा, ईमानदार, आदमी; ~ night, विनिद्र रात्रि*; ~ paper, श्वेत पत्र; ~ vitriol, ज़िन्क सल्फ़ेट; ~ slave, बहकाई हुई युवती*; ~ war, रक्तपातहीन युद्ध। > वाइट

white/-caps, झागदार लहरें*; **~-collar,** सफ़ेदपोश; **~-handed,** निर्दोष, निरपराध; **~-haired,** पलित-केशी, श्वेतकेशी; **~-hot,** श्वेत-तप्त; **~-livered,** डरपोक, कायर।

whiten, 1. सफ़ेद क० या हो जाना; 2. *see* WHITE-WASH (*also fig.*); 3. (*bleach*) विरंजित क० > वाइटॅन

whiteness, सफ़ेदी*, श्वेतता*; गौरता*, गोरापन। > वाइट्-निस

whitesmith, कलईगर। > वाइट्-स्मिथ

whitewash, *n.*, 1. पुताई*, सफ़ेदी*, कलई*; 2. (*fig.*) कलई*; —*v.*, 1. पुताई* क०; 2. (*fig.*) पर लीपा-पोती* क०; छिपाना, कम क०; सफ़ाई* देना; निर्दोष ठहराना। > वाइट्वॉश

whither, *adv.*, कहाँ, किधर; जहाँ, जिधर; जहाँ कहीं; —*n.*, गन्तव्य स्थान; **~soever,** जहाँ कहीं; **~ward,** जिधर; किधर। > विद्-ऑ; विदॅसोए'व्-ऑ; विदॅवॅड

whiting, खड़िया मिट्टी*। > वाइट्-इन्ग

whitish, सफ़ेद-सा। > वाइट्-इश

whitlow, गलका। > विट्लो

whittle, 1. छीलना; काटना; 2. (*reduce gradually*) कम कर देना; धीरे-धीरे घटाना। > विटॅल

whity, सफ़ेद-सा। > वाइट्-इ

whizz, *v.*, सनसनाना; *n.*, सनसनाहट*। > विज़

who, कौन; जो; Who's Who, जीवनीवार्षिकी*। > हू

whoa, रुको! > वो

whodu(n)nit, जासूसी उपन्यास। > हूडॅनिट

whoever, जो कोई, जो भी। > हू-ए'व्-ऑ

whole, *n.*, 1. (*totality*) समष्टि*; 2. (*total amount*) कुल योग, कुल जोड़, सर्वयोग; 3. (*all there is of something*) the ~ of (morality...), सम्पूर्ण (नैतिकता*...); 4. (*entirely*) साकल्य, सम्पूर्णता, समग्रता*; 5. (*thing complete in itself*) सम्पूर्ण इकाई*; on the ~, कुल मिलाकर, सब मिलाकर; —*adj.*, 1. (*entire*) सम्पूर्ण, समस्त; समग्र, पूर्ण, सारा, पूरा; 2. (*unbroken*) पूरा, समूचा, अखण्ड; 3. (*intact*) अविकल, अक्षुण्ण, अखण्ड; 4. (*healthy*) तन्दुरुस्त, भला-चंगा; ~ number, पूर्णांक। > होल

whole/-coloured, एकरंग, एकरंगा; **~-hearted,** सच्चा; हार्दिक; एकनिष्ठ, अनन्य; **~-heartedly,** पूरे मन से, जी से, जी-जान* से, **~-hoofed,** सुमदार; **~-hogger,** उत्साही समर्थक; अन्धभक्त; अतिवादी; **~-length,** पूरा-पूरा, आपादमस्तक।

wholeness, सम्पूर्णता*; अखण्डता*। > होल्-निस

whole/sale, *n.*, थोक; *adj.*, 1. थोक का; 2. (*indis-criminate*) अन्धाधुन्ध; 3. (*unlimited*) अपरिचित; —*adv.*, थोक भाव से; अन्धाधुन्ध; बड़े पैमाने पर; **~saler,** थोकदार। > होल्सेल; होल्सेलॅ

wholesome, 1. (*of food*) पुष्टिकर, पौष्टिक; 2. (*in good condition*) दुरुस्त; 3. (*beneficial*) हितकर, हितकारी; 4. (*salubrious*) स्वास्थ्यकर, स्वास्थ्यवर्धक, पथ्य। > होल्सॅम

whole-time, पूर्णकालिक। > होल्टाइम

wholly, पूर्णतया, पूर्ण रूप से; बिलकुल, निपट, सर्वथा, सरासर। > होल्-लि

whoop, *v.*, 1. हुंकारना, चिल्लाना; 2. (*cough*) खों-खों क०, खाँकना, खाँय-खाँय* क०; —*n.*, हुंकार। > हूप

whoopee, अहा; make~, रँगरलियाँ* मनाना। > वूपी

whooper, राजहंस। > हूप्-ऑ

whooping-cough, कुकुरखाँसी*, कुकास, ढाँसी*। > हूप्-इन्ग्-कॉफ़

whop, 1. (*thrash*) खूब पीटना, खूब मारना; 2. (*defeat*) हरा देना, मात कर देना, पराजित क०; **~per,** 1. (*something huge*) बहुत बड़ी (चीज़*); 2. (*~ping lie*) झूठ की पोट*; **~ping,** बहुत बड़ा। > वॉप; वॉप्/ऑ, ~इन्ग

whore, *n.*, रण्डी*, वेश्या*; *v.*, रण्डीबाज़ी* क०, व्यभिचार क०; **~dom,** वेश्यावृत्ति*; **~monger,** रण्डीबाज़। > हॉ:

whoring, 1. (*prostitution*) वेश्यावृत्ति*; 2. (*keeping company with whores*) रण्डीबाज़ी*, वेश्यागमन। > हॉ:र्-इन्ग

whorish, लुच्चा, लम्पट। > हॉ:र्-इश

whorl, चक्कर; **~ed,** चक्करदार। > वें:ल

whosoever, जो कोई, जो भी। > हू-सो-ए'व्-ऑ

why, *adv.*, क्यों, किस कारण (से), किस लिए, काहे को, किस आधार पर; जिस कारण से, जिन कारणों से; जिस लिए; —*n.*, कारण, वजह*; —*interj.*, क्यों! > वाइ

wick, बत्ती*, बाती*, वर्तिका*, वर्ती*, पलीता। > विक

wicked, 1. (*sinful*) दुष्ट, पापी, बुरा; दुश्चरित्र, चरित्रहीन, भ्रष्ट; 2. (*unjust*) अन्यायपूर्ण, अन्याय; अनैतिक; 3. (*spiteful*) द्वेषपूर्ण; निर्दय; 4. (*ill-tempered*) बद-मिज़ाज; 5. (*of animal*) दुर्दम्य (*uncontrollable*); कटखना (*likely to bite*); 6. (*mischievous*) नटखट, शरारती; **~ness,**

दुष्टता*; बुराई*; अन्याय; द्वेषपूर्णता*; नटखटपन, शरारत*। > विक्-इड

wicker, लचीली टहनी*, तीली*, खपची*; ~ basket, टोकरा, टोकरी*। > विक्-ॲ

wicket, 1. (*cricket*) विकेट; 2. (*half door*) आधा दरवाज़ा; 3. (*small gate*) छोटा फाटक; छोटा दरवाज़ा, दरीजा; 4. (*turnstile*) विकेटडोर, चक्रद्वार; 5. (*aper-ture in wall or door*) खिड़की*। > विक्-इटे

wide, 1. (*broad*) चौड़ा; प्रशस्त (*of a road*); 2. (*extensive*) विस्तृत, विस्तीर्ण, सुविस्तृत; व्यापक (*far-reaching*); 3. (*spacious*) लम्बा-चौड़ा, विशाल; 4. (*large*) बड़ा, वृहत्; 5. (*of clothes, not tight*) ढीला; 6. (*liberal*) उदार; 7. (*general*) सामान्य; 8. (*un-prejudiced*) निष्पक्ष; 9. (*cunning, crafty*) धूर्त, चालाक; 10. (*amoral*) निर्नैतिक; 11. (~ *open*) पूरा-पूरा खुला; ~ fame, सुप्रसिद्धि*, सुविख्याति*; ~ margin, पर्याप्त गुंजाइश*; —*adv.*, दूर तक; पूरा-पूरा, पूरी तरह* से, पूर्ण रूप से; दूर-दूर; ~ awake, सचेत, चौकन्ना, चौकस, होशियार; सतर्क; ~ of the mark, लक्ष्य से दूर, दूर-दूर; बिलकुल ग़लत, असंगत; to the ~, पूर्णतया, निहायत, निपट, सर्वथा। > वाइड

widely, दूर तक; व्यापक रूप से; दूरी* पर; भरपूर, पर्याप्त मात्रा* में; ~ known, सुप्रसिद्ध; ~ spaced, दीर्घान्तराली। > वाइड्-लि

widen, चौड़ाना, चौड़ा क०, बढ़ाना, फैलाना; चौड़ा हो जाना, बढ़ना, फैलना। > वाइडॅन

widespread, व्यापक, दूर तक फैला हुआ। > वाइड्स्प्रे'ड

widgeon, पतेरा। > विजॅन

widow, *n.*, विधवा*, बेवा*, राँड*; —*v.*, 1. विधवा* बना देना; विधुर बना देना; 2. (*deprive*) से वंचित क०; **~er,** विधुर, रँडुवा; **~hood,** वैधव्य, बेवापन, रँडापा, विधवापन। > विडो; विडो-ॲ; विडोहुड

width, 1. चौड़ाई*; विस्तृति*, विस्तार; 2. (*of views etc.*) उदारता*। > विड्थ

wield, 1. (*handle*) चलाना; सँभालना, रखना; 2. (*use*) काम में लाना; 3. (*control*) नियंत्रित क०; ~ the sceptre, शासन क०। > वील्ड

wife, पत्नी*, भार्या*, सहधर्मिणी*, स्त्री* (*also woman*), जोरू*, गृहिणी*; take to ~, से विवाह क०; old wives' tale, अन्धविश्वास; **~hood,** पत्नीत्व; **~ly,** पत्नीसुलभ; **~-ridden,** स्त्रैण, जोरू* का गुलाम। > वाइफ़

wig, बालों की टोपी। > विग

wigging, फटकार*, झिड़की*, डाँट। > विग्-इना

wiggle, हिलना-डुलना; हिलाना-डुलाना। > विगॅल

wight, व्यक्ति, प्राणी। > वाइट

wigwam, (अमरीकी आदिवासियों की) झोंपड़ी*। > विग्वैम

wild, *n.*, ऊसर (*desert*); उजाड़ (*desolate land*); बंजर भूमि* (*waste land*); बीहड़ (*rugged country*); —*adj.*, अन्धाधुन्ध; बेतहाशा; —*adj.*, 1. (*not domesticated*) जंगली, वहशी, वन्य बनैला; 2. (*of animals, easily shying*) भड़कैल; 3. (*of plants, not cultivated*) जंगली, वन-, वन्य; 4. (*of land*) उजाड़, बंजर, बीहड़; 5. (*of people, tribes, etc.*) वन्य, वहशी, जंगली (*savage*); हिंस्र (*fierce*); जंगली, असभ्य (*uncivilized*); 6. (*undisciplined*) बेलगाम, निरंकुश, उच्छृंखल, अनियंत्रित, उद्दण्ड, उद्दाम; run ~, खूब फैल जाना; बेलगाम बनना; निरंकुश बनना; 7. (*dissipated*) दुराचारी, भ्रष्ट, चरित्रहीन; 8. (*dis-ordered*) अस्तव्यस्त; 9. (*boisterous*) ऊधमी; 10. (*of weather*) तूफ़ानी; 11. (*violent*) प्रचण्ड, भीषण, तेज़, तीव्र; 12. (*intensely excited*) अत्युत्तेजित, व्यग्र, अत्युत्सुक; ~ about, का परम शौक़ीन; का अन्धभक्त (*a person*); 13. (*demented*) विक्षिप्त, दीवाना, सनकी, पागल; 14. (*angry*) आग-बबूला, क्रोधोन्मत्त; 15. (*erratic*) अन्धाधुन्ध (*also of a shot*); अटकल-पच्चू, ऊटपटाँग; अलक्ष्यबद्ध, भ्रष्ट-लक्ष्य (*of a shot*); 16. (*rash, ill-considered*) अविवेचित; 17. (*visionary*) ख़याली, अव्यावहारिक (*unpractical*); ~ almond, जंगली बादाम; ~ beast, बनचर, ~ ass, गोरख़र; ~ buffalo, अरना; ~basil, बन-तुलसी*; बर्बरी*; ~ plum, झड़बेर; ~rose, कठगुलाब। > वाइल्ड

wildcat, *n.*, बनबिलाव; *adj.*, 1. (*unsound*) जोखिमी; 2. (*of strike*) अनधिकृत। > वाइल्ड्कैट

wilderness, उजाड़; ऊसर (*desert*); बंजर भूमि* (*waste land*); बीहड़ (*rugged country*); voice in the ~, अरण्यरोदन; in the ~, 1. अपदस्थ; 2. (*in exile*) निर्वासित; a ~ of, असंख्य। > विल्डॅनिस

wildfire, 1. (*destructive fire*) अग्निकाण्ड, अवदाह; दावानल (*of the forest*); 2. (*summer lightning*) चद्दरी बिजली*; 3. (*will-o'-the-wisp*) छलावा; 4. (*highly inflammable substance*) अतिज्वलनशील पदार्थ; like ~, बड़ी तेज़ी* से। > वाइल्ड्-फ़ाइ-ॲ

wild-goose chase, निरर्थक परिश्रम, व्यर्थ का उद्योग। > वाइल्ड्गूस

wildly, अन्धाधुन्ध; बेतहाशा। > वाइल्ड्-लि

wile, *n.*, 1. (*ruse*) चाल*, छल-कपट, छल-बल, चालाकी*, दाँव-पेच, युक्ति*; 2. (*pl. cajolery*) फुसलाहट*; —*v.*, फुसलाना, लुभाना; बहकाना; ~ away the time, सुखपूर्वक समय बिताना। > वाइल

wilful, 1. (*obstinate*) जिद्दी, हठीला, हठधर्मी, दुराग्रही; 2. (*premeditated*) जानबूझकर किया हुआ,

ज्ञानकृत; पूर्वविमर्शित; **~ly,** जानबूझकर; **~ness,** ज़िद*, हठ, दुराग्रह; अभिप्राय। > विलफ़ुल

wiliness, धूर्तता*, चालाकी*। > वाइल्-इ-निस

will, *v.*, **A.** (*auxiliary*) भविष्य-सूचक; आग्रह (*insis-tence*), संकल्प (*determination*), अभिप्राय (*inten-tion*) या आदत* (*habit*) सूचित कर सकता है; **B.** 1. चाहना; पसन्द क०; 2. इच्छा* होना; संकल्प होना; 3. (*bequeath by will*) वसीयत* क०; वसीयत* में देना; 4. (*ordain, decree*) आदेश देना; निर्णय क०; 5. (*influence*) प्रभावित क०; 6. (*intend*) इरादा होना; —*n.*, 1. (*power of willing*) इच्छाशक्ति*, संकल्पशक्ति*; 2. (*volition*) संकल्प व्यापार; 3. (*moral fibre*) चरित्रबल, संकल्प, दृढ़ता*; 4. (*wish*) इच्छा*, चाह*, मनोरथ; 5. (*desire*) अभिलाषा*, कामना*, आकांक्षा*, 6. (*intention*) इरादा, अभिप्राय; 7. (*deter-mination*) संकल्प; 8. (*preference, choice*) पसन्द*; 9. (*disposition*) good ~, सद्भाव; ill ~, दुर्भाव; 10. (*arbitrary discretion*) मरज़ी*; at ~, इच्छानुसार; जब जी चाहे; 11. (*testament*) वसीयत-नामा, दित्सापात्र; of my own free ~, स्वेच्छया; where there's a ~, there's a way, जहाँ चाह* तहाँ राह*; with a ~, जी-जान* से। > विल

willies, घबराहट*, छटपटी*; get the ~, बहुत अधिक घबरा जाना। > विल्-इज़

willing, 1. (*eager*) तत्पर; इच्छुक, उत्सुक; तैयार (*ready*); 2. (*co-operative*) सहयोगशील; 3. (*volun-tary; of co-operation*) स्वैच्छिक, तत्पर, सहर्ष प्रस्तुत; **~ly,** खुशी* से, स्वेच्छा* से, स्वेच्छया, सहर्ष; **~ness,** उत्सुकता*, तत्परता*; सहयोगशीलता*। > विल्-इन्ग

will-o'-the-wisp, 1. छलावा; 2. (*something unreliable*) बालू की भीत*; 3. (*elusive*) पकड़* में न आनेवाला व्यक्ति (*someone*) या चीज़* (*thing*)। > विलॅदॅविस्प

willow, *n.*, 1. (*tree*) भिसा; weeping ~, बेदमजनूँ; 2. (*cricket-bat*) बल्ला; —*v.*, घुनना; **~y,** छरहरा। > विलो

will-power, संकल्प-शक्ति*; आत्मसंयम। > विल्-पाउ-ॲ

willy-nilly, ख़्वाहमख़्वाह, ज़बरदस्ती। > विलिनिल्-इ

wilt, 1. (*of plants*) मुरझाना, मुरझा जाना, कुम्हलाना, सूख जाना; मुरझा देना; 2. (*fig.*) मुरझाना, कुम्हलाना, शिथिल या निस्तेज पड़ जाना, घुलना। > विल्ट

wily, धूर्त, चालाक। > वाइल्-इ

wimble, बरमा। > विम्बॅल

wimple, *n.*, शिरोवस्त्र; *v.*, 1. (*cover*) ढक लेना; 2. (*lay in folds*) चुनना; 3. (*ripple*) लहराना। > विम्पॅल

win, *n.*, जीत*, विजय*; —*v.*, 1. (*obtain in a contest*) जीतना, जीत लेना; 2. (*obtain*) प्राप्त क०, पाना, हासिल क०; 3. तक पहुँचना; 4. (*be victorious*) विजय* पाना, विजयी होना, जीत जाना; 5. (*be successful*) सफल होना, सफलता* प्राप्त क०; 6. (*~ over; persuade*) मना लेना, समझाना, राज़ी कर लेना; क़ायल क०; मित्र बना लेना; 7. (*attract*) आकर्षित क०, प्रभाव डालना; मोह लेना, मोहित क०; ~ through, ~ out, विजय* पाना, पार क०, सफल होना; ~ hands down, आसानी* से जीत जाना; ~ the day, मैदान मारना; one's spurs. विशिष्टता* प्राप्त क०, ख्याति* प्राप्त क०, नाम कमाना। > विन

wince, *v.*, 1. सिकुड़ जाना; चौंक जाना; 2. (*recoil, shrink back*) झिझकना, हिचकना, हिचकिचाना, पीछे हटना; कतराना; —*n.*, चौंक*, कँपकँपी; झिझक*, हिचक। > विन्स

winch, *n.*, विन्च; *v.*, विन्च से उठाना। > विन्च

Winchester, राइफ़ल*; बड़ी बोतल*। > विन्-चिस्-टॅ

wind¹, *n.*, 1. (*of road*) घुमाव, मोड़; 2. (*single turn*) फेर; —*v.*, 1. (*turn*) घूमना; 2. (*meander*) टेढ़े-मेढ़े चलना; घूमते-फिरते आगे बढ़ना; 3. (*insinuate oneself*) धीरे-धीरे अपने लिए स्थान बना लेना; 4. (*twine around*) लिपटना (*of plant*); कुण्डली* मारना (*of snake*); —*v.t.*, 1. (*~around*) लपेटना; 2. (*embrace*) लिपटाना, गले लगाना; 3. (*hoist*) उठाना; 4. (*~ up, a watch*) चाबी* देना, कूकना; 5. (*wool etc.*) लपेटना, समेटना, गोली* (*ball*) या लच्छी* (*coil*) बनाना; 6. (*a ship*) फेरना; **~ up,** 1. (*coil up*) लपेटना; 2. (*tighten*) कसना; 3. (*tighten up*) कड़ा क०; —oneself, तैयार हो जाना; 4. (*sum up*) समापन क०, समाहार क०, संक्षिप्त विवरण देना, सार प्रस्तुत क०; 5. (*liquidate*) परिसमाप्त क०; 6. (*a watch*) चाबी* देना, कूकना, कुंजी* देना। > वाइन्ड

wind², *n.*, 1. पवन, वात, हवा*, बयार*, वायु*, बाद, मरुत्, अनिल; समीर (*breeze*); झंझा* (*gale*); 2. (*air*) वायु*, हवा*, वात; 3. (*air-current*) वायु-प्रवाह; 4. (*breath*) साँस*, श्वास; दम (*also fig.*); 5. (*flatua-lence*) बादी*, बाई*; अफरा; 6. (*cardinal point*) दिग्विन्दु; the four ~s, चतुर्दिक; 7. (*indication*) गंध*, संकेत, भनक* (*rumour*); get ~ of, को पता चलना, पता लगाना; take (get) ~, भनक* पड़ जाना, अफ़वाह* होना; 8. (*mere empty words*) आँयँ-बाँयँ, अनाप-शनाप, अल्लम-गल्लम; following ~, अनुकूल ~; head ~, प्रतिकूल ~; hot ~, लू*; like the ~, बड़ी तेज़ी* से; down the ~, हवा* के रुख; up the ~, हवा* के खिलाफ; in the ~, होने को; there is something in the ~, चोरी-छिपे तैयारी* हो रही है; put the ~ up someone, डरा देना, भयभीत क०; have (get) the ~ up, डर जाना; raise the ~, रुपये का प्रबन्ध क०; find out how the ~ blows (lies), परिस्थिति* का पता लगाना; लोकमत का पता लगाना; sail close to the ~, अश्लीलता* (बेईमानी*) की सीमा* तक पहुँचना; take the ~ out of one's sail, मात कर देना; —*v.*, 1. (*sound by blowing*) बजाना; 2. (*detect presence*) की गंध* का पता चलना, की गंध* पा लेना; 3. (*make breathless*) दम फुलाना, दम चढ़ाना; 4. (*allow horse to recover breath*) साँस* लेने देना; 5. (*breathe*) दम लेना, साँस* लेना। > विन्ड

windage, 1. (*play, scope*) गुंजाइश*; 2. (*influence of wind on projectile*) पवनान्तर। > विन्-डिज

windbag, बातूनी। > विन्ड्बैग

wind/-blown, ~-borne, वातोढ़। > विन्ड्/ब्लोन, ~बॉ:न

wind-bound, पवन-बाधित। > विन्ड्बाउन्ड

wind-break, घेरा, बाड़ा। > विन्ड्ब्रेक

wind-broken, शेरदम, हँफैल। > विन्ड्ब्रोकॅन

wind-chest, वायु-कोष्ठ। > विन्ड्चे'स्ट

wind-colic, वात-शूल। > विन्ड्कॉलिक

winded, दम फूलना, हाँफना। > विन्-डिड

wind-egg, खाकी अण्डा। > विन्ड्-ए'ग

windfall, 1. हवा* से गिरा फल; 2. (*fig.*) अप्रत्याशित लाभ; 3. (*legacy*) रिक्थ। > विन्ड्फ़ॉ:ल

wind/-furnace, पवन-भट्ठी*; **~-gall,** बैज़ा; **~-gauge,** पवन-मापी। > विन्ड/फ़ॅ:निस, ~गॉ:ल, ~गेज

windhover, खेरमुतिया*। > विन्ड्हावॅ

winding, *adj.*, 1. घुमावदार; पेचदार; 2. (*rambling*) लम्बा-चौड़ा, असंबद्ध; —*n.*, 1. (*action*) लपेटन, कुण्डलन; घुमाव; 2. (*meandering*) विसर्पण; 3. (*crooked ways*) चालबाजी*, छल-कपट; 4. (*turn, bent*) घुमाव, मोड़; **~-sheet,** कफ़न; **~-up,** समापन। > वाइन्ड्-इन्ग

wind-instrument, सुषिर वाद्य।

wind-jammer, बड़ी पाल-नाव*। > विन्ड्जैमॅ

windlass, बेलन-चरखा। > विन्ड्लॅस

windmill, पवन-चक्की*। > विन्ड्-मिल

window, 1. खिड़की*, गवाक्ष, झरोखा, वातायन, दरीचा; 2. (*of envelope*) दरीचा; **~-dressing,** प्रदर्शन-कला*; **~ed,** खिड़कीदार। > विन्डो

windpipe, श्वासनली*। > विन्ड्पाइप

wind-screen, हवा-रोक शीशा। > विन्ड्-स्क्रीन

wind-storm, आँधी*। > विन्ड्-स्टॉ:म

wind-sucker, हवा* पीनेवाला। > विन्ड्सॅकॅ

wind-up, 1. समापन; 2. (*end*) समाप्ति*, अन्त। > वाइन्ड्-ॲप

windward, पवनाभिमुख, प्रतिवात। > विन्ड्वॅड

windy, 1. वातिक, वातर; तूफ़ानी (*stormy*) 2. (*causing flatulence*) वातल; 3. (*flatulent*) वातग्रस्त; 4. (*wordy, verbose*) शब्दाडम्बरपूर्ण, शब्दबहुल; निरर्थक, खोखला (*empty*); 5. (*frightened*) डरा हुआ। > विन्ड्-इ

wine, *n.*, 1. अंगूरी*, अंगूरी शराब*, द्राक्षिरा*, द्राक्षासव; Adam's ~, पानी; 2. (*colour*) गहरा लाल; —*n.*, अंगूरी* पीना या पिलाना; **~bibber,** मद्यप; **~press,** (अंगूर पेरने का) कोल्हू। > वाइन

wing, *n.*, 1. (*of insect, bird*) पंख, पक्ष, पर, डैना; 2. (*of airplane etc.*) पंख; 3. (*a player*) पार्श्व-खिलाड़ी; 4. (*side, flank*) पक्ष, बाजू, पार्श्व; 5. (*of building*) कक्ष, खंड, भाग; 6. (*pl., of stage*) पार्श्वभाग; 7. (*of political party*) उग्र पक्ष; on the ~, उड़ता हुआ; add (lend) ~s to, वेग बढ़ाना; take under one's ~s, आश्रय देना; अपने संरक्षण में लेना; —*v.*, 1. (*fly*) उड़ना; 2. (*send flying*) चलाना; उड़ाना; 3. (*wound*) पंख (*wing*), बाहु* (*arm*) या पैर (*leg*) में गोली* मारना; 4. (*fit wings*) पंख लगाना। > विन्ग

wing/-case, ~-sheath, पक्ष-शल्क; **~-covert,** पक्षावरक; **~ed,** 1. सपक्ष; 2. द्रुतगामी; 3. घायल; 4. (*lofty*) उदात्त; उच्च; **~-footed,** द्रुतगामी; **~less,** पक्षहीन; **~-span, ~-spread,** पंख-विस्तार; **~-tip,** पंख की नोक*।

wink, 1. झपकाना, पलक* मारना, आँखें* मिचकाना; 2. (*of eyes*) झपकना; मुलमुलाना (*blink*); 3. (*twinkle*) टिमटिमाना; **~ at,** 1. आँख* मारना, आँख* मिचकाना, कनखियाना, पलक* मारना; 2. (*pretend not to see*) की ओर* से आँख बन्द क०, अनदेखी* क०, चश्मपोशी* क०; —*n.*, कनखी*, झपक*; इशारा, संकेत (*sign*); forty ~s, झपकी*; tip the ~ to, संकेत क०। > विन्क

winkers, संकेत-दीप। > विन्कॅज़

winkle out, निकालना, निकाल लेना। > विन्‌कॅल

winner, विजेता, विजयी। > विन्-ॲ

winning, 1. विजय*; 2. (*pl.*) जीत* का रुपया; — *adj.*, 1. (*victorious*) विजयी, विजय-मान; 2. (*attractive*) आकर्षक, रमणीय, मनोहर, दिलरुबा; 3. (*captivating*) मोहक; **~-post,** लक्ष्य-स्तंभ। > विन्-इन्ग

winnow, 1. ओसाना, पछोड़ना, फटकना, बरसाना; 2. (*fig.... separate good from bad*) छाँटना; चुनना; **~er,** 1. ओसानेवाला; 2. (*~ing-machine*) ओसाई-मशीन*। > विनो; विनो-ॲ

winnowing, ओसाई*, फटकन*; **~-basket,** सूप, फटकनी*। > विनो-इन्ग

winsome, रमणीय, मनोहर, आकर्षक। > विन्सॅम

winter, *n.*, जाड़ा, शीतकाल, शीतऋतु*; —*adj.*, शीतकालीन; —*v.*, जाड़ा बिताना, जाड़ा काटना; जाड़े

में सुरक्षित रखना; जाड़े में खिलाना; ~ sleep, शीत-निष्क्रियता*, शीतस्वाप, शीतनिद्रा*; **~-solstice,** दक्षिण अयनान्त, मकर-संक्रान्ति*। > विन्टॅ

wintry, 1. (*cold*) ठण्डा, शीत; 2. (*cheerless*) निरानन्द; 3. (*lacking warmth, vivacity*) भावशून्य, शुष्क। > विन्-ट्रि

wipe, *n.*, पोंछन*; प्रहार; *v.*, 1. पोंछना; 2. (*~ away, ~ off, ~ up*) पोंछ डालना; 3. (*obliterate, cancel, ~ away, ~ out*) मिटाना; 4. (*strike*) प्रहार क०, मारना; ~ the floor with, 1. (*in argument*) निरुत्तर कर देना; 2. (*defeat*) मात कर देना; 3. (*rebuke*) फटकारना; **~ out,** मिटा देना, सत्यानाश क०। > वाइप

wire, *n.*, तार (*also telegraphic message*); live ~, गरम (या विद्युन्मय) तार; pull the ~s, गुप्त रूप से नियंत्रित क०; —*v.*, 1. (*provide with ~*) तार लगाना; तार लपेटना; 2. (*fasten with ~*) तार से बाँधना या कसना; 3. (*string on ~*) तार में पिरोना; 4. (*equip with electr. ~s*) बिजली* के तार लगाना; 5. (*telegraph*) तार देना। > वाइअॅ

wire/-cloth, ~-gauze, ~-netting, तार-जाली*; **~-cutter,** तारकट; **~draw,** 1. तार खींचना या बनाना; 2. (*fig.*) बाल की खाल* खींचना या निकालना; **~drawer,** तारकश; **~drawing,** तारकशी; **~drawn,** अतिसूक्ष्म; **~-guage,** तारमापी; **~-haired,** छोटे कड़े बालोंवाला।

wireless, *adj.*, बेतार; *n.*, बेतार, रेडियो; —*v.*, रेडियो द्वारा भेजना या प्रसारित क०; बेतार का तार भेजना। > वाइअॅलिस

wirepuller, सूत्रधार; कुचक्री। > वाइअॅपुल

wire-tapping, तार में जोड़ लगा कर सुनना।

wire-worm, तन्तुकृमि। > वाइअॅवॅ:म

wiring, बिजली* के तार। > वाइअॅर्-इन्ग

wiry, 1. तार का; तार-जैसा; 2. (*of a person*) चीमड़। > वाइअॅर्-इ

wisdom, 1. (*sound judgement*) बुद्धिमानी*, अक्लमंदी*, समझदारी*; 2. (*spiritual*) प्रज्ञा*; 3. (*discretion*) विवेक; **~-tooth,** अकिलदाढ़*। > विज़्डॅम

wise[1], *adj.*, 1. बुद्धिमान, अक्लमन्द, समझदार; 2. (*spiritually*) प्रज्ञ; 3. (*discreet*) विवेकी; 4. (*of actions*) विवेकपूर्ण; 5. (*well-informed*) जानकार; ~ guy, लाल बुझक्कड़; ~ man, जादूगर, टोनहाया; ~ woman, 1. जादूगरनी*, टोनहाई*; 2. (*midwife*) दाई*, धात्री*; ~ saw, सूक्ति*; put ~ to, से सावधान क०; की जानकारी* देना, से अवगत कराना; —*v.*, **~ up,** सूचित क०; चेताना, सावधान क०, सचेत क०; जानकारी* प्राप्त क०। > वाइज़

wise[2], ढंग, प्रकार, रीति*, भाँति*, तरह*। > वाइज़

wiseacre, ज्ञान-दंभी, पण्डितम्मन्य। > वाइज़ेकॅ

wisecrack, *n.*, चुटकुला, लतीफ़ा, नुकता; —*v.*, चुटकुला या नुकता छोड़ना, लतीफ़ा कसना। > वाइज़्क्रैक

wish, *v.*, चाहना, इच्छा* होना या क०; —*n.*, इच्छा*, चाह*, अभिलाषा*, कामना*, आकांक्षा*; best ~es, शुभकामनाएँ*। > विश

wish(ing)-bone, फ़रकुला। > विश्बोन

wishful, इच्छुक, अभिलाषी, आकांक्षी; ~ thinking, इच्छाजनित विश्वास या धारणा*। > विश्फ़ुल

wish-wash, 1. पतला पेय; 2. (*talk*) बकबक*। > 'विश्वॉश

wishy-washy, 1. (*of drink*) पतला, पनिहा, पनीला; 2. (*of talk*) नीरस, निरर्थक। > विश्-इवॉशि

wisp, 1. (*of straw etc.*) पूली*, आँटी*; 2. (*of birds*) झुण्ड; 3. (*thin strand*) तन्तु; 4. (*of paper etc.*) धज्जी*; 5. (*of smoke*) लच्छा। > विस्प

wistful, 1. (*of person*) उत्कंठ, उत्कंठित, उत्कंठातुर; विचारमग्न (*pensive*); उदास, विषण्ण (*sad*); 2. (*esp. of eyes*) ललचौहाँ, ललचौहीं*; (*look*) **~ly,** टुकर-टुकर (देखना)। > विस्ट्फ़ुल

wit, *n.*, 1. (*intelligence, also pl.*) बुद्धि*, समझ*; 2. (*intelligent humour*) वाग्विदग्धता*, वाग्वैदग्ध्य; हाज़िर-जवाबी*; 3. (*a person*) वाग्विदग्ध, प्रत्युत्पन्न-मति या हाज़िरजवाब व्यक्ति; at one's ~'s end, किंकर्तव्यविमूढ़; live by one's ~s, अक़्ल* की कमाई* खाना; out of one's ~s, पागल; —*v.*, जानना; to ~, अर्थात्, यानी। > विट

witch, *n.*, 1. डाइन* (*also a hag*); 2. (*sorceress*) जादूगरनी*, टोनहाई*; 3. (*fascinating woman*) मोहनी*; —*v.*, 1. जादू डालना; 2. (*fig. fascinate*) मोहित क०। > विच

witchcraft, जादू-टोना; अभिचार (*for evil purposes*)। > विच्क्राफ़्ट

witch-doctor, ओझा, टोनहाया। > विच्डॉक्टॅ

witchery, 1. जादू-टोना, वशीकरण; 2. (*fascination*) मोह-माया*; वशीकरण, सम्मोहन। > विचॅरि

witches-broom, कवक्-कूचिका*। > विच्-इसब्रूम

witch-hunt, 1. डाइनों* की खोज*; 2. (*fig.*) संदिग्ध व्यक्तियों की खोज*। > विच्हॅन्ट

witching, 1. जादू का; 2. (*charming*) मोहक। > विच्-इन्ग

witenagemot, (राजा की) परामर्श-परिषद्*। > विटॅनॅगे'मोट

with, 1. के साथ; 2. (*in the proximity or care of*) के पास; 3. (*possessed of*) -सहित; **~ child,** गर्भवती*; 4. (*at the same time as*) के साथ; 5. (*in relation to; as compare ~*) से; 6. (*against; as argue ~*) के विरुद्ध, के विरोध में; से; 7. (*concerning, in regard to*) के विषय में; के साथ; के प्रति; 8. (*by means of*) से; के सहारे;

9. (*in harmonious relation with*) के साथ, के पक्ष में; 10. (*in spite of*) के बावजूद, के होते हुए भी; be ~ it, आधुनिकतम विचारों का साथ देना; समझना; in ~, से दोस्ती* होना; के साथ साँठगाँठ* होना; ~ that, इसपर। > विद

withal, 1. (*besides*) के अतिरिक्त; 2. (*thereupon*) इसपर; 3. (*in spite of*) के बावजूद; से; 4. (*with*) से। > विदॉ:ल

Withania radia, असगंध, अश्वगंधा*।

withdraw, 1. खींच लेना; पीछे की ओर* खींचना, एक ओर* खींचना, हटाना, प्रत्याहार क०; 2. (*take away*) हटा लेना; निकाल लेना (*also money from deposite*); 3. (*retract*) वापस लेना, प्रत्याहार क०; 4. (*recede*) हट जाना, पीछे हटना; 5. (*retire from*) से अलग हो जाना; अपना नाम वापस लेना; **~ able,** प्रत्याहार्य; **~ al,** प्रत्याहार; निकासी*; अपनयन; निवर्तन, लौटना; **~ er,** प्रत्याहर्ता। > विद्ड्रॉ:, ~ ॲबॅल, ~ ॲल, ~ ॲ

withdrawn, 1. (*unsociable*) असामाजिक, ग़ैर-मिलनसार, ओलगिया; 2. (*introvert*) अन्तर्मुखी; 3. (*absent-minded*) दुचित्ता, अन्यमनस्क। > विद्ड्रॉ:न

withe, लचीली टहनी*। > विद

wither, 1. (*of plants*) कुम्हलाना, मुरझाना, मुरझा जाना, सूख जाना; 2. (*fig.*) मुरझाना, कुम्हलाना, निस्तेज या शिथिल पड़ जाना; 3. मुरझा देना, सुखाना; 4. (*snub*) अवमानित क०, नीचा दिखाना; निरुत्तर कर देना; **~ed,** 1. कुम्हलाया हुआ, मुरझाया हुआ; 2. (*wizened*) झुर्रीदार; **~ing,** मुरझानेवाला; अवज्ञापूर्ण, तिरस्कारपूर्ण। > विद्/ॲ, ~ ॲड; ~ ॲरिना

withers, डिल्ला, मद्द, स्कंध-प्रदेश। > विदॅज़

withershins, वामावर्त। > विदॅशिन्ज़

withhold, 1. (*keep back*) रोक रखना, रोक लेना, दबा रखना; रोकना, अटकाना; 2. (*refuse to grant*) देने से इन्कार क०। > विद्होल्ड

within, *adv.*, 1. (*indoors*) भीतर, अन्दर; 2. (*inwardly*) मन में,भीतर, मन ही मन, भीतर ही भीतर; —*n.*, भीतर, अन्दर, अन्तर, भीतरी भाग; —*prep.*, 1. के अन्दर, के भीतर; में, के अन्तर्गत; 2. (*not exceeding*) के अन्दर; से कम; की सीमा* के अन्दर। > विदिन

without, *adv.*, बाहर; *n.*, बाहर; *prep.*, 1. (*outside*) के बाहर; 2. (*devoid of*) के बिना, के रहित; 3. (*free from*) से मुक्त; ~ delay, अविलम्ब; ~ doubt, निस्संदेह; ~ end, अनन्त; ~ fail, अवश्य ही, निश्चय ही; do ~, के बिना काम चलाना; छोड़ देना; that goes ~ saying यह मानी हुई बात* है। > विदाउट

withstand, 1. (*resist*) का विरोध क०, का मुक़ाबला क०, का सामना क०; रोकना; 2. (*endure*) सहन क०, सह सकना, बरदाश्त कर सकना। > विद्स्टैण्ड

witless, 1. नासमझ, बेवकूफ़, निर्बुद्धि; 2. (*foolish*) मूर्ख। > विट्-लिस

witness, 1. (*spectator*) दर्शक, प्रेक्षक, गवाह, साक्ष्य; प्रत्यक्षदर्शी (*eye-~*); 2. (*one giving testimony*) गवाह, साक्षी; ~ for the prosecution, अभियोग-साक्षी; ~ for the defence, सफ़ाई* का साक्षी; 3. (*one attesting signature*) गवाह, साक्षी, प्रमाणकर्ता; 4. (*testimony*) साक्ष्य, साक्षी*, गवाही*, शहादत*; 5. (*proof*) प्रमाण, सबूत; 6. (*confirmation*) पुष्टि *; **~-box, ~ stand,** कठघरा; —*v.*, 1. (*see*) देखना; 2. (*bear ~*) साक्ष्य देना, गवाही* देना; 3. (*act as ~*) गवाह या साक्षी होना; 4. (*serve as evidence*) का प्रमाण होना, प्रमाणित क०, सिद्ध क०; 5. (*indicate*) सूचित क०, बताना। > विट्-निस

witticism, 1. चुटकुला, लतीफ़ा, नुकता; 2. (*jest*) मज़ाक। > विट्-इसिज़्म

witting, ज्ञानकृत, जानबूझकर किया हुआ, संकल्पित; **~ly,** जानबूझकर। > विट्/इन्ग, ~ इन्ग्-लि

witty, 1. (*of person*) वाग्विदग्ध; प्रत्युत्पन्न-मति, हाज़िर-जवाब; 2. (*of remark etc.*) बड़ा मनोरंजक, विनोदपूर्ण, मज़ेदार। > विट्-इ

wive, विवाह क०; पत्नी* बना लेना। > वाइव

wivern, परदार साँप। > वाइवॅ:न

wizard, *n.*, 1. (*sorcerer*) ओझा, जादूगर, अभिचारक; 2. (*conjurer*) जादूगर, ऐंद्रजालिक, मायावी; 3. (*ingenious person*) प्रतिभाशाली व्यक्ति; 4. (*expert*) जादूगर, विशेषज्ञ, उस्ताद, प्रवीण; —*adj.*, चामत्कारिक; बढ़ा-चढ़ा, अत्युत्तम; **~ry,** जादू-टोना, अभिचार; जादूगरी*; प्रवीणता*, निपुणता*। > विज़ॅड; विज़ॅड्रि

wizen, wizened, 1. (*dried up*) सूखा; मुरझाया हुआ; 2. (*wrinkled*) झुर्रीदार। > विज़ॅन; विज़ॅन्ड

wo, रुको! > वो

woad, नीला रंग (पैदा करनेवाला पौधा विशष)। > वोड

wobble, wabble, 1. (*stagger*) लड़खड़ाना; 2. (*rock*) डगमगाना, हिलना-डुलना, झुलना; डाँवाँडोल होना; 3. (*vacillate, waver*) आगा-पीछा क०; हिचकना, हिचकिचाना; ढुलमुल होना; रंग बदलता रहना; 4. (*be unsteady*) अस्थिर होना, बदलता रहना; डाँवाँडोल होना; 5. (*of voice*) काँपना, लड़खड़ाना; —*n.*, लड़खड़ाहड*; डगमगाहट*; हिचकिचाहट*; अस्थिरता*। > वॉबॅल

wobbly, डाँवाँडोल। > वॉब्-लि

woe, 1. (*sorrow*) शोक, विषाद, उदासी*; व्यथा*, दु:ख; 2. (*misfortune*) विपत्ति*, संकट, दुर्भाग्य; 3. (*trouble*) मुसीबत*, तकलीफ़*, कष्ट; ~ is me, हाय!, हन्त!; ~ be to (*you*), (तुमको) धिक्कार है, लानत* है! (तुमपर)। > वो

woebegone, 1. (*in appearance*) मलिन-मुख, उदास; 2. (*sorrowful*) दुःखी, शोक-सन्तप्त, उदास, शोकार्त्त, ग़मगीन। > वोबिगॉन

woeful, 1. दुःखी, उदास; 2. (*of times etc.*) दुःखपूर्ण, दुःखमय, शोकमय; विकट; संकटपूर्ण; 3. (*pitiful*) दयनीय, शोचनीय। > वोफ़ुल

wold, बंजर, बंजर प्रदेश। > वोल्ड

wolf, *v.*, भकोसना, गटकना; *n.*, 1. भेड़िया, वृक, हुँडार; 2. (*fig.*) लोभी; 3. (*music*) कर्कश ध्वनि*; cry ~, झूठा डर दिलाना; keep the ~ from the door, किसी-न-किसी तरह* निर्वाह क०; ~ in sheep's clothing, पाखण्डी, बगुला-भगत; गोमुख नाहर या व्याघ्र; **~ish,** 1. (*fierce*) हिंस्र; 2. (*cruel*) क्रूर, निष्ठुर, नृशंस; 3. (*rapacious*) लोभी; 4. (*lustful*) कामुक; **~'s-bane,** मोहरी; **~-tooth,** चोरदन्त, कुकुरदन्त, गजदन्त। > वुल्फ़; वुल्फ़्-इश

wolfram, वुलफ्रैम। > वुल्फ्रैम

woman, (*pl. women*) *n.*, 1. नारी*, स्त्री*, औरत*, तिरिया*; 2. (*female sex*) मातृजाति, नारीजाति*, 3. (*feminine nature*) नारीत्व; 4. (*man with feminine characteristics*) मेहरा, ज़नख़ा; 5. (*lady-in-waiting*) परिचारिका*; single ~, अविवाहिता*; play the ~, रोना; डर जाना; make an honest ~ of, बहकाकर पत्नी* बना लेना; —*adj.*, महिला-; **~ suffrage,** महिला-मताधिकार; —*v.*, स्त्री* कहकर पुकारना; **~-hater,** नारी-द्वेषी। > वुमॅन; विम्-इन

womanhood, नारीत्व। > वुमॅन्हुड

womanish, ज़नाना, स्त्रैण। > वुमॅनिश

womanize, *v.t.*, ज़नाना या स्त्रैण बनाना; —*v.i.*, व्यभिचार क०; छोकरीबाज़ी* क०; रण्डीबाज़ी* क०। > वुमॅनाइज़

womankind, womanfolk, women-kind, मातृजाति*, नारीजाति*, स्त्रियाँ। > वुमॅन्काइन्ड; विम्/इन्फ़ोक, ~ इन्काइन्ड

womanly, नारी-सुलभ, स्त्रियोचित। > वुमॅन्-लि

womb, गर्भाशय, गर्भ, बच्चादानी*, बच्चादान, कोख*। > वूम

wonder, 1. (*emotion*) अचरज, आश्चर्य, अचम्भा, ताज्जुब, तअज्जब; विस्मय (*awe*); 2. (*a marvel*) अजूबा, अद्भुत वस्तु*, अजीब चीज़*; आश्चर्य की बात*, चमत्कार करामात*, कौतुक; 3. (*miracle*) चमत्कार, करमात*; 4. (*a person*) विलक्षण प्रतिभा-सम्पन्न व्यक्ति; work~s, चमत्कार क०, कमाल क०, अपूर्व रूप से सफलता* प्राप्त क०; a nine days' ~, चार दिन की चाँदनी; no ~, सहज ही; स्वाभाविक; —*v.*, (पर) आश्चर्य क०, ताज्जुब क०, अचम्भे में पड़ना; चकित होना; विस्मित होना; जानना चाहना, जानने के लिए उत्सुक होना; I ~, मुझे संदेह है; मुझे आश्चर्य है कि; I shouldn't ~ if, मुझे कोई आश्चर्य नहीं होगा यदि। > वॅन्डॅ

wonderful, 1. (*amazing*) आश्चर्यजनक, अद्भुत, चामत्कारिक; 2. (*excellent*) बहुत बढ़िया, उत्कृष्ट, अत्युत्तम; 3. (*remarkable*) असाधारण; प्रशंसनीय (*admirable*); **~ ly,** अपूर्व रीति* से, निराले ढंग से। > वॅन्डॅ/फ़ुल, ~ फ़ुलि

wondering, 1. चकित, आश्चर्यित; 2. (*feeling doubt*) सन्देही; I am ~, मुझे संदेह है। > वॅन्डॅरिन्ग

wonder/land, परीलोक; अत्युर्वर या अति-सम्पन्न देश; **~ ment,** आश्चर्य, अचरज, अचम्भा, ताज्जुब; विस्मय; **~-struck,** भौंचक, आश्चर्यचकित, हक्का-बक्का; **~-worker,** चमत्कारक, करामाती।

wondrous, *adj.*, आश्चर्यजनक; *adv.*, आश्चर्यजनक ढंग से। > वॅन्ड्रॅस

wonky, 1. (*tottery*) डाँवाँडोल, डगमगाता; अस्थिर (*unsteady*); 2. (*weak, unwell*) कमज़ोर; अस्वस्थ; 3. (*hesitant, wavering*) ढुलमुल, अनिश्चयी, हिचकिचानेवाला। > वॉन्क्-इ

wont, *adj.*, आदी, अभ्यस्त; he was ~ to (say), वह (कहा) करता था; —*n.*, 1. (*habit*) आदत*, अभ्यास, 2. (*custom, general*) रिवाज, दस्तूर, प्रथा*। > वोन्ट

wonted, 1. (*habitual to a person*) नित्य; स्वाभाविक, स्वभावगत; 2. (*customary*) रिवाजी, प्रथागत, प्रचलित; 3. (*usual*) साधारण, सामान्य, प्रायिक, नित्य। > वोन्ट्-इड

woo, 1. (*court*) प्रणय-निवेदन क०, प्रणययाचन क०, प्रेम जताना; 2. (*importune*) पीछे लगा रहना; से आग्रह क०; 3. (*coax*) फुसलाना; 4. (*pursue, attempt to win*) खोजना, की खोज* में लगा रहना, प्राप्त करने का प्रयत्न क०। > वू

wood, 1. (*substance*) लकड़ी*, काठ, काष्ठ; दारु; 2. (*forest also pl.*) बन, वन, जंगल, अरण्य; 3. (*firewood*) जलाऊ लकड़ी*; 4. (*cask*) पीपा; 5. (*wood-en wind-instruments; ~ wind*) सुषिर काष्ठ-वाद्य; 6. (*heavy wooden ball*) लकड़ी* का बड़ा गेंद; **~apple,** कैथ, कपित्थ, कठबेल; **~ alcohol, ~ spirit,** काष्ठज ऐलकोहॉल; **~-pulp,** काष्ठ-लुगदी*; **~ sandpiper,** चुपका; cannot see the ~ for the trees, पेड़ देखते हैं, बन नहीं देखते; out of the~, कठिनाई* या संकट से मुक्त। > वुड

wood/-block, लकड़ी* का ठप्पा; **~ craft,** वन-विद्या*; **~cut,** काष्ठचित्र; **~ cutter,** 1. लकड़हारा; 2. (*~-engraver*) काष्ठ-चित्रकार।

wooded, वृक्षसंकुल, वृक्षावृत, वृक्षयुक्त। > वुड्-इड

wooden, 1. (*of wood*) लकड़ी* का, काष्ठीय, काष्ठमय, काष्ठ-; 2. (*~-headed*) जड़मति, बुद्धिहीन, अल्पबुद्धि, बेवकूफ़, मूर्ख; 3. (*impassive*) भावशून्य; निर्जीव; 4. (*unfeeling*) संवेदना-शून्य; 5. (*clumsy*)

भद्दा, भोंडा; 6. (*stiff*) शुष्क, रूखा; 7. (*of sound; dull*) मन्द। > वुडॅन

wood/-fibre, काष्ठ-तन्तु; **~land,** वनस्थली*, जंगल; **~ Jouse,** काष्ठयूका*; **~man,** 1. (*woodcutter*) लकड़हारा; 2. (*forester*) वनपाल; **~-note,** चहचहाहट*; 3. (*fig. also pl.*) सरल स्वाभाविक पद्य; **~-nymph,** वन-देवी*; **~ pecker,** कठ-फोड़वा; **~-pigeon,** धवर; **~-shed,** लकड़ी* का गोदाम; **~ sman,** 1. (*forester*) वनपाल; 2. वनवासी; वनचारी; **~stone,** काष्ठाश्म, **~-sugar,** काष्ठ-शर्करा*; **~work,** 1. (*woodworking*) काष्ठशिल्प; 2. (*carpentry*) बढ़ईगिरी*; 3. काष्ठकर्म, लकड़ी का काम; **~ worm,** घुन, घुण।

woody, 1. (*wooded*) वृक्षसंकुल; 2. (*of wood*) काष्ठीय; काष्ठ-सदृश; 3. (*of forests*) वन-, आरण्य, जंगली। > वुड्-इ

wooer, प्रणययाचक। > वू-अॅ

woof, बाना, भरनी*। > वूफ़

wool, 1. ऊन, ऊर्ण, पशम*, सूफ़; 2. (*yarn*) ऊन, ऊनी तागा, ऊनी सूत; 3. ऊनी कपड़ा; 4. हबशी के बाल; बाल, केश; 5. (*down*) रोआँ, रोम; 6. (*~-like substance*) रूई*, रेशे; dyed in the~, 1. कातने से पहले रँगा हुआ; 2. (*fig.*) पक्का; go for ~ and come home shorn, चौबे गये छब्बे होने दुब्बे ही रह गए; keep your ~ on, गुस्सा मत करो*; lose one's ~, गुस्सा क०; much cry and little ~, खोदा पहाड़, निकली चुहिया*; pull the ~ over somebody's eyes, आँखों* में धूल* झोंकना, झाँसना, झाँसा देना, धोखा देना। > वुल

wool-carding, ~-combing, ऊन-धुनाई*; **~-fat, ~-oil,** लैनोलिन, ऊर्ण-वसा*; **~-fell,** ऊनदार खाल*; **~-gathering,** *n.*, दुचिताई*, अन्यमनस्कता*; —*adj.*, दुचित्ता, अन्यमनस्क।

woollen, *adj.*, ऊनी; *n.*, ऊनी कपड़ा। > वुलॅन

woolly, *adj.*, 1. (*woollen*) ऊनी; 2. (*downy*) लोमश; 3. ऊन-जैसा; 4. (*covered with wool*) ऊनदार; 5. (*hazy*) अस्पष्ट; उलझा हुआ; 6. (*rude*) गँवार, असभ्य; —*n.*, ऊनी कपड़ा; स्वेटर; **~-headed,** उलझी बुद्धिवाला। > वुल्-इ

wool/-pack, 1. ऊन का गट्ठा; 2. (*cloud*) गोल कपासी मेघ; **~ sack,** ऊनी गद्दी*; लार्ड चांसलर का पद; ऊन का गट्ठा; **~-staple,** ऊन का बाजार; **~-stapler,** ऊन का व्यापारी; **~-work,** ऊन की फुलकारी*।

Wop, इटालियन। > वॉप

word, *v.*, शब्दों में व्यक्त क०; *n.*, 1. (*unit of language*) शब्द, लफ़्ज, पद; 2. (*speech*) कथनी*; ~ and deed, कथनी* और करनी*; by ~ of mouth, मौखिक रूप से, ज़बानी; 3. (*remark, saying*) कथन, उक्ति*, बात*; 4. (*conversation*) बात*, बातें*, बातचीत*; 5. (*message*) संदेश, समाचार, ख़बर*, सम्वाद; send ~, कहला भेजना; 6. (*promise*) वचन, बचन, प्रतिज्ञा*, वादा, क़ौल; आश्वासन (*assurance*); ~ of honour, वचन; a man of his ~, as good as his ~, बात* का धनी, बात* का पक्का, सत्यप्रतिज्ञ; क़ौल का पक्का; 7. (*command, order*) बात*, आदेश, हुक्म; 8. (*password*) संकेतशब्द; 9. (*motto*) आदर्शवाक्य; 10. (*quarrelsome talk*) वाद-विवाद, कहा-सुनी*; have a ~ with, से दो-चार बातें* क०; have ~ s with, से (के साथ) झगड़ा क०; 11. (*Logos*) शब्द; 12. (*God's word*) धर्मग्रंथ; बाइबिल*; 13. (*gospel*) सुसमाचार, इंजील*; big ~ s, शेखीबाज़ी*, डींग*, शेख़ी*; eat one's ~ s, अपनी बात* वापस लेना; क्षमा* माँगने के लिए विवश होना; in a ~, संक्षेप में; in so many ~s, सुस्पष्ट शब्दों में, स्पष्टतया; last ~ (in), सब से नया, नवीनतम; सीमा*; man of a few ~s, चुप्पा, अल्पभाषी; my word! अरे!, ओहो!, अहो!, बाप रे!; say a good ~ for, की सिफ़ारिश* क०; suit the action to the ~, तुरंत कर डालना, तुरंत कर गुज़रना; का समर्थन क०; ~ for ~, शब्दशः, अक्षरशः; ठीक-ठीक; waste ~ s, बकवाद* क०, बकना। > वॅःड

wordage, शब्दसंख्या*। > वॅःडिज

word/-blind, शब्द देखकर अर्थ लगाने में असमर्थ; **~-book,** 1. शब्दसंग्रह, शब्दकोश; 2. (*libretto*) गीति-नाट्य की पुस्तिका*; **~-deaf,** शब्द सुनकर अर्थ लगाने में असमर्थ, **~-formation,** शब्द-रचना*; पद-रचना*।

wordiness, शब्दबाहुल्य, शब्दाडम्बर। > वॅःडिनिस

wording, शैली*; वाक्यरचना*; शब्दचयन; शब्दावली*। > वॅःडिन्ग

wordless, 1. निःशब्द; 2. (*speechless*) अवाक्। > वॅःड्-लिस

word/-lore, शब्दशास्त्र; **~-meaning,** शब्दार्थ; **~-order,** शब्दक्रम, पदक्रम, पदानुक्रम; **~- painting, ~-picture,** शब्द-चित्र; **~-perfect,** 1. (*of speech*) सुकंठस्थ; 2. (*of person*) स्मरण-दक्ष, ठीक-ठीक कंठस्थ जाननेवाला; **~-play,** 1. (*pun*) श्लेष; यमक; 2. नोक-झोंक*; **~-splitter,** वितण्डी; **~-splitting,** वितण्डावाद, बारीकीबीनी*, वितण्डा*; **~-square,** शब्दवर्ग; **~-war,** वाग्युद्ध।

wordy, 1. (*verbose*) शब्दबहुल, शब्दाडम्बरपूर्ण; 2. (*consisting in words*) शाब्दिक, शब्द-। > वॅःडि

work, *n.*, 1. (*activity*) कार्य, काम; 2. (*act, deed, doings*) कार्य, कर्म, कृत्य, काम; क्रिया* (*action*); good ~s, सत्कार्य, सत्कर्म; bad ~s, दुष्कर्म, बुरे काम; meritorious ~s, पुण्य-कर्म; indifferent

~ s, पुण्य-निरपेक्ष कर्म; ~ s of mercy, दया* के कार्य; the ~ s of God, प्रकृति*; mighty ~s, चमत्कार; 3. (*task*) कार्य, नियत कार्य; 4. (*labour, effort*) परिश्रम, मेहनत*, उद्यम; manual ~, शारीरिक श्रम; 5. (*employment*) काम, नौकरी*, रोज़गार; 6. (*occupation*) धन्धा, पेशा, व्यवसाय, रोज़गार; at~, नियोजित, रोज़गारवाला; out of ~, बेकार, बेरोज़गार; 7. (*that at which one is working, product of labour*) काम; (*needlework*) सुईकारी*; (*embroidery*) गुलकारी*, फुलकारी*, कसीदा, कशीदा; 8. (*thing done*) कृत्य; (*product of artistic activity*) रचना*, कलाकृति*; 9. (*physics*) कार्य; 10. (*pl. mechanism*) कल-पुर्ज़े, यंत्रावली*; यन्त्ररचना*; 11. (*pl.*) कारख़ाना (*factory*), कर्मशाला* (*workshop*) 12. (*pl., fortifications*) क़िलेबन्दी*; 13. (*pl.*) भवन, इमारतें* (*structures*); पुल (*bridges*); बाँध (*dames*); public ~ s, लोक-निर्माण; all in the day's ~, साधारण बात*; give one the ~s, पर गोली* चलाना; मार डालना; go (set) to~, कार्य प्रारंभ क०; have one's ~ cut out, का कठिन काम होना; make short ~ of, जल्दी पूरा क०, समाप्त क० या नष्ट क०; —*v.*, 1. काम क०, कार्य क०, काम में लगा रहना; 2. (~ *hard*) परिश्रम क०, मेहनत* क०; 3. (*be employed*) नौकरी* में होना, को रोज़गार होना; 4. (*operate successfully, as a plan*) ठीक चलना, सफल होना; 5. (*of machine, be in operation*) चलना, चालू होना (*actually*); चलता होना (*in working order*); 6. (*of medicine, take effect*) असर क०; 7. (*influence*) प्रभावित क०, प्रभाव डालना; 8. (*make way through*) धीरे-धीरे या कठिनाई* से आगे बढ़ना; 9. (*gradually become loose, free, etc.*) बनना; 10. (*move to and fro*) हिलना-डुलना, में हरकत* होना; 11. (*be agitated*) आन्दोलित होना; उत्तेजित होना; (*agitate*) उत्तेजित क०; 12. (*ferment; of yeast*) उठना; 13. (*arrange*) का प्रबंध क०; 14. (*obtain cunningly*) गाँठना; 15. (*put or keep in operation*) चालू क० या रखना, चलाना; 16. (*manage, control*) संचालन क०; 17. (*accomplish*) पूरा क०, सम्पादित क०, सम्पन्न क०; 18. (*product*) बनाना, तैयार क०; सीना (*sew*); बुनना (*knit*); ~ wonders, कमाल क०, आश्चर्यजनक रूप से सफल होना; 19. (*solve; a sum, a problem*) हल क० उत्तर क०, उत्तर निकालना; 20. (*cause to work*) से (अधिक) काम लेना, काम में लगाना; 21. (*hammer out, shape*) गढ़ना, रूप देना; ~ to rule, नियमानुसार कार्य-हड़ताल* क०, ऊटपटांग नियमपालन से उत्पादन में बाधा* डालना; **~ at,** में लगा रहना; **~ in,** सन्निविष्ट क० या किया जाना, घुसेड़ना, घुसाना; के लिए जगह* बना लेना; शामिल क० या किया जाना; **~ in with,** से मेल खाना, में सामंजस्य होना; **~ off,** 1. (*anger etc.*) उतारना, शान्त क०; 2. (*sell*) बेचना; 3. (*get rid of*) दूर क०; निकालना; 4. (*obligations*) पूरा क०; **~on, ~ upon,** प्रभावित क०, असर डालना, क़ायल करने की कोशिश* क०; समझाना; पर काम क०; **~ out,** 1. (*solve*) हल क०; उत्तर निकालना; हल हो जाना (*be solved*); 2. (*result in*) परिणाम होना या निकालना; 3. (*bring about*) सम्पादित क०; प्राप्त क०; 4. (*a plan*) (ब्योरेवार) तैयार क०; 5. (*amount to*) कुल योग होना; 6. (*put in practice*) कार्यान्वित क०; (*exhaust, a mine*) ख़ाली क०; **~ up,** 1. (*excite*) उत्तेजित क०; 2. (*elaborate*) सविस्तार प्रस्तुत क०; विस्तार देना; 3. (*make efficient*) धीरे-धीरे सुधारना या अच्छी स्थिति* में लाना; 4. (*study thoroughly*) का गंभीर अध्ययन क०; 5. (*advance*) धीरे-धीरे उन्नति क०; 6. (*manipulate, mix, etc.*) के रूप में लाना, गढ़ना। > वॅ:क़

workable, 1. (*practicable*) व्यावहारिक, व्यवहार्य; करणीय; 2. चलने योग्य; 3. (*fit to be manipulated, exploited*) संचालनीय; 4. (*of a substance*) सुघटय। > वॅ:कॅबॅल

workaday, 1. (*ordinary*) साधारण, मामूली; 2. (*dull*) फीका, नीरस; 3. (*practical*) व्यावहारिक। > वॅ:कॅडे

work/bag, 1. (*tool-box*) औज़ार-पेटी*; 2. (~ *basket*, ~ *-box*) सूईकारी* का सन्दूक; **~ day,** काम का दिन, कार्यदिवस।

worker, 1. (*manual* ~) मज़दूर, श्रमिक; 2. (*social* ~ *etc.*) कार्यकर्ता; 3. (*wageearner*) वेतनभोगी। > वॅ:कॅ

workhouse, दरिद्रालय, मुहताज-ख़ाना। > वॅ:क्हाउस

working, 1. (*activity*) क्रिया*; चलन; 2. (*way a thing works*) प्रक्रिया*, गतिविधि*; कार्यप्रणाली*; 3. (*result of its working*) काम, कार्य; 4. (*operating*) संचालन, प्रचालन; कार्यसंचालन; 5. (*place of excavation*) खदान*; —*adj.*, 1. (*of or for work*) काम का, कार्य-; 2. (*at work*) कार्यरत, व्यस्त (*busy*); काम पर; 3. (*of machine*) चलता (*in* ~ *order*); चालू (*actually* ~); 4. (*capable of work, cattle, etc.*) श्रमयोग्य; 5. (*engaging in manual work*) श्रमजीवी; 6. (*usable as a basis for work*) व्यवहार्य; ~ capital, चलती पूँजी*; ~ committee, कार्यसमिति*, कार्यकारिणी समिति*; ~ class, श्रमिक-वर्ग; वेतनभोगी-वर्ग; ~ day, 1. कार्यदिवस; 2. (*number of hours*) कार्यकाल; ~ drawing, काम का नक़शा; ~ man, मज़दूर, श्रमिक; वेतनभोगी (*wageearner*); ~ party, निरीक्षण-आयोग;

~profit, शुद्ध लाभ; **~-out**, 1. (*calculation*) परिकलन; 2. (*elaboration*) विस्तार, विस्तरण; 3. (*development*) विकास; 4. (*outcome*) नतीजा, परिणाम। > वॅ:किन्ग

workless, बेकार, बेरोज़गार। > वॅ:क्-लिस

workman, 1. मज़दूर, श्रमिक; 2. (*craftsman*) कारीगर, शिल्पी; in ill (a bad) ~ quarrels with his tools, नाच न जाने आँगन टेढ़ा; **~ like,** 1. कार्यकुशल; 2. (*efficient*) कारगर; **~ ship,** शिल्प, कारीगरी*। > वॅ:क्मॅन

work-out, 1. (*practice*) अभ्यास; 2. (*test*) परीक्षण, परख*। > वॅ:क्-आउट

work-room, कार्यशाला*, शिल्पशाला*।

work/shop, 1. वर्कशाप, कारखाना; 2. (*meeting for discussion*) कार्यशिविर; **~-sky,** कार्य-विमुख; सुस्त, आलसी; **~woman,** मज़दूरिन*; **~-to-rule,** नियमानुसार कार्यहड़ताल*।

world, 1. (*scene of existence*) संसार, जगत्, दुनिया*, लोक, जहान; this ~, इहलोक, संसार, मर्त्यलोक; the next ~, the other ~, the ~ to come, परलोक; the lower ~, अधोलोक; नरक (*hell*); संसार; Prince of this ~, शैतान; ~ of dreams, स्वप्नलोक; 2. (*secular interests and occupations*) संसार, दुनिया*; 3. (*universe*) विश्व, ब्रह्माण्ड; सृष्टि* (*creation*); 4. (*earth*) पृथ्वी*, धरती*, भू*; ग्रह (*planet*); तारा (*star*); खगोलीय पिण्ड (*heavenly body*); 5. (*human society*) जगत्, दुनिया*, समाज; 6. (*a special sphere, literary, scientific, etc.*) जगत्; 7. (*vast number or quantity*) बहुत अधिक, अत्यधिक; ~ champoin, विश्वविजेता; ~ ether, सर्वव्यापी ईथर; ~ ground, जगदाधार; ~ organization, विश्वसंगठन; ~ Soul, विश्वात्मा; ~ war, विश्वयुद्ध; ~ without end, अनन्तकाल तक; the Old W~, पुरानी दुनिया*; the New W-, नयी दुनिया*, अमरीका; carry the ~ before one, अपूर्व सफलता* प्राप्त क०; dead to the ~, नशे में चूर; for all the, ~ like ...., ठीक··· के समान; make the best of both ~s, दोनों लोक सुधारना; man of the ~, दुनियादार या अनुभवी (*experienced*) व्यक्ति; not for the ~, किसी भी क़ीमत* पर नहीं; out of this ~, लोकोत्तर; भव्य (*grandiose*); think the ~ of, की बहुत अधिक क़दर* क०। > वॅ:ल्ड

worldliness, सांसारिकता*। > वॅ:ल्ड्-लि-निस

worldling, सांसारिक या विषयी व्यक्ति। > वॅल्ड्-लिन्ग

worldly, 1. (*of this world, secular*) सांसारिक, ऐहिक, लौकिक, दुनियावी; 2. (*earthly*) पार्थिव; 3. (*materialistic*) भौतिक; ~ -minded, सांसारिक; ~-wise, दुनियादार। > वॅ:ल्ड्-लि

world/-power, शक्तिशाली देश, महाशक्ति*; **~-view,** विश्वदृष्टि*, विश्वदर्शन; **~-weary,** विरक्त; **~-wide,** विश्वव्यापी।

worm, 1. (*animal; also maggot*) कृमि, कीड़ा; round ~, केंचुआ, केंचुला; tape ~, फ़ीता-कृमि; see GLOW-, GUINEA-, THREA-; 2. (*pl. disease*) कृमियोग; 3. (*person*) कीड़ा, कमीना आदमी नीच; 4. (*of screw*) चूड़ी*; 5. (*of dog's tongue*) नस*; ~ spindle, सर्पिल तकला; ~ tube, सर्पिल नलिका*; a ~ will turn, तंग आने पर दुर्बल भी चोट* करता है; the ~ of conscience, पश्चात्ताप, अनुताप; —*v.*, 1. (*wriggle*) रेंगना; 2. (*edge along*) कठिनाई* से आगे बढ़ना; 3. (*insinuate oneself*) चुपके से (चुपचाप, छिपे-छिपे, धीरे से, युक्ति* से) घुसना, स्थान बना लेना या कृपा* प्राप्त क०; 4. (*draw out*) भेद लेना, पेट में घुसना; 5. कीड़े निकालना। > वॅ:म

worm/-cast, कृमिकंचुक; **~-eaten,** 1. घुणी, घुना हुआ; 2. (*antiquated*) पुराना, **~-gear,** सर्पिल गियर; **~-seed,** किर्मल; **~wood,** 1. (*Persian*) अफ़सन्तीन; 2. (*Indian*) नागदौन, नागदौना, नागदमनी*, नागदमन; 3. कटु अनुभव।

wormy, 1. (*of worms*) कृमि-; 2. (*full of worms*) कृमिण, कृमिल; 3. (*worm-eaten*) घुणी; 4. (*base*) कमीना, नीच, अधम। > वॅ:म्-इ

worn-out, 1. (*exhausted*) थका-माँदा; 2. (*of clothes*) फटा-पुराना; 3. पुराना; 4. (*trite*) घिसा-पिटा। > वॉ:न्-आउट

worried, 1. (*anxious*) चिन्तित, चिन्ताग्रस्त, आशंकित, सशंक; 2. (*troubled*) परेशान, घबराया हुआ; 3. (*uneasy*) बेचैन, व्याकुल। > वॅरिड

worriment, 1. चिन्ता*; 2. (*cause of worry*) परेशानी*, झंझट*। > वॅरिमन्ट

worrier, परेशान रहनेवाला; परेशान करनेवाला। > वॅरिअॅ

worry, *v.*, 1. (*be anxious*) चिन्ता* क०; 2. (*make anxious*) चिन्तित कर देना; 3. (*harass, pester*) परेशान क०, तंग क०, नाक* में दम क०, सताना; 4. (*of dog*) फाड़ खाना, चीथना, झकझोरना, झंझोड़ना; 5. ज़िद* करके पाना; **~ along,** किसी-न-किसी तरह* आगे बढ़ना; I should ~, मेरी बला* से; —*n.*, 1. (*anxiety*) चिन्ता*, परेशानी*; 2. (*cause of ~*) परेशानी*, झंझट*; 3. झकझोर; **~ing,** 1. चिन्ताजनक; 2. चिन्ताग्रस्त। > वॅरि, ~ इन्ग

worse, *adj.*, बदतर, और बुरा, और खराब; और बुरी हालत* में; और बीमार; the ~ for, बिगड़ा हुआ, क्षतिग्रस्त; none the ~ for, बिनबिगड़ा, अविकृत; अक्षत, अक्षतिग्रस्त, अक्षुण्ण; ~ and ~, अधिकाधिक बुरा; —*adv.*, और बुरी तरह* से; ~ off, और बुरी हालत* में; —*n.*, और बुरी बात*;

go from bad to~, बिगड़ता जाना; बदतर होता जाना; have the~, हार जाना; put to ~, हरा डालना। > वॅ:स

worsen, और बुरा होना या कर देना। > वॅ:सॅन

worsening, बिगाड़, विकृति*। > वॅ:सॅनिना

worship, *n.*, 1. (*service, ritual*) उपासना*, पूजा*; (*devotion*) भक्ति*; place of ~, मंदिर; Your W~, श्रीमन्; His W~, श्रीमान्; —*v.*, 1. पूजा* क०; पूजा* में सम्मिलित होना; 2. (*adore*) आराधना* क०; 3. (*revere*) समादर क०, पर श्रद्धा* रखना, पूज्य मानना; **~ful,** पूज्य, श्रद्धास्पद; **~per,** उपासक। > वॅ:शिप, ~ फुल; वॅ:शिपॅ

worst, *adj.*, सब से बुरा, सब से खराब, बदतरीन; —*adv.*, सब से बुरी तरह* से; —*n.*, सब से बुरी बात*; if the ~ comes to the ~, बहुत खराब हुआ तो; get the ~ of it, have the ~, हार जाना, हार* खाना; put to the ~, हरा डालना; —*v.*, हरा डालना, पराजित क०। > वॅ:स्ट

worsted, ऊनी तागा, ऊनी सूत; ऊनी कपड़ा। > वस्टिड

worth[1], *adj.*, 1. का (~ 50 rupees, ५० रुपये का); 2. (*deserving of*) लायक, (के) योग्य; 3. (*possessed of*) का मालिक, का स्वामी; for all one is ~, 1. भरसक, यथाशक्ति; 2. (*without reserve*) निस्संकोच; —*n.*, 1. (*value*) मूल्य; 2. (*excellence*) उत्कर्ष; महत्त्व; 3. (*merit*) गुण, योग्यता*; 4. a rupee's ~ of, एक रुपये का। > वॅ:थ

worth[2], woe ~ the day, उस दिन को धिक्कार, लानत* है उस दिन पर। > वॅ:थ

worthily, योग्य रीति* से। > वॅ:दिलि

worthiness, योग्यता*; गुण। > वॅ:दिनिस

worthless, 1. बेकार; रद्दी; 2. (*of person*) निकम्मा। > वॅ:थ्-लिस

worth-while, लाभकर, लाभप्रद; सार्थक; उचित। > वॅ:थ्वाइल

worthy, *adj.*, 1. (~ *of respect*) माननीय, सम्मान्य, आदरणीय, पूज्य; 2. (*deserving*) प्रशंसनीय; अच्छा, सुयोग्य; 3. (~ *of*) के योग्य; 4. (*appropriate*) उपयुक्त, समुचित; *n.*, यशस्वी व्यक्ति, श्रेष्ठ व्यक्ति। > वॅ:दि

would-be, तथाकथित। > वुड्बी

wound, *n.*, 1. घाव, ज़ख्म, क्षत, चोट*; 2. (*fig.*) चोट*, ठेस*; 3. (*damage*) हानि*, क्षति*; —*v.*, घायल क०, ज़ख्मी क०, चुटियाना, आहत क०; चोट* पहुँचाना, ठेस* लगाना या पहुँचाना; हानि* पहुँचाना; **~ed,** 1. घायल, ज़ख्मी, आहत, चुटैल; 2. (*fig.*) चोट खाया हुआ; अपमानित। > वून्ड

wound up, उत्तेजित; पसिमाप्त। > वाउन्ड ॲप

wound-wort, घाव-पत्ता। > वून्ड्वॅ:ट

woven, बुना हुआ। > वोवॅन

wow, *interj.*, वाह; *n.*, अत्यन्त सफल प्रदर्शन (नाटक आदि)। > वाउ

wowser, कट्टर प्यूरिटनवादी। > वाउज़्-ॲ

wrack, 1. (किनारे पर पड़ा हुआ) समुद्री शैवाल; 2. see WRECKAGE। > रैक

wraith, 1. (*ghost*) प्रेतामा*; 2. (*fig.*) दुबला-पतला व्यक्ति। > रेथ

wrangle, *v.*, 1. (*argue*) बहस* क०, वाद-विवाद क०; 2. (*dispute angrily*) लड़ना-झगड़ना; —*n.*, बहस*, वाद-विवाद; झगड़ा, तकरार*, कहा-सुनी*, तू-तू-मैं-मैं*। > रैन्ग्-गॅल

wrangler, बहस* करने वाला, झगड़ालू व्यक्ति, विवादक। > रैन्ग्-ग्लॅ

wrap, *n.*, 1. (*covering*) आवरण, आच्छादन; 2. (*shawl*) शाल*; 3. (*scarf*) गुलूबन्द; 4. (*rug, blanket*) क़म्बल; —*v.*, 1. (*fold round*) लपेटना; वेष्टित क०; 2. (*cover*) ढकना, आवृत क०, आच्छादित क०; 3. (*conceal*) छिपाना; **~up,** लपेटना; गरम कपड़े, ओढ़ लेना; छिपाना; **~ped up in,** 1. लीन, तल्लीन, तन्मय; 2. (*devoted to*) के प्रति समर्पित, का परवाना। > रैप; रैप्ट

wrap/per, 1. लपेटनेवाला; 2. ड्रेसिंग गाउन; 3. (*of a book*) आवरण, रैपर; 4. (*of newspaper*) रैपर; **~ping,** वेष्टन, लपेटन। > रैप्/ॲ, ~ इना

wrath, रोष, कोप, क्रोध; **~ful,** कुपित, क्रुद्ध। > रॉ:थ, रॉ:थ्फ़ुल

wreak, 1. (*anger etc.*) उतारना; 2. (*vengeance*) लेना, चुकाना (बदला), करना (प्रतिशोध)। > रीक

wreath, 1. (*of flowers*) माला*, हार; 2. (*of smoke*) छल्ला। > रीथ (*pl.* रीद्ज़)

wreathe, 1. (form into a wreath) गूथना; 2. (*wind v.t.*) लपेटना; लिपटाना; 3. (*v.i.; wind around*) लिपटना, लिपट जाना; 4. छल्ले बनाते हुए ऊपर उठना। > रीद

wreck, *n.*, 1. पोतभंग; बरबाद जहाज़, क्षतिग्रस्त या भग्न पोत; 2. (*broken remains*) पोतावशेष, (*of ship*); भग्नावशेष; मलबा (*rubble*); 3. (*jetsam*) फेंका माल क्षिप्तक; 4. (*ruins of a building*) खँडहर; 5. (*ruin*) सत्यानाश, बरबादी*, तबाही*, विनाश, विध्वंस; 6. (*a pitiable remnant*) छाया*; —*v.*, 1. (*a ship*) पोतभंग कराना, भग्न कर देना; 2. (*ruin*) बरबाद क०; नष्ट क०, बिगाड़ना; तोड़ना; 3. (*a tain*) को क्षतिग्रस्त क०; पटरी* से उतारना (*derail*) 4. (*demolish; a structure*) ढाना, गिरा देना; 5. (*be ruined*) तबाह हो जाना। > रे'क

wreck/age, 1. पोतावशेष (*of ship*); भग्नावशेष, मलबा (*rubble*); 2. (*act*) विध्वंसन; **~ er,** विध्वंसक। > रेक्/इज, ~ ॲ

wren, (*Indian ~ warbler*); पिटपिटी फुदकी*। > रे'न

wrench, *n.*, 1. मरोड़*; 2. (*sprain*) मोच*; 3. (*spanner*) रिन्च, प्रकुंच; 4. (*a pull*) झटका; 5. (*grief*) बिछुड़ने की पीड़ा*; —*v.*, 1. (*twist*) मरोड़ना, ऐंठना; 2. (*sprain*) मुड़काना; 3. (*snatch*) छीन लेना; 4. (*distort, pervert*) विकृत कर देना, बिगाड़ना। > रे'न्च

wrest, *v.*, 1. (*distort, misinterpret*) विकृत क०, अर्थ का अनर्थ क०, ग़लत अर्थ लगाना; 2. (*pervert*) विकृत क०, बिगाड़ना; 3. (*twist*) मरोड़ना, ऐंठना; मोड़ना, झुकाना (*deflect*); 4. (*wrench away*) छीन लेना; 5. (*extort*) ऐंठना; 6. (*tug*) झटके से खींचना, कसकर खींचना; —*n.*, 1. (*of musical instrument*) खूँटी*; 2. मरोड़*। > रे'स्ट

wrestle, *v.*, कुश्ती* लड़ना, मल्लयुद्ध क०; **~with,** 1. से कुश्ती* लड़ना; 2. (*contend with*) से लड़ना, से भिड़ना, का सामना क०, का मुक़ाबला क०, से संघर्ष क०; —*n.*, कुश्ती*, मल्लयुद्ध; कड़ा संघर्ष। > रे'सॅल

wrestler, पहलवान, कुश्तीबाज़, मल्ल। > रे'स्-लॅ

wrestling, कुश्ती*, मल्लयुद्ध; **~-match,** दंगल; **~-ring,** अखाड़ा, दंगल। > रे'स्-लिन्ग

wretch, 1. (*unfortunate*) अभागा, कमबख़्त, दईमारा; 2. (*contemptible*) कमीना आदमी, नीच। > रे'च

wretched, 1. (*sad, miserable*) दु:खी; शोकसन्तप्त; 2. (*unfortunate*) अभागा, बदनसीब, बदक़िस्मत, हतभागा; 3. (*contempitble*) घिनावना, घृणित, अधम, नीच, तुच्छ; 4. (*of bad quality*) घटिया, रद्दी; 5. (*unsatisfactory*) असन्तोषजनक; 6. (*dismal, squalid*) मनहूस, निरानन्द; 7. (*poor*) फटेहाल; दयनीय; ग़रीब; 8. (*dirty*) गन्दा मैला; 9. (*excessive*) घोर, बहुत बड़ा; **~ ness,** दु:ख; कमबख़्ती*; ग़रीबी*। > रे'च्/इड, ~ इड्-निस

wrick, *n.*, (हलकी) मोच*; *v.*, मुड़काना। > रिक

wriggle, *v.*, 1. (*squirm*) कुलबुलाना, छटपटाना, तड़पना; 2. (*move along*) रेंगना; 3. (*evade*) टाल-मटोल* क०, टाल-टूल* क०, बहानेबाज़ी* क०; **~out of**, युक्ति* से या चालबाज़ी* से बच निकलना; —*n.*, 1. कुल-बुलाहट*, छटपटाहट*; 2. (*wriggling movement*) परिसर्पण-गति*; 3. टाल-मटोल*। > रिगॅल

wriggler, पैंतरेबाज़, चालबाज़, बहानेबाज़; कुल-बुलानेवाला; रेंगनेवाला। > रिग्-लॅ

wright, बनानेवाला। > राइट

wring, *v.*, 1. (*twist*) मरोड़ना, ऐंठना; 2. (*pervert sense*) अर्थ का अनर्थ क०, ग़लत अर्थ लगाना; 3. (*extort, ~ from, out of, out*) ऐंठना, ऐंठ लेना; 4. (*force out moisture, ~ out*) निचोड़ना; 5. (*press*) दबाना; ~ neck of, मार डालना, गरदन* मरोड़ना; ~one's hands, हाथ मलना, हाथ मरोड़ना, हाथ मलते रह जाना; —*n.*, मरोड़*; दबाव; निचोड़; **~ er,** निचोड़ मशीन*। > रिन्ग

wrinkle, *n.*, 1. (*in skin*) झुर्री* (*because of age*); शिकन*; 2. (*in cloth etc.*) सिलवट*, शिकन*; 3. (*tip, hint*) संकेत, गुप्त सूचना*; युक्ति* (*recipe*); —*v.*, 1. शिकन* या सिलवटें डालना; 2. (*become wrinkled*) चिंगुड़ना, चुचकना, झुर्रियाँ* पड़ना (*of skin*) शिकन* या सिलवटें* पड़ना; ~ up one's forehead, भौंह* मरोड़ना, नाक-भौंह* चढ़ाना; ~up one's nose, नाक* चढ़ाना। > रिन्[कॅल

wrinkled, झुर्रीदार, चुचका हुआ; शिकनदार। > रिन्[कॅल्ड

wrist, 1. पहुँचा, कलाई*, मणिबन्ध, गट्टा; 2. (*part of garment*) कलाई*; ~ watch, कलाई-घड़ी*; **~band,** कफ़; **~ let,** पहुँची*। > रिस्ट

writ, 1. लेख, हुक्म-नामा, परवाना, परमादेश; 2. (*fig.; authority*) हुकूमत*; Holy W~, धर्मग्रन्थ, बाइबिल*; ~ of habeas corpus, बन्दीप्रत्यक्षीकरण-लेख; ~ of mandamus, परमादेश; ~ of petition, समादेश-याचिका*; ~ of prohibition, प्रतिषेध-लेख; ~ of quo warranto, अधिकारपृच्छा-लेख। > रिट

write, 1. लिखना; लिख लेना; 2. पत्र देना, (चिट्ठी*) लिखना; 3. (*a book*) लिखना; रचना* क०; 4. (*stamp marks indicating something*) अंकित क०; 5. (*fill in*) भरना, भर देना; **~ down,** 1. लिख देना; 2. (*disparage*) निन्दा* क०; **~ in for,** लिखकर आवेदन क०; **~off,** 1. लिखकर भेजना; 2. (*a debt*) बट्टे-खाते में डालना; 3. (*concel*) रद्द क०; 4. (*consider as lost*) नष्ट समझ लेना; **~out,** पूरा-पूरा लिख डालना; **~up,** 1. पूरा क०; 2. प्रशंसा* क०; 3. (*exaggerate*) बढ़ा-चढ़ाकर लिखना। > राइट

write-off, कुल हानि*। > राइट्-ऑफ़

writer, 1. लिखनेवाला, कातिब; 2. (*clerk*) लिपिक, किरानी, मुंशी; 3. (*author*) लेखक, लेखिका*; ग्रन्थकार, रचयिता। > राइट्-अॅ

write-up, प्रशंसात्मक विवरण या विज्ञापन। > राइट्-अॅप

writhe, तड़पना, छटपटाना (*also fig.*)। > राइद

writing, 1. (*act*) लेखन, लिखाई*; ग्रन्थरचना*; 2. (*style of handwriting*) लिखावट*, लिखाई*, लिपि*; 3. (*anything written*) लेख; लेख्य, दस्तावेज़* (*document*) 4. (*pl.*) रचनाएँ; in ~, लिखकर, लिखित; put in ~, लिख डालना; ~ on the wall, घोर अपशकुन; **~-case,** लेखन-डिब्बा; **~-desk, ~-table,** लिखने की मेज़*; **~-material,** लेखन-सामग्री*; **~-pad,** पत्राली*, पत्रावली*;

~-paper, पत्र का काग़ज। > राइट्-इन्ग

written, लिखित, लिखा हुआ, लिपिबद्ध; ~examination, लिखित परीक्षा*; ~ in water, क्षणभंगुर, नश्वर। > रिटॅन

wrong, *adj.*, 1. (*incorrect*) ग़लत, भ्रान्तिपूर्ण, असत्य, असत्, अशुद्ध; 2. (*in error*) भ्रम में, भ्रान्त, भ्रान्तिमान्; 3. (*sinful, evil*) अनैतिक, दोषपूर्ण, बुरा, खराब, पापमय; 4. (*unjust*) अन्यायपूर्ण, अन्याय्य; अधर्म्य; 5. (*illegal*) अवैध, ग़ैरक़ानूनी, अविधिक; सदोष; 6. (*not suitable*) अनुचित; अनुपयुक्त; ग़लत (*other than the right*); 7. (*out of order*) खराब; ~ side (*of a fabric*), उलटा; ~'un, 1. बदमाश; 2. (*cricket*) गूग्लि; get the ~ end of the stick, ग़लत समझना; get on the ~ side of, को नाराज़ क०, का कोपभाजन बनना; on the ~ side of 60, (उमर* में) साठ से ज्यादा —*adj.*, ग़लत ढंग से; ग़लत दिशा* में get in ~ with, को नाराज़ क०; get Mohan in ~ with, मोहन का दुश्मन बना देना, में मोहन के प्रति नाराज़गी* पैदा क०; go ~, 1. भूल* क०, ग़लती* क०; 2. (*morally*) पथभ्रष्ट हो जाना, चरित्रहीन बनना; 3. (*function badly*) ख़राब हो जाना; —*n.*, 1. (*injustice*) अन्याय, बेईसाफ़ी*; 2. (*sin*) पाप, अधर्म; अपराध (*offence*); 3. (*unjust treatment*) दुर्व्यवहार; do ~, पाप क०; अपराध क०; put one in the ~, किसी को दोषी सिद्ध क०; you are in the ~, आपका दोष है; —*v.*, के साथ अन्याय क०; के साथ दुर्व्यवहार क०; 2. (*injure*) को हानि* (नुकसान) पहुँचाना, का अपकार क०; 3. (*mistakenly attribute bad motives to*) के बारे में ग़लत सोचना, ग़लत समझना। > रॉन्ग

wrong/doer, अधर्मी; पापी, पापाचारी; अन्यायी; **~doing,** पापाचार, दुराचार; अधर्म, पाप; अन्याय। > रॉन्ग/डूॲ, ~ डू-इन्ग

wronged, अपकृत। > रॉन्ग्ड

wrongful, 1. (*unjust*) अन्यायपूर्ण, अन्याय्य, अधर्म्य; 2. (*unfair*) अनुचित, बेजा; 3. (*unlawful*) अवैध, सदोष; ~ confinement, सदोष निरोधन; **~ly,** अन्यायपूर्वक। > रॉन्गफ़ुल

wrong-headed, हठदर्मी, दुराग्रही। > रॉन्गहे 'डिड

wrongly, 1. ग़लत ढंग से; 2. (*unfairly, wrongfully*) अन्यायपूर्वक; अनुचित रीति* से; 3. (*inaccurately*) भूल* से, ग़लती* से। > रॉन्ग्-लि

wroth, क्रुद्ध, कुपित। > रोथ = रॉथ

wrought, गढ़ा; ~ iron, पिटवाँ लोहा; **~-up,** व्यग्र, उत्तेजित, अतिश्रान्त। > रॉ:ट

wry, 1. (*twisted*) मरोड़ा हुआ, तोड़ा-मरोड़ा; 2. (*skew, oblique*) टेढ़ा, तिरछा; 3. (*embittered*) कटु; 4. (*ironical*) व्यंग्यपूर्ण कटु; 5. (*expressing distaste*) अप्रसन्न, नाराज़; make a ~ face, मुँह बनाना, नाक* चढ़ाना; **~neck,** गर्दनऐंठा; **~-necked,** टेढ़ी गरदन-वाला, वक्रग्रीव, कजगर्दन। > राइ

wyvern, परदार साँप। > वाइवॅन

Xx

xanthic, पीताभ। > ज़ैन्-थिक

Xanthippe, कर्कशा*, चण्डी*, लड़ाकी स्त्री*। > ज़ैन्-टिप्-इ

xanthophyll, पर्णपीत, ज़ैन्थोफ़िल। > ज़ैन्थॅफ़िल

xanthopsia, पीतदृष्टि*, ज़ैन्थॉप्सिम। > ज़ैन्थॉप्-सि-ॲ

xanthosis, पीतरोग। > ज़ैन्थोस्-इस

xanthous, पीता; मंगोलीय। > ज़ैन्थॅस

xebic, पाल-नाव*। > ज़ीबे 'क

xenial, आतिथ्य-। > ज़े 'न्-इॲल

xeno/gamy, परपरागण; **~lith,** अपराश्म; **~mania,** विदेश-प्रेम; **~morphic,** अपरूपक। > ज़े नॉगमि; ज़े 'नॅलिथ; ज़े 'नॅमेन्-इअ; ज़े 'नॅमॉ:फ्-इक

xenon, ज़ीनॉन। > ज़े 'नॅन

xeno/phobe, विदेशी-द्वेषी; **~ phobia,** 1. (*hatred*) विदेशी-द्वेष; 2. (*fear*) विदेशी-भीति*। > ज़े 'नॅफ़ोब; ज़े 'नॅफ़ोब्-इॲ

xeransis, शुष्कण। > ज़िॲरैन-सिस

xerasia, बाल-शुष्कता*। > ज़िॲरेज़-इॲ

xeroderma, चर्म-शुष्कता*, त्वचाखरता*। > ज़िॲरॅडॅ:म्-ॲ

xerography, विद्युत-छायाचित्रण। > ज़िॲरॉग्रॅफ़ि

xero/philous, ~ phytic, मरुद्भिदी; **~phil, ~ phyte,** मरुद्भिद्; **~phily, ~ phytism,** मरुद्भिदता*। > ज़िॲरॉफ़्-इलॅस; ज़िॲरॅफ़िट्-इक; ज़िॲरॅ फ़िल; ज़िॲरॅफ़ाइट; ज़िॲरॉफ़्/इलि, ~ इटिज़्म

xerophthalmia, शुष्क नेत्रप्रदाह, शुष्कक्षिपाक। > ज़िॲरॉफ़्थैल्-मिअ

xiphisternum, पश्च-उरोस्थि*, उरः पत्रक। > ज़िफ़िस्टॅ:नॅम

xiphoid, असिरूप, खड्गाकार। > ज़िफ़ाइड

X-ray, *adj.*, एक्स-किरण-; *n.*, 1. एक्स-किरण-फोटो; 2. एक्स-किरण*; —*v.*, एक्स-किरण-फोटो लेना। > ए'क्स-रे (*adj., n.*) ए'क्से-रे (*v.*) ए'क्स्-रेज़

xylem, दारु। > ज़ाइले'म

xylocarp, काष्ठ-फल। > ज़ाइलॅकाप

xylo/graph, काष्ठचित्र **~ grapher,** काष्ठ-चित्रकार; **~graphic**, काष्ठचित्रीय; **~ graphy,** काष्ठ-चित्र-कला*। > ज़ाईलॅग्राफ़; ज़ाइलॉग्रॅफ़ॅ; ज़ाइलॅग्रैफ़्-इक; ज़ाइलॉग्रॅफ़ि

xyloid, काष्ठीय। > ज़ाइलॉइड

xylophagous, काष्ठ-भक्षी। > ज़ाइलॉफ़ॅगॅस

xylophone, काष्ठतरंग*। > ज़ाइलॅफ़ोन

xylose, काष्ठ-शर्करा*। > ज़ाइलोस

xyster, खुरचनी*। > ज़िस्टॅ

xystus, 1. व्यायाम-मण्डप; 2. (*lane*) वीथी*। > ज़िस्टॅस

Yy

yabber, *n.(v.)* बकवाद* (क०)। > यैब्-ॲ

yacht, यॉट; **~ ing,** नौकाविहार। > यॉट; यॉट्-इन्ग

yah, छि, वाह। > या

yahoo, नरपशु। > यॅहू

Yahveh, Yahweh, यहोवा। > यावे; यावे

yak, सुरागाय*, चमर। > यैक

yam, 1. (*potato ~*) रतालू; 2. (*Indian ~*) अरबी*; अरुई*, घुइयाँ*। > यैम

yammer, 1. विलपना; 2. (*whine*) रिरियाना; 3. (*grumble*) बड़बड़ाना। > यैम्-ॲ

yank, *v.*, झटके से खींचना, झटककर खींचना; —*n.*, झटका। > यैन्क

Yankee, *adj., n.*, अमरीकी, अमरीकन, अमेरिकन; **~ dom**, अमरीकीपन, **~fy,** अमरीकी (ढंग का) बना देना। > यैन्क्-इ

yaourt, दही। > या-उर्ट

yap, *v.*, 1. भूँकना; 2. (*talk*) बकना (*idly*); टेंटें* क० (*noisily*); —*n.*, भों-भों*, भौंक*; बकवाद*; टेंटें*। > यैप

yard, *n.*, 1. (*unit of length*) गज़; 2. (*spar supporting sail*) पीरमान, अड़डण्डा; 3. (*enclosed area*) अहाता; बाड़ा; प्रांगण; —*v.*, बाड़े में रखना या बन्द क०; प्रांगण में रखना। > याड

yardage, 1. लम्बाई* (*length*); क्षेत्रफल (*area*); आयतन (*volume*); 2. बाड़े या प्रांगण का किराया। > याड्-इज

yardang, यारडांग। > याडैन्ग

yard-arm, पीरमान का सिरा। > याड्-आम

yardmaster, यार्डमास्टर। > याड्-मास्टॅ

yardstick, मानदण्ड। > याड्-स्टिक

yarn, *n.*, 1. सूत, तागा; 2. (*anecdote*) क़िस्सा; spin a ~, क़िस्सा सुनाना; —*v.*, 1. क़िस्से सुनाना; 2. (*chat*) गपशत* क०। > यान

yarrow, सहस्त्रपर्णी। > यैरो

yashmak, यश्माक़। > यैश्मैक

yataghan, खंजर। > यैटॅगैन

yaw, *v.*, विचलना; *n.*, विचलन। > यॉ:

yawl, 1. (दो मस्तूल वाली) पाल-नाव*; 2. (*small boat*) डोंगी*, छोटी नाव*। > यॉ:ल

yawn, *n.*, जँभाई*; *v.*, 1. जँभाना, जँभाई* लेना; 2. मुँह फैलाना; फैल जाना; 3. (*be bored*) ऊब जाना; 4. (*be sleeply*) ऊँघना। > यॉ:न

ye, तुम। > यी; यि

yea, *n.*, हाँ*; *interj.*, 1. हाँ; 2. (*nay*) बल्कि। > ये

yean, ब्याना; **~ ling,** 1. (*lamb*) मेमना; 2. (*young goat*) बकरी* का बच्चा। > यीन; यीन्-लिन्ग

year, 1. वर्ष, बरस, साल, संवत्सर; 2. (*pl., age*) उमर*, अवस्था*; anomalistic ~, परिवर्ष; calendar, civil, legal ~, पत्रीवर्ष; financial, fiscal ~, वित्तीय वर्ष; Holy Y~, पुण्य-वर्ष; leap-~, bissextile ~, अधिवर्ष; light ~, प्रकाश-वर्ष; liturgical ~, पूजन-वर्ष; linar ~, चाँद्र वर्ष; sidereal ~, नाक्षत्र वर्ष; tropical ~, सायन वर्ष; ~ by ~, वर्ष प्रतिवर्ष; ~ in ~ out, निरन्तर; a ~, प्रतिवर्ष, वार्षिक; in the ~ one, बहुत पहले; in the **~A.D.** 1967, सन् १९६७ ई० में; in ~ s, बुड्ढा, वृद्ध; this ~, इस वर्ष। > यिः, यें:

year/-book, शब्द-कोश; **~ling,** एकवर्षी(य); **~-long,** वर्षभर का; **~ly,** *adj.*, वार्षिक, सालाना; *—adv.*, 1. (*annually*) वार्षिक; 2. (*every ~*) प्रतिवर्ष।

yearn, 1. (*long for*) के लिए ललकना, तरसना, लालायित होना, लालसा* क०; 2. (*feel pity for*) पर तरस खाना, तरस आना; **~ing,** लालसा*, ललक*, उत्कंठा*; तरस। > यें:न

yeast, ख़मीर, यीस्ट। > यीस्ट

yeasty, 1. ख़मीरी, ख़मीरा; 2. (*frothy*) झागदार; 3. (*in a ferment*) अशान्त; 3. (*of a person; frivolous*) छिछोरा, हलका; 4. (*superficial, of talk*) सतही, ऊपरी, हलका। > यीस्ट्-इ

yell, *v.*, 1. चिल्लाना; 2. (*scream*) चीखना, चीकना; 3. (*laugh boisterously*) ठठाकर हँसना, ठहाना लगाना; किलकारना; *—n.*, चिल्लाहट*; चीख़*, चीक*; ठहाना, अट्टहास; किलकारी*, किलकार*। > ये'ल

yellow, 1. पीला, पीत, ज़र्द; 2. (*Mongolian*) मंगोली; 3. (*cowardly*) डरपोक, कायर; 4. (*mean*) नीच; 5. (*jealous, envious*) जरतुवा, डाही, ईर्ष्यालु; 6. (*melancholy*) उदास; ~ fever, ~ Jack, पीतज्वर; ~peril, पीतातंक; ~ press, रोमांचकारी समाचापत्र, सनसनीख़ेज, अख़बार; ~ spot, पीतबिन्दु; ~ streak, कायरता* की कमज़ोरी*; *—n.*, 1. पीला, पीत, ज़र्दी*; 2. (*cowardice*) कायरता*; 3. (*meanness*) नीचता*; 4. (*pl., jaundice*) पीलिया; *—v.*, पीला पड़ना, ज़र्द पड़ना; पीला कर देना; **~ ish, ~y,** पीला-सा, आपीत। > ये'लो

yelp, *v.*, चीख़ना, चीकना; *n.*, चीख़*, चीक*। > ये'ल्प

yen, *v.*, ललकना; *n.*, ललक*। > ये'न

yeoman, भूमिधर; छोटा ज़मींदार; वालंटियर रिसालदार; ~ ('s) service, गाढ़े में सहायता*; **~ry,** भूमिधर-वर्ग; वालंटियर रिसाला। > योमॅन, ~ रि

yes, *adv.*, हाँ; सचमुच, अवश्य ही सच?; हाँ, क्या बात* है? *—n.*, हाँ*; हामी*; *—v.*, हाँ कहना, हाँ* भरना, हामी* भरना; **~-man,** जीहुज़ूरिया। > ये'स; ये'स्मॅन

yester, कल का; पूर्व, पिछला। > ये'स्टॅ

yesterday, *n.*, 1. कल; 2. (*pl.*) प्राचीन काल; *—adv.*, कल; हाल में; the day before ~, परसों; ~evening, yester-eve(n), yestreen, कल शाम* (को), कल साँझ (को), कल संध्या* को, कल सायंकाल; ~ morning, yester-morn(ing), कल प्रातः; कल सुबह; ~ night, yester-night, कल रात*(को)। > ये'स्टॅ/डे, = डि

yester-year, *adj.*, पिछला साल, गत वर्ष; *—adv.*, पिछले साल, गर्त वर्ष। > ये'स्टॅयिॲ

yet, 1. (*as ~*) अब तक, अभी तक, अद्यापि, 2. (*as~*) तब तक, उस समय तक; 3. (*now*) अब, इस समय; 4. (*eventually*) किसी समय, किसी दिन, आखिरकार, अन्ततोगत्वा; 5. (*again, in addition*) इसके अतिरिक्त, इसके अलावा; इससे अधिक; nor ~, भी नहीं; 6. (*with comparative*) इससे भी अधिक, और भी; 7. (*nevertheless*) फिर भी, तथापि, तिस पर भी, के बावजूद; *—conj.*, फिर भी; परन्तु, किन्तु; while there is ~ time, समय रहते। > ये'ट

yeti, येती, हिममानव। > येट्-इ

yew, सदाबहार। > यू

yield, *v.*, 1. (*produce*) उत्पन्न क०, पैदा क०; फ़सल* देना; फल लाना; 2. (*bring in*) उत्पन्न क०, से लाभ होना; 3. (*give*) देना; पहुँचाना; 4. (*give up, surrender*) समर्पित क०, अर्पित क०; के हवाले क०; सौंपना; 5. (*give way*) झुक जाना; मान जाना; 6. (*make submission to*) आत्मसमर्पण क०; ~to treatment, उपचार से अच्छा होना; ~ the palm, हार* मानना; ~ the point, बात* स्वीकार क०; ~up the ghost, मर जाना; *—n.*, 1. (*produce*) उत्पादन, उपज*, पैदावार*; 2. (*crop*) फ़सल*, पैदावार*, उपज*; 3. (*profit*) लाभ, नफ़ा, मुनाफ़ा, प्राप्ति। > यील्ड

yielding, 1. झुकनेवाला; विचलित होनेवाला; 2. (*flexible*) सुनम्य; 3. (*compliant*) दबैल; अनुवर्ती, आज्ञाकारी। > यील्ड्-इन्ग

yodel, *v.*, आलापना; *n.*, आलाप। > योडॅल

yoga, योग। > योग्-ॲ

yog(h)urt, दही। > योग्-उर्ट; योगॅःट

yogi, योगी। > योग्-इ

yoke, 1. (*of animals*) जूआ, जुआ, युग; 2. (*for carrying pails*) बहँगी*; 3. (*pair*) जोड़ी*, जोड़ा, युग्म; 4. (*of dress*) कंधे पर (या कमर* पर) का हिस्सा; 5. (*cross-bar*) डण्डी*; 6. (*coupling piece*) जोड़; 7. (*bondage, subjection*) दासता*,

गुलामी*, पराधीनता*; 8. (*sway*) शासन, हुकूमत*; अधिकार (*authority*); 9. (*bond of union*) बन्धव; विवाह-बन्धन (*of marriage*); —*v.*, 1. जोतना, जूए में लगाना; 2. (*unite*) जोड़ना; 3. मिलकर काम क०; 4. (*match together*) मेल खाना। > योक

yoke/-bone, गण्डास्थि*; **~fellow, ~ mate,** 1. सहयोगी, सहकर्मी; सहचर, साथी; 2. (*husband*) पति, भर्ता; 3. (*wife*) पत्नी* जोरू*।

yokel, देहाती, गँवार। > योकॅल

yolk, 1. पीतक, ज़रदी*; 2. (*wool-oil*) ऊर्णवसा*, लैनोलिन; **~-bag, ~-sac,** पीतकमय; वसामय। > योक; योक्-इ

yon, *adv.*, वहाँ; उधर; *adj.*, वहाँ का, उधर का; *pron.*, वह; वे। > यॉन

yonder, *adv.*, वहाँ; उधर; *adj.*, वहाँ का, उधर का। > यॉन्डॅ

yore, प्राचीन काल; of ~, प्राचीन काल में। > यॉ:

you, 1. तुम; आप; तुम लोग; आप लोग; 2. (*one*) कोई। > यू, यु

young, *adj.*, 1. (*not far advanced in age*) छोटा, कमसिन, अल्पवयस्क; 2. (*juvenile*) तरुण, किशोर, जवान, युवा, युवती* 3. (*of recent growth, development, formation; fig.*) तरुण; 4. (*fresh, vigorous*) तरुण, ताज़ा; चुस्त; फुरतीला; 5. (*inexperienced, immature*) अनाड़ी, कच्चा, बच्चा, अनुभवहीन, अपरिपक्व; in my ~ days, बचपन में; जवानी* में; my (your, her) ~ man, मेरा (आपका, उसका) प्रेमी; my (your, his) ~ woman, मेरी (आपकी, उसकी) प्रेमिका*; —*n.*, बच्चा, बच्चे; the~, युवजन, लड़के-लड़कियाँ; with ~, गर्भिणी*, गाभिन*। > यॅन्ग

younger, the ~, कनिष्ठ। > यॅन्ग्-अॅ = यॅन्ग्गॅ

youngers, लघुजन। > यॅन्ग्-अॅज़, = यॅन्ग्गॅज़

youngish, किशोर, तरुण। > यॅन्ग्-इश

youngling, बच्चा। > यॅन्ग्-लिन्ग

youngster, 1. (*child*) बच्चा; 2. (*lad; young'un*) लड़का, लौंडा, छोकरा। > यॅन्ग्स्टॅ; यॅन्-अॅन

younker, जवान। > यॅन्कॅ

your, तुम्हारा; आपका। > युअॅ, यॉ:

yours, 1. तुम्हारा; आपका; 2. आपका पत्र; ~ truly, 1. (*yours faithfully*) भवदीय; 2. (*in conversation*) मैं; what's ~ , आप क्या लेंगे। > युअॅज़,यॉ:ज़

yourself, आप (तुम) स्वयं, आप खुद, आप ही; by~, अकेला; be ~, सँभल जाओ। > युअॅसे 'ल्फ़

youth, 1. (*adolescence*) उठती जवानी*, किशोरावस्था*, कैशोर; तरुणाई*, जवानी*, यौवन; 2. (*quality of~*) तरुणाई*; 3. (*young man*) जवान, युवक, नवयुवक; 4. (*young people*) युवजन, लड़के-लड़कियाँ; ~ movement, युवा-आंदोलन। > यूथ

youthful, 1. (*young*) युवा, तरुण; 2. (*fig.*) तरुण; ~ offender, किशोर-अपराधी; ~ stage, तरुणावस्था*। > यूथ्फ़ुल

yowl, *v.*, 1. (*howl*) हुआना; 2. (*scream, yell*) चीखना, चीकना; *n.*, हुआँ; चीख*, चीक*। > याउल

ytterbium, इटर्बियम। > इटॅ:ब्-इअॅम

yttrium, इट्रियम। > इट्-रिअॅम

yule, बड़ा दिन, ख्रीस्त-जयन्ती*। > यूल

Zz

zany, *n.*, 1. (*buffoon*) भाँड़, मसख़रा, विदूषक; 2. (*idiot*) मूर्ख, उल्लू; —*adj.*, 1. भँडेहरी; 2. मूर्ख, बेवकूफ, नासमझ; 3. (*crazy*) सनकी, पागल। > ज़ेन्-इ

Zarathus/tra, जरतुश्त, जरदुश्त; **~trian,** जरतुश्ती। > ज़ैरॅथूस्/ ट्रॅ, ~टिअॅन

zaratite, ज़ैराटाइट। > ज़ैरॅटाइट

zariba, zareba, 1. (*stockade*) घेरा, लकड़कोट; 2. (*enclosure*) घेरा, बाड़ा। > ज़ॅरीबॅ; ज़ॅरीब्-अॅ

zeal, उत्साह, जोश, सरगर्मी*; religious ~, धर्मोत्साह। > ज़ील

zealot, 1. कट्टर-पंथी; 2. (*fanatical supporter*) कट्टर समर्थक; 3. (Z~) यहूदी राष्ट्रवादी; **~ry,** कट्टरपन। > ज़े 'लॅट

zealous, 1. (*of a person*) उत्साही, जोशीला; धर्मोत्साही; 2. उत्साहपूर्ण; **~ly,** उत्साह से, सोत्साह; उत्साहपूर्वक। > ज़े 'लॅस

zebra, ज़ेबरा। > ज़ीब्-रॅ = ज़े 'ब्-रॅ

zebu, ककुद्मी, कुकुद्मान् बैल। > ज़ीब्-ऊ

zedoary, जदवार, कचूर; आमाहल्दी*, आँबाहल्दी*; black ~, नरकचूर। > ज़े'डोऑरि

zeitgeist, युगचेतना*। > ट्साइट्गाइस्ट

zeloso, सोत्साह। > ज़िलोसो

zemindar, ज़मींदार। > ज़िमिन्डा

zenana, अन्तःपुर, ज़नाना, ज़नानख़ाना। > ज़िनानॅ

Zend, ज़ेंद; **~-Avesta,** ज़ेंद-अवेस्ता।

zenith, 1. शिरोबिन्दु, खमध्य; 2. (*fig., acme*) चरम बिन्दु, पराकाष्ठा*। > ज़े'न्-इथ = ज़ीन्-इथ

zephyr, 1. (*light westerly wind*) हलकी पछवाँ*; 2. (*gentle breeze*) समीर; 3. (*jersey*) जर्सी*। > ज़े'फ़-ऑ

Zeppelin, ज़ेपेलिन। > ज़े'पॅलिन

zero, 1. (*cipher*) शून्य, सिफ़र, सुन्ना; 2. (*nil, nought*) शून्य, कुछ नहीं, सिफर; 3. (*bottom of scale*) शून्य, शून्यांक; 4. (*freezing-point*) हिमांक; absolute ~, परम शून्य; 5. (*person*) सिफ़र, नगण्य व्यक्ति; 6. (*nadir*) अधोबिन्दु; ~hour, 1. अभियान-वेला*; आक्रमण-वेला*; 2. (*moment of crisis*) संकट-वेला*, संकट की घड़ी*। > ज़िऑरो

zest, 1. (*piquancy*) मज़ा, सुस्वाद; चटपटापन; 2. (*fig. stimulating flavour*) मज़ा, रस; 3. (*enjoyment, gusto*) मज़ा, रस; 4. (*gusto*) चाव, उत्साह, जोश; दिलचस्पी*, रुचि*; **~ful,** मज़ेदार; जोशीला, उत्साही। > ज़ेस्ट; ज़े'स्ट्फ़ुल

zetetic, अन्वेषणात्मक। > ज़ीटे'ट्-इक

zeugma, दीपक। > ज़्यूग्मॅ

Zeus, (यूनानी) देवराज। > ज़्यूस

Zibet, खट्टाश। > ज़िब्-इट

zigzag, *adj*., टेढ़ा-मेढ़ा; *adv*., टेढ़े-मेढ़े; *—n*., टेढ़ी-मेढ़ी रेखा* (*line*), सड़क* (*road*) या खाई* (*trench*); *—v.i.*, टेढ़े-मेढ़े आगे बढ़ना, जाना या चलना; *—v.t.*, टेढ़े-मेढ़े चलाना। > ज़िग्ज़ैग

zillah, ज़िला, मण्डल। > ज़िल्-ऑ

zinc, *n*., जस्त, जस्ता, यशद, ज़िन्क; *v*., जस्ता चढ़ाना। > ज़िन्क

zinco/graph, *n*., यशद-मुद्र; *v*., यशद-मुद्रण क०; यशद पर अंकित क०; **~graphy,** यशद-मुद्रण। > ज़िन्कॅग्राफ़; ज़िन्कॉग्रॅफ़ि

zinky, यशदीय; यशदमय। > ज़िन्क्-इ

Zion, सियोन; **~ism,** सियोनवाद। > ज़ाइ-ऑन्; ज़ाइ-ऑ-निज़्म

zip, *n*., 1. (*~-fastener, ~per*) ज़िप; 2. (*sound*) सनसनाहट*; 3. (*energy, vigour*) उत्साह, तेजस्विता*, ओजस्विता*; मुस्तैदी*; *—v*., 1. ज़िप से बन्द क०; 2. (*whizz*) सनसनाना; 3. (*dart*) तेज़ी* से आना, जाना या पार क०; **~py,** मुस्तैद; फुरतीला; उत्साही; ओजस्वी, तेजस्वी। > ज़िप; ज़िप्-इ

zircon, तुरसावा, ज़रकॉन; **~ium,** ज़र्कोनियम। > ज़ॅ:कॅन; ज़ॅ:कोन्-इऑम

zither, सितार। > ज़िथ्-ऑ

Zizyphus, बेर। > ज़िज़िफ़ॅस

Zoar, शरण-स्थान, शरण्य। > ज़ो-आ

zodiac, राशिचक्र; sign of the ~, राशि*; **~al,** (*light*), राशिचक्रीय (प्रकाश)। > ज़ोड्-इ-ऐक; ज़ो-डाइ-ऑ-कॅल

zoetrope, जीवन-चक्र। > ज़ो-इ-ट्रोप

zoic, 1. जैव; 2. (*containing fossils*) जीवाश्म-मय। > ज़ो-इक

Zolaism, ज़ोलावाद, विकृत यथार्थवाद। > ज़ोलॅ-इज़्म

zollverein, सीमाशुल्क-संघ। > ट्सॉल्फ़ॅराइन

zombi(e) 1. (*python god*) अजगर-देवता; 2. (*corpose) revived or controlled by withcraft*) जादू-संचालित शव; 3. (शव प्रवेशी) जिन; 4. (*fig.*) जीवित शव; 5. (*stupid person*) उल्लू का पट्ठा। > ज़ॉम्-बि

zonal, (*see* ZONE) मण्डलीय, क्षेत्रीय; कटिबन्धीय। > ज़ोनॅल

zonary, 1. *see* ZONAL; 2. (*arranged in a band*) मेखलाकार। > ज़ोनॅरि

zonate, धारीदार। > ज़ोनेट

zonation, अनुक्षेत्र वर्गीकरण। > ज़ोनेशॅन

zone, 1. (*area*) क्षेत्र, मण्डल; 2. (*math., geogr.*) कटिबंध; frigid ~, शीत ~; temperate ~, शीतोष्ण; torrid ~, उष्ण 3. (*incircling band*) मेखला*; 4. (*girdle*) कमरबन्द, पेटी*, मेखला*; 5. (*stripe*) धारी*; ~time, स्थानीय समय; *—v*., 1. क्षेत्रों (मण्डलों) में विभाजित क०; 2. (*encircle*) पेटी* लगाना, वलयित क०; 3. (*mark with stripes*) धारियाँ* लगाना, धारीदार क०। > ज़ोन

zoning, मण्डलन। > ज़ोन्-इन्ग

zoo, *see* ZOOLOGICAL GARDEN। ज़ू

zoo-, प्राणी-, जीव-। > ज़ो-ऑ

zoo/blast, प्राणी-कोरक; **~chemistry,** प्राणि-रसायन; **~ecium,** जीवकधानी*; **~gamete,** चल-युग्मक; **~gamy,** लैंगिक जनन; **~genic,** जीवप्रभूती; **~geography,** प्राणी-भूगोल; **~gloea,** श्लेष्मावृत जीवाणु; **~graphy,** प्राणि-विवरण।

zooid, जीवक। > ज़ो-ऑइड

zoolatry, प्राणि-पूजा*; जन्तु-पूजा*। > ज़ोऑलॅट्रि

zoolite, अश्मीभूत प्राणी। > ज़ो-ऑ-लाइट

zoo/logical, प्राणी-विज्ञान-; — garden(s), चिड़ियाघर, चिड़ियाखाना, जन्तु-शाला*; **~logist,** प्राणी-विज्ञानी; **~logy,** प्राणी-विज्ञान। > ज़ो-ऑलॉजिकॅल; ज़ोऑलॅ/जिस्ट, ~जि

zoom, 1. गुंजारते हुए (*of bees*) या गरजते हुए (*of*

airplane) उड़ना; 2. तेज़ी* से (सीधे) ऊपर उड़ना या उड़ाना; 3. (*of prices*) अचानक बढ़ना; —*n*., तेज़ ऊर्ध्व उड़ान*। > ज़ूम

zoomancy, पशु-सगुनौती* > ज़ो-अॅमैन्सि

zoo/morphic, 1. पशुरूप; 2. (*of a religion*) पशुत्वारोपी; **~morphism,** पशुत्वारोप। > ज़ोॲमॉ:फ़्/इक, ~इज़्म

zoo/parasite, प्राणी-परजीवी; **~phagous,** प्राणिभक्षी; **~philous,** 1. प्राणि-रागी; 2. (*bot.*) प्राणि-परागित; **~phobia,** जन्तु-भीति*; **~phyte,** उद्भिज्ज-प्राणी; **~sperm,** शुक्राणु; **~spore,** चलबीजाणु; **~tomy,** 1. जन्तु-शारीर-विज्ञान; 2. (*dissection*) जन्तु-व्यवच्छेदन।

Zoroas/ter, ज़रतुश्त, ज़रदुश्त; **~trian,** *adj*., ज़रतुश्ती; —*n*., पारसी; **~trainism,** ज़रतुश्त-धर्म, पारसी-धर्म। > ज़ॉरोऐस्/टॅ, ~ट्रिॲन, ~ट्रिॲनिज़्म

zucchetta, zucchetto, (छोटी-सी) टोपी*। > ट्सुके'ट्/ॲ, ओ

zygodactyl, युग्मांगुलि। > ज़ाइगॅडैक्-टिल

zygoma, गण्डास्थि*। > ज़ाइगोम्-ॲ

zygo/morphic, एकव्यास-सममिति*; **~-morphism,** एकव्यास-सममिति*। > ज़ाइगॅमॉ:फ़्/इक, ~इज़्म

zygosis, संयुगमन। > ज़ाइगोस्-इस

zygospore, युग्माणु। > ज़ाइगॅस्पॉ:

zygote, युग्मनज। > ज़ाइगोट

zymase, प्रकिण्व। > ज़ाइमेज़

zymology, किण्व-विज्ञान, कैण्विकी*। > ज़ाइमॉलॅजि

zymosis, किण्वन > ज़ाइमोस्-इस

zymotic, किण्विक, किण्व-। > ज़ाइमॉट्-इक

zymurgy, किण्व-रसायन। > ज़ाइमॅ:जि

APPENDIX

Additional Words and Meanings

[A + sign has been prefixed to additonal words]

+ Aaron, हारुन
abdication, *add* अधिकारत्याग
abortive, 1. *add* गर्भपातक
about, *adv.*, 4. *add* तक़रीबन्
+abreaction, भावविरेचन
absentmindedness, *add* दुचिताई*
absolutism, *add* political ~, राजनीतिक परमसत्तावाद
+absolutive, पूर्वकालिक कृदन्त
abstract, *adj.*, *add* 7. (*duty*) निर्विशेष
+abstractor, संक्षेपकार
academic, 1. *add* शैक्षणिक
academic council, विद्वत्-परिषद्*
+accidentalism, यदृच्छावाद
accommodate, 1. *add* समंजित क०
accommodation, 1. *add* समंजन
accord, *n.*, *add* 3. (*consent*) सहमति*
account, on ~of, *add* के मारे
+accountability, (उत्तर) दायित्व
achromatic, *add* 3. (*colour-blind*) वर्णान्ध
achromatism, *add* 2. वर्णान्धता*
+acid/-proof, ~-resistant, अम्ल-सह
+aclinic line, शून्य-नमन रेखा*
acoustic, *add* 2. (*of plaster*) ध्वनि-अवशोषक
+acromegaly, महांगता*, अस्थिवृद्धि*
act, *n.*, 9. *add* प्रकरण; ~of *war*, युद्धात्मक कार्य; ~s of commission and omission, कृताकृत
actinic, *add* 2. (*of ray*) क्रियाशील
action, 1. *add* संक्रिया*; आन्दोलन (*agitation*)
actual, *add* 3. (*current*) सामयिक
actuality, 1. *add* यथातथ्यता*
+actualization, कार्यान्वयन
adaptability, *add* अनुकूलनक्षमता*
addendum, *add* अनुपूरक
addition, *add* 5. (*to a building*) अनुखंड, उपभवन
addle, *adj.*, 2. *add* गड्ड-मड्ड
address, *n.*, *add* 6. संबोधन
adhere, 3. *add* दृढ़ रहना; 6 (*to a rule*) का पालन क०, का अनुवर्तन क०
adherence, 5. *add* अनुषक्ति*
+ad-lib, *v.*, 1. *see* IMPROVISE ; 2. (*in acting*) जोड़-तोड़ क०
admission, 1. *add* दाख़िला; 4. *add* अभिस्वीकृति*
adolescence, 1. *add* वय:संधि*
adolescent, *add* किशोरकालीन*
adulteress, *add* छिनाल*
adultery, *add* अन्यागमन, छिनाल, ज़िना
advance, *v.t.*, *add* 8. (*a watch*) आगे बढ़ाना, आगे क०
adventurer, 1. *add* जानबाज़
adviser, *add* मंत्रणाकार
aesthetic, *add* ~pleasure (*of lit.*) रसास्वाद
affectation, *add.* बनावट*
affix, 2. *add* उपसर्ग
again, *add* पुन:
aged, *add* 4. कालजीर्ण
+aging, *n.*, जरण
agitation, *to* उत्तेजना* *add* आवेग, क्षोभ
agnate, 1. *add* पितृ-बंधु
aided, *add* साहाय्यित
+ air-conditioner, वातानुकूलक
air-tight, *add* वायु-रोधी
+akinesia, गति-अक्षमता*
alcohol/ic, *adj.*, *add* 2. (*of deterioration*) मद्यजन्य; ~ism, *add* मद्यव्यसनिता*
alienation, 3. *add* मनोरोग; *add* 4. (*estrangement*) मनमुटाव; 5. (*statistics*) विसंबंध; 6. (*metaphysics*) इतरीभवन; 7. (*psychology*) विसंबंधन
alienist, *add* मनोरोग-चिकित्सक
alignment, 2. *add* सुयोजन, एकरेखण
alimental, 1. *add* पोषण-
+alkalizer, क्षारीयक
+all-comprehensive, सर्वग्राही
+all-inclusive, सर्व-समावेशी
alley, *add* covered~, छत्ता
allocation, 2. *add* विभाजन
+alternance, एकान्तरण

alternation, *add* क्रमान्तरण; double~, द्व्यंतरण; simple ~, एकांतरण
+a.m., पूर्वाह्न (में)
ambidexter, 1. *add* दुबाँहिया
ambivert, *add* उभयवर्ती
ambulance, *add* रोगी-गाड़ी*
ament, *add* दुर्बल-मनस्क
amiss, take~, *add* अन्यथा समझना
amok, *see* AMUCK
+anachronistic, कालदोष-युक्त
+anagnorisis, नियताप्ति*
analeptic, *add* पौष्टिक
analgesia, *add* पीड़ा-असंवेदिता*
analogous, 1. *add* समरूप; *add* 3. (*of term*) सदृशार्थक
+anaphrodisiac, कामोपशामक
+androcracy, पुरुषतंत्र
+anecdotal, उपाख्यानमूलक, उपाख्यानात्मक
animal, *adj.*, *add* 4. (*of heat etc.*) जैव
+ankle-bone, घुटिकास्थि*
annihilation, *add* 2. (*physics*) विलोपन
annoyance, 2. *add* झुँझलाहट*
+annoyed, 1. (*harassed*) परेशान, तंग, हैरान; 2. (*irritated*) नाराज़, अप्रसन्न, क्षुब्ध, चिढ़ा हुआ
annual, *n.*, *add* 3. (*yearly publication*) वार्षिकी*
ant, *add* पिपीलिका*
antediluvian, 1. *add* पर्वप्लावनिक
anthropomorphic, *add* मानवाकृतीय
antitoxin, *add* विषमारक
apostle, 1. ईसा का पट्टशिष्य, प्रेरित; 2. (*of a country*) का (आदि) ईसाई धर्मप्रचारक, में ईसाई धर्म का (आदि-)प्रचारक; मसीही धर्मप्रचारक; 3. धर्मप्रचारक; 4. (*of a movement*) उत्साही या ज़ोरदार प्रचारक, ज़ोरदार समर्थक
Apostolic See, *add* रोम का धर्मपीठ; सन्त पापा का अधिकार।
apparatus, *add* critical~, पाठान्तर-सूची*
apparently, *add* ज़ाहिरा
appearance, 3. *add* आकृति*
appetite, 1. *add* तृष्णा*
application, 5. *add* अर्ज़ी*
apposition, *add* 3. (*of a seal*) अंकन, लगाना
appreciable, *to* परिमेय *add* सुप्रेक्ष्य
approach, *n.*, 4. *add* दृष्टिकोण; पद्धति*
appurtenance, 1. *add* अनुलग्नक
a priori, *adj.*, 2. *add* अनुभव-निरपेक्ष
apron, *add* 3. (*theatre*) रंगमुख, अग्रमंच
+aquo, उद-
arch, *add v.*, ऊँचा कर लेना, धनुषाकार कर लेना
+are, (*land-measure*), आर
area, 3. *add* रक़बा
arm, 1. *add* बाज़ू
+armadillo, वर्मी।
armlet, *to* बाजूबन्द *add* केयूर
armed, 2. (*of vehicle*) कवचित
armour, *add* बकतर, बख़्तर
arrester, *add* 2. (*science*) निरोधक
article, 4. *add* प्रवस्तु*
+artifact, शिल्प-उपकरण
artificial, 1. *add* कला-निर्मित
as if, *add* जैसे
aside, *n.*, *add* आत्मगत
+asomatic, अदेह
ass, *add* wild~, गोरख़र
assay, *n.*, *add* 3. (*of metal*) धातु-परीक्षण
assert, 1. *add* कहे देना
assertion, *add* अभिकथन
+assertiveness, आग्रहिता*
asthenia, *add* दुर्बलता*
asthenic, *add* दुर्बल
ataraxia, *to* शम *add* प्रशांतता*
+ataraxic, शामक
atmosphere, 3. *add* माहौल
attainable, *add* अभिगम्य
attainment, 1. *add* अवाप्ति*
attend, 5. *add* इंतज़ाम क०, प्रबंध क०
attire, *n.*, 1. *add* वेश-भूषा*
attrition, *add* war of~, सर्व-क्षयी युद्ध
audience, *add* private ~, पृथक् भेंट*
+audio-gram, श्रव्य-आलेख
+audio-visual aid, श्रव्य-दृश्य साधन
+audited, अंकेक्षित, संपरीक्षित
augur, *add* सगुनिया
aunt, 1. *add* फूफू*; (*father's elder brother's wife*) ताई*; 2. *add* wife's or husband's chachi, चचिया सास*, चचेरी सास*; 4. *add* wife's or husband's mami, ममिया सास*
autarchy, 1. *add* निरंकुश शासन
authority, 6. *add* प्रमाण-ग्रंथ, मान्य-ग्रंथ; 7. *add* आप्त प्रमाण, आप्त; 8. *add* आप्तता*
autism, *add* स्वलीनता*
autochthon, 2. *add* मूलवासी
+automate, स्वचल क०
+automation, स्वचलीकरण

automatism, *add*, यन्त्रवाद
+averaging, माध्य-कलन, माध्यन
+aversive, अपवर्ती; प्रतिकूल
avert, 2. *add* ख़ाली कर देना
avocation, *add* शग़ल; उपवृत्ति*
awareness, *add* प्रत्यक्ष बोध
azimuth, *add* 2. (*bearing*) दिशाकोण
back, *n.*, 1. *add* (*of book*) पुट्ठा
+backflow, प्रतिवाह
background, *n.*, *add* 4. (*of painting*) ज़मीन*; *adj.*, *add* पार्श्व-।
+backscratcher, पुश्तख़ार
backsheesh, *add* बख़्शीश*
backward, *adj.*, 1. *add* पश्चदिशिक
+bacteriological, जीवाण्विक
+bacteroid, जीवाणु-सम
+badly off, बेहाल।
+balconied, छज्जेदार
ball, *add* 5. (*of foot*) पंज
+balling iron, दारुकश
+bamboozle, झाँसना, जुल देना, धोखा देना
ban, *n.*, *add* पाबन्दी*
banausic, 1. (*low*) नीच; 2. (*practical*) व्यावहारिक; 3. (*commercially minded*) व्यापारिक मनोवृत्तिवाला, स्वार्थी, लाभार्थी, बनिये-नुमा।
bang, *n.*, *add* ठाँय-ठाँय*
bankrupt, *add* go~, दिवाला निकालना
barb, *n.*, *add* 5. (*pl. disease*) अंछर
base, *n.*, *add* 8. (*of bullet*) पेंदा; *adj.*, *add* 5. (*music*) मंद्र; ~metal अपधातु*, इतरधातु*
baseless, *add* तथ्यहीन
+batholith, अध:शैल
battle-cry, *add* युद्ध-घोष
bay-salt, *add* समुद्र-लवण
beach pebbles, *add* बजरी
bean, *add* फली*; cluster ~, ज्वार
bearer, *add*, 3. पत्रवाहक
+bearer check वाहक चेक
+bearing rein, गोल बाग*
+beaten, (*of a path*) बहुगत
beating, *add*. पिटाई*, पिटंत*
bed, *n.*, *add* 8. (*of a slate*) तला
+bed-wetting, शय्या-मूत्रण
bee-eater, *add* 2. (*bird*) पतरिंगा
before, *add* as~, पूर्ववत्, यथापूर्व
beg, *add* I~to submit, निवेदन है कि; ~the question, *add* आत्माश्रय-दोष
bellow; *add* 3. (*of a bull*) डकरना
+benevolent fund, दात्व्य निधि*
+bidirectional, द्विदिशिक
+bimerous, द्वितयी
binder, *add* 3. (*chem.*) योजक
biographer, *add* चरितकार
+biphase, द्विकलीय
+biplane, द्वितल वायुयान
+bipotential, द्विविभवी
birth-mark, *add* न्यच्छ
bishop, *add* 2. (*chess*) ऊँट (*in Bihar* पील।)
+bituminous, डामरी, बिटुमेनी
+bivariate, द्विचर
blackmarketteer, चोरबाज़ारिया
+blackmarketing, चोरबाज़ारी*
+blast-pipe, वात्या-नली*
+blear-eyed, 1. I am ~, मेरी आँखें* धुँधलायी हुई हैं; 2. (*stupid*) गावदी, बुद्धू
+blepharitis, पलकान्त-शोथ; वर्त्मान्त-शोथ
blind, *adj.*, 4. *add* अज्ञात; *add* 6. (*of wall*) पूरा; 7. (*of arch*) ; दर्शनी; ~alley (*fig.*), अवरुद्ध स्थिति*; ~-worm यूरोप का गिरगिट
+blinder, (*of harness*) अँधेरी*
blink, *v.i.*, 1. *add* चौंधियाना
block, *n.*, 4. *add* रोध
+blocker, उपरोधक
+blond, सुनहला, सुनहरा
blood-poisoning, *add* रक्तविषालुता*
blood-thirsty, *add* हिंसालु
+blown, विकसित
blunt, *adj.*, 1. *add* गुठला; *v.*, *add* गुठलाना (*v.t. and v.i.*)
body, *add* 11. (*of vehicle*) काय
bolt, *n.*, 1. *add* अर्गली*
+bonded/labour, बँधुवा मज़दूरी*; ~labourer, बँधुआ मज़दूर
+boomerang, *adj.*, प्रतीपगामी
boon-companion, *add* 2. (*in drama*) नर्म सचिव
boot-legging, शराब* का अवैध व्यापार
+border on, की सीमा* तक पहुँचना
+bored, ऊबा हुआ, उचाट
boredom, *add* नीरसता*
boss, *n.*, 1. *add* सरदार; 2. *add* उत्सेध
bounce, *v.i.* 1. *add* टप्पा खाना
bow-legged, *add* बहिर्गतजानु(क)
bow², *n.*, *add* नमन।
bow³, *add* मन्दान

box, *n.*, 1. *add*; (*small*) पेटी
+braced (*of arch*), बन्धनयुक्त
brackish, 1. *add* नुनखरा
+brain-drain, प्रतिभा-प्रवास
brain-wave, *add* मस्तिष्क-तरंग*
brand, *n.*, 1. *add* लुकाठी*
+branding, दाहांकन
brass, *add* come to~tacks, काम की बात* क०
braze, *add* पक्का झालना
breach, *add* ~ of confidence विश्वासभंग, ~of privilege, अधिकार-हनन, विशेषाधिकार-हनन; ~of promise, वादा-ख़िलाफ़ी*
break, *add* ~ land, नौताड़ क०; ~ranks, पंक्ति* (लाइन*) तोड़ना; **~up,** *add* 4. तोड़ना
break-down, 1. *add*; विघटन
breathing, *add* rough~, महाप्राण; soft ~, अल्पप्राण
+bressummer, पाटकड़ी*
+briar, *see* BRIER
brick, *add* इष्टिका*
bridge, *n.*, 2. *add* नासादण्ड
brief, *add n.*, 3. (*of lawyer*) पक्षपत्र; पक्षकथन
bright, *adj.*, *add* 8. (*of light*) तेज़; 9. (*of future*) उज्ज्वल
bring in, 3. *add* लाना
brink, *add* on the ~of, के कगार पर
bristle, *n.*, *add* तूड़
broken, *add* 10. (*of home, marriage*) विघटित
+bronchus, श्वसनी*
+broom rape, भुईं फोड़
brush, 1. *add* कूर्च
buffer, *add* उभयरोधी
builder, *add* राज, राजमिस्त्री
+build-up, (प्रकाशनपूर्व) विज्ञापन
bull, *add* वृष
+bull-fight, वृषभ-युद्ध, वृष-युद्ध
bundle, 2. *add* गट्ठर
+buoy up, 1. (*keep afloat*) तैराते रखना; 2. (*fig.*) सँभालना; ढारस बँधाना
buoyant, *add* 3. (*of music*) उल्लासक
button, *add v.*, (बटन) बन्द क०; बटन लगाना; कपड़ों में बन्द क०, लपेटना
buttress, *n.*, 1. *add* वप्र
+by-play, उप-व्यापार।
cachexy, *add* क्षीणता*
cackle, *v.*, *add* कड़कड़ाना
calf, 1. *add* बच्छा, बछिया* 1*b*; (*of buffalo*) कटड़ा, कटिया*, कट्टा, कट्टी*

call, *v.*, *add* 12 (*at cards*) बोली* लगाना
+call at, (*a port*) जाना, ठहरना
+call-boy, चेतक
calling, *add* 3. (*religious*) बुलाहट*
caloric, *add adj.*, उष्मी
+calorimetry, उष्मामिति*
camera, meeting in~, *add* गुप्त बैठक*
+camper, शिविरक
campanile, *add* घंटामीनार*
+camphoraceous, कर्पूरी
+cancellous bone, सुषिर अस्थि*
+candied, (*fruit*) पगा (फल)
+cane-binder, बेंतसाज़
+cangue, काठ, काष्ठबंध
+cannula, प्रवेशनी*
canopy, *add* चँदोवा, वितान
canvasser, *add* मतार्थक
canvassing, *add* मतार्थना*
cap, *n.*, 2. *add* छादन
caper, *v.*, *add* फुदकना, कुदकना
capitalize, *add* पूँजीकृत क०
capsule, 2. (*bot.*) *add* डोडा
caption, 1. *add* ; अनुशीर्षक
+caput, शीर्ष
cardiac, *add* हार्द, हृद्-
cardiogram, हृद्-आलेख
care, *v.*, 1. *add* ; सुध* लेना; *n.*, 4. *add* अवेक्षा*, रखवाली*, अनुरक्षण।
caretaker, *add* अवधायक
carry on, *add* हरकत* क०; इश्कबाज़ी* क०
+cartwright, शकट-कार
cash-box, *add* गुल्लक, गोलक
cast, *n.*, *add* 13. (*med.*) निर्मोक
+caster, ढलाईकार
casual, 1. *add* ; सांयोगिक; *add* 4. अस्थायी; 5. (*of look*) सरसरी
casuistry, 1. *add* धर्मसंकट-मीमांसा*
cat's paw, 1. *add* कठपुतली*; 2. मन्द समीर
cataclysm, 2. *add* महाविप्लव, महाक्रांति*
+catch-question, छल-प्रश्न
causal, 1. *add* हेतुक
ceramic, *add* चीनी मिट्टी* का
+chalcedony, सिक्थ स्फटिक
chamber, *add* 5. (*phys.*) कोष्ठ
chance, *n.*, 1. *add* इत्तफ़ाक; game of ~, दैवक्रीड़ा*
channel, *n.*, *add* 7. (*radio*) वाहिका*
+characterology, चरित्र-विज्ञान

+charisma, करिश्मा, असाधारण कृपादान; **~tic,** करिश्माई
chauvinism, *add* दुराग्रह
+check-list, चिह्नांकन-सूची*
chip, *v.*, 1. *add* तराशना
+chop logic, 1. तर्क-वितर्क क०; 2. बाल की खाल* खींचना।
+choreographer, नृत्यरचना-कार, नृत्य-परिकल्पक
choreographic, *add* नृत्यात्मक, नृत्य-सम्बन्धी
chronic, *add* दीर्घकालिक
circle, *n.*, 7. *add* इलाक़ा
circuit, *add* 7. (*med.*) चक्र
circulate, 1. *add* परिचारित क०
circulation, *add* 4. (*of newspaper etc.*) प्रसार-संख्या*
+claimed, अधियाचित
+classless, वर्गहीन
clean, *adj.*, *add* 7. (*of cultiv.*) घासपात-रहित
+clear away, हटा देना, ले जाना; चला जाना।
+cleaver, विदारिणी*
click, *add* टक्टक* क०
close, *adj.*, *add* 19. (*custody*) कठोर, कड़ा
closet-drama, *add* वेश्म-नाटक
closure, *add* 4. (*math.*) संवरक
clot, *n.*, *add*; आतंच, स्कन्द; **~ting,** आतंचन, स्कन्दन
clover, *add* Persian ~, शफतल
clutch, *n.*, *add* 5. (of *eggs*) झोल
+coaching, (अनु)शिक्षण, शिक्षा*
+coding, कूट-संकेतन
+coeliac, *adj.*, कुक्षि-। सील्-इ-ऐक
cold, *adj.*, 2. *add* निराशाजनक; निर्जीव
cold-blooded, *add* 2. (*biol.*) शीतरक्तक
collapse, *v.*, *add* टूट जाना
+combat fatigue, रण-क्लांति*
combination, *add.* 8. (*electr.*) संयुक्ति*
come upon, *add* आ पड़ना (*afflict*)
+comedian, 1. हास्य-अभिनेता; 2. हास्य-नाटककार, प्रहसन-लेखक।
+comic relief, मध्यान्तर विनोद, मनोरंजन
commitment, *add* प्रतिबद्धता*
+common market, साझा बाज़ार
common sense, *add* व्यवहार-बुद्धि*
+companionate marriage, साहचर्य-विवाह
compliment, 1. *add* प्रियोक्ति*
composition, *add* 6. (*essay*) निबंध
compound, *adj.*, *add* 4. (*of fracture*) विवृत
+compulsive, बाध्यकारी
computer, *add* अभिकलित्र
concelebrant, *add* सहयाजक
concelebration, *add* सहयाजन
concert, *add v.*, मिल कर काम क०, बना लेना, प्रबन्ध क०
conclusion, 1. *add* समापन (*active*) 2. *add* ; निश्चय
conclusive, *add* निश्चयात्मक
congregation, 1. *add* संगत*
+considerably, पर्याप्त (अधिक) मात्रा* में; भरपूर
+consolation prize, सान्तवना-पुरस्कार
consolidate, 1, *add* घनीभूत हो जाना या क०
consolidation, 1. *add* घनीभवन, संघनन
conspiracy, *add* कुचक्र
contain, *add* 4. (*math.*) आविष्ट क०
contention, bone of~, *add* झगड़े की जड़*
context, *add* प्रकरण
contingency, 3. *add* विशेष स्थिति*
contract, *v.*, *add* आकुंचित क०; **~ion,** आकुंचन; **~or,** आकुंचक।
conversational, *add* संवादात्मक
convict, *n.*, 1. *add* दंडित; 2. *add* बन्दी
convinced, *add* प्रत्ययित; I am~, मुझे पक्का विश्वास है
convolution, *add* 4. (*math.*) संवलन
convoy, *n.*, 1. *add* सार्थरक्षण
cook, *v.*, *add* 2. (*concoct*) गढ़ना; 3. (*tamper with*) में हेर-फेर क०, में गोल-माल क०
core, 2. *and* 3. *add* केन्द्र-बिन्दु
+cornelian, इन्द्रगोप
+counter-claim, जवाबी दावा
+counter-irritant, प्रतिक्षोभक
couple, *n.*, *add* 4. (*phys.*) बलयुग्म
court, *n.*, *add* 7. (*of univ.*) परिषद्*; *add* **~poet,** राजकवि
cover, *n.*, 1. *add* (*of carriage*) टप*; *v.*, 14. *add* फाँदना
+creativity, सर्जनशीलता*
credulous, *add* he is~, उसके कान पतले हैं
+crispation, 1. कुंचन; 2. (*contraction*) आकुंचन
criticize, *add* खुचर* निकालना।
crown, *n.*, *add* 3. (*of head*) चाँद*
crypt, 1. *add* तलघरा
cul-de-sac, *add* 2. (*anatomy*) अन्धधानी*
cup, *add* 3. (*cavity*) गर्त

+customarily, 1. प्रथानुसार; 2. (*usually*) साधारणतया
+cystitis, मूत्राशय-शोथ
+dancing-master, नर्तयिता
+deal with, निपटाना, सुलझाना; सामना क०, ठीक क०
declaration, *add* 3. (*law*) पक्ष-निवेदन
deed, 1. *add* कारनामा
deism, तटस्थ-ईश्वरवाद
+dele, निकालो **डील्**-इ
+delouse, 1. जूँएँ निकाल देना; 2. (*fig.*) गंदगी* निकालना; फ़्यूज़ निकालना।
demo/cracy, 1. प्रजातंत्र; **~crat,** प्रजातंत्रवादी; **~cratic,** प्रजातांत्रिक
dent, *add v.*, गड्ढा बनाना
+developing, (*of a country*) विकासशील
+dictated, (*of peace etc.*) आरोपित, लादा हुआ
die, *n., add* 3. (*tool*) चूड़ीकट
digest, *add v.i.*, पचना
dimmer, *add* मंदक।
+dipper, 1. डुबाने वाला; 2. (*ladle*) डोई*, कलछी*; 3. सप्तर्षि (URSA MAJOR) ; लघु सप्तर्षि (URSA MINOR)
dirty, *add*; अस्वच्छ (*of bomb*)
discharge, *v.*, 3. *add* बरतरफ़ क०; 11. *add* छोड़ना, निकालना; *add* 12. (*void*) उत्सर्जित क०, निकालना; *n.*, 3. *add* बरतरफ़ी*; 7. *add* निर्वहण; *add* 15. (*electr.*) विसर्जन
discrimination, 1. *add* विवेचन
dish, *n.*, 2. *add* व्यंजन
dispense, 2. *add* नुसख़ा बाँधना
disrepair, *add* बेमरम्मती*
distributary, *add* रजबहा
divert, *add* खाली कर देना (*a blow*)
+divertissement, (*stage*) विलासिका*।
do, *add* बनाना (*one's hair*)
dotty, *add* 2. मन्दबुद्धि (*feeble-minded*) ; ~on his legs, लड़खड़ाता है
+doubly, दुगुना; दो-दो करके
+dramatis personae, पात्र
+dramatized, नाटकीकृत
dress, *v., add* 8. (*a stone*) गढ़ना; **~down,** 1. झिड़कना; 2. (*thrash*) ख़ूब मारना
dresser, *add* 2. (*stage*) वेशकार
drill, *n., add* 7. (*of dentist*) वेधनी*
+drumbeat, ढमढम
dynast, *add* 2. राजवंशज
+dysgenesis, अपजनन
+dystrophy, दुष्पोषण
eardrop, ear-ring, *add* बाली*, कुंडल, झुमकी*
earwax, *add* खूंट
+eclampsia, गर्भाक्षेपक
+ejaculatory, उद्गारात्मक; **~prayer,** उद्गार-प्रार्थना*
element, 2. *add* अंश, अल्पांश
emergency, 3. (*hospital*) आकस्मिक चिकित्सा*
eminent, *add* लब्धप्रतिष्ठ
empiricism, *add* इंद्रियानुभववाद
+encrusted, पपड़ीदार, पर्पटीमय
end-paper, *add* अस्तर-कागज़
endogamy, *add* अन्तर्विवाह
ensemble, *add* समवेत अभिनय
entente, सौहार्द
+enthuse, उत्साही बनना (बनाना)
ephemeral, *add* अल्पकालिक
erosion, *add* कटान*।
erratic, 1. *add* अंधाधुंध
evangelical, *add* इंजीली
excrescence, *add* उद्वर्ध
+exenterate, 1. (*fig.*) मर्मांश निकाल देना; निर्जीव बना देना; 2. (*empty*) ख़ाली कर देना
+exocrine, बहि:स्रावी
expect, *add* 3. समझना
+expeditionary force, अभियान-सेना*
explosive, high ~, *add* तीव विस्फोटक
extension, *add* 4. (*of building*) उप-भवन; 5. (*of leave*) वृद्धि*, बढ़ती*
extract, *n.*, 3. *add* निष्कर्ष
eyelet, *add* 2. अक्षिका*
eyelid, *add* वर्त्म
+eyeshade, *add* नेत्ररक्षक
fable, 1. *add* जन्तु-कथा*
+factionalism, गुटबंदी*, दलबंदी*
+faience, चीनी-मिट्टी*
fair, *adj.*, 11. (*of hair*) सुनहला, सुनहरा
faith, 1. *add* आस्था*; (in) good ~, *add* सद्भाव (से)
farewell, *add interj.* अलविदा
ferment, *add* पाँस* उठना या उठाना।
+fielder (*cricket*) क्षेत्ररक्षक
+fielding (*cricket*) क्षेत्ररक्षण
+filature, सूत्रण
filming, *add* फिल्मांकन।
fire, *v.t., add* 10. (*dismiss*) निकाल देना

first, *adj., add* 3. (*of moon*) प्रतिपदा*, परिवा*
+fish-bolt, जाड़-काबला
+fit-up, सुवाह्य रंगमंच
flail, *add v.,* 1. (*thresh*) दाँना; 2. ख़ूब मारना
flourish, *n., add* 5. (*in writing*) घसीट*
fluid, *add* 4. (*of cash*) नक़द
fond, *add* be ~of, 1. (*like*) पसन्द क०; 2. (*love*) प्यार क०
fondness, *add* 2. (*liking*) रुचि*; 3. (*weakness*) चस्का, शौक; कमज़ोरी*
footstool, *add* पावदान
forage, *v., add* रसद इकट्ठा क०
+foreshadowed, पूर्वाभासित
+fortified, (*of a town*) क़िलाबन्द
forwarded, *add* अग्रसारित
foundation, 4. *add* प्रतिष्ठान, संस्थान
+foyer, प्रकोष्ठ, पार्श्व कक्ष, मनोरंजन शाला*
free, *adj., add* 1a. (*voluntary*) स्वैच्छिक
freeze, *v.,* 1. *add* हिमीभूत होना; *add n.,* 1. हिमीभवन; 2. (*ice*) बर्फ़*; 3. हिमत्व; 4. हिमकाल; 5. (*of waves etc.*) स्थिरीकरण, स्थायीकरण
+frequented, (*of road*), चलता
+friendless, मित्रहीन; असहाय, निस्सहाय
fudge, *n., add* 3. मिसरी*
+fully, 1. पूर्णतया, पूरी तरह*; 2. प्रचुर मात्रा* में; 3. (*at least*) कम से कम
gag, *n.: add* 3. (*of actors*) प्रक्षेप, क्षेपक
geodetic line, अल्पान्तराली रेखा
+gerontocracy, वृद्ध-तंत्र
+gerontology, जराविद्या*, जराविज्ञान
+gestalt psychology, समष्टि-मनोविज्ञान
gesticulation, *add* अंगविक्षेप
+get across, समझा पाना; प्रभावित क०, से सम्पर्क स्थापित क०
+ghee, घी
+ghetto, यहूदी बस्ती*; पृथक्-बस्ती*
ghostly, *add* अशरीरी।
+glenoid, cavity, अंसगर्त
+god-king, राजा-देवता
gospel, *add* इंजील*
grace marks, *add* रियायती अंक
graft, *n., add* 5. (*med.*) निरोप
+grandee, अमीर
+gratefully, सधन्यवाद।
+greasepaint, तैलरंग
gullet, *add* ग्रासनली*
gulllible, *add* कान का कच्चा
+hand over, देना, सौंपना; के हवाले कर देना
+handicapped, बाधाग्रस्त
hard, *adj., add* 10. (*of metal*) तापसह, दुर्गलनीय
headline, *add* 2. (*of newspaper*) सुर्खी*
+hectar, हेक्टार
heel, *n.,* 4. *add* पान, पन्ना
highlight, *v.,* पर विशेष बल देना
+hogwash, 1. सूअरों का पतला खाना; 2. (*fig.*) अनाप-शनाप
+homeless, बेघर, गृहविहीन।
+homework, कक्षेतर कार्य
honorary, *add* मानद
humour, *n., add* 5. (*med.*) देहद्रव
hunch, *n.,* 1. कूबड़; 2. (*hint*) आभास, संकेत, इंगित; 3. (*premonition*) पूर्वाभास; **~back,** कुबड़ा
hydra, *add* 4. (*water-snake*) जल-सर्प; 5. (*an evil*) मिटाये न मिटनेवाली बुराई*
idol, *add* देवमूर्ति*
+igloo, *add* एस्कीमो-गृह, हिम-कुटी*
image, *add* 9. (*lit.*) बिम्ब
+immediacy, अव्यवहितत्व
+inaccuracy, अयथार्थता*
inarticulate, *add* 3. बेज़बान
+incense tree, सलई*
+incensed, क्रुद्ध।
+incoherence, 1. असंबद्धता*; 2. (*physics*) असंसक्तता*
incompatible, *add* बेमेल
+Indian red, हिरमजी*, हिरौंजी*
indifference, *to* उदासीनता* *add* उपेक्षा
+indolence, आलस्य; निष्क्रियता*
+indologist, भारत-विद्
+indology, भारत-विद्या*
+inevitably, अनिवार्य रूप से
+infarct, रोधगलितांश; **~ion,** रोधगलन
infection, 2. *add* उपसर्ग
infectious, 2. *add* संक्रमी
inflation, *add* परिवर्द्धन
inhabited, *add* आबाद
insidious, *add* 4. (*of disease*) प्रच्छन्न अलक्ष्य
+insulated, विद्युत-रोधित
interview, *add* 2. भेंट-वार्त्ता*
+intimately, निकट से, अंतरंग रूप से
intrigue, *n., add* 3. (अति)जटिल कथानक
+intriguing, दिलचस्प, चित्ताकर्षक; मनोहर, लुभावना; मोहक

irreducible, 3. *add* असमानेय, अलघुकरणीय
+italicized, तिर्यकित
+killed, निहत, हत; ~ and wounded, हताहत।
lanceolate, भालाकार
+land-settlement, बन्दोबस्त
+lanolin, ऊर्णवसा*
+latheman, ख़रादी
leak, *n., add* 4. (*of a ship*) चुआक
leaseholder, पट्टेदार
leucocyte, श्वेतकोशिका*
+lie detector, अनृत-दर्शी
limit, *n., add* हद*
literally, *add* हूबहू; वस्तुतः, सचमुच
+lobectomy, खण्डोच्छेदन
+lobotomy, मस्तिष्क-खण्डोच्छेदन
+log cabin, लट्ठा-कुटी*
loop, loop the ~, गोता लगाना
+lousy, 1. जुँओं से भरा; 2. (*inferior*) घटिया; नीच; 3. (*dirty*) गंदा; घिनावना, बीभत्स; 4. (*well supplied with*) से भरपूर।
lurch, add leave in the ~, गढ़े में छोड़ देना।
management, *add* प्रबंध-समिति*, प्रबंधक
+man-made, कृत्रिम
+marijuana, गाँजा
+market, common ~, साझा बाज़ार
+marksheet, अंकपत्र
master, *adj., add* नियंत्रक (*phys.*)
+mastery, 1. (*sway, dominion*) अधिकार; प्रभुत्व, हुकूमत*; शासन, नियंत्रण; 2. (*upperhand*) प्रबलता*, प्राबल्य; विजय*; 3. (*skill*) निपुणता*, प्रवीणता*, नैपुण्य, प्रावीण्य; 4. (*in knowledge*) प्रकाण्ड पांडित्य, आचार्यत्व।
meander, *n.*, 2. *add* बरधमुतान*
metallic, *add* 2. (*of voice*) कर्कश, एकतान (स्वर)
mint, *add v.*, 1. (सिक्के) ढालना; 2. (*fig.*) गढ़ना, बनाना
minutiae, 2. (*precise details*) ब्योरेवार वर्णन
monodrama, एकपात्री नाटक
+Moscow, मस्क्वा
+mother goddess, मातृ-देवी
+motorcycle, फटफटिया*, मोटर-साइकिल*।
mourn, 2. *add* शोक मनाना
+multinational, बहुराष्ट्रीय
+musketeer, बन्दूकची
+musketry, चाँदमारी*
native, *n.*, देशवासी
+naught, bring to ~, निष्फल या व्यर्थ कर देना

needle, *v., add* 3. (*provoke*) उत्तेजित क०, उकसाना, उभाड़ना
nestling, *add* चेंटुआ
newsreel, वृत्त-चित्र
+occupance, अधिनिवासन
+oecumenism, एकता-आंदोलन
open, *adj.*, 1. *add* ; अनावृत; 13. (*rail*) चालू; 14. अप्रतिबद्ध।
ophthalmia, नेत्राभिष्यन्द
opposite, *adj., add* 4. (*gramm.*) विरुद्धार्थक
+opuntia, नागफनी*
+otosclerosis, कर्णकाठिन्य
outfit, *n., add* 4. परिधान
parental, *add* मातृपित्रीय
partnership, *add* भागीदारी*
+pass course, समाान्य पाठ्यक्रम
+pediatrician, बाल (रोग)चिकित्सक
+peeved, नाखुश, रूठा हुआ
+peopling, आवासन, बसाना
+performer, कर्ता; अभिनेता; निष्पादक
periodic, *add* आवधिक।
+perpend, *n.*, बंधक पत्थर
+pesticide, नाशी जीव-मारक
pestilence, *add* जनपदमारी*
+ petiolate, सवृन्त
phantom, *add* 2. (*attributive*) अवास्तविक, आभासी, मायिक।
phase, 1: *add* चरण; 5. (*of function*) कोणांक
+phoney, phony, 1. (*sham*) छद्मी, बनावटी, कृत्रिम; 2. (*counterfeit*) जाली, खोटा
photgrapher, *add* छविकार
physical, 2. *add* कायिक, आंगिक
+piffle, *n.*, (*v.*) अनाप-शनाप (क०)
+piffling, 1. निरर्थक; 2. (*trivial*) तुच्छ
pilot, *adj.*, 1. *add* मार्गदर्शी
+piquancy, चरचरापन; मज़ेदारी*
+placebo, छद्म-औषध*, छद्म-दवा*
+place-name, स्थान-नाम
+play a role, भूमिका* निभाना
+ploughing, जुताई*
+plugging, मुँहबंदी*
plunge, *add* take the~, जोखिम-भरा क़दम उठाना
+polish off, समाप्त कर देना
+potty, 1. (*trivial*) तुच्छ, नगण्य; 2. (*crazy*) सनकी, पागल; 3. (*of question*) आसान, सरल
+princeling, रावत
+procedural, कार्यविधिक

productive, *add* 3. (*fig.*) उपयोगी, सफल, फलोत्पादक; 4. (*math.*) गुणनिक
prop, *add* 3. (*stage*) उपकरण
pure, *add* 8. (*opposed to applied*) सैद्धान्तिक
+pyromania, दहनोन्माद
+pyrosis, हृद्दाह
questionable, *add* 3. (*dishonest*) अनुचित, कपटपूर्ण; 4. आपत्तिजनक
+railway receipt, बिलटी*
rascal, *add* 2. नटखट, शैतान
+ readjustment, पुनःसमंजन
+reciter, वाचक
recollected, *add* आत्मलीन
+reconstitution, पुनर्गठन
redlight, *to* ख़तरा-संकेत *add* संकट-संकेत
refer, *v.t,* 1. *add* विचारार्थ भेजना
reflux, 1. *add* प्रतिवाह
regeneration, *add* 2. आध्यात्मिक पुनर्जन्म
resort, *add* as a last~, अंतिम उपाय के रूप में।
+respectfully, सादर
+responsory, अनुवाक्य
+restlessness, बेचैनी*, व्यग्रता*
+rete, जाल
revial, *add* 3. (*of play*) पुनःप्रदर्शन
reward, *n.*, 1. *add* पारितोषिक
+rhinitis, नासाशोथ
right, *adj.*, *add* 12. (*of thread*) दक्षिणावर्त
+righteousness, धार्मिकता*; न्याय
roll, *n.*, *add* 12. (*of bread*) बेलनाकार पावरोटी*
+RSVP, उत्तरापेक्षी followed by name and address
+rush at, पर टूटना
sage, *n.*, 1. *add* मुनि
+sanctifying grace, सारूप्य कृपा*, पवित्र-कारिणी कृपा*
+sanious, पूयरक्तक
scarecrow, 1. *add* चंचा
+schizoid, अन्तराबन्धी
schizophrenia, अन्तराबन्ध
+sclerema, त्वक्‌काठिन्य
seating plan, आसन-व्यवस्था*
second, *adj.*, *add* 4. (*of moon*) दूज*, द्वितीया
+semi-skilled, अल्पकुशल, अर्धकुशल
senate, 2. वरिष्ठ सभा*
+sesamoid bone, कण्डरास्थि*
+sharply, स्पष्ट रूप से; रुखाई* से, कड़ाई* से; ज़ोर से; अचानक; ठीक-ठीक; अत्यधिक
shawl, *add* चादर*।
+sleeplessness, अनिद्रा*, निद्राभाव
+snoot, नाक*; मुँह; ~**y** घमण्डी; दम्भी, गर्वीला।
some time or other, एक न एक दिन
+spadix, स्थूलमंजरी*
species, 1. *add* जीवजाति*
speech, freedom of~, भाषण-स्वतन्त्रता*
+sphygmomanometer, रक्तदाबमापी
sphygmometer, स्पन्दनमापी
+sprinkler, फुहारा
+stagecraft, रंगशिल्प
+statehood, राज्यत्व
+stay order, स्थगन-आदेश, रोकने का आदेश
+steno-typist, आशु-टंकक
+sthenic, सबल
+strophe, बन्द
+submergence, निमज्जन; जलमग्नता*
+submersible, निमज्जनी
sunburn, *add* 1. (*inflammation*) आतपदाह
suspence, *add* 3. (*expectation*) औत्सुक्य, उत्सुकता*, कुतूहल
+tail end, पिछला सिरा; अंत
+Tashkent, ताशकन्द
+technocrat, तकनीकी-तंत्री
tehee, *add* ही-ही* क०
+telemeter, दूरमापी
+teletypewriter, दूरटंकण-यन्त्र
terminal, *adj.*, *add* आवधिक
+tertium quid, उभयेतर वस्तु*
textural, *add* गठनात्मक
thematic, *adj.*, *add* कथ्यपरक
+theomorphic, *add* ईश्वररूप, ईश्वराकार; ईश्वरत्वारोपी
+theriomorphic, *add* जन्तुरूप
+thermo/genic, तापजनक; ~**lysis,** ताप-अपघटन; ~**metric,** तापमितीय
+third estate, जनता*
tic, 1. *add* फुरन*
tie-and-die, *add* बन्धेज
+tinfoil, वंगपत्र
+titre, titer, अनुमापांक
topology, *add* संस्थिति-विज्ञान
+torticollis, मर्दनऐंठा, मन्यास्तंभ
+towpath, अनुकर्षण-पथ
+trade discount, व्यापाराना बट्टा
+tragus, तुंगिका*
training, *add* प्रशिक्षा*।

+truck farm, साग-भाजी फ़ार्म
+true copy सही प्रतिलिपि*, पक्की नक़ल
try-out, *add* 2. पूर्व-परीक्षा
+tuberculoid, गुलिकाभ
twitch, *n.*, *to* फलक* *add* स्फुरण
type, *n.*, *add* 11. (*in lit.*) वर्गचरित्र; *v.*, 3. *add* वर्ग निर्धारित क०
unaided, *add* असाहाय्यित
+unbaked, कच्चा
unconditional, *add* निरुपाधिक
+unconversant, (से)अनभिज्ञ
+unconvinced, अप्रत्ययित
+uncorrelated, असहसम्बद्ध
+undefined, अनिर्धारित
+underdog, पददलित
+underflow, अध:प्रवाह
+undetectable, अनभिज्ञेय
+unidimensional, एकविम
+unifying, समेकक
+uninhibited, ग्रंथिमुक्त
universal, *n.*, *add* 2. सामान्यक
+unreclaimable, अनुद्धरणीय
+unwill, अनिच्छा*
+upgrading, उन्नयन
+upper hand, प्रभुत्व; have the ~, प्रबल या हावी होना; gain the~, प्रबल या हावी हो जाना
+varicosity, अपस्फीति*
+vasectomy, नसबंदी*, शुक्रवाहिकोच्छेदन
vegetative, 1. *add* वनस्पतिक

+venepuncture, शिरावेध
+vicious circle, दुश्चक्र, गोल दलील*
+vigesimal, विंशतिक
villain, *add* 4. कृषिदास
+virilism, स्त्रीपुंवत्ता
virus, 1. *add* विषाणु
vocation, 4. बुलावा
+voluntaristic, संकल्पपरक
+war zone, युद्ध-क्षेत्र
+watering place, पनघट
waterlogged, *add* जलग्रस्त
+weedicide, घासपात-नाशी
+weightless(ness) गुरुत्वहीन(ता*)
+white magic, इन्द्रजाल
+wild life, वन-जंतु, जंगली जीव
+will to live, जिजीविषा*
+wintergreen, गन्धपूरा
+winter cherry, असगंध
wish, *n.*, *add* वांछा*; ~ful thinking, *add* इच्छाकल्पित चिन्तन; ~fulfilment, वांछापूर्ति।
+wood turner, लकड़ी-खरादी
working, *adj.*, *add* 7. (*of range etc.*) कार्यकर; 8. (*of knowledge etc.*) कामचलाऊ
worm, *n.*, 1. *add* पिल्लू; slow~ यूरोप का गिरगिट
+xerosis, शुष्कता*
+youthfulness, तरुणाई*, जवानी*, यौवन
+yo-yo चकई*
zonal *add* आंचलिक
zone, 1. *add* अंचल

गणित सम्बन्धी पारिभाषिक शब्दावली

ALGEBRA

Addition	संकलन, जोड़
Algebra	बीजगणित
Alternendo	एकान्तरानुपात
Brackets	कोष्ठक
Braces	मझला कोष्ठक
Crotchets	गुरुकोष्ठक
Parenthesis	लघु कोष्ठक
Vinculum	रेखाकोष्ठक
Cyclic order	चक्रीय क्रम
Column	स्तम्भ
Definition	परिभाषा
Division	भाग, भाजन
Denominator	हर
Evolution	मूलक्रिया
Elimination	निरसन
Expression	पदसंहति
Equation	समीकरण
Simple equation	सरल समीकरण
Simultaneous equation	युगपत् समीकरण
Factor	गुणनखण्ड
Fraction	भिन्न
Formula	सूत्र
Identities	सर्वसमिका
Index	घातांक
Indices	(अनेक) घातांक
Irrational quantities	अपरिमेय राशियाँ
Rational quantities	परिमेय राशियाँ
Multiplication	गुणन
Numerator	अंश
Minus Sign	ऋण चिह्न
Negative number	ऋणात्मक संख्या
Problem	निर्मेय
Plus sign	धन चिह्न
Positive number	धनात्मक संख्या
Quadratic equation	वर्ग समीकरण
Quantity	परिमाण
Ratio	अनुपात
Componendo	योगानुपात
Dividendo	अन्तरानुपात
Invertendo	विलोमानुपात
Sign	चिह्न, संकेत
Symbol	संकेत
Subtraction	घटाना

ARITHMATIC

Arithmatic	अंकगणित
Amount	मिश्रधन
Absolute error	पूर्ण लाघव
Artifices	क्रियाएँ
Brackets	कोष्ठक
Average	औसत
Chain rule	श्रंखला नियम
Cube	घन
Discount	मिती काटा
Dividend	मुनाफा
Cistern	हौज
Discount	बट्टा
Calendar	तिथि पत्र
Dividend	भाज्य
Divisor	भाजक
Decimal	दशमलव
Recurring	आवर्त दशमलव
Error	लाघव
Relative error	अपेक्षित लाघव
Factor	खण्ड
Fund	कोष
Face value	दर्शनी मूल्य
Gain	लाभ
Figure	संख्या
Fundamental	मुख्य
Rules	नियम
Fraction	भिन्न
H.C.F.	महत्तम समापवर्तक
Interest	ब्याज
Compound interest	चक्रवृद्धि ब्याज
Simple interest	साधारण ब्याज
Leap year	लौंद का वर्ष
L.C.M.	लघुत्तम समावर्त्य
Loss	हानि
Motion	गति
Multiplier	गुणक
Multiple	अपवर्त्य
Number	अंक, संख्या

Composite	यौगिक, संख्या
Odd	विषम संख्या
Consecutive	लगातार संख्या
Even	सम संख्या
Natural	प्राकृत संख्या
Prime	रूढ़ संख्या
Notation	संख्या लेखन
Numeration	संख्या पठन
Mixture	मिश्रण, सम्मिश्रण
Multiplicand	गुण्य
Original	मौलिक
Principal	मूलधन
Present worth	तत्काल धन
Percent	प्रतिशत
Profit	लाभ
Premium	मुनाफा
Proportion	अनुपात
Continued	उत्तरोत्तर अनुपात
Fourth proportional	चतुर्थ अनुपाती
Mean proportional	मध्यानुपाती
Product	गुणनफल
Proportional division	समानुपाती भाग
Partnership	साझेदारी
Simple partnership	साधारण साझेदारी
Compound partnership	जटिल साझेदारी
Quotient	भजनफल, लब्ध
Ratio	निष्पत्ति
Inverse or reciprocal ratio	व्युत्क्रमनिष्पत्ति
Rule of three	त्रैराशिक
Race	दौड़
Remainder	शेष
Square	वर्ग
Solid	पिण्ड
Square root	वर्गमूल
Simplify	सरल करना
Symbol	चिह्न
Significant	ज्ञापक
Figure	संख्या
Stocks	स्टॉक
Share	हिस्सा, पत्ती
Shareholder	साझेदार
Speed	चाल
Stream	नदी
Train	रेलगाड़ी
Time and distance	समय और दूरी
Volume	घनफल
Uniform	सम
Value	मान
Local value	स्थानीय मान
Intrinsic value	जातीय मान
Real value	स्वाभाविक मान

GEOMETRY

Acute	न्यून
Adjacent	आसन्न
Adjoining	संलग्न
Alternate	एकान्तर
Altitude	शीर्षलम्ब, ऊँचाई
Ambiguous case	संदिग्ध स्थित
Analysis	विश्लेषण
Angle	कोण
Acute angle	न्यूनकोण
Adjacent angle	आसन्नकोण
Alternate angle	एकान्तरकोण
Arms of an angle	कोणबाहु
Complementary angle	पूरककोण
Corresponding angle	संगतकोण
Exterior angle	बहिष्कोण
Interior angle	अन्त:कोण
Opposite angle	सम्मुखकोण
Reflex angle	वृहत्कोण
Right angle	समकोण
Straight angle	ऋजुकोण
Supplementary angle	सम्मपूरककोण
Vertical angle	शीर्षकोण
Vertically opposite angle	शीर्षाभिमुख कोण
Arc	चाप
Major arc	दीर्घचाप
Minor arc	लघुचाप
Axiom	स्वयंसिद्ध
Base	आधार
Bisection	द्विभाजन
Bisector	अर्धक, द्विभाजक
Internal	आन्तरिक द्विभाजक
Centre	केन्द्र
Circumcentre	परिकेन्द्र
Excentre	बहिकेन्द्र
Incentre	अन्त:केन्द्र
Orthocentre	लम्बकेन्द्र
Chord	जीवा
Circle	वृत्त
Circumcricle	परिवृत्त
Concentriccircle	संकेन्द्रवृत्त
Excircle	बहिवृत्त
Incircle	अन्त:वृत्त
Semicircle	अर्धवृत्त

Circumference	परिधि	Contact	स्पर्श
Coincide	संपात होना	Converse	विलोम
Coincident	संपाती	Conversely	विलोमत
Collinear	समरेख	Supplementary	सम्पूरक
Common tangents (direct)	उभयनिष्ठ अनुस्पर्श रेखा	Symmetry	सममिति
		Tangent	स्पर्श रेखा
Common tangents (transverse)	उभयनिष्ठ तियर्क स्पर्श रेखा	Theorem	प्रमेय
		Transversal	तिर्यक रेखा
Concentric	संकेन्द्र	Trapezium	समलम्ब
Concurrent	संगामी	Triangle	त्रिभुज
Concyclic	एकवृत्तीय	Trisect	समत्रिभाजन करना
Congruent	सर्वागड्सम	Vertex	शीर्ष
Constant	अचर	Vertical	शीर्ष, ऊर्ध्वाधिर
Construction	रचना	Volume	आयतन

GRAPH

Abscissa	भुज	Coordinates	निर्देशांक
Axis	अक्ष	Equation	समीकरण
Axis of abscissa	भुजाक्ष	Graph	लेखाचित्र
Axis of ordinates	कोटिअक्ष	Plot	अंकित करना

MENSURATION

Centroid	केन्द्रक	Geometry	ज्यामिति, भूमिति, रेखागणित
Circumscribed	परिगत		
Cone	शंकु	Heptagon	सप्तभुज
Conical	शंक्वाकार	Hexagon	षट्भुज
Coplanar	समतलीय	Horizontal	क्षैतिज
Cross-section	अनुप्रस्थ काट	Hypotenuse	कर्ण
Cube	घन	Hypothesis	परिकल्पना
Cuboid	आयतफलकी, लम्बोणिक समान्तर षट्फलक	Intercept	अंत:खण्ड
		Intersect	प्रतिच्छेद करना
Curved	वक्र	Interior opposite angle	अंतराभिमुख कोण
Convex	उत्तल	Intersection	प्रतिच्छेद
Corollary	उपप्रमेय	Point of intersection	प्रतिच्छेद बिन्दु
Corresponding	संगत	Isosceles	समद्विबाहु
Cyclic	चक्रीय	Straight-line	ऋजुरेखा
Degree	अंश	Locus	बिन्दुपथ
Diagonal	विकर्ण	Median	माध्यिका
Diameter	व्यास	Millimetre	मिलीमीटर
Dimensions	आयाम	Oblique	तिर्यक, तिरछा
Elevation	उन्नयन	Octagon	अष्टभुज
Enunciation	प्रतिज्ञा	Opposite	सम्मुख
General enunciation	व्यापक प्रतिज्ञा	Parallel	समान्तर
Particular enunciation	विशेष प्रतिज्ञा	Parallelogram	समान्तर चतुर्भुज
Equiangular	समानकोणिक	Pedal	पादिक
Equilateral	समबाहु	Pentagon	पंजभुज
Fixed	स्थिर, अचर	Perimeter	परिमाप
Foot of the perpendicular	लम्बपाद	Perpendicular	लम्ब

Point	बिन्दु
Projection	प्रक्षेप
Proof	उपपत्ति, प्रमाण
Proposition	साध्य
Protractor	कोणमापक
Q.E.D.	इति सिद्धम्
Q.E.F.	इति कृतम्
Quadrilateral	चतुर्भुज
Radius	त्रिज्या
Rectangle	आयत
Rectilineal	ऋजुरेखीय
Rhombus	समचतुर्भुज
Secant	छेदिका
Sector	त्रिज्यखण्ड
Major	दीर्घ खण्ड
Minor	लघु खण्ड
Semi-circle	अर्द्धवृत्त
Solid	घन, ठोस, घनाकृति
Square	वर्ग
Cylinder	बेलन
Dimension	विस्तार, विमा
Edge	कोर
Face	फलक
Hemisphere	गोलार्ध
Horizontal	क्षैतिज
Inscribed	अन्तर्लेखी
Intersecting	प्रतिच्छेदी
Regular	सम
Regular prism	समभुज आधार प्रिज़्म
Right prism	लम्ब प्रिज़्म
Section	काट्, परिच्छेद
Sector	त्रिज्यखण्ड
Segment	खण्ड
Side (face)	पार्श्व (फलक)

STATISTICS

Analysis	विश्लेषण
Ascending	आरोही
Average	औसत
Bias	अभिनति
Cartogram	मानारेख
Characteristic	अभिलक्षण
Classification	वर्गीकरण
Classification, manifold	बहुधा वर्गीकरण
Classification, simple	सरल वर्गीकरण
Class-interval	वर्ग-अन्तराल
Class-limit	वर्ग-सीमा
Collection	संग्रह
Continuous	सतत्, संतत
Cumulative	संचयी
Data	उपात्र, आँकड़े
Descending	अवरोही
Deviation	विचलन
Discrete series	असतत श्रेणी
Dispersion	विक्षेपण
Enumerator	गणनाकार
Estimate	आकलन करना
Estimator	आकलक
Fluctuation	उच्चावचन
Frequency	बारंबारता
Distribution	बंटन
Geometric mean	गुणोत्तरमाध्य
Graph	आलेख, लेखाचित्र
Graph Statistical	सांख्यिकीय ग्राफ
Graphical	आलेखी
Presentation	निरूपण
Group	वर्ग, समूह
Harmonic mean	हरात्मक माध्य
Histogram	आयतचित्र
Imaginary	अधिकल्पित
Index number	सूचनांक
Investigation	अन्वेषण
Investigator	अन्वेषक
Limitation	सीमाबंधन, सीमा
Mean deviation	माध्य विचलन
Median	माध्यिका
Method of grouping	समूहन विधि
Mode	बहुलक
Pictogram	चित्रीय आरेख
Pie-diagram	वृत्तारेख
Primary data	प्राथमिक आँकड़े
Process	प्रक्रम
Quartile	चतुर्थक
Deviation	विचलन
Random	याहच्छिक
Range	परिसर
Sampling	प्रतिचयन
Sample	प्रतिदर्श, नमूना
Secondary data	गौण उपात्त
Sector	त्रिज्यखण्ड
Standard	मानक
Deviation	विचलन
Statistics	सांख्यिकी
Variance	प्रसरण

WEIGHTS AND MEASURES
BRITISH AND METRIC EQUIVALENTS

Length

1 millimetre (mm)	=	0.039 in.
1 centimetre (cm)	=	0.39 in.
1 metre (m)	=	1.09 yd
1 kilometre (km)	=	0.62 mile
1 in.	=	2.54 cm
1 ft	=	30.48 cm
1 yd	=	0.91 m
1 mile	=	1.61 km

Approximations; 1 km = 5/8 mile; to convert metres to feet, multiply by three and add 10%.

Area

1 square cm (cm²)	=	0.155 sq. in
1 square m (m²)	=	10.78 sq. ft
1 hectare (10.000 m²)	=	2.47 acres
1 square km (km²)	=	100 hectares
	=	0.39 sq. miles
1 sq. in.	=	6.45 cm²
1 sq. ft	=	92.90 cm²
1 sq. yd	=	0.84 m²
1 acre	=	0.40 hectare
1 sq. mile	=	2.59 km²

Volume

1 cubic cm (cc, cm³)	=	0.061 cu. in.
1 cubic m (m²)	=	1.31 yd
1 cub. in.	=	16.39 cc
1 cu. ft	=	283.15 cc
1 cu. yd	=	0.76 m²

Capacity

1 litre (1)	=	1.76 pint
1 pint	=	0.57 l
1 quart	=	1.14 l
1 gal.	=	4.5 l
Approximations; 1000 cc	=	1 l
1 millilitre	=	1 cc

Weight

1 gram (g)	=	15.43 grains
1 kilogram (kg)	=	2.20 lb
1 metric ton (tonne)	=	1000 kg
	=	2204.61 lb
	=	0.98 ton
1 grain*	=	0.0648 g
1 oz	=	28.35 g
1 lb	=	0.45 kg
1 ton	=	1016 kg
*7000 grains	=	1 lb avoirdupois
5760 grains	=	1 lb troy

Temperature

°Centigrade	°Fahrenheit
—30	—22
—20	—4
—17.8	0
—10	14
—5	23
0 (freezing pt)	32
5	41
10	50
15	59
20	68
25	77
30	86
36.9	98.4
40	104
100 (boiling pt)	212

Conversion: 5°C = 9°F. To convert °F to °C, subtract (or, if below zero, add) 32 and multiply the result by 5/9.

CONVERSIONS FOR MOTORISTS

Petrol consumption

miles per gallon	km per litre	litres per 100 km
20	7.1	14.1
30	10.6	9.4
35	12.4	8.6

Tyre pressure

lb per sq. in.	kg per m
20	1.406
22	1.547
24	1.687
26	1.828
28	1.969
30	2.109

Speed limits

km per hour	m.p.h.
30	19
40	25
50	31
60	37
70	43
80	50
100	62

Prefixes indicating multiples

mega-, M   = 1.000.000 (10^6)
kilo-, k   = × 1000 (10^3)
hecto-, h   = × 100
deca-   = × 10
deci-, d   = × 10^{-1} (one-tenth)
centi, c   = × 10^{-2} (one hundredth)
milli-, m   = × 10^{-3} (one thousandth)
micro-, μ   = × 10^{-6} (one millionth)
millimicro-, mμ = 10^{-9}(one thousand millionth)
micromicro-, μμ = 10^{-12} (one billionth, million millionth)

Microscopic measure

1 micromicron (mm) = 10^{-3} μμ = 0.01Å
= one millionth of a micron
1 angstrom (Å) = 10^{-7} mm
= one ten-thousandth of a micron
1 millimicron (mμ) = 10^{-6} mm = 10Å
= one thousandth of a micron
1 micron (μ) = 10^{-3} mm = 10,000 Å
= one millionth of a metre

United states measures

1 Imperial (British) gallon = 1 1/5 U.S. gal.
The British bushel is 3% larger than the U.S. bushel.
The U.S. dry pint and quart are 1/3 greater than the U.S. liquid pint and quart.
The U.S. fluid oz is 4% larger than the British (32 fluid oz to 1 U.S. liquid quart).
1 (short) ton = 2000. lb.
1 barrel of oil = 42 U.S. gal;
7 barrel = 1 metric ton.

Miscellaneous equivalents

1 tablespoon =1/2 fluid oz.
1 dessert spoon =1/4 fluid oz.
1 teaspoon = 1/8 fluid oz.
1 horsepower = 746 watts.
Mach 1 = 660 m.p.h. in the stratosphere
To convert degrees of proof spirit to percentage of alcohol by volume, divide by 7/4 (e.g. 70° proof = 40% alcohol by volume).